2022年6月19日，水利部部长李国英、广西壮族自治区党委书记刘宁到大藤峡水利枢纽工程检查防汛（中国水利水电第八工程局有限公司　供稿）

2022年9月27日，水利部副部长刘伟平巡视大藤峡水利枢纽工程（中国水利水电第八工程局有限公司　供稿）

2022年7月5日，吉林省省委书记景俊海一行到吉林永吉县城市防洪工程调研指导（中国水利水电第一工程局有限公司　供稿）

2022年4月20日，西藏自治区党委副书记、自治区主席严金海到如美水电站调研（华能澜沧江水电股份有限公司　供稿）

2022年9月12日，金沙江乌东德水电站荣获“菲迪克2022年工程项目优秀奖”（许健　摄影）

2022年3月11日，锦屏一级水电站拱坝荣获“第三届高混凝土坝国际里程碑工程奖”（年鉴编辑部）

2022年3月1日，向家坝水电站重力坝荣获“第三届高混凝土坝国际里程碑工程奖”（徐昌　摄影）

2022年11月25日，“2020～2021年度鲁班奖”颁奖暨行业技术创新大会在广西南宁举办，云南澜沧江大华桥水电站荣获“中国建设工程鲁班奖”，是本批“鲁班奖”中唯一的水电站工程（中国水利水电第一工程局有限公司　供稿）

2022年6月28日，黄登水电站（3×475MW）荣获“2022年度中国电力优质工程奖”（中国水利水电第十四工程局有限公司　供稿）

2022年6月28日，乌东德水电站送电广东广西特高压多端直流示范工程（昆柳龙直流工程）荣获“2022年度中国电力优质工程奖”（中国水利水电第十四工程局有限公司　供稿）

2022年6月28日，华能濮阳县500MW风电场工程荣获“2022年度中国电力优质工程奖”（中国电建集团河南工程有限公司　供稿）

2022年6月28日，大唐滑县枣村风电场工程荣获“2022年度中国电力优质工程奖”（中国电建集团山东电力建设第一工程有限公司　供稿）

2022年6月28日，里底水电站（3×140MW）荣获“2022年度中国电力优质工程奖（中小型）”（中国水利水电第十四工程局有限公司　供稿）

2022年1月17日，深圳抽水蓄能电站荣获“2021～2022年度中国安装工程优质奖（中国安装之星）”（中国葛洲坝集团股份有限公司　供稿）

2022年3月18日，雅砻江两河口水电站（总装机容量3000MW）6台机组全部投产发电（中国水利水电第十二工程局有限公司　供稿）

2022年4月19日，白鹤滩水电站坝顶10000kN双向斜拉门机完成负荷试验并顺利投运（中国水利水电第七工程局有限公司　供稿）

2022年5月8日，葛洲坝电站水17号机组顺利通过72小时试运行，标志着历时10年的葛洲坝19台12.5万kW机组改造增容画上圆满句号（任志强　摄影）

2022年9月15日，四川省“十四五”重点建设项目——枕头坝二级水电站首仓混凝土浇筑（中国水利水电第七工程局有限公司　供稿）

2022年9月27日，向家坝水电站累计发电量突破3000亿kW·h（钟然　摄影）

2022年10月，国内首套深厚覆盖层基础处理智能振冲成套关键技术及设备在硬梁包水电站示范应用（四川华能泸定水电有限公司　供稿）

2022年11月24日，华能睿渥水电核心控制系统国产化发布会成功举办，我国水电机组四大核心控制系统首次实现全国产化（华能澜沧江水电股份有限公司　供稿）

2022年11月30日，金沙江上游苏洼龙水电站4号机组投产发电，顺利实现“一年四投”目标（中国华电集团有限公司　供稿）

2022年12月20日，金沙江白鹤滩水电站最后一台机组顺利通过72小时试运行，至此，该电站16台机组全面投产发电（中国水利水电第七工程局有限公司　供稿）

2022年12月23日，乌江构皮滩水电站通航建筑物工程顺利通过特殊单项工程暨通航专项验收（中国华电集团有限公司　供稿）

2022年3月26日，新疆阜康抽水蓄能电站上、下水库大坝填筑顺利封顶（中国电建集团西北勘测设计研究院有限公司　供稿）

2022年3月29日，山东沂蒙抽水蓄能电站（总装机容量1200MW）全面投产发电（中国水利水电第一工程局有限公司　供稿）

2022年4月26日，吉林敦化抽水蓄能电站（总装机容量1400MW）全面投产发电（中国电建集团北京勘测设计研究院有限公司 供稿）

2022年5月29日，梅州抽水蓄能电站一期（装机容量1200MW）第四台机组正式发电，至此，该电站一期4台机组全部投产发电（梅州抽水蓄能电站 供稿）

2022年6月30日，浙江长龙山抽水蓄能电站（总装机容量2100MW）全部机组投产发电（中国电建集团华东勘测设计研究院有限公司　供稿）

2022年8月28日，福建周宁抽水蓄能电站（总装机容量1200MW）全部机组投产发电（中国华电集团有限公司　供稿）

2022年12月16日，河北丰宁抽水蓄能电站（总装机容量3600MW）8号机组投产发电，实现了年内5台机组投运（中国电建集团北京勘测设计研究院有限公司　供稿）

施工中的海南省儋州市天角潭水利枢纽工程（中国水利水电第四工程局有限公司　供稿）

2022年3月15日，浙江衢州开化龙翔（50MW）农林光互补地面光伏发电项目全容量并网发电（吕阳洋　摄影）

2022年9月28日，云南省小羊窝50MW光伏电站投产发电，这是金沙江下游国家级大型水风光储示范基地首个实现投产发电的光伏项目（中国水利水电第八工程局有限公司　供稿）

全国 2022 年装机容量和年发电量

项目	总量	水电	火电	核电	风电	太阳能发电
装机容量(万 kW)	256798	41406	133329	5557	36564	39268
年发电量(亿 kW·h)	88487	13522	58888	4178	7627	4273

注 1. 资料来源于中国电力企业联合会。
2. 总量数中还包括其他能源发电的装机容量、发电量。
3. 风电、太阳能发电为并网的装机容量、发电量。
4. 未含中国台湾、香港、澳门数据。

2022 年装机容量结构图

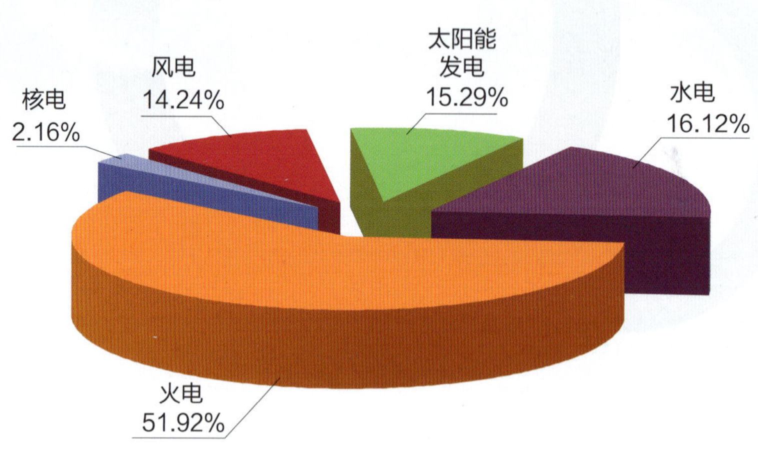

2022 年年发电量结构图

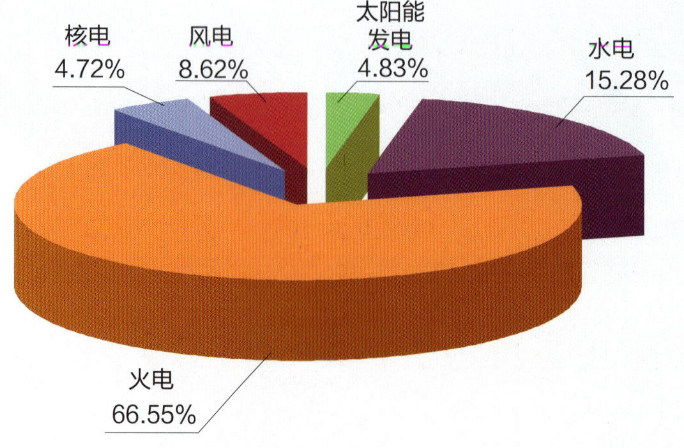

全国历年水电装机容量增长情况表

万 kW

年份	中国大陆	中国台湾	全国合计	新增装机容量
1949	36.0	18.0	54	
1950	36.2	22.1	58	4.3
1951	37.8	(24.0)	(62)	(3.5)
1952	38.5	(27.0)	(66)	(3.7)
1953	53.0	(30.0)	(83)	(17.5)
1954	60.6	33.0	94	10.6
1955	69.5	(34.0)	(104)	(9.9)
1956	91.4	(36.0)	(127)	(23.9)
1957	101.9	(38.0)	(140)	(12.5)
1958	121.6	(40.0)	(162)	(21.7)
1959	162.0	(42.0)	(204)	(42.4)
1960	194.1	44.8	239	34.9
1961	233.3	(47.0)	(280)	(41.4)
1962	237.9	53.8	292	11.4
1963	243.0	(56.0)	(299)	(7.3)
1964	268.3	(59.0)	(327)	(28.3)
1965	302.0	62.8	365	37.5
1966	363.8	(65.0)	(429)	(64.0)
1967	383.9	(67.0)	(451)	(22.1)
1968	438.8	(70.0)	(509)	(57.9)
1969	505.3	72.2	578	68.7
1970	623.5	90.1	714	136.1
1971	780.4	(96.0)	(876)	(162.8)
1972	870.0	113.1	983	106.7
1973	1029.9	113.2	1143	159.9
1974	1181.7	136.5	1318	175.2
1975	1342.8	136.5	1479	161.1
1976	1465.5	136.5	1602	122.7
1977	1576.5	136.5	1713	111.0
1978	1727.7	139.2	1867	153.9
1979	1911.0	139.2	2050	183.3
1980	2031.8	138.6	2170	120.2
1981	2193.3	138.7	2332	161.6
1982	2295.9	138.7	2435	102.6
1983	2416.5	143.1	2560	125.0
1984	2560.0	148.0	2708	148.4
1985	2641.5	248.9	2890	182.4
1986	2754.2	256.4	3011	120.2
1987	3019.3	255.8	3275	264.5
1988	3269.8	255.8	3526	250.5
1989	3458.3	256.2	3715	188.9
1990	3604.6	256.2	3861	146.3
1991	3788.3	256.2	4045	183.7
1992	4068.1	257.7	4326	281.3
1993	4489.3	257.7	4747	421.2
1994	4906.1	364.8	5271	523.9
1995	5218.4	418.3	5637	365.8
1996	5557.8	428.8	5987	349.9
1997	5972.6	428.8	6401	414.8
1998	6506.5	442.2	6949	547.3
1999	7297.1	442.2	7739	790.6
2000	7935.2	442.2	8377	638.1
2001	8300.6	442.2	8743	365.4
2002	8607.4	451.1	9059	315.7
2003	9489.6	451.1	9941	882.2
2004	10524.2	451.0	10975	1034.5
2005	11738.8	451.0	12190	1214.6
2006	13029.2	451.2	13480.4	1290.4
2007	14823.2	452.0	15275.2	1794.6
2008	17260.4	454.0	17714.4	2439.2
2009	19629.0	(454.0)	20083.0	2368.6
2010	21605.7	(454.0)	22059.7	1976.7
2011	23298	464	23762	1702
2012	24947	(464)	25411	1649
2013	28044	(464)	28508	3097
2014	30486	(464)	30950	2442
2015	31954	(464)	32418	1468
2016	33207	(464)	33671	1253
2017	34359	(464)	34823	1152
2018	35259	(464)	35723	900
2019	35804	(464)	36268	545
2020	37028	(464)	37492	1224
2021	39094	(464)	39558	2066
2022	41406	(464)	41870	2312

资料来源：2021 年及以前的资料来源于《中国水力发电年鉴》第二十六卷；2022 年中国大陆资料来源于中国电力企业联合会；2022 年台湾地区数据沿用上年数据。

注：（　）内数据表示缺当年资料，用上、下数插补得出或沿用上年数据。

全国历年水电年发电量增长情况表

亿 kW · h

年份	中国大陆	中国台湾	全国合计	年增率（%）	年份	中国大陆	中国台湾	全国合计	年增率（%）
1949	12.0	6.0	18		1986	944.8	74.2	1019	2.6
1950	13.2	9.7	23	27.2	1987	1002.3	71.2	1073	5.3
1951	14.9	(10.0)	(25)	(8.7)	1988	1091.8	61.5	1153	7.4
1952	18.3	(12.0)	(30)	(21.7)	1989	1184.5	66.8	1251	8.5
1953	25.5	(14.0)	(40)	(30.4)	1990	1263.5	81.9	1345	7.5
1954	32.0	15.6	48	20.5	1991	1248.4	55.1	1303	−3.1
1955	34.0	(16.6)	(51)	(6.3)	1992	1314.7	83.5	1398	7.3
1956	47.1	(17.0)	(64)	(26.7)	1993	1516.0	67.2	1583	13.2
1957	48.2	(18.0)	(66)	(3.3)	1994	1667.9	88.9	1757	11.0
1958	41.1	(19.0)	(60)	(−9.2)	1995	1867.7	88.8	1956	11.4
1959	43.6	(20.0)	(64)	(5.8)	1996	1869.2	90.4	1960	0.2
1960	74.1	20.6	95	48.9	1997	1945.6	95.7	2041	4.2
1961	74.1	(21.1)	(95)	(0.5)	1998	2043.0	106.1	2149	5.3
1962	90.4	21.6	112	17.6	1999	2129.3	89.4	2219	3.2
1963	86.9	(23.0)	(110)	(−1.9)	2000	2431.3	78.5	2510	13.0
1964	106.0	(24.0)	(130)	(18.3)	2001	2611.1	82.3	2693	7.3
1965	104.1	24.4	129	−1.2	2002	2745.7	57.9	2804	4.1
1966	126.2	(25.0)	(151)	(17.7)	2003	2813.3	64.3	2878	2.6
1967	131.4	(27.0)	(158)	(4.8)	2004	3309.9	59.7	3370	17.1
1968	115.0	(28.0)	(143)	(−9.7)	2005	3964.0	59.7	4024	19.4
1969	160.1	30.5	191	33.3	2006	4147.7	80.0	4227.7	5.1
1970	204.6	26.4	231	21.2	2007	4714.0	87.0	4801.0	13.6
1971	250.6	(30.0)	(281)	(21.5)	2008	5655.5	77.4	5732.9	19.4
1972	288.2	34.2	322	14.9	2009	5716.8	(77.4)	5794.2	1.1
1973	389.0	34.0	423	31.2	2010	6867.4	(77.4)	6944.8	19.9
1974	414.4	47.1	461	9.1	2011	6681	(79)	6760	−2.7
1975	476.3	52.6	529	14.6	2012	8556	(79)	8635	27.7
1976	456.4	42.8	499	−5.6	2013	8921	(79)	9000	4.2
1977	476.5	40.2	517	3.5	2014	10601	(79)	10680	18.7
1978	446.3	49.7	496	−4.0	2015	11127	(79)	11206	4.9
1979	501.2	45.7	547	10.3	2016	11748	(79)	11827	5.5
1980	582.1	29.3	611	11.8	2017	11931	(79)	12010	1.5
1981	655.5	47.9	703	15.1	2018	12321	(79)	12400	3.2
1982	744.0	47.8	792	12.6	2019	13021	(79)	13100	5.6
1983	863.6	49.9	913	15.4	2020	13553	(79)	13632	4.06
1984	867.8	44.3	912	−0.2	2021	13399	(79)	13478	−1.13
1985	923.7	69.3	993	8.9	2022	13522	(79)	13601	1.0

资料来源：2021 年及以前的资料来源于《中国水力发电年鉴》第二十六卷；2022 年中国大陆资料来源于中国电力企业联合会；2022 年台湾地区数据沿用上年数据。

注：（ ）内数据表示缺当年资料，用上、下数插补得出或沿用上年数据。

2022

中国水力发电年鉴

李锐

第二十七卷

中国水力发电工程学会 主办
中国水力发电年鉴编辑部 编纂

中国电力出版社

二〇二三年·北京

图书在版编目（CIP）数据

中国水力发电年鉴．第二十七卷/中国水力发电工程学会主办．—北京：中国电力出版社，2024.2
ISBN 978-7-5198-8556-4

Ⅰ.①中…　Ⅱ.①中…　Ⅲ.①水利电力工业—中国—年鉴　Ⅳ.①F426.61-54

中国国家版本馆 CIP 数据核字（2023）第 256612 号

出版发行：中国电力出版社
地　　址：北京市东城区北京站西街 19 号（邮政编码 100005）
网　　址：http：//www.cepp.sgcc.com.cn
责任编辑：安小丹　孙建英　柳　璐
责任校对：黄　蓓　常燕昆
装帧设计：张俊霞　赵姗姗
责任印制：吴　迪

印　　刷：三河市万龙印装有限公司
版　　次：2024 年 2 月第一版
印　　次：2024 年 2 月北京第一次印刷
开　　本：787 毫米×1092 毫米　16 开本
印　　张：51.25　插页 10 张
字　　数：1907 千字
定　　价：450.00 元

《中国水力发电年鉴》第二十七卷

编纂委员会

黎朋雄　潘家才　薛喜文

特约组稿人　（以姓氏笔画为序）

丁小莉　于春泽　马　迅　王　军　王　浩
王　菁　王　辉　王文成　王可佳　王永乐
王亚华　王安洪　王淑莹　牛宏力　卢　军
田　雨　吉乐琳　成荣亮　朱友军　朱林彬
伍展阳　任　愉　任　磊　刘　平　刘　畅
刘小飞　刘佳琪　刘保生　齐建飞　安秋香
孙春雨　李卫南　李中方　李国瑞　李昕璇
杨　璐　杨立平　杨承志　杨晓丽　吴　双
何小龙　邹　君　邹祖建　张　芳　张玉彬
张征正　张晋境　张敏娟　陈　萌　陈丹妮
陈立秋　陈伯智　陈维维　岳　蕾　岳文亭
周　山　周雪琼　郑宗旺　郑慧敏　屈江江
赵正西　赵英林　赵建达　赵翠云　胡　蝶
胡万雨　柳玉兰　姜　晶　姜　薇　娄　萱
袁　帅　袁幸朝　高士林　高云鹏　高银枝
郭小枫　唐　勇　唐成书　诸葛争怡　黄　琪
梅　毅　曹　娅　续继峰　葛　静　覃柏钧
程志华　谢保卫　鲍玉征　廖丽莎　樊志伟
魏立军　魏红平　魏运水

《中国水力发电年鉴》第二十七卷
编辑出版工作人员

编 辑 说 明

（一）《中国水力发电年鉴》属专业性行业年鉴，主要面向全国水电行业从事规划、勘测、设计、施工、科研、咨询、建设管理、设备制造、生产运行、院校教育的工程技术人员、师生和各级有关领导与专家。

（二）本卷年鉴的资料时段为2022年，按序排列为第二十七卷。框架结构由篇目、栏目、条目三个层次组成，共编列17个篇目、52个栏目、706个条目。每个篇目均以隔页列出，栏目、条目名称分别用通栏、双栏并铺以不同的网底印出，以示醒目。

（三）本卷年鉴的编辑工作，紧密围绕习近平新时代中国特色社会主义思想，按照2022年全国能源工作会议“有序推进水电重大工程建设”的精神，力求全面、真实地反映2022年度我国水电行业各方面所取得的成就和技术进步，努力做到“大事不漏、小事不上”，更好地服务于水电行业。

（四）本年鉴实行文责自负，各条目的内容、数据、插图等均由撰稿人核对无误并由单位有关部门审定、核实。

（五）本卷年鉴编辑实行主编负责制。主编负责总体框架结构设计、征询意见、稿件征集、组稿编排与初审等工作；各篇目的责任编辑负责稿件的修改、审定、编排、整理。

“工程勘测”“土建施工”（部分）“水电建设管理”篇目的责任编辑为张志良；“机电及金属结构”“大事记”篇目的责任编辑为杨虹；“大中型水电工程”篇目的责任编辑为黄景湖；“土建施工”（部分）篇目的责任编辑为吴高见；“水工设计”篇目的责任编辑为刘瑞源；“特载”“水能及新能源开发与消纳”“科学研究与技术创新”“国际合作与技术交流”“技术标准与图书”“水电站生产运行”“环境保护与水库移民”“农村水电及电气化”“机构与学术团体”“统计资料”篇目的责任编辑

为程运生。英文目录由由洋翻译。

（六）《中国水力发电年鉴》始终坚持政治的严肃性，资料的准确性，内容的全面性、科学性、实用性和连续性，对历史负责，对后人负责。编辑过程中力求资料翔实、语言规范、文字精练。但由于水平所限，不妥、疏漏甚至错误之处在所难免，敬请广大读者批评指正。

联系地址：北京市海淀区车公庄西路22号海赋国际大厦A座11层，中国水力发电工程学会《中国水力发电年鉴》编辑部，邮编：100048。

《中国水力发电年鉴》主编

席　浩

2023.11.18

篇　　目

目　　录

2 水能及新能源开发与消纳

3 大中型水电工程

4 工程勘测

5 水工设计

6 土建施工

7 机电及金属结构

8 科学研究与技术创新

9 国际合作与技术交流

10 技术标准与图书

11 水电建设管理

12 水电站生产运行

13 环境保护与水库移民

14 农村水电及电气化

15 机构与学术团体

16 统计资料

17 大事记

CONTENTS

Chapter 1 Specials

Chapter 2 Development and Power Dissolved of Hydropower and New Energy

Chapter 3 Large and Medium-sized Hydropower Project

Chapter 4 Project Investigation

Chapter 5 Hydraulic Structure Design

Chapter 6 Civil Engineering Construction

Chapter 7 Electrical-Mechanical and Metal Structure

Chapter 8 Scientific Research and Technological Innovation

Chapter 9 International Cooperation and Technology Exchange

Chapter 10 Technical Norms and Books

Chapter 11 Management of Hydropower Construction

Chapter 12 Production and Operation of Hydropower Stations

Chapter 13 Environment Protection and Resettlement of Reservoir Area Residents

Chapter 14 Rural Hydropower and Rural Electrification

Chapter 15 Agencies and Academic Groups

Chapter 16 Statistical Data

Chapter 17 Chronicle of Events January to December

彩色插页目录

2022年6月30日，浙江长龙山抽水蓄能电站（总装机容量2100MW）全部机组投产发电（中国电建集团华东勘测设计研究院有限公司　供稿）

2022年8月28日，福建周宁抽水蓄能电站（总装机容量1200MW）全部机组投产发电（中国华电集团有限公司　供稿）

2022年12月16日，河北丰宁抽水蓄能电站（总装机容量3600MW）8号机组投产发电，实现了年内5台机组投运（中国电建集团北京勘测设计研究院有限公司　供稿）

施工中的海南省儋州市天角潭水利枢纽工程（中国水利水电第四工程局有限公司　供稿）

2022年3月15日，浙江衢州开化龙翔（50MW）农林光互补地面光伏发电项目全容量并网发电（吕阳洋　摄影）

2022年9月28日，云南省小羊窝50MW光伏电站投产发电，这是金沙江下游国家级大型水风光储示范基地首个实现投产发电的光伏项目（中国水利水电第八工程局有限公司　供稿）

全国2022年装机容量和年发电量

2022年装机容量结构图

2022年年发电量结构图

全国历年水电装机容量增长情况表

全国历年水电年发电量增长情况表

特　　载

重　要　文　件

国家发展改革委发布《电力可靠性管理办法（暂行）》

国家发展和改革委 2022 年 4 月 16 日发布第 50 号令，公布《电力可靠性管理办法（暂行）》，该“办法”全文如下。

电力可靠性管理办法（暂行）

第一章　总　　则

第一条　能源安全事关国家经济社会发展全局，电力供应保障是能源安全的重要组成部分。党中央、国务院高度重视电力供应保障工作，习近平总书记多次作出重要指示批示。为充分发挥电力可靠性管理在电力供应保障工作中的基础性作用，促进电力工业高质量发展，提升供电水平，满足人民日益增长的美好生活需要，依据《中华人民共和国电力法》《电力供应与使用条例》《电网调度管理条例》《电力设施保护条例》和《电力监管条例》等法律法规，制定本办法。

第二条　电力可靠性管理是指为提高电力可靠性水平而开展的管理活动，包括电力系统、发电、输变电、供电、用户可靠性管理等。

第三条　电力企业和电力用户依照本办法开展电力可靠性管理工作。国家能源局及其派出机构、地方政府能源管理部门和电力运行管理部门依据本办法对电力可靠性管理工作进行监督管理。

第四条　国家能源局负责全国电力可靠性的监督管理，国家能源局派出机构、地方政府能源管理部门和电力运行管理部门根据各自职责和国家有关规定负责辖区内的电力可靠性监督管理。

第五条　电力企业是电力可靠性管理的重要责任主体，其法定代表人是电力可靠性管理第一责任人。电力企业按照下列要求开展本企业电力可靠性管理工作：

（一）贯彻执行国家有关电力可靠性管理规定，制定本企业电力可靠性管理工作制度；

（二）建立电力可靠性管理工作体系，落实电力可靠性管理相关岗位及职责；

（三）采集分析电力可靠性信息，并按规定准确、及时、完整报送；

（四）开展电力可靠性管理创新、成果应用以及培训交流。

第六条　电力用户是其产权内配用电系统和设备可靠性管理的责任主体，做好配用电系统和设备的配置与运行维护。

第七条　鼓励电力设备制造企业充分应用电力可靠性管理的成果，加强产品可靠性设计、试验及生产过程质量控制，依靠技术进步、管理创新和标准完善，提升设备可靠性水平。

第八条　充分发挥行业协会等的作用，开展行业自律和服务，提供技术支持，推动可靠性信息应用，开展交流与合作。

第二章　电力系统可靠性管理

第九条　电力系统可靠性管理指为保障电力系统充裕性和安全性而开展的活动，包括电力系统风险的事前预测预警、事中过程管控、事后总结评估及采取的防范措施。

第十条　电网企业应当对电力供应及安全风险进行预测，对运行数据开展监测分析并评估电力系统满足电力电量需求的能力。在系统稳定破坏事件、影响系统安全的非计划停运事件和停电事件发生时，电网企业应当依据《电网调度管理条例》果断快速处置；开展事后评价，对发现的风险进行闭环管控。

第十一条　电网企业应当根据电力系统风险和自然灾害影响，制定风险管控措施，完善输电系统网络结构。对发现的风险和隐患按规定向政府有关部门和相关电力企业预警。

第十二条　发电企业和配置自备发电机组的其他企业要根据政府有关部门和电力调度机构的要求做好电力供应保障工作，提高设备运行可靠性，不得无故停运或隐瞒真实原因申请停运。发电企业应当做好涉网安全管理，加强机组燃料、蓄水管控，制定重要时期的燃料计划与预案，制定水库调度运行计划，对发现的风险和隐患及时报电力调度机构。新能源发电企业应当加强发电功率预测管理。

第十三条　积极稳妥推动发电侧、电网侧和用户侧储能建设，合理确定建设规模，加强安全管理，推进源网荷储一体化和多能互补。建立新型储能建设需求发布机制，充分考虑系统各类灵活性调节资源的性能，允许各类储能设施参与系统运行，增强电力系统的综合调节能力。

第十四条　各级能源管理部门应当科学制定并适时调整电力规划，优化配置各种类型的电源规模和比例，统筹安排备用容量，合理划分黑启动区域。国家能源局派出机构应当对辖区省级电力规划的执行情况进行监管。负荷备用容量为最大发电负荷的2%～5%，事故备用容量为最大发电负荷的10%左右，区外来电、新能源发电、不可中断用户占比高的地区，应当适当提高负荷备用容量。每个黑启动区域须合理配置1～2台具备黑启动能力且具有足够容量的机组。

第十五条　经国务院批复的国家级城市群，应当适当提高电力可靠性标准，加强区域电力系统的统筹规划和项目建设衔接，优化资源配置，推进电网协调有序发展。

第十六条　国家能源局及其派出机构应当按照权限和程序，指导有关单位制订大面积停电应急预案，组织、协调、指导电力突发安全事件应急处置工作，对电力供应和运行的风险管控情况进行监管。地方政府电力运行管理部门应当会同有关部门开展电力需求侧管理，严格审核事故及超计划用电的限电序位表，严禁发生非不可抗力拉闸限电。

第三章　发电可靠性管理

第十七条　发电可靠性管理是指为实现发电机组及配套设备的可靠性目标而开展的活动，包括并网燃煤（燃气）、水力、核能、风力、太阳能等发电机组及配套设备的可靠性管理。

第十八条　燃煤（燃气）发电企业应当对参与深度调峰的发电机组开展可靠性评估，加强关键部件监测，确保调峰安全裕度。电力调度机构应当优化调峰控制策略，综合考虑发电机组的安全性和经济性。

第十九条　水电流域梯级电站和具备调节性能的水电站应当建立水情自动测报系统，做好电站水库优化调度，建立信息共享机制。

第二十条　核电企业应当对常规岛和配套设备（非核级设备）开展设备分级、监测与诊断、健康管理、全寿命周期可靠性管理、动态风险评价等工作。

第二十一条　沙漠、戈壁、荒漠地区的大规模风力、太阳能等可再生能源发电企业要建立与之适应的电力可靠性管理体系，加强系统和设备的可靠性管理，防止大面积脱网，对电网稳定运行造成影响。

第二十二条　发电企业应当建立发电设备分级管理制度，完善事故预警机制，构建设备标准化管理流程。发电企业应当基于可靠性信息，建立动态优化的设备运行、检修和缺陷管理体系，定期评估影响机组可靠性的风险因素，掌握设备状态、特性和运行规律，发挥对机组运行维护的指导作用。

第二十三条　地方政府能源管理部门和电力运行管理部门应当对燃煤（燃气）发电企业的燃料库存、水电站入库水量情况进行监测分析、协调处理，保障能源供应。

第四章　输变电可靠性管理

第二十四条　输变电可靠性管理是指为实现输变电系统和设备的可靠性目标而开展的活动，包括交流和直流的输变电系统和设备的可靠性管理。

第二十五条　电力企业应当合理安排变电站站址和线路路径，科学选择主接线和站间联络方式，增加系统运行的安全裕度。

第二十六条　电力企业应当加强线路带电作业、无人机巡检、设备状态监测等先进技术应用，优化输变电设备运维检修模式。

第二十七条　鼓励电力企业基于可靠性数据开展电力设备选型和运行维护工作，建立核心组部件溯源管理机制，优先选用高可靠性的输变电设备，鼓励开展状态检修，提高设备运行可靠性。

第二十八条　地方政府能源管理部门和电力运行管理部门按职责组织指导开展电力设施保护工作。

第五章　供电可靠性管理

第二十九条　供电可靠性管理是指为实现向用户可靠供电的目标而开展的活动，包括配电系统和设备的可靠性管理。

第三十条　供电企业应当加强城乡配电网建设，合理设置变电站、配变布点，合理选择配电网接线方式，保障供电能力。

第三十一条　供电企业应当强化设备的监测和分析，加强巡视和维护，及时消除设备缺陷和隐患。

第三十二条　供电企业应当开展综合停电和配电网故障快速抢修复电管理，推广不停电作业和配电自动化等技术，减少停电时间、次数和影响范围。

第三十三条　地方政府能源管理部门应当将供电可靠性指标纳入电力系统规划，并与城乡建设总体规划衔接。

第三十四条　地方政府发展改革部门可依据本地区供电可靠性水平，按照合理成本和优质优价原则，完善可靠性电价机制。

第六章　用户可靠性管理

第三十五条　用户可靠性管理是指为保证用电的可靠性目标，减少对电网安全和其他用户造成影响，对其产权内的配用电系统和设备开展的活动。

第三十六条　电力用户应当根据国家有关规定和标准开展配用电工程建设与运行维护，消除设备隐患，预防电气设备事故，防止对公用电网造成影响。

第三十七条　电力用户配用电设备危及系统安全时，应当立即检修或者停用。因用户原因导致电力企业无法向其他用户正常供电或造成其他严重后果的，应当承担相应责任。

第三十八条　重要电力用户应当按规定配置自备应急电源，加强运行维护，容量应当达到保安负荷的120%。地方政府电力运行管理部门应当确定重要电力用户名单，对重要电力用户自备应急电源配置和使用情况进行监督管理。国家能源局派出机构对重要电力用户供电电源配置情况进行监督管理。

第三十九条　供电企业应当按规定为重要电力用户提供相应的供电电源，指导和督促重要用户安全使用自备应急电源。对重要电力用户较为集中的区域，供电企业应当科学合理规划和建设供电设施，及时满足重要用户用电需要，确保供电能力和供电质量。

第七章　网　络　安　全

第四十条　电力网络安全坚持积极防御、综合防范的方针，坚持安全分区、网络专用、横向隔离、纵向认证的原则，加强全业务、全生命周期网络安全管理，提高电力可靠性。

第四十一条　电力企业应当落实网络安全保护责任，健全网络安全组织体系，设立专门的网络安全管理及监督机构，加快各级网络安全专业人员配备；落实网络安全等级保护、关键信息基础设施安全保护和数据安全制度，加强网络安全审查、容灾备份、监测审计、态势感知、纵深防御、信任体系建设、供应链管理等工作；开展网络安全监测、风险评估和隐患排查治理，提高网络安全监测分析与应急处置能力。

第四十二条　电力企业应当强化电力监控系统安全防护，完善结构安全、本体安全和基础设施安全，逐步推广安全免疫。电力企业应当开展电力监控系统安全防护评估，并将其纳入电力系统安全评价体系。电力调度机构应当加强对直接调度范围内的发电厂涉网部分电力监控系统安全防护的技术监督。

第四十三条　电力用户是其产权内配用电系统和设备网络安全责任主体，应当根据国家有关规定和标准开展网络安全防护，预防网络安全事件，防止对公用电网造成影响。电力企业应当在并网协议中明确网络安全相关要求并监督落实。

第四十四条　国家能源局依法依规履行电力行业网络安全监督管理职责，地方各级人民政府有关部门按照法律、行政法规和国务院的规定，履行网络安全属地监督管理职责，国家能源局派出机构根据授权开展网络安全监督管理工作。

第八章　信　息　管　理

第四十五条　电力可靠性信息实行统一管理、分级负责。国家能源局负责全国电力可靠性信息的统计、分析、发布和核查，国家能源局派出机构负责辖区内电力可靠性信息分析、发布和核查。

根据工作需要，国家能源局及其派出机构可以委托行业协会、科研单位及技术咨询机构等协助开展电力可靠性信息统计分析、预测、评估、评价等工作。

第四十六条　国家能源局应当建立电力可靠性监督管理信息系统，实施全国范围内电力可靠性信息注册、报送、分析、评价、应用、核查等监督管理工作，通过电力可靠性监督管理信息系统实时向国家能源局派出机构、省级政府能源管理部门和电力运行管理部门推送辖区内电力可靠性信息。

第四十七条　电力企业应当建立电力可靠性信息报送机制和校核制度，准确、及时、完整报送电力可靠性信息。供电企业应当按国家有关规定定期公布供电可靠性指标。

第四十八条　电力企业应当通过电力可靠性监督管理信息系统向国家能源局报送以下电力可靠性信息：

（一）发电设备可靠性信息，包括100MW及以上容量火力发电机组、300MW及以上容量核电机组常规岛、50MW及以上容量水力发电机组的可靠性信息，总装机50MW及以上容量风力发电场、10MW及以上集中式太阳能发电站的可靠性信息；

（二）输变电设备可靠性信息，包括110(66)kV及以上电压等级输变电设备可靠性信息；

（三）直流输电系统可靠性信息，包括±120kV及以上电压等级直流输电系统可靠性信息；

（四）供电可靠性信息，包括35kV及以下电压等级供电系统用户可靠性信息；

（五）其他电力可靠性信息。

第四十九条　电力可靠性信息报送应当符合下列期限要求：

（一）每月8日前报送上月火力发电机组主要设备、核电机组、水力发电机组、输变电设备、直流输电系统以及供电系统用户可靠性信息；

（二）每季度首月12日前报送上一季度发电机组辅助设备、风力发电场和太阳能发电站的可靠性信息。

第五十条　电力企业应当于每年2月15日前将上一年度电力可靠性管理和技术分析报告报送所在地国家能源局派出机构、省级政府能源管理部门和电力运行管理部门；中央电力企业总部于每年3月1日前报送国家能源局。

省级电网企业应当于每年1月将上一年度电力系统可靠性的评估和本年度的预测情况，报国家能源局派出机构、省级政府能源管理部门和电力运行管理部门；中央电网企业总部于每年2月报送国家能源局。系统稳定破坏事件、非计划停运事件、停电事件的等级分类、信息报送内容和程序由国家能源局另行规定。

第五十一条 国家能源局应当定期发布电力可靠性指标。

第五十二条 电力可靠性监督管理信息系统中的原始信息、统计分析信息及年度电力可靠性评价、评估、预测结果等须按程序经国家能源局审核后对外发布或使用。

第九章 监 督 管 理

第五十三条 国家能源局负责以下电力可靠性监督管理工作：

（一）研究起草电力可靠性监督管理规章、制定电力可靠性监督管理规范性文件和电力可靠性行业技术标准，并组织实施；

（二）建立健全电力可靠性监督管理工作体系；

（三）对国家能源局派出机构、地方政府能源管理部门和电力运行管理部门、电力企业、电力用户贯彻执行电力可靠性管理规章制度的情况进行监督管理；

（四）组织建立电力可靠性监督管理信息系统，统计分析电力可靠性信息，组织实施电力可靠性预测、评估和评价工作；

（五）组织开展电力可靠性管理工作检查、核查；

（六）发布电力可靠性指标和电力可靠性监管报告；

（七）对特别重大系统稳定破坏事件、特别重大非计划停运事件、特别重大停电事件进行分析、核查；

（八）推动电力可靠性理论研究和技术应用；

（九）组织电力可靠性技术和管理培训；

（十）开展电力可靠性国际交流与合作。

第五十四条 国家能源局派出机构负责辖区内以下电力可靠性监督管理工作：

（一）建立健全电力可靠性监督管理工作体系；

（二）对电力企业贯彻执行电力可靠性管理规章制度的情况进行监督管理；

（三）分析、发布可靠性信息，组织实施电力可靠性预测、评估和评价工作；

（四）开展电力可靠性管理工作检查、核查、处罚；

（五）对重大系统稳定破坏事件、重大非计划停运事件、重大停电事件进行分析、核查；

（六）监督指导电力企业排查治理电力可靠性管理中发现的风险和隐患；

（七）发布电力可靠性指标和电力可靠性监管报告。

第五十五条 地方政府能源管理部门和电力运行管理部门按各自职责负责辖区内以下电力可靠性监督管理工作：

（一）建立健全地方政府电力可靠性监督管理工作体系；

（二）对电力系统的充裕性进行监测协调和监督管理，保障电力供应；

（三）对电力用户贯彻执行电力可靠性管理规章制度的情况进行监督管理；

（四）组织落实国家乡村振兴、优化营商环境、电网升级改造等工作中相关电力可靠性要求；

（五）监督指导重要电力用户排查治理电力可靠性管理中发现的风险和隐患；

（六）支持和配合国家能源局派出机构开展相关电力可靠性监督管理工作。

第五十六条 国家能源局派出机构应当会同地方政府能源管理部门和电力运行管理部门建立电力可靠性联席协调机制，定期分析、通报电力供需和电网运行情况，协调解决电力供应和电力系统稳定运行面临的问题。

第五十七条 国家能源局及其派出机构、地方政府能源管理部门和电力运行管理部门对电力可靠性管理规章制度落实情况进行监督检查，可以采取以下措施：

（一）进入电力企业进行检查并询问相关人员，要求其对检查事项作出说明；

（二）查阅、复制与检查事项有关的文件、资料和信息。

第五十八条 国家能源局及其派出机构、地方政府能源管理部门和电力运行管理部门对电力企业报送的信息和报告存在疑问的，应当要求作出说明，可以开展现场核查。

第五十九条 任何单位和个人发现电力可靠性管理不到位或存在弄虚作假情况的，有权向国家能源局及其派出机构、地方政府能源管理部门和电力运行管理部门举报，国家能源局及其派出机构、地方政府能源管理部门和电力运行管理部门应当及时处理。

第十章 奖 惩 措 施

第六十条 鼓励电力企业、科研单位和电力用户等根据电力规划、建设、生产、供应、使用和设备制造等工作需要，研究、开发和采用先进的可靠性科学技术和管理方法，对取得显著成绩的单位和个人给予表彰奖励。

第六十一条　国家能源局及其派出机构、地方政府能源管理部门和电力运行管理部门未按照本办法实施电力可靠性监督管理有关工作并造成严重后果的，依法追究其责任。

第六十二条　电力企业有下列情形之一的，由国家能源局及其派出机构根据《电力监管条例》第三十四条的规定予以处罚：

（一）拒绝或者阻碍国家能源局及其派出机构从事电力可靠性监管工作的人员依法履行监管职责的；

（二）提供虚假或者隐瞒重要事实的电力可靠性信息的；

（三）供电企业未按照本办法规定定期披露其供电可靠性指标的。

第六十三条　国家能源局及其派出机构、地方政府能源管理部门和电力运行管理部门按照电力行业信用体系规定，对电力可靠性监督检查过程中产生的约谈、通报、奖励、处罚等记录依法依规进行归集、共享和公示，对相应的责任主体依法实施守信激励与失信惩戒。

第十一章　附　　则

第六十四条　本办法自 2022 年 6 月 1 日起施行，《电力可靠性监督管理办法》（国家电力监管委员会令第 24 号）同时废止。

国家发展改革委决定“修改、废止部分规章、行政规范性文件和一般政策性文件的决定”

国家发展改革委 2022 年 7 月 26 日发布第 51 号令，决定“修改、废止部分规章、行政规范性文件和一般政策性文件”，自 2022 年 9 月 1 日起施行。其中与工程建设及水电有关的部分列出如下（见附件 1 和附件 2）。

附件 1　　决定修改的规章、行政规范性文件、一般政策性文件目录（12 件）

序号	文件性质	文件名称	文号	修改内容	发文单位
5	行政规范性文件	关于印发重点流域水环境综合治理中央预算内投资计划管理办法的通知	发改地区规〔2017〕2136 号	1. 删除第五条第（四）项、第六条第（四）项中的“稽察和”。 2. 删除第七条第（二）项、第八条第（四）项中的“稽察、”。 3. 将第二十四条第一款修改为“各级发展改革部门要切实加强对项目的检查力度，采取督促自查、实地调研抽查、联合有关部门不定期检查等多种方式监管，深化现场检查。项目单位要主动接受并配合相关部门做好审查，如实提供项目相关文件资料和情况。省级发展改革委对于当年度投资计划项目，至少开展一次现场检查。对于检查和调度等发现的问题，要逐项督促整改，其中重大问题要及时报告国家发展改革委。” 4. 删除第二十六条第（六）项中的“或稽察”	国家发展改革委
6	一般政策性文件	关于颁发《电力发、送、变电工程基本建设项目竣工决算报告编制规程（试行）》的通知	能源经〔1992〕960 号	删除第十四条	能源部
7	一般政策性文件	关于我委办理工程建设项目审批（核准）时核准招标内容的意见	发改办法规〔2005〕824 号	1. 将第一条第（二）项修改为“其他有关司局负责本司局审批、核准项目招标内容的核准及督促落实。” 2. 删除第一条第（四）项“稽察办负责招标内容执行情况的稽察，并将稽察情况通报投资司、法规司和其他有关司局。” 3. 将第五条第（三）项修改为“有关司局核准招标内容后，应将包括招标内容核准意见的可行性研究报告、项目申请报告或者资金申请报告批复文件抄送投资司（一式五份）。”	国家发展改革委

附件 2 决定废止的规章、行政规范性文件、一般政策性文件目录（59 件）

序号	文件性质	文件名称	文号	发文单位
2	规章	国家重大建设项目稽察办法	国家发展计划委员会令 2000 年第 6 号	国家计委
7	行政规范性文件	大型灌区续建配套和节水改造项目建设管理办法	发改投资〔2007〕1291 号	国家发展改革委、水利部
9	行政规范性文件	关于印发新建大中型水库农村移民后期扶持人口核定登记暂行办法的通知	发改农经〔2007〕3718 号	国家发展改革委
47	一般政策性文件	“送电到乡”工程建设管理办法	计基础〔2002〕1969 号	国家计委
52	一般政策性文件	关于印发大中型灌区续建配套节水改造项目建设管理办法的通知	发改农经〔2015〕3139 号	国家发展改革委、水利部
57	一般政策性文件	关于印发《在项目稽察中推行“双随机、一公开”实施意见》的通知	发改稽察〔2016〕2667 号	国家发展改革委
59	一般政策性文件	关于印发《项目稽察“双随机、一公开”实施指南》的通知	发改办稽察〔2017〕1663 号	国家发展改革委

国家发展改革委、国家能源局印发加快建设全国统一电力市场体系的指导意见

国家发展改革委、国家能源局 2022 年 1 月 18 日以发改体改〔2022〕118 号文印发“加快建设全国统一电力市场体系的指导意见”，该“意见”全文如下。

加快建设全国统一电力市场体系的指导意见

党中央、国务院部署实施新一轮电力体制改革以来，我国电力市场建设稳步有序推进，多元竞争主体格局初步形成，市场在资源优化配置中作用明显增强，市场化交易电量比重大幅提升。同时，电力市场还存在体系不完整、功能不完善、交易规则不统一、跨省跨区交易存在市场壁垒等问题。为加快建设全国统一电力市场体系，实现电力资源在更大范围内共享互济和优化配置，提升电力系统稳定性和灵活调节能力，推动形成适合中国国情、有更强新能源消纳能力的新型电力系统，经国务院同意，现提出以下意见。

一、总体要求

（一）指导思想。以习近平新时代中国特色社会主义思想为指导，全面贯彻党的十九大和十九届历次全会精神，完整、准确、全面贯彻新发展理念，遵循电力运行规律和市场经济规律，适应碳达峰碳中和目标的新要求，更好统筹发展和安全，优化电力市场总体设计，健全多层次统一电力市场体系，统一交易规则和技术标准，破除市场壁垒，推进适应能源结构转型的电力市场机制建设，加快形成统一开放、竞争有序、安全高效、治理完善的电力市场体系。

（二）工作原则。

总体设计，稳步推进。做好电力市场功能结构的总体设计，实现不同层次市场的高效协同、有机衔接。坚持问题导向，积极稳妥推进市场建设，鼓励因地制宜开展探索。

支撑转型，安全可靠。完善体制机制，创新市场模式，促进新能源的投资、生产、交易、消纳，发挥电力市场对能源清洁低碳转型的支撑作用。协同推进市场建设与电网运行管理，防范市场建设风险，确保电力系统安全稳定运行。

立足国情，借鉴国际。立足我国能源资源禀赋、经济社会发展等实际国情，借鉴国际成熟电力市场建设经验，发挥国内市场优势，适应电力行业生产运行规律和发展需要，科学合理设计市场模式和路径。

统筹兼顾，做好衔接。统筹考虑企业和社会的电力成本承受能力，做好基本公共服务供给和电力市场建设的衔接，保障电力公共服务供给和居民、农业等用电价格相对稳定。

（三）总体目标。到 2025 年，全国统一电力市场

体系初步建成，国家市场与省（区、市）/区域市场协同运行，电力中长期、现货、辅助服务市场一体化设计、联合运营，跨省跨区资源市场化配置和绿色电力交易规模显著提高，有利于新能源、储能等发展的市场交易和价格机制初步形成。到2030年，全国统一电力市场体系基本建成，适应新型电力系统要求，国家市场与省（区、市）/区域市场联合运行，新能源全面参与市场交易，市场主体平等竞争、自主选择，电力资源在全国范围内得到进一步优化配置。

二、健全多层次统一电力市场体系

（一）加快建设国家电力市场。充分发挥北京、广州电力交易中心作用，完善电力交易平台运营管理和跨省跨区市场交易机制。根据电力基础设施建设布局和互联互通情况，研究推动适时组建全国电力交易中心，引入发电企业、售电公司、用户等市场主体和有关战略投资者，建立依法规范、权责分明的公司法人治理体系和运营机制；成立相应的市场管理委员会，完善议事协调和监督机制。

（二）稳步推进省（区、市）/区域电力市场建设。充分发挥省（区、市）市场在全国统一电力市场体系的基础作用，提高省域内电力资源配置效率，保障地方电力基本平衡。贯彻京津冀协同发展、长三角一体化、粤港澳大湾区建设等国家区域重大战略，鼓励建设相应的区域电力市场，开展跨省跨区电力中长期交易和调频、备用等辅助服务交易，优化区域电力资源配置。

（三）引导各层次电力市场协同运行。有序推动国家市场、省（区、市）/区域电力市场建设，加强不同层次市场的相互耦合、有序衔接。条件成熟时支持省（区、市）市场与国家市场融合发展，或多省（区、市）联合形成区域市场后再与国家市场融合发展。推动探索组建电力交易中心联营体，并建立完善的协同运行机制。

（四）有序推进跨省跨区市场间开放合作。在落实电网安全保供支撑电源电量的基础上，按照先增量、后存量原则，分类放开跨省跨区优先发电计划，推动将国家送电计划、地方政府送电协议转化为政府授权的中长期合同。建立多元市场主体参与跨省跨区交易的机制，鼓励支持发电企业与售电公司、用户等开展直接交易。加强跨省跨区与省内市场在经济责任、价格形成机制等方面的动态衔接。加快建立市场化的跨省跨区输电权分配和交易机制，最大程度利用跨省跨区富裕通道优化电力资源配置。

三、完善统一电力市场体系的功能

（一）持续推动电力中长期市场建设。进一步发挥中长期市场在平衡长期供需、稳定市场预期的基础作用。完善中长期合同市场化调整机制，缩短交易周期，提升交易频次，丰富交易品种，鼓励开展较长期限的中长期交易，规范中长期交易组织、合同签订等流程。推动市场主体通过市场交易方式在各层次市场形成分时段电量电价，更好拉大峰谷价差，引导用户削峰填谷。

（二）积极稳妥推进电力现货市场建设。引导现货市场更好发现电力实时价格，准确反映电能供需关系。组织实施好电力现货市场试点，支持具备条件的试点不间断运行，逐渐形成长期稳定运行的电力现货市场。推动各类优先发电主体、用户侧共同参与现货市场，加强现货交易与放开优先发用电计划、中长期交易的衔接，建立合理的费用疏导机制。

（三）持续完善电力辅助服务市场。推动电力辅助服务市场更好体现灵活调节性资源的市场价值，建立健全调频、备用等辅助服务市场，探索用户可调节负荷参与辅助服务交易，推动源网荷储一体化建设和多能互补协调运营，完善成本分摊和收益共享机制。统筹推进电力中长期、现货、辅助服务市场建设，加强市场间有序协调，在交易时序、市场准入、价格形成机制等方面做好衔接。

（四）培育多元竞争的市场主体。有序放开发用电计划，分类推动燃气、热电联产、新能源、核电等优先发电主体参与市场，分批次推动经营性用户全面参与市场，推动将优先发电、优先购电计划转化为政府授权的中长期合同。严格售电公司准入标准和条件，引导社会资本有序参与售电业务，发挥好电网企业和国有售电公司重要作用，健全确保供电可靠性的保底供电制度，鼓励售电公司创新商业模式，提供综合能源管理、负荷集成等增值服务。引导用户侧可调负荷资源、储能、分布式能源、新能源汽车等新型市场主体参与市场交易，充分激发和释放用户侧灵活调节能力。

四、健全统一电力市场体系的交易机制

（一）规范统一市场基本交易规则和技术标准。发展改革委、能源局组织有关方面制定市场准入退出、交易品种、交易时序、交易执行结算等基本交易规则，以及统一的交易技术标准和数据接口标准。各地组织省（区、市）电力交易中心依照基本交易规则制定本地交易细则。推动交易中心之间在技术和数据标准方面有效衔接、总体一致。

（二）完善电力价格形成机制。改革完善煤电价格市场化形成机制，完善电价传导机制，统一规范各地电力市场价格规则，有效平衡电力供需。有序推动工商业用户全部进入电力市场，确保居民、农业、公

益性事业等用电价格相对稳定。鼓励清洁取暖用户通过参与电力市场降低采暖成本。强化电网输配电准许收入监管，推动电网企业输配电业务和购售电业务分开核算，妥善处理政策性交叉补贴。提升跨省跨区输电价格机制灵活性，探索跨省跨区交易按最优路径组合等方式收取输电费用。

（三）做好市场化交易与调度运行的高效衔接。在保障电网安全运行和电力可靠供应的前提下，统筹优化电力市场运行与电网调度运行，健全完善电网企业相关业务流程和制度标准。加强电力交易中心与电网企业业务协同，推动规划、营销、计量、财务、调度等信息的互通共享。提升电网智能化水平，加强电力运行调度和安全管理，依法依规落实电力市场交易结果。

（四）加强信息共享和披露。推动全国电力市场主体注册信息共享。落实信息披露制度要求，规范披露流程，依法依规披露电网安全约束条件、跨省跨区可用输电能力等关键信息。建设统一信息披露平台，健全信息安全保障机制，确保电力运行信息安全可控。

五、加强电力统筹规划和科学监管

（一）健全适应市场化环境的电力规划体系。统筹可再生能源和常规电源规划布局，加强全国电力规划与地方电力规划、电源规划与电网规划、电力规划与市场建设之间的衔接，注重发挥市场价格信号对电力规划建设的引导作用。

（二）完善现代电力市场监管体制。提升对电力市场科学监管能力，加强监测预警，强化电力交易机构和调度机构的运营监控和风险防控责任，做好对电力市场信息披露情况的监督和评价。加强对电网企业自然垄断性业务的监管，健全电网公平开放监管制度，强化运行安全和服务质量评价。

（三）健全电力市场信用体系。健全市场主体自律和社会监督机制，完善电力市场信用评价体系，开展市场主体信用评价工作，推动分级分类监管，实现市场主体信用信息共享，健全守信激励和失信惩戒机制，构建以信用为基础的新型监管机制。

（四）完善电力应急保供机制。加快应急备用和调峰电源能力建设，建立健全成本回收机制，通过容量成本回收机制、辅助服务市场等实现合理经济补偿。健全市场应急处置机制，优先保障民生用电供应，确保电力供应安全。

六、构建适应新型电力系统的市场机制

（一）提升电力市场对高比例新能源的适应性。严格落实支持新能源发展的法律法规和政策措施，完善适应高比例新能源的市场机制，有序推动新能源参与电力市场交易，以市场化收益吸引社会资本，促进新能源可持续投资。建立与新能源特性相适应的中长期电力交易机制，引导新能源签订较长期限的中长期合同。鼓励新能源报量报价参与现货市场，对报价未中标电量不纳入弃风弃光电量考核。在现货市场内推动调峰服务，新能源比例较高的地区可探索引入爬坡等新型辅助服务。

（二）因地制宜建立发电容量成本回收机制。引导各地区根据实际情况，建立市场化的发电容量成本回收机制，探索容量补偿机制、容量市场、稀缺电价等多种方式，保障电源固定成本回收和长期电力供应安全。鼓励抽水蓄能、储能、虚拟电厂等调节电源的投资建设。

（三）探索开展绿色电力交易。创新体制机制，开展绿色电力交易试点，以市场化方式发现绿色电力的环境价值，体现绿色电力在交易组织、电网调度等方面的优先地位。引导有需求的用户直接购买绿色电力，推动电网企业优先执行绿色电力的直接交易结果。做好绿色电力交易与绿证交易、碳排放权交易的有效衔接。

（四）健全分布式发电市场化交易机制。鼓励分布式光伏、分散式风电等主体与周边用户直接交易，完善微电网、存量小电网、增量配电网与大电网间的交易结算、运行调度等机制，增强就近消纳新能源和安全运行能力。

七、加强组织实施

（一）强化组织落实。要始终坚持和加强党的领导，把党的领导贯穿全国统一电力市场体系建设全过程。要加强电力统筹规划、政策法规、科学监测等工作，科学指导电力规划和有效投资。发展改革委、能源局要加强对统一电力市场体系建设的总体指导，统筹考虑能源资源禀赋、电价水平、电网安全运行等条件，加强系统研究、协调推进，健全应急调控预案和保障供应机制，完善相关配套政策，强化组织协调、监督管理和风险防范。各省（区、市）政府要明确牵头部门和任务分工，按照总体部署扎实做好本地电力市场建设，推进综合协同监管。

（二）营造改革氛围。组织开展电力市场建设的专项研究培训，鼓励引导相关市场主体发挥各自优势，主动适应新型电力系统建设和市场化方向，积极参与电力市场建设。通过新闻发布会等形式，加强对全国统一电力市场体系建设的宣传引导和政策解读，凝聚电力市场发展共识，营造良好改革氛围。

（三）及时跟踪评估。电力交易机构和调度机构按照职责分工做好市场运行信息的记录、汇总、分析和披露等工作，及时准确反映电力市场运行状况。发展改革委、能源局对电力市场运行状况开展定期评估，及时总结经验，加强对各地电力市场建设的督促指导。

国家发展改革委等九部委局印发《“十四五”可再生能源发展规划》

2022年6月1日，国家发展改革委、国家能源局、财政部、自然资源部、生态环境部、住房城乡建设部、农业农村部、中国气象局、国家林业和草原局等9部委局以发改能源〔2021〕1445号文联合印发《“十四五”可再生能源发展规划》。该“规划”水电部分如下。

“十四五”可再生能源发展规划

前　言

当前，全球新一轮能源革命和科技革命深度演变、方兴未艾，大力发展可再生能源已经成为全球能源转型和应对气候变化的重大战略方向和一致宏大行动。加快发展可再生能源、实施可再生能源替代行动，是推进能源革命和构建清洁低碳、安全高效能源体系的重大举措，是保障国家能源安全的必然选择，是我国生态文明建设、可持续发展的客观要求，是构建人类命运共同体、践行应对气候变化自主贡献承诺的主导力量。

“十四五”时期是我国全面建成小康社会、实现第一个百年奋斗目标之后，乘势而上开启全面建设社会主义现代化国家新征程、向第二个百年奋斗目标进军的第一个五年，也是推动能源绿色低碳转型、落实应对气候变化国家自主贡献目标的攻坚期，我国可再生能源将进入全新的发展阶段。按照《中华人民共和国可再生能源法》要求，根据《中华人民共和国国民经济和社会发展第十四个五年规划和2035年远景目标纲要》和《“十四五”现代能源体系规划》，制订本规划。

一、发展基础和发展形势

（一）可再生能源发展取得显著成就

“十三五”期间，我国可再生能源实现跨越式发展，装机规模、利用水平、技术装备、产业竞争力迈上新台阶，取得了举世瞩目的成就，为可再生能源进一步高质量发展奠定了坚实基础。开发规模持续扩大。截至2020年底，我国可再生能源发电装机容量达到9.34亿kW，占发电总装机容量的42.5%，风电、光伏发电、水电、生物质发电装机容量分别达到2.8、2.5、3.4、0.3亿kW，连续多年稳居世界第一。

利用水平显著提升。2020年我国可再生能源利用总量达6.8亿t标准煤，占一次能源消费总量的13.6%。其中，可再生能源发电量2.2万亿kW·h，占全部发电量的29.1%，主要流域水电、风电、光伏发电利用率分别达到97%、97%、98%；可再生能源非电利用量约5000万t标准煤。

技术水平不断提高。水电具备百万千瓦级水轮机组自主设计制造能力，特高坝和大型地下洞室设计施工能力世界领先。陆上低风速风电技术国际一流，海上大容量风电机组技术保持国际同步。光伏技术快速迭代，多次刷新电池转换效率世界纪录，量产单晶硅、多晶硅电池平均转换效率分别达到22.8%和20.8%。

产业优势持续增强。水电产业优势明显，我国已成为全球水电建设的中坚力量。风电产业链完整，7家风电整机制造企业位列全球前十。光伏产业占据全球主导地位，多晶硅、硅片、电池片和组件分别占全球产量的76%、96%、83%和76%。全产业链集成制造有力推动我国可再生能源装备制造成本持续下降、国际竞争力持续增强。

政策体系日益完善。以可再生能源法为基础，可再生能源发电全额保障性收购管理办法出台，可再生能源电力消纳保障机制稳步实施，市场化竞争性配置有序推进，监测预警机制逐步完善，事中事后监管进一步加强，稳定了市场预期，调动了各类市场主体的积极性。

但也应该看到，虽然可再生能源发电增长较快，但在能源消费增量中的比重还低于国际平均水平；可再生能源规模化发展和高效消纳利用的矛盾仍然突出，新型电力系统亟待加快构建；制造成本下降较快，但非技术成本仍相对较高；可再生能源非电利用发展相对滞后；保障可再生能源高质量发展的体制机制有待进一步健全完善。

（二）可再生能源发展面临新形势

“十四五”及今后一段时期是世界能源转型的关键期，全球能源将加速向低碳、零碳方向演进，可再生能源将逐步成长为支撑经济社会发展的主力能源；我国将坚决落实碳达峰、碳中和目标任务，大力推进能源革命向纵深发展，我国可再生能源发展正处于大有可为的战略机遇期。

从国际看，大力发展可再生能源成为全球能源革命和应对气候变化的主导方向和一致行动。全球能源转型进程明显加快，以风电、光伏发电为代表的新能源呈现性能快速提高、经济性持续提升、应用规模加速扩张态势，形成了加快替代传统化石能源的世界潮流。过去五年，全球新增发电装机中可再生能源约占70%，全球新增发电量中可再生能源约占60%。各主要国家和地区纷纷提高应对气候变化自主贡献力度，进一步催生可再生能源大规模阶跃式发展新动能，推动可再生能源成为全球能源低碳转型的主导方向，预计2050年全球80%左右的电力消费来自可再生能源。科技创新高度活跃，新一代信息技术、新材料技术为可再生能源高效发展提供有力支撑，储能技术、精准天气预测技术、柔性输电技术、可中断工业负荷技术等持续进步，可再生能源与信息、交通、建筑等领域交叉融合，为可再生能源发展开辟了更加广阔的前景。能源系统形态加速迭代演进，分散化、扁平化、去中心化的趋势特征日益明显，传统能源生产和消费之间的界限逐步打破，为可再生能源营造了更加开放多元的发展环境。

从国内看，我国可再生能源发展面临新任务新要求，机遇前所未有，高质量跃升发展任重道远。我国经济长期向好，能源需求仍将持续增长，发展可再生能源是增强国家能源安全保障能力、逐步实现能源独立的必然选择。按照2035年生态环境根本好转、美丽中国建设目标基本实现的远景目标，发展可再生能源是我国生态文明建设、可持续发展的客观要求。我国承诺二氧化碳排放力争于2030年前达到峰值、努力争取2060年前实现碳中和，明确2030年风电和太阳能发电总装机容量达到12亿kW以上，对可再生能源发展提出了新任务、新要求。作为碳减排的重要举措，我国可再生能源将加快步入跃升发展新阶段，实现对化石能源的加速替代，成为积极应对气候变化、构建人类命运共同体的主导力量。我国风电和光伏发电技术持续进步、竞争力不断提升，正处于平价上网的历史性拐点，迎来成本优势凸显的重大机遇，将全面进入无补贴平价甚至低价市场化发展新时期。同时，我国可再生能源发展面临既要大规模开发、又要高水平消纳、更要保障电力安全可靠供应等多重挑战，必须加大力度解决高比例消纳、关键技术创新、稳定性可靠性等关键问题，可再生能源高质量发展的任务艰巨而繁重。

综合判断，“十四五”时期我国可再生能源将进入高质量跃升发展新阶段，呈现新特征：一是大规模发展，在跨越式发展基础上，进一步加快提高发电装机占比；二是高比例发展，由能源电力消费增量补充转为增量主体，在能源电力消费中的占比快速提升；三是市场化发展，由补贴支撑发展转为平价低价发展，由政策驱动发展转为市场驱动发展；四是高质量发展，既大规模开发、也高水平消纳、更保障电力稳定可靠供应。我国可再生能源将进一步引领能源生产和消费革命的主流方向，发挥能源绿色低碳转型的主导作用，为实现碳达峰、碳中和目标提供主力支撑。

二、指导方针和发展目标

（一）指导思想

以习近平新时代中国特色社会主义思想为指导，全面贯彻党的十九大和十九届历次全会精神，完整、准确、全面贯彻新发展理念，深入实施能源安全新战略，坚持稳中求进工作总基调，锚定碳达峰、碳中和目标，以高质量跃升发展为主题，以提质增效为主线，以改革创新为动力，坚持可再生能源优先发展、大力发展不动摇，以区域布局优化发展、以重大基地支撑发展、以示范工程引领发展、以行动计划落实发展，实施可再生能源替代行动，提高可再生能源消纳和存储能力，巩固提升可再生能源产业核心竞争力，加快构建新型电力系统，促进可再生能源大规模、高比例、市场化、高质量发展，有效支撑清洁低碳、安全高效的能源体系建设。

（二）基本原则

坚持创新驱动。把创新作为可再生能源发展的根本动力，着力推动可再生能源技术进步、成本下降、效率提升、体制完善，加快培育可再生能源新技术、新模式、新业态，持续提升可再生能源产业链供应链现代化水平，巩固提升可再生能源产业创新力和竞争力。

坚持多元迭代。优化发展方式，坚持集中式与分布式并举、陆上与海上并举、就地消纳与外送消纳并举、单品种开发与多品种互补并举、单一场景与综合场景并举，构建可再生能源多能互补、因地制宜、多元迭代发展新局面。

坚持系统观念。统筹电源与电网、可再生能源与传统化石能源、可再生能源开发与消纳的关系，加快构建新型电力系统，提升可再生能源消纳和存储能力，实现能源绿色低碳转型与安全可靠供应相统一。

坚持市场主导。落实“放管服”改革，健全市场机制，破除市场壁垒，营造公平开放、充分竞争的市场环境，充分发挥市场在资源配置中的决定性作用，更好发挥政府作用，调动全社会开发利用可再生能源的积极性，不断提升可再生能源自我发展、自主发展能力。

坚持生态优先。践行绿水青山就是金山银山的发展理念，把生态环境保护摆到更加突出的位置，贯穿到可再生能源规划建设全过程，充分发挥可再生能源的生态环境效益和生态治理效益，推动可再生能源开发利用与生态环境保护协调发展、相得益彰。

坚持协同融合。加强可再生能源与国土、环保、水利、财税、金融等政策协同，形成促进新时代可再生能源高质量发展的强大合力，推动可再生能源与新兴技术、新型城镇化、乡村振兴、新基建等深度融合，不断拓展可再生能源发展新领域、新场景。

（三）发展目标

1.2035 年远景目标

展望 2035 年，我国将基本实现社会主义现代化，碳排放达峰后稳中有降，在 2030 年非化石能源消费占比达到 25%左右和风电、太阳能发电总装机容量达到 12 亿 kW 以上的基础上，上述指标均进一步提高。可再生能源加速替代化石能源，新型电力系统取得实质性成效，可再生能源产业竞争力进一步巩固提升，基本建成清洁低碳、安全高效的能源体系。

2.“十四五”可再生能源发展主要目标

锚定碳达峰、碳中和与 2035 年远景目标，按照 2025 年非化石能源消费占比 20%左右任务要求，大力推动可再生能源发电开发利用，积极扩大可再生能源非电利用规模，“十四五”主要发展目标是：

——可再生能源总量目标。2025 年，可再生能源消费总量达到 10 亿 t 标准煤左右。“十四五”期间，可再生能源在一次能源消费增量中占比超过 50%。

——可再生能源发电目标。2025 年，可再生能源年发电量达到 3.3 万亿 kW·h 左右。“十四五”期间，可再生能源发电量增量在全社会用电量增量中的占比超过 50%，风电和太阳能发电量实现翻倍。

——可再生能源电力消纳目标。2025 年，全国可再生能源电力总量消纳责任权重达到 33%左右，可再生能源电力非水电消纳责任权重达到 18%左右，可再生能源利用率保持在合理水平。

——可再生能源非电利用目标。2025 年，地热能供暖、生物质供热、生物质燃料、太阳能热利用等非电利用规模达到 6000 万 t 标准煤以上。

专栏 1　2025 年可再生能源开发利用主要目标

类　别	单位	2020 年	2025 年	属性
1　可再生能源发电利用				
1.1　可再生能源电力总量消纳责任权重	%	28.8	33	预期性
1.2　非水电可再生能源电力消纳责任权重	%	11.4	18	预期性
1.3　可再生能源发电量	万亿 kW·h	2.21	3.3	预期性
2　可再生能源非电利用	万 t	—	6000	预期性
3　可再生能源利用总量	亿 t 标准煤	6.8	10	预期性

三、优化发展方式，大规模开发可再生能源

坚持生态优先、因地制宜、多元融合发展，在“三北”地区优化推动风电和光伏发电基地化规模化开发，在西南地区统筹推进水风光综合开发，在中东南部地区重点推动风电和光伏发电就地就近开发，在东部沿海地区积极推进海上风电集群化开发，稳步推动生物质能多元化开发，积极推动地热能规模化开发，稳妥推进海洋能示范化开发。

（一）大力推进风电和光伏发电基地化开发

在风能和太阳能资源禀赋较好、建设条件优越、具备持续规模化开发条件的地区，着力提升新能源就地消纳和外送能力，重点建设新疆、黄河上游、河西走廊、黄河几字弯、冀北、松辽、黄河下游新能源基地和海上风电基地集群。

统筹推进陆上风电和光伏发电基地建设。发挥区域市场优势，主要依托省级和区域电网消纳能力提升，创新开发利用方式，推进松辽、冀北、黄河下游等以就地消纳为主的大型风电和光伏发电基地建设。利用省内省外两个市场，依托既有和新增跨省跨区输电通道、火电“点对网”外送通道，推动光伏治沙、可再生能源制氢和多能互补开发，重点建设新疆、黄河上游、河西走廊、黄河几字弯等新能源基地。

加快推进以沙漠、戈壁、荒漠地区为重点的大型风电太阳能发电基地。以风光资源为依托、以区域电网为支撑、以输电通道为牵引、以高效消纳为目标，统筹优化风电光伏布局和支撑调节电源，在内蒙古、青海、甘肃等西部北部沙漠、戈壁、荒漠地区，加快建设一批生态友好、经济优越、体现国家战略和国家意志的大型风电光伏基地项目。依托已建跨省区输电通道和火电“点对网”输电通道，重点提升存量输电通道输电能力和新能源电量占比，多措并举增配风电

光伏基地。依托“十四五”期间建成投产和开工建设的重点输电通道，按照新增通道中可再生能源电量占比不低于50%的要求，配套建设风电光伏基地。依托“十四五”期间研究论证输电通道，规划建设风电光伏基地。创新发展方式和应用模式，建设一批就地消纳的风电光伏项目。发挥区域电网内资源时空互济能力，统筹区域电网调峰资源，打破省际电网消纳边界，加强送受两端协调，保障大型风电光伏基地消纳。

有序推进海上风电基地建设。开展省级海上风电规划制修订，同步开展规划环评，优化近海海上风电布局，鼓励地方政府出台支持政策，积极推动近海海上风电规模化发展。开展深远海海上风电规划，完善深远海海上风电开发建设管理，推动深远海海上风电技术创新和示范应用，探索集中送出和集中运维模式，积极推进深远海海上风电降本增效，开展深远海海上风电平价示范。探索推进具有海上能源资源供给转换枢纽特征的海上能源岛建设示范，建设海洋能、储能、制氢、海水淡化等多种能源资源转换利用一体化设施。加快推动海上风电集群化开发，重点建设山东半岛、长三角、闽南、粤东和北部湾五大海上风电基地。

专栏2 “十四五”重大陆上新能源基地
01 新疆新能源基地 结合哈密—郑州、准东—皖南特高压通道输电能力提升和哈密—重庆新规划外送通道建设，统筹本地消纳和外送消纳，在北疆以风电为主建设千万千瓦级的新能源基地；在南疆以光伏为主建设千万千瓦级的新能源基地，探索光伏治沙等新发展方式；在东疆风电、光伏发电、光热发电相结合，建设千万千瓦级新能源基地
02 黄河上游新能源基地 发挥黄河上游水电调节优势，重点在青海海西州、海南州等地区统筹推进光伏发电和风电基地化开发。在甘肃庆阳、白银等地区建设千万千瓦级风电光伏基地
03 河西走廊新能源基地 依托甘肃省内新能源消纳能力和酒泉—湖南特高压直流输电能力提升，有序推进酒泉风电基地二期后续风电项目建设，重点在河西地区新增布局若干个百万千瓦级的新能源基地
04 黄河几字弯新能源基地 依托宁夏—浙江、宁东—山东、上海庙—山东、蒙西—天津南、陕北—湖北等跨省跨区输电通道，结合黄河流域生态保护和高质量发展，有序推进配套新能源基地开发建设，推动传统能源基地向综合绿色能源基地转型，形成辐射地域广阔的新能源基地集群。重点在内蒙古西部阿拉善、巴彦淖尔、鄂尔多斯、包头，陕西榆林、延安、渭南，山西大同、忻州、朔州、运城，宁夏北部和东部地区布局建设新能源基地
05 冀北新能源基地 切实提高锡盟—山东、锡盟—泰州、张北—雄安等既有输电通道利用率和新能源电量占比，加快推进张家口可再生能源示范区建设，重点在张家口、承德、乌兰察布、锡盟等地区布局一批百万千瓦级新能源基地。“十四五”期间，重点推进河北地区张家口可再生能源示范区、承德风电基地三期建设；推进内蒙古锡盟特高压通道和火电“点对网”通道增配新能源基地建设，继续推进乌兰察布风电基地建设
06 松辽新能源基地 推进黑龙江大庆可再生能源综合应用示范区建设和哈尔滨、佳木斯等地区新能源基地建设；在吉林结合本地负荷增长、扎鲁特—青州特高压通道外送能力提升等，推动白城、松原、四平新能源基地（陆上风光三峡）开发建设；在辽西北铁岭、朝阳、阜新等地区结合工矿废弃土地修复、乡村振兴及光伏治沙开展新能源项目建设；在蒙东地区结合通辽、赤峰本地负荷增长以及扎鲁特—青州输电通道外送能力提升，推动新能源基地建设
07 黄河下游绿色能源廊道 在河南、山东的黄河下游干支流及周边区域，集中规划实施一批风电、光伏发电规模化应用工程。在河南洛阳、新乡、商丘、平顶山等地区重点推进风电开发；在山东滨州、潍坊等鲁北地区利用丰富的盐碱滩涂地等未利用土地资源，推动新能源与储能等融合发展

专栏 3　“十四五”海上风电开发建设重点
01　海上风电基地集群 推动山东半岛、长三角、闽南、粤东、北部湾等千万千瓦级海上风电基地开发建设，推进一批百万千瓦级的重点项目集中连片开发，结合基地开发建设推进深远海海上风电平价示范和海上能源岛示范工程
02　深远海海上风电平价示范 推进漂浮式风电机组基础、远海柔性直流输电技术创新和示范应用，力争“十四五”期间开工建设我国首个漂浮式商业化海上风电项目。在广东、广西、福建、山东、江苏、浙江、上海等资源和建设条件好的区域，结合基地项目建设，推动一批百万千瓦级深远海海上风电示范工程开工建设，2025 年前力争建成一至两个平价海上风电场工程
03　海上能源岛示范 结合山东半岛、长三角、闽南、粤东和北部湾等重点风电基地开发，融合区域储能、海水淡化、海洋养殖等发展需求，在基地内或附近配套建设 1～2 个海上能源岛示范工程
04　海上风电与海洋油气田深度融合发展示范 统筹海上风电与油气田开发，形成海上风电与油气田区域电力系统互补供电模式，逐步实现海上风电与海洋油气产业融合发展

（二）积极推进风电和光伏发电分布式开发

积极推动风电分布式就近开发。在工业园区、经济开发区、油气矿区及周边地区，积极推进风电分散式开发。重点推广应用低风速风电技术，合理利用荒山丘陵、沿海滩涂等土地资源，在符合区域生态环境保护要求的前提下，因地制宜推进中东南部风电就地就近开发。创新风电投资建设模式和土地利用机制，实施“千乡万村驭风行动”，大力推进乡村风电开发。积极推进资源优质地区老旧风电机组升级改造，提升风能利用效率。

大力推动光伏发电多场景融合开发。全面推进分布式光伏开发，重点推进工业园区、经济开发区、公共建筑等屋顶光伏开发利用行动，在新建厂房和公共建筑积极推进光伏建筑一体化开发，实施“千家万户沐光行动”，规范有序推进整县（区）屋顶分布式光伏开发，建设光伏新村。积极推进“光伏＋”综合利用行动，鼓励农（牧）光互补、渔光互补等复合开发模式，推动光伏发电与 5G 基站、大数据中心等信息产业融合发展，推动光伏在新能源汽车充电桩、铁路沿线设施、高速公路服务区及沿线等交通领域应用，因地制宜开展光伏廊道示范。推进光伏电站开发建设，优先利用采煤沉陷区、矿山排土场等工矿废弃土地及油气矿区建设光伏电站。积极推动老旧光伏电站技改升级行动，提升发电效益。

专栏 4　风电和光伏发电分布式开发
01　城镇屋顶光伏行动 重点推动可利用屋顶面积充裕、电网接入和消纳条件好的政府大楼、交通枢纽、学校医院、工业园区等建筑屋顶，发展“自发自用、余电上网”的分布式光伏发电，提高建筑屋顶分布式光伏覆盖率。“十四五”期间，新建工业园区、新增大型公共建筑分布式光伏安装率达到 50%以上
02　“光伏＋”综合利用行动 推动农光互补、渔光互补等光伏发电复合开发，在新能源汽车充电桩、高速铁路沿线设施、高速公路服务区等交通领域和 5G 基站、数据中心等信息产业领域推动“光伏＋”综合利用
03　千乡万村驭风行动 以县域为单元大力推动乡村风电建设，推动 100 个左右的县、10000 个左右的行政村乡村风电开发
04　千家万户沐光行动 结合乡村振兴战略，统筹农村具备条件的屋顶或统筹安排村集体集中场地开展分布式光伏建设，建成 1000 个左右光伏示范村
05　新能源电站升级改造行动 在风光资源禀赋优越区域，推进已达或临近寿命期的风电和光伏发电设备退役改造，提升装机容量、发电效率和电站经济性。因地制宜推进受环保约束与经济性提升要求需提早退役的风电机组和光伏电站升级改造，理顺相关政策与管理机制，推动有序发展
06　光伏廊道示范 重点利用铁路边坡、高速公路、主干渠道、园区道路和农村道路两侧用地范围外的空闲土地资源，推进分布式光伏或小型集中式光伏开发建设，拓展光伏应用场景，推进光伏发电与生态环保、文化旅游相结合

（三）统筹推进水风光综合基地一体化开发

科学有序推进大型水电基地建设。推进前期工作，实施雅鲁藏布江下游水电开发。做好金沙江中上游等主要河流战略性工程和控制性水库的勘测设计工作，按照生态优先、统筹考虑、适度开发、确保底线原则，进一步优化工程建设方案。积极推动金沙江岗托、奔子栏、龙盘，雅砻江牙根二级，大渡河丹巴等水电站前期工作。推动工程建设，实现金沙江乌东德、白鹤滩，雅砻江两河口等水电站按期投产；推进金沙江拉哇、大渡河双江口等水电站建设；重点开工建设金沙江旭龙、雅砻江孟底沟、黄河羊曲等水电站。落实网源衔接，推进白鹤滩送电江苏、浙江输电通道建成投产，推进金沙江上游送电湖北等水电基地外送输电通道开工建设。加强四川等地的电网网架结构，提升丰水期通道输电能力，保障水电丰水期送出。

积极推进大型水电站优化升级，发挥水电调节潜力。充分发挥水电既有调峰潜力，在保护生态的前提下，进一步提升水电灵活调节能力，支撑风电和光伏发电大规模开发。在中东部及西部地区，适应新能源的大规模发展，对已建、在建水电机组进行增容改造。科学推进金沙江、雅砻江、大渡河、乌江、红水河、黄河上游等主要水电基地扩机。

做好生态环境保护与移民安置。继续做好水电规划环境影响评价和项目环境影响评价，加强保护措施效果跟踪监测，推进环境影响跟踪评价，持续改进和提升生态环境保护措施及其运行效果。建立健全移民、地方、企业共享水电开发利益的长效机制，充分发挥水电开发的经济效益和社会效益，推动库区发展、移民收益与电站效益结合，增强库区发展动力，构筑水电开发共建、共享、共赢的新局面。

依托西南水电基地统筹推进水风光综合基地开发建设。做好主要流域周边风能、太阳能资源勘查，依托已建成水电、“十四五”期间新投产水电调节能力和水电外送通道，推进“十四五”期间水风光综合基地统筹开发。针对前期和规划水电项目，按照建设水风光综合基地为导向，统筹进行水风光综合开发前期工作。统筹水电和新能源开发时序，做好风电和光伏发电开发及电网接入，明确风电和光伏发电消纳市场，完善水风光综合基地的资源开发、市场交易和调度运行机制，推进川滇黔桂、藏东南水风光综合基地开发建设。

专栏5 “十四五”水风光综合基地
01　川滇黔桂水风光综合基地 依托水电调节能力及外送通道，重点推进金沙江上游川藏段（四川侧）和川滇段、金沙江中下游、大渡河、雅砻江、乌江、红水河等水风光基地综合开发
02　藏东南水风光综合基地 “十四五”期间，重点推进金沙江上游川藏段（西藏侧）、雅鲁藏布江下游等水风光基地综合开发。中长期依托西藏地区水电大规模开发，持续推进西藏主要流域水风光综合基地规划论证和统筹建设

（四）稳步推进生物质能多元化开发

稳步发展生物质发电。优化生物质发电开发布局，稳步发展城镇生活垃圾焚烧发电，有序发展农林生物质发电和沼气发电，探索生物质发电与碳捕集、利用与封存相结合的发展潜力和示范研究。有序发展生物质热电联产，因地制宜加快生物质发电向热电联产转型升级，为具备资源条件的县城、人口集中的乡村提供民用供暖，为中小工业园区集中供热。开展生物质发电市场化示范，完善区域垃圾焚烧处理收费制度，还原生物质发电环境价值。

积极发展生物质能清洁供暖。合理发展以农林生物质、生物质成型燃料等为主的生物质锅炉供暖，鼓励采用大中型锅炉，在城镇等人口聚集区进行集中供暖，开展农林生物质供暖供热示范。在大气污染防治非重点地区乡村，可按照就地取材原则，因地制宜推广户用成型燃料炉具供暖。

加快发展生物天然气。在粮食主产区、林业三剩物富集区、畜禽养殖集中区等种植养殖大县，以县域为单元建立产业体系，积极开展生物天然气示范。统筹规划建设年产千万立方米级的生物天然气工程，形成并入城市燃气管网以及车辆用气、锅炉燃料、发电等多元应用模式。

大力发展非粮生物质液体燃料。积极发展纤维素等非粮燃料乙醇，鼓励开展醇、电、气、肥等多联产示范。支持生物柴油、生物航空煤油等领域先进技术装备研发和推广使用。

（五）积极推进地热能规模化开发

积极推进中深层地热能供暖制冷。结合资源情况和市场需求，在北方地区大力推进中深层地热能供暖，因地制宜选择“取热不耗水、完全同层回灌”或“密封式、井下换热”技术，最大程度减少对地下土壤、岩层和水体的干扰。探索新型管理技术和市场运

专栏 6 生物质能多元化开发

01 生物天然气示范

在河北、山东、河南、安徽、内蒙古、吉林、新疆等有机废弃物丰富、禽畜粪污处理紧迫、用气需求量大的区域，开展生物天然气示范县建设，每县推进 1～3 个年产千万立方米级的生物天然气工程，带动农村有机废弃物处理、有机肥生产和消费、清洁燃气利用的循环产业体系建立

02 生物质发电市场化示范

在长三角、珠三角等经济发达、垃圾处理收费基础好的地区优先试点，开展生活垃圾焚烧发电市场化运行示范，示范区内新核准垃圾焚烧发电项目上网电价参考当地燃煤发电基准价实行竞争性电价机制

03 生物质能清洁供暖示范

在华北、东北、华中等乡村地区开展生物质能清洁供暖试点示范，坚持因地制宜，推广“生物质成型燃料＋户用炉具”、集中式生物质锅炉供暖等不同类型应用

营模式，鼓励采取地热区块整体开发方式，推广“地热能＋”多能互补的供暖形式。推动中深层地热能供暖集中规划、统一开发，鼓励开展地热能与旅游业、种养殖业及工业等产业的综合利用。加强中深层地热能制冷研究，积极探索东南沿海中深层地热能制冷技术应用。

全面推进浅层地热能开发。重点在具有供暖制冷双需求的华北平原、长江经济带等地区，优先发展土壤源热泵，积极发展再生水源热泵，适度发展地表水源热泵，扩大浅层地热能开发利用规模。满足南方地区不断增长的供暖需求，大力推进云贵等高寒地区地热能开发利用。

有序推动地热能发电发展。在西藏、青海、四川等地区推动高温地热能发电发展，支持干热岩与增强型地热能发电等先进技术示范。在东中部等中低温地热资源富集地区，因地制宜推进中低温地热能发电。支持地热能发电与其他可再生能源一体化发展。

专栏 7 地热能规模化开发重点

01 中深层地热能开发

大力推进华北平原、汾渭平原、松辽平原、鄂尔多斯盆地等地区水热型地热供暖开发，重点推动河南千万平方米级中深层地热供暖规模化利用。鼓励利用不同地热资源品位，开展中深层地热能供暖利用模式和应用范围示范，探索有利于地热能开发利用的新型管理技术和市场运营模式

02 浅层地热能开发

在满足土壤热平衡情况下，积极采用地埋管地源热泵供暖供冷；在确保 100%回灌的前提下，积极稳妥推广地下水源热泵供暖供冷；对地表水资源丰富的长江中下游区域，积极发展地表水源热泵供暖供冷；大力推进云贵高寒地区地热能利用。在京津冀晋鲁豫以及长江流域地区，结合供暖（制冷）需求因地制宜推进浅层地热能开发，推进浅层地热能集群化利用示范

（六）稳妥推进海洋能示范化开发

稳步发展潮汐能发电。优先支持具有一定工作基础、站址优良的潮汐能电站建设，推动万千瓦级潮汐能示范电站建设。开展潟湖式、动态潮汐能技术等环境友好型新型潮汐能技术示范，开展具备综合利用前景的潮汐能综合开发工程示范。

开展潮流能和波浪能示范。继续实施潮流能示范工程，积极推进兆瓦级潮流能发电机组应用，开展潮流能独立供电示范应用。探索推进波浪能发电示范工程建设，推动多种形式的波浪能发电装置应用。

探索开发海岛可再生能源。结合“生态岛礁”工程，选择有电力需求、可再生能源资源丰富的海岛，开展海岛可再生能源多能互补示范，探索海洋能在海岛多能互补电力系统的推广应用。

四、促进存储消纳，高比例利用可再生能源

加快建设可再生能源存储调节设施，强化多元化智能化电网基础设施支撑，提升新型电力系统对高比例可再生能源的适应能力。加强可再生能源发电终端直接利用，扩大可再生能源多元化非电利用规模，推动可再生能源规模化制氢利用，促进乡村可再生能源综合利用，多措并举提升可再生能源利用水平。

（一）提升可再生能源存储能力

加快推进抽水蓄能电站建设。开展各省（区、市）抽水蓄能电站需求论证，积极开展省级抽水蓄能资源调查行动，明确抽水蓄能电站的建设规模和布局，编制全国新一轮抽水蓄能中长期规划。大力推动项目建设，实现丰宁、长龙山等在建抽水蓄能电站按期投产；加快已纳入规划、条件成熟的大型抽水蓄能电站开工建设；加快纳入全国抽水蓄能电站中长期规划项目前期工作并力争开工。在新能源快速发展地区，因地制宜开展灵活分散的中小型抽水蓄能电站示范，扩大抽水蓄能发展规模。

推进黄河上游梯级电站大型储能试点项目建设。开展黄河上游梯级电站大型储能项目研究，解决工程技术问题，提升开发建设经济性。探索新能源发电抽水与梯级储能电站、流域梯级水电站的联合运行，创新运行机制。充分利用黄河上游已建成梯级水电站调节库容，推进龙羊峡—拉西瓦河段百万千瓦级梯级电站大型储能试点项目建设，支撑青海省新能源消纳和外送。

专栏8 “十四五”抽水蓄能电站开发建设重点

01 重点开工抽水蓄能项目

已批复电站：华北电网区域的河北滦平、徐水、灵寿，内蒙古美岱、乌海，山东泰安二期，山西浑源；东北电网区域的辽宁庄河、大雅河，黑龙江尚志；华东电网区域的浙江磐安、泰顺、天台、建德、桐庐，安徽桐城、宁国、岳西、石台、霍山，江苏连云港，福建云霄；华中电网区域的江西奉新、洪屏二期，河南鲁山，湖北大幕山、平坦原、紫云山，湖南安化；西南电网区域的重庆栗子湾；西北电网区域的甘肃昌马，青海哇让，宁夏牛首山；南方电网区域的广西南宁，贵州贵阳（石厂坝）、黔南（黄丝），海南羊林。

中长期规划电站：依据全国抽水蓄能电站中长期规划，积极推进纳规项目前期工作，加快推进具备条件的项目开工建设

02 抽水蓄能资源调查行动

坚持生态优先，避让生态保护红线、天然林和基本草原等管控因素，加大抽水蓄能电站选点工作力度，选择地形条件、工程地质、水文泥沙等建设条件合适、距高比等关键经济指标合理的抽水蓄能站点，按照能纳尽纳的原则，纳入中长期抽水蓄能发展规划

03 中小型抽水蓄能示范

统筹大规模电力送受、新能源渗透率不断提高等因素，在中东南部地区利用已建成的山谷水库和沿岸山顶地势，试点推进灵活分散的中小型抽水蓄能电站建设，提升区域新能源电力消纳能力。研究探索利用矿井等开展中小型抽水蓄能电站布局

有序推进长时储热型太阳能热发电发展。推进关键核心技术攻关，推动太阳能热发电成本明显下降。在青海、甘肃、新疆、内蒙古、吉林等资源优质区域，发挥太阳能热发电储能调节能力和系统支撑能力，建设长时储热型太阳能热发电项目，推动太阳能热发电与风电、光伏发电基地一体化建设运行，提升新能源发电的稳定性可靠性。

推动其他新型储能规模化应用。明确新型储能独立市场主体地位，完善储能参与各类电力市场的交易机制和技术标准，发挥储能调峰调频、应急备用、容量支撑等多元功能，促进储能在电源侧、电网侧和用户侧多场景应用。创新储能发展商业模式，明确储能价格形成机制，鼓励储能为可再生能源发电和电力用户提供各类调节服务。创新协同运行模式，有序推动储能与可再生能源协同发展，提升可再生能源消纳利用水平。

（二）促进可再生能源就地就近消纳

加强电网基础设施建设及智能化升级，提升电网对可再生能源的支撑保障能力。加强可再生能源富集地区电网配套工程及主网架建设，提升关键局部断面送出能力，支撑可再生能源在区域内统筹消纳。推动配电网扩容改造和智能化升级，提升配电网柔性开放接入能力、灵活控制能力和抗扰动能力，增强电网就地就近平衡能力，构建适应大规模分布式可再生能源并网和多元负荷需要的智能配电网。

提升可再生能源就地消纳能力。积极推进煤电灵活性改造，推动自备电厂主动参与调峰，在新能源资源富集地区合理布局一批天然气调峰电站，充分提升系统调节能力。优化电力调度运行，合理安排系统开机方式，动态调整各类电源发电计划，探索推进多种电源联合调度。引导区域电网内共享调峰和备用资源，创新调度运行与市场机制，促进可再生能源在区域电网内就地消纳。

（三）推动可再生能源外送消纳

加强送受端电网支撑，提升“三北”地区既有特高压输电通道新能源外送规模。强化送受端地区网架

结构，提升电网基础设施支撑能力，推动“三北”地区既有特高压交直流通道输电能力尽快达到设计水平。统筹配套一批风电和光伏发电基地，充分提升输电通道中新能源电量占比，扩大跨省跨区可再生能源消纳规模，持续提升存量特高压通道可再生能源电量输送比例。

提升基础设施利用率，推动既有火电“点对网”专用输电通道外送新能源。利用上都、托克托、锦界、府谷等火电“点对网”专用输电通道，就近布局风电和光伏发电项目，通过火电专用通道外送，推动传统单一煤电基地向风光火（储）一体化综合能源基地转型。优化新建通道布局，推动可再生能源跨省跨区消纳。加快建设白鹤滩至华东、金沙江上游至湖北特高压输电通道，在确保水电外送的基础上，扩大风电和光伏发电外送规模。加快建设陕北至湖北、哈密至重庆、陇东至山东等特高压直流输电通道建设，提升配套火电深度调峰能力，在送端区域内统筹布局风电和光伏发电基地，可再生能源电量占比原则上不低于50%。

（四）加强可再生能源多元直接利用

推动可再生能源发电在终端直接应用。在工业园区、大型生产企业和大数据中心等周边地区，因地制宜开展新能源电力专线供电，建设新能源自备电站，推动绿色电力直接供应和对燃煤自备电厂替代，建设一批绿色直供电示范工厂和示范园区，开展发供用高比例新能源示范。结合增量配电网试点，积极发展以可再生能源为主的微电网、直流配电网，扩大分布式可再生能源终端直接应用规模。在边远地区，结合新型储能，构建基于高比例可再生能源的独立供电系统，推动可再生能源直接应用。

扩大可再生能源非电直接利用规模。做好区域可再生能源供暖与国土空间规划、城市规划等的衔接，在北方清洁供暖中因地制宜优先利用可再生能源供暖，在具备条件的地区开展规模化可再生能源供暖行动。在城镇新区推动可再生能源供暖与天然气、电力等其他清洁供暖方式的耦合集成，示范建设以可再生能源供暖为主的多能互补供暖体系。持续推进燃料乙醇、生物柴油等清洁液体燃料商业化应用，在科学研究动力和安全性能的基础上，扩大在重型道路交通、航空和航运中对汽油柴油的规模化替代。提高燃气、热力管网等基础设施对可再生能源应用的兼容性，加快完善相关标准，探索推动地热能集中供暖纳入城镇供热管网、生物天然气并入城乡燃气管网。

开展高比例可再生能源应用示范。在学校医院、机场车站、工业园区等区域，推动可再生能源与终端冷热水电气等集成耦合利用，促进可再生能源技术融合、应用方式和体制机制等创新，建设高度自平衡的可再生能源局域能源网，实现高比例可再生能源自产自用。在可再生能源资源富集、体制机制创新先行先试地区等，扩大分布式能源接入和应用规模，以县域为单位统筹可再生能源开发利用，创新可再生能源全产业链开发利用合作模式，因地制宜创建绿色能源示范县（园）。继续推进清洁能源示范省建设，推动可再生能源资源丰富地区率先实现碳达峰，并在支撑全国能源清洁低碳转型中发挥更大作用，推动中东部能源消费集中的地区显著提升可再生能源消费比重。

专栏9 可再生能源多元直接利用

01 可再生能源规模化供热行动

推动建筑领域、工业领域可再生能源供热，开展生物质替代城镇燃料工程。统筹规划、建设和改造供热基础设施，建立可再生能源与传统能源协同互补、梯级利用的供热体系

02 发供用高比例新能源示范

在有条件的地区，利用新能源直供电、风光氢储耦合、柔性负荷等技术，通过开发利用模式创新，推动新能源开发、输送与终端消费的一体化融合，打造发供用高比例新能源示范，实现新能源电力消费占比达到70%以上

03 绿色能源示范县（园）

选择国际合作生态园、国家经济开发区、省级产业园区等示范带动作用显著的园区，开展区域内新增能源消费100%由可再生能源供给的绿色能源园区示范

04 清洁能源示范省

继续推进清洁能源示范省建设，推动四川、宁夏、甘肃、青海等可再生能源资源丰富地区进一步提升可再生能源消费占比，争取率先实现碳达峰，增强可再生能源供给能力。推动浙江等中东部能源消费集中的地区，创新体制机制，挖掘省内可再生能源资源潜力，扩大外部调入规模，显著提升可再生能源消费比重

（五）推动可再生能源规模化制氢利用

开展规模化可再生能源制氢示范。在可再生能源发电成本低、氢能储输用产业发展条件较好的地区，推进可再生能源发电制氢产业化发展，打造规模化的绿氢生产基地。

推进化工、煤矿、交通等重点领域绿氢替代。推广燃料电池在工矿区、港区、船舶、重点产业园区等示范应用，统筹推进绿氢终端供应设施和能力建设，提高交通领域绿氢使用比例。在可再生能源资源丰富、现代煤化工或石油化工产业基础好的地区，重点开展能源化工基地绿氢替代。积极探索氢气在冶金化工领域的替代应用，降低冶金化工领域化石能源消耗。

专栏 10　可再生能源规模化制氢利用
创新可再生能源利用方式，开展大规模离网制氢示范和并网型风光制氢示范

（六）扩大乡村可再生能源综合利用

加快构建以可再生能源为基础的乡村清洁能源利用体系。利用建筑屋顶、院落空地、田间地头、设施农业、集体闲置土地等推进风电和光伏发电分布式发展，提升乡村就地绿色供电能力。继续实施北方地区清洁取暖工程，因地制宜推动生物质能、地热能、太阳能、电能供暖，完善产业基础，构建县域内城乡融合的多能互补清洁供暖体系。提高农林废弃物、畜禽粪便的资源化利用率，发展生物天然气和沼气，助力农村人居环境整治提升。推动乡村能源技术和体制创新，促进乡村可再生能源充分开发和就地消纳，建立经济可持续的乡村清洁能源开发利用模式。开展村镇新能源微能网示范，扩大乡村绿色能源消费市场，提升乡村用能清洁化、电气化水平，支撑生态宜居美丽乡村建设。

持续推进农村电网巩固提升。加大农村电网基础设施投入，加快实施农村电网巩固提升工程，聚焦脱贫地区等农村电网薄弱环节，加快消除农村电力基础设施短板，提升农村电网供电可靠性。全面提升乡村电气化水平，建设满足大规模分布式可再生能源接入、电动汽车下乡等发展需要的县域内城乡互联配电网，筑牢乡村振兴电气化基础。

专栏 11　乡村可再生能源综合利用
01　乡村能源站行动 在居住分散、集中供暖供气困难、可再生能源资源丰富的乡村地区，建设以生物质成型燃料加工站为主的乡村能源站；在人口规模较大、具备集中供暖条件的乡村地区，建设以生物质锅炉、地热能等为主的乡村能源站，实现当地可再生能源资源集约开发和高效运营管理
02　农村电网巩固提升行动 加快西部及脱贫地区，特别是国家乡村振兴重点地区及革命老区的农村电网巩固提升工程。推进中东部地区城乡供电服务均等化进程，加快提升农村电网信息化、自动化、智能化水平，筑牢乡村振兴电气化基础
03　村镇新能源微能网示范 在有条件的区域结合当地资源及用能特点，以村镇为单元，综合利用新能源和各类能源新技术，构建以风、光、生物质为主，储能、天然气为辅，高度自给的新能源微能网

提升乡村可再生能源普遍服务水平。统筹乡村可再生能源发展与乡村集体经济，通过集体土地作价入股、收益共享等机制，培育乡村能源合作社等新型集体经济模式，支持乡村振兴。强化县域可再生能源开发利用综合服务能力，积极开展乡村能源站行动，建设具备分布式可再生能源诊断检修、电动汽车充换电服务、生物质成型燃料加工等能力的乡村能源站，培养专业化服务队伍，提高乡村能源公共服务能力。结合数字乡村建设工程，推动城乡可再生能源数字化、智能化水平同步发展，推进可再生能源与农业农村生产经营深度融合，提升乡村智慧用能水平。积极探索能源服务商业模式和运行机制，引导鼓励社会主体参与，壮大乡村能源队伍，构建功能齐全、上下联动、自我发展的乡村可再生能源服务体系。

五、坚持创新驱动，高质量发展可再生能源

布局前沿方向，激发创新活力，完善可再生能源创新链，加大可再生能源关键技术攻关力度，加快培育新模式新业态，提高产业链现代化水平，提升供应链弹性韧性，持续巩固提升我国可再生能源产业竞争力。

（一）加大可再生能源技术创新攻关力度

推行“揭榜挂帅”“赛马制”等创新机制，提升新型电力系统稳定性可靠性。改善新能源发电涉网性能，提高风能、太阳能资源预报准确度和

风电、光伏发电功率预测精度，提升风电、光伏发电主动支撑能力和适应电力系统扰动的能力。加大新型电力系统关键技术研究与推广应用，提升系统智能化水平，创新高比例可再生能源、高比例电力电子装置的电力系统稳定理论、规划方法和运行控制技术，提升系统安全稳定运行水平。研究建立电力应急保障体系，合理配置长时新型储能，优化系统风光水火储发展结构，提高多元互济能力，提高气象灾害预警精度，提升电力可靠供应裕度和应急保障能力。

专栏 12 可再生能源技术创新示范

01 深远海风电技术

支持大容量风电机组由近（海）及远（海）应用，开展海上新型漂浮式基础风电机组示范，推进新型基础的使用，提升海上风电柔性直流输电技术，推动海上风电运维数字化、智能化发展

02 光伏发电户外实证

结合不同地区气候特点，在寒温、暖温、高原、湿热等典型气候地区进行光伏发电实证基地建设，开展光伏关键部件及系统实证研究，为光伏产业升级提供支撑

03 新型高效光伏电池技术

开展新型高效晶硅电池、钙钛矿电池等先进高效电池技术应用示范，以规模化市场推动前沿技术发展，持续推进光伏发电技术进步、产业升级

04 地热能发电技术

研发大容量高效地热型蒸汽轮机设备；研发单机容量兆瓦级以上规模的地热发电系统关键设备及系统集成技术，并开展示范

05 中深层地热供暖技术

开发中深层水热型地热开采模拟软件，攻关砂岩地层尾水回灌技术，研究降低钻井成本、提高深埋管传热效率技术，实现气举反循环钻进工艺在中深含水层储能成井方面的应用，实现防腐蚀井管和滤水管成井工艺应用，研发地下水抽灌系统的防垢和除垢系统

加强可再生能源前沿技术和核心技术装备攻关。加强前瞻性研究，加快可再生能源前沿性、颠覆性开发利用技术攻关。重点开展超大型海上风电机组研制、高海拔大功率风电机组关键技术研究，开展光伏发电户外实证示范，掌握钙钛矿等新一代高效低成本光伏电池制备及产业化生产技术，突破适用于可再生能源灵活制氢的电解水制氢设备关键技术，研发储备钠离子电池、液态金属电池、固态锂离子电池、金属空气电池、锂硫电池等高能量密度储能技术。推进大容量风电机组创新突破；突破生物天然气原料预处理、消化、利用等全产业链关键技术；推进适用于可再生能源制氢的新型电解水设备研制；加快大容量、高密度、高安全、低成本新型储能装置研制。

持续推进可再生能源工程技术创新及应用。以重大工程为依托，推动水电特殊地质条件地区地基处理与筑坝技术研究，突破高水头大容量水轮发电机组制造技术。重点推进深远海海域海上风电勘察、施工、输电、运维新技术研究和应用。推进光热发电工程施工技术与配套装备创新，研发光热电站集成技术。支持干热岩开发技术、高温地热发电技术的研究与应用，开展中深层地热供暖技术创新。

（二）培育可再生能源发展新模式新业态

推动可再生能源智慧化发展。推动可再生能源与人工智能、物联网、区块链等新兴技术深度融合，发展智能化、联网化、共享化的可再生能源生产和消费新模式。推广新能源云平台应用，汇聚能源全产业链信息，推动能源领域数字经济发展。

大力发展综合能源服务。依托智能配电网、城镇燃气网、热力管网等能源网络，综合可再生能源、储能、柔性网络等先进能源技术和互联通信技术，推动分布式可再生能源高效灵活接入与生产消费一体化，建设冷热水电气一体供应的区域综合能源系统。发展与大规模分布式可再生能源相适应的专业化、网格化运行维护服务体系，通过移动用户终端等方式实现分布式能源设备运行状态监测、故障检修的快速响应，培养一批高专业化水平的新能源“店小二”。

推动可再生能源与电动汽车融合发展。利用大数据和智能控制等新技术，将波动性可再生能源与电动汽车充放电互动匹配，实现车电互联。采用现代信息技术与智能管理技术，整合分散的电动汽车充电设施，通过电力市场交易等促进可再生能源与电动汽车互动发展。

创新推动光伏治沙规模化发展。开展光伏治沙示范应用，因地制宜科学选择治理模式、种植作物等，探索形成不同条件下合理的光伏治沙建设方案。重点在内蒙古西部的库布其、乌兰布和、巴丹吉林、腾格

里沙漠地区，新疆南部塔里木盆地，青海西部柴达木盆地，甘肃河西走廊北部，陕西北部等地区，统筹资源条件和消纳能力，建设一批光伏治沙新能源发电基地。带动沙漠治理、耐旱作物种植、观光旅游等相关产业发展，形成沙漠治理、生态修复、生态经济、沙漠产业多位一体、治用并行、平衡发展的体系。

（三）提升可再生能源产业链供应链现代化水平

锻造产业链供应链长板。推动可再生能源产业优化升级，加强制造设备升级和新产品规模化应用，实施可再生能源产业智能制造和绿色制造工程，推动产业高端化、智能化、绿色化发展。

补齐产业链供应链短板。推动可再生能源产业基础再造，加快重要产业技术工程化攻关。推动退役风电机组、光伏组件回收处理技术与新产业链发展，补齐风电、光伏发电绿色产业链最后一环，实现全生命周期绿色闭环式发展。发展可再生能源发电、供热、制气等先进适用技术，推动可再生能源产业链供应链多元化。

完善产业标准认证体系。健全可再生能源技术装备标准、检测、认证和质量监督组织体系，完善可再生能源设备生产、项目建设和运营管理。鼓励国内企业积极参与国际可再生能源领域标准制定，推进标准体系、合格评定体系与国际接轨，促进认证结果国际互认。

（四）完善可再生能源创新链

加强科技创新支撑。加大对能源研发创新平台支持力度，重点支持可再生能源、新型电力系统、规模化储能、氢能等技术领域，整合资源、组织力量对核心技术方向实施重大科技协同研究和重大工程技术协同创新。加大高水平人才培养与引进力度，鼓励各类院校开设可再生能源专业学科并与企业开展人才培养合作，完善可再生能源领域高端人才引进机制，完善人才评价和激励机制，造就一批具有国际竞争力的科技人才与创新团队。

打通科技成果转化通道。发展大容量风电机组及其关键零部件测试技术与平台，建设典型气候条件下光伏发电技术实证公共服务平台，加快推动新技术实证验证与工程转化。加强知识产权保护，推进创新创业机构改革，建设专业化市场化技术转移机构和技术经理人队伍，促进科技成果转化，通过产学研展洽会等多种形式，加强国内外先进科技成果转化对接。

六、健全体制机制，市场化发展可再生能源

深化能源体制和“放管服”改革，推进能源低碳转型，激发市场主体活力，完善可再生能源电力消纳保障机制，健全可再生能源市场化发展体制机制，健全绿色能源消费机制，充分发挥市场在资源配置中的决定性作用，更好发挥政府作用，为可再生能源发展营造良好环境。

（一）深化可再生能源行业“放管服”改革

加大简政放权力度。落实政府权责清单制度，持续优化可再生能源市场化法治化营商环境。实施市场准入负面清单制度，破除清单之外隐性准入壁垒，进一步放宽准入限制。完善投资管理机制，对不涉及国家安全、全国重大生产力布局和战略性资源开发的可再生能源项目，推动核准改备案，鼓励实施企业投资项目承诺制。优化可再生能源项目核准和备案流程，规范风电和光伏发电增容更新、延寿运行等管理，进一步简化分布式可再生能源投资管理程序。

完善监督管理机制。构建有利于可再生能源发展的协同监管机制，加强可再生能源规划、产业政策、开发建设、电网接入、调度交易、消纳利用等监管，确保国家规划政策有效实施。对可再生能源新产业新业态实施包容审慎监管。推进可再生能源行业信用体系建设，大力推进信用监管，建立市场主体信用评级制度，健全守信激励和失信惩戒机制。

提升政务服务水平。创新政务服务方式，构建能源与自然资源、生态环境等多部门联动审批机制，推行项目核准（备案）“一站式”服务。深入开展“互联网＋政务服务”，促进政务服务标准化规范化，推动政务服务质量和效能全面提升。建立可再生能源开发利用多部门协调机制，优化相关权证办理流程，推动落实项目建设条件，营造良好发展环境。

（二）健全可再生能源电力消纳保障机制

强化可再生能源电力消纳责任权重引导。建立以可再生能源利用为导向的开发建设管理机制，明确可再生能源电力消纳责任权重目标并逐年提升，逐步缩小各地权重目标差异，引导各地加强可再生能源开发利用，推动跨省跨区可再生能源电力交易。强化权重目标分解落实，促进各类市场主体公平合理共担可再生能源电力消纳责任，推动自备电厂、市场化电力用户等积极消纳利用可再生能源。

加强可再生能源电力消纳责任权重评价考核。加强对省级行政区域消纳责任权重完成情况监测评价，推动纳入地方政府考核体系，强化对电网、市场主体消纳量完成情况考核，压实地方责任。完善激励机制，建立完善鼓励消纳、优先利用可再生能源的政策机制，扩大可再生能源消纳利用规模。

建立健全可再生能源电力消纳长效机制。科学制定可再生能源合理利用率指标，形成有利于可再生能源发展和系统整体优化的动态调整机制。统筹电源侧、电网侧、负荷侧资源，完善调度运行机制，多维度提升电力系统调节能力。推动源网荷共担消纳责

任，构建由电网保障消纳、市场化自主消纳、分布式发电交易消纳共同组成的多元并网消纳机制。

（三）完善可再生能源市场化发展机制

健全可再生能源开发建设管理机制。完善风电、光伏发电项目开发建设管理办法，建立以市场化竞争配置为主、竞争配置和市场自主相结合的项目开发管理机制。开展生物质发电项目竞争性配置，逐步形成有效的市场化开发机制，推动生物质发电补贴逐步退坡。探索水风光综合基地市场化开发管理机制，推动各类投资主体积极参与水风光综合开发。加强风电、太阳能、生物质能、地热能项目开发建设统计和非电利用生产运行信息统计，推进可再生能源行业统计体系全覆盖。发挥全国统一电力市场体系价格信号引导作用，通过市场机制优化可再生能源开发建设布局。

完善可再生能源全额保障性收购制度。落实可再生能源法，进一步完善全额保障性收购制度，做好可再生能源电力保障性收购与市场化交易的衔接。逐步扩大可再生能源参与市场化交易比重，对保障小时数以外电量，鼓励参与市场实现充分消纳。

完善可再生能源价格形成和补偿机制。完善风电和光伏发电市场化价格形成机制，促进技术进步和成本下降，稳定投资预期。建立完善有利于分布式发电发展、可再生能源消纳利用的输配电价机制。完善抽水蓄能电站价格形成机制，提升抽水蓄能电站开发建设积极性，促进抽水蓄能大规模、高质量发展。建立完善地热能发电、生物质发电价格机制。

构建可再生能源参与市场交易机制。完善可再生能源参与电力市场交易规则，破除市场和行政壁垒，形成充分反映可再生能源环境价值、与传统电源公平竞争的市场机制。推动可再生能源与电力消纳责任主体签订多年长期购售电协议，推动受端市场用户直接参与可再生能源跨省交易。完善可再生能源参与现货市场相关机制，充分发挥日内、实时市场作用。完善电力辅助服务补偿和分摊机制，体现调峰气电、储能等灵活性调节资源的市场价值，促进区域电网内调峰和备用资源的共享。完善分布式发电市场化交易机制，规范交易流程，扩大交易规模。

（四）建立健全绿色能源消费机制

完善绿色电力证书机制。强化绿证的绿色电力消费属性标识功能，拓展绿证核发范围，推动绿证价格由市场形成，鼓励平价项目积极开展绿证交易。做好绿证与可再生能源电力消纳保障机制的衔接。做好绿证交易与碳交易的衔接，进一步体现可再生能源的生态环境价值。

建立绿色能源消费评价、认证与标识体系。在统一的绿色产品标识与认证体系下，推动建立绿色能源消费评价体系，逐步建立基于绿证的绿色能源消费认证标准、制度和标识体系，激发绿证交易活力，以评价、认证为手段促进科学、灵活的绿色能源消费体系构建。

积极引导绿色能源消费。发挥媒体作用，深入开展绿色能源消费公益宣传和教育，加大对使用可再生能源的企业、服务、活动等消费主体和消费行为的认证力度。加大绿色能源消费产品认证力度，鼓励新能源设备制造、汽车、IT 等企业提高绿色能源使用比例，生产绿色产品。提高工业、建筑、交通等领域和公共机构绿色用能要求，运用政府采购政策支持可再生能源消费。

七、坚持开放融入，深化可再生能源国际合作

加强应对气候变化国际合作，积极参与全球能源转型变革，深层次推进可再生能源产业国际合作。

（一）持续参与全球绿色低碳能源体系建设

持续完善国际合作交流机制和平台。用好“一带一路”能源部长会平台，打造绿色、包容的“一带一路”能源合作伙伴关系，凝聚“一带一路”绿色发展共识。办好国际能源变革论坛及相关活动。加强与重要国际组织和国家间的可再生能源政策对话及合作，深入开展规划引领、政策设计、技术交流、融资互动、经验分享等全方位对接，发出中国声音、讲好中国故事。

积极参与全球能源与气候治理。强化与其他发展中国家能源绿色发展合作，提高发展中国家能源领域应对气候变化能力。为有需要的国家提供能力建设、低碳转型等支持，务实推动全球能源转型。

（二）深化推进国际技术与产能合作

加强可再生能源与新能源技术创新合作。围绕构建新型电力系统，加强与相关国家在高效低成本新能源发电技术、储能、氢能等先进技术上的务实合作。鼓励可再生能源领域国际技术创新交流，积极融入全球可再生能源创新网络。

推进可再生能源产业国际化和国际产能合作。充分把握国际国内市场差异化特点，发挥国内市场规模大、应用场景多等优势，积极探索与国外先进企业合作的新模式、新途径。鼓励制造业企业开展包括装备、技术、标准、品牌在内的可再生能源优质产业走出去。

（三）积极参与可再生能源国际标准体系建设

加大可再生能源技术标准的交流合作与互认，积极参与国际电工委员会等可再生能源合格评定互认体系，支持国内企业和机构参与国际标准的制修订，提升我国在国际认证、认可、检测等领域的贡献度。

八、保障措施

强化政策协同保障，开展可再生能源资源详查与

储量评估，完善可再生能源发展相关土地、财政、金融等政策，为可再生能源快速发展提供保障。

（一）完善可再生能源资源评估和服务体系

加强可再生能源开发生态环境保护关键技术研究。重点针对水电、风电等开发过程中对生态环境造成的影响，开展水生生态、陆生生态影响基础研究及相关环境影响减缓技术研究。

加强可再生能源资源开发储量评估。会同自然资源、气象等管理部门共同开展地热能利用、风电和光伏发电开发资源量评估，对全国可利用的风电和光伏发电资源进行全面勘查评价，按照资源禀赋、土地用途、生态保护、城乡建设等情况，准确识别各县域单元具备开发利用条件的资源潜力，建立全国风电和光伏发电可开发资源数据库，并及时将可再生能源资源的可开发利用范围等空间信息纳入同级国土空间基础信息平台和国土空间规划一张图，对重要的新能源开发基地、储备基地、抽水蓄能站点等进行前瞻性布局。会同建筑管理部门开展建筑附加和建筑一体化太阳能资源评估。会同农业农村管理部门开展农村生物质能等新能源资源评估，明确可再生能源发展空间。

构建资源详查评估服务体系。发挥各级公共机构和各类企业优势，健全网格化、立体式新能源资源详查评估服务体系，通过政府组织等方式，实现各类新能源资源共享，科学引导新能源产业投资与项目开发。

（二）加强可再生能源土地和环境支持保障

依据国土空间规划，完善可再生能源空间用途管制规则，出台可再生能源空间布局专项规划，保障可再生能源开发利用合理的用地用海空间需求。统一土地性质认定，明确不同地类的用地标准，优化土地用途和生态环境保护管理，完善复合用地政策，降低不合理的土地使用成本。全面评估秸秆综合利用、畜禽粪污资源化利用、垃圾焚烧等的环境保护价值，强化生物质能利用与大气污染物排放标准等环境保护要求和政策的协同，加强生物质能的资源化利用，推进生物质成型燃料及专用设备标准制定。

（三）加强可再生能源财政政策支持

加大可再生能源发展基金征收力度，央地联动，根据“以收定支”的原则，研究完善深远海风电、生物质能、地热能等对于碳达峰有重要作用的可再生能源支持政策。

（四）完善可再生能源绿色金融体系

完善绿色金融标准体系，实施金融支持绿色低碳发展专项政策，把可再生能源领域融资按规定纳入地方政府贴息等激励计划，建立支持终端分布式可再生能源的资金扶持机制。丰富绿色金融产品和市场体系，开展水电、风电、太阳能、抽水蓄能电站基础设施不动产投资信托基金等试点，进一步加大绿色债券、绿色信贷对符合条件新能源项目的支持力度。鼓励社会资本按照市场化原则，多渠道筹资，设立投资基金，支持可再生能源产业发展。

九、规划实施

（一）加强规划衔接

以国家发展规划为统领，以国土空间规划为基础，强化可再生能源发展规划与中长期能源规划、现代能源体系规划和各分领域能源规划的衔接。建立健全能源领域规划会商与协调机制，协调可再生能源开发规模、布局、时序与系统调节能力、跨省跨区输电通道建设，保障可再生能源规划重点任务、重大工程实施。

（二）细化任务落实

更好发挥国家规划对地方规划的导向作用，各省级政府应将本规划确定的主要目标、重点任务和重大工程等列入本地区能源发展规划及相关专项规划，明确责任主体、进度要求和考核机制。

（三）加强国家统筹

对纳入国家基地的项目，坚持自上而下、上下结合、国家统筹、省负总责，建立国家和省两级协调，在现有投资管理体制下，以省为主体统筹开展基地开发建设，各类企业平等竞争，开发企业、电网企业和项目所在地方政府具体落实。国家对基地项目实行统一规划、统一布局、明确标准和要求，对纳入国家基地项目协调落实土地、环保、送出消纳、并网运行等建设条件。

（四）加强监测评估

坚持对规划实施情况进行动态监测、中期评估和总结评估，严格评估程序，适时开展评估工作，及时总结经验、分析问题、制订对策，对规划滚动实施提出建议，规划确需调整的，由国家能源局按程序修订后公布。建立可再生能源发电项目开发建设月度调度机制，及时掌握项目建设运行情况、协调解决重大问题。

十、环境影响分析

可再生能源开发利用可替代大量化石能源消耗、减少温室气体和污染物排放、显著增加新的就业岗位，对环境和社会发展起到重要且积极作用。可再生能源上游装备制造业绿色发展趋势明确，业内主流的风电、光伏发电设备制造企业纷纷做出100%使用可再生能源、大幅提前实现企业碳中和等公开承诺，产能不断向可再生能源资源丰富区域优化布局，降低生产过程碳排放等环境影响。水电、风电、太阳能发电、太阳能热利用在能源生产过程中不排放污染物和温室气体，可显著减少各类化石能源消耗，同时降低煤炭开采的生态破坏和燃煤发电的水资源消耗。农林生物质从生长到最终利用的全生命周期内不增加二氧化碳排放，生物质发电排放的二氧化硫、氮氧化物和烟尘等污染物也远少于燃煤发电。可再生能源尤其是风电、光伏发电设备批量退役与回收处理问题将制定具体的管理办法。随着全生命周期碳排放管理、全生命周期环境影响评价体系的建立和完善，可再生能源产业将积极构建全生命周期绿色闭环式发展体系。同时，对于可再生能源大规模开发的重点地区，将根据有关法规要求，做好区域资源环境承载能力分析和生态环境影响预测评估，分析重大项目建设的环境影响，提出预防或减轻不良环境影响的政策、管理、技术措施，进一步促进可再生能源开发利用与生态环境保护协调发展。

2025 年，全国可再生能源年利用量折合 10 亿 t 标准煤，届时可再生能源年利用量相当于减少二氧化碳排放量约 26 亿 t，减少二氧化硫排放量约 50 万 t，减少氮氧化物排放约 60 万 t，减少烟尘排放约 10 万 t，年节约用水约 40 亿 m^3，环境效益显著。

国家发展改革委办公厅关于开展抽水蓄能定价成本监审工作的通知

国家发展改革委办公厅 2022 年 2 月 22 日以发改办价格〔2022〕130 号文下发《关于开展抽水蓄能定价成本监审工作的通知》，该“通知”全文如下。

北京市、河北省、山西省、内蒙古自治区、辽宁省、吉林省、江苏省、浙江省、安徽省、福建省、江西省、山东省、河南省、湖北省、湖南省、广东省、海南省发展改革委，国网新源控股有限公司、南方电网调峰调频发电有限公司、内蒙古呼和浩特抽水蓄能发电有限责任公司、宁波溪口抽水蓄能电站有限公司、江苏沙河抽水蓄能发电有限公司、江苏国信溧阳抽水蓄能发电有限公司、湖北正源电力集团有限公司：

为科学核定容量电价，促进抽水蓄能电站加快发展，根据《政府制定价格成本监审办法》（国家发展改革委令第 8 号）和《关于进一步完善抽水蓄能价格形成机制的意见》（发改价格〔2021〕633 号）等有关规定，决定对在运抽水蓄能电站开展定价成本监审。现将有关事项通知如下。

一、成本监审对象

全国 31 家在运抽水蓄能电站（见附件 1）。

二、成本监审范围和期间

（一）范围：抽水蓄能电站成本费用支出及相关参数指标。

（二）期间：2015～2020 年度。2015 年以后投运电站监审期间为成立以来至 2020 年度。

三、工作组织和安排

本次成本监审工作由国家发展改革委统一组织实施，国家能源局配合，必要时请地方发展改革委支持。国家发展改革委组织相关地方同志组成专班和第三方会计师事务所在北京集中审核，相关省份发展改革委根据需要负责现场抽查当地电站提供的资产卡片、会计凭证等材料。具体人员组成在实地审核工作时另行通知。监审组将视疫情形势变化，采用“线上+线下”等方式灵活履行资料初审、实地审核、意见告知、出具报告等程序。

四、工作要求

（一）对抽水蓄能电站要求。各抽水蓄能电站要加强统筹协调，按照要求准备相关基础资料（见附件 2），填报调查表（见附件 3）。审核过程中积极做好配合工作，及时提供所需佐证材料。请于 2022 年 3 月 4 日前将相关资料通过邮箱报送我委（价格司）。拒绝提供成本监审所需资料，或提供资料不真实、不完整的，将按照《政府制定价格成本监审办法》有关规定严肃处理。

（二）对监审人员要求。监审人员要严守工作纪律，完整记录工作进展，保存审核过程表和工作底稿，遇到重要问题要及时上报，通过集体讨论决定。要做好与企业的沟通，广泛听取意见建议，确保监审结果客观、公正、合理。

联系人：张希圆　010-68502853

电子邮箱：chengbenchu@ndrc. gov. cn

附件：1. 成本监审抽水蓄能电站名单（略）

2. 资料清单（略）

3. 抽水蓄能电站定价成本监审调查表（略）

国家发展改革委办公厅、国家能源局综合司关于进一步推动新型储能参与电力市场和调度运用的通知

国家发展改革委办公厅、国家能源局综合司 2022 年 5 月 24 日以发改办运行〔2022〕475 号文发布“关于进一步推动新型储能参与电力市场和调度运用的通知”，该“通知”全文如下。

各省、自治区、直辖市、新疆生产建设兵团发展改革委、经信委（工信委、工信厅、工信局、经信厅）、

能源局，北京市城市管理委员会，国家能源局各派出机构，国家电网有限公司、中国南方电网有限责任公司、中国华能集团有限公司、中国大唐集团有限公司、中国华电集团有限公司、国家电力投资集团有限公司、中国长江三峡集团有限公司、国家能源投资集团有限责任公司、国家开发投资集团有限公司、华润（集团）有限公司：

为贯彻落实《中共中央、国务院关于完整准确全面贯彻新发展理念做好碳达峰碳中和工作的意见》，按照《国家发展改革委、国家能源局关于加快推动新型储能发展的指导意见》（发改能源规〔2021〕1051号）有关要求，进一步明确新型储能市场定位，建立完善相关市场机制、价格机制和运行机制，提升新型储能利用水平，引导行业健康发展，现就有关事项通知如下。

一、总体要求。新型储能具有响应快、配置灵活、建设周期短等优势，可在电力运行中发挥顶峰、调峰、调频、爬坡、黑启动等多种作用，是构建新型电力系统的重要组成部分。要建立完善适应储能参与的市场机制，鼓励新型储能自主选择参与电力市场，坚持以市场化方式形成价格，持续完善调度运行机制，发挥储能技术优势，提升储能总体利用水平，保障储能合理收益，促进行业健康发展。

二、新型储能可作为独立储能参与电力市场。具备独立计量、控制等技术条件，接入调度自动化系统可被电网监控和调度，符合相关标准规范和电力市场运营机构等有关方面要求，具有法人资格的新型储能项目，可转为独立储能，作为独立主体参与电力市场。鼓励以配建形式存在的新型储能项目，通过技术改造满足同等技术条件和安全标准时，可选择转为独立储能项目。按照《国家发展改革委、国家能源局关于推进电力源网荷储一体化和多能互补发展的指导意见》（发改能源规〔2021〕280号）有关要求，涉及风光水火储多能互补一体化项目的储能，原则上暂不转为独立储能。

三、鼓励配建新型储能与所属电源联合参与电力市场。以配建形式存在的新型储能项目，在完成站内计量、控制等相关系统改造并符合相关技术要求情况下，鼓励与所配建的其他类型电源联合并视为一个整体，按照现有相关规则参与电力市场。各地根据市场放开电源实际情况，鼓励新能源场站和配建储能联合参与市场，利用储能改善新能源涉网性能，保障新能源高效消纳利用。随着市场建设逐步成熟，鼓励探索同一储能主体可以按照部分容量独立、部分容量联合两种方式同时参与的市场模式。

四、加快推动独立储能参与电力市场配合电网调峰。加快推动独立储能参与中长期市场和现货市场。鉴于现阶段储能容量相对较小，鼓励独立储能签订顶峰时段和低谷时段市场合约，发挥移峰填谷和顶峰发电作用。独立储能电站向电网送电的，其相应充电电量不承担输配电价和政府性基金及附加。

五、充分发挥独立储能技术优势提供辅助服务。鼓励独立储能按照辅助服务市场规则或辅助服务管理细则，提供有功平衡服务、无功平衡服务和事故应急及恢复服务等辅助服务，以及在电网事故时提供快速有功响应服务。辅助服务费用应根据《电力辅助服务管理办法》有关规定，按照“谁提供、谁获利，谁受益、谁承担”的原则，由相关发电侧并网主体、电力用户合理分摊。

六、优化储能调度运行机制。坚持以市场化方式为主优化储能调度运行。对于暂未参与市场的配建储能，尤其是新能源配建储能，电力调度机构应建立科学调度机制，项目业主要加强储能设施系统运行维护，确保储能系统安全稳定运行。燃煤发电等其他类型电源的配建储能，参照上述要求执行，进一步提升储能利用水平。

七、进一步支持用户侧储能发展。各地要根据电力供需实际情况，适度拉大峰谷价差，为用户侧储能发展创造空间。根据各地实际情况，鼓励进一步拉大电力中长期市场、现货市场上下限价格，引导用户侧主动配置新型储能，增加用户侧储能获取收益渠道。鼓励用户采用储能技术减少自身高峰用电需求，减少接入电力系统的增容投资。

八、建立电网侧储能价格机制。各地要加强电网侧储能的科学规划和有效监管，鼓励电网侧根据电力系统运行需要，在关键节点建设储能设施。研究建立电网侧独立储能电站容量电价机制，逐步推动电站参与电力市场；探索将电网替代型储能设施成本收益纳入输配电价回收。

九、修订完善相关政策规则。在新版《电力并网运行管理规定》和《电力辅助服务管理办法》基础上，各地要结合实际、全面统筹，抓紧修订完善本地区适应储能参与的相关市场规则，抓紧修订完善本地区适应储能参与的并网运行、辅助服务管理实施细则，推动储能在削峰填谷、优化电能质量等方面发挥积极作用。各地要建立完善储能项目平等参与市场的交易机制，明确储能作为独立市场主体的准入标准和注册、交易、结算规则。

十、加强技术支持。新型储能项目建设应符合《新型储能项目管理规范（暂行）》等相关标准规范要求，主要设备应通过具有相应资质机构的检测认证，涉网设备应符合电网安全运行相关技术要求。储能项目要完善站内技术支持系统，向电网企业上传实时充放电功率、荷电状态等运行信息，参与电力市场和调度运行的项目还需具备接受调度指令的能力。电力交易机构要完善适应储能参与交易的电力市场交易系统。电力企业要建立技术支持平台，实现独立储能电站荷电状态全面监控和充放电精准调控，并指导项目业主做好储能并网所需一、二次设备建设改造，满足储能参与市场、并网运行和接受调度指令的相关技术要求。

十一、加强组织领导。国家发展改革委、国家能源局总体牵头，各地要按照职责分工明确相关牵头部门，分解任务，建立完善适应新型储能发展的市场机制和调度运行机制，对工作推动过程中有关问题进行跟踪、协调和指导。地方政府相关部门和国家能源局派出机构要按照职责分工落实储能参与电力中长期市场、现货市场、辅助服务市场等相关工作，同步建立辅助服务和容量电价补偿机制并向用户传导。充分发挥全国新型储能大数据平台作用，动态跟踪分析储能调用和参与市场情况，探索创新可持续的商业模式。

十二、做好监督管理。地方政府相关部门和国家能源局派出机构要研究细化监管措施，加强对独立储能调度运行监管，保障社会化资本投资的储能电站得到公平调度，具有同等权益和相当的利用率。各地要加强新型储能建设、运行安全监管，督促有关电力企业严格落实《国家能源局综合司关于加强电化学储能电站安全管理的通知》（国能综通安全〔2022〕37号）要求，鼓励电力企业积极参加国家级电化学储能电站安全监测信息平台建设，在确保安全前提下推动有关工作。

各地要根据本地新型储能现状和市场建设情况，制定细化工作实施方案，并抓好落实。有关工作考虑和进展情况请于9月30日前报送国家发展改革委、国家能源局。

国家发展改革委办公厅、国家能源局综合司关于促进光伏产业链健康发展有关事项的通知

国家发展改革委办公厅、国家能源局综合司2022年9月13日以发改办运行〔2022〕788号文印发“关于促进光伏产业链健康发展有关事项的通知”，该“通知”全文如下。

各省、自治区、直辖市、新疆生产建设兵团发展改革委、能源局，有关企业：

为完整、准确、全面贯彻新发展理念，做好碳达峰、碳中和工作，抢抓新能源发展重大机遇期，巩固光伏行业发展取得的显著成果，扎实推进以沙漠、戈壁、荒漠为重点的大型风电光伏基地建设，纾解光伏产业链上下游产能、价格堵点，提升光伏发电产业链供应链配套供应保障能力，支撑我国清洁能源快速发展，现就有关事项通知如下。

一、多措并举保障多晶硅合理产量

多晶硅在光伏产业链中居于重要环节，发挥着关键作用，同时产能形成周期相对较长。要保障多晶硅生产所需的原材料供应、用电用水用工等，合理安排检修、技术改造等计划，确保已有产能开工率。

二、创造条件支持多晶硅先进产能按期达产

支持多晶硅企业加强技术创新研发，提升生产线自动化、数字化、信息化、智能化水平，降低能耗水平，提高生产效率与产品优良率。推动建设项目按期投产达产。鼓励上下游一体化、战略合作、互相参股、签订长单，支持建设光伏产业园区。鼓励国有、民营等各类资本参与产业链各环节，有效限制低端产能无序扩张。

三、鼓励多晶硅企业合理控制产品价格水平

在遵循公平竞争原则前提下，结合市场供需形势、生产成本及合理利润水平等因素，引导多晶硅等产品价格维持在合理区间，相关企业可享受政府支持政策，纳入政府及行业重点企业支持政策清单。

四、充分保障多晶硅生产企业电力需求

对于主动控制多晶硅等产品价格水平的企业，有条件的地方，特别是绿电资源丰富的地方，支持其通过市场化方式降低多晶硅生产用电成本。目前，对于产品价格控制在合理区间的多晶硅生产用电负荷，各地暂不纳入有序用电方案。

五、鼓励光伏产业制造环节加大绿电消纳

鼓励多晶硅生产企业直接消纳光伏、风电、水电等绿电进行生产制造，支持通过微电网、源网荷储、新能源自备电站等形式就近就地消纳绿电。使用绿电进行多晶硅生产的，新增可再生能源消费不纳入能源消费总量控制。

六、完善产业链综合支持措施

落实相关规划部署，突破高效晶体硅电池、高效钙钛矿电池等低成本产业化技术，推动光伏发电降本

增效，促进高质量发展。推动高效环保型及耐候性光伏功能材料技术研发应用，提高光伏组件寿命。

七、加强行业监管

严格贯彻落实价格法、反垄断法，加强市场监测，发现扰乱市场秩序的问题线索，及时约谈相关市场主体，推动依法合规经营；从严查处散布虚假涨价信息、囤积居奇等哄抬价格行为，以及达成垄断协议、滥用市场支配地位等垄断行为，有力遏制资本过度炒作，维护行业公平竞争秩序。

八、合理引导行业预期

各有关部门、企业应理性分析光伏产业发展预期，充分考虑产业链已有产能与不同生产环节间扩产周期的差异，根据新能源发展规划、市场需求预测等情况引导企业提前谋划布局、合理安排投产扩产增产计划，推动上中下游平衡协调发展，有序推进光伏产业链建设，推动光伏产业链的平稳、健康发展。

请各地方、企业按照本通知要求抓好落实，积极推进光伏产业链各环节健康有序发展，遇到的重大问题及时反馈国家发展改革委、国家能源局，我们将会同有关部门积极协调。

国家能源局印发《2022年能源监管工作要点》

国家能源局2022年1月12日以国能发监管〔2022〕4号文印发〈2022年能源监管工作要点〉，该“要点”全文如下。

2022年能源监管工作要点

2022年能源监管工作的总体思路是：以习近平新时代中国特色社会主义思想为指导，深入贯彻党的十九大和十九届历次全会精神，坚持稳中求进工作总基调，完整、准确、全面贯彻新发展理念，贯彻落实党中央、国务院决策部署以及中央经济工作会议、全国能源工作会议精神，坚定不移贯彻落实能源安全新战略，以推动能源治理体系和治理能力现代化为目标，以提升监管效能为主线，以加强监管队伍建设为支撑，深化能源体制改革和市场机制建设，督促能源重大战略、规划、政策落地实施，维护公平竞争的市场秩序和人民群众合法权益，保障能源安全稳定供应，在推动能源革命、建设能源强国中展现新作为，以优异的成绩迎接党的二十大胜利召开。重点抓好以下六个方面工作：

一、坚持围绕中心，不断提升服务党和国家工作大局的能力

（一）加强党中央国务院重大决策部署落实情况监管。始终将保障能源安全作为能源监管的首要任务抓实抓细，督促地方政府和能源企业认真落实党中央国务院关于能源保供的各项政策措施，注重发挥市场机制和市场监管作用，优先保障民生用能、绿色产业链用能等不受影响。服务能源绿色低碳转型发展，立足能源监管职责，科学监管能源领域“碳达峰、碳中和”政策措施的落地实施。深入贯彻落实能源领域“放管服”改革部署和要求，统筹推进市场监管、行业监管和电力安全监管，加强反垄断和反不正当竞争，以公正监管保障公平竞争，提高资源配置效率和公平性。

（二）加强能源规划、政策、重大项目实施情况监管。健全“十四五”能源规划实施机制，确保地方规划与国家规划有效衔接。依据“十四五”能源规划，跟踪关注重要输电通道、油气管道及互联互通、大型煤矿、水电站、核电站、天然气储气设施等工程项目推进情况，及时发现项目推进中的突出问题。加强对煤电气电规划建设、北方地区冬季清洁取暖、整县屋顶分布式光伏开发试点、可再生能源消纳责任权重、煤层气开发利用等重点领域监管，确保政策执行不跑偏、不走样。

（三）加强能源市场运行监测分析与监管。坚持底线思维，增强风险意识，严格执行重要监管事项报告制度，充分发挥派出机构“派”的权威和“驻”的优势，了解掌握电煤、电力、天然气等能源市场动态变化，及时发现能源发展中存在的苗头性、倾向性、潜在性问题。各派出机构要加强与地方政府相关部门的会商研判，督促能源企业落实防范化解市场供应风险主体责任，并在职责范围内采取切实可行的措施，做到尽早发现、及时报告、妥善处置，保障能源市场运行平稳有序。

二、坚持改革创新，不断提升推进能源市场化建设的水平

（四）深入推进多层次统一电力市场体系建设。遵循电力市场运行规律和市场经济规律，严格落实《电力中长期交易基本规则》《电力并网运行管理规定》《电力辅助服务管理办法》相关要求，稳步推进国家、省（区、市）电力市场建设，推动南方区域电力市场启动试运行，研究制定长三角、京津冀等区域电力市场建设方案，引导各层次电力市场协同运行、融合发展。推动完善煤电价格市场化形成机制，扩大市场交易电价上下浮动范围。在具备条件的地区，积极支持

新能源参与市场交易，以市场化机制促进新能源消纳。

（五）深化电力市场机制建设。完善电力中长期市场、现货市场和辅助服务市场衔接机制，扩大市场化交易规模。加快修订各地电力中长期交易实施细则，规范交易组织，丰富交易品种，推动工商业用户全部进入市场。鼓励市场主体签订多年中长期交易合同，科学引导电力规划和有效投资。稳妥推进电力现货市场试点建设，推动用电侧有效参与现货市场。进一步完善辅助服务市场机制，抓紧修订“两个细则”，规范和丰富调频、备用、爬坡、转动惯量等辅助服务交易品种。建立用户参与的辅助服务分担共享机制，全面推动高载能工业负荷、工商业可调节负荷、新型储能、电动汽车充电网络、虚拟电厂等参与提供辅助服务。推进区域辅助服务市场建设，启动南方区域备用市场、川渝一体化调峰市场试运行。

（六）积极推进天然气市场体系建设。稳步推进地方天然气管网运营机制改革，加快实现管网运销分离，引导和推进省级管网公司以市场化方式融入国家管网公司。完善天然气管网设施公平开放制度，制定天然气管网设施托运商准入规则和天然气管网设施容量分配规则，丰富容量服务产品，规范交易方式，促进形成上游资源多主体多渠道供应、下游销售市场充分竞争的市场体系。积极推动储气库库容市场化交易，不断完善储气调峰辅助服务市场机制。

三、坚持依法依规，不断提升能源监管的公正性和权威性

（七）强化电力市场秩序监管。强化电力调度交易与市场秩序监管，规范市场成员自律行为，指导市场运营机构建立完善电力市场运营监控和风险防控机制。加强市场运营机构、市场主体信息披露行为监管，促进信息公开透明。落实《电网公平开放监管办法》，加强电源接入电网、电网之间互联等行为的监管，规范工作流程与时限要求。加强电力市场交易及电价政策执行情况监管，及时纠正以降价为目的的专场交易、设置不合理准入门槛、不当干预市场、限制市场竞争等行为。规范电网企业代理购电行为，不断缩小代理购电范围。

（八）强化油气管网设施公平开放监管。加强对管网设施运营企业的监管，督促管网设施运营企业严格按要求做好公平开放服务的申请与受理等工作，及时公开受理标准和受理结果，不断提升服务质量和水平。推动管输服务合同标准化，加强 LNG 接收站合同签订和保供履约情况监管，督促企业履行社会责任。继续做好管网设施信息公开和信息报送工作，优化企业网上信息公开和信息报送内容，提高信息报送的及时性、准确性和完整性。

（九）强化能源行政执法工作。坚持依法监管，严格落实《行政处罚法》，全面推行行政执法公示制度、执法全过程记录制度、重大执法决定法制审核制度。进一步细化执法工作程序，规范行政处罚、行政强制、行政检查以及执法信息统计等行为，提高监管的公正性和透明度。加大能源行政执法力度，严肃查处用户受电工程“三指定”、向虚拟货币“挖矿”项目违法供电等行为，对直接关系人民群众用电权益、公共用电安全等社会反响较大的领域，持续开展专项整治，保持高压态势。

四、坚持监管为民，不断提升人民群众用能的获得感和满意度

（十）持续优化用电营商环境。严格落实《关于全面提升“获得电力”服务水平 持续优化用电营商环境的意见》，对照工作任务台账进一步压实各方责任，确保相关目标任务按期完成。加强典型经验宣传报道和推广，定期通报各地政企协同办电平台建设、提升高压办电服务水平、“三到位”等工作进展情况。适时组织召开全国提升“获得电力”服务水平工作推进会，着力推动解决工作中的短板和薄弱环节，把“获得电力”打造成国内营商环境优质服务品牌。

（十一）持续做好投诉举报处理工作。加强 12398 能源监管热线运行管理，畅通投诉举报渠道。加大 12398 能源监管热线电话、微信公众号、App 标识宣传普及工作力度，在市场运营机构营业场所和网站显著位置添加 12398 热线标识，做好相关问题线索和信息的收集、分析汇总工作。研究建立国家能源局跨业务部门投诉举报处理机制，针对 12398 热线反映的涉及不同业务领域的投诉举报、政策咨询等事项，按照各司其职、各负其责、相互配合、齐抓共管的原则，建立会商制度，提高办理满意率。定期发布投诉举报处理情况通报，发挥社会舆论监督作用。积极开展争议纠纷调解和裁决工作，降低市场主体的维权成本。

（十二）持续提升电力行政许可服务水平。持续推进电力业务资质许可告知承诺制，完善证后核查工作机制，严肃处理不实和虚假承诺企业。认真做好电力业务许可准入与退出工作，有序开展持证超设计寿命水电机组摸底排查，做好淘汰落后产能煤电机组许可证注销工作。进一步完善电力许可管理制度，推动许可工作标准化、规范化。完善升级资质和信用信息系统功能，做好许可动态追踪、全程追溯。

五、坚持协同高效，不断提升能源监管的精准性和有效性

（十三）加强监管统筹协调。按照“谁审批、谁

监管，谁主管、谁监管”的原则，进一步健全能源监管工作机制，推进行业管理与监管深度融合，建立局机关各司、有关事业单位与派出机构上下贯通的协同监管机制，提升能源治理水平。加强对派出机构的指导，局机关相关司、有关事业单位应主动运用监管工作例会、通气会等方式，讲解政策措施、提出监管要求，形成横向协同、纵向联动的工作体系。加强监管任务的统筹部署，围绕局党组中心工作，研究制定年度能源监管重点任务清单，统筹平衡各单位重点监管工作。进一步发挥区域监管局在辖区内的业务牵头作用，组织开展定期工作会商、联合执法、交叉检查等，形成区域监管合力。

（十四）创新监管方式方法。完善现场监管组长负责制，明确组长基本条件、工作职责和相关要求，提升监督检查工作质量。研究建立能源监管业务骨干库，从中抽调人员开展专项监管等工作，并在监管任务完成后对其工作表现进行评定。针对重点行业探索驻点综合监管，2022 年率先在电力行业开展驻点综合监管试点，实现全方位全链条立体化监管。积极推动监管信息系统建设，开发利用“互联网＋”等技术手段实施非现场监管，探索疫情防控常态化下的新型监管方式。

（十五）强化监管成果运用。各派出机构要提高监管发现问题的质量，并有针对性地提出监管意见建议。对职责范围内的事项，要依法采取责令改正、行政处罚、监管约谈等方式进行处理。要建立问题清单台账，明确整改责任、整改措施和时限要求，适时开展“回头看”，确保问题整改取得实效。局机关相关司、有关事业单位要认真研究分析监管发现的问题，明确问题处理原则和标准，并将监管意见建议作为拟订行业规划、政策和项目审批的重要参考或依据。进一步提升监管报告（通报）的影响力，重点披露监管工作中发现的问题和典型案例，发挥社会舆论监督作用。

（十六）积极应用信用手段。研究建立以信用为基础的新型能源监管机制，进一步推进“双随机、一公开”和信用分级分类监管深度融合，在电力资质许可等领域开展信用监管试点。深化信用信息归集共享应用，完善信用报告定期发布机制，通报行业信用状况，预警信用风险，实施守信激励和失信惩戒。鼓励和支持能源行业市场主体、行业协会等开展信用承诺、信用评价、信用修复等活动，积极推动行业共建和协同监管，营造诚实守信营商环境。

六、坚持党建引领，不断提升做好能源监管工作的本领

（十七）进一步发挥党建引领作用。深入学习贯彻习近平新时代中国特色社会主义思想，巩固深化党史学习教育成果，建立党史学习教育常态化、长效化机制，不断提高党员干部的政治判断力、政治领悟力、政治执行力。深入推进基层党组织规范化标准化建设，压紧压实党建工作责任，深化党建业务融合，充分发挥基层党组织战斗堡垒作用和党员先锋模范作用。深入贯彻全面从严治党要求，严格落实领导干部“一岗双责”和党风廉政建设“两个责任”，坚决纠治“四风”，营造风清气正的良好政治生态。

（十八）进一步改进工作作风。严格按照权责清单履行法定职责，不缺位、不越位，慎重决策，依法用权。加强调查研究，深入基层、深入一线，实事求是、原汁原味反映监管发现的问题，坚决防止简单化、乱作为，坚决反对不担当、不作为。规范各类督查检查和现场监管活动，合理确定监管范围，统筹好时间安排，避免重复检查、扎堆检查，切实减轻企业和基层负担。严守政治纪律和工作纪律，增强保密意识，未经批准不得对外公布或透露涉及重大监管事项的敏感信息。

（十九）进一步加强能源监管队伍建设。制定出台加强监管能力建设的实施意见，打造高素质专业化监管人才队伍。注重思想淬炼、政治历练、实践锻炼和专业训练，不断增强做好能源监管工作的本领。加强教育培训，组织开展政治理论、市场建设、行业监管、行政执法等方面的专题培训研讨。加强能源监管国际合作交流，适时举办亚太能源监管论坛，开展双边及多边监管合作。坚持严管厚爱相结合，积极营造“组织想干部、干部想工作”浓厚氛围，充分调动和激发干部队伍的积极性、主动性、创造性。

国家能源局印发《2022 年能源工作指导意见》

为深入贯彻落实党中央、国务院有关决策部署，扎实做好 2022 年能源工作，持续推动能源高质量发展，国家能源局 2022 年 3 月 17 日以国能发规划〔2022〕31 号文印发《2022 年能源工作指导意见》，该“意见”全文如下。

2022 年能源工作指导意见

2022 年是进入全面建设社会主义现代化国家、向第二个百年奋斗目标进军新征程的重要一年，是落实“十四五”规划和碳达峰目标的关键一年，做好全年能源发展改革工作至关重要。为深入贯彻落实党中央、国务院决策部署，持续推动能源高质量发展，制

定本意见。

一、总体要求

（一）指导思想

以习近平新时代中国特色社会主义思想为指导，全面贯彻党的十九大和十九届历次全会精神，深入落实中央经济工作会议和政府工作报告的部署，坚持稳中求进工作总基调，完整、准确、全面贯彻新发展理念，加快构建新发展格局，坚持系统观念，深入落实能源安全新战略，统筹能源安全和绿色低碳转型，全面实施“十四五”规划，深入落实碳达峰行动方案，以科技创新和体制机制改革为动力，着力提升能源供给弹性和韧性，着力壮大清洁能源产业，着力提升能源产业链现代化水平，加快建设能源强国，以优异成绩迎接党的二十大胜利召开。

（二）基本原则

保障供应，增强储备。统筹国内外能源资源，适应能源市场变化，充分考虑可能面临的风险和极端天气，适度超前布局能源基础设施，加大储备力度，保持合理裕度，化解影响能源安全的各种风险挑战。

绿色发展，平稳降碳。坚持以立为先，通盘谋划，加快发展非化石能源，夯实新能源安全可靠替代基础，加强化石能源清洁高效利用，推动煤炭和新能源优化组合，稳步推进能源绿色低碳发展。

创新引领，改革赋能。增强能源科技创新能力，狠抓绿色低碳技术攻关，加快能源产业数字化和智能化升级。深化能源体制机制改革，加快能源市场建设，完善市场监管体系。积极培育新增长点、新动能。

服务民生，共享发展。坚持以人民为中心，加快能源民生保障工程建设，持续优化营商环境，大力提升能源服务水平，推动能源发展成果更多更好惠及广大人民群众，为实现人民对美好生活的向往提供坚强能源保障。

强化预警，压实责任。加强各地区能源供需监测预测和风险预判，做好应对预案，压实能源保供地方政府属地责任和企业主体责任，充分发挥大型企业在能源保供中的支撑托底作用，特别是国有企业要带头做好保供稳价。

（三）主要目标

增强供应保障能力。全国能源生产总量达到44.1亿t标准煤左右，原油产量2亿t左右，天然气产量2140亿 m^3 左右。保障电力充足供应，电力装机达到26亿kW左右，发电量达到9.07万亿kW·h左右，新增顶峰发电能力8000万kW以上，“西电东送”输电能力达到2.9亿kW左右。

稳步推进结构转型。煤炭消费比重稳步下降，非化石能源占能源消费总量比重提高到17.3%左右，新增电能替代电量1800亿kW·h左右，风电、光伏发电发电量占全社会用电量的比重达到12.2%左右。

着力提高质量效率。能耗强度目标在“十四五”规划期内统筹考虑，并留有适当弹性。跨区输电通道平均利用小时数处于合理区间，风电、光伏发电利用率持续保持合理水平。

二、夯实能源供应保障基础

以保障能源安全稳定供应为首要任务，着力增强国内能源生产保障能力，切实把能源饭碗牢牢地端在自己手里。

加强煤炭煤电兜底保障能力。统筹资源接续和矿区可持续发展，有序核准一批优质先进产能煤矿。加快推进在建煤矿建设投产，推动符合条件的应急保供产能转化为常态化产能。以示范煤矿为引领，加快推进煤矿智能化建设与升级改造。深化煤矿安全改造。科学规划建设先进煤电机组，按需安排一定规模保障电力供应安全的支撑性电源和促进新能源消纳的调节性电源，保持装机合理余量，新建项目要严格执行煤耗等最新技术标准。推动落实煤电企业电价、税收、贷款等支持政策，鼓励煤电企业向“发电+”综合能源服务型企业和多能互补企业转型。

持续提升油气勘探开发力度。落实“十四五”规划及油气勘探开发实施方案，压实年度勘探开发投资、工作量，加快油气先进开采技术开发应用，巩固增储上产良好势头，坚决完成2022年原油产量重回2亿t、天然气产量持续稳步上产的既定目标。积极做好四川盆地页岩气田稳产增产，推动页岩油尽快实现规模化效益开发。以沁水盆地、鄂尔多斯盆地东缘煤层气产业基地为重点，加快煤层气资源探明和产能建设，推动煤系地层多气综合勘探开发。稳妥推进煤制油气战略基地建设。

积极推进输电通道规划建设。结合以沙漠、戈壁、荒漠等地区为重点的大型风电光伏基地规划开发及电力供需发展形势，积极推进规划已明确的跨省跨区输电通道前期工作，条件具备后，抓紧履行核准手续。加快建设南阳—荆门—长沙、驻马店—武汉、荆门—武汉、白鹤滩—江苏、白鹤滩—浙江等特高压通道。推进重点输电通道配套的电网、电源工程建设，着力提升输电通道利用效率和可再生能源电量占比。

三、加快能源绿色低碳转型

坚持以立为先，深入落实碳达峰、碳中和目标要求，深入落实《“十四五”可再生能源发展规划》，大力发展非化石能源，着力培育能源新产业新模式，持续优化能源结构。

大力发展风电光伏。加大力度规划建设以大型风光基地为基础、以其周边清洁高效先进节能的煤电为支撑、以稳定安全可靠的特高压输变电线路为载体的新能源供给消纳体系。优化近海风电布局，开展深远海风电建设示范，稳妥推动海上风电基地建设。积极推进水风光互补基地建设。继续实施整县屋顶分布式光伏开发建设，加强实施情况监管。因地制宜组织开展“千乡万村驭风行动”和“千家万户沐光行动”。充分利用油气矿区、工矿场区、工业园区的土地、屋顶资源开发分布式风电、光伏。健全可再生能源电力消纳保障机制，发布2022年各省消纳责任权重，完善可再生能源发电绿色电力证书制度。

有序推进水电核电重大工程建设。推动雅鲁藏布江下游水电开发前期工作，建成投产白鹤滩、两河口水电站全部机组，加快推动雅砻江孟底沟、黄河羊曲水电站建设，推进旭龙水电站核准，水电装机达到4.1亿kW。建成投运福清6号、红沿河6号、防城港3号和高温气冷堆示范工程等核电机组，在确保安全的前提下，积极有序推动新的沿海核电项目核准建设。

积极发展能源新产业新模式。加快“互联网+”充电设施建设，优化充电网络布局。组织实施《核能集中供热及综合利用试点方案》，推进核能综合利用。因地制宜开展可再生能源制氢示范，探索氢能技术发展路线和商业化应用路径。开展地热能发电示范，支持中高温地热能发电和干热岩发电，积极探索作为支撑、调节性电源的光热发电示范。加快推进纤维素等非粮生物燃料乙醇产业示范。稳步推进生物质能多元化开发利用。大力发展综合能源服务，推动节能提效、降本降碳。

四、增强能源供应链弹性和韧性

坚持底线思维和问题导向，加强能源储运、调节和需求侧响应能力，有力有效保障能源稳定供应。

加强能源储运能力。推进中俄东线南段、西三线中段、西四线、川气东送二线、龙口LNG—文23储气库等重大管网工程建设，加快管输瓶颈互联互通补短板和省际联通通道建设，加强油气管道保护，巩固跨境油气进口通道安全稳定运营水平。加快沿海LNG接收站及储气设施，华北、西北等百亿方级地下储气库扩容达容等项目建设。加强煤炭产能储备，在煤炭消费集散地、铁路运输枢纽和重点港口布局建设一批煤炭储备基地。

加快电力系统调节能力建设。加快龙头水库建设，提升流域调蓄能力，缓解部分地区枯水期缺电量、汛期缺调峰容量的问题。推动制定各省抽水蓄能中长期规划实施方案和“十四五”项目核准工作计划，加快推动一批抽水蓄能电站建设。在保障电力稳定供应、满足电力需求的前提下，积极推进煤电机组节能降耗改造、供热改造和灵活性改造“三改联动”。落实“十四五”新型储能发展实施方案，跟踪评估首批科技创新（储能）试点示范项目，围绕不同技术、应用场景和重点区域实施试点示范，研究建立大型风电光伏基地配套储能建设运行机制。扎实推进在沙漠、戈壁、荒漠地区的大型风电光伏基地中，建设光热发电项目。

提升能源需求侧响应能力。健全分时电价、峰谷电价，支持用户侧储能多元化发展，充分挖掘需求侧潜力，引导电力用户参与虚拟电厂、移峰填谷、需求响应。进一步优化有序用电及天然气“压非保民”的管理措施，加强可中断负荷管理，梳理业务流程及标准，精准实施用能管理。优化完善电网主网架，在关键节点布局电网侧储能，提升省间电力互补互济水平，鼓励用户投资建设以消纳新能源为主的智能微电网。统筹兼顾和综合利用源网荷储各类主体的调节能力，规划建设一批源网荷储一体化和多能互补项目。

五、提升能源产业现代化水平

加大能源技术装备和核心部件攻关力度，积极推进能源系统数字化智能化升级，提升能源产业链现代化水平。

加强能源科技攻关。加快实施《“十四五”能源领域科技创新规划》。继续抓好核电科技重大专项和《核电技术提升行动计划》，加快推进小型堆技术研发示范。以“揭榜挂帅”方式实施一批重大技术创新项目，巩固可再生能源、煤炭清洁高效利用的技术装备优势，加快突破一批新型电力系统关键技术。持续推动能源短板技术装备攻关，重点推动燃气轮机、油气、特高压输电、控制系统及芯片等重点领域技术攻关。推进深远海海上风电技术创新和示范工程建设，探索集中送出和集中运维模式。加快新型储能、氢能等低碳零碳负碳重大关键技术研究。

加快能源系统数字化升级。积极开展煤矿、油气田、管网、电网、电厂等领域设备设施、工艺流程的智能化升级。推动分布式能源、微电网、多能互补等智慧能源与智慧城市、园区协同发展。加强北斗系统、5G、国密算法等新技术和“互联网+安全监管”智能技术在能源领域的推广应用。适应数字化、自动化、网络化能源基础设施发展，建设智能调度体系，实现源网荷互动、多能协同互补及用能需求智能调控。实施“区块链+能源”创新应用试点。

推动完善能源创新支撑体系。开展能源领域碳达峰、碳中和标准提升行动计划，加快构建能源领域碳达峰、碳中和标准体系。围绕新型电力系统、新型储能、氢能和燃料电池、碳捕集利用与封存、能源系统数字化智能化、能源系统安全等 6 大重点领域，增设若干创新平台。开展创新平台优化整改工作，积极承担国家能源科技创新任务。开展 2022 年度能源领域首台套技术装备评定并推广示范应用。完善依托工程推动能源技术装备创新和示范应用的政策措施。

六、提高能源服务水平

持续优化营商环境，统筹安排好煤电油气运保障供应，加大民生用能保障力度，不断提升全社会用能水平。

持续深化“放管服”改革。推进能源领域许可告知承诺制，促进“证照分离”改革全覆盖。全面提升“获得电力”服务水平，大力推广居民用户和 160kW 及以下小微企业用户报装“三零”服务和高压用户报装“三省”服务。出台《电力可靠性管理办法（暂行)》，促进可靠性工作向规划建设、设备制造、运行维护等环节深度延伸。优化涉企服务，打通堵点，为分布式发电就近交易、微电网、综合能源服务等新产业新业态新模式发展创造良好环境。

着力改善用能条件。继续实施农村电网巩固提升工程，提高农网供电保障水平。充分发挥可再生能源供暖作用，持续推进北方地区清洁取暖，做好清洁取暖专项监管。出台推进电能替代的指导意见，扩大电能替代的深度和广度。深入推进成品油质量升级国家专项行动，确保 2023 年 1 月 1 日全国全面供应国六 B 标准车用汽油。提升城镇电网智能化水平，满足分布式电源就地消纳与电动汽车充电设施、新型储能等多元化负荷的灵活接入。

七、增强能源治理能力

强化立法、规划、改革和监管的作用，加强能源形势监测预测，不断完善能源治理制度，增强能源治理效能。

加强能源形势分析和需求预测。推进能源供需分析体系建设，强化苗头性倾向性潜在性问题研判，健全能源数据信息报送机制。组织分省区滚动开展月度、季度能源需求预测，可能出现时段性、区域性供需紧张的地区，要从资源落实、基础设施布局、新建产能等方面提前谋划应对措施，保障能源稳定供应，防止市场供应和价格大起大落。

加大能源监管力度。深化电网、油气管网等自然垄断环节监管，加大公平开放、调度交易、价格成本、合同履约、电网代购电等方面的监管力度，加强电煤库存、非计划停机、机组出力受阻、有序用电的监管。强化能源行政执法工作，健全完善监管执法体系，严肃查处用户受电工程“三指定”、向虚拟货币“挖矿”项目违法供电等行为。充分发挥 12398 能源监管热线作用，畅通互联网等投诉举报新途径，及时研究解决人民群众反映的突出问题。

强化电力安全管控。贯彻“四个安全”治理理念，构建科学量化的监督管理指标体系，试点开展电力安全生产标准化建设，推动安全新技术研究应用，开展安全文化建设，构建安全审计工作机制和培训体系。深化“季会周报”电力安全风险分级管控和隐患排查治理挂牌督办通报机制，推进能源重大基础设施安全风险评估，强化直流系统、重要输电通道安全风险管控，开展在建重点工程施工安全和新能源发电项目安全监管，加强水电大坝隐患排查治理。推进电力应急指挥中心、态势感知平台和网络安全靶场建设，组织开展关键信息基础设施安全保护监督检查，推进大面积停电事件应急演练。细化完善重大活动电力保供方案，确保党的二十大等重大活动用电安全。

加快能源立法和规划实施。推动能源法制定，推进电力法、可再生能源法、煤炭法、石油储备条例制修订。抓好《“十四五”现代能源体系规划》以及各分领域规划的实施，落实《推动能源绿色低碳转型做好碳达峰工作的实施方案》《关于完善能源绿色低碳转型体制机制和政策措施的意见》明确的任务举措。加强规划政策衔接协同，强化能源规划、政策和重大项目实施情况监管，推进政策落地见效。结合新形势新要求，加强落实能源安全新战略的政策储备研究。

深化重点领域市场化改革。推动全国统一电力市场体系建设，做好南方、长三角、京津冀等区域电力市场建设。健全中长期交易、现货交易和辅助服务交易有机衔接的市场体系，推动具备条件的电力现货试点转入长周期运行。积极推进分布式发电与用户就近直接交易。完善电力调度交易机制，推动电网和油气管网设施公平开放。支持引导省级管网以市场化方式融入国家管网，积极推进油气干线管道建设和互联互通，推动省级管网运营企业运销分离，鼓励用户自主选择供气路径和供气主体。

八、深入推进高质量能源国际合作

以高标准、可持续、惠民生为目标，巩固能源合作基础，拓展能源合作空间，扎实风险防控网络，努力实现更高合作水平、更高投入收益、更高供给质量、更高发展韧性。

扎实推进能源务实合作。在有效防范对外投资风险的前提下加强同有关国家的能源资源合作。大力支持发展中国家能源绿色低碳发展。巩固深化传统能源领域合作和贸易，务实推动核电领域海外合作，建设运行好海外能源合作项目，深化周边电力互联互通。加强与各国在绿色能源、智慧能源等方面的交流合作。建成一批绿色能源合作示范项目，让绿色切实成为共建“一带一路”的底色。

深化国际交流和合作。秉持共商共建共享原则，弘扬开放、绿色、廉洁理念，打造绿色、包容的“一带一路”能源合作伙伴关系。加强与能源国际组织交流与合作。积极为国际规则和标准制定贡献力量，推动建立公平合理、合作共赢的全球能源治理体系。

加强境外项目风险管控。落实风险防控制度，压紧压实企业主体责任和主管部门管理责任。统筹推进疫情防控和能源国际合作，全力保障境外相关资产和人员安全。规范各类企业境外经营行为，杜绝恶性竞争，维护国家利益和形象。

各省（区、市）能源主管部门、国家能源局派出机构和有关能源企业，要依据本指导意见，结合本地区和企业的实际情况，采取有力有效措施，全力抓好各项任务落实，保障能源安全稳定供应，推动能源低碳转型和高质量发展，为全面建设社会主义现代化国家提供稳定可靠的能源保障。

国家能源局关于《抽水蓄能中长期发展规划（2021～2035年）》山西省调整项目有关事项的复函

国家能源局2022年4月26日以国能函新能〔2022〕13号文印发《关于〈抽水蓄能中长期发展规划〉山西省调整项目有关事项的复函》，该“复函”全文如下。

山西省能源局：

报来《关于将绛县等抽水蓄能列为国家“十四五”重点实施项目的请示》（晋能源新能源字〔2022〕8号）、《关于呈报绛县等8个抽水蓄能项目对生态环境部意见修改完善情况的报告》（晋能源规字〔2022〕139号）、《关于呈报绛县等8个抽水蓄能项目对国家林业和草原局意见修改完善情况的报告》（晋能源新能源字〔2022〕157号）。经研究，现函复如下：

一、加快发展抽水蓄能，落实《抽水蓄能中长期发展规划（2021～2035年）》（简称规划），对于构建新型电力系统、促进可再生能源大规模高比例发展、实现碳达峰碳中和目标、保障电力系统安全稳定运行、提高能源安全保障水平，以及促进扩大有效投资、保持经济社会平稳健康发展，具有重要作用。

二、为支持山西省抽水蓄能开发建设，加快新能源发展，推进能源革命综合改革试点，同意山西省盂县上社（装机容量140万kW）、沁源县李家庄（装机容量90万kW）、沁水（装机容量120万kW）、代县黄草院（装机容量140万kW）、长子（装机容量60万kW）5个项目纳入规划“十四五”重点实施项目；绛县（装机容量120万kW）、垣曲二期（装机容量100万kW）、西龙池二期（装机容量140万kW）3个储备项目调整为规划“十四五”重点实施项目；五寨（装机容量120万kW）项目纳入规划储备项目。

三、请你局认真做好规划实施工作，积极推进抽水蓄能项目前期工作，加快重点实施项目核准，加强项目全过程管理，确保项目建设和运行安全。坚持生态优先，做好项目开发建设与生态环境的协调。

四、请你局组织项目单位严守耕地和永久基本农田、生态保护红线及其他空间控制线，落实节约集约用地要求，并协调将重点实施项目纳入国土空间规划“一张图”实施监督信息系统，依法依规优先保障用地需求。

五、请你局组织项目单位在项目实施前按照《野生动物保护法》《野生植物保护条例》有关规定，履行环境影响评价过程中涉及野生动植物保护工作的相关法定程序。优化项目建设布局，科学合理安排项目进度，并严格按照核定的林地面积依法依规办理项目使用林地手续，不得突破。

联系人：国家能源局新能源司 韩江舟

联系方式：010-81929510，010-81929511（传真）

国家能源局公布《2021年度能源领域首台（套）重大技术装备项目》

国家能源局2022年5月7日发布2022年第2号公告，该“公告”全文如下。

为持续推进能源领域首台（套）重大技术装备示范应用，加快能源重大技术装备创新，切实保障关键技术装备产业链供应链安全，我局组织了2021年度能源领域首台（套）重大技术装备申报及评定工作。现就有关事项公告如下。

一、根据各有关单位申请，经组织专家评审和复核、公示，决定将“300MW级变速抽水蓄能机组成套设备”等75个技术装备（项目）列为2021年度能源领域首台（套）重大技术装备项目。各有关单位要抓紧推动技术装备研制，突破并掌握关键技术，扎实推进示范应用，确保首台（套）重大技术装备示范任务落地。

二、按照《关于促进首台（套）重大技术装备示范应用的意见》（发改产业〔2018〕558号）和《国家能源局关于促进能源领域首台（套）重大技术装备示范应用的通知》（国能发科技〔2018〕49号），能源领域首台（套）重大技术装备研制单位及其依托工程享受如下有关政策：

（一）承担首台（套）重大技术装备示范任务的依托工程优先纳入相关规划并由各级投资主管部门按照权限核准或审批。

（二）能源领域首台（套）重大技术装备招投标，经报行业主管部门批准，可采用单一来源采购、竞争性谈判等方式以保障示范任务落实。

（三）承担首台（套）重大技术装备示范任务的依托工程根据实际需要，可在年度上网电量指标安排、发电机组并网运行、调度方式、燃料供应和监管等方面给予适当优惠，鼓励地方根据实际情况进一步细化并落实知识产权、资金、税收、金融、保险等支持政策。

（四）承担首台（套）重大技术装备示范任务的依托工程，根据实际情况享有示范应用过失宽容政策。

三、已确定依托工程的技术装备，自本公告发布之日起，三年内依托工程未开工建设的，自动取消首台（套）资格。

四、能源领域首台（套）重大技术装备研制单位和依托工程承担单位要及时向我局报告工作进展情况，依托工程投产运行一年后开展示范应用自评价，形成自评价报告报送我局。

2021 年度能源领域首台（套）重大技术装备（项目）名单（水电及新能源部分）

编号	技术装备（项目）名称	研制单位	依托工程或意向工程
1	300MW 级变速抽水蓄能机组成套设备	国网新源控股有限公司、哈尔滨电机厂有限责任公司、东方电气集团东方电机有限公司、南京南瑞继保电气有限公司、国电南瑞科技股份有限公司、南方电网调峰调频发电有限公司	辽宁庄河抽水蓄能电站、山东泰安二期抽水蓄能电站、广东肇庆浪江抽水蓄能电站
2	500MW 冲击式水轮发电机组	大唐西藏能源开发有限公司、北京中水科水电科技开发有限公司、东方电气集团东方电机有限公司、哈尔滨电机厂有限责任公司、长江勘测规划设计研究有限责任公司、大唐集团科学技术研究总院有限公司、西藏大唐扎拉水电开发有限公司	西藏玉曲河扎拉水电站
3	1000MW 混流式水轮发电机组	中国三峡建工（集团）有限公司、哈尔滨电机厂有限责任公司、东方电气集团东方电机有限公司	金沙江白鹤滩水电站
4	700m 级 350MW 抽水蓄能机组成套设备	国网新源控股有限公司、东方电气集团东方电机有限、哈尔滨电机厂有限责任公司	吉林敦化抽水蓄能电站
6	10MW 海上风力发电机组	中国三峡建工（集团）有限公司、长江三峡集团福建能源投资有限公司、东方电气风电股份有限公司	福清兴化湾海上风电场二期项目、长乐外海海上风电场 A 区项目、长乐外海海上风电场 C 区项目
7	国产抗台风半潜浮动式海上风力发电系统成套装备	三峡珠江发电有限公司、明阳智慧能源集团股份公司、上海勘测设计研究院有限公司、华南理工大学、广州打捞局、惠生（南通）重工有限公司、巨力索具股份有限公司、宁波东方电缆股份有限公司	三峡新能源阳西沙扒三期（400MW）海上风电场工程、三峡广东浮式风电试验样机工程

续表

编号	技术装备（项目）名称	研制单位	依托工程或意向工程
8	国产化 5MW 海上风力发电机组及其核心部件	中国华能集团清洁能源技术研究院有限公司、中国船舶集团海装风电股份有限公司	华能江苏如东 H3 海上风电场
9	10～12MW 级海上风机专用大兆瓦级齿轮箱	德力佳传动科技（江苏）有限公司	—
10	预应力构架式钢管风电塔	青岛中天斯壮科技有限公司	青岛金胶州资产经营有限公司分散式风场工程
11	大规模塔式太阳能热发电聚光镜场成套装备	浙江可胜技术股份有限公司	青海中控太阳能德令哈 50MW 塔式熔盐储能光热项目、中电建青海共和 50MW 光热发电项目
12	100MW 熔盐塔式光热电站吸热器	首航高科技能源技术股份有限公司	敦煌首航节能新能源有限公司敦煌 100MW 熔盐塔式光热发电项目
14	大开口槽式集热器	中国电力工程顾问集团西北电力设计院有限公司	世行槽式太阳能热发电大开口集热器研发项目
21	适用于新能源电站惯量和调频支撑的兆瓦级飞轮储能系统	沈阳微控新能源技术有限公司、中国长江三峡集团有限公司、中核汇能有限公司、核工业理化工程研究院	山西右玉老千山风电场一次调频示范项目、三峡新能源乌兰察布新型储能技术验证平台
22	适用于光热与储热系统的大功率熔盐吸热器与熔盐蒸汽发生系统	杭州锅炉集团有限公司	青海中控太阳能发电有限公司德令哈熔盐塔式 50MW 光热发电项目
46	并网友好型风光储场站群智慧集控与运维系统	中国长江三峡集团有限公司、华北电力大学、北京四方继保自动化股份有限公司	三峡集团乌兰察布新一代电网友好绿色电站示范项目
47	水电站自主可控计算机监控系统	国电南京自动化股份有限公司 华能澜沧江水电股份有限公司、西安热工研究院有限公司、南京南瑞继保工程技术有限公司、北京中水科技水电科技开发有限公司	贵州乌江水电开发有限责任公司洪家渡发电厂、贵州乌江水电开发有限责任公司构皮滩发电厂 华能澜沧江水电股份有限公司小湾水电厂
50	海上风电柔性直流输电成套装备： 联接变压器：额定容量/额定电压 850MVA/220kV 柔直变压器：额定容量/额定电压 410MVA/500kV	特变电工沈阳变压器集团有限公司、西安西电变压器有限责任公司、中国三峡建工（集团）有限公司、三峡新能源南通有限公司、三峡新能源如东有限公司	三峡如东海上风电柔性直流输电示范工程
	IGBT 换流阀：最高电压/功率 ± 400kV/1100MW，IGBT 额定电压/电流 4.5kV/2kA	荣信汇科电气股份有限公司、许继集团有限公司、中国三峡建工（集团）有限公司、三峡新能源南通有限公司、三峡新能源如东有限公司	
	换流变阀侧套管：额定电压±550kV，额定电流 2500A 直流穿墙套管：额定电压±404kV，额定电流 479A/DC+884A/50Hz+265A/100Hz	西安西电高压套管有限公司、中国三峡建工（集团）有限公司、三峡新能源南通有限公司、三峡新能源如东有限公司	

国家能源局印发《风电场利用率监测统计管理办法》

为进一步规范完善风电场受限电量和利用率监测统计工作，促进风电消纳和风电行业高质量发展，国家能源局2022年4月26日以国能发新能规〔2022〕49号文印发《风电场利用率监测统计管理办法》，该“办法”全文如下。

风电场利用率监测统计管理办法

第一条　为进一步规范完善风电场受限电量和利用率的监测统计工作，促进风电消纳和风电行业高质量发展，制定本办法。

第二条　本办法适用于全国各级电网企业及并网风电场。

第三条　本办法中风电场受限电量是指排除场内设备故障、缺陷或检修等自身原因影响后，风电场可发而未发出的电量。

第四条　风电企业应在风电场开发建设、运行等方面，电网企业应在电网规划建设和调度运行管理等方面，分别落实有效措施，共同促进风电消纳。风电场出力受限时，风电企业和电网企业应相互配合做好受限电量统计工作。

第五条　风电场每日受限电量按如下公式计算：

受限电量＝受限时段风电场可用机组可发电量－受限时段风电场实发电量

其中，风电场可用机组可发电量指风电场内除受场内设备故障、缺陷或检修等因素影响风电机组外，剩余可用风电机组在所处自然条件和设备状态下（不考虑电力系统运行因素影响），在相应时间内理论上可发出的电量。

系统原因受限电量＝受限电量－特殊原因受限电量

其中，系统原因受限电量是指风电场受电力系统用电负荷及调峰能力、网架约束、安全稳定运行等因素影响可发而未能发出的电量。

特殊原因受限电量包括以下情况：

（一）因台风、地震、洪水、覆冰、泥石流等不可抗因素导致的风电场出力受限；

（二）风电场处于并网调试阶段或自动发电控制系统（AGC）测试阶段、风电场以临时方案接入系统时输送功率超过输变电设备送电极限、风电场出力超出场站并网调度协议载明的装机容量等情况下造成的出力受限；

（三）风电场由于并网技术条件不满足相关标准要求，或违反并网管理要求等原因进行整改造成的出力受限；

（四）由于风电场送出输变电设备正常计划检修造成的出力受限；

（五）市场化方式并网风电场因未落实并网条件导致的出力受限；

（六）风电场因市场化交易决策不当导致的出力受限；

（七）因风电场外重大工程施工、重大社会活动、执行特殊保电任务导致的出力受限。

多种特殊原因同时产生受限电量时，统计时按照主要原因归纳为上述某一类情况。

第六条　风电受限电量计算方法主要采用机舱风速法，各地区风电场根据设备条件差异也可结合实际采用样板机法、测风塔外推法等其他经过验证的计算方法；具体可由风电企业与所属电网调度机构协商确定。

机舱风速法是指基于风电机组实际风速—功率曲线，通过实测的机舱风速得出风机理论发电功率，进而计算风电场受限电量的方法。样板机法是指根据风电场风机地理位置和地势分布，在选定一定数量“样板机”（一般不超过风电场全部风机数量的10%，“样板机”不限电）基础上，通过“样板机”电量推算得出限电风机理论发电功率，进而计算受限电量的方法。测风塔外推法是在测风塔优化选址基础上，根据风电场所处区域的地形、地貌，采用微观气象学、计算流体力学理论，将测风塔风速、风向推算至风电场每台风机轮毂高度处的风速、风向，并通过风速—功率曲线得出风机理论发电功率，进而计算受限电量的方法。

第七条　风电场受限时段以电力调度机构下达限电指令和解除限电指令时间为准，或以调度自动化系统自动控制时段为准。电力调度机构和风电场均应准确记录限电时间、出力限值和原因。

第八条　风电场定期向电力调度机构提供风电场受限电量计算所需的基础数据和满足质量、精度要求的实时运行数据。电力调度机构定期对风电场所提供数据的准确性、合理性进行校核。电力调度机构和风电场定期在风电场出力不受限时段（不少于6小时）对所采用计算方法的准确性进行测试，偏差较大时应及时调整相关方法策略。

第九条　风电场利用率和地区风电利用率区分两种情况按如下公式计算：

（一）考虑全部原因受限电量情况

风电场利用率＝风电场实际发电量/风电场可用

机组可发电量

地区风电利用率＝∑风电场实际发电量/∑风电场可用机组可发电量

（二）仅考虑系统原因受限电量情况

风电场利用率＝(风电场可用机组可发电量－系统原因受限电量)/风电场可用机组可发电量

地区风电利用率＝∑(风电场可用机组可发电量－系统原因受限电量)/∑风电场可用机组可发电量

第十条 风电场发电数据报送以单个风电场为单元。各风电场于每月5日前将风电场上月月度发电信息表（见附件1）报送至相应电力调度机构，同时在国家可再生能源信息管理平台和全国新能源电力消纳监测预警平台填报。

第十一条 省级电网企业对其调度机构调度范围内风电场每月报送数据进行汇总、整理、分析和校核，在每月15日前向国家能源局当地派出机构报送各省（区、市）风电场月度发电信息报表（见附件2），同时在国家可再生能源信息管理平台和全国新能源电力消纳监测预警平台填报，并向其调度机构调度范围内各风电场披露。

第十二条 风电场如对省级电网企业每月披露结果存在异议，可及时联系相应电力调度机构进行校验修正，并向电力调度机构提供相关依据；对校验修正结果仍有异议的，可申请国家能源局当地派出机构督促进一步校核。

第十三条 国家能源局派出机构对风电企业、电网企业执行本办法的相关情况开展监督检查，并依照有关法规对违规行为予以处理。

第十四条 相关单位应严格按照本办法计算风电场消纳情况，如实完整报送统计数据，未按要求报送、弄虚作假、谎报、瞒报的，由国家能源局派出机构按照《电力监管条例》有关规定进行处理。

第十五条 国家能源局组织全国新能源消纳监测预警中心按月监测、按季评估，滚动公布各省级区域风电场消纳情况。

第十六条 风电场消纳情况发布需遵循国家相关法律法规和保密规定。

第十七条 国家能源局派出机构可依据本办法制定当地实施细则。

第十八条 本办法由国家能源局负责解释，自发布之日起施行，有效期暂定为5年，原《风电场弃风电量计算办法（试行）》（办输电〔2012〕154号）同时废止。

附件：1.××风电场月度发电信息表（略）

2.××省（区、市）风电月度发电信息表（略）

国家能源局决定废止6件行政规范性文件

国家能源局2022年5月18日发布2022年第3号公告，决定废止《国家电力监管委员会办公厅关于印发〈风力发电场并网安全条件及评价规范〉的通知》（办安全〔2011〕79号）等6件行政规范性文件。废止文件目录如下（见附件）。

附件 国家能源局决定废止的6件规范性文件目

序号	文件名称	文件编号	印发日期
1	国家电力监管委员会电力监管报告编制发布细则	办政法〔2007〕23号	2007年4月13日
2	国家电力监管委员会办公厅关于印发《风力发电场并网安全条件及评价规范》的通知	办安全〔2011〕79号	2011年9月9日
3	国家电力监管委员会、中国民用航空局关于印发《民用运输机场供用电安全管理规定（试行）》的通知	电监安全〔2012〕18号	2012年5月25日
4	国家电力监管委员会办公厅关于印发《小水电发电机组并网安全条件及评价规范（试行）》的通知	办安全〔2013〕8号	2013年1月21日
5	国家电力监管委员会办公厅关于印发《光伏发电站并网安全条件及评价规范（试行）》的通知	办安全〔2013〕49号	2013年3月13日
6	国家能源局关于规范光伏电站投资开发秩序的通知	国能新能〔2014〕477号	2014年10月28日

国家能源局印发《能源碳达峰碳中和标准化提升行动计划》

国家能源局2022年9月20日印发《能源碳达峰碳中和标准化提升行动计划》，该“计划”全文如下。

能源碳达峰碳中和标准化提升行动计划

推动能源绿色低碳转型是贯彻落实党中央、国务院关于碳达峰、碳中和重大战略决策的关键举措，标准是能源绿色低碳转型的技术支撑和基础性制度。为贯彻落实《中共中央 国务院关于完整准确全面贯彻新发展理念做好碳达峰碳中和工作的意见》《国务院关于印发2030年前碳达峰行动方案的通知》《中共中央 国务院关于印发〈国家标准化发展纲要〉的通知》，进一步提升能源标准化水平，有力支撑能源碳达峰、碳中和，制定本行动计划。

一、总体要求

（一）指导思想

以习近平新时代中国特色社会主义思想为指导，全面贯彻落实党的十九大和十九届历次全会精神，立足新发展阶段，完整、准确、全面贯彻新发展理念，构建新发展格局，围绕碳达峰、碳中和目标，深入贯彻落实“四个革命、一个合作”能源安全新战略，紧密结合能源领域做好碳达峰工作有关实施方案，突出能源绿色低碳转型、新兴技术产业发展、能效提升和产业链碳减排等重点方向，与技术创新和产业发展协同联动，完善有关能源技术标准规范，加大新兴领域标准供给，加快标准更新升级，不断提升标准质量，为能源碳达峰、碳中和提供有力支撑。

（二）工作原则

需求牵引、重点推进。紧密围绕党中央、国务院重大决策部署，切实支撑能源领域做好碳达峰、碳中和工作，突出重点推进能源绿色低碳转型、技术创新、能效提升和产业链碳减排等直接相关领域标准化。

共性先立、急用先行。加快推进能源绿色低碳转型和碳减排相关共性基础标准制修订，抓紧完善能源碳达峰急需标准，进一步提升节能降碳标准要求和标准质量，有效满足能源转型标准需求。

协同联动，务求实效。围绕能源绿色低碳转型发展需求，坚持技术研发、标准研制与产业发展协同联动，切实发挥标准在协同创新、成果转化过程中的引领、支撑和规范作用。

系统布局，协调一致。系统谋划布局涵盖能源领域碳达峰、碳中和全产业链标准体系，统筹推进能源行业标准与国家、团体相关标准协调一致的新型标准体系建设。

（三）工作目标

到2025年，初步建立起较为完善、可有力支撑和引领能源绿色低碳转型的能源标准体系，能源标准从数量规模型向质量效益型转变，标准组织体系进一步完善，能源标准与技术创新和产业发展良好互动，有效推动能源绿色低碳转型、节能降碳、技术创新、产业链碳减排。

——建立完善以光伏、风电为主的可再生能源标准体系，研究建立支撑新型电力系统建设的标准体系，加快完善新型储能标准体系，有力支撑大型风电光伏基地、分布式能源等开发建设、并网运行和消纳利用。

——制定一批新兴技术和产业链碳减排相关技术标准，健全相关标准组织体系，实现能源领域碳达峰产业链相关环节标准全覆盖。

——修订一批常规能源生产转化和输送利用能效相关标准，提升标准要求和水平，助推和规范资源综合利用、能效提升。

到2030年，建立起结构优化、先进合理的能源标准体系，能源标准与技术创新和产业转型紧密协同发展，能源标准化有力支撑和保障能源领域碳达峰、碳中和。

二、重点任务

（一）大力推进非化石能源标准化

加快完善风电、光伏等可再生能源标准。抓紧完善沙漠、戈壁、荒漠地区大型风电光伏基地建设有关技术标准，加快制定海上风电开发及多种能源综合利用技术标准，推动分散式风电、分布式光伏、户用光伏等就近开发利用相关标准制修订，建立完善光伏发电、光热发电标准体系。制定风电机组、光伏组件退役回收与再利用相关标准。

完善水电和抽水蓄能相关标准体系。围绕重大水电工程进一步完善升级相关技术标准，加快推进高水头、大容量水电开发相关技术标准储备，持续完善水电智能建造、信息化和数字化、水电机组设备更新改造、增效节能等方面的技术标准。加快推动流域梯级综合调度与安全应急、水电可持续发展后评估相关标准制定。完善抽水蓄能及水电梯级融合改造技术标准。结合水风光综合能源开发利用需求推进相关标准制修订。

推动各类可再生能源综合利用标准制修订。继续推动生物质能源（含生物质发电、生物制气、纤维素燃料乙醇、生物柴油、生物航煤、生物成型燃料等）转化利用、地热能开发利用、海洋能开发利用等技术标准制修订，开展生物质能、太阳能、热泵、清洁炉具等清洁供暖标准研制。

进一步完善核电标准体系。打造先进三代压水堆核电标准体系并推进自主标准应用实施，开展高温气冷堆、快堆等具有四代特征核电技术以及模块化小型堆、海上浮动式核动力平台等技术标准体系研究，重点提升核安全相关技术标准水平。

专栏1 非化石能源标准化专项行动
1. 风电光伏标准体系完善行动。依托大型风电光伏基地建设及海上风电基地、海上光伏项目建设，设立标准化示范工程，充分发挥国家新能源实证实验平台的作用，抓紧补充完善一批标准，形成完善的风电光伏技术标准体系。 2. 水风光综合能源开发利用标准示范行动。依托水电站及抽水蓄能电站建设，结合水风光综合能源基地开发，推动相关标准制修订并开展示范。 3. 抽水蓄能专项标准完善和示范行动。结合抽水蓄能电站大规模建设以及各种新形式抽水蓄能技术研发和项目建设，完善抽水蓄能标准体系，加快相关标准制修订并开展示范。 4. 先进三代压水堆核电标准应用实施行动。依托后续三代压水堆核电工程项目建设及在运核电厂，组织自主核电标准应用实施和采标率检查。

（二）加强新型电力系统标准体系建设

开展新型电力系统安全稳定运行标准需求和现有标准的适应性研究，持续完善涵盖新型电力系统分析认知、规划设计、运行控制、故障防御、网源协调等重点领域标准，加强新能源发电涉网安全标准建设。

进一步优化完善特高压交、直流标准体系建设，为主干网架和跨省区输电通道建设提供标准支撑。大力推进智能配电网标准化，完善分布式电源就地消纳与多元化负荷灵活接入等标准，提升配电网智能调控和双向互动能力。加紧完善以消纳新能源为主的微电网标准，加强多能互补、多能转化及综合利用、源网荷储协同控制等标准制定。推动构网型柔性直流技术标准体系建设，开展构网型直流性能及检测等方面核心标准研制。

持续推动电力需求侧资源开发、应用等配套标准研制，有效拓展电力系统调节资源。建立和完善虚拟电厂标准体系，推进虚拟电厂领域重点标准制修订。推动电动汽车、换电站等可控充电负荷纳入电网优化控制，推进电动汽车充电等灵活性调节标准制修订。持续推进能源消费终端电气化水平提升，推动用能侧电气化标准制定，助推建筑、交通等领域电气化协同发展。

推进电力市场标准体系建设，推进电力市场基础及通用标准、市场接入技术标准、电力市场业务技术标准、电力市场运营技术标准等重点标准制定。

专栏2 新型电力系统标准体系专项行动
5. 新型电力系统标准体系专项研究和示范行动。围绕新型电力系统研究和建设，开展新型电力系统标准体系研究，形成标准体系框架和体系表，在电力系统安全稳定运行、输配电网、微电网、构网型柔性直流、需求侧响应、电气化提升、电力市场等领域制定一批标准，推动新型电力系统建设及相关产业发展，结合新型电力系统示范工程开展标准化示范。

（三）加快完善新型储能技术标准

完善新型储能标准管理体系，结合新型电力系统建设需求，根据新能源发电并网配置和源网荷储一体化需要，抓紧建立涵盖新型储能项目建设、生产运行全流程以及安全环保、技术管理等专业技术内容的标准体系。

细化储能电站接入电网和应用场景类型，完善接入电网系统的安全设计、测试验收等标准。加快推动储能用锂电池安全、储能电站安全等新型储能安全强制性国家标准制定。

结合新型储能技术创新和应用场景拓展，及时开展相关标准制修订，全面推动各类新型储能技术研发、示范应用和标准制定协同发展。

专栏3 新型储能标准化专项行动
6. 新型储能标准体系建设完善行动。完善储能标准管理体系，建设完善新型储能标准体系，印发《新型储能标准体系建设指南》，结合产业试点示范项目经验，推进相关标准制修订。

（四）加快完善氢能技术标准

进一步推动氢能产业发展标准化管理，加快完善氢能标准顶层设计和标准体系。开展氢制备、氢储存、氢输运、氢加注、氢能多元化应用等技术标准研制，支撑氢能“制储输用”全产业链发展。

重点围绕可再生能源制氢、电氢耦合、燃料电池及系统等领域，增加标准有效供给。建立健全氢能质量、氢能检测评价等基础标准。

专栏4 氢能标准化专项行动
7. 全产业链绿氢标准完善行动。完善氢能标准管理体系，开展氢能全产业链标准体系研究和标准化顶层设计，形成标准体系框架和体系表，开展氢能“制储输用”全链条安全标准研究，结合产业试点示范项目经验，推进相关标准制修订。

（五）进一步提升能效相关标准

组织推进煤炭、石油和天然气绿色高效生产转化和利用相关标准制修订。重点推动煤炭清洁高效生产、利用和石油炼化等领域节能降碳相关标准提升，进一步提升煤电、煤炭深加工能效相关标准，完善和提升石油炼化能效相关标准。

进一步提升煤炭和油气相关资源综合利用标准水平，完善煤矸石、粉煤灰和尾矿综合利用相关技术标准，加强煤炭和油气开发、转化、储运等环节余热、余压和冷能等资源回收利用相关标准要求。推动完善煤炭和油气开发生态环境治理相关标准。

进一步完善和提升电力输送能效标准，结合新型电力系统标准体系研究，推动一批新型节能环保电力设备和材料相关标准制修订，进一步提升电力输送关键设备的能效标准。推动负荷侧再电气化能效标准提升。

加快推动综合能源服务标准体系建设及基础性标准研制，重点推动综合能源服务规划设计、能源综合利用、能源服务、能效监测与诊断、能源托管与运营、系统运行质量、服务质量评价及能源与多领域融合等标准研制。

专栏5　能效标准提升专项行动
8. 煤电能效标准提升行动。进一步完善和提升煤电机组能效和灵活性等标准，明确考核约束和关键配套有关技术标准要求，结合煤电"三改联动"开展先进适用标准试点示范。
9. 煤炭深加工能效标准提升行动。依托现代煤化工产业升级和技术改造，进一步完善和提升煤炭深加工能效标准，结合煤化工大气污染物排放要求开展先进适用标准试点示范。
10. 石油炼化能效标准提升行动。依托炼油行业"能效领跑者"行动和技术改造，进一步完善石油炼化领域资源综合利用、炼化产业技术改造标准，持续推进炼油行业能效提升。
11. 电力输送能效标准提升行动。进一步提升电力输送有关能效标准，依托电网建设和技术改造开展示范，助推电网线损率进一步降低。
12. 综合能源服务标准提升行动。开展综合能源服务标准体系研究，形成标准体系框架和体系表，结合试点示范项目，推动相关标准制修订。

（六）健全完善能源产业链碳减排标准

与国家标准协调加快构建能源领域碳减排标准化管理、顶层设计和标准体系。研究制定能源分行业产业链碳足迹核算标准，完善能源领域碳排放核算核查、碳减排量化评估、减污降碳控制监测等标准，研究开展能源装备重要产品全生命周期碳足迹标准研制。服务建立国家碳市场机制需求，加快能源企业碳交易、抵消机制等关键标准研制。

围绕能源领域二氧化碳捕集利用与封存（CCUS）有关技术研发和项目建设需求，加快推进相关标准管理体系和标准体系完善，推进二氧化碳捕集、输送、封存监测、泄漏预警、驱油等关键环节标准制修订。

加快完善能源产业链数字化相关技术标准体系，推进能源各领域数字孪生、能源大数据、智能化等技术标准制修订。

专栏6　能源产业链碳减排标准专项行动
13. 能源产业链碳减排标准体系建设行动。开展能源产业链分行业碳减排标准体系研究和标准化顶层设计，形成标准体系框架和体系表，根据产业发展需求制定一批碳减排标准。
14. CCUS标准体系完善和示范行动。依托重点CCUS项目，有序开展CCUS、二氧化碳管道输送、循环降碳等技术标准研制和示范。
15. 能源装备碳足迹标准体系完善和试点示范行动。开展能源装备全生命周期碳足迹标准体系研究，有序制定分行业典型装备碳足迹核算、评价标准，针对典型能源装备开展试点示范。

三、组织实施

（一）加强组织实施

设立能源领域碳达峰、碳中和标准化领导小组和专家咨询委，准确把握和科学高效推进能源领域碳达峰、碳中和标准化工作。针对涉及面较广的重点领域标准制修订，由国家能源局牵头成立跨标委会的标准工作组，切实加强相关标委会间的沟通协调。各能源标准化管理机构根据分工职责，组织相关标委会制定各领域碳达峰、碳中和标准化工作落实方案，细化明确责任分工和工作要求。鼓励并充分吸纳能源企业、科研机构、高等院校依托能源建设项目、重大科研项目等参与标准制修订和示范。

（二）加大政策支持

加大能源领域碳达峰、碳中和标准供给，年度标准立项数量向相关领域标准重点倾斜。各领域标准化相关行业、企业要进一步加大标准化经费支持力度，重点工程和科研项目根据实际需求列支标准化经费，统筹政府标准工作经费，加大相关领域标准经费支持力度。加快重点标准制修订，有关标准制修订周期缩短至18个月以内。对能源领域"双碳"优秀标准和人才表彰奖励。

（三）开展标准示范

围绕各专项行动任务，依托有关工程项目设立示范，采用“揭榜挂帅”形式，组织项目业主、研发制造单位和标准化机构联合，开展先进适用标准试点示范。根据实际情况，经报能源行业主管部门批准，有关示范项目享受能源领域首台（套）重大技术装备示范应用有关支持政策。切实加强工程策划、设计、建设、验收、运行全阶段与相关标准制修订的紧密协同，推动技术研发、项目建设、产业发展和标准化联动发展。

（四）强化统筹协调

加强与国家标准、团体标准的衔接协调，推动形成国标、行标、团标有机衔接的新型标准体系。深化能源领域标准国际合作，拓宽标准国际化渠道，提高与国际相关标准体系的对接与兼容度，推动重点标准走出去，提升标准国际化水平。

（五）加强监督评估

建立标准实施信息反馈和评估机制，加强能源领域标准实施情况统计分析，开展动态评估，及时掌握情况、发现问题，根据反馈和评估情况加强标准制修订和复审。加强标准有关示范项目过程监管和验收，有关示范项目需制定明确工作计划，并在投运 1 年后组织验收。

国家能源局印发《水电站大坝工程隐患治理监督管理办法》

为加强水电站大坝运行安全监督管理，规范水电站大坝工程隐患的排查治理工作，国家能源局 2022 年 10 月 19 日以国能发安全规〔2022〕93 号文印发《水电站大坝工程隐患治理监督管理办法》，该“办法”全文如下。

水电站大坝工程隐患治理监督管理办法

第一章　总　　则

第一条　为了加强水电站大坝运行安全监督管理，规范水电站大坝工程隐患的排查治理工作，根据《中华人民共和国安全生产法》《水库大坝安全管理条例》《水电站大坝运行安全监督管理规定》等法律、法规和规章，制订本办法。

第二条　本办法适用于按照《水电站大坝运行安全监督管理规定》纳入国家能源局监督管理范围的水电站大坝（简称大坝）。

第三条　电力企业是大坝工程隐患排查治理的责任主体，其主要负责人为大坝工程隐患排查治理的第一责任人。

电力企业应当明确大坝工程隐患排查治理的目标和任务，制定隐患治理计划和治理方案，落实人、财、物、技术等资源保障。

第四条　国家能源局对大坝工程隐患治理实施综合监督管理。国家能源局派出机构（简称派出机构）对辖区内大坝工程隐患治理实施监督管理。承担水电站项目核准和电力运行管理的地方各级电力管理等有关部门（简称地方电力管理部门）依照国家法律法规和有关规定，对本行政区域内大坝工程隐患治理履行地方管理责任。国家能源局大坝安全监察中心（简称大坝中心）对大坝工程隐患治理提供技术监督和管理保障。

第五条　大坝工程隐患按照其危害严重程度，分为特别重大、重大、较大、一般等四级。

大坝较大以上（含较大，下同）工程隐患的治理应当进行专项设计、专项审查、专项施工和专项验收。

第二章　隐　患　确　认

第六条　大坝特别重大工程隐患，是指大坝存在以下一种或者多种工程问题、缺陷，并且经过分析论证，即使在采取控制水库运行水位措施、尽最大可能降低水库水位的条件下，在设防标准内仍然可能导致溃坝或者漫坝的情形：

（一）防洪能力严重不足；

（二）大坝整体稳定性不足；

（三）存在影响大坝运行安全的坝体贯穿性裂缝；

（四）坝体、坝基、坝肩渗漏严重或者渗透稳定性不足；

（五）泄洪消能建筑物严重损坏或者严重淤堵；

（六）泄水闸门、启闭机无法安全运行；

（七）枢纽区存在影响大坝运行安全的严重地质灾害；

（八）严重影响大坝运行安全的其他工程问题、缺陷。

大坝重大工程隐患，是指大坝存在本条第一款规定的一种或者多种工程问题、缺陷，并且经过分析论证，在采取控制水库运行水位措施、尽最大可能降低水库水位的条件下，在设防标准内一般不会导致溃坝或者漫坝的情形。

大坝较大工程隐患，是指大坝存在本条第一款规定的一种或者多种工程问题、缺陷，并且经过分析论证，无需采取控制水库水位措施，在设防标准内一般不会导致溃坝或者漫坝的情形。

大坝一般工程隐患，是指大坝存在工程问题、缺陷，已经或者可能影响大坝运行安全，但其危害尚未达到较大工程隐患严重程度的情形。

第七条 大坝工程隐患，可由电力企业自查确认，也可由派出机构、地方电力管理部门、大坝中心在日常监督管理或者大坝安全定期检查、特种检查等工作中确认。确认标准按照本办法第六条以及电力安全隐患监督管理相关规定执行。

第八条 大坝工程隐患确认时间，是指电力企业自查确认的时间；派出机构、地方电力管理部门在监督管理过程中提出明确意见的时间；大坝中心印发大坝安全定期检查、特种检查审查意见的时间，以及提出大坝其他工程隐患督查意见的时间。

第九条 电力企业对自查确认的大坝较大以上工程隐患，应当立即书面报告派出机构、地方电力管理部门以及大坝中心。派出机构、地方电力管理部门以及大坝中心对各自确认的大坝较大以上工程隐患，除了应当及时通知电力企业之外，还应当同时相互抄送告知。

大坝较大以上工程隐患涉及防汛、环保、航运等事项的，隐患确认单位还应当同时告知地方政府相关主管部门。

第三章 隐 患 治 理

第十条 大坝工程隐患确认之日起的两个月内，电力企业应当将隐患治理计划报送大坝中心；对于较大以上的工程隐患，电力企业还应当将治理计划报送派出机构和地方电力管理部门。

第十一条 电力企业应当委托大坝原设计单位或者具有相应资质的设计单位，对大坝较大以上工程隐患的治理方案进行专项设计。

第十二条 电力企业应当委托大坝设计方案的原审查单位或者具有相应资质的审查单位，对大坝较大以上工程隐患的治理方案进行专项审查。

第十三条 大坝较大以上工程隐患治理方案专项审查通过后的一个月内，电力企业应当将通过审查或者按照审查意见修改后的治理方案报请大坝中心开展安全性评审。通过安全性评审后，电力企业应当将治理方案报送派出机构和地方电力管理部门。

第十四条 大坝较大以上工程隐患的治理方案涉及大坝原设计功能改变或者调整的部分，电力企业应当依法依规报请项目核准（审批）部门批准。

第十五条 大坝较大以上工程隐患的治理，应当由电力企业委托具有相应资质的制造、安装、施工、维修和监理单位实施。

第十六条 电力企业应当严格按照大坝工程隐患治理计划和治理方案明确的时限、质量等要求开展治理工作，并定期将进展情况报送大坝中心，其中较大以上工程隐患的治理情况还应当报送派出机构和地方电力管理部门。

第十七条 大坝较大以上工程隐患的治理，应当在要求的时限内完成；一般工程隐患原则上应当立即完成治理，治理工作量大、受客观条件限制的，可适当延长完成时间。

第十八条 大坝较大以上工程隐患治理完成并经过一年运行后，电力企业应当及时组织开展专项竣工验收。派出机构、地方电力管理部门以及大坝中心应当按照职责和分工参加竣工验收。通过专项竣工验收之日起的一个月内，电力企业应当将验收报告以及相关资料报送大坝中心、派出机构和地方电力管理部门。

第四章 风 险 防 控

第十九条 大坝较大以上工程隐患确认后，电力企业应当加强水情监测、水库调度、防洪度汛、安全监测以及大坝巡视检查等工作，并采取有效措施保证大坝运行安全。构成特别重大工程隐患或者重大工程隐患的，电力企业还应当采取降低水库运行水位、放空水库等安全保障措施。

第二十条 大坝较大以上工程隐患确认后，电力企业应当及时制定或者修订专项应急预案，按照有关规定完成预案评审和备案，加强预报预警，健全应急协调联动机制，积极开展应急演练。

第二十一条 大坝存在工程隐患，采取治理措施仍然不能保证运行安全的，应当按照《水电站大坝运行安全监督管理规定》有关规定退出运行。

第五章 监 督 管 理

第二十二条 大坝中心收到电力企业报送的特别重大工程隐患、重大工程隐患治理专项竣工验收资料后，应当及时重新评定大坝安全等级，并将评定结果报告国家能源局，同时抄送派出机构和地方电力管理部门。

第二十三条 派出机构、地方电力管理部门、大坝中心应当依照法律法规和相关规定，加强对大坝工程隐患治理的监督管理。

国家能源局负责对大坝特别重大工程隐患的治理实施挂牌督办，必要时可以指定有关派出机构实施挂牌督办。派出机构负责对大坝重大工程隐患实施挂牌督办。地方电力管理部门依照法律法规和相关规定做好大坝隐患治理挂牌督办有关工作。大坝中心为挂牌督办提供技术支持。

第二十四条 派出机构、地方电力管理部门以及大坝中心应当加强协同配合，联合开展相关监督检查，督促指导电力企业按时、高质量完成大坝工程隐患治理各项工作。

第二十五条 国家能源局、派出机构、地方电力管理部门应当依照国家法律法规和有关规定，调查处理大坝工程隐患治理责任不落实的企业和相关人员。

第二十六条 电力企业应当积极配合国家能源局、派出机构、地方电力管理部门以及大坝中心对大坝工程隐患治理开展的监督管理工作。

第六章 附 则

第二十七条 本办法自发布之日起施行，有效期五年。原国家电力监管委员会颁布施行的《水电站大坝除险加固管理办法》（电监安全〔2010〕30号）同时废止。

国家能源局印发《电力行业网络安全管理办法》

国家能源局2022年11月16日以国能发安全规〔2022〕100号文印发修订后的《电力行业网络安全管理办法》，该“办法”全文如下。

电力行业网络安全管理办法

第一章 总 则

第一条 为加强电力行业网络安全监督管理，规范电力行业网络安全工作，根据《中华人民共和国网络安全法》《中华人民共和国密码法》《中华人民共和国数据安全法》《中华人民共和国个人信息保护法》《中华人民共和国计算机信息系统安全保护条例》《关键信息基础设施安全保护条例》及国家有关规定，制定本办法。

第二条 电力行业网络安全工作的目标是建立健全网络安全保障体系和工作责任体系，提高网络安全防护能力，保障电力系统安全稳定运行和电力可靠供应。

第三条 电力企业在中华人民共和国境内建设、运营、维护和使用网络（除核安全外），以及网络安全的监督管理，适用本办法。

本办法所称网络是指由计算机或者其他信息终端及相关设备组成的按照一定的规则和程序对信息进行收集、存储、传输、交换、处理的系统，包括电力监控系统、管理信息系统及通信网络设施。

本办法不适用于涉及国家秘密的网络。涉及国家秘密的网络应当按照国家保密工作部门有关涉密信息系统管理规定和技术标准，结合网络实际情况进行管理。

第四条 电力行业网络安全工作坚持“积极防御、综合防范”的方针，遵循“依法管理、分工负责，统筹规划、突出重点”的原则。

第二章 监督管理职责

第五条 国家能源局及其派出机构、负有电力行业网络安全监督管理职责的地方能源主管部门（简称行业部门）在各自职责范围内依法依规履行电力行业网络安全监督管理职责。

第六条 电力行业网络安全监督管理工作主要包括以下内容：

（一）组织落实国家关于网络安全的方针、政策和重大部署，并与电力生产安全监督管理工作相衔接；

（二）组织制定电力行业网络安全等级保护、关键信息基础设施安全保护、电力监控系统安全防护、网络安全监测预警和信息通报、网络安全事件应急处置等方面的政策规定及技术规范，并监督实施；

（三）组织认定电力行业关键信息基础设施，制定关键信息基础设施安全规划，建立关键信息基础设施网络安全监测预警制度，组织开展关键信息基础设施网络安全检查检测，指导关键信息基础设施运营者做好网络安全事件应对处置；

（四）组织或参与网络安全事件的调查与处理；

（五）督促电力企业落实网络安全责任、保障网络安全经费、开展网络安全防护能力建设等工作；

（六）组织开展电力行业网络安全信息通报等工作；

（七）指导督促电力企业做好网络安全宣传教育工作；

（八）推动网络安全仿真验证环境（靶场）建设，组织建立网络安全监督管理技术支撑体系；

（九）电力行业网络安全监督管理的其他事项。

第七条 电力调度机构负责直接调度范围内的下一级电力调度机构、集控中心、变电站（换流站）、发电厂（站）等各类机构涉网部分的电力监控系统安全防护的技术监督。主要包括以下内容：

（一）自行组织或委托电力监控系统安全防护评估机构开展调度范围内电力监控系统的自评估工作，配合开展电力监控系统的检查评估工作，负责统一指挥调度范围内的电力监控系统安全应急处理，参与电力监控系统的网络安全事件调查和分析工作；

（二）组织并督促各相关单位开展电力监控系统安全防护技术培训和交流工作，贯彻执行国家和行业有关电力监控系统安全防护的标准、规程和规范；

（三）负责对电力监控系统专用安全产品开展监督管理，制定电力监控系统专用安全产品管理办法并监督实施；

（四）将并网电厂涉网部分电力监控系统网络安全运行状态纳入监测；

（五）每年 11 月 1 日前将技术监督工作开展情况报送行业部门。

第三章　电力企业责任义务

第八条　电力企业是本单位网络安全的责任主体，负责本单位的网络安全工作。

第九条　电力企业主要负责人是本单位网络安全的第一责任人。电力企业应当建立健全网络安全管理、评价考核制度体系，成立工作领导机构，明确责任部门，设立专职岗位，定义岗位职责，明确人员分工和技能要求，建立健全网络安全责任制。

电力行业关键信息基础设施运营者的主要负责人对关键信息基础设施安全保护负总责，要明确一名领导班子成员（非公有制经济组织运营者明确一名核心经营管理团队成员）作为首席网络安全官，专职管理或分管关键信息基础设施安全保护工作；为每个关键信息基础设施明确一名安全管理责任人；设立专门安全管理机构，确定关键岗位及人员，并对机构负责人和关键岗位人员进行安全背景审查。

第十条　电力企业应当依法依规开展关键信息基础设施信息报送工作，关键信息基础设施发生较大变化，可能影响其认定结果的，关键信息基础设施运营者发生合并、分立、解散等情况的，应当及时将相关情况报告行业部门。

第十一条　电力企业应当按照国家网络安全等级保护制度、关键信息基础设施安全保护制度、数据安全制度、网络安全审查工作机制和电力监控系统安全防护规定的要求，对本单位的网络进行安全保护，并将网络安全纳入安全生产管理体系。

第十二条　电力企业应当选用符合国家有关规定、满足网络安全要求的网络产品和服务，开展网络安全建设或改建工作。接入生产控制大区的涉网安全产品需经电力调度机构同意。

第十三条　电力行业关键信息基础设施运营者应当优先采购安全可信的网络产品和服务，并按照有关要求开展风险预判工作，评估投入使用后可能对关键信息基础设施安全、电力生产安全和国家安全的影响，形成评估报告。影响或者可能影响国家安全的，应当按照国家网络安全规定通过安全审查。

第十四条　电力企业规划设计网络时，应当明确安全保护需求，保证安全措施同步规划、同步建设、同步使用，设计合理的总体安全方案并经专业技术人员评审通过，制定安全实施计划，负责网络安全建设工程的实施。网络上线前，电力企业应当委托网络安全服务机构开展第三方安全测试。

第十五条　电力企业应当按照国家有关规定开展电力监控系统安全防护评估、网络安全等级保护测评、关键信息基础设施网络安全检测和风险评估、商用密码应用安全性评估和网络安全审查等工作，未达到要求的应当及时进行整改。

第十六条　电力企业不得委托在近 3 年内被行业部门通报有不良行为或被相关部门通报整改的网络安全服务机构。

第十七条　电力企业应当按照国家有关规定开展网络安全风险评估工作，建立健全网络安全风险评估的自评估和检查评估制度，完善网络安全风险管理机制。发现风险隐患可能对电力行业网络安全产生较大影响的，应当向行业部门报告。

第十八条　电力企业应当依据国家和行业相关标准、规程和规范开展网络安全技术监督工作，可委托网络安全服务机构协助开展。

第十九条　电力企业应当建立健全网络产品安全漏洞信息接收渠道并保持畅通，发现或者获知存在安全漏洞后，应当立即评估安全漏洞的影响范围及程度，及时对安全漏洞进行验证并完成修补。

第二十条　电力企业应当建立健全本单位网络安全监测预警和信息通报机制，及时掌握本单位网络安全运行状况、安全态势，及时处置网络安全威胁与隐患，定期向行业部门报告有关情况。

电力行业关键信息基础设施运营者应当建立 7×24 小时值班值守制度，建设网络安全态势感知平台，并与行业部门、公安机关等有关平台对接。

第二十一条　电力企业应当按照电力行业网络安全事件应急预案，制修订本单位网络安全事件应急预案，每年至少开展一次应急演练。制修订电力监控系统专项网络安全事件应急预案并定期组织演练。定期组织开展网络攻防演习，检验安全防护和应急处置能力。

第二十二条　电力企业应当在国家重要活动、会议期间结合实际制定网络安全保障专项工作方案和应急预案，成立保障组织机构，明确目标任务，细化措施要求，组织预案演练，确保重要信息系统、电力监控系统安全稳定运行。

第二十三条　电力企业发生网络安全事件后，应当立即启动网络安全事件应急预案，对网络安全事件进行调查和评估，采取技术措施和其他必要措施，消除安全隐患，防止危害扩大，注意保护现场，并按照规定向有关主管部门报告。

第二十四条　电力企业应当按照国家有关规定，建立健全容灾备份制度，对重要系统和重要数据进行有效备份。

第二十五条　电力企业应当建立健全全流程数据安全管理和个人信息保护制度，按照国家和行业重要数据目录及数据分类分级保护相关要求，确定本单位的重要数据具体目录，对列入目录的数据进行重点保护。

第二十六条　电力企业应当建立网络安全资金保障制度，安排网络安全专项预算，确保网络安全投入不低于信息化总投入的5%。

第二十七条　电力企业应当加强网络安全从业人员考核和管理，建立与网络安全工作特点相适应的人才培养机制，做好全员网络安全宣传教育，提高网络安全意识。从业人员应当定期接受相应的政策规范和专业技能培训，并经培训合格后上岗。

第二十八条　电力企业应当督促电力监控系统专用安全产品研发单位和供应商按照国家有关要求做好保密工作，防止关键技术泄露。严禁在互联网上销售、购买电力监控系统专用安全产品。

第二十九条　电力企业应当于每年11月1日前，将当年网络安全工作的专项总结报行业部门。总结内容应当包括但不限于网络安全工作开展情况、网络安全等级保护情况、电力监控系统安全防护评估情况、数据安全情况、安全监测预警情况、风险隐患治理情况、网络安全事件应对处置情况、应急预案及演练情况、网络产品和服务采购情况、下一年度工作计划等。

电力行业关键信息基础设施运营者应当于每年11月1日前，将当年关键信息基础设施安全保护工作的专项总结报行业部门。总结内容应当包括但不限于关键信息基础设施的运行情况、认定报送情况、安全监测预警情况、网络安全检测和风险评估情况、网络安全事件应对处置情况、应急预案及演练情况、网络产品和服务采购情况、密码使用情况、下一年度安全保护计划等。

第四章　监　督　检　查

第三十条　行业部门在各自职责范围内依法依规对电力企业网络安全工作进行监督检查，定期组织开展电力行业关键信息基础设施网络安全检查检测。

第三十一条　行业部门进行监督检查和事件调查时，可以采取下列措施：

（一）进入电力企业进行检查；

（二）询问相关单位的工作人员，要求其对有关检查事项作出说明；

（三）查阅、复制与检查事项有关的文件、资料，对可能被转移、隐匿、损毁的文件、资料予以封存；

（四）对检查中发现的问题，责令其当场改正或者限期改正。

第三十二条　行业部门在履行网络安全监督管理职责中，发现网络存在较大安全风险或者发生安全事件的，可以按照规定的权限和程序对该电力企业法定代表人或者主要负责人进行约谈，情节严重的依据国家有关法律、法规予以处理。

行业部门可就网络安全缺陷、漏洞等风险，网络攻击、恶意软件等威胁，网络安全事件开展行业通报，电力企业应当及时排查并采取风险防范措施。

第三十三条　行业部门工作人员必须对在履行监督管理职责中知悉的国家秘密、工作秘密、商业秘密、重要数据、个人信息和隐私严格保密，不得泄露、出售或者非法向他人提供。

第五章　附　　则

第三十四条　本办法由国家能源局负责解释。

第三十五条　本办法自发布之日起施行，有效期5年。《电力行业网络与信息安全管理办法》（国能安全〔2014〕317号）同时废止。

国家能源局印发《水电站大坝运行安全应急管理办法》

国家能源局2022年11月23日以国能发安全规〔2022〕102号文印发《水电站大坝运行安全应急管理办法》，该“办法”全文如下。

水电站大坝运行安全应急管理办法

第一章　总　　则

第一条　为了规范水电站大坝（简称大坝）运行安全应急管理工作，提高电力企业防范、应对大坝运行安全突发事件（简称突发事件）能力，保障大坝运行安全和社会公共安全，根据《中华人民共和国突发事件应对法》《水库大坝安全管理条例》《生产安全事故应急条例》《电力安全事故应急处置和调查处理条例》和《水电站大坝运行安全监督管理规定》等法律、法规和规章，制定本办法。

第二条　本办法适用于按照《水电站大坝运行安全监督管理规定》有关要求纳入国家能源局监督管理范围的大坝运行安全应急管理工作（简称大坝应急管理）。

大坝发生突发事件，地方政府及其相关部门启动预案、开展应急响应的，电力企业应当遵从其指令和规定。

第三条　电力企业是大坝应急管理的责任主体，其主要负责人对本企业的大坝应急管理全面负责。电力企业应当按照法律法规的规定以及与地方政府有关部门划定的管理界面，加强大坝应急管理。

第四条　国家能源局负责大坝应急管理的综合监

督管理。国家能源局派出机构（简称派出机构）负责本辖区大坝应急管理的行业监督管理。地方政府电力管理等有关部门（简称地方电力管理部门）根据法律法规以及有关规定，负责本行政区域内大坝应急管理的地方管理。国家能源局大坝安全监察中心（简称大坝中心）对电力企业的大坝应急管理实施技术监督和指导。

第二章　突发事件预防

第五条　电力企业应当建立健全大坝安全风险分级管控机制，定期辨识评估可能影响大坝运行安全的自然灾害、事故灾难和社会安全事件等突发事件风险，落实防范管控措施。

第六条　电力企业应当按照规定，加强运行管理，做好日常监测、巡视检查和维护检修，排查治理大坝存在的工程缺陷和隐患，提升大坝本质安全水平。

第七条　电力企业应当加强大坝安全在线监控系统建设，已在国家能源局安全注册登记或者登记备案的大坝应当在本办法实施后的二年内具备安全在线监控功能。新建大坝在办理安全注册登记或者登记备案时，应当具备安全在线监控功能。

第八条　电力企业应当在大坝遭遇超标准洪水或者可能影响大坝运行安全的地震、滑坡、泥石流等自然灾害和其他突发事件后，对大坝进行专项检查。

第九条　电力企业应当及时开展病坝治理和险坝除险加固。大坝病险情形消除前，电力企业应当开展大坝运行方式安全评估论证，并根据评估论证结果修订运行规程、汛期调度运用计划和相关应急预案，采取有效措施确保病坝、险坝治理期间运行安全。

第十条　电力企业应当加强大坝防洪管理，确保大坝度汛安全。主要包括以下内容。

（一）电力企业应当建立健全防汛抗旱管理制度，设立以主要负责人为第一责任人的防汛抗旱组织机构。

（二）电力企业应当按照规定编制、报批水库汛期调度运用计划，计划批准后应当严格执行，严禁擅自超汛限水位运行。

（三）电力企业应当按照规定开展汛前、汛中、汛后大坝安全检查，对发现的隐患及时整改。较大及以上隐患和相应的整改措施应当报送地方政府防汛抗旱指挥机构、派出机构、地方电力管理部门和大坝中心，涉及环保、航运等事项的，还应当同时告知地方政府相关主管部门。

（四）电力企业应当于汛前对大坝上游库区和下游泄洪影响区的生产生活设施、建筑物和地质灾害点进行排查，对排查出的较大及以上隐患及时报告地方政府防汛抗旱指挥机构、派出机构、地方电力管理部门和大坝中心，涉及环保、航运等事项的，还应当同时告知地方政府相关主管部门。

（五）电力企业应当于汛前对泄洪建筑物闸门进行启闭试验，确保闸门及其启闭设施正常运行；应当配置独立可靠的大坝泄洪闸门启闭应急电源或者应急启闭装置，定期检查、试验和维护，确保应急电源以及启闭装置可靠。

（六）电力企业应当根据工程运行特性和大坝泄洪消能方式，辨识评估泄洪消能设施结构破坏、工程边坡垮塌、库岸边坡失稳等风险，采取工程或者非工程措施管控风险。

（七）电力企业应当严格执行汛期 24 小时值班和领导带班制度。

第十一条　电力企业应当建立水情测报系统，建立与政府相关部门、上下游水库和水电站的信息共享机制，及时获取水情信息以及气象、洪水、地震、地质灾害等预警信息。

第三章　应　急　准　备

第十二条　电力企业应当根据现行有效的大坝应急管理有关法律法规和技术标准，建立并及时完善大坝应急管理规章制度和组织体系，健全大坝应急管理工作机制，设立以主要负责人为第一责任人的大坝应急管理机构。

第十三条　电力企业应当根据国家和行业有关技术标准，结合本企业实际，组织编制大坝运行安全应急预案（简称大坝专项预案）。大坝专项预案应当涵盖大坝运行全生命周期可能遭遇的各类突发事件，并与本企业的综合预案、其他专项预案，以及地方政府的相关预案衔接。大坝专项预案重点明确以下事项。

（一）根据法律法规的规定和突发事件可能造成的危害程度、影响范围等，对突发事件进行分类分级。

（二）根据突发事件的紧急程度、发展势态、可能造成的危害程度等，明确预警级别。

（三）明确预警发布、调整、解除的责任部门、权限和程序。

（四）根据突发事件可能造成的危害程度、影响范围和本企业应急资源状况、控制事态能力、应急处置权限，对应急响应进行分级。

（五）明确应急响应组织机构及其职责，应急响应程序和处置措施。

（六）明确紧急情况下的应急调度方案。

（七）确定可能的溃坝洪水淹没范围，绘制溃坝洪水淹没图。

（八）制定紧急情况下的人员撤离方案和逃生路线图，针对不同情况规划建立应急避难场所。

（九）信息报送的部门、渠道和联系方式。

第十四条 电力企业应当按照《电力企业应急预案管理办法》（国能安全〔2014〕508号）对大坝专项预案组织评审、发布实施、办理备案和修订。大坝专项预案的评审应当邀请地方政府相关部门人员参加，审核与地方政府相关预案的衔接情况。电力企业应当按照地方政府有关规定要求，将大坝专项预案向地方政府相关部门报告或备案。

电力企业应当按照规定开展大坝专项预案的宣贯培训，每年应当至少组织一次演练，并根据演练情况及时修订预案。

第十五条 电力企业应当加强应急资源保障，储备必要的应急物资和装备并妥善保管，定期开展检查，确保应急物资和装备完好。为应对突发事件可能导致的常规通信手段中断，电力企业应当于本办法实施之日起的一年内，在水电站现场配备卫星电话、北斗短报文终端等可靠的卫星通信设备。

电力企业需要外部应急支援的，应当与有关单位签订应急支援协议。

第十六条 电力企业应当组建常备专（兼）职应急抢险和专家队伍。专（兼）职应急抢险人员应当具备必要的专业知识、技能和素质，并定期组织训练。

第十七条 电力企业应当与地方政府有关部门和相关单位建立应急协调联动机制，积极参加地方政府及其相关部门、大坝所在流域管理机构组织开展的应急演练，或者与上述单位开展联合应急演练，检验评估大坝专项预案的实用性、衔接性和可操作性。

第十八条 电力企业应当加强大坝应急管理信息化建设，强化与地方政府防汛抗旱指挥机构、派出机构、地方电力管理部门和大坝中心的互联互通，及时获取、报送和共享突发事件信息。

第四章 监测预警与应急响应

第十九条 电力企业应当建立健全突发事件监测预警制度和工作机制。发生或者可能发生突发事件时，电力企业应当按照规定权限和程序及时发布预警信息，采取相应的预警行动。涉及上下游社会生产生活安全的突发事件监测预警信息，应当立即向地方政府防汛抗旱指挥机构、派出机构、地方电力管理部门和大坝中心报告。

第二十条 发生突发事件后，电力企业应当立即按照大坝专项预案启动应急响应，采取先期处置措施，控制事态发展，防止发生次生、衍生事件。

第二十一条 发生突发事件后，电力企业应当按照防汛抗旱指挥机构的指令采取调度措施。紧急情况下，电力企业按照大坝专项预案确定的应急调度方案进行应急调度的，应当及时向防汛抗旱指挥机构补报调度措施。

第二十二条 发生突发事件后，电力企业应当加强对事件要素及其发展情况、水文气象、大坝运行性态等的监测，预判事件发展趋势以及对大坝运行安全的影响。

第二十三条 电力企业应当根据监测和预判结果，及时调整响应级别和处置措施。突发事件持续发展，可能超出大坝设防标准，或者事件危害程度超出本企业自身处置能力时，电力企业应当在开展先期处置的同时，立即报告地方政府，提请地方政府及其有关部门提供应急支援，并通报上下游相关单位。

第二十四条 在突发事件应急处置过程中，电力企业应当密切关注周边环境和事件态势变化，落实安全防护措施，必要时立即撤离人员，确保人员安全。

第五章 总 结 评 估

第二十五条 电力企业应当在突发事件应急响应结束后，总结事件发展演变过程，分析事件发生的原因和后果，评估大坝安全状态以及后续风险。

第二十六条 电力企业应当开展突发事件应急处置评估，详细回溯事件处置全过程，分析各个响应环节和各项处置措施的效果，评估应急制度、工作体系和应急处置措施的有效性。

第二十七条 电力企业应当根据事件总结和处置评估结果制定整改措施，必要时修订大坝应急管理制度和大坝专项预案，完善大坝应急管理工作机制。

第六章 信 息 报 送

第二十八条 电力企业应当按照有关规定建立大坝应急管理信息报送工作制度，明确信息报送的责任部门、责任人员和报送方式。

第二十九条 发生较大及以上突发事件，电力企业应当按照有关规定，在1小时内向地方政府防汛抗旱指挥机构、派出机构、地方电力管理部门和大坝中心报告。报告内容主要包括企业信息、事件概况、初判原因、损失及处置情况等。突发事件的后续发展、演变情况应当及时报告。

第三十条 较大及以上突发事件应急处置评估结束后，电力企业应当在30个工作日内将事件总结、处置评估报告报送地方政府防汛抗旱指挥机构、派出机构、地方电力管理部门和大坝中心。

第七章 监 督 管 理

第三十一条 派出机构和地方电力管理部门应当加强对电力企业大坝应急管理工作的监督检查，对未按照法律法规和本办法规定开展工作的电力企业，依法依规采取相应的监管、行政处罚等措施。大坝中心应当加强对电力企业大坝应急管理的技术监督和指导。

第八章　附　　则

第三十二条　本办法下列用语的含义。

（一）大坝运行安全突发事件，是指突然发生，造成或者可能造成大坝破坏、上下游人民群众生命财产损失和严重环境危害，需要采取应急处置措施予以应对的紧急事件，主要包括以下几类：

1. 自然灾害类

（1）暴雨、洪水、台风、凌汛、地震、地质灾害、泥石流、冰川活动等。

2. 事故灾难类

（2）漫坝、溃坝。

（3）上游水库（水电站）大坝溃坝或者非正常泄水。

（4）水库大体积漂浮物、失控船舶等撞击大坝或者堵塞泄洪设施。

（5）大坝结构破坏或者坝体、坝基、坝肩的缺陷隐患突然恶化。

（6）泄洪设施和相关设备不能正常运用。

（7）工程边坡或者库岸失稳。

（8）因水库调度不当或者水电站运行、维护不当导致的安全事故。

3. 社会安全类

（9）战争、恐怖袭击、人为破坏等。

4. 其他类

（10）其他突发事件。

（二）较大及以上突发事件，是指电力企业启动Ⅰ、Ⅱ、Ⅲ级应急响应的突发事件。

第三十三条　本办法自发布之日起施行，有效期五年。

国家能源局印发《光伏电站开发建设管理办法》

国家能源局 2022 年 11 月 30 日以国能发新能规〔2022〕104 号文印发《光伏电站开发建设管理办法》，该“办法”全文如下。

光伏电站开发建设管理办法

第一章　总　　则

第一条　为规范光伏电站开发建设管理，保障光伏电站和电力系统清洁低碳、安全高效运行，促进光伏发电行业持续健康高质量发展，根据《中华人民共和国可再生能源法》《中华人民共和国电力法》《企业投资项目核准和备案管理条例》《电力监管条例》《国务院关于促进光伏产业健康发展的若干意见》《国务院办公厅转发国家发展改革委　国家能源局关于促进新时代新能源高质量发展实施方案的通知》等有关规定，制定本办法。

第二条　本办法适用于集中式光伏电站的行业管理、年度开发建设方案、项目建设管理、电网接入管理、运行监测等。分布式光伏发电管理另行规定。

第三条　国家能源局负责全国光伏电站开发建设和运行的监督管理工作。省级能源主管部门在国家能源局指导下，负责本省（区、市）光伏电站开发建设和运行的监督管理工作。国家能源局派出机构负责所辖区域内光伏电站的国家规划与政策执行、资质许可、公平接网、电力消纳等方面的监管工作。电网企业承担光伏电站并网条件的落实或认定、电网接入、调度能力优化、电量收购等工作，配合各级能源主管部门分析测算电网消纳能力与接入送出条件。有关方面按照国家法律法规和部门职责等规定做好光伏电站的安全生产监督管理工作。

第二章　行　业　管　理

第四条　国家能源局编制全国可再生能源发展规划，确定全国光伏电站开发建设的总体目标和重大布局，并结合发展实际与需要适时调整。

第五条　国家能源局依托国家可再生能源发电项目信息管理平台组织开展并网在运光伏电站项目的建档立卡工作。建档立卡的内容主要包括项目名称、建设地点、项目业主、装机容量、并网时间、项目运行状态等信息。每个建档立卡的光伏电站项目由系统自动生成项目编码，作为项目全生命周期的唯一身份识别代码。

第六条　国家能源局加强对光伏电站项目开发建设及运行的全过程监测，规范市场开发秩序，优化发展环境，根据光伏电站发展的实际情况及时完善行业政策、规范和标准等，并会同有关部门深化“放管服”改革，完善相关支持政策。

第三章　年度开发建设方案

第七条　省级能源主管部门负责做好本省（区、市）可再生能源发展规划与国家能源、可再生能源、电力等发展规划和重大布局的衔接，根据本省（区、市）可再生能源发展规划、非水电可再生能源电力消纳责任权重以及电网接入与消纳条件等，制定光伏电站年度开发建设方案。涉及跨省跨区外送消纳的光伏电站，相关送受端省（区、市）能源主管部门在制定可再生能源发展规划、年度开发建设方案时应充分做好衔接。

第八条 省级能源主管部门制定的光伏电站年度开发建设方案可包括项目清单、开工建设与投产时间、建设要求、保障措施等内容，其中项目清单可视发展需要并结合本地实际分类确定为保障性并网项目和市场化并网项目。各地可结合实际，一次性或分批确定项目清单，并及时向社会公布相关情况。纳入光伏电站年度开发建设方案的项目，电网企业应及时办理电网接入手续。鼓励各级能源主管部门采用建立项目库的管理方式，做好光伏电站项目储备。

第九条 保障性并网项目原则上由省级能源主管部门通过竞争性配置方式确定。市场化并网项目按照国家和各省（区、市）有关规定确定，电网企业应配合省级能源主管部门对市场化并网项目通过自建、合建共享或购买服务等市场化方式落实的并网条件予以认定。

第十条 各省（区、市）光伏电站年度开发建设方案和竞争性配置项目办法应及时向国家能源局报备，并抄送当地国家能源局派出机构。各级能源主管部门要优化营商环境，规范开发建设秩序，不得将强制配套产业或投资、违规收取项目保证金等作为项目开发建设的门槛。

第四章 项目建设管理

第十一条 光伏电站项目建设前应做好规划选址、资源测评、建设条件论证、市场需求分析等各项准备工作，重点落实光伏电站项目的接网消纳条件，符合用地用海和河湖管理、生态环保等有关要求。

第十二条 按照国务院投资项目管理规定，光伏电站项目实行备案管理。各省（区、市）可制定本省（区、市）光伏电站项目备案管理办法，明确备案机关及其权限等，并向社会公布。备案机关及其工作人员应当依法对项目进行备案，不得擅自增减审查条件，不得超出办理时限。备案机关及有关部门应当加强对光伏电站的事中事后监管。

第十三条 光伏电站完成项目备案后，项目单位应抓紧落实各项建设条件。已经完成备案并纳入年度开发建设方案的项目，在办理完成相关法律法规要求的各项建设手续后应及时开工建设，并会同电网企业做好与配套电力送出工程的衔接。

第十四条 光伏电站项目备案容量原则上为交流侧容量（即逆变器额定输出功率之和）。项目单位应按照备案信息进行建设，不得自行变更项目备案信息的重要事项。项目备案后，项目法人发生变化，项目建设地点、规模、内容发生重大变更，或者放弃项目建设的，项目单位应当及时告知备案机关并修改相关信息。各省级能源主管部门和备案机关可视需要组织核查备案后 2 年内未开工建设或者未办理任何其他手续的项目，及时废止确实不具备建设条件的项目。

第五章 电网接入管理

第十五条 光伏电站配套电力送出工程（含汇集站，下同）建设应与光伏电站建设相协调。光伏电站项目单位负责投资建设项目场址内集电线路和升压站（开关站）工程，原则上电网企业负责投资建设项目场址外配套电力送出工程。各省级能源主管部门负责做好协调工作。

第十六条 电网企业应根据国家确定的光伏电站开发建设总体目标和重大布局、各地区可再生能源发展规划和年度开发建设方案，结合光伏电站发展需要，及时优化电网规划建设方案和投资计划安排，统筹开展光伏电站配套电网建设和改造，鼓励采用智能电网等先进技术，提高电力系统接纳光伏发电的能力。

第十七条 光伏电站项目接入系统设计工作一般应在电源项目本体可行性研究阶段开展，在纳入年度开发建设方案后 20 个工作日内向电网企业提交接入系统设计方案报告。电网企业应按照积极服务、简捷高效的原则，建立和完善光伏电站项目接网审核和服务程序。项目单位提交接入系统设计报告评审申请后，电网企业应按照电网公平开放的有关要求在规定时间内出具书面回复意见，对于确实不具备接入条件的项目应书面说明原因。鼓励电网企业推广新能源云等信息平台，提供项目可用接入点、可接入容量、技术规范等信息，实现接网全流程线上办理，提高接网申请审核效率。

第十八条 500kV 及以上的光伏电站配套电力送出工程，由项目所在地省（区、市）能源主管部门上报国家能源局，履行纳入规划程序；500kV 以下的光伏电站配套电力送出工程经项目所在地省（区、市）能源主管部门会同电网企业审核确认后自动纳入相应电力规划。

第十九条 电网企业应改进完善内部审批流程，合理安排建设时序，加强网源协调发展，建立网源沟通机制，提高光伏电站配套电力送出工程相关工作的效率，衔接好网源建设进度，确保配套电力送出工程与光伏电站项目建设的进度相匹配，满足相应并网条件后“能并尽并”。光伏电站并网后，电网企业应及时掌握情况并按月报送相关信息。

第二十条 电网企业建设确有困难或规划建设时序不匹配的光伏电站配套电力送出工程，允许光伏电站项目单位投资建设。光伏电站项目单位建设配套送出工程应充分进行论证，并完全自愿，可以多家企业联合建设，也可以一家企业建设，多家企业共享。光伏电站项目单位建设的配套电力送出工程，经电网企业与光伏电站项目单位双方协商同意，可由电网企业依法依规进行回购。

第二十一条 光伏电站项目应符合国家有关光伏电站接入电网的技术标准规范等有关要求，科学合理确定容配比，交流侧容量不得大于备案容量或年度开发建设方案确定的规模。涉网设备必须通过经国家认可的检测认证机构检测认证，经检测认证合格的设备，电网企业非必要不得要求重复检测。项目单位要认真做好涉网设备管理，不得擅自停运和调整参数。

第二十二条 项目主体工程和配套电力送出工程完工后，项目单位应及时组织项目竣工验收。项目单位提交并网运行申请书后，电网企业应按国家有关技术标准规范和管理规定，在规定时间内配合开展光伏电站涉网设备和电力送出工程的并网调试、竣工验收，并参照《新能源场站并网调度协议示范文本》《购售电合同示范文本》与项目单位签订并网调度协议和购售电合同。对于符合条件且自愿参与市场化交易的光伏电站，项目单位按照相关电力市场规则要求执行。

第二十三条 除国家能源局规定的豁免情形外，光伏电站项目应当在并网后6个月内取得电力业务许可证，国家能源局派出机构按规定公开行政许可信息。电网企业不得允许并网后6个月内未取得电力业务许可证的光伏电站项目发电上网。

第二十四条 电网企业应采取系统性技术措施，合理安排电网运行方式，完善光伏电站并网运行的调度技术体系，按照有关规定保障光伏电站安全高效并网运行。光伏电站项目单位应加强运行维护管理，积极配合电网企业的并网运行调度管理。

第六章 运 行 监 测

第二十五条 光伏电站项目单位负责电站建设和运营，是光伏电站的安全生产责任主体，必须贯彻执行国家及行业安全生产管理规定，依法加强光伏电站建设运营全过程的安全生产管理，并加大对安全生产的投入保障力度，改善安全生产条件，提高安全生产水平，确保安全生产。

第二十六条 国家能源局负责全国光伏电站工程的安全监管（包括施工安全监管、质量监督管理及运行监管），国家能源局派出机构依职责承担所辖区域内光伏电站工程的安全监管，地方政府电力管理等部门依据法律法规和相关规定落实“管行业必须管安全、管业务必须管安全、管生产经营必须管安全”的相关工作。光伏电站建设、调试、运行和维护过程中发生电力事故、电力安全事件和信息安全事件时，项目单位和有关参建单位应按相关规定要求及时向有关部门报告。

第二十七条 国家能源局依托国家可再生能源发电项目信息管理平台和全国新能源电力消纳监测预警平台开展光伏电站项目全过程信息监测。省级能源主管部门应督促项目单位按照有关要求，及时在国家可再生能源发电项目信息管理平台和全国新能源电力消纳监测预警平台报送相关信息，填写、更新项目建档立卡内容。

第二十八条 电网企业要会同全国新能源消纳监测预警中心及时公布各省级区域并网消纳情况及预测分析，引导理性投资、有序建设。对项目单位反映的有关问题，省级能源主管部门要会同电网企业等有关单位及时协调、督导和纠正。

第二十九条 鼓励光伏电站开展改造升级工作，应用先进、高效、安全的技术和设备。光伏电站的拆除、设备回收与再利用，应符合国家资源回收利用和生态环境、安全生产等相关法律法规与政策要求，不得造成环境污染破坏与安全事故事件，鼓励项目单位为设备回收与再利用创造便利条件。

第三十条 各省级能源主管部门可根据本办法，制定适应本省（区、市）实际的具体管理办法。

第七章 附 则

第三十一条 本办法由国家能源局负责解释。

第三十二条 本办法自发布之日起施行，有效期5年。《光伏电站项目管理暂行办法》（国能新能〔2013〕329号）同时废止。

国家能源局综合司印发《水电站和小散远发电企业安全风险隐患排查整治专项行动方案》

国家能源局综合司2022年1月27日以国能综通安全〔2022〕12号文印发《水电站和小散远发电企业安全风险隐患排查整治专项行动方案》，该“方案”全文如下。

水电站和小散远发电企业安全风险隐患排查整治专项行动方案

2022年1月12日，四川省甘孜州关州水电站在机组检修过程中发生透水事故，造成9人死亡，事故损失巨大、教训惨痛。为深入贯彻落实全国安全生产电视电话会议精神，深刻汲取教训，切实加强水电站和各类规模小、分布散、地处偏远、基础薄弱发电企业（简称小散远发电企业）的安全生产工作，国家能源局决定在全国范围内开展水电站和小散远发电企业安全风险隐患排查整治专项行动，现制定如下方案。

一、总体目标

全面贯彻党中央、国务院关于安全生产工作的决策部署，扎实做好电力安全生产专项整治三年行动计划巩固提升工作，切实落实企业安全生产责任，深入排查风险隐患，加强和改进水电站和其他小散远发电企业的安全生产和监督管理工作，实现监管全覆盖，确保“四个安全”理念落实到基层，防范各类事故发生。

二、工作原则

（一）强化协同配合。各派出机构、地方政府电力管理部门要加强协同配合和信息共享，严格落实新《安全生产法》“三个必须”的要求，联合开展督导核查，共同督促企业落实安全责任。

（二）突出工作重点。坚持底线思维，以工作基础差、安全意识弱的水电站和小散远发电企业为重点对象，以检修安全管理为重点领域，对企业存在的安全意识不牢固、责任落实不到位、风险辨识不全面、隐患治理不彻底等突出问题开展全面整治。

（三）坚持全面覆盖。坚持“横向到边、纵向到底”，全面摸排发电企业情况，在摸清家底的基础上，对水电站安全生产实现监督管理全面覆盖，加强生产全过程安全管理，不留盲区死角。

三、重点排查内容

（一）安全生产法律法规和全员安全生产责任制落实情况

习近平总书记关于安全生产重要论述学习贯彻情况；新《安全生产法》宣贯执行情况；安全生产法规和政策文件贯彻执行情况；全员安全生产责任制健全落实情况；企业主要负责人和班子成员履职尽责情况；企业安全生产委员会建立和运转情况；安全生产管理机构建立和运转情况；安全管理人员配备情况；安全生产事故事件教训吸取和追责问责情况。

（二）双重预防机制建设落实情况

安全风险分级管控和隐患排查治理双重预防机制建设情况；电力安全风险管控“季会周报”工作要求落实情况；运行安全风险评估开展情况；风险预控措施落实情况；隐患排查治理情况；对于涉及周围非生产区的风险隐患与地方相关单位协调联动情况；风险隐患台账建立管理情况。

（三）检修运维安全管理和技术监督情况

作业方案制定、评估、论证、审查和实施等环节的安全风险识别和管控情况，特别是留足安全裕度情况；作业现场监护规程制度执行情况；“两票三制”执行情况；作业安全措施落实情况，尤其是高处作业、动火作业、封闭空间等危险作业以及三人以上同时作业时安全措施落实情况；外包队伍安全管理情况；外包项目纳入本单位安全生产体系统一管理情况；外包作业队伍安全教育和技术交底情况；“三违”行为和违法分包转包行为查处情况；水工金属结构等设备（含临时设备）采购质量控制、日常维护等情况；技术监督体系运行情况，技术监督力量配备情况，技术监督标准执行情况；水电站反事故措施落实情况。

（四）大坝安全管理情况

大坝安全注册备案申请及时性情况；大坝安全注册、定检整改意见落实情况；大坝安全监测系统运行管理、监测数据分析及报送情况；坝高 100m 以上的大坝、库容 1 亿 m^3 以上的大坝和病险坝的大坝安全在线监控系统建设及运行情况；大坝工程缺陷隐患治理情况；大坝安全检查规程编制及日常巡视检查、特殊情况巡视检查、专项检查、年度详查情况。

（五）防汛管理情况

防汛管理制度编制发布情况；防汛组织机构及人员、装备物资、抢险队伍等保障情况；防汛相关预案编制情况，包括水库调度运用计划、水库防汛抢险应急预案的编制、报批情况；洪水预报系统建设及运行维护情况；防汛重点部位、设备检查情况，特别是闸门及启闭机性能、泄洪及放空建筑物安全状况、应急电源可靠性、重大关键设备防误操作措施落实等的检查情况；防范水淹厂房安全检查开展情况及问题闭环整改情况；水电站淹没范围综合分析情况；往年汛前、汛中、汛后安全检查开展情况及其发现问题的闭环整改情况，以及防汛总结开展情况、防汛值班情况、汛情信息报送及获取情况。

（六）应急能力建设情况

应急预案、现场处置方案制定完善情况，特别是水电站大坝运行安全应急预案编制情况；应急演练计划制定和实施情况；应急资源调查开展情况；车辆、材料、工具、通讯设施等应急物资及装备配备情况、档案管理情况、定期检测和维护情况；应急抢险队伍建设情况；安全生产事故事件统计报告制度建设情况；安全生产信息报送情况；重要时段值班值守和领导带班情况。

四、工作安排

专项行动从本方案印发之日起至 2022 年 6 月，具体如下。

（一）摸底阶段（方案印发之日～2 月底）

1. 摸清家底。各省级电力管理部门要将专项行动方案传达至市、县级电力管理部门和各电力企业，组织市、县级电力管理部门系统梳理本行政区域内发电企业情况，摸清家底，实施清单化管理，2 月 28 日前汇总本行政区域内发电企业情况，与派出机构共享信息。

2. 明确重点。派出机构要制定工作计划，加强与省级电力管理部门的沟通协作，根据电力管理部门摸底情况，系统梳理辖区内小散远发电企业，综合考虑企业规模小、监管困难、安全工作要求传达落实不畅通、企业安全工作基础薄弱等因素，建立小散远发电企业清单，作为重点抽查对象，并与省级电力管理部门共享信息。

（二）水电站自查督查阶段（方案印发之日～3月底）

1. 水电企业自查。各水电企业要立即动员部署，制定具体实施方案，明确责任分工和工作步骤，系统排查安全生产风险和隐患，建立问题清单和整改计划，及时制定落实整治措施，于2月28日前将自查情况报告所在地省级电力管理部门和派出机构。

2. 水电站现场督查。3月，各省级电力管理部门要组织市、县级电力管理部门对本行政区域内水电站开展全覆盖现场监督检查，于3月31日前汇总督查情况和问题报国家能源局电力安全监管司。派出机构要会同省级电力管理部门，对辖区内水电站开展现场抽查，其中每省（自治区、直辖市）抽查数量原则上不少于水电站总数量的20%。各派出机构于3月31日前将抽查情况和问题汇总报送国家能源局电力安全监管司。国家能源局视情况选择部分省份进行督导检查。大坝中心提供专业技术支持。

（三）小散远发电企业自查督查阶段（方案印发之日～5月底）

1. 小散远发电企业自查。按照派出机构确定的小散远发电企业清单，小散远发电企业开展自查，并于4月30日前将自查情况报告所在地省级电力管理部门和派出机构。

2. 小散远发电企业督导检查。各省级电力管理部门要组织市、县级电力管理部门对本行政区域内小散远发电企业开展全覆盖现场监督检查，于5月31日前汇总督查情况和问题报国家能源局电力安全监管司。派出机构要会同省级电力管理部门，对辖区内小散远发电企业开展现场抽查，其中每省（自治区、直辖市）抽查数量原则上不少于小散远发电企业总数量的20%。各派出机构于5月31日前将抽查情况和问题汇总报送国家能源局电力安全监管司。国家能源局视情况选择部分省份进行督导检查。

（四）督导总结（3～6月）

各电力企业要对此次专项行动发现的问题进行全面总结，针对问题清单制定详细的整改方案，逐一整改落实。国家能源局会同派出机构和各省级电力管理部门，根据各单位自查情况和现场督查、抽查结果，分析梳理发现的问题，督促闭环整改。

五、工作要求

（一）加强组织领导，确保取得实效。各单位要充分认识此次专项行动的重要性和必要性，企业主要负责人要亲自组织制定工作方案，严格落实自查和整改要求，对专项行动过程中发现的问题，及时整改。地方电力管理部门要细化检查内容和方式，开展监督管理，派出机构要按照“四不两直”要求，依法依规开展抽查和监管执法。

（二）巩固行动成果，建立长效机制。各电力企业要以专项行动为契机，消除堵塞盲区漏洞，完善规程制度、拧紧责任链条，健全风险隐患排查治理的长效机制。派出机构和地方电力管理部门要打通信息共享堵点，动态更新辖区企业名录，及时掌握家底，充分发挥地方安委会等平台机制作用，推进实现平台机制省市县全覆盖，以机制保证全方位监管。

（三）落实有效措施，强化监督管理。派出机构和地方电力管理部门要研究制定有效措施强化安全生产监督管理。针对工作基础差、安全意识弱的水电站和小散远发电企业重点施策，监督管理与服务并举，切实增强责任落实的穿透力。加强信息化建设，充分运用非现场手段实现风险隐患有效监控，大力推进先进技术装备应用，以技术进步提升本质安全水平。

国家能源局综合司关于进一步明确电网企业与发电企业电费结算有关要求的通知

国家能源局综合司2022年9月19日以国能综通法改〔2022〕92号文发布关于进一步明确电网企业与发电企业电费结算有关要求的通知，该“通知”全文如下。

各派出机构，中国核工业集团有限公司、国家电网有限公司、中国南方电网有限责任公司、中国华能集团有限公司、中国大唐集团有限公司、中国华电集团有限公司、国家电力投资集团有限公司、中国长江三峡集团有限公司、国家能源投资集团有限责任公司、国家开发投资集团有限公司、华润（集团）有限公司、中国广核集团有限公司、内蒙古电力（集团）有限责任公司，有关电力企业：

为贯彻党中央、国务院关于深化“放管服”改革决策部署，落实《优化营商环境条例》《保障中小企业款项支付条例》《电力监管条例》有关规定，维护电力市场秩序，保障电费结算公平及时，进一步规范电网企业与发电企业电费结算行为，现就有关要求通知如下。

一、电网企业与发电企业签订购售电合同未事先明确约定使用非现金结算支付的，应使用现金结算支付，不得使用承兑汇票（包括银行承兑汇票、财务公司承兑汇票、商业承兑汇票)、国内信用证，以及业务规则、业务形式、应用场景与票据类似的应收账款电子凭证等企业自设电子债务凭证工具延期支付。

二、电网企业如确需使用承兑汇票等非现金支付工具延期支付电费的，应采取买方付息等方式承担资金成本和兑付风险，由双方协商一致以书面形式明确支付条件，并遵守《发电企业与电网企业电费结算办法》(国能发监管〔2020〕79 号) 第十八条有关规定。

三、电网企业应进一步加强信息报送工作，每半年向所在地能源监管机构报送电费结算使用承兑汇票等情况。

特此通知。

水利部印发《新增大中型水库农村移民后期扶持人口核定登记办法》

为贯彻落实《国务院关于完善大中型水库移民后期扶持政策的意见》(国发〔2006〕17 号)，切实做好 2006 年 7 月 1 日以后新建大中型水库农村移民后期扶持人口核定登记工作，水利部 2022 年 1 月 10 日以水移民〔2022〕14 号文印发《新增大中型水库农村移民后期扶持人口核定登记办法》，该"办法"全文如下。

新增大中型水库农村移民后期扶持人口核定登记办法

第一条 根据《大中型水利水电工程建设征地补偿和移民安置条例》和《国务院关于完善大中型水库移民后期扶持政策的意见》(国发〔2006〕17 号) 要求，为做好新增大中型水库农村移民后期扶持人口核定登记工作（简称人口核定登记），制定本办法。

第二条 本办法适用于 2006 年 7 月 1 日以后审批（核准）的大中型水库新增移民后期扶持人口的核定登记工作。

第三条 人口核定登记以经批准的移民安置规划为基本依据，坚持依法依规、公开透明、实事求是的原则。

第四条 人口核定登记实行属地管理，由省级人民政府负总责；县级以上地方人民政府负责本行政区域内人口核定登记工作的组织和实施。水利部会同国家发展改革委，根据经批准的移民安置规划等相关文件，核定各省（自治区、直辖市）新增大中型水库农村移民后期扶持人口。

第五条 项目审批（核准）单位审批（核准）大中型水库建设项目移民安置规划时，应在审批（核准）文件中明确规划基准年、规划水平年的农村移民人数。

第六条 新增大中型水库农村移民后期扶持人口每年核定一次。

第七条 每年 1 月底前，各省（自治区、直辖市）人民政府将上一年度本行政区域内新增大中型水库应纳入后期扶持的移民人数报送水利部。报送材料包括审批（核准）文件、项目法人与地方人民政府签订的移民安置协议、移民安置年度计划及实际安置人数、人口核定登记情况等。人口核定登记时，应按照仅搬迁安置人口、既搬迁安置又生产安置人口、仅生产安置人口进行分类。

第八条 各地应在移民完成搬迁安置后，及时组织开展人口核定登记工作，让符合条件的移民尽早享受后期扶持政策。仅搬迁安置人口、既搬迁安置又生产安置人口的核定登记成果可分次报送，仅生产安置人口的核定登记成果原则上在搬迁安置人口核定登记完成且库底清理验收后一次性报送。

第九条 各地人口核定登记要建档立卡，建立统一的登记表。仅搬迁安置人口、既搬迁安置又生产安置人口应当以户为单位登记造册，登记内容包括人口姓名、性别、公民身份证号码、与户主的关系、所属水库名称、搬迁时间等。仅生产安置人口应当以村（组）为单位登记造册，登记内容包括村（组）名称、扶持人数、所属水库名称、征地时间等。

第十条 各地人口核定登记前，要将水库移民安置情况、人口核定登记办法等事项予以公告；移民户核定登记表要经移民户主签章认可，移民村（组）核定登记表要经所在村（组）签章认可，并张榜公示。

第十一条 人口核定登记结果要以水库为单元，按村（组）自下而上逐级汇总到与项目法人签订移民安置协议的地方人民政府；汇总成果应由乡、县、市各级人民政府分别签章认可，逐级汇总报省级人民政府。对于跨省（自治区、直辖市）的水库，相关省份按照上述程序分别逐级汇总上报人口核定登记结果。

第十二条 水利部会同国家发展改革委，在每年 4 月底前将上年度新增大中型水库农村移民后期扶持人口核定结果印发各有关省（自治区、直辖市）人民政府。财政部根据核定结果，按照《国务院关于完善大中型水库移民后期扶持政策的意见》(国发〔2006〕17 号) 的有关规定拨付资金。

第十三条 存在下列情况之一的，暂不纳入年度人口核定登记范围：

（一）移民安置规划未经批准的；

（二）公告公示、签章等程序未按规定履行的。

第十四条　各级水利、发展改革、水利水电工程移民行政管理机构应当依法加强对人口核定登记工作的监督和检查，严格管理人口核定登记中的个人信息，妥善保管相关纸质档案和存储介质，未经许可不得对外提供，更不得随意泄露。

第十五条　对于违反本办法，在人口核定登记工作中弄虚作假的，按照《违反大中型水库移民后期扶持基金征收使用管理规定责任追究办法》的有关规定进行处理；处理个人信息不当的，按照《中华人民共和国个人信息保护法》的有关规定进行处理。涉嫌其他违规行为的，按照有关规定进行处理。涉嫌犯罪的，移送司法机关处理。

第十六条　本办法由水利部负责解释。各省（自治区、直辖市）可根据本办法，结合当地实际，制定实施细则，抄送水利部。

第十七条　本办法自印发之日起施行。抄送：各省、自治区、直辖市人民政府办公厅、发展改革委、财政厅（局），新疆生产建设兵团办公厅、发展改革委、财政局。

水利部印发《注册监理工程师（水利工程）管理办法》

水利部2022年5月19日以水建设〔2022〕214号文印发《注册监理工程师（水利工程）管理办法》，该“办法”全文如下。

注册监理工程师（水利工程）管理办法

第一章　总　　则

第一条　为加强水利工程建设监理管理，规范注册监理工程师（水利工程）执业行为，保障工程质量、安全、进度和投资效益，维护公共利益和水利建设市场秩序，依据《建设工程质量管理条例》《建设工程安全生产管理条例》《国务院办公厅关于全面实行行政许可事项清单管理的通知》《住房和城乡建设部、交通运输部、水利部、人力资源社会保障部关于印发〈监理工程师职业资格制度规定〉〈监理工程师职业资格考试实施办法〉的通知》等有关规定，制定本办法。

第二条　本办法所称注册监理工程师（水利工程）（简称水利监理工程师），是指通过水利工程专业类别监理工程师职业资格考试取得中华人民共和国监理工程师职业资格证书（简称职业资格证书），并按照本办法注册后，从事水利工程建设监理执业活动的人员。

第三条　中华人民共和国境内水利监理工程师的管理适用本办法。

第四条　水利部实施水利监理工程师注册，并对全国水利监理工程师的执业活动实施监督管理。

各省、自治区、直辖市人民政府水行政主管部门对本行政区域内水利监理工程师的执业活动实施监督管理。

第五条　相关水利行业自律组织应当加强水利监理工程师自律管理，鼓励水利监理工程师加入相关行业自律组织。

第二章　注　　册

第六条　水利监理工程师的注册条件为：

（一）取得职业资格证书；

（二）受聘于一家水利工程建设监理单位或者水利水电工程勘察、设计、施工、招标代理、造价咨询、项目管理单位；

（三）符合本办法第四章关于继续教育的要求；

（四）无本办法第十五条规定的不予注册情形。

2013年12月31日以前取得中国水利工程协会颁发的水利工程建设监理工程师资格证书（简称协会资格证书）的人员，可按照本办法注册为水利监理工程师。

第七条　水利监理工程师分为水利工程施工监理、水土保持工程施工监理、机电及金属结构设备制造监理、水利工程建设环境保护监理四个专业。

第八条　水利监理工程师最多申请注册两个专业，在注册后可申请变更专业，机电及金属结构设备制造监理专业与其他专业不得同时注册。

取得协会资格证书的人员，在其协会资格证书专业类别范围内申请注册、变更专业。

2020年至2022年取得职业资格证书的人员，在水利工程施工监理、水土保持工程施工监理、水利工程建设环境保护监理三个专业范围内申请注册、变更专业。

2023年以后取得职业资格证书的人员，通过“水利工程施工监理、水土保持工程施工监理、水利工程建设环境保护监理专业考试”的，在水利工程施工监理、水土保持工程施工监理、水利工程建设环境保护监理三个专业范围内申请注册、变更专业；通过“机电及金属结构设备制造监理专业考试”的，申请注册机电及金属结构设备制造监理专业。

第九条　水利监理工程师注册分为初始注册、延续注册、变更注册及注销注册。注册的申请、受理和办理在水利部政务服务平台进行。水利部公开注册信息，提供查询服务。

符合注册条件的人员本人须在水利部政务服务平台进行注册，填报申请材料，对材料的真实性、有效性承诺并负责。水利部收到申请材料后，对申请材料不齐全或不符合形式要求的，在 5 个工作日内一次性告知申请人需要补正的全部内容；逾期不告知的，自收到申请材料之日起即为受理。申请材料齐全、符合形式要求的，水利部自受理之日起 15 个工作日内予以注册并核发水利监理工程师注册证书。

第十条 符合注册条件的人员，应当自取得职业资格证书之日起 1 年内申请初始注册；取得职业资格证书超出 1 年期限申请初始注册的，应当满足继续教育要求。

取得协会资格证书的人员和 2020 年、2021 年取得职业资格证书的人员，在 2022 年 12 月 31 日以前申请初始注册的，对继续教育不作要求；在 2023 年 1 月 1 日以后申请初始注册的，应当满足继续教育要求。

初始注册的有效期为 4 年。申请初始注册应当提交下列材料：

（一）承诺书（见附件 1）；

（二）初始注册申请表（见附件 2）；

（三）劳动合同和社会保险参保缴费材料（退休人员应当提供有效的退休证明相关材料、劳务合同和意外伤害保险投保缴费材料）；

（四）超出前款规定期限申请初始注册的，应当提供符合本办法第二十八条规定的继续教育合格证明。

第十一条 水利监理工程师注册有效期届满需继续执业的，应当在有效期届满 30 日前申请延续注册。延续注册的有效期为 4 年。

申请延续注册应当提交下列材料：

（一）承诺书（见附件 1）；

（二）延续注册申请表（见附件 3）；

（三）劳动合同和社会保险参保缴费材料（退休人员应当提供有效的退休证明相关材料、劳务合同和意外伤害保险投保缴费材料）；

（四）继续教育合格证明。

第十二条 水利监理工程师在注册有效期内需要变更注册专业的，应当申请变更注册；需要变更执业单位或者执业单位名称发生变更的，应当自与现聘用单位签订劳动合同（或劳务合同）或执业单位名称变更之日起 30 日内申请变更注册。变更注册后，原注册有效期届满时间不变。

申请变更注册应当提交下列材料：

（一）承诺书（见附件 1）；

（二）变更注册申请表（见附件 4）；

（三）变更执业单位的，应当提交与现聘用单位签订的劳动合同和社会保险参保缴费材料（退休人员应当提交有效的退休证明相关材料、劳务合同和意外伤害保险投保缴费材料）。

第十三条 水利监理工程师在注册有效期内停止执业的，应当申请注销注册，提交注销注册申请表（见附件 5）。水利部自受理之日起 15 个工作日内办理注销注册手续。

第十四条 水利部全面应用水利监理工程师注册证书电子证照。水利监理工程师按照有关规定自行制作执业印章。

第十五条 有下列情形之一的，不予注册：

（一）不具有完全民事行为能力的；

（二）申请在两个或者两个以上单位注册的；

（三）年龄在 70 周岁以上的；

（四）受刑事处罚且尚未执行完毕的；

（五）隐瞒有关情况或者提供虚假材料申请注册被警告，自处罚决定之日起至申请注册之日止未满 1 年的；

（六）存在第十八条第（一）（二）或（三）项情形被吊销注册证书，自处罚决定之日起至申请注册之日止未满 2 年的；

（七）以欺骗、贿赂等不正当手段获得注册被撤销，自被撤销注册之日起至申请注册之日止未满 3 年的；

（八）存在第十八条第（四）或（五）项情形被吊销注册证书，自处罚决定之日起至申请注册之日止未满 5 年的；情节特别恶劣或因过错造成重大以上安全事故的，终身不予注册；

（九）法律、法规规定不予注册的其他情形。

第十六条 被注销注册或不予注册的人员，在具备注册条件后，按初始注册要求申请注册。

第十七条 有下列情形之一的，水利部依据职权或根据利害关系人的请求，撤销水利监理工程师的注册：

（一）行政机构工作人员滥用职权、玩忽职守准予注册的；

（二）超越法定职权准予注册的；

（三）违反法定程序准予注册的；

（四）对不具备注册条件的申请人准予注册的；

（五）依法可以撤销注册的其他情形。

申请人以欺骗、贿赂等不正当手段获准注册的，水利部予以撤销，并依法给予行政处罚；构成犯罪的，依法追究刑事责任。申请人基于本次注册的利益不受保护。

第十八条 水利监理工程师有下列情形之一的，由水利部依据职权或根据其他行政机关的意见建议吊销其注册证书：

（一）利用执业上的便利，索取或者收受项目法人、被监理的施工单位、机电及金属结构设备制造单位以及建筑材料、建筑构配件和设备供应单位财物，情节严重的；

（二）与被监理的施工单位、机电及金属结构设备制造单位以及建筑材料、建筑构配件和设备供应单位串通，谋取不正当利益，情节严重的；

（三）非法泄露执业中应当保守的秘密，情节严重的；

（四）因过错造成重大质量事故的；

（五）未执行法律、法规和工程建设强制性标准，情节严重的；

（六）法律、法规、规章规定的应当吊销注册证书的其他情形。

第十九条　水利监理工程师有下列情形之一的，由水利部办理注销注册手续，公布其注册证书和执业印章作废：

（一）与原聘用单位解除劳动合同（或劳务合同）且在三个月内未被其他单位聘用的；

（二）注册有效期届满且未延续的；

（三）年龄在70周岁以上的；

（四）死亡或者不具有完全民事行为能力的；

（五）受到刑事处罚的；

（六）依法被撤销注册或者应当撤销注册的；

（七）依法被吊销注册证书的；

（八）法律、法规规定的应当注销注册的其他情形。

有前款所列情形之一的，水利监理工程师本人应当及时向水利部申请注销注册；聘用单位应当及时报告水利部；有关单位和个人有权向水利部举报；县级以上人民政府水行政主管部门应当及时逐级上报至水利部。

第三章　执　　业

第二十条　水利监理工程师在执业中必须遵守国家有关法律、法规和规定，恪守职业道德和从业规范，提高服务意识和社会责任感，诚实守信，独立、客观、公正履行监理工作职责，切实维护社会公共利益和公共安全，主动接受各级水行政主管部门的监督检查，执行行业自律相关规定。

第二十一条　水利监理工程师从事水利工程建设监理执业活动，应当受聘并注册于一个具有水利工程建设监理资质的单位。水利监理工程师的执业范围是注册专业对应的水利工程建设监理业务，具体工作内容执行《水利工程建设监理规定》《水利工程建设监理单位资质管理办法》等制度及相关技术标准。

第二十二条　水利监理工程师应当按照规定在本人执业活动中所形成的监理文件上签字并加盖执业印章，承担相应法律责任。修改经水利监理工程师签字和加盖执业印章的监理文件，应当由本人进行；因特殊情况，本人不能进行修改的，应当由其他水利监理工程师修改，并签字和加盖执业印章，修改人对修改部分承担相应法律责任。

第二十三条　水利监理工程师享有下列权利：

（一）以水利监理工程师名义依法从事水利工程建设监理业务；

（二）保管和使用本人的注册证书和执业印章，任何单位和个人不得强制代替本人保管和使用；

（三）在本人执业活动中形成的监理文件上签字和加盖执业印章。

第二十四条　水利监理工程师应当履行下列义务：

（一）履行监理职责，执行相关技术标准；

（二）保证执业活动成果的质量；

（三）接受继续教育，提高执业水平；

（四）与被监理的施工单位、机电及金属结构设备制造单位以及建筑材料、建筑构配件和设备供应单位等相关当事人有利害关系的，应当主动回避；

（五）保守在执业中知悉的国家秘密和他人的商业秘密。

第二十五条　水利监理工程师不得有下列行为：

（一）弄虚作假提供执业活动成果；

（二）以个人名义承接水利工程建设监理业务；

（三）允许他人以自己名义从事水利工程建设监理业务；

（四）同时在两个以上单位执业；

（五）涂改、倒卖、出租、出借或者以其他形式非法转让注册证书或者执业印章；

（六）超出注册专业对应的执业范围从事水利工程建设监理业务；

（七）受到停止执业处罚期间，继续以水利监理工程师名义从事水利工程建设监理业务；

（八）法律、法规、规章禁止的其他行为。

水利监理工程师有前款所列行为的，依据相关法律、法规、规章进行处罚；构成犯罪的，依法追究刑事责任。

第四章　继　续　教　育

第二十六条　水利监理工程师应当按照国家专业技术人员继续教育的有关规定接受继续教育，更新理论知识，提升职业技能和专业水平，以适应岗位需要和职业发展要求。

第二十七条 水利监理工程师继续教育的内容包括监理专业技术人员应当掌握的法律法规、政策理论、职业道德、技术信息等基本知识；水利工程建设监理相关技术标准，水利工程建设监理新理论、新技术、新方法等专业知识。

第二十八条 水利监理工程师继续教育每年应不少于30学时。取得职业资格证书超出1年期限申请初始注册的人员，申请当年继续教育应不少于30学时。被注销注册后重新申请注册的人员，自被注销注册当年至重新申请注册当年，继续教育平均每年应不少于30学时，或近三年累计不少于90学时。

第二十九条 水利监理工程师的继续教育形式包括面授培训、远程（网络）培训及学术会议、学术报告、专业论坛等。为水利监理工程师提供继续教育服务的机构，应当具备与继续教育目的任务相适应的场所、设施、教材和人员，建立健全组织机构和管理制度，如实出具继续教育证明，载明继续教育的内容和学时，并加盖机构印章。水利部鼓励继续教育机构为水利监理工程师免费提供远程（网络）培训。

第三十条 水利监理工程师应当本着诚信原则参加继续教育。发现弄虚作假的，由水利部将其当年继续教育学时记录为零。

继续教育机构应当本着诚信原则开展继续教育工作。发现存在违规行为的，由水利部责令改正，情节严重的依法依规进行处理。

第五章 监 督 管 理

第三十一条 县级以上人民政府水行政主管部门应当依照有关法律、法规、规章和本办法的规定，对水利监理工程师的注册、执业和继续教育等实施监督检查，按照诚信体系建设要求对水利监理工程师实行信用监管，归集、共享和应用相关信用信息，采取差异化监管措施。

第三十二条 县级以上人民政府水行政主管部门依法履行监督检查职责时，有权采取下列措施：

（一）要求被检查人员出示注册证书；

（二）要求被检查人员执业单位提供其签署的监理文件及相关业务文档；

（三）就有关问题询问签署监理文件的人员；

（四）依法纠正违反有关法律、法规、规章和本办法的行为。

第三十三条 县级以上人民政府水行政主管部门发现水利监理工程师违反法律、法规、规章等相关规定的，应当予以查处，并按照水利建设市场信用管理有关要求，及时将本单位或同级人民政府及有关部门作出的责任追究、行政处罚以及司法机关作出的刑事处罚等信息逐级报送至水利部，通过全国水利建设市场监管平台公开；应予注销注册、撤销注册、吊销注册证书或者责令停止执业的，应当及时将违法事实、处理建议及有关材料逐级报送至水利部，由水利部依法作出处理。

第三十四条 水利监理工程师受到县级以上人民政府及有关部门警告、通报批评、罚款、没收违法所得、没收非法财物等行政处罚的，在全国水利建设市场监管平台公开有关行政处罚的期限内，县级以上人民政府水行政主管部门和有关单位及社会团体可采取以下严格监管措施：

（一）在行政许可、市场准入、招标投标、信用评价、评比表彰、政策试点、项目示范、行业创新等事项中作为技术人员申报时，进行重点审查；

（二）在资质资格管理中，限制享受“绿色通道”、告知承诺等便利服务；

（三）在日常监管中，适度增加监督检查频次。

第三十五条 水利监理工程师在执业等过程中，受到水利部停止执业、吊销注册证书等行政处罚或司法机关刑事处罚，或者被相关联合惩戒部门列入“黑名单”、符合实施联合惩戒措施的，在全国水利建设市场监管平台公开有关行政处罚、刑事处罚信息或者当事人被列入“黑名单”的期限内，县级以上人民政府水行政主管部门和有关单位及社会团体可采取以下惩戒措施：

（一）在行政许可、市场准入、招标投标、信用评价、评比表彰、政策试点、项目示范、行业创新等事项中，依法限制作为监理人员申报；

（二）纳入水利建设市场重点监管对象，提高监督检查频次；

（三）依法限制取得水利工程建设领域相关执业资格；

（四）不得参加水利行业各类评优表彰等活动。

第三十六条 水利部在水利监理工程师管理工作中，有下列情形之一的，对负有责任的领导人员和直接责任人员依法依规给予处分；涉嫌犯罪的，移送司法机关依法追究刑事责任：

（一）对不符合注册条件的申请人办理注册或者超越法定职权办理注册的；

（二）对符合注册条件的申请人不予注册或者不在法定期限内批准注册的；

（三）对符合法定条件的申请不予受理的；

（四）利用职务之便，收取他人财物或者其他好处的；

（五）不依法履行监督管理职责，或者发现违法行为不予查处的。

第六章 附 则

第三十七条 本办法由水利部负责解释。

第三十八条 本办法自发布之日起施行。

附件：

1. 承诺书（略）
2. 监理工程师（水利工程）初始注册申请表（略）
3. 监理工程师（水利工程）延续注册申请表（略）
4. 监理工程师（水利工程）变更注册申请表（略）
5. 监理工程师（水利工程）注销注册申请表（略）

水利部办公厅印发《在建水利工程度汛风险隐患排查整治实施方案》

2022年2月11日，水利部办公厅根据《水利部、国家能源局关于全面开展水电站等水利设施风险隐患排查整治工作的通知》（水监督〔2022〕50号）有关安排，以办监督〔2022〕33号文印发《在建水利工程度汛风险隐患排查整治实施方案》，该“方案”全文如下。

在建水利工程度汛风险隐患排查整治实施方案

根据《水利部、国家能源局关于全面开展水电站等水利设施风险隐患排查整治工作的通知》（水监督〔2022〕50号）有关安排，由水利部建设司牵头组织，在全国范围内开展在建水利工程度汛风险隐患排查整治，具体实施方案如下。

一、排查整治范围

本次排查范围为全国主体工程已开工建设、尚未完成或已完成但尚未移交运行管理单位的全部在建水利工程。地方各级水行政主管部门对辖区内在建水利工程开展全覆盖、拉网式的度汛风险隐患排查，对发现的问题逐一整改落实，确保在建水利工程安全度汛。

二、重点内容

（一）安全度汛责任体系。逐项工程排查项目法人（建设单位）的首要责任、参建单位的主体责任和水行政主管部门的监管责任体系是否建立，各项工作责任人是否明确等。

（二）安全度汛管理措施。逐项工程排查度汛方案和超标准洪水应急预案是否健全，应急培训和演练是否开展，工地防汛抢险队伍和设备物资是否到位，安全监测、视频监控、水文预报、预警通信等设施是否完备等。

（三）安全度汛风险隐患。逐项工程排查工程实体是否存在度汛安全隐患，重点排查工程施工组织是否满足工程安全度汛需要，穿（破）堤施工建筑物、施工导流建筑物、挡泄水建筑物、水下工程等重点部位及险工险段是否存在影响安全度汛的问题。

三、工作组织

水利部负责排查整治工作的统一组织，对各地区风险隐患排查整治工作开展情况进行重点抽查。

各流域管理机构负责对直管在建工程开展排查整治，对流域内风险隐患排查整治工作开展情况进行重点抽查。

各省级水行政主管部门结合实际制定本地区排查整治工作实施方案、组织实施，并负责对本地区在建重大水利工程、大中型病险水库除险加固、新建中型水库以及穿（破）堤施工工程全面排查整治。市、县级水行政主管部门按照项目管理权限，负责对本地区在建水利工程开展全面排查整治各在建水利工程项目法人单位负责工程度汛风险隐患自查自纠和排查发现问题的整改落实。

四、进度安排

（一）工作准备（即日起至3月15日）

水利部组织编制出台关于在建水利工程安全度汛工作的指导意见，健全在建水利工程安全度汛工作监管体系、责任体系、标准体系，制订在建水利工程安全度汛监督检查重点问题清单。

各流域管理机构、各省级水行政主管部门组织梳理本单位、本地区在建水利工程，逐项工程明确安全度汛监管责任主体。根据工程年度建设实施方案分析研判，确定本单位、本地区在建水利工程安全度汛重点项目、重点部位和重点措施，建立在建水利工程度汛风险隐患排查整治项目清单和排查整治工作责任主体清单。对本年度穿（破）堤施工的在建水利工程进行逐级统计（见附表1），于3月15日前报送水利部建设司，实行重点监管。

在建水利工程项目法人开展度汛风险隐患自查自纠。

（二）全面排查整治（3月16日至5月31日）

各流域管理机构、各省级水行政主管部门组织开展本单位、本地区在建水利工程度汛风险隐患排查整治工作。按照在建水利工程安全度汛监督检查重点问题清单，全面排查度汛风险隐患，建立问题台账，明确整改责任单位和整改时限，能立即整改的要立行立改；对于汛前不能完成整改的，要制定并落实应急处置措施。要对整改成效进行复查，实行闭环管理，确保整改工作真正落实到位。对重大风险隐患，要实行挂牌督办，确保工程度汛安全。

各流域管理机构、各省级水行政主管部门于 4 月 15 日和 5 月 20 日前分两次将本单位、本地区排查整治报告和在建水利工程度汛风险隐患及整改情况汇总表（见附表 2）报送水利部建设司，抄送水利部监督司、建安中心。

（三）重点抽查（5 月 1 日至 6 月 10 日）

在各省级水行政主管部门组织开展风险隐患排查整治工作的基础上，水利部组织各流域管理机构和有关单位，对各地区风险隐患排查整治工作开展情况进行重点抽查，同时对存在问题的工程按照不少于 10％的比例复查整改情况，以“一省一单”形式向省级水行政主管部门通报抽查情况，对隐患排查整治工作不力的地区和单位，责成省级水行政主管部门进行追责问责。

水利部督查办对直管在建水利工程进行抽查，按照有关监督检查办法实施责任追究。

请各流域管理机构、有关单位和水利部督查办于 2022 年 6 月 10 日前将抽查情况报告及发现问题清单报送水利部建设司，抄送水利部监督司。

五、工作要求

（一）强化责任落实。在建水利工程度汛风险隐患排查整治工作时间紧、任务重，各地区各单位要切实提高政治站位，把排查整治工作作为当前一项重大政治任务，加强组织领导，层层压实责任，扎实做好工作。

（二）确保工作质量。各地区各单位要结合实际，抓紧制定排查整治工作方案，健全工作责任体系，实施台账清单管理，确保排查项目全覆盖、无遗漏，确保整改工作落实到位、不走过场。

（三）加强督促指导。各流域管理机构、各省级水行政主管部门要切实履行职责，对流域、辖区排查整治工作加强跟踪督促指导，做好技术服务，对工作不力的要予以严肃追责问责。

联系人及电话：戚波、张昕（建设司）010-63203005、2982；李增明（监督司）010-63203242；李成业（建安中心）010-63204329。

附表：1. 2022 年度穿（破）堤施工水利工程情况汇总表（略）

2. 在建水利工程度汛风险隐患及整改情况汇总表（略）

领　导　讲　话

推动“十四五”可再生能源高质量跃升发展

国家能源局党组书记、局长　章建华

［编者按：此文乃 2022 年 1 月 16 日，国家能源局党组书记、局长章建华在《经济日报》发表的署名文章，章节序号为本年鉴刊录时编者所加。］

“十四五”时期是我国开启全面建设社会主义现代化国家新征程、向第二个百年奋斗目标进军的第一个五年，也是我国加快能源绿色低碳转型、落实应对气候变化国家自主贡献目标的攻坚期，我国可再生能源进入全新的发展阶段。国家能源局党组认真学习贯彻习近平总书记关于碳达峰碳中和系列重要讲话精神，深入实施能源安全新战略，坚定不移推动可再生能源高质量跃升发展，为构建清洁低碳、安全高效的能源体系、实现碳达峰碳中和目标提供坚强保障。

（一）充分认识“十四五”可再生能源发展新形势新要求

当前，全球新一轮能源革命和科技革命深度演变、方兴未艾，大力发展可再生能源已成为全球能源转型和应对气候变化的重大战略方向和一致宏大行动。习近平总书记高瞻远瞩、审时度势，作出我国 2030 年前碳达峰、2060 年前碳中和的庄严承诺，明确要求到 2030 年非化石能源占一次能源消费比重达到 25％左右，风电和太阳能发电总装机容量达到 12 亿 kW 以上。“十四五”我国可再生能源发展面临新形势、新要求，正处于大有可为的战略机遇期。

大力发展可再生能源是纵深推进能源革命、保障国家能源安全的重大举措。党的十八大以来，在习近平总书记“四个革命、一个合作”能源安全新战略科学指引下，我国可再生能源实现跨越式发展，装机规模已突破 10 亿 kW 大关，占全国发电总装机容量的比重超过 40％。其中，水电、风电、光伏发电、生物质发电装机规模均已连续多年稳居全球首位，为构建煤、油、气、核、新能源、可再生能源多轮驱动的能源供应体系，保障能源安全可靠供应奠定坚实基础。但也要清醒看到，未来我国经济将长期向好，能源需求在相当长一段时期内仍将保持持续增长，在我国碳减排约束条件下，大力发展可再生能源已成为加快构建清洁低碳、安全高效能源体系，立足国内多元供应保安全，逐步实现能源独立的必然选择。

大力发展可再生能源是加快生态文明建设、实现可持续发展的客观要求。习近平总书记强调，要把实现减污降碳协同增效作为促进经济社会发展全面绿色转型的总抓手，加快推动产业结构、能源结构、交通运输结构、用地结构调整。2020 年我国可再生能源发电量达到 2.2 万亿 kW・h，占全社会用电量的比重接近 30%，较 2012 年增长 9.5 个百分点，为我国如期实现 2020 年非化石能源消费占比达到 15%的庄严承诺、推动能源结构调整和绿色低碳转型作出积极贡献。同时也要看到，我国能源生产消费体量大，可再生能源占比与 OECD 主要发达国家相比还有一定差距，必须坚决贯彻“绿水青山就是金山银山”的发展理念，坚持减污降碳协同增效，进一步发挥可再生能源的生态环境效益和生态治理效益，推动可再生能源开发利用与生态文明建设协调发展、相得益彰。

大力发展可再生能源是实现碳达峰碳中和目标、践行应对气候变化自主贡献承诺的主导力量。习近平总书记指出，实现碳达峰碳中和是一场广泛而深刻的经济社会系统性变革。能源行业规模体量大、关联作用强、影响范围广，能源活动碳排放占全国碳排放总量的比重高，能源领域是碳达峰碳中和的关键领域。而可再生能源既不排放污染物、也不排放温室气体，是天然的绿色能源。2020 年我国可再生能源开发利用规模达 6.8 亿 t 标准煤，相当于替代煤炭近 10 亿 t，减碳效益十分显著。实现碳达峰碳中和，能源是主战场，可再生能源既是先锋队、也是主力军。必须始终保持优先发展、大力发展可再生能源不动摇的战略定力，加快实施可再生能源替代行动，加快推动可再生能源成为我国能源电力的增量主体，为实现碳达峰碳中和目标、践行应对气候变化自主贡献承诺提供坚强保障。

（二）准确把握“十四五”可再生能源发展新阶段新特征

“十三五”时期，我国可再生能源开发利用规模稳居世界第一，技术装备水平大幅提升，产业竞争力持续增强，取得了举世瞩目的成就。“十四五”时期，我国可再生能源已站在新的历史起点上，正加快步入新阶段，呈现新特征。

可再生能源将步入高质量跃升发展新阶段。“十四五”时期，在保障能源安全、实现绿色低碳转型、推进生态文明建设、应对气候变化等多目标约束条件下，我国可再生能源仍将持续保持高速发展态势。特别是，我国二氧化碳排放既要在 2030 年前达到峰值，还要在碳达峰后以远少于发达国家的时间实现碳中和，必须在短短不到 10 年的时间内实现能源转型的“先立后破”，我国可再生能源发展势必进一步换挡提速，实现对化石能源的加速替代，加快步入跃升发展新阶段。与此同时，“十四五”时期，我国可再生能源既要实现技术持续进步、成本持续下降、效率持续提高、竞争力持续增强，全面实现无补贴平价甚至低价市场化发展，也要加快解决高比例消纳、关键技术创新、产业链供应链安全、稳定性可靠性等关键问题，进一步提质增效，加快步入高质量发展新阶段。

可再生能源将呈现大规模、高比例、市场化、高质量发展新特征。一是大规模发展，在“十三五”跨越式发展基础上，“十四五”期间可再生能源发电年均装机规模将大幅度提升，总装机规模将进一步扩大，加快占据发电装机主体地位。二是高比例发展，在“十三五”保持较高利用率水平的基础上，“十四五”期间可再生能源占一次能源消费的比重将持续提升，在能源和电力消费增量中的比重将超过 50%，加快由能源电力消费增量补充成长为增量主体。三是市场化发展，在“十三五”靠政策驱动发展、靠补贴支撑发展的基础上，“十四五”期间可再生能源发展将进一步充分发挥市场在资源配置中的决定性作用，更好发挥政府作用，加快向市场驱动发展、平价低价发展转变，风电和光伏发电将全面摆脱对财政补贴的依赖，实现自我发展、自主发展。四是高质量发展，“十四五”期间，可再生能源产业链供应链创新链持续巩固提升，可再生能源替代行动深入实施，新能源消纳和存储能力显著提升，可再生能源电力总量消纳责任权重和非水电消纳责任权重分别达到 33%和 18%左右，新能源占比逐渐提高的新型电力系统逐步构建，可再生能源将既实现大规模开发建设，也实现高水平消纳利用，更有力保障电力稳定可靠供应。

（三）全面落实“十四五”可再生能源发展新思路新举措

“十四五”时期，可再生能源发展机遇千载难逢，前景极其广阔，任务艰巨繁重。我们将坚持以习近平新时代中国特色社会主义思想为指导，完整、准确、全面贯彻新发展理念，锚定碳达峰碳中和目标，深入实施能源安全新战略，以高质量跃升发展为主题，以提质增效为主线，以改革创新为动力，坚持可再生能源优先发展、大力发展不动摇，实施可再生能源替代行动，提高可再生能源消纳和存储能力，巩固提升可再生能源产业核心竞争力，构建以新能源占比逐渐提高的新型电力系统，努力推动可再生能源大规模、高比例、市场化、高质量发展，有效支撑清洁低碳、安全高效的能源体系建设。

以区域布局优化发展。坚持集中式与分布式并举、陆上与海上并举、就地消纳与外送消纳并举、单品种开发与多品种互补并举、单一场景与综合场景并举、发电利用与非电利用并举，在“三北”地区优化推动风电和光伏基地化、规模化开发，在西南地区统筹推动水风光综合开发，在中东南部地区重点推动分散式风电、分布式光伏发电就地就近开发，在东部沿海地区积极推进海上风电集群化开发，稳步推进生物质能多元化开发，积极推动地热能规模化开发，稳妥推进海洋能示范化开发，着力构建可再生能源多能互补、因地制宜、多元融合发展新局面。

以重大基地支撑发展。充分发挥大基地“集团军”“主力军”作用，有力有效支撑可再生能源跃升发展。坚持以风光资源为牵引，以跨省跨区输电通道为依托，以灵活调节电源为支撑，以沙漠、戈壁、荒漠地区为重点，加快建设黄河上游、河西走廊、黄河几字弯、冀北、松辽、新疆、黄河下游等七大陆上新能源基地；科学有序推进大型水电基地建设，依托西南水电基地调节能力和外送通道，统筹推进川滇黔桂、藏东南两大水风光综合基地开发建设。优化近海海上风电布局，开展深远海海上风电规划，推动近海规模化开发和深远海示范化开发，重点建设山东半岛、长三角、闽南、粤东、北部湾五大海上风电基地集群。

以示范工程引领发展。坚持把创新作为可再生能源发展的根本动力，加快培育可再生能源新技术、新模式、新业态。布局前沿方向，重点推进深远海海上风电、光伏发电户外实证、新型高效光伏电池、地热能发电、中深层地热供暖等示范，增强可再生能源产业创新力、竞争力；聚焦多元融合，重点开展光伏治沙、光伏廊道、深远海平价海上风电、海上能源岛、海上风电与海洋油气深度融合发展、规模化可再生能源制氢、生物天然气、生物质发电市场化，以及生物质能清洁供暖等示范，探索可再生能源多品种互补、多场景综合发展新模式；围绕高比例消纳，重点实施中小型抽水蓄能、发供用高比例新能源应用、绿色能源示范县（园区）、村镇新能源微能网、清洁能源示范省等示范，多措并举提升可再生能源消纳利用水平。

以行动计划落实发展。推动可再生能源发展与生态文明建设、新型城镇化、乡村振兴、新基建、新技术等深度融合，不断拓展可再生能源发展新领域、新场景。实施千乡万村驭风行动，大力推进风电分散式开发；积极推动资源优质地区老旧风电场升级改造行动，全面提升风电开发利用效率；实施屋顶光伏开发行动、千家万户沐光行动、“光伏＋”综合利用行动，促进光伏发电多场景融合开发；积极开展抽水蓄能资源调查行动，编制实施抽水蓄能中长期规划，提升可再生能源存储调节能力；扩大可再生能源非电利用规模，因地制宜实施规模化可再生能源供热行动，助力北方地区清洁取暖；聚焦乡村振兴，实施农村电网巩固提升工程和乡村能源站行动，全面提升乡村用能清洁化、电气化水平，支撑生态宜居美丽乡村建设。

“十四五”期间，国家能源局将立足本职，强化政策供给，推进机制创新，为可再生能源高质量跃升发展营造良好环境。深化“放管服”改革，加大简政放权力度，健全监督管理机制，提升政务服务水平。健全可再生能源消纳保障机制，强化权重引导，加强评价考核，促进各类市场主体公平合理共担可再生能源消纳责任。健全可再生能源开发建设管理机制，完善可再生能源全额保障性收购制度和价格形成机制，构建充分反映可再生能源生态环境价值、与传统能源公平竞争的市场体系。完善绿色电力证书制度，做好与碳交易的衔接，建立绿色能源消费评价、认证与标识体系，积极引导绿色能源消费。强化政策协同，会同有关部门，做好可再生能源资源详查，加大土地、环境、财政、金融等支持力度，为可再生能源发展提供全方位政策保障。

大力发展可再生能源意义重大、使命光荣、任务艰巨。全国能源行业将更加紧密团结在以习近平同志为核心的党中央周围，坚决贯彻落实党中央、国务院决策部署，锚定碳达峰碳中和目标，同心协力、锐意进取、克难攻坚，奋力谱写“十四五”可再生能源高质量跃升发展新篇章，为保障能源稳定可靠供应，推动能源革命和经济社会发展全面绿色低碳转型作出新的更大的贡献。

在 2022 年中国水电发展论坛暨水力发电科学技术奖颁奖典礼上的致辞

中国水力发电工程学会理事长　张野

［编者按：此文乃 2022 年 7 月 28 日，中国水力发电工程学会理事长张野在 2022 年中国水电发展论坛暨水力发电科学技术奖颁奖典礼上的致辞，本年鉴刊录时作了部分删减。］

站在“两个一百年”奋斗目标的历史交汇点上，以习近平同志为核心的党中央统筹国内国际两个大局，始终坚持走符合国情的绿色低碳发展道路，实施积极应对气候变化国家战略，作出2030年前碳达峰、2060年前碳中和的重大战略决策。如期实现碳达峰碳中和，能源是主战场，电力是主力军。结合我国能源资源禀赋，大力发展水电等可再生清洁能源将是推动能源绿色低碳转型变革、应对气候变化的必由之路。

去年以来，以习近平新时代中国特色社会主义思想为指导，行业各方踔厉奋发、笃行不怠，锲而不舍、驰而不息，有力推动我国水电和新能源事业继续保持高质量、创新可持续发展。截至今年6月底，我国可再生能源发电总装机容量已突破11亿kW，其中常规水电约3.6亿kW、抽水蓄能约0.4亿kW，风电、光伏发电分别约3.4亿kW，生物质发电约0.4亿kW，水电、风电、光伏发电、生物质发电装机规模分别连续17年、12年、7年和4年稳居全球首位。白鹤滩、杨房沟、两河口、大古等大巨型常规水电，丰宁、长龙山、敦化、梅州、阳江、荒沟、周宁、沂蒙等一批抽水蓄能投产，新时代水电迈入科学快速发展新阶段。我国已形成较为完备的可再生能源科技创新和技术产业体系，百万千瓦水轮机组自主设计制造能力独步全球，光伏发电技术快速迭代、多次刷新电池转换效率世界纪录，低风速、抗台风、超高塔架、超高海拔风电技术位居世界前列。电力科技创新从“跟跑、并跑”到“创新、主导”，强劲带动产业进步和竞争力跃升，激扬能源发展动力变革。我国可再生能源国际合作行稳致远，积极参与全球能源治理，在全球能源绿色发展中彰显中国智慧、贡献中国力量。可再生能源的跨越式发展，为我国生态文明建设作出了卓著贡献，仅2021年我国可再生能源开发利用规模就相当于节约7.53亿t标准煤，减少二氧化碳、二氧化硫、氮氧化物排放量分别约达20.7亿t、40万t和45万t。中国可再生能源正以扎扎实实的行动和实实在在的成效，大力践行“双碳”目标战略，助推国家稳步实现减排国际承诺。

当前，世界百年变局和世纪疫情相互交织，经济全球化遭遇逆流，全球发展遭遇严重挫折。面对严峻复杂的形势，以科技创新推动可持续发展，成为破解各国共同关心的全球性问题、应对全球性挑战的必经之道。党的十八大以来，以习近平同志为核心的党中央着眼全局、面向未来，作出“必须把创新作为引领发展的第一动力”的重大战略抉择，实施创新驱动发展战略，加快建设创新型国家，吹响建设世界科技强国的号角。日前习近平总书记在武汉考察时进一步强调，科技自立自强是国家强盛之基、安全之要，突破“卡脖子”关键核心技术刻不容缓，必须完整、准确、全面贯彻新发展理念，必须坚持问题导向，深入实施创新驱动发展战略，把科技的命脉牢牢掌握在自己手中，加快实现科技自立自强。

《国家“十四五”规划和2035年远景目标纲要》明确加快西南水电基地、清洁能源基地建设和抽水蓄能电站开发，《“十四五”可再生能源发展规划》和《抽水蓄能中长期发展规划》的发布，进一步为水电和新能源的规模化、市场化、高质量发展提供了根本遵循。新时期构建以水电为主导、清洁能源多元化的能源发展新格局是大势所趋。随着以风、光为代表的新能源发电装机规模不断扩大，多能互补、协调发展将有助于提高水风光等清洁能源的使用量和消纳水平。在国家智能电网技术框架下，要深度探索水、风、光、储多组态的可再生能源、多功能、可调节、灵活调度的崭新电力系统模式。凡此种种，将会有一系列新的核心关键技术、“卡脖子”技术等待去钻研攻克、再攀高峰。

水电学会作为水电科技共同体的行业组织，竭诚服务加快推进高水平科技自立自强和建设科技强国，重任在肩，时不我待。去年底，学会胜利召开第九次全国会员代表大会完成换届，站在我国开启全面建设社会主义现代化国家新征程、向第二个百年奋斗目标迈进的新起点，新一届学会将以习近平新时代中国特色社会主义思想为指导，坚持走中国特色社会主义科技社团发展道路，围绕新时代科技社团的使命和职责，不断增强学会围绕中心、服务大局的意识和能力，坚持“四个面向”，聚焦中国特色一流学会建设，团结引领广大水电科技工作者当好高水平科技自立自强、推动落实“双碳”目标的排头兵，不断向科学技术广度和深度进军，为推动水电可再生清洁能源事业高质量发展，为把我国建设成为世界科技强国、实现中华民族伟大复兴的中国梦作出新的更大贡献！

发展抽水蓄能　推动绿色发展

中国电力建设集团有限公司党委书记、董事长
丁焰章

［编者按：此文乃2022年6月13日，中国电力建设集团有限公司党委书记、董事长丁焰章在《人民日报》发表的署名文章。］

我国力争2030年前实现碳达峰、2060年前实现碳中和，是以习近平同志为核心的党中央经过深思熟虑作出的重大战略决策，事关中华民族永续发展和构建人类命运共同体。习近平总书记在主持召开中央财经委员会第九次会议时强调，要把碳达峰、碳中和纳入生态文明建设整体布局，拿出抓铁有痕的劲头，如期实现2030年前碳达峰、2060年前碳中和的目标。

这次会议提出，构建以新能源为主体的新型电力系统。这是党中央统筹国内国际两个大局作出的通盘谋划，为在能源领域贯彻落实习近平生态文明思想，处理好发展和减排、整体和局部、短期和中长期关系，坚定不移走生态优先、绿色发展之路提供了实践路径。

构建以新能源为主体的新型电力系统对于实现“双碳”目标具有重要现实意义。能源是人类文明进步的基础和动力，能源领域发展攸关国计民生和国家安全。新时代，我国能源领域发展面临全球经济治理结构、全球分工格局等深刻变化带来的新挑战，面临国内能源结构调整提出的新要求。构建以新能源为主体的新型电力系统，是立足当前我国经济社会发展战略全局，完整、准确、全面贯彻新发展理念，做好碳达峰碳中和工作的实践方案。构建以新能源为主体的新型电力系统，关键在于“先立后破”。关于推动能源革命，习近平总书记强调，要立足我国能源资源禀赋，坚持先立后破、通盘谋划，传统能源逐步退出必须建立在新能源安全可靠的替代基础上。这为我们通过行之有效的技术和产业实践，在保障能源安全的前提下“先立后破”，促进新能源大规模高比例发展，推动构建以新能源为主体的新型电力系统指明了前进方向。

发展抽水蓄能，提升电力系统灵活调节能力，是构建以新能源为主体的新型电力系统的关键手段，有利于保障传统能源有序退出，实现新能源大规模安全可靠替代，推动绿色低碳发展。一是促进新能源大规模开发。抽水蓄能可为大规模、高比例、基地化新能源发展提供灵活调节能力，是电力系统不可或缺的稳定器，是全球公认的配套风、光等新能源开发最有效的手段。二是切实提高新能源安全保障程度。风、光等新能源具有间歇性、随机性的特点，迫切需要建设一批具有快速响应、技术可控、经济优越、节能环保、可规模化应用等特点的调节电源，以有效保障我国不同发展阶段的能源安全。抽水蓄能具有调峰、填谷、储能等功能，是经过实践检验的电力系统中最成熟、经济、低碳、安全的调节电源。加速推进抽水蓄能建设，对于保障能源替代安全可靠、建设新型电力系统具有重要价值。三是打造能源产业新增长点。抽水蓄能项目可拉动建筑材料、电气设备等相关产业发展，为稳增长、促投资提供有力支撑。抽水蓄能项目开工建设，将促进“抽水蓄能＋康养”“抽水蓄能＋文旅”等新业态发展，形成能源产业新增长点。

在构建以新能源为主体的新型电力系统过程中，我国有条件将抽水蓄能产业打造成为装机规模大、技术能力先进、管理水平领先、全产业链自主创新程度高的产业，建成高质量现代产业体系。目前，正从以下几方面着力：一是加快壮大产业规模，加快推进项目开发建设。“十四五”期间重点实施“双两百工程”，将在200个市、县开工建设200个以上的抽水蓄能项目，开工目标2.7亿kW。二是多元化探索产业应用。充分发挥抽水蓄能在大基地开发中的支撑作用，积极推进西南水风光蓄一体化基地，西北沙漠、戈壁、荒漠等风光蓄清洁能源基地开发建设。积极拓展中小型抽水蓄能在城市周边、新能源富集区域应用。三是构建引领型产业体系。构建坚强、完整、创新的产业链，培育一批具有国际竞争力和影响力的骨干企业，打造全球领先的产业体系。四是高标准做好生态保护。高度重视生态环境保护工作，打造环境友好样板工程。五是高品质推动产业融合。将抽水蓄能电站打造成为能源融合发展的典范。

作为抽水蓄能电站建设领域的领军者，中国电力建设集团有限公司在发展抽水蓄能推动绿色低碳发展、助力“双碳”目标实现的过程中，积极履行央企责任担当。一是履行好资源规划、调查等职能。配合有关方面开展抽水蓄能电站资源调查工作，优选、孵化一体化基地标杆项目，为抽水蓄能快速发展夯实基础。二是高效推进勘测设计。在“十四五”重点实施项目中，中国电力建设集团有限公司承担了85％以上的项目勘测设计工作。下一步将构建多主体参与、产业链内外联动的项目前期工作论证体系，在确保技术体系完整、技术方案优化的前提下缩短前期工作周期，为抽水蓄能加快建设奠定基础。三是发挥引领作用，推进项目建设。在确保工程质量和施工安全的前提下，加快建设步伐，推动智能化建造，培养现代化人才队伍，建设一批管理领先、技术先进的高质量工程。四是积极探索抽水蓄能发展新模式。着力推进科技创新，加大关键技术攻关，努力突破大型地下洞室群智能化机械化施工、复杂地形地质条件下筑坝成库与渗流控制等技术难题。持续开展抽水蓄能产业发展政策、机制、标准等方面的研究，引领行业发展。

专 家 论 坛

打造“风光水储网”协同发展的“中国方案”

全国政协委员、中国安能集团总工程师
张利荣

[编者按：此文乃2022年3月11日，《中国电力报》记者对全国政协委员、中国安能集团总工程师张利荣的访谈。]

多年来，我国流域的综合开发走出了一条特色道路，积累了丰富的经验，造福了一方百姓。在“双碳”目标的指引下，我们要积极探索符合发展实际的流域综合开发与保护的“中国经验”，让水电开发的思路更清晰，道路更宽广。

全国两会期间，全国政协委员、中国安能集团总工程师张利荣接受了本报记者的采访，就我国流域综合开发与保护提出了一些想法和建议。目前，我国水电开发还有近一半的余量，光伏、风电提速发展，可发展空间很大，他认为要秉承“生态优先”和“在保护中开发、在开发中保护”的科学指导思想，实现“风光水储网”协同互补发展，助力“双碳”目标的实现。

中国电力报：“双碳”目标的提出，为我国能源开发指明了方向和道路，结合“双碳”目标，您作为水电行业的专家，对做好江河流域综合开发与保护有什么建议？

张利荣：水电、光伏、风电是我国最丰富的可再生能源，并且这“三兄弟”有非常良好的互补作用，同时发展，三者组合可形成满足用户需要的优质电源。将一个流域内的水电、光伏、风电进行综合开发，通过输变电系统将电能输送至千家万户，这样综合效率就更高了，特别是长距离输变电，很好地解决了电能消纳问题。因此，我认为水电、光伏、风电的协同发展是江河流域综合开发的重要发展方向。

可再生能源的开发，我们始终要抓好开发与保护的综合统筹，实现双效益，这是关键。以我国西南地区为例，其河流坡降较大，容易产生地质灾害，梯级筑坝可减缓或消除洪涝、干旱、滑坡、泥石流等自然灾害，有利于当地群众生命财产安全和生产生活；梯级水库“冷湖效应”有利于植被生长、改善水生生物的生存环境，从而形成沿江干热河谷生态屏障。光伏的开发也有助于生态的循环发展和生态保护。我国澜沧江等诸多流域，都是综合开发与保护的成功案例。

中国电力报：您一直倡导“风光水储网”协同发展，在您的提案中关注可再生能源的综合利用，您觉得可再生能源的综合利用，该如何更好地助力“双碳”目标的实现？

张利荣：水电、光伏、风能是可再生的清洁能源，是实现“双碳”目标的主力军，必须大力开发。以我国西部地区为例，这是我国可再生能源的“富矿区”，太阳能和风能资源充沛，再加上当地的水电资源丰富，如果加以综合开发利用，建成可再生能源基地，不仅更好地实现了三种能源优势互补，同时大大提高了效能，这样也能更好助力“双碳”目标的实现。

另一方面，可再生能源也都是自主可控资源，大力开发可以替代煤炭、石油进口，不仅可以减少二氧化碳排放，还可以大幅降低能源对外依存度，提升能源供应的安全度。

中国电力报：在您的提案中提到了国家能源、水资源的安全发展需要，您认为水资源安全发展方面的关键问题是什么？

张利荣：水资源安全发展，始终要结合新的发展形势。广义的水安全主要包括饮水安全、防洪安全、粮食安全、供水安全、生态安全等多个方面，由于我国水资源存在人均量少、时空不均、匹配不佳等三大突出问题，随着社会经济快速发展，水资源安全问题也已成为我国需要下大力解决的一个战略课题。

我们要强化水治理，保障水安全。特别是江河流域综合开发，是水利与能源高度融合的重要措施，建成的梯级水库群，不仅可以提供强大的清洁电能，更重要的是储蓄了巨量的水源，是调水的源头，为水资源安全供给提供了可靠的基础保障。

中国电力报：“十四五”期间，结合“双碳”目标，您认为可再生能源开发的重点方向在哪里？

张利荣：我们要始终坚持“生态优先”和“在保护中开发、在开发中保护”的科学指导思想，实现“风光水储网”的协同互补发展。我国流域梯级开发、光伏风电制造、远距离特高压输电等技术及产业走在了世界的前列，我们不必担心技术“卡脖子”和电力消纳问题。

我们可以把水、光、风资源作为实现“双碳”目标的优先方向，以水电为先导，光伏、风电和输电线路协同推进，充分发挥水电、光伏、风电三者良好的互补作用。与此同时，我们要加速把流域建成可再生能源基地、水资源储备库群、生态保护走廊、国家合作示范区域，坚持生态优先，在保护中开发、在开发中保护，努力打造新时代流域开发与保护的新高地。

加快推进抽水蓄能建设 促进可再生能源大规模高比例发展

水电水利规划设计总院常务副院长 李昇

[编者按：此文乃2022年6月8日，水电水利规划设计总院常务副院长李昇在中国改革报《能源发展》周刊“能源发展与政策”上发表的文章。]

近日，国家发展改革委、国家能源局等九部委联合发布了《“十四五”可再生能源发展规划》（简称《规划》）。《规划》提出了“十四五”可再生能源发展的方向、目标和重点工作，为构建新型电力系统，助力“双碳”目标指明了方向。《规划》提出，要加快建设可再生能源存储调节设施，提升新型电力系统对高比例可再生能源的适应力能力，并把加快推进抽水蓄能电站建设作为提升可再生能源存储能力的首要措施。作为最重要的可再生能源存储调节设施，“十四五”期间，抽水蓄能将迎来重大发展机遇期。

一、重大意义

党的十八大以来，在广大抽水蓄能建设者的共同努力之下，我国抽水蓄能事业快速发展，相继规划建设了仙居、长龙山、清远、深圳、阳江、丰宁、敦化等一批具有世界先进水平的抽水蓄能电站，电站设计、施工、机组设备制造与电站运行水平不断提升。截至2021年底，我国已投产抽水蓄能电站规模3639万kW，在建抽水蓄能电站规模6153万kW，已建、在建规模均居世界首位。

抽水蓄能是当前技术最成熟、经济性最优、最具大规模开发条件的绿色低碳清洁灵活调节电源，与风电、太阳能发电、核电等联合运行效果最好，可有效补偿风电、太阳能发电的随机性间歇性问题。加快发展抽水蓄能，是构建新型电力系统的迫切要求，是保障电力系统安全稳定运行、支持可再生能源大规模发展的重要保障。同时，初步估算“十四五”期间抽水蓄能产业投资规模将达到近5000亿元，拉动经济社会发展作用明显，对于促进我国第二个百年奋斗目标实现，具有十分重要的意义。

二、重大举措

为加强加快抽水蓄能建设，《规划》中提出了四项重大举措。

一是持续推进站点资源调查工作。抽水蓄能电站受地形、水源等条件的影响，随着工作推进会持续发现新的项目。《规划》强调，在“十四五”期间要进一步加大抽水蓄能电站选点工作力度，在坚持生态优先，避让生态保护红线、天然林和基本草原等敏感因素的基础上，继续精选一批地形条件、工程地质、水文泥沙等建设条件合适、距高比等关键经济指标合理的抽水蓄能站点。同时，为了保障新项目加快建设，按照应规尽规、能纳尽纳的原则，积极推动新项目滚动纳入抽水蓄能中长期发展规划。

二是加快推动“十四五”重点项目建设。充分发挥抽水蓄能电站的储能作用，支撑风光等新能源的大规模发展，是构建新型电力系统的重要路径。2021年9月，《抽水蓄能中长期发展规划（2021～2035年）》已经发布实施，为抽水蓄能发展奠定了坚实基础。“十四五”期间，按照加快抽水蓄能建设的主基调，一方面要加快已纳入规划、条件成熟的大型抽水蓄能电站开工建设；另一方面要积极推进已纳入全国抽水蓄能电站中长期规划项目前期工作。

三是推进梯级水库大型储能项目建设。利用流域上下游梯级的天然落差和库容优势建设储能项目，是促进新能源高比例消纳的重要尝试，是充分发挥水电站清洁、高效、可调节优势的集中体现。《规划》提出，“十四五”期间要开展黄河上游梯级电站大型储能项目研究工作，解决工程技术问题，探索新能源发电抽水与梯级储能电站、流域梯级水电站的联合运行，充分利用黄河上游已建梯级水电站调节库容，推进龙羊峡—拉西瓦河段百万千瓦级梯级电站大型储能试点项目建设，支撑青海省新能源消纳和外送。

四是示范推进中小型抽水蓄能电站建设。中小型抽水蓄能电站具有建设周期短、布局更灵活、地形条件要求低等特点，更适宜布局在新能源资源富集区域和靠近负荷中心区域。《规划》提出三类中小型抽水蓄能电站的示范方式，即在中东南部地区利用已建成的山谷水库和沿岸山顶地势，试点推进灵活分散的中小型抽水蓄能电站建设；在新能源快速发展地区，因地制宜开展灵活分散的中小型抽水蓄能电站示范，扩大抽水蓄能发展规模；研究探索利用矿井等开展中小型抽水蓄能电站布局。随着中小型抽水蓄能电站示范工作的推进，我国抽水蓄能电站建设将迎来类型更丰富、布局更广泛的新局面。

三、发展展望

“十四五”时期是落实《抽水蓄能中长期发展规划（2021～2035年）》，加快推进抽水蓄能高质量发展的关键期，也是构建以抽水蓄能作为储能主体推动风光大规模发展的战略窗口期。“十四五”期间，抽水蓄能将迎来快速发展的新局面。

一是建设规模大幅跃升。随着一大批建设条件优越的抽水蓄能项目即将开工建设，“十四五”期间抽水蓄能电站的建设数量将超过200个，已建和在建规模将跃升至超过1亿kW，开发建设和服务范围将实现对大陆区域的全覆盖。考虑到在建项目的合理工期，预计到2025年，我国抽水蓄能电站装机容量有望实现比“十三五”末翻一番。

二是多元投资开发建设格局基本形成。目前，除国网新源、南网双调两家公司外，三峡集团、国家能源集团、国家电投集团、江苏国信、华源电力等投资主体也在积极布局抽水蓄能电站建设。在中国电建、中国能建、中国安能等抽水蓄能施工传统力量外，中建、中铁建、中铁工等施工单位也在积极参与抽水蓄能建设，已经基本形成了央企、国企、民企共参与、共建设的多元化局面。

三是应用场景更加广泛。在传统的应用场景基础上，水风光蓄一体化、风光蓄一体化等应用场景将逐步打开，抽水蓄能在西南可再生能源一体化基地，以及西北沙漠、戈壁、荒漠等大型风光基地开发中调节、储能作用将更加凸显。在电网互联薄弱、新能源富集等区域，中小抽水蓄能电站、小微抽水蓄能电站按照“因地制宜”的原则积极发展，多场景的抽水蓄能应用格局将逐渐形成。

四是产业体系更加完善。“十四五”期间，随着抽水蓄能进入大规模发展的新时代，国家能源局进一步加强了行业管理力度，多措并举，将有效推动抽水蓄能产业链的完整度更加齐全，产业链的互动协调更加顺畅，产业配套能力显著增强，新技术、新产品的应用更加快捷。抽水蓄能产业与旅游等产业的融合将会逐步增强，一批围绕抽水蓄能项目的特色旅游项目将逐渐兴起。

五是政策体制机制更加健全。当前，以招标、市场竞价等方式确定抽水蓄能电站项目投资主体的方式得到了广泛推广，价格形成机制不断细化。随着电网峰谷差价的逐步完善，以及服务风光基地开发等应用场景的商业模式试点运行，抽水蓄能的投资回收模式将进一步多元和完善。质量监督和运行监管体系将不断加强，为确保工程建设质量、实现电站安全高效稳定运行提供制度保障。

潮平两岸阔，风正一帆悬。抽水蓄能产业发展正蓄势待发，将为新型电力系统构建、可再生能源大规模发展和“双碳”目标实现保驾护航，为推进能源革命、建设能源强国贡献力量！

小水电绿色转型迫在眉睫

北京师范大学环境学院副院长　张力小

［编者按：此文乃2022年3月2日，北京师范大学环境学院副院长张力小，在《中国能源报》上发表的文章。］

2021年底，水利部等七部门联合下发了《关于进一步做好小水电分类整改工作的意见》，要求妥善处理小水电退出、整改中的各种突出矛盾和利益关系，推动小水电转型升级、绿色发展。

自1912年云南昆明石龙坝水电站建成至今，我国水电开发已有100多年历史。相比大水电，装机容量在5万kW及以下的小水电，因规模小、无大坝建设等特点，一直是国际公认的环境友好型可再生能源。

中华人民共和国成立后，小水电在不同时期基于不同开发要求得到了快速发展，大致可分为三个阶段：中华人民共和国初期，小水电因技术成熟、投资少等优点，成为满足我国离网地区居民用电需求的重要电源；自20世纪80年代起，除为离网地区居民提供生活用电外，小水电还依托电网的迅速发展，向电网售电，成为山区农村经济发展和社会进步的主要推动力；21世纪以来，随着我国面临日益严峻的能源安全和碳减排压力，小水电作为重要的可再生能源，成为我国调整能源结构、减少对化石能源依赖的重要选择之一。

截至目前，我国已建成4.7万多座小水电站，年发电量达2500亿kW·h，为我国农村电气化、偏远山区经济发展及能源结构优化作出了重要贡献，也为其他国家尤其是发展中国家小水电开发提供了“样板”。

近年来，过于密集的小水电开发出现了“与民争水”“与农争水”等问题，同时导致河道脱水断流现象频发。随之而来的是，学术界和舆论对小水电生态影响的讨论不断，业内外逐渐认识到小水电的生态影响是个大问题，主要体现在以下方面：

“小而多”，目前我国已建成4.7万多座小水电站，几乎遍布所有省、自治区和直辖市（包括生态环境较为脆弱的西藏），不同地区水能资源丰富程度不同、开发程度不同，导致小水电开发产生的生态影响程度与作用机理也不完全相同；“小而乱”，我国小水电无序开发现象严重，如长江经济带建有 2.56 万座小水电站，导致部分河流生态系统严重退化；“小而偏”，小水电站多分布偏远，交通不便，难以管理。

2018 年 6 月，国家审计署发布的《长江经济带生态环境保护审计结果》指出，小水电过度开发是长江流域生态环境保护面临的首要问题。在长江保护的总体战略下，小水电清理整改工作提上日程。2021 年 12 月底，水利部等七部门发文启动了黄河流域小水电清理整改工作。从长江流域到黄河流域，小水电过度开发对大流域生态环境的不利影响引发持续关注。

随着大电网不断延伸及分布式光伏、风电等技术进步，小水电作为点亮山村的“第一根火柴”，在农村电气化中的作用已被逐渐削弱。同时，集中式风电和光伏发电快速增长，也使得小水电在我国电力结构中的比重逐年下降，其装机容量占我国电源总装机容量的比例已由 2008 年的 6.47％降至 2020 年的 3.69％。受可开发资源总量限制，小水电很难和火电、风电、光伏发电等电源竞争。

然而，在大电网难以覆盖的极其偏远的山区，相比风电、光伏发电等新能源，小水电仍是当地居民实现电气化的可靠且经济的选择。同时，小水电作为公认的清洁可再生能源，对我国实现联合国可持续发展目标及碳中和目标均具有重要意义。因此，推进我国小水电绿色转型升级迫在眉睫。

具体而言，不同区域应采取差异化的小水电开发策略，而非盲目地大规模开发或停止开发所有项目。

其中，对于小水电开发密集且无序的中东部地区而言，重点在于实现已建水电站的精细化管理，并采用先进的运行管理技术优化其环境表现，而不是开发新的小水电。一般来说，保障河流生态用水需求是小水电低影响开发的前提。因此，应确保所有小水电站均具备河水下泄设施，并加强下泄设施运行的监督，保证小水电站有序下泄。对于干扰生态系统较为严重且难以修复的小水电，废弃是较好的选择。

对于有丰富未开发小水电资源的西部地区而言，应因地制宜、合理适度开发小水电，尤其是要考虑其对当地生态系统的潜在影响。如果当地生态系统较为脆弱，小水电开发应采取保守策略，即以满足当地居民用电需求为目的，在此基础上，尽量减少小水电开发。对其他地区而言，在开发小水电时应坚持生态优先、规划先行的原则，确定合理的小水电开发规模，并加强小水电的优化设计，采用环境友好型工程方案和建筑材料，最终实现小水电开发和生态环境协调发展。

央 企 工 作

中国长江三峡集团有限公司 2022 年工作情况

2022 年是中国长江三峡集团有限公司（简称三峡集团）总部搬迁武汉后的第一个完整年，对三峡集团而言极为特殊、极其重要、极不平凡。三峡集团紧紧围绕学习贯彻党的二十大精神这条主线，积极应对疫情形势严峻复杂、长江来水极度偏枯、原材料价格持续高企、资本市场大幅波动等多重超预期因素冲击，生产经营形势保持总体稳定。

（一）主要效益指标继续位居央企前列

全年实现营业收入 1462.6 亿元；税后净利润 425.3 亿元；资产总额 1.27 万亿元；资产负债率控制在 53.5％，保持国家主权级信用评级。连续 15 年获得央企负责人经营业绩考核 A 级，连续 3 年在中央企业党建考核中获评优秀，连续 4 年在中央单位定点帮扶工作成效评价中获得最高等次“好”的评价，被国务院国资委授予 2019～2021 年任期“业绩优秀企业”和“科技创新突出贡献企业”。

（二）保障能源电力供应发挥重要作用

面对入夏以来历史同期最高极端高温、最高电力负荷、最大保供压力，坚决把能源电力保供作为重要政治任务和重大民生工程来抓，全力以赴稳生产、保供应。全年新增装机容量 1535 万 kW，可控装机容量达 1.25 亿 kW，发电量连续 7 个月创历史同期新高，全年累计发电 3837.8 亿 kW·h，有效缓解华中、华东、华南及西南等地供电紧张局面，特别是三峡电站多项调峰指标刷新历史纪录，在关键时期为平抑电网峰谷差作出了积极贡献。

（三）重大工程建设运营成效显著

连续 4 年完成投资超千亿元，白鹤滩水电站全部投产，全球最大清洁能源走廊全面建成，进一步巩固了“世界水电看中国、中国水电看三峡”的引领地位。长江干流梯级水库枯水期为下游补水

324.61亿 m^3，并在下游干旱缺水关键时刻补水约56亿 m^3，助力大旱之年实现供水无虞、粮食丰收，有效阻挡长江口历史罕见咸潮入侵。以水电引领优势接续发展抽蓄业务，推动浙江长龙山抽蓄电站全面建成投产，创造3项世界第一、4项国内第一。新能源装机容量约3200万kW，其中海上风电装机容量近500万kW，居国内第一。我国首个千万千瓦级“沙戈荒”基地——库布其沙漠鄂尔多斯中北部新能源基地先导工程开工，承担的国家首批新能源基地12个项目全面开工，全球规模最大“源网荷储”一体化项目——内蒙古乌兰察布项目一期工程建成投产。共抓长江大保护累计投资近千亿元，污水处理能力达426万 m^3/天，建设和运营管网长度约1.8万km，大力推广“城市智慧水管家”模式，在10个城市启动实施管网攻坚战，打造六安“水管家”标杆示范，不断强化共抓长江大保护骨干主力作用。

（四）安全发展基础得到新巩固

认真落实各级安全生产责任，夯实安全生产第一责任人职责，全面推进安全生产专项整治三年行动巩固提升和安全生产十五条措施落实，开展安全生产大检查和5个安全专项整治行动，狠抓工程建设单位的安全生产管理，对排查出的安全隐患实行全面整改，联合交通运输部开展三峡枢纽水路交通应急演练。

（五）国际业务实现逆势发展

克服国际局势动荡变革、汇率波动、疫情反复等不稳定因素影响，海外新能源装机容量达270万kW，海外可控清洁能源装机容量超1200万kW，国际业务全年发电366亿kW·h、同比增长16.8%，实现营业收入260亿元、同比增长12.6%，展现强大发展韧性。巴基斯坦卡洛特水电站全部机组投产发电，被巴方誉为中巴铁杆友谊的象征。中国三峡国际股份有限公司被国际评级机构授予相当于我国国家主权级的信用评级，彰显国际资本对三峡集团国际业务的高度认可。苏丹三个水电项目被国家领导人署名文章誉为中阿友好地标。强化秘鲁路德斯公司管控，净利润同比增长20.4%。

（六）国企改革三年行动圆满收官

在国务院国资委年度考核中获评A级，“双百行动”“科改示范行动”获得“三标杆一优秀”，排名央企第二。完善中国特色现代企业制度，三峡集团和所属中国长江电力股份有限公司获评国有企业公司治理示范企业。完成乌东德、白鹤滩水电站重大资产重组，实现大水电资产集中高效管理，放大了国有资本功能。

（七）科技创新成果丰硕

全球领先的1.6万kW海上风机、国内首艘深远海海上风电施工船、全球首艘2000t级海上风电安装平台、全球载电量最大纯电动游轮、国内首个大型绿色零碳数据中心等一批标志性、引领性重大创新成果竞相涌现，有力推动我国清洁能源设备制造业向高端化、国产化、绿色化、数字化转型升级。6项技术装备入选2021年度能源领域首台套重大技术装备清单，居发电央企首位。

（中国长江三峡集团有限公司　张怡然）

中国电力建设集团有限公司 2022年改革发展情况

中国电力建设集团有限公司（简称中国电建）2011年9月经国务院批准组建。注册资本金319亿元，现拥有员工18万人，业务遍及全球130多个国家和地区，是全球清洁低碳能源、水资源与环境建设的引领者，全球基础设施互联互通的骨干力量，服务“一带一路”建设的龙头企业。

2022年位居《财富》世界500强第100位，实现连续十年排名上升；在2022年ENR全球工程设计公司150强中排名第一，连续三年蝉联榜首；在2022年ENR全球承包商250强和国际承包商250强排名中分别位列第5位、第6位，两项排名在电力行业领域均居全球第一。在全球电力建设行业（规划、设计、施工等），中国电建的能力和业绩始终位居首位。中国电建现有中国工程院院士1人，全国工程勘察设计大师5人；拥有9个国家级研发机构，116个省部级研发平台，9个院士工作站，11个博士后工作站；获得国家科学技术奖112项、省部级科技进步奖3192项，拥有授权专利28317项，其中发明专利3569项；260个项目荣获国家级优质工程荣誉奖项，其中，国家优质工程金奖55个，鲁班奖62个，国家优质工程奖143个。2022年荣获国务院国资委2021年度及2019～2021年任期经营业绩考核双A级企业，被授予2019～2021年任期“业绩优秀企业”。

（一）抢抓机遇应对挑战，经营发展稳中提质

一是运行质量效益显著提升，全年完成新签合同11266亿元、营业收入6708亿元，同比增长11.9%、7.8%；实现利润总额204.4亿元、净利润149.8亿元，同比增长13.4%、6.5%。二是重大项目履约进展顺利，承担勘测设计和主要建设任务的白鹤滩水电站全部机组投产发电，投资开发的首座百万千瓦级抽水蓄能电站——重庆云阳建全抽水蓄能电站、全球最大商业化漂浮式海上风电项目——中电建海南万宁百万千瓦漂浮式海上风电项目开工建设。全年荣获“国家优质工程金奖”8项、“国家优质工程奖”14项、“鲁班奖”7项，公司品牌熠熠生辉。

（二）全力获取高质量订单，市场营销成果丰硕

一是业务结构不断优化，全年水资源与环境治理业务新签合同1780亿元，占比15.8%；能源电力业务新签合同5232亿元，占比46.4%；城市基础设施业务新签合同3695亿元，占比32.8%。二是订单质量持续提高，新签高质量订单4466亿元，同比增长26%，较上年增加2个百分点。获取国内100亿元规模以上项目13个、50亿元规模以上项目34个。三是国际业务稳中趋优，全年新签合同2184.46亿元，同比增长3.98%。

（三）投资业务扎实开展，结构转型成效初显

一是“水、能、砂”投资业务快速增长，公司城市供水与水处理产能达到145万t/日；获取新能源建设指标项目156个，装机规模2122万kW；签署投资开发抽水蓄能项目协议110个，装机规模1.33亿kW；绿色砂石资源获取提前实现公司“十四五”规划的4亿t/年产能目标，获取资源总量83.91亿t。二是投资管控力度持续强化，全年完成投资1427.29亿元，投资计划完成率90%，其中“水、能、砂”业务共计完成投资601.56亿元，占比42.15%，较上年提高22个百分点；基础设施、房地产业务分别完成投资478.99亿元、309.51亿元，较上年分别下降28.4%、28.9%。三是海外投资稳健推进，公司首个跨境电力合作项目——老挝芭莱水电站77万kW项目已具备实质性投资开发条件；在中亚投资的首个新能源项目——哈萨克斯斯坦谢列克风电项目实现投产发电。在中东欧、北非、东南亚等“一带一路”沿线国家储备了一批规模达100万kW的优质新能源投资项目。

（四）项目管理不断加强，质量效益稳步提升

一是管理机制持续完善，召开项目管理年会，制定《公司国内重大建设项目管理办法》，成立公司重大项目管理委员会，加强重大项目统筹管理。二是分包管理更加规范，建立拥有近4.3万家合格承（分）包商的统一库和分包信息公开机制，实现公司系统分包商征信、履约和评级内部共享。三是数字化转型加快推进，发布《公司“投、建、营”数字化建设指导方案》，培育数据驱动的工程全过程数字化服务能力。

（五）资产资本管理有序开展，内外资源不断集聚

一是全要素资产经营深入推进，处置低效无效负效资产，腾挪发展空间，全年完成资产经营542.49亿元，完成年度计划的108.5%。二是资本运作成效显著，“引擎”项目顺利完成，集团公司核心资产实现整体上市，恢复股份公司资本市场再融资功能。新能源业务重组取得阶段成果，股份制改造完成。

（六）深化改革全面推进，活力动力持续释放

一是国企改革三年行动圆满收官，纳入应建范围的86家子企业均已实现董事会应建尽建、配齐建强、外部董事占多数，董事会授权管理制度全面建立。分类分层稳妥推进混合所有制改革，3家子企业纳入国家发展改革委混合所有制改革试点，累计17家企业开展科技型企业岗位分红和股权激励。二是对标世界一流提升行动扎实开展，以加强管理体系和管理能力建设为主线，完成对标世界一流提升清单目标，公司“水、能、砂、城”数字化实践入选中央党校国资委分校干部培训教材实践案例。三是“三项制度”改革持续深化，建立任期考核机制，研究制定特别贡献奖实施细则，建立效益贡献“上不封顶”激励机制；对公司全级次约2600名经理层成员100%实施任期制和契约化管理；严格落实“黄牌”警示、“红牌”退出要求，各级领导人员责任意识、危机意识普遍增强，广大干部职工干事创业精气神不断提振。

（七）科技创新持续发力，发展动能更加强劲

一是圆满完成核心技术攻关任务，4项首批“1025专项”攻关任务通过验收，获批5项第二批攻关任务。主持新能源、水生态和海水淡化等领域3项国家重点研发计划，成功揭榜1项国家发展改革委海上风电开发核心攻关任务。二是做实做优高水平研发平台，先后建立西藏自治区水风光储能源技术创新中心、陕西省风光发电与多元储能工程技术研究中心。三是科技人才队伍建设持续完善，发布《科技体制机制改革三年攻坚实施方案》，召开公司人才工作会议，制定实施公司“百千万”科技人才培养工程实施方案，聘任2名首席科学家，评聘25名首席技术专家。年内1人入选国家青年人才计划、3人入选“大国工匠”、5人获评全国技术能手，1家单位获评技能人才培育突出贡献单位。

（八）提质增效扎实开展，经营基础稳步夯实

一是亏损治理深入推进，建立公司领导、高级管理人员治亏包保工作机制，年内全级次亏损子企业户数295户，比上年减少107户；全级次亏损子企业报表亏损金额94.6亿元，较上年增加1.95亿元。二是欠款回收有力开展，全年累计回收逾期应收款45.1亿元，回收新能源财政补贴47.8亿元，累计实现保函替代保证金回款4.3亿元。三是融资成本有效降低，加大高成本融资置换力度，外部银行高息贷款置换融资成本同比降低50～60BP，完成权益融资工具置换发行397.5亿元。四是增值税留抵退税成效显著，全年实现留抵退税98.21亿元，较上年同期增加72.6亿元。

（九）风险防控不断强化，发展成果持续巩固

一是持续筑牢安全生产和疫情防控屏障，年内未发生较大及以上事故，未发生较大设备物资安全责任事故，未发生较大突发环境事件和重大影响节能环保

违法违规事件。二是持续防范化解重大风险，累计化解涉 HD 债权风险 11.8 亿元，完成水电三局锡德拉项目、水电十六局珠海机场项目等重大法律纠纷处置。三是持续降低财务资金风险，完善《公司担保管理办法》，融资性担保余额较上年末减少 166.9 亿元。四是持续深化依法合规经营，开展全级次、全领域、全方位合规风险排查，避免和挽回经济损失 4.53 亿元，对经营业务中存在重大合规问题以及整改不力的 70 余人进行责任追究。

（中国电力建设集团有限公司）

中国葛洲坝集团股份有限公司 2022 年工作情况

中国葛洲坝集团股份有限公司（简称葛洲坝公司）是由中国葛洲坝水利水电工程集团公司作为独家发起人设立的股份有限公司，于 1997 年在上海证券交易所挂牌上市；2007 年换股吸收合并控股股东，完成主业资产整体上市。2021 年，中国能源建设股份有限公司（简称中国能建）换股吸收合并中国葛洲坝集团股份有限公司，葛洲坝股票终止上市，中国葛洲坝集团股份有限公司成为非上市股份有限公司。葛洲坝公司是大型基础设施投资建设领域的重要力量，是水利水电建设的“全球名片”，创造了 5000 余项精品工程和 100 多项世界之最。坚持承包投资双轮驱动、国际国内协调发展、绿色建材集成创新、贸易装备强链增效，形成了新的战略格局。

葛洲坝公司坚持科技创新引领发展，是国家创新型企业和国家高新技术企业。拥有 1 个国家级企业技术中心（被评为国家优秀企业技术中心）、2 个院士专家工作站、2 个博士后工作站、25 家高新企业，主编或参编国家及行业标准 170 项、国家级工法 52 项，国家授权有效专利 3000 余项，各类资质资格 400 余项，在水利水电、公路交通、特种水泥、混装炸药、环境治理、装备制造等领域具有核心技术，荣获国家科技进步奖及省部级科学技术奖 170 多项；2018～2022 年获国家优质工程金奖、鲁班奖、詹天佑奖、大禹奖、李春奖等高等级奖项近 70 项。

（一）主要经济指标完成情况

2022 年，葛洲坝公司市场签约、营业收入、利润总额、净利润、投资规模、资产总额均创历史新高。国际业务逆势突破，风险化解成效显著。市场签约快速增长，国际业务逆势突破。投资业务稳步推进。市场签约再创新高。全年签约同比增长 23%。营收保持千亿水平。创效能力显著增强。风险处置成效显著。法律手段回款 13.3 亿元。企业品牌不断彰显。乌东德水电站等十大工程创近 20 项“世界第一”和“全球首次”，白鹤滩水电站创百万千瓦机组“一年六投”新纪录，在世界最大清洁能源走廊建设中再攀技术高峰。职工收入稳步提高。全年人均工资同比增长 8.7%。

（二）突出高层次，市场开发拓出新空间

一是优化市场体系。优化国内六大区域市场布局，在 31 个省和 78 个市配置 700 余人，构建了“三位一体＋三级递进”市场开发体系，与中国能建大市场体系深度融合、上下联动、高效衔接。二是加强项目运作。深化“四部曲”机制，组建大项目专班近 20 个，推动海南文昌航天城、安徽和襄高速等重大项目落地，总金额超 2600 亿元。强化重点市场深耕，在海南、保定等地实现滚动签约，打造了 5 个签约过千亿的省域和 3 个签约超 500 亿的市域市场。出台新能源业务指导意见，全年获取新能源指标 264.8 万 kW，取得 32 个抽水蓄能项目开发权。三是深耕国际市场。44 个重点国别签约数量和金额占比分别达 95%和 98%，其中 16 个国别实现连续签约，生效项目 188 亿元。四是创新商业模式。积极探索“产业＋”模式，带动签约 640 亿元。采用投资人＋EPC＋资源补偿模式落地中国能建首个 EOD 项目——峨眉山生态环境试点项目。通过能源网＋产业网＋水网融合发展模式，落地“十四五”规划最大“源网荷储”一体化项目——青海多隆项目。创新投资与现汇项目“捆绑招标”模式，成功签约黑龙江铁科高速项目。

（三）突出高效益，项目管理塑造新优势

一是体系建设取得突破。扎实推进项目管理“334”工程和“十化”建设，完成 8 个项目管理手册、7 个成本定额库和 21 个管理范本编制工作，获中国能建系统重构项目管理体系突出贡献奖。二是重点项目优质履约。完善重点项目监管机制，领导高管带队督导履约，创新项目巡查方式，推动 39 个重点项目稳产高产。三是经营质效持续提升。新开工投融资项目总投和收益可控受控，承包项目未出现亏损。压降 43 个存量项目融资利率，提高项目收益 0.66 个百分点，全生命周期节约费用约 140 亿元。9 个重大项目实现低成本融资落地，较决策节约全生命周期财务费用 139 亿元。完善项目治亏机制，64 个项目减亏 3.4 亿元。尾工项目关闭 232 个，回收账款 33 亿元。

（四）突出高标准，改革创新积蓄新动能

一是强化重点改革攻坚。助推易普力重组成为国内民爆行业龙头，创国内分拆借壳上市首单。深化专业化建设，新增和升级资质 43 项，建筑子企业高等级资质实现全覆盖。经理层任期制和契约化管理全覆盖，项目部超额利润分享全面规范，虚拟股权激励在项目实现破冰，2家单位实施科技型企业岗位分红激励。二是优化适应性组织建设。系统重构两级本部机构设置和职责边界，人员精简26%，降低管理费用1.3亿元。完成397名国际从业人员和49个国际项目划转。打造轨道交通、生态环保、文旅康养等新平台。理顺8家划入划出子企业管理关系。三是持续完善治理体系。完善决策体系、授权放权事项清单、领导审批流程，优化决策管理事项74%，精简管理制度13%。完善子企业治理体系，优化管理事项近60%。大力转变文风会风，文件和会议数量分别压减12%、16%。

（五）突出高站位，服务社会展现新气象

公司始终坚持人民至上、生命至上，抓严抓实抓细精准防疫工作，三年来实现了疫情零死亡。积极稳岗扩就业，全年签约毕业生2000余人，扩招应届高校毕业生360余人。巩固脱贫攻坚成果，向湖北秭归、陕西镇巴、西藏八宿等地捐赠约1500万元，在打赢脱贫攻坚战中展现了葛洲坝之为。精准实施困难帮扶，大幅提升困难职工帮扶标准，帮扶慰问支出2000余万元。稳妥推进宜昌基地自建房安全隐患排查整改，彻底消除历史遗留安全隐患。统筹解决基地住宅遗留办证难题，累计近八千户群众长期关心关切的急难愁盼问题得到解决。强力推进建设41个标准化营地，高质量完成“1014”专项工作，做法和成效得到国务院国资委高度肯定。

（中国葛洲坝集团股份有限公司　姜乔耀）

2

水能及新能源开发与消纳

水 能 开 发

甘肃省发展改革委关于甘肃张掖抽水蓄能电站项目核准的批复

甘肃省发展改革委2022年10月20日以甘发改能源〔2022〕556号文发布《关于甘肃张掖抽水蓄能电站项目核准的批复》，该“批复”全文如下。

长电新能（张掖）能源有限公司：

报来《长电新能（张掖）能源有限公司关于申请核准甘肃张掖抽水蓄能电站项目的请示》（张掖新能发〔2022〕36号）及有关材料收悉。经研究，现就该项目核准事项批复如下：

一、该项目已列入国家能源局《抽水蓄能中长期发展规划（2021～2035年）》（国能发新能〔2021〕39号），并确定为“十四五”时期重点实施项目。为增强甘肃电网调峰能力，优化电源结构，改善电网运行条件，提高系统运行经济性，促进当地社会经济发展，助力构建以新能源为主体的新型电力系统，依据《行政许可法》《企业投资项目核准和备案管理条例》，同意建设甘肃张掖抽水蓄能电站项目（项目代码：2208-620000-04-01-762860）。项目建成主要承担调峰填谷、储能、调频、调相、紧急事故备用等任务。

项目单位为长电新能（张掖）能源有限公司，负责项目投资、建设、经营。

二、项目建设地点：项目建设地点位于张掖市境内，距离张掖市区直线距离约28km，距离酒泉市区公路里程约229km。项目总用地面积（不含淹没区范围）231.1874hm²，其中农用地118.9211hm²，建设用地0.5531hm²，未利用地111.7132hm²。

三、项目主要建设内容及规模：甘肃张掖抽水蓄能电站为日调节纯抽水蓄能电站，总装机容量1400MW，安装4台单机容量350MW的可逆式水泵水轮机组，设计满发利用小时数6h，年发电量16.37亿kW·h，年抽水电量21.83亿kW·h。电站枢组工程主要由上水库、输水系统、地下厂房系统、下水库及地面开关站等组成，为一等大（1）型工程。上水库正常蓄水位2332m，死水位2300m，调节库容679万m³；下水库正常蓄水位1745m，死水位1718m，调节库容678万m³。电站拟建两回330kV线路接入甘州变电站。

四、项目投资及资金来源：项目总投资约为96.26亿元，其中项目资本金占项目总投资的20%，由项目建设单位自有资金出资，其余部分融资解决。

五、项目所需设备采购及建设施工等招标事项均应按照《招标法》等相关法律法规的规定，采用规范的公开招标等方式进行。

六、按照相关法律、行政法规的规定，核准项目应附前置条件的相关文件分别是《甘肃张掖抽水蓄能电站建设项目用地预审与选址意见书》（用字第620000202200056号）、《甘肃省水利厅关于甘肃张掖抽水蓄能电站工程建设征地移民安置规划的审核意见》（甘水移发〔2022〕415号）、《甘肃张掖抽水蓄能电站项目社会稳定风险评估报告》及《评估事项备案表》。

七、如需对本核准文件所规定的建设地点、建设规模、主要建设内容等进行调整，请按照《企业投资项目核准和备案管理办法》的有关规定，及时提出变更申请，我委将根据项目具体情况，作出是否同意变更的书面决定。

八、请长电新能（张掖）能源有限公司在项目开工建设前，依据相关法律、行政法规规定办理规划许可、土地使用、资源 利用、安全生产、环评等相关报建手续，手续不全，不得开工建设。

九、本核准文件有限期为2年，自文件发布之日起计算。在核准文件有效期内未开工的项目，应在核准文件有效期届满30天前向我委申请延期。项目在核准文件有效期内未开工建设也未申请延期的，或虽提出延期但未获批的，本核准文件自动失效。

（中国电建集团西北勘测设计研究院有限公司）

甘肃省发展改革委关于甘肃皇城抽水蓄能电站项目核准的批复

甘肃省发展改革委2022年10月18日以甘发改能源〔2022〕548号文发布《关于甘肃皇城抽水蓄能电站项目核准的批复》，该“批复”全文如下。

中电建肃南抽水蓄能有限公司：

报来《中电建肃南抽水蓄能有限公司关于申请核准甘肃皇城抽水蓄能电站项目的请示》（中电建肃南〔2022〕12号）及有关材料收悉。经研究，现就该项目核准事项批复如下：

一、该项目列入国家能源局《抽水蓄能中长期发展规划（2021～2035年）》（国能发新能〔2021〕39号），并确定为“十四五”时期重点实施项目。为增强甘肃电网调峰能力，优化电源结构，改善电网运行条件，提高系统运行经济性，促进当地社会经济发展，助力构建以新能源为主体的新型电力系统，依据《行政许可法》《企业投资项目核准和备案管理条例》，同意建设甘肃皇城抽水蓄能电站项目（项目代码：2208-620000-04-01-195569）。项目建成主要服务于甘肃电网，承担调峰、填谷、调频、调相、调压、系统备用和黑启动等任务。

项目单位为中电建肃南抽水蓄能有限公司，负责项目投资、建设、经营。

二、项目建设地点位于张掖市肃南裕固族自治县皇城镇境内，距离张掖市区直线距离约185km，距离武威市区直线距离约45km。项目总用地面积（不含淹没区范围）226.2839hm^2，其中农用地224.6096hm^2，建设用地0.0549hm^2，未利用地1.6194hm^2。

三、项目概况

甘肃皇城抽水蓄能电站总装机容量1400MW，安装4台单机容量350MW的可逆式水泵水轮机组，设计满发利用小时数6h，年发电量16.37亿kW·h，年抽水电量21.83亿kW·h。电站枢纽工程主要由上水库、输水系统、地下厂房系统、下水库及地面开关站等组成，为一等大（1）型工程。上水库正常蓄水位2843m，死水位2814m，调节库容742万m^3；下水库正常蓄水位2289m，死水位2251m，调节库容679万m^3。电站拟建两回330kV线路接入河西变电站（备选方案：拟建两回330kV线路接入规划中的水源变电站）。

四、项目总投资约为113.5亿元，其中项目资本金占总投资20%。由项目建设单位自有资金出资，其余部分融资解决。项目按《国家发展改革委关于进一步完善抽水蓄能价格形成机制的意见》（发改价格〔2021〕633号）规定，实施两部制电价。

五、项目所需设备采购及建设施工等招标事项均应按照《招标法》等相关法律法规的规定，采用规范的公开招标等方式进行。

六、按照相关法律、行政法规的规定，核准项目应附前置条件的相关文件分别是《甘肃皇城抽水蓄能电站建设项目用地预审与选址意见书》（用字第620000202200057号）、《甘肃省水利厅关于甘肃皇城抽水蓄能电站工程建设征地移民安置规划的审核意见》（甘水移发〔2022〕405号）、《甘肃皇城抽水蓄能电站项目社会稳定风险评估报告》及《评估事项备案表》。

七、如需对本核准文件所规定的建设地点、建设规模、主要建设内容等进行调整，请按照《企业投资项目核准和备案管理办法》的有关规定，及时提出变更申请，我委将根据项目具体情况，作出是否同意变更的书面决定。

八、请中电建肃南抽水蓄能有限公司在项目开工建设前，依据相关法律、行政法规规定办理规划许可、土地使用、资源 利用、安全生产、环评等相关报建手续。

九、项目予以核准决定或者同意变更决定之日起2年未开工建设，需要延期开工建设的，请中电建肃南抽水蓄能有限公司在2年期限届满的30个工作日前，向我委申请延期开工建设。开工建设只能延期一次，期限最长不得超过1年。国家对项目延期开工建设另有规定的，依照其规定。

（中国电建集团西北勘测设计研究院有限公司）

青海省发展改革委关于青海格尔木南山口抽水蓄能电站项目核准的批复

青海省发展改革委2022年12月30日以青发改能源〔2022〕932号文发布《关于青海格尔木南山口抽水蓄能电站项目核准的批复》，该“批复”全文如下。

海西州发展改革委、中国三峡新能源（集团）股份有限公司青海分公司：

海西州发展改革委《关于格尔木南山口抽水蓄能电站项目核准的请示》（西发改能源〔2022〕740号）、中国三峡新能源（集团）股份有限公司青海分公司《关于青海格尔木南山口抽水蓄能电站项目核准的请示》（三峡能源青海〔2022〕202号）收悉。经研究，现就该项目核准事项批复如下：

一、青海格尔木南山口抽水蓄能电站项目已列入国家能源局印发的《抽水蓄能中长期发展规划（2021～2035年）》（国能发新能〔2021〕39号），并纳入国家“十四五”抽水蓄能核准计划。为推动我省抽水蓄能有序发展，增强电网调峰能力，促进能源结构优化调整，助力构建以新能源为主体的新型电力系统，高质量打造国家清洁能源产业高地，同意建设青海格尔木南山口抽水蓄能电站项目（项目代码：2208-630000-04-01-575450）。

二、该项目位于海西蒙古族藏族自治州格尔木市，电站拟安装8台30万kW立式单级可逆混流式水轮发电机组，总装机容量240万kW，多年平均年用电量39.07亿kW·h，多年平均年发电量29.3亿

kW·h，年发电利用小时数1221h。

电站枢纽工程由上水库、下水库、输水系统、地下厂房、地面开关站、补水泵站等组成，具有日调节能力。电站上水库位于格尔木河右岸小干沟上游的支沟内，采用沥青混凝土面板堆石坝，最大坝高81m，坝顶高程3679m，正常蓄水位3675m，死水位3640m，调节库容1611万m^3；下水库位于格尔木河右岸山前台地，采用沥青混凝土面板堆石坝，最大坝高39m，坝顶高程3231m，正常蓄水位3228m，死水位3210m，调节库容1648万m^3。工程总工期81个月。

电站初拟以330kV一级电压接入系统，出线3回、备用1回。

三、项目建设征地涉及海西蒙古族藏族自治州格尔木市郭勒木德镇渔水河村，征地范围包括水库淹没影响区和枢纽工程建设区。总用地规模8516.07亩，其中永久占地6111.27亩，临时用地2404.80亩。建设征地移民安置补偿投资3924.29万元（静态）。

四、项目总投资170.94亿元，其中项目资本34.19亿元，项目资本金占项目总投资的比例为20%。项目单位为中国三峡新能源（集团）股份有限公司青海分公司。

五、要高度重视电站建设的生态环境保护和移民安置工作，将促进库区生态环境建设作为项目开发的重要目标，制定切实可行的生态保护和安置措施，充分尊重少数民族的宗教、文化、习俗。

六、根据《中华人民共和国招标投标法》的有关规定，本项目勘察设计、工程建设和设备采购等全部采取公开招标的招标方式和委托招标的组织形式，具体见附件。

七、项目核准的相关文件是《中华人民共和国建设项目用地预审与选址意见书》（用字第632801202200013号）、《关于同意青海格尔木南山口抽水蓄能电站建设征地移民安置规划大纲的批复》（青政函〔2022〕66号）、《关于格尔木南山口抽水蓄能电站建设征地移民安置规划的审核意见》（青移安〔2022〕76号）和《格尔木市人民政府关于青海格尔木南山口抽水蓄能电站社会稳定风险评估报告审查意见的函》（格政函〔2022〕137号）等。

八、请海西州发展改革委做好属地服务，督促项目单位加强建设管理，确保工程质量、施工安全。请项目单位根据本核准文件，依法办理土地、环评等相关前期手续，手续不全，不得开工建设。项目单位应在电站建设过程中进一步优化工程设计，控制工程风险，优化施工工期，节省工程投资，加强运维管理，打造标杆工程。同时，按月度及时报送工程建设投资和施工进展等情况。

九、如需对本项目核准文件所规定的有关内容进行调整，请按照《青海省企业投资项目核准和备案管理办法》（青政〔2017〕83号）有关规定，及时以书面形式向我委提出调整申请，我委将根据项目具体情况，出具书面确认意见或重新办理核准手续。

十、本核准文件自印发之日起有效期限2年。在核准文件有效期内未开工建设项目的，项目单位应在核准文件有效期届满30个工作日之前向我委申请延期，开工建设只能延期一次，期限最长不得超过1年。国家对项目延期开工建设另有规定的，依照其规定。项目在核准文件有效期内未开工建设也未申请延期的，或虽提出延期申请但未获批准的，本核准文件自动失效。

附件：核准部门招标核准意见（略）

（中国电建集团西北勘测设计研究院有限公司）

青海省发展改革委关于青海同德抽水蓄能电站项目核准的批复

青海省发展改革委2022年12月30日以青发改能源〔2022〕931号文发布《关于青海同德抽水蓄能电站项目核准的批复》，该“批复”全文如下。

海南州发展改革委、国家能源集团青海电力有限公司：

海南州发展改革委《关于转报青海同德抽水蓄能电站项目核准的请示》（南发改〔2022〕117号）、国家能源集团青海电力有限公司《关于青海同德抽水蓄能电站项目核准的请示》（国家能源青〔2022〕283号）收悉。经研究，现就该项目核准事项批复如下：

一、青海同德抽水蓄能电站项目已列入国家能源局印发的《抽水蓄能中长期发展规划（2021～2035年）》（国能发新能〔2021〕39号），并纳入国家“十四五”抽水蓄能核准计划。为推动我省抽水蓄能有序发展，增强电网调峰能力，促进能源结构优化调整，助力构建以新能源为主体的新型电力系统，高质量打造国家清洁能源产业高地，同意建设青海同德抽水蓄能电站项目（项目代码：2208-630000-04-01-990165）。

二、该项目位于海南藏族自治州同德县，电站拟安装8台30万kW混流式水轮发电机组，总装机容量240万kW，多年平均年用电量39.07亿kW·h，多年平均年发电量29.3亿kW·h，年发电利用小时数1221h。

电站枢纽工程主要由上水库、下水库、输水系统、发电厂房和开关站等组成，具有日调节能力。电站上水库位于距玛尔挡水电站坝址上游河道约11km

的黄河右岸岸顶，采用沥青混凝土面板堆石坝，最大坝高 112m，坝顶高程 3670m，正常蓄水位 3665m，死水位 3637m，调节库容 1765 万 m^3；下水库利用正在建设的玛尔挡水电站水库，最大坝高 211m，坝顶高程 3283m，正常蓄水位 3275m，死水位 3240m，调节库容 70600 万 m^3。工程总工期 78 个月。

电站初拟以 330kV 一级电压接入系统，出线 3 回、备用 1 回。

三、项目建设征地涉及海南藏族自治州同德县河北乡的黄河村、赛若村，共计 1 个乡 2 个行政村，征地范围包括水库淹没影响区和枢纽工程建设区。总用地规模 6316.43 亩，其中永久占地 4195.62 亩，临时用地 2120.81 亩。规划搬迁安置人口 105 人，生产安置人口 23 人。建设征地移民安置补偿总费用 14423.48 万元（静态）。

四、项目总投资 170.34 亿元，其中项目资本金 34.07 亿元，项目资本金占项目总投资的比例为 20%。项目单位为国家能源集团青海电力有限公司。

五、要高度重视电站建设的生态环境保护和移民安置工作，将促进库区生态环境建设作为项目开发的重要目标，制定切实可行的生态保护和移民安置措施，加强与移民的沟通，充分尊重少数民族的宗教、文化、习俗，采取多种措施，尽可能增加移民收入。

六、根据《中华人民共和国招标投标法》的有关规定，本项目勘察设计、工程建设和设备采购等全部采取公开招标的招标方式和委托招标的组织形式，具体见附件。

七、项目核准的相关文件是《中华人民共和国建设项目用地预审与选址意见书》（用字第632522202200025 号）、《关于同意青海同德抽水蓄能电站建设征地移民安置规划大纲的批复》（青政函〔2022〕67 号）、《关于同德抽水蓄能电站建设征地移民安置规划的审核意见》（青移安〔2022〕75 号）和《同德县人民政府关于报送〈青海同德抽水蓄能电站社会稳定风险评估报告审查意见〉的函》（同政函〔2022〕259 号）等。

八、请海南州发展改革委做好属地服务，督促项目单位加强建设管理，确保工程质量、施工安全。请项目单位根据本核准文件，依法办理土地、环评等相关前期手续，手续不全，不得开工建设。项目单位应在电站建设过程中进一步优化工程设计，控制工程风险，优化施工工期，节省工程投资，加强运维管理，打造标杆工程。同时，按月度及时报送工程建设投资和施工进展等情况。

九、如需对本项目核准文件所规定的有关内容进行调整，请按照《青海省企业投资项目核准和备案管理办法》（青政〔2017〕83 号）有关规定，及时以书面形式向我委提出调整申请，我委将根据项目具体情况，出具书面确认意见或重新办理核准手续。

十、本核准文件自印发之日起有效期限 2 年。在核准文件有效期内未开工建设项目的，项目单位应在核准文件有效期届满 30 个工作日之前向我委申请延期，开工建设只能延期一次，期限最长不得超过 1 年。国家对项目延期开工建设另有规定的，依照其规定。项目在核准文件有效期内未开工建设也未申请延期的，或虽提出延期申请但未获批准的，本核准文件自动失效。

附件：核准部门招标核准意见（略）

（中国电建集团西北勘测设计研究院有限公司）

湖北省发展和改革委员会关于湖北通山（大幕山）抽水蓄能电站项目核准的批复

湖北省发展改革委 2022 年 12 月 30 日以鄂发改审批服务〔2022〕455 号文发布《关于湖北通山（大幕山）抽水蓄能电站项目核准的批复》，该“批复”全文如下。

国网新源控股有限公司湖北通山抽水蓄能分公司：

报来《关于湖北通山（大幕山）抽水蓄能电站项目申请核准的请示》及有关资料收悉。结合委托机构评估意见，经研究，现就该项目核准事项批复如下：

一、为满足我省电力系统调峰需求，提高电网运行安全可靠性，加快构建以新能源为主体的新型电力系统，促进地方经济社会发展，依据《行政许可法》《企业投资项目核准和备案管理条例》，同意建设湖北通山（大幕山）抽水蓄能电站（项目代码：2212-420000-04-01-512930）。

项目单位为国网新源控股有限公司湖北通山抽水蓄能分公司。

二、项目建设地点为湖北省咸宁市通山县黄沙铺镇。

三、项目总装机容量 140 万 kW，安装 4 台单机容量 35 万 kW 的可逆式水泵水轮机组。枢纽工程主要由上水库、下水库和输水发电系统等组成。上水库主坝为混凝土面板堆石坝，最大坝高 76m，副坝为混凝土防渗墙堆渣坝，最大坝高 22.5m，正常蓄水位 726.5m，调节库容 776.3 万 m^3；下水库大坝为碾压混凝土重力坝，最大坝高 78m，正常蓄水位 227m，调节库容 786.9 万 m^3。

四、项目总投资 93.518 亿元，其中资本金为 18.704 亿元，占项目总投资的 20%，由业主自筹，其余资金通过贷款融资。

五、项目的建设及运行要符合国家环保标准，在技术方案和材料选择等方面要充分考虑节能的因素，采取有效措施节能降耗，满足国家节能要求。

六、项目设备采购及建设施工均按《招投标法》规定，采用规范的公开招投标方式进行（详见附件）。

七、按照相关法律、行政法规的规定，核准项目应附前置条件的相关文件分别是：《建设项目用地预审与选址意见书》（用字第420000202200067号）、《自然资源部办公厅关于湖北通山（大幕山）抽水蓄能电站建设用地预审意见的函》（自然资办函〔2022〕1848号）、《省水利厅关于湖北通山（大幕山）抽水蓄能电站建设征地移民安置规划报告的审核意见》（鄂水许可〔2022〕177号）。

八、如需对本项目核准文件所规定的建设地点、建设规模、主要建设内容等进行调整，请按照《企业投资项目核准和备案管理办法》的有关规定，及时提出变更申请，我委将根据项目具体情况，作出是否同意变更的书面决定。

九、请国网新源控股有限公司湖北通山抽水蓄能分公司在项目开工建设前，依据相关法律、行政法规规定办理规划许可、土地使用、资源利用、安全生产、环评等相关报建手续。在建设过程中严格落实节能、环境保护等各项措施。按照安全生产“三同时”要求，在项目设计、建设和运营中落实各项举措，确保安全。

十、请咸宁市发改委会同有关部门加强项目的事前事中事后监管，切实保证项目建设和运行安全；督促项目单位严格按照有关设计和建设规范及标准，高质量开展项目建设，切实保证项目建设和运营符合国家规范要求。

十一、项目予以核准决定或者同意变更决定之日起2年未开工建设，需要延期开工建设的，请国网新源控股有限公司湖北通山抽水蓄能分公司在2年期限届满的30个工作日前，向我委申请延期开工建设。开工建设只能延期一次，期限最长不得超过1年。国家对项目延期开工建设另有规定的依照其规定。

附件：项目招标核准意见表（略）

（湖北白莲河抽水蓄能有限公司）

湖北省发展改革委关于湖北紫云山抽水蓄能电站项目核准的批复

湖北省发展改革委2022年9月27日以鄂发改审批服务〔2022〕337号文印发“关于湖北紫云山抽水蓄能电站项目核准的批复”，该“批复”全文如下。

湖北黄梅抽水蓄能有限公司：

报来《关于湖北紫云山抽水蓄能电站项目申请核准的请示》及有关资料收悉。结合委托机构评估意见，经研究，现就该项目核准事项批复如下：

一、为满足我省电力系统调峰需求，提高电网运行安全可靠性，加快构建以新能源为主体的新型电力系统，促进地方经济社会发展，依据《行政许可法》《企业投资项目核准和备案管理条例》，同意建设湖北紫云山抽水蓄能电站项目（项目代码：2204-420000-04-01-976606）。

项目单位为湖北黄梅抽水蓄能有限公司。

二、项目建设地点为黄冈市黄梅县五祖镇、苦竹乡。

三、项目总装机容量140万kW，装设4台单机容量35万kW的可逆式水泵水轮机组。枢纽工程主要由上、下水库和输水发电系统等组成。上水库大坝为混凝土面板堆石坝，最大坝高68.00m，正常蓄水位628.00m，调节库容806万m^3；下水库大坝为混凝土面板堆石坝，最大坝高76.00m，正常蓄水位150.50m，调节库容803万m^3。

四、项目总投资85.802亿元，其中资本金为17.1604亿元，占项目总投资的20%，由湖北黄梅抽水蓄能有限公司自筹，其余资金通过贷款融资。

五、项目的建设及运行要符合国家环保标准，在技术方案和材料选择等方面要充分考虑节能的因素，采取有效措施节能降耗，满足国家节能要求。

六、项目设备采购及建设施工均按《招投标法》规定，采用规范的公开招投标方式进行（详见附件）。

七、按照相关法律、行政法规的规定，核准项目应附前置条件的相关文件分别是：《建设项目用地预审与选址意见书》（用字第420000202200019号）和《省自然资源厅关于湖北紫云山抽水蓄能电站项目建设用地预审与选址意见的函》（鄂自然资预审函〔2022〕11号），《省水利厅关于湖北紫云山抽水蓄能电站建设征地移民安置规划报告的审核意见》（鄂水许可〔2022〕119号）。

八、如需对本项目核准文件所规定的建设地点、建设规模、主要建设内容等进行调整，请按照《企业投资项目核准和备案管理办法》的有关规定，及时提出变更申请，我委将根据项目具体情况，作出是否同意变更的书面决定。

九、请湖北黄梅抽水蓄能有限公司在项目开工建设前，依据相关法律、行政法规规定办理规划许可、土地使用、资源利用、安全生产、环评等相关报建手续。在建设过程中严格落实节能、环境保护等各项措施。按照安全生产“三同时”要求，在项目设计、建设和运营中落实各项举措，确保安全。

十、请黄冈市发改委会同有关部门加强项目的事前事中事后监管，切实保证项目建设和运行安全；督促项目单位严格按照有关设计和建设规范及标准，高质量开展项目建设，切实保证项目建设和运营符合国家规范要求。

十一、项目予以核准决定或者同意变更决定之日起 2 年未开工建设，需要延期开工建设的，请湖北黄梅抽水蓄能有限公司在 2 年期限届满的 30 个工作日前，向我委申请延期开工建设。开工建设只能延期一次，期限最长不得超过 1 年。国家对项目延期开工建设另有规定的，依照其规定。

附件：项目招标核准意见表（略）

（湖北白莲河抽水蓄能有限公司）

湖南省发展改革委关于桃源木旺溪抽水蓄能电站项目核准的批复

湖南省发展改革委 2022 年 11 月 7 日以湘发改能源〔2022〕685 号文印发“关于桃源木旺溪抽水蓄能电站项目核准的批复”。该“批复”全文如下。

湖南桃源抽水蓄能有限公司：

常德市发展改革委和你公司分别报来的《关于湖南桃源木旺溪抽水蓄能电站项目核准的请示》（常发改〔2022〕430 号）、《关于湖南桃源木旺溪抽水蓄能电站项目核准的请示》（五凌桃源〔2022〕6 号）及有关材料收悉。经研究，现就该项目核准事项批复如下。

一、核准依据

按照《行政许可法》《企业投资项目核准和备案管理条例》《湖南省企业投资项目核准和备案管理办法》等文件，对该项目进行核准。

二、核准条件

该项目已纳入国家能源局发布的《抽水蓄能中长期发展规划（2021～2035 年）》，已取得建设项目用地预审与选址意见书（用字第 430000202200082 号）、《湖南省水利厅关于〈湖南桃源木旺溪抽水蓄能电站建设征地移民安置规划报告〉的审核意见》（湘水函〔2022〕306 号）、中共桃源县委政法委员会《关于对〈湖南桃源木旺溪抽水蓄能电站项目建设社会稳定风险评估报告〉的备案意见》，符合核准条件。

三、核准内容

（1）为提升电网调峰、填谷、储能、调频、调相和紧急事故备用等能力，促进新能源大规模高比例发展，助力实现“双碳”目标，同意建设湖南桃源木旺溪抽水蓄能电站项目（项目代码为：2112-430000-04-01-767053），项目单位为：湖南桃源抽水蓄能有限公司。

（2）项目建设地点为常德市桃源县茶庵铺镇和西安镇境内。

（3）项目主要建设内容：电站新建 4 台单机额定容量 30 万 kW 可逆式水轮发电机组，总装机容量 120 万 kW。枢纽主要由上水库、下水库、交通工程、输水系统、地下厂房及开关站等建筑物组成。

（4）以省人民政府禁建通告发布时间 2022 年为规划设计基准年，根据工程进度计划确定枢纽工程区以 2025 年为规划设计水平年。至规划设计水平年，生产安置人口为 109 人，搬迁安置人口为 271 人。

（5）项目计划总投资为 82.7 亿元，资金来源为企业自筹和银行贷款。

（6）本项目勘察、设计、施工、监理、重要设备及材料购置、安装等，达到招标限额以上的依法实行委托公开招标，请根据有关法律法规规定委托招标代理机构办理招标事宜。

（7）如需对该项目核准文件所规定的有关内容进行调整，请及时以书面形式向我委报告，我委将根据项目具体情况，出具书面确认意见或者重新办理核准手续。

（8）请你公司根据本核准文件办理城乡规划、土地使用、资源利用、安全生产等相关手续，依法合规加快推进项目建设。

（9）项目予以核准决定之日起 2 年未开工建设，需要延期开工建设的，请在 2 年期限届满的 30 个工作日前，向我委申请延期开工建设。开工建设只能延期一次，期限最长不得超过 1 年。

（五凌电力有限公司　杨剑宇）

灵寿抽水蓄能电站工程完成项目核准

2022 年 10 月 27 日，河北省发展改革委以冀发改能源核字〔2022〕67 号文印发《关于河北灵寿抽水蓄能电站项目核准的批复》，同意建设河北灵寿抽水蓄能电站，标志着灵寿项目进入了一个新的阶段，具备了前期开工条件。

灵寿抽水蓄能电站位于河北省石家庄市灵寿县境内，电站距石家庄市直线距离约 70km，距北京市直线距离约 250km。电站总装机容量为 140 万 kW，安装 4 台单机容量为 35 万 kW 的单级混流可逆式水泵水轮机—发电电动机机组，额定水头 605m，设计年发电量 28.11 亿 kW · h，年抽水用电量 37.47 亿

kW·h，电站综合效率系数 0.75，电站建成后以两回 500kV 出线接入平山县大吾乡桂山 500kV 变电站。工程枢纽建筑物主要由上水库、下水库、输水系统、地下厂房系统及其附属建筑物、补水系统等组成。上水库大坝为沥青混凝土面板堆石坝，最大坝高 118m，上水库正常蓄水位 1000m，死水位 960m，工作深度 40m，调节库容 602 万 m^3；下水库大为钢筋混凝土面板堆石坝，最大坝高 67m，下水库正常蓄水位 373m，死水位 352m，水库工作深度为 21m，调节库容 753 万 m^3；输水系统全长约 3541m，由引水系统和尾水系统两部分组成，均采用一洞两机的布置形式；地下厂房位于输水系统中部，地下厂房系统由地下厂房、主变压器洞、母线洞、出线系统、交通洞、通风洞、地面 GIS 开关站及出线场等组成。

2021 年 7 月 8～9 日，《河北省灵寿抽水蓄能电站预可行性研究报告》通过审查；2022 年 10 月 22～23 日，《建设征地和移民安置规划报告》通过审查；2022 年 10 月 24 日，《项目申请报告》通过河北省工程咨询研究院评估。

（中国电建集团北京勘测设计研究院有限公司
陆冬生）

邢台抽水蓄能电站完成项目核准

2022 年 10 月 27 日，河北省发展改革委以冀发改能源核字〔2022〕66 号文印发《河北省发展和改革委员会关于河北邢台抽水蓄能电站项目核准的批复》，同意建设邢台抽水蓄能电站；该工程 12 月 27 日举行开工仪式，前期工作取得重大进展。

邢台抽水蓄能电站位于河北省邢台市境信都区境内，电站装机容量 120 万 kW，连续满发小时数 6h。建成后供电范围为河北南部电网，加强河北南部电网的调峰能力，同时可有效提高风电、光伏等新能源的消纳能力和区外来电的接纳能力。厂房布置 4 台单机容量为 30 万 kW 的单级可逆混流式水泵水轮机，电站额定水头 303m。电站投入运行后可与其他调峰电源共同承担电网调峰、调频、调相与紧急事故备用等任务。在同等程度满足电力系统电力、电量及调峰运行要求的情况下，与替代方案相比，每年可以节约燃料 13.38 万 t，节约燃料费 13380 万元，经济效益显著，促进节能减排和环境保护，提高电力系统运行经济性。

2022 年 7 月，河北省发展改革委等四部门联合下发《关于进一步加快抽水蓄能项目前期工作办理速度有关事项的通知》（冀发改能源〔2022〕960 号），允许按照预可行性研究阶段成果开展移民征地及后续核准工作。当地政府及业主根据通知精神，将邢台项目核准日期由 2023 年 3 月调整到 2022 年 10 月，核准日期大幅提前，项目部在短短 3 个月内完成了实物指标调查、移民大纲、移民规划报告、社稳分析报告、土地预审、项目申请报告等工作，提前 5 个月完成核准目标。

在“十四五”的开局之年，项目取得核准批复的重大进展，将助力国家“碳达峰、碳中和”目标的实现，中国电建集团北京勘测设计研究院将一如既往地践行“创新、担当、务实、共赢”的核心价值观，发扬艰苦奋斗的工作作风，做好项目的各项服务保障工作。

（中国电建集团北京勘测设计研究院有限公司
王春生）

隆化抽水蓄能电站完成项目核准

2022 年 11 月 28 日，河北省发展改革委以冀发改能源核字〔2022〕72 号文印发《河北省发展和改革委员会关于河北隆化抽水蓄能电站核准的批复》，同意建设隆化抽水蓄能电站，标志着该项目进入了一个新的阶段。

隆化抽水蓄能电站位于河北省承德市隆化县韩麻营镇，距隆化县直线距离 11km，距承德市直线距离 31km，距首都北京直线距离 189km。电站装机容量为 280 万 kW，枢纽工程主要由上水库、下水库、输水系统、地下厂房系统和地面开关站等建筑物组成。其中，电站下水库利用大昌及新村矿业公司联合开采后矿坑，不涉及新增筑坝，实现“矿蓄结合”的新型环保发展理念。电站地理位置优越，建成后在系统中主要承担调峰填谷、储能及调频、调相、事故备用等任务。隆化抽水蓄能电站紧邻京津和冀北电网负荷中心，对促进京津及冀北电网清洁能源高质量发展，优化京津及冀北调峰电源布局，改善新能源基地新能源发电运行条件，增加新能源消纳、提高火电利用率，促进当地经济发展等方面具有重要作用。

2022 年 7 月，河北省发展改革委等四部门联合下发《关于进一步加快抽水蓄能项目前期工作办理速度有关事项的通知》（冀发改能源〔2022〕960 号）；隆化抽水蓄能电站参与各方根据通知要求，依据项目预可研初步拟定的布置方案启动项目核准工作，在克服了新冠疫情影响的情况下，从 2022 年 5 月地勘进场到 2022 年 10 月完成项目预可研报告审查，11 月中旬完成项目移民安置规划报告审查，11 月底完成项目核准。

（中国电建集团北京勘测设计研究院有限公司
王春生）

阜平抽水蓄能电站完成项目核准

2022年12月15日，河北省发展改革委以冀发改能源核字〔2022〕80号文印发《河北省发展和改革委员会关于河北阜平抽水蓄能电站项目核准的批复》，同意建设阜平抽水蓄能电站，标志着阜平项目进入了一个新的阶段，具备了前期开工条件。

阜平抽水蓄能电站位于河北省保定市阜平县境内，与保定市、石家庄市直线距离分别为120、100km。电站安装4台单机容量为30万kW的立轴单级混流可逆式水泵水轮机，总装机容量为120万kW，枢纽工程主要由上水库、下水库、输水系统、地下厂房系统和地面开关站等建筑物组成。电站供电范围为河北南网，建成后主要承担河北电力系统调峰、填谷、调频、调相、紧急事故备用等任务。目前，河北南网电源以火电为主，火电机组中大部分是热电，热电机组在冬季供暖期受供热影响调峰能力低，导致电网调峰能力不足。同时，随着冀南地区积极开展风电、光伏等新能源开发，风电和光伏等新能源大规模并入河北南网和外送，节能减排的同时其反调峰特性也将进一步加剧受端电网调峰矛盾。阜平抽水蓄能电站的建设将对保障河北电网安全稳定经济运行，促进新能源消纳、更好实现双碳目标发挥积极作用。

阜平抽水蓄能电站自2022年5月开始预可行性研究阶段勘测设计工作，2022年8月完成了预可行性研究阶段的勘测设计任务，提出了《河北省阜平抽水蓄能电站预可行性研究报告》，并通过了水电水利规划设计总院及河北省能源局的审查。2022年12月，可研阶段“三大专题”通过审查，并获河北省发展改革委核准。值此阜平取得核准批复的重要节点之际，中国电建集团北京勘测设计研究院阜平项目部将一如既往发扬迎难而上、艰苦奋斗的工作作风，保障项目后续工作顺利推进。

（中国电建集团北京勘测设计研究院有限公司 王强）

乌海抽水蓄能电站完成项目核准

2022年1月30日，内蒙古乌海抽水蓄能电站获内蒙古自治区能源局核准，印发《内蒙古自治区能源局关于乌海抽水蓄能电站项目核准的批复》（内能新能字〔2022〕142号），标志着乌海项目进入了一个新的阶段，具备了前期开工条件。

乌海抽水蓄能电站位于内蒙古自治区乌海市海勃湾区，距乌海市区直线距离8km，距呼和浩特、包头市直线距离分别为441、283km。工程为一等大（1）型工程，装机容量为120万kW，额定发电水头411m。枢纽工程主要由上水库、下水库、输水系统、地下厂房系统和地面开关站等建筑物组成。电站供电范围为内蒙古电网，建成后主要承担内蒙古电力系统调峰、填谷、调频、调相、紧急事故备用等任务。电站的建设可有效促进地方经济、节能减排、生态保护、旅游业等方面发展。消纳新能源6.5亿kW·h，减少二氧化碳排放85.05万t，二氧化硫1.61万t。乌海抽水蓄能电站是贯彻国家新能源发展转型战略，落实自治区“两个率先”“两个超过”战略要求的重点建设项目。对提高内蒙古电网安全，优化电源结构，增强新能源消纳能力，改善煤电机组运行条件，降低碳排放等具有不可代替的作用。对自治区构建以新能源为主体的新型电力系统起到重要支持作用。

乌海项目可研阶段工作时间紧、任务重。从2021年1月中旬地勘进场到2022年1月19日提供可研报告送审稿、2022年5月9日取得可研审查意见，在一年的时间内详细开展了设计方案比选、计算分析、科研试验等工作，完成了30余项专题和科研报告，按时完成了项目各项节点任务。

在“十四五”的开局之年，项目取得核准批复的重大进展，中国电建集团北京勘测设计研究院将一如既往地践行“创新、担当、务实、共赢”的核心价值观，发扬艰苦奋斗的工作作风，做好项目的各项服务保障工作。

（中国电建集团北京勘测设计研究院有限公司 王兆辉）

霍山抽水蓄能电站工程正式核准

2022年10月20日，安徽省发展改革委以皖发改能源〔2022〕581号文印发《安徽省发展改革委关于安徽霍山抽水蓄能电站项目核准的批复》，同意建设安徽霍山抽水蓄能电站项目。

霍山抽水蓄能电站位于安徽省六安市霍山县，站点与霍山县城、六安市、合肥市的直线距离分别约为15、57、112km，地理位置较优越，距离500kV油坊店变电站约56km，接入系统条件较好。电站总装机容量120万kW（4×30万kW），建成后主要供电安徽电网，承担安徽电网的调峰、填谷、调频、调相和紧急事故备用等任务。枢纽工程主要建筑物由上水库、下水库、输水系统、地下厂房和开关站等组成。

上水库位于霍山县佛子岭镇汪家冲村，水库区位于东淠河支流暗冲的中上游段，在大牛栏沟下游约220m处筑坝成库，坝址以上集水面积3.96km²，上水库正常蓄水位579.0m，死水位548.0m，有效库容930万m³。上水库大坝采用混凝土面板堆石坝，坝顶高程584.0m，坝顶宽度10.0m，趾板建基面最低高程490.0m，趾板处最大坝高94m，坝顶长度390.0m。

下水库位于磨子潭镇龙井冲村，东淠河一级支流宋家河中下游段，坝址以上集雨面积33.4km²。下库正常蓄水位210.0m，死水位186.0m，有效库容930万m³。下水库大坝采用混凝土面板堆石坝，坝顶高程215.80m，最大坝高83.8m，坝顶宽度10m，坝顶长290m。

输水系统布置于上下库之间山体内，总长约2926.2m，引水及尾水系统采用两洞四机布置。上库进/出水口布置于坝前右岸，采用侧向闸门竖井式布置。引水系统平面呈直线布置，立面采用一级竖井布置，全长约2407.7m，上平洞末端设置引水调压室，从竖井上弯段开始采用钢板衬砌，钢衬段长529.1m。尾水系统平面按直线布置，立面采用一级斜井的布置型式，全长约518.5m，下库进/出水口位于下水库左岸，采用侧向闸门竖井式布置。

地下厂房采用尾部布置方案，上覆岩体厚度为300～370m。主副厂房洞、主变压器洞、尾水闸门洞三大洞室平行布置，主副厂房洞开挖尺寸为183m×25m×56.5m(长×宽×高)，主变压器洞开挖尺寸为183.5m×20.0m×22.8m(长×宽×高)，尾闸洞开挖尺寸为141.5m×8.0m×23.3m(长×宽×高)。500kV出线采用斜井＋平洞出线方式，通向地面500kV开关站。500kV开关站布置在下库进出水口上游约370m处的山坡上，场地高程215.80m，场地尺寸为180m×40m(长×宽)。

该工程建设征地影响涉及霍山县磨子潭镇的龙井冲村、宋家河村，佛子岭镇的汪家冲村，共计1个县2个乡镇3个行政村。调查基准年（2022年）建设征地影响搬迁人口206户832人；影响各类房屋面积39453.28m²。征占用各类土地4249.07亩，其中水库淹没影响区1373.46亩，枢纽工程建设区2875.61亩。影响的专业项目包括二级公路2.90km，汽车便道7.60km，机耕道3.42km，桥梁6座；10kV电力线路3.68km，变压器5台；通信光缆44.83km；中国铁塔基站2座；小水电2座，供水工程2项，企事业单位1家。另外，本工程建设征地区内涉及2处文物点。

电站总投资79.39亿元，工程总工期68个月，首台机组投产发电工期58个月。

中国电建集团华东勘测设计研究院有限公司承担该抽水蓄能电站的勘测设计工作。2019年11月，电站预可行性研究报告通过审查。2021年12月，三大专题通过审查；2022年4月，安徽省人民政府发布“封库令”；2022年8月，建设征地移民安置规划报告通过审查；2022年8月，可行性研究报告通过审查；2022年10月，项目通过核准。

（中国电建集团华东勘测设计研究院有限公司 袁翔）

宁国抽水蓄能电站工程正式核准

2022年7月18日，安徽省发展改革委以皖发改能源〔2022〕436号文印发《安徽省发展改革委关于安徽宁国抽水蓄能电站项目核准的批复》，批复同意建设宁国抽水蓄能电站。

宁国抽水蓄能电站位于安徽省宁国市霞西镇境内，与宁国直线距离20km，距宣城约60km，距合肥市的直线距离约为210km。电站总装机容量120万kW，安装4台单机容量30万kW的混流可逆式水轮发电机组。

枢纽建筑物主要由上水库、下水库、输水系统、地下厂房洞室群、地面开关站等组成。

上水库大坝、下水库大坝及泄洪设施均为200年一遇洪水设计，2000年一遇洪水校核。下水库泄洪消能防冲建筑物按100年一遇洪水设计。输水系统、地下厂房、开关站等主要永久性建筑物的洪水标准均按200年一遇洪水设计，1000年一遇洪水校核。

上水库位于霞西镇石河村青龙山与羊毫山之间，天然库盆平面形态似“人”字形。正常蓄水位633.00m，死水位596.00m，总库容1162万m³，正常蓄水位库容1092万m³，调节库容823万m³，其中水损备用库容30万m³，死库容269万m³。上水库不设溢洪道。上水库大坝采用混凝土面板堆石坝，坝顶高程637.40m，坝顶宽8.0m，防浪墙顶高程638.40m，最大坝高93.40m（趾板处），坝顶长352.00m。

下水库位于虹龙河的圣龙寺河段，正常蓄水位208.00m，死水位185.00m，总库容1325万m³，正常蓄水位库容1211万m³，调节库容809万m³，其中水损备用库容16万m³，死库容402万m³。下水库大坝采用混凝土面板堆石坝，坝顶高程213.00m，坝顶宽度8m，防浪墙墙顶高程214.00m，最大坝高80.00（趾板处），坝顶长353.00m。

下水库溢洪道采用岸边正堰溢洪道，自由溢流，布置在右库岸，全长约为237.24m。导流泄放洞布置在下水库右岸，全长597.90m，隧洞中部设一道事故闸门，出口设两个锥阀。

输水系统布置在罗汉塘沟北侧山体内，引水及尾水系统均采用两洞四机布置，分两个水力单元，引水系统采用两级斜井布置，在两级斜井中部设置中平段，尾水系统采用两洞四机“一坡到顶”布置，上、下库进/出水口均采用侧向岸塔式。上、下库进/出水口之间输水管道总长度为2263.3m（沿1号机组输水系统长度，下同），其中引水系统长1185.1m，尾水系统长1078.2m。

地下厂房位于输水线路的中部，厂房轴线方向为N10°W，主副厂房轴线距上库进/出水口约973.8m，距下库进/出水口1097.4m，厂房上覆岩体厚度380～460m。引水隧洞经过岔管分岔后以单机单管方式进入主厂房，与厂房轴线交角为70°。地下厂房洞室群由主副厂房洞、主变压器洞、尾闸洞、母线洞和出线洞、进厂交通洞、通风兼安全洞、排水廊道等附属洞室组成。主副厂房洞、主变压器洞、尾闸洞三大主洞平行布置：主变压器洞位于主副厂房洞下游，两洞间距40m；尾闸洞位于主变洞下游，两洞间距30m。

地面开关站设在大石里沟和罗汉塘沟之间的山脊约315m高程处，距下库进/出水口约260m，场地尺寸为110.0m×60.0m，高程为315.00m。场内建筑物有GIS室、500kV出线场及继保楼。500kV高压电缆通过出线平洞+竖井引至地面开关站GIS室。

该电站建成后主要服务于华东电网，在满足安徽本省需要的同时，支援上海、江苏电网需要，与响水涧、绩溪等抽水蓄能电站共同承担华东电网调峰、填谷、储能、调频、调相及备用等任务。

（中国电建集团华东勘测设计研究院有限公司 赵瑞存）

建德抽水蓄能电站工程通过核准

2022年9月6日，浙江省发展改革委以浙发改项字〔2022〕335号文印发《关于浙江建德抽水蓄能电站项目核准的批复》，对浙江建德抽水蓄能电站项目进行核准批复，同意建设建德抽水蓄能电站。

建德抽水蓄能电站位于浙江省建德市建德林场，距建德、杭州、上海的直线距离分别为28、100、260km，地处华东电网和浙江省负荷中心附近，与在建的500kV建德变电站直线距离约10km，上网条件较便利。电站安装6台单机容量40万kW的可逆式水轮发电机组，总装机容量240万kW，为日调节纯抽水蓄能电站。电站建成后主要承担华东电网调峰、填谷、储能、调频、调相和紧急事故备用等任务，提高电力系统调峰能力，促进电网内风电光伏等新能源消纳，改善电网供电质量。该工程为一等大（1）型工程，枢纽建筑物主要由上水库、输水系统、地下厂房及地面出线场组成，下水库利用已建的富春江水库。

上水库位于富春江左岸、乌龙山最高峰北坡的山顶谷地，属火山洼地，库周山体雄厚，库岸由南、北两条山脊和西侧山体构成，库盆由两条大沟谷即北沟和南沟（冷水塘沟）组成。上水库坝址以上集水面积1.152km^2。上水库正常蓄水位738.00m，死水位690.00m，调节库容1042万m^3。大坝采用混凝土面板堆石坝，最大坝高（趾板处）117.0m，坝顶长度380.4m，坝顶宽度10m。

下水库利用富春江水库部分调节库容。富春江水库控制流域面积31645km^2，正常蓄水位23.00m（黄海56高程），死水位21.50m（黄海56高程），总库容87300万m^3，正常蓄水位库容44100万m^3，调节库容7700万m^3，为日调节水库，装机规模35.72万kW。挡水建筑物为河床式厂房和混凝土重力式溢流坝，坝顶高程32.20m，最大坝高47.7m，坝顶全长600m，其中厂房段长189.2m，溢流坝段长287.3m，共设置14孔溢流孔，每孔净宽17m，堰顶高程为11.60m。

输水系统总长度约3061m（沿1号机组），其中引水系统长约1456.8m，尾水系统长约1604.2m，输水系统水平投影距离约2694.1m，距高比为3.9，采用三洞六机布置，立面两级斜井。地下厂房采用中部开发方式，主副厂房洞室开挖尺寸为230m×25m×57.3m（长×宽×高）。

工程建设征地影响涉及建德市1个市（县）2个镇1个行政村，以及国有建德市建德林场。征用各类土地面积2421.62亩，其中永久占地1572.57亩，临时征用849.05亩。本项目不涉及搬迁和生产安置人口。

中国电建集团华东勘测设计研究院有限公司承担该电站可行性研究阶段勘测设计工作。2018年9月，建德抽水蓄能电站被国家能源局确定为浙江省2025水平年原则推荐站点。2004年4月，项目预可行性研究报告通过审查。2016年7月，项目开始可行性研究工作；2022年4月，正常蓄水位选择专题报告和施工总布置规划专题报告通过审查；2022年7月，浙江省人民政府发布停建通告。在取得项目核准所需的相关支撑性文件后，2022年9月6日，项目获得浙江省发展改革委核准批复。

（中国电建集团华东勘测设计研究院有限公司 王东锋）

江西省新一轮抽水蓄能中长期发展规划完成

江西省抽水蓄能电站资源普查和选点规划工作始于20世纪90年代，取得了丰富的资源调查成果。

截至2021年6月底，江西省已建抽水蓄能电站1座，为洪屏一期抽水蓄能电站；核准抽水蓄能电站1座，为奉新抽水蓄能电站；纳入上轮规划待开工的抽水蓄能电站为洪屏二期、赣县（后备站点）2座抽水蓄能电站。

为贯彻落实习近平总书记关于实现“碳达峰、碳中和”的目标任务，适应当前及未来新能源大规模高比例发展以及新时期构建新型电力系统的需要，促进抽水蓄能高质量可持续发展，江西省能源局委托中国电建集团华东勘测设计研究院有限公司开展江西省新一轮抽水蓄能中长期规划编制工作，规划水平年为2030年，展望2035年。

（一）合理规模

江西电网位于华中电网东南部，由南昌等11个地区电网组成，通过磁永线、咸梦Ⅰ和Ⅱ线三回500kV线路与华中主网相连。截至2020年底，江西省全口径电源装机容量4401万kW，其中：常规水电540万kW，占比12.3%；抽水蓄能120万kW，占比2.7%；火电2455万kW（统调煤电装机容量2026万kW），占比55.8%；风电510万kW，占比11.6%；太阳能发电776万kW，占比17.6%。未来江西省电源增量将以非化石能源为主，大力发展风电、光伏等可再生能源，同时积极吸收区外特高压直流电力。

2020年，江西省全社会用电量达到1627亿kW·h，同比增长5.9%。全社会最高负荷达2949万kW，同比增长13.9%。同时，全省电网负荷峰谷差呈逐年增大趋势。

随着江西省经济增长潜力充分发挥，用电需求持续增长。经预测，江西省2030年最高负荷5600万kW，增长率5.4%；用电量3030亿kW·h，增长率5.1%。2035年最高负荷6500万kW，增长率3.0%；用电量3500亿kW·h，增长率2.9%。并且，随着产业结构的调整，第三产业、居民生活用电比例进一步上升，预计江西省电力系统负荷峰谷差将进一步拉大。预计2030年、2035年最大峰谷差分别在2505万、3031万kW左右。

经电力系统电源结构优化研究分析，2030年水平江西省抽水蓄能合理规模约为900万kW，考虑已建及核准240万kW抽水蓄能电站容量基础上，2030年前浙江省需新增规模660万kW左右。展望2035年水平，江西电网抽水蓄能合理规模约1050万kW，考虑已建及核准240万kW抽水蓄能电站容量基础上，2035年前浙江省需新增规模810万kW左右。

（二）站点资源

江西省抽水蓄能站点资源丰富，站点数量多、建设条件和技术经济指标较好。本轮规划以2013版选点规划中的资源站点为基础，开展了全省抽水蓄能电站资源站点的复核和重点区域复查工作，经本轮规划复核补充，江西省具有开发价值的抽水蓄能资源站点共计28处，合计可开发装机容量2730万kW。

江西省本次复查的资源站点中，装机容量30万kW及以上的大型抽水蓄能站点25处，合计可开发装机容量2645万kW。其中，装机容量超过100万kW的站点18处，合计装机容量2320万kW，占可开发容量的85.0%；水头超过300m的站点18处，合计装机容量2240万kW，占可开发容量的82.1%。

（三）新一轮中长期规划结论

本轮中长期规划项目布局主要考虑以下原则：根据江西电网对抽水蓄能电站的需求，结合前期工作开展情况和《江西省抽水蓄能电站选点规划报告》（2013年版）成果，优先选择无环境制约因素及环境影响相对较小的站点进行布局；优先布局在负荷中心附近或缺少电源支撑地区，电网接入便利，避免电网大建大改。以满足江西省抽水蓄能电站建设合理需求为基本目标，从站点地理位置及上网条件、地形地质条件、水源条件及综合利用、枢纽布置和施工条件、建设征地及移民安置、环境影响、经济指标等进行综合比较，推荐布局项目。

经电力系统电源结构优化研究分析，2030年水平江西省抽水蓄能合理规模约为900万kW，考虑已建及核准240万kW抽水蓄能电站容量基础上，2030年前浙江省需新增规模660万kW左右。展望2035年水平，江西电网抽水蓄能合理规模约1050万kW，考虑已建及核准240万kW抽水蓄能电站容量基础上，2035年前浙江省需新增规模810万kW左右。

2021年9月，国家能源局印发实施《抽水蓄能中长期发展规划（2021～2035年）》（以下简称《规划》），根据各省（自治区、直辖市等）提供的抽水蓄能中长期发展规划报告，建立了全国抽水蓄能中长期发展项目库。江西省纳入《规划》“十四五”重点实施项目中的站点共8个，装机规模836万kW；纳入“十五五”重点实施项目中的站点1个，装机规模50万kW；纳入储备项目中的站点共4个，装机规模415万kW。

（中国电建集团华东勘测设计研究院有限公司
许心怡 刘强 陈晓芬）

西北地区及西藏主要流域可再生能源一体化规划研究

为落实《国务院关于完整准确全面贯彻新发展理念做好碳达峰碳中和工作的意见》《国务院关于印发2030年前碳达峰行动方案的通知》《中华人民共和国国民经济和社会发展第十四个五年规划和2035年远景目标纲要》以及《"十四五"可再生能源发展规划》等，推进可再生能源高质量跃升发展，加快可再生能源替代行动进程，促进"双碳"目标实现，国家能源局提出在水能资源技术可开发量200万kW以上的主要流域范围内，依托水电开发，充分利用水电灵活调节能力，兼顾流域抽水蓄能和具有调节能力的火电，统筹流域周边合理范围内风电和光伏发电等新能源开发，开展以水风光为主的可再生能源一体化规划研究。

2022年3月，国家能源局印发《关于开展全国主要流域可再生能源一体化规划研究工作有关事项的通知》，启动全国主要流域可再生能源一体化规划编制工作。中国电建集团西北勘测设计研究院有限公司院陆续收到西北五省及西藏自治区的委托函，随即开展西北地区及西藏主要流域可再生能源一体化规划研究。

2022年7月底，编制完成西北地区及西藏主要流域可再生能源一体化规划报告初稿。2022年8月，根据国家能源局安排，由水电水利规划设计总院组织，在北京召开全国主要流域可再生能源一体化规划成果汇报会，并进行集中办公，由水电水利规划设计总院对主要流域可再生能源一体化规划研究报告进行技术把关，完成西北地区及西藏主要流域可再生能源一体化规划报告终稿。

西北地区及西藏主要流域可再生能源一体化规划研究涉及西北及西藏六省区，规划提出21个一体化基地、40个一体化项目。基地总装机规模7.32亿kW，其中，水电0.36亿kW、抽水蓄能1.32亿kW、风电1.22亿kW、光伏4.42亿kW。项目全部建成后年发电量约12070亿kW·h，可有效节约标准煤约3.8亿t，减少二氧化碳排放量约11.5亿t，对"双碳"目标的实现具有重要意义；项目总投资额约36000亿元，可增加108000亿～144000亿元的最终需求，对地方区域经济的推动作用巨大，有助于提升当地居民生产生活水平，促进社会和谐发展，对我国经济社会发展具有重要意义。

（中国电建集团西北勘测设计研究院有限公司
毕小剑 刘涛）

华北东北九省市抽水蓄能滚动规划情况

中国电建集团北京勘测设计研究院有限公司及区域内其他设计单位在各省市能源局的支持下，在继2021年完成东北华北地区抽水蓄能电站中长期规划后，根据各地抽水蓄能电站发展需求，于2021年底启动了东北华北地区九省市抽水蓄能滚动规划工作，并取得了阶段性成果，下面就各省市相关成果做简要介绍。

1. 内蒙古自治区抽水蓄能滚动规划情况　内蒙古自治区已建抽水蓄能电站1座，为呼和浩特抽水蓄能电站120万kW；在建2座，分别为芝瑞（120万kW）和乌海（120万kW）抽水蓄能电站（乌海为抽水蓄能中长期规划"十四五"重点实施项目）；已、在建共计总装机容量360万kW。

根据国家能源局2021年8月发布《抽水蓄能中长期发展规划（2021～2035年）》，内蒙古自治区抽水蓄能中长期规划"十四五"重点实施项目2个，总装机容量240万kW；"十五五"重点实施项目1个，装机容量120万kW；"十六五"重点实施项目1个，装机容量100万kW。中长期规划储备项目7个，总装机容量710万kW。内蒙古自治区抽水蓄能滚动规划结合抽水蓄能需求论证，进一步推荐美岱、太阳沟、广兴源站点为"十四五"重点实施项目，另外呼和浩特二期已于2022年7月取得水电水利规划设计总院同意纳入"十四五"重点核准项目。内蒙古自治区滚规阶段上报站点共16个，目前国家能源局暂未批复。

2. 河北省抽水蓄能滚动规划情况　河北省已建抽水蓄能电站3座，分别为张河湾（100万kW）、潘家口（27万kW）和岗南（1.1万kW）抽水蓄能电站；在建抽水蓄能电4座，分别为丰宁（360万kW）、易县（120万kW）、抚宁（120万kW）和尚义（140万kW）抽水蓄能电站；已、在建共计869.1万kW。

根据《抽水蓄能中长期发展规划（2021～2035年）》，河北省"十四五"重点实施项目7个，总装机容量780万kW；"十五五"重点实施项目1个，总装机容量140万kW；中长期规划储备项目8个，总装机容量960万kW。河北省抽水蓄能滚动规划第一批上报站点10个，经水电水利规划设计总院评审后，上报国家能源局7个站点。

3. 山东省抽水蓄能滚动规划情况　截至2022年底，山东省已建成抽水蓄能电站2座，总装机容量

220万kW；在建抽水蓄能电站3座，总装机容量480万kW。

根据《抽水蓄能中长期发展规划（2021～2035年）》，山东省纳入“十四五”重点实施项目5个，总装机容量520万kW；纳入储备项目8个，总装机容量940万kW。山东省抽水蓄能滚动规划已上报山东省能源局。

4. 山西省抽水蓄能滚动规划情况 山西省已建抽水蓄能电站1座，为西龙池（120万kW）抽水蓄能电站；在建抽水蓄能2座，为浑源（150万kW）抽水蓄能电站，垣曲（120万kW）抽水蓄能电站；已、在建总装机容量共计390万kW。

山西省“十四五”重点实施项目10个，规划总装机容量1150万kW；中长期规划储备项目8个，总装机容量1000万kW。山西省能源局已上报国家能源局站点5个，总装机容量424万kW。

5. 黑龙江省抽水蓄能滚动规划情况 黑龙江省已建抽水蓄能电站1座，为荒沟（120万kW）抽水蓄能电站；在建抽水蓄能电站1座，为尚志（120万kW）抽水蓄能电站（北京院设计）；已、在建装机容量共计240万kW。

黑龙江省抽水蓄能中长期规划“十四五”重点实施项目7个，总装机容量970万kW，中长期规划储备项目20个，总装机容量2760万kW；目前有7个项目已调出生态保护红线，且已作为二批滚动规划站点上报国家能源局。黑龙江省抽水蓄能滚动规划已上报国家能源局，目前国家能源局未批复。

6. 辽宁省抽水蓄能滚动规划情况 辽宁省已建抽水蓄能电站1座，为蒲石河（120万kW）抽水蓄能电站；在建抽水蓄能2座，总装机容量280万kW，分别为清原（180万kW）和庄河（100万kW）抽水蓄能电站；已、在建装机容量共计400万kW。

根据《抽水蓄能中长期发展规划（2021～2035年）》，辽宁省“十四五”期间重点实施项目9个，总装机容量1080万kW；中长期规划储备项目6个，总装机容量780万kW。辽宁省抽水蓄能电站滚动规划报告暂未上报国家能源局。

7. 吉林省抽水蓄能滚动规划情况 吉林省已建抽水蓄能电站2座，为白山（30万kW）和敦化（140万kW）抽水蓄能电站；在建抽水蓄能电站1座，为蛟河（120万kW）抽水蓄能电站；已、在建装机容量共计290万kW。

吉林省抽水蓄能中长期规划“十四五”重点实施项目7个，总装机容量920万kW；中长期规划储备项目15个，总装机容量2310万kW。2022年8月，吉林省抽水蓄能滚动规划已上报，目前国家能源局暂未批复。

8. 京津地区抽水蓄能电站滚动规划情况 北京和天津地区已建抽水蓄能电站1座，为十三陵抽水蓄能电站，装机容量80万kW。根据《抽水蓄能中长期发展规划（2021～2035年）》，北京市未上报抽水蓄能中长期规划站点，天津市中长期规划储备站点2座，为龙潭沟（120万kW）和杨庄（120万kW）抽水蓄能电站。2022年1月，启动北京市抽水蓄能滚动规划工作，对具备建设条件的6区开展了资源普查工作，已形成初步成果，待上报。天津市抽水蓄能滚动规划申请将龙潭沟（120万kW）和杨庄（120万kW）两站点由储备项目调整为重点实施项目，已上报国家能源局，暂未批复。

（中国电建集团北京勘测设计研究院有限公司
王婷婷 杨霄霄 张娜 赵杰君 李慧军
能锋田 王元超 戴莉 黄凌旭）

陕西省抽水蓄能电站选点规划调整

陕西电网属于比较典型的以燃煤火电为主的电网，随着“双碳”目标及构建新型电力系统的提出，经济社会快速发展，电力负荷快速增长，新能源大规模并网，电网安全稳定运行与调峰压力将更加突出，对灵活调节电源和储能容量配置提出了更高要求。抽水蓄能电站机组启停灵活，反应速度快，是满足陕西电网电力需求、缓解调峰矛盾、协同与促进新能源发展、保障电力系统安全稳定运行的有效手段。原规划推荐的镇安抽水蓄能电站规模已不能满足陕西电网发展需求，由于抽水蓄能电站建设周期相对较长，为适应未来陕西省抽水蓄能电站开发建设和投产需要，尽快开展陕西省抽水蓄能电站选点规划调整工作十分必要。

2020年7月，国家发展改革委下达了水电前期工作2020年中央预算内投资计划，同意立项开展陕西省抽水蓄能电站选点规划调整工作。按照水电前期工作管理的有关规定，水电水利规划设计总院（以下简称水电总院）于2020年8月通过招标选定中国电建集团西北勘测设计研究院有限公司（以下简称西北院）承担该项规划工作。

2020年10月，西北院编制完成《陕西省抽水蓄能电站选点规划调整工作大纲》，于10月27日通过水电总院组织的审查；2021年10月，征求陕西省能源局、自然资源、环保、林草及电网公司等相关部门意见，根据各方意见，编制完成《陕西省抽水蓄能电站选点规划调整报告（初稿）》；2021年11月，水电总院组织开展了中间成果检查和现场查勘，对选点规划调整工作中间成果提出新的意见和建议；2022年3

月，经进一步修改完善，编制完成《陕西省抽水蓄能电站选点规划调整报告（送审稿）》，同年3月24～25日，水电总院会同陕西省发展改革委、能源局，采用视频会议方式在北京和西安两地主持召开《陕西省抽水蓄能电站选点规划调整报告》审查会议，会议认为，报告的内容和工作深度达到了合同任务书及工作大纲的要求，基本同意该报告的主要结论。会后，西北院按照评审意见，于2022年4月编制完成《陕西省抽水蓄能电站选点规划调整报告（审定稿）》。

陕西省抽水蓄能电站选点规划调整系统全面开展了站点资源普查工作，基本摸清站点资源分布情况及建设条件，共初拟155个可能站点，筛选出76个普查站点，选择33个规划比选站点，推荐规划站点16个，总规模1745万kW。规划成果对于促进陕西省能源低碳转型、新能源高质量发展、新型电力系统构建具有重要意义，同时对陕西省未来一段时间内抽水蓄能电站开发实施具有较好的指导作用。

（中国电建集团西北勘测设计研究院有限公司
姬生才　李高青）

沙漠、戈壁、荒滩大型风电光伏基地配套抽水蓄能项目规划研究

2022年1月，国家发展改革委、国家能源局印发《以沙漠、戈壁、荒漠地区为重点的大型风电光伏基地规划布局方案》(发改基础〔2022〕195号)，以库布齐、乌兰布和、腾格里、巴丹吉林沙漠为重点，以其他沙漠和戈壁地区为补充，综合考虑采煤沉陷区，规划建设大型风电光伏基地，到2030年建设风电、光伏总装机规模约4.55亿kW。抽水蓄能电站是世界公认的可靠调峰电源，启动迅速、爬坡卸荷速度快、运行灵活可靠，既能削峰又可填谷，能很好地适应电力系统负荷变化，改善火电机组运行条件，提高电网经济效益，同时也可作为调频、调相、紧急事故备用电源，提高供电可靠性。抽水蓄能电站可将超出外送容量的新能源电量储存起来，发挥调峰、调频、调相、安保电源等作用，是特高压外送通道安全稳定运行的需要，也是提高特高压外送通道利用率的需要，是新能源大规模发展的重要技术支撑，也是新能源大规模外送消纳的需要。为增强沙漠、戈壁、荒漠地区大型风电光伏基地调峰储能能力，增加基地风光电配置规模，提高特高压外送通道送出电量占比，开展沙漠、戈壁、荒滩大型风电光伏基地配套抽水蓄能项目规划研究是十分必要的。

2022年5月，国家能源局下发通知要求水电水利规划设计总院（以下简称水电总院）配合开展沙漠、戈壁、荒滩大型风电、光伏基地配套抽水蓄能项目规划。同年5月，水电总院委托中国电建集团西北勘测设计研究院有限公司（以下简称西北院）在腾格里、巴丹吉林、库木塔格、柴达木、古尔班通古特、塔克拉玛干、哈密和吐鲁番等沙戈荒地区开展抽水蓄能站点资源普查及现场查勘工作，形成资源调查及规划研究报告。

2022年7月，西北院完成沙戈荒地区配套抽水蓄能规划初步成果；8月，水电总院在北京召开了集中办公会议，针对初步成果进行修改完善；10月，水电总院汇总形成《沙戈荒大型风光基地配套抽水蓄能项目规划研究报告》。

沙戈荒大型风光基地配套抽水蓄能项目在腾格里、巴丹吉林、库木塔格等地区涉及的甘肃、青海、新疆共形成抽水蓄能规模8250万kW、风光规模约4.3亿kW。沙戈荒周边地区抽水蓄能站址资源相对丰富，开发利用区域内抽水蓄能站点，可以更好地促进沙戈荒大型风电光伏基地建设，促进新能源开发消纳，促进区域协调发展，对“双碳”目标愿景、清洁能源发展具有重要意义。

（中国电建集团西北勘测设计研究院有限公司
李运龙）

茨哈峡水风光储清洁能源调控枢纽基地总体规划

为推进可再生能源高质量跃升发展，加快可再生能源替代行动进程，促进“双碳”目标实现，国家能源局于2022年3月印发《关于开展全国主要流域可再生能源一体化规划研究工作有关事项的通知》，启动全国主要流域可再生能源一体化规划编制工作，茨哈峡一体化基地是其中之一。茨哈峡水电站坝址位于青海省海南州兴海与同德县交界处的班多峡谷内，多年平均流量567m^3/s。茨哈峡水电站水库正常蓄水位2990m，相应库容44.74亿m^3，具有季调节性能。此外，茨哈峡水电站开挖料场规模大、位置好，建设抽水蓄能电站条件优越，具备一体化开发潜力，与茨哈峡水电站共同构成茨哈峡清洁能源调控枢纽工程。

以茨哈峡清洁能源调控枢纽工程为依托，充分利用水电调节能力和抽蓄储能特性，结合海南州和海西州新能源资源优势，通过多种能源互补开发，打造黄河上游茨哈峡水风光储清洁能源调控枢纽基地，可实现各类资源高效利用，保障电网安全稳定经济运行，促进青海省可再生能源高质量发展，加速构建新型电力系统，推动“碳达峰、碳中和”目标愿景实现，助力青海省打造国家清洁能源产业高地。

2018年5月，国家发展改革委下达了《水电前期工作2018年中央预算内投资计划》（发改投资〔2018〕762号），批准立项开展黄河上游（龙羊峡—青铜峡河段）水电规划调整。按照水电前期工作管理的有关规定，水电水利规划设计总院于2018年8月通过招标选定中国电建集团西北勘测设计研究院有限公司承担该项规划工作。

2022年5月，受国家电投集团青海黄河上游水电开发有限责任公司委托，中国电建集团西北勘测设计研究院有限公司开展了茨哈峡水风光储清洁能源调控枢纽基地总体规划研究工作。

2022年11月完成《茨哈峡水风光储清洁能源调控枢纽基地总体规划研究报告》，12月份中国水利水电建设工程咨询有限公司在西安主持召开了茨哈峡水风光储清洁能源调控枢纽基地总体规划研究报告咨询会议。会议认为，茨哈峡水电站列入了《国家能源局关于加快推进重大水电项目实施工作的通知》中的5个重大水电项目之一，项目资源条件较好，综合作用效益显著。研究表明，依托茨哈峡水电站建设水风光储清洁能源基地，既有利于满足青海省电力内需、促进清洁能源规模化外送，实现青海省海南海西电力互济等，也有利于提高茨哈峡水电站和清洁能源基地整体经济性和市场竞争力。根据评审意见，编制完成了《茨哈峡水风光储清洁能源调控枢纽基地总体规划研究报告（审定稿）》。

茨哈峡水风光储清洁能源调控枢纽基地总规模3420万kW，其中，茨哈峡水电站420万kW、茨哈峡抽水蓄能电站600万kW、风电200万kW、光伏2200万kW，上网电量489.6亿kW·h。茨哈峡水电站和抽水蓄能电站调节性能好、优化利用潜力大，可较好地满足电力系统调峰、保障促进电力系统安全稳定运行、促进新能源消纳及外送的要求，实现水风光一体化运行，对生态文明建设、清洁能源发展具有重要意义。

（中国电建集团西北勘测设计研究院有限公司 顾垚彬）

玛尔挡水光蓄储千万千瓦级多能互补示范基地规划

青海省可再生能源资源丰富，水电、光电、风电开发已取得了令人瞩目的成就。随着光电、风电的大规模开发利用，在新能源消纳、电网安全等方面，青海仍面临问题和挑战。

为贯彻新发展理念，实现“二氧化碳排放力争于2030年前达到峰值，努力争取2060年前实现碳中和”的目标，着力构建清洁低碳、安全高效的能源体系，国家能源集团积极全力推进玛尔挡水光蓄储千万千瓦级多能互补示范（海南戈壁）基地，以玛尔挡水电站工程为依托，充分利用玛尔挡水电站的调节能力，结合工程周边区域新能源资源优势，并配置一定规模的储能电源，通过多种能源互补开发，实现各类资源高效利用，保障电网安全稳定经济运行，促进青海省可再生能源高质量发展。

2021年1月，受国家能源集团青海电力有限公司委托，中国电建集团西北勘测设计研究院有限公司（以下简称西北院）开展了《玛尔挡水风光蓄千万千瓦级多能互补示范（戈壁荒漠）基地规划》编制工作。

为贯彻新发展理念，实现“双碳”目标，构建现代能源体系，围绕玛尔挡水电及周边抽水蓄能作为调蓄枢纽中心，打造玛尔挡水风光蓄千万千瓦级多能互补示范（戈壁荒漠）基地。

基地位于青海省海南州、果洛州和黄南州，规划装机规模3112万kW，年上网电量468亿kW·h，总投资1450亿元。包括：玛尔挡水电232万kW，扩机容量110万kW；利用玛尔挡水库建设同德、玛沁2座抽水蓄能电站420万kW；光伏2100万kW、风电250万kW。新能源规模2350万kW，总上网电量467.9亿kW·h。

2021年8月，水电水利规划设计总院在北京召开青海玛尔挡风光蓄储千万千瓦级多能互补基地规划报告成果交流讨论视频会。会议听取了西北院对规划报告主要内容的汇报，并进行了讨论，会议认为，该规划的编制符合青海省建设清洁能源示范省和打造国家清洁能源产业基地的形势要求，肯定了该阶段西北院开展的工作，并提出了对报告补充完善的意见和建议。

2022年9月5日，国家能源集团青海电力有限公司在西宁组织召开玛尔挡水光蓄储千万千瓦级多能互补基地规划评审会。会议听取了编制单位西北院关于《玛尔挡水光蓄储千万千瓦级多能互补基地规划》成果汇报，经会议讨论，认为报告资料翔实、内容丰富，满足规划编制要求，同意规划主要内容和结论。

该基地建设既是落实习近平总书记提出的2030碳达峰目标及2060碳中和愿景，实现清洁能源大范围优化配置，努力构建新型电力系统，促进青海清洁能源示范省建设，同时具有投资大、产业链长、带动力强、经济社会效益显著等优势，对保障国家能源安全、拉动经济增长、加快构建“双循环”新发展格局，具有重要作用。基地规划的能源项目总投资1450亿元，每年可以增加480～640亿元的最终需求，对地方区域经济推动作用巨大。基地输送清洁电量约468亿kW·h，建成投运后每年可节约标准煤约1404万t，减少二氧化碳排放量约4222万t，节能减排效益显著。

基地的开发建设符合全国主要流域可再生能源一体化规划。有利于打破传统单一的新能源开发模式，构建新型电力系统的典范，形成发展清洁能源可操作的工作机制、可复制的示范样本，最具创新的新能源发展新模式，在工作实际中为类似大型清洁能源基地的开发建设提供了方法和思路，同时也为建设新型电力系统提供了可参考的方法和模式。

（中国电建集团西北勘测设计研究院有限公司　韩锐）

新　能　源　开　发

张北30万kW风电2022年施工进展情况

基于百兆瓦压缩空气储能系统的综合能源应用示范项目30万kW风电项目位于河北省张家口市张北县北部，该工程建设67台单机容量为4.5MW的风力发电机组，总装机容量约为30万kW，同步建设一座220kV升压站，风电场发电通过35kV线路送至220kV升压站35kV侧汇集，升压后以1回220kV架空线路7.79km接至绿巨人汽车桥光伏电站送出线路N28塔，合塔后经双回路塔送至绿巨人柱石梁光伏站预留220kV风电间隔并入系统电网。

（一）工程建设主要节点

该工程于2021年7月开工建设，2022年6月67台风机全容量实现并网。2022年9月10日累计完成30台风机基础浇筑；9月21日，220kV升压站完成反送电，实现首批风机并网；10月20日累计完成45台风机基础浇筑；11月10日累计完成55台风机基础浇筑；11月11日累计完成30台风机吊装；12月11日35kV集电线路铁塔全部326基铁塔基础全部浇筑完成。

（二）项目质量管理情况

1. 项目内部质量体系完善和职责落实　结合该项目实际特点，建立以项目经理为核心的质量保证体系，实行项目经理领导下的质量管理负责制。通过分级管理、分层负责、预控预防、服务监督的指导思想开展，做到各部门、各班组、各岗位的工作职能和职责明确，主管要素清楚，专业接口衔接紧密，各部门质量管理协调一致，质量管理信息渠道畅通，保障项目内部质量体系的高效有序运行。

2. 质量管理程序和制度编制和执行　根据公司体系文件的要求和项目控制重点难点，针对性编制专项工作程序文件和实施方案；严格执行技术交底制度，切实做到不经交底不施工，在开始每一项工作之前对所有参加主要分项工程和工序的施工及管理人员进行详细的技术交底，明确施工程序、工艺流程、操作要点、质量要求及安全注意事项。

3. 质量教育与培训　针对各项活动组织各个部门的管理人员进行质量、安全、技术和新工法的技术培训，取他人之长，构成互补之势，优化了施工工艺，提高了技术人员的专业水平，强化了质量意识，从而提高了施工质量。注重发扬“传、帮、带”的互助精神，营造了“赶、帮、超”的竞争氛围，培养了良好的质量风气。2022年共计开展施工质量控制要点相关培训34次，并建立了多个交流平台如班前会、技术交底会及专项会议等，加强施工过程质量检查验收，加强交流，保障项目部质量信息渠道的畅通，有效地提高了施工及管理人员的质量控制意识和水平，从而保证了工程施工质量。

4. 施工阶段质量控制　针对施工过程的质量控制，项目部提出了每一个分项工程的质量目标计划，并使管理全体人员均熟悉了解，做到心中有数；严格执行“三检”制度，明确质量职责，避免类似问题发生。在施工推进过程中，项目部组织各专业技术负责人和班组长，广泛开展“全面检查、专项治理、逐一排除”的综合检查，并将此列为项目质量管理制度，常态化。结合检查状况，制定纠正和预防措施，并写出书面通报。服从建设单位、监理单位、设计单位、质检站的检查、指导和监督工作，虚心理解他们提出的推荐，用心与建设单位、监理单位搞好配合工作。将工程质量控制重点、难点和检查出来的项目工作薄弱环节列清单，作为周质量工作主题。集中精力，逐一对质量控制重点、难点和薄弱环节进行跟踪检查，循环开展质量主体周。2022年全年验收分项工程、检验批5570项，合格率100%。

（三）科技攻关情况

风力发电机组安装技术研究，提高了风机安装精准度，使得风机安装时更加安全可靠，极大缩短了风机安装工期。开展了风力发电机组安装技术研究；富水砂层地质中钻孔灌注桩施工技术研究；冬期风机基础混凝土浇筑技术研究；高寒地区35kV集电线路施工技术研究。通过多项创新研究，缩短了施工时间，节省人力、物力、财力，综合实力得到进一步提升。

（四）进度管理情况

1. 完善项目管理组织机构　实行项目总负责人领导下的分管领导分工负责制，组织定期质量检查和质量评定，组织安全隐患排查，避免发生重大安全事故，为施工的顺利进行打下良好的基础。组织新员工进场培训。

2. 合理制定进度计划　使施工生产上下协调，长、短期计划衔接，坚持日平衡，旬调度，确保月计划的实施，坚持施工进度全过程控制，达到预期目标。

3. 组织落实进度　根据实际情况，在监理例会召开的同时组织召开周生产例会，落实上周完成情况，并安排下周生产任务，对于未完成的计划进行逐一落实原因，并积极采取措施，将滞后的施工项目加快施工进度，保证进度的正常实施。对于重点部位的施工进度，项目部组织每天下午进行碰头会，落实当天生产任务、安排第二天生产任务，对于滞后的施工项目，及时采取措施纠偏。

4. 贯彻奖惩措施　在进度管理过程中，针对各个标段、各个管理人员，采取限期奖惩制度，确保激励制度和奖惩措施得到有效的结合，从而在此基础上促进工程项目进度管理精确性的持续进步。

（中国水利水电第四工程局有限公司　黄波　罗杰）

苏左旗风电项目工程2022年建设进展情况

（一）工程概况

京能查干淖尔电厂风光火储氢示范项目苏左旗50万kW风电项目位于内蒙古自治区锡林郭勒盟苏尼特左旗满都拉图镇境内，风电场中心距苏尼特左旗政府驻地满都拉图镇直线距离约76km，距锡林郭勒盟直线距离约132km，距呼和浩特市直线距离约380km。S222省道从场区西部通过，国道G209从场区西部通过，风电场对外交通便利。

该工程初拟场址区总体呈不规则多边形，近南东、北西向展布，场址南北宽9.0～11.7km，东西长约22.6km，面积约185.8km^2，地形有一定起伏，高差较大，场区海拔高程在1070～1205m之间，相对高差小于200m，总体属波状高平原地貌。一标段项目拟安装60台单机容量为0.5万kW风电机组（MySE5.0-166/98），总装机容量30万kW，每台风机配1台35kV箱式变压器，在该风电场东部新建一座220kV升压变电站。该工程由中国电建集团贵阳勘测设计研究院有限公司以总承包形式建设实施。

（二）项目进展情况

1. 工程进度　截至2022年12月31日，风机基础开挖60台；风机平台开挖60台；风机基础浇筑60台；风机基础回填60台；风机吊装30台，箱式变压器基础开挖12台；箱式变压器基础浇筑12台；箱式变压器基础预制40台；场内道路开挖回填68km；场内道路铺设面层15km。

2. 进展节点　总承包项目部3月8日进驻到场，接洽工作；3月15日举行开工仪式；4月1～8日取得建设用地规划许可证，完成电力质检注册备案；5月完成项目策划、施工组织总设计、深基坑开挖方案及论证和其他相关施工方案制度等，5月15日监理下达整体开工令，6月1日首台风机基础开挖，6月21日首台风机基础浇筑完成，9月16日首台风机吊装完成。

3. 创优策略　根据工程创优工作需要，着力提升质量工艺，先后编制完成工程创优实体样板图册（土建篇）、工程创优实体样板图册（安全篇）、工程创优实体样板图册（电气篇）、工程创优实体样板图册（集电线路篇），风机基础采用定制特种模板，取消了模板固定后二次支撑加固及钢索捆绑，对应编号，采取2连模拆装，操作性更强，施工更加简便实用，周转效率高；不易变形，保证混凝土质量及工艺，为创优奠定基础。

4. 工程效益　一标段项目（30万kW）建成后，工程平均上网电量86175万kW·h，等效满负荷年利用2872.5h；项目（50万kW）全部建成后，工程平均年上网电量1436235万kW·h，等效满负荷年利用小时数2872.5h，每年可节约标准煤约42.86万t，可减少二氧化碳排放量约107.17万t、二氧化硫排放量约0.36万t、烟尘排放量约1.95万t、氮氧化合物排放量约0.32万t。

（中国电建集团贵阳勘测设计研究院有限公司　方金鹏）

五宁风电场一期（80MW）工程2022年建设情况

钦北区五宁风电场位于广西钦州市钦北区北部，主要考虑利用贵台镇、大寺镇等乡镇的山脊及山包，场址海拔高程20～350m。场址中心距离钦北区公路里程约35km。场址属于山地丘陵地形，场址面积约51.02km^2，山顶海拔为250～450m。

该工程场址规划容量为40万kW，分三期开发，本期规模为8万kW。安装16台0.5万kW风力发电机组。新建1座220kV升压站，升压站规模为1×

80MVA+2×160MVA，本期安装1台80MVA的有载调压变压器。本期通过2回35kV电缆集电线路引至本风电场新建220kV升压站35kV母线汇流。以1回220kV出线接入220kV歌标变电站。

（一）项目计划安排

该电场一期（80MW）工程于2022年8月5日签订合同，合同金额为25666.943105万元，主要包括交通工程、升压站工程、220kV送出线路工程、35kV集电线路工程、风力发电机组等。2022年7月20日开工建设，计划2023年4月30日投产发电，总工期285日历天。工程建成后可充分利用清洁可再生的风能资源，改善能源结构，节约煤炭消耗，减少煤炭燃烧导致的污染排放量，有利于保护环境，有利于满足低碳经济社会发展的需要。可充分发挥资源优势，促进地区经济发展。

（二）工程建设情况

该风电场一期（80MW）工程项目部克服施工条件复杂、征租地艰难、工期紧张、全球新冠疫情蔓延等诸多不利因素，合理规划、科学部署，统筹兼顾，开足马力全速推动项目建设，超额完成年度生产经营目标。2022年，完成了首台F2风机基础混凝土浇筑、首台F2风机吊装；升压站中，1号主变压器、二次预制仓、SVG无功补偿、35kV配电装置室、蓄电池仓、GIS装置等主要设备全部安装完成，并完成调试；220kV送出线路中，89座铁塔完成安装，已敷设完成架空线路导线及2根24芯OPGW架空光缆，共30.443km；集电线路中，已完成集电线B线建设，共33座塔基，线路总长10.097km；完成了首批风机（F2、F3）并网。累计完成质量验收1153次，完成原材料及中间产品检测403次，合格率100%。未发生任何质量事故和重大质量缺陷，工程质量总体合格；完成风机基础混凝土浇筑8550m³，钢筋安装439.25t，风机塔筒、叶片、机舱大件安装8台共2648t，箱式变电站安装8台。实际完成投资14123.556052万元。

（中国水利水电第四工程局有限公司　肖虎）

腊巴山风电场2022年建设进展情况

（一）工程概况

腊巴山风电场开发规模为25.8万kW，项目位于德昌县铁炉镇、黑龙潭镇、麻栗镇和德州街道境内，腊巴山主山脊北段、中段及西侧沿雅砻江河谷延伸支脉。本期开发规模19.2万kW。南北长约22km，东西宽约15km，面积约250km²，风电场海拔范围在2200～3400m之间。测风塔风功率密度等级在1～2级之间，地形地质条件具备风电场建设。

腊巴山风电场本期采用36台0.5万kW和3台0.4万kW机型进行混合布置，风轮直径分别为172m和165m，轮毂高度均为110m，共布置39台风机。年上网电量51346.6万kW·h，年等效满负荷小时数2674.3h，采用“一机一变”形式。风机基础采用预应力锚笼环圆形梁板式基础。升压站汇集本风电场所发电能经过2台220/35kV变压器升压至220kV通过一回架空线路输送至对侧茨达220kV站。风电场升压站的设备配置，统筹考虑了二期风电场的接入。该工程总工期18个月，工程静态总投资125253.28万元，静态单位千瓦投资6523.61元/kW。工程动态总投资127615.51万元，动态单位千瓦投资6646.64元/kW。

（二）工程特点及难点

该场址工作区域范围大，战线长，海拔高差大。具有以下特点及难点：

（1）项目定位高。发包人要求的建设标准“高起点、高标准、高质量、创一流”，要求争创电力优质工程奖，创建安全文明施工样板工程。

（2）工作范围广。招标工作范围除承担风电场EPC常规工作范围内的勘察设计、开工手续、土建工程、设备供货安装、调试及试运行、项目专项验收内容外，还包括了前期变更手续的办理，如：接入系统批复、环水保专题、项目核准变更等手续办理。项目除风机土建及安装、升压站土建及安装、集电线路施工外，还包括场内道路改造建设管理、集控中心实施、德昌营地食堂和麻栗升压站综合库房改造施工，工作界面接口多，专业范围广。

（3）可利用场地有限。项目场址区周边天然乔木林、国家二级公益林密布，项目可利用场地十分有限。为有效保护林木资源，高效利用土地资源，施工布置必须紧凑合理。

（4）森林防火形势严峻。凉山州森林防火期较长，场址周边森林火灾风险高，工程建设需严格执行当地有关防火政策，防火应对措施必须有效到位。

（5）环水保要求高。发包人提出严格的环水保要求，投标人在建设过程中面临生态保护、水土保持等诸多挑战。施工过程应尽量减少对原有植被的扰动，降低对原有生态环境的破坏，发挥成都院绿色施工优势，契合“贡献绿色能源服务国家发展”企业使命。

（6）有效施工期短。合同工期18个月，包含两个雨季和一个森林防火季，将减少项目有效施工时间，对工程组织提出了极高的挑战。

（7）大件运输困难。作为典型山地风电场，受地形及环保要求，项目主要设备、材料及大件运输仅有一条场内通道，加之集电线路路径与该通道路径高度重合，施工时间重叠，空间交叉频繁，穿林空障多，大件运输困难。

(8) 工程环境复杂。①自然环境方面，工程地处高海拔地区，且场内海拔高度变化幅度大，气象条件多变。场址周边林地密布，森林火灾高发；雨季时间长，降雨量大。②社会环境方面，工程地处少数民族地区，设备、材料运输及施工与地方居民生产、生活交叉多，需妥善处理少数民族关系，维护地方百姓利益，实现工程建设与民族关系和谐融洽。③施工环境方面，涉及第三方施工管理，工作范围相互交叉，界面接口较多，对施工管理提出了更高要求。

(三) 项目总体进展情况

(1) 设计工作有关情况。因该项目核准容量为19.2万kW，EPC阶段招标容量为24万kW。自2022年4月1日至9月，设计全力配合24万kW规模下设计图纸及设计文件供应，并提供现场技术服务。2022年9月，该项目最终建设规模确定后，配合提供19.2万kW的设计文件供应。并且全力配合业主委托第三方单位的设计文件提供。

(2) 施工工作有关情况。临建工程已完工，办公、生活区投入使用，生产设施投入使用。①风机土建：风机平台开挖完成38基，基础开挖完成38基，基础垫层完成浇筑35基，锚栓笼安装完成32基，钢筋安装完成28基，混凝土浇筑完成24基，高强灌浆11基、基础回填完成13基。②风机吊装：完成24、26号两台风机吊装，27号风机塔筒及机舱吊装完成。③升压站：完成综合楼±0.00以下基础施工，一层满堂架搭设完成80%；完成辅助用房基础底板浇筑及负一层消防水池封顶；完成升压站边坡混凝土挡墙施工60%；事故油池验槽完成；1号主变压器钢筋绑扎完成。

(中国电建集团成都勘测设计研究院有限公司
蒋建红　周道明　陈景　刘伟
王睿　代春林　付应君)

台阶式风机基础在巴基斯坦风电场工程中的应用

风电机组基础投资占风电场总投资的4%左右，并且随着风电机组单机容量及塔筒高度不断提升，风机基础尺寸及造价不断增加。随着风电平价时代到来，如何在保证风机基础安全性同时，最大限度减少基础开挖量、混凝土与钢筋用量，节约造价已成为重点课题。此文介绍一种新型风机基础设计。

(一) 陆上风电风机基础类型

陆上风机基础形式主要包括扩展基础、桩基础、岩石锚杆基础、预应力墩式基础、梁板基础等。其中扩展基础、桩基础、岩石锚杆基础应用较多。对于地质较好，地基承载力较高的地区，一般会选用扩展基础。目前常见的扩展基础主要为圆形重力式扩展基础和筏板式基础两大类。①圆形重力式扩展基础。为目前技术比较成熟的方案，具有良好的抗弯与抗剪性能，结构的整体性好，施工也较为方便。缺点是基础工程量较大，工程造价高。同时，此类结构形式存在混凝土板厚较厚，水泥水化热大，较易出现温度裂缝等问题，这些问题的存在增加了工程投资以及施工难度。②筏板式基础。筏板式基础又称梁板式基础。该基础用填土自重替换部分混凝土自重，减少了混凝土工程量。同时，有利于控制温度裂缝产生。但是其施工难度和工期大大增加，例如图纸复杂造成审阅困难，钢筋下料、绑扎复杂，模板规格多且昂贵等，对于施工队伍要求相对较高。

(二) 台阶式风机基础结构设计

近几年，在海外风电项目的探索中，上述圆形重力式扩展基础以及八边形筏板式基础都有所尝试，积累了不少经验和教训。考虑到类似项目情况，为了实现节省材料、增加施工便利性，提出一种台阶式风机基础方案。该基础具有圆形底板，圆形底板的上表面中心设有基础中墩，基础中墩中心设有用于连接上部塔筒的基础环或锚栓笼，中墩外侧的圆形底板上表面设置多级台阶，上述圆形底板、基础中墩由混凝土一体浇筑而成。该方案在中墩附近，基础截面高度与圆形重力式扩展基础一致，能满足基础抗剪、抗冲切强度验算要求。在远离基础中心、荷载较小的外圈，通过设置台阶的方式，进一步降低了截面高度。既可以保证基础混凝土浇筑时不因斜面坡度过大而造成施工困难，又可以使结构材料得到充分的利用。通过例型2.1MW-114HH 93m陆上风机机组的圆形扩展、台阶式、八边形筏板等3种不同设计的基础工程量对比表明，台阶式基础在开挖回填量上与常规圆形重力式扩展基础基本保持一致，并都低于八边形筏板基础。在基础混凝土及钢筋的工程量方面，台阶式基础相比于常规圆形重力式扩展基础可节省15%左右。虽然其工程量依旧大于八边形筏板基础，但是考虑施工难度造成的单位造价差异，其综合经济效益更优。

(三) 台阶式风机基础结构的工程应用

1. 基础设计方案　巴基斯坦Jamshoro地区建设某5万kW风电场，采用0.2万kW机组，岩石地基。综合考虑该地区施工队伍的技术水平和现场实际，基础设计采用台阶式基础，其基础断面如图1所示。基础中墩由混凝土一体浇筑而成，基础总高度为3.8m，基础直径为18m，混凝土强度等级为C35。圆形底板边缘高度为400mm，圆形底板上表面设置台阶，台阶高度为400mm，第一台阶及第二台阶坡度不大于1∶4，便于施工。基础与塔筒之间采用锚栓笼连接。基础设计采用软件FDJC计算，并采用ANSYS软件进行实体有限元仿真对设计进行复核。

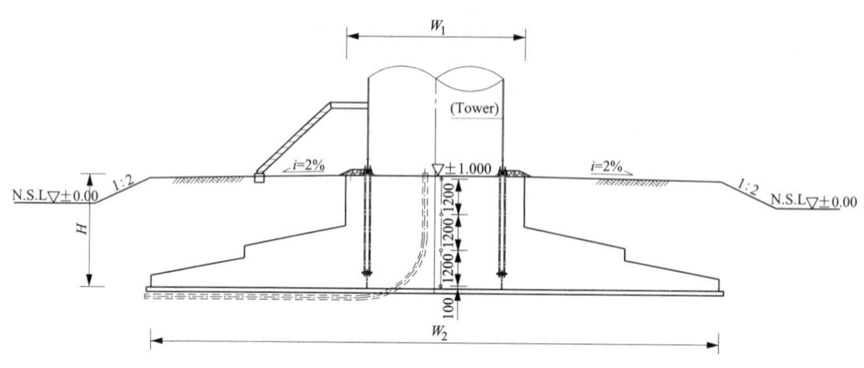

图1 台阶式风机基础断面图

2. 有限元仿真校核 有限元仿真采用参数化建模方法，实现计算标准化，并根据设计需要对基础各类设计参数进行动态调整，直至达到最优化设计。基础混凝土结构采用solid65单元划分，锚杆结构采用link180单元进行划分。根据圣维南原理，模型在塔筒底部法兰处进行截断，并利用平截面假定制作一刚性平面进行各类荷载的加载。由有限元计算可知，在略去锚栓锚固以及锚垫板接触处的应力集中区域后，混凝土基础结构主拉应力分布的区域主要集中在主圆台交界面，最大为1～4MPa，结构主压应力主要集中在主圆台交界面，最大为－7～－15MPa，其他部位压应力水平较低。同时，二级台阶处主拉应力控制在1.5MPa之内，主压应力约为4MPa，二级台阶所在部位的应力水平高于常规圆形重力式扩展基础，使材料性能得到最大程度地利用。其余诸如地基承载力计算、结构稳定性及配筋设计等，均按规范执行。

3. 工程应用 该台阶式风机基础已在上述巴基斯坦风电项目得到了实际运用，并通过了第三方国际咨询机构审查。相较于常规圆形重力式扩展基础，该型式有效地节省了基础工程量，并且施工快捷方便，基础模板制作简单，模板倒用周期快，施工效率与传统设计无异，取得了良好的经济效益，得到了各方的肯定。

（中国电建集团华东勘测设计研究院有限公司
吴孝清 金俊武 孙杏建）

海上风力发电机组自动化安全监测设备安装技术

（一）监测仪器与布置

①静力水准仪监测海上升压站不均匀沉降。在升压站一层甲板设1套静力水准系统（4个静力水准点），分别安装在升压站主立柱处。②振弦式钢板计监测海上升压站导管架与风机塔筒中钢板结构应力应变，安在钢结构表面。钢结构变形通过钢板上的夹具传给仪器端块并引起仪器内钢弦发生应力变化，从而改变钢弦振动频率。钢板应力计安装在海上升压站导管架各主立柱与主梁交叉焊接部位。单桩风机安装在基础内平台略上的桩体内壁，多桩风机设在两组撑杆与主筒体、桩套管钢管桩附近，风机内安装方向为主风向和垂直主风向。③动态倾角仪为大量程、高精度二分量倾斜度测试传感器，用于测试海上升压站及风机基础、塔筒等的二维动态倾斜度。升压站布置在主风向的一层主立柱和顶层主立柱处。风机塔筒布置在风机基础内平台略上的桩体内壁和风机顶部。④加速度计是监测海上升压站及风机运行振动情况的传感器，测量风机整体振动频率、振动加速度幅值及螺栓松动情况。海上升压站设在主风向一层主立柱和顶层主立柱，风机塔筒设在风机基础内平台略上的桩体内壁和风机顶部（塔筒顶法兰略下桩体内壁）。⑤位移计监测风机顶部位移情况，设在风机塔筒顶部偏航层（顶法兰略下桩体内）。⑥腐蚀电位测点监测海上钢结构阴极防护系统的腐蚀，设在升压站和风机所在区域的海床面和极端低水位、设计低水位之间。

（二）仪器安装

（1）静力水准仪在海上升压站上部结构整体吊装至海上，海缆全部敷设完成后安装，基座在出海前焊接。①熟悉图纸，准备安装设备、附件、工具、材料。②测量升压站4个主立柱仪器基座间距，先施工水准仪管路保护桥架。桥架间螺母连接。③通液管放在保护桥架内，仪器与管路用三通连接头，管路封闭连接，用堵头封闭液位沉降计末端，检查管路密封性。④液位计储液罐安装在焊接的基座上并调平。打开首尾两端沉降计气口形成高差，从首端输液口灌注防冻液，另一端排气。读出各液位沉降计读数，判断液位是否处于要求位置。⑤安装液位计传感器，检查管路密封情况，安装保护罩。⑥将静力水准仪线缆与预埋至桥架的线缆连接。在继保室监测柜按厂家要求调试采集数据模块软件，设定自动装置，记录首次安装后读数。

（2）钢板应力计安装前将夹具焊在导管架或桩身钢结构表面。导管架建造时应安装焊接应力计穿线镀锌保护管。管径按穿线截面确定，壁厚大于 3.8mm。①按图确定穿线管长度。保护管与导管架、钢管桩之间隔 2m 用钢垫板隔离。钢垫板按线缆保护管位置焊在钢管桩身，线缆保护管用卡箍或角钢固定在钢垫板上。②焊接钢板计保护罩，保护罩为方形或弧形，厚度大于 100mm。③焊接钢板计夹具时，用模具代替仪器安装在夹具中定位。④导管架分段组装具备条件时，安装监测仪器。安装前率定钢板应力计，测量仪器各参数。安装钢板计夹具螺栓时要对角线逐个上紧，并用振弦式测量仪跟随量测，可根据需要调整仪器测量范围。⑤安装完成且测量仪正常后，保护罩中打满玻璃胶水扣紧，保护罩扣上时要有玻璃胶从侧方挤出，将漏出玻璃胶手涂抹平。⑥线缆向上牵引至导管架检修平台，平台出口需妥善保护并标注，防止破坏线缆。⑦风机塔筒内应力计焊接和安装与导管架不同，需注意安装位置与方向。在运至海上打桩前基座防腐处理要符合要求。⑧钢板应力计线缆均需接入升压站二层继保室，桥架线缆须提前预埋并标记。线缆牵引至一层平台用金属波纹管保护，接入就近桥架内引入继保室。⑨人工量测时用 PSM-V 型振弦式检测仪测量。测量时分别与接入检测仪的连接线缆对应颜色的分线线缆夹相连。按说明书读取频率模数及温度值。接入“智能分布式安全监测数据采集系统”可实现自动定时监测，自动存储数据及处理数据，并能远距离监控和管理。自动测量时，无须人工干预。

（3）动态倾角仪、加速度计、位移计安装均在海上作业完成，3 种仪器需在风机钢管桩和塔筒制厂前焊接仪器安装基座。①确定仪器基座焊接高程、位置、方向。仪器基座焊接完成后须采取防腐措施。仪器安装须在上部结构吊运出海前完成。升压站线缆桥架完成后，根据现场情况，在升压站二次线缆敷设时安装仪器。安装完成后将线缆放在就近桥架内敷设至继保室监测柜。②二向倾角仪安装时一般 X 轴为主流向，Y 轴垂直于主流向。加速度计 X 轴为主流向，Y 轴为垂直于主流向，Z 轴为竖直方向。③风机监测设备在基础、塔筒及轮毂安装完成后安装，出海安装前需对仪器及采集软件进行校准率定。④加速度计、倾角仪、位移计在风机塔筒内安装时，将仪器用螺丝固定在已焊好基座上，方向在主风向位置，Y 轴向靠近钢管壁，X 轴向为风机中心。检查仪器是否水平，塔筒或桩身线缆用阻燃波纹管保护牵引至就近桥架。⑤风机顶部仪器安装完成后线缆牵引至采集平台，从电源与通信机柜敷设一根电源线、网线牵引采集箱内。监测设备采集单元箱采用不锈钢螺丝固定，螺柱均需在风机基础出海之前焊接。⑥各仪器线缆按要求分别接入对应采集单元箱。所有安装工作完成后，采集单元箱通电，插入网线。接入网络机柜以正常采集和传输数据。

（4）腐蚀电位测点布置在升压站和风机所在区域的海床面和极端低水位与设计低水位间，均在出海前进行。①腐蚀测点安装钢护筒应在升压站导管架或风机套笼制作期间焊接，穿线钢管焊接方法与应力计保护管相同。②保护钢筒需留透水孔，海水可进入其中与参比电极接触，参比电极固定时须与钢筒绝缘。安装前检查测点是否正常，再将固定、封闭的参比电极放进钢护筒。③安装完成后线缆穿入保护钢管内牵引至导管架检修平台或风机套笼格栅平台处，将线缆放置在平台采集箱内，人工测量，也可接入自动化监测系统。

（中国电建集团西北勘测设计研究院有限公司
崔伟强　刘裴　张卫诚）

雷达技术在山地风电场资源评估中的应用

风能资源测量是风电场前期建设中必不可少的环节，其评估结果直接影响着整个风电场发电量的评测精准度。选取重庆市某典型低风速复杂山地风电场，采用多种类型测风雷达与参考测风塔在同一地点同期观测的方法，对测风数据进行对比，研究不同类型雷达对风电场风能资源测量的适应性和准确性，为复杂山地项目风能资源评估提供借鉴。

（一）研究方法

①试验选择重庆市万州区某一山地，地点选择主要考虑两方面因素，一是复杂地形地貌的山地特点，二是具有南方典型阴雨、云雾、有冰冻现象的气候特点。此次试验采用 4 款雷达测风设备，分别为：雷达-1

瑞典 AQ510 声雷达；雷达-2 澳大利亚 Fulcrum3D 声雷达；雷达-3 国产西物激光雷达；雷达-4 国产 Molas B300 激光雷达。雷达设备与参考测风塔同期观测时间段为 2018 年 2 月 7 日至 3 月 15 日。②为避免高大树木对雷达观测设备的影响，雷达观测区选择位于测风塔接近正北方向水平距离约 510m 处，海拔高程比测风塔低约 40m。整个雷达观测区为山坡上的一个平坦地面，4 座测风雷达安装处于同一海拔。试验主要统计了测风塔 100、70、50m 高度数据，同时考虑了海拔修正，收集雷达对应 140（130）、110、90m 高度数据进行对比分析。

（二）测风数据有效完整率

经统计，在进行有效数据筛选后，各高度层有效数据完整率接近 100%。试验期间，由于现场出现多日阴雨、多雾天气，激光雷达受此因素影响较为严重，导致出现了部分缺测和不合理数据；声雷达对噪声较为敏感，试验期间现场存在声雷达相互干扰的情况，也造成一定数量的数据缺测。测风时段内声雷达的数据完整率较于激光雷达要高，分析主要原因为多日阴雨、多雾天气对激光雷达的影响程度要比噪声对声雷达影响程度更重。同时，各雷达设备有效数据完整率均随着高度的增加呈逐渐降低的变化趋势。分析主要原因，由于电磁波或声波在传输过程中存在能量耗散效应，随着观测高度的升高，从而导致出现不同程度的数据缺失情况。

（三）雷达设备测风准确性分析

为评估雷达测风的准确性，采用将其测风数据与同期参考测风塔数据进行相关性、平均风速、风向对比分析。

1. 相关性分析　相关性可以衡量两个测风设备所测数据的相关密切程度，相关性越高表明这两个设备所测数据的时间序列变化趋势越相对一致。由“各雷达与测风塔相关性系数 R 分析图”可以看出，测风塔各高度层与各雷达设备在修正后的高度层上数据相关性系数 R 值均在 0.8 以上，测风塔 100m 与各雷达 130/140m 高度层 R 值均在 0.9 以上，相关性很好。

2. 平均风速对比分析　各雷达设备与测风塔进行风速对比偏差均在 5%以内，同时发现随着高度增加，偏差值呈增大趋势。造成风速偏差的主要原因：测风塔与雷达设备间有一定距离，下垫面地形地貌不同，粗糙度不同影响风速能力不同；与雷达本身测量原理有关，测量高度越高，探测圆半径越大，尤其复杂山地情况下测量体内流体不均匀，合成风速误差较大。激光雷达较于声雷达偏差略大。主要由于现场多阴雨、云雾天气，激光雷达设备发射的光信号需要借助空气中气溶胶粒子回收反射信号，而空气湿度较大使气溶胶粒子较多，从而影响到信号的反射过程。

3. 不同设备风向对比分析　从“各设备在 100m/140(130)m 高度上的风向图”可以看出，各设备的风向玫瑰图基本一致，说明各设备对风向测量比较准确。分析主要原因为测风塔与各雷达设备在风向 100m/140（130）m 测量高度上其有效数据完整率总体较高，分别为测风塔 97.2%、雷达-1 为 92.6%、雷达-2 为 90.2%、雷达-3 为 88.2%、雷达-4 为 87.4%。有效数据完整率较高，在后期数据插补处理时引入的不确定性和误差相对也会较小。

（四）结论

该研究通过测风雷达与参考测风塔同期观测进行对比试验，从有效数据完整率、相关性、平均风速、风向 4 个方面对各测风设备数据进行对比分析，结论如下：

（1）南方复杂山地受地形、地貌、多雨、多雾等因素影响，雷达测风完整率相较于传统测风塔较低，不能达到 90%，不满足资源评估完整率要求。因此，在南方复杂山地，雷达不能取代传统测风塔进行单独观测而用于资源精确评估，应与传统测风塔进行配合开展测风工作。

（2）雷达测风与传统测风塔测风成果之间相关性好，在测风塔 100m 以上高度，相关性在 0.9 以上，因此可以将雷达测风作为传统测风塔的辅助测风手段，可利用其相关性，在传统测风塔缺失数据插补、风电场高层切变探明、风险机位点排查等方面发挥其优势。

（3）该试验中雷达与测风塔测量平均风速偏差虽在 5%范围内，但是偏差值对项目产能测算已有较大影响，单从风速偏差角度来看，直接利用雷达数据进行项目产能测算可能将导致较大偏差，会影响到项目经济性的评估效果。

（4）在风向观测方面，雷达与传统测风塔观测成果趋于一致，在传统测风塔风向数据缺失时，可考虑引入雷达数据进行插补修正。

（5）南方地区多雨、多雾、湿度大，根据雷达测量原理，激光雷达适应性较差，虽其精小灵便，便于山地搬运，但从测量准确度角度来看，应优先选用声雷达，同时应尽可能排除现场噪声干扰。

（新天绿色能源股份有限公司
张洪亮　陆义海　王艳阳）

青海海西州东部强腐蚀条件下风机基础软弱地基处理及防腐

我国已建陆上风电项目统计结果显示，国内风电场建设中常用风机基础软弱地基处理方法有换填法、振冲碎石桩复合地基、刚性桩复合地基、桩基础。

（一）钢筋混凝土腐蚀原因

西北地区土质含盐量高，土壤和地下水中含有大量对混凝土结构产生破坏作用的 SO_4^{2-} 和 Cl^-，且昼夜温差较大，使混凝土处于冻融环境中。基于此钢筋混凝土基础易被腐蚀。

（1）硫酸盐对混凝土的腐蚀，主要是 SO_4^{2-} 与水泥中的 Ca^{2+} 产生化学反应，使混凝土材料产生远超混凝土抗压强度的内应力，造成混凝土开裂，加速了混凝土的破坏。

（2）Cl^- 与钢筋中铁发生电化学作用生成氯化亚铁，之后在有氧气与水的情况下，发生电化学反应生成氢氧化亚铁和无黏结性能的氢氧化铁，破坏钢筋强度，使混凝土开裂。

（3）混凝土中游离水受冻结冰后体积膨胀，在混凝土内部产生应力，由于反复作用，内应力超过混凝土的抗拉强度致使混凝土破坏，为 Cl^- 侵蚀形成了通道。

在选择软基地基处理方案时，须考虑强腐蚀特性，减小运行期基础腐蚀隐患。

（二）案例分析

1. 地基土情况　该项目场区地处青海海西州东部，青藏高原北部。经测算，风电装机容量约 400 万 kW。根据勘察，场区地下水位 －1.1～－4.0m。土层以粉土、粉砂、细砂、粉质黏土为主，承载力小于 120kPa。地下水含盐量高，表部形成盐壳，按含盐量属弱盐渍土～超盐渍土，按含盐化学成分属亚氯盐渍土、氯盐渍土、亚硫酸盐渍土、硫酸盐渍土。地基土溶陷性轻微，局部中等，局部弱盐胀性。冻胀类别为弱冻胀～冻胀，冻胀等级为Ⅱ～Ⅲ级。

由试验可知，地基土、地下水对混凝土结构具强腐蚀性，对钢筋混凝土结构中的钢筋也具有强腐蚀性。水中 SO_4^{2-}、Cl^- 浓度分别是规范指标限值的 25、200 倍，土中 SO_4^{2-}、Cl^- 浓度分别是规范指标限值的 4.5、600 倍。在地基处理方案选择时，地基强腐蚀性问题。

2. 风机荷载　厂家提供了风机荷载。

3. 基础处理方案比选　该项目地下水位较浅，软弱层为饱和粉质黏土地层，厚 20m，故换填法和振冲碎石桩法不适用。桩基础在输电线路塔基应用时，灌注桩表面有裂缝，或混凝土脱落和钢筋腐蚀，加之采用大机组风机荷载变大，桩基在拔力作用下会产生细小裂缝，加速混凝土和钢筋腐蚀，故不适用。拟对预制管桩基础和刚性桩复合地基进行比较。

（1）两种风机基础。预制管桩基础由基桩和基桩桩顶的承台组成。承台底面直径 20m，高 3.5m，布设 PHC-600AB130 桩 48 根，桩长 18m。刚性桩复合地基靠桩间土和桩共同承受压力，地基与基础间设 30cm 厚垫层。基础底面直径 22.4m，高 4m，基底布置 PHC-600AB130 桩 78 根，等边三角形布置，桩间距 3.0m，桩长 6.5m。经测算，预制管桩基础和刚性复合桩基础两种基础，均能满足规范要求的承载力、沉降、变形、基地脱开比例等指标要求。

（2）两种基础比较。投资方面刚性桩复合地基较预制管桩基础方案单台基础投资少 10.1 万元。在施工技术方面，预制管桩基础存在缺陷：一是桩基和承台连接处需进行特殊防水处理，处理不当会成为地下水腐蚀通道；二是预制管桩需接桩，接桩处是耐久性薄弱环节。刚性桩复合地基，不会出现桩基础中桩基受拔、桩基与承台连接、预制管桩接桩等问题，可有效减少基础耐久性隐患。综上所述，该工程推荐采用刚性复合桩基础。

4. 基础防腐措施　根据本项目强腐蚀特点，混凝土防腐采用基本措施和特殊措施。

（1）基本措施。①基础结构形式选择时要考虑简单、便于施工、棱角较少、应力集中点少的形式，故采用圆形扩展基础。②控制基础裂缝方面，设计中尽量减小受拉区和拉应力，避免产生裂缝。施工中控制好入仓、浇筑和拆模混凝土温度，混凝土应连续浇筑，严控混凝土密实性，不漏筋、无空洞，浇筑完成后及时养护。③高性能混凝土具有较好的自密实性、抗冻性、抗渗性、耐久性和强度较高，Cl^- 渗透性较普通混凝土要低，同时采用抗硫酸盐水泥。④混凝土垫层方面，合适的混凝土保护层厚度可提高基础寿命，延缓对钢筋锈蚀，还可防止因混凝土材料收缩引起的保护层出现裂缝。按照规范要求基础底部保护层厚 90mm，顶面和侧面宜为 50mm。⑤刚性桩防腐方面，根据相关标准，强腐蚀以上地区管桩应采用 AB 级及以上型号，且最小壁厚≥95mm，采用环氧沥青涂层防护桩身。该项目土层以细粒土为主，打桩过程中对涂层影响较小。

（2）特殊措施。在混凝土浇筑完成 28 天后，表面涂刷环氧沥青涂层，涂刷厚度≥500μm。环氧沥青涂层相比聚氨酯沥青涂层，对混凝土表面具有更强的黏结力，能有效抵抗酸、碱及其他各种腐蚀性介质的侵蚀，能长期在干湿交替、阴暗潮湿及浸水等恶劣环境中使用，要求 Cl^- 穿过涂层的渗透量小于 $5\times10^{-3}mg/(cm^2\cdot d)$。

基础混凝土采用添加钢筋阻锈剂，阻锈剂质量需要满足相关标准要求。基础钢筋采用环氧涂层钢筋，环氧涂层钢筋制作采用的材料和加工工艺符合有关规定。

（三）项目效果

目前，该项目已安全运行两年，定期监测结果表明，未出现腐蚀破坏现象。

（中国电建集团西北勘测设计研究院有限公司
吕宏伟　邹武停）

五星岭风电项目风机基础混凝土质量控制技术

（一）项目概况

五星岭风电项目位于湖南省永州境内，海拔高程在 1000.00～1480.00m 之间。风机基础为钢筋混凝土重力式扩展圆形基础，单台基础混凝土量为 829 m^3。风机基础混凝土于 2021 年 10 月 27 日开始浇筑，2022 年 1 月 19 日全部 15 台基础混凝土浇筑完成。现场实测浇筑时段风机基础大气环境温度，11 月份平均气温在 12.4℃，12 月份平均气温在 9.4℃，1 月份平均气温在 7.6℃。

（二）基础大体积混凝土配合比技术要求

混凝土结构物实体最小尺寸不小于 1m 的大体量混凝土，或预计会因混凝土中胶凝材料水化引起的温度变化和收缩导致有害裂缝产生的结构混凝土为大体积混凝土。

风机基础混凝土配合比设计除应满足强度等级、耐久性、抗渗性、体积稳定性等设计要求外，尚应满足大体积混凝土施工工艺要求，并应合理使用材料、降低混凝土绝热温升值。水泥、粗细骨料、粉煤灰、外加剂等原材料经专业检测单位检测各项性能指标满足要求。水胶比不宜大于 0.45，用水量不宜大于 $170kg/m^3$，砂率宜为 38%～45%。在保证混凝土性能要求的前提下，应减少胶凝材料的水泥用量，提高矿物掺合料掺量。粉煤灰掺量不宜大于胶凝材料的 50%，矿渣粉掺量不宜大于胶凝材料用量的 40%。混凝土拌和物坍落度不宜大于 180mm。

（三）混凝土连续浇筑需配置的混凝土泵车和搅拌运输车数量

大体积混凝土的供应应满足混凝土连续施工需要，一般情况下连续供应能力不宜低于单位时间所需量的 1.2 倍。①混凝土泵车配备数量。通过计算，采用 2 台混凝土泵车，实际浇筑能力为 $32m^3/h$。②搅拌运输车配备数量。该项目配备的混凝土运输车理论运量为 $12m^3$/车，受道路运输条件限制，实际运量为 $8m^3$/车。当混凝土泵连续作业时，2 台土泵配置搅拌运输车为 16 台，考虑到备用，实际配置 18 台运输车。该项目 3 号机组距搅拌站距离 7km，距离最远，运输道路路况最复杂，由于保证了良好的浇筑连续性，较方案预设时间提前了 2h。

（四）基础大体积混凝土保温养护

保温养护是大体积混凝土施工的关键环节。

（1）保温养护是随着混凝土内部温度的变化而不断调整的：①混凝土浇筑体在入模温度基础上的温升值不宜大于 50℃；②混凝土浇筑体里表温差（不含混凝土收缩当量温度）不宜大于 25℃；③混凝土浇筑体降温速率不宜大于 2.0℃/天；④拆除保温覆盖时混凝土浇筑体表面与大气温差不应大于 20℃；⑤升温阶段可适当散热，降低温升峰值，当升温速率减缓时，应及时增加保温措施，避免表面温度快速下降；在降温阶段，根据温度监测结果调整保温层厚度，但应避免表面温度快速下降。

（2）基础表面保温层厚度计算：依据 GB 50496—2018《大体积混凝土施工标准》中规定的保温层厚度计算公式该项目保温层选取 5cm 厚矿棉被加 2 层土工棉覆盖。

（五）风机基础大体积混凝土保湿养护

（1）风机基础大体积混凝土保湿养护技术要求：①保湿养护是为混凝土的水化提供足够的水分，保湿养护是在混凝土终凝结束后不间断进行的；②混凝土浇筑完毕后，在混凝土抹面作业结束后且初凝前，立即进行覆盖或喷雾保湿养护；③保湿养护持续时间不宜少于 14 天，应经常检查塑料薄膜或养护剂涂层的完整情况，并应保持混凝土表面湿润；④施工温度过低混凝土表面散热较大，因此，当环境温度低于 5℃时，应在保湿的同时进行保温覆盖。当环境温度较高时，根据混凝土内部温升情况，应推迟覆盖保温养护，使混凝土面有一个较好的散热面；⑤根据混凝土内部温度变化的实时监测结果进行保湿养护。

（2）保温保湿方案及应用效果：①混凝土抹面后即贴塑料薄膜，且薄膜块与块之间搭接紧密，使水蒸气在薄膜内凝结成水珠并滴落至混凝土表面，保持混凝土表面经常性湿润；②混凝土终凝后且全部基础混凝土浇筑完成后，基础表面全部覆盖一层黑心棉及二层土工棉，控制混凝土里表温差值及降温速率；③在保温层外面再整体严实地包裹厚塑料薄膜，并压实、压牢，再次阻止水汽蒸发，并在厚薄膜内凝结成水珠并滴落在保温层上，保持混凝土表面湿润；④根据测温情况，如混凝土里表温差不大，则在当天高温时段减薄保温覆盖，使混凝土面较好地散热，降低混凝土内部温升峰值；⑤专人经常检查塑料薄膜的完整情况及薄膜内水汽凝结情况以及混凝土面的湿润程度，必要时补充洒水做好保湿养护；⑥第四天拆除模板，对混凝土回弹强度检测，混凝土强度基本达到设计强度的80%以上，同时对基础混凝土外观检查，无温度裂缝；⑦养护期后，混凝土表面温度与环境温度差值基本少于20℃时，对混凝土外观质量再次检查后，对基础回填压实。

建设过程中，选取养护期环境温度相对较高的11号风机基础及养护期环境温度相对较低的13号风机基础的温度测控剖析。风机基础测温点布置如图1所示。

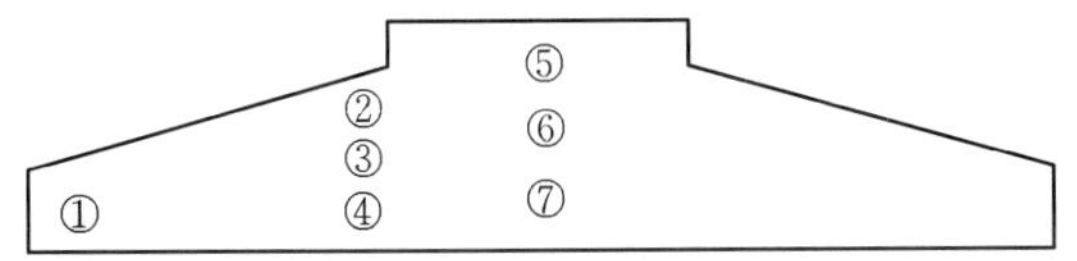

图1 风机基础测温点布置图

①2021年12月13日浇筑11号风机基础，浇筑环境最高温度12℃，最低温度7℃，入仓温度为23℃；②2022年1月4日浇筑13号风机基础，浇筑环境最高温度15℃，最低温度6℃，入仓温度为22℃；③经对2个不同环境温度、同一种养护方式的2个基础对比分析，基础混凝土温度峰值在67℃左右，峰值出现在第三或第四天，里表温差小于25℃，外观检查未出现温度裂缝。符合方案预期且满足规程规范及设计要求。

（五凌电力新能源分公司　周龙舟）

高土壤电阻率条件下接地处理技术

（一）项目概况

马鬃山饮马峡B区10万kW风电项目位于甘肃省酒泉市肃北县马鬃山镇饮马峡风电场基地，场址为戈壁小丘陵区，低山和残丘地貌，场内海拔高度为2700～2900m，距离最近的玉门市中心约83km，距离瓜州县中心约92km。建设项目交通运输条件较好。项目东邻内蒙古自治区阿拉善盟额济纳旗，南望瓜州县和玉门市，西接新疆维吾尔自治区哈密地区，北接蒙古国戈壁阿尔泰省，国境线长65.028km。东西宽290多千米，南北长220多千米，面积32630km^2。项目采用25台单机容量为4.0MW的风力发电机组。根据风电装机容量及当地电网现状，该风电场新建2座220kV升压站及相应的2条220kV单回送出线路工程。

受地域条件限制，该风电场位于干旱沙漠气候，风电场区土壤电阻率在900～3000Ω/m之间。为实现机组电阻符合设计要求，项目部采用各种技术进行降低电阻进行施工，且在使用过程中均存在一些问题和不足。

（二）关键技术

该项目区域岩石多，土壤少或者非常少，输电线路接地线在通常情况下都是埋设在岩石里面。通过岩石与土壤电阻率的对比，岩石电阻率极其的高。所以导致我们常规的更换接地线材质和增加接地模块都很难达到降低的效果。因此普通接地电阻形式的设计已无法满足环境与土壤的需求。若大量使用降阻剂的方法，3～5年内能够产生一定降低接地电阻率的效果，但是一般会在5年之后失效，失效后接地电阻又回到很高的水平，因此不能长期降低接地电阻。如何降低该区域输电线路接地电阻值成为难题。

1. 常规降阻方法无法在本区域应用　①降阻剂的使用。降阻剂的使用能够降低接地电阻，但是在本区域高海拔的恶劣气候环境下，降阻剂的成分分解非常快，通常在3～5年内会完全失去作用。如果当失去作用时再次添加降阻剂，那样的成本会非常的高，也不环保。目前很多施工单位在本区域施工建设线路时，使用大量的降阻剂来改善接地电阻，在工程验收时不容易被发现，但是往往线路运行几年后会逐步地暴露出接地电阻的问题。②延长接地放射线与增加接地模块。项目研究降低接地电阻的方法时第一实验就是通过改变接地放射线的长度来降低接地电阻，可是实验后发现通过增加射线长度的方法没有起到明显的作用，除非将射线延伸到有水源的地方，但是本区域往往很难做到。失败后，项目又尝试增加接地模块来降低接地电阻，实验后发现效果不明显或者说是基本上没有效果。③使用石墨柔性接地。单独使用石墨柔性接地线来延长接地射线，实验后无明显的效果。经过几次失败，项目也总结出如果不将接地线接触的岩石进行更换，所做的很多工作都是临时性的措施，会造成不断地重复浪费。

2. 降低接地电阻的有效措施　①换土并增加石墨柔性接地以延长射线。根据上述各个实验，最终选择对接地射线及周边进行换土施工，一基500kV的铁塔共计使用25m^{3}土来更换回填接地射线沟，施工材料与人工等总费用约1万元（针对不同的环境有所差异）。在施工过程中需要使用液压的方式链接普通接地圆钢与石墨柔性接地线。②实验实例。对每个机位采取电测法具体测量每一台风机的土壤电阻率，找到最低点电阻率，再根据该点电阻率与土壤电阻率和风机设计电阻值进行计算，算出接地井的数量、孔径、深度等。

（三）结语

在高土壤电阻率风场接地施工，遇到多种与低土壤率地区不同的难题，但是通过多次实验研究，最终取得突破性进展。通过此次实验，在施工方式方法与成本使用方面都能够适用于实际工作，为高土壤率风场的安全稳定运行奠定了基础。

（中国水利水电第十工程局有限公司　曾涛）

山东省海上光伏工程建设规划情况

海上光伏是可再生能源发展新领域，发展潜力大、综合效益高、生态环境友好。为聚焦落实“碳达峰、碳中和”战略和海洋强省战略，指导和推动山东省海上光伏科学有序发展，山东省能源局委托中国电建集团华东勘测设计研究院有限公司于2021～2022年开展了海上光伏资源摸排及中长期规划工作，取得了丰富的资源调查成果。

（一）发展空间

在符合国土空间规划、生态保护红线、港口航道、军事设施等相关要求前提下，综合离岸距离、水深、波浪、浮冰、地质等因素，在浅海海域（低潮位水深6～8m至潮间带）重点布局桩基固定式海上光伏，在海上风电规划可用海域重点布局漂浮式海上光伏。经筛选，共布局的海上光伏场址共57个，用海面积约1870km^2，总装机规模4200万kW。结合场址布局和海域条件，重点打造“环渤海”和“沿黄海”两大千万千瓦级海上光伏基地。

“环渤海”海上光伏基地：布局场址31个，面积770km^2，装机规模1930万kW。其中，光伏场址20个，面积480km^2，装机规模1410万kW；“风光同场”场址11个，面积290km^2，装机规模520万kW。

“沿黄海”海上光伏基地：布局场址26个，面积1100km^2，装机规模2270万kW。其中，光伏场址9个，面积290km^2，装机规模950万kW；“风光同场”场址17个，面积810km^2，装机规模1320万kW。

（二）主要目标

近期，以浅海海域为重点，采用渔光互补、多能互补等模式，推动桩基固定式海上光伏建设和漂浮式海上光伏示范。2022年，启动桩基固定式海上光伏开发建设，开工建设300万kW以上，建成并网150万kW左右；开展漂浮式海上光伏示范工作。到2025年，开工建设1500万kW左右，建成并网1200万kW左右，形成规模化开发局面，漂浮式海上光伏开发模式与技术路线基本成熟，创建中国北方海上光伏实证基地。

中远期，结合海上风电开发布局，在具备条件的海域大规模推动漂浮式海上光伏开发建设，重点打造“风光同场”海上清洁能源基地。到2030年，对具备条件的规划项目“应建尽建”。

（三）重点任务

1. 加快推动桩基固定式海上光伏开发建设　2022年，重点建设东营、烟台市附近渤海海域HG14、HG21、HG30等项目，以及威海、青岛附近黄海海域的HG32、HG37、HG38项目，开工建设300万kW以上，建成并网150万kW左右。2023～2025年，重点建设滨州、东营、潍坊、烟台市等渤海海域HG1、HG2、HG11、HG16、HG22、HG23等项目，以及烟台、青岛市附近黄海海域HG34、HG39等项目，累计开工建设1300万kW左右，建成并网1100万kW左右。

2. 积极稳妥推动漂浮式海上光伏发展　2022年，启动桩基固定式与漂浮式对比验证示范项目，建设规模3万kW；抗风浪示范项目，建设规模4万kW；抗浮冰示范项目，建设规模3万kW；浅海漂浮式项目，建设规模5万kW。2023～2025年，重点建设东营、潍坊、烟台附近渤海海域HG4、HG17、HG18、HG19、HG20、HG31等项目，以及烟台、日照市附近黄海海域HG40、HG52、HG53等项目。到2025年底，累计开工建设200万kW左右，建成并网100万kW左右。

3. 实施综合开发利用　坚持集约节约用海，利用已规划布局的海上风电场，推动海上光伏与海上风电统一规划、统一建设、统一送出，提升海上风光基地送电稳定性和开发经济性。深入研究海上光伏与海洋能源综合开发利用，积极推动海上光伏与海洋牧场融合发展，深入探索海上风光、其他海洋能、绿电制氢等于一体的离网海上“能源岛”建设。

4. 加大技术创新力度　依托省内外相关科研院所、高等院校和设计咨询单位，设立山东海上光伏技术创新研究中心，加强前瞻性、基础性关键技术研究。依托重点企业、重点项目，创建北方海上光伏实证基地，开展海上光伏实地应用研究，推动新技术、新工艺、新装备的推广应用，形成海上光伏组件产品、系统设计、电力送出、施工运维等系列技术标准和行业规范。

5. 强化生态环境保护 加强海上光伏场址的研究论证，深入分析光伏建设项目对水动力的影响，确保建设场址避开海洋生态保护红线，符合海域环境功能区划等要求。做好建设施工的生态保护，有效降低对海洋生物、海洋环境的影响。严格落实项目投产运营后的生态修复、环境监测评价等措施，实现经济、社会和环境效益的有机统一。

（中国电建集团华东勘测设计研究院有限公司 曾俊强 周笑笑）

张北新能源 50 万 kWp 光伏项目 2022 年建设情况

基于百兆压缩空气储能系统的综合能源应用示范项目 50 万 kWp 光伏发电工程站址中心坐标为北纬 41°25′，东经 114°33′，海拔约为 1340m，光伏发电自然条件良好。项目拟建场址占地面积约为 1047.05hm²，分落花营 24 万 kWp 和汽车桥 26 万 kWp2 个光伏场区。基础设施配置方面，总装机容量约 50 万 kWp，建设 2 座 220kV 升压汇集站，配置 10 回 35kV 线路，各光伏场区发电单元依托于该线路送至 220kV 升压汇集站 35kV 侧汇集。

（一）工程进展情况

2022 年主要完成汽车桥 26 万 kWp 光伏工程：①9 月 15 日，落花营 24 万 kWp 光伏项目场区及竣工资料移交建设单位；②10 月 25 日，汽车桥 26 万 kWp 光伏项目全容量并网；③10 月 31 日，汽车桥 26 万 kWp 光伏项目竣工资料移交建设单位；④11 月 25 日，汽车桥 26 万 kWp 光伏场区 83 个光伏方阵、220kV 送出线路竣工验收完成。

（二）质量安全情况

项目部质量管理工作坚持“周计划控制，月计划强制”的现场管理制度。各部门协调一致，共同分析各分项工程的质量控制重点和施工难点，详细制定切实可行的解决方案，制定详细措施。建立多个交流平台如班前会、技术交底会及专项会议等，加强施工过程质量检查验收，加强交流，保障项目部质量信息渠道的畅通，以保证工程施工质量。

组织各专业技术负责人和班组长，广泛开展“全面检查、专项治理、逐一排除”的综合检查，并将此列为项目质量管理制度，常态化。结合检查情况，制定纠正和预防措施，并写出书面通报，实行样板引路，表扬先进，鞭策后者。服从建设单位、监理单位、设计单位、质检站的检查、指导和监督工作，虚心接受四方意见建议，积极与建设单位、监理单位搞好工作配合。

为促进各施工工序的规范化，提高项目施工质量，项目部对进入施工现场的主要施工技术、管理、作业人员进行质量教育培训，并坚持召开每日“班前会”以及“关键工序交底”制度，将质量管理工作落实、落细，保证质量培训横向到边，纵向到底。

工程技术质量人员跟班作业，随时解决施工中的技术难题。质量检查人员有质量否决权，发现违背施工程序、使用不合格材料，质检人员有权制止，发现问题立即上报主管领导，迅速提出解决方案，将质量问题消灭在萌芽状态。

（三）科技攻关情况

结合该项目自身特点，在日常生产经营活动中积极开展和实施科技创新活动，深入开展高寒地区 50 万 kWp 光伏发电施工综合技术研究，半圆弧可调式光伏支架安装技术研究，减少了劳动力投入，达到了减小安装误差、优化施工步骤、保证支架及后续光伏组件安装质量及发电效率的目的。

针对光伏支架基础混凝土灌注桩施工进行深入研究，结合现场实际，在满足设计的前提下，从各施工工序入手，优化施工流程，主要对混凝土灌注桩浇筑方式、钢筋笼制安、模具制作、预埋件安装等进行优化设计，研究并形成适合本项目的施工工艺，同时申报国家实用新型专利 12 项，开展 QC 活动 4 次。

（四）工程进度保障情况

施工进度的控制不仅关系到该年度并网目标能否实现，还直接关系到工程质量和成本，项目部在确保工程质量和安全的前提下，控制工程施工进度。施工进度控制的任务是依据对上合同对施工进度的要求控制施工工作进度，这是施工方履行合同的义务。项目部根据该年度施工任务及目标，编制了控制性施工计划、指导性施工计划、实施性施工计划。

工程管理部根据施工总进度计划，按每月、每周、每日对协作单位进行生产考核，通过汇总统计每天发生的工程量，形成施工日报，并书面记录形成施工日志文件。通过每日工程日报，对各协作队伍工程量完成情况、人员资源设备投入情况、进度保证情况等进行检查与调整，在进度滞后时，采取一定的组织与管理措施及时进行纠偏。

汽车桥光伏场区，9 月全面进入组件安装阶段，但因气候变化，该工程所在地最低温度可达－20℃，现场施工困难。项目部统筹兼顾，加大人员投入，争分夺秒，到 10 月 25 日全容量实现并网，工程进度基本按计划完成。

（中国水利水电第四工程局有限公司 赵敏 罗帅）

合作市4万kW“牧光互补”发电项目2022年建设情况

项目场址区位于甘肃省甘南藏族自治州合作市东方向约6km处，场址距离西侧G213约4km，距离西侧S306约6km，场址周边有县道和村道通过，交通便利；项目选用单晶硅540Wp双玻双面组件，225kW组串式逆变器，采用固定式支架形式，26块组件为一串，2×13竖向布置。固定支架最佳倾角为30°，安装容量为4.80168万kWp，额定容量为4万kW，共13个子阵，新建1座110kV升压站。配置2回35kV架空线路，光伏场区发电单元依托于该线路送至110kV升压站35kV侧汇集。

（一）工程进展情况

2022年度主要工程节点：①该工程于4月15日开工；②9月13日综合楼封顶；③11月1日光伏区1～9号阵列支架基础分部工程验收完成。2022年，4万kW全容量实现并网发电。

（二）质量安全情况

该工程质量管理主要涉及光伏场区螺旋钢桩基础、支架安装、组件安装、接地工程、高低压电缆敷设质量以及110kV升压站土建施工质量、电气设备安装质量等。①工程自开工以来，开展了相应的质量文化、专业技术知识专项教育和学习。在实际工作中，配备专业技术人员，勤于沟通，完成项目建设。②项目部工程质量管理工作坚持“三检制”现场管理制度。工程质量指派专业质检员进行检查验收，严格按照“三检一验”制度进行报验。项目部组织质量大检查，针对典型质量问题提出整改意见，对整改进行跟踪检查。每周召开质量专题会议及月质量专题会议。③工程技术质量人员跟班作业，随时解决施工中的技术难题。质量检查人员有质量否决权，发现违背施工程序、使用不合格材料，质检人员有权制止，发现问题立即上报主管领导，快速寻找解决方案，严控质量。

（三）科技攻关情况

结合项目特点，在日常生产经营活动中积极开展和实施科技创新活动，成立“光伏支架及组件在山地区域安装施工技术研究”小组，优化支架施工方案，研发组件安装便捷工具，保证支架及光伏组件安装质量及施工效率的目的，同时申报国家实用新型专利及发明专利。

（四）工程进度保障情况

施工进度控制不仅关系到本年度并网目标能否实现，还直接关系到工程的质量和成本。①项目部在确保工程质量和安全的前提下，控制工程施工进度。②项目部根据本年度施工任务及目标，编制施工计划横道图，严格按照横道图进度施工，确保工期计划顺利完成。③工程质量部根据施工总进度计划，按每月、每周、每日对协作单位进行生产考核，通过汇总统计每天发生的工程量，形成施工日报，并书面记录形成施工日志文件。通过每日工程日报，对各协作队伍工程量完成情况、人员资源设备投入情况、进度保证情况等进行检查与调整，在进度滞后时，采取一定的组织与管理措施，及时进行纠偏。

（中国水利水电第四工程局有限公司　潘宗峰）

龙源海晶盐光互补光伏发电项目2022年建设情况

龙源海晶盐光互补光伏发电项目场址位于天津滨海新区长芦海晶盐场内，地处北纬38°53′37.05″、东经117°33′23.12″，距离海边约6km，距离天津市区约38km，紧邻滨海绕城高速。项目电站规划容量55.4万kW，场址面积共计约11066亩。施工场地分布大小不等的盐池，水面大沽标高为2.40～3.20m，水深为1.50～2.00m。建设500kV升压站1座，光伏方阵单元通过配套的逆变升压单元升压至35kV后，经35kV集电线路接入500kV升压站内的35kV配电装置，通过主变压器升压至500kV后送出。该工程于2022年6月20日开工建设，总工期24个月，年底需完成第92子阵并网发电。项目建成后每年可输送绿色电量约7.7亿kW·h，每年可节约标准煤23万t，节约水240万t，减排二氧化碳65万t，可有效防止非可再生能源消耗及衍生的环境问题。

（一）找准盐光互补定位，形成立体循环产业

在“双碳”目标的刺激下，光伏产业正在拓展愈发多样化的应用场景，盐光互补光伏成为行业拓宽的新方向。天津位于中纬度亚欧大陆东岸，属温带季风气候，降雨集中，全年日照时间长，年可照时数约为4436h，太阳总辐射年平均为4935MJ/m²，如此丰富的阳光资源成为盐光互补项目的天然优势。项目不占用土地资源，水体对光伏组件有冷却效应，可以抑制组件表面温度上升，提高组件输出功率。此外，将太

阳能电池板覆盖在水面上，还可以减少水面的蒸发量，保护水资源，对盐池虾的养殖也有提质增效的作用，成功实现新能源发电、盐池水产养殖与盐池产盐三方面携手多赢的模式。

（二）做好科研创新攻关，保障施工质量安全

结合项目自身特点，深入开展盐光互补 55.4 万 kW 光伏发电施工综合技术研究。项目针对桩基施工全过程，进行系统化研究，从每个组成环节入手，分解细化每项工作的重点难点，并从现场实际情况出发，充分考虑到安全、质量的基础上，合理优化每一个组成环节，使整个桩基施工全过程达到效益最大化。同时，还对水上桩基定位控制技术、管桩现场防腐技术、管桩起吊吊具的研发等关键技术进行深入研究，开发出更适合项目的施工设备、工具和流程，以此申报国家实用新型专利 2 项，有效节约施工成本，缩短工期，提高施工质量，并取得良好的经济效益；针对海上光伏支架、组件及箱式变压器安装技术进行深入研究，从机械设备及施工平台的稳定性、抗风险性到支架、组件及箱式变压器运输的方式方法，从安装过程中各种专用工具的研发到支架、组件及箱式变压器安装的流程等方面进行考虑。项目主要对支架、组件及箱式变压器安装技术进行合理科学地优化设计，同时申报国家实用新型专利 2 项，极大提升了施工质量，降低了施工风险；针对水上光伏项目施工安全控制与应急救援技术进行研究，对应急产业进行全景调研。编写水上事故应急措施，合理建立健全应急反应机制，最大程度减少各种事故发生的概率，并在发生事故后能最快地启动应急响应，将事故的危害性和损失降到最低。

（三）项目部门协调配合，保障工程施工进度

为适应“短平快”的光伏建设工程，项目结合实际情况，建设 1 套“以量换价，高效快捷”的采购模式，项目分 4 个季度编制采购计划，提前 1 个月上报，逐级审批通过后在集采中心集中采购，形成一套上下联动的高效采购管理体系。项目各部门相互协调配合，工程部超前谋划、倒排工期，计划分解并编制年、季、月、周施工进度计划，落实设备、材料、劳动力、资金等资源供应计划，合理配置机械、材料和劳动力资源。物资部根据进度计划上报采购计划，确保采购计划与施工进度不偏离，强化施工管理，做到设备、材料及时到场。施工管理部根据各工作面施工进度合理分配进场材料，确保各工作面材料不冗余、不短缺。引进成本管理系统，可以精准把控项目运营情况，预估后续项目经营趋势，为项目经营提供基础数据，全面知道项目经营工作。项目设立日报制度，对于当天存在滞后的工作重点关注，问题反馈，采取纠偏措施，落实到具体部门人员，提前策划安排对应部门协助配合，协同配合保障工程施工进度。

统筹管理现场施工进度及人员机械，为保证项目工程进度需求，加大施工人员机械的投入，项目桩基施工于 10 月 22 日完工，箱式变压器安装施工于 11 月 19 日完结，逆变器调试安装施工于 12 月 13 日完成，支架安装施工于 12 月 17 日完成，桥架安装施工于 12 月 27 日完成，至 2022 年底项目部圆满完成 3 万 kW 并网发电工期节点目标。

（中国安能集团第一工程局有限公司　张涛）

青海共和光热项目化学补给水系统处理工艺优化

（一）工程概况

共和 5 万 kW 光热发电项目是带储热熔盐塔式太阳能发电站。化学补给水系统原水水源为项目所在地塔拉滩地下水（井深 300m）。每口井出水量 $36m^3/h$，化学补给水处理共 2 套系统，每套系统处理能力 $10m^3/h$。系统由超滤装置、一级反渗透装置、二级反渗透装置、电除盐装置（FDI）组成。工艺流程：地下井水由深井泵泵入工业水池，初步澄清后，再由提升泵提升压力后进入超滤装置过滤；超滤产水依次通过反渗透和 EDI 系统除去水中盐类，合格除盐水进入除盐水箱后，由除盐水泵供至机房和各用水点。系统自清洗过滤器排水、超滤反洗排水、一级反渗透（RO）排放的浓水，收集至废水池，送至废水处理系统处理，回收至超滤水箱循环利用。二级反渗透浓水和 EDI 装置浓水均接至超滤水箱回收利用。

（1）补给水处理系统运行情况。①2019 年 6 月调试超滤系统时发现超滤进口流量计内壁有土黄色附着物；超滤反洗水质浑浊，滤膜表面堆积杂质多；系统运行周期缩短，导致反洗频繁，用水增多，产水量减少；超滤装置进出口压差上升较快。②7 月反渗透系统进入试运行阶段，发现 1 号反渗透系统制水中，一级反渗透出水电导率明显上升，确认该系统膜组件结垢，停运后化学清洗，其出水电导率恢复正常。2 个系统需采取处理措施。

（2）超滤系统概况。超滤装置膜组件采用陶氏中空纤维压力式膜组件，有效面积 $77m^2$。超滤膜材质为聚偏氟乙烯（PVDF）。运行中经超滤膜后，出水指标要求浊度≤0.2NTU、淤泥密度指数 SDI≤3.0，然后供反渗透（RO）系统要深度除盐。塔拉滩地下

水浊度和色度超标，水面有油类物，浊度超滤膜进水要求4倍。超滤膜虽能处理，但会影响超滤膜的使用寿命。

(3) 反渗透系统。①反渗透系统由两级反渗透（RO）组成，一级用于去除水中各种溶解固形物即盐分；二级用于进一步去除水中各种溶解固形物即盐分。反渗透组件为涡卷式芳香族聚酰胺陶氏复合膜，一级RO为2套出力$2\times12m^3/h$复合膜装置，排列方式是一级二段（2∶1），共30（根/套）膜元件，回收率75%。二级RO为2套出力$2\times11m^3/h$复合膜装置，排列方式是一级二段（2∶1），共24根/套膜元件，回收率90%。一级反渗透的二段浓水排到地沟，二级反渗透的二段浓水排到超滤水箱。芳香族聚酰胺陶氏复合膜是从大量的高分子材料中筛选出，适用的pH范围可以放宽到2～11，但对水中游离氯和铁含量很敏感，对膜造成一定影响。②塔拉滩地下水中铁含量和锰含量超标。

(二) 水处理工艺分析、优化

根据原水水质分析报告和水处理设备运行状况，水处理工艺不能满足补给水处理系统制出合格除盐水的要求，需对水处理工艺优化。

(1) 塔拉滩地下水的浊度、铁和锰指标严重超标，其铁含量是反渗透进水水质要求的14倍。其后果是，在地下水接触空气后，水会变成茶色，色度增大，且伴有腥臭味。

(2) 处理方式选择。①仅进行水的沉淀处理。即向原水中投加药剂，经化学反应生成难溶的化合物，从水中析出，使水中悬浮固体含量降至20mg/L下。水的沉淀主要为沉淀池，使用最多和最成熟的是斜管沉淀池。②水过滤处理。水通过滤料或过滤介质，将水中固体截留，使水澄清，过滤后水中悬浮固体的含量降至2～5mg/L，且水中有机物、硅化合物、细菌甚至病毒也不同程度降低。但水过滤只适合水中悬浮杂质含量较低的水，否则设备的反洗工作很频繁。③水的沉淀+过滤联合处理。共和光热项目是带储热熔盐塔式太阳能发电站，除盐水作为发电介质，水质好坏至关重要，一旦水质出现超标，将影响机组经济安全运行。而项目的补给水处理采用超滤+反渗透+EDI，超滤和反渗透膜对进水水质要求较高，只有将原水经初步沉淀澄清，除去大部分悬浮杂质，再过滤处理，才能为后续水处理设备提供水质保证。故补给水处理最终选定水的沉淀+过滤联合处理。

(3) 预处理设备选型。分体式，水沉淀和过滤分体设置，设备简单，但占地面积大；一体式，水沉淀和处理组合在一套设备中，操作复杂，但占地面积小，适合现场情况。

(三) 预处理设备安装、调试

(1) 预处理系统净水设备主体由调节水箱+2套一体化净水器组成，每套处理能力$30m^3/h$，可单独运行，也可并列运行。2019年7月在现场安装调试，全自动运行。原水预处理系统产生的废水收集到工业废水池，经废水处理系统处理回收再利用，实现零排放。

(2) 预处理系统出水的浊度、铁、锰等指标满足超滤系统的进水水质要求。

(3) 通过水质分析，水处理工艺优化后，原水中胶体铁含量、浊度降低。铁含量从原来最高1.21mg/L降至0.18mg/L，浊度由最高20.2NTU降至2.6NTU，均满足超滤系统和反渗透系统进水标准，对延长超滤膜、反渗透膜、EDI系统使用寿命提供了保证。

(四) 经济效益

(1) 化学补给水系统处理工艺优化后，补给水后续处理的超滤、反渗透和EDI设备处理负担明显降低，运行周期变长；比未处理前每年可节约直接费用27.504万元。

(2) 项目所在地属干旱地区，水资源匮乏，发电用水由化学补给水处理系统制备。如水处理工艺未优化，需加强清洗超滤、反渗透系统，产生的废水需无害化处理，会消耗大量药品，增加成本。优化后保证了水质，避免水资源浪费、减轻工作量，减少环境污染。

（共和西北水电光热发电有限公司
马飞云　唐培隆　田志毅）

威悦光伏组件夹具优化设计选型及应用

(一) 项目概况

威悦电器有限公司分布式光伏发电项目位于广东肇庆市高新区广东威悦电器有限公司厂区。与广州市区直线距离50km。全区总面积$98km^2$，全部为国有土地，现有常住人口约20万人。该工程场地距肇庆城区直线距离约61km。项目附近有广佛肇高速公路、佛清从高速公路、广三高速等以及多条当地公路，交通条件十分便利。

项目利用厂区屋面，主要11间门式钢架钢结构厂房，屋面为梯形彩钢瓦。工程装机容量为11.08525MWp，年均发电量约为1037.79万kW·h，项目25年总发电量约为25944.6万kW·h。项目不新占用土地，采用“自发自用，余电上网”与全额上网相结合的模式，符合国家产业政策。

(二) 关键工艺

(1) 普遍安装方式。目前对于角驰彩钢瓦屋面的光伏组件固定安装，市场上普遍使用的安装方式是：先将角驰夹具固定在屋面彩钢瓦上，再在夹具上铺设檩条，最后在檩条上铺设光伏板。这种方式不仅耗费原材料，成本较高，而且安装不方便，安装周期长。

(2) 设计方案优化。采用无导轨夹具固定夹具配合压码的安装方式作为光伏阵列的基础，即采用无导轨角驰型夹具与无导轨直立型夹具相结合，夹具与屋面瓦脊使用 M8 内六角螺栓和 M8 外六角螺母、M8 弹垫固定，太阳能组件按照电气布置采用铝合金压块固定在铝合金夹具上。安装无导轨夹具不需要贯穿彩钢瓦屋面，安装光伏组件后对建筑的通风、采光、防水、排水无影响，且在原屋面上增加了光伏组件，等同于对原有屋面做了一层保护，降低了彩钢瓦屋面漏水的概率，同时也对彩钢瓦的寿命起到一定的延长作用。该优化设计方案大大提高安装效率，节约成本。这种连接形式的优点在于无导轨简化配件、快速安装、节约工期、性价比高等显著特性。

如图 1 所示，一种角驰无导轨夹具，包括主夹具 1、副夹具 2 和螺栓 3（所述主夹具 1 包括固定边 4、固定滑槽 5、第一托板 6 和第二托板 7）。所述固定边 4 包括第一夹紧部 8 和第一螺栓孔 9，所述第一夹紧部 8 为弧形。所述副夹具 2 包括第二夹紧部 10 和第二螺栓孔 11，所述第二夹紧部 10 为弧形，所述第二螺栓孔 11 和所述第一螺栓孔 9 相匹配，所述第二夹紧部 10 和所述第一夹紧部 8 相匹配。

将所述固定边 4 和所述固定滑槽 5 上下连接，所述第一托板 6 和所述第二托板 7 分别与所述固定滑槽 5 垂直连接，所述第一托板 6 和所述第二托板 7 处于同一水平面。

将所述主夹具 1 和所述副夹具 2 通过所述螺栓 3 固定连接，所述第一托板 6 和所述第二托板 7 用于支撑光伏组件，所述固定滑槽 5 用于与螺栓配合固定光伏组件，直接省略了檩条在光伏组件安装中的使用。

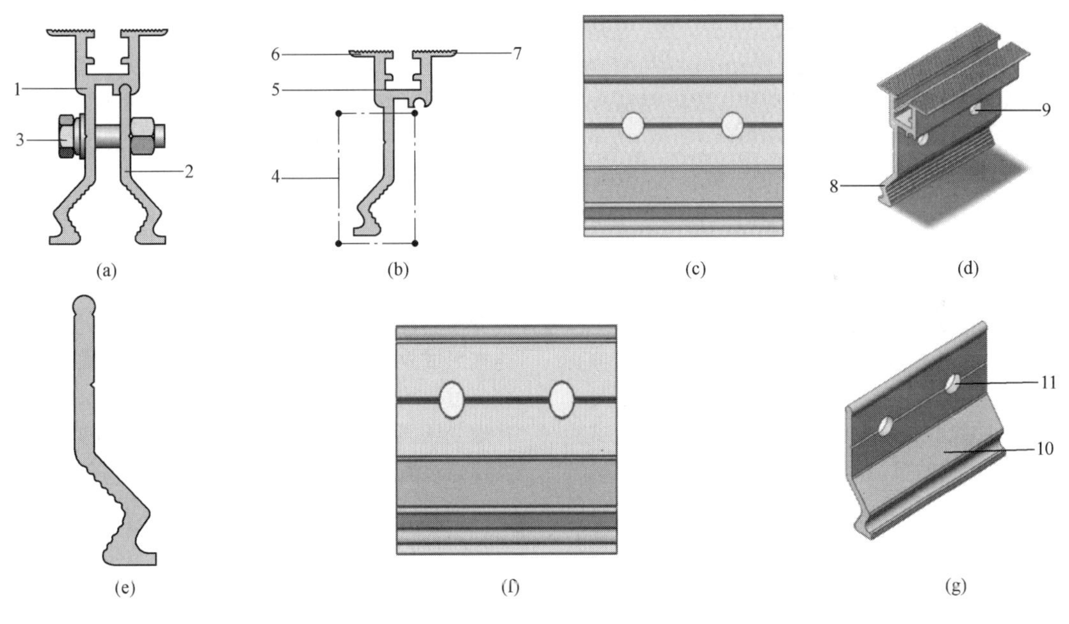

图 1　角驰无导轨夹具

(三) 结语

与现有技术相比，该方案选材夹具的优势在于：通过所述第一托板 6、所述第二托板 7 和所述固定滑槽固定安装光伏组件，节省了传统安装方式中檩条的使用，大大降低了光伏电站安装成本，且安装方便、荷载低，安全性提高，提高了该项目施工质量和效率，为提前并网发电打下坚实基础。

（中国水利水电第十工程局有限公司
袁伟　林伟鸿）

刺竹光伏电站接地变在雷雨天保护动作跳闸分析及处理

刺竹光伏电站位于贵州省毕节市赫章镇双坪乡刺竹村境内，属于典型的山地光伏电站，距离乡政府约 5km，临近 S20 省道，交通便利，场址海拔在 2200～2300m 之间，占地面积 760 亩。装机容量 25MWp，共2回集电线路接至35kV开关站，以1回出线至赫章双坪35kV变电站，线路长度约5km。2021年8月8日、9月12日该电站接地站用变压器304断路器在雷雨天气无短路痕迹情况下保护动作跳闸。

（一）原因分析

1. 保护动作前运行方式 刺双线303断路器、1号集电线301断路器、2号集电线302断路器、无功补偿装置SVG 361断路器、站用变压器304断路器、PT3514均处于正常运行状态。

2. 保护动作后的应急处理 第一次在雷雨天气情况下跳闸，雷雨过后，试合304断路器成功；第二次在雷雨天气情况下跳闸，雷雨过后，试合304断路器成功。

3. 监控、保护、录波检查情况 ①监控及保护检查情况。该电站站用变压器304断路器在第一次跳闸，故障后检查监控台报：接地站用变压器保护装置，过流1段动作信号。接地站用变压器保护装置过流定值0.39A，0.5s，最大相电流0.975A，保护正确动作。第二次跳闸，故障后检查监控台报：接地站用变压器保护装置事故，过流1段动作信号。接地站用变压器保护装置：过流1段动作，故障相别：A、B、C三相，故障时的最大相电流为0.829A。②录波检查情况。第一次跳闸，故障录波：刺双线、接地变压器电流；接地变压器、SVG电流；刺双线、1号集电线、2号集电线电流。第二次跳闸，查看故障录波：刺双线、接地变压器电流；接地变压器、SVG电流；刺双线、1号集电线、2号集电线电流。

4. 一次设备检查情况 ①接地变压器高压侧拆头后分别测量35kV电缆及变压器绝缘均大于2000MΩ，绝缘合格；查阅2021年4月预防性试验报告35kV开关站接地网接地电阻1.14Ω，35kV开关柜与SVG连接变压器接地引下线导通测量2.95MΩ，接地装置良好。检查304避雷器接地端与接地排连接部位、接地变压器接地、电阻柜接地均连接良好；检查刺双线303线路架空线第一基塔避雷线仅靠金具与铁塔连接，未直接引接至铁塔部位，存在接地不良的可能性。35kV刺双线002号塔架避雷线无接地引下线。②两次跳闸避雷器检查。③一次设备试验。对35kV接地站用变间隔一次设备进行现场检测试验：刺竹光伏电站接地站用变压器的变比测试偏差，A、B、C三相均超过±0.5%；除上条不合格项目外，该次刺竹光伏电站所试设备的其他试验数据均满足DL/T 596—2021《电力设备预防性试验规程》的要求。

（二）原因分析

1. 根据故障录波分析 ①故障期间集电线无故障电流，排除集电线发生故障。②接地变压器有电流之前，刺双线和SVG有电流，是由于刺竹光伏站无功不足，SVG提供无功补偿引起，且刺双线约等于SVG有电流，说明母线无故障。③接地站用变压器过流Ⅰ段保护动作是因为在雷雨期间35kV刺双线发生接地故障产生线路对地电容电流（双坪变电站35kV母线为不接地系统，系统不提供短路电路）与刺竹光伏站接地站用变压器经高压侧接地小电阻入地的故障电流通过地连接形成故障环流。④故障时接地站用变压器高压侧TA与零序TA都流过故障电流，故障情况下零序保护应先动作，但是由于过流保护整定值小于零序保护定值使得过流保护先动作。接地站用变压器过流与零序保护定值如下：过流Ⅰ段定值0.39A，过流Ⅰ段时间0.5s；高压零序过流定值1.25A，高压零序过流1时限1.0s。⑤8月8日接地变压器有电流0ms、9月12日接地变压器有电流之前30ms，所有电流均发生短暂畸变，初步判断有雷电波入侵（如有母线电压波形在电流发生畸变时发生平顶现象，更能证明有雷电入侵。注：录波装置35kV母线电压未接入）。造成各间隔避雷器动作，雷电过后避雷器恢复正常。雷电入侵初步判断为，由于刺双线全线未架设避雷线，雷击在未架设避雷线线路上，使得雷电波沿线路入侵变电站。

2. 跳闸原因 在雷雨期间，35kV刺双线发生接地故障产生电容电流（双坪变电站35kV母线为不接地系统，系统不提供短路电路）与刺竹光伏站接地站用变压器经高压侧接地小电阻入地的故障电流通过地连接形成故障环流，接地站用变压器高压侧有故障电流流过，故障电流达到保护整定值，保护动作，跳开接地变压器站用变压器303断路器，接地变压器站用变压器过流Ⅰ段保护正确动作。

（三）整改措施

（1）303线路停电时对架空线第一、二基塔避雷线加装接地引下线。

（2）如发生接地站用变压器过流、零序保护动作，可在雷电天气停止后，检查一次设备无异常、可试送一次，如试送不成功，隔离接地变压器作检查处理。

从以上分析可以看到，光伏35kV系统在雷雨天气下易形成接地电容电流，应该清醒地认识到，在此情况下须做好应急处置措施，保证设备设施可靠运行。

（贵州乌江水电开发有限责任公司思林发电厂
陈寿康
贵州电网公司有限责任公司电力科学研究院
扈克德）

“少人值班，无人值班”方法在光伏电站的应用

广西桂平大湾镇画眉河（界岭）农光互补发电项目光伏电站场址位于桂平市西南侧的大湾镇境内，场区距桂平市直线距离约42km。有多条硬化乡村道路通至场区，对外交通便利。广西桂平大湾镇画眉河（天堂、界岭）农光互补发电项目总装机容量20万kW，并考虑以35kV电压等级接入天堂、界岭升压站，根据接入升压站和电能传输考虑，拟在天堂、界岭光伏电场新建一座220kV升压站，升压站规模按1×100MVA+1×150MVA设计，以1回220kV出线接至220kV社步变电站，送出线路直线距离40km，送出线路导线截面2×300mm^2。

该项目由中国水利水电第十工程局有限公司负责建设，在充分考虑光伏施工过程中及后期业主运行维护成本实际，根据现场情况，对光伏场区施工中及后期运行维护达到“少人值班，无人值班”施工工艺进行优化研究，取得了良好的效果。

（一）主要研究内容

该项目共设计32个子方阵，32台箱式变压器，占地面积约2600亩，研究通过远程操控及远程监控方式对光伏场区进行全方位监控。在每个子方阵箱式变压器、子阵远端安装全覆盖监控设备，使光伏场区做到无人值守目的。施工过程中设立多个移动式监控设备，对施工场区进行远程监控施工情况并辅助现场管理方法，以达到施工过程中的少人值班目的，节约人力投入成本。

（二）主要成果

（1）由于光伏场区作业面积广，施工区域位置分散，需要专车对管理人员进行接送，需投入较多管理人员对施工过程进行管理，过程中耗费大量的时间和人员、机械，该方法投入使用后，最大限度减少了管理人员投入，合理利用车辆，节约机械费用。

（2）该项目施工高峰期，工期时间紧，人力投入巨大，作业面众多，若使用传统方法进行管理，需安排较多管理人员进场，增加了管理试成本。采用远程监控方法后，管理效率大幅提升，减少车辆及人员投入，节支增效显著。

（3）项目建成后，在每个子阵安装全方位监控系统，对子阵控制采用远程操控方法进行操控，最大限度减少运行维护人员投入，达到“少人值班，无人值班”的目的。

（三）应用情况及推广前景

该方法在广西桂平大湾镇画眉河（界岭）农光互补发电项目成功应用，减少管理人员投入10～15人。后期业主运行维护人员减少人员投入4～6人。通过该方法的实施，大大降低了管理及运行维护人员的投入，提升了工作效率，值得推借鉴广。

（中国水利水电第十工程局有限公司 任勇）

缅甸中部光伏群项目光伏桩基钻杆的改进和应用

缅甸中部光伏项目群项目位于孟中印缅经济走廊互联互通区域，5个子项目分别位于马圭省、曼德勒省以及勃固省，项目规划并网容量16万kW，分5个场址同批建设，并就近接入缅甸国家电网。项目光伏支架采用固定式光伏支架，每组支架设计采用10根钻孔灌注桩，灌注桩孔径为200mm，深度为1500mm，5个项目共有桩基145000根。针对项目钻孔数量多，地质条件复杂的特点，项目桩基钻杆选用硬质合金钻杆，在实际施工过程中发现：钻杆工作时间长，磨损较快，损坏率较高，严重影响钻孔施工效率。为此项目部通过对钻杆前端切削头进行改进，降低钻杆的损坏率，取得了钻杆钻孔效率提高和损坏率降低的良好经济效益。

（一）主要研究内容

缅甸中部光伏电站分为5个项目场地：①京达项目大部分属剥蚀丘陵，地基土主要由含角砾粉质黏土、风化泥灰岩组成；②京荣项目工程区大地构造单元属于伊洛瓦底江二级阶地，场址附近主要分布的地层为冲洪积的卵石、泥岩为主夹粉砂岩等，卵石岩性主要以岩浆岩、变质岩类岩为主；③希达项目地貌单元属剥蚀丘陵，地基土主要由含角砾粉质黏土、风化黏土岩和泥质粉砂岩组成；④佐托塔雅区大地构造单元属于低山丘陵地貌，场地土的类型为中硬场地土；⑤薛京项目场区土地类型为中软场地土，覆盖层厚度小于50m。通过对项目资料数据进行分析研究发现，施工效率低和钻杆损耗量大的主要原因为部分施工场地地层较为坚硬，因长时间作业导致钻杆磨损率高，且工作效率低。根据各个项目的不同地质条件，对钻杆设计提出合理的优化建议和改进，在施工过程中提高了成孔效率及减少钻杆损耗量，节约项目施工成本和缩短工期，为后续同类型光伏项目提供参考依据。主要研究内容为：研究光伏区土建工程干作业成孔灌注桩钻孔在不同地质条件下最优钻杆的形状、材料成分，并在运用中验证。

（1）通过工装设计应用，将现场使用较多的钻杆切削头改进量产，大大增加了钻孔施工效率，同时降低了钻杆损坏率。

（2）通过工装设计应用，CAD 制图后选用汽车修理厂废弃弹簧钢钢板，使用车床批量加工下料。

（3）钻杆切削头焊接采用熟练焊工对称焊接，焊接完成后打磨处理，并对切削头进行金属热处理（退火、正火、淬火、回火），用以改善切削头的切削性能，并降低其脆性。

（二）关键技术及成果

项目部联合当地制造商设计制造不同材质、形状的钻杆，通过在不同地质条件下的试验，不断提升成孔效率，减少钻杆的损耗量，根据优化建议，合理设计，达到节约成本、加快进度的目的，通过实践证明，该套钻杆优化试验方法、质量控制措施和技术措施具有较高的适应性和坚韧特点。通过对该项目桩基钻杆的改进和应用，有以下的技术经济指标：

（1）技术指标。对光伏桩基钻杆的改进和应用，通过工艺创新及 CAD 技术辅助，利用废弃弹簧钢板解决了桩基钻孔时损坏率较高和施工效率低的问题，极大提高了桩基钻孔效率并降低了钻杆的损坏率。

（2）经济指标。改进后，桩基钻孔每孔平均时间由 10min 降低至 7min，节约了大量设备租赁费用和人工费用，同时降低了桩基钻杆损坏率。取得良好经济效益。

（中国水利水电第十工程局有限公司　易朝安　牟长江）

三峡乌兰察布新一代电网友好绿色电站示范项目

（一）工程概况

三峡乌兰察布新一代电网友好绿色电站为 2021 年列入国家能源局典型示范项目，包括新一代电网友好绿色电站、源网荷储一体化绿色供电示范两个子项目。通过精确控制用电负荷和储能资源，解决新能源消纳及其产生的电网波动性等问题。项目分三期建设，其中一期 2021 年 12 月全容量并网发电，二期、三期预计 2023 年底并网发电。该项目位于内蒙古乌兰察布四子王旗境内，场址占地范围约 950km^2。项目核准总容量为风电 170 万 kW、光伏发电 30 万 kW，配套建设 55 万 kW 储能系统。项目分为 4 个风光储单元，规划建设 4 个升压储能一体化站，1 个智慧联合调度中心。

项目建成后，每年发电量为 63.32 亿 kW·h，每年可节约标准煤 203 万 t，减少二氧化硫排放量 14564t，减少氮氧化物排放量 20123t；减少排放二氧化碳（温室效应性气体）5205265t，减少烟尘排放量 2532.98t，减少灰渣排放量 756409.93t。为配套该工程，在乌兰察布市建立了“三峡现代能源创新示范园”，该园区 2022 年上半年已竣工验收并陆续投运。

（二）工程设计

项目计划分三期建设。①一期工程：风光发电总容量 50 万 kW，其中风电 42.5 万 kW，光伏 7.5 万 kW，新建一座 220kV 储能升压站（4 号），配置 14 万 kW（2h）锂电池储能；建设智慧联合集控中心一座。②二期工程：风光发电总容量 75 万 kW，其中风电 62.5 万 kW（2 号站 35 万 kW，3 号站 27.5 万 kW），光伏 12.5 万 kW（2 号站 5 万 kW，3 号站 7.5 万 kW），新建 2 座 220kV 储能升压站（2、3 号），配置 22 万 kW（2h）储能，其中 2 号储能升压站配置 8 万 kW（2h）锂电池储能；3 号储能升压站配置 9 万 kW（2h）锂电池储能和 5 万 kW（2h）STATCOM 储能。③三期工程：风光发电总容量 75 万 kW，其中风电 65 万 kW，光伏 10 万 kW，新建一座 220kV 储能升压站（1 号），配置 19 万 kW 储能，其中在 1 号储能升压站建设 14 万 kW（2h）锂电池储能，2 号储能升压站建设 5 万 kW（2h）数字储能。

该项目风力发电机组一期选用单机容量为 5.25MW 和 5.5MW 机型，二期选用单机容量为 6.25MW 机型，三期选用单机容量为 6.25MW/6.66MW 和 6.67MW 机型。风机与箱式变压器采用“一机一变”接线方式。箱式变压器高压侧均采用 35kV 电缆引接至邻近 35kV 架空输电线路上，风机所发电能通过箱式变压器升压至 35kV 后，采用多台风机—变压器单元组合，经 35kV 架空集电线路分别接入场址区域内 4 座 220kV 升压储能站 35kV 母线。单回 35kV 集电线路输送容量约 25MW，该项目风电集电线路共分回路，其中 16 回/一期、16 回/二期、16 回/三期。

（三）施工难点

（1）机型迭代速度和项目建设进度之间的矛盾。机型迭代速度和核准变更之间的矛盾，每一期工程，机型容量参数均再上一个台阶。更有工程规模、工期和技术升级的矛盾；大件设备供货，也受机型升级迭代快影响，尤其是叶片的产能及大件运输特种车辆的运力未能与机型同步发展等问题。该工程超前与送出工程进度滞后的不匹配等困难。

（2）储能技术应用安装调试难点。一期工程利用磷酸铁锂电池储能技术，共建设 86 个储能电池仓，一个仓 11 簇电池，每簇 26 个电池组，每组 14 个电池芯。这些电池仓累计共有 80 万个信息点需要检测，调试工作的特殊性与精密性以及裸手在－20℃的调试环境下工作长达十几个小时前所未有。在二期、三期工程建设中示范应用多种非锂电池新型储能技术，全面促进储能产业的科技创新。

（四）主要创新成果

（1）新一代电网友好绿色电站示范项目。该项目是全国首个源网荷储项目，且储能配置规模达千兆瓦时的新能源场站。依托该项目开展的科研课题及成果有：①与主机厂家金风科技合作开展《风险源不确定度在乌兰察布四子王旗地区的应用研究》。②与主机厂家运达股份合作开展《基于多源异构数据的风机智能健康管理的研究及应用》。③与主机厂家运达股份合作开展《基于数据挖掘的自适应偏航优化控制策略的研究及应用》。项目的技术价值及创新点为：基于多重聚类方法的数据深度清洗技术；基于数据降维及多元线性回归方法的偏航误差辨识技术。④与主机厂家运达股份合作开展《基于结构仿真优化技术的风电机组结构件设计方法研究与应用》。

（2）“源网荷储”技术研发试验基地。三峡乌兰察布“源网荷储”技术研发试验基地一批科研成果投运，创下多个行业领先成果。具体的几大创新点如下：①国内容量最大功率路由器示范工程投运。该项目研制的功率路由器各端口容量合计 1.2 万 kW，该设备所采用的所有 IGBT 和 IGCT 功率器件均实现了国产化替代，打破了国外在大功率半导体领域的技术壁垒。②大规模新能源及储能综合仿真与实验平台初步建成投入运行。该平台首次突破 RTDS、RT-LAB、RT-MEET、动态模拟的高速实时通信和接口设计技术，可实现电磁暂态数字模型、实际控制保护装置和储能系统的跨平台联合仿真。③兆瓦时级固态锂离子电池储能关键技术及工程应用。该项目结合原子级键合技术、离子导电膜技术并配合新型电池装备，提升了界面接触及稳定性、循环稳定性，有效抑制了循环过程中电池的体积膨胀及 SEI 膜热稳定性。④兆瓦级直流耦合接入的锂离子电池/超级电容器混合储能系统并网运行。该项目整套系统由 3 个预制舱体组成，分别为 0.5MW/(1MW·h) 锂离子电池储能系统舱、1MW/(0.1MW·h) 超级电容器储能系统舱、1.5MW 储能变流器舱。⑤国家首台（套）重大技术装备—飞轮储能系统完成联调。该飞轮储能系统规模为 1MW/15MJ，采取集装箱式布置方式，飞轮储能子系统由 5 台 200kW 高速磁悬浮储能飞轮单元及配套 PCS 等设备构成。该产品充放电循环次数超过 100 万次，使用寿命长达 20 年。

（五）工程建设进度

①一期已于 2021 年 12 月并网发电。②二期目前处于设备吊装收尾＋机电安装阶段；计划 2023 年 6 月完成吊装、9 月具备并网发电条件，12 月全容量并网发电。③三期正处于土建收尾＋吊装开始阶段；计划于 2023 年 8 月完成设备吊装，12 月全容量并网发电。

（上海勘测设计研究院有限公司新能源设计研究院）

塔式光热电站熔盐储罐的全面质量管理应用

塔式光热电站是通过布置在定日镜场一定数量的定日镜，将太阳光反射聚焦到镜场中心的吸热塔顶吸热器上，吸热器吸热后加热内部传热的熔盐，达到设定温度后下塔储存于高温熔盐储罐。高温熔盐泵送至换热系统，将热能换热至高温高压水蒸气，传送至汽轮机发电。换热后的低温熔盐输送至低温熔盐储罐，再泵送至吸热塔，如此循环往复。熔盐储罐的建设质量管理十分重要。

1. 熔盐储罐　青海省某塔式光热发电站采用双罐设计（高温、低温储罐各 1 个）。2 个储罐均由储罐基础、罐底、罐壁、罐顶、保温层及附件组成，但在材质、运行温度、保温层厚度和配套熔盐泵和管路等方面区别较大。相比而言，高温熔盐储罐因其特殊材质和较高运行温度，实施难度略大于低温熔盐储罐。熔盐储罐工程是一项系统工程，唯有运用全面质量管理理论，对熔盐储罐工程项目人员、材料、机械、方法和环境等予以全方位质量管理，从而确保熔盐储罐的质量。

2. 事前控制　工程实施前，通过系统全面的事前控制，从源头上对产品质量进行预防与控制。一是营造全员质量意识，明确质量目标、计划、责任分解和制度。二是考虑各种因素，科学决策，选择适合高质量发展的设计和实施方案。

3. 事中控制　事中质量控制中，通过 PDCA 循环解决施工中的质量问题。

（1）计划阶段（P）结合工程实际，从影响质量的人机料法环入手，对易造成熔盐储罐工程质量问题的各个因素予以分析，找出影响熔盐储罐工程质量的关键因素，细致分析可能形成质量问题的原因，并制定有效的措施。结合工程现场情况，编制切实可行的熔盐储罐工程施工组织设计及专项方案。

（2）实施阶段（D）要严格执行计划。严格落实各项质量控制措施，确保熔盐储罐的每个流程、工序都能达到标准。要针对熔盐储罐实施的特殊性，重点把控关键质量的11项控制点，制定相应的控制措施，使其符合工艺要求的参数。

（3）检查阶段（C）要严格对照国家标准规范、熔盐储罐图纸和实施方案，对已完成项进行科学评估与检查，做好自检、互检及交接检。将实施结果与计划对比，对存在的问题及时记录、梳理和汇总。

（4）处理阶段（A）要对实施结果进行总结分析，对检查阶段发现的质量问题，制定切实可行的处理措施，及时严格按规范和标准进行整改，未解决问题转入下一循环。通过循环往复，不断重复PDCA循环，直至全部问题得以解决。

4. 事后控制　熔盐储罐工程事后质量控制要加强检验，全面检查建设资料的完整性与真实性。根据熔盐储罐检测方案，严格落实焊接检测工作，罐体焊缝100%无损探伤（射线拍片、超声波），其中罐底板辅以相控阵检测复核，发现问题及时修复处理，确保管壁、罐底板焊接质量符合设计及规范要求。外观及无损检测合格后，再进行满水试验，荷载试验等，最后进行酸洗清理。对不合格项，严格按规范和标准进行返修、更换和报废。必要时可再次执行PDCA循环，直至质量满足要求。事后质量控制还应包括加强成品保护，避免淋湿或损伤，确保产品最终的观感和实体质量等。

（中国电建集团西北勘测设计研究院有限公司
祁林攀　宋棋芃　佘攀）

张北压储项目2022年建设情况

（一）项目概况

张北压储项目为百兆瓦先进压缩空气储能示范项目，地点位于张北县庙滩云计算产业园，占地85亩。项目建设内容包括百兆瓦先进压缩空气储能示范系统1套，110kV变电站1座，地下储气洞室，地上储气管道，其余包括综合楼、泵房、供暖热站、道路、各类管线等配套设施。厂区规划总建筑面积为34980.68m^2，地上建筑面积为34980.68 m^2，容积率为1.00。

项目建设规模为10万kW/40万kW·h，系统设计效率达70.49%，项目建成后，将成为国际首套10万kW新型压缩空气储能系统。压缩空气储能系统具有规模大、效率高、成本低、环保等优点，被认为是极具发展潜力的大规模储能技术，能够将可再生能源发出的不稳定电能转化为稳定、可控的优质电能，有效解决弃风、弃光问题，实现可再生能源发电大规模消纳。同时，实现电力调峰、调频、调相、电压支持、旋转备用、应急响应等储能服务，提升电力系统效率、稳定性、安全性。

一期地下储气库建造规模为地下3万m^{3}储气洞库，包含储气洞库、连接巷道、竖井、输气管道、密封衬里，安全监测设施，安全堵头内容。储气洞库布置为2条主洞（净间距68m），储气洞室①长146m，储气洞室②长239m，直径10m；连接巷道长58m，净断面尺寸为6m×5.5m；布置1条竖井于连接巷道中部，直径为7.00m。3万m^{3}储气洞库由两条储气洞室组成，施工竖井兼具平硐开挖出渣和今后输气管道应用，竖井和储气洞室通过水平支洞连接，施工设置一个堵头，堵头位于竖井和支洞交叉位置处，竖井内堵头顶部设置一个密封门，可向上部开启。

工程于2021年4月26日开工，规划2021年底完成升压站并网、倒送电及2023年底完成全容量（10万kW×1h）并网发电、投运。

（二）工程进展情况

2022年场区储能车间主厂房、辅房、控制室、水泵房、综合楼、场区道路、管网、升压站、送出线路全部施工完成，地上储气管道施工完成；储能车间压缩机、膨胀机、发电机及其附属设备、管路安装完成；地下储气库建造工程竖井开挖支护完成，连接巷道开挖支护完成，储气洞室开挖采用上下台阶法进行开挖，现储气洞室上台阶开挖进尺260m，下台阶开挖完成49m，开挖完成34%。

（三）质量安全情况

项目始终坚持以“安全第一、预防为主、综合治理”的方针，建立健全的安全生产组织机构，项目部成立项目安委会和安全生产领导小组，明确各级领导干部、各办公室及各岗位人员的岗位职责。并由主要负责人带队进行安全生产专项检查，发现并及时处理安全隐患。按照分局“四个责任体系”实施管理细则要求，及时修订了项目部四个责任体系实施细则，对职责进行了细化，明确了体系管理框架图。根据公司、分局及业主标准化建设有关文件精神和规定，全面开展标准化建设工作，规范现场安全设施。加强对作业人员的安全培训教育工作，通过施工安全教育培训，强化参建人员安全意识，提高安全生产管理人员管理能力，有效防范安全事故发生。针对关键工序、特殊过程编制专项施工技术措施和作业指导书，严格落实施工技术措施交底制度、隐蔽工程验收记录及“三检制”，确保施工质量。2022年验收完成737个检验批，其中一次验收合格率为98%，整改后合格率为100%，整体施工质量处于可控状态。

（四）科技攻关情况

鉴于项目建成后成为国内外首台（套），且地下储气库也为全球首个人造地下储气洞穴，目前尚无成熟的施工工艺及方法，组织编制地下储气库开挖支护专项施工方案，优化施工工艺及设备选型，确保开挖质量，合理配置资源，确保实现节点目标；研究地下储气库深竖井大断面洞室开挖施工，地下储气库开挖采用爆破方式进行，开挖过程中，通过试验得出合理的爆破参数，同时根据围岩性质，不断进行调整，减少超欠挖，保证洞室一次成型及开挖质量；研究竖井灌浆止水施工，针对竖井渗水量大，采用水泥浆＋水玻璃双液灌浆的方式进行灌浆止水，止水效果良好；优化出渣设备选型，确保施工进度要求；针对该示范项目综合施工技术研究，优化开挖支护方案，为类似储能工程提供施工参数及依据。

（五）工程保障情况

科学组织施工，充分利用有利的季节和气象条件，合理组织生产施工，尽量加快施工进度，减少混凝土冬季施工工程量，减小施工难度，节省施工成本；加强对重点部位的监控管理，并提供相应技术保障。抓好施工黄金季节的计划安排，从技术、设备、劳动力上保证关键路线的重要，实现平面、立体交叉作业，同时抓好非关键线路，同步展开，整体推进工程进度。建立健全完善的技术保障体系，确保施工生产顺利进展和加速施工进度，实行总工程师质量总负责的技术责任制；编制周密、详尽的施工生产进度计划，将施工进度按日、周、月分解至每个协作队伍，并按照完成情况进行相应的考核；施工过程中不断优化施工组织设计及施工进度计划，对出现进度偏差的路线进行分析，并制定相应的纠偏措施，保障施工进度满足工期节点与生产目标要求。

（中国水利水电第四工程局有限公司
魏昌伟　刘军喜）

中国长江三峡集团有限公司 2022 年新能源项目开发情况

2022 年，中国长江三峡集团有限公司（以下简称三峡集团）坚持“风光并举、海陆共进”的发展理念，锚定“双碳”目标，全力推进陆上新能源大基地建设和海上风电集中连片规模化开发，勇当新能源高质量发展的“排头兵”。新能源开发建设、电力生产、科技创新等工作取得显著进展。

（一）新能源重点项目推进成效显著

三峡集团新能源战略布局持续优化，新能源资源获取实现历史新突破。新能源装机容量约为 3200 万 kW，其中海上风电装机规模跃居国内第一、全球前列。新能源发电量再创新高，单日发电量突破 2 亿 kW·h，保供增供能力进一步显现。

（1）海上风电引领者地位进一步夯实。三峡集团坚定实施海上风电引领战略，坚持集中连片化规模开发海上风电，积极获取广东、福建、江苏、山东等沿海地区海上风电项目资源，形成“投产一批、建设一批、核准一批、储备一批”的滚动开发格局。北起辽宁大连，南至广东阳江的全球最大海上风电走廊已初具规模；广东、福建、江苏区域 5 个“百万千瓦级”海上风电基地基本建成；山东首个海洋牧场融合海上风电试验示范项目实现全部并网发电。海南、上海、天津海上风电实现零的突破，进一步巩固引领优势。

（2）陆上新能源基地开发建设提速。三峡集团统筹推进新能源大型基地项目建设。国家首批大型风电光伏基地项目全部开工建设；国家首批“沙戈荒”基地——库布其新能源基地先导工程顺利开工。全球单体规模最大水面漂浮光伏——安徽阜阳风光储基地、国内单体规模最大的光伏治沙项目——内蒙古库布其项目、西南地区规模最大风电项目——云南弥勒西等一批项目实现并网发电。

（二）新能源科技创新取得重大突破

三峡集团始终将科技创新摆在新能源发展的重要位置，充分发挥原创技术“策源地”和现代产业链“链长”作用，以重大工程项目为载体，以科技创新助推重大装备和关键核心技术国产化，助力新能源产业高质量发展。

（1）在海上风电方面。国家发展改革委揭榜挂帅项目，我国自主研制的全球单机容量最大的 16MW“率先号”样机正式下线并成功入选国务院国资委 2022 年度央企十大国之重器。全球首艘 2000t 级新一代海上风电安装平台“白鹤滩”号和国内首艘“运输＋起重”一体化深远海海上风电施工船“乌东德”号交付使用。

（2）储能、氢能等方面。深入开展氢能、新型储能等清洁能源前沿技术研发攻关。国家发展改革委揭榜挂帅创新示范 60MW 压缩空气储能项目已完成总体设计方案；青海、甘肃等地光热项目以及纳日松光伏制氢项目实现全面开工；多场景规模化电解水制氢项目正在围绕科研及落地需求推进研究、研制及应用示范工作；国内首艘内河氢燃料船开工建造。

（3）新型电力系统方面。在内蒙古投资建成三峡现代能源创新示范园和全球最大“源网荷储”一体化综合应用示范项目，建设产、学、研、用深度融合的源网荷储技术研发试验基地，打造目前国内规模最大、类型最丰富的储能系统动态模拟平台，在功率路由器、智慧集控等方面取得重要突破。积极探索新能源产业跨界融合创新之路，建成国内首座绿色零碳数据中心。

（中国长江三峡集团有限公司 王一茹）

中电建新能源集团股份有限公司 2022年新能源投资开发项目情况

2022年是中电建新能源集团股份有限公司重组第一年，公司实现了“四个1000万kW”目标，资源储备量超过1亿kW，投产和在建项目覆盖全国27个省（自治区、直辖市），在华北、华中、西北等资源富集区域形成规模优势，在海上风电、光热发电、新能源制氢制氧等新兴业务领域建立先发优势，在规划设计、施工建设、装备制造、运营维护全产业链构筑一体化竞争优势，在服务国家“双碳”目标的新征程上，奋力走出“后来居上”的赶超之路。截至2022年底，公司资产总额超660亿元，投产项目装机规模超1000万kW，其中风电项目装机规模近740万kW，光伏项目装机规模超250万kW，光热项目装机规模5万kW，综合能源项目5万kW，储能项目5万kW。

2022年，新开工建设风电、光伏、光热和电池储能等各类项目71个，装机容量1020万kW；30个项目实现了并网发电，新增装机容量255.06万kW，总投产装机容量1002万kW。

（一）风电项目情况

1. 万宁海上风电项目 该项目位于海南省万宁市东部海域，目前为全球最大规模商业化漂浮式海上风电项目，装机容量100万kW，2022年12月26日正式开工建设。

2. 酒泉风电项目群 该项目位于甘肃省酒泉市境内，目前为国内首批大基地、大规模连片式投资开发的风电项目之一。2022年4月9日酒泉安北第一风电场一期（B区）20万kW工程项目全容量并网，4月14日酒泉安北第五风电场A区20万kW工程项目全容量并网，6月29日酒泉北大桥（5万kW）“风光储”一体化项目全容量并网，9月1日酒泉安北第五风电场B区20万kW工程项目正式开工建设，12月26日酒泉安北第一风电场二期（A区）20万kW工程项目全容量并网。

（二）光伏项目情况

1. 右江区乡村振兴分布式光伏项目 该项目位于广西壮族自治区百色市右江区，装机容量29万kW，2022年12月14日实现全容量并网。

2. 德保县乡村振兴生态修复分布式光伏项目 该项目位于广西壮族自治区百色市德保县，装机规模24.1万kW，2022年12月31日实现首批并网。

3. 黄冈浠水渔光互补光伏项目 该项目位于湖北省黄冈市浠水县，装机容量16万kW，2022年12月26日实现全容量并网。

4. 金沙村光伏复合项目 该项目位于宁夏回族自治区中卫市中宁县，装机容量15万kW，2022年9月5日实现全容量并网。

5. 万德村光伏发电项目 该项目位于云南省楚雄州武定县，装机容量12.5万kW，2022年12月30日实现全容量并网。

6. 红寺堡区光伏复合项目 该项目位于宁夏回族自治区吴忠市红寺堡区，装机容量10万kW，2022年12月31日实现全容量并网。

（中电建新能源集团股份有限公司）

中国水利水电第四工程局有限公司承担建设的3项光伏发电项目2022年建设情况

（一）大武乡光伏发电工程

1. 项目概况 果洛州光牧储一期大武乡光伏发电工程8.6万kWp施工总承包一标段项目位于青海省果洛州玛沁县境内，距离玛沁县约30km，海拔高度在4000～4100m之间，工程建设规模为光伏43MWp，该工程共11个发电单元，每个发电单元安装容量约为3903.12kWp，光伏组件采用540Wp单晶硅双面组件，根据光伏发电单元布置情况，共敷设14回35kV集电线路至升压站。该项目建设形式为施工总承包。

2. 2022年建设情况 ①投资完成情况。项目总投资2459.46万元，2022年完成投资2459.46万元，占总投资100%。②主要工程形象进度。该项目于2022年5月30日开工建设，8月25日桩基基础全部施工完成，11月29日支架安装全部完成，12月26日11个子阵全部实现并网发电。

（二）吉塘一期复合型光伏发电工程

1. 工程概况 西藏昌都察雅县吉塘一期复合型光伏发电项目规划装机容量20万kW，场址位于西藏自治区昌都市察雅县吉塘镇，项目采用牧光互补开发形式，直流侧安装容量为22.104576万kWp，额定容量20万kW，采用540Wp单晶硅组件＋固定式支架＋196kW组串式逆变器方案，共64个子方阵。

2022年由于业主单位20万kW施工项目暂未批复，只批复2万kW保供指标，因此2022年项目建设情况以2万kW为主。2万kW保供项目采用牧光互补开发形式，直流侧安装容量为2.223936万

kWp，额定容量2万kW，采用540Wp单晶硅组件+固定式支架，共7个子方阵。

2.2022年建设情况 ①投资完成情况。项目总投资4.39亿元，2022年完成投资1.27亿元，占总投资29%。②主要工程形象进度。该项目于2022年7月8日开工建设，11月5日桩基基础15840根全部施工完成，12月10日光伏组件39494块安装全部完成，12月24日送出线路包括56基铁塔22.454km导线全部完成，12月26日升压站站内电气设备调试完成，12月28日7个子阵全部实现并网发电。

（三）德令哈多能互补一期光伏工程

1.工程概况 德令哈220万kW多能互补一期光伏项目位于青海省德令哈市西出口光伏光热园区西侧，距德令哈市约25km；水电四局承建的电源本体由5个光伏发电区域组成，共布置168个3.15MW固定支架子方阵，合计交流侧容量55万kW，直流侧容量约72万kWp；组件采用540Wp、600Wp两种单晶双面组件；逆变器采用组串集成逆变设备，集成平台型式布置；组件、逆变器为1500V系统；35kV箱式升压变电站变压器采用3150kV·A全密封三相双绕组无励磁调压油浸式型式；项目配置10万kW/20万kW·h储能系统。光伏发电区域包括光伏阵列、集成式逆变设备、储能设备、35kV箱式变压器及检修道路等。

2.2022年建设情况 ①投资完成情况。该光伏项目总投资9005.55万元，2022年完成投资1153.65万元，占总投资12.8%。开工累计完成投资2923.7万元，占总投资32%。②主要工程形象进度。项目于2022年1月10日，钢管螺旋桩基础全部施工完成，2022年完成螺旋桩打桩施工5.9万根，2022年完成固定式组件支架安装1.73万套。

（中国水利水电第四工程局有限公司 叶春玲）

中国安能集团第二工程局有限公司承建的新能源工程2022年建设情况

（一）巨龙梁风电项目（一期）

1.项目概述 巨龙梁风电项目位于昆明市寻甸县，属于高原山地风电工程，平均海拔3300m，总装机容量10万kW，主要为13台0.67万kW和2台0.645万kW的风电机组、15台箱式变压器与35kV集电线路及升压站扩建，以及15个风机安装平台、场内施工道路及改扩建道路、渣场施工。该项目是云南省“保供给，促投资”新能源规划重点项目之一，被列入云南省2022年度“重中之重”项目清单。该项目由中国大唐云南发电有限公司滇中新能源事业部投资，中国安能集团第二工程局有限公司承建。

2.形象进度 为确保年底投产目标，公司从施工组织策划、人员调配管理、资源重新配置等多方面入手，严控工程安全、质量、进度，确保工程同步整体推进。主要进展节点：①9月22日正式开工，同日首台风机基础开挖；②10月7日完成首台风机基础浇筑；③11月28日开始首台风机吊装；④12月20日完成首台风机吊装；⑤12月31日完成首台风机并网。计划2023年6月30日15台风机全部并网发电。

3.工程效益 项目建成后，预计年发电量3.8亿kW·h，年可节约标准煤9.11万t，减排二氧化碳24.59万t，减排二氧化硫47.28万t，项目建设既有效利用了当地风能资源，提高区域供电能力，又对减少大气污染发挥积极作用，将为实现“双碳”目标和云南打造绿色能源强省作出贡献。

（二）普洱营盘山光伏项目

1.项目概述 大唐云南普洱市思茅区营盘山光伏电站工程场址位于思茅区龙潭彝族傣族乡黄草坝村西部附近的山脊上，光伏阵列布置区域由5个地块构成，场址区整体偏南向，地势比较平坦。工程地理坐标介于东经100°35′42″～100°37′55″，北纬22°46′10″～22°47′55″之间，坡度在5°～25°之间，海拔高程在1852～2011m之间。场址对外交通运输有多条道路连接，距思茅区里程约85km。

2.形象进度 光伏发电系统由16个0.315万kW光伏方阵组成，新建1座110kV升压站。主要进展节点：①4月进场施工；②5月开始持续强降雨，造成进场道路泥泞不堪，损毁严重，人员设备材料运输、桩基础混凝土浇筑及材料二次搬运受到严重影响，项目部全力组织道路保通和材料倒运；③3月29日完成光伏场区界限测量放点；④4月28日光伏区清表完成；⑤5月20日桩基础钻孔完成；⑥6月17日光伏场区接地网施工完成；⑦8月19日桩基础浇筑完成；⑧12月21日完成集电线路施工，完成箱式变压器交接验收试验；⑨12月31日完成光伏支架、组件安装完成98%；全力为2023年并网做好充分准备。

3.工程效益 该光伏发电站全部并网发电后，额定容量为5万kW，安装容量为6.217万kWp，年平均上网电量8776万kW·h，年均节约标准煤约2.76万t，可减少排放二氧化硫59.28t、二氧化碳6.94万t、氮氧化合物59.28t、烟尘8.89t，对调整云南省能源结构、促进节能减排、完善电网结构具有重要意义。

（中国安能集团第二工程局有限公司 齐建飞 曾伟杭）

能源消纳

2022年国家电网清洁能源运行消纳情况

（一）清洁能源装机概况

2022年，国家电网公司经营区清洁能源装机仍然快速增长，但发展态势有所变化。从装机增速上看，仍然保持快速增长态势。公司经营区年内新增清洁能源装机容量12590万kW，占新增总装机容量的80%，累计装机容量达9.1亿kW，同比增长16.0%；清洁能源在总装机容量中的占比达45.5%，比年初增加2.9个百分点。从装机类型看，风电装机增速放缓、光伏持续快速增长、水电增速平稳。公司经营区年内风电、光伏、水电分别新增装机容量3036万、7319万、2236万kW，同比减少24.7%、增加56.7%、增加33.8%。从地域分布看，新能源新增装机主要在华北、西北和华东地区，水电新增装机主要集中在西南地区。华北、西北、华东地区新增新能源装机容量7223万kW，同比增加15.2%，占全网的69.8%；3个地区风电和光伏新增装机占全网的比例分别为61.3%和73.3%。

2022年国家电网公司经营区域内水电累计装机容量达到2.72亿kW，同比增长9.0%，占全网总装机容量的13.6%。其中，华中、西南地区水电装机容量17684万kW，同比增长8.4%，占全部水电装机容量的65.0%。

2022年国家电网公司经营区域内风电累计装机容量达到3.03亿kW，同比增长11.1%，占全网总装机容量的15.1%。华北、东北、西北（以下简称“三北”）地区风电装机容量2.06亿kW，同比增长11.1%，占全部风电装机容量的67.9%。其中，华北、东北、西北地区风电装机容量分别为7586万、4692万、8279万kW，同比分别增加11.1%、19.5%、11.8%。风电装机容量占总装机容量的比例超过20%的省级电网有7个，依次为蒙东、冀北、甘肃、吉林、新疆、黑龙江、宁夏、青海。目前，风电是冀北第一大装机电源，风电成为第二大装机电源的省份（地区）有7个，分别为新疆、山西、蒙东、甘肃、辽宁、吉林和黑龙江。

2022年国家电网公司经营区域内光伏累计装机容量达到3.36亿kW，同比增长27.8%，占全网总装机容量的16.8%。其中，“三北”地区光伏装机容量1.98亿kW，同比增长23.0%，占全部光伏装机容量的59.0%。目前，光伏是青海第一大装机电源，光伏成为第二大装机电源的省份（地区）有12个，分别为山东、浙江、河北、江苏、河南、安徽、宁夏、陕西、江西、天津、上海、西藏。

（二）清洁能源运行与消纳情况

1．清洁能源消纳成效显著　2022年，国家电网公司经营区清洁能源发电量1.86万亿kW·h，同比增加1707亿kW·h，同比增长10.1%；清洁能源发电量占总发电量的比例达到27.9%。公司经营区水电利用小时数3324h，同比减少343h；风电利用小时数2204h，同比增加3h；光伏利用小时数1262h，同比增加107h。从水电消纳情况看，公司经营区水电消纳总量为8648亿kW·h，同比下降1.55%，全网消纳的水电占用电量的比例约为12.9%。从新能源消纳情况看，公司经营区新能源消纳电量9992亿kW·h，同比增长22.6%，占总发电量比例达15.0%。其中，风电6284亿kW·h，同比增长17.5%；光伏3708亿kW·h，同比增长32.5%。

2．弃电情况得到有效缓解　2022年，国家电网公司经营区弃水损失电量106.2亿kW·h，同比减少28.0亿kW·h，下降20.9%，利用率同比提升0.4个百分点。弃水主要发生在四川省，四川省全年弃水电量为79.6亿kW·h，占全网弃水电量的75%，较上一年减少51.8亿kW·h，同比减少39.4%，利用率为98.0%，同比提高1.5个百分点。

2022年，国家电网公司经营区新能源弃电量279亿kW·h，同比增加42亿kW·h，利用率97.3%，同比增加0.1个百分点。弃风电量209.7亿kW·h，同比增加19.6%；弃光电量69.3亿kW·h，同比增加12.2%。从利用率看，公司经营区风电光伏保持高效利用。风电利用率为96.8%，同比下降0.1个百分点；光伏利用率为98.2%，同比提升0.3个百分点。

（三）促进清洁能源发展与消纳的相关措施

1．成功应对历史罕见的汛期特枯局面　各级调度持续统筹优化水电运行，充分发挥水电及抽水蓄能的顶峰保供能力，成功应对了长江流域历史罕见的来水特枯、夏秋冬连旱的不利形势。①迎峰度夏期间水电发挥保供作用。2022年，国家电网公司经营区出现降雨最少、来水最枯、气温最高、范围最广的“四最”极端天气。在大渡河、岷江、嘉陵江等流域水库基本见底的艰难形势下，国家电网省各级调度持续优化梯级水库联合运用，晚峰期间水电按最大发电能力发挥顶峰保供作用，成功化解水电来水特枯、支撑能力大幅减弱的困难局面。②迎峰度夏之后蓄水工作有序开展。华中地区发生秋冬春连旱，三峡等主力水电蓄水不足、蓄能值普遍较常年偏低4成左右。国调、华中及各省调协同开展梯级和跨流域水库优化调度，部分水库以最小生态流量发电。度夏后来水增加，除三峡因向下游持续补水、水位偏低外，各流域来水恢复正常，整体蓄能值基本与常年持平。西南完善枯水期水库存水耗用机制，克服了汛末水电站整体蓄能较低风险，为枯水期电力保供提供有力支撑。③抽水蓄能利用水平同比获得提升。2022年公司区域内投产抽水蓄能装机容量710万kW，同比增加290万kW；累计装机容量达3371万kW，同比增长27%。各级调度持续强化抽水蓄能调度运行专业管理，推进“两发两抽”覆盖面，全网抽水蓄能利用小时数达到2894h，同比提高99h。其中，华东抽水蓄能利用小时数达到3133h，同比基本持平；华中、华北抽水蓄能利用小时数分别达到2982、2490h，同比大幅增加548、279h。

2. 分布式可观可测可控能力持续提升 ①完善分布式可观可测能力建设。积极探索通过加强营配贯通改造等方式提升分布式可观可测水平。河北、山东试点实现低压分布式光伏运行数据“分钟级”采集；华东试点实现分布式出力监视和功率预测的网—省—地—县多层级展示。②开展分布式光伏可控示范建设。河北保定实现全域户用分布式光伏分区域并离网一键操控，支撑分布式光伏参与调峰的协同控制系统目前已具备实用化条件。③持续提升小水电的调控性能。浙江创新构建全流域水电优化调度控制模型，实现库容和径流水电站协同调度，挖掘全省小水电100万kW的调峰潜力；福建上线小水电可调能力在线分析功能，开展精细调度，提升小水电调峰幅度30万kW。

3. 探索完善新型储能管理机制 ①促进储能与电网协调发展。各单位依据企业标准《电力系统配置储能分析计算导则》，科学测算电网配置储能需求。制定了储能系统接入电网相应技术标准，建成储能并网移动检测平台。配合政府制定并网调度协议示范文本，各单位与全部符合条件储能电站完成签订。②提升储能调度运用。制定推动新型储能参与电力市场和调度运用落实方案，组织建立新型储能管理专班，提升储能运行管理水平。印发《新型储能电站调度运行管理规范（试行）》，山西、江苏等试点省份推动储能纳入地方“两个细则”管理。推动储能“可观可控”，86%的储能电站具备AGC控制功能。

（国家电网公司国家电力调度控制中心 周才期）

2022年南方电网清洁能源运行消纳情况

（一）清洁能源装机概况

2022年，南方电网公司经营区（广东、广西、云南、贵州、海南）清洁能源装机保持快速增长，年内新增清洁能源装机容量2242万kW，占新增总装机容量的68%。其中，水电新增装机容量503万kW，主要集中在广东和广西；风、光新增装机容量1739万kW，主要集中在广东和广西。

2022年，南方电网公司经营区非化石能源累计装机容量达2.4亿kW，同比增长10%；非化石能源装机容量在总装机容量中的占比达55.6%。其中，水电累计装机容量达1.43亿kW，同比增长3.7%，占总装机容量的32.5%；核电累计装机容量达1961万kW，与2021年持平，占总装机容量的4.5%；风电累计装机容量达3836万kW，同比增长11.3%，占总装机容量的8.7%；光伏累计装机容量达4362万kW，同比增长44.8%，占总装机容量的9.9%。

（二）清洁能源运行与消纳情况

2022年，南方电网公司经营区非化石能源发电量7531亿kW·h，占总发电量的50.2%。其中，水电累计发电量4940亿kW·h，同比增长9.3%，占总发电量的32.9%；核电累计发电量1431亿kW·h，同比减少3.5%，占总发电量的9.5%；风电累计发电量795亿kW·h，同比增长24.5%，占总发电量的5.3%；光伏累计发电量365亿kW·h，同比增长30%，占总发电量的2.4%。

2022年，全网弃水电量7.2亿kW·h，同比减少0.3亿kW·h，水电消纳成效显著，实现连续两年主网零弃水，全网水能利用率超过99.8%；全网新能源基本实现全额消纳，风、光发电利用率99.82%，其中，风电利用率99.88%，光伏利用率99.7%。

（三）保障清洁能源发展与消纳的相关措施

（1）持续增强新能源消纳保障能力。实现新能源“应并尽并、能并快并”，支撑滇黔桂第一批国家级大型风电光伏基地等新能源项目加快建设。上线网级新能源调度运行管理平台，打造全国首个新能源多时空尺度精确预测智慧平台，实现网省调度新能源AGC/AVC主站全覆盖，全面提升新能源可观、可测、可控能力。

(2) 灵活调整水电运行策略。针对2022年上半年来水大幅偏丰情况，及时安排加大水电发电，促进富余水电消纳，实现主网零弃水。下半年根据来水转枯情况，及时调整为减发蓄水保供应策略，统筹安排水电站调减。坚持“上能顶峰、下能压谷”、长期保持水电灵活快速调节能力的原则，制定水电蓄水考核方案，坚守蓄能底线，积极组织蓄水保供，避免水库拉空造成水电机组失备导致大量限电。

(3) 全力保障西电东送健康有序发展。科学应对汛前来水偏丰、汛期丰枯急转的复杂形势，坚持“稳存量、促增量”，印发云电送粤协议电量统筹工作机制，做好云电送粤、云电送桂、黔电送粤、云电送琼等优先计划有效落实。发挥中长期市场“压舱石”作用，率先实现2022年度“网对网”“点对网”交易全量签约、应签尽签，成交电量创历史新高，奠定全年西电东送基础。

(4) 不断提升系统灵活调节能力。建成我国首个抽水蓄能多厂站集控中心，实现对南方区域9座抽水蓄能电站、常规水电站的集中监视和控制。广东梅州、阳江两座百万千瓦级抽水蓄能电站建成投产，南宁抽水蓄能电站、惠州中洞抽水蓄能电站等全面开工。南宁平陆储能电站并网试运行，为南方电网经营区内首个市场化独立运行的大容量共享储能电站。

(5) 深化完善电力市场机制。南方（以广东起步）电力现货市场首次启动全年不间断试运行，实现市场由价差向绝对价格模式的全面转变。南方区域电力市场启动试运行，推动印发《南方区域电力市场运营规则》等规则，初步建成“1＋N＋5X”的南方区域电力市场规则体系。印发云南富余水电增送实施方案，完善广西市场化增送广东交易机制，充分运用市场化机制、应急调度等手段，促进清洁能源消纳。

(6) 巩固提升跨区跨省电力互济能力。闽粤电力联网工程竣工投产，预计“十四五”期间可实现闽粤两地季节性送电电力达50万～160万kW，有力增强两省电网的抗灾、抗风险和紧急支援能力。中老电力联网项目115kV东盟—那磨线联网运行，中国和老挝正式开展双向电力贸易，首次组织“老电回送”，实现汛期老挝清洁能源送粤港澳大湾区充分消纳。

(7) 多措并举助力“双碳”目标实现。发布《南方电网公司碳达峰行动方案》，制定各省级新型电力系统建设方案。分级推进35项新型电力系统示范区建设，形成南沙“多位一体”微能源网、阳江风光火储一体化、贵州六盘水柔性配网工程等一批示范性成果。全面启动零碳示范区建设，率先将公司生产科研基地打造成为我国绿电消费规模最大的中央企业零碳总部基地示范区。成立广州可再生能源发展结算服务公司，支撑统筹解决可再生能源发电补贴问题。

（南方电网能源发展研究院　刘平　梁宇）

2022年华东电网积极消纳清洁能源情况

（一）清洁能源消纳概况

1. 装机情况　2022年底，华东全网调度口径装机容量46985.3万kW（含阳城），其中，清洁能源装机容量18185.5万kW，占38.70%。主要包括：常规水电装机容量2037.8万kW，占4.34%；抽水蓄能机组装机容量1726万kW，占3.67%；核电装机容量2678.4万kW，占5.70%；风电装机容量4118.2万kW，占8.76%；光伏装机容量7565.2万kW，占16.1%；储能装机容量55.1万kW，占0.12%。

2. 发电情况　2022年，华东电网区内常规水电累计发电量541.20亿kW·h，同比增长23.00%，主要是2022年华东地区总体来水同比偏多30.44%，其中，福建地区来水同比上年偏多66.12%。调度口径新能源发电量1626.59亿kW·h，同比增加398.97亿kW·h，增长32.50%，占全网总发电量的9.30%。其中，风电发电量949.01亿kW·h，同比增加236.00亿kW·h，增长33.10%；光伏发电量677.58亿kW·h，同比增加162.70亿kW·h，增长31.60%。网内新能源最大出力6505万kW（10月10日），风电最大出力3164万kW（10月17日）、光伏最大出力4305万kW（10月19日）。通过提前发布预警，动员各方力量充分挖掘消纳潜力，经过各级调度共同努力，2022年华东区域实现新能源全额消纳。

3. 区外来电消纳情况　2022年华东电网接入跨区直流达14回，年度最大外来电力6005.5万kW，累计消纳电量3227.55亿kW·h，同比增加398.02亿kW·h，增幅14.07%。全年累计组织跨区域富余可再生能源现货交易23095笔，合计消纳电量158.65亿kW·h。

（二）清洁能源消纳工作措施及成效

(1) 实现持续干旱下直调水库可持续利用。2022年，华东网调有效应对新安江水库汛期来水较预计大幅偏少带来的负面影响，确保水库在电网保供、备用应急、生态保障等方面发挥重要作用，履行央企社会责任。①充分评估实际防汛风险，灵活控制新安江以较高水位（102.21m）入汛，使得后期运行水位不致过低。5月末，新安江水位100.43m，调控中心结合预报形势分析，安全度汛风险可控，6月初仍维持较低发电水平，6月10日新安江水库入梅（水位102.21m）。入梅后，为迎接预报20日前后可能出现的大强度集中降水，水库提前以峰腰满发方式预腾库容。由于副高异常强大，水库于6月26日出梅，尽管整个梅雨期仅16天（比常年少14天），由于入梅水位留取较高，水库汛末最高蓄水至102.88m（7月4日），确保了后期运行水位不致过低。②汛期实际来水远低预期后灵活调整迎峰度夏期间水库运行策略，由电量顶峰调整为短时电力顶峰，避免了水位快速跌落。出梅后，华东大部经历了1961年有气象记录以来最强的高温热浪事件，电网负荷屡创新高，全网电能平衡面临较大缺口，部分省市通过需求侧管理措施确保电力的有序供应。新安江水库因蓄水同比偏低，水库根据电网迎峰度夏需要，由电力电量调峰调整为以短时电力调峰和备用运行为主。整个7～8月，新安江电厂发电量1.82亿kW·h，同比偏少3.3亿kW·h，偏少64%，8月末水位101.21m，较年度最高水位仅下降1.67m，从而避免水位快速跌落，为后期长期抗旱及综合应用赢得主动。③连续干旱期精细新富发电安排，灵活兼顾惜水调度与履责调度的多重要求，最大限度发挥水库综合利用效益。9月以来，流域遭遇夏秋连旱，来水少、枯水早，新安江水库备用为主，协助建德抵御下涯段蓝藻上溯对城市供水、景观等影响，并满足生态流量保障要求。10月上中旬为调节检修方式下瓶窑主变下受潮流，新安江保持较大方式，确保杭州电网安全供电。11～12月，新富电厂小方式运行，但仍兼顾协助建德17℃新安江马拉松活动。特别是在千岛湖引水工程投运后，新安江水库不再承担下游顶潮任务的情况下，仍积极配合浙江水利厅于11月8～11日应急协助杭州萧山、滨江区抗咸顶潮，保障民生用水需要。2022年，新安江水库发电水耗为5.45m^3/(kW·h)，比历年均值低0.36m^3/(kW·h)，其中，7月发电单耗低至5.29m^3/(kW·h)。新安江和富春江电厂分别实现节水增发电量0.75亿kW·h和0.96亿kW·h。

（2）充分挖潜成功实现疫情期间清洁能源全额消纳。2022年上半年的新冠疫情对电网运行影响巨大，以上海为中心向外梯度辐射，环太湖地区4月、5月用电量下降均超过10%。面对低迷负荷与春季新能源大发产生的调峰矛盾，华东网调提前跟踪新能源预测出力，开展省市互济等方式挖掘消纳潜力。上半年通过备用辅助服务市场组织支援上海32次、江苏1次、浙江44次、安徽34次；通过调峰辅助服务市场组织支援上海34次、江苏13次、浙江1次、安徽53次、福建18次，实现区内清洁能源全额消纳，上半年累计消纳区外来电同比增长17.33%。2022年全年，累计消纳区外清洁能源1679.12亿kW·h，同比增加6.33%；其中，水电1260.76亿kW·h，同比增加1.57%。

（3）常态化运行区域辅助服务市场助力电网保供与清洁能源消纳。2022年，华东调峰辅助服务市场总成交电量9.57亿kW·h(2021年成交电量0.16亿kW·h)，启动90次（上年同期5次）。2022年，华东备用辅助服务市场共启动251次（上年同期122次），最大时段交易电力555万kW（上年同期最大交易电力440万kW），总计成交电量共约52.17亿kW·h（上年成交电量26.09亿kW·h）。充分发挥市场化电价机制，有效激发发电企业发电与调峰积极性，有力保障各省市的用电需求与清洁能源消纳需求。

（国家电网华东电力调控分中心　陆建宇　陈赟彪）

2022年华中电网清洁能源优化调度情况

（一）来水及水电运行概况

1. 来水情况　2022年，华中区域年降水量时空分布不均，总体偏少。累计平均降水量1057.2mm，较常年偏少14.2%，较2021年偏少18.5%。与常年相比，大部地区降水偏少，其中，河南中南部、湖北西南部和东部、湖南北部偏少2～4成。华中网内重点水库总体来水比多年均值偏少2成，同比偏少2成以上，且时空分布不均。6月中旬后长江流域丰枯迅速转换，且湖北、湖南、江西等南三省来水显著减少，出现“汛期反枯”反常气象和“夏秋冬连旱”极端天气。

2. 水电运行情况　全网水电（不含三峡）年累计发电量1087亿kW·h，同比减少11.8%。其中，湖北（不含三峡）、湖南水电发电量同比分别减少22.93%、7.52%。华中全网水能利用率达到100%。

2022年末，重点水电站水位较2021年及多年同期明显偏低。其中，三峡较2021年同期偏低12.44m，较多年同期偏低14.40m；水布垭较2021年同期偏低25.44m，较多年同期偏低21.65m。华中全网水电水库（不含三峡）总可调水量为248.74亿m^3，同比减少187.70亿m^3；蓄能值为49.10亿kW·h，同比减少39.47亿kW·h。

（二）特枯方式下清洁能源优化调度主要措施

在来水显著偏少的极端困难形势下，各方紧密协作，发挥“团结治网”优良传统，打赢了历史罕见旱情的遭遇战和持久战，新能源利用实现“量升率优”。

（1）水电优化调度。充分发挥电力气象先导作用，加强与国调、政府部门等联系汇报，多措并举、度电必争，最大限度保障了水电发电能力和民生用电用水需求，采取了以下主要措施。①强化机制，滚动开展水电多时间尺度精细调度。强化流域定期会商机制，坚持“精细调度、长短结合、滚动调整”原则，滚动开展水电蓄能值、最大发电能力动态预测与分析，实现月计划、周方式、日调整有效衔接和水、电协调优化调度。②主动作为，提前调整直调重点水电站水位。2022年6月中旬，提前预判到汛期明显偏枯趋势，将水布垭水位由373.5m抬升至近380m；7月上旬，利用台风“暹芭”抬升沅水梯级水位，将五强溪水位由96m抬升至103.5m，将三板溪水位抬升至468.4m（为历史同期第4高水位），为电力保供预留了大量宝贵的水资源。③齐心克难，共同做好罕见特枯方式下水电优化调度。面对2022年度夏严峻的保电形势和“汛期反枯”反常气象，积极向国调中心、长江委、湖北能源局反映困难情况，在各方大力支持和协调下，7月下旬三峡电站抬升水位至150m附近。协调湖南省调争取政府部门支持，10月下旬将五强溪日均下泄流量由400m³/s减至300m³/s，最大限度保障了水电发电能力。

（2）抽水蓄能优化调度。充分发挥直调抽水蓄能电站顶峰作用，必要时直调抽水蓄能由每日“一抽两发”改为“两抽两发”。统筹做好抽水蓄能检修安排，充分利用检修窗口，坚持“应修必修、修必修好”，做精做细做实检修工作，确保按期完成检修，为度冬保供做充分准备。要求抽水蓄能电站加强设备运维管理，及时消除设备安全隐患，确保设备设施良好健康水平。

2022年，华中电网并网抽水蓄能电站全年共抽水82.03亿kW·h、发电66.75亿kW·h；年平均综合利用小时2980h，同比增加22.4%。发电方向启动7465台·次、抽水方向启动7187台·次，同比分别增长7.67%、23.23%；网调直调抽水蓄能平均“两抽两发”天数达到74.8天，同比增加37.3天，利用水平整体大幅提升。度夏期间，7、8月份综合利用小时数同比增加91.7%、78.6%，有力支撑了电力安全保供和清洁能源消纳。

（三）新能源管理提升

面对新能源快速发展形势，重点围绕“完善机制、高效利用、性能提升、强化支撑”等四个方面，积极开展新能源管理提升系列行动：

（1）不断完善新能源运行管理相关机制。促请国家能源局华中监管局出台了《华中省间电力调峰及备用辅助服务市场运营规则》，拓展备用辅助服务交易模式，便于更好地发挥华中电力省间辅助服务市场调剂余缺和促进新能源消纳作用；编制印发了《华中电网新能源场站并网服务指南》；完成清洁能源运行通报机制建设。

（2）持续提升新能源功率预测水平。在国调指导下发挥预测专班作用，常态化开展预测问题分析和整改，组织开展风机覆冰预测经验推广交流，日前预测年平均准确率达97.49%，预测期由7天延展至10天。

（3）认真落实新能源纳入电力平衡。该平衡按预测值纳入平衡，周按预测值85%纳入平衡，年、月按当月装机容量的10%纳入平衡。

（4）积极支持火电机组灵活性改造。2022年，全网共完成52台、2877万kW煤电机组灵活性改造，增强了系统调节能力，促进新能源消纳能力提升。

（5）积极推进新能源仿真建模。印发《华中区域新能源仿真建模工作方案》，组织四省完成总计964座、约7000万kW新能源场站建模，并在年度方式计算中开展新能源专题计算，提高了电网认知水平。

尽管消纳压力逐年增大，新能源利用仍实现“量升率优”，2022年全网新能源年累计发电量1265亿kW·h，同比增长30%，新能源利用率达到98.97%。同时，新能源也在水电特枯方式下发挥了重要保供作用，度夏期间新能源发电量达295亿kW·h，占用电量比例11.8%，较好地支撑了全网电力电量供应。

（国家电网有限公司华中分部调度控制中心　徐玮）

2022年西南电网清洁能源消纳情况

（一）清洁能源运行概况

截至2022年底，西南电网调度口径水电装机容量10905.8万kW，风电装机容量776.3万kW，光伏装机容量426.6万kW，占全网总装机容量的比重分别为72.2%、5.1%、2.8%。2022年全网累计新增水电装机容量1215万kW，增幅12.5%；新增新能源装机容量129万kW，增幅12.0%。

2022年，西南电网调度口径水电发电量共计4098.6亿kW·h，同比增加265.6亿kW·h，增幅6.9%。其中，丰平期（5～11月）水电累计发电量2871.1亿kW·h，同比增加57.0亿kW·h，增幅2.0%。全网水电平均利用小时数4020h，同比减少235h。

2022年，西南电网调度口径新能源发电量211.1亿kW·h，同比增加32.5亿kW·h，增幅18.2%。其中，风电159.1亿kW·h，同比增加32.5亿kW·h，增幅25.6%；光伏52.1亿kW·h，同比上年持平。

（二）2022年运行面临形势与挑战

1. 天气及来水基本特点　①高温灾害天气历史罕见。7、8月，西南电网经历了两轮极端高温过程，持续时间超50天，其中，8月第二轮高温天气的强度、影响范围和持续时间，为1961年有完整气象观测记录以来最强。四川简阳最高气温达43.1℃，连续9次打破历史极值，重庆沙坪坝超过15天温度超过35℃，川渝两地持续高温天数分别达到54、42天，较常年同期偏多29、16天，持续连晴高温已发展为灾害性天气。②来水丰枯交替出现。西南电网年内来水月际变化大，丰枯交替出现。5、6月来水较多年偏丰2～3成。进入主汛期后，受持续高温少雨灾害性天气影响，西南各流域来水持续偏枯，6、7月全网来水形势“丰枯急转”，从6月显著偏丰2.8成转为7月显著偏枯3.5成、8月偏枯近5成，创1953年以来最枯纪录。汛末10月，受华西秋雨影响，全网来水持续好转，雅砻江、大渡河等流域偏丰达3成。③主汛期水电无水可发。在高温大负荷期间，经两轮高温负荷顶峰消耗，西南电网水电发电能力大幅下降，川渝负荷中心地区猴子岩、长河坝、宝珠寺、亭子口、紫坪铺、彭水等主力水库一度逼近死水位，四川水电发电能力下降超过2300万kW，重庆水电发电能力下降210万kW，降幅较来水正常年份下降超过50%，历史上首次出现主汛期无水可发的局面，对全网度夏保供电带来巨大影响。

2. 运行中存在问题　①极端天气过程对水电发电影响巨大。西南电网装机结构单一，水电装机占比超70%，而年调节以上电站装机不足1/5，灵活电源气电装机不足2%，电源多能互补、水火互济能力差，发电“靠天吃饭”，在第二轮极端高温干旱天气下，川渝地区水电发电能力最大下降51.7%，日发电量从7月的9.84亿kW·h跌至8月底的4.75亿kW·h。在保供压力日益增大情况下，高比例水电调度运行难度增大。②丰水期电力平衡“又多又少”矛盾突出。一方面，低谷富余电量多，随着白鹤滩、苏洼龙等电厂陆续投运，水电装机规模和占比日益增大，来水正常情况下，即使在各大水电送出通道满送情况下，电网富余水电规模仍然较大，无法实现清洁水电全额消纳，低谷水电最大富余接近1000万kW。另一方面，高峰电力“少”，由于近两年新投机组主要集中于受限断面内，顶峰电力增加少，大负荷期间全网电力仍有缺口，特别是四川川西、重庆等负荷中心电力缺口较大。西南电网仍然存在“一边水电弃水一边高峰电力不足”矛盾。③西藏电网清洁能源消纳压力大。因西藏电网网架没有根本变化，但清洁能源装机规模进一步增大，清洁能源装机占比接近90%，其中，水电占比58%，新能源装机占比32%，运行中新能源出力占比可达60%，新能源故障后低电压穿越等过程与电网频率、电压响应交互影响，导致电网稳定特性异常复杂。西藏水电群出力、负荷中心开机和光伏出力之间耦合关系更加复杂，清洁能源消纳难度大，西藏清洁能源利用率水平持续维持低位。

（三）措施及成效

2022年，面对度夏期间首次出现电力电量“双缺”及“四最叠加”严峻局面，丰水期水电调度运行工作重点从往年“促消纳”转变为“保供应”。水库按照“蓄水优先、蓄发兼顾”原则运行，统筹做好蓄水及消纳相关工作，在圆满完成汛末蓄水任务的同时，全网水能利用率实现“5年5提升”。采取的主要措施如下：①全面完成汛前腾库任务。针对年内来水“偏早偏好”形势，有序安排重点水库消落，5月10日，网内水库全面完成枯期消落任务。入汛后，组织三省（市、区）调制定水库分类、分区、分阶段运用计划，在满足汛限水位前提条件下，充分发挥水库调蓄增发作用，累计为径流式电站腾出发电空间48.7亿kW·h。②加强水情多级多部门会商。针对度夏期间极端灾害天气，进一步强化多部门水情会商，密切跟踪极端天气变化过程，发布暴雨、高温、干旱、山火等各类预警30余次，为电网运行方式安排提供决策支持。③持续完善水库用能预警机制。针对度夏期间川渝极端高温灾害天气，逐日滚动测算7日水电发电能力变化，动态发布西南电网重大水情预警通知单。按照“以水定电、以发定用”控制原则，严格控制川西水库蓄能值不低于2.5亿kW·h的保供电安全底线。④重点做好汛末蓄水工作。成立蓄水专项工作组，实施“一库一策”，逐日跟踪分析重要地区、重点水库蓄水进度。截至10月底，西南全网蓄能比92.9%，同比高1.8个百分点，蓄能目标完成率100%，圆满完成汛末水库蓄水任务，为保障迎峰度冬电力电量可靠供应奠定良好基础。

（国家电网有限公司西南分部调度控制中心
赵羽西）

2022年安徽电网积极消纳清洁能源情况

（一）新能源运行情况

1. 新能源装机概况　安徽新能源快速发展，截至2022年底，新能源总装机容量2744万kW（风电590万kW、光伏2154万kW），同比增长23.7%，占全口径电源装机容量的比重为29.8%。

2. 新能源运行情况　2022年春秋季，风光发电条件理想，叠加装机规模增长，全口径新能源发电5次创历史新高，最大出力1584万kW（12月17日），出力占同时刻负荷比重首次突破50%，达54%（10月10日），占比位于华东地区首位。全年风电发电量117.3亿kW·h，同比增长9.72%，光伏发电量206.06亿kW·h，同比增长33.37%。新能源发电量占全省发电量比重创历史新高，最大达14.58%。新能源消纳压力非常大，全年共启动全网火电机组深度调峰137天次，局部深度调峰164天次，分别较2021年增加7天次和113天次。安徽省调合理安排省内火电开机方式和电网运行方式，及时启动省内调峰辅助服务市场，并通过省间市场争取电力互济，充分调用一切可用资源，艰难保障新能源全额消纳。

3. 消纳责任权重全面完成　2022年，安徽新能源利用率保持100%，超过总部下达的年度目标2个百分点；全省可再生能源总量消纳权重、非水消纳权重分别为20.6%、17.7%，分别超国家发布最低指标值2.1、2.4个百分点，超激励指标值0.3、0.9个百分点，超额完成年度目标。

（二）消纳措施及成效

1. 提升新能源预测水平　管理上，采用“四步法”（每日复盘昨日新能源出力，复测今日新能源出力，预测明日新能源出力，预测未来3天新能源出力），不断修正新能源预测模型，提升新能源预测准确率。技术上根据国调要求完成新能源10天尺度预测、置信度概率预测功能建设，风光短期预测精度分别达到94%及96%以上，完善新能源功率预测体系。新能源参与平衡保障能力得到提升。

2. 完善低压分布式光伏可观可测能力建设　持续推进低压光伏HPLC接入调度系统工作，提升低压分布式可观可测，结合日电量校核，继续提升低压光伏数据曲线还原精度，目全省低压光伏准确率在95%以上。并且将低压光伏HPLC电力数据同步至配网图模、全时空数字调度系统，实现全省分布式光伏全采集与拓扑、GIS全信息展示，完善分布式光伏县域颗粒度预测能力。

3. 顺利完成各项监管审计。2022年以来由省调水新处牵头，组织完成可再生能源补贴核查、国家特高压审计署、华东能监局等各项相关审计和监管，未发生重大监管风险。

（三）典型做法

1. 以数字化手段提升分布式光伏集群控制能力　①多途径构建调度端分布式光伏全景感知体系，首次实现低压分布式光伏秒级采集。2022年，全省31.7万户（占比90%）低压分布式光伏完成HPLC表计改造工作，实现电流、电压、有功信息的15min周期采集。安庆公司依托5G通信技术和智能算法，部署低成本分布式电源采控一体终端装置，实现对单台/多台分布式光伏运行信息秒级采集。②基于混合算法模型的光伏功率预测方法，实现源网荷储精准调度控制。构建短期、超短期光伏功率预测模型，并基于分布式光伏场站、集群、区域的短期和超短期预测结果，给出85%、90%、95%置信度下的预测误差带，提高光伏功率预测精度。③多维度群调群控示范应用，实现低压分布式光伏出力实时调节。安庆公司基于低成本终端的分布式电源直采直控系统，对分布式电源进行集群协调调控和高效管理；宣城、滁州公司基于聚合商等第三方平台数据，建设分布式光伏调控系统，实现低压分布式光伏发电数据分钟级采集、远程控制和调节；六安公司构建“云—边—端”三层微电网群控群调架构，实现微电网灵活并网、高效调控。

2. 探索完善新型储能调度管理机制　①“四严四到位”管理助力储能调度管理水平提升。为保障储能安全并网、可靠运行，安徽省调创新实施“四严四到位”管理，坚持“市场优先、计划补充”原则对储能合规调用，提升储能调度运行管理水平。②“先行先试”全力推进储能市场化运行。安徽省调主动对接在运配建储能，引导储能通过市场化方式获取收益。2021年5月，储能正式参与调峰辅助服务市场，截至2022年3月底，已有19家储能（占储能总数76%）参与调峰市场，储能参与市场化运行起步早，比例高。

3. 长三角地区首例大型风光基地项目并网发电　2022年12月21日，安徽阜阳南部120万kW风光基地一期古城25万kW光伏项目与系统并网发电，标志着长三角地区首例大型风光基地项目正式投运，二期40万kW光伏项目投产后，将成为全球单体规模最大、综合利用采煤沉陷区闲置水面最大的漂浮式光伏电站。对于调整阜阳地区电源结构、促进能源绿色低碳转型、落实“双碳”目标任务有着积极促进作用。

4. 金寨抽水蓄能电站被评为示范工程　金寨抽水蓄能电站精细化机组安装调试，首台机组用时31天完成调试，实现半年“四投”，4台30万kW机组在5个月内相继投运，创公司抽水蓄能机组调试工期新纪录。该项目首次采用13叶片抽水蓄能机组转轮，运行稳定，各项指标优良，为抽水蓄能转轮水力开发积累了宝贵实践，形成了具有示范和推广意义的重要成果，被国家电网公司评为2022年度抽水蓄能建设“六要素”全覆盖管理示范工程。

（国网安徽省电力有限公司　叶海峰　赵尧　葛高飞）

2022年湖南水电优化调度情况

2022年湖南呈现较为极端的天气情况。年平均气温近百年来第二高，年高温日数创历史新高。通过精细预报、合理安排水电运行方式，水库调度仍取得了较好成绩，上半年基本未发生弃水，保证了水电消纳，下半年未出现水电发电能力断崖式下跌，保障了电力可靠供应，在罕见的极端气候条件下做到了“两头兼顾”。

（一）运行情况

①1～12月湖南降水量1262.8mm，较上年偏少11.44%。时间分布上，偏多的月份有1月（+100%）、2月（+40%）、4月（+10%）、5月（+20%）、6月（+4%）、11月（+10%），偏少的月份有3月（－10%）、7月（－7%）、8月（—90%）、9月（－90%）、10月（－80%）、12月（—50%）。空间分布上，湘江流域1463mm，较常年偏少1.36%；资水流域1228mm，较常年偏少13.93%；沅水流域1135.4mm，较常年偏少14.48%；澧水流域1110.5mm，较常年偏少18.96%。骨干水库降雨量整体较常年偏少10%，其中凤滩偏少15%、三板溪偏少16%、五强溪偏少4%、江垭偏少17%、柘溪偏少24%、东江偏多4%。②骨干水库来水较常年偏少3.77%，其中凤滩偏少30.35%、三板溪偏少17.25%、五强溪偏多1.34%、江垭偏少39.64%、柘溪偏少5.28%、东江偏多8.56%。③柘溪从3月29日进入雨季，凤滩、三板溪、托口从3月30日进入雨季，东江从2月18日进入雨季，五强溪、江垭从3月16日进入雨季，全省雨季整体开始时间较常年偏早。东江7月6日雨季结束，柘溪、托口7月18日雨季结束，三板溪、五强溪7月19日雨季结束，凤滩7月20日雨季结束，江垭7月24日雨季结束，雨季结束时间正常。全省调度口径水电发电量为439.49亿kW·h，同比减少7.51%。

（二）调度情况

①一季度骨干水电以调峰、调频、降水位为主。度冬期间，水电机组按电网需求开停机，为迎峰度冬提供了充分可调出力和电量，确保春节和“两会”供电。3月全省各水库逐步进入雨季，滚动开展气象预测，适时削落水位，整体水量运用充分，全省未发生弃水情况。统筹考虑环保、通航、供水等综合利用需求，充分发挥了社会效益。②二季度降雨密集，来水量大，水电、风电同时大发，清洁能源消纳压力较大。为最大程度利用水量，减少弃水，坚持预泄腾库和“早、小、匀”泄洪原则，实现水量利用最大化。通过发电累计腾库27站次，累计腾出库容55.8亿m^3，重复利用库容增发电量7.61亿kW·h。并组织全网清洁能源电站开展省间现货交易，减少弃电损失。③三季度水库运行主要保电网迎峰度夏安全运行和保水蓄水为主。全省7月雨季结束后出现极端干旱天气，分析研判防汛和供电形势，科学调度水库。全面超额完成汛末各骨干水库的蓄水目标，其中柘溪超目标最大0.74m、凤滩超目标最大2.2m、五强溪超目标最大1.3m、江垭超目标最大2.7m，东江水位达到283.1m，为度夏和抗旱打下坚实基础。7月下旬以来，全省经历了一次罕见的夏秋冬连旱，水电自9月开始迅速按照仅满足最小下泄流量发电方式全面保水运行，日发电量从1.4亿kW·h迅速降至0.5亿kW·h，之后按保水蓄水原则统筹优化，将日发电量进一步降至0.35亿kW·h。④四季度骨干水库全面保水蓄水运行，为电网迎峰度冬进行充分准备，10～12月水电继续按照仅满足最小下泄流量要求运行，但由于入库很少，部分电厂日均入库流量持续小于最小日均下泄流量，水库水位持续下降，通过与水利部门沟通，多次调减柘溪、皂市、碗米坡最小下泄流量要求，避免了水库水位下降至死水位，保障了水电发电能力。12月度冬期间，水电能继续保持最小生态流量运行，日均发电量维持0.35亿kW·h，尽最大能力助力保水抗旱。

（三）主要经验

（1）在保障防汛安全的基础上兼顾保供电和消纳。从2022年初开始提前谋划，统筹安排水电运行方式。一季度在面临降雨偏多3成，消纳空间异常困难的情况下，坚持消落水位，在汛期来临前完成水库消落目标，为汛期集中来水增加了调蓄能力。二季度降雨相对集中，始终坚持有水就发，坚决腾库降低水位，坚持“以时间换空间”思路，充分利用流域间降雨时空差异和水库间调蓄库容差异，按照“汛前提前腾库、汛中跨流域错峰、汛末分阶段蓄水”的原则，最大程度地实现了水量的充分利用。三季度根据气象会商结论7月初开始汛末蓄水，尽管当时汛限水位控制较低，抬高水位必然会增大弃水风险，积极主动与水利部门对接，共同研判防汛和保供形势，坚持蓄水目标不动摇，最终超额完成了蓄水任务，度夏期间全省水电顶峰能力达到1200万kW，东江蓄能值创近年新高，有力保障了度夏期间全省电力供应，实现防洪保供创效三赢。

（2）加强小水电运行管理。协同营销部门开展地区小水电经济调度，按照小水电管理提升方案，从管理制度体系、技术支撑手段、人员技术培训等多方面，全面落实相关措施，提升地区小水电经济调度水平；加快推进小水电信息系统建设，协调组织水情测报系统安装；建立健全小水电常态化调峰机制，度夏期间小水电实现最大顶峰出力502万kW，较上年度夏最大顶峰出力（474万kW）提升28万kW。

（3）密切关注气象形势，发生变化时果断转变思路。7月下旬以来，全省出现特大旱情，9月度夏结束后水电就开始迅速按照仅满足最小生态流量要求发电，严格控制日电量，尽最大能力保水蓄水，既助力抗旱，又尽量增加度冬期间发电能力。

（4）进一步扩大多方联动机制。持续开展酉水、资水等流域优化调度工作，新建澧水流域跨省跨专业政企联动的优化调度机制，推进流域水情信息共享工作，通过信息的沟通，最大限度降低防洪风险，提高水能利用率；协同组织气象及相关部门，召开汛前雨季会商会、雨季集中期会商会和雨季结束会商会，根据会商结果，适时调整调度策略，为各个阶段水电运行提供有力决策支持；加强与省防指沟通协调，及时掌握防汛形势和要求。

（5）加强水电经济调度，按照“七天预警、五天预调、每日滚动、平滑过渡、充分利用”策略开展流域优化调度，发挥上游龙头电站调蓄作用，实现全流域发电量最大。

（国家电网湖南电力调度控制中心　胡斌奇）

浙江省调流域性水电数字化调度管理情况

国网浙江省电力有限公司试点构建以水电资源高效利用为中心，集水情、水务、发电、气象为一体的流域小水电智能调控系统，提升水电智能化管控水平和水电综合能效。通过灵活安排电网方式、规范日常调控管理、夯实电站人员与技术支撑，有效加强小水电发电管理，全力保障省内可再生能源消纳，促进新型电力系统建设。

（一）建立“3+8”模式，提升跨领域数据服务能力

浙江公司以衢州地区为试点，以电网、政府、水电企业数据需求为前提，从“3个维度、8个主题”详细梳理业务数据流程，构建“3+8”业务数据全要素融合，支撑一键生成业务数据需求清单，夯实供电部门对水电的数智化调控，提升政府对水电的数智化监管。

1. 数智水电+电网调控　①根据流域内水文、气象与发电规律，建立流域小水电调度模型，为水电智能管控奠定数字化基础。②搭建衢州地区水电统一信息共享平台，实现年度检修计划、年度发电计划、天气数据、负荷数据共享。③利用水电所属流域气象、水文特性及情势演变数字规律，获取不同时期水库调节能力静态数据，让气象水文数字化呈现。④融合小水电发电数据、电网负荷数据和光伏出力数据，对光伏出力进行实时感知，利用水电机组快速启停特性，平抑因光伏波动造成供电缺口，解决光伏送出受限问题。

2. 数智水电+提质增效　①推进水电管理数字化，收集生产调度、运营管理等各个环节管理数据，建立线上数据集控中心，实现水电运行在线调配，降低发电企业运营成本。②水电站运行数据实时监测上传，实现流域内各水电站出力与电网互联互通、信息共享，让电网、水电站第一时间掌握电力和水文数据，化运行效率。

3. 数智水电+政府服务　①数据集市呈现让政府实时掌握水情变化情况，实现水情数据监测融合，为农业灌溉优质方案提供数据支撑和跨流域协调管理提供数据保障。②将风险等级体系数据与年水情信息相结合，按照风险等级划分高、中、低风险区，协助政府制作河湖监管风险等级图、河湖监管风险分布热力图。

（二）打造流域小水电智调系统，提升水电智能管控

1. 加强数字技术应用，提升用户精益管理　在衢州构建水电自动化平台，为水电站用户提供精准前端信息采集数据、水情测报、精益管理和客户服务，开发“非统调电厂管理平台”与App移动应用两大智慧应用平台，实现发电过程管控、平稳运行。

2. 依托水雨情采集系统，助力政府多重管控　利用小水电调度自动化平台电网资源业务和水雨情数据，实现水电生产、安全、水域动态监控、防汛等多元数据信息融合与动态展示，协助提升政府在防汛、民生灌溉、监管效能方面的管控能力。

3. 完善水文数据聚合，提出智能调控方法　搭建衢州地区流域内水电统一信息共享平台，为流域统一调度提供支撑。突破枯水期多时空尺度水电出力挖潜难关，健全流域小水电顶峰调度体系，构建“双碳”目标下生态社会效益最大化的流域小水电智能调控方法。

4. 建立网源协同管理系统，提升水电顶峰响应速度　在衢州地区搭建非统调电厂网源协同管理系统，开发水电调度一键群发功能，提升水电顶峰响应速度。根据流域小水电智能调控系统输出的最优调度方案，在网源协同管理系统中发送开机指令。

（三）强化水电站管理，试点开展水电与风、光联合调度

1. 规范管理并网调度协议，精心服务电站新设

备启动 ①组织各地区做好并网调度协议续签工作，深入现场对各电站并网运行条件进行核查；针对部分增容小水电，同步发出《电力业务资质许可办理告知书》，保障水电站正常并网发电。②组织专业人员赶赴水电站现场指导电站新设备启动投运工作，在升压站受电、自动化信息采集、远程监控系统建设、功率预测系统建设等方面开展技术对接。确保水电站设备顺利启动。

2. 试点开展水电与风、光联合调度 ①在汛期台风和大范围强降雨天气来临之前，腾出库容，充分利用水电资源。②当下游径流电站因送出线路故障跳闸或寻找落水群众、堤坝抢修等特殊情况不能正常发电时，在保证上游电站不弃水前提下，适当减少甚至关停上游电站机组出力，确保下游径流电站机组停发时少弃水甚至不弃水。③丽水龙泉境内水电和风电资源丰富，汛期水、风光大发时段受限于宏山变电站主变压器容量，可再生能源送出存在“卡脖子”现象。采取早、晚风电大发时合理调节水电机组出力，充分利用电站库容，有效避免弃风；在其余时段风电出力较小时，尽量安排水电机组开机发电，有效避免弃水。

3. 强化发电、检修计划管理 ①按照“三公”调度原则，对统调有库容电站开展水电月度、双周发电计划编制。②印发《2022 年丽水电网输变电设备停电窗口期》，遇有电网运行、市政出现的有关情形，做到提前通知、提前调整方式（包括线路临时搭接）、提前降低水电站库容水位，并通知到相关单位企业。③开展电站设备及线路集中检修。

4. 夯实电站人员和技术支撑管理 ①组织对丽水区域作为黑启动电源点的 6 座水电站开展黑启动试验，提升事故应急处置能力。②开展丽水 110kV 电压等级水电站机组进相运行，合理制定《110kV 直调电站机组进相试验计划表》。③借助丽水风光水储智慧调度平台建设，实现发电能力预测、梯级流域优化调度等功能，提升日常水电调控业务水平。

（国网浙江省电力有限公司电力调度控制中心
张若伊 陈文进）

3

大中型水电工程

常规水电工程

乌东德水电站工程 2022 年建设进展情况

2022年，乌东德水电站工程稳步推进后续工程建设和工程竣工验收，稳步实施环境保护工作。

（一）高标准高质量推进后续工程建设

乌东德水电站工程后续工程建设稳步推进，已按期完成下游河道治理850m高程以下剩余混凝土护坡和850m高程以上格构施工；枢纽区环境提升工程完成招投标，场平项目基本完成；2-1隧道出口边坡块体处理工程，主动网、被动网等基本完成，总体形象完成约80%；左右岸地下厂房装修工程、海子尾巴WJ营地工程全面完成；完成了大坝、地下厂房、边坡等安全监测自动化系统建设，安全监测自动化在同类电站中速度最快；完成了10、4号机组型式试验，为机组安全稳定运行提供技术支撑。

（二）工程竣工验收稳步推进

2022年启动了乌东德水电站工程竣工8大专项验收，完成了水电水利规划设计总院专家组2次质量监督、4次安全鉴定专家组大规模现场活动，完成枢纽工程竣工验收的质量监督和安全鉴定报告；完成劳动安全专项验收评价报告编制合同签订工作；完成蓄水阶段档案验收准备工作。

（三）环境保护工作稳步实施

完成了新村、海子尾巴等7处污水处理站由“污水处理及其再生利用”转为“通用工序水处理”行业类别变更登记；完成半新公路水土保持设施验收；积极配合完成975m高程蓄水补充环评工作；国内首创尾水集运鱼系统继续安全高效试运行，全年共计集鱼31种，主要过鱼对象和次要过鱼对象目标鱼类均已收集到，共集鱼33840尾；会同中华鲟研究所，开展亲鱼收集、驯养、繁育和小瓜虫病防治等试验攻关，全年站内长鳍吻鮈自繁育达3万余尾，已初具规模；全年2次累计放流鱼苗105万尾，为历年放流量最高，达到乌东德环评批复要求。

（中国长江三峡集团有限公司　向家松）

两河口水电站工程 2022 年建设进展情况

2022年，两河口水电站全部机组投产，圆满实现安全、环保、质量、进度等各项工作目标，主体工程和移民代建工程基本圆满收官。

（一）主体工程进展情况

2022年3月18日，两河口水电站最后一台机组（1号机组）完成72小时试运行投产发电；4月30日，深孔泄洪洞、洞式溢洪道完工并具备过流条件；5月5日，取得长江委关于三期蓄水深化研究报告批复；6月16日，完成三期蓄水安全鉴定；6月26日，通过了三期蓄水质量监督；7月1日，通过三期蓄水验收；8月5日，完成旋流竖井泄洪洞变径段混凝土施工；10月7日，深孔泄洪洞过流；12月31日，涡室段混凝土浇筑至2843m高程（完成率80%）。此外，导流洞封堵完成，1101公路、1102A/B公路、304公路、11号公路等封堵和灌浆工程完成。

（二）其他项目进展情况

1. 移民代建EPC总承包项目　牡玖隧道（全长1534m）完工。长征沟连接线，2022年5月31日滴水岩桥上部结构完成，全线具备临时通车条件，满足三期蓄水要求；年底工程实体基本完工。

2. 沙学村汽车便道施工　2022年7月31日完工。

3. 库岸治理项目　①复建雅道路杜米3号隧道，开挖支护完成，提前12天实现贯通目标，仰拱完成。②复建雅道路麦里隧道，开挖支护完成，提前28天实现贯通目标，仰拱完成。

4. 环保水保项目　2022年8月31日过鱼工程二期完成招标进场。

5. 征地移民项目　完成移民安置设计变更工作；开展移民安置后续工作，及时处理新增滑坡塌岸影响区涉及的移民搬迁安置。

（三）工程建设管理有关情况

1. 主要管理情况　①全年安全生产形势平稳受控，未发生人身伤亡事故、职业病危害事件、不良社会影响的公共安全事件，保持了电力建设工程安全生产标准化一级达标水平。②工程质量体系健全且运行有效，未发生一般及以上质量事故，单元工程质量合格率100%，土建单元工程优良率不小于95%，金属结构及机电安装工程优良率不小于98%。③未出现群体性生态环境投诉事件，未发生个人投诉事件，未受到地方政府的通报、批评等，工程已基本满足竣工环保水保验收要求。④电站建设项目电子文件归档及电子档案管理试点项目，于2022年4月28日通过国家档案局最终验收。

2. 主要管理成效　①党建与中心工作互融互促成效显著，电站提前1年高质量建成。②面对极端的来水情况，积极抓机会蓄水，累计蓄水量达33.42亿m^3，并在四川电网三“最”叠加期间，开闸向下游梯级补水6.7亿m^3。③1号机组提前445天投产，6台机组安全稳定指标全部达到国际领先水平，产生约168.8亿kW·h的发电效益，为四川保供和二十大期间安全保电做出积极贡献。④工程建设实现了300m级超高心墙堆石坝从数字化建设到智能化建设的跨越，征地移民被评为“四川省乃至全国征地移民示范工程”。

（雅砻江流域水电开发有限公司　李会金
中国电建集团成都勘测设计研究院有限公司
侯东奇）

双江口水电站工程 2022年建设进展情况

双江口水电站位于四川省阿坝州马尔康市、金川县境内的大渡河上，采用坝式开发；水库正常蓄水位2500.00m，总库容为28.97亿m^3，调节库容19.17亿m^3；电站装机容量200万kW，多年平均年发电量约77.07亿kW·h；其水库调蓄可增加下游大渡河17个梯级电站枯水年枯期平均出力1758MW、枯期电量约66亿kW·h。该电站拦河大坝为土质心墙堆石坝，最大坝高315m，坝顶高程2510.00m；泄水建筑物包括洞式溢洪道、深孔泄洪洞、竖井泄洪洞和放空洞，泄洪最大水头约250m，最大下泄流量约8200m^3/s；引水发电系统布置于左岸，地下厂房，采用“单机单管供水”及“两机一室一洞”的布置格局。该电站是在偏远、高寒、深山峡谷地区建设的高坝、大库工程。2015年7月13日，四川省人民政府组织举行了双江口水电站建设开工仪式；12月8日河道截流。2016年10月，主体工程施工标入场。2020年4月26日，大坝开始进行填筑施工。

（一）2022年土建工程进展有关情况

1月20日，地下厂房岩锚梁浇筑完成；2月27日，大坝防渗土料自动掺合运输供应系统联调成功；12月，大坝填筑至2275m高程，主副厂房整体开挖完成。截至2022年底，深孔泄洪洞边墙浇筑第103仓，洞式溢洪道边墙第三层开挖施工基本完成；河口石料场已经开挖至有用料部位，飞水岩石料场正在进行揭顶开挖支护；当卡土料场正在进行土料供料工作；阿斯布土料场基本开采完毕，正在进行边坡支护。

（二）灌浆工程完成情况

双江口水电站灌浆工程由中国水电基础局有限公司承担，2022年全年共计完成各类型帷幕灌浆75399m，主要进展情况如下：①右岸河床廊道及YG6灌浆平洞：设计主帷幕灌浆30916m、搭接帷幕灌浆11304m，2022年4月5日开工，12月31日完成主帷幕灌浆11215m、搭接帷幕灌浆6241m。②右岸YG5灌浆平洞及以下三角区：设计固结灌浆、搭接帷幕灌浆、主帷幕灌浆工程量分别为1652、5360、23911m，2022年8月9日开工，12月31日完成固结灌浆1652m、搭接帷幕灌浆3675m、主帷幕灌浆2215m。③左岸ZG5灌浆平洞及以下三角区：设计固结灌浆、搭接帷幕灌浆、主帷幕灌浆工程量分别为876、8525、34448m，2022年5月1日开工，12月31日完成固结灌浆876m、搭接帷幕灌浆7312m、主帷幕灌浆13571m。④左岸厂区CG5灌浆平洞：设计主帷幕灌浆、搭接帷幕灌浆分别为24745、5712m，2022年1月1日开工，12月31日完成搭接帷幕灌浆5712m、主帷幕灌浆22930m。

（中国电建集团成都勘测设计研究院有限公司
王观琪
中国水电基础局有限公司　姚福拴　王晓飞　李杨）

玛尔挡水电站工程建设进展情况

（一）工程概况

玛尔挡水电站是龙羊峡以上黄河干流湖口至尔多河段规划的第9座梯级电站，位于青海省果洛藏族自治州玛沁县拉加镇的黄河干流上，距西宁公路里程346km。坝址控制流域面积98346km^2，多年平均流量533m^3/s；水库正常蓄水位3275m，死水位3240m，总库容16.22亿m^3，调节库容7.06亿m^3，具有季调节性能；电站总装机容量2200MW，经宁木特水库调节后多年平均发电量73.04亿kW·h，保证出力419MW。枢纽建筑物由混凝土面板堆石坝、右岸3孔溢洪道、右岸1条泄洪放空洞、右岸地下输水发电系统、左岸永久生态放水洞及右岸750kV汇流站等组成，最大坝高211m。

该电站为一等大（1）型工程，总投资2315585

万元，单位千瓦投资10525元/kW，单位电度投资3.170元/(kW·h)，项目经营期平均上网电价为0.365元/(kW·h)。

2010年，玛尔挡水电站工程三通一平开工；2012年，导流洞开工建设；2013年，导流洞贯通，并实现大江截流、主体工程开工。2016年2月，电站工程可行性研究报告通过审查；6月，项目申请报告通过国家发展改革委核准。2017年8月，项目因资金问题停工。2020年12月，国家能源集团接手玛尔挡项目，项目全面复工。

该电站建设单位为国能青海黄河玛尔挡水电开发公司，勘测设计单位为中国电建集团西北勘测设计研究院有限公司，主要施工单位有中国水利水电第三工程局有限公司、第七工程局有限公司，中国葛洲坝集团第二工程有限公司，主要监理单位为中国水利水电建设工程咨询西北有限公司、北京有限公司。

（二）主要技术水平和特色

(1) 在黄河上游河段（湖口至尔多）水电规划的十个梯级电站中，玛尔挡水电站装机容量占48%，年发电量占33%，是规划河段规模最大的工程。

(2) 电站地理位置相对偏远，大宗材料运距相对较长；工程位于高海拔严寒地区，气候条件相对较严酷，对混凝土温控、建筑物防冻抗冻提出较高要求。

(3) 电站径流较丰沛稳定，入库泥沙量较少，枢纽防沙排沙问题不突出。

(4) 区域构造稳定性较差，枢纽建筑物防震抗震问题较突出；坝址河床覆盖层很浅，工程地质条件优良，成洞条件良好，高边坡问题不突出，天然建材储量较丰富。

(5) 混凝土面板堆石坝最大坝高211m，处于国内已建在建超高面板坝的前列，坝体变形控制是重点工程技术问题。

(6) 岸边泄洪水头高，单位水体承受的泄洪功率较大，消能区天然河床仍较窄，下游防冲淤问题相对突出，泄洪消能雾化区范围内“红层”坡面防护难度较大。

(7) 水库区无工矿企业、城镇，涉及人口少，移民安置相对易于解决。但涉及的是以牧业为主的藏族、蒙古族聚居区，移民妥善安置问题相对敏感，需高度重视，认真对待。

(8) 工程施工区及水库淹没区均位于青海三江源自然保护区中铁军功保护分区的实验区范围内，工程涉及的黄河上游特有鱼类国家级水产种质资源保护区，均进行了专题论证，按照国家有关规定采取完备的环保措施。

（三）工程进展情况

截至2022年底，主要工程形象进度如下：①两岸趾板混凝土已全部浇筑完成，大坝上、下游面分别已填筑至3245、3220m高程，下游面干砌石护坡已修整至3180m高程。②溢洪道开挖支护已完成，进口堰闸段、泄槽上平段正在浇筑；泄洪洞开挖支护已完成，洞内工作闸室段、有压段开始分段混凝土衬砌。③电站进水口开挖支护完成，进水塔开始混凝土浇筑；引水洞5条，已有2条竖井贯通，上平段开始混凝土浇筑。④地下主厂房洞室开挖支护完成，4、5号机组蜗壳已安装，1、2、3号机组锥管正在安装。主变压器室开挖支护完成，已开始5号主变压器段底板清基及混凝土浇筑。⑤两条尾水主洞开挖支护尚未贯通。5条母线洞已开始混凝土浇筑。两条出线竖井开挖支护完成，准备混凝土浇筑。

（中国电建集团西北勘测设计研究院有限公司 李敬昌）

巴塘水电站工程 2022年建设进展情况

巴塘水电站位于四川省甘孜州巴塘县和西藏自治区昌都市芒康县交界的金沙江干流上，为金沙江上游河段13级开发的第9级电站，上游为拉哇水电站，下游为苏洼龙水电站，工程以发电为主；水库正常蓄水位2545m，死水位2541m，调节库容0.21亿m^3，为日调节水库；电站装机容量750MW，年发电量33.75亿kW·h（与上游梯级联合运行）。该电站属二等大（2）型工程，静态总投资为87.43亿元，动态投资为102.63亿元。

枢纽布置包含：导流洞，挡水建筑物（沥青混凝土心墙堆石坝），泄水建筑物（左岸开敞式溢洪道、左岸泄洪放空洞），引水建筑物（左岸坝式进水口、明压力钢管）及左岸岸边发电厂房（地面主厂房、主变压器及GIS室、副厂房），尾水渠，生态放水管和鱼道。

项目于2017年10月获国家发展改革委核准；2018年开始施工筹建；2020年4月导流洞主洞开挖，12月实现大江截流；2021年6月主厂房开挖完成，8月大坝基坑开挖完成，10月开始尾水肘管安装。

2022年，电站工程主要进行大坝填筑及引水发电系统、泄洪系统施工。截至2022年底，大坝填筑到顶，干砌石护坡完成85%；压力钢管安装全部完成，外包混凝土浇筑完成90%；机组混凝土浇筑完成92%；溢洪道浇筑完成98%；机组安装各项工作按照既定计划有序推进。

（华电金沙江上游水电开发有限公司）

拉哇水电站工程 2022 年建设进展情况

拉哇水电站是金沙江上游 13 级开发方案中的第 8 级，坝址以上控制流域面积 17.6 万 km^2，多年平均流量 861m^3/s；水库正常蓄水位 2702m，总库容 23.14 亿 m^3；电站装机总容量 2000MW，多年平均年发电量 84.64 亿 kW·h。其混凝土面板堆石坝坝顶高程 2709m，坝顶宽 15m、长 390m，最大坝高 239m，是目前在建和已建混凝土面板堆石坝的世界最高坝。工程于 2019 年 1 月获国家发展改革委核准，2021 年 11 月实现大江截流。

2022 年 4 月，上游围堰填筑完成，大坝基坑及引水系统工程开始开挖；6 月，主厂房开始开挖；9 月 1 日，左岸坝肩及大坝基坑工作面顺利移交。至 2022 年底，左、右岸边坡开挖支护完成，大坝基坑开挖完成 70%；1 号溢洪洞上层中导洞开挖支护约 1132m，上平段Ⅱ层开挖支护约 627m；2 号溢洪洞上层中导洞开挖支护 1205m，上平段Ⅱ层开挖支护 670m；泄洪放空洞无压段上层开挖全部完成，有压段上层开挖支护约 456m；主厂房第Ⅱ层开挖支护完成。

由中国水利水电第一工程局有限公司承建的工程：①左岸坝肩四级至十五级开挖及支护完成锚索 1323 束、各类锚杆 10253 根、边坡喷混凝土 5359m^3、石方开挖 660000m^3；② WY01、WY02、WYQ01、WYQ03、WYQ20 危岩体的主动/被动防护网施工分别完成 18317/930、3927/0、15900/0、0/2660、0/3940m^2，WYQ05 危岩体的渣墙完成混凝土浇筑 393m^3；③ WY04 危岩体完成石方开挖 2800m^3、锚索 53 束、主动防护网 6993m^3、喷混 1049m^3，WY08 完成锚杆 123 根、锚索 53 束、被动防护网 1254m^2、面板混凝土 960m^3；④Ⅵ号堆积体完成锚杆 239 根、锚索 23 束；⑤供水工程完成无缝钢管安装 4810m，右岸 2770m 高程生产水池完成钢筋绑扎 58t、底板混凝土浇筑 150m^3；⑥③-1 道路工程完成衬砌混凝土 588m^3、排水沟浇筑 430m、网格梁混凝土浇筑 65m^3、网格梁钢筋 7.217t、洞门混凝土 59m^3。

由中国水电基础局有限公司承担的围堰基础处理工程：①上、下游围堰防渗墙于 2022 年 3 月 7 日完成，分别累计完成造孔 6325.83、5098.5m^2，塑性混凝土浇筑 10139.5、6430m^3；②下游围堰地基处理碎石桩于 2022 年 1 月 26 日完成，共计施工 326 根，累计完成 8290.18m；③上、下游围堰帷幕灌浆于 2022 年 6 月 20 日完成，共计施工 420＋120 个孔，累计钻孔 22960.23 ＋ 1937.15m，基岩灌注 22438.6 ＋ 1889.60m；④上、下游围堰预灌浓浆于 2022 年 1 月 20 日完成，共计施工 106＋86 个孔，累计钻孔、灌浆 3551.6＋2192.80m；⑤上、下游基坑降水管井，2022 年 6 月 25 完成，共计 5+3 个，累计完成 306＋138.1m。质量验收：上游围堰帷幕灌浆共完成 23 个单元工程验收，合格率 100.0%，优良率 95.6%；下游围堰帷幕灌浆共完成 4 个单元工程验收，合格率、优良率 100%；下游围堰振冲碎石桩共完成 3 个单元工程验收，合格率、优良率 100%。

（华电金沙江上游水电开发有限公司
中国水利水电第一工程局有限公司
中国水电基础局有限公司　牟毓　薛正伟）

叶巴滩水电站工程 2022 年建设进展情况

叶巴滩水电站位于四川与西藏交界的金沙江上游河段上，系金沙江上游 13 个梯级水电站的第 7 级，上游为波罗水电站，下游与拉哇水电站衔接。坝址位于金沙江支流降曲河口下游 600m，距白玉县城约 75km，距成都约 881km。工程开发任务主要为发电，水库正常蓄水位 2889.00m，相应库容 10.80 亿 m^3，调节库容 5.37 亿 m^3，电站装机容量 2240MW（510MW×4 台＋200MW）。

枢纽建筑物由混凝土双曲拱坝、泄洪消能建筑物、引水发电建筑物三大系统组成。混凝土双曲拱坝坝顶高程 2894.0m，最大坝高 217.0m。泄洪消能建筑物由坝身 5 个泄洪表孔、4 个泄洪深孔、水垫塘及二道坝组成，采用挑流消能。右岸地下引水发电系统采用首部式厂房、长尾水布置方案。

该电站项目于 2016 年 11 月获得国家发展改革委核准。2019 年 3 月，工程实现大江截流；2020 年 4 月，主厂房开始开挖；2021 年 12 月，左右岸边坡开挖完成，大坝基坑开始开挖。

2022 年 7 月，大坝基坑开挖完成；8 月，大坝开始混凝土浇筑。大坝混凝土冬季采用气肋膜结构辅助施工，实现全年无间歇浇筑。截至 2022 年 12 月底，大坝最高浇筑高度达 23m；进水口边坡开挖完成；引水发电系统工程工作面全面推进，主厂房岩锚梁浇筑完成，开挖至第Ⅷ层；母线洞、主变压器室开挖完成；尾水调压室 1 号室第Ⅷ层开挖完成，2 号室第Ⅶ层开挖完成；尾水隧洞开挖完成，混凝土衬砌完成 1500m。

（华电金沙江上游水电开发有限公司）

羊曲水电站工程 2022年建设进展情况

羊曲水电站位于青海省海南州兴海县与贵南县交界处，其建设是青海省打造清洁能源示范省的重要举措，对于青海省清洁能源外送、助力国家实现“双碳”目标意义重大。该电站坝址控制流域面积12.3万km^2，多年平均流量629m^3/s，多年平均径流量198.36亿m^3；水库为周调节水库，正常蓄水位2715m，死水位2710m，总库容15.68亿m^3；最大发电水头127.90m，总装机容量1200MW，保证出力164.2MW，多年平均发电量47.41亿kW·h。电站镶嵌混凝土面板堆石坝坝顶高程2721m，坝顶长317m、宽10m，最大坝高150m；其底部镶嵌混凝土重力坝，高60m，顶部宽10m。

中国水利水电第四工程局有限公司承建该电站的镶嵌混凝土面板堆石坝工程、右岸开挖及引水系统工程和克周块石料场交通道路工程，合同总金额65965.92万元。

2022年是工程核准复工建设以来首个施工高峰年，先后顺利实现了上下游围堰填筑、右岸进水塔全线封顶、镶嵌坝坝基开挖完成、镶嵌坝首仓混凝土顺利浇筑、面板堆石坝填筑开工等多项重大节点目标，完成投资16498.78万元，占合同总额的25%；至年底，累计完成投资19638.35万元，占合同总额29.8%。主要工程形象进度如下：①镶嵌混凝土面板堆石坝工程：2022年5月31日，上下游围堰施工完成；6月26日，趾板及坝肩土石方开挖支护完成；10月31日，河床土石方开挖完成；底部镶嵌混凝土重力坝，9月21日浇筑首仓混凝土，年底浇筑至2587.5m高程；11月7日，镶嵌混凝土面板堆石坝开始填筑，年底主坝体填筑至2600m高程。②右岸开挖及引水系统工程：2022年5月19日，右岸进水塔全线封顶；5月23日，厂房安装间左边坡贴坡混凝土浇筑及锚索施工完成；8月29日，1号引水隧洞渐变段混凝土浇筑完成；10月6日，1号机组首节压力钢管顺利吊装完成；10月14日，2号引水隧洞下水平弯管段混凝土衬砌完成；12月6日，3号引水隧洞下水平弯管段混凝土衬砌完成；12月16日，三条压力引水隧洞开挖全部贯通，厂房锥管安装土建向机电交面。③克周块石料场交通道路工程：2022年6月20日，完成道路填筑；7月29日，完成道路混凝土浇筑。克周隧洞，总长995.8m，2022年完成27m。

这三个工程2022年共验收分部工程4个、单元工程275个；分部工程都优良，单元工程合格率100%、优良率94.8%。

（中国水利水电第四工程局有限公司　叶春玲
中国电建集团西北勘测设计研究院有限公司
吕东海）

如美水电站工程 2022年建设进展情况

西藏如美水电站前期进场的昌都市芒康县日瓦村至县道524段项目交通工程，由中国水利水电第一工程局有限公司承建。工程合同额为2.546亿元、工期913天，实施范围包括1号路（含一期碎裂岩体治理）、103号路、104号路、1601号路、1601-1号路、1号索道桥、2号索道桥及其引道（含左岸改线道路修建及维护）、绒曲一期渣场治理工程、102号交通洞、2号通风洞、竹卡变电站至上游10kV线路、1号路施工便道及为本合同工程施工服务的临时道路。

该项目交通工程于2021年4月1日开工，计划2023年9月30日完成。经过工期调整及现场施工安排，2022年3月5日，2号索道桥正式通车；4月6日，2号通风洞开挖支护施工全部完成；6月15日，104号路开挖支护施工全部完成；6月22日，1601号路开挖支护施工全部完成；7月9日，提前实现1号路隧道全线贯通；11月25日，1601-1号路开挖至K0+203桩号；12月20日，1号索道桥桥梁荷载试验完成。

截至2022年底，项目部完成土石方明挖7.67万m^3，石方洞挖26.18万m^3，喷混凝土16342m^3，装设锚杆38514根，挂钢筋网219.66t，浇筑混凝土49513.89m^3，钢筋制作安装426.26t。

（中国水利水电第一工程局有限公司）

JX水电站工程 2022年建设进展情况

JX水电站是雅鲁藏布江干流中游沃卡河口至朗县县城河段规划8级开发的第3级，是中国华能集团有限公司继ZM和JC后在雅鲁藏布江干流开发建设的第三座大型水电站，是西藏自治区“十三五”“十四五”规划开工的重点内需清洁能源项目。该电站工程为支撑华能集团雅江中游水风光一体化基地的重要电源点建设项目，对落实双碳目标，加快能源绿色低碳转型，促进地方乡村振兴具有重要意义。

JX水电站工程采用碾压混凝土重力坝，坝后式厂房，共安装3台单机容量为20万kW的水轮发电机组，总装机容量60万kW，年平均发电量28.35亿kW·h，总投资99.77亿元。电站于2019年7月开始筹建，2022年8月8日取得国家发展改革委核准文件，计划2023年12月大江截流，2027年12月首台机组投产发电，2028年6月全部机组投产发电。电站以创建“高原绿色智慧价值典范工程”和“国家优质工程”为建设目标，持续深化开展工程建设和管理工作。

2022年，JX水电站工程建设克服新冠疫情管控、材料供应等不利影响，多措并举，积极组织施工资源，先期筹建项目基本完成，导流洞工程和S508改线公路工程全面启动，为2023年大江截流目标实现奠定坚实基础。导流洞工程上半洞开挖累计完成进尺1194m，占70%，中下层爆破开挖启动；S508改线公路工程2022年12月11日正式开工，截至2022年底，控制性工程萨隆隧道出口钻孔爆破完成，入口便道修筑300m，街需隧道出口便道修筑50m。

（华能雅鲁藏布江水电开发投资有限公司JX分公司）

TB水电站工程 2022年建设进展情况

TB水电站位于云南省迪庆州维西县境内，坝址控制流域面积8.87万km^2，多年平均流量818m^3/s，多年平均径流量258亿m^3；水库正常蓄水位1735.00m，相应库容12.15亿m^3，死水位1725.00m，调节库容2.58亿m^3；电站总装机容量1400MW，多年平均发电量62.3亿kW·h，保证出力449MW，年利用小时4450h。

电站挡水建筑物采用碾压混凝土重力坝，坝顶高程1740.00m，坝顶长度477.00m，最大坝高158.00m。泄洪消能建筑物包括4个溢流表孔，1个泄洪中孔，1个生态泄水孔。引水和尾水系统采用单机单洞，地下厂房采用尾部式布置，主厂房尺寸178.30m×26.10m×68.88m（长×宽×高）。

该电站工程于2021年10月大江截流。

2022年3月10日，主厂房1号机组首仓混凝土开始浇筑；4月25日，大坝首仓混凝土开仓浇筑，自此电站主体工程实现“双转序”。

TB水电站地下洞室遵循集约简约设计、高效绿色建造、安全动态管控工程设计和建设理念，以此为依托总结提炼“水电工程大型地下洞室群高效绿色建造与安全智能管控关键技术”获中国岩石与力学工程学会科技进步奖一等奖；2022年4月建成投运的全封闭式主体工程砂石加工系统是水电工程领域首个绿色智慧砂石系统标杆工程，在生产工艺和智能化、绿色化、自动化控制方面达到国内领先水平，连续4个月产能突破50万t。

工程总进度计划安排为：2023年12月，大坝浇筑至坝顶高程；2024年6月，电站首台机组投产发电，12月全部机组投产发电。

（华能澜沧江水电股份有限公司
TB水电工程建设管理局）

夏特水电站工程 2022年建设进展情况

夏特水电站位于新疆柯尔克孜州乌恰县境内，是克孜河中游河段规划2库6级中的第3级，安装4台单机容量为6.2万kW的混流式水轮发电机组，多年平均发电量9.360亿kW·h。

2021年9月，电站输水系统施工全面完成并启动试充水；10月17日，4号机组转子成功吊装，标志着电站四台机组转子吊装全部到位；11月26日和12月4日，1、2号机组分别通过72小时试运行正式投产发电。

2022年，3、4号机组都在4月30日完成72小时带负荷（各带3.5万kW）试运行。至此，夏特水电站工程提前实现全面投产。当年电站实现9.58亿kW·h发电量，较计划多发25.77%，有效扩大克州电网绿电装机能力，增强克州电网能源保障能力。

多年来，克州新隆能源开发有限公司克服新冠疫情影响全力推进项目建设，通过强化组织协调和精细化管理，强力推进各项节点目标。在全体参建单位共同努力下，项目建设获得中电建水电开发集团有限公司科技进步一等奖1项，QC成果18项、QC获奖22个，并取得国家实用新型专利16件，形成省部级工法7项。

（中电建水电开发集团有限公司 葛静）

巴拉水电站工程 2022年建设进展情况

巴拉水电站位于四川省阿坝州马尔康市境内，系大渡河干流水电规划“3库28级”自上而下的第2级，装机容量77.2万kW。

2022年该电站工程建设进展如下：①挡水建筑物：5月30日，上下游围堰完成（围堰高66.6m，总方量42.1万m^3）；10月31日，大坝河床段趾板混凝土浇筑完成；年底，大坝填筑至2808m高程，累计填筑完成24.8万m^3。②泄水建筑物：放空洞上半洞开挖完成91%（累计完成714m，全长784m）；溢洪洞Ⅰ层开挖完成11%（累计完成133.5m，洞身长1233m）。③引水隧洞：引水隧洞上半洞开挖完成42.5%（累计完成2902.7m，全长6825.58m）。④地下发电厂房系统：调压井检修交通洞全长816m，累计开挖565m，完成69%；地下厂房开挖支护至Ⅴ层，主变压器室开挖支护完成，1～3号母线洞全部贯通。⑤尾水系统：尾水调压室穹顶开挖支护完成；尾水隧洞上半洞开挖完成67%（累计完成1169.2m，全长1743.19m）。⑥鱼类增殖站：8月13日投入试运行，10月15日完成建设（除绿化因气候原因外），11月8日完成初验，11月25日完成投产验收，提前完成建设目标，养殖规模已达20万尾。

（中电建水电开发集团有限公司　葛静）

硬梁包水电站工程 2022年建设进展情况

2022年，硬梁包水电站工程建设攻坚克难，较好地完成了年度任务，连续三年实现安全质量“双零”目标。

（一）投资完成情况

2022年，硬梁包水电站工程完成投资16.13亿元，完成计划的99.26%。截至2022年底，工程项目累计完成投资60.34亿元。

（二）工程进展情况

（1）首部枢纽：2022年，闸坝首仓混凝土于9月24日开始浇筑，生态厂房开挖、进水口混凝土浇筑有序推进；防淘墙、拦污栅混凝土防渗墙、框格式地连墙、进水口地连墙、主坝防渗墙分别于5月7日、8月6日、8月18日、9月17日、11月8日施工完毕，分别完成混凝土成墙3497.56、4878.89、22088.49、3842.86、10976.83m^2，二期基础处理工作全面完成并顺利通过验收。

（2）引水隧洞：除4、5号支洞间的洞段外，其余在2022年全部贯通；主洞开挖支护累计总进尺27.6km，占设计量的96.2%；混凝土全断面衬砌，2022年完成6.850km，累计完成7.0km，占设计量的24.4%。

（3）厂房枢纽：2022年，1号调压室开挖支护至Ⅸ层，2号调压室开挖支护至Ⅺ层，其余地下厂房洞室群开挖支护基本完成，全面进入混凝土浇筑和机电安装阶段；7月12日，首台机组（4号机组）肘管安装工作面移交。

（三）质量与安全管理情况

2022年，硬梁包水电站工程实现了“不发生一般及以上质量事故”的目标，全年共评定主要项目单元工程2737个单元，合格率达100%，优良率93.9%。

持续推进“安全生产专项整治三年行动巩固提升年活动”，组织开展45项安全专项措施制定审查工作，推进安全管理标准化；大力推广使用智慧工地系统建设，建立覆盖参建各方的互联网＋隐患排查与治理App系统，实现了隐患从排查到治理到闭合的全流程可视化管理和闭环跟踪。

（四）科技创新工作

智能振冲各项科研获得重大突破，研究成果在电站二期振冲碎石桩施工中成功应用；隧洞衬砌优化、坝基砂层液化处理科研项目完成全部研究内容，顺利通过验收。

（华能四川能源开发有限公司
中国电建集团成都勘测设计研究院有限公司　王锋
中国水电基础局有限公司　周雨）

旭龙水电站工程 2022年建设进展情况

旭龙水电站位于云南省德钦县与四川省得荣县交界的金沙江干流上游河段，是金沙江上游河段“1库13级”梯级开发方案中的第12级，开发任务以发电为主，为一等大（1）型工程。坝址多年平均流量990m^3/s，多年平均径流量313亿m^3。枢纽由混凝土双曲拱坝、泄洪消能建筑物、右岸地下引水发电系统及过鱼设施等组成。水库正常蓄水位2302m，死水位2294m，总库容8.47亿m^3，调节库容1.26亿m^3。电站安装4台单机容量为600MW的混流式水轮发电机组，多年平均年发电量约105.14亿kW·h。该电站项目于2022年6月10日获国家发展改革委核准，工程总投资293亿元、静态投资225亿元，由国家能源集团金沙江公司建设，计划2023年实现大江截流、2030年投产。2022年旭龙水电站工程建设主要进展情况如下：

（一）设计工作

2022年4月，主体工程招标文件完成技术评审；6月，获得《国家发展改革委关于旭龙水电站项目核准的批复》（发改能源〔2022〕869号）；9月，电站两大主体工程土建施工正式挂网招标，承建单位顺利进场，工程全面进入建设阶段；11月，现场召开技术质量咨询，开展首次阶段性工程技术方案咨询评审工作。

（二）地质勘测工作

2022年，主要开展电站前期勘察设计研究的收尾工作以及工程主体建设的施工地质工作，对导流隧洞、场内交通隧道、地下厂房交通洞及施工支洞及导流洞进出口人工边坡、排导槽人工边坡等开展相应的施工地质工作，完成了相应的施工地质简报、地质备忘录、地质预报单等，以及相应的三维实景建模工作。

（三）大坝工程

2022年9月30日，中国安能集团第三工程局有限公司与中国水利水电第七工程局有限公司联合体中标旭龙水电站大坝工程。中标合同范围主要包括大坝、水垫塘、二道坝、灌排洞室和高位边坡治理工程等。

混凝土双曲拱坝采用抛物线型，坝顶高程2308m，最大坝高213m；拱冠处坝底厚度46.2m，厚高比0.217；顶拱中心角86.4°，最大中心角93.6°；坝体自左至右岸分21个坝段，其中1～9号、15～21号坝段为非溢流坝段，10～14号坝段为溢流坝段。

泄水建筑物布置在坝身，由3个表孔、4个中孔和1个生态放水孔组成。泄洪表孔为开敞式溢流堰形式，孔口尺寸12.0m×15.0m，每孔设一道事故检修门和一扇弧形工作门。泄洪中孔采用有压管型式，共4孔，出口断面尺寸6.0m×6.0m，进口段布置事故检修门，出口布置弧形工作门。生态放水孔采用上挑型有压管型式，出口尺寸4.5m×6.0m，进出口分别布置一道平面检修闸门和工作闸门。

水垫塘采用反拱底板复式梯形为基本断面，顶高程2180m，底板长273.00m，边墙厚3～2m，护坡混凝土厚0.5m，底板采用全封闭排水结构。二道坝为常态混凝土重力坝，坝顶高程2153.00m，最大坝高48m，顶宽5.0m；横河向长96.8m，共5个坝段。

大坝工程合同工期2022年9月16日开工，2029年12月31日完工，合同总工期87.5个月。大坝左岸高位边坡治理工程于2022年12月20日开工。2022年底，联合体项目部组建完成，左右岸高位边坡治理5道被动防护网完成，右岸10kV供电线路架设完成，左岸2道溜索吊架设完成。

（四）茂顶河泥石流沟治理工程

旭龙水电站茂顶河泥石流治理工程由中国水利水电第一工程局有限公司承担，主要包括茂顶河泥石流治理、施工供水系统、综合仓库（包括水泥、钢筋等物资储存仓库）、弃渣场（包括茂顶河弃渣场、表土堆存场）、茂顶河排导槽桥、工区综合管理等；工程合同工期为2021年6月20日开工，2023年8月31日完工。

2022年9月30日该工程提前完成弃渣场排水盲沟施工；施工水厂、综合仓库相继完成挡墙施工，排导槽边坡开挖与支护进入大干阶段。

截至2022年底，项目部完成土石方开挖32.97万m^3，土石方填筑6.06万m^3，喷混凝土1817.2m^3，锚杆4330根，挂钢筋网38.98t，混凝土13776.2m^3。

［长江勘测规划设计研究有限责任公司　王维浩
长江三峡勘测研究院有限公司（武汉）　张焕强
中国安能集团第三工程局有限公司　李正雄
中国水利水电第一工程局有限公司］

扎拉水电站工程 2022年建设进展情况

扎拉水电站是西藏开工建设的首个装机超百万千瓦的重大工程，同时也是世界最大、我国首台500MW冲击式水轮发电机组的依托工程。该电站为玉曲河干流水电规划下游梯级，采用混合式开发，总装机容量1015MW（主厂房2×500MW，生态电站3×5MW），多年平均发电量39.46亿kW·h，为二等大（2）型工程，项目于2020年12月获西藏自治区发展改革委核准。

2022年项目建设主要包括开工前有关专题报告编制评审、筹建期前期工程和主体工程招标文件编制和关键科研技术研究等工作，具体进展如下：

（一）开工前有关专题报告编制、评审工作

2022年3月，里程碑进度策划报告通过水电水利规划设计总院咨询，完工工期从2028年10月提前至2027年9月，优化后施工总工期为54个月，发电工期为48个月。主体工程招标、鱼类增殖站的设计报告，以及主体工程施工招标文件分别于7、9月通过水电水利规划设计总院咨询，为2023年中主体工程开工、年底河床截流奠定了基础。

（二）筹建期前期准备工程和主体工程招标文件编制

2022年，先后完成导流工程及左岸边坡处理标、监测标、鱼类增殖站土建及工艺标、首部枢纽工程土建、机电及金属结构安装工程标（主体工程C1标）、引水发电系统土建、机电及金属结构安装工程标（主体工程C2标）、2个主体工程施工监理标、水轮发电机组采购项目竞争性谈判采购文件等文件的招标文件编制工作。以上除2个主体工程施工标和2个监理标列在2023年招标计划外，其他均已招标实施。

工程建设形象面貌方面，火工材料库房于2022年3月投运，玉曲河公路桥桩基完工并顺利实现安全度汛，水情自动测报系统和施工供电工程分别于5、

6月投运，15号路隧洞7月贯通，2号施工支洞在9月进入引水隧洞主洞，10月主料场扎史同石料场高线隧洞贯通、碧土施工营地管理宿舍楼封顶，5号施工支洞于12月进入压力管道中平段。

（三）工程关键科研技术研究工作

闹中活动断裂特性研究包括3个专题，2022年专题1完成《闹中断裂活动性、活动强度及其对工程的影响研究报告》并于11月通过专家咨询；专题2已完成地质测绘和钻探及前期资料整理等工作，专题3尚未开展。

500MW冲击式机组研究方面，2022年5月，以扎拉水电站为依托的“500MW冲击式水轮发电机组”入选2021年度能源领域首台（套）重大技术装备，并在国家能源局网站公布。7月和8月，分别在德阳（东电）和哈尔滨（哈电）召开大容量高水头冲击式水轮机模型见证试验会议。10月，结合东电和哈电水轮机模型试验的成果，完成机组容量优化论证报告审定稿。

超深竖井施工关键技术研究，最终选定两级竖井作为施工招标方案。

首部枢纽泄洪消能1∶30水工整体模型试验完成了挑流和底流消能的比选研究，消能型式由可行性研究阶段的挑流消能改为底流消能，成果通过了水电水利规划设计总院的咨询，并确定为最终施工招标方案。

（西藏大唐扎拉水电开发有限公司　南江涛
长江勘测规划设计研究有限责任公司　陈兴）

孟底沟水电站工程 2022年建设进展情况

孟底沟水电站工程项目于2021年2月27日获得四川省发展改革委核准，9月27日举行筹建工程开工仪式。2022年，该电站工程主要进行沟水处理、场内外交通、施工供电、施工营地等辅助工程建设。

（一）主要工程形象进度

1. 沟水处理工程　①孟底沟沟水处理：临时排水洞（910m）、临时挡水坝施工完成，投入运行；永久排水洞完成开挖支护3151m、底板浇筑500m、边顶拱浇筑486m。②张牙沟沟水处理：临时排水管涵施工完成，永久排水洞（1559m）已贯通，完成底板浇筑84m。

2. 交通工程　①场内交通工程：沿江公路明线完成2430m，1号隧道（342m）、2号隧道（163m）、6号隧道（273m）已贯通，3、4、5、7号隧道分别完成开挖支护327、844、795、1960m。1号公路4号隧道开挖支护391m。5号公路1号隧道及其施工支洞（1078m）全部施工完成。7号公路1号隧道（501m）、2号隧道（395m）已贯通，3号隧道完成开挖支护1025m。八孟公路（1800m）明线路基开挖全部完成，边坡支护、混凝土挡墙全部完成。②场内跨江桥梁工程：2号临时桥右岸土石方明挖全部完成，桥梁锚索完成钻孔9孔；3号临时桥土石方明挖全部完成，桥梁主索施工全部完成（98孔），左岸混凝土施工全部完成。八窝龙特大桥0～1号墩、3～4号墩边坡开挖全部完成。③场外交通工程：伍孟路改建工程，Ⅰ标（约57.5km）实物工程验收已完成；Ⅱ标杨家坪1号隧道（699m）已贯通，2号隧道完成开挖支护833m。对外交通沿江公路开展临辅建工程建设。

3. 施工供电工程　①场内施工供电工程：35kV线路工程共16基线塔，基础开挖及浇筑工程全部完成，组塔工程完成9基；加油站10kV线路工程已完成。②场外施工供电工程：新建孟底沟—杨房沟110kV线路，Ⅰ标线路工程共29基线塔，基础开挖及浇筑、铁塔组立、导地线架设全部完成；Ⅱ标线路工程共40基线塔，实体工程验收全部完成。110kV变电站，室内电气设备调试已完成。

4. 营地工程　马金子营地完成并投运。位于八窝龙乡的业主临时营地已完工，参建各方已入驻；八窝龙永久营地正开展场平工程。

（二）建设管理情况

1. 质量管理　2022年，孟底沟水电站完善质量管理组织机构，组建业主试验检测中心、测量监测中心，开发“全生命周期质量验评及电子文件档案归档”系统；持续完善质量管理制度，新印发13项质量管理办法，确保体系完善有效；开展质量专项检查活动、质量专项培训、规范验收等，确保工程施工质量满足要求。

2. 安全生产管理　全年组织开展安全生产检查190余次，深入整治安全隐患1260条，排查治理防汛项目34项、地质灾害危险点67项。全年未发生一般及以上人身伤亡事故。

3. 环水保管理　编制了突发环境事件应急预案，建立了考核制度，印发了环保水保工作指导手册。全年未发生环境污染与生态破坏事故，未发生水土流失危害事件，未受到相关行政主管部门的行政处罚。

4. 资金管理　2022年固定资产投资计划13.48亿元，实际完成12.36亿元，完成率92%，预算执行情况良好。

（雅砻江流域水电开发有限公司　邓凯迪
中国电建集团成都勘测设计研究院有限公司　张敬）

银江水电站工程 2022年建设进展情况

银江水电站位于金沙江中游攀枝花河段末端——金沙江和雅砻江汇合口上游约3.6km，水库正常蓄水位998.5m，大坝为混凝土重力坝，坝顶高程1008m，最大坝高73m，装机容量390MW。

2022年3月，二期上、下游防渗墙浇筑完成，基坑抽水完成，并开始基坑开挖；5月，二期上、下游围堰填筑到顶；6月，左岸G353国道永久改线通车，左岸990m以上边坡开挖支护完成，0号坝段浇筑完成；9月29日，开始消力池底板混凝土浇筑；10月底，基本完成二期基坑开挖，开始厂坝导墙混凝土浇筑，机电设备首次到货；11月5日，大坝首仓混凝土开始浇筑，较计划工期提前1个月；12月16～17日，混凝土骨料料源变更专题设计报告通过水电水利规划设计总院审查。

截至2022年12月底，本年度累计完成投资78613.20万元。

［长江三峡勘测研究院有限公司（武汉） 刘培培］

卡拉水电站工程 2022年建设进展情况

2022年，卡拉水电站工程准备工程与主体工程同步推进，各关键项目按照计划顺利进行，环保水保工程同步实施，智能建设系统一期项目上线运行，施工资源不断充实，安全、质量持续受控，主要建设工作进展情况如下：

1. 导流洞工程 导流洞第一层开挖支护完成351m；第二、三层开挖支护完成180m（全长897.6m）。

2. 枢纽区危岩体治理工程 危岩体自上而下有序施工。左岸危岩体Z1区清坡基本完成，危岩体处理具备大规模施工条件；右岸已启动Y1区危岩体施工。

3. 引水发电系统工程 主厂房第一层中导洞开挖支护完成98m（全长235.4m），主变压器洞第一层中导洞开挖支护完成47m（全长149.7m），厂房上层排水廊道开挖支护完成677m（全长1227.9m），进厂交通洞开挖支护完成251m（全长503.4m）。

4. 交通工程 纤维沟临时索桥2022年10月26日建成通车；左岸绕坝交通洞开挖支护完成910m（全长1368m），左岸危岩体处理交通洞开挖支护完成1087m（全长1287m），右岸绕坝交通洞开挖支护完成381m（全长2196m），右岸停靠平台交通洞开挖支护完成204m（全长245m）；卡拉大桥左岸桥台开挖支护完成，启动桩基施工，右岸桥台边坡清理完成，开挖完成30%。

5. 沟水处理工程 大碧沟排水洞开挖支护全部完成，衬砌完成230m（全长652m）；甲尔沟排水洞开挖支护完成680m（全长1242m）；九一三沟排水洞混凝土浇筑全部完成，出口泄槽施工完成。

6. 其他辅助工程 蔡家坪营地，场平及道路改建完成，正在进行宿舍楼、试验楼等房屋建筑施工；数码钢筋加工厂棚建钢结构安装完成；临时营地污水处理厂已投运。纤维沟前期及厂房工程混凝土生产系统土建基本完成。上田镇发包人过渡期营地全部完工并投入使用。

7. 智能建设 2022年，持续推动全业务、全流程和全要素的数字化卡拉智能建设平台建设，一期项目上线运行，包括综合办公、设计管理、质量管理、进度与施工、视频监控等15个功能模块已累计稳定运行13个月，满足工程建设和管理需要。

（雅砻江流域水电开发有限公司 童建）

旬阳水电站四台机组全部投产发电

旬阳水电站是汉江上游干流陕西境段第5个梯级电站，2022年12月10日，1号机组完成72小时试运行投产发电；12月16日，2号机组完成72小时试运行正式投产；12月25日，3号机组通过72小时试运行正式并网发电；12月29日，电站最后一台机组（4号机组）完成72小时试运行投产发电。至此，电站四台机组全部投产转入商业运行。

该电站为二等大（2）型工程，水库正常蓄水位241m，死水位239m，总库容3.25亿m^3；电站装机容量320MW，保证出力36.7MW，多年平均发电量8.4亿kW·h（引汉济渭调水10亿m^3）。枢纽建筑物由混凝土闸坝及河床式厂房组成。大坝为混凝土闸坝，坝顶高程247m，最大坝高58m，坝轴线长466.50m；共分成20个坝段，从右至左依次为右非坝段、右七孔冲砂泄洪闸、右导墙、左五孔冲砂泄洪闸、左导墙、主机间、安装间。

工程总工期54个月，2015年11月，正式开工建设；2020年12月，实现二期截流。

该工程的难点主要有两个方面：一是水库淹没损失大，搬迁人口多，移民难度大。二是电站洪峰流量大，利用水头低，装机规模较小，发电效益低，经济指标差。中国电建集团北京勘测设计研究院有限公司（以下简称北京院）为加快汉江水电资源开发，促进陕南经济发展，改善安康地区的经济状况，结合工程实际情况，重点从减少耕地淹没、降低移民数量、降低工程造价等方面进行研究，提出了“加大泄量、降低水位、回归天然”的设计理念，主要从以下两个方面进行了优化设计：①加大拦河坝泄洪孔口过水面积，降低汛期洪水起调水位，以加大泄洪流量，降低坝前洪水位，使洪水回水在安康盆地黄洋河口以上河段回归天然；②调度运行方式采用预报预泄、三级流量控制的调度方式。

旬阳水电站自提出选坝报告至今历时约 40 年，几代北京院人结合工程建设实际条件，组织开展了“大单宽流量、深尾水、低佛氏数泄水消能建筑物水力学研究”“大推力预应力闸墩结构及动力特性研究”“水库调度运行方式研究”“安康城区及周边浸没专题研究”，“高淹没度工况下超大型弧形钢闸门数值分析及水力学和流激振动试验研究”等专项研究设计工作，为工程的顺利完建提供了坚实的技术保障。

（中国电建集团北京勘测设计研究院有限公司　王佳林）

新集水电站工程 2022 年建设进展情况

新集水电站位于湖北省襄阳市境内汉江中游河段，为二等大（2）型工程，总装机容量 120MW，工程于 2020 年 12 月 16 日正式开工。

2022 年，工程全面进入主体工程土建施工及金属结构安装，中国水利水电第四工程局有限公司扎实推进工程建设，圆满完成了“泄水闸具备过流条件”及“二期主河床截流”年度节点任务，实现了全年质量安全“双零”目标。

2022 年，全年完成投资 60531.34 万元，占总投资的 63.32%；全年完成土石方开挖 226.90 万 m^3，土石方回填 192.59 万 m^3，混凝土浇筑 54.66 万 m^3，钢筋制作安装 2.64 万 t，金属结构安装 8645.511t。这一年，完成了左岸阶地土石坝、左岸连接坝段、右岸连接坝段、船闸引航道隔流堤、主河床土石坝等填筑作业，完成了泄水闸出口、厂房出口、鱼道进口部位等疏挖作业，完成了泄水闸及左右岸门库、厂房及安装间、鱼道、船闸主体结构混凝土施工，完成了泄水闸 24 孔弧形工作门、厂房上下游检修事故闸门、船闸上下游检修闸门、坝顶门机、厂房桥机、1 号机组管型座等金属结构及机电设备安装，工程已具备坝顶通行、泄水闸过流、厂房挡水及桥机运行、船闸挡水等条件。2022 年 11 月 19 日圆满实现“主河床截流”合同节点目标，剩余主河床土石坝填筑及防渗体系、坝顶附属设施及金属结构与机电设备安装作业正在有序推进。

全年共计验评 3459 个单元，合格率 100%，优良 3118 个单元，优良率 90.14%；全年共验收分部工程 24 个，合格率 100%，优良 23 个，优良率 95.8%。

（中国水利水电第四工程局有限公司　汝永祥）

老木孔航电枢纽工程 2022 年建设进展情况

老木孔航电枢纽工程是岷江乐山—宜宾河段规划的四级航电工程的第 1 级，坝址位于乐山市五通桥区牛华镇，控制流域面积为 135811km^2，多年平均流量 2470m^3/s；水库正常蓄水位 358.00m，相应库容 1.421 亿 m^3；电站总装机容量 405.40MW，年发电量（联合运行）16.51 亿 kW·h。

枢纽由拦河闸坝、库区防洪堤、生态电站组成。拦河闸坝坝顶总长 1020.20m，坝顶高程为 363.00m，从左至右依次为左岸连接坝段（30.00m）、左岸挡水坝段（50.00m）、左岸泄洪闸坝段（567.00m），厂房段 253.20m（副安装间 25.40m，主安装间 47.80m，主机间 180.00m），泄洪闸坝段（567.00m），船闸段（70.00m），右岸连接坝段（50.00m）。泄洪闸为宽顶堰泄洪闸，最大闸高 34.00m，孔口尺寸 20m×16m（宽×高），单宽最大泄量 148.47m^3/s；船闸有效尺度为 220m×34m×5.5m（有效长度×有效宽度×门槛水深）；发电厂房为河床式厂房，主厂房尺寸 253.2m×86.0m×61.5m（长×宽×高），厂内安装 8 台单机容量为 50MW 的灯泡贯流式水轮发电机组；鱼道布置在电站右岸侧，全长为 1493.00m。库区两岸新建防洪堤均起于库尾附近，至下游与本工程闸坝岸坡坝段以及船闸上引航道右边墙衔接。左岸堤线全长 9.805km，右岸堤线全长 7.956km。生态电站布置在涌斯江入口处，枢纽采用河床式布置，从左至右依次布置宽 48.00m 的挡水坝段、宽 42.00m 的河床式厂房、总宽 82.00m 的 1 孔冲沙闸和 4 孔泄洪闸，电站装机容量 5.4MW。

2020 年 11 月 25 日，《老木孔航电工程初步设计报告》获得了四川省交通运输厅的批复；11 月 27 日，枢纽工程在乐山召开了开工仪式，进入筹建阶段。2021 年 12 月 23 日，枢纽控制性工程开工仪式在乐山举行，工程全面进入实质性开工阶段。

2022年5月23日，四川省交通运输厅对岷江老木孔航电枢纽工程施工图设计（第一批次）进行了批复；6月，老木孔航电工程筹建二标、主体工程一标招标文件及预算编制完成。

（中国电建集团成都勘测设计研究院有限公司 石太军）

五强溪水电站扩机工程 2022年建设进展情况

五强溪水电站扩机工程装机容量2×250MW，枢纽建筑物包括岸塔式进水口、引水隧洞、调压室、压力管道、地面厂房及尾水渠，2022年工程建设情况如下：

（一）主要工程建设进展情况

1. 引水工程 ①进水口工程：2022年5月6日，进水口检修闸门完成下闸；5月23日，进水口围堰爆破拆除完成，开始进行预留岩坎水下开挖施工；9月17日，进水塔塔体浇筑至设计高程118.5m。全年完成混凝土浇筑3.75万m^3，累计浇筑4.81万m^3。②引水隧洞工程：2022年3月22日，引水隧洞首仓衬砌混凝土浇筑；12月23日，6号机组引水隧洞岩塞段开挖完成，两台机组引水隧洞全线贯通。2022年，6、7号机组引水隧洞混凝土衬砌分别完成334.2、352.4m。③调压室工程：2022年，调压室地下洞室开挖完成，两条调压隧洞浇筑至109.5m高程，事故闸门井锁口板梁浇筑完成；全年完成混凝土浇筑1.09万m^3，累计浇筑2.42万m^3。

2. 发电厂房工程 2022年11月2日，主厂房混凝土浇筑至102.75m高程，顺利封顶；12月26日，完成主厂房屋顶安装；主厂房全年完成混凝土浇筑12.14万m^3，累计浇筑22.58万m^3。2022年10月，尾水渠底板开始开挖；12月，开始尾水渠底板混凝土浇筑；尾水渠全年土石方开挖完成5.42万m^3，累计开挖完成26.24万m^3。

3. 机电金属结构安装工程 2022年，主厂房桥式起重机于4月20日进场开始安装，8月15日具备运行条件；7号机组和6号机组蜗壳安装，先后于10月15日、11月7日完成；尾水门机于8月18日开始安装，9月20日投入运行。

（二）安全与质量管理情况

①工程全面实行网格化管理，坚持以文明促安全、以安全文明保质量进度，开工至今未发生安全事故，安全管理处于可控状态。②工程开工至今未发生质量事故。2022年完成质量验评825个单元，合格单元数825个，合格率100%；优良单元数794个，优良率96.24%。

（五凌电力有限公司 杨勇）

白鹤滩水电站16台百万千瓦机组全部投产发电

2022年是白鹤滩水电站工程完美收官的关键之年，全年有10台机组投产，并实现蓄水至正常蓄水位825m；至年底，电站16台百万机组全部投产发电，主体工程全部完工。

（一）工程建设概况

白鹤滩水电站位于金沙江下游四川省宁南县和云南省巧家县境内，装机容量16000MW，多年平均发电量624.43亿kW·h，保证出力5470MW；并可使下游各梯级电站保证出力增加853MW，发电量增加24.3亿kW·h，枯水期电量增加92.1亿kW·h。电站水库正常蓄水位825.00m，总库容206.27亿m^3，调节库容可达104.36亿m^3，防洪库容75.00亿m^3。

该电站混凝土双曲拱坝，最大坝高289m，混凝土方量约803万m^3。拱坝坝身设6个表孔+7个深孔+6个导流底孔，表孔孔口尺寸14.0m×15.0m(宽×高)；深孔孔口尺寸5.5m×8.0m(宽×高)。水垫塘采用反拱型底板复式梯形断面，反拱底板宽130m，反弧半径107.02m；水垫塘长度约360m，塘底设置全封闭的渗漏抽排系统；3条泄洪洞为无压直洞、洞内“龙落尾”型式，控制闸门孔口尺寸15.0m×9.5m(宽×高)。输水发电系统左右岸基本对称布置，进水口采用岸塔式分层取水，压力管道为单机单洞竖井式。主副厂房洞长438m、高88.7m，岩梁以下宽为31.00m、以上宽为34.00m；主变压器洞总长368m，宽21m、高39.5m。尾水闸门室长374.5m，直墙高30.5～31.5m；尾水调压室采用圆筒形阻抗式，左右岸各布置4座，开挖直径43～48m、高度57.9～93m；尾水隧洞采用一洞两机的布置，左、右岸各布置4条，总长分别为1101.1～1695.8、1006.8～1744.9m；尾水出口采用地下竖井式。两岸500kV开关站均采用地下GIS布置型式，地面仅设出线场。

白鹤滩水电站工程于2015年11月实现大江截流，2017年8月全面开工建设。2021年4月，水库开始蓄水；5月，大坝全线浇筑到顶；6月，500kV出线系统完成倒送电试验；6月28日，首批机组（左岸1号、右岸14号）投产发电；截至2022年底，共有6台机组正式投产运行。

（二）2022年建设进展情况

(1) 土建及金属结构方面。1月完成左岸大坝坝顶门机轨道梁吊装，4 月完成坝顶门机荷载试验和 1～3 号表孔弧形工作闸门液压启闭机调试，至此坝顶结构施工及表孔弧门安装完成，大坝主体工程全部完工；2022 年底前，又完成高线 4 台缆机、高线混凝土生产系统、骨料运输系统、供料平台等临建设施拆除，地下厂房工程完成全部剩余尾水施工，泄洪洞工程完成出口堆丘开挖及右岸消能区防护工程。

(2) 机电工程。在这一年实现了一个月内完成 2 台机组调试，并创下“三天两投”的“三峡调试、投产速度”，多次刷新行业记录，主要情况如下：1 月 3 日，右岸 16 号机组完成 72 小时试运行投产发电；5 月 30 日，左岸 5 号机组通过 72 小时试运行正式投产；6 月 2 日，左岸 6 号机组完成 72 小时试运行投产发电；8 月 2 日，左岸 7 号机组完成 72 小时试运行正式投产；9 月 18 日，右岸 13 号机组完成 72 小时试运行投产发电；9 月 22 日，左岸 8 号机组通过 72 小时试运行正式投入运行；10 月 14 日，右岸 12 号机组完成 72 小时试运行投产发电；11 月 2 日，右岸 11 号机组完成 72 小时试运行投产发电；11 月 5 日，右岸 10 号机组通过 72 小时试运行正式投产；12 月 20 日，右岸 9 号机组完成 72 小时试运行投产发电。

(3) 电站蓄水。5 月，工程通过蓄水至正常蓄水位 825m 安全鉴定；6 月，通过蓄水至正常蓄水位 825m 质量监督，同期通过蓄水至正常蓄水位 825m 专家组现场验收；10 月 24 日，成功蓄水至高程 825m，首次达到正常蓄水位。同时，组织开展在正常蓄水位工况下泄洪消能设施水力学原型试验，这在同类工程中为首次。试验成果表明泄洪消能设施闸门运行正常，枢纽工程主要建筑物工作性态稳定。

该水电站是实施“西电东送”的国家重大工程，是当今世界在建规模最大、技术难度最高的水电工程。该电站工程实现了 16 台百万机组全部投产发电，标志着世界最大的清洁能源走廊全面建成。

（中国电建集团华东勘测设计研究院有限公司　方丹
中国长江三峡集团有限公司　向家松
中国水利水电第四工程局有限公司　孙德炳　田海洋）

杨房沟水电站工程通过枢纽工程专项验收

2022 年 12 月 13 日，水电水利规划设计总院会同有关部门和单位组成杨房沟水电站枢纽工程专项验收委员会在成都召开了枢纽工程专项验收会。验收委员会认为杨房沟水电站枢纽建筑物设计符合国家有关强制性标准及规程规范要求，施工质量满足设计和合同文件要求，金属结构设计满足规程规范要求，主要机电设备的制造、安装、调试满足规范及设计要求，设备运行正常。水库于 2021 年 7 月蓄水至正常蓄水位，已经历了 2 个汛期的考验，水库调度运行和防洪度汛满足设计要求。监测资料表明，主要建筑物工作性态良好，枢纽工程运行正常。投产发电以来设备运行安全稳定，4 台机组均已实现满功率运行，运行时间均已超过 6700h。运行情况表明，电站发电功能满足设计要求。验收委员会同意杨房沟水电站通过枢纽工程专项验收。

杨房沟水电站工程是国内首个采用设计施工总承包（EPC）建设模式的百万千瓦级大型水电项目，2015 年 6 月核准开工建设，2021 年实现全部四台机组投产发电目标。该工程建设成效显著，树立了水电行业 EPC 建设管理模式标杆，研发了超高陡边坡高位危岩全生命周期防控关键技术，提出了基于边坡稳定的爆破振动控制标准和综合加固关键技术，创新设计了“楔形体＋底板镂空”表孔结构，建立了“设计—施工—数字化”深度融合的高效管理模式与技术体系。

（中国电建集团华东勘测设计研究院有限公司
徐建军　殷亮　魏海宁　么伦强）

苏洼龙水电站全部机组投产发电

2022 年 11 月 30 日，苏洼龙水电站最后一台机组（1 号机组）通过 72 小时试运行正式投产发电。至此，该电站 4 台机组共 120 万 kW 全部投产运行，标志着金沙江上游清洁能源基地建设取得重大标志性进展。

苏洼龙水电站是金沙江上游河段 13 个规划梯级电站的第 10 级，装机容量为 120 万 kW，多年平均发电量 54.26 亿 kW·h。工程总投资 178.90 亿元。电站地处青藏高原东南边缘，区域构造稳定性差，坝址基本地震烈度为Ⅷ度、100 年超越概率 1%的地震基岩峰值加速度 0.457g；坝基河床覆盖层深达到 91m，地质构造复杂；处于干热河谷，环境脆弱，工程周边环境敏感目标多。枢纽拦河坝采用沥青混凝土心墙堆石坝，岸边溢洪道和泄洪放空洞布置在右岸，左岸布置引水隧洞和地面厂房，枢纽布置紧凑，最大程度减少了对周边敏感环境目标的不利影响。

项目于 2015 年 11 月获得国家发展改革委核准。2017 年 11 月，工程实现大江截流、主体工程开工建设。先后克服 2018 年“10·11”和“11·03”两次白格堰塞湖和新冠疫情等不利影响，2021 年 1 月实现下闸蓄水，5月大坝填筑到2478m（距坝顶2480m相差2m），6月溢洪道过流，汛末水库水位蓄至死水位2471m，至2021年底工程土建基本结束。

2022年，现场主要围绕机组安装、机组投产发电、尾工处理、工程缺陷处理等开展工作，进行了第三阶段蓄水安全鉴定、引水发电系统充水试验、机组启动验收、三期绿化招标。7月19日，首台机组（4号机组）完成72小时试运行投产发电；8月25日，3号机组完成72小时试运行正式投产；9月25日，2号机组通过72小时试运行投产发电；11月30日，电站最后一台机组（1号机组）通过72小时试运行正式投产发电。至此，苏洼龙水电站工程成功实现“一季三投、半年四投”，电站4台机组全部投产发电。当年完成发电量17.96亿kW·h，为四川省应对2022年极端灾害天气做出突出贡献，华电金沙江上游水电开发有限公司被四川省委、省政府授予“2022年应对极端灾害天气能源电力保供突出贡献集体”。

（华电金沙江上游水电开发有限公司
中国电建集团北京勘测设计研究院有限公司　龙文）

俄日水电站与红卫桥水电站机组全部投产

俄日水电站与红卫桥水电站位于四川省阿坝藏族羌族自治州金川县境内，是俄日河干流水电规划“1库4级”开发方案自上而下的第3、4级，均采用引水式开发，均安装3台水轮发电机组，2022年3月都实现“一月三投”，6台机组全部投产。

俄日水电站混凝土闸坝最大坝高17m，右岸引水隧洞长12.098km；水库正常蓄水位3090m，对应库容44.4万m^3，调节库容21.3万m^3；装机容量69MW，多年平均年发电量2.7719亿kW·h/3.0996亿kW·h(单独/联合)。项目于2015年6月获四川省发展改革委核准。2016年7月，工程开工建设；2017年12月，工程截流；2021年11月，实现下闸蓄水。2022年3月15日，俄日水电站首台机组完成72小时试运行正式投产发电；3月23日，最后一台机组顺利通过72小时试运行正式并网发电。至此，俄日水电站3台机组全部投产发电。

红卫桥水电站闸坝位于二安沟口下游约1.7km处，最大坝高20m；水库正常蓄水位2867m，相应库容98.8万m^3。地下厂房位于俄日河与绰斯甲河汇口上游约580m处，闸、厂址相距约24km。右岸引水隧洞全长19.50km，电站发电引用流量为50m^3/s，装机容量111MW，多年平均年发电量4.514/4.964亿kW·h(单独/联合)。项目于2014年6月获四川省发展改革委核准。2016年3月，工程开工建设；12月，工程一期截流。2019年10月，工程二期截流。2021年11月，实现下闸蓄水。2022年3月14日，电站首台机组完成72小时试运行正式投产发电；3月22日，电站最后一台机组顺利通过72小时试运行正式并网发电。至此，红卫桥水电站3台机组全部投产。

工程建设对工程设计、建设管理、工程验收、生产运行等实行全生命周期管控，总体实现安全无事故、水保环保可控、工程质量可靠、工程效益达标等要求，经历2022年6月“马尔康6.0级震群地震”及汛期洪水考验，工程运行安全可靠。同时依托项目建设，积极践行央企责任，为四川省阿坝州金川县增加规模以上企业并促进地方产业结构调整和县域经济发展，通过结对共建成功推动“两乡三村”顺利完成脱贫攻坚目标，并持续助力乡村振兴建设。

（华电四川发电有限公司）

以礼河四级电站复建工程2台机组投产

2022年12月20日，以礼河四级电站复建工程首台机组（1号机组）通过72小时满负荷试运行正式投产；12月30日，2号机组也通过72小时试运行投产发电。

以礼河四级电站位于云南省曲靖市会泽县，是以礼河采用“一库四站”、跨流域梯级开发的最后一个梯级电站，1970年建成并投产发电。该电站为引水式，利用水头达589m，装有4台单机容量为36MW的冲击式水轮发电机组。金沙江白鹤滩水电站建成蓄水，会淹没该电站尾水系统、开关站、地下厂房、球阀室、部分引水系统、办公生活设施及附属设施等。考虑该电站剩余发电水头较大，仍具有较大的利用价值，有必要另选厂址进行复建。

以礼河四级电站复建工程是白鹤滩水电站的移民专项工程，其复建范围为新建压力管道、地下厂房、尾水系统、地面出线场、业主营地等建筑物，沿用原电站的首部枢纽、引水隧洞及调压井等建筑物；复建后总装机容量为130MW，共安装4台单机容量为32.5MW的立轴冲击式水轮发电机组。

新建地下厂房仍采用尾部开发方式，布置在距离原电站厂房上游约1km的大坪子西北侧山体内；一洞室布置，从左至右分别为安装场、主机段、副厂房、主变压器室，开挖尺寸为151.5m×19.5(18)m×38m(长×宽×高)；新建引水系统采用一洞四机布置，压力钢管与原电站的连接点位于原电站引水隧洞上平段末端，高压管道采用两段竖井＋两段平洞布置方案；新建尾水系统采用一洞四机布置，检修闸门室采用地下式。复建电站出线系统采用“地下 GIS 开关室＋出线洞＋220kV 地面出线场”的布置型式，GIS 室位于地下厂房洞右端、主变压器室和第二副厂房上层，出线洞由“竖井＋平洞”组成；220kV 送出，一回连接以礼河三级电站，另一回接入 220kV 新村变电站。

2019 年 3 月，复建工程正式开工；2020 年，3 月尾水系统开挖结束，10 月进厂交通洞贯通；2021 年 6 月，地下厂房开挖完成。

2022 年 6 月，地下厂房混凝土浇筑完成；10 月，输水系统充排水试验完成；12 月 20 日，首台机组（1 号机组）通过 72 小时试运行正式投产，发电较原计划提前 192 天；12 月 30 日，2 号机组通过 72 小时试运行投产发电。

（中国电建集团华东勘测设计研究院有限公司
钱军　吴胜华）

中国电力建设集团有限公司承建的重点水电工程 2022 年进展情况

（1）2022 年 12 月 30 日，引江济淮一期工程实现试通水通航，开始发挥效益。引江济淮工程是国务院确定的 172 项重大水利工程之一，是我国继三峡、南水北调工程之后，在建规模最大的水利工程。该工程沟通长江和淮河两大水系，由长江下游上段引水，向淮河中游地区补水，输水线路总长 723km，引江流量 $300m^3/s$，入淮流量 $280m^3/s$，供水范围涉及安徽、河南两省 15 个市，55 个县、市、区，受益人口 5117 万人，改善灌溉面积 1808 万亩。中国电建所属的中国水利水电第四、五、七、十、十一、十二、十五工程局有限公司（简称水电四、五、七、十、十一、十二、十五局）和中国电建市政集团有限公司承担主要施工任务。

（2）2022 年 12 月 20 日，随着右岸地下厂房 9 号机组完成 72 小时试运行，白鹤滩水电站全部机组投产发电，此举也标志着我国金沙江下游水电基地全面建成。白鹤滩水电站总装机容量 1600 万 kW，拥有全球单机容量最大功率百万千瓦水轮发电机组。其左岸 8 台机组由中国电建安装调试，实现了全球首台百万千瓦水电机组转子吊装、首批机组安全投产发电、2 号及 3 号机组“零配重”投运、5 号和 6 号机组“4 日两投”、8 台机组全部符合精品机组标准等优异成绩。

（3）2022 年 8 月 28 日，周宁抽水蓄能电站最后一台机组投入商业运行，标志着这座“十四五”期间福建省首个抽水蓄能电站全面投产。该电站安装 4 台单机容量为 30 万 kW 的可逆式抽水蓄能机组。中国电建集团华东勘测设计研究院有限公司（简称中国电建华东院）承担电站设计，水电十六局承建电站下水库土建工程、地下厂房土建工程和发电机组安装工程，水电四局承建上水库土建工程，水电十二局承建地下厂房开挖和回填，中国电建中南院承担电站工程监理。电站机组安装创出国内抽水蓄能电站两台机组投产并网间隔时间最短（9 天）的全国纪录。

（4）2022 年 7 月 19 日，苏洼龙水电站首台机组（4 号机组）完成 72 小时试运行正式投产发电。该电站位于西藏、四川交界的金沙江上游河段，总装机容量 120 万 kW，年发电量约 55 亿 kW·h，是西藏首个百万千瓦级水电工程，也是金沙江上游清洁能源基地首个开工项目、国家“西电东送”接续能源基地的先导工程，由中国电建北京院全过程勘测设计，水电一、三、四、十局施工建设，贵阳院监理。

（5）2022 年 6 月 5 日，布隆迪胡济巴济水电站最后一台机组完成 72 小时试运行，至此，电站 3 台机组全部投产发电。该电站是中国援外在建的最大水电项目，位于布隆迪首都布琼布拉市南部的胡济巴济河下游段，采用径流引水式开发，安装 3 台卧轴水斗式水轮发电机组，装机容量 1.5 万 kW。中国电建中南院负责项目监管，水电十四局以施工总承包模式承建，中国电建成都院和水电水利规划设计总院分别参与电站设计、验收工作。

（6）2022 年 5 月 30 日，浙江温岭江厦潮光互补智能光伏发电站实现全容量并网发电。这是我国首次将太阳能和潮汐能互补开发，标志着我国在海洋能源综合利用领域取得新成效。该电站装机容量 10 万 kW，项目由中国电建华东院总承包；利用位于浙江温岭的江厦潮汐试验电站（中国电建华东院于 20 世纪 80 年代设计的中国最大、世界第四大潮汐电站）库区水面，通过在 2000 亩的水面上安装 18.5 万余块光伏发电组件，实现光伏发电与潮汐发电互补，在提高总体电量输出的同时，通过控制潮汐发电的时段和功率有效平抑光伏发电波动，提升电站输出品质。

（7）2022 年 3 月 29 日，沂蒙抽水蓄能电站 4 号机组投产。至此，电站 4 台机组全部投产。该电站位于沂蒙革命老区，共安装 4 台单机容量 30 万 kW 的可逆式抽水蓄能机组。中国电建北京院承担电站规划论证和全阶段勘测设计，华东院承担施工监理任务，水电一局承担电站下水库和环库公路等工程建设，水电四局承担电站引水发电系统土建及金属结构安装工程，水电十四局承担机电安装任务，水电十六局承担场内1、2号公路、进厂交通洞和通风兼安全洞工程建设。

(8) 2022年3月18日，两河口水电站最后一台机（1号机组）结束72小时试运行投入商运。至此，该电站6台机全部投产发电。该电站装机容量300万kW，是我国藏区开工建设规模和投资规模最大的水电项目，也是我国海拔最高的百万千瓦级水电站；其砾石土心墙堆石坝，坝高295m，为我国已建第一、世界第二高土石坝。中国电建成都院承担电站规划论证和全阶段勘测设计，水电五、十二、十四、十六局等单位承担了70%以上的施工任务。两河口水电站的建成填补了高寒地区超高土石坝建设的技术空白，实现了大坝建设由数字化向智能化的新跨越。

（中国电力建设集团有限公司）

国能大渡河流域水电开发有限公司2022年前期项目筹建情况

（一）巴底水电站

该电站位于四川省甘孜藏族自治州境内，规划总装机容量110万kW。2022年启动了实物指标调查，取得了库区复建公路工程可行性研究报告的批复，完成了水资源论证及取水许可，项目可行性研究及核准工作加快推进。

（二）丹巴水电站

丹巴水电站位于四川省甘孜藏族自治州境内，规划装机容量113万kW。2022年完成实物指标调查及公示确认，移民安置规划大纲通过审查，水土保持报告取得批复，洪水影响评价报告通过审查，项目可行性研究及核准工作加快推进。

（三）老鹰岩水电站

该电站位于四川省雅安市石棉县境内，分两级开发，规划总装机容量72万kW。2022年，两级电站完成了社会稳定风险评估、水保报告、取水许可提级审查，河段环评报告通过了生态环境部及评估中心的咨询，项目申请报告报送国家发展改革委并完成了评估，正全力推进项目核准。

（四）安宁水电站

安宁水电站位于四川省阿坝藏族自治州境内，规划总装机容量40万kW。2022年，安宁水电站完成了正常蓄水位（修编）、施工总布置专题（修编）及水库影响区地质专题审查，项目基本具备封库条件。

（五）帕隆藏布流域

2022年完成帕隆藏布水电规划加深工作的7个专题报告，配合西藏自治区完成了帕隆藏布河湖管理范围划定和岸线保护与利用规划编制等工作。根据西藏自治区区域空间生态环境评价暨“三线一单”编制报告最新成果，帕隆藏布流域规划梯级从禁止类开发河段调整为重点管控类可开发河段。

（国能大渡河流域水电开发有限公司　柳玉兰　成磊）

国能大渡河流域水电开发有限公司2022年在工程建设情况

国能大渡河流域水电开发有限公司（简称大渡河公司）是国家能源集团所属最大的集水电开发建设和运营管理于一体的大型流域水电开发公司。业务主要涉及常规水电、抽水蓄能等清洁能源项目和光伏、风电等新能源项目开发，稳步推进碳资产业务和国际合作项目。大渡河流域规划28个梯级电站开发，总装机容量约2700万kW，大渡河公司依托龚嘴、铜街子两座母体电站主要负责大渡河流域干流17个梯级电站的开发，涉及四川省三州两市（甘孜州、阿坝州、凉山州、雅安市、乐山市）12个县，总装机容量约1760万kW。

截至2022年底大渡河公司投运电站有龚嘴、铜街子、瀑布沟、深溪沟、大岗山、猴子岩、枕头坝一级、沙坪二级、吉牛等9个大渡河流域电站和12个其他流域电站，总装机容量1173.5万kW，约占四川统调水电总装机容量的27%；在建水电项目有双江口、金川、枕头坝二级、沙坪一级4个电站，总装机容量352万kW；前期筹建水电项目有老鹰岩一级、老鹰岩二级、丹巴、巴底、安宁5个项目，总装机容量297万kW，形成了投产、在建、筹建稳步推进的可持续发展格局。

（一）金川水电站

金川水电站是大渡河干流水电调整规划的第6级电站，位于四川省阿坝州金川县、马尔康市境内。电站总装机容量86万kW，枢纽建筑物由混凝土面板堆石坝、右岸溢洪道和泄洪放空洞、左岸输水建筑物及地下厂房等组成。2022年完成了尾水闸门操作室第一层开挖支护、泄洪放空洞具备过流条件，完成地下厂房岩壁吊车梁和左岸趾板开挖，大坝基础复勘完成、确定大坝基础处理方案，溢洪道及生态泄水道引渠段开挖至2298m高程。

（二）双江口水电站

双江口水电站是大渡河干流水电调整规划的第5级电站，位于四川省阿坝州马尔康市、金川县境内，是大渡河干流上游控制性龙头水库电站。电站总装机容量200万kW，枢纽工程由拦河大坝、泄洪建筑物、引水发电系统等组成，最大坝高315m，坝顶高程2510m。截至2022年底，双江口水电站拦河大坝填筑至2277m高程、完成了岩锚梁浇筑、洞式溢洪道洞身开挖支护，出口边坡开挖至2441m高程，进口边坡开挖至2508m高程。完成了主厂房桥机安装。

（三）枕头坝二级、沙坪一级水电站

枕头坝二级水电站和沙坪一级水电站位于四川省乐山市金口河区境内，枕头坝二级水电站设计装机容量30万kW，沙坪一级水电站设计装机容量36万kW。1月，两电站一期围堰成功合龙，6月，完成填筑；9月，首仓混凝土浇筑，沙坪一级双凤溪大桥具备通车条件；12月，两电站一期基坑完成开挖。

（国能大渡河流域水电开发有限公司
柳玉兰　张根　朱春　刘海波　唐烨林）

滇中引水工程楚雄段施工7标项目2022年建设进展情况

云南省滇中引水工程楚雄段施工7标项目，范围为楚雄段九道河隧洞至龙潭隧洞，全长16.789km，共包括九道河隧洞出口段（长7276.368m）、九道河倒虹吸（长717.442m）、鲁支河隧洞（长4754.732m）、鲁支河渡槽（长172m）、龙潭隧洞进口段（长3868m）等5座输水建筑物。本标段由中国水利水电第一工程局有限公司承建，合同金额为11.762亿元，总工期2547天，2019年10月15日开工；至2022年底，涉及的九道河隧洞1、2号和龙潭隧洞1号3条施工支洞（总长1886.677m），已全部完成；涉及的九道河、鲁支河、龙潭3条隧洞（总长15899m），开挖支护完成13266.17m（占比83.44%），全断面衬砌完成5958.63m（占比37.48%）。各工作面施工情况如下：

1. 一工区九道河隧洞1号施工支洞工作面　上、下游控制段总长分别为1849.68、1200.00m。截至2022年底，分别开挖支护完成813.55m（占比43.98%）、856.72m（占比71.39%）。

2. 一工区九道河隧洞2号施工支洞工作面　上、下游控制段总长分别为1500.63、1200.00m，于2022年11月14日和1月13日分别开挖支护完成，较合同工期分别提前421、989天。截至2022年底，下游控制段全断面衬砌完成1153.31m（占比96.11%）。

3. 二工区九道河隧洞出口、鲁支河隧洞进口工作面　①九道河隧洞出口段总长1526.06m，于2022年1月13日开挖支护完成，较合同工期提前989天；至2022年底，全断面衬砌完成1456.80m（占比95.46%）。②鲁支河隧洞进口段总长2900.00m，截至2022年底，开挖支护完成2329.90m（占比80.34%）、全断面衬砌完成190.90m（占比6.58%）。

4. 三工区鲁支河隧洞出口、龙潭隧洞进口工作面　①鲁支河隧洞出口段总长1854.73m，至2022年底，开挖支护完成1171.31m（占比63.15%）、全断面衬砌完成351.8m，（占比18.97%）。②龙潭隧洞进口段总长1259.39m，于2022年7月1日开挖支护完成，较合同工期提前530天；至2022年底，全断面衬砌完成793.99m（占比63.05%）。

5. 三工区龙潭隧洞1号施工支洞工作面　上、下游控制段总长分别为1259.00、1349.61m，于2021年12月19日、28日开挖支护完成，较合同工期分别提前724、829天。截至2022年底，支洞下游控制段全断面衬砌完成1313.61m（占比97.30%）。

（中国水利水电第一工程局有限公司）

天角潭水利枢纽工程2022年建设进展情况

天角潭水利枢纽位于海南省儋州市境内的北门江干流上，以工业供水、农业灌溉为主，兼顾发电等综合利用。中国水利水电第四工程局有限公司中标承建该水利枢纽工程，合同金额为64696.66万元，主要施工内容为主坝、副坝、引水发电建筑物及渠系建筑物，实际开工时间为2020年5月18日，2021年11月完成大江截流。

2022年，该工程先后完成主坝混凝土浇筑、渠首电站等施工，实际完成投资22599万元；至年底，主要工程形象进度如下：①进水塔：主体结构施工完成，交通桥、闸门和启闭机安装完成。②渠首电站：厂房下部结构混凝土浇筑完成、全线封顶，尾水池底板、挡墙浇筑完成。③主坝：1～4号坝段已浇筑至62m高程；5号坝段已浇筑至56m高程，6～7号坝段浇筑至47m高程；8号坝段浇筑至57m；9～14号坝段已浇筑至62m高程。④4座副坝共19个分部工程，已有13个分部工程验收通过。⑤坝后电站：1、2号压力钢管、旁通管组对安装焊接完成；厂房下部结构完成，主厂房浇筑至16.1m高程，安装间浇筑至21.45m高程，防洪墙浇筑完成。⑥管理区房建：5个单体主体工程、砌体及抹灰工程、屋面工程及装饰装修全部施工完成。⑦生态鱼道工程：土建主体施工完成，拦污栅、闸门及启闭机开始安装。⑧右岸冲刷坑护坡基础浇筑完成，基础抛石回填完成，护坡全部浇筑完成，25m高程以上客土喷播施工完成。⑨场内道路：5、7号道路面层施工完成，6号道路路基施工完成。⑩鱼类增殖站：值班室、综合楼、泵房及蓄水池主体工程、砌体工程施工完成，苗种培育车间梁板柱浇筑完成，催产孵化及开口苗培育车间室内管沟施工完成；污水处理站独立基础及地圈梁施工完成，调节池施工完成，污泥池及回水用池底板及侧墙施工完成，污泥回水用池设备吊装完成；室外1号亲鱼池浇筑完成7个（共8个），防疫隔离池浇筑完成（2个），管沟浇筑完成。

（中国电建集团北京勘测设计研究院有限公司　李准

（中国水利水电第四工程局有限公司　谢玉雄）

东庄水利枢纽工程 2022年建设进展情况

东庄水利枢纽工程由混凝土双曲拱坝、坝下消能防冲水垫塘和二道坝、左岸发电引水系统、供水洞、排沙洞、库区防渗工程及码头等组成，为一等大（1）型工程，水库正常蓄水位为789.00m，总库容32.76亿m^3，电站装机容量110MW。

（一）大坝工程

该水利枢纽大坝工程由中国水利水电第四工程局有限公司承建。该大坝为混凝土双曲拱坝，最大坝高230m，坝顶高程804m，坝顶长度456.06m，坝体设横缝不设纵缝，分为21个坝段，混凝土总方量约为192.3万m^3。河床坝段从上到下分别布置3个溢流表孔、4个泄洪深孔、2个非常排沙底孔、2个导流底孔，溢流表孔堰顶高程786m，单孔净宽11m；泄洪深孔布置在表孔的中、边闸墩下部，进口高程708m，出口尺寸5.5m×6.5m；非常排沙底孔布置在排沙泄洪深孔两侧下部，进口高程693m，出口尺寸3.5m×6.0m；导流底孔布置在10、11坝段，进口高程622.0m，出口尺寸5.5m×9.0m。

2022年，大坝工程全年共完成投资24163.78万元；全年完成土石方开挖197.55万m^3，石方洞挖5.14m^3，边坡锚索533束，混凝土浇筑8.9万m^3，固结灌浆1.05万m，帷幕灌浆0.21万m。2022年，完成了混凝土拌和系统1的建筑安装，完成了右岸120拌和站拆除、砂石系统改造、围堰混凝土预拌站和左岸50拌和站的拆除；较原计划提前27天完成上游胶凝材料围堰浇筑，完成了主体工程基坑初期排水、土石方开挖及建基面处理、垫座混凝土浇筑，完成了建基面长观孔施工和3、4号坝段固结灌浆，完成了1405m勘探平洞混凝土回填，完成了左、右岸高程751、685、640m灌、排洞开挖。2022年12月19～21日，枢纽大坝建基面开挖阶段验收通过。

本年度单元等级评定757个，全部合格，优良699个，优良率92.34%。

（二）库坝区防渗工程

该水利枢纽库坝区防渗工程由中国水电基础局有限公司承担，主要包括：左右岸施工支洞及灌浆平洞和通风竖井的石方开挖、锚喷支护及混凝土衬砌，以及回填灌浆、固结灌浆、搭接帷幕灌浆、帷幕灌浆、排水孔施工、钢结构制作与安装、永久通风及照明系统安装、工程安全监测等。

2022年主要施工任务为隧洞开挖、支护、衬砌及通风竖井开挖，3月11日，通风平洞施工完成；5月28日，右岸灌浆平洞WMR1施工完成；6月28日，施工支洞全部完成；7月26日，右岸灌浆平洞WMR2、WMR5施工完成；8月31日，右岸通风竖井贯通；9月7日，3号配水支线连通洞施工完成；10月4日，左岸灌浆平洞WML1施工完成；10月27日，右岸灌浆平洞WMR4施工完成；11月14日，右岸灌浆平洞WMR3施工完成；12月3日，左岸通风竖井贯通；12月12日，左岸灌浆平洞WML2施工完成。

至2022年12月31日，累计完成洞挖13106m，完成率为97.0%；累计衬砌混凝土5260m^3，完成率为10.9%；左右岸425m通风竖井全部完成。

（中国水利水电第四工程局有限公司
李鸿吉　赵国辉　王吉庆　徐洪兵
中国水电基础局有限公司
吕建国　吴晓飞）

龙塘大坝枢纽改造工程 2022年建设进展情况

南渡江龙塘大坝枢纽改造工程位于海南省海口市琼山区龙塘镇，枢纽拦河闸位于原枢纽坝址（龙塘坝）下游70m，距龙塘镇约1km，距海口市29km；工程任务以供水为主，兼顾灌溉、生态补水、发电、旅游等，并为改善上游防洪排涝创造条件，待水源保护与通航矛盾解决后还可兼顾航运；水库正常蓄水位8.35m，总库容为1.4亿m^3；灌溉面积9.6万亩，年总供水量3.1亿m^3，电站装机容量0.5万kW，为二等大（2）型工程。

该改造工程合同金额为69077.867万元，主要建设内容为拦河闸（泄洪闸、控泄闸）、左岸连接段、右岸连接段、引水闸、鱼道出口闸、右岸副坝、防洪堤、鱼道、水力发电站、灵山干渠，计划完工时间为2024年12月13日。2022年，拦河闸、管理区房屋、引水渠、鱼道、排洪涵等部位顺利开工，主要情况如下：

1. 投资完成情况　2022年完成投资25091.04万元，占年计划的100.36%。至年底，累计完成投资

25256.47万元，占合同总额的36.56%。

2.主要工程进展情况　2022年3月29日，一期围堰合龙；4月15日，左岸拦河闸基坑开挖施工；5月28日，拦河闸主体首仓混凝土浇筑；6月11日，拦河闸钻孔灌注桩施工；7月15日，拦河闸闸室首仓混凝土浇筑；8月30日，二期混凝土导墙浇筑完成；9月15日，项目管理区工程主体分部工程顺利通过验收；11月24日，第一片预制梁浇筑完成；11月27日，一期拦河闸金属结构埋件开始安装；12月7日，拦河闸左岸岸坡进行清表。至年底，管理区食堂、管理楼、办公楼、消防水池及泵房均已完成主体结构封顶及室内砌体施工；右岸拦河闸上游铺盖、消力池、防渗墙、防冲墙、导墙、护坦、海漫及十字格梁全部完成，右岸基坑10～13号孔闸室底板、溢流堰面混凝土完成；10号缝墩、11号中墩混凝土浇筑至15.5m高程，其他三个闸墩浇筑到10.6m高程；引水渠主体混凝土结构浇筑完成，鱼道进口段及盘升段土方开挖完成，排洪涵混凝土搅拌桩施工完成，左岸电站机组设备及厂房拆除完成。

（中国水利水电第四工程局有限公司　焦韵鑫）

花桥水利枢纽工程 2022年建设进展情况

花桥水利枢纽工程水库总库容1.09亿m^3，是一座以供水灌溉为主、结合防洪、兼顾发电等综合效益的大（2）型水利枢纽工程，工程于2019年9月27日开工。

2022年3月29日，发电厂房主体混凝土浇筑完成；4月20日，大坝金属结构安装全部完成；7月10日，输水管线全线管道铺设完成；12月5日，厂房金属结构、机电安装全部完成。

工程施工过程中，创新性采用多种新技术，主要有：

（1）坝肩岩土边坡采用挂网喷混植生护坡技术。传统水电站坝肩开挖边坡常采用混凝土护坡和喷混护坡，对于当地生态产生较大损害，且一般不可逆。在花桥水利枢纽工程大坝坝肩开挖支护施工中，创新采用挂网喷混植生护坡技术，既有较高的强度，能进行边坡防护、加强边坡的稳定性和提高防护年限，又能有效恢复当地生态，改善和美化环境，可有效防止水土流失，保护水土资源，实现当地社会的可持续发展。形成论文2篇，分别为《喷混植生护坡技术在花桥水利枢纽工程中的应用》发表核心期刊《人民黄河》，《喷混植生护坡技术在水利工程中的应用》发表在核心期刊《水利水电技术》；形成工法《岩土边坡喷混植生施工工法》获批为2020年水利行业工法。

（2）钢管跨河采用填筑围堰开挖埋管的方式。输水管线跨河施工原设计采用沉管，考虑到罗塘河河道宽阔、河床地质条件不良、防洪度汛要求高、施工难度大以及保障工程质量等因素，采用修筑围堰、钢管预拼组焊、开槽埋管的方法进行施工。采用围堰内干地作业，开挖中遇到不良地质条件采用换填处理，保证了引水钢管对持力层地基承载力的要求；在围堰内平台焊接钢管，减少吊装运输对钢管焊缝的扰动；通过对管道上部覆盖层及河岸的处理，减少了水流冲刷的影响，提高管道后期运行稳定性。形成论文《跨宽深河道条件下的大口径引水钢管施工技术研究》发表在核心期刊《水利水电技术》，形成的《大口径引水钢管穿越河道施工工法》获批为2022年水利行业工法。

（中国安能集团第二工程局有限公司　齐建飞　陈新）

龙塘水库及灌区工程 2022年建设进展情况

龙塘水库及灌区工程位于四川省凉山彝族自治州盐源县，建设任务是灌溉、城乡生活供水及发电等综合利用，为二等大（2）型工程，由水库工程和灌区工程两大部分组成。

中国水利水电第一工程局有限公司承建该工程的水库工程，主要包括马坝河重力主坝、右岸垭口黏土心墙石渣坝副坝、引水洞、右岸两个小电站和库坝区防渗。2022年，主要进行枢纽区右岸顶层灌浆平洞、右岸底层灌浆平洞、大坝基础处理及灌区左干渠渠道、董家山隧洞进口、董家山隧洞出口、右干渠暗渠和马坝河分干渠明渠、马坝河分干渠1号倒虹吸及马坝河分干渠7、8号隧洞的施工，主要进展情况如下：①右岸底层灌浆平洞：全长456.84m，2022年6月10日贯通，2022年完成底板混凝土衬砌96m、边顶拱混凝土衬砌60m。②右岸顶层灌浆平洞：全长277.36m，2021年12月7日贯通，2022年完成底板混凝土衬砌190.36m。③坝基处理：完成主坝坝基2369.00m高程以下固结灌浆。④董家山隧洞：全长2697.46m，2022年进口开挖支护完成846.5m，出口开挖支护完成521.76m，合计1368.26m。该隧洞累计已完成开挖支护1649.62m，完成61.15%。⑤左干渠渠道：全长2151.8m，完成明渠渠顶以上开挖支护950m。⑥右干渠暗渠：全长450m，完成渠基开挖450m、暗渠垫层混凝土浇筑430m、底板及下边墙混凝土浇筑70m。⑦马坝河分干渠7号隧洞：全长

197.688m，于2022年12月18日贯通。⑧马坝河分干渠8号隧洞：全长266.18m，完成开挖支护16.795m。⑨马坝河分干渠明渠：全长7141.28m，完成渠顶以上开挖250m。⑩马坝河分干渠1号倒虹吸：全长188.51m，完成倒虹管管顶以上开挖。

（中国水利水电第一工程局有限公司）

库尔干水利枢纽工程 2022年建设进展情况

库尔干水利枢纽工程是国家“十四五”期间150项重大水利工程之一，位于新疆克孜勒苏柯尔克孜自治州阿克陶县境内库山河中游河段，是库山河的控制性水利枢纽工程；为二等大（2）型工程，总投资17.05亿元，建设工期48个月；水库总库容1.24亿m^3，坝顶高程2109.50m、最大坝高82m，电站装机容量24MW；2021年10月主体工程开工。

中国水利水电第一工程局有限公司负责的主要施工内容包括：主体工程中的挡水工程（含基础处理）以及导流工程中的上游围堰、截流堤，各自范围内的施工永久交通工程；完成相应的施工临时用风、用水、用电、临时交通（需满足大型机械运输要求）及其他临时生产生活设施（含砂石加工系统、混凝土拌和系统），至2022年底，主要进展情况如下：①左岸坝肩（桩号0+001.6—0+166.61）共计工程量147万m^3，累计开挖完成65.31万m^3（其中孤石、飘石37.3万m^3），累计开挖完成44.43%。②左岸山梁砂砾石开挖量共计74.69万m^3，累计完成开挖36.72万m^3，累计完成开挖49.16%。③左岸坝基（桩号0+166.61—0+316.61）共计工程量44.85万m^3，累计开挖完成43.25万m^3（其中孤石、飘石2.98万m^3），累计开挖完成96.43%。④右坝肩坡积物开挖（桩号0+517—0+676）共计工程量12.8万m^3，累计开挖完成3.6万m^3（其中孤石、飘石1.1万m^3），累计开挖完成28.13%。⑤右岸坝肩石方开挖量共计18万m^3，累计完成开挖工程量14.62万m^3，累计完成开挖81.2%。⑥右岸坝基开挖（桩号0+441—0+517）共计工程量13.15万m^3，累计开挖完成9.03万m^3（其中孤石、飘石0.5万m^3），累计开挖完成68.67%。⑦混凝土防渗墙浇筑共计工程量为16158m^3，累计完成2032.8万m^3，累计完成12.6%。⑧上游围堰填筑工程量共计86.21万m^3，累计完成填筑30万m^3，累计完成34.8%。

（中国水利水电第一工程局有限公司）

东台子水库工程 2022年建设进展情况

内蒙古赤峰市林西东台子水库，设计总库容3.21亿m^3，是一座以防洪供水为主、兼顾灌溉和发电等综合利用的大（2）型水库，是国务院确定的172项重大水利工程之一，也是内蒙古的重点民生工程。

中国水利水电第一工程局有限公司承建的东台子水库工程，主要包括沥青心墙堆石坝、混凝土坝、电站和鱼道等工程。

2022年9月21日，东台子水库电站厂房下部（642m高程以下）基本施工完成；11月16日，沥青混凝土心墙堆石坝台地段填筑至672.00m高程，超额完成本年度施工任务。

截至2022年11月底，厂房下部混凝土施工完成，混凝土浇筑0.60万m^3；沥青混凝土心墙堆石坝台地段填筑至高程672.00m，河床段填筑至高程669.60m，坝体填筑完成207.21万m^3，沥青混凝土心墙1.20万m^3；鱼道施工完成442m。

在2022年QC活动中，“提高坝体堆石料碾压一次质量合格率”获得吉林省工程建设质量管理QC成果一类成果奖。

（中国水利水电第一工程局有限公司）

凤山水库工程 2022年建设进展情况

凤山水库工程位于贵州省黔南布依族苗族自治州福泉市境内，由水库工程和输水工程两部分组成；水库总库容1.04亿m^3，电站装机容量5.0MW，工程总投资42.7亿。

中国水电基础局有限公司中标承担大坝主体土建及安装施工标段。2022年，该标段工程进展良好，主要情况如下：①大坝混凝土工程：2022年4月27日，大坝浇筑至874.00m高程，完成本年度度汛目标；至年底，大坝1～4号坝段施工至903.00m高程，6～10号坝段施工至906.00m高程，取水口浇筑至906.00m高程，5号坝段（表孔坝段）填筑至895.00m高程。本年度完成碾压混凝土浇筑216952.45m^3、变态混凝土浇筑19750.45m^3、富胶凝碾压混凝土浇筑30272.27m^3。②消能防冲工程：消力池结构混凝土于2022年8月23日开仓浇筑，至年底，地板浇筑至836.60m高程，左、右边墙浇筑至856.50m高程。本年度完成左右边墙混凝土浇筑17377.47m³、底板混凝土浇筑8086.68m³。③灌浆工程：至2022年底，坝基固结灌浆已完成至892m高程，帷幕灌浆及排水已完成869.0m高程以下及右岸912m灌浆平硐洞内帷幕。本年度完成固结灌浆6450m、帷幕灌浆13161.2m。④发电厂房工程：发电厂房于2022年3月28日开仓浇筑，至年底，主厂房结构完成至875.80m高程。本年度完成主厂房及安装间混凝土浇筑12038.15m³、尾水渠挡墙混凝土浇筑4940.47m³。⑤鱼类增殖站工程：鱼类增殖站于2022年7月初开始场区回填及混凝土挡墙基础开挖；至年底，场区回填至859.50m高程，混凝土挡墙全部浇筑完成。本年度完成混凝土浇筑3510.78m³、土石方开挖20121.35m³、开挖料回填61166.93m³。⑥硐室工程：2022年3月底，左、右岸869.50m高程灌浆平硐衬砌完成；11月底，右岸912.00m高程灌浆平硐衬砌完成。本年度完成衬砌混凝土浇筑2121.87m³。⑦廊道及坝内交通：至2022年底，坝内交通廊道全部施工完成。本年度完成大坝廊道、坝内交通等部位混凝土浇筑共计450.26m。⑧水土保持工程：至2022年底，料场开采区截洪沟全部施工完成，1、2号弃渣场截洪沟施工完成1.4km。本年度水土保持截洪沟开挖4724.49m³、浆砌石砌筑2076.94m³、表土剥离9247.05m³。

（中国水电基础局有限公司　潘洪）

洪水河水库工程 2022年建设进展情况

洪水河水库位于甘肃省酒泉市肃州区的洪水河干流上，总库容4910万m³，兴利库容为3510万m³，属三等中型工程。工程主要包括挡水大坝、泄洪建筑物和输水系统。挡水大坝为沥青混凝土心墙砂砾石坝，坝顶高程为1965.40m，坝顶长571.35m、宽10m，最大坝高82.4m。泄洪建筑物分为泄洪排沙（兼导流）洞和溢洪道。泄洪排沙（兼导流）洞布置在坝轴线上游约271.84m处，为有压洞，圆形断面，洞径5.0m，进水口为塔式，进口段采用“龙抬头”型式布置。溢洪道布置于左岸，其进口引渠段为梯形明渠，长199.52m、宽50～10m、深10.40m；控制段闸室长21m、净宽10m、高18.4m，采用开敞式表孔闸；泄槽段长338.35m，矩形断面，净宽10m，坡度$i=1:5.9$；泄槽与下游挑流消能段相接，挑流鼻坎段长9.5m、宽12m，弧半径12.82m，挑角25°；下游挑流消能段后接护坦长24.85m、宽10～25m、厚1.8m，下游齿墙深15m。

中国水利水电第四工程局有限公司于2021年8月通过公开招标方式中标该水库的大坝与溢洪道工程，合同金额为5.467亿元。该合同工程项目包括施工临时设施、环境保护和水土保持、施工导流、溢洪道、沥青混凝土心墙砂砾石坝、上游围堰、量水堰、上坝公路、导流洞封堵、西干渠临时输水隧洞、原西干渠及支洞封堵等，工期为1096天。

2022年，洪水河水库大坝与溢洪道工程完成16137.13万元，为计划的80.68%；主要进展情况如下：①大坝工程：2022年3月30日，首块建基面验收通过；6月9日，基座首仓混凝土浇筑；6月10日，心墙基座混凝土垫层开始浇筑；10月5日，大坝齿槽全部开挖完成，并通过联合验收；10月6日，心墙基座混凝土垫层浇筑完成。至年底，大坝固结灌浆完成385个孔位、1925m，完成率64.92%；大坝帷幕灌浆完成202个孔位、5104.59m，完成率52.98%；齿槽水平段基座混凝土除左岸坡脚18.34延米外已浇筑完成，齿槽水平段翼墙混凝土除左岸坡脚21.57延米外也已浇筑完成；下游堆石排水棱体截水墙，浇筑完成。②上游围堰：2022年4月26日，上游戗堤合龙；7月11日，上游围堰填筑至设计高程1915.2m；11月1日，上游围堰钢筋石笼护坡码放完成。高压旋喷桩施工，至年底，完成造孔214个（总368个），完成灌浆77孔。

全年共验收评定371个单元工程，合格率100%，总体质量优良。

（中国水利水电第四工程局有限公司　连乐乐）

抽水蓄能工程

镇安抽水蓄能电站工程 2022年建设进展情况

镇安抽水蓄能电站位于陕西省商洛市镇安县，距西安市134km，是西北地区首座在建的抽水蓄能电站；电站装机容量4×350MW，设计年发电量23.41亿kW·h，年抽水电量31.21亿kW·h，为一等大（1）型工程。工程2016年8月5日开工建设，预计2023年底第一台机组发电。

截至2022年底，该电站主要工程形象面貌如下：

（1）上水库：库盆Ⅰ、Ⅱ、Ⅲ、Ⅳ区开挖至1365.2m高程，Ⅴ区1365.2m高程以上土石方开挖全部完成；大坝填筑至1390.0m高程。

（2）输水系统：开挖支护完成，正在进行衬砌混凝土浇筑、钢管安装、钢管外混凝土回填等工作；1号引水系统压力钢管安装完成。

（3）地下厂房系统：1、2号机组段主体结构已浇筑至发电机层，3号机组段混凝土主体结构已浇筑至母线层，4号机组段完成座环蜗壳安装；主副厂房主体结构已形成，正在进行装饰装修。

（4）地面开关站：GIS楼及继保楼主体结构及墙体砌筑已完成施工；室内GIS设备已安装完成，正在进行室外出线架安装。

（5）泄洪排沙洞：1号洞进口边坡开挖支护及进水塔塔体混凝土施工完成，洞身段施工于2021年1月20全部完成；2号洞进口边坡开挖支护及进口引渠段混凝土浇筑完成，进水塔浇筑至949m高程；顶部启闭机室的柱、梁、楼梯及女儿墙浇筑完成，装饰装修施工完成。

（6）下水库大坝：填筑至946m高程，坝后干砌石砌筑至946m高程，左坝头及左岸帷幕灌浆洞帷幕灌浆施工完成；面板共计33块，已浇筑完成20块。

（7）拦沙坝：1～5号坝段自密实混凝土完成，坝后溢流面抗冲耐磨混凝土浇筑完成，上下游护板混凝土施工完成。

（8）溢洪道：引渠段、泄槽段、挑流鼻坎段混凝土全部浇筑完成；弧形工作闸门、叠梁检修闸门埋件安装完成。

（中国电建集团西北勘测设计研究院有限公司 孙春华）

永泰抽水蓄能电站工程 2022年建设进展情况

2022年，永泰抽水蓄能电站首台机组较既定目标提前20天完成15天考核试运行正式投产；同年，电站2、3号机组也正式投产。

永泰抽水蓄能电站位于福州市永泰县白云乡，装机容量4×300MW，承担福建电网调峰、填谷、调频、调相及紧急事故备用等。上水库正常蓄水位657.00m，调节库容762万m^3；其主坝采用分区土石坝，坝顶高程660.00m，最大坝高34.00m，坝顶长220.66m、宽8m；西副坝、北副坝及西北副坝坝型同主坝，坝高30～10m；东副坝采用混凝土重力坝，坝高7m。下水库正常蓄水位225.00m，调节库容714万m^3；大坝采用混凝土重力坝，最大坝高为55.20m，坝顶长168.75m；溢流坝段长26m，由2个溢流表孔和1个泄洪底孔组成。输水系统采用两洞四机布置，总长度为2039.2m，其中引水系统长1118.8m，尾水系统长920.4m；上水库进/出水口采用竖井式，下水库进/出水口采用闸门竖井式。地下厂房位于输水线路的中段，主副厂房洞开挖尺寸170.0m×24.5m×54.7m（长×宽×高），机组安装高程为136.00m；地面开关站场地高程233.00m。

2018年12月，电站主体工程开工。2020年7月27日，地下厂房开挖完成。2021年6月14日，输水管道全部贯通；8月31日，1号机组混凝土浇筑完成；10月31日，下水库大坝浇筑到顶。

2022年3月29日，下水库下闸蓄水；5月31日，500kV系统倒送电一次成功；6月27日，首台机组（1号机组）顺利启动调试；8月3日，首台机组完成15天考核试运行正式投产；10月6日，2号机组完成15天考核试运行正式投产；12月28日，3号机组完成15天考核试运行正式投产。

（中国电建集团华东勘测设计研究院有限公司 施慧杰 杨嵘）

句容抽水蓄能电站工程 2022 年建设进展情况

2022 年 9 月 28 日，句容抽水蓄能电站上水库主坝坝体填筑全线到顶，为主坝后续沥青混凝土面板施工奠定了基础。截至 2022 年底，主要工程形象面貌如下：①上水库：主坝已填筑到顶，库盆填筑基本完成。②下水库：大坝及库盆黏土铺盖填筑完成，库岸沥青混凝土面板浇筑完成约 80%。③地下厂房：主副厂房和主变压器洞主体结构开挖完成，1 号机组蜗壳层正在浇筑。④上、下水库进出水口均开挖完成，下水库进出水口进行前池防渗面板浇筑。⑤输水系统：主隧洞已开挖完成，钢管安装约 20%。

该电站上水库主坝为沥青混凝土面板堆石坝，长 810m，最大坝高 182.30m，坝体填筑方量约 2000 万 m^3，是世界最高的抽水蓄能电站大坝、世界最高的沥青混凝土面板堆石坝。上水库库盆，总填筑量达 1000 万 m^3，为世界抽水蓄能电站最大规模库盆填筑工程；而库盆集雨面积仅 0.69km^2，高差近 300m，填筑作业强度高、作业面狭小。同时，电站地质条件差，工程区域岩性复杂，地下厂房存在断层、蚀变特性玢岩脉、多处隐伏溶洞，薄层状泥质白云岩等不利地质条件，开挖支护强度大、难度高。该电站上水库自动工以来，建设过程中遇到了很多国内乃至世界范围内所罕见的困难。

句容抽水蓄能电站上水库主坝于 2018 年 9 月 30 日开始填筑，参建各方协调处理各种问题，严把坝基开挖、大坝填筑质量，开展土石方平衡复核，积极解决料源，2022 年 9 月 28 日顺利完成坝体填筑。

句容抽水蓄能电站位于江苏省句容市境内，装机容量 1350MW（6×225MW）。2016 年 5 月，项目获得江苏省发展改革委核准；12 月 8 日，工程开工建设。

（中国电建集团华东勘测设计研究院有限公司 孙檀坚　雷显阳）

磐安抽水蓄能电站工程 2022 年建设进展情况

2022 年 12 月 3 日，磐安抽水蓄能电站主体工程开工仪式在电站业主营地场地平台顺利举行，参建各方一同在现场参加。该电站自 2021 年 6 月筹建期工程开工建设以来，各工作面进展顺利。截至 2022 年底，通风兼安全洞已开挖至 K0＋708 桩号，进厂交通洞已开挖至 JT0＋465 桩号，下水库进场及库岸公路已完成主要的挡墙施工，业主营地排水箱涵及场平开挖等已基本完成。

磐安抽水蓄能电站位于浙江省金华市磐安县境内，安装 4 台单机容量为 30 万 kW 的可逆式抽水蓄能机组。其上水库坝址控制面积 0.81km^2，多年平均流量 0.0247m^3/s，库盆采用帷幕防渗；正常蓄水位 859.00m，调节库容 775 万 m^3。下水库坝址控制面积 37.8km^2，多年平均流量 1.153m^3/s，库盆采用局部防渗处理措施；正常蓄水位 426.00m，调节库容 748 万 m^3。引水系统采用两洞四机方式，从上斜井上弯段末端起采用钢板衬砌，引水上平洞、上斜井、中平洞直径均为 6.20m，下斜井直径 5.6m，下平洞直径 5.6～5.0m；引水钢岔管主管直径为 5.0m，支管直径为 3.5m、到厂前减缩为 2.4m。尾水系统也采用两洞四机方式，尾水支管直径 5.20m，采用钢板衬砌，长 120.00m；尾水隧洞直径 7.50m，采用钢筋混凝土衬砌，衬砌厚度 0.60m。地下厂房位于输水系统的中部，主副厂房洞、主变压器洞、尾水闸门洞三大洞室平行布置，开挖尺寸分别为 171.8m×24.5m×54.7m、167.0m × 20.0m × 23.0m、122.0m × 7.8m×20.2m（长×宽×高）。

2017 年 5 月，电站可行性研究阶段正常蓄水位选择专题报告和施工总布置规划专题报告通过审查；12 月，浙江省人民政府发布“封库令”。2019 年 1 月，可行性研究报告通过审查；12 月 24 日，项目获得浙江省发展改革委核准。2021 年 6 月 28 日，工程现场施工正式启动。

（中国电建集团华东勘测设计研究院有限公司 汪剑国）

蟠龙抽水蓄能电站工程 2022 年建设进展情况

蟠龙抽水蓄能电站位于重庆市綦江区中峰镇境内，装机容量 1200MW(4×300MW)。中国水利水电第一工程局有限公司承建该电站上水库和引水系统土建及金属结构安装工程。2018 年 3 月 25 日该标工程开工。2022 年，9 月 25 日提前完成引水洞压力钢管制作，12 月 7 日完成进出水口结构施工，12 月 15 日完成主、副坝面板施工，成功实现 2022 年重大节点目标。

截至 2022 年底，项目部完成土石方明挖 62.88 万 m^3，石方洞挖 31.80 万 m^3，土石方填筑 39.78 万 m^3，喷混凝土 2.48 万 m^3，锚杆 8.40 万根，挂钢筋网 567t，混凝土 14.76 万 m^3，钢筋制安

6451t，压力钢管制作 1.33 万 t，压力钢管安装 1.13 万 t。

依托该工程，先后开展了“引水调压室穹顶开挖工程技术研究与应用”“特殊地质条件下大坝趾板基础处理研究”“抽水蓄能电站三级斜井施工技术研究与应用”“抽水蓄能电站全圆断面引水洞衬砌混凝土施工技术研究”“调压室竖井扩挖支护施工技术研究”“水电工程 800MPa 级钢材压力钢管制作安装技术研究”“陡长三级斜井钢管回填混凝土下料系统施工技术研究”等 7 项技术创新项目，累计申请专利 11 项。其中依托“抽水蓄能电站三级斜井施工技术研究与应用”研究总结的《陡长斜井双钻扩挖法开挖施工工法》被评为吉林省一级工法。

（中国水利水电第一工程局有限公司）

张掖抽水蓄能电站工程 2022 年建设进展情况

张掖抽水蓄能电站工程是国家中长期发展规划“十四五”重点实施项目，位于甘肃省张掖市甘州区和肃南县在黑河出山口左岸盘道山交界处，距张掖 28km；装机容量 1400MW（4×350MW），为一等大（1）型工程，总投资为 957003 万元。项目建成后主要服务对象为甘肃电网，承担调峰、填谷、储能、调频、调相、紧急事故备用等任务。工程建设征地总面积 6158.76 亩，其中永久征收 4307.79 亩，临时征用 1850.97 亩，不涉及生产安置人口和搬迁安置人口。电站选用可逆式抽水蓄能机组，额定转速 428.6r/min，水轮机工况额定水头为 573m。上、下水库大坝最大坝高分别为 39、35m。新建一座 330kV 升压站，以 2 回 330kV 线路接入 750kV 甘州变电站 330kV 侧，并入甘肃电网。

2022 年 10 月 20 日，项目获得甘肃省发展改革委核准批复；10 月 27 日，工程举办开工活动。

长电（张掖）能源发展有限公司是中国长江电力股份有限公司下属的投资公司，于 2022 年 10 月 26 日揭牌成立，负责张掖抽水蓄能电站及甘肃河西地区新能源项目的投资建设。2022 年，该公司发布工程建设管理相关管理制度 47 部，其中工程建设管理制度 10 部、技术管理制度 9 部、安全管理制度 21 部、合同管理制度 7 部，确保工程建设管理有章可依、有序开展；完成建设征地和移民安置协议编制，并通过张掖市相关行政主管部门审核；完成补充专项地勘工程临时用地手续办理，开展本项目建设征地手续办理；组织完成质量管理规划、安全管理规划、施工电动设备规划、精品工程规划等 4 项专项规划，为精品示范工程打造开得新篇；完成专题研究项目 22 个，申报 2 项发明专利、2 项实用新型专利，科研投入达 5460 万元。

（中国长江电力股份有限公司）

荒沟抽水蓄能电站工程 2022 年建设进展情况

荒沟抽水蓄能电站主体工程于 2015 年 5 月 21 日开工，2021 年 1、2 号机组投入商业运行。2022 年，2 号引水系统于 2 月 20 日采用充水泵开始复充水，3 月 6 日复充水全部完成；5 月 18 日，3、4 号机组倒送电完成；6 月 12 日，3 号机组投入商业运行；6 月 29 日，电站最后一台机组（4 号机组）完成 15 天考核试运行投入商业运行。截至 2022 年 12 月底，主要工程形象进度如下：①上水库土建及金属结构安装（C1 标）：已全部完工，现进行分部、单位工程评定及资料整理工作。②输水发电系统土建及金属结构安装工程（C2 标）：已基本完工，仅剩少量缺陷处理工作，现进行分部、单位工程评定及资料整理工作。③下水库进/出水口土建及金属结构安装工程（C3 标）：已全部完工，现进行分部、单位工程评定及资料整理工作。④机电安装工程（EM1 标）：已基本完工，仅剩少量缺陷处理工作，现进行分部、单位工程评定及资料整理工作。

电站水工及机电设备运行良好。

（中水东北勘测设计研究有限责任公司
栾宇东　景建伟）

蛟河抽水蓄能电站工程 2022 年建设进展情况

蛟河抽水蓄能电站位于吉林省蛟河市境内，总装机容量 1200MW。其施工总进度安排筹建期 20 个月，建设总工期为 78 个月（准备期 9 个月、主体工程施工期 57 个月、工程完建期 12 个月），主体工程开工至首台机组发电工期为 57 个月。

项目筹建期洞室道路及业主营地工程（JHP/Q1 标）于 2022 年 7 月 10 日正式开工，现场施工内容主要包括：永久生产生活营地、66kV 施工中心变电站、开关站一期、进厂交通洞、通风兼出线洞、永久 2 号及 3 号公路等。截至 2022 年 12 月底，主要工程形象进度如下：①永久生产生活营地：场地平整工作基本完成，住宅及宿舍基础浇筑完成，综合办公楼地基基础开挖至设计高程，总体开挖、支护工作已完成近

20%。②66kV施工中心变电站：位于永久2号公路桩号K0+923m附近，场地已局部开挖至设计高程，土质边坡护坡基本完成，岩质边坡正逐级支护，总体开挖、支护工作已完成近80%。③开关站一期：场地位于永久3号公路末端，通风兼出线洞右侧场地开挖、支护已完成，洞口部位已开挖至一期平台设计高程452.00m，总体开挖、支护工作已完成近40%。④进厂交通洞：位于下水库大坝下游、永久2号公路桩号K1+608m附近，洞口开挖、支护工作已基本完成，具备进洞条件。⑤通风兼出线洞：总长1236m，洞口与地面开关站结合布置，位于开关站西南侧；已完成洞内100m范围的开挖及部分支护工作。⑥永久2号公路：起点为下水库大坝右坝肩、终点为地下厂房交通洞洞口，线路全长1.6km，混凝土路面，路基/路面宽7.5/6.5m；已完成路基填筑和排水涵洞。⑦永久3号公路：起点为2号公路、终点为地面开关站，路线全长0.5km，混凝土路面，路基/路面宽7.5/6.5m；已完成路基填筑和排水涵洞。

（中水东北勘测设计研究有限责任公司
张殿双　金辉）

垣曲抽水蓄能电站工程 2022年建设进展情况

垣曲抽水蓄能电站项目筹建期洞室道路及业主营地工程标（YQP/Q1）于2021年2月5日正式开工，上、下水库工程标（YQP/C1）于2022年9月21日正式开工，输水发电系统工程标（YQP/C2）于2022年12月26日正式开工。截至2022年12月底，主要工程形象进度如下：

1. 筹建期洞室道路及业主营地工程标（YQP/Q1）　业主营地主营区和仓储区的场平工程已完成，1、2号楼和监理设代楼3座建筑主体框架已分别完成1、1～5层、1～4层；110kV施工中心变电站，已投入运行；开关站一期，场地的开挖、支护完成；进厂交通洞，全长1787m，已开挖778.7m，完成44.6%；通风兼出线洞，全长1267m，已开挖835m，完成65.43%；永久1号公路，已具备基本通车条件，K0+140～K5+600段挡墙浇筑基本完成；1号公路隧洞，总长659.3m，出口开挖支护完成，洞挖完成285.7m，完成43.3%；永久2号-1公路，已具备基本通车条件；2号公路隧洞，全长约126m，已贯通；永久3号公路，全长1234m，路基边坡开挖完成；永久4号公路，全长678m，路基边坡开挖完成；永久5号-1公路，全长590m，已完成490m路基边坡开挖支护和140m挡墙浇筑；永久6号公路，具备通车条件，路基边坡开挖支护全部完成。1号施工支洞，全长453.35m，已开挖97.4m，完成21.5%；3号-1施工支洞，全长708.74m，洞挖进尺337m，完成47%；2号渣场排水洞，全长571m，已贯通，边墙衬砌361m；施工供水工程，一级泵站土建施工完成，二级泵站边坡、截排水沟、挡墙全部完成，三级泵站开挖回填完成。

2. 上、下水库工程标（YQP/C1）　临时8号路，全长1558m，已完成1300m；下水库砂石加工系统，场地开挖回填完成，正在进行浆砌石贴坡施工；上水库坝后1号渣场，正进行基础开挖，开挖方量3730m^3；环库便道，全长2400m，已全部完成；临时1号路，全长1040m，已完成500m，正在进行路基作业；上水库综合加工厂，场地开挖、硬化已完成；临时1号-2路，毛路已贯通，正在进行降路基作业。库盆复勘：共600m，累计77m。项目部本部的综合楼和宿舍楼主体结构完成，室内装修完成50%。上水库生活营地：场地硬化完成。

（中水东北勘测设计研究有限责任公司
李润伟　于洋
中国安能集团第一工程局有限公司
张广辉）

石台抽水蓄能电站工程 2022年建设进展情况

石台抽水蓄能电站位于安徽省池州市石台县，距离合肥市直线距离185km，是国家《抽水蓄能中长期发展规划（2021～2035年）》“十四五”重点实施项目；电站装机容量1200MW（4×300MW），设计年发电量14.71亿kW·h，设计年抽水耗电量19.61亿kW·h，综合效率约为75%。初拟以500kV电压等级接入涓桥变电站，出线2回。

该电站属一等大（1）型工程，枢纽由上水库、下水库、输水系统、地下厂房和开关站等建筑物组成。上、下水库，正常蓄水位分别为755、268m，混凝土面板堆石坝最大坝高分别为105、107m。输水系统总长约2449m，其中引水系统全长约1502m，尾水系统全长约947m。引水立面采用两级竖井布置，地下厂房布置在输水系统中部。

电站站址地处皖南，地貌以低山为主。上水库库周分水岭封闭较好，山体雄厚连绵，水库区地层为碎屑岩系隔水岩组，库区主要分布7处崩塌堆积体，规模等级小型为主，蓄水后大部分处于全淹状态；库盆北库岸边坡为顺向坡，为上水库主要工程地质问题。下水库北、西、东三侧山体高耸雄厚连绵，无低矮垭口，库区断裂构造不发育，水库区南侧分布碳酸盐岩，总体上岩溶发育弱，坝址防渗处理平面上接上游碎屑岩组；北库岸边坡结构属顺向坡，且表层岩体质量较差，为下水库主要工程地质问题。输水系统地表地形较完整，岩石为碎屑岩，均以微新、坚硬～中硬、较完整为主，无大的断层破碎带通过，局部洞段存在较大涌水现象。厂房区属中等偏高地应力区，围岩分类以Ⅱ～Ⅲ类为主，少部分Ⅳ类围岩，满足修建大型地下洞室围岩要求。地面开关站主要工程地质问题为后缘顺向坡开挖边坡稳定性问题。

2022 年是项目可行性研究阶段的攻坚时期，工程区全年完成了勘探钻孔共计 8671.5m/105 个，勘探平洞 1030.8m。

2022 年 3 月，水电水利规划设计总院对《安徽省石台抽水蓄能电站正常蓄水位选择专题报告》《安徽省石台抽水蓄能电站枢纽布置格局比选专题报告》《安徽省石台抽水蓄能电站施工总布置规划专题报告》三大专题报告进行审查并通过；9 月，水电水利规划设计总院对《安徽省石台抽水蓄能电站可行性研究报告》进行审查并通过；11 月 18 日，电站项目正式取得安徽省发展改革委核准的批复文件；12 月，完成了安徽省石台抽水蓄能电站招标设计工作。

[长江三峡勘测研究院有限公司（武汉）
白伟　王之正
长江勘测规划设计研究有限责任公司
李麒　董安雨]

敦化抽水蓄能电站工程 2022 年建设进展情况

敦化抽水蓄能电站位于吉林省敦化市，装设 4 台单机容量为 350MW 可逆式抽水蓄能机组，为 700m 级超高水头大容量抽水蓄能电站。

2022 年 4 月 26 日，最后一台机组（4 号机组）完成 15 天考核试运行，至此该电站 4 台机组全部正式投产；12 月底，主体工程完工验收。

敦化抽水蓄能电站地处严寒地区，水头高，工程建设克服诸多困难，解决了不少问题，取得丰硕成果，主要情况如下：

（1）电站年冻融循环次数为 197 次，抗冰冻是关键技术问题。采取的主要抗冻措施有：①选用防渗体位于坝体中部的沥青混凝土心墙堆石坝，从根本上规避了严寒气候对防渗体的影响；②大坝坝面采用抛石护坡，有效抵抗冰拔作用；③进/出水口水位变幅区内的结构混凝土抗冻等级均按 F400 设计，溢洪道混凝土抗冻等级为 F300；④确定合理的调度运行方式，冬季每天有一定数量机组投运，往复水流可有效阻止冰盖形成。

（2）电站额定水头为 655m，机组额定转速为 500r/min，飞逸转速为 725r/min，单机容量为 350MW，在同类型超高水头、大容量抽水蓄能机组中实现自主化在国内也属首次。

（3）高压管道下平段最大静水头为 795m，最大设计内水压力 11.54MPa，岔管外处 HD 值达 4469m·m。高压管道钢管全部采用国产钢板，钢板厚度 18～66mm，其中 800MPa 级钢板最大厚度 66mm；厂内明管段采用 800MPa 级钢板，厚 62mm，径厚比 33.9，为目前国内已建（在建）水电工程中最小。

（4）高转速 700m 级水泵水轮机 D_1/D_2 比值大，水力制动效应更为明显，机组各种过渡工况下流道流态要复杂得多。因此，通过仿真计算，控制保证参数，优化导叶开关机规律，为机组强度及结构设计提供基础；同时通过现场同步计算与甩负荷试验进行比较、分析与验证，为高水头高转速抽水蓄能电站提供重要参考。

（5）电站 500kV 电缆中间不设接头，单根长度达 1500m。针对国内还没有单根长度如此之长的电缆运行业绩，通过大量调研及计算，解决了一系列问题，填补了国内电力工程应用单根长度达到 1500m 的 500kV 电缆的空白。

（中国电建集团北京勘测设计研究院有限公司
王兆辉）

丰宁抽水蓄能电站工程 2022 年建设进展情况

丰宁抽水蓄能电站总装机容量 3600MW，分两期建设，一期工程于 2013 年 5 月 29 日正式开工，二期工程于 2015 年 9 月 23 日开工，2021 年实现首批机组（1、10 号机组）正式投产。

2022 年，上、下水库主体工程全部完成，一、二期引水系统主体工程全部完成，一、二期尾水系统主体工程基本完成；一、二期机电工程又有 5 台机组相继投入商业运行，主要工程进展情况如下：

1. 主厂房　一期工程包括 1～6 号机组和 1 号主副厂房，二期工程包括 7～12 号机组和 2 号主副厂房，其中 11、12 号为变速机组。①2022 年 7 月 30 日，2 号机组完成 15 天考核试运行投入商业运行；8 月 30 日，3 号机组完成 15 天考核试运行正式投产；9 月 5 日，9 号机组结束 15 天考核试运行投入商业运行；11 月 22 日，4 号机组完成 15 天考核试运行投入商业运行；12月16日，8号机组完成15天考核试运行正式投产。②5号机组分部调试完成，正在进行联合调试；6号机组总装完成，正在进行分部调试；7号机组正在进行联合调试，11号机组正在进行座环安装，12号机组进行水轮机安装。

2. 主变压器室　一期工程包括1～6号主变压器段和1、2号变副厂房，二期工程包括7～12主变压器段和3、4变副厂房，一、二期之间为主变压器洞中间管理用房。①一期主变压器洞主体混凝土施工完成，装修已完成；除与5、6号机组相关设备外的机电设备安装完成并投运。②二期主变压器洞主体混凝土施工完成，装修已完成；除与11、12号机组相关设备外的机电设备安装完成并投运。

3. 母线洞　①一期工程1～6号母线洞主体混凝土施工完成，装修已完成；1～4号封闭母线及发电电压设备安装完成并投运；5、6号封闭母线及发电电压设备安装、试验已完成。②二期工程7～12号母线洞主体混凝土施工完成，装修已完成；7～10号封闭母线及发电电压设备安装完成并投运；11、12号封闭母线及发电电压设备安装正在安装中。

4. 尾闸副厂房　一期工程含1号尾闸副厂房和1号集水井井内楼梯及板梁施工，二期工程含2号尾闸副厂房和2号集水井井内楼梯及板梁施工。1、2号尾闸副厂房均已完成主体混凝土施工及装修，机电设备安装调试均已完成并投运，渗漏排水系统也都已投运。

5. 开关站　主体混凝土施工完成，装修已完成；机电设备安装调试完成并投运。

6. 其他　①上、下水库涉及的机电设备安装调试完成。②1、2号交通电缆洞装修完成，1、2号中间油罐室混凝土浇筑、装修已完成，2号通风洞衬砌、沥青路面施工完成，下部交通洞衬砌已完成。

（中国电建集团北京勘测设计研究院有限公司 何敏）

文登抽水蓄能电站工程 2022年建设进展情况

文登抽水蓄能电站位于山东省威海市文登区界石镇境内，装机容量1800MW，工程于2015年12月15日开工。2022年，1月下水库开始蓄水，12月下旬首批机组（1、2号机组）正式投产，工程主要进展情况如下：

（一）上、下水库土建及金属结构安装工程标（C1标）

（1）上水库：边坡已基本开挖完成，605m高程以下边坡支护完成；大坝填筑至627m高程，一期面板混凝土全部浇筑完成；进/出水口事故闸门已安装到位，处于挡水状态；已蓄水至597.5m高程。

（2）下水库：已基本施工完成，蓄水至正常蓄水位136m高程。

（二）输水发电系统土建及金属结构安装工程标（C2标）

（1）引水系统：1号已完成充排水试验，2、3号正在进行高压管道安装。

（2）地下厂房系统：主厂房、通风洞、主变压器洞、尾水闸门室、尾水调压室开挖完成，交通洞（总长1557m）、上层排水廊道（总长1087.1m）、中层排水廊道（总长1444m）、排风竖井（总高280.2m）、出线竖井（总高265.1m）施工完成；母线洞1～6号浇筑完成。

（3）尾水隧洞：1、2号尾水隧洞施工完成，正在进行2号尾水系统充排水试验，3号尾水隧洞衬砌剩余140m（总长1344 m）。

（三）机电安装工程标（EM1标）

（1）1、2号机组均于12月29日完成15天考核试运行正式投产。3号机组安装完成，正在进行调试；4号机组于10月27日吊装转轮，10月18日吊装定子，12月6日吊装转子；5号机组下机架吊装完成；6号机组于12月11日完成转轮吊装，12月底完成顶盖组圆。

（2）1、2号机组500kV主变压器，于5月11日完成试验。

（3）500kV系统，于6月24日完成全部试验项目，倒送电成功。

（4）开关站设备安装完成。

（中国电建集团北京勘测设计研究院有限公司 吕典帅
中国安能集团第二工程局有限公司 齐建飞　曾伟杭）

沂蒙抽水蓄能电站工程 2022年建设进展情况

沂蒙抽水蓄能电站位于山东省临沂市费县，安装4台单机容量为300MW的可逆式水泵水轮发电电动机组。上水库大坝为沥青混凝土面板堆石坝，坝顶高程608.8m，最大坝高116.8m；正常蓄水位606.0m，调节库容809.25万m^3。下水库大坝为钢筋混凝土面板堆石坝，坝顶高程223.6m，最大坝高78.6m；正常蓄水位为220m，调节库容878.22万m^3。

该电站项目于2014年9月获得国家能源局核准，

工程总投资为73.7亿元，总工期78个月。2015年6月，召开电站开工动员大会；12月，下水库工程开工建设。2016年11月，上水库标、输水发电土建及金属结构安装标两个主体标正式开工。2018年10月，机电安装标工程开始施工。2020年7月，下水库开始蓄水。2021年4月29日，完成倒送电；7月，上水库开始蓄水；10月25日、31日，1、2号机组分别完成15天考核试运行正式投产。

2022年1月15日，3号机组通过15天考核试运行正式投产；3月23日，4号机组完成15天考核试运行正式投产。至此，沂蒙抽水蓄能电站4台机组全部投产。

由中国水利水电第一工程局有限公司承建下水库工程，现场尾工于2022年6月30日全部完成。该标段共完成土石方明挖352.44万m^3、石方填筑177.41万m^3、石方洞挖1.75万m^3、喷混凝土9226.87m^3、装设锚杆16995根、挂钢筋网193.14t、浇筑混凝土6.298万m^3、钢筋制作安装4149.43t；完成固结灌浆1126.22t、帷幕灌浆7206t、回填灌浆3039.7m^3。

2022年9月14日，山东沂蒙抽水蓄能电站工程通过竣工环境保护验收；10月21日，通过竣工阶段枢纽工程专项验收；11月20日，通过竣工水土保持设施验收。

（中国电建集团北京勘测设计研究院有限公司 杨子强
中国水利水电第一工程局有限公司）

清原抽水蓄能电站工程2022年建设进展情况

清原抽水蓄能电站工程采用设计牵头的EPC总承包模式进行建设，EPC总承包联合体由中国电建集团北京勘测设计研究院有限公司、中国水利水电第六工程局有限公司、中国水利水电第八工程局有限公司组成。其中，中国水利水电第六工程局有限公司主要承担上水库建筑物工程、输水发电系统主厂房下游边墙以上建筑物工程、机电设备安装工程的施工，中国水利水电第八工程局有限公司主要承担下水库建筑物工程、输水发电系统主厂房下游边墙以下建筑物工程的施工。

2022年，该电站工程主要进行上水库、下水库、地下厂房、输水系统、地面开关站等部位的施工，至年底，主要工程形象如下：①上水库大坝填筑完成，面板混凝土施工完成。②下水库大坝填筑完成，面板混凝土施工完成。③泄洪建筑物全部施工完成。④主厂房1～2号机组混凝土结构浇筑完成，1、2号主变压器室混凝土完成，左副厂房混凝土完成。⑤GIS室、副厂房装修施工完成90%。⑥上水库进/出水口启闭机楼基础浇筑完成；下水库进/出水口一期混凝土浇筑完成，门槽二期混凝土浇筑完成，拦沙坎贴坡混凝土浇筑完成。⑦输水系统开挖支护基本完成。⑧工程边坡开挖支护基本完成。⑨场内交通工程Y1、Y2、Y3、Y4、Y5道路基本施工完成。⑩全场接地安装、全厂电缆敷设、全厂公用机械辅助系统完成。

（中国电建集团北京勘测设计研究院有限公司 谢刚）

芝瑞抽水蓄能电站工程2022年建设进展情况

芝瑞抽水蓄能电站位于内蒙古自治区赤峰市克什克腾旗芝瑞镇，总装机容量120万kW，首次在抽水蓄能电站中采用沥青心墙砂卵砾石坝。

电站主体工程标2021年3月开始实施。2022年底，工程完成形象如下：

（一）筹建准备期洞室及道路工程标（Q1标）

①通风兼安全洞、交通洞已完成。②Y1号路、Y2号公路已完工，现场已通车。③泄洪排沙洞已完工，洞室已过流。

（二）上下水库、输水发电系统工程施工标（C1标）

1. 上水库　库盆累计开挖完成80%，堆石坝填筑累计完成37%，1号坝后压坡体填筑累计完成29%；2号坝后压坡体填筑累计完成56%。

2. 输水发电系统　①1号引水系统上平段开挖支护累计完成344.74m，占设计总长1070.55m的32%，1号引水上斜井导孔贯通；2号引水系统上平段开挖支护累计完成242.1m，占设计总长1069.37m的23%，2号引水上斜井导孔贯通。②1号高压管道中平段开挖支护累计完成281m，占设计总长281m的100%；2号高压管道中平段开挖支护累计完成248m，占设计总长281m的88%。③地下厂房首层开挖完成，二层中部拉槽完成161m，上、下游保护层开挖完成146m。④主变压器洞首层中导洞已贯通，上游侧扩挖完成85m，下游侧扩挖完成78m。⑤1～3号尾水隧洞开挖支护全部完成，4号尾水隧洞开挖支护累计完成184.2m（总长224m）。

3. 下水库　①下水库库盆累计开挖完成47%，拦沙坝、拦沙坝混凝土防渗墙施工全部完成。②下水库进/出水口1124～1100m高程开挖完成4.5万m^3。③下水库放水管安装累计完成71.6m，压力钢管累计生产完成186节。

（中国电建集团北京勘测设计研究院有限公司 谭盛凛）

易县抽水蓄能电站工程 2022年建设进展情况

易县抽水蓄能电站主体土建及金属结构安装工程标由中国水利水电第四工程局有限公司中标承建，合同金额为195476.4244万元，2021年7月1日开工。2022年，筹建期洞室及道路工程标基本完成，工程正处于主体标洞室开挖、大坝填筑高峰期。

（一）投资完成情况

2022年，主体土建及金属结构安装工程标计划投资3.91亿元，实际完成投资4.72亿元，占计划的120.72%；至年底，累计完成投资5.85亿元。

（二）工程建设进度

2022年3月，上水库大坝开始填筑；10月，下水库大坝开始填筑；至年底，主要工程形象进展情况如下：

（1）上水库工程：右岸两高边坡已分别开挖至638.0、637.85m高程，左岸两高边坡已分别开挖至671、619m高程，完成土、石方开挖620.34万m^3（完成总量的76.8%）。主、副坝分别填筑至602、627.6m高程，石方填筑完成381.28万m^3。1号调压井扩挖至640m高程，剩余97.7m；2号调压井扩挖至637m高程，剩余94.7m。库底外侧排水廊道洞挖段全线贯通，并完成部分衬砌。

（2）引水系统工程：1号引水系统共1461.68m，已开挖支护完成780.54m，完成率53.4%；2号引水系统共1457.42m，已开挖支护完成746.06m，完成率51.2%。其中引水压力管道上平段、中平段、下平段段主管及支管段均开挖支护完成，下斜井先导孔已完成，2号引水事故闸门井已开挖完成。

（3）地下厂房系统工程：主副厂房洞首层开挖完成，岩锚梁已浇筑完成，第二层（Ⅱ-1）中部拉槽洞挖完成，上层排水廊道洞挖完成。主变压器洞首层、第二层已完成开挖，第三层中部拉槽完成128.5m（完成率83%），交通洞顺利贯通。出线下平洞洞挖支护75.993m（完成率30.53%）。

（4）尾水系统工程：尾水闸门室上室首层开挖完成，交通洞开挖完成。1号尾水隧洞上、下断面洞挖累计进尺分别为361.8、15m。2号尾水隧洞上、下断面洞挖累计进尺分别为332.4、7m。尾水调压室上室洞挖支护完成。尾水隧洞支洞上游段已开挖至尾水岔管位置。

（5）下水库工程：进出水口已开挖至273.2m高程，完成土、石方开挖139万m^3。大坝趾板混凝土浇筑318.66m。进/出水口边坡273.20～281.0m高程支护完成。大坝堆石料已填筑至229.80m高程；挤压边墙、垫层料、过渡料填筑至225.40m高程；完成约16.52万m^3（完成总量的18.8%）。左岸泄洪放空洞已开始导流。

（中国电建集团北京勘测设计研究院有限公司 陆冬生
中国水利水电第四工程局有限公司 李昌启）

抚宁抽水蓄能电站工程 2022年建设进展情况

抚宁抽水蓄能电站位于河北省秦皇岛市抚宁区境内，安装4台单机容量为30万kW的可逆式抽水蓄能机组。该项目于2018年12月获得河北省发展改革委核准，总投资81.23亿元，计划于2030年全部投产。2020年11月，筹建期洞室、道路及业主营地工程标（FUN/Q1）开工；2021年11月，上、下水库土建及金属结构安装工程（C1标）和输水发电系统土建及金属结构安装工程（C2标）开工建设。

截至2022年底，工程建设进展情况如下：

（一）筹建期洞室、道路及业主营地工程标（FUN/Q1）

①场内道路：土石方明挖、土石方回填、边坡支护全部完成。Y1路的基层及面层、涵洞、1号隧道、1号桥等全部完成，护栏完成19.78%，2号隧道开挖支护完成，3号隧道开挖完成87.56%、二次衬砌完成13.27%；通风兼施工支洞全部完成；2号桥0轴及3轴、3号桥0轴的下部结构完成。Y2路的7、8号隧道开挖支护全部完成，4号桥下部结构全部完成。Y3路的基层全部完成，面层完成50.2%，5号桥全部完成。Y4路的基层全部完成，面层完成80.6%。Y6路的基层完成22.6%，6号桥桩基全部完成。Y7路的基层完成80%，面层完成65%。②施工供水系统：一、二、三级泵站主体结构全部完成，变压器及水泵全部安装完成，一级泵站至三级泵站供水管道全部施工完成。③业主营地：完成10栋主体框架结构，完成总工程量的59%。④通风兼安全洞、进厂交通洞：采用TBM开挖支护，10月24号顺利贯通，仰拱混凝土全部完成。⑤出线洞：开关站平台全部完成；出线洞开挖支护完成610m，完成总工程量的65.7%。⑥泄放系统：溢洪道及泄洪放空洞土石方开挖全部完成；护坦段、明渠段、扩散段及消力池常态混凝土全部完成；进水塔常态混凝土完成2956m^3，完

成总工程量的30.8%；引渠段常态混凝土完成500m³，完成总工程量的53.9%。⑦其他：下库大坝坝基表土剥离完成，沟首渣场、南沟渣场全部完成。

（二）输水发电系统土建及金属结构安装工程标（FUN/C2）

①生活及办公营地、砂石料厂、混凝土拌和站、钢筋加工厂、污水处理厂、试验室等临建设施全部投入使用。②引水系统工程：引水中支洞洞身开挖支护完成255m，完成总工程量的36.6%。③下水库工程：进出水口土石方开挖完成7.9万m³，完成总工程量的19.5%。④主变压器通风洞：开挖支护完成69m，完成总工程量的71.1%。

（中国电建集团北京勘测设计研究院有限公司
王彩霞
中国水利水电第十一工程局有限公司
冀春辉　翟一鸣）

潍坊抽水蓄能电站工程 2022年建设进展情况

潍坊抽水蓄能电站位于山东省潍坊市临朐县境内，安装4台机组，总装机容量1200MW。项目于2018年12月获得山东省发展改革委核准，工程总投资81.18亿元，由国网新源控股有限公司出资建设，计划于2027年全部投产。

工程建设开展正常，主体土建标于2021年9月进场，上水库工程于2022年5月开始大坝填筑。截至2022年12月31日，工程建设形象进度如下：①共建道路：进场路、Y1路、Y2路建设基本完成。②筹建期洞室：通风兼安全洞、交通洞完成。③业主营地：地面主体结构基本完成，正进行室内装修和室外整平施工。④施工供电系统：中心变电站主体结构完成，35kV线路工程施工完成，10kV线路工程完成。⑤施工供水系统：基本完成。⑥上水库：大坝已填筑至约504m高程；1、2、3号排洪渠基本修建完成；库区临时施工道路、引水事故闸门井平台、库区开挖和坝后压坡体等部位正在施工。⑦输水发电系统：厂房首层开挖已完成，主变压器洞、出线洞等洞室以及下水库进/出水口、围堰等部位正在施工。

该工程下水库进/出水口围堰为在已建水库中的深水土石围堰，最大堰高约33m，需采用抓斗挖泥船配泥驳进行水下拆除，难度大。因此，制定了该工程围堰布置和施工方案。

（中国电建集团北京勘测设计研究院有限公司
张捷）

浑源抽水蓄能电站工程 2022年建设进展情况

浑源抽水蓄能电站位于山西省大同市浑源县境内，安装4台单机容量为375MW的可逆式抽水蓄能机组，总装机容量为1500MW。项目于2020年9月获得山西省发展改革委核准，工程总投资为89.2亿元，由国网新源控股有限公司、黄河小浪底水资源投资有限公司、国网山西省电力公司按55%、35%、10%比例出资建设，计划于2029年全部投产。

2021年10月，筹建期标进场；2022年3月1日，工程正式开工。截至2022年12月31日，工程建设形象进度如下：①共建道路：由S303省道接引，经东尾毛村西侧，终点为业主营地北侧的对外交通路二期改扩建路段，已于2022年8月26日验收完成。②通风兼安全洞总长1513.97m，开挖累计完成566m。③交通洞总长1713.51m，开挖累计完成147m。④泄洪排沙洞总长725.65m，开挖累计完成227m。⑤35kV中心变电站场地开挖及支护完成，正在进行变电站内土建施工。⑥场内交通道路：Y1号路总长5.994km，其中K0+000～K1+180段已开挖至设计高程；1号隧道全长1465m，进口洞身开挖累计完成335m，仰拱开挖48m、回填完成42m，出口洞身开挖累计完成582m；路基排水沟混凝土浇筑350m；晋家庄大桥钻孔灌注桩桩基完成23根。Y2号路总长11.503km，其中K4+320～K4+340段已开挖至设计高程，A1隧道总长1043m，洞身开挖83m；A3隧道总长435m，洞身开挖13m。Y3号路总长3.255km，其中K1+700～K1+900段已开挖至设计高程，2号隧道总长274m，洞身开挖35m。Y4号路总长0.644km，其中K0+000～K0+305段路基正在开挖。⑦业主营地：标内所有建筑主体结构均已封顶，正在进行墙体的砌筑。

（中国电建集团北京勘测设计研究院有限公司
梁健龙）

尚义抽水蓄能电站工程 2022年建设进展情况

尚义抽水蓄能电站位于河北省张家口市尚义县境内，安装4台单机容量350MW的可逆式抽水蓄能机组，工程总投资为951409万元，2020年9月，筹建期工程正式开工，计划2027年底4台机组全部投产发电。截至2022年底，该工程的筹建期通风兼安全洞与交通洞及

Y2道路、厂内道路工程、泄洪排沙洞、尾水隧洞、输水系统、上水库、下水库等7个标段已开工建设，都由中国水利水电第四工程局有限公司承建施工任务。2022年，各项施工任务圆满完成，主要情况如下：

（一）投资完成情况

这7个标段合同总金额368555.9万元。2022年完成40389.08万元，占总金额10.9%；开工累计完成55870.28万元，占总金额15.2%。

（二）主要工程形象进度

①筹建期通风兼安全洞与交通洞及Y2道路工程：通风兼安全洞总长度1897.992m，本年度完成洞身开挖支护863m，累计完成1750m。进厂交通洞总长度2319.118m，2022年完成洞身开挖支护823m，累计完成1880m。Y2号公路1号隧道和Y2号道路（K0＋000.00～K0＋640.00m段）已施工完成。②厂内道路工程：2022年10月31日具备通车条件。③建设期尾水隧洞工程：1、2号隧洞总长分别为3203.06、3233.83m，2022年完成开挖支护分别为1212、1189m，累计分别完成1620、1660m。④泄洪排沙洞土建及金属结构安装工程：泄洪排沙洞全长1009m，2022年8月16日开挖支护全部完成，当年衬砌完成884m。⑤上水库土建及金属结构安装工程：坝肩、坝基、趾板开挖支护全部完成，库岸1436m高程、进出水口1378m高程以上开挖支护完成，库盆开挖支护至1436.0～1416.0m高程；1290m高程以下坝体填筑已完成。⑥输水系统土建及金属结构安装工程：引水上支洞总长272m，2022年开挖支护已全部完成；引水中支洞总长808m，本年度开挖支护完成500m；尾调通气洞总长802.6m，本年度开挖支护完成145m。地面开关站边坡开挖至1122m高程。⑦下水库土建及金属结构制作、安装工程：2022年，拦河坝左坝肩完成936m高程以上开挖支护，右坝肩完成907m高程以上开挖支护。拦沙坝左坝肩完成922m高程以上开挖支护，右坝肩完成910m高程以上开挖支护。下水库进出水口完成898m高程以上边坡开挖支护。

（三）质量管理情况

2022年，这7个标段全年验评水工单元工程516，合格率100%，优良率96.1%。

（中国电建集团北京勘测设计研究院有限公司 李阳
中国水利水电第四工程局有限公司 叶春玲）

尚志抽水蓄能电站工程2022年建设进展情况

尚志抽水蓄能电站位于黑龙江省尚志市境内，工程区距尚志市、哈尔滨市、牡丹江市分别为48、127、190km；装设4台单机容量为300MW的可逆式抽水蓄能机组，总装机容量1200MW，水泵水轮机额定水头226m。电站建成后接入黑龙江电网，承担黑龙江电网调峰、填谷、调频、调相以及紧急事故备用等任务。

该电站为一等大（1）型工程，枢纽由上水库、下水库、输水系统、地下厂房系统等建筑物组成。上水库大坝采用钢筋混凝土面板堆石坝，最大坝高93m，总库容为1374万m^3。下水库大坝采用钢筋混凝土面板堆石坝，最大坝高40m，总库容为1817万m^3。输水系统布置于上下水库之间的山体内，采用一洞两机布置，输水洞线总长2558m，距高比为9.61。地下厂房位于输水系统中部。

尚志抽水蓄能电站项目于2021年12月31日获得黑龙江省发展改革委核准，2022年7月5日开工建设，为“十四五”期间东北地区首个开工建设的抽水蓄能电站。2022年，工程处于筹建期，主要进行筹建准备期洞室及道路工程(SZ/Q1标）施工；至年底，该工程形象进度如下：①通风兼安全洞：洞口边坡已开挖完成，开挖进尺36.75m。②交通洞：正在进行洞口开挖边坡施工。③Y1号公路：正在进行道路表土清理和基础换填施工。④业主营地及中心变电站场坪：正在进行表土清理和土石方开挖工程施工。

（中国电建集团北京勘测设计研究院有限公司 王嘉淳）

肇庆浪江抽水蓄能电站工程2022年建设进展情况

肇庆浪江抽水蓄能电站位于广东省肇庆市广宁县，站址距肇庆市区直线距离48km，距广州直线距离105km；电站总装机容量1200MW，承担广东电力系统调峰、填谷、储能、调频、调相、紧急事故备用等任务，以2回500kV线路接入玉城变电站，输电线路长度约为60km。

该电站为一等大（1）型工程，主要包括上水库、下水库、输水发电系统3大建筑物。输水发电线路布置在上、下水库坝址连线的北面山体区，地下厂房采用中部式布置方案，引水、尾水系统均采用一洞四机布置形式。

中国水利水电第四工程局有限公司承担了通风兼安全洞、进厂交通洞工程和引水发电系统工程，2022年这两个标段工程建设情况如下：

1. 投资完成情况　2022年，通风兼安全洞、进场交通洞工程完成3938.92万元，占计划的

70.87%，自开工累计完成4179.17万元；引水发电系统工程完成投资83.607万元。

2. 主要工程进展情况 ①通风兼安全洞、进场交通洞工程：通风兼安全洞于2022年11月20日全线贯通，提前10天完成了节点任务目标。进厂交通洞洞挖，截至2022年底累计进尺518.6m。2号施工支洞，截至2022年底累计进尺25.6m。②引水发电系统工程：2022年12月9日，土建工程正式开始施工；12月10日，主变压器室排风洞正式开始全断面开挖，至月底累计进尺48.6m。12月，厂房中导洞正式开挖，至月底累计进尺21.0m。③2022年11月25日，肇庆浪江抽水蓄能电站主体工程开工动员会在进厂交通洞洞口顺利举行。

3. 质量安全控制情况 2022年，通风兼安全洞、进厂交通洞工程累计共验评单元工程506个，合格率100%，综合优良率94.7%。全年无质量事故发生，质量整体受控。

2022年，项目部总计签订目标责任书8份、岗位责任书255份、环境承诺书255份、职业危害告知书65份，制定下发各项安全生产制度51项；共查出一般安全隐患330项，整改率为100%，安全工作整体受控，未发生人员伤亡事故。

（中国水利水电第四工程局有限公司
郭建福 唐永刚）

泰安二期抽水蓄能电站工程 2022年建设进展情况

泰安二期抽水蓄能电站位于山东省泰安市东南，安装6台单机容量300MW的可逆式抽水蓄能机组，为一等大（1）型工程，2020年12月举行开工动员大会。

中国安能集团第二工程局有限公司承建该电站工程的水库工程（C1标），主要施工内容包括：上水库的主坝、副坝、库盆及库岸防护、拦渣坎，下水库的大坝、副坝、溢洪道、导流泄放洞、库盆及库岸防护、拦渣坎，上、下水库进/出水口及闸门井土建施工以及金属结构制作与安装等；合同总金额12.32亿元，总工期长达81个月。2022年7月1日，本标段施工队伍进场；11月1日，本标段工程开工。至年底，本标段完成情况如下：①临时道路：上下水库临时道路共计修筑5km，下水库X-1及X-3道路、上水库S-1道路均具备通车条件。②临建工程：下水库临时营地已完成建设，管理人员已入住；下水库拌和站已完成基础浇筑和搅拌机、操作室安装施工，钢筋厂已完成基础浇筑，分包商营地已完成场地硬化；上水库分包商营地已完成填筑整平。③下水库主坝：植被清理、表土剥离已完成，共计清理植被27.9万m^2，剥离表土8.4万m^3，土方开挖45.0万m^3，石方开挖2.7万m^3，完成总开挖量的51.6%；龙湾沟左侧部位坝基趾板土方开挖已完成，具备趾板爆破条件。④下水库主坝坝后压坡体：表土剥离已完成，共计5.7万m^3；弃渣料填筑37万m^3。⑤下水库副坝：植被清理已完成，共计10.5万m^2。⑥下水库副坝坝后压坡体：表土剥离已完成，共计2.0万m^3。⑦下水库库盆：植被清理已完成，共计19.97万m^2；土方开挖5.0万m^3，完成总开挖量的2.2%。⑧下水库导流泄放洞：土方明挖0.8万m^3，石方明挖2.0万m^3；进、出水口石方爆破施工完成，边坡具备支护条件。⑨下水库溢洪道：消力池和出水渠段表土剥离已完成，共计2.0万m^3。⑩上水库导流泄放洞：进水口植被清理、土方开挖已完成，共计清理植被0.25万m^2，开挖土方0.25m^3。

（中国安能集团第二工程局有限公司 张子一）

衢江抽水蓄能电站工程 2022年建设进展情况

衢江抽水蓄能电站位于浙江省衢州市衢江区黄坛口乡境内，总装机容量为120万kW，为一等大（1）型工程。

中国安能集团第二工程局有限公司中标承建该电站工程主体标水库工程C1标和地下工程C2标，施工合同于2021年7月签订，10月施工队伍进点；2022年3月1日，水库工程C1标正式开工；截至2022年12月底，主要工程形象进度如下：①施工导流及围堰工程：上、下水库导流洞均已实现过流，上、下水库围堰填筑完成，并完成截流。②坝后排水箱涵：上、下水库坝后排水箱涵全长分别为179、189m，于2022年6月底全部浇筑完成。③趾板开挖工程：上水库趾板开挖支护完成217m，完成率约37.84%，下水库趾板开挖支护完成29m，完成率约5.5%。④大坝填筑工程：上水库大坝填筑完成12.43万m^3，完成工程总量的2.7%；下水库大坝填筑3万m^3，完成工程总量1.3%。大坝填筑采用数字化技术控制，并采用加水洗车一体化智能控制系统控制上坝堆石料加水量。⑤上水库进/出水口：开挖完成48.82万m^3，完成率约为28.17%。⑥下水库上坝运输交通洞：全长430m，于2022年12月23日贯通。

（中国安能集团第二工程局有限公司
齐建飞 卢文平）

景宁抽水蓄能电站工程开工建设

2022年9月30日，浙江省发展改革委印发《关于浙江景宁抽水蓄能电站项目核准的批复》（浙发改项字〔2022〕336号）文，对浙江景宁抽水蓄能电站项目核准进行了批复，同意建设景宁抽水蓄能电站。

景宁抽水蓄能电站位于浙江省丽水市景宁畲族自治县沙湾镇和梧桐乡境内，地处浙南山区，距景宁县城、丽水市、杭州市、上海市的直线距离分别约为20、80、270、420km。电站距离500kV丽西变电站约25km，接入系统便利，受、送电条件良好。电站总装机容量1400MW（4×350MW），建成后主要承担浙江电网的调峰、填谷、储能、调频、调相和备用等任务。

电站枢纽工程主要建筑物由上水库、下水库、输水系统、地下厂房和开关站等组成。

上水库，坝址以上集水面积1.75km²；水库正常蓄水位1030.00m，死水位998.00m，总库容923万m³，调节库容660万m³；大坝采用混凝土面板堆石坝，坝顶高程1034.50m，最大坝高90.5m，坝顶长度360.0m。

下水库，坝址以上集雨面积12.09km²；水库正常蓄水位387.0m，死水位353.0m，总库容932万m³，调节库容641万m³；大坝采用混凝土面板堆石坝，坝顶高程391.00m，最大坝高122.0m，坝顶长326.6m；左岸竖井式溢洪洞进口为自由溢流、出口为挑流消能，最大泄量约为79.2m³/s；右岸导流泄放洞由施工期导流洞改建而成，为有压洞，出口设置2个直径2.0m的锥阀，采用消力池消能，最大泄量约为84.3m³/s。

输水系统总长约4708.5m，其中引水系统长约3166.9m，尾水系统长约1541.6m。引水系统平面采用两洞四机方式，平洞末端设置引水调压室。自引水上斜井上弯段起始点开始采用钢板衬砌，钢衬长度1193.9m。引水隧洞、引水上斜井、引水中平洞、引水下斜井、引水下平洞的管径分别为6.6、6.0、5.6、5.6、5.0～4.0m。钢岔管主管直径4.0m，引水支管直径2.8m、到厂前渐缩为2.2m。尾水系统亦采用两洞四机布置，尾水支管直径4.6m，采用钢板衬砌，钢衬长度120.9m；尾水隧洞直径6.6m，采用钢筋混凝土衬砌，衬砌厚度0.6m。上下水库进出水口均采用“侧式+闸门竖井式”布置。

地下厂房位于输水系统的中段，机组中心距上、下水库进/出水口距离分别为2672m和1568m，轴线方向为N29°E。机组安装高程为263.0m。主副厂房洞、主变压器洞、尾水闸门洞三大洞室平行布置，开挖尺寸分别为176.0m×24.5m×57.5m、178.0m×20.0m×23.0m、110.0m×8.0m×21.7m（长×宽×高）。进厂交通洞全长约1953m，平均纵坡5.8%，断面净尺寸为7.8m×7.8m（宽×高）。通风兼安全洞全长约1455m，平均纵坡6.43%，断面净尺寸为7.0m×6.5m（宽×高）。地面开关站场地尺寸为180.0m×40.0m（长×宽）、高程为393.00m。

工程建设征地涉及1个县3个乡镇10个行政村，征用各类土地4517.46亩，其中永久征收土地3827.37亩，临时征用土地690.09亩。工程推算截止年涉及生产安置人口397人，涉及搬迁安置人口300人。

该电站为一等大（1）型工程，总投资91.78亿元，由中国电建集团华东勘测设计研究院有限公司和景宁畲族自治县国有资产投资经营有限公司按67%、33%比例出资建设，计划于2028年全部投产。

2021年9月，景宁抽水蓄能电站被国家能源局确定为浙江省2025年新建抽水蓄能电站的推荐站点。2022年3月，电站预可行性研究报告通过审查；5月，可行性研究阶段正常蓄水位选择专题报告和施工总布置规划专题报告通过审查；7月，浙江省人民政府发布封库令；9月，建设征地移民安置规划大纲通过评审，项目获得浙江省发展改革委核准；10月，可行性研究报告通过审查；11月2日，电站工程开工建设。

（中国电建集团华东勘测设计研究院有限公司
余雪松　魏海宁　陈鹏　郑伟康）

松阳抽水蓄能电站工程开工建设

2022年9月30日，浙江省发展改革委以《省发展改革委关于浙江松阳抽水蓄能电站项目核准的批复》（浙发改项字〔2022〕337号）”文，对浙江松阳抽水蓄能电站项目核准进行了批复，同意建设浙江松阳抽水蓄能电站。

松阳抽水蓄能电站位于浙江省丽水市松阳县，站点与松阳县城、丽水市、杭州市的直线距离分别约为15、55、220km，距离500kV丽西变电站约25km。该电站为日调节纯抽水蓄能电站，装机容量1400MW（4×350MW），建成后承担电力系统调峰、填谷、储能、调频、调相、紧急事故备用等任务，主要服务浙江电网，同时与华东电网形成区域内优势互补，提升华东电网调度灵活性。

电站枢纽由上水库、下水库、输水系统和地下厂房系统组成。

上水库位于松阳县玉岩镇何山头村小港溪左岸的洞注源沟源头，坝址以上控制流域面积 0.65km^2；正常蓄水位 941m，死水位 907m，正常蓄水位库容 900 万 m^3，调节库容 804 万 m^3；主、副坝均采用混凝土面板堆石坝，主坝坝顶高程 944.00m，最大坝高 85.50m，坝顶宽 10.00m、长 351.00m；副坝坝顶高程 944.00m，最大坝高 39.50m，坝顶宽 8.00m、长 146.50m。

下水库位于松阳县竹源乡松阴溪右岸一级支流上游，坝址以上控制流域面积 10.56km^2；正常蓄水位 442m，死水位 408m，总库容 1093 万 m^3，正常蓄水位库容 1008 万 m^3，调节库容 805 万 m^3。大坝采用混凝土面板堆石坝，坝顶高程 446.5m，坝顶宽 10.0m、长 271.0m，最大坝高 93.0m。泄水建筑物采用右岸自由溢流竖井式溢洪洞和左岸导流泄放洞联合泄洪方式，竖井溢洪道进口为自由溢流，出口设预挖冲坑；导流泄放洞为有压泄水，出口设置直径 2.2m 的锥阀，采用消力池消能。

输水系统总长约 3317.8m，其中引水系统长约 1503.3m，尾水系统长约 1814.5m。引水系统采用两洞四机方式，引水竖井上弯段起始部位开始采用钢板衬砌；上平洞直径 7.0m，引水竖井直径 5.5m，下平洞直径 5.0m；钢岔管主管直径 5.0m，引水支管直径 3.5m、到厂前渐缩为 2.5m。尾水系统也采用两洞四机方式，尾水支管长 145.93m（其中钢衬段长 118.7m）、直径 5.2m；尾水隧洞直径 7.0m，采用钢筋混凝土衬砌，衬砌厚度 0.6m。

地下厂房位于输水系统的中部，机组安装高程 328.0m。主副厂房洞、主变压器洞、尾水闸门洞三大洞室平行布置，尺寸分别为 185.2m×25.0m×56.8m、192.0m×20.0m×22.8m、113.0m×7.8m×20.6（长×宽×高）。进厂交通洞全长 1967m，断面净尺寸 8.0m×8.2m（宽×高）。通风洞全长 1411m，断面净尺寸 8.8m×7.0m（宽×高）。地面开关站，场地高程 446.5m，场地尺寸 203.0m×40.0m（长×宽）。

工程建设征地涉及松阳县 1 个县 4 个乡镇（街道）9 个行政村，至搬迁截止年（2022 年），工程搬迁安置人口 385 人，征占用各类土地面积 3480.22 亩，其中永久征收 2581.89 亩，临时征用 898.33 亩。

该电站为一等大（1）型工程，总投资 88.20 亿元，由中国三峡建工（集团）有限公司控股建设，计划于 2028 年全部投产。

中国电建集团华东勘测设计研究院有限公司承担了松阳抽水蓄能电站勘测设计研究工作。2021 年 9 月，松阳抽水蓄能电站确定为浙江抽水蓄能规划“十四五”重点实施项目；11 月，电站预可行性研究报告通过审查。2022 年 4 月，电站可行性研究阶段正常蓄水位选择专题报告和施工总布置规划专题报告通过审查；5 月，浙江省人民政府发布“封库令”；7 月，建设征地移民安置规划大纲通过评审；9 月 30 日，项目获得浙江省发展改革委核准；12 月，可行性研究报告通过审查。

（中国电建集团华东勘测设计研究院有限公司 覃昕慧）

天台抽水蓄能电站主体工程开工建设

2022 年 6 月 1 日，浙江天台抽水蓄能电站工程现场举行开工仪式，标志着电站主体工程建设正式拉开序幕。上水库、引水系统土建及金属结构安装工程施工由中国水利水电第十二工程局有限公司承担，下水库、地下厂房、尾水系统土建及金属结构安装工程施工与安全监测工程施工由中国水利水电第五工程局有限公司承担，电站主体工程监理工作由长江三峡技术经济发展有限公司承担。至 2022 年 12 月底，电站主副厂房洞完成第二层开挖支护，主变压器洞完成第一层开挖支护；下水库右岸竖井溢洪道、左岸导流泄放洞、500kV 开关站正在进行开挖支护。

天台抽水蓄能电站位于浙江省台州市天台县，安装 4 台单机容量 425MW 的可逆式抽水蓄能机组。其上水库正常蓄水位 953m，调节库容 639 万 m^3；主坝采用混凝土面板堆石坝，最大坝高 62.5m，坝顶长 566.0m、宽 8.0m；副坝采用混凝土防渗墙分区土石坝，最大坝高 24.0m，坝顶长 280.0m、宽 8.0m。下水库正常蓄水位 204m，调节库容 718 万 m^3；混凝土面板堆石坝，最大坝高 71.0m，坝顶长 420.0m、宽 8m；右岸竖井溢洪道进口为自由溢流，出口为挑流消能；左岸导流泄放洞为有压泄水，采用消力池消能。引水与尾水系统均采用两洞四机方式，引水上平洞直径为 6.6m，下平洞直径 5.0～4.0m；钢岔管主管直径 4.0m，引水支管直径 2.8m、至厂前渐缩为 2.2m；尾水支管直径 5.0m，尾水隧洞直径 6.6m。地下厂房位于输水系统的中部，机组安装高程 80.0m；主副厂房洞、主变压器洞、尾水闸门洞三大洞室平行布置，开挖尺寸分别为 196.9m×27.0/25.5m×60.4m、190.8m × 21.0m × 23.0m、150.50m × 8.00m×20.75m（长×宽×高）。地面开关站场地高程 281.0m、尺寸 185.0m×40.0m（长×宽）。

该电站项目于 2021 年 12 月获得浙江省发展改革委核准，计划 2025 年 12 月首台机组发电、2026 年 9 月全部投产。

（中国电建集团华东勘测设计研究院有限公司 杨嵘）

建全抽水蓄能电站工程开工建设

2022年3月3日，重庆市发展改革委以渝发改能源〔2022〕281号文印发《重庆市发展改革委关于云阳建全抽水蓄能电站项目核准的批复》，批复同意建设抽水蓄能电站。

2022年8月19日，重庆云阳建全抽水蓄能电站项目正式开工建设。云阳建全抽水蓄能电站距重庆市第二负荷中心万州直线距离45km，地理位置优越；电站距离万州变电站50km。总装机容量120万kW，枢纽建筑物主要包括上水库、输水系统、发电系统和下水库四部分，发电系统包括地下厂房系统建筑物和地面开关站等建筑物，工程额定水头332.0m，为一等大（1）型工程。

该项目为中国电力建设集团有限公司在渝首个投资控股开发的抽蓄电站项目，项目采用EPC总承包管理，实行“小业主＋大监理”的管理模式。项目EPC总承包单位由中国电建集团中南勘测设计研究院、中国水利水电第五、第十、第十四局有限公司联营体组成。项目主体工程监理服务项目由二滩国际公司、中国电建集团成都勘测设计院联营体组成。

电站位于重庆市云阳县高阳镇建全村境内，距离重庆市主城区直线距离270km，上水库位于高阳镇桂林村和金惠村之间的石河堰水库，坝址以上集雨面积为3.54km^2，多年平均径流量为223.9万m^3，正常蓄水位680.00m，相应库容为1159.00万m^3，死水位646.00m，死库容138.00万m^3，水库调节库容1021.00万m^3。上水库主要建筑物由大坝、竖井式泄洪洞及库盆扩库开挖等组成。大坝采用混凝土面板堆石坝，坝顶高程685.00m，最大坝高99.00m（趾板处），坝顶长372.00m。

输水发电系统布置在双岔河沟右岸山体内，总体呈东西走向。上下水库进/出水口间水平直线距离约2347m，距高比为7.07。引水系统采用一洞两机布置，尾水系统采用一洞一机布置，设置上游调压室，水流进、出厂房的方式为斜进正出，厂房采用尾部式开发方式。

下水库位于高阳镇建全村和海坝村之间的双河口水库，坝址以上集雨面积为25.30km^2，多年平均径流量为1384.00万m^3，正常蓄水位341.00m，相应库容为1189.00万m^3，死水位314.00m，死库容183.00万m^3，水库调节库容1006.00万m^3。下水库主要建筑物由大坝、竖井式泄洪洞及泄洪放空洞等组成。大坝采用混凝土面板堆石坝，坝顶高程347.00m，最大坝高78.00m（趾板处），坝顶长390.00m。

厂房采用尾部式布置方式，距上水库进/出水口平面直线距离约2114m，距下水库进/出水口约379m。厂区建筑物主要分为地下建筑物和地面建筑物两部分。地下建筑物主要包括主副厂房洞、主变压器洞、母线洞、进厂交通洞、通风兼安全洞、主变压器运输洞、电缆交通洞、高压电缆竖井、高压电缆平洞、排水廊道、自流排水洞等洞室。地面建筑物主要是地面开关站，包括GIS楼、继保楼、出线平台及柴油发电机房。

项目建成后，预计年发电量约9.25亿kW·h，每年可节约发电标煤量25.6万t，减少二氧化碳排放量63万t，可承担重庆电网调峰、填谷、储能、调频、调相和紧急事故备用等任务，有效缓解系统调峰矛盾，增加系统支撑电源和紧急备用容量，提高系统整体灵活性和运行安全稳定性。对构建新型电力系统，实现国家“双碳”目标具有重要意义。同时，电站的建设还可带动当地基础设施的建设，助推地方经济社会高质量发展。

（中电建水电开发集团有限公司　葛静）

长龙山抽水蓄能电站全部机组投产

2022年6月30日，长龙山抽水蓄能电站最后一台机组（6号机组）顺利结束15天考核试运行正式投产。至此，电站6台机组实现全部投产。

长龙山抽水蓄能电站位于浙江安吉，属“高水头、高转速、大容量”日调节抽水蓄能电站，在华东电网中承担调峰、填谷、调频、调相及紧急事故备用等任务。该电站安装6台单机容量为35万kW的可逆式抽水蓄能机组，机组额定转速，1～4号机组为500r/min、5～6号机组为600r/min，是国内已发电投产机组中额定水头最高的抽水蓄能电站。其工程特性指标在已投产抽水蓄能电站中囊括三项“世界第一”、四项“国内第一”，即：单级抽水蓄能机组最大发电水头755.9m为世界最高，600r/min转速下可逆式单机35万kW容量为世界最大，高压钢岔管*HD*值4800m·m为世界最高，435m长的单级施工引水斜井规模为国内第一。

长龙山抽水蓄能电站上水库设有主坝、副坝各一座，坝型均为混凝土面板堆石坝，坝顶高程980.2m，主坝最大坝高103m，副坝最大坝高77m，正常蓄水位976m。下水库大坝为混凝土面板堆石坝，最大坝高100m，正常蓄水位243m；左坝头设开敞式溢洪道，右岸设导流泄放洞。输水系统采用三洞六机布置形式，其中引水系统长约2103.8～2156.5m，尾水系统长约625.1～649.3m。地下厂房位于输水线路的尾部。500kV地面开关站，设有GIS室、500kV出线场及继保楼。

该电站工程动态投资为106.83亿元，2015年11月开工建设。2021年，电站1、2、3号机组先后完成15天考核试运行进入商业运行。

2022年，4号机组于3月1日结束15天考核试运行投入商业运行，5号机组于5月4日完成15天考核试运行正式投产，6号机组于6月30日顺利结束15天考核试运行正式投产。

（中国电建集团华东勘测设计研究院有限公司
郑齐峰　周杰　郭德昌）

周宁抽水蓄能电站全部机组投产

2022年8月28日，周宁抽水蓄能电站最后一台机组（4号机组）顺利完成15天考核试运行正式投入商业运行，提前7个月实现电站机组全部投产。

周宁抽水蓄能电站总装机容量1200MW，是中国华电集团有限公司首座抽水蓄能电站，也是福建省“十四五”期间建设的首个抽水蓄能电站；位于福建省宁德市周宁县境内，地处福建沿海500kV主网架附近，为闽东沿海北部新兴能源基地和省网与华东区域电网连接处，距省会福州市的直线距离为110km，距宁德核电站、大唐宁德电厂分别约90、50km；承担福建电网的调峰、填谷、调频、调相及备用等任务，必要时为华东电网提供支持，承担紧急事故备用等任务。

电站首批机组（1、2号机组）于2021年12月成功并网进行调试。2022年，1、2号机组分别于1月16、31日完成15天考核试运行投入商业运行；2号机组引水系统于6月9日完成充水，3、4号机组随后开展试运行调试，并分别于6月27日、8月28日完成15天考核试运行正式投产。

该工程建设应用了许多新技术，主要有：①下水库碾压混凝土坝应用实时监控与数字分析智能系统，实现抽水蓄能电站第一高（108m）重力坝总渗流量仅为1.9L/s，远远小于设计值38L/s，达到国内先进、国际领先水平；②厂房排烟竖井采用一次反拉成型技术，创下国内3m井径、深度超100m的记录；③引水斜井、排风竖井采用最新钻孔定向自动纠偏技术进行施工，实现钻孔偏斜率在0.08%～0.19%，远小于规范规定不大于1%的要求；④斜井扩挖载人小车牵引系统引由卷扬提升改为绞车，有效降低斜井扩挖施工作业风险；⑤下水库拌和系统的液氨制冷系统改为氟利昂制冷系统，消除安全隐患；⑥应用“互联网＋”技术，通过扫“二维码”现场巡查打卡、网络远程监控主要工作面等监控手段，使安全监管信息化、实时化。

周宁抽水蓄能电站工程实现水库蓄水、输水系统充水、升压站倒送电和4台机组全部并网、抽水、涉网试验等“一次成功”，500kV GIS安装试验工期缩短至45天，首创两台机组同时调试、间隔9天相继并网发电和4台机组动态调试完成时间均不超过20天的国内领先水平；并且创造性地在施工期通过导流隧洞、蓄水过程通过浮动抽水系统、运行期通过永久泄放管下泄生态流量，实现了施工期、蓄水期、运行期三个阶段全过程不间断下泄生态流量，满足大坝下游生态环境保护的需要。

（华电福新周宁抽水蓄能有限公司　周顺田　何腾
中国华电集团公司福建分公司
中国电建集团华东勘测设计研究院有限公司　和扁）

金寨抽水蓄能电站全部机组投产

2022年12月26日，金寨抽水蓄能电站最后一台机组（4号机组）顺利完成15天考核试运行，正式投入商用。至此，该电站工程顺利完成“一年四投”的既定目标，4台机组全部投产。

金寨抽水蓄能电站是全国人大常委会确定的帮扶革命老区金寨县的“5＋1”项目，对推动革命老区建设，助力地方经济发展有着重大的意义。该电站位于安徽省六安市金寨县流波碹镇，为日调节纯抽水蓄能电站，安装4台单机容量300 MW的可逆式抽水蓄能机组，年平均发电量20.1亿kW·h，年平均抽水耗电量26.8亿kW·h；建成后承担安徽电网调峰、填谷、调频、调相及紧急事故备用等任务。电站上水库，坝址以上控制流域面积3.72km^2，总库容1638万m^3、有效库容1060万m^3；下水库，坝址以上控制流域面积7.96km^2，总库容1455万m^3、有效库容1033万m^3；输水系统总长3294.7m，其中引水系统全长2846.6m、尾水系统全长约448.1m，两系统均采用两洞四机的布置方式，压力管道采用斜井方案；地下厂房位于输水线路的尾段，引水经过岔管分岔后以单机单管方式进入主厂房，与厂房轴线交角为70°；500kV开关站位于下水库进/出水口下游约400m处左岸山坡，建基高程为266.00m。

该电站主体工程于2017年2月开工；机电安装于2018年12月开始。

2022年7月29日，电站首台机组（1号机组）完成15天考核试运行正式投产；10月6日，2号机组结束15天考核试运行正式投产；12月4日，3号机组顺利通过 15 天考核试运行投入商业运行；12 月 26 日，4 号机组完成 15 天考核试运行正式投产。电站参建各方在业主的精心组织下，有序开展机组调试工作，实现半年时间完成全部 4 台机组的调试工作，创造了抽水蓄能机组调试进度的新纪录。

（中国电建集团华东勘测设计研究院有限公司
汪德楼　陈丽芬）

垣曲二期抽水蓄能电站通过核准评估

2021 年 12 月，受山西丝路晋元电力有限公司的委托，中水东北勘测设计研究有限责任公司承担山西垣曲二期抽水蓄能电站预可行性研究及可行性研究阶段的勘测设计工作。2022 年 5 月，完成《山西垣曲二期抽水蓄能电站预可行性研究报告》编制工作，并于 6 月通过水电水利规划设计总院审查；2022 年 8 月，完成《山西垣曲二期抽水蓄能电站工程枢纽布置格局比选专题报告》《山西垣曲二期抽水蓄能电站工程正常蓄水位选择专题报告》《山西垣曲二期抽水蓄能电站工程施工总布置规划专题报告》编制工作，并于 9 月通过水电水利规划设计总院咨询和审查。2022 年 12 月 20 日，中国国际工程咨询有限公司主持召开山西垣曲二期抽水蓄能电站项目核准评估会议，项目申请报告顺利通过评估，为下一步项目核准奠定了基础。

山西垣曲二期抽水蓄能电站装机容量 1200MW，装设 4 台单机容量为 300MW 的水泵水轮发电电动机组；枢纽建筑物主要由上下水库、输水系统、地下厂房系统及地面开关站等建筑物组成。

上水库位于七岔村所在的冲沟源头、板涧河右岸黑石沟沟首，总库容 942 万 m^3，调节库容 821 万 m^3，死库容 57 万 m^3；校核洪水位为 791.69m，设计洪水位为 791.31m；正常蓄水位为 790.00m，死水位 765.00m，工作水深 25m；采用库岸沥青混凝土面板＋库底土工膜防渗方案，最大坝高 99m，坝长 387m，环库公路长 2564m。

下水库位于槐坪村上游约 800m 板涧河主河道上，总库容 1209 万 m^3，调节库容 988 万 m^3，死库容 193 万 m^3；校核洪水位为 387.51m，设计洪水位为 387.00m，正常蓄水位为 387.00m，死水位 360.00m，工作水深 27m；混凝土面板堆石坝，最大坝高 77.5m，坝长 262.5m；左岸坝端布置溢洪道，堰顶高程为 374.50m，总泄水宽度为 30m；左岸山体内布置泄洪放空洞，工作闸室底高程为 333.0m，孔口尺寸为 4m×5m。

输水系统布置在上水库和下水库之间黑石沟右岸的山体内，1 号输水系统总长 3800.48m，其中引水系统长 2515.38m、尾水系统长 1285.10m。

枢纽共布置两套独立的输水系统，每套输水系统由引水系统和尾水系统两部分组成，引水、尾水系统均采用一洞两机的布置形式。引水系统由上水库进/出水口、引水隧洞、引水调压室、压力管道、高压引水岔管及高压引水支管等建筑物构成；尾水系统由尾水支管、尾水岔管、尾水隧洞、尾水调压室、下水库进/出水口等建筑物组成。

厂区建筑物主要由地下建筑物和地面建筑物两部分组成。地下建筑物主要包括主厂房洞、主变压器洞、尾水闸门洞、母线洞、进厂交通洞、通风洞、交通联络洞、排风平洞、出线兼排风平洞、电缆兼排风竖井、排水廊道等洞室。地面建筑物主要有 GIS 开关站、地面排风机房等。主厂房洞开挖尺寸 176.0m×26.0m×57.0m（长×宽×高），交通洞全长 1847.85m，通风洞全长 1341.66m。地面开关站布置于厂房东侧韩家沟沟北侧相对平缓边坡部位，平台高程 553.30m，平面尺寸 100.0 m×62.0m（长×宽）。

（中水东北勘测设计研究有限责任公司　李润伟　于洋）

兴城抽水蓄能电站工程可行性研究报告通过审查

2022 年 11 月，水电水利规划设计总院会同辽宁省发展改革委主持召开了《辽宁兴城抽水蓄能电站可行性研究报告》审查会议；12 月，水电水利规划设计总院以“水电规水工〔2022〕242 号”文签发了可行性研究报告的审查意见，工程完成可行性研究阶段工作。

兴城抽水蓄能电站位于辽宁省葫芦岛市兴城市境内，距沈阳市、葫芦岛市、兴城市的公路里程分别为 345、80、61km；装机容量 1200MW，额定水头 367m，最大扬程与最小水头比 1.22，年平均发电量 12.04 亿 kW·h，年平均抽水电量 16.05 亿 kW·h，综合效率 75%。电站建成后，以 2 回 500kV 线路接入宽邦 500kV 变电站，在辽宁电网中主要承担系统调峰、填谷、储能、调频、调相及紧急事故备用等任务。

该电站为一等大（1）型工程，枢纽建筑物主要由上下水库、输水发电系统、地面开关站、补水系统和生产生活营地等建筑物组成。

上水库位于三道沟乡大青山顶峰大城子西侧头道沟沟首，正常蓄水位 510.00m，总库容 932 万 m^3；

采用沥青混凝土面板全库盆防渗，沥青混凝土面板堆石坝最大坝高 106m，坝顶宽 10m，坝轴线长 1035.5m。

下水库位于围屏乡大青山南坡塔子沟西岔，正常蓄水位 124.00m，总库容 1133 万 m^3，钢筋混凝土面板堆石坝最大坝高 50m，坝顶宽 8m，坝轴线长 417m。下水库泄洪建筑物布置在左岸，包括泄洪放空洞和溢洪道。泄洪放空洞兼施工期导流，最大泄洪流量 $107m^3/s$；溢洪道单孔净宽 6m，最大泄洪流量 $16m^3/s$。

输水发电系统位于上、下水库之间的一个条形山体内，距高比为 5.5。引水、尾水系统均采用二洞四机布置，地下厂房采用中部式布置，设置尾水调压室。输水系统总长 2248.42m（沿 1 号机组），其中引水系统长 1112.01m，尾水系统长 1136.41m，采用两级斜井布置方式。地下厂房距离上水库进/出水口闸门井约 790m，主副厂房洞、主变压器室及尾水闸门洞三大洞室从上游向下游依次平行布置。主副厂房洞开挖尺寸 173.5m×26.0(27.5)m×56.6m（长×宽×高），厂房交通洞全长 1498m，厂房通风洞全长 1212m。

地面开关站采用户内 GIS 高压配电装置型式，二回出线；布置在下水库进出水口北侧约 300m 环库路旁，平台高程 148.00m，场地尺寸 110.0m×63.0m（长×宽），高压电缆利用出线洞通至地面开关站内电缆廊道。

补水泵站位于塔子沟沟口东屯附近，补水系统管线全长 6004m，采用单根 DN600 球墨铸铁压力管道，泵站扬程 115m，设计流量 $0.3m^3/s$。

工程建设征地总面积 5846.19 亩，生产安置人口 110 人，搬迁安置人口 105 人。移民生产安置方式采取自行安置和养老保障安置相结合的方式，搬迁安置方式为集中安置和分散安置两种。

该工程筹建工期 18 个月，工程总工期 72 个月；工程静态投资约 68.67 亿元，单位千瓦静态投资 5722 元/kW，工程总投资约 82.76 亿元。

中水东北勘测设计研究有限责任公司承担了兴城抽水蓄能电站工程勘察设计工作。2013 年 12 月，兴城抽水蓄能电站被国家能源局确定为辽宁省 2020 年新建抽水蓄能电站的推荐站点。2022 年 1 月，电站预可行性研究报告通过审查；3 月，可行性研究工作开始；7 月，可行性研究阶段正常蓄水位选择专题报告和施工总布置规划专题报告通过审查；9 月，辽宁省人民政府发布封库令；11 月，建设征地移民安置规划大纲通过审查；12 月，可行性研究报告通过审查。

（中水东北勘测设计研究有限责任公司
王剑英　张学军　董延超）

中国长江三峡集团有限公司 2022 年抽水蓄能项目开发建设情况

2022 年，中国长江三峡集团有限公司（简称三峡集团）全面推动抽水蓄能业务管理改革，实施业务流程再造，成立水电与抽水蓄能事业部，统筹抽水蓄能项目“前期—建设—运营”的全业务链条、全生命周期管理，充分发挥集团内区域公司、上市公司等各类主体在资源获取、专业能力、资金成本、人才队伍等方面优势，形成推动抽蓄业务发展合力。紧紧围绕国家抽水蓄能中长期规划，坚持以电网需求为导向，聚焦电力负荷中心，通过与新能源大基地相配套、与长江流域现有电站相结合，系统谋划水风光蓄一体化布局。全年获取抽蓄项目 21 个、装机容量 2630 万 kW，其中列入国家规划重点实施项目 8 个、装机容量 1130 万 kW。

2022 年，7 座抽蓄电站开工建设，总装机容量 950 万 kW，11 座抽蓄电站实现核准，总装机容量 1680 万 kW，核准项目规模位居全国前列；30 余座抽水蓄能电站正开展预可研、可研等前期工作，基本形成“运行一批、建设一批、储备一批”的滚动开发格局，着力推动抽水蓄能事业高质量发展。

（一）长龙山抽水蓄能电站工程

长龙山抽水蓄能电站装机容量 210 万 kW，装机 6 台，单机容量 35 万 kW。电站额定水头 710m，连续满发小时数 6h。3 月 1 日，4 号机组投产发电。5 月 4 日，5 号机组投产发电。6 月 30 日，6 号机组投产发电，顺利实现“七一”前全部机组投产发电的工作目标，创造 3 项世界第一、4 项国内第一的新纪录。

（二）天台抽水蓄能电站工程

天台抽水蓄能电站装机容量 170 万 kW，装机 4 台，单机容量 42.5 万 kW。电站额定水头 724m，连续满发小时数 6h。5 月 31 日，该抽水蓄能电站正式开工。截至 2022 年底，地下厂房第二层开挖完成，主变压器洞第一层开挖支护完成；右岸竖井式溢洪道开挖支护完成；尾调通气洞累计完成约 60%；左岸导流泄放洞累计完成约 50%。该抽蓄电站首次在三峡集团抽水蓄能电站中使用 TBM 技术建设。

（三）罗田平坦原抽水蓄能电站工程

罗田平坦原抽水蓄能电站装机容量 140 万 kW，装机 4 台，单机容量 35 万 kW。电站额定水头 597m，连续满发小时数 6h。10 月 31 日，该抽水蓄能电站完成招标设计和施工图设计合同签订，准备工程开工。截至 2022 年底，通风兼安全洞累计完成约 40%；进厂交通洞累计完成约10%。

（四）长阳清江抽水蓄能电站工程

长阳清江抽水蓄能电站装机容量120万kW，装机4台，单机容量30万kW。电站额定水头419m，连续满发小时数6h。6月29日，该抽水蓄能电站取得湖北省发展改革委核准；11月10日，准备工程开工。截至2022年底，通风兼安全洞已启动施工，施工布置及洞脸支护已全部完成。

（五）松阳抽水蓄能电站工程

松阳抽水蓄能电站装机容量140万kW，装机4台，单机容量35万kW。电站额定水头486m，连续满发小时数6h。9月30日，该抽水蓄能电站取得浙江省发展改革委核准；11月3日，先导工程开工。

（六）远安宝华寺抽水蓄能电站工程

远安宝华寺抽水蓄能电站装机容量120万kW，装机4台，单机容量30万kW。电站额定水头515m，连续满发小时数6h。7月28日，该抽水蓄能电站取得湖北省发展改革委核准；11月，先导工程开工。

（七）张掖抽水蓄能电站工程

张掖抽水蓄能电站装机容量140万kW，装机4台，单机容量35万kW。电站额定水头573m，连续满发小时数6h。10月20日，该抽水蓄能电站取得甘肃省发展改革委核准；10月27日，先导工程开工。

（八）石台抽水蓄能电站工程

石台抽水蓄能电站装机容量120万kW，装机4台，单机容量30万kW。电站额定水头474m，连续满发小时数8h。11月17日，该抽水蓄能电站取得安徽省发展改革委核准；12月，准备工程开工。

（中国长江三峡集团有限公司　刘春风）

南方电网储能股份有限公司 2022年项目前期工作情况

（一）总体规划

截至2022年底，南方电网储能股份有限公司（简称南网储能）已投产电站28座，其中常规调峰水电站14座（天二电站、鲁布革电站、南汀河电站、落水洞电站、小河沟电站、格雷二站、格雷一站、木垢电站、官寨电站、小秧补电站、碧松就电站、二河沟二站、二河沟三站、鸡街发电厂）；抽水蓄能电站7座（广蓄、惠蓄、清蓄、深蓄、海蓄、梅蓄、阳蓄）；电化学储能站7座（深圳宝清、东莞黎贝、东莞杨屋、广州芙蓉、梅州五华、海口药谷、河北保定）。在建抽水蓄能电站4座（广西南宁、梅蓄二期、肇庆浪江、惠州中洞），开展前期工作的抽水蓄能电站13座。南网储能投运装机容量1242.1万kW（包括常规调峰水电站203万kW，抽水蓄能电站1028万kW，电化学储能项目11.1万kW），在建抽水蓄能电站装机容量480万kW，开展前期抽水蓄能电站装机容量1580万kW。南网储能签约储备抽水蓄能站点共计24个，总装机容量达2820万kW。

（二）项目前期工作

（1）广东抽水蓄能电站项目：①惠州中洞项目、肇庆浪江项目于2022年8月项目批复核准。②茂名电白项目于2022年7月项目完成预可研审查。③韶关新丰项目、潮州青麻园项目于2022年10月项目完成预可研审查。④清远下坪项目于2022年11月项目完成预可研审查。

（2）广西抽水蓄能电站项目：①桂林灌阳项目于2022年6月项目完成预可研审查。②贵港项目于2022年7月完成预可研审查。③柳州鹿寨项目、钦州灵山项目于2022年8月完成预可研审查。④玉林福绵项目于2022年9月项目完成预可研审查。⑤防城港上思项目于2022年12月项目完成预可研审查。

（南方电网储能股份有限公司　曹娅）

南方电网储能股份有限公司 2022年在建工程进展情况

2022年，南方电网储能股份有限公司在建抽水蓄能电站有：梅州、阳江、广西南宁、梅蓄二期、肇庆浪江、惠州中洞等6项工程。

（1）梅州抽水蓄能电站于5月28日全面投产，从主体工程开工至电站全面投产仅用时48个月。

（2）阳江抽水蓄能电站于5月28日全面投产，建成世界首条800m水头级钢筋混凝土衬砌水道并一次充水成功，圆满完成700m级、40万kW超高水头超大容量抽水蓄能机组设计制造自主化任务，机组设计难度位于世界前列。

（3）全力推进南宁、梅蓄二期、肇庆和惠州中洞项目前期工程建设和主体工程开工准备工作，分别于2022年7月15日、9月19日、11月25日、12月23日开工建设。

（4）贯彻落实国家和南方电网公司关于加快新型储能发展决策部署，推动南方区域首批百兆瓦时级大型电网侧独立储能示范项目落地建设。化学储能项目：梅州五华、海口药谷项目于2022年12月完成了首次并网工作；首个区域外河北保定项目于2022年12月建成投产。

（南方电网储能股份有限公司　曹娅）

工程勘测

工程地质勘察与评价

同德抽水蓄能电站工程地质条件与评价

同德抽水蓄能电站（简称同德抽蓄）位于青海省海南藏族自治州同德县河北乡境内，工程区位于在建的玛尔挡水电站库区上游约11km处河道右岸。电站总装机容量2400MW，安装8台300MW立轴单级可逆混流式水轮发电机组，一等大（1）型工程。枢纽工程包括上下水库、输水系统、地下厂房及开关站。上水库挡水坝为沥青混凝土面板堆石坝，坝顶高程3670.0m，最大坝高112m。下水库直接利用在建的玛尔挡水电站水库。

（一）区域地质条件

工程区位于青藏高原中东部，属地壳不稳定区，断裂构造活动强，发生过多次强震和古地震件。场区发育玛沁—泽库断裂是全新世活动断裂，具有较强发震潜能，同震位错量为1.0～1.5m。历史地震对场区最大影响烈度为Ⅵ度，场地地震基本烈度为Ⅶ度。

工程区50年超越概率10%和5%地震动峰值加速度分别为162、226gal，100年超越概率2%、1%地震动峰值加速度分别为401、494gal。场址区域构造稳定性差。

（二）上水库工程地质条件

上水库位于玛尔挡库区中段右岸岸顶北侧缓坡处，该处北低南高，地形开阔，沟梁相间，天然岸坡10°～20°。基岩为砂岩夹板岩、砾岩及泥质粉砂岩。上水库封闭条件一般，为半填半挖式水库，挖方段库岸单薄。砾岩呈中等透水～弱透水，砂岩夹板岩弱透水，南库岸地下水易沿陡倾角层间裂隙向岸外渗流，形成渗漏通道。因隔水层较深，且地处地形至高点，库盆范围地下水无远山补给，主要受降水补给，需采取全库盆防渗。

上水库库盆岸坡较缓，砾岩岸坡为缓倾顺向坡，厚层构造，层面胶结好；其下为薄层～中厚层陡倾状砂岩夹板岩，为斜向坡。天然岸坡稳定性较好，但砂岩夹板岩需锚喷加固。

上水库库址区处地势制高点，人工挖填成库盆，塌岸、淹没和浸没问题不突出，且无形成固体径流的物质条件。坝区沟梁相间，坝基及坝肩处弱风化砾岩呈弱透水～中等透水，砾岩微风化为弱透水；弱～微风化砂岩夹板岩呈弱透水，局部呈微透水；坝基部位相对隔水层顶板埋深较深，存在坝基渗漏及绕坝渗漏问题，需结合库盆防渗进行处理。

上水库坝肩边坡坡度较缓，坡稳定性较好。1号沟右侧边坡表部岩体有卸荷，其深度与强风化深度相当。清基和削坡后沟道沟岸可作为坝基。坝基砂岩夹板岩内断层破碎带、挤压带要适当置换处理。坝基开挖后坡度5°～15°，为斜坡坝基。砾岩坝基中发育缓倾坝后层面裂隙，局部延伸较长，可构成底滑面，对抗滑稳定不利。但结构面性状较好，无泥化夹层，对抗滑稳定不构成较大影响。根据勘探资料，坝基均未揭露软弱结构面或缓倾下游宽大断层带，无深层抗滑稳定问题。要选择合适的建基面形态，并加强坝基排水。

（三）下水库工程地质条件

下水库为在建玛尔挡水库，不存在渗漏、库区浸淹没和固体径流问题。存在诱发地震可能性，最大震级不大于里氏5.1级，烈度不超过工程区基本地震烈度。库岸现状大多稳定，对进/出水口等运行有影响的是滑坡、崩塌和松动体。水库蓄水后部分不良地质体（H07、H13、H14、Qd04、Qd05）处于不稳定状态，但多以库岸再造形式产生坍滑并引起整体性调整变形，对水库及其进/出水口影响般较小。计算表明，不良地质体产生的涌浪影响很小。

（四）输水发电系统工程地质条件

1. 上、下水库进/出水口　输水洞进口边坡自然坡10°～30°，坡高30～70m。地表出露岩性为砾岩，库盆开挖时已全部挖除。进/出水口段位于砂岩夹板岩内，边坡整体稳定。隧洞段及闸门井段为微风化砂岩夹板岩，层面裂隙发育，完整性差，Ⅳ类为主，局部$Ⅲ_2$类，开挖时需加强支护。进/出水口段岸坡陡峻（40°～52°）。下水库进/出水口段下游侧边坡外侧发育倾倒体，规模小，稳定性差，对进/出水口影响小。上游侧发育倾倒体，规模小，稳定性好，但坡面倾向下水库进/出水口，施工时需清理坡表。进/出水口边坡为陡倾斜向坡，整体稳定性好，但岸坡高陡，岩层较薄，完整性差。受结构面切割影响，开挖时可能小范围垮塌，应及时清理坡面，加强支护。开口线以上坡段坡表危岩体发育，需处理。

2. 输水系统　该系统设在玛尔挡水电站库区右

岸山体中。岸坡基岩裸露较好，岩性为砂岩夹板岩，薄层～互层状，局部区段为中厚层状，弱～微风化。输水洞上平段岩体完整性差，Ⅳ类围岩，局部$Ⅲ_2$类，需加强支护。其他部位整体以$Ⅲ_2$类为主，$Ⅲ_1$及Ⅳ类次之。其中砂岩夹板岩段$Ⅲ_2$类为主；砂岩$Ⅲ_1$类为主；层间挤压带、断层带、裂隙密集带及隧洞进口段Ⅳ类为主；下水库闸门井竖井段$Ⅲ_2$类为主，少量$Ⅲ_1$及Ⅳ类；闸室顶拱附近Ⅳ类，需加强支护。深部岩体紧密，地下水活动弱，隧洞开挖时突水或大流量渗水可能性不大。

3. 地下厂房　厂房段上覆岩体厚272～425m，为砂岩夹板岩，薄层～互层状为主，局部区中厚层状，微风化～新鲜。厂房洞发育陡倾角层面裂隙，还发育陡倾角裂隙，另发育少量缓倾角裂隙，主要发育小断层或微切层断层、剪切带及裂隙密集带。围岩整体完整性差。厂房洞室群位于地下水位下，深部岩体紧密，地下水活动弱，开挖时突水或大流量渗水的可能性不大。蓄水至正常水位高程后，地下厂房系统低于正常蓄水位。根据勘探和试验成果分析，库水集中渗漏可能性不大，但洞室内滴渗水较突出，需考虑排水设计。厂房区属中～高地应力区。综合岩性等因素分析，地下厂房洞群开挖时可能发生轻微～中等岩爆。洞群围岩以$Ⅲ_2$类为主，$Ⅲ_1$及Ⅳ类次之，开挖时遇不良地质发育区需加强支护。

（中国电建集团西北勘测设计研究院有限公司
付建伟）

南山口抽水蓄能电站工程地质条件与评价

南山口抽水蓄能电站工程位于青海省海西蒙古族藏族自治州格尔木市境内。电站安装8台单机容量300MW机组，为一等大（1）型工程。南山口抽水蓄能电站枢纽包括上水库、下水库、输水发电系统、地下厂房、地面开关站、补水泵站、下水库放空设施。

（一）区域地质条件

工程区位于青海西部，格尔木以南，昆仑山北缘与柴达木盆地交界处。柴达木盆地海拔2600～3000m，由北向南渐增高。盆地中心为盐碱湖沼沉积区，南缘发育冲积扇裙。向南为昆仑山北坡深切高山—极高山区，海拔4000～5200m，区内沟谷强烈下切，最深大于1000m。出露地层有白云质灰岩、白云岩夹砂页岩，玄武安山岩、英安岩、玢岩，砂岩夹砂砾岩、灰岩和第四系地层。还发育元辉长岩、花岗岩和闪长岩。

上下水库区无区域断裂通过，库容较小，岩体饱和抗压强度较高，蓄水后水压力远小于岩体承载力，发生水库诱发地震可能性很小。上下水库50年超越概率10%基岩水平地震动峰值加速度分别为150.5、149.8gal，地震基本烈度Ⅶ度，区域地震构造稳定性较好。

（二）上水库工程地质条件

上水库位于小干沟右岸一较大冲沟沟脑部位，库盆由1条主沟及6条支沟围成。地表大都覆盖第四系洪积碎石土，基岩在两侧坝肩及西北侧山体处出露，为英安岩、玢岩，岩体结构面发育，浅表岩体呈强风化状，完整性较差。上水库北侧发育道班沟断裂西支，距上水库坝址最近距离0.3km，走向NW，倾向NE，倾角60°～65°，逆断层，为早中更新世断层。

根据现场地质资料，上水库区断层以走向NWW、NNE、NEE、中等倾角断层组为主，NE走向、陡倾角断裂组次发育。上水库地下水埋深大，岩体以微透水和弱透水为主。岩体强风化厚度一般5～10m，平均7.2m；弱风化厚26.5～51.8m，平均35.5m。未发现大型构造及崩塌、滑坡、变形体。库盆封闭性一般，西侧存在临谷，地下水埋深大，库区天然渗透量大，全库盆需防渗。自然边坡整体稳定性较好。岸坡局部段危石需清理或加固。

上水库坝址区地形沟梁相间，沟床坝基以碎石土为主。坝肩基岩出露，岩性为英安岩、玢岩，质量较差，经处理后具备修建面板堆石坝的条件。建基面为碎石土及强风化岩体，存在不均匀变形。坝基相对隔水层顶板埋深较深，存在渗漏及绕坝渗漏，需防渗处理。

（三）下水库工程地质条件

下水库北、东、南侧为山体，西侧为格尔木河，整体位于格尔木河右岸台地上。东南两侧山体间发育Ⅰ号主沟，北东两侧山体间为Ⅱ号主沟及其支沟。整体向西侧及西北侧倾斜。库盆由东侧山体及三面堆填围成。东南两侧山体一直相连，山体上小冲沟发育，微地形显著发育。主沟及支沟均无常年水流，有季节性水流。Ⅰ、Ⅱ号主沟向西汇入格尔木河。

下水库地表覆盖层表层为风积粉土，下部为深厚碎石土，最大厚大于148.5m。基岩在Ⅰ号冲沟沟口两侧山体出露，为英安岩、玢岩类，局部为花岗岩，块状结构，结构面发育。岩体表层强风化一般厚5～10m，弱风化厚30～40m。山顶有弱卸荷，岩体完整性较差。

下水库建于平缓台地，由开挖料围填而成。库盆地基覆盖层中等透水，地下水位埋深大，需全库盆防渗。Ⅰ号沟泥石流对下水库有影响，需处理。坝基建基面为碎石土，厚度大，地下水埋深大，中等透水性，坝基渗漏需防渗处理。坝肩山体单薄，宽度较小，存在绕坝渗漏，需防渗处理。两岸坡脚和沟谷部位的覆盖层与基岩变形模量差异较大，覆盖层与基岩接触部位存在不均匀沉降问题，需处理。

（四）输水发电系统工程地质条件

1. 上下水库进出水口　上水库进出水口采用岸坡侧式，位于上水库 2 号支沟右岸，轴线方位 NE81°。闸门井位于进出水口东侧 2 号支沟缓坡处，顶部开挖高程 3683m，地表 3620～3715m，起伏大。进出水口及闸门井底板基础均位于弱风化Ⅲ类岩体上，岩质坚硬，承载变形满足要求。进出水口自然边坡坡度 31°，基本稳定。开挖边坡整体稳定，但结构面组合块体较发育，需加强支护。3730m 高程以上分布危岩体，易崩塌和倾倒掉落，需处理。

下水库进出水口边坡最大开挖高度 90m，分进水塔和隧洞洞脸边坡两段。进水塔边坡最大开挖高度 60m，设计坡比 1∶0.5，15m 高为一级设 2m 马道。边坡岩性英安岩、玢岩，强风化～弱风化。自然边坡基本稳定，强风化岩体较破碎。开挖边坡较陡，局部块体结构面切割组合不稳定块体需加固处理。3300m 高程以上，分布有危岩体，采取拦挡防护措施。

2. 输水系统　为一洞四机布置。出露岩性为英安岩、玢岩，弱风化～微风化，Ⅲ类围岩为主占 70%。尾水洞长约 950m，上覆岩体厚 93～416m。岩性为英安岩、玢岩，隧洞顶部及边墙均发育。地下水活动性弱发育，围岩以Ⅲ1 类为主，局部Ⅲ2 类，少量Ⅳ类。

3. 地下厂房　地下厂房采取中偏尾部式厂房布置方案。厂房三大洞室围岩为英安岩、玢岩，以Ⅲ类为主，成洞条件及稳定性较好，但Ⅳ类较差。其中主厂房有 8 个块体存在失稳、掉落风险。主变压器室 2 个块体存在掉落和失稳可能。尾闸室 1 个块体有失稳的可能。

根据地下厂房区域的渗流分析，工程影响范围内最大水力坡度为 4.5～5.0，主变压器室右上侧断层处在开挖初期的水力坡度可以达到 1.8 左右，有可能在断层处发生涌水突泥等渗透破坏。预测厂房区域三大洞室总出水量为 2393.97m³/d，主要以裂隙及断层渗水为主。

（中国电建集团西北勘测设计研究院有限公司
王海涛）

张掖抽水蓄能电站工程地质条件与评价

张掖抽水蓄能电站位于甘肃张掖境内，上水库布置在黑河出山口左岸盘道山山顶，下水库布置在黑河出山口左岸戈壁滩地上。电站安装 4 台 350MW 单级混流式水轮发电机组。电站建成后主要承担甘肃电网调峰、填谷、储能、调频、调相、紧急事故备用等任务。

（一）区域地质与地震

工程区属祁连山地槽褶皱系的北祁连优地槽褶皱带。晚更新世以来活动强度大、滑动速率高的走滑断裂是大地震发震断裂；晚更新世以来强烈活动的逆冲或逆掩断裂或逆走滑断裂是强震发生的场所；晚更新世以来规模较小的不同性质的断裂是中强地震的发生场所。近场区域内发育的榆木山东缘和北缘断裂带，具有发生 7 级左右地震的构造条件。近场区地震活动频繁且强度较高，其中西北部小震活动较集中，东南和东北部均发生过破坏性地震。近场区总体属于第四纪及现代构造运动较弱地区，几乎无中强震发生。

根据地震安全性评价，上水库为 I_0 类基岩场地；下水库库坝址为覆盖层场地，总体为Ⅱ类场地。根据区域构造稳定性分级标准，工程区构造稳定性差。

（二）上水库工程地质条件

上水库位于平缓的盘道山顶台地上，地形为低矮山梁和冲沟。地表被第四系残坡积碎石土覆盖，陡峻坡面及深切沟底局部出露基岩。基岩大部分为变质粉砂岩，南侧、西南侧坝址局部为安山凝灰岩。岩体裂隙发育，浅表强风化，近山顶边缘卸荷，岩体完整性较差。

库区天然边坡低缓，坡度小于 10°，未见大型构造及崩塌、滑坡等，整体稳定性好。库盆人工开挖边坡局部受裂隙组合切割，局部易坍塌。库区无区域断裂通过，岩体饱和抗压强度较高，蓄水后产生的水压力远小于岩体承载力，发生水库诱发地震的可能性小。

坝基以强风化变质粉砂岩为主，局部强风化安山凝灰岩，强度一般，Ⅳ类岩体，对面板堆石坝有较好适应性。坝基和趾板基础均可置于强风化岩体上，不存在不均匀变形。裂隙密集带及全风化岩体部位，岩体均一性差，应扩挖回填混凝土。

上水库坝址地势低于正常蓄水位，基岩裂隙发育，弱透水性，存在绕坝和坝基渗漏问题。

（三）下水库工程地质条件

下水库库盆西北在山前洪积扇上，东南阶地地貌，南侧人工堆积平台，地形总体较缓。地层为覆盖层，含人工堆积碎砾石、坡洪积碎石、风积粉土和砂砾石，基岩埋深大于 200.7m。

下水库西侧坡体陡峻，为全、强风化变质粉砂岩，中等坚硬，整体稳定。坡体局部为坡洪积碎石土，坡面冲沟发育。沟道泥石流物源丰富，属“中小型”级中频泥石流；活动性强，处于发展期。堆积区需设排导槽，或单边防护，并做好预警。库区无区域断裂通过，岩体饱和抗压强度高，蓄水后产生的水压力小于岩体承载力，发生诱发地震可能性小。

坝基岩体为覆盖层，其中人工堆积碎石土及风积粉土层承载力不高，变形模量小，不应作为持力层；坡洪积碎石土表部3m内有植物根系，加之受冻融循环影响，松散～稍密，承载力差～一般，不宜作为持力层；坡洪积碎石土层密实，承载力高，可为持力层；冲洪积砂砾石层较密实，承载力高，可为持力层。虽堆石坝坝高较低，但仍可能产生不均匀沉降。坝区地基土以中等透水～强透水为主，相对隔水层顶板埋深大，存在绕坝和坝基渗漏。

（四）输水发电系统工程地质条件

1. 进/出水口　上水库进出水口岩体为Ⅲ类，承载力高，是较好天然地基。边坡开挖最高约58m，岩性为残坡积碎石土、强～弱风化变质粉砂岩。下水库进出水口地基为变质粉砂岩，弱风化～微风化，承载力满足要求。开挖边坡超过100m，覆盖层为Ⅴ类，强风化Ⅳ类，弱微风化Ⅲ类，裂隙密集带和断层发育处Ⅳ类，岩体整体稳定性差，应及时支护。下水库进出水口在冲沟口附近，沟道泥石流物源丰富，存在泥石流危害风险，需设挡排构筑物。

2. 输水隧洞　岩体为变质粉砂岩，Ⅲ类为主，少量Ⅱ类，裂隙密集带为Ⅳ类，开挖中遇不良地质体发育区段需加强支护。岩体弱透水，地下水活动较弱，不会形成大的涌水。

3. 地下厂房　区域内未见区域性断裂通过，岩性为变质粉砂岩，较完整，发育层面裂隙。根据地应力测试结果，地下厂房埋深约540～600m，最大主应力14.9～16.6MPa，属中等应力，与厂房轴线小角度相交，与主要结构面大角度相交，利于洞室围岩稳定。厂区围岩为Ⅲ类，少量Ⅱ类，裂隙密集带、断层带发育段为Ⅳ类。厂房段地下水活动弱，岩体弱透水，开挖中如遇降雨及后期可能有渗水现象，发生大规模涌水现象的可能性较小。

主变压器室和尾闸室围岩为Ⅲ类，少量Ⅱ类，裂隙密集带、断层带为Ⅳ类，稳定性差，存在块体稳定问题。岩体有弱透水性，开挖中如遇降雨及后期可能有渗水。

4. 尾水隧洞　隧洞沿线基岩裸露，岩性为变质粉砂岩，覆盖层分布在隧洞尾部山体浅表部。岩体为微～新变质粉砂岩，中厚层状～厚层状，局部裂隙密集带或断层发育部位。围岩致密坚硬，裂隙发育。岩体以弱透水为主，地下水活动总体较弱。

尾水明渠直接穿越榆木山东缘活动断裂，需考虑断裂错动对尾水明渠的不利影响。渠道地基承载力较高，可作为持力层。基岩与覆盖层间物理力学性质差异较大，基岩与覆盖层接触处可能产生不均匀沉降。明渠覆盖层边坡高33～128m，稳定性差，需加强支护。

（中国电建集团西北勘测设计研究院有限公司
关启文　程辉　王启鸿）

仁和抽水蓄能电站上水库石膏溶蚀问题及评价

仁和抽水蓄能电站位于四川省攀枝花市仁和区平地镇，电站装机容量1200MW。仁和抽水蓄能电站位于金沙江乌东德水电站库区，距乌东德坝址130km。上水库在金沙江右岸，利用波西村冲沟成库，下水库利用已有乌东德水库。仁和抽水蓄能电站选点规划及预可行研究阶段勘测工作最早于2021年开展，2022年3月10日，完成预可行性研究阶段外业工作，总计完成钻孔3287.93m/23孔，常规钻孔压水试验435段，高压压水试验23段，水力劈裂试验23段，地应力测试15段/1孔。

仁和抽水蓄能电站下水库利用已建水库，输水发电系统均位于前震旦系咱里组片麻岩地层内，上水库位于白垩系江底河组地层内。总体上输水发电系统厂房位于片麻岩地层内，主要工程地质问题为洞室块体稳定问题；上水库为白垩系江底河组泥岩、泥质粉砂岩夹石膏；坝址部位基岩裸露，具备修建堆石坝工程地质条件；受江底河组地层内发育石膏的影响，岩体存在溶蚀问题，溶蚀后岩体透水性较强，加之上水库存在低临谷问题，存在水库渗漏问题。

（一）上水库基本地质条件

上水库位于波西村冲沟内，大部部位沟底高程1450m，坝址以上汇水面积3.71km^2。水库主要利用箐头沟、岩子箐沟及3号冲沟成库，正常蓄水位1536m。左右岸均为山脊状地形，且库尾各存在一低矮垭口，但垭口顶部高程高于正常蓄水位，山脊状地形外侧为深切冲沟，沟底高程低于正常蓄水位，存在低临谷问题。

上水库基岩为泥岩及粉砂岩类，呈薄层、互层状，地层中发育有不同形态的石膏。石膏发育形态分为以下5类。一是厚层夹层状石膏：层状发育，一般为质地较纯的石膏层，石膏含量占比约70%，位于江底河组底部，分布4～5层，每层厚2～3m。二是团块状石膏：石膏以不规则团块状分布于岩体中，分布密集，含量较高，占20%～30%，局部富集高达70%以上。三是极薄层夹层状石膏：层状分布，石膏多以厚1～15mm条带分布于岩体层面之间，间距

0.2～1.0m 不等，占比 10%～20%。四是脉状石膏：多以脉状充填于岩体裂隙中，厚度变化较大，厚 1～10mm 不等。五是星斑点状石膏：石膏以星点或斑点状散布与岩体中，零星分布，石膏含量在 3%以下。石膏属易溶岩，在地表水及地下水活跃区多见溶蚀现象。工程区石膏溶蚀形态主要为蜂窝状溶孔，溶孔孔径一般 2～5mm，大者可达 1～2cm。溶蚀部位岩体伴随风化加剧现象，总体上溶蚀孔洞未完全贯通，未形成管道型溶蚀形态。上水库坝址区溶蚀带下限一般位于地下水位以下 10～50m，上水库坝址区沟底一带溶蚀底界面埋深 40～60m，分布高程 1400～1410m，向库尾方向溶蚀底界面埋深逐渐变大，分布高程 1440～1460m。

上水库发育最大的断层为 F1，横穿上水库，断层错距 200m 左右，断层带附近褶皱发育，使得区内近水平岩层产生近直立的褶皱形态。断层附近岩体较破碎。受石膏溶蚀影响，岩层透水性较强，强风化层属强透水，弱风化层属中等～强透水，微新溶蚀岩体总体属弱透水～中等透水，微新未溶蚀岩体为微透水。

（二）上水库渗漏评价

地形条件上，水库外侧冲沟发育，沟底高程普遍较低，且水库东侧为金沙江，为该区最低侵蚀基准面，存在向低临谷渗漏问题。上水库坝址一带溶蚀界面分布高程 1400～1410m，尾方向分布高程 1440～1460m，溶蚀底面总体直接向金沙江方向倾斜。白垩系江底河组由于石膏发育，且溶蚀带位于正常蓄水位以下，溶蚀带岩体透水性较强，为相对透水岩组，导致上水库岩性封闭条件差。断层 F1 横穿水库，主断带地表出露不连续，在库尾一带见有出露，主要呈碎裂岩状，碎裂岩出露宽度 3～10m。沿断层走向发育宽 70～180m，平均宽 80～100m 的褶皱带。受构造影响，褶皱带两侧边缘岩体较破碎，但断层带两侧岩体向深部方向岩体相对较好，存在相对隔水层。

上水库左岸（箐头～趺大）为一脊状地形，但根据钻孔揭露以及地表出露的泉水点，山脊部位地下水高程与沟底总体相当，未见地下分水岭。坝址部位地下水位高程为 1420～1440m，库尾部位高程为 1480～1500m，地下水埋深大。

综上分析，上水库在地形上存在低临谷，岩性方面分布有石膏易溶盐且溶蚀深度较深，地下水埋深较大，岩体微透水层埋深大，库周地下水、相对隔水层均不封闭，存在水库渗漏问题。根据揭露，高程 1400～1460m 以下未溶蚀岩体为相对隔水层，岩体完整性较好，且连续分布，不存在库盆底部渗漏问题。采用库周垂直防渗将防渗底界进入未溶蚀岩体内是可行的，防渗深度一般 100～150m，防渗深度较大。同样，库周总体为基岩地层，可进行混凝土面板等进行水平防渗。总体而言，仁和抽水蓄能上水库虽存在渗漏问题，但进行垂直或水平防渗是可行的，具备成库条件。

［长江三峡勘测研究院有限公司（武汉）梁梁］

锦屏一级水电站运行期左岸边坡稳定性分析

锦屏一级水电站左岸边坡总开挖高约 530m，自然谷坡高陡，边坡稳定问题突出。本文通过分析左岸边坡深部变形及谷幅监测成果，评价其运行期的稳定性。

（一）地质概况与仪器布置

1. 地质概况　锦屏一级枢纽区左岸边坡为典型的深切“V”形谷，深部裂缝发育强烈，岩性为变质砂岩和板岩，地形完整性较差。边坡岩体中主要结构面为小断层、破碎带、裂缝、岩脉。左岸 1885m 以下由上游坡、坝头坡和下游坡组成，与上下游自然边坡形成一个三面临空坡体，控制着坝头变形拉裂体的稳定。

左岸坝顶以上边坡稳定影响因素主要是断层、岩脉、深部裂缝及风化、卸荷拉裂等造成的破碎岩体，采取措施有混凝土置换、锚索、锚喷、框格梁、面板等。

2. 仪器布置　边坡深部变形监测涉及两个方面：对大块体整体稳定有直接影响的坝顶以上深部拉裂缝区的变形问题和坝肩抗力体变形及坝基深部变形。

为监测左坝肩深部岩体变形，在左岸勘探平洞、排水洞内布置石墨杆收敛计、测距墩。测距墩与右岸观测点联测，兼测谷幅变形。石墨杆收敛计布置在勘探平洞内，不仅能够直接监测平洞变形，还可得到测点累计变形过程。具体布置如下：①PD44 平洞高程 1930m，沿洞轴线设石墨杆收敛计，监测深度 198m，分 6 个测段。PD42 平洞高程 1930m，沿洞轴线主洞和上游支洞设石墨杆收敛计，总监测深度 251m，主洞分 6 个测段，上游支洞分 11 个测段。②在左岸，高程 1915m 排水洞，L2C 支洞内沿洞轴线设石墨杆收敛计，监测深度 97m，分 5 个测段；1885m 帷幕灌浆洞、1829m 排水洞、1785m 排水洞沿洞轴线各设 1 套石墨杆收敛计监测坝基深部变形，其测深分别为 245、275、330m。③坝前上游侧 3 条谷幅跨江段 PD44～TP11、PD21～PD42、PDJ1～TPL19。下游侧 9 条。谷幅观测一等精度边长往返观测，将边长改平（经仪器常数改正、温度和气压改正、倾斜改正、高程投影面改正）后进行比较，得出各期变形量。

（二）历年变形分析

1. 平洞石墨杆收敛计　左岸深部历年变形速率统计成果显示，从2015～2019深部变形速率逐年减小，平洞深部变形虽未收敛，仍持续向山体外（河床）变形，但变形速率逐年下降。说明左岸边坡变形在逐渐减缓，并逐渐趋于收敛。

2. 跨江段谷幅　坝前谷幅线历年变形速率统计成果显示，谷幅线2015年变形速率较大，因首蓄后，左岸边坡处于应力调整中；左岸平洞跨江段谷幅线变形速率有逐年减少趋势，谷幅测线处于收缩趋势，变形虽未收敛，但变形速率有所下降，说明坝前谷幅线在逐渐减缓、逐渐趋于收敛，这与左岸边坡深部变形吻合。

3. 边坡应力及变形　左岸边坡锚索测力计锚固力历时曲线显示，边坡锚索运行期历年锚固力变化较小，锚固力损失不明显。多点位移计位移历时曲线显示，断层附近岩体位移变化量有一定波动，但量级较小，变形微弱，说明左岸边坡和围岩基本处于稳定状态。

4. 坝基深部位移　左岸坝基深部变形（石墨杆收敛计）历时曲线表明，受水库荷载影响，坝基石墨杆收敛计位移与库水位呈负相关。水位抬升拱坝坝肩对基础帷幕洞有拱推力，帷幕洞受压，向山体内变形；水位下降水荷载减小，拱推力减小，帷幕洞受挤压，向山体外变形。坝基深部变形符合拱坝坝基的变形规律。

坝基石墨杆收敛计运行期历年变形统计情况表明，各坝基平洞深部变形年变形量较小，测段总位移有历年逐步减少趋势，历年极大值总体呈减小趋势，说明左岸坝基深部变形微弱，深部岩体基本稳定。

（三）跨江段谷幅与石墨杆对比分析

跨江段谷幅变形量由左边坡平洞内石墨杆收敛计测得变形量、左边坡收敛计最深点以里的变形量和右边坡变形量组成。将跨江段谷幅与石墨杆收敛计洞内测距在同一时段变化量对比，可得到左边坡石墨杆收敛计最深点和右边坡该时段的变化总量。PD42和PD442跨江段谷幅和石墨杆收敛计测距结果显示，近5年年度变化量相当，说明左边坡石墨杆收敛计最深点和右岸边坡该时段变化总量基本为零，对跨江段谷幅变形量无贡献，跨江段谷幅变化量来自左岸边坡平洞内石墨杆收敛计测得变化量，说明左岸平洞内的最深点为稳定点。

PD42平洞监测成果显示，其石墨杆收敛计最深两个点的位移均在0.5mm内，测段总位移主要变形发生在蓄水期，运行期历年变形在1mm左右。PD42支洞监测成果显示，谷幅跨江段和石墨杆收敛计测距年度变化量相当，2种监测手段对比分析进行了相互验证。综合以上分析，说明左岸1930m平洞内的最深点为稳定点。

（四）建议

左岸边坡长期变形可能对拱坝的安全有一定影响，且情况复杂，需长期关注变形趋势。还要考虑边坡长期变形与拱坝相互影响，综合评价两者的稳定性。

（中国电建集团中南勘测设计研究院有限公司　周绿
雅砻江流域水电开发有限公司　刘明昌）

金川水电站泄洪洞进口边坡设计优化与效果评价

金川水电站泄洪洞进口边坡山体陡峭，且位于变形体内。为尽量减少对边坡岩体扰动，采用少挖强锚方式，开挖坡比调整为1∶0.3，在2205m高程设一级8m马道，2225m高程以上设一级马道宽3m。泄洪放空洞除了进水塔上部混凝土外需在2022年4月全部建成具备过水能力，因此要优化泄洪洞进口边坡设计，并评价优化设计的效果。

（一）工程地质条件

泄洪洞进口边坡在右岸坝线上游山梁下部，岸坡高差达400m，整体坡度50°。除两侧较低处分布少量崩坡积碎石土外，绝大部分地段基岩裸露。岩性为变质细砂岩夹碳质千枚岩，产状NW330°～340°SW∠40°～60°。边坡岩体中优势裂隙倾角大部分在30°以上，缓倾角裂隙相对较小，岩体强卸荷水平深度15～40m，弱卸荷水平深40～80m；弱风化上带水平深40～80m，弱风化下带水平深80～100m。泄洪洞进口位于2号变形体下方，岩层倾角由路旁50°～60°往坡顶转为35°～45°，岩层发生明显的倾倒变形，倾倒水平深度50～80m。

泄洪洞进口开挖边坡在2253m正常蓄水位以下。水库蓄水后，边坡浅表部强卸荷、倾倒岩体可能会发生调整性变形，虽不至于影响进口边坡的整体稳定，但仍需视具体情况采取针对性防护措施。还需注意地表水的疏排，防止雨水渗入从而降低进口边坡稳定性。

（二）泄洪洞进口边坡设计优化

在可行性研究阶段，泄洪洞进口边坡开挖高度约130m，施工难度大，工期长。为了保证泄洪洞参与汛期（流量大于1791m^3/s）导流洞、泄洪洞联合泄流的重要节点目标，施工时采用“少挖强锚”方法，减小对边坡人工扰动，对进口高边坡开挖支护方案进行优化，缩短了施工工期，降低了施工难度及安全风险。

为验证优化设计的合理性，采用极限平衡法进行极限平衡分析，选取最高边坡位置剖面进行边坡稳定计算。结合现场实际地质条件，综合考虑天然、开挖+支护、蓄水等7种工况进行计算。计算结果表明，在有效工程措施下所有工况边坡均满足规范相应要求。

优化后最大边坡开挖高度约75m，减少55m；边坡顶部支护高程2367m，开口线高程2245m，边坡开挖最大高度从130m降至75m。为减小对岩体扰动，采用少挖强锚方式。2359～2367m、2326～2334m高程分别设3排1000kN预应力锚索，2278～2298m高程设6排1000kN预应力锚索，山梁右侧范围在2278～2286m高程设3排锚索。2205m高程以上开挖坡面采用4.5m/9.0m系统锚杆、1000kN锚索+混凝土贴坡支护。2205m高程以下坡面采用4.5m/9.0m系统锚杆、2排1000kN锁口锚索。为保证安全，每层坡面达到设计坡比要求后及时初喷5cm厚C20混凝土，对坡表岩块进行黏结和封闭。优化后土石方开挖减少67417m^3、锚杆减少1076根、锚索减少31束、钢筋用量减少142t、混凝土量减少2780t、防护网增加8290m^2。

（三）安全监测布置及成果分析

为了解优化后边坡支护效果，可行性研究阶段布置了4个监测断面。1-1断面设在泄洪洞进口上游，2-2及3-3断面在泄洪洞进口处，4-4断面在泄洪洞进口下游。各测点布置最大高程位于倾倒变形体上缘。在边坡支护区域布设多点位移计监测边坡内部变形，锚索测力计、锚杆应力计监测支护应力变化情况。

根据施工期支护优化方案，对边坡监测做了相应调整。原监测断面未调整，原开挖区设的多点位移计仍在原位置附近安装。根据新的锚索支护方案，共布置30套锚索测力计（原布置16套），除设在断面上各表面变形测点附近锚索测力计外，另按5%上建锚索比例选取相应锚索布置测力计，监测锚固应力荷载情况。锚杆应力计由原方案6套减少为3套。

总的在泄洪洞进口边坡4个主要监测断面，布设多点变位计、锚杆应力计、锚索测力计、表面变形墩等，监测进口边坡表面和深度变形、应力、锚固支护吨位等，共计64台/套监测设备。根据监测技术规范要求，监测频次为1次/周。发现异常情况加密观测、及时反馈。为开挖支护实时提供有效数据。

锚固开挖支护完成后，根据监测数据综合分析：进口边坡强锚少挖区域范围内表面变形水平累计位移5.63～133.75mm。垂直累计位移－13.18～78.47mm，岩体内部累计位移－0.86～3.28mm，岩体深层锚固荷载912.4～1110.6kN，浅层锚固应力－2.70～43.66MPa。

泄洪洞进口边坡表面水平位移计及垂直位移监测结果显示，位于1-1断面低高程表面变形点于2021年8月间，由于泄洪洞进口与导流洞进口开挖支护双重因素影响，出现变形数据增加情况。随着后期开挖支护完成后，泄洪洞进口表面变形数据趋于稳定。泄洪洞进口深部位移、锚固支护、表面变形监测仪器显示，监测数据增长与进口边坡开挖时序具有高度一致性。在2021年9月完成开挖支护后，边坡深部变形、锚固应力进入应力重新调整阶段，各测点数据变化都基本趋于稳定。泄洪洞进口边坡监测仪器显示，进口边坡锚固应力、表面变形整体稳定。从深部位移、锚固支护、表面变形监测仪器所揭示的数据分析，优化后的强锚少挖区域内及其他区域开挖支护锚固效果良好。

泄洪洞进口边坡目前还未经历汛期及蓄水带来水因素的影响，后期还需监测数据进一步验证遇水软化因素工况下的稳定问题。

（中国电建西北勘测设计研究院有限公司
闫峰　郭治国　章事河）

渡口坝水电站厂房后边坡稳定性分析与抢险防治设计

渡口坝水电站厂房和变电站后部的边坡于2009年完成开挖和支护。2017年10月持续降雨使边坡喷护混凝土撕裂变形，边坡后沿垂直下滑1.0～1.5m，水平裂缝宽0.4～0.8m，滑坡体前沿土层向前推移0.3～0.6m。电厂要求2018年汛前完成治理。

（一）工程概况

1. 工程地质条件　拟治理范围斜坡宽350m，高程230～490m。400～430m以上为10°～15°缓坡。275～400m为高差1.5～2.5m、宽3～4m台阶状斜坡，坡度24°～30°。230～275m为人工边坡，坡比1∶0.5～1∶0.75。高程250m为预留台阶，现为排水沟，坡面总体较平顺。

场地覆盖层由块碎石土组成，含孤石。其中滑体层厚4.1～25.1m，块碎石分布不均且不成层；坡积土层厚4.3～43.5m，中等密实，局部架空。岩体岩性为长石砂岩、泥质粉砂岩，厚50m以上。工程区发育两组陡节理无断层，岩层倾向山内，岩体属较完整～完整。

2. 水文地质条件　场地地下水以松散岩类孔隙水为主，砂岩内基岩裂隙水较丰。地下水受到地表水补给，场地低洼处以泉水形式流出。

边坡地下水出露高程290～380m，出露点多，流量稳定。一般雨后10天泉点减少，仍有多个稳定泉点。地下水位普遍较高，随时间推移水位有所下降，局部钻孔水位降幅明显。

场地地表中部发育有2号冲沟，边坡下游为1号冲沟，主要排泄坡面地表水。

3. 边坡变形破坏原因 天然坡度24°～30°总体较陡，为边坡下滑提供地形条件。边坡下部厂房边坡临空为土体滑动提供了空间条件。加之长时间降雨使土体达到饱和，坡体重度增加，物理力学参数降低，逐步形成软弱滑动面，在重力与水压力作用下产生滑动。

（二）变形监测结果分析

边坡变形后共设26个位移监测点，进行了137次监测。从监测结果可知，边坡地表水平位移集中在滑动变形区中部，且相对其余部位较明显。地表水平位移平均速度相对较快，位移方向指向坡外；其余部位水平位移平均速度相对较小，位移方向指向坡内。边坡垂直位移即地表沉降，累计垂直位移－4～－9mm（负值表示沉降），沉降区域集中在边坡中部。

（三）边坡稳定性分析

后边坡岩体倾向山内，边坡岩体稳定性好。边坡土体在经历多次强降雨后均处于稳定状态，且边坡无滑坡记载。本次边坡变形属土层浅表突发性小型新滑坡。

边坡稳定性利用简化Bishop法进行分析计算。考虑工况1（天然，持久工况），地下水位按勘察资料水位考虑，地下水位以上土体处于天然状态；工况2（暴雨，短暂工况），地下水位按勘察资料水位考虑，结合现场情况，暴雨时考虑土体全饱和。

对2个剖面计算成果分析，上部边坡天然工况下，稳定系数分别为1.103、1.103，安全裕度均不足，暴雨工况稳定系数分别为1.052、1.108，边坡分别为基本稳定和基本处于极限平衡状态，安全裕度不足；下部边坡天然工况下，稳定系数分别为1.052、1.105，安全裕度均不足，暴雨工况稳定系数分别为0.945、1.018，边坡分别为稳定性差，发生失稳的可能性大，及基本处于极限平衡状态，安全裕度不足。其余各剖面上下部边坡均稳定。

（四）边坡防护设计

1. 治理分区 厂房后边坡划分为3个区。Ⅰ区（滑动变形区）在土坡下部，高程275～326m，面积约10676.50m^2，滑带土厚4.1～25.1m，体积12.81×10^{4}m^3。边坡已失稳变形，暴雨条件下可能进一步失稳。Ⅱ区（潜在滑动区）在土坡中部，326～415m，面积22621.78m^2，崩积土厚4.3～43.5m，体积47.82×10^4 m^3。边坡基本稳定，但天然条件下安全裕度不足。勘察范围内其余部分为Ⅲ区（自然稳定区），自然边坡稳定，发生失稳变形可能性小。

2. 截排水设计 2号冲沟来水丰，公路内侧排水沟排水能力不足，且2号冲沟出口在厂区综合楼和厂房正后方，故本阶段截排水措施主要考虑将2号冲沟处排水涵洞来水分流引排至下游1号冲沟，并对2号冲沟进行渠化处理。

在Ⅰ区高程290～294m和274～278m各设一排ϕ200排水孔，间距3m，水平仰角5°，孔深分别为70、50m，内套ϕ150排水盲管。Ⅱ区高程344～347m和325～327m各设一排ϕ200排水孔，间距3m，水平仰角5°，孔深分别为65、75m，内套ϕ150排水盲管。

3. 锚索网格梁 Ⅰ区在280～310m设C25钢筋混凝土网格梁。网格梁矩形布置（3m×3m），宽0.6m，高0.6m。网格梁节点设75t级预应力锚索，锚索长16～36m，共259根。

4. 护脚墙设计 采用C25混凝土结构，长128m，墙高3.5m，顶宽0.6m，底宽1.65m，面坡1∶0.3，背坡直立。墙基设双排钢筋桩，桩长5m，间距2m，排距0.7m，共130根。

5. GNSS自动化监测 采用GNSS系统监测边坡地表位移。对监测区进行7×24h不间断监测，收集重点区域地质灾害点地表位移和垂直位移连续动态变化过程，及发生突变情况下报警，为厂房后边坡地质灾害预测预警和可能出现的地质灾害成因调查提供决策依据。坡面共布置10个GNSS系统自动监测点，3个深部位移自动监测点，2个地下水位监测孔。

（五）治理效果

工程验收以来，主体工程与GNSS自动监测系统运行良好，累计变形及变形速率均较小，边坡处于稳定状态。

（中国电建集团中南勘测设计研究院有限公司
王亚雄 毛爽 王婧怡 郭强）

涔天河水库扩建工程2号导流泄洪洞进口高边坡稳定性分析

涔天河水库扩建工程位于湖南永州江华瑶族自治县境内湘江支流潇水上游峡谷出口处，一等大（1）型工程，流域面积2466km^2，水库总库容15.1亿m^3，面板堆石坝最大坝高114m，电站装机容量200MW。扩建工程2号导流泄洪洞进口开挖边坡为高约150m岩质高边坡。边坡稳定性差，分析其稳定性具有很重要意义。

（一）边坡地质概况

2号导流泄洪洞进口位于水库右岸，距面板堆石坝轴线约400m。边坡地面高程220～520m，坡度40°～60°，上部开口线高程390m，底板高程238m，总高150m。边坡分13级开挖，坡比1∶0.3～1∶0.5，每级高10～15m，各级预留马道宽2～3m，在324m高程留有宽约8m的库区公路。

边坡岩性为石英砂岩夹砂岩及粉砂岩，中厚层～厚层状，软硬相间，单层厚0.25～1.50m。层间发育多条软弱结构面，连续性好，厚5～20cm，分布在280m以上。岩层倾向坡外，主要断层有F_{276}和F_{21}。F_{276}破碎带宽1～1.5m，碎裂岩为主，夹断层泥，胶结较差，分布在边坡中部。区内主要发育3组节理裂隙。地下水位埋深6～38m，为基岩裂隙水，受降水补给，排泄于河谷，泉水流量较小。

（二）边坡岩体及软弱结构面特征

边坡岩体上部，强风化带厚4～23m，岩芯获得率17%～48%，纵波速度1500～2200m/s，完整性系数0.12～0.38，基本质量Ⅳ～Ⅴ级，层状碎裂结构；弱风化厚20～30m，岩性坚硬，纵波速度2500～5000m/s，完整性系数0.38～0.73，基本质量Ⅲ级，层状结构；微风化岩体坚硬，纵波速度大于4500m/s，完整性系数大于0.55，基本质量Ⅲ～Ⅱ级，次块状、中厚层状结构。边坡软弱结构面中黏土矿物为伊利石，碎屑矿物为石英、长石、方解石，黏粒占9.5%～30%，粉粒占4%～18%，细至粗砂颗粒占8.1%～25.3%，砾、碎块占52%～84%。内摩擦角14.6°～19.8°，凝聚力0.01～0.20MPa，抗剪强度低。

（三）边坡支护措施

边坡支护措施包括，预应力锚索100～200t，设在324～280m高程，锚索间距4～5m，长40～50m；系统锚杆挂网喷护，锚杆直径ϕ28，L=6～9m，间距2～3m；坡顶设截水沟，317、311、303、293m高程处各设深15～40m排水孔，290m以下设系统排水孔，孔深4、9m间隔布置。

（四）边坡稳定性分析评价

根据试验成果确定边坡计算的物理力学参数，采用刚体极限平衡法、有限元法进行边坡支护后的稳定性计算。边坡稳定性分析评价如下：①刚体极限平衡法和二维、三维有限元强度折减法得到的安全系数规律基本一致，数值可相互印证。②边坡的稳定性系数随着库水位的升高而逐渐变小，特别是在水位从282m上升到313m时，稳定性系数下降较明显。这与软弱结构面多分布在282～313m高程之间，饱水后强度降低密切相关。③边坡的最大变形量随着库水位的上升而逐渐变大，发生的部位施工期和正常运行期均出现在324公路平台上，初期蓄水位时出现在315马道上。三维与二维变形分析的成果相比趋势一致，位移稍小，最大约3.51cm。④通过分析计算，边坡经支护处理后，无论施工期、初期蓄水还是水库正常运行期及骤降与暴雨工况下，边坡稳定性系数均大于1.25，能满足Ⅰ级边坡的要求。⑤涔天河水库扩建工程2号导流泄洪洞进口开挖边坡为典型的含软弱结构面顺层岩质高边坡，层间见多条泥夹岩屑型软弱结构面，抗剪强度低，边坡开挖切脚后，将沿软弱结构面出现顺层滑动变形。采取锚固与排水支护处理后，通过刚体极限平衡法和有限元法分析计算，最小稳定性系数均大于1.25，满足规范要求。水库蓄水监测资料印证，边坡经支护处理后能保证安全稳定。

（湖南省水利水电勘测设计规划研究总院有限公司
王强翔）

中广核海上光伏电站山东烟台海上光伏工程地质勘察

山东烟台海上光伏项目为山东省桩基固定式海上光伏重点项目，工程位于莱州湾海域，面积约6.21km^2，总用海面积5.35km^2。场址距海岸边最近距离约2.0km，最远距离约5.8km。场址区常水位水深约8～11m。烟台海上光伏工程包括121个光伏子方阵、新建的220kV升压站及海缆路由。

（一）海洋气象水文

1. 潮汐　招远海域潮汐属不规则半日混合潮，累年平均潮差为0.91m。最大潮差为2.87m，最小潮差为0.03m。最高潮位为3.40m，最低潮位为－1.23m。

2. 海冰　沿海每年12月下旬开始结冰，冰期60～70天。1月底至2月中旬结冰最严重。沿岸浅海固定冰宽度500m，有时达2km，流冰外缘离岸10km。冰厚一般10～20cm，最厚达30cm，堆积高度1m以内，最高达1.7m。流冰漂流方向为北东—东，次为南西—西；漂流速度为0.2～0.4m/s，最大0.8m/s。

（二）基本地质条件

光伏阵列区为浅海滩地，海底地形平缓。地层主要为第四系全新统粉质黏土、中粗砂，上更新统地层粗砂及粉质黏土。全新统粉质黏土，可塑，中粗砂稍密，上更新统粗砂中密～密实，粉质黏土，硬塑。工程海域未发现海底滑坡、浅层气及不利埋藏物。

陆上升压站区地层为第四系全新统地层，岩性为粉质黏土、中粗砂，结构松散～中密。

路由地层主要为第四系全新统地层，海域部分岩性主要为粉质黏土、中粗砂，结构松散～稍密，陆域部分为第四系全新统，岩性为粉质黏土、中粗砂，结构松散～稍密。

（三）主要工程地质问题及评价

1. 区域断裂　距场地最近的为黄县断裂，距离约3km，为非活动断裂，对工程影响小。

2. 地震　近海是一个多震地区，但地震强度不大，一般以中小地震活动为主，且部分发生在海域，破坏性不大。

3. 持力层　海域部分第四系松散堆积区厚度大，结构松散～密实，上部工程性能一般，下部工程性能较好，可作为阵列区桩基、海域路由持力层。陆上升压站上部地层松散～稍密，需采用桩基础或换填处理。

4. 水土腐蚀性　海水对混凝土结构及钢筋混凝土中的钢筋具中等腐蚀性。

5. 砂土液化　根据标贯试验成果进行计算，标贯击数大于临界标贯击数，勘探深度内的砂层不液化。

（四）海上光伏勘察的创新成果

1. 海上测量　海上光伏测量采用多波束测深系统，海底地形数据获取更高效、快捷。与传统的单波束测深设备对比，多波束测深系统含有更多传感器。具备声速仪、姿态仪等高精度传感器，使其得到的水深值及位置相较单波束更准确。作业时长大大降低，效率大大提升。多波束设备采集得到高密度的点云数据，加工生成水下数字高程模型。可快速识别和提取水下敏感区域内的人工建筑物、抛石、沉没物的朝向、大小、体积等信息。

2. 勘探布置　根据场地地质情况，海上光伏阵列区勘探点间距150～200m，勘探深度至密实粗砂层或硬塑的粉质黏土层，孔深一般20m，并布置50m的控制性深孔。

3. 海上勘探　海上光伏勘探采用2台XY-200型工程地质钻机、1台HHYZ-500D型和1台HYZ-500D67型波浪补偿钻机进行野外钻孔作业，并配备一艘海上交通船。勘探中优先进行取样孔、控制深孔勘探，保证试验进度。钻孔内进行标准贯入试验及视电阻率测试。

（中国电建集团西北勘测设计研究院有限公司
钟建平　尚海兴）

工程地质问题处理

拉西瓦水电站右岸高边坡地质特征及工程治理

拉西瓦水电站两岸岸坡地形基本对称，横断面呈V形。2400m高程处谷宽245～255m，正常蓄水位2452m处宽350～365m，坝顶高程2460m处宽365～385m。右岸天然边坡顶部高程2955～2975m，坝基开挖高程2210m，边坡高745～765m。2380m以下谷坡平均坡度60°～65°，此高程以上平均坡度40°～45°。基本呈上缓、下陡形态，属特高边坡。

（一）右岸高边坡不稳定体类型及分布特征

1. 表层松动体　在右岸坝顶高程以上和坝前大面积发育。分布特点一般以山梁、山脊或地形陡缓相接部位为主。局部地段规模较大，最大方量数百立方米。

2. 散堆积体　崩坡积物在坝址两岸各高程均有分布，其分布特点与表层松动体相反，一般在地势较低部位和较大冲沟内，由块石和碎石组成，厚度一般几米至十余米。

3. 坡面危石　主要分布在坝顶高程以上和峡谷两岸陡坡、陡崖部位。由小型松动体经过长期风化、剥落、解体演化而成，单个体积不大，一般0.5～2m³，个别大于30m³。

4. 结构体　指岩体中由结构面和临空面组成的分离岩体或准分离岩体，规模较大。

（二）右岸高边坡稳定性分区

高边坡岩体稳定性分区：①不稳定结构体区，以由结构面组合形成的结构块体为主，边坡岩体稳定取决于结构面组合关系及特征；②不稳定松动岩体区，主要由松动岩体组成，对工程影响较大；③不稳定堆积体区，由崩坡积或滑坡形成的堆积体组成，当堆积在陡坡、陡壁顶部、沟口有建筑物的冲沟内时，对局部建筑物及建筑物涉及的边坡影响较大；④危石区，岩坡表部有大量危石，分布于工程区岸坡，无规律，对施工和永久场内安全影响较大；⑤稳定区，边坡完整，表层岩体微风化，局部发育少量松动岩体、小型不稳定体及危石，对工程影响较小。按上述分区中不稳定岩体分布特征将右岸坝顶高程以上不稳定体分为

BW2、BW4、BW6三区，每个区进一步划分为A、B、C、D等四区。

（三）右岸高边坡治理

1. 治理原则与方案设计　①结合临建设施与枢纽布置，分期治理；②针对不良地质体发育特征，结合直线工期，制定适宜的治理措施；③采取清、削、锚、盖、挡综合措施。据此，右岸高边坡分两期治理，一期治理范围为影响右岸缆机平台开挖的区域，二期治理范围是影响枢纽建筑物、出线平台开挖及影响施工安全的区域。

一期治理采用清坡、主动防护网、钢筋笼挡墙等方法。二期采用清坡、削坡、锚杆、主动防护网、被动防护网、钢筋笼挡墙等。同时考虑边坡排水与植被保护等。

2. 右岸高边坡治理　自上游向下游分为以下3个区域：①青草沟上游高边坡，本区大型山梁与深切支沟发育，松动体或危石影响上游围堰、进水口、右坝肩大坝及右岸通往进水口交通安全安全；②出线平台以上高边坡，主要发育松动体、危岩体、危石，影响右岸坝肩、出线平台、消能区安全；③出线平台下游～下游围堰高边坡，主要发育危岩体、危石，影响消能区、尾水洞出口、下游围堰安全。

3. 右岸高边坡治理效果分析　通过多频次的宏观地质巡视，并在边坡范围内布设监测设备长期观测。多年的边坡巡视表明，边坡稳定性良好。

右岸坝顶以上边坡区主要位于2500m高程以上，尤其是青石梁边坡部位，施工中布置了地表大地测量、多点位移计、锚杆测力计等，由项目业主单位进行长期监测。

多年的监测成果反映了边坡有以下变形规律：①地表大地监测点测量各测点的变形虽有波动，但总体呈逐渐增大，后期趋于稳定状态。就各方向位移变化而言，2516.67m高程及以上X向累积变形量较小，最小为0.2mm，Y向累积变形量0.3～33.3mm；该高程以下X向累积变形量较大，为12.7～32.4mm，最大值在2560.07m高程处，Y向累积变形量－26.2～－2.3mm；对于H方向的累积变形量，除2516.67m高程处为负值，其余为9.6～101.6mm，最大值出现在2585.94m高程处。②多点位移计监测成果反映该边坡部位各测点向坡外的最大累计变形量仅为1.99mm，出现在高程2524.6m处测点；向坡内的最大累计变形量为5.77mm，出现在高程2513m处测点；各测点在监测期间累计变形量总体呈现波动变化，并趋于稳定的特点，整体上变形量小，监测部位边坡稳定性好。③锚索测力计检测表明各测点在高程2520.1m处测点的锚固力损失值最大，为132.10kN、损失率达11.54%；高程2525.1m处锚固力损失值最小，为18.76kN、损失率1.64%。总体而言，该边坡锚固力损失值总体不大。

（中国电建集团西北勘测设计研究院有限公司
杨天俊　白兴平）

马岭水利枢纽工程地下厂房岩溶防渗处理

马岭水利枢纽工程位于贵州省黔西南州兴义境内，流域控制面积1914km^2。工程开发任务以城乡供水为主，结合灌溉，兼顾发电，为二等大（2）型工程。规划水平年2030年多年平均供水量21156万m^3，电站装机容量45MW。

地下发电厂房洞群布置于大坝右岸山体内，主厂房、主变压器洞平行布置。厂区枢纽包括主厂房、主变压器洞、母线洞、出线平洞、出线竖井、排风洞、排水廊道、进厂交通洞、主变压器交通洞及地面中控室。主厂房开挖总长61.28m，主变压器洞开挖长34.4m。地下厂房开挖揭露多处溶洞，几天暴雨溶洞多处涌水（约1000m^3/h），严重影响厂房系统施工及后期运行。

（一）厂房岩溶发育情况

（1）地下厂房铅直埋深28～58m，水平埋深24～68m，地层为灰岩，少量白云岩夹泥页岩。在开挖到主厂房端头风机室发现溶洞，后在上层廊道及进厂交通洞、下层廊道等处揭露溶洞，一般宽3～5m，较窄处1～2m，最宽8m，靠厂房内侧向山内溶洞变小变窄。溶洞上部呈小管道或溶蚀裂隙向顶部发育，横断面呈葫芦状，洞壁多见石灰华沉积。溶洞高10～20m，多为半充填型，充填块石、碎石及黄色土，黏土呈软塑状，黏性好。总体沿T_2g^{3-4}与T_2g^{3-5}层分界线顺层发育，管道状分布于地下水位线附近。溶洞与下游桥河床河水连通。

（2）厂房岩溶成因分析。岩溶发育存在以下条件：强可溶岩的厚层、中厚层灰岩，为岩溶发育提供基础；厂房所处位置有利于地下水沿面向河床排泄、溶蚀形成岩溶管道；河谷下蚀切深，使岩溶具继承性和成层性；河谷岸坡后侧冲沟为溶洞发育提供了充沛的地下水补给；NNE向优势裂隙为地下水排泄、溶蚀形成岩溶管道提供了一定的条件。

（3）厂房区岩溶发育特征。平面上岩溶主要沿层面发育；垂向上岩溶发育具成层性，分布于高程972～977m、982～987m、1020～1028m；形态以溶洞、溶缝为主，并在平面和垂向上呈串珠状岩溶管道，地下水位附近发育规模较大，为排水岩溶道；地下水位附近高程972～977m多为半充填，其余多为全充填。

（4）岩溶管道。经连通试验、物探钻孔、电磁波CT透视，溶洞水位、钻孔地下水位及河水位观测等调查和分析，明确该溶洞属 T_2g^{3-4} 层中厚层、厚层灰岩顺层发育的一条岩溶管道。经沿线调查，岩溶管道的水源来自2号渣场洼地地表渗水，岩溶管道途经出线平台冲沟、地下厂房溶洞、排水廊道、进厂交通洞进口等，在永久桥下游右岸边汇入马别河。

（5）厂房涌水。2017年夏连续暴雨河水位上涨至960m，在厂房下层排水廊道溶洞处大量涌水（1000m^3/h）。靠山侧1号支洞2个渗水点流量为0.15、0.2L/s，使厂房涌水。厂区东侧有岩溶管道，为厂区地下水排泄通道。其补给区为厂房岸坡后侧冲沟流域。岸坡后侧冲沟2号渣场为洼地，暴雨使冲沟汇集的地表水在洼地渗入厂区岩溶管道向河边泉点排汇。开挖中将岩溶管道切断，使管道水涌入厂房。涌水一是来自地表水入渗后沿管道向厂房排泄，二是厂房基坑开挖高程低于河水位，河水通过管道向厂房基坑回灌。

（二）厂房岩溶防渗设计与处理措施

1. *厂房岩溶防渗设计* 溶洞管道发育于厚层中厚层夹薄层灰岩、含白云质灰岩，属强岩溶透水层，对厂房汛期施工及厂房永久运行影响较大。为此采取溶洞加固＋帷幕灌浆＋排水帷幕的处理方案：①对揭露的溶洞挖除或清除不稳块体，不能挖除用锚喷支护，回填混凝土封堵受影响部位。②对厂区帷幕灌浆，河床侧溶洞及周边强溶蚀带约30m范围内的帷幕底线高程915m，其余部位为930m。③上层排水廊道山体侧设排水洞，经由此廊道导排岩溶管道水，并在其内设排水孔幕，降低厂房围岩和压力钢管周边地下水压力。

2. *厂房岩溶涌水处理措施* 主要措施：①扩挖风机室，挖除受岩溶影响区域，并对部分开挖断面喷锚支护，对岩溶影响较大的底部及边墙用混凝土回填封堵。②在上层排水廊道靠山侧设排水洞，引排溶洞水经上层排水廊道排至河道，并布置排水孔。③对上、下层排水廊道揭露的岩溶采取锚喷支护＋衬砌支护＋排水孔引排措施。④上层排水廊道以下布设全厂防渗帷幕对厂区封闭，在上层排水廊道以上布设顶拱排水帷幕。⑤安装间下游侧岩壁吊车梁段，采用框架柱吊车梁，保障主厂房吊车梁的安全运行。

（三）防渗效果

防渗效果：①地下厂房的防渗帷幕和排水系统施工后，基本截断了厂房周边岩溶管道向厂内渗水的通道。靠山体侧排水洞内的排水孔，起到了帷幕幕前排水减效果，暴雨时段均有返水现象。②受岩溶影响的安装间顶部及上游侧岩体，调整了支护措施和结构设计型式，保证了安装间下游侧岩体安全稳定。③上、下层排水廊道内岩溶按支护措施处理后，岩体安全稳定，内渗水量明显减少。经过处理后，地下厂房已安全度过2018年汛期，厂房岩溶处理效果良好。④地下厂房布置的测缝计、多点位移计、锚杆应力计和渗压计的监测结果表明，其测值均在正常范围内，满足安全运行要求。

（中国电建集团贵阳勘测设计研究院有限公司
孙正华 王强 况渊）

苏巴什水库坝基 Q_1 砾岩溶隙危害分析与处理

苏巴什水库位于新疆维吾尔自治区柯坪县西北约10km苏巴什河出山口，是苏巴什河上游控制性工程，建筑物有左岸混凝土面板砂砾石坝，右岸重力挡墙、泄洪、冲沙、引水闸和混凝土重力坝。大坝最大坝高35.5m，坝顶宽8m。河床基岩为 Q_1 砾岩，存在较大的地质问题。

（一）地质环境条件

场区处于柯坪堆覆构造带段，该构造带由多排逆冲断裂和褶皱构造组成。工程区所处东段表现为三排逆断裂～褶皱带，总体地貌轮廓由三排单斜构造和两个狭长的山间盆地组成。工程区位于第二排依木干塔乌逆断裂～褶皱带南缘。

坝址两岸岸坡为灰岩，总体倾向上游，岩层走向与河谷呈近于正交，层间裂隙发育。河床段地表砂砾石层厚度小于2m，下部为沉积砂砾岩，厚3m左右，具有不明显的水平层理，再下部为沉积砂砾岩，厚度不均，左侧厚右侧薄，最大厚约116m，胶结好，岩石坚硬。

（二）工程区岩溶分布规律

坝址区普遍发育岩溶，但总体规模较小，表现为溶洞、溶孔、溶隙等。溶洞在两岸灰岩岸坡坡脚沿层间挤压带和构造破碎带发育，洞径小于2m，深2～5m，规模小，分布少，主要在坝址下游左岸坡脚，对工程影响不大。溶孔在灰岩和砾岩中均有分布，孔径较小，最大为2cm。溶隙沿层面和层间挤压带发育，宽度0.1～0.5cm，局部地段宽1～3cm。河床坝基 Q_1 砾岩中溶隙与河流大角度相交，常为厚0.2～0.5cm的碳酸盐结晶体。该组溶隙主要在右岸重力挡墙段和趾板段发育。重力挡墙长55m，共7条溶隙，间距4～15m，张开宽度1～5cm，局部宽达22cm。左岸趾板段长371m，共有14条溶隙，宽度小于1cm。从坝基开挖情况来看，该组裂隙大部分东西向贯穿河床，走向基本与岩层走向平行，向上未穿透中更新统砾岩层，向下切穿 Q_1 砾岩层。

（三）坝基砾岩溶隙危害分析

苏巴什水库工程基础出现的裂隙属岩溶现象，Q_1 砾岩中出现溶隙在新疆尚属首次。结合现场补勘成果和专家咨询意见，对坝基溶隙的危害性分析如下。①溶隙形成于早更新世，现今溶蚀微弱，活动不明显，再次活动可能性不大。②Q_1 砾岩岩层钙质胶结，且胶结好，强度高，属中硬岩，岩体完整性较好，而溶隙陡倾，且间距较大，作为重力挡墙和泄水建筑物的基础，承载力能够满足设计要求。③溶隙延伸较长，切割较深，连通性较好，且部分穿过坝体及防渗帷幕，构成了坝基的渗漏通道，存在渗漏问题，需采取防渗措施。

（四）坝基溶隙的处理措施及效果

1. 处理措施　右岸闸坝段基岩裂隙不存在抗断和渗透稳定问题，承载力能够满足设计要求，但考虑到工程的安全可靠性，仍对坝基采取如下措施。①溶隙混凝土塞。沿基坑内裂隙发展方向进行混凝土塞槽挖，刻槽深 0.5～2.0m，混凝土塞内设长 4.5m 锚杆，入岩 3.5m，间排距 1.5m，并在溶隙刻槽岩石表面设并缝钢筋。②溶隙端头围封。溶隙混凝土塞刻槽完成后，在每条溶隙两端各设 6 个钻孔，进行端头灌浆封堵。钻孔呈伞形分布，孔径 150mm，钻孔间距 30cm，钻孔铅直，深 32m。灌注 C20 细粒混凝土或 M15 砂浆。对张开较大的溶隙将注浆管伸入溶隙，由下而上灌注砂浆。③溶隙骑缝灌浆。溶隙混凝土塞施工完成后，沿溶隙两侧进行骑缝灌浆。灌浆孔距 2m，交叉斜孔，施工时确保钻孔穿过裂隙。水平面夹角 76°～86°。灌浆材料为水泥浆和 M25 砂浆，灌注压力不小于 1MPa，先灌两头再灌中间。④帷幕灌浆。重力式挡墙基础帷幕孔深由 18m 加深至 32m，孔、排距不变。趾板段在原帷幕灌浆线上游 1.5m 处，增加一排帷幕孔，孔距 2m，孔深至少穿透砾岩。先施工下游排，再施工上游排。⑤溶隙监测。在重力式挡墙基础主要裂隙中埋设 18 只渗压计，监测溶隙渗流。重力式挡墙的墙踵和墙趾处分别埋设 2 只三点式岩石变位计，监测溶隙变形。

2. 溶隙处理效果　对溶隙封堵和帷幕灌浆进行钻孔取芯和压水试验检查。经检查溶隙封堵段充填密实，压水试验值均小于 3Lu，封堵和灌浆均达到预期效果。工程于 2017 年建成运行，运行期渗压计和变位计监测均未发现异常，坝基和建筑物也未发现渗漏和变形。

（新疆水利水电规划设计管理局　王旭　李志军）

犬木塘水库工程灌区隧洞复杂岩溶地质问题处理

（一）工程概况

犬木塘水库工程包括枢纽与灌区工程，是解决湖南“衡邵干旱走廊”水资源短缺问题的大（2）型骨干水利工程。水库正常蓄水位 215.0m，总库容约 1.4 亿 m^3，电站装机容量 3.4 万 kW。枢纽工程包括泄水闸、厂房、鱼道、船闸、连接坝，坝顶长 642m，最大坝高 26.2m。

灌区工程包括渠首提水泵站、渠道及渠系建筑物。渠首设计流量 $40m^3/s$，提水泵站装机 3.48 万 kW。渠系包括 1 条总干渠、5 条干渠和 11 条支渠。干渠长 184.028km，支渠长 39.327km。灌区工程主要建筑物为隧洞，占比 60%。工程区岩性以碳酸盐岩为主，局部为薄层砂页岩和煤系地层，沿线水文、工程地质条件复杂，断层、岩溶发育，溶沟、溶槽、溶蚀洼地、溶洞、岩溶泉、暗河等广泛分布。隧洞施工中，易发生涌水涌泥、坍塌、冒顶地质灾害，存在较大风险。勘察中采用常规勘察手段，施工图阶段采用超前地质预报手段探明隧洞前方情况，对岩溶引发的地质问题采取了针对性措施，保障了工程质量与安全。

（二）灌区岩溶发育规律

1. 岩溶发育与岩性关系　层厚、质纯、结晶颗粒细的灰岩岩溶发育，规模大，多形成较大溶洞，富水性强。本工程岩溶主要在 D_{3x}^1、D_{3s}、C_2、C_3、C_{1y}^1 地层内，其中以 D_{3s}、D_{3x}^1 最发育。根据在 D_{3s} 地层钻孔统计，钻孔遇洞率 35%，线岩溶率 15%，溶洞直径大于 5m 的约 43%，大于 10m 约占 17%。暗河在 D_{3x}^1 地层内相对 D_{3s} 发育，查明的 6 条暗河均发育在该层内。

2. 岩溶发育与构造的关系　岩溶发育受构造及结构面控制，在构造发育和交汇处岩溶较其他部位发育。本工程溶洞顺断层发育达 60%，其余主要顺层面或节理。区内暗河主要走向与区域主构造方向基本一致。

3. 岩溶发育与深度的关系　随深度的增加岩溶逐渐减弱，浅部岩溶相对发育。岩溶发育在基岩面以下 20m 内的约占总数的 50% 以上，溶洞能见率约 63%，线岩溶率 16.3%。往下部岩溶减弱，但规模较浅部大。2022 年已揭露溶洞最大埋深约 200m，最大洞径达 40m 以上。

4. 岩溶水文地质条件　九龙岭隧洞沿线地下水位埋藏浅，地下水位、暗河、岩溶大泉等均位于隧洞底板以上10～100m。暗河流量10～2000L/s，径流模数大于6L/s·km^2，水力坡度在30‰以上，径流、排泄条件好，动态变化极不稳定。

（三）处理措施

针对岩溶问题制定了处理方案和措施，其基本思路和原则是：通过超前地质预报、爆破揭露，查明岩溶通道位置、规格、类型、充填物、水量及岩体稳定程度。一洞一方案，采取"以堵为主，堵疏结合，限量排放"原则，做到堵水有效，防水可靠、经济合理。

1. 一般岩溶处理措施　大部分溶洞开挖后稳定性好，洞内全充填、半充填黏性土。通常处理方式如下。①按Ⅴ类围岩开挖，清除溶洞内充填物。②采用系统锚杆＋挂网喷护＋钢拱架进行初期支护。③对顶拱附近溶洞，视溶洞大小，采用局部、部分或全回填混凝土。侧墙或底板溶洞、溶腔，采用石渣挤淤回填，表部浇筑0.5～2.0m不等的混凝土。溶洞及周边固结灌浆。④对穿越隧洞的管道型溶洞，为防止隧洞开挖后堵塞原排水通道，改变地下水径流方向，通常采用倒虹吸进行处理。

2. 涌水涌泥处理措施　先观察一段时间。若涌水量逐渐变少，则待涌水涌泥完全停止后，再按一般溶洞处理。洞内积水和淤泥进行抽排和清淤。抽水设施按前期预测成果2000m^3/h规模进行配置。对涌水涌泥流量较稳定的溶洞，则采取超前灌浆处理。具体如下：①对涌水量不大，但对施工有一定影响的部位，采用径向注浆处理。径向注浆深度3～5m，注浆孔间排距1.5～2.0m，注浆压力0.5MPa左右。②对涌水量较大部位，采用超前帷幕灌浆处理。灌浆范围为隧洞顶拱和侧墙开挖轮廓线外3m，单次灌浆长度20～30m，搭接长度5m，灌浆压力0.8MPa左右。③局部因受洞内施工影响或由于涌水后连续抽排易造成地表坍陷的，则在地表进行帷幕灌浆。帷幕灌浆范围在隧洞涌水涌泥两侧布置1～2排灌浆孔，其他参数基本相同。

3. 大型溶洞、暗河处理措施　在条件允许情况下，绕线方案最行之有效，难度最低，费用最省，时间最快。也可采用地表截流、回填混凝土＋灌浆等方式处理暗河。到2022年，犬木塘水库工程已遇到3处大的溶洞及暗河，均采用了绕行方案。

（湖南省水利水电勘测设计规划研究总院有限公司 杜兴武）

复杂断裂带引水隧洞围岩稳定分析及处理措施

天水市城区引洮供水工程2号引水隧洞全长8.72km，最大埋深305m，一般埋深150～200m，穿越渭河与藉河之间的分水岭，主要岩体为松散岩、变质岩。隧洞穿越西秦岭北缘深大断裂带，围岩岩性软弱，岩体破碎，地下水丰富。

（一）隧洞区域地质环境

1. 地形地貌　2号洞海拔1300～2200m，相对高差300～500m，地形破碎，沟壑纵横，发育黄土覆盖的基岩梁峁、沟谷地貌，梁顶高程1720～2200m。

2. 地层岩性　2号隧洞沿线主要分布有新近系地层，由砂质泥岩组成，成岩差，强度低，属极软岩，2号洞沿线长约910m；古近系地层，由泥质胶结为主的砂砾岩、含砾中粗砂岩，砂质泥岩组成，岩质松软，属软岩，2号洞沿线长约1230m；下古生界牛头河群地层，为角闪片岩、绿泥绢云石英片岩、砂岩，2号隧洞沿线长约6.2km。

3. 地质构造　2号洞区域地质背景复杂，区内发育向斜、大断裂带。隧洞断裂构造主要发育于牛头河群岩层，除西秦岭北缘断裂外，层间还发育小型逆断层及压扭性断层。隧洞新近系、古近系岩层受构造影响轻微，断层裂隙不发育；牛头河群岩层受构造影响强烈，节理裂隙发育。

4. 水文地质条件　2号洞穿越渭河、藉河间的分水岭，围岩分布空隙裂隙水和基岩裂隙水。前者水量不丰，呈滴渗状；后者水量较丰，呈滴—线状流水，涌水量25～47L/min。

（二）隧洞围岩的物理力学性质研究及围岩分类

1. 围岩物理力学性质　新近系含水量5%～10%，密度2.2～2.25g/cm^3，单轴抗压强度2～3MPa，凝聚力0.05～0.2MPa，内摩擦角27°～32°，弹性模量800～1500MPa，变形模量300～300MPa，泊松比（μ）0.33～0.35，属极软岩；古近系含水量4.2%～8.4%，密度2.3～2.5g/cm^3，单轴抗压强度5～8MPa，凝聚力0.1～0.3MPa，内摩擦角30°～35°，弹性模量1500～2000MPa，变形模量900～1300MPa，泊松比0.26～0.32，属软岩；下古生界密度2.7～3.0g/cm^3，单轴饱和抗压强度37～52MPa，凝聚力0.2～0.3MPa，内摩擦角38°～39°，弹性模量5.0～6.5GPa，泊松比0.21～0.24，软化系数0.6～0.8，属中硬岩。

2. 围岩分类　根据2号洞围岩岩石强度、岩体的完整性、岩体结构面与洞线组合关系及地下水活动程度，划分为Ⅲ、Ⅳ、Ⅴ类围岩。Ⅲ类围岩由下古生界牛头河群完整及较完整具中厚层状结构岩体构成，长约2.05km；Ⅳ类围岩由牛头河群完整性差及较破碎具碎裂镶嵌结构岩体及古近系岩体构成，长2.35km；Ⅴ类围岩由断裂带碎裂岩体、新近系岩层组成，长4.3km。

（三）隧洞围岩变形破坏控制和处理措施

通过对2号洞区域地质、围岩物理力学性质等的研究，针对隧洞Ⅲ、Ⅳ、Ⅴ类围岩可能发生不同的变形破坏，施工中对围岩采取如下措施。

1. 层状中硬质围岩体（Ⅲ类） 围岩为牛头河群中硬岩体，岩质坚硬，裂隙发育，完整性差，赋存地下水。开挖后，岩体破坏主要沿裂隙面剪裂或拉裂。破坏表象为围岩松动，局部坍塌，超挖严重。控制措施主要采用弱爆破短进尺开挖，支护锚杆穿透剪裂区，加强排水，及时喷混凝土挂网封闭掌子面。

2. 松散软质岩体（Ⅳ、Ⅴ类） 由新近系、古近系软质围岩构成，岩性软弱，强度低，具塑性流变性。隧洞开挖后，围岩破坏主要表现为洞壁内敛、掉块、剥落，围岩变形周期长。控制措施主要采用弱爆破短进尺开挖，快循环及时封闭围岩；设小导管、仰拱超前强支护；设排水、防水措施，防止围岩潮解。根据收敛变形观测值，调整围岩支护强度。新近系大埋深段更换为Ⅰ16系统钢拱架支护，古近系主要采用锚杆、挂网及时喷混凝土封闭掌子面施工。

3. 松散破碎岩体（Ⅴ类） 出现于断层带、挤压带围岩体，围岩结构松散，强度极低。开挖后，围岩破坏表象是先挤压变形，后松动掉块、片帮、掌子面失稳坍塌，无自稳时间。控制措施重点加强地质预报与检测工作；采用非爆破的机械开挖，减小围岩扰动，短进尺，快循环；采用注浆小导管加固围岩，设仰拱强支护，喷混凝土挂网及时封闭围岩；设排水、防水措施，防止围岩软化潮解。

（甘肃省水利水电勘测设计研究院有限责任公司
党亚山）

勘测技术与设备

位移形变监测接收机在白鹤滩边坡监测中的应用

（一）工程概况

华辰星网北斗位移形变监测接收机，通过固定在监测范围内基岩的基准点接收机和设在大坝和边坡上的监测点接收机配合，经接收机内置模组接收北斗等卫星信号，然后通过4G、LORA或光纤等网络，将数据传输到云上高精度解算平台，获取毫米级精度的位移或沉降监测数据，从而自动全天候监测大坝和边坡位移沉降。监测精度达2.5mm。

华辰星网北斗位移形变监测接收机创新性植入国密芯片和算法，对接收的卫星原始数据和监测数据等进行端到端加密，确保数据在4G远端传输中不被篡改，再结合4G VPDN技术，从数据、网络多层次上确保监测数据的安全，满足水电行业对信息安全的要求。

位移形变监测接收机具备各种近地和远端通信能力，如4G、LORA、光纤，可根据电站不同环境按需选择。也可根据不同环境供电情况，选择市电、太阳能等供电方式，结合内置电池模块，满足半个月到1个月阴雨天连续运行。位移形变监测接收机融合惯导和倾斜传感器，当大坝或边坡有潜在形变趋势时，可快速感知、触发接收机实时回传位移沉降数据，实现平战结合能力。平时，系统可根据设定要求，定时上报北斗定位数据，在云端静态解算平台进行静态解算，提供毫米级定位精度，并通过长周期位移趋势分析，评估大坝或滑坡体的安全性。战时，比如大坝或滑坡体出现滑坡，则可通过动态解算能力，秒级快速回传数据，快速反应滑坡体趋势。并可与水雨情、MEMS、倾斜计等数据结合，快速预警。

同时，传统设备只有把所有的原始数据传到云端的解算平台才能实现毫米级精度监测，华辰星网北斗位移形变监测接收机利用自身具备边缘计算和处理能力，构建前端解算能力，就可直接计算出毫米级精度形变量，传输数据大量减少。在网络环境不好区域，可通过北斗三短报文进行数据回传。

（二）工程应用

华辰星网北斗位移形变监测接收机已在白鹤滩库区边坡治理、衢州柯桥区边坡监测等工程中得到成功应用。白鹤滩水电站蓄水运行后，一定程度上改变或恶化了库区地质环境，打破岸坡自然平衡条件，加剧或引发局部库岸地质灾害，特别在蓄水运行初期尤其突出。试点在库区沿岸王家山滑坡体和大湾子两处，它们都属于易发生山体滑坡及沉降的地方。

1. 白鹤滩大湾子 部署了北斗GNSS接收机进行监测，设有1个基准站和2个监测站。在大湾子1、2号监测站静止不动的情况下，进行设备稳定性测试。监测点测试成果表明：在水平方向上，DJC02设备的数据波动相对较小，在2mm以内；在高程方向，累计偏移量小于5mm，该监测点未发生较大范围的形变或位移。DJC01设备的数据波动较大，在水平及高程方向都超出了标准偏移量，结合该设备内置倾斜传感器数据及现场工作人员反馈，该监测点的山体发生大于10cm的裂缝，这大致与监测数据吻合。

2. 白鹤滩王家山　部署了北斗GNSS接收机进行监测，设有1个基准站和2个监测站。在王家山1、2号监测站静止不动的情况下，进行设备稳定性测试。监测点测试成果表明：在水平方向上，王家山的两个监测点数据波动相对较小，在2mm以内；在高程方向，数据波动范围分别在（－2.09，＋2.23）和（－7.60，＋4.73）之间，WJC01监测点数据符合高程精度±5mm的标称，WJC02监测点在高程上有一定的波动后又趋于稳定。

（三）应用效果

试点项目依托华辰星网北斗位移形变监测接收机一体化设计、超低功耗设计、灵活的无线通信等设计，确保了在恶劣环境下对卫星信号的更好跟踪，以及监测的稳定性和精准度，实现全天候、自动化、毫米级的边坡位移形变监测。

采用北斗高精度变形监测可以有效地解决传统监测人力投入大、工作环境恶劣等问题，在土石坝、高陡边坡、滑坡体、小散远水电站的安全监控方面发挥重大作用，为水电站大坝安全运行增添坚实保障。

（杭州华辰电力控制工程有限公司
尚剑涛　高伟中　李玉龙
国家能源局大坝安全监察中心
韩荣荣　武维毓

机载激光雷达1∶500地形图测绘理论与实践

1∶500地形图测图时需获取精准高程信息。植被厚密覆盖地区，常规光学相机难获真实的高程数据。本文阐述了机载激光雷达（LiDAR）在1∶500地形图测制中的相关经验。

（一）技术工作原理及作业流程

1. 航测关键参数计算　根据测绘行业标准，LiDAR测量1∶500地形图时点云密度应大于16点/m^2，即点云航向和旁向点间距均应小于0.25m；预设地面分辨率小于0.05m，航摄影像重叠度为20％～30％，LiDAR点云获取重叠度至少为20％。

LiDAR和航摄仪参数在航线设计时联动，一般在预设航摄仪旁向重叠度后计算满足要求的航线间距，再计算满足要求的LiDAR点云旁向重叠度，最终机载LiDAR与光学航摄仪同时工作时使重叠度均满足规范要求且航线间距最大。计算重叠度时，若山地或地面倾角过大区域需加入地面倾角参数。兼顾LiDAR最大测量距离和拟采集的点云密度2种参数选择扫描频率，并计算无人机相对航高。根据预设的影像航向重叠度、LiDAR点云航向间距、无人机飞行速度计算LiDAR工作线速。

2. 原始数据获取及其注意事项

（1）无人机机载LiDAR系统集成了无人机平台、GNSS、惯性导航系统（INS）、激光扫描仪（scanner）和数码相机等设备。其中，定姿定位系统（POS）获取差分基准站、差分流动站、星历、惯性导航等的数据，系统中scanner获取LiDAR点云数据，光学航摄仪获取光学影像数据及通过检校后得到航摄仪检校参数。

（2）航测作业前，先将GNSS差分基准站架设在开阔已知控制点上。架设的控制点距本架次最远有效航摄区不超过5km，且开关机应分别早于和晚于无人机POS系统10min。

（3）作业时每次开机后使LiDAR在开阔区域静置等待3～5min，此时POS系统进行初始化改正并锁定卫星，作业结束后按同法静置。起飞后手动控制无人机或按预设航线进行“8”字绕飞，激活INS中陀螺仪，加速惯导收敛并使其找北向。

3. 数据处理及其注意事项

（1）处理数据时，将惯导、机载差分、差分基准站、公开星历等的数据整理后，再加入设备自身偏心改正值计算得轨迹文件及精准POS数据。解算时检查GNSS差分解是否固定，PDOP值、周跳等是否合格，各参数满足要求后方可使用。

（2）因重叠度的设置，相邻航带间同名点会出现三维偏移现象，LiDAR扫描点云误差会随扫描角度增大而增大。

（3）实际环境中和设备干扰影响下，生产的点云不可避免存在一定数量噪声点。需消除噪声点数据，避免其在点云分类时对计算造成影响从而出现分类错误的情况。

（4）人机交互进行点云去噪、去冗余、点云分类、点云赋色等操作，使用处理后的点云生产点线地形数据。使用预处理后计算出的POS数据、光学影像数据与航摄仪检校参数生产正射影像图（DOM），再根据DOM采集地物数据。最后将地形点线数据与地物数据结合后再人工编修、整饰、质检生产最终的数字线划图（DLG）。

（二）工程应用

应用使用机载LiDAR系统进行测绘和成果分析，其参数为最大测距1350m，最大视场角330°，测量精度1.5cm，姿态角度精度0.005°。相机像素4200万，镜头焦距18mm。

1. 案例1　项目为内蒙古境内光伏能源基地建

设，面积 $10km^2$，为平地和丘陵沙地，地物为灌木。区域内按常规均布像控点，并使用 RTK 实测若干地面点作为对成果精度的检核。

机载 LiDAR 对区域航测后，设计 A、B 方案分别计算并输出成果。方案 A 为免像控机载 LiDAR 作业技术应用，使用 LiDAR 点云数据和光学影像数据生产中间数据后制图，其中无地面像控点参与。B 为标准像控光学相机测图技术应用，使用光学影像数据结合地面像控点数据生产中间成果后制图。方案 A 生产的中间数据为 A_d 与 A_l，B 生产的中间数据为 B_d 与 B_l。经计算得出 A_d 和 B_d 平面位置中误差均为 0.20m，2 种 DOM 平面精度满足要求。A_l 高程中误差为 0.10m，B_l 高程中误差为 0.14m，2 种点云数据点位高程精度满足要求。

项目范围内选择不同地块、植被覆盖由少至多的区域进行机载 LiDAR 点云和光学影像点云剖面对比。对比发现，同一剖面 A_l 与 B_l 在公路区高程较差最大不超过 0.03m，田地区高程较差最大不超过 0.05m，荒地区高程较差最大不超过 0.10m，草地区高程较差最大不超过 0.10m。还发现公路、田地区 A_l 与 B_l 高程接近，荒地、草地区 A_l 精度较 B_l 更高。

2. 案例 2　项目为云南山地光伏，山地面积 $5km^2$，地物灌木及树林，像控点布设难。

用 RTK 在房角、电杆根部、道路标线处设实测平面检查点 34 个，在草地、林地及裸露区处实测高程检查点 285 个，用 LiDAR 对区域航测，再用实测点检查地物数据的精度。

经计算平面位置中误差为 0.20m，DOM 平面精度满足要求，小于等于 1 倍平面中误差限差的点占比 100%；高程中误差 0.18m，点位高程精度满足要求，小于等于 1 倍高程中误差限差的点占比 93%，大于 1 倍高程中误差小于 2 倍高程中误差的点占比 7%，无大于 2 倍高程中误差的点。

（中国电建集团西北勘测设计研究院有限公司
张钊　尚海兴　贺春林　张西龙
国家能源集团西藏电力有限公司
周伟）

水下检测技术在岩塞爆破工程中的应用研究

（一）工程概况

刘家峡水库排沙洞工程由进水洞、排沙洞和发电支洞组成。进水洞岩塞在水面下 70m，岩塞设计厚 12.3m，顶部椭圆形，底部圆形，设计内径 10m。进水洞包括岩塞体、锁口、高边墙、集渣坑、反坡段，平缓坡段和事故检修闸门。岩塞爆破采用组合法，其顶部钻孔爆破预裂，底部洞室爆破。岩塞爆通后排沙洞和发电洞已正常运营 6a。因洞内高速高压过流等原因，故岩爆后评价一直未进行。水下检测技术为进水洞水下检测提供了支撑。

分析认为潜水员水下检查在水体能见度低或深水急流时无法作业；ROV 水下检查在急流或旋涡水体下难以作业；AUV 水下检查技术不成熟；多波束仅能在卫星信号覆盖良好区域作业。因此决定采用多波束扫描联合 ROV 水下检查进水洞。

（二）水下联合检测技术的工程应用

1. 总体方案　多波束测深系统扫测岩塞开口及进洞口附近河床，ROV 水下探查整个进水洞。洞内补光能见度清晰时，ROV 录视频或拍照检查；洞内能见度较弱时，ROV 搭载近距离声呐扫测洞壁。集渣坑淤积测量，设计使用 ROV 搭载深度计测量。

2. 设备选型　多波束参数：RTK 定位设备水平位置精度±10mm，高程精度±20mm；测深分辨率±3cm，最大测深 150m；姿态传感器航向和横滚俯仰动态测量精度 0.1°，分辨率 0.01°，升沉横摆总摆渡测量精度±5cm；声速测量精度±0.006m/s，分辨率 0.001m/s。ROV 参数：耐压深 100m，电缆长大于 150m，抗流满足 2m/s，摄像头分辨率至少达 200 万像素；图像声呐仪最大量程达 20m，距离分辨率±3cm；360°避碰声呐仪测程 15～200m，5m 范围内距离分辨率±2mm，5m 以上±10mm；惯导定位精度为测程的 2‰；测深计测深精度±10cm。

3. 关键技术设计

（1）多波束作业选择在橡皮艇上，艇上设工作平台，利于多波束系统作业。

（2）航线布设平行水流方向，主航线间距不大于 0.8 倍扫测带宽，重要航线间距不大于 0.5 倍扫测带宽，航线垂直于主航线布置。主河道平均深 40m，河面宽 150m，航线间距 20m；支流平均深 23m，河面宽 130m，航线间距 15m。精扫岩塞开口，设计航线间距 2m。

（3）岩塞底部扫穿方法：一是倾斜 45°安装多波束换能器；二是选用有侧扫功能的多波束测深系统；三是测量船航行于最佳位置，调整波束开角，扫穿岩塞底部。拟用后两种。

（4）枯水期发电支洞机组停机且静水下实施 ROV 洞内检查。沿进水洞底板中轴线和两侧边墙与底板交接线录视频，再每隔 10m 录制进水洞横断面视频；根据 ROV 缆线进深和水下建筑物影像特征，结合施工图判断粗略定位或 ROV 搭载抗干扰能力强的光纤罗经定位；ROV 搭载强光灯水下补光，并备用 1 台可搭载的近距离声呐；备用 2 台有机械手的救援 ROV。

4. 实际应用 分两阶段检查进水洞。第一阶段施测水下检测专用 GPS 控制网，后用多波束测深系统扫测洞口河床，精扫岩塞开口。第二阶段用 ROV 在发电机组停机且静水状态下检查进水洞。ROV 沿断面线录制洞内视频，详细检查岩塞开口、集渣坑和反坡前端。

（三）检测成果分析

1. 精度分析 GPS 控制网最弱基线边相对中误差 1/205070，最弱点平面位置中误差±0.9mm，拟合高程精度 10.2mm。GPS 控制网平面位置精度满足四等 GPS 平面控制网精度要求，实地检查 GPS 拟合高程，满足五等高程。

R2SONIC2024 多波束测深系统定位设备静态校测的最大平面较差 8mm，高程较差 17mm。与单波束测深精度比较，多波束测点质量可靠。浅水区实测台阶和岩缝宽度、3d 影像量测较差在 10mm 内，分辨率达毫米级。岩塞开口多波束影像，推测 60m 深多波束 3D 影像分辨率达厘米级。潜鲛 P200 轻型 ROV 搭载数码相机补光后拍摄洞壁施工缝隙清晰，深 70mROV 影像分辨率 3mm。ROV 深度计测量事故检修闸门底板深度偏差 8.8cm，小于 10cm 允许值。

2. 洞口河床的稳定性 洞口附近河床多波束 3D 影像可见，洞脸 70°岩质陡坡，坡顶有弃渣台，弃渣台稳定性差，在洞口来流激荡冲刷下，部分失稳的渣块会时常滑落洞口。

3. 岩塞开口 多波束 3D 影像可见洞口呈喇叭形，最低点高程低于岩塞底部高程，证实已扫穿岩塞底部。扫测锁口内径 8.8m（设计内径 10m）。岩塞顶部开口尺寸 24.5m×21.7m，小于设计尺寸。多波束影像显示岩壁纹理褶皱不平，岩棱凸出缝隙分明，锁口交接处有凸起岩块。观察 ROV 岩塞开口视频及水下照片，与多波束 3D 影像观察的特征基本一致。

4. 集渣坑淤积 测得集渣坑淤积高程 1651.9m，小于设计顶高程 1653.7m，说明尚未淤满。量测衬砌段纵断面线与设计断面线基本重合，岩塞开口因岩爆两条断面线不重合。

5. 衬砌段混凝土质量 观察 ROV 视频集渣坑高边墙、反坡前端及两侧边墙混凝土面破损明显，裸露钢筋骨料。距岩爆处越近混凝土破损越重。洞顶混凝土好于底板和侧墙。

6. 工作效率 多波束测深系统扫测洞口河床及岩塞开口，用时 1 天，测点 78 万。单波束测量洞口河床及岩塞开口，用时 1 天，测点 0.2 万。多波束测深采集数据效率高。ROV 洞内水下检查，定向设备失灵，能见度 2m。纵断面录制视频借助缆线辅助定位，录制顺利。横断面录制易发生跑偏和挂机。虽受定位影响，但 ROV 与潜水员检查比效率还较高。

（中国电建集团西北勘测设计研究院有限公司
任远 汪小江
华能澜沧江水电股份有限公司里底水电厂
崔翼飞）

手持激光测量技术在水电站检修中的应用

激光测量技术包括多种测量技术。水电站机械检修主要采用激光跟踪仪，它可测量空间的三维坐标，精度高、效率高、可实时测量、操作便捷，适合于大尺寸工件配装测量，但设备昂贵。本文对激光测量技术进行了探究，发现线激光测量技术及三角测距方法，能在部分水电站检修中应用，且成本较低。同时，采用无线传输，提高了使用的便捷性。

（一）线激光及三角测距方法

三角测距法即光源、被测物面、光接收系统三点共同构成一个三角形光路。由激光器发出的光线，经汇聚透镜聚焦后入射到被测物体表面上，光接收系统接收来自入射点处散射光，并将成像在光电位置探测器敏感面上，通过光点在成像面上的位移来测量被测物面移动距离，即为三角测距法。单点式激光三角法测量分为直射式和斜射式两种结构，光源与光接收系统如何设置主要按测试目标的要求、测量系统构造等灵活选择。直射式激光三角法，激光器发射的平行光线，经会聚透镜聚焦后形成一束光，光束垂直射到被测物体表面。待测目标面的相对移动或其表面变化都会导致入射光点沿入射光轴前后移动。测量激光的散射光经接收透镜垂直照射到光电位置探测器上，如入射光点在光电探测器形成了位移，则待测目标面沿轴方向的相对位移可计算求得。

（二）水电站应用场景分析

根据线激光测量相关原理，结合水电站检修要求，手持式激光测量仪适用场景较广泛。

1. 机组推中心各段轴与固定部件间隙测量 水轮发电机组轴线测量调整是机组检修的一个重要内容。轴线调整将使机组轴线、机组中心线及主轴放置中心线三条线处于理想状态，即各自铅直且重合。在理想的三条线重合条件下，机组旋转过程中将不产生摆动。但实际情况三线合一是不可能的。只能确保各线的偏移在合理范围内。

主轴静止状态的中心线与固定部分机组中心线测量调整，即机组推中心，是检修必须完成的工作。机组推中心，先要测量各段轴与固定部分的间隙，即定子与转子空气间隙，转轮室与叶片间隙（轴流转桨式机组）、上下迷宫环间隙（混流式机组）、导流锥处与主轴法兰间隙。通过间隙测量得出主轴所处位置，再推动主轴，使其尽量往机组中心线上靠。

实际操作中存在的问题：一是测量空间受限，比如导流锥部分，人员需匍匐前行，测量不便；二是测量采用传统工具，导流锥等处采用塞尺测量，易产生人为误差，另测量部位锈蚀腐蚀严重，塞尺测量1、2个方位后会弯折，再测量时有误差，空气间隙测量采用木楔子和千分尺速度较慢，小型机组空间狭小，要时刻防止物品遗落在转子上；三是测量数据人工计算，结果无法直观显示。

采用手持式激光测量仪，则可测量各段轴与固定部分的间隙。比如导流锥与大轴法兰保护罩的间隙测量，则可采用激光测量方式。

2. 设备安装前尺寸校验　装配前利用激光测量方法，简易测量组合面尺寸进行校验。轴流转桨式水轮机操作架安装前，测量操作架组合面的尺寸，与耳柄尺寸复核。操作架与活塞杆销钉尺寸复核中，测量操作架和活塞杆上销钉孔深度，再测量所配销钉长度，可判断销钉是否符合要求。如尺寸不符合，应进行加工。在以往该项目校验中，由于沉孔底部加工痕迹较明显，底部位置无法与销钉配合，有可能导致销钉尺寸偏长，影响装配质量。使用激光测量轮廓时，能识别出部分表面加工误差，进而提供销钉加工的最优尺寸。

（三）主要实现方式

要实现激光测量技术应用，需进行一定的硬件开发、软件开发和无线传输模块的配置。

1. 硬件开发　激光测量硬件模块上，一般依据系统设计思路，将手持式激光测距仪硬件平台按功能分为3大模块，即信号发生、信号接收放大及信号运算处理等模块。

目前在硬件上激光测量已有相当成熟的设备，但大部分技术主要用在生产车间，流水线上。通过在流水线上安装激光测量传感器，识别产品加工误差。流水线上传感器与产品的位置相对固定，激光传感器可调整固定后安装。对于手持式激光测量仪，需要对初始值进行整定，这不便于应用。新方法摒弃激光传感器非接触性质，在传感器上安装特殊支架，支架与被测工件接触后再进行测量。特殊支架尺寸已内置于系统中，用于传感器初值整定。

2. 软件研发　由于目前激光测量模块均带有软件，可在此基础上进行二次开发，开发专门针对水电站机械检修的相关模块，并利用此模块进行检修过程中的辅助决策。

3. 无线传输模块研发　在无线传输模块研发中，主要是将无线传感器网络应用于激光测距仪中。无线传感器网络（Wireless Sensor Network，WSN）是一组传感器节点以自组织方式构成的无线网络。这些传感器节点由处理器、存储器、接收器、感知单元、电池组成，使得传感器节点具有感知、计算和通信能力。

此外，在无线模块研发中，要充分考虑现场实际环境。由于受限空间影响，部分应用环境需额外增加中继天线。实际试验过程中，发现在水轮机层至发电机层中，存在信号传输薄弱的问题，需在主要通道上安装中继天线。

（福建水口发电集团有限公司　陈学仁）

水泊峡水电站Ⅶ号滑坡滑带土强度参数选取

水泊峡水电站位于甘肃省迭部县县城下游约84km处，是白龙江尼什峡至沙川坝河段梯级开发规划的第7个梯级水电站。电站总装机容量57MW，多年平均发电量2.288亿kW·h，年利用小时数为4014h。工程规模为三等中型工程。

（一）滑坡工程地质条件及概况

该水电站Ⅶ号滑坡在水泊峡峡谷左岸。滑坡平均坡度30°～50°，其前缘为Ⅲ级阶地。阶地下为河槽地貌，阶地上为V形河谷。基岩为千枚岩夹板岩，断裂不发育。地下水活动不强烈，主要为覆盖层孔隙性潜水和基岩裂隙水。滑坡平面上小下大，东西两侧边界沟槽发育，后缘呈圈椅状。坡体最高高程2395～2405m，前后高差618～624m，形态完整，有3条顺坡冲沟。沿河向宽530m，前后缘间长1063m，滑体最厚115m，体积$3053\times10^4\ m^3$，属巨型岩质滑坡。滑坡目前处于整体稳定状态。

（二）参数选取思路

对规模或危害较大滑坡，若条件允许尽可能分段分组取样，增加试验组数。本文研究的参数选取方法：在获取滑坡大量滑带土试验参数的基础上，筛选对岩土体力学性质影响较大的物理指标作为主控因子，将力学参数（c、φ）作为目标参数，采用数理统计手段拟合出合适的回归方程。在已知各项物理参数的条件下即可合理预测岩土体的力学指标。

（三）预测模型

勘察期间分别在上下游剪出口、后缘和坡体平洞内取粗粒土样33组，适当去除大粒径后，依照土样原始赋存环境重制出物理指标与现场岩土体接近的重塑土样进行试验。将滑带土样本中的物理指标含水率ω、干密度ρ_s及孔隙比e，作为主控因子，并作为预测模型的自变量。力学指标为黏聚力c与内摩擦角

ϕ，作为本次预测模型的因变量。

1. 拟合原理　根据自变量与因变量的函数关系，预测模型的拟合分以下两种。

（1）多元线性拟合。建立多元线性回归模型时，各变量应满足以下条件：自变量与因变量分布趋势应近似线性关系；各种条件下因变量预测值相互独立；残差符合正态分布。

假定因变量 Y 与自变量 X_1、X_2、…、X_m 存在如下关系：

$$Y = \beta_0 + \beta_1 X_1 + \beta_2 X_2 + \cdots + \beta_m X_m + \varepsilon \quad (1)$$

式中：　β_0——常数项；

β_1、β_2、…、β_m——偏回归系数；

ε——残差。

其中参数估计值采用最小二乘法获得，即求得一组回归系数 b_1、b_2、…、b_m 值，使估计值 $\hat{Y}$ 和实际观察值 Y 误差累加平方和 $Q = \sum(\hat{Y} - Y)^2$ 为最小值。各项 b 值可通过一组方程求解计算。在方程组求解完成后，再求解常数项 b_0。

（2）多元非线性拟合。此项计算更复杂。因脱离了线性条件束缚，自变量与因变量关系不明朗，可能存在多种近似关联。一般根据对拟合关系的已知理解给定基本拟合模型，再用统计方法求得参数。非线性拟合计算量大，一般借助计算机或专业统计软件完成计算。

2. 拟合结果　对滑带土试验样本分别进行多元线性与多元非线性拟合，选出更贴近样本原值回归模型。从试验数据可见，滑带土为粗粒土，颗粒间内摩擦角较大，分布均匀，物理指标的改变对摩擦强度影响不大。故采用多元线性拟合即可获得理想的内摩擦角数据，而黏聚力 c 对各项物理指标相对较敏感，本节对其作线性和非线性对比。

（1）内摩擦角拟合模型。根据式（1）建立研究数据多元线性模型，内摩擦角 ϕ 与自变量 ω、ρ_s、e 间线性关系拟合为：

$$\phi = -0.27\omega + 15.396\rho_s + 11e - 3.43 \quad (2)$$

经试算调整后可决系数 $R^2 = 0.842$，说明预测曲线基本与样本数据趋势贴近。从拟合数据趋势与原样本数据对比图可知，拟合模型曲线基本代表了数据的增减趋势，且消除了部分异常数据的影响。在已知上述物理指标的前提下可基本预测内摩擦角。

（2）黏聚力拟合模型。分析原始试验数据，黏聚力值随自变量变化起伏大。用多元线性拟合预测模型，方法同前，得线性方程：

$$c = -1.49\omega - 100.74\rho_s - 176.20e + 312.55 \quad (3)$$

式中参数及量纲同式（2）。调整后可决系数 0.677，说明多元线性模型虽与样本值分布趋势关联，但拟合程度有限，且在某些变幅较大处未体现差别。线性模型有一定局限性。非线性拟合需给定模型基本方程。分析单个自变量与 c 分布关系发现，3 个自变量与 c 均呈多项式关系，ω 的四次方、ρ_s的三次方、e 的二次方对函数趋势影响大，据此并经不断试算，确定拟合方程：

$$c = A\omega^4 + B\omega^3 + C\rho_s{}^3 + De^2 + Ee + F \quad (4)$$

式中，$A \sim F$ 待求系数经迭代试算，各项系数计算结果分别为：-1.8×10^{-4}、0.0017、-38.79、595.63、1169.02、702.85。非线性方程拟合结果显示，调整后可决系数 0.795，比线性拟合可决系数更大。非线性拟合计算结果与实测值更贴合，且趋势曲线可体现某些变幅较大的数值区间，拟合优势更加明显。

（四）案例分析验证

为验证拟合预测模型，沿电站Ⅶ号滑坡主滑方向剖一剖面进行稳定性计算。但因钻探工艺受限无法取得原状样，也无法通过试样获取参数。将滑带分为Ⅰ、Ⅱ两段，计算稳定性时根据各区段滑带土的物理特性分别赋值，再利用前文预测模型分别计算 c、ϕ 值。建立剖面稳定性计算模型，利用计算的物理力学参数，采用 Geo-Studio 软件分析计算。

稳定性计算结果表明，滑带土分段赋予预测强度值后，天然工况下稳定性系数 $K = 1.434$，处于稳定状态，与现状吻合；地震工况下 $K = 1.063$，根据规范规定，认为该稳定系数条件下地震作用使得滑坡变形增大，但未发生滑动，滑坡处于整体变形～滑动状态。“5·12”地震后，滑坡上下游侧及后缘局部明显变形，形成锯齿状拉裂缝，但整体未滑动。综上，利用预测模型获得滑带土的强度参数，并用于稳定性计算，其结果与实际情形基本吻合。

（中国电建集团西北勘测设计研究院有限公司
寇甄涛　刘荣清　张莉媛）

物探测试在四方井水利枢纽坝址区溶洞处理中的应用

（一）工程概况

四方井水利枢纽工程坝址区属构造剥蚀和河流侵蚀堆积地貌，地勘揭示白云岩侵蚀严重，产生了溶沟、溶槽、溶洞及发育软弱夹层，地层岩性复杂。溶岩区填充淤泥、含砾黏土、砾质黏土。断层规模大，存在软化泥化现象。断层构造处地下水活动丰富，发育有溶洞，并充填黄色淤泥。无填充型溶洞先投入级配碎石再水泥灌浆，只要截断渗透通道形成封闭防渗墙即可，以减少资源投入；半填充溶洞用水泥砂浆填充后再水泥灌浆；全填充溶洞直接水泥灌浆处理。溶洞处理后，到达质量检查合格标准透水率 $q \leqslant 5$Lu 的要求。

（二）地质条件

坝址区可溶性岩层分布于石炭系上统船山组第一岩组第一层之中。下坝线区钻孔统计，钻孔岩溶率 18.8%，遇洞率 68.2%，岩溶发育程度强。溶洞沿断层构造带及影响带发育，分布范围大，溶洞洞高 0.1～4.34m，埋藏 19.4～33.91m，最大埋藏处对应底高程 77.76m，内充填砂，局部无充填。溶洞及其附近岩体透水率 31～143Lu，中等～强透水性。断层或其影响带、溶洞发育处风化强且厚度大。全、强风化带分布在两侧岸坡，河床及Ⅰ级阶地底部受水流冲刷作用，基本无全强风化岩体保留，仅断层或其影响带、溶洞发育处有分布。河床及Ⅰ级阶地弱上风化下限埋藏为 2.8～29.6m，断层或溶洞处达 42.1～47.3m。

（三）电磁波 CT 应用

四方井水利枢纽工程岩溶区电磁波 CT 探测采用的物性参数为视吸收系数（见表 1），根据视吸收系数的大小及在地下展布形式，识别地下地质体的空间分布及其状态和性质。

表 1　四方井水利枢纽工程电磁波视吸收系数

目标类别	电磁波视吸收系数（dB/m）	特征描述
溶洞或强溶蚀影响区	0.7～1.0	吸收系数梯度变化明显，与周围有明显反差
溶蚀破碎或岩体破碎	0.5～0.7	吸收系数梯度变化明显，周围存在较缓过渡带
完整岩体	<0.5	吸收系数无明显梯度变化

岩溶区电磁波 CT 测试采用 EWCT-3 型钻孔电磁波成像仪，观测系统采用同步接收和定点发射，扇形接收，两孔互换的观测系统，选用频率 24MHz，定发点距 2m，接收点距 1m。发射探头在孔内一定深度不变，接收探头在另一孔内以 1m 点距移动接收。接收一个点完成一条射线对的测试。完成一次扇形接收后，发射探头移动 2m，接收探头重复扇形接收。完成整孔发射后两孔互换，重复上述操作。整个过程结束则完成一对剖面电磁波 CT 测试。

四方井水利枢纽工程在黏土心墙坝基溶洞处理中进行电磁波 CT 剖面测试。ZK48～ZK81 剖面测试成果表明：电磁波视吸收系数在 0.2～0.9dB/m 范围内；有 14 处相对较高的电磁波视吸收系数区（1～14），电磁波视吸收系数为 0.55～0.8dB/m。其中编号 1～8 电磁波视吸收系数为 0.55～0.7dB/m，为溶岩破碎或岩体破碎区。编号 9～13 电磁波视吸收系数在 0.7～0.85dB/m 之间，为溶洞或强溶蚀影响区。编号 14 为金属套管屏蔽区。

（四）地震波 CT 应用

地震波 CT 是地球物理勘探技术之一，它借鉴医学 CT 原理，利用计算机辅助层析成像技术（Computerized Tomography）求解工程疑难问题。在一个钻孔内人工激发地震波，在另一个钻孔中接收地震波，通过激发接收地震记录，分析地震波场在 A 和 B 孔间地层分布规律，并拾取初至波。利用初至时间反演得到孔间地质信息，进行地质体属性分析。

四方井水利枢纽工程岩溶区地震波 CT 探测，是为了查明灌浆轴线上岩溶位置、规模、断层及其破碎带等不良地质体。采用的物性参数为地震波波速，根据波速大小及在地下的展布形式来识别地下地质体的空间分布及其状态和性质。测试结果见表 2。

表 2　四方井水利枢纽地震波 CT 参数

目标类别	地震波波速（m/s）	特征描述
溶洞或强溶蚀影响区	<2600	波速梯度变化明显，与周围有明显反差
溶蚀破碎或岩体破碎	<3000	波速梯度变化明显，周围存在较平缓过渡带
完整岩体	>3000	波速无明显梯度变化

四方井水利枢纽工程溢洪道段完成了地震波 CT 测试。溢洪道控制段的 1 个剖面长 46m，是 W145、W153 与 W161 钻孔连成的地震波波速剖面。该剖面地震波测试成果表明：剖面地震波波速为 1600～4200m/s，大多集中在 3000m/s 以上；剖面存在 3 处波速小于 3000m/s 低波速异常带，结合地质条件和钻孔资料，3 处低波速异常为溶蚀破碎，局部强溶蚀。

（五）钻孔全景数字成像应用

钻孔全景数字成像系统是采用一种堆面反射光学变换，实现将 360°钻孔孔壁图像转换成二维平面图像。该技术能直观了解岩石完整程度及裂隙发育情况。

四方井水利枢纽工程主坝坝基完成了钻孔全景数字成像。2个孔的测试成果表明，孔内岩体完整性为较破碎～较完整，局部发育溶洞及溶蚀破碎，裂隙发育。

（六）溶洞探测效果

四方井水利枢纽工程岩溶地区溶洞处理采用电磁波CT测试、钻孔全景数字成像技术，查明了岩溶发育、溶洞群分布、断层及断层破碎带发育等情况，为溶洞处理提供技术支撑。初步做到地下隐蔽工程溶洞处理可视化，为溶洞精准定位处理提出了一种新方法。

（中国水利水电第五工程局有限公司　赵元铎）

同德抽水蓄能电站工程施工测量控制网建设

（一）工程概况

同德抽水蓄能电站位于青海省海南州同德县河北乡境内，工程区距玛尔挡水电站大坝河道里程约11km，距西宁市公路里程约330km，通过G227国道河北乡岔口接既有乡间道路3.5km可至上水库坝附近，通过G227国道格什格岔口及河北乡公路9.3km，可至下水库附近，交通条件较好。

工程为日调节型混合式抽水蓄能电站，总装机容量2400MW，安装8台300MW立轴单级可逆混流式水轮发电机组。电站建成后将承担青海电网储能、调峰填谷、紧急事故备用等任务。枢纽工程由上水库、输水系统、地下厂房及开关站、下水库等建筑物组成。

上水库位于玛尔挡水电站库区黄河右岸顶缓坡，南邻黄河，库盆由库底平台及一侧筑坝一侧开挖形成，库底平台高程3629m。上水库大坝为沥青混凝土面板堆石坝，坝顶高程3665m，最大坝高106m，坝顶长2112m，宽10m。正常蓄水位3660m，有效库容1816万m^3。

下水库利用在建的玛尔挡水电站水库，下水库大坝为混凝土面板堆石坝，坝顶高程3283.00m，坝顶宽12m，长342.5m，最大坝高211m。

输水系统总长为1554.36～1589.53m，其中引水系统全长为837.20～870.03m，尾水系统全长为717.16～719.50m。

同德抽水蓄能电站工程施工测量控制网是为该电站施工建设提供平面、高程基准的专用控制网，以保证电站水工建筑物、构筑物按要求准确就位，保证各类隧洞能准确贯通。

按工程规模及工程实际需求，根据DL/T 5173《水电水利工程施工测量规范》关于控制网测量要求，确定建立的平面控制网等级为二等，高程控制网首级控制等级为二等水准，加密控制等级为三等三角高程。

（二）年度工作进展

（1）2022年5月5～9日，项目部人员实地踏勘，选定14个平面控制桩、6个水准工作基点位置，编写技术设计书。5月10～16日，准备造桩材料。

（2）首个桩点于2022年5月17日开始建造。为了推进现场土建工作，多头施工，抓住有利天气，克服不利因素抢进度，于2022年6月20日完成桩点建造。

（3）经过半个多月沉降期，控制网于2022年7月5日开始外业测量，8月15日外业观测结束，然后进行资料计算及整编、检查。9月初完成了青海同德抽水蓄能电站工程施工测量控制网的资料全部工作并提交业主。

（4）完成工作量：①复核可行性研究阶段保存完好的控制点平面和高程；②14个平面控制点和6个水准基点选址和建造；③平面控制：GNSS测量17点（包含3个已知点）；④高程控制：二等水准测量共2994站，单程里程全长47.7km，三等三角高程测量8点，13条往返观测；⑤电磁波测距边25条；⑥编写技术设计、技术总结报告各一份。

（三）项目亮点

（1）研究建立了工程独立椭球模型，实现控制网GNSS测前规划点位优选，以及可见卫星预估，保证了GNSS观测精度，确定控制网的技术指标和精度要求。解决了三角高程测量折光影响，保证满足工程建设高程精度要求。解决GNSS投影变形，选择合理的投影方法和投影面，建立了满足大型工程施工测量要求的施工坐标系。

（2）将基于GNSS技术有关的发明专利技术及精密三角高程测量专利技术应用于抽水蓄能电站精密工程控制测量中，对精密三角高程测量、GNSS布网方案评估、山体卫星遮挡下的GNSS测前规划、复杂特殊环境下GNSS可见卫星预估、观测调度计划制定、工程区域参考椭球构建与控制网投影计算等起到了关键作用，从根本上解决了高山峡谷区三角高程折光、GNSS工程控制网布设、点位优化与精度评估、投影变形等问题，提高了精密工程测量的作业效率和施工测量成果精度，为工程建设建筑物归位、隧洞贯通提供了重要保障。

（3）项目历时约四个多月，现场工作海拔较高，项目人员先后完成了大量内外业工作，高效完成了青海同德抽水蓄能电站施工控制网建网项目工作。

（中国电建集团西北勘测设计研究院有限公司 兰世雄）

水利水电工程物探关键技术研究与实践

（一）抽水蓄能电站区域地质构造探测技术

近年来随着绿色清洁能源的迅速发展，进入“十四五”时期，在能源结构转型、构建新型电力系统、实现“双碳”目标背景下，抽水蓄能电站发展遇到新机遇。

地质构造会导致岩层位移，引起建筑物和设备的破坏，易诱发渗漏。深层构造运动可破坏地下建筑物，堵塞公路和洞室通道。抽水蓄能电站选址尽量避开地质构造影响范围。

对隐伏构造采用大地电磁法和微动探测相结合，并自主研发取得“NoiseProc 微动数据处理系统”软件著作权，优化数据处理流程，提高解译精度，完成了青海南山口和新疆榆树沟抽水蓄能电站等项目的地质构造和深厚覆盖层探测，并经钻孔、平洞、探坑开挖验证，与解译成果吻合度较高。

南山口抽水蓄能电站位于青海格尔木市境内，工程区覆盖层深厚，主要由第四系山间盆地河湖相、冰水堆积等形成的混合相沉积物组成。表部为洪积物，地层结构及成因较复杂。在下水库库盆布置了两条大地电磁测线，查明了基岩顶板起伏情况，后期钻孔验证覆盖层厚度均方根误差均在5%以内，为坝基稳定性分析和渗漏预防提供了准确的资料。

榆树沟抽水蓄能电站位于新疆哈密市东北的天山乡境内，工程区沟谷横生，山高沟深，切割剧烈，基岩裸露，植被稀少，地形复杂，且山前断裂发育。为查明断层的确切位置，在输水线路和下库之间完成了三条微动探测剖面，在其中一条剖面成果上有明确的断层异常反映，后期开挖验证了解译结果的准确性，为工程地质勘查提供了有力的支撑资料。

（二）地下洞室智能化地质超前预报关键技术

地下洞室开挖中，掌子面前方地质、水文情况复杂多变，经常出现塌方、涌水突泥（砂）、冒顶等地质灾害，轻则延误工期，重则造成人员伤亡与财产重大损失。

地下洞室开挖超前地质预报可及时发现异常情况，预报掌子面前方不良地质体位置、产状及其围岩结构的完整性，为预防隧洞可能发生的灾害性事故及时提供信息。通过地质分析、物探测试等方法，对不良地质现象、围岩危险性等级、含水概率等参数，以无损、高效的探测技术进行综合预报，形成了一整套从硬件升级到软件研发，从理论创新到工程实践的技术集成体系。

该研究提出了基于裂步 Fourier 法的水平层状介质“频率—波数域电场分量”的波场外推公式，解决了绕射波收敛、反射波正确归位难题，提高了地质雷达偏移成像的精度与效率。首次采用谱元法正演模拟了地震波在地下洞室中的传播路径，精确分析得出复杂地质条件下波场变换特征，采用 Hilbert 变换进行波场分析，揭示了基于地震波法的动态流体探测技术原理，提出三维全空间地震波超前地质预报方法，构建了 TGS 地震波超前预报技术体系。提出了基于 Snell 定理和 Zoeppritz 方程的波场校正计算方法及斜井预报技术，预报成果与实际揭露高度吻合。开发了基于 K-Means＋＋算法的 TGS 超前地质预报成果分析系统，实现了 TGS 系统 8 大参数聚类分析的智能化超前预报成果快速解译和报告编制。

相关技术成果已在老挝南俄Ⅳ水电站、青海引大济湟、杭州铜鉴湖防洪排涝、四川金川水电站、陕西镇安抽水蓄能电站、新疆哈密抽水蓄能电站、滇中引水等工程中成功应用，经济、社会、生态效益显著。

（三）孔内岩体特征高精度探测辅助设备及关键技术

随着地质勘察技术的发展，孔内岩体特征探测精度要求越来越高，如深埋的空洞或地质缺陷的探测、高山峡谷地貌下合创深埋底层勘探、深埋采空区探测、深埋地下溶洞探测、关键建筑物地下地质异常体探测、深埋采空区注浆质量检测、深埋岩体结构面产状量测、岩体速度参数测试。

孔内岩体特征探测技术存在诸多技术难题。例如，地震 CT 成果图出现假异常；全景数字成像镜头卡孔，图像质量差；全景数字成像镜头方位角矫正值的误差较大，斜孔很难正确解译结构面产状，干孔难以进行声波测试。为了解决上述问题，发明了适合浑水环境下的高清全景数字成像装置，解决了浑水环境下图像采集难题；发明了钻孔电视全景数字成像镜头推进装置，实现了匀速推进和居中拍摄，保障了图像采集质量；研发了孔内全景数字成像镜头方位角和横滚角校准装置，提升了校准精度和工作效率；发明了干孔探头耦合装置，实现了干孔高质量声波测试。提出了基于水平孔、斜孔孔壁展开图的掩体结构面产状解译方法，开发了三维数字岩心分析与管理系统，实现了依据水平孔、斜孔孔壁展开图自动解译、分析与成果输出功能。

上述研究成果已在陕西米粮、大庄里抽水蓄能电站，甘肃张掖、东乡抽水蓄能电站，青海同德、南山口抽水蓄能电站，新疆阜康、哈密抽水蓄能电站，宁夏牛首山抽水蓄能电站，西藏忠玉、夏曲水电站等20多个抽水蓄能电站或水电站前期勘查中成功应用。社会经济和生态环境效益显著，推广应用前景广阔。

（中国电建集团西北勘测设计研究院有限公司 陈宗刚 张明财 陈卫东 李栋 李叉娟）

TGS360 超前地质预报正演模拟及应用

（一）TGS360 原理

1. TGS360 基本原理　TGS360 是俄罗斯 GEOTECH 公司与俄罗斯乌拉尔国立地质大学合作研发的地质预报系统，近年来引进国内应用。TGS360 可选择不同震源（大锤，液压锤）或炸药，其专注于航空无线电定位每个 3C 检波器的工作原理，提出了定向覆盖锥形雷达（锥角 45°）。经极化处理的波场根据每个检波器，在迁移映射的结果，所有覆盖锥还原成一在面部的中心点。在多个振源位置（连续）激发情况下，完整波场矢量分量记录在现场处理系统，确保在任何方向从四面收到地块可靠而稳定的总结性参数化三维图像，通过处理得到的图像可以判别涌水，冒顶和含水区域及破碎带等险情。

2. TGS360 的技术特点　类似于 TSP 方法，TGS360 超前地质预报法可得到岩体力学物性参数成果：纵波速度，横波速度，纵横波速比，杨氏模量，泊松比。与 TSP 不同的是它在地震数据解释上有自己预测流体富集的专利方法，可提供围岩应力梯度、含水概率等图。

（二）Tesseral2D 正演模拟

正演模拟采用基于有限差分法二维全波场数值模拟软件 Tesseral2D，建立二维地质模型。隧洞掌子面前方地层为片岩，纵波速 5757m/s，横波速 3200m/s，密度 2.7kg/cm^3。前方 40m 设一个含水地层，纵波速 1500m/s，横波速 0.25m/s，密度 1kg/cm^3。前方 100m 处设一个低速带，砂泥岩地层，纵波速 800m/s，横波速 450m/s，密度 1.5kg/cm^3。入射子波采用 30Hz 零相位子波。在两个边墙设 10 个震源，间隔 2m，每次震源设计 8 个接收点，采样间隔为 0.2ms。

根据所建立的二维地质模型，采用弹性波动方程模块正演，得到每一炮相应的 sgy 地震数据。该数据可带入 TGS360 软件进行处理。反演流程：通过 2D（或 3D）追踪程序，追踪一个或者多个地震层位；选择一个地震层位由瞬时频率和瞬时振幅计算出相对压力梯度；对整个地震层位估算的瞬时振幅和瞬时频率平均，减去正常“背景”压力（地层静压力或上覆压力），剩余值即地应力引起的异常压力。建立相对异常压力图和等值线图，异常压力低值区即是最可能聚集流体的地方。处理结果，对掌子面前方 150m 范围，纵剖面上、下 50m 范围内进行二维反演。得到含水概率图。处理结果和正演模型比较对应，在掌子面前方 40、100m 附近都出现相对强含水概率。还得到围岩破碎危险等级图。处理结果和正演模型比较对应，在掌子面前方 40、100m 附近都出现了相对高危区域。

（三）TGS360 在隧洞地质预报中的应用

目前隧洞地震预报采用的主要方法为反射波法。此次对在建的滇中引水工程隧洞，应用 TGS360 超前地质预报法进行地质预报。

1. 地质条件　设计书对探测区地质概况描述：该段隧洞围岩分类划分为Ⅳ类，围岩以中风化片岩为主，节理裂隙发育，岩体破碎，多呈碎石状碎裂结构或块状镶嵌结构，物探表明属低阻区。岩体富水性弱～中等，开挖时可能存在较小量的滴水、渗水等现象。

现场地质情况：掌子面采用台阶法钻爆法施工，岩性为灰白色、灰黑色花岗质片岩，岩质较软。主要以强风化为主，较易击碎，强度较低。围岩总体为破碎～较破碎，节理、裂隙较发育，岩体多呈镶嵌碎裂状～碎块状结构。

2. TGS360 图像分析与解释　区别于 2D 正演，实际 TGS360 采集中采用的是 3 分量检波器，并可使用 3D 追踪反演程序，故可以查看三维的结果。由含水概率分布图和围岩破碎危险等级图可见，在掌子面前方 105m 桩号处有一个高含水和围岩破碎区域，在桩号 105m 附近泊松比相对上升为 0.4。三维含水率概率图显示，该高含水率区域在掌子面正前方 105m 左右，大概率区域在隧洞拱顶上方。结合工程实际地质情况推测：在掌子面前方 90～120m 范围内含水概率相对较高，可能有点滴状滴水或淋雨状出水，结合前几次该隧洞的预报经验，有可能为低波速的砂泥岩低速层。由于该区域在拱顶上方，岩体自稳能力差，开挖时不及时支护或支护不当易产生较大规模的坍塌。

3. 超前地质预报与实际开挖情况对比　桩号 ZK27+025 处拍摄视频截图显示，掌子面节理裂隙发育，岩体较完整，掌子面有线状出水，基本和超前地质预报的结果相吻合。桩号 ZK27+036 处拍摄视频截图显示，施工方通知的时候已发生突泥，与地质预报结果相符。

4. TGS360 应用效果　在滇中引水工程隧洞，共完成 34 次 TGS360 超前地质预报，对突出的 26 次异常区域进行了跟踪。发现有 20 次比较对应。预报较成功，准确度较高，保障了现场施工开挖安全，同时提高了施工效率。该方法对可能含流体的区域有一定优势。

（中国电建集团昆明勘测设计研究院有限公司 王俊）

Hoek-Brown 强度准则岩体力学参数估计方法在工程中的应用

岩体力学参数的取值及应用，在欧美规范与中国规范间存在较大差异。通过介绍基于 GSI 系统的 Hoek-Brown 强度准则岩体参数估计方法，可寻求出统一的方法解决这一问题。

（一）Hoek-Brown 强度准则

Hoek-Brown 强度准则是用于预测岩体破裂的经验公式，由 Evert Hoek 和 E. T. Brown 在研究地下开挖工程时推导得出。之后提出了基于地质强度指标 *GSI* 的 Hoek-Brown 强度准则，通过量化 *GSI* 评分反映岩体强度特征。后又提出修正后的 m、s 取值，使其可同时应用于岩石和岩体，并提出岩体扰动情况的 Hoek-Brown 强度准则，引入扰动因子。其表达式为：

$$\sigma_1=\sigma_3+\sigma_c\left(m_b\frac{\sigma_3}{\sigma_1}+S\right)^a \tag{1}$$

式中：σ_1、σ_3 分别为岩体破坏时最大主应力和最小主应力；σ_c 为岩块的单轴抗压强度；m_b 为岩体的 Hoek-Brown 常数，表征岩体软硬程度，其值与完整岩块 Hoek-Brown 常数 m_i 相关，m_i 值可通过查表获取；S 反应岩体破碎程度；a 为经验参数。Hoek 等人根据工程经验给出了不同开挖方式下岩体扰动系数的经验值。

（二）GSI 方法

GSI 方法体系是 Evert Hoek 等人于 1995 年提出的反应岩体强度特征的方法体系，适用于风化岩体及非均质岩体。经修正完善，在 2013 版 Hoek-Brown 强度准则中，*GSI* 采用下式取值：

$$GSI=\frac{1}{2}RQD+1.5JCond_{89} \tag{2}$$

式中：RQD 为岩石质量指标；$JCond_{89}$ 表示 1989 年版本的岩体 RMR 分类法，以岩块的 6 个指标作为基本参数对影响岩体稳定性的各因素进行评分。

（三）基于 GSI 法的 Hoek-Brown 强度准则岩体力学参数估计

采用 Hoek-Brown 强度准则估计岩体的黏聚力 c、内摩擦角 φ、变形模量 E 的值可以根据 2002 版 Hoek-Brown 强度准则中的公式计算得出。在 2002 版 Hoek-Brown 强度准则基础上开发了 RocData 软件，在软件中输入相关参数后可直接计算出黏聚力 c、内摩擦角 φ、变形模量 E 的值。σ_c、GSI、m_i、D 的取值是关键。σ_c 值可通过岩石单轴抗压强度试验得出，或取经验值；m 由表可查岩石的经验值；*GSI* 值通过 *GSI* 取值表获得，但缺少准确量化的参数；D 可根据工程经验给出估计值。此文认为，基于 GSI 法 Hoek-Brown 强度准则本身是一种经验方法，其作用就是在不具备或不需试验条件下采用这一方法估算出岩体力学参数，故参数 σ_c、m_i、D 取经验值是合理可靠的。

（四）工程实例

1. 工程概况 玻利维亚圣何塞水电站为引水式开发，主要建筑为压力钢管及地面式厂房。工程区地层岩性主要为砂一页岩互层，岩体风化主要为强风化（Ⅳ）及中风化（Ⅲ）。压力钢管镇墩设计时需要地基岩体的抗剪强度参数，但玻利维亚很难找到能进行现场试验的单位，甚至常规岩石室内试验也难完成。另外，镇墩体型小，对地基岩体要求不高，如现场试验则耗时耗力。因此，在与项咨询工程师沟通后，决定采用基于 GSI 法的 Hoek-Brown 强度准则确定地基岩体抗剪强度参数。

2. 参数取值 根据岩块单轴抗压强度试验成果，该工程砂—页岩互层抗压强度：中风化（Ⅲ）为 25～35MPa，强风化（Ⅳ）10～20MPa。根据 Hoek m_i 表格查表，砂岩 m_i 值 17±4，页岩 m_i 值 6±2，在未确定页岩—砂岩互层中页岩、砂岩占比情况下取较低值 7。通过沿压力钢管地质调查，得到多个地质点 *RMR* 值，并估计 *RQD* 值，再采用 2013 版准则中的取值公式及表格，得出 *GSI* 值：中风化（Ⅲ）35～45MPa，强风化（Ⅳ）25～35。由于强风化底界埋深较深，表层强风化岩体节理发育，采用机械开挖，对岩体扰动不大，因此 D 值取 0。

3. 取值结果及分析 根据参数取值，通过 RockData 软件计算，得到该工程砂—页岩互层岩体力学参数：中风化（Ⅲ）黏聚力 0.8～1.4MPa，内摩擦角 23°～26°，变形模量 2～4GPa；强风化（Ⅳ）黏聚力 0.3～0.6MPa，内摩擦角 20°～23°，变形模量 1～2GPa。

对比中国规范 GB 50287《水力发电工程地质勘察规范》岩体力学参数的建议值，分析如下。

（1）规范中岩体分类为综合考虑了岩体结构及结构面性状等因素，该工程采用风化等级，强风化对应Ⅳ类，中等风化对应Ⅲ类。通过对比，采用基于 GSI 法 Hoek-Brown 强度准则估算的岩体力学参数相对规范建议值黏聚力值相差不大，内摩擦角和变形模量均偏低，但在强风化岩体中估算值与规范建议值接近，说明该方法适用节理化岩体。

（2）该工程在运用基于GSI法Hoek-Brown强度准则计算时发现第三主应力最大值取值对结果影响较大，采用RocData软件计算时针对隧洞和边坡可根据洞径和坡高对σ'_{3max}取值。对其他工程只能输入一个σ'_{3max}值或选择一般模式由软件给出σ'_{3max}。本工程采用一般模式进行计算，因此所得结果的准确性受其影响。

（3）该工程涉及砂岩、页岩互层，对m_i取值时Hoek m_i表格无相应值，故结合实际情况取保守低值。不同的工程岩体情况不同，很难找到m_i经验值，取值时需结合工程实际。

（4）虽然存在一定的不足，但在有限条件下运用基于GSI法的Hoek-Brown强度准则估算的岩体力学参数基本满足了该工程设计要求，也得到了咨询工程师的认可，为项目的顺利完成起到了很大作用。

（中国电建集团昆明勘测设计研究院有限公司
袁悦　李芳）

水 工 设 计

大 坝 设 计

句容抽水蓄能电站工程上水库沥青混凝土面板堆石坝设计

江苏句容抽水蓄能电站上水库主坝为沥青混凝土面板堆石坝，坝顶高程 272.40m，长 810m，最大坝高 182.30m，它是世界最高的抽水蓄能电站大坝。设计中以变形控制、变形协调为核心，从堆石材料选择、坝体分区、压实标准及堆石料级配、渗流控制、防渗面板类型比选及连接板变形等多方面进行设计研究，提出确保大坝安全的技术方案。

（一）上水库工程布置

上水库由主坝、副坝和库周山岭围成，正常蓄水位 267.00m，死水位 239.00m，总库容 1748 万 m^3，有效库容 1577 万 m^3。主、副坝坝型均为沥青混凝土面板堆石坝，坝顶高程 272.40m，主坝最大坝高 182.30m，坝顶宽度 10.0m；副坝最大坝高 36.60m，坝顶宽度 8.5m。上水库大坝及库底填筑石料，主要从库盆石料场开采，其中 A、C 区石料场开挖料为弱、微风化白云岩，主要用于大坝上游堆石区及过渡料区；B 区石料场玢岩岩脉发育，开采料与弱、微风化白云岩混合用于下游堆石及库底填筑。

（二）上水库主坝结构设计

1. 坝体分区　沥青混凝土防渗面板连接板以上坝体填筑材料分区从上游向下游为垫层区、过渡区、上游堆石区、下游堆石区；连接板以下的坝体填筑材料分成反滤区、过渡区、上游堆石区、下游堆石区，反滤区上游为库盆填筑的土石混合料；大坝坝顶以下 20m 范围内设增模区。垫层区及过渡区坡比均为 1∶1.7；大坝沥青混凝土面板与库底土工膜之间采用混凝土连接板衔接，其下游设垫层区、过渡区。

2. 坝体排水　为保证坝体排水，在下游堆石料下部设置堆石排水层，坝体及岸坡渗水由岸坡向河床部位汇集后，沿河床流向下游。主坝坝后弃渣场沟底设置排水箱涵，并设置量水堰。

（三）主坝坝坡稳定

根据沥青混凝土面板斜坡稳定性控制，上水库主坝上游面坡比采用 1∶1.7，下游堆石料物理力学指标偏低，考虑到大坝设防烈度为 8 度，采用上部坡比为 1∶1.9，下部坡比为 1∶1.8，下游坝坡每隔 35m 设 3m 宽马道。按填筑材料物理力学指标采用简化毕肖普法计算安全系数均大于规范允许值。

（四）上水库主坝渗流控制

依据现行规范要求，垫层料级配连续，最大粒径 80mm，小于 5mm 颗粒含量在 25%～40%范围，其渗透性属半透水，运行期水荷载约 30m 水头，与承受高水头的高堆石坝有所不同，因此垫层料可以起第二道防渗线的作用。垫层料采用 3m 宽度，以提高渗流稳定性。连接板以下设置满足反滤准则的反滤料、过渡料，保护库盆填筑的土石混合料细颗粒不被水力作用下带出。

（五）上水库主坝变形控制

1. 上、下游堆石区压缩模量差　主坝下游堆石料采用的弱、微风化白云岩与玢岩混合料，质量较差，要求下游堆石料玢岩含量不超过 33%，考虑到该工程石料较为紧张，经土石方挖填平衡分析，在适当提高压实标准情况下，选择上、下游堆石区分界采用倾向下游 1∶0.4 方案。

2. 坝体填筑料　结合现场碾压试验成果，对填筑料提出了压实要求。垫层、过渡料、上游堆石、下游堆石的压实孔隙率分别小于 17%、18%、18%、17.6%；对于高堆石坝而言，填筑料级配对堆石体力学性能影响很大，因此，提出了级配控制要求可以更有效控制堆石体的填筑质量。

3. 坝顶以下设置增模区　对于高面板堆石坝，坝顶以下的流变变形以及抽水蓄能电站泄蓄循环的影响不可忽视。同时，其抗震设防烈度为 8 度，在坝顶一定范围内提高堆石密度，减小堆石孔隙率，可以减小震后坝体变形及面板震损程度。

4. 三维有限元计算分析　对上水库主坝进行了三维有限元计算分析，采用逐级加载的方法模拟坝体各施工工序、运行状态，计算结果为：坝体的沉降量约占最大坝高的 1%左右；坝体与库盆大、小主应力的分布呈现出良好的状态，各阶段，坝体与库盆回填体内部的应力水平总体不大。

5. 上水库大坝预留沉降期　为了防止堆石徐变导致面板水平弯曲裂缝，要求主坝填筑完成后应沉降 6～8 个月，沉降速率小于 5mm/月后方可铺筑面板。

（六）面板及连接板

考虑到抽水蓄能电站复杂的运行条件，运行期变形有堆石流变叠加消落带水荷载作用，同时填筑石料饱和抗压强度相对较低，堆石体压缩模量低，为了提高面板的适应性，主坝防渗体采用沥青混凝土面板。沥青混凝土面板和库底土工膜由连接板连接，连接板基础垫层料应满足渗透系数低的要求，起到限漏作用。垫层料填筑向库盆方向适当延伸，对于减小库底土工膜局部拉伸应变具有显著效果。

（中国电建集团华东勘测设计研究院有限公司
王樱畯　雷显阳　孙檀坚）

印度尼西亚西索肯抽水蓄能电站RCC重力坝设计和三维全坝段抗震安全研究

RCC坝因其成本低、施工速度快、能更好地控制混凝土的发热等优点而备受关注。随着强震区RCC坝的建设，对其抗震安全性研究显得极为重要。

（一）应用方法和分析内容

1. 应用方法　采用中国水利水电科学研究院自主研发的大型混凝土坝体—地基体系地震损伤破坏分析并行程序开展研究。软件程序以黏弹性人工边界模拟无限地震的辐射阻尼效应，以动接触力模型模拟接触缝面的动力接触非线性影响，并模拟混凝土及基础岩体的动态损伤非线性的影响。①有限元方法模拟无限域的波动问题中，采用黏弹性人工边界，以应尽量减小底边界和侧边界的地震波反射。在有限元方法中，底边界和侧边界设为黏弹性人工边界。②基于边界条件的接触非线性模型，引入Lagrange乘子代表界面上的未知接触力，开展重力坝三维全坝段—地基体系抗震安全研究。

2. 分析内容　构建了大坝—地基体系三维全坝段有限元模型，开展了大坝—地基体系三维全坝段有限元动力分析。在运行基本地震（OBE）和最大可信地震（MCE）两种工况下，评估RCC重力坝抗震安全性。①坝体自重+正常蓄水位+下游最低尾水位+扬压力+泥沙压力+OBE。此工况计算中，大坝按整体线弹性考虑，地基按无质量地基模拟，按振型分解反应谱法求解大坝动力响应。②坝体自重+正常蓄水位+下游最低尾水位+扬压力+泥沙压力+MCE（五组地震波）。计算中坝体自重荷载采用分缝自重方式，使各坝段独自承受自重。

（二）工程实例

（1）西索肯抽水蓄能电站下水库RCC重力坝最大坝高98m，坝顶长度294m。采用2洞4机、2个调压井、2条斜的钢衬压力隧道和4条尾水布置，地下厂房内安装4台单机容量为260MW的机组，总装机容量1040MW；经三维全坝段抗震安全计算分析结果，调整大坝布置：从左至右共分为14个坝段，其中8号坝段宽25m，14号坝段宽23m，其他坝段宽均为20m；7、8号两坝段为溢流坝段。

（2）建立三维坝体有限元计算模型和坝段间横缝、坝基交界面接缝以及坝体上、下游折坡处对应的高程水平层间缝模型。

（3）工程处于高地震烈度区，前期设计中，OBE和MCE工况的地震基岩水平峰值加速度分别为0.15g和0.43g，经有关专家分析后分别调整为0.17g和0.48g；对10000年一遇的洪水由1100m^3/s调整为1430m^3/s，*PMF*由1350m^3/s调整为2430m^3/s。

（4）通过静力稳定及三维有限元动力分析：①对大坝典型断面结构尺寸进行了调整。根据碾压混凝土坝技术的发展，调整了原设计典型断面的混凝土分区，取消了上游面常规混凝土防渗层，将典型断面改为“全面碾压混凝土”。②通过温控分析成果，将横缝的间距从32～35m调整到20～25m。③取消了坝踵灌浆平台的混凝土，并将灌浆帷幕移至廊道，后期运行维护会更加便利。④在计算条件和温控措施相同的情况下，单独将坝体横缝间距由原设计的32m改为25m，施工期坝体混凝土最高温度基本不变，但大面积地基顺河向温差应力下降明显，表明坝体横缝间距以25m为宜。根据工程实践和对水工建筑物的荷载及裂缝控制和施工温度控制措施，将横缝间距控制在20～25m。

（5）主要计算参数：①混凝土及地基岩体物理力学参数。②静、动力荷载，包括坝体自重和正常水位上、下游淤沙和静水压力，以及接触缝面扬压力。③水平向基岩峰值地震加速度等。

（三）结果分析

①坝体自振特性、静态和OBE响应大坝整体上处于线弹性工作状态，满足设防要求。抗滑稳定安全满足规范要求。②大坝在静态荷载下的位移及应力分布符合一般规律，大坝整体上处于线弹性工作状态，满足设防要求。抗滑稳定安全满足规范要求。③MCE工况下坝体横缝的张开和错动、碾压层面的张开和顺河向滑移、坝基交界面的张开和顺河向滑移均在允许范围内。

（四）结论

通过利用西索肯抽水蓄能水电站下水库RCC重力坝三维全坝段抗震安全研究分析结果，调整了大坝断面的结构尺寸及横缝间距，采用了“全面碾压混凝土”筑坝技术，调整了坝内其他一些结构布置。采用中国水利水电科学研究院自主研发的PSDAP大型混凝土坝体—地基体系地震损伤破坏分析并行程序，以黏弹性人工边界模拟无限地震辐射阻尼效应，以动接触力模型模拟各类接触缝面的动力接触非线性影响，很好地指导工程设计，使大坝安全运行有了保障，值得类似工程借鉴。

（中国电建集团西北勘测设计研究院有限公司
王伟 周兰生 董翌为
中国水利水电科学研究院
梁辉 郭胜山）

胶结砂砾石筑坝技术在沙坪一级水电站工程中的应用

2022年11月18日，大渡河沙坪一级水电站主体工程首仓胶结砂砾石正式开仓铺筑，为胶结砂砾石筑坝技术在大型水电主体工程中首次应用。该水电站位于四川省乐山市金口河区大渡河干流上，为二等大（2）型工程。水库正常蓄水位577m，总库容2123万m^3。电站采用河床式开发，总装机容量360MW，多年平均发电量16.35亿kW·h。枢纽工程主要由泄洪闸、河床式厂房、左岸鱼道坝段、右岸挡水坝段等建筑物组成；坝顶高程581.00m，坝顶全长327m，最大坝高63m。

胶结砂砾石为利用少量水泥、粉煤灰、外加剂和不筛分、不水洗的天然河床砂砾料（或基岩开挖料、人工破碎料等），经拌和、摊铺、振动碾压形成的具有一定抗压、抗剪强度和抗冲蚀能力的材料筑坝。利用胶结砂砾石修建的坝即为胶结砂砾石坝，其既不同于土石坝或堆石坝，也不同于碾压混凝土坝或混凝土坝，属于从散粒材料坝到混凝土坝之间的过渡坝型，是一种新的坝型。胶结砂砾石材料筑坝具有下列特点和优势：①砂砾石料可以直接采用电站基坑开挖料，不需水洗和筛分处理，骨料最大粒径可达150mm，骨料来源广泛；②胶凝材料（水泥粉煤灰）用量少，一般胶凝材料用量在每平方米100kg以内（水泥粉煤灰各半），远小于常规混凝土或碾压混凝土胶凝材料用量；③因胶凝材料用量少，水化热相对较低，不需采用特殊温控措施；④施工时可自卸汽车入仓，大仓面通仓连续摊铺碾压，现场施工组织简单快捷，施工速度快；⑤因充分利用河床开挖料等，减少了弃料或无弃料，环境友好性方面优势明显；⑥造价较低，相比碾压混凝土，胶结砂砾石综合单价低至60～90元/m^3。

沙坪一级水电站工程坝址区河床覆盖层厚度为3.30～54.75m，可行性研究阶段，考虑到当地天然砂砾石料比较丰富，为优化工程投资、加快施工进度、减少弃料、保护环境，设计团队大胆创新、深入研究，经过与中国水利水电科学研究院专家团队联合技术攻关，开展大型水电工程胶结砂砾石技术应用研究，进行了沙坪一级水电站基坑开挖料骨料组分及质量检测、现场配合比试验、材料力学性能指标、结构设计与分析、施工工艺研究、经济性分析。经综合研究后确定，在泄洪闸、厂房等主体建筑物基础采用了胶结砂砾石结构，总量约65万m^3。沙坪一级水电站采用胶结砂砾石筑坝技术，相比碾压混凝土，仅铺筑材料一项可节省投资约6000万元。

为进一步做好胶结砂砾石施工期质量管控，胶结砂砾石在主体工程实际使用前，选择合适场地进行胶结砂砾石生产性试验，进行现场原材料取样分析、配合比试验、施工工艺试验及原位抗剪试验，进一步验证了胶结砂砾石在该工程应用的技术经济可行性。同时通过生产性试验，进一步优化了胶结砂砾石材料配合比，并对仓面布置、浇筑强度、人员设备配置、质量环保及安全保证措施等方面进行了针对性优化，为首仓胶结砂砾石顺利开仓铺筑及后续施工打下了良好的基础。

沙坪一级水电站采用胶结砂砾石筑坝技术，为又好又快建设沙坪一级水电站做出贡献。同时对胶结砂砾石筑坝技术在大型水电主体工程中应用具有里程碑意义，将推动胶结砂砾石筑坝技术的进一步发展。

（中国电建集团华东勘测设计研究院有限公司
田建海 涂承义 叶甜）

茨哈峡水电站混凝土面板堆石坝软硬岩掺配料工程特性研究

堆石坝的优势是利用当地土石材料建坝，从而大幅降低工程造价。在工程施工中，有一部分强度较低的开挖料，用于坝高超过200m的特高坝时，按照设计规范要求，需对其工程特性及用在坝体中的位置、含量等进行专门研究，最大化地利用开挖料，减少开挖弃渣，降低工程造价，实现绿色施工。对于特高面板堆石坝来说，由于坝体高度高，内部应力大，单独使用纯软岩筑坝，会产生较大的坝体变形，影响到大坝的安全运行，但通过将软岩与硬岩料按比例掺配使用，掺配料较软岩料的模量有较大提升，从而达到筑坝要求。

（一）工程概况

茨哈峡水电工程混凝土面板堆石坝最大坝高257.5m，该工程的建筑物开挖料，主要包括溢洪道、泄洪洞、导流洞、地下厂房等建筑物的开挖渣料。

工程开挖区基岩为中厚～薄层状砂岩、砂岩夹板岩、砂板岩互层，岩层最大厚度50cm左右，层理及层间结构面发育，板岩各向异性明显。砂岩强度较高，为硬岩；板岩强度较低，且具各向异性，为软岩。

（二）掺配料的工程特性

根据开挖区岩性的实际情况，为研究不同板岩掺配含量堆石料在工程特性参数方面的差异，进行了砂岩与板岩不同掺配比例、每种掺配料按18%和20%两个孔隙率填筑标准进行了试验分析。

1. 密度特性　总体上看，在干密度方面，单纯的弱风化砂岩均小于掺混板岩（软岩）后的最小和最大干密度，而几种比例掺合料的最大、最小干密度基本相同，且并不随着岩体风化程度的变化而改变。

2. 应力应变特性　采用室内大三轴试验进行掺配料应力应变特性参数测定，按两种孔隙率进行制样，试验结果如下：①相同掺配比例的强、弱风化岩体，弱风化岩体的模量系数明显高于强风化岩体，但初始内摩擦角几乎相同。②不论是强风化还是弱风化料，随着软岩掺配比例的增加而模量系数明显下降，并且强风化料低于弱风化料；而对于摩擦角来说，各种掺配比例下变化不大。③随着填筑料干密度的降低，模量系数和摩擦角均有所降低，所以，为了减小坝体变形并增加坝坡安全性，应尽可能提高填筑料干密度。④经对试验前、后的颗粒级配进行了分析，随着围压的增大，颗粒破碎的程度在加大，大颗粒比例减少，小颗粒比例增大，特别是5mm以下的颗粒占比增加较多。

3. 压实特性　①不同风化程度掺配料，随着压力值变化，压缩系数整体变化趋势大致相同，且不同风化程度的岩体其压缩系数最小值时所对应的压力级别基本相同；强、弱风化风干料的压缩系数最小值相差不大，而饱和状态下强风化料的压缩系数明显高于弱风化料；饱和料较风干料整体上压缩系数偏大，说明掺配料浸水后强度下降，压缩性增加，坝体变形将增加，不利于坝体变形稳定，因此应将软岩掺配料布置在干燥区。当风化程度和干密度相同，掺配料掺配比例不同时，低围压情况下掺配比例对其压缩性的影响不显著，但当围压升高时，软岩掺配料比例增加，其压缩系数呈明显增大状态。干密度大的掺配料的压缩系数整体低于干密度小的掺配料。随着干密度的减小，掺配料的压缩性增强，压缩模量减小，掺配料的变形也将更大。②通过大型原级配掺配料洞内静载压缩试验，结果与室内试验明显的区别是掺配料各级别的颗粒含量没有特别明显的变化，并没有发生明显的颗粒破碎现象；随着施加荷载值的增大，掺配料的压缩模量呈减小趋势。③根据现场碾压试验验证，随着碾压遍数的增加孔隙率减小，干密度逐渐增大；但加水量和干密度呈抛物线型关系，在10%加水量时，干密度达到最大值；另外，与室内压缩试验相比较掺配料细颗粒明显较少。

（三）结论

①软硬岩掺配料作为特高面板堆石坝的填筑料是可行的，不同掺配比例的坝料对坝体变形影响较大，对坝坡稳定影响有限，掺配料应填筑在下游堆石区较为合理。②掺配软岩料对提高填筑料的干密度有利，并且对风化程度不敏感。岩体风化程度只对模量系数值有影响，对摩擦角不敏感；风化程度对坝体变形影响较大，对坝坡安全影响不明显。③掺配料中随着软岩掺进比例的增加，强度指标和变形指标降低；随着密实度的提高，强度指标和模型参数值均有所提高，强风化掺配料的模型参数值低于弱风化料，但其内摩擦角变化不大，进一步表明不同风化程度、不同掺配比例的掺配料对坝体变形影响较大，对坝坡稳定影响有限。

（中国电建集团西北勘测设计研究院有限公司　陆希）

高心墙堆石坝接触黏土与混凝土基座接触特性研究

心墙堆石坝因其施工成本低、坝基适应性好以及可以利用当地材料等优点，成为广泛采用的坝型。然而心墙与混凝土垫层之间力学特性差别较大，容易产生不均匀沉降和应力集中，使心墙与混凝土垫层之间出现较大的剪切变形。因此，需在心墙与混凝土垫层接触处设置柔性较好和适应变形能力较强的接触黏土。针对心墙堆石坝中接触黏土与混凝土垫层接触面接触特性的研究较少。接触黏土与混凝土垫层接触面的剪切特性与粗糙度、应力状态、土体密实度以及含水率有关。此文以采自LHK坝现场的接触黏土作为试验对象，结合室内试验和数值分析手段，对不同含水率与应力状态下的高心墙堆石坝接触黏土与混凝土垫层的接触效应进行研究，为高心墙堆石坝设计建设提供参考与技术支持。

（一）接触面直剪试验

试验采用自主研发的三维剪切试验设备（主要由剪切盒、推力驱动设备、法向应力加载装置和控制测量系统等组成），试验全过程实现自动化控制与测量。选择接触黏土，按标准方法测出最大干密度和最优含水率。为探究含水率和法向应力对接触黏土—混凝土接触面力学特性的影响，制备实度均为98%的不同含水率的试样组，再对相同含水率的每组试样分别施加不同法向应力进行单向接触面直剪试验，以测定其抗剪强度。同时，还对接触黏土进行了一系列其他剪切试验。

（二）试验结果与分析

（1）接触黏土—混凝土接触面试验结果表明，接触面剪切应力应变关系大致呈双曲线趋势，并且大多数试样表现为应变硬化。在相同含水量条件下，抗剪强度对应的剪切应变随法向应力的增加而增大。

（2）剪切过程中法向变形以压缩为正，接触面在低法向应力、低含水率时表现为剪胀现象；当法向应力增大到一定值后，法向变形表现剪缩特性；随着含水率的增加，法向变形表现为剪缩特性所需要的法向应力降低。因此，随着法向应力和含水率的增加，接触面的法向变形表现为明显的剪缩趋势。

（3）试验还表明在法向应力较低情况下，接触面的抗剪强度明显小于黏土的抗剪强度，随着法向应力的增大，接触面的抗剪强度和黏土抗剪强度趋于一致；当法向应力较低时，接触面会沿着混凝土表面发生滑移破坏，而当法向应力较高时，接触面滑动面可能产生在黏土内部，即接触面的破坏形式表现为黏土的剪切破坏。

（三）接触黏土与混凝土接触面数学模型

按照Desai等提出的薄层单元（有厚度）来模拟接触黏土与结构接触面，接触面的法向应变和剪切应变关系采用分段函数（剪胀关系用二次函数、剪缩关系用双曲线函数）进行拟合，根据接触黏土与混凝土接触面的直剪试验结果，采用所建议的模型分别对剪应力和法向位移进行拟合，以验证模型的合理性。试验结果与模型计算结果的对比可知，该非线性弹性模型能够较好地模拟接触黏土与混凝土接触面的力学特性。

（四）模型应用

通过对LHK心墙堆石坝的坝体和基岩进行了有限元模拟建模，全面模拟了坝体的施工填筑、水库蓄水等过程，经数值三维计算，结合现场筑坝料检测试验结果和大坝施工前期原型观测资料进行反演，可以看出，反演结果与现场实测值基本能够吻合。

（五）结论

该文研究了LHK心墙堆石坝接触黏土与混凝土垫层接触面的接触特性，通过一系列接触面直剪试验，研究了接触黏土与混凝土之间的剪切特性，并建立了一个可以合理描述接触黏土与混凝土接触面的非线性弹性模型。通过数值模拟分析了接触黏土与混凝土垫层摩擦接触效应对坝体变形的影响。形成结论如下：①含水率和法向应力是影响接触面剪切特性的重要因素，法向应力越低、含水率越高，接触面的抗剪强度越低。随着法向应力和含水率的增加，接触面的法向变形表现出明显的剪缩趋势。②建立一个非线性弹性模型来描述接触面的力学特性，该模型原理简单，计算便捷，物理意义明确。③将接触面模型应用于LHK心墙堆石坝三维模型，通过计算分析发现：坝体沉降和水平位移符合坝体的一般变形规律。接触黏土层的切向位移沿接触黏土厚度方向自上至下切向位移逐渐减小，切向位移方向均指向河谷，不会出现受拉与混凝土垫层脱空和分离现象。

（南京水利科学研究院　河海大学　朱雨萌
李国英　陈子玉　秦育阳　陈忍）

五强溪水电站混凝土重力坝渗漏探测与治理技术研究与实践

五强溪水电站大坝蓄水后，发现坝体混凝土结构横缝存在不同程度渗漏。针对渗漏问题，历年来也曾进行过多次灌浆封堵治理，但效果不甚明显。近几年观测表明，渗漏量有逐年增大趋势。为改善电站运行环境，确保大坝安全稳定运行，开展了混凝土大坝漏水原因探测与治理技术研究，并对大坝结构缝渗漏进行治理，取得良好效果。

（一）渗漏情况

（1）60m廊道21/22坝段拱顶结构缝处有一深达11.0m、孔径约120mm的预留孔，通过观测及试验发现，廊道拱顶往上2.0～3.0m处的孔壁有集中涌水，通过引流测得涌水压力0.46MPa，涌水量67L/min。

（2）81m廊道21/22坝段结构缝渗水，采用结构缝环向布置8个穿缝孔，通过关闭其他孔只留一个测孔的方法，分别测每个孔的涌水压力和涌水量，测得最大涌水压力为0.25MPa，总的涌水量为32L/min。

（3）25坝段60m横向廊道存在集中涌水点，当船闸泄水后涌水量明显减小，当船闸蓄水后涌水量又恢复到初始状态。通过凿除涌水点廊道壁混凝土后发现有两根预埋管及周边渗漏，观测两根管的压力和流量，分别为0.35MPa、9.0L/min，0.46MPa、24.0L/min。

（二）渗漏探测

因场地限制，常用的高密度电阻率法、自然电场法、浅层地震反射、地震CT等物探无损方法无法正常开展；而探地雷达在渗漏潮湿的环境中信号衰减快，也难以获得有效的探测成果。针对这样的具体情况，研究选择了伪随机流场法则检测法，探测和分析大坝的具体渗漏形式和部位，取得了较好结果。

具体方法是库区距坝体300m处的水中采用专用铜箔电极布置测线，为无穷远供电电极B；再逐层对大坝三层廊道内的多个溢水点并接，作为供电电极A；用堤坝管涌渗漏检测仪发送机连接A、B电极，采用堤坝管涌渗漏检测仪接收机电极在测线上以特定点距检测水中电位差，记录电位差和供电电流，并对电位差按供电电流进行归一化处理。根据流场法原理，及测得较大电位差异常判断来自库水或两岸的水力联系及对应的渗漏通道。

经过探测分析，得到以下结果：①推断坝左0+149.5～坝左0+165.5段（20坝段/21坝段）在52～63m高程区域疑似存在混凝土水平裂缝入渗口，且坝左0+163～坝左0+165段（21坝段）与坝左0+150～坝左0+152段（20坝段）存在相对集中的渗漏通道。②推断坝左0+174～坝左0+190（21坝段/22坝段）段在52～60m高程区域疑似存在混凝土水平裂缝入渗口，坝左0+185～坝左0+189.5段（22坝段）存在较为集中的渗漏通道。③推断坝左0+198.5～坝左0+214.5（22坝段/23坝段）段在52～62m高程区域疑似存在混凝土水平裂缝入渗口，且在坝左0+212～坝左0+214（23坝段）与坝左0+199～坝左0+201（22坝段）区域存在较为集中的渗漏通道。④推断坝左0+224.5～坝左0+226.5（23坝段）在54～64m高程区域，为弱渗漏区。

根据该电站坝区前期相关资料，结合本次检测结果，迎水面疑似渗漏区域基本同之前与现在廊道内所观测到的渗水区域基本吻合。

（三）化学灌浆

通过坝体结构渗漏特征分析，主要采用弹性灌浆材料进行灌浆处理。①渗漏量小的部位和孔段采用弹性环氧与聚氨酯复合灌注。②对于涌水量大的部位和孔段采用弹性灌浆组合材料灌注。

（四）灌浆效果评价

经过对60m廊道22坝段集中涌水点、81m廊道21/22坝段结构缝、25坝段60m横向廊道涌水点三个部位灌浆处理后，漏水量均减少到零。

（五）结论

（1）通过流场法及矢量流场法对混凝土坝结构缝渗漏进行物探检测与分析，有助于掌握结构缝渗漏源头与性状，为坝体混凝土渗漏修补处理提供必要的基础资料。

（2）根据渗流量的不同分别采用了弹性环氧和聚氨酯复合灌注以及弹性灌浆组合材料（膨润土环氧浆液与聚氨酯浆液双组分）灌注封堵，方法可行，效果明显。

（3）混凝土大坝渗漏探测与治理，历来是大坝安全运行与维护的重点和难点，此次研究与实践，形成了包括检测方法、处理材料等的探测与治理的系统方法，可为今后解决类似工程问题提供指导与借鉴。

（中国电建集团中南勘测设计研究院有限公司
刘晓丰　伍平生　李永丰　胡铁桥　陈安重）

云镇水库碾压混凝土坝排水设计特点

（一）工程概况

云镇水库位于陕西省镇安县境内，坝址位于镇安县西北云盖寺镇上游的县河峡谷段，距镇安县城20km，水库的主要任务是城镇供水和农业灌溉，年供水量1075万m^3。水库正常蓄水位903.00m，总库容959万m^3，调节库容747万m^3，拦河坝为碾压混凝土重力坝，坝高74m，坝顶高程906.00m，坝基高程832.00m，坝顶宽7.0m。

泄洪坝段位于河床段中部，布置泄洪底孔和表孔各一孔；放水孔布置在泄洪坝段右侧的挡水坝段，采用坝体内埋设钢管的布置型式，钢管内径1.0m，管中心高程为857.25m，大坝下游设调流调压阀控制流量。

坝址为“V”形河谷，两岸斜坡陡峻，坝址岩层为泥盆系上古道岭组（D_2g^2）绿泥绢云母千枚岩。两岸覆盖层厚度1.5～4.0m，河床覆盖层厚度3.0～5.5m。坝址位于单斜构造的横向谷区，总体倾向上游偏左岸。

坝址区地下水主要为第四系松散层孔隙潜水及基岩裂隙水两种类型，左岸地下水埋深35～52m，右岸地下水埋深26～49m。第四系松散层孔隙潜水含水层为冲积砂卵石层、坡洪积砂壤土层等。

（二）大坝结构设计

由于坝址下伏基岩片理发育，风化深度大，加之千枚岩软化系数偏低，抗剪强度低，在大坝的结构设计中主要采取了如下措施：①加强坝基固结灌浆。②放缓上下游坝坡。③设置抗滑齿槽。④增大岸坡坝基接触面积。⑤提高防渗标准。⑥加强坝基和坝体排水。⑦坝体横缝灌浆将坝体连接为整体。

（三）排水系统设计

1. 设计原则　混凝土坝一般采用廊道内帷幕灌浆、帷幕下游侧布置排水孔的方式降低坝基渗透压力，以保证坝基抗滑稳定。排水孔孔深应根据帷幕和固结灌浆的深度及基础的工程地质、水文地质条件确定，主排水孔深一般为帷幕深的0.4～0.6倍，高、中坝的坝基主排水孔深不小于10m。排水系统的设计应满足在各种运行条件下将坝基和坝体的渗透压力控制在设计范围内要求。

2. 廊道系统布置　云镇水库大坝设置2层廊道，坝基帷幕和排水孔位置应尽量靠近上游，最大程度减小坝基渗透压力。底层廊道断面为3.0m×3.5m（宽×高）的城门洞形，作用为帷幕灌浆、监测、排水；上层廊道水平布置，底板高程 871.50m，中部断面尺寸为 2.0m×2.5m（宽×高），城门洞形，作用为监测、排水，两端与左右岸灌浆洞连接，灌浆洞断面为 3.0m×3.5m（宽×高），用于岸坡岩体帷幕灌浆和排水。两层廊道左右两端均有通向下游的交通廊道。上下两层廊道之间采用斜井连接。斜井的坡度与坝基开挖面坡度基本一致。

3. 坝基排水设计　由于坝址基岩风化深度大，坝基开挖设计要求较为宽松，坝基岩石仍然较破碎，加之千枚岩软化系数偏低，抗剪强度低，对坝基抗滑不利，必须加强坝基排水设计。由于两层灌浆廊道用斜井连接，坝基帷幕灌浆孔布置在灌浆廊道或斜井的上游侧，所有的灌浆孔连续布置，且帷幕灌浆孔均为铅直孔，有利于施工控制。坝基排水孔则布置于灌浆廊道或斜井的下游侧。坝基排水孔的渗水由横向交通廊道排出或集于底层廊道集水坑抽排出至下游河道。

4. 坝体排水　云镇水库坝体排水孔选用钻孔型式。采用水平排水体连接铅直钻孔与廊道，既解决了斜向钻孔精度的控制难题，又克服了排水孔周围混凝土透水性差的问题，同时最大程度上减小对碾压混凝土施工的干扰。水平排水体是在混凝土内部埋设大孔隙材料形成排水通道，位于各层廊道顶部，考虑到钻孔深度和精度，水平排水体宽度取 2m，厚度 30cm，排水体外部用无纺土工布包裹。水平排水体连接 D150 钢管，将坝体渗水引入下层廊道。

5. 排水设计特点　云镇水库碾压混凝土坝排水系统设计在遵循设计规范并借鉴已成工程的经验，为了加快施工，减小施工干扰，别具匠心设置了岸坡排水斜井和水平排水体，使得大坝的排水系统布置和施工更加简单。

（四）结语

云镇水库碾压混凝土坝在排水系统的设计中提出新的思路，引入岸坡斜井和水平排水体，使排水设计和施工更加简单，对碾压混凝土施工干扰小，透水性好，施工方便，可靠性高，造价低廉，实用性强，使碾压混凝土筑坝技术的优势得以更好地展现。

（陕西省水利电力勘测设计研究院
王锦峰
中国电建集团西北勘测设计研究院有限公司
杨鑫平）

尼泊尔上博迪克西水电站重力坝修复设计

重力坝是水利水电工程作为挡水坝所采用的主力坝型之一，一些大坝在运行中因各种原因，出现了不同程度的损坏，需要进行除险加固或修复处理。往往设计和施工周期较短，并在质量、时间方面要求较高。以尼泊尔上博迪克西水电站重力坝修复为例，从打开修复设计思路的角度，为重力坝修复增添一可供借鉴的案例。

（一）工程概况

尼泊尔上博迪克西水电站位于加德满都东北方向约 75km 处，该水电站为低坝长引水式电站，挡水坝为溢流式混凝土重力坝，电站装机 2 台，单机容量 22.5MW，2001 年 1 月建成发电。原 1 号坝段为右岸岸边坝段，坝段长度为 30m。坝顶高程 1435.00m，坝顶宽为 6m，最大坝高 22m。坝基为砂砾石基础，设置一道 0.8m 厚的悬挂式防渗墙，防渗墙深度 20m。1 号坝段上下游侧均采用浆砌石护岸。

电站大坝经历了 2015 年里氏 7.8 级地震及 2016 年 7 月 5 日洪水引发的泥石流自然灾害。地震对大坝造成的损伤不大，而泥石流冲击坝址首部枢纽区，造成严重损害，冲毁了大坝右坝肩和地基，致使重力坝失去了挡水发电原有功能，需要修复或重建恢复。从大坝损毁后检查情况看，重力坝顶部的施工缝较紧密无拉开现象，没有发现偏移或位移，在洪水自然灾害事件中，高速水流携裹泥沙和岩石，甚至包括直径达 10m 的大漂砾石，造成大坝坝顶和下游面混凝土不同程度的磨蚀损害。沿坝顶上游边缘，混凝土发生了 200mm 以上的磨损和侵蚀，在下游面，可以看到大部分混凝土里的粗骨料以及用于控制裂缝的钢筋网。泥石流严重损毁了靠近右岸岸坡 1 号坝段的坝肩和地基，但 1 号坝段整体仍然完整，右岸坝肩浆砌石护岸和通往大坝的道路被破坏，右坝肩处形成一条绕过重力坝的新河道。

（二）修复方案

1. 1 号坝段修复　国外一家设计咨询公司进行的修复方案设计招标，其中 1 号坝段修复方案为拆除重新设计建设。但规定拆除过程中不得使用炸药有声爆破，1 号坝段体型庞大，拆除工期会很长，即使采用无声爆破，也难以保证不会对接缝止水造成新的破坏和对 2 号坝段造成的影响。从 1 号坝段的实际性态看，洪水灾害后仍然完整，说明其整体稳定，故拆除理由不是很充分。且就其功能而言，新建的 1 号坝段只要具有挡水功能即可，并不一定要在原位置上。鉴于此，提出保留原 1 号坝段，在其上游侧重新修建新的 1 号坝段：①用毛石混凝土回填原 1 号坝段掏空的地基，并对接缝进行灌浆，进一步加强坝段的整体稳定性。②在原 1 号坝段上游新建 1 号坝段，大坝上游设置防渗墙与原坝段防渗墙相接，在与原 1 号坝段上游面连接处设止水，形成全封闭的防渗体系。③在保证原溢流坝顶部长度、满足大坝的泄洪能力的前提下，新建 1 号坝段岸坡坝肩部分浇筑混凝土采用台阶式连接右岸的道路，既可加强右坝肩的防护，又可避免右坝肩边坡发生冲蚀破坏。④对新1号坝段下游与原1号坝段之间的空腔进行素混凝土回填，形成一条新的上坝路，与原1号坝段的坝顶连接。原来的1号坝段将主要作为通往坝顶的通道。比较拆除的修复方案，此方案保证了施工总进度，节省混凝土拆除及浇筑工程量约5000m^3，效益显著。

2. 2号和3号坝段修复 2号和3号重力坝坝段上游面基本完好，只是坝顶和下游面受到破坏，处理方案要求坝顶及下游混凝土面拆除或凿毛，并浇筑新的混凝土结构层，恢复原体型结构尺寸。老混凝土表面涂抹环氧树脂提高黏结力：①溢流面顶部及下游面凿除冲刷破坏的混凝土；其余溢流表面的混凝土凿毛处理、植入锚筋、布设钢筋网与锚筋焊接；施工缝面用高压水枪冲洗，晾干后刷涂环氧树脂，然后浇筑混凝土到设计表面。②上游面混凝土已经破坏并且钢筋露出来的区域，将原设计表面以下200mm厚的混凝土凿掉，布设锚筋、恢复原来钢筋，锚筋钢筋网焊接，施工缝面刷涂环氧树脂，然后浇筑混凝土至原设计体型。③对于深度小于50mm的凹坑，凿毛冲洗后，刷环氧树脂，用细石混凝土抹平。

3. 稳定计算复核 经采用材料力学和反应谱2种方法计算所得的坝基抗滑稳定计算结果看，坝基抗滑稳定安全系数大于允许值，通过计算表明大坝在原地震动设计标准下是安全的。

（三）结论

（1）新的1号坝段修复方案设计顺利完成并付诸实施，节省了投资，工期得到保证，使电站按时发电获得了有力保障，经济效益显著。

（2）通过材料力学法和反应谱法计算复核分析，大坝在原地震动设计标准下是安全的，修复方案合理可行。

（中国电建集团西北勘测设计研究院有限公司
王伟 范建朋）

乌干达卡鲁玛水电站工程设计

（一）工程概况

乌干达卡鲁玛水电站位于乌干达西北部卡鲁玛村附近，是乌干达维多利亚尼罗河上规划的7个梯级电站中的第3级。坝址距下游马辛迪—古鲁公路约2.5km，交通较方便。尾水出水口位于距大坝下游卡鲁玛大桥约9km的国家公园内。该电站是以发电为主要任务的水电枢纽工程，规划总装机容量600MW。主要建筑物包括拦河闸坝、引水建筑物、发电厂房及开关站等。电站正常蓄水位1030.00m，正常蓄水位以下库容7987万m^3。

（二）工程枢纽布置设计

1. 枢纽总体布置 拦河闸坝位于卡鲁玛大桥上游约2.5km处，由两岸重力式挡水坝、溢流坝段、冲沙底孔坝段、生态流量泄放坝段和鱼道等共计20个坝段组成，全长314.43m，最大坝高14.00m。该电站工程区地形平缓，输水系统较长，约有9km。勘探表明输水线路和地下厂房围岩地质条件较好。地下厂房位于输水系统首部，距离Kyoga Nile river河岸边约350m的左岸地下。输水发电系统主要包括进水口、引水竖井、引水隧洞、主副厂房洞、主变压器洞、尾水调压室、尾水隧洞、母线洞、出线竖井、进厂交通洞、通风兼安全洞、排水廊道系统及尾水渠等。地面开关站布置于厂房上方1058.0m高程的地面平台上，场内布置有控制楼、地面出线场等。

2. 挡水建筑物设计 重力式挡水坝段主要布置在两岸及河床，坝顶高程1032.00m，顶宽6.00m，采用三角形断面，下游面坡比1∶0.7，起始点为坝轴线与正常蓄水位交界，上游设1∶0.1折坡，起始点高程为1028.00m。考虑储门槽布置需要，储门槽坝段坝顶宽度增加至9.50m，并取消上游的折坡。

3. 泄水建筑物及消能设计 在主河床部位，共设9孔泄洪闸，采用实用堰型，下游接下挖式消力池，末端设护坦防护；靠泄洪闸左侧布设1孔排漂闸；靠排漂闸左侧布设2个冲沙底孔；设1孔生态流量泄放孔和过鱼道布置在右岸导流明渠内。

4. 过鱼建筑物设计 鱼道靠生态流量泄放坝段右侧布置，鱼道全长237.50m，鱼道泄槽宽3.50m，坡度i=5.5%，整个鱼道共设8个休息池，坡度i=2.5%。为适应上游水位在1030.00～1028.00m高程间变化，鱼道设置2个出口，出口堰顶高程分别为1028.00m和1027.00m，进口底板高程为1015.00m。

5. 引水及尾水建筑物设计 进水口位于Kyoga Nile river河左岸，与拦河闸坝左岸①号坝段相邻。进水口采用岸塔式结构，6台机组采用单洞单机布置。进水口单元设拦污栅段和闸门塔，单元之间设结构缝。进水口底板高程1013m，塔高20.5m，单个进水口设3孔拦污栅、1扇检修闸门和1扇事故闸门。检修平台5号闸门两侧各布置1个闸门存放库。进水口上游设置拦沙坎和导沙槽。引水隧洞共6条，单洞单机布置，洞轴线平行布置，引水隧洞主要包括上平渐变段、竖井（包括上下弯段）及下平段，隧洞内径7.7m，竖井上、下弯段和厂前25m段采用防渗钢衬结构，其余为钢筋混凝土衬砌。尾水支洞6条，采用0.6m厚钢筋混凝土衬砌，内径7.7m。尾水调压室，采用长廊式布置，分为两个独立的调压室单元，将6台机组分为两个独立水力单元，调压室顶部连通。尾水调压室内的上游侧布置有尾水检修闸门。

该工程共设有两条尾水隧洞分别与两个尾水调压室衔接，隧洞全衬砌，衬后洞径 12.9m。尾水出口设置尾水明渠，末端与原河道衔接；尾水明渠分为底部平坡段、斜坡段和末端平坡段，斜坡段末端设混凝土拦沙坎。尾水隧洞出口部位设置检修叠梁门槽，检修平台高程 964.65m，设置两个叠梁门门库，采用汽车吊操作运行叠梁门。检修门槽上游侧设置尾水洞检修竖井。

6. 地下厂房设计　地下发电厂房布置在距离 Kyoga Nile river 河岸边左岸地下约 80m 深度处，安装场、主机段、副厂房呈"一"字形布置，厂房洞室全长为 200m，洞室宽度 21m。其中安装场长 45m，主机段长 138m，副厂房长 17m。主变压器洞设置于主厂房下游 40m 处，主变压器洞宽 14.7m，全长 161.4m，其中 108.5m 为 GIS 段。主变压器洞内布置有 7 台三相变压器。主变压器洞下游 25m 处布置 2 条 400kV 出线竖井，竖井高约 110m，竖井断面直径 9m，全断面采用混凝土衬砌，衬砌厚度 0.8m。井内布置有出线电缆井、排风井、楼梯及消防电梯。每台机组主厂房与主变压器洞之间设一母线洞。副厂房与主变压器洞之间设有电缆交通洞连接。地面开关站布置在厂房上方高程约 1058m 地面，场地尺寸为 130m×80m。场内设有出线架、控制楼等。

（三）水力机械

水轮机主要参数。型号：HL(273)-LJ-445，转轮直径（D_1）4.452m，额定水头 60.0m，额定转速 142.9r/min，额定出力 102MW，最大出力 112.2MW，额定流量 182.66m^3/s，最大单机流量 205.73m^3/s。每台机组配套一台 PID 双冗余微机电液调速器，额定操作油压 6.3MPa。最重起吊件为发电机转子加吊具（含平衡梁），重量约 340t，采用岩壁吊车梁结构，配置两台 QD200/50t 单小车桥机起吊安装。

（四）其他设计

有关接入系统方式、电气主接线、主要电气设备、开关站型式和高压引出方式、控制保护及通信、金属结构、通风空调等的具体设计从略。

（中国电建集团华东勘测设计研究院有限公司
朱红波　马源　刘晓宇　胡正凯）

马里古伊那水电站工程勘测设计情况

（一）工程概况

古伊那（GOUINA）水电站工程位于马里西部，巴富拉贝（Bafoulabé）与卡伊（Kayes）两城市之间的塞内加尔河流上，为径流式电站。塞内加尔河流向为由东南流向西北方向，在费鲁（Felou）瀑布上游 64km 处有一 12m 高的 GOUINA 瀑布，总落差为 15m。GOUINA 水电站利用此水头，在瀑布上游约 350m 处建设大坝。将水位提高到 75m 高程，并将水引向厂房发电。其未来生产的电能通过下游已建的费卢水电站开关站接入跨界架设于塞内加尔、马里和毛里塔尼亚之间的输电线路中，向 OMVS 的三个成员国提供电力。

电站距离下游卡伊（Kayes）市约 79km，距下游已建的费鲁水电站约 64km，距马里首都巴马科市（Bamako）约 729km。为沥青路面，交通条件较好。

该工程主要任务是发电，坝址处多年平均流量 433m^3/s。水库正常蓄水位 75m，电站总装机容量 144.1MW。

枢纽主要建筑物包括拦河大坝、引水发电系统、开关站、输电线路等。水库正常蓄水位 75m，相应库容 1.36 亿 m^3。各建筑物的洪水标准：挡水坝、泄水建筑物、电站厂房等主要建筑物按照 10000 年一遇洪水设计，相应的洪峰流量为 10600m^3/s；泄水消能防冲建筑物按 50 年一遇洪水设计，相应洪峰流量为 5100m^3/s。

（二）勘测设计过程

1. 规划阶段　2001 年 10 月由法国 COYNE ET BELLIER 咨询公司完成了《古伊那项目二次可行性研究报告》，2003 年 2 月 COYNE ET BELLIER 咨询公司完成了最终版《古伊那项目二次可行性研究报告》，2009 年 6 月，承包商根据 COYNE ET BELLIER 咨询公司的《古伊那项目二次可行性研究报告》完成了《古伊那项目建议书》。

2. 基本设计阶段　承包商对古伊那水电站基本设计阶段补勘补测工作始于 2012 年 10 月，2012 年 12 月进行了现场踏勘，其后因安全原因项目暂停，2013 年 12 月重启该项目，2014 年 3 月承包商进驻现场，根据本工程的枢纽布置格局，并结合相应的工程地质条件等进行了勘探点布置，2014 年 4 月逐步开展该工程的地质勘探和地形测量工作。

2012 年之后，在法国科因公司可研设计水文成果的基础上，中国水电又先后完成了古伊那水电站历史洪水调查、实测水位、卡伊（Kayes）水文站新增水文资料搜集、上游马南塔里水电站运行资料的搜集和复核工作（新增资料已延长至 2015 年）。

2014年至2015年，先后完成了古伊那水电站库区、坝址区、输电线路等部位的地形测量、断面测量。坝址区及输电线路完成了1∶1000的实测地形图。

2015年，完成了古伊那项目的地勘工作，主要包括物探、岩土试验等内容。

2016年6月30日至2016年11月30日完成基本设计报告编制，2018年3月完成基本设计报告的测量报告、地质报告、水文泥沙及水能、工程布置及建筑物、机电、金属结构及空调通风、施工导流设计、输电线路报告等各卷报告的审批。

（三）项目招标、施工详图设计以及发电调试阶段

根据项目计划，2016年11月15日工程正式开工。主体工程于2017年11月16日开始开挖。2018年1月开始机电设备采购招标，2018年5月开始施工详图设计。受新冠疫情等各种因素影响，项目于2021年12月开始发电调试，2022年3月13日项目首台机投产发电，2、3号机组分别于2022年3月22日、2022年4月3日并网发电。

（中国电建集团西北勘测设计研究院有限公司 王龙）

引水建筑物设计

大石峡水电站压力隧洞钢筋混凝土衬砌限裂分析

计算分析压力隧洞钢筋混凝土衬砌裂缝宽度方法主要有规范公式法、钢筋混凝土有限元法、理论公式法和预设裂缝法等。近20年来，随着数值计算的发展，通常用有限元法研究钢筋混凝土结构受力、裂缝产生和扩展过程。

大石峡水电站引水隧洞上平段为钢筋混凝土衬砌，最大内水压力为0.99MPa，衬砌按限裂设计。该文采用计算分析软件为PHASE^{2D}，基于修正摩尔—库伦准则的弹塑性损伤混凝+有限元法和预设裂缝法，计算分析压力隧洞钢筋混凝土衬砌裂缝分布特征。修正摩尔—库伦准则钢筋混凝土塑性模型是以塑性损伤区表征裂缝，通常数值模型单元网格尺度越小，计算结果越接近实际。

（一）工程概况

大石峡水电站安装3台机组，采用单机单管的供水方式，3条引水道平行布置，长度为684.2～722.7m。引水管道均由上平段、上弯段、斜井段、下弯段和下平段组成。隧洞围岩类别以Ⅲ类为主，局部Ⅳ类。隧洞上平段为钢筋混凝土衬砌，斜井段和下平段为钢衬混凝土衬砌。钢筋混凝土衬砌厚度为60cm，衬砌后内径为6.0m，上平段正常运行情况下最大静水头87.13m，水击水头14.0m，内水压力标准值P＝0.99MPa，水库正常蓄水位为1700.00m，上平段最大外水压力为0.86MPa。

（二）计算与分析

（1）根据引水隧洞上平段布置，建立二维有限元模型，采用计算分析软件PHASE^{2D}演算，混凝土采用修正摩尔—库伦准则的弹塑性模型，围岩采用摩尔—库伦屈服准则，钢筋采用嵌入式杆单元，并具有抗剪特性，混凝土衬砌钢筋布置分为仅有内层钢筋和同时有内外两层钢筋两种形式。根据弹塑性损伤计算结果，在衬砌上预设若干条裂缝，由具有抗拉和滑移力学特性的节理单元来模拟，钢筋为ϕ25@150，混凝土等级为C25，围岩变形模量取8.0GPa。

（2）当内水压力大于0.6P时，混凝土衬砌逐渐出现塑性区，塑性区首先出现在水平位置，当内水压力大于0.8P时，又产生新的竖直位置塑性区，直至内水压力增加到1.0P时，再未出现新的塑性区，仅仅是先前的塑性区的范围稍有扩大。钢筋布置方式对混凝土衬砌塑性区出现时机和位置基本没有影响，对塑性区分布的范围稍有影响。仅布置内层钢筋的混凝土衬砌的塑性区小于布置内外层钢筋的混凝土衬砌的塑性区，原因是混凝土开裂缝后，外层钢筋带动其附近混凝土应力增加而进入塑性。

（3）在混凝土衬砌未进入塑性状态前，钢筋应力很小，当内水压力不大于0.6P时（即开裂之前），随内水压力增加，钢筋应力增加缓慢，两种钢筋布置钢筋应力最大值分别为10.55、10.40MPa，基本相等；当内水压力大于0.6P后，钢筋应力增加较快；在内水压达到0.8P以后，又转入较缓慢增加；内水压力等于1.0P时，两种钢筋布置，其拉应力最大值分别为142.66、140.32MPa。钢筋保护层取100mm，按DL/T 5057—2009《水工混凝土结构设计规范》计算裂缝宽度分别为0.246、0.239mm；两者均小于允

许值 0.3mm。

(4) 当内水压力小于 0.7P 时，预设裂缝处的钢筋应力较小，最大拉应力小于 20.0MPa，说明之前预设裂缝基本没有张开。当内水压力等于 0.8P 时，预设裂缝处的钢筋应力达 111.98MPa；钢筋应力变化规律与未预设裂缝的塑损伤模型计算结果是基本一致的。当内水压力等于 1.0P，两种钢筋布置其拉应力最大值分别为 140.07、109.18MPa，按 DL/T 5057—2009《水工混凝土结构设计规范》计算裂缝宽度分别为 0.0892、0.0696mm。钢筋布置方式对预设裂缝张开时机和位置基本没有影响，钢筋拉应力较大值都出现在预设裂缝处。

(5) 由节理单元可以直接量取裂缝宽度，其大小变化规律与钢筋应力增加状态是同步的。内水压力等于 1.0P 时，两种钢筋布置，最大裂缝宽度分别为 0.149、0.0911m。

（三）结论

①由基于修正摩尔—库伦准则的钢筋混凝土塑性模型和嵌入式钢筋杆单元建立的压力隧洞钢筋混凝土结构数值模拟模型，计算出的塑性损伤区出现规律和特征与实际试验基本吻合。②钢筋布置对混凝土衬砌塑性损伤区即开裂出现时机和位置基本没有影响，只对塑性区分布的范围稍有影响。③钢筋布置形式对钢筋应力及混凝土裂缝影响较小，内外层都布置钢筋略好于仅内层布置钢筋。④两种数值模型计算出的钢筋混凝土衬砌裂缝宽度均小于规范允许值。

（西安建筑科技大学　石广斌　张晓莉
中国电建集团西北勘测设计研究院有限公司　苗喆）

牛首山抽水蓄能电站输水及地下洞室系统渗流场三维有限元分析

（一）工程概况

牛首山抽水蓄能电站位于黄河青铜峡水库右岸，上水库利用赵井寺沟及其支沟形成的洼地挖填筑坝形成，正常蓄水位 1655.00m，死水位 1628m，调节库容 710.8 万 m^3；下水库位于青铜峡水库右岸的山前洪积阶地上挖填形成，正常蓄水位 1262m，死水位 1237m，调节库容 710.4 万 m^3。电站装机容量 1000MW(4×250MW) 的混流可逆式水泵水轮机组。

输水洞线采用直线布置，发电厂房采用中部式布置方案；引水及尾水系统采用 2 洞 4 机布置；引水隧洞立面采用 3 平洞加 2 斜井型式布置，上平段采用钢筋混凝土衬砌，上弯段以下全部采用钢板衬砌；上、下水库进/出水口均采用侧式岸坡竖井式。厂房洞室群主要由主厂房、主变压器洞、尾闸洞、尾水管等组成。

地下厂房处于地下水位以下，地下洞室群四周设置排水系统。厂区不同高程设置 3 层排水洞，顶层排水洞呈“目”字形布置，排水洞内布设向上的斜排水孔，在主厂房、主变压器洞和尾闸洞顶拱上方相交，形成“人”字形排水幕；中层排水洞下游侧增设帷幕灌浆，与尾水支管钢衬段末端环向阻水幕搭接，形成阻水帷幕；下层排水洞呈“口”形布置；3 层排水廊道之间设竖向排水孔，环绕地下厂房、主变压器洞和尾闸洞周边形成排水幕。在下斜井钢衬段顶部不同高程利用施工支洞或开挖设置排水廊道，压力钢管上层排水廊道与下层排水廊道通过排水竖井相连，下层排水廊道与厂房排水系统相连，渗漏水通过厂房自流排水洞排出。

（二）数值计算模型

(1) 根据牛首山工程水文地质资料，采用 ABAQUS 软件建立三维等效连续介质渗流场有限元计算模型。模型四周边界尽量取在山体分水岭位置，以确保模型计算边界的合理性。根据工程地质资料将地层自上而下分为强风化层、弱风化层及微新岩层，模型包括上库区、地下厂房洞室群、厂房区排水系统、引水隧洞、尾水隧洞等建筑物及下水库区。

(2) 研究进行了 3 个工况的计算：第 1 个工况为上水库高水位、下水库低水位防渗排水系统正常运行工况；第 2 个工况为上水库低水位、下水库高水位防渗排水系统正常运行工况；第 3 个工况为上水库高水位时厂房下游侧帷幕失效工况。

(3) 为了合理确定洞室围岩渗流场计算参数，首先对工程区不同分区岩体、断层的渗透系数进行参数反演分析。根据该工程钻孔资料经反演分析和拟合计算，防渗帷幕和混凝土衬砌的渗透系数参考相关工程取值。

（三）计算结果和分析

正常运行时，在上水库水位降低，下水库水位升高，引水系统浸润线及外水压力有所降低。尾水系统浸润线位置有所增加；厂房上游侧浸润线有所降低，下游侧浸润线有所抬升，导致厂房下游浸润线溢出点位置抬高，厂房区水头值均有所增大，但在厂房四周排水孔幕的排水作用以及下游侧防渗帷幕的防渗作用下，厂房区大部分仍在浸润线以上，处于干燥状态，厂房区排水系统和防渗措施起到较好的防渗排水作用。经不同工况计算结果分析，上下水库两种运行水位情况下，各部位渗流量差别不大，渗流控制系统均可以取得较好的渗控效果。

（四）结论

(1) 上下水库不同水位正常运行情况下，输水系统均处于浸润线以下，但是外水压力总体相对较小，在渗流控制系统的作用下，厂房区大部分位于浸润线以上，处于较为干燥的状态，渗流出溢点在靠近厂房底部部位。输水系统和厂房系统设置必要的排水和防渗措施可以有效降低地下水位，保证工程安全。上下水库不同正常运行水位对渗流场影响较小，渗流控制系统均可以取得较好的渗控效果。

（2）厂房下游侧帷幕失效对输水系统水头分布影响较小，其中厂房下游侧和尾水系统部位浸润线有一定程度的降低，外水压力值有一定程度的减小。厂房下游侧帷幕失效对输水系统渗流量影响较小，但是显著影响厂房系统的渗流量，说明防渗帷幕对控制渗流量具重要作用。

（西安理工大学 李炎隆 温立峰
中国电建集团西北勘测设计研究院有限公司
贾巍 雷艳）

缙云抽水蓄能电站工程调压室水力特性研究

（一）工程概况

缙云抽水蓄能电站尾水洞内径 6.2m。下游调压室设置在尾水岔管下游 20.0m 处，采用阻抗＋上室式，调压室大井直径 13.0m，长度 76m；阻抗孔直径 5.0m。尾水洞与连接管通过直角岔管和弯道连接，岔管、支管中心高程低于尾水洞中心高程 0.6m，弯管内径 5m，中心转弯半径 5m。连接管长度约 66m。该工程下游调压室连接管/尾水隧洞面积比约为 64%，大于典型的阻抗式调压室，水力特性可能与典型的阻抗式调压室存在一定的差异。因此，选取此工程进行三维流场数值模拟分析调压室进/出流水力特性具有重要工程实际意义。

（二）数学模型

该文研究的调压室底部水头损失系数并不需要考虑流体弹性以及非恒定边界条件下水体惯性的影响。采用任意流体流动的连续方程和动量方程 Navier-Stokes 方程计算。计算中湍流视为时间平均流动和瞬时脉动流动的叠加运动，细微的密度变化并不对流动造成明显的影响，因此，略去密度散度和变量随时间的变化，忽略密度脉动；引入湍动黏度的形式，建立湍流脉动值和时均值之间的关系等，通过数值方法进行求解。

（三）水力特性分析

带长连接管的调压室水力特性研究，基于流速分布、压力分布、水头损失等水力特性，由不同运行工况时所带来的相关参数的变化，以进出调压室的流量与隧洞总流量之比作为分流和汇流比进行分析。按水流进入调压室和汇入隧洞分流比均为 0、0.25、0.5、0.75、1.00 五种情况分析。

1. 流速分布　正常发电工况或抽水工况（分流比为 0），调压室底部隧洞水流平顺，基本为均匀管流，在隧洞水流剪切作用下，岔管支管内形成微弱的立轴回流；当隧洞内部分（或全部）水流进入调压室时，水流先在平面上 90°偏转进入岔管支管，主流集中于支管迎水面一侧，背水面侧形成回流。支管水流经弯道进入连接管，背水面上发生边界层分离，形成回流。水流自连接管进入大井后，发生扩散，并逐步区域均匀，大井内水流稳定。且随着分流比增大，支管内剪切回流强度和范围逐渐增加，下游隧洞内水流流动逐渐减弱。

汇流时，调压室内水流先收缩进入连接管，大井底部周边形成对称回流区，水流整体平顺。水流自连接管流过弯道时，主流集中于岔管支管底部，并在顶部形成弱回流。支管水流经 90°转弯进入隧洞后，主流偏向于迎水面，在隧洞背水面区域再次产生回流，其后隧洞水流趋于均匀。且随着分流比增大，支管内剪切回流强度和范围逐渐增加，下游隧洞内水流流动逐渐减弱。

2. 压力分布　正常发电工况或抽水工况（分流比为 0），调压室底部隧洞压力变化均匀，无压力突变区域，流态良好；当水流部分（或全部）流入调压室时，管道回流区内压力较主流区略低，但整个管路系统压力分布均匀。调压室水流出时，当水流部分（或全部）由调压室汇入时，支管、连接管及大井内各个回流区压力较主流区更低；水流部分由调压室汇入时，连接管、大井内及岔管内压力分布较全部由调压室汇入时更为均匀；隧洞内水流流动则较全部由调压室汇入时更为紊乱，回流区较长，压力梯度较为明显。

3. 水头损失　在假定各阻抗元件之间湍流充分发展的前提下，按底部隧洞、岔管、弯管、长连接管及大井的连接方式建立由各个阻力元件构成的理论分析模型：通过三维流场数值模拟和理论分析确定不同分流、汇流比条件下调压室底部水头损失系数。

抽水蓄能电站正常发电和抽水运行条件下尾水调压室底部水头损失系数与相关规范的参考值基本相同；随着分流比增加，调压室底部水头损失系数也逐渐增大；随着汇流比增加，调压室底部水头损失系数也逐渐增大。对于调压室底部复杂流动的阻力损失而言，三维数值模拟能取得较好的仿真效果，计算结果与理论分析值吻合良好。因此，本文采用的计算方法也可在类似工程中使用，为复杂连接管布置型式下的抽水蓄能电站运行安全提供技术支撑。

（中国电建集团华东勘测设计研究院有限公司
李煜　杨绍佳　王安城）

洪屏抽水蓄能电站侧式进出水口水工模型试验研究

（一）工程概况

洪屏抽水蓄能电站总装机容量 120 万 kW（4×30 万 kW），输水系统布置为两洞四机，由上水库进/出水口及事故闸门井、引水管道、尾水管道、下水库进/出水口及检修闸门井等组成。输水系统总长约 2371.68m（沿 4 号机组），其中引水系统全长约 1281.24m，引水钢衬段长 791.53m，尾水系统全长约 1090.44m，电站距高比为 5.07。上水库死水位 827m。

（二）进/出水口水头损失试验研究

水头损失分为局部和沿程水头损失，局部水头损失是抽水蓄能电站侧式进/出水口的主要水头损失，反映了水流在进/出水口处的能量损耗，影响着电站能量转换效率。进/出水口段主要由扩散段、方变城门洞段、闸门井段、城门洞变圆段等组成。水头损失的主要指标为水头损失系数：通过进/出水口水头损失模型试验和计算的数据结果显示，水位为 827m 时，该抽水蓄能电站上库进/出水口水头损失系数发电工况为 0.265；抽水工况为 0.475。通过与同类型抽水蓄能电站上水库进/出水口对比，水头损失系数属同一水平；试验结果还表明抽水和发电两种工况下，进/出水口水头损失随着流速水头的增加而增大。

（三）进/出水口流速分布试验研究

为防止拦污栅振动，保证流道流速分布均匀，通常要求门槽处流速分布不均匀系数应小于 2.0。提供试验检测，①在抽水工况时，上水库进/出水口水流为出流状态，各孔口前缘流速分布较均匀，平均流速为 0.44～0.65m/s，各孔口拦污栅断面流速分布较均匀，平均流速为 0.63～0.77m/s（拦污栅断面平均流速理想值 0.686m/s），最大流速 1.39m/s。各孔口流速不均匀系数为 1.69～1.90，每个孔口测线上流速分布基本相同。②在发电工况时，上水库进/出水口水流为进流状态，根据进/出水口试验结果表明，各孔口前缘流速分布较均匀，平均流速为 0.36～0.49m/s，各孔口拦污栅断面流速分布较均匀，各孔口平均流速 0.64～0.74m/s（各孔口平均流速理想值 0.707m/s），最大流速 0.87m/s。各孔口流速不均匀系数为 1.12～1.25，每个孔口测线上流速分布基本相同。流速分布不均匀系数均小于 2.0。

（四）进/出水口漩涡试验研究

抽水蓄能电站进/出水口前自由表面漩涡类型多采用美国麻省 Worcester 综合研究所 Alden 实验室的分类法，一二型为表面涡纹和微涡，流体旋转不明显或表面微凹，旋转流体近于无漩涡，不引起危害，实际工程中可以存在；三四型为染料和挟物漩涡，染料或杂物跟随漩涡进入取水口，但没有空气吸入漩涡，称为弱漩涡，它对机组与建筑物产生危害不严重，实际中需防止；五六型为间歇吸气和连续吸气漩涡，漩涡中心为漏斗形气柱，空气能进入进/出水口，属于强漩涡，电站进水口通常不允许出现，会产生较严重的后果。

漩涡的形成在一定边界条件下与淹没深度、进口流速和尺寸相关，即相关于佛汝德数 F_r，不出现吸气漩涡的临界淹没深度 S_c 由下式确定：

$$S_c = CVd^{1/2} \tag{1}$$

式中　S_c——临界淹没深度（从孔口顶部计算）；

d——孔高；

V——闸门引水道流速；

C——系数，对称进水时取 0.55，不对称时取 0.73。

进水口佛汝德数 F_r 应满足：

$$F_r = V/\sqrt{gs} < 0.23 \tag{2}$$

该抽水蓄能参数如下：上水库死水位为 827m；双机发电流量为 $2\times74.19m^3/s$；进水口总面积为 4m×5m×10.5m；进水口平均流速：$V=2\times74.19/(4\times5\times10.5)=0.707m/s$；孔口高度 10.5m；孔口中心淹没深度 $s=8.75m$。计算 $F_r=V/\sqrt{gs}=0.707\sqrt{9.8\times8.75}=0.076<0.23$。

试验结果表明，上水库死水位，设计流量双机发电，进/出水口上方水面大多时间较平稳，某些孔口拦污栅断面处水面发生涡纹。将流量增至 2.0 倍，拦污栅断面处水面发生表面涡纹的孔口有所增多，涡纹强度略有增加。根据观测结果，并结合进水口漩涡经验公式判别结果，死水位 827m，设计流量双机发电运行时，进/出水口将不产生有害漩涡。

（五）结论

该抽水蓄能电站上水库侧式进/出水口水力学试验研究结果表明：不同流量下水头损失系数基本相同，紊流阻力平方区处水头损失系数与雷诺数无关。进/出水口出流和进流时，孔口前缘流速分布和拦污栅断面流速分布较均匀，各孔口左、中、右流速分布基本相同。漩涡形成与相对淹没深度 s/d 和 F_r 有关，进/出水口佛汝德数 $F_r<0.23$，并相对淹没深度 $s/d>0.5$，无有害漩涡产生。

（中国电建集团华东勘测设计研究院有限公司
高雅芬　姚敏杰
浙江水利水电学院　韩伟）

泄水建筑物设计

4000m 高海拔地区水电工程泄水建筑物防空蚀破坏设计研究

（一）问题的提出

随着西藏4000m高海拔地区水利水电工程建设的发展，大气气压较低，泄水建筑物在高速水流作用下，与广大较低海拔地区相比较建筑物更易发生空蚀破坏，然而，高海拔地区水工模型试验的难度较大，无法完全模拟高海拔地区实际外部环境，因此，有必要研究高海拔对高速水流空化数的影响。

（二）高海拔地区防空蚀破坏设计研究

1. 空蚀破坏现状分析　一般情况，当水流流速大于12～15m/s时，就会发生空蚀破坏；当水流流速大于20m/s，空蚀破坏增至6～8倍；当水流流速大于50m/s时，空蚀破坏程度增加为流速15m/s时的40倍；当水流流速大于22～26m/s时，仅仅依靠改善流线型体型，提高过流面平整度和采用抗冲耐磨常规措施，收效甚微，利用掺气减蚀更为有效。当水流流速30～35m/s时，需要采用人工强迫掺气，即设置掺气坎、掺气槽等，门槽段结合钢板衬砌。

2. 空蚀的判断　根据水工建筑物运行经验，空蚀破坏一般都在流速大于15m/s时发生，因此，为避免发生空蚀，对于流速接近15m/s的过水建筑物，如进口、门槽、消力墩和挑坎等，宜慎重选择其体型，对于流速接近20m/s的区域，更需要予以重视。根据国内国外经验，溢洪道、泄洪洞的运行经验，凡流速超过35m/s的部位均产生了空蚀破坏。

3. 不同海拔地区对工程所在地大气压力的影响　对不同海拔地区高程，相对于海平面，每增加900m，较标准大气压力水柱高降低1m。

4. 高海拔地区对高速水流空化数的影响　通过高速水流空化数的计算：一定流速下，随着海拔的升高空化数减小；海拔不变，流速加大时，空化数也减小；即流速越大，海拔越高、空化数减越小；海拔越高，发生空蚀破坏的临界流速越低。4000m高海拔地区泄水建筑物极易发生空蚀破坏，临界流速为24m/s。

（三）实际运行工程实例分析

1. 海拔2610m龙羊峡水电站泄水建筑物防空蚀设计　龙羊峡水电站所在地海拔高程2610m，发生空蚀破坏的临界流速25m/s，泄水建筑物分别为表孔、中孔、深孔、底孔。表孔为右岸岸边溢洪道，其他均属坝内有压孔口泄流，明渠泄槽沿两岸山坡布置。设计泄槽流速在40m/s上下，泄水建筑物防空蚀破坏措施尤为重要。虽然均设有2～3道掺气槽，实际运行中，泄洪建筑物泄槽还是发生空蚀破坏，采用高强C40环氧混凝土、高强C40环氧砂浆及表面涂环氧腻子修补。

2. 其他实例　黄河上游其他几个工程的泄水建筑物均因海拔相对较高，泄水流速很大，虽然设计提高了混凝土标号或浇筑抗冲耐磨混凝土，采取了不同的掺气措施，但运行中还是出现了不同程度的空蚀破坏，之后进行了修复；海拔235m马来西亚巴贡水电站泄水建筑泄槽最大流速达47m/s，采取了掺气槽掺气等措施，运行中均未发现空蚀现象。

3. 不同海拔地区实际运行泄水建筑物防空蚀设计经验　①龙羊峡及李家峡电站泄水后出现空蚀破坏较重，而其他几个相对空蚀破坏程度低，从235m低海拔到2600m高海拔，高海拔地区极易发生空蚀破坏。②高海拔地区严格控制空化数是合适的。③一般情况下，高海拔地区昼夜温差大，空气干燥，混凝土强度太高，水泥用量大，容易发生混凝土裂缝，因此，高海拔地区选择抗冲耐磨材料的强度不能太高。④龙羊峡等高海拔地区有压洞工作闸室出口采用钢衬进行抗空蚀设计，避免高速水流空蚀破坏的发生是可行的。

（四）结论

（1）经分析研究，海拔越高，越容易发生空蚀破坏；在水流空化数等于或小于0.3时，4000m海拔地区泄水建筑物高速水流流速等于或大于24m/s，与相对于300m低海拔地区泄水建筑物高速水流流速等于或大于28m/s相比，两者差别较大。

（2）4000m高海拔地区，溢洪道、泄洪洞抗气蚀设计按水流空化数0.3作为界限较为合适。

（3）4000m高海拔地区，有压洞或有压短管的工作闸室出口段，初生空化数较大，当流速大于24m/s时，可考虑设置钢板衬砌及掺气设施。溢洪道和泄洪洞的泄槽，当流速大于24m/s时，可考虑设置掺气设施。

（4）4000m高海拔地区，流速大于24m/s，泄水建筑物底板及边墙下部宜在原强度标号上部设置50cm以上的抗冲耐磨混凝土，抗冲耐磨混凝土与下部常规混凝土一次浇筑不分层，且强度级差要小。

（中国电建集团西北勘测设计研究院有限公司 王康柱）

同德抽水蓄能电站工程下水库进出水口设计

青海同德抽水蓄能电站位于青海省海南州同德县河北乡境内，工程区距玛尔挡水电站大坝河道里程约11km，距西宁市公路里程约330km，通过G227国道河北乡岔口接既有乡间道路3km可至上水库附近，通过G227国道格什格岔口及河北乡公路7km，可至下水库附近，交通条件较好。工程为日调节型抽水蓄能电站，电站安装8台300MW立轴单级可逆混流式水轮发电机组，总装机容量2400MW，电站建成后将承担青海电网储能、调峰填谷、紧急事故备用等任务。

青海同德抽水蓄能电站枢纽工程由上水库、输水系统、地下厂房、开关站及玛尔挡水库等建筑物组成，上水库为新建水库，布置在距玛尔挡坝址上游11km处的黄河右岸岸顶，利用沟梁地形筑坝成库，正常蓄水位3665m，死水位3637m，调节库容1765万m^3，总库容1880万m^3；地下厂房采用中部开发方案；引水及尾水系统均采用四洞八机布置；下水库利用正在建设的玛尔挡水电站水库，正常蓄水位3275m，死水位3240m，调节库容7.06亿m^3，总库容16.22亿m^3。上下水库进/出水口间输水系统水平距离约为1030m，距高比为2.6。

工程总工期为78个月，其中施工准备期6个月，主体工程工期60个月，完建工程工期12个月，第一批机组发电工期66个月。

下水库进/出水口为1级建筑物，按1000年一遇洪水设计，PMF洪水校核，工程区地震基本烈度为Ⅶ度，进/出水口设计基岩水平地震动峰值加速度396.4gal。下水库进/出水口段岸坡陡峻，总体坡度40°～52°，局部陡坡段可达70°；地层岩性为砂岩夹板岩，以薄层～互层状为主；边坡岩体风化、卸荷较为强烈，坡面小冲沟较发育。

下水库玛尔挡电站水库，计划于2023年11月下闸蓄水，2024年3月蓄至水库死水位。下水库进/出水口工程区，地质条件复杂，地震烈度高，发育多处倾倒、卸荷变形体，开挖边坡高，支护工程量大，进/出水口建设与玛尔挡水电站蓄水矛盾突出，设计周期施工工期极端紧张。

根据地质条件、水工建筑和金属结构安装及施工等专业要求，结合玛尔挡电站蓄水的同期建设情况，设计进行了岸塔、岸坡闸门井以及地下闸门井三种进/出水口型式、九种设计方案进行比选，研究了围堰、岩坎、岩塞爆破等多种施工工艺，编制了进出水口设计方案专题报告，推荐下水库进/出水口采用侧向地下闸门竖井式布置。

进/出水口为箱形混凝土结构，由拦污栅段及防涡段和扩散段组成，拦污栅及防涡段长10.25m，扩散段长33m。拦污栅段及防涡段由3个分流墩分隔设置4个拦污栅孔口，每个孔口宽5.7m，高10.0m；设置3道防涡梁，断面尺寸1.2m×2.0m（宽×高），间距1.2m。拦污栅段防涡段后接扩散段，扩散段断面渐变为6.8m×8.2m的矩形，与上游隧洞相接。扩散段平面扩散角为34.51°，垂直向扩散角为3.12°。下水库进/出水口底高程3225.00m，前池底板高程3224.00m，高于100年泥沙淤积高程3214.58m，满足拦沙要求。

地下检修闸门井门槽中心距洞口80m，闸门孔口尺寸6.8m×8.2m（宽×高），门槽底板高程3225m，闸门井高约65m，通气孔（2个）断面尺寸1.0m×1.2m。闸门段长7.0m，上游接长12m渐变段，与直径8.2m的圆形尾水隧洞相接；下游接长69m宽6.8m高8.2m矩形隧洞，与进/出水口扩散段相接。根据过渡过程计算，闸门井最高涌浪水位3284.29m，由此确定闸门井顶部高程3285.00m。闸门启闭机室宽度为10.0m，高度21m，长度约128m，底板高程3285.00m。检修闸门采用台车启闭，启闭机室交通洞与下水库进/出水口交通洞相接，断面尺寸7.5m×7.5m。

下水库进/出水口所在河段河道顺直，地形变化较小，有利于漂浮物向坝前推进，加之进/出水口具有双向水流的特点，受漂浮物影响相对较小，另外，为了减轻拦污栅的工作压力，在进/出水口前方顺河道设置一道拦漂排，阻拦污物聚集于进/出水口拦污栅前。拦漂排直线总长约600m，分为3段，每段直线长度约200m。经拦漂排拦截后，不存在污物因水流向进/出水口集中的问题。玛尔挡水库降低至死水位3240m左右运行时，拦污栅排架降低后拦污栅有检修时段，因此在高程3245m设置宽10m的简易检修平台，检修平台通过交通隧洞连接下水库进/出水口交通洞。

施工安排在2024年3月底前需要完成边坡开挖及支护工程、尾水洞进口30m洞身段的开挖及喷锚支护工程，以及3245m高程以下结构混凝土浇筑。2024年4月开始，地下厂房及尾水系统工程由洞内预留岩塞挡水施工；洞内预留岩塞段选择在之后的

4～6 月玛尔挡水库低水位运行期利用拦污栅槽安装叠梁门挡水施工。

青海同德抽水蓄能电站为国家“十四五”重点实施项目，于 2022 年 12 月获得青海省发展和改革委员会核准。目前，下水库进/出水口已进行施工，按计划于 2024 年 3 月完工。

（中国电建集团西北勘测设计研究院有限公司

王化恒）

玛尔挡水电站进水口快速闸门设计分析与优化

水电工程中机组进水口快速闸门，需快速动水闭门，在下落过程中要克服支承摩阻力、水封摩阻力、底缘上托力等反向作用力，在较高水头条件下仅利用闸门自重通常无法闭门，常用水柱配重的方式实现闭门。随着计算机技术的发展，基于有限单元法原理的有限元计算软件得到了应用，空间有限元法能够对闸门静动力学特性进行精确计算，提高了结构设计及优化的合理性。

（一）工程概况

玛尔挡水电站工程装机容量 220 万 kW，安装 4 台单机容量 520MW 和 1 台单机容量 12 万 kW 的机组。枢纽建筑物由混凝土面板堆石坝、右岸 3 孔溢洪道和 1 条泄洪放空洞、右岸引水系统及地下发电厂房等组成。引水发电系统进水口单孔对单机，其中 2～5 号机组孔口尺寸为 7.5m×9.0m（宽×高），设计水头 55m，快速闸门采用平面焊接钢闸门，启闭设备选用快速液压启闭机。要求闭门时间≤2.5min。

（二）闸门关键结构设计与优化

1. 闸门结构布置　采用刚度控制下的实腹式主梁最小梁高计算公式计算，并考虑支承空间、水封配合，同时在满足闸门本身经济技术指标等确定闸门梁高。以每节门叶等布置为原则，考虑到运输条件，将闸门分为 3 节，门体总高满足挡水要求。底节门叶底缘有上下游倾角要求，底节门叶选用箱型主梁，中、顶节门叶均设计成三主梁结构。闸门在动水工况下利用水柱压力闭门，水柱压力作用于顶节上主梁腹板。

2. 支承型式的比选　分别计算通常使用的滑道滑动及滑动轴承滚轮两种支承型式下闸门的闭门力、持住力和启门力。根据已建工程运行经验，摩擦系数考虑了一定的安全裕度，其计算结果显示滑道滑动支承无法确保利用水柱压力完全关闭闸门；采用自润滑滑动轴承滚轮支承的闸门在动水闭门工况下有较高的可靠性。

3. 闸门底缘设计　快速闸门需要在动水中满足闭门要求，其底缘的结构形式影响着水流流态和启闭机容量。根据设计规范及相关试验研究，结合底节主次梁布置，闸门底缘设计为入水角约 60°，出水角 43°。

（三）闸门结构有限元分析

闸门结构属于一种复杂的三维空间结构，简单的平面简化梁系模型难以反映门叶整体结构的空间效应，也无法反应局部构造引起的应力分布不均，同时平面体系法是对逐个构件独立完成的，即默认了闸门各部件间的变形协调永远一致，这与闸门的实际状况不相符，故有必要采用三维有限元分析法对结构力学特性进行深入研究。

1. 有限元模型　本闸门从初步设计到施工设计均采用了三维数字化设计，对已有的闸门三维模型在尽量保持与设计图纸一致性的前提下，对结构作一定的简化，将简化后的模型进行“降维”处理，将三维闸门实体模型转化为二维曲面模型。

2. 荷载及工况　根据运行要求，闸门动水闭门与挡水两种工况下，闭门瞬间，闸门所承受水柱压力最大，水头最高，故闭门工况按该处荷载状态计算。闭门工况荷载组合：上游静水压力＋边梁内腹板静水压力＋底止水下游侧下吸力＋顶节上主梁腹板水柱压力＋闭门摩阻力＋闸门自重；挡水工况荷载组合：上游静水压力＋边梁内腹板静水压力＋顶节上主梁腹板水柱压力＋闸门自重。

3. 静力特性分析　根据计算两种工况下闸门节点最大总位移均位于闸门底部跨中处；闭门工况主梁顺水流向最大节点位移位于底节下主梁跨中；挡水工况主梁顺水流向最大节点位移位于顶节上主梁跨中。两种工况下闸门最大等效应力，均位于顶节上主梁腹板与加强肋相交部位，但此应力分布范围极小，属于局部应力集中效应。总体而言，闸门主要构件的等效应力、节点位移计算结果均在容许值范围之内，满足要求。

4. 闸门结构动力特性分析　利用有限元分析法，分别计算出两种工况下闸门固有频率及其振型，结果显示闸门发生共振的可能性较低。

（四）结论

（1）对于水头较高的闸门支撑，宜优先选择自润滑球面滑动轴承滚轮支承的型式。

（2）对于较高水头，有试验条件时，宜通过水力学模型试验确定上下游倾角、启闭力及持住力。

（3）根据有限元计算结果，闸门主梁腹板与加强肋的相交处，增设加强肋是必要的。

（4）闸门发生共振可能性较低。

（中国电建集团西北勘测设计研究院有限公司

曹晨星　赵春龙　翟超　李岗）

以色列克卡夫哈亚邓抽水蓄能电站工程水工隧洞抗震分析

（一）常见地下结构抗震分析方法介绍

地下结构抗震分析方法，从力学特性上可分为拟静力法和动力法两类。由于动力法在一般的工程设计中应用较为困难。拟静力法相比动力法简单易理解，更具有工程应用价值。目前，国内外学者提出了多种简化的分析理论和方法，下面将主要针对国外应用较多的自由场剪切变形法和国内应用较多的反应位移法进行介绍。

1. 自由场剪切变形法　自由场剪切变形法，是将自由场变形作为地下结构抗震设计的关键控制因素，假设地震作用下地下结构变形与自由场变形基本一致，将地震作用下结构位置处的自由场变形直接施加在地下结构上作为结构变形，进而计算结构所产生的响应。

自由场剪切变形法的一个关键问题是确定结构所在地层的变形值，计算中可假设结构周边地层为均一地层，通过弹性波动理论方法确定。对于荷载的施加方式，采用集中力作为地震荷载施加在模型边界，使自由场产生等效的剪切变形，是一种可以借鉴的方式。

2. 反应位移法　反应位移法根据地下结构在地震作用下跟随周围地层一起运动提出，认为地下结构在地震时的反应主要取决于周围地层的变形，将地层在地震时产生的相对位移通过地基弹簧以静荷载的形式作用在结构上，以此计算结构的地震响应。地基弹簧是考虑到结构刚度与地层刚度的不同，而定量表示两者间相互影响、相互作用时引入的单元。作用在结构上的地震力，就是通过这一弹簧单元施加的。首先设定沿结构深度方向产生的地层位移分布，然后根据这一位移分布，在地基弹簧的端部施加强制位移作为地震荷载。《水电工程水工建筑物抗震设计规范》（NB 35047－2015）中推荐采用反应位移法计算隧道衬砌结构地震响应。上述两种方法作为美标和国标推荐的地下结构抗震分析方法，均在不同程度上对计算假定和边界条件进行了一定简化。两者均未考虑围岩/土层与结构的相互作用，因此，计算也存在一定误差。下面将结合国外工程实例，基于改进的自由场剪切变形法进行计算。

（二）工程实例分析

在自由场剪切变形法理论的基础上，考虑围岩与结构的相互作用，采用数值分析的手段对隧洞衬砌在地震下产生的响应进行探讨与研究。

1. 工程概况　以色列克卡夫哈亚邓抽水蓄能电站采用一洞两机布置，总装机容量 340MW，工程主要由上水库、输水系统、地下厂房、下水库和开关站等组成。其中输水系统中的引水隧洞采用全钢衬设计，尾水隧洞岩洞段采用马蹄形断面开挖、钢筋混凝土衬砌圆形断面设计。下面将针对尾水隧洞岩洞段钢筋混凝土衬砌在地震作用下的地震响应进行计算分析。该工程所在地的地震等级为 6.5 级，OBE 地震（50 年超越概率 10%）的 PGA 为 0.25g。

2. 计算模型与参数

（1）计算参数。根据自由场剪切变形理论，可计算得 OBE 地震工况下，不同围岩类别隧洞在地震作用下所处自由场的最大剪切应变值。

（2）计算模型。选用 Phase2 二维有限元分析软件计算，假定如下：①不考虑马蹄形断面隧洞两侧底角的混凝土，将其简化成理想的圆形断面，采用连续的弹性梁来模拟尾水隧洞混凝土衬砌，梁单元厚度按衬砌厚度 50cm 考虑。②隧洞周边围岩为理想的均一弹性介质，计算中不考虑围岩自重。③计算考虑开挖扰动圈的影响，范围为两侧各一倍隧洞半径，开挖扰动因子按 $D=0.5$ 考虑。④模型上下表面施加法向约束，地震荷载以剪切力的形式施加，使自由场产生纯剪切变形。模型范围取 80m（大于 5 倍洞径），计算得到 OBE 地震工况时，纯剪切变形条件下，各类围岩条件的模型上下表面产生的最大水平剪切变形值。

3. 计算分析结果　为使自由场产生上述计算得到的等效剪切变形，在模型上下边界施加集中力作为地震荷载。通过这种方式即可得到隧洞衬砌在地震作用下所产生的响应。

以Ⅲ$_1$ 类围岩为例，在模型上下边界施加荷载，其产生的最大剪切变形值，可达到计算出的自由场最大剪切变形。自由场在地震作用下可产生层状的剪切变形，而隧洞混凝土衬砌在自由场剪切变形作用下产生椭圆化变形。

Ⅲ$_1$ 类围岩条件下，隧洞混凝土衬砌在 OBE 地震作用时产生的内力响应，隧洞混凝土衬砌由于地震作用下产生的椭圆化变形，导致一侧受拉、一侧受压，最大拉力与压力的绝对值基本相同；同时在衬砌截面内还会产生一定的弯矩，但数值较小，由于水工隧洞混凝土衬砌在静力工况内水压力的作用下，环向处于受拉状态，而地震作用下衬砌产生的拉力会与静力工况的拉力叠加，且衬砌在地震作用下会产生一定大小的弯矩，使衬砌偏离直拉状态，增加衬砌产生开裂破坏的风险。

不同围岩条件下隧洞衬砌在地震作用下的内力响应可以看出，随着围岩条件变差产生的内力响应数值增大。因此，尤其需要关注围岩条件差及埋深较浅的隧洞衬砌所产生的地震响应。

（中国电建集团华东勘测设计研究院有限公司
汪剑国 陈益民 沈明 陈凌 张珑腾）

施工导流与围堰设计

碾盘山水利水电枢纽工程二期截流设计与施工

碾盘山水利水电枢纽工程位于湖北荆门钟祥市境内，坝址控制流域面积14.03万km^2，为二等大（2）型工程，装机容量180MW，枢纽由船闸、连接重力坝、厂房、泄水闸、左岸连接土坝段、左岸副坝、鱼道组成。

（一）二期截流设计

1. 截流标准　为满足2022年初期发电要求，根据施工进度安排，2022年10月下旬进行二期截流。截流设计流量为10月的5年一遇平均流量$Q=2490m^3/s$。

2. 截流方式　根据设计方案，设上下游围堰。上游围堰结合截流戗堤布置，采用戗堤进行截流。上下游围堰均用一期围堰开挖砂壤土填筑堰体。上下游围堰形成基坑，闭气后对基坑抽排，形成干地施工条件。

3. 龙口位置　结合多方面因素，龙口布置在河道中部偏右。左岸预进占长110m，右岸预进占长70m。预留龙口宽120m。左侧戗堤堤头采用不小于1.2m的抛石防护。

4. 截流进占分区及抛投量　该工程龙口段进占分为4个区（Ⅰ～Ⅳ）。①右岸预进占约70m，堤头与右岸纵向围堰堰顶道路相接，进占料为粒径0.2～0.3m石渣，总量约1.07万m^3。左岸预进占约110m，堤头与左岸道路相接，进占料为粒径0.2～0.3m石渣，总量约1.71万m^3。在龙口宽度接近120m时抛投部分大块石裹头保护。②龙口Ⅰ区，龙口从右岸单向进占，龙口宽由120m进占至80m。左岸不进占，右岸进占40m，进占料总量约0.994万m^3，主要为粒径0.3～0.5m块石。③龙口Ⅱ区，龙口从左、右岸双向进占，龙口宽由80m进占至50m。左岸进占10m，物料2485m^3；右岸进占20m，物料4969m^3，总量7454m^3，填筑料为粒径0.5～1m块石。④龙口Ⅲ区，龙口从左、右岸双向进占，龙口宽由50m进占至20m。左岸进占10m，物料2485m^3，右岸进占20m，物料4969m^3，总量7454m^3，填筑料为粒径0.5～1.0m块石。龙口宽度接近20m时，流速最大，对两岸裹头冲刷严重，进占困难。根据实际情况抛投一定数量粒径大于1m大块石或混凝土四面体、铰链排混凝土块串体，确保戗堤两岸端头稳定。⑤Ⅳ区，从左右岸双向进占，龙口宽由20m进占至合龙。左岸进占10m，物料2485m^3，右岸进占10m，物料2485m^3，总量4970m^3，填筑料为粒径0.5～1.0m块石和大于1m大块石。

（二）二期截流施工

1. 截流前准备　包括：联合测量，设备提前进场，规划道路，拆除导流明渠与二期围堰相接处，一期围堰（含戗堤）拆除至设计高程，备料，平抛护底，戗堤预进占。

2. 下游滩地疏挖　下游围堰出口滩地地形高，对水流有阻碍，截流前将其疏挖。

3. 截流前备料　二期围堰料源为一期上游围堰拆除土方的存料，运距0.7km。左岸业主协调土方约5万m^3，土料位于伍庙项目部营地侧，运距1.5km。

4. 戗堤预进占　预进占时一期基坑还未过水，河水仅通过束窄的导流明渠过流预进占主要在明渠两侧出露的护坡护底上进占。此时右岸交通可利用下游引航道临时道路经一期下游围堰到达纵向围堰截流戗堤右肩头。非龙口段左岸进占110m，右岸进占70m，形成120m宽龙口，左右岸同时进占。龙口截流时一期基坑泄水闸已经过水，一期上下围堰已拆除（除左岸230m），右岸交通道路已间接断交。截流施工程序：测量放样→修建道路→预进占、施工平台形成→戗堤裹头保护→龙口合龙。

5. 抛石护底　在二期左岸连接土坝和上下围堰处导流明渠均有较大幅度的冲刷，最大冲深达15m。由于上游现状地形冲坑较深，为减小龙口段截流难度，需提前进行龙口段抛石护底。船抛石渣和块石对戗堤范围原始地形抛填。

6. 龙口段进占合龙　导流明渠龙口段，设计截流戗堤120m龙口抛投总量3.01万m^3，预进占3.37万m^3，平抛护底4.24万m^3。根据2022年9月15日对导流明渠进行水下地形联测成果，120m龙口地形总抛投料理论量5.081万m^3，含护底抛投理论量

2.101 万 m^3。龙口截流抛投料（不含前期护底量）理论量 2.98 万 m^3，按 1.3 系数算总备料量 3.88 万 m^3（含大块石）。其中右岸 0.3～0.5m 块石备料 1.29 万 m^3，0.5～1.0m 中石备料 1.32 万 m^3，大于 1m 大块石备料 0.29 万 m^3，混凝土四面体备料 110 块。左岸 0.3～0.5m 块石备料 0 万 m^3，0.5～1.0m 中石备料 0.774 万 m^3，大于 1m 大块石备料 0.20 万 m^3，混凝土四面体备料 220 块。

7. 截流完成　碾盘山导流明渠二期龙口段截流，自 2022 年 10 月 26 日开始，于 2022 年 10 月 28 日完成。自戗堤土石方开始进占至 36h 后龙口闭合，共转运石方 57618m^3、土方 110922m^3。按每辆自卸车容积 18m^3 计算，50 辆自卸车在 36h 内持续转运 9364 车次，平均每小时截流工作面倾卸土石方 261 车。戗堤合龙后，上游围堰及时闭气，用围堰拆除料进行围堰迎水侧抛石固脚。围堰填筑至防渗墙施工平台高程，同时进行防渗墙施工及围堰加高至设计高程。

（中国水电基础局有限公司　马辉文）

南宁抽水蓄能电站下水库导流洞施工方案调整

（一）工程概况

南宁抽水蓄能电站下水库位于广西南宁北部。城门洞形导流隧洞布置在大坝左岸，进口底板高程 255.00m，出口底板高程 242.00m，全长 472.79m。放水管和生态流量管设在导流洞中，全长 490m。放水管前端设事故闸门，末端设锥形工作阀。竖井式泄洪洞布置在大坝右岸，洞长 386m，为内径 6m 等径圆形竖井。退水隧洞为 4.0m（宽）×5.5m（高）城门洞形。挡水坝为沥青混凝土心墙堆石坝，坝顶高程 310.50m。水库进/出水口位于库区东北侧，由反坡段、防涡梁段、扩散段及闸门井段组成，底板高程 256.00m，进/出水口段总长 181.55m。

初期导流采用全年 20 年一遇洪水标准，相应洪峰流量 125.0m^3/s。大坝临时度汛标准采用全年 50 年一遇，对应洪峰流量 163.0m^3/s。尾水系统与地下厂房连通后，水库进/出水口蓄水前度汛采用地下厂房系统、输水系统各永久主要建筑物正常运用洪水重现期标准，为全年 100 年一遇标准，相应洪峰流量 189.0m^3/s。导流洞封堵的同时，要求水库进/出口闸门下闸，达到永久运行标准。竖井式泄洪洞导流标准采用全年 20 年一遇洪水标准，相应洪峰流量 125.0m^3/s。出口段布置于导流隧洞出口下游河道内，其下游设枯水期围堰，采用时段为 11 月～次年 4 月，20 年一遇洪水，相应洪峰流量 52.9m^3/s。为防止水流流入枯水期基坑，需在导流隧洞出口和下游枯水期围堰下游河道设导流渠，将水流导入下游。

（二）初步设计施工导流方案

根据坝址地形条件、水文特点和工期要求，结合枢纽建筑物布置，初步设计阶段枢纽工程采用三个阶段导流方案，具体施工次序如下。

第一阶段（2021 年 10 月～2022 年 7 月）主要进行导流隧洞洞身开挖，事故闸门井井身开挖，泄洪洞洞身开挖及进/出水口边坡开挖。导流洞 2022 年 7 月底具备通水条件，施工导流利用河床导流。

第二阶段（2022 年 8 月～2023 年 4 月）主要进行泄洪洞施工衬砌，进出水口段固结灌浆及大坝填筑施工。2023 年 3 月底泄洪洞施工完成具备过通水能力，2023 年 4 月底大坝填筑到 292m 高程，具备度汛能力。施工采用土石围堰挡水，导流洞导流。

第三阶段（2023 年 5～6 月），2023 年 6 月底大坝填筑至设计高程 310.5m。此阶段采用导流洞导流，保证水流不影响正常施工。

（三）施工导流方案优化调整

1. 导流方案优化调整原因　一是征地制约工程进度。在工程推进过程中涉及较多基本农田征地和拆迁，相关征地拆迁手续未完成，导流洞施工用地不满足施工要求，若按原计划施工，无法确保 2023 年 7 月 1 日完成蓄水验收。

二是施工工期紧。按原计划必须在 2022 年 6 月前完成导流洞施工并使其具备导流能力，方能进行大坝填筑。但由于南宁地区雨季降雨量大，这将影响施工进度。

2. 导流方案优化调整　在工程实际条件制约下，根据水文地质情况，该水库枢纽施工导流设计标准为 20 年一遇洪水标准，其中围堰设计洪峰流量为 125m/s，顶高程 281m，底部高程 272m，上下游坡度分别为 1∶3 和 1∶1.5。经研究决定在进出水口岩坎位置增设一座挡水土石坝围堰并在高程 274m 处设底宽 6m 的引流明渠，将水引至泄洪洞排出以确保泄洪洞后期竖井施工处于干地施工状态，在洪水重复期内满足设计 20 年一遇的洪水过流能力。

（四）方案优化调整后的施工次序

（1）第一阶段（2021 年 10 月～2022 年 5 月）利用河床导流，进行泄洪洞开挖和衬砌，并于 2022 年 5 月底具备过流能力。同时进行进/出水口的开挖支护，完成洞身段开挖及闸门井段反井钻机导孔。

（2）第二阶段（2022 年 6 月～2023 年 1 月）利用上游新建土石围堰挡水和泄洪洞导流，2023 年 1 月底导流洞隧洞段开挖及衬砌施工完成，闸门井段除启闭机排架、启闭机、启闭机房外的部分施工完成，具备通水条件。进/出水口除启闭机排架、启闭机、启闭机房外，其余部分施工完成。大坝填筑至高程278m，同时启动泄洪洞竖井施工。

(3) 第三阶段（2023 年 2～3 月）利用大坝挡水（278m 以上)，导流洞导流。进行进/出水口启闭机排架施工，2023 年 3 月底大坝填筑至 292m，具备度汛能力。

(4) 第四阶段（2023 年 4～6 月）利用大坝挡水（292m 以上)，导流洞导流。2023 年 6 月底完成进/出水口启闭机及启闭机房、泄洪洞竖井、大坝填筑。

（五）方案调整后效果

施工方案优化后导流洞具备通水能力延后 6 个月，泄洪具备通水能力提前 10 个月，大坝填筑至282m 高程具备度汛能力提前 1 个月，受施工条件制约、工期紧张的条件下，最终确保了蓄水验收时间保持不变。

（中国安能集团第一工程局有限公司　罗小生）

枕头坝水电站工程变流量纵向围堰施工技术

（一）工程概况

枕头坝二级水电站为大渡河干流水电梯级调整规划的第 19 个梯级，二等工程，工程规模为大（2）型。电站为堤坝式开发，枢纽由左岸非溢流坝段、泄洪闸坝段、河床厂房坝段及右岸非溢流坝段组成，最大坝高 54m。电站正常蓄水位以下库容 0.112 亿 m^3，水库总库容 0.122 亿 m^3。装机容量 300MW，多年平均发电量 15.03 亿 kW·h。工程左岸一期纵向围堰为土石围堰，其顶高程上游端 589m，下游端 587m，长 632.70m，顶宽 8.0m，利用预留土坎＋土石填筑加高挡水。堰体及基础采用混凝土防渗墙防渗，防渗墙厚度 1m，伸入基岩 1m。背水侧填筑坡比 1∶1.5，开挖坡比 1∶1.8；河床侧填筑部分坡比为 1∶1.5。枯水位以下抗冲刷措施采用混凝土六面体防护，枯水位以上采用钢筋石笼防护。

枕头坝二级水电站坝址位于泸定—铜街子段的大渡河中游金口河区附近，流域面积 73197km^2，河道平均坡降为 1.8‰。距离上游毛头码水文站 36.3km。其上一梯级为枕头坝一级水电站，两梯级坝址距离 4.1km，下一级为沙坪一级水电站。

枕头坝一级水电站单机发电流量 687m^3/s，电站 4 台 180 MW 机组，装机容量 720MW。受电网调控影响，枕头坝一级出库流量一般在 600～2800m^3/s 之间呈 M 形波动，1h 内流量会发生较大变化（多数在 1000m^3/s 以下)，实际施工最大出库流量为 2690m^3/s。

（二）围堰施工

围堰施工包括围堰填筑料、戗提料、过渡料、钢筋笼块石、混凝土六面体等材料的填筑。施工时从上游向下游填筑（围堰最后一个转弯段填筑完成后，采取左右两侧同时进占填筑方式合拢)。高度方向按水面以下、水面至防渗平台及防渗平台以上顺序进行。围堰采取分段流水施工，即围堰填筑完成一段即进行该段防渗施工。

1. 围堰填筑施工程序　一期纵向围堰施工总体程序为：水下全断面抛投（同时抛投混凝土六面体）→防渗平台填筑完成→防渗墙施工→混凝土盖重施工→防渗平台以上填筑（同时进行钢筋石笼安装)。

2. 水下堰体填筑　水下堰体填筑采用从上游至下游全断面抛投顺序进行施工。水下堰体填筑过程中，时刻关注河水流速变化及迎水面填料的稳定情况。围堰施工技术要求迎水面流速小于 3m/s，坡面及坡脚防护可采用一般石渣防护。流速 4～5m/s 时，采取抛投混凝土块体/大块石防冲保护。流速 5～7m/s时，采用成串混凝土块或钢筋笼保护。实际施工中，上游段桩号 0+60 开始填筑是按原方案采用基坑开采的河滩料进行全断面抛投，遇变幅水流后水下堰体冲刷严重。后期除部分流速较小位置采用基坑河滩料全断面抛投，护坡六面体滞后 1～2 天跟进外（出库流量在 1800m^3/s 以下)，其余大部分特别是上下游转弯段 0+89－0+159、0+490－0+550 段均采用护坡六面体跟进同步施工的方法。水下堰体填筑施工水力学条件基本与模型试验结果相近，特别是高流速段位置基本与设计参数吻合。设计防冲流速 1.83～7.12m/s，实际最大流速出现在上下游段转弯处，上游段流速略大于下游段流速，受右岸防护施工影响，最大流速发生在下游转弯处。

3. 水面至防渗平台填筑　水下堰体填筑完成后继续采用 1.6m^3 以上反铲从左岸水上基坑（或自购填筑料点）挖取土石围堰填筑防渗平台至水面。围堰填筑料采用 25t 自卸车运输到围堰平台后，用 ZL50C 装载，填筑料摊铺后采用 26t 振动碾进行碾压。

4. 混凝土六面体护坡　六面体用 25t 汽车吊吊装至 25t 自卸车内，再运至抛投现场。用 2m^3 反铲卸车，卸车后用 2m^3 反铲将六面体抛投入水。坡脚护底处理主要利用低流量时抛投，同时反铲逐个推送进行堰脚护底。护底按不小于 5m 控制，六面体露出水面后，25t 吊车吊装混凝土块沿围堰坡面布设，然后采用反铲将混凝土块摆放整齐，摆放强度约 10 块/h。

枕头坝二级水电站一期纵向围堰施工，在变幅流量水位下主要采用混凝土六面体预制块超前或同步进占的方式进行。实践表明，在纵向围堰护坡施工未及时跟进情况下，不能盲目进行水下填筑；六面体较四面体施工更快，更便于码放，但不容易抛投。

（中国安能集团第一工程局有限公司
刘钊　王鹏　江华通　李桦）

枕头坝二级水电站围堰防渗墙混凝土配合比研究

枕头坝二级水电站是大渡河干流调整规划的第22级电站。电站围堰采用土石围堰，利用预留土坎+土石填筑加高挡水。堰体及基础采用塑性混凝土防渗墙防渗，堰体防渗平台以上采用复合土工膜防渗。

（一）配合比试验

1. 塑性混凝土性能指标　主要设计指标：混凝土拌和物坍落度18～22cm，坍落度保持150mm以上时间≥1h；扩散度34～45cm；初凝时间≥6h，终凝时间≤24h；密度宜≥2100kg/m³；28天抗压强度3～5MPa；28天抗拉强度≥0.5MPa；28天抗折强度≥1.5MPa；28天渗透系数≤1×10⁻⁷cm/s；28天抗渗等级≥W8；28天弹性模量600～2000MPa。此种混凝土为低强度低弹性模量塑性混凝土。对防渗墙配合比设计进行了试验研究。

2. 原材料　配比试验用水泥为P·O42.5、P·O42.5R普通硅酸盐水泥，粉煤灰为F类Ⅱ级粉煤灰，场内骨料采用金口河江沟砂石场生产的人工骨料（粒径5～20mm单一连续级配），外加剂采用SJTC-4高性能减水剂（标准型）、W-FS35引气剂、GK-3000聚羧酸缓凝高效减水剂，以及两种膨润土。

3. 试验配合比设计　混凝土配合比试配试验的参数见表1。

表1　枕头坝二级水电站试配试验组合

试验编号	最大粒径（mm）	水胶比	水（kg/m³）	砂率（%）	膨润土（%）	减水剂（%）	引气剂（%）	设计坍落度（mm）	设计扩散度（mm）	坍落度（mm）	扩散度（mm）	实测密度（kg/m³）	理论密度（kg/m³）
ZTBP-1	20	0.90	260	57	30	0.6	0.016	180～220	340～400	210	385	2250	2260
ZTBP-2	20	0.85	260	56	30	0.6	0.016	180～220	340～400	215	395	2260	2260
ZTBP-3	20	0.80	260	55	30	0.6	0.016	180～220	340～400	205	390	2260	2260

（二）试验结果解读

试配试验的结果说明如下：

（1）配合比设计主要考虑弹性模量的设计指标和特征，弹性模量与抗压强度存在矛盾。经验表明，抗压强度5MPa的柔性混凝土水泥用量为210～240kg/m³。

（2）为满足柔性混凝土的施工性能，需采用较高砂率混凝土。砂率影响混凝土的拌和性能和胶凝材料用量，在水胶比相同情况下增加砂率，混凝土强度降低，弹性模量所受影响不明显。此外，较高砂率导致钻孔取芯段长变短。

（3）试验结果表明，塑性混凝土的膨润土掺量在20%～40%，膨润土掺量对混凝土强度和弹性模量均有影响，掺量增加混凝土强度降低，弹性模量也有一定程度的降低。

（4）塑性混凝土宜选用减水剂、引气剂，这既有效减少用水量，降低水胶比，减少成型后塑性混凝土中微气泡产生，提高混凝土密实度，又引入微小封闭的气泡，增加拌和物和易性，阻断混凝土内部连通通道，改善混凝土孔隙结构，提高混凝土抗冻、抗渗等耐久性能。减水剂、引气剂会显著降低弹性模量。

（三）推荐配合比

根据混凝土实测强度与配制强度，并考虑施工现场与试验室的差异，混凝土实际水胶比取0.85。推荐混凝土施工配合比参数为：设计坍落度18～22cm，扩散度34～40cm，膨润土掺量30%，减水剂掺量0.6%，引气剂掺量0.016%，水胶比0.85，砂率56%，水260kg/m³，最大粒径20mm，设计容重2260kg/m³。每方混凝土材料用量为：水260kg，水泥214kg，膨润土92kg，人工砂949kg，碎石（粒径为5～20mm）745kg，减水剂1.835kg，引气剂0.049kg。

（四）钻孔取芯成果

枕头坝二级水电站围堰防渗墙取芯11组，混凝土抗压强度最大值6.1MPa，最小值5.2MPa，平均值5.6MPa；渗透系数最大值8×10^{-8}，最小值8×10^{-9}，平均值4×10^{-8}。

（五）塑性混凝土检测成果

枕头坝二级水电站围堰防渗墙塑性混凝土抗压强度抽检222组，抗压强度最小值5.3MPa，最大值9.4MPa；抗渗等级检测37组全部合格；弹模检测13组，平均值1900MPa。围堰防渗墙塑性混凝土检测成果均满足设计要求。

（中国安能集团第一工程局有限公司 刘钊）

深厚黏性土地基上建高围堰设计关键技术问题研究

拉哇水电站施工采用围堰一次拦断河床隧洞导流方式。2条导流隧洞布置在右岸。

（一）围堰设计特点

1. 围堰结构　围堰挡水标准为全年30年一遇，洪峰流量6330m^3/s。上游土石围堰土工膜斜墙＋防渗墙防渗。堰顶高程2597m，最大堰高60m。上游侧边坡1∶2.5，下游侧边坡1∶1.8，防渗墙施工平台高程2553m，填筑量150万m^3。围堰堰基防渗墙下游区采用碎石桩，桩长贯通整个堰塞湖相沉积层。挖除坝基河床覆盖层。大坝基坑开挖上游边坡1∶4，综合坡比约1∶5，挖深72m，约580万m^3，计划开挖15个月。

2. 围堰地质条件　上游围堰轴线处枯水期水深约2.7m。两岸为弱风化基岩，岸坡及河床岩性为片岩，两岸强卸荷带埋深10～15m，河床部位基岩弱风化下限铅直埋深55～75m，岩体厚5～15m。覆盖层最厚65～71m，由上至下依次为河床冲积砂卵石层夹少量漂石；堰塞湖相沉积层，含淤泥质粉砂、黏质砂；堰塞湖相沉积层，砂质低液限黏土；卵石、块石夹砂层。河床底部Qal-1层透水性强，且具有微承压特征。

3. 围堰特点　围堰建在深71m且含50m厚堰塞湖相沉积低液限黏土的覆盖层上，围堰填筑后，软弱地基沉降变形、水平变形大，开挖边坡稳定问题突出。覆盖层采用碎石桩处理，需水上填筑平台分期施工，最大孔深70m。基坑开挖量大，渗水量对基坑开挖影响敏感，对围堰防渗性能要求较高。上游围堰填筑量150万m^3，防渗墙深80余m，墙底有帷幕灌浆，在1个枯水期完成施工，相当紧张。

（二）若干技术问题研究

1. 抗滑稳定计算方法　规范推荐土质边坡抗滑稳定分析采用极限平衡法。拉哇工程围堰抗滑稳定分析，以极限平衡法为主，有限元应力法亦做了有益的探索。

2. 抗剪强度选取　碎石桩地基在围堰填筑加载后，桩间土产生排水固结，总应力法计算用CU指标是合适的。但对未处理区域，饱和黏性土孔隙水压力消散慢，有效应力不随围堰加载及挡水压力变化而发生变化，故不能直接使用CU指标，应改为“$\phi=0$”法，分层输入土体总强度值τ_f，τ_f计算时采用土层天然状态下有效应力。

3. 超孔隙水压力分析与应用　拉哇围堰地基原状黏土层厚50m，围堰填筑完成时地基最大超孔压达1.5MPa。天然地基下围堰填筑期边坡稳定不满足安全要求。碎石桩加固后地基土固结排水通道以水平为主，桩间距对固结过程影响敏感。通过分析，碎石桩加固后地基排水固结效果明显，各工况下围堰边坡稳定性满足安全要求。

4. 渗流与固结的耦合　一般低渗透性土层的渗透系数，随压实固结过程中孔隙比的变化而变化，渗透系数变化反过来影响固结排水速度。渗流与固结耦合过程，依据不同时期不同位置土体孔隙比的变化，求出土体渗透系数，再进行应力变形分析。耦合方法依据不同分析软件而定。

5. 复合地基等效参数　碎石桩加固后复合地基等效参数包括抗剪强度、承载力、等效渗透系数。抗剪强度指标、承载力可采用规范公式计算。等效渗透系数采用固结特性相似原理推求，在桩间距3、2m时复合地基等效渗透系数约8×10^{-6}、3×10^{-5}cm/s。

（三）围堰地基处理

1. 地基处理方案　地基处理深度65m（含施工平台10m）。碎石桩能提高地基承载力，可有效地消散孔隙水压力，加快固结，故选作处理方案。具体为：防渗墙下游堰基全部设碎石桩，桩长贯穿堰塞湖相沉积层，桩顶及桩底伸入砂砾石透水层不小于0.2m，桩体直径1.2m，堰基上游桩间距3m，下游2.5m。工程量16万m，要求渗透系数大于1×10^{-2}cm/s，压缩模量大于50MPa，固结排水剪内摩擦角标准值不小于40°。

2. 超深碎石桩施工　国内振冲碎石桩施工深度一般在40m以内。2019年10月，拉哇水电站围堰地基处理现场试验采用SV70振冲碎石桩机，成功打设了13根最大深度55m的碎石桩，经过检验成桩质量良好。上游围堰地基处理超深碎石桩共4843根，16万m。施工分2期，一期施工右岸，2019年12月至2020年5月；二期施工左岸，2020年11月至2021年5月。施工平台挡水标准采用时段5年一遇。每期施工完成后将平台拆除，确保汛期过流断面满足度汛要求。

碎石桩造孔时难以穿透填筑平台及河床上部的砂砾石层，多数孔采用钢护筒＋旋挖钻机钻孔。为便于钢护筒下设和旋挖施工，平台填筑料最大粒径不宜大于15～20cm。在湖相沉积层，深孔采用SV70起吊220kW振冲器造孔及300t吊车起吊220kW振冲器造孔，先导孔采用旋挖造孔，并兼顾地质复勘。碎石桩制桩，采用振冲器振冲加密成桩。碎石桩填料粒径20～80mm，其中20～40mm约占

40%、40～80mm约占60%。地基处理实际最大造孔深度71.63m。通过施工过程自动化智能振冲碎石桩质量监控系统及钻孔取芯、开挖检测、物探试验、室内土工试验等监测和检测，碎石桩各项质量指标均满足设计要求。

（中国电建集团中南勘测设计研究院有限公司
吴文洪　王迎　徐海亮）

扎拉水电站工程导流隧洞及左岸边坡施工措施

（一）工程概况

扎拉水电站为玉曲河干流水电规划下游河段7级开发方案中的第6级，采用混合式开发方式，为二等大（2）型工程。坝址位于左贡县碧土乡扎郎村附近，厂址位于察隅县察瓦龙乡珠拉村，距上游碧土坝址17km。扎拉坝址控制流域面积8546km²，多年平均流量110m³/s，多年平均径流量34.8亿m³，水库正常蓄水位2815m，校核洪水位2816.25m，总库容914万m³。总装机容量1015MW，含生态电站15MW，多年平均发电量39.46亿kW·h，含生态电站电量0.86亿kW·h。

本标段建筑物涉及导流洞及左岸边坡处理工程。导流洞布置于河床左岸，城门洞断面，断面尺寸8.0m×10.0m（宽×高），过水面积73.12m²，隧洞全长361.8m，进口底板高程2762.0m，出口底板高程2756.0m。左岸边坡处理工程包括QD02倾倒变形体治理，近坝库岸及左坝肩三部分开挖支护，土石方开挖量91万m³。

（二）工程特点及难点

（1）工程位于昌都玉曲河下游河段峡谷内，海拔2600～3000m。对外仅通过大坝上游S203省道与外部联通，地理位置偏远，电力、通信和医疗等设施落后，工程物资匮乏，高原地区冬季气温低，昼夜温差大，雨季6～9月，冬季施工12～2月，有效施工时间短。

（2）项目所处西藏高海拔地区，地壳运动活跃，生态环境脆弱。玉曲河为怒江支流，属于怒江流域。怒江为国际河流，生态环境保护要求较高。

（3）项目地处西藏少数民族聚居区，当地藏族居民主要信仰藏传佛教，具有藏族特有的生活习俗和宗教信仰。

（4）施工包括为左岸近坝库岸边坡处理，左岸坝肩高程2820m以上边坡开挖及防护，左岸导流洞施工和道路施工，内容多，交叉作业，左岸近坝库岸边坡处理高度超过100m。

（三）施工保证措施

（1）考虑上述特点，项目部配置了充足的人员和机械，以确保满足工期进度要求。施工设备选型，尤其关键设备，优先考虑质量好，效率高的进口设备，或高原型国产设备。

（2）由于高原特殊的气候条件，现场施工管理必须充分考虑影响施工的各种不利因素，加强施工管理的预见性。特别注意优化施工组织设计方案，结合季节性特征，精心组织，妥善安排好各部分、各项目间的合理衔接。充分利用有效工期进行施工，根据土石方工程、混凝土工程的施工特点，合理安排工期。

（3）高原地区有着特殊水文、气象、气候、地质情况，这些因素直接影响工程施工能否顺利进行，影响到工程质量。项目部有在高原长期从事水利水电工程施工的经历，有着丰富的经验。在气候干燥、蒸发量极高条件下浇筑混凝土，都有成熟的施工技术措施。

（四）已完成工程形象面貌

截至2022年12月底已完工程情况如下。

（1）生活营地、试验室、钢筋加工厂及库房、拌和系统等临建项目已全部施工完成，并通过验收投入使用。

（2）完成导流洞进口边坡新增高程2820～2810m段卸荷施工。导流洞出口完成边坡土石开挖1426m³，至高程2798m。

（3）左岸近坝库岸及坝肩完成移民搬迁工作，即将转入下一步开挖作业。

（4）1-1号公路完成毛路施工30m。

（5）6号公路完成K0＋00-K0＋60段路基开挖。

（6）1-2号公路路基开挖及路面拓宽施工已完成，具备通车条件。

（7）2号公路路基施工已完成，具备通车条件。

（中国安能集团第三工程局有限公司
黄梁　何宇寰）

金川水电站导流洞进水塔胸墙混凝土快速施工技术

（一）工程概况

金川水电站导流洞进水塔布置在导流洞导0－018.00～导0＋000.00桩号内，进水塔尺寸为18.0m×20.5m×47.0m（长×宽×高）。2177m高程以下塔身及底板混凝土等级为C30W8F150（二），2177m高程以上塔筒混凝土等级为C25W6F150（二）。进水塔胸墙底高程2169.5m，自门槽上游侧按椭圆方程 $X^2/14.5^2+Y^2/5^2=1$ 设计，胸墙顶高程 2174.13m。

导流洞进水塔混凝土施工是电站分流前的关键项目之一。因导流洞进口边坡开口线外下游侧边坡于2020年12月～2021年5月间发生3次变形塌方，严重影响了导流洞进口边坡前期的开挖、支护，从而导致进水塔混凝土施工延后。按电站分流总体安排，要求2021年11月30日金川导流洞具备过流条件，而胸墙第一仓混凝土（椭圆曲线段）浇筑完成是导流洞过流的必要条件。实施过程中，进水塔胸墙混凝土具备施工条件时间为2021年11月10日，距离11月30日具备过流条件仅剩20天工期。

（二）胸墙混凝土快速施工工艺

1. 常规施工工艺与工期分析　以往进水塔胸墙混凝土施工，通常采用搭设满堂脚手架作为支撑体系。胸墙投影面积为12.50m×18.55m约230m^2，按以往经验，搭设此面积规模的满堂脚手架至少约10天左右，再考虑胸墙钢筋制作安装，模板起吊安装，混凝土浇筑养护及脚手架拆除时间，至少还要25天，总的需要35天。按11月10日起算，施工完成时间已到2021年12月15日，无法满足电站分流时间安排，故常规施工工艺不可行。

2. 优化后的施工工艺　综合分析认为，若能快速形成支撑体系，则能有效加快胸墙混凝土施工进度。结合现场特点，初步确定采用金川导流洞上游段衬砌钢模台车作为主支撑，辅以型钢及脚手架，形成胸墙的支撑体系。钢模台车能自行行走，就位速度快，对快速形成胸墙混凝土支撑体系有着显著的优势。

金川导流洞上游段钢模台车设计宽12.54m，高14.52m。参照导流洞设计体型，台车模板工作长度为6＋6＝12m，模板面板厚12mm，故可分拆成6m＋6m。钢模台车的可拆分性是本施工工艺能实施的重要因素，同时拆分后的尺寸能满足进水塔胸墙支撑尺寸的需求。

（三）钢模台车的力学验算

为验证采用钢模台车作为支撑体系的可行性，对其进行力学验算。验算的计算参数：混凝土重力密度26kN/m^3，混凝土浇筑速度60m^3/h，混凝土入模温度取32℃，厚度按最大厚度考虑，取1.5m。钢材为Q235钢，重力密度为78.5kN/m^3，弹性模量为206GPa，屈服强度为235MPa，容许抗压应力为140MPa，容许弯曲应力取381MPa，提高系数取1.25。

力学验算采用SOLIDWORKS的Simulation模块进行有限元分析，由于本工程无侧压力，主要对顶模及上部台架、门架进行力学验算。

1. 顶模及上部台架力学验算　计算得顶拱面板受荷载为111.372kN/m^3。经计算，顶模面板在111.372kN/m^{3}荷载作用下，顶模及上部台架总成的最大应力为188.8MPa＜282MPa，最大位移为1.37mm，最小安全系数为1.5，符合台车的使用要求。

2. 门架强度力学验算　门架受力为$F=0.5\times55.83\times12$（模板长）$\times11.86$（有效受力高度）/6（门架）＝662.144kN。经计算，台车主门架在662.144kN/m^{2}荷载作用下，最大应力为113.87MPa＜235MPa，最大位移为3.08mm，最小安全系数为1.94，符合台车的使用要求。

（四）施工情况及实施效果

1. 胸墙混凝土支撑体系设计参数　将衬砌钢模台车拆分为6m＋6m，布置于门槽上游的为1号台车，门槽下游为2号台车。1号台车顶模外侧边线位于导0－018.00桩号，2号台车顶模外侧边线位于导0－006.15桩号。在两个台车顶模上部台架部位焊接I18工字钢连接台车，工字钢间距1.5m，作为门槽部位的补充支撑体系。1号台车临河侧闸墩喇叭口预埋埋深0.5mϕ32插筋，在台车起拱点位置与预埋插筋间焊接I18工字钢，间距0.5m，作为喇叭口部位补充支撑体系。台车顶高程2169.5m，胸墙椭圆段顶高程2174.13m，因此在1号台车上部需布置延伸支撑脚手架，以保证定制弧形模板能有效支撑。延伸支撑脚手架横距0.5m，纵距0.5m，步距0.5m，与台车顶模连接采用焊接0.5mϕ32钢筋，顶部布置可调顶托。

2. 施工过程简述　2021年11月10日钢模台车就位至进水塔胸墙底部，并搭设支撑体系。11月14日支撑体系搭设完成。11月18日完成钢筋制作安装及模板组立，具备开仓条件。11月19日浇筑完成，等强7天后，11月26日拆除支撑体系。11月27日拆除钢模台车，采用3台吊车配合作业（25t、100t、200t吊车各1台），11月29日台车全部拆除完成。

3. 实施效果　通过采用导流洞衬砌钢模台车作为支撑体系，从台车就位到支撑体系全部拆除完成，共用19天，较搭设满堂脚手架节约工期16天，为电站2021年11月30日分流目标提供了必要条件。

（中国安能集团第一工程局有限公司
李臻　张喜春　陈卫超　黄佳森　徐子强）

巴莱水电站导流洞进口渐变段混凝土施工关键技术

巴莱水电站位于马来西亚沙捞越州巴莱河上，电站施工导流为全年挡水围堰、隧洞导流。导流洞进水口结构为塔式取水设计，2条导流洞进水塔与洞身衬砌段间设12m长渐变段。渐变段底板混凝土厚2m，边墙混凝土厚2.5m，顶部混凝土厚度2.5m。混凝土等级C30。

（一）渐变段混凝土施工特点

①渐变段结构体型复杂，为净宽12.7m、净高12m矩形断面渐变至净直径12m马蹄形断面的异形结构，其内轮廓结构体型复杂，内表面模板设计和加工难度大。②渐变段混凝土施工工期仅2月，工期紧，对各工序施工速度要求较高。③渐变段顶部混凝土设计厚2.5m，对模板支撑体系要求很高。④物资运输困难，需尽量利用现场现有材料，减少外购材料。

（二）混凝土施工关键技术的选定

导流洞进口渐变段混凝土关键施工技术选定如下：①渐变段内表面为4个曲面和3个三角形平面，确定木模板加工制作曲面模板，现场安装三角形平面模板和满堂支撑架管支撑；②渐变段外表面结构采用常规普通木模板和架管脚手架支撑；③结构钢筋采用常规安装方法，钢筋连接为搭接绑扎，局部套筒连接；④混凝土用HBT60混凝土泵泵送入仓。

（三）渐变段混凝土施工关键技术实施

1. 渐变段内表面模板及满堂架支撑体系　经计算，确定曲面模板面由5mm厚层板加25mm厚100mm宽木板条两层组成。单根次围檩选用4层18mm厚150mm宽木板组合而成，单根主围檩选用两根直径48mm壁厚3.6mm架管组成。沿水流方向每0.75m间隔设一道次围檩固定和加固曲面模板，每道次围檩长度和弧度按对应桩号的渐变断面确定。

安装时，先安装渐变段底部左右两个曲面模板，再用普通木模板安装左右两侧两块三角形平面部分模板。同时，安装钢筋和搭设满堂架管支撑架。然后浇筑高程42m以下边墙。继续安装钢筋和固定顶部曲面模板和用普通木模板安装顶部三角形平面部分模板。满堂支撑架采用直径48mm壁厚3.6mm镀锌钢管搭设，搭设高12m。经计算和验算后确定满堂架立杆横距和立杆纵距均为0.75m，步距0.9m。在满堂架体设剪刀撑。

2. 渐变段混凝土施工顺序及浇筑方法　渐变段混凝土按先浇底板，再分2个升层浇筑边墙，最后分2个升层浇筑顶部结构的顺序施工，自下而上分5个升层。渐变段顺水流方向长12m，不再分块/分段，一次通仓浇筑。开挖和基础处理完成后，渐变段绑扎底板钢筋、安装止水及埋件，此后即浇筑底板混凝土，底板2m混凝土一次浇筑完成。底板浇筑无需模板。底板浇筑完成后，安装高程42m以下边墙钢筋、埋件及止水、边墙曲面模板、三角形平面模板。同时搭设架管支撑。然后浇筑42m以下边墙。继续安装完成42m以上边墙钢筋及埋件，固定安装曲面模板，安装顶部三角形平面模板。接着浇筑高程42m到48m，即顶拱以下部分边墙混凝土。

高程48m以下混凝土边墙浇筑完成后，接着完成安装渐变段顶部钢筋和外部木模板。渐变段顶部结构混凝土分两层浇筑，第一浇筑层厚控制在1m内，第二层直接浇筑到顶。第一层浇筑以满堂架为支撑结构，需严格控制浇筑层厚。第二层浇筑以第一层已浇混凝土为支撑结构。需在第一层混凝土达50%强度以上方可浇筑第二层。混凝土采用8m^{3}混凝土罐车运至工作面附近后，经拖泵接泵管泵送入仓。

（四）渐变段混凝土施工实施效果

巴莱水电站导流洞进口渐变段混凝土结构采用上述关键施工技术效果良好，以较快速度完成了曲面定型模板的加工，现场钢筋、模板、支撑体系的安装和混凝土浇筑，在2个月左右的时间内顺利完成了渐变段混凝土施工，实现了预定工期目标。

渐变段混凝土内外表观质量合格，顺利通过了业主验收，渐变段结构混凝土质量良好。在渐变段混凝土施工期间，现场施工安全受控，未发生安全事故。满堂支撑架等在安装前进行了专项技术交底，现场安全严格按方案确定的间排距和构造要求，实现安全生产目标。通过实践验证了这些关键技术的合理性、经济性和安全可靠性。

巴莱水电站导流洞进口渐变段混凝土施工于2020年6月底启动，2020年8月底完成，导流洞工程于2020年10月1日顺利移交给业主并实现导流目标。

（中国水利水电第七工程局有限公司
雷建中　夏海龙）

大藤峡水利枢纽土石围堰爆破拆除关键技术

大藤峡水利枢纽是一座以防洪、航运、发电、补水压咸、灌溉等综合利用的流域关键性工程。水库正常蓄水位61.00m，汛限水位47.60m，死水位47.60m，总库容34.79×108m^3，总装机容量160万kW，为一等大（1）型工程。该工程二期上游围堰布置在坝轴线上游约270m处，围堰轴线呈直线布置，轴线与水流方向夹角约84°，斜向下游，为复合土工膜和黏土心墙联合防渗土石围堰。上游围堰左侧与纵向围堰上游段相连接，右侧与右岸开挖边坡相连接。围堰总长349.6m。二期上游围堰的设计挡水标准为大汛50年重现洪水，流量$Q=44900m^3/s$，堰顶高程为 54.30m，堰顶宽 10m。按照“先背水面后迎水面、先内侧拆除后外侧降低、逐层开挖”的原则进行二期导流围堰拆除工作，为工程防汛和右岸首台机组发电奠定坚实基础。

（一）主要技术难点及特点

(1) 围堰外侧水下地形、地质条件复杂，施工难度大。根据拆除分区，大部分为水下开挖，施工中受枢纽上游库区水位及下游水位影响干扰较大，影响施工效率，水下拆除施工难度较大。

(2) 拆除爆破规模大，工期紧，强度大。右岸二期上游围堰总拆除量为 75 万 m^3，施工时段 5 个月，时间紧、任务重。由于前期为保证围堰运行安全，多次对围堰进行了渗漏应急灌浆处理，导致堰内形成了大小不等的灌浆块体；围堰防渗墙及上部帽盖钢筋混凝土结构需打孔爆破拆除，钢筋需切割剪断难度较大。

(3) 拆除爆破周围环境复杂，爆破安全要求高。土石围堰爆破主要为混凝土及围堰岸基松动爆破拆除，拆除方量大。拆除工期要求紧，围堰拆除进度直接关系到右岸工程工期，需按时完成围堰拆除施工。

(4) 爆破块度和爆堆形状控制标准高，水下出渣难度大。围堰周边建筑物较多，须严格控制爆破振动、飞石等有害效应，保护运行中的左岸泄水闸及厂房机组闸门、仪器等。因水下清渣，对爆破块度要求较严。部分石渣料不可避免地会落入左岸泄水闸侧，影响闸门运行，需严格控制爆破块度。

(5) 起爆网路复杂。起爆顺序、起爆时间应按要求全部准爆，考虑到爆破振动影响，不允许发生重段、串段现象。由于炮孔数量多、用药量大，起爆网路复杂。

(6) 装药难。由于炮孔装药长度大，在装药过程中易出现卡孔、堵孔、送药困难等问题，加之渗水、漏水等施工环境制约，保证装药和堵塞质量成为爆破需重点解决的难题。

（二）土石围堰拆除关键技术

(1) 开挖设备及出渣方式研究。根据围堰拆除施工进度、开挖强度要求结合市场现有的水下开挖船及爆破设备，经论证、分析，确定采用 CM351 潜孔钻机、13m^3抓斗式挖泥船、4m^3抓斗式挖泥船等设备进行围堰拆除工作，并在上游围堰右岸侧新增临时码头用于围堰料出渣。

(2) 水下围堰安全监测技术研究。根据拆除爆破施工布置，爆破作业面临近右岸厂房、右岸泄水闸、左岸泄水闸及厂房发电机组等构筑物，同时左岸泄水闸及厂房机组闸门、仪器等正在运行。为确保围堰爆破拆除安全，有针对性对爆破进行监测，每次爆破前需做好爆破防护以及在爆破周边区域设置爆破振动速度监测点，确保围堰拆除安全可控，并及时根据监测结果调整爆破参数或调整开挖方式。

(3) 水下切割工艺研究。根据围堰拆除施工情况，水下的帽盖梁、导向槽及防渗墙爆破后，对钢筋与混凝土未解体的部分外露钢筋，通过采用抓斗船悬挂重锤的方式，对硬化平台进行破碎，通过采用潜水员水下探测水下摄影、聚能爆破试验、水下钢筋切割、金刚绳绳锯切割等技术把水下帽盖梁、导向槽、混凝土面板及防渗墙等分解成小块，包括采用潜水员探摸定位，确定设备安放位置，安装切割机及金刚绳，然后进行切割。为方便吊装操作，采用分段切割，分次吊装方式，切割完毕后利用抓斗吊装船将其抓取上岸，泥驳船转运至临时码头处堆放。

(4) 松动爆破拆除研究。由于灌浆块体位于堰体内部，无法确定堰体内灌浆体块度大小、分布位置等参数。根据爆破周边环境布置，采用数码电子雷管起爆网络，单个炮孔采用单孔双响的起爆方式，单孔内药量分 2 次延期起爆，严格控制单孔装药量及起爆方式，确保施工安全。

（中国水利水电第八工程局有限公司
周德文　楼张根　邱宝剑）

东庄水利枢纽工程胶凝石渣围堰施工

东庄水利枢纽工程位于陕西西安泾河峡谷，拦河大坝为混凝土双曲拱坝，最大坝高 230m，电站装机容量 11 万 kW。大坝上游围堰采用胶凝石渣围堰，最大堰高 55.2m，最大底宽 62.2m，堰顶 639.2～634.2m 之间采用矩形断面，以下上游坡比 1∶0.5，下游坡比 1∶0.6。围堰使用期 2.5 年，不考虑防冻要求；堰体材料分为三区：上游防渗层及堰基为Ⅰ区，采用 C_{28} 10W6 富浆胶结料；堰体内部为Ⅱ区，采用 C_{28} 4W2 胶结料；堰顶及下游防护层、堰基为Ⅲ区，采用 C_{28} 10W2 富浆胶结料。因现场缺少天然砂砾石料，利用洞挖或边坡开挖石渣料作为围堰工程胶凝石渣的主要原材料，胶结石渣料总方量 6.7 万 m^3。

（一）贫胶渣砾料简介

贫胶渣砾料（CSG）是一种高水胶比、低胶凝材料用量的碾压式干硬性贫胶材混凝土，即将水和少量的胶凝材料添加到当地现成的天然砂砾石料或其他开挖弃渣中，然后采用简单的拌和装置拌和，采用碾压施工成型。其挡水结构具有就地取材筑坝、洪水漫顶不溃和显著节省投资的优势，是一种“宜材适构”“宜构适材”的经济环保新坝型。当工程区域缺乏天然河床砂砾石材料时，可充分利用爆破开挖的渣料进行筑坝，减少渣料的弃用和堆放，具有显著的环保效益。

（二）工程应用研究

为制定爆破石渣原材料颗粒级配下胶凝人工砂石配合比，研究水泥、粉煤灰不同掺量对强度、抗渗性能的影响和不同砂率对施工性能的影响，探究单位用水量、水胶比、粉煤灰掺量、外加剂掺量与VC值的关系曲线，以及不同的碾压机具、碾压遍数对压实度影响等问题开展了系统研究，重点对形成胶凝石渣原材料性能，尤其是石渣颗粒级配范围、胶凝石渣拌和物性能、胶凝石渣施工性能等进行了试验研究，开展了以确定碾压参数及施工工艺为主的碾压试验。研究形成了包括控制爆破石渣颗粒级配控制范围、堆积容重和孔隙率、含砂量、含泥量、表观密度等，确定料场的最粗级配、最细级配、平均级配、不同级配相应配合比参数及其包裹性，以及掌握新拌混凝土VC值、含气量、凝结时间、表观密度等性能与时间、时段、温度等施工因素相互关系及内在规律等的关键技术。

（三）经济及社会效益

胶凝人工砂石的主要经济效益体现在对开挖渣料的再利用和减少河床砂砾石的开采上，开挖渣料可在现场直接拌和使用，减少了渣料的运输成本。每方渣料的运输成本5元/(m^3·km)，渣场的现场维护费0.5元/m^3，河床砂砾石的开采成本10元/m^3；对东庄水利枢纽上游围堰填筑工程，所需的渣料为5万m^3，渣料拉到渣场的距离为3.5km，通过该工艺在东庄水利枢纽上游围堰工程中成功应用，节约成本140万元。开挖渣料利用，减少了弃渣运输能耗，节约了渣场占地，具有较好的环保效益。

爆破石渣料作为胶凝料进行碾压施工，国内成熟的经验成果还不多，通过该课题研究，形成了较为全面的胶凝石渣性能研究成果。

（中国水利水电第四工程局有限公司
李金意　王新华）

分期围堰导流在四方井水利枢纽土石坝施工中的应用

四方井水利枢纽建筑物包括黏土心墙堆石坝、均质副坝、溢洪道、放空洞、导流洞、引水系统、发电系统、供水工程。大坝顶高程155.8m，最大坝高51.3m，坝顶长338.0m。

（一）初设施工导截流及风险分析

1. 水文气象条件　工程区温汤河流域属亚热带季风湿润气候区，雨量充沛。流域多年平均降雨量1631.9mm，最大年降雨量为2168.4mm，最小年降雨量为1240.4mm，4～6月占全年降雨量40.6%。7～9月常有暴雨，历时1～3天，一次洪水总量集中在1天内。

2. 导流标准及度汛方式　选择枯期8月～次年3月为导流时段，相应10年一遇洪峰流量236m^3/s，坝址处天然水位112.31m。导流采用上下游围堰一次拦断河水，左岸导流洞泄流。枢纽工程跨越两个汛期，度汛标准4月50年一遇洪峰流量212m^3/s，坝前水位123.7m（导流隧洞过流）；5月50年一遇洪峰流量204m^3/s，坝前水位122.9m（导流隧洞过流）；全年50年一遇洪峰流量980m^3/s；坝前水位151.1m（溢洪道581m^3/s、导流隧洞399m^3/s）。

3. 上下游围堰　上游围堰为黏土斜墙围堰，后期为主坝一部分。斜墙上游设戗堤围堰，导流隧洞导流。下游围堰设在坝轴线下游130m处，为黏土斜墙围堰。

4. 风险分析　2018年12月填筑黏土心墙主坝。据预报流域2019年4～6月主汛期雨量将达1000mm，比往年同期增40%。这将使黏土斜墙施工受到制约，导致无法按期达到度汛挡水高程，围堰可能渗透破坏，甚至溃决或漫坝。且库区127m移民尚未完成，存在淹没风险。原度汛方案已不适应当前情况，故要研究采用分期围堰导流进行主坝施工。

（二）分期围堰导截流

1. 导流标准及方式　重新制定的导流标准大坝临时建筑物采用10年一遇洪水标准。采用分期围堰导流，2019年4～7月设右岸全年纵向围堰挡水，左岸利用原河床+导流隧洞联合泄流。设计洪峰流量下上游水位114.9m，下游水位114.25m，导流洞泄流43.85m^3/s，左岸原河床泄流536.15m^3/s。2019年8月至次年3月枯期上下游围堰挡水，导流洞泄流。水库起调水位设为118m（导流洞泄流量102.5m^3/s），经调蓄后上游最高水位120.87m。

2. 导流建筑物调整　①河床结构。主坝施工区原主河道在左岸，分期围堰导流后束窄河道。河道上游底宽控制为35m，底高程为109～110m，下游底宽为35m，底高程为108.7～110.0m，河道右岸纵向围堰挡水。挖除河道内坝轴线上游已填坝体，枯期下游围堰全部挖至基岩。导流洞上游用明渠与老河道衔接，明渠底宽39m，明渠进口与老河道在平面及高程上平顺衔接。②上游围堰。全年采用黏土斜墙堰，堰顶高程116.20m，长223.76m，横向段堰顶宽20m，其余段6m，内外边坡1∶1.5、1∶2.5，最大堰高6.2m。迎水面最大流速2.55m/s，坡面土工布+0.6m厚干砌石护坡。横向段为坝体一部分不拆除，纵向段在枯水期拆除。③下游围堰。全年采用黏土斜墙堰，堰顶高程 115.25m，长 147.54m，堰顶宽 6.0m，内外边坡 1∶1.5、1∶2.0，最大堰高 5.93m。堰基大部分为基岩，少部分砂卵石，挖除砂卵石换填黏土。迎水面最大流速 3.44m/s，土工布＋0.6m 干砌石护坡，下游围堰枯期拆除。④枯水期围堰。戗堤围堰在导流隧洞进口下游，为黏土斜墙堰，顶高程 113.14m，堰顶长 60.81m，堰顶宽 4m，斜墙顶宽 2m，最大堰高 2.37m，迎水坡 1∶2.0，背水坡 1∶1.5。枯水期上游围堰位于主坝轴线上游 72m 处，为黏土斜墙围堰，堰顶高程 122.17m，堰顶长 226.38m，堰顶宽 20m，斜墙顶宽 11.37m，最大堰高 12.17m，迎水坡 1∶2.5，背水坡 1∶1.5。上游围堰后期作为主坝一部分。枯水期下游围堰在主坝轴线下游 133m，为黏土斜墙围堰，堰顶高程 113.11m，堰顶长 75.84m，顶宽 6.0m，斜墙顶宽 2.0m，最大堰高 4.11m，迎水坡 1∶2.0，背水坡 1∶1.5。

（三）应用成效

四方井水利枢纽工程根据实际情况，将初设上下游围堰一次拦断河水＋左岸隧洞泄流导流标准和度汛方式，调整为分期围堰原河床＋导流隧洞联合泄流方式，规避了防汛风险及移民风险。按分期围堰导流组织土心墙主坝分区分块施工顺利完成主坝填筑任务。

主坝分期分块填筑中，左右岸接头、上下游接头错距施工。接头处理采用台阶、刺墙、缓斜坡[1∶(3～5)]等工艺施工。解决了左右岸坝体施工时间不同，密实程度不一，易产生坝体不均匀沉降问题。坝体埋设的水管式、倾斜式沉降仪和水平监测计实时监测成果表明，坝体内部沉降变形最大沉降值为 281mm，占最大坝高 0.5%，测值正常；坝体水平位移观测最大值 65mm，测值正常；坝体轴向水平位移观测最大值 80.19mm，最大变形值占最大坝高 0.16%，测值正常。施工期各测点测值均保持稳定，采用分期围堰导流，主坝分期分区分块填筑施工质量满足设计及规范要求。

分期围堰导流在四方井黏土心墙坝中的成功应用，效果显著，且规避了土石坝无法按期达到度汛高程造成溃决和漫坝的风险，及库区移民未完成造成淹没的风险，也避免了大坝填筑工期面临推迟 1 年进度，同时保证了主坝填筑质量。

（中国水利水电第五工程局有限公司　赵元铎）

JX 水电站工程导流隧洞施工

（一）工程概况

JX 水电站位于西藏自治区山南市桑日县与加查县交界处，是雅鲁藏布江干流中游沃卡河口至朗县县城河段规划 8 级开发的第 3 级电站，上游距 DG 水电站约 7km，下游距 ZM 水电站约 8.7km。电站为二等工程，工程规模为大（2）型。坝址控制集水面积 157487km^2，多年平均流量 1010m^3/s。枢纽建筑物由挡水建筑物、泄洪消能建筑物及引水发电系统组成。挡水建筑物为碾压混凝土重力坝，最大坝高 116m。泄洪消能建筑物为 5 孔表孔＋1 孔底孔，挑流消能。引水发电系统布置在左岸侧，坝式开发，单管单机布置，由坝式进水口和坝后浅埋管组成，共 3 条引水道，单条引水系统长 111.9m，发电厂房布置在左岸坝后。

施工内容包括：2 条导流隧洞施工，导流隧洞进口闸门槽埋件制作安装及试槽，施工支洞封堵，右岸场内交通工程施工，C18、C9 崩坡积体处理，渣场及表土堆存场截排水、挡护施工、维护和管理，以及标内施工辅助设施等。

（二）工程的特点及难点

（1）2 号导流洞作为关键项目，其洞室开挖支护和二次衬砌工期压缩是完成本标节点目标的关键。2 号导流洞进、出洞点分别被 C18、C9 较厚崩坡积体覆盖，尽快使 2 号导流洞进出洞点具备进洞条件，尽早完成开挖支护，压缩二衬工期，是保证进度的重难点。解决办法：衬砌施工增加 1 组钢模台车，分三段浇筑，缩短二次衬砌总时长；底板混凝浇筑与底板开挖错距跟进，充分利用安装台车空档期压缩工期，以尽快启运钢膜台车安装，提前边顶拱衬砌开始时间；底板开挖与下层开挖错距跟进，以压缩洞挖时长，为衬砌留足时间；下层预裂孔钻孔爆破先行主爆孔施工，为下层开挖节省时间。

（2）混凝土工程工期紧，任务重，如何充分利用现有条件，保证如期完成任务，是工程的重难点。解决办法：合理布局总体混凝土浇筑程序，采用先进浇筑手段，缩短工序循环时间，配备足够的施工设备，确保目标工期的实现。

（3）导流洞进出口崩坡积体开挖高差大，强度高，并紧邻主干道，滚石滑落对主干道造成干扰，保证进度和施工安全是重点考虑的问题。解决办法：对 1、2 号导流洞分区开挖，先将 1 号导流洞出洞点上方覆盖层按 1∶0.5 坡比放坡开挖，将Ⅰ区开挖出来，为 1 号导流洞出洞段施工提供条件；增设集渣平台，将渣土外运时间提前，减少翻渣强度和翻渣量；集渣平台临边设钢筋石笼挡渣墙，防止石渣滑落到 1 号公路。

（三）施工保证措施

导流隧洞主体工程从 2022 年 8 月 10 日开工，2023 年 11 月 25 日完工，总工期 472 天。与国内同类工程相比工期偏紧，且地处高原，外部环境复杂，不确定因素多，实现2023年11月具备过流条件节点目标难度较大。采取以下措施确保截流目标实现。

(1) 直接在1号导流隧洞进出口增加通往2号导流洞施工通道。

(2) 优化设计和施工方案。

(3) 增加开挖及衬砌钢模台车等重要资源投入。

(4) 加强对外协调，争取地方政府和村民支持，确保火工材料，土石方运输、砂石骨料等正常供应。

(5) 增加混凝土施工强度，混凝土拌和系统由原投标计划150拌和站改为180拌和站，保证混凝土施工需求。

(四) 截至2022年底完成形象面貌

(1) 导流洞洞身：1号导流洞上游上层贯通，下层开挖累计进尺17m。1号导流洞下游上层累计进尺279m，剩余87.27m。2号导流洞上游上层累计进尺349m，剩余125m。2号导流洞下游上层累计进尺436m，剩余39.82m。

(2) 导流洞进口：1号导流洞进口C18崩积体Ⅰ区土石方开挖完成，1号导流洞中导洞贯通。沟口拦挡锚拉板共11层，完成4层，第五层备仓完成。Ⅰ区主动防护网完成$2000m^2$，完成40%。Ⅲ、Ⅵ区10束锚索完成，Ⅱ区25根锚索钻孔全部完成，下索25束，张拉完成10束。Ⅰ区排架搭设完成30%，锚索成孔16个，注浆10束。Ⅳ区锚筋桩造孔15个。

(3) 导流洞出口：C9崩坡积体开挖施工便道完成，沟口拦挡第一道防护锚拉板全部完成，第二道防护锚拉板共6层，完成3层。

(4) 临建设施：砂石生产系统基础土石方开挖已完成，挡墙施工完成，混凝土拌和系统预埋件安装完成，胶凝材料存储罐基础混凝土浇筑。临时砂拌系统建成投产。临时供电、供水系统一期建设完成。

(5) 渣场：1号渣场完成清表，渣场挡墙清基，进行混凝土挡墙浇筑，主要承担进出口边坡开挖无用料堆存。2号渣场完成清表，大块石护底护坡填筑，目前主要承担洞室开挖有用料堆存。

(中国安能集团第三工程局有限公司　吴志伟)

秘鲁 Araza-Ttio 水电站引水枢纽工程施工导流设计

秘鲁Araza-Ttio水电站工程位于ARAZA河上，河道纵坡较大，河宽40m。电站上游约4km处为引水枢纽，通过隧洞引水至电站发电。引水枢纽4孔弧门挡水，取水口处设板闸门。枢纽两岸山体为砂质粉土、砂或粉质砂，含砾石、卵石，为冲洪积成因，渗透系数为$10^{-3}\sim10^{-4}$cm/s。

(一) 导流标准

工程主体建筑物为3级，导流工程保护对象级别为3级，导流工程按5级建筑物标准设计。导流挡水建筑物为土石结构，洪水标准为重现期5～10年。河流水文实测资料时间较短，导流建筑物洪水标准采用上限值，即10年一遇。设计洪峰流量—水位关系见表1。

表1　设计洪峰流量—水位关系表

河名	重现期（年）	全年		非汛期 5～10月	
		流量（m^3/s）	水位（m）	流量（m^3/s）	水位（m）
ARAZA河	10	288	1886.96	113	1886.12

(二) 导流时段

引水枢纽有效施工工期为18个月，结合进度安排，采用分期导流方案。方案1汛期停工，围堰投资较小，方案2汛期不停工，围堰投资较大。导流时段对比见表2。

表2　导流时段对比表

项目		方案1	方案2
导流时段	第一期	第一年5月～第一年10月	第一年5月～第一年10月
	第二期	第二年5月～第二年10月	第一年11月～第二年4月
	第三期	第三年5月～第三年10月	第二年5月～第二年10月
施工总工期		30个月	18个月

方案1一期先围右岸，利用左岸扩挖后河床过水，过水断面宽度15m，汛期停工并拆除一期围堰。

二期利用引水坝段纵向导墙及二期上下游围堰继续围右岸，右岸工程施工，汛期停工并拆除二期上、下游围堰。三期围左岸，利用已建的右岸一道闸孔过水。方案2与方案1不同的是：二期上、下游围堰为全年围堰，保证右岸工程汛期不停工。其中，方案1中二期围堰为枯水期围堰，围堰工程量较小。方案2中二期上、下游围堰为全年围堰，围堰工程量较大。从围堰工程量角度看，方案1围堰工程量较小，但因围堰长度较短，两方案围堰工程投资相差较小。同时，方案2能保证汛期不停工，可缩减工期，保证施工连续性。因河道较窄，若一期导流时段采用全年导流，纵向围堰体型较大，河道过流能力不满足要求。鉴于以上分析，采用方案2作为本工程的导流时段。

（三）导流方案

引水枢纽坝址处两岸山体覆盖层较厚，若隧洞导流，工程投资较大；河床较窄且无滩地，不具备明渠导流条件。对局部河床扩挖后具备分期导流条件，采用分期导流方案。结合进度安排，分三期实施。一期采用枯水期围堰先围右岸，利用左岸扩挖后河床过水，过水断面宽15m，施工闸坝右岸坝段，完成右岸1号闸室及纵向导墙浇筑。二期拆除一期上下游及纵向围堰，利用引水坝段纵向导墙及二期上下游围堰围右岸，二期上下游围堰为全年围堰，施工右岸坝段及取水口，保证汛期不停工。三期采用枯期围堰围左岸，利用已建好右岸一道闸孔过水，施工左岸坝段。

（四）导流建筑物设计

1. 一期围堰 一期围堰填筑后原河床过流能力不足，考虑扩挖另一侧河床过流，扩挖后过水断面底宽15m。纵向围堰长度与上游水深之比大于20，按明渠泄流计算方法计算。分期导流过流均采用能量方程推水面线方法计算明渠进口处下游水深。求得明渠进口下游侧水深，以该水深作为堰后水深，采用宽顶堰公式计算上游水位，从而确定上游围堰高程。经计算，引水枢纽一期围堰上游水位为1887.51m。

2. 二期围堰 二期围堰设计标准为全年10年一遇洪水，上、下游及纵向围堰按设计洪峰流量288m³/s设计。二期围堰填筑后左侧河床过水，过水断面底宽30m。计算方法同一期围堰。经计算，引水枢纽二期围堰上游水位为1885.97m。

3. 三期围堰 围堰设计标准为5～10月10年一遇洪水，相应洪峰流量113m³/s。二期利用右岸1号闸孔过流，根据闸孔泄流曲线得出三期上游围堰水位为1886.40m。

4. 围堰结构 一期围堰结构型式为土石结构。堰体填筑采用开挖料。迎水侧坡面采用40cm厚抛石护坡，下铺30cm过渡层，中间铺设复合土工膜作为堰体防渗。迎水侧坡面防护结构延伸长度不小于围堰高度，过渡层为中粗砂。顶宽3.0m，上游边坡坡比均为1∶2.0，下游边坡坡比均为1∶1.5。纵向围堰连接上下游围堰，高程顺接。二期围堰由上、下游围堰及纵向围堰组成。二期上、下游围堰结构型式基本与一期围堰相同。纵向围堰为混凝土结构。三期围堰由上、下游围堰及纵向围堰组成。三期上下游围堰结构型式基本与二期围堰相同。

（中水北方勘测设计研究院有限责任公司
暴艳利 曾俊）

其 他

安化抽水蓄能电站天然设计洪水及入库洪水分析

（一）工程概况

安化抽水蓄能电站枢纽工程主要由上水库、输水系统、厂房系统及下水库4部分组成。上、下水库主要建筑物设计洪水标准为200年一遇，校核洪水为2000年一遇。上、下水库均位于资水支流洢溪的支沟九龙溪上，上水库流域面积8.33km²，河长4.0km，河道平均比降93.5‰；下水库流域面积23.69km²（包含上水库），河长9.63km、河道平均比降67.9‰。推荐方案装机容量240万kW，上水库正常蓄水位709m，水库水面面积0.837km²，下水库正常蓄水位285m，水库水面面积0.623km²。九龙溪上游无水文观测资料，仅下游洢溪干流有竹溪坡水文站，周边资水支流只有部分历史调查资料。该工程属于典型小流域无资料地区，此文在设计暴雨分析基础上，采用推理公式、综合单位线和水文比拟等方法计算设计洪水，用地区综合法检验成果合理性；并进行入库设计洪水的分析比较，合理采用。

（二）设计暴雨分析

洢溪流域处湖南省三大暴雨中心之一的湘中梅城暴雨中心区域内，暴雨量级较大且发生频繁，设计暴雨采用查等值线图法和附近雨量站实测资料分析计算。

1. 查等值线图法　采用2015年版图表查算设计暴雨成果。

2. 实测资料分析设计暴雨　电站附近的芙蓉、陈家洞、竹溪坡等周边水文站均有30年以上短历时的暴雨资料，但均无实测和调查的特大暴雨，考虑移用附近雨量站的特大暴雨资料进行设计暴雨分析计算。陈家洞站雨量移用同流域的蒙公塘站6、24h特大暴雨资料组成不连续系列，芙蓉站移用同流域的梅城站24h特大暴雨和邻近的沂溪流域蒙公塘站6h特大暴雨资料组成不连续系列。三站实测暴雨资料分析设计暴雨时，移用周边特大暴雨资料重现期确定困难，成果作为分析比较。

3. 天然设计洪水　①推理公式法计算设计洪峰流量，分产流计算和汇流计算两步。其中产流系数根据洪水大小采用了0.82～0.75，24h设计洪量由24h设计暴雨（上水库不考虑扣损，下水库扣除初损）乘以流域面积计算，推理公式法计算设计洪水成果。②综合单位线法产流部分计算与推理公式法一致。③此文比拟法基本原理是在设计流域和参证流域降雨量空间分布及产汇流条件基本一致的情况下，将参证流域的水文结果修正到设计流域。综合竹溪坡站、周边流域沂溪下游蒙公塘河段历史洪水资料以及泄溪和沂溪历史大暴雨资料，历史洪水考证期按1848年起算，考证期为171年，1848年空位，1955年、1938年分别排第2、3位。利用工程流域及附近流域水利工程设计洪水成果和竹溪坡站设计洪水成果分析了本区域设计洪水与流域面积的关系指数，100年一遇及以上洪水面积比指数为0.85，50年一遇及以下洪水面积比指数0.8。依据竹溪坡站设计洪峰流量按上述分析的面积与洪峰流量关系计算上、下水库坝址设计洪峰流量。④结果比选。坝址洪峰流量经推理公式法、综合单位线法、水文比拟法三种方法计算，综合单位线法成果最小，推理公式法和水文比拟法互有大小。综合分析，上、下水库设计洪水采用推理公式法成果。⑤天然设计洪水成果合理性分析。上、下水库天然设计洪水与附近工程及水文站设计洪水的洪峰、面积关系良好。上、下水库天然1%设计洪水与周边流域调查较可靠的近百年之历史洪水最大洪峰—面积关系良好。上、下水库天然设计洪水与调查的工程坝址河段较大洪水重现期基本吻合。

（三）入库设计洪水

当工程坝址以上流域面积较小，水库库面面积占坝址以上流域面积的比重较大时，要对坝址以上不同下垫面条件下设计洪水分别计算。若水库建成后允许陆面洪水进入水库，这时要进行陆面洪水与水面洪水叠加计算的设计洪水。

该电站上、下水库水面面积占天然流域面积分别为10%、2.63%，分析天然设计洪水的同时，也进行了入库设计洪水计算比较，以论证对下垫面变化对设计洪水及工程安全的影响。将水面和陆面分开，水面和陆面洪水按峰对峰叠加为入库洪水。水面按降雨直接形成径流计算；陆面按照《湖南省暴雨洪水查算手册》推理公式法计算设计洪峰，24h设计洪量由24h设计暴雨（上水库不考虑扣损，下水库扣除初损）乘以流域面积计算。

（四）结论

①该蓄能电站建设在无水文实测资料的小流域上，经暴雨查算和实测暴雨资料分析设计暴雨，多种小流域设计洪水方法计算天然设计洪水，与工程附近已建工程设计洪水、附近历史洪水调查资料、坝址洪水调查成果比较进行合理性分析，取得了合理的天然设计洪水成果。②该抽水蓄能电站入库洪水与天然洪水比较，不仅流域面积占比因素敏感，另外流域特性、洪水计算方法亦是影响入库洪水的重要因素，且对洪峰的影响大于洪量，但调洪设计、校核水位变化甚微，且反应设计洪量的变化对调洪水位的影响比洪峰敏感。③该工程小流域天然设计洪水及合理性检查方法对湖南或者其他省份小流域设计洪水计算均具有一定的参考意义。抽水蓄能电站入库洪水较天然情况的变化及影响因素分析，以及对设计洪水位的影响分析对抽水蓄能电站水文设计有一定的参考价值。

（中国电建集团中南勘测设计研究院有限公司
吴艳红　罗涛　刘杰）

桃源水电站运行水头超设计范围的对策研究

桃源水电站位于湖南省常德市桃源县，是沅水干流最末一个梯级水电站，上距凌津滩水电站38km。桃源水电站以发电为主，兼顾航运、旅游等综合利用。水库正常蓄水位39.5m，死水位39.3m。电站总装机容量18万kW，安装9台单机容量2万kW的灯泡贯流式机组，设计最大水头9.7m，最小水头2m，额定水头5.6m，停机流量8800m^3/s。该电站为低水头径流式电站，水库不具备调节性能。设计发电运行方式根据凌津滩下泄及区间来流维持高水位发电运行，当入库径流大于停机流量（8800m^3/s）或发电水头小于最小发电水头（2m）时，机组停止发电。凌津滩坝址控制桃源坝址以上98.5%流域面积，该电站年内径流分配主要受上游干支流调蓄水库调蓄，日内入库流量变化则主要受五强溪水电站调峰及凌津滩反调节调度影响。

（一）运行实践

该电站2014年10月全面投产，因受河道采砂及航道整治影响，电站下游河段河床局部变动较大。以下游引航道口门区为例，2019年4月实测，引航道右侧河床高程25.50m，较设计值已降低0.94m。因局部河床下切，该电站小流量发电时，对应尾水水位较原设计阶段下降明显，导致运行水头超出机组最大水头。

（二）方案研究

该电站超设计水头问题的解决措施以不影响流域梯级水电站调度灵活性、不影响干流航运为前提，主要有“机组适应水头”以及“水头适应机组”两大类解决方案。前者考虑引水发电系统挖潜或改扩建，后者可通过如下三种应对措施解决：①雍高下游水位。②停机控泄。③降低水库死水位。因雍高下游水位可能影响枢纽行洪和日常发电水头，故对其他三种应对措施进行研究。

(1) 机组挖潜或改造。桃源水电站设计最高水头为9.70m，设计采用三叶片灯泡贯流式水轮发电机组。这种结构形式有过流量大，参数水平高的优点，但单个桨叶受力较大，仅适用于10m水头以下工况。经机厂家复核计算，运行水头高于9.70m时，转轮体、转轮叶片强度将超出标准值，且压力脉动随着运行水头的提高呈减小趋势，空化情况随之加重，叶片空蚀会有所增加。从机组运行安全性考虑，桃源电站超出运行水头9.7m运行，存在较大的风险。为使该电站现有机组适应9.7m以上高水头运行，机组转轮体及叶片需进行加强或提高。其他“机组适应水头”的改造方案为将三叶片机组改为四叶片机组或者在枢纽适当位置增设一台发电机组。

(2) 停机控泄。当桃源水电站遭遇小流量，库水位对应发电水头高于9.70m时，转为“保水头”运行：即降低水库水位，保持发电水头9.70m运行。若库水位降至死水位水头仍超高，则转为“停机控泄”，通过泄洪闸按入库流量控制下泄，直至入库流量加大，运行水头重新回到设计范围内。

(3) 降低死水位。降低死水位方案为“停机控泄”方案的改进版。桃源水电站设计死水位(39.30m)高于水库最低航运水位(38.70m)，且凌津滩—桃源区间流达时间为2～3h，电站具备降低死水位灵活运行的条件。由复核计算得知，死水位自39.30m每下降0.10m，发电效益递增，但方案间增量由1024万kW·h递减至3万kW·h。经比较，死水位调整至38.80～38.90m较为合理，另外航运需泄放基流为400m³/s，按机组发电泄放航运基流，宜选择死水位38.80m方案。

（三）方案比较

三种应对措施技术上均可行，分析其优劣如下：①“停机控泄”措施操作较简便，但将造成水能资源的浪费，年均损失电量2216万kW·h。②“机组改造”措施可充分利用发电水头，但工程投资较高。③“降低死水位”方案考虑利用设计裕量，在保障机组安全稳定运行前提下优化调度运行以利用水头，发电效益较好，但需复核降低死水位运行相关影响。

（四）降低死水位运行影响分析

针对初步选定的死水位38.80m方案，从电站及库区两方面进行调研及复核，相应方法、成果及影响评价，经综合分析，该水电站具备降低死水位至38.80m运行的条件，对航道、码头、供水灌溉、旅游、机组安全运行和大坝安全稳定均基本无影响。

（五）结语

灯泡贯流式机组对运行水头敏感，机组设计招标阶段，为提高机组综合效率常趋向于控制水头范围，设计裕量较小。近年沅江、湘江、赣江均有电站受下游河势演变影响，出现小流量对应水头超高的情况，建议从优化调度运行、机组改扩建等方面研究对策。就桃源水电站而言，推荐近期调整水库死水位至38.80m运行，同时观测下游水位演变情况，必要时进行机组改造或扩机。

（中国电建集团中南勘测设计研究院有限公司
贾函）

水工建筑物在水库消落带防治工程中的应用

消落带指河流、湖泊、水库中由于季节性水位涨落而使被水淹没的土地周期性出露水面，成为陆地的一段特殊区域。消落带出露时雨水侵蚀强烈，可能引起崩塌、滑坡等地质灾害；淹水时涌浪侵蚀也很强烈，加剧了消落带土壤基质会逐渐流失，导致基岩裸露。因此，通过修建八斉大坝工程，罗甸县城主城区的水位维持在373.0m高程，有效地消除了县城消落带的影响。依山傍水的景观资源结合城市功能，使罗甸县成为湖滨山水园林城市，并且不增加罗甸县城区域新的淹没损失以及坝王河上游2150km²集雨面积的洪水。

（一）罗甸县城消落带主要问题

龙滩水电站正常蓄水位为375.0m，死水位为330.0m，年内水位变幅达45m，坝王河是珠江流域红水河二级支流，在罗甸县城区沟底高程约340m，将在罗甸县城区域形成35m的消落区，形成与天然河流涨落季节相反、面积达2.39km²、375m岸线、长 28km 的消落带。罗甸县城区主要为陡坡型消落带，若不采取相应的措施治理和保护陡坡消落带，在降雨径流、水库涨落和水浪冲刷侵蚀作用下，消落带土壤基质会流失更加严重，导致基岩裸露。因此有必要采取工程措施，消除或减少这一影响。

（二）工程任务

经方案比较，建设罗甸八吝大坝工程，在不增加罗甸县城区域新的淹没损失前提下，能使罗甸县城区域形成一个相对稳定的水面，消除或减少由于龙滩水库运行造成的消落区面积，使得罗甸县主城区成为一个湖滨山水园林城市。

（三）工程总布置

罗甸县八吝大坝工程由坝王河土石坝、先期导流渠（后期改建为混凝土重力坝）、岸边溢洪道三个永久工程部分组成。正常蓄水水位为 372.0m，坝址距县城约 5.5km，可形成 2.39km^2 永久水面面积。八吝大坝总库容 0.43 亿 m^3。坝王河土石坝采用黏土心墙防渗碾压土石坝方案，坝段长 240.93m，坝顶高程 380m，顶宽 20m，黏土心墙基下面采用单排帷幕灌浆防渗；右岸导流明渠段，后改建混凝土重力坝上部设两段溢洪道，溢洪坝段长 56m，采用实用堰型，底宽 18.5m，堰顶高程 372m；溢流坝段采用宽顶堰加设橡胶坝型式，顶宽 12.00m，堰顶高程为 369.00m，橡胶坝顶部高程 372.00m，堰宽 138m，溢洪道边墙顶高程均为 380.00m。

（四）正常蓄水位选定

坝址以上控制集雨面积 2150km^2，为满足罗甸县城区减小消落区范围，使罗甸县城水位稳定在较高水位以上，同时为满足罗甸县城防洪要求，则要较大过流断面面积。根据坝王河坝址河槽段地形条件分析，及八吝大坝枢纽工程区和回水区部分范围内罗甸县蒙江国家湿地公园合理利用区和宣教展示区内，湖泊与湿地低水位时水深 2m 处为界，在每年生长季，底层有时被水淹没原则，水位宜有 2m 变幅。参照调洪计算结果，八吝大坝正常蓄水位拟订为 372.0m。

（五）调洪计算

八吝大坝位于龙滩水电站库区范围内。龙滩库区正常蓄水位为 375.0m，龙滩水电站以发电为主，并兼有下游防洪。在汛期 5～7 月可预留防洪库容为 50 亿 m^3，相应的防洪汛限水位为 359.3m。7 月 15 日后开始回蓄，但在 8 月仍应预留 30 亿 m^3 防洪库容以应对后汛期洪水，相应的防洪汛限水位为 366m，至 9 月 1 日后再根据来水逐渐回蓄。①依据上述洪水调度原则及相关资料，按水量平衡原理进行八吝大坝自由泄洪调节计算，50 年一遇频率以下洪水采用溢洪坝段与充水后的橡胶坝进行泄流计算，50 年一遇频率及以上洪水采用溢洪坝段与橡胶坝坍坝后的进行泄流计算，起调水位均采用 372.0m。根据设计洪水过程线、水库库容曲线和水位泄流曲线进行调节，调节结果表明，八吝大坝 50 年一遇设计洪水位为 373.91m，千年一遇校核洪水位为 375.47m，水库总库容 3332.07 万 m^3。②由于龙滩在每年 9 月 1 日后回蓄，而八吝大坝的溢流堰顶的高程为 372.0m。则对于上游来水将会出现淹没出流。因此，当龙滩库区水位上涨至 372.0m 以上，将橡胶坝坝袋内水放空，橡胶坝坍落至溢洪道堰顶高程 369m。此时溢洪道处的泄流宽度为 138m，但考虑橡胶坝两侧采用 1：2 的坡式锚固形式，计算用泄流宽度为 132m，泄流堰高为 369m，将会有效增加行洪过流断面。溢流坝段的溢流宽度不变仍为 56m，堰顶高度为 372.0m。同时在 9 月初也是处于流域主汛期，因此，进行调洪计算时，为安全计采用全年洪水标准。③根据龙滩水电站二级支流坝王河的 5 年一遇调洪成果、20 年一遇洪水成果、50 年一遇调洪成果以及龙滩水电站千年一遇坝前水位为 377.51m 时，该方案均可满足洪水期在坝王河筑坝后对罗甸县不新增淹没损失，同时满足泄洪布置要求。

（六）实施变更情况

该工程经过建设实施，已经投入使用，并达到了预期效果。实施过程中正常蓄水位由 372.0m 调整为 373.0m，橡胶坝调整为液压活动坝，并对工程运行调度进行了调整。

（中国电建集团中南勘测设计研究院有限公司
李庆国）

梅州抽水蓄能电站左侧边坡监测预警的应用研究

应对滑坡危害，结构支护和监测预警是避免或减少滑坡灾害对人类威胁的两类常见方法。在监测预警程序中，选择预警判据和定义预警阈值是工作难点。传统预警阈值划分一般类比于具有类似地质条件的滑坡案例或根据一段时间监测结果进行统计分析，并经由专家经验给出。当无类似案例类比或者滑坡处于初始监测期而无足够可用监测数据时，定义预警阈值可靠度通常偏低，可能会导致虚假警报或漏报发生。此文的目的是如何利用少量监测数据甚至在未获取监测数据前提下，设计一个可靠性较高的预警程序。

（一）工程概况

梅州抽水蓄能电站位于广东省梅州市五华县南部的龙村镇黄狮村境内，规划装机容量 240 万 kW，分两期建设，其中一期装机容量 120 万 kW，上、下水库按装机容量 240 万 kW 一次建成，电站枢纽建筑物主要由上水库、输水系统、发电厂房及下水库等4部分组成。上水库进/出水口位于上水库左岸距大坝坝头约160.0m处。明渠段左侧角岩边坡位于一条形山脊处，设计边坡最大高度89m，其中EL822.00m的4号公路以上边坡高度21m，该公路以下边坡高度为68m。2019年8月完成EL775.00m以上边坡开挖后，遇大到暴雨，在进/出水口左侧EL784.50m以上坡面和坡顶EL822.00m平台出现张拉裂缝，并发展为蠕动挤压变形。根据边坡裂缝发展范围情况，预估变形坡体面积约0.52万m^2，方量约8.5万m^3。边坡变形体组成物质主要为强风化状灰黑色角岩、全强风化状紫红色角岩，岩体节理密集发育，风化强烈且不均匀，岩体破碎。

（二）预测模型及预警方法

①以内因分析为主的方法通常基于地质模型和力学模型，对滑坡进行极限平衡分析和数值分析，从而推断发生滑坡的可能性。②以外因分析为主的方法通过研究滑坡变形与外界触发因素如降雨、地震、人工开挖等之间的关系，进而确定滑坡的预报模型。③以监测为主的方法采用边坡监测数据对滑坡进行预测预报。国内外学者针对滑坡预测预报这一问题已经建立不少数学模型、方法及判据。大量的实例观测表明，大多数滑坡在破坏前会经历加速蠕变变形。因此，很多学者基于加速蠕变理论建立了破坏时间预测模型，其中逆速度法是现今最受认可的破坏时间预测方法。

$$s = \frac{1}{A}\ln\frac{t_f}{t_f - t} \tag{1}$$

式中　s——滑坡位移，mm；

A——拟合参数；

t_f——滑坡的预测破坏时间，d；

t——观测时间，d。

以式（1）作为设计边坡预警程序的基础，沿袭一些专家建议以滑坡加速蠕变曲线为基准，定义滑坡破坏前30d、15d和7d的速度作为预警阈值。这种预警阈值定义思路，定义了两个不同层次的预警判据：①第一层次定义超出0.5mm/d的变形速度作为初始预警阈值，并作为启动第二层次预警判据的阈值。②对于第二层次阈值，采用式（1）预测的破坏时间（t_f）与当前观测时间（t_p）之差Δt作为预警判据，即

$$\Delta t = t_f - t_p \tag{2}$$

这里规定Δt=10d、5d、2d分别为三个不同级别的预警阈值，得到含上述两层预警判据建立的四个预警级别（见表1）。这种预警方法的优势在于其充分考虑了滑坡临界破坏演化特征，因而更能反映边坡变形状态和动态破坏风险，对不同滑坡具有一定通用性。为防止出现虚假警报，规定预警区域内只有超过1/3～1/2监测点或设备发出超出相同预警等级信号才能作为最终预警等级。

表1　滑坡预警程序

预警级别	预警阈值	描　述
安全（绿色）	$v \leqslant 0.5$mm/d	边坡处于安全状态
注意级（蓝色）	$v > 0.5$mm/d	边坡出现明显变形行为，并有变形加快的迹象
警示级（黄色）	$v > 0.5$mm/d 且 $\Delta t < 10$d	边坡变形进一步加剧，变形加速趋势明显
警戒级（橙色）	$v > 0.5$mm/d 且 $\Delta t < 5$d	边坡进入中等加速蠕变阶段，有较大可能出现破坏
预报级（红色）	$v > 0.5$mm/d 且 $\Delta t < 2$d	边坡进入临界加速阶段，有极大可能发生破坏

（三）监测预警分析结果

该蓄能电站左侧边坡共设置了14个外表变形观测。从监测结果看，2019年9月1～13日边坡出现了显著的变形加速。由于监测数据存在大量噪声，于是对位移时间序列进行光滑处理。处理后的数据显示，四个测点在快速变形阶段速度介于0.5～2mm/d，变形速度相对较大。而后，变形震荡发展，总体变形速度较小，处于相对稳定状态，考虑到强降雨影响，仍应加强对其监测预警。

（四）结论

①采用破坏时间预测模型设计预警程序可以有效地捕捉不同预警级别信号。由于预测模型考虑滑坡在临滑阶段演化特征，因此该方法不仅可以反映边坡破坏风险的大小，还可以动态地反映不同时期变形特征和趋势。②对比区域预警与单点预警的结果发现，单点预警往往产生更多预警信号，区域预警可以大大减少虚假警报次数，区域预警可靠性更高。在实践中建议将单点预警与区域预警相结合，以提高预能力。

（中国电建集团中南勘测设计研究院有限公司　魏大川　彭书良　孙宁）

苗尾水电站工程库周消落带治理试验研究

（一）工程概况

苗尾水电站位于云南省云龙县旧洲镇境内，为澜沧江上游河段7级开发梯级电站中的最下游一个梯

级，距上游大华桥电站约61km。苗尾水电站开发任务以发电为主，兼顾灌溉供水。水库正常蓄水位1408.00m，相应库容6.86亿m^3，死水位1398.00m，调节库容1.65亿m^3，具有周调节性能。根据《云南省澜沧江苗尾水电站环境影响报告书》及其批复文件，提出“采取湿地和生态堤防方式对消落带进行治理。”

（二）国内消落带治理研究现状

1. 消落带特征　水库消落带是因水库蓄水或泄洪、运行需要调节水位以及自然水系最高水位与最低水位线之间形成水位涨落，而使土地周期性被水淹没或出露水面的特殊区域；由于受人为调控水位的影响，水库消落带没有天然湿地稳定的植物分带特征；淹水导致水库消落带原有的陆生植物死亡。

2. 国内消落带研究　水库消落带从物理结构上具备水陆交错的特点，受到陆域和水域生态系统的交互影响。在水库消落带的研究中，主要关注水库岸坡稳定性、水库消落带植物群落演替、水库消落带的无序利用及移民安置、水库及其消落带的污染防治、水库及其消落带生态系统健康状况这五个方面的问题。目前国内消落带治理主要有近自然模式、生物工程模式、水塘湿地模式及清洁封育模式。多数水库消落带仅开展了小面积的治理试验，其治理试验目标主要为选择适宜消落区生长的植物种类。

3. 国外消落带研究　国外对消落带的研究，主要集中在生态恢复领域、缓冲带对氮磷的净化机制研究、生态系统变化、植被演替、消落带管理等研究以及消落带对浮游生物、周围植被、地下水等方面的影响。

（三）苗尾水电站消落带治理建设

1. 苗尾水电站消落带特点　苗尾水电站水库位于云南省云龙县境内，消落带范围高程为1398～1408m，且为周调节水库，水位变幅频繁。苗尾水电站库周消落带具有淹没出露变化频繁的特征。

2. 消落带治理试验地块的选择及施工特点　根据苗尾水库库区消落带所在区域地形，分析该区域坡度及分布情况，利用地理信息经初选、二次筛选、再对交通、临时征地、施工条件等进行优选比较，最终确定表村、旱阳两处具有交通便利、施工条件和施工临时征地难度小的优势场地作为本次试验区选点。

3. 植物种类选择　根据国内其他水库的消落带治理中植物种类选择经验，宜选择耐淹能力强、根系发达、固土能力强、能忍耐夏季伏旱的多年生植物。

4. 消落带治理试验区块布局　消落带治理试验区块表村段位于澜沧江左岸，采用生态湿地建设方案，并考虑与生态护坡相结合。采用乔灌草植被恢复方案，以高程分区，每区再分块种植对比试验。消落带治理试验区块旱阳段位于澜沧江右岸，地形坡度较缓。同样采用乔灌草植被恢复方案，以高程分区，每区再分块种植对比试验。

（四）苗尾水电站消落带治理研究成果

自消落带施工结束后，开展了四个季度的调查监测，同时收集了苗尾水电站库区的水位数据，进行淹没时间与植物长势相关关系分析，研究取得如下结论：①现场调查发现治理后的消落区有鸟类停栖，其中，种植的桑树为鸟类提供一定的食物来源，种植乔木为鸟类提供良好栖息环境。②苗尾水电站库区为周调节水库，消落水位为1398～1408m，试验在整个消落范围均进行，淹没水深超过植被高度，植被大部分均会死亡，少数植物种类如菖蒲待水位落下去一段时间后，仍能存活。③旱柳和云南柳均可以适应一定的淹没水深，淹没时间越短，生长越好；有一定淹没水深的落羽杉生长良好且颜色呈深红色，淹没时间很短的落羽杉颜色主要呈绿色；枫杨在淹没时间长后基本难以成活。④种植灌木菖蒲能够适应一定时间的淹没水深；芦苇也有适应淹没一定时间，但比菖蒲成活率低；桑树在淹没时间很短或不淹没的位置，生长十分良好。⑤种植草本狗牙根、野古草、高羊茅能适应一定时间的淹没水深，但狗牙根在淹没后可以成为草本的优势种。⑥消落带未治理区均是本地草本，无灌木和乔木生长，草本的总体盖度基本与治理区范围内相同或略低。消落带治理工程提高消落区生境多样性，为水生生物、鸟类等提供栖息地，最终增加消落区生态系统多样性和稳定性。

（五）结语

消落带治理由于其处于水陆生态系统的过渡地带，生态环境脆弱，其治理难度较大。本次消落带治理经验可为澜沧江及其他流域的消落带治理在工程场地选择、植物种类选择提供参考。

（中国电建集团华东勘测设计研究院有限公司
吴开帅　周武　汤优敏　沈启斌　黄滨）

古学水电站工程近坝库岸滑坡失稳临界蓄水位研究

长期以来，大量学者在库岸滑坡的形成条件和预测评价等方面进行了大量研究，针对不同设计蓄水位对库岸滑坡的影响少有研究。此文在前人研究的基础上，基于古学水电站近坝库岸大型滑坡，在假定蓄水位尚未确定的情况下，对引发滑坡失稳的临界蓄水位进行研究，以期为水库规划及后期防治工作提供参考。

（一）工程概况

古学水电站地处藏区，为一等大（1）型工程，正开展前期勘察工作。该工程目前设计采用低坝方案，正常蓄水位 2 535.00m，死水位 2 530.00m。由于区域内工程地质条件复杂，河谷狭窄，岸坡陡峻，在近坝库岸形成了多处不良地质体。其中距离拟选坝址上游左岸约 1.7km 的滑坡体为坝址区内规模最大、危害性最大的滑坡体，区域地震基本烈度为Ⅶ度。工程地处高山峡谷区，为干热河谷气候，气温高，降雨少，由于河谷内发育局部小气候，与附近气象站差异较大，2014～2020 年实测多年平均气温 16.0℃，最高气温 36.7℃，多年平均降水 338.3mm，最大日雨量 33.5mm。研究区内地下水主要为基岩裂隙水，地下水位较低，基本与河水位平齐（河面常水位 2367m），监测显示，暴雨期间地下水位上升幅度最大可达 15m，但仍位于滑坡体以下。

滑坡体前沿高程 2500m，后缘最高约 3110m，最大高差达 610m，平面分布面积约 $35.6\times10^4m^2$，滑体一般厚度 28m 左右，总方量约 $996.8\times10^4m^3$，为大～巨型滑坡。滑坡中后部滑体较厚，揭露最大厚度可达 57m，为中～深层推移式滑坡。滑面地形整齐、坡度 35°左右，自然条件下滑体基本稳定。

在天然条件下，自重应力对滑坡体的形成起主导作用；而降雨、地震、库水位作用等是促使滑坡体失稳的诱发因素。由于库区降雨稀少，附近不具备发育 6 级以上地震条件，故地震与降雨对滑坡体影响有限，仅在极端情况下考虑，而水电站蓄水后，库水位变化与滑坡体稳定性关系最密切。

（二）不同蓄水位条件下滑坡体稳定性评价

假设正常蓄水稳定后坡体地下水位与库水位平齐，而在水库运营时地下水随库水位的变化改变。通常以水位骤降时滑坡稳定系数最低，故本文仅对不同设计蓄水位下水位骤降时滑坡的稳定性进行对比。该水电站是以发电为主的日调节水库，可调节水位 5m 左右，故对稳定蓄水后水位骤降 5m（骤降速率为 5m/d）的浸润线进行求解，蓄水位取 2535m 时初始孔隙水压力分布。

根据渗透室内试验和压水试验结果设置渗透系数，土体饱和渗透系数 $K_s=4.8$m/d，基岩 $K_s=0.01$m/d。在渗流计算完成的基础上，采用传递系数法对滑坡整体的稳定性进行计算，基于室内试验、参数反演、经验等取值，以 10m 梯度分别求解蓄水位 2535～2605m 之间库水位骤降 5m 时计算滑坡整体的稳定性。

获得蓄水位为 2535～2605m 时，滑坡稳定系数随水库蓄水位的增高而降低，平均蓄水位每升高 10m，滑坡稳定系数降低约 0.017 的结果。在目前采用的低坝方案（蓄水位 2535m）中，水库蓄水后滑坡稳定系数为 1.071，处于基本稳定状态；而若采用高坝方案（蓄水位 2605m），蓄水后滑坡稳定系数仅为 0.948，极可能发生失稳，故仅从近坝库岸稳定性影响考虑，采取低坝方案更有利（2571m 处于临界稳定状态）。

（三）基于 $FLAC^{3D}$ 的滑坡三维数值模拟

由于滑坡规模较大，实际地形地貌与地质条件较复杂，故需采用三维数值模拟软件对二维计算结果进行验证。采用 $FLAC^{3D}$ 有限差分数值软件，对不同蓄水条件下滑坡稳定性进行评价，并分别对未蓄水、蓄水位 2535、2571、2605m 四种情况下水位骤降 5m 工况进行稳定性计算，其计算结果与二维计算比较，三维数值模拟结果稍偏大，这主要由于二维计算仅考虑了剖面位置的局部失稳，而三维计算更注重滑坡的整体性稳定性，故三维计算的结果与实际情况更相符合。

（四）研究结论

此文结合二维剖面分析和三维数值模拟方法，研究了蓄水位变化对古学水电站近坝库岸滑坡稳定性的影响，对滑坡的发育演化特征，失稳临界条件等进行了阐述，得到了以下认识：①该近坝库岸滑坡为重力主导型滑坡，水库蓄水是其失稳主要诱发条件。蓄水位高度与滑坡稳定性呈负相关，在蓄水位为 2535m 时，滑坡稳定系数有所降低，但仍处于基本稳定；当蓄水位达到 2571m 时，滑坡处于临界稳定。②三维数值模拟结果证明了该滑坡为上部土体挤压下部产生变形的推移式滑坡，滑动发育过程主要包括了蠕滑、拉裂、剪切、滑动四个阶段，蓄水后加快了滑坡变形发育的速度。③三维计算滑坡稳定系数稍高于二维计算结果，这是由于三维数值模拟相比于二维计算更着重于滑坡的整体稳定性，其结果与实际情况也更相符。④仅从对近坝库岸的稳定性方面考虑，该工程目前所采用的低坝方案（蓄水位 2535m）更有利。

（中国电建集团中南勘测设计研究院有限公司
余政兴　孙宁）

国庆水库沥青心墙堆石坝混凝土基座止水缺陷处理

（一）工程概况

国庆水库总库容 $437\times10^4m^3$，属四等小（1）型工程，主要建筑物级别为 4 级。挡水建筑物为沥青混凝土心墙堆石坝，坝顶高程 4030.90m，最大坝高 51.90m，坝顶长度 264.40m，坝顶宽度 7m。坝址覆盖为 6～8m 厚的砂卵砾石层，以下为青色钙质粉砂岩夹板岩。大坝防渗系统由沥青心墙和基础帷幕灌浆组成，心墙底部、帷幕灌浆顶部为混凝土基座。混凝土基座厚1.5m，底宽5m，顶宽6.5m，每20m设置一道永久横缝。基座处设置2道铜止水，1道为纵向止水，沿心墙轴线布置在混凝土基座顶部和沥青混凝土心墙底部之间；1道为竖向止水，布置在混凝土基座横缝间的心墙轴线位置，下端深入基岩止水坑。纵向止水与竖向止水呈“T”形连接，使沥青混凝土心墙、混凝土基座及基岩形成完整防渗体系。

（二）基座竖向止水防渗检查

为保证混凝土基座和基岩的防渗体系封闭完整，最初拟订在竖向止水上下游侧80cm各布置1道入岩骑缝孔，孔内填塞遇水膨胀止水条，通过新增2道竖向止水使基座和基岩结合部防渗体系封闭。

为检验上述处理方案的可靠性，基座混凝土施工完成后在现场进行了压水检查，通过压水检查，发现基座横缝处的竖向止水存在施工缺陷，上下游串通，导致骑缝孔内填塞遇水膨胀止水条的初拟方案效果不佳。

（三）处理措施

为保证水库安全运行，决定对河床段心墙混凝土基座11条横缝进行化学灌浆处理，即保留原方案在横缝竖向止水上下游80cm先布入岩骑缝孔、填塞遇水膨胀止水条的基础上，在竖向止水上游侧的80cm横缝进行化学灌浆，以解决止水施工缺陷引起的渗漏问题。

虽然原混凝土基座横缝内竖向止水上下游80cm处布置骑缝钻孔填塞遇水膨胀止水条，止水条效果不理想，但却为下步化学灌浆创造了有利的施工条件。化学灌浆是在心墙混凝土基座横缝竖向止水和上游骑缝孔之间布置3道孔径75mm深入基岩60cm的化学灌浆骑缝孔，3个化灌孔及上游骑缝孔净间距10cm，采用LW/HW水溶性聚氨酯材料封闭该部位横缝，以恢复防渗效果。

化灌范围混凝土基座横缝顶部及灌浆孔顶部待化灌材料固化后，按设计要求凿除清理，用高弹性砂浆封堵。另外，为确保水库运行安全，沥青混凝土心墙底部厚度扩大2m。

经上述综合处理方案处理后达到了预期效果，满足了防渗漏要求。

（四）结论

该工程对混凝土基座11条横缝进行了防渗缺陷处理，经压水检测达到了预期效果。得到结论如下：①混凝土基座止水缺陷处理，施工中应尽可能采取两种或多种组合措施进行处理，避免单一方案处理的局限性。如该项目原处理方案仅采用骑缝孔填塞膨胀止水条，处理效果不理想，随后增加了化学灌浆处理方案，才达到预期缺陷处理效果。②化学灌浆作为工程常用防渗堵漏处理方案，虽然已经较为成熟，但是具体工程中还应结合施工环境及灌浆部位选择合适灌浆材料。该工程采用骑缝孔化学灌浆能够有效封闭横缝等狭小缝隙，处理后最大透水率仅为0.33Lu，且LW/HW水溶性聚氨酯材料施工简便、缝隙封堵效果好，可为类似水利工程防渗处理提供工程实践。

目前行业规范没有关于沥青心墙混凝土基座设横缝及止水的相关规定，但参考SL 274－2020《碾压式土石坝设计规范》中7.1.9条，土质防渗体底部混凝土盖板为避免形成渗流通道设施工缝不设永久分缝。为此，建议沥青心墙混凝土基座设计中不设永久缝，可采用后浇微膨胀混凝土或其他更严格的基座止水设计方案。

（中国电建集团西北勘测设计研究院有限公司
闫飞　薛石平
中国水利水电第四工程局有限公司
吕雯）

无人潜航器在引子渡水电站尾水渠缺陷检查中的应用

引子渡水电站装机容量3×12万kW，尾水渠与厂房轴线斜交成15°交角，长26.8m，宽51m，2018年4月现场检查发现尾水渠积砂沟出现局部混凝土破损，需对尾水渠混凝土剥蚀情况进行缺陷抢修。尾水渠水下检查方法主要有潜水员水下探摸观察和无人潜航器（水下机器人）检查两种。无人潜航器检查相对于潜水员水下探摸观察的优势在于更安全、方便、快捷、高效，其能够搭载配备光学高清摄像、声呐、机械手等设备，适应并完成众多环境条件下的检查。因此，此文以引子渡水电站尾水渠为对象，对无人潜航器在水工建筑物进行水下检测的实际做法和经验进行分析及总结。

（一）无人潜航器（ROV）系统简介

无人潜航器（Remote Operated Vehicle，简称ROV）又称水下机器人，主要包括ROV潜航器单元、地面控制单元、供电单元及吊放系统等四部分，其中ROV潜航器单元包括高分辨率彩色摄像机、避碰声呐、内置姿态传感器、机械臂、推进器、照明灯等部件；地面控制单元包括计算机控制系统、DV录像系统等部件。ROV作为水下作业平台，可根据不同的水下作业任务要求，配置不同的仪器设备、作业工具和取样设备，以便完成水下检查、水下作业或水下取样等任务。在水体比较浑浊区域，无人潜航器搭载的摄像头拍摄容易受干扰，导致无人潜航器易发生碰撞，并且检测区域定位容易错乱。为避免这种情况，特搭载避碰声呐组件，以保障在水体浑浊时检测作业不受影响。

（二）检测工作布置

为方便作业，将工作站设置在厂区平台上，并就近接入电源。无人潜航器从尾水平台布放下水，下水后沿积砂沟往返多次检查，实时记录摄像机影像，关键缺陷范围位置等信息。积砂沟检查完成后，再对尾水渠下游平台及两侧墙壁进行全面检查。为使检查记录位置准确，将尾水渠积砂沟全长平均分段，并建立三维模型。控制无人潜航器下沉至积砂沟内，自左导墙至右导墙之间往复检查，并作分段检查及分析记录。

无人潜航器搭载的水下高清数字相机支持4倍光学变焦，配合特有的水下图像处理算法，能够获得高质量的水下影像资料。对高清水下影像资料加以辨识与分析，与被冲刷部位的表现特征对比，即可验证所检测区域是否存在侵蚀情况，判断冲刷情况的严重性。针对已确定被侵蚀的位置，可以根据现场情况变换无人潜航器位置与姿态多方位进行全方位观察分析，并拍照记录。

（三）检查成果分析

此次采用无人潜航器系统对引子渡水电站尾积砂沟冲蚀情况进行检测，整体无人潜航器视频清晰、辨识度高、视角广，采集数据状况良好，主要缺陷为：①积砂沟结构冲蚀较为严重，尤其是从2、3号机组上游斜面及底板全部冲蚀，可见大量钢筋网裸露，并且钢筋有脱落现象。积砂沟中部底板有大量被冲刷成“鹅卵石”状石块堆积，下游斜面整体结构较为完整，但有一定程度磨损，有少量冲蚀凹坑和漏筋现象。闸门出口平台，连接处及侧面面板上出现张开裂缝，漏筋，局部可见为未拆除模板。②积砂沟下游平台整体结构较完整，平台整体平整，未发现杂物堆积。但在拦石坝中部上游10m区域有大面积钢筋网裸露现象。③尾水渠左右导墙结构完好，未见明显缺陷。

对比2019年检查报告，本次较上次检查积砂沟冲蚀有扩大趋势，主要为：底板混凝土脱落及钢筋网裸露面积增加；积砂沟内碎石量较上次有明显增多；下游斜面整体开始有一定程度的磨损，并有少量冲蚀凹坑和漏筋现象，拦石坝中部上游10m区域有大面积钢筋网裸露现象。经对检查区域缺陷进行分区统计，详细情况见表1。

表1　　缺陷统计表

区域	检查面积（m^2）	缺陷面积（m^2）	缺陷占比（%）
积砂沟上游斜面	65.3	36.0	55
积砂沟底板	72.2	56.0	77.6
积砂沟下游斜面	145.2	7.3	5
积砂沟下游平台	1225.3	60.4	4.9

（四）结语

水电站的许多水工建筑物常年处在水面以下，现场水下环境的特殊性和复杂性，使得结构检测和隐患排查难度加大，而大多数水利工程不具备放空条件。无人潜航器是一种十分实用的水下检测工具，具有灵活高效、数据直观的优点，与其他探测手段结合使用，能够快速、精准地开展检测工作，是今后水利工程水下检测的发展方向。但是，现阶段用于水利工程检测的水下机器人也存在一些不足：无人潜航器主要依靠脐带线缆进行供电和信号传输，作业半径在一定程度上受到限制，而且水下环境复杂，异物较多，脐带线缆容易发生缠绕，这是实际应用中需要解决的关键技术。此外，无人潜航器水下精准定位、不稳定水流中的机身控制、浑浊水体中结构缺陷辨识等技术将是今后水下机器人应用技术的主要研究方向。

（贵州黔源电力股份有限公司引子渡分公司　李荣英）

宽尾墩消能技术工程应用条件

宽尾墩消能技术以三元水跃形式获得较高消能效果同时，也缩短了消力池长度，一定程度节约了工程投资。对于一个设计规划中的工程，当设计工作者需要进行消能形式选择时，首先要面对的问题是消能技术需要满足的工程应用条件，因此，结合宽尾墩消能技术的实际工程应用，对宽尾墩消能技术的工程应用条件进行探讨非常有必要。

（一）已有宽尾墩消能技术应用条件

宽尾墩消能技术工程应用条件研究成果基本分为两类：一类是通过对多个已建工程参数的总结，提出流能比与下游水深比计算公式，在此基础上提出参数化的应用要求；另一类是通过宽尾墩三元水跃特性研究，建立三元水跃的特征参数拟合公式，并根据公式对三元水跃的特征参数与实际工程下游河道水流参数进行比较，依此确定宽尾墩消能技术是否可用。

1. 流能比与下游水深比关系研究　对表孔采用底流消能布置形式中，使用宽尾墩消能技术的工程水力学条件进行了总结分析，研究定义单宽流量与上下游水位差的水能量之比——流能比、下游水深与堰顶和消力池底板之间高差之比——下游水深比。通过对多个已建工程相应流能比与下游水深比计算，并对工程实际运行情况进行总结发现，当下游水深比在0.4～0.86时工程可应用宽尾墩消能技术，否则就不能使用。

2. 宽尾墩三元水跃特征参数关系研究　通过试验研究，对系列体型不同宽尾墩三元微淹没水跃的跃长、跃高等参数进行了测试，定义宽尾墩三元水跃的特征跃长及特征跃高两个参数，建立关系计算公式，通过计算资料分析发现，宽尾墩三元水跃特征跃长及特征跃高两个特征参数与流能比之间存在线性关系，基本限定了宽尾墩消能技术的工程水力学条件，而且这一组关系式是在微淹没三元水跃条件下得到，因此该关系式也可成为宽尾墩消能技术能否使用的另一种判别方式。

3. 两种方法的实际工程运行情况　上述两种方法为宽尾墩消能技术能否在实际工程中应用，提供了一种相对比较简单的判别条件，也对宽尾墩消能技术的发展起到推动作用。虽然这些判别关系式也是基于工程设计工况或校核工况资料总结分析得到，而且对工程应用而言，两种工况都很重要，但实际工程运行的大部分工况却是中小洪水泄洪。对一般河道而言，随着泄洪流量的减小，下游河道水面也会降低。下游河道水面降低后，水深随之减小，水深能否满足大于宽尾墩三元水跃第二共轭水深要求，就成为宽尾墩消能技术能否正常发挥作用的关键因素。

（二）典型工程资料深度分析

1. 相关资料分析　实际工程很多为中小型洪水泄洪，从对包括中小型洪水泄洪的典型运行工况的无量纲参数（流能比和下游水深比）计算结果看，由于工程坝高相对较高、泄洪单宽流量较小，下游水深比最大值均比较小。并且下游水深比小时，消力池底板脉动压强均方根最大值比较大，下游水深比较大时，脉动压强均方根比较小。这一分布规律与实际工程消力池底板所承受的水流冲击压强变化规律基本相同，说明参数的总体变化规律比较合理。但对脉动压强均方根量值的分布做详细分析可以看出，各个工程具有不同的特征。一些工程虽然下游水深比较大，但消力池底板脉动压强均方根最大值比较大，最后并未选择宽尾墩消能技术。

2. 宽尾墩消能技术应用条件　①计算公式调整。流能比是用于表征单宽条件下的水流能量的一个无量纲参数，应准确反映消力池底板以上的一种水头能量的变化参数，而对于一个工程而言，堰顶与消力池底板之间的高差是不变的，所以只有单宽流量一个变量。下游水深比参数是表征下游相对水深的一个物理量，一般工程运行工况中，消力池底板以上总水头基本是固定不变，或变化幅度比较小，那么随着下游水深的变化，上下游水位差必然也随之反向变化，采用下游水深与上下游水位差作为下游水深比这个无量纲参数，其变化特征就会明显一些，便于对工程运行特性的准确把握。②无量纲参数变化规律分析。通过调整后的计算公式计算，并对脉动压强均方根最大值参数统计发现，下游水深比值大于0.6，则工程可以应用宽尾墩消能技术，否则就不能使用；另外也可以在上述参数要求基础上，限定流能比必须大于0.054。

（三）结语

在对现有宽尾墩消能技术工程应用条件总结同时，利用该方法计算了几个已建典型工程初步设计阶段的资料，并结合脉动压强均方根试验测试资料，综合分析了现有方法的合理性。在此基础之上，调整了现有方法中流能比及下游水深比两个无量纲参数的计算公式，并依此得到一条宽尾墩消能技术工程应用的标准曲线，如果计算得到的工程2个无量纲参数在标准曲线上，则该工程可满足宽尾墩消能技术应用条件，否则就不能。

（西北农林科技大学　尹进步）

高海拔大温差拱坝谷幅弦线自动监测系统的应用研究

谷幅和弦线变形监测是高拱坝面临的共同问题。针对此问题，该文结合传感器、物联网与嵌入式技术，研发了一套基于激光测距与温湿压校正的全自动谷幅、弦线监测系统，并在黄河上游龙羊峡、李家峡水电站大坝安全监测项目中得到应用。

（一）系统总体方案

本系统采用激光传感器与反射棱镜作为谷幅弦线测量装置，在数据采集器控制下，实时获取每条弦线、谷幅监测点的监测数据。在每条弦线、谷幅监测点的河谷一岸安装激光传感器，对岸布设反射棱镜，同时，同步监测两岸观测点的温度、湿度、气压，辅助校准激光测量数据。

谷幅弦线自动监测系统分为测距系统与照准系统两部分。测距系统用于发射激光，获取距离测量结果，照准系统用于反射激光，确保在远距离（最大500m）的应用场景下，对入射光进行全反射。

测距系统主要由激光测距传感器、温湿压传感器、数据采集控制器、数据传输单元组成，数据采集控制器控制激光传感器发射激光并获取距离测量结果，同时采集激光测距仪安装点附近的温度、湿度、压强数据。照准系统主要由传感器温湿压传感器、反射棱镜、数据采集控制器、数据传输单元组成，反射棱镜用于反射激光，数据采集器采集反射棱镜周边的温度、湿度、压强数据。

测距系统、照准系统的实时监测数据经过加密处理后，可通过光纤传输至电站数据中心或者使用公共无线网络将数据传输至远程集控中心。远端的数据中心对原始的监测数据进行解算，并结合温度、湿度、压强进行数校准，最终展示校准后的结果，当谷幅弦线变化量超过设定阈值时，启动预警功能。

数据采集器作为本系统的核心控制器，设备启动运行后，根据用户设置的频次（最小支持 1min）依次采集每条谷幅弦线上监测点的数据，当每个观测点的监测数据采集完成后，首先对传感器返回的原始数据进行解析，并按照自定义的加密规格对监测数据加密处理，最后将加密后的数据按照特定的格式通过不同的信道发送至远端集控中心。数据处理完成后，数据采集器关闭传感器电源，进入低功耗待机模式。

为应对网络状况不佳或者中断等突发情况，为了保证数据完整性，在数据采集器内部，专门开发了丢包数据存储与补发的智能算法。在网络异常情况下，对于没有成功传输至集控中心的数据包，全部存储在数据采集器内部存储器中，当设备检测到网络恢复正常时，再将存储的数据传输至数据中心。

（二）站点布设

根据激光测距仪的量程，龙羊峡水电站共选取 4 条线进行监测（2 条弦线和 2 条谷幅），监测设备分别安装在坝后两岸同一高程常规观测墩上。右岸安装激光传感器，左岸安装照准棱镜。

李家峡水电站共选取 7 条线进行监测（包括 2 条弦线和 5 条谷幅）。坝后左岸安装激光传感器，右岸安装照准棱镜。其中，有两条谷幅共用一块反射棱镜。

（三）数据分析计算

本系统中使用的激光传感器为迪马斯 FLS-C(H)型传感器，该传感器的精度可达 1mm（量程 500m，波长 620～690nm），传感器工作方式为脉冲式测量。

由于本系统中所使用的激光传感器本身没有对大气环境的影响进行补偿，然而对于高海拔、大温差应用场景下的激光测距系统，其激光的波长会受到空气折射率的影响。因此，利用空气射率对激光测距系统进行补偿是提高测距精度的关键。平均折射率虽然受很多变量影响，但影响最大的四个物理量分别是大气压强、大气温度、相对湿度和二氧化碳含量。由于相对湿度对激光波长的影响很有限，且大气中二氧化碳含量在一段时间内变化很小，因此湿度、二氧化碳含量对空气折射率的影响可以忽略不计，仅考虑温度、大气压强影响。

龙羊峡水电站大坝的谷幅弦线变化范围在±7mm 以内，李家峡水电站大坝的谷幅弦线变化范围在±8mm 以内。整体而言，两座高原拱坝水电站在蓄水期的谷幅弦线自变化已经处于收敛稳定，这与有关资料的数据记录变化趋势符合。

（四）结论

通过黄河上游龙羊峡、李家峡水电站库区的变形监测数据，结合坡体的结构特征，分析库区蓄水后谷幅的变形特征及受影响因素，分析计算，并总结了高原拱坝水电站蓄水后谷幅的伸缩变形规律。整体而言，为大坝谷幅弦线变形自动监测提供一种全新的监测方式。①此系统是对日益发展的“数字化”大坝监测的重大补充。②谷幅弦线自动监测系统具有自动控制采集传输、风险预警、预报的功能。③通过数据结果表明本系统在高原大温差环境下的适应性较好，可以为大坝提供连续监测数据，是充分分析大坝变形动态变化好方法，为大坝变形监测提供重要参考依据。

（中国电建集团中南勘测设计研究院有限公司 孔维正）

构皮滩水电站工程通航建筑物通过专项验收

乌江为贵州省第一大河，古称延江、黔江，是贵州的“母亲河”，是长江上游南岸最大的支流，是贵州最重要的水上通道之一。乌江横贯贵州中部及东北部，至洪渡向北约 15km 处进入重庆市，至涪陵汇入长江。构皮滩水电站枢纽位于乌江干流马骆渡—大乌江通航河段内，上距乌江渡水电站 137km，下至思林水电站 89km。坝址控制流域面积 43250km^2，占全流域的 49.2%。坝址处多年平均流量 742m^3/s，天然最枯流量 87.9m^3/s，其下游河段江窄水急、险滩急弯交错，河势十分复杂。

（一）构皮滩通航建筑物工程建设概况

该电站通航建筑物按Ⅳ级航道、500t 级船型标准建设，最高通航水头 199m，规划过坝运量单向 125 万 t/年。该通航建筑物具有如下突出特点：①通航水头高，上游通航水位变幅大，下游通航水位变率快。②地形地质条件和下游出口段河势复杂。③作为前期缓建项目，其布置和施工方案受到在建工程施工及工程蓄水计划的制约，必须统筹兼顾。

构皮滩水电站通航建筑物采用带中间渠道的三级垂直升船机方案，线路选在左岸煤炭沟至野狼湾一线，轴线方位角 109°，总长 2306m。第一级升船机采用船厢下水的布置方案，逆向运行最大提升高度

47m。第二级采用钢丝绳卷扬全平衡式垂直升船机，最大提升高度为127m。第三级升船机用于克服第二级中间渠道与下游引航道之间最大79m的水位落差，也采用船厢下水式升船机。整个工程由上游引航道、三级升船机、中间渠道以及下游引航道组成。升船机由上闸首、船厢室和下闸首三部分组成。三级垂直升船机主体设备由主提升机、承船厢、平衡重系统、船厢室设备以及电力拖动、控制、检测等设备组成。第一、三级船厢下水式垂直升船机为国内、外规模最大的卷扬垂直提升下水式升船机，其主提升设备规模已远远超过世界上已建同类升船机。第二级升船机为目前国内外提升高度最高的垂直升船机。

（二）工程创新

（1）通航隧洞与升船机分级布置技术耦合关键技术创新。①提出峡谷地区大型拱坝枢纽通航建筑物过坝技术，解决复杂环境和运行条件下200m级超高水头通航建筑物穿坝布置难题。②建立超高扬程垂直升船机与大型通航渡槽变形控制成套技术，解决极软岩地基上塔柱变形控制难题；保障大型高架渡槽与超高扬程升船机塔柱工作协同和运行安全。③提出"分层定向透水式隔流堤＋交错式导流墙"引航道布置技术，解决峡谷河段复杂流态条件下的引航道口门区水流控导难题。④提出下水式升船机主提升系统设计关键技术。

（2）预制装配式吊装施工与"3小＋12大"体型控制关键技术创新。①创建了垂直升船机特高塔体快速施工技术，缩短施工工期：升船机每隔12m楼层梁板由现浇改为预制装配式吊装施工，保证了梁板混凝土预制施工与升船机筒体同步上升；采用大型塔机＋定点分料系统相结合的施工模式，创造单月、季度、半年的垂直升船机塔体上升国内施工纪录。②形成了高精度特高垂直升船机体型控制技术，达到了国内外超高垂直升船机体型控制的领先水平；采用可拆装钢结构框架对仓面埋件进行精准定位。③研发了大型塔机群防碰撞技术，采用4D施工模拟，导入施工进度进行可视化模拟，将施工形象与工期结合，形象模拟施工全过程。

（3）世界首台500t级入水式升船机承船厢结构与关键控制调试技术创新。①研制500t级入水式升船机承船厢结构，揭示了下水式升船机船厢出入水过程吸附力和拍击力变化规律，首次建立了船厢出入水附加水动力荷载计算公式，提出了下水式船厢结构体型及出入水速度控制标准等，解决船厢出入水的运行安全难题。②开发设计了大型减速器定轴轮系功率分流齿轮结构，减轻减速器整机重量并提高齿轮传动系统的可靠性；开发了一种增强平行级箱体刚度的装置，提高了大型平行级减速器箱体的刚度；开发设计了大扭矩轴间连接装置，保证减速器与卷筒之间的平稳连接。③开发了升船机超大型卷筒制造加工技术、超厚板焊接成型技术、超大型制动盘成型加工技术、高精度同步轴系统制造技术，提高了复杂结构大型工程机械的制造加工能力。

（三）通航工程验收

该水电站通航建筑物工程是贵州省打通出海通道的关键性节点工程。①2007年7月，第一级升船机开工建设，先后克服各种困难，创下通航总水头、单级提升高度、主提升设备规模等6项技术指标世界之最。②2021年6月22日，工程完成全线集控过标船测试，7月28日，顺利通过交工验收，正式投入试运行。③2022年12月23日，工程顺利通过特殊单项工程暨通航专项验收，具备移交条件。随着构皮滩三级升船机建成投运，构皮滩—思林—沙沱全线复航，"黄金水道"运力得到提升，有力推动产业转移和发展跨区域大交通，形成了新的经济增长极。

（贵州乌江水电开发有限责任公司构皮滩水电厂　袁晓斌）

卡拉水电站工程智能建设平台投入运行

卡拉水电站位于四川省凉山彝族自治州木里藏族自治县境内，是雅砻江中游两河口—卡拉河段水电开发规划一库七级的第7级水电站。卡拉水电站为二等大（2）型工程，工程枢纽由挡水建筑物、泄洪消能建筑物及引水发电系统等组成。拦河坝为碾压混凝土重力坝，坝顶高程1995.0m，最大坝高126.0m，共11个坝段，坝身布置"5个表孔＋2个中孔"，利用"宽尾墩＋跌坎底流消力池"的消能方式，具有坝体结构简单、地基适应性强、消能效果好、运行安全可靠的优点。卡拉水电站的开发任务为发电，总装机容量102万kW。水库正常蓄水位1987.0m，库容2.378亿m^3。卡拉水电站由雅砻江流域水电开发有限公司（简称雅砻江公司）建设，电站建成后能够有效地改善四川电网枯期水电出力不足的问题，并且对优化四川电网电源结构具有重要意义。

项目开工后，为了实现卡拉水电站全业务、全流程、全要素的数字化管理，进行卡拉水电站智能建设平台的开发建设。卡拉智能建设平台在整合雅砻江公司、行业内外智能化现有技术的基础上，充分利用大数据、人工智能、物联网等先进技术，有效整合各环节信息资源，充分发挥数据资产价值，促进业务高效协同，实现管理数字化、建造智能化。卡拉水电站智能建设平台规模庞大，内容齐全，本着"内容全面、技术先进、设计合理、适度超前”的理念，遵循“系统性、创新性、实用性、演进性”的原则设计，从而达到“一次开发、迭代演进、流域推广”的目的。平台以新技术为驱动，推进工程建设的创新应用；以数字孪生为基数目标导向，深化各类应用的智能化能力；以实际建造业务为主线，“一体化”实现智能建设赋能卡拉工程建设管理。实现全业务、全流程和全要素的数字化管理，实现全面的数字化移交，满足工程更安全、更高效、更精准地建设和管理需要，最终将卡拉水电站建设为电力行业工程建设典范以及可参考借鉴的智能化标志性工程。

中国电建集团华东勘测设计研究院有限公司承担了雅砻江卡拉水电站智能建设平台的开发建设工作。2021 年 9 月，中国水电七局・五局・华东院设计施工总承包联合体与雅砻江公司签订 EPC 合同；2021 年 10 月智能建设项目团队进场开展工作；2022 年 6 月智能建设平台一期功能上线试运行；2022 年 10 月，智能建设平台正式全面上线运行。

（中国电建集团华东勘测设计研究院有限公司

谷金操）

6 土建施工

大 坝 施 工

白鹤滩水电站拱坝混凝土取芯关键技术

白鹤滩水电站位于金沙江下游四川省宁南县和云南省巧家县境内，电站上接乌东德水电站，距离182km，下邻溪洛渡水电站，相距195km。白鹤滩大坝采用椭圆形混凝土双曲拱坝，坝顶高程834.00m，最大坝高289m，混凝土总浇筑量803万m^3，全坝采用低热水泥混凝土浇筑而成。大坝多采用3.0m升层，分6～7个坯层，采取条带平铺法浇筑。为印证该电站大坝混凝土施工质量，大坝混凝土取芯孔位置定在右岸大坝25号坝段下游面。

（一）取芯部位要求

钻孔取芯检查是检验混凝土实体质量的重要手段，芯样应覆盖大坝C18040、C18035、C18030三个混凝土强度等级区，混凝土级配以二级配、四级配为主。取芯应选取便于钻机施工及缆机吊运芯样的部位。取芯部位应避开监测仪器、主筋、预埋件和管线等所埋设施和仪器。为避免钻孔打断冷却水管，钻孔取芯拟安排在接缝灌浆施工及冷却水管回填灌浆施工已完成的部位。

（二）取芯施工方法

白鹤滩水电站大坝取芯采用GQ-60型地质钻机钻孔，其施工工艺流程为：施工准备→孔位放样→钻进→卡芯→取芯→出芯→岩芯编录→回填封孔→提交报告并移交岩芯。

为避免钻孔施工时污水、钻机油污等对坝顶混凝土造成污染，在施工区域浇筑混凝土垫层对原有混凝土面进行防护：以钻机为中心浇筑9.0m×4.5m（长×宽）、厚度为20cm的C25混凝土垫层；垫层浇筑前在与坝顶混凝土面交接部位铺设一道彩条布和PE土工膜进行隔离保护；混凝土垫层浇筑前预埋槽钢基座，用以固定钻机底座。在混凝土垫层浇筑时，在孔口周围设置排水沟与下游人行道排水箅子连接，进行钻孔污水排放。混凝土垫层四周采用空心砖砌围挡，水泥勾缝，避免施工污水漫流污染坝顶混凝土路面。施工区域定时进行冲洗，避免钻孔污水淤积。

取芯孔采用全站仪放样确定取芯孔位置。钻进应平稳缓慢进行，钻孔至设计深度后，提出岩芯管，下设卡芯套管＋卡簧进行卡芯。下至孔底后确定卡簧卡住芯样后，采用专用夹板夹住卡芯套管，在两侧采用千斤顶匀速施力提断芯样。芯样提断后，采用缆机将岩芯管从孔内吊起。起吊前需反复调试，使缆机挂钩中心与岩芯管中心在一条铅直线上。缆机起吊芯样及移动时，应缓慢匀速进行。取芯孔施工完成后，先采用0.5：1的浓浆进行注浆置换封孔，再将混凝土垫层凿除。凿除完成后，对取芯孔孔口采用M40预缩砂浆进行修补复原。采用旭硝子基底调配色浆，修补砂浆色差，使混凝土表面颜色一致。

（三）混凝土芯样固定

混凝土芯样固定施工程序：芯样摆放平台混凝土浇筑→排架搭设→钢结构制作、安装及加固→芯样吊装→排架拆除。

白鹤滩水电站大坝混凝土长芯样在右岸高程834m平台WMR6洞上游侧边坡于芯样承放平台处竖向放置。芯样摆放平台混凝土尺寸为6.0m×4.0m×0.6m（长×宽×高），采用C30免装修二级配混凝土。芯样摆放平台安装护栏并设置踏步通道。

钢结构采用三角形桁架，立杆采用ϕ89×5钢管，水平杆和斜杆均采用ϕ42×4钢管，所有材料均为不锈钢材质。钢结构桁架共由6个标准节组成，包括底部5个6m高标准节和顶部1个4m高标准节，钢结构桁架与边坡之间通过连墙杆固定。不锈钢结构所有连接杆件之间均采用焊接方式固定，焊缝均采用手工电弧焊焊接。不锈钢结构安装时测量队使用全站仪跟进校正，保证不锈钢结构铅直。

混凝土长芯采用缆机从孔内连同岩芯管一起吊出孔外，岩芯管移动至芯样放置点。混凝土芯样通过环形不锈钢板抱箍与不锈钢结构焊接固定，抱箍每隔2m设置一道。待芯样固定后，将岩芯管整体吊至钻孔部位放置到孔内后利用缆机将岩芯管缓慢拔出，再分节取出岩芯管。为保护混凝土芯样，混凝土芯样用清水全面清洗后涂刷混凝土保护剂。

（四）应用情况

2022年10月1日，白鹤滩水电站大坝25号坝段，成功取出一根直径245mm、长34.86m的常态混凝土芯样，打破了白鹤滩大坝在2019年4月取出25.7m世界最长常态混凝土芯样纪录，芯样完整光滑、质地密实、骨料分布均匀、层间结合良好，实现自我超越、再创世界纪录，以实效印证白鹤滩水电站大坝混凝土精品工程施工质量。

（中国水利水电第八工程局有限公司 邓天明）

白鹤滩水电站特高拱坝大风条件下安全优质高效施工关键技术

白鹤滩水电站大坝工程地处金沙江干热河谷，大风季节分布明显，年均7级以上大风241天，占年总日数的66.0%，极大风力可达12级；不同位置、不同高程的风速及风向差异较大，同时大风存在一定的规律性，但坝区大风起始时间、持续时间及风力大小有一定的随机性，且大风的出现还具有突发性。由此给施工安全带来风险，施工质量难以控制，严重制约着工程进度。通过开展理论分析、装备与设施研制改造、关键技术研发等自主与集成创新研究，形成了特高拱坝大风条件下安全优质高效施工成套技术，成功解决了工程技术难题。

（一）关键技术及主要创新成果

（1）建立了局部区域大风规律预测模型和预测方法。通过对气象参数进行统计分析，结合风力衰减理论分析、实验分析及仿真分析等，建立大风参数模型，取得大坝工程施工期大风特征及分布规律。在已建大风测站的基础上增设部分风力测站，同白鹤滩坝区已建测风站形成大风测量网络。根据施工区域气象实测资料、地方气象资料及区域自然环境条件等，通过气象分析、统计分析及概率分析等手段深入分析大风成因及大风规律后，结合在大坝工程施工区域设置的自动提示设施，联合参建各方研究建立了大风的预警及预测体系，形成大风预测及预警信息化推送系统，通过信息化系统发布大风预警及预测信息，实现坝区未来12～24h极大风力精确预报及短时大风预警提醒，为现场施工安排提供参考。

（2）提出了一套适用于白鹤滩大坝工程施工的风险管理框架体系及安全控制技术理论。根据白鹤滩坝区大风特征，采用风险分析、影响评价方法分层次、分环境、分部位、分区域研究施工风险，制定应对措施与安全控制技术制度，通过验证、总结、改进应对措施与控制制度，建立了以风险为核心，以事前、主动防御为特征，融入以人为本、工程风险（安全、质量及进度）、预防为主、工程与非工程措施并重、标准化、制度化的一套适用于白鹤滩大坝工程施工的风险管理框架体系及安全控制技术理论。

（3）提出了大风条件下拱坝施工安全、质量、进度成套防风控制措施。在充分分析大风监测资料等边界条件，结合白鹤滩水电站大坝工程施工实际情况，采取了一系列防风措施：①建立了成套大风环境下大坝工程模板设计及施工的关键技术，有效提高模板工程施工效率，减少大风对模板施工的影响；②设计制作并应用了一批仓面材料及工具标准化吊篮、装配置栈桥防风棚等防风工装结构，实现仓面吊物“集成化”“集约化”“标准化”；③通过对大风影响应对措施进行标准化建设，形成管理标准化、防风安全技术标准化、大风条件下备仓及混凝土浇筑标准化等应对大风措施，并纳入了工程施工全过程。

（4）研发了大风条件下拱坝混凝土保温、养护成套关键技术。根据白鹤滩坝区常年大风的特点，形成了大风环境下适用于大坝工程成品混凝土保护保温技术：①坝面分别采用聚氨酯和苯板保温、横缝面采用聚乙烯卷材保温、过流面采用聚氨酯保温、孔洞在孔口封闭保温；低温季节模板面板外侧采用闭孔泡沫板保温；②水平缝面、横缝面、上下游坝面、廊道、过流面等结构混凝土面采用旋喷、喷雾、花管、超声波加湿器等多种组合方式进行养护和保湿。

（二）应用情况

2022年6月30日，白鹤滩水电站大坝工程顺利完工，2022年10月24日，大坝首次蓄水至正常蓄水位825m。通过开展特高拱坝大风条件下安全优质高效施工等系列技术攻关，研发了多种新型筑坝技术，克服了大风天气等因素影响，建成了精品“无缝”大坝和世界规模最大的反拱形水垫塘，创造了“百日”过深孔、33天坝顶全线贯通，大坝月最大浇筑强度27.3万m^3、年最大浇筑强度270万m^3等同类工程新纪录。

（中国水利水电第八工程局有限公司 杨承志）

高寒地区深厚覆盖层高面板砂砾石坝施工技术

阿尔塔什大坝为混凝土面板砂砾石堆石坝，坝高164.8m，坝顶宽12m，坝轴线长795m，砂砾石覆盖层厚94m，受变形影响的复合坝高已达250m级。工程难点在高边坡、高面板堆石坝、高地震带、深覆盖层条件下，坝体变形协调、面板防裂及渗漏控制难度大。

（一）深厚覆盖层面板坝变形协调控制技术

通过系统的筑坝材料级配特性和原型级配法压实试验研究，确定砂砾石料压实控制指标，分析了坝体水平分层渗透特性，采取后退法铺料、粗细料集中区域挖除换填、加大检测频次等方法，确保填筑坝体水力梯度要求。基于FLAC^{3D}软件进行邓肯张E—B本构模型的二次开发，开展面板坝施工期应力变形分析，揭示不同分期分区方案和填筑高差下的大坝应力变形特征及筑坝材料参数的敏感性影响，获得了较可靠的深厚覆盖层上施工期面板砂砾石坝应力变形规律。提出下游堆石区超前、高差控制 30m 的总体分期填筑规划，优选了度汛临时填筑断面填筑方案，确定了合理的面板浇筑时机，有利于深厚覆盖层面板坝不平衡施工条件下变形协调控制。

根据冬季昼夜温差变化规律，通过试验研究，揭示负温环境下不同含水率和受冻时间的砂砾石冻结特性，建立环境温度与砂砾石冻层厚度关系模型。提出冬季开采砂砾石料含水率界限值，研发了基于微波湿度法的含水率快速检测方法和装置，形成寒冷地区面板砂砾石坝冬季填筑施工成套技术。结合理论分析和系统室内试验，提出砂类土的虚拟比重法，非黏性和黏性土料含水率的微波湿度检测法，构建了碾压机—土体三自由度动力学和应力波传播分析模型。提出堆石料加速度振动峰值因数压实质量检测指标，建立了基于土体反力测试的坝料压实检测方法，为坝料施工质量检测评价提供了新途径。

（二）坝体智能化、无人化填筑施工装备

研发无人驾驶控制系统并应用于推土机和振动碾，开发精准定位无人驾驶控制方法，实现机群化无人驾驶坝料摊铺和碾压作业，可实现路径规划、推填平衡和安全预判。提出了面板坝垫层料摊压护一体成型的柔性防护解决思路和方法，研制集连续输料、预设成型、熨平预压、强夯振实和坡面砂浆摊铺成型压实功能于一体的垫层料摊压护一体机，实现了面板坝垫层料施工方法的革新。

提出 BIM 虚拟建造施工工艺及流程模拟仿真技术，进行施工规划和效果预判，使设计更合理，施工质量更好。建立北斗数字化碾压实时监控系统，确保坝料的碾压质量和工程安全。运输车辆配备识别卡、定位卡，规划并记录运输线路，实现车辆运输的自动违章抓拍、自动称量、自动加水等功能。运用智慧灌浆系统、基于北斗卫星的数字化实时监控系统、质量实时在线评定系统，提升了项目智慧化管理水平。

（三）面板机械化施工装备与新技术

研制面板双层钢筋网片自动化加工制作装备和钢筋网片整体运输安装台车，形成网片工厂化预制、分段整体拼装的新工艺，实现斜坡仓号钢筋安全、精准、快速全机械化作业。研发铜止水成型填充、接头熔焊和表止水挤压成型的机械化施工技术，有效提升大坝接缝止水系统施工质量和效率。提出穿心式千斤顶面板滑模提升新方法，研发了电动丝杆升降装置，解决了卷扬机提升滑模时提升距离难以准确控制、滑模浮模、混凝土错台等问题，改善了面板混凝土外观质量，减少了混凝土抹面工序工作量。研制坡面电动水平布料机，采取电动溜槽替代传统铁皮溜槽，有效提升了混凝土布料的均匀性。研发滚轴式抹平机和圆盘式抹光机等辅助设备，实现了表面平整度精确控制，设备控制均采用远程遥控＋自动循环控制的方式，创建了混凝土面板全流程机械化施工体系。

（四）高寒地区面板堆石坝面板防裂技术

基于 LUSAS 软件开展温—湿—力耦合数值模拟分析，揭示了水泥种类、粉煤灰掺量、外加剂、PVA 含量、入仓温度、养护温度和湿度等因素，对混凝土面板开裂的影响规律和作用机理。结合阿尔塔什大坝工程，提出降低入仓温度、河水加热流水养护和延长养护时间等裂缝防控措施建议。提出“低热水泥、低水泥用量、掺粉煤灰、低水胶比和掺纤维”的设计理念。根据混凝土性能试验结果，提出适用于新疆地区混凝土面板堆石坝的抗裂性能最佳的施工配合比。

根据约束条件下新疆地区面板裂缝分布规律，系统性开展面板分序浇筑方式、乳化沥青隔离保护层特性研究，采取减小面板约束，合理提高面板施工平台与分期面板顶部高程，适当增加预沉降期等方法，形成了基于面板约束型式优化的混凝土温控防裂措施。研发面板混凝土智能养护新技术，自动调节养护水温、养护流量，确保混凝土内外温差在可控范围，克服了冰冷河水的不利影响。采用 PE 管主溜槽斜坡溜送系统，减少坍落度损失。采取双层气泡膜作为混凝土面板保温、保湿养护材料，减少早期干缩裂缝。采用喷雾装置营造混凝土浇筑仓面小气候，降低高温、高蒸发环境的不利影响，实现对面板混凝土的智能养护。

（中国水利水电第五工程局有限公司　李乾刚）

双江口水电站大坝反滤料生产及填筑质量控制

双江口水电站大坝为砾石土心墙堆石坝，最大坝高 315m，坝顶宽 16.0m，坝顶长 639.0m。坝体由心墙防渗料区、上下游反滤料区、上下游过渡料区、上下游堆石料区等组成。坝体填筑总量约 4700 万 m^3，其中反滤料约 221 万 m^3。

（一）反滤料设计要求

根据设计坝体填筑分区，在心墙上下游设有反滤料Ⅰ和反滤料Ⅱ。采用相对密度对填筑质量进行控制，反滤料设计控制指标见表 1。

表1 反滤料设计控制指标

反滤料	最大粒径（mm）	D_{15}（mm）	D_{60}（mm）	D_{85}（mm）	<0.075mm含量（%）	相对密度	渗透系数（cm/s）
Ⅰ	<20	0.13～0.5	0.7～1.4	2～7.6	<5	≥0.8	≥1×10^{-4}
Ⅱ	<80	1.6～3.9	8.6～20	20～48.7	—	≥0.85	≥5×10^{-3}

（二）反滤料生产过程质量控制

1. 反滤料生产　反滤料加工系统在飞水岩料场上游侧飞水岩沟内，毛料处理能力500t/h，成品处理能力450t/h。料场狭小，仅布置了半成品区和单级配堆存区，分80～20、20～5、5～2、2～0.075mm四个料区。

2. 反滤料生产过程存在的问题　存在的主要问题：最大粒径超出设计技术指标要求；细料（石粉）含量超出设计指标要求，特别反滤料Ⅰ小于0.075mm含量超标较多。

3. 反滤料生产过程的改进措施　调试生产过程采取的技术路线，改进措施如下：①为准确控制掺配后反滤料成品料级配，需对各种单级配半成品质量进行控制。为此，制订了单级配半成品料内部质量控制标准：粒径80～20mm、20～5mm单级配不允许有超径，逊径含量不大于10%；粒径5～2mm超径不大于5%，逊径不大于10%；粒径2～0.075mm超径不大于5%，小于0.075mm含量不大于4%。②严控小于0.075mm含量。调试生产中，采用“水洗法”检测小于0.075mm含量。③通过调整各级筛网的筛孔尺寸，选择合适的筛孔尺寸。④通过调整细砂的脱粉脱水筛参数，选择合适的振动频率和振幅。

4. 反滤料生产检测结果　通过生产中持续改进，最大粒径、细料（石粉）含量均处于受控状态。开工到现在，对系统生产的成品料进行抽样检测。反滤料Ⅰ抽检181组，最大粒径12～30mm，平均值16.7mm，合格率99.45%；小于0.075mm颗粒含量0.7%～4.8%，平均值3.5mm，合格率100%。反滤料Ⅱ抽检146组，最大粒径46～68mm，平均值为53.1mm，合格率100%；小于0.5mm颗粒含量3.1%～6.9%，平均值5.4mm，合格率100%。

（三）反滤料填筑质量控制

1. 碾压试验及复核试验存在的问题　碾压试验及复核试验主要考察设备与施工工艺的符合性，并对设计指标进行验证。碾压试验及复核试验主要存在问题如下：①反滤料Ⅰ铺厚30cm，振碾8遍，破碎率达4.5%，小于0.075mm含量增加1.5%；反滤料Ⅱ铺厚30cm，振碾8遍，破碎率5.9%，小于0.5mm含量增加1.8%。在采用相同工艺进行复核试验时，反滤料Ⅰ和反滤料Ⅱ破碎率仍然偏大，细粒（石粉）含量增加较多。②通过不同加水量试验，反滤料含水率在最大干密度谷点，相对密度降低，不能满足设计技术要求。③低温季节对已结冰的反滤料进行复核试验，相对密度大幅度降低，在0.64～0.73之间，不能满足设计技术要求。

2. 反滤料填筑采取的改进措施　反滤料在前期填筑中，通过多次工艺试验调整反滤料施工参数，碾压后的反滤料技术指标符合设计要求，能保证填筑质量。采取措施如下：①通过生产试验，调整碾压施工参数，降低碾后破碎率和细粒含量增加量。反滤料Ⅰ采用铺料厚度30cm，采用静压8遍＋振压2遍的工艺，破碎率1.2%，小于0.075mm含量增加0.4%；反滤料Ⅱ采用静压2遍＋振压2遍＋静压4遍的工艺，破碎率达到1.4%，小于0.5mm含量增加0.6%。②通过室内及现场试验，确定最大干密度谷点含水率，填筑时应避开谷点含水率。经过试验，反滤料Ⅰ和反滤料Ⅱ的谷底含水率分别为4.4%、2.1%。③低温季节填筑，反滤料应不结冰且在正温时段施工，对已填筑的反滤料在负温时段应采取保温措施。④反滤料填筑时，应防止骨料分离，对已分离的骨料应进行处理。

3. 反滤料填筑检测结果　开工至现在对大坝填筑反滤料抽样检测。结果表明：反滤料Ⅰ抽检345组，最大粒径12～28mm，平均值17.3mm，合格率99.42%；小于0.075mm颗粒含量1.1%～6.0%，平均值3.6mm，合格率98.84%；相对密度0.81～0.98，平均值0.89，合格率100%；渗透系数6.14×10^{-3}～3.83×10^{-3}，平均值5.04×10^{-3}，合格率100%。反滤料Ⅱ抽检292组，最大粒径43～76mm，平均值53mm，合格率100%；小于0.25mm颗粒含量1.6%～5.6%，平均值3.6%，合格率98.97%；相对密度0.85～1.00，平均值0.93，合格率100%；渗透系数8.42×10^{-3}～1.13×10^{-1}，平均值4.36×10^{-2}，合格率100%。

（中国水利水电第七工程局有限公司
胡建立　李世春　李进伟）

黄藏寺水利枢纽大坝越冬保温施工技术

黑河黄藏寺水利枢纽坝址位于黑河上游东西两岔交汇处以下 11km 的黑河干流上，枢纽工程由碾压混凝土重力坝及坝后式电站厂房等组成，装机容量 49MW，大坝碾压混凝土 53.5 万 m^3，常态混凝土 17.7 万 m^3。

该枢纽所在地区青海省海北藏族自治州祁连县，属于高寒地区，其气候的特点，一是年平均温度低，且月平均气温的年变幅大，常有 20～22℃；二是冬季持续低温，使得混凝土大坝在夏季施工，冬季停工。

高海拔低温条件给大坝温度控制带来严峻问题，即在冬季停工时，已浇混凝土表面温度应力很大，对大坝表面必须严加保护。全面、有效的保温措施能有效保证混凝土强度正常增长，保证施工质量。反之，混凝土可能会遭受冻害或产生大量的温度裂缝，严重影响大坝质量和使用性能。

本项目采取了以下技术措施。

(1) 以等效放热系数为核心，保温材料导热系数、热阻值等保温材料常规技术参数为基础，综合考虑风速修正、潮湿系数修正，经理论计算确定相应保温层厚度。这些计算参数易取得，计算过程简便，计算结果与工程实践拟合度高，成功解决了高寒地区越冬保温理论计算这一技术难点。

(2) 经过大量实践分析，提出了以经济成本、保温性能、防火性能、施工性能等作为主要指标的越冬保温材料综合性能评判和优选的方法，选取了橡塑海绵、聚氨酯、聚苯板等多种保温材料，成功解决了高寒地区越冬保温材料选择这一施工难点。

(3) 经过大量分析计算和工程实践验证，以达到保温、隔热、保湿、防火、防水、防冻等为目标，根据大坝顶面、上游面、下游面等不同部位的特点，确定了坝体不同部位的复合保温结构设计，成功解决了大坝复合越冬保温结构设计这一技术难点。

(4) 采用了高寒环境硬泡聚氨酯施工方法，原材料水浴加热和受喷面预热，成功地在高寒环境下实现硬泡聚氨酯无氟发泡，解决了高寒环境下硬泡聚氨酯无法施工这一技术难点。

(5) 采用了大坝碾压混凝土和坝面保温同步施工措施，坝面防水技术和立体交叉安全施工技术等，创造出大坝上、下游混凝土表面干燥环境，同时能有效确保施工安全，成功实现大坝碾压混凝土和坝面越冬保温同步施工。

(6) 采用智能温度监测技术。混凝土大坝越冬期间主要进行环境温度、混凝土表面温度和混凝土内部温度监测。环境温度、混凝土表面温度采用 ZW720 型远程温湿度计检测，温度检测范围－40～90℃，检测精度±0.3℃，温湿度数据每 3min 自动检测一次。混凝土内部温度采用 DS18B20 数字温度传感器检测，并采用光纤测温技术检核。DS18B20 数字温度传感器温度检测范围－40～85℃，检测精度 0.5℃，分辨率 0.07℃，耐水压 1MPa。用光纤传感器作为传递敏感信息的媒质，检测混凝土大坝在各种情况下应力应变和温度变化情况，用以检核数字温度传感器测定的温度数据。各类温度传感设备测得的数据通过 2G 网络传输至温控系统中心，温控系统中心按设定程序自动处理数据，生成各类温度监测数据图表，达到警戒指标自动预警，便于温控技术人员进行数据分析，必要时采取相应措施。

综上所述，本项目在高寒环境下实现了硬泡聚氨酯无氟发泡水浴加热和受喷面预热等多方式不同材料的保温施工方法以及自动化测温技术，在保证大坝保温质量的前提下，大坝混凝土越冬保护温度控制达到预期目标。2022 年度大坝越冬保温，环境最高温度－3℃，环境温度最低温度－24℃情况下，坝体内部最低温度 11.12℃，最高温度 15.62℃；混凝土表面最低温度 8.15℃，最高温度 12.06℃；根据测温情况可知大坝内外温差小于 15℃，大坝坝体表面温度均大于 8℃，满足设计要求。

（中国水利水电第十一工程局有限公司
范兴利　张权）

老岚水库重力坝大体积混凝土温控措施

老岚水库位于烟台市福山区大沽夹河流域支流外夹河中游老岚村南 1.2km 处，是烟台市 60 多年来新建的唯一一座大型水库。拦河大坝为混凝土重力坝，坝长 161.00m，坝顶宽度 10.0m，最大坝高 32.50m。老岚水库控制流域面积 624km^2，水库总库容 1.58 亿 m^3，兴利库容 8500 万 m^3，多年平均可供水量 4530 万 m^3，属大 (2) 型水库工程。水库以供水、防洪为主，兼顾灌溉和生态环境用水，建成后可提高烟台市客水调蓄能力，多年平均城市供水量 4133 万 m^3，农业灌溉水量 396 万 m^3。

混凝土重力坝大体积混凝土数量多、厚度大、散热条件差，内外部许多因素都可导致混凝土产生裂缝，有害裂缝易危及工程结构安全。为此，施工期间应根据大体积混凝土温度裂缝产生的机理、控制因素等，采取有效的预防措施。水化热控制是大体积混凝土温控的重要指标，骨料降温、加冰拌和是控制出机口温度的重要手段。该项目通过混凝土运输过程中覆盖保温、仓内循环冷却水内部降温、混凝土表面覆水养护等，保证了大体积混凝土的质量。

（一）大体积混凝土产生裂缝机理

温度裂缝是大体积混凝土经常会出现的裂缝类型，其贯穿性裂缝的影响要远超表面裂缝。大体积混凝土之所以会产生温度裂缝，与以下几点有关：①水泥水化热。水泥在水化反应中或产生大量的水化热，大体积混凝土体积较大，热量难以散发出去，会使混凝土内部温度急剧上升。一般来说，混凝土浇筑完毕的3～5d内，内部温度达到最高点。这时的混凝土外部温度低于内部温度形成外缩内胀，当内外部的温度差超过一定的范围，温度应力超越了混凝土的极限变形值及抗拉强度，则会引起了温度裂缝，从而影响混凝土质量。②外界气温变化。施工期间，环境温度的变化可能影响混凝土浇筑时的入仓温度，从而影响混凝土的基础温度。对于已浇混凝土当外界气温骤降，混凝土可能出现极大的内外温差，容易导致产生温度裂缝。③内外部约束。一般情况下，混凝土在内部温度作用下的伸长变形受到已有的结构或岩基的约束，从而产生约束应力。当约束应力超过混凝土的抗拉强度时会在下部产生约束裂缝。

（二）温控措施的施工应用

（1）配合比控制水化热。大体积混凝土的水化热来源于胶凝材料，降低胶凝材料用量既可降低水化热；在混凝土强度确定的条件下，坍落度越大，水灰比就越大，水泥用量就越多，水化热就越大，因此要施工坍落度不宜太大。另外掺加减水剂可减少用水量即可减少水泥用量、掺入掺合料可替代水泥，减缓水化反应时间，延缓温升高峰。

（2）分层分块温度控制。大体积常态混凝土多采用分块分层柱状浇筑，分块大小、分层厚度、浇筑次序以及是否设置后浇带等是大体积混凝土温度控制的基础，也决定了模板配置标准和混凝土的施工效率。

（3）混凝土入仓前温控。合理控制骨料温度、低温水拌和、加冰拌和等可降低大体积混凝土的出机口温度。夏天时，施工环境温度高，可采用对混凝土原材料进行篷布覆盖遮阳、洒水降温等措施以降低它表面温度；夏季运送混凝土也需要篷布或棉被覆盖，以减少混凝土运输过程中的温升。

（4）仓内施工温控措施。浇筑应躲开高温时段；混凝土浇筑应分层铺料，浇筑层厚度不可大于1.25倍的振捣棒有效长度；混凝土仓面应及时覆盖，减少作业面温升；仓面应喷雾降温营造小气候。采用循环冷却水及时对混凝土进行内部降温可降低温度峰值；温度监测控制是为了更准确地检测混凝土内外部温度，可以选用半导线液晶显示器工作温度计，密切监控混凝土温度变化情况。发现内部温升超23℃时，应立即采取相应改进措施。

（5）混凝土养护条件。大体积混凝土养护保温措施是强度增长和温控防裂的重要环节，非常重要。暴晒的环境下，应覆盖并加强喷洒水频次，保持混凝土湿养状态。

（中国水利水电第六工程局有限公司　王晓跃）

鱼枧水库沥青混凝土心墙堆石坝灌浆廊道裂缝成因及处理

鱼枧水库是一座满足工业园区供水、农业灌溉及农村人畜饮水等综合利用的中型水利工程。沥青混凝土心墙堆石坝最大坝高62.7m，心墙基座内设灌浆廊道，灌浆廊道净空3.0m×3.5m。廊道浇筑完成后发现廊道内有较多裂缝，部分裂缝有渗水。

（一）坝基廊道裂缝情况

廊道侧墙及顶拱有裂缝53处，其中右岸廊道裂缝23处，河床段廊道24处，左岸廊道6处，左岸廊道裂缝较少且无渗水，廊道底板未发现裂缝。53处裂缝中，19处裂缝可见湿印，渗水裂缝4处，结构缝渗水2处，裂缝长度范围0.6～4.5m，表观缝宽范围0.2～0.6mm，裂缝主要以环向为主。

（二）裂缝成因分析

1. 坝基廊道结构有限元计算　选取坝高最大位置典型剖面采用AutoBank7.7，对坝体进行有限元应力应变计算。计算所得结果，结合类似已建工程廊道配筋，施工图中受力筋选用ϕ25@200钢筋，在荷载效应标准组合作用下最大裂缝宽0.19mm。大坝廊道为三类环境，其最大计算裂缝宽度限值0.25mm，考虑保护层厚度大于50mm，计算裂缝宽度限值增至0.3mm，在荷载效应标准组合作用下最大裂缝宽满足规范要求，不会影响结构安全。

2. 地质条件分析　大坝廊道混凝土浇筑前的地基评价，三组弱风化页岩试块单轴抗压强度标准值17.5～21.1MPa。页岩属较软岩类，取折减系数1/10，岩基承载力为1.75～2.11MPa，满足设计1.60MPa要求。场地3个钻孔声波测试，岩体纵波波速1630～3260m/s，横波波速2028～3775m/s，相应岩体完整系数0.65～0.77，属较完整～完整岩体。

综上所述，廊道基础满足设计及规范要求，满足承载力及完整性要求，基础稳定。

3. 廊道施工情况　从廊道混凝土施工过程进行分析，产生裂缝的原因有以下几方面：①表面温差收缩裂缝。经统计分析，裂缝产生较多的三段廊道混凝土浇筑温差在4～12℃，尤其是右岸段廊道浇筑时段内昼夜温差大，易产生温度应力，从而产生裂缝。②水灰比较大。商品混凝土水灰比0.49，比较大，混凝土硬化中水分蒸发导致干缩量加大，易开裂。其次，混凝土浇筑中廊道侧壁渗水流入混凝土，增大水灰比，易开裂。③水化反应收缩、塑性收缩裂缝。混凝土拆模时间早，影响混凝土抗裂能力，对强度发展有影响，混凝土初凝前后存在塑性收缩及水泥水化反应收缩，导致裂缝产生。

（三）廊道裂缝处理措施及处理成效

1. 裂缝处理　①裂缝宽$\delta<0.3$mm，若缝面明显渗水，先凿槽、嵌缝、埋管注浆处理，再封闭；缝面干燥，直接封闭处理。裂缝宽0.3mm$\leqslant\delta\leqslant$1mm，缝面无明显渗水，表面打磨、清理、骑缝埋管注浆处理；缝面明显渗水，先凿槽、嵌缝、埋管注浆处理，再封闭。②表面封闭前清理基面，裂缝两侧10cm混凝土面打磨机刷毛，环氧砂浆修平坑洼。基面干燥后，裂缝两侧10cm涂刷环氧砂浆封闭，待环氧砂浆固化7天后，进行检查。③改性环氧树脂为裂缝化灌材料。施工步骤：清理混凝土表面杂物；布置骑缝孔，局部增加斜孔，孔径ϕ25mm，孔深5～15cm，孔距25～40cm；以裂缝为中线，每边打磨10cm，凿V形槽，槽深3～5cm，槽宽3～4cm；钻孔及裂缝表面封堵后洗孔、洗缝，用水泥速凝材料嵌缝封闭，再用环氧砂浆填实，缝面环氧胶泥封闭；注浆用塑料贴嘴与透明塑料管连接使用；由深到浅、由窄缝到宽缝，从一侧到另一侧灌浆，一个孔灌浆时，其余孔口敞开，相邻孔出浆时封闭该孔并关联灌注，灌浆压力0.3～0.6 MPa，稳压慢灌，进浆速度小于5mL/min时，稳压5min后结束；浆液固化后24h凿除注浆管，环氧砂浆封堵，裂缝处理质量检查后，环氧砂浆封堵检查孔，并拆除埋管，沿缝两边10cm范围内涂刷环氧砂浆封闭。④灌浆结束7天后压水试验检查质量，试验压力0.7MPa，基本不进水且不渗漏时即认为合格。⑤混凝土伸缩缝处理技术要求：缝外侧距伸缩缝80cm钻孔灌注高渗透改性环氧树脂灌浆材料，并控制其灌浆压力。缝内侧渗水的先采用弹性灌浆材料灌浆止水，再凿除伸缩缝内充填物，凿除宽度3cm，凿除深度40cm。缝内清理干净后，嵌填高弹性环氧砂浆。表面涂刷3mm厚抗冲耐磨型涂料。⑥灌浆廊道表面局部蜂窝麻面、错台等，用打磨工具或者喷砂设备，清除表层浮渣，用快干水泥砂浆或无溶剂环氧砂浆抹面，厚度2cm。

2. 处理成效　廊道裂缝处理完成后，监理选取全部孔数的3%为检查孔，进行压水试验检测。试验结果表明，裂缝周围检查孔透水率均小于1Lu，与混凝土透水率基本相符。随着大坝填筑至坝顶，未发现明显的新增裂缝，且原有裂缝处理效果较好，未对廊道结构安全产生影响。

（中国电建集团中南勘测设计研究院有限公司
张颖　罗金山　唐大华）

阳江抽水蓄能电站上水库碾压混凝土坝快速施工技术

阳江抽水蓄能电站工程为一等大（1）型工程，规划装机容量2400MW。上水库大坝为碾压混凝土重力坝，坝顶总长476.8m，坝顶高程777.60m，最大坝高101m，坝顶宽度8.0m，共分23个坝段。大坝混凝土总量约65.2万m^3，混凝土施工计划工期15个月，平均月强度4.35万m^3。由于受疫情等因素影响，有效施工期缩短约2个月，导致大坝碾压混凝土施工强度剧增，实际月平均强度达到6.1万m^3。

（一）施工重难点

①坝址两岸地势陡峭，施工道路布置困难，应合理选择碾压混凝土入仓方式，确保大坝碾压混凝土连续均衡快速上升。②工程所在地气温高，工期较紧张，温控标准高，质量控制严。③工程地处北回归线以南，属亚热带季风气候，雨量充沛，夏季多雨，雨季长且雨量大，需采取有效措施减少雨季对混凝土施工的影响。

（二）关键技术及主要创新点

（1）全面采用自卸汽车直接入仓技术。混凝土采用自卸汽车从拌和楼取料、运输至仓内，减少了入仓倒运次数，降低了混凝土骨料分离及水分的损失，降低了VC值损失，有利于混凝土温控。入仓道路布置要方便自卸汽车入仓及仓内转弯，尽量垂直于坝轴线，以减少道路路程。为减少回填石渣量，可用混凝土分仓块堆叠至与入仓斜坡道同高程再回填石渣，分仓块与仓内斜坡道连接处采用钢栈桥铺成平台，以便自卸汽车直接入仓。入仓道路斜坡段布置需避开坝前铜止水，避开复杂结构区域。为满足入仓道路与后期碾压混凝土结合施工缝处理要求，可在道路两边设置球形键槽和插筋。

（2）全坝段通仓6m斜层碾压施工技术。为加快施工进度，提高碾压混凝土浇筑强度，且保证施工安全和质量，该工程采用全坝段通仓6m斜层平推施工工艺，左右方向斜层，仓面长边达100m以上，层高6m，层间间歇期14～16天。通过仓面各工序合理规划，实现了间歇期内左右岸盖重固结灌浆、仓面冲毛清洗、模板拆立、钢筋埋件安装等工序循环流水作业，提高了施工效率，保证碾压混凝土安全、快速入仓，加快碾压混凝土大坝施工进度。主要措施有：层间覆盖时间冬季小于8h，夏季小于6h；配置三层尺寸3.0m×3.1m标准翻转式模板，每块模板上均匀布置两排三层锚筋，使每层模板在受力前底部两排锚筋与混凝土结合时间不小于42h，保证锚筋握裹力满足碾压混凝土上升速度要求；对碾压混凝土斜层前端加铺3m平段，平段端头20cm采用湿麻袋进行裹头保护，并和下一层一起碾压，保证端头混凝土活性，避免尖角碾压造成大骨料碎裂现象；斜层面平仓、碾压均顺斜层方向进行，但斜层顶部3～5m平段范围，收仓时采用垂直于斜坡方面碾压2～4遍，以保证顶部平段泛浆均匀、收仓平整。

（3）优化碾压混凝土温控措施。工程坝址处气候温和多雨，冬暖夏凉，同时碾压混凝土配合比中胶凝材料用量较小，对混凝土温度控制有利。结合现场情况，经试验研究，加冰拌和比加冷水拌和单机混凝土拌和时间延长30s。由于拌和时间延长，碾压混凝土在拌和过程中引入的机械热增加，经检测每方混凝土加20kg冰比加冷水拌和出机口温度仅降低0.5℃，但小时产能减少约30%，导致覆盖时间增加约2h，受太阳辐射热影响，加冰拌和最高内部温度与加冷水拌和区别不大。故实际取消加冰拌和，最大程度减少仓面层间覆盖时间，并优化混凝土配合比设计，改善混凝土性能，加强混凝土施工管理，提高混凝土均质性，提高混凝土自身抗裂性能，保证了混凝土施工质量。

（三）应用效果

工程采用全坝段通仓6m斜层碾压工艺，简化了入仓手段，减少了分层数量，降低混凝土立模系数，延长单仓作业时间，在资源投入一定的情况下，提高月有效施工时间和强度；同时利用通仓施工时间和空间优势，将碾压混凝土施工作业、岸坡盖重固结灌浆、仓面施工准备等工艺安排在一个循环作业时间内完成，发挥了碾压混凝土安全、优质、高效的优势，加快了碾压混凝土大坝工程的施工进度，实现了连续三个月混凝土浇筑月强度超9万m^3，坝体最大月升高12m的纪录。阳江抽水蓄能电站上水库大坝已正常蓄水，坝体廊道干燥整洁，渗水量远小于设计要求，一次取芯长度达25.5m，大坝施工质量优良。

（中国水利水电第八工程局有限公司　杨承志）

面板堆石坝挤压边墙垫层料同步施工机械研究

（一）边墙挤压—垫层碾压同步施工机械研制

1. 混凝土挤压边墙　采用挤压边墙机沿设计断面挤压形成连续、半透水性混凝土边墙，断面为不对称梯形，高40cm，顶宽10cm，底宽71cm，上游坡比1∶1.4，下游坡比8∶1。但边墙成型、填料铺摊和碾压三道施工工序费工费时，故拟研发同步施工设备。

2. 同步施工机械设计　同步施工设备由车架和平板振动夯组成。车架随边墙机缓慢行进，较挤压边墙机略宽。车架下部中空，右侧采用挤压边墙梯形造型，通过斜坡护板对刚成型的边墙进行约束和保护，上部开敞并设进料口和平板振动夯，固定平板振动夯的高度与边墙顶部齐平。填入垫层料受平板振动夯碾压后堆实在车架下部左侧。后设计做了改进：挤压边墙两侧护坡挡板改为可调；夯机前部增加碾轴，可对填入垫层料预碾，同时控制垫层料填入高度；夯机与机架间软连接；尾部加挡板；侧轮改为高度可调。由此研发了同步施工机械设备。同步施工机械设备组成为拖曳式车架、平板振动夯、液压控制器、料斗、护坡和车轮。

（二）同步施工机械现场试验

1. 试验内容　在四川锅浪跷面板堆石坝进行试验施工。用液压调节器将同步施工机械两侧车轮高度根据场地状况进行调节，使拖曳式车架两侧水平；调整车架前部连接装置高度，使车架前后水平，车架护坡面与挤压边墙机边墙坡面对齐；此后将车架连接装置焊接于挤压边墙机尾部。挤压边墙机入料口填满挤压边墙料，同步施工机械料斗中填满垫层料，并在平板振动夯下部填入45cm高垫层料。将平板振动夯安置于铺好的垫层料上部，并将其通过四个活动扣环连接到同步施工机械的拖曳式车架上。同步施工需先同步开启挤压边墙机和平板振动夯，平板振动夯工作功率2.5kW，边墙机行驶速度保持在40m/h，控制挤压边墙机喂料速度，同时向同步施工机械料斗内喂料，保障垫层料同步摊铺碾压。施工完成后垫层料密实度用灌水法校核，用超声波检测边墙与垫层料交界处是否存在脱空。

2. 试验段施工效果评价　①现场观察边墙未发生位移、弯曲、垮塌，同步碾压垫层料上表面与边墙上表面齐平，表面观察密实度好，坡角处无松散垮塌。②在4m试验段设振动夯重力压实段2m与振动夯振动压实段2m。表层20cm厚垫层料每隔40cm一个测点，下层20cm厚垫层料每隔60cm一个测点。测试结果表明，仅依靠自重对垫层料碾压干密度较低，未达到2.35g/cm^3要求，表层垫层料只有局部干密度略低于控制指标，深层垫层料碾压效果较差均未达到指标要求。③采用超声波成像仪器检测垫层料与边墙混凝土间的结合程度。测试结果表明，振动压实区挤压边墙密实度和垫层料压实效果更好，垫层料与边墙结合更紧密，但深层垫层料碾压质量较差。

（三）第二代同步分层碾压施工机械研制及试验

1. 同步分层碾压施工机械研制　前述现场试验同步施工机械，存在两个问题：一是平板振动夯对深层垫层料夯实程度不够，深层垫层料密实度较差，与边墙结合存在缺陷；二是同步施工机械紧密连接边墙挤压机后使两者料斗位置相近，当机械上料时两台机械有干扰。为此研制垫层料同步分层碾压施工机械，用两台小型单轮碾压机分两层碾压垫层料解决压实度问题，单台幅宽 60cm，激振力 15kN。前部振动碾设于料斗内距地面 20cm 处，用于碾压深层垫层料，后部振动碾设于机架后部距地面 40cm 处，用于碾压表层垫层料。两台自带驱动单轮碾压机可实现机械调速自行走，使该机械可与边墙挤压机拉开作业距离，便于使用机械上料，提高施工效率。

2. 现场试验　二代机在四川锅浪跷面板堆石坝进行试验。用挤压边墙机挤压出成型边墙，将分层碾压机运至边墙试验段一端。用液压调节器将装置两侧车轮高度根据场地进行调节，调整挡板使其贴合边墙内侧避免垫层料和边墙结合面出现脱空。用挖掘机将垫层料填入分层碾压机投料口中，依靠振动碾压反作用力及人工拖拽方式驱动机械向前行走。试验区域划分为Ⅰ、Ⅱ两段 0.5m×4m 区域，分层碾压机填筑碾压行走速度分别为 0.6、0.3m/min。施工完成后，垫层料密实度用灌水法校核，超声波检测边墙与垫层料交界处是否存在脱空。

3. 试验效果评价　①垫层料压实度。在Ⅰ、Ⅱ试验段分别选取 3 个测点，每个测点间隔 1m，分别进行浅层、深层垫层料的灌水法测试。测试结果显示，分层碾压机对下层振动压实时上层振动同时会向下传递压实能量，使深层垫层料较同位测点浅层垫层料更密实，且干密度能达到标准值 2.4g/cm^3。对比Ⅰ、Ⅱ段试验结果可知，Ⅱ段碾压速度较慢使单位面积垫层料振动压实时间长，压实效果更好。显然，分层碾压机能有效解决深层垫层料难以压实的问题。②垫层料与边墙结合面检测时，将挤压边墙 8m 试验段划分网格，网格尺寸为 20cm×10cm，连续 5 个网格作为一个测试组，总共 2 行 6 列，12 个测试组。

对测试组以“行号—列号”形式编号，通过超声波成像仪器得到检测图像。所有超声波测试图像均显示为压实度良好，表明经分层碾压后，垫层料和边墙结合程度较好。证明分层碾压方式，能有效提高深层垫层料的压实质量。

（中国水利水电第七工程局有限公司
曾昭高　王开贵
河海大学　孙啸　路学莹）

天角潭水利枢纽大坝变态混凝土温控防裂技术

天角潭水利枢纽工程位于海南省儋州市境内的北门江干流，工程开发任务以工业供水、农业灌溉为主，兼顾发电等综合利用。大坝为碾压混凝土重力坝，坝高 52m，采用上游面变态混凝土进行防渗。海南地处热带季风气候区，全年日照时间长，辐射能量大，气温较高，大坝变态混凝土易表面开裂，影响坝体质量。如何在热带季风气候影响下防止变态混凝土开裂且优质高效施工成为关键。

（一）工法特点

①建立和健全质量、职业健康安全、环境管理体系及技术体管理是实施本工法的前提条件。②该技术所述变态混凝土为机制变态混凝土，具有施工速度快，随气温变化可动态调整配合比，有效防止质量波动。③该技术可适应建筑结构复杂、混凝土高质量要求、热带季风性气候及高温作业下混凝土浇筑施工。④采取综合温控防裂措施，可操作性强、施工简便、温控效果明显。为降低混凝土水化热温升，详细规定了从混凝土原材料、拌和生产、运输、浇筑到养护全过程的温控防裂方法。⑤控制骨料中石粉含量，可提高混凝土和易性、保水性、密实性、抗渗性、抗压强度和抗弯拉强度，减小混凝土自身应力影响，提高混凝土抗裂性能。⑥控制缓凝剂和引气剂等外加剂用量，可有效延长混凝土初凝时间，采用二次复振消除混凝土内部气泡，有效保证了混凝土外观质量。⑦采用热升层浇筑、二次振捣等工艺，并对分层厚度、二次复振时间间隔进行现场试验研究，有效防止了裂缝产生。⑧有效控制坝体混凝土的内、外温差和最高温升，在热带季风气候条件下保证了变态混凝土施工期内不产生裂缝。

（二）施工原理

大坝变态混凝土开裂的主要原因是混凝土内部水化热产生大量热量，造成内外温差过大引起的开裂。该技术主要从混凝土原材料、混凝土生产、运输、浇筑、养护等方面进行降温处理，有效控制入仓温度，降低坝体混凝土内部温度。

（三）施工方法

1. 混凝土原材料控制　对原材料进行防晒、防雨保护，控制骨料中石粉含量，采用低热水泥，在保证混凝土强度的前提下减少水泥用量，能有效减少混凝土水化热，提高混凝土的和易性、保水性、密实性、抗渗性、抗压强度和抗弯拉强度，进而提高混凝土抗裂性能；控制缓凝剂和引气剂等外加剂的用量，可以有效地延长混凝土初凝时间。在混凝土拌制前，对骨料进行预冷处理，采用冷水拌和，可有效降低混凝土出机口温度。

2. 砂浆配合比设计　通过优化粉煤灰和水泥用量，设计符合热带海洋季风性气候的混凝土配合比，每次施工前应进行现场砂浆试配，施工时按配比配制，及时进行坍落度检查，严格控制搅拌时间和路途运输时间，保证混凝土质量。

3. 配合比动态控制　根据不同时段的气温采用不同的外加剂掺量。采用增加 0.1%～0.3%缓凝剂和引气剂，可有效延长混凝土凝结时间，保证不同时段混凝土层间间隔时间，使得已浇筑混凝土充分散热和排气，降低混凝土内部温度。

4. 混凝土浇筑分层　本工法通过对不同分层厚度的试验及总结，混凝土浇筑分层厚度为 20～40cm 为宜，层间间隔时间 2～3h 为宜。

5. 振捣及复振　根据对振捣时间和二次复振时间间隔的试验及总结，振捣时间 20～30s 为宜，二次复振时间间隔 10～15min 为宜。

6. 加强养护　混凝土浇筑期，采用炮雾机喷雾营造小气候，有效降低新浇筑混凝土温升。混凝土初凝后，采用土工布及时覆盖，喷雾养护；混凝土终凝后，及时人工洒水、喷雾养护，使混凝土表面长时间湿润。

7. 混凝土保护　坝体上、下游面、空洞部位以及其他部位龄期小于 180 天的混凝土，在其暴露表面黏贴等效热交换系数 $\beta \leqslant 5\text{kJ}/(\text{m}^2 \cdot \text{h} \cdot ℃)$ 的表面保护材料，保护材料采用厚度为 3cm 的聚苯乙烯板。

（四）结语

该技术在天角潭水利枢纽工程施工得到应用，通过施工过程动态控制，做到综合性温控防裂，确保热带季风性气候条件下大坝变态混凝土不产生裂缝，保证了大坝混凝土质量，有效减少处理裂缝费用，具有明显的经济和社会效益。

（中国水利水电第四工程局有限公司　谢玉雄）

龙塘大坝枢纽改造工程低液限黏土下钻孔灌注桩施工技术

龙塘大坝枢纽改造工程位于海口市琼山区龙塘镇辖区南渡江上，枢纽拦河闸位于原枢纽坝址（龙塘坝）下游 70m，开发任务以供水为主，兼顾灌溉、生态补水、发电、旅游等，并为改善上游防洪排涝创造条件，待水源保护与通航矛盾解决后，可兼顾航运。大坝枢纽正常蓄水位 8.35m，相应库容 1640 万 m^3，校核洪水位 14.25m，水库总库容 1.4 亿 m^3，工程等别为二等大（2）型，主要建筑物等级为 1 级，年总供水量 3.1 亿 m^3（含海口供水、江东新区供水、灌溉等），电站装机容量 5000kW。

枢纽拦河闸段全宽 235m，由泄洪闸、控泄闸组成。泄洪闸 11 孔，单孔净宽 15m，全宽 199m，主要用于宣泄洪水，左岸 1 号闸孔作为后期通航通道，目前可考虑作为洪水期泄洪通道；控泄闸 2 孔，单孔净宽 15m，全宽 36m，正常情况下用于闸门局部开启来调节水位，满足供水任务；闸室形式为开敞式，采用整体式底板，两孔一联，横缝设在闸墩中间，保持闸室整体性，以适应不均匀沉降。拦河闸闸室共布置 6 个中墩、6 个缝墩和 2 个边墩，中墩厚 2.4m，缝墩及两侧边墩厚 1.8m。闸室的堰顶高程 0.0m，采用驼峰堰，堰高 3.0m，底板最薄处厚 2.0m，基础底高程－5.5m。

（一）基础处理方案

河闸基础处理初步设计阶段采用预应力高强混凝土空心方桩［PSH-AB400（250）］。进场后进行预应力空心方桩试桩施工，累计试桩 25 根，完全打入的仅 4 根，出现不同程度的径向或横向裂缝及产生较大位移无法打入的情况。根据试桩情况参建各方结合现场开挖揭露及复勘成果进行了总结、分析，判断闸基实际地质条件与初设阶段勘测成果基本一致，但其中第十层低液限黏土中所含胶结透镜体变化复杂，在平面、深度方向上分布无规律。为加快施工进度，保证度汛安全及施工质量，提出将基础预应力空心方桩调整为素混凝土钻孔灌注桩的建议，取得了一致认可。

（二）实施情况

2022 年 6 月 9 日，关于复合地基桩型调整的变更通知下发，素混凝土灌注桩长 10m，孔径 800mm，孔位间排距：泄洪闸范围 2.8m、控泄闸范围 2.4m。

拦河闸基础施工前先进行场地平整，按照设计桩位进行放样，将成孔设备移动至桩位附近进行桩位对中，然后开始钻孔施工。根据设计桩顶高程逐步钻孔进至设计桩底高程，进行清孔将浮土虚渣等清理干净，及时验收后安放导管，浇筑钻孔桩混凝土。

拦河闸闸室段素混凝土桩桩长 14m 共 956 根，桩长 10m 共 1320 根。根据现状情况，采用 2 台 800mm 孔径的螺旋钻机钻孔、清孔及 C30 素混凝土填充，每根灌注桩分别需要 0.85 台时（14m）、0.65 台时（10m），设备及时间利用系数取 0.8，施工难度系数取 1.10，每天施工作业有效时间 13h，按照 4 套设备考虑配置，则约需要工期 13 天，检验时间 28 天，共需 41 天。

（三）效益创收点

拦河闸复合地基施工方案有预应力空心方桩变更为素混凝土灌注桩技术可行，且方案优化后可节约投资、缩短工期。变更后的素混凝土灌注桩总投资较原方案概算总投资减少153.49万元。

（中国水利水电第四工程局有限公司　焦韵鑫）

整体吊装可收缩井式模板在碾压混凝土大坝竖向孔洞施工中的应用

南屯1水电站位于老挝波利坎赛省（Bolikhamxay）坎丁河上，距坎丁河与湄公河交汇处33km，是南屯—南卡丁流域水电四级开发中最后一个发电站。电站为一等大（1）型工程，拦河坝为碾压混凝土大坝，最大坝高177m，碾压混凝土量326万m^3。该水电站大坝设计有通风竖井两个，高程297～130，竖井断面为矩形，井高167m。

在大坝碾压混凝土竖向孔洞施工中，通过对竖向孔洞模板结构及混凝土施工方法的研究与探索，解决了采用小模板散装散拆的方法立模拆模存在的施工效率低、立模速度慢、拆模困难、模板材料损耗大、施工安全风险大等问题，提高了施工质量和施工进度，省工省时，降低了人工、材料投入，减小立模施工安全风险，取得了良好社会效益和经济效益。

（一）方案选择

大坝通风竖井常规施工一般采用小模板散装散拆的方法立模施工，受成型混凝土空间约束限制，模板拆除困难，存在施工效率低、立模速度慢、拆模困难、模板材料损耗大、混凝土外观质量差、立模施工安全风险大等问题。采用竖向孔洞整体吊装式可收缩模板进行施工。该技术采用一种可收缩性的整体吊装式模板结构，包括口字形模板、中心框架和十字形面板收缩调节机构等，通过控制柔性模板的伸缩来实现模板整体快速安装和拆卸，具有整体提升、可重复周转、省工省时的优点。

（二）方案设计

(1) 模板结构。整体吊装可收缩井式模板包括与竖向孔洞断面尺寸一致的口字形模板和设置在口字形模板内的中心框架。口字形模板包括整体式柔性模板面板及其固定在模板面板内侧用于保持模板面板整体形状的四个网格状加劲肋机构；口字形模板两端分别设置一个十字形面板丝杠收缩调节机构；口字形模板四个角处均设置圆弧倒角；相邻两个网格状加劲肋机构之间设置用于口字形模板圆弧倒角的倒角间隙，每个网格状加劲肋机构的中部均设置便于整体式柔性模板面板向中心弯折收缩的弯折间隙，中心框架的顶部设置多个吊耳，中心框架的底部设置安全防护平台。

(2) 工序流程。施工准备—竖向孔洞底部首节段混凝土施工—整体吊装可收缩井式模板安装—单元段孔洞节段内混凝土施工—混凝土达到节段设计高程——整体吊装可收缩井式模板上移安装—下节段混凝土施工。

（三）施工要点

①施工人员在地面上通过调整十字形面板收缩调节机构，使整体式柔性模板面板的每一侧中部均向中心折叠收缩，进而实现整体式柔性模板面板的整体收缩，口字形模板的四个角由直角状态向锐角折叠。②竖向孔洞底部首节段混凝土施工时，在孔洞底部支设口字形木模板浇筑混凝土，完成竖向孔洞底部孔洞节段内混凝土的施工。③安装整体吊装式模板结构于首节段孔洞内，使整体式柔性模板面板的底部低于已施工混凝土的顶部5～20cm。④调整面板十字形丝杠收缩调节机构，使整体式柔性模板面板的每一侧中部向外撑开，同时使口字形模板的四个角由锐角状态变为直角状态；浇筑混凝土完成一个单元节段孔洞施工；调整面板十字形丝杠收缩调节机构，使整体式柔性模板面板的每一侧中部均向中心折叠收缩，实现整体式柔性模板面板的整体收缩，同时口字形模板的四个角由直角状态向锐角折叠。⑤判断节段混凝土施工高度是否达到设计高程，达到高程后整体吊装式模板结构上移一个单元节段孔洞长度，浇筑混凝土。

（四）效益分析

①节约模板安拆人工费。南屯1水电站大坝共有通风竖井2个，高度为167m。采用普通模板一次浇筑3m，安装拆除模板需要22个人工；采用可伸缩性整体吊装式模板，安拆模板仅需6个人工。每浇筑一层节约16个人工，节约人工费3200元。②节约拉杆费。可收缩性整体吊装式模板采用对撑方式进行模板的加固支撑，无需采用拉杆支撑加固。浇筑一次节约拉杆60kg，节约费用360元。③节约消缺人工费。由于本模板采用整体模板，无拉杆钢筋外露，混凝土外观平整，基本无需进行混凝土表面消缺，一次浇筑节约人工2个，节约费用400元。④加快工期。采用普通模板安装拆除整理模板一个循环需要4天，采用可收缩性整体吊装式模板安装拆除整理模板一个循环只需0.5天，节约工期3.5天。综上所述，共计节约成本约44.08万元。

（中国水利水电第三工程局有限公司　高耀文）

可振可碾低VC值混凝土在苏阿皮蒂大坝中的应用

苏阿皮蒂水利枢纽碾压混凝土重力坝坝高120m，混凝土总量340万m^3，其中碾压混凝土300万m^3。目前，国内已建碾压混凝土坝多数质量问题均出现在上游防渗区域。为此决定通过配合比调整，降低VC值，使混凝土拌和物在施工现场即可振可碾压密实。

（一）混凝土配合比设计

1. 混凝土配合比试验　试验用水泥为42.5硅酸盐水泥，Ⅱ级粉煤灰，ZB-RCC型高效缓凝减水剂、ZB-1G引气剂，粗、细骨料为辉绿岩人工骨料。拌和物性能：常态混凝土坍落度50～70mm，碾压混凝土VC值3～8s，可振可碾混凝土VC值0～3s，含气量3%～5%。对常态混凝土、碾压混凝土进行试验，比较其配合比参数，再调整，设计可振可碾低VC值碾压混凝土配合比。配合比参数及混凝土出机口性能试验结果见表1、表2。

表1　碾压混凝土配合比参数及混凝土出机口性能试验结果

混凝土等级	用水量（kg）	水胶比	级配	粉煤灰掺量（%）	石粉掺量（%）	减水剂（%）	引气剂（/万）	砂率（%）	粗骨料比例（%）			陷度/VC值（mm/s）	含气量（%）
									5～20mm	20～40mm	40～80mm		
C_{90}15W6F50常态	115	0.55	三	30	0	0.7	0.7	32	30	30	40	56	4.2
C_{90}15W6F50碾压	95	0.55	三	25	30	0.7	30	37	35	35	35	6.5	3.2
C_{90}15W6F50低VC	97	0.55	三	25	30	0.7	20	35	35	35	30	1.1	3.5
C_{90}20W10F50常态	130	0.52	二	30	0	0.7	0.7	34	50	50	—	57	4.8
C_{90}20W10F50碾压	98	0.50	二	55	0	0.7	30	38	50	50	—	7.2	3.5
C_{90}20W10F50低VC	103	0.50	二	55	0	0.7	20	36	50	50	—	0.9	4.0

表2　碾压混凝土抗压强度、冻融和抗渗试验结果

混凝土等级	抗压强度（MPa）			50次冻融结果		抗渗
	7天	28天	90天	W_n%	P_n%	
C_{90}15W6F50常态	15.6	20.7	26.6	0.51	90.5	≥6
C_{90}15W6F50碾压	11.5	14.5	22.9	0.89	84.2	≥6
C_{90}15W6F50低VC	12.6	15.7	20.5	0.74	90.8	≥6
C_{90}20W10F50常态	22.7	24.8	30.9	0.36	95.2	≥10
C_{90}20W10F50碾压	13.8	20.4	25.9	0.78	83.4	≥10
C_{90}20W10F50低VC	15.0	23.8	29.0	0.56	89.1	≥10

由以上试验可知，可振可碾混凝土配合比设计时，在同等级碾压混凝土基础上减少砂率，提高拌和物的流变性，让混凝土拌和物介于碾压混凝土与常态混凝土间。试验结果表明，可振可碾低VC值碾压混凝土性能优于常规碾压混凝土。

2. 可振可碾碾压混凝土碾压遍数与压实度试验　采用双筒振动碾，混凝土拌和物出机口VC值按0～5s控制，测试2静碾+4振碾、2静碾+6振碾、

2 静碾+8 振碾混凝土密实度。检测结果表明，三种碾压遍数下密实度均满足规范要求，确定施工按 2+6 控制。

3. 碾压遍数与绒浆厚度测试　碾压后测试碾压面层表面绒浆厚度。测试结果绒浆厚度在 2+6 时均在 5～8mm，绒浆的存在可保证连续升层上、下层之间良好的黏合质量。

4. 混凝土振捣泛浆时间试验　将 ϕ100 振捣棒插入可振可碾混凝土层 50cm，核子密度水分仪测密度，测定开始泛浆时间与完全密实所需时间。测试结果表明，VC 值 0～3s 碾压混凝土拌和物振捣 4s 开始泛浆，在 1min 钟内均能达到密实。

5. 可振可碾混凝土 VC 值控制标准　在高温时段及阳光直射条件下，进行 VC 值损失试验。测试结果显示 60min 后 VC 值为 4.6s，满足施工需求。根据可振可碾混凝土施工性能需求及高温时段 VC 值损失结果，确定出机口 VC 值控制标准为<2s，夜间及阴雨天 VC 值做动态调整，变态区域混凝土从摊铺到振捣结束要求在 40min 内完成。

（二）可振可碾混凝土应用成果

1. 混凝土抽检结果　苏阿皮蒂水利枢纽工程大坝混凝土浇筑 100 万 m^3，含气量控制 3%～5%、VC 值控制 0～3s。含气量及 VC 值抽检结果见表 3，强度检测见表 4，抗冻抗渗检测见表 5，现场压实度检测见表 6。

表 3　碾压混凝土含气量、VC 值抽检结果

混凝土等级	级配	检测次数	含气量（%）			VC 值（s）		
			最大值	最小值	平均值	最大值	最小值	平均值
C_{90}20W10F50	2	252	3.9	3.0	3.3	4.8	0.6	1.8
C_{90}15W6F50	3	1613	3.9	3.0	3.3	3.8	0.4	1.4

表 4　碾压混凝土强度检测结果

混凝土等级	级配	水胶比	组数	最大值（MPa）	最小值（MPa）	平均值（MPa）	σ	C_v
C_{90}20W10F50	2	0.50	194	31.8	23.0	27.5	1.83	0.07
C_{90}15W6F50	3	0.55	1149	26.7	16.4	19.5	1.25	0.06

表 5　碾压混凝土抗冻、抗渗检测结果

混凝土等级	掺合料掺量	检测次数	50 次冻融循环后		抗渗能力	
			相对动弹性模数最小值（%）	重量损失率最大值（%）	达到设计抗渗指标后最大渗水高度（mm）	结果
C_{90}20W10F50	粉煤灰 55%	4	90.1	0.32	68	≥10
C_{90}15W6F50	粉煤灰 25%+石粉 30%	6	88.3	0.37	57	≥6

表 6　碾压混凝土压实度检测结果

级配	级配	要求（%）	检测次数	最大值（%）	最小值（%）	平均值（%）	合格率（%）
C_{90}15W6F50	3	≥97	23209	98	97	98	100
C_{90}20W10F50	2	≥98	6214	99	98	99	100

检测结果表明，抽检的碾压混凝土拌和物和硬化混凝土性能均能满足施工、设计要求。

2. 钻芯取芯　对施工完成到龄期的 C_{90}15W6F50 碾压混凝土在基础廊道内钻孔取芯，累计钻孔 25m，获取芯样 24m，获取率 96%。芯样抗压强度、抗渗试验结果均满足设计要求。

（中国水利水电第三工程局有限公司　罗小平）

清水混凝土技术在长河坝防浪墙施工中的应用

长河坝防浪墙长 502.85m，异形结构，为免装修清水混凝土。防浪墙上部结构宽 0.6m，墙身结构宽

0.4m，墙体高1.2m，采用设置轨道＋预埋固定件＋液压台车施工。

（一）工艺原理

坝顶防浪墙施工前，根据坝顶其尺寸定制液压有轨行走式桁架和钢模板，在基础内预埋爬锥，并浇筑轨道混凝土墩，再铺设轨道。浇筑中利用液压有轨桁架实现机械化行走，固定模板时利用桁架围檩及桁架上设置的可调节（伸缩）螺杆进行模板调节，拆模时利用千斤顶由上口缓慢顶开模板，利用桁架上手拉葫芦提升模板。循环往复进行下一仓浇筑。

（二）施工工艺流程及操作要点

1. 工艺流程　预埋爬锥→铺设轨道→组装液压桁架和模板→仓面模板校准固定→混凝土浇筑→拆模→移动模板至下一仓。

2. 操作要点　①爬锥需在防浪墙基础浇筑前按设定间距埋设，以保证与模板支撑间隙相匹配。②铺设钢轨道为双轨，轨道间距根据仓面宽度和场地进行调整。钢轨道循环利用。两轨道基础高差不一时，可采用间隔浇筑混凝土墩加以调整。混凝土墩要控制好顶高程。③液压桁架及模板材料配件均由厂家定制，现场拼装和辅助加工。先拼接模板并做好调校，保证模板平整度和顺直度。液压桁架在轨道铺设后在仓面上组装，顶部桁架安装前，需提前将组装好的模板放入，然后再组装顶部桁架。④仓面模板安装前，基础面上划线并在仓面边线上设砂浆标记。再用桁架上的手动葫芦慢慢将拼装好的模板放到浇筑仓面，与预埋爬锥连接固定并校核，通过桁架上的可调节伸缩螺杆进行调节。校核好后做好加固，加固后再二次复核，并用伸缩杆微调。⑤混凝土浇筑用吊车吊料斗入仓。此前用水润湿接缝面，均匀铺2cm砂浆。按一定次序和方向分层浇筑，层厚30～40cm。入仓后及时平仓振捣，振捣棒插入下层混凝土5cm，间距40cm，距模板不小于20cm，以混凝土不再下沉、不冒气泡，开始泛浆为止。靠近模板处加强振捣。铺料时加强二次振捣，即在下层混凝土平仓振捣好、铺上一层料前，二次振捣，以排出附着在模体上的气泡，以减少拆模后混凝土表面产生气孔。⑥拆模采用液压千斤顶在模板上口由中间向两边顶开模板。模板应尽可能晚些拆除。拆模和搬运时避免模板损伤，尤其是模板边角。拆卸后立即用水或相同的脱模剂清洁，保持表面干净。混凝土黏结块用毛刷清除，不能用钢质铲刷，以免破坏模板面。⑦模板拆除后利用桁架顶部手动葫芦吊着，液压行走桁架沿着轨道移动至下一个浇筑仓面施工。重复上述步骤，施工时提前做好轨道埋设工作。

（三）主要材料

模板原材料均由模板厂家定制，材料需满足结构安全和工艺要求。本工程均采用200mm H80木工字梁模板和双14号槽钢背楞，面板采用21mm面板＋3mm钢面板。

（四）质量控制措施

（1）面板运至现场后应堆放在通风良好场所，并适当遮盖，避免雨淋和太阳暴晒。

（2）同一根木梁的连接爪与槽钢背楞上下相互错开安装，带吊钩木梁两侧均需安装连接爪，拉杆位置需尽量避开连接爪。

（3）面板裁切后的边和面板上开的孔洞内壁和边缘均需用清漆涂刷两次后晾干。

（4）面板拼接处在面板侧面需打硅胶，同时挤紧安装在木梁上，防止拼缝不严漏浆。

（5）模板上下口应安装端头木方，增加模板顶部的整体刚度，防止混凝土污染模板背面，最重要的是防止起吊时木梁跟面板间发生位移。

（6）安装吊钩时吊钩距模板边距离为整块模板宽度的1/4且左右对称。安装吊钩的木梁腹板2m范围内无指接。超过4.5m宽度，模板吊装时用4个扁担吊钩，保证吊装安全。

（7）吊装模板时，严禁单侧起吊和附重物起吊，钢丝绳与面板接触处要垫木块。

（8）浇筑前需将模板表面清洗干净，表面刷脱模剂，但不要过早涂刷脱模剂。

（9）拆模后即用水清洁模板，勿使用钢质工具铲刷，以免损坏模板面覆膜。模板落地时，其面板不可直接放在地面上，以保证模板周转次数。拆模和搬运时须防止模板损伤，尤其注意模板边角。如撬棒拆模，只能撬模板背面可受力部位，严禁直接撬面板。

（10）安装前应在高强螺杆两端缠绕生料带，并将其用扎丝固定在钢筋上。爬锥和高强螺杆端涂抹黄油，防止砂浆进入。为便于拆卸，爬锥安装前先涂抹黄油再包裹胶带。高强螺杆及爬锥安装时不能用力过度，使受力螺栓无法安装。为保证高强螺杆与爬锥和预埋板的连接长度，高强螺杆的端头涂红区域需拧入爬锥和预埋板。

（中国水利水电第五工程局有限公司　蔡萍）

尼日利亚宗格鲁水电站沥青心墙堆石坝及碾压混凝土复合坝施工关键技术

尼日利亚宗格鲁水电站大坝由中间碾压混凝土坝和两端沥青心墙堆石坝组成。大坝全长2360m，其中碾压混凝土坝全长1090m，左岸沥青心墙堆石坝长140m，右岸沥青心墙堆石坝长1130m。碾压混凝土坝高 101m，堆石坝最大坝高 85m，碾压混凝土坝与沥青心墙堆石坝接头高度为 85m。

（一）施工重难点

①作为堆石坝筑坝材料的千枚岩岩性松软，遇水易泥化、软化，且有涨缩性，易导致坝体变形量较大。千枚岩筑坝现有案例较少，需开展系统研究。②工程缺乏碱性骨料，采用花岗岩酸性骨料作为沥青混凝土骨料，与沥青黏附性差，需开展系列研究。③沥青混凝土与碾压混凝土接头部位的处理方式难度大。

（二）关键技术及创新点

针对以上难题，宗格鲁水电站课题组开展了千枚岩用于堆石坝坝壳料、水工沥青混凝土配合比、沥青混凝土心墙坝与碾压混凝土大坝高接头处理等关键施工技术研究，确保了复合坝的施工质量，取得了以下关键技术及创新点：

（1）系统开展了千枚岩作为坝壳料的爆破级配及碾压工艺试验，提出消力池及尾水渠千枚岩开挖控制标准，实现了开挖料直接上坝填筑，解决了工程筑坝材料及弃料堆存难题，降低了施工成本，缩短了施工工期。千枚岩作为堆石坝坝壳料，要求级配连续，最大粒径 800mm，小于 1mm 的含量不超过 10%。通过对压实干密度、孔隙率、碾后颗粒级配及沉降度试验，在满足原位干密度不小于 $2.07\times103\mathrm{kg/m^3}$，孔隙率小于 22%，颗粒级配和渗透系数均满足设计要求下，确定了坝壳料填筑最优施工参数为：碾压遍数为 6 遍，加水量为 $150\mathrm{L/m^3}$，摊铺厚度为 105cm。

（2）通过原材料品质检验及沥青混凝土工艺试验验证，确定了花岗岩酸性骨料作为沥青混凝土骨料，开展了沥青黏附性试验，提出了最优配合比参数，降低了沥青混凝土损耗，提高了沥青混凝土的施工质量。通过系统试验对比分析，提出了花岗岩酸性骨料作为沥青混凝土骨料的最优沥青混凝土配合比为：油石比 6.8%，级配指数 0.4，填料含量 12%；每立方米沥青混凝土中包含：9.5～16mm 小石 372kg，4.75～9.5mm 小石 465kg，砂 1209kg，水泥 279kg，沥青 158kg。最佳碾压参数为：摊铺厚度为 27cm，摊铺温度为 140～150℃时，静碾 2 遍＋动碾 6 遍＋静碾 2 遍；摊铺温度为 135～140℃时，静碾 2 遍＋动碾 8 遍＋静碾 2 遍。对沥青混凝土层间结合面加热与不加热处理进行对比研究，结果显示在加热和不加热条件下，沥青混凝土结合面的防渗性能均能满足技术要求。

（3）提出了高水头条件下沥青混凝土与碾压混凝土复合坝型之间采用“软硬接头”结合处理方式，创新了接头部位的施工工艺，保证了施工质量，提高了施工效率。通过水工模型试验及现场碾压取芯试验，确定沥青混凝土与碾压混凝土接头部位的处理方式：碾压混凝土的接头部位做 1∶0.5 边坡处理；对碾压混凝土面做凿毛处理，在碾压混凝土表面喷涂一层稀释沥青，配合比为 3.5∶6.5（沥青∶汽油），用量为 $0.15\sim0.2\mathrm{kg/m^2}$，待汽油挥发后，在混凝土面涂抹一层 2.0cm 厚沥青砂浆，配合比为 1∶1∶2（沥青∶水泥∶砂），最后摊铺沥青混凝土并碾压，对接头部位周边 20m 范围内的坝壳料加振 2 遍以减少沉降。对沥青混凝土与碾压混凝土结合面进行渗透试验。试验结果显示，接头部位防渗效果良好，能满足技术要求。

（三）工程应用情况

2022 年 4 月 7 日，宗格鲁水电站左岸沥青心墙堆石坝填筑到顶；5 月 22 日，右岸沥青心墙堆石坝填筑到顶；5 月 24 日，碾压混凝土坝浇筑到顶。

（中国水利水电第八工程局有限公司　杨承志）

爬坡廊道预制模板在南屯 1 水电站碾压混凝土大坝中的应用

南屯 1 水电站位于老挝波利坎赛省（Bolikhamxay）坎丁河上，是南屯—南卡丁流域水电四级开发中最后一个发电站。电站为一等大（1）型工程，拦河坝为碾压混凝土大坝，最大坝高 177m，碾压混凝土量 326 万 $\mathrm{m^3}$。为灌浆、排水等需要，大坝内沿不同高程布置 4 层廊道，均为宽 3.5m、高 3.9m 的矩形断面，两侧坝肩部位的廊道沿岸坡开挖坡比斜向布置。廊道除底板设计 60cm 厚常态混凝土外，周边均为碾压混凝土。在一个碾压层高范围内的廊道需要同时浇筑廊道底部、顶板混凝土，导致廊道立模困难，且与碾压混凝土施工存在严重干扰。预制廊道模板实现了廊道模板拼装与碾压混凝土坯层逐层铺料浇筑同步施工，施工速度快，施工质量良好，为大坝连续快速施工提供了支撑。

（一）方案选择

廊道通常采用常态混凝土浇筑，此方案廊道模板安装过程费工费时，备仓时间长，常态混凝土浇筑存在工序复杂、施工效率低、施工进度慢等问题。采用预制廊道模板方式，廊道侧墙和顶板全部采用预制模板。控制模板重量，以随车吊可起吊重量控制，可直接运输到仓面廊道位置直接吊装，模板拼装与碾压混凝土坯层铺料同步施工。

（二）方案设计

（1）预制模板结构。由沿大坝爬坡廊道的廊道面层控制线延伸方向相对设置的上下游两组廊道侧模板及其顶部盖板模板组成。每组廊道侧模板包括呈上下布设的下侧模板和上侧模板，下侧模板和上侧模板分别为多个呈阶梯状设置的下层侧墙预制模板及多个底部呈阶梯状设置的上层侧墙预制模板配套组合；上层侧墙模板顶部按廊道面层控制线适配的斜面控制，下层侧墙模板底部台阶位置处设置端头封堵模板。廊道模板结构均为预制钢筋混凝土模板，廊道侧墙预制板最大重量为2t，廊道顶板重量为3.4t。

侧墙预制模板的顶部开设吊耳凹槽，端头吊耳设置在吊耳凹槽内。为避免上部预制板安装与吊耳冲突，预留吊耳凹槽在预制模板安装就位后采用砂浆封堵，预制模板在预制加工和运输吊装时使用侧面运输吊耳，安装就位时使用上部端头吊耳。下层侧墙预制模板宽度为碾压混凝土上升2个坯层高度时大坝爬坡廊道底板斜坡延长的水平距离。

（2）工序流程。侧墙第一层预制模板安装→廊道内对撑架支撑及内拉拉杆加固→侧墙碾压混凝土浇筑→侧墙碾压混凝土浇筑至接近第一层预制模板顶部高程→侧墙第二层预制模板安装→侧墙碾压混凝土浇筑至接近第二层预制模板顶部高程→廊道预制顶板盖板安装→廊道顶部碾压混凝土浇筑→本层碾压混凝土浇筑完成→拆除廊道内部支撑架→廊道内底板凿毛清理→廊道底板二期常态混凝土浇筑。

（3）施工工序。利用大坝碾压混凝土分层浇筑线对碾压混凝土大坝的爬坡廊道部位进行分层，预制廊道模板施工过程如下：①安装满足2个坯层碾压混凝土高度的两组廊道上下块侧模板及其盖板模板。利用随车吊运输预制模板进入正在浇筑的碾压混凝土仓面进行安装，并随着仓内碾压混凝土浇筑上升逐层安装，预制侧模板的定位安装利用模板内部搭设支撑架对撑及在模板外侧吊耳从碾压混凝土仓内用钢筋内拉的方式固定，控制廊道安装尺寸。②浇筑2个坯层高度的变态碾压混凝土，至第一层预制模板顶部高度，廊道两侧混凝土需对称浇筑，高差控制在50cm以内。③沿大坝爬坡廊道延伸方向向前延伸一块下层侧墙预制模板和一块上层侧墙预制模板及多个预制盖板模板，使当前预制模板安装满足2个坯层碾压混凝土的高度。④继续碾压混凝土施工，浇筑2个坯层高度变态碾压混凝土。⑤预制模板继续延伸安装并同时安装第二层侧墙模板和廊道顶板，多次循环步骤3～4，直至碾压混凝土浇筑达到收仓高程。⑥拆除廊道内部多个模板支撑支架。⑦在每仓（3～6m高）碾压混凝土收仓后，对浇筑完成的碾压混凝土廊道底板进行凿毛清理，经监理工程师验收合格后，从上部仓面廊道口沿廊道底板台阶铺设铁皮溜槽，利用溜槽受料浇筑廊道底板二期常态混凝土。

（4）关键部位质量控制。①廊道底板部位碾压混凝土呈台阶状沿坝轴线施工，每个台阶位置的混凝土随仓面整体碾压完成后安装预制板侧墙。②廊道周边碾压混凝土采用变态混凝土进行浇筑施工。③廊道预制顶模板安装在侧墙预制板的顶端，利用侧墙预制板和廊道两侧已浇筑完成的碾压共同承重，满足廊道盖板和上部混凝土的重量承载。④廊道两侧的碾压混凝土需对称浇筑，防止廊道两侧受力不均衡发生变形。

（中国水利水电第三工程局有限公司　高耀文）

引水发电建筑物施工

硬梁包水电站引水隧洞钢管桩施工技术

（一）工程概况

硬梁包水电站位于四川省甘孜藏族自治州泸定县境内大渡河干流上，为《四川省大渡河干流水电规划调整报告》推荐28级方案中的第14个梯级电站，上下游与泸定水电站和大岗山水电站衔接，工程规模为二等大（2）型。电站安装4台总装机容量108万kW的机组，采用混凝土闸和面板堆石坝＋左岸引水系统＋地下厂房的枢纽总布置方案。引水系统建筑物包括引水隧洞、调压室、压力管道等。引水隧洞为两条平均长度为14.4km平行布置的隧洞，平面上共设5个转弯点，转弯半径200m或80m。1、2号引水隧洞两洞中心间距60m，内径13.1m。进水口底高程1215.00m，末端调压室处隧洞底高程1198.00m。

（二）地质情况

根据引水隧洞CⅡ标上半洞已开挖洞段围岩情况，Ⅴ类围岩高岭土洞段共有130m，地层岩性为花岗岩，发育3组裂隙：①产状N65°W/NE∠75°，宽1.2m，片理化，泥化蚀变；②产状N25°E/SE∠65°～75°，宽1.5～2m，片理化，泥化蚀变；③产状N65°E近直立，宽0.8～1m，片理化，泥化蚀变。另于②、③之间揭示一条断层，产状N75°E近直立，填充灰黑色断层泥，断面上见清晰的斜向擦痕。全掌子面花岗岩发生高岭土化蚀变，尤其在②、③之间，蚀变尤其强烈，不断掉块。围岩以花岗岩为主，岩体结构主要为碎裂结构，地下水呈滴水，局部线状流水，洞室不稳定，易发生掉顶或垮塌，对施工安全及进度带来严重影响。

（三）施工方法

为保护和加强Ⅴ类围岩高岭土洞段下半洞开挖支护的安全稳定，对Ⅴ类围岩高岭土洞段实施钢管桩支护措施，施工方法如下。

1. 测量布孔　根据确定的加强支护参数，在隧洞180°腰线位置两侧各布置一根 ϕ89mm×8mm、L=6m钢管桩，沿水流方向，间距1.5m一字排开。

2. 钻机就位　采用100B钻机或液压潜孔钻机钻孔，100B钻机钻孔时搭设简易排架作为操作平台及钻机固定样架。钻机就位时应使钻机底部平整，支撑牢固，以确保钻孔时不产生摆动及偏移等现象。施工时可采用多台钻机同时钻孔，就位时应避免钻机互相影响。并应使钻机准确对位于测量的点位之上，防止偏移。

3. 钻孔　为便于安装钢管，钻孔孔径要求不小于110mm。钻孔前检查机械设备是否正常。开钻时低速低压，待钻进一定深度时，可根据情况调整钻速。钻孔过程中要检查钻孔角度，并及时纠偏。钻孔过程中及时做好记录。

4. 清孔　钻孔完成后，对孔位、孔深及孔斜进行检查，符合要求后，进行清孔。清孔采用高压风从孔底向孔口清理钻渣。

5. 安装钢管桩钢管　钢管桩钢管采用 ϕ89mm×8mm无缝钢管，其前端加工成45°尖角，反铲配合人工将钢管插入孔内。在钢管末端100～150cm内插入 ϕ42mm注浆管便于注浆，同时采用混凝土料或锚固剂填充密实。钢管桩外壁与钻孔孔壁间采用锚固剂填充密实，避免漏浆，填充长度不小于1m。钢管管壁按梅花形布钻小孔，孔眼直径 ϕ6～8mm，间距为10～20cm，孔眼交错布置。

6. 钢管桩注浆

（1）钢管桩注浆口封闭器采用能够承受5MPa压力的球阀并与导管焊接牢固，与高压灌浆管采用丝扣连接，丝扣连接段采用土工布或其他材料进行隔离保护。

（2）采用3SNS型高压注浆泵，注浆压力1.5～2.0MPa，最大压力不得超过要求控制值。为有效控制注浆压力，在注浆泵及注浆掌子面附近分别安装压力表进行压力控制，灌浆压力在达到规定注浆压力后，灌浆孔停止吸浆，并继续灌注10～15min后即可结束。

（3）注浆：采用纯水泥浆，注浆顺序由下向上间隔进行。浆液采用拌和机拌制，水泥浆水灰比1.5∶1，1∶1，0.5∶1三个等级。浆液由稀到浓逐级变换，即先注稀浆，然后逐步变浓直到0.5∶1为止，最大压力不得超过要求的控制值。

（四）施工效果

对Ⅴ类围岩高岭土洞段实施钢管桩加固后，围岩总体稳定。开挖后的爆破面总体平整，围岩整体性较好，钢管桩内注浆浆液饱满，能更好地防止爆破后碎块掉落，未出现较大规模掉块和塌方。超挖工程量相对较小，也确保了施工期围岩安全稳定。

（中国安能集团第三工程局有限公司
张晓东　周强）

两河口水电站工程地下厂房高强钢压力钢管安装新技术

（一）工程概况

四川雅砻江两河口水电站布置6台50万kW混流式机组，总装机容量300万kW，电站机组采用单机单管引水形式，上游引水洞内布置6条压力管道，每条管道与施工支洞成63°斜交角。

地下厂房引水隧洞与运输支洞呈斜交状态，施工中采用新的施工工法，在一套吊装系统条件下，压力钢管在洞内一次成功地完成卸车、翻身、旋转角度、交汇处换向及厚壁高强钢安装焊接等作业。

（二）技术难点及解决对策

（1）由于电站地质条件复杂，地应力大，为预防塌方及衬砌拉裂等情况发生，不宜在洞室交叉口位置过度扩挖，压力钢管在洞内二次吊装空间受限。

解决对策：优化压力钢管洞内吊装运输方案，洞内卸车翻转场避开交叉口。在施工支洞布置统一的卸车翻转场，一次完成卸车、翻身、转向等作业。卸车翻身后，将钢管旋转成与安装轴线角度一致的位置进行运输，避免再进行二次吊装作业。

（2）常规洞内压力钢管运输台车结构形状为矩形，运输换向时仅能沿垂直方向轨道行走，在交通施工支洞与各条引水洞室交汇处，无法沿斜交方向轨道换向牵引至安装位置。矩形台车转向后4个车轮中有2个车轮无法落在引水洞内敷设的轨道上。

解决对策：研制平行四边形运输台车。将台车设计为与轨道角度相同的平行四边形，4个车轮位置定位在轨道交点处，实现台车在各洞室斜交处的换向运输作业。

（3）压力钢管体积大重量重，为保证安全，洞外采用立式水平运输，在洞内进行卸车、翻身及转向，洞内空间有限，大件吊装作业风险高、难度大。

解决对策：压力钢管卸车翻转间设置于下平段

施工支洞与1号压力钢管隧洞前方20m处，洞内卸车及翻转作业采用卷扬起升系统，卸车翻转场洞室顶部进行局部扩挖，以满足吊装空间需求。为尽量减少扩挖深度，优化卷扬起升系统中吊具部件，取消占用空间大的吊钩及吊索，研制洞内压力钢管单吊点翻转紧凑型活动吊具。吊具下部耳板与压力钢管临设吊耳通过水平吊轴连接，吊具上部通过垂直吊轴与卷扬起升系统滑车组下部旋转装置连接，采用单吊点连接即可实现大型压力钢管翻身及水平旋转集于一体的作业。

(4) 由于施工交通支洞位于引水压力钢管道中部，根据总体施工进度及现场施工条件，上下游压力钢管外包混凝土浇筑后再实施中部支洞段封堵，凑合节为整条管道的合拢节，强约束工况下，凑合节合拢缝的焊接应力及焊接变形控制难度大。

解决对策：合拢环缝施焊过程中，在焊接坡口边缘分段布设应力片进行焊接应力应变全过程同步监测，约束应力监测采用静态应变仪。当某一部位局部应力过大时，及时调整焊接顺序及焊接位置，从而保证将焊接残余应力降至最低。

(中国水利水电第十四工程局有限公司 陈忠敏)

长龙山抽水蓄能电站工程进水球阀安装技术

长龙山抽水蓄能电站进水球阀公称直径2100mm，最大净水头850m，设计水头1200m。对球阀常规安装程序进行优化，不再细分球阀预装和正式安装，进水球阀一次性安装完成。

(一) 安装轴线定位

用全站仪和水准仪设球阀流水中心基准轴线和阀轴中心基准线。复测蜗壳延伸管法兰面中心、高程、垂直度，检查压力钢管与蜗壳延伸管轴线偏差及两者的中心偏差。流水中心基准轴线以蜗壳延伸管法兰面中心为基准，阀轴中心基准线以蜗壳延伸管法兰面为基准。

(二) 球阀基础板安装

球阀基础二期混凝土养护期满后，安装球阀基础板。安装中检查基础板平面应无高点毛刺，并标出基础板中心控制线；核实球阀地脚螺栓中心和高程；球阀基础板、楔子板吊装就位，按图安装各部件；调整基础板高程中心偏差小于±1mm，水平偏差小于0.5mm/m，两板相对高差小于0.5mm；调整合格后可靠焊接基础板，其底部应垫牢、垫实；楔子板搭接长度应大于2/3，且塞尺检查接触面积应大于70%，基础板底部应与钢筋可靠焊接。

(三) 延伸管安装

①根据球阀安装基准线调整球阀延伸管，要求延伸管法兰中心偏差不大于±1.0mm，垂直度偏差不大于0.5mm/m，止口部位高程偏差不大于0.5mm。伸缩节法兰面与蜗壳延伸管法兰面距离5891±1mm（设计值5895mm，含焊缝收缩量4mm），测量点位不少于8个。延伸管与压力钢管凑合节间隙应小于4mm，过流面错牙不大于3mm。②调整完毕焊缝对称焊接6～8块搭块临时固定，在搭块搭焊前用正式焊接T Phoenix 11018焊条在搭块上堆焊厚5mm后，方可焊接搭块与延伸管本体。割除搭块时离母材3～4mm，打磨过流面至平整光滑，按设计要求对该焊缝探伤检查。延伸管与支撑架间使用弧形钢板固定。母材上焊接部件需经厂家同意方可进行，焊接搭板不得在母材上引弧。

(四) 球阀安装

①清扫伸缩节、延伸管密封槽，球阀上下游法兰面、螺栓及螺栓孔，检查法兰组合面无毛刺。试配球阀上游侧螺栓及下游螺栓，无卡阻，螺栓孔内涂抹二硫化钼锂基酯。②清扫检查球阀基础板板面，无高点毛刺，清理完成后涂抹二硫化钼锂基酯。球阀地脚螺栓处包裹3层铜皮并绑扎牢固。③检查球阀全关状态锁定可靠投入，球阀上游侧机械锁定处于退出状态。球阀工作密封，检修密封处于退出状态。间隙处已设橡胶板防止密封在吊装过程动作。④球阀吊装至球阀吊物孔上方时，将预先准备好的15mm木板放在延伸管与球阀组合缝两侧。延伸管内部人员实时监控组合面的间隙情况及密封条位置。⑤用球阀地脚处安全绳调整球阀转向及方位，球阀下降过程平稳。下降至球阀地脚螺栓上端10mm，调整球阀方位，确定球阀地脚螺栓孔不得碰撞地脚螺栓后缓慢下降球阀。⑥距球阀基础板上表面10mm时，移除法兰面间木条，检查组合缝密封情况。球阀向上游靠拢并与延伸管法兰面贴合。下降球阀，根据情况安装球阀进止口工具，球阀底部与基础板贴合使球阀处于受力状态，调整球阀进止口工装受力情况，球阀进入伸缩节止口。

(五) 伸缩节安装

①检查法兰连接面、螺栓孔、密封槽、止口位置，无毛刺，法兰面刀口平尺检查。②起吊过程使用15mm木板包裹白布在伸缩节两侧防护，在木板防护过程中不得碰触已安装的密封。吊装至指定高度，使用千斤顶或手拉葫芦辅助伸缩节进入止口。③检查伸缩节法兰面间隙，预紧间隙大螺栓。按拉伸值1/2对称紧固螺栓后，0.03mm塞尺检查组合缝间隙，应不能通过。检查延伸管与蜗壳延伸管过流面间隙偏差应不大于1mm。

（六）延伸管焊缝焊接

①焊接前处理焊缝两侧 100mm 范围内铁锈、熔渣、油垢、污水，并开始焊前预热。在各管口+X、−X、+Y、−Y 四个方向及阀体支腿两侧均布置百分表监测焊接管口位置偏移，根据监测数据改变焊接顺序。监控进水球阀焊接收缩位移值。②焊接预热采用履带式电加热块，加温板敷设于焊缝两侧。温升控制在 15℃/h，焊接温度 110℃，焊接过程中层间温度不低于 110℃，不高于 190℃。③延伸管打底焊接焊条选用 ϕ3.2mm，焊层高 8～10mm。先焊接延伸管焊缝内部，4 名焊工分段焊接，每段长不超过 300mm。打底焊接时半小时记录一次变形量。当伸缩节与蜗壳延伸管牙测量数据变化超过 0.5mm 时，应改变焊接顺序。④第二层焊深为 16～20mm，如有特殊情况根据实际情况调整。第二层焊接后，用风铲对焊缝全面锤击消应，至焊缝出现毛面为止。随后使用磨光机全面打磨，去除翻皮、焊点等。经验收合格后，方可下一层焊接。消应措施执行前后，注意做好监控和记录。⑤内部焊缝焊接达到 1/2 时，开始外侧焊缝焊接。使用碳弧气刨进行背缝清根，清根深 2.5～5mm。为避免刨削中产生夹碳和铁渣，碳棒与工件要有合适倾角。碳弧气刨用直径 ϕ8mm 和 ϕ10mm 碳棒，需选用合适参数。然后用角向磨光机清理渗碳层显出金属光泽。⑥内部焊缝后续焊接，也按上述顺序进行，直至盖面。⑦每层焊缝要错开焊接接头部位，焊接后用风铲消应处理。消应处用磨光机清理后可进行下一步焊接。消氢温度 250～300℃，保温时间不低于 4h，用履带式加热板加热。⑧焊接完成后复测延伸管与球阀错牙、伸缩节与蜗壳延伸管错牙、枢轴中心位置及水平。焊缝探伤应在热处理结束 48h 后，按设计要求进行 100%TOFD+100%UT 探伤。

（七）接力器安装

①清扫接力器与底座垫板，组合面应无油漆、高点毛刺。以地脚螺栓基准线安装调整底座及楔子板，调整底座高程小于 1.0mm，水平小于 0.5mm/m，并采取临时固定措施。②安装接力器起吊工具，缓缓将接力器吊装到位。③接力器在底座上就位，初紧与接力器支座固定螺栓，再与拐臂连接，安装销轴。④接力器调整时，调整接力器活塞杆端面与臂柄间间隙相等，底座端面与接力后缸盖间间隙应相等，调整接力器活塞杆轴孔与臂柄轴孔同心。合格后装入销轴及锁板。⑤调整接力器与地脚螺栓相对位置，使接力器竖直。接力器垂直度应不大于 1mm/m，距球阀中心线距离偏差不大于 1mm。接力器安装高程以活门全关为基准，即活门在全关位置时，接力器也必须在关闭位置。必要时可旋转活塞杆杆头加以调整。

（中国水利水电第十四工程局有限公司 曾志辉）

钢模台车在娘拥水电站引水隧洞衬砌施工中的应用

娘拥水电站引水隧洞全长 5806.313m，纵坡 i＝2.9248‰，为有压引水隧洞。隧洞断面马蹄形，开挖底宽 5.0～5.24m，高 7.25～7.65m，顶拱半径 3.8～4.0m。Ⅳ类围岩 40cm 厚 C20 单层钢筋混凝土全断面衬砌，Ⅴ类围岩 60cm 厚 C20 双层钢筋混凝土衬砌。

（一）混凝土原材料

采用 P·O42.5 普通硅酸盐水泥，在引水隧洞洞口设水泥仓库。细骨料和粗骨料均由沙贡料场提供。混凝土搅拌用水采用各洞口附近的山泉水或硕曲河河水。混凝土原材料和泵送剂、引气减水剂、速凝剂等外加剂，必须由试验室验收合格后使用。

（二）施工方案

工艺流程：施工准备→测量放线→钢筋绑扎→台车就位→安装堵头模板→刷模、涂油→检查→浇筑混凝土→封顶→拆模→养护。

1. 基础面施工　清底时用小型反铲挖除底板，自卸汽车出渣，人工配合清底，并挖除岩基上的杂物、泥土及松动岩石，引排积水。向下挖除 20～30cm 后用 C20 混凝土回填。清底后将钢支撑底脚延伸到底板，恢复连接筋。用 C20 混凝土包裹钢支撑底脚。

2. 钢筋制作安装　钢筋制作安装设钢筋台车。钢筋保护层采用水泥砂浆垫块。Ⅴ类围岩钢筋绑扎时，先摆放外层钢筋，最外侧两行相交点应绑扎牢固，并标定钢筋间距，中间部分钢筋交叉点相隔交错绑扎。外侧钢筋绑扎后，垫好保护层垫块，再绑扎内侧钢筋。采用单面搭接焊时钢筋搭接长 10 天，双面搭接焊时搭接长 5 天，钢筋绑扎采用 40 天。钢筋绑扎完成后，经检查验收合格后，方可进入下一道工序施工。

3. 立模及加固　立模前测量检查隧洞轴线、高程、断面，清除底板上渣土和积水。用砂纸或磨光机除去模板上水泥浆、锈斑、污渍，并涂刷脱模剂。模板安装完成后，测量校核模板。模板底部采用刚性支撑在台架上，端头模板用钢筋固定在边墙上。

4. 施工缝　混凝土按 10m 一仓浇筑。引水隧洞半洞衬砌时，按要求设纵向橡胶止水，塌方及变形部位可适当增设止水。引水隧洞衬砌按 30m 设永久伸缩缝。

5. 混凝土浇筑

(1) 混凝土拌和。每个洞外设 2 台 JS750 型混凝土拌和站，集中拌和混凝土，电子配料机配料。采用强制式搅拌机拌和。水泥偏差不得超过±1%，各种集料允许偏差为重量±3%，减水剂允许偏差为各自重量±1%。经常检查骨料含水率。拌和时间由试验确定。

(2) 混凝土运输。3 辆 $3m^3$ 混凝土罐车运送混凝土到混凝土泵车处，泵车将混凝土入仓。混凝土供应须保证混凝土泵车连续工作，泵车允许中断时间不超过 45min。

(3) 混凝土浇筑。按左右对称分层浇筑，并均匀振捣密实。分层厚度严控在 30cm 内。浇筑中检查模板情况。拱圈封顶应随拱圈浇筑及时进行。隧道顶板封顶由顶部倒退施工，振捣充分，确保混凝土密实。浇筑间隙时间不超过 60min。

全断面衬砌浇筑程序：底板扩挖及清理→底板混凝土浇筑→边顶拱钢筋制作安装→立模→混凝土浇筑。

(4) 混凝土拆模。Ⅳ、Ⅴ级地段、应力大变形地段，在混凝土强度达到 75%以上时拆模。拆模过程中应防止磕碰混凝土，对已浇混凝土要做好防护。

(5) 混凝土养护。拆模后应及时养护混凝土。在衬砌地段洞内相对湿度大于 90%时采用自然养生，60%～90%时洒水养护 7 天，小于 60%时洒水养护 14 天。

(三) 施工计划安排

衬砌台车长度 10.5m，共需衬砌 295 仓，引水隧洞共配备 5 台钢模台车。灌浆及支洞口封堵计划达到通水试运行条件。

为确保引水隧洞正常开挖的同时进行洞内混凝土衬砌，4 月初与钢模台车制造厂家商定设计和生产半断面衬砌台车。计划 4 月 15 日第一台台车到位并进行组装，5 月 1 日投入 5 号洞上游使用。其他部位台车按计划进行调试安装、使用。

(四) 资源配置

配置上、下游工作面施工工种作业人员 166 人，混凝土衬砌施工工作面人员约 72 人。配置各种设备 117 台。

(中国水利水电第三工程局有限公司
刘正　冯利利)

阜康抽水蓄能电站工程 1 号引水系统压力钢管安装全部完成

2022 年 12 月 5 日，阜康抽水蓄能电站 1 号引水系统压力钢管及全部压力钢管安装任务提前 4 个月顺利完成，该施工节点目标的实现，为该抽水蓄能电站首台机组发电目标实现提供了更加坚实和强有力的保障。该抽水蓄能电站为日调节抽水蓄能电站，是国网新源公司国内首个 EPC 抽水蓄能电站项目，也是新疆地区首个 EPC 抽水蓄能电站项目。该项施工任务由中国水利水电第三工程局有限公司（简称水电三局）项目部承担。

电站引水系统采用一洞两机布置形式，共有 1 号和 2 号两个独立的水道系统。每个引水系统压力钢管由上平段、上斜井、中平段、下斜井、下平段、钢岔管、引水支管段构成。引水系统及尾水系统钢管制作安装工程量为 1.4 万 t，全部由水电三局制造安装公司新疆阜康抽水蓄能电站机电安装项目部负责承担施工任务。

引水系统作为整个抽水蓄能电站发电工期关键线路上的重要部位，尤其是压力钢管安装施工，具有长度长、斜井角度大、钢管重量大、运输距离长、斜井安全风险等级高等特点。1 号引水系统全长 917.098m，上、下斜井角度为 60°，斜井平均长度 330m，最大钢管直径 6.2m，最大钢管重量 35t，最大钢管厚度 56mm，最高材质等级 800MPa。

自引水系统压力钢管安装施工开始以来，水电三局项目部克服工期紧、任务重、施工难度大、安全风险等级高、疫情反复暴发等的诸多困难，在施工过程中狠抓安全和严抓质量，针对施工特点、难点，通过工艺和方案优化，合理组织和安排资源投入，与土建单位协调配合，相继安全顺利地完成了 1 号引水系统上、下斜井压力钢管安装施工任务，实现了全部压力钢管安装的重要施工节点目标，尤其是在 2022 年 8 月引水系统压力钢管安装施工中，1 号上斜井压力钢管安装完成 90m，1 号下斜井压力钢管安装完成 78m，全部超额完成月施工进度计划，创下自引水系统压力钢管安装施工开始以来的单月安装长度新高。

目前，该抽水蓄能电站土建和金属结构机电施工正处于施工高峰期阶段，项目部将继续保持良好态势，继续发扬“自强不息、勇于超越”的企业精神，秉持“干一个工程，树一座丰碑”的理念，不断巩固提升水电三局在抽水蓄能电站工程建设中优质品牌形象。

(中国水利水电第三工程局有限公司
廖钧　李文亮)

泄水建筑物施工

拉哇水电站工程泄洪系统施工

（一）工程特点及难点

拉哇水电站泄洪系统地下厂房采用中部式布置，主厂房、主变压器室两洞室平行，引水隧洞和尾水隧洞均为一机一洞布置。主要建筑物包括溢洪洞、溢洪洞、泄洪洞、泄洪系统掺（补）气工程、出口交通洞等。工程主要特点和难点如下。

（1）工程规模大，施工项目多，质量标准要求高，施工干扰大，专业化水平要求高，且地质条件复杂，地下洞室间平面、立体交叉关系复杂。

（2）设计地震对应基岩地震动水平峰值加速度为0.4g，抗震设计动参数高。

（3）泄洪洞有压段长期承受90m内水压力，有压洞段穿过帷幕防渗体系。

（4）单次洪水持续时间15～45天，泄洪建筑物运行时间长，溢洪洞单洞泄流量4400m^3/s，单宽流量294m^3/s，为国内长洞室泄洪第一，故对泄洪系统衬砌混凝土施工质量和平整度要求高。

（5）泄洪洞单洞泄量2600m^3/s，运行水头0～90m，无压段底板综合纵坡7.4%，坡度缓、掺气难度大，导致无压段体型复杂，且无压段流速接近40m/s，故施工质量控制标准高。工作弧门挡水水头90m，弧门推力超过1万t，居国内前列。

（6）溢洪洞、泄洪洞水流流速大，空化气蚀问题突出，掺气减（免）蚀系统复杂，施工质量标准要求高。

（二）专项施工方案

泄洪放空洞与生态放水洞泄洪洞作为主控难点施工，特制定专项施工方案。

（1）开挖方式：泄洪洞无压段岸坡多为基岩弱风化陡壁，开挖过程中加强初期支护。泄洪洞无压段分为上中下三层开挖，上层施工完成后，继续进行中层开挖，下层开挖滞后中层30m。

（2）精准爆破：为提高炮孔精度，采用先进测量仪器和测量控制手段。每次爆破结束后，进行开挖和细部放线，用红油漆在开挖面绘制开挖轮廓线，标定顶拱中心线和两侧腰线。开挖中定期复测测量导线，及时绘制开挖断面图。每个周期测量放线中，检查上一周期开挖段规格，及时通知钻孔人员超挖和欠挖，调整钻孔角度，减少超挖，处理欠挖，以确保隧道开挖段形状和尺寸符合设计要求。

（3）安全支护：泄洪洞Ⅳ、Ⅴ类围岩稳定性和成洞条件较差。隧洞掘进中，先喷射混凝土封闭，再做系统锚杆。局部可能发生掉块处，用随机锚杆支护。而后铺设钢筋网，安装型钢拱架，喷射第二次混凝土，即可满足隧洞开挖安全。

（三）施工保证措施

（1）坚持安全第一，预防为主，综合治理的方针，落实有关安全生产的法律、法规和标准，切实做到安全为了生产，生产必须安全。

（2）确保合理工期，调整工期时须重新对施工方案审查和风险评估，严格施工作业计划管理。

（3）建立重大及特殊作业技术方案评审制度，安全方案变更调整要重新审批。严格落实安全措施和安全文明施工相关要求。

（4）选派经验丰富的作业人员参加工程施工，确保施工人员的数量和质量。

（5）科学精心策划组织施工，抓住关键线路不放，抓住控制性节点工期不放，抓住主要分项工程质量，不断研究优化施工方案。

（四）已完工程形象面貌

截至2022年底，泄洪系统工程完成情况：泄洪防洪与生态放水洞上层全线贯通（1308m），泄洪防洪与生态放水洞出口交通洞全线贯通（368.195m）并完成衬砌，泄洪洞工作闸门室交通洞开挖支护250m，泄洪系统补气洞泄1开挖支护240m，补气洞泄2全线贯通（183.75m），掺气洞泄4全线贯通（122.343m）并完成衬砌，泄洪系统②施工支洞全线贯通（227.3m）、泄洪系统④施工支洞全线贯通（27.3m），泄洪系统⑧施工支洞全线贯通（406.1m），下游河道治理①支洞全线贯通（386.36m），下游河道治理②支洞全线贯通（538.13m），下游河道治理③支洞全线贯通（260.98m），下游河道治理防冲桩完成75根，下游河道治理Ⅰ型面板支护区完成支护240m，临建场地让通沟D区平台综合加工厂及让通沟B区平台生活营地建设全部完成。

（中国安能集团第三工程局有限公司
徐飞　苏冠文）

勐野江水电站泄洪排沙洞改扩建施工安全控制

（一）工程概况

勐野江水电站位于云南省普洱市江城县和宁洱县两县界河，为混合式开发水电站，以发电为主，装机容量68MW，装机2台。电站为中型规模，工程等别为Ⅲ等。主要建筑物包括面板堆石坝、溢洪道、泄洪排沙洞、引水系统、发电厂房及升压站。水电站两台机组已全部发电。根据水文系列延长后的洪水复核成果，现有泄洪设施泄流能力不足，根据设计研究成果，需对泄洪排沙洞出口进行改扩建。

泄洪设施改建工程左岸泄洪排沙洞洞内改建段（洞0＋298～0＋318）为渐变段、压坡段，原设计始端断面为方形11m×11m，衬砌厚1m，末端断面为矩形10.66m×7.0m（宽×高），衬砌厚1.5～5m，其中顶板厚5m。隧道改扩建包括原衬砌混凝土拆除，两侧边墙对称扩宽（单侧扩宽0.5～1.1m），初期支护，衬砌混凝土浇筑。在保证进度的同时，安全进行衬砌混凝土拆除、扩挖支护是施工的重点。

（二）施工安全要求

施工安全要求如下：①严格遵守“安全第一，预防为主”方针；②建立健全的安全生产责任制；③加强安全教育，特殊工种作业人员持证上岗；④制订并实施可操作的现场安全生产管理规章；⑤对施工风险特别大的单项工程，在开工前制订专项安全技术措施和重大安全生产事故应急预案；⑥配置专职安全员，开展经常性现场安全生产检查，发现安全隐患及时采取整改措施。

（三）施工安全风险

（1）隧道出口改建段为Ⅴ级围岩，边坡发育宽2.5～3.0m断层，施工中洞口边坡存在坍塌、掉块风险。混凝土拆除后洞内存在涌水、掉块、坍塌等风险。

（2）隧道混凝土拆除爆破会产生巨大冲击力，可能扰动隧道围岩，并导致坍塌，同时因爆破可能出现飞石伤人情况。

（3）隧道扩挖更换钢拱架时支撑体系破坏存在坍塌等风险。

（4）施工场地小、视野狭窄、光线不足，使机械运作受限，机械伤害风险较大。空间有限，环境潮湿，空气流动性差，存在中毒窒息、触电等风险。

综合分析，隧道改扩建施工主要存在原有衬砌构件拆除和新开挖断面所面临的坍塌、爆破伤害、机械伤害、触电、物体打击、中毒窒息等安全风险。

（四）施工安全控制措施

1. 防坍塌安全控制措施　主要安全控制措施如下：①拆除前用锚杆、锚筋桩、挂网喷锚等对洞面支护；②分段拆除、分段开挖支护，拆除后及时跟进围岩扩挖及支护；③采用浅孔爆破，多钻孔、少装药，严控单响药量及一次起爆药量，爆破振动控制标准2.5cm/s；④洞顶拆除后及时修复破损钢支撑，及时加固锁脚锚杆及系统锚杆，并根据情况增设锚筋桩及随机锚杆加强支护，挂网喷锚封闭；⑤边墙采用破碎锤扩挖，控制超挖、避免欠挖，及时喷锚封闭；⑥边墙钢支撑逐榀拆除、逐榀支护，新架立钢拱架紧贴岩壁，接头用钢垫板螺栓连接，边墙锚杆设为L或U形，与钢拱架焊接牢固，再挂网喷锚封闭；⑦布设监测点监测围岩位移及沉降，发现异常及时撤离。

2. 其他安全控制措施　即：①作业人员接受岗前培训，正确佩戴劳保用品，特种作业人员持证上岗；②专职安全员应对专项施工方案实施情况进行现场监督，对未按专项施工方案施工的应立即整改；③对危大工程进行施工监测、安全巡视及专项巡视检查，发现危及人身安全情况，应立即组织作业人员撤离危险区；④隧道各进口应做好防洪、防水措施；⑤爆破拆除时严格做好安全警戒；⑥遇不良地质构造或发生塌方，有害气体逸出及地下涌水等突发事件，应停工，作业人员迅速撤离；⑦做好防尘、排烟工作，加强通风管理，配备必要的检测仪器，做好工作面和洞内的检测工作；⑧保持隧洞内照明灯光亮度充足、均匀及不闪烁，洞内用电线路和照明设施设专人负责检修管理。

（中国安能集团第一工程局有限公司
蒋文帅　谢宗良）

平江抽水蓄能电站工程自流排水洞TBM施工关键技术

平江抽水蓄能电站是湖南省最大抽水蓄能电站，其自流排水洞长3887m，最小埋深15m，最大埋深530m，与长度5600m的排水廊道构成电站日常和应急排水系统，是抽水蓄能电站建设的控制性工程。洞室围岩多为微风化新鲜花岗岩、花岗片麻岩，采用TBM施工。设备掘进需穿过21个半径30m的弯道，施工中存在断面小、转弯半径小、岩石强度大等难点。

（一）关键技术

1. 隧洞TBM高效出渣关键技术　自流排水洞为超小圆形断面，洞径3.63m。超小断面隧洞出渣技术对施工效率影响较大，需根据隧洞延米开挖量及断面尺寸选择适宜的设备。

自流排水洞采用25t机车出渣，机车采用“1+4+2”配备。即1辆25t机车头，4辆$8m^3$渣车，1辆16座坐人车，1辆15t材料平板车。自流排水洞洞径3.63m，每延米出渣量为$10.34m^3$，配备4辆渣车可满足2m的掘进出渣需要，极大缩短了工序间的制约。洞外选用32t龙门吊起吊出渣，25t自卸车运输渣土，减少洞外卸渣时长。

2. 隧洞通风关键技术　在超小断面内独头掘进距离长，小转弯次数较多，高差大条件下，普通风机无法满足通风要求，故采用功率为4×45kW轴流式风机。由于距离长，自流排水洞+排水廊道总计长达7km，在洞口布置风机，洞内采用接力风机送风。即总体采用洞口风机+洞内接力风机的通风方式，可满足通风需求解决长距离通风的难题。

3. TBM掘进姿态控制关键技术　在30m超小转弯半径条件下，TBM掘进立体螺旋形廊道时，因频繁的姿态调整和诸多急曲线转弯施工，极易引起TBM设备姿态偏离设计轴线。为保证掘进轴线的精准度，TBM设备配置了铁建DDJ激光导向系统，通过该导向系统对隧洞轴线进行跟踪测定与控制。TBM操作人员根据导向系统数据和指示，及时调整TBM的掘进姿态，使TBM的实际掘进轴线无限接近隧洞设计的理想轴线坐标。

此外，为确保TBM掘进轴线精准，还需注意以下事项。

(1) 掘进过程中做好对棱镜、全站仪和后视棱镜的防护，并做好掘进偏差的详细记录，以备核查、分析。每200m对掘进导向进行复测，并在始发和贯通时增加检测密度。

(2) 严格控制调向幅度，避免对刀盘边缘的刀具和出渣机构产生大的冲击，造成刀具和出渣机构的损伤。掘进过程中时刻注意刀盘推力状态，了解出渣情况。综合实际情况正确选择掘进模式、掘进速度等参数，并在掘进过程中随时调向，完全掌握对掘进方向的控制，将掘进方向控制在水平和竖向分别为设计轴线控制偏差之内。

(二) 应用情况

“平江号”TBM是一套高度机械化和自动化的小型隧道开挖成套设备，集掘进、出渣等施工工序于一体。掘进刀盘直径3.63m，全长75m，总重230t，总功率1400kW。“平江号”TBM开发了长距离独头螺旋掘进、大坡度有轨运输、不良地质快速支护等7项创新技术，实现了最高日进尺30.72m，最高月累计进尺602.1m，平均月进尺467m。

2022年7月28日，平江抽水蓄能电站自流排水洞TBM掘进全线贯通，较钻爆法提前40个月完成，其掘进速度开创了国内同期同级别抽水蓄能电站隧洞施工的新纪录。

（中国水利水电第八工程局有限公司
李才平　薛廉润　刘凯博）

观音岩水电站工程闸门堵漏技术

(一) 工程概况

观音岩水电站采用围堰分期拦断河床的导流方式，共分三期进行。其中三期导流由坝体临时断面挡水，坝身孔及坝体预留缺口（导流底孔）过流。2孔导流底孔的过流断面6m×15m，底孔底高程1020m，顶高程1035m。导流底孔下闸后对其永久封堵，范围为上游封堵闸门起至坝体下游表面，封堵体采用该区坝段相同的混凝土。封堵体总长92.7m，从上游至下游分四段施工，各段分别为：A段15m，B、C段均为25m，D段27.7m。

2号封堵闸门下闸后，底槛和闸门左侧出现渗漏。经检查封堵闸门主轨后部混凝土冲蚀掏空，闸门左侧边墙存在脉冲水流射出，估算$10m^3/s$左右。两个汛期高水头运行（最高水头60m）的作用，及水流受底孔孔口前纵向岩埂的影响，造成混凝土气蚀。渗漏水给导流底孔的封堵带来了困难。

(二) 堵水的主要方案

原计划工地条件用混凝土封堵导流底孔。但封堵闸门下闸后，闸门左侧出现较大渗水。现场尝试补做临时侧水封，坝前抛填黏土及混合料，门后半圆管截水法等方案，但未完全封住渗水。最后，采用竖井台车截水法完成了极端条件下的渗水封堵。

1. 补做临时侧水封　在滑块与水封间填塞ϕ32钢筋外套ϕ60橡胶管进行临时水封施工。由于时间紧迫，渗水量大，流态复杂，考虑到潜水员的安全，该方案未实施。

2. 坝前抛填黏土布袋　在闸门槽上游侧采用ϕ150导管抛投黏土，配合闸门槽临近水封侧用ϕ150导管抛投黏土小布袋。由于指挥不当导致导管被堵，该方案最终失败。

3. 门前抛填混合料　闸门前抛填一部分编织袋黄土，再抛填混合料，效果较好。上游抛填前渗漏量约$10m^3/s$，抛填后渗漏量约$0.8m^3/s$。下一步进行门后堵排方案。

4. 半圆管集水措施　2号导流底孔闸门侧边漏水，采用ϕ1140mm半圆管截水。将半圆管焊接在门槽两侧，形成密闭空间，使门槽渗水汇集到底部。使用PC220长臂挖机安装半圆管，因门后漏水压力太大，半圆管无法加固牢固，本方案未成功。

5. 竖井台车截水法　上述大部分方案失利后，采用竖井台车截水方案，取得了成功。

（三）竖井台车截水法的工作原理

堵水台车采用 ϕ48mm 钢管支架组成车身，迎水面 8mm 厚钢板作为台车的挡水集水设施，再辅以集水坑、排水钢管等，共同构成台车截水系统。其工作原理如下。

（1）在渗水点下游设截水墙，同时在截水墙上游和渗水点之间形成集水坑。

（2）由竖井台车制作挡水罩，将挡水罩推至渗水点并覆盖其上，控制泄水范围，形成干地施工条件。因渗水点在封堵闸门后，闸门侧上方，故用 L 形挡水罩可挡住渗水。

（3）渗水水流通过截水墙施工时预留的排水系统，从钢管排出。

（4）在挡水罩后浇筑混凝土进行封堵，混凝土满足强度要求后，排水钢管闭水。

本方案装置结构简单、成本低、操作便捷、效果好，且符合施工规范和设计要求。

（四）竖井台车截水法施工过程

1. 截水墙施工　为使多卡模板上游面加固牢靠，采用满堂钢管支架加固。支架长 7m、宽 6m、高 4.5m，用反铲将其就位，使其前端紧贴闸门，多卡模板（下部留 10 个 ϕ219mm 孔）背靠支架后端并加固牢靠。将 10 根带阀门 ϕ219mm 钢管穿入多卡模板开孔处，并接至下游侧。截水墙下游立 P3015 模板，用［14 槽钢加固。截水墙混凝土用麻袋装料进行浇筑。

2. 竖井台车安装　安装台车前先施工截水墙混凝土，作为台车安装平台。制作竖井台车支架，作为台车轨道支撑。台车制作完成后用反铲推至已浇截水墙前，对应上部顶板钢衬处焊接吊耳，用手拉葫芦将其提高，再用反铲将台车支架推至台车下部。4 根 ϕ219mm 钢管作为台车轨道。安设轨道后将台车落至轨面，由长臂反铲配合手拉葫芦将台车推至闸门背后加固。底孔闸门侧面漏水处由竖井挡水并排至临时集水坑内。

3. 排水钢管安装　导流底孔临时封堵段伸出的 10 根 ϕ219mm 排水钢管接引延长至下游，在每根钢管上安装 2～3 道阀门，用于闭水。钢管采用焊接法兰盘螺丝紧固方法连接。下一步进行封堵段混凝土施工。

4. 封堵段混凝土施工　临时集水坑用 ϕ108mm 钢管现场制作上部模板支撑，将 4.4m 长 ϕ108mm 钢管按 0.5m×0.5m 间距安装，用 ϕ48mm 钢管连接加固。ϕ108mm 钢管上部安装丝杆，由丝杆调节找平后铺设槽钢，将 P3015 模板平铺在槽钢上部。竖井台车周边及下游侧安装 P3015 模板，竖井顶部采用钢板封堵，顶部混凝土采用预埋 3 根泵管浇筑，3 根泵管紧贴底孔顶部布置，采用［14 槽钢加固，泵管浇筑顺序为由上游至下游。

5. 排水钢管闭水　由于受上游水头高、水压大影响，造成集水坑及集水井内部水压过大，无法进行集水坑及集水井回填作业，采用直接闭水作业。

导流底孔封堵混凝土完成，且顶部回填灌浆、边墙和顶部接触灌浆完成后，10 根 ϕ219mm 排水管进行闭水，10 人同时关闭 10 根 ϕ219mm 排水管阀门。至此渗水封堵施工完成。

（中国电建集团华东勘测设计研究院有限公司
龚欢　张强）

NQJD 水电站工程施工支洞衬砌施工技术

NQJD 水电站导流隧洞设 2 条施工支洞，断面均为 8.0m×6.5m。1 号支洞长 395.42m（含预留段 40m），位于导流隧洞前部和右岸上游 1 号桥附近，用于导流隧洞上层洞身施工。2 号支洞长 337.35m（含预留段 40m），位于导流隧洞出口洞段和右岸下游 10 号路尽头，用于导流隧洞下层洞身施工。支洞 V 类围岩进行衬砌，衬砌厚 60cm，浇筑 C20 钢筋混凝土。

（一）施工支洞衬砌施工方案

1. 施工准备　在洞身二衬施工前，测量检查洞身初支断面净空。同时提前对侵陷部分进行处理，处理后进行复测。施工前还做好下列准备工作：洞身未衬砌段围岩监控量测；确保无欠挖，如有欠挖须进行处理；混凝土配合比满足要求，已备足合格的二衬原材料；机械和作业人员已就位，具备二次衬砌施工条件；已有二次衬砌施工安全、质量保证措施。

2. 施工程序　主要程序：基岩面清理→测量放线→钢筋安装→钢模台车就位→模板固定和调整→测量检测→堵头模板和止水带安装→混凝土浇筑→混凝土待强→台车拆除、前移→混凝土养护。

3. 钢筋制作安装　洞外用钢板制作钢筋定形弧度卡，将钢筋弯制成形，再运至洞内按要求安装。严控主筋、分布筋间距及数量。内层钢筋安装由测量人员定出内层钢筋的净空控制点，控制点分别设在已安装好的外层钢筋上，分段形成准确钢筋骨架。安装时注意钢筋内外层间距，确保保护层厚度，保护层垫块每平方米不少于 4 块。定位筋绑扎牢固。

钢筋连接完后检查是否符合规范要求。钢筋锚固长度为 40d，钢筋焊接长度为 10d。施工时注意安装的接头百分率不得超过规范规定要求，对已合格的接头做好标记。

4. 台车就位　就位前，检查台车各部件和拼装后结构净空尺寸，检查台车底部钢轨是否符合要求，打磨模板使其表面平整、光洁，模板均匀涂刷脱模剂。按放线位置移动6m钢模台车就位，并检查其位置、方向、标高、坡度、稳定性等。混凝土浇筑前，安设好保护层垫块。钢筋安装不能侵入净空。符合要求后，安装止水带等预埋件。

5. 安设模板　衬砌标准段采用6m整体式钢模台车作内模，交叉段采用人工拼装钢模板。挡头模板用木板和方木在现场对位拼装。模板台车在洞外拼装，用钢轨铺道行至洞内。

每施工一循环拱墙二衬混凝土，测量放样起始里程、中线、水平及两端头法线。施工人员按放样线将模板台车就位及安装挡头模板。就位前对模板台车除锈清洗，涂刷脱模剂。

6. 混凝土施工　混凝土原材料经检测合格后方可使用，并按审批合格的试验配合比计量投料。混凝土搅拌时间不小于3min，搅拌时间也不宜过长。

用混凝土搅拌运输车运输混凝土。在运输中同时拌制混凝土时，从加水后算起，至全部卸出所经过的时间，不宜大于90min。

浇筑前模板如有缝隙用水泥砂浆填塞封严。混凝土输送泵先泵送砂浆加以润湿。混凝土投料口至浇筑面高度不得大于2m。浇筑时两侧交替进行，台车前后混凝土高差不超过0.6m，左右高差不超过0.5m，严禁单侧一次浇筑1m以上。混凝土运输、浇筑及间歇时间不超过混凝土的初凝时间，浇筑要连续，并在底层混凝土初凝前将上一层混凝土浇筑完毕。

若底层混凝土初凝，再浇筑时按施工缝处理。在前接缝面上，埋入接茬钢筋，钢筋露出混凝土外一半。凿除接缝面上砂浆，和松动石子或混凝土层，用压力水冲洗干净。灌注前浇筑面先铺厚10～20mm，水胶比1∶2砂浆，或铺　层厚30cm混凝土（按新灌注混凝土配合比减少10%粗骨料计）后，接着灌注新一层混凝土。施工接缝处的混凝土加强振捣。

施工缝处理后，需待处理层达1.2MPa后才能继续浇筑混凝土。结构为钢筋混凝土时，处理层混凝土强度不得低于2.5MPa。

浇筑现场做坍落度试验（达160～200mm），并留置同条件养护试件2组，标养试件2组。

混凝土采用附着式结合插入式捣固棒振捣，振捣器垂直或略有倾斜插入混凝土。捣固器移动间距不超过捣固器作用半径1.5倍（50cm），与侧模保持5～10cm，插入下层混凝土5～10cm。振捣时不得触碰到预埋件。

昼夜气温连续3天低于5℃或最低气温低于－3℃时，采取冬季施工措施；昼夜平均气温高于30℃时，采取夏季施工措施。

混凝土强度达8MPa后可脱模，脱模时混凝土表面及棱角不能受损。及时保湿养护混凝土，洞身养护不少于7天，已贯通洞身二衬养护不少于14天，洒水次数以混凝土表面保持湿润状态为度。平均气温低于5℃时不得浇水。

（二）重难点分析及采取的技术措施

（1）衬砌厚度为60cm，且内部布置有双层钢筋网，振捣困难。在原设计振捣窗口的基础上，钢模台车周边增加10个附着式振捣器，确保混凝土振捣质量满足规范要求。

（2）交叉段跨度较大，钢筋绑扎及模板施工难度大。现场钢筋加工制作时先按一定比例做出模型，再按此比例放大进行钢筋制作工艺，确保满足交叉段施工。在钢模台车顶部采用木模板进行立模，确保交叉段弧形满足规范要求。

（中国安能集团第三工程局有限公司
郭浩　刘德平）

老挝南屯1水电站大坝溢洪道超大弧门安装技术

老挝南屯1水电站为碾压混凝土重力坝，坝高187m，坝顶宽8m，溢洪道布置在大坝14～20号坝段，孔口尺寸17.3m×20m（$W\times H$），6孔露顶式表孔弧形闸门沿大坝轴线呈曲面布置，支铰中心线高程182m，弧门半径19.94m，弧门由支铰座、弧形门槽、门叶、支臂、铰链、附件及液压启闭机等组成，其中门叶为七片横向结构，支臂由左右两片的上下支臂、"裤衩"组成，上、下支臂之间以及支臂与门叶之间由竖向支撑焊接而成。单孔弧门总重333.8t，最大单件吊装重量54.726t。弧门采用双吊点和斜支臂操作方式，动水启闭，可局开。由于弧门重量和结构尺寸超大，大坝未布置缆机，而坝顶宽度又无法布置大型吊车进行吊装。为确保工期目标，在现场条件受限环境下，研究采用了"贝雷梁＋门机"吊装技术，实现了多孔超大型弧门快速安装。为电站防洪度汛及投产发电目标提供了保障。

（一）施工布置

在14～20号坝段下游侧，布置土建施工的3台施工塔机（30/16t），溢洪道弧门埋件可利用其吊装。运输卸车吊装点在大坝18号坝段下游侧EL170高程。在1～6号坝段顺大坝轴线方向，布置一跨度约21m的6跨贝雷梁。贝雷梁为双梁结构，上、下游方向净跨分别为17.5、17.3m，悬挑段6.5m。贝雷梁上布置一台65t－20t电动双梁门式起重机，用于弧门及液压设备吊装，兼顾检修叠梁门、坝顶门机梁吊装。卸车吊装点为20号坝段1号孔设置在贝雷桥上。液压启闭机大型配件利用130t汽车吊吊装就位。

（二）弧门安装难点

①施工干扰大。电站所处地区全年高温多雨，极端高温45℃，雨季长达6个月，最大降水量440～520mm，有效施工时间较短。受工期及设备到货滞后影响，弧门安装与闸墩、大坝施工存在多方位交叉作业，干扰极大。②吊装难度大。最大单件吊重54.726t，尺寸17.22m×3.44m×3.14m。坝顶仅宽8m，闸门运输、拼装与吊装难度较大，安全要求高，属于超大型弧门。③精度要求高。深孔弧形工作门承力巨大，铰座及门叶安装精度要求高，安装质量验收执行欧美标准，精度要求高。

（三）弧门安装

(1) 埋件安装。底槛、弧门侧轨、支铰座锚栓架等埋件的安装高程、里程、水平度应调整到规范要求的范围，检查无误后加固，验收合格后浇筑二期混凝土。

(2) 支铰座安装。固定铰与底座用塔吊吊装就位，底座板控制点与支墩上控制点对齐，将底座板螺杆与一期锚筋点焊初连，调整固定铰使钢弦线处于固定铰轴孔中心，同时控制轴孔倾斜度，检查无误后，将底座板螺杆与一期锚筋焊接牢固，再次检查固定铰同心度，无误后拧紧固定铰螺栓。复测无误后浇筑支铰底座二期混凝土。二期混凝土凝固后，利用导链葫芦吊装活动铰将其就位，在轴孔内壁涂抹润滑油，吊装铰轴穿轴、连接固定，支铰座安装完成。

(3) 弧门安装。①支铰座锚栓架二期混凝土待强后，用坝顶塔机进行固定铰座的挂装，挂装到位后调整铰座同心度，符合要求后紧固螺栓。②将下支臂、活动铰座及“裤衩”在后方拼装场拼装成整体，在铰座穿轴工作完成后，使用65t门机将下支臂临时支承在已安装好的支臂支承托架上。③吊装下节门叶，调整门叶位置，比设计高程高约50mm进行临时固定。测量门叶左右间隙及门体下侧间隙，间隙应均匀，同时测量门叶左右上下四点的曲率半径满足规范要求，临时点焊固定支臂与下节门叶。同上吊装上部四节门叶。

(4) 弧门焊接。按照先支臂后门叶的顺序进行手工电弧焊焊接，门叶焊接按“边柱腹板、对接缝→隔板与主梁腹贴角缝及面板贴角缝→面板及其他对接缝”的顺序进行。采用E5015低氢钠型焊条。所有焊缝均进行外观检查；一、二类焊缝需进行无损探伤检验；不允许的焊缝缺陷应进行返修处理并进行探伤检查。

(5) 附件安装及防腐。侧轮在门叶吊装前安装完成，水封则在启闭机安装后将门提高安装。闸门、支臂等构件组焊处及运输损坏部位应防腐，防腐时表面预处理采用手工砂轮碗形刷除锈，并按施工图要求进行涂装。

(6) 弧门启闭试验。弧门安装完成后应进行启闭试验。

（中国水利水电第三工程局有限公司
周若愚 苟美春）

基 础 处 理

丰宁抽水蓄能电站发电设备基础二期混凝土回填灌注技术

河北丰宁抽水蓄能电站位于河北省丰宁满族自治县境内，电站由上水库、水道系统、地下厂房系统、蓄能专用下水库及拦沙库等建筑物组成，规划装机容量360万kW，为一等大（1）型工程。工程分两期建设，一期装机容量180万kW，安装6台单机容量30万kW可逆式水泵水轮机组；二期装机容量180万kW，安装4台单机容量30万kW定速水泵水轮机一发电电动机组和2台单机容量30万kW变速水泵水轮机一发电电动机组。电站建成后，在京津唐电网系统中承担调峰、调频、调相和事故备用任务。

二期电站机组机墩下部有8个下基架基础和8个定子基础，机墩上部有8个上机架基础，均为预留二期坑洞，待机组相应部位安装后采用高强无收缩水泥基灌浆材料对上机架基础、下机架基础、定子基础二期坑洞进行回填灌注和设备螺栓固定，以满足机组高精度、高质量安装要求。该电站地下厂房发电机组设备基础采用高强无收缩水泥基灌浆料进行回填和设备螺栓固定，总结形成了标准施工工艺。

（一）灌浆料性能

高强无收缩水泥基灌浆材料是以水泥为基材，适量加入天然高强度骨料、混凝土外加剂等组成的干混粉粒状袋装材料，加水拌和后具有高流动度、早强、高强、微膨胀等特性，广泛用于设备基础的二次灌浆、钢结构柱基础灌浆、轨道基础等小缝隙黏结灌浆。材料性能指标符合相关规范要求，并具有：①高自流性。现场加水搅拌即可，不需振捣便可自动填充灌注空隙；不泌水、不分层。②早强高强。24h强度最高可达50MPa以上。③微膨胀性和黏结强度高。具有微膨胀性能，无收缩，可确保地脚螺栓、设备与基础以及新老混凝土间牢固结合。④抗腐蚀性。早强型灌浆料抗侵蚀，耐冲刷，具有良好的抗硫酸盐和抗污水侵蚀性能，有较强的抗冲刷性。⑤抗油渗性。在机油中浸泡30天后其强度可以提高10%以上。⑥耐久性。属无机灌浆材料，不老化，对钢筋无锈蚀。

（二）工艺流程

电站二期7～12号机组设备基础水泥基灌浆料施工工艺流程为：施工准备→基础面与设备基座清理→灌浆接触面湿润→安装模板→联合验收→水泥基灌浆料搅拌运输→入仓灌浆→拆模清理→洒水养护→质量验收。

（三）关键技术

一个独立灌浆区域（单独的基础坑洞）的灌浆作业应连续。灌浆料为专业工厂成品掺合料，现场按照配合比加水搅拌，首选砂浆搅拌机搅拌，条件不具备时也可使用手提式搅拌机人工搅拌，但应搅拌充分均匀。

(1) 灌浆料搅拌。二期机组水泥基灌浆料为Ⅳ类灌浆料，厂家提供质量配合比为1∶10（水∶料），搅拌用水水温控制在15～30℃之间。灌浆料、水的计量误差应小于1%。搅拌时先将灌浆料倒入搅拌机内搅拌，然后加水搅拌。从加水完毕计，搅拌时间不得少于3min。因灌浆料初凝时间较短，每次搅拌的灌浆料不宜太多，灌浆料应在30min内灌入基础坑洞。初凝的灌浆料不得使用。

(2) 入仓灌注方法。在需灌注的机组定子及下机架基础面（坑洞）上部安装自制漏斗（200L铁皮桶加工），并安装下料管进行灌注。用20L水桶（10～20个）运输搅拌好的灌浆料，始终由一边或相邻两边灌注，通过竹条或钢筋进行导流，直至四周开始溢出为止。灌注到坑洞内的灌浆料应紧密包裹机组设备埋件，灌注密实度，中间部位不产生气泡。上机架及上部外圈灌注时，可使用运输桶直接灌注灌浆料，应始终由一边灌注，直到四周溢出与外部基础面齐平。

(3) 养护及拆模。灌注结束2～5h开始用塑料布（棉被）进行覆盖，24h后洒水养护，养护应充分保水保湿，养护时间7天。灌注结束24h内禁止周边其他工序安装施工，免受振动。灌浆结束后48h进行拆模。

(4) 验收。验收时应进行水泥基灌浆料材质资料复核、外观质量评定、施工过程资料查验，还应提供第三方试验室留取的标准养护试块抗压强度数据。

（四）工程质量

水泥基灌浆料灌注中，搅拌出机口平均温度12～18℃，平均入仓温度12℃。灌注施工过程规范，体型尺寸平整、顺直，未发现漏筋、麻面、蜂窝狗洞等质量缺陷，未出现深层及贯穿裂缝，未出现碰损掉角和表面裂缝。强度、安定性等性能指标符合规范对应指标要求。施工质量满足设计及规范要求。

（中国水利水电第三工程局有限公司 张兵）

梅州抽水蓄能电站地下厂房 F_{60}断层处理措施

梅州抽蓄电站地下厂房洞室群在输水发电系统为中部式，包括主厂房、副厂房、主变压器洞、母线洞、高压电缆洞和电缆竖井、进厂交通洞、通风系统、地下厂房防渗排水系统。

（一）F_{60}断层地质概况

地下厂房开挖完成后，揭露岩性为花岗岩，大多为Ⅱ类，其中三大洞室（副厂房、主变压器洞、尾闸室）及排水廊道部位南端均有F_{60}断层。F_{60}断层规模较大，宽度大，破碎，透水性强，围岩为Ⅳ类。F_{60}断层与引水隧洞通过断层F_{41}、$Y_{\delta f5}$、$Y_{\delta f4}$连通。上、下水库蓄水后，输水发电系统所在山体地下水上升。若电站发电后，引水隧洞发生内水外渗，输水系统高压渗水及地下水可能通过断层、岩脉经F_{60}断层渗入三大洞室，使地下洞群渗水量增大，围岩稳定存在隐患，对厂房运行造成较大影响，为此需对F_{60}断层进行处理。

（二）F_{60}断层处理

厂房三大洞室原设计了防渗排水系统，即在平面上布置3条环形连通廊道，立面上厂房上游布置上、中、下三层廊道，尾闸室下游布置上、中、下三层廊道，每层高程与上游相对应高程相同。每层廊道里布置帷幕灌浆和排水孔，达到防渗和降低外水目的。鉴于F_{60}断层在地下厂房可能出现渗水，故在原设计防渗排水基础上予以加强。方案如下。

根据F_{60}断层平面分布，将其分三段：F_{60}①、F_{60}②、F_{60}③。上下水库距离地下厂房较远，水力梯度分别为0.69、0.11，其值较小，对地下厂房影响不大，另外，引水和尾水隧洞内水外渗后，水流可能

沿地下厂房 F_{60} 断层渗入。经方案比较，F_{60}①按原设计不做加强处理，F_{60}②、F_{60}③采取“堵排结合，以排为主”方案。即 F_{60}②通过厂房上游侧廊道进行帷幕灌浆及排水，和引水支管顶部的排水廊道进行帷幕灌浆，F_{60}③通过尾闸室下游侧廊道进行帷幕灌浆及排水，提高围岩整体性，降低 F_{60} 断层及影响带渗透系数。处理方法如下。

1. F_{60}①部位的设计　副厂房和主变压器洞顶拱在 F_{60}①及影响带处围岩为Ⅵ类，喷厚 50mm 厚 CF30 钢纤维混凝土，挂 $\phi 8$ 钢筋网，网喷厚 150mm C25 混凝土，锚杆 $\phi 28$@1.2m×1.2m，单根长 L=7m/9m，F_{60} 断层下盘外 2m 范围内系统锚杆两排 YE32-6 涨壳式预应力中空锚杆，单根长 L=9m，预应力 100kN，入岩角度偏向 F_{60}①5°。根据揭露 F_{60}①及影响带滴渗水情况，在顶拱布置排水孔，排距 4.8m，每排环向设 D76mm 排水孔，L=5m，间距 4.5m，通过排水塑料盲沟连通排水至排水沟。尾闸室在 F_{60} 断层范围内以岩壁梁为界，岩壁梁以上顶拱挂网 $\phi 8$@0.2m×0.2m，设钢拱架 I20，间距 0.8m，喷 30cm 厚混凝土封闭。岩壁梁以下刻槽设厚 1m 附壁墙封闭。尾闸室顶拱、上游侧、下游侧设 D76mm 排水孔，深 3m，排距 4.5m，间距 3m，孔内均填塞排水盲管，上、下游两侧排水孔均上倾 15°。

2. 厂房上游侧 F_{60}②的处理　根据平面上 F_{60}②走向，其下游端与厂房上游侧上、中层廊道相交。立面上 F_{60}②贯穿上、中层廊道，故对其相交处及其影响段设灌浆孔和排水孔。在上、中层廊道底板及上层廊道顶拱设 2 排 11 个灌浆孔，排距 1.4m，孔距 1.5m，孔深 30m（顶拱除外，顶拱穿过 F_{60} 断层 3m），孔偏上游侧 10°。靠厂房侧一排为Ⅰ序孔，灌浆压力 1～1.5MPa，Ⅱ序孔灌浆压力 2～3MPa。灌浆完成后，在厂房上游上、中、下三层排水廊道内上游侧墙 F_{60} 断层出露及影响段增加排水孔，与原设计排水孔等距间隔布置。上游侧墙设 11 个加强排水仰孔，上仰 30°，孔距 2m，孔长 30m，孔径 D110mm；底板垂直排水孔孔径 D110mm，深度分别为上层与中层、中层与下层间的排水孔通至廊道顶拱，下层排水孔深 10m。上层排水廊道顶拱布置 7 个加强排水仰孔，孔距 2m，孔长 30m，孔径 D110mm。以上所有仰孔内塞 D100mm 排水盲管，排水孔孔口通过 PVC 管引至廊道底板的排水沟。此外，根据平面上 F_{60}②走向，其右侧为输水系统的引水岔管和支管，可能因内水外渗，使厂房上游积水增多。故对 F_{60}②引水岔管和支管侧进行加强处理，在引水支管顶部排水廊道端部向 F_{60}②方向发散性设 5 个灌浆孔，孔间隔夹角 15°～22°，孔深超过 F_{60} 断层 3m，深约 79～124m，灌浆压力 4～6MPa，距离孔底 15m 范围进行帷幕灌浆。

3. 尾闸室下游侧 F_{60}③处理　在平面上，F_{60}③与尾闸室下游侧中层排水廊道相交，相交角度约 77°，同时 F_{60}③在 1 号尾水支洞侧墙出露。对尾闸室下游侧 F_{60}③与尾闸室下游侧中层排水廊道相交处顶拱、底板，分别设 2 排帷幕灌浆孔，排距 1.4m，孔距 1.5m，共 11 孔，孔径 D76mm。顶拱部位孔向竖直向上，孔深穿过 F_{60}③3m；底板孔深 10m，孔向向下游侧偏 15°，与 1 号尾水支洞钢衬始端帷幕搭接长度不小于 3m，形成相对封闭的阻水帷幕。帷幕灌浆完成后，在 F_{60}③与尾闸室下游侧中层排水廊道相交处的廊道底板上游侧布置 1 排 5 个排水孔，孔距 2m，孔长 10m，孔偏向上游侧 15°，孔口距第一排帷幕灌浆 1m。

（三）F_{60} 断层处理效果

自 2020 年 4 月开始，该抽水蓄能电站相继进行上水库、下水库蓄水，输水系统充排水试验，机组有水调试，投产发电等工作。通过机组正常运行期间对 F_{60} 断层部位的监测和检查，F_{60} 断层在地下厂房部位的渗水量约为 0.01～0.02L/min，渗水量较小。说明对 F_{60} 断层加强处理的措施非常有效，保证了厂房的安全运行。

（中国电建集团中南勘测设计研究院有限公司
孙云峰　孙恺　龚雪燕）

洪水河水库砂质泥岩地质条件下固结灌浆抬动控制技术

洪水河水库位于甘肃省酒泉市肃州区洪水河干流上，水库总库容 4910 万 m^3，兴利库容 3510 万 m^3，属三等中型工程。工程主要包括挡水大坝、泄洪建筑物和输水系统。挡水大坝沥青混凝土心墙砂砾石坝，最大坝高 82.4m，坝长 571.35m，最大坝高断面心墙基座基础面高程 1883.00。

大坝基岩为新近系上新统疏勒河组砂质泥岩、砾岩、砂岩，具有岩体胶结不均一、岩体软弱、透水性差、砂质泥岩与砾岩呈互层状、厚度及夹层分布不规律、遇水膨胀软化的特点，需固结灌浆进行加固。为验证和确定坝基固结灌浆设计方案、灌浆施工工艺、技术控制参数的合理性，应选择有代表性的地段进行固结灌浆生产性试验。由于大坝坝址区河床段、左右岸地质条件基本相当，结合工程施工形象进度，固结灌浆试验段选择在位于河床段大坝心墙基座（桩号：坝横 0+575.94～0+648.54）区段。

在生产性灌浆试验中，由于灌浆参数设计不合理，导致抬动异常，后经不断优化调整改进，最终得出在砂质泥岩地质条件下的灌浆参数。

（一）施工工艺

固结灌浆分Ⅰ、Ⅱ序进行，采用自上而下、孔内循环方式，灌浆孔孔位布设为3排，上游排与中间排间距2m，中间排与下游排间距2.6m，孔距3m，入岩深度5m；坝基齿槽、溢洪道等部位固结灌浆在混凝土达到设计强度后施工，灌前及灌后物探测试孔均应进行压水试验，压水试验方法采用“单点法”。

（二）灌浆材料及浆液配比

灌浆水泥采用P.O.42.5普通硅酸盐水泥，设计灌浆水灰比为3∶1、2∶1、1∶1、0.5∶1四个比级，经过试验段灌浆情况总结验证，最终水灰比采用1∶1、0.5∶1两个比级。

（三）灌浆压力

设计灌浆压力：灌浆压力按照0.5MPa控制；根据现场实际情况以及试验成果资料分析，最终确定灌浆压力为：Ⅰ序孔压力为0.3MPa，Ⅱ序孔压力为0.4MPa，并且在灌浆过程中将浆液流量控制在30L/min以内，防止流速过快导致泥岩崩解，引起抬动。

（四）质量检查

固结灌浆质量检查以灌注前后声波检测对比以及检查孔压水试验为准。从结果来看：①灌注前后声波检测对比。灌后与灌前相比岩体平均波速均提高10%以上，通过固结灌浆提高了岩体的完整性，固结效果明显。②灌注后压水试验成果。压水试验透水率均小于5Lu，符合设计要求。

（五）结语

洪水河水库沥青混凝土心墙堆石坝砂质泥岩、砾岩、砂岩互层基础，通过灌浆试验不断优化灌浆工艺、灌浆参数，控制灌浆压力，防止了心墙基座的异常抬动，保证了灌浆质量。

（中国水利水电第四工程局有限公司　连乐乐）

弄利措水库工程超深防渗墙施工技术

西藏昌都弄利措水库工程由拦河坝、开敞式溢洪道、放空洞兼输水管等主要建筑物组成。沥青混凝土心墙砂砾石坝坝顶高程4470.00m，最大坝高39.30m，覆盖层坝基采用C30混凝土防渗墙形式。防渗墙最大深度82.84m，墙厚0.80m，总长690.38m，分为101个槽段，单个槽段宽6.8m。防渗墙顶部嵌入混凝土基础梁0.5m，顶部连接处设置1道铜片止水，防渗墙下部深入岩石强风化相对不透水层3.0m，以$q<10$Lu控制。

工程位于接近4500m的高海拔寒冷地区，施工难度大，超深防渗墙地质条件复杂，需多种设备配合，工序繁杂，控制点较多。施工中对设备选型、设备配合、材料选择和工艺设计等方面因素，以及不良地质和特殊情况进行了综合研究，顺利完成工程建设。

（一）主要技术创新点

（1）高海拔地区超深防渗墙设备选型及参数配置。工程所处4470.00m高海拔地区，施工条件恶劣，低温、低气压、低氧量对设备人员作业状态均有一定影响，在设备选型和设置上要对设备参数进行详细调查，作相关性分析，寻求最优配置解。针对设备降效选用高性能设备，一是选择配置的设备工况要良好，尽可能选择性能优良、口碑良好的设备。二是尽量选用成套设备，配置够一定周期的备品备件，以降低更换配件影响时间。三是设备运行过程中勤保养，及时维修，确保设备的出勤率。

（2）高海拔地区超深防渗墙多机联合成槽技术。防渗墙最大深度82.84m，厚0.80m，下部深入强风化相对不透水层3.0m，以$q<10$Lu控制。施工采用XR460旋挖、SG90抓斗覆盖层成槽，ZZ-6A冲击钻基岩成槽方式，各种设备紧密衔接配合，充分将各设备工效发挥到最大，在最短的时间内完成成槽施工，既加快施工进度，又降低塌孔风险，还可以节约成本。覆盖层防渗墙施工采用成槽机抓斗及旋挖相互配合的方式进行，即“三钻两抓法”，先采用旋挖钻机进行直径为80cm钻头钻进主孔，每单幅槽段3个主孔，再用抓斗挖掘两主孔中间的副孔，副孔挖掘采用80cm厚度斗体；基岩段施工采用冲击钻造孔，“钻劈法”施工。在超高海拔地区，挖槽过程中，抓斗入槽、出槽应慢速、稳当，根据成槽机仪表显示的垂直度及时纠偏。

（3）超深防渗墙接头管法施工接头孔技术。一般防渗墙接头孔施工采用钻凿法施工，但对于82.84m超深防渗墙接头孔施工来说，施工时段时间长，孔斜不易控制，且混凝土损耗量较大。本课题采用接头管法进行82.84m超深接头孔施工，对于超深防渗墙可以节约接头孔施工时间，更能保证墙体搭接质量，且节约混凝土量。

（4）高海拔地区超深防渗墙气举反循环清孔技术。防渗墙施工清孔方式一般为捞渣或者正循环清孔，但对于4470m高海拔地区且防渗墙最大深度达82.84m，清孔压力及工作量均要求较高，为加快清孔时间，保证清孔沉渣厚度，采用效率更高的气举反循环清孔，利用气体将沉渣从孔内吹出，经过泥浆净化机过滤净化出泥浆内的砂，净化后的泥浆返回槽内。

（二）经济效益及社会效益

①经济效益。通过研究，降低了槽孔误差，节约了成槽钻孔清渣量和混凝土超填量。根据现场测算，对照课题开展前后效果，减少成槽清渣量和混凝土超填量均从 0.37m^3/m^2减少至 0.18m^3/m^2，平均减少 0.19m^3/m^2，按照成槽单价 1850 元/m^3 和混凝土单价 756 元/m^3计算，平均单位平方米工程量节约成本 495 元/m^2。该课题实施后共完成 18750m^2 防渗墙施工，则该工程应用本课题成果后共产生经济效益约 928.12 万元。②社会效益。该研究在西藏弄利措水库工程建设中起到了较好推动效果和应用效果，槽孔误差、孔斜率、清孔效果等指标均达到了预期效果，单元工程优良率达到 96%，施工进度通过课题研究在超高海拔地区成槽达到了 2500m^2 月高峰强度的记录，得到了参建各方、昌都市水利局和水利部稽查组的一致认可，也为项目建设创造了良好的社会效益。

（中国水利水电第十工程局有限公司　李宗宗）

大吨位预应力锚索施工技术在旬阳水电站工程中的应用

陕西汉江旬阳水电站大坝闸墩预应力锚索共布置 412 束，其中主锚索 216 束 4500kN，196 束次锚索 3400KN。主锚索沿弧门推力方向呈扇形辐射状布置，次锚索呈水平状垂直于墩头方向布置，均为直线锚束。

工程预应力锚索数量大、锚索长度长、布置形式复杂，存在采用预埋管法精度要求高、预埋管与混凝土交叉作业干扰，以及传统方法施工预应力锚索，进度慢且费人工等问题。通过研究，设计新型“闸墩预应力锚索施工方法”成为关键。该电站大坝闸墩预应力锚索的实施，成功解决了大吨位对穿锚索张拉施工问题，提高了工程整体施工进度，保证了节点工期，为后续弧门提升提供良好工作环境。

（一）研究思路

采用锚垫板前加装钢垫板，用于增大预应力锚索张拉受力面，固定端锚具采用结构紧凑的“PT”形锚具，采用由中心向四周对称、跳束、分级同步张拉。

（二）施工程序

测量定位→预埋件安装→闸墩混凝土浇筑→锚索制作→清除孔道杂物→次锚索下索→两端锚具安装→次锚索张拉锁定→补偿张拉锁定→灌浆→二期混凝土浇筑→主锚索张拉→灌浆。

（三）预应力锚索施工

(1) 钢垫板、锚垫板、钢套管预埋定位。在闸墩混凝土浇筑至锚索设计高程时，进行张拉端钢垫板、锚垫板、螺旋筋及钢套管的预埋安装。安装时测量定位，钢垫板和锚垫板采用机械连接，并根据仓位浇筑厚度安装钢套管（DN150）并稳定支撑。钢套管端部应盖好，防止杂物进入。安装的锚垫板、螺旋筋及钢套管应在同一中心线上，锚垫板与预埋管中心偏差不得大于 0.5mm；锚垫板与套管正交误差不得超过 0.5°。锚垫板中心、预埋管中心与设计坐标点偏差不得大于 2mm。

(2) 锚索制作及安装。①锚索制作。下料长度应考虑到工作锚板、限位板、工具锚板的厚度以及千斤顶长度要求并留有余度。下料采用砂轮机切割，切口整齐无散头。编索前应编号，编索应在专用工作台上进行，将钢绞线按对应孔位穿入隔离支架和 PT 工作锚中，逐根对固定端钢绞线进行挤压套挤压，完成后将隔离支架按 1.5m/个平均放置，用无锌扎丝固定。相邻隔离架之间钢绞线应顺直，不交叉。钢绞线应一端对齐，排列平顺，不得扭结，绑扎牢固，绑扎间距为 2m。锚索制成后检验合格后签发合格证，编号并挂标示牌（生产日期、使用部位、孔号）。②锚索安装。锚索安装以机械为主人工辅助，主、次锚索就位曲率半径分别不小于 5m、3m，穿索中不得损害锚索结构。锚索安装前应检查孔道通畅情况。通孔检查、灌浆管路疏通及装束前的锚束检查均做记录，验收签证。锚索安装完毕后，应对外露钢绞线临时防护，防止雨水或杂物进入预埋管端。

(3) 锚索张拉。锚索张拉应在闸墩和锚块混凝土达到设计强度后进行，先张拉水平次锚束后张拉主锚束。主锚束采用一端张拉另一端固定，张拉端设在上游闸墩张拉预留槽内，固定端设在下游混凝土锚块位置；次锚束采用锚块一侧侧面张拉另一端固定。张拉顺序由中心向四周对称、跳束、分级同步张拉。张拉前应先对锚束单根预紧（荷载为 $0.2\sigma_{con}$），完毕安装限位板、工具锚和工具夹片。锚索张拉力应分级施加，逐级增至超张拉荷载，持荷 10min 锁定。加载及卸载应缓慢平稳，加、卸载速率每分钟分别不宜超过 $0.1\sigma_{con}$、$0.2\sigma_{con}$。锚索锁定后夹片错牙不应大于 2mm；当锚索预应力损失超过超张拉力的 10%时应补偿张拉。

(4) 锚索灌浆。预应力锚索张拉完毕验收后应及时进行管道灌浆，灌浆宜在锚索张拉完毕后 3 天内进行。灌浆采用强度等级 42.5 普通硅酸盐水泥，水灰比不大于 0.4，浆液中应掺入减水剂。灌浆前应对孔道进行清洁处理，制浆采用高速搅拌机制浆集中供浆。主锚索灌浆过程中采取屏浆和一次连续灌浆加速水泥浆液的泌水过程，要求从上游闸墩张拉预留槽处进浆，待下游锚固端出浆浓度与进浆浓度一致时，方可进行屏浆，屏浆压力 0.3MPa；屏浆 30min 后打开放浆孔口，放浆 5min 后进行第二次屏浆。第二次屏浆 20min，再打开放浆管放浆，5min 后封闭进浆和放浆孔口，灌浆完毕。次锚索可从任一端往另一端灌浆，其他灌浆要求与主锚索灌浆施工要求相同。管道灌浆要确保饱满密实，应逐孔检查并做记录，灌浆结束 24h 后如发现孔道浆体不饱满应采取必要措施进行补充灌浆。灌浆压力（指锚索进浆口部位）为 0.5～1.0MPa。

（中国水利水电第三工程局有限公司　曹六八）

尼雅水利枢纽工程高硫酸盐环境灌浆施工技术

尼雅水利枢纽工程是新疆维吾尔自治区民丰县尼雅河上以灌溉、防洪为主兼顾发电的综合控制性枢纽工程，由拦河坝、左岸表孔溢洪洞、右岸导流泄洪冲沙洞、发电引水系统等组成，大坝为碾压式沥青混凝土心墙坝，最大坝高 131.8m。

尼雅水利枢纽工程地下环境水矿化度高，SO_4^{2-} 含量大于 6000mg/L，Cl^- 含量大于 5000mg/L，SO_4^{2-} 及 Cl^- 总含量大于 11000mg/L，地下环境水对混凝土及水泥基防渗帷幕均具强侵蚀性，高硫酸盐环境也给工程防渗安全带来了隐患。

（一）抗侵蚀机理

长期以来，工程中常选择采用中抗硫酸盐硅酸盐水泥和高抗硫酸盐硅酸盐水泥配制混凝土来抵抗 SO_4^{2-} 侵蚀，其中高抗硫酸盐硅酸盐水泥多用于 SO_4^{2-} 浓度不超过 8000mg/L 纯硫酸盐侵蚀。混凝土抗侵蚀能力除受水泥本身的抗侵蚀能力影响外，还与水灰（胶）比、掺合料、侵蚀时间等有关。

混凝土强度通常取决于水泥矿物中硅酸盐组分和铝酸盐组分的水化速度。SO_4^{2-} 的存在将与水泥中的氢氧化钙发生置换作用生成硫酸钙，水化硫酸钙与石膏作用生成硫铝酸钙（钙矾石）。SO_4^{2-} 的存在不仅加速了硅酸盐组分的水化作用，使混凝土硬化、早强；而且，过量的 SO_4^{2-} 侵入，持续反应生成了大量含有结晶水的硫铝酸钙（体积增大是原有体积的 1.5 倍以上），硬化的混凝土不断膨胀产生裂缝，继而加速 SO_4^{2-} 的侵入，形成极大的破坏。

（二）灌浆材料试验

以高抗硫酸盐硅酸盐水泥为基础，掺加适量膨润土，在提高浆液可灌性的同时使结石体孔隙致密化；而硅溶胶灌浆材料可灌性好，黏接力强，凝结时间可调，抗渗耐久性高且环保无毒。试验采用 40mm×40mm×160mm 试件，以侵蚀溶液中和蒸馏水中浸泡六个月（或设计龄期）同龄期浆材固砂体试件的抗折（压）强度之比值，即抗蚀系数为评价指标。当抗蚀系数≥0.85、质量损失率≤5%、长度增长率≤0.4%时，认为在该侵蚀溶液的浓度下具有抗蚀性。试验表明：①高抗硫水泥掺加膨润土前后抗蚀系数均>0.85（具有抗蚀性），且掺加膨润土后抗蚀性高于纯水泥浆；②硅溶胶材料在试验设定的 SO_4^{2-} 浓度下具有抗侵蚀性。

（三）灌浆试验

1. 试验区选择　试验区域为 B0＋90m～B0＋110m，分一试区（B0＋90m～B0＋100m）和二试区（B0＋100～B0＋110m）。

2. 孔位布置　固结灌浆孔距 2.0m，灌浆深度 8.0m；帷幕灌浆两排孔布置于心墙轴线两侧，距心墙轴线 0.75m，孔距 2m，孔深深入 3Lu 线以下 5m。

帷幕灌浆孔由固结灌浆中间 2 排孔兼做，三角形布置，孔向铅垂向。下游排Ⅰ序孔（含先导孔）终孔孔深以连续两段基岩透水率不大于 3Lu 确定，其他灌浆孔以相邻两Ⅰ序孔孔底连线为准，且基岩透水率小于 3Lu，否则按每段 5m 加深，直至基岩透水率小于 3Lu；上游排孔深为下游排孔深的二分之一。

每个试区在防渗轴线中部布置 1 个抬动观测孔，深度 30m。

3. 灌浆工艺　先固结灌浆，再帷幕灌浆。一试区上游排帷幕孔采用硅溶胶浆液“孔口封闭、自上而下分段、纯压式灌浆”方法；一试区下游排帷幕孔及二试区上、下游排帷幕孔均采用高抗硫酸盐水泥—膨润土混合浆液“孔口封闭、孔内循环、自上而下分段灌浆”方法。

4. 灌浆段长和压力　固结灌浆已镶铸孔口管时，第一段不再进行帷幕灌浆，第二段长 2.0m，以下各段均为 5.0m。试验中采用的灌浆压力与段长见表 1。

表 1　帷幕灌浆压力与段长对应表

灌浆段次	1	2	3	4 及以下
灌浆段长（m）	1.5	2.0	5.0	5.0
高抗硫水泥—膨润土混合浆液灌浆压力（MPa）	—	1.0	1.5	2.5
硅溶胶浆液灌浆压力（MPa）	—	0.5	1.0	1.5

5. 试验结果　孔排距 2、1.5m 的双排灌浆帷幕布置可满足防渗标准。

（四）工程施工

工程于 2022 年 3 月 10 日开工，进行大坝左岸岸坡固结及帷幕灌浆，共完成固结灌浆 2240m，帷幕灌浆 9916.59m（其中硅溶胶化学灌浆 3389m）。工程采用高抗硫酸盐硅酸盐水泥一膨润土混合浆液，先对地层内较大裂隙进行充填，后采用硅溶胶浆液对岩体微细裂隙进行充填，提高了岩体的不透水性。经工程完工检测，满足设计要求。

（中国水电基础局有限公司 李津生）

TB水电站工程BT1堆积体二期抗滑桩施工技术

TB水电站BT1堆积体二期治理工程项目，包括抗滑桩施工平台及边坡支护，抗滑桩（含锚索）施工，右岸上游高线道路和缆机平台道路路面高程以下坡面加固，坡体排水洞等。抗滑桩开挖加固支护采用锚杆和钢筋混凝土护壁的组合形式，锚杆为ϕ25mm砂浆锚杆，长3m，水平布置，排距2m，孔距按地质情况确定。钢筋混凝土护壁厚度0.4m，混凝土强度等级C35。

（一）抗滑桩施工

抗滑桩控制点坐标为桩顶中心坐标，设计净截面为3m×5m，桩身开挖截面3.8m×5.8m，护壁后桩身净断面不得小于设计净截面。抗滑桩分两序跳桩施工，桩身混凝土强度达70%后方可开挖相邻桩孔。按合同工期要求及施工强度计划，抗滑桩分3个作业区。作业一区为K1～K13抗滑桩，二区为K14～K26抗滑桩，三区为K27～K32抗滑桩，每个作业区安排一个作业队。抗滑桩按开挖、锚杆、护壁钢筋混凝土的顺序施工。

1. 抗滑桩桩身开挖 锁口段桩孔0～4m段采用1.6m³挖掘机开挖，人工配合风镐修整。4～16m用0.4m³斗容20m加长臂挖掘机开挖，局部用人工处理。16m至基岩段顶部，K1～K26用0.025m³的10型挖掘机配合人工开挖，K27～K32人工开挖。抗滑桩需嵌入基岩，嵌岩深度为地面到基岩面深度的1/3。基岩段石方井挖采用浅孔松动爆破，人工配合风镐局部护壁修整。

0～16m段直接用挖掘机出渣。在长臂挖掘机挖掘深度范围之外，K1～K13、K14～K26抗滑桩各设两台龙门吊出渣，5t电动卷扬机提升渣土，再用人工配合小型挖掘机装1m³吊斗，提升到地面后由20t自卸车运至弃渣场。K27～K32利用扒杆吊配5t卷扬机提升系统，人工装0.5m³吊斗出渣，20t自卸车运至弃渣场。扒杆由动力装置和支架组成。动力装置包括卷扬机、制电器、绳筒和钢丝绳。支架包括角钢、钢组及定滑轮。桩身开挖中通过测量垂直仪严格控制桩身垂直度，一循环一校准。

2. 锁口梁及护壁混凝土 锁口段人工配合挖掘机开挖。钢筋在加工场加工后现场绑扎成型。混凝土拌和站拌制后，罐车运至现场溜槽入仓，振捣密实，浇筑后及时洒水养护并拆模。ϕ25mm砂浆锚杆桩孔支护采用YT-28手风钻钻进，注浆机注入M30水泥砂浆后锚杆插入孔内，将锚杆与护壁钢筋焊接成整体。护壁钢筋孔外加工成型，提升设备吊入孔内，竖向钢筋与上段预留钢筋焊接，模板采用定型钢模板，混凝土通过拌和站拌和，混凝土罐车运至施工平台附近，桩孔上段用罐车直接浇筑，桩孔下段用串筒接溜槽浇筑。

3. 开挖方法与注意事项 锁口段采用1.6m³挖掘机开挖，后续采用长臂挖掘机开挖，堆积体段长臂挖掘机挖掘范围外，高线道路抗滑桩采用10型0.025m³挖机配合人工开挖，缆机平台道路外侧抗滑桩采用人工开挖，基岩段采用浅眼爆破法开挖。

桩孔开挖应逐层进行，层高不宜超过1m。开挖顺序先中间后周边。开挖深度视地质情况确定，如遇石质风化易破碎或有地下水出露地段，井壁易塌方，每节开挖深度相应减少。孔壁交接处孤石应人工凿除，不得在孔壁内形成影响护壁稳定的空腔。开挖面应保持均衡，挖方及时提升至孔外。开挖后及时支护，防止井壁坍垮，坍塌严重段宜先注浆后开挖。基岩或坚硬孤石段采用浅眼爆破法爆破，严格控制炸药量，并进行爆破监测，爆破质点震动速度控制在2.5cm/s以内。在炮眼附近加强支撑和护壁，防止震塌孔壁。孔内爆破后，先通过轴流式通风机和ϕ75mm钢管通风排烟30min，经四合一气体检测仪检查无有害气体后，施工人员方可下井作业。

抗滑桩开挖截面为5.8mm×3.8m，采用浅孔弱松动爆破方法施工，利用多个段位电子雷管实现从中间到周边微差控制爆破。

每开挖一段应及时进行地质编录，仔细核对滑面（带）情况。经分析研究，当实际位置与设计有较大出入时，将发现的异常情况及时向设计报告，并对终孔孔深等变更设计。挖孔平面尺寸不得小于桩设计断面。不能拆除的临时支撑及护壁所占面积不得计入有效断面。

（二）施工强度分析

抗滑桩施工按最长桩K3、K4、K5（桩长53m）进行强度分析。分析结果每循环开挖作业时间如下：0～－4m段开挖（4m）为1h，4～－16m段开挖（12m）4h，16m至～基岩段开挖（19.3m）10h，基岩段开挖（17.7m）24h；每循环护壁锚杆支护、护壁支护（混凝土强度达50%后进行下一循环施工）作业时间36h。

（中国安能集团第一工程局有限公司 张高举）

锚拉板拦挡技术在JX水电站高边坡施工中的应用

JX水电站导流隧洞出口边垂直高差335m。高程3560m以上坡陡地势窄，设备难以到达，且覆盖层多为大孤石，施工难度大。为此在高边坡采用锚拉板拦挡技术。

（一）覆盖层开挖

锚拉板施工部位覆盖层采用人工清挖。锚拉板开挖深度根据锚拉板高度确定，直至基岩。下层锚拉板基础开挖需垂直向下掏挖，以保证下层锚拉板浇筑向山体侧倾靠，避免增加锚拉板层数，耽误工期。

（二）锚筋桩施工

每层锚拉板两端用锚筋桩与两侧山体岩壁连接为整体。

1. 钻孔　100B型潜孔钻机造孔，孔径 ϕ110mm，孔道允许误差同注浆锚杆。

2. 清孔　高压水冲洗孔至回水澄清，用高压风吹干。漏水孔需做注水试验。

3. 锚桩杆体制作安装　将连接好的桩体调直清理后，绑扎进回浆管路，人工穿入桩孔中。

4. 封孔　穿束后用速凝砂浆封口，强度12MPa时施灌。

5. 灌浆　用注浆泵压力灌注水泥浆，灌浆压力以回浆管口压力为准。压力暂定0.2～0.3MPa，以现场试验为准。回浆管出浆连续，且比重大于或等于进浆比重时并浆至压力下降不大于25%时结束。灌浆3h后由回浆管进行补注浆至孔内充盈密实。

（三）锚拉板钢筋混凝土板施工

混凝土板施工与常规钢筋混凝土浇筑方法相同。锚索导向管、排水管及预留锚索张拉平台插筋和套管等混凝土板内预埋件的位置按图纸测放确定。导向管为 ϕ200 PVC管，单根埋设长度至坡面，排水管为 ϕ50 PVC管。预留锚索张拉平台每层锚拉板每延米设 ϕ48，L=3m架管1.3根；ϕ48，L=3.87m架管0.67根；ϕ32，L=3m插筋0.67根。

（四）预应力锚索施工

根据实际情况，锚拉板锚索施工采用先安装锚索再浇筑锚墩混凝土。此工艺采用锚索跟管且不拔跟管，以保护成孔及锚索。此法造价较高，但锚索钻孔下索可以与钢筋绑扎分区块同时施工，加快施工进度。

预应力锚索采用信息法施工，施工中通过信息反馈，及时对设计方案作相应调整。

导流洞出口为松散崩积体，埋深厚度大，其中大块孤石，小块砾石不计其数。为防止钻进中孔壁坍塌或小块石充塞钻孔，导致无法成孔耽误施工进程，针对不同孔径、长度的预应力锚索，按 T=1000kN·m，L=35、L=25m无黏结预应力锚索配置 ϕ168mm、壁厚8mm跟管钻进；T=2000kN·m，L=40m无黏结预应力锚索配置 ϕ194mm、壁厚10mm跟管钻进。采用不拔管保护成孔。具体施工如下。

1. 锚索安装　对钻孔通孔检查，塌孔和掉块应清理干净，不得欠深。安装前检查索体，止浆环、限浆环和排气管位置是否准确，排气管是否畅通，损坏的配件需及时修复和更换。推送锚索不得损坏锚索配件，不得转动锚索。索体推送至预定深度后，检查排气管和注浆管是否畅通。索体就位后及时包裹锚索外露部分，以防污损。

2. 锚索灌浆　无黏结锚索在下束后、外锚墩混凝土浇筑前，孔口封闭进行全孔一次注浆，锚索张拉检查合格后再封孔回填注浆。灌浆中观察出浆管排水、排浆情况，当排液比重与灌浆比重相同时，进行屏浆，屏浆压力0.3～0.4MPa，屏浆时间20～30min。存在地质节理、裂隙发育的部位，锚索灌浆可能存在超灌现象，超灌工程量现场据实计量。

3. 锚墩施工　锚索封锚可采用钢锚墩或混凝土锚墩。钢锚墩需提前定制，造价高，但无需混凝土等强即可张拉锚索。张拉后仍需对钢锚墩用混凝土保护。

4. 锚索张拉　试验锚索张拉程序：先单根预应力钢绞线预紧，再整束张拉，总体预紧力900kN和1800kN。在此荷载下，拉伸率读数设为0。

1000kN锚索张拉程序：预紧→225kN→450kN→675kN→900kN→静载持续20min→锁定。2000kN锚索张拉程序：预紧→450kN→900kN→1350kN→1800kN→静载持续20min→锁定。

每隔5min读数一次，若30min内伸长值变化不超过1mm，则继续加载，否则应再保持荷载45min，继续观测位移，绘制荷载与位移，时间与位移的关系曲线，报监理检查。

为检验锚索弹塑性能，以张拉时的分级张拉力及相应位移放松锚索至0.1P，并分别记录张拉力时对应的位移及张拉位移时对应的张拉力。如峰值荷载时，锚索的弹性变形在锚索伸长上限和下限值内，则预应力锚索是合格的。

5. 外锚头保护　锚板外留15cm，再浇筑C30混凝土加以保护。

（中国安能集团第三工程局有限公司　吴志伟）

其 他

叶巴滩水电站工程特大断面全圆针梁台车衬砌施工技术

(一) 工程概况

金沙江上游叶巴滩水电站位于四川甘孜白玉县和西藏昌都贡觉县交界处，海拔3000m，属典型“长冬无夏短春秋”的高原气候，装机容量224万kW，是金沙江上游装机容量最大水电工程。引水发电系统两条尾水洞平行布置，轴线间距65m，圆形断面，内径14.4m，开挖洞径16.0～17.4m。采用喷锚支护+钢筋混凝土衬砌，设计衬砌厚0.7～1.35m，混凝土为C30W8F150。1、2号尾水主洞分别长3175.466、3093.453m，高程2663.4～2685.5m，进口35m和出口30m为渐变段。1号尾水洞平面转弯段桩号（尾1）0+083.549m～(尾1)0+166.87m，共83.321m。2号尾水洞转弯段桩号（尾2）0+055.845m～（尾2）0+139.166m，共83.321m。转弯半径均为100m。2条尾水洞标准段衬砌采用4台直径14.43m，国内最大断面的全圆针梁台车施工。

尾水洞衬砌使用14.43m全圆针梁台车在国内目前最大，无经验可借鉴。在台车设计安装、结构稳定、衬砌施工组织、台车上浮控制、底拱混凝土浇筑质量控制等方面具有相当大的挑战性。

(二) 施工方法

1. 施工程序

(1) 施工组织安排：标准段采用4台全圆针梁台车进行衬砌施工，其中WS3号、WS4号针梁台车分别自1、2号尾水洞岩塞处向上游衬砌施工，至2号尾水施工支洞后，行走1km至浇筑分界桩号1+700后，自1+700桩号向下游方向衬砌至2号尾水施工支洞。WS1、WS2号针梁台车，分别自1+700桩号向上游方向衬砌施工至转弯段后，拆分成6m，进行转弯段施工。

(2) 标准段衬砌施工工艺流程：施工准备→基础面清理验收→测量放点→底部混凝土垫层浇筑→上层240°钢筋绑扎验收→台车针梁行走→底部垫层面清洗→底拱钢筋绑扎验收→台车模板行走及校模→橡胶止水带安装→端头模板封堵→开仓验收→混凝土浇筑。

(3) 转弯段施工控制：平面转弯段将台车拆分成两段各6m，用其中一段台车，在端头加楔形块，每个仓位按6.23m进行分段设置施工缝，控制转弯段混凝土体型弦高误差在42mm以内，以适用于转弯段衬砌体型。

(4) 台车空车行走控制：WS3、WS4号各需空走1km，这对自重300多吨的台车来说极具挑战性。现场对底拱进行扩挖，形成7.5m宽平面，再进行条形基础浇筑并架设轨道。设计专门的台车行走装置，保证了台车模板不落地，安全稳定行走，控制台车针梁及模板的结构变形在允许范围内。

2. 台车上浮控制措施

(1) 台车结构抗浮措施：在台车模板两端头顶部、腰线部位，各设2根抗浮丝杆，模板校验完成后，调整丝杠长度，使其顶紧基岩面，以达到控制模板上浮、移位的目的。

(2) 浇筑中抗浮控制措施：浇筑时严控混凝土坍落度在190～210mm间，初凝时间在6h内。腰线以下部位浇筑时，控制浇筑速度在$24m^3/h$，仓内混凝土面上升速度50cm/h内，两侧混凝土面高差50cm内。设观测点加强观测，及时反馈台车上浮移位情况。经测量模板上浮和移位1～5mm，控制效果良好。

3. 底拱混凝土浇筑质量控制

(1) 台车结构设计措施：台车底部120°范围内，加密设置8×8共64个0.8m×0.45m下料振捣窗口，梅花形设置4×8共32个2.2kW的附着式振捣器。按0.5m×0.5m间排距开设ϕ20mm排气孔696个。

(2) 浇筑质量控制：浇筑时严控混凝土坍落度在190～210mm，扩散度450mm左右，减少混凝土泌水泌浆。采用溜槽自一侧向端头模板一侧均匀下料，排出仓内的泌水及浮浆。采用插入振捣器和附着式振捣器联合振捣，控制振捣时间在30s，防止过振，并打开排气孔排气排水，出水泥浆后堵住排气孔。在底部浇筑完成30min到1h后，打开排气孔观察。排气孔只出水和排气时，打开附着式振捣器复振15～20s。复振后发现个别排气孔冒浆时及时堵住排气孔。

(三) 施工效果

全圆针梁台车施工技术成功应用于叶巴滩水电站引水发电系统尾水隧洞混凝土衬砌工程。与其他衬砌施工方式相比，它具有施工速度快，施工缝少，混凝土整体受力，体型控制好等特点。

该全圆针梁台车具有全液压立模、脱模功能，自动化程度高，人力投入少。采用全圆针梁台车进行衬砌施工，Ⅲ类围岩段每仓只需2.5天，Ⅳ类围岩段每仓需4天，混凝土质量控制良好，极大地提高施工效率，节约施工了成本。

（中国安能集团第三工程局有限公司　张江）

测量控制技术在金川水电站工程施工中的应用

金川水电站位于四川省阿坝州金川县境内的大渡河上游河段，上游与双江口水电站相衔接，下游为安宁水电站。金川水电站采用坝式开发，水库长32.9km，电站装机容量900MW。

（一）工程控制网测设

1. 工程首级测量控制网　金川水电站开始施工前，建设方已提供相关测量数据。将这些数据与建设方测量基准点精度进行对比，以确定其准确性。同时，测设了监理移交的工程测量控制网点。为确保控制网点数据的准确性，实测了控制点坐标数据。测量完成的控制网点，由监理工程师核实后方能使用，并做好后期复测工作。复测时精确度要高。

2. 施工控制网测设　根据现场环境与施工进度开展施工控制网测设。平面控制主要采用三角测量、边角组合测量和导线测量等常用方法，高程控制采用水准测量和三角高程测量方法。完成施工控制点布设后，结果及时交监理审核。审核通过后方能进行下一步工作，并依据施工设计及控制网精度要求制定布网方案。测量控制点布设时，严格依照测量规范要求，并与施工控制和测量放样要求相符，选择基础坚硬，具有较好通视条件及不易受到破坏的地方进行控制点的埋设。

3. 控制点的保护　施工中测量控制点是重要依据，应做好控制点的保护。严禁人为破坏控制点，以免对施工进度和质量带来不利影响。控制点检测要经监理审核和批准。当控制点与施工要求不符时要重新选点，确保控制点各项数据达到施工标准要求后，方能投入使用。

（二）工程施工测量技术

1. 复测　工程施工控制点复测过程中，严格按招标、合同文件，及相关规定和技术要求进行。复测时主要以导线点、水准点及精密水准点为主。具体工作中，因控制点数量较多，复测时需多次对其边长和夹角进行测量，以有效减少误差的产生。

2. 加密点选取　在工程施工测量过程中，重视施工加密点的选取。选取加密点时，使用测量仪器及精密导线点构成精密导线网，利用加密点及精密水准点构成闭合路线，确保给施工带来更多便利。对平面加密点，其相邻的边长尽可能接近，最大限度避免出现相关过长和个别长度过短的问题。在不易发生沉降的稳固地段选取加密点，确保测量的精确性。

3. 加密点布设　复测工作完成后制定平面加密控制方案，在首级控制点基础上，与工程施工特点及施工要求相结合。当加密点布设达到一定数量时，进行闭合导线测量。测量的数据与工程施工的基本要求相符。

4. 加密点测量　在加密点测量中，主要测量测回角及边长。测量时严格按相关技术要求，确保测量技术与国家相关标准和要求相符。采用导线测量和精密水准测量技术，以确保加密点测量的精度。

5. 地形测量与工程量复核　在工程施工开始前，对开挖工程进行复核，确保计算的工程测量具有较好的精准性。建立首级测量控制网后，针对工程不同部位对其原始地形进行测量，特别是根据地形进行断面和横截面的测量，并进一步对开挖量进行计算。在开挖施工完成后，测量各个部位的地形及断面图，针对不同地形和断截面选择具体的测量技术。

（三）施工测量放样

1. 土石方明挖工程测量放样　土石方明挖开始前，按施工图纸要求，依照加密后的测量控制点，对土石方明挖开口线进行放样，并做好相应标记。同时根据现场实际情况对平面点位置进行放样，并采用全站仪坐标法、边角后方交会法和后方交会法，测量控制网的分布情况。

覆盖层边坡开挖是施工中非常重要的工作，实施中根据现场实际情况选择剖面图的测量间距，并及时检查边线及坡度。石方开挖前做好爆破工作，对开挖放样点间距进行有效控制，针对设计结构图确定放样点的部位。如出现欠挖面，对其基面进行全面检查，确保基面与设计标准相符合，确保土石方明挖测量放样精度与设计要求相符。

2. 灌浆项目的工程测量放样　帷幕灌浆和固结灌浆的工程测量放样，包括以下内容：一是根据设计图纸测量单排孔帷幕、固结灌浆在灌浆轴线上的位置，同时测量双排孔帷幕、固结灌浆偏离灌浆轴线上下游的位置，并标注编号；二是在施工中，对帷幕灌浆和固结灌浆孔开孔孔位与设计位置的偏差根据设计要求进行处理。

（中国安能集团第一工程局有限公司　项捷）

DG水电站多断层基坑梯段爆破开挖试验

DG水电站坝址岩体为坚硬花岗闪长岩，弱风化上段岩体为Ⅲ2类，局部强卸荷带为Ⅳ，弱风化下段为Ⅲ1，局部蚀变带为Ⅲ2，微风化为Ⅱ。坝址构造为断层、节理。发育Ⅱ级结构面6条，Ⅲ级结构面37条，Ⅳ级结构面23条，带内为碎块岩、碎裂岩、岩屑及泥膜。

（一）试验场地及参数设计

1. 试验场地　选在左岸5号坝段3345平台，共2个试验区块。单个试区长12m、宽9.2m，总面积220.8m²。试验前开挖先锋槽（长24m×宽4m×高5.5m）便于进行钻爆试验。

2. 爆破试验参数　试验分2种工艺，一是垂直浅孔梯段爆破+预留水平光面孔分层爆破。爆破开挖深5m，上部3m竖直孔爆破，下部2m水平光面爆破。3m段先施工，2m段后施工，保护层光面爆破一次成形。二是水平预裂孔+垂直浅孔梯段爆破。上部4m为竖直爆破孔，下部1m底部布置1排水平预裂孔，一次爆破开挖到位。爆破参数见表1、表2。

表1　垂直浅孔梯段爆破+预留水平光面分层爆破参数

炮孔	钻孔参数				装药参数			孔数（个）	装药量（kg）	装药形式
	孔径（mm）	孔距（cm）	孔深（cm）	药径（mm）	单孔药量（kg）	装药密度（g/m）	堵塞长度（cm）			
主爆层竖向爆破孔	90	200/220	300	70	6	—	150	22	132	连续装药
保护层水平主爆孔	70	150/180	920	32	7.8	—	140	8	62.4	连续装药
保护层水平光面孔	70	60/75	920	32	1.7/1.95	185/212	80	19	31.15	间隔装药

表2　水平预裂孔+垂直浅孔梯段爆破参数

炮孔	钻孔参数				装药参数			孔数（个）	装药量（kg）	装药形式
	孔径（mm）	孔距（cm）	孔深（cm）	药径（mm）	单孔药量（kg）	装药密度（g/m）	堵塞长度（cm）			
竖向爆破孔	90	200/220	400	70	8	—	200	22	176	连续装药
水平预裂孔	70	60/75	920	32	1.95/2.25	185/245	80	18	75.6	间隔装药

3. 起爆网络设计　采用孔内延时起爆，孔外延期传爆顺序起爆网络。爆破网络连接用导爆索，起爆网络用电雷管激发。在设计起爆网络时，要求预裂孔起爆前，主爆孔孔外传爆应完成。预裂爆破起爆用导爆索，与主爆孔一同爆破时，预裂孔超前主爆破孔150ms。本次试验预裂孔先于梯段爆破孔起爆时间为150ms。

4. 钻孔及装药工艺试验　根据钻孔试验结果，围岩较好部位潜孔钻和手风钻钻孔；岩石破碎处液压钻钻孔。潜孔钻和手风钻造孔时搭设样架用时较长、效率低下。主爆孔造孔时尽量用液压钻造孔，预留时间潜孔钻和手风钻钻结构边线预裂孔，局部围岩较差易卡钻部位采用液压钻造孔。炮孔装药前清除孔内粉尘，按爆破设计自下而上装入药卷。起爆体应安装在距孔底1/3范围以内。采用反向起爆方式。主爆孔连续装药，预裂孔间隔装药。

（二）爆破试验结果

根据爆破后岩面残孔长度、岩面平整度、残孔孔壁情况等进行检查。检查结果如下：

（1）垂直浅孔梯段爆破+预留水平光面孔分层爆破效果与水平预裂孔+垂直浅孔梯段爆破效果比较，垂直浅孔梯爆破+预留水平光面孔分层爆破效果明显更好。

（2）在线装药密度185g/m，孔间距60cm时，爆破后相邻两孔间岩壁面整体平整，因该部位围岩局部较差，炮孔痕迹在开挖轮廓面上大体均匀分布。

（3）在线装药密度212g/m，孔间距75cm时，爆破后相邻两孔间的岩壁面除局部凹凸不平外整体较平整，炮孔痕迹在开挖轮廓面上均匀分布，整体爆破效果良好。

综上所述，开挖预裂爆破参数选取孔距70cm，孔线装药密度190～200g/m比较理想。

鉴于地质条件对爆破质量影响较大，在保护层开挖过程中需根据已开挖部位岩体成形情况及保护层开挖的地质条件，及时总结经验，优化爆破参数，以期达到较高的开挖质量。

（三）爆破安全

1. 爆破飞石距离计算　爆破试验需计算爆破飞石安全距离，计算结果见表3。

表3　　爆破飞石安全距离表

爆孔类型	抵抗线 W（m）	飞石安全距离 R_f（m）	备　注
主爆孔	1.2	20.25	仅考虑装药顶部（堵塞段）抵抗线
预裂孔	0.8	13.5	
光面孔	0.8	13.5	

2. 注意事项

（1）严格执行警戒制度，做好监视工作，避免不知情人员进入警戒区。每次爆破前通过广播和口哨提醒人员，施工设备撤离警戒区，防止发生意外。

（2）严格执行盲炮、瞎炮的处理制度，出现盲炮、瞎炮的情况，封锁现场，并派经验丰富的专业人员排险。

（中国水利水电第九工程局有限公司
蔡畅　向前　沈国武）

旭龙水电站左岸边坡治理施工通道

以金沙江旭龙水电站左岸边坡治理为背景，阐述如何在边坡高差大、工期紧、气候和环境差的条件下搭建施工通道，实现降成本、缩工期、降风险目的。

（一）施工通道

搭建施工通道，主要考虑搭建施工通道所需材料的运输和转运方式，及通道线路设计和选型。材料运输和转运方式可根据材料种类、长度和重量，结合现场地形条件和可利用的缓台等因素加以选择，最终选用缆索吊运方式。施工通道线路设计和选型，拟结合作业人员通行安全和材料机具转运安全，决定采用钢管搭设爬梯、栈桥、护栏搭建通道。

（二）实际应用

施工通道建造前，先完成缆索吊设施搭建，为后续施工通道所需材料、设备运至工作面提供便捷，保障后续便道施工有序进行。

1. 缆索吊施工　此项施工需完成锚杆、锚固点、卷扬机基座、穿索和跑车安装等内容。

根据岩面情况和设计要求布置锚杆孔位，采用YT28手风钻钻孔，钻孔与地面垂直。钻孔达孔深后，高压风清孔，并向孔内注入M30水泥砂浆至孔深2/3处，再将ϕ16mm柔性锚杆插入孔内，晃动锚杆，再补浆至孔满。

锚固点和卷扬机基座施工根据卷扬机系统特性和岩石情况设定。对上、下锚固点进行放样，并结合实际情况适当调整。锚固点位置确定后，适当清撬处理。上、下锚点采用3根埋深2m的锚杆（每根锚杆抗拔力≥50kN）作为承重绳拉锚，锚杆为2m长2ϕ16mm钢丝绳锚杆，风钻成孔，水泥砂浆锚固。接着施工卷扬机基座，锚点位为土基时浇筑C25混凝土，尺寸为3m×4m×1.5m，在其中预埋16柔性锚杆；锚点位为岩基时，用风钻成孔，预埋2m长2ϕ16mm钢丝绳锚杆用作锚拉，灌注水泥砂浆锚固，面层浇筑C25混凝土。

穿索前将上、下锚点锚杆按设计强度要求安装制作，等混凝土强度达到设计强度70%后，安装卷扬机。安装完毕后与地脚螺栓牢固固定，再利用卷扬机上钢丝绳作牵引绳，用钢丝同承重索绑扎，牵引至目的锚固点，承重索用绳卡夹接，固定绳卡间距满足要求。靠近卷扬机处锚点，用倒链将承重索张紧，用绳卡将承重索固定、夹接，满足绳卡间距要求。

跑车安装需在缆索绳安装后进行。安装时先检查跑车、吊点等构件，再将跑车系统安装到承重绳上的承重支架，通过承重轮悬挂在缆索吊系统的承重索上，安装分配梁及挂架，然后用辅助绳分两端将牵引绳引至上下锚点锚固，最后穿好跑车承重绳，完成安装。此外，还需对缆索吊跑车设计制动机制，以防跑车及吊货发生倒滑，造成安全威胁。

在缆索吊安装建造完成后，需在断丝情况、磨损程度、腐蚀程度、润滑状态及变形和其他异常现象等方面进行检测验收，验收合格后才可以运行调试。主要对卷扬机空载状态下和缆索动载状态下进行运行调试。通过试验对比分析选择在不同状态、不同条件下的缆索吊运行情况，以确定缆索吊最大承受情况和极限，保障缆索吊平稳运行。

2. 施工通道搭建　通道由护栏、钢梯和钢栈桥组成。施工前将现有线路拓宽加固至0.8m以上。根据地形、坡度等划区施工。通道所需材料用缆索吊运至自然边坡转运平台。

便道护栏全部采用 ϕ48mm 钢管。护栏高 1.2m，立柱间距不大于 2.5m，护栏上横杆与护栏的外扶手及下横杆与地面的间距均为 10cm，护栏端部必须设置立杆或与基岩面牢固连接。两端固定件采用 4ϕ32 锚杆，间距 1.2m，入岩 1m。立柱底部用砂浆锚杆固定。钢栏杆焊接完毕后，对焊缝打磨、抛光，扶手接头处打磨后应无明显痕迹。安装完成后的护栏，在侧推力≥80kN 条件下，应无晃动感。栏杆还需喷涂防腐防锈材料。

钢梯材料为 ϕ48mm 钢管，制作成宽 15cm、高 20cm、长 80cm 的阶梯，及高 120cm、立柱间距 1m 的扶手。钢梯两端固定件采用 4ϕ32mm 锚杆，间距 1.2m，入岩 1m。钢梯与防护栏杆采用扣件连接。钢梯安装完成后，对其进行防腐防锈材料喷涂。

钢栈桥材料选用 ϕ48 钢管，安装宽度 80cm。栈桥底板铺设宽 80cm，厚 2.5mm 钢板，并用 ϕ48mm 钢管作为竖向支撑，间隔 1m，选用 16a 工字钢作为纵向支撑材料。两侧加装钢丝防护网，且护栏与钢栈桥采用焊接连接。钢栈桥端部必须与基岩牢固连接，安装后无晃动感，后期还需喷涂防腐防锈材料。

高位自然边坡治理施工通道技术研究及应用，解决了高边坡治理材料运输及施工人员在高边坡通行的难题，既缩短工期，又降低施工成本，也最大限度保障了施工人员的安全。

（中国安能集团第一工程局有限公司　雷雪）

龙溪口航电工程墩墙混凝土外观质量控制关键技术

岷江龙溪口航电枢纽工程墩墙为圆弧＋直面段结构，已施工 9 台机组墩墙混凝土外观质量调查结果显示，优良率平均 86.62%，低于优良率不小于 92%质量目标，需采取适当措施。

（一）墩墙混凝土工艺试验方案

针对航电工程中墩墙混凝土外观的质量通病，采用工艺性试验控制变量对比分析的方法，确定最优的模板类型、堵缝方式、混凝土级配、振捣时间等技术措施。

1. 试验规划　试验中对下述内容进行了详细的分析：①模板类型。墩墙混凝土模板可选择普通组合钢模板、铝合金模板、平面大模板、定型钢模板、复合胶木模板。普通组合钢模板缺点明显，故试验选用其他 4 类模板。②堵缝材料。模板间可用双面胶、泡沫胶、砂浆、聚乙烯泡沫板堵缝。③装饰条。墩墙混凝土阳角及模板拼缝处，装饰条选用角钢、PVC 圆弧倒角线条。④混凝土。通过调整墩墙混凝土拌和时间、坍落度、级配等进行对比分析。⑤铺料厚度。结合现场情况，混凝土浇筑采用 ϕ100 振捣棒平仓振捣，作用半径为 50cm。试验分层厚度分 40、50cm 两种，离模板距离分为 2、5、10cm。⑥振捣时间。初振时间分 60、80、90s，复振时间分 30、50、60s，初振与复振间隔时间分 20、30min。⑦其他。通过分析混凝土初凝时间、冲毛压力与时间，确定最优冲毛方式。现场混凝土缺陷采用多种修补配合比。

2. 试验方案　选择 5 种模板（3.0m×3.1m 平面大模板、铝模、定型钢模、复合胶木模、易安特复合材料模板）、4 种堵缝方式（双面胶、泡沫胶、砂浆、聚氯乙烯泡沫板）、3 种装饰条（角钢与模板可靠连接，L40×40×4 角钢与钢筋可靠连接，L40×40×4 PVC 圆弧倒角线条）、3 种脱模剂（色拉油、油漆、乳化油类）、2 种混凝土拌和时间（90、120s）、3 种混凝土坍落度（30～50、50～70、70～90mm）、2 种混凝土级配（二级配、三级配）、2 种基面铺设材料（一级配混凝土、二级配混凝土）、2 种分层厚度（40、50cm）、3 种初振时间（60、80、90s）、2 种间隔时间（20、30min）、3 种复振时间（30、50、60s）、混凝土冲毛、缺陷处理等方面进行试验。试验后检查混凝土外观平整度和气泡、错台、蜂窝麻面、混凝土强度，检查方式有水平靠尺、观察记录、试验室检测。

3. 施工要求　试验前对所有施工人员进行技术交底。把控关键工序，做好全程管控。①试验要求场地尺寸为 30m×30m，基础平整，碾压用 C20 二级配混凝土（厚 30cm）硬化。混凝土振捣完成后，使用收面机第一次收面，初凝前人工第二次收面。②模板需二次打磨，检查合格后可涂刷脱模剂，经质检检查合格后安装模板。严控模板接缝，面板拼缝高差、宽度不大于 1mm，模板间接缝高差、宽度不大于 2mm。按设计测放支立并复测。混凝土浇筑中，专人监护模板，对过程中位移进行及时调整及加固。③混凝土由左岸拌和站集中供应。质检员做好骨料质量监控，严禁不合格料入仓。混凝土用液压反铲入仓，入仓后即平仓振捣。浇筑时严禁在仓内加水。如混凝土和易性较差，可加强振捣。浇筑中，质检员等施工人员各司其职。

（二）工艺性试验

1. 模板处理　钢模板采用钢丝轮打磨后涂刷脱模剂（包括脱模漆、乳化油类脱模剂、色拉油、液压油），再用塑料薄膜覆盖模板表面。复合胶木模板在现场搭设的棚内涂刷脱模剂，运至现场模板也须在棚内用抹布清洗。放置一天以上，自然风干后两次涂刷。第一遍滚筒涂刷，第二遍用细腻泡沫找平。此后架空模板，放置 2、3 天，确保脱模漆完全晾干。

2. 模板加固　钢模板用对拉螺杆加固。在大模板四个角增加开孔，使用螺栓固定。复合胶木模板采用方木十方圆扣加固，模板内侧无需设置拉筋对拉。

3. 模板拼缝处理　采用砂浆、止浆条、泡沫胶、聚氯乙烯泡沫板对模板进行堵缝。

4. 装饰条设置　木模板采用角钢与模板连接、角钢与钢筋连接、PVC 圆弧倒角线条 3 种方式进行对比。

5. 混凝土浇筑　模板四个面均用喷漆标记浇筑层厚。为避免混凝土浇筑过程模板二次污染，未浇筑混凝土模板上覆盖彩条布。根据不同的初振、复振、间隔时间，共进行 21 种振捣时间搭配进行对比。混凝土浇筑完成后，及时进行洒水养护并覆盖土工布保湿。

（三）确定墩墙最优施工技术

模板：铝模板拼缝较多，阳角处局部不规则；复合胶木模板易变形；平面大模板拼缝少，阳角处规则，优先选择平面大模板。脱模剂：通过对比拆模混凝土外观质量，确定为乳化油类脱模剂。模板拼缝止浆材料：通过对比拆模混凝土外观质量，确定为砂浆堵缝。混凝土级配：通过对比分析拆模混凝土外观质量，三级配混凝土模板附近存在粗骨料外露，平整度差，外观颜色深浅不一，二级配混凝土明显好于三级配，确定为二级配。混凝土振捣参数：通过对比分析拆模混凝土外观质量，混凝土振捣最优技术参数为初振 20s、间隔 20min、复振 30s。

总结最优的施工技术为：选用平面大模板，采用乳化油类脱模剂，使用砂浆进行模板拼缝堵缝，混凝土选择二级配，振捣时间为初振 20s、间隔 20min、复振 30s。

（中国水利水电第五工程局有限公司
肖灿明　洋强）

龙溪口航电枢纽工程水下开挖施工技术

岷江龙溪口航电枢纽工程采用一字形布置，从左至右依次为左岸重力坝、厂房、泄洪闸坝、船闸、右岸接头重力坝，坝顶总长 961.07m，坝顶高程 324.50m。

（一）水下开挖程序与地形探测

水下开挖采用链斗式采砂船、挖机船、钻爆破、驳船、液压反铲、自卸汽车等施工。水下开挖程序：探测水下地形→准备工作（设备、测量放样）→土方开挖→水下钻孔→炸药制作装填、起爆→出渣。使用水下红外线观测仪器、声呐探测仪、GPS 全球定位系统等，对施工区域进行水下探测，形成水下地形图。根据地形图，对施工区域进行分区分块，绘制施工图纸。

（二）准备工作

(1) 根据施工期水情情况，从最大吃水深度、最大最小挖深、最大最小挖宽及生产效率等方面，选择合适的链斗式采砂船，结合开挖量确定船数，从孔深及孔数确定钻爆船。

(2) 使用测量设备，将开挖区用浮筒标记。岸边显眼位置设水位尺，便于观测水位。

（三）土方开挖和石方清表

在链斗式采砂船配备测量人员，用 GPS 全球定位系统，确定准确开挖位置。根据水情确定船锚数量，使用工作船进行下锚。采砂船上游抛设 2 条主锚缆，采砂船两侧分别抛设 2 条横锚缆，锚位设浮标标志。出渣驳船用缆绳与采砂船相连，在船首、船中、船尾固定。

按施工区分块顺序分区开挖。分段工程按施工区中域 300m 一段，分条按 15m 一条，分层根据地质和沙层厚度划分。开挖采用纵向施工，每一单元条中又分别用横向排斗，依次序前移。条带间有重叠量，为厚度的 3～4 倍。每两个挖斗位之间重叠宽为斗宽的 1/4～1/3。开挖中跟踪、监控、复核开挖船每次移位的范围，避免漏挖、重复挖。每条带完成开挖后，用声呐探测仪及时测量。开挖料用驳船运往码头，装 20t 自卸汽车运至指定渣场。

钻孔前，利用挖机船，并用 GPS 精准定位对石方表层清理，配驳船出渣，确保无漏挖。

（四）水下钻孔

利用 GPS 定位系统对爆破孔定位编号，钻爆船锚泊。根据水深确定套管长度，在船上装配好套管。套管露出水面附近留卸渣孔，方便渣料排出。顶部用钢丝绳拴好套管，吊起沉放入水。钻机平台上加装套管稳定卡环对套管固定。卡环分上、下部，上部位于钻机平台处，采用焊接加固，下部由 4 根角钢焊接固定在平台下方 1.6m 处，刚好处于水面之上。

钻爆船上铺设两条钢轨，并做好尺寸标记，间距与孔距一致，便于钻机平台移动。在钻机平台增设卷扬机，爬杆顶部架设桅杆，用于钻杆下放与提升。按孔深选取钻杆长度，便于接卸钻杆。以钻机平台为基准面，在钻架上标记尺寸，一般每隔 10cm 做一个标记。测出钻机平台高程后，能根据钻杆下放长度，快速得出需钻入深度。若岩石面有少量砂卵石覆盖或强风化岩，用高压风将其吹走然后钻进。若岩石面有较厚砂卵石覆盖或强风化岩，钻机无法钻进时，先用偏心钻头钻至岩面，再用冲击钻机钻进，直至设计深度后，来回提钻数次，确保孔壁光洁度。

（五）炸药制作装填、起爆

使用密度较大、防水性能好的2号岩石乳化炸药，炸药密度1.0～1.3g/cm³，大于水密度1.0g/cm³。药卷直径为90mm，导爆管采用高精度塑料MS延时导爆管雷管。使用水下红外线观测仪器、声呐探测仪探测水下石方地形。根据探测结果，结合爆破规范的规定，确定钻孔超深值、钻孔深度、单耗药量、排距、孔距、单孔耗药量。为使钻爆船便于移动与炸药装填，炮孔采用矩形布置，钻孔为垂直孔。

利用PVC管将炸药做成柱状，底部为锥形，每个药包装2发雷管。在药柱上牢固绑扎一根提绳用于提拉药柱，并将引出的导爆管每隔70cm松弛地绑扎在提绳上。装药时用送药杆压住药包顶部，拉稳药包提绳，配合送药杆顺进，通过套管缓慢地送入孔内。送药杆为木材加工而成，端部设有螺纹连接件。每节送药杆长约5m，端部设有一条绳索，便于提拉操作。使用粗砂或粒径小于10mm的碎石堵孔，水深大于6m的可不需堵塞。水深大于3m小于6m的，堵塞长度控制在0.5～1.0m，水深小于3m的，孔口堵塞长度控制在1.5～2.0m，最后提出套管。

使用工作船进行导爆管联网，采用复式起爆网络。起爆前，人员设备撤离爆破区，在航道上、下游1000m范围内进行警戒，并发出预备信号。确认人员和设备全部撤离危险区，具备安全起爆条件时，发出起爆信号后，立即起动起爆器引爆。爆破完成15min后，由爆破员、安全员进入爆区检查有无盲炮。经检查确认安全后，方准发出解除警戒信号。

（六）出渣

利用挖机船等设备进行炮渣开挖，采用GPS精准定位，确定已完成爆破的位置，然后进行开挖。使用驳船运至指定码头，反铲卸料，20t自卸车运至指定渣场。

（中国水利水电第五工程局有限公司
简震　李金剑）

利泽航运枢纽二期工程电站厂房快速施工技术

利泽航运枢纽二期工程电站为河床式厂房，布置于枢纽右岸，厂房由主机间、安装间、副厂房等组成。厂房前缘总长143.22m，其中主机间长103.20m，安装间长40.02m。

（一）工程施工重难点

(1) 工作面广，工程规模大。电站厂房沿轴线方向，分别由1～4号机组、安装间Ⅰ、Ⅱ段组成，实际工程量：土石方开挖63.86万m³，混凝土浇筑35.19万m³，钢筋制作安装1.56万t，金属结构安装4005.94t。

(2) 电站厂房结构复杂、作业面多。厂房由主机间、安装间、副厂房组成，主厂房从下到上依次布置渗漏集水井、检修集水井、渗漏排水廊道、检修排水廊道、阀门室、交道廊道、流道层、电缆廊道层，发电机层；安装间位于主机间右侧，由控制室、吊物井组成，其中控制室10层、总高48.1m；副厂房分四层布置在流道上部平台上，从下到上依次为水轮机设备层、电缆夹层、电气设备层、办公室。按照设计分层分块要求，厂房共有264个仓层，单个仓层包括冲毛、模板拆立、钢筋绑扎、止水安装、接缝灌浆系统埋设、埋件安装、冷却水管铺设、混凝土浇筑、保温、养护等多个工序，个别工序间存在时空干扰。

(3) 混凝土温控标准高、控制难度大。电站厂房混凝土内、外温差控制标准20℃，夏季（5～9月）混凝土入仓温度不高于24℃，基础强约束区17℃，基础弱约束区20℃，非约束区按弱约束区基础容许温差的基础上放宽3℃。当地气候条件复杂，夏季气温较高，冬季多风且气候干燥，混凝土温度控制难度大。

（二）厂房混凝土施工技术

(1) 混凝土入仓技术优化。为满足混凝土月浇筑强度要求，采用“塔式布料机＋移动式布料机”入仓方式，厂房混凝土平均月浇筑强度约为1.9万m³混凝土，浇筑效率为50～60m³/h。

(2) 模板布置规划。根据厂房结构特点，模板按照使用部位分类进行规划：①主机间坝段上、下游齿槽及高程188.57m以下主体部分采用P系列组合钢模板，廊道侧壁采用P系列钢模板，顶拱采用定型钢模板，尾水流道段采用定制钢模板，主机间大体积混凝土、闸墩墩身部分采用悬臂模板，墩头、墩尾采用定型钢模板，上部牛腿采用定型钢模板，主机间副厂房板、梁、柱采用木模板。②安装间边墙回填混凝土部分采用P系列组合钢模板，高程210.60m以下主体结构混凝土采用P系列组合钢模板，高程210.60m以上大体积混凝土主要采用悬臂模板，安装间中控室梁、板、柱主要采用木模板。

(3) 管形座快速安装技术。利泽水电站发电机组共4套，管型座为机组的主要受力部件，由内壳体、外壳体、上立柱和下立柱等部件组成。内壳体、外壳体通过上、下两个箱形竖井组成一个整体，均由钢板焊接而成。内、外管型座采用分瓣结构，工厂内预装后在现场组装，通过螺杆连接，连接法兰现场封焊。其中内壳体分为2瓣，单重38.31t，总重76.62t；外壳体分为4瓣，单重10.33t，总重41.32t。1号机组管型座通过预留门洞方式形成汽车吊通道，在安装间利用350t汽车吊依次将管型座各部件吊装至管型座安装工位拼装；2～4号机组管型座在安装间利用厂房200t桥机吊依次将管型座各部件吊装至管型座安装工位拼装。

(4) 混凝土温控技术。①合理安排混凝土施工程序和施工进度。浇筑过程中严格安装要求分块浇筑，薄层、短间歇、均匀上升，层间间歇期控制在3～7天。夏季施工厂房大体积部位施工时，通过合理调整工序，将浇筑时段调整至16：00～翌日10：00之间的低温时段或阴天浇筑，成功避开白天高温时段。②出机口温度控制。混凝土入仓温度取决于出机口温度、运输设备类型、运输时间和转运次数等。通过计算，最终确定采用在出机口加1℃冷水进行控制。③冷却水管控制。施工前，经通水冷却浇筑层的温度计算，最终确定在5～9月布置冷却水管，水管进口处水温控制在25℃以下可平顺地将混凝土内部温度降到目标温度，达到预防混凝土温度裂缝的目的。④混凝土表面温度控制措施。每年入秋后，将所有孔洞进出口进行封堵，以防冷风贯通产生混凝土表面裂缝；当预报短期有气温骤降时（寒潮），提前一天对所有裸露面采用聚乙烯泡沫塑料板进行临时保温，直至寒潮结束。同时，为避免新浇混凝土出现表面干缩裂缝，采取混凝土表面喷雾，或加盖聚乙烯薄膜等措施，保持混凝土表面湿润和降低水分蒸发损失。

（中国水利水电第八工程局有限公司
李仲毅　杨涛　刘友才）

高支模大跨度密肋拱梁吊顶结构快速施工技术

（一）主要施工技术措施

白鹤滩水电站左岸主变压器洞吊顶混凝土施工工期不足7个月，必须采取积极措施。

1. 吊顶结构优化　主变压器洞吊顶为现浇密肋拱梁钢筋混凝土结构，呈圆拱形。原方案主梁500mm×800mm，次梁300mm×600mm，共15榀，拱板厚250mm。吊顶结构拱板、次梁、主梁底部不在统一曲面上，模板安装及支撑难度大，工程量大，不利工期控制，需要优化。

在原设计方案基础上，次梁优化为300mm×650mm，榀数减为7榀，拱板厚200mm，可减少吊顶结构模板，降低支撑安装难度，从而节约工期，减少混凝土工程量和工程投资。

通过吊顶结构优化，主变压器洞单机组段吊顶结构可节约工期5天，主变压器洞吊顶结构分3序施工，可缩短直线工期0.5个月。

2. 运输通道优化　根据主变压器洞结构布置，主变压器洞GIS层施工材料仅能通过设在主变压器洞南侧副厂房GIS层底部的吊物孔或顶层南、北侧交通洞吊装进入工作面。吊物孔在主变压器洞南侧副厂房GIS层底部，下部是厂房混凝土浇筑阶段主要施工通道，材料吊装与厂房混凝土浇筑相互制约，干扰大。使用主变压器洞顶层南、北侧交通洞作为材料吊装工位，需先完成主变压器段GIS层以上浇筑后再浇筑南、北侧副厂房段，工期长，不能按期向机电交面。

结合现场情况，在2、5号主变压器段下游侧GIS层底板浇筑时，各留11.6m×3.05m（长×宽）的吊物孔，解决施工期间机具设备及材料垂直运输问题，后期用GIS层底板同标号混凝土回填。这样在主变压器洞GIS层安排两台5t龙门吊，龙门吊通过轨道在GIS层上自由行走，覆盖1～8号主变压器段，实现吊点结构施工机具和材料快速吊装就位。垂直运输通道可加快主变压器洞吊顶结构的施工进度，也避免与厂房混凝土浇筑相互干扰，以及与主变压器洞南、北侧副厂房浇筑相互干扰。

3. 新型组合支撑体系技术　原方案采用扣件式钢管满堂脚手架作为支撑，排架搭设工程量大，安全风险高，施工效率低。实际施工时，采用盘扣式满堂架支撑。盘扣式脚手架技术，排架能适应多种间距形式承重排架需求，搭设简单、稳定性好、承载力高、安全可靠，且脚手架杆件均系列化、标准化，适应性强，搭设效率高，进度易于控制，也不会产生返工问题。

对于大跨度城门洞形弧形顶拱混凝土模板施工，常规方法采用可调托座＋ϕ48mm架管发散型支撑或采用定型拱架支撑在满堂承重架上。本工程拱板、次梁、主梁底部不在统一曲面上，采用常规定型拱架支撑方案不可行。同时，采用可调托座＋ϕ48mm架管发散型支撑方案现场操作复杂，施工效率低，施工后混凝土外观质量不易控制。本工程创新性地设计了“定型拱架＋桁架”的支撑系统，即定型拱架横向支撑主梁和次梁，定型拱架榀与榀之间用ϕ48mm钢管纵向连接，确保拱架结构稳定。拱板与定型拱架之间空洞部位采用“目”字形定型桁架纵向支撑，定型桁架长度根据主梁间距设计，与定型拱架之间采用直角扣件连接，确保定型桁架结构稳定。采用“盘扣式满堂架＋定型拱架、桁架”新型组合支撑技术浇筑主变压器洞吊顶混凝土，可加快满堂脚手架搭设速度和提高模板支撑安装效率，现场实际测算可提高施工效率30%以上。通过采用新型组合支撑技术，主变压器洞单机组段吊顶结构可节约工期10天，主变压器洞吊顶结构分3序施工，可缩短直线工期1个月。

4. 预制清水模板技术　主变压器洞吊顶混凝土采用预制清水模板技术进行模板安装，即按照吊顶结构拱板、次梁、主梁位置和清水模板成品规格，提前对模板进行个性化设计。按照尽可能少切割标准清水模板、少产生余料、模板拼缝纵横一致的原则，提前绘制模板拼装设计图，在加工厂按设计图将模板预制成需要的模块，并按图对预制好的模板统一编号。模板安装时，对照模板拼装设计图按模板编号安装在相应位置。

采用预制清水模板技术，提高了施工效率，也使模板拼缝少，接缝严密，对缝规整。对比采用普通组合钢模板拼装，混凝土外观质量更容易控制。

（二）实施效果

该水电站左岸主变压器洞吊顶结构混凝土施工于2019年6月初启动，2019年12月中旬结束，历时6.5个月，按期完成了吊顶结构混凝土施工，为主变压器洞初装修施工争取了时间，为按期向机电安装交面，实现安全准点发电提供了可靠保障。主变压器洞吊顶结构采用各种优化措施后，各工序施工质量全面受控，混凝土外观成型质量优良，混凝土浇筑单元工程合格率100%，优良率100%，得到业主和监理的一致好评。

（中国水利水电第七工程局有限公司　曾强）

强透水超深超厚砂层竖井封底施工技术

（一）工程概况

西霞院水利枢纽输水及灌区工程下穿沁河的检修井在沁河东岸。检修井在隧洞检修时，通过其排出洞内存水，隧洞施工时用于盾构接收井。圆形检修井为地下连续墙围护结构，外径21.8m，内径18.8m，墙厚1.5m，深76m。主体结构内径16.4～15.4m，井深45.75m，内衬底板厚3m。场区地层为第四系冲积物，12m以下均为中细砂层，中等～强透水性，地下水距地面约7m。

（二）技术实施背景与试验

检修井地基透水层深厚，基坑为超深基坑，下部中细砂地层含水量丰富，地连续墙底未嵌入不透水层。主体结构施工，井内降水难度不断加大，故检修井底部采用高喷灌浆封底防渗。平面处理范围超出地下连续墙外边线2m，竖向范围为基坑底面以下10m。高旋桩深度超过50m，施工前进行了现场工艺性试验。

1. 第一次试验　按要求高喷桩桩径达1m，选用桩间距0.7、0.9m。试验初选2种高喷参数，每种参数各3组，共布置6组，每组3根桩，双高压三重管法。检修井外盾构端头布置4组，检修井内布置2组。钻孔深54.59m，上部23.64m为空桩，下部30.95m为实体。

试验后取芯9处，30～40m内芯样完整，超过40m无芯样。推测喷射深度小于30m段，成桩直径1m以上；深度40～55m，直径0.6～0.9m。桩间搭接情况不明，未能达到试验目的。

2. 第二次试验　试验设在检修井内中心区。试桩时端头采用MJS工法同时试验。①第二次试桩在井中心区域内，共39根，分4个区，间距0.8、0.6、0.7m，4种参数，灌浆范围高程48.31～36.81m，上部43.09m空桩，下部11.5m实体桩。试验后4个区取芯6处，取芯率68.8%～98.5%，最小强度3.6MPa，满足设计值3MPa。渗透系数3.5×10^{-6}～8.0×10^{-6}cm/s，小于设计值1×10^{-5}cm/s。3种桩间距取芯结果均显示搭接。②MJS工法试验区布置在检修井外盾构接收端头加固处，分2组桩，每组3根，共计6根，拟订桩径2m。MJS工法喷射灌浆试验参数：提升速度2.5cm/min，旋转速度3r/min，流量85～100L/min，压力大于38MPa，水灰比1∶1，气压0.8～1.5MPa，风量1～2.5m^3/min。MJS工法试验取芯4根。第一组桩搭接处取芯率94.7%，桩边缘处取芯率81.2%；第二组桩搭接处取芯率75%，桩边缘处取芯率60%。第二组MJS成桩和取芯时间隔13天，桩体未完全固结，芯样有未凝水泥块。芯样最小强度5.7MPa，满足设计值3MPa。芯样渗透系数6.3×10^{-6}～7.2×10^{-6}cm/s，小于设计值1×10^{-5}cm/s。判断桩径能达2m。③从试验成果看，双高压三重管法灌浆和MJS工法均能满足该工程要求；MJS工法成桩直径更大，加固时桩体数量显著减少，可节约施工时间；MJS工法成桩胶结更好；两种工艺加固体渗透系数基本相当。因此，决定封底防渗加固变更为MJS工法。

（三）MJS的主要技术

MJS工法是在传统高喷灌浆基础上增加前端装置，核心技术是主动排泥和孔内压力监测。前端装置的特点：3个独立喷嘴，分别喷射硬化材料、高压空气、高压水；带压力传感器；主动排泥口可吸走多余泥浆。按桩径2m成桩，直径大，可有效减小桩的数量。①MJS工法工艺流程基本同三重管高喷工艺。②操作要点，控制的参数基本上同前。垂直度不大于0.5%，每隔1h对钻机进行垂直度检测。尽量缩短注浆距离，减少压力损耗。喷浆结束后，清洗水泥浆管、喷浆管、钻杆等管路，保持管路畅通。施工前选择性地停止MJS工法周围降水井抽水等措施，避免在MJS工法周围产生地下水位面不平导致地下水流动，水泥浆不会随地下水流失。

（四）开挖质量检验及评价

检修井封底防渗处理采用MJS工法施工完成后，对封底区10处、地下连续墙槽接缝1处，采用常水头试验方法进行渗透性能检测。测得渗透系数≤1×10^{-5}cm/s，均满足设计要求，取芯固结体28天抗压强度≥3MPa。检修井从竖井第一层开挖起直至开挖至井底，井底无涌水涌砂发生，封底防渗效果明显，确保了深基坑工程安全施工，为内衬结构施工提供了安全的作业环境，加快了施工进度，达到了预期效果。

（中国水利水电第七工程局有限公司
杨志先　廖周凯）

特殊地质条件下长斜井开挖施工技术

JH一级发电引水系统施工Ⅱ标压力管道斜井长282.191m，上、下弯段各长20.944m，斜井直段长240.303m，与水平夹角60°，开挖洞径7.9m，石方开挖量1.5万m^3。围岩以Ⅳ类为主，局部Ⅴ类，岩性以砂岩为主，岩体破碎，裂隙发育，胶结程度差，存在裂隙不利组合。斜井大部分洞段位于地下水位以下，存在外水压力及涌水问题，地质条件较复杂。

（一）施工背景

JH压力管道斜井投标文件中采用反井钻法开挖，围岩自稳性差，项目部按批准的施工方案施工斜井先导孔。施工中常发生塌孔、卡钻，先后采用水泥浆护壁、膨润土泥浆护壁施工，5个月仅钻进147m。经论证认为原方案不适宜目前地质条件，须采取新的施工措施。

决定采用反井钻法施工，但围岩破碎，自稳能力差，须对斜井围岩进行加固处理。考虑到灌浆孔顶角钻孔带来的偏差达2.5m，甚至更大。如果对250m斜井直接固结灌浆，其偏差将超过10m，很难保证固结灌浆有效范围控制在导井周边围岩内。因此，需增加一条施工支洞，既可保证预固结灌浆效果，也可优化预固结灌浆孔数。同时为了斜井扩挖溜渣过程中导井井壁不发生坍塌，导井形成后可及时安装钢护筒进行护壁。

（二）施工技术难点

（1）控制孔斜、保证预固结灌浆效果，优化灌浆孔数。上段斜井98.747m，下段斜井149.733m，斜井水平夹角60°，确保反井钻机、灌浆钻孔孔斜精度。

（2）导井内钢护筒的安装。钢护筒运输至工作面后，采用机械设备配合手动葫芦调整安装角度。由于导井内壁不平顺，管节下放过程中，容易夹在导井内。

（三）施工方法

（1）新支洞。岩体较破碎的斜井开挖时，在斜井中部新增一条支洞，将250m斜井分两段施工，降低钻孔和钢护筒安装难度。新支洞断面4.3m×4.65m（宽×高）。有两种开挖方式：一是全断面机械开挖（PC110反铲）＋局部爆破，程序为测量放线→开挖→出渣→锚喷支护；二是全断面爆破法开挖，手风钻造孔，周边光面爆破，ZL50C装载机从洞内运出，洞口装20t自卸汽车出渣，程序为测量放线→造孔→装药爆破→出渣→锚喷支护，YT-28型气腿式风钻钻孔，自制简易钻爆作业平台，全断面钻爆。

洞内支护为挂网＋锚杆＋钢拱架＋喷混凝土联合支护。挂单层钢筋网ϕ8mm@20×20喷15cm C25混凝土。M20砂浆锚杆为ϕ25mm，$L=3$m，间排距1.25m，梅花形布置。I14钢拱架，间排距1m，ϕ22mm连接筋连接，连接筋间距50cm，$L=1.08$m，钢拱架锁脚利用系统锚杆。ϕ25mm超前锚杆，$L=4$m，间距0.4m，排距2m，布置顶拱180°。新支洞封堵参照4号支洞，封堵长14m。固结灌浆孔间排距2m，入岩3.5m，排间交错。回填灌浆范围120°，顶孔2孔和3孔交错，排距2m，如遇成孔困难，采用自进式锚杆代替砂浆锚杆。

（2）预固结灌浆。导井直径1.4m，灌浆孔深，在导井轮廓线上均布3孔。上、下段斜井孔深分别为96.747、110m，孔径110mm，孔距1.3m。300型地质钻机钻进，开孔孔径110mm，钻孔段长2、3、5m，4段及其以下均为5m。P.O 42.5级普通硅酸盐水泥，水泥浆液水灰比5∶1、3∶1、2∶1、1∶1、0.7∶1、0.5∶1六个比级，自上而下分段、孔口封闭、孔内循环灌浆。灌浆压力：0～2m为0.3MPa、2～5m为0.6MPa、5～10m为0.9MPa、10～15m为1.2MPa、15～20m为1.5MPa、20～35m为1.8MPa、35～50m为2.0MPa、超过50m为2.5MPa。

（3）钢护筒安装。DN1200钢护筒293.46kg/m，单根4m钢护筒重1.17t。上段斜井安装98.747m（28.98t），下段斜井149.733m（43.94t）。在上弯段安装上段斜井钢护筒，新支洞三岔口安装下段斜井钢护筒，在中部对接。将斜井扩挖使工作面至天锚距离10～12m。

在斜井已开挖面铺设型钢平台，作为操作平台。平台主支撑为200mm H型钢，水平偏差不大于10mm。2根长2.5mH型钢拼装组成横梁，四周ϕ25钢筋锚于地层，型钢底部支撑材料垫实。平台与导井边缘留300mm，上面铺设钢板。

上段斜井用卷扬机下放钢护筒，至支撑平台时，用支撑平台锁住钢护筒口，再下放下一根4m长钢护筒，并与已有钢护筒焊接。钢护筒接长后，用卷扬机吊起，移除锁定梁。继续下放，循环作业，直至98.7m钢护筒安装完毕。下段斜井处按同样方法安装。

钢护筒吊装重量28.98t，若采用吊耳吊装会导致吊点变形和撕裂。故在钢护筒上预设起吊孔穿锁定梁进行吊装。预设起吊孔为240mm×220mm（宽×高），最后放置的六节吊孔贴板加固。锁定梁用2根2.4m 200工字钢合成箱型梁。起重最大重量43.94t，最极端工况为最后一节钢护筒完成连接后移除锁定梁时，所需最大牵引力47.3t。故采用5t卷扬机，5组动滑轮，可提升50t，能满足起吊需要。选用直径34mm钢丝绳吊装DN1200钢护筒。上段斜井当钢护筒放到上段底部后，将钢护筒底部与周边围岩焊接封堵，并在钢护筒与围岩间灌入M10水泥砂浆。同样方法固定下段斜井钢护筒。

（四）施工效果

在采取预固结灌浆、施工支洞、钢护筒护壁后，有效保证了反井钻法在特殊地质条件下长斜井中的应用。2020年7月20日完成新支洞洞挖支护，2021年2月20日完成预固结灌浆，同年7月30日完成斜井钢护筒安装，次年8月31日完成压力管道斜井井挖支护。

（中国水利水电第五工程局有限公司
程江　罗福勇）

反井钻机联合水井钻机导井施工技术在丰宁抽水蓄能电站中的应用

河北丰宁抽水蓄能电站装机容量360万kW，为一等大（1）型工程。分两期建设，一期装机容量180万kW，安装6台单机容量为30万kW的可逆式水泵水轮机组。电站由上水库、水道系统、地下厂房系统、蓄能专用下水库及拦沙库等建筑物组成。电站建成后，在京津唐电网系统中承担调峰、调频、调相和事故备用任务。

引水系统由6条高压管道组成，引水调压室布置在引水隧洞混凝土衬砌断的末端，采用设上室的阻抗式调压室，施工作业面相对独立。由于调压井岩层变化强烈、结构较为复杂、裂隙较为发育，常规工艺采用反井钻机形成ϕ2.0m溜渣井钻进时，会常出现孔内失水、无法正常钻进的现象。决定先采用金科400K型水井钻机（潜孔冲击＋埋设孔口管）进行导孔施工，再使用LM-300型反井钻机通过导孔进行竖井反拉扩孔，可有效应对地质条件复杂、裂隙发育、风化破碎等不易成孔、钻进困难的技术难题。

（一）反井钻联合水井钻机联合导井施工流程

风水电布置→钻机混凝土基础施工→水井钻机（400K型）安装调试→导孔（D250mm）钻进→导孔与下部平洞贯通→水井钻机拆除→反井钻机（LM300型）安装调试→反井钻机下钻至下部平洞→下部隧洞扩孔钻头（D1800mm）安装→自下而上扩孔至上部施工平台→反井钻机拆除。

（二）导孔设备选型

根据设计水文地质情况分析采取常规工艺用反井钻机进行导孔施工作业时，在施工过程中常出现孔内失水、无法正常钻进的现象。遇到上述情况时，须将导孔失水部位采取水泥浆封堵待凝、待强，达到一定强度后重新扫孔钻进，若强行钻进会出现埋钻、卡钻等孔内事故。施工进度极其缓慢，不能满足合同工期要求。金科400K型水井钻机是一种新型、高效、节能、多功能的液压钻机，主要用于钻凿水井、监测井、地热空调孔、锚固、国防工程等钻孔作业；该钻机采用潜孔冲击＋埋设孔口管的钻孔工艺，可有效应对松散层不易成孔、岩石层进尺慢的技术难题。

（三）导孔开钻准备

（1）开孔前，应组织有关人员对钻机备件材料、钻机安装、电气设备安装、钻场安全设施与防护以及钻具、相应工具的质量、数量进行检验，检验完毕后方可开工。

（2）开孔前要将钻机进行认真找正，使钻孔中心和动力头主轴中心重合，确保开孔角度。为确保开孔的角度，在开钻前要在孔位基础上预留环形孔槽，开孔钻进过程中应以轻压、慢转、大泵量为宜。一般控制在转数60r/min，钻压500kg左右。

（3）导孔钻进中若遇卡钻、钻进困难时，要及时停止钻进，分析具体原因采取相应措施，处理完善后方可继续施工。杜绝卡钻后仍盲目钻进，造成孔内事故。

（四）导孔偏斜控制

在导孔施工过程中，在组合钻具（合金钻头＋高风压潜孔冲击器）后方安装加长扶正器，加入扶正器后，后方的扶正器在钻头不停钻进的时候紧贴孔口管或岩壁，避免钻头在钻进过程中，由于回转引起后方钻杆巨大摆动，进而引起钻进角度的偏斜。将扶正器加长至5m，能更好地起到保直作用，以确保导孔达到设计要求。

（五）反井钻机扩孔施工

①导孔贯通后拆除水井钻机，安装反井钻机，沿直径ϕ25mm导孔下放钻杆至下部隧洞，在下部隧洞安装ϕ1.8m扩孔钻头。安装前首先将吊帽等专用工

具运至井底，扩孔钻头运到下部隧洞钻孔中心点位置。确保上下隧洞水平隧洞通信通畅，上下呼应，上部隧洞钻机操作手根据下部引水平洞安装扩孔钻头施工人员指令进行操作。②在反井钻扩孔施工作业时，若发现掉块、卡钻时，要及时降低钻机提升力。上下活动钻具，使掉块岩石通过扩孔刀盘空隙掉落至下部隧洞。③上井口反拉施工时，下井口引水平洞专人值班，与上井口施工作业面通过对讲机、电话联系。值班人员观察存渣量，当存渣高度到达下井口引水平洞顶部时，应立即电话通知停钻，进行出渣。完成出渣工作后通知钻机司机继续钻进。如此循环。扩孔期间，下部引水平洞应做好警戒防护，除值班人员外所有人员严禁进入下井口部位。值班人员在观察存渣时，离透孔中心点距离不小于 20m。④当钻头扩孔至基础 2.5m 时，降低钻压慢速钻进。认真观察，如果基础周围出现异常应及时处理，缓慢扩孔直至钻头露出地面。完孔后将钻头固定悬挂，拆除钻架主机和辅助设备，然后将钻头提出孔外，再将泵车、油箱等拆装整理、运输，完工清场。

（六）技术成果

该抽蓄电站 1、2、3、5、6 号调压井施工中，采用水井钻机联合反井钻机进行导井施工，不仅解决了复杂地质条件下反井钻机不易成孔、钻进困难的技术难题，而且导孔效率由原来 10m/d 提高到 38m/d，大大缩短了施工时间，降低了成本。

（中国水利水电第三工程局有限公司　高波）

反井钻长斜井导孔纠偏技术在阜康抽水蓄能电站工程中的应用

近年来，随着抽水蓄能电站引用水头与装机容量增大，引水系统出现了许多大倾角长斜井。鉴于斜井垂直高度较大，为保证施工进度，提高安全性，斜井开挖一般采用反井钻机施工导井扩挖成井工艺，反井钻机长斜井施工的关键技术是怎样控制反井钻导孔的偏斜及导孔偏斜后的纠偏。但由于反井钻机斜井施工中井段长，钻具摩阻扭矩大，井眼轨迹控制难度大，钻孔偏斜率多为 10‰，误差较大。为此，研究采用反井钻机结合测斜纠偏装置施工导井，可有效保证导孔施工精度，加快施工进度。

阜康抽水蓄能电站压力管道斜井反井钻导井施工长度达 300m（含上、下弯管段），采取经验法判断孔斜的施工方法，极有可能造成导孔不能穿越下部隧洞或后期较大的超挖、超填成本。为避免此类现象，故导井应采用纠偏技术进行施工。

（一）反井钻机工艺及施工工序

斜井上弯段扩挖支护→天锚施工→沉淀池施工→钻机基础施工→钻机安装调试→正向导孔钻进（*D*280mm）→钻深 100m 时停止钻进，起钻安装纠偏钻具系统后持续钻进→导孔与下部隧洞贯通后换钻头（*D*2000mm）反导井至上井口。

（二）设备选型

①反井钻机选型。首先根据钻孔深度、钻孔直径、岩石抗压强度，初选反井钻机型号，再对钻机主要技术参数验算后确定合适的反井钻机。本工程选用 CY—R120D 型反井钻机，常用于水电竖井和斜井施工，成井速度快，施工安全性好，应用较为广泛。②测斜仪器选择。普通测斜仪以指南针或磁敏原件为核心部件，通过测量地磁场来确定钻孔方位。在磁性较强的地区或钢管内，指南针或磁敏原件受磁性体影响，方位角难以确定。JTL-40GX 光纤陀螺测斜仪采用光纤陀螺测量方位，不受地磁场干扰，使用时无需进行地面方向校准，可自主寻北，得出的方位值即是钻孔倾斜真北方位角。该工程采用 JTL-40GX 光纤陀螺测斜仪对反井钻导孔钻进进行孔斜监测及定向纠偏。③纠偏（螺杆）钻具选择。合理选用螺杆钻具是纠偏的一个关键环节。螺杆钻具弯壳体角度多为 0.5°～4°，常用角度 0.5°、1°、1.5°、2.5°、3°、3.5°、4°，纠偏多用 0.5°～1.0°，1.5°以上的多用于强行扭方位施工。由于 CRY-120D 反井钻机导孔直径为 280mm，且所配钻杆刚性较强，为保证螺杆钻具能够顺利下至造斜（纠偏）点，该工程选用 7LZ216x7.0-XSF（0.75°）弯螺杆。④泥浆泵选择。螺杆钻具在自身输入流量范围内具有较高的工作效率。流量太大导致转速过高，将减少钻具连续使用时间；流量过小转速降低，会造成输出功率不够。泥浆泵流量宜为螺杆标定最大流量 85%～95%。本工程选择 F-300 型卧式三缸单作用活塞泥浆泵，外形尺寸、排量等满足螺杆钻具纠偏要求，功率与钻机匹配。

（三）施工设计

①开孔钻具组合。ϕ280mm 牙轮钻头＋ϕ254mm 钻杆，钻压 0.3～0.5t；钻速 0～21r/min；泵量 1200L/min。②测斜、定向钻井工具组合。ϕ280mm 牙轮钻头＋ϕ216mm 弯螺杆＋ϕ254mm 钻杆；钻压以控制方位角为主；钻速 20～60r/min；泵量 1200L/min（ϕ140mm 缸套）。③钻孔测斜。在地面仪和井下仪正常工作状态下，井下仪在钻杆内测斜时，利用井下探管中的光陀螺和加速计传感器组件相对惯性空间的角运动和线运动参数，经编码调制后由测井光缆实时传输至地面数据处理箱，电信号通过内部电路转换成数字信号通过电脑显示出井斜角、井斜方位角、

工具面角等信息，并绘制出井眼轨迹曲线。④纠偏。纠偏钻具（螺杆）上的定位键对应钻具的造斜方向，使用中钻具定位键落入 JTL-40GX 光纤陀螺测斜仪引鞋上的定位槽里，与螺杆钻具造斜方向保持相对静止。当转动钻杆时，钻具和陀螺测斜仪会一致转动，地面上看到的陀螺测斜仪的工具线方向就是纠偏钻具的造斜方向。

下井前应正确安装 JTL-40GX 光纤陀螺测斜仪定位用的引鞋和居中扶正器。当仪器下放到离钻具 3～5m 时，稍快下放电缆，让引鞋顺利落入钻具中心孔里，钻具的工具键滑入到定位槽内（入键）。入键后慢慢转动钻杆时，电脑界面可以看到工具角变化。把纠偏工具转到要纠偏的方向，即完成纠偏工具的定向。根据测斜仪反馈数据，判定导孔偏斜轨迹的大小，调整螺杆钻具的扭方位，并利用泥浆泵产生的高压泥浆流经旁通阀进入马达时，转子在压力泥浆的驱动下绕定子的轴线旋转，马达产生的扭矩和转速通过万向轴和传递轴传递给钻头，从而实现纠偏。

（四）应用

实践证明，采用长斜井反井钻导孔纠偏技术，既缩短了施工工期，又避免了反井钻机导孔施工中精确控制的不足，具有安装方便、操作简单、运行平稳、测控精确、效率高、质量好的优点，综合效益明显。

（中国水利水电第三工程局有限公司　高波）

抚宁抽水蓄能电站高边坡破碎岩体预裂爆破开挖技术

（一）工程概况

抚宁抽水蓄能电站下水库进出水口边坡总高度 130.4m，设计六级，闸门井平台以上四级边坡，闸门井平台以下二级边坡，每级边坡高 20m。爆破开挖量约 41 万 m^3，坡面预裂爆破面积约 2.6 万 m^2。采用“分层开挖、分层支护、实时监测、及时调整支护和爆破参数”施工方法。下水库库区出露地层主要有片麻岩、混合花岗岩与第四系地层。库区广泛分布的侵入岩主要有钾长花岗岩。混合花岗岩与钾长花岗岩呈混溶接触，局部见辉绿岩脉。岩体以物理风化为主，较完整，全强风化深 5～20m，局部 27m；弱风化带厚 20～65m。缓坡地段岩体风化较深，沟底部位岩体风化较浅。构造发育及岩脉通过部位风化程度明显加深。

（二）预裂爆破施工

1. 爆破方案　边坡开挖高差 20m，坡比 1：0.75，预裂斜孔钻孔深达 25m，且地质条件差，故将一级边坡预裂开挖分 2 次进行。边坡预裂施工采用超欠平衡开挖法，实际开挖线与设计开挖线控制最大超挖不大于 30cm，欠挖不大于 20cm，以确保 YQ-100B 型潜孔钻机的架设空间，在 2 次预裂爆破中部预留 50cm 宽作为钻孔平台。

2. 钻机样架搭设　样架为 ϕ48mm×3.5mm 钢管，按设计钻孔角度架设。样架横杆三层，斜杆按布孔间距设计，支撑杆固定于地面或边坡岩石。横杆上标出孔位。用量角器或电子量角器控制角度。渐变面预裂孔，因其钻孔参数不一，采取单孔单机钻孔，单独固定钻机。采取设插筋、钢管加扣件固定钻机作为样架导向。

3. 爆破参数计算

（1）预裂孔距：预裂爆破孔距按经验公式 $a=(7\sim12)D_{孔}$ 确定。式中：a 为炮孔间距；$D_{孔}$ 为钻孔直径；（7～12）为系数，孔径大时取小值，孔径小时取大值，岩体破碎时取小值，岩体均匀完整时，取大值。在岩体破碎、裂隙发育条件下，采用 YQ-100 型潜孔钻机造孔，造孔孔径 90mm，间距 a 计算值为 80～120cm，取 80cm。

（2）预裂孔线装药密度：预裂爆破孔采用不耦合间隔装药结构。当预裂爆破造孔机械选定后，根据钻孔间距、直径和岩石极限抗压强度，用公式 $Q_{线}=0.188a[R_{压}]^{0.5}$ 计算。式中：$Q_{线}$ 为线装药密度，以全孔长计算；a 为炮孔间距；$[R_{压}]$ 为岩石极限抗压强度。经试验，边坡岩体破碎、裂隙发育，线装药密度为 340～350g/m。

（3）不耦合系数：不耦合系数表达式为 $D_d=D_{孔}/r_{药}$。根据工程经验，D_d 取 2～5，不宜过小，也不允许过大。在造孔直径 90mm，药卷直径 32mm，则 D_d 计算值为 2.81。

（4）堵塞长度：预裂爆破孔在孔口堵塞，中间留空气柱不耦合间隔装药结构。破碎岩体边坡深孔预裂爆破堵塞长度取 1.5m。

（5）装药结构：由熟练的爆破工根据检查合格的孔深，将炸药在现场按装药结构和装药要求，把竹片平铺在地上，沿竹片铺好导爆索，再将 ϕ32mm 乳化炸药分成小节间隔，用胶带绑在竹片和导爆索上。孔底装药为线装药密度的 4 倍，增加的药量均布于孔底端 1.2m 段长内，中部间隔 60cm 绑一节长 30cm 的 ϕ32mm 乳化炸药。孔口堵塞长度 1.5m，先用编织袋堵塞到 1.5m 处，再堵岩屑或粗砂。

（6）起爆网络：同一预裂面各预裂孔同时起爆，爆破效果较好。但同时爆破振动影响过大，故将 10～15 个预裂孔用导爆索连成一段，各段间用非电毫秒导爆管连接，用导爆管击发器引爆。在和边坡梯段爆破同时施工时，预裂爆破孔优先于梯段爆破孔起爆时差不小于 100ms。

4. 参数选定：边坡预裂爆破钻孔采用 YQ-100B 型支架式潜孔钻机钻进。根据现场试验数据，及国内外类似工程参考数据和经验，并结合以上爆破参数计算结果，最终选定的破碎岩体边坡预裂爆破参数见表1。施工时根据预裂爆破试验数据进行优化。

表1　预裂爆破参数表

孔径（mm）	孔深（m）	孔数（个）	间排距（m）	药卷直径（mm）	不耦合系数	线装药量（kg/m）	单孔药量（kg/孔）	最大单响（kg）
90	14.5～15.5	52	0.8	32	2.81	0.34～0.35	5.1～5.4	48.6

（三）效果分析

河北抚宁抽水蓄能电站下水库进出水口高边坡预裂爆破施工后，经质检员检查，预裂爆破轮廓面施工成型质量较好；坡面开挖平整度符合要求，坡面不平整度小于 10cm；边坡面超欠挖很小，基本没有欠挖；对破碎岩体，边坡面岩壁上保留的半孔率高达 70%，远超过施工规范要求的 50%以上；边坡岩体表面只有轻微破坏，局部岩壁上存在微小的爆破振动裂隙，且爆破裂隙宽度均小于 1mm。总的说，整体爆破效果好，完全满足高边坡开挖技术要求。

（中国水利水电第十一工程局有限公司　翟一鸣　冀春辉）

五岳抽水蓄能电站地下洞室群综合通风技术

五岳抽水蓄能电站输水发电系统工程主要由引水系统、尾水系统、地下厂房系统和下水库进/出水口四大部分组成。整个地下洞室群埋于山体下 230～310m，大小平洞及竖井立体交错，仅地下厂房与其相交的洞室有 19 条，且整个五岳抽水蓄能电站未设置排风竖井，开挖期历时约 30 个月，给整个地下洞室群施工期通风排烟带来了极大挑战。

（一）主要技术难点和特点

1. 地下厂房洞室密集　洞群规模大、通风线路长、岔口多、无通风井、弯段密集、埋深大、纵横交错通风散烟困难，通风系统关系施工人员身体健康，也影响施工进度。

2. 爆破面多　在同时段多个爆破作业面（同一时段爆破可减少频繁避炮撤离），不同部位通风排烟干扰较大，极易在交叉口部位出现涡流现象，导致气体排出不畅。

3. 通风路径长　随着开挖工作面不断推进，部分工作面通风路径长约 2300m，且存在多处小转弯半径弯段，造成风压和风量损耗较大，导致掌子面附近新鲜空气浓度不足。

（二）通风关键技术

1. 通风排烟整体规划　针对地下洞室施工周期，输水发电系统施工期通风分三期进行。

一期通风：在地下厂房、主变压器洞顶拱层开挖及施工支洞独头掘进期间，进厂交通洞、通风兼安全洞洞口安装风机，采用压入式通风。

二期通风：在地下厂房区域各个施工支洞、高压电缆竖井、尾水洞调压井导井、引水洞竖井导井等位置形成排风通道。进入主体工程开挖高峰期，在进厂交通洞洞口安装多组轴流通风机，在通风兼安全洞与厂房交叉口设抽风机，形成导井自然通风和机械通风＋抽风组合通风。

三期通风：开挖基本结束进入混凝土衬砌、灌浆和金属结构及设备安装阶段，所有与地面连通的竖井都将起到烟囱效应，新鲜空气由进厂交通洞通风机送入，废气从竖井排出。

2. 通风计算、风机选型及洞口布置　根据各工作面施工期人员通风需求、高峰期机械设备数量进行通风计算，并引进对应数量 SWEDFAN 智能变频风机。整个地下厂房系统施工高峰期设轴流风机 8 组，其中 1 组 132kW×2 压入式风机设于进厂交通洞，用于厂房Ⅴ～Ⅶ层、主变压器洞、尾闸室下部、中下排水廊道通风；2 组 110kW×2 压入式风机分别设于通风兼安全洞和进厂交通洞，用于主副厂房、主变压器洞第Ⅰ、Ⅱ层和施工支洞供风；1 组 90kW×2 压入式风机设于进厂交通洞，用于引水下平段供风；1 组 75kW×2 抽出式风机设于通风兼安全洞，用于主副厂房和主变压器洞上部排风；1 组 55kW×2 和 2 组 55kW 的风机，用于 1 号施工支洞、高压电缆平洞和尾调通风洞通风。

在洞口有限范围内需布设多台轴流风机，但受洞口空间限制和交通运输影响，无法对每台轴流风机配一个支架。通过研究，根据风机数量和进厂交通洞断面尺寸，考虑大型车辆通行和洞口美观，在进厂交通洞和通风兼安全洞口正上方设多组式风机支架，可同时安装 3～5 台轴流式风机。

3. 挡风屏障技术　洞内通风采用正压与负压相结合原则。为防止负压损失和将正压送入的新鲜空气与负压抽排的废气彻底分离，有效避免废气在小区域内循环，提高通风效率，在通风兼安全洞厂房设挡风屏障。借鉴消防领域所用泄压窗原理，在屏障上开2～3个泄压窗。爆破时泄压窗帘自动打开，释放爆破冲击波，通风时棉帘自动关闭，防止废气回灌。

4. 气体自动监测技术　为实时监控洞内空气质量状况，在洞内各通风关键部位安装气体自动监测设备。气体监测结果通过洞内网络系统传入五岳工程智慧化管理系统和洞口可视化大屏幕，管理人员根据报警信息推送及时调整风机功率，提高了洞内通风效率和通风效果，避免洞内有毒有害气体超标造成人员中毒窒息事故，也节约了通风所消耗的电能。

5. 辅助降尘技术　地下洞室钻孔、爆破、出渣等作业产生烟尘多，钻孔施工均采用湿钻工艺，并将室外土方作业使用的雾炮降尘和喷淋水幕降尘引入洞内。主要降尘措施如下：

(1) 在土方、爆破或出渣作业时采用向空中洒水和雾炮降尘等辅助降尘。

(2) 洞室交叉口、主要洞口处沿洞壁敷设环状喷淋设施，爆破后开启喷淋设施。

(3) 引水竖井下平段竖井溜渣口设隔尘帘和两台雾炮机，竖井溜渣时关闭隔尘帘，同时打开雾炮机，可有效防止溜渣烟尘向厂房逸散。

(三) 实施效果

(1) 目前五岳抽水蓄能电站开挖施工即将结束，施工期洞内空气质量达标，各项有毒有害气体含量及浓度均在规范允许范围内。项目开工建设2年多来，洞内均未发生过人员中毒窒息或工人职业健康事故事件。

(2) 雾炮洒水和洞内喷淋在洞内辅助降尘实施效果较好，爆破后30min洞内空气质量基本可满足要求。

(3) SWEDFAN变频风机及风带通风效果较好，运营维护成本及故障率均较低。

(4) 气体检测系统实时监测洞内有毒有害气体，有利洞内安全环保管理。应研究风机和气体监测系统整体联动，实现洞口风机可根据洞内气体浓度自动调整风机功率。

(中国水利水电第十一工程局有限公司　冷怀印　赵海龙)

尚义抽水蓄能电站工程土建施工关键技术

2022年，尚义抽水蓄能电站洞室开挖为主要施工项目，在尾水隧洞开挖中积极应用双臂凿岩台车。双臂钻爆设备适用于规模化的隧洞多且隧洞长的工程，能适应极端复杂的不良地质条件，可提高隧洞工程建设的进度、质量、安全管理水平，节约了工程施工成本。采用双臂凿岩台车，施工范围内各洞室施工风险降低，掘进效率提高明显。2号尾水隧洞钻孔施工中双臂台车钻孔速率在2.0～3.5m/min，是手持式风钻的5倍，极大缩短钻孔作业时间。并且能够实现双孔同时钻孔，高效精确的钻孔定位，不必进行作业辅助平台的搭建，节省非钻孔时间，提升作业效益。高效精确的钻孔速率为爆破钻孔、锚杆钻孔及后续工序转换衔接节省大量时间。2022年，尚义抽水蓄能电站尾水隧洞（直径9.4m的圆形隧洞）月高峰进尺达154m。

同时，该电站工程隧洞爆破施工积极采用数码电子雷管。通过电子雷管应用，炸药的单耗较传统工艺下降11.4%。传统爆破使用的延期非电导爆管雷管网络连接时需敷设塑料导爆管、地表传爆雷管，操作复杂，需投入的爆破专业人员较多、时间长。而使用电子雷管网络连接，仅需要敷设爆破母线，将电子雷管连接到爆破母线即可，操作简单，省时省力。

双臂钻爆设备全方位平行保持功能和精确的直接定位技术，以及电子雷管应用，超欠挖比常规爆破手段减少11～15cm。其光爆效果远高于人工开挖，能严格控制开挖质量，大大降低了喷射混凝土及炸药用量，极大地降低了生产成本。

(中国水利水电第四工程局有限公司　叶春玲)

南宁抽水蓄能电站六田隧道进出口管棚施工技术

(一) 工程概况

六田隧道进口段主要分布有全风化花岗岩，厚度6.5～8.3m，为Ⅴ类围岩。本段覆盖层较薄，地质条件较差，主要采用管棚+预注浆超前支护，径向锚杆稳固围岩，小导管锁脚，钢拱架+钢筋网片和喷混凝土初期支护等措施。

管棚采用空气潜孔锤钻孔，顶进法入管的施工方法。洞口上半断面开挖完成后，及时施作导向孔。导向孔口埋设套管，确保管棚钻孔精度，避免管棚侵入隧道开挖线内，远离开挖线及相邻管交于一处，做到管棚管距、倾角及钢管施工误差达到设计要求。

(二) 施工工艺

管棚施工工序为：管棚套拱和导向孔口管施工→钻孔→扫孔→下管→在钢管内安放钢筋笼→注浆。

1. 管棚套拱和导向孔口管　管棚施工前，首先进行管棚套拱和导向孔口管施工。管棚长24m，套拱长 2.0m，套拱内埋设四榀Ⅰ18 型钢拱架，间距 0.6m。导向孔口管采用 ϕ127mm 无缝钢管，每根长 2.0m，外倾角为 1°。孔口管的外倾角度与管棚的外倾角度一致。钢拱架和导向孔口管外部浇注 C25 混凝土。

施工时，首先按设计边仰坡坡比自上而下采用挖掘机分层开挖，按照“少刷坡、少扰动、强支护”的原则一次开挖到位，在明暗交界里程外预留 3～5m 核心土做施工平台。其次加工支撑护拱混凝土的拱架和模板，套拱在明洞外轮廓线以外，紧贴掌子面施做。套拱内埋设四榀Ⅰ18 号工字钢制作而成的钢拱架作为横架，与管棚孔口管焊成整体。支撑稳固后，内外模采用木模安装，管棚棚套与围岩面紧密结合在一起。最后进行套拱混凝土施工，待套拱混凝土强度达到设计强度的 85%时开始管棚的施工。

施工中控制重点：大管棚套拱的导向孔口管间距与大管棚中 ϕ108mm 的间距保持一致，管棚棚套中 ϕ127mm 孔口管的外插角度与大管棚的外插角度一致。

2. 钻孔　选择 PG115 型管棚钻机钻孔。钻孔前，先喷一层素混凝土封闭掌子面，防止管棚漏浆和掌子面坍塌。钻孔由中间向两边依次进行，钻孔外倾角 1°。准确控制钻机立轴方向，防止管棚侵入隧道开挖线内，远离开挖线或相邻管交于一处。钻进中采用测斜仪量测钢管钻进的偏斜度，如偏斜度超过设计要求，及时纠正。钻孔时遇到砂层易塌孔时，用泥浆、水泥浆护壁，成孔困难时，进行根管钻进。为了防止塌孔，钻孔后立即顶进钢管。

3. 扫孔　扫孔用岩芯管注入高压空气吹洗，清除孔内岩渣并使孔道顺畅，为下管提供良好条件。扫孔从内向外进行，伸入长度靠近孔口末端为宜。入管困难时，连续多次循环送入岩芯管，直到孔内清扫干净。

4. 下管　管棚用 ϕ108mm×6mm 钢管，管壁梅花形打孔。打孔直径约 15mm，孔间距约 25cm。导管尾部留 2.5m 左右不打孔，以利止浆段与套管有效结合。为使钢管接头错开，每个孔管棚钢管按顺序编号，并按同一断面内接头数不大于 50%，相邻钢管接头至少错开 3m。管棚孔序号为奇数的第一节管采用 6m 长钢管，孔序号为偶数的第一节管采用 3m 长钢管，以后每节均采用 6m 长钢管，这样可有效错开连接接头。下管时采用击打法将管棚钢管推送至设计位置。钢管入孔后，及时将钢管与钻孔壁间缝隙填塞密实。先用麻布条封堵管棚钻孔空隙，后用环形楔环顶紧，最后将楔形环焊接在管棚上。在钢管外露端焊上法兰盘、止浆阀，并垂直向上接入 ϕ25mm 长 2m 无缝钢管，用于注浆排气。如钢管无法顶进时，及时停止作业，分析原因，根据需要重新扫孔后推送钢管，直至到达设计位置。根据钻进速度、钻渣颜色、钻机压力等情况，判断管棚地段的地质情况，为下一道工序的开挖方式、进度安排及资源配置等提供可靠数据。

5. 安放钢筋笼　根据地质情况，覆盖层含有大孤石，应力集中无法移动的重型物体。为了增加钢管的承载力，在钢管中插入钢筋笼作为骨架，在很大程度上可增加稳定性和安全性。钢筋笼由 ϕ42mm 钢管周围焊接 4 根 ϕ20mm 钢筋组成。钢筋笼在钢筋加工场制作完成后放入已安置好的管棚钢管内。

6. 注浆　施工前做压浆试验，确定注浆参数，合格后根据确定的参数施工。本工程管棚长 24m，为使管内浆液饱满密实，采用从孔口一次注入浆液。浆液需准确配料，误差控制在规定值内。进入注浆机的浆液经过筛网过滤，防止不合格料注入管内。排气孔有浆液流出时进行终压注浆，直至达到设计注浆压力和注浆量时终止，然后关闭阀门。

（中国安能集团第一工程局有限公司
王鹏杰　赵德任）

梅州抽水蓄能电站工程基于 BIM 的数字化电缆施工技术

梅州抽水蓄能电站项目是梅州历史上单体投资最大的基建工程。电站规划装机容量 2400MW，分两期建设。其中一期装机容量 1200MW，安装 4 台单机容量为 300MW 的单级立轴单转速混流可逆式机组，年发电电量 15.7 亿 kW·h。

（一）电缆施工现状

水电工程的电缆规格、型号及数量多，敷设后呈密集的立体三维分布，电缆敷设顺序，排列方式复杂。通常情况仅提供电缆清册，无精确二维图纸指导施工。技术人员需基于设计方出具的电缆施工清册，现场根据桥架走向判断电缆最优敷设路线，同时须兼顾容积率、规范要求及整齐美观等因素，因此施工难度大。仅依靠技术员个人经验和主观判断，很难达到电缆敷设工艺的要求，且后期容易因出现电缆桥架通道过满，数据统计复杂等情况，而造成返工，外观形象也难达到优良标准。

（二）数字化电缆施工关键技术

1. 平台搭建　建立数字化电缆施工管理系统，实现输入资料导入、模型搭建、中间成果汇报、指导施工应用、设计成果输出、最终产品移交等功能。系统通过计算电缆的合理走向和长度，真实空间排列位置等，实现电缆敷设优化设计，拓展了电缆敷设的设计深度。利用数字化三维手段，模拟电缆安装，优化施工方案，管控施工过程，以保证施工进度，控制施工质量，节省电缆用量，实现了电缆数字化施工管控。电缆施工结果实现数字化移交，为数字化运维提供数据支撑，实现数据价值延伸。

2. 三维模型创建　根据原有土建三维模型及电气专业施工详图，建立全站桥架、电缆沟支架、埋管等电缆通道三维模型。要求桥架、支架及埋管的路径、层数、宽度、材质等信息与图纸及现场到货设备一致。电缆路径为通路状态，并带有电气属性信息（例如类型、尺寸、电缆类别等），实现桥架、支吊架材料量精确统计。

3. 碰撞检测　桥架模型建立完成后与机电其他专业模型进行碰撞检查，提前进行桥架及其配件的二次深化设计，确保各专业之间无干涉，同时保证桥架具备满足电缆敷设的空间。

4. 数据输入　根据电气一次和电气二次电缆清册，确定其电缆名称，确定每回路起点终点的设备名称，以及连接两端电缆的编号，确定其型号及规格等。

5. 设备定位　根据已有电气设备的三维模型布置和电气专业施工详图，建立设备定位信息，即电缆清册中的起、终点信息，设置电缆布线，保证电缆路径通路。

6. 电缆预敷设　利用软件算法计算电缆路径、排列、长度，并生成附带电气属性（例如编号、型号、芯数及截面等）的三维实体电缆，形成完整电缆敷设模型用于移交。要求满足动力与控制电缆分离敷设等设计要求。再次核验桥架设计是否合理，并满足施工需求。

根据实际现场施工人员电缆敷设习惯，进行总体规划，使电缆减少交叉，保证电缆整齐美观，并减少施工换盘次数。

7. 施工管理　电缆预敷设完成之后可开始施工方案设计。手动创建施工期次、施工方案、施工包、施工区域，并为施工期次和施工区域分配电缆。随后由施工技术负责人对电缆敷设顺序进行虚拟排列。电缆确认排列后可进行施工任务分配，创建任务按钮可生成施工任务，可以为任务设置施工负责人及计划时间等。同时敷设过程中可以精确定位电缆编号，利用三维模型的可视化，实时查看其敷设顺序、路径、型号及规格等。施工现场无需配备技术人员引导每根电缆的走向，通过软件（或者生成的电缆走向图纸）可查看电缆的相关数据，并可实时对照计划进行进度管理和控制，在节约人工的同时便于施工管理。

8. 移交　形成电缆敷设三维模型，可用于展示和移交，为指导施工及后期电缆运维提供数字化辅助手段；重新生成带电缆路径和电缆长度的清册；出具电缆敷设断面图与敷设顺序表，反映电缆桥架内电缆排列的详细信息与参数。

（三）应用情况

基于BIM的数字化电缆施工技术在梅州抽水蓄能电站取得了很好应用效果，为创造18月抽蓄同类型机组投产的新纪录奠定了坚实基础。该技术不仅可应用于类似电站机组安装中，还可为电站生产运维提供数据支持，实现数据价值延伸，确保水电站设备运行安全，为实现数字化水电站的建成打好坚实基础。

（中国水利水电第八工程局有限公司
邹玉洁　苏可）

复杂地质条件下溧阳抽水蓄能电站地下厂房顶拱开挖施工技术

江苏溧阳抽水蓄能电站枢纽建筑物主要由上水库、输水系统、发电厂房（含地面开关站及副厂房）及下水库等组成。电站安装6台单机容量250MW的可逆式水泵水轮发电机组，总装机容量1500MW。主厂房开挖总长度219.90m，岩锚吊车梁以上开挖跨度25.00m，以下为23.50m，尾水管底板至厂房顶拱开挖高度为55.30m。主变洞开挖尺寸193.16m×19.70m×22.0m（长×宽×高）。

（一）工程地质情况及水文条件

电站地下厂房主要为泥质粉砂岩、粉砂质泥岩，岩层强烈褶皱，断裂错动频繁，产状变化较大，岩层倾角较陡；通过勘探平洞揭露的大小断层共111条；岩石节理发育，规律性较差，节理密集带较多，近70%的节理倾角大于60°，少部分节理切层发育。整体围岩岩性单一，岩体镶嵌结构或镶嵌碎裂结构，以Ⅲ2～Ⅳ类为主兼有部分Ⅴ类围岩。

(1) 地质超前预报。在开挖前和开挖过程中采用TRT6000进行了5次地质超前预报，总体上岩体破碎，完整性差，围岩不稳定，Ⅳ、Ⅴ围岩，为掌子面开挖支护提供了依据。

(2) 地质雷达超前预报。在洞室开挖期间采用地质雷达在厂房顶拱上部廊道向下对地下厂房CZ0+53～CZ0+83段进行重点地质预报，探明廊道下方深度18m左右，可能存在断层、裂隙；廊道下方深度35m左右，可能为F_{54}断层。

(3) 超前探洞地质勘探。在主厂房上游边导洞施工临近F_{54}断层时，提前采取超前探洞的方式穿越、揭露F_{54}断层。通过实勘，F_{54}断层带由红褐色（灰白色）断层泥和碎裂岩、角砾岩组成。断层破碎及影响带宽度较原地勘时加大，总宽度3.7～12.2m，其中断层破碎带宽 1.5～4.5m，上盘影响带宽 1.5～6.8m。对此，设计调整加大了支护力度，施工方法也作出了超前预支护、快速封闭、短进尺、预留核心土等相应调整。

（二）顶拱开挖分层分区

鉴于溧阳抽水蓄能电站地下厂房复杂地质条件，确定采用“两侧导洞领先、中墩扩挖跟进”的顶拱开挖方式。综合考虑多臂钻、湿喷台车等大型设备操作空间及系统锚杆长度等因素，以及主厂房各分区内对穿锚索开挖后及时施工，顶拱层按高度 7.75m 分层；两侧导洞宽 8.59m，高 6.905m；中墩宽 8.32m，高 7.75m。中墩部位采用半径 2.5m 的圆弧进行过渡，以减少两侧导洞开挖后中墩的应力集中。

（三）顶层作业循环参数优化

①边导洞开挖。吸取过渡段施工经验，调整优化确定边导洞循环进尺为：Ⅲ类围岩 2.4m，Ⅳ1 类围岩 1.2～1.8m，Ⅳ2、Ⅴ类围岩 0.6～1.0m。②中墩扩挖。中墩扩挖可在边导洞循环进尺基础上适当加大，确定开挖支护循环进尺为：Ⅲ类围岩 2.5～3.0m，Ⅳ～Ⅴ类围岩 1.5～2.0m。

（四）各类支护次序与开挖跟进速度控制

①超前支护及临时支护。对于Ⅳ2、Ⅴ类围岩区，掌子面可喷混凝土封闭，厚度 5～8cm，增加超前小导管或超前锚杆等超前支护，以此提高围岩自稳能力。②浅层支护。边导洞开挖出渣后立即初喷混凝土 3～5cm，然后施工系统锚杆。中墩扩挖后即形成全断面大洞室顶拱，开挖后先行初喷混凝土 3～5cm，然后施工系统锚杆，因两侧导洞钢筋拱肋已成形，中墩系统锚杆完成后即进行钢筋拱肋施工，使之与两侧导洞的钢筋拱肋连接成拱，再进行混凝土复喷施工。③深层支护。边导洞开挖施工中，第一边导洞对穿锚索施工距离掌子面以 30～40m 控制，在中墩扩挖至该断面前完成施工。第二边导洞开挖领先中墩距离以 10～15m 控制，其对穿锚索施工跟进掌子面距离以 10～15m 控制。中墩扩挖后应及时跟进顶拱中部的两排对穿锚索施工，距离以 10～15m 控制。全断面开挖成形后即可进行两侧拱肩的端头锚索和预应力锚杆等深层支护。④两侧导洞与中墩跟进距离控制。按照“先软后硬”原则，围岩相对较差的上游侧导洞作为第一导洞，中墩施工可相对独立安排，其与第二导洞间距不作硬性规定，下游侧第二导洞开挖进尺最多超前中墩 3～5 个循环（10m 以内）。

（五）结语

通过超前地质预报结合地质勘探相关资料，可进一步掌握地下洞室群的地质情况，为后期开挖施工起到指导性作用。地质条件复杂且围岩整体质量较差的情况下，“先边后中”的施工方式是可行的，同时按照“先软后硬”的原则选择第一边导洞，能有效地保证施工安全和工程安全。“排水先行”是地下洞室施工的前提，各类系统支护的跟进次序和时间、空间控制，是关乎顶拱开挖成败的关键。

（中国水利水电第三工程局有限公司　王健）

天台抽水蓄能电站岩壁吊车梁镜面混凝土施工技术

（一）施工方案及工艺流程

1. 施工方案　天台抽水蓄能电站地下厂房岩壁梁随厂房开挖进度安排混凝土浇筑。在第 2 层开挖支护完成，第 3 层预裂爆破后开始岩壁梁及吊顶支撑混凝土浇筑，上下游岩壁梁采取全梁通仓支模，跳仓浇筑。岩壁梁分段施工，段长 7～12m，上下游侧共 31 个浇筑仓。相邻混凝土块间歇龄期 7 天，混凝土用汽车吊＋$1m^3$ 吊罐入仓。岩壁梁混凝土为清水混凝土 C30W8F50，外观质量要求高。采用平整度、强度较好的木模板＋PE 板，仓内不设拉筋。端头键槽用免拆模板作为堵头缝面模板，后期不再拆除，可加快整体施工进度。

2. 施工工艺流程　施工准备→搭设脚手架→基岩面修整、清洗→测量放线→钢筋绑扎和焊接→埋件安装→封头模板支立→模板安装→仓面验收→混凝土浇筑→混凝土养护。

（二）主要施工方法

（1）采用人工清除岩壁梁范围内松动岩块、灰尘，凿除岩面喷混凝土撒料，局部光滑岩面凿毛，并用清水冲洗干净，保证混凝土浇筑时岩面为湿润状态。

（2）测放出岩壁梁和吊顶支撑设计高程线、偏距及桩号。据测量点放出岩壁梁和吊顶支撑的轮廓线，立模后校核。轨道预埋件按机电预埋件精度要求放样、定位、预埋。

（3）岩壁梁混凝土施工以脚手架支撑为主，辅以钢筋斜拉加固，侧模用预埋拉模锚筋连接拉筋固定。模板支撑架底部用开挖石渣回填压实铺筑平台，平台上浇筑 20cm 厚混凝土。模板支撑架与施工通道脚手架分开搭设。采用边墙锚杆配合随机锚杆作为连墙件，间排距 3.0m×3.0m，梅花形布置。模板支撑架设横向和纵向剪刀撑。

（4）钢筋安装前在岩壁梁岩台处设架立筋，网状布置在混凝土接触岩面处，30cm 插筋固定，与 ABC 锚杆交叉位置用铁线固定。钢筋在加工厂加工，用汽车吊吊运配合安装。钢筋与模板间垫入混凝土垫块。安装前检查钢筋型号规格、尺寸和数量是否与设计图相符。检查合格后依次将结构筋摆放在架立筋上并绑扎固定，将岩壁梁斜面部分箍筋，按顺序套至结构筋底端。结构筋固定后，先安装底部斜面箍筋，再安装上部箍筋，最后将水平纵向筋穿至各层箍筋位置并绑扎固定。检查钢筋网绑扎、焊接情况，全面检查合格后申请报验。

（5）混凝土模板采用木模板＋PE板，仓面内不设拉筋。端模用免拆模板。底模在盘扣架上布置角钢支撑桁架。岩壁梁模板采用外拉内撑方式加固，模板外侧水平向布置[10槽钢，竖向布置双拼Ⅰ16槽钢。拉筋用20精轧螺纹钢及对应螺母，垫板为钢板。堵头模板用方木作为背带，背带后用钢管和拉筋加固。键槽及模板缝间用双面胶填满、密封。

（6）预埋件安装前计算出放样数据，再测放中心点。管线埋件按图纸位置在模板上开孔。在预埋件露出混凝土部位标定设计标高并与放样中心点对齐，再用全站仪校核预埋件初露部分中心点坐标、高程及外露面平整度，用加强钢筋进行定位加固。桥机轨道螺栓连接件用手工电弧焊固定在钢筋网上。照明埋管、观测埋管、排水管埋件穿越钢筋网位置设“井”字加强筋固定，用手工电弧焊固定在钢筋网上。检查确定预埋板中心线距覆面理论位置偏差为±10mm，与覆面相垂直轴线方向偏差为±5mm，板中心平面相对于板理论中心平面的偏差±1.5mm，检验合格后方可进行混凝土浇筑。

（7）混凝土浇筑及养护　模板安装就位后清理仓面，验收合格后浇筑混凝土。汽车吊配合吊罐垂直运输入仓，分层浇筑，最大平铺厚30～50cm。发现模板变形、漏浆及时处理。ϕ70型振捣器配ϕ50型振捣器振捣。浇筑到设计高程，开始初凝时，用抹子抹平压光。混凝土封仓12h后在混凝土顶面覆盖养护毯并洒水养护。养护时间不少于28天。

（8）混凝土温控措施　浇筑时自下而上分层浇筑，浇筑层厚30cm，控制混凝土入仓强度，缩短混凝土层间间隔时间。冷却水管沿长度方向水平埋设，竖向设两层冷却水管，层间距1.5m。混凝土浇筑完成后即通水，冷却水温不大于22℃。混凝土与水的温度差不超过25℃，混凝土日降温不超过1℃，通水不少于14天。每仓混凝土内埋设3支温度计，开始浇筑3天内每隔4h测1次，3天后每天至少测2次。

（三）混凝土外观质量控制措施

①原木模板表面增加一层3mm PE板。PE板与原模板缝交错布置，有效减小错台和模板缝，提高岩锚梁模板平整度。PE板表面保护膜在安装前拆去，无需再涂刷脱模剂。②混凝土浇筑过程中安排专人在每铺一层混凝土后，及时擦除溅在模板上的水泥浆，保证模板的清洁。③加强混凝土振捣控制，模板侧由有经验的振捣工用小型振捣器振捣。④采用自制混凝土垫块，混凝土垫块制作时先预埋设20cmϕ16钢筋，与结构钢筋焊接固定，增强垫块支撑强度，避免钢筋裸露。⑤模板支撑体系采用定型钢支撑，在混凝土仓外设置拉筋，避免混凝土后期拉筋处理，大大提高了混凝土外观质量。

（中国水利水电第五工程局有限公司　曹子浩）

衢江抽水蓄能电站岩壁吊车梁岩台爆刻开挖施工技术

浙江衢江抽水蓄能电站厂房岩壁吊车梁在主厂房上下游高程189.400～186.600m，长156m，高2.8m。岩台上拐点高程188.041m，下拐点186.6m，高1.441m，宽0.75m。

（一）施工方案及工艺流程

1. 施工方案　岩壁吊车梁岩台预留保护层，保护层分三块开挖，岩台单独开挖。岩壁梁第一层保护层Ⅱ21、Ⅱ31滞后30m紧跟第一层中部拉槽Ⅱ11开挖。期间钻设水平光爆孔（Ⅱ21、Ⅱ31）。第一层保护层开挖后搭设一期样架并钻设190m处边墙及保护层竖直光爆孔。第二层保护层Ⅱ22、Ⅱ32滞后30m距离紧跟第二层中部拉槽Ⅱ12开挖，第二层保护层开挖后，搭设二期样架并钻设第三层保护层Ⅱ23、Ⅱ33竖直光爆孔。第三层保护层Ⅱ23、Ⅱ33开挖完成并完成岩台上下边墙系统锚杆及岩台锁边锚杆施工后，搭设三期样架钻设岩台光爆孔，最后分段进行岩台开挖、支护施工。

2. 施工工艺流程　爆破参数设计→测量放线→样架施工→样架检查验收→钻孔→验孔→样架拆除→装药爆破→出渣清底→爆破效果检查。

（二）主要施工方法

①主副厂房Ⅱ层开挖施工放样的测量点均以控制网点为基础。周边光爆孔、锚杆孔放样时，采用设站导线控制点测出轮廓点附近任意点坐标，计算任意点与设计差值，调整后再测，调整至设计线为止。锚杆钻孔前用莱卡全站仪测孔放样。②岩壁梁施工前，通过爆破试验确定合理爆破参数、适宜的开挖分段。第二层中部梯段开挖后，将第二、三层保护层作为试验区。根据不同线装药密度爆破试验结果，选最佳线装药密度作为岩壁吊车梁开挖时控制标准。③岩壁梁及其保护层开挖均采用YT-28手风钻钻孔。炮孔钻设严格按测放孔位开孔，分区钻设时在首、末端钻设标准孔，插入钻杆或钢筋后拉线排孔，孔位偏差不大于20mm，施钻角度偏差不大于3°。钻至设计深度后吹净岩粉。封堵暂时不爆破的孔。④岩壁梁样架分三

期，岩台顶部竖直光爆孔样架为一期，下拐点186.6以下竖直光爆孔样架为二期，岩台光爆孔样架为三期。样架均采用ϕ48mm钢管制作，样架长9m，支腿高1m，导向管长60cm。采用ϕ48mm钢管做主管，两端口内套加限位器，导向管与支腿、斜撑之间由扣件连接，样架位置测设完毕后用锚筋及斜撑固定。第二层保护层竖直光爆孔样架沿用岩壁吊车梁样架，其结构及固定方式基本相同。岩壁梁岩台斜孔样架采用ϕ48mm钢管搭设脚手架，样架固定在脚手架上。样架搭设应保证岩台垂直孔与斜孔对齐。⑤壁吊车梁岩台，在3.75m预留保护层开挖完成再开挖施工。Ⅱ21和Ⅱ31开挖结束后，Ⅱ4垂直光爆孔与Ⅱ22和Ⅲ32炮孔一起施工。岩台在Ⅱ22和Ⅱ32爆破时，安装PVC管保护。最后Ⅱ23和Ⅱ33斜孔与Ⅱ4垂直光爆孔一同爆破，最终形成岩壁吊车梁岩台。岩台斜墙面及上直墙面分别采用YT-28手风钻施工斜孔和垂直孔双向光爆，钻孔均采用钢管搭设样架，导向管控制钻孔精度控制。岩台双面光爆孔间距30cm，采用小直径药卷间隔装药，高精度数码电子雷管，集中控制器起爆。⑥根据规范规定，岩壁梁保护层线装药密度120～280g/m，光面爆破孔线装药密度50～120g/m。根据爆破试验成果确定爆破参数（见表1）。

表1　爆破参数

孔位	孔径（mm）	孔深（m）	孔距（m）	药卷直径（mm）	线装药密度（kg/m）	单孔药量（kg）
竖直光爆孔	42	2.05	0.3	32	0.09	0.18
辅助孔	42	2.1	0.6	32	0.1	0.21
岩台光爆孔	42	1.64	0.3	32	0.09	0.15

（三）岩台开挖质量控制措施

①开挖作业面先进行爆破试验，并检测围岩松动圈。检测数据及时反馈，再调整爆破参数。爆破试验参数符合要求后进行开挖爆破。若围岩松动圈大于控制指标，重新对爆破参数进行修订，减少最大单响药量，增加起爆段位，降低爆破影响。②严控爆破钻孔位置。根据爆破设计及测量放样成果严格布孔，根据测量布孔点位按要求搭设稳固的样架平台并设导向管。样架搭设完成后应对样架及导向管复核。钻孔作业人员利用样架严格按测量孔位钻孔。③岩壁吊车梁岩台开挖采用保护层方式开挖。保护层合理分层分块能有效减少岩壁吊车梁岩台被拉裂现象发生，同时可以提高施工效率。④为保证岩壁吊车梁下拐点完整性，岩壁吊车梁保护层开挖时下拐点处按欠挖5cm处理。保护层开挖后，应完成岩台上下系统锚杆及下拐点锁边锚杆施工，确保在岩台爆破时，不会拉裂下拐点。⑤为保证岩台不欠挖，在岩台竖向光爆孔钻孔时采取结构线超挖5cm施钻措施。

（中国水利水电第五工程局有限公司　周佩）

长龙山抽水蓄能电站工程机组安装技术

长龙山抽水蓄能电站安装4台额定转速为500r/min和2台额定转速600r/min，单机容量350MW大容量水泵水轮发电机组，总装机容量2100MW，为全国唯一在同一抽水蓄能电站厂房内连续布置两种不同高额定转速抽水蓄能机组的厂房。

（一）定子组装

1. 结构分析　1～4号机组定子机座采用盒形筋结构（发电机冷却方式：密闭自循环空气冷却），直径8250mm，机座高5490mm。定子机座通过新型分体式弹性鸽尾筋结构与定子铁芯连接。定子铁芯高3190mm，定位筋采用分体式弹性鸽尾筋。定子铁芯有216槽，整圆由18张厚0.5mm冲片组成，共88段叠片，中间有87层通风槽片，用穿心螺杆压紧，铁芯叠压系数不小于0.96。5、6号机组定子机座采用盒形筋结构（定子上下部各安装6台强冷风机，发电机冷却方式为密闭强制循环空气冷却），直径6810mm，机座净高3910mm，定子机座通过分体式鸽尾筋结构与定子铁芯连接。定子铁芯高3702mm，定位筋采用分体式鸽尾筋。定子铁芯有210槽，整圆由15张0.5mm厚冲片组成，共103段叠片，中间有102层通风槽片，用穿心螺杆压紧。

2. 质量控制　定子定位筋调整安装及定子铁芯叠片过程需反复校核中心测圆架，以确保测量数据真实有效。定位筋焊接时严格按制定的焊接工艺进行。

与1～4号机组不同，5、6号机组需现场配钻定子铁芯压紧螺杆孔，下部定子冲片预叠验收后，根据铁芯压紧螺杆孔用样冲在下压板上划出螺杆孔中心，复核孔中心尺寸（孔中心半径2450mm），确认无误后拆除下部定子冲片。钻孔时需控制钻头速度和冷却措施，钻孔结束后复测孔中心尺寸。优化措施：大等分定位筋调整完成后用冲片对孔进行定位，提前钻孔，钻完孔进行压指安装和焊接，并进行小等分定位筋调整，可缩短工期7～10天。

1～4号机组定子采用整块下齿压板，可直接与定子机座紧固连接。5、6号机组则采用单根下压指，需使用专用模具定位安装，并现场焊接。压指在模具中向内径侧靠紧，后端间隙2mm，侧面间隙1mm，使用垫片或楔子板塞紧间隙。安装中需注意区分带槽压指和带RTD槽压指的位置。复测模具半径并确认无误后用自制压紧工具固定压指，固定可靠后焊接。

1～4号机组为立轴悬式水轮发电机组，发电电动机型号SFD350/384-12/6150，发电机冷却方式为密闭自循环空气冷却，发电电动机轴系采用“一根轴”结构。

（二）转子组装

1. 结构分析　转子由主轴、磁轭环、磁极、制动环等组成，高10935mm，外径ϕ4706mm，运转时定、转子间气隙47mm。主轴为立筋支架一根轴结构，转子磁轭采用8大段磁轭环结构。磁轭环在高强度螺杆分段把合后，再用24根拉紧螺杆整体把合。磁轭共设有12组径向组合键、24组切向组合键。径向组合键在完成磁轭叠装后有冷打键和热打键两道工序，热打键完成后进行磁极挂装工作。转子设计有12个磁极。

5、6号机组也是立轴悬式水轮发电机组，发电电动机型号SFD350/373.1-10/5540，发电机冷却方式为密闭强制循环空气冷却，发电电动机轴采用三段轴结构。转子由下端轴、中心体、上端轴、磁极、制动环等组成，高11415mm，外径ϕ4028mm，组装后定、转子间气隙46mm，运转时气隙44.5mm。主轴由下端轴、中心体、上端轴组成，转子磁轭和中心体为整体结构，与下端轴、上端轴组装后即可进行磁极挂装工作。转子设计有10个磁极。

2. 质量控制　1～4号机组额定转速500r/min，运行时转子磁轭连同磁极整体会受到巨大离心力。磁轭在离心力作用下会沿外径方向产生明显变形，导致磁轭与转子中心体支架间产生径向间隙，不仅会导致机组产生过大振动，甚至使转子支架立筋上挂钩断裂。故1～4号机组的8段磁轭环组装质量要求极高。同理，磁轭热打键直接影响机组安装质量和运行状况，其磁轭加热和冷却过程控制极重要，每个控制要点都要记录和分析现场实际情况。在冷却过程需对磁轭上部反复加热，并要检查磁轭底部与转子中心体挂钩位置的间隙。

5、6号机组额定转速600r/min，该转速下三段轴组装质量要求极高，直接影响机组轴系的摆度及运行的稳定性。此外，5、6号机组装后定、转子间气隙46mm，运转时44.5mm。在额定工况下运行时磁极受到巨大离心力作用会产生1.5mm的径向位移，磁极处于松动状态，这就要求在转子组装中需重点控制磁极安装质量，以确保机组的安全稳定运行。

（三）导水机构安装

长龙山抽水蓄能电站导水机构安装工艺，不再分预装和正式安装，即一次性安装完成。

导水机构安装中，底环止漏环安装中心是整个机组的基准中心，对该中心的测量返点是导水机构安装的重要环节之一。止漏环安装及检查完成后，进行止漏环中心返点，将止漏环安装中心数据标记于底环泄流环内壁，距底环下法兰面20mm处。此数据将是整个机组基准中心，水泵水轮机、发电电动机各的中心均以此进行调整，确保机组安装中心一致。

通过优化测量位置和方法，尤其以泄流环内壁测量返点止漏环中心为基准，使导水机构安装工艺予以优化。转轮、活动导叶等可直接吊装就位，顶盖吊入机坑次数由常规的两次减为一次，免去了拆解过程和减少了组装次数，从而达到一次性完成导水机构安装目的。

在不影响导水机构安装前提下，提前将水机室内其他大件吊装就位，待大件完成后可安装上机架等，为水轮机、发电机设备平行安装作业创造有利条件，从而节约了工期。

（中国水利水电第十四工程局有限公司　曾志辉）

阜康抽水蓄能电站首台机组定子吊装完成

2022年12月15日，由中国电建集团西北勘测设计研究院有限公司（简称西北院）牵头，与中国水利水电第三工程局有限公司（简称水电三局）、中国水利水电第十五工程局有限公司（简称水电十五局）共同组成EPC总承包联合体承建的新疆阜康抽水蓄能电站首台水轮发电机定子顺利吊装完成，标志着阜康抽水蓄能电站又完成了一个重大节点目标。

新疆阜康抽水蓄能电站工程位于新疆昌吉州阜康市境内，距阜康市约70km，距新疆负荷中心乌鲁木齐市约130km，国道G216线和省道S303线从下水库以北约21km通过，地理位置较优。阜康抽水蓄能电站距新疆负荷中心近，电站建成后可承担新疆乌昌电网调峰、填谷、调频、调相、紧急事故备用等任务。阜康抽水蓄能电站为日调节蓄能电站，机组启停灵活，反应速度快，是电网重要的保安电源，对保障电网安全、稳定、经济运行意义重大。该抽水蓄能电站是国网新源公司国内首个EPC抽水蓄能电站项目，也是新疆地区首个EPC抽水蓄能电站项目。

电站最大水头524m，最小水头449m，电站距高比3.8。电站装机容量120万kW（4×30万kW），设计年发电量24.1亿kW·h，设计年抽水用电量

32.13亿kW·h。该抽水蓄能电站共布置4台可逆式水泵水轮发电电动机，采用立轴伞式结构、“端部回风”密闭循环空气冷却方式，定子高度3985mm，最大外径8430mm，整体起吊重量约334.16t（不含吊具），采用主厂房两台300t桥机进行抬吊。为了保证此次发电机定子顺利吊装，水电三局项目部克服地区偏远、高寒以及新冠疫情重复反弹、设备到货滞后等诸多困难和不利影响，精心组织，高度重视，提前召开定子吊装安全技术交底专项会议，制定严密的技术、安全、吊装保证措施，并对吊装计划进行部署和周密安排，以确保定子顺利吊装。

定子吊装前，水电三局项目部组织专业人员对两台300t桥机的安全制动系统、机械和电气操作机构，以及吊装工具吊索、吊具进行全面检查，确保桥机及吊装作业安全；开展现场技术交底，落实责任分工，各部位设置专人监护，明确吊装行走路线和安全警戒范围，确保各个环节安全可靠；参与吊装的人员各司其职、各负其责。

在所有准备工作确认无误后，方才启动主厂房桥式起重机，并严格按照起吊操作规程，使定子从起吊到落下一气呵成，至此，首台机定子顺利吊装成功。

该抽水蓄能电站为国内首批设计、采购和施工全产业链一体化的抽水蓄能电站工程总承包项目，电站建成后不仅可改善新疆和西北电网电源结构，缓解电网调峰、调频、调相压力，而且可与毗邻的天山风景区天池呼应，形成“大小天池”奇特景观，更好地带动旅游业发展。首台机组定子吊装的顺利完成，意味着距离首台机组发电目标又前进一步。

（中国水利水电第三工程局有限公司
廖钧　王元昭　周若愚）

东庄水利枢纽工程高陡边坡薄壁混凝土滑模施工技术

东庄水利枢纽工程位于陕西省泾河干流最后一个峡谷段出口以上29km处，水库总库容约32.76亿m^3，枢纽建筑物主要由混凝土双曲拱坝、坝下消能防冲水垫塘和二道坝、左岸发电引水系统、供水洞、排沙洞、库区防渗工程及码头等组成。水垫塘两岸边坡属于1级岩质边坡，前接大坝坝肩下游，后至二道坝坝后。水垫塘两岸边坡高程为637.25～720.00m，设计开挖坡比主要为1∶0.2，局部变化为1∶0.3，设有0.50m厚贴坡混凝土。单级边坡高程为660.00～720.00m，台阶高度为20.00m，斜长为20.40m；单级边坡高程为637.25～660.00m，台阶高度为22.75m，斜长为23.20m。各马道宽均为3.00m，上下游边坡总长约为350.00m。由于该工程边坡高且陡，安全风险极大，且起重机械难以覆盖全面，结合工程特点选用滑模进行贴坡混凝土施工。

（一）滑模关键技术

（1）滑模轨道采用边坡上的化学锚栓以及前期形成的系统支护锚杆进行固定，确保滑模滑升过程中，轨道不发生位移及变形。

（2）利用滑模的整体提升，在滑模搭载的上部操作平台上进行钢筋绑扎，并且在滑模下部加载抹面平台。滑模提升后，立即进行混凝土表面缺陷处理工作，实现钢筋绑扎、混凝土浇筑、模板提升、混凝土缺陷处理的标准化施工流程。

（3）详细记录滑模每次提升的高度、时间间隔以及提升完成后混凝土表面质量情况，并根据不同的季节、时间制定最优的滑模提升数据。

（4）在滑模底部加装轨道轮，在边坡马道上加装轨道，待该层贴坡混凝土浇筑完成后，将滑模沿轨道下降至加装的轨道上，实现滑模整体沿马道进行平移，避免了滑模拆解再重新组装的时间损耗，使各部位混凝土施工衔接更加紧密，加快施工进度。

（二）滑模施工

该项目针对工程所处的地理环境，克服混凝土入仓难度大、马道狭窄、材料就位难、雨季汛期、上下多层交叉作业等因素影响，提前策划安排，精心组织，严格保障措施，保障了贴坡混凝土的优质高效施工。该滑模施工采用每15m为一仓进行分段，主操作平台宽度15.4m，滑模面板高度1.5m，分奇数段与偶数段进行跳仓施工。浇筑过程中每间隔8h对模板及架体进行一次检测，根据测量数据及时进行校正，从而保证了高边坡大面积混凝土浇筑全程受控，贴坡混凝土施工各项指标符合规范及设计要求。

（中国水利水电第八工程局有限公司
孙飞虎　张微微）

奴尔水利枢纽高边坡防护及边坡加固工程施工

（一）工程概况

奴尔水利枢纽工程位于新疆和田地区策勒县境内，是奴尔河中下游河段的控制性工程，枢纽包括拦河坝、导流兼泄洪冲砂洞、溢洪洞、发电引水系统及电站厂房。高边坡防护处理及边坡加固工程施工主要工作内容，包括奴尔码头及边坡处理、联合进水口上游边坡处理、右岸回车平台处粉土边坡处理等。

（二）奴尔码头及边坡处理

奴尔码头边坡长度约180m。主要施工内容包括新建混凝土行船码头，高程2458～2488m，边坡自进式锚杆＋挂网喷护，高程2480～2500m边坡格宾石笼防护，2500m平台以上主动防护网防护。混凝土行船码头施工时，从下至上逐仓浇筑。高程2458～2488m，长约180m边坡施工时，在2488m平台设安全桩，作业人员借助安全绳及安全带作业、移动。混凝土喷护采用干喷法施工。在钢筋加工厂预制钢筋石笼后运输至现场，沿坡面由下至上逐层摆放。块石填筑时，由小型挖机与人工配合填筑，人工整平后封盖。2500m平台以上主动防护网施工时，人员作业及移动方案同高程2458～2488m边坡施工。本部位于2022年3月10日开工，7月20日完成库区2493m水位下所有施工，8月10日完成所有施工内容。

（三）联合进水口上游边坡处理

本部位主要为自进式锚杆＋挂网喷护、混凝土素喷两种。人员作业采用高程2458～2488m边坡方案。本部位于2022年6月1日开工，7月15日完成。

（四）右岸回车平台处粉土边坡处理

本部位施工内容包括土锚钉＋混凝土挂网喷护方案和砂浆锚杆＋混凝土挂网喷护两种。施工时由顶部开挖粉土，并堆在边坡形成施工平台以便土锚钉施工。平台宽8～10m，施工平台之间高差与土锚钉排距对应，逐层施工直至回车平台。边坡顶部搭设三脚架，回车平台埋设地锚，两者架设钢丝绳将材料运送至土锚钉施工平台。砂浆锚杆和混凝土喷护施工同高程2458～2488m奴尔码头边坡。本部位于2022年7月23日开始，9月10日粉土及土锚钉施工完毕。

（五）2022年度完成的主要工程量

①奴尔码头及边坡处理完成工程量：土方开挖15300m^3，回填砂砾石4490m^3，普通混凝土2203.1m^3，锚喷混凝土644.14m^3，钢筋制作安装75.91t，格宾石笼2246.03m^3，主动防护网5000m^2，自进式锚杆1882根，钢轨9.68t。②联合进水口上游边坡处理完成工程量：锚喷混凝土558.84m^3，砂浆锚杆1073根，挂网钢筋9.53t，排水管676.34m。③右岸回车平台粉土边坡完成工程量：土方开挖35000m^3，土方回填33000m^3，砂砾石覆盖1000m^3，土锚钉2492m^3，砂浆锚杆600根，挂网钢筋36.3t，锚喷混凝土900m^3，排水管380m。

（中国水电基础工程局有限公司 吴广安）

湘河水利枢纽高边坡监测系统研究与应用

西藏湘河水利枢纽及配套灌区工程高边坡施工范围，主要为大坝左岸洞式溢洪道、导流泄洪洞、引水发电洞进出口。

（一）高边坡监测内容

湘河水利枢纽进出口高边坡监测主要对边坡的位移、应力、渗压变化进行监测。①边坡坡面变形监测。进出口高边坡坡面监测为水平位移和垂直位移。坡面设17组三点式位移计及20组观测墩，采用振弦式读数仪采集数据，全站仪采集观测墩变形数据，利用采集的数据分析边坡水平和垂直位移变形情况。三点式位移计埋入坡面深5、15、30m。②地表水监测。进口高边坡4144m及出口高边坡4116m安装测压管及孔隙水压力计，量程0.7MPa，定期观测孔隙水压力计的数据变化。③锚杆预应力监测。进出口边坡锚杆应力计分别安装15、12组，长期跟踪监测。通过对锚杆的应力监测，研究锚索预应力的变化趋势，分析边坡的稳定情况。④锚索预应力监测。进口边坡已安装6组锚索应力计，出口边坡完成3组应力计。

（二）成果分析

1. 多点位移计监测成果分析　观测结果表明：由多点位移计进口SS-3M8及出口SS-3M12，边坡变形可划分为3个阶段：①变形快速发展阶段2020年1月初～同年1月底，此阶段边坡变形速率大，30m深位移计速率最大达0.71mm/天，其中出口边坡位移计出现负值，表明位移计处于压缩状态，边坡相对稳定；②蠕滑变形阶段2020年2月初～同年4月底，此阶段所有锚杆支护基本完成，且边坡下部未开挖和爆破，锚杆支护施工对抑制边坡变形起到重要作用，坡体变形速率明显降低，累计最大位移量1.6mm；③变形基本稳定阶段2020年5月初至今，此阶段变形速率相对更低，但有个别点速率快速变化，这与下部洞室开挖及雨季强降雨有对应关系，累计最大位移量3.78mm。

从测值过程线看，目前位移计测值为表面位移，变化速率较小，其中SS-3M8 1-1断面位于4164m马道多点位移计深5、15、30m的月累计变化量，分别为0.14、0.55、0.75mm，SS-3M12 4-4断面位于4096m马道多点位移计深5、15、30m月累计变化量分别为0.00、0.05、0.60mm，累计位移集中在－0.32～2.29mm无明显变化，测值稳定，边坡处于稳定状态。

2. 地表水测压管监测　对进口边坡多点渗压计SS-P1观测数据分析，孔隙水压力孔压与时间（温度）变化曲线显示，7月底～8月初孔压处于较低水平。虽该时段为雨季，但前期施工的喷锚支护及边坡排水系统对孔压渗水起一定保护作用，使边坡处于稳定状态。

3. 锚杆应力监测成果　通过对观测数据分析，进口4104m边坡2020年1月初～4月底锚杆受拉力处于增大状态，随时间变化起伏较大，但均小于锚杆设计荷载。2020 年 5 月后锚杆所受拉力基本处于稳定状态，锚杆拉力不再增加，随时间变化起伏较小，说明进口边坡处于安全稳定状态。出口 4116m 边坡 2020 年 1 月初～4 月中旬，锚杆受拉力处于平缓状态，随时间变化起伏起小，锚杆受力均小于设计荷载。2020 年 5 月初～6 月中旬，锚杆受力增大，速率加快（边坡下部溢洪洞正进洞开挖），但小于锚杆受拉的设计荷载。6 月中旬后因洞室山体内部开挖及锚索张拉施工，锚杆受力现局部突变，突变值较小，后期锚杆拉力不再增加，随时间变化起伏较小，说明进口边坡处于安全稳定状态。

从测值分析，SS-AS6 1-1 监测断面位于 4104m 马道，累计最大测值 43.1MPa，SS-AS21 4-4 断面位于 4116m 马道，累计最大值 6.1MPa，测值在 −5.60～43.1MPa 间。目前锚杆应力计大部分处于受拉状态，锚杆起到相应的支护作用。

4. 锚索应力监测成果　通过对观测数据分析，锚索张拉锁定锚固后预应力基本稳定。锚索应力计变化频率测定显示，应力维持在 700kN 以上，设计锚固力 800kN，短期 7 天内衰减较明显，后期衰减随时间减小，基本处于稳定状态，30 天整体衰减率 8.5%，处于稳定状态。

5. 总体分析　施工前期完成浅层支护，进出口边坡应力现较大变化，多点位移计出现最大变化值，锚杆应力计最大达 43.1MPa，说明边坡稳定性未得到有效保障。中后期完成深层锚索，边坡多点位移计及锚杆应力变化率趋小，边坡的稳定性通过系统支护得到有效保护。

在此次监测过程中发生的边坡局部塌方，均在提前预判重大风险范围内。根据风险等级，针对性地增加了现场安全监督及预防措施，有效防止了安全事故发生，把损失降到最小。所以，在西藏高海拔水利工程监测系统中采用多点位移计、地表水测压管、锚杆应力、锚索预应力计监测，可较好地指导施工，对高边坡安全稳定起到预警作用。通过观测和对观测数据的分析，可以预先知道边坡的发展趋势，以便及时采取预防措施，并对施工过程进行优化。

（中国水利水电第九工程局有限公司
赵鹏飞　梅峰）

古皂水库工程竖井反井钻机施工技术

古皂水库竖井式放水塔塔身尺寸 6m × 53.96m（塔身直径×高）。井口位置为Ⅴ级围岩，岩石破碎，自稳性差。其下部主要围岩为砂岩，局部有泥质细砂岩、夹粉砂岩分布。竖井古皂水库竖井开挖施工中，采用 LM 系列的 ZFY1.2/120 反井钻机。

（一）反井钻机施工工艺

1. 施工准备　施工前在竖井井口区域坚实基础上，浇筑一个 4m×3m×1m 的混凝土井场基座作为钻机作业平台。浇筑时在中部预留 0.2m×0.2m 的水沟，基础平面距轨道面底 0.1m。作业现场铺设两条 5m 长轨道，轨道间用接头夹板连接，轨道铺设至距中心线 1m 处，与混凝土基座固定牢固。在中心线位置顶板上打 1 根起重锚杆，用于钻进组装及固定。钻机周边做好井场的循环水冷却系统，污水泥浆抽排系统和沉渣池。机座安装好后打设 8 根地锚用于钻机固定。

待基座混凝土达设计强度 75%后，按序进行钻机设备安装。反井钻机就位后，接通电源，启动钻机车，操作钻机臂架，使其中心轴线与竖井中心轴线吻合，钻头对准测放好的起孔点。微调地脚螺栓，使钻杆倾角及中心线精确定位，锁紧地脚螺栓，回填混凝土固定。

2. 导孔钻进　导孔正常钻进前，采用开孔钻杆进行开孔钻进，其深度约 5m。开孔结束后，拆除开孔钻杆，换上正常钻进钻具组合。导孔开始钻进时采用高转速低钻压，并视地质情况合理调节钻压。每根钻杆钻进结束时，上提钻具 0.3～0.5m，通过吹风清扫孔底，待孔内石屑冲洗干净后再接长钻杆继续钻进。当遇到裂隙较大、破碎带或塌孔掉块时，立即提动钻具，上下反复强行吹风冲击实现串洞，击碎掉块，并带到孔外。每钻进 20m 检测一次孔位、孔斜率，发现偏斜超标时，通过扩孔、重新进行钻机支垫、压力调整等进行纠偏。导孔贯通前 10m，在钻孔下口导流平洞周围 20m 处布设警戒线，安排人员看护，禁止车辆、行人通行，并做好钻孔下口排浆工作。

3. 扩孔钻进　导孔钻穿岩层至导流平洞后，拆除导孔钻杆和机具。在导流平洞内安装 ϕ1.2m 三牙轮钢齿钻头＋短接＋ϕ176mm 钻杆，并在钻杆末端套接上丝扣挂钩，自下而上一次扩孔成型。岩渣靠自重下落至导流平洞底板，由装载机铲运出洞外装车。在扩孔钻头未完全进入扩孔钻进时，采用低钻压、低转速钻进，以防钻头剧烈晃动损坏机具，待钻头全部钻进时再加压。扩孔中根据围岩硬度实时调整钻压、转速。扩孔钻头钻至距井口约 2.5m 时，降低钻速、加强监测，直至钻头完全露出井口地面为止。扩孔中在钻孔下导流平洞处安设好拦污设施，并设警戒线，禁止车辆、行人通过。钻渣及时用装载机清除。

4. 正向分层开挖　正向分层开挖前，施工竖井钢筋混凝土锁口圈梁，待其混凝土达设计强度75%，锁口完成后方可实施正向分层开挖。采用5mm厚花纹钢板制作ϕ1.4m井盖，盖在溜渣井井口，防止石渣从溜渣井坠落至下方的导流平洞内伤人。

竖井正向全断面分层开挖（层厚1.5m）采用钻爆法，自上而下手风钻造孔，毫秒延时非电雷管、岩石乳化炸药装药爆破。开挖至设计轮廓，每茬炮后用25t汽吊吊入PC30反铲扒渣至溜渣井。井底石渣用装载机在导流平洞出口装车。出渣完成后，竖井侧壁锚杆支护随扩挖及时跟进。

（二）施工中导孔偏斜控制技术措施

1. 安装牢靠导孔施工设备　安装钻机设备前，整平基础，并保证钻机安装平稳，各螺栓配件紧固到位。在钻进过程中，定期对钻机进行经常性检查和纠偏，始终保持孔口、天车和立轴处于同一条直线上。

2. 正确操作用于开孔的钻铤工器具　需保证钻铤平直度，其长度应随钻孔深度增加而逐渐加长。采用牙轮钻头分层钻进时，控制好钻具与孔壁间隙，持续加强钻具导正作用。

3. 选择合适的钻压　根据竖井围岩硬度、钻杆自重、钻孔倾斜角度、钻机工作能力等有关数据测算，将导孔钻压控制在0.5～2t，以防止钻压过大造成钻孔偏斜。

4. 选择恒定的钻进速度　结合地质情况试验确定，在钻具结构搭配合理的情况下，转速控制在20～40r/min范围内较为合理，有利于孔斜的控制。

5. 及时测斜和动态纠斜　孔深达20m左右时，采用MDN-48KZ泥浆脉冲随钻测斜仪进行测斜，之后每钻进两次循环进行一次测斜。发现钻孔弯曲超限时，及时分析找出原因，立即用螺杆钻具＋定向仪进行纠斜，以确保导孔偏斜不超限。

（三）应用效果

古皂水库竖井从进场开挖井口并浇筑钻机基座平台，到扩孔钻进完成，耗时15天。经测算，竖井导孔钻机平均钻进速度1.3m/h，反井钻机平均扩孔速度1.6m/h，扩孔后复核实际偏斜率0.7%，其扩孔完全满足竖井全断面扩挖的出渣要求，极大缩短了竖井开挖工期。

（中国安能集团第一工程局有限公司　李高正）

外掺氧化镁面板混凝土力学及变形性能试验研究

面板混凝土属于水工薄壁结构，与大体积混凝土比，具有表面积大、水分散发快、干缩突出等特点，极易导致面板混凝土产生表面裂缝甚至贯穿性裂缝，不仅破坏结构的整体性，影响结构受力，而且会使内部钢筋锈蚀，降低结构耐久性。

为增强面板混凝土的抗裂性能，业界进行了大量探索研究，其中掺加膨胀剂补偿收缩是其中技术手段之一。目前，硫铝酸盐—氧化钙复合型膨胀剂应用较为广泛，其特点是膨胀速率快、膨胀率高，可在14天内完成膨胀，且价格低廉，但在养护结束构件逐渐干燥后会产生较大的膨胀回落；而MgO膨胀剂具有水化需水量少、水化产物物理化学性质稳定、膨胀过程可调控设计的优点，可满足不同类型结构混凝土收缩补偿要求，研究意义与工程应用价值较大。为此，以荒沟抽水蓄能电站项目为依托，进行了MgO在面板混凝土中抗裂适用性的研究。

荒沟抽水蓄能电站上水库混凝土面板坝共计面板53块，基本宽度14m，最大斜长137.1m，面板迎水面坡比1∶1.4，顶部厚度0.4m，底部厚度0.56m。

（一）试验原材料及方法

（1）试验原材料。①水泥为P·MH42.5中热硅酸盐水泥，粉煤灰为F类Ⅰ级灰，硅粉为微硅粉，外加剂为PCA®-Ⅰ型聚羧酸高性能减水剂，细骨料和粗骨料为现场生产骨料，各种原材料物理力学性能、化学成分检测结果符合规范要求。②MgO膨胀剂采用武汉某公司生产的Ⅰ型MgO，品质检验结果为：限制膨胀率（水中养护7天）0.036%；细度（80μm）1.6%；MgO含量88.18%；烧失量2.05%；含水量0.2%；f-CaO含量1.54%；活性反应时间123s。③试验同时选用CSA-Ⅲ型硫铝酸盐膨胀剂进行对比试验研究，其性能测试结果为：限制膨胀率（水中养护7天）0.080%，比表面积351m^2/kg，细度（1.18mm筛）0.0%，抗压强度7天33.6MPa、28天47.0MPa。

（2）试验方法。按相关规范进行混凝土抗压强度试验、极限拉伸试验、抗冻性试验、自生体积变形和早期抗裂性试验。并通过平板法评价MgO对面板混凝土在约束条件下早期抗裂性影响。

（二）混凝土配合比设计

①设计指标。面板混凝土技术要求为C35W10F90400，其他技术指标为二级配混凝土、坍落度5～7cm、保证率95%、配制强度43.2MPa。②配合比设计。试验选择三种水灰比0.41、0.38、0.35，粉煤灰掺量15%，硅粉掺量5%，MgO掺量5%，CSA-Ⅲ掺量5.3%。基准试验组（JZ），不同水胶比掺MgO试验组B-1、B-2、B-3；掺CSA-Ⅲ试验组A-1、A-2、A-3。

（三）试验结果及分析

（1）混凝土抗压强度。抗压强度均随水胶比的减小而增大。相同水胶比及龄期的抗压强度值，掺CSA-Ⅲ组大部分略低于掺MgO组；相比于基准组，掺MgO组早期（7天）抗压强度会降低，但28、90天强度无明显差异。采用小于0.41水胶比配制的混凝土28天抗压强度可以满足43.2MPa配制要求。

（2）混凝土抗拉强度及极限拉伸值。随着水胶比的减小，28、90天龄期抗拉强度逐渐增加，极限拉伸值也随之加大。与基准组相比，掺MgO组和掺CSA-Ⅲ组的极限拉伸值分别提高约41.8%和36.3%。随着龄期的增长，掺CSA-Ⅲ组抗拉强度及极限拉伸值略低于掺MgO组抗拉强度及极限拉伸值。

（3）混凝土抗冻性能。冻融循环次数小于150次时，除基准组外，其余试验组质量损失均小于1%。七组试验中A-2、A-3、B-2、B-3达到了400次冻融循环而未冻断，质量损失率由高到低为JZ＞A-1＞B-1＞A-2＞B-2＞A-3＞B-3。

（4）混凝土自生体积变形。掺CSA-Ⅲ的A-2组自生体积变形较掺MgO的B-2组大。A-2组1天、8天的膨胀变形达20.34×10-6、31.39×10-6，60天逐渐稳定；B-2组12天膨胀变形达18.68×10-6，之后膨胀速率减缓，90天时仍未趋于稳定。因此复掺适量CSA-Ⅲ和MgO均可不同程度补偿混凝土自生体积收缩。掺入MgO或CSA-Ⅲ混凝土大板均无裂缝，说明对面板裂缝抑制效果良好。

（四）结论

通过试验研究可得出的主要结论为：①相比于普通混凝土，掺5%的MgO会降低混凝土早期抗压强度，但水胶比小于0.41时配制混凝土90天抗压强度满足43.2MPa的配制强度要求。②相比于普通混凝土，掺MgO和掺CSA-Ⅲ的混凝土极限拉伸值分别提高约41.8%和36.3%，而抗拉强度及极限拉伸值基本相当。③混凝土大板干缩试验表明，掺MgO或CSA-Ⅲ的混凝土大板均无裂缝，说明对面板混凝土抑制早期裂缝效果较好。

（中国水利水电第三工程局有限公司　陈书军）

削峰剂对混凝土性能的影响研究

水化热抑制材料能有效减少混凝土内部温升，延缓水泥中水化速度，但水化放热总量不会变化。本研究基于金堂韩滩大桥承台C40混凝土，掺加削峰剂对混凝土性能的影响。

（一）温升削减效果试验模型

试验采用半绝热温升试验模拟实际工况。制作1个五面保温、一面临空试模。保温材料为厚50mm XPS挤塑式聚苯乙烯保温板，侧面与底面加两层保温板。试模内表面贴一层锡纸，浇筑混凝土前再在内表面铺一层塑料薄膜。外围胶带缠绕，设三道角钢围护。用QJ-1型自动监测仪测温。将温度测头与标准温度计放入水中，两者读数差较小，故本次温度测头读数暂不修正。

（二）混凝土配合比及试模

试验采用金堂大桥C40承台混凝土配合比，原材料也是与其一致的。水泥为P.O.42.5和PLH42.5低热水泥。粉煤灰为Ⅱ级灰，掺量30%。减水剂为PCA-1高性能聚羧酸减水剂，掺量1.4%。细骨料为机制砂，砂率40%，二级配粗骨料，小石5～10mm，中石20～40mm，小石：大石＝6∶4。混凝土容重2400kg/m^3。削峰剂外掺量为胶凝材料的1%。

试模容积450mm×450mm×450mm≈92L，每次搅拌30L，1个试模搅拌90L。出机后测试坍落度、容重，并成型3、7、28天抗压强度试块。温度测头布置好后，在试模顶部加盖一层5mm厚的保温板，并用胶带密封。承台混凝土中心温度为理论最大值，且散热慢。为模拟该部位的温度，本次采用试模全程封闭测试，即不掀开顶部的保温板。

（三）混凝土性能

1. 拌和物性能及抗压强度　混凝土拌和物性能和抗压强度测试结果见表1。由表1可见，掺入1%的削峰剂后混凝土坍落度增加10～20mm，3天强度可达不掺削峰剂强度混凝土的96%，28天强度可达104%，耐久性略有提高。

表1　混凝土拌和物性能和抗压强度

试验方案	坍落度（mm）	扩展度（mm）	抗压强度（MPa）			抗渗性	抗冻性（F200）	
			3天	7天	28天		质量损失（%）	相对弹模
普硅水泥	200	520	34.1	40.3	48.2	大于W10	2.3	87%
普硅＋削峰剂	220	530	32.5	40.8	50.1	大于W10	1.8	92%
低热水泥	210	520	24.5	33.4	49.6	大于W10	1.3	90%

2. 内部温度变化 由表2测温结果可见：掺入削峰剂后混凝土的早期（30h以内）温升速度降低，最高温度出现时间延长15h左右；在普硅水泥体系下，中心最高温度降低12℃；即使采用普硅水泥加＋削峰剂的体系与纯低热水泥体系相比，也可降低中心最高温度约6℃；削峰剂延缓了水泥的30h以内水化速度，使混凝土升温速度降低，而在混凝土温度逐渐上升过程中，掺削峰剂的混凝土水化速度逐渐上升，保证混凝土的早期（3天）强度并不降低。削峰剂对混凝土的水化的总放热量和水化产物并未有影响。

表2 对比试验的测温结果

温度测头位置	正中心			上对角线			下对角线	
	普硅水泥	削峰剂	低热水泥	普硅水泥	削峰剂	普硅水泥	低热水泥	削峰剂
入模温度（℃）	28.4	29.4	27.1	28.3	29.1	28.5	27.3	29.3
温峰值（℃）	62.5	50.9	54.4	62.0	50.3	61.8	54.0	49.8
温峰时间（h）	23.5	63.5	28.0	23.5	63.5	23.5	28.0	63.5
最大温升（℃）	34.1	21.5	27.3	33.7	21.2	33.3	26.7	20.5
温升降幅（℃）	—	12.6	6.4	—	12.5	—	6.7	12.8
温峰延迟时间（h）	—	40	4.5	—	40	—	4.5	40

（中国水利水电第七工程局有限公司 游丘林）

基于表面能理论的改性沥青与集料黏附性研究

（一）研究背景

沥青与集料的黏附性不良而发生沥青从集料表面剥落是造成水工沥青混凝土水损害的根本原因。为了让水工沥青混凝土具有良好耐久性，改善其黏附性成为提高水工防渗结构水稳定性的关键。目前评价沥青黏附性的方法有水煮法、水浸法、光电比色法。最常用的水煮法操作简单，但缺乏定量指标，受主观因素影响较大，且无法准确评价改性沥青与集料的黏附性。国内外学者提出了许多方法，但这些方法和指标忽略了沥青混合料水损害的机理。

沥青混合料水损害可通过表面能理论来解释。现阶段国内外学者对表面能理论的研究仍以定性分析为主。本文基于表面能理论，通过一系列试验和研究，提出了量化指标，为准确量化不同改性剂的改善效果，评价不同沥青与不同集料之间的黏附性提供了思路。

（二）材料与试验方法

1. 试验材料 粗骨料选用石灰岩、花岗岩、辉绿岩，经化学成分分析分别为碱性、酸性、中性岩，指标满足相关规范要求。沥青选取70A、90A及SBS，指标满足相关规范要求。抗剥落剂选用PA-1型胺类，选用的水泥、消石灰等性能指标也均满足规范要求。

2. 试验方法

（1）接触角试验。采用SCQ-1岩石切片机，将岩石切成10mm×10mm×8mm长方体，依次用粗到细砂纸打磨抛光。将9类沥青分别加热至熔融状，并浇在清洗过的载玻片上，再放入160℃烘箱中悬挂2min使沥青在载玻片上自由流淌成薄层，制备成沥青试件。

使用JC2000DM型接触角测量仪，选取3种探针液用躺滴法分别测定各类沥青与集料的接触角，通过表面能理论公式计算3种集料与不同沥青黏附作用的大小。

（2）改进水煮法。在规程试验方案基础上改进水煮法。以连续性试验（3、6、10、15min）方法测定沥青—集料在水煮剥落中沥青剥落质量随时间变化。针对三种岩石与改性前后90A沥青的黏附性进行试验，每种集料各分5组，并以90A—石灰岩作对照组。再经计算得质量损失率F，结合黏附性分级指标表评价沥青—集料间的黏附性能。

（三）试验结果与分析

1. 以表面能评价沥青—集料的黏附性 由沥青类型和集料表面能参数关系可知，3种沥青色散分量数值远大于极性分量，说明沥青为弱极性材料。其中SBS改性沥青表面自由能大于70A、90A基质沥青，说明SBS改性沥青具有更大内聚力；改性后90A表面能相较于90A减少2.5%～6.2%，且极性分量增加，色散分量减小；老化后沥青极性分量和自由能总量均减小。3种集料表面能参数较大，属高表面能材料。将表面能参数代入表面能有关算式，可得相应沥青—集料组合的黏附功、剥落功和黏附功与剥落功比值（*ER*）。计算的黏附功、剥落功均为正值，说明黏附与剥落过程均为放热反应过程，其中改性后90A沥青黏附功相较改性前增大，说明无水条件下沥青—集料黏附性能提高。

由沥青—集料组合的*ER*值关系图可知，沥青类型相同、集料种类不同时，*ER*值大小顺序：沥青—石灰岩＞沥青—辉绿岩＞沥青—花岗岩；集料相同、沥青为90A基质时，*ER*值大小顺序：90PA—集料＞90HC—集料＞90H—集料≈90C—集料＞90A—集料。此外，总体上掺不同改性剂后沥青—集料组合*ER*值均为增大，黏附性和抗水损害能力增强，掺抗剥落剂对*ER*影响最大。沥青老化会不同程度减弱沥青的抗水损害能力。

2. 以水煮法评价沥青—集料黏附性　水煮法测得沥青—集料的黏附性试验结果表明，抗剥落剂的添加使沥青—集料组合的黏附性显著提高。90A—辉绿岩在水煮时间为15min时黏附等级4级，而90PA—辉绿岩相应黏附等级6级，相较于90A—辉绿岩F值减少18.01%。

试验结果表明，不同改性剂的添加使得沥青—集料的黏附能力增强程度不同。当沥青类型相同时，沥青—石灰岩的黏附性最佳，沥青—辉绿岩次之，沥青—花岗岩最差。

3. 沥青质量损失率与水稳定指标关系　由沥青—花岗岩、沥青—辉绿岩不同水煮时间下的*F*值与*ER*值的关系可知，两种岩石与沥青组合*F*值与*ER*值均呈线性负相关，且线性拟合优度均大于0.95，表明表面能理论运用于沥青—集料黏附机理的准确性；当同一种类岩石与沥青组合时，*ER*值越大，*F*值越小，黏附性能越好，随着水煮时间的加长，*F*值不断增大。因此，改性剂的添加对沥青与集料之间的黏附性与抗水损害能力有不同程度提高，沥青种类对抗水损害能力的大小排序依次为90PA＞90HC＞90C≈90H＞90A。

（四）研究结果述评

（1）基于表面能理论建立的水稳定指标*ER*与水煮法质量损失率*F*间具有线性负相关关系，可有效评价沥青—集料系统的黏附性能及沥青混合料的抗水损害能力。

（2）通过表面能试验，3种原样沥青色散分量远大于极性分量；掺入改性剂后90A沥青表面能总量减小2.5%～6.2%，沥青极性变大，使沥青—集料间润湿性增加，增强了两者黏结力；沥青老化后总表面能减小，极性减小，黏附性能减弱。

（3）采用水稳定指标*ER*定量评价沥青—集料黏附性强弱，结果表明集料相同时掺改性剂的90A沥青黏附性大小排序为90PA＞90HC＞90C≈90H＞90A，沥青相同时黏附性大小排序为沥青—石灰岩＞沥青—辉绿岩＞沥青—花岗岩。此法比水煮法更准确客观。

（4）通过改进水煮法，在一定时间范围内，连续水煮时间越长，越容易比较出不同类型沥青与集料之间黏附性的差异，通过比较得出抗剥落剂的改性效果最好。

（中国水利水电第三工程局有限公司
焦凯　王永周）

大体积水下自密实混凝土的试验研究及应用

锦屏一级水电站左岸导流洞出口围堰为水下自密实混凝土，给导流洞封堵创造了条件。

（一）原材料

水泥为P·MH 42.5级中热水泥，粉煤灰为F类Ⅰ级粉煤灰，骨料为砂岩人工骨料，无碱活性。其中，粗骨料粒径为0～20mm，细骨料为中砂。外加剂采用JG-2H型缓凝高效减水剂和JM-2000型引气剂。原材料均满足相关要求。

（二）混凝土配合比试验

1. 配合比设计　配合比参数：扩展度650±5mm，水胶比0.39，水170kg/m^3，砂率53%，粉煤灰掺量20%，减水剂掺量0.6%，引气剂掺量0.5‰，T_{50}s。性能指标见表1。

表1　混凝土性能试验结果

混凝土标号	水粉比	粉体量（m^3）	浆体量（m^3）	粗骨料绝对体积（m^3）	坍落度（mm）	扩展度（mm）	T_{50}（s）	含气量（%）	抗压强度（MPa）	
									7天	28天
C25W10F100	0.98	0.17	0.34	0.31	248	658	4.3	3.6	24.4	33.6

2. 模拟施工试验　在现场进行水下自密实混凝土浇筑模拟试验。试验采用搅拌车运输、导管法浇筑水下混凝土。模拟试验确认了如下工艺可行：①采用2.5mm厚钢板作模板，并用ϕ48mm钢管作模板支

撑，上游侧不立模，由水下混凝土自然堆积；②推荐配合比能满足施工性能要求，但模拟试验与配合比试验用的骨料有差异，故配合比应微调；③导管直径225mm，间距3.5m，导管距离底板起始距离控制在0.5m内，导管埋入混凝土深度4～6m时开始拔管，拔管后导管埋入混凝土深度以2m左右为宜。

（三）实际应用

1. 混凝土浇筑施工质量控制　①混凝土原材料必须满足相关规范与设计要求，并加强原材料检测。若现场使用原材料与配合比原材料品质出现较大差异，应及时调整配合比参数。②水下混凝土立模及浇筑施工中会受到导流洞出口水流的巨大冲击，也易受到由于导流洞进口闸门不严密产生的下泄水流冲击，对模板的稳定和混凝土浇筑将造成影响。为此，在围堰外修筑了一个挡流丁坝，将急流的水头减小，使围堰施工处于接近静水状态。浇筑前，潜水员用高压水枪将底板的淤泥清理干净。③混凝土浇筑中不能振捣，主要靠混凝土自重压力自行密实，故无法直观了解浇筑情况。浇筑前，由专业试验检测人员对混凝土拌和物的性能进行检测确认。对导管做闭水试验、流畅性试验，导管内放置一个排水排气的球，用混凝土将球压出。严控放料的连续性和均匀性。④采用预冷混凝土，埋设冷却水管，按相应规范及设计要求进行温控。⑤为保证结构物的运行安全，浇筑完成后应严格按设计要求实施封堵灌浆。⑥水下混凝土浇筑工序复杂，浇筑中因人为原因造成质量事故的可能性极高。因此，施工前对参与人员做好技术交底，并在浇筑中加强现场质量巡查和监督管理工作。

2. 施工质量　锦屏一级水电站左岸导流洞出口围堰采用导管法水下自密实混凝土施工，历时7天，浇筑混凝土总量5000m^3。采用调整后的水下自密实混凝土配合比进行围堰施工，浇筑过程连续、均匀，浇筑质量得到有效保障。混凝土拌和物的和易性、黏聚性、流动性较好，浇筑中无泌水、离析、堵管。混凝土抗压强度、抗冻性、抗渗性均满足要求（见表2），围堰施工后无渗漏。左岸导流洞封堵期间，基坑内无渗水。声波法对混凝土结构检查，围堰结构密实，无空洞、蜂窝、断层、裂缝等缺陷。

表2　　水下自密实混凝土检测结果

项目	实际扩展度（mm）	实际含气量（%）	抗压强度（MPa）	抗冻性	抗渗性
检测结果	610	4.1	36.2	≥F100	≥W10
检测组数	9	8	9	2	2

（中国水利水电第七工程局有限公司　李凤玉）

巴家咀水库除险加固防渗墙工程施工情况

（一）工程概况

巴家咀水库位于甘肃省庆阳市西峰区境内，地处黄土高原地区。水库坝址以上蒲河干流长约105km，控制流域面积3478km^2，属大（2）型水库，是一座以城市供水为主，兼顾灌溉、发电等综合利用的水利枢纽。水库于1958年9月开始兴建，1962年7月建成，初建坝高58m，坝顶高程1108.7m，库容2.57亿m^3，为黄土均质坝。现状坝高75.6m，坝顶高程1126.30m，坝顶长563m，坝顶宽6m，总库容5.40亿m^3，电站装机容量2084kW，工程由拦河大坝、两条泄洪洞、输水洞、溢流道组成。相应的设计洪水洪峰流量为10100m^3/s；按2000年一遇洪水（$P=0.05\%$）校核，相应的设计洪水洪峰流量为20300m^3/s。

本次除险加固建设内容：①阻隔坝体横向裂缝，重建坝体及左岸防渗体系（混凝土防渗墙及帷幕灌浆）；②加固大坝坝顶防浪墙、增设下游排水体，整治上下游坝坡；③溢洪道混凝土结构缺陷处理，堰前泥沙清理，前端泄槽边墙加高；④泄洪洞和增建泄洪洞混凝土结构缺陷处理，及闸门、埋件、启闭机更换，输水洞结构加固和进、出口工作闸门、埋件、启闭机更换和闸室修建；⑤改造供电系统，维修改造溢洪道弧门启闭设；⑥改造与完善工程管理设施。工期为2022年4月9日～2024年10月31日，合同工期30个月。

（二）混凝土防渗墙施工

防渗墙设计墙厚1.0m，成墙面积25300.43m^2，轴线长度483.10m，平面布置范围：桩号坝横0－084.80～0－040.20m，坝横0＋004.10～0＋442.60。

设计防渗墙入岩深度，在主河床、左坝肩段深入基岩1m以上，右坝肩段深入午城黄土2m以上。防渗墙顶高程，溢洪道右岸为1117.60m，溢洪道左岸为1119.80m，最大设计墙深为71.4m。

防渗墙墙体材料28天龄期物理力学设计指标：抗压强度$R_{28}>5.0$MPa，抗渗等级W10，渗透系数$K\leqslant1\times10^{-7}$cm/s，弹性模量$EC>2000$MPa，容重≥2.1t/m^3，坍落度180～220mm，扩散度340～400mm。

本工程防渗墙成槽投入4台冲击钻、2台液压抓斗，采用“三抓法”与“钻凿法”配合施工工艺。即上部午城黄土层采用液压抓斗三抓直接成槽，下部基岩层由冲击钻钻凿成槽。为防止坝体产生劈裂破坏，采用间隔一个Ⅰ期槽段进行跳跃法施工。防渗墙工程于2022年8月1日开始施工，2022年度共完成60个槽段施工，

累计完成防渗墙成墙面积20207.81m²，已完成防渗墙工程量占合同量的72.23%。剩余防渗墙槽段计划于2023年4月30日前全部完成。

（中国水电基础局有限公司　张学全）

白莲河水库除险加固工程 2022年度施工情况

（一）工程概况

白莲河水库位于长江中下游左岸一级支流——浠水河中游，坝址位于湖北省黄冈市浠水县白莲镇和罗田县白莲河乡之间，坝址以上水库承雨面积1800km²。白莲河水库以防洪、灌溉为主，兼发电、供水、旅游、航运等，是大（1）型水利枢纽工程。坝后电站装机容量为45MW，多年平均发电量0.672亿kW·h。水库水厂日供水量5.69万m³，年供水量0.21亿m³。

白莲河水库工程于1958年8月动工兴建，1960年10月底基本建成并发挥效益，60年来进行了多次续建和加固。受多方面因素影响，经大坝安全评价分析，工程仍存在主坝副坝渗漏、第一溢洪道下游渗水，西干渠1号取水建筑物输水涵管洞身渗漏严重，对主坝渗流安全构成威胁，西干渠2号取水建筑物进水塔工作桥高程明显偏低，边坡局部垮塌，混凝土结构裂缝、剥蚀、露筋及碳化等问题，严重影响水库的正常运行。

（二）施工内容

主要建设工程包括主坝、副坝、溢洪道、渠道取水建筑物、工程安全监测与信息化管理、水库管理设施改造与更新、防汛道路改造、机电设备及安装工程、金属结构设备及安装工程、白蚁防治、水土保持工程、环境保护工程及临时工程等。计划工期为2022年3月20日～2024年7月16日。

（三）2022年度工程进展情况

1. 主副坝挡水建筑物　主坝为黏土心墙坝，由砂质黏土心墙和砂砾石、风化岩代料坝壳组成。新建混凝土防渗墙轴线长255m，墙厚0.8m，最大墙深66.7m。混凝土防渗墙底部与心墙盖板衔接，其他无盖板部位深入基岩0.5～1m。防渗墙28天标准立方体抗压强度$R_{28}\geqslant$15MPa，渗透系数$K\leqslant1\times10^{-7}$cm/s。主坝防渗墙于2022年10月15日开始施工，截止到2022年12月31日累计完成成墙面积7590m²，其中最深槽段63.7m，是目前湖北省省内水库最深防渗墙施工项目。

副坝为黏土心墙坝，由砂质黏土心墙和砂砾石、风化岩等代料坝壳组成。新建混凝土防渗墙轴线长度82m，墙厚0.6m，最大墙深26m。混凝土防渗墙深入基岩0.5～1m。防渗墙28天标准立方体抗压强度$R_{28}\geqslant$15MPa，渗透系数$K\leqslant1\times10^{-7}$cm/s。副坝防渗墙工程于2022年8月28日开始施工，2022年11月21日完工，累计完成成墙面积2458.94m²，其中最深槽段26.7m。

2. 第一溢洪道泄洪建筑物　①第一溢洪道混凝土结构碳化严重，局部混凝土强度偏低；泄槽混凝土底板开裂、损坏严重，局部翘起，抗冲蚀能力差；基岩透水率不满足防渗标准且下游有渗水；启闭机平台大梁为简支结构，不满足抗震要求。此次设计对上述实体混凝土均进行修复。②第一溢洪道启闭机房及其排架于2022年10月17日开始拆除，到12月31日启闭机房及其排架全部拆除，新建混凝土排架浇筑245m³。③第一溢洪道泄槽底板及鼻坎于2022年11月16日开始凿除底板缺陷混凝土，截止到12月31日完成缺陷凿除5480m²。

3. 白蚁防治专项工程　白莲河水库枢纽工程区存在严重的白蚁危害现象，已威胁工程安全。本次除险加固对主坝、副坝及其他水工建筑物及管理区等采取白蚁防治措施。白蚁防治包括白蚁危害普查、白蚁危害监测、挖巢、钻孔灌浆和防蚁隔离毒土带等。

白蚁防治于2022年11月16日开工，截至12月31日完成挖巢145个，钻孔灌浆28750m，防蚁隔离毒土带1038m，埋设诱杀包34570个，地表施药30280m²。

（中国水电基础局有限公司　方锡雄）

7

机电及金属结构

水电机组及辅机

李家峡水电站工程水轮机转轮改造

李家峡水电站位于青海省尖扎县和化隆县交界的黄河干流李家峡河谷中段，是黄河上游龙羊峡—青铜峡河段规划的第三座大型梯级电站。电站额定水头122m，共设计安装5台混流式水轮发电机组，单机容量40万kW，总装机容量200万kW。水轮发电机组均为立轴混流式，5台机组采用双排布置，上游侧为2、4号机组，下游侧为1、3、5号机组，其中2、3、4、5号机组分别为前后排布置，即2、4号机组为加深加长型尾水管，扩散段分别从3、5号机组尾水扩散段底部穿过。水轮发电机组供货商为东方电机股份有限公司。1、2、3、4号机组分别于1997年2月、1997年12月、1998年5月、1999年12月投产。电站目前装机4台，预留1台。其中4号机组发电机定子绕组增加了蒸发冷却系统。李家峡水电站与西北330kV电网联网，主供西北四省，在系统中担任调峰、调频任务。

（一）工程设计的特点和难点

李家峡水电站自1号（首台）机组于1997年2月正式并网投入运行至今，4台机组转轮叶片相继发生不同程度的裂纹，裂纹发生部位主要集中在叶片出水边与上冠连接焊缝处，叶片出水边与下环连接焊缝处也出现过裂纹，裂纹多为贯穿性裂纹。

历次裂纹发生后，相关单位从材料、焊接工艺、模型和真机尾水管压力脉动及转轮动力响应等方面作了大量的分析和试验工作，分析了裂纹原因。制造厂家及业主亦进行了多次修复工作，但在后续的检查中，仍有裂纹出现，各台机裂纹情况也有所不同。李家峡转轮裂纹问题多年来一直没有得到根本解决，很多叶片经过多次返修焊接，叶片材料及焊接性能不断降低，部分叶片裂纹反复出现，转轮叶片甚至有掉片现象。机组的安全稳定运行受到严重威胁。水轮机转轮裂纹已成为制约李家峡水电站安全稳定运行的重大设备隐患，处理转轮裂纹是每年机组检修中必须进行的非标准特殊项目，不但增加了大量人力、物力、财力，而且降低了机组等效可用系数。李家峡水电站属日周调节水库，在西北电网中承担调峰、调频任务。特别是在目前太阳能发电、风力发电大力发展后，李家峡水电站承担的调峰及备用任务更加突出，经常“水光互补”“水风互补”“看天运行”。转轮裂纹问题的解决是当前电站安全稳定运行最重要的研究课题，而电站新的运行方式及特点，又是保证机组运行稳定性、解决转轮裂纹问题的难点所在。

李家峡水电站水轮机转轮改造设计的主要任务为解决困扰电站20年之久的转轮叶片裂纹问题，同时根据新能源发展的需要，在解决转轮裂纹的基础上尽可能扩大水轮机的稳定运行范围，实现水轮机0～100%全负荷范围稳定经济运行且不发生裂纹，以满足风光水多能互补运行的要求，是本设计的难点所在。

（二）设计过程

2014年11月11日，受青海黄河上游水电开发有限责任公司简称黄河公司（简称黄河公司）委托，中国电建集团西北勘测设计研究院有限公司（简称中国电建西北院）正式开始了黄河李家峡水电站水轮发电机组增容改造及转轮改造可行性研究设计。

设计过程中，从收集现场运行资料数据出发，已收集2000～2016年共计17年的运行数据，通过深入研究分析，提出在现阶段“风水光”互补运行下李家峡水电站运行加权因子分布情况。结合黄河公司、相关主机厂家及现场情况，中国电建西北院开创性地提出水轮机须满足“0～100%负荷范围内稳定运行且加权平均效率高、综合用水效率提高”这一极具挑战的目标，力争解决叶片裂纹、宽幅运行，极度调能的问题，于2016年9月向黄河公司提交了《黄河李家峡水电站水轮机转轮改造可行性研究报告》。

在招标设计阶段，采用模型转轮同台对比的招标方式，2017年3月发出《黄河李家峡水电站水轮机转轮改造工程水轮机模型研发技术条件》，于2018年3～5月在中国水利水电科学研究院水力机械实验室TP3试验台上完成了模型转轮同台对比试验。

2018年7～9月完成水轮机转轮的评标、定标及合同签订工作，最终确定了同台对比试验中技术参数俱佳的水轮机转轮制造单位——哈尔滨电机厂有限责任公司。

2020年6月10日，李家峡水电站3号机组完成72小时试运行，正式投产发电。

（三）运行结果

（1）2021年1月16日，3号机组已运行

4882h(4000h运行验证)，经C级检修，未发现裂纹。

(2) 2021年3月2～4日，在西宁由黄河公司组织召开黄河李家峡水电站水轮机转轮改造工程-3号水轮机转轮技术改造效果评估会，会议一致认为3号机组改造运行验证达到预期目标要求，处于国际领先水平。

(3) 2022年1月7日，3号机组已运行了12000h(8000h运行验证)，经C级检修，未发现裂纹。

(4) 2022年7月7日，黄河公司组织完成3号机组验收工作。

(5) 2022年12月22日，完成1、2和4号机组改造模型转轮验收工作。

(中国电建集团西北勘测设计研究院有限公司 王子瑞)

大石峡水电站水轮机防泥沙磨蚀综合措施

大石峡水利枢纽工程位于新疆阿克苏河一级支流库玛拉克河中下游的大石峡峡谷河段，主要功能是向塔里木河干流以灌溉为主，结合防洪、兼顾发电等综合利用。大石峡水电站是库玛拉克河上的龙头水库电站，其径流河水来源于高山积雪融化，电站的过机泥沙呈现出“两大一高”的特征：泥沙含量大，多年入库平均含沙量达到3.15kg/m^3；泥沙粒径大，入库悬移质泥沙颗粒级配平均粒径为0.049mm；泥沙硬度高，莫氏硬度大于7的硬矿物成分含量达50%以上。大石峡水利枢纽采用了引水岸边式地面厂房布置，作为龙头电站规划了较大的水库调节库容，但是为了灌溉防洪，枢纽大坝机组段取水口的位置相对较低，很难完全防止推移质泥沙进入引水发电系统。此文依托大石峡水电站，对水轮机的水力设计优化、水轮机过流部件的结构设计、泥沙磨损深度分析与大修周期预判、过流部件喷涂及现场修复方案等多个方面开展分析，提出多泥沙河流水轮机过流部件预防泥沙磨蚀的系统解决方案，为水轮机防泥沙磨蚀提供借鉴。

(一) 水轮机的水力设计优化

1. 水轮机基本技术参数选择　在20世纪90年代中期，业内针对混流式水轮机开始研究长短叶片转轮，长短叶片布置形式的强化整流能力使部分负荷时的二次回流得到抑制，部分负荷时的水压脉动相对减小，良好的水力设计使得这种叶片布置形式具有一定的高抗泥沙磨损性能。2020年公开招标，大石峡水轮机选取了哈尔滨电机厂研发的长短叶片(15+15)转轮，并搭配了24个导叶。大石峡水轮机在额定水头190m、额定出力255.1MW时，最终选择了比转速143.2m·kW、比速系数1974、额定转速200r/min、导叶相对高度0.177D_1的宽范围运行的基础转轮A1658，水力设计时适当加大了导叶分布圆相对直径，使水流在更大的圆周上通过导叶，因而大大降低了水流扰动，水流对过流部件的磨蚀也相应降低。大石峡原型转轮直径D_1=4.6m，转轮出口直径控制在D_2=3.7973m，转轮过流部件的水流最大相对流速较小，转轮出口的最大相对流速平均值控制不大于40m/s，导叶出口流速平均值不大于30m/s，转轮本身有很好的抗泥沙磨损特性。

2. 水轮机无空化运行　近年通过精准的水轮机模型试验确定水轮机的空化设计参数，适当降低水轮机的安装高程，增加水轮机的吸出高度，能减少水轮机空化的产生。因此，在确定多泥沙电站吸出高度时应留有较大裕度，泥沙问题不突出的水轮机初生空化安全系数一般取1.10～1.15，而对于多泥沙电站建议适当增大到1.20～1.30。在大石峡水轮机招标设计中要求水轮机初生空化安全系数不小于1.30。2021年大石峡模型转轮A1658在中国水利水电科学研究院进行了验收试验，结果证实哈尔滨电机厂提供的A1658模型转轮具有良好的空化特性。按照模型转轮验收试验的结果，在电站全部正常运行范围内，电站空化系数σ_p与临界空化系数σ_c的比值在2.8倍以上，电站空化系数σ_p与初生空化系数σ_i比值在1.39倍以上，转轮空化裕度很大。由此可见，大石峡水电站的水轮机基本能够在工况下无空化运行，基本可以避免水轮机空蚀和泥沙磨损的联合作用。

(二) 水轮机过流部件的结构设计

为改善水轮机过流部件的抗泥沙磨损能力，减小过流部件的损坏程度，在机组合同中规定大石峡水轮机的叶片及上冠、下环均采用ZG04Cr16Ni5Mo，并要求转轮叶片硬度不低于280HB，叶片采用VOD(或AOD)精炼，并要求转轮叶片加厚倒角修圆的出水边，以便在汛后磨损后的修补；转轮叶片采用五轴数控铣床加工，提高了叶片型线的精度及过流表面质量，从而有效的保护叶片表面，降低空化及泥沙磨蚀程度；对转轮上下止漏环创新地采用倒T形倾角阶梯式，最大程度降低泥沙的存留，上下止漏环结构设计为可拆卸结构，防止进出口等部位遭到磨损后及时更换；导叶采用抗空蚀及抗磨性能良好的ZG04Cr16Ni5Mo电渣熔铸的不锈钢材料，设置轴颈密封及下排水观测方案，防止泥沙进入导叶和轴承而造成磨损，增强导叶的抗磨蚀能力；顶盖及底环的过流面采用抗空蚀及抗磨性能良好的ZG04Cr13Ni5Mo不锈钢材料，避免水轮机流道充水后因水压作用导致变形。

（三）泥沙磨损深度分析与大修周期预判

当高泥沙含量水流流过水轮机的过流部件时，不可避免地会造成水轮机过流部件的表面磨损，如果遇到高水头部分负荷运行时，难免发生压力和流速的急剧变化，泥沙磨蚀会破坏水轮机过流部件的型线，甚至会造成部分部件的破损和缺失，造成水轮机效率的大幅下降，对泥沙磨损破坏严重的部件，需及时修复或更换，避免“带病”运行。

(1) 泥沙磨损深度的分析。按照 IEC 62364—2019《液压机　处理卡普兰、混流式和冲击式水轮机中水力磨料侵蚀的指南》的计算方法，对大石峡水轮机主要过流部件进行磨损深度的计算分析，依据 GB/T 29403—2012《反击式水轮机泥沙磨损技术导则》要求的磨损保证值，水轮机叶片出水边不应磨穿，普遍磨损的最大深度不应超过 4mm，抗磨板的局部磨损不应超过 10mm 或不应磨穿，其他部位的局部磨损的最大深度不应超过 8mm，各个过流部件允许的磨损深度不应危及水轮机安全运行。大石峡主要过流部件未喷涂前，其磨损不能满足要求，采用 HVOF 硬喷涂后水轮机部件泥沙磨损深度基本满足要求。

(2) 大修周期的预判。按照 IEC 62364—2019《液压机　处理卡普兰、混流式和冲击式水轮机中水力磨料侵蚀的指南》附录建议的计算方法，对大石峡水轮机大修周期 TBO 进行评估，按照导则中规定的水轮机泥沙磨损保证期不宜短于 4 年的要求，大石峡机组招标文件审查时规定水轮机的大修周期不小于 5 年，大石峡水轮机过流部件进行 HVOF 喷涂后的水轮机大修周期约为 6.1 年，能够满足招标文件和现有要求。

（四）过流部件喷涂及现场修复方案

根据大石峡水轮机不同过流部件的泥沙磨损深度预测分析结果，对水轮机过流部件表面进行“硬软结合、分区喷涂”的喷涂方案，对主要过流部件转轮、活动导叶过流面及其上下端面、顶盖抗磨板、上下固定止漏环表面及过流面、底环、筒阀密封压板表面及筒阀阀体底部等流速较高的过流面采取碳化钨超音速硬喷涂（HVOF），提高过流部件的抗磨损性能；对流速相对低的一些座环、固定导叶过流面视运行情况进行聚氨酯软喷涂。根据泥沙磨损的评估分析结果，预计大石峡水轮机的泥沙磨损问题比较严重，可能会出现运行几年以后过流部件涂层破坏而需要修复的情况，因此设计预留了过流部件碳化钨喷涂现场修复的措施，当水轮机过流面需要进行再次喷涂修复时，可在安装场搭建大型可移动喷涂除尘隔音间，施工作业时采用有效的除尘防护措施，在现场设计配置动力配电盘柜和检修吹扫装备，并根据现场的施工环境安装必要的通风设备。通过上述综合措施，大石峡电站的水轮机大修间隔时间达到 5～6 年是完全可以得到保证的。

（中国电建集团西北勘测设计研究院有限公司
段宏江　赵妍　刘君）

水泵水轮机动静干涉引起的土建结构和区域环境振动

黑麋峰抽水蓄能电站装机容量 4×30 万 kW，水轮机工况额定水头 295m，额定转速 300r/min，水力设计及首台 1 号机组整机供货由阿尔斯通负责，2、3、4 号机组逐步过渡到全部国产化。仙游抽水蓄能电站装机容量 4×30 万 kW，水轮机工况额定水头 430m，额定转速 428.6r/min，机组及附属设备首次由东电自行设计、制造和供货。两座电站水泵水轮机转轮叶片数和活动导叶数均采用了 9＋20 的组合方式，输水系统为地下式布置，运行期间区域山体上方居民区均出现了环境振动和噪声问题。通过现场试验和三维有限元数值模拟计算相结合的手段，对机组、厂房结构、输水系统区域环境振动和噪声产生的机理、振源及其传递路径、运行规律等进行了系统全面的研究，并针对黑麋峰 4 号机组进行了水力优化和技术改造工作，通过改变转轮叶片数，改变了无叶区动静干涉的频率，降低了无叶区压力脉动的幅值，从根本上达到了减振降噪的目的，通过现场试验验证取得了良好的效果。

（一）水泵水轮机动静干涉引起的水力激振和相位共振

1. 转轮动静干涉引起的水力激振和共振　水泵水轮机转轮相对于静止部件（如蜗壳、座环和导水机构等）的旋转将产生一些周期性现象，这些现象将叠加在流道中流体的平均流速和压力上，转速的任何微小变化所引起的这种周期性特性，在频谱中以单个频率出现。如果这个确切的周期性激振频率恰好与机组固定部件和土建结构的某个固有模态的特征频率重合，那么就可能导致共振现象。产生与转轮叶片旋转相关联现象的频率往往非常高，并取决于静止叶栅中导叶的数量和旋转叶栅中转轮叶片的数量组合，在这些结构中可能会直接出现各种振动模态的激振。因此转轮叶片数与活动导叶数的组合，对于水泵水轮机动静干涉引起的水力激振和共振分析研究十分必要。转轮叶片数和活动导叶数的不同组合会导致不同的动静干涉主要激励模式，总的来说，节径数越高越好。随着节径数的升高，相应模态的固有频率更高，更能避开激振频率；同时，最小压力区间和最大压力区间相互接近，部件更多的是“局部受力”，受到的激振小。

2. 蜗壳中的相位共振 相位共振在较大面积上对厂房结构形成激振，同时无叶区动静干涉对顶盖等主要部件形成的受迫振动也会通过座环传导至厂房，其激振频率均为叶片通过频率及其倍频。如果动静干涉造成的压力场旋转速度等于蜗壳中的声速就会发生相位共振。相位共振的数值模拟需要从压力波源头——无叶区动静干涉开始，并完整模拟压力波从无叶区传播到蜗壳进口的过程，目前动静干涉数值模拟研究主要基于三维有限元 CFD 方法。为了对比数值模拟计算结果，还需要通过真机现场测试试验进行验证，并对实测压力信号进行频谱分析，分别从频率、幅值和时域等方面进行对比分析。发生相位共振时，很难通过简单的现场实测进行辨别。避免相位共振风险需要从水力设计初期阶段就开始着手。基于蜗壳中的相位共振，主要影响区域在于对机组固定部件（顶盖、座环和底环等）、厂房土建结构等方面，但实际上，输水系统土建结构及其周围山体、居民区均发现了不同程度的振动和/或噪声。因此，联合开展机组、土建结构和输水系统区域环境振动研究是十分必要的。

（二）机组与土建结构、输水系统区域环境振动联合测试研究

针对黑麋峰抽水蓄能电站和仙游抽水蓄能电站先后开展了机组、土建结构和输水系统区域环境振动联合测试研究，采用现场测试与三维有限元数值模拟相结合结合的手段，创建了厂房和输水系统结构及区域山体千万级节点三维有限元模拟计算模型，依托“天河一号”超算中心，实现高精度数值模拟分析，开展区域环境振动动力响应计算及运行规律分析研究。

主要研究成果：①通过对两座电站现场测试试验研究表明，机组各种工况下振动、摆度和压力脉动主要频率特性为转频和叶片通流频率；机组主要部件、厂房结构和输水系统区域环境振动的加速度响应，其主频均为叶片通流频率下的二阶谐波，说明其主要振源为无叶区动静干涉通过机组流道向上游进行了传播。②基于输水管道区域环境振动，以蜗壳进口脉动压力作为基础振源开展三维有限元模拟计算，其结果与测试结果一致，居民楼区域竖向振动响应大于水平向振动响应。③通过仙游电站输水管道区域环境噪声测试分析，前洋村居民区环境振动和噪声来源于机组流道内脉动压力，且机组开启台数越多噪声越大，部分居民楼地面振动和噪声超出标准要求。④通过三维有限元模拟计算分析表明，输水系统高压岔管的布置位置对区域环境振动影响明显，当岔管往 $-Y$ 轴方向移动 100m 时，山体上方居民楼环境振动将大幅降低；输水管道埋深及不同岩性对区域环境振动的影响明显，基岩风化程度相对较高且覆盖层相对较厚，输水管道埋深越大振动响应越小。

（三）基于振动分析的水力优化与技术改造

1. 黑麋峰 4 号机组水力优化 从 2016 年开始，东方电机有限公司在充分消化吸收现有可逆式机组技术的基础上，全面开展了黑麋峰抽水蓄能电站 4 号机组水力优化工作。关注到目前国内转轮叶片数为 9 和活动导叶数为 20 组合的机组，存在着机组与结构振动的共性，从根本上解决这一问题的方法就是改变转轮叶片数，进而改变叶片通流频率及其谐波的影响，同时降低无叶区压力脉动的幅值。水力优化前首先进行了共振风险评估，提出了全新的转轮叶片方案（6+6 长短叶片），可以看出其共振风险大大降低。在此基础上开展了降低无叶区压力脉动的大量优化工作，如调整转轮与活动的间隙、优化活动导叶型线等，并在模型试验中取得了明显效果。

2. 技术改造后的现场试验验证 ①振动规律的差异。2020 年 12 月，结合 4 号机组 A 修更换了新的转轮及导水机构，经过调试、试验及实际运行验证，发现机组改造前后厂房振动规律有了明显的差异。机组改造前，无叶区压力脉动包含 45 和 90 Hz 两种频率，机组改造后，无叶区压力脉动包含了 30、60、90、120、180Hz 等多种频率；传递到流道、机组部件、厂房结构不再集中于某一个单一的频率，而是分化为更多阶的叶片通流频率；在高压岔管上方区域环境振动的频率仍为 90Hz；分布于每一阶叶片通流频率上的振动能量明显下降。②振动能量的降低。厂房结构和输水系统区域环境振动加速度响应明显下降，振动幅值明显减小。2021 年，4 号机组改造后单独运行时厂房振动测点振动最大值为 $62.5cm/s^2$，2015 年 3 号机组单独运行期间测试厂房振动最大幅值约为 $400cm/s^2$，可以看出 4 号机组改造后振动响应显著优于 3 号机组。4 号机组单独运行工况输水系统山体上方区域环境振动影响幅值较改造前显著降低，振动响应最大幅值降幅约为 50%。

（中国电建中南勘测设计研究院有限公司
郑建兴　陈源
国网新源湖南黑麋峰抽水蓄能有限公司　刘平
中国水利水电科学研究院　任绍成
东方电气集团东方电机有限公司　梁权伟）

普定水电站机组转速装置异常导致停机分析及防范措施

普定水电站位于贵州省乌江上游，总装机容量 87MW（3×29MW），每台机组安装两套转速装置，

转速装置Ⅰ为单片机转速测控装置，转速装置Ⅱ为可编程转速测控装置，分别接入两路齿盘和一路残压测速信号，均分别送至主PLC和水机PLC中。2020年10月09日20时25分，3号机组在运行过程中因转速装置Ⅰ异常导致水机保护动作跳闸停机。通过现场排查和分析，转速装置Ⅰ存在设计缺陷，内部抗干扰能力不足，导致转速装置异常，152%N_e继电器误开出，造成机组非正常停机。

（一）故障经过

2020年10月09日，电站110kV系统合环运行，35kV系统由3号主变压器中压侧313供电，3台机组满负荷运行，1、2、3号机组分别带负荷29.0、29.0、29.50MW，1号主变压器中性点接地开关在合闸位置。上游水位1144.9m，溢洪闸门全关。当天20点25分，上位机发“3号机组＞115%N_e（转速仪表Ⅰ）动作”，20时26分00秒，上位机发“3号机组＞152%N_e（转速仪表Ⅰ）（水机PLC）动作”，20时26分03秒，上位机发“3号机组事故总动作”“3号机组紧急事故停机过程动作”，监控系统紧急停机流程启动。20时28分52秒，3号机组停机态。21时20分复归急停阀、事故配压阀，开启蝶阀。21时43分将机组开启到空载态检查测速装置Ⅰ无明显异常。10月12日，3号机组停机后更换转速测控装置Ⅰ的备件，对更换下来的装置进行进一步检测。

（二）故障处理与检查情况

10月9日20时30分机组停机后，对3号机组过速保护动作原因进行检查，对转速装置检查均未见明显异常。10月13日申请进行开停机空转检查，发现转速装置Ⅰ齿盘测速1无数据显示，机组停机后通过测量传感器电压，判断齿盘测速1故障。对更换下来的3号机转速装置Ⅰ提供保证装置正常工作电源（＞11.85V DC），分别以±6、±5、±4V DC幅值进行电源快速瞬变试验，模拟电源受到干扰时的情况，发现95%N_e转速继电器均会发生不同程度的异常动作，在幅值为±6V DC时动作尤为频繁。试验复现了现场跳机时的情况，验证了该装置存在齿盘传感器电源设计缺陷，抗干扰性能不足，继而引发继电器动作出口。

（三）故障原因分析

1. 受现场干扰风险高　两路齿盘和一路残压测速信号的电源由装置内部24V DC供电，其取至装置内部开关电源24V DC输出后，即两路齿盘和一路残压测速信号与装置内部开出继电器等24V DC工作电源并联共用，该装置工作电源受现场干扰的风险较高。经现场模拟干扰试验，验证了该装置存在齿盘传感器电源设计缺陷，抗干扰性能不足的情况。

2. 闭锁保护功能不完备　装置内部对齿盘、残压测速信号进行了类似于滤波的处理，但未针对两路齿盘、一路残压测速信号进行“质量”品质判断和变化速率过快闭锁该点信号保护开出的功能设计，存在任一路齿盘、残压测量元件、回路异常导致信号突变时，易引发保护误动。

3. 报警功能不完备　齿盘1、齿盘2、残压测速信号的状态指示灯仅表征内部处理器工作正常的状态，在任一信号异常时无法发出有效的报警，不利于运维人员的巡检。而装置故障指示灯仅表征装置本体故障，不能发出表征其他重要故障的报警信号。

（四）防范措施及重点要求

1. 整改措施　3号机组转速装置返厂检测，查明误动原因，出具详细的检测分析报告。针对装置设计的功能性缺陷，应参照相关规程规定，结合现场实际对装置的电源回路、两路齿盘传感器电源、抗干扰性能、闭锁保护功能、报警功能及录波功能等进行整体优化，出具装置的出厂检测报告以满足设备的安全可靠运行要求。

2. 运行防范措施　针对3号机组转速装置的设备缺陷尚未得到彻底解决前，应对3台机组的有缺陷转速装置采取防范措施，暂时退出该装置115%N_e、152%N_e的两个转速开出接点，以防止水机保护误动。

3. 加强转速设备巡检与日常维护　针对故障频发的重要设备，进一步加强日常维护和设备点的巡检，以提高设备运行周期，保证设备正常运行。

4. 加强设备技术管理　切实加强设备运行管理，组织开展设备运行分析专项检查，及时掌握设备运行状态，及时处理设备运行缺陷，对危及安全运行的要及时分析处置，不能处理的，要制定应急处置措施，防止缺陷隐患扩大。

5. 加强“反措”管理　为保障水电机组的安全有序运行，要制定详细的预案，提出常见故障的维护保养途径和对策，找出常见故障的深层原因。建议此转速装置改成可编制控制的更为先进的转速测控装置。

（贵州黔源电力股份有限公司　王贤发）

万家寨水电站4号机组导叶磨蚀修复的技术创新

万家寨水电站装有6台混流式水轮发电机组，单机容量18万kW，总装机容量108万kW，设计年发电27.5亿kW·h。4号水轮机为天津通用电气阿尔斯通水电设备有限公司设计、制造，机组导叶为ZG20SiMn整体铸造结构，共24个，导叶端面铺焊

0Cr13Ni5Mo 材料的不锈钢抗磨板，导叶 3 部轴颈堆焊不锈钢，厚度 4mm。导叶存在的问题：①轴颈偏磨；②轴颈处密封圆台磨蚀；③导叶体长度减小。2022 年结合 4 号机组大修对导叶轴径及上下端面进行厂内修复处理，其中几个技术创新点如下。

（一）利用专用机加工设备，在电站厂房内现场加工

不同于传统机加工设备，专用的导叶修复设备可通过运输转移，并在现场进行组装、调试，以实现现场活动导叶的加工任务，避免了量多体大的导叶运输，降低运输过程的风险，节省机组大修工期。专用加工设备具有两轴数控车削和旋风加工两种功能，可以使用两个旋风铣削头同时对导叶两端轴颈进行加工，加工时不需要对活动导叶进行二次拆装，能更好地保证导叶轴径加工后的同轴度满足 0.03mm 的要求；加工导叶上下端面时，使用左侧旋风作为导叶转动的动力，并在另一侧旋风安装座上安装刀架，调整轴颈与刀架垂直度进行车削加工，切换加工面时不需要对导叶进行拆装，更好地保证活动导叶端面与活动导叶轴颈的垂直度 0.08mm 的要求。

（二）控制焊接工艺，严把补焊作业的质量关

为保证导叶密封圆台及上下端面机加工修复前补焊修复质量，在电站厂房内搭设导叶临时补焊修复区域，控制区域内温湿度恒定；对导叶磨损处进行打磨抛光，露出金属光泽，清除补焊区域周边 50mm 范围内的油污、水分、铁锈及氧化皮等影响焊接质量的所有污物，对补焊区域进行预热，预热温度不小于 80℃，使用氩弧焊进行打底修复，再使用二氧化碳气体保护焊执行分段、多层、多道的焊接工艺，控制层间温度不高于 200℃，填充至满足尺寸要求后表面焊接一层回火焊道；焊接修复导叶上下端面时，布置百分表，监控端面堆焊时导叶轴端部、金属密封面的弯曲变形情况，当弯曲变形值超过 0.5mm 时，进行反向施焊；焊接完成后立即对补焊区域进行（200～250℃）×2h 后热消氢处理，然后保温缓冷；焊后去除焊渣、PT 无损探伤检查，焊缝应无气孔、夹渣、裂纹等缺陷，满足后续加工要求。

（三）以轴颈镶套修复为技术创新，恢复导叶轴颈尺寸，解决轴颈偏磨问题

导叶轴径不同于导叶端面，采用堆焊修复质量难以控制，易产生气孔、夹渣、裂纹等缺陷，且堆焊的热量会使导叶轴产生较大的变形，对同轴度等形位公差难以控制；对于市场上常见的激光熔覆技术方案，虽能很好地修复轴颈，但成本相对较高且处理周期较长；采用轴颈镶套方案，虽然需要对导叶的轴颈进行车削处理，但切削量较小，且切削后通过镶套（过盈配合）、封焊及合理的塞焊补强，实现镶套后的导叶轴整体强度满足要求，同时因焊接量小，导叶的变形量较小，便于后续机加工作业。

采用轴颈镶套方案施工前，通过正常传动和传动卡滞时导叶传动扭矩的计算，校核镶套与导叶轴过盈量是否满足要求，确认轴径预车削的尺寸、镶套的使用材料及加工尺寸以及镶套与轴径的焊接补强要求（塞焊孔直径和数量）。在对轴颈进行车削前，对导叶磨损部分尺寸以及位置公差进行测量和记录，车削后再进行记录并对比镶套相应位置的尺寸，使用烘箱对镶套进行加热，当测出加热后镶套的内径尺寸大于加热前内径 0.13～0.39mm（即为过盈量）时，停止加热（约 250℃时过盈量为 0.28mm）将镶套套入车削后的轴径上，待其自然冷却后对镶套进行封焊、塞焊，PT 无损探伤合格后，进行机加工，加工过程中注意观察焊缝、塞焊位置，发现缺陷需停机补焊，按照焊接要求补焊后再继续加工直至成形。

导叶轴颈及上下端面修复工作完成后，检测导叶 3 部轴颈直径、圆度、同轴度满足设计要求，密封圆台直径、圆度符合设计要求，上下端面与导叶垂直度、导叶体长度满足设计要求。修后从停机时导叶全关到转速降至 15%N_e 投风闸的时间来看，时间较修前有较大缩短，表明导叶修复后漏水量明显减小，导叶修复见成效。

（黄河万家寨水利枢纽有限公司　谢经鹏）

万家寨水电站 4 号水轮机止漏环现场机加工修复技术

万家寨水电站位于黄河北干流上段托克托至龙口峡谷河段内，坝址左岸为山西省偏关县，右岸为内蒙古自治区准格尔旗。电站装有 6 台混流式机组，单机容量 18 万 kW，总装机容量 108 万 kW，设计年发电 27.5 亿 kW・h。4 号机组水轮机型号为 HLFN235-LJ-610，立轴混流式结构、金属蜗壳，转轮直径 6.1m。对于机组转轮、顶盖及底环等主要过流部件的磨蚀修复，传统手工修复无法满足设计要求的圆度、同轴度，在电站现场利用简易机床修复，能最大限度地恢复设备设计参数，提高检修质量，优化机组运行。

（一）顶盖、底环止漏环概况

顶盖止漏环为顶部把合两端封焊结构，顶部通过 96 个 M20×60mm 螺栓与顶盖把合，上下端与顶盖采用 5mm 角焊缝封焊。止漏环外径 5670mm，内径 5600mm，高度 230mm，材质 ZG06Cr16Ni5M0。

底环止漏环为螺栓把合底部封焊结构，顶部通过 96 个 M20×40mm 螺栓与底环把合，止漏环把合面

位于抗磨板平面之下，侧面通过 48 个 M20×70mm 螺栓与底环把合，底部与基础环采用 5mm 角焊缝封焊。止漏环外径 6470mm，内径 6400mm，高度 348mm，材质 ZG06Cr16Ni5M0。

（二）顶盖、底环止漏环机加工修复必要性

修复前，4 号机组水导摆度、顶盖振动均超标。经分析，主要原因是机组汛期发电，过机水流泥沙含量较大，转轮、顶盖及底环止漏环磨蚀严重，磨蚀部位修复采用堆焊后手工打磨，止漏环圆度和同轴度较差，导致转轮上、下止漏环间隙不均匀，其中下止漏环更严重，其间隙最大 7.0mm，最小 3.7mm（设计间隙 3mm）。因此，顶盖、底环止漏环磨蚀处理必须采用机加工修复，恢复设计要求的止漏环圆度和同轴度，确保止漏环间隙均匀。

（三）顶盖、底环止漏环机加工修复工艺

1. 机床定制　修复机床由杭州福朗公司设计定制，底环及止漏环不拆，在电站现场进行机加工处理，机床加工能力满足以下 3 方面要求：①能加工顶盖止漏环上端面、立面、下端面；②能加工底环止漏环上端面、立面；③能满足机床中心立柱位置不变情况下，在机坑内完成顶盖和底环止漏环加工。

2. 机床安装　在 4 号机组机坑内锥管顶部法兰合适位置焊接牛腿、安装固定工作平台，在工作平台上机床下支撑中心体，利用顶盖上端面把合螺栓孔（分度圆直径 3210mm）及内止口（内圆直径 3320mm）安装固定机床上支撑组件，机床设置有调整机构可进行径向和轴向的微量调整。

3. 机床中心、水平调整　机床立柱中心位置调节要求以底环套筒安装孔为基准，拆除底环导叶套筒后进行机床中心调整，圆周方向定位测点不少于 8 个。在机床横臂上放置水平仪，利用下支撑中心体上的水平调整机构可微量调整专用加工机床整体水平。

4. 机加工工艺及流程　①首先进行顶盖止漏环立面加工，加工量约 1.5mm（单边），加工去除磨蚀坑，加工量不宜太大，以防焊接量太大，止漏环变形严重。②转换工位，进行底环止漏环立面加工，加工量约 1.5mm（单边），加工去除磨蚀坑，加工量不宜太大，以防焊接量太大，止漏环变形严重。③对加工后的顶盖、底环止漏环立面进行气保焊堆焊，焊接量应确保有足够的加工余量，堆焊期间做好焊接变形监视。④对堆焊后底环止漏环进行机加工，加工完成后底环止漏环立面内径为 ϕ6400.8 H8mm，加工前再次检测机床中心和水平合格。⑤转换加工工位，做好底环止漏环防护，对堆焊后顶盖止漏环进行机加工，加工完成后顶盖止漏环立面内径为 ϕ5600.8 H8mm。⑥加工完成后，对顶盖、底环止漏环加工部位进行 PT 无损检测，局部不合格进行补焊修补并抛（磨）处理。

（四）止漏环修复效果

顶盖、底环止漏环经机加工后采用内径千分尺测量验收顶盖、底环内径尺寸，符合设计要求，采用着色探伤检查止漏环气孔和裂纹情况；在机床横臂上顶盖和底环对应位置布设百分表，测量顶盖、底环止漏环圆度和同轴度分别为 0.02mm 和 0.09mm，小于相关规范要求的 0.15mm 和 0.2mm。用同样的方式修复转轮止漏环，机组回装后，复测转轮上下止漏环间隙均在设计值附近且均匀。

（黄河万家寨水利枢纽有限公司　周康武　李春霖）

小湾水电站巨型水轮发电机组定子电晕处理

小湾水电站位于澜沧江中游，是国家重点工程和“西电东送”标志性工程。电站装机容量 420 万 kW（6×70 万 kW），多年平均发电量为 190 亿 kW·h，总库容 149 亿 m^3，工程以发电为主，兼有防洪、灌溉、拦沙及航运等综合利用效益。

（一）发电机定子电晕情况

小湾水电站发电机定子绕组为双层波绕组，共 480 槽，每槽内嵌装 2 根线棒，共有 24 个绕组支路，每相 8 个支路，每个支路 40 根线棒；其发电机定子电晕主要表现为绕组端部高电位不同相线棒间垫块、端箍部位电晕腐蚀。电站 6 台机组分别由 2 家不同的生产商设计制造，机组在安装过程中未发生异常，而运行一段时间后 6 台发电机定子绕组端部均出现了不同程度的电晕放电现象。主要表现为 4 种不同类型的电晕及放电：①异相线棒、引出线线棒之间电晕；②异相线棒间斜边垫块的气隙或边缘处电晕；③下层两异相线棒与端箍间电晕；④电晕试验紫外成像仪检测端部电晕，即 1.1U_n 下电晕试验紫外成像检测端部不同相线棒间存在电晕。经分析，定子绕组端部相邻的异相线棒有共 480 处，运行中电压差值存在三种情况：一是每隔 120 根线棒，相间线棒电压差接近 100%U_n(18kV)，上下端部上层和下层线棒间存在电腐蚀；二是每隔 8 根线棒，相间线棒电压差接近 88%U_n(15.84kV)，上下端部上层和下层线棒间存在电腐蚀；三是每隔 8 根线棒，相间线棒电压差接近 18%U_n(3.24kV)，上下端部上层和下层线棒间存在电腐蚀。

（二）定子改接线方案

发电机定子改接线主要是改变各相 8 支路中第 2、4、6、8 支路绕组的绕向，使定子绕组从原来的各支路首首相邻、尾尾相邻变成首尾相邻，从而使定子绕组的电压分布在空间上更加均匀，避免局部电压过高。更改接线后绕组端部相间线棒 480 处运行中电压差值变为两种情况：一是每隔 120 根线棒，相间线棒电压差接近 $70\%U_n$(12.6kV)；二是每隔 4 个线棒，相间线棒电压差接近 $60\%U_n$(10.8kV)，上下端部上下层线棒共 464 处。更改接线后定子绕组相间线棒之间电压分布较为均匀，高电压的部位电压降低、低电压部位电压升高，最高电压为 12.6kV 比改接线前的 18kV 显著降低，与电晕试验电压 19.8kV($1.1U_n$)相比已有较大的裕度。其余线棒为同相线棒，运行时线棒间电压差值低于相电压 10.4kV。

（三）定子改接线过程优化端部整体防晕和工艺控制

1. 优化端部整体防晕　①将发电机定子线棒金属端箍更换为软端箍、上下端部各 2 道；②将上下层线棒斜边间隔垫块由原来的 1 个增加至 3 个；③保留无层间端箍原设计；④取消定子槽口垫块，增加防沉垫块；⑤斜边垫块绑扎工艺更新，横向、纵向独立绑扎不打结；⑥斜边垫块安装工艺更新，垫块绑扎前增加半导体腻子填充及打磨工序；⑦为确保胶的渗透性更换为编制密度稍小的稀疏玻璃丝带，将 EP181 和 EP274 两种绝缘胶替换为更为环保的 EP139 和 EP214。

2. 工序控制　主要为下层线棒安装→下层斜边垫块嵌入→斜边垫块半导体腻子填充→垫块打磨→垫块绑扎→垫块打磨→整体喷涂防晕漆→垫块打磨→下层线棒整体耐压→软端箍安装→软端箍打磨→软端箍防晕漆喷涂→软端箍打磨→上层线棒安装→线棒并头块焊接→上层线棒斜边垫块安装。工艺主要差异体现在垫块绑扎方式及垫块绑扎前增加斜边垫块半导体腻子填充及打磨。

3. 关键工艺控制　①每根线棒安装下线过程中严格控制线棒之间间距，槽衬纸包绕线棒时半导体槽衬胶添加合适，防止下线过程中过松产生间隙，过紧线棒压入铁芯时损坏线棒绝缘。控制线棒端部高程差和径向、轴向偏差，检查线棒之间的间距，绕组安装完成后对端部间隙进行整体检查测量。②为消除金属端箍对绕组端部线棒与端箍之间电晕放电影响，改善端部电晕，施工过程中将金属端箍更换为绝缘软端箍并取消层间端箍。每道端箍由 1 根玻璃丝套管端箍环绕线棒一圈，多余部分剪除后对接，对接完成后用无碱玻璃丝带进行包扎，玻璃丝端箍安装完成后，待下层线棒整体耐压通过后，再对玻璃丝端箍刷涂 EP139 胶及注射 EP310 胶。③安装过程中严格控制斜边垫块安装工艺，斜边垫块安装时，要求毛毡大小与垫块一致，安装后无间隙、无凸出。斜边垫块绑扎时采用绑带横竖 3 层包绕，绑扎过程中绑绳收尾不打结，用 EP214 胶粘接。绑扎过程中控制绑绳无褶边、无间隙，控制毛毡与垫块之间无错位。斜边垫块绑绳刷胶后对尖点、毛刺进行打磨，防止尖点放电；绑绳前用 EP214 与云母粉按比例配成腻子对垫块空隙进行填充打磨，防止间隙放电。安装过程中进一步强化施工工艺包括线棒间间距调整，端部尖角毛刺处理、间隙处理、防晕漆喷涂等。发电机下层线棒嵌装后，下层线棒、玻璃丝端箍及其相关配件上下端部适当加热，试验前对整个线棒、端箍及其相关附件进行检查已完全干燥。

（四）结语

小湾 6 台发电机定子完成改接线后，电晕试验效果理想，除少数局部工艺不良产生电晕点外无普遍规律性电晕现象，运行后外观检查亦无明显电晕现象，改接线对运行电压下电晕的改善效果理想。

（华能澜沧江水电股份有限公司检修分公司
吕爱军　吴永智）

糯扎渡水电站巨型水轮发电机组定子低频振动超标处理

糯扎渡水电站是澜沧江下游水电核心工程，也是实施云电外送的主要电源点。总装机容量 585 万 kW，单机容量 65 万 kW，多年平均发电量 239.12 亿 kW·h。电站以发电为主，兼有防洪、灌溉、养殖和旅游等综合利用效益，是国家“西电东送”“云电外送”的关键性工程。2016—2021 年，华能澜沧江水电股份有限公司检修分公司陆续完成糯扎渡 4 台次机组大修，成功处理 7、8 号机组定子低频振动超标问题。2022 年，成功处理 9 号机组定子低频振动超标问题，取得公司同类型机组定子机座振动 30μm 以下的首次突破。

（一）基本情况

糯扎渡水电站 1～6 号机组水轮发电机由东方电机厂设计制造，7～9 号机组水轮发电机由 ALSTOM 设计制造。7～9 号机组定子机座采用斜元件结构，定子机座水平振动相对较大，而 1～6 号机组定子机座水平振动较小。自投运以来，1～6 号机组振动值均在 80μm 以内，处于 A 区；7、8 号机组均在 160μm 以上，处于 D 区，9 号机组振动在 100～110μm 之间，处于 B 区。为降低定子低频振动，提高机组安全稳定运行，华能澜沧江水电股份有限公司检修分公司 2015 年开始对振动产生的症结及处理的方法进行研究，并在检修期内进行处理，确保定子机座振动幅值控制在 80μm 以内，机组可以无限制地长期运行。

（二）原因分析

（1）通过测试，发现定子机座、铁芯均存在低频振动。这种低频振动以1～4倍转频分量为主，在发电机定子机座和铁芯的径向、切向均广泛存在，并随转子励磁电流的增加而变大，且与定转子间的气隙偏心、转子的圆度密切相关。

（2）当转子不圆或定转子偏心造成气隙不均时，在励磁磁势作用下，气隙中就会产生一系列的低次谐波磁场，该谐波磁场与主波磁场相互作用产生力波，而变化的力作用在定子铁芯上，从而引发定子低频电磁振动，这是水轮发电机定转子中低频电磁振动产生的直接原因。

（3）糯扎渡7～9号机组定子机座采用斜元件结构机座属于柔性机座，相对于传统定子机座，柔性机座的径向刚度较弱，柔性机座的局部抗变形能力不足。在转子圆度及偏心满足一定要求的情况时，转子磁极形貌的分布对定子低频振动的大小起决定性作用，所以考虑通过调整转子圆度改善不平衡磁拉力过大造成的机组定子低频振动超标问题。

（三）处理措施

（1）针对机组定转子结构形式不具备机坑内二次调整功能问题，优化转子磁极附件结构形式，研制转子磁极机坑内吊出工装，以实现转子磁极具备机坑内起吊、回装条件（2018年已实施）。

（2）将磁极键由链条键改为一体成型阶梯键（2018年已实施）。

（3）转子静态圆度调整。修前转子磁极各断面圆度（最大-最小）分别为上部2.94mm、中部3.01mm、下部2.80mm，磁极整体圆度3.09mm；通过调整11号磁极垫片加0.6mm、18号磁极垫片减0.5mm、38号磁极垫片减0.3mm后，最终圆度情况分别为上部2.72mm、中部3.07mm、下部2.69mm，整体圆度2.81mm。

（4）华能澜沧江水电股份有限公司检修分公司自主研究了一套基于气隙特征值降低发电机定子低频振动的方法。运用数据分析，采用将气隙特征值作为量化指标，采集定子低频振动幅值、频谱数据及发电机动态气隙函数值及发电机气隙函数值，根据气隙特征值计算公式计算分析确定调整磁极，形成一套基于气隙特征值降低发电机定子低频振动的方法（获授权发明专利），以指导转子机坑内二次调圆。

（5）转子机坑内二次调圆。9号机组启动试验期间共进行3次机坑转子二次调圆，第1次坑内共调整2个磁极，11号磁极和39号磁极分别加0.8mm垫片调整后在空载工况下，定子机座水平振动幅值无明显变化；第2次坑内共调整2个磁极，13号磁极和42号磁极分别加1.0mm垫片，调整后带额定负荷工况下，定子机座水平振动由48μm降至42μm；第3次坑内共调整2个磁极，1号磁极和29号磁极分别减1.2mm垫片，调整后带额定负荷工况下，定子机座水平振动由42μm降至26μm，达到预期效果。

（四）结语

2022年华能澜沧江水电股份有限公司检修分公司通过对转子静态圆度调整控制，自主研究计算方法，实施转子机坑内二次调圆等措施，处理了9号机组定子低频振动超标问题，取得同类型机组定子机座振动30μm以下的首次突破。巨型水轮发电机组定子低频振动超标处理关键技术的实施，使机组修后定子机座水平振动值均在国家标准规定的最优的A区范围内（≤0.08mm），定子机座振动能量小，引起的交变应力也小，大幅度减少定子的疲劳破坏以及对定子线棒绝缘的损坏，延长水轮发电机定子的使用寿命，提高了机组发电运行的可靠性，对流域乃至行业内巨型水轮发电机的安全稳定运行具有重要指导作用，适用于行业内巨型水轮发电机组全面推广，并产生较大的经济效益和社会效益。

（华能澜沧江水电股份有限公司检修分公司
钟新元　吴永智）

下坑水电站带副绕组无刷励磁水轮发电机系统的研发与应用

目前，发电机选用的励磁方式主要有静止可控硅励磁和无刷励磁两种典型的方式。使用较为普遍的静止可控硅励磁方式，其发电机励磁电流用电刷和集电环引入，存在集电环火花和碳粉污染问题；另外，因励磁电流由励磁系统提供，电站需配置励磁变和励磁柜，励磁系统建设较复杂且成本高。无刷励磁方式发电机其励磁电流由励磁机提供，彻底解决了集电环火花和碳粉污染问题，但励磁机定子电源由发电机机端励磁变压器提供，励磁电压为厂用交流电，电压受电网波动影响较大。浙江省磐安县下坑水电站的增容改造合同，要求机组带副绕组无刷励磁水轮发电机系统，电站不配置励磁变压器等设备，要求增容改造电站建设成本低、励磁系统简单、运行维护方便、自动化程度高。

（一）可行性分析

常规无刷励磁机定子励磁方式采用变压器降压后经三相桥式整流，接入AVR电压调节器，供给无刷励磁机定子励磁。从电磁感应原理上分析，带副绕组无刷励磁水轮发电机系统技术是可行的。在定子槽中设置副绕组，副绕组感应输出三相交流电势，经AVR晶闸管整流，输送到无刷励磁机定子作为励磁机的直流电源。励磁机转子电枢感应三相对称电势传输到三相整流桥上，经旋转整流盘整流，将交流电势变成直流电势供给发电机磁极励磁绕组励磁，发电机定子绕组感应出三相对称电势。

（二）技术研发

1. 总体结构布置特点　发电机结构布置形式采用卧式、三支点布置结构，通风方式采用管道通风方式，轴承冷却采用油冷却器自循环冷却方式。无刷励磁机设置在发电机非驱动端的最右侧，飞轮设置在径向轴承与无刷励磁机中间，定子、轴承、飞轮、无刷励磁机置于底板上。无刷励磁机转子与发电机转子的连接采用弹性圆盘加半联轴器的连接方式。总体结构布置具有有效缩短机组轴向长度、提高机组稳定性的特点。

2. 主要技术参数　发电机电磁设计方案时，重点关注额定励磁电流和额定励磁电压，关系到无刷励磁机的选型和成本，计算值需准确。无刷励磁机提供发电机转子励磁电源，其电磁设计方案要合理，在特殊工况时有强励要求，要注意气隙磁场的饱和度取值；无刷励磁机极数选择影响振动和噪声，同时励磁机极数与主机极数有关联，选取不当同样会造成振动和噪声问题。无刷励磁机拖动的是一个感性负载，因此无刷励磁机自身的短路比和阻抗值要适当，匹配不当会造成响应速度迟缓。考虑到国内无刷励磁机制造厂家已非常多，技术也较成熟，项目采用外购技术水平好、质量稳定的无刷励磁机厂家配套，经电磁设计方案计算和分析，水轮发电机和无刷励磁机电磁设计主要技术参数，水轮发电机型号 SFW-W2500-8/1730，额定功率 2500kW，额定电压 6300V；无刷励磁机型号 TFLW22/493-150，额定功率 24.8kW，额定励磁电压 60V。

3. 副绕组设计　发电机定子电压为 6300V，在高电压定子中设置副绕组，需要突破的技术难点：①匝数计算，副绕组匝数经计算取 $W_1=4$，再次核算线电压为 243V，满足 AVR 对副绕组线电压范围要求；②副绕组布置，根据计算副绕组每相匝数为 4，则每相各设置一组备用绕组。发电机电压为 6300V，为避免副绕组引出线跨越定子绕组的端部，把副绕组嵌在定子槽的槽底部位置；③线规参数，采用 9 根漆包圆铜线并绕，漆包圆铜线规格为 $\phi 1.3(\phi 1.38)$，材料为耐电晕漆包圆铜线 QNY-2/200；④副绕组绝缘结构，副绕组槽底直线部分绝缘结构采用环氧玻璃布板 3240 上下夹住漆包线，使其平铺，然后半叠包 2 层环氧粉云母带，最后半叠包 1 层玻璃丝带，包好后压平，宽度方向接近槽宽，放入发电机定子槽的槽底；⑤副绕组引出线布置，定子绕组引出线设置在机座下侧，从安全可靠出发，副绕组引出线尽可能远离定子绕组引出线，并单独设置一个独立的接线盒，盒内含 2 套接线端子，其中一套接线端子用于备用副绕组接线。

（三）工厂试验

将发电机、AVR、无刷励磁机进行空载试验，观察发电机定子绕组、副绕组建压情况，并测量定子绕组、副绕组电压数据，测量空载试验时无刷励磁机的电压、电流数据。①测量副绕组输出电压。从测量结果可看出，副绕组感应出的线电压满足要求。②空载试验。试验结论：空载试验测量的各数据显示发电机空载试验建压正常，示波器显示发电机定子绕组和副绕组两组电压交流信号的周期完全一致。

（四）电站应用情况

浙江省磐安县下坑水电站共 2 台机，于 2018 年 11 月成功并网发电。运行至今近 4 年，机组在振动、噪声、温度等性能指标上均达到国家标准和技术协议要求，运行稳定可靠，电站不需要配置励磁变压器等设备，建设励磁系统简单，成本低，运行维护方便，自动化程度高。无刷励磁水轮发电机因发电机无集电装置和碳刷部件，运行时发电机无碳刷接触火花和碳粉污染。发电机定子设置副绕组，专为无刷励磁机定子提供励磁电源，电源独立且不受电力系统电压波动影响。通过该项目的实施，掌握了带副绕组无刷励磁水轮发电机系统的设计开发技术。通过工厂试验和实际电站示范应用，验证了该技术的稳定可靠、性能优越、电站建设成本低、运行维护方便。

（杭州杭发发电设备有限公司
袁迪林　王宗云　陈芬球）

试压分配器在三板溪水力发电厂的应用

冷却器试压是水电厂机组检修中的一项重要工作，目的在于检测冷却器内部的密封性能。检修时需要试压的部件有上导、下导、水导、推力轴承冷却器及发电机空气冷却器，数量较多，且每台冷却器都需要保压一段时间。传统的冷却器试压采用试压泵直接接管方式进行试压，通过试压泵出口压力表来确认与控制压力值。由于管路有压力损失，试压泵出口压力与试压设备本体压力有偏差，超压、欠压频繁，测量精度低，对试压设备前端供压管路长短及作业场地空间要求高，甚至会对检修中的试压设备造成人为破坏，无法确保试压工作的安全与质量的可靠性。同时，人工排水伴有劳动强度高、可控性差、效率低，试压不可流水作业等缺点，这就迫切需要一套高效的新型冷却器试压装置来完成此项工作。

（一）冷却器试压的标准

冷却器试压标准参考 GB/T 8564—2003《水轮发电机组安装技术规范》（见表 1）。

表 1　冷却器试压标准

试验条件	试验压力	保压时间	试验结果
现场制造的承压设备及连接件进行强度耐水压实验	1.5 倍额定工作压力，最低不得小于 0.4MPa	保持 10min	无渗漏及裂纹等异常现象
设备及其连接件进行严密性试验	1.25 倍实际工作压力	保持 30min	无渗漏现象
严密性实验	实际工作压力	保持 8h	无渗漏现象
单个冷却器应按设计要求的试验压力进行耐水压试验	设计无规定时，试验压力一般为工作压力的 2 倍，但不低于 0.4MPa	保持 30min	无渗漏现象

（二）试压分配器的改进及工作原理

新型冷却器试压装置对试压设备前端供压管路长短及作业场地空间不受限制，具备冷却器注水、打压、保压、泄压吹扫排水等功能模式，4 种模式的切换通过操作集成阀板上 5 只球阀的开启和关闭来实现，试压软管全部采用快速接头连接，方便安装拆卸。末端设备侧安装带压力表试压法兰，可在打压完成保压时关闭阀门，即可拆卸试压软管对下一组冷却器进行试压工作，实现不间断流水作业。当试压完成需要拆卸时，可回装试压软管，将试压设备泄压后切换至检修气吹扫模式，可排尽设备、管路余水，同时将设备与管路吹扫干净，更便于冷却器管路、阀门的回装。①冷却器注水。新型冷却器试压装置只需在集成阀板上切换至注水模式，通过 DN25 橡胶软管用自来水直接供水，流量可达 2520L/h，高效快捷。②冷却器打压。开启电动试压泵对冷却器进行打压试验，同时检查试压泵水箱水位，调整试压泵注水阀开度，使水箱水位达到 2/3 水位保持平衡。当末端试压设备侧压力表达到所需的试验压力时，停止试压泵运行并关闭试压泵注水阀，此时单个冷却器打压工作完成。为精确控制试验压力，在打压管路上加装 1 个压力传感器。设置设备打压时所需压力，同时在打压泵上装设继电器，当压力达到所需压力时，传感器动作，打压泵停止运行。③冷却器保压。试压装置在冷却器保压状态时，当单个的冷却器打压至所需的试验压力，关闭冷却器前阀，缓慢开启试压泵本体泄压阀，将供压系统管路压力泄压至零。观察冷却器侧压力表在保压时间内无明显压降，能更准确的判断该试压冷却器本体有无渗漏及裂纹等异常现象。④冷却器泄压吹扫排水。试压装置在冷却器打压状态时，单个的冷却器打压工作完成后，缓慢开启冷却器排水阀，将冷却器及管路消压至零。用检修气将冷却器内部的余水吹扫干净。特别是利用气压吹扫排水可以将冷却器本体与管道内余水快速排尽。

（三）实际应用效果

新型冷却器试压装置已经在三板溪水力发电厂成功应用，主要给用户带来安全、经济、高效的体验。试压设备多，位置分散不集中时，效果更为明显。①安全。连接便捷可靠，减少拆卸工作，规避管路压力损失，精准控制试压设备本体压力，提高工作效率的同时确保试压工作的安全与质量。防止作业区域或者地面大量积水情况发生，避免人工排水对其他设备造成损坏。利用压力传感器，保证打压压力不会超过所需压力，防止因人为疏忽造成压力过高设备损坏。②经济。劳动强度低，减少人力资源投入。可使机组冷却器 C 级检修缩短 2 天/台次以上，B 级及 A 级检修缩短 5 天/台次以上。③高效。生产效率高，操作灵活简单，使用范围广。可将冷却器试压工作人员 3～5 人减少至 2 人，可进行不间断流水作业。

（四）结语

作为一种专业创新的试压工具，新型冷却器试压装置安全、经济、高效的性能在机组检修过程中尤为明显。与传统的冷却器试压方法相比，具有压力损失小，测量精度高、操作方便、劳动强度低、工作效率高、质量可控、安全可靠等优势，值得在立式水轮发电机组检修中应用和推广。

（湖南五凌电力工程有限公司
雷战　何田华　沙列尔　张翼　唐飞鸿）

帕图卡Ⅲ水电站水轮机活动导叶振动原因分析与处理

卡门涡引发水轮机的共振问题，随着国内学者及厂家的研究，出现频次逐渐减少，这只是在制造前期根据预设的相关参数提出针对卡门涡的预估模型，再通过优化设备结构形式尽可能降低卡门涡出现的可能性。水力学因素对水轮机的影响非常复杂，在建模分析时受到研究者能力、经验等影响，并不能百分之百避免卡门涡共振问题。出现卡门涡共振后结合实际数据再对原始模型进行研究分析必要时对结构进行修磨就显得尤为重要。

洪都拉斯帕图卡Ⅲ（Patuca Ⅲ）水电站装有 2 台额定功率 52MW 的轴流转桨式水轮发电机组，水轮机型号 ZZD845-LJ-455。水轮发电机组在运行时出现高负荷振动区，即当发电机输出有功为额定 80%以下时机组运行稳定，但输出功率超过这个值并逐渐接近额定输出时，在发电机层逐渐出现高频振荡的共鸣声，同时伴随有发电机层楼板靠近机组处以及栏杆等处出现振动。当首台机组及第二台机组带负荷运行时，同样均在靠近 $+Y$ 处发现活动导叶出现高频振动。为得到更准确的振动特征数据，在现场使用便携式测振仪，主要监测活动导叶轴头处的振动位移波形和频谱。结果为 1 号机组振动活动导叶的数量为 3 件，位置为自机组 $+Y$ 轴起顺时针方向连续的 3 件，其中位于中间的 1 件活动导叶较两侧的 2 件振动更强烈；2 号机组振动活动导叶数为 10 个，在机组 $+Y$ 轴两侧对称分布，振动现象没有 1 号机组强烈。并且当机组出力超过 80%负荷（42MW）后，部分活动导叶出现激烈振动的现象，伴随着出力的增加，振动感变强。

（一）导叶振动原因分析

首先考虑是水轮机固定导叶处卡有异物，异物在水流的冲击下产生振动再带动导叶出现同步振动，为此根据检修流程对水轮机流道内部分进行详细检查，未发现任何异物，与之相关的各处连接牢固无螺栓松动情况；然后考虑是卡门漩涡导致的水轮机导水机构出现高频振动。对比卡门漩涡出现的机理，把问题出现的原因锁定在导叶出现的卡门涡振动，要最终确定还需进一步验证，因为要处理这个问题需要在水轮机关键部件上实施破坏，因此需要特别谨慎。卡门涡振动需要具备的前提条件是导叶自身的固有频率恰好和当前工况下出现的漩涡振动频率一致。水轮机厂家在模型上进行模拟及有限元分析，在分析其数据时发现，无论水流速如何，活动导叶及固定导叶的固有频率始终维持不变，但随着水流速的增加，卡门涡脱开导叶出水边时的振动频率在不断非线性增长，即有向导叶固有频率不断靠近的趋势；并且当水流速接近额定流速时，卡门涡的振动频率保持稳定且与导叶固有频率基本吻合，对于本项目的水轮机来讲，理论上分析卡门涡引起的导叶振动这一说法是成立的。

（二）处理过程分析

要想避开卡门涡振动，可以考虑破坏卡门漩涡脱开导叶出水边时的频率或改变导叶固有频率。刚性体的固有频率由其自身材质和结构特性决定，但导叶是水轮发电机组中调节负荷的心脏部位，其质量、形状、材质不宜做大的改变，因此改变活动导叶固有频率的方案不予考虑。那么在现有基础上改变卡门漩涡脱开导叶出水边时的频率就作为首选方式。卡门涡街频率经验公式为 $f=S\times v/d$（式中：S 取经验值 0.22～0.23；可变量 v 和 d 分别对应于水轮机导叶出水边的水流速度和导叶出水边厚度），改变 v 和 d 均可改变卡门涡街频率，破坏导叶固有频率和卡门涡街频率的耦合而带来的共振。而水轮发电机组要达到一定负荷就需要相应水头下达到一定流量，在水轮机流道已经固定前提下，水流速度 v 基本不会改变，相对容易改变的是导叶出水边的厚度 d。因此，通过对导叶出水边修型处理改变导叶出水边厚度 d 的方法作为消除帕图卡Ⅲ水电站活动导叶振动的方案。另外，需要注意的是，活动导叶的卡门涡街和活动导叶固有频率耦合发生共振从而产生振动，而水轮机导叶又分为固定导叶和活动导叶，在机组大负荷运行状况下固定导叶和活动导叶间距很小，不能排除固定导叶的卡门涡街作用于活动导叶使活动导叶共振而发生振动现象。修型方式主要依托水轮机厂家的建模分析，即通过模拟修型计算卡门涡频率变化得到各次的修型方案。经过方案比对与优化，确定对固定导叶及活动导叶出水边进行修型的最终方案。需要注意在现场焊接时需要严格执行焊接工艺，保证焊接变形在可控范围内，焊后严格执行探伤检查；焊道处打磨光滑以保证活动导叶立面封水边的封水质量。

（三）处理结果及结论

通过对本项目两台机组的振动导叶进行修型处理，检测发现振动现象已消除，对卡门涡导致的导叶振动处理结果达到了预期。至此，卡门涡引起的机组活动导叶振动问题已全部处理完毕。通过现场实测结合理论数据、模型分析、对比分析加快了查找问题根源的速度，提高了现场问题的解决效率。对固定导叶及活动导叶出水边进行修型可破坏原有卡门涡振动与导叶固有振动之间的高度拟合，从而消除卡门涡共振问题，使机组运行更趋于平稳。卡门涡振动问题对于水轮机导叶这类绕流结构是不可避免的，但是在机组前期建模分析及结构设计过程中通过严谨的有限元分析及结构优化（尤其是导叶脱流区域的几何形状优化）可最大限度降低卡门涡共振出现的可能性。

（中国水利水电第十一工程局有限公司
梁明华　任中秋　丁新）

善泥坡发电厂 1 号机组蝴蝶阀接力器油渗漏分析及处理

善泥坡发电厂 2 台机组蝴蝶阀属于全液控操作结构，公称直径 DN4200，安装在引水系统调压井后端压力钢管与水轮机蜗壳进口间。每台蝴蝶阀左右各布置一台接力器，接力器是保证蝴蝶阀正常开启与关闭的重要设备。因此，对接力器运行中腔体及各部件油渗漏点进行分析，通过技术改造提高接力器工作的可靠性，使蝴蝶阀安全可靠动作，这对于保证水轮发电机组安全稳定运行具有重要意义。

（一）蝴蝶阀接力器

①蝴蝶阀全液控系统结构。全液控系统额定油压16MPa，蝴蝶阀系统主要由双泵蓄能器组液压站系统、进水蝴蝶阀成套设备和电气控制柜等组成，而接力器是蝴蝶阀开启与关闭重要操作机构，采用L-TSA46液压油，属于液压型操作机构。②蝴蝶阀接力器规格及结构。接力器规格ϕ280×1000mm，额定油压16MPa，其结构主要由接力器活塞杆、活塞、缸体、缸体轴套、手动锁定装置、液压锁定装置等部件组成。密封元件由yx形密封圈、O形密封圈、防尘圈、组合垫和其他辅助密封圈等密封材料组成。③蝴蝶阀接力器系统开启和关闭原理。正常开启是在PLC自动控制接收到开阀信号，当蝴蝶阀前后压差一致时，锁定电磁阀动作，锁定销拔出，蝴蝶阀开阀电磁阀和蓄能器接通电磁阀动作，蓄能器高压油接入接力器油缸下腔，蝴蝶阀接力器缸体内的活塞杆带动蝴蝶阀阀轴及蝶板门做90°旋转，实现蝴蝶阀缓慢开启至全开位置，锁定装置锁定销复位；蝴蝶阀接力器正常关闭是在PLC自动控制接收到关阀信号，液压站锁定电磁阀动作，锁定销拔出，蝴蝶阀关阀电磁阀和蓄能器接通电磁阀动作，蓄能器高压油接入接力器油缸关闭腔，推动接力器缸体内的活塞及轴向下运动，带动蝴蝶阀阀轴及蝶板门做90°旋转达到全关位置，然后锁定装置锁定销复位。

（二）蝴蝶阀接力器存在的主要问题

①接力器检修技改中的问题。2021年1号机组A级检修，接力器各连接结构拆卸后发现接力器活塞上的密封元件有不同程度的受损，已完全失去其密封特性；接力器全开锁定装置底座受损出现断裂现象；接力器腔体下端面出现多处锈蚀痕迹，连接成块状分布趋势。②接力器缸体内上下油腔窜油并溢出。接力器上下腔体间密封元件失效，使缸体内启闭腔保压性能逐渐下降，腔体间发生窜油压现象，液压油通过上腔盖渗漏溢出，增加蓄能器高压油的接入，降低其液压值，增加油泵启动频次。③接力器密封元件老化严重。蝴蝶阀接力器已投入运行6年之久，通过对接力器各部件拆卸后发现，各密封元件材质脆化老化严重，多处出现不同程度的损坏。④接力器锁定装置易误动。1号机组为配合电网负荷需求，会降低负荷在低负荷临界值范围运行，此时机组振动较大，长时间运行极易引起锁定装置传感器接触不良，另外，接力器液压站两组蓄能器共用一根油管路，采用高压软管接入锁定装置的不合理设计，使锁定装置出现投入或退出动作，导致位置接点状态不到位，造成接力器活塞及轴的来回运动。

（三）蝴蝶阀接力器油渗漏原因分析

①密封元件受损。蝴蝶阀接力器密封元件受损是导致接力器窜油、跑油、渗油和保压不严的直接原因之一。②密封元件密封特性功能失效。造成失效的影响因素很多，设计不合理，制作工艺质量差，使用周期较短，安装不到位，使用不当，缸体内壁表面毛刺间隙剐蹭，都会对密封件抗耐磨损、耐腐蚀及密封弹性等特性造成失效，加快密封件的老化和损坏。③接力器腔体严重锈蚀。拆卸后发现接力器上下腔体、缸体内壁和活塞及轴表面等部位有不同程度的锈蚀现象，主要是液压油中混有颗粒物和杂质，使液压油氧化、乳化和酸化，油膜破坏，造成接力器镀硬铬保护膜破坏，加剧密封元件失效和损坏，产生泄漏。④蝴蝶阀液压站控制系统设计不合理。接力器的启闭两腔压力未接入监控系统，未设置压力降低报警信号，腔体发生窜跑压泄漏油现象时，不能对其腔中液压油压力变化情况进行监视，不能及时发现采取措施处理。

（四）蝴蝶阀接力器油渗漏检修处理及技术改造

蝴蝶阀接力器各部件拆卸清洗后，对接力器缸体内壁拉伤和毛刺处进行打磨，活塞及轴运动中心线偏移情况进行校正，轴表面保护膜检查和重新镀上硬铬保护膜，锁定装置底座损坏修复，接力器液压系统高压软管改造为无缝钢管并固定牢固，选购优质密封件进行更换，蝴蝶阀接力器回装后，按设计油压的1.5倍进行耐油压试验，保压30min无渗漏并做好保压记录，再进行2～3次蝴蝶阀接力器动水开关阀试验，确保接力器运行正常。

（五）防范及改进措施

①选型采购优质密封件，按照密封元件标准要求，对比选型抗腐蚀、耐磨损、耐高压高温等密封特性的密封件，每台机组两个接力器，每个接力器至少备足同型号2套密封件。②加强接力器运行分析工作，按照运行巡回检查“六到一不漏”巡检规定，加强对接力器腔体及蓄能器压力的监视和运行分析力度。③做好接力器的检修改造工作，结合接力器运行工况和密封件使用周期行标规范，优化蝴蝶阀接力器的检修改造工作。

（贵州西源发电有限责任公司　王国兵）

桃源水电站机组甩负荷后闸门联动控制研究

湖南桃源水电站枢纽主要由泄洪闸、发电厂房、船闸等水工建筑物组成，其中泄洪闸共25孔，左侧河道布置14孔，右侧11孔；电站装机容量9×20MW，贯流式机组，以1回220kV出线接入漳江变电站。工程建设后以发电为主，兼顾航运、旅游等综合利用。

（一）电站泄洪运行现状

1. 闸门监控系统　桃源水电站设置有1套闸门监控系统，完成25套泄洪闸门和坝顶厂用电系统的监视和控制。电站设置有1套计算机监控系统，用于电站内机组、厂用电系统、公用设备系统、开关站等设备的监视和控制，以及电厂AGC/AVC调节。目前闸门监控系统与计算机监控系统相互独立，互不通信，闸门操作仅由闸门监控系统完成。

2. 电站泄洪运行概述　由于桃源水电站为低水头径流式电站，无调节性能，电站正常运行情况下水库水位不消落，其洪水调度取决于上游凌津滩电站的洪水调度方式，需根据水电站水库入库流量及时调整发电流量和泄洪流量，保证入库流量和出库流量及时平衡。然而，由于电站输水道短，又无滞洪调洪能力，机组甩负荷（非正常运行情况）对库水位变化敏感，在汛期水流量大时尤为显著。由于桃源水电站为1回出线，当线路故障时，9台机同时甩负荷，存在因无法及时开闸弃水泄洪而导致水浪漫坝的风险。由于电站生产任务重，机组满发频率高，有限时间内人工泄洪的压力较大，机组甩负荷后往往难以迅速响应弃水泄洪预案。为此，需针对桃源水电站研究、完善机组甩负荷停机和泄洪闸门启动的联动控制方案和控制策略，缩短应急泄洪的反应时间。

（二）闸门联动控制策略

1. 控制对象及原则　电站正常情况下，在入库流量小于电站满发流量时，出库流量全部通过水轮机下泄；在入库流量大于满发流量但小于停机流量时，除依靠水轮机消纳满发水流量外，多余的水流量通过左槽泄洪闸下泄；当入库流量大于停机流量或机组事故停机时，过机流量将转由右槽泄洪闸门下泄。因此，左槽闸门泄洪作为常规泄洪方式下泄多余的入库水流量，右槽闸门泄洪则作为机组停机情况下的紧急泄洪方式，承担水轮机的水流量下泄和超出停机流量外的弃水泄洪任务。

2. 联动策略　根据电站闸门特殊的调度方式，在机组甩负荷后，右槽泄洪闸门的出库流量可近似等于机组甩负荷前的发电流量。由电站机组甩负荷前的发电出力反算其发电流量，并将其视作泄洪闸门应补偿的出库流量；再根据电站闸门开度与上游水深的关系，判定泄洪闸泄流类型为宽顶堰闸孔出流，依据闸下共轭水深与下游水深的关系，判定闸孔位自由出流或淹没出流，最终根据宽顶堰闸孔出流公式计算闸门出库流量与总开度的关系。通过泄洪闸门开启后坝前水流的消能规律和坝顶厂用电允许的最大同步提门数量，确定参与联动的闸门（i）、闸门开度（e）以及闸门起门顺序。根据机组甩负荷的评估结果，右槽河道泄洪闸门开启后，坝前水流的消能规律成对称性；结合多年运行经验，在闸门均具备联动条件的正常情况下，设计桃源水电站机组甩负荷与闸门联动主用方案的联动策略。

（三）闸门联动控制方案

1. 控制流程　设置1套闸门联动监控软件，通过实时监视桃源水电站9台机组的出力情况，在机组甩负荷时，启动闸门联动控制流程，判断机组甩负荷情况，根据闸门联动策略表及当前闸门泄洪开度增量，计算并在软件人机操作界面推出闸门联动开启方案，经人工确认后依次自动下发各闸门的开度指令，开启相应闸门进行泄洪。

2. 方案实现　闸门联动控制的重要判定依据为机组负荷出力变化，由于计算机监控系统中已将电站9台机组的有功、无功、GCB位置、机组运行状态等信号进行采样、处理，数据调用方便，必要时也能为软件的设计提供更多的信号参考；而闸门监控系统的控制对象主要为泄洪闸门和400V坝顶配电，在数据的保有量上限制较大。因此，将闸门联动软件设置于计算机监控系统工作站，而将闸门监控系统作为软件功能的中转执行机构，上报软件所需数据，同时出口闸门控制指令。计算机监控系统主交换机（A套）与闸门监控系统远程操作员工作站通过网线连接，TCP/IP协议通信。闸门联动控制软件设置于计算机监控系统操作员工作站，软件开放闸门联动备用方案的编辑界面。

（四）现场试验及成果

桃源水电站闸门联动控制程序开发完成后，经开环模拟测试，人工置位闸门运行状态标志位，手动给定9台机组总负荷出力的变化量及变化时间，触发闸门联动控制判定，在软件自动弹出联动操作画面的同时联动站内语音报警，经操作员确认联动策略方案后，在闸门监控系统的输出侧监测控制序列逐次下发，验证了机组甩负荷后自动联动闸门的可行性，满足现场试验条件。2019年4月，桃源水电站3台机组各带负荷7MW时直接分发电机出口断路器，模拟机组甩负荷，对闸门联动控制程序进行了闭环测试。结果表明，闸门联动控制程序闸门选择、闸门开度计算结果正确，指令执行正确；实际泄洪响应迅速，语音自动报警及时，机组甩负荷前后坝前水位变化平缓，未有明显涌浪形成，验证了闸门联动策略的正确性和有效性。软件投运至今，闸门联动过程准确、有效，无误动。

（中国电建集团中南勘测设计研究院有限公司
何哲文　罗云
中国水电顾问集团桃源水电厂　江帆　曾作朋）

南俄4水电站混流式水轮发电机组安装质量控制

南俄4水电站为引水式开发，电站装机容量为24万kW。工程永久建筑物主要由首部枢纽、引水工程和厂区枢纽三部分组成。机组采用一洞三机联合供水方式，由一条压力隧洞、调压井、地下压力钢管、钢岔管及三条支管组成。

厂房由地面厂房、GIS开关楼及尾水闸等建筑物组成。主厂房主机间净宽19m，机组间距13.5m，长度52.0m，高45.7m，内装3台单机容量8万kW的水轮发电机组。机组盘车时采用机械盘车，利用桥式起重机通过滑轮带动转动轴，以检查转动轴折线情况。

（一）盘车关键技术

首先对发电机大轴进行单独盘车检查。在发电机轴顶部安装盘车工具，在盘车工具上缠绕三圈钢丝绳，分别在上导、下导轴承位置及法兰盘位置设两块百分表，两块百分表方向互相垂直。分别把上导、下导、法兰位置在水平方向上均分成8个点，按逆时针方向标注序号1、2、3、4、5、6、7、8，使上导、下导、法兰位置的相同序号在垂直方向上处于同一位置。

桥式起重机缓慢提升，带动发电机大轴缓慢转动，在发电机大轴转动第二圈和第三圈的时候分别记录百分表数据。根据数据计算上导、下导、法兰的摆度，并对比相关规范，确定各个位置摆度是否超标。南俄四2号机组在单独盘车时发现下导位置摆度为0.02mm/m，刚好符合安装规范《水轮发电机组安装技术规范》（GB 8564—2003）要求。为保证后续盘车顺利，调整镜板于推力头连接螺栓扭力。最终下导摆度为0.0194mm/m，符合安装规范《水轮发电机组安装技术规范》（GB 8564—2003）要求。

发电机单盘合格后进行水机轴、发电机轴联轴。此次水轮机-发电机联轴螺栓分三次预紧。第一次预紧50%、第二次预紧90%、第三次预紧100%。每次预紧后进行盘车检查，检查各个位置摆度，根据摆度值调整螺栓预紧顺序。经过多次盘车检查，最终下导摆度为0.02mm/m，法兰摆度为0.0099mm/m，水导摆度为0.01mm/m。均满足安装规范《水轮发电机组安装技术规范》（GB 8564—2003）要求。

（二）结语

老挝南俄四水电站2号机组在业主监理的见证下，一次性通过盘车验收。整个盘车过程避免了返工与走弯路，保证了直线工期。在安装过程中如果得到不正确的数据要仔细考虑原因，预测可能出现的情况以及应对措施，适当调整施工方案以避免出现误工及资源浪费。

（中国水利水电第十工程局有限公司
郭永强）

老挝东萨宏水电站扩机工程尾水管安装质量控制

东萨宏水电站工程位于老挝共和国南部占巴塞省，距孔恩瀑布约2km。工程采用明渠引水发电，引水明渠长5km，在明渠两侧修建堤防工程，共分三段，总长度约6.8km，堤顶高程76.95m，在右岸设长700m的开敞式溢洪道。发电水头约20m。电站总装机容量260MW，年均发电时间约7000h，年平均发电量21亿kW·h。电站采用灯泡贯流式机组，单台机组发电能力65MW。管型座直径8.5m，单机引水流量400m³/s，电站总引水流量1600m³/s，为充分利用水资源，电站进行扩机工程，装机容量为1×65MW，2022年7月扩机工程正式进入机电安装初期预埋阶段。

（一）主要安装内容

东萨宏水电站扩机项目机组尾水流道前半段采用尾水管，后半段为钢筋混凝土结构，尾水管进口直径7489mm，出口直径10944mm，尾水管长度为9797mm，尾水管板厚为16mm，材质为Q235B，尾水管由4节组成，每节分4块，在现场组装焊接，总质量约60t。

东萨宏水电站尾水管安装分四节，分别为尾水管前段安装，尾水管中前段安装、尾水管中后段安装及尾水管后段安装；每节管节最大外径依次为8237、9168、10099、10944mm。

（二）安装质量控制重点分析

①结合工程实际，厂房右岸设有塔式起重机，在尾水管安装位置最大的起重量为21t，尾水管组装平台选址在塔吊下方，由于尾水管前段壁厚为25mm，整体组装完加上内部支撑的重量超过了21t，所以尾水管前段在平台处只组装三段，吊装至安装位置后再进行最后一段的组装，而剩余三段则在平台处拼装整圆后再进行吊装。②为保证尾水管在二期混凝土施工过程中，垂直和水平方向的受力变形，需要对尾水管安装后进行内外加固支撑。③为保证尾水管前段法兰与转轮室法兰接触面良好和连接螺孔的错孔率，除增加支撑外，同时应控制焊接变形。

（三）尾水管安装具体流程

①提前对预埋基础板表面进行全面检查，保证不存在凸凹点。②根据图纸在底板上安装调整必备的钢支墩，钢支墩的高程不能超过关口的安装高程。③结合施工图纸，借助全站仪、水准仪等仪器将里程线、中心线以及安装高程合理的架设在准备好的线架上。

④借助厂房右岸的塔式起重机从上游往下游方向分别对尾水管进行吊装。⑤尾水管前段调整完成后，通过拉锚、拉紧器与型钢进行加固处理；在尾水管中前段吊装完成后，对中心、高程进行适当调整，确保和前段之间组装紧密，不存在缝隙。⑥尾水管的加固采取外拉内撑的加固方式。⑦尾水管的全部附件安装完成后，需要对其进行检查，符合标准后由监理进行验收，验收合格后进行焊接。⑧尾水管安装加固验收完成后，为控制焊接变形，采用4人先焊纵缝，再焊环缝顺序，采取分段倒退、多层多道和对称的方式进行焊接。

（四）结语

东萨宏水电站扩机工程尾水管安装通过采取上述措施，几何尺寸、焊接质量等均得到了有效的保证，同时提高了安装效率，为电站建设做出了贡献，同时也为后续同类型机组尾水管安装提供了借鉴。

（中国水利水电第十工程局有限公司
胡富强）

印尼佳蒂格德水电站水轮发电机定、转子混合干燥施工工艺研究与应用

印尼佳蒂格德水电站项目距离万隆市约125km，距离雅加达约为190km，该项目是佳蒂格德大坝的后续工程项目，主要施工内容有引水隧洞、调压井、垂直及水平压力管道，主副厂房，开关站等工程，水电站装机两台立式半伞式混流发电机组，装机容量2×55MW，我部主要负责该项目的机电金结安装。2022年度，中国水利水电第十工程局有限公司佳蒂格德水电站项目部在确保安全、保证质量的前提下采取了诸多新工艺和新工法，对传统施工工艺进行了优化研究，提高了工效，保证了质量。

（一）关键工艺

根据现场施工进度计划要求，需要对现场两台机组的定、转子进行干燥处理。而传统的定子和转子干燥不但工序复杂、工期较长，而且效果也不尽人意。为此，佳蒂格德水电站机电项目部对其进行了优化研究，决定采取混合加热方式以提高质量和工效。①结合定子的实际情况，并结合检查结果，采取线棒短路加热和外部热源灯具均匀烘烤加热的组合方式，对定子进行干燥处理。②在机坑内原地干燥。短路干燥前将定子测温元件进行短接，避免对其造成损坏。③定子机坑上部用篷布进行遮盖，机坑风洞、进人门等通道关闭，令定子加热区域形成相对密闭的空间，有利于定子的烘烤。④断开定子中性点连接母线，将发电机定子线圈中性点处各相的同相间短接，主引出线处每相分别连接1台大功率直流（1250A）焊机，同时对其进行通流加热，见图1。⑤3台大功率直流焊机（ZX1250）同时启动，从0A开始，同时调整焊机输出电流，各相电流偏差不超过5A，焊机提供的最大电流不超过额定直流焊机最大工作电流的80%，定子最高温度不超过70℃，配备便携式电子红外温度计进行定子焊坑温度监测。⑥与此同时，在机坑内壁正对空气冷却器部位，等高对称布置6盏热源灯具（碘钨灯或其他灯具），并打开机坑内的6台除湿机，在定子外部对其同步进行外部加热，辅助烘烤定子。⑦温度须缓步逐渐提升，每小时不超过5℃，最高温度不得超过70℃，并维持在60～70℃之间72h，设专人监控温升和设备、环境安全，三相通电直流焊机电流须同步同幅调节。温升过程中，为了提高工效，在基坑顶部布设4台轴流式离心风机，对顶部的湿热空气进行排除。⑧保持温度72h后，冷却至室温，然后检查绝缘电阻和吸收比，必须符合厂家的标准要求，然后进行定子交流耐压试验。⑨转子干燥方案与定子类似，均为内部短路干燥与外部环境干燥相结合的方式进行。前提是转子有一定绝缘电阻存在，若转子绝缘为0，则依旧需要先进行外部环境干燥，等到检测转子线圈具备一定绝缘值后，为了提高功效和干燥质量，再采取混合加热干燥的方式进行。

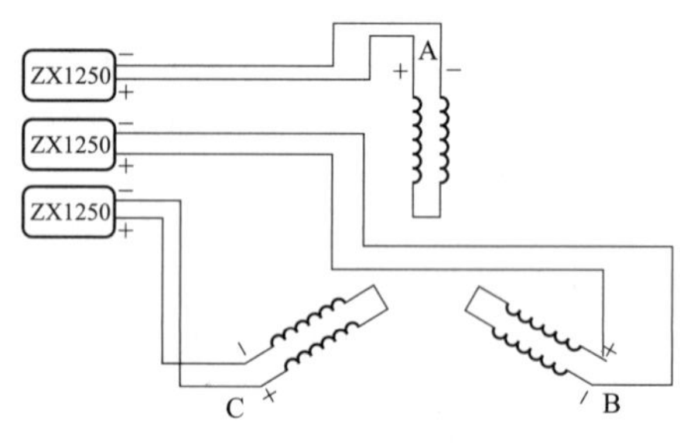

图1 加热线路图

（二）应用情况及推广前景

由于环境影响或意外事故，现在的诸多水电站均会发生发电机定转子在安装过程中出现受潮或水淹导致的绝缘不达标，无法进行及时安装甚至需要拆除检修的情况。而佳蒂格德水电站研究优化的方法在实际应用过程中，能够在保证设备质量和安全的情况下，最大程度的提高定子、转子的干燥效率，将传统干燥时间缩短三分之一以上，一次顺利通过业主、设计、监理、安装联合验收，各项检测结果表明该方法处理效果质量优良，符合图纸及设计要求，对设备伤害小，能够最大程度的恢复受潮和受灾设备的性能，保证设备的使用寿命与可靠性，提升设备的安装效率，社会效益和经济效益显著，具备推广应用价值。

（中国水利水电第十工程局有限公司
吴古金　陈伟）

抽水蓄能电站可调节流量充水阀设计

抽水蓄能电站引水发电系统的水工结构一般包括引水隧洞上平段、上竖井段（或上斜井段）、中平段、下竖井段（或下斜井段）以及下平段（含主洞、引水岔管、引水支管）等，其首次充水是个很重要的问题，水位的上升速度直接影响着水工结构的安全。NB/T 10072—2018《抽水蓄能电站设计规范》和DL/T 1770—2017《抽水蓄能电站输水系统充排水技术规程》对各部位首次充水时水位上升的速度提出了严格的要求，提出应分阶段充水，每阶段稳压一定时间后，经监测确认结构安全后，才可进行下一阶段充水。对于有天然来流的抽水蓄能电站，国内目前多采用上水库进/出水口闸门上的充水阀进行首次流道充水，充水阀与启闭机动滑轮连接，由启闭机来控制充水阀的打开和关闭。该方式具有操作简单、灵活简便、成本较低等优点。但是常规类型的闸门充水阀多为压盖式，只能全开和全关，流量无法调节，当充水流量过大时，需要利用水泵配合进行排水，以满足水位上升的速度要求。充水阀充水流量过大，可能影响水工结构的安全；再利用水泵配合进行排水，增加了整个流道的充水试验时间，对发电工期不利。因此，有必要研究一种可精确进行流量控制的充水阀，来满足工程的实际需要。

（一）充水阀结构型式

抽水蓄能电站充水阀必须具有较好的适应能力和调节能力。主要原因包括：①充水水位变幅大，抽水蓄能电站由于调峰调频的需要，其抽水工况和发电工况变化频繁，上下水库水位在死水位和正常蓄水位之间往复变动，闸门充水阀的最大最小充水水头差别大；②充水流量区间大。抽水蓄能电站引水隧洞流道长、洞径大，不同水工结构段对充水流量有不同的要求，钢筋混凝土衬砌输水系统斜（竖）井水位上升速率宜控制在5m/h以内，钢板衬砌水道系统斜（竖）井水位上升速率宜控制在10m/h以内。

该研究了一种新型的闸门可调节流量充水阀（见图1）。充水阀体上部与启闭机吊轴连接，下部与圆柱柱塞连接，圆柱柱塞上开有过水条形孔。充水时利用充水阀体提升圆柱柱塞，控制圆柱柱塞进入充水弯管内的高度，改变过水条形孔截面面积来调节流量。圆柱柱塞的过水条形孔规格不一，分三个区间进行设置，最上区间设置较疏条形孔，中间区间不设置条形孔（为了增加结构强度），最下区间设置较密条形孔。为防止污物堵塞条形孔，在圆柱柱塞外装有开设了防污过水小孔的阀杆支架。阀杆支架上过水小孔的总面积大于充水阀管直径，以保证过水小孔在部分堵塞时，充水阀管处不产生空蚀现象。

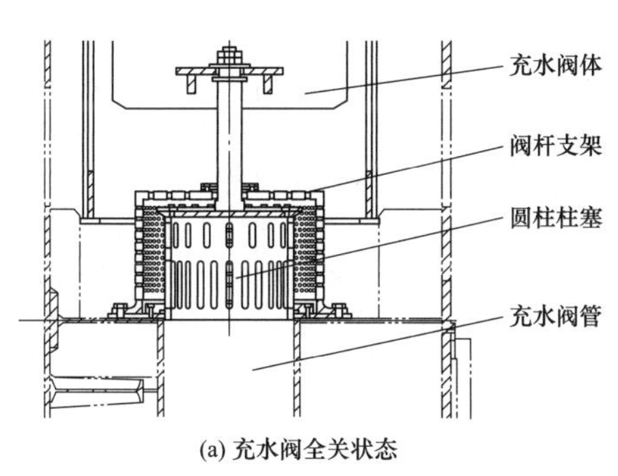

(a) 充水阀全关状态

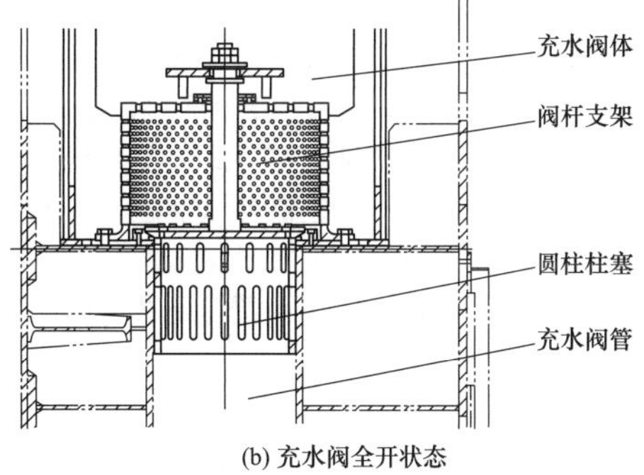

(b) 充水阀全开状态

图1　充水阀结构示意图

（二）流量调节计算

1. 水工结构充水特性　以可调节流量充水阀在广东梅州抽水蓄能电站上水库进/出水口事故闸门上的应用为例。流道首次充水时，上水库的水位在正常蓄水位816.49m和死水位782.00m之间，充水阀的安装高程为760.878m，因此理论最大充水水头和最小充水水头分别为55.612m和21.122m。

2. 充水阀设计　经设计计算调流条形孔布置原则如下：①最小容许充水流量下，圆柱柱塞行程不能过小；②圆柱柱塞最大流量与最大容许充水流量相近；③圆柱柱塞最大流量与充水阀装置最小理论充水流量相当。

3. 各部位阀芯开度　当在水位816.49m充水时，各部位计算得到阀芯开度；当在水位782.00m充水时，各部位计算得到阀芯开度等参数。通过控制启闭机不同行程，来调节充水阀的开度，使不同的充水部位充水速度小于规范允许值，保证水工结构的安全。启闭机不同行程的调节是通过在控制柜PLC中设置编码器不同的断点来实现，保证了充水阀开度的精确控制。

（三）工程验证

梅州抽水蓄能电站上水库进/出水口事故闸门采用该可调节流量充水阀进行充水，充水时上水库水位为 782.0m，正好为水库死水位。依据可调节流量充水阀进行引水隧洞首次充水取得较好充水效果，引水隧洞的安全性及充水效率均得到了较好的保证。当水库水位为其他水位时，同样可以通过修改水头 H 进行流量函数推导。该研究可调节流量充水阀同样适用于抽水蓄能电站尾水流道的充水以及常规水电站长引水流道的充水。

（中国电建集团中南勘测设计研究院有限公司
胡彩石　王洪方　周华　钟全胜）

丰宁抽水蓄能电站发电机转子磁轭加热工艺技术

水轮发电机组在运行时，转子磁轭将受到较大的离心力，尤其是大型机组或高转速机组，巨大的离心力会使磁轭产生明显的径向变形，从而使磁轭与转子支架产生径向分离间隙，转子直径越大或转速越高，则分离间隙越大，不仅会导致机组引起过大的振动与摆度，严重时还会造成重大事故。为保证机组在这种情况下能安全可靠运行，在转子装配过程中应预先给磁轭与转子支架一个预紧力。依靠这个预紧力，以期抵消机组运行时磁轭的径向变形增量，从而保证转子磁轭与转子支架有可靠的连接。用冷打磁轭键的方法无法满足这一预紧力，因此必须采用热打键的方法。

（一）磁轭加热方式

磁轭热打键能否成功的关键在于磁轭加热后与转子支架能否产生足够的温差，因此合适的加热方式对转子磁轭热打键至关重要。磁轭加热方式主要有铜损法、铁损法、电热法及较先进的远红外法加温等。综合这 4 种加热方式的优缺点，根据转子工艺参数与现场的客观条件和安装周期，丰宁抽水蓄能电站一期工程转子磁轭加热选择电热法。

（二）加热准备

①设备检查。检查加热设备外观及柜体内部情况，检查加热片是否有损坏、脱壳，检查控制柜内各元器件和接线是否有松动现象。确定无误后试通电源，观察控制柜指示灯及仪表是否正常。加热期间每 30min 记录一次数据，时刻巡视周围，保障现场安全，周围摆放灭火器，拉好警戒线，非操作人员请勿靠近。②现场条件准备。防护工棚搭设完成；加热电缆布置完成，安全警戒防护工作准备完成；冷却系统管路布置完成。③防护工棚。利用彩钢板搭设加热防护棚，上端敞开。

（三）磁轭与支架温差计算

热打键是根据已选定的分离转速时的离心力，计算出磁轭径向变形增量，再按此变形增量计算出磁轭与转子支架的温差，在原先冷状态下打紧磁轭键的基础上，将磁轭加热使之膨胀，使磁轭与转子支架达到计算的温差产生间隙，趁热打入磁轭键，使打入的深度所产生的预紧量与其径向变形增量相等。通过计算，磁轭的实际胀量需达到 1.77mm 才能加垫，由此推算磁轭相对支臂的温差为 50.4℃，比设计胀量 1.27mm 所需的温差要高出 14.2℃。

（四）加热工艺

1. 加热电缆布置　电源取自安装间附近 6 号母线洞施工用电变压器下端电源开关柜，电缆采用 4 根 $3\times240mm^2$ 的铝芯电缆，每根 60m 长，接至安装间磁轭加热控制柜。

2. 加热片布置　磁轭加热采用履带式加热板进行加热，加热片外部有防火层和保温层，单个加热片额定电压 220V，加热片圆周布置数量（一层）14 片。所有加热片通过一台加热控制柜进行调节控制。

3. 加热过程　①利用塞尺测量每个磁轭凸键与磁轭键槽底部上下两端间隙值并记录。②根据计算好的垫片厚度准备垫片，将垫片之间使用氩弧焊焊接，并对垫片做好对应标记。③在磁轭下方及通风沟处布置加热器，检查各处搭接间隙并封闭确保加热保温效果。按要求将磁轭加热到计算温度，温升速度控制在 8～10℃/h，总体加热时间控制在 10～12h，加热温度要均匀、缓慢升温。④磁轭加热设备为全自动控制，通过控制台操作系统设定温度控制要求，自动调整各组加热片电流及电压，实现加热功率的升高与降低，从而保证温度均匀上升及下降。⑤磁轭加温过程中现场每 30min 记录一次温度，外圈记录磁轭温度，内圈记录中心体温度。加热过程中必须随时监视加热情况，出现异常立刻停止送电。⑥在中心体凸键与磁轭键槽之间间隙达到比垫片大 0.5mm 时具备加垫片条件。⑦将准备好的垫片装入磁轭凸键与磁轭键槽之间并固定，垫片安装过程中，磁轭加热设备调整至保温功能，确保垫片安装顺利。⑧将磁轭副键装入并临时固定，停止加热。

4. 转子中心体冷却　加热过程中为防止磁轭加热温度通过凸键筋板对中心体造成影响，在筋板处布置循环冷却管路进行冷却，降低温度。

5. 磁轭冷却　①磁轭凸键垫片及副键全部打入固定后，停止加热。②通过磁轭加热设备自动设定，将温度缓慢降到室温，降温冷却过程中，磁轭上下内外的温差不得大于 10℃，以免磁轭收缩不均匀而产生变形。冷却到环境温度后，拆除加热设备。③磁轭温度冷却至室温，打紧磁轭副键，割掉突出磁轭部分，打紧副键时应圆周方向上对称打紧。

（五）结语

转子是水轮发电机组关键部件，磁轭在运行过程中受强大离心力作用，在不同工况下磁轭的径向变形不同，因此转子磁轭热打键及加热工艺是水轮发电机安装中的重要一环。丰宁电站发电机转子磁轭热打键采用电热法加热方式，加热设备须有温控系统，能够实时显示并准确控制磁轭温度。加温结果表明加温温升速度和加温负荷的选择都能够按照要求进行，磁轭胀量也在规定时间内一次性达到要求，加温完成后转子磁轭圆度、垂直度整体受控，热打键工作完成。

（中国水利水电第三工程局有限公司　周若愚）

丰宁抽水蓄能电站发电机定子组装技术

丰宁抽水蓄能电站发电电动机采用立轴半伞式结构。定子机座在工厂内进行预组装，在工地组焊成整圆。定子机座由 2 瓣组成，在现场进行分瓣机座组装、合缝位置各层环板对焊。

（一）施工准备

定子在安装间定子工位进行组装工作，组装时利用定子工位中心位置的测圆架基础板固定定子测圆架，按照定子机座基础板分布圆尺寸，在安装间定子基础板上布置安装支墩便于定子机座的调整、固定。

（二）机座组装

①机座组拼。将分瓣定子机座运至安装间临时场地。检查楔子板相互间以及楔子板与基础板之间接触良好。将分瓣定子机座吊装于定子安装支墩上就位，在圆周方向均布 8 根槽钢将定子机座与定子基础板焊接固定，以防止机座倾倒。利用把合螺栓将定子机座把合成整体，检查整个定子机座环板对接焊缝坡口的间隙及径向、轴向错牙。②测圆架安装。以定子机座大齿压板内圆为基准，利用测圆架底盘调整螺钉，调整测圆架中心柱与定子机座的同心度在 0.50mm 以内。在测圆架中心柱的两个相互垂直的方向上悬挂钢琴线，利用钢琴线对测圆架中心柱进行垂直度测量和调整。③机座焊接。定子机座各项数据测量合格后，在分瓣机座大齿压板合缝两边以及每个上环板合缝两边分别用样冲在内径和外径处打 2 对测量点，用游标卡尺测量记录原始距离。对机座大齿压板合缝面坡口间隙大于 3mm 处先进行镶边焊。安装并点焊机座大齿压板合缝处临时加强板，之后采用 2 个焊工对称施焊加强板，注意保持焊接的同步。

（三）定位筋安装与焊接

定位筋整圆共 51 根，沿定子环板内圆均布，分布角为 7.059°。定位筋安装时，采用大等分弦距方法，采用 3 根基准定位筋 7 等分方式进行。①基准定位筋安装。选用 3 根直线度和扭曲度较好的筋作为基准筋，划出 3 根基准定位筋鸽尾中心线。将基准定位筋上每层定子机座托块点焊到环板上，点焊完成后检测基准定位筋径向及周向垂直度、绝对半径偏差以及向心度。②大等分定位筋安装。选用 6 根直线度和扭曲度较好的筋和 1 号基准定位筋一起作为大等分定位筋。大等分定位筋点焊完成后，分别复测大等分定位筋的径向及周向垂直度、半径偏差以及向心度。③其余定位筋安装。大等分筋调整合格后，进行大等分区间内的定位筋安装。④托块焊接。托块焊接前利用定位筋调整工具周向和径向固定定位筋，用平头千斤顶轴向固定定位筋，再次检查定位筋的各项数据满足技术要求然后进行施焊；托块每层焊缝焊后冷却至室温时方可拆除千斤顶。

（四）铁芯叠装

①为保证铁芯叠片的质量，采用分段压紧措施共分 7 次压紧。定子叠片按顺时针进行，相邻两层按照 1/2 冲片宽度交错搭接叠装（即错开 1 个定位筋的位置）。②邻层定子冲片之间应错开 1/2 冲片进行叠放，顺时针错开。所有的粘胶片、冲片、通风槽片均需按此方向进行错开叠装。③铁芯叠片时，定子冲片应紧靠定位筋，叠片过程中每隔 25 小段，叠一层层压玻璃布板，层压玻璃布板叠放于每小段铁芯的中间层，总共叠 2 层。铁芯叠装过程中，应随时测量定子铁芯的圆度、圆周波浪度、齿涨以及各小段的高度，并作必要调整。④每叠完一小段铁芯时，使用专用工具沿定子铁芯圆周测量其铁芯段长，圆周方向上每张冲片 1 个点，其偏差不超过设计值的±0.50mm，必要时应在每次预压过程中使用槽楔进行铁芯段长的检查。叠片过程中应注意每段高度偏差的相互补偿。⑤在定子铁芯高度叠至约 94、1537、2941mm 时，按要求叠入铁芯温度计安装槽的定子冲片，并在对应高度叠片完成后安装铁芯温度计。⑥定子铁芯分六次预压和一次最终压紧，其每次预压高度约为 500mm。每次预压前后，均应测量、记录铁芯的圆度、波浪度和高度，确定出定子铁芯下一次的预压高度。每次预压结束后再次进行冲片叠装时，应根据上述测量记录进行定子铁芯波浪度调整，以保证定子铁芯最终压紧后的高度和波浪度。⑦清扫上齿压板，将上齿压板吊装就位并调整齿压板，使齿压板上螺孔与定子冲片螺孔同心。安装上齿压板的测温电阻。⑧按定子铁芯穿心螺杆装配有关要求，安装穿心螺杆、绝缘管、绝缘垫圈、碟形弹簧以及圆螺母等相关部件。⑨按照铁芯分段压紧要求，进行整体把紧定子铁芯，定子铁芯的实际叠压系数不得小于 0.96，定子铁芯整体把紧后，整体测量铁芯内径、各点高度及波浪度应满足要求。⑩定子铁芯铁损实验完成后，进行铁芯最终压紧，定子铁芯的实际叠压系数不得小于 0.96。安装挡风板等定子附件。

（五）结语

作为世界上总装机容量最大的丰宁抽水蓄能电站，定子组装工艺要求严、难度大，其结构特点及安装方式与常规电站定子有较大区别，定子机座采用盒型筋结构，这种结构的定子机座具有刚度好、运行过程中定子机座振动小等特点。定子机座通过新型分体式弹性鸽尾筋结构与定子铁芯连接，能适应铁芯热膨胀，还能削弱定子铁芯的振动。在定子组装过程中采用合理有效的工艺技术，保证定子的组装质量，为机组下一步安装提供保证，同时也为其他抽水蓄能电站定子组装提供技术借鉴和指导。

（中国水利水电第三工程局有限公司 周若愚）

电 气

中国长江三峡集团有限公司 2022 年机电装备新技术应用与新业绩

中国长江三峡集团有限公司（简称三峡集团）依托白鹤滩等水电工程建设，推进水电领域重大机电装备的国产化研制和示范应用，2022 年主要完成了如下机电装备方面的新技术应用与新业绩。

（一）白鹤滩水电站实现 16 台百万千瓦水轮发电机组全部投产发电

12 月 20 日，白鹤滩水电站 9 号机组并网发电，至此白鹤滩水电站 16 台世界最大单机容量水轮发电机组全部投产运行。百万千瓦机组各项性能参数达到世界领先水平，水轮机最优效率 96.70%，加权平均效率 96.16%，优于三峡、向家坝、溪洛渡、乌东德机组指标，可以更加充分地利用水能资源，发挥电站效益。发电机电压等级达到世界水电机组最高的 24kV，发电机绝缘水平行业领先，发电机散热性能优良。该电站每年平均发电量约为 624.43 亿 kW·h，一天的发电量可满足 50 万人一年的生活用电。每年可节约标煤约 2500 万 t，减排约 6500 万 t 二氧化碳、60 万 t 二氧化硫，相当于少建近 6 座年产 400 万 t 的大型煤矿，为“碳达峰、碳中和”目标实现发挥重要作用。

（二）完成额定短路开断电流 170kA 发电机断路器成套装置研制及工程示范应用

170kA 发电机断路器由三峡集团与西安西电开关电气有限公司联合研制，该装备是白鹤滩百万千瓦机组配套高压电气设备最后一个实现国产化的设备。170kA 发电机断路器需要匹配百万千瓦机组大容量特性，具备开断 170kA 额定短路电流的能力，此前一直因为技术水平高、生产加工难度大等原因，是横亘在我国高压开关行业的“卡脖子”项目。为解决我国大容量发电机断路器技术困境，三峡集团联合西开电气开展了一系列科研攻坚，在超大电流电弧灭弧机理等基础理论方面进行了深入研究，在实现乌东德水电站 160kA 发电机断路器全面国产化的基础上，研发白鹤滩水电站 170kA 发电机断路器，打破国外少数公司长期垄断的局面。

（三）实现自主可控白鹤滩百万千瓦水电机组调速系统的国产化研制与应用

自主可控调速系统是三峡集团承担的国家部委重大专项《海上风力发电机组一体化控制系统国产化研究》科研项目的重要延续性科技创新成果，已于 12 月 20 日在白鹤滩水电站 9 号机组正式“服役”，为百万千瓦水轮发电机组调速系统装列“中国芯”。该系统于 12 月 23 日通过中国电器工业协会组织的新产品新技术鉴定，鉴定委员会一致认为该系统综合性能指标达到国际先进水平，其中智能测频性能达到国际领先水平。自主可控调速系统以国产 ACS400 系列 PLC 控制器为核心，基于国产主控芯片，采用国产开源操作系统，具备双 CPU 冗余功能，专用智能测频模块具有实时性好、精度与冗余度高等优点，适用于调速系统控制器独立布置的中型以上水电站、抽水蓄能电站水轮发电机/电动机组调速系统，市场前景良好。经测试，该系统符合行业相关规范要求，关键性能指标达到或超过国际同类知名产品水平。

（四）长龙山抽水蓄能电站 6 台 35 万 kW 机组全部投产发电

长龙山 600r/min、35 万 kW 抽水蓄能机组为世界首创，其设计、制造和安装调试进入了抽水蓄能领域“无人区”。三峡集团及上海福伊特凭借水电领域的积累，通过技术创新，利用先进设计工具，以保证机组安全稳定运行作为首要设计原则，为长龙山抽水蓄能电站提供了性能佳、质量优的安全可靠机组。运行数据显示，长龙山抽水蓄能电站 5 号机组在发电工况稳定运行时，上导、下导及水导振摆数据均小于 40μm；在抽水工况稳定运行时，上导、下导及水导振摆数据均小于 50μm，满足三峡集团“精品机组”要求，证明世界首台 600r/min、350MW 机组的设计、制造和安装调试是成功的。长龙山 600r/min、35 万 kW 抽水蓄能机组的投运，标志着我国在高水头、高转速、大容量抽水蓄能机组及配套设备的研发领域达到世界领先水平。

（中国长江三峡集团有限公司 向家松）

世界最大清洁能源走廊梯级水调系统项目建成投运

根据国家“西电东送”战略，三峡集团打造乌东德、白鹤滩、溪洛渡、向家坝、葛洲坝和三峡梯级水电世界最大清洁能源走廊，开展六座巨型梯级水电联合优化调度，实现了“水库统一调度、电力分区控制”的先进调度管理。

金沙江下游—三峡梯调水调系统采用南瑞自主研发的 WDS9200 水调系统产品，其架构合理、技术先进、功能完备、安全高效和经济实用，满足巨型梯级水库统一调度业务要求。

为按时优质完成项目建设，南瑞集团有限公司（简称南瑞集团）提出多地互备的超大规模国产化的整体水情水调解决方案，开发了智慧流域工作平台，研制了全生命周期的数据生产、治理和高精度水文预报等“4+N”业务应用，实现了长江流域“空天地”全要素感知范围“更广”、水文预报准度“更精”、梯级水库防洪调度“更优”、节水增发电能力“更强”、生态保障等综合效益保障水平“更高”的预期目标。

“金沙江下游—三峡梯级水调自动化系统”的投运，每年节水增发电量近 100 亿 kW·h，同时在防洪、发电、航运、水资源配置、节能减排与生态环保等方面产生了巨大的经济和社会效益。

（南瑞集团有限公司　葛瑜　刘臣亮　吴善锋）

“三峡—葛洲坝、乌东德—白鹤滩”巨型电站梯级集控系统

三峡梯调宜昌调控中心下辖三峡和葛洲坝电站。三峡电站包括左岸、右岸及地下共 32 台 70 万 kW 机组和电源电站两台 5 万 kW 机组。葛洲坝电站包括大江、二江共 19 台 12.5 万 kW 和 2 台 17 万 kW 机组。金沙江下游昆明调控中心下辖乌东德和白鹤滩电站。乌东德电站共 12 台 85 万 kW 机组，左右岸各安装 6 台机组。白鹤滩电站共 16 台 100 万 kW 机组，左右岸各安装 8 台机组。三峡梯调宜昌调控中心和金沙江下游昆明调控中心电调自动化系统都采用中水科技 iP9000 智能对象一体化平台，实现对三峡—葛洲坝、乌东德—白鹤滩水电站“全监全控”。

两个巨型电站梯级调控中心项目有如下特点。

1. *电站规模大，在电网中地位举足轻重*　三峡电厂总装机容量 2250 万 kW，总装机容量世界第一；乌东德电站总装机容量为 1020 万 kW，位居世界第七我国第四；白鹤滩电站是世界上单台容量达到百万千瓦的水电机组，总装机容量 1600 万 kW，位居世界第二。这三座电站安全稳定运行将关系到电网的稳定，电网地位非常重要。

2. *全国产化*　根据国家能源安全的需要，电调自动化系统软硬件需全国产化，即电调自动化系统软件、服务器、工作站、路由器、交换机、数据库、防火墙、纵向加密和入侵检测等全部由国内厂商提供。

3. *测点规模*　根据“全监全控”要求，电站监控系统测点全部接入梯调中心自动化系统，加上接入的水调系统和二次辅助系统数据点，宜昌调控中心系统总点数超过 30 万点、昆明调控中心系统总点数超过 50 万点。该数据规模超过现有其他水电集控系统，这对于电调系统实时库和历史库存取性能将是一个很大挑战。

4. *水电调一体化*　电调监控系统、水调自动化系统与综合数据平台一起构建面向调度值班人员的水电调业务的统一操作平台。电调监控系统通过与综合数据平台和水调自动化系统通信接口，形成数据共享，并能与水调自动化系统在综合数据平台交叉调用各自应用功能，实现平台界面的一体化。

5. *网络安全监管*　根据电力安全防护要求，调控中心统一部署网络安全监管平台，采集电力监控系统中的安全防护设备（入侵监测系统、防火墙、纵向加密认证装置、横向隔离装置等）、主机设备和网络设备的运行信息、操作信息以及告警信息，并将采集到的安全监视信息汇总至安全Ⅱ区的安全监管平台服务器。

6. *多系统数据平台*　除电调数据以外，综合数据平台还采集水调系统、安全稳定控制主站系统、同步相量测量主站系统、故障录波管理主站系统、保护信息管理主站系统、机房动环系统和电能计量主站系统的数据。

根据以上特点，巨型电站梯级调控中心电调自动化系统研发解决了如下关键技术问题：①基于全国产软硬件环境下，电调自动化系统软件适配国产硬件、操作系统和数据库；②解决海量数据实时传输、存储和海量信息事件筛选查询机制，既要避免数据丢失，又要防止重要信息被淹没，及时把重要信息推送给运行人员；③研究电调平台可视化和交互技术，通过界面实时交互获取水调数据并在电调系统通过数据、曲线和三维等方式展示，实现水电调平台界面一体化；④通过规约扩展、单边点表技术解决集控和电厂点表配置同步难题；⑤及时上送电厂操作信息和过程信息到电调系统，便于调控运行人员全面掌握操作命令执行情况。

宜昌调控中心电调自动化系统于2021年投入试运行，2022年6月完成三峡、葛洲坝机组的远程控制试验；昆明调控中心电调自动化系统于2020年3月进行现场调试，2022年12月完成乌东德和白鹤滩所有LCU接入。昆明调控中心电调自动化系统是国内首个全国产化且按照"全监全控"建设的超大型集控自动化系统，首次实现巨型电站梯级集控水电调一体化。

（北京中水科水电科技开发有限公司　张卫君）

南瑞集团助力三峡集团流域管理智慧化建设

2022年8月17日，南瑞水电公司承担的三峡集团智慧流域运行管理工作平台——流域枢纽综合调度运行管理系统顺利通过验收，标志着历经两年建设，国内首个大型水电流域综合调度管理系统正式建成并投入运行。

流域枢纽运行管理中心是三峡集团的特设机构，负责统筹三峡集团在长江流域的枢纽运行管理工作，管理范围覆盖长江干流乌东德、白鹤滩、溪洛渡、向家坝、三峡、葛洲坝、水布垭、隔河岩、高坝洲、三里坪、江坪河等11大枢纽，总防洪库容389亿m^3，总兴利库容483亿m^3，总装机容量7601万kW。近年来，随着管理范围进一步扩大、管理职责进一步增多、管理精细化要求进一步提高，三峡集团流域管理中心的管理模式从单个枢纽工程运行管理向多个枢纽工程运行管理转变。流域管理中心前期建设的系统基本由各部门独立建设，缺少统一规划和服务集成，不能很好地满足流域管理数据共享及业务扩展需要，亟须通过信息化手段变革传统管理方式，推动运行管理模式创新，提升流域枢纽运行管理水平。

2020年6月，流域枢纽综合调度运行管理系统项目正式启动，该项目具有专业跨度大、信息种类多、集成难度高、业务需求复杂、项目协作多等特点。项目团队从基础设施、网络环境、业务范围、工作流程、管理需求等多方面开展需求调研。项目建设历时26个月，现场总投入6300人日，应用了敏捷开发、模型管理平台、大系统降维计算、流域水模拟等15项关键技术，开发出国内专业范围最广、系统规模最大的智慧流域综合调度系统，实现了流域全要素基础数据采集、传输与共享及生产运行业务协同管理。

（南瑞集团有限公司
张金华　王胜凯　高熠飞　袁帅）

iP9000智能平台在白鹤滩水电站的应用

2022年12月20日，随着9号机组正式并网运行，在建规模世界第一、装机规模全球第二的金沙江白鹤滩水电站16台百万千瓦机组全部投产发电，这标志着我国在长江上全面建成世界最大清洁能源走廊。

该电站单机容量100万kW，位居世界第一。巨型机组对自动控制的要求十分苛刻。白鹤滩水电站SCADA系统采用了北京中水科水电科技开发有限公司（简称中水科技公司）自主研发的iP9000智能一体化平台。自2021年6月首批机组投运以来，iP9000体现出极高可靠性、稳定性、实时性，通过对全厂设备和30万个测点进行对象化描述和建模，为智能化应用提供良好基础，实现了对象化智能报警、设备状态智能分析和预警等功能，有效提高了运行管理的智能化水平。

该电站全面投产后，长江干流上的6座巨型梯级水电站——乌东德、白鹤滩、溪洛渡、向家坝、三峡、葛洲坝共110台水电机组形成联合调度，总装机容量达7169.5万kW，年均发电量达3000亿kW·h，每年可节约标准煤约9500万t，减排二氧化碳约24000万t。中水科技公司不仅为三峡、白鹤滩、溪洛渡、向家坝等水电站提供了稳定可靠的计算机监控系统，而且先后研制完成了三峡梯级调度中心（三峡—葛洲坝）、金沙江下游成都区调中心（溪洛渡—向家坝）、金沙江下游昆明调控中心（乌东德—白鹤滩）等3座世界级梯级调控中心的电调控制系统。

（北京中水科水电科技开发有限公司　邱洋）

首套全国产水电控制设备在小湾、糯扎渡水电厂投运

2022年10月30日，采用全国产芯片及核心元器件的发电机励磁系统和水轮机调速系统在华能澜沧江云南糯扎渡水电站成功投运。2022年11月20日，全国产化发电机励磁、水轮机调速、发电机保护、计算机监控系统在华能澜沧江云南小湾水电站投产。至此，国内首套完全自主可控，芯片和核心部件全国产化的大型水电站机组全套控制系统全部投运，为我国水电装备制造关键技术突破国外"卡脖子"限制，实现完全"中国芯"开创了里程碑。

糯扎渡水电站单机容量65万kW，小湾水电站

单机容量 70 万 kW，均属大型水电站，机组控制系统安全可靠性要求极高，国产自主可控意义重大。从 2021 年起，华能澜沧江水电有限公司、南瑞集团有限公司、西安热工院有限公司就签订了战略合作协议，成立联合研发组，推进大型水电计算机监控、调速、励磁、保护系列控制系统的国产化研发与工程示范工作。研发系列产品全部采用龙芯 CPU，国产 FPGA、AD、DA、以太网通信芯片，通过了工信部电子五所的“国产化元器件认证”，器件国产化率 100%，并通过了第三方权威检测机构的“电磁兼容”“型式试验”“入网检测”验证。

项目不仅实现了控制系统芯片、操作系统、核心元器件、工控机、磁场断路器、比例伺服阀、变送器等系列国产化，还实现了多项创新。基于 IEC61850 国际标准，首次构建了调速器、励磁、保护、监控系统智能水电厂的标准模型及实时通信网络，行业内首次实现了各系统与监控系统的 GOOSE 大容量数据通信以及控制技术。依据真机运行统计海量数据进行提取，研发了基于水头/功率/开度大数据调节模型的功率调节算法，提升了一次调频和 AGC 调节性能。研制的大容量、高弧压灭磁环境下的全国产磁场断路器、氧化锌灭磁电阻填补了国内空白。首次研制了调速器、励磁、保护智能分析、故障诊断、性能评价系统，为巨型水电站安全运维、智能运检创造了条件。

（南瑞集团有限公司　蔡卫江　袁帅）

三峡水力发电厂左岸计算机监控系统改造完成

2022 年 5 月 24 日，三峡电站全国产化改造 12 号机组并网发电，试运行期间各项指标均正常，机组正式恢复投产运行。12 月 30 日，三峡左岸计算机监控系统改造最后一台机组（13 号机组）完成了并网试验，正式投入运行。

2018 年三峡左岸电站监控系统启动国产化改造。为突破全国产化过程中“卡脖子”问题以及落地应用，三峡集团委托中水科技公司开展“智能一体化平台研制”和“电站监控系统仿真测试平台建设”科技攻关项目，并在三峡左岸电站 12 号机组实现自主可控国产化的突破。中水科技公司经过产品调研、设备选型、软件研发、仿真测试后，在 12 号机组 LCU 自主可控系统关键设备均采用国内自主可控产品，如 PLC 控制器、同期装置、电源模件、触摸屏等。其中，PLC 控制器硬件元器件国产化率达到 95%以上；操作系统采用自主可控国产操作系统；应用系统软件采用中水科技公司完全自主研发的 iP9000 智能一体化平台。中水科技公司 iP9000 系统在三峡集团首台 70 万 kW 机组全国产化自主可控监控系统的成功应用，为后续巨型机组国产化改造奠定了基础。

长江三峡水利枢纽由大坝、水电站、通航设施等主要建筑物组成。左、右岸两侧分别设坝后式电站厂房各一座，其中左岸厂房装机 14 台，右岸厂房装机 12 台，地下电站装机 6 台，单机额定容量 70 万 kW，是全世界最大的水力发电站和清洁能源生产基地。其中左岸电站是三峡工程最早开工建设的电站，其计算机监控系统由国外引进，中水科技公司作为国内合作伙伴参与部分模块研发。2003 年 6 月 24 日三峡工程左岸首台机组发电。2005 年中水科技公司与三峡集团签订三峡右岸计算机监控系统研制合同，H9000 计算机监控系统以其稳定性、可靠性、友好性获得三峡集团的肯定。2008 年中水科技公司又与三峡集团签订三峡地下电站计算机监控系统研制合同，截至 2012 年三峡电站 32 台机组全部并网发电，截至 2022 年底其计算机监控系统全部由中水科技公司承担并完成建设。

（北京中水科水电科技开发有限公司　邓小刚）

马马崖一级水电站快速闸门异常关闭事故分析及处理

马马崖一级水电站位于贵州省兴仁县，装机容量 3×18 万 kW（1～3 号机组）+1×1.8 万 kW（4 号机组）。为防止机组发生事故而导水机构关闭失灵时事故的扩大，满足水轮机组防飞逸的要求，以及发电洞洞身及压力钢管出现事故时能得到较为及时的处理，在发电洞进口设置快速事故闸门，每孔 1 扇共计 3 扇。每扇进水口快速事故闸门设置有独立的控制系统，安装在进水口平台启闭机室内。

（一）事件经过

2020 年 9 月 16 日事故发生前，220kV Ⅰ段、Ⅱ段母线联络运行，1～3 号主变压器运行，1～4 号机组带满负荷运行，厂用电 10kV 和坝区 10kV 系统正常。9 月 15 日 17：45，要求各电站做好防范小区暴雨与开闸泄洪相关工作，过去 1h 坝址降雨量已达 17.5mm，室外为强雷雨天气。9 月 16 日 4:37:12，进水口区域出现一道闪电；3s 后 1～3 号机组快速事故闸门同时下落；4:37:19，1～3 号机组进水口快速事故门全开复归，机组转为调相运行状态；6:26，3 台机组快速闸门全开，4 台机组恢复热备用，具备开机并网条件。

（二）现场检查

1. 主设备及其辅助设备　①1～4 号机组停机后

进行检查，发电机定子、转子、导风板等各部位无异常情况；水轮机部分调速系统、油压装置、剪断销、水轮机室等各部位无异常情况。②主变压器运行正常，油面和绕组温度正常，无异常声响；主变压器冷却系统运行正常，供水管路及水压正常。③进水口水工建筑物。通过观测结果进行对比，前后无明显变化，引水和尾水隧洞的围岩和结构均处于稳定状态。

2. 快速闸门控制系统 ①现场1～3号进水口快速闸门控制系统屏柜，其中1、2号进水口快速闸门动力柜内的浪涌保护器动作，其余设备运行正常。②相关二次回路接线无明显灰尘，端子紧固情况良好无松动现象。③快速闸门控制柜中1～3号快速闭门继电器、进水口远程I/O柜中快速闭门中间继电器等外观无异常，校验继电器线圈阻值、动作电压、返回电压等数值满足使用要求。④检查3台机组快速闸门的快速闭门电磁阀满足使用要求。

3. 外部电缆 由厂房计算机监控系统引至快速闸门控制柜的控制电缆屏蔽层均按要求可靠接地。外观检查未见异常。

4. 防雷 在进水口清污门机及检修门机顶部均设置有避雷针，避雷针通过检修门机轨道连接至接地网，与闸门控制柜连接在同一接地网。1～3号机组快速闸门动力电源分别取自坝区400V Ⅵ段和Ⅶ段，每面动力柜内各配置2套浪涌保护器。1、2号进水口快速闸门动力柜内各有1套浪涌保护器动作。进水口清污门机及检修门机控制柜内各配置了1套电涌保护器，均已动作。表明当时确有雷电发生。

5. 接地 对进水口远程I/O柜、1～3号机组进水口快速闸门动力柜、控制柜、启闭机油箱本体等接地情况进行检查，满足DL/T 596—2021《电力设备预防性试验规程》的要求。经过接地电阻值测试，快速闸门本体、控制柜、导轨与接地网之间阻值均小于50mΩ，满足DL/T 475—2017《接地装置特性参数测量导则》的要求。电站主接地网接地电阻为0.57Ω，满足设计值0.927Ω的要求。

6. 检修和技术改造 进水口快速闸门系统、机组LCU及水机保护在历次检修中未发生异常或异动现象。近1年内未对计算机监控系统、交直流电源及闸门控制系统等进行技术改造，不存在因设备改造导致快速闸门关闭的可能性。

（三）原因分析

1. 快速闸门关闭动作原理分析 1～3号机组进水口快速闸门电源取点相对独立，各自的工作原理及控制回路也均相互独立。分析本次事件不存在人为误操作、紧急事故停机及紧急落门按钮动作等原因导致快速闸门关闭。

2. 事件原因分析 事件中4台机组主设备及其辅助设备正常，快速闸门控制回路逻辑正确属保护误动，误动原因认为是雷电波直接侵入3台快速闸门的控制电缆，引起中间继电器误动，从而启动快速闭门电磁阀，最终导致3台机组快速闸门同时异常关闭。①快速闸门异常关闭的原因存在两种可能，一是雷击造成地电位反击，二是雷电波直接入侵电缆。各方专家一致认为雷电波直接入侵电缆造成保护误动可能性较大。②控制回路中启动快速闸门动作的中间继电器，经实测该DC 220V中间继电器动作功率仅为0.48W，而相关规定要求动作功率不低于5W。这也是导致事件发生的原因之一。

（四）处理及防范措施

①复核坝区避雷针等防雷措施能否有效保护大坝区域的电气设备。②择机检测控制电缆及屏蔽层绝缘，并检查电缆屏蔽层两端是否接地良好。③为防止长距离电缆形成的较大分布电容造成中间继电器误动跳闸，增大控制回路的中间继电器及出口继电器的动作功率。④完善进水口快速闸门意外关闭保护。应将“进水口快速闸门意外滑落”信号送至机组LCU和水机保护PLC，参与到水机事故停机流程中，并制定可靠的运行控制措施，确保快速闸门意外关闭能够及时关停机组。⑤对于今后可能出现类似事件以及其他可能导致水轮发电机变为电动机的异常运行方式，宜对发电机保护增加逆功率保护功能。

（中国电建集团贵阳勘测设计研究院有限公司
孙高龙）

白山抽水蓄能电站计算机监控系统改造

白山发电厂位于吉林省东南部，松花江上游，是一厂两坝三站的大型水力发电厂，总装机容量为200万kW，在东北电网中担任调峰、调频和事故备用，是东北地区最大的水电厂。其中白山水电站5台30万kW机组、红石电站4台5万kW机组，均采用中水科技公司研发的H9000计算机监控系统。安装2台15万kW机组的白山抽水蓄能电站采用的是安德里茨监控系统，该系统在白山已经运行了15年左右。2020年底白山电厂委托中水科技公司对抽水蓄能电站监控系统进行改造，改造范围包括2套15万kW抽水蓄能机组LCU、1套公用LCU、1套机组公用LCU、2套机组油泵控制屏、2套蝶阀电气控制屏、2套中性点隔离开关控制屏、2套充气压水电气控制屏、2套技术供水滤水器控制屏、2套高压顶起及顶盖排水控制屏、1套厂房渗漏排水泵控制屏、2套主变压器冷却器控制屏、2套制动空气压缩机控制屏、

1套补气空气压缩机控制屏，所有设备改造在2022年全部完成。

项目实施过程中，中水科技公司对原监控系统设计理念进行了充分吸收，并在原设计理念的基础上完成了优化与提高，同时攻克了如下难题：①将抽水蓄能工况的子流程联合在一起，完成工况之间的无缝切换；②研发了抽水蓄能流程手、自动无扰切换功能。运维人员可以通过手、自动切换将流程停留在任意位置，处理机组问题后，流程仍可以继续运行；③合闸回路设计，根据机组的不同工况，完成对机组刀闸的同期合闸操作；④跳闸回路设计，采用软、硬件两种方式确保机组可靠跳闸；⑤SFC一拖二设计，在规定时间内，可以让SFC完成对两台机组的拖动，减少SFC重复启动频率；⑥辅控设备流程设计，根据白山电厂的运维经验，研发了各个辅控设备的控制流程；⑦人机界面的设计，根据白山电厂的运维经验，研发了全新的人机控制界面，运维人员通过控制界面可以方便地监视机组各种工况。

（北京中水科水电科技开发有限公司　张捷）

iP9000监控系统在南方电网双调集控中心投入试运行

南方电网调峰调频集控中心是国内首个以抽水蓄能为主体的多厂站集控中心，集中监视和控制南方区域的7座抽水蓄能电站和2座常规调峰水电站，装机容量1220万kW，包括广州抽水蓄能电站、惠州抽水蓄能电站、清远抽水蓄能电站、深圳抽水蓄能电站、海南琼中抽水蓄能电站、阳江抽水蓄能电站、梅州抽水蓄能电站、天生桥二级水电站和鲁布革水电站。南方电网调峰调频集控中心于2022年3月完成集控系统主站设备现场安装部署工作，4月鲁布革水电站和深圳抽水蓄能电站接入集控系统并试验成功，5月清远抽水蓄能电站接入集控系统并试验成功，6月海南琼中抽水蓄能电站、广州抽水蓄能电站B厂接入集控系统并试验成功。9月28日集控中心通过南网总调、广东中调和深圳中调试运行联合验收。12月8日，南方电网调峰调频集控中心系统正式投入试运行，对已接入电站进行集中远程监视控制，完成运行设备监视、调度指令执行、库容调节、发电计划上报等业务。南方电网调峰调频集控中心的建成为全国抽水蓄能集控中心平台建设探索经验提供了先行样本。

南方电网调峰调频集控中心核心控制系统采用中水科技公司自主研发的iP9000智能一体化平台，服务器、网络安防设备、操作系统及防病毒系统均采用国产品牌。该平台以实现多厂站少人可靠监控为目标，融合智能辅助监盘理念，在画面设计、测点管理、报警处理、防误操作等多个方面进行了深度优化。借助于设备信息敏捷辨识、设备操作便捷防误、设备故障精准化定位等智能化功能，值班人员能对机组进行更加高效安全的监控。相对于电站属地化的分散监控运行方式，该集控中心将监管效率提高了2～3倍。2022年，中水科技公司克服疫情带来的困难，按时按质地保障了现场施工和调试工作。

（北京中水科水电科技开发有限公司　何婷）

新安江水电厂反恐设施改造

新安江水电站位于浙江省建德市、钱塘江上游干流新安江的铜官峡谷，距杭州市主城区170km。新安江水库面积约580km^2，总库容216亿m^3，占浙江省总库容近50%，位列全国大型水库第五位。电站以发电功能为主，兼有防洪、灌溉、供水等综合社会效益，是华东电网的第一调频电厂和调峰、调压、事故备用主力电厂，同时也是华东电网重要黑启动电源点，为浙江省特级重要经济目标、反恐防范一级重点目标单位。2022年新安江水电站针对厂内反恐设施进行了改造，效果良好。

（一）改造前情况

在电子防范方面，新安江水电站现有设备和系统，主要包括视频监控、电子巡查、公共广播、入侵报警系统等。但当前视频监控和入侵警报系统均存在一定监控死角，电子巡查点位覆盖范围过小，且公共广播系统未覆盖厂房外区域。此外，上述安防子系统均单独成组，信息互通和联动控制能力较弱，缺乏厂站级安全防范管理平台对上述系统进行统一管控，不满足GA 1800.3—2021《电力系统治安反恐防范要求　第3部分：水力发电企业》中针对一级重点目标的电子防范要求。

在反恐防范设施方面，新安江水电站在周界陆域出入口设置实体防范，包括南北大门、5个岗哨，现有设施主要由电动闸门、车牌扫码识别、电动防撞墩等构成。电站厂房人员进出主要通过扫卡开闸、出示工作证及人工登记方式进行管控，其他部位岗哨还是原始的人工登记方式进行管控，且反恐防范设施均存在使用年限较长、设备老化、磨损程度较高、配套设施不齐全等问题。电站上游水库水域宽阔，上下游水域经常有外来捕鱼作业及观光船只，电站周界区域不明显，禁航区域未安装拦阻索，不具备应有的警示作用，存在外来船只入侵的安全隐患，不符合GA 1800.3—2021《电力系统治安反恐防范要求　第3部分：水力发电企业》中对于常态一级防范的要求。

（二）改造方案

1. 大坝上下游禁航区拦阻索建设　在大坝上下游禁航区进行拦阻索建设，并且设置警示标志。拦阻索主要由卷扬机、端部浮箱、钢丝绳和锚链组成。上下游禁航区除禁止外来船只闯入外，还考虑了厂内巡逻检修船只的正常作业，预留了足够宽度的过船通道。

2. 安全防范管理平台建设　主要包括视频监控系统建设、广播系统建设、入侵检测系统改造、电子巡查系统改造和安全管理平台建设5个部分。①视频监控系统建设，包括新建和改造两个部分，对原有视频监控盲区进行新建补充、对原有部分监控点位进行更换改造，同时在现有安防视频存储服务器基础上，加装机架式网络视频存储系统，对安防视频存储系统进行扩容。②广播系统建设，主要在厂房外的检修楼、新建办公楼、物资楼、开关站、掩体、坝顶（主船道顶、电梯顶）装设安防广播并配置广播管理系统软件。③入侵检测系统，改造前入侵报警系统装备红外对射型入侵探测器覆盖区域，包括1～5号哨所、南北大门、物资部出入口、大坝两侧坝头出入口，改造后在新建办公楼出入口、水域陆域交界主要出入口新增红外对射型入侵探测器。④电子巡查系统改造，在现有电子巡查点位基础上，增加电子巡查点位，配备必要巡查硬件装备及软件系统。⑤安全管理平台建设，具有系统集成、联动控制、权限管理、存储管理、检索与回放、设备管理、统计分析、系统校时、指挥调度等功能的安全防范管理系统。

3. 周界围栏建设　在新安江水电站陆域管辖范围以及陆域管辖范围与水域非管辖范围的交界处设置围栏。

4. 反恐防范设施建设　主要包括电站主出入口反恐防范设施建设、安全防爆设施建设、安检防范设施建设等三部分。①水电站出入口反恐防范措施建设，主要包括在岗哨安装金属大门；建设总面积为15m^{2}的成品岗亭；在电站内部公路上增设减速带；在水电站主要出入口增设翻版阻车器。②安全防爆设施，主要配置防爆毯、防爆罐、警戒浮筒、防爆盾牌、防爆钢叉、防爆头盔、防刺衣、橡胶棍、反恐对讲机、警示浮标、警示（警戒）标志等。③安检防范设施建设，主要包括在电站主要出入口加装多能量X射线安检机；在电站主要出入口加装安检门；为电站出入口安保人员配置手持式安检器。

5. 反无人机主动防御建设　新安江水电站安装了4台户外检测设备和1台户外反制设备用于防御无人机，并安排无人机飞手进行实地飞行测试，确保防御系统正常工作。

（三）改造效果

新安江水电站从水、陆、空各方面着手进行反恐设施的改造升级，提高水电站反恐防范的可靠性、安全性，满足水电站治安反恐防范措施要求，确保水电站的安全稳定运行。

（国网新源集团有限公司新安江水力发电厂　姜燕春）

格里桥电站水轮发电机转子动态接地故障排查及处理

格里桥水电站位于贵州省开阳县与黔南洲瓮安县交界，电站总装机容量150MW（2×75MW），于2010年02月正式投产发电。水轮发电机型号SF75-28/7300，转子磁极28个，额定励磁电压185V。发电机保护采用了南自厂生产的DGT-801C系列数字式发电机变压器组保护装置，同时装有WL2CA-S2型发电机转子绝缘在线监测和接地定位装置。在此次故障处理中，利用绝缘击穿发生在绝缘最薄弱部位的原理，采用“分段动态加压击穿”的方法，模拟机组旋转运行状态，将绝缘薄弱故障点加压击穿形成永久接地故障点，顺利排查出动态接地顽固性缺陷隐患。

（一）问题的提出

2019年3月14日，2号机开机过程中，发电机保护装置报“转子一点接地”故障信号，转子绝缘有瞬时下降现象。随着机组的持续运行，转子绝缘波动较大，有时已低于标准值0.5MΩ，给机组安全运行带来了隐患。专业人员利用低谷期间停机对2号发电机转子励磁电缆、碳刷架、滑环、转子引线、保护装置回路等进行全面清扫检查，绝缘均合格，对转子励磁回路用1000V绝缘电阻表进行绝缘检测，结果为230MΩ，合格。开机进行零起升压试验，从0V开始按照5%的励磁电压递增加压，转子绝缘出现下降趋势，励磁电压越高，转子绝缘值越低。通过试验结果分析判断，2号发电机转子存在动态绝缘薄弱故障点，当转子旋转时，受旋转离心力、振动、摆度的影响，绝缘薄弱点间歇性接地。机组停机后绝缘恢复正常，这种“动态软故障”给故障排查带来难度。

（二）原因分析

根据格里桥电站发电机转子结构特点，形成转子接地故障的可能部位主要有：①发电机集电环和碳刷间，由于碳粉的积累造成集电环对地绝缘部分爬电形成的接地故障；②励磁引线与滑环连接处，因碳粉污垢造成绝缘降低；③单号磁极连接线外包绝缘破损，形成与磁轭压紧螺杆间的金属性接地故障；④磁极连接引固定螺栓与磁极连接引线之间绝缘护套破损或护套内有金属粉末形成爬电造成接地故障；⑤磁极本体绝缘故障，导致绕组对铁芯放电。结合故障现象分析，2号发电机转子接地故障极可能发生在转子本体、转子引线及滑环等开机运行中旋转动态的部位。

（三）制定方案

针对2号发电机转子动态接地的问题，通过查阅资料咨询专家并根据电站转子装配、运行的实际情况进行分析，在机组检修中采用“分段动态加压击穿”的排除处理方案。“分段”，将转子磁极引线接头解开并做好可靠隔离，将转子磁极分断隔离排查；“动态”，将机组手动开机由零递转速增至100%，在机组旋转状态下，用低电压表从灭磁开关下端分别检测两段转子磁极绝缘情况，若低电压等级检测两段绝缘均合格，将绝缘电阻表电压递增继续检测；“加压击穿”，发电机转子在旋转状态下，通过对转子回路用绝缘电阻表递增加压，击穿动态绝缘最薄弱部位，将其变为永久接地故障点，以便准确排查处理。

（四）方案实施及处理结果

手动开机递增转速，同时利用100V绝缘电阻表进行动态转子绝缘检测，在15%～18%N_e、31%～35%N_e、72%～77%N_e下绝缘值有跳变现象为0.35～10.78MΩ，其余转速阶段绝缘值大于110MΩ；将转子绝缘检测及定位装置切换把手切至“只投机组保护装置”，进行零起升压试验，机组保护装置绝缘值有跳变现象最低值为66kΩ，定位为0，判断监测装置工作正常；外加直流焊机加压，递增转速监测转子绝缘及接地点分布情况；拆下所有挡风板，检查磁极引线与转子铁芯拉紧螺帽无接触，间距满足要求；利用外加焊机加压，开机监测绝缘情况，绝缘值有跳变最低为0.66MΩ；手动开机递增转速，同时利用500V绝缘电阻表监测转子动态绝缘；空转状态下利用焊机外加电源，进行绝缘及定位测试；停机后用500V绝缘电阻表监测绝缘值为1140MΩ，判断故障部位在磁极本体上，需分段逐一进行排查。

根据试验结果，通过解体检查发现，放电部位磁极线圈内衬绝缘隔板尺寸低于线圈高度（正常时内衬绝缘隔板应与线圈高度平齐），线圈与铁芯有间隙，封口不严，安装期间或运行中粉尘、金属粉末堆积在托板与线圈之间，随着机组运转形成动态导电桥路，导致接地故障发生。利用新线圈更换后，装复磁极、引线及挡风板，开机空转、零起升压，利用1000V绝缘电阻表检测转子整体绝缘，结果为834MΩ；开机并网，机组在空转、空载、发电各工况下运行，绝缘监测装置绝缘值均正常（>5MΩ）。

（五）防范措施

①严格装配、检修质量工艺，做好设备的安装、检修的过程管理，在组装时务必对现场环境及转子部件、绝缘材料等进行清扫清洁后方可装复。②做好设备定期清扫检查，防止粉尘遗留在风洞内部，随着机组旋转进入磁极内部，造成接地或短路。

（贵州乌江清水河水电开发有限公司杨杰　黄磊）

东风发电厂构建智能巡检系统设计与应用

为实现“碳达峰、碳中和”目标，能源生产更加凸显出数字化、智能化特征。东风发电厂以1号机组、1号主变压器、GIS室、220kV出线平台、大坝上下游库岸的水电典型设备作为智能巡检对象，采用“拟人巡检”思路探索建设智能巡检试点，使之成为电厂巡检管理的千里眼、顺风耳、智能脑，解决常规巡检工作存在漏检、错检以及难以发现的趋势故障等问题。在水电典型设备智能巡检试点建设过程中，所采用的技术路径、方法，可为其他水电站开展智能巡检提供借鉴。

（一）智能巡检系统设计

智能巡检系统以高级功能应用模块形式部署在数字电厂统一数据平台上，通过统一数据服务总线实现数据存储、访问、监视和预警；该系统与电厂现有监控系统、状态监测系统等已有生产系统无缝对接，具备实时监控、智能识别、智能分析、巡检结果交互等功能。①系统硬件架构。针对拟开展智能巡检区域或拟巡检的对象，采用现场布置定点传感器、室内机器人、室外无人机等智能感知设备进行巡检数据采集，在巡检专用GPU服务器上部署巡检引擎软件、智能巡检规则、智能巡检页面，对前端采集的图像、音频、热成像等数据进行识别，将识别结果存储在数字电厂统一数据平台并进行结果展示。②软件架构。系统软件根据其特点分为数据层（包括环境数据、状态数据、监测数据）、应用层（包括图像巡检、音频巡检、红外巡检、无人机巡检等）和界面层（仪表、图形、表格等）三个层次，其中界面层采用Web架构和移动App展示，应用于Web程序，数据层和应用层为公共数据应用。

（二）智能巡检主要功能

①实时监控。展示巡检对象的状态、信息、数值和异常情况，实现巡检对象的视频云台控制、画面分割、画面转图等功能。②智能识别。对各种传感器（包括巡检机器人、无人机等）采集的图像、音频、测温数据进行识别。③智能分析。包括趋势预警分析、对比分析、关联分析等。其中趋势预警分析是基于设备历史数据，实现巡检数据趋势的预测分析，对设备巡检的隐形故障和趋势性故障进行判断；通过

图片、热成像图进行异常情况的对比分析；将巡检数据与设备相关运行工况、相邻设备进行关联分析，实现多数据的过程分析、统计和对比分析。④巡检结果交互。主要包括结果展示、报表管理和历史查询等。其中结果展示包含分级目录展示总体、局部区域或设备的巡检结果，可确认、修正、查询、导入导出巡检结果。报表管理包含提供报表配置组态工具，可按对象、时间、故障类型设置、编辑、生成巡检报表模板。历史查询包含可选择巡检对象、起始时间、报警类型查询设备告警、告警数据、告警录像，可查询历史数据的曲线图和历史数据列表等。

（三）智能巡检模型及规则

建立智能巡检模型的技术路径（以图像巡检为例），首先确定巡检场景，对反映正常状态的巡检场景进行图像采集，构建给定巡检区域图像的“正常特征数据”并存放至智能巡检 GPU 服务器中；其次 GPU 中的巡检服务引擎软件对现场图像传感器实时采集图像进行识别，提取“实时特征数据”；在 GPU 中按照一定时间间隔将实时图像“实时特征数据”与给定巡检区域图像“正常特征数据”进行匹配比较，相同时则巡检设备处于正常状态，反之则为异常状态。智能巡检模型包括图像巡检模型、音频巡检模型、红外巡检模型、无人机巡检和机器人巡检。在智能巡检探索和实践中以“拟人巡检”的思路建设智能巡检应用模块，因此在各智能巡检模型的基础上，结合人的巡检经验开发智能巡检规则，实现设备巡检的综合性判断，使智能巡检的结果更加可靠。

（四）智能巡检取得的成效

①通过具备实时监控、智能分析、巡检结果展示、前端采集设备管理等功能的智能巡检系统，可将常规定时人工巡检与全天候在线智能巡检系统相结合，提高巡检质量，实现常规人工巡检逐步向在线智能巡检过渡。②从设备可靠性角度，实施智能巡检区域可提升巡检频次、实施关键设备关键参数实时监控，提升设备巡检可靠性，提前发现隐形缺陷和异常，设备设施的健康安全水平得到提升。③从安全和管理成本角度，实施智能巡检的区域将减少人工巡检，基本消除人员巡检不到位、漏检等现象；可避免人员巡检过程中安全风险和违章风险，降低巡检管理成本。④从人的角度，实施智能巡检的区域将降低人员巡检工作强度，提升员工幸福感。

（五）智能巡检有待完善的工作

鉴于该电厂现场环境，针对反光、设备外观与环境同色等影响造成对智能识别不够准确，今后开展类似环境巡检对象的智能识别还需继续研究和完善智能巡检识别算法，消除环境影响；部分设备的巡检策略仅考虑设备运行数据和与之关联设备的运行数据，还需要从历史数据上进行巡检分析，得出设备运行趋势，从而指导设备运行。

（贵州乌江水电开发有限责任公司东风发电厂　张举世）

南瑞集团 PLC 控制系统助力葛洲坝电站 6 号机组并网

2022 年 3 月 30 日，搭载南瑞自主可控智能 PLC 控制系统的葛洲坝电站 6 号机组并网，这是葛洲坝电站实施三峡集团首台套 100%全自主可控 LCU 改造的首台机组，也是继 1989 年南瑞助力葛洲坝水电站建设国产化计算机监控系统实现零突破后，双方在自主创新、自主可控重大课题上的又合作，也是南瑞集团聚焦安全生产、科技创新、工程服务等 11 个专业领域，实施“党建＋”工程的实践。

被誉为“万里长江第一坝”的葛洲坝水电站，是中国人靠实干和奋斗在长江干流上建设的第一座“大国重器”，也是世界上最大的低水头大流量、径流式水电站，共装机 22 台，总装机容量 273.5 万 kW。自 1981 年电站首台机组投产发电以来，已累计生产清洁能源超 6000 亿 kW·h。本次实施全国产化改造的 6 号机组年运行时间达 8689h，是葛洲坝电厂投产以来单机年度运行时间最长的机组，也是承担三峡集团和葛洲坝电厂首台套 100%全自主可控现地控制单元改造任务的“党员示范机组”，在支撑葛洲坝电厂开展电力安全保供任务中发挥作用，其安全参数、性能指标至关重要。

本次 6 号机组 LCU 全自主可控改造任务，由南瑞集团水电公司承建，其所有控制设备、零部件均达到 100%全国产化自主可控要求，其核心 PLC 采用南瑞自主研发的 N510 系列全国产化自主可控智能 PLC，实现了近 300 种器件的全国产化替代，搭载自主开发的南瑞瑞盾安全操作系统，满足《智能水电厂技术导则》（GB 40222—2021）对现地 LCU 的智能化能力要求，为葛洲坝电厂基于全国产化自主可控技术智能水电厂建设的推进奠定基础。

N510 系列智能可编程控制器是南瑞集团基于多年 PLC 研发经验基础上开发的自主可控全国产化智能 PLC，采用高性能国产多核处理器，处理速度快，内存容量大，通信接口丰富，扫描周期从上一代产品的 100ms 下降至 20ms，达到国内外同档次产品的领先水平，应用于电力、交通、水处理、冶金、轻工、石化、汽车等多种行业。

（南瑞集团有限公司　孙晋东　袁帅）

南瑞集团新一代一体化平台在雅砻江水电集控中心中的应用

雅砻江流域干流规划开发 22 级水电站，在全国规划的十三大水电基地中排名第三。雅砻江流域水电开发有限公司在成都建设了集控中心，对所属的雅砻江流域梯级水电站（包括已全部投产运行的雅砻江下游 5 级电站，总装机容量为 1470 万 kW；正在投产或后续相继投产的雅砻江中游 6 级电站，总装机容量 1195.8 万 kW）进行集中远方实时安全监控、经济运行和联合优化调度、管理。为适应雅砻江中游电站投产接入、未来的风电和光伏接入及水风光联合优化调度要求，集控中心一体化平台及其计算机监控、水调自动化系统模块建设项目于 2020 年 4 月启动实施。

2022 年 12 月 8 日，雅砻江集控中心一体化平台及其计算机监控、水调自动化系统模块建设项目通过验收，标志着雅砻江集控新一代一体化平台投运。

雅砻江集控中心一体化平台系统解决了原有自动化系统各自孤立、管控困难、维护复杂、智能决策水平差等问题，实现了跨专业高度融合、智能联动计算、测点自动比对等多个专题科技创新和多个科研成果的落地，打造了智能化程度高、实用性强的一体化平台，实现了全流域联合集控、优化调度和经济运行；同时，系统建设为后续风光新能源接入，实现风光水清洁能源优化调度做好了准备，并为智能集控建设打好基础。

项目建设形成的多项成果属于行业首次，提升了大型水电集控的自动化和智能化水平，深化了全流域水电智能管控应用，对于推动水电行业技术进步，助力清洁能源大规模的并网和消纳，实现“双碳”目标和构建新型电力系统具有积极意义。

（南瑞集团有限公司　葛瑜　吴善锋　钱刚）

南瑞集团新一代监控系统在流溪河水电站改造投运

广东粤电流溪河发电有限责任公司位于广东省从化区良口镇境内的流溪河上游，电站为引水式地下厂房，共安装 4 台立式混流机组，单机容量 12MW，总装机容量为 4×12MW，是国家第一个五年计划重点建设项目，主要依靠我国自己的技术力量建设，是中国水电站国产化的先驱者。电站距广州约 103km，水库控制集水面积 539km^2，占流溪河流域面积的 23%，水电站枢纽由混凝土拱坝、地下厂房、发电引水系统和泄洪隧洞等组成，水库总库容 3.758 亿 m^3，调洪库容 0.653 亿 m^3，属不完全多年调节水库，是一个以发电为主，兼顾防洪、灌溉等综合利用的中型水利枢纽工程。流溪河水电站被誉为广东水电的奠基者，是广州电网应急黑启动第一电源点，在电网安全运行中担当着重要角色，对广州地区人民的生产和生活起到了重要作用。

南瑞集团有限公司为流溪河水电站提供了以 SSJ-3000 型计算机监控系统为基础的监控解决方案和全套设备。根据设备现状按“无人值班”（少人值守）的原则进行总体设计，对监控系统下位机进行整体改造，改造后监控系统下位机具备双通道组成的冗余双网结构。计算机监控系统上位机为 NC2000 V3.0 监控软件。该计算机监控系统软件主要具备数据采集和处理、安全运行监视及事件报警、控制与调节、自动发电控制（AGC）、自动电压控制（AVC）、运行参数统计记录、数据通信、设备运行管理及指导等功能。监控系统下位机采用南瑞集团自主研发的 NARI SJ-600 型计算机监控系统，所搭载的 PLC 为南瑞集团自产的 N510 系列，该类型 PLC 实现了从内部核心芯片到配套软件的全面国产化。本次监控系统升级后提高了生产控制设备在数据采集、监视、控制、通信等多个方面的运行效率，为监控系统与调速器、励磁、保护、广州中调等远动系统的通信功能的稳定运行提供保障。

在改造过程中，需保证和广州中调调度通信正常，因此将改造后的监控系统现地 LCU 逐个接入上位机系统进行信息对点和静态/动态试验，每套 LCU 试验完成后再进行下一套 LCU 接入监控上位机试验，直至所有 LCU 在新系统上位机试验完成。同时，新监控系统下位机改造后涵盖了全厂更多的运行数据，与南瑞上位机监控系统 NC2000 V3.0 集成，提升了系统的实用性、开发性、可维护性，保证了电厂的发电指标。

2022 年 1 月 3 日，流溪河水电站 4 号机组计算机监控系统改造并网，3 月 20 日，电站 1 号机组改造并网，4 月 25 日，电站最后一台机组 2 号机组改造并网发电，至此自 2021 年 12 月 4 日首台 3 号机组改造并网发电后，流溪河电站 4 台机组计算机监控系统全部改造并网。

流溪河电站下位机机组改造完成，是南瑞水电自主研发的 N510 PLC 系列在水电站计算机监控系统的首次应用，是国内首个小水电自动化系统全国产化的改造，是南瑞水电与广东能源集团在自主创新、自主可控征程上的一次合作。电站作为国产化“样板”工程，已有多家水电公司前往参观交流，为水电站监控系统的国产化改造推广起到示范作用。

（南瑞集团有限公司　马道荣　刘健）

万家寨水利枢纽智能化厂用电系统设备选型设计

现役万家寨水电站厂用配电系统主要分为厂区和坝用两部分，采用 6.3kV 和 400V 两级电压供电方式，共计盘柜 78 面。设备投产 20 余年，已整体进入性能老化、故障频发期。国家能源局“十四五”规划强调要加快推进智慧电厂、智能电网、智能运维建设，以此为契机，本次厂用电配电系统选型设计理念是统筹监控系统、交直流电源系统、通信系统，以智能化为基础，采用智能化电气一次设备，对 6.3kV 系统整体配置智能设备、400V 系统进线开关配置智能设备。

据调研，当前配电设备生产制造厂家众多、产品性能各具优势，厂用电系统智能化选型要贴合现场运行实际情况，该电站开关的选择均偏重于 ABB、施耐德及西门子三个品牌之一。万家寨水电站智能化厂用电 6.3kV、400V 系统的产品选型、智能化配置、技术路线方面是可行的。

（一）预期目标

在原有进出线设计的基础上，以数字化智能化配电建设为目标，对厂用电系统开关柜设备等更新改造设计，原有中低压配电柜系统升级改造为智能配电柜，增加智能配电软件管理系统，对配电柜系统的数字化管理、移动运维、远程监控，能效管理、电能质量监测，实现智能运维、无人值守和数字化能效管理。

（二）经济技术原则

①按照一次设备智能化、二次设备网络化、运行状态可视化、系统功能集成化、运行管理一体化以及辅助决策智能化等基本技术特征进行智能化配电设计。②设计应遵循“自主可控、安全可靠、先进适用、集约高效”的总体原则。统筹各专业需求，实现功能优化，设备集成，网络简化，整体性能的提升。③为便于安装接线，减少对土建的影响，所有智能盘柜的布置、外形尺寸、开孔尺寸以及出线方式均与原盘柜一致。④依据现有设备尺寸、位置、走向、进出线方式进行设备设计选择，尽可能减少一、二次电缆的敷设。

（三）改造后技术目标

厂用电系统开关柜更新改造，实现厂用电智能化配电。利用计算机技术、网络通信技术和现代传感器技术，实现测量、计量、保护、控制、记录、显示、通信、开关柜状态在线监视与故障诊断。其智能化主要体现在以下几个方面：①在线状态监测对开关柜本体进行故障及故障前兆的诊断及监视。母线及柜内温度的在线监测及越限报警；操动机构的机械性能在线监视；绝缘状态的在线监测及报警。②智能化的防误操作系统。具有各种操作的提示；对操作的校核及误操作闭锁；禁止操作提示及操作条件提示。③智能化的二次回路。测量、信号、保护、控制、远动的智能化。④故障记录与分析。故障录波、故障记录、故障分析专家系统等。⑤通信。开关柜应具有与监控系统、综合自动系统或智能配电系统进行通信的功能。

（四）智能化厂用电选型设计

1. 6.3kV 中压系统选型设计　开关选型，万家寨水电站开关柜选型为 ABB UNIGEAR ZS1、西门子 NXAirS 或施耐德 Smart MVnex，三者选定其一；真空断路器选型为 ABB iVD4、西门子 3AE8-12 或施耐德 Smart HVX12，三者选定其一。智能配置选择方案见表 1。

表 1　　万家寨水电站厂用电中压系统智能化配置比选

名称	无线测温	智能终端	PLC 备自投	微机五防	弧光保护	局放装置	避雷器在线监测	微机消谐	电能质量监测	多功能仪表	微机继电保护	电动操作底盘	柜内视频监控	一键瞬控	二维码识别
万家寨水电站	√	√	√	√	√	√	√	√	√	√	√	×	×	×	×

注　表中“√”代表选择此功能，“×”代表未选择此功能。

2. 400V 低压系统　本次拟设计 400V 厂用配电系统公用电、坝用电及照明部分，将与自用电部分及各负荷分盘构成联络和上下级配置，为机组、油水气系统等重要负荷提供电源。考虑现场既有的 400V 系统机组机旁动力盘及供电分盘均配置施耐德断路器的现状及改造背景，为确保改造后厂用电 400V 供电系统配置一致性，减少运维工作强度及备品备件存储数量，此次厂用电 400V 供电系统改造优配施耐德产品。

（黄河万家寨水利枢纽有限公司
孙得龙　李春霖）

光隔防雷型 RS485 中继器在林家坞水电站的应用

随着通信技术和计算机技术的快速发展和广泛应用，水电站计算机监控系统的通信也在向开放、高速的网络化方向发展，水电站正朝着无人或少人值班、集约化控制和物业化管理的方向发展。由于 RS485 总线仅需一对双绞线即可构成分布式系统，实现多设备组网，成本低，接线简单方便，因此 RS485 总线通信方式在水电站计算机监控系统中仍得到广泛应用。多数水电站地处偏僻山区，雷电多发，雷击引起的电磁感应会通过通信双绞线损坏自动化设备的 RS485 通信口，从而造成监控系统数据丢失，影响水电站的安全运行；另外，损坏的自动化设备需要维修或更换，影响水电站的经济效益。因此，需要对综合自动化设备的 RS485 通信总线提供有效的防护。作为标准通信接口的 RS485 总线，在位于浙江省淳安县的林家坞水电站监控系统中也普遍应用，可编程控制器 PLC 通过 RS485 通信口实现与站内的微机保护装置、微机励磁系统、调速器、温度表、温度巡检仪和直流系统的通信，虽然这些设备的通信规约和通信协议不尽相同，但都可通过协议转换、编制通信程序完成与设备的数据交换。

（一）RS485 通信口损坏原因

RS485 总线采用双绞线的电缆作为传输线，使多处于偏僻山区的水电站在雷雨季节更易发生因雷击而引起的感应过电压，而一条 RS485 总线连接着多个设备，因此雷电引发的瞬变过电压可损坏总线上的多个 RS485 设备。水电站地处强电磁环境，较高的共模电压会存在于一条总线上的设备之间。采用差分传输方式的 RS485 接口虽然具有较强的抗共模干扰能力，但当共模电压大于＋12V 或小于－7V 时，就超过了 RS485 接收器的接收电压范围，接收器就会停止工作，电压过高时会烧毁 RS485 接口芯片，甚至总线上所连接的设备。林家坞水电站计算机监控系统自 2020 年 12 月改造投运后，在 6 个月时间内出现过 2 次与温度表、温度巡检仪连接的 RS485 通信接口损坏，但与微机保护装置、微机励磁系统连接的通信接口工作正常，接口损坏的当天也并没有雷电现象，据此可判断是由于温度表的共模电压过高所致。另外，静电放电、电源系统开关干扰也会使接收器芯片受损。

（二）RS485 通信光隔防雷方案

针对 RS485 通信口损坏的原因分析和林家坞水电站出现的现象，设计了光隔防雷 RS485 中继器；并加装在 PLC、微机保护、微机励磁、调速器、温度表等设备的端口，以消除由于瞬变过压、静电放电、共模电压等带来的影响，达到保护设备的目的。

1. RS485 总线防雷保护电路　为防止因雷电引发的瞬变过电压、浪涌冲击、电源线与 RS485 线短路、静电放电等潜在危害，在 RS485 总线的线路端采取了防雷击保护措施。气体放电管需要根据实际的应用场景以及防护的等级选型。PTC 需要考虑限流和耐压的问题，熔断电流要大于 RS485 正常工作时总线流过的电流，但是需要小于后级电路所能承受的最大电流；耐压值要大于气体放电管的击穿电压，TVS 的钳位电压不能小于 RS485 正常工作的电压，但是要小于芯片可以承受的最大电压，同时需要根据防护等级造型。

2. RS485 总线隔离保护电路　为消除水电站强电磁环境下各个设备之间存在的共模电压，使用光耦、带隔离的 DC-DC 电源、RS485 芯片构成总线隔离电路；使用隔离型 DC-DC 电源实现 Vcc、Vdd 两组电源的隔离，且与总线上的设备电源隔离，而信号的隔离传输则通过光耦实现；从总线 A1、B1 处接收差分信号，经过 MAX485 芯片 U2 转换成 TTL 信号，由于 U2 芯片与总线系统不共地，可有效抑制高共模电压的产生，再经过高速光耦 T2 将 TTL 信号传输至 U1，由 U1 将 TTL 信号转换成差分信号，实现 RS485 信号的隔离中继传输；反之，从设备侧 1A、1B 传输到总线侧 A1、B1，则依次经过 U1、T1、U2，实现中继传输。

（三）RS485 通信网络需注意的问题

①RS485 使用半双工通信方式，从发送数据到数据接收是需要时间间隔的，如果收发时序配合不好，就会出现误码现象，所以当出现收发不正常时，应适当增加收发的间隔时间。②为防止干扰信号误触发数据传输的握手信号，设置上拉和下拉的偏置电阻。③采用一条双绞线电缆作总线，尽量缩短从总线到每个节点的引线长度，以减少引线的反射信号对总线信号的影响，提高信号传输质量。④总线的各个节点之间应采用同一规格的电缆，设备尽可能做到均匀分布，这样可提高总线特性阻抗的连续性，减少信号的反射。⑤可靠的接地是抗雷击浪涌获得防护效果的基础，应使接地电阻小于 10Ω；良好的电路板设计和元件布置也可提高防护效果；选择性能更好的防护器件应对更高的防护等级要求。

（四）结语

防雷保护和光隔离保护是防感应雷、工频过电压、操作过电压、静电放电以及抑制共模电压的有效措施，即使遇到恶劣的雷击情况，由于采取光电隔离保护电路，只会损坏光隔防雷型 RS485 中继器，不会造成连接到 RS485 总线上的微机保护、微机励磁、温度表等设备的损坏；水电站内的智能设备来自不同的生产厂家，维修或更换这些设备不仅造成直接的经济损失，还会造成时间成本，进而影响水电站的发电效益，而更换 RS485 中继器操作简单，可缩短系统恢复的时间，减少经济损失。光隔防雷型 RS485 中继器自 2021 年 7 月在林家坞水电站加装投运至今，1 年以来运行稳定，取得了良好的效果。

（水利部农村电气化研究所　徐国君
杭州思绿能源科技有限公司　何胜荣）

天生桥二级水电站 500kV GIS 改造方案

天生桥二级水电站 500kV 侧 3 进 5 出（其中 1 回经联络变压器接至 220kV 变电站），采用 3/2 断路器接线；对外送出的 4 回 500kV 输电出线为南方电网交流输电主网架的组成部分。电站 500kV 开关站 GIS 设备 1992 年 10 月投入运行，目前设备性能下降，故障频发，急需改造。

（一）500kV GIS 存在的主要问题

1. 设备缺陷　由于设备性能老化，多次发生气室及机构重大缺陷，给设备的安全运行带来严重影响。2014—2017 年期间，气室重大缺陷主要有：5021 开关 A 相缓冲缸刮伤、主触头间出现放电痕；天马线出线分支母线绝缘盆子裂纹等。机构重大缺陷主要有：50212 刀闸 B 相内部传动连杆与连柄的轴销顶丝和螺杆脱落缺陷；5043617 接地开关 C 相内部传动机构轴销断裂脱落缺陷；501317 接地开关 C 相内部传动机构轴销断裂脱落缺陷。

2. 设备运维问题　500kV GIS 为日本三菱和西安高压开关厂合作生产，其中断路器部分在日本组装。因设备型号老旧，且对于断路器等关键设备国内厂家人员不能提供有效的技术支持，国外厂家响应速度、支持力度有限，不能满足设备运维的需求。同时，现有设备的战略备件缺少、价格昂贵、采购周期长，增加了设备运维的难度和检修时间。

（二）改造可行性分析

1. 技术可行性分析　目前部分国内厂家已具有设计制造 1000kV GIS 产品的能力。近年国内建造的 500kV 级水电站（包括抽水蓄能电站）绝大部分采用了 GIS 型式的高压配电装置，为 500kV GIS 的运行积累了丰富的经验。因此从技术上来看，国产 500kV（长×宽×高）GIS 设备完全能够满足本电站 GIS 技术改造的要求。

2. 布置可行性分析　电站 500kV GIS 室 139.34m×16m×12.7m（长×宽×高），设置有 10t 桥式起重机，桥式起重机吊钩以下 8.3m。原 GIS 单断路器间隔布置尺寸约为 10m×5.4m（长×宽）。经调研，4 个 GIS 厂家的 500kV GIS 单断路器间隔布置尺寸均小于原 GIS 设备尺寸，满足设备布置要求；500kV GIS 设备起吊高度均在 5m 及以下，原 500kV GIS 设备安装总高度约为 5.3m，若在改造过程中需跨越原 GIS 设备，则吊高不满足要求，但可采用地面小车将设备运输至指定位置，然后采用桥机起吊安装的方式，因此原 500kV GIS 室高度对本次改造没有影响。电站原 500kV GIS 室布置空间、桥式起重机规格均满足本次改造要求。

（三）改造施工方案

根据目前国内 GIS 设备制造及安装情况，500kV GIS 可采用非整间隔到货，现场组装；也可采用整间隔到货，一体化安装。初步拟定三个改造实施方案并进行对比见表 1。经比较，方案一施工安全风险最低、施工质量有保证，但总停电时间最长；方案二总停电时间最少，对电网及电站的生产影响最小，但施工过程复杂、程序较多、安全风险较高；方案三施工难度、复杂程度及安全风险适中，对电站及电网的调度方式影响不大，可实施性最强。因此本阶段推荐采用方案二，即以串为单位分阶段改造。

表 1　　三个施工方案优缺点比较表

方案名称	优　点	缺　点
方案一：全站停电整体改造	1）总施工工期最短； 2）施工过程最为简单，安全风险低，施工有保证	全站停电时间最长（56 天/49 天非整间隔/整间隔），对电站生产影响最大
方案二：以串为单位进行改造	总停电时间最少（换算成单机停运时间约为 136 天），全站停电时间较短（只有 2 天），对电站生产影响最小	1）施工过程复杂，程序较多，安全风险较高，施工过程中需加强质量控制； 2）新设备试验次数较多，最先投运的新设备需重复多次试验； 3）分段实施过程中，500kV 开关站变成 2 个开关站运行（新设备与旧设备分开运行），继电保护复杂
方案三：以两串为单位进行改造	1）全站停电时间较短（只有 2 天）； 2）新设备试验次数不多，最先投运的新设备最多 2 次试验； 3）实施过程中，500kV 开关站始终保持 1 个开关站运行（新设备与旧设备不同时运行），继电保护简单	1）施工过程较为复杂，安全风险较高； 2）总停电时间较长（换算成单机停运时间约为 174 天），对电站生产有一定影响

（四）现场试验

1. 工频耐压试验　关于500kV GIS的现场绝缘试验电压，GB 7674—2020《额定电压72.5kV及以上气体绝缘金属封闭开关设备》规定为560kV；GB 50150—2016《电气装置安装工程　电气设备交接试验标准》、DL/T 555—2014《气体绝缘金属封闭开关设备现场耐压及绝缘试验导则》、DL/T 617—219《气体绝缘金属封闭开关设备技术条件》、DL/T 618—2022《气体绝缘金属封闭开关设备现场交接试验规程》等规范规定为出场试验电压的80%，即592kV；南方电网有限责任公司（简称南方电网公司）规定交流耐压值应不低于出厂值的90%，即666kV。试验电压越高，越能有效检验GIS设备安装后的绝缘性能，但考虑到本次改造500kV GIS设备是以串为单位进行施工，最先投运的新设备需重复多次试验，试验值太高将可能损害最先投运的设备。因此，建议500kV GIS设备交流耐压值如下：①各串设备单独试验时试验电压值按出厂值的90%(666kV)执行（时间为1min）；②各串设备对接后母线绝缘试验电压值按运行电压318kV执行（时间为15min）。

2. 雷电冲击电压试验　对GIS设备内的异常电场分布和异常带电结构较为敏感，与工频耐压试验互为补充。GB 7674—2020《额定电压72.5kV及以上气体绝缘金属封闭开关设备》、GB 50150—2016《电气装置安装工程　电气设备交接试验标准》、DL/T 555—2014《气体绝缘金属封闭开关设备现场耐压及绝缘试验导则》、DL/T 617—219《气体绝缘金属封闭开关设备技术条件》、DL/T 618—2022《气体绝缘金属封闭开关设备现场交接试验规程》等规范及南方电网公司均未对现场雷电冲击试验做强制性要求，主要根据现场实际情况协商确定。雷电冲击电压发生器成套试验设备结构尺寸庞大，根据电站500kV出线平台的设备布置情况，布置空间极其有限，且不能满足出线平台原有设备与试验设备之间的安全距离要求。因此本阶段暂不推荐现场进行GIS设备的雷电冲击电压试验，建议项目实施过程中根据当时南网公司的要求及雷电冲击试验设备的发展情况再行决定。

（中国电建集团中南勘测设计研究院有限公司　杨滔　黄璜）

南瑞集团调速器在国内四个抽水蓄能电站投产应用

截至2022年底，国网新源控股有限公司建设的黑龙江荒沟（4×30万kW）、山东沂蒙（4×30万kW）抽水蓄能电站，南方电网储能股份有限公司建设的阳江（3×40万kW）、梅州（4×30万kW）抽水蓄能电站全部投产发电。其中阳江单机40万kW，是目前国内已投产的单机最大的抽水蓄能机组。

上述抽水蓄能电站机组控制系统，均使用了南瑞集团自主研发的SAFR-2000H型水轮机调速系统，首次配置了调速器智能分析诊断上位机服务器。该服务器可实现全厂调速器系统重要信号的毫秒级录波及大容量数据存储，具备图形化信息监测、故障展示、参数管理、辅助试验等功能。调速器下位机工控机则采用最新综合信息显示系统，包含机组信息实时展示、事件记录、故障分析诊断、仿真试验等功能。现地控制电气部分则采用了双冗余容错控制结构，配置了南瑞集团完全自主知识产权的变结构变参数改进型并联PID算法。内置电气、机械、液压的完整故障树诊断模型，可实时进行故障智能告警和维修指引，便于用户故障处理。调速器机械液压部分则配置双冗余比例伺服阀、自主研发的大型抽水蓄能机组调速器主配压阀、国产高性能三螺杆油泵等，提升了核心元器件国产化率。

除水轮机调速系统外，南瑞集团自产计算机监控系统、智能分布式安全监测系统、水情测报系统、水库防汛调度管理系统等多项技术及产品也获得应用，为机组安全、可靠、平稳运行提供保障。

抽水蓄能电站承担着电力系统的调峰、填谷、调频、调相及紧急事故备用任务。上述电站全面投产后，为国家电网和南方电网增加可调节负荷720万kW，将促进风、光、核等新能源消纳，在促进清洁能源消纳、提高电网调节能力保障能源供应安全，实现“双碳”目标等方面发挥作用。

（南瑞集团有限公司　荣红　初云鹏）

SSJ-3000监控系统助力金寨抽水蓄能电站投运

2022年12月26日，安徽金寨抽水蓄能电站4号机组结束15天考核试运行。至此，电站4台机组全部投产发电，超额完成年度目标任务，为安徽电网安全稳定运行和促进新能源消纳提供了坚强保障。该抽水蓄能电站总装机容量120万kW，安装4台单机容量为30万kW的混流可逆式抽水蓄能机组，首次采用13叶片机组转轮，设计年发电量20.1亿kW·h，年抽水电量26.8亿kW·h，投产后每年可节约标准煤约12万t，减少二氧化碳排放约24万t。

该抽水蓄能电站计算机监控系统采用南瑞集团自主研发的SSJ-3000计算机监控系统，其中现地控制单元PLC采用南瑞自主知识产权的MB80系列产品，上位机采用IMC一体化平台系统软件。电站投运期间，南瑞公司组织骨干青年员工完成4台机组的投运工作。

（南瑞集团有限公司　陈龙）

H9000监控系统在长龙山抽水蓄能电站投入使用

长龙山抽水蓄能电站安装6台35万kW可逆式水泵水轮发电电动机组，是华东电网最大的“充电宝”。电站特性指标3项“世界第一”、4项“国内第一”，具有“高水头、高转速、大容量”的特点，电站采用中水科技公司H9000监控系统进行全面监视与控制。2022年6月30日，该抽水蓄能电站全部机组正式投产发电。

中水科技公司H9000监控系统考虑抽水蓄能电站各设备的运行和接口特点、异常情况下的控制要求、设备间的安全联锁和协调配合要求，保证系统的正确性、安全性及设计的合理性，控制精准流畅。中水科技公司严格监控系统设计、生产、加工全过程，实现屏柜设计布局美观、安装工艺注重细节、配线工艺横平竖直。人机界面开发过程中，注重操作者感受，输入自然、输出准确、友好易懂、布局美观、整洁舒适、简约大方。中水科技公司针对抽水蓄能机组研制开发了独具特色的仿真测试技术，利用项目现有硬件，实现控制程序全工况动态仿真测试，填补了抽水蓄能机组监控系统测试系统的空白。同时，研制了机组控制流程故障智能辨识系统，实现了流程故障“秒级”精确定位。在此基础上，对长龙山控制流程及设备控制功能进行仿真测试，提高缺陷排查效率，缩短机组投运并网时间。从防范事故和提前投运两方面评估，都产生了经济、社会效益。这套技术在长龙山抽水蓄能电站的应用，保障现场各项工况调试试验的通过，总时间缩短至业内平均水平的50%以下。

（北京中水科水电科技开发有限公司　赵勇飞）

阳江抽水蓄能电站监控系统建成投产

阳江抽水蓄能电站单机容量40万kW，总装机容量240万kW，首期建设120万kW，是国内当前单机容量最大的抽蓄电站，也是国家发展改革委40万kW级抽水蓄能电站机组设备自主国产化的依托项目。电站采用中水科技公司H9000计算机监控系统进行全面监视与控制。

该抽水蓄能电站首台机组1号机自2021年11月12日开始进行有水调试，至12月10日进入考核试运行，历经28个昼夜，完成抽水调相（PC）首次并网及相关试验、发电工况（G）首次并网及相关试验、抽水工况（P）相关试验、发电调相（GC）相关试验、P-G工况转换试验、参数实测及专项试验等6个阶段109项机组试验，刷新国内同类电站首机调试记录，G、P工况启动成功率均为100%。2022年5月28日，该电站提前半年投产发电。继清远、长龙山抽水蓄能电站之后，H9000系统的稳定、可靠、智能等特性在阳江抽水蓄能电站再次得到验证。

该抽水蓄能电站投产发电，对保障粤港澳大湾区电力供应、促进海上风电等清洁能源消纳，实现国家“碳达峰、碳中和”目标具有重要意义。至此，粤港澳大湾区电网抽水蓄能总装机容量达到近1000万kW，相当于近两个海南省的供电能力，清洁能源电量占比接近50%，已成为抽水蓄能装机容量最大、电网调节能力最强、清洁能源消纳比重最高的世界级湾区电网。未来10年，南方电网还将投产2100万kW抽水蓄能电站，满足2亿kW新能源接入电网的调节需要，促进能源结构绿色低碳转型。

（北京中水科水电科技开发有限公司　赵勇飞）

响水涧抽水蓄能电站机组LCU国产化技术改造投产

2022年12月10日，响水涧抽水蓄能电站1号（首台）机组并网归调，标志着南瑞水电自主可控N510智能可编程控制器在大、中型抽水蓄能电站中首次应用成功；亦表明以南瑞水电自主可控N510智能可编程控制器为控制核心的计算机监控系统完全适用于大中型抽水蓄能电站，为现有大中型抽水蓄能电站计算机监控系统国产化升级改造提供了经验。

该抽水蓄能电站位于安徽省芜湖市弋江区峨桥镇响水涧自然村，电站总装机容量100万kW，安装4

台单机容量为25万kW可逆混流式水泵水轮发电机组，电站在华东电网系统中承担调峰、填谷、调频、调相任务，并提供紧急事故备用功能。

响水涧抽水蓄能电站1号机组LCU全国产化自主可控改造任务，由南瑞水电公司承建，核心PLC采用南瑞自主可控N510智能可编程控制器，并满足《智能水电厂技术导则》(GB 40222—2021) 对现地LCU的智能化能力要求，为响水涧抽水蓄能电站基于国产自主可控技术智能水电厂建设的持续推进奠定了坚实基础。

自主可控N510智能可编程控制器是南瑞集团基于多年PLC研发经验基础上开发的自主可控全国产化PLC，采用高性能国产多核处理器，处理速度快，内存容量大，通信接口丰富，达到国内外同档次产品的领先水平。

（南瑞集团有限公司　宋庆元）

西龙池抽水蓄能电站计算机监控系统国产化技术改造投产

2022年，山西西龙池抽水蓄能电站完成了2号机组LCU、3号机组LCU、副厂房公用LCU、上水库LCU的国产化技术改造工作。山西西龙池抽水蓄能电站位于山西省五台县境内，距太原市、忻州市公路里程分别为154km和74km。电站总装机容量120万kW，安装4台单机容量为30万kW的可逆式水泵水轮机组。额定发电水头640m，年发电量18.05亿kW·h，年抽水电量24.07亿kW·h，年利用发电小时数1504h。电站以500kV电压并入山西电网，在电网中承担调峰、调频、调相及事故备用的任务。

该抽水蓄能电站原计算机监控系统采用日本三菱MELHOPE计算机监控系统，LCU可编程控制器采用德国科维公司嵌入式平台的ProConOS操作系统，改造后采用了南瑞集团自主研发的SSJ-3000计算机监控系统，上位机为一体化平台IMC监控软件，下位机为SJ-600现地控制单元，其中现地控制单元PLC使用南瑞新一代N500系列PLC。电站按无人值班（少人值守）设计，采用了冗余化的设计和开放式系统结构，提高了系统的安全可靠性，为电站安全稳定高效运行提供了保障。

（南瑞集团有限公司　宋庆元）

全功率变速抽水在春厂坝抽水蓄能电站的应用

2022年5月13日，由南瑞集团参与研制的我国首台自主研发的5MW级全功率变速抽水蓄能机组——春厂坝抽水蓄能电站变速抽水成功，实现定速发电、变速发电以及变速抽水全工况科学试验。该抽水蓄能机组的并网发电，标志着我国首座自主研发的全功率变速抽水蓄能电站投运，突破了变速抽水蓄能国外垄断和技术封锁，实现关键技术国产化，填补了国内技术空白。

春厂坝变速抽水蓄能电站计算机监控系统采用南瑞公司自主研发的SSJ-3000计算机监控系统，其中现地控制单元PLC采用南瑞自主知识产权的N500系列产品，上位机软件为IMC。由南瑞集团自主研发的变速抽水蓄能机组协同控制器成为助力破解变速抽蓄控制难题的大国“利器”，协同控制器攻克全功率变速抽水蓄能机组监控系统、全功率变流器、调速器之间工况转换与协同控制难题，实现机组发电和抽水工况下功率和转速快速连续调节。

（南瑞集团有限公司　单鹏珠）

宝泉抽水蓄能电站首台机组二次系统国产化技术改造

2022年12月20日，河南宝泉抽水蓄能电站4号（首台）机组计算机监控系统国产化技术改造工程通过试运行考核，试运行期间各项指标正常，工程正式投产。该抽水蓄能电站位于河南省新乡市辉县市薄壁镇峪河，安装4台30万kW可逆式蓄能机组，总装机容量120万kW，以一回500kV出线接入河南电网，受华中网调调度。在电网中主要担任调峰、填谷任务，同时还兼有事故备用、调频、调相等功能。

该抽水蓄能电站作为国家技术引进、打捆招标的主要建设项目之一，和惠州、白莲河抽水蓄能电站一起在2004年同法国ALSTOM公司签订了主机设备采购合同。2022年8月23日，宝泉抽水蓄能电站4号机组二次系统国产化技术改造工程率先启动，采用南瑞集团自主研发的SSJ-3000计算机监控系统。上位机为IMC智能一体化管控平台。下位机为SJ-600现地控制单元，PLC采用南瑞新一代N500系列PLC。电站按无人值班（少人值守）设计，采用了冗余化和开放式系统结构，提高了系统的安全可靠性，为电站安全稳定高效运行提供保障。

（南瑞集团有限公司　刘佳）

丰宁抽水蓄能电站 500kV 主变压器绝缘油取样环境改善

河北丰宁抽水蓄能电站 500kV 主变压器首台变压器于 2021 年 3 月开始安装，2021 年 3～10 月，在丰宁电站经过 8 个月的主变压器安装及绝缘油采样实际工作中发现，类似地下厂房施工现场由于各种环境因素制约，如地下厂房湿度高、粉尘大，导致油样取样后，因环境影响不能满足要求，油样检测不达标。

施工现场原有采样技术需根据计划采样时间，将主变洞变压器周围可能产生粉尘、水气等施工工作提前停工，以保证颗粒度油样采集达到条件，此办法导致现场多个工作面施工进度降低，增加成本，且若出现油样检测不合格还需二次送检，影响今后工作的施工进度，丰宁电站 10 号 500kV 主变压器因一次采样时受外部环境影响，导致颗粒度油样检测不合格，因而发生额外损失。经过项目经验总结后，制作了一种简易小型环境隔离箱，用于复杂环境下绝缘油的取样工作，其由透明收纳箱改装，主要使用方法是在取样器皿烘干后，直接放入小型环境隔离箱内保存，保证二次搬运工作不会对器皿造成污染，在抵达取样地点后做好取样前准备工作，必须使用绝缘油将橡胶软管内壁滑石粉等杂物清洗干净后接入小型环境隔离箱，小型环境隔离箱开两个双手操作孔，取样全程在小型环境隔离箱内进行，且小型环境隔离箱制作简便，成本低廉。在河北丰宁电站实际操作中运用小型物理隔离装置对取样操作环境进行密封，保证油样不会因取样操作造成二次污染。

截至 2023 年 3 月，河北丰宁抽水蓄能电站二期 6 台 500kV 主变压器绝缘油实际运用由透明收纳箱改装的小型环境隔离箱取样共计 54 次，检测合格率 100%。以极小的成本，提高了生产效率。

（中国水利水电第三工程局有限公司　赵先文）

H9000 监控系统在巴基斯坦卡洛特水电站成功应用

当地时间 2022 年 6 月 28 日，巴基斯坦卡洛特水电站 4 台机组完成 168 小时试运行考核，同时完成电站 COD(commercial operation date) 前最后一个节点试验。6 月 29 日，随着巴方电网部门正式将 COD 证书交接到三峡集团，标志着卡洛特水电站全面投入商业运营。该电站位于巴基斯坦旁遮普省卡洛特地区，是杰赫勒姆河梯级水电规划的第四级。项目总投资约 17.4 亿美元，总装机容量 72 万 kW，投产发电后年均发电量约 32 亿 kW·h，预计每年可减少二氧化碳排放 350 万 t，满足当地约 500 万人口用电需求。卡洛特水电站全面投产发电将为巴基斯坦提供清洁廉价的电力，缓解巴电网的缺电状况，为促进巴经济发展发挥作用。

该电站采用中水科技公司自主研发的 H9000 计算机监控系统。主要设备包括厂站层 CSCS 系统，SAS 系统，大屏控制系统，UPS 系统；现地层开关站 LCU，机组 LCU，公用 LCU，坝区 LCU。依据巴基斯坦电网（NTDC）调度通信管理中心要求，全站监控系统按照以下原则设计：

①采集功能全分布、软件模块化设计原则。监控系统为全分布、全开放系统，既便于硬件的扩充，又能充分应用系统资源。软件模块化设计数据采集实时性较高、数据传输抗干扰能力强。②网络冗余配置原则。CSCS 系统控制网络均采用双环双冗余网络通信方式，网络通信具有高可靠性。整个网络支持 IEC-61850 V2 协议及 IEC 62439-3 PRP 通信协议。调度通信采用 IEC60870-5-104 或 IEC60870-5-101 规约，保护设备通信采用 IEC-61850 规约。③全厂对时一体化原则。为满足巴基斯坦电网对数据实时性的要求，采用热备分级时钟系统方案，搭建全厂时钟对时系统，实现控制Ⅰ区所有设备统一对时，保证数据时效性。CSCS 监控服务主机采用 NTP 对时协议，现地控制单元采用 IRIG-B 码或 DCF77 对时协议，开关站及保护设备采用 IEEE-1588 V2 对时协议。④开关站 SAS 系统独立原则。按照巴基斯坦电网规程，500kV 及以上发电站的开关站系统受电网直接调控。开关站 SAS 系统与电站 CSCS 系统采用独立设计原则，且 SAS 系统满足 IEC-61850 V2 通信及数据采集协议，CSCS 与 SAS 之间数据交换采用 IEC60870-5-104 通信规约。⑤调控一体化原则。为适应“智能电网”“智能电站”的发展需要，系统采用基于多主机、多规约、多链路的“调控一体化”技术实现现地层、厂站层、集控层、调度层等多方数据通信及远程调控功能。

自首台机组投入发电以来，系统整体体现出高可靠性、高实时性、高稳定性的特点，为电站全面商业运行提供技术保障。

（北京中水科水电科技开发有限公司　颜现波）

金属结构

新安江水电厂坝顶门机增设应急起升机构

新安江水电站坝顶设有两台 2×800kN 移动门式起重机，分别于2007年12月、2008年6月投运，安装在坝顶 115m 高程铺设的两条轨道上，主要用于提升溢洪道工作闸门、提升溢洪道检修闸门、提升进水口工作闸门、提升进水口检修闸门、提升进水口工作闸门油压启闭机、提升拦污栅，门式起重机由大车、起重小车及其他辅助部分组成。

（一）改造背景

新安江水电站控制流域面积 10442m^2，正常高水位 108m，水库面积 580km^2，相应库容 216 亿 m^3，是全国第五大水库。2020 年 7 月，新安江水库水位达到电站建成以来最高水位 108.39m，首次开 9 孔进行泄洪。泄洪期间环境恶劣，下泄洪水产生较大的气流波动，对坝顶主变压器、溢洪门起重设备等相关设备运行造成较大影响。由于环境恶劣，在极端的情况下可能会发生全厂失电等严重事故，若在泄洪期间发生此类情况，将无法正常响应防汛指挥部的提落门指令，严重影响整个钱塘江流域人民群众生命财产安全，因此需要在 2 台坝顶门机主钩增设应急起升机构。当出现全厂失电、主钩电机故障、门式起重机控制系统故障等问题时，在无需外接任何电源或设备的情况下，可以迅速、有效启闭溢洪门。

（二）选型计算

通过计算，选择 MQHGTD-70-TB 应急操作器，额定扭矩 1328N·m 大于电机扭矩 923N·m，应急启闭力 3003kN＞1382kN(109m 水位)，每台应急操作器扭矩可在 66.4～1328N·m 间任意调整，出厂调试时，设置为电机扭矩 923N·m，如遇闸门卡阻，增容扭矩可达到 130%以上，增容启闭力最大可达到 3003kN，满足使用要求见表 1。

表 1　选型参数表

型号	参考选型功率（kW）（增容系数 $S_F \geqslant 1.15$）				额定转速（r/min）	额定扭矩（N·m）	重量（kg）	参考用油量（L）
	转速 1500	转速 1000	转速 750	转速 600				
MQHGTD-70-TB	208.5	139.0	104.3	83.4	117	1328	427	240～265

（三）组成及原理

应急操作机构主要由同步控制柜、动力单元、应急操作器、离合及 T 形箱组成。

同步控制柜主要功能是对应急操作器实现智能控制，可使多吊点起升机构在没有同步轴的情况下，实现自动同步运行。在应急操作器的两侧旋转轴安装绝对值编码器，控制柜内的控制模块采集两侧旋转轴的转动圈数及位置，计算两者的差值。当差值大于预设定的偏差后，提供现地声光报警信号，提示操作者采取保护措施。一套控制柜可采集两组信号。同步控制柜配有 UPS 电源，通常包含 4 块 120Ah 电池，满足电力供应出现故障时应急使用。当应急操作器需要同步控制时，需打开总电源，将旋钮拨动到“起升”或“下降”位置，然后按正常操作流程操作应急操作器的起升或下降按钮。应急操作器输出轴运行角度差最小可调整到∠72°。应急起升机构操作时无需外接电源，起升机构闭门操作时，不需要电源和任何动力，通过油路循环实现闭门功能；启门操作时，使用动力单元，通过油路循环实现启门功能。

（四）应急起升机构施工方案及结果

①更换原起升机构制动轮，增设 T 形箱。②T 形箱通过连接轴套连接制动器，另一轴通过离合器连接应急操作器。③焊接 T 形箱、花键离合器及无电应急操作装置的安装底座；焊接后进行打磨、调平、对正。④检查确认安装基础焊接牢固。⑤将 T 形箱运到安装底座位置并进行预固定，安装花键离合器，预留调整空间符合应用，最后安装应急操作器。⑥焊接同步柜和动力单元的安装底座，焊接后进行打磨、调平；将动力单元和同步柜运至底座位置安装牢固。

现已完成坝顶 2 台门式起重机应急起升机构加装工作，设备运行正常。2023 年 2 月 23 日，结合新安江水电站汛前溢洪门起吊应急演练，模拟在失电情况下分别用1、2号坝顶门式起重机应急起升机构起吊5号溢洪门，闸门起落正常，检验了在极端情况下应急起升机构投入的速动性和可靠性，为水库安全度汛打下坚实基础。

（国网新源集团有限公司新安江水力发电厂 厉洪祥）

两河口水电站工程座环焊接变形实时监控及纠偏技术

两河口水电站水轮机座环为钢板焊接结构，分4瓣到货，单瓣最重约75.7t，整体组焊完成后重约280t。座环本体由上下环板、固定导叶、过渡板、导流板、底环支持板等组成，在现场组装焊成整体后作为底环、顶盖的支撑部件，是水轮机和机组安装的基准部件。整体焊接后的底环板、上法兰面水平度，上下环板内径尺寸公差，将直接影响后期施工质量和进度，因此要求组装焊接后变形尽可能小，为后续提高座环的安装精度创造条件。

（一）工艺流程

工艺流程为施工准备→分瓣座环组装检查及验收→上、下环板焊接顺序仿真→上、下环板焊接→中法兰焊接→不锈钢椎管段、立圈不锈钢下法兰焊接→上、下法兰焊接→过度板焊接→封板1、2、3焊接→整体圆度、水平度检查验收。

（二）座环组焊工位布置

根据座环设计图纸，在安装间转子工位附近使用全站仪放出每瓣基础环及座环两边及中间支墩的位置坐标，前后各摆放3个支墩，并放置成对楔子板。待座环分瓣螺栓预紧后，在座环内、外搭设安全通道，在座环上法兰面架设球心仪支架，中间放置球心仪。摆放基础环及座环中心测量平台等。待基础环及座环组装验收合格后，在基础环及座环内、外搭设焊接平台，进行基础环及座环下环板以上部位的焊接。

（三）座环组装

①分瓣基础环及座环检查、清扫干净后，使用550t吨桥式起重机将第一瓣分瓣座环吊放在6个钢支墩上，采用3台100t液压千斤顶配合调平后，将支墩上楔子板楔紧。②根据图纸顺序，将相邻第一瓣的座环（A）吊放到支墩上，调平后穿入分瓣面组合螺栓，然后将另外一瓣相邻座环（D）吊放到支墩上，调平后穿入分瓣组合螺栓。③检查（D）、（B）瓣相邻基础环及座环分瓣面的开口值，适当调整使分瓣面开口值大于单瓣座环分瓣面开口值5cm左右。然后将最后一瓣（C）调平后缓慢插入（D）、（B）瓣间，用刀尺检查中法兰组合面，初步检查对正后，分别穿入分瓣面螺栓。④座环分瓣螺栓全部穿入后，座环内架设水准仪，调整各瓣座环底环板径向、轴向水平波浪度。用8个100t液压千斤顶调整水平度，再对称多次把紧各组合面连接螺栓。⑤座环组装成整体后，用水准仪测量和调整座环上法兰、中法兰水平度，至周向水平面度不大于0.4mm。放置球心仪测量上、下环板半径（设16点），圆度不大于1.5mm。检查组合缝间隙及错牙情况，满足要求后进行上法兰、中法兰及上、下环板圆度的检查及验收。

（四）座环焊接工艺参数及要求

分瓣座环焊接前，根据不同母材材质，选择相应焊接材料和预热温度。座环焊接用手工电弧焊，8名焊工在各组合缝位置同时对称施焊，焊条直径$\phi3.2$、$\phi4.0$。打底焊和盖面焊用$\phi3.2$mm焊条，其他各层焊缝可根据情况用$\phi3.2$焊条或$\phi4.0$焊条。

（五）座环上、下环板焊接顺序仿真

水轮机座环分四瓣组成。座环本体包括上、下环板、23个固定导叶、过渡板、底环支持板。座环环板内径8184mm，外径10207mm。上、下环板材质为S355J2-Z35，板厚250mm，坡口呈对“X”型。经分析焊接顺序及焊接工艺参数对分瓣座环焊接变形的影响最明显。故对上、下环板结构简化后进行重点仿真。通过预设座环上、下环板焊接顺序及工艺参数，进行焊接变形仿真。仿真按实际施焊采用多层多道焊接，计算单道焊接线能量。仿真模型采用1∶10对座环上、下环板结构进行简化仿真。

（六）上、下环板焊接实时监测

座环组装完成后，检查各组合缝应无间隙，组合加工面应无错牙。用内径千分尺，各均布16点测量座环上法兰，座环上、下环板内径并做记录。用精密水准仪各均布16点测量座环上法兰、中法兰水平度，并记录及验收。整体验收合格后，在座环4个组合缝位置架设百分表，在座环上、下环板焊接时对座环上法兰，上、下环板焊接变形实时监测。

（七）其余各部位焊接

其余各部位焊接先后进行中法兰面焊接、立圈和不锈钢段焊接。上法兰焊缝区域预热加温，达温度要求后交替焊接焊缝17～20。安装上、下过渡板，调整相邻过渡板间隙和错牙，测量上下过渡板开口值，符合要求后焊接上、下过渡板。过渡板与上、下环板焊接完成后，焊接过渡板间焊缝。上、下过渡板焊接完成并探伤合格后，安装座环组合缝处的安装封板，对焊缝区域进行预热加温，满足要求后交替焊接焊缝7～10和焊缝27、焊缝28。

（八）实施效果

6、5号机座环整体焊接焊缝无损检测一次合格100%，4号机座环整体焊接焊缝无损检测一次合格

98.5%，3号机座环整体焊接焊缝无损检测一次合格98.5%，2号机座环整体焊接焊缝无损检测一次合格99.3%，1号机座环整体焊接焊缝无损检测一次合格98.7%，各台座环焊后整体圆度及水平度符合要求。

（中国水利水电第十四工程局有限公司 贯栋林）

两河口水电站工程基于BIM技术的蜗壳安装技术

两河口水电站有6台单机水轮发电机组，每台水轮机蜗壳有25个管节需现场挂装、焊接。采用基于BIM技术大型水电站蜗壳安装技术进行安装。

（一）模型制作

安装准备阶段根据设备工艺参数及土建结构图纸建模。在BIM设计软件revit中生成族样板。按座环装配图工艺参数，在族样板中通过拉伸、融合、旋转、放样等工具制作座环上、下环板、固定导叶、上法兰、中法兰等部件，再按实际材质给模型指定材质，最终形成座环整体模型。按同样方式完成蜗壳、蜗壳支墩、座环支墩。此后构建主厂房土建结构模型。在revit中新建一个项目文件，选择构件样板中的楼板，绘制出蜗壳机坑及技术供水泵房。再载入已建座环、支墩。然后按图将其放在各自坐标上。

（二）蜗壳安装施工布置规划

布置规划前，收集或制作蜗壳安装中用到的机械设备、防护设施及工具柜等模型，载入项目中。用型钢和钢板在座环内部及顶部制作上下施工平台，平台间设安全爬梯。有安全风险的平台边缘设防护栏。将电缆盘柜、焊机、温控仪、空气压缩机等放在平台上。安装时施工电线、加温线、焊把线等从设备引出后安在座环四周。上下施工平台布置焊机和温控仪。座环内设照明设施。蜗壳外围搭设脚手架。脚手架铺钢跳板，挂安全网。蜗壳安装机坑内技术供水泵房平台设临时工具站，专人负责工器具领用管理。

（三）蜗壳安装动态模拟

将Revit蜗壳场模型导入BIM施工动画模拟软件Nevisworks或BIMFILM中，进行蜗壳施工动态模拟。按蜗壳挂装施工工序，先模拟蜗壳瓦块吊运。将拼装成C形节的蜗壳瓦块从安装间吊运至蜗壳安装机坑。吊运中避开施工人员密集区，并暂时清除吊运通道1.5m范围内人员及设备。蜗壳瓦块吊至安装工位后，检查工装布置及其他设备摆放位置是否合理，着重检查蜗壳瓦块是否与支墩碰撞。按同样方法模拟其他蜗壳管节安装。

其他蜗壳管节应对称挂装。25节（含定位节3节，凑合节2节）蜗壳管节的挂装顺序为20（定位节）→11（定位节）→2（定位节）→19→10→3→18→12→4→17→9→1→16→13→5→14→8→21→7→15（凑合节）→6（凑合节）→22→23→24→25。

（四）制定蜗壳安装方案

结合以往电站蜗壳安装经验及蜗壳施工动画模拟，制定以下蜗壳安装方案。

1. 单台机蜗壳安装方案 先进行蜗壳拼装。蜗壳瓦块拼装顺序同挂装管节顺序。单节蜗壳中间瓦块吊到钢平台，两侧瓦块依次就位与中间瓦块组装。同样对中间瓦块压缝，采用千斤顶调整，禁止在母材上焊接压码进行压缝。检查蜗壳进出水边周长和圆度，开口尺寸，开口边至腰线尺寸。然后用无缝钢管内支撑加固，此前用火焰对焊接区域预热。蜗壳拼装纵缝焊接方法、工艺与蜗壳安装焊接相同。焊接完成24h，打磨探伤合格后，复查蜗壳尺寸。单节蜗壳拼装后对蜗壳拼缝防腐处理，防腐前打磨焊接区，露出金属光泽，按工艺要求涂刷底漆、中间漆及面漆。验收合格后运至厂房或蜗壳管节堆放场。

为安装蜗壳管节，确保安装质量和安全，在座环下环板面搭设下平台，座环法兰面安装上平台。上平台上放置温控仪设备和焊机，下平台布置焊机、轴流风机、空压机。蜗壳挂装前将坡口及两侧50mm范围内打磨、除油漆和污迹，标出管节腰线，测量其进出管口周长。按蜗壳各节方位角计算测量点线图，在机坑内用全站仪测放到地面，作永久标记和蜗壳挂装测量控制点，并挂座环中心线；座环过渡板相应位置上焊接蜗壳管节挂装挡块。蜗壳挂装设3个定位节（管节2、11、20）和2个凑合节（15、6）。先挂装定位节，再挂装其余各节，最后挂装凑合节。蜗壳挂装对称进行。蜗壳焊接严格按焊接工艺守则或现场工艺评定结果执行。焊接顺序为管节间环缝→凑合节纵缝、环缝→蝶形边→蜗壳与压力钢管间环缝。蜗壳各节的挂装与对接环焊缝的焊接可交叉进行，每个工位挂装三节后可以开始焊接第一节与第二节间的对接环焊缝。

2. 多台机蜗壳安装方案 根据施工进度，两台机蜗壳安装仅相差1个月。蜗壳瓦块按挂装顺序提前45天进行拼装组焊。在完成1台机蜗壳挂装，部分蜗壳焊缝未焊完即搭设下台机蜗壳脚手架及安装蜗壳。上台机蜗壳水压试验同时，进行本台机蜗壳安装工作。

（五）蜗壳安装进度计划

计划安装时间：单台机蜗壳86天（脚手架和施工平台5天、蜗壳挂装66天、蜗壳水压试验15天），6台机蜗壳安装总工期（从安装至水压试验结束）388天。

（六）蜗壳安装实施

蜗壳实际安装时，严格根据制定的蜗壳安装方案进行，并将安装进度、人员投入、材料使用等信息反馈至计算机蜗壳安装进度模拟系统里。借助 BIM 技术反映的进度信息、材料数量，调整、强化生产管理工作，为后续水轮机蜗壳安装提供借鉴。最后现场实施 6 台蜗壳的安装工作，并形成一份成熟的蜗壳安装标准工艺指导。

（中国水利水电第十四工程局有限公司　胡保涛）

长龙山抽水蓄能电站工程机组座环现场机加工技术

长龙山抽水蓄能电站 1～4 号、5～6 号机座环直径分别为 6109、4760mm。座环蜗壳为两瓣结构，运输到达现场组合焊接成整体。

（一）座环加工控制重点及要求

座环加工重点控制机坑测定精度、机床安装质量、加工过程质量。

1. 机坑测定要求　机坑测定在机坑内支撑拆除，清扫完毕后进行，测定结果将作为座环加工量的基础值。测量过程须使用检定合格的测量工具。要由不同测量人员重复测量，对比数据，不同测量差值不大于 0.05mm。座环固定导叶腰线作为后续机组安装的基础高程，要用水准仪测量 16 个导叶腰线的相对高度，取平均值后选择最接近平均值的导叶作为基准导叶，并将此导叶腰线做好标记。后续发电机的安装高程将以此为基准。

2. 机床安装要求　机床安装需调节主轴与座环下镗口同心度，刀臂水平度，机床主轴垂直度等。要求座环同心度不大于 0.05mm，刀臂水平度不大于 0.02mm/m，机床主轴垂直度不大于 0.20mm。

3. 加工精度要求　控制要求如下；座环周向水平度 0.2mm 为合格，0.15mm 为优良；座环径向水平度 0.05mm；座环加工后各法兰面高差 0.1mm；座环下镗口半径偏差 0～0.2mm；座环下镗口圆度 0.2mm 为合格，0.15mm 为优良；加工面粗糙度 3.2μm。

（二）加工工艺

1. 机坑测定　①机坑内参数测量。机床安装前，使用高精度水平仪配合深度尺测量座环 A 面水平，分内外两环测量，共测 64 个点，由 2 人以上测量对比结果。同时测量固定导叶腰线距离 A 面的高度差，与设计值对比。使用钢丝挂线法配合内径千分尺检测座环下镗口 E 面内径，底环实际到货外径尺寸和底环与座环径向安装间隙（取单边 0.4～0.6mm）两者之和即为座环加工后座环镗口的尺寸。测量预埋接力器基础板中心与固定导叶腰线高度差，与设计尺寸对比，并计算加工后顶盖、控制环安装高程，判断接力器基础中心与加工后控制环高程是否符合安装要求。②到货设备测量。主要包括底环、顶盖开档尺寸，活动导叶大小头瓣体高度。测量后将实际尺寸和设计尺寸做对比。

2. 机床安装　安装流程为下支撑工装及撑杆→下轴承支撑座→刀臂夹紧座→上支撑工装→主轴→上轴承支撑座→刀臂夹紧座→刀臂→配重臂→主轴箱。

下牛腿安装时重点控制焊接质量和牛腿顶部水平度。机床主轴安装需控制其垂直度和主轴中心位置。机床刀臂和配重臂的水平度与加工面径向水平度密不可分，保证机床刀臂水平和刀臂刚性才能保障加工面径向水平度优良。

机床安装完成后检测机床稳定性。在机床刀架上架设百分表，机床空转时监测刀头跳动值，跳动大于 0.15mm 时需重新加固机床。机床刀臂与主轴间加装斜支撑，增强稳定性。

3. 座环正式加工　①机床安装验收后在 A 面完成试加工。机床运行中有两个参数可调整，一是机床刀劈转速，根据加工面平滑度、硬度调整转速；二是机床转动一圈径向的自动进刀量。机床的加工原理为螺旋状轴向和径向同时进刀，轴向下刀量通过对刀时控制，径向进刀量在加工前设置好，加工时每转一圈机床自动进刀。径向加工到边缘时自动停止径向进刀，继续轴向进刀。试加工过程固定轴向单次下刀量 0.10mm 不变，改变刀臂转速和单次径向进刀量，直至找到最理想加工状态时对应参数。完成后用内径千分尺测量实际下刀尺寸，判断机床下刀量是否准确。使用粗糙度仪检测加工面粗糙度，合格后可正式加工。调试后得到最优参数为刀臂转速 7r/min，粗加工机床转一圈径向自动进刀量 0.30mm，精加工机床转一圈径向自动进刀量 0.20mm。加工流程为 A 面粗加工→A 面精加工→B 面粗加工→B 面精加工→C 面粗加工→C 面精加工→E 面粗加工→E 面精加工→D 面粗加工→D 面精加工。②平面加工。粗加工时控制单次最大吃刀量 0.2～0.5mm，在加工面最高点对刀，最低点找平。加工面加工余量 0.5mm 时进入精加工，精加工控制单次最大持刀量不大于 0.15mm。为确保质量，单次吃刀量不低于 0.05mm，故在进入精加工后需提前核算计划每一次吃刀量。A 面加工完成后质量验收。用内径千分尺、平尺测量 A 面到 B、C、D 面开档尺寸，与现场检测设备到货尺寸平均值作差，得到其余工作面加工量。按同样方法加工 B、C 面。座环各法兰面加工时各高差尺寸应取一致偏差走向，都取正偏差或都取负偏差。立面 E 加工后调整机床位置，完成平面 D 加工。此平面分布着座环与底环 M36 把合螺栓孔，加工过程严控轴向单次最大吃刀量，避免加工时螺栓孔引起机床抖动，划伤加工面。③依据机坑测定时加工余量加工立面E，使用内径千分尺测量座环镗口半径。直接测量座环加工面到主轴表面半径，加上主轴实测直径之半即得E面半径。主轴尺寸用外径千分尺精确测量。立面E为底环与座环的配合立面，加工中需加工一刀测量一次。

加工面粗糙度可在加工后用油石或砂带机抛光，去除加工面毛刺。加工过程中设置多组参照点，监测加工余量。设置专用测量架，要求与施工平台分离。

（中国水利水电第十四工程局有限公司 曾志辉）

阜康抽水蓄能电站工程压力钢管制作全部完成

2022年6月28日，随着最后一节引水系统压力钢管制作单元管节防腐验收出厂，中国水利水电第三工程局有限公司（简称水电三局）制造安装公司新疆阜康抽水蓄能电站机电安装项目部圆满完成了工程引水及尾水压力钢管全部的制造任务，标志着该电站工程建设即将进入新的节点目标阶段。

阜康抽水蓄能电站为日调节蓄能电站，工程位于新疆维吾尔自治区昌吉州阜康市境内，距阜康市约70km，距新疆负荷中心乌鲁木齐市约130km，国道G216线和省道S303线从下水库以北约21km通过，地理位置较优，电站建成后可承担新疆乌昌电网调峰、填谷、调频、调相、紧急事故备用等任务。阜康抽水蓄能电站机组启停灵活，反应速度快，是电网重要的保安电源，对保障电网安全、稳定、经济运行意义重大。

电站引水系统采用“一洞两机”布置形式，共有1、2号两个独立的水道系统。每个引水系统压力钢管由上平段、上斜井、中平段、下斜井、下平段、钢岔管、引水支管段构成，斜井角度为60°，尾水隧洞采用“两机一洞”的布置型式，共有1～4号四条尾水支管，引水及尾水系统压力钢管材质为500MPa级、600MPa级和800MPa级三种材质钢板，钢管最大直径6.2m，最大厚度62mm。引水系统及尾水系统钢管制安工程量为1.4万t。全部由水电三局制造安装公司新疆阜康机电安装项目部负责承担制造和安装施工任务。

该蓄能电站地处西北边陲高寒地区，是新疆地区首个EPC抽水蓄能电站和国网新源国内首个EPC抽水蓄能电站项目，也是水电三局首个EPC抽水蓄能电站项目，2020年5月28日正式投产以来，克服疫情影响，坚持精细化管理、标准化施工，历经两年零一个月引水和尾水系统全部压力钢管的制造任务，压力钢管制作优良率和焊缝一次合格率全部达到98%以上，为后续压力钢管安装工作打下坚实的基础。目前，该电站已进入引水系统及尾水系统压力钢管安装阶段。

（中国水利水电第三工程局有限公司 廖钧）

阜康抽水蓄能电站工程管路预制厂开工投产

2022年7月1日，由水电三局制造安装公司新疆阜康抽水蓄能电站机电安装项目部承建的机电安装管路预制厂正式开工投产，为该电站后续机电安装管路安装提供了强有力的保障。

阜康抽水蓄能电站为日调节抽水蓄能电站，工程位于新疆昌吉州阜康市境内，距阜康市约70km，距新疆负荷中心乌鲁木齐市约130km，国道G216线和省道S303线从下水库以北约21km通过，地理位置较优。阜康抽水蓄能电站建成后可承担新疆乌昌电网调峰、填谷、调频、调相、紧急事故备用等任务，电站机组启停灵活，反应速度快，是电网重要的保安电源，对保障电网安全、稳定、经济运行意义重大。新疆阜康抽水蓄能电站建设采用EPC模式，是国网新源国内首个EPC抽水蓄能电站项目，也是新疆地区首个EPC抽水蓄能电站项目。

在抽水蓄能电站建设中，机电安装管道施工的工作量较大，对工程质量要求较高，且一般留给管道安装的工期短，任务重，经常出现抢工现象，这会在一定程度上影响管道安装质量。为保证质量的同时加快进度，推广工厂化预制是近年来抽水蓄能电站发展的趋势和方向。因此，水电三局新疆阜康机电安装项目部引进管路预制自动化生产线，包括管路下料自动化、开坡口自动化、组对自动化、焊接自动化等。目前设备已安装调试完成并初步投入生产。

阜康抽水蓄能电站管路预制厂分为原材料区、生产区、成品区三个区域，预制厂选用“工厂型”管道预制模式，即为固定型管道预制模式。通过该模式可减少现场焊接工程量，提升焊接质量和管路焊接一次性合格率，缩短电站建设周期，降低生产成本及返修率，减轻工人劳动强度，管路预制效率亦可得到保障，满足达标投产建设过程中的管路质量考核要求，为建设优质阜蓄工程打下基础。

（中国水利水电第三工程局有限公司 廖钧）

8

科学研究与技术创新

科 学 研 究

高海拔强辐射大温差地区碾压混凝土坝关键技术研究与实践

DG水电站工程所在地区高海拔高、气压低、辐射强、温差大、冻融循环多、风大水温低，对工程高质量建设和长期运行安全提出了非常高的要求。该项目系统研发提出了适用于高海拔、强辐射、大温差条件的碾压混凝土坝智能建造技术、筑坝材料关键技术以及全生命期运行安全评估关键技术。

（一）主要成果及创新点

（1）建立了“数字建模—编码体系—数字移交”智能建造管理及应用技术体系，提出了基于反馈仿真、温度应力试验和直接应力监测三位一体的碾压混凝土坝温控防裂动态调控方法；建立了基于混凝土生产数据分析和预警预报、拌和监控方法和系统；提出了碾压混凝土坝全过程智能温控模型和调控方法，研发了适应恶劣环境的智能建造软硬件成套系统，实现了混凝土生产、仓控、通水和保温的全坝全时空智能化控制，解决了青藏高原复杂条件碾压混凝土坝裂缝精准防控难题。

（2）提出了基于混凝土微结构定量分析仪的碾压混凝土耐久性微结构分析和健康状态定量评估技术；基于TSTM（混凝土开裂全过程仿真试验）技术，揭示了碾压混凝土真实抗裂特性，建立了碾压混凝土表面开裂风险评估技术；研发了基于新型微胶囊抗冻外加剂的高强高抗冻高抗裂碾压混凝土配制技术，实现了高海拔复杂条件下碾压混凝土多尺度优化设计和配制。

（3）提出了基于新型表层止水结构和光纤测温渗漏监测预警技术的碾压混凝土坝防渗体系；构建了基于Saptis离线分析模型的碾压混凝土坝全生命期安全评估方法和集结构缺陷精细识别、云端多因子耦合分析和安全综合评价于一体的大坝安全智能管控全流程方法和系统，有效保证了碾压混凝土坝长期运行安全。

（二）应用情况及推广前景

该项技术在水电工程建设中具有技术优势，适用于水库大坝工程、堤防工程等领域，也可推广至道路、桥梁以及工民建等大体积混凝土工程领域。该技术已应用于多座国内重要水利工程，并计划在多座拟建工程中使用。

（华电西藏能源有限公司大古水电分公司
张元元　廖浚成　田烨）

青藏高原凝灰岩粉大坝混凝土高质高性能化关键技术与应用

（一）项目背景

青藏高原地区水力资源开发正加速进行，但水电工程建设面临混凝土原材料来源广、品种多、成分复杂的问题，当地矿物掺合料严重匮乏。传统的优质掺合料需借助陆路、铁路等方式从周边省份长距离外购，不仅提高了建设成本，降低了工程质量，无法保障工期进度，也不符合当前低碳、集约和环境协调的产业政策。同时，严酷复杂的气候条件对大坝混凝土的服役特性与耐久能力提出了严峻考验，要求其具有优质的原材料组成体系、较高的配合比设计水平、较强的质量管控能力和完备的性能保障措施。因此，亟须开展青藏高原当地筑坝材料的开发应用及高质高性能化提升研究。

项目围绕青藏高原凝灰岩粉大坝混凝土的高质高性能化关键技术开展研究，探明了凝灰岩粉掺合料的原岩特性和品质指标，揭示了凝灰岩粉掺合料复合胶材体系多维度和多层次的性能时变规律，提出了凝灰岩粉大坝混凝土的高质化配制技术、高性能化调控措施和多元化性能保障手段，形成了完备的凝灰岩粉大坝混凝土配制与保障技术体系，并将技术首次应用于DG水电站，为当地凝灰岩粉掺合料的开发应用提供支撑，为青藏高原复杂环境下水电开发的提质增效、降本低碳建设提供保障。

（二）主要科技创新

（1）开发了青藏高原天然火山灰质凝灰岩矿物掺合料，揭示了凝灰岩粉原岩特征及三大效应，阐明了多元复合胶凝体系的水化促进及性能协调机制，建立了凝灰岩粉矿物掺合料的质量控制标准。①揭示了青藏高原天然火山灰质凝灰岩粉“富硅、高铝、丰碱”的特点，探明了玻璃体、风化程度与活性指数的定性关系，追溯了凝灰岩粉火山灰活性来源，提出了潜在混凝土矿物掺合料的优质料源遴选原则；构建了凝灰岩粉等效粒径与粉磨时间双对数的线性关系，粒径分布符合RRB模型特征，为适用于寒冷干燥环境的凝灰岩粉规模化稳定生产提供技术支撑。②揭示了凝灰岩粉掺合料具有颗粒填充效应、结晶成核效应和火山灰活性效应；明确了凝灰岩粉复合胶凝体系“早期增长较快，后期增长幅度有限”的强度发展特性；厘清了凝灰岩粉-粉煤灰-水泥多元胶凝体系各组分间水化反应的促进机理和水化特性的协调机制，并具有持续的结构致密和体积稳定演化过程，为凝灰岩粉掺合料的品质控制与技术应用提供了理论依据。③制订了电力行业水工混凝土掺用天然火山灰质材料技术规范，明确了活性氧化物含量、细度、需水量比、活性指数、火山灰活性等质量评价的关键指标，规定了材料品质和匀质性的限值，稳定了天然矿产开采过程中的品质波动；提出了DG水电站工程凝灰岩粉掺合料的细度不大于20%、需水量比不大于110%、28天活性指数不小于66%、烧失量不大于8%，指标要求均高于DL/T 5273—2012《水工混凝土掺用天然火山灰质材料技术规范》的规定，保障了青藏高原中热水泥大坝混凝土中凝灰岩粉的首次应用。

(2) 提出了青藏高原凝灰岩粉大坝混凝土配制技术，实现了“强度稳步增长、微体积变形、抗冻耐久”的高性能目标。①揭示了高海拔环境对混凝土内部孔结构的劣化机制，厘清了大风、干燥、低温条件对混凝土水分散失和凝结硬化的影响规律；提出了“低水胶比、高掺引气剂、缩短凝结时间、多元胶材优势互补”的冬季施工配合比设计原则，控制凝灰岩粉最大掺量不超过30%，形成了青藏高原凝灰岩粉大坝混凝土配制技术。②掌握了凝灰岩粉大坝混凝土的性能特点和时变规律，揭示了不同服役环境下抗冻耐久性能的劣化机制，建立了室内快速冻融试验结果与现场自然冻融损伤程度的映射关系；优化后大坝混凝土28d抗压强度和极限拉伸值分别提高8.8%～15%和6.7%～10%，干缩率降低35～50个微应变，实现了青藏高原环境下“强度稳步增长、微体积变形、抗冻耐久”的高性能化目标。

(3) 提出了青藏高原“一日四季”气候下现场拌和物VC值动态控制技术，形成筑坝材料现场质量保障技术体系，解决了高海拔干冷河谷碾压混凝土大坝保温保湿难题。①构建了仓面碾压混凝土VC值与环境温湿度的关系模型，提出出机口VC值为0～3s、含气量为4.0%～6.0%的控制基准值，形成了青藏高原“一日四季”气候条件下VC值动态调控技术，保障了仓面混凝土良好的可碾性，提升了青藏高原混凝土现场浇筑与层间结合的施工质量；大古现场碾压混凝土内部均质、密实且无不良缺陷，透水率0～0.1Lu，超声波波速3800～4200m/s。②研创了大坝内部温湿度场精准调控装置和具有保温保湿功效的新型表面防护装置，实现了青藏高原大坝混凝土养护工艺、内部环境与材料性能的协调匹配；研发了“喷水花管保湿层+橡塑海绵保温层+扁铁压条固定层”的大坝混凝土表面压条式保温保湿施工工艺，保湿效果超过95%，形成了筑坝材料质量保障技术体系，解决了西藏高海拔干冷河谷大坝混凝土保温保湿难题。

(三) 推广应用情况及取得的效益

项目开发了当地新型凝灰岩粉掺合料，部分取代粉煤灰传统矿物掺合料，形成了青藏高原凝灰岩粉大坝混凝土高质高性能化关键技术与应用体系，成果已应用于DG水电站，包括11～14号坝段、厂引坝段、闸门井下游侧等，促进了地缘性矿物掺合料在青藏高原水利工程的推广应用，解决西藏地区水电工程对混凝土矿物掺和料的迫切需求，加快DG水电站的施工进度，推动水利水电学科发展，技术、经济和社会效果显著。

(中国华电集团有限公司)

大型抽水蓄能机组自动控制关键技术研究

“大型抽水蓄能机组自动控制关键技术研究”是中国水利水电科学研究院2022年度科学技术奖获奖成果。

(一) 研究背景

国家能源局发布《抽水蓄能中长期发展规划(2021～2035年)》，旨在推进抽水蓄能快速发展，适应新型电力系统建设和大规模高比例新能源发展需要，助力实现碳达峰、碳中和目标。中国水利水电科学研究院中水科技通过大型抽水蓄能机组自动控制技术研究，探索相关技术，经过十多年的科研创新，针对高水头、高转速、大容量等抽水蓄能新特性，形成了一系列成果和关键技术，通过清远、长龙山、阳江等大型抽水蓄能电站自动控制系统应用，在惠州抽水蓄能电站等的推广，打破了国外公司的技术壁垒，降低了抽水蓄能电站的建设投资，提高了抽水蓄能电站运行维护和服务水平，发挥了抽水蓄能电站对电网安全运行的作用，对提高我国大型抽水蓄能机组自动化和安全运行管理水平具有重要意义。

(二) 主要内容

该项研究针对大型抽水蓄能电站自动控制中的多启动方向、多运行模式、多工况转换、多主辅配合等技术难题，探索开发了抽水蓄能电站全仿真测试平台技术，建立主辅设备运行状态可信判断模型，并基于模型开发了安全可靠的控制流程；研制了大容量、高水头、高转速、多启动方式安全控制策略；实现了机组“秒级”精确诊断，突破了国内 40 万 kW 级抽水蓄能机组自动控制技术瓶颈。

（三）创新点

（1）研发了抽水蓄能电站全工况仿真测试平台技术，建立数字电站和主辅设备仿真模型，无需借助现场设备，进行电站全条件、全工况转换、全输出仿真测试，进行生产过程操作预演、控制逻辑验证、控制参数寻优，优化生产流程。各种设计功能得到了验证，各种缺陷能及时发现与优化完善，提前防范了设备现场调试时人身和设备事故的发生，缩短了机组投运并网时间，首台机组有水调试工作由行业常规的 80～100 天缩短为 30 天左右。

（2）研发了短时间窗口多机多方式启机技术，自动规划启泵台数、节点、SFC 匹配以及 S、PC、P 工况优化转换，从测点上进行高速采集，硬件上多重冗余、处理上独立功能模块响应、执行上多重防误闭锁、重要信号表决，设计上对每个设备系统分析各种正常和特殊情况下的应用场景，提高设备运行可靠性和保证设备安全。解决了大型抽水蓄能机组从静止工况至水泵工况时间较长，短时间段内无法启动多台机组至水泵工况，提升了抽水蓄能电站的快速调节能力，并保证电站负荷对计划曲线的响应精度及效率。

（3）研发了抽水蓄能机组控制流程实时诊断技术，实时监视流程执行情况，在机组流程故障时刻定位故障发生的位置并保持流程故障时刻反馈信号状态信息，实现故障快速定位、故障智能辨识、秒级诊断，缩短了机组故障处理时间和机组退备时间，提高了机组可用率，降低了机组运行的故障成本。

（四）推广应用情况

该研究成果创新突出，技术领先，已应用于清远抽水蓄能电站、长龙山抽水蓄能电站、阳江抽水蓄能电站等，正应用于惠州抽水蓄能电站监控系统改造。相关研究成果打破了抽水蓄能机组自动控制技术壁垒，取得了经济效益和社会效益，在抽水蓄能快速发展之际，具有推广应用前景。

（中国水利水电科学研究院　廖丽莎）

高海拔环境下受限空间大型设备吊装关键技术研究及应用

我国水电总装机容量达 3.8 亿 kW，是世界上水电生产量最大的国家。水能发电在我国能源结构中占有重要的地位。机组作为水电站的关键部件，在水电站的正常运行中起着至关重要的作用，因此建设期机组吊装能否成功以及运行期机组能否正常检修直接关系着电站的安全稳定运行。厂房桥机设备作为机组起吊的关键设备，在电站的全生命周期中保证其性能稳定有着重要意义。因此，开展了该项技术研究。

（一）主要成果及创新点

（1）通过三维仿真软件进行空间模拟计算，得出最佳长主梁抬吊精准倾斜角度，保证了长主梁高低抬吊的稳定性。

（2）针对小车整体刚性差吊耳设置困难问题，提出设置全跨式专用吊具方案，可一次性整体吊装小车。

（3）采用卷筒两侧开孔在其内部设置环形对称吊耳装置，采用交叉抬吊方案，解决受限空间大型设备高空整体拆装难题。

（二）应用情况及推广前景

该成果运用于 DG、杨房沟水电站等一系列新建水电站工程和富春江厂房桥机改造工程，创新性地提出了一系列受限空间条件下降低成本的吊装方案，破解了土建工期受机电设备安装工期制约的难题，对后期新建电站大型设备在受限空间吊装提供新的思考范式，同时降低改造工程施工对电站生产运行的不利影响。目前，该科研成果应用效果良好，效益显著，具备全行业推广条件。

（华电西藏能源有限公司大古水电分公司
张元元　廖浚成　田烨）

库水作用下软岩强度恢复效应及其机理研究

“库水作用下软岩强度恢复效应及其机理研究”为国家自然科学基金青年基金项目，由三峡大学组织研究，于 2022 年 12 月结题。

（一）项目目的

目前，针对岸坡软岩力学性能的研究没有考虑软岩强度恢复效应，软岩强度恢复的机理尚不清楚，岸坡软岩产生强度恢复的机制也不明确，导致软岩控滑边坡的理论研究与工程实践应用相差较大。岩石在水岩作用下结构的改变是导致其力学行为发生改变的根本原因，因此，在整理大量涉水岩质边坡中“损而未裂，裂而不滑”案例的基础上，基于现场原位测试结果提炼岸坡岩体内部结构特征，分析岸坡不同岩体结构与岸坡稳定性的关系，描述库区岸坡岩体的强度恢复效应的典型案例；根据库区岩体的赋存环境，分析不同条件变化对岩石强度改变的过程，揭示岩石产生强度恢复的条件及恢复机理；分析库水的长期浸泡与周期性干湿循环作用对岩石结构、性质的影响，阐明岩石在非连续破裂过程中细观结构的演化规律，并将岩石的细观结构变化与岩石力学指标建立联系，构建考虑岩石强度不确定性的非线性损伤力学模型。

（二）项目内容及创新

（1）在理论方面，揭示了软岩产生强度恢复的条件及恢复机理，阐明了岩石在非连续破裂过程中细观结构的演化规律，揭示了水在矿物颗粒间的渗透运移作用、库水周期性运营形成的循环应力作用、岩石矿物骨架的水力稳定结构及充填颗粒的自组织行为，基于细观结构变化建立了考虑软岩强度不确定性的非线性损伤力学模型。

（2）在试验研究方面，开展了考虑库区岩体赋存环境，分别设计了考虑水、应力、饱水—失水过程等多个因素的岩石试验方案，分析了不同条件变化对岩石强度改变的过程。基于核磁技术研究了砂岩和泥岩经历不同水力作用过程对岩石孔隙结构的改变，阐明了岩石在非连续破裂过程中细观结构的演化规律，建立了岩石细观结构变化与岩石力学指标（黏聚力、内摩擦角、峰值强度）的跨尺度关联关系。

（三）项目效益

项目以三峡库区砂、泥岩为对象，分析了水在矿物颗粒间的渗透运移作用、库水周期性运营形成的循环应力作用、岩石矿物骨架的水力稳定结构及充填颗粒的自组织行为，包括岩石矿物的种类等都是影响岸坡岩体强度恢复的主要因素，不同因素组合条件下岩石的强度恢复过程具有差异性和阶段性特征，这些特征可以通过岩石细观结构的改变进行捕捉，为考虑强度不确定性的损伤模型理论奠定了基础。项目已发表论文 8 篇，其中 SCI/EI 论文 6 篇，申请发明专利 2 项，培养硕士研究生 6 人，项目负责人晋升副教授，研究项目取得了较好的社会效益。

（三峡大学）

沥青混凝土防渗面板酸性骨料应用关键技术

“沥青混凝土防渗面板酸性骨料应用关键技术”是中国水利水电科学研究院 2022 年度科学技术奖获奖成果。

（一）研究背景

随着国家“双碳”目标的提出，国内抽水蓄能即将迎来建设高峰。沥青混凝土面板由于防渗性能和适应基础变形能力俱佳，已经成为抽水蓄能电站主流防渗型式之一。沥青混凝土对于骨料要求较高，现行规范中要求采用碱性骨料。但部分工程由于工程区缺乏碱性骨料、附近碱性骨料由于环保限制开采等原因，造成工程无碱性骨料可用的局面。因此研究如何在沥青混凝土防渗面板中应用酸性骨料，对于助力国家发展战略、推广沥青混凝土防渗技术都具有重要的意义。本项目针对酸性骨料在沥青混凝土面板中的应用难题，以山东沂蒙抽水蓄能电站上水库沥青混凝土面板等工程为依托，进行技术研发。提出了一整套酸性骨料应用方案，并在依托工程中获得成功应用。

（二）主要内容

（1）骨料与沥青黏附性机理及评价方法研究；

（2）水工沥青混凝土浸水耐久性评估方法研究；

（3）水工专用抗剥落剂产品开发；

（4）酸性骨料沥青混凝土拌和及施工工艺研究。

（三）创新点

（1）针对酸性骨料与沥青黏附性差的问题，基于表面能的研究，揭示了沥青剥落机理，研发了水工专用抗剥落剂 SK-A，显著提高了酸性骨料与沥青的黏附性，达到与碱性骨料相当的水平，消除了沥青混凝土防渗面板中对于酸性骨料的限制。

（2）针对酸性骨料沥青混凝土面板缺乏浸水寿命评估方法的问题，首次建立了基于时-温等效原理的浸水耐久性评估模型，填补了规范空白。

（3）针对规范中黏附性评价方法的精确性差、受主观影响大等问题，提出了骨料与沥青黏附性评价新方法，为科学评价骨料与沥青黏附性提供了基础。

（4）开发了配套的酸性骨料沥青混凝土施工工艺及专用设备，为工程应用提供了基础。

（四）推广应用情况

成果已在山东沂蒙抽水蓄能电站上水库沥青混凝土面板工程中得到应用。沂蒙上水库工程于 2021 年 7 月开始下闸蓄水，目前，上水库的渗漏量约为 3.5 L/s，远小于设计值（10L/s），效果良好。山东沂蒙抽水蓄能电站上水库沥青混凝土面板工程是世界上首座采用酸性骨料的沥青混凝土面板防渗工程，打破了沥青混凝土面板对于碱性骨料依赖的局面，为我国水工沥青混凝土面板防渗的推广起到引领和示范作用。成果对后续潍坊等沥青面板工程的设计提供了技术支撑。

（中国水利水电科学研究院　廖丽莎）

澜沧江梯级深大水库水环境演化及其环境效应

“澜沧江梯级深大水库水环境演化及其环境效应”是中国水利水电科学研究院 2022 年度科学技术奖获奖成果。

（一）研究背景

河流是地球表层系统的重要组成部分，梯级水电建设使澜沧江形成了以深大水库为主体的“蓄水河流”新生生态系统。然而，与天然河流普遍受到大坝拦截影响所不相匹配的是，目前尚未形成“蓄水河流”水环境演化特征的研究范式，针对性的监测手段和科学观察资料严重匮乏，成为制约开展深大水库水环境演化研究的瓶颈。本成果开展的研究将提升澜沧江深大水库的综合监测能力，为流域综合管理和可持续发展提供支持，以促进流域水电开发的协调、绿色、共享、发展。

（二）主要内容

（1）梯级水电开发下澜沧江流域水环境及物质通量监测及分析评价。研发了具有自主知识产权的深大水库水环境智能化在线感知技术及装备，获取了长序列的科学观测数据，弥补了澜沧江基础研究工作薄弱、监测数据匮乏、监测技术水平低等现状。

（2）梯级水电开发下澜沧江流域水环境演变演化关键过程分析。综合生源要素地球化学循环、分子生物学、同位素示踪等多学科现代技术，定量研究了澜沧江流域水环境演变关键特征，包括生源物质浓度及组成变化、梯级水电建设运行对生源物质影响等，认识“蓄水河流”水环境演变规律及成因。

（3）澜沧江深大水库水环境演化及其环境效应研究。基于深大水库典型剖面关键过程的定量刻画，识别了深大水库水体层化的关键参数特征及其对主要生源物质的影响和环境效应，首次分级评价了深大水库“河相-过渡相-湖泊相”的水环境指数，为库区针对性管理保护提供支撑。

（三）创新点

（1）在关键技术研发方面，实现了深大水库剖面水环境智能化感知技术及装备的研发及应用，填补国内深大水库监测技术和装备的空白。克服传统水环境监测的局限，研发了深大水库水环境智能化在线感知技术，突破了200m级水深条件下气象-水环境-水碳通量多要素同步高精度监测，提升梯级水电开发条件下澜沧江流域水环境实时动态监控能力，形成的长序列数据直接服务于流域管理和科学研究。

（2）在变化效应辨识方面，阐明了梯级水电开发下澜沧江流域水环境演化及物质通量变异的基本特征，评估了流域水环境变化的累积影响。定量解析了流域主要污染源结构，明晰了流域水体溶质来源、生源物质浓度及形态定量变化等特征，以流域径流变化的环境影响为主线，阐明了梯级水电开发河流生源物质利用与转化的新模式。

（3）在基础理论创新方面，揭示了深大水库水层界面生源要素循环的关键过程及环境效应，深化了水库生态环境研究的科学认知。突破了深大水库典型剖面精细化在线监测等技术瓶颈，基于深大水库“点-线-面”角度认识水体生源要素的赋存状态及层化驱动因素，以水库碳循环及碳平衡为主线，阐明水体层化关键界面的物质循环规律及环境效应，为认知深大水体层化机制及环境影响调控提供数据和理论基础。

（中国水利水电科学研究院　廖丽莎）

面向水网的水工程群智能控制理论研究及实践

“面向水网的水工程群智能控制理论研究及实践”是中国水利水电科学研究院2022年度科学技术奖获奖成果。

（一）研究背景

国家非常重视水资源安全及空间均衡，近年来规划并建设了大量引调水工程及江河湖库水系连通工程，河-渠-湖-库紧密耦合的复杂水网结构正在逐步形成。然而，新建的渠库加入天然河湖中，改变了河流水系的水动力特征，大量新增的闸、坝、泵等水利工程措施，加剧了水网水资源整体调控的难度。为解决这些问题，国家启动的重大科技计划及多个研发专项将水网水资源的调度控制列为重点研究内容，指引科研工作者重点“运用先进的自动化、智能化与智慧化技术手段……解决分散工程群的集中控制难题，实现复杂环境下的快速响应”。本项目以水网水资源统一调度控制为突破点，研究了人工渠道、天然河流以及耦合而成水网的无人值守自主运行问题，在面向水网的水工程群智能控制方向上取得理论创新与突破。

（二）主要内容

（1）人工构建闸控明渠的自主运行控制理论模型；

（2）河流上水库电站群的多维安全调度理论技术；

（3）河网水系节点工程群联合自动控制的方法模式；

（4）环型河网基于水资源统一调度的智能控制实践。

（三）创新点

（1）利用已有成熟模型程序，通过多模型组合、多进程并行来解决工程自动调节运行下复杂水网水动力模拟难题，突破了“摒弃现有串行模型程序，重新开发并行计算平台”的主流设计理念，构建了智能控制理论研究的基础实验平台。

（2）定量揭示了多闸门联合运用下明渠输水过程水动力响应机理，提出了闸群预知调度-闸门鲁棒控制模型及复合非线性反馈控制方法，丰富和发展了线性闸控渠道自主运行控制调度理论。

（3）创建了河流枢纽多尺度模型的嵌套耦合调度机制，发明了梯级水库防洪-发电实时调度、下游电站弃水控制及机组避振运行方法及模型系统，创新了天然河流水利枢纽群实时调度理论及多维安全调度技术。

（4）研发出“供水-发电串联、并联，倒虹吸进出口闸，调节池引分水闸”四种联动闭环控制模式、方法及系统，破解水网流量变化大、水工设备响应不及时等难题，使得水网节点工程群的总体响应速度由分钟级降至秒级。

（5）提出了复杂水网“常态-应急-常态”平稳过渡的适应性运行新机制，建立了平原城市环型水网基于水资源统一调度的自动联动控制理论模型，支撑了城市水系联排联调智慧水务平台研发。

（中国水利水电科学研究院 廖丽莎）

青藏高原复杂条件碾压混凝土绿色筑坝关键技术及应用

青藏高原自然环境严酷，生态系统具有不稳定性、敏感性、易变性等脆弱特点，开发大型水电工程环保要求高，同时青藏高原地区特有的“高海拔、低气压（约 0.65 标准大气压）、低氧（比海平面含氧量少 35%～40%）、强日照（紫外线强度达 1500W/m^2）、大温差（昼夜温差最大超过 30℃）、大风（最大风速达到 30m/s）、干燥（最小相对湿度 0～14%）”等复杂条件更是给碾压混凝土大坝建设和管理带来巨大挑战，碾压混凝土坝层间结合质量及温控防裂难以保障，高原低压缺氧环境对工程建设者身体及机械设备效率影响大，工程开发技术难度大。因此，对该项目开展研究。

（一）主要成果及创新点

（1）提出了适合青藏高原“高寒、大温差、强辐射、大风干燥、冻融循环频繁”等复杂气候条件下碾压混凝土坝温控防裂标准设计体系，发明了混凝土表面保温保湿防风新技术和当地凝灰岩粉碾压混凝土应用技术，研发了碾压混凝土出机口 *VC* 值动态控制技术，攻克了高原复杂条件下碾压混凝土筑坝关键技术难题，实现了青藏高原复杂条件下碾压混凝土坝的高质量建设。

（2）提出了工程复杂开挖料深度利用评价指标和控制阈值，研发了工程开挖料 GeoStation 三维动态时空调度系统和复杂料源制备水工混凝土优质骨料绿色成套关键技术，实现“一料多用、物尽其用”精准时空调度和“稳定优质、绿色低耗”的骨料制备，解决了开挖可用料少且易施工污染的“卡脖子”问题，开创了大型坝后式厂房水电工程中无开采料场先例，保护了高原生态脆弱区自然环境，实现了绿色建造。

（3）提出了数字孪生体建设及大坝信息模型数据融合治理技术，实现了基于参数驱动的大坝模型实时动态更新和智能切分，解决了覆盖全参建方全业务全要素的智能建造管理平台数据治理难题；研发了适应恶劣环境的指标监测、智能喷雾、插拔式通水的智能温控软硬件成套系统，实现了全坝全时空智能化温控，减少了人力资源投入、降低了高原建设者劳动强度，提高了质量水平，为工程建设赋能。

（二）应用情况及推广前景

该研究的主要成果成功应用于西藏 DG 水电站、JX 水电站、四川杨房沟水电站、西藏湘河水利枢纽工程等多个大型水利水电工程建设过程中，取得了社会、经济和环境效益，证明了所获成果的科学性与先进性。

（华电西藏能源有限公司大古水电分公司
张元元 廖浚成 田烨）

水电站群智能对象化水电调平台关键技术研究及应用

“水电站群智能对象化水电调平台关键技术研究及应用”是中国水利水电科学研究院 2022 年度科学技术奖获奖成果。

（一）研究背景

清江梯调中心已建设了电调监控、水调作业、洪水预报、水务计算等系统，但使用时间较长、技术落后、平台多样化、接口不一致，无法满足流域梯级调度“调控一体化”的新要求。随着智能电网的建设推进，厂网协调控制日益强化，梯调水/电调的融合，亟须对象化水电调一体化平台解决方案，实现流域梯级电站的操作、调节、监视预警和经济运行。

（二）主要内容

（1）支持水电站、集控中心多种自动化业务的智能对象化多业务应用平台技术；

（2）梯级流域生产管理全维度对象化建模和对象化实时数据库技术；

（3）梯级水电厂及水电厂群控制系统的全分布服务集群调度技术；

（4）梯级水电厂或水电站群实时控制系统的对象化智能事件分级报警技术。

（三）创新点

（1）首次提出了满足水电厂实时控制要求的面向服务（SOA）梯级水电多业务对象化智能通用平台架构，并研制开发了对象化梯级水电调多业务微服务架构通用平台。

（2）国际上首次研制了在梯级水电厂及水电厂群控制系统中支持动态定义与扩充的非结构实时对象化数据库及在线维护技术，并在此基础上研制了对象化建模实时控制应用平台。

（3）首次研制了梯级水电厂及水电厂群控制系统的全分布服务集群调度技术。

（4）首次提出并研发了在梯级水电厂及水电厂群控制系统中对象化智能事件分级报警技术。

（四）推广应用情况

成果已推广应用到三峡左岸电站、三峡梯级调度中心、三峡昆明集控中心、白鹤滩电站、南网双调集控中心、国网湖南水电中心、安康电站、巴西伊利亚电站、巴西朱比亚电站以及伊利亚梯级集控中心等，部分成果已推广应用于大渡河、雅砻江流域的智能化建设项目。依托本项目成果研制的 iP9000 智能对象一体化平台已列入水利部先进实用技术重点推广项目。

（中国水利水电科学研究院　廖丽莎）

工程防渗密封层设计与施工技术

“工程防渗密封层设计与施工技术”由三峡大学于 2016 年 1 月开始研究，2022 年 12 月完成。

（一）研究背景

随着“双碳”目标的郑重宣布，风、光等新能源得到了大规模开发与利用，但其间歇性、波动性、周期性等缺点，给电网稳定运行带来诸多挑战，以抽水蓄能和压缩空气储能为代表的大规模储能技术，是解决此问题的必然途径，硬岩地下储气库是压缩空气储能中具有更广阔前景的方式。不管是抽水蓄能还是压缩空气储能，长期防渗（水/气）性能是其核心控制因素。膨润土是一种富含蒙脱石的极细粒黏土，来源广泛，高密实膨润土具有低渗透性、高膨胀性、低导热性，其充分吸水膨胀后，能自越裂隙或它越裂缝。三峡大学开展了以抽水蓄能上库盆底防渗漏和岩石地下储气库密封层结构长期气密性为工程对象的膨润土相关研究，为膨润土作为核心材料的工程防渗密封层设计与施工技术提供了支撑。

（二）项目内容及创新

（1）高密实膨润土团粒制备。考虑岩石地下储气库密封层空间狭窄，只能堆积振实，而原状膨润土极细腻，粒径较为均一，为实现较大堆积干密度，提出通过“压实成块”“破碎造粒”“去角磨圆”的高密实制粒方法，通过多粒组堆积来提高堆积密度、高密实提高团粒比重。借用高密团粒膨润土，弥补“振实”不如“压实”密实的缺陷。

（2）反复加卸载作用下膨润土-黏土防渗层压缩与抗渗性能。黏土在反复加卸载作用下会发生显著塑性变形。膨润土难以压实，10MPa 压应力下最优含水率膨润土仅能压至 $1.36g/cm^3$ 干密度，孔隙比与压应力对数值呈线性关系。$1.60g/cm^3$ 膨润土最终膨胀力可达 6MPa，其渗透系数处于 10^{-13} m/s 水平。加入少量膨润土（10%～20%）的黏土，可改善在反复加卸载作用下的塑性变形，降低渗透系数。从渗透稳定性角度出发，研究发现，掺入少量膨润土的黏土防渗层可显著降低层厚，避免大量使用黏土与膨润土，实现工程环保要求。

（3）团粒膨润土水-力性能及其温度效应。制粒并未改变膨润土的最优含水率，但提升了压实性能；同时，制粒并未显著改变膨润土水-力性能。当温度低于 100℃时，随着温度升高，膨胀力增大，固有渗透率几乎不变；水-热次序对膨胀力与渗透性能没有影响。

（4）提出地下储气库刚（薄钢板）-柔（团粒膨润土）复合密封层。针对膨润土的优势，提出将团粒膨润土振动密实于薄钢板和衬砌间，以改善衬砌受力，提升地下储气库长期气密性。在储气库充气前，湿化膨润土，借助膨胀力主动挤压钢板向内变形，在该约束环境下，膨润土呈变刚度变化，膨胀力随膨胀变形量呈指数下降；充气后，钢板在气压力作用下，向围岩方向压缩变形，抵消前期向内产生部分变形，降低气压力直接作用。

（三）推广应用

项目围绕“双碳”背景下，大规模储能建筑物的工程防渗问题，利用膨润土的性能优势与来源优势，分别以抽水蓄能电站上库盆地防渗层和岩石地下储气库密封层为工程对象，提出了相应工程防渗密封层设计方案，揭示了膨润土改善长期防渗性能的机制，分别构建了对应工程防渗密封层结构形式及设计施工方法。获国家自然科学基金项目 3 项，先后培养硕、博士研究生 10 名，在高水平学术期刊上发表学术论文 15 篇。研究成果可应用于相应工程并取得社会经济效益。

（三峡大学　明华军）

不良地质大直径深水岩塞爆破施工技术研究与应用

HJSD 工程取水口岩塞爆破工程岩塞体底口开挖直径 7.54m，上口开挖直径 14.28m，为大直径岩塞体；岩塞体内存在一组贯穿性节理密集带，走向与隧洞方向近垂直，倾向洞室下游，带宽约1～2m，带内岩石破碎，岩塞爆破采用全排孔爆破方式。岩塞口施工条件复杂，施工难度大，库区外环境复杂。该成果由中国水利水电第六工程局有限公司完成。

针对岩塞体施工条件复杂、施工难度较大的特点，采用自行设计的施工栈道及施工平台、样架钻孔控制系统技术、优化钻孔施工工艺、优化爆破网络、自行设计的模袋灌浆塞、动态安全监测技术、水下测量技术等技术措施，确保了岩塞体施工安全和施工质量，保证岩塞体一次贯通，并且成型效果好，同时取得了一系列的研究成果。

（一）主要成果及创新点

（1）发明了中心孔装药、环形空孔造面的岩塞爆破新型掏槽方法，形成了中心掏槽、周边光面、由内向外顺序爆破的岩塞爆破技术，爆破效率高，成型效果好，振动影响小。

（2）研制了孔内双液止水模袋塞封闭装置，解决了高水头破碎岩塞体爆破孔钻孔装药难题，改善了施工环境，保证了施工安全。

（3）研发了大型浮船＋拦污栅-钢锥管助浮一体化运输安装系统，形成了水下监测测量和安装成套工艺，实现了大吨位拦污栅-钢锥管整体结构水下一次安装就位。

（4）建立了水击波、动水压力、爆破振动速度、加速度监测系统，实现了爆破有害效应的动态跟踪监测和反馈，保证了工程安全。

（二）应用情况及推广前景

该项目研究获得授权实用新型专利4件，形成省部级工法2项。成果关键技术获得中国电建科学技术奖一等奖、工程建造微创新技术大赛成果一等奖、电力工程科学技术进步奖三等奖、电力科技成果金苹果奖一等奖。该研究成果依托桓集隧道工程施工一标开展并全面进行了应用，克服了深水下破碎岩塞体、透水性强、工程地质条件差、环境复杂、爆破技术要求高、深水下大吨位拦污栅和钢锥形管整体结构安装难度大等不利条件，有效解决了工程技术难题，同时取得了一批实用、创新的理论和技术成果，推进了岩塞爆破关键技术应用，可在类似工程中推广应用。

（中国水利水电第六工程局有限公司　夏环元）

高水头永久水工建筑物土工合成材料防渗技术研究与应用

（一）任务来源或研究背景

“高水头永久水工建筑物土工合成材料防渗技术研究与应用”由中国电建集团西北勘测设计研究院有限公司、北京东方雨虹防水技术股份有限公司、中国电建集团华东勘测设计研究院有限公司、中国电建集团中南勘测设计研究院有限公司、中国水电建设集团十五工程局有限公司、中国电建集团昆明勘测设计研究院有限公司等共同承担完成。

土工膜具有防渗性能好、适应变形能力强、抗震性能好、施工方便快速、造价低、易于修复和更换等优点，在高水头挡水建筑物的防渗中极具发展前景。土工膜防渗坝在国际上发展势头强劲，已经建成了一批土工膜防渗面板坝、土工膜防渗碾压混凝土坝，如坝高85m的老挝南欧江6级水电站土工膜防渗面板堆石坝、坝高188m的Miell碾压混凝土重力坝等；土工膜以其防渗可靠性和经济优越性在抽水蓄能电站库盆防渗方面也形成一定的发展趋势，日本今市抽水蓄能电站和冲绳海水蓄能电站上水库均使用土工膜防渗。

我国土工膜防渗起步早，但受多种条件制约，发展滞缓。土工膜防渗系统理论体系不完善、土工膜品质保证性差、施工及建设协调不精细、国际交流和国内导向环境缺乏、国外专利保护、规范或导则缺失等，严重制约了土工膜防渗高坝在我国的发展，使得该种极具优势的防渗方式及对应坝型设计与国外先进水平差距较大。目前，国内在水利水电、抽水蓄能、尾矿坝和废液池工程等有较广泛的使用，但尚无百米级高坝应用土工膜进行防渗。

已建的泰安、溧阳，在建的句容及开展可研的富平、同德、南山口等一批抽水蓄能电站均采用了土工膜防渗方案，土工膜防渗凸显出发展苗头。

该项目通过研究，重点突破高水头（＞70m）及永久水工建筑物（以抽水蓄能电站水库为代表）用土工膜作为防渗体在材料选择、设计和施工方面的技术瓶颈，推动土工膜在水电水利工程中应用的技术进步，并为制定相关规程规范提供技术支撑。

（二）成果的主要技术创新点

（1）提出了高水头永久水工建筑物土工膜防渗设计安全系数、结构布置、局部不均匀变形适应性等主要控制指标，为土工膜在高水头永久水工建筑物中应用提供了技术支撑。

（2）揭示了土工膜厚度对其耐久性的影响规律，质量合格、厚度得当的土工膜其耐久性能够满足高水头永久水工建筑物合理使用年限要求；研制了改性HDPE膜，对局部不均匀变形适应性及施工友好性较普通HDPE膜明显提高。

（3）首次提出了柔性宽凸埂的设计结构，解决了土工膜对下支持层软硬结合部位不均匀大变形的适应问题。

(4) 提出了挡水水头大于70m或永久水工建筑物采用HDPE、PVC、TPO土工膜材料的技术标准、设计参数和施工工艺。

(三) 成果推广应用情况

(1) 应用情况。研究成果已成功应用于江坪河水电站、以色列K抽水蓄能电站（全库盆防渗）和句容抽水蓄能电站等工程，运行实践和研究表明，上述各工程采用土工膜防渗在技术上是可行的，并可降低工程投资。同时，研究成果拟应用于富平、山阳、同德、南山口等多座抽水蓄能电站工程。目前，在“30·60”“双碳”目标形势下，抽水蓄能电站发展迅猛，据相关文件，“十四五”期间开工1.8亿kW，“十五五”期间开工8000万kW，“十六五”期间开工4000万kW，到2035年，抽水蓄能电站投产总规模将达到3亿kW，面对数量如此庞大的抽水蓄能电站，土工膜在库盆防渗中极具发展和应用前景。

(2) 对促进行业科技进步的作用和意义。研究成果突破了土工膜应用在高水头、永久水工建筑物存在的关键技术瓶颈，解决了土工膜用于高水头、永久水工建筑物的材料、设计、施工、监测等关键技术问题；通过产学研用深度融合，推动了土工膜在水电水利工程中应用的技术进步。该成果促进了水电等清洁能源的大力发展，对推动能源结构合理配置和高效利用、助力实现“碳达峰、碳中和”目标等具有重要意义。

（中国电建集团西北勘测设计研究院有限公司 李锋）

抽水蓄能电站压力钢管800MPa级钢板超径厚冷卷关键技术研究

(一) 研究背景

随着一批700m级抽水蓄能电站的建设，电站压力钢管的壁厚越来越大，对于700m级以上高水头电站压力钢管的制造材料及工艺要求越来越高，尤其是厂前明管段的压力钢管现场制造已经成为制约电站工期的关键因素，亟须摸索出适用于700m级以上高水头电站超规范径厚比要求范围外压力钢管冷卷标准。目前我国已建电站压力钢管采用800MPa钢板时最大壁厚为66mm，呼蓄电站高压管道下平段及支管与岔管相接部位采用66mm厚800MPa钢板，钢管内径为3.2m，径厚比为48.5。敦化高压管道下平段及支管部位均有66mm厚800MPa级钢管，且钢管内径更小，为2.7～2.1m，径厚比也更小，为40.9～31.8，不能满足GB 50766—2012《水电水利工程压力钢管制作安装及验收规范》第3.1.8条“瓦片允许冷卷最小径厚比为57”的要求。

该研究基于敦化项目超低径厚比厂前明管制造，通过冷卷前、后高强钢物理力学性能对比，以及对瓦片焊缝物理力学检测及无损检测，并辅以三维有限元复核计算手段，对国产800MPa级钢材及加工工艺进行评价，形成满足700m级以上高水头电站超低径厚比压力钢管冷卷方案。

(二) 总体工作思路

目前国内对于超规范要求的超低径厚比高强钢瓦片卷制，大多采用热卷或冷卷后做热处理来消除冷加工导致的钢板塑性、韧性降低，避免钢材冷卷后冲击吸收能量下降，钢材表面产生裂纹。因热卷或冷卷后再去热处理很费工，一般设法避免。而高强钢金相组织比较复杂，对温度比较敏感，加热操作不当会导致金相组织恶化，所以对于高强钢宜采用冷卷方式卷板。

(1) 通过对厂前明管钢管瓦片冷卷试验，对比分析瓦片卷制前后物理力学性能数据、变形数据、硬度测试、厚度方向性能试验，以及纵缝焊接力学性能试验等，对高强钢钢材性能及卷制工艺进行评价。①卷制试验前，对试验钢板取样进行力学性能试验、钢板硬度测试、厚度方向性能试验、应变时效敏感性试验；②对卷制试验钢板内/外弧面在卷制前、后分别进行变形量测量；③将试验钢板卷制成瓦片，对瓦片取样进行力学性能试验、钢板硬度测试、厚度方向性能试验；④瓦片模拟纵缝焊接试板力学性能试验；通过试验数据，判断冷卷后钢板性能是否能满足规程规范中相关指标要求；确定冷卷后钢板与卷制前钢板各项性能指标变化差异；为压力钢管制造工艺提供可靠地依据。

(2) 通过对厂前明管段三维有限元结构疲劳计算，分析钢管抗疲劳能力，是否满足电站运行的设计压力要求。

(三) 现场卷板试验

现场卷板试验，采用舞阳钢铁有限责任公司生产的66mm厚的800MPa级WSD690E钢板，钢板尺寸为5000mm×1500mm×66mm（长×宽×高），其中4400mm×1000mm×66mm（长×宽×高）的钢板用于卷板，卷制完成后，对卷制瓦片进行焊接，卷制内径为2.1m；其余钢板用于检测钢板卷制前的力学性能、硬度、应变时效敏感性、焊接性能等。

(1) 力学性能试验。通过试验获得钢板卷制前后力学性能试验结果及钢板卷制前后纵向拉伸试验结果。钢板卷制前后，均进行100%的UT、MT检查，检查结果均合格，没有发现超标缺欠。

(2) 钢板硬度测试。通过测试获得钢板卷制前后硬度测试结果。钢板卷制前后硬度测试结果表明，钢板冷卷后为发现冷作硬化现象。

(3) 应变时效敏感性试验。根据GB 2975—2018

《钢及钢产品 力学性能试验取样位置及试样制备》中规定的取样方法对试验钢板进行取样，并依据 GB/T 4160—2004《钢的应变时效敏感性试验方法（夏比冲击法）》对试样进行应变时效敏感性试验。获得钢板卷制前后应变敏感性试验结果。卷板后的应变时效结果大于要求的 2 倍以上，满足要求。

（4）瓦片模拟纵缝焊接试板力学性能试验。钢板卷制前后的焊接力学性能试验结果。钢板冷卷焊接后，焊接力学性能均满足要求。

（四）疲劳计算

按照敦化主机标合同要求，球阀及球阀延伸段要求使用寿命为 60 年，每天开/停机 10 次，其总循环次数为 10×365×60＝219000 次。应用 ANSYS 有限元软件计算球阀各工况应力水平，采用 FE-safe 软件进行疲劳计算。在计算疲劳损伤时，每个工况的应力幅值 $\Delta\sigma_i$，均对应一个应力循环次数 n_i。通过与材料 S-N 进行比对计算，即可得到单个工况下损伤值。采用 Palmgren/Miner 线性累积损伤假定，即可得到结构整个寿命周期内累积损伤

$$D = \sum_i n_i / N_i \leqslant 1$$

式中：n_i＝单个工况的应力实际循环次数；N_i＝单个工况的应力理论计算循环次数。累积损伤值需满足以下公式，结构疲劳强度方可满足要求。$D\leqslant 1$，$F_{os}>1$，厂前明管疲劳计算结果表明是安全的。

（五）结论

（1）敦化抽水蓄能电站 800MPa 级高强钢采用舞阳的 WSD690E 钢板，高压管道下平段管径为 2.7～2.1m，钢板最大厚度 66mm，径厚比为 40.9～33.9，径厚比超出 GB 50766—2012《水电水利工程压力钢管制作安装及验收规范》中的冷卷要求。为验证该牌号钢板采取冷卷工艺加工的可行性，现场采用最小直径 2.1m 和最大板厚 66mm 钢板进行了冷卷试验，试验钢管径厚比 31.8，径厚比值在国内高强钢应用中处于先进水平。

（2）卷板试验结果表明 WSD690E 钢板经受 3.14%变形率的冷卷试验后，试验项目全部达到了设计要求技术指标。对于径厚比超 31.8 要求的压力钢管可采用 GB 50766—2012《水电水利工程压力钢管制作安装及验收规范》要求的冷卷工艺制作，无需进行消应处理。

（3）通过敦化球阀及球阀延伸段的三维有限元疲劳计算分析，按使用寿命为 60 年计算，采用冷卷工艺的径厚比 33.9 的 800MPa 级高强钢，疲劳强度是满足安全要求的。

（4）根据国内仙居、呼和浩特抽水蓄能电站等多个项目超径厚比压力钢管的冷卷试验，国产高强钢大部分能采用 GB 50766—2012《水电水利工程压力钢管制作安装及验收规范》要求的传统冷卷工艺制作的压力钢管，满足抽水蓄能机组的实际应用需要，且达到了国内先进水平。

（中国电建集团北京勘测设计研究院有限公司 梁健龙）

水库大坝安全诊断与智慧管理关键技术与应用

（一）研究背景

我国现有 9.8 万余座水库大坝，建设水平世界领先，但信息化应用程度较低，智能诊断能力薄弱，亟待利用现代信息技术，实现安全智能诊断与智慧管理，为发挥水利基础设施整体效能、保障大坝安全运行提供科技支撑。

（二）研究成果

项目系统开展了大坝多源异构信息融合、大型复杂水工结构性能演化与灾变机理、基于大数据的大坝安全智能诊断和智慧决策理论与方法等研究，并完成了典型大坝安全智慧管理决策等 22 项工程示范。

（1）提出了水库大坝多源信息透彻感知和智能分析方法体系，建立了基于 BIM 的水库大坝信息可视化分析平台。研发了大型复杂水工结构性能演化过程定量检测方法与损伤断裂测试装备，开发了混凝土坝多源检测信息健康诊断系统。

（2）研发了动态服役环境下混凝土坝性态演化机理与模拟技术，构建了大坝安全监测信息动态监控与智慧分析预测预警系统。建立了大坝变形动态监控模型和自适应全局优化分析模型，开发了基于大数据驱动的大坝安全智能预警云平台。

（3）开发了涵盖状态全息感知、信息共享融合、安全智能诊断、管控综合决策的大坝安全智慧管理决策系统。构建了全国 476 座大型水库大坝安全实时监测信息数据库，开发了国家大坝安全监管云服务平台。

（三）示范应用与推广前景

该项目以澜沧江流域代表性水电工程等为依托，以保障水库大坝安全为目标，以工程防灾减灾为突破点，通过近四年的联合攻关，在大型复杂水工结构性能演化测试装备与智能诊断技术、大坝结构与服役环境互馈仿真及智能监控关键技术、基于大数据的大坝安全诊断与预警关键技术等方面取得系列创新成果，为健全我国大坝安全保障体系和强化预报、预警、预演、预案“四预”措施提供科技支撑，保障水库大坝安全运行和综合效能发挥。研究成果已在全国大型水库大坝安全监测监督平台、全国水库运行管理信息系统、重大水利枢纽工程信息系统的建设与运行中得到应用，发挥了强化水库大坝安全运行管理、监督管

理、应急管理等实践作用，提升了国家水库大坝安全监管水平和能力，产生了经济和社会效益。

（南京水利科学研究院）

中国长江三峡集团有限公司 2022 年科研与技术创新情况

2022 年，中国长江三峡集团有限公司（简称三峡集团）实施创新驱动发展战略，聚焦国家重大需求，发挥在清洁能源、长江生态环保创新发展中的引领作用，以重大工程为载体，以引领行业科技进步为目标，加大科技攻关力度，科技创新工作取得成效，被国资委评为“科技创新突出贡献企业”。

（一）承担重大科研任务

2022 年，三峡集团获批 16 项国家级重点科技项目，获财政资金支持近 2 亿元。其中，科技部国家重点研发计划 3 项，国资委央企攻关工程 6 项，国家发展改革委“揭榜挂帅”项目 1 项，国家发展改革委关基项目 1 项，水利部重大科技项目计划 5 项。

（二）重大创新成果竞相涌现

“自主可控的大型可编程逻辑控制器（S·CTG)”在三峡左岸电站 12 号机组投运并实现“零缺陷”稳定运行，项目首次实现了 700MW 混流式水轮发电机组 LCU 自主可控，形成了可复制的水电站机组 LCU 自主可控方案，总体技术达到国内领先水平。“全面国产化自主可控核心系统水轮发电机组调速器”在全球单机容量最大的白鹤滩百万千瓦机组示范应用。“额定短路开断电流 170kA 发电机断路器成套装置”在白鹤滩水电站挂网运行，标志着百万千瓦水电机组配套的高压电气设备实现了全面国产化。“全球单机容量最大的 16MW 海上风电机组样机”在福建三峡海上风电国际产业园下线，并入选 2022 年度央企十大国之重器，创造了海上风电装备新标杆。“乌兰察布风光储一体化场站项目”由电网调度直控模式切换为场站调度集控模式，是全国首套适用于大规模风光储一体化电站的智慧联合集控系统。“全业态智慧水务调度系统”在安徽六安“水管家”建成，为国内首个自主研发的“业态全覆盖、数据全监视、操作全远控”的智慧水务调度系统。“新概念水厂—凤凰桥污水处理厂”二期正式投运，以“还市民一座花园”为目标建设环境友好型水质净化厂。国内首个大型绿色零碳数据中心——“三峡东岳庙数据中心建设项目”一期投产。全球载电量最大的纯电动游轮“长江三峡 1 号”投入运营。全球首艘新一代 2000t 级海上风电安装平台“白鹤滩号”和国内首艘“运输+起重”一体化深远海海上风电施工船“乌东德号”交付使用。国内首艘内河氢燃料电池动力工作船“三峡氢舟 1 号”开工建造。全球首条 1GWh 钠离子电池生产线建成、产品下线。

2022 年共有 53 项成果获省部、行业学（协）会科技奖项，2 项成果获国际奖项，其中，乌东德水电站荣获“菲迪克高度赞扬奖”，向家坝水电站荣获第三届高混凝土坝国际里程碑工程奖。“大坝混凝土长期性能演变与耐久性保障关键技术”探明了大坝混凝土宏观性能长期发展规律，提出了宏观性能演变的两阶段性能演变模型，研发了在役大坝混凝土耐久性修复提升新材料和新装备，形成了大坝混凝土原位修复成套技术，成果已应用于三峡、白鹤滩、乌东德等 20 多个国家重大水利水电工程，并推广至桥梁、核工业等领域，经济、社会、生态环保等综合效益巨大。“适应长江洪水时空演变的水库群防洪精准调控关键技术”创建了一整套适应长江洪水时空演变的水库群防洪精准调控理论与方法体系，解决了“洪水演变智能模拟—防洪库容精准调控—洪水资源协同利用—调度运行智慧决策”四个方面的关键技术难题，构建了长江干支流洪水“时空演变分期分类—智能模拟”的全景预测体系。“复杂环境条件下海上风电机组地基基础设计关键技术及应用”构建了复杂环境条件下海上风电机组地基基础创新结构体系，研究成果填补了台风、深厚软土、浅覆盖层、海冰等复杂环境条件下海上风电场设计和工程实践空白。“梯级开发背景下长江上游重要鱼类资源保护关键技术及应用”围绕长江上游重要鱼类关键栖息地保护、物种增殖和资源养护开展了攻关研究，突破了多种长江上游重要鱼类人工繁育关键技术，为重要鱼类自然种群维持奠定了应用基础，人工繁育关键技术推广为武汉“先锋 1 号”新品种开发提供了重要支撑，具有重要的科技引领和示范作用。“长江经济带城镇排水系统效能提升关键技术与工程应用”研制了适合于复杂环境下的排水管道缺陷精准检测装备，实现了排水管道检测设备的国产化和产业化，研发了适合于特殊条件下的排水管道缺陷成套非开挖修复方法，开发了适合于全过程管控的排水管道数字化系统及应用平台，实现了管道探测、检测、设计、施工与验收、运营等全过程数字化管控。

（三）重大技术装备获得新突破

6 项技术装备入选能源领域首台（套）。在国家能源局公布的 2021 年度能源领域首台（套）重大技术装备清单中，三峡集团共有“100 万 kW 混流式水轮发电机组”“1 万 kW 海上风力发电机组”“国产抗台风半潜浮动式海上风力发电系统成套装备”“并网友好型风光储场站群智慧集控与运维系统”“适用于新能源电站惯量和调频支撑的兆瓦级飞轮储能系统”

“海上风电柔性直流输电成套装备”等6项技术装备入选，占总量（75项）的8%，居发电央企第一。

申报能源领域首台（套）。开展2022年度能源领域首台（套）申报评选及推荐报送工作，三峡集团一共向国家能源局提出了16项重大技术装备申请，其中，三峡集团推荐“600r/min、350MW抽水蓄能机组成套设备”等13项，通过四川省能源局推荐“ZHN10-30 170kA发电机断路器成套装置”等2项，通过东方电气推荐“1.3万kW海上风力发电机组”1项。

（四）科技成果首次入选中央企业科技创新成果推荐目录

“大型工业可编程智能控制器”“抗台风半潜浮动式海上风力发电系统成套设备”“±400kV海上风电柔性直流输电系统”3项科技成果入选国资委发布的中央企业科技创新成果推荐目录（2022年版），这也是三峡集团科技成果首次入选该目录。

（中国长江三峡集团有限公司　张学礼）

中国电力建设集团有限公司 2022年科技创新工作情况

（一）科技创新规划与建设

立足中国电力建设集团有限公司（简称中国电建）“十四五”规划，指导新时期科技创新发展走深走实。一是联合相关职能部门和子企业，发布《中国电力建设集团有限公司科技体制机制改革三年攻坚实施方案》和任务清单，部署了未来三年中国电建在新型举国体制下4大方面32项科技创新工作；二是贯彻落实国资委关于央企打造原创技术策源地建设任务，推进清洁能源基地、新能源、水资源与环境、地下工程等领域原创技术策源地建设；三是落实国务院2030年前碳达峰行动方案，制定发布中国电建“碳达峰、碳中和”目标行动方案。

（二）重大科技攻关

组织统筹“1025”专项攻关高质量推进，按期完成4项第一批“1025专项”攻关任务，获得0.5分GZW考核奖励加分和1.47亿元国有资本金补助。第二批攻关任务已获批5项，获批数量位居同类央企前列。实现多项攻关任务“零”的突破，首次主持新能源、水生态和海水淡化等领域3项国家重点研发计划，实现了牵头国家科技计划任务“零”的突破，首次揭榜FGW核心攻关项目，为自主投资的首座大规模深远海漂浮式海上风电场——万宁漂浮式海上风电试验项目建设提供支撑。集合科创要素创新开展集团级核心攻关“揭榜挂帅”，针对四大策源地领域强优势、补短板目标，在重大科技专项、重点研发项目上，推出集团级核心技术攻关“揭榜挂帅”“赛马制”，加快水风光储一体化、抽水蓄能电站及压缩空气储能等9项重点环节目标设定和任务攻关，夯实原创技术策源地建设。

（三）科技创新体制机制

以《中国电力建设集团有限公司科技体制机制改革三年攻坚实施方案》为指导，建立突出创新导向的考核制度，完善子企业经营业绩考核办法，配合制定子企业任期业绩考核办法，加大经营实体子企业的科技创新权重，压实子企业创新主体责任；强化重大技术攻关和核心技术攻关任务激励，研究制定新版科技项目管理办法指导；调研指导“科改示范”企业建设。

（四）研发平台建设

统筹中国电建技术中心能力建设，规划围绕“十四五”中国电建主业发展需要和科技规划的总体部署，推动技术中心功能定位、职能职责、组织架构、运行机制等系统性变革，推动中心建设成为相对独立的研发主体和资源统筹主体，压实中心研发主体责任和考核要求，推动中心“脱虚向实”。组织布局清洁能源基地重点平台，新能源领域高端研发平台，加快推进西藏自治区水风光储能源技术创新中心、陕西省风光发电与多元储能工程技术研究中心等一批专业研发平台建设工作，为中国电建主导YX流域开发及藏东南水风光储一体化基地、黄河流域清洁能源基地建设，打造清洁能源基地策源地提供支撑。组织推进中国电建科技大会，研讨确立海上风电及抽水蓄能电站专业主题，广邀行业顶级专家参会座谈，提升中国电建在新能源领域的领军地位。2022年度新增国家级平台1家，省部级研发平台14家，累计拥有国家级平台10家、省部级平台130家。

（五）科技标准与工法

组织子企业参加国际、国家、行业和团体标准制修订，持续保持行业技术领先优势；新增国家标准立项计划2项，行业标准立项计划90余项，编制完成国家及行业标准80余项；参与公司绿色砂石技术标准建设。

（六）科学技术奖励

先后完成“深厚软土地层大直径桥梁长桩基近接盾构隧道施工关键技术”等20余项科技成果评定工作。组织开展2022年度中国电建科学技术奖评审，2022年度共评选出获奖项目125项，其中特等奖4项、一等奖30项、二等奖36项、三等奖55项。

（七）知识产权成效

2022年，有3家子企业获国家知识产权示范企业，另有3家获国家知识产权优势企业。中国电建新增授权专利8077项，发明专利985项，PCT途径进入国家阶段的专利申请量29项。截至2022年底，中国电建累计授权专利数量增长到31503项，其中发明专利4152项。

（八）科技兴安成果转化

研究制定《关于进一步加强中国电建“科技兴安”专项工作的实施方案》。围绕海上风电等重大事故隐患治理、重大危险源监测预警、应急救援等开展技术攻关和技术标准制定。完成年度科技兴安立项10项。发布首批10项科技兴安成果，本质安全水平提高。

（九）双碳工作开展情况

制订《中国电力建设股份有限公司关于践行“碳达峰、碳中和”目标的指导意见》并印发实施。根据国资委要求，完成《中国电力建设集团公司碳达峰行动方案》编制工作并报备。开发上线中国电建“双碳”宣传网页，及时报道中国电建“双碳”业务开展动态、各业务领域践行“双碳”目标的优秀案例、先进技术和成功经验。研究“双碳”政策、市场交易流程，以及中国电建能源消耗、碳排放现状与未来趋势，提出一整套碳资产管理工作思路。

（中国电力建设集团有限公司）

南方电网储能股份有限公司2022年科技创新工作情况

（一）重大科技项目实施及策划

（1）国家级项目实施情况。2022年南方电网储能股份有限公司（简称南网储能）完成了“海水抽蓄”“动力电池梯次利用”2项国家科技项目验收；完成了水下机器人国家科技项目中期检查；完成新增国家科技项目“锂离子电池储能系统全寿命周期应用安全技术”项目任务书签订，并成立项目管理委员会持续加强项目管控；完成了国家能源局项目“抽水蓄能机组成套开关设备关键技术研究及应用”成果鉴定及示范应用。

5月23日，首台国产化抽水蓄能机组成套开关设备成功在梅州抽水蓄能电站4号机组示范应用，机组目前已正式投入运行。该设备由南网储能联合西安西开电气有限公司联合研发，已通过国家行业鉴定，是目前国内唯一国产化设备。其中电气制动开关、相序转换开关和启动回路开关达到国际领先水平，发电电动机断路器达到国际先进水平。抽水蓄能机组成套开关由发电电动机断路器、电气制动开关、相序转换开关、启动开关、拖动开关、启动母线分段开关组成，是抽水蓄能电站的关键机电设备之一，技术性能和可靠性要求非常高，设计制造难度大，该设备一直被国外极少数公司所垄断。自主化抽水蓄能机组成套开关设备的研发和应用，对保障我国抽水蓄能高质量发展建设具有重要的意义，不仅补齐了抽水蓄能电站核心机电设备全面国产化的短板，更满足抽水蓄能电站对机组开关设备的迫切需求，确保了抽水蓄能电站核心设备的供货安全，为大规模建设抽水蓄能电站提供了支撑，提升了我国抽水蓄能高端装备制造业水平，增强了我国抽水蓄能产业的核心竞争力。

（2）国家级项目策划情况。牵头申报国家级重大项目“新一代液流储能技术”“无钴动力电池及梯次应用技术”等课题，参与申报国际合作项目“国际锂离子电池储能安全评价关键技术合作研发”。

（3）新型储能原创技术策源地专项策划。根据南方电网公司统一部署，南网储能牵头负责新型储能领域原创技术策源地建设工作，印发了《新型储能原创技术策源地专项实施方案（2022—2025年）》，主要面向新型储能领域，重点聚焦3个子领域，布局7个原创技术方向；拟支撑新型电力系统建设，推动电化学储能在电网中的规模化应用。

（二）重大创新平台申报及建设

（1）国家能源电力研发中心申报。由南网储能牵头，联合中国科学技术大学、北京理工大学、天目湖先进储能技术研究院有限公司、比亚迪汽车工业有限公司、北京四方继保工程技术有限公司、澳门电力股份有限公司等，共同申报国家能源电力储能研发中心。

（2）组建知识产权运营中心、产品研发中心。组建南网储能知识产权运营中心、产品研发中心，融合创新链产业链，目标是建成“知识产权＋产业＋人才”一体化融合发展的运营平台，专业化、集约化开展知识产权运营工作，统筹成果转化工作，不断提升知识产权质量，提高科技成果转化成效。

（3）申报新增创新平台。南网储能入选中国科协2022年“科创中国”产学研协作类创新基地，认定为抽水蓄能与新型储能创新基地。南网储能连续三年通过企业知识产权管理体系认证，所属储能科技公司获得国家高新技术企业认定，并入选广东省科技型中小企业。组建创新联盟，申报2023年度广东省战略性产业集群知识产权协同运营中心建设项目，联合相关服务机构开展高价值专利组合培育、知识产权运营转化等工作。

（南方电网储能股份有限公司 曹娅）

哈尔滨电机厂有限责任公司 2022年重点水电工程科研项目情况

（一）白鹤滩100万kW水轮发电机组研制

白鹤滩水电站是实施“西电东送”的国家重大工程，是当今世界在建规模最大、技术难度最高的水电工程，装备世界单机容量最大的16台100万kW水轮发电机组，哈尔滨电机厂有限责任公司（简称哈电电机）承制其中8台机组。

2021年6月28日，白鹤滩水电站首批机组投产发电，习近平总书记致信祝贺。哈电电机研制的白鹤滩水电站14号机组成为全球首台100万kW的水电机组。哈电电机做好后续7台机组的制造、安装、调试工作，在机组研制中，哈电电机攻克了许多世界性技术难题，机组实现了0～100%全负荷安全稳定运行，打破传统混流式水电机组只在45%～100%负荷稳定运行的状况。首创15长＋15短的长短叶片转轮，水轮机最优效率达96.7%。发电机应用具有自主知识产权的全空气冷却技术，转子温度均匀度提升3%。采用24kV水电行业最高电压等级，绝缘研制领域达到世界领先水平。2022年12月20日哈电电机研制的9号机组交付安装，目前白鹤滩水电站全部机组投产发电。

（二）研制的国内单机容量最大的阳江抽水蓄能机组全部投入运行

阳江抽水蓄能电站是国家能源局“十三五”水电发展规划40万kW级抽水蓄能电站机组设备自主化的依托项目和广东省重点建设项目。电站总装机容量240万kW，分两期建设，一期3台单机容量40万kW抽水蓄能机组，全部由哈电电机研制，是目前已投运国内单机容量最大的抽水蓄能机组，也是综合技术难度和技术水平最高的抽水蓄能机组。

2022年6月11阳江抽水蓄能电站3号机组正式投产发电。至此，哈电电机研制的、国内单机容量最大40万kW、700m级超高水头阳江抽水蓄能电站3台机组全部投产发电。3台机组运行摆度、振动值、温度与温差等各项指标，均优于国家及行业规范的优良标准，并在由中国机械工业联合会组织的“阳江700m水头段、40万kW级高转速抽水蓄能机组研制及工程应用”成果鉴定会中，由张勇传、陈学东、罗绍基等15位行业技术专家组成的鉴定委员会，一致认为：“该项目研究技术难度大，创新性强，成果具有自主知识产权，应用前景广阔，总体技术达到国际领先水平”。同时，该项目的完成保障了粤港澳大湾区电力供应，促进了新能源消纳，推进了“碳达峰、碳中和”目标的实现。

（三）研制的周宁抽水蓄能电站全面投产发电

周宁抽水蓄能电站是“十四五”期间福建省首个全面投产发电的抽水蓄能电站，电站共安装4台单机容量为30万kW的抽水蓄能机组，全部由哈电电机供货。2022年8月28日随着4号机组通过15天试运行，投入商业运行。至此，该项目4台机组全部投产发电。该电站4台机组，全部实现并网、抽水、涉网试验等一次成功，机组运行工况稳定，振动、摆度、噪声、油温、瓦温等各项指标均达到相关规范标准。

（四）研制的荒沟抽水蓄能机组投入商业运行

2022年6月29日荒沟4号抽水蓄能机组正式投入商业运行，标志着我国纬度最高的抽水蓄能电站全面投产发电，促进了东北地区新能源消纳，保障了东北电网安全稳定运行。荒沟电站共安装4台单机容量30万kW的抽水蓄能机组，全部由哈电电机研制。4台机组在发电、抽水、调相等运行工况，各部导轴承的运行摆度、振动均达到精品标准。其中，转子使用的锻件磁轭段结构保证了发电机的稳定性，其转轮水力性能使压力脉动等参数远超常规机组。与此同时，哈电电机还在荒沟项目中首次采用“分数极路比”绕组技术，设计了绕组对称四支路结构，相比传统七支路型式，具有线棒数量少、铁芯长度短、电磁参数好、材料利用率高等优点，填补了国内空白，为后续工程推广奠定了坚实基础。

（五）参与研制的雅砻江两河口水电站首批机组正式投产发电

两河口水电站是雅砻江中下游的“龙头”水库电站。电站共安装6台单机容量为50万kW混流式水电机组，哈电电机负责提供6台水轮机和电站智能运维数字平台的构建工作。2022年3月18日哈电电机参与研制的该电站最后一台机组正式投入商业运行。至此，该电站6台机组全部投产发电。哈电电机研制的6台水轮机摆度均在0.1mm以内，均优于两河口精品标准；其中2号机组三导摆度全部控制在40μm以内，相当于1根头发丝直径的1/2，树立了大型水电机组安全稳定运行的新标杆，研发出“双反C型翼型长短叶片结构”的高性能转轮，不仅加权效率高，低水头超出力能力强，而且实现了全水头、全负荷安全稳定高效运行，最优效率95%以上，其中，1～4号机转轮实现“零配重”。

为助力打造两河口数字化、智能化电站，哈电电机将水电机组设计机理与大数据、人工智能技术进行深度融合，利用物联网、智能传感和大数据分析等技术，开发机组智能运维及设备数字化平台系统。该系统实现了机组关键部件在各种运行状态的监测数据整合、在线故障诊断、趋势分析预判、机组健康评估等服务功能，将提高检修效率、缩短停机时间、降低运维成本，为机组提供全生命周期的技术服务和管理。

（哈尔滨电机厂有限责任公司　刘保生）

华能澜沧江水电股份有限公司2022年科技创新工作情况

（一）体制机制建设

华能澜沧江水电股份有限公司（简称澜沧江公司）持续健全完善科技创新体系，2022年，澜沧江公司发布《众创项目管理办法》《技术标准管理办法》《专利质量提升工作指引》等制度文件。探索实施科技项目“揭榜挂帅”机制，实现科技项目由“自下而上”申报制为主向“自上而下”统筹及“自下而上”申报相结合转变。

（二）重大技术攻关

依托国家重大战略和“华能十大科技示范项目”，深化重大科技创新攻关及应用。2022年，澜沧江公司在研科技项目45项，其中国家及政府科技项目5项，4项“十三五”国家重点研发计划项目通过验收，其中1项获评优秀。获批“十四五”国家重点研发计划项目1项、云南省重大科技专项计划项目2项、云南省院士稳增长项目1项，中国华能集团有限公司（简称中国华能科技项目19项。TB、GS、GX、BDa水电工程重大科研全面启动，印发澜沧江流域水电站智能建设一体化管理平台建设专项规划。

开展华能睿渥水电机组四大核心控制系统关键技术研发，首次实现了水电核心控制系统软硬件100%全国产化，完成重大技术创新34项，17项关键技术填补了国内空白，“水电站自主可控计算机监控系统”入选能源领域首台（套）重大技术装备。研究成果提升了我国电力基础设施运行水平和本质安全，对保障电力基础设施网络安全，保障国家能源安全具有重要意义。

（三）重点科技项目研发情况

(1) 水动力型特大滑坡灾害风险防控技术与工程应用示范（2017YFC1501106）是“十三五”国家重点研发计划项目“水动力型特大滑坡灾害致灾机理与风险防控关键技术研究”下设课题，由澜沧江公司牵头承担。课题构建了“空-天-地-深”多层次一体化滑坡监测技术体系，建立了滑坡智能互联监测预警新技术的集成平台；提出了水动力型特大滑坡地表地下联合排水为主体的综合防治技术，创建了基于监测信息反馈的水动力型滑坡防护安全评价及风险防控理论；研发了水动力型滑坡监测预警及风险防控集成平台，形成了集信息快速采集、实时传输、预测预警、模拟仿真和风险评估为一体的水动力型特大滑坡灾害预警预报体系，并在RM水电站容松堆积体、HD-DHQ库坝区滑坡、GS水电站争岗滑坡等工程中成功应用，取得了社会、经济、环境效益，具有良好的推广应用前景。发表学术论文17篇，其中SCI/EI 14篇，申请发明专利12件、实用新型专利3件，登记软件著作权6件。

(2) 大坝安全智慧管理决策系统研发与示范（2018YFC0407105）是“十三五”国家重点研发计划项目“水库大坝安全诊断与智慧管理关键技术与应用”下设课题，由澜沧江公司牵头承担。课题研发了大坝安全巡检图像识别和数字化结构检测的全息感知和高效存储；提出了基于量化准则的大坝监控指标集合拟定方法，构建了大坝安全性态分层动态赋权综合评价体系；提出了水库大坝安全智慧决策逻辑框架，建立了基于系统动力学的大坝智慧管理决策方法；构建了涵盖状态全息感知、信息共享融合、安全智能诊断、管控综合决策的大坝安全智慧管理决策系统，实现了大坝安全管理的技术升级与模式创新，并在MW、JH等水电站进行了应用示范，产生了显著的经济社会效益，具有广阔的应用前景。发表学术论文28篇，其中SCI/EI 13篇，申请发明专利16件，授权13件，登记软件著作权8件，起草编写技术标准3项，形成著作1项。

（四）技术标准管理

2022年，澜沧江公司推进《智慧水电》白皮书在IEC市场战略局（MSB）立项工作，参编《零碳电力系统》白皮书正式发布，参与国际标准4项，牵头主编行业技术标准1项，参编5项行业技术标准并正式发布、3项行业技术标准正式实施，标准化工作取得新突破。策划立项中国华能国际标准3项、企业技术标准8项。

（五）科学技术奖励

组织申报省部级及行业科技奖励17项，华能集团科技奖励16项，推荐云南省电力科技创新成果10项。获省部级及行业科技奖励23项，中国华能科技奖励9项，其中“高碾压混凝土坝智能建设关键技术及工程应用”“水电工程大型地下洞室群高效绿色建造与安全智能管控关键技术”等5项研究成果获省部级一等奖，连续五年获中国华能科技进步奖一等奖。

（六）知识产权管理

2022年，澜沧江公司申请国际专利6件（其中PCT专利1件、美日欧专利3件、其他2件）、发明专利236件、实用新型专利429件，获授权国际专利3件、国内发明专利71件、实用新型专利390件，累计拥有有效专利872件，其中发明专利153件，发明专利授权量同比提高2倍。

（华能澜沧江水电股份有限公司）

华能西藏雅鲁藏布江水电开发投资有限公司 2022 年科技创新情况

（一）创新平台建设

“雅江下游水电开发工程研究中心”获得西藏自治区发展改革委正式授牌；“华能西藏水电安全工程技术研究中心”通过西藏自治区评估，获得研究经费支持 30 万元；西藏自治区水力发电工程学会新成立工程安全、生态环境、多能互补、新材料专业委员会；与中国建筑学会、中国水利学会、中国铁道学会完成联合举办的第十四届边坡工程技术大会；获评全国水电科普教育基地。

（二）项目获奖概况

“青藏高原复杂地质条件下围岩双护盾 TBM 公路隧道建造关键技术研究”获得 2021 年度中国公路学会科学技术奖一等奖；“喜马拉雅地区复杂地质隧洞双护盾 TBM 关键技术”获得中国施工企业管理协会工程建设科学技术进步奖特等奖；“复杂地质双护盾 TBM 隧洞变形-渗流协同控制关键技术与装备”获得中国发明协会发明创业奖创新奖一等奖；高原水电站复杂结构鱼道工程施工安全技术管理的研究与应用”“西藏高原复杂地质条件大流量导流明渠安全运行设计”“智能应急疏散指示灯”3 个项目获得中国安全生产协会第三届安全科技进步奖三等奖；发布团体标准 T/CPPC 1046—2022《水利水电工程碳排放管理体系要求》1 项。

（三）获得授权专利情况

2022 年共获得国家授权专利 47 项，其中发明专利 9 项，实用新型专利 38 项。

（华能雅鲁藏布江水电开发投资有限公司）

东方电气集团东方电机有限公司 2022 年技术创新有关情况

2022 年，东方电气集团东方电机有限公司（简称东方电机）推动实施国家创新驱动发展战略，重点开展原创技术策源地、重大科技项目、揭榜挂帅项目、关键核心技术攻关和产品创新优化、新兴成长产业、高层次创新平台等科技创新工作，为加快实现高水平科技自立自强，促进东方电机高质量发展提供了有力支撑。

（一）关键核心技术攻关取得成效

1. 高水头大容量水轮发电机组研发　11 月 22 日，自主研发的金窝水力模型通过验收。金窝 150MW 等级冲击式水轮机转轮是国内首个完全自主研发的大型冲击式转轮，依托金窝 150MW 等级冲击式水轮机转轮国产化研发项目，东方电机冲击式水轮机水力开发、造型设计软件开发、模型装置研制等实现了自主化研发，填补了国内技术空白；转轮工艺结构设计、高效率机器人电弧增材制造工艺开发、材料应用等关键核心制造技术取得了突破性进展。实现了冲击式水轮机核心部件研发“从无到有”的突破。

2. 大型变速抽水蓄能机组以及辅助设备关键技术开发　完成 300MW 变速发电电动机电磁方案设计、结构方案设计、通风电磁有限元计算，完成了 300MW 变速水泵水轮机水力设计、技术方案设计、模型试验、过渡过程计算等关键技术，交流励磁变频装置拓扑结构及其关键技术、交流励磁发电电动机、水泵水轮机调速装置以及变频装置的联合控制方法等取得关键成果。申请 2 项专利（1 项发明、1 项实用新型），授权 1 项发明专利。发表论文 8 篇。

3. 700m 水头段抽水蓄能技术研发　自主完成了 700m 35 万 kW 水泵水轮机水力研发，攻克了叶片数 9 和导叶数 20 组合下的相位共振难题；首次提出并解决了影响过渡过程品质的“大 S”和“小 S”关键参数匹配技术难题，研发了相应的优化设计方法；研制弹性鸽尾筋专用结构，提高机组的运行品质；解决了高压管路开裂、振动大的设计难题；采用专门结构和密封，保证球阀在所有工况零泄漏。

（二）重大水电机组成功投运

1. 研制的长龙山 4 台抽水蓄能机组全部投入商业运行　长龙山抽水蓄能电站总装机容量 2100MW，安装 6 台 350MW 抽水蓄能机组。其中 4 台机组由东方电机自主研制。3 月 2 日，长龙山抽水蓄能电站 4 号机组完成 15 天考核试运行，投入商业运行。至此，东方电机为该电站研制的 4 台抽水蓄能机组全部投入商业运行。该抽水蓄能机组最高水头/扬程达到 756m，为中国第一、世界第二；转速 500r/min，在已投运大容量抽水蓄能机组中排名第一；单机容量达到 350MW，在已投运抽水蓄能机组中排名第二；水轮机比转速为同水头段最低，研发难度与比转速成反比；具有高安全性、高可靠性、高稳定性、高效率和高均衡性要求。东方电机开发应用了超高水头水泵水轮机及球阀和塔型磁极绕组空内冷、喷淋式推力轴承、阻尼隔振等发电电动机关键核心技术，研制出长龙山精品机组，构建了具有自主知识产权的东方电机抽水蓄能技术体系。

2. 研制的沂蒙抽水蓄能电站机组提前一年全部投运　沂蒙抽水蓄能电站总装机容量 1200MW，电站安装 4 台东方电机自主研制的 300MW 抽水蓄能机组，是目前东方电机抽水蓄能项目供货部套种类和数量最多的电站。3 月 23 日，该电站最后一台机组正式投产发电。至此，东方电机为沂蒙抽水蓄能电站研制的 4 台机组比国家核准工期提前一年全部投入商业运行。1 号机组在“零配重”情况下，3 部导轴承摆度均小于 0.1mm，关键部位振动值小于 0.01mm，为业内首例高转速大容量“零配重”抽水蓄能机组。机组实现“零配重”，证明了国内抽水蓄能电站建设管理和国产机组设计、制造、安装质量均达到世界先进水平。沂蒙抽水蓄能机组核心部件的生产制造，采用数字化车间生产，产品质量和生产效率提升。优良的零部件质量，确保定子、转子组装后参数指标远优于相关标准要求，为机组实现“零配重”奠定了坚实基础。

3. 研制的梅州抽水蓄能电站一期工程机组全部投入运行　梅州抽水蓄能电站是国家电力发展“十三五”规划及《赣闽粤原中央苏区振兴发展规划》重点项目，是能实现周调节的抽水蓄能电站。电站总装机容量 240 万 kW，分两期建设，一期工程装机容量 120 万 kW（4×30 万 kW），4 台机组均由东方电机自主研制。5 月 29 日，提供 4 台机组及附属设备的梅州抽水蓄能电站全部投产发电。机组投运后各轴承摆度全面小于 0.05mm，引领抽水蓄能机组进入“5 道时代”，创造抽水蓄能机组新纪录；机组首次采用了“9+22”转轮导叶组合，首次采用水操作球阀接力器，应用弹性定位筋定子铁心等自主关键技术，获得核心发明专利授权 4 项。机组整体技术水平达到国际领先水平。

4. 研制的卡洛特水电站投入商运　巴基斯坦卡洛特水电站是“一带一路”首个大型水电投资建设项目，是“中巴经济走廊”首个水电投资项目，也是首个被写入中巴两国政府联合声明的水电投资项目。电站规划装机容量 720MW，东方电机为该项目提供全部 4 台 180MW 混流式水轮发电机组。6 月 28 日，该电站 4 台机组完成 168 小时试运行，机组及其辅助系统运行正常，各项指标均符合规范和设计要求，6 月 29 日投入商业运营。

5. 研制的葛洲坝水轮发电机组改造首台机投入商业运行　葛洲坝水电站共装有 21 台轴流转桨式水轮发电机组，其中 2 台单机容量 170MW，其 11.3m 的转轮直径为全球最大；其余 19 台单机容量为 125MW。2 台 170MW、6 台 125MW 水电机组由东方电机自主研制。7 月 13 日，该水电站 170MW 轴流转桨式水轮发电机组更新改造项目首台机组正式投入商业运行。运行期间，机组运行稳定、振动、摆度、温度、压力脉动等各项技术参数满足合同及协议要求。葛洲坝机组转子是世界直径最大的轴流转桨式水电机组转子，外圆直径 16.9m，最大高度 2.4m，总重约 900t。该机组曾获首届国家科学技术进步奖特等奖，安全运行超过四十年。机组改造过程中，东方电机开发了大型轴流转桨式机组全息监测和智能诊断系统等系列智慧产品和服务。

6. 研制的白鹤滩水电站左岸机组全部商运　白鹤滩水电站装机总容量 1600 万 kW，左右两岸分别安装 8 台单机容量 100 万 kW 的水电机组，左岸 8 台机组由东方电气集团东方电机有限公司自主研制供货。9 月 22 日，东方电机自主研制的白鹤滩水电站 8 号机组完成 72 小时试运行，正式投入商业运行。至此，白鹤滩水电站左岸机组率先投产。东方电机自主研制的白鹤滩全球单机容量最大功率百万千瓦水轮发电机组，创造了四个“一百”，实现了“五项重大突破”。单机容量 100 万 kW，具有 100%自主知识产权，实现了 100%国产化，所有产出重大部件和投运机组精品率 100%。机组核心部件采用数字化智能制造，产品质效提升；机组转动部件重达 2600t，由上万个零部件构成，实现了“零配重”；机组稳定性好，摆度仅一根头发丝直径大小；发电机温升控制水平高，开创巨型水电机组新纪元；水轮机最优效率 96.7%，发电机额定效率超过 99%，行业领先。

7. 研制的苏洼龙水电站全部投产发电　苏洼龙水电站是金沙江上游清洁能源基地首个开工建设的电站，是国家西南水电开发重点工程，是国家“西电东送”接续能源基地的先导工程，是西藏地区首个装机容量超百万千瓦的大型水电工程，总装机容量 120 万 kW，4 台 300MW 立轴混流式水轮发电机组均由东方电机自主研制。2022 年 11 月 30 日，由东方电机自主研制的苏洼龙水电站最后一台机组完成 72 小时试运行，正式投产发电。至此，东方电机苏洼龙项目实现“一年四投”目标。苏洼龙水电站前 3 台机组已分别于 7 月 19 日、8 月 25 日和 9 月 25 日投产发电，4 台机组均实现了动态调试运行“零配重”，机组振摆、温升等关键指标优于同类型机组，树立了高海拔地区大型水电机组研发设计、制造加工、安装调试的典范。

8. 永泰抽水蓄能项目实现“一年三投”投产目标　永泰抽水蓄能电站总装机容量 1200MW，装设 4 台单机容量 300MW 抽水蓄能机组，4 台机组全部由东方电机自主研制供货。12 月 28 日，供货的永泰抽水蓄能电站 3 号机组完成 15 天考核试运行，具备商业运行条件，实现了该电站“一年三投”的投产目标。该电站前两台机组分别于 8 月 11 日和 9 月 7 日投运，机组开停机成功率 100%，三部导轴承摆度均在个位数以内。

（三）推进智能制造转型工作

东方电机入选工信部发布的 2022 年度智能制造

示范工厂揭榜单位和优秀场景公示名单，成为行业首家入选企业。智慧水电方面，开展全息监测技术、智能诊断技术、数字化运维技术研究。完成水电机组智能诊断系统在葛洲坝电站实现成功试运用；完成顶盖螺栓应力检测、穿心螺杆绝缘监测、可更换式定子测温技术、贯流式机组智能冷却系统等关键技术研发并分别在多个电站实现首次应用。

（四）打造高层次创新平台

（1）2022 年，东方电机牵头负责水电原创技术策源地建设，策源地能力建设重点围绕国家和省部级研发平台、重要科研基础设施建设、产学研用协同创新、参编国家和行业标准、核心专利布局、人才培养、工程示范应用等方面展开。申报国家重点实验室 1 项，联合高校开展技术创新中心建设 1 项，新增成立创新联合体 1 个，新增发明专利授权 9 件，参编发布本领域相关国际标准 1 项，培养东方电气集团青年科技拔尖人才 9 名，推动签订工程示范应用协议 1 项。

（2）2022 年，大型清洁高效发电技术四川省工程实验室（东方电机）开展了包括 500MW 冲击式、变速抽水蓄能等重大项目在内的水力开发、绝缘、轴承、冷却，强度关键基础性技术研究，完成 34 项科研课题，发表论文（SCI、EI）4 篇，其他论文 37 篇。

（3）东方电机申报的“四川省先进水电装备创新联合体”获得四川省科技厅批复建设；东方电机与重庆大学联合共建的“清洁能源电力装备联合研究院”在重庆大学成功揭牌。

（东方电气集团东方电机有限公司 丁小莉）

河海大学 2022 年科研工作有关情况

（一）科研经费方面

全年科技合同经费 9.43 亿元，到款科技经费 7.43 亿元。获国家自然科学基金资助项目 154 项，资助经费 9162.4 万元，其中重点项目 2 项、联合基金项目重点支持项目 11 项。主持国家重点研发计划项目 6 项（其中政府间国际科技创新合作 1 项）。获国家社科基金资助项目 12 项，资助经费 260 万，其中一般项目 8 项、青年项目 2 项、后期资助项目 1 项。获教育部社科基金资助项目 9 项，资助经费 78 万元，其中规划基金项目 4 项，青年项目 3 项，优秀中青年思政课教师择优资助项目 1 项，高校辅导员研究项目 1 项。获江苏省社科基金资助项目 21 项，资助经费 104 万元，其中重点项目 3 项（含后期资助）、一般项目 9 项、青年项目 2 项、后期资助一般项目 3 项、自筹经费项目 4 项。

（二）科技奖励方面

获省部级奖励 90 项，其中河海大学主持 25 项，其中教育部高等学校科学研究优秀成果奖（科学技术）一等奖 1 项、二等奖 3 项；大禹水利科学技术奖一等奖 1 项、二等奖 2 项。第一单位获第十七届江苏省哲学社会科学优秀成果奖公示 16 项，其中一等奖 2 项、二等奖 5 项。获常州市第十六届哲学社会科学优秀成果奖 11 项，其中一等奖 1 项、二等奖 4 项。入选江苏对外交流社科专家培育工程培养对象 1 人。组织申报第九届高等学校科学研究优秀成果奖（人文社会科学）20 项；组织申报江苏发展研究奖、江苏省社科应用研究精品工程、钱端升法学研究成果奖等各类市厅级及学会奖。

（三）科技成果及基地方面

发表 SCI 论文 2016 篇，授权国内发明专利 1382 件，授权外国发明专利 13 件，软件著作权登记 261 件。2022 年，水文水资源与水利工程科学国家重点实验室重组申报水灾害防御全国重点实验室；水利部水循环与水动力系统重点实验室获水利部批准立项建设；中国气象局水文气象重点开放实验室获中国气象局批准立项建设；江苏省海洋生物资源可持续利用工程研究中心获江苏省发改委批准立项建设；获批江苏省 JMRH 创新平台 1 个；常州市无人机智能管控平台与技术重点实验室、常州市智能制造技术与装备重点实验室获常州市科技局批准立项建设。获批 2022 年度“江苏省科技创新智库基地”1 项，江苏省决策咨询研究基地项目 3 项，成为“江苏省习近平新时代中国特色社会主义思想研究中心首批基地”理论研究基地。申报江苏省哲学社会科学研究基地项目 3 项。水利法治研究中心（江苏高校人文社会科学校外研究基地）和“一带一路”背景下澜湄合作创新与风险管控团队（江苏高校哲学社会科学优秀创新团队），以“优秀”等级通过江苏省教育厅考核验收。

（四）产学研合作方面

开展线上、线下产学研活动 150 余场，对接行业企业 200 余家。与企业开展产学研合作，建设专业所 10 家，共建联合实验室、工程中心达 17 家，形成“院-所-联合实验-孵化企业”协作运行模式，构建成果转移转化与产业化创新生态。技术研发与成果转化项目 88 项，合同经费 4436.83 万元，其中校内合同经费 2572.80 万元，到账 1742.45 万元。

（五）期刊工作方面

主办 6 种期刊：《河海大学学报（自然科学版）》《河海大学学报（哲学社会科学版）》《水利水电科技进展》《水资源保护》《水利经济》和 *Water*

Scienceand Engineering（WSE）。全年共出版正刊 34 期，增刊 3 期，共刊登论文 647 篇，其中正刊 576 篇，增刊 71 篇。《河海大学学报（自然科学版）》2022 年获中国高校科技期刊建设示范案例库百佳科技期刊，入选科技期刊世界影响力指数（WJCI），4 篇文章入选 F5000。《水利水电科技进展》2022 年被评为“中国高校百佳科技期刊”。《水资源保护》022 年获中国高校科技期刊建设示范案例库百佳科技期刊；入选科技期刊世界影响力指数（WJCI）；13 篇文章入选 F5000。《WSE》2022 年入选“中国国际影响力优秀学术期刊”，被评为“中国高校优秀科技期刊”。

（六）学术交流方面

全年共组织各类学术活动约 300 余场次。其中，主办或承办的大型国内外学术活动 10 余场，包括“水电与碳中和主题科普论坛”“第十四届国际生态水力学大会”“中国水文地理学术年会”“国际水利与环境学科联盟 2022 年年会”“第四届机器人与智能制造技术国际会议”“第七届江苏省海洋湖沼学会研究生论坛”第五届“国际青年学者云论坛”“第四届 SEG 岩石物理与地下流体检测国际研讨会”“挂靠学会联合体学术报告会”“严恺院士学术、教育思想研讨会暨严恺院士诞辰 110 周年座谈会”“2022 第十届中国水生态大会”“2022 年江苏省海洋科技创新与蓝碳经济发展论坛”等。

（河海大学）

河海大学 2022 年主要科研情况

（一）特高坝与近坝山体异常变形驱动机制及安全防控理论和方法

该项目为国家自然科学基金重点项目，于 2022 年 12 月结题。

特高坝与两岸高陡山体构成一个巨型开放系统（称特高坝-山体系统），由于超高的坝高与库岸山体、超大的库容、恶劣的服役环境，给工程的安全保障带来了极大的挑战和诸多的难题。特高坝与两岸山体的变形性态作为整个系统运行安全的最直观表征，受材料、环境等多因素、大坝与近坝山体强相互作用的综合影响。项目从深入揭示特高坝-山体系统异常变形驱动机制、发展和完善其安全控制理论与方法的目标出发，拟借助多学科的交叉融合和多手段的综合应用，开展多因素作用下特高坝与近坝山体互馈力学行为的深入剖析，以明晰特高坝-山体系统变形异常和失稳的驱动机制；开展特高坝-山体系统变形性态监测、预报、诊断等模型、标准、方法的系统探研，以构建特高坝-山体系统变形安全多维多尺度监控理论；开展特高坝-山体系统变形转异判据、预警准则与指标以及全寿命周期风险调控模型和决策方法的深入研究，以形成特高坝-山体系统异常变形多级预警和风险防控体系。

（二）山丘区产汇流机理、模型尺度效应及突发洪水预报研究

该项目为国家自然科学基金重点项目，于 2022 年 12 月结题。

项目以安徽黄山屯溪以上流域为典型区域，设计室内外降雨径流实验，构建以土壤动态分层的水分运动及蒸发模式、网格“三条曲线”与“水箱串并联结构”的蓄满-超渗混合产流机制为构架的分布式水文模型，提出分形“标度不变性”时空耦合的参数尺度效应解析方法，发展数值降水预报后处理、预报不确定性分析及防洪风险实时评估方法。促进水文预报理论发展。主要成果包括：①创建了变动产流层分布式水文模型（variable runoff generation layer，VRGL），揭示了山丘区土壤分层产流规律，提出变动产流层概念，并建立了一种可同时描述蓄满-超渗产流机制的山丘区分布式水文模型；②解析了模型参数尺度效应，基于分形理论中的“标度不变性”，提出一种模型参数空间尺度效应解析方法，建立了模型参数在不同空间尺度之间的转换关系；③研发了面向洪水预报的数值降水预报后处理技术，构建数值降水预报产品订正、集合预报时空结构重构及距离-高程的块-协克里金雨量空间展布等技术，提高了模型降雨输入数据的精度；④提出了洪水预报实时校正新技术，构建以雨量站网密度为链接因子的“面雨量输入误差-模型参数误差-预报终端误差”互馈解析模型，建立了可准确溯源、划分并修正不同来源误差的全过程联合校正新技术；⑤建立了洪水预报不确定性分析及防洪风险评估技术方法，开展不确定性分析及洪水概率预报的深入研究，构建了水库和河道断面防洪风险计算模型，形成以“不确定性分析-洪水概率预报-风险计算”为核心的防洪风险实时评估技术方法。

（三）钢结构桥梁疲劳失效维护技术及其工程标准化

该项目为政府间国际科技创新合作重点专项，于 2022 年 7 月结题。

项目基于国内在钢桥疲劳领域的技术优势，结合日本在钢桥腐蚀方面的研究成果，围绕钢结构桥梁腐蚀影响机理、疲劳失效判定、疲劳裂纹检测及疲劳裂纹修复四个方面开展了系统研究，取得了系列研究成果。研究揭示了腐蚀对疲劳失效的影响机理并量化评价方法，提出了疲劳失效扩展规律及判定标准，实现

了钢桥复杂隐性裂纹的超声波检测及三维特征判定，提出了成套的钢桥裂纹钻孔止裂及气动冲击技术参数，构建了钢桥疲劳失效维护技术实施工艺流程体系，推进了钢桥疲劳失效维护技术的标准化建设，提升了我国钢桥产业的整体水平。通过项目合作，培养了中日双方钢桥维护技术与研究人员，加强了双方人员的相互了解与协作能力，促进了双方的科技合作与人文交流。

（四）土工袋减隔震技术研发与示范

该项目为政府间国际科技创新合作重点专项，于2022年7月结题。

项目研究了一种新型土工袋基础减隔震技术，在科学层面，基于颗粒介质波传递理论阐明了土工袋基础减隔震的宏细观机制，提出了柔性土工袋的能量耗散与减隔震分析理论，同时结合振动台多尺度模型试验，揭示了土工袋减隔震基础的动力响应规律，建立了反映土工袋单元体动力特性的双质点弹簧阻尼模型；在技术层面，提出了模拟地震条件下多层土工袋地基动力时程响应的计算方法，提出了土工袋减隔震基础结构设计方法，研发了土工袋快速装袋设备，建立了集施工过程控制、施工质量检测、实时动态反馈为一体的土工袋减隔震基础施工质量保证体系；集成上述研究成果，建立了土工袋基础减隔震技术示范应用工程，构建了地震响应自动化实时监测云平台。

（五）基于直流母线电压信息的规模化光伏储能变换器控制关键技术及工程应用

该项目获江苏省科学技术奖一等奖，完成单位为河海大学、清华大学等。

项目依托光伏并网逆变器的相关技术，形成了集中/组串光伏并网逆变器以及500kW自同步储能变流器系列化成果，产品已在一带一路相关国家及国内大型光伏项目中应用。该项成果的应用提升了光伏发电系统性能和技术优势以及国内光伏发电项目工程技术水平，取得了良好的收益，为我国快速发展大型并网光伏发电技术和关键设备制造提供技术支撑。主要创新点：首创由直流母线电压信息替代高频次通信实现光伏储能变换器并联扩容、效率提升和经济运行的新技术。

（六）大型风电机组结构降本增效关键技术及应用

该项目获江苏省科学技术奖三等奖，完成单位为河海大学。

随着应用规模的不断扩大，风电发展面临着不少新的挑战，风电机组优化设计技术的突破满足国家风电产业发展的重大需求，是实现风电降本增效的必然途径。项目瞄准国家可再生能源发展的战略需求，重点开展风电机组结构体系安全可靠性与优化、叶片气动-结构一体化设计、传动系降载及支撑体系结构设计研究攻关，取得了系列重要研究成果，形成了具有自主知识产权的设计软件平台和产品，在我国风电行业企业和研发机构中得到了实践应用，并取得社会和经济效益。

（河海大学）

雅砻江流域水电开发有限公司 2022年度科技工作情况

（一）科技创新体系建设情况

（1）博士后工作站。2022年，雅砻江流域水电开发有限公司（简称雅砻江公司）博士后工作站第六批博士后进站，第五批博士后完成研究工作并准备开展出站报告评审工作。

（2）企业技术中心。2022年，根据省经信委对省级企业技术中心的工作要求，5月完成省级企业技术中心2022年度考核报告的报送，目前中心运行维护情况良好。

（3）中国锦屏地下实验室。2022年，中国锦屏地下实验室一期完成改造升级，为科学实验提供了更安全、更整洁的实验环境。实验室二期工程正按照计划有条不紊建设。8月19日，锦屏极低辐射本底测量联合实验室揭牌成立，建成后将成为国内顶尖、国际一流的“极低辐射本底测量实验室”。10月27日，中国锦屏地下实验室核天体物理实验组在国际顶级学术期刊《自然》发表最新研究成果，这是《自然》杂志发表的第一篇我国核物理装置实验成果文章，为未来核天体物理学研究提供了新途径。此外，华西深地医学项目组、川大GeoDEX实验组等正在开展入驻锦屏地下实验室相关工作。

（4）科技创新管理平台。科技创新管理平台旨在借助信息化手段提升雅砻江公司科研管理水平，实现科技创新成果的共享和利用。2022年，雅砻江公司完善科技创新平台的各项功能，解决平台使用过程中遇到的问题。

（5）战略合作情况。为构建以企业为主体的技术创新和人才培养体系，2022年雅砻江公司与华为技术有限公司签订新一轮战略合作协议；与上海交通大学共建联合培养研究生基地并推进新一轮战略合作协议签订；与清华四川院、四川大学共同推进天府永兴实验室建设。

（二）合作创新有关情况

（1）雅砻江联合基金。雅砻江公司与国家自然科学基金委员会分别于2005年和2016年联合设立了两期雅砻江联合基金，引导和集聚顶尖科研力量，共同推进雅砻江流域清洁能源开发建设和深地基础科学的发展。2022年，雅砻江公司同国家自然科学基金委员会继续设立第三期雅砻江联合基金并确定了2023年项目指南研究方向。

2022年，第二期雅砻江联合基金在总计有36项基金项目（22项重点支持项目和14项培育项目）处于研究阶段，其中11个项目（7项重点支持项目和4项培育项目）开展了结题验收工作。

（2）国家重点研发计划课题和专题研究。2022年，雅砻江公司共承担了2项国家“十三五”重点研发计划课题和3项专题，以及1项四川省重点研发项目，按计划开展了相关研究工作。其中，“大直径长引水隧洞水下检测机器人系统研发及示范应用”课题完成锦屏二级引水隧洞水下机器人示范应用实施方案及应急预案编制；“水电开发对下游水温情势影响模式研究”专题、四川省重点研发项目“液氙暗物质探测器超高纯本底的实现与测量”已完成项目研究，正在推进项目结题验收工作；其他课题和专题均按计划开展研究。

（三）科技成果情况

2022年，雅砻江公司获得省部级及以上科技奖31项，授权专利35项，牵头主编行业标准2项，参编行业标准3项，科技成果数量再创新高。其中雅砻江锦屏一级大坝获“高混凝土坝国际里程碑工程奖”，杨房沟水电站项目获得2022年度PMI（中国）杰出项目奖。

（四）国际交流情况

雅砻江公司作为国际水电协会（IHA）白金会员和理事会成员出任单位，2022年通过视频方式参加IHA理事会、交流会等会议共计13次，并在10月参与了由IHA倡议的世界水电日宣传活动。

（雅砻江流域水电开发有限公司　张一　杜成波）

中国电建集团贵阳勘测设计研究院有限公司2022年科技质量工作情况

（一）体系平台稳步完善，科研立项再创佳绩

2022年是“十四五”规划落地实施的关键年，中国电建集团贵阳勘测设计研究院有限公司（简称中国电建贵阳院）围绕科改示范和科技创新规划要求，推进科技创新平台建设，国家企业技术中心、国家知识产权示范企业通过评价、复核持续保持有效，贵州省建筑信息模型（BIM）工程技术研究中心通过验收获授牌，知识产权管理体系第三次通过认证。打造高层次技术攻关任务和产业创新的“朋友圈”，共获13项院外科研项目立项，其中与郑州大学联合申报的国家重点研发计划“重大自然灾害防控与公共安全”重点专项“6.2黄河上游干流库坝群段多灾种应对关键技术”正式获批，中国电建贵阳院承担其中一个课题和2个子题；1个项目获批国家住房和城乡建设部国际科技合作项目；3个项目获立贵州省科技厅科技支撑项目计划；3个项目获立省科技厅“真抓实干”项目计划；3个项目获立贵州省水利厅科技项目计划；2个项目获立中国电建集团重点项目计划。为科技项目立项质量和方向，通过自主申报、定向委托、揭榜挂帅多种方式，经院内外专家多轮评审，最终立项院级重大专项2项、重点项目4项、“揭榜挂帅”项目2项、“定向委托”项目3项、院级配套项22项、专著项目10项，直接研发投入约4400万元；组织完成四批二级单位共计69项自立科技项目立项，项目研发经费共4.54亿元，当年投入研发经费共2.90亿元，为科研投入增加奠定了基础。全年争取并共获外部各类经费资助2254万元，并获得研发费用加计扣除税收减免776万元，合计为院创收2980万元。

（二）科技创新平台脱虚向实

根据《中国电建贵阳院创新平台脱虚向实运行实施意见》及中国电建贵阳院组织机构调整和人员变动情况，对各级各类科技创新平台依托单位及相关负责人进行调整，赋予各平台负责人管理权限，实现多单位跨学科组建平台，夯实各组建单位主体责任，并明确各平台副总工程师。指导各创新平台开展“脱虚向实”运行启动会，明确各平台的目标定位、建设方案、组织机构、经费管理、团队建设和考核评价等，按照实体化运行要求发布科技创新平台2022年度工作计划。为促进各创新平台稳步推进实体化工作，中国电建贵阳院11月赴各平台主建单位调研，检查各项指标完成情况，宣贯创新平台、科技项目、研发费用等新发布的各项制度。

在《国家发展改革委办公厅关于印发国家企业技术中心2022年评价结果的通知》中，中国电建贵阳院评价为良好，获87.2分位列全国第140位，位居中国电建集团第一贵州省第二。承建的贵州省建筑信息模型（BIM）工程技术研究中心经贵州省科技厅组织的专家组评审，通过验收获授牌，申报的国家博士后科研工作站获批，贵州省清洁能源勘测设计综合应用工程研究中心通过贵州省发展改革委的现场考察，基本获批建设，为2023年国家级企业技术中心的评价提供了支撑。按照新型业务拓展和海外市场发展需要，支撑中电建贵阳院审图咨询有限公司、中国电建绿洲工程设计咨询有限责任公司的创建。

（三）科技成果不断涌现

全年获得标准制定任务16项，其中3项能源行

业中文标准主编任务，1项民航业标准主编任务，2项能源行业标准外文版翻译任务，3项贵州省地方标准主编任务，7项标准参编任务。全年组织申报各级科学技术奖、工程奖、专利奖等奖项94余项，获奖45项。全年共申请专利300件，其中发明专利186件，发明专利申请占比62.7%。获得授权专利188件，其中发明专利授权60件。“混凝土大坝正垂线预埋管安装”工法获中国电力建设协会工法，发布22项贵阳院工法，申报省部级工法14项，获得省部级工法8项。获登记软件著作权46项。出版发行《水电工程环境影响后评价技术》《BIM标准应用与创新》专著2部。全年发表发表SCI12篇，EI17篇，北大核心33篇。

2022年，邀请张楚汉、马洪琪、王浩、孔宪京、张宗亮等中国科学院、中国工程院院士10人次，对中国电建贵阳院主导完成的10项技术成果进行鉴定，经鉴定共有“高面板坝变形控制及面板结构适应技术”“梯级水电开发流域水生生态空间胁迫效应及重构修复关键技术”“山地风电规划设计体系创建与建设运行关键技术研究及应用”3项技术总体达到国际领先水平，“岩溶地区水库集中渗漏勘察封堵一体化治理关键技术”“碾压混凝土拱坝设计智能化关键技术及平台研发”“闸坝工程泄水建筑物超大型闸门创新技术与应用”“高地应力大断面隧洞变质软岩大变形控制关键技术”4项技术总体达到国际先进水平，部分技术达到国际领先水平。

（中国电建集团贵阳勘测设计研究院有限公司 任愉）

中国水利水电第一工程局有限公司 2022年科技工作情况

2022年，中国水利水电第一工程局有限公司（简称水电局）科技投入26266.23万元，占营业收入的3.27%。主要科技工作情况如下。

（一）技术创新体系建设情况

持续围绕高新技术企业建设为中心，以省级技术中心为核心研发平台，建立以“科技委”为领导的机关总部、二级单位、项目部三级创新管理体系。发挥技术策划在创新实施中的前置作用、专业总师团队的创新带头作用及创新创优奖励激励作用，开展产学研合作管理体系创建工作，技术创新体系日趋完善。

（二）协同创新情况

始终保持与北京工业大学、哈尔滨工业大学、长春工程学院、北京交通大学等高校的产学研合作关系，根据在研项目技术需求签订产学研合作协议，同时依托在研科技项目帮助培育高校学生，实现资源共享与优势互补。2022年，水电一局依托金沙江上游旭龙水电站茂顶河泥石流治理工程和深圳市城市轨道交通12号线工程，围绕泥石流模型实验及原型监测、地铁联络通道管幕法及冻结法加固施工技术，与长江勘测规划设计研究有限公司、成都西南交通大学设计研究院有限公司签订技术服务合同。

（三）科技创新管理制度建设情况

印发《关于进一步规范中国水利水电第一工程局有限公司科技项目技术研发工作的通知》，建立“科技项目技术研发情况月例会”和“科技项目技术研发情况月报”制度，形成“科研项目档案”专项管理，并持续以《中国水利水电第一工程局有限公司科技管理办法》为基础，以《中国水利水电第一工程局有限公司科技项目管理办法》为科技项目全面管理准则，以《中国水利水电第一工程局有限公司知识产权管理办法》为知识产权合规性红线，发挥《中国水利水电第一工程局有限公司科学技术进步奖管理办法》《中国水利水电第一工程局有限公司创新创优成果奖励标准及实施办法》《中国水利水电第一工程局有限公司专业总工程师管理办法》的支撑保障作用。

（四）重大科技成果情况

依托深圳地铁12号线开展的中国电建重大科技项目《复杂地层双模盾构施工关键技术研究》通过中国电建验收鉴定，由中国工程院院士邓明江、陈湘生为主任的专家组一致评价该成果达到国际领先水平，依托该研究成果撰写并出版《土压平衡与TBM双模盾构隧道施工技术》专著一部，研究成果分获中国施工企业协会科技进步奖二等奖、岩土工程技术创新应用一等成果、中国电建年度科技进步奖一等奖。同时，参与研究的“丰满水电站新老大坝相互影响下的重建关键技术”获中国施工企业管理协会科学技术一等奖；参与研究的“地铁工程工法体系的建设研究与应用”获中国电建科学技术三等奖。

（五）科技人才队伍建设及奖励情况

开展专业总工程师遴选工作，2022年新聘专业总师9人、续聘2人，专业总师总人数达到38人，在科技创新和技术管理上起到了重要的骨干作用。科技进步奖励工作由工程技术部组织，各二级单位的总工程师组成评审委员会，并对评审工作全程监督。评审委员会对水电一局属各单位申报的科技进步奖项目依据《中国水利水电第一工程局有限公司科学技术进步奖管理办法》予以评选，其中“矿山开采工程数字化安全管理系统应用”“盾构掘进施工下穿既有线路施工技术研究”获科技进步奖一等奖；“河谷冲积城市轨道交通现浇梁施工关键技术研究”“水电站超大直径压力钢管安装技术研究”“盾构隧道侧穿水库安全施工控制关键技术研究”获科技进步奖二等奖；“城市有限作业条件下水环境治理工程地下管网施工技术研究”“黄河口盐碱地区市政绿化碱土改良施工技术研究”“单排、深孔帷幕灌浆的施工与质量控制技术与应用”“滇西破碎带大断面导流洞智能化施工技术研究”获科技进步奖三等奖，评选工作规范。依据创新创优奖励办法，对全年164项创新创优成果奖励161.2万元，增强了技术人员创新的积极性与主动性。

（六）企业拥有知名品牌情况

在水利工程、公路工程、市政工程、高海拔地区金结及机电安装工程、水环境工程、城市轨道交通工程、矿业工程、新能源工程施工技术方面具有较强的品牌影响力。水电一局水利水电地下工程技术、寒区施工技术达到国内先进水平，以城市轨道交通为代表的基础设施施工技术基本形成，以双模式盾构为代表的技术研发成果达到国际领先水平，开展了以光伏、风电工程为代表的新能源领域施工技术研发，并完成了赤道带地区碾压混凝土高薄拱坝施工技术研究，探索了赤道地区输变电工程施工技术研究，提升海外施工技术研发水平。

（七）科技创新支撑企业转型升级情况

克服疫情影响，以视频会议方式对云南滇中引水项目、旭龙水电站泥石流沟渣场治理项目、南京地铁11号线项目、深惠城际轨道交通项目承担的科技立项进行专题讨论和工作推进。6月16～17日在云南分局爱华农牧光伏发电项目召开2022年科技项目立项及验收评审会，共有18名水电一局内部专家对年度科技立项及已完科技项目验收进行评审。2022年，新增科技立项45项，其中合同制项目13项，资助总额550万元，遴选的“特大型弃渣场阻断泥石流防治关键技术研究”申报中国电建2022年度重大科技项目。2022年，共申报专利题材200项，截至年底共获得发明专利授权1项、实用新型专利授权116项，年内实现有效专利总量超过300项。有5项成果获评中国水利工程协会工法，3项成果获吉利省工法（其中一级工法2项，二级工法1项）。

（八）双创工作开展情况

建立以工会组织开展“双创”工作，积极创建创新工作室，发挥劳模在工作中的传帮带作用。目前，已创建15个职工创新工作室，获得创新成果65项，创造效益1228.64万元，创新工作室在保障安全、提升效益、降低成本等方面发挥较好作用。实施导师带徒活动，有611对师徒签订师徒协议，为水电一局复兴发展储备各级各类人才。开展群众经济技术创新和合理化建议征集活动，征集合理化建议172条，采纳87条，节创价值353.3万元。2022年度职工经济技术创新成果累计创造价值3.887亿万。

（九）科技成果情况

主持研究的“复杂地层双模盾构施工关键技术研究”分获中国施工企业管理协会2022年工程建设科学技术进步奖二等奖、岩土工程技术创新应用一等成果、中国电建科学技术奖一等奖；参与研究的“丰满水电站新老大坝相互影响下的重建关键技术”获中国施工企业管理协会2022年工程建设科学技术进步奖一等奖；参与研究的“地铁工程工法体系的建设研究与应用”获中国电建科学技术奖三等奖。“水电站地下厂房岩锚梁岩台精准开挖施工工法”“水电站地下厂房板梁柱饰面清水混凝土施工工法”“分段围堰导流钢管漂管沉降施工工法”“U型预应力锚索后张法真空负压注浆施工工法”“高陡边坡‘无排架支护’施工工法”获中国水利工程协会工法。

（中国水利水电第一工程局有限公司）

中国水利水电第五工程局有限公司2022年科技工作情况

2022年，中国水利水电第五工程局有限公司（简称水电五局）锚定“十四五”科学与技术发展规划目标，实施创新驱动发展战略，践行创新驱动发展战略，深化机制体制改革、强化关键核心技术攻关、创新平台建设、高价值专利培育等工作，完善科技创新体系，提高科技创新能力，增强研发能力，科技创新工作取得了良好的成绩。

（一）强化科技顶层谋划

坚持顶层规划设计，推进规划统筹引领。编制发布“十四五”科学与技术发展规划，提出了以五大工程为核心的科技创新体系建设方案，明晰了水利水电工程、铁路和城市轨道交通工程、水资源与水环境治理工程等十大重点业务技术发展方向，系统部署了政策引导、机制创新、技术攻关、平台建设、人才培养、资金投入和产学研用合作等创新工作任务清单和责任主体，绘就了推进创新驱动战略深入实施的时间轴与路线图，推动科技规划落地见效。

（二）科技创新平台建设

构建依托在建项目的问题导向型技术研发体系，完善了以院士（专家）工作站为引领、技术中心为核心的战略性、前瞻性、综合型科技创新平台。2022年水电五局以企业技术中心纵深推进建设为核心，提升企业自主创新能力。水电五局技术中心通过了四川省经济和信息化厅的年度考核评价，获评“四川省企业技术中心”优秀单位，位列优秀榜第2名。加强院士（专家）工作站建设。建设院士（专家）工作站，发挥其示范引领作用，凝聚、引进和培育人才，争取承担关键核心技术攻关、产业创新等项目，开展了“高原寒冷地区300m级土石坝智能化施工关键技术研究与应用”“高寒地区深厚覆盖层高面板砂砾石坝施工技术研究”等科研课题的联合攻关工作，研究成果解决了在建工程重大技术难题，引领和带动行业发展。为解决制约公司战略发展的共性、关键技术问题，聚焦主责主业和经济发展重大需求，以专业技术带头人为核心力量组建了首批7个专业技术研究室，包括土石坝工程、地下工程、桥梁工程、绿色矿山、施工装备、新能源、新材料研究室。各专业研究室项目牵头进行了30余项重大课题的研究，其中土石坝工程研究室10项、地下工程研究室6项、新材料研究室3项、新能源工程研究室6项、施工装备研究室2项、桥梁工程研究室3项、绿色矿山研究室2项，促进了各类创新要素加速集聚，推动重点领域、项目、资金、人才计划配置，突破一批制约产业高质量发展关键核心技术。

（三）科技项目实施情况

围绕重大工程建设，推进科研立项攻关。①科技工作以服务生产经营为目标，“自下而上”优选立项公司重点科技项目，引领带动各各单位持续开展自立项科技项目研究。组织公司级科技立项59项，引导各企业自立项120项，解决了诸多工程建设中的重大技术难题，确保了工程安全、优质、高效履约。②围绕公司发展战略和坚持以经济重大需求为导向，组织重大技术攻关，培育经济新增长点，“自上而下”推动重大科技专项实施，先后推动“大型水库清淤绿色施工技术研究”“大型绿色矿山建设规划与设计”等6项重大科研项目研究，加快了水资源与水环境治理、铁路和城市轨道交通工程等新兴业务领域核心技术突破和现代业务技术体系构建。一批在研重大科技项目取得突破，通过了专家鉴定（评价），其中“面板坝垫层料摊压塑型护坡一体机的研发与应用”“面板混凝土机械化施工及智能养护成套技术”等6项科技成果达到了国际领先水平；“特高地温深埋公路隧道施工关键技术”“中国东盟艺术中心多层多功能场馆设计建造关键技术研究与应用”等8项科技成果达到了国际先进水平。③与6所大学、2个研究院、2家企业联合开展了“复杂环境地下厂房绿色智能施工关键技术研究”“抽蓄工程特殊地质超小半径长距离小断面隧洞TBM智能高效施工成套技术研究”等4项科研课题的科技攻关工作，实现深度融合和共同发展。

（四）科技创新成果

①获得国家专利授权185项，其中发明专利21项，有效专利数量突破1100项；设计申请的“无人驾驶振动碾”获得国家商标注册，新获得计算机软件著作权34项。5月通过知识产权管理体系第二次监督审核，保持知识产权管理体系认证证书，6月获评四川省高价专利育成中心，10月荣获国家知识产权示范企业，水电五局在知识产权规范化管理、创造、运用和保护方面迈入国内领先水平。②共计获得了省部级、中国电建科技奖33项，其中特等奖、一等奖7项，“轨道交通工程BIM全生命周期集成管理系统研发及应用”“白鹤滩水电站超长无压泄洪洞群水力安全关键技术及应用”等多项成果获得了行业内的最高奖，促进了行业科技进步，引领行业发展潮流。③开展国家、行业、团体标准建设，加大各等级标准和各行业标准的参与度，开展施工工法开发和施工技术的建设工作，加快先进技术、方法及工艺的应用。获得四川省、河南省等省部级工法57项；中国电建工法40项，其中优秀工法2项。④获得工程建设行业工程建造微创新技术大赛15项，工程建设行业高推广价值专利大赛奖4项，其中一等成果4项，一等专利1项；中国电建群众性创新创效成果3项，其中一等奖1项；第二届（2022）电力班组创新创效优秀项目一级项目成果2项，形成“全员创新、创新光荣”氛围，提升员工劳动技能和创新能力。

（中国水利水电第五工程局有限公司　袁幸朝）

中国水利水电第六工程局有限公司 2022年科技创新工作情况

2022年，中国水利水电第六工程局有限公司（简称水电六局）科技创新工作先后获省部级科技进步奖45项、省部级专利奖7项、省部级工法72项、国家专利授权144项（其中国家发明专利授权6项）、软件著作权4项、科技成果鉴定9项、5项团体标准正式发布实施、参与国家重点研发计划1项。

（一）协同创新

（1）“基于人工智能的长大隧道围岩信息识别及TBM掘进自动控制关键技术研究”为2022年立项的国家重点研发计划，该项目是由水电六局参与，北京交通大学、北京中岩大地科技股份有限公司、香港城市大学等多家单位共同合作开展的重点科技项目。

（2）“大型PCCP管制造数字工厂管控平台研发与应用”为2022年中国电建批准立项的重点科技项目，该项目由水电六局牵头，中国水利水电科学研究院参与研究。

（3）“复杂条件城区强化人工湿地深度处理湖泊入流污水技术研究”为2022年中国电建批准立项的重点科技项目，该项目由水电六局牵头，中国科学院西北生态环境资源研究院、同济大学、清华苏州环境创新研究院等多家单位参与合作研究。

（4）“重庆主城区地铁大断面暗挖车站与大直径TBM数字化掘进绿色建造技术”为2022年中国电建批准立项的重点科技项目，该项目为水电六局参与，中电建铁路建设投资集团有限公司、中国电建电力器材有限责任公司、中国水利水电第三工程局有限公司等多家单位合作研究。

（5）“大型暗挖地铁车站拱盖法施工安全关键技术研究与应用”为2022年中国电建批准立项的重点科技项目，该项目为水电六局参与，中电建铁路建设投资集团有限公司、中国电建市政建设集团有限公司、山东大学、青岛地铁集团等多家单位合作研究。

（6）“关于工程项目总体安全风险评估及关键隐患判别设计模型的研究与应用”为2022年中国电建批准立项的重点科技项目，该项目为水电六局参与，中电建路桥集团有限公司、中国电建华东勘测设计研究院有限公司等多家单位合作研究。

（二）重大科技成果转化

（1）将“高拱坝坝肩特大斜井型岩溶综合治理关键技术”成果在乌东德水电站工程等项目转化实施，解决了特大规模斜井型岩溶治理改造难题，实现了大坝拱座受力体治理与岩溶自然空间利用的有机结合，改善了施工期及永久运行期的通风条件，减少了溶洞围岩变形，保障了碾压混凝土浇筑质量，实现了优质快速施工，取得了多项专利及工法，经济社会和生态环保效益显著。

（2）将“复杂条件下特大规模导流洞群快速封堵关键技术”成果在乌东德水电站右岸导流洞下闸封堵工程等项目转化实施，实现了优质快速封堵的目标，为电站提前发电打下了坚实的基础，取得了发明专利3项、实用新型专利4项和省部级工法2项，经济社会生态效益显著。

（3）将“乌东德水电站复杂地质特大洞井群安全高效施工技术”成果在乌东德水电站右岸特大地下洞井群工程等项目转化实施，解决了大直径穹顶开挖成型和围岩稳定难题，实现了厂房洞室群安全稳定高效施工，优化了通风散烟井洞布置，解决了复杂洞室群施工期通风难题，实现了地下洞室群绿色施工，取得了多项专利及省部级工法，经济社会与生态效益显著。

（4）将“大型中微子实验站超深地下空间施工关键技术”成果在江门中微子实验站工程等项目转化实施，实现了超深大型洞井群施工技术新突破，解决了超千米长斜井狭窄空间安全高效施工技术难题，实现了600m级电梯深竖井安全高效同步施工，保障了洞井开挖施工安全，实现了竖井实验用水与外水完全隔离的目标，获得专利25项、省级工法4项，经济社会生态环保效益显著。

（5）将“乌东德水电站特大断面导尾改建施工关键技术”成果在乌东德水电站右岸导流洞、尾水洞改建工程等项目转化实施，有效改善了交叉结合段大跨度小夹角区域围岩的支撑条件，解决了含大量对穿锚索锚筋桩不良地质段施工技术难题，实现了钢拱架与高强度钢筋混凝土复合衬砌结构拆除的安全高效施工，获得专利4项、省部级工法3项，经济社会效益明显。

（6）将“大峡谷急流箱体式栏漂系统施工关键技术”成果在乌东德水电站栏漂工程等工程中转化应用，有效防止了栏漂排倾覆，实现了拦污和船舶穿行功能，保证了安装施工质量，实现了急流条件下栏漂系统施工的顺利实施，为乌东德水电站全部机组投产发电目标的实现打下了基础，获得省部级工法2项、专利授权2项，经济、社会效益显著。

（7）将“复杂严苛条件下深埋特大竖井开挖衬砌施工关键技术”成果在江门中微子实验站工程等工程中转化应用，实现了竖井实验用水与外水完全隔离的目标，解决了深埋竖井水池和实验厅涌水防治难题，保证了衬砌混凝土结构安全，获得专利25项、省部级工法4项、经济社会与生态环保效益显著。

（8）将“水电站大管径压力钢管数字化工厂化制作关键技术研究与应用”成果在新疆夏特水电站、辽宁清原抽水蓄能电站等项目转化实施，实现了大管径压力钢管数字化、工厂化高效、精准制作，获授权实用新型专利4件，受理发明专利7件、实用新型专利4件，形成省部级工法2项，发表论文6篇，取得了显著的经济和社会效益。

（9）将“基于BIM技术电缆三维敷设及数字化安装关键技术”成果在荒沟抽水蓄能电站、丰满水电站重建等工程等项目转化实施，实现了大型抽水蓄能电站电气设备与电缆数字化安装的全过程数字化管理，获授权实用新型专利1件，受理发明专利1件、实用新型专利2件，获得软著1项，形成省部级工法1项，发表论文1篇，经济和社会效益显著。

（中国水利水电第六工程局有限公司 何金星）

中电建水电开发集团有限公司 2022年科技创新情况

2022年，中电建水电开发集团有限公司（简称电建水电开发公司）组织召开科技大会，全年科技研发投入2954.36万元，拥有高新技术企业1家，重点科研项目批准立项9项，获得中国电建科研立项1

项，获得四川省电力行业协会重点研究课题2项，参与中国电建“揭榜挂帅”科技项目2项。其中“高土石坝运行安全风险智能监控关键技术”获得四川省科技进步奖一等奖，“多流域坝群智能监测与健康诊断技术验收”获四川省电力行业协会重大课题成果二等奖，“水电站典型生态环境修复技术构建研究”获中国水力发电工程学会科技进步奖三等奖。年内取得专利、软著21项，其中发明专利4项、实用新型专利16项、软著1项。参与编写国家技术规范《水轮发电机组安装技术规范》1项、团体技术标准《玻璃纤维增强内肋硅芯层塑料电缆导管》1项、企业技术标准71项。2022年，在《四川水力发电》期刊出版科技创新和技术论文专辑，实现技术交流和技术推广。

2022年，联合四川大学共同研发的多流域坝群健康在线监控与综合诊断平台上线运行，提高了电建水电开发公司对多流域坝群的监测和安全管理水平，并对省内中小型水库的安全管理具有借鉴意义。

2022年5月13日，国内首个梯级水光蓄互补电站——小金川公司春厂坝变速抽水蓄能电站在阿坝藏族羌族自治州小金县并网运行。2022年11月30日，该项目通过了工业和信息化部产业发展促进中心组织的综合绩效评价，认为该项目达到了预期研究目标，取得了重要创新成果，成果创新性和应用前景广阔。作为国家重点研发计划项目的示范工程，该系统的投产，实现了国内首台变速恒频可逆式抽水蓄能机组全功率运行，攻克了梯级水光蓄互补联合发电系统容量优化配置及接入、联合运行控制与智能调度等世界性难题。

（中电建水电开发集团有限公司　葛静）

中国葛洲坝集团股份有限公司 2022年科技信息工作情况

2022年中国葛洲坝集团股份有限公司（简称葛洲坝集团）科技信息工作主要有如下亮点。

（一）加强顶层设计，提升公司品牌影响力

①落实贯彻国家及中国能建科技创新精神，制定并发布了葛洲坝集团《科技创新实施方案》《“十四五”科技发展规划》《“十四五”信息化发展规划》，把握绿色低碳化和数字化两个转型方向，明确了169项重点工作，为葛洲坝集团抢抓“双碳”机遇和推进转型升级，下好科技创新和数字化转型“先手棋”。②葛洲坝集团技术中心被评为国家优秀企业技术中心，全国排名第八；葛洲坝集团申报认定为2022年高新技术企业，荣获湖北省高新技术企业百强称号，拥有高新技术企业总数25家。③承办了南京地下空间绿色发展高峰论坛、交通与能源融合发展论坛，邀请了多位院士及行业专家做专题报告，提升了公司在地下空间建造、交能融合领域的影响力。④科改示范效果凸显，三峡建设公司抢抓“科改示范企业”机遇，重塑科技创新体系，构建技术发展新格局，推动科研院所成为葛洲坝集团提升自主创新能力的支撑。

（二）承担重大科技创新任务，创新成效显著

①与国家和中国能建科技创新要求同频共振，在关键核心技术攻关、建设国家级科研平台、打造原创技术策源地、打造现代产业链链长等四个维度，葛洲坝集团牵头组织开展9项专项行动任务。完成了“水泥智慧工厂关键技术及装备应用研究”等8个中国能建“7·28”科技专项，获得中国能建2022年“揭榜挂帅”5个重大科技专项，承担了中国能建科技创新专项行动10项工作任务。②荣获行业级以上主要科技奖23项，其中“大宗固体废物及堆场绿色高效安全利用成套技术与装备”“复杂条件下多水源多目标大型水资源配置工程建设关键技术”分别获湖北省特等奖和一等奖；获批行业标准5部，工法17项、授权专利509项，其中发明专利68项。

（三）加强“产技融合”，服务生产经营和市场开发

①围绕CZ项目、深大城际、肇明高速等重大项目深度开展技术服务与指导。开展了700多次分级评审工作，提升技术方案编制质量，防范重大安全风险；推进CZ铁路示范工程创建、首件工程创建、“四新四小”技术研发与运用，编制一点四员工作指南等工作，其中湿地桥梁环保施工获得川藏公司优秀“四新四小成果”，CZ禾尼乡砂石系统采用先进的干法生产工艺，实现了智慧、绿色、高品质砂石生产，得到国铁主要领导好评；通过科技攻关解决重大项目技术难题，南京地下空间项目实现了复杂地质条件下超大规模深基坑优质、安全施工；卡塔尔最大蓄水池项目解决了大型水池底板分块及施工缝、高标号混凝土裂缝处理等关键施工技术；推进BIM技术在公司各业务领域的深度推广应用，组织各单位开展技术方案可视化交底工作。②通过技术优化、设计优化、提标改造等方式创造经济效益约32亿元。组织各单位开展技术方案优化，指导投资项目开展设计方案技术经济比选、限额设计与设计优化；组织开展多条水泥生产线降碳提质改造成套设备选型方案优化，平均提高价值工程系数10％和内部财务收益率1.5％以上，预计每年降本增效约1.3亿元；指导CZ铁路项目开展信息化平台建设与应用，助力信息系统数据对接，实现系统快速上线运行，累计节省系统建设费用约1000万元。③严把新疆三个水电站设备选型、设计、验收等关键环节；白鹤滩水电站8台公司安装的

1000MW巨型水轮发电机组调试运行，攀登水电"珠峰"，运行摆度均小于0.1mm，创造了大型水轮发电机组安装史上的最优记录，实现了"安全、准点、精品、美丽""台台精品"目标。④通过科技攻关解决重大项目技术难题。南京地下空间项目实现了复杂地质条件下超大规模深基坑优质、安全施工；卡塔尔最大蓄水池项目解决了大型水池底板分块及施工缝、高标号混凝土裂缝处理等关键施工技术。⑤开展引江补汉、青海多隆抽蓄、朝阳压缩空气储能等项目超前技术研究。

（四）推进技术标准体系建设，发挥引领示范作用

①组建生态体系（固废、污水处理）、交能融合、轨道交通、地下空间技术标准体系建设专班，科学规划了后期标准建设主要工作，完成了生态环保治理和交能融合领域的技术标准体系建设。②发布了《CZ项目单线单洞三台阶法一点四员工作手册》《纳晴8标下坝隧道不良地质段施工方案》《葛洲坝集团第一批安全技术成果案例》等技术标准范例。

（五）加快数字化转型

①严格落实中国能建数字化转型要求。按照中国能建"五统"要求，完成了财务一体化平台、主数据平台等统建信息系统的推广与应用。统筹开展葛洲坝板块的项目管理系统建设，完成了本部层级的平台搭建并在各单位推广应用。跟进中国能建业财一体化集成工作，完成了主数据平台测试、客商、合同等数据获取。②开展智慧工地等产业数字化研究应用。指导服务川藏等重点项目开展生产管理平台、智能拌和系统建设，提升项目管理水平，降低了信息化成本。推进企业智慧工地标准化建设，完成了智慧测量数字化平台建设，实现新开工项目智慧工地全覆盖。加大BIM技术在生产项目应用，一公司钦州北项目BIM应用，获得2022年"优路杯"BIM大赛银奖。③加强基础设施和网络安全建设。推动公司系统等保备案工作，本部已完成全部29个信息系统备案。持续提升私有云平台资源利用效率，承载全公司404台服务器和150个信息系统，占全部系统的85%，降低所属单位投入，提高了管理效率。完成公安部攻防演练、党的二十大等网络安全防护工作，未发生较大网络安全事故。

（中国葛洲坝集团股份有限公司　程志华）

技 术 创 新

丰满水电站全面治理（重建）工程——大型水轮发电机组安装关键技术研究与应用

丰满水电站全面治理（重建）工程是国际上首次进行的"百亿库容、百米坝高、百万装机"大型水电站重建工程，工程新建6台机组，水轮机型号为HLA1238-LJ-670型，单机容量20万kW，轴系长度约16.4m，转子直径13320mm。机组的振动、摆度、轴承瓦温差是衡量水轮发电机组安装质量的关键技术指标，影响机组的安全稳定运行和运行寿命；因此，中国水利水电第六工程局有限公司开展了相关研究工作。

（一）主要成果及创新点

(1) 研发了可变速旋转打磨设备，提出了数字水准仪＋多频点测量方法，解决了大尺寸水轮机座环法兰面传统打磨工艺精度低、加工变形大等问题。

(2) 研发了"多晶硅加热板＋履带式加热器"磁轭加热新工艺，解决了磁轭加热不均匀的问题，实现了转账磁轭均匀膨胀，提高了磁轭圆度及同心度工艺水平。

(3) 开发了盘车数据分析软件，研发了自动盘车液压装置，提高了轴线调整的质量水平。

(4) 研发的低温转轮摩擦剂，保证了低温条件下主轴与转轮组合面的摩擦力，提升了转轮、轴系连接质量及组件精度。

(5) 研究BIM技术在机电设备安装中的应用，基于BIM信息技术搭建电缆、管道系统三维模型；首次研究管路"工厂化"预制系统并取得了优异的成果。

（二）应用情况及推广前景

项目研究共获得授权实用新型专利8件，发明专利1件，软件著作权1项，发表论文5篇，形成省部级工法7项，QC成果7项。成果关键技术获得电力企业信息安全管理创新成果一等奖、中国安装协会科技进步奖二等奖、中国施工企业协会科技进步奖二等奖、中国施工企业协会微创新技术大赛三等奖等。该关键技术的研究依托丰满大坝重建工程开展并全面进行了应用，攻克了机组高精度安装的关键技术问题，在机组安全运行和运行指标取得了重大突破；实现了

水轮发电机组摆度小于 0.08mm，振动小于 0.04mm，其中 4 号机组满负荷摆度小于 0.04mm，振动小于 0.02mm，标志着水轮发电机组运行正式进入“5 道时代”，被央视评价为“世界上精度最高的机组”；开创了同类机组全负荷区安全稳定运行的先河，为东北电网调峰、调频和事故备用做出了贡献，社会及经济效益显著，推动了水电站机电安装行业跨时代的发展，具有推广价值。

（中国水利水电第六工程局有限公司　肖俊）

高压富水地层水工隧洞衬砌外水压力确定与渗控技术

“高压富水地层水工隧洞衬砌外水压力确定与渗控技术”是中国水利水电科学研究院 2022 年度科学技术奖获奖成果。

（一）研究背景

高压富水地层衬砌外水压力确定与渗控应对技术是深埋隧洞建设中面临的重难点问题，外水压力确定是否准确、渗控处理是否合理不仅直接关系衬砌安全性与经济性，而且关乎工程区地下水环境生态安全。因地下水分层水力联系关系复杂、衬砌外水压力形成作用机理不明、渗控设计定量标准缺乏，导致现阶段隧洞外水压力设计仍以工程类比和工程经验为主，给工程建设、运行及生态环境安全带来一定风险。

近十年来，课题组在多项国家级、省部级和重大工程项目支持下，攻克了准确获得隧洞位置初始水头、定量化确定衬砌外水压力大小、有效应对高外水压力三个关键问题，建立了围岩分层水力联系地表深孔与洞内综合监测技术，提出了外水压力量化确定方法与渗控设计标准，发明了应对传统排堵水处理后偏压风险的新型复合衬砌，解决了高压富水地层深埋水工隧洞外水压力应对难题。

（二）主要内容

（1）水工隧洞全周期地下水演化监测技术与初始水头确定方法。①建立了地表深孔分布式地层渗压自动监测技术；②发明了后埋式单孔多点同步测量地下水渗流压力监测装置；③提出了基于渗流场监测数据的初始水头确定方法。

（2）高压富水地层水工隧洞衬砌外水压力形成作用机理及量化确定。①研发了可拆卸式衬砌渗流物理模型试验装置；②建立了考虑渗控措施的衬砌外水压力折减系数与渗流量解析公式；③提出了考虑地质与渗控双因素的高压富水地层外水压力确定方法。

（3）高压富水地层水工隧洞渗控量化设计与新型衬砌结构。①建立了衬砌外水压力与隧洞渗流量关系图谱；②提出了衬砌允许外水压力和渗流量控制标准及量化设计方法；③发明了应对传统排堵水处理后偏压风险的新型复合衬砌结构。

（三）创新点

（1）针对高压富水地层深埋隧洞设计中长期将表观水头视为初始水头的固有认识，建立了考虑地层分层水力联系的地表深孔与洞内综合监测技术，提出了基于扰动渗流场监测数据初始水头确定方法。

（2）针对规范中外水压力折减系数取值主观性较大的局限性，通过模型试验、数值仿真以及理论分析，揭示了不同地层与渗控措施下外水压力分布演化规律，建立了考虑地质与渗控双因素的外水压力定量化确定方法。

（3）围绕高压富水地层深埋水工隧洞渗控设计难题，提出了允许外水压力和渗流量控制标准，构建了压流关系图谱及渗控量化设计方法，发明了应对传统排堵水处理后偏压风险的新型复合衬砌结构。

（四）推广应用情况

成果已在引汉济渭、滇中引水、引绰济辽、环北部湾水资源配置等重大工程中得到推广应用，社会、经济和环境效益显著。

（中国水利水电科学研究院　廖丽莎）

基于虚拟现实的抽水蓄能电站机组大修数字化管理系统研究与应用

该项目通过构建具有数字化、智能化的检修管控新模式，实现抽水蓄能电站机组检修的修前智能策划、修中标准化实施与指导、修后效果静动态评估的目标，保障机组检修高质效执行。将三维可视化技术、数据融合技术、智能决策技术应用到蓄能电站运维检修中，融合站内各类信息，远程精确重构三维实景感知、沉浸式检修作业场景，运用虚拟现实技术实现抽水蓄能机组模型全数字化、信息集成化、维修仿真高逼真度和人机交互自然化，为检修工作开展提供科学依据和技术支撑，提升电站整体的检修管理能力和智能化水平。

（一）主要创新点

（1）首次提出抽水蓄能机组吊装作业孪生推演方法，融合电站全景模型与检修标准作业规程等多源信息，建立检修多重虚拟推演评估模型，研究了复杂洞室空间下的检修吊装特性，得到了多种不同工艺模式下的协同效应与检修质效变化规律，推演迭代形成剪断销信号检测新工艺 1 项和导叶中轴套检修与机组吊装检修工具器 2 件，提高检修效率约 30%。

（2）提出基于 MOPSO-ELM 的抽水蓄能主设备

检修资源预测新方法，获取了抽水蓄能电站检修案例，分析检修资源在时间与空间维度下分布投入规律，提出基于MOPSO-ELM的抽水蓄能电站主设备检修资源预测方法，搭建抽水蓄能主设备检修案例库，建立的检修资源配置预测模型成功推算检修工时、检修场地与检修电源、工器具等资源裕量，研究多机协同共享泵工况下启动电源配置策略与应用，实现设备检修资源优化配置，提高检修协同效率20%～30%。

(3) 构建了抽水蓄能设备检修动静态综合评估方法，围绕抽水蓄能机组检修前后静态检测与状态监测数据，建立四分位数区间均值劣化度自适应熵权层次分析的设备检修质量动静态综合评估模型，实现了抽水蓄能电站主设备修后质量多层次、多角度、定量、客观的综合评估，指导修后遗漏问题的检出与治理。

(4) 首次抽水蓄能电站主设备数字化检修管理方法，研制了国内首套抽水蓄能电站机组检修数字化管理平台，以数字化仪引擎推动检修实施，填补了国内外抽水蓄能机组数字化检修领域技术空白，并在国网新源各抽水蓄能电站应用。

（二）应用情况

该项目就其规模、复杂程度、系统功能和技术先进性在国内外尚无先例，解决了抽水蓄能行业发展中的热点、难点和关键问题。该项目成果经鉴定为国内领先，已成功在莲蓄公司、莲水公司及新源公司抽水蓄能机组检修工程应用推广，取得了良好的应用效果。该成果入选2021年国网新源公司科技创新十大成果，依托该项目提炼的基于人工智能的机组检修全要素管控平台职工技术创新成果荣获国家电网公司第六届青创赛二等奖，抽水蓄能电站机组检修数字化管理系统荣获2021年度全国能源化学地质系统优秀职工技术创新成果三等奖。

（湖北白莲河抽水蓄能有限公司　胡志平）

特高拱坝坝体地基非线性耦合体系抗震分析及安全评价研究与应用

“特高拱坝坝体地基非线性耦合体系抗震分析及安全评价研究与应用”是中国水利水电科学研究院2022年度科学技术奖获奖成果。

（一）研究背景

水电在我国能源开发和结构调整中具有不可替代的重要作用。我国水能资源丰富的西南西北地区是高地震烈度区，对该地区高坝建设而言，大坝的抗震安全是工程设计、建设必须应对的严峻挑战。经过近三十年的探索和研究，高坝抗震理论和分析技术已取得长足进展，但在材料抗力、计算模型、计算能力和评价准则等方面的研究尚未能全面满足高烈度区特高拱坝建设的需求。本项目从材料本构入手夯实理论基础，从损伤和接触模拟方面改进优化算法，利用高性能云计算技术，构建更加符合实际抗震工作性态的特高拱坝-地基多耦合系统动态损伤演化全过程模拟体系，并提出了防止重大地震灾变的定量安全评价指标和统一准则。

（二）主要内容

(1) 特高拱坝-地基整体系统地震损伤演化及破坏机理研究。①基于试验的全级配混凝土拉压循环荷载下损伤本构研究；②受压损伤对大坝地震响应模拟的影响研究；③基岩非线性动力本构模型研究；④缝面大滑移接触模拟算法研究。

(2) 基于精细化模型和云计算的高拱坝超大规模高性能计算软件开发。

(3) 特高拱坝防止重大地震灾变定量安全评价准则研究。

（三）创新点

(1) 开发全级配混凝土拉压加卸载循环全过程试验装置和技术，获得了拉压往复应力应变全过程曲线；基于这一成果，提出受拉损伤后拉压转换时应力应变关系的双折线模型，推导其解析表达式，并明确了受压损伤对大坝地震响应的影响，从而构建了更接近混凝土拉压转换时真实状况的本构关系数值模型。

(2) 基于重叠型区域分解法、主从式并行架构、MPI并行编程技术，并融合混凝土拉压转换损伤本构、基岩材料动态损伤本构、点面接触大滑移模拟等理论模型，研发了具有完全自主知识产权的高拱坝-地基多耦合系统抗震分析高性能云计算软件，并结合“天河一号”超级计算平台，首次实现了千万自由度特高拱坝-地基材料损伤与坝肩稳定耦合的动力破损过程时程分析。

(3) 在考虑损伤与失稳两种抗力劣化机制的条件下，构建了更加符合实际抗震工作性态的高拱坝-地基系统动态损伤演化全过程模拟体系；在研究地震动输入频率非平稳特性影响和综合分析各类强震破坏模式的基础上，给出二类五组具体的可量化指标，定义特征变量地震超载曲线出现拐点这一统一判据，建立了防止高拱坝重大地震灾变的定量安全评价的统一量化准则，并给出最大可信地震超载安全系数的计算式。

（四）推广应用情况

成果已应用于金沙江龙盘拱坝抗震安全分析研究等多座强震区实际高拱坝工程抗震安全分析研究项目，为强震区特高拱坝的设计建设提供了重要的技术支撑。

（中国水利水电科学研究院　廖丽莎）

新能源集控及多能互补关键技术研究

"新能源集控及多能互补关键技术研究"是中国水利水电科学研究院2022年度科学技术奖获奖成果。

（一）研究背景

2020年9月22日，我国在75届联合国大会一般性辩论上宣布了中国力争2030年前二氧化碳排放达到峰值，努力争取2060年前实现碳中和。这意味着中国作为世界上最大的发展中国家，将完成全球最高碳排放强度降幅，用全球历史上最短的时间实现从碳达峰到碳中和。为了实现国家"双碳"目标，需对目前化石燃料占主体的能源结构进行转型，大力发展新能源电站建设，风电和光伏等可再生能源替代燃煤发电或替代燃气发电成为必然，这将迎来风电和光伏发电的发展热潮。为了降低管理成本，提高设备运营效率，风电和光伏集中控制是必不可少的手段。而新能源由于受天气影响不确定性，需要跟其他电源互补以提高电源质量，水电具有启动迅速、调节灵活、负荷响应快等特点，可以对新能源电站出力变化进行快速补偿调节，因此有必要对水风光多能互补关键技术进行研究，提高新能源消纳水平。

（二）主要内容

研究了新能源集控及多能互补关键技术，针对风电和光伏发电受天气影响带来的不确定性问题，采用水风光打捆上网方式，应用改进神经网络算法提高新能源预测精度，国内首次研发水风光多能互补协调控制软件，通过多能互补协调控制技术将新能源转换为像水电一样的优质电。

水光互补技术在龙羊峡水光互补电站首次示范应用，填补了国内水光互补技术空白。该项技术成果在新能源集控系统、水风光自动发电控制、水风光自动电压控制、发电计划制作和自动考核软件等方面拥有自主知识产权，已在国内多个新能源集控推广应用。

（三）创新点

（1）根据新能源集控与电站通信特点和需要，设计了新能源集控通用平台、集控层次结构和安全防护体系，研发多通道集群通信技术解决了海量数据采集问题，开发智能报警软件，根据需要扩展了IEC60870-5-104规约，编制了《基于IEC60870-5-104的水电网络通信协议扩充》电力行业标准。

（2）建立了基于最大信息熵理论光功率预测组合模型，小波-BP神经网络组合模型的风功率预测方法，提高预测精度，并根据预测功率可信度水平的差异，对预测信息进行分级处理，降低预测误差对电网的影响。

（3）国内首次研发了基于"虚拟水电"的水风光多能互补协调控制技术，研究水光互补协调运行方式、水电机组对不同规模光伏发电中、长期及短期、超短期的互补调度，实现了水风光有功功率互补和电压互补，将新能源转换为像水电一样的优质电，提高了新能源消纳水平。

（四）推广应用情况

成果已应用于龙羊峡水光互补电站、楚雄水光互补集控中心、国电投南宁新能源集控中心、国电投南昌新能源集控等，取得了显著的经济效益和社会效益，在新能源爆发式增长之际，研究成果具有广阔的推广应用前景。

（中国水利水电科学研究院　廖丽莎）

微细裂隙新型硅溶胶灌浆材料研究与应用

（一）项目研究背景

灌浆技术是目前水利水电工程地基处理中广泛应用的重要工程措施，该技术是把未凝固的防渗材料的浆液加压注入建筑物或其基础部分缝隙中，使浆液在被灌载体中渗透、扩散、充塞，经过一定时间后凝固和硬化，从而加固载体，以达到抗渗堵水的目的。

随着我国大规模工程建设的进行，遇到的裂隙（孔隙）细小的含水土体、岩体的注浆加固和防渗堵水工程越来越多。然而目前，解决微细裂隙地层灌浆问题是水工建筑物施工过程中的一大技术难题。因为普通硅酸盐水泥颗粒粒径较大，平均粒径约40μm，属悬浮状液体颗粒，很难渗透到岩土或混凝土的细微裂隙之中，无法达到对基岩微细裂隙进行防渗堵漏的目的。经过灌浆研究人员不懈努力，研发出可用于灌注地层微细裂隙的注浆材料：超细水泥浆材和化学浆材。超细水泥其平均粒径约4～10μm，最大粒径不超过20μm，可灌性比普通水泥有所改善，但其浆液仍属于颗粒状悬浮液，在遇到坝基岩体裂隙宽度小于超细水泥粒径的工程地质条件时，浆液无法灌入，防渗堵漏问题仍无法得到解决。化学灌浆浆材作为一类真溶液，理论上可渗透进任何具有合理宽度裂隙的岩土介质中，可以解决微细裂隙地层渗水漏水的问题。但是，大部分化学浆液都具有一定的毒性，且价格较贵，这在一定程度上限制了化学灌浆的工程实际应用。因此，研究并开发绿色环保无污染、可灌性好、固结强度高、施工方便和价格便宜的化学灌浆材料成为解决坝基地层微细裂隙渗水问题的主要方向。

目前存在的化灌浆材中，新型硅溶胶材料是一种环保性较好的化学浆材，且其黏度低、可灌性好、价格相对便宜，是解决微隙地层注浆问题的一种很好的灌浆材料。

（二）主要技术成果

基于微细裂隙地层灌浆施工提出的迫切需要，通过理论创新、技术攻关和工程应用，取得了丰硕的创新性成果：

（1）研发了微细裂隙地层绿色环保型灌浆材料——硅溶胶灌浆材料。揭示了硅溶胶结构的凝胶化机理，发明了新型硅溶胶灌浆材料，微细裂隙可灌性好，具有黏度低、凝结时间可调、耐久性良好、环保无毒等特点。解决了传统材料无法灌入地层和无法满足绿色环保性要求的技术难题。

（2）提出了硅溶胶灌浆材料耐久性试验方法和评价预测方法。研发了一套浆材试验装置，揭示了硅溶胶凝胶体及固砂体强度、二氧化硅溶出率、体积变化率、渗透系数等性能随时间规律，形成了耐久性主要指标和评价预测方法，验证了硅溶胶凝胶体及固砂体的耐久性。突破了水玻璃类材料无法运用在长期性或永久性工程的技术难题。

（3）创新了微细裂隙灌浆施工技术体系。基于室内灌浆试验和数值模拟施工工艺与效果评价分析，研发了微细裂隙水泥-硅溶胶灌浆施工成套技术，提高了微裂隙、微孔隙等高难度灌浆地层的施工效率，保证了质量。破解了传统灌浆施工技术无法满足微细裂隙地层灌浆质量要求的技术难题。

（三）获奖情况及推广应用情况

项目研究成果已应用于云南苗尾水电站、四川泸定水电站与老挝南欧江梯级电站等国内外10多项高难度灌浆工程，经济、社会和环境效益显著。研究成果获中国电建集团科技奖1项，获得专利8项，其中发明专利3项，标准2项，中国电建工法1项，发表论文11篇，获2022年度电力科技创新奖一等奖。

（中国水电基础局有限公司　叶玉麟　王辉）

大流量挑流小流量底流消能工的研究与应用

（一）任务来源或研究背景

目前新能源进入高质量大规模发展新阶段，作为支撑新能源发展而开发的抽水蓄能电站也进入快车道。河道型抽水蓄能工程的泄洪导流建筑物具有流量变化幅度广的特点，其下游必须采取适当的消能防冲设施，避免下泄水流冲刷下游河床，危及枢纽建筑物和岸坡的安全。在当前已有的消能型式下，泄洪导流建筑物不能兼顾下泄小流量及大流量洪水的消能效果，难以保证结构的安全性和耐久性。该项目通过研究，重点突破高水头、流量变幅广的泄洪导流建筑物的消能瓶颈，在高水头、大流量泄洪时，水流落点远离岸坡，下游河道冲淤情况较好；小流量运行避免对结构基础的掏刷；兼顾大流量、小流量运行工况，推动泄洪导流建筑物消能型式在抽水蓄能及水电水利工程中的技术进步。

（二）成果的主要技术创新点

（1）首次提出了“大流量挑流、小流量底流消能工”的布置型式、缝面结构、基础处理等主要控制指标，为高水头、流量变幅广的泄洪导流建筑物的有效消能型式应用提供了技术支撑。

（2）揭示了“大流量挑流、小流量底流消能工”采用的水力学理论，在高水头、大流量泄洪时挑流消能，水舌远离岸坡，下游河道冲淤情况较好；小流量下泄水流经过消能工壅水段底流消能后流入下游河道，冲刷范围小，冲刷程度轻，解决了长期小流量运行对结构基础的掏刷问题。“大流量挑流、小流量底流消能工”的结构设计能够满足高水头、流量变幅广的泄洪导流建筑物的消能要求；在大流量、小流量泄洪工况下，泄洪建筑物的消能效果明显提高。

（3）系统提出了整体反弧型底板的结构设计，解决了底板抗浮及抗滑稳定问题，以及底板过长对基础部位受力不均匀的适应性问题。

（4）提出了泄洪导流建筑物“大流量挑流、小流量底流消能工”的设计方法和施工工艺。

（三）成果应用及推广情况

（1）应用情况，推广应用的范围、条件和前景。研究成果已经过水工模型试验验证，并成功应用于新疆阜康抽水蓄能电站工程。运行实践和研究表明，“大流量挑流、小流量底流消能工”，在小流量下泄水流时形成淹没水跃进行底流消能后流入河床，当流量增大，其作用机理表现为：下泄时水流能从反弧段挑射至河床，远离建筑物及枢纽边坡，形成挑流消能，完全兼顾小流量及大流量的泄洪消能要求。面对抽水蓄能电站的开发建设，“大流量挑流、小流量底流消能工”在抽水蓄能工程及水利水电工程中泄洪导流建筑物及下泄流量变化幅度广的泄洪建筑物中极具发展和推广应用前景。

（2）对促进行业科技进步的作用。研究成果突破了高水头、流量变幅广的泄洪导流建筑物现有消能型式存在的关键技术瓶颈，解决了泄洪导流建筑物下泄小流量及大流量洪水，消能效果不能兼顾的关键技术问题；通过产学研用深度融合，推动了泄洪导流建筑物消能型式在抽水蓄能及水电水利工程中的应用及技术进步。

（中国电建集团西北勘测设计研究院有限公司　刘洁玉）

特高拱坝安全监测设计及分析应用研究

（一）背景与意义

我国第一座拱坝为厦门市的上里浆砌石拱坝，建造于1927年，坝高27m。20世纪50年代，我国修建了坝高20m左右的拱坝13座；60年代，拱坝建成的不过40余座；70年代和80年代，拱坝开始在黄河、雅砻江等大江大河上大量建设，每10年建成的拱坝总数超过300座。从坝高上来说，五六十年代，拱坝高度在百米以下；70年代超过百米；80年代超过150m向200m接近；90年代已到达240m并开始向更高的特高拱坝冲击。

在我国拱坝建设中，群英水坝（1971）是我国第一座坝高超过百米的拱坝；大成水坝（台湾，1974）是我国最高的后倒双曲拱坝；凤滩水坝是我国第一座空腹式和世界上泄量最大的拱坝；龙羊峡水坝（1989）是我国最高的重力拱坝；二滩水坝（1999），是我国最高的双曲拱坝。目前我国200m以上特高拱坝有锦屏一级（305m双曲拱坝）、小湾（294.5m双曲拱坝）、溪洛渡（285.5m双曲拱坝）、拉西瓦（250m对数螺旋型变厚双曲薄拱坝）、二滩（240m双曲拱坝）、构皮滩（220m）和大岗山（210m双曲拱坝）拱坝，这些拱坝在坝高、总推力、泄量和名义泄洪功率等方面，在世界上都具有极大的特点。

国内外已有拱坝事故表明，大约67%以上的拱坝失事和事故归结于拱坝地基和某些地质问题。拱坝地基问题一般包括地基破碎、地基软弱、地基不均匀、地基膨胀收缩大、较大不连续面或其他地质缺陷的存在，以及地基化学、物理稳定性和地基过硬或局部过硬；孔隙水压超常；岩溶渗漏；地基开裂、剪损和滑动；地基内的上滑；坝肩及其高部岸、边坡的滑移或失稳；坝后岸、边坡滑移或失稳等问题。从失事时间分析，拱坝工程各种事故的发生与首次蓄水或首次高水位有密切关系，首蓄或首次高水位的事故率在70%以上。

安全监测是工程管理的“耳目”。通过安全监测资料的分析，了解拱坝与基础（包括坝肩）在初期蓄水和长期运行中是否安全，以便及时排除不安全因素。还可以了解结构性能、材料特性和岩体特性，验证和改进设计。施工期间的观测，有助于保证施工质量、进度和安全生产。因此，该项目以国内兴建的高拱坝及特高拱坝为研究对象，对其从安全监测布置、监测资料分析、工作性态方针分析、发展趋势与展望进行分析。以期从已有的工程中总结出特高拱坝在安全监测方面的技术经验，为后续拱坝建设提供可靠的参考依据。

（二）成果与创新性

（1）主要研究成果。①通过分析拉西瓦及其他7座特高拱坝安全监测布置情况。总结特高拱坝在监测设计要点，主要包括加强库盘和谷幅的变形监测，合理布置变形、渗流、接缝、应力应变、温度等监测断面及测点的数量和位置，关于两岸抗力体、断层等特殊结构的监测措施。提出了关于特高拱坝监测布置的一些思考，主要包括将库盘和谷幅变形编入规范中，纳入永久监测项目；应用INSAR进行非接触式整体监测手段；依据柔性测斜仪进行水平位移的连续监测方法；关于全自动化监测仪器和方案的探讨。该成果对于特高拱坝设计、施工具有一定参考价值。②通过分析特高拱坝变形、渗流、温度等监测资料，总结特高拱坝在施工期和运行期监测特点，主要包括施工期拱坝温度场变化特性和温控措施，以及封拱后的监测特点；蓄水期拱坝变形、渗流、接缝、应力应变、温度等监测量的一般变化规律；长期运行情况下，对于拱坝及坝肩变形、坝身弦线、坝身泄水建筑物等项目监测重点。该成果可对特高拱坝监测管理及预警工作体提供依据。③通过分析拉西瓦拱坝变形实测成果、有限元计算成果与物理模型试验成果，掌握了三者之间差异关系。依据监测数据对特高拱坝进行反演分析，得到拉西瓦拱坝施工期综合变形模量，运行期线膨胀系数、自生体积变形、坝体弹性模量等参数实际与理论设计差异，同时分析了拱坝设计温度荷载与实际温度场影响关系。该项成果可为后续特高拱坝结构设计和计算参数选择等提供参考。④阐述了特高拱坝安全监测标准规范、设计与施工技术，监测仪器类型等发展情况，宏观了解到其中的现状及不足。提出了特高拱坝智慧监测基本架构，以及为实现智慧监测目前较新、较热门的数字孪生、物联网、云计算等关键技术在智慧监测中的应用方向。通过更长远地展望安全监测，以期更好地促进其快速发展。

（2）主要创新性。①首次对比分析了国内六座坝高超过200m的特高拱坝在建造和运行期的安全监测设计方案，以及资料分析和反演分析结果。总结了特高拱坝在监测项目、仪器设备、方案布置等设计中的要点内容。②首次探讨了智慧监测的基本概念，并提出其基本架构，同时提出了部分关键技术在智慧监测中的应用方向。

（三）社会与经济效益

①研究特高拱坝安全监测设计与分析，可为后续特高拱坝设计、建造及运营管理提供参考。可节约工程量，提高工程质量；为施工期、蓄水期以及运行期

的安全监测重点关注内容指明方向；为安全监测方案设计提供指导，有助于获取真实、全面反映工程状况监测数据，同时节约监测仪器；总结特高拱坝一般运行规律，有助于判断拱坝安全状况，并进行安全评价。②特高拱坝其构建的防洪体系，可保障流域人民生命财产安全，有助于当地经济发展、稳定。特高拱坝工程发电量巨大，可向社会提供源源不断的电力，有助于减少碳排放、节约有限的化石能源。可参与水库群联合蓄水调度，提升水资源利用率，带动周边地区经济发展。总之，特高拱坝安全监测以保障工程安全为基础，创造社会及经济效益。

（中国电建集团西北勘测设计研究院有限公司 李斌）

特大型高流速泄洪洞群抗冲耐磨镜面混凝土关键技术

（一）工程概况

泄洪建筑物是水库大坝和流域防洪安全不可或缺的重要建筑物，随着我国水电开发逐渐转移到西部高山峡谷地区，河床狭窄，泄水建筑物布置困难，泄洪洞已成为主要泄洪设施之一。大型水电工程泄洪洞在高速水流作用下，由于表面不平整、施工缝、结构缝等缺陷，导致泄洪洞在运行期发生空蚀和冲磨破坏事例屡见不鲜。建造体型精准、耐磨防裂的泄洪洞是世界性难题。白鹤滩水电站是目前在建世界最大水电工程，其无压泄洪洞群为世界之最，其设计断面尺寸15m×18m（宽×高），最高水头120m，最大泄量12250m^3/s，最高流速47m/s，总长6.7km。白鹤滩水电站泄洪洞“高水头、大泄量、高流速”对隧洞衬砌混凝土的特殊要求以及大断面隧洞衬砌混凝土“无衬不裂”的世界性难题，开展了理论研究、材料研发、装备研制、技术开发等系统研究，形成了特大型高流速泄洪洞群抗冲耐磨镜面混凝土关键技术，提升了工程建造水平。

（二）特大型高流速泄洪洞群抗冲耐磨镜面混凝土关键技术

（1）提出了基于低热水泥高强低坍高性能混凝土技术路线，研发了过流面“低热水泥、低坍落度、低胶凝材料、高强度”的高性能混凝土，减小了表面气泡、裂缝等缺陷风险，为实现零缺陷混凝土、提高混凝土抗冲耐磨与温控防裂性能提供了技术支撑。

（2）研制了大坡度重载快速自动供料、龙落尾陡坡下行输料、高边墙皮带升送和水平布料入仓专用设备，研发了大坡度变断面液压自行走衬砌台车和龙落尾曲面底板滑框翻模等体型精准控制模板系统，构建了低坍落度混凝土高效优质施工新型成套装备。

（3）研发了环向施工缝无缝衔接施工工艺，提出了五步法精细化收面方法，形成了施工工序、时间间隔、混凝土可塑性、定量标准“四位一体”质量控制标准体系，创建了水工隧洞镜面混凝土施工成套工法。

（4）揭示了薄壁衬砌混凝土致裂机理，建立了混凝土抗裂准则，发明了隧洞薄壁衬砌混凝土全过程智能温控和养护系统，降低混凝土温升，实现了大断面隧洞衬砌零温度裂缝。

（三）实施效果

白鹤滩水电站泄洪洞工程混凝土衬砌体型偏差符合率达98.6%，平均偏差6mm，平均不平整度1.1mm/2m，施工缝面零缺陷，实现了泄洪洞薄壁衬砌混凝土“无缺陷、免修补、抗冲磨”目标，达到了人影可鉴的镜面效果，获得行业专家高度认可，引领泄洪建筑物无缺陷建造。

（中国水利水电第五工程局有限公司 彭培龙）

土石坝渗漏精准探测与靶向治理成套技术和装备

水库大坝安全是国家水安全的重要保障，对防洪安全和水资源调节具有重要意义，公益性、基础性、战略性强。根据统计，我国现有水库大坝9.86万座，居世界首位，其中土石坝占91.8%，因渗漏原因导致土石坝失事比例高达35%。我国土石坝渗漏问题频发、反复出险多，重要原因在于渗漏细观演化机理研究滞后导致“误诊”、渗漏探测能力不足导致“漏诊”，使得渗漏险情难以“根治”。研究土石坝渗漏防治具有迫切的现实需求。

项目组聚焦土石坝渗漏探测与治理技术持续攻关20余年，在土石坝渗漏破坏细观演化机理与渗流控制设计准则、渗漏智能精准探测技术与装备、渗漏治理靶向技术等方面取得了系统的突破性成果。

（一）提出了土石坝渗漏细观演化机理与多目标渗流控制设计准则

突破常规试验手段无法全过程精确捕捉渗漏行为细观信息的限制，构建了描述渗漏破坏细观演化全过程的流固耦合模型，提出了颗粒滑动形成渗漏通道的力学判据，揭示了“颗粒滑动-水力劈裂-颗粒逸出-通道形成”的细观演化机理，实现渗漏破坏全过程细观演变的直观描述与定量预判；建立了“截渗降压+水力过渡+反滤保护”多目标渗流控制设计准则，提出了逆向重构防渗体的渗漏治理新思路，构建了考虑反滤层厚度、层间协同自适应修复的反滤体结构设计新方法，破解了反滤料颗粒迁移导致防渗体结构失效的难题。

（二）研发了土石坝全域全过程快速精准渗漏探测系列技术和装备

发明多源异构数据透传技术，研制了集红外探测、激光测距、双镜头同步测量于一体的“空中五目协同快速巡检装备”，实现“裂缝长度-变形宽度-渗漏范围”的一体化智能巡检与高效辨识；发明时移分布式电法在线监测技术，研制渗漏演化远程智能追踪装备，实现土石坝重点区渗漏演化过程远程高效动态追踪，探测效率提高50%；突破国外技术封锁，自主研发国内首台堤坝渗漏三维探测仪，发明双源磁场精准解译技术，实现磁电阻率法探测装备国产化及坝体内部任意走向渗漏路径的精准定位，精度达米级；研发视声一体化微渗漏精准探测技术，检测水深达200m级；研制的小型化、模块化氦氧混合气潜水探测成套装备，将水库环境人工潜水探测深度从60m提升至120m。

（三）研发了水库不放空条件下土石坝渗漏靶向治理成套技术

发明管道渗漏“递减粒径料快速控流技术”，靶向封堵集中渗漏管道和坝身大空腔，攻克渗漏流量达立方米每秒级、集中渗漏断面达平方米级的管道渗漏快速封堵难题；研发“膏浆定界-混浆充填”有限扩散控制灌浆防渗体重构技术，为挡水运行条件下堆石坝防渗体重构提供了一种新的无损加固方案；研发土岩接触带“变径搭接隔管灌浆”成套技术，实现了土石坝坝基接触带的高效控制灌浆，解决了土岩接触带防渗治理的难题。

研究成果授权专利63项（含国家发明专利34项），发表高水平学术论文130篇（含SCI/EI 35篇），出版学术专著8部，列入“水利部水利先进实用技术重点推广指导目录”5项，登记计算机软件著作权14项，施工工法1项，成果被9部行业规范采纳。成果在湖北东方山、柬埔寨达岱等300余座病险土石坝病害探测、除险加固等工程中实现了规模化应用，并取得经济、社会效益。

（长江勘测规划设计研究有限责任公司　彭文祥）

抽水蓄能电站500kV超长干式电缆应用研究

吉林敦化抽水蓄能电站位于吉林省敦化市北部小白林场。电站装机4台单机容量为35万kW可逆式蓄能机组，以500kV一级电压接入电力系统，出线一回。电气主接线方案为：发电电动机和主变压器采用联合单元接线，500kV侧采用三角形接线，地下GIS及地面GIS间采用两回500kV XLPE高压电缆连接，最大单根长度为1546m，落差约为87.7m。该工程500kV XLPE高压电缆线路为目前国内最长，且电容量大。

（一）工程重点难点

由于国内工程实际需求和供货商生产、试验能力限制，国内尚无单根长度达到1500m的电缆运行业绩。在500kV电缆出线系统设计方案制定过程中，需要考虑是否增加电缆中间接头。统计数据表明，高压电缆接头故障率是本体故障率的4倍左右。电缆接头及附件被认为是高压电缆绝缘薄弱环节，如设置中间接头，则相当于增加了一个潜在的故障点，一定程度降低高压电缆运行可靠性。如不设置中间接头，则需对500kV电缆的生产、试验、运输以及电站枢纽布置方案进行可研究，从而提高500kV电缆运行可靠性，解决抽水蓄能电站500kV采用超长干式电缆需要考虑的设计、制造、工厂试验、运输、安装、现场试验、试运行、长期商业运行等一系列问题，填补国内电力工程应用空白，对超长高压电缆的国产化具有开创性意义。

（二）主要研究内容

（1）降低单根超长电缆金属护套感应电压，提高可靠性。在三相交流系统中，单芯电缆导电金属护套通常与电缆导体电流产生的一部分磁通相连接。产生的磁通会对金属护套产生感应电压。同时，电线排列中心距离和金属护套平均半径之比的对数与感应电压数值成正比，并且与导体频率、负荷电流以及电缆长度成正比。单芯电缆金属护套如采取两端接地，金属护套感应电压会在金属护套中产生一定循环电流，此电缆间距受到电流大小、单芯电缆排列方式、线路长度、电缆负荷、短路电流等多种因素影响。该工程高压电缆单根最大长度达1546m，输送负荷亦较大，电缆金属护套中感应电压较高，系统发生单相短路时，金属护层感应电压更高。通过对短路电流及高压电缆不同布置方式下感应电压进行计算，并综合考虑布置方式安全性、运维便捷性等方面，采用了品字形分层倒三角布置方案，降低金属护层感应电压，提高系统可靠性。

（2）金属套短路热稳定校验。金属套截面应满足单相或三相短路故障时短路容量的要求。根据IEC 60827《电缆额定电流的计算》相关计算公式，对金属套绝热情况和非绝热情况下短路电流进行校验，结果满足短路热稳定要求。

（3）回流线布置。高压单芯电缆设有一层铝金属护套，当线芯通电后会在金属套上产生感应电压。在系统短路时电缆金属套产生的工频感应电压超过护套绝缘耐受强度或护层电压限制器的工频耐压、需抑制电缆对邻近弱电线路电气干扰强度时，需沿电缆邻近设置回流线。回流线敷设可有效降低电缆金属护层感应电压，为此，回流线两端必须接地。由于在系统正常运行时，回流线上必然产生感应电压，而回流线两端直接接地，回流线必然产生感应电流，从而给系统带来额外损耗。通过故障情况感应电压计算，把回流线布置在三角形重心，由于回流线到三相电缆距离相等，那么在三相负荷相等，三相电流互呈120°情况下，它们在回流线中感应的电压大小相等，方向互呈120°，合成电压为零。对于平行敷设，以相间距的三七开布置回流线，在电缆线路中点换位，这样以中点为界，两边的回流线中感应电压相等、方向相反。从而保证回流线两接地端电压差为零。

（4）厂家生产制造能力。因高压电缆绝缘和护层较厚，如像低压电缆一样平行挤包护层，由于重力作用容易引起电缆偏心，造成护层厚薄不均，不能达到高压电缆的质量要求。因此宜采用立塔式生产线防止偏心。该项目高压电缆厂商生产线采用立塔式生产线，塔高118m，在不断电情况下可连续生产数千米长电缆，满足要求。

（5）设备运输方案。经设备厂商计算，最长一根电缆（1546m）的电缆盘尺寸为4.2m×5.9m×4.2m（长×宽×高），质量为41.5t。根据以上数据，在考虑运输方案安全可靠、经济实用、高效迅速前提下，经实地查勘，确定了运输路径，沿途公路、桥梁、隧洞等满足运输尺寸及重量的要求。

（6）电缆试验。500kV XLPE电缆例行试验所要求的主绝缘交流耐压试验和局部放电试验，由于该项目高压电缆单根长度较长，电容量大，常规试验设备无法满足电容量要求，因此采用了运用串联、并联谐振电抗器形成组合方法，完成相关试验。

（三）研究成果

通过抽水蓄能电站500kV超长干式电缆应用研究，首次形成了一整套单根1500m长度500kV XLPE高压电缆的电气参数分析、布置方案设计、运输方案调研、试验方案策划、敷设方案研究等关键技术，减少了6个电缆中间接头投资，节省了42天接头制作工期；消除了中间接头在运行中可能存在风险隐患，缩短了施工工期、降低事故风险和建设管理成本；为类似项目设计方案提供思路和研究方向，同时高压电缆设计、制造表明国内厂家制造水平达到国际领先水平。

（中国电建集团北京勘测设计研究院有限公司
张悦）

玻璃纤维增强复合材料（GFRP）筋在大坝面板中的研究与应用

目前，已建和在建的抽水蓄能工程中主要结构仍以钢筋混凝土材料为主，普遍具有结构不规则、钢混材料用量大、使用年限长、应用条件复杂、钢筋在碱性环境锈蚀等一系列特点，传统的混凝土结构很难找寻低碳发展方向，同时结构裂缝问题及钢筋锈蚀问题时有发生。耐碱玻璃纤维类复合材料作为新型低碳类建筑材料，不仅在低碳降耗方面优势凸显，而且在减少混凝土裂缝、碱性环境替代传统钢筋等方面等具有显著的优势，已在铁路、市政、建筑等行业领域陆续得到推广应用，但在水电行业尤其蓄能电站的应用方面仍然是个空白。因此，亟须开展抽水蓄能电站耐碱玻璃纤维类复合材料应用研究，一方面探究分析该种新材料在抽水蓄能电站工程典型混凝土结构中的应用情况，以期为传统的钢筋寻找耐碱性的替代材料，同时为抽水蓄能电站传统混凝土低碳发展探究新的方向；另一方面也对今后其他抽水蓄能电站耐碱玻璃纤维类复合材料的推广应用提供借鉴。

针对以上问题，以山东文登抽水蓄能电站为依托，开展玻璃纤维增强复合材料（GFRP）筋在大坝面板中的应用研究。

（一）主要研究内容

文登抽水蓄能电站上水库面板堆石坝垫层料采用库内开挖的微新风化料加工而成，过渡料和上游主堆石料采用库内开挖的弱微风化料，下游堆石区采用库盆开挖的全强风化料筑坝，目前已填筑至坝顶627m高程。为了满足2023年1月1日首批机组投产发电要求，对面板采用分两期施工，一、二期面板之间设置水平结构缝，水平结构缝高程为605m。同时根据现场要求，面板采用耐碱玻璃纤维筋替代钢筋。

为对比分析上水库面板采用耐碱玻璃纤维筋和钢筋的受力情况，检验耐碱玻璃纤维筋的受力是否满足规范要求，尤其是根据面板配筋作用和坝体与面板施工过程，结合现场监测成果对比分析，依据两种材料物理力学特性和计算成果分析各自优缺点和适宜性。在相应坝料、混凝土参数情况下计算施工、蓄水及运行期混凝土面板结构应力、变形及周边缝、垂直缝位移量等关键指标，对面板周边缝、垂直缝及水平缝位移做出评估。在上述计算分析基础上，对文登上水库堆石坝面板采用纤维筋和钢筋做综合评价和应用建议。

（二）主要创新点

（1）在文登抽水蓄能电站上、下水库面板进行钢筋替代材料使用研究，并在防止或减少混凝土产生裂缝问题方面进行探究，不仅可以减少混凝土工程中钢筋使用量，还可以避免钢筋锈蚀而降低混凝土结构使用耐久性问题，为抽水蓄能电站传统混凝土结构在低碳、耐久性建设方面做出新的尝试，加快施工进度、降低人力成本、达到创新应用研究效果；

（2）对比分析上水库面板采用耐碱玻璃纤维筋和钢筋受力情况，检验耐碱玻璃纤维筋受力是否满足规范要求。在计算分析基础上，对文登上水库堆石坝面板采用耐碱玻璃纤维筋和钢筋做综合评价和应用建议，为后续工程设计及施工提出进一步合理化建议。

（3）通过研究，形成一套从试验、设计、实施、检测、监测多方面系统的研究成果，为推广应用提供建议，为今后其他抽水蓄能电站玻璃纤维类复合材料的应用实施提供依据。

（三）推广应用情况

为推进新材料应用，文登抽水蓄能电站多部位尝试应用了玻璃纤维增强复合材料（GFRP）筋，分别为上、下水库面板、上水库进/出水口前池底板及 3 号尾水隧洞与 6 号施工支洞交岔部位，有效解决混凝土结构中的钢筋腐蚀问题，为传统混凝土结构低碳、钢筋抗腐蚀等问题提供新的解决思路，取得了显著的效益。

（中国电建集团北京勘测设计研究院有限公司
吕典帅）

酸性骨料在沥青混凝土面板上的应用

沥青混凝土面板由于其适应基础变形能力强、防渗性能好、易于维护和维修等特点，在国外的许多水库防渗工程中广泛应用，特别是抽水蓄能电站水库采用全库盆防渗时更为普遍。

骨料和沥青是沥青混凝土的主要原材料，骨料的化学成分对骨料与沥青之间的黏附性能有重要影响，通常据此将骨料分为碱性骨料和酸性骨料。骨料与沥青黏附性直接关系到沥青混凝土的强度、变形性能、水稳定性和耐久性等一些重要性能。碱性骨料与沥青具有良好的化学吸附作用，与沥青的黏结力较好，能保证沥青混凝土的水稳定性；酸性骨料与沥青之间主要是物理吸附作用，与沥青的黏附性和耐久性较差，但是在采取一些技术措施后，酸性骨料与沥青的黏附力会有一定的提高，达到相应的设计使用要求。

酸性骨料在水工沥青混凝土中的应用研究，有它自身的特点，研究的内容、方法及所需关注的重点问题也有明显不同。从酸性骨料在水工沥青混凝土的应用来看，存在着心墙和面板两种应用场景，沥青混凝土心墙国内已开展了一定的研究和较长时间的工程应用，目前运行情况良好。但是沥青混凝土心墙厚度较大，均大于 50cm，且埋在坝体中间；对于沥青混凝土面板，防渗层厚度只有 10cm 且直接暴露于坝体表面，目前还没有应用酸性骨料的工程先例。如果酸性骨料能应用于水工沥青混凝土面板实际工程中，那么对于碱性岩石缺乏的工程而言将具有重要的意义。

针对酸性骨料问题，以山东沂蒙抽水蓄能电站为依托工程，开展了酸性骨料在沥青混凝土面板上的研究工作。

（一）主要研究内容及创新点

目前国内水工沥青混凝土面板工程中，沥青混凝土骨料几乎全都采用碱性骨料。实际工程中，多数碱性骨料料场不在工程区内，因国家对环保要求的进一步提高和落实，不少工程区外的碱性骨料料场已经关停，使得沥青混凝土碱性骨料的来源受限。依托沂蒙抽水蓄能电站上水库酸性骨料沥青混凝土进行研究，主要考虑结合工程区内料场的开采，研究了酸性骨料的改性材料、配合比设计和耐久性，同时研究了沥青混凝土酸性骨料的适用性评价方法及技术指标。研究成果应用于沂蒙抽水蓄能电站上水库沥青混凝土面板防渗工程，旨在通过研究，探索出酸性骨料沥青混凝土从技术指标、配合比设计、生产到施工过程中的技术要点、黏附性及耐久性等性能的试验方法，及施工过程中关键控制参数及质量保证措施。总结出酸性骨料沥青混凝土在水电工程中应用的关键技术问题，重点和难点及下一步需关注的研究方向。

（二）推广应用情况

沂蒙电站上水库沥青混凝土总防渗面积 33 万 m^2，其中整平胶结层采用酸性骨料的面积为 8.5 万 m^2，占设计面积的 26%；防渗层采用酸性骨料的面积 18 万 m^2，占设计面积的 60%。电站 2021 年 10 月 1 号和 2 号两台机组投产发电，2022 年 1 月 3 号机组投产发电，至 2022 年 3 月四台机组全部投入商业运行。自机组投运以来，总体运行情况良好。2021 年 10 月 19 日，中国电力企业联合会组织召开了“酸性骨料沥青混凝土防渗面板关键技术研究与应用”科技成果鉴定会，主要鉴定意见为“该项目针对酸性骨料在沥青混凝土面板中的应用问题，开展了酸性骨料沥青混凝土防渗面板关键技术的研究，并成功地在国内外首次将酸性骨料应用于水工沥青混凝土防渗面板工程。”项目的研究成果解决了酸性骨料在水工沥青混凝土防渗面板工程中的应用难题。针对缺少碱性骨料的工程，可以减少外购骨料，缩短运距，具有显著的经济效益和环境效益。该成果在山东沂蒙抽水蓄能电站中进行了大范围应用，并具有显著的推广应用价值。鉴定委员会认为，项目成果总体达到了国际先进水平，其中酸性骨料在沥青混凝土防渗面板应用技术达到国际领先水平。

酸性骨料沥青混凝土在沂蒙抽水蓄能电站上水库面板防渗工程中已成功实施，属首次应用，为全库盆沥青混凝土面板防渗这一优良防渗方式拓宽了应用范围，填补了业内空白，成果对我国水工沥青混凝土防渗技术的推广具有积极的作用，对今后抽水蓄能电站设计具有重要的借鉴作用和指导意义，社会经济效益显著。

（中国电建集团北京勘测设计研究院有限公司 王彩霞）

基于数值图像处理的坝料级配快速检测技术

长河坝水电站大坝砾石土心墙堆石坝工程，心墙土料填筑量大、料源分布广、级配差异大、掺配工艺复杂，采用传统方法检测效率难以满足机械化高强度施工要求。项目历经多年“产学研用”联合攻关，首创性将数字图像处理技术融入到坝料颗粒级配检验之中，同时结合人工智能和大数据等先进手段，摸索出了一整套方便、快速且精准的坝料颗粒级配检验技术。

（一）关键技术创新点

(1) 构建了一套坝料颗粒数字图像标准采集系统，制定了数字图像获取、识别和存储等成套数据标准，实现了坝料颗粒图像的数字化与标准化，形成了坝料颗粒数字图像采集标准操作规程。①项目通过市场调研、大量室内外试验，根据工程精度要求、费用、操作简便性等综合考虑选取合适图像采集装置，包括相机牌子、镜头定焦范围等参数；根据采集图像所需的高度、光线、取样范围等条件，结合现场简便易于操作原则，提出了一套坝料颗粒数字图像标准采集系统，并确定了相机型号、焦距、架设高度，采样板材质、尺寸以及坝料摊铺顺序等一系列标准参数。②该项目构建了数字图像标准化获取、存储和处理流程，首先根据坝料颗粒尺寸，采用连续二分法逐级递减获取坝料不同粒径图像，每一组粒径内以数张照片集的叠加拼合方式获取该组所有图像信息，以 $1mm^2$ 内有 6～8 个像素为控制指标，图像采样分辨精度可达 0.2mm；根据坝料颗粒数字图像特点，以小波变换和对比度增强为一体预处理手段，通过模糊修正算法去除照片上由于光照不均、灰层等引起的噪点，并增强凸显坝料颗粒像素信息。综合上述颗粒图像标准化采集设备和操作流程，构建了坝料颗粒图像采集标准采集与预处理规程。

(2) 建立了基于坝料颗粒图像全局处理、局部增强和阈值分割等为一体的坝料数字处理技术，研发了基于分形特性坝料尺寸拟合算法和颗粒形态智能辨识技术，构建了不同形态坝料颗粒数学模型，解决了低色差、高黏连多相土料颗粒识别难题。①该项目根据颗粒间形状、灰度差异性以及边缘像素阶跃变化特性，研发了集边缘检测、局部增强和 Ostu 阈值分割等为一体的坝料颗粒智能识别技术，利用基于最优阈值的分割方法实现对坝料颗粒图像自动分割，然后提取各个颗粒边界，并且进行标记；在图像边界分割提取基础上，采用颗粒边界检测算法构建颗粒外接矩形，通过颗粒区域内部像素积分获取坝料颗粒面积，采用椭圆拟合算法重建颗粒模型，然后根据等质量原理将坝料颗粒由二维换算成三维椭球模型，采用等效椭球长轴和短轴长度参数来刻画颗粒几何尺寸。②该项目在图像分割识别基础上建立了基于坝料颗粒图像全局处理坝料数字处理技术，实现了对图像识别结果的有效修正。该方法是基于统计学理论来确定一幅图像中颗粒之间的自相关特征，首先采用一组分选好的颗粒图像作为基准，基于图像增强理论，根据图像灰度上差异纹理获取其级配信息作为参考；然后根据获取的标准曲线校准随机混合料的级配曲线，校准曲线上每一条自相关曲线都来源于对应组分的数张照片，将各照片计算出的自相关曲线取平均，由此作为该粒径组分的相关性代表曲线，并重新计算得到各自组分的相关性代表曲线，进而构建混合坝料颗粒的校准曲线。③该项目提出了颗粒级配参数化建模技术，从而有效颗粒级配曲线中微小粒径段缺失的不足。首先根据相关系数（R_2）和均方根误差（RMSE）评价法，选用广义极值分布函数来拟合颗粒级配曲线，构建级配曲线的数学模型，并基于广义极值分布数学模型特征，提出以三个非线性拟合关键参数（δ、σ、ζ）来刻画级配曲线特征；通过非线性拟合算法实现曲线的数学参数化处理，解决了低色差、高黏连多相土料颗粒识别的难题，实现了对上坝料全级配的有效识别。

(3) 首次研发了坝料颗粒级配图像识别与传统检测匹配的机器学习算法，开发了基于图像识别算法的坝料级配智能识别系统，实现了坝料级配的智能化快速检测，提高了掺配效率、保证了坝料质量。①该项目研发了坝料颗粒级配图像识别与传统检测匹配的机器学习算法，采用反向传播神经网络算法，建立图像识别数据与现场筛分数据之间模糊的函数关系，并通过大量的图像识别以及筛分工作建典型坝料的基础数据库；将图像识别参数作为输入，现场筛分试验参数作为输出，构成一个智能学习训练样本的数据库；通过神经网络训练，建立图像识别与人工筛分结果的匹配优化算法；通过人工智能算法，实现对初始识别曲线优化修正，保证检测精度。②该项目基于 java 语言，并整合 matlab 中的图像识别程序、origin 中的非线性拟合代码、VC 中的 BP 神经网络算法，开发了坝料智能分析系统。该系统主要由数字图像处理模块、颗粒分布非线性参数化模块、大数据集成模块、模糊关系智能学习模块、预警模块组成，可实现数字图像的自动采集、传输、处理，并自动将颗粒尺寸分布参数化，以便通过特征参数刻画散粒体颗粒分布特征建立常规检验方法和图像识别所确定的颗粒尺寸分布之间的宏观联系，构建常规检验方法和图像识别之间模糊动态联系，实现上坝料颗粒级配的智能识别，并通过设置坝料级配上、下包络线以及 P5 含量阈值，实现上坝料的快速实时预警及反馈。

（二）取得的主要成果

该项目获得发明、实用新型专利 5 件、软件著作权 3 项、省部级工法 3 项；出版专著 1 部，发表总水平论文 13 篇。项目关键技术成果 2022 年获得中国电力建设企业协会“国际先进水平”评价。项目成果在长河坝、两河口、阿尔塔什等多项工程中应用。

（中国水利水电第五工程局有限公司
袁幸朝　蔡萍）

堰塞坝险情处置与开发利用保障技术与装备研发

（一）研究背景

堰塞坝是由山体滑坡堵截河谷形成的类似大坝的挡水体，目前，堰塞坝研究开展的工作以应急抢险为主。由于堰塞坝具有坝料级配超宽、结构松散、架空普遍、岸坡山体破碎等特点，与土石坝建设存在本质区别。沿用土石坝相关理论和技术已无法满足堰塞坝开发利用的要求，表现在病险情探测识别和评价技术不能满足处理加固的科学需要，原位检测和室内试验技术无法实现准确检测和测试；现有土石坝长期工作性态演变机理分析方法，难以适应堰塞坝复杂体系工作性态和安全评价；堰塞坝开发利用的加固处理、安全监测和综合治理等安全保障技术成果缺乏。

（二）研究成果

项目完成了堰塞坝险情辨别和探测技术、空间结构识别及材料参数空间变异特性与试验技术、长期工作性态演变机理与分析方法、改良加固专用技术装备、开发利用理论与安全评价体系、综合整治技术及工程应用示范等方面研究任务。

（1）提出了地震动力高边坡失稳形成堰塞坝演化过程动态本构模型及数值分析方法，揭示了堰塞体险情形成过程与演化机理，建立了堰塞坝病险情综合评价指标体系，研发了复杂堰塞坝料原位检测和试验测试技术，集成研发了堰塞体外部形态和空间结构识别探测技术。

（2）发展了堰塞体与边坡一体化长期变形分析方法，提出了复杂条件下堰塞坝防渗结构破损的精细化分析方法，揭示了堰塞坝开发利用工程长期工作性态演变机理和空间变异规律。

（3）建立了堰塞坝可开发性及开发利用综合评价指标体系和评价方法，构建了堰塞坝开发利用综合勘察设计技术体系，研发了堰塞坝改良加固专用技术和百米级松散堰塞坝防渗体系施工关键技术与装备，建立了堰塞坝动态安全监测、评价与预警技术体系。

（4）研发了堰塞坝松散结构及渗漏险情探测、堰塞体原位钻孔内弹性波检测及超大型高压水平渗透试验测试、堰塞坝内部水平位移分布式监测及内部沉降并联式监测、百米级松散堰塞坝防渗墙施工和帷幕灌浆施工加固改良等技术装备，开发了堰塞体加固的改性砂浆和改性混凝土材料。

（三）示范应用与推广前景

项目研究成果已应用于示范工程“云南牛栏江红石岩堰塞湖整治工程”等，为工程建设和长期安全保障提供了重要理论与技术支撑，作为世界首例“应急抢险-后续处置-整治利用”一体化的水利枢纽工程，具有示范和行业引领作用。研究成果提升了我国堰塞坝整治利用的技术水平，推动了行业的科技进步，为堰塞坝险情处置和开发利用工程建设及其长效安全运行提供了科学依据和技术支撑，能确保堰塞坝开发利用工程充分发挥消除堰塞湖上下游防洪隐患、改善当地供水与灌溉条件等作用功效，社会效益及实践应用效果显著。

（南京水利科学研究院）

水下混凝土缺陷快速修复成套技术研发与产业化示范

（一）研究背景

我国水工建筑物数量庞大，水下混凝土结构病险严重。水下混凝土缺陷具有隐蔽性强、安全风险高、修复难度大等特点，严重影响水工建筑物的安全运行，开展水下混凝土缺陷修补成套技术研究已成为国家工程建设高质量发展的迫切需求和重要保证。

（二）研究成果

项目发明了系列水下混凝土诊治新方法、新材料、新技术和新装备，突破了“缺陷评估—材料制备—施工技术—效果评价”四大技术难题，形成了水下混凝土缺陷快速修复成套技术，并实现了产业化。

（1）研发了基于无人船搭载侧扫声呐系统的水下混凝土缺陷无损诊断技术，建立航速、水深、发射角等参量与缺陷尺寸的量化关系，提出了图像解译和缺陷定量评估方法，提升了水下混凝土缺陷检测效率和识别精度。

（2）发明了水下快硬不分散、弹性快速堵漏、高强高流态灌浆等4种材料及施工技术，解决了动水、低温、高压环境下水下混凝土结构不同维度缺陷的快速修复难题。

（3）发明了基于水流、水压和水温控制的水下修补料性能评估模拟装置，编制了国内首个水下不分散修补材料技术标准，配套施工作业船实现了成套技术工程示范应用。

（三）示范应用与推广前景

成果已在南水北调中线工程、水口电站坝下工程、沙颍河航道耿楼复线船闸、焦港船闸工程等10余项典型工程中示范应用，解决了带水、深水条件下混凝土缺陷快速诊断及修复难题，环境、社会、经济效益显著；在水库大坝、引调水工程、水利枢纽和船闸等工程水下缺陷修复中有推广应用空间。

（南京水利科学研究院）

华能四川能源开发有限公司 2022年重点科技项目进展情况

（一）深厚覆盖层基础处理智能振冲控制技术

项目制定了标准化振冲碎石桩核心工艺，建立了智能振冲实时联动控制模型、智能振冲绿色施工控制技术体系，研发了成套智能振冲装备，实现了全过程智能振冲技术。构建了数字化振冲碎石桩复合地基质量评价体系，研发了智能振冲管理平台，形成了智能振冲标准体系，实现振冲技术智能化、规范化、标准化。将智能振冲各项科研成果在硬梁包水电站二期振冲碎石桩施工中全面示范应用。项目已完成中国岩石力学与工程学会科技进步奖申报PPT初稿，完成1项行业标准、4项企业标准草案编写。

（二）硬梁包水电站工程隧洞混凝土衬砌结构优化研究

项目通过研究、分析计算，提出了一种硬梁包水电站引水隧洞工程衬砌结构计算方法，针对硬梁包引水隧洞工程开展了多方法的结构配筋计算分析对比，确定了硬梁包引水隧洞各类围岩洞段衬砌厚度。目前研究成果已应用于硬梁包引水隧洞工程中，优化了隧洞结构配筋，为工程节省投资约1.4亿元。

（三）高地震烈度区坝基砂层液化影响及处理工程技术研究

项目通过模型构建，结合离心振动试验、现场试验和数值仿真分析，对硬梁包坝基软弱砂土层抗液化处理工程措施方案进行验证和设计优化。优化后的基础处理方案和抗震结构设计，其变形、应力、动力响应表现主要设计指标均满足规范，对比硬梁包水电站可研报告，振冲碎石桩优化8.4万m，框格式地连墙优化0.2万m^2，节约概算投资约5000万元。

（华能四川能源开发有限公司）

中国电力建设集团有限公司 2022年重大科研成果情况

（一）白鹤滩水电站大坝关键设计施工技术

该项目主要攻克并应用了高地应力特大规模地下工程开挖和围岩稳定技术、柱状节理玄武岩复杂基础开挖处理技术、非对称特高拱坝设计和混凝土温控防裂技术、窄河谷高水头大功率泄洪消能技术、超高水头大容量水轮发电机组设计安装、巨型工程施工组织管理和生态环境保护等世界级工程设计建设技术。创建了基于BIM技术的智能建造管理系统，提出了标准化、模块化、集成化施工组织整体方案，实现了全坝快递均衡施工。提出了“精细爆破、快速支护、先固后挖、精准保护”的建基面开挖原则，发明了复合消（散）能爆破等技术。提出了温度梯度控制实施策略，创建了特高拱坝全方位保温保湿养护体系。研制了直（斜）门槽云车等装备。针对复杂地形地质条件、干热河谷大风恶劣气候环境、300m级特高拱坝施工系列世界级难题，通过理论分析、技术研发、工艺创新、装备研制和新材料应用、大型缆机群安拆和运维等系统研究，形成了成套技术，实现特高拱坝筑坝技术新突破，该电站大坝关键设计施工技术获得省部级一等奖以上15项。

（二）堰塞坝险情处置与开发利用保障技术与装备研发

该项目围绕堰塞坝险情处置和开发利用工程建设及长效安全运行等重大科技需求，揭示了高边坡动力失稳形成堰塞坝演化机理、堰塞坝长期工作性态演变和空间变异规律，提出了堰塞坝及高边坡形变异常空天地一体化探测技术、堰塞坝开发利用勘察设计技术、堰塞体防渗处置及帷幕灌浆施工专用技术、堰塞体-高边坡全生命周期一体化监测技术等，研发了超宽级配堆积材料探测检测与试验、复杂地质条件超百米级堰塞坝施工等专用设备与装备，构建了堰塞坝

“应急抢险-后续处置-综合开发”一体化技术体系，开发了堰塞坝全专业 Hydro-BIM 协同设计与安全运行管控平台，相关技术成果已在红石岩堰塞坝整治、唐家山堰塞湖处置等工程得到成功应用，2022 年 8 月通过了由中国 21 世纪议程管理中心组织的项目验收，评价为优秀。项目出版学术专著 4 部；授权发明专利 24 项、登记软件著作权 21 项；发表学术论文 124 篇，其中 SCI/EI62 篇；研发新装备 8 套、新材料 2 项；主编团体标准 1 项，参编行业标准 1 项，形成行业工法 4 项；培养中国工程院院士 1 位、国务院政府特殊津贴专家 1 位，省部级人才称号 5 位，培养创新团队 1 个，各类技术骨干及研究生 60 余人；应用示范工程 4 项。

（三）BIM 仿真系统

该系统对标 Navisworks、Navigator 等国际领先 BIM 仿真软件，深度整合开源图形引擎、造型引擎和开发框架，并基于标准 C++重构引擎内核，建立了一套具有完全国产自主知识产品的 BIM 仿真系统。通过多源异构海量数据汇聚整合研究，突破了国外软件不能同时支持基础模型、工程模型、计算模型和国内、国际 BIM 标准，以及在 TB 级模型解析重构、快速加载、实时渲染等方面的不足，实现了统一平台下国内外软件数据的互联互通和高效应用。在仿真功能方面，提供了适用于工程场景仿真、大场景仿真等一系列核心仿真功能，突破了现有软件只能聚焦某一阶段、某一环节的仿真模拟，实现了工程规划、设计和施工一体化仿真应用。通过自研数据存储格式并适配国产操作系统，进一步确保平台和数字资产安全可控，为国产化软件替代、生态产品打造奠定了良好基础 。

（四）大型水利水电工程设计施工一体化管理体系与数字化建造关键技术

该项目依托国内首个百万千瓦级采用 EPC 模式建设的杨房沟水电站工程，针对相关难题进行研究，形成了设计施工一体化管理体系与数字化建造关键技术。首创了具有中国特色大型水电站 EPC 模式，建立了设计施工一体化制度体系，实现了项目管理与设计施工技术深度融合，建造效能显著提升。构建了以提质增效为核心的 EPC 模式下水电工程一体化、数字化建造融合技术，实现了技术、装备、系统，全要素、全链条高效协同。搭建了 EPC 模式下一体化管理、数字化施工深度融合的支撑技术平台，实现了工程安全优质高效数字化建造，节约投资 10.4 亿元。

（五）水电工程水文气象重大关键技术应用研究

该项目首创了适用于复杂环境下水文气象数据测控、缺资料地区水文气象资料反演及水文设计“三位一体”理论方法及技术体系；建立了流域梯级水库群水文预报、多目标调度、安全应急、风险评估一体化方法体系；创新性开发了基于多元数据流域多端多点实时交互的梯级水库群多目标智能管控平台。成果应用于国家能源局、生态环境部等国家部委及雅下、澜沧江等重要流域，创造了 2.4 亿元以上的经济价值。

（六）深埋超长隧洞水下检测技术与装备

该项目依托国家重点研发计划任务，基于多源传感器融合检测、封闭空间定位、VR 辅助 ROV 操控等技术，研制深埋超长隧洞水下检测装备，实现了长距离、多弯段、浑水状态的水工隧洞水下检测，包括衬砌表观缺陷高精度自动识别、实时监控与精确的定量分析等核心技术的突破，主要性能指标达到国际先进水平，部分指标如混凝土缺陷识别精度、定位精度等优于国际同类产品。产品被认定为水利先进实用技术，先后在二滩、锦屏二级、拉西瓦、掌鸠河引水等多个水利水电工程应用，最大水深达 300m，累计检测长度 50km，打破了长大隧洞水下检测设备长期依赖进口产品的僵局。

（中国电力建设集团有限公司）

哈尔滨电机厂有限责任公司 2022 年创新平台运营情况

（一）水力发电设备全国重点实验室组建

在水力发电设备全国重点实验室组建方面，完成“水力发电设备全国重点实验室组建方案”编制和优化重组答辩，并获批；开展“走进科技 你我同行”开放日活动；新立项开放课题 1 项，有序推进 13 项已立开放课题研究。

（二）国家水力发电设备工程技术研究中心

国家水力发电设备工程技术研究中心，承担的国家重点研发计划项目“海水抽水蓄能前瞻技术研究”通过国家工信部组织的项目验收，综合成绩最优；完成国家重点研发计划课题“双向全贯流水轮机模型装置研制”全部水轮机和全贯流发电机设计工作，并通过模型验收试验。

（三）组织国外学术交流

2022 年作为行业机构，共组织开展国际、国内标准和学术交流会议 29 次；推荐 1 人获得中国水力发电工程学会“水电英才”奖；水轮机国际标准化工作考核评估获得最高档评级，牵头制定的我国旋转电机领域首个国际标准 IEC 60034-33：2022《同步水轮发电机（含发电电动机）基本技术要求》正式发布实施，国际标准化工作取得重大突破。

（四）发挥技术刊物的引领作用

主编的《大电机技术》持续入选“中国科技核心

期刊”“高质量科技期刊分级目录”，首次被《艾博思科数据库》（EBSCO）收录；召开第二届青年编委会总结暨换届会议，发挥青年编委在高质量稿源和引用方面作用。博士后科研工作站组织1名博士后进站，3名博士后出站；修订工作站制度，管理运行更加全面、高效。

（哈尔滨电机厂有限责任公司 丁军峰 刘保生）

哈尔滨电机厂有限责任公司 2022年主要科研成果情况

（一）水力开发技术保持领先

哈尔滨电机厂有限责任公司（简称哈电电机）在天台抽水蓄能电站、银江贯流、滇中大泵等行业制高点项目模型同台对比性能第一，推动行业技术发展迈上“新高度”。超宽水头变幅抽水蓄能水力模型研发取得突破，支持市场开发。完成模型验收15项，开展了高水头大容量冲击式水轮发电机组单环管、双环管水力性能比较分析计算研究，提前半年完成三个冲击方案的模型转轮开发及试验，其中梯级B大容量方案模型和小容量方案模型分别通过中国华能、三峡集团的验收、见证。

（二）电机技术能力稳步提升

哈电电机开展高海拔环境下大容量高转速水轮发电机蒸发冷却技术和重载导轴承试验研究，关键核心技术取得突破；依托银江贯流项目开展可倾瓦径向导轴承试验研究；开展推力轴承瓦面型面/刮油刷/轴承焊接方法对比试验，验证冷却效果，优化结构参数；完成双轴励磁调相机电磁设计程序开发和电磁、冷却技术研究，奠定工程应用基础。

（三）智能运维开发取得突破

哈电电机按计划推进工信部数字孪生项目，提高数字孪生功能模型的准确性、稳定性，形成数字孪生业务产品，技术应用推广至三峡集团、鲤鱼洲泵站等用户；整合智能运维、数字孪生、数字化移交等技术，定制开发数字孪生智能运维系统；整合三维屏显、三维图册、三维工卡等数字化产品，利用VR、AR技术对现场安装指导、电站巡检、智能运维等工作进行数字化升级。

（四）首座梯级水光蓄互补联合电站全功率变速恒频抽水蓄能机组研制成功

哈电电机参与的国家重点研发示范项目，为国内首座梯级水光蓄互补联合电站——四川春厂坝抽水蓄能电站研制的、国内首台自主研发的全功率变速恒频抽水蓄能机组，于2022年5月13日变速抽水成功，机组实现了定速发电、变速发电、变速抽水，并且运行稳定，各项指标优良，标志着项目取得成功，该机组为高转速、卧式结构，对转子结构及运行稳定性设计要求高，哈电电机技术人员针对要求，反复优化电磁负荷、绝缘系统、冷却系统及结构强度等，以达到最优匹配设计，完成了国内首台全功率变速恒频发电电动机的研制，掌握了核心技术，为我国实现“双碳”目标、减少可再生能源弃电，推动多能互补、协同优化新能源电力综合开发提供了工程参考实例。

（哈尔滨电机厂有限责任公司 刘保生）

获 奖 项 目

库坝复杂地基深层渗控关键技术及应用

“库坝复杂地基深层渗控关键技术及应用”获2022年度天津市科学技术进步奖一等奖。

（一）项目研究背景

水利是国民经济和社会发展的基础和命脉。随着“十四五”国家现代能源体系规划、水安全保障规划、国家水网工程规划的实施，我国水利水电工程建设逐渐向地质条件复杂的中西部地区推进，库坝作为水利工程中最主要的水工建筑物，其所面临的深厚覆盖层、强风化砂层、微细裂隙岩土体等复杂地层深层防渗问题也愈发突出。我国是水利水电工程建设大国。据不完全统计，截至2020年底，我国现有大坝23841座，水库98112座，均稳居世界第一。进入新时期来，随着运行时间增加，大量库坝进入维护加固期，其中渗漏问题在库坝病害中居于首要地位，由于大多数渗漏问题带有一定的突发性质，加之地下问题的隐蔽性，发展应对深层地基渗漏问题的快速处理技术是库坝运维期的重要挑战。

由于处理深度大，注浆是库坝工程中常用的地基深层防渗技术，然而，现有的以水泥基为基础的注浆材料与技术在应对颗粒组分复杂的超深覆盖层、孔（裂）隙极微小的岩土体地层时，却存在浆液扩散困难、注浆参数难以控制、防渗加固效果差、施工效率低等工程问题，由此引发重大质量问题与安全事故屡见不鲜。统计资料表明，水利水电工程建设与运维中60%以上的工程质量及失事与防渗处理不当密切相关。近期国际上备受关注的美国奥罗维尔大坝溢洪道事故、伊登维尔大坝溃决事故等均与渗透破坏有关，同时，由于渗流控制问题引发的水库渗漏也是造成水量损失与能源损耗的重要原因，其直接与间接的经济损失巨大。

总体来看，以超深覆盖层、强风化砂土层、微裂隙岩土体为代表的复杂地基是库坝防渗处理的重点和难点，深入揭示黏性浆液材料在复杂渗漏地层中的注浆扩散机理、研制适应性好的绿色环保注浆新材料及装备、开发快速高质量的复合注浆成套关键技术，是新形势下我国水利水电工程中必须面对的重大技术问题。

（二）主要技术成果

项目团队经10年产学研协同攻关与全方位工程示例应用，以“揭示机理-研发材料-开发装备-创新工艺”为主线，形成三方面核心技术：

（1）建立了库坝复杂地基深层渗控安全与浆液扩散理论。开发了复杂地基宏细观耦合的渗流模拟技术，开展了模拟不同动水及地层条件下注浆过程可视化试验研究，提出了考虑浆液时变特性的三维岩体随机裂隙网络注浆数值模拟方法，揭示了复杂地基渗透破坏机理和黏性浆液扩散规律，为深层渗控技术提供了理论指导和方法支持。

（2）研发了新型纳米硅溶胶注浆材料及智能装备。发明了新型纳米硅溶胶注浆材料，揭示了固化及耐久性机制和性能演化规律，突破了微裂隙岩土层浆液难以注入的技术瓶颈；研发了智能化制浆与注浆一体化成套新装备，实现了注浆材料自动配置、注浆参数智能调整，解决了注浆过程可控性差的技术难题。

（3）创建了库坝复杂地基深层渗控快速高质量复合注浆成套技术。首创了微裂隙岩土层“分段卡塞、分级控压”的新型纳米硅溶胶注浆技术；提出了“靶向控制，联合防渗”的“水泥基浆液-新型纳米硅溶胶”复合注浆技术，破解了深厚覆盖层防渗注浆的技术难题。

（三）推广应用情况

研究成果应用于四川泸定水电站、广东清远抽水蓄能电站和老挝南欧江七级水电站等10余项国内外重大工程，累计获15项授权发明专利、14项实用新型专利，发表学术论文21篇。

（中国水电基础局有限公司　叶玉麟　王辉）

高碾压混凝土坝智能建设关键技术及工程应用

“高碾压混凝土坝智能建设关键技术及工程应用”获2022年度云南省科技进步奖一等奖。

2022年5月，由华能澜沧江水电股份有限公司联合天津大学、中国水利水电科学研究院、中国电建集团昆明院、国网新源控股有限公司、中国电建集团北京院、中国电建集团华东院、中国水利水电第四工程局有限公司、武汉英思工程科技股份有限公司等单位共同完成的“高碾压混凝土坝智能建设关键技术及工程应用”获云南省科学技术进步奖奖一等奖。

该项目针对高碾压混凝土坝建设关键技术问题，通过学科交叉、自主创新，开展了基础理论、关键技术及软硬件系统的研究，解决了大体积碾压混凝土层间结合质量、上游面防渗层施工质量和坝体混凝土温控防裂控制等难题，形成了完整的高碾压混凝土坝智能建设关键技术体系，显著提升了高碾压混凝土坝建设质量。主要创新成果如下：

（1）针对高碾压混凝土坝建设的发展规律与基本特点，首次提出了高碾压混凝土坝智能建设基本要素和控制指标体系、大温差条件下大体积碾压混凝土温控准则，创建了高碾压混凝土坝智能建设信息模型，创新了高碾压混凝土坝胚层覆盖时间控制、机制变态混凝土防渗等施工工艺，为高碾压混凝土坝智能建设奠定了理论基础与技术体系。

（2）构建了高碾压混凝土坝胚层智能识别和碾压、层间结合与振捣智能监控等成套技术体系，首次提出了复杂环境与多要素耦联作用下浇筑质量智能分析模型，揭示了复杂条件下筑坝材料性能演变规律，实现了高碾压混凝土坝浇筑全过程智能监控与实时分析。

（3）针对高碾压混凝土坝温控特性，提出了“基础温差适当放宽、内外温差从严控制”的设计准则，建立了全坝全过程温控要素的实时采集方法、智能预测预警模型，研发了温控跟踪反演仿真分析新方法及计算分析系统，实现了高碾压混凝土坝全面智能温控分析与精准防裂控制。

（4）开发了高碾压混凝土坝浇筑全过程智能监控系统和全坝智能温控系统，研制了复杂条件下高碾压混凝土坝全过程智能监控、温控智能采集和调控等成套设备，实现了高碾压混凝土坝智能建设高效规模化应用。

该研究成果先后应用于HD、丰满重建、LKK、WNL等10余座电站建设，超1500万m^3混凝土采用该项智能监控和分析技术进行建设和管理，HD、丰满重建等工程蓄水后渗透率小于 8L/s，WNL 水电站取得 25.9m 世界最长碾压混凝土芯样，创造了同类工程的最好记录，扭转了近年来高碾压混凝土坝渗漏量普遍偏大的被动局面。成果形成了一整套技术资产，先后获国家专利授权 33 项（发明专利 20 项），计算机软件著作权 11 项，纳入行业技术规范 1 部，发表学术论文 50 余篇。实现了高碾压混凝土坝从数字化建设到智能化建设的跨越，引领了水利水电工程建设技术的发展方向，社会效益显著，推广应用前景广阔。

（华能澜沧江水电股份有限公司）

白鹤滩水电站超长无压泄洪洞群水力安全关键技术及应用

“白鹤滩水电站超长无压泄洪洞群水力安全关键技术及应用”获 2022 年度水力发电科学技术奖一等奖。

21 世纪以来，我国建设了诸多世界级的高坝水电工程，坝高已进入 300m 量级。“十四五”期间，西南水电基地建设加速。由于西南地区高山峡谷众多，地质条件复杂，水电工程坝址河谷狭窄、下泄洪量巨大的特点十分明显。泄洪设施是枢纽工程的重要组成部分，泄洪安全关系到枢纽工程及下游人民生命财产的安全。为安全、灵活下泄洪水，大型岸边式泄洪洞的运用将更广泛。高坝大泄量泄洪洞群的水力安全控制是保障泄洪洞群安全运行的关键技术难题。

本项目依托白鹤滩水电站工程，该工程是当今世界在建规模最大、技术难度最高的水电工程，其泄洪消能所面临的挑战是工程诸多技术难题中最难的问题之一。工程枢纽泄洪设施由坝身 6 个表孔、7 个深孔和左岸 3 条泄洪洞共同组成。其中，左岸 3 条泄洪洞是世界上规模最大的无压泄洪洞群，3 洞并列布置，单洞长度 2170～2317m，单洞泄量 $4083m^3/s$，泄洪水头 205m，总泄量达到 $12300m^3/s$，综合指标达到世界最高水平。项目组通过近二十年的“产学研”一体化协同攻关，对超长无压泄洪洞群的泄洪安全问题开展了系统研究，实现理论和技术创新，并通过原型水力学观测评价成果成效。

（一）主要成果及创新点

（1）创建了长缓坡大流量高水头无压泄洪洞水力安全设计方法，建立了长距离缓坡不平整度控制标准，研发了消除过流面局部缺陷的防空化分缝和施工新技术，提出了长缓坡空化风险评估方法，解决了长缓坡大流量高水头无压泄洪洞泄洪安全难题。

（2）发展了高速水流掺气减蚀理论，提出了掺气空腔形态评判方法，研发了空腔回水消除技术，发明了底、侧掺气协调的新型掺气结构，创新了大型泄洪洞群掺气坎独立补气技术，解决了泄洪洞高流速大水深掺气减蚀难题。

（3）针对下游狭窄河道消能防冲难题，建立了多目标水力协调的泄洪洞群布置方法，构建了窄河谷河道消能容量评价指标，揭示了多股水舌作用下的堆丘发展平衡机制，研发了河床冲刷堆丘控制技术，保证了下游消能防冲安全，并避免因尾水壅高而影响发电效益。

（4）首创横向三支臂大型弧形闸门设计方法，揭示了动力响应特征和抗震机理，研发了横向三支臂支座不均匀变形消除技术和“三点同线”同轴度自适应技术，解决了巨大水推力下的超宽孔口闸门结构安全难题，提升了弧形钢闸门结构设计水平。

（二）应用情况与推广前景

项目获授权发明专利 6 项、实用新型专利 10 项，成果在白鹤滩水电站 3 条泄洪洞的建设及运行中应用。自 2021 年白鹤滩水电站蓄水以后，已经历多次大流量泄洪运行考验，并开展了两次泄洪原型观测，其中一次下泄流量达到泄洪洞最大泄量的 83%。截至当前，泄洪洞已累计运行 248h，运行状态优良。成果应用于白鹤滩水电站后，在节省工程投资、降低运行维护费用、提高电站发电效益等三方面，近三年累计产生直接经济效益 65812 万元。

项目针对无压泄洪洞群所面临的超大泄量、超长距离、超高水头、超高流速产生的一系列水力空化控制、高速水流掺气减蚀和通风补气、出口消能防冲、超宽高水头孔口闸门金属结构等关键技术问题，从理论方法、新技术、新结构等方面提出了系统性的创新成果，发展了高速水流掺气减蚀理论，解决了非掺气条件下的高流速无压泄洪洞水力安全问题和超宽孔口闸门结构安全难题，促进了行业科技发展。成果将助力我国“十四五”时期水利水电建设，包括金沙江上游水电基地建设、抽水蓄能电站建设等，具推广应用前景。

（三）获奖单位

中国电建集团华东勘测设计研究院有限公司、水利部交通运输部国家能源局南京水利科学研究院、河海大学、中国三峡建工（集团）有限公司、四川大学、中国水利水电第五工程局有限公司。

（四）获奖人

张春生、徐建荣、彭育、赵建钧、马飞、辜晋德、薛阳、王孝海、田忠、吴建华、石守津、都辉、刘凡、高昂、王宇。

（水力发电科学技术奖励工作办公室 孙卓）

大型水利水电工程设计施工一体化管理体系与数字化建造关键技术

“大型水利水电工程设计施工一体化管理体系与数字化建造关键技术”获2022年度水力发电科学技术奖一等奖。

从2003年建设部颁布《关于培育发展工程总承包和工程项目管理企业的指导意见》以来，总承包模式作为一种合法的、独立的建设管理模式在工程建设行业推广应用。然而，受制于传统DBB模式的路径依赖：监管层面的“四制”（项目法人责任制、合同制、招投标制、建设监理制）和行业实践中的“大业主文化”都制约了EPC模式下总承包商单一责任制的实现。为了避免总承包模式流于形式，国家出台了一系列政策引导总承包模式的实施，总承包模式一直是国内政策制定者、研究者和实践者不断探索的热点问题。随着“一带一路”和中国承包商“走出去”战略的推进，EPC项目在国际工程承包市场上呈现出广阔的发展前景，并展现出显著的项目进度绩效和质量绩效。

目前可变因素多的大型水电EPC工程总承包项目管理模式、合同管理和设计-施工一体化关键技术方面的研究较缺乏，本研究依托国内首个百万千瓦级EPC水电项目——杨房沟水电站工程，开展大型水利水电工程设计施工一体化管理体系与数字化建造关键技术研究与应用，旨在实现大型水利水电EPC工程建设管理亟须解决的问题：全面综述EPC总承包模式在国内外的应用现状和工程管理体制的影响；构建EPC总承包项目管理模式体系、管理机制与控制体系；构建针对大型水利工程EPC项目的合同准则和合同价格体系选择方法；构建针对EPC项目设计施工一体化关键技术问题的管理实践和监控体系；构建大型水利水电EPC总承包项目基于BIM的全生命周期数字化管理，开展EPC项目管理信息平台应用研究，研究形成一套EPC管理模式下大型水利水电工程智能建造关键技术。

（一）主要成果及创新点

（1）提出了中国情境下水利水电工程EPC模式适配策略，构建了基于权益分配机制的设计施工一体化深度融合紧密联营体的管理模式、管理机制与技术体系，建立了大型水利水电EPC工程总承包项目管理合同准则和价格体系，创新了EPC工程管理理论，为数字化转型奠定了基础。

（2）建立了统一的工程云数据中心，开发了覆盖全工程、全要素、全过程的数字化工程建设与管理平台，构建了复杂水利水电工程的“组织－制度－技术－业务－应用”五位一体数字化工程建设管理体系，实现了工程安全优质高效数字化建造。

（3）基于动态设计、协同优化、集约创新理念，提出了EPC模式下设计施工深度融合的安全、优质、高效工程建设成套技术，实现了混凝土温控与振捣、灌浆工程等智能建造，提升整体工程建造效率，保证了工程安全质量。

（二）应用情况与推广前景

研究得到的结论与建议、形成的规范规程及开发的总承包智慧管理平台等均可为水利水电工程EPC项目及类似基础设施项目管理提供指导与借鉴，可提升类似项目工程建设管理水平，创造进度、成本、质量与安全效益。社会效益彰显，杨房沟EPC总承包模式被业内誉为“第二次鲁布革冲击”，具有示范标杆效应，可有效促进EPC管理模式的发展与进步，对整个水电行业的转型发展具有重大意义。

项目获发明专利9项、实用新型专利14项、软件著作权16项，编制标准3项，发表高质量论文20余篇。成果已在杨房沟水电站、卡拉水电站、以色列K抽水蓄能电站等工程推广应用，经济社会和生态环境效益显著，推广应用前景广阔，为提升行业管理效能和推动数字化转型发展做出了重要贡献。

（三）获奖单位

中国水利水电第七工程局有限公司、中国电建集团华东勘测设计研究院有限公司、清华大学、中国水利水电科学研究院。

（四）获奖人

李东林、张春生、陈雁高、侯靖、刘军、强茂山、徐建军、周强、高峰、张磊、胡赛华、祝显图、殷亮、黄从钢、张帅。

（水力发电科学技术奖励工作办公室　孙卓）

最大可信地震高混凝土坝安全评价理论、技术与应用

“最大可信地震高混凝土坝安全评价理论、技术与应用”获2022年度水力发电科学技术奖一等奖。

我国西部地区高坝工程规模与数量史无前例。由于坝址地震烈度高，抗震安全是工程建设与长期运行面临的重大挑战。自20世纪80年代以来，项目团队紧密结合工程需求与学科发展前沿，致力于高混凝土坝抗震先进理论与工程技术难题研究。2008年汶川大地震后，开始聚焦高混凝土坝可能遭受极端地震作用的安全评价问题。

高坝水电站工程是大国重器，对构建以新能源为主体的新型电力系统，保障能源安全，实现“双碳”目标具有重大意义。我国水能资源主要集中于西部地区，坝址地震构造运动剧烈，高坝工程面临特大地震考验，事关公共安全和国家安全。科学评价高坝抗震安全性是工程建设与运行面临的重大挑战，是国家重大需求。

过去40年，高坝抗震安全分析与评价方法取得长足发展，支撑了我国高坝安全设计和建设。随着社会经济高速发展，国家对防灾减灾的要求不断提高。同时，高坝工程建设向西部和青藏高原强震区推进，自然条件更加恶劣。已有高坝抗震安全分析与评价方法难以满足新时期的高坝建设和运行要求。考虑合理的坝址地震动、准确的混凝土材料参数、精确的强震分析方法和安全风险评价技术，创新高坝工程抗震安全的科学评估方法，服务高坝工程安全建设和运行。

10余年来，依托国家基金委、科技部等多个科研项目，在坝址地震动、坝体混凝土动力强度、大坝灾变机制与评价体系等三方面取得了重大创新成果。

（一）主要成果及创新点

（1）提出了空间非均匀多层震源模型与区域波速结构地质信息融合方法，构建了符合天然地震频谱特性的震源断层-传播介质-河谷场址宽频带（0～10Hz）地震动谱元法模拟技术，建立了坝址最大可信地震动的确定性数值分析模型，创建了场地相关的坝址地震动新评估体系。

（2）提出了混凝土骨料-砂浆-界面三组分颗粒离散元细观动力仿真技术，开展了动力试验与细观数值仿真，揭示了大坝混凝土动力强度增长机理，建立了考虑应变率与尺寸效应的动力强度公式。该技术利用单轴静力强度参数就能反映动力本构特性全过程曲线，为坝体混凝土动力破坏分析提供了工程实用手段。

（3）基于上述创新成果，提出了震源破裂-高坝结构响应的超大规模多尺度数值仿真技术，实现了地震动模拟与高坝破损分析直接耦合，揭示了高坝极端地震灾变机制，建立了高坝地震易损性分析方法，构建了综合经济损失和社会环境影响的风险评价体系。

（二）应用情况与推广前景

本项目研究成果在2010年后建成和在建的200m以上级混凝土坝的应用率达90%以上，包括小湾、白鹤滩、溪洛渡、大岗山、锦屏一级、乌东德、拉西瓦、叶巴滩、旭龙、黄登、东庄、二滩等；同时广泛应用于100m级混凝土坝工程，为保障我国高坝工程建设和运行抗震安全提供了坚实的技术支撑，推进了流域梯级水电站的建成，保证了高坝工程的安全运行。此外，本项目成果开始应用于国际工程，如巴基斯坦Balakot水电站，备受同行专家关注和高度评价，产生了重大的影响力，为我国海外工程的高水平设计与建设做出了重要贡献，取得了显著的经济和社会效益，推广应用前景广阔。

研究成果在国内外著名期刊发表论文88篇（SCI论文67篇）；出版专著2部；授权国家发明专利8项、软件著作权4项；培养博士20余人。

（三）获奖单位

清华大学、北京工业大学、南华大学、中国电建集团成都勘测设计研究院有限公司、中国电建集团华东勘测设计研究院有限公司、中国华能集团有限公司、水电水利规划设计总院。

（四）获奖人

王进廷、张楚汉、潘坚文、金峰、徐艳杰、周元德、金浏、武明鑫、陈振富、李小军、江汇、贺春晖、汪强、张磊、王向超。

（水力发电科学技术奖励工作办公室　孙卓）

水利水电工程流域库岸变形监测新技术及应用

“水利水电工程流域库岸变形监测新技术及应用”获2022年度水力发电科学技术奖一等奖。

随着“‘十四五’和2035年远景目标”规划、“西电东送”以及“碳达峰、碳中和”等重大战略的部署，我国正加快水电等清洁能源基地的建设，越来越多的流域梯级水电站将投入运行，流域库岸安全是水利水电工程安全建设与运行的重要基础，是国家战略实施的重要保障。我国西南诸河流域库岸地形地貌和地质构造演化复杂、构造活动强烈，存在一些规模巨大的不良地质体和堆积体，对流域梯级电站及沿江人民生命财产安全造成巨大威胁。防范流域地质灾害的核心需求是搞清楚“滑坡隐患点在哪里?”“什么时候可能发生?”这也是目前流域库岸滑坡灾害防治急需突破的难题和瓶颈。流域库岸滑坡风险点具有点多、线长、面广的特点，传统接触式滑坡变形监测设备如全站仪、GNSS等只能获取零星“点状”监测信息，导致流域库岸监测覆盖率不足1%，且成本高、维护难度大、可靠性低、灵活性差、现场制约因素多，不能满足流域库岸地质灾害防治的实际需求。现有的库岸滑坡风险评估方法难以实现滑坡变形破坏演化的全过程模拟，为保障流域重大滑坡体的安全稳定，有必要结合三查体系、地质信息、结构分析研究滑坡变形破坏的全过程演化规律，以解决库岸滑坡安全评价和风险评估的难题。

项目结合十余项国家及省部级科技计划项目、企业科技项目，数百名科技人员团结协作，历时多年持续科技攻关与工程实践，在方法体系、设备技术、理论模型、平台集成四个方面开展了思想、应用、理论、集成等方面的创新工作，取得了一系列自主创新成果，形成了“全过程、高效率、全覆盖、智能化”的流域库岸变形监测成套技术体系，提出了滑坡演化全过程的风险评估方法并开发了新型流域库岸变形监测智能协同管理平台，显著提升了流域库岸“集成化、信息化、精细化、科学化”的风险管理水平与灾害防控能力。

（一）主要成果及创新点

（1）系统创建“星载 SAR 普查-船载 SAR 巡查-地基 SAR 详查”的“三查”技术思想。采用星载合成孔径雷达（SAR）普查框定变形异常范围，采用船载 SAR 巡查确定重点部位，采用地基 SAR 详查获取重点部位重点时段时序变形数据，提出滑坡监测各阶段技术标准及预警指标。

（2）自主研发了船载 SAR 和柔性智能位移计内外观变形监测新设备与技术。首次提出采用船载 SAR 进行库岸巡查的方法，研制了全球首套船载 SAR，突破了平台不稳定、路径与姿态随机、监测误差大等技术难题，构建了船载 SAR 监测技术体系；研制了基于高精度 MEMS 传感器的柔性智能位移计，开发了集扭转自动校正、断点自动剔除和边缘计算功能于一体的数据采集与分析模块，提升了流域库岸变形监测的可靠性和智能化水平。

（3）建立了高山峡谷复杂环境下 SAR 影像变形全新解算方法与模型。首次研发了提取永久散射体与同分布点目标为有效监测点及消除大气效应的时空滤波方法两项核心技术，建立了一种基于星载 SAR 影像的库岸边坡变形全新解算方法，显著提高了高山峡谷复杂环境下星载 SAR 监测点密度和变形解算精度，突破了星载 SAR 数据解算技术的瓶颈；创建了零空间基线和双天线差分干涉变形解算新模型，提升了船载 SAR 变形监测精度。

（4）提出了滑坡演化全过程的风险评估方法并开发了新型流域库岸变形监测智能协同管理平台。提出了结合三查体系、地质信息、结构分析的滑坡演化全过程风险评估方法，开发了新型流域库岸变形监测智能协同管理平台并进行了示范应用，实现了库岸变形自动探测、监测数据自动处理、多元数据融合分析、隐患点智能辨识、滑坡风险实时发布等功能，显著提升了流域库岸集成化、精细化、智能化风险管理水平与灾害防控能力。

（二）应用情况与推广前景

项目获授权发明专利 33 项，发表高水平论文 142 篇，成果填补了水利水电工程流域库岸非接触式变形监测体系与库岸滑坡全过程风险评估方法的空白。成果连续五年应用于澜沧江流域库岸变形监测预警与风险评估，流域级滑坡风险点识别准确率达 92%，重点滑坡持续变形监测精度达到毫米级，滑坡隐患得到及时有效处置，推广应用于乌江、清江、大渡河、红水河等流域库岸变形监测，保障了水库大坝安全运行，共取得经济效益 6.17 亿元。船载 SAR 监测技术入选水利部水利先进实用技术重点推广指导目录。项目成果推动水利水电工程库岸变形监测技术迈向新台阶，经济、社会和生态环境效益显著，应用前景广阔。

（三）获奖单位

华能澜沧江水电股份有限公司、武汉大学、中国电建集团昆明勘测设计研究院有限公司、水电水利规划设计总院、清华大学、河海大学、中国科学院精密测量科学与技术创新研究院。

（四）获奖人

周伟、肖海斌、马洪琪、张宗亮、程翔、曹学兴、周志伟、潘斌、段延松、马刚、徐文杰、赵兰浩、位伟、周兴波、罗天文。

（水力发电科学技术奖励工作办公室　孙卓）

大规模分布式光伏接入电网广域监测及分析评估关键技术研究及应用

“大规模分布式光伏接入电网广域监测及分析评估关键技术研究及应用”获 2022 年度水力发电科学技术奖一等奖。

近年来，我国分布式光伏呈现出“点多面广、局部高密度并网”的高速发展态势。随着分布式光伏渗透率的不断提升，分布式光伏出力对电网的影响日益增加。然而，由于分布式光伏数据采集条件不理想或通信测量设备异常状况多，导致分布式光伏运行数据缺失或质量差，调度决策时无法准确掌握电网的实时运行状态，也无法事后准确分析还原故障状态，缺少有效手段指导电网运行；另外，分布式光伏出力具有波动性和随机性，运行场景多样复杂，出力估计困难，增加了电网电力平衡压力以及运行风险。为保障和支撑分布式光伏有序发展，电网调度机构亟须有效监测分布式光伏的实时出力状况并评估大规模分布式光伏接入电网运行面临的风险。

针对上述问题，中国电力科学研究院有限公司联合国网江苏省电力有限公司、东南大学等单位，围绕分布式光伏运行实时监测、电网承载力评估与风险分析等关键技术问题，开展大规模分布式光伏接入电网广域监测与分析评估技术研究，实现了分布式光伏异常数据辨识、全局出力估计、运行风险评估等多项技术创新和系统研发的突破。

（一）主要成果及创新点

(1) 针对采集到的分布式光伏数据质量较差问题，利用藤copula方法考虑高维不确定性对光伏功率置信区间进行计算，基于分布式光伏功率置信区间所表达的合理出力范围对异常数据进行辨识，异常数据辨识准确率较常规方法由70%～80%提升至90%以上，改善了分布式光伏功率数据质量。

(2) 考虑分布式光伏受安装方式、光资源分布、地形条件等复杂因素影响，针对其发电特性差别较大、接入点分散、全面监控分布式光伏经济性差、信息安全性低等问题，提出了基于多场景出力波动特征提取的广域分布式光伏全局出力估计方法，通过波动分量分析及指标构建、聚合分析、统计升尺度等方法实现了广域分布式光伏全局出力估计，估算精度达到90%以上，为调度决策以及电网安全稳定运行提供支撑。

(3) 计及源、荷的时空不确定性，挖掘分布式光伏资源与出力、负荷的中长期监测历史数据，建立分布式光伏、负荷的概率模型；考虑配电网安全性、可靠性要求，从潮流、电压、电能质量等方面构建有源配电网运行风险分级评估指标体系；采用改进拉丁超立方抽样（LHS）法，随机生成配电网运行场景，开展配电网概率潮流计算，评估各节点运行风险发生概率及严重程度，实现有源配电网薄弱环节有效识别和预警；提出大规模分布式光伏接入配电网承载力分层分区评估方法，基于此编制了行业标准《分布式电源接入电网承载力评估导则》，形成“国-省-地”分布式光伏装机裕度分布图谱，为分布式光伏有序规划和调度运行提供决策支持，保障和支撑了分布式光伏有序发展。

(4) 考虑信息模型的通用性、可靠性、扩展性等因素，结合光伏的出力特性，提出并建立了国（分）-省-地一体化监测与估计的通用信息模型，实现了数据接口层快速数据交换及同级或上下级调度间模型共享和信息共享。提出并设计了符合网络安全要求的国-省-地三级的分布式光伏监测分析架构，建立了涵盖基础数据采集、集中计算、云端管理环节的广域分布式光伏出力监测与估计技术体系，研发了国-省-地三级协同的广域分布式光伏出力估计系统。

（二）应用情况与推广前景

项目发表SCI/EI学术论文34篇；出版著作2部；申请国家专利31项（已获授权发明专利20项）；获得软件著作权12项；形成电力行业技术标准1项。项目成果自2019年开始逐步在江苏、浙江、河北、山东等电力公司得到了推广应用，指导了国内各省分布式电源接入电网承载力评估计算，保障和支撑了分布式光伏有序发展，取得了巨大的社会效益和经济效益。项目成果已为江苏公司共节支2.6亿元，按全国分布式光伏装机规模计算，可为电网节支成本超过50亿元。

项目成果可广泛应用于各级调度机构，为解决分布式光伏实时监测提供了可靠解决方案；对我国实现全面掌握分布式光伏全局出力问题提供了技术支撑，提升电网对分布式光伏等新能源的消纳能力及电网安全运行水平，具有良好的推广应用前景。

（三）获奖单位

中国电力科学研究院有限公司、国网江苏省电力有限公司、东南大学、东北电力大学。

（四）获奖人

裴哲义、吴福保、雷震、梁志峰、周昶、孙檬檬、吴骥、郝雨辰、边竞、徐青山、李登宣、丁杰、程序、许晓慧、王会超。

（水力发电科学技术奖励工作办公室　孙卓）

金沙江乌东德水电站工程

“金沙江乌东德水电站工程”获2022年度水力发电科学技术奖一等奖。

作为新时代大国重器，乌东德水电站工程规模巨大，坝址区山高坡陡，地层古老，岩性分布不均，构造历史复杂、河床覆盖层深厚；区域地震烈度高，基本地震烈度Ⅶ度，校核地震峰值加速度高达0.348g；地层产状不稳定，坝址区岩体质量最好的Pt2l3厚层灰岩分布范围十分有限，地层平均厚度仅约350m。有限空间内协调布置众多建筑物难度大，270m特高拱坝的抗震安全和40500m^3/s大流量泄洪安全问题突出。

作为首个坝身不设导流底孔的高拱坝，乌东德水电站下闸期水位抬升速度快，对下游生态供水要求高，封堵期进口结构挡高水位运行风险大，初、中、后期导流条件复杂、难度大、属同类工程之最。金沙江下游河段河道狭窄、水流湍急，大机组运行水流变化剧烈，传统技术集鱼船停泊作业安全无法保证，同时针对金沙江底层鱼类效果差，没有同类工程参考借鉴，建设集运鱼系统难度极大。

工程地处干热河谷，气温高、辐射强、温差大、湿度低、气候条件恶劣。同时，由于两岸高陡，对坝体约束强，坝基固结灌浆与混凝土浇筑施工工序干扰大，坝体温控防裂和高效施工困难重重。

项目团队围绕复杂工程地质条件、大坝体形结构、高水头泄洪消能、混凝土温控防裂、高围堰深基坑、高坝过鱼等诸多技术难题，创新工程设计理念，研发新材料新技术，建设管理运行一体化，实现智能建造和绿色发展，历时17年深入研究，取得了8项“世界第一”、15项“全球首次”、8项“水电工程突破”的成绩，安全稳定、绿色环保、智能高效、科学有序完成了乌东德水电站工程建设，打造出“精品工程、精准工程、精彩工程”。

（一）主要成果及创新点

(1) 创新了300m级特高拱坝巨型水电站枢纽布置和水工结构设计思想，实现了深陡峡谷、深厚覆盖层、复杂地质条件下厂坝时空协调和结构安全运行。①基于两岸坝肩地质条件和拱坝拱端作用，提出了地下厂房布置的“主承载区避让、次承载区利用”设计新方法，建立了拱座围岩承载的“主、次分区分段”准则，突破了地下厂房与拱坝距离不小于2倍拱端厚度的传统设计理念，实现了复杂地质条件下厂坝时空布置协调。②基于设计流程优化，发展了“静力设计、动力调整”拱坝体形设计理论，将拱坝体形由“两步设计”改进为“三步设计”，提升乌东德拱坝抗震性能。③基于窄河谷超深水垫，首创“强紊动隔离”上部封闭下部透水的护坡不护底水垫塘，取消水垫塘的帷幕灌浆和抽排系统，降低了施工难度和运行维护成本，解决了水垫塘永久运行安全技术难题。

(2) 践行生态优先理念，首创高坝生态流量保障技术与高坝过鱼技术。①首创高拱坝坝身不设导流底孔，发明了导流隧洞群“一洞改高洞、高洞改小洞、平门改弧门”“洞塞减流速、控泄降负压、补气消气囊”的生态流量保障新技术，实现乌东德270m高拱坝下闸蓄水期不断流且大流量连续泄放生态流量。②首创电站多点位全深度大流量的“尾水集鱼、库尾放殖”新技术，年过鱼量超30000尾，一年多试运行收集鱼类51种，其中国家二级保护动物7种，解决了高坝过鱼技术难题。

(3) 深化工程数字化转型，研发智能装备和控制系统。①研发了水泥灌浆智能控制成套装备和管理云平台，实现了灌浆施工智能化透明化。②研制了智能控温设备及控制系统，实施精准高效温控防裂，建成无裂缝大坝。③开发了大坝混凝土浇筑协同管理控制平台、小型振捣机器人和智能识别监控终端，推动混凝土施工向智能振捣方向发展。

(4) 优化流程创新管理，推进了科学有序、安全高效的工程建设。①研发了复杂地基深基坑高围堰分期建设成套新技术，保证工程安全施工。②发明了大型导流隧洞群一个枯水期分批依次下闸封堵方法，实现了安全封堵和有序蓄水。③创新了低水头满负荷机组调试新方法，实现工程首批机组提前发电。

（二）应用情况与推广前景

授权发明专利40项、实用新型专利48项、软件著作权19项、水利先进实用技术2项、发表论文100余篇，获国家级、省部级工法4项，成果纳入行业规范5部，出版专著6部，获省部级特、一等奖以上奖励13项，入围2022年FIDIC项目奖。研究成果成功应用于乌东德工程建设，创造直接经济效益40.24亿元，节省工程投资33.69亿元，培养一批高素质的水电工程技术人才，并已推广到白鹤滩水电站、旭龙水电站、玉龙喀什水利枢纽、天台抽蓄等工程建设中，经济社会效益显著，推广应用前景广阔。

（三）获奖单位

中国三峡建工（集团）有限公司、长江勘测规划设计研究有限责任公司、中国葛洲坝集团三峡建设工程有限公司、中国水利水电第六工程局有限公司、长江三峡勘测研究院有限公司（武汉）。

（四）获奖人

杨宗立、钮新强、翁永红、顾功开、王汉辉、杨宁、黄孝泉、张建山、刘科、漆祖芳、聂文俊、王翔、陈东斌、彭波、李国建。

（水力发电科学技术奖励工作办公室　孙卓）

流域水文气象测报和梯级水库群多目标智能管控关键技术与应用

“流域水文气象测报和梯级水库群多目标智能管控关键技术与应用”获2022年度水力发电科学技术奖一等奖。

流域梯级水库群有利于水能资源高效利用，为能源领域节煤、减碳、降耗做出了巨大贡献，也是流域防洪体系建设的重要组成部分，同时为流域灌溉供水等水资源利用、生态环境保护和航运安全提供了调度手段。面向“双碳”目标导向和水电水利行业数字化转型需求，针对国内外缺资料地区水电开发需求，尤其是“一带一路”沿线国家的水电建设，以及梯级水库群建设运行中联合调度兴利除害，发挥综合效益、保障流域安全的需求，存在以下难点问题，首先，传统工程水文设计方法具有较强的水文观测数据依赖性和敏感性，在缺资料地区水文历史和现状数据获取难，工程水文设计的适用性和有效性不足，难以有效支撑资料匮乏地区水电业务需求，需要复杂环境下水文远程监测和“空天地”多元数据挖掘分析技术提供支撑；二是，随着各大流域梯级水库群开发格局逐步形成，梯级水库优化调度及运行管理对预见期更长、精度更高的气象水文预测预报，多利益主体多目标均衡的梯级水库群（正常工况、应急工况）双态调度等提出了更迫切需求，需要一个数字化、智能化管控平台，实现高效的流域综合管理，满足流域梯级水库群兴利和安全要求。

因此，为促进水文气象及流域水电开发行业发展，首先，亟须解决复杂环境下水文远程监测难题，以及水文监测因技术经济等原因无法满足设计需求的缺资料地区水文设计难题。然后通过“空天地”多元数据融合，解决缺资料水文设计问题后，亟须解决梯级水电站开发运行全生命周期中“水文预报、多目标调度、防洪应急、风险评估”各环节技术难题，形成一体化的方法技术体系，集成梯级水库群多目标智能管控平台，最终实现流域综合管理能力的全面升级和高质量发展。

（一）主要成果及创新点

(1) 提出了适应多环境、全时空、高精度水文气象要素“测-控”一体化技术，研制了测流机器人、深水水温无分层监测、冰情监测及偏远无人值守地区水文要素监测等成套智能化测控系列设备，解决了受水库回水顶托影响极低流速、洪水陡涨突发高洪流量等情况下河道测流效率低、高洪测流风险大及偏远地区破坏率较高，高坝大库形成后坝前深水水温纵向连续自动监测，抽水蓄能电站水位变幅较大情况下冰情监测等复杂恶劣环境下监测难题；研发了基于水文相似理论和流域模型的缺资料地区多尺度流量资料反演理论，建立了水文要素与流域降水、土壤、植被等关键属性因子的空间分布关系，通过关键属性因子分析，进行相似流域识别，基于资料反演推求缺资料地区水文资料，建立水电工程水文设计的方法体系。

(2) 提出了梯级水库群全生命周期预报、调度、应急、风险评估无缝衔接一体化方法体系，实现了从陆气耦合水文预报到梯级水库群正常调度及应急调度的“双态”调度和风险评估的一体化建模；建立了基于地形特征和多源模式产品的精细化降水融合方法，构建了基于多源信息融合和多模型耦合的分布式水文预报系统和水文预报模型库；研发了梯级水库群多利益主体竞争性群决策模式下多维均衡多目标并行优化调度决策系统，解决了流域梯级水电站不同开发主体，防洪、生态、供水、发电等不同目标诉求情况下的最优方案组合；提出了水文非一致性对水电工程防洪安全及发电效益影响的风险评估方法，并初步分析了梯级水电站在世界公认的碳排放模式下存在的风险；形成了一套适用于梯级水库群施工期和运行期预报、调度、应急、风险防控体系，提出了考虑上游库容补偿影响的防洪度汛决策支持系统和基于改进的多形式溃坝模型的防洪应急决策指挥系统。

(3) 构建了基于海量“空天地”水文气象、地理信息和水电工程等多元数据的大型数据库，集成了431座水电站、6931个气象站、7121个水文站点相关数据，以及全球不同精度DEM资源的海量数据，解决了多源异构数据库统一编码、信息共享、数据汇集问题；自主研发了服务梯级水库群水文测报、多目标调度、防洪应急及风险评估全生命周期多目标智能管控系统，实现了预报、调度、应急、评估等7大类92个功能模型开发及一体化集成创新，为实现全国各大流域综合管理一体化提供技术支撑。

（二）应用情况与推广前景

该项目已形成专利32项（已授权17项）、软件著作权47项（已授权40项），新编改编标准7项，出版专著4本，发表论文106篇。项目成果已在国家能源局所属的全国流域水电综合监测信息管理平台使用，并服务于生态环境部流域环境监测管理、流域防洪应急管理。在雅鲁藏布江下游、黄河上游、澜沧江和国外老挝南欧江等国内外四大流域，西藏易贡藏布、湖南舞水、广东亮马河3个中型流域，西藏、湖南2个省级水文监测系统，湖南省毛俊水库、辽宁蒲石河抽水蓄能等大型工程应用，并将为流域安全应急、梯级水库群生态调度、新型电力系统构建、“水风光储”多能互补优化调度等提供技术支撑。

（三）获奖单位

水电水利规划设计总院、中国电力建设股份有限公司。

（四）获奖人

晏志勇、彭程、周建平、顾洪宾、彭才德、杨百银、李昇、赵增海、彭烁君、高洁、尹华政、李洋、韩益民、翁兆东、周建新。

（水力发电科学技术奖励工作办公室　孙卓）

700m级350MW抽水蓄能机组关键技术与应用

“700m级350MW抽水蓄能机组关键技术与应用”获2022年度水力发电科学技术奖一等奖。

为提高抽水蓄能电站的经济效益，抽水蓄能机组不断向着高水头、高转速、大容量方向发展。700m及以上水头段大容量抽水蓄能机组技术长期被国外公司独家垄断，我国抽水蓄能机组的研发经过分包生产、技术引进、自主开发等阶段，积累了丰富经验，未来任务主要为700m级单机容量大于300MW抽水蓄能机组关键技术的研发。

本项目依托国内首个自主化700m超高水头高转速大容量抽水蓄能电站——敦化抽水蓄能电站。2012年10月，该电站获得国家发展和改革委员会“发改能源〔2012〕3384号”核准：“……为支持抽水蓄能机组设备的国产化制造，本电站列为抽水蓄能电站机组设备自主化后续工作的依托项目，机组设备（含主机以及调速器、励磁、变频启动装置和计算机监控系统等附属设备）采用整机招议标方式方法在哈尔滨电机厂有限公司（简称哈电）和东方电气集团东方电机有限公司（简称东电）之间进行采购，由哈电或东电独立成套设计、制造和供货……”。2022年5月，700m级350MW抽水蓄能机组成套设备被国家能源局列为2021年度能源领域首台（套）重大技术装备项目（国家能源局公告，2022年第2号）。作为国内首个自主化700m超高水头大容量的抽水蓄能机组，敦化抽水蓄能机组在水泵水轮机、发电电动机、球阀等关键部件攻克了一系列行业难题，取得了多项创新，研究成果将为敦化及后续超高水头抽水蓄能电站的安全、可靠、稳定运行提供技术支撑，促进我国抽水蓄能技术向高、精、尖方向发展，推动我国抽水蓄能技术达到更高水平。

（一）主要成果及创新点

（1）攻克了700m水头段超高水头水泵水轮机的水力设计、结构设计、振动控制等难题，形成了多项关键技术，研制出安全稳定高效的超高水头水泵水轮机。①发现了超高水头（700m级及以上）水泵水轮机大“S”特性（额定开度下的“S”特性）对机组甩负荷压力极值有很大影响，提出了水轮机设计水泵校核的水力设计技术路线，创建了以抑制大“S”曲线下漩涡流动为核心的水力设计方法，研发了影响过渡过程品质的曲线形状与关键几何参数匹配技术，优化了大“S”曲线形状，解决了在保证水力性能参数水平与控制过渡过程压力超标匹配性关键技术难题。②提出了超高水头（700m级及以上）水泵水轮机关键结构部件的应力和位移控制准则，发明了超高水头的顶盖保护装置、高压流体承载连接结构，创新设计了狭窄流道转轮精细加工折叠臂装置、高压流道管壁的曲率沿环向滚压焊接的椭圆形补强结构以及新型转轮室排气装置，解决了超高水头水泵水轮机结构设计中的高应力和结构振动等难题，提升了抽水蓄能电站机组的安全运行水平。

（2）攻克了500r/min、350MW发电电动机的推力轴承高效性、转子安全性、轴系稳定性等难题，形成了多项关键技术，研制出安全稳定高效的高转速大容量发电电动机。①发明了储能油室油位自动调节技术和瓦间独立油室供油方法，首次实现了立式机组非浸泡低损耗运行，降低了轴承损耗40%和瓦温12K，增加了油膜厚度40%以上，攻克了非浸泡推力轴承全工况安全运行难题。②发明了转子磁极内外分区冷却技术，将冷风引入磁极内部核心发热区域，提升了磁极散热能力，实现了“磁极轻量化设计”；首创了“一根轴+整体磁轭”结构，发明了长轴系和大型整体磁轭圈加工方法，消除了高速机组多段轴系偏差带来的稳定性风险。实现了发电电动机的转子安全稳定运行。③创新设计了斜支臂上机架与盒型筋直定子机座组合结构，提升了上机架支撑刚度和轴系稳定性，消除了柔性斜立筋结构引起的定子机座低频振动问题。

（3）研制出700m级超高水头抽水蓄能机组主进水球阀。设计了球阀阀轴根部多段弧和自动找正圆心功能的金属锥面硬密封新结构，降低了超高水头枢轴根部的应力和变形，实现了抽水蓄能机组球阀18MPa压力下密封试验的“零泄漏”；研制了一种球阀枢轴新结构，解决了轴瓦脱落、密封损坏、轴衬表面无法进行修复等技术难题。

（二）应用情况与推广前景

本项目多项技术填补了我国700m级大容量抽水蓄能机组设计制造的技术空白，实现了自主化抽水蓄能机组向超高水头领域发展的重大飞跃，打破了国外技术垄断，促进了国家科技创新和行业科技进步。项目成果（首台套）已在敦化抽水蓄能电站成功应用，并推广应用于长龙山、阳江、平江、洛宁、丰宁、梅州、蟠龙、文登等抽水蓄能电站，取得了显著的经济和社会效益。项目获得授权专利27项（其中发明专利11项），发表学术论文7篇，科技成果鉴定2项。项目成果对推动抽水蓄能技术发展具有里程碑的重要意义。

（三）获奖单位

国网新源控股有限公司、吉林敦化抽水蓄能有限公司、中国电建集团北京勘测设计研究院有限公司、东方电气集团东方电机有限公司、哈尔滨电机厂有限责任公司。

（四）获奖人

马龙彪、易忠有、刘德民、陈元林、马信武、于辉、佟德利、李冰、骆林、周波、胡清娟、李宁、王兆辉、石清华、曲扬。

（水力发电科学技术奖励工作办公室　孙卓）

边坡预应力锚索阻滑力学效应与延寿服役关键技术

“边坡预应力锚索阻滑力学效应与延寿服役关键技术”获2022年度水力发电科学技术奖一等奖。

预应力锚索作为边坡加固的重要手段，已在水利水电、交通等领域的高边坡工程中得到广泛应用。大量工程实践表明，现阶段关于锚索加固设计方法、锚索长期耐久性以及锚索监控技术等方面的研究还十分有限，已无法满足高速发展的工程需求。

目前在边坡加固设计中，预应力锚索的抗剪阻滑效应主要考虑的是锚索预应力作用，按这种方法设计会极大低估锚索的加固效果，也无法解释很多工程边坡的实际状态；同时，锚索在复杂工程环境运行中会发生腐蚀，一旦失效破坏将会导致灾难性的后果；另外，现有的锚固防护措施效果有限，还远远达不到工程设计寿命的要求，对锚索运行性状的监测手段和技术也十分缺乏。

针对上述问题，项目组从 2002 年开始，在“973”“十三五”及自然科学基金等国家级、省部级和重大工程科研项目的支持下，围绕“如何准确计算锚索阻滑作用，如何定量预测锚索使用寿命，如何有效延长锚索服役年限”三个关键难题，开展研究，取得了一系列重要的科研成果。

（一）主要成果及创新点

（1）通过对预应力锚索运行状态的总结分析，指出了目前边坡锚固设计方法的严重不足，依据室内模型试验、数值仿真计算和理论分析成果，提出了反映锚索结构特点的三阶段变形破坏模式，揭示了锚索阻滑抗剪力学机制，建立了相应的力学分析模型，为边坡锚固设计提供了重要理论支撑。

（2）通过对锚索的现场开挖检测，发现了长期运行条件下锚索锈蚀的形貌特征和关键因素，基于 2000 多组锚索全浸、电解加速和干湿循环拟环境腐蚀试验，揭示了锚索腐蚀机理和演化规律，提出了考虑锚索健康状态的三阶段寿命划分方式，建立了锚索性能衰变模型和寿命预测方法，为合理评价锚固系统安全性能提供了重要技术手段。

（3）通过对锚索防护结构体系的分析研究，提出了“薄弱部位强化防护、超限应力动态调控、全程变形实时监测”的新理念，发明了薄弱部位强化防护结构，研制了超限应力动态调控专用设施，研发了分布式应力变形实时监控技术，为预应力锚固的长期安全运行提供了重要保障措施。

（二）应用情况与推广前景

本项目研究成果提升了对锚固工程加固效应的认识、填补了锚固工程寿命预测的空白、实现了锚固工程检测和延寿，在边坡锚固技术上实现了突破，为国家重大工程的建设和安全运行提供了强有力的技术支撑。

项目研究成果已经在三峡、锦屏一级、阿尔塔什和蟠龙等 10 余项工程中得到了推广应用，取得了良好的应用效果，产生了重要的社会、经济和生态效益。该项研究成果，除了能为国内外重大工程锚固设计、建设、运行及维护提供重要的技术支撑外，还能够进一步促进岩土力学、材料等学科的发展与水电、交通和矿山等行业的技术进步。项目相关研究成果已出版专著 2 部；发表科技论文 47 篇，其中 35 篇 SCI/EI 收录；主编相关规范 1 部。获得了 19 项国家技术专利，其中发明专利 11 项；获得省部级工法 2 项。

（三）获奖单位

中国水利水电科学研究院。

（四）获奖人

汪小刚、赵宇飞、王玉杰、孙兴松、林兴超、姜龙、刘立鹏、张强、皮进、凌永玉、孙平、段庆伟、曹瑞琅、尹韬、聂勇。

（水力发电科学技术奖励工作办公室　孙卓）

复杂环境条件下海上风电机组地基基础设计关键技术及应用

“复杂环境条件下海上风电机组地基基础设计关键技术及应用”获 2022 年度水力发电科学技术奖一等奖。

开发海上风能是实现“碳达峰、碳中和”的重大战略举措，风电机组地基基础设计是海上风电重大关键技术，海洋水文气象、工程地质等环境条件是影响基础设计的重大因素。我国拥有 18000km 的大陆海岸线和 300 万 km^2 海洋国土面积，与欧洲相比，海上风电场环境条件具有鲜明的复杂性和多样性。台风、深厚软土、浅覆盖层、海冰、复杂通航条件等复杂环境条件已成为制约海上风电低成本、规模化开发的重大技术瓶颈，迫切需要针对复杂环境条件建立合适的风电机组支撑结构与地基基础结构体系，突破相关的设计理论与关键技术，实现设计优化和工程示范应用。

为解决复杂环境条件导致的海上风电机组支撑结构和地基基础设计与建造的科学问题和技术瓶颈，由上海勘测设计研究院有限公司牵头，联合中国三峡新能源（集团）股份有限公司、中国科学院力学研究所、同济大学、天津大学组成“产学研用一体化”创新团队，自 2007 年承担我国首个海上风电项目“上海东海大桥 100MW 海上风电示范项目”以来的 15 年里，依托国家自然科学基金项目“极端海洋环境下风机支撑结构耦合载荷与动力响应机理研究（11232012）”、上海市自然科学基金项目上海市自然科学基金项目“上海软土地基条件下海上风电机组单桩基础承载和变形特性（14ZR1427500）”等重大课题项目和十余项海上风电工程项目，围绕复杂环境条件海上风电场机组支撑结构与地基基础结构体系、分析理论与关键技术、设计优化方法与手段开展研究，形成了设计成套关键技术并完成了示范应用。

（一）主要成果及创新点

（1）构建了海上风电机组地基基础结构体系。在全球首创了高桩混凝土承台群桩基础，攻克了台风和深厚软土地基条件下基础承载与变形控制的困难；提出并应用了钢结构单柱复合筒型基础，突破了深水海域浅覆盖层条件下桩基础嵌岩施工和浅基础承载与变形控制的困难；开发了“钢管桩-混凝土灌注桩组合”新型嵌岩桩基础，攻克了浅覆盖层条件下钢管桩沉桩困难和混凝土灌注桩承载偏低的难题；创新了抗冰型钢、装配式抗冰锥和下压型钢套笼三种海上风电基础抗冰结构，削减冰力和冰激振动并实现了安全便捷的海上施工。

（2）发展了分析理论和关键技术。通过数值仿真揭示了承台、复合筒等新型中等尺度结构基础非线性波浪力特性并提出了惯性力系数修正建议值，提高了水动力计算精度；基于物理模型试验阐明了海上风电高耸柔性及大尺度结构海冰冰力特性，填补了柔性与大尺度结构冰力研究空白；提出了基于海洋饱和软土刚度与强度循环弱化特性的桩基础长期承载能力分析理论，实现了海上风电桩基础设计由极限承载到疲劳承载设计的突破；将土体小应变硬化模型引入海上风电大直径单桩侧向分析中，解决了传统 p-y 曲线不适用于大直径单桩分析的难题。

（3）提出了一体化设计及优化方法。基于“风电机组-塔架-地基基础”一体化设计方法，实现了风、浪、流、海冰等环境载荷与机组控制系统的真实耦合以及系统结构动态特性的精准模拟，解决了常规分离式设计成果的过度安全冗余或不确定性风险，提高了设计优化的可靠性；提出了考虑海上风电受力特点的整体协同大偏心群桩基础极限承载力优化设计方法，优化了桩基础抗拔承载力设计；基于大型通用有限元软件开发了海上风电机组地基基础优化分析程序OWTFOD，实现了多变量和多约束条件的自动设计优化。

（二）应用情况与推广前景

项目研究成果填补了台风、深厚软土、浅覆盖层、海冰等复杂环境条件海上风电场设计和工程实践空白。结合多个海上风电场的设计和示范建设，完成了研究成果的应用和验证。

项目成果获国家发明专利 8 项，计算机软件著作权 1 项，发表学术论文 40 篇。成果在上海东海大桥、河北唐山乐亭菩提岛、广东阳江、福建兴化湾等 10 余座海上风电场建设中获得成功应用，取得了显著的经济和社会效益，具有广阔的推广应用价值。

（三）获奖单位

上海勘测设计研究院有限公司、中国三峡新能源（集团）股份有限公司、中国科学院力学研究所、同济大学、天津大学。

（四）获奖人

林毅峰、陆忠民、王武斌、周济福、黄茂松、黄焱、黄俊、乐治济、宋础、姜娟、范可、陈能玉、陈立、田会元、校建东。

（水力发电科学技术奖励工作办公室　孙卓）

基于自主可控软硬件的水电站群智能一体化系统关键技术研究与应用

“基于自主可控软硬件的水电站群智能一体化系统关键技术研究与应用”获 2022 年度水力发电科学技术奖一等奖。

我国水电站群控制系统核心软硬件长期依赖进口，存在“卡脖子”风险；软硬件容易被植入“后门”，信息安全存在风险。水电站群信息集成度低，智能应用没有全面开展；调度较少考虑对机组健康的影响，导致其维护工作量成倍增加。水电站群缺少数字孪生系统支撑，难以实现全方位优化。针对上述问题，项目进行了自主软硬件、可信安全技术攻关，开展了数据集成和挖掘、基于大数据的智能应用和数字孪生等关键技术研究，研制了相关系统，取得了一系列重大创新。

（一）主要成果及创新点

（1）突破了国产通用 CPU 在水电站控制核心设备 PLC 应用的瓶颈。针对国产元器件在一致性、稳定性上的弱点，提出了自校验及动态补偿方法，提升了信号采集精度和可靠性；发明了延时补偿的多核处理器核心间数据交互方法，解决了水电控制系统在国产操作系统指令集、通信机制和数据库上的协同难题。基于可信安全技术构建了信息安全主动防御体系。实现了水电控制系统供应链安全和信息安全。系统整体国产化率由 10%上升到 95%以上，自主可控率由 40%上升至 100%。

（2）提出了工况和事件牵引的水电站群全景数据集成方法；研发了基于大数据挖掘的多工况多参数多尺度故障预警、报警技术、多维故障诊断和健康状态评估技术；发明了基于机组健康状态的水库优化调度多目标混合蛙跳差分算法，实现了能耗和机组健康状态的双重优化。

（3）发明了沉浸式多维连续可变速仿真方法，研制了水电站群数字孪生系统，对水电站运行、检修、故障诊断、控制与优化调度等关键生产过程进行了全流程、多维度三维动态模拟，通过多策略双向对比循环预演和验证，提出关键生产过程最优化预案。

（二）应用情况与推广前景

项目共获得知识产权 91 项，其中：发明专利 47 项，实用新型专利 12 项；软著 15 项；论文 13 篇；标准 4 项。

项目成果在乌江流域、北盘江、三岔河等流域，涵盖 9 省（区、市）的水电站 60～600MW 机组和大型集控中心成功应用并稳定运行。扭转了被发达国家“卡脖子”的被动局面，保障了水电能源安全；直接拉动国产化软硬件市场，以应用研究带动国产芯片等核心基础研究投入与攻关，带动上下游产业链的发展；以产业化应用提升国产软硬件等一系列相关产业的发展水平，促进自主可控生态形成。一体化管控技术和数字孪生技术的应用，提高了水资源利用率，促进生态可持续发展，发挥水电在新型电力系统中的“近零”排放优势，促进“双碳”目标实现。

（三）获奖单位

国电南京自动化股份有限公司、中国华电集团有限公司、中国南方电网电力调度控制中心、河海大学、麒麟软件有限公司、贵州乌江水电开发有限责任公司、南京河海南自水电自动化有限公司。

（四）获奖人

李书明、王凤蛟、方国华、庞敏、胡亚平、吴玮、吴元东、戴建炜、王晓亮、李文朝、李朝新、韩兵、单良、谌波、李金阳。

（水力发电科学技术奖励工作办公室　孙卓）

特高拱坝结构性态数字孪生与智能监控关键技术

“特高拱坝结构性态数字孪生与智能监控关键技术”获 2022 年度水力发电科学技术奖一等奖。

拱坝是高坝建设的主要坝型，全球 200m 以上特高坝中拱坝占比为 47%，我国为 50%，后续我国还将修建龙盘、忠玉等一批特高拱坝。特高拱坝的建设质量和运行安全关乎国计民生、关乎公共安全，意义重大。对特高拱坝建设、运行期结构性态的及时准确把握是确保工程质量和安全的前提，也是工程智能建造和智慧运行的基础。坝工史上曾发生过多起因结构性态把握不准导致严重事故的案例，我国也有大坝严重开裂等影响安全的实例。特高拱坝结构性态仿真一直是水利水电领域的研究热点和难点。

传统上大坝工作性态主要依赖安全监测掌握，存在观测断面少、测点离散、仪器易失效等问题，无法给出连续场和安全系数，为此，朱伯芳提出基于安全监测和仿真的数字监控方法。近年来，结合溪洛渡、锦屏一级等特高拱坝的建设，开展了数字监控、智能化建设的探索和尝试，取得了一些开创性成果。但是受限于当时的技术能力，与实时准确掌握高拱坝工作性态的需求相比，仍有较大差距。

数字孪生技术的快速发展为“仿得更真、算得更快、实时调控”提供了机遇。本项目结合白鹤滩、乌东德两座世界级工程的建设，依托国家“十三五”重点研发计划项目“复杂工程力学高性能应用软件系统研制”等科研项目，利用先进的试验、自动化监测、专业模型、并行计算等技术，在真实参数获取、性态高效模拟、工程决策支持以及优化调控方面取得突破，研发了特高拱坝结构性态数字孪生技术及软件系统，应用于乌东德、白鹤滩两座特高拱坝建设蓄水和初期运行过程，取得了原创性、系统性的创新成果。

（一）主要成果及创新点

（1）发明了混凝土全过程多参数动态仿真试验机，实现了早龄期大坝混凝土徐变、弹性模量、线膨胀系数、极限拉伸值等 11 项性能参数的高精度测试；提出了高拱坝施工期倒悬变形监测方法，研发了自施工开始的全过程监测自动化系统，首次实现了大坝监测信息全过程实时自动化采集、管理与分析；研发了仓面环境温度、浇筑温度实时监测技术和库水温分层模拟反演技术，为孪生系统实时仿真提供高精度边界条件。

（2）提出了坝基三维复杂块体切割拓扑构形算法，提出了利用地形数据（DEM）、基础与坝体体型数据、构造面数据以及三维块体切割技术建立含复杂地质构造的基础-拱坝体系精细几何建模方法，研发了 CUTMESH 软件，实现了千万至亿级自由度量级高质量精细模型构建，提高了几何建模质量和效率，为特高拱坝孪生体建设提供可靠的几何数据。

（3）建立了能够考虑有无厚度和灌浆过程的梯形键槽、球面键槽、纵缝键槽等三维接缝单元模型，发展了基于数值流形法的接缝开闭迭代方法，实现了大坝与基岩中各类缝面的接触非线性高效模拟；发展了适用于混凝土坝及基础接缝与分区非协调网格连接的 Dual Mortar 法，实现了非协调网格的弱连续模拟；研发并集成了面向百亿自由度的网格自动加密模块和超大规模线性解法器；开发了具有自主知识产权的百亿级自由度大坝全过程高性能仿真分析系统软件 SAPTIS-HPC，实现了特高拱坝超大规模精细化高效、实时仿真的突破。

（4）系统提出了高拱坝施工期开裂风险与防控措施，揭示了初次蓄水—运行期安全风险与调控机制，建立了施工质量和工程安全的风险防控标准和策略；建成了特高拱坝结构性态数字孪生平台，通过监测自动化系统，实现了与实体大坝的数据实时获取与交互，通过多方案仿真模拟，实现了大坝结构性态的预测、预警、预演以及优化调控，通过智能建造系统，实现了特高拱坝施工进度、施工质量、蓄水过程、工程安全的全过程结构性态动态管控。

（二）应用情况与推广前景

本项目提出的特高拱坝仿真大坝建设的理论、方法、技术、控制策略与标准在乌东德、白鹤滩两座300m级特高拱坝中应用，支撑了大坝工程建设-蓄水安全，直接经济效益97372.6万元。依托本项目共获得国家发明专利31项，实用新型7项，软件著作权20项，编制行业标准3项，发表论文51篇，出版专著3部。

项目成果已推广应用至叶巴滩水电站等重大工程，将推动西部高寒、高海拔地区以及“一带一路”沿线国家大坝工程优质、安全、高效建设，促进世界坝工智能建造技术发展，并为数字孪生工程和智慧水利建设奠定基础，助推中国水利水电工程智能建造标准体系走出去，提高国际影响力。

（三）获奖单位

中国水利水电科学研究院、中国三峡建工（集团）有限公司、中国葛洲坝集团三峡建设工程有限公司、中国水利水电建设工程咨询西北有限公司、中国水利水电第四工程局有限公司、中国水利水电第八工程局有限公司、长沙亚星数控技术有限公司。

（四）获奖人

张国新、陈文夫、刘毅、杨宁、杨宗立、周孟夏、刘有志、周秋景、乔雨、谭尧升、程恒、辛建达、邱永荣、雷峥琦、裴磊。

（水力发电科学技术奖励工作办公室　孙卓）

滑坡致灾力学机理及灾害链演化研究与工程应用

“滑坡致灾力学机理及灾害链演化研究与工程应用”获2022年度水力发电科学技术奖一等奖。

我国西南水电开发处于复杂的地质物理环境中，工程区域地形地貌、地层岩性、地质构造、水文地质等条件复杂，地震活动频繁，烈度高、震害强，水动力或地震作用下的滑坡地质灾害频发。高坝大库滑坡灾害问题严重威胁我国水电工程的建设及其长效安全运行，对工程安全、社会发展、生态环境以及国民经济发展构成了重大影响。

库区重大滑坡灾害防治是一项长期而艰巨的任务，滑坡的成灾机制、变形破坏机理、失稳运动演化、风险防控及滑坡灾害链的发展十分复杂，存在着随机性、模糊性和不确定性，面临着诸多严峻挑战，亟须持续地开展深入系统的创新研究。

为科学有效地预警与防控滑坡灾害，开展滑坡致灾力学机理及灾害链演化等方面的研究是工程科学界关键技术难点和前沿课题，是完善水电工程库区重大滑坡地质灾害防范的重要理论技术基础和保障高坝大库工程长期运行安全的重大需求。本研究成果围绕水电工程滑坡致灾力学机理及灾害链演化等关键科学技术问题，开展了系统的技术攻关和自主创新研究，建立了一套适用于水电工程滑坡致灾力学机理、滑坡运动、安全风险评价及涌浪灾害链演化分析的理论技术体系和方法，为重大水电工程建设和防灾减灾提供科学依据和技术支撑，推动我国水电工程防灾减灾的科技进步。

（一）主要成果及创新点

（1）在水动力滑坡致灾力学机理方面。发明了大尺寸滑坡堆积体土水特征试验装置，发现了滑坡堆积体的非饱和渗透特性符合VG模型规律，揭示了含石量和含水率对滑坡体非饱和渗流特性和抗剪强度的影响机理；揭示了滑坡力学参数的水致劣化特性规律，建立了考虑水致参数劣化效应的饱和非饱和数值模拟方法；揭示了非达西渗流机制。

（2）在地震动力滑坡失稳机制和运动演化方面。提出了可精确匹配地震动力目标设计谱的影响矩阵方法，建立了基于真实地震动的三维设计地震动时程的理论方法；建立了地震作用下基于应变率效应的细观动态本构模型和基于应力侵蚀的多级加载细观动本构模型，发现了细观有效接触模量与应变率呈对数关系，法向强度和切向强度与应变率呈指数关系，揭示了不同应变率状态下的滑坡细观破坏特征；建立了基于离散连续耦合方法的地震动力滑坡失稳运动演化数值模拟技术，揭示了地震作用下滑坡失稳破坏机制及运动演化规律。

（3）在滑坡非确定性和可靠度分析方面。基于滑坡岩土体参数区间不确定性和空间变异性，建立了滑坡分析的区间有限元滑面应力法和随机有限法；基于滑坡参数的空间变异性、滑坡结构以及潜在滑带位置的非确定性，开发了基于随机模拟算法的滑坡非确定性分析技术。建立了基于二元正态累积分布函数法的滑坡体系可靠度分析方法，揭示了多滑面下堆积体滑坡的变形破坏机制；构建了考虑弱化效应的滑坡稳定时变可靠度分析方法，揭示了动态渗流场力学效应和弱化效应共同作用的滑坡变形破坏演化机制。

（4）在滑坡监测与安全风险评价方面。构建了基于滑坡变形演化规律多源信息融合分析方法，提出了滑坡监测数据高斯混合聚类深度挖掘技术；构建了多因素滑坡位移混合预测模型、基于云模型与分数位回归的滑坡位移集成预测模型和区间预测模型，提出了滑坡演化过程预警判据、阈值判别预警和宏观变形演化预警决策方法；建立了基于云模型和改进D-S证据理论的滑坡安全性多指标综合评价模型，形成了基于数据融合的滑坡监测与安全风险评价体系。

(5) 在滑坡涌浪灾害链演化分析方面。创新了特大型滑坡涌浪灾害链三维地质力学物理模型试验系统，构建了复杂堆积体滑坡-河道-高坝结构联合作用仿真试验模型，试验发现了滑坡涌浪产生的阵列机理及复杂河道边界传播规律；提出了基于涌浪灾害实例特征指标回溯的滑坡涌浪灾害综合评估方法，构建了滑坡涌浪远近场耦合三维数值模拟技术，为高坝大库滑坡涌浪风险防控和工程安全提供理论依据和技术支撑。

(二) 应用情况与推广前景

成果在高水平学术期刊上发表高质量学术论文203篇，获授权国家发明专利36项、软件著作权17项。培养出站博士后5名，毕业博士11名，成果多次参加国际学术交流，在国内外重要学术会议上作特邀报告8次，主题报告11次。研究成果已在澜沧江黄登-大华桥水电站库区、如美水电站、古水水电站、金沙江白鹤滩水电站、梨园水电站、雅砻江卡拉水电站、清水江三板溪水电站等滑坡防控实践中应用，经济社会环境效益显著，具有推广应用前景。对水电行业的科技进步具有推动作用。

(三) 获奖单位

河海大学、中国电建集团昆明勘测设计研究院有限公司、中国电建集团贵阳勘测设计研究院有限公司。

(四) 获奖人

王环玲、徐卫亚、朱国金、王如宾、吴述彧、宁宇、闫龙、刘士奇、黄青富、程瑞林、马行生、姜自华、王震、杨兰兰、杨玲。

(水力发电科学技术奖励工作办公室　孙卓)

海外复杂条件长隧洞“设计—施工—装备”一体化TBM建造关键技术与应用

“海外复杂条件长隧洞‘设计—施工—装备’一体化TBM建造关键技术与应用”获2022年度水力发电科学技术奖一等奖。

大断面长距离隧洞在世界各国水利水电、公路、铁路建设中占据重要地位，随着国家水网、路网战略的实施，隧洞发挥着越来越重要的作用。在隧洞的建造过程中，TBM作为地下“航空母舰”，具有环境好、速度快、安全性高的特点，但也存在适应复杂地质条件变化能力差的缺点，经常出现由于大变形、突泥涌水、岩爆等引起的卡机和停机事故。大量工程实例说明，大断面长距离TBM掘进的安全和工期风险非常之大，如何实现TBM隧洞安全高效建造一直是工程界亟待解决的难题。

本项目致力于解决“TBM隧洞安全高效建造”，研究依托于厄瓜多尔辛克雷水电站，该电站是“一带一路”建设的标志性工程，也是我国在海外独立承建的规模最大的水电工程。辛克雷水电站采用引水式开发，输水隧洞连接引水枢纽和调蓄水库，长达24.8km，开挖洞径达9.11m，沿线地形地质条件复杂，施工布置困难，加之当地基础设施落后，供电保障率低，设备材料基本上全部依赖进口，对中国标准和技术持怀疑甚至排斥态度，非自然的制约因素很多，实现TBM隧洞安全高效建造难度更大。针对海外种种复杂条件，项目组开展了系统研究，解决了大断面长距离TBM隧洞安全高效建造的关键技术问题，在安全生产零事故的前提下，创造了大洞径超硬岩双护盾TBM月最高掘进速度1059m/月、综合掘进速度550m/月的成绩，在同规模工程中处于世界领先水平。

(一) 主要成果及创新点

(1) 创建了集“设计-施工-装备”一体的隧洞建造技术体系。针对海外工程建造环境和复杂地质条件，融合中外标准体系，打通设计、装备制造、施工全过程，提出适用于TBM高效施工的系统设计方案，建立270MPa超硬岩刀盘设计方法，研发锥形短盾体结构和收敛地层单护盾模式姿态纠偏技术，实现了输水隧洞TBM安全高效建造。

(2) 研发了TBM不停机围岩实时快速分级判别系统。揭示了TBM掘进过程中岩-机、机-渣、岩-渣作用机理，建立了“岩-机-渣”复合关系模型，提出了不停机围岩快速分级方法，研发隧洞岩体综合采集分析决策系统，为高效智能掘进提供技术支撑。

(3) 创建了通用型高强超薄宽幅管片设计建造体系。提出了一种高外水压力TBM管片主动排水降压设计方法，利用当地火山灰材料提高管片混凝土强度等级达到C60，研制了超薄宽幅“左右”环通用型管片衬砌，提高了管片的制作质量及运输安装效率。

(二) 应用情况与推广前景

项目成果获授权发明专利10项、实用新型专利6项，形成施工工法1项，出版专著1部，发表论文57篇，直接支撑T/CWHIDA 0014—2021《护盾式TBM施工豆砾石吹填注浆技术规范》和《衬砌管片设计规范》的编制，有力推动了长距离 TBM 隧洞建造技术的进步。

项目成果已在辛克雷电站工程应用，并推广至兰州市水源地工程、引汉济渭、山西中部引黄等工程，为兰州水源地工程“中铁 241 号”双护盾 TBM 研制提供了指导，同时也为国内 TBM 制造技术的发展提供基础，产生了经济和社会效益，具有推广应用前景。

（三）获奖单位

黄河勘测规划设计研究院有限公司、中国水利水电第十四工程局有限公司、武汉大学、海瑞克（广州）隧道设备有限公司北京分公司、Technoproject S. A de C. V。

（四）获奖人

谢遵党、字继权、尹德文、邢建营、陈晓年、苏凯、杨元红、齐三红、吕小龙、汪雪英、杨天吉、金长文、王美斋、肖豫、杨春宝。

（水力发电科学技术奖励工作办公室　孙卓）

深厚覆盖层上高面板坝建设与长效性能评估关键技术及实践

“深厚覆盖层上高面板坝建设与长效性能评估关键技术及实践”获 2022 年度水力发电科学技术奖二等奖。

我国西南、西北尤其是青藏高原地区的高山峡谷河流中深厚覆盖层分布广泛，且河床覆盖层均较为深厚，一般都在 50m 以上，但可开发的水能资源十分丰富。随着我国水电事业的发展、水利水电工程及抽水蓄能电站的建设，近期和将来还将面临更多的深厚覆盖上建坝需求。与建在基岩上的面板坝相比较，修建于覆盖层上的面板坝，受覆盖层工程特性、力学参数指标的影响，面临的问题比在基岩上建坝更要复杂。坝基和坝体防渗系统变形不协调的渗流控制问题、覆盖层上高面板坝建坝的适应性问题、防渗墙施工技术复杂地层的适应性以及防渗体系局部缺陷的准确评价问题、覆盖层上高面板坝长效性能安全预警指标确定等，均是覆盖层上面板坝存在的需要特殊研究的问题，通过这些问题的深入研究，对提升深厚覆盖层上高面板坝的设计理论、筑坝技术和管理理念具有重要的意义，并可产生巨大的社会经济效益。

中国电建集团西北勘测设计研究院有限公司、河海大学、南京水利科学研究院和中国水电基础局有限公司在覆盖层上高面板坝的建设和运行等方面联合攻关 20 余年，积累了一些有益的探索经验和研究成果。通过本项目系统研究深厚覆盖层上高面板坝建设与运行过程中的关键理论和技术，涉及覆盖层工程地质勘探、坝基渗流控制、坝体及坝基防渗体系连接、防渗墙与大坝的施工时序、覆盖层上高面板坝的设计准则、覆盖层参数的适应性、坝基防渗墙施工、坝体长效性能评估和监控预警技术等。研究成果不仅能提升深厚覆盖层上高面板坝的设计理论和筑坝技术水平，解决深厚覆盖层上高面板坝工程建设难题，确保工程长效服役安全，也可完善复杂地质条件下水电建设技术，促进行业发展，还可助力“碳达峰和碳中和”目标的达成，工程应用价值巨大，社会经济效益显著。

（一）主要成果及创新点

(1) 针对河床趾板修建在深厚覆盖层上面板坝坝基混凝土防渗墙与趾板存在的不均匀变形问题，首次提出了深厚覆盖层面板坝“坝基混凝土防渗墙＋连接板＋趾板＋面板”的坝基与坝体防渗系统的“柔性”连接型式，形成了能适应深厚覆盖层面板坝较大不均匀变形的渗流控制设计准则，解决了深厚覆盖层上面板坝坝基及坝体防渗体系差异化变形问题；提出了一种基于三维有限元分析的任意断面（柱面）渗流量计算方法，实现了防渗系统缺陷部位渗漏量的准确计算及覆盖层渗透坡降超限区的定量评价，解决了防渗系统局部缺陷对深厚覆盖层面板坝渗流影响难以准确评价的技术难题。

(2) 基于覆盖层地质构造判定、地质缺陷探测和地层划分的指标，提出了不同物探方法的选用和现场布置原则，解决了覆盖层物探方法无依可循的问题，提高了复杂地质深厚覆盖层的物探效率；首次建立了覆盖层深度、模量系数与适用面板坝坝高的定量关系，提出了基于坝基覆盖层物理力学指标建议和控制值的高面板坝建设适应准则，完善了覆盖层面板坝结构布置的设计准则。解决了深厚覆盖层上建坝标准判定难题，提出了可有效控制防渗墙应力变形的“墙坝相间”施工时序控制技术，解决了坝体施工对防渗墙应力变形的影响问题；研发了覆盖层防渗墙气举反循环法清孔换浆技术和“新型接头管法”墙段连接技术，形成了复杂地质条件下深厚覆盖层防渗墙造孔成墙新技术，实现了超深防渗墙的施工。

(3) 针对复杂环境下混凝土面板、防渗墙及灌浆帷幕的防渗性能劣化问题，研发了水泥基材料渗透溶蚀试验装置和试验技术；建立了水泥基材料渗透-溶蚀耦合分析模型及覆盖层面板坝防渗体物理力学性能劣化预测模型，突破了防渗系统长效性能评价和寿命预测；提出了基于面板坝工程原型监测资料的渗流和变形力学参数人工智能（HMPSO-RBFNN 模型）反演分析方法，实现了坝体和坝基多分区参数的高效反演；研制了考虑覆盖层和面板坝材料流变效应的弹-黏弹-黏塑硬化模型，构建了深厚覆盖层面板坝长效性能评估体系和模型，建立了深厚覆盖层上面板坝安全监控指标体系，解决了深厚覆盖层上面板坝运行期的安全监控和预警难题。

（二）应用情况与推广前景

研究成果取得国家专利 26 项，其中发明专利 19 项，实用新型专利 7 项，获得 4 项软件著作权，发布 2 项技术标准、4 部工法，出版 4 部技术专著，发表论文 42 篇，其中 SCI/EI 检索 14 篇。国家一级查新机构查新结论为："在所检索的国内外相关数据库中，未见与该查新课题重点研究内容相同的文献报道"。

研究成果已应用于察汗乌苏、金川、苗家坝等 10 余座深厚覆盖层上高面板坝工程，并推广应用于深厚覆盖层上的其他坝型，降低了勘察、设计、施工和运维成本，开具的经济效益证明材料显示，累计节省工程投资和创造经济效益共 11.4 亿元，利用研究成果为公司承揽项目创造产值约 5.0 亿元。同时，拟应用于滚哈布奇勒、马蒂等多座国内外覆盖层上高面板坝工程。通过产学研用深度融合，提升了覆盖层上高面板坝设计理论、筑坝技术和运行管理水平，推动了能源结构合理配置和高效利用，社会环境经济效益显著，推广应用前景广阔。

（三）获奖单位

中国电建集团西北勘测设计研究院有限公司、河海大学、南京水利科学研究院、中国水电基础局有限公司。

（四）获奖人

周恒、甘磊、陆希、苗喆、赵明华、李树武、李学强、沈振中、张中流、肖恩尚。

（水力发电科学技术奖励工作办公室　孙卓）

高参数塔式太阳能热发电三岛集成与性能优化关键技术

"高参数塔式太阳能热发电三岛集成与性能优化关键技术"获 2022 年度水力发电科学技术奖二等奖。

能源是国民经济的基本支撑，是人类赖以生存的物质基础。在"双碳"目标下，太阳能热发电技术解决了新能源领域的最大难题：能量储存，从而实现了电力输出连续稳定可控，并网友好，是目前唯一可替代火力发电承担电网基荷和调峰的清洁能源形式，发展前景广阔。我国太阳能热发电技术的研究开发起步较晚，目前具有独立知识产权的成果较少，在工艺、材料、部件及相关关键技术研究方面仍存在一定差距，缺乏系统设计能力、制造能力和集成技术，在电站系统详细设计、模拟及仿真技术、电站建设运营维护等领域也均是刚刚起步。

作为国家首批 20 个太阳能热发电示范项目之一，中电建青海共和 50MW 光热发电项目选定采用熔盐塔式系统技术路线，主要是考虑到塔式光热电站具有以下优点：①单机装机容量大，发电效率高，适合大规模应用；②聚光倍数大，吸热器表面温度高，可以实现高温储能；③热损失较小，结合长时间大规模蓄热技术，可以实现长时间稳定运行。熔盐塔式太阳能热发电技术已成为未来最具潜力的太阳能热发电形式之一。从产业链角度看，熔盐塔式热发电站的设计、关键设备制造和施工均面临着诸多挑战，主要是熔盐塔式技术路线技术复杂、涉及专业多，技术积累薄弱，同时工程项目少，缺乏实践经验。对于太阳能热发电常规岛部分，属于传统火电已具备较大的先发优势；但对于系统前端集热、储换热部分的关键技术，如镜场效率分析、大型镜场布置、吸热塔结构设计与施工技术、大型熔盐储罐设计与制造、光热专用汽轮机研发制造、总体系统集成技术、电站大数据应用以及太阳能热发电标准体系的建设等主要环节，目前国内还在摸索中。因此，依托青海共和塔式光热发电示范工程对熔盐塔式光热发电系统的关键技术研究，并将研究成果成功应用于该项目，掌握塔式光热发电系统设计关键技术，占领光热电站市场的先机，为后续对更大规模、其他形式的塔式光热发电技术积累宝贵经验，同时锻炼和培养一批太阳能热发电设计人才。

（一）主要成果及创新点

（1）采用能量分析、㶲分析和光热电站热力系统仿真机分析相结合的方法，揭示了塔式光热电站主蒸汽温度、压力等关键参数对系统热力性能和经济性的影响规律。

（2）针对塔式光热电站热力系统与聚光集热系统完全解耦的难题，系统分析并揭示了复杂工况下塔式光热电站热力系统关键设备间耦合变化规律，创新性地形成了塔式光热电站热力系统设备设计与选型优化方法。

（3）针对超临界 CO_2 布雷顿循环，创新性地提出了以复合液态金属为吸热介质、铁基复合储热材料为储热介质的高参数塔式太阳能热发电系统，提高了光热电站发电效率。

（4）针对光热汽轮机实际运行需求，优化了汽轮机相关系统运行参数的定值，提高了机组快速启动、频繁启停和快速变负荷工况的可靠性；通过研发汽轮发电机组双中心分段同步施工技术，避免了工序交叉，提高了施工效率。

（5）根据太阳辐射变化特征和系统构成，创新性地提出了基于时序网格多模型的子系统间协调和精细化设计方法，实现了塔式光热发电系统的设计集成和运行耦合优化，提升了光热电站的系统效率、快速启停能力和深度调峰水平。

（6）针对国内首台套 50MW 级热熔盐泵和国外热熔盐泵特性的差别，通过水力模型优化，实现运行工况点匹配，解决两种设备同步运行难题，实现了热熔盐泵的国产化工程应用。

（7）针对我国资源条件多变的特点，以保证吸热器安全性、太阳能资源收集最大化和出口熔盐温度为目标，提出了变工况和极端情况下的光斑瞄准和冷熔盐泵运行策略。

（8）基于太阳能热发电项目特点和运行需求，经过长时间序列交变应力材料蠕变分析优化，获得性能特征曲线，综合工程实际提出了储罐材料选型、储罐本体设计和基础连接新方法，打破国外技术垄断，降低储换热系统成本。

（二）应用情况与推广前景

本项目依托工程为中电建青海共和 50MW 塔式光热发电项目，研究中的 SGS 设备校核与多工况蒸汽参数优化已应用于项目调试运行优化当中。新型复合液态金属光热电站设计研究成果已应用于青海格尔木 600MW 液态金属塔式太阳能混合电站项目当中。同时，本项目成果还应用于国投新能源甘肃阿克塞 100MW 塔式光热发电项目、中广核甘肃阿克塞塔式 100MW 太阳能热发电项目、中电建甘肃玉门 100MW 塔式光热发电项目等多项太阳能热发电项目的预可研或可研编制工作当中。

本项目成果应用于《太阳能热发电工程预可行性研究报告编制办法》《太阳能热发电工程可行性研究报告编制办法》编制，并颁布试行。正在开展《太阳能热发电规划编制规程》《太阳能光资源评价规程》等多项标准的编制工作。同时编制完成了多项太阳能热发电规划报告，包括《西北五省区太阳能热发电站场址普查与选址报告》《新疆生产建设兵团第十三师太阳能热发电规划报告》《内蒙古巴彦淖尔太阳能热发电规划报告、青海海西州太阳能热发电专项规划报告》《格尔木河西光热发电园区规划报告》《神华国能集团重点区域太阳能光热发电机会分析报告》《神华神东电力萨拉齐电厂风光火热储多能互补集成优化示范工程实施方案》，参与水电水利规划设计总院组织的“十三五”太阳能发展规划、“十三五”太阳能发电布局研究专题报告及太阳能热发电“十三五”规划编制工作，完成中电国际、三峡新能源、中电投、鲁能公司等企业 10 多项太阳能热发电示范项目申报文件编制与申报。

（三）获奖单位

中国电建集团西北勘测设计研究院有限公司、西安交通大学。

（四）获奖人

陈康、彭怀午、周治、王晓、陈鹏飞、王跃社、雷贤良、文龙、牛东圣、郜振鑫。

（水力发电科学技术奖励工作办公室 孙卓）

南水北调中线干线特殊地质段变形控制技术及应用

“南水北调中线干线特殊地质段变形控制技术及应用”获 2022 年度水力发电科学技术奖二等奖。

南水北调中线工程穿越了大量特殊地质段，以膨胀岩（土）、采空区、高填方等为典型代表，这些特殊地质段对渠道施工及长期运行构成潜在威胁，亟须研究特殊地质段的变形破坏机理，并针对性地提出相应的治理技术、施工方法及规范。

（一）主要成果及创新点

（1）研发了膨胀岩力学参数测试装置及位移实时监控预警技术，建立了自膨胀高强预压锚固理论及技术体系，提出了辅助立模法等系列施工新技术，可监测和控制膨胀岩边坡的胀缩变形。

（2）研制了高水压作用下水-岩耦合岩石力学试验装置，建立了采空区渠道长期变形预测模型，提出了导向式磁汇聚注浆修复新技术，解决了富水环境下反倾向微小裂隙注浆修复施工难题。

（3）建立了渠段预留缺口分阶段变形预测方法，提出了“堆载预压＋压实度分层控制＋5%水泥土换填”快速施工集成技术，研发了裂缝监测精度可达毫米级的高精度图像识别实时监控预警系统，形成了总干渠填方渠道缺口填筑施工技术标准。

（二）应用情况与推广前景

本项目获授权发明专利 41 项，其中转让 6 项，发表论文 89 篇，出版专著 9 部，编制行业技术标准 1 部和工程专用技术标准 1 部。为南水北调中线干线特殊地质段变形控制提供技术保障，有力推动了水利工程、土木工程、采矿工程等领域的技术进步与发展。

成果入编 DL/T 5775—2018《水电水利工程水泥改性膨胀土施工技术规范》《南水北调中线一期工程总干渠填方渠道缺口填筑施工技术规定（2013 年）》；项目成果已在“南水北调”中线干线特殊地质段成功应用，并进一步与中国葛洲坝集团路桥工程有限公司、中国水利水电第三工程局有限公司等 15 家单位合作，推广应用于拉林铁路、呼和浩特抽水蓄能电站、湖北航空学院Ⅰ标段工程等项目；取得了显著的社会和经济效益，应用前景广阔。

（三）获奖单位

三峡大学、中国葛洲坝集团路桥工程有限公司、中国南水北调集团中线有限公司、中国葛洲坝集团市政工程有限公司。

（四）获奖人

刘杰、冯钧、高森、赵二平、王瑞红、李建林、王乐华、孙旭曙、程曦、张景昱。

（水力发电科学技术奖励工作办公室 孙卓）

抽水蓄能地下洞室群 TBM 应用设计关键技术研究

“抽水蓄能地下洞室群 TBM 应用设计关键技术研究“获 2022 年度水力发电科学技术奖二等奖。

目前，在公路、铁路及水利工程的隧洞开挖中已广泛应用全断面岩石隧道掘进机（tunnel boring machine，TBM），TBM 施工技术具有安全环保、自动化程度高、节约劳动力、施工速度快等优点。TBM 施工技术是目前最为先进的隧洞掘进施工技术，采用智能化信息技术进行监控，并对全部作业进行辅助决策，使 TBM 设备始终处于最佳状态，实现隧洞开挖工程的全机械化施工。同时，TBM 施工开挖速度快，地质条件适用范围广，显著降低地下工程施工安全风险，提升工程质量和本质安全水平，有利于环保和文明施工，缩短工期。

抽水蓄能电站地下洞室众多，其布置方式多样，且结构较为复杂，具有隧洞洞径差异大、纵坡变化大、断面型式多、单洞长度短、转弯半径小等特点，制约了 TBM 在抽水蓄能电站中的应用。

为实现“碳达峰、碳中和”目标，抽水蓄能电站迎来前所未有的高速发展期。根据 2021 年 9 月，国家能源局发布《抽水蓄能中长期发展规划（2021—2035 年）》，中长期规划布局重点实施项目 340 个，总装机容量约 4.21 亿 kW，重点围绕大型地下洞室群智能化机械化施工开展技术攻关。目前，仅国网新源公司在建项目 30 个，“十四五”期间每年还要开工 4～5 个，形成了抽水蓄能“电站群”的滚动开发态势，为 TBM 应用创造了条件。随着我国人口总量和结构的变化，劳动年龄人口数量和质量“双变”已经对我国各行各业的升级转型形成倒逼之势，劳动力年龄结构和知识结构都难以继续支撑传统建设模式，需要尽快向机械化、自动化方向升级。

（一）主要成果及创新点

（1）首次提出抽水蓄能电站地下洞室群应用 TBM 施工的可行性。比较了小断面、短隧洞传统钻爆法和 TBM 施工两种施工方法的特点，揭示了 TBM 在抽水蓄能电站地下洞室群中应用的技术可行性和经济合理性，促进了装备研发和应用，首次在文登抽水蓄能电站中应用，具有重要的引领和示范作用。

（2）首次提出了抽水蓄能电站地下洞室群应用 TBM 的设计成套技术。创新性地提出了洞室群的布置形式和结构形式，建立了排水廊道螺旋式或环形布置，以及交通洞、通风洞和排水廊道断面、转弯半径、纵坡等地下洞室的通用设计方案，解决了 TBM 设备费用摊销的难题，可提升工程本质安全和施工效率，缩短了关键线路工期。

（3）提出了抽水蓄能电站 TBM 施工新型的组合式出渣运输方案。通过转向装置将皮带机、储渣仓、自卸汽车有机高效组合，解决了抽水蓄能电站大纵坡、小转弯半径、多转弯隧洞 TBM 施工出渣难题，出渣安全可靠、灵活方便、经济实用。

（4）统一了不同抽水蓄能电站相同功能隧洞结构尺寸，实现 TBM 多站共用，保证 TBM 施工在抽水蓄能电站中连续大规模应用，节能环保。

（二）应用情况与推广前景

本项目抽水蓄能地下洞室群 TBM 应用关键技术创新研究成果填补了 TBM 在我国抽水蓄能行业应用的空白，推进了抽水蓄能电站建设的机械化、自动化进程，项目研究成果具有引领和示范作用，具有广泛的推广意义。项目成果已在抚宁、宁海、洛宁、平江等抽水蓄能电站推广应用，取得了显著的效益。

通过本课题的创新研究，首次实现了在我国抽水蓄能电站地下洞室群中应用 TBM，为我国抽水蓄能电站的设计、施工和建设管理注入了新理念，具有引领和示范作用。为实现“碳达峰、碳中和”目标，抽水蓄能电站迎来前所未有的高速发展期，抽水蓄能地下洞室群 TBM 应用关键技术具有广阔的推广应用前景。

（三）获奖单位

中国电建集团北京勘测设计研究院有限公司、国网新源控股有限公司、山东文登抽水蓄能有限公司、河北抚宁抽水蓄能有限公司。

（四）获奖人

王可、严旭东、吴朝月、李冰、李富春、王涛、张怀芝、杜贤军、杨文利、尚海龙。

（水力发电科学技术奖励工作办公室 孙卓）

水电站蜗壳组合结构受力调控理论及应用

“水电站蜗壳组合结构受力调控理论及应用”获 2022 年度水力发电科学技术奖二等奖。

自“十二五”中后期以来，中国水电行业的发展逐渐从大规模集中开发进入到适度有序开发阶段。随着“碳达峰和碳中和”目标的提出，新时期我国水电功能定位正在改变，依托水电调节能力，推进水风光可再生能源一体化开发，为水电提供了新的发展机遇。然而，日益增加的电网调节重任将对水电机组安全稳定运行的可靠性提出更高的要求，水电站钢蜗壳-混凝土组合结构（也称蜗壳组合结构）作为水电机组的供水及支撑结构，其未来的结构设计将面临更多更具挑战性的问题。

水电站蜗壳组合结构位于引水发电系统的最末端，承受了巨大的内水压力，钢蜗壳外围的大体积混凝土又作为水电站厂房的下部结构，承受厂房上部结构及机墩与风罩传来的各类静、动力荷载。由此可见，无论是从发电还是结构功能看，蜗壳组合结构都在水电站中扮演了核心角色，因而通常也被视为水电站的“心脏”。

本项目以我国水电站工程实践中广泛应用的充水保压和垫层蜗壳组合结构为对象，针对其在内水压力作用下的结构受力表现及调控问题，围绕充水保压值的优化、保压间隙的形成与演化、垫层材料的压缩特性、钢蜗壳-混凝土的接触传力、垫层平面铺设范围的选取及施工期蜗壳组合结构的温控等焦点问题，开展了相关的应用基础研究和应用研究工作，发展了基于充水保压、直埋-垫层组合及预热膨胀等埋设技术的蜗壳组合结构受力调控理论。

（一）主要成果及创新点

（1）创建了考虑机墩影响的大比尺充水保压蜗壳结构模型试验技术，提出一种基于铰接-接触单元的充水保压蜗壳仿真算法及数值模型，揭示了钢蜗壳-混凝土间初始保压缝隙提前及滞后闭合现象的形成机制，为充水保压蜗壳结构优化设计提供了新的可靠的技术路径。①创建了新的蜗壳结构模型试验技术。采用该技术首次通过物理试验的方式获取了机墩不均匀变形随内水压力升高的增长规律，在物理层面观测到了机墩外缘与水轮机层交界处的裂缝发展情况，解决了传统试验技术难以获得机组机墩变形规律的难题，提升了大管径蜗壳断面裂缝发展观测的准确性与可靠性。②提出了新的充水保压蜗壳仿真算法及数值模型。通过在钢蜗壳-混凝土之间引入铰接单元，创建了基于铰接-接触单元的充水保压蜗壳数值模型，实现了充水保压全过程组合结构的数值模拟仿真，解决了传统技术无法准确模拟钢蜗壳收缩区域初始接触状态的难题。

（2）建了垫层蜗壳的数值模拟方法，揭示了垫层材料非线性、不可逆压缩特性对垫层蜗壳传力机制的影响规律，为直埋-垫层蜗壳结构优化设计提供了技术支撑。①发展了蜗壳垫层材料24h周期循环压缩试验技术。采用该技术测得聚氨酯软木与聚乙烯闭孔泡沫等两种垫层材料的压缩-回弹循环响应全过程应力-应变发展路径，解决了垫层材料应变软化行为及循环荷载作用下残余变形发展的定量测试难题。②提出了新的垫层蜗壳数值模拟方法及模型。采用HYPERFOAM+MULLINS EFFECT模型实现了垫层材料非线性响应过程的数值重现，解决了蜗壳组合结构调控设计思路下对垫层非线性压缩力学行为描述困难的瓶颈问题；提出了基于软接触关系描述蜗壳垫层材料的数值方法，解决了传统力学本构模型的使用中相关材料参数难于确定的难题，提升了材料参数分析效率。

（3）建立了基于水电站厂房结构安全和机组稳定运行的蜗壳组合结构受力调控指标体系，提出了一套基于控制钢蜗壳-混凝土之间的间隙大小与分布或垫层传力行为的蜗壳组合结构受力调控技术，提升了蜗壳组合结构的设计水平。①建立了蜗壳组合结构受力调控指标体系。提出了一套包括混凝土开裂范围、座环位移变形、座环抗剪性能、机墩结构位移变形及流道结构受扭状态等五项指标组成的蜗壳组合结构受力调控指标体系，为兼顾厂房结构安全和机组稳定运行的蜗壳组合结构受力调控考虑边界提供了划定依据。②提出了蜗壳组合结构受力调控技术。以保压值和垫层为工具分别实现了蜗壳组合结构“标量”和“矢量”层面的受力调控，将过往的“单目标优化设计”提升为“多目标调控设计”，实现了蜗壳组合结构根据电站特点按需设计，提升了设计灵活性。

（二）应用情况与推广前景

项目获授权发明专利6项、实用新型专利3项、软件著作权3项，发表论文39篇，出版专著2部，主编规范1部，1项成果纳入水利部推广中心2020年度水利先进实用技术重点推广指导目录。

研究成果已成功应用于龙滩、白莲河、溪洛渡、三峡、瀑布沟、官地、乌东德、金寨等大型水电站（抽水蓄能电站）厂房的建设实践中，累计节省工程投资约1.66亿元，为龙滩、三峡（部分机组）、溪洛渡、乌东德等水电站提前发电创造了必要的技术条件，实现提前发电收入约5.63亿元，取得了技术经济效益。

项目研究成果提升了工程界对水电站蜗壳组合结构受力响应行为的科学认知，可为当前已初步形成的蜗壳结构受力调控设计理念的应用实践乃至相关技术规范的修编提供技术依据，为受力调控设计目标的落地指明技术应用路径，以此推动我国水电站建筑物结构设计及实践水平的发展，相关技术的应用前景广阔，社会效益显著。

（三）获奖单位

长江水利委员会长江科学院、武汉大学、中国电建集团成都勘测设计研究院有限公司、长江勘测规划设计研究有限责任公司、中国电建集团中南勘测设计研究院有限公司。

（四）获奖人

张启灵、伍鹤皋、胡蕾、肖平西、李小进、颉志强、孙海清、傅丹、石长征、黄小艳。

（水力发电科学技术奖励工作办公室 孙卓）

锦屏一级水电站大坝混凝土碱-骨料反应长期安全性评价

“锦屏一级水电站大坝混凝土碱-骨料反应长期安全性评价”获2022年度水力发电科学技术奖二等奖。

碱-骨料反应可引起混凝土体积膨胀和开裂，且一旦发生就难以阻止，被视为“混凝土的癌症”，是影响混凝土工程寿命的世界性难题之一。安全、科学、合理地利用活性骨料，主动防控碱-骨料反应风险，成为重大工程建设迫切需要解决的关键技术经济问题。

锦屏一级水电站305m特高拱坝混凝土共需1828万t骨料，受环境与经济因素制约，工程建设用砂石材料只能就地取材，采用坝址附近料场的大理岩和石英砂岩骨料。石英砂岩是潜在活性岩石，可能导致坝体混凝土发生碱-骨料反应；大理岩原岩强度偏低，不能满足高强度大坝混凝土骨料的指标要求。锦屏一级水电站采用了“砂岩＋大理岩”组合骨料、高掺35％的Ⅰ级粉煤灰和控制混凝土总碱量不大于1.5kg/m^{3}等工程措施来抑制碱-骨料反应，现已运行10年左右，亟待对大坝混凝土碱-骨料反应长期抑制有效性做出科学评价。

碱-骨料反应长期安全性评价是国内外研究的热点和难点。针对锦屏一级水电站碱活性砂岩骨料，结合大坝混凝土的典型特征，建立碱-骨料反应的细观力学模型，研究混凝土碱-骨料反应长期变形发展规律，预测大坝混凝土使用寿命，对大坝混凝土碱-骨料反应长期抑制有效性做出科学评价，对于保障大坝整体安全、提高运行维护管理水平，是非常必要的。

（一）主要成果及创新点

（1）提出了不同温度和碱浓度下碱金属离子扩散控制的骨料中活性SiO_2溶解速率方程，创建了基于碱金属离子扩散、SiO_2溶解、凝胶肿胀的大坝混凝土碱-骨料反应长期变形全过程动力学预测模型。采用混凝土棱柱体试件12年的变形观测和大坝实体10年以上龄期芯样测试数据，验证了预测模型的可靠性，奠定了大坝混凝土碱-骨料反应长期安全性评价的关键理论基础。

（2）建立了大坝四级配混凝土碱-骨料反应动力学-力学耦合离散元细观模型。探明了大坝四级配混凝土与标准试验一级配混凝土相比碱-骨料反应膨胀减小、开裂风险增加的重要差异。提出了大坝混凝土碱-骨料反应膨胀变形安全控制指标及其确定方法，解决了长期安全性评价缺乏阈值的技术难题。

（3）基于拱梁分载法、有限元等效应力法、弹塑性有限元法，建立了碱-骨料反应膨胀变形对特高拱坝结构应力影响的分析方法，提出了规范允许的拉、压应力下结构设计层面碱-骨料反应膨胀量控制指标，填补了考虑混凝土碱-骨料反应的拱坝结构设计方法空白。

（4）建立了世界唯一的大坝四级配混凝土碱-骨料反应暴露试验站。创建了基于长期暴露观测、实体取芯检验、膨胀趋势预测、材料细观模拟、结构应力分析的碱-骨料反应长期安全性评价方法，论证了锦屏一级水电站大坝混凝土在采取有效碱-骨料反应抑制措施后的服役期安全性。

（二）应用情况与推广前景

成果纳入8部行业规范，获得发明专利10项、软件著作权2项，出版专著3部，发表高水平论文53篇（其中SCI/EI论文32篇）。成果在锦屏一级工程成功应用，工程质量优良，拱坝施工期和运行期的工作性态正常，节约工程投资约6.5亿元，近三年新增经济效益16.9亿元。

锦屏一级工程获得国际里程碑工程奖、菲迪克工程项目杰出成就奖、世界工程组织联合会杰出工程建设奖（中国水电界首次获得）、中国土木工程詹天佑奖以及国家优质工程金奖，成为引领高坝建设的里程碑工程。成果已推广应用至两河口、牙根二级、汉江白河（夹河）、长龙山抽水蓄能等重大水电工程，推动了水电科技进步，经济、社会和环境效益显著，推广应用前景广阔。

（三）获奖单位

雅砻江流域水电开发有限公司、水利部交通运输部国家能源局南京水利科学研究院、中国电建集团成都勘测设计研究院有限公司、长江水利委员会长江科学院、清华大学。

（四）获奖人

王继敏、白银、郭绪元、丁建彤、李鹏翔、李光伟、蔡跃波、潘坚文、张敬、周济芳。

（水力发电科学技术奖励工作办公室 孙卓）

水利水电工程鱼道优化与生境调控关键技术及应用

“水利水电工程鱼道优化与生境调控关键技术及

应用”获2022年度水力发电科学技术奖二等奖。

我国是世界上筑坝数量最多的国家，第一次全国水利普查数据显示，我国分布水库数量为98002座。我国还建成了众多世界级水利工程，如三峡、小浪底、溪洛渡、向家坝、锦屏、小湾、二滩等。水利水电工程在发挥防洪、发电、航运等巨大的综合效益的同时，也可能会阻隔鱼类洄游通道，破坏重要水生生物生境连通性，是洄游鱼类种群衰退的重要原因。另外，水利水电工程也会改变上下游天然水文情势，引起河流鱼类刺激条件减弱，导致繁殖规模下降等问题。在“生态优先、绿色发展”和“长江大保护”的背景下，以水利水电工程影响下的鱼类生境重构为主线，重建鱼类洄游的生命通道，进而塑造鱼类自然繁殖适宜环境，是遵循鱼类生理与遗传需求，缓解工程不利影响的必要手段。

鱼道是帮助鱼类克服闸坝阻隔影响并完成上溯的重要环保设施，我国鱼道研究起步较晚，并因历史原因曾停滞了近30年，成熟经验的缺乏与大量实际需求推动了鱼道水力学研究，但我国鱼道研究与建设水平一直落后于国外先进水平。我国鱼道过鱼对象主要以半洄游性鱼类为主，与国外洄游性鱼类相比，游泳能力较弱，因此不能完全照搬国外既有经验。另外，以往我国较侧重水利水电工程的防洪、发电、供水、航运等功能，缺乏系统的鱼类生境调控关键技术，是制约水利水电工程可持续发展的“卡脖子”关键技术瓶颈和世界性难题。

项目面向国家需求和制约水利水电可持续发展的关键科学问题，在多项国家级项目的支持下，通过多学科交叉，研发了基于水力学特性的鱼类洄游生命通道重建与优化设计方法，发明了适宜多种典型鱼类繁殖生境条件的调控关键技术，提出了流域鱼类生境调控监测和效果评价技术，突破了卡脖子关键技术并规模化工程应用，增加了物种多样性和生物量。

（一）主要成果及创新点

（1）建立了基于鱼类行为的过鱼设施环境营造理论，基于系列机理与模型研究，识别了适合于四大家鱼与裂腹鱼的竖缝式鱼道水流结构类型，建立了鱼道水流结构优劣的评价方法与基准，为其水力设计与体型改进研究提供生物学依据。系统研究竖缝式鱼道的水力学特性，首次系统提出了竖缝式鱼道各主要体型布置参数的合理取值范围，建立了常规水池、休息池、分岔段、转弯段等的优化设计方法。研发了适应水位大变幅的鱼道进口与鱼道出口、鱼道进口区域集诱鱼、趋光式、助驱式鱼道等系列关键技术，解决了我国过鱼对象上溯能力普遍较弱的洄游难题。

（2）建立了水利水电工程鱼类生境调控的理论与方法，分析了典型鱼类栖息繁育的水文、水动力、水温、水质、地形地貌、河床底质及阈值，提出了鱼类生境调控目标。研发了刺激产卵的人造洪峰调控技术，满足了四大家鱼等产漂流性卵鱼类繁殖需求。研发了培育繁殖与增殖放流等系统性保护技术，保障了中华鲟等长江珍稀鱼类种群。研发了分层取水叠梁门低温水综合控制技术，保障了产粘沉性卵鱼类自然繁殖。研发了面向鱼类的梯级水电站群综合调控技术，通过增加流态多样性，进而恢复生境多样性，继而增加了物种多样性和生物量。

（3）建立了鱼类生境调控监测和效果评价体系，研发了鱼卵、仔鱼、成鱼全生命周期的鱼类样本定量采集与环境DNA栖息地精确定位技术，建立了全覆盖资源监测网络，搭建了多平台、多功能监测评估系统。研发了基于物联网的特有鱼类产卵栖息地监测技术，揭示了生态调度水文过程演进规律、生态调度影响范围内鱼类繁殖规律及机理、鱼类繁殖行为水动力学机制等。为评价调度实施效果，建立了以生态学、繁殖生物学技术为主，水文学、水声学、分子生物学技术为辅的监测评估体系，实现生态调度效果的系统性科学评价，为优化生态调度方案提供了关键支撑。通过明确不同调控措施下坝下总溶解气体饱和度变化及其对鱼类的影响，研发了梯级水库泄洪溶解气体过饱和等关键要素的预警技术。

（二）应用情况与推广前景

取得具有国际领先水平的原创成果，授权国家发明专利53项，编制并纳入6部国家和行业标准，发表SCI论文93篇、EI论文187篇。关键技术在北京上庄新闸、大渡河枕头坝一级水电站、安谷水电站、西藏尼洋河多布水电站、金沙江苏洼龙水电站、汉江碾盘山水电站、旬阳水电站、西藏雅鲁藏布江大古水电站、街需水电站、冷达水电站、新疆木扎提水电站等鱼道工程中得到应用；生境调控技术应用于长江、金沙江等流域，以及三峡、向家坝、溪洛渡等60多项工程中，经济、社会、生态效益显著。

（三）获奖单位

河海大学、中国长江三峡集团有限公司、中国水利水电科学研究院、三峡大学。

（四）获奖人

戴会超、孙双科、陈永柏、毛劲乔、陈磊、郑铁刚、戎贵文、柳海涛、高勇、蒋定国。

（水力发电科学技术奖励工作办公室　孙卓）

高比例水电送出系统阻尼控制关键技术研究与实践

“高比例水电送出系统阻尼控制关键技术研究与实践”获2022年度水力发电科学技术奖二等奖。

水力发电是我国重要的可再生清洁能源，在高水电占比的电力系统，其运行稳定特性主要取决于水力发电机组。截至2020年，云南电网水电装机占比已经高达73%以上，而实际运行中水电出力经常占云南总出力的85%以上。未来水电装机规模将进一步提升。

目前国内抑制超低频振荡的主要措施是修改和减小主力水电机组的调速器PID参数，虽然可提升超低频振荡阻尼水平，但同时也降低了水电机组的一次调频性能，“两个细则”也专门针对该种情形暂免于考核，仅考核一次调频的动作方向。超低频的频率振荡问题导致电网运行调控困难，可能导致励磁PSS产生超低频输出，引发系统电压、无功等的波动；超低频的频率振荡幅值时常超过调节死区，引发电网AGC频繁动作进行二次调频，但由于AGC动作时间长，导致产生副作用，可能引发系统更大的频率振荡。

电力系统稳定器（PSS）一直是电力系统低频振荡的有效抑制手段，已成为常规机组励磁系统的必配功能。目前已颁布了PSS整定试验导则等相关标准导则，在超前滞后时间常数整定方面也仅仅是对补偿后的相位给出了一个较大范围，在增益整定方面给出了临界增益的试验方法，运行增益取值则依据临界增益1/5～1/3选取，选择范围大导致随意性较大，直接影响了PSS作用的有效发挥。

为有效解决高水电占比的异步送出电网存在的阻尼不足等问题，项目开展了水电机组原动机调速器附加阻尼控制（GPSS）技术研究和装置研发，从GPSS作用原理、GPSS结构设计、大网效果仿真、软硬件设计和研发、实验室半实物验证、现场验证以及现场试运行等全过程着手，借助改变水轮机的机械功率以抑制频率振荡，旨在从根本上抑制超低频振荡。

在云南高水电占比异步送出电网的水电调速器参数整定方面，项目考虑机组相互影响，开展了高比例送出系统多水电机组调速系统控制参数的低时间复杂度协同优化技术及其应用系统研究，提出了水轮机调速器一次调频与阻尼控制效果的综合评价指标，在满足系统阻尼水平的同时提高了机组全系统频率响应特性。

（一）主要成果及创新点

（1）针对目前国内外对水电调速器附加阻尼控制（GPSS）研发与实践的空白，研发了考虑振荡模式在线辨识及参数自适应切换的水电机组GPSS，提升了GPSS在超低频（0.01～0.1Hz）振荡全频段作用有效性，为抑制水电高比例送出系统的超低频振荡提供了新的技术手段和装备。

（2）针对超低频模拟的现场和仿真复杂不易实现等一系列问题，提出了水电机组超低频振荡现场模拟方法及调速器相频特性现场检测方法，可灵活控制机组频率振荡模式，实现0.01～0.1Hz全频段振荡的现场试验触发方法，为抑制超低频振荡措施的仿真和应用打下了基础。

（3）提出了PSS参数整定有效性的评估指标，解决了PSS参数整定中存在的随意性问题，保证了PSS对电网的阻尼作用。提出了超低频振荡下PSS参数整定方法，解决了电网在超低频振荡下的电压波动和越限问题，降低了功率调节过程中机组无功电压反调量，提升了高比例水电送出系统的电压稳定水平。

（4）针对现有采用统一线性化模型模拟多种水轮机组及其调节系统存在的精度不高问题，集成创新了涉及混流式、冲击式、转桨式水轮机及其调节系统的精细化模型，提出了可精确模拟全工况水锤效应和“增强型”调频特性的调速系统模型，解决了各类原动机（含水轮机及其引水系统）及其调节系统的非线性仿真建模问题，揭示了“增强型”调速器的稳定性机理。

（5）针对水电原动机调速器PID参数对系统阻尼作用机理不够完善、调速器PID参数设置仅考虑功率调节速度等问题，研发了考虑机组相互影响的高比例送出系统多水电机组调速系统控制参数的低时间复杂度协同优化系统，提出了水轮机调速器一次调频与阻尼控制效果的综合评价指标，在满足系统阻尼水平的同时协调了机组调频能力，提高了系统频率响应特性。

（二）应用情况与推广前景

项目申请发明专利18项（已授权15项），实用新型专利3项，软著1项，颁布标准8项，发表论文15篇。项目成果的实施应用，有效解决了高比例水电系统动态稳定性低等问题，为水电阻尼控制提供了有效措施，可支撑清洁能源送出及消纳，经济和社会效益显著。

目前推广应用范围包括云南电网多个主力水电厂，涉及滇西北、滇西南等多区域，相关技术在云南电网已有流域进行的规模化应用取得了优异示范效果，未来将推广至西藏等大规模水电开发中。

（三）获奖单位

中国南方电网电力调度控制中心、南方电网科学研究院有限责任公司、华能澜沧江水电股份有限公司糯扎渡水电厂、华能龙开口水电有限公司、华能澜沧江水电股份有限公司小湾水电厂。

（四）获奖人

陈刚、江出阳、张建新、赵勇、邱建、谢惠藩、马云华、黄献生、钟智、蔡东阳。

（水力发电科学技术奖励工作办公室 孙卓）

抽水蓄能电站水泵水轮机6+6长短叶片转轮研发及工程应用

“抽水蓄能电站水泵水轮机6+6长短叶片转轮研发及工程应用”获2022年度水力发电科学技术奖二等奖。

本项目以国家电网新源公司湖南黑麋峰抽水蓄能电站4号机组水力优化项目为依托。黑麋峰电站是国家抽水蓄能机组技术国产化战略计划中的重要依托项目。电站安装4台300MW可逆式抽水蓄能机组，额定水头295m，额定转速300r/min，原1～4号全部机组均采用国外厂家ALSTOM的技术和设计方案。电站首台机组于2009年8月投入商业运行，2010年6月全厂4台机组全部投入商业运行。

机组存在一系列稳定性问题，主要包括以下三个方面：①过渡过程特性差，4台机采用“导叶延时10s关闭”“球阀参与调节”等辅助措施来提升过渡过程特性，但同时也给机组运行带来一定的安全隐患，其中4号机问题尤为突出，只能采取“特定水头限负荷运行”的措施；②并网稳定性差；机组在水轮机工况S特性问题突出，转速波动过大，导致机组无法正常并网，必须采用6个非同步导叶作为辅助措施才能并网，导致机组开机过程时间过长，安全稳定性差；③异常振动和噪声明显，由于原设计方案中导叶数和叶片数匹配不佳的问题，导致的以2倍叶频为主频的异常振动和噪声在厂房内和上游侧管路能量偏大，导致现场体验较差。为解决原引进技术的遗留问题，东方电机新方案创新性地采用6+6长短叶片的技术路线，解决了原机组的一揽子问题，同时还保持了原机组高效率的优点，使机组性能得到了全方位提升。新设计方案于2019年1月通过了专家评审会论证和第三方中立试验台验收，被与会专家评价为“抽水蓄能技术国产化的里程碑”。新转轮于2020年12月完成调试并正式投入商业运行。经过实际运行的验证，新机组表现优秀，研发达到了预期目标，取得了圆满成功。

（一）主要成果及创新点

（1）提出了水力设计与过渡过程特性耦合设计方法，揭示了转轮设计参数对过渡过程特性影响的机理。

（2）系统性研究了水泵水轮机四象限曲线S特性对机组并网稳定性和过渡过程特性的影响，提出了“大开度S特性”和“小开度S特性”的设计概念，发现了转轮设计参数对不同导叶开度S特性的影响规律。

（3）发明了一种头部悬伸式6+6长短叶片新型转轮，在保证能量特性的同时，优化S特性并降低无叶区压力脉动，解决了机组的相位共振及动静干涉引起的振动超标和异常噪声问题。

（二）应用情况与推广前景

本项目提出的6+6长短叶片转轮水力方案，应用于黑麋峰4号机组水力优化项目，对原机组转轮和活动导叶等进行改造。目前，3号机开始改造，1、2号正在计划中。

本课题的研究成果是对国际优秀水电设备供应商提供的机组设备的更新改造和系统技术的优化提升，是在国际先进水平上的一次重要突破和飞跃，是抽水蓄能引进技术国产化的里程碑。6+6长短叶片转轮研发和工程应用为世界范围内首例，是开创性和突破性的关键技术创新。目前国际、国内外尚无类似的6+6长短叶片转轮研发并应用的先例。应用该研究成果对原机组进行改造更新后，新机组的真机运行参数水平和现场用户体验均远远优于原机组，且其过渡过程特性也优于原机组；从横向比较来看，机组主要性能指标和改造优化效果也明显优于行业内同水头段、同类型机组。总体而言，本项目研究成果整体技术处于国际领先水平。

（三）获奖单位

东方电气集团东方电机有限公司、湖南黑麋峰抽水蓄能有限公司、中国电建集团中南勘测设计研究院有限公司。

（四）获奖人

梁权伟、尹国军、凡家异、刘平、郑建兴、向明、曾明富、林方舟、郑津生、胡江艺。

（水力发电科学技术奖励工作办公室 孙卓）

热带雨林复杂地质条件下碾压混凝土高坝关键技术与应用

“热带雨林复杂地质条件下碾压混凝土高坝关键技术与应用”获2022年度水力发电科学技术奖二等奖。

项目依托马来西亚沐若水电站。该工程位于赤道附近热带雨林土著地区，坝型为碾压混凝土重力坝，最大坝高146m，装机容量944MW，正常蓄水位相应库容 120 亿 m^3，是国外采用中国标准建设的规模最大的水电站项目。坝址区岩层陡倾、软硬相间，河床两岸硬岩错位 40m 以上，地质条件复杂，且坝址右岸为当地土著居民朝拜的“圣石”，大坝布置、结构设计和基础处理难度大；坝后地质条件差，对高水头泄洪消能设计带来挑战；工程区全年均为高温多雨天气，对碾压混凝土温控、连续施工和层间结合等均有不利影响。通过多年系统研究，在重力坝设计、高水头泄洪消能和高温多雨地区碾压混凝土施工方面取得了重要突破，解决了热带雨林区复杂地质条件下重力坝关键技术难题。

（一）主要成果及创新点

（1）开展了特殊地形地质条件下大坝协调布置和坝体结构安全关键技术的研究，提出了新型碾压混凝土重力坝布置、结构设计方法和准则以及基础处理技术。重力坝“弧形＋直线”新型结构布置方式，解决了坝基左、右两岸硬岩错位、坝后岩体约束条件下重力坝布置难题；“岩前重力坝”结构保障了坝体与坝后“圣石”良好结合、联合受力；“桥式”扩大基础新型结构避免了大规模软弱岩体掏挖及混凝土填塘；实现了重力坝工程与自然和文化的有机融合。

（2）开展了狭窄河谷软弱地基高坝消能关键技术的研究，研发了适用于高水头坝后软弱地基条件的“台阶＋挑流”联合消能工，提出了“宽尾墩＋前置挑坎＋沿程侧向掺气＋分区导墙”的台阶面通气及掺气系统。设计了国际最高（120m）的溢流面台阶消能结构，成功经受了超过 5000 年一遇校核标准的洪水检验，汛后检查台阶面无损坏，下游河床未见明显冲刷。

（3）开发了适应高温多雨地区碾压混凝土优质高效施工关键技术。构建了高温平峰强日照气候条件下碾压混凝土温控防裂技术体系与标准，研发了滚筒式雨篷自动摊铺机和雨季碾压混凝土连续施工技术。研究成果打破了热带雨林高温多雨地区高碾压混凝土坝难以施工的壁垒，建设了热带雨林地区最高碾压混凝土坝。经检验，工程碾压混凝土施工质量良好，并取出 21m 的碾压混凝土长芯，刷新了当时世界碾压混凝土的长芯记录。

（二）应用情况与推广前景

研究成果已应用于工程建设，节省工程直接投资 1 亿元，缩短工期 1 年，取得了显著的经济、社会和环境效益。沐若水电站已建成蓄水，运行状态良好。研究成果推动了碾压混凝土高坝筑坝技术的进步，对中国技术标准向世界推广具有重要意义。

项目研究获得专利授权 9 项，其中发明专利 4 项；出版专著 2 部，获软件著作权 4 项，发表代表性论文 18 篇；成果纳入 3 部行业规范。沐若水电站被国际大坝委员会授予第三届碾压混凝土坝国际里程碑奖，被中国电力建设企业协会授予 2016 年度中国电力优质工程奖，被中国建筑业协会授予 2016—2017 年度中国建设工程鲁班奖（境外工程），以及被湖北省勘察设计协会授予 2016 年度湖北省优秀工程勘察设计一等奖。成果经专家鉴定达到国际领先水平，具有广泛的推广应用前景。

（三）获奖单位

长江勘测规划设计研究有限责任公司、长江三峡技术经济发展有限公司、长江水利委员会长江科学院、中国水利水电第八工程局有限公司。

（四）获奖人

崔玉柱、胡兴丹、肖浩波、万勇、石教豪、杨启贵、付建平、丁建新、段寅、沈晓明。

（水力发电科学技术奖励工作办公室　孙卓）

基于最小能量耗散的深埋大跨度地下洞室群设计新方法及应用

“基于最小能量耗散的深埋大跨度地下洞室群设计新方法及应用”获 2022 年度水力发电科学技术奖二等奖。

深埋大跨度是地下工程发展的必然趋势，目前我国深埋地下工程领域从理论到实践处于快速发展阶段，深埋工程出现的一系列不同于以往浅埋工程认识的岩石力学问题已经超出了现有规范范畴和工程经验，设计与建造均面临着巨大的挑战。

地下工程的稳定性既取决于岩体的构造条件，也取决于岩石应力-强度之间的关系。深埋工程的稳定性在更大程度上取决于岩体对开挖后应力场的反应状态，随着工程埋深的增加，应力与岩体强度之间的矛盾将越来越突出，围岩的损伤程度将进一步增加，支护的可靠性和工程的安全性将面临严峻的考验。

（一）主要成果及创新点

（1）基于典型岩石峰后力学试验，提出了不同岩石的峰后力学特征分类及脆性程度描述指标，揭示了脆性、脆-延、延性不同峰后特性对洞室群围岩高应力变形破坏的规律，提出了考虑强度应力比与峰后脆性特征的综合设计指标 IPS。

（2）建立了多节理岩体各向异性本构模型，提出了各向异性岩体计算新方法，实现了岩体变形与强度双重各向异性的特征精细模拟。

（3）首次提出了“最小应力集中、最小能量释放、最小差异变形”3M 工程设计理念，构建了以 IPS 为核心的深埋大跨度地下洞室群设计方法，填补了深埋大跨度洞室群设计的空白。

(4) 基于3M设计理念，形成了“立面错层、平面分区、精准卸荷”和“提前深层预锚、及时浅层喷锚”施工技术，保证了安全，提高了质量。

(二) 应用情况与推广前景

研究成果已在依托工程成功应用，并推广应用到以色列 Kokhav Hayarden 等国内外多个巨型地下工程，授权发明专利11项、实用新型专利15项，发表论文20余篇，形成专著3部，纳入行业标准。经济社会与生态环保效益明显，推广应用前景广阔。

(三) 获奖单位

中国电建集团华东勘测设计研究院有限公司、浙江中科依泰斯卡岩石工程研发有限公司。

(四) 获奖人

褚卫江、张洋、陈建林、吴家耀、曹爱武、刘加进、封磊、孟国涛、周勇、陈平志。

(水力发电科学技术奖励工作办公室　孙卓)

智能水力发电关键技术、装备研发及应用

“智能水力发电关键技术、装备研发及应用”获2022年度水力发电科学技术奖二等奖。

水电是能源转型发展的基石。智能水力发电是针对水力发电过程，将智能感知与执行、智能控制与优化、智能决策等技术相结合，形成一种具有自学习、自适应和辅助决策能力的智能发电运行控制模式。新型电力系统背景下，水电安全、经济和高效运行的需求对水电集控、调度、运维、决策等提出了更高的要求，同时也带来一系列亟待解决的学术前沿问题和工程技术难题。当前，智能水力发电面临设备自感知自诊断能力缺乏、多重不确定性调度控制适用性差、多业务协同决策复杂、全生命周期智能化设计无标准遵循等难题，限制了水电站数智赋能的成效，阻碍了我国水力发电智能化产业的快速发展和进步。

本项目在多项国家重点研发计划、自然科学基金和一系列重大科技、工程应用项目的支持下，依托西藏DG水电站全生命周期、全过程智能化建设和多家在运水电站智能化建设项目，联合科研院所、业主、高校、设计院、制造厂家等单位，经过近十年交叉学科研究，形成了系统完整的技术体系，推动了智能水力发电技术的发展，解决了水力发电全过程智能化工程应用的难题。

(一) 主要成果及创新点

(1) 提出了多源信息融合的自主感知、故障诊断及趋势预测一体化技术。发明了转轮裂纹、发电机局放脉冲、大坝观测等光声电多模态智能监测方法，构建了能量熵特征赋值的循环网络与降噪自编码多源信息故障诊断模型，提出了滑动窗与灰色马尔科夫多模式混合趋势预测方法，研制了监测、诊断和预测一体的系列智能装备，实现了水电设备设施智能诊断及趋势预测。

(2) 创建了机组健康与能效多状态融合的电站实时优化调控技术。提出了机组振动区在线动态辨识及安全运行多元模糊量化方法，建立了耦合机组健康和全过程能效的自适应优化调控模型，研发了适应水风光多能互补及流域梯级调度的电站多目标概率优化技术，突破了多重不确定性影响下电站健康与能效协同的优化调控技术瓶颈。

(3) 提出了水电站智能运维多阶段集成决策方法，开发了智能决策边缘平台。建立了基于信息熵和证据理论的多属性群决策模型，研发了数据质量多维度校验、跨区链路异常检测和微服务算法仓储等平台共性支撑技术，解决了智能水力发电多源异构数据共享与多业务协同的技术难题。

(4) 创建了智能水力发电设计和应用的标准体系。提出水电站全专业三维模型构建与多源异构模型融合方法，构建了多场景全局化的智能水力发电系统技术架构并发布了相关系列标准，研发了9项核心业务智能应用系统，并率先在西藏DG及东风、光照、古田溪等多个水电站成功应用。

(二) 应用情况与推广前景

项目授权发明专利24件，实用新型专利10件，软件著作权15件；发表SCI/EI论文52篇；主参编国家标准2项、企业标准9项。项目成果有效提升了智能水电站设计、建设和运行水平，总体达到国际领先水平。

创新成果成功应用于西藏DG、东风、光照、古田溪、周宁抽蓄等68家水电站，取得重大的经济、社会和环境效益，近三年累计综合效益32.7131亿元，利润3.0437亿元，为我国智能水力发电的设计、建设和运营提供了技术支撑，具有重要科学意义和工程应用价值，应用前景广阔。

(三) 获奖单位

华电电力科学研究院有限公司、华中科技大学、中国华电集团有限公司、华电西藏能源有限公司、中国电建集团华东勘测设计研究院有限公司。

(四) 获奖人

严新荣、周建中、白光辉、李正平、蒋晓明、王磊、郑波、许颜贺、晏国顺、覃晖。

(水力发电科学技术奖励工作办公室　孙卓)

乌东德水电站复杂地质特大洞井群安全高效施工技术

“乌东德水电站复杂地质特大洞井群安全高效施工技术”获2022年度水力发电科学技术奖二等奖。

乌东德水电站是我国建成投产的千万千瓦级世界级巨型水电工程，其建设规模创造了多项世界之最。其中右岸超大型地下厂房开挖高度（89.8m）世界第一，跨度世界第四；尾调室开挖直径达53m，居世界第一，为巨型半圆筒结构。地下洞井群洞室之间相互交错，布置紧凑，挖空率高。存在陡倾薄层小夹角岩层、大面积碳质薄膜区、褶皱核部等多种不良地质，开挖规模大，施工风险高，面临超大直径穹顶、百米级井身、大跨度多岔口成型稳定与支护等世界性施工技术难题，给乌东德水电站特大洞井群的变形稳定控制和安全施工带来巨大挑战。

本项目通过现场试验、数值模拟、技术研发和监测反馈等综合研究手段，开展了乌东德水电站复杂地质特大洞井群安全高效施工成套关键技术研究。

（一）主要成果及创新点

（1）优化了复杂环境下特大规模地下洞井群围岩开挖分层施工方案和支护设计，确定了特大地下洞井群尾调室的支护时机，首次提出了变形梯度为0.3mm/天的精细化控制指标，建立了一套基于数值模拟和实时监测互馈的特大地下洞井群施工优化变形控制技术体系，实现了大规模地下洞室精细化施工过程的安全和稳定控制。

（2）研发了“预留保护层，薄层开挖，弱爆破，随层支护，锚索深层加固”的陡倾薄层小夹角岩层高边墙成型及稳定控制技术；创新了“优化分层分区、双保护层开挖、超前锚固、自上而下混凝土置换支撑墙、固结灌浆改善岩体与深层锚固结合”的含大面积碳质薄膜区岩锚梁稳定控制技术，提出了“网喷混凝土＋张拉锚索＋固结灌浆＋主动防护网”的褶皱核部加固技术，解决了复杂地质条件下洞室围岩变形稳定控制的技术难题。

（3）首创了“环形导洞先行，预留中心岩柱，周边环形扩挖，随挖锚固支护”的巨型尾调球冠穹顶的成型及稳定技术，创新了百米级井身“井挖变明挖”高效新工艺，实现了超大直径穹顶、百米级井身、大跨度多岔口高效开挖、安全成型的技术跨越。

（4）自主创新了洞内废水循环再利用系统，研发了复杂条件下特大地下洞井群通风散烟控制系统，发明了绿色安全环保施工成套装置，实现了特大地下洞井群节能减排、绿色环保施工目标。

（二）应用情况与推广前景

研究成果应用于乌东德水电站右岸特大地下洞井群建设工程，实现了乌东德右岸引水发电系统工程安全稳定快速施工，创造直接经济效益4240万元，为国内外类似巨型地下洞井群工程提供指导和借鉴意义。本项目成果已推广应用于黑龙江荒沟、山东泰安抽蓄电站以及广东江门中微子实验站等大型工程中，具有较大的工程应用价值和良好的经济、社会效益，应用前景广泛，创造直接经济效益3383.1万元。

项目研究成果弥补了“超大直径球冠穹顶安全高效开挖”的技术空白，解决了困扰工程界的复杂地质特大洞井群安全、高效施工处治技术的难题，降低了工程事故风险，提高了工程效率，对我国特大型水电工程洞井群建设起到引领和示范作用。项目研究成果申请专利12项，其中授权发明专利1项，实用新型专利10项；登记软件著作权2项；获批省部级、行业级工法6项；发表论文13篇；获得省部级及以上质量管理奖4项，部级样板工程奖2项；培养高层次技术人员数百人。

（三）获奖单位

中国水利水电第六工程局有限公司。

（四）获奖人

王长城、聂文俊、黄为、蒋森林、江钧雄、高文涛、井发坤、赵俊、卢佳耀、杜宇杰。

（水力发电科学技术奖励工作办公室　孙卓）

长江中下游洲滩生态治理的理论、关键技术及应用

“长江中下游洲滩生态治理的理论、关键技术及应用”获2022年度水力发电科学技术奖二等奖。

长江是中国第一大河，是横贯我国东西的水运大动脉，素有“黄金水道”之称。三峡工程作为世界最大的水利枢纽工程，在兼顾防洪、发电的基础上，也提升了长江干线航运能力，成为我国综合立体交通走廊的重要组成部分。不过，自三峡工程蓄水发电以来，对上游来水来沙进行规划调度形成了中下游新的水沙条件，如清水下泄带来局部洲滩冲刷加剧，形成了不利于通航的条件，局部岸坡崩塌对防洪工程安全也带来威胁。在长江大保护和建设长江经济带的背景下，河流开发利用与生态保护相协调成为新时期河道治理的主要理念。

洲滩作为组成河道的基本地貌单元，是防洪与航道的重要依托，也是河流生态系统与陆地生态系统的交错带，表现出很强的生态系统边缘效应。传统的以防洪、航运为主要目标的洲滩治理往往会造成滩面硬

化，对洲滩生态环境产生一定的影响。

因此，面向长江大保护，在三峡工程蓄水后形成的新水沙条件下，填补洲滩物理演变过程与生态演化过程内在联系机制认识方面的空白，融合河流动力学与生态学，提出系统的洲滩生态治理理论与技术，达到实现增强工程整治效果和提升生态效应的目的，是新时期长江治理的迫切需求。本项目从洲滩生态治理中面临的实际问题出发，以河流水体、滨水带、江心洲、边滩等河流廊道建设重要部分为研究对象，形成了长江中下游洲滩生态治理的理论和关键技术，改善长江流域生态环境，支撑新时期长江中下游河道综合治理，推动了长江生态廊道和生态文明建设。

（一）主要成果及创新点

（1）实现了洲滩水流、泥沙和界面形态耦合作用理论上的新突破，为洲滩生态治理技术的设计与优化提供了依据。①针对洲滩植被挟沙水流展开研究，基于重力理论提出了淹没植被影响下挟沙水流悬移质泥沙浓度垂线分布预测公式，为量化植被化河道挟沙能力及预测河床形态变化奠定了理论基础，从而为生态河道中植被布置的设计与优化提供理论依据和技术支撑。②将透水框架和卵石等用于生态护滩（底）的典型河工构筑物概化为大尺度粗糙结构体，提出了不同类型大尺度粗糙结构体形成的复杂界面阻力系数计算公式，为优化结构体体型和布置方案、评估结构体的守护效果提供依据。③对丁坝、潜丁坝等整治建筑物形成的局部滞水区展开研究，发现有植被滩面上连续坝田型生态滞水区水流与泥沙落淤基本规律，为通过调整植被来优化滞水区生态效益提供了理论依据。

（2）提出了与洲滩演变特征相适应的差异化生态治理的新技术，解决了传统洲滩治理技术生态友好性差的问题，实现了防洪、航运和生态等多功能的协调融合。①针对滩地面积大、淹没条件变化剧烈、演变规律复杂的江心沙质滩地的守护问题，发明了一套包含临时防冲结构、先锋植被和基质改良等措施的植入型生态固滩技术。该技术改变了心滩滩面必须硬化才能守护住的传统理念，采用生态友好型的护滩材料，在确保滩体稳定性和安全性前提下，兼顾工程的生态效应。②针对丁坝可能造成根部近岸淤积进而对涉水设施产生不利影响的问题，提出了具备减淤功能的孔洞型透水潜丁坝结构。不仅能提供较实体坝更好的阻水挑流效果，同时，底层孔洞的合理设置能发挥较好的输沙功能，降低坝体上游的淤积。③提出了与水生生境相结合的软体排压载结构形式，促进了底泥回淤，有利于工程稳定以及局部水生生境的修复。在工程区持续的生物监测表明，该结构作用下的底栖生物多样性和数量相比传统结构均明显增加。

（3）形成了基于空间异质性特征的洲滩生态治理效果评估和预测的新方法，揭示了洲滩物理演变过程与生态演化过程的内在联系机制，提升了洲滩治理技术的生态效果评估与持续优化能力。①综合考虑不同时空条件下水深差异对栖息地适宜性的影响，提出了结合水动力模型的栖息地适宜性空间模糊评价方法，为濒危物种栖息地的保护和管理、水利工程对栖息地潜在影响评估提供技术支撑。②综合考虑水深、流速及床面粗糙度的影响，提出了基于临界切应力阈值的水生植被斑块空间演化模拟方法，解释关键水流因子对植被演替进程的影响，为水生植被修复工程效果预测提供技术支撑。③提出了针对整治工程区生境恢复过程的“空-时转换”调查评价方法，明确了长江中下游洲滩整治工程区域底栖动物密度、生物量和物种多样性随恢复时间的变化规律。

（二）应用情况与推广前景

项目获批国家发明专利 15 项，授权实用新型专利 7 项，获批软件著作权 10 项，出版专著 4 部，发表论文共计 116 篇（包括 SCI/EI 论文 74 篇、中文核心论文 28 篇），合计 152 项知识产权和著作。项目形成了长江中下游洲滩生态治理的理论与关键技术，为长江中下游洲滩生态治理提供支撑。

项目成果先后应用于长江荆江河段、武汉至安庆河段、界牌河段等洲滩生态修复工程中，经济效益达 2.56 亿元。并推广到武汉汤逊湖流域、宜昌沙河、荆州四湖等区域的生态治理工程中，在区域水环境改善、水生生物保护以及岸线生态治理等方面取得了显著的社会、经济和生态效益。项目成果将持续应用于长江中下游洲滩生态治理，同时也将为其他流域内的河道及岸线治理、水环境和水生态改善提供理论和技术支撑，在当前强调水电工程与生态环境协调发展的大背景下，本项目具有推广应用前景。

（三）获奖单位

武汉大学、长江生态环保集团有限公司、长江航道规划设计研究院、长江水利委员会长江科学院、长江航道局。

（四）获奖人

杨中华、惠二青、王致维、李明、王家生、槐文信、张为、代娟、周成成、程锐。

（水力发电科学技术奖励工作办公室　孙卓）

基于主动免疫的国产自主可信水电站计算机监控系统

“基于主动免疫的国产自主可信水电站计算机监控系统”获 2022 年度水力发电科学技术奖二等奖。

三峡左岸电站有14台700MW水轮发电机组，2003年7月首台机组投产发电，2005年9月全部机组投产，原计算机监控系统由国外公司提供，至项目实施前已超过十四年，系统关键备件停产，通信协议封闭，应用功能和网络安全也不满足发展的需求，改造势在必行。

而当前计算机监控系统多依赖进口的技术和产品来实现自身的功能，可能存在安全漏洞较多、补丁发布滞后、系统升级与功能应用冲突等问题；非Windows系统主机上一般不安装杀毒软件，而Windows系统主机即使安装了杀毒软件，在使用过程中病毒库不定期升级也难以适用于工业控制系统环境，使得病毒或恶意软件威胁风险较大。目前国内水电站在“安全分区、网络专用、横向隔离、纵向认证”基础上，一般辅以病毒查杀软件定期开展病毒查杀，入侵检测装置实时监测网络边界异常状况，网络监测装置感知系统内网络、设备的态势，日志审计平台集中审计各类设备日志等；这种在原有计算机监控系统中不断增加设备、系统的手段不仅增加了网络安全维护人员的工作量，也不能从根本上解决未知病毒的威胁，总体效率低下、系统资源消耗大且对业务功能制约大。

为彻底解决此类弊端，三峡电厂结合三峡左岸计算机监控系统自身改造的需求，参考国家行业关于电力监控系统安全防护的最新要求和国家电网公司在自主研发全面国产化调度控制系统的经验，明确了示范应用基于主动免疫的国产自主可信水电站计算机监控系统的建设目标。

（一）主要成果及创新点

（1）基于国产密码的可信计算、自主可控软硬件在巨型水电站监控系统中的示范应用。三峡电厂前期通过搭建最小化计算机监控系统测试平台，历时4个月，在试验平台上开展了7个不同版本操作系统的多轮测试，试验验证了现有水电站计算机监控系统能较好地适应可信计算下的国产运行环境。2018年左岸电站监控系统启动改造，按照同步规划、同步建设、同步运行的“三同步”原则，根据前期试验平台测试结论，全面采用国产软硬件设备和可信计算环境，实现了主动免疫的防御目标，达到了“攻击者进不去”“非授权者重要信息拿不到”“窃取保密信息看不懂”“系统和信息改不了”“系统工作瘫不成”“攻击行为赖不掉”的防护效果。

（2）基于面向对象建模的智能化一体化平台研发及应用。研究开发的iP9000智能一体化平台采用基于SOA架构设计和面向对象编程技术，按照全冗余全分布系统结构开发，对各类智慧应用提供服务支撑，为当前水电厂智慧化建设提供成套解决方案。主要技术和特点有：①面向对象的设计；②支持非结构化数据、可在线维护的数据库；③标准化的公共服务；④高度一体化的业务集成；⑤基于面向对象技术的人机联系和可视化；⑥图模一体化；⑦开放的第三方应用接入；⑧高可靠性的基于服务调度的多重热备冗余的通信；⑨针对海量数据报警处理的实时智能报警技术。

（3）基于专家经验的集群水电发电机组最优化控制。总结运行人员在开停机前后穿越振动区的人工调节经验，分析不同负荷工况下的约束条件，实现了开停机前后机组穿越振动区的自动最优过程，兼顾了电站和电网的需求。

（4）非开放环境下的巨型水电站监控系统改造研究及实施。采用“厂站层一次全接管，现地改造分步实施”的安全过渡方式，对原国外监控系统非开放的数据通信协议进行解析，解决了改造前系统通信规约与接口专用性和封闭性的难点，为新老系统并行运行、改造平稳过渡奠定了基础。

（二）应用情况与推广前景

项目研究成果具有较高的通用性，可进行针对性设计修改后应用于站级监控、流域集控、大坝、水情等自动化领域。项目成果为可信计算环境在工控系统中的应用提供了示范案例，具有自主可控、主动免疫、应用覆盖面广、应用前景光明等优势；其中，基于国产软硬件的iP9000已应用到三峡梯调、三峡昆明集控及白鹤滩水电站等，其成熟性得到进一步检验。主动免疫的水电站监控系统研究成果以三峡左岸计算机监控系统作为示范工程，经验证后可逐步向集团内外水电厂进行推广。

（三）获奖单位

中国长江电力股份有限公司三峡水力发电厂、北京中水科水电科技开发有限公司。

（四）获奖人

谢秋华、杨云、艾远高、陈辉、罗仁彩、黄家志、邓小刚、孙监湖、张卫君、张鹏。

（水力发电科学技术奖励工作办公室　孙卓）

150m级软岩料高混凝土面板堆石坝筑坝关键技术

“150m级软岩料高混凝土面板堆石坝筑坝关键技术”获2022年度水力发电科学技术奖二等奖。

本项目依托老挝南欧江七级水电站开展。南欧江七级水电站位于老挝丰沙里省境内，为南欧江七个梯级水电站的最上游一个梯级，被誉为中企首个境外全流域投资建设的南欧江流域梯级水电项目的“龙头电站"，也是各梯级中建设难度最大、规模最大、对整个流域联调作用最关键的项目。工程主要枢纽布置由混凝土面板堆石坝、左岸溢洪道、右岸泄洪放空洞、左岸引水系统、坝后岸边厂房和GIS开关站等组成。

南欧江七级水电站面板堆石坝工程建设过程中，由于坝址附近软质岩石发育，造成了筑坝料选择与筑坝安全经济之间的矛盾；坝址可用料场岩性和分布情况复杂，造成了开挖料开采-筛选-上坝高效利用的困难；同时，高坝采用软岩填筑有诸多限制，给施工质量控制和坝体安全性态管控提出了更高的要求。诸如此类问题，均给南欧江七级水电站当地材料高比例筑坝利用和施工质量、结构安全等方面带来了诸多挑战。本项目通过技术集成和自主创新，形成了系列具有自主知识产权的技术成果。

（一）主要成果及创新点

（1）软岩堆石料筑坝高比例利用成套技术与方法。揭示了砂泥岩互错软岩（杂砂岩）筑坝料物理力学性能，建立了软岩堆石筑坝料开采、筛选与分区应用关键技术，构建了场区料源上坝智能调配模型，实现了高比例软岩堆石料料源的高效充分利用。

（2）软岩堆石料筑坝填筑质量与性态控制技术与方法。研发了基于料场坝料试验和现场碾压试验确定碾压参数的多元回归理论和智能算法，提出了针对软岩堆石料填筑压实质量实时控制方法，实现了南欧江高比例软岩堆石坝施工质量的有效控制。

（3）软岩堆石料筑坝智能化性态和质量闭环管控集成技术与系统实现。研发了料源上坝和碾压质量监控系统，以项目信息管理为理念，各参建方用户需求为指导，实现了料源开采运输、填筑碾压的全方位管控。

（二）应用情况与推广前景

项目获发明专利6项、实用新型专利5项，软著2项，工法1项，发表论文18篇。项目科技成果达到国际领先水平，解决了高比例软岩堆石坝从料源开采到碾压全过程一体化的性态与质量控制难题，保障了南欧江七级水电站项目的完成，提升了针对软岩堆石坝的全生命周期管控能力。

项目研究成果为高比例软岩堆石坝建设提供了设计施工经验和工程实例，为软岩堆石料开采、筛选、施工工艺提供新的选择。料源上坝和碾压质量监控系统集远程调度、实时报警、分析与反馈为一体的实时监控平台，是行业内的重要技术应用创新，针对软岩堆石坝施工质量控制技术经济效益显著，推广应用前景广阔。

（三）获奖单位

中国电建集团海外投资有限公司、天津大学、中国水电建设集团十五工程局有限公司、中国水利水电科学研究院、中国电建集团昆明勘测设计研究院有限公司。

（四）获奖人

盛玉明、张国来、张社荣、白存忠、周建新、马文振、罗明清、陈辉、王超、宣李刚。

（水力发电科学技术奖励工作办公室　孙卓）

防汛抗旱应急能力建设“十四五”规划研究

“防汛抗旱应急能力建设‘十四五’规划研究”获2022年度水力发电科学技术奖二等奖。

我国是水旱灾害最为严重的国家之一，分布地域广，发生频率高，造成损失重，严重威胁人民生命财产安全。新中国成立以来，中国水旱灾害防治能力不断提高，成功抵御了多次重大洪涝灾害的侵袭，积累了丰富的防灾减灾救灾经验。然而，受全球气候变化影响，极端天气出现频率增加，加之中国社会经济快速发展带来的新形势、新常态，中国防汛抗旱工作仍然面临严峻挑战。目前，国家防汛抗旱总指挥部（简称国家防总）职责和水利部水旱灾害防治相关职责及人员已划转到应急管理部。应急管理部作为自然灾害应急管理综合部门，承担国家防总办事机构职责，负责统筹全国防汛抗旱工作和组织指导协调洪涝灾害应急救援，这一举措将整合优化各种应急力量和资源，进而形成统一指挥、专常兼备、反应灵敏、上下联动中国特色防汛抗旱应急管理体制，从根本上提高防灾减灾救灾能力，保障人民生命财产安全和社会稳定。与此同时，也面临改革初期的一些挑战，需要不断深化改革，突破不合时宜的理念、传统思维定势、条条框框限制，建立健全相应政策法规、规章制度、风险防范和应急管理机制、技术支撑体系等，构建以防为主、防抗救相结合、常态救灾和非常态救灾相统一的体制机制，积极应对可能出现的各类水旱灾害，实现监测预警、风险防范、抢险救援和救助恢复的全过程应急管理。

因此，开展防汛抗旱应急能力建设“十四五”规划研究，有助于推进新形势下中国水旱灾害风险防范和应急管理机制建设，实现防汛抗旱应急工作体制机制创新和全过程管理，有效提升中国水旱灾害应急管理水平和防灾救灾能力，推进中国水旱灾害治理体系和防治能力现代化，有效防范化解重大洪涝灾害风险。

（一）主要成果及创新点

（1）首次系统提出防汛抗旱应急能力建设“四大能力目标”。在新的应急管理体制机制下，项目组开门问策、集思广益，把加强顶层设计和坚持问计于民统一起来，深入基层查清现状，以问题为导向，在全面分析主要进展、存在问题、发展机遇的基础上，遵循“两个坚持、三个转变”综合减灾理念，以保障人民生命安全为首要目标，以推进防汛抗旱应急管理体系和能力现代化为主线，提出新时期大力提升“指挥决策、抢险救援、科技支撑、综合保障”防汛抗旱应急能力四大目标，全力防范化解重大水旱灾害风险。

该创新点为新时期防汛抗旱应急能力建设设立了具体目标，对全国各省市防汛抗旱应急能力提升具有很好的指导作用。

(2) 首创完备的防汛抗旱应急能力建设“六大体系任务”。聚焦全面提升国家防汛抗旱应急能力，到2025年基本建成统一指挥、专常兼备、反应灵敏、上下联动的防汛抗旱应急管理体制，形成统一领导、权责一致、权威高效的防汛抗旱应急能力体系，项目组分析存在短板，以目标为导向，提出“健全法规预案标准、强化科学指挥决策、完善灾害防控应对、优化应急抢险救援、构建应急科技支撑、夯实应急综合保障”六大任务，为防汛抗旱应急能力建设指明了方向。

该创新点提出新时期防汛抗旱应急能力建设的体系框架，对各行业和地方水旱灾害应急能力建设具有很好的指导意义。

(3) 创新性提出防汛抗旱应急能力建设“八大重点工程”。防汛抗旱应急能力建设是提高防灾减灾抗灾救灾能力的重要举措。项目组分析“十四五”时期国家发展机遇和问题短板，提出“防汛抗旱指挥决策系统建设、防汛抗旱应急技术中心建设、区域应急救援中心功能拓展、工程抢险技能训练基地建设、抢险救援专业队伍能力建设、装备技术研发应用示范推广、防汛抗旱物资储备调运保障、防汛抗旱专业培训科普宣教”八大重点工程，确保防汛抗旱应急能力提升通过重大项目实施落到实处。

该创新点提出了“十四五”时期国家层面将推荐建设的重点工程，为各行业和各省“十四五”防灾减灾和应急管理领域重点工程的谋划奠定了基础。

（二）应用情况与推广前景

项目成果《防汛抗旱应急能力建设“十四五”规划》已由应急管理部正式印发，向国家发展改革委完成备案，并在全国各省防汛抗旱、抗洪抢险、防灾减灾或应急管理领域规划中得到广泛应用。系列专题研究成果为应急管理部、国家防汛抗旱总指挥部办公室日常工作提供支撑。项目成果获水电水利规划设计总院2021年“开拓创新奖”、2022年科技进步奖一等奖，为新时期国家防汛抗旱应急能力建设指明了方向，在全国各省、市、自治区防汛抗旱指挥部办公室得到广泛应用，综合经济社会效益十分显著。

（三）获奖单位

水电水利规划设计总院、中国电建集团中南勘测设计研究院有限公司、中国电建集团成都勘测设计研究院有限公司、中国电建集团北京勘测设计研究院有限公司、中国水利水电建设工程咨询有限公司。

（四）获奖人

周兴波、杜效鹄、彭土标、朱哲、杨子儒、夏勇、张国宝、陈隆、王涛、杨新星。

（水力发电科学技术奖励工作办公室 孙卓）

三峡水库全周期生态全要素综合调控关键技术

“三峡水库全周期生态全要素综合调控关键技术”获2022年度水力发电科学技术奖二等奖。

长江是我国第一大河，具有丰富的水电能源资源，与此同时，长江也拥有独特的生态系统和环境资源，是我国最重要的生态宝库。自三峡工程蓄水发电以来，经过十多年的科技攻关与实践，三峡及长江上游水库群多目标综合调度水平已处于国际领先。随着长江中下游经济发展和长江大保护战略的提出，中下游生态环境安全问题更为凸显。首先，三峡水库蓄水后水深增加、流速减缓，部分水域出现了富营养化及水华现象；其次，由于大坝阻隔造成生境破碎化，使得中下游鱼类生物种群丰富度降低，以四大家鱼为代表的鱼类产卵规模骤减；再次，受上游水库群调度等因素影响，长江中下游的洞庭湖和鄱阳湖等湖泊在特定时段已经多次出现供水危机，湖泊湿地生态系统恶化，湿地保护形势十分严峻；最后，长江两岸的城市发展与堤防建设、污染排放、航道整治与航运、采砂等活动进一步加剧了长江水生态环境问题。如何在三峡全周期多目标优化调度基础上，精准实施面向不同需求的特定时期生态调度是进一步提升三峡水库综合利用效益的关键。

为此，本项目在多项国家重大研究计划和一系列重大工程应用项目支持下，经过近十年交叉学科研究，相关理论和方法形成了完整系统的学术体系，推动了相关理论发展，解决了实际工程应用的技术难题。本项目构建了三峡库区支流河湾水华生消机理驱动的防控调度准则，识别了面向四大家鱼产卵保护的三峡水库调度方式最优启动判据，提出了适应两湖生态协同竞争关系的三峡水库调度运行方式，创建了三峡水库全周期多维生态要素协同优化调控与综合评价方法，从而实现了多维生态需求背景下的河流生态系统保护与调控。项目研究成果可平衡长江区域的经济、生态、社会等多方面的综合效益，支撑长江流域生态系统的良性发展，相关成果对其他流域的生态环境修复与保护工作开展有着重要的推广示范意义。

（一）主要成果及创新点

（1）构建了三峡水库支流库湾水华生消机理驱动的防控调度准则。针对金沙江下游四座巨型梯级水库运行对三峡水库支流水华的影响，探明了新形势下三峡水库支流水环境、水华特征和特定水位运行期内长江干流和上游来流对典型支流库湾水体和营养盐的贡献率，重新认识了三峡水库支流水华的生消机理及营养盐来源的变化；解析了水流、水质、水温等因素对水华藻类生长的影响机制，通过引入水温与不同优势藻种生长的本构关系曲线，改进了水华数值仿真模拟模型，模拟精度由50%提升至80%；提出了针对不同优势藻种差异化防控的三峡水库适应性“潮汐式”调度方式并验证了可行性，减少了库区水华发生频率和范围。

（2）识别了面向四大家鱼产卵保护的三峡水库调度方式最优启动判据。面向下游四大家鱼产卵水文条件要求高、启动时机判定难的问题，分析并推求了四大家鱼产卵保护调度水文条件及其时间窗口，提出了基于转移库容和涨水启动时间的三峡水库优化调度模型，定量解析了四大家鱼产卵保护调度方式对三峡水库兴利调度的影响机制，构建了基于数据驱动的四大家鱼产卵保护调度方式启动判别模型，创新性提出了面向四大家鱼产卵保护的三峡水库调度方式最优启动判据。启动判据模拟验证准确率达89.11%，支撑三峡水库开展四大家鱼生态试验，试验期间宜都江段四大家鱼产卵量从2011年不足2亿粒增加至2021年的84亿粒。

（3）提出了适应两湖生态协同关系的三峡水库优化调度运行方式。围绕三峡水库调度对两湖地区生态效益影响复杂的问题，量化了江湖关系-水文情势-综合调控的互馈协变关系，解析了影响两湖生态环境的关键水文指标的“时-空-量”协同关系，提出了兼顾两湖关键时期生态水文要素需求和三峡水库蓄供水要求的优化调度运行方式。2019～2021年蓄水期平均提高长江中下游城陵矶（莲花塘）站水位1.6～1.9m、九江站水位1.1～1.3m，有效减轻了蓄水对长江中下游及两湖的影响，枯水期累计向下游补水682.5亿m^3。

（4）创建了三峡水库全周期多维生态要素协同优化调控与综合评价方法。面向三峡水库多维生态要素时空异质、协同优化难题，厘清了三峡水库生态调度与防洪兴利调度的时间嵌套关系和水量-水力要素耦合关系，提出了生态调度规则与防洪兴利调度过程的协同优化方法，构建了分区域分对象耦合水量水力响应的全周期综合评价方法，提出了三峡水库全周期多维生态要素综合调控方案。成果在提升水华防控、库尾减淤、沙峰排沙、四大家鱼产卵保护、两湖湿地保护等多维生态调度效应的同时，增加年发电量约2%～5%，2019～2021年累计增发电量109.94亿kW·h。

（二）应用情况与推广前景

项目出版专著7部；发表高水平学术论文68篇，其中SCI收录论文38篇；获发明专利11项、实用新型专利1项、软件著作权11项；发布行业标准1项；获水利先进实用推广技术1项；相关研究成果被编写入三峡正常运行期调度规程（2019年修订版）和长江流域水工程联合调度运用计划（2019～2022年）并获水利部批复。研究成果发表在Journal of Hydrology、Energy Conversion and Management、Energy、Science of The Total Environment等国际著名学术期刊，产生了重要学术影响，促进了水利行业科技进步。研究成果在三峡水库生产运行中发挥了关键作用，在近几年增发电量的同时，在库区水华防治、库尾减淤、四大家鱼产卵保护、下游河湖补水均取得了显著的社会经济和生态环境效益，达到增创效益、改善生态、优化配置水资源的目的，相关成果也在汉江丹江口水库进行了应用实践，为我国大规模库群创效增益和安全稳定运行管理提供了技术支撑，应用前景广阔。

（三）获奖单位

中国长江三峡集团有限公司、中国水利水电科学研究院、湖北工业大学、长江水资源保护科学研究所、长江勘测规划设计研究有限责任公司。

（四）获奖人

姚金忠、廖卫红、胡挺、马骏、肖扬帆、雷俊山、蔡思宇、卢程伟、黄宇波、汤正阳。

（水力发电科学技术奖励工作办公室　孙卓）

水利水电工程大流量渗漏应急处置关键技术与应用

“水利水电工程大流量渗漏应急处置关键技术与应用”获2022年度水力发电科学技术奖二等奖。

水电站大坝围堰基坑工程施工建设中，大流量渗漏等灾害具有常见性、突发性、危害性大和受影响因素较多等特点，往往给工程建设和安全运营带来巨大挑战。同时，水电站大坝围堰基坑工程大流量渗漏的风险防控及应急救援，具有隐蔽性和特殊性等特点，尤其是复杂水文地质环境下的精细探测和超前注浆治理，一直是行业内研究热点，还有诸多理论和技术问题亟待解决和突破。因此，建立基于突涌水三维电磁各向异性围堰渗漏异常响应方法、高效精准的突涌水围堰基坑多源数据的围堰渗漏处置综合评价检测技术、大流量突涌水高效疏排及综合抢险救援技术、动水环境下的超前预注浆治理技术于一体的水电站大坝围堰基坑工程突涌水防灾减灾技术体系，实现“预防有方法，抢险有准备”的围堰基坑突涌水灾害综合治理理念，对保护人民生命财产安全，促进我国突涌水风险防控及应急救援学科进步，加强工程建设安全生产和地质环境保护，具有非常重要的意义。

（一）主要成果及创新点

（1）基于构建三维电磁各向异性围堰渗漏响应探测方法研究，实现了快速、高精度和低内存消耗的三维正反演计算。根据大坝围堰渗流裂缝和电磁探测低阻异常的表现特征，实现快速精准的各向异性电阻率介质电磁探测；建立了地下模型与地面/空中垂直磁场关系，探寻探测参数与灵敏度之间的联系，确立最佳匹配度；通过并行技术、拟牛顿法反演技术、多尺度联合反演技术、多结构约束反演技术，实现高精度的局部异常体探测。

（2）基于多源数据融合的围堰渗漏探测处置综合评价技术，创新完成了自适应水域电磁探测系统，通过GPS定位和声纳深度控制系统，搭载水域电磁系统实现对渗漏点的快速精确定位；建立了渗漏探测和治理模拟平台实现了物理模拟与数值模拟相印证，通过物理模拟分析了渗漏体在动水和静水环境下的影响特征，通过AI降噪技术去除了水体对探测信号的影响；建立了电磁震多参数多尺度和分布式注浆堵漏评价体系，通过电磁信号和地震信号反应围堰不同物性段的分布情况，结合分布式数据采集，实现在不同尺度下快速进行注浆堵漏效果检测。

（3）针对水电站大坝围堰基坑大流量突涌水应急抢险难题，开发了集大流量高效疏排技术装置和综合抢险救援组合装备的技术体系。该体系能成功实施围堰基坑大流量突涌水的快速高效疏排和复杂地形综合抢险救援。该技术实施过程中，可以实现突涌水杂质过滤，应急探测搜寻，应急通信指挥和智能开挖及施工等技术手段，提高了复杂条件抢险智能化水平，提升了围堰基坑大流量突涌水疏排效率，降低了应急救援风险。

（4）建立了浆液体系中自由水的化学调控及浆液黏度可控流变模型，为研制动水可控注浆材料奠定了理论基础。采用化学改性和无机-高分子杂化技术，制备得到聚氨酯-水泥复合注浆材料，该浆材原料来源丰富，绿色环保，可泵期及初终凝时间可随现场施工需要进行调整，具备优异的抗动水冲释能力、固结体力学性能和耐久性。通过Gaussian计算软件和固结体微观结构分析，揭示了岩体水化界面的活化硅羟基和水性聚氨酯的活性基团的成键特征和作用机理。采用微观孔隙CT三维成像和重构技术，建立了孔隙网络模型，探究了固结体微观几何构型特征，通过格子Boltzmann方法（LBM），数值模拟了固结体的渗透系数和三维流线分布，实现了固结体防渗性能的可视化和数值化研究。

（二）应用情况与推广前景

2015年以来，水利水电工程大流量渗漏应急处置关键技术，先后被10余家单位，成功运用于20余项国家重点工程建设项目中的大流量渗漏应急处置，涵盖水利水电、灾后应急救援等行业，据不完全统计，为企业新增产值12亿元，新增利润2.6亿元。极大地提高了水利水电工程突涌水灾害的早期识别能力，并减少了在建水利水电工程灾害事故的发生率，对指导水利水电工程安全施工起到了积极作用。

同时，该套技术还成功应用于郑州地铁5号线“7·20”应急抢险，四川丹巴县“1·12”关州水电站透水事故，四川杉木树煤矿“12·14”透水事故，雅安宝兴“6·1”地震灾害救援，四川泸县“9·16”地震灾害救援，雅安天全泥石流地质灾害应急救援，川藏铁路康定二号隧道斜井，滇中引水工程香炉山隧洞，引汉济渭工程秦岭隧洞，新疆乌鲁木齐地铁一号线隧道，南大梁高速华蓥山隧道、郑万高铁巫山隧道三号横洞，大瑞铁路保山隧道和畹町隧道，德阳昊华清平磷矿等重大突涌水风险防控及应急救援项目，为安全施工提供了技术保障，促进了行业科技进步，同时社会效益和经济效益突出，推广应用意义重大。

（三）获奖单位

中国安能集团第三工程局有限公司、成都理工大学、中国电建集团贵阳勘测设计研究院有限公司、华能四川能源开发有限公司、华电金沙江上游水电开发有限公司。

（四）获奖人

宋洋、叶长文、王向鹏、张细和、钟汶均、郑顺祥、左坤、于广斌、庄志凯、梁越。

（水力发电科学技术奖励工作办公室 孙卓）

大型水利水电工程珍稀特有植物保护及其在生态修复工程中的应用关键技术研究

“大型水利水电工程珍稀特有植物保护及其在生态修复工程中的应用关键技术研究”获2022年度水力发电科学技术奖三等奖。

本项目的大型水利水电工程主要是指三峡工程、

向家坝工程、溪洛渡工程等长江上游及金沙江流域，也包括因为工程建设对所在区域珍稀特有植物产生干扰的大型水利水电工程，是国家近期水能资源开发的重点区域。大型水利水电工程建设强烈扰动原有地形地貌与生态系统，危及区域生态系统与生物多样性。

随着三峡工程等大型水利水电工程的兴建，珍稀濒危植物的保护成为工程论证的一个重要课题。中国长江三峡集团有限公司坚持环境保护与工程建设同步，在建好工程的同时，抢救和保护库区特有珍稀濒危植物，保护生物物种的多样性。

以三峡库区为例，其横跨湖北、重庆两省市，面积约为 1084km^2，区内生物资源种类繁多，保存着东亚特有珍稀濒危和第三纪孑遗植物资源，是我国战略生物资源的重要储藏地和生态屏障，关乎我国的经济和生态安全。根据《三峡工程环境评估报告》，受三峡工程建设影响的植物约有 560 种，这些植物分布广、跨度大、数量少且全部为野生苗，国务院三峡办发布的《三峡工程施工区环境保护专题报告》对大型水电开发珍稀植物迁地保护做出了具体要求。因此，做好三峡库区珍稀植物保护工作具有十分重要的意义，可谓“功在当代利在千秋”。

长江珍稀植物研究所作为三峡集团生态文明建设攻坚实体，以实际行动助力长江生态环保“两翼齐飞”，探索大型水利水电工程扰动区野生植物扩繁与迁地保护新机制、新模式，开展水电开发坝库区陆生生态修复工作，进行库区消落带治理、工区渣石料场生态恢复、流域沿岸固沙护岸及特有珍稀植物原生地还植等工作，推进野生植物迁地保护体系建设，依托重点研发计划及科研基金，结合自身业务需求，采用多学科融汇交叉的方式，研究了大型水利水电工程珍稀特有植物保护及生态修复所涉及的理论与方法、设备与工艺等一系列关键技术，攻克了诸多难题，形成了成套技术，有力支撑了我国的生态文明建设，具备显著的环境、社会与经济效益，市场应用前景广阔。

（一）主要成果及创新点

（1）针对大型水利水电开发区域需保护的植物存在的分布广、跨度大、数量少且全部为野生苗的难点，通过原生地调查，系统研究迁地保护野生植物所需水、肥、气、热、土等影响因子，提出了野生植物跨越式“逐级引种、分步实施”的保护方法，提高了野生植物的移栽成活率，提出了一套特有珍稀植物由高海拔区域迁地到低海拔区域高成活率的关键技术。

（2）针对不同海拔之间植物引种栽培及野外回归适应性较差问题，通过在引种过程中高精度模拟原生地环境，开展“一种一档”管理，研发了以水肥调控为核心的基于多源信息感知的智慧化管护系统，精准调控珍稀植物生长微环境，提高珍稀植物移栽成活率高。

（3）创建大型水利水电工程特有珍稀资源性植物繁育和野外回归关键技术体系。①传统繁育技术：针对不同类型植物种子和穗条，采用不同的处理方法，提高了特有珍稀植物播种出苗率和扦插成活率达 90%以上。②组培克隆技术：通过培养基组分的优化和防褐化剂的优选，解决了组培过程中外植体不易分化及无菌苗增殖扩繁的问题，遏制了外植体褐化现象，提高分化率 50%以上，降低褐化率 85%以上。③野外回归跟踪评价技术：将迁地保护后繁育成功的 10 余种重点保护野生植物，开展了野外回归，建立配套的监测评价技术标准体系，动态更新植物生长和生境监测信息，对回归的濒危植物物种成效进行评估，扩充了其种群数，促进野外回归植株自然繁衍生息。

（4）本项目将流域物种的保护与合理开发利用相结合，积极探索库区消落带生态修复新技术新思路，重视栖息地保护，持续实施生态修复，构建人与自然和谐相处的生态系统，代表生态修复项目有三峡坝区偏岩子生态修复试验工程、三峡坝区河漫滩生态示范工程等。目前偏岩子消落带生态修复已初见成效，为消落带生态修复和特有珍稀植物回归长江两岸打下坚实基础。

（5）建成了 185 平台科研示范区、植物“克隆”科普区、标本展示馆等科普站点，围绕重点研究的植物类群加强植物资源收集和管理，现展示长江流域特有珍稀濒危植物，获得国际认证的国际标本号“YZB”，建成了国内种类最多规模最大的长江特有珍稀植物保育基地和较大影响力的生态环保科普教育基地。

（二）应用情况与推广前景

本项目授权专利 21 项，国际专利 1 项，制定标准 9 项，软件著作权 5 项，发表论文 30 篇，专著 1 项，成果登记 1 项。特有珍稀植物保护技术及其在生态修复工程中的应用关键技术已推广用于向家坝、溪洛渡、乌东德、白鹤滩等多处大型水电工程开发区域的特有珍稀植物保护工作中，效果良好。

该成果解决了大型水电工程建设中受影响植物的迁地保护难题，成功经验已经逐渐扩展到长江流域、金沙江流域乃至三江源等流域，建成多个生态修复示范区，取得良好的效果，不但促进特有珍稀植物的资源利用，也推进了生态修复植物品种结构调整和优化。

（三）获奖单位

中国长江三峡集团有限公司长江珍稀植物研究所、三峡大学、中国水利水电科学研究院。

（四）获奖人

黄桂云、朱士江、吴锦华、刘扬、张海波、王亚林、邱利文。

（水力发电科学技术奖励工作办公室 孙卓）

水电站清污机器人

“水电站清污机器人”获2022年度水力发电科学技术奖三等奖。

葛洲坝是世界上最大的低水头、大流量水电站，每年汛期长江流域暴雨冲刷或洪水淹没导致葛洲坝-三峡沿岸大量生活垃圾、杂草树木、动物尸体等被带入江中，致使进入葛洲坝的上游漂浮物剧增。葛洲坝漂浮物特点是来污量大、汇聚速度快、大体积漂浮物多。目前国内外清污多采用回转式清污机、钢丝绳吊取清污抓斗以及清污船等形式。其中回转式清污机可以实现对秸秆、水草、小的树枝等漂浮物的清理，但汛期大量大体积的生活垃圾、大树干、树桩等漂浮物容易使其出现频繁卡机停运的现象，超出清污机的设计工况，清污效率降低；钢丝绳吊具不能施加压力，吊具无法下沉，仅能对拦污栅前1.5m以上水草、生活垃圾等浮渣有较好的清污效果；清污船使用条件受限，现场不满足使用条件。

鉴于此，项目团队系统开展了全自动清污机器人的研制，满足葛洲坝汛期的大清污能力、大水深、大体积等多种复杂清污工况的要求，同时具备自动清污、漂浮物自动清理、数据储存、数据分析等功能。

（一）主要成果及创新点

(1) 突破了长距离大负载坝体门机轨道机器人结构设计、大惯量重载机器人精确定位、基于视觉的机器人在线污物识别、户外强电场环境下的机器人作业无线传输等共性关键技术和面向树干大型棒料的捞取机构、大惯量重载机械结构的控制策略等应用关键技术，提出了机器人化的智能物料识别、自动抓取、暂存、自动装卸、智能满料判断等水电站清污新工艺与新方法，并不断优化清污工艺流程，解决了传统水电站清污方法中普遍存在的人力消耗多、易卡机停运、清污效率低、清污工况受限等难题。

(2) 提出一种基于倍程技术的伸缩臂机构方案，采用三节套筒式钢结构、液压驱动、重载多排链条连接三者结合的关键技术，研制能够承受重载、长行程的多级伸缩结构。通过对伸缩臂结构的合理优化设计以及新型同步技术在双臂机器人上的应用，实现双臂同步精准运动、即时停止、智能调平及异常安全保护功能，保障系统的运行平稳性和定位准确度。

(3) 构建水电站清污机器人数字交互模型，实现远程动态交互式数字化清污控制。基于WEBGL技术，实现清污机器人大臂、小车、料斗、刮平机构、抓斗、大车等机构的实时状态显示，同时显示各机构真实的偏移量和旋转量，基于三维渲染技术开发无遮挡的机器人交互界面，使操作人员无须亲临现场即可查看当前的姿态和运动情况。基于多传感器数据同步及管理技术，开发专用于水电站的数字化清污控制管理系统，实现远程操控、设备报警、汛期预警、监控录像、操作日志、清污数据分析等功能。

（二）应用情况与推广前景

本项目清污机器人采用的是标准化设计，各功能执行机构可根据需求增加或者删减。末端执行机构采用的是快换机构，可根据不同场景更换不同的执行机构。适应性强，可快速拓展应用到其他类似的应用场景中。2020年12月应用于葛洲坝电站以来，经过一年多的运行，设备达到设计预期目标，取得良好应用效果，具有广泛的应用前景。

项目已申请发明专利5项（授权3项，公开实审2项），授权实用新型专利8项，登记软件著作权1项。项目通过了第三方科技科查新及成果评价，经专家评审认定项目成果为国内首创，总体技术达到国际先进水平。

（三）获奖单位

中国长江电力股份有限公司葛洲坝水力发电厂。

（四）获奖人

刘绍新、陈钢、曾辉、杜云华、张海龙、魏晓翔、文宇。

（水力发电科学技术奖励工作办公室 孙卓）

高原寒冷地区300m级特高土石坝砾石土心墙施工关键技术

“高原寒冷地区300m级特高土石坝砾石土心墙施工关键技术”获2022年度水力发电科学技术奖三等奖。

近年，已建和在建的多座水电站如糯扎渡水电站、长河坝水电站、双江口水电站、两河口水电站等，均将土石坝作为代表性坝型，且在建300m级高土石坝有两河口水电站和双江口水电站。

相比同类坝型建设，两河口水电站存在高原寒冷地区环境恶劣、多料场筑坝土料复杂性、土料对雨量的敏感性高、冬季连续性施工难度大、料源与填筑时空不匹配等一系列问题，大坝施工过程中面临小区域瞬变气候条件下连续施工难度大、多样性复杂土料源开采质量控制难度大、土料不均匀条件下精准制备控制难度大、高冷地区超大型工程智能化施工程度低、恶劣环境筑超高土石坝质量控制难度大等技术难点。

鉴于以上问题，加之国内外无高原寒冷地区300m级特高土石坝心墙全天候连续施工技术借鉴，本课题依托两河口水电站研究坝工技术和一系列碾压式土石坝砾石土心墙防渗体施工技术。

（一）主要成果及创新点

（1）研发了冬雨季土料小范围随采随用、低温大风季节保温保湿、多料源复杂土料精确掺配等技术，形成了冬季砾石上覆保温、雨季土料覆盖隔渗的砾石土掺配工艺，实施精细检测动态调整质量控制措施，解决了不良气候条件下复杂料源心墙土料开采、掺配、运输等难题。

（2）建立了雨情快速精确预报系统，提出了含水率高敏感心墙土料雨强2mm的间歇施工控制标准，研发了“龟背仓面、精准预报、雨前封闭、截水引排、及时复填”的雨季施工技术，解决了多雨瞬变气候条件下心墙连续施工的难题。

（3）建立了土料冻融监测、预报系统，提出了心墙冬季施工冻融防控原则，研制了复合土工保温材料自行式自动快速卷放设备，形成了不同温度条件下的保温防护工法，突破了高原严寒地区冬季施工的限制。

（4）研发了心墙料加水、摊铺、碾压智能化施工技术，开发了土料掺拌、运输、填筑全过程数字化监控系统，实现了特高砾石土心墙高效、精细、数字化施工。

（二）应用情况与推广前景

本课题研究成果直接应用于两河口水电站砾石土心墙堆石坝工程，通过采用多料场复杂土料场规划开采关键技术、复杂土料动态制备砾石土料关键技术、超高砾石土心墙防渗体填筑关键技术等一系列砾石土心墙施工关键技术，工程应用效果良好，经济社会效益显著，对类似工程具有极高借鉴价值。

（三）获奖单位

中国水利水电第十二工程局有限公司、中国水利水电第五工程局有限公司、雅砻江流域水电开发有限公司。

（四）获奖人

刘光华、王金国、沈仲涛、练新军、余良松、周龙杰、干海勇。

（水力发电科学技术奖励工作办公室　孙卓）

大吨位缆机群智能化控制与综合运维技术

“大吨位缆机群智能化控制与综合运维技术”获2022年度水力发电科学技术奖三等奖。

白鹤滩水电站为世界在建规模最大、技术难度最高的水电工程，位处干热河谷气候地域，极端最高气温42.7℃，极端最低气温0.8℃，历年最大风速26m/s，极大风速持续时间长（7级以上风速占全年总天数65.5%），多年平均雾日（水平能见度不大于1000m）27.3天，且不同位置、不同高程处，风速、风向差异大，增加了缆机的运行风险，影响工程进度。加之白鹤滩缆机群作为白鹤滩电站大坝810万m^3混凝土浇筑、12.6万t金属结构及材料吊装的主要手段，缆机群的运行效率对大坝的施工进度及质量有着直接的影响，同时作为世界上最大的缆机群，其技术的重要性、布置的特殊性、安全运行的高要求，大风条件下混凝土持续高强度吊运和金属结构的精确吊装的要求，使得智能化缆机的安全运行、维护保养、检修及拆除对电站的建设就显得尤为重要。

工程使用了国内较为先进的7台30t平移式缆索起重机（以下简称缆机），组成当今世界水电建设工程最为庞大的缆机群。缆机群采用高低双层平移式布置，其中高平台布置缆机3台（1～3号缆机），低平台布置缆机4台（4～7号缆机），与布置在左岸高程834m平台和高程768m平台的拌和系统及高、低线供料平台配套使用。

高平台缆机（1～3号缆机）布置中，左岸主塔采用A字形钢塔架＋配重平衡台车形式，A型塔架向山侧后倾10°角，主塔架高度101.00m，主索铰点高度75m。右岸为副塔，采用无塔架结构。缆机主塔轨道布置高程905.00m；缆机平衡台车轨道布置高程945.00m；缆机副塔轨道布置高程980.00m；上下游轨道全程260m。

低平台缆机（4～7号缆机）布置中，左岸主塔为高度30.00m钢性主塔架，右岸副塔为无塔架结构。左岸缆机轨道布置高程890.00m；右岸缆机轨道布置高程920.00m；上下游轨道全程240m。

（一）主要成果及创新点

（1）针对工程特点，结合左右岸不对称地形特征，提出了“双层双平＋高低两线混凝土生产系统＋双层供料平台”缆机群布置方案，并在左岸采用A字形塔架结构，解决了缆机群占位、高效调配、主索跨距过大的难题。

（2）研发了缆机群可视化调度、智能化控制系统，包括目标位置设定、防碰撞预警与控制、防疲劳在线监控识别、导向滑轮轴承实时监测等功能模块，具有调度规划、目标识别、运行监控和效率分析等智能化控制功能，实现了缆机群多工况安全高效运行。

（3）开展了大风气象特征与缆机不同工况下运维参数分析研究，揭示了特殊工况下缆机运行的规律，构建了缆机运行原则和应急响应机制，降低安全风险，提高了运行效率。

（4）基于缆机群运行管理及检修维护研究，改造缆机结构，改进换绳工艺，优化控制程序，革新维保流程，建立了缆机专业运维安全技术标准体系，可为类似工程提供借鉴。

（5）应用情况与推广前景，本项目所研究的智能型大吨位缆机群在大型工程中的综合技术研究关键施工技术已成果地应用于白鹤滩工程建设实践中，总结出一套复杂边界、气象条件下科学高效的高拱坝施工缆机群应用标准模型，为今后的类似工程积累了宝贵的功效数据和先进经验。形成《水电水利工程缆索起重机施工技术规程》和《水电水利工程缆索起重机安装及验收规范》，填补了国内缆索式起重机行业标准的空白。通过缆机群安全、智能、高效运行，保障了白鹤滩电站安全准点发电，为促进经济社会发展全面绿色转型做出贡献，并助力落实国家碳达峰碳中和战略目标。

本项目研究成果可为后续缆机的布置、安拆、运维、智能化提供经验借鉴和技术指导，将推进缆机安全、高效运维的技术水平。

（二）获奖单位

中国水利水电第四工程局有限公司。

（三）获奖人

张文山、孙德炳、李晓涛、焦翔、郭建福、李林、苏江。

（水力发电科学技术奖励工作办公室　孙卓）

高拱坝坝肩特大斜井型岩溶综合治理关键技术研究

“高拱坝坝肩特大斜井型岩溶综合治理关键技术研究”获2022年度水力发电科学技术奖三等奖。

乌东德水电站装机10200MW，是我国“西电东送”的重大工程，其右岸拱坝坝肩揭露的K25岩溶斜井为目前亚洲以揭露最大特异性地下溶洞，面积约2400m^2，距离右岸坝肩拱端仅25.2m，在地表呈溶蚀洼地状，出露高程约1090m，地表至高程864m附近总体上呈斜井状，斜井基本上顺层发育，自上而下具有向坡外发育和规模逐渐减小的趋势，在高程864m以下为溶蚀裂隙。斜井内绝大部分被充填，充填物主要为块、碎石夹少量粉质黏土或砂，未见明显的地下水活动迹象，为已停止发育的死亡型岩岩溶斜井穴，岩溶斜井位于拱端推力影响范围内，对大坝拱座变形稳定产生一定影响。

项目组围绕特大规模岩溶斜井治理难题，进行了专项科技攻关，通过理论研究与工程实践，控制了围岩变形，保障了工程与施工安全，取得了良好的工程效果，实现了岩溶斜井综合治理关键技术的新突破。

（一）主要成果及创新点

（1）采用数值模拟分析技术，进行全过程开挖模拟，通过不同开挖方案的围岩变形、应力和稳定对比分析，优选施工方案。通过实时监测和反馈分析，动态控制，及时优化调整施工方案，全过程指导施工作业，有效控制了岩溶斜井开挖变形与稳定。

（2）研究利用周边廊道及地形条件，多层次灵活布置联通斜井的施工通道，为大型施工机械设备进入长斜井不同高程分层开挖创造了条件，实现了狭窄不规则岩溶长斜井的优质快速机械化施工。基于风流场和通风网络三维数值模拟分析，优化通风散烟井洞布置，在斜井顶部布置两个通风竖井与外界相连，改善了井内作业环境，解决了施工期及永久运行期的通风问题。

（3）研究在多曲面不规则超大跨度穹顶采用机械剥离为主、微小药量、松动爆破为辅的开挖技术。井身段采用分层分区逐层环形剥离，并修整平顺，局部倒悬体钢支撑临时支撑后自上而下机械挖除。井内孤石采用冲击锤破除为主、小药量爆破为辅，解体后挖除。随层开挖、随层支护，固结灌浆加固岩体，减少了斜井围岩变形，保障了施工的安全。

（4）提出了斜井中下部大坝拱肩受力体范围采取中部碾压混凝土、四周变态混凝土＋接触灌浆的碾压混凝土置换充填方案，实现了斜井的置换回填。研发了负压溜槽、布料机、垂直溜管、承重钢支架与平台等组成的斜井混凝土输料系统，实现了碾压混凝土的井内运输。仓内采用装载机运输、反铲平仓修整及跨廊道倒料、振动碾通仓碾压的施工工艺，保障了碾压混凝土浇筑质量。研发井内索道起吊系统实现了井内狭窄空间多层集控楼施工材料设备的运输。

（5）提出了在斜井中上部布置多功能多层集控楼，紧邻井壁采用钢筋混凝土衬砌结构支撑井壁岩体、中间采用框架结构形成支撑体及集控楼结构，实现了大坝拱肩受力体稳定与岩溶斜井空间综合利用的有机结合。

（二）应用情况与推广前景

项目获得实用新型专利8项，工法5项，申请发明专利2项，发表论文数篇。本科技进步成果是一种最经济、工期最短的施工方案，施工工艺成熟可靠，标准化程度大，质量控制好，可有效控制溶洞变形与稳定，确保世界上最薄的300m级特高拱坝安全稳定运行，成果达到国际领先水平，在乌东德水电站右岸坝肩K25岩溶斜井中应用，节省开支达1300余万元，对巨型地下岩溶斜井处理等相关工程具有重大意义，具有广阔的推广应用前景。

（三）获奖单位

中国水利水电第六工程局有限公司。

（四）获奖人

王长城、聂文俊、江钧雄、蒋森林、赵伟伟、闵争光、赵俊。

（水力发电科学技术奖励工作办公室　孙卓）

流域水工程联合智能调度平台关键技术

“流域水工程联合智能调度平台关键技术”获2022年度水力发电科学技术奖三等奖。

自水利部提出“以水利信息化带动水利现代化”的发展思路以来，水情预测预报系统、国家防汛抗旱指挥系统等一大批水利信息化系统的建设和投入应用，在水旱灾害防御、水资源配置与调控、流域水工程调度等方面发挥着越来越重要的作用，提升了我国水利信息化水平。随着流域水利工程体系相继建成，投入联合调度的水利工程数量越来越多，给流域水工程调度提出了更多、更新、更高的要求。针对新形势下联合调度决策平台的关键技术支撑方面的局限和不足，本项目遵循智慧水利建设总体要求，围绕流域水工程联合调度模型通用化、业务流程敏捷搭建、知识库构建等关键技术问题开展创新研究，提出了水工程联合智能调度平台总体架构，建立了联合智能调度技术体系。

（一）主要成果及创新点

（1）研发了基于深度学习多模型融合应用的径流预测方法，将深度信念网络（DBN）与长短期记忆网络（LSTM）算法相融合，提出了入库流量的智能预测模型，有效提高了水库入库流量的预报精度。以三峡库区2010—2017年实测雨量数据为深度学习模型输入数据进行模型验证，入库流量预测精度可达97%。该模型不仅具有较高的预测精度，而且具有较好的鲁棒性和泛化能力。

（2）研发了水库调度方案的“三类九项”规则化解析方法及调度规则驱动引擎，构建了调度方案结构化条款的驱动引擎，通过目标水库调度方案结构化条款的动态匹配与全过程模拟计算，凸显了水工程联合调度的智能性。已经适配长江流域、淮河沂沭泗、海河等多个流域工程实际调度场景，覆盖50余座大中型水库工程调度运行，单一水库的单次驱动响应时间不超过2s。

（3）研发了一种多组合复杂调控计算敏捷搭建技术，提出“组件化、组态化、流程化”深度融合的多组合复杂调控计算敏捷搭建技术，实现各类水利业务数字孪生的内在驱动能力，将组件化、组态化和流程引擎技术引入流域调控计算，实现流域调度计算任务的积木式按需动态搭建，可在不同业务场景下快速形成流域调度专业应用系统。

（4）研发了“单点双向”的流域拓扑结构描述方法及自适应构建技术，针对实际流域管理中水工程联合调度体系建设发展与变化场景，实现了拓扑自创建、模型自识别、数据自衔接的预报调度演进一体化嵌套模拟；业务人员可以实现系统的动态搭建，实现直接发布业务应用系统，与传统开发模式相比，开发周期缩短60%以上。

（5）研发了双端多场景协同的流域调度业务应用决策架构，基于流域三维可视化数字孪生模型场景，实现了计算、推送、反馈的循环数据链进行正反向衔接，提升流域调度业务综合决策效率。

（二）应用情况与推广前景

项目成果申请发明专利5项，已获授权3项，获得计算机软著3项，发表论文13篇，项目成果已广泛应用于长江委防御局、重庆市水利局、海河水利委员会引滦工程管理局、淮委沂沭泗流域、嫩江齐齐哈尔河段、国电投集团等预报调度系统建设，提升了流域复杂工程体系下业务应用系统建设效率与运行维护能力，为流域水工程联合智能调度提供了平台级关键技术支撑，产生了显著的经济、社会效益。项目成果可拓展适应水资源调配管理、水环境、水生态、农村水利等各类水利业务的支撑与集成能力，为水利行业智慧赋能奠定了核心基础。

（三）获奖单位

长江勘测规划设计研究有限责任公司。

（四）获奖人

黄艳、丁毅、张利升、罗斌、唐海华、周超、李琪。

（水力发电科学技术奖励工作办公室　孙卓）

长大隧洞敞开式TBM施工配套新技术

“长大隧洞敞开式TBM施工配套新技术”获2022年度水力发电科学技术奖三等奖。

我国TBM起步较晚，真正应用于隧道施工的敞开式TBM是在20世纪和21世纪之交的年代，由铁路系统的秦岭Ⅰ线铁路隧道及水利系统的大伙房隧洞工程，并取得日进尺63.5m、月进尺1111m的最高纪录，伴随着21世纪开发地下空间时代的来临，TBM近年来迅猛发展。本课题依托HJ隧道工程，主洞采用两台直径8.5m敞开式TBM施工，以为完成四个掘进段 37.69km 掘进任务，项目围绕组装间边墙承载结构、东北严寒地区空间受限的敞开式 TBM 全年混凝土生产、空间受限固定吊点条件下大型敞开式 TBM 正向安全高效拆机、皮带出渣工况下大型敞开式 TBM 同步仰拱现浇衬砌等关键技术进行研究，对长大隧洞 TBM 施工配套新技术进行总结，将对今后类似工程提供理论施工方法和丰富施工实践经验。

（一）主要成果及创新点

（1）岩壁吊车梁技术首次推广应用于敞开式 TBM 地下组装洞室《TBM 地下组装间施工》（云南水力发电 2014 年第 30 卷第 1 期），替代 50cm 厚薄壁直边墙混凝土承载结构，满足大型敞开式 TBM 刀盘 189t 整体安全吊装，节约工期显著。

（2）首次在 TBM 组装洞室内采用“一字型总设计、斜长输送皮带上料、气送及螺旋双送灰”布置 HLS90 自动化集成拌和系统《敞开式 TBM 辅助洞内拌和系统设计与应用》（云南水力发电 2016 年第 32 卷第 1 期 总第 153 期），解决了严寒地区冬季混凝土施工难题，满足 TBM 全年混凝土施工需求。

（3）研发了敞开式 TBM 配套 200t 门式固定双梁起重装置，在顶拱固定起重纵向移动受限条件下，完成了最重件 140t 主驱动竖直固定吊装姿态翻身，节约了拆卸专用工装投入，75 天既实现了大型敞开式 TBM 安全、高效正向拆机。

（4）研发了开敞式 TBM 仰拱混凝土同步衬砌双通道台车（ZL201620237929.0），第一次在仰拱台车内布置列车双行轨道，使仰拱台车成为又一个错车的平台，满足了列车连续运行的要求，加快了施工进度，使用效果良好；隧道仰拱混凝土月浇筑实现 624 延米（52 仓），成功实现了仰拱快速连续浇筑与 TBM 掘进、皮带出渣连续外运和物料运输正常补给的同步施工，构建了开敞式 TBM 仰拱同步衬砌双通道台车施工工法。

（5）研发了一种升降坡轨道连接装置（CN201610146258.1）、一种圆形隧洞轨道支高架（ZL201520542357.9）、一种移动式液压输送皮带收卷装置（ZL201620621357.6）、一种输送皮带翻转装置（ZL201620488057.5）等一系列敞开式 TBM 施工配套实用新专利，达到了 TBM 辅助有轨交通运输系统快速延伸、确保了编组机车轨道安全运行，创造了单班 4800 延米出渣皮带快速收卷、实现了皮带磨耗层快速翻转交替使用等，提升了 TBM 施工工效。

（二）应用情况与推广前景

本研究课题在依托项目应用后，实现了 37.69km 四个掘进段高精度贯通，达到了工程建设目标，创造了 TBM 单月掘进 1024m 的国内良好记录。项目取得了发明专利 1 项、实用新型专利 8 项，荣获省部级科技进步奖一等奖 3 项、二等奖 2 项，水利行业工法 2 项，发表科技论文 6 篇，形成的该项科技成果先进，适用性强，施工安全性高，经济和社会效益显著，科技成果为长大隧洞敞开式 TBM 施工提供参考，推广应用前景广阔。

（三）获奖单位

中国水利水电第十四工程局有限公司。

（四）获奖人

李世民、吴跃帮、马红钧、王博、孔买群、严定成、赵炳河。

（水力发电科学技术奖励工作办公室 孙卓）

运行期膨胀土渠坡土工袋快速修复技术与工程应用

“运行期膨胀土渠坡土工袋快速修复技术与工程应用”获 2022 年度水力发电科学技术奖三等奖。

“南水北调”中线工程是一项宏伟的生态工程和民生工程，工程改善了河南、河北、北京、天津 4 个省（市）受水区域的生态环境和投资环境，缓解了中国中、北方地区的水资源短缺问题，推动了区域经济社会发展。中线工程沿线的深挖方、高填方渠道众多，边坡土体地质条件复杂，尤其是膨胀土渠道边坡的稳定问题尤其突出。

针对南水北调沿线膨胀土渠坡在运行期出现的普遍破坏问题，在国家自然科学基金、国家重点研发计划等重大项目的支持下，开展了土工袋技术修复膨胀土边坡技术的长期深入攻关工作，从土工袋加固膨胀土边坡机制、土工袋修复膨胀土边坡设计分析方法、检测技术等方面提出了系统的解决方案，突破了膨胀土渠坡快速修复困难的技术瓶颈，为保障我国南水北调工程建设与运维提供了重要支撑作用。

（一）主要成果及创新点

（1）系统研究了土工袋在上覆荷载作用下张力发挥对袋内膨胀土的三维约束作用，提出了土工袋约束膨胀土的等效黏聚力理论，为计算分析土工袋加固膨胀土边坡的选型和设计奠定了理论基础；阐明了土工袋堆叠的自适应变形特性与层间柔性嵌固机制，提出了土工袋“柔性变形-层间平动-转动”结合的破坏模式与提升强度的堆叠方式，为土工袋加固膨胀土边坡的施工优化提供了有效思路；通过袋装膨胀土组合体的渗透试验，探究了土工袋组合体渗透系数的各向异性，揭示了土工袋约束作用下的滤水保土机制。

（2）基于袋装膨胀土边坡降雨-日晒循环试验，

明确了素膨胀土边坡在降雨-日晒循环作用下，边坡渐进式水力侵蚀规律，验证了土工袋可以通过反滤和抗冲刷作用，减少袋内和下卧层土体的流失，保持边坡的稳定性；探明了土工袋对膨胀土有较好的约束作用，可以抑制其膨胀变形，减小因变形引发边坡失稳的可能性；土工袋有良好的排水效果，雨水能通过土工袋袋间间隙快速排出，边坡内含水率的增加幅度较小，为边坡的稳定性设计提供了理论依据。

（3）基于不同断面型式以及不同稳定验算工况下土工袋修复膨胀土渠坡的稳定计算理论，提出了土工袋修复膨胀土渠坡设计计算方法；提出了土工袋袋体、袋内充填材料、铺设、碾压等方面的设计施工方法与质量控制指标；针对不同膨胀性、不同含砾量、不同初始含水率的膨胀土，研究了袋体碾压参数（碾重、碾压遍数等）与土工袋平整度、弯沉模量之间的定量关系，建立了以碾压参数为质量控制指标、平整度以及弯沉模量为检测指标的施工检测方法。

（二）应用情况与推广前景

研究成果在南水北调中线叶县段 206＋122～206＋180，淅川段 9＋070～9＋575 等多处渠坡变形体处理中成果应用，形成了土工袋设计、施工和质量控制标准成套技术，加固处理后，渠坡变形收敛，总干渠运行平稳，工作性态正常。

随着社会和经济的发展，复杂地质条件下重大基础设施建设越来越多，对工程安全运行的要求也越来越高，项目成果具有广阔的应用前景；另外，土工袋加固技术，在交通工程边坡治理、矿山生态修复、河道水环境治理等领域也有借鉴意义和推广应用前景。

（三）获奖单位

中国南水北调集团中线有限公司、河海大学、长江勘测规划设计研究有限责任公司。

（四）获奖人

程德虎、刘斯宏、李明新、沈超敏、左丽、韦耀国、郝继锋。

（水力发电科学技术奖励工作办公室　孙卓）

大型陆上风力发电场多源信息融合与智慧化设计运行关键技术

“大型陆上风力发电场多源信息融合与智慧化设计运行关键技术”获 2022 年度水力发电科学技术奖三等奖。

随着“碳达峰、碳中和”目标的确定，经济逆全球化势头、传统产业数字化智能化转型等新形势、新动向、新要求为能源革命和高质量发展带来了新的机遇和挑战。可再生能源和新型电力系统技术被广泛认为是引领全球能源向绿色低碳转型的重要载体，受到各主要国家的高度重视。为应对可再生能源大规模发展给能源系统可靠性和稳定性带来的新挑战，世界主要国家探索发展包括先进可再生能源、可再生能源友好并网、新一代电力系统、大容量储能及应用、氢能及燃料电池、多能互补与供需互动等高比例可再生能源系统技术。另外，大数据、云计算、人工智能、5G 等新技术与传统能源技术深度交叉融合，正在持续孕育兴起影响深远的新技术、新模式、新业态。

传统的风力发电行业，在生产控制领域多采用以计算机监控为主的自动化系统，风机、汇集变电站监控系统相对独立，实时监控、在线监测等业务相对独立，在运维管理方面自动化技术相对比较薄弱，生产、运维管理相对独立，普遍存在设备模型和数据异构性、信息孤岛的不确定性、业务系统融合度不高的现象。尤其是基地项目面临大量运维人力资源急迫需求、设备及运维安全、电场整体运营效益等方面的多重挑战。为此，新能源电力企业迫切需要改变粗放型管理模式，亟须采取技术创新提升整体智能管控水平，以解决大基地新能源 PB 级数据的统一管理、日益增长的业务需求、系统无法协同联动、只能被动运维的风险管控和大量运维成本居高不下以及面对电网日益严格的考核细则产生的大量罚款等现实问题，达到降本增效、提升设备可用率、友好支撑电网、全面提高企业管理水平的目标。

本项目提出涵盖集团级、区域级、基地场群侧的跨域协同的统一云平台架构；提出统一标准的数据模型接口要求；提出基于大基地智慧风电场整体自动化体系架构下的在线监测及故障诊断技术；基于大型风电基地运维期各种物联网智能化设备应用的适用性分析，提出智慧运维方案，最终形成完善、适用的大基地智慧风电场总体设计方案，为我国新能源智能化建设和运营提供整体解决方案。

（一）主要成果及创新点

（1）创新地提出了“五层四网、跨域协同、云边共享”的智慧风电场信息物理系统一体化设计架构，解决了风电大基地中的复杂控制系统信息流全局协调优化问题构建了融合不同层次功能权限的多元异构架构体系，提供了统一、标准、开放的开发环境和基础服务。基于边缘端的特征选择和抽取，实现数据的分级传送，使得关键信息的传输速率提升 30%以上。提出了跨域协同、云边共享的一体化平台，实现了设备级风机维护平台与场站级运行优化系统的耦合，使风电场的运维管理得到快速改造和提升，是风电场智慧化运维的基础支撑。

（2）建立了适用于多种数据来源和典型故障类型

的风机故障综合诊断模型；创新形成数据驱动的大基地风电场物联网设备组网方法与智能生产运维架构，解决了大型风场的故障诊断和运维优化问题。

在进行功能需求和信息网络优化的基础上，提出了在线监测和故障诊断技术在大基地智慧风电场中的应用路径和时间方法，提出了多层级间的管理系统的融合方式。面向多种数据来源和典型故障类型，基于数据和规则的先验知识获取方法，构建风机的运动模型，并对系统运行参数展开辨识，形成系统的整体基础模型，提出了风电机组的多种故障和异常状态的早期诊断技术，为运维管理决策提供技术支撑。

（3）创新建立了基于安全域的大规模风电电力系统安全约束优化调度方法，提出了适用于以风电为主体的多能互补系统容量分析和运行管控模型，解决了复杂能源系统中的风电机组运行优化难题。

围绕大规模风电接入电力系统对其安全稳定运行带来的挑战性问题，针对“风-光-水-火-储”多能互补系统，分析了风电场并网后电力系统安全域的边界拓扑性质，提出了大规模风电并网系统安全域边界的超平面近似方法，发明了基于安全域和机会约束优化的高比例风电并网系统稳定约束优化运行方法，提升算法收敛性，计算速度提升5倍以上，实现高比例风电并网系统统运行经济性与安全性的协调。提出了嵌入高比例风电接入系统多时间尺度调度策略的随机潮流计算方法，开发了风电电网关键断面多维空间热稳定安全域分析系和风电电网运行风险评估系统。建立了系统多源容量定量分析模型，实现对多种电源种类及负荷构成的系统进行8760h生产模拟。

（二）应用情况与推广前景

该研究项目主参编标准2部，授权发明专利11项、软件著作权3项，发表著作1部、学术论文50余篇，其中SCI收录论文12篇；培养高水平技术人才30余名，为智慧风电与新能源基地的建设、新能源行业的进步、交叉学科科技人才的培养做出了重要贡献。成果已推广并设计和建设风电场装机容量达到2980MW，突破了现有风电场降低运维成本、减少严重故障发生率和提高多能互补基地发电量的瓶颈。部分应用企业开具的应用证明显示，近三年经济效益达2.6795亿元，社会效益显著。

（三）获奖单位

中国电建集团西北勘测设计研究院有限公司、天津大学、青海黄河上游水电开发有限责任公司工程建设分公司。

（四）获奖人

奚瑜、陈康、刘珊、于佼、严雄、王晓、许建军。

（水力发电科学技术奖励工作办公室　孙卓）

巨型水轮发电机组主中引出线关键技术

“巨型水轮发电机组主中引出线关键技术”获2022年度水力发电科学技术奖三等奖。

发电机主中引出线负责将发电机从机坑内引出至外部的电磁连接点，承担发电机电能汇集和送出的任务；发电机主中引出线技术方案的选择，与电站厂房尺寸、机组尺寸等整体设计方案紧密相关。随着水轮发电机组单机容量的不断增大，包括中性点接地装置在内的主引出线、中性点引出线等发电机附属设备的设计和制造难度、复杂程度随之增大。特别是乌东德、白鹤滩百万千万级巨型水轮发电机组主、中引出线工程面临高达大电流、强电磁、高定子电容、多并联分支等难题突破了既往的设计经验范围，1000MW级巨型水轮发电机组特有的主、中引出线大电流强磁场环境下的感应发热的问题是水电站机电设计、制造公认的难题，其电磁感应发热及电磁屏蔽技术在国内外均无参数化、系统化的研究。

为突破巨型水轮发电机组主中引出线设计难题，该项目依托乌东德、白鹤滩水电站巨型水轮发电机组主中引出线工程进行了研究和创新。该研究以确保乌东德、白鹤滩电站巨型水轮发电机组成功应用和长期安全稳定运行为目标，研究巨型机组特定条件下电磁感应发热及热平衡机理，研究超高电磁参数水平下发电机引出线电磁屏蔽新原理，突破传统理论和方法，解决1000MW级巨型水轮发电机组主中引出线所特有的、无先例的关键技术问题。

（一）主要成果及创新点

（1）首次提出巨型水轮发电机组机坑环境下磁力流和热力流多维耦合的热平衡关键技术，解决了巨型水轮发电机组由于定子绕组引出线汇流导体电流大、机坑内部空间狭小导致的复杂、超强电磁条件下金属构件过热问题；解决了超大内径、超薄母线型TPY级电流互感器高参数选型、世界最多的11并联支路定子绕组组合配置方案、主中引出线狭小空间难以布置的问题。实现了百万千瓦级水轮发电机世界最高28000A额定电流主引出线机坑内超紧凑布置和水轮机发电机机坑内世界最高超强电磁场下感应发热平衡。

（2）首次提出了“基于对称电磁特性的双金属全电流屏蔽”关键技术，通过分析不同结构参数的电屏蔽层、磁屏蔽层、复合型电磁屏蔽层、全连式大电流母线屏蔽罩和通孔式大电流母线罩，明确了机坑内结构钢筋的和大电流母线的电磁屏蔽方案，解决了结构钢筋的电磁发热问题、大电流母线通风散热与电磁屏蔽结构的矛盾突出等突出问题。在850MW、1000MW水轮发电机组引出线超强电磁环境下实现0.5m内超近距钢构最大温升低于40℃。

(3)针对1000MW级、多并联分支巨型发电机组，创新提出了阻抗型发电机中性点接地装置。针对目前世界上最高的58A发电机定子绕组对地电容工况，通过数值解析阻抗-暂态过电压-接地故障电流关联规律，提出了发电机超高电容电流条件下中性点接地装置阻抗配置原则；研发的装置将发电机接地暂态过电压限制至2.6标幺值以下，接地故障电流限制至30A以下；解决了巨型水轮发电机组定子绕组单相对地电容过大导致的发电机中性点接地装置选型难题。

(二)应用情况与推广前景

研究成果共获得发明专利授权7项，实用新型专利授权6项，登记软件著作权2项；出版专著4部，在国内外相关期刊发表学术论文13篇，其中SCI论文9篇；发布国家标准3部。

研究成果在乌东德、白鹤滩水电站工程应用，确保了国家重点工程的顺利建设和电站的安全稳定运行，获得的直接经济效益达31.59亿元，间接经济效益超百亿元，社会效益显著。研究成果为我国雅鲁藏布江流域、刚果大英加等地区大型和巨型地下电站的建设提供了工程借鉴和实例。

(三)获奖单位

长江勘测规划设计研究有限责任公司、中国三峡建工(集团)有限公司、中国长江电力股份有限公司。

(四)获奖人

梁波、朱钊、刘亚青、崔磊、邹祖冰、熊为军、王伟。

(水力发电科学技术奖励工作办公室 孙卓)

南方滨水区水生态调控与修复关键技术研究与应用

“南方滨水区水生态调控与修复关键技术研究与应用”获2022年度水力发电科学技术奖三等奖。

针对我国南方滨水区水生态调控与修复的共性问题和个性特色，该项目结合工程项目实践需求，引入心理学、生态系统异质性理论等跨学科新理念与技术原理，开展滨水区水生态调控与修复“多尺度-多过程-多学科”关键技术及其应用研究，从滨水区水生态调控与修复切入，提出以下两个方面的研究任务和目标：①融合了“规划-设计-施工”等关键环节突出问题，开展海绵技术在雨水径流生态调控中应用的相关研究，培育海绵城市规划设计团队，指导现场施工关键过程，为海绵城市建设的规范管理探索性提出相关技术理论体系；②以生态感受作为重要切入点，构建一套基于生态感受的高原湖滨生态修复规划设计关键技术体系，为湖泊保护、湖滨生态修复、生态景观规划设计等研究与实践提供新视野与新理念技术。

通过研究，项目整合心理学、地理信息科学、生态学等多学科技术理论，开展集成创新与原始创新研究，形成了两项关键技术，即南方滨水区海绵城市雨水径流生态调控关键技术体系及应用与基于生态感受的高原湖滨生态修复关键技术2项关键技术，为解决海绵城市建设与高原湖滨生态修复“规划-设计-施工”等关键环节突出问题提供了系统的、高质量的技术支撑，同时也为海绵城市建设、湖滨生态修复治理、滨水生态景观修复研究与实践的不断深化、优化，为滨水区或湖滨区水生态调控与修复、生态景观修复与规划设计等领域奠定了重要的技术理论体系和实践基础。

(一)主要成果及创新点

(1)构建了多要素融合的高原湖滨生态保护修复规则体系。系统总结分析了国内外河湖滨水带生态治理、污染防控技术与管理策略，以洱海高原湖泊为例，融合民族文化与习俗、居民生活行为、休闲旅游行为、生物多样性保护、生态环境敏感空间多个要素，构建了高原湖滨生态保护修复规则体系。

(2)研发了基于生态感受的水生态修复全过程关键技术。引入心理学、异质性等跨学科理论，以人和生物的生态感受与需求为引导线，提出了高原湖滨生态修复评估技术指标体系，开发了基于视域的高原湖滨生态景观成分分析、湖滨生态景观系统修复价值评估、湖滨生态系统人类活动干扰强度评估、湖滨典型湿地水鸟潜在生境识别和湖滨带生态绿道选线规划等关键技术，建立了高原湖滨生态景观修复规划设计技术系统。

(3)建立了基于感知网络及数值模型的水生态修复效应评估与调控技术。融合了生境异质性、景观-斑块-廊道等技术理论，研发了滨水区海绵城市水生态调控与修复规划-设计-施工-评价全过程关键技术，开发了多方协同动态连接的海绵城市智慧感知平台，构建了基于SWMM模型的区域水生态修复调控与效果评估技术体系。

(二)应用情况与推广前景

该项目已授权实用新型专利32项，软件著作权5项，参编2部专著和1部国家团体标准，实质阶段发明专利8项，发表论文3篇，被广泛应用在工程实践中，为解决海绵城市建设与高原湖滨生态修复“规划-设计-施工”等关键环节突出问题提供了系统的、高质量的技术支撑，为后续项目建设积累了大量工程实践经验与理论指导体系。

成果应用于珠海横琴新区第一批海绵城市示范项目EPC工程、环洱海生态廊道生态修复与建设、云南水富县海绵城市建设专项规划等工程/项目，取得了显著的生态环境和经济社会效益，推广应用前景广阔。

（三）获奖单位

中国电建集团昆明勘测设计研究院有限公司、中国电建集团市政规划设计研究院有限公司。

（四）获奖人

吴程、刘元元、赵丹、杨宜文、伏瑞、董海英、龚毅。

（水力发电科学技术奖励工作办公室　孙卓）

“一带一路”典范工程下凯富峡水电站受限空间岩体利用关键技术

“‘一带一路’典范工程下凯富峡水电站受限空间岩体利用关键技术”获2022年度水力发电科学技术奖三等奖。

本项目依托的非洲下凯富峡水电站工程位于赞比亚南方省凯富埃河上，优化后坝高130.5m，混凝土浇筑总量121万m^3，工程以发电为主，安装了5台150MW的混流式机组，是赞比亚碾压混凝土大坝之最，投产发电后可以提高赞比亚38%电力供应能力，是“一带一路”建设典范工程，是中赞两国合作的“一号工程”，是稳定南部非洲电力池的核心电源点。

下凯富峡水电站建设面临三个挑战性难题：受限空间优化布置方案，如可利用河段较短、河谷两岸冲沟发育、不良地质体发育、水工建筑物布置受限；精细绿色建设，靠近赞比西河和国家公园环保要求高，工业基础薄，经营风险高，如建筑材料的产能低，交通运输条件有限，EPC竞标，经营风险高。本项目通过机理、参数、方法、标准和关键技术研究等综合手段，系统研究了受限空间精准勘察、动态设计以及精细绿色施工综合关键技术，提出了适应赞比亚国际工程特点的设计方法和评价验收标准。项目通过理论、试验、数值分析、现场生产性试验与监测反馈等综合手段，系统研究了高坝基础成型适应性开挖、整体加固与稳定评价等关键技术，取得一定成效。

（一）主要成果及创新点

(1) 提出无人机航测、原位试验相结合的精准勘察综合技术，揭示了片麻岩体的破坏力学规律，确定了岩体综合力学参数；揭示了限制空间工程地质分布特征、岩体变形破坏特征，以及不良地质体对水工建筑的影响，构建了三维地质模型，提出了在工程适应性基础上的场区岩体稳定控制及水工建筑物适应性布置准则。

(2) 提出了空间和环境等限制条件下岩体开挖和加固动态优化设计方法及评价验收标准；提出了大坝、进水塔、引水洞、调压井、厂房等水工结构围岩稳定控制与紧凑布置方法；创新设计了开挖直径50.8m、开挖跨度62.4m的“七洞一井”的“世界第一调压井”。

(3) 提出了强防护、弱开挖、少扰动的绿色施工关键技术，研发了坝肩楔形体、坝基开挖控制精准爆破技术；提出“上下平行、上挖下出、区内同步、区间循环”的调压井精细化施工工艺；针对采石场存在多软弱带夹层的复杂条件，通过精细化的分区、运输和过滤技术，实现了采石场岩石高效利用，在确保水工结构安全稳定前提下提高了坝肩、坝基岩体利用率。

（二）应用情况与推广前景

项目获得授权实用新型专利和发明专利18项、省部级工法7项、软件著作权3项，发表论文7篇（其中SCI论文1篇）。项目成果在赞比亚下凯富峡应用，已推广到坦桑尼亚大坝等工程建设中，直接经济效益18.3亿元，社会效益显著，应用前景广阔。

（三）获奖单位

中国水利水电第十一工程局有限公司、中国电建集团西北勘测设计研究院有限公司、清华大学。

（四）获奖人

张卫东、周庆国、刘元广、林鹏、张利平、靳俊杰、石岩。

（水力发电科学技术奖励工作办公室　孙卓）

乌东德850MW水轮发电机组安装与调试技术

“乌东德850MW水轮发电机组安装与调试技术”获2022年度水力发电科学技术奖三等奖。

随着全球人口的增加和社会的现代化，气候变化问题更加严峻，减少二氧化碳排放和稳定全球气温的迫切需求持续增加。截至2020年底，我国可再生能源发电装机容量达934.6GW，较2019年增长139.8GW，继续为全球可再生能源增长贡献重要力量。水电在中国作为规模最大的可再生能源，总装机容量（不含抽水蓄能）达1210.6GW，较2019年增加 20.1GW。我国水能资源缊藏丰富，实际利用程度还不足可开发量的 44%（2019 年数据），大约只相当于发达国家平均水平的 1/2，如果我们能达到目前发达国家水电开发（约 70%～90%）的平均水平，那么未来我国的水电至少还有一半以上的开发潜力。据初步估算，届时我国水电至少每年可以提供 2.6 万亿 kW・h 的电能。根据我国经济发展的趋势，要实现减排和碳中和需要，必须要改善能源结构，加速水电开发建设，规模庞大的巨型水电站后续将成为趋势，其制造安装技术件具有较高的实际应用价值，经济效益和社会效益明显，具有广阔的推广前景。

目前，在国内外水电站中机组已运转发电，且全部机组已投产移交的乌东德水电站（单机容量 850MW）为单机容量最大机组，仅次于建设中的白鹤滩水电站（单机容量 1000MW）机组。

经过了三峡水电站 700MW 机组、溪洛渡水电站 770MW 机组和向家坝水电站 800MW 机组安装调试技术研究，现已取得了 800MW 级及以下机组的系列研究成果。随着对乌东德右岸水电站 850MW 机组深入研究，已迈入对 800MW 级以上机组的研究（同属百万级机组），将填补百万级机组安装调试技术空白，为百万级或超百万级机组安装与调试奠定坚实基础。

（一）主要成果及创新点

（1）研发了巨型水轮发电机组三维激光跟踪测量技术，开发了数据采集分析与控制系统，形成了一套高效高精度高可靠度测控方法，提高了工效。

（2）研发了定子下线微正压、微正温环境智能控制技术，构建了恒温恒湿、空气高洁净的“两恒一高”稳定安装环境，提升了定子绕组安装绝缘性能；提出了风冷却夹方式，优化线棒接头焊接工艺，降低了成本，保证了下线质量。

（3）研究采用了弱约束水轮发电机组转子组装与焊接技术，解决了焊缝热收缩不均匀变形和应力控制难题；研发了自由状态下转子叠装和磁极挂装尺寸控制工艺，真实反映了磁轭和磁极状态。

（4）开发了巨型水轮发电机组安装与调试全过程信息化管理系统，建立了水轮发电机组 BIM 数字化模型，解决了狭小空间内复杂构件精准高效安装的技术难题，提高了机电设备安装信息化管理水平。

（二）应用情况与推广前景

项目共申报国家专利 5 项，获证 3 项；撰写论文 6 篇；工法 2+5 项，制作可视化工法 1 项；参与修订标准文件 1 项。该技术成果，已在乌东德右岸电站 6 台机组安装与调试中推广应用，经济和社会效益显著。项目成果百万级或超百万级机组安装与调试中进行推广，应用前景广阔。

（三）获奖单位

中国水利水电第八工程局有限公司、中国三峡建工（集团）有限公司乌东德工程建设部。

（四）获奖人

王启茂、何毅、丁一波、乐翔飞、仇一凡、陈允兵、易文华。

（水力发电科学技术奖励工作办公室　孙卓）

柱状节理玄武岩在水电站地下厂房高水头作用下的渗控关键技术研究

“柱状节理玄武岩在水电站地下厂房高水头作用下的渗控关键技术研究”获 2022 年度水力发电科学技术奖三等奖。

在 21 世纪的今天，水电工程建设已大规模的开展，在各种坝型中，混凝土坝是世界水电开发最广泛采用的坝型。据不完全统计，在已建 200m 高以上的高坝中，混凝土坝占总数的 73%，而在混凝土高坝中，拱坝比例占 80%，远超其他坝型，占有绝对的优势。随着我国经济建设的快速发展和发展对电力需求的持续增加，小湾、构皮滩、锦屏一级、拉西瓦、溪洛渡等高拱坝相继建成，白鹤滩水电站的首批机组投产发电，标志着我国的拱坝建设正处于一个空前绝后的高潮期。

在建设这些大型甚至巨型水电站时，针对独特的工程地质出现了一些前所未有的、个性化的工程技术难题。其中，渗流问题对工程的稳定与施工、运行期的安全有着重要的影响，围绕白鹤滩水电站特有的柱状节理玄武岩，在高水头作用下，其渗控技术研究是这一类关乎坝体稳定的非常重要的问题，只有了解此类岩体结构特征，才能采取相应技术措施，以解决水电站建设中出现的这类特殊而复杂的问题。

（一）主要成果及创新点

（1）围绕高水头作用下柱状节理玄武岩易发生渗透破坏，可能影响厂区水工建筑物运行的安全和稳定的难题，研究出一种具有抗动水分散与抗动水冲蚀的新型灌浆材料，其在水下凝结硬化能形成结石体，提高浆液抗分散性能及抗冲蚀性能。

（2）针对白鹤滩玄武岩地质特征，研制了黏度时变磨细水泥浆液，适用于小于 0.2mm 的微细裂隙灌注，具有凝结时间可控、流动度高、耐久性强的特点，相较于湿磨细水泥浆液在细微裂隙中扩散范围和填充效果上更具优势，更好地通过浆液扩散的桥接作用形成封闭式帷幕。

（3）设计研制了一种浆液动水抗分散评价装置，可获得比选浆液的极限动水冲刷速度，建立浆液的动水留存率与浆液流型静切力和塑性黏度关系，为动水灌浆抗分散材料的选取提供参考。

（4）利用可灌性模拟试验装置开展了岩体裂隙灌浆扩散模拟试验，在行业内首次验证了灌浆压力、裂隙倾角与浆液的最终扩散值和随时间的扩散值的关系，以及裂隙倾角对灌浆扩散规律的影响。

（5）提出了厂区防渗帷幕灌浆优化技术，总结并成功应用了高速过流面不同孔向不同类型灌浆孔封孔方法。

（二）应用情况与推广前景

项目技术成果获得发明专利 2 项、实用新型专利 3 项，发表学术论文 3 篇，设计优化 1 项，QC 成果一项。

本项目的研究成果在白鹤滩水电站左岸地下厂房灌浆工程的成功应用，可以有效地解决厂坝防渗处理施工复杂、工程技术难度大等问题，提高工程质量，节省水电站建设投资，保障大坝运行安全，经济和社会效益明显。同时，项目研究的柱状节理玄武岩在水电站地下厂房高水头作用下的渗控关键技术为阳江抽水蓄能电站、锅浪跷水电站、杨房沟水电站、叶巴滩水电站帷幕灌浆提供了很好的参考。课题成果可为后期金沙江流域乃至西部地区复杂地质环境下的基础处理特别是渗控灌浆，提供良好的借鉴、推广意义。

（三）获奖单位

中国水利水电第七工程局有限公司、中国水利水电第七工程局成都水电建设工程有限公司。

（四）获奖人

李正兵、肖铧、沈琦、贺子英、雷舰、毛勇、李翔。

（水力发电科学技术奖励工作办公室　孙卓）

复杂条件下特大规模导流洞群快速封堵关键技术研究

“复杂条件下特大规模导流洞群快速封堵关键技术研究”获 2022 年度水力发电科学技术奖三等奖。

乌东德水电站是国家水电规划金沙江下游四个梯级电站中的第一梯级，为中国第四、世界第七大千万千瓦级巨型水电站，首创了特高拱坝坝身不设导流底孔方案，在左、右岸共布置了 5 条导流隧洞，其最大净断面尺寸为 16.5m×24m，开挖断面、高度均为世界第一。导流洞的下闸封堵是影响工程建设成败的关键环节，存在着抽排水难度大、工期紧张、封堵施工工序复杂、泄流安全风险大等施工技术难题。因此，实现特大规模导流洞群的快速封堵，对乌东德水电站安全高效施工和运营具有重要的意义。

项目组紧密围绕国家重大工程建设需求，将导流洞群快速封堵程序优化与生态控制技术、高水位不提闸条件下导流洞抽排水施工关键技术及大断面导流洞快速封堵关键技术作为主线，通过现场试验、数值模拟与技术研发相结合的研究手段，攻克了百米级水头下一个枯水期完成 5 条特大断面导流洞快速封堵的施工技术难题，取得了一系列关键技术突破。

（一）主要成果及创新点

（1）提出了特大规模地下导流洞群“分阶段下闸，分序封堵”的优化封堵施工程序，创新了高速水流条件下导流洞“洞塞消能，弧门控泄”新技术，实现了高拱坝不设导流底孔、河道不断流的生态控制目标。

（2）研发了导流洞进口高水头条件下大型闸门前止水技术，自主研制了自行式专用抽排水浮船及水下专用排水装置，攻克了高水位不提闸条件下导流洞快速抽排水施工技术难题，为导流洞快速封堵创造了条件。

（3）研发了封堵段缝面快速处理技术、大体积混凝土胎带机立体入仓技术、新老混凝土接合面新型止水快速施工技术以及导流洞提前挡水施工技术，解决了特大规模导流洞群封堵段混凝土的快速施工以及分阶段分批次提前挡水问题。

（二）应用情况与推广前景

本项目申请专利 13 项，其中授权国家发明专利 1 项、实用新型专利 10 项，获批省部级工法 2 项，培养高层次技术人员百余人，并在乌东德水电站右岸导流洞下闸封堵工程中应用，节约工期 12 个月，取得了显著的经济、社会和生态效益，为贯彻落实习近平总书记重要指示精神，助推我国大型水电工程高质量发展、打造精品工程具有重要的借鉴意义。对促进国家经济“稳增长”、长江经济带建设和区域经济协调发展、实现清洁能源和“双碳”目标具有重要的意义。

（三）获奖单位

中国水利水电第六工程局有限公司。

（四）获奖人

聂文俊、王长城、黄为、鱼小波、蒋森林、余瑞、高文涛。

（水力发电科学技术奖励工作办公室　孙卓）

大型水电机组有功振荡控制优化关键技术及实践

“大型水电机组有功振荡控制优化关键技术及实践”获 2022 年度水力发电科学技术奖三等奖。

黄金坪左岸大厂房装有4台200MW的水轮发电机组，采用“一洞一室两机”及“单管单机供水”形式布置，每两台机组组成一个水力单元，即1、2号机组及其引水发电系统组成一号水力单元，3、4号机组及其引水发电系统组成二号水力单元。每个水力单元采用“一压力引水道、一上游调压室、两压力管道、两台机、一尾水闸门室、一尾水洞”的布置格局。引水发电系统由进水口、2条长约2642.33/2680.81m、内径14.5m的压力引水道、2个阻抗长廊式引水调压室、4条长约140.79m、内径9.2m的压力管道、4台200MW混流式机组、4条尾水连接管、2个尾水闸门室、2条无压尾水隧洞和出口组成。调压室下部用隔墙分为2室，上部连通。2条尾水隧洞为城门洞型。其中2号水力单元的引水发电系统管线较1号长。

在机组正常运行过程中，有功功率出现了周期性超低频微幅值波动现象。为保证机组的安全运行，防止因机组有功功率波动引起电网频率波动，经有关方面前期进行研究与排查，初步确认波动产生的原因与电站尾水系统相关。因此，需研究电站尾水系统的不平衡水流流态，建立电站尾水系统的全流道精确仿真模型，并寻求电站尾水流道改造的合适方法，为解决工程实际问题提供决策建议。

（一）主要成果及创新点

（1）确定了机组功率振荡与电站尾水系统内周期水力振荡的关联性，并通过现场试验复现了功率振荡并验证了该关联性，同时排除了其他因素与功率振荡的关联性。

（2）通过试验对水利稳定性进行综合分析，发现单机尾水振荡与功率振荡呈正相关，波形相差一定的角度，双机的尾水振动呈波峰与波谷重叠的关系。

（3）将电路等效理论引入水电站过流部件动态特性建模中，通过类比有压管道的电路等效模型，推导出无压明渠的电路等效模型数学表达式，提出了一种基于水力阻抗的大型水电站明满流尾水系统建模方法，能较准确地反映此类系统的水力动态特性。

（4）设计并优化了适用于明满流尾水系统水电站中尾水支渠的阻尼结构，通过仿真计算验证该结构能抑制水力振荡，根据仿真计算提出了一种将水工的消力坎引入尾水支渠的工程解决方法，经试验验证该方法解决了机组有功功率振荡问题，同时未明显降低发电效率。

（5）创新提出一种将水工的消力坎引入到尾水支渠的工程解决方法，经试验验证该方法有效解决了机组有功功率振荡问题，同时未明显降低发电效率。

（二）应用情况与推广前景

本项目提出的一种抑制水轮发电机超低频振荡的尾水支渠阻尼坎技术，该方法技术先进，施工难度小，为解决由尾水问题引发的超低频振荡带来新思路。利用Matlab、CFD仿真软件进行仿真，验证了增加阻尼坎抑制尾水系统超低频振荡的可行性。该研究已获授权发明专利1项，实用新型专利4项，见刊论文5篇；另有2项发明专利进入实质审查，3篇论文录用。

（三）获奖单位

四川大唐国际甘孜水电开发有限公司。

（四）获奖人

陈龙、杨兴富、付智奇、麦先春、肖汉、刘绪军、王峻峰。

（水力发电科学技术奖励工作办公室　孙卓）

白鹤滩发电机绝缘系统的研究与制造

“白鹤滩发电机绝缘系统的研究与制造”获2022年度水力发电科学技术奖三等奖。

白鹤滩电站采用1000MW级水轮发电机组，电站装机16台，单机容量1000MW，哈电承制右岸8台机组。单机容量1000MW超过了以往所有巨型水电机组单机水平，且以往水电机组最高的设计电压为20kV。因此发电机出口电流增幅较大，超过了现有发电机出口电压设备电流限值，造成电压设备配置困难，需将发电机电压水平提高至24kV，对于如此高额定电压和容量的水轮发电机，在世界水电史上尚是首次。设计电压是发电机绝缘设计关键参数，设计电压的升高，意味着绝缘设计、制造难度系数也随之升高，难点在于绝缘系统开发是集新设计、新计算、新材料、新工艺、新测试方法于一体的多学科、多维度的复杂系统。

项目在总结以往包括三峡在内的700MW/20kV电压等级水电机组绝缘系统制造经验的基础上，创新开展了1000MW级24kV电压等级绝缘系统研究。研制了白鹤滩24kV等级多胶模压定子线棒绝缘，通过材料开发、仿真计算、模拟试验，确定了最佳的绝缘系统设计结构，并对其进行了包括电性能、机械性能、防晕性能、老化寿命评估等试验验证，项目研发过程中，在定子线棒关键主绝缘材料开发上、防晕材料开发上、结构设计、制造工艺、模型试验等方面、工艺制造技术上进行创新，整体提高了哈电巨型水电机组绝缘系统的技术水平。

（一）主要成果及创新点

(1) 研制全球水轮发电机最高电压等级的 24kV 多胶模压定子线棒。①白鹤滩线棒瞬时击穿电压最高达到了额定电压的 8.16 倍，以往三峡右岸机组 7.4 倍为当时最高。②白鹤滩线棒形位公差尺寸控制在 ±1.5mm，远超国标优等品 ±3mm 的标准要求，为目前行业领先水平。③首次采用了线棒主绝缘端部减薄技术，在保证性能的前提下，端部主绝缘厚度减薄了 29%，使线棒下线后斜边电场裕度增大了 23.2%，提高了整机绕组防晕水平。④对防晕结构和防晕材料进行了优化调整，白鹤滩线棒起晕电压达到 80kV 以上，远高于合同规定的 36kV 要求。

(2) 首次采用模型试验对定子绕组端部防晕性能进行设计优化和效果验证。

(3) 白鹤滩机组定子线棒制造材料实现了 100% 国产化。

（二）应用情况与推广前景

该项目通过自主开发，完全掌握了 24kV 电压等级 1000MW 巨型水轮发电机组绝缘系统设计及制造工艺，不仅可根据我国水电市场的需求提供具有自主知识产权的产品，而且有利于我国大型水电设备研制能力的提高，增强我国水电制造业的国际竞争力和国际地位，有助于推动中国高端制造业“走出去”，具有巨大的社会效益。项目成果可在后续雅江高海拔大容量水电机组、火电百万机组、核电百万等机组研发中推广运用，为我公司带来直接经济效益市场潜力巨大，应用前景广阔，具有示范意义。

（三）获奖单位

哈尔滨电机厂有限责任公司、中国三峡建工（集团）有限公司。

（四）获奖人

张秋寒、满宇光、邹祖冰、杨博文、彭斯远、刘洁、陈阳。

（水力发电科学技术奖励工作办公室　孙卓）

水电工程防恐防暴关键技术研究

“水电工程防恐防暴关键技术研究”获 2022 年度水力发电科学技术奖三等奖。

恐怖主义是阻碍人类发展进步的重要因素，给世界各国人民带来了巨大的痛苦。随着国际恐怖活动的日益猖獗和恐怖组织的日益盛行，南亚成为国际恐怖活动“策源地”和“高发地”，南亚地区及我国周边地区面临的恐怖形势日趋严重。

水电工程作为国家关键基础设施，在国家安全与经济发展中起着举足轻重的作用，在发电、防洪、通航等方面作用重大，是国家的重要资源，是易遭恐怖分子袭击的目标。水电工程一旦遭到恐怖袭击，其次生灾害影响范围之广、损失之大以及危害性之严重是无法估算的。国际上已有证据表明，极端分子已经把水电站作为恐怖袭击的目标。

多年来，工程安全是水电工程规划设计阶段考虑的重要因素之一，尽管在工程建（构）筑物、设备、设施的设计、建设中考虑了安全的需要，但大多数水电工程未考虑反恐防范的需求。因此，根据国家反恐形势需要，从防恐防暴工程功能角度，全面、系统开展水电工程防恐防暴关键技术研究，对推动防恐防暴工作在水电工程的有序开展具有重要的现实意义。项目研究成果对建立健全水电工程反恐防范长效管理机制和防恐防暴技术标准体系，提升水电工程反恐怖安全防范能力具有实质性的重要推动和促进作用，是水电行业切实体现和具体落实“坚持总体国家安全观”中国特色社会主义基本方略的重要举措之一。

（一）主要成果及创新点

(1) 首次全面开展了国内水电工程防恐防暴情况调研和国内外技术对比分析。调研国内 68 个代表性水电工程防恐设施配置；并与美、德、法、瑞等国防恐管理和技术进行对比。指出了我国水电工程防恐防暴工作的问题和不足，总结了国内外水电工程在防恐防暴方面值得借鉴的经验和做法。

(2) 建立了水电工程不同介质中爆炸破坏范围经验公式和不同当量、位置爆炸损毁程度预测模型。提出了防恐防暴薄弱环节和关键部位；总结出岩石、混凝土、土壤、水等常遇介质爆炸当量、爆炸位置、破坏程度之间的函数关系；建立了基于颗粒离散元方法的岩土工程介质爆炸破坏动态细观分析方法，并提出了恐怖袭击薄弱环节的应对措施。

(3) 首次提出了水电工程受袭风险指标体系、受袭风险量化模型和受袭风险区划图。系统分析了 1983 年 10 月～2015 年 11 月发生的恐怖暴力事件袭击方式，给出了易受袭击的途径和方式，并建立了风险指标体系、量化模型和风险区划图。

(4) 创新性地提出了水电工程防恐防暴基本级别、设防级别的概念和确定方法。基于水电工程规模、次生灾害规模等定量指标，创新性地提出了防恐防暴基本级别判定方法；统筹考虑枢纽布置、社会环境、流域开发方式等定性指标给出了设防级别的确定原则；明确了不同设防等级条件下禁区、防护区、监视区的防范范围，以及主动和被动防护措施要求。

(5) 率先开展了水电工程反恐安防领域物防、技防和人防措施的新技术集成工作。开展了反恐安防领域新技术在水电工程的适用性研究，构建了水电工程防恐防暴物防、技防措施分类体系；进行了新技术与水电工程已有厂房监控、门禁、广播报警系统等的融合、兼容和系统集成；提出了符合公安反恐要求的分级配置方案、技术要求、运行维护及合理使用年限。初次提出的“新建、改建、扩建水电工程防恐防暴设施系统应与主体工程同步规划、同步设计、同步施工、同步检查验收、同步投入使用”的“五同步”概念，被引入GA 1800—2021《电力系统治安反恐防范要求》系列标准；提出了建设管理单位防恐防暴责任体系建设框架，明确了涵盖岗位设置、人员数量、岗位职责和素质要求、费用列支等内容的人防配置要求；给出了非常态防范和应急管理要求。

(6) 第一次提出一套适合我国国情的水电工程防恐防暴设计规范，为行业技术标准编制奠定了基础。提出了常规水电工程和抽水蓄能电站工程防恐防暴设计导则，成果推动能源行业标准《水电工程防恐防暴设计规范》(能源20170878) 和《风电场工程安全防范工程设计规范》(能源20160632) 立项。后在公安部协调下，全面转为GA标准，并列入GA1800.3、GA1800.4和GA1800.5。

(7) 首次在选取的四座典型水电工程中系统开展物防、技防和人防措施关键技术设计应用，并对设计导则成果进行了验证评价。

（二）应用情况与推广前景

研究成果填补了水电行业防恐防暴技术研究空白，补充了水力发电企业治安反恐防范标准缺项，支撑促进了公安部门治安反恐防范重点目标分级、《电力系统治安反恐防范要求　第3部分：水力发电企业》(GA 1800.3—2021)、《电力系统治安反恐防范要求　第4部分：风力发电企业》(GA 1800.4—2021)、《电力系统治安反恐防范要求　第5部分：太阳能发电企业》(GA 1800.5—2021) 3项技术标准的制订和全国电力系统反恐防范督查工作。课题研究提出总报告1项，子课题研究报告9项，应用研究报告1项，完成GA公安标准3项，脱密处理后发表科技论文4篇，完成反恐安全防范专业技术青年人才培养4人，形成行业技术专家储备34人。目前，项目成果已指导乌东德、向家坝等水电工程治安反恐防范系统专题设计43项，规范专题设计报告审查咨询技术服务56项，现场督查检查10余项，专项验收2项。相关工作的开展得到了国家、属地反恐部门的认可。

（三）获奖单位

水电水利规划设计总院、中国电建集团北京勘测设计研究院有限公司、中国电建集团华东勘测设计研究院有限公司。

（四）获奖人

杨志刚、王继琳、张妍、贾超、牛文彬、朱军、万凤霞。

（水力发电科学技术奖励工作办公室　孙卓）

面板坝垫层料摊压塑型护坡一体机的研发与施工技术

“面板坝垫层料摊压塑型护坡一体机的研发与施工技术”获2022年度水力发电科学技术奖三等奖。

水库大坝是优化配置水资源、有效开发水电清洁能源、保障流域防洪安全，实现国家“双碳”目标和高质量发展的重要基础设施。面板堆石坝以其适应性强、就地取材、投资较省、施工速度快等优势，成为发展最快、最具竞争力的坝型之一。

面板堆石坝垫层料是面板与堆石体之间重要的过渡层，起到保证面板安全和坝体变形协调的重要作用，是面板的直接支撑体和渗透稳定的第一道防线。由于混凝土面板施工的滞后性，垫层料一般与主堆石坝体一同填筑，施工中垫层料上游坝坡处于无约束状态，为保证施工过程中坡面稳定和施工安全，垫层料施工过程中上游坡面需要采取防护措施，该部位施工技术从斜坡碾压开始，相继出现了斜坡夯实、挤压边墙、移动边墙和翻模固坡等方法，垫层料的压实与保护始终是业界创新求变、不断探索的难点和关键环节。

针对传统方法施工效率低、成本高，与垫层料结合部位容易产生虚铺和碾压不密实等弊病，项目在中国电建集团立项课题的资助下，通过系统的理论分析、科学试验、装备研制和技术研发，研制了面板坝垫层料摊压塑型护坡一体机，实现了面板坝垫层料施工方法的重大革新。

（一）主要成果及创新点

(1) 提出了面板坝垫层料摊压护一体成型的柔性防护解决思路和方法，基于振动夯板-垫层料动力学模型，分析了垫层料压实特性，提出了功率足够、频率匹配、振幅适当的垫层料填筑压实设备选型和性能设计基本原理。

(2) 研制了集连续输料、预设成型、摊平预压、强夯振实和坡面砂浆摊铺成型压实功能于一体的垫层料摊压护一体机，首创了垫层料摊压塑型护坡一体施工技术，提高了施工质量、施工安全，降低了成本。

(3) 发明了垫层料多激振器高频强夯液压振动压实装备及摊铺输送装置；研制的铺层宽度高度物料控制器、液压可调侧模、强夯装置牵引臂找平仪、双振捣熨平预压装置、水平及双侧液压振动夯板、末端碾压装置，保证了摊压作业效率和精度。

（4）研发的整机液压系统和三级减震系统，保证了大功率摊压护一体机运行安全、耐久舒适，改善了作业条件。

（二）应用情况与推广前景

项目成果在被誉为“新疆三峡”的阿尔塔什水利枢纽工程和安徽绩溪抽水蓄能电站中成功应用，节约了施工成本和资源投入。近三年新增产值26672万元，新增利润1200.27万元，成本节支631.2万元，经济、社会效益显著。成果形成了具备自主知识产权的装备和技术，获发明专利3项、实用新型专利6项、省级施工工法1项，注册商标1项，已纳入新修编的《混凝土面板堆石坝施工规范》，推动了行业技术进步。

项目研发的面板坝垫层料摊压塑型护坡一体机可以实现运输来的级配拌和料直接摊铺、成型、压实并满足质量技术要求，不仅能解决面板坝垫层料填筑施工技术问题，还可应用于公路、市政道路、场地等级配料填筑领域，推广应用前景广阔。

（三）获奖单位

中国水利水电第五工程局有限公司。

（四）获奖人

周志刚、吴高见、张永春、谭小军、江万红、胡宗容、赵立江。

（水力发电科学技术奖励工作办公室 孙卓）

水电工程生态环境修复集成技术研究

“水电工程生态环境修复集成技术研究”获2022年度水力发电科学技术奖三等奖。

为了应对全球气候变化，我国提出了到2020年非化石能源在能源消费中的比重达到15%的战略目标，水电装机逐年快速增加。水电工程在产生较高的经济、社会效益的同时，也会对生态环境造成一定程度的负面影响，通常主要是对水环境、湿地生态、水生生态等的影响，其中有些影响是短期的、暂时的和可恢复的，也有些影响是长期的、累积的和不可恢复的，特别是对鱼类的影响是水电工程最重要的不利影响之一。对此，在水电工程建设中采取了多种生态环境修复措施，如建设鱼类通道以减缓工程阻隔对鱼类的影响、实施鱼类增殖放流以维持珍稀特有鱼类种群、运用生态调度对河流水量进行调控、建设适宜的替代生态环境以保护鱼类栖息地等。

水电工程所处的河流生态环境、开发方式、运行调度方式等特征，决定了工程建设对区域或/流域生态环境影响的复杂性，因此不可能通过采取单一的生态修复措施即可全面保护的目的，而是需要多种生态修复措施的集成，达到修复和保护水电工程对生态系统的影响。通过生态环境保护措施在修复措施的选择上，需要通过对多个方案进行详细的比选研究，提出具有针对性高、经济适用的方案。在措施落实后的效果方面，既存在单项措施的效果，又有各保护措施整体的效果。因此，在水电工程建设的过程中，应系统研究如何集成各项措施、采取的技术方法、措施方案选择因素等。本课题以四川省大渡河安谷水电站为依托，探讨上述问题。

安谷水电站是大渡河干流梯级开发的最后一级，坝址位于四川省乐山市沙湾区安谷镇泊滩村，该区域水流复杂、水量丰沛、生境多样，是大渡河下游重要的鱼类“三场”分布区域，对大渡河、青衣江鱼类资源保护具有重要意义，而安谷水电站建设将占用区域右侧河网，左侧河网水量也将减少，从而影响区域湿地生态与水生生态环境功能和质量。根据安谷水电站环境影响报告书及其批复要求，安谷水电站规划建设了鱼类增殖放流站、鱼道、鱼类产卵场、放水闸下游湿地、生态护岸等一系列生态工程，具有生态保护措施多、生态保护体系较全面等特征。

（一）主要成果及创新点

（1）创建了河流一侧生态保护，另一侧水电工程开发，并融合地方社会经济绿色发展的开发保护模式，提出了三江汇合地区生态环境保护与构建的基于自然的解决方案。

（2）基于生态水文学和生态水力学模拟，研发了满足生态环境需求的水力条件多样性的水资源配置技术，构建了基于生态基流调控的多级湿地净化系统。

（3）提出了复杂河道连通性修复的过鱼设施组合模式，形成成套仿自然通道和鱼道的建造方法技术体系。

（4）基于栖息地物理、化学和生物要素的系统研究和模拟试验，构建了复杂水流条件下鱼类产卵场等关键栖息地。

（二）应用情况与推广前景

课题成果的应用建成了河网生态保护、湿地生态修复、鱼类资源保护、生态试验场等系列示范工程。截至2021年3月，该项目共申请发明专利9项，其中取得授权共7项；共申请实用新型专利15项，取得授权共15项，共发表论文33篇，其中EI、SCI期刊6篇。项目的技术成果已总结出多项标准，鱼道建造技术推广应用于国内沙湾鱼道、沙坪二级水电站、DG水电站鱼道等，仿自然鱼道等技术已应用于柬埔寨桑河二级水电站，在国际市场上具有竞争力。

（三）获奖单位

中电建水电开发集团有限公司、中国水电建设集团圣达水电有限公司、中国电建集团华东勘测设计研究院有限公司。

（四）获奖人

荣其富、王胜、施家月、杨清、姜昊、孙炯、芮建良。

（水力发电科学技术奖励工作办公室 孙卓）

白鹤滩水电站巨型地下厂房施工关键技术

“白鹤滩水电站巨型地下厂房施工关键技术”获2022年度水力发电科学技术奖三等奖。

白鹤滩水电站是金沙江下游河段四个梯级电站的第二个梯级，是“西电东送”工程的骨干电源点之一，也是全球在建规模最大、单机容量最大、技术难度最高的水电工程。右岸地下厂房共安装有8台单机容量100万千瓦的立轴混流机组，单机容量世界第一。右岸主副厂房开挖尺寸为453m×34m(31m)×88.7m（长×宽×高）是世界跨度最大的地下厂房。主要技术难点包括：①地下厂房地质条件差，发育断层及层间错动带，最大地应力量值达35MPa左右，为保证洞室安全，浅层锚杆及深层锚索支护工程量巨大，且支护难度随地质情况变化急剧增加；②机组段金结构件与混凝土结构相结合，结构异常复杂，钢筋制安及混凝土浇筑难度大、强度高，座环、蜗壳等易因外包混凝土浇筑产生抬动、发电机层混凝土外观质量要求高；③水轮机蜗壳采取国产SX780CF钢板，该材料强度大，热裂敏感系数大，焊接工艺要求高，焊接难度更高；座环作为水轮机埋件核心部件，重达505t，要求座环安装中心偏差不大于4mm，圆度不大于1.5mm，水平偏差不大于2.0mm，上下环板同轴度不大于1.0mm，质量要求为世界之最。

（一）主要成果及创新点

(1) 特大跨度不良地质条件地下厂房深层锚索快速支护技术。发明了多功能锚索钻机，解决了传统锚索钻机需搭设排架作为施工平台而带来的工期长、干扰大、安全风险高等诸多问题；发明了锚索液压自动送索装置，解决了竖向大仰角锚索安装时锚索体刚度小、重量大难以人索的施工难题；发明了锚索快速简易补偿张拉施工方法，加快了锚索张拉进度。通过多项技术的综合应用，实现了不良地质条件下特大跨度地下厂房的安全快速深层支护。

(2) 特大跨度不良地质条件地下厂房浅层锚杆快速支护技术。发明了大型地下洞室快速锚杆孔位测量方法、锚杆钻孔快速精确定位装置、锚杆快速插杆装置和预应力锚杆孔口快速找平装置，提高了锚杆施工精度和速度，解决了不良地质条件下特大跨度地下厂房的浅层快速安全支护的难题；研发的预裂造孔可移动快速定位装置，提高了特大型地下厂房高边墙成型质量和开挖效率。

(3) 特大型地下厂房混凝土快速优质施工技术。研制了可整体移动式廊道衬砌模板等装置，加快了厂房机组段廊道的施工进度；通过建立钢筋BIM三维结构模型，对钢筋进行模块化配料，解决了大型水电站蜗壳混凝土异形钢筋加工、安装难度大等难题；首次采用了主厂房风罩墙混凝土定型酸洗钢模板清水混凝土施工技术，提高了混凝土外观质量；研究采用了厂房混凝土全布料机常态混凝土浇筑技术，单台机组混凝土浇筑时间缩短6个月，为土建提前向机组安装交面创造了条件。

(4) 百万千瓦巨型机组埋件高精安装技术。首创了尾水管大组节快速安装技术，采用在安装间大组节拼焊后整体吊装的方式，减少了吊装单元和机坑内作业时间；研发了大型水轮机座环快速安装调整技术，实现了无约束焊接；研发了蜗壳“两环一蝶”“四拼三焊”快速焊接工艺和中频电磁加热技术，减少了焊接应力，保证了焊接质量，提高了蜗壳安装效率。

（二）应用情况与推广前景

本技术已在白鹤滩右岸地下厂房施工及埋件安装过程中成功应用，主副厂房开挖单元优良率达到98.6%；8台机组混凝土密实度全部满足设计要求；主厂房风罩墙混凝土表面不平整度平均偏差1.2mm；蜗壳焊接一次合格率达到99.68%，将单台机组埋件安装工期缩短总计74天，产生经济效益9741.5万元，提升了大型地下厂房施工的总体技术水平。项目获发明专利5项，实用新型专利15项，发表论文4篇。

（三）获奖单位

中国葛洲坝集团三峡建设工程有限公司、中国葛洲坝集团机电建设有限公司。

（四）获奖人

龚世柒、万勇、邓富扬、卫书满、孟凡国、张欣、王林。

（水力发电科学技术奖励工作办公室 孙卓）

基于数据中心的水电工程地质勘察与分析一体化系统研究与开发

“基于数据中心的水电工程地质勘察与分析一体

化系统研究与开发”获2022年度水力发电科学技术奖三等奖。

当前，云计算、物联网、大数据等信息技术蓬勃发展，依托互联网、移动互联网技术信息化呈现出网络化、移动化、智慧化的新特点。传统的地质专业虽然在经过了地质数据库、三维建模、野外数字化采集、地质灾害预警管理平台等专业化信息系统的研究后也进入了信息化时代，然而由于地质体的复杂性、地质认识的渐进性、地质信息化发展的阶段性，在信息化历程中，往往各自为政，导致目前地勘专业内各信息化系统在信息的互联互通上尚存在信息孤岛，彼此之间的信息交换不够畅通。

在国外，地质建模已经发展了几十年，数十款软件在地质相关行业广泛应用，作为地质研究成果提交三维地质模型早已是约定俗成的事。但也有一个明显的特点，这些软件的研发具有明显的行业针对性，大多服务于石油矿山行业，且行业数据集成度高。

国内针对石油矿山以及地矿调查的三维软件也在蓬勃发展，GASOR、GMSS等在石油行业广泛应用，中地数码的MAPGIS，北大超维创想（Creatar）系列，北京超图的SuperMAP，北京东方泰坦科技的TITAN，中国地大坤迪公司的GeoView等软件基本思路都是基于GIS理念研发，在国土地调、城市市政、水利地灾、地矿地勘等行业作为三维成果展示推广应用。但总的来说，国内三维地质信息研究还处于基础探索阶段，还没有达到国外地学软件的高度。

对比分析国内外这些地质软件，主线都是三维建模，即使有集成的数据库，也是围绕三维建模以为其提供数据输入或前处理做准备，更没有形成可应用于工程地质全过程信息化设计的系统平台。

云计算、大数据背景下的地质专业内的协同及跨专业的协同都亟须将各方面、各阶段的地质信息柔合在一起统一分析与应用，研究地质生产全过程信息一体化的解决方案就势在必行。

本项目的目标建立一套基于标准信息的一体化系统，消除信息交互障碍，使之能够涵盖地质生产全过程，处理多源异构、多模态、多时态、复合的地质信息，适应地质认识过程的不确定性和渐进性，让基于系统的各种应用软件既消费信息又提供信息，实现各应用系统间的无缝链接。

（一）主要成果及创新点

(1) 提出了一种水电工程地质领域新的地质对象数据结构。该结构分别用几何属性、地质属性、身份属性三组信息描述地质对象，其中几何属性统一表达为界限引用、界限、界限点明细三个结构层次。

(2) 提出了一种水电工程地质数据库新的数据组织方法。该方法将地质点、钻探、洞探等多源异构的原始资料以及分析过程资料、地质成果统一概化为一种实体，即多个地质对象组成的集合。

(3) 提出了一种水电工程地勘数据中心构建方案。该方案在水电工程地质数据库的基础上，以地质对象为基本信息单元构建数据交换接口，将地质数据与数据的解释展示分离，为数据的跨平台交互奠定基础。

(4) 提出了以数据中心为基础的水电工程地质勘察与分析信息一体化方案，其特点是以数据中心为贯穿生产全过程的唯一数据源，具有数据交换的一致性、与平台无关性，各应用系统与数据中心松耦合扩展性强。

(5) 研发了“水电工程地质勘察与分析信息一体化系统”，集成了数字化编录测绘、信息管理、三维解析、综合应用等子系统。该系统具备原始资料采集、测试成果整理、单因素初步解析、多因素综合分析、岩土体综合分类、岩体质量评分、参数选取、地质属性归纳、跨平台二三维互动分析、成果动态固化、生产管理、质量控制等功能，实现了水电工程地质生产全过程信息一体化正向设计、跨专业协同及数字化移交。

(6) 研发了基于三维实景GIS系统，包含数码影像的快速矢量化、地质标志解译、岩块稳定性快速评价功能的水电水利工程地质三维实景野外编录填图系统，其成果直接进入数据中心，地质对象几何部分可直接解译为具有真实坐标的点、线、面，能直接用于三维解析。

(7) 采用GOCAD软件底层技术，开发了包含地质曲面快速拟合、三维趋势面、二维工作面、二维图形输出、部件校审及发布等功能的水电工程地质三维解析系统（三维地质模型的构建方法，专利号CN102750739B；在GOCAD软件中建立二维工作面的辅助建模方法，专利号CN102831281B；基于GOCAD软件的二维图件生成方法，专利号CN102831282B；基于GOCAD的工程地质三维建模辅助软件）。

（二）应用情况与推广前景

项目研究成果已应用于溪洛渡、锦屏一级、叶巴滩、孟加拉国恒河水利等40余个国内外水电工程和岩土工程，在项目全生命周期三维正向设计、边坡稳定研究、工程地基适宜性评价、地下洞室稳定评价等常规生产和重大工程地质问题分析方面发挥了重要作用。共取得发明专利授权7项；软件著作权6项；发表SCI论文4篇；出版相关专著3本。项目相关成果已纳入《水电工程设计信息模型数据描述规程》等4项行业规范。

（三）获奖单位

中国电建集团成都勘测设计研究院有限公司。

（四）获奖人

肖华波、马金根、田华兵、刘仕勇、石伟明、肖枫、李崇标。

（水力发电科学技术奖励工作办公室　孙卓）

老挝 XE PIAN XE NAMNOY 水电站机电工程设计关键技术研究与实践

“老挝 XE PIAN XE NAMNOY 水电站机电工程设计关键技术研究与实践”获 2022 年度水力发电科学技术奖三等奖。

长期以来，由于受到混流式水轮发电机组技术发展限制，一般 500m 以上高水头电站因混流式水轮机设计制造难度大、结构复杂而均优先推荐采用冲击式水轮发电机组。近年来，随着全球水电开发的不断深入，人类对水利水电资源的开发利用逐步转向地理位置较差、动能参数具有挑战性的水利水电工程，高水头、大容量水轮发电机组的需求越来越多。

混流式机组与冲击式机组相比，其优点是机组尺寸小（单位流量大）、水力效率高（一般比冲击式机组高约 2%～2.5%），因此可以降低电站机电设备和厂房土建投资，并提高电站的经济效益；而其缺点是适应负荷调节范围较冲击式机组要小，尤其在 40% 负荷以下时效率较低。目前国内自主研发的单机容量 100MW 以上常规混流式水轮发电机组，在 500m 以上水头段的混流式水轮机研制尚属空白。对于卧式冲击式机组，国内常规卧式水轮发电机容量一般不超过 10MVA，国外仅玻利维亚科恰班巴市米西库尼水电站配置的卧式冲击式机组容量大于 40MW，而单机容量 40MW 以上的大型卧式冲击式水轮发电机组的设计制造及工程应用在中国乃至亚洲范围内技术储备同样尚属空白。

依托老挝谢潘水电站，针对本工程的特点和难点，开展了超高水头大容量混流式水轮发电机组、大容量高转速卧式冲击式水轮发电机组及其配套辅助系统关键技术的集成研究，并结合工程实践，形成了系列创新技术，有效解决了老挝谢潘及同类型高水头水电站机电设计关键技术难题。

（一）主要成果及创新点

（1）针对 700m 超高水头段混流式水轮机转轮流道长而狭窄、效率低、刚强度及动态特性设计难度大等难题，研发了新型长短叶片转轮结构形式，提出了转轮每个加工环节的工艺措施及质量控制标准，提高了水轮机水力稳定性和效率。现场实测水轮机加权平均效率为 94.33%，顶盖和轴系振摆值均优于 ISO 10816 标准要求。

（2）针对高转速大容量发电机结构设计难度大、电磁参数设计要求高等问题，创新开发了新型导轴承支承结构，增加了发电机结构强度及电气绝缘强度，减少了线圈发热并提高了发电机效率。现场实测发电机额定效率为 98.76%。

（3）针对大型高转速卧轴发电机轴系稳定性及电磁散热条件差等问题，提出了总体结构设计方案，研发了适用于高转速卧式发电机的快速制动系统、高效散热系统等技术，保障了轴承的运行可靠性和发电机的运行安全及稳定性。

（4）针对复杂枢纽结构布置的水力过渡过程控制难题，构建了不同类型水轮发电机组共一条长输水系统（引水隧洞长 15.618km，压力钢管长 0.768km，引水系统水流惯性时间为 11.1s）的复杂工况下洞机井组合过渡过程数学计算模型及计算方法，解决了复杂枢纽结构布置的水力过渡过程控制难题，现场甩负荷试验结果表明过渡过程参数均满足规范要求，确保了机组和电站的安全稳定运行。

（5）针对谢潘水电站分别向两个国家电网供电的特点，提出了大容量立轴混流式与卧轴冲击式水轮发电机组同厂房、共尾水并列布置的紧凑型优化结构型式，以及一种紧凑型厂用电系统设计，节省了厂房开挖及厂房结构高度等土建工程量及工程工期，优化提高了电站平均运行效率约 2.5%，进而提高了电站能量利用率。

（二）应用情况与推广前景

项目获授权国家发明专利 2 项，实用新型专利 3 项，软件著作权 3 项，出版专著 3 部，发表论文 6 篇，参编行业标准 1 部。本项目关键技术填补了国内 700m 超高水头段大容量混流式水轮发电机组及大容量高转速卧式发电机设计制造的技术空白，为我国超高水头水力发电设备设计制造奠定了重要的理论和实践基础，同时为超高水头不同型式水轮发电机组同厂房布置及复杂枢纽的水力过渡过程控制提供了技术支撑。成果具有显著的社会和经济效益，推广应用前景广阔。

（三）获奖单位

长江勘测规划设计研究有限责任公司、浙江富春江水电设备有限公司。

（四）获奖人

王建华、桂绍波、雷帖锦、熊为军、崔磊、陈笙、贺徽。

（水力发电科学技术奖励工作办公室　孙卓）

高原峡谷巨孤漂石地层混凝土防渗墙施工关键技术

“高原峡谷巨孤漂石地层混凝土防渗墙施工关键技术”获2022年度水力发电科学技术奖三等奖。

防渗墙技术在20世纪50年代起源于欧洲，因其结构可靠、防渗效果好、适应各类地层条件、施工简便以及造价低等优点，尤其是在处理坝基渗漏、坝后“流土”“管涌”等渗透变形隐患问题上效果良好，在国内外得到了广泛的应用。我国于1958年开始研究出一整套混凝土防渗墙施工技术与工艺，截至目前，通过技术的不断创新和设备的更新发展，防渗墙施工工艺、工法不断完善和进步，在各类复杂地层中，如纯砂层、淤泥层、密集孤石层、水下抛填未经压实的砂砾石层，均建成了混凝土防渗墙。目前，在低海拔地区防渗墙施工技术已较为成熟，但在遇到复杂地质条件的情况下，也不乏失败的案例，以往施工工艺在安全保证、施工工效等方面仍有改进的空间，尤其随着我国水电能源事业逐步转向青藏高原地区，在面临高寒、高海拔、低温、缺氧的恶劣自然气候条件，叠加复杂地质条件情况时，如何安全、高效、保质保量的开展防渗墙施工，可借鉴的工程实例稀缺，还需进一步地有针对性地开展相关技术研究和探索。

西藏大古水电站工程拥有世界海拔最高的RCC重力坝，是西藏目前装机最大、坝高最高、发电水头最大的水电站，位于高寒、高海拔的雅鲁藏布江上，围堰轴线位置为深V峡谷，河床覆盖层深厚，巨孤漂石含量高，地层处理安全风险高、工期长，防渗墙施工成槽难度大。项目的研发对于推动西藏区域的发展，加快西藏地区电力基础设施建设，缓解西藏地区严重的缺电问题，促进西藏地区经济社会长足发展和长治久安具有重要意义。

（一）主要成果及创新点

（1）综合运用预爆孔渣样全分析—CT扫描—三维地质可视化集成技术，提出了含巨孤漂石的覆盖层基覆分界线灵敏感知和准确判定的新方法，孤（漂）石尺寸的最小探测范围降低至50cm。

（2）形成了适应于巨孤漂石地层混凝土防渗墙施工的成套技术。研发出超前同轴钻孔精准预爆技术、超前固壁预灌砂浆钢管排桩与新型导向槽一体浇筑技术、槽孔孔斜控制辅助装置，解决了全孔多次爆破对地层扰动大、孔斜控制难度大、回填块石架空漏失地层塌孔漏浆的难题。

（3）研发出钻具的耐磨防护及修复新技术，解决了花岗岩地层施工中钻具磨损严重、钻具修复频率高的难题。

（二）应用情况与推广前景

本项目申报国家专利6项，其中发明专利1项，实用新型专利5项；省部级工法8项，企业级工法2项，QC成果4项，科学技术奖2项，其他奖项2项，发表各类论文9篇。本课题紧紧围绕雅鲁藏布江峡谷巨孤漂石地层防渗墙施工的关键技术展开，是对混凝土防渗墙施工工艺应用于高寒高海拔地区的重要补充和完善。对青藏高原水电开发及其他建筑行业中基础处理工作极具指导性和实用性。课题研究成果已应用于西藏大古水电站、叶巴滩水电站、苏洼龙水电站、杨房沟水电站、巴拉水电站等工程。其中西藏雅鲁藏布江大古水电站于2018年汛期成功抵御了40年一遇的雅鲁藏布江超标洪水，未发生任何安全事故，保证了下游加查县2万人口生命财产安全，保证了下游两座中型电站运行和建设安全，产生了积极的社会效益。应用于大古电站产生1.57亿元的经济效益。

（三）获奖单位

中国水利水电第七工程局有限公司、华电西藏能源有限公司大古水电分公司、中国水利水电第七工程局成都水电建设工程有限公司。

（四）获奖人

顾利超、李建、翁锐、李东福、陈亮、何永胜、梁俊霞。

（水力发电科学技术奖励工作办公室　孙卓）

基于多维数据的水电设备状态评估系统

“基于多维数据的水电设备状态评估系统”获2022年度水力发电科学技术奖三等奖。

从国内形势来看，构建以水电等新能源为主体电力系统是能源领域助力“双碳”目标实现的重要手段，水电机组调峰调频的属性越来越突出，水电设备安全稳定运行对电力系统的影响越来越大。随着“云大物移智”等信息技术的飞速进步和发展，在线监测装置和带电检测技术在水电逐步应用，表征水电设备状态的信息越来越多，收集水电设备各类生产数据，从数据中挖掘设备运行规律，精准评估设备状态，从而合理安排水电机组的运行与检修，能够最大限度降低水电设备故障率，提高可用系数，增加发电量。从国际形势来看，水电运维已经走出国门，国外人工成本较国内更高，如何通过设备评估减少不必要的检修，做到修必修好，保障设备安全稳定运行显得尤为重要。基于多维数据的水电设备状态评估技术既有迫切的市场需求，又对推动行业技术的发展具有重要作用，是保障水电设备安全稳定运行提高发电量的重要因素。

国内外研究者围绕水电设备状态检修开展了广泛研究，但工程实际效果不理想，国内目前没有真正能够运用于实际现场的水电设备状态评估系统，技术瓶颈在于：水电多源异构生产数据的融合与治理，水电设备故障机理复杂，可落地发挥作用的故障诊断模型不多，水电设备状态评估无统一的标准可依，状态评估结果无法有效服务于现场运行检修，缺乏具有工程实用性和广泛适用性的水电设备自动评估系统。项目通过分析水电设备生产数据的特点和运行检修实际需求，以实现水电设备状态检修为目标，开展了水电大数据治理、水电设备故障机理研究、故障诊断模型建立、状态评估应用开发等方面的工作，取得了一系列创新成果。

（一）主要成果及创新点

（1）首创建立了涵盖各类在线监测、带电检测、试验检修、运行维护、设计投产、家族缺陷等多维数据的水电设备状态评估体系与评估模型。①发明了水电设备状态评估方法，基于大数据自动挖掘出稳态工况在线监测数据代表机组当前状态参与状态评估，构建了一套水电设备状态评估体系。解决了水电设备状态评估没有充分利用设备大量状态信息之间、状态变化和设备运行之间蕴含的内在规律和关联关系进行综合分析。②采用基于大数据驱动模型结合机理模型进行预警诊断。对数据越健康样本区间进行提示，诊断设备存在的问题。综合系统所有同类型设备，构建主设备全寿命周期数据库，对各数据建立同型设备参考区间进行设备间的横向对比，给出设备健康度的评价，解决状态评估未充分利用全部历史数据及其动态变化信息的问题。③根据各数据在全寿命周期的趋势，建立寿命预测模型；给出设备剩余寿命，指导设备技改工作。

（2）创建了一套水电板块标准化的数据编码体系，填补了行业空白。深入研究水电设备时序和结构化数据特征，根据设备诊断和状态评估要求，提取设备征兆指标，并进行合理的存储及编码，方便多维信号的联合调用，支撑模型的运行与评估功能。①研究了国内各种类型水电站各系统时序数据特点，首创编制了具有水电领域特色的生产时序数据统一建模及编码的 WL-BCS 标准，实现了物理层设备与模型层数据的统一，实现了水电多源异构系统的时序数据标准化命名、统一编码及存储。编制形成了 WL-CIM 标准，描述企业关系型数据的结构以及数据之间的逻辑关系，对水电设备静态属性、水电设备之间及设备业务之间逻辑关系、水电设备巡检、定期工作、双票等业务实体的属性进行规范化定义。②基于标准架构和编码流程形成了时序数据编码工具；可独立于大数据平台开展数据编码，具有高度的实用性、灵活性和行业推广价值，目前数据 BCS 编码工具已在水电领域开展大规模化应用。构建了时序数据质量识别模型及数据错位、数据对齐、异常数据校正 100 余项算子，开展了时序数据测点断数、链路断数、异常识别等数据质量管理活动，解决了数据“散、乱、杂、堵”等难点问题。

（3）首次建成了集数据自动采集与展示、数据自诊断与预警、状态自评估、检修自规划的水电主设备状态评估系统，能够自动诊断设备问题，给出相关检修建议，自动出具各类报告，实时指导现场运维检修工作。①系统自成体系，独立性强。采用 B/S 体系架构，前后端分离做法，前端仅负责展示，减少浏览器运行负担；后端负责数据处理与分析，充分利用服务器资源进行大数据的分布式并行处理。②系统适应性广，灵活性强。平台算法和评估规则已囊括各种类型的水电设备，通过简单测点配置和参数指标配置，即可实现推广应用。③系统功能齐全。系统既可以针对单项数据进行分析诊断，又可以综合多项数据进行联合判断，系统对数据的分析有固定阈值、连续激增检测算法、趋势检测算法、大数据挖掘算法、同型设备对比分析、BP 神经网络算法等，系统支持一键生成各种类型的状态分析报告。

（二）应用情况与推广前景

该项目申报发明专利 17 项（授权 8 项），软件著作权 6 项，发表 SCI 及核心期刊论文 7 篇，形成专著 2 本，形成状态检修相关技术标准 6 项（行业标准 1 项，集团标准 5 项）。该项目成果在五强溪、近尾洲、三板溪等 12 座水电厂 53 台水轮机，53 台发电机，39 台变压器上应用，通过电厂反馈，能够预警设备故障，延长设备使用寿命，节约设备检修时间，共计为已推广电厂实现增发电量收入约 5828 万元。申报单位通过该成果提供技术服务累计获得合同收入 780 万元，综上，累计获得经济效益 6608 万元。该项目成果能够广泛应用于水电行业，部分成果目前正扩展应用于风电、电网等行业。

（三）获奖单位

湖南五凌电力科技有限公司、五凌电力有限公司。

（四）获奖人

胡蝶、何葵东、张培、夏刚、胡勇胜、赵训新、董明。

（水力发电科学技术奖励工作办公室　孙卓）

不对称V型峡谷超高沥青混凝土心墙堆石坝施工关键技术

“不对称V型峡谷超高沥青混凝土心墙堆石坝施工关键技术”获2022年度水力发电科学技术奖三等奖。

去学水电站位于四川省甘孜藏族自治州得荣县境内的硕曲河干流上，电站采用混合式开发，工程等别为二等，工程规模为大（2）型；水库总库容1.326亿m^3，电站装机容量246MW；沥青混凝土心墙堆石坝为1级建筑物。

项目依托目为去学水电站沥青混凝土心墙堆石坝工程，围绕深切不对称V型河谷特高沥青混凝土心墙堆石坝建设，开展了变形协调与控制技术、防渗体系施工与质量控制技术、沥青混凝土心墙高质高效施工技术、沥青混凝土心墙堆石坝施工数字化监控技术等研究。

（一）主要成果及创新点

（1）通过填筑料碾压参数对坝体应力变形作用的影响分析，基于坝体变形控制与协调准则，确定了不同区域的坝料碾压质量控制指标与工艺参数，提出了“厚层铺筑、重型压实、数字监控”的综合施工技术，提高了效率，保证了坝体填筑质量。

（2）研究提出了沥青心墙混合料最佳油石比参数；开展了加热方式和温度对心墙结合面性能的影响规律对比分析，提出了常温条件下层间不加热的施工工艺；研发了大功率轮式驱动沥青混凝土心墙摊铺机，保证了摊铺料的精准均匀铺设；研制了快速自动保温储存沥青混合料装置，实现了沥青混凝土连续供料，提高了心墙施工质量和效率。

（3）研制了岸坡混凝土基座和沥青混凝土心墙接缝新型Z型铜止水，提高了大变形条件下防渗结构的变形适应能力；研发了SBS沥青玛蹄脂预制块岸坡接头结构，提高了岸坡与心墙的接合质量。

（二）应用情况与推广前景

项目研究取得专利6项、施工工法5项，发表相关技术论文多篇。项目研究成果在依托工程中成功应用，缩短了施工工期，实际工期较投标提前3个多月，取得经济效益约3468.65万元；工程实现了按期发电目标，节约了投资成本，同时缓解了地方供电压力，经济和社会效益显著。去学电站自2017年2月水库蓄水至今，大坝沉降量和渗漏指标均优于国家相关技术规范要求。

随着水工沥青混凝土防渗技术的发展，沥青混凝土心墙堆石坝在拦河坝工程中的应用更趋广泛。本项目研究成果将对沥青混凝土心墙堆石坝在施工技术、施工工艺的后续提高上具有较高的参考价值，对水工沥青混凝土心墙防渗技术的推广应用具有重大意义。同时，作为目前世界上最高的沥青混凝土心墙堆石坝，去学水电站沥青混凝土心墙坝的优质高效建成，可为其他同条件的水电开发提供可资借鉴的经验，并对同类型水电站的施工具有指导意义。

（三）获奖单位

中国水利水电第七工程局有限公司。

（四）获奖人

赵然、高峰、娄彩红、孔云洲、李成、廖果、祝长江。

（水力发电科学技术奖励工作办公室 孙卓）

基于无人机的南水北调中线渡槽外观缺陷检测关键技术研究

“基于无人机的南水北调中线渡槽外观缺陷检测关键技术研究”获2022年度水力发电科学技术奖三等奖。

南水北调中线工程自20世纪90年代开始初步选线，至2014年10月底全线正式通水。输水干线全长1432km，沟通长江、淮河、黄河、海河四大流域。其中包括输水渡槽、跨总干渠公路桥、分水闸、节制闸、暗渠以及隧洞等各类建筑物上千余座。

渡槽作为南水北调工程重要建（构）筑物，其安全运行至关重要。渡槽又称过水的桥，其承载的负荷却远远大于交通桥梁。由于桥梁长期受车辆动力荷载下会产生疲劳，影响桥梁结构耐久性。国家相关政策规定，重要的桥梁每年必须进行一次定检，定检的主要内容是外观缺陷检测，重点检查混凝土裂缝和支座损坏等缺陷。目前，渡槽在运行过程中也出现了渗水、裂缝、支座损坏等一些影响正常输水的问题。为保证南水北调工程的正常调水和安全运行，沿线的输水渡槽等建筑物需要定期进行检测。通过检测，对尚未造成影响的病害及时发现并处理，可避免病害和变形不断扩大，保障调水工程的运行安全。

但是现有的渡槽检测技术手段主要依靠人工进行隐患排查，存在诸多问题。渡槽的许多部位人工无法到达，很难进行检查，例如渡槽底部，必须搭设满堂脚手架，才能进行渡槽底部的检查。而大多渡槽为跨河渡槽，根本不具备搭设脚手架的操作条件。此外，人工检测还存在成本高、效率低、检测不够全面、高空作业危险等问题。

因此，为了实施输水渡槽的外观检测，亟须开拓思路，引入人工智能和大数据等新技术，研发出一套自动化、低成本、高精度、全覆盖的渡槽外观检测系统。得益于近年来无人机和图像识别等人工智能技术的快速发展，本项目将针对南水北调渡槽的特点研发一套基于无人机的渡槽外观检测系统。该系统将结合无人机技术、室内定位导航技术和图像识别测量技术，最终实现渡槽外观缺陷检测的智能化。

（一）主要成果及创新点

（1）该研究融合了复杂环境下无人机精准定位、亚毫米级裂缝影像的自动化采集、缺陷智能识别测量及轻量化三维建模等技术，首次开展数字孪生渡槽建设工作，为渡槽运维数字化转型提供了技术支撑；

（2）提出了一种可用于渡槽底部检测的无人机自主导航飞行技术方案。在水平定位上，利用超宽带UWB定位技术解决了无人机在GPS信号被遮挡情况下的定位问题，并通过平滑处理将GPS定位信息与UWB定位信息融合，实现两种定位方式的无缝切换。在高程定位上，通过毫米波雷达、气压计与加速度计的融合来提高无人机在高度方向的测量和控制精度，保障长焦相机的自动对焦和清晰成像。

（3）提出了一种基于YOLOV5的裂缝检测方法，通过将损失函数优化为分类损失函数、目标损失函数、回归损失函数以及偏移角度损失函数的加权和，来构建初始YOLOV5裂缝检测模型，提高了裂缝检测方法的抗干扰能力，进而提高了裂缝检测方法的准确率。

（二）应用情况与推广前景

本技术已经应用到南水北调漕河渡槽无人机检测项目中，首次开展数字孪生渡槽建设工作，为大型渡槽运维数字化转型提供了技术支撑。同时也在三峡、大型市政桥梁等工程项目中成功应用，得到广大客户及市场的高度认可，对国内同类工程运行维护管理具有示范和引领作用，推广应用前景广阔，社会效益显著。

（三）获奖单位

中国南水北调集团中线有限公司、武汉大学、武汉珈鹰智能科技有限公司。

（四）获奖人

程德虎、李明鹏、朱大鹏、刘爱军、苏霞、焦康、张俊文。

（水力发电科学技术奖励工作办公室　孙卓）

高原寒冷地区大型山地风电工程施工关键技术及应用

“高原寒冷地区大型山地风电工程施工关键技术及应用”获2022年度水力发电科学技术奖三等奖。

为响应国家战略中新能源电力能建尽建、能并尽并、能发尽发的国家战略，近年来，各地区及能源企业大力发展风力发电，我国风力发电发展得到了飞速发展。2021年，风电装机容量约3.4亿kW，新增4757万kW，同比增长16.6%。国家主席习近平在全球气候雄心峰会上指出：到2030年，风电、太阳能发电总装机容量将达到12亿kW以上。风力资源在我国分布广泛，加上风力发电技术日趋成熟，设备成本逐步下降，已可达到平价上网，具备很大的发展前景，未来十年将会是风力发电发展的黄金期。2020年3月，中国安能集团第二工程有限公司正式进入风力发电施工领域，先后承接了大唐凉山普格甘天地二期风电场工程和大唐凉山普格采乃风电场工程，二者均处于四川省凉山彝族自治州普格县与布拖县交界处，场区中蜿蜒绵延的山脉，复杂多变的气候环境，高湿度和低气温的不良天气条件，对施工生产提出了很大的挑战，针对山地风机超大构件及物资材料运输难、基础高性能混凝土质量控制难、风机吊装难度大、施工区域信号盲区多导致沟通协调难、环保水保及森林防火要求高等难题，研究并解决施工过程中的关键性技术问题，并应用在工程施工中，能够提升风电行业领域内复杂山地条件下风电工程施工水平，为国家新能源风力发电发展战略做出贡献。

（一）主要成果及创新点

（1）通，解决了风机构件及物资材料运输难题。研究采用自行组装的“风光储互补联合自主供电中继通信系统”，有效解决了山区通信盲区的视讯难题。

（2）针对高寒地区八爪型风机基础混凝土浇筑，研究采用“台柱-底板-肋梁-环梁-台柱-肋梁”连续浇筑工艺，有效地缩短了浇筑时间。研究采用双层搅拌机“上下循环往复搅拌”制浆工艺，保证了风机基础C80高强混凝土二次灌浆施工质量。

（3）针对常年不均衡气候特点，利用风速资料建立了“同期风速数据分析系统”，依据风机构件吊装的风力标准，预测吊装时段，采取“一机一案”吊装作业，有效保证了风机吊装安全。

（4）针对高寒地区生态环保要求高，采取“施工时段裸土覆盖、浅层表土剥离回覆，稀有树木就近移植、撒播种草恢复植被”等措施，满足了环保要求。

（二）应用情况与推广前景

在高原寒冷地区大型山地风电工程施工关键技术及应用研究过程中，取得国家实用性发明专利4项，工法2项，发表论文1篇，推动了行业科技进步，具有广阔的应用价值。

（三）获奖单位

中国安能集团第二工程局有限公司。

（四）获奖人

郑文魁、吴诗铭、高山、文建行、李涛、吴志刚、李健。

（水力发电科学技术奖励工作办公室 孙卓）

三峡电站集群巨型水电机组一次调频技术研究

“三峡电站集群巨型水电机组一次调频技术研究”获2022年度水力发电科学技术奖三等奖。

水电能源是一种低碳、清洁、蕴含量大的可再生能源。我国具有丰富的水资源储备，蕴含量、可开采量和装机容量均高居世界第一。近年来，我国正大规模开发利用水电能源，水电机组装机容量、发电量均逐年上升。

随着电力系统规模的不断增大、电力系统结构变得更加复杂。为提高互联区域电网安全水平，大区域同步电网近年来开始拆分为多个地区性电网，这些电网之间通过直流输电线路异步连接。由于送、受端系统间相互功率支援能力减弱，在短期电力系统调节过程中可以认为这些电网是彼此独立的。此时电网的容量减小，负荷自我调节能力降低，故障情况下区域电网的频率问题严重，频率稳定成为异步联网电网所要面临的主要风险。由于新能源的蓬勃发展，大量间歇性能源如光伏、风电等并网运行。这些不可控电源给电网带来大量不稳定因素，导致电网功率不平衡现象出现的频率和幅值上升。因此导致电网自身的稳定性相比之前下降。早期由于电力系统是大电网交流连接，水电机组在系统中占比较低，通常忽略了水电机组调节特性对电网稳定性的影响。对于水电机组的调节特性研究通常是基于单机无穷大系统的假设，假定电网是无穷大电网，电力系统是无条件稳定的，调速器的参数整定只考虑响应速度，不考虑稳定问题。近年来由于集群巨型机组的出现和电网异步联网运行后其结构与运行特性的变化，由水电机组调节过程引发的电力系统不稳定现象增多，机组和电网构成的系统已不能简单视为单机无穷大系统，机组对电网稳定性的影响已不可忽视。

对于集群巨型机组而言，由于其在电网中的占比相对较大，其动态特性对电网的稳定性有决定性的影响。尤其是多台相同的大容量机组，由于其机组特性完全相同，对于电网可视为一个超巨型机组。对集群水电机组调节性能的要求也应当与过去在水电低占比大容量电网下有所不同。藏木电站的实例表明，当电网中水电机组占比较多时，系统的稳定问题较为严重，机组调节参数设置不合理会导致系统的振荡与不稳定。

（一）主要成果及创新点

（1）开发了国际上首套集群巨型水电机组仿真平台，能实现32台机组的高精度仿真。仿真平台能够同时对全厂32台不同形式的大型水轮发电机组及调速系统进行仿真模拟。申请了“集群水轮发电机组仿真模型及其建模方法”发明专利（CN202011156328.4）。

实现三峡电站所有巨型水轮机组的仿真计算，保证32台机组全工况单机仿真计算与真实机组相似度90%以上；在单机相似度满足的前提下，实现32台机组联合调节计算及仿真，包含全部调节动态过程计算。调速器控制部分仿真的数学模型具有电站技术人员二次重构的方法或途径，以便于电站技术人员开展调速器控制策略的研究。

仿真平台的硬件平台应采用高性能多核CPU工业化计算机。仿真平台应具备开展实时仿真的能力。仿真平台能够方便地进行系统设置、仿真参数设置、仿真结果处理与分析，具有实时数据显示、动态曲线显示及回放与试验曲线处理等功能。

（2）提出了一种水轮机调速器二次重构装置及其控制方法。基于Eclipse平台开发了水轮机调节系统仿真组态软件，对水轮机调速器调节器部分和电液随动系统部分进行功能组态，重构自己所需的控制逻辑，形成相应的配置文件，下载到仿真模块中进行仿真计算。并申请了发明专利“水轮机调速器二次重构装置及其控制方法”(CN202011158053.8)。

（3）建立了三峡电站集群巨型水电机组高精度仿真数学模型，所建数学模型包括水轮机数学模型、水力系统数学模型、调速器液压随动系统数学模型、调速器调节部分数学模型。所建模型能适应宽阔运行区域、高精度仿真分析的需要，能反映开机、停机、空载、发电及水头变化等各种工况下的水轮机真实的非线性特性。所建模型能反映各设备的实际运行与调节特性，保证所研究动态过程的真实性和所研究一次调频控制策略的有效性。相关成果申请了一种集群水轮发电机组仿真模型及其建模方法的专利。

（4）对电力系统模型进行等值简化，基于同调参数法，建立了用于巨型集群水电机组一次调频对电网稳定性影响的研究的等值电网模型，能反映源、网的协同影响。等值电网模型包括直接并入无穷大电网模型、通过输电线路并入无穷大电网模型、并入有限容量电网模型、孤网模型、交流与直流混联并网模型。

（5）基于现有调节模式存在的对运行工况的适应性较差、一次调频与AGC调节过程不一致、反调量较大等问题，提出了一种新的一次功率-频率控制实现。新的调节模式根据给定功率和调频功率增量相加得到目标功率，经查表得到目标开度，再由PI调节器消除静态误差。新的调节方式具有良好的工况适应性，在保证调节过程稳定性的前提下可以得到更快的调节速度。避免了不同工况需要调整 PI 参数的问题，并且解决了小频差下机组响应不达标的问题。

（6）提出了水电机组一次调频分级控制方法，初步研究表明水电机组中采用一次调频分级投入策略可以改善系统整体稳定性。

（二）应用情况与推广前景

本项目结合三峡电站的实际需求，开展集群巨型水电机组一次调频技术研究，建立了三峡电站不同机型的水轮机调节系统精细化模型，开发了三峡电站集群巨型水电机组一次调频仿真研究平台，分析了三峡电站不同机型水电机组的功率调节特性，完成了三峡电站不同机型水电机组一次调频参数优化，分析了功率调节模式对电力系统稳定的影响，提出了一种新的水电机组频率-功率调节策略，开展了集群巨型水电机组对电网稳定影响的分析探索，探讨了水电机组一次调频分级控制策略。拟为集群巨型水电机组一次调频的技术分析、控制方案与参数优化研究提供技术支撑与理论指导。

（三）获奖单位

中国长江电力股份有限公司三峡水力发电厂。

（四）获奖人

余志强、邓友汉、罗仁彩、姜德政、王本红、朱斌、黄家志。

（水力发电科学技术奖励工作办公室　孙卓）

水电与新能源过电压监测及防治技术应用研究

“水电与新能源过电压监测及防治技术应用研究”获 2022 年度水力发电科学技术奖三等奖。

水电及新能源升压站是电能变换和输送的主要场所，其中包含了大部分电气一次设备。水电及新能源电厂过电压分为内部过电压和外部（雷电）过电压，内部过电压主要是开关操作造成的，外部过电压是通过输电线路雷击后形成的侵入波造成的。过电压是影响电气一次设备绝缘性能，造成设备损坏故障的重要原因。由于传统的电压监测手段（电压互感器）无法对快速暂态过电压进行精确采集，造成了过电压分析和处理的困难。

避雷器是电厂电气一次设备过电压保护的主要设备，具有响应时间快（纳秒级），工作可靠的优点。经过多年应用，现有避雷器布点方式可以实现对全厂过电压防治的全覆盖。由于避雷器计数器只能显示动作次数的最终结果，无法获得动作时刻和具体动作电流幅值，所以只能作为电厂过电压发生与否的粗略依据；另外，计数器为机械机构，对陡波头过电压（如快速暂态过电压）无法响应，存在漏统计的问题。现有过电压监测装置或采用光学技术或电容分压原理，需安装在高压导体表面或临近区域，存在影响一次设备绝缘特性的安全隐患。在发电行业数字化转型和智慧电厂建设的背景下，现有避雷器监测方式已经无法满足设备安全稳定运行的现实需要，需要研制新的监测手段实现对避雷器运行参数和升压站过电压的智能监测和分析。

山地条件下风电场 35kV 集电线路避雷器因能量吸收能力不足，在大幅值雷电作用下存在频繁爆炸的问题。在发电厂 GIS 升压站中，GIS 与变压器通过油气套管直接相连，断路器和隔离刀闸操作形成的快速暂态过电压将直接作用于变压器的高压绕组。快速暂态过电压具有上升时间短，电压变化快、持续时间短、振荡频率高、不易监测等特点，对于变压器绕组内部的过电压分布只能通过仿真计算获取。

对于大型水电站，地理位置和空间受限的原因，多采用 GIS 进行全封闭设计，实际运行过程中，由于 GIS 管道的波阻抗极小（只有同电压等级架空输电线路的 1/12～1/15），侵入 GIS 内的雷电波在管道内来回反射，会形成陡度较高的过电压。在 GIS 断路器热备用或多重雷击作用下雷电能量疏导的防雷措施有可能无法解决断口击穿或管道元件损坏的问题。

（一）主要成果及创新点

（1）建立分布参数模型，获得了过电压情况下 CVT 内部电容单元精确的电位分布，首次揭示了 CVT 内部单元在过电压下的损坏规律及其无法确测量陡波头过电压的机制。

（2）研发了基于避雷器尾端电流监测的升压站过电压智能识别系统，形成了避雷器过电压与尾端电流样本数据库，首次实现了通过监测避雷器尾端电流识别首端过电压的目的。

（3）研制了风电场 35kV 集电线路用新型避雷器，采用氧化锌与碳化硅电阻片串联方式提升了避雷器对大幅值绕击雷电流的耐受能力，解决了 35kV 集电线路避雷器频繁爆炸的问题。

（4）首次设计并应用发电厂升压站用雷电侵入波抑制电抗器，将雷电侵入波能量在升压站外通过站用避雷器释放，解决了大幅值雷电侵入波进入升压站的问题。

（二）应用情况与推广前景

本项目申请专利 13 项（发明专利 4 项实审，实用新型专利 9 项授权），发表论文 19 篇（其中 EI 检索论文 5 篇，中文核心期刊论文 9 篇）。

项目成果丰富了水电及新能源过电压在线监测和

防止手段，避免因过电压导致的设备损坏，降低电力设备维护成本，提高电网安全、经济运行的可靠性，引领和促进了升压站过电压监测防治方面的技术进步与发展。

研究成果应用于四川大唐国际甘孜水电开发有限公司、大唐观音岩水电开发有限公司、嘉陵江亭子口水利水电开发有限公司、重庆大唐国际彭水水电开发有限公司和重庆大唐国际武隆兴顺风电有限责任公司，项目累计创造经济效益为12835.67万元。

（三）获奖单位

大唐水电科学技术研究院有限公司、四川大唐国际甘孜水电开发有限公司、大唐观音岩水电开发有限公司。

（四）获奖人

刘守豹、侯玉成、杨进、盛明珺、雷潇、宋佳骏、刘林元。

（水力发电科学技术奖励工作办公室 孙卓）

基于工业互联网的跨流域多型式水电机组远程稳定性分析系统

“基于工业互联网的跨流域多型式水电机组远程稳定性分析系统”获2022年度水力发电科学技术奖三等奖。

在以新能源为主体的新型电力系统，要求水电站从传统的“电源供应者”逐步转向为“电源供应者＋‘电池’调节者”，将对水电站运行的安全性、稳定性、可靠性提出更高的要求。水电企业在提高生产率、降低生产成本的同时，要确保水轮发电机组设备的安全可靠运行，提高设备的可利用率，减少突发性事故和非计划停运次数。因此而发展起来的状态在线监测与诊断技术，为有效获得机组的实时状态提供了技术手段。以此为基础，水电企业逐步开展有针对性的设备运行维护检修措施，为设备的高效、稳定、可靠运行奠定了基础。因此，状态在线监测与诊断技术是水电企业实施状态检修甚至智慧检修的关键技术。

当前各大发电集团都已开始或有意向建设大数据平台，实现对电站设备状态集中监测、远程巡检、远程预警及远程诊断，减少电站现地端工作量，并发挥远程集中的优势，为机组状态检修提供辅助决策支持。但在水电机组稳定性信号采集、信号处理、分析功能、特征量提取、故障预警及诊断方面，基本都通过购买行业设备厂家产品，无自主技术。行业设备厂家由于涉及自身商业机密及利益，都不开源，并且很多按照机组台数计算价格，使得要想搭建自主可控的远程稳定性分析、故障预警及诊断系统力不从心，被“卡脖子”。在目前行业背景环境、发展趋势及自身处境下，唯有自主开发、大力创新，才能解决“卡脖子”的问题，如此不仅可支撑水电企业“智能化”“智慧化”转型，而且可以节省大量经费，掌握核心技术，使得在稳定性分析及诊断领域具有话语权，并可占领大数据时代的先机，走在自主创新的前列，引领行业技术水平提升，最终提升水电行业地位及影响力。

五凌电力有限公司探索水电生产智慧化建设，2018年开始生产智能决策支持系统项目建设，搭建了水电大数据平台，汇集了各类机组在线监测装置等数据，自主研发基于工业互联网的跨流域多型式水电机组远程稳定性分析系统，预期实现了一个专家团队远程实时监测、预警、分析及诊断跨流域多厂站多型式水电机组，减少现地人力成本及稳定性试验成本、现地设备及功能购买费用，保障机组安全稳定运行，推进五凌电力水电“远程运维”模式的实现。

（一）主要成果及创新点

（1）电机组的远程稳定性在线监测及分析诊断系统，实现了一个专家团队远程实时监测、预警、分析及诊断跨流域多厂站多型式水电机组。

（2）首次发明了基于大数据驱动的水电机组振动区自动获取方法，并首次研发了水电机组振动区自动获取及分析系统，实现了水电机组振动区的自动获取及分析，减少了稳定性试验分析，并可指导机组优化运行。

（3）首次提出了多型式水电机组稳定性关键特征及故障征兆指标构建方法，实现对每个稳定性测点每个时刻波形数据5种时频域分析谱，157个（不同类型、结构机组适配）稳定性特征及故障征兆指标的提取。工程应用结果显示，自主算法达到与国内外厂家先进产品相同效果及精度，并且指标量方面超过国内外厂家先进产品。

（二）应用情况与推广前景

项目获发明专利授权8项，软件著作权授权7项，外观设计专利授权1项，发表SCI论文3篇，中文核心论文6篇。系统的推广应用实现对机组异常及时发现，目前已发现设备异常100余项，为各电厂已提供50余项专项分析服务，为现场运维及检修工作提供了辅助决策支持，应用效果显著，得到了各电厂的一致认可。

本项目技术创新性强，系统实用且经济社会效益显著，总体技术达到国内领先水平，具有推广应用前景和价值。

（三）获奖单位

五凌电力有限公司、湖南五凌电力科技有限公司。

（四）获奖人

王卫玉、何葵东、张培、夏刚、胡勇胜、赵训新、莫凡。

（水力发电科学技术奖励工作办公室 孙卓）

流域电站群网络安全威胁监/检测和动态自适防御研究

“流域电站群网络安全威胁监/检测和动态自适防御研究”获2022年度水力发电科学技术奖三等奖。

电力系统是国家关键基础设施的神经中枢，网络信息技术的发展推动电力监控系统的深刻变革，呈现出开放联网化、控制智能化、架构融合化、应用多样化的特点。电力系统由于长期封闭性、隔离性的发展，具有“系统老旧，漏洞百出”的特点，安全防御体系通常以安全组件堆叠的方式构建，偏重于安全事件发生后的应急处置，在针对有组织的突发攻击进行事后处置时已经造成了严重后果。如乌克兰电网大规模停电事故、委内瑞拉古里水电站控制系统遭受网络攻击、印度孟买电力系统瘫痪等安全事件，其根本原因在于未能在电力监控系统运行时发现安全威胁，攻击爆发时未能及时处置。因此，电力监控系统安全防御应以威胁检测和主动防御为重点。

电力监控系统威胁检测和主动防御存在以下三个难点：①现有电力监控系统安全防御体系安全策略升级严重滞后，缺乏根据威胁情况主动自适应演化的技术手段；②现有电力监控系统安全防御体系中的安全设备告警信息可解释性差，无法充分利用各类信息对安全事件在系统中的传播和扩散进行分析；③现有电力监控系统网络攻击检测方法通常采用统计学习或机器学习的方法，但在实际隔离生产环境中高可持续攻击样本数量稀少，构建出适用性良好的分类模型非常困难。

本项目正是针对目前电力监控系统存在的安全事件分析定位难、攻击发生察觉难、主动防御体系构建难等实际问题，开展流域电站群电力监控系统网络安全动态自适应防御关键技术研究，在满足电力监控系统高可用性、高实时性约束的条件下，研究形成适用于在运系统的安全事件即时发现、自适应主动防御技术，力争解决电力监控系统长期封闭发展导致的安全漏洞众多与安全防御措施相对落后的问题，为电力监控系统有效威胁检测和防御体系提供科学有效的防御方案。本项目的研究对于增强我国电力生产企业抵御境内外无目标泛化攻击与针对性高可持续攻击的能力，建立电力监控系统主动安全防御体系具有重要的理论意义与实际价值。

（一）主要成果及创新点

(1) 在自适应主动安全防御策略技术方面，开展了攻击时效匹配的自适应主动防御策略即时演化研究，由于隔离条件的限制，现有电力监控系统安全防御体系升级迟缓导致安全能力滞后，缺乏根据威胁情况主动自适应演化的技术手段，安全策略未经验证而盲目升级可能会对电力监控系统的实时运行产生影响，且不一定能满足安全防护的目标，难以有效应对安全威胁。本项目结合电力监控系统及其安全组件的功能逻辑，研究系统功能虚拟化支持的安全防御策略自演化与验证评估方法，支持即时生成与攻击匹配的安全防御策略，并同步对更新策略的效用、以及与生产系统高可用性、高实时性的冲突进行评估与验证，解决隔离条件下电力监控系统安全防御体系效能低下等问题，提升电力监控系统安全防御体系的自适应主动调整能力。

(2) 在安全事件即时分析定位方面，采用了增量数据支持的安全事件即时分析及基于威胁路径传播图定位方法，由于现有电力监控系统安全设备告警信息可解释性差，缺乏对系统中多源异构设备所产生的海量高维信息高效处理的方法，无法充分利用各类信息对安全事件在系统中的传播和扩散进行分析，安全事件分析的时效性和定位的准确度都存在明显的不足。本项目根据攻击发生时安全告警信息可解释性差、业务信息具有海量、维度高等特点，研究增量数据支持的安全事件即时分析方法，同时通过建立马尔科夫博弈模型，模拟威胁扩散，形成威胁传播路径图精确定位威胁发生点，解决传统安全事件分析及定位方法即时性不够、准确性较差、误检率较高的问题，提升安全事件即时分析速度与威胁精确定位能力。

(3) 在威胁检测模型构建方面，采用了基于空间分散的时序少样本数据的高可持续威胁检测方法，由于在电力监控系统中可用于高可持续攻击分析的样本极少且呈现空间分散、时序性等特点，现有基于统计和机器学习的安全分析方法难以检测出隐蔽性强的高可持续性攻击，且在实际隔离生产环境中高可持续攻击样本数量稀少，构建出适用性良好的分类模型非常困难。本项目根据电力监控系统的数据特性研究其样本合成方法，设计编码器网络，并研究基于空间分散的时序少样本合成方法，增大样本空间，提高样本多样性；使用BERT网络用于时序数据分析，基于元学习框架进行泛化特征提取，实现威胁检测，解决传统分析方法在电力监控系统中少样本环境下不适用的难题，提升对高可持续威胁的分析和检测能力。

（二）应用情况与推广前景

本项目获得国家专利授权10项、发表中文核心以上论文11篇、参编行标及国标共2部，项目产品已经在瀑布沟水电站、猴子岩水电站、大岗山水电站，以及九寨沟水电开发有限责任公司、紫坪铺电站等单位应用，并获得国家能源局四川监管办公室、国网四川电力调度控制中心等主管部门一致认可。本项目增强了电力生产企业抵御境内外无目标泛化攻击与针对性高可持续攻击的能力，解决了电力监控系统长期封闭发展导致的安全漏洞众多但安全防御措施相对落后的问题，推动我国工控系统安全研究进入国际先进行列，项目推广应用产生效益约1.2亿元，经济社会效益显著。

（三）获奖单位

国能大渡河流域水电开发有限公司、中国电建集团成都勘测设计研究院有限公司、电子科技大学。

（四）获奖人

李攀光、丁旭阳、贺玉彬、罗玮、朱刚、宋晨、张小松。

（水力发电科学技术奖励工作办公室　孙卓）

获得2022年度中国电力科学技术奖的水电科技项目

根据中国电机工程学会和中国电力科学技术奖励工作办公室2022年12月13日公布的《中国电力科学技术奖奖励通报（2022年度）》，获得2022年度中国电力科学技术进步奖的水电、风电、太阳能科技项目有33项，有关情况见表1。

表1　获得2022年度中国电力科学技术进步奖的水电、风电、太阳能科技项目

序号	等级	获奖项目	受奖单位	受奖人	备注
1	一等	我国首个千万千瓦级海上风电友好并网运行关键技术及装备	国网江苏省电力有限公司、国家电网有限公司华东分部、新疆金风科技股份有限公司、深圳市禾望电气股份有限公司、国网山东省电力公司、南方电网电力科技股份有限公司、国电南瑞南京控制系统有限公司、南京理工大学、国网福建省电力有限公司	李群、李海峰、张宁宇、李强、周党生、李建华、殷明慧、杨志千、韩华春、程艳、杜胜磊、成月良、刘建坤、祁万春、陈兵	原序号为2，推荐单位为国家电网有限公司
2	一等	百万千瓦水轮发电机组关键技术研究与应用	中国三峡建工（集团）有限公司、东方电气集团东方电机有限公司、哈尔滨电机厂有限责任公司、中国电建集团华东勘测设计研究院有限公司、长江勘测规划设计研究有限责任公司	张成平、覃大清、张春生、张天鹏、王华军、程永权、胡伟明、王钊宁、刘平安、李胜兵、李志国、刘洁、康永林、陶星明、宋敏	原序号为3，推荐单位为中国长江三峡集团有限公司
3	一等	保障新能源电力系统安全的继电保护技术研究及应用	清华大学、国网冀北电力有限公司、国电南京自动化股份有限公司、许继电气股份有限公司、明阳智慧能源集团股份公司、国网智能电网研究院有限公司、国网安徽省电力有限公司、国家电网有限公司华北分部、北京衡天北斗科技有限公司、北京清源继保科技有限公司	董新洲、王宾、施慎行、高旭、钱国明、李宝伟、唐彬伟、孔明、陈福锋、王浩宗、黄天啸、薛明军、谢民、李文忠、郑少明	原序号为6，推荐单位为清华大学
4	一等	广域协同新能源智慧运维系统研发及应用	中国华能集团有限公司、西安热工研究院有限公司、中国华能集团清洁能源技术研究院有限公司、北京华能新锐控制技术有限公司、华能新能源股份有限公司、华北电力大学、中电智能科技有限公司	舒印彪、李来龙、曾卫东、房方、林刚、许世森、王力军、李国庆、褚孝国、赵勇、任鑫、曹治、林昇、宋黎定、胡阳	原序号为10，推荐单位为中国华能集团有限公司
5	一等	多送出场景下新能源发电集群振荡与过电压分析及抑制技术	中国电力科学研究院有限公司、南京南瑞继保电气有限公司、南京航空航天大学、深圳市禾望电气股份有限公司、新疆金风科技股份有限公司、国网冀北电力有限公司超高压分公司、华为技术有限公司	王伟胜、李光辉、何国庆、卢宇、汪海蛟、陈新、刘纯、孙艳霞、马俊华、张兴、张悦、周党生、李振动、刘云峰、艾斯卡尔	原序号为13，推荐单位为中国电机工程学会

续表

序号	等级	获奖项目	受奖单位	受奖人	备注
6	一等	面向多功能复用的储能电站优化配置与控制关键技术及应用	国网浙江省电力有限公司、浙江大学、中国电力科学研究院有限公司、北京交通大学、东北电力大学、国网北京市电力公司电力科学研究院、国网四川省电力公司电力科学研究院、浙江南都能源互联网有限公司、阳光储能技术有限公司、南京南瑞继保工程技术有限公司	赵波、韦巍、林达、张琳静、李相俊、李军徽、李志浩、叶清泉、张雪松、吴贤章、孙昕炜、张彩萍、刘秀兰、夏杨红、葛晓慧	原序号为15，推荐单位为中国电机工程学会
7	二等	多场景“光储直柔”供电关键技术、装备与应用	深圳供电局有限公司、清华大学、湖南大学、深圳市建筑科学研究院股份有限公司、北京交通大学、清华四川能源互联网研究院、西安交通大学	鲁宗相、赵宇明、帅智康、刘国伟、王静、李海波、李雨桐、谢宏、李杨、吴学智	原序号为19，推荐单位为中国南方电网有限责任公司
8	二等	促进可再生能源消纳的跨区省间现货市场关键技术及应用	中国电力科学研究院有限公司、国网能源研究院有限公司、国网甘肃省电力公司、国网浙江省电力有限公司、国网山西省电力公司、国网江苏省电力有限公司、国网四川省电力公司	孙大雁、王德林、李立新、罗治强、关立、于钊、陶洪铸、胡超凡、崔晖、杨晓楠	原序号为20，推荐单位为国家电网有限公司
9	二等	90%占比可再生能源电力系统的多能互补灵活性调控技术	云南电网有限责任公司、云南电网有限责任公司昆明供电局、清华大学、大连理工大学	朱涛、李文云、甘霖、李秀峰、王彬、王珍意、刘本希、赵川、路学刚、蒋燕	原序号为29，推荐单位为中国电机工程学会
10	二等	西南特大流域梯级水电安全高效发电调度技术及应用	大连理工大学、云南电网有限责任公司、贵州电网有限责任公司、国家电网有限公司华东分部、国网浙江省电力有限公司、广西电网有限责任公司、贵州乌江水电开发有限责任公司	程春田、廖胜利、冯仲恺、武新宇、赵志鹏、申建建、李秀峰、苏华英、陆建宇、张俊	原序号为32，推荐单位为大连理工大学
11	二等	水利水电工程流域库岸变形监测新技术及应用	华能澜沧江水电股份有限公司、武汉大学、中国电建集团昆明勘测设计研究院有限公司、中国科学院精密测量科学与技术创新研究院、贵州省水利水电勘测设计研究院有限公司	周伟、肖海斌、马洪琪、张宗亮、程翔、陈鸿杰、周志伟、潘斌、段延松、马刚	原序号为33，推荐单位为中国华能集团有限公司
12	二等	特高拱坝混凝土施工智能化建设关键技术	中国长江三峡集团有限公司、中国三峡建工（集团）有限公司、中国电建集团成都勘测设计研究院有限公司、中国葛洲坝集团三峡建设工程有限公司、中国水利水电第四工程局有限公司、中国水利水电第八工程局有限公司、中国水利水电建设工程咨询西北有限公司	周绍武、尹习双、杨宗立、陈文夫、杨宁、张志伟、乔雨、徐建江、谭尧升、冯奕	原序号为34，推荐单位为中国长江三峡集团有限公司
13	二等	1000MW级水电机组绝缘系统研究与工程实践	中国三峡建工（集团）有限公司、哈尔滨电机厂有限责任公司、东方电气集团东方电机有限公司	邹祖冰、黄绍波、张秋寒、程永权、张成平、王伟、梁智明、刘洁、潘延明、李志国	原序号为35，推荐单位为中国长江三峡集团有限公司
14	二等	巨型水轮发电机组主中引出线关键技术	长江勘测规划设计研究有限责任公司、中国三峡建工（集团）有限公司、中国长江电力股份有限公司、华中科技大学、长江水利委员会长江科学院	梁波、朱钊、刘亚青、崔磊、邹祖冰、熊为军、王伟、饶波、罗熠、罗金文	原序号为36，推荐单位为长江设计集团有限公司

续表

序号	等级	获奖项目	受奖单位	受奖人	备注
15	二等	光储充一体化电站关键技术与应用	国网上海市电力公司、复旦大学、中国电力科学研究院有限公司、上海交通大学、平高集团储能科技有限公司、上海空间电源研究所、福建时代星云科技有限公司	张宇、孙耀杰、时珊珊、解晶莹、方陈、冯冬涵、魏新迟、王育飞、胡安平、田刚领	原序号为51，推荐单位为国家电网有限公司
16	二等	复杂环境下大功率海上风机建设与集约送出关键技术及应用	国网福建省电力有限公司经济技术研究院、国网上海市电力公司、长江三峡集团福建能源投资有限公司、西安交通大学、福建永福电力设计股份有限公司、江苏金风科技有限公司、上海绿色环保能源有限公司	黄阮明、叶荣、李智、王秀丽、费斐、唐雨晨、游先辉、林章岁、张开华、李荣富	原序号为52，推荐单位为国家电网有限公司
17	三等	新能源电力系统生产模拟技术研究、系统开发及规模化应用	中国电力科学研究院有限公司	刘纯、黄越辉、李湃、李驰、王伟胜、礼晓飞、王勃	原序号为62，推荐单位为国家电网有限公司
18	三等	新能源高占比互联电网安全风险在线识别与主动防御技术及应用	国网河北省电力有限公司电力科学研究院、中国电力科学研究院有限公司、武汉大学、华北电力大学、国网河北能源技术服务有限公司	范辉、梁纪峰、李铁成、宋新立、罗蓬、徐岩、杨军	原序号为64，推荐单位为国家电网有限公司
19	三等	高比例清洁能源电力系统多频段振荡在线分析与控制技术及应用	云南电网有限责任公司、清华大学	吴琛、陈磊、黄伟、马宁宁、程旻、张丹、闵勇	原序号为87，推荐单位为中国电机工程学会
20	三等	白鹤滩水电站百万千瓦机组安装及地下厂房施工关键技术	中国葛洲坝集团机电建设有限公司、中国葛洲坝集团三峡建设工程有限公司	陈强、李友华、卫书满、龚世柒、赵华、邓富扬、莫文华	原序号为94，推荐单位为中国能源建设集团有限公司
21	三等	大型梯级电站调峰运行条件下通航关键技术及应用	长江水利委员会长江科学院、中国长江三峡集团有限公司流域枢纽运行管理中心、长江勘测规划设计研究有限责任公司、长江三峡通航管理局、武汉理工大学	史德亮、姚金忠、江耀祖、周引平、李书飞、张晓盼、王学敏	原序号为95，推荐单位为长江水利委员会长江科学院
22	三等	深厚覆盖层上高面板坝设计准则与运行评价关键技术	中国电建集团西北勘测设计研究院有限公司、河海大学、南京水利科学研究院、中国水电基础局有限公司	周恒、甘磊、陆希、苗喆、赵明华、李树武、李学强	原序号为96，推荐单位为中国电力建设集团有限公司
23	三等	水库群智能调度云服务系统平台开发与示范	中国长江电力股份有限公司、长江勘测规划设计研究有限责任公司、华中科技大学、长江水利委员会水文局	曹光荣、周建中、王玉华、周保红、赵牧晨、冯宝飞、刘懿	原序号为97，推荐单位为中国长江三峡集团有限公司
24	三等	碾压混凝土高双曲拱坝设计关键技术研究	中国能源建设集团广西电力设计研究院有限公司	韩晓凤、盘春军、熊图耀、伍杰添、解凌飞、徐婷兰、厉海元	原序号为98，推荐单位为中国能源建设集团有限公司
25	三等	基于多维数据的水电设备状态评估系统	五凌电力有限公司、湖南五凌电力科技有限公司、西安交通大学、湖南大学	胡蝶、何葵东、张培、夏刚、胡勇胜、赵训新、董明	原序号为99，推荐单位为国家电力投资集团有限公司

续表

序号	等级	获奖项目	受奖单位	受奖人	备注
26	三等	特大型灯泡贯流式机组研发应用与智能运行关键技术	国能大渡河流域水电开发有限公司、东方电气集团东方电机有限公司、四川大学、中国水利水电第七工程局有限公司	李林、晋健、汪文元、何滔、汪广明、尹国军、黄炜斌	原序号为100，推荐单位为国家能源投资集团有限责任公司
27	三等	长距离、海床频变海域海上风电场建设关键技术开发与应用	国华能源投资有限公司、国家能源集团东台海上风电有限责任公司、中国电建集团华东勘测设计研究院有限公司、中交三航（上海）新能源工程有限公司、北京海瑞兴能源科技有限责任公司	刘小奇、李大钧、顾素平、朱晓松、张晓宇、裴泽伟、姜坤	原序号为125，推荐单位为国家能源投资集团有限责任公司
28	三等	复杂地理环境超高塔筒大兆瓦机组风电起重机研制及应用	华电郑州机械设计研究院有限公司、郑州新大方重工科技有限公司、华北水利水电大学、华电河南新能源发电有限公司、中国华电科工集团有限公司	李太周、孙永胜、赵小伟、李瑞、上官林建、郑立明、姜化斌	原序号为126，推荐单位为中国华电集团有限公司
29	三等	数据驱动的风电精益化运行关键技术及平台开发应用	国网冀北电力有限公司电力科学研究院、国网冀北张家口风光储输新能源有限公司、同济大学、许昌许继风电科技有限公司、北京东方国信科技股份有限公司	张扬帆、沈小军、杨伟新、张文煜、宋鹏、程林志、王玙	原序号为127，推荐单位为国家电网有限公司
30	三等	海上风电工程关键技术研究与应用	中国能源建设集团有限公司工程研究院、中国能源建设集团广东火电工程有限公司、中国能源建设集团浙江火电建设有限公司、中国能源建设集团华东电力试验研究院有限公司、北京交通大学	许继刚、刘浩鸾、乐群立、陈杰湛、赵文忠、葛广林、徐金兵	原序号为128，推荐单位为中国能源建设集团有限公司
31	三等	弱惯量下计及源荷调节的新能源集群动态协调及主动支撑技术及应用	国网甘肃省电力公司、清华大学、华北电力大学、国家电网有限公司西南分部、国网甘肃省电力公司临夏供电公司	周强、王定美、张彦琪、吕清泉、张金平、鲁宗相、路亮	原序号为129，推荐单位为国家电网有限公司
32	三等	海上风电工程岩土勘察关键技术与装备研发及应用	中国电建集团华东勘测设计研究院有限公司、浙江华东建设工程有限公司、同济大学、中国海洋大学	单治钢、孙淼军、汪明元、黄雨、王栋、王宽君、饶猛	原序号为130，推荐单位为中国电力建设集团有限公司
33	三等	含波浪能发电系统的海岛智能微网关键技术研究及示范应用	海南电网有限责任公司、中国科学院广州能源研究所、天津大学、三沙供电局有限责任公司	吴清、禹鹏、盛松伟、孔祥玉、梁钰、洪同庆、陈益华	原序号为131，推荐单位为中国南方电网有限责任公司

（本年鉴编辑部摘编）

特大型水电机组控制优化、故障诊断与状态评估关键技术及应用

“特大型水电机组控制优化、故障诊断与状态评估关键技术及应用”获2021年度中国大坝工程学会科技进步奖二等奖。

水电作为可再生清洁能源，是实现“碳达峰、碳中和”最佳电源，其安全运行事关国计民生。近年，我国投运了白鹤滩、洪屏等一批特大型常规水电和抽水蓄能机组，机组向大功率、高转速、智能化方向发展，结构日趋复杂，集成化程度、智能运维要求高。水电机组安全运行涉及水力、电磁、机械、结构等多

场耦合非线性动力学问题，尤其是机组调控策略、轴系空间状态与设备状态劣化趋势等均会对机组稳定运行乃至电站安全产生重大影响，安全问题日益凸显，给机组安全、稳定与高效运行带来了一系列亟待解决的国际学术前沿问题和工程技术难题。其中，机组设备的安全调控和智能诊断评估理论与技术是机组可靠运行的关键，亟须研究与之适应的理论、方法和工程应用系统。该项目围绕上述理论和工程技术难点，率先针对特大型水电机组智能调控与安全运行相关的基础理论、关键技术与工程应用问题，以动力特性建模-优化调控-诊断评估-工程应用为主线，开展了较为系统的理论方法和技术体系研究，形成了一整套大型水电机组主辅设备安全稳定运行的关键技术，在国家多个重点水利枢纽工程的运行、管理中发挥了重大关键作用。

（一）主要成果及创新点

（1）提出了水电机组动力特性建模理论与方法。建立了机组全工况自适应变结构-变参数耦合模型，创建了一维-三维耦合模型弱形式协同求解与验证技术，揭示了耦合系统多尺度振荡现象及其产生机理，探明了耦合系统参数对不同时间尺度振荡的影响规律。

（2）创建了水电机组智能控制优化理论体系。提出了机组自适应工况模型预测、模糊分数阶 PID、分段非线性智能开启成套控制理论与方法，探明了极端工况下水机电耦合作用机制与设备疲劳劣化趋势。

（3）创新了水电机组主辅设备智能诊断评估与趋势预测技术。解析获得故障状态下机组运行数据奇异特性，建立了深度神经网络、频繁模式增长故障-征兆信息数据挖掘模型，提出了融合深度学习技术的机组主辅设备智能故障诊断与趋势预测方法。

（4）研发了水电机组在线监测、控制优化与诊断评估成套装置及一体化应用平台，解决了长期以来机组控制优化和智能诊断评估理论应用的技术难题，填补了国内水电机组在线监测、智能诊断评估的技术空白。

（二）应用情况及推广前景

成果在洪屏、白莲河、构皮滩、瀑布沟等水电站获得成功应用，并推广到白山、东风、仙居电站，产生了重要的环境、经济、社会效益，为我国大型水电机组设备安全、高效、稳定运行提供了强有力的技术支撑和决策支持。成果得到国内外学者和行业专家的高度评价与关注，并被借鉴跟踪研究，促进了水电行业的数字化、智能化发展。

其中，对乌江流域构皮滩水电站、大渡河流域瀑布沟水电站、国网新源控股有限公司湖北白莲河与江西洪屏抽水蓄能电站机组主辅设备进行控制优化、状态监测与故障诊断，提高了机组的并网成功率，增加了增发电量利润；准确判断机组早期故障和设备劣化程度，降低机组故障发生率，节省检修费用和试验费用，减少由水电机组主设备故障导致的经济损失和事故机会成本。考虑各电厂因项目技术成果的实施，提高智能化管控水平后降低的能耗、减少的人员支出等，仅近三年新增经济效益总计超过 4 亿元人民币。

成果已在我国重点水利枢纽工程水力发电生产中应用，对水电厂运行人员及时、准确掌握机组设备的性能和潜在故障风险提供指导，为故障快速诊断和机组状态检修提供科学的决策依据，显著提高了机组的智能管控与安全稳定运行水平，减少了机组主辅设备故障率，缩短了检修时间，增加了机组发电量；同时，项目技术成果的应用，提高了常规水电站和抽水蓄能电站的发电量，对减少二氧化碳排放、维护新型电力系统稳定、加快“碳达峰、碳中和”进程、促进社会的和谐发展做出了贡献。项目获授权发明专利 17 项、软件著作权 9 项；出版专著 6 部，发表学术论文 97 篇，其中 SCI/EI 收录 76 篇；发布标准 6 项。此外，项目的实施，培养了大批博士、硕士研究生和企业骨干技术人员与行业科技工作者，推动了学科的发展和行业的科技进步。

（三）获奖单位

华中科技大学、江西洪屏抽水蓄能有限公司、湖北白莲河抽水蓄能有限公司、中国水利水电科学研究院、国能大渡河检修安装公司。

（四）获奖人

周建中、许颜贺、杨洪涛、刘英、安学利、钱冰、侯晋、付文龙、郭文成、刘颉。

（湖北白莲河抽水蓄能有限公司　胡志平）

中国电建集团北京勘测设计研究院有限公司 2022 年科技成果获奖情况

中国电建集团北京勘测设计研究院有限公司 2022 年科技成果获奖情况见表 1。

表1 中国电建集团北京勘测设计研究院有限公司2022年科技成果获奖情况表

序	项目名称	获奖情况
1	高碾压混凝土坝智能建设关键技术及工程应用	云南省政府科学技术奖一等奖
2	升鱼机设计关键技术研究与应用	中国电力规划设计协会电力工程科学技术进步奖一等奖
3	抽水蓄能地下洞室群TBM应用设计关键技术研究	中国电力建设企业协会电力建设科学技术进步奖一等奖
4	700m级350MW抽水蓄能机组关键技术与应用	中国水力发电工程学会水力发电科学技术奖一等奖
5	电力工程生态环境污染源与风险三维管控体系的构建与实践	中国电力企业联合会电力创新奖一等奖
6	云南大华桥水电站工程	中国水力发电工程学会水力发电科学技术奖二等奖
7	大水位变幅多泥沙水库取水口设计关键技术研究与应用	中国电力建设企业协会电力建设科学技术进步奖二等奖
8	风电场工程道路设计规范	中国电力建设企业协会电力建设科学技术进步奖二等奖
9	防汛抗旱应急能力建设“十四五”规划研究	中国水力发电工程学会水力发电科学技术奖二等奖
10	抽水蓄能地下洞室群TBM应用设计关键技术研究	中国水力发电工程学会水力发电科学技术奖二等奖
11	河长制智慧管理技术体系研究	中国电力建设企业协会电力建设科学技术进步奖三等奖
12	复杂条件大型水电站地下引水发电系统精益化设计施工关键技术	中国电力建设企业协会电力建设科学技术进步奖三等奖
13	水电水利工程施工废水处理和资源化利用技术	中国电力建设企业协会电力建设科学技术进步奖三等奖
14	水电工程防恐防暴关键技术研究	中国水力发电工程学会水力发电科学技术奖三等奖
15	大型水电工程用高强韧性钢板绿色制造关键技术及应用	中信金属股份有限公司中信微合金化技术中心中信铌钢技术进步奖创新奖

（中国电建集团北京勘测设计研究院有限公司　海显丽）

中国电建集团西北勘测设计研究院有限公司2022年科技成果获奖情况

中国电建集团西北勘测设计研究院有限公司2022年科技成果获奖情况见表1。

表1 中国电建集团西北勘测设计研究院有限公司2022年科技成果获奖情况表

序号	项目名称	获奖情况
1	村镇建设地方性理论与山西黄河流域乡村保护振兴方法及实践	山西省科学技术奖一等奖
2	寒旱区边坡创面拟自然植被修复关键技术	西藏自治区科学技术奖二等奖
3	沥青混凝土心墙土石坝关键技术及应用	陕西省科学技术奖一等奖
4	黄土高原沟壑区绿水的水文过程与驱动机制	陕西省科学技术奖二等奖
5	城市深厚砂卵石层多尺度岩土力学分析理论、关键技术及工程应用	陕西省科学技术奖二等奖
6	城乡有机垃圾能源化综合利用关键技术研究与应用	陕西省科学技术奖三等奖
7	面向高海拔湖泊盐岩矿床的高效率采掘船关键技术与工程应用	陕西省科学技术奖三等奖
8	城市河湖水系生态治理关键技术与应用	产学研合作创新成果奖优秀奖
9	河南省黄河流域村镇建设地方性理论、技术及应用	河南省科学技术奖二等奖
10	风电机组钢-预应力混凝土混合结构塔筒技术	中国科技产业促进会科学技术奖一等奖

续表

序号	项目名称	获奖情况
11	黄河上游大型梯级水库岸坡蠕变机理与破坏效应研究及安全监控技术	中国科技产业促进会科学技术奖一等奖
12	基于三维激光扫描技术的崩滑体地质灾害体监测方法	中国专利奖优秀奖
13	厚覆盖层上高面板坝建设与长效性能评估关键技术及实践	水力发电科学技术奖二等奖
14	高参数塔式太阳能热发电三岛集成与性能优化关键技术	水力发电科学技术奖二等奖
15	“一带一路”典范工程下凯富峡水电站受限空间岩体利用关键技术	水力发电科学技术奖三等奖
16	大型陆上风力发电场多源信息融合与智慧化设计运行关键技术	水力发电科学技术奖三等奖

（中国电建集团西北勘测设计研究院有限公司　刘潇敏）

中国电建集团成都勘测设计研究院有限公司2022年科技成果获奖情况

2022年，中国电建集团成都勘测设计研究院有限公司科技成果获奖情况见表1。

表1　2022年成都院科技成果获奖情况表

序号	成果名称	获奖情况
1	超高海拔复杂地形山地风电场风能资源评估与规划设计关键技术研发	电力科技成果“金苹果”奖——技术成果类三等奖
2	最大可信地震高混凝土坝安全评价理论、技术与应用	水力发电科学技术奖一等奖
3	锦屏一级水电站大坝混凝土碱-骨料反应长期安全性评价	水力发电科学技术奖二等奖
4	锦屏一级水电站大坝混凝土碱-骨料反应长期安全性评价	水力发电科学技术奖二等奖
5	防汛抗旱应急能力建设“十四五”规划研究	水力发电科学技术奖二等奖
6	基于数据中心的水电工程地质勘察与分析一体化系统研究与开发	水力发电科学技术奖三等奖
7	流域电站群网络安全威胁监检测和动态自适防御研究	水力发电科学技术奖三等奖
8	特高拱坝混凝土施工智能化建设关键技术	电力科学技术奖二等奖
9	岩爆隧道安全高效建造技术研发与应用	福建省科技进步奖一等奖
10	高烈度山区边坡地震风险防控及智能预警成套技术	四川省科技进步奖三等奖
11	缺资料地区水文智能监测与工程水义计算关键技术	四川省科技进步奖三等奖
12	复杂条件大型水工隧洞开裂破坏机理与控制关键技术	中国岩石力学与工程学会科技进步奖一等奖
13	水电工程BIM标准体系及主要标准	电力建设科学技术进步奖三等奖
14	西藏派墨公路老虎嘴隧道高地应力断层带开挖支护施工安全关键技术	中国安全生产协会第三届安全科技进步奖三等奖
15	青藏高原复杂地质条件下双护盾TBM公路隧道建造关键技术	西藏自治区科学技术奖一等奖
16	高海拔大温差地区水工混凝土关键技术研究及工程应用	西藏自治区科学技术奖二等奖
17	重大水电工程边坡倾倒变形破坏机制及安全控制关键技术	电力工程科学技术进步奖一等奖
18	水利水电工程高陡边坡全生命周期安全控制关键技术	中国大坝工程学会科技进步奖特等奖
19	高坝工程强剪切消能关键技术研究与应用	中国大坝工程学会科技进步奖特等奖

（中国电建集团成都勘测设计研究院有限公司　吉华伟）

中国电建集团贵阳勘测设计研究院有限公司 2022 年度科技成果获奖情况

中国电建集团贵阳勘测设计研究院有限公司 2022 年度科技成果获奖情况见表 1。

表 1 中国电建集团贵阳勘测设计研究院有限公司 2022 年度科技成果获奖情况

序号	项目名称	获奖情况
1	贵州洪渡河高生水电站	2021 年工程勘察、建筑设计行业和市政公用工程优秀勘察设计奖（工业）三等奖
2	四川省木里河立洲水电站	2021 年度工程勘察、建筑设计行业和市政公用工程优秀勘察设计奖（工业）二等奖
3	四川雅安周公河沙坪水电站	2021 年度工程勘察、建筑设计行业和市政公用工程优秀勘察设计奖（工业）三等奖
4	贵州牛栏江象鼻岭水电站工程设计	2021 年度工程勘察、建筑设计行业和市政公用工程优秀勘察设计奖（工业）二等奖
5	贵州北盘江马马崖一级水电站工程设计	2021 年度工程勘察、建筑设计行业和市政公用工程优秀勘察设计奖（工业）二等奖
6	一种面板坝的坝体和面板的变形控制与适应方法	2022 年度电力创新奖（专利成果）二等奖
7	一种地下水渗漏通道勘察的场标准化分析方法	2021～2022 年度贵州省专利奖银奖
8	贵州省马岭水利枢纽工程碾压混凝土双曲拱坝及电站	2022 年水利工程优质（甲秀）奖金奖
9	滑坡致灾力学机理及灾害链演化研究与工程应用	2022 年度水力发电科学技术奖一等奖
10	水利水电工程大流量渗漏应急处置关键技术与应用	2022 年度水力发电科学技术奖二等奖
11	拱坝坝肩稳定滑动块体体积面积的确定方法（ZL201310055027.6）	2022 年度电力建设科学技术进步奖三等奖
12	一种面板坝的坝体和面板的变形控制与适应方法（ZL201710201599.9）	2022 年度电力建设科学技术进步奖一等奖
13	一种地下水渗漏通道勘察的场标准化分析方法（ZL201710528844.7）	2022 年度电力建设科学技术进步奖三等奖
14	水电工程水土保持生态修复技术规范	2022 年度电力建设科学技术进步奖三等奖
15	减轻弧门铰链重量和提高铸造质量的方法及铰链结构（ZL201410638667.4）	2022 年度电力建设科学技术进步奖三等奖
16	一种胶凝砂砾石拌和设备（ZL202011203735.6）	2022 年度电力建设科学技术进步奖三等奖
17	大透距、高精度声波 CT 成套技术和设备研制	2022 年工程建设科学技术奖二等奖
18	尼格隧道、斐古隧道高地温成因分析专项报告	2022 年电力、水电行业优秀工程咨询成果奖二等奖
19	中国“十四五”地热发电产业发展及推广应用研究报告	2022 年电力、水电行业优秀工程咨询成果奖一等奖
20	贵州省黔南州石龙水库工程水土保持方案报告书	2022 年电力、水电行业优秀工程咨询成果奖三等奖
21	京能查干淖尔电厂风光火储氢示范项目苏左旗 500MW 风电项目可行性研究报告	2022 年电力、水电行业优秀工程咨询成果奖三等奖
22	XZLCRM 水电站可行性研究阶段死水位选择和装机容量选择专题报告	2022 年电力、水电行业优秀工程咨询成果奖三等奖

续表

序号	项目名称	获奖情况
23	水电工程防恐防暴关键技术研究	2022年度水电水利规划设计科学技术奖三等奖
24	用于大面积空腔灌浆的水下抗分散砂浆及其制备方法	2022年度工程建设行业高推广价值专利大赛二等奖
25	贵阳抽水蓄能电站预可研报告	2022年贵州省优秀工程咨询成果奖一等奖
26	黔南抽蓄预可研报告	2022年贵州省优秀工程咨询成果奖二等奖
27	六枝特区湾龙坡水库工程可行性研究阶段主要技术成果报告	2022年贵州省优秀工程咨询成果奖三等奖
28	关岭县光照水光互补林业光伏电站项目可行性研究报告	2022年贵州省优秀工程咨询成果奖一等奖
29	织金县洪家渡水光互补农业光伏电站可行性研究报告	2022年贵州省优秀工程咨询成果奖三等奖
30	江西省樟树市循环经济产业园建设项目可行性研究报告	2022年贵州省优秀工程咨询成果奖三等奖
31	贵州省抽水蓄能电站中长期规划	2022年贵州省优秀工程咨询成果奖一等奖
32	LCJRM正常蓄水位专题	2022年贵州省优秀工程咨询成果奖一等奖
33	丽江市黑白水河引水丽江坝水生态修复工程可行性研究报告	2022年贵州省优秀工程咨询成果奖一等奖
34	昌都市芒康县道524如美镇段项目可行性研究报告	2022年贵州省优秀工程咨询成果奖二等奖
35	四川大渡河枕头坝二级水电站可行性研究报告	2022年贵州省优秀工程咨询成果奖二等奖
36	安顺市水资源保护规划	2022年贵州省优秀工程咨询成果奖二等奖
37	下岩水库可研报告	2022年贵州省优秀工程咨询成果奖二等奖
38	董菁光伏电站可行性研究报告	2022年贵州省优秀工程咨询成果奖二等奖
39	华电肇庆金山渔光互补项目	2022年贵州省优秀工程咨询成果奖二等奖
40	枕头坝二级水电站工程建设征地移民安置规划报告	2022年贵州省优秀工程咨询成果奖三等奖
41	凯里市“十四五”水务发展规划	2022年贵州省优秀工程咨询成果奖三等奖
42	贵阳市轨道交通2号线一期工程兴筑西路站岩土工程勘察	2022年度贵州省优秀工程勘察设计奖二等奖
43	基于云原生的工程安全监测平台	2022年度贵州省优秀工程勘察设计奖三等奖
44	普定水电站提效增容改造工程	2022年度贵州省优秀工程勘察设计奖三等奖
45	贵州牛栏江象鼻岭水电站工程设计	2022年度贵州省优秀工程勘察设计奖一等奖
46	西藏澜沧江如美水电站建设征地移民安置规划工程测量	2022年度贵州省优秀工程勘察设计奖一等奖
47	贵州洪渡河高生水电站工程勘察	2022年度贵州省优秀工程勘察设计奖一等奖
48	贵阳院基于GIS的管道三维设计及水力学计算平台	2022年度贵州省优秀工程勘察设计奖三等奖
49	贵阳院地理信息公共服务平台	2022年度贵州省优秀工程勘察设计奖二等奖
50	西藏华电金上昌都芒康昂多光伏电站工程测量	2022年度贵州省优秀工程勘察设计奖二等奖
51	灵武兴黔风电项目	2022年度中国电力优质工程奖
52	贵阳院地理信息公共服务平台	2021年度水电行业“四优”奖二等奖
53	贵州洪渡河高生水电站	2021年度水电行业优秀勘测、优秀设计奖二等奖
54	乌江思林升船机工程设计	2021年度水电行业优秀勘测、优秀设计获奖二等奖
55	播州区枫香风电场一期项目	2021年度水电行业“四优”奖二等奖

续表

序号	项目名称	获奖情况
56	基于云原生的工程安全监测平台	2021年度水电行业“四优”奖三等奖
57	堆石坝变形监测和变形预测关键技术及应用	2021年度中国大坝工程学会科技进步奖一等奖
58	土体结合带状态相关渗透特性测试装置与技术	2021年度中国大坝工程学会技术发明奖二等奖

（中国电建集团贵阳勘测设计研究院有限公司）

中国水利水电第三工程局有限公司 2022年科技成果获奖情况

中国水利水电第三工程局有限公司2022年度科技成果获奖情况件表1。

表1 中国水利水电第三工程局有限公司2022年度科技成果获奖情况

序号	项目名称	获奖情况
1	复杂条件下土压平衡式顶管施工技术	陕西省建筑业协会科学技术进步奖一等奖
2	大跨度槽式钢箱梁长距离曲线单向顶推施工关键技术	中国施工管理企业协会科学技术进步奖一等奖
3	高温强降雨气候条件下碾压混凝土关键施工技术	陕西省建筑业协会科学技术进步奖一等奖
4	长斜井钻孔灌浆施工平台研究与应用	陕西省建筑业协会科学技术进步奖二等奖
5	大跨径钢箱梁顶推施工技术研究	陕西省建筑业协会科学技术进步奖二等奖
6	大型辉绿岩砂石骨料加工系统工艺研究	陕西省建筑业协会科学技术进步奖二等奖
7	国产双护盾TBM在输水隧洞施工应用中的关键技术研究	中国施工企业管理协会科学技术进步奖二等奖
8	水电站高强钢压力钢管单面焊双面成型运用关键技术研究	陕西省建筑业协会科学技术进步奖二等奖
9	小断面超长隧洞多工作面灌浆工程施工关键技术	陕西省建筑业协会科学技术进步奖二等奖
10	超高层建筑深基坑支护与基础混凝土施工技术研究	中国施工管理企业协会科学技术进步奖二等奖
11	大型压力钢管摞节滚焊制作工法	中国施工管理企业协会微创新技术奖二等奖
12	一种弧形舌瓣门加工装置及加工方法	中国施工管理企业协会高推广价值专利二等奖
13	一种混凝土大坝坝段基坑排水及其坝基浇筑方法	中国施工管理企业协会高推广价值专利三等奖
14	一种压力钢管大节拼装装置	中国施工管理企业协会高推广价值专利三等奖
15	复杂环境下钢箱梁施工关键技术研究	中国施工管理企业协会造微创新技术大赛三等奖
16	超高层建筑深基坑地基与支护施工技术研究	中国施工管理企业协会微创新技术奖三等奖
17	地下车库空心楼盖施工技术	中国施工管理企业协会微创新技术奖优秀奖
18	大型弧形舌瓣门加工技术研究与应用	中国施工管理企业协会微创新技术奖优秀奖

（中国水利水电第三工程局有限公司 刘雅晨）

中国水利水电第四工程局有限公司 2022年科技成果获奖情况

中国水利水电第四工程局有限公司2022年度科技成果获奖情况见表1。

表1　　中国水利水电第四工程局有限公司2022年度科技成果获奖情况表

序号	成果名称	获奖情况
1	金沙江向家坝水电工程	水力发电科学技术进步奖特等奖
2	特高拱坝结构性态数字孪生与智能监控关键技术	水力发电科技技术进步奖一等奖
3	大吨位缆机群智能化控制与综合运维技术	水力发电科技技术进步奖三等奖
4	西藏高寒高海拔地区堆石坝混凝土筑坝关键技术研究与应用	水力发电科学技术进步奖三等奖
5	高拱坝混凝土浇筑智能管控关键技术	大坝学会技术发明奖一等奖
6	复式河谷混凝土面板堆石坝坝下敷设压力管道创新布置关键技术	大坝学会科技进步奖二等奖
7	轻型变截面式风电塔架产业化制造技术研究与应用	中国技术市场协会金桥奖优秀奖
8	隧洞软弱破碎围岩水力强耦合响应特性与施工防控技术	中国施工管理协会科技进步奖二等奖
9	近河强透水砂卵石地层地铁施工关键技术	中国施工管理协会科技进步奖二等奖
10	风电机组钢塔筒设计制造安装规范	电力建设科技进步奖三等奖
11	一种超深埋引水隧道的防水方法及防水设备	中国专利优秀奖
12	特高拱坝混凝土施工智能化建设关键技术	中国电力科学技术奖二等奖
13	智能化灌浆施工技术研究与应用	中国电力技术市场协会金苹果二等奖
14	大功率海上风力发电机定转子支架产业化制造技术及应用	中国电力技术市场协会金苹果二等奖
15	一种超深埋引水隧道的防水方法及防水设备	中国电力技术市场协会金苹果三等奖
16	混凝土面板堆石坝坝下敷设压力管道创新布置关键技术及应用	电力工程科学技术进步奖二等奖
17	白鹤滩水电站施工控制测量系统工程	中国测绘学会科学技术奖特等奖

（中国水利水电第四工程局有限公司　雷永红　董涛）

中国水利水电第五工程局有限公司 2022年科技成果获奖情况

中国水利水电第五工程局有限公司2022年科技成果获奖情况见表1。

表1　　中国水利水电第五工程局有限公司2022年科技成果获奖情况表

序号	项目名称	获奖情况
1	白鹤滩水电站超长无压泄洪洞群水力安全关键技术及应用	水力发电科学技术奖一等奖
2	高原寒冷地区300m级特高土石坝砾石土心墙施工关键技术	水力发电科学技术奖二等奖
3	面板坝垫层料摊压塑型护坡一体机的研发与施工技术	水力发电科学技术奖三等奖
4	高海拔高寒地区特高土石坝安全监控关键技术及应用	电力创新奖二等奖二等奖
5	660m高陡边坡危岩体群处理关键技术研究与应用	电力创新奖二等奖二等奖
6	软土地层大直径隧洞全断面高效开挖关键技术	电力工程科学技术进步奖二等奖
7	高原寒冷地区300m级特高土石坝砾石土心墙施工关键技术	电力建设科学技术奖一等奖
8	面板坝垫层料摊压塑型护坡一体机研发与施工技术	电力建设科学技术奖二等奖
9	300m级高土石坝砂板岩地基帷幕灌浆关键技术	电力建设科学技术奖三等奖
10	玄武岩纤维锚杆在岩锚梁岩台开挖过程中的应用	电力职工技术创新奖二等奖
11	时速140km城轨快线安全保障关键技术	工程建设科学技术奖一等奖

续表

序号	项目名称	获奖情况
12	多层多功能场馆设计建造关键技术研究与应用	工程建设科学技术奖二等奖
13	面板混凝土机械化施工及智能养护成套技术	工程建设科学技术奖二等奖
14	基于数值图像处理的坝料级配快速检测技术	工程建设科学技术奖二等奖
15	面板坝垫层料摊压塑型护坡一体机的研发与应用	工程建设科学技术奖二等奖
16	特高地温深埋公路隧道施工关键技术	中国公路建设行业协会科学技术进步奖二等奖
17	复杂地形地貌高速公路互通枢纽工程建造关键技术	中国公路建设行业协会科学技术进步奖三等奖
18	水平薄层破碎围岩大断面特长隧道施工关键技术	中国公路建设行业协会科学技术进步奖三等奖
19	300m级高心墙堆石坝施工质量控制技术研究与应用	中国质量协会质量技术奖二等奖
20	高流速大坡度洞室异型结构衬砌混凝土质量提升研究与应用	中国质量协会质量技术奖二等奖
21	堆石坝面板混凝土机械化施工及智能养护质量控制成套技术	中国质量协会质量技术奖三等奖

（中国水利水电第五工程局有限公司　袁幸朝）

中国水利水电第六工程局有限公司 2022年度科技成果获奖情况

中国水利水电第六工程局有限公司2022年度科技成果获奖情况见表1。

表1　　中国水利水电第六工程局有限公司2022年度科技成果获奖情况

序号	项目名称	获奖情况
1	乌东德巨型地下电站建设关键技术	中国水力发电工程学会水力发电科学技术奖二等奖
2	高水头深覆盖大型岩塞与淤泥层协同爆破关键技术	中国水力发电工程学会水力发电科学技术奖（技术发明奖）三等奖
3	水利水电工程长距离小直径TBM掘进技术研究与应用	中国水力发电工程学会水力发电科学技术奖三等奖
4	高应力强卸荷下地下工程硬岩劣化机制与灾变防控关键技术	湖北省科学技术厅一等奖
5	复杂条件下多水源多目标大型水资源配置工程建设关键技术	湖北省科学技术厅一等奖
6	大型水电站复杂钢筋混凝土结构水下施工技术	中国大坝工程学会技术发明奖三等奖
7	多泥沙水库增建减淤发电与联合调控关键技术	中国电力规划设计协会电力工程科学技术进步奖一等奖
8	乌东德复杂地质条件下巨型洞室群围岩稳定控制关键技术	中国岩石力学与工程学会技术进步奖特等奖
9	780MPa高强钢超大直径压力钢管制作与安装施工关键技术研究	中国安装协会科学技术进步奖一等奖
10	高压大涌水超深斜（竖）井安全高效施工关键技术	中国安装协会科学技术进步奖二等奖
11	大型水轮发电机组高精安装关键技术研究与应用	中国安装协会科学技术进步奖二等奖
12	400m级超深压力斜井施工技术	辽宁水利科学技术奖三等奖
13	大型水轮发电机组高精度安装关键技术研究与应用	辽宁水利科学技术奖三等奖

续表

序号	项目名称	获奖情况
14	深埋超大规模地下实验站爆破开挖关键技术研究	辽宁水利科学技术奖三等奖
15	大型水电站水力机械辅助系统工厂化预制施工关键技术	辽宁水利科学技术奖三等奖
16	长距离大坡度隧洞敞开式掘进机顺坡掘进施工技术	辽宁水利科学技术奖三等奖
17	400m级超深压力斜井施工技术	中国施工企业管理协会工程建造微创新技术大赛奖一等奖
18	不良地质大直径深水岩塞爆破施工技术研究与应用	中国施工企业管理协会工程建造微创新技术大赛奖一等奖
19	大型水电站复杂钢筋混凝土结构水下施工技术	中国施工企业管理协会工程建造微创新技术大赛奖一等奖
20	巨型水电站超大规模地下调压井群爆破开挖关键技术研究	中国施工企业管理协会工程建造微创新技术大赛奖一等奖
21	深埋超大规模地下实验站爆破开挖关键技术研究	中国施工企业管理协会工程建造微创新技术大赛奖二等奖
22	水利水电工程长距离小直径TBM掘进技术研究与应用	中国施工企业管理协会工程建造微创新技术大赛奖二等奖
23	大型水轮发电机组座环法兰现场高标准打磨关键施工技术	中国施工企业管理协会工程建造微创新技术大赛奖三等奖
24	大型起重设备载荷试验“装配式水箱”施工关键技术	中国施工企业管理协会工程建造微创新技术大赛奖优胜奖
25	无向前步进动力条件下敞开式TBM主机洞内联合步进工法	中国施工企业管理协会工程建造微创新技术大赛奖优胜奖
26	一种水下混凝土浇筑施工方法及装置	中国施工企业管理协会工程建设行业高推广价值专利大赛二等奖
27	一种用于钢管瓦片与加劲环组焊的弧形胎具	中国施工企业管理协会工程建设行业高推广价值专利大赛三等奖
28	一种压力钢管加劲环焊接工作站	中国施工企业管理协会工程建设行业高推广价值专利大赛三等奖
29	一种双定子组装防护棚	中国施工企业管理协会工程建设行业高推广价值专利大赛优胜奖
30	一种应用于水轮发电机组水车室的吊装轨道装置	中国施工企业管理协会工程建设行业高推广价值专利大赛优胜奖
31	不良地质大直径深水岩塞爆破施工技术研究与应用	中国电力技术市场协会金苹果奖技术成果一等奖
32	大型水电站复杂钢筋混凝土结构水下施工技术	中国电力技术市场协会金苹果奖技术成果二等奖
33	巨型水电站超大规模地下调压井群爆破开挖关键技术研究	中国电力技术市场协会金苹果奖技术成果三等奖
34	大型电站厂房清水混凝土精细化施工关键技术与应用	中国电力技术市场协会金苹果奖技术成果定向创新成果
35	一种水下混凝土浇筑施工方法及装置	中国电力技术市场协会金苹果奖知识产权（专利）三等奖
36	乌东德水电站巨型地下洞室群建设与运行关键技术	中国岩石力学与工程学会科学技术进步奖特等奖
37	多次分段劈裂注浆预应力钢管树枝状抗滑桩技术研究与应用	广东省市政行业协会科学技术奖三等奖

续表

序号	项目名称	获奖情况
38	一种水下混凝土浇筑施工方法及装置	中国电力建设企业协会电力建设科学技术进步奖（专利类）二等奖
39	巨型水电站超大规模地下调压井群爆破开挖关键技术研究	中国电力建设企业协会电力建设科学技术进步奖二等奖
40	提高丰满重建电站水轮发电机组稳定性方法及工程应用	中国能源研究会能源创新奖技术创新奖二等奖
41	丰满水电站新老大坝相互影响下的重建关键技术	中国施工企业管理协会工程建设科学技术进步奖一等奖
42	大型电站厂房清水混凝土精细化施工关键技术与应用	中国施工企业管理协会工程建设科学技术进步奖二等奖
43	大型水轮发电机组高精度安装关键技术研究与应用	中国施工企业管理协会工程建设科学技术进步奖二等奖
44	复杂条件下特大规模导流洞群快速封堵关键技术	中国施工企业管理协会工程建设科学技术进步奖二等奖
45	长距离引调水工程 TBM 装备关键技术及应用	中国水利学会大禹水利科学技术奖二等奖
46	金沙江乌东德水电站工程	中国水力发电工程学会水力发电科学技术奖一等奖
47	乌东德水电站复杂地质特大洞井群安全高效施工技术	中国水力发电工程学会水力发电科学技术奖二等奖
48	高拱坝坝肩特大斜井型岩溶综合治理关键技术研究	中国水力发电工程学会水力发电科学技术奖三等奖
49	复杂条件下特大规模导流洞群快速封堵关键技术研究	中国水力发电工程学会水力发电科学技术奖三等奖
50	电力工程生态环境污染源与风险三维管控体系的构建与实践	中国电力企业联合会电力创新奖（管理成果）一等奖
51	巨型水电站超大规模地下调压井群爆破开挖关键技术研究	中国电力企业联合会电力创新奖（技术成果）二等奖
52	提高丰满重建电站水轮发电机组稳定性方法及工程应用	中国电力企业联合会电力创新奖（技术成果）二等奖

（中国水利水电第六工程局有限公司 梁晶晶）

中国水利水电第七工程局有限公司 2022 年度科技成果获奖情况

中国水利水电第七工程局有限公司 2022 年度科技成果获奖情况见表 1。

表 1 中国水利水电第七工程局有限公司 2022 年度科技成果获奖情况表

序号	成果名称	获奖情况
1	时速 140km 城轨快线安全保障关键技术	工程建设科学技术奖一等奖
2	碾压混凝土筑坝精准控制关键技术	工程建设科学技术奖二等奖
3	砂石加工系统智能控制技术研究与应用	工程建设科学技术奖二等奖
4	淤泥质复合土层大型污水处理厂基础处理技术	工程建设科学技术奖二等奖
5	复杂环境深水直腹式钢板桩复合围堰关键技术	工程建设科学技术奖二等奖

续表

序号	成果名称	获奖情况
6	近河强透水砂卵石地层地铁施工关键技术	工程建设科学技术奖二等奖
7	混凝土数字化控制施工技术	科技创新奖二等奖
8	特大型灯泡贯流式机组研发应用与智能运行关键技术	电力科学技术奖三等奖
9	大型水利水电工程设计施工一体化管理体系与数字化建造关键技术	中国水力发电奖一等奖
10	不对称V型峡谷超高沥青混凝土心墙堆石坝施工关键技术	中国水力发电奖三等奖
11	高原峡谷巨孤漂石地层混凝土防渗墙施工关键技术	中国水力发电奖三等奖
12	柱状节理玄武岩在水电站地下厂房高水头作用下的渗控关键技术研究	中国水力发电奖三等奖
13	大型水利水电EPC工程总承包管理技术与体系研究	电力创新奖创新大奖
14	灌浆与锚固智能化系统研发及施工技术	电力创新奖二等奖
15	桩节点框格式地下连续墙深基础质量技术研究与应用	质量技术奖优秀奖
16	混凝土数字化控制施工技术	技术发明奖二等奖
17	白鹤滩水电站巨型闸门和启闭机关键技术及工程应用	电力建设科学技术进步奖二等奖
18	超大型不锈钢复合面板弧形闸门制造技术	电力建设科学技术进步奖三等奖
19	机制砂石智能工厂生产管控与智能运维关键技术研究与应用	机械工业科学技术进步奖二等奖
20	高海拔大温差环境下大型混流式机组安装技术	中国安装协会科技进步奖三等奖

（中国水利水电第七工程局有限公司）

中国水利水电第八工程局有限公司 2022年度科技成果获奖情况

中国水利水电第八工程局有限公司2022年度科技成果获奖情况见表1。

表1　中国水利水电第八工程局有限公司2022年度科技成果获奖情况

序号	项目名称	获奖情况
1	复杂条件大型水工隧洞开裂破坏机理与控制关键技术	中国岩土力学与工程学会科学技术进步奖一等奖
2	水电工程大型渣场安全建造与绿色综合利用关键技术	电力建设科学技术进步奖二等奖
3	水电工程BIM标准体系及主要标准	电力建设科学技术进步奖三等奖
4	特高拱坝结构性态数字孪生与智能监控关键技术	水力发电科学技术奖一等奖
5	热带雨林复杂地质条件下碾压混凝土高坝关键技术与应用	水力发电科学技术奖二等奖
6	乌东德850MW水轮发电机组安装与调试技术	水力发电科学技术奖三等奖
7	超大型砂石骨料矿绿色环保智能化开采加工综合技术	质量技术奖优秀奖
8	滨海地区地铁超深基坑主体结构渗漏防治关键技术	工程建设科学技术进步奖二等奖
9	轨道交通高架桥梁结构高效建造关键技术	湖南省技术发明奖三等奖
10	特高拱坝混凝土施工智能化建设关键技术	电力科学技术奖二等奖
11	白鹤滩特高拱坝大风条件下安全优质高效施工关键技术	中国大坝工程学会科技进步奖二等奖
12	水工碾压混凝土施工规范及关键技术研究	中国大坝工程学会科技进步奖二等奖
13	全盖体地铁场段工程免装饰混凝土绿色建造关键技术	中国科技产业化促进会科技创新奖二等奖

（中国水利水电第八工程局有限公司　杨承志）

中国葛洲坝集团股份有限公司 2022年主要科技成果获奖情况

中国葛洲坝集团股份有限公司2022年主要科技成果获奖情况见表1。

表1 中国葛洲坝集团股份有限公司2022年主要科技成果获奖情况表

序号	成果名称	获奖情况
1	大宗固体废物及堆场绿色高效安全利用成套技术与装备	湖北省科学技术进步奖特等奖
2	复杂条件下多水源多目标大型水资源配置工程建设关键技术	湖北省科学技术进步奖一等奖
3	流质卸压衬砌及磁导向高强锚固防渗新技术	湖北省技术发明奖二等奖
4	矿冶城市湖泊环保疏浚工程关键技术与应用	湖北省科学技术进步奖三等奖
5	水库岸坡浸泡-渗流驱动破坏机制与治理新技术	湖北省科学技术进步奖三等奖
6	大载荷、高扬程移动式启闭机设计与制造关键技术研究	中国安装协会科学技术进步奖一等奖
7	逆作法超长钢管柱超高精度建造技术研究	中国安装协会科学技术进步奖二等奖
8	风电塔筒“移动制造厂”关键技术研究与应用	中国安装协会科学技术进步奖三等奖
9	基于污染物多维去除策略的流域水环境综合治理技术集成及应用	长江技术经济学会科学技术进步奖二等奖
10	白鹤滩水电站百万千瓦机组安装及地下厂房施工关键技术	中国电机工程学会科学技术进步奖三等奖
11	城区超长距离骑跨铁路钢箱梁施工技术	中国施工管理协会科学技术进步奖二等奖
12	700m级高水头抽水蓄能电站高强钢压力钢管施工技术	中国施工管理协会科学技术进步奖二等奖
13	复杂条件大型水工隧洞开裂破坏机理与控制关键技术	中国岩石力学与工程学会科学技术进步奖一等奖
14	高拱坝混凝土浇筑智能管控关键技术	中国大坝工程学会技术发明奖一等奖
15	乌东德特高拱坝技术创新与实践	中国大坝工程学会科学技术进步奖特等奖
16	超高纯石英砂包裹体及晶格杂质纯化关键技术与应用	中关村绿色矿山产业联盟科学技术进步奖一等奖
17	生物灰硅酸盐水泥浆固井材料的研究与应用	中国建筑材料流通协会科学技术进步奖二等奖
18	水泥原料及生料质量智能管控技术升级的研究	中国建筑材料流通协会科学技术进步奖二等奖
19	大型沉管专用水泥制备关键技术研发与实践	中国建筑材料流通协会科学技术进步奖一等奖
20	金沙江乌东德水电站工程	水力发电学会科学技术进步奖一等奖
21	特高拱坝结构性态数字孪生与智能监控关键技术	水力发电学会科学技术进步奖一等奖
22	南水北调中线干线特殊地质段变形控制技术及应用	水力发电学会科学技术进步奖二等奖
23	白鹤滩水电站巨型地下厂房施工关键技术	水力发电学会科学技术进步奖三等奖

（中国葛洲坝集团股份有限公司　程志华）

中国安能集团第一工程局有限公司 2022年度科技成果获奖情况

中国安能集团第一工程局有限公司2022年度科技成果获奖情况见表1。

表 1　中国安能集团第一工程局有限公司 2022 年度优质工程奖及科技成果获奖情况

序号	项目名称	获奖情况
1	梨园水电站	国家优质工程奖（2022～2023 年）
2	梨园水电站关键技术及应用	中国大坝工程学会科技进步奖二等奖
3	楚雄洞库项目雄启 QC 小组 QC 成果-降低湿喷工艺喷射混凝土超耗率	第五届中央企业 QC 小组成果发表赛三等奖

（中国安能集团第一工程局有限公司　李炳钦）

中国安能集团第二工程局有限公司 2022 年度科技成果获奖情况

中国安能集团第二工程局有限公司 2022 年度科技成果获奖情况见表 1。

表 1　中国安能集团第二工程局有限公司 2022 年度科技成果获奖情况

序号	项目名称	获奖情况
1	高原寒冷地区大型风电工程施工关键技术及应用	水力发电科学技术奖三等奖

（中国安能集团第二工程局有限公司　王晖）

中国安能集团第三工程局有限公司 2022 年度科技成果获奖情况

中国安能集团第三工程局有限公司 2022 年度科技成果获奖情况见表 1。

表 1　中国安能集团第三工程局有限公司 2022 年度科技成果获奖情况

序号	项目名称	获奖情况
1	隧道及地下工程突涌水风险防控及应急救援关键技术	中国安全生产协会第三届安全科技进步奖一等奖
2	大型高流速变坡水工隧洞混凝土衬砌施工关键技术	中国施工企业管理协会科技进步奖二等奖
3	大型高流速变坡水工隧洞混凝土衬砌施工关键技术	中国大坝工程学会科技进步奖二等奖
4	蚀变岩长大隧洞围岩稳定控制开挖施工技术	中国施工企业管理协会科技进步奖二等奖
5	水利水电工程大流量渗漏应急处置关键技术与应用	中国水力发电工程学会科技进步奖二等奖
6	水利水电工程大流量渗漏应急处置关键技术与应用	四川水力发电工程学会科技进步奖一等奖
7	边坡高位灾害体无人机监测与预警系统	中国电力建设企业协会科技进步奖微创新奖

（中国安能集团第三工程局有限公司　贺宁波）

乌东德水电站工程获菲迪克 2022 年度工程项目高度赞扬奖

2022 年 9 月 12 日，国际咨询工程师联合会（FIDIC）在瑞士日内瓦举办的 FIDIC 全球基础设施大会上，揭晓 2022 年度“菲迪克工程项目奖”。9 个项目从全球入围的 28 个项目中脱颖而出，分获菲迪克工程项目杰出奖、高度赞扬奖。来自中国的 3 项工程斩获该项国际大奖，其中，由长江设计集团规划勘察设计的金沙江乌东德水电站项目荣获“菲迪克 2022

年度工程项目高度赞扬奖”。

这是长江设计集团第7次捧获菲迪克工程项目奖。“长江设计”品牌再次闪耀世界，体现出“中国创造”的卓越水准，赢得全球同行高度赞誉和充分认可。

金沙江乌东德水电站作为新时代大国重器和“西电东送”国家重大工程，是党的十八大以来开工并建成的首座千万千瓦级巨型水电站工程，装机容量1020万kW，位居世界第七、中国第四。乌东德大坝为世界第六高拱坝，混凝土双曲拱坝最大坝高270m，采用坝身表中孔与岸边泄洪洞联合泄洪，最大泄洪流量为40500m^3/s，左、右岸地下厂房各安装6台单机容量为85万kW的混流式水轮发电机组。

乌东德水电站坚持生态优先、绿色发展，取得了一系列可持续发展的成就，创造了8项世界第一、15项水电行业首创技术和8项水电行业技术突破，年平均发电量约389亿kW·h。2021年6月16日全部机组投产发电。截至2022年12月31日，总发电量超过890亿kW·h，相当于节省标准煤2790万t，减少排放二氧化碳6980万t；创新发明的发电尾水集鱼系统，累计帮助51种4万多尾鱼类（其中国家二级重点野生保护动物7种）转运至上游栖息地，有效缓解了工程对鱼类的阻隔影响；连续7年开展增殖放流，累积放流鱼类超过140万尾，有效促进了金沙江的鱼类保护。

（长江勘测规划设计研究有限责任公司　陈东斌）

专　利　项　目

国能大渡河流域水电开发有限公司 2022年获得国家授权专利及软件著作权登记证书情况

国能大渡河流域水电开发有限公司2022年获得国家授权专利86件，其中实用新型专利70项，外观设计专利12项，发明专利16件，发明专利、外观设计专利有关情况见表1。

表1　国能大渡河流域水电开发有限公司2022年度获得国家授权发明、外观设计专利情况

序号	专利名称	专利类型	专利号	授权公告日
1	一种多源传感器组合触发变频采集方法及其系统	发明	ZL202111077788.2	2022年2月11日
2	起重设备云边协同智能管控系统、方法及可读存储介质	发明	ZL202210896181.5	2022年11月11日
3	基于视觉图像识别的桥机入侵危险行为预警方法及系统	发明	ZL202210890533.6	2022年11月11日
4	基于边缘计算和云计算的生产控制方法及系统	发明	ZL202110255934.X	2022年5月24日
5	一种梯级水电站枯水期调度多模式自适应匹配方法及系统	发明	ZL202210703468.1	2022年10月18日
6	一种基于调度模型的梯级水电站调度方法及系统	发明	ZL202210703482.1	2022年9月23日
7	基于神经微分方程的水库入库流量预测方法	发明	ZL20201535767.6	2022年2月11日
8	一种基于循环神经网络的信息查询方法及系统	发明	ZL202111489086.5	2022年3月18日
9	梯级电站群调度的风险效益分析方法、系统、终端及介质	发明	ZL202210786250.7	2022年9月6日
10	一种楼宇智能定位系统	发明	ZL202110109048.6	2022年5月20日
11	一种锚杆及其制作方法	发明	ZL202010712751.1	2022年2月22日
12	一种平衡小库容水力发电安全与防洪风险管控的方法	发明	ZL201911115576.1	2022年10月11日
13	一种梯级电站闸门控制策略生成和滚动优化方法及系统	发明	ZL202210776676.4	2022年9月27日
14	一种基于机器学习的降水预报修正方法及系统	发明	ZL202210565857.2	2022年11月18日

续表

序号	专利名称	专利类型	专利号	授权公告日
15	一种基于Transformer模型的排水系统运行状态预测方法及系统	发明	ZL202211141030.5	2022年12月27日
16	一种基于经验耦合函数的水泵故障预测方法及系统	发明	ZL202211141029.2	2022年12月27日
17	带决策指挥中心图形用户界面的显示屏幕面板	外设	ZL202130627624.7	2022年4月12日
18	用于数字楼宇综合管理系统的图形用户界面	外设	ZL202230033561.7	2022年5月31日
19	带人力资源辅助管理图形用户界面的显示屏幕面板	外设	ZL202230504079.7	2022年12月2日
20	工作票存储柜	外设	ZL202230596230.4	2022年12月9日
21	带水电站仿真系统图形用户界面的显示屏幕面板	外设	ZL202230497246.X	2022年12月9日
22	带发电模块图形用户界面的显示屏幕面板	外设	ZL202130723190.0	2022年5月10日
23	发电运行小指标管控用户界面	外设	ZL202230277425.2	2022年11月4日
24	用于党建管理平台的用户界面显示屏幕面板	外设	ZL202130789023.6	2022年3月15日
25	用于审计数据统计图形用户的显示屏幕面板	外设	ZL202130693216.1	2022年4月8日
26	用于电脑的车联网智能管控系统的图形用户界面	外设	ZL202130789024.0	2022年5月17日
27	用于设备标识编码管理图形界面显示屏幕面板	外设	ZL202130736669.8	2022年6月14日
28	区块链灌浆矿机1	外设	ZL202130831666.2	2022年10月21日

由国能大渡河流域水电开发有限公司开发的52项软件，2022年取得中华人民共和国国家版权局颁发的计算机软件著作权登记证书，有关情况见表2。

表2 国能大渡河流域水电开发有限公司2022年度获得国家计算机软件著作权登记证书情况

序号	软件著作权名称	登记号	登记日期	登记证书号
1	螺栓超声应力在线监测软件V1.0	2022SR0102748	2022年1月17日	软著登字第9056947号
2	数字楼宇综合管理系统	2022SR0299464	2022年3月2日	软著登字第9253663号
3	财务智能稽核模型软件V1.0	2022SR1610788	2022年12月25日	软著登字第10564987号
4	水电站反恐监控管理平台V1.0	2022SR0428462	2022年1月19日	软著登字第9382661号
5	基于知识图谱技术的智能专家系统V1.0	2022SR0494824	2022年4月9日	软著登字第9449023号
6	大渡河流域中长期径流预报系统	2022SR0154100	2022年1月25日	软著登字第9108299号
7	大渡河流域融雪径流预报系统	2022SR0168411	2022年1月26日	软著登字第9122610号
8	中长期智能调度平台	2022SR0381636	2022年3月23日	软著登字第9335835号
9	龚嘴、铜街子水电站设备智能评价	2022SR0690310	2022年6月2日	软著登字第9644509号
10	大渡河流域发电运行指标管控评价平台	2022SR0778614	2022年6月17日	软著登字第9732813号
11	大渡河流域生产数据自动校核报送系统	2022SR0778613	2022年6月17日	软著登字第9732812号
12	基于手机NFC的点检系统App	2022SR0195923	2022年2月7日	软著登字第9150122号
13	安全违章管控系统V1.0	2022SR1390811	2022年10月9日	软著登字第10345010号
14	轴流式水轮机声学信号分析及预警软件V1.0	2022SR1494918	2022年11月11日	软著登字第10449117号
15	起重设备智能监测分析系统V1.0.0	2022SR0981094	2022年8月1日	软著登字第9935293号
16	水工隧洞缺陷智能识别及巡检数据管理软件	2022SR1379624	2021年9月28日	软著登字第10333823号
17	基于MQTT的大坝及边坡测斜智能测控装置服务平台V1.0	2022SR0370952	2022年3月21日	软著登字第9325151号

续表

序号	软件著作权名称	登记号	登记日期	登记证书号
18	弦长及谷幅自动化监测系统 V1.0	2022SR0714725	2022 年 6 月 7 日	软著登字第 9668924 号
19	外部变形监测智能测站综合管控信息平台 V1.0	2022SR0865721	2022 年 6 月 29 日	软著登字第 9819920 号
20	流域 InSAR 数据智能展示系统 V1.0	2022SR0721582	2022 年 6 月 8 日	软著登字第 9675781 号
21	瀑布沟水库区边坡变形反演与预测软件 V1.0	2022SR0975313	2022 年 7 月 28 日	软著登字第 9929512 号
22	库坝监测系统设备状态监控平台 V1.0	2022SR0968766	2022 年 7 月 26 日	软著登字第 9922965 号
23	无人机巡检信息实时传输系统	2022SR0168131	2022 年 1 月 26 日	软著登字第 9122330 号
24	水电站数据容灾备份还原系统	2022SR0604920	2022 年 4 月 15 日	软著登字第 9559119 号
25	基于振动信号分析的水工金属闸门状态识别系统	2022SR0085738	2022 年 1 月 13 日	软著登字第 9039937 号
26	大岗山智能网管平台 1.0	2022SR0151686	2022 年 1 月 24 日	软著登字第 9105885 号
27	大岗山可视化展示系统 1.0	2022SR0151144	2022 年 1 月 24 日	软著登字第 9105343 号
28	大岗山报警管理平台 1.0	2022SR0151685	2022 年 1 月 24 日	软著登字第 9105884 号
29	大岗山综合管理平台 V1.0	2022SR0151057	2022 年 1 月 24 日	软著登字第 9105256 号
30	大岗山综合管理平台 App1.0	2022SR0221651	2022 年 2 月 11 日	软著登字第 9175850 号
31	水电站隧道裂缝缺陷识别软件	2022SR1349607	2022 年 4 月 7 日	软著登字第 10303805 号
32	隧洞缺陷数据自动采集及智能存储软件 V1.0	2022SR1349606	2022 年 4 月 7 日	软著登字第 10303806 号
33	水电站档案管理平台 V1.0	2022SR1504837	2022 年 11 月 15 日	软著登字第 10459036 号
34	企业智慧党建系统	2022SR0118182	2022 年 1 月 18 日	软著登字第 9072381 号
35	大渡河水电工程建设管理知识库平台 V1.0	2022SR0926338	2022 年 7 月 13 日	软著登字第 9880537 号
36	交易型合同签约审计智慧管控平台 V1.0	2022SR0042286	2022 年 1 月 7 日	软著登字第 8996485 号
37	工程建设一体化智慧管控平台 V1.0	2022SR1088999	2022 年 8 月 11 日	软著登字第 10043198 号
38	沙坪二级水电站工程建设智慧管控平台 V1.0	2022SR1151236	2022 年 8 月 16 日	软著登字第 10105435 号
39	沙坪水电站数据的远程网络传输与集中存储管理系统 V1.0	2022SR1076532	2022 年 8 月 11 日	软著登字第 10030731 号
40	大渡河信号智能监视系统	2022SR1331891	2022 年 8 月 30 日	软著登字第 10286090 号
41	流域生态环境综合管理系统 V1.0	2022SR1494915	2022 年 11 月 11 日	软著登字第 10449114 号
42	水电站治安反恐监控平台	2022SR1463368	2022 年 11 月 3 日	软著登字第 10417567 号
43	基于人员评价的绩效考评系统	2022SR1498299	2022 年 11 月 14 日	软著登字第 10452498 号
44	大渡河流域设备数据管控系统 V2.0	2022SR1584593	2022 年 12 月 18 日	软著登字第 10538792 号
45	监督执纪智慧化管控平台 1.0	2022SR1557951	2022 年 11 月 22 日	软著登字第 10512150 号
46	网络态势指标大数据分析平台 V1.0	2022SR1591671	2022 年 12 月 20 日	软著登字第 10545870 号
47	网络态势指标流式采集平台 V1.0	2022SR1540975	2022 年 11 月 18 日	软著登字第 10495174 号
48	大渡河调度指挥管理平台 V1.0	2022SR0738058	2022 年 6 月 10 日	软著登字第 9692257 号
49	信号智能监视系统 V1.0	2022SR1331891	2022 年 8 月 30 日	软著登字第 10286090 号
50	四川电网水情日报自动报送软件 V1.0	2022SR1413591	2022 年 10 月 25 日	软著登字第 10367790 号
51	轴流式水轮机声音模式识别软件 V1.0	2022SR1508862	2022 年 11 月 16 日	软著登字第 10463061 号
52	大渡河沙坪电站发电与泄洪多维决策管控系统（简称大渡河沙坪管控系统）V1.0	2022SR1426453	2022 年 5 月 25 日	软著登字第 10380652 号

（国能大渡河流域水电开发有限公司　柳玉兰）

哈尔滨电机厂有限责任公司 2022年获得国家专利授权情况

2022年，哈尔滨电机厂有限责任公司通过加强专利工作一系列管理举措，取得了优异的成绩。共获得水电方面授权专利87项，其中实用新型专利60项，发明专利27项，发明专利详见表1。

表1　哈尔滨电机厂有限责任公司2022年获得水力发电方面授权发明专利情况

序号	专利名称	专利类别	专利号	授权时间
1	一种平波补偿励磁规避0节共振的定子铁心磁化试验方法	发明	ZL202110317218.X	2022年2月8日
2	一种大型电机定子铁心防止端片逸出的工艺方法	发明	ZL202110391834.X	2022年7月12日
3	一种大容量高转速发电电动机细长轴上凸键加工工艺方法	发明	ZL202110391831.6	2022年12月13日
4	一种大型冲击式水轮机分瓣转轮的制造工艺方法	发明	ZL202110391975.1	2022年6月21日
5	一种高射流直径比冲击式水轮机及确定方法	发明	ZL202110392001.5	2022年10月25日
6	一种水斗式水轮机射流位置测量结构	发明	ZL202110822942.8	2022年10月25日
7	一种双层复合主绝缘结构的定子线棒制造方法	发明	ZL202110457087.5	2022年5月24日
8	一种七立筋转子支架的双车埋弧焊接制造方法	发明	ZL202110456774.5	2022年5月20日
9	一种判定水力机械转轮叶片重度空化的方法	发明	ZL202110490534.7	2022年10月25日
10	一种通过外特性指标确定转轮叶片空化气泡分离点的方法	发明	ZL202110497582.9	2022年10月25日
11	一种水轮发电机动平衡配重块的安装方法	发明	ZL202110648000.2	2022年5月27日
12	一种水轮发电机箱套式全绝缘隔离防护装置	发明	ZL202010601913.4	2022年9月2日
13	一种提高绕组起晕电压的定子线棒的主绝缘结构	发明	ZL202010624542.1	2022年9月2日
14	一种水轮机模型机振动频率跟踪测试分析方法	发明	ZL202110827765.2	2022年1月11日
15	一种发电电动机上机架弹性装置	发明	ZL202010722409.X	2022年8月16日
16	一种高压电机定子线棒电气寿命的快速预估方法	发明	ZL202010748443.4	2022年11月11日
17	一种水轮机球阀不锈钢轴衬高温状态下密封条黏结的工艺方法	发明	ZL202010814199.7	2022年2月8日
18	一种发电机转子集电环风扇铆接风叶工艺方法	发明	ZL202010964218.4	2022年1月14日
19	一种联轴同镗轴孔精度保证方法	发明	ZL202010336278.1	2022年7月12日
20	一种发电机整浸定子拆槽楔和线棒并保留铁心工艺方法	发明	ZL202011076459.1	2022年11月29日
21	一种提高绕组起晕电压的定子线棒的制造方法	发明	ZL202111194951.3	2022年5月20日
22	一种大型下法兰结构顶盖整体翻身方法	发明	ZL201911004236.1	2022年5月20日
23	一种层错防晕结构的定子线棒制作方法	发明	ZL202111331514.1	2022年6月21日
24	一种空气内冷发电机定子引出线结构	发明	ZL202111284207.8	2022年9月16日
25	一种不完全对称模型水斗式转轮的流态观测试验方法	发明	ZL202011370669.1	2022年8月16日
26	一种矫正水轮发电机定子定位筋扭斜的工艺方法	发明	ZL202110317218.X	2022年10月25日
27	一种水轮发电机转子支架工地制造工艺方法	发明	ZL202110391834.X	2022年8月16日

（哈尔滨电机厂有限责任公司　刘保生　李屹）

湖北清江水电开发有限责任公司 2022 年获得国家授权专利情况

湖北清江水电开发有限责任公司2022年度获得国家授权专利34项，其中实用型性专利29项，发明专利5项，发明专利有关情况见表1。

表1 湖北清江水电开发有限责任公司2022年度获得国家授权发明专利情况

序号	专利名称	专利类别	专利号	授权时间
1	可视声光告警剪断销信号器	发明	ZL202110141467.8	2022年9月16日
2	水轮机风闸制动气压控制自检装置及方法	发明	ZL202110350988.4	2022年10月4日
3	一种便捷试验接线装置	发明	ZL202110218062.X	2022年11月8日
4	用于坝前淤积高度测量的测深装置	发明	ZL202110141552.4	2022年11月22日
5	高安全性的数据单向隔离同步方法	发明	ZL202110432157.1	2022年12月6日

（湖北清江水电开发有限责任公司　张晋境）

中国电建集团北京勘测设计研究院有限公司 2022 年获得国家授权专利情况

中国电建集团北京勘测设计研究院有限公司2022年获得国家授权专利60项，其中实用新型专利54项，发明专利6项，发明专利详细情况见表1。

表1 中国电建集团北京勘测设计研究院有限公司2022年获得国家授权发明专利情况表

序号	专利名称	专利类型	专利号	授权公告日
1	一种屋面雨水自动流量监测及样品采集方法和相应的装置	发明	ZL201910713677.2	2022年4月8日
2	一种用于超厚层回填土的深层平板载荷原位测试方法	发明	ZL202011147711.3	2022年4月8日
3	一种与竖井围堰永临结合布置的取水建筑物	发明	ZL201710018654.0	2022年9月6日
4	一种河湖淤积泥沙生态清淤设备及其清淤方法	发明	ZL 201710827210.1	2022年9月6日
5	一种水利水电工程临时生态流量管的封堵结构	发明	ZL202110213517.9	2022年9月27日
6	一种质资源原位保护的清淤装置及其清淤方法	发明	ZL201711162677.5	2022年12月6日

（中国电建集团北京勘测设计研究院有限公司　王艺霖）

中国电建集团成都勘测设计研究院有限公司 2022 年获得国家授权专利情况

2022年，中国电建集团成都勘测设计研究院有限公司（以下简称成都院）获得国家授权专利299项，其中实用新型专利223项，发明专利76项。发明专利有关情况见表1。

表 1 2022年度成都院获得国家授权发明专利情况表

序号	专利名称	专利号	授权日期
1	拱坝体形自动优化方法	ZL202010436172.9	2022年1月25日
2	一种用于饱水塑性黏土的超前支护装置及使用方法	ZL202010213401.0	2022年2月1日
3	高外水压力动水条件下地下洞室固结灌浆方法	ZL202011406382.X	2022年2月1日
4	缆机吊物的摆幅计算方法	ZL202010449707.6	2022年3月4日
5	一种土密度灌砂测试方法及灌砂器	ZL201910769937.8	2022年3月11日
6	泄洪洞侧壁式补气洞结构	ZL202010717019.3	2022年3月11日
7	一种基于自适应的选择性定子接地保护方法	ZL201911133226.8	2022年3月15日
8	离壁式构造柱结构	ZL202011163576.1	2022年3月15日
9	一种预测TBM掘进适宜性的方法	ZL202010788044.0	2022年3月25日
10	流域梯级电站环境管理信息系统	ZL202010213393.X	2022年3月25日
11	隧洞爆破炮孔堵塞装置	ZL202010338980.1	2022年4月1日
12	基于BIM的多精度三维测绘数据融合方法	ZL201810959289.8	2022年4月5日
13	多缆机碰撞风险分析方法	ZL202010449388.9	2022年4月8日
14	土心墙坝心墙土料掺砾方法	ZL202011359443.1	2022年4月8日
15	基于区块索引的BIM模型组织方法	ZL202110139695.1	2022年4月15日
16	导流洞出口对岸道路边坡的防冲刷抗滑结构及其施工方法	ZL202110104346.6	2022年4月15日
17	一种高原高寒地区混凝土抗冻膨胀剂及其制备方法、应用	ZL202111013637.0	2022年4月22日
18	基于不确定性分析的动态机械故障预测及风险评估方法	ZL202110528762.9	2022年4月29日
19	无压尾水系统中尾水闸室静水位计算方法	ZL201910763883.4	2022年5月3日
20	膨胀型锚索锚杆支护方法	ZL202110641865.6	2022年5月17日
21	一种基于多目标优化的挡土墙优化设计方法	ZL201910882438.X	2022年5月20日
22	冰水堆积细粒防渗土料超径块碎石含量的评价方法	ZL202110516917.7	2022年5月20日
23	基于改进遗传算法的最优施工点包络面选取方法	ZL202011130555.X	2022年5月31日
24	一种复杂地基混凝土坝孔道配筋方法	ZL201911268020.6	2022年5月31日
25	一种炮孔堵塞装置	ZL202010269647.X	2022年6月3日
26	底轴下卧闸门	ZL202110379830.X	2022年6月10日
27	基于GOCAD的坝基岩体爆破松弛分析方法	ZL201910823812.9	2022年6月17日
28	对称三岔形梁式岔管及其设计方法	ZL201811393145.7	2022年7月8日
29	获取动力触探锤击数修正系数的方法	ZL201811124871.9	2022年7月8日
30	基于地理位置面向低功耗远距离物联网的多径路由方法	ZL202010049325.4	2022年7月8日
31	拱坝智能进度仿真方法	ZL202010911374.4	2022年7月8日
32	立轴水斗式水轮机额定比转速计算方法	ZL201811124905.4	2022年7月12日
33	一种碎石桩竖向承载力的简化计算方法	ZL202011223869.4	2022年7月12日
34	高拱坝施工初-中期导流风险率检测方法	ZL201810833312.9	2022年7月15日
35	河流水面线计算中糙率率定的系统及方法	ZL201910482216.9	2022年7月15日
36	岩质边坡非开挖路肩挡土墙及其施工方法	ZL202110750399.5	2022年7月19日
37	巨粒类土天然容重测算方法	ZL202110623622.X	2022年7月26日
38	一种拟建拱坝坝址的地形地质条件的评价方法	ZL201910457152.7	2022年8月5日

续表

序号	专利名称	专利号	授权日期
39	一种基于深度学习的水环境治理项目设计参数优化方法	ZL201910694878.2	2022年8月5日
40	一种预测堰塞体堆积方量与堰塞高程的方法	ZL202010817542.3	2022年8月5日
41	一种料场储量计算方法	ZL201910832087.1	2022年8月12日
42	用于覆盖层地基混凝土坝的高喷防渗墙及其施工方法	ZL202110623293.9	2022年8月19日
43	自重挡水单元及岸堤潜在决口的自重挡水系统	ZL202110152705.5	2022年8月30日
44	隧道关门式大塌方的处治方法	ZL202110379292.4	2022年8月30日
45	导流排沙设备	ZL202111186959.5	2022年8月30日
46	一种堰塞体溢流线及垭口的确定方法	ZL202010817102.8	2022年8月30日
47	一种拉索结构、索体、锚索结构及锚索施工方法	ZL202111363498.4	2022年9月13日
48	基于物联网的高拱坝进度仿真方法	ZL202010635964.9	2022年9月16日
49	水电站地下洞群围岩力学参数反演方法	ZL202110623895.4	2022年9月16日
50	一种泄水式隧道初期支护系统的防水结构及其施工方法	ZL202110183155.3	2022年9月27日
51	高拱坝导流洞尺寸的优化设计方法	ZL201810833311.4	2022年10月4日
52	通用拱坝体形表达方法	ZL201910554570.8	2022年10月4日
53	用于水电站河床式厂房坝顶的电缆及排水系统	ZL202110057906.7	2022年10月4日
54	卧轴单转轮双喷嘴水斗式水轮机额定比转速计算方法	ZL201910968291.6	2022年10月14日
55	岸堤防冲浮动坝结构及岸堤防冲系统	ZL202110153398.2	2022年10月14日
56	用于隧洞爆破施工的炮孔填塞装置	ZL202010182199.X	2022年10月21日
57	岸堤决口封闭单元、封闭系统及封闭方法	ZL202110152704.0	2022年10月21日
58	含特定结构面的洞室边墙锚索自由长度确定方法和应用	ZL202210066010.X	2022年11月1日
59	基于神经网络算法的测风塔布置方案确定方法	ZL201811454440.9	2022年11月15日
60	缆机运行监控系统及方法	ZL202010355943.1	2022年11月15日
61	基于管道机器人的监测实施方法	ZL202010961009.4	2022年11月15日
62	基于拱坝施工知识库的施工参数分析方法	ZL202110019375.2	2022年11月25日
63	一种基于空间统计理论的水文设计值计算方法	ZL202010911383.3	2022年11月29日
64	一种基于坯层振捣温度云图的混凝土浇筑温控方法及系统	ZL202110972561.8	2022年11月29日
65	两栖动物人工繁殖场的营造方法及人工繁殖场	ZL202210322001.2	2022年11月29日
66	基于无人机高光谱和机器学习算法的乔木生物量测算方法	ZL202011322693.8	2022年12月6日
67	软硬相间陡倾岩体水电工程围岩分类方法	ZL202110825521.0	2022年12月6日
68	山区河谷陡坡段封闭式防渗墙的嵌岩深度确定方法	ZL202110823512.8	2022年12月6日
69	水斗式水轮机转轮外径、水斗外宽及转轮重量的计算方法	ZL202111021260.3	2022年12月6日
70	基于拱坝工作状态评价的库水位变化速率的确定方法	ZL202111279902.X	2022年12月6日
71	基于无人机高光谱影像和机器学习算法模型研发的珍稀树种识别方法	ZL202111512373.3	2022年12月6日
72	一种拱坝体形设计的方法	ZL202111128519.4	2022年12月6日
73	地下洞室围岩复杂块体建模与稳定分析一体化方法	ZL202111383112.6	2022年12月6日
74	一种对堰塞体堆积方量及堰塞高程的建立方法	ZL202010817103.2	2022年12月13日
75	一种深厚覆盖层河床大坝渗漏量检测方法	ZL202110718151.0	2022年12月13日
76	改造既有地铁车站实现台台楼梯换乘的设计方法及系统	ZL201911181972.4	2022年12月27日

（中国电建集团成都勘测设计研究院有限公司　吉华伟）

中国电建集团贵阳勘测设计研究院有限公司 2022 年获得的专利授权情况

中国电建集团贵阳勘测设计研究院有限公司 2022 年获得国家授权专利 180 项，其中实用新型专利 117 项，发明专利 59 项，外观设计专利 4 项。发明专利、外观设计专利见表 1。

表 1 中国电建集团贵阳勘测设计研究院有限公司 2022 年获得的授权专利情况

序号	专利名称	专利类型	申请号	授权日期
1	一种用于细小裂隙通道的水下缺陷处理材料的制备方法	发明	202210239030.2	2022 年 11 月 29 日
2	一种复合地基桩的成桩施工装置	发明	202210209792.8	2022 年 11 月 29 日
3	一种用于大体积空腔的水下灌浆设备	发明	202210204643.2	2022 年 11 月 29 日
4	辅助冻土区预制空心桩的沉桩装置	发明	202210088921.2	2022 年 11 月 29 日
5	一种高效快捷的无级分层取水闸门装置	发明	202210043984.6	2022 年 6 月 21 日
6	一种引水隧道止水拼装模板施工辅助机构	发明	202210022932.0	2022 年 11 月 22 日
7	一种引水隧洞交叉的导流洞封堵结构	发明	202111573807.0	2022 年 11 月 29 日
8	一种具有消能效果的阶梯形分级溢洪道	发明	202111544728.7	2022 年 12 月 6 日
9	一种微曲线岩石顶管顶力计算力学模型	发明	202111435886.9	2022 年 12 月 6 日
10	一种深厚覆盖层闸坝防渗体系工程参数确定方法	发明	202111284997.4	2022 年 12 月 6 日
11	一种能增强水流表面自掺气能力的压坡上缘	发明	202110909569.X	2022 年 9 月 2 日
12	一种基于实时水文监测数据的水体污染处理系统	发明	202110908207.9	2022 年 10 月 18 日
13	一种基于阶梯式花园雨水处理系统	发明	202110802403.8	2022 年 6 月 3 日
14	一种上下游连通的排水掺气系统	发明	202110729460.8	2022 年 5 月 13 日
15	基于清洁能源基地水光日内互补的光伏消纳率计算方法	发明	202110712306.X	2022 年 5 月 13 日
16	一种将多条导流洞改建为旋流竖井泄洪系统的方法	发明	202110693543.6	2022 年 4 月 19 日
17	一种用于河道清理的多功能垃圾清理设备	发明	202110626900.7	2022 年 10 月 18 日
18	一种实现分层过鱼的单鱼道出口结构	发明	202110612038.4	2022 年 11 月 29 日
19	一种堆石坝坝顶部抗震防浪结构及施工方法	发明	202110551442.5	2022 年 7 月 19 日
20	一种尾水调压井闸门及启闭设备的布置与安装方法及结构	发明	202110525608.6	2022 年 5 月 13 日
21	一种集诱鱼和鱼类分选的一体化过鱼系统	发明	202110453725.6	2022 年 11 月 18 日
22	一种基于 CATIA 计算的水闸应力稳定分析方法	发明	202110449839.3	2022 年 8 月 19 日
23	一种截潜流取水口结构及施工方法	发明	202110378829.5	2022 年 9 月 23 日
24	一种面板堆石坝库水位测量方法及装置	发明	202110378826.1	2022 年 9 月 23 日
25	一种具备小型索饵场越冬场功能的竖缝式鱼道	发明	202110331261.1	2022 年 7 月 1 日
26	一种渣库渗漏通道的电流场测试方法	发明	202110268124.8	2022 年 5 月 24 日
27	一种输电线路清障装置	发明	202110082004.9	2022 年 6 月 14 日
28	一种具有自锁功能的混凝土堵头	发明	202011602365.3	2022 年 3 月 22 日

续表

序号	专利名称	专利类型	申请号	授权日期
29	一种人行道排水结构及其与排水路缘石的组合排水方法	发明	202011564013.3	2022年8月2日
30	一种上向流非均质滤料滤池	发明	202011526279.9	2022年5月20日
31	冷弯薄壁型钢轻混凝土保温装饰复合一体墙板浇筑工艺	发明	202011460589.5	2022年2月18日
32	一种水库库区干支流汇口处人工鱼类产卵场	发明	202011342973.5	2022年3月18日
33	一种山区风电场进场道路弯道加宽改造设计方法	发明	202011104900.2	2022年2月15日
34	一种拱齿式反拱水垫塘及施工方法	发明	202011038380.X	2022年1月13日
35	一种仰斜自进式边坡排水钢管结构及施工方法	发明	202010819188.8	2022年3月11日
36	一种泄洪洞闸门后掺气防空蚀结构	发明	202010759700.4	2022年2月11日
37	监测高地温隧道爆破后围岩散热过程施工环境气温变化的方法	发明	202010675152.7	2022年6月10日
38	一种自掺气三元水跃消力池	发明	202010625320.1	2022年2月18日
39	一种隧洞与门槽连接结构	发明	202010397055.6	2022年6月14日
40	一种适用于产粘性卵鱼类上溯的生态调度系统	发明	202010311889.0	2022年3月29日
41	促进风电消纳的电力系统抽水蓄能电站装机优化方法	发明	202010285243.X	2022年10月28日
42	一种受污染岩溶水修复装置及修复方法	发明	202010126141.3	2022年5月13日
43	将csv格式数据转换为SEG-2格式数据的方法及装置	发明	201910745272.7	2022年11月8日
44	一种钻孔内测量最大水平地应力方向的装置及方法	发明	201811570341.7	2022年3月22日
45	一种基于多种露头的地质结构面形态综合解译方法	发明	201810419749.8	2022年3月29日
46	一种网壳结构建模方法	发明	201810326257.4	2022年2月11日
47	地下厂房下层排水廊道及排水廊道兼做进风道的方法	发明	201711150975.2	2022年6月21日
48	一种独立鱼箱过鱼式升船机	发明	201710936815.4	2022年1月28日
49	一种拦污栅槽的改进方法及结构	发明	201710774101.8	2022年11月1日
50	一种高压条件下页岩气水锁效应评价装置及方法	发明	201710485211.2	2022年4月19日
51	一种堆石坝面板变形监测装置及施工方法	发明	201710485382.5	2022年2月11日
52	一种弹性地基上框架的计算方法	发明	201710445141.8	2022年9月23日
53	一种页岩气完气井再利用供热装置	发明	201710317851.2	2022年8月30日
54	一种利用现有封堵闸门下泄生态流量的方法及装置	发明	201710181254.1	2022年8月26日
55	一种挖填结合施工的土料场渣场复合结构及施工技术	发明	201710139249.4	2022年11月29日
56	一种采用底孔进行排沙的消力池尾坎结构	发明	201710121313.6	2022年11月22日
57	一种鱼类生存环境偏好性测量装置及其使用方法	发明	201611153524.X	2022年8月2日
58	一种采用预制竹空腔进行边坡支护的方法及结构	发明	201610277715.0	2022年11月1日
59	一种混凝土面板堆石坝非等宽压性垂直缝缝宽估算方法	发明	201610135684.5	2022年2月18日
60	数字式全景钻孔摄像仪主机	外设	202230151042.0	2022年5月24日
61	水位测量仪	外设	202130796959.1	2022年5月17日
62	应用于地下空洞三维激光扫描的探头壳体	外设	202130711788.8	2022年3月18日
63	应用于地下空洞三维扫描探头激光模块的搭载壳体	外设	202130711789.2	2022年3月18日

（中国电建集团贵阳勘测设计研究院有限公司）

中国水利水电第一工程局有限公司 2022年获得国家授权专利情况

中国水利水电第一工程局有限公司2022年获得国家授权专利117件，其中实用新型专利116项，发明专利1项。发明专利有关情况见表1。

表1　　中国水利水电第一工程局有限公司获得国家授权发明专利情况

序号	专利名称	专利类型	专利号	授权公告日
1	一种用于狭小空间的浮坞式清淤平台及清淤方法	发明	202110641328.1	2022年11月29日

（中国水利水电第一工程局有限公司）

中国水利水电第三工程局有限公司 2022年获得国家授权专利及软件著作权登记证书情况

中国水利水电第三工程有限公司2022年获得国家授权专利303件，其中实用新型专利276件，发明专利23件，外观设计3件，发明及外观设计专利情况件表1。

表1　　中国水利水电第三工程局有限公司2022年获得国家授权发明及外观设计专利情况

序号	专利名称	专利类型	专利号	授权日期
1	一种穿过既有铁轨下部基体的导流箱涵施工方法	发明	202210699154.9	2022年11月8日
2	一种混凝土仓面清理方法	发明	202210479493.6	2022年11月4日
3	扶壁式坞墙上管廊底板处墙板混凝土一次浇筑施工方法	发明	202210294911.4	2022年10月18日
4	一种船坞廊道施工装置及方法	发明	202210093192.X	2022年10月28日
5	一种整体转移式船坞扶壁墙高大施工结构及方法	发明	202111646237.3	2022年8月30日
6	一种扶壁式高墙钢筋安装施工体系	发明	202111620181.4	2022年8月2日
7	一种扶壁式高墙钢筋安装施工方法	发明	202111620180.X	2022年10月10日
8	一种薄壁混凝土高墙施工方法	发明	202111282207.9	2022年5月17日
9	一种振捣棒在薄壁高墙现浇混凝土中的竖直态控制方法	发明	202111282015.2	2022年5月17日
10	一种碾压混凝土大坝爬坡廊道部位混凝土的施工方法	发明	202111155944.2	2022年7月5日
11	一种叠合梁斜拉桥塔区无索梁段施工方法	发明	202111147124.9	2022年11月29日
12	一种竖向孔洞用整体吊装式模板结构及混凝土施工方法	发明	202110943252.8	2022年9月23日
13	一种城市地下综合管廊底板阳角防水施工方法	发明	202110695987.3	2022年7月8日
14	一种矩形竖向井孔混凝土施工方法	发明	202110622489.6	2022年5月24日
15	一种T型桥梁顶升施工方法	发明	202110598235.5	2022年9月23日
16	一种具有临时储存功能的搅拌装置	发明	202011454423.2	2022年4月5日
17	一种桥梁建设用钢筋除锈装置	发明	202011456939	2022年5月3日
18	大倾角拦污栅一次成型悬吊式滑模及施工方法	发明	202011023929.8	2022年3月18日
19	一种厂房建筑专用落地式卸料平台	发明	202010909064.9	2022年2月1日

续表

序号	专利名称	专利类型	专利号	授权日期
20	一种房建工地用的防水散热配电箱	发明	202010909050.7	2022年5月27日
21	一种软岩单线铁路隧道大变形控制方法	发明	202010685969.2	2022年1月25日
22	一种压力钢管喷砂除锈用支撑装置	发明	201711041131.4	2022年8月26日
23	一种大直径钢管施工安全悬挂装置	发明	201611202326.8	2022年4月5日
24	植物花卉培育中心（荷瓣型）	外设	202230299979.2	2022年10月4日
25	PVC管状垫块	外设	202230229809.7	2022年7月5日
26	钢梁连接件	外设	202230232037.2	2022年7月5日

中国水利水电第三工程局有限公司2022年度取得国家版权局颁发的计算机软件著作权登记证书，有关情况见表2。

表2　中国水利水电第三工程局有限公司2022年度软件著作权登记证书情况表

序号	软件名称	登记号	登记日期	证书号
1	基于有限元法的混凝土温度-应力场分析软件V1.0	2022SR1277858	2022年8月25日	软著登字第10232057号

（中国水利水电第三工程局有限公司　刘雅晨）

中国水利水电第四工程局有限公司 2022年获得国家授权专利情况

中国水利水电第四工程局有限公司2022年获得国家专利306件，其中实用新型专利270件，发明专利34件，外观专利2件，发明专利及外观专利有关情况见表1。

表1　中国水利水电第四工程局有限公司2022年获得国家授权专利情况表

序号	专利名称	专利号	专利类型	授权日期
1	一种盾构机推进油缸的洞内拆除方法	202010651240.3	发明	2022年2月8日
2	一种水利水电工程大体积混凝土大孔径取芯施工方法	202010496170.9	发明	2022年7月1日
3	一种洞室变径开挖方法	202010492139.8	发明	2022年3月22日
4	户外门机简易防风楔块装置	202010312433.6	发明	2022年1月14日
5	无人机的通信增强方法和无人机	201910620234.9	发明	2022年6月17日
6	基坑边沿预制护板及其制备方法、应用和施工方法	202110261533.5	发明	2022年5月17日
7	一种具有限位功能的移民工程施工的管道辅助铺设装置	202110322275.7	发明	2022年5月24日
8	一种大管径管道施工用定位支撑装置	202110452070.0	发明	2022年2月15日
9	一种桥梁墩柱用混凝土浇筑设备	202110589474.4	发明	2022年5月27日
10	一种城市综合管廊用电缆放线装置	202110606748.6	发明	2022年6月7日
11	一种可降解生态石膏砖及其制备方法和用途	202111180452.9	发明	2022年6月28日
12	一种植生石膏混凝土喷料及其应用	202111180451.4	发明	2022年1月21日
13	一种热带混凝土保温运输设备	202111204281.9	发明	2022年5月27日

续表

序号	专利名称	专利号	专利类型	授权日期
14	一种热带混凝土保温运输方法	202111204372.2	发明	2022 年 5 月 27 日
15	一种变压器安装用防潮抗静电安装底座	202111586833.7	发明	2022 年 4 月 8 日
16	一种水轮机安装用载重底座	202111497900.8	发明	2022 年 4 月 12 日
17	一种生态洄游鱼道	202111204363.3	发明	2022 年 9 月 2 日
18	一种等高隧洞交岔口开挖支护施工方法	202111053558.2	发明	2021 年 11 月 2 日
19	一种盾构下穿桥梁桩基托换试验装置及实验方法	202110877887.2	发明	2021 年 9 月 21 日
20	一种公路桥梁预应力张拉操作小车及操作系统	202011527040.3	发明	2021 年 4 月 20 日
21	一种适用于长大隧道施工的通风装置	202010966576.9	发明	2022 年 9 月 2 日
22	一种预应力锚索施工方法	202010598304.8	发明	2022 年 8 月 30 日
23	一种用于辅助挖掘水渠的导向装置	201810062061.9	发明	2018 年 5 月 4 日
24	一种循环式机械灌浆塞	201810062049.8	发明	2018 年 7 月 10 日
25	一种海上风力发电用的导管基础塔架倒运装置	202110360422.X	发明	2022 年 2 月 1 日
26	一种风力发电柔性塔架用转运装置	202110814556.4	发明	2022 年 7 月 1 日
27	一种风电单桩滚装海运固定座	202110793617.3	发明	2022 年 11 月 4 日
28	一种海上风力发电塔筒筒节焊接辅助装置	202110053230.4	发明	2022 年 11 月 25 日
29	一种海上风电塔筒生产用自动焊接移动车	202111393182.X	发明	2022 年 8 月 3 日
30	一种海上风电钢管桩室外焊接作业平台	202111419459.1	发明	2022 年 10 月 11 日
31	一种门叶吊耳加强板定位装置	202110398672.2	发明	2022 年 11 月 4 日
32	一种压力钢管自动调圆加劲环装配工装	202111031836.4	发明	2022 年 11 月 25 日
33	一种弧形闸门拼装用新型胎架	202111031474.9	发明	2022 年 9 月 3 日
34	用于深基坑的气压缓推式多维监测预警方法	202110062007.6	发明	2022 年 9 月 6 日
35	水下预制块	202230265500.3	外设	2022 年 8 月 16 日
36	混凝土模板	202130820729.4	外设	2022 年 4 月 12 日

（中国水利水电第四工程局有限公司　雷永红　董涛）

中国水利水电第五工程局有限公司 2022 年获得国家授权专利及软件著作权登记证书情况

中国水利水电第五工程局有限公司 2022 年获得国家授权专利 184 项，其中实用新型专利 160 项，发明专利 21 项，外观设计专利 3 项。发明及外观设计专利情况详见表 1。

表 1　中国水利水电第五工程局有限公司 2022 年获得国家授权发明及外观设计专利情况表

序列	专利名称	专利类型	专利号	授权公告日
1	预防闸室底板与闸墙长间歇产生裂缝的方法	发明	ZL202110947792.3	2022 年 11 月 1 日
2	一种具有消防灭火功能的装饰吊顶	发明	ZL202110584856.8	2022 年 8 月 26 日
3	基于土体刚度的堆石坝料压实质量检测方法	发明	ZL202110100275.2	2022 年 8 月 19 日

续表

序列	专利名称	专利类型	专利号	授权公告日
4	一种快速装配式挡土墙结构及其施工方法	发明	ZL202110585081.6	2022年8月26日
5	一种梁板混凝土结构施工用的滑模平台	发明	ZL202110585068.0	2022年9月16日
6	一种桥梁挑檐快速施工钢结构平台	发明	ZL202111008863.X	2022年11月11日
7	生态预制块及河道生态挡墙	发明	ZL202110749850.1	2022年10月18日
8	一种桥式起重机滑触线快速安装装置及安装方法	发明	ZL202110829507.8	2022年9月13日
9	一种生态透水路面及施工方法	发明	ZL202110589991.1	2022年7月8日
10	一种循环节水的市政绿化景观系统	发明	ZL202111151026.2	2022年11月11日
11	一种适用于卵石层深基坑的支护结构及施工方法	发明	ZL202110748028.3	2022年11月8日
12	一种深基坑锚拉式支护智能化监测装置	发明	ZL202110617199.2	2022年6月28日
13	一种地下斜井开挖测量方法	发明	ZL202010187034.1	2022年6月14日
14	一种与针梁台车连接的自调式软性搭接头	发明	ZL202011543602.3	2022年6月14日
15	一种沟槽保护开挖支护装置及其施工方法	发明	ZL202110212118.0	2022年6月17日
16	一种快硬防水型锚固剂及其制备方法	发明	ZL202010681610.8	2022年5月17日
17	一种海上架桥机及其施工方法	发明	ZL202011238238.X	2022年4月1日
18	一种人工顶管多用途工具管	发明	ZL202110239773.5	2022年6月14日
19	一种自密实超高强度砂浆及其制备方法	发明	ZL202010681627.3	2022年4月19日
20	一种水电站深基坑硝铵炸药爆破方法	发明	ZL201910993160.3	2022年4月1日
21	一种悬挑牛腿混凝土下部模板及支撑架拆除方法	发明	ZL201910413752.3	2022年4月1日
22	气动表面振动仪	外观	ZL202230289057.3	2022年8月30日
23	土料炒干机	外观	ZL202230289043.1	2022年10月21日
24	混凝土养护架	外观	ZL202230344177.9	2022年12月13日

中国水利水电第五工程局有限公司完成的13项软件成果，2022年获得中华人民共和国国家版权局颁发的计算机软件著作权登记证书，有关情况见表2。

表2 中国水利水电第五工程局有限公司2022年获得的计算机软件著作权证书情况表

序号	软件著作权名称	登记号	登记日期	登记证书号
1	工程影像资料整理收集归类软件	2022SR0293545	2022年3月1日	软著登字第9247744号
2	盾构掘进参数优化管理系统1.0	2022SR1259613	2022年8月24日	软著登字第20213812号
3	隧洞施工工序管理系统	2022SR0825637	2022年6月23日	软著登字第9779836号
4	项目工作日志管理系统	2022SR0717728	2022年6月8日	软著登字第9671927号
5	线性工程检验批资料处理系统	2022SR1461355	2022年11月3日	软著登字第10415554号
6	盾构掘进瓦斯气体监测预警系统1.0	2022SR1239528	2022年5月24日	软著登字第10193727号
7	混凝土（砂浆）施工配合比智库系统	2022SR0324957	2022年3月9日	软著登字第9279156号
8	垫层料摊铺压实一体机自动作业软件	2022SR1461562	2022年11月3日	软著登字第10415761号
9	水利勘察设计运营管理软件	2022SR1105012	2022年8月12日	软著登字第10059211号
10	水利勘察设计绘图管理软件	2022SR1105010	2022年8月12日	软著登字第10059209号

续表

序号	软件著作权名称	登记号	登记日期	登记证书号
11	基于微信小程序的项目车辆管理系统	2022SR0717727	2022 年 6 月 8 日	软著登字第 9672926 号
12	工程项目述职考核在线评分系统	2022SR0325555	2022 年 3 月 9 日	软著登字第 9279754 号
13	设备借用归还管理分析系统	2022SR0324955	2022 年 3 月 9 日	软著登字第 9279154 号

（中国水利水电第五工程局有限公司　袁幸朝）

中国水利水电第六工程局有限公司 2022 年获得国家授权专利和软件著作权登记证书情况

中国水利水电第六工程局有限公司 2022 年获得国家授权专利 150 件，其中实用新型专利 144 件，发明专利 6 件，发明专利情况见表 1。

表 1　　中国水利水电第六工程局有限公司 2022 年获得国家授权发明专利情况表

序号	专利名称	专利类型	专利号	授权日期
1	压力钢管加劲环焊接装置	发明	2021108582674	2022 年 7 月 8 日
2	水轮机转轮法兰接合面的防腐摩擦结构及其制备方法	发明	202111147994.6	2022 年 8 月 30 日
3	一种 TBM 通过长距离软弱泥化岩断层的方法	发明	202010690250.8	2022 年 10 月 18 日
4	用于喷涂压力钢管内壁的装置	发明	202110864476.X	2022 年 10 月 4 日
5	导流洞快速封堵结构	发明	202111113032.9	2022 年 12 月 13 日
6	一种基于中心孔装药的全排孔水下岩塞爆破方法	发明	202011145737.4	2022 年 12 月 27 日

由中国水利水电第六工程局有限公司完成的 4 项软件成果，2022 年获得中华人民共和国国家版权局颁布的计算机软件著作权登记证书，有关情况见表 2。

表 2　　中国水利水电第六工程局有限公司 2022 年获得的计算机软件著作权证书情况

序号	软件著作权名称	登记号	登记日期	登记证书号
1	PCCP 管道智能制造管理系统	2022SR1337819	2022 年 8 月 31 日	软著登字第 10292018 号
2	TBM 施工综合管控平台系统	2022SR1577980	2022 年 12 月 16 日	软著登字第 10532179 号
3	电缆敷设信息管理系统	2022SR1536498	2022 年 11 月 18 日	软著登字第 10490697 号
4	电缆三维敷设数字化管理平台	2022SR1577307	2022 年 12 月 16 日	软著登字第 10531506 号

（中国水利水电第六工程局有限公司　梁晶晶）

中国水利水电第七工程局有限公司 2022 年获得国家授权专利和软件著作权登记证书情况

中国水利水电第七工程局有限公司 2022 年获得国家授权专利 372 件，其中发明专利 29 件，实用新型专利

343件，发明专利情况见表1；获得国家计算机软件著作权登记证书36件，有关情况见表2。

表1 中国水利水电第七工程局有限公司2021年获得国家授权发明专利情况

序号	专利名称	专利类别	专利号	授权时间
1	大直径工作井移动模架逆作法施工工艺	发明	ZL202110043777.6	2022年8月19日
2	富水地层盾构隧道同步注浆的试验装置及方法	发明	ZL202111599866.5	2022年9月6日
3	基于爆炸能量调控的建基面先锋槽开挖方法	发明	ZL201911193290.5	2022年9月9日
4	一种避障吊装方法	发明	ZL202110287317.8	2022年6月28日
5	一种大洞径竖向洞室开挖方法	发明	ZL202011010648.9	2022年6月17日
6	一种大口径排水管道非开挖涂层内衬修复方法	发明	ZL202011460601.2	2022年7月29日
7	一种大型钢包钢筋混凝土防护门混凝土浇筑方法	发明	ZL202111434015.5	2022年12月2日
8	一种大直径钢管片拼焊方法	发明	ZL202010953513.X	2022年6月28日
9	一种顶管施工监测控制方法	发明	ZL202010910819.7	2022年6月28日
10	一种含深裂隙边坡岩体爆破开挖方法	发明	ZL201911317006.0	2022年6月21日
11	一种缓坡斜井精准开挖方法	发明	ZL202010860046.6	2022年8月16日
12	一种基于水环境处理的鱼类养殖环境净化系统及方法	发明	ZL202111326427.7	2022年9月20日
13	一种基于荧光原理测量悬移质泥沙输沙率的方法	发明	ZL201911314905.5	2022年5月3日
14	一种基于有限元仿真的混凝土坝模板安全施工分析方法	发明	ZL201811245608.5	2022年10月11日
15	一种可调式弧门门叶大拼装置及拼装方法	发明	ZL201710270242.6	2022年12月9日
16	一种两层四绳安全载人断绳平衡装置	发明	ZL202010366479.6	2022年3月11日
17	一种碾压混凝土压实度多参数联合实时评价方法	发明	ZL201910157030.6	2022年8月12日
18	一种起重机运行路线规划方法	发明	ZL202110347911.1	2022年5月13日
19	一种强抛掷超深孔台阶爆破方法	发明	ZL201911316945.3	2022年2月22日
20	一种全断面竖井掘进方法	发明	ZL202010657058.9	2022年7月8日
21	一种深基坑自动挖土施工装置	发明	ZL202011136951.3	2022年2月22日
22	一种竖井掘进防扭转方法	发明	ZL202010657036.2	2022年7月12日
23	一种水泥发泡混凝土及其制备工艺	发明	ZL202110115722.1	2022年12月6日
24	一种斜井爆破粒径控制方法	发明	ZL202010727060.9	2022年7月5日
25	一种形变检测机构及水轮机	发明	ZL202011044265.3	2022年5月27日
26	一种用于低矮空间的吊装运输系统及方法	发明	ZL202110436744.8	2022年11月8日
27	一种钻孔冲洗状态自动监测仪	发明	ZL202010952918.1	2022年11月25日
28	长距离小口径泥水平衡顶管注浆减阻施工方法	发明	ZL202010785980.6	2022年3月29日
29	模拟自来水中胶体的混合胶体及其制备方法和应用	发明	ZL202011271675.1	2022年9月6日

表2 中国水利水电第七工程局有限公司2022年获得国家计算机软件著作权登记证书情况

序号	软件名称	登记号	登记日期	登记证书号
1	混凝土蒸汽养护智能控制系统V1.0	2022SR0087242	2022年1月13日	软著登字第9041441号
2	反锚式碎石桩静载试验反力架自动调平系统V1.0	2022SR0316017	2022年3月7日	软著登字第9270216号
3	硬梁包可视化施工管理平台V1.0	2022SR0310485	2022年3月4日	软著登字第9264684号

续表

序号	软件名称	登记号	登记日期	登记证书号
4	智慧路面质量监测系统 V1.0	2022SR0316031	2022 年 3 月 7 日	软著登字第 9270230 号
5	沥青拌和质量监测系统 V1.0	2022SR0316060	2022 年 3 月 7 日	软著登字第 9270259 号
6	基于“BIM+物联网”的预应力梁支撑体系监控系统 V1.0	2022SR0316009	2022 年 3 月 7 日	软著登字第 9270208 号
7	基于 BIM 技术的智能顶推监测系统 V1.0	2022SR0375513	2022 年 3 月 22 日	软著登字第 9329712 号
8	GSI 水准文件解析平台	2022SR0722534	2022 年 6 月 9 日	软著登字第 9676733 号
9	地铁监测自动化报表生成软件 V1.0	2022SR0722416	2022 年 6 月 9 日	软著登字第 9676615 号
10	混凝土温度数据智能分析平台 V1.0	2022SR0641824	2022 年 5 月 25 日	软著登字第 9676616 号
11	钢管加劲环焊接跟踪反馈系统 V1.0	2022SR0425342	2022 年 4 月 1 日	软著登字第 9379541 号
12	工程施工监测分析信息系统 V1.0	2022SR0579283	2022 年 5 月 12 日	软著登字第 9533482 号
13	多功能混凝土温度管控系统 V1.0	2022SR0705481	2022 年 6 月 6 日	软著登字第 9656680 号
14	预应力梁全寿命周期监测系统 V1.0	2022SR0982322	2022 年 8 月 1 日	软著登字第 9936521 号
15	智慧降排水系统 V1.0 版	2022SR1342722	2022 年 9 月 5 日	软著登字第 10292961 号
16	混凝土温度远程监控数据可视化展示平台 V1.0	2022SR0811756	2022 年 6 月 22 日	软著登字第 9765955 号
17	实时同步安全监测电子手簿 App 软件	2022SR1397632	2022 年 10 月 11 日	软著登字第 10351831 号
18	实时同步安全监测电子手簿数据处理软件 V1.0	2022SR1397631	2022 年 10 月 11 日	软著登字第 10351830 号
19	基于误差平差分析的桥墩导线网开发软件 V1.0	2022SR1419061	2022 年 10 月 26 日	软著登字第 10373260 号
20	车辆管理系统/设备租赁管理系统平台（EMP 系统软件）	2022SR0916774	2022 年 7 月 11 日	软著登字第 9870973 号
21	七测云数据处理平台 V2.0	2022SR1478058	2022 年 11 月 7 日	软著登字第 10432257 号
22	七测云数据采集 App V2.1.8	2022SR1478065	2022 年 11 月 7 日	软著登字第 10432264 号
23	轨道工程盾构隧道三维仿真系统 V1.0	2022SR1167712	2022 年 8 月 17 日	软著登字第 10121911 号
24	基于 AI 智能的排水管网智能检测评估系统 V1.0	2022SR1138321	2022 年 8 月 16 日	软著登字第 10092520 号
25	泥水平衡盾构群组装备智能检测系统 V1.0	2022SR1268493	2022 年 8 月 24 日	软著登字第 10222692 号
26	预计构件工程安全监测信息管理系统 V1.0	2022SR1144177	2022 年 8 月 16 日	软著登字第 10098376 号
27	装配式车站的构件拼装精准测量系统 V1.0	2022SR1123552	2022 年 8 月 15 日	软著登字第 10077751 号
28	装配式车站工程进度自动化监测数据软件 V1.0	2022SR1144024	2022 年 8 月 16 日	软著登字第 10098223 号
29	装配式车站预制件工程工法智能计算机软件 V1.0	2022SR1123727	2022 年 8 月 15 日	软著登字第 10077926 号
30	装配式结构混凝土侧板预计构建测量系统 V1.0	2022SR1171093	2022 年 8 月 17 日	软著登字第 10125292 号
31	纵梁钢精骨架靠模精准定位系统 V1.0	2022SR1138722	2022 年 8 月 16 日	软著登字第 10092921 号
32	水电站安全监测可视化分析软件 V1.0	2022SR0460254	2022 年 4 月 13 日	软著登字第 9414453 号
33	水工隧道施工检测管理系统 V1.0	2022SR0460252	2022 年 4 月 13 日	软著登字第 9414451 号
34	城际铁路建设 AR 全景工地系统 V1.0	2022SR1393394	2022 年 10 月 10 日	软著登字第 10347593 号
35	海外业务设备物资智能化管理平台 V1.0	2022SR1367224	2022 年 9 月 22 日	软著登字第 10321423 号
36	TB 绿色智能砂石系统软件 V1.0	2022SR1623851	2022 年 12 月 29 日	软著登字第 10578087 号

（中国水利水电第七工程局有限公司　兰鸥　伍佳）

中国水利水电第八工程局有限公司 2022年获得国家授权专利和软件著作权登记证书情况

中国水利水电第八工程局有限公司2022年获国家授权专利190项，其中实用新型专利172项，发明专利17项，外观设计专利1项，发明专利情况见表1。

表1 中国水利水电第八工程局有限公司2022年获得国家授权发明专利情况

序号	专利名称	专利类型	专利号	授权公告日
1	一种深埋岩溶管道的防渗堵漏方法	发明	ZL202010304999.4	2022年1月7日
2	一种临近深埋大直径管道上基坑开挖的施工方法	发明	ZL202010001188.7	2022年3月11日
3	高边坡植生槽飘板的三维预制及受损山体生态修复方法	发明	ZL202011642422.0	2022年3月11日
4	桥梁盖梁施工用支撑装置及桥梁盖梁施工方法	发明	ZL202010812366.4	2022年5月24日
5	伸缩器	发明	ZL201710482445.1	2022年6月7日
6	一种立柱施工方法	发明	ZL202010536241.3	2022年8月23日
7	一种桥梁施工用可调式移动支撑门架系统	发明	ZL202210214919.5	2022年8月26日
8	一种悬索桥加劲梁的吊装施工方法	发明	ZL202011480357.6	2022年9月9日
9	一种V型河谷坝基处理方法	发明	ZL202110824841.4	2022年9月9日
10	一种斜坡底板施工用模板系统及施工方法	发明	ZL202110045690.2	2022年9月13日
11	一种真三维应力状态下动态开挖卸荷试验装置及试验方法	发明	ZL202111211157.5	2022年10月11日
12	一种骑行铁路线环境下桥梁盖梁施工方法	发明	ZL202210214821.X	2022年10月11日
13	一种大直径分级破岩旋挖钻具	发明	ZL202111293601.2	2022年10月14日
14	一种强透水松散地层快速堵漏装置及堵漏方法	发明	ZL201710624973.6	2022年11月18日
15	大江截流龙口流量、上游水位参数矩阵计算方法、系统及介质	发明	ZL201911065206.1	2022年12月16日
16	水中嵌岩钢板桩围堰及其施工方法	发明	ZL202110192520.7	2022年12月16日
17	一种脱水清淤底泥的低成本干化方法	发明	ZL202111347425.6	2022年12月30日

由中国水利水电第八工程局有限公司完成的3项软件成果，2022年获得中华人民共和国国家版权局颁发的计算机软件著作权登记证书，有关情况见表2。

表2 中国水利水电第八工程机有限公司2022年获国家计算机软件著作权登记证书情况

序号	软件名称	登记号	登记日期	登记证书号
1	水电八局e检查系统V1.0	2022SR0124078	2022年1月19日	软著登字第9078277号
2	客户管理系统V1.0	2022SR0124079	2022年1月19日	软著登字第9078278号
3	科研项目管理平台V1.0	2022SR0124080	2022年1月19日	软著登字第9078279号

（中国水利水电第八工程局有限公司 杨承志）

中国水电基础局有限公司 2022年获得国家授权专利情况

中国水电基础局有限公司2022年获得国家授权专利93项，其中实用新型专利69项，发明专利23项，外观设计专利1项，发明专利及外观设计专利情况见表1。

表1 中国水电基础局有限公司2022年获得国家授权发明及外观设计专利情况表

序号	专利名称	专利类别	专利号	授权日期
1	一体化浇注的建筑房屋施工方法	发明	ZL202010961654.6	2022年1月14日
2	用于控制平原河道水土流失的护坡水土保持结构施工方法	发明	ZL202011545094.2	2022年2月22日
3	可渗透反应墙、箱体结构及反应墙实现方法	发明	ZL202010787143.7	2022年3月22日
4	实现模块化可渗透反应墙的方法及吨袋	发明	ZL202010787139.0	2022年3月22日
5	混凝土导墙基础加固的方法	发明	ZL202110182632.4	2022年4月12日
6	模块化地下水可渗透反应桩及其实现方法	发明	ZL202010787142.2	2022年4月15日
7	一种平原河道垃圾临时收集站的施工方法	发明	ZL202011545060.3	2022年4月15日
8	混凝土导墙基础底部基岩扩桩成墙的系统	发明	ZL202110182639.6	2022年4月22日
9	复合HDPE膜连续墙与基岩接触面渗透监测及注浆方法	发明	ZL202011398808.1	2022年4月29日
10	一种阻隔式模块化地下水反应墙及实现方法	发明	ZL201910152139.0	2022年5月6日
11	一种HDPE膜复合地下连续墙结构及施工方法	发明	ZL202011485001.1	2022年5月17日
12	一种平原河道疏通工程的支撑装置及其施工方法	发明	ZL202011548048.8	2022年5月24日
13	一种用于平原河道环保清淤工程的防污屏施工方法	发明	ZL202011548049.2	2022年6月3日
14	一种平原河道垃圾分类处理装置	发明	ZL202011572758.4	2022年7月12日
15	一种双轮铣槽机的安装方法	发明	ZL202110929727.8	2022年7月26日
16	一种配水管网修复用装置以及修复方法	发明	ZL202110140485.4	2022年7月29日
17	一种建筑机电安装用电缆架设装置	发明	ZL202110148589.X	2022年7月29日
18	用于平原河道综合治理桥梁施工中陆上钢管桩的施工方法	发明	ZL202011548387.6	2022年8月2日
19	一种堆石混凝土坝施工缝防渗结构及其施工方法	发明	ZL202110174550.5	2022年8月30日
20	地下水反应墙相邻构件间实现止水的方法及其装置	发明	ZL202010787136.7	2022年9月2日
21	用于平原河道污水处理的生物净化装置施工方法	发明	ZL202011573101.X	2022年9月27日
22	用于灌注桩后压浆的注浆施工方法	发明	ZL202111126889.4	2022年10月4日
23	一种模块化地下水可渗透反应墙的实现方法	发明	ZL201910152163.4	2022年11月29日
24	平台（混凝土面板施工用）	外设	ZL202230502808.5	2022年12月6日

（中国水电基础局有限公司 王辉 叶玉麟）

中国葛洲坝集团股份有限公司 2022年获得国家授权发明专利情况

中国葛洲坝集团股份有限公司2022年获得国家授权发明专利共68项，有关情况详见表1。

表1　　中国葛洲坝集团股份有限公司2022年获得国家授权发明专利情况表

序号	专利名称	专利类型	专利号	授权时间
1	一种浅水河道/小流域生态治理系统	发明	ZL201910013201.8	2022年1月11日
2	一种水工混凝土复合胶凝材料及其制备方法	发明	ZL201911357567.3	2022年2月1日
3	多功能型露天矿山路面抑尘剂及其制备方法	发明	ZL201910481704.8	2022年2月1日
4	一种预裂爆破多密度调整装药结构及方法	发明	ZL201911147376.4	2022年2月1日
5	一种止水起吊装置	发明	ZL202010306441.X	2022年2月11日
6	生物基复合型抑尘剂及其制备方法	发明	ZL201910481721.1	2022年2月15日
7	绿色高效矿山路面抑尘剂及其制备方法	发明	ZL201910482383.3	2022年3月8日
8	双梯形土方挖进装置及方法	发明	ZL202010980731.2	2022年3月8日
9	一种加强型贝雷片钢拱架连接结构及其拼装连接方法	发明	ZL202010632213.1	2022年3月8日
10	公路工程控制测量方法	发明	ZL202011012006.2	2022年3月11日
11	一种小型装药设备	发明	ZL202110727387.0	2022年3月11日
12	一种全地形锚杆轴向拉拔试验装置及方法	发明	ZL202010484516.3	2022年3月18日
13	一种基于配合比和原材料性能的混凝土坍落度推断方法	发明	ZL202010306798.8	2022年3月18日
14	一种大型浮式检修闸门起坡系统及使用方法	发明	ZL202011491524.7	2022年3月18日
15	一种圆形充气芯模支撑装置及使用方法	发明	ZL202011287684.X	2022年3月18日
16	锚索式岩体应力应变检测系统及方法	发明	ZL202010505581.X	2022年4月5日
17	一种测定路面粗集料的抗磨损性能的方法	发明	ZL201811342692.2	2022年4月8日
18	一种浮式检修门水封更换方法	发明	ZL202110197222.7	2022年4月8日
19	架空轨道龙门吊运梁施工方法	发明	ZL202010991637.7	2022年4月15日
20	一种人工砂中油性碳物质含量的测试方法	发明	ZL201911377439.5	2022年4月22日
21	一种带开度传感器的弧形闸门支铰及装配定位方法	发明	ZL201710502337.6	2022年5月3日
22	用于危岩监测的拉线传感器及监测系统	发明	ZL202010509329.6	2022年5月10日
23	一种过水箱涵混凝土预制件、连接件及其连接方法	发明	ZL202110670422.X	2022年5月24日
24	一种侵入地铁车站结构的电力管线改迁方法	发明	ZL202110815067.0	2022年6月3日
25	凌空大跨度可调易维护照明系统及安装使用方法	发明	ZL201610422370.3	2022年6月3日
26	一种在地下密集管线群中接驳的倒挂井壁施工方法	发明	ZL202110707415.2	2022年6月7日
27	水工建筑物防空蚀装置及施工方法	发明	ZL202110661445.4	2022年6月7日
28	一种基于电磁感应的熔盐加热器	发明	ZL201811652986.5	2022年6月21日
29	一种太阳能光热发电系统	发明	ZL201811652800.6	2022年6月21日
30	一种基于实景三维建模的绿色矿山建设规划方法	发明	ZL202011244446.0	2022年7月1日
31	工业电子雷管起爆网路注册方法	发明	ZL202010597670.1	2022年7月1日
32	利用渗流滤排水装置进行深厚砂砾石层渗流滤排水的方法	发明	ZL201710619780.1	2022年7月15日
33	空气间隔装药爆破施工方法	发明	ZL202010964174.5	2022年8月2日
34	带有配重式缓冲装置的混凝土溜槽及其应用	发明	ZL202011191142.2	2022年8月5日
35	地铁明挖区间联络通道结构逆作施工方法	发明	ZL202110133842.4	2022年8月5日

续表

序号	专利名称	专利类型	专利号	授权时间
36	液压自升悬臂重型拱坝模板工作平台	发明	ZL201710170997.9	2022年8月9日
37	多肋三向预应力预制槽身钢筋安装台架及安装方法	发明	ZL201710118946.1	2022年8月9日
38	用于冶钢港渠排污口原位修复的复合微生物制剂	发明	ZL201911179124.X	2022年8月16日
39	一种生态综合管廊工程微型顶管施工方法	发明	ZL202110692627.8	2022年8月16日
40	一种以污泥为原料的微生物载体的制备方法	发明	ZL202110148451.X	2022年8月16日
41	一种冶钢港渠排污口底泥原位修复方法	发明	ZL201911178802.0	2022年8月16日
42	钢结构调压室压力试验方法	发明	ZL202010807622.0	2022年8月19日
43	工业电子雷管起爆网路延期时间设计以及爆破方法	发明	ZL202010598660.X	2022年8月26日
44	液压自升悬臂重型模板	发明	ZL201710170994.5	2022年8月30日
45	用于自爬升悬臂模板的退模合模装置	发明	ZL201710170992.6	2022年8月30日
46	液压自升桁架式悬臂重型拱坝模板系统	发明	ZL201710170071.X	2022年9月2日
47	强风化泥岩深路堑边坡防护结构及施工方法	发明	ZL202111500899.X	2022年9月16日
48	四孔倒虹吸顶板双层钢筋提吊定位固定装置和施工方法	发明	ZL202011428819.X	2022年9月20日
49	明浇廊道外侧结构面附着式工作台车施工系统及方法	发明	ZL202011395406.6	2022年9月27日
50	人工挖孔机械辅助装置及使用方法	发明	ZL202110461779.7	2022年9月27日
51	一种基于高压气流的炮孔吹水装置	发明	ZL202011244448.X	2022年9月30日
52	一种河道治理水下清淤高效率净化设备	发明	ZL202111353935.4	2022年9月30日
53	一种基于临界砂率的胶结砂砾石配合比设计方法	发明	ZL202210466778.6	2022年10月4日
54	混凝土拌和楼砂含水率动态监测系统及方法	发明	ZL202110402226.4	2022年10月4日
55	空气处理装置	发明	ZL202110171839.1	2022年10月4日
56	一种地应力的分析方法、装置以及处理设备	发明	ZL202011475298.3	2022年11月1日
57	基于电子雷管等间隔短延时能量均衡分布的爆破设计方法	发明	ZL202010944127.4	2022年11月4日
58	一种乳胶基质远程配送用乳化剂及其制备方法与应用	发明	ZL202110891999.3	2022年11月4日
59	一种超高掺水工抗冲磨混凝土及其制备工艺	发明	ZL202110601443.6	2022年11月18日
60	一种含单质磷污染土壤前端化学氧化器设备	发明	ZL202111354750.5	2022年11月29日
61	一种用于含单质磷污染土壤的智慧化焚烧修复系统	发明	ZL202111256092.6	2022年11月29日
62	突扩体顶降和滑移牛腿支撑结构及顶降滑移方法	发明	ZL201710448701.5	2022年12月2日
63	突扩体减震水箱钢结构组拼平台及突扩体组拼方法	发明	ZL201710448866.2	2022年12月2日
64	压力钢管洞内运输装置及利用其进行洞内爬坡运输的方法	发明	ZL201710042043.X	2022年12月2日
65	水力驱动式升船机的分块式大型减震水箱钢结构突扩体及封闭深孔安装施工方法	发明	ZL201710448760.2	2022年12月2日
66	多法兰连接的大型钢结构制造方法	发明	ZL202210218663.5	2022年12月16日
67	弧形闸门面板制造方法	发明	ZL202210218655.0	2022年12月20日
68	一种基于太阳能双模式激发的负离子发生器	发明	ZL201710724512.6	2022年12月20日

（中国葛洲坝集团股份有限公司　程志华）

中国安能集团第一工程局有限公司 2022 年获得国家专利授权情况

中国安能集团第一工程局有限公司 2022 年获得国家授权专利 7 件，其中实用新型专利 5 项，发明专利 2 项，发明专利有关情况见表 1。

表 1 中国安能集团第一工程局有限公司 2022 年获得国家授权专利情况表

序号	专利名称	专利类型	专利号	授权公告日
1	一种基于深度学习的电力设施选址预测方法与系统	发明	2021105171139	2022 年 12 月 13 日
2	一种高压配电线路铁塔基坑施工方法	发明	2021107899070	2022 年 12 月 20 日

（中国安能集团第一工程局有限公司 李炳钦）

一种混凝土面板堆石坝张性垂直缝表面止水防冰害的结构

（一）技术领域

介绍“一种混凝土面板堆石坝张性垂直缝表面止水防冰害的结构”实用新型专利（专利号 ZL 202220486473.7，授权日 2022 年 8 月 12 日）该专利涉及水利水电大坝工程技术领域。

（二）背景技术

水利水电大坝工程中混凝土面板堆石坝型得到广泛的应用，混凝土面板作为防渗结构之一，面板垂直缝的止水结构是否完好直接影响到挡水坝的安全运行。处在严寒或者寒冷地区的混凝土面板堆石坝工程，冬季冰封期，由于水库水位变幅区的面板垂直缝表面止水，直接承受不同厚度的冰层荷载，可能会发生表面止水结构固定用的扁钢和膨胀螺栓松动，失去固定作用，以及表面止水保护盖片被撕裂、塑性填料受损导致止水功能失效。

目前，混凝土面板堆石坝张性垂直缝表面止水防冰害的结构型式主要有两种，一种为平铺式，即和面板顶面齐平，可以起到防冰害的作用，但张性垂直缝对表面止水塑性填料面积较大，一般需要达到 400～500cm^2，这种型式不能满足止水塑性填料面积较大的要求；另一种为下沉式，缺憾是一定程度上削弱了面板混凝土结构；以上两种均利用了混凝土主要承受冰荷载的原理。

鉴于上述，混凝土面板堆石坝张性垂直缝表面止水急需一种新的结构型式，既满足严寒或寒冷地区防冰害的需要，并且在不削弱混凝土面板结构的前提下满足表面止水塑性填料的面积要求，还要求结构简单，施工方便。

（三）有益效果

与现有技术相比，该实用新型通过采用在上表面止水部两侧设置防撞坎，及在上表面止水部上部涂刷阻冰层，阻冰层采用憎冰材料，解决了严寒或寒冷地区混凝土面板堆石坝张性垂直缝表面止水冰害问题，同时避免了上表面止水部因大坝水库的冰层的撞击、拉拔、撕裂等而破坏；防撞坎是第一面板和第二面板上部的一部分，与第一面板和第二面板是一个整体，可以同时浇筑，结构简单，施工方便；该实用新型的混凝土面板堆石坝张性垂直缝表面止水防冰害结构在不削弱混凝土面板结构前提下满足表面止水塑性填料面积要求。

（中国电建集团西北勘测设计研究院有限公司 王伟）

一种分散性土高均质坝

（一）技术领域

介绍“一种分散性土高均质坝”发明专利（专利号 ZL 202010933184.2，授权日：2022 年 2 月 8 日）该发明属于土石坝建筑技术领域，具体涉及一种分散性土高均质坝。

（二）背景技术

均质坝是低、中坝中常采用的坝型，且在坝址处除土料外，缺乏其他材料情况下才采用。①分散性黏土在低含盐量的水中细颗粒之间的凝聚力大部分甚至全部消失，呈团聚体存在的颗粒体自行分散成原级的黏土颗粒，悬浮于水中并随渗透水流失，出现大面积冲蚀孔洞或发生突然的管涌破坏。分散性黏土按照塑性分类，多属于中塑性，按照颗粒级配分类，属于轻粉质壤土。这类土的渗透系数一般小于 1×10^{-7} cm/s，属于低渗透性土。分散性黏土最显著的工程特点就是抗冲蚀的能力很低。国内、外均有工程因采用分散性黏土防渗出现破坏的工程案例。②利用分散性黏土筑坝，国外心墙坝坝高已超过百米，最高达 109m；国内主要为中、低坝，没有高坝应用的成功案例。国内、外利用分散性土筑坝的均质坝的坝高一般限于中、低坝。坝工界对分散性土筑坝安全性问题，主要存在以下问题：①不能准确预测高坝条件下分散性土抵抗渗透破坏能力。②改性分散性土料性质以抑制其分散性，选用合适反滤料以防止土粒流失。但这些措施用于高坝时可靠性还有待验证。坝工界对高均质坝（坝高大于 70m）的安全性问题，主要担心高均质坝主体填筑完成后沉降量过大，导致高均质坝主体裂缝，产生渗漏通道，影响大坝安全。

（三）发明内容

该发明提供了一种分散性土高均质坝，目的在于提供一种能够充分发挥土工膜、分散性土料和反滤材料的各自优点和综合优势，从技术上解决高均质坝存在的高均质坝主体沉降、渗透破坏的问题，而且能明显增强高均质坝主体防渗结构的可靠性、耐久性和安全性，具有良好的社会、经济和环境生态效益的高均质坝。

为了实现上述目的，该发明采用的技术方案是：①一种分散性土高均质坝，包括上游护坡、保护层、土工膜、土工布、分散性土料区、改性分散性土料区、棱体排水、褥垫排水、下游护坡、上游侧坝和下游侧坝；所述的分散性土料区是由分散性土料填筑而成的梯形；所述上游侧坝的表面铺设有土工膜，土工膜的上表面铺设有保护层，保护层的上表面铺设有上游护坡；所述下游侧坝的表面铺设有土工布，土工布的表面铺设有下游护坡，且土工布下端延伸至下游侧坝的下游；位于分散性土料区的底部铺设有改性分散性土区；位于下游侧坝的底部从内至外设置有褥垫排水和棱体排水，在褥垫排水和棱体排水上游侧及底部均铺设土工布。②还包括单向逆止阀；所述的单向逆止阀设置有多个且均匀布设在土工膜的水位变动区；所述的多个单向逆止阀的间排距为（4～6）m×（4～6）m。③所述的土工膜膜料采用的是防渗功能的土工合成材料。④所述的土工膜采用的是由膜料为 HDPE 材料或 PVC 材料制成的一布一膜、两布一膜或三布两膜土工膜。⑤所述的土工布采用的是具有反滤作用的土工合成材料。⑥所述的土工布单位面积质量不小于 300g/m²；延伸至下游侧坝下游的土工布上部覆盖有回填土。⑦所述的棱体排水体的顶部高程高于下游最高水位 0.5～1.5m。⑧所述的改性分散性土料采用的是分散性土掺配生石灰或水泥配置而成，其中分散性土与生石灰或水泥的配置的质量比为（10～1）：1。图 1 为该发明断面示意图，图 2 为上游侧坝结构示意图。

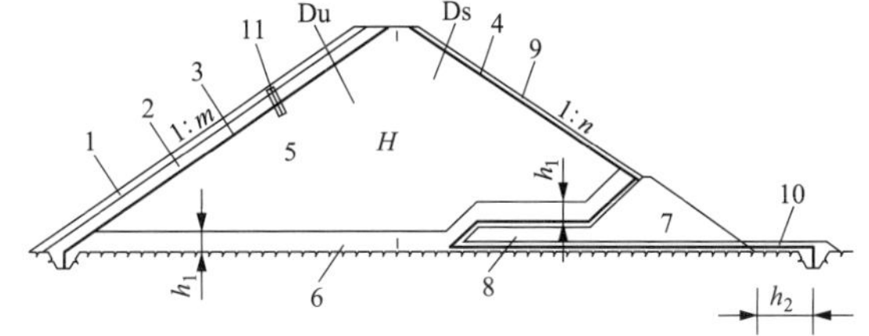

图 1　断面示意图

1—上游护坡；2—保护层；3—土工膜；4—土工布；5—分散性土料区；6—改性分散性土料区；7—棱体排水体；8—褥垫排水体；9—下游护坡；10—回填土；11—单向止回阀；Ds—下游侧坝；Du—上游侧坝

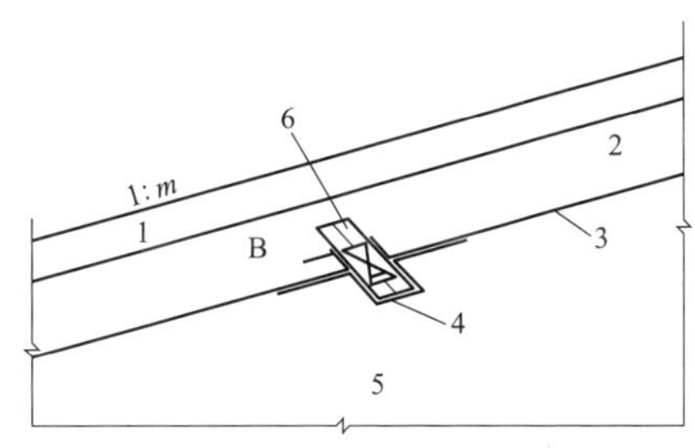

图 2　上游侧坝结构示意

1—上游护坡；2—保护层；3—土工膜；4—土工布；5—分散性土料区；6—单向止回阀；B—单向止回阀阀体与土工膜之间粘贴固定处

（四）有益效果

①该发明通过高均质坝底部采用改性分散性土填筑，高均质坝上游侧坝设置土工膜挡水，下游侧坝设置土工布反滤，解决了砂石料和块石料匮乏地区仅有分散性土料可用来筑坝时的技术问题，确保了分散性土高均质坝在高水头作用下的渗透安全性问题。②该发明底部部分采用改性后的分散性土填筑，同时提高压实度要求，从而降低了分散性土高均质坝填筑完成后坝顶沉降值，避免了分散性土高均质坝体裂缝的产生。③该发明在砂石料和块石料匮乏地区，仅有分散性土料可填筑大坝时，采用本发明的技术方案，即可实现高均质坝的构建，具有良好的社会、经济和环境生态效益。

（中国电建集团西北勘测设计研究院有限公司　王静）

中國水力發電年鑒

9

国际合作与技术交流

国际技术交流

2022 年小水电国际交流与合作工作情况

2022 年，水利部发挥国际小水电联合会、亚太地区小水电研究培训中心、中巴小型水电技术“一带一路”联合实验室等平台作用，推动小水电国际交流与合作，提升我国绿色小水电技术和标准在亚洲、非洲、拉丁美洲等区域的适应性和影响力。

1. 继续推进小水电标准国际化工作　在水利部、中国国家标准化管理委员会和联合国工业发展组织的支持下，经过各方共同努力和多次技术质询答辩，2022 年 5 月 ISO 正式批准成立小水电技术委员会（简称 ISO/TC 339），中国作为秘书处承担国。ISO/TC 339 的正式成立是我国水利标准国际化工作的重要突破，有利于促进我国小水电技术、装备和标准的国际推介和合作，有利于提高水利国际影响力。ISO/TC 339 筹建工作已启动，第一次大会暨成立大会将在 2023 年召开。

2. 全球环境基金中国小水电增效扩容改造增值项目（简称 GEF 项目）进展顺利　2022 年 4 月，GEF 项目管理办公室组织召开项目指导委员会会议，研究确定 GEF 项目 2022 年度工作计划。2022 年，活动 1-政策和制度框架部分，完成了政策体系研究两个课题（政策和制度 & 培训资料编制、支持各省/地方出台绿色小水电优惠政策），启动了“制定并向国家部委推介国家级激励政策”课题研究工作；活动 2-技术示范部分，加快了试点电站项目验收进度（至 2022 年底，参与 GEF 增值改造的 19 个试点电站项目均完成了增值改造活动，其中 17 个完成了现场验收），完成了净坛峰/黄岩电站的 GEF 项目退出手续；活动 3-搭建知识平台和加强能力建设部分，完成了 GEF 项目所有培训工作，组织召开了两场线下国内研讨会和一场线上国际研讨会，制作了项目宣传视频样片和手册初稿。

3. 推动实施重点专项　①推进国家重点研发计划专项“中国-巴基斯坦小型水电技术联合研究”项目，完成两项技术示范站选址及示范站方案设计，示范项目正在建设中；开展小水电国际标准对比研究，完成南亚地区小水电技术标准框架体系框架建议书，组织召开中国—巴基斯坦小型水电技术标准研讨会；以中长期课程学习、论坛交流、专题培训、项目合作等多种方式有序开展南亚地区小水电技术与管理人员的培养，完成 10 位南亚地区青年水利人才为期 3 个月的在线培养任务；制定中国—巴基斯坦小型水电技术“一带一路”联合实验室发展规划和运行制度，建立了联合实验室管理办公室和学术咨询委员会，境内外实验室实体设施建设均已顺利完成。②国家重点研发计划政府间国际科技创新合作重点专项“中国和墨西哥绿色小水电规划、建设与运行管理技术联合研究”完成，提出流域多目标约束的优化规划技术及理论评价指标体系与评价标准、建设和运行管理技术及措施、行业管理政策建议等；研发适用于墨西哥的绿色小水电智能规划软件系统；完成墨西哥典型流域的小水电站址规划示范、完成 3 个不同规模小水电项目的预可研示范报告；增强了墨西哥绿色小水电规划、建设与运行管理等方面的人才队伍建设。

4. 完成《世界小水电发展报告 2022》编制工作　编写完成《世界小水电发展报告 2022》166 个国家报告和案例报告，该报告将由联合国工业发展组织和国际小水电中心发布。

5. 开展线上援外培训　克服新冠肺炎疫情影响，开展对发展中国家援外培训工作。完成国家国际发展合作署和商务部委托的 15 个援外培训项目，来自 43 个国家 754 名学员参加培训。

6. 稳步实施小水电国际项目　①开展南南合作。参与“一带一路”框架下的南南合作项目，推进联合国工业发展组织 3 个援非项目和 1 个服务包项目正常实施，尼日利亚 OOPL 小水电项目进入水电设备安装阶段，中方派出 1 名专家进行现场指导；尼日利亚 DOMA 小水电项目土建工作取得重要进展，中方已完成水电设备发货前检查及包装等工作；尼日利亚 OBUDU 小水电项目所在州政府与联合国工发组织正在积极协商筹集资金。2022 年，“南亚地区小水电开发规划研讨项目”入选联合国《南南合作与三方合作促进可持续发展实践案例》。②拓展产能国际合作。利用援外培训资源和国际科技合作成果，跟踪落实重点项目，开展土耳其、肯尼亚水电站备品备件供货，向越南和印尼提供用于大坝监测的“慧眼”设备，拓展巴基斯坦水电和光伏、印尼多能互补和海水淡化项目市场，促成国内企业与卢旺达水电合作项目等。

（水利部农村水利水电司　孙亚芹）

2022年小水电援外技术培训情况

2022年，水利部农村电气化研究所（简称农电所）执行15期中国政府对发展中国家技术援助培训项目，共计43个发展中国家的754名水利水电领域的政府官员和技术人员参加了培训/研修班。通过设置专题讲座、云参观考察和专题研讨等环节，宣传和推广中国在水利水电领域的管理政策、成熟技术和适用方案等，为开展经济技术合作搭建平台、奠定基础。此外，研修班还穿插中文教学、中华文化体验、水文化体验等文化交流专题活动，向世界呈现真实立体全面的中国，展示中华文化感召力和中国形象亲和力。主要培训活动情况如下：

（一）研修班

（1）6月8～21日，“一带一路”国家基于清洁能源电气化模式研修班在线举办，来自孟加拉国、柬埔寨、老挝、蒙古、尼泊尔、泰国、越南等7个“一带一路”国家的46名政府官员、技术专家及企业代表在线参加了该期研修班。老挝能源矿产部能源效率促进司司长查多·米拉塔纳蓬在开班仪式上代表研修班官员发言，为“一带一路”沿线国家清洁可再生能源的发展和管理提供参考和建议。通过此期研修班提供的良好交流平台，学员们收获先进技术和宝贵经验，促进“一带一路”沿线国家能源的可持续发展，共同应对气候变化。

（2）6月9～22日，“一带一路”国家水资源管理及生态小水电开发研修班在线举办。来自孟加拉国、埃塞俄比亚、加纳、尼泊尔、巴基斯坦、卢旺达、秘鲁等7个国家的46名官员和技术人员参加线上研修。参与研修班的各国代表都表达了未来与中国开展深度合作的意愿，希望与中方保持紧密联系和广泛交流，期待开展更多的务实合作。

（3）7月6～19日，“一带一路”国家清洁能源应对气候变化研修班成功在线举办。来自阿塞拜疆、埃塞俄比亚、卢旺达、南非、斯里兰卡、塔吉克斯坦、赞比亚等7个国家的36名政府官员、技术专家以及企业代表等在线参加本期研修班。研修班为期14天，就清洁能源开发利用以及应对气候变化的主题开展专题讲座和研讨交流。

（4）7月7～20日，“一带一路”国家小水电开发技术及绿色生态发展研修班在线举办。来自阿塞拜疆、埃塞俄比亚、尼泊尔、卢旺达、斯里兰卡等5个国家的34名学员参加了本次研修班。研修班为期14天，邀请有关专家学者就小水电开发技术及绿色生态发展等主题开展专题讲座和研讨交流。为“一带一路”国家可持续发展提供中国方案和中国经验。

（5）7月21日～8月3日，“发展中国家绿色能源与城镇社区可持续发展研修班”在线举办。来自刚果（金）、埃塞俄比亚、伊拉克、印度尼西亚、加纳、肯尼亚、马达加斯加、摩洛哥、尼日利亚、尼泊尔、巴基斯坦、苏丹、斯里兰卡、坦桑尼亚、乍得、乌兹别克斯坦、委内瑞拉、赞比亚等18个国家的83名学员参加了为期14天的研修班。开展了中国绿色能源发展、绿色小水电建设、风能和光伏发电技术及应用、智能低碳社区能源规划等相关领域专题讲座，并安排云参观考察、云文化体验以及研讨交流活动，受到了广大学员的好评。

（6）7月27日～8月9日，“发展中国家水资源开发利用与水环境治理技术研修班”在线上举办。研修班为期14天，共有来自埃塞俄比亚、印度尼西亚、毛里求斯、尼泊尔、尼日利亚、卢旺达、斯里兰卡等7个国家的49名政府官员和技术专家参加。中国专家为研修班学员做专题讲座，通过在线视频形式向各国学员展示中国水利发展成就及中国水文化。研修班期间，各国学员分享交流了本国水资源发展及合作专题报告，交流和沟通了发展现状及合作潜力，为下一步开展务实合作奠定基础。

（7）7月28日～8月10日，“多米尼加清洁能源开发与建设研修班”以线上方式举办。来自多米尼加电力监管局、国家气候变化与清洁能源发展机制委员会的12名专家参加了此期研修班。中国驻多米尼加大使馆经济商务参赞孙倩媛出席研修班结业典礼并致辞。研修班宣传展示了中国清洁能源开发与建设成就、发展经验及具体举措，为多米尼加清洁能源开发与建设培养技术人才，搭建了与多米尼加清洁能源行业沟通合作的桥梁。

（8）8月10日～9月9日，“萨尔瓦多水资源开发利用及水环境治理研修班”以线上方式举办。来自萨尔瓦多环境与自然资源部、地方发展部、公共工程部、总统府、兰帕河水电站、水务局、梅塔潘市政府等单位的49名政府官员、技术专家和科研人员等参加了研修班学习。该期研修班得到中国驻萨尔瓦多大使馆和商务部国际商务官员研修学院的悉心指导和全程支持。该期研修班加深学员对我国水利事业的了解，提升我国水利国际影响力。萨方水务局局长专门向农电所签发了感谢信，诚挚邀请我方人员适时访问萨尔瓦多，实地调研考察萨尔瓦多水利发展，商讨合作。

（9）9月14～23日，“水安全管理研修班”在线上举办，研修班为期10天，来自伊拉克、毛里求斯、苏里南、土耳其、委内瑞拉、乌兹别克斯坦等6个国家的27名学员参加了本次研修班。研修班邀请国内相关专家学者为学员进行技术讲座；组织了“云”参观考察，通过在线视频带领学员考察了国内著名水利工程、水利民生项目等。此次研修班为中国与广大发展中国家开展水利合作搭建了平台，宣传了中国技术与标准，提升参与国水利领域可持续发展能力，践行推动水利“一带一路”合作高质量发展。

(10) 9月15～28日，“非洲国家农村电气化与减贫脱贫研修班”在线上举办，来自埃塞俄比亚、肯尼亚、毛里求斯、卢旺达、南非、赞比亚等6个国家的32名学员参加了为期14天的研修。研修班邀请国内专家学者为学员分享中国农村电气化经验做法和适用技术。研修班组织了云参观考察。同时，注重研讨交流，聚焦行业热点问题和能源开发现状和合作需求开展了交流和研讨。

(11) 11月9～29日，“南南合作能源转型升级官员研修班”在线举办。来自埃塞俄比亚、肯尼亚、蒙古、莫桑比克、坦桑尼亚、乌兹别克斯坦等6个国家的52名学员参加了本次研修班。研修班旨在将中国在能源转型升级方面的先进理念、管理经验和成熟技术通过网络分享给与会官员，帮助发展中国家培养实用人才，增强其自主发展能力；通过交流研讨，增进中国与发展中国家的国际友谊，促进共同发展。研修班通过在线视频形式向各国学员展示中国能源转型升级实践成果。

(12) 11月21日～12月11日，“发展中国家水利技术研修班”在线举办。来自孟加拉国、印度尼西亚、肯尼亚、缅甸、尼泊尔、尼日利亚、巴基斯坦、塞内加尔等8个国家的79名学员参加了此次研修班。研修班邀请相关专家学者为学员进行专题讲座、研讨和交流。学员们表示受益匪浅，希望中国政府能多组织类似的研修项目，把中国的经验和技术分享给其他发展中国家。

(13) 12月1～21日，“发展中国家农村能源与环境卫生官员研修班”在线举办。来自埃塞俄比亚、尼日利亚、尼泊尔、土耳其、斯里兰卡、莫桑比克、卢旺达、巴基斯坦、赞比亚等9个国家的57名学员参加了为期21天的研修。课程设置包括专题讲座、研讨交流、云参观考察、云文化体验等，邀请了国内行业专家学者为学员们进行相关知识的分享和交流。此外，学员们通过研修班的平台，交流了各国农村地区能源开发及环境卫生的现状、发展瓶颈、合作需求等，为进一步开展合作奠定了基础。

(二) 培训班

(1) 10月12～21日，“水库大坝与水电可持续发展与能力建设培训班”在线上举办，来自柬埔寨、埃及、伊拉克、印度尼西亚、老挝、马来西亚、毛里求斯、缅甸、菲律宾、卢旺达、新加坡、越南、斯里兰卡等13个国家的63名学员参加了为期10天的培训。该期培训围绕各国水库大坝安全及水电可持续发展需求，设置大坝安全法规体系、水库大坝安全管理、大坝安全监测技术、水库大坝安全评价技术、大坝信息系统建设与应用等专题讲座，并通过专题研讨，为各国保障水库大坝安全建设和运行维护提供技术咨询，探讨下一步开展技术合作的合作框架和具体路径，得到了老挝能源矿产部能源安全管理司司长等参训专家的赞赏。

(2) 10月26日～11月8日，“发展中国家防汛预警预报及水文自动测报技术培训班”在线举办。来自阿尔及利亚、孟加拉、柬埔寨、埃及、加纳、印度尼西亚、伊拉克、基里巴斯、老挝、马来西亚、缅甸、尼泊尔、巴基斯坦、菲律宾、卢旺达等16个国家的82名学员参加了为期14天的培训。课程内容包含水文站网规划、水文监测技术及装备、水生态水环境监测技术及发展、灌区现代化、防汛预警、洪水预报、山洪灾害监测预警及水旱灾害风险管理、工程安全监测、水利质量管控、水利水文标准化发展系列业务课程；云参观考察了南自所、水利部水文仪器及岩土工程仪器质检中心、典型水文水质监测站等，并开展交流研讨；云体验了六朝古都南京文化等。

(水利部农村电气化研究所　赵建达)

中国长江三峡集团有限公司2022年参与国际交流情况

中国长江三峡集团有限公司（简称三峡集团）积极参与国际交流。在经贸合作平台方面，目前是商务部中德经济顾问委员会中方理事单位、APEC中国工商理事会理事单位、中国国际商会副会长单位，2022年成为中国国际投资促进会副会长单位，并加入中国—巴西企业家委员会担任中方共同主席；在行业组织协会方面，目前是国际水电协会、国际水利与环境工程学会、全球能源互联网发展合作组织、电气与电子工程师协会标准协会、亚太电力协会、国际大坝委员会、国际能源署水电技术合作组、联合国全球契约组织的成员单位，2022年加入了国际植物园保护联盟、生物多样性金融伙伴倡议等国际组织或机构。

(一) 国际标准制定

三峡集团参与水电、风能、太阳能等有关技术与管理领域，包括在国际电工委员会参与水轮机技术委员会、风能发电系统技术委员会等相关工作组多项技术标准起草、修订任务；在国际标准化组织水再利用技术委员会牵头开展一项管理指南编制；参与完成电气与电子工程师协会和国际电工委员会联合组织的智能水电厂技术导则制定工作；在国际能源署参与水电技术合作组工作，负责“梯级水库管理模式”“流域水资源综合利用决策支持”课题；在国际半导体产业协会参与薄膜光伏组件工作组相关标准编制工作；在国际大坝委员会牵头水库梯级调度、移民等规范制定，在东亚及西太平洋电力工业协会参与技术委员会工作，牵头可持续发电组工作、标准化工作组相关子课题工作等。通过参与上述工作，推出中国标准、贡献中国智慧，为中国清洁能源走出去创造条件。

（二）参加国际会议及会展

三峡集团2022年联合承办了“亚太电协CEO会议及展览”，参与了法国马赛国际大坝委员会第27次大会展览，展示发展理念与成就；组织参加了中国国际进口博览会、中国国际服务贸易交易会、第19届中国—东盟博览会、慕尼黑太阳能展会等多个大型展览活动。三峡集团白鹤滩水电站入选亚太经济合作组织（APEC）中国工商理事会“可持续中国产业发展行动”2022年度产业案例。在创新领域，三峡集团组织召开了“中葡碳中和创新国际论坛”，参与承办“第13届中美绿色能源论坛”储能分论坛，开展创新技术交流。在联合国活动领域，生物多样性保护和长江大保护自主承诺在联合国生物多样性公约（CBD）网站正式上线，在埃及沙姆沙伊赫举办的联合国气候变化框架公约第27次缔约方会议（COP27）期间参与了“中国角”边会活动，是“清洁能源发展研讨会”边会活动支持单位，在中国角展厅循环展示集团绿色低碳发展理念与实践宣传片，并受邀参加COP27官方活动“全球能源互联网碳中和路径研讨会”。在加拿大蒙特利尔召开的联合国《生物多样性公约》缔约方大会第十五次会议（CBD COP15）第二阶段会议期间，提供的“覆盖业务区的生物多样性保护及其扩展”案例被纳入《企业生物多样性保护案例集》，并在中国角边会“加快实现中国生物多样性保护的商业行动”上发布。在武汉召开的《国际湿地公约》第十四届缔约方大会（COP14）期间，参加了“湿地网络助力中国湿地高质量发展”等边会活动。

（三）联合项目研究

三峡集团2022年继续参与中国国际发展知识中心发起的“碳达峰碳中和的中国战略与全球展望”旗舰研究交流项目，支持“中国—东盟发展知识网络”成立，参加中国—东盟能源转型论坛、可再生能源发展与落实气候承诺目标成果发布论坛，服务中国东盟全面战略合作伙伴关系。

（中国长江三峡集团有限公司　郝梦朔）

河海大学2022年国际合作与交流情况

（1）4月20～21日，2022年金砖国家网络大学（BRICS Network University）年会以线上线下相结合的方式在北京召开。年会主题为“构建一流大学间伙伴关系，助力金砖国家可持续发展”。金砖五国高等教育界及全球13个国家的300余位代表参加会议。中国教育部国际合作与交流司副司长方军、南非教育部高等教育司司长马布比·马比泽拉（Mahlubi Mabizela），以及来自巴西、俄罗斯和印度的知名专家分别代表五国在开幕式上致辞。论坛主题为“描绘能源与发展之间的联系：以金砖国家为例”。来自国际国内等高校的近百位教授参加论坛，8位国内外顶尖专家聚焦如何就能源系统的可持续发展分享了精彩的学术报告，并就能源领域今后的教育交流形式达成了初步共识。

（2）5月11日，首届中国—中东欧国家技术合作交流大会在南京举行，12个中东欧国家和中国的60家高校、机构成为中国—中东欧国家技术转移中心的首批合作伙伴。河海大学副校长徐卫亚受邀参加大会，并作为嘉宾启动中国—中东欧国家技术转移中心网站暨“云对接平台”上线。来自中国与中东欧国家的科技主管部门、高校院所、企业、技术转移机构在会议中发布多项技术合作需求。河海大学力学与材料学院曹茂森团队与保加利亚、匈牙利、塞尔维亚高校借助转移中心平台，联合开发维护跨河混凝土桥梁健康和安全的创新技术，合作情况在会议中作为重要成果进行展示。

（3）7月2日，“水与社会”国际学术研讨会暨第四届“水与社会”论坛在河海大学举行。来自国内国际高校和研究机构的30余位专家学者、数百名师生以线上线下相结合的方式参加了论坛。论坛以水与社会研究为主题，采取“1个主旨演讲环节＋6个专题分论坛”的形式展开。河海大学校长徐辉出席开幕式，河海大学副校长张兵，水利部发展研究中心主任、教授级高工陈茂山，中国社会学会环境社会学专委会会长包智明出席开幕式并致辞。论坛还举行了《环境社会学》集刊发布仪式。在6个分论坛上，专家学者围绕河湖长制研究、水域社会研究、水治理研究、水社会关系研究、水社会关系研究以及人类发展与治水实践等话题展开交流和对话。

（4）10月10～13日，由国际水利与环境工程学会（IAHR）主办，河海大学等单位承办的第14届国际生态水力学大会在河海大学举办。大会组委会主席、中国工程院院士唐洪武致开幕辞，水利部总工程师仲志余，国际水利与环境工程学会主席、英国皇家工程院院士、澳门科技大学校长李行伟，国际水利与环境工程学会生态水力学专委会主席、美国加州大学戴维斯分校教授格雷戈里·帕斯特纳克（Gregory Pasternack）分别致辞。河海大学副校长郑金海主持开幕式。国际生态水力学大会是由国际水利与环境工程学会生态水力学专委会主办的最重要的学术研讨会之一，是国内外专家学者聚集、交流研究学术进展、展示先进技术的重要平台。第一届国际生态水力学大会于1994年在挪威举行，随后每两年举办一次，至今已成功举办13次。大会围绕水文学、水力学、河貌动力学等议题，设置5个分会场，并通过大会主旨报告、分会场特邀报告等多种方式，旨在为全球的专家学者提供一个交流的平台，讨论学科前沿、对比和评估创新技术，共同推动生态水力学领域的学科发展。

（5）10月29日，国际水利与环境学科联盟（International Discipline Union of Hydraulics and Environment）2022年年会在河海大学举办。来自国际、国内相关大学、研究单位等专家学者线上、线下参加会议，探讨水利与环境学科在气候变化环境下的发展机遇与挑战。河海大学副校长徐卫亚教授致开幕辞，联合国教科文组织政府间水文计划（UNESCO-IHP）主席余钟波作主旨报告。会议期间，联盟全体成员通过了理事会名单及2023年学术活动方案。

（6）11月1～2日，河海大学举办第五届国际青年学者云论坛。院士唐洪武出席开幕式并讲话，河海大学常务副校长李俊杰致辞，江苏省委、省政府等有关单位出席论坛。来自国际等近百所高校、研究所的青年学者与学校优秀青年教师代表300多人齐聚云端，交流研究成果、探讨发展方向。学校相关部门负责同志就现场青年教师与线上海外学子所关心的学术研究、教学能力提升、社会服务、校内人才计划申报等问题做了交流和解答。该论坛共设有1个主论坛和23个分论坛，采取线上线下结合方式。主论坛后，各学院（学部）于11月1～2日分别邀请了相应学科的青年学者举行云端分论坛，进行学术研讨和人才交流等合作。

（7）11月19日，澜湄水资源合作可持续发展研讨会以线上线下相结合方式在河海大学召开，副校长徐卫亚出席会议并致辞，澜湄水资源合作中心主任郝钊做专题咨询报告，江苏省教育厅、江苏省人民政府出席活动并讲话。高校专家学者代表聚焦澜湄水资源合作的可持续发展，在合作机制、水资源、农业、气象、教育和人文交流等多个重点议题展开研讨，做专题咨询报告。该研讨会由河海大学主办，澜湄水资源合作中心协办。

（8）12月2～4日，由河海大学、新南威尔士大学、三峡大学联合主办，河海大学力学与材料学院、三峡大学土木工程防灾减灾湖北省引智创新示范基地联合承办的第4届比例边界有限元法国际研讨会以线上方式在河海大学召开。国内外学者就比例边界有限元法在相关领域的最新研究进展进行了交流讨论。此次会议为国内外学者的信息交流和资源共享提供了平台，提升了河海大学力学学科的国内外影响力。

（河海大学）

“HRCHR-2022-Symposium”国际学术研讨会召开

2022年11月30日，由武汉大学喜马拉雅水电研究中心主办的国际研讨会（HRCHR-2022-Symposium On Design of turbines and OpenFOAM methods）以线上会议的方式召开。来自武汉大学、加德满都大学、挪威科技大学和国际山地综合开发中心等相关领域的40多位学者参加了此次会议。会议主席由水资源与水电工程科学国家重点实验室副主任、喜马拉雅水电研究中心主任钱忠东担任，郭志伟主持会议。

钱忠东代表主办方致欢迎辞，郭志伟介绍了喜马拉雅水电研究中心情况。挪威科技大学奥利·冈纳·达尔豪格（Ole Gunnar Dahlhaug）教授、国际山地综合开发中心 Chi Huyen Truong 女士分别致辞，期待在喜马拉雅区域水电开发中开展深入的多边合作。

加德满都大学 Sailesh Chitrakar 博士应邀作了特邀报告，介绍了超高水头冲击式水轮机的设计和磨损研究最新成果。钟琴琴、施俊德、Ravi Poudel 等分别就 OpenFOAM 基础算法理论、OpenFOAM 方法应用和水轮机磨损实验等主题做了报告。与会学者对相关问题展开讨论，交流心得。加德满都大学 Hari Prasad Neopane 教授做了总结发言。

该次学术研讨会的召开，为喜马拉雅区域水电开发中的前沿科学问题研究提供了重要的交流平台，促进了不同国家研究团队与国际组织之间的交流合作，为今后开展喜马拉雅区域水电科研合作夯实了基础。

（武汉大学水利水电学院　黄晓羽）

对外经营与国外工程

中国长江三峡集团有限公司 2022年国际业务开展情况

（一）国际业务总体情况

2022年，中国长江三峡集团有限公司（简称三峡集团）境外电力资产总额超过250亿美元，境外可控装机容量超过1260万kW，业务主要类型为水电、风电、太阳能等清洁能源投资及建设运营，主要分布在葡萄牙、西班牙、巴西、秘鲁、巴基斯坦、老挝、几内亚等国家，133个境外子企业分布在亚洲、欧洲、南美洲和非洲约30个国家和地区。全年新增境外资产约13亿美元，新增境外可控装机容量约157万kW，新增项目重点分布在西班牙、墨西哥、巴基斯坦等国家，新成立亚非绿色能源投资有限公司，负责开拓除巴基斯坦以外的亚洲和非洲市场区域。三峡集团下属企业中国水利电力对外有限公司已连续33年荣登《工程新闻纪录（ENR)》全球最大250家国际工程承包公司榜单，2022年排名第128位；连续25年荣登ENR全球最大225家国际工程设计公司榜单，2022年排名第132位。

（二）2022年重点境外项目

（1）巴基斯坦卡洛特水电项目。该水电项目作为三峡集团投资开发中巴经济走廊的首个水电投资项目，是被写入中巴两国政府联合声明的水电投资项目，是中巴两国民心相通、普惠各界民众的标志性成果。该项目动态总投资17.4亿美元。2015年4月，中、巴两国领导人共同见证项目破土动工。2022年6月，项目正式实现商业化运营，截至2022年底，项目已累计投资14.13亿美元，总装机容量72万kW。项目投产发电后，每年将向当地提供逾31亿kW·h清洁能源（预计每年可节约标准煤约140万t，减少二氧化碳排放约350万t），缓解巴基斯坦用电难题，带动当地电力配套行业协调发展和产业升级，有利于巴基斯坦经济发展和民生改善。该项目荣获多个重要奖项，获得了巴基斯坦政府认可。

（2）英国马里湾海上风电项目。该项目三峡集团参股投资（占股10%）、与葡萄牙电力公司联合开发建设，项目总装机容量95万kW，年均等效可利用小时数超过4000h。2015年开始跟踪该项目；同年10月19日，与葡萄牙电力公司签署《关于合作开发英国Moray海上风电项目的合作协议》，该协议作为中英正式合作成果，列入两国政府发布的协议成果目录；2017年9月，该项目中标15年的CfD电价合同，成为三峡集团和葡电合作开拓第三方市场新的里程碑，标志着三峡集团进入全球最大的海上风电市场，也是首个投资全球近百万千瓦级海上风电项目的中国企业；2018年，三峡集团完成该项目10%股权收购；2022年，该项目进入商业运营，投产发电量可满足当地约10万户家庭的用电需求。

（3）西班牙贝尔维斯和探路者项目。贝尔维斯（Belvis）光伏绿地项目包含3座待建电站，项目总投资8713万欧元，总装机容量10.45万kW，预计2024年第一季度建成投产。探路者（Roadrunner）光伏项目位于西班牙中部卡斯蒂利亚-拉曼查自治区和南部安达卢西亚自治区，包含27个光伏电站（含在开发项目），项目总装机容量61.9万kW，其中13.9万kW资产已运营，5.23万kW资产进入在建，其他资产将陆续交割。2022年12月，三峡集团下属企业三峡欧洲公司分别完成西班牙贝尔维斯光伏绿地项目和探路者光伏项目股权交割。

（三）境外项目合作机制建设及风险防控措施

（1）境外项目合作机制方面。一是与境内大型企业签署战略合作框架协议，形成战略合作伙伴关系，联合国内设计、施工、装备制造企业组成联合体，共同寻找境外优质资源；二是与国际著名企业加强战略合作，先后收购葡萄牙、澳门等地优质股权，并进入意大利、波兰和巴西清洁能源市场；三是通过实施项目当地的多层次的股权多元化，建立各方的命运共同体，发挥各方优势，实现互利共赢。

（2）境外项目风险防控措施方面。三峡集团把风险的有效管控放在首位，审慎选择国别和区域，严控债务、投资、金融风险，严防安全环保风险，牢牢守住不发生重大风险的底线。在国际业务上，逐步形成并不断优化突出重点区域与国别、以点带面的全球市场布局；在投资决策上，借鉴国际成熟经验，为投资决策提供科学参考依据；在项目尽调上，聘请财务、法律、市场、技术等第三方顾问，评估投资项目及所在国家和区域的国别风险、电力市场风险、法律合规风险、财务税务风险以及技术风险等，做到投前心中有数、投后管控有术。围绕不发生系统性风险、颠覆性风险事件核心目标，三峡集团现已初步建立起了一套较为完善的风险管理体系，形成了信息搜集、分析评估、量化分级、过程监控、跟踪反馈、重点督办的全流程风险管理链条，实践中科学管控公司各种经营风险。

（四）履行海外社会责任情况

2022年，三峡集团在德国、西班牙、葡萄牙、希腊、卢森堡、巴基斯坦、埃及、约旦、巴西、哥伦比亚、秘鲁、老挝实施各类社会责任项目超过40个，累计资金约为4000万元（含当地政策框架下的公益慈善项目）。三峡集团下属企业三峡国际深入践行ESG理念，积极开展ESG管理，海外社会履责成果突出，荣膺由中国社会责任百人论坛发起的2022年度“责任金牛奖项·海外履责奖”。此次蝉联“海外履责奖”，是中国社会责任领域权威平台对三峡集团多年海外履责实践的认可和肯定。

（1）合规经营方面。三峡集团下属企业长江电力撰写的《境外反腐败合规管理实践：法律冲突与制度创新》，在580项合规管理成果评选中总排名第三名，并荣获2022年首届电力企业合规管理成果特等奖；对秘鲁路德斯公司收购项目入选第四届“一带一路”投资类法律服务典型案例，成为少数入选“一带一路”典型案例企业之一。

（2）属地化经营方面。三峡集团实施属地化经营，在管控模式上以董事会管控为主，坚持本土化管理，并外派中方财务总监加强监督；在生产经营上依靠本地资源，保留原有管理团队和员工队伍，尊重当地生产经营特点，融入当地，带动项目所在地就业和经济发展，目前外籍员工占比超过80%。

（3）资源环境保护方面。一是巴基斯坦卡洛特水电站项目荣获2022年巴基斯坦国家环境与健康论坛社会责任奖；二是在巴西电监会发起下，三峡巴西公司与当地科技研究所和车载充电器制造商合作开展“电动汽车创新研发项目”，推动巴西当地清洁能源发展；三是三峡巴西公司与巴西生物局技术中心开展合作，通过利用“基因驱动”技术，优化金贻贝基因图谱绘制，为控制金贻贝入侵提供先进、经济的生物技术解决方案，推动南美地区生态系统的生物多样性，且该项目荣登“2022金蜜蜂企业社会责任·中国榜”。

（4）助力公益事业方面。一是三峡欧洲公司加入“零儿童贫困国家联盟”，是首家加入该联盟的中国企业；二是基于前期设立的中葡文化公益事业基金项目，共有122名中国大学生参加线上线下举办的葡萄牙语语言文化课程；三是哥伦比亚奖学金项目正式开始实施，共有20名来自新能源、电气、工程、法律、财务等专业学生参加孔子学院提供的为期4个月的汉语课堂；四是三峡欧洲公司在西班牙开展“中西教育公益事业基金”项目，为萨拉曼卡大学优秀青年学生提供赴华留学深造机会，其中有一名西班牙学生荣获奖学金；五是“中国三峡—巴基斯坦奖学金计划”作为首个由中资企业出资设立、扶助巴基斯坦库区移民、具有长期规划的全额奖学金计划，荣获“第二届全球减贫案例征集活动”最佳减贫案例；六是三峡国际捐款65万美元和60万卢比以支持巴基斯坦当地抗击洪涝灾情，巴基斯坦政府领导人在捐赠仪式上对三峡集团积极履行社会责任、关心当地民生福祉表示衷心感谢；七是实施“澜湄合作”水资源高层次人才计划，促成2名澜湄国家留学生赴河海大学攻读硕士学位并获得“丝绸之路”奖学金，参与中国外文局“澜湄书香”公益活动，建设“澜湄书屋”。

（5）加强利益相关方沟通方面。一是出席卢森堡国庆节招待会暨中卢建交50周年庆祝活动；二是邀请西班牙马德里理工大学10余名青年学生参观三峡欧洲公司西班牙光伏电站；三是三峡巴西公司联合当地知名非赢利机构组织，共同发起创收创业主题试点项目和可持续发展旅游业创新挑战项目，帮助当地农民和小微企业家摆脱贫困，创新经济模式，切实促进其电站周边发展水平较低的地区实现真正意义上的转型。

（中国长江三峡集团有限公司　郝梦朔）

中国电力建设集团有限公司 2022年国际业务发展情况

2022年，中国电力建设集团有限公司（简称中国电建）国际业务新签、营收、净利润分别为2184.46亿元、917.88亿元、27.96亿元，中国电建占比分别为19.39%、13.68%、18.67%。在137个国家或地区执行项目合同3534份，合同总金额9854.63亿元，同比增长4.98%。境外中外员工总计131311人。

2022年，中国电建在《财富》世界500强位居100位，较2021年上升7位。在ENR全球工程设计商150强和ENR全球承包商250强排名中，分别位列第1位和第5位；在国际工程设计商225强、国际工程承包商250强中分列第15位和第6位，在电力建设领域继续保持全球第一，水利保持全球前5，交通首次进入前10；连续多年在亚太、中东、非洲区域进入前10。

（一）国际经营

2022年，在市场开发方面，中国电建坚持事前算赢算准，关口前移，投议标质量显著提高，通过博弈争取最好价格、最优条件。坚守“两条底线”，强化营销统筹、组织专项激励、开展劳动竞赛，市场开发取得新成效。在模式创新方面，夯实现汇基础，大口径新签现汇项目1606.46亿元，占比73.5%；“以现场促市场”，香港和新加坡等中高端市场通过良好履约获取新项目；拓展融资模式，伊拉克达宾水泥厂、塞尔维亚贝尔格莱德新桥、安哥拉库内内抗旱项目等创新组合使用中外资金和信保，实现项目落地；紧抓稀缺“两优”机会，签约马达加斯加快速路项目和水电站项目；首个境外DOBT模式的巴西玛瑞蒂光伏项目正式投资立项，肯尼亚年金公路LOT32达到实质性融资关闭条件；创新构建境外新能源投资“电建国际公司＋电建海投公司”2＋N格局。在行业布局方面，中国电建在菲律宾、越南、南非、肯尼亚抢占抽水蓄能资源，与苏伊士环境集团在全球水务与环境领域紧密合作，做强“水”；抢抓新能源发展窗口期，在埃及、老挝、越南签约一系列风电项目，多次牵头策划组织氢能论坛，携手氢能头部企业布局巴基斯坦、越南、阿根廷、毛里塔尼亚等国别绿氢项目，做优“能”；房建基础设施成效显著，学校、医院、城市综合开发和轨道交通等领域取得进展，拓展“城”；举办海外矿山业务专题研讨会，与中国矿业大学建立产学研用联动机制，以矿电一体化推动矿山业务爆发式增长，做专“矿”；开展贸服业务，积极开展光伏组件“垂直一体化”供应链穿透采购试点。在安全防范方面，中国电建坚持“人民至上、生命至上”，建立国别联防联保机制，为巴基斯坦、伊拉克等高风险国家配备专业安全官。马里古伊那项目获国资委“2022年海外安防优秀实践奖”。牵头组织在乌克兰的央企151人安全撤离；转移刚果（金）6个项目65名中方员工；压减巴基斯坦、斯里兰卡等高风险国家中方人员1500余人。QHSE管理健全完善，发布《项目实施工作标准》，境外项目安全生产巡检实现“全覆盖”。

（二）国际履约

2022年，3个项目荣获2021年度中国建设工程鲁班奖；2个项目荣获2022年度国家优质工程奖；3个项目营地荣获优秀营地奖；8个项目荣获2022年境外可持续基础设施奖。

（三）国际商务

2022年，共完成审批和办理出国（境）团组10338批次、25223人次，办理因公证照5819本，办理公证和领事认证4486份；全年中国电建共出国（境）13387人次、回国（境）23210人次，在中央企业中继续名列第一。

（四）国际重大工程承包和投融资项目

（1）巴基斯坦巴沙大坝及唐吉尔水电项目。该项目是巴基斯坦2022年在建的最大水利枢纽工程，是中国电建牵头承建的单个合同额最大的水电站项目，合同金额27.52亿美元，总装机容量450万kW。大坝为碾压混凝土重力坝，最大坝高272m，设计浇筑总方量1860万m^3，建成后将成为世界上最高、最大的碾压混凝土重力坝。2022年6月12日，项目2号导流隧洞贯通。

（2）卡塔尔80万kW光伏电站项目。该项目位于卡塔尔首都多哈以西80km的荒漠中，是2022年世界第三大单体光伏发电站，合同金额4.17亿美元。2022年9月26日，项目并网，成为卡塔尔首个全容量并网的大型地面光伏电站，支撑了卡塔尔举办“碳平衡”世界杯的承诺。10月18日，卡塔尔埃米尔（国家元首）塔米姆、首相兼内政大臣哈立德等出席投产仪式。

（3）赞比亚下凯富峡水电站项目。该项目总装机容量为75万kW，是赞比亚40年来投资开发的第一个大型水电站项目，由中国电建集团以EPC总承包＋融资模式承建，合同金额约为15.65亿美元。2022年6月16日，水电站至卢萨卡南330kV高压输电线路成功送电。

（五）驻外机构

2022年，集团公司有50家子企业参与境外工程承包和投资业务，在117个国家和地区设有481个驻外机构。其中在“一带一路”沿线65个国家中的45个国别设有256个驻外机构。①按性质划分：61个代表处，193个分公司，150个全资子公司，66个控股公司，11个参股公司。②按地域划分：非洲41个国家121个驻外机构，亚洲39个国家258个驻外机构，美洲20国家60个驻外机构；欧洲14个国家36个驻外机构，大洋洲3个国家6个驻外机构。

（中国电力建设集团有限公司）

中国电建集团北京勘测设计研究院有限公司2022年国际业务开展情况

2022年，中国电建集团北京勘测设计研究院有限公司（简称北京院）应对复杂国际环境和境外疫情影响，深耕重点国别，开拓国际市场；持续强化履约项目管理，以履约促可持续发展。

（一）加强一线营销，建立境外市场营销网络

加强市场营销力度，国际业务跟踪项目约70个，其中年度新增跟踪项目50个，占整体前期跟踪项目的75.8%。聚焦常规水电、蓄能电站、新能源、城建交通4个板块优势业务，严格把控项目甄选和风险识别流程，年度重点跟踪项目共计10个，分布在几

内亚、南非、孟加拉国、柬埔寨等公司核心营销国别，签订几内亚SONAPI福利住房建设项目、塞内加尔布莱兹迪亚涅国际机场民用航空培训学校建设项目、几内亚卡卡拉水电和光伏互补项目等多个合同，超额完成年度国际业务新签指标。

根据北京院国际业务"十四五"战略规划，持续加强境外一线营销，依托目前在建项目及重点跟踪项目的国别分布，响应中国电建海外营销策略向联合营销、属地化经营发展方向，提出设立公司两大区域部的建议和管控模式，并组织开展相关工作。向加纳、孟加拉国、柬埔寨、南非4个国别派出常驻人员参与电建国际公司的联合营销工作，并在几内亚设置办事处。在境外疫情持续高位的情况下，保持各国别常驻人员有序轮换，保障重点国别市场的持续经营。

（二）保证基本盘，加强国际项目履约

国际履约项目虽持续受到境外疫情等因素的影响，但各项目总体进展顺利，完成年度收款和营业收入指标。全年国际履约项目进展顺利：北京院作为EPC总承包实施主体的加纳路桥项目基本完工，各项工作取得中国电建国际公司高度认可；几内亚阿玛利亚水电站项目接入系统报告已通过当地电力公司审查，监理标、主机标及部分闸门金结设备招标及详图供应工作持续推进；印度尼西亚巴塘水电站项目大坝设计包通过印尼大坝委员会审批，主体工程基本设计通过业主审批，设计工作进入详细设计阶段；印度尼西亚本多巴度水电站项目可研设计工作已基本完成，可研报告通过华电集团组织的内部及外部审查；柬埔寨斯登眉登梯级水电站项目可研报告已提交业主，并为柬埔寨能矿部的报告审查做好相关准备。

（三）国际业务年度工作亮点

（1）加强项目风险管控，严格执行国际跟踪项目甄选原则和流程。持续完善并严格执行国际跟踪项目甄选原则和流程，完善"国际项目信息评估单"，将项目风险评估作为项目跟踪投入的前提，加强风险管控。通过项目评估，年度培育市场类项目占比达30.6%，年度放弃跟踪项目占比达24.5%。

（2）完善标准化建设，建立标准化报告及工作模板。通过多个国际前期项目的跟踪积累，逐步整理出符合国际前期项目经营需求的英文版技术报告模板、工程量清单模板、HSE及QAQC文件模板初稿，并计划通过在与相关生产部门持续沟通后，形成上述报告的国际化标准版本进行推行使用。

（3）联动国内外信息，建立项目数据库。组织完成收集、整理北京院承接的常规水电站、抽水蓄能电站、新能源（风电和光伏）和总承包项目技术和经济指标，并将相关数据实现内部数据化，做到项目参数获取的高效、准确和规范，同时帮助市场开拓人员高效、快捷地掌握各种项目不同区域、不同年代的经济指标和变化规律，为开拓市场工作提供信息保障。

（4）持续加强国际业务生产经营管理人员能力建设。① 举行线上线下关于国际业务岗位技能、专业知识、提升能力多各个方面的培训共计21次，292人次，内容涵盖国际商务、合同、技术专业、法务、合规、语言等多个方面；针对从事国际业务商务人员所学专业分散的特点，开展了抽水蓄能电站、水电光伏发电、项目管理和国际技术标准等方面的课程。② 响应"纵向贯通、横向互通"的多通道职业发展体系建设工作，促进国际人才培养和引进健康发展。结合《职工职业发展管理办法》提出具体的职业发展序列建议、明确发展通道，结合生产经营任务实际提供支持和发展机会。

（中国电建集团北京勘测设计研究院有限公司 王珊珊）

巴基斯坦卡洛特水电站工程2022年建设情况

（一）工程概况

卡洛特水电站坝址位于巴基斯坦旁遮普省与AJK特区交界处的卡洛特桥上游1km处，为巴基斯坦境内吉拉姆河规划的5个梯级电站的第4级，上一级为阿扎德帕坦，下一级为曼格拉。坝址处控制流域面积26700km^2，多年平均流量819m^3/s，多年平均年径流量258.3亿m^3。工程开发的任务主要是发电，工程枢纽由河床沥青混凝土心墙堆石坝、岸边式溢洪道和引水式地面厂房等建筑物组成。水库正常蓄水位461.0m以下库容1.52亿m^3，电站装机容量72万kW（4×18万kW），多年平均年发电量32.06亿kW·h。工程采用河床一次性断流、隧洞泄流、围堰全年挡水的导流方案。该工程勘测设计单位为长江设计集团有限公司。

（二）工程2022年建设进展情况

该工程于2015年4月20日开工建设；2016年12月1日，项目主体工程正式开工建设；2018年9月22日，工程实现主河床截流。该工程为采用中国标准建设的海外大型水电站EPC项目，2022年为该工程从主体工程施工转为投产发电的关键一年，工程主要节点如下：

（1）4月28日，该水电站沥青混凝土心墙坝最后一仓沥青混合料填筑完成，标志着大坝施工进入收尾阶段。

（2）6月8日，该工程溢洪道泄槽右边墙最后一仓混凝土浇筑结束，至此卡洛特水电站主体工程土建施工已全部完成，为电站6月底正式投入商业运行（COD）奠定了坚实基础。

（3）5月7日实现首台机组（1号机组）并网发电。

（4）6月29日实现4台机组全部投产发电，正式转入商业运行。

该工程是被列为“中巴经济走廊”优先实施的能源合作项目，并写入《中巴关于建立全天候战略合作伙伴关系的联合声明》，项目总投资17.4亿美元。项目建成后，可解决相当于200多万个巴基斯坦家庭约500万人一年的用电问题，预计每年可减少二氧化碳排放量350万t。5月25日，巴基斯坦总理夏巴兹·谢里夫于到卡洛特水电站项目现场视察，表示中巴经济走廊首个水电投资项目卡洛特水电站将为巴基斯坦提供清洁廉价的电力，促进巴绿色发展。

（长江设计集团有限公司　吴超　侯钦礼）

巴基斯坦卡洛特水电站大坝及溢洪道基础灌浆施工

卡洛特水电站坝址位于巴基斯坦旁遮普省境内Karot桥上游，下距曼格拉大坝74km，西距伊斯兰堡直线距离约55km，具有以发电为主，兼有防洪、拦沙、改善下游航运条件和发展库区通航等综合效益。工程开发任务为发电，电站装机容量72万kW，平均年发电量约32.10亿kW·h。枢纽工程由挡水、泄水、冲沙及引水发电系统等主体建筑物组成，拦河大坝为沥青混凝土心墙土石坝，最大坝高95.5m。该电站大坝及溢洪道基础灌浆工程主要为固结灌浆、帷幕灌浆、化学灌浆等，于2018年6月开始，2022年5月完工，2022年11月通过专家组联合验收。

（一）工程地质情况

大坝左岸部位建基岩体主要为N1dh1-1-2～N1na4-2层，岩体呈弱风化状，其中粉砂质泥岩与泥质粉砂岩互层的岩体占76.2%，中砂岩等占23.8%。河床部位为N1na4-2～N1na3-3-1层，岩体呈弱风化状，中砂岩占54.7%，粉砂质泥岩与泥质粉砂岩互层岩体占45.3%。右岸主要为N1dh4-3-2～N1na3-3-2层，岩体以弱风化状为主，坝肩高程423～443m呈微风化状，中砂岩占27.5%，粉砂质泥岩与泥质粉砂岩互层的岩体占72.5%。坝址区分布地层主要为新生界磨拉石建造的陆源碎屑沉积岩地层，岩石总体具有时代新、成岩胶结程度较差、岩石较软弱，岩性较复杂，较软岩与软岩呈不等厚互层状分布，因此，具有发育软弱夹层的条件。

溢洪道控制段及左侧连接段地基岩体主要由N4-3-1～N3-3-1层中砂岩及粉砂质泥岩与泥质粉砂岩互层组成，其中溢流坝段坝基主要为N3-3-1及N3-3-2层，为厚4～13m互层状粉砂质泥岩与泥质粉砂岩互层，夹一层厚4～7m中砂岩（N3-3-1层顶部砂岩）；两侧非溢流坝段坝基岩体为N4-3-1～N3-3-2层，其中N4-2、N3-3-2层粉砂质泥岩与泥质粉砂岩互层厚11～13m，N4-3-1层中砂岩厚8～14m，N4-1层中砂岩厚约22m。

溢洪道控制段防渗帷幕沿线岩体主要为微风化岩体，坝基中砂岩岩石单轴抗压强度25～30MPa，细砂岩岩石单轴抗压强度20～25MPa，属较软岩，呈巨厚层、厚层状结构，岩体较完整；泥质粉砂岩与粉砂质泥岩岩石单轴抗压强度8～15MPa，属软岩，薄～中厚层状结构，岩体完整性差～较完整。

（二）灌浆工程设计要求

（1）大坝固结灌浆。①沿大坝心墙轴线共布置相互平行的两排固结灌浆孔，其中，靠下游侧的一排孔为常规固结灌浆孔，入岩孔深为6m，靠上游排的一排孔为固结兼辅助帷幕灌浆孔，入岩孔深为10m。各固结灌浆孔孔距一般为2.5m，垂直于基座混凝土面布置。各固结灌浆抬动观测孔均为铅直孔，兼作后续帷幕灌浆抬动观测孔，入岩孔深为20m，各物探测试孔均垂直于基座混凝土面布置，入岩深度为6m。②固结灌浆采取有盖重法施工，固结灌浆孔按分排、分序施工，一般按照“自上而下分段，孔内循环法”灌注。各序孔中应选取不少于5%的灌浆孔在灌浆前进行简易压水试验。灌前压水压力为灌浆压力的80%，且不大于1MPa。固结灌浆水泥采用强度等级为42.5级的普通硅酸盐水泥。水泥浆液水灰比采用五个比级，开灌水灰比一般为3∶1。常规固结灌浆孔基岩段长为6m，采用全孔一段灌浆；固结兼辅助帷幕灌浆孔基岩段长划分为第1段3m、第2段7m。常规固结灌浆孔灌浆压力暂定为0.4～0.6MPa；固结兼辅助帷幕灌浆孔灌浆压力暂定为第1段0.5～0.7MPa、第2段0.8～1.0MPa。单孔压水和灌浆累积抬动变形允许值为100μm。如施工中发现抬动变形，应立即降压，当抬动变形超过规定的允许值，应立即停止施工。固结灌浆在规定压力下，当注入率不大于1L/min，继续灌注30min，灌浆即可结束。③固结灌浆质量检查以检查孔压水试验、物探孔声波测试、钻孔岩芯和灌浆记录等进行综合评定。灌后压水检查孔根据现场地质条件及灌浆施工情况布置，检查孔的数量不应少于灌浆孔总数的5%，垂直于基座混凝土面布置，入岩孔深为6m。灌后压水检查压力为灌浆压力的80%，且不大于1.0MPa。压水检查在固结灌浆结束3～7天后进行，合格标准为灌后基岩

透水率 $q<5$Lu，单元工程检查孔孔段合格率应在85%以上，不合格孔段的透水率值不超过设计规定值的150%，且不集中。物探孔声波测试应进行灌前、灌后单孔声波测试和跨孔声波测试。同时，利用部分压水检查孔做单孔声波抽查。

（2）大坝帷幕灌浆。①大坝防渗帷幕沿大坝混凝土基座向两岸延伸，河床部位高程445m以下布置双排灌浆孔，孔距2.5m，其余部位布置单排灌浆孔，孔距2m。帷幕灌浆孔均为直孔，先导孔孔深较防渗帷幕底线加深5m。副排防渗帷幕孔深均为入岩25m。大坝坝基部位防渗帷幕在大坝混凝土基座上实施，两岸坝肩平台部位的防渗帷幕在坝肩公路路面实施，两岸山体段防渗帷幕在灌浆平洞内实施。②帷幕灌浆正式施工前或施工初期应进行现场灌浆试验（可结合生产性灌浆试验进行），以确定适合此工程特点的灌浆材料、灌浆参数和施工工艺等。坝基部位帷幕灌浆利用固结灌浆抬动观测孔进行抬动观测，抬动观测孔均为直孔，入岩孔深为20m。两岸坝肩平台部位的帷幕灌浆孔实施时，为避免灌浆对公路路面产生抬动破坏，第1段灌浆及压水时，阻塞器可阻塞在混凝土与基岩接触面以下30cm处。其他帷幕灌浆孔和帷幕灌浆检查孔分段为，第1段（接触段）2m，第2段3m，第3段及以下各段段长5m，孔底段不得大于7m。普通水泥浆液帷幕拟采用水灰比为五个比级，开灌水灰比一般为3：1，先导孔、Ⅰ序孔开灌水灰比为2：1。帷幕灌浆接触段的最大压力达到1.0MPa或以上；其他段次随孔深加深逐渐增大，最大灌浆压力达到3.0MPa；满足接触段能够承受设计坝前最大水头的渗透压力。③帷幕灌浆质量检查合格标准为高程445m以下（双排帷幕区）灌后基岩透水率 $q\leqslant 3$Lu、高程445m以上（单排帷幕区）灌后基岩透水率 $q\leqslant 5$Lu。

（3）溢洪道基础灌浆。与大坝基础灌浆技术要求基本相同，帷幕灌浆基岩段长划分为第1段（接触段）2m、第2段3m，第3段及以下各段长5m，孔底段不得大于7m。灌浆压力暂定为第1段0.6～0.8MPa、第2段0.8～1.0MPa，第3段及以下各段1.5～2.0MPa。帷幕灌浆灌后基岩透水率合格标准全部为 $q\leqslant 5$Lu。

（三）灌浆效果评价

大坝及溢洪道控制段帷幕灌浆工程共划分为69个灌浆单元，经第三方检测单位进行灌浆质量检测，共计稳定压水766段，灌浆检查最大透水率2.93Lu，最小透水率0Lu，平均透水率0.21Lu，满足设计规定值。检查孔钻孔取芯及孔内成像揭示，盖重混凝土与基岩接触面接触良好，岩体破碎裂缝部位见不同程度的浆液充填，形成深灰色、灰白色、红色（化灌材料）等结石，有效封闭不良围岩情况，整体固结效果较好。综合压水试验成果、取芯情况和钻孔录像成果，各检查部位灌浆质量检查全部合格，满足设计要求。

（中国水电基础局有限公司　李超）

巴基斯坦巴沙水电站工程建设情况

（一）工程概况

巴基斯坦巴沙水电站项目位于巴基斯坦开伯尔-普赫图赫瓦省和吉尔吉特-巴尔提斯坦特区交界处的印度河干流上，距下游塔贝拉水电站315km，距首都伊斯兰堡约440km，具有防洪、灌溉及发电等综合功能，被誉为巴基斯坦的“三峡工程”，对提升巴基斯坦水资源利用、改善清洁能源结构、服务民生发展具有重要作用。该电站水库库容约100亿 m^3，总装机容量450万kW(2×6×37.5万kW)，分别在左、右岸地下厂房各布置6台机组。项目业主为巴沙项目发展公司（DBDC），由巴基斯坦水电开发署（WAPDA）归口管理。设计及咨询单位为巴基斯坦国家咨询公司（NESPAK）牵头的联营体Diamer Basha Consultants Group（DBCG），由NESPAK-ACE-MMP-MWH STANTEC-PYORI-DOLSAR组成。

该电站项目共分为6个标段，大坝土建MW-1标段主要工程量为土石方开挖2474万 m^3、土石方填筑195万 m^3、碾压混凝土1710万 m^3、常态混凝土160万 m^3，大坝为碾压混凝土重力坝，最大坝高272m，最大底宽209m，坝轴线长约1099m。该标段由中国电建-FWO组成的联营体（中国电建占70%，FWO占30%）中标，中国电建委托中国水利水电第七工程局有限公司牵头实施电建份额，项目于2020年8月7日正式开工，合同总工期3104天。

（二）工程进展

（1）2022年以前建设进展情况。①2020年8月7日，项目正式开工。②2021年2月13日，右岸坝肩开始爆破开挖。③2021年3月20日，跨印度河索道桥建成通车。

（2）2022年建设进展情况。①6月12日，导流洞开挖贯通。②12月25日，大坝围堰防渗墙开始施工。

开工以来至2022年底，项目主要围绕导截流工程开展，包括导流洞进出口开挖、导流洞洞身开挖和混凝土衬砌、左右岸坝肩开挖、导流明渠开挖等；同步进行砂石系统、拌和系统及重油发电系统等公用系统的施工，为大坝混凝土施工创造条件，安全、质量、进度处于整体受控。

（中国电建集团国际工程有限公司）

巴基斯坦巴沙大坝高边坡大梯段开挖支护机械化快速施工技术

（一）工程概况

Diamer Basha 项目位于巴基斯坦伊斯兰共和国开伯尔-普赫图赫瓦省和吉尔吉特-巴尔提斯坦特区的交界处的印度河干流上。该枢纽工程主要由挡、泄水建筑物和引水发电建筑物等组成。大坝为碾压混凝土重力坝，最大坝高 272m，坝轴线长约 1030m，为世界最高和碾压混凝土体积最大的拱坝。总装机容量为 450 万 kW（12×37.5 万 kW），该导流洞出口边坡最大开挖高度为 108m，边坡开挖坡比 1∶0.2，边坡每 15m 高设置一级马道。岩石主要由伟晶辉长岩构成，局部散布超镁铁质岩石（由辉石、角闪石、橄榄石组成），新鲜辉长岩坚硬（抗压强度 100～203MPa）。地表应力释放显著，岩石节理裂隙非常发育，裂隙率达 2%～4%。

（二）高边坡大梯段机械化开挖支护施工

（1）大梯段机械化快速开挖支护工法。实施“分区开挖、一次预裂、一次爆破、分层出渣、分层支护”。①分区开挖：以作业面满足设备安全通行和作业空间确定边坡开挖厚度，利用支护施工时段开挖设备闲置期进行确定的边坡开挖厚度以外区域实施减肥活动，以实现边坡开挖和支护快速施工。②一次预裂、一次爆破：利用新型一体化潜孔快速钻机的重型钻杆小挠度特点，对每级边坡一次预裂、一次爆破，减少超挖，提高边坡平整度，缩短了钻孔准备时间。③分层出渣：根据锚杆设备工作幅度分层出渣，快速提供锚杆设备作业空间。④分层支护：采用无架化作业模式，利用液压型钻孔设备快速钻锚杆孔，并安装锚杆。钢筋网片规格尽量与支护层高度一致，快速铺装。

（2）主要机械配置。①爆破钻孔机械，选用钻杆直径为 76mm，孔深 21m 以内预裂钻孔精度高，配置有自动换杆系统，液压加持稳定性好，钻速快。②锚杆钻孔机械，边坡锚杆采用液压钻或护坡锚固钻机，环境条件适应能力强，钻进速度快。③喷混凝土机械，结合边坡马道通行状况好的有利条件，使用隧洞常用的湿喷台车对边坡整体进行高效喷护。

（三）施工关键技术

1. 合理安排工序　每级边坡施工工序要紧密衔接，具体工序为爆破申请→预裂、主爆孔测量放样→钻孔→验收合格→装药联网爆破→第一层出渣→第一层地质编录和支护参数确定→第一层锚杆、排水孔和钢筋网施工→喷混凝土→进行下一层开挖支护循环。

2. 组织管理技术　高边坡开挖支护大梯段机械化快速施工不同于传统的高边坡施工方法，需要道路布置、机械布置及机械化配套作业的组织管理进行综合平衡管理，使各道工序所需要机械得到合理配置，机械设备在施工中的作用得到了较好的发挥。

3. 提高 SN 型锚杆安装技术　边坡锚杆采用基于 GEWI 钢筋的 SN 型锚杆，锚杆直径为 28mm，锚孔径为 56mm，对中器厚 10mm，锚杆在推进时孔内只有 8mm 活动空间。由于边坡岩裂缝发育，孔壁岩石易掉块，若将锚杆杆体卡住，将导致锚杆推进失败。通过增加锚杆杆体在孔内的推进活动空间、减少锚孔空置时间改进措施：①将钻孔直径由 56mm 变更为 76mm，孔内推进活动空间增加 20mm；②使用 HDPE 管制作柔性对中器推进过程不易发生错动变形造成卡孔；③锚孔造孔完成后及时进行注浆和插杆工序作业，减少锚孔空置时间。

4. 提高预裂面平整度技术　提高预裂面平整度从提高钻孔质量和爆破质量两方面改进：

（1）GIA B5 一体潜孔钻机采用 $\phi 76$ 重型钻杆，漂孔可能性小。高强合金推进梁液压加持，施工中偏移性小。重点加强开孔角度控制，使用数显坡度仪进行高精度 2 维向校准。钻孔过程中不得变换压力，匀速钻进。

（2）爆破设计改进。①本工程岩石坚硬，通常预裂孔距为 0.8～1.0m。由于岩石节理发育，裂隙率在 2%～4%，孔距修正系数为 0.7，即钻孔间距为 0.56～0.7m，本工程取 0.6m。②使用 6 根导爆索束替代乳化炸药卷，解决了由于岩石裂隙发育，线装药密度小、高粘乳化炸药卷间距大，爆破威力不足使坚硬岩形成裂缝，而药卷位置的围岩裂隙则在爆炸冲击波作用下缝面张裂破坏，岩石更松动、破碎，易脱落，造成预裂面超挖超填问题。装药时，将距堵塞段底部 1m 范围将导爆索束减至 3 根，有效地解决了裂隙发育岩层孔口岩石抬动质量难题。

5. 选择合适钻头提高钻进效率　根据工程岩石坚硬的特点，选择快速凿岩潜孔钻头。钻头中芯为弹齿，边齿采用球齿，配置大排粉气孔和排粉槽的端面平面型潜孔钻头。在坚硬磨蚀性岩石中有较高的凿岩速率，每班进尺可达到 110～130m，最高班尺记录为 182m。

6. 大网片铺装技术　钢筋网铺装是支护工序中用人最多、历时最长的工序，钢筋网片规格定制为 5m×2.15m，与分层高度一致，这样每分层垂直方向上只需铺一张网片即可。钢筋网片 5m×2.15m 的重量为 31.3kg，由 2 人站在坡上方通过绳索很方便将钢筋网片吊装就位，铺装速度快。

（四）应用前景

通过“分区开挖、一次预裂、一次爆破、分层出渣、分层支护”的大梯段机械化快速支护技术攻关，以落实“机械化换人、自动化减人”的科技强安为遵旨，实施了一系列的技术创新和管理创新，加快了高边坡锚固施工进度，改善作业环境，规避安全风险，并有效降低施工成本，有良好的推广应用前景。

（中国水利水电第六工程局有限公司　史明康）

尼泊尔三金考拉水电站工程建设进展情况

（一）工程概况

三金考拉水电站位于尼泊尔中北部，加德满都以北 Bagmati 地区，距加德满都直线距离约 65km，公路里程约 180km。工程区位于中尼边境的喜马拉雅山南麓，坝址距中国边境直线距离约 1.1km。电站采用“低坝、长引水”开发方式，为径流式电站，无调节能力。坝址控制流域面积 143km^2，多年平均流量 10.4m^3/s，正常蓄水位 3391.00m，总库容 0.56 万 m^3，设计引用流量 9.3m^3/s。电站安装 3 台单机容量 2.6 万 kW 的冲击式水轮发电机组，总装机容量 7.8 万 kW，机组额定水头 952m。电站多年平均年发电量 412.4GW·h，年利用小时数 5287h。项目采用 EPC 施工总承包的建设模式。

（二）工程建设进展

（1）2022 年以前建设进展情况。①该水电站工程 2019 年 10 月 18 日主体工程正式开工建设。②2020 年6 月 11 日，引水系统首条施工支洞（5 号施工支洞）开始洞室开挖支护施工。③2021 年 11 月 11 日，首部枢纽一期（左岸）导截流成功。

（2）2022 年建设进展情况。①3 月 28 日，首部枢纽首仓结构混凝土开盘浇筑。②9 月 9 日，地下厂房系统主副厂房洞顶拱层开始洞室开挖支护施工。③11 月 6 日，首部枢纽二期（右岸）导截流成功。

（中国电建集团国际工程有限公司）

尼泊尔三金考拉水电站工程 EPC 项目设计优化

（一）工程概况

三金考拉水电站位于尼泊尔中北部，加德满都以北 Bagmati 地区，距加德满都公路里程约 180km。工程区位于中尼边境的喜马拉雅山南麓，坝址距中国边境直线距离约 1.1km。电站采用无调节的“低坝、长引水”径流开发方式。工程由首部枢纽和左岸引水发电系统组成。坝址控制流域面积 143km^2，多年平均流量 10.4m^3/s，正常蓄水位 3391.00m，总库容 0.56 万 m^3，设计引用流量 9.3m^3/s。安装 3 台容量为 2.6 万 kW 的冲击式水轮发电机组，总装机容量 7.8 万 kW，机组额定水头 952m。多年平均年发电量 4.124 亿 kW·h，年利用小时数 5287h。项目采用 EPC 施工总承包的建设模式。

（二）项目设计优化

1. 引水系统　①项目可研及招标阶段，引水系统均采用“引水隧洞＋调压井＋压力钢管”布置方案，其中引水隧洞全长 4546.50m，开挖断面为 3m×3m（宽×高）的城门洞形，隧洞进口段（地下沉沙池上游段）长 385m、底板纵坡为 2.0%，出口段（地下沉沙池下游段）长 3928.2m、底板纵坡为 0.25%。引水隧洞末段布置阻抗式调压井，调压井高度为 50m，内径 7.0m，阻抗孔直径为 1.4m。压力管道采用单管三机方案，全长 2239.581m，由“五段平洞＋四条斜井”组成，4 条斜井高差分别为 251.6、250、250、247.65m。压力钢管主管管径 1.6～1.2m，支管管径 1.1～0.8m，总重 2377t。②项目施工阶段，考虑到引水系统内水流速度较低（引水隧洞内流速范围为 1.43～2.215m/s，压力管道内流速范围为 4.725～8.4m/s），满足相关规范规定的可不设置调压井要求，同时经过对引水发电系统的水力学与调节保证复核计算，确认可不设置调压井。取消调压井后，在引水隧洞开挖断面及支护方式不变的前提下，将引水隧洞底板纵坡由 0.25%增加至 7.74%，同时将压力管道由“五平四斜”优化为“四平三斜（竖）”布置，虽说引水隧洞长度增加了 118.5m，但取消了 50m 的调压井，压力钢管长度减少了 136.736m，质量减少了 491t，优化工程量达到 25%左右，经济效益明显。

2. 首部枢纽　①首部枢纽区位于三金考拉河峡谷中段，河谷狭窄，呈不对称的 U 形谷。坝址处河床宽度约 5～15m，河水面高程 3392～3375m。两岸基岩边坡陡峻，地形坡度大于 70°，陡坡上部为斜缓台地，台面高程 4590～4695m。根据项目可研及招标阶段提供的地质资料，坝址区覆盖层主要为崩冲积与冲积，厚度一般 2.3～7m，局部达 16m 左右，结构松散，标准承载力建议值为 0.3～0.4MPa。覆盖层下部基岩为弱风化石英岩夹片麻岩，岩性坚硬，次块状～块状结构，岩体较完整，以Ⅲ类岩体为主。首部枢纽挡水建筑物基础要求挖除覆盖层并建于基岩上，坝基采用单排帷幕灌浆进行防渗处理，孔距1.5m，帷幕灌浆深入微新岩体，深度约为25m。另外对挡水建筑物基础范围内进行固结灌浆加固处理，固结灌浆孔深5m，间排距3m×3m。②项目施工阶段，对首部坝基地质条件进行了补充勘探，结果表明：坝轴线所在部位堆积体表层崩坡积组成物质为含孤块碎砂砾石，下部崩冲积组成物质为含孤块碎（卵）砂砾石，整体具强透水性，堆积体厚度大于44m，与可研阶段揭示的堆积体厚度存在巨大差异。经过对挡水建筑物（含溢流坝段、泄洪冲沙闸坝段、取水口坝段等）进行基底抗滑稳定与基底承载力等稳定应力计算，将挡水建筑物基础优化为建在覆盖层上，坝基防渗则加强为三排悬挂式帷幕灌浆，孔距1.2m、排距1.0m，孔深20.0～23.5m。同时对挡水建筑物基础范围内进行固结灌浆加固处理，固结灌浆孔深3m，间排距1.5m×1.5m，保证了施工质量。

3. 主变压器室　①项目可研与招标阶段，主变室全长42.6m，开挖宽度为12.3m、高度为23.5m，开挖断面呈城门洞形。分两层布置，其中第一层靠下游边墙布置3个三相组合变压器间；上游侧布置主变压器搬运通道，主变压器室右端布置排风机房。第二层为GIS层，在主变压器室右侧端墙、GIS层布置出线洞，通向地面出线场，解决主变压器室到地面出线场的交通。同时该出线洞兼做排风洞。②项目施工阶段，主变压器室全长52m，开挖断面尺寸为12.0m×13.2m（宽×高）的城门洞形，按一层进行布置。主变压器室从左至右布置三台主变压器、一组GIS开关设备和两台风机。上游侧为主变压器运输通道，下游侧为主变压器隔间，主变压器事故油池位于地坪以下。优化后的主变压器室，虽说洞室长度增加9.4m，但高度降低了10.3m，布局更加紧凑、合理，开挖工程量减少，施工成本降低。

4. 母线洞　①项目可研与招标阶段，在主厂房与主变压器洞之间垂直布置3条母线廊道，每条长度均为28.8m，净断面尺寸为4.8m×5.5m（宽×高）的城门洞形。②项目施工阶段，在主厂房与主变压器洞之间垂直布置1条母线廊道，长度均为26.0m，净断面尺寸为8.5m×7.0m（宽×高）的城门洞形。优化后的母线廊道，虽然单洞断面加大，但总体土建工程量减少，施工难度降低，工期缩短。

（中国水利水电第十一工程局有限公司　杜海民）

尼泊尔上崔树里1水电站工程建设进展情况

（一）工程概况

上崔树里1水电站项目是一个传统的径流式水电开发项目，电站设计装机容量21.6万kW（3×7.2万kW）立式混流式水轮发电机组。工程包括首部枢纽（挡水坝、进水口、鱼道、进水隧洞、沉砂池）、输水系统（引水隧洞、调压室、压力竖井、压力钢管）、地下发电系统（地下厂房、主变压器室、尾水）、开关站和一条长约1.2km的220kV单回输电线路以及10km的11kV配电线路。中国电建集团国际工程有限公司承建EPC土建部分，工程还包括前期道路和合同范围内设计工作。

（二）项目主要进展情况

（1）大坝工程。①导流洞全长413m，开挖及混凝土衬砌全部完成，计划2023年2月28日完成导流；②胶凝砂砾石围堰，施工完成95%，其中主体CSG碾压部分已经完成；③沉沙池下游交通洞全长78m，开挖全部完成；④沉沙池上游交通洞全长79m，开挖完成18.8m，剩余部分需要待沉沙池设计确定后继续开挖；⑤大坝左岸道路明挖全部完成，约3万m^3；⑥冲沙洞全长264m，已开挖完成210m；⑦引水隧洞全长9.7km，已开挖完成1388m；⑧1号施工支洞全长426m，已全部开挖完成。

（2）厂房工程。①厂房主交通洞全长428m，全部开挖完成，底板垫层混凝土完成；②压管交通洞全长180m，开挖完成。压力隧洞水平段全长70m，开挖完成；③厂房通风洞全长240m，全部开挖完成；④尾水出口明挖完成，洞挖完成20m（8.5%）；⑤厂房第一层开挖完成，长80m，宽21m，高9m；⑥3号施工支洞全长315m，全部开挖完成；⑦4号洞道路2.2km，已经完成通车。4号洞口明挖完成，洞挖完成76.15m（56.29%）。

（中国电建集团国际工程有限公司）

洞渣CSGR围堰在尼泊尔上崔树里1水电站的应用

尼泊尔上崔树里1水电站项目是一个传统的径流式水电开发项目，工程包括首部枢纽（围堰、挡水坝、进水口、鱼道、导流隧洞、沉沙池）、输水系统（引水隧洞、调压室、压力竖井、压力钢管）、地下发电系统（地下厂房、主变压器室、尾水）、开关站和220kV单回输电线路（长约1.2km）以及11kV配电线路（长约10km）。总装机容量21.6万kW（3×7.2万kW立式混流式水轮发电机组）。该项目为枯期导流洞过流，汛期全河床过流的方式，因此上游围堰设计为CSGR（胶泥砂砾石）过水围堰，围堰高13.72m，长度50m，宽度45.6m，施工时将爆破后的洞渣作为骨料填充应于CSGR围堰中。

（一）材料的选择

骨料：项目80%为地下工程，为了充分利用项目现有资源，采用爆破洞渣作为CSGR围堰的骨料，项目岩石类别为常见的石英片岩和片麻岩。原则上洞渣仅需要剔除超径骨料，不需要级配调整、筛分和冲洗，与常规碾压混凝土相比，设备及工艺均简化。结合类似项目经验并考虑CSGR的拌制和施工的便利性，选择洞渣的粒径不大于150mm。

其他材料：市场上常见的普通硅酸盐水泥、普通粉煤灰、减水剂及地表水。

（二）配合比设计

CSGR混凝土设计强度为$f'_c=8\text{MPa}$，在现场实验室进行了多组配合比设计试验，根据试验结果最终选择配合比为水144kg/m³、水泥140kg/m³、粉煤灰50kg/m³、减水剂0.57kg/m³。

（三）工艺性实验

在现场选定2.5m×7m的试验区，进行三种不同厚度（450mm、600mm、750mm）进行碾压实验，根据不同平铺碾压厚度的稠度VC值、压实密度、取芯强度等数据，选取CSGR碾压的最优厚度。主要参数测试方法：碾压混凝土稠度测定VC值采用维勃稠度仪测取，压实度采用灌砂法测试，强度采用现场取芯和方形试块两种方法。

根据现场试验结果分析发现，当碾压层在600mm以下时，其压实度、强度基本相差不大；当碾压层在600mm以上（如700mm），就会出现压实不紧密、强度低的现象。因此，推荐采用600mm作为实际生产的厚度，碾压次数选择静碾2次，振动碾压3次。

（四）主要的施工程序

（1）洞渣料筛分。利用制作好的筛分架和PC200挖机对骨料进行筛分，提出粒径150mm以上的洞渣，然后将合格的洞渣骨料运至拌和仓附近存储待用。

（2）地基处理。地面处理平整并且没有明显的高低差，以便混凝土的碾压，在地基处设置排水系统，以便排除积水，避免碾压混凝土结构因水而发生变形。

（3）配料的拌和与运输。由于料物需求量大，该工程利用装载机在拌和仓进行拌和，以装载机料斗尺寸大小，根据配和比计算合适的配料添加量，配料在拌和过程中分两次加入搅拌，其可以60m³/h的速度拌和出料。用装载机将拌和充分的料物装到自卸车上，运输至工作面，自卸车在进入碾压仓前，在干净的铁板上用高压水枪将轮胎冲洗干净，避免杂物带入碾压仓内影响碾压混凝土结构强度。

（4）平铺碾压。用挖机将自卸车卸下的料物在仓内铺展，铺展厚度为600mm。碾压机速度控制在1～1.5km/h，先对平铺合格的物料静碾2次，然后振动碾压3次（碾压面出现反浆为准），两条相邻压实条间距控制在200～400mm，连接带间距控制在1000mm内。边缘部位，可采用平板振捣器振动，直至反浆现象出现。

（五）总结

在国际项目中采用过水围堰的案例较少，该项目爆破产生的洞渣资源丰富，将洞渣应用于CSGR围堰，可以减少其对环境的影响，同时也可以减少对天然石料的开采和消耗，实现资源的可持续利用。如果合理布置拌和仓与碾压仓之间的距离，洞渣资源在一定程度上可替代天然石料，可降低成本，提高施工效率，同时也可减少洞渣的处理费用。

（中国水利水电第六工程局有限公司　徐小川）

尼泊尔塔纳湖水电站工程建设进展情况

（一）工程概况

塔纳湖水电站位于尼泊尔加德满都-博卡拉的国家公路南侧，紧邻达茂里市，距离加德满都150km、距离博卡拉50km。塔纳湖水电站第Ⅱ标段施工内容主要包括引水系统（进水口、引水洞、调压室及压力管道）、地下厂房土建及机电设备安装调试、大坝金属结构安装和生态发电厂房设备安装及调试。地下厂房89m×22m×55.8m（长×宽×高），总装机容量为14.64万kW（2×7.32万kW立轴混流水轮发电机组）。项目合同采用土建DB+机电EPC的联合模式。

（二）工程建设进展

（1）2022年以前建设紧张情况。①2019年1月18日，项目正式开工；②2020年3月3日，主交通洞开挖支护开始，2021年6月20日贯通；③2020年11月12日，地下厂房中导洞开挖结束，厂房进入扩挖阶段，于2022年7月15日完成开挖支护；④2020年12月19日，调压室工作洞开挖支护开始，于2021年8月1日贯通，开始调压室顶拱开挖；⑤2021年1月29日，1号工作洞开挖支护开始，于

2021年10月30日贯通，开始进入引水洞开挖支护；⑥2021年3月13日，尾水洞开挖支护开始，2021年11月27日，尾水管洞贯通；⑦2021年6月25日，3号工作洞开挖支护开始，并于2021年11月12日贯通，并开始进入压力管道开挖支护。

（2）2022年建设进展情况。①1月21日完成压力管道开挖支护；②5月2日，压力竖井开挖开始，7月30日贯通；③6月27日，尾水管洞衬砌开始，10月10日结束；④10月22日，厂房安装间第一仓混凝土浇筑，11月12日，主机间第一仓混凝土浇筑；⑤2022年12月2日，压力竖井第一节钢管吊装。

（中国电建集团国际工程有限公司）

卢旺达那巴龙格河二号水电站工程2022年建设进展情况

（一）工程概况

那巴龙格河二号水电站位于卢旺达北部省与南部省交界的那巴龙格河干流上，坝址距首都基加利直线距离约20.5km。该项目为大型多功能综合性水利水电开发项目，包含大坝、泄洪系统、引水发电系统、开关站、输变电线路等工程，后续配套有抽水蓄能、供水、灌区等子项。水库库容8.038亿m^3，电站装机容量4.35万kW，多年平均发电量2.819亿kW·h，正常蓄水位为1410.00m，坝顶高程1414.0m，最大坝高59m，该电站额定水头49m，引用流量99m^3/s，年利用小时数6480h。输电线路电压等级110kV，长度约19.2km。项目业主为卢旺达能源发展公司（REG）下属的能源开发公司（EDCL）；项目监理为意大利SP公司。电站总工期56个月。项目于2022年4月15日开工建设，计划2026年12月14日完工。保修期为2年。2018年6月6日，中国水电建设集团国际公司与卢旺达能源集团公司（REG）下属的能源发展有限公司（EDCL）签署项目EPC商务合同。项目由中国电建市政公司（牵头单位）和中国电建华东院（比例65：35）组成联营体共同建设。

（二）工程进展及重大节点

①4月15日，项目正式开工建设；②4月20日，拌和站完成安装和调试；③5月21日，工程开工仪式在卢旺达北方省加肯凯市举行，中国驻卢旺达大使馆代办王嘉欣和卢旺达北方省省长尼拉鲁盖罗出席并讲话；④7月13日，导流洞进口开挖完成，正式开始进行导流洞隧洞开挖施工；⑤8月10日，砂石料系统完成安装和调试，开始进行碎石桩料、混凝土骨料、反滤料生产；⑥10月10日完成碎石桩试验试验以及相关实验；⑦12月30日，导流洞隧洞开挖完成。

（三）技术创新

（1）那巴龙格河二号水电站坝基覆盖层深度超过45m，主要为淤泥质、泥炭质软土，坝基处理难度极大。通过大量勘察研究、分析计算与现场原位试验，提出采用坝基全断面振冲碎石桩加固处理，同时利用碎石桩置换加固与排水固结的作用提高坝基强度，控制坝基变形。为目前碎石桩处理淤泥质软土坝基最深的土石坝工程。

（2）该工程为深厚淤泥质软土坝基黏土心墙堆石坝，防渗体系为坝基两道混凝土防渗墙与黏土心墙以及心墙外包土工膜组合结构，以满足复杂深厚淤泥质软基上心墙堆石坝变形适应性与防渗安全性。

（3）该工程堆石料为10%硬岩（石英砂岩）与90%软岩（页岩及钙质砂岩）组成，为软岩筑坝。通过计算分析与现场碾压试验，采用堆石料合理分区与填筑标准选择，在满足大坝稳定与变形控制的基础上，实现工程开挖料充分利用上坝填筑。

通过大坝基础区域的碎石桩试验，以及大量的坝基处理计算模型分析，找到了在覆盖层厚度达45m，并且覆盖层为淤泥质软土的地质情况下，建设大坝合适的设计方案。

（四）社会效益

该项目建成后，将为卢旺达当地提供1000个就业岗位，每年将生产2.819亿kW·h清洁能源，为缺乏电力资源的卢旺达的工业发展提供能源保障。项目实施中，获得新华社、人民网等众多国内媒体以及当地媒体的关注和报道。

（中国电建集团国际工程有限公司
中国电建集团华东勘测设计研究院有限公司
梁金球）

卢旺达那巴龙格河二号水电站坝基振冲碎石桩施工

（一）工程概况

那巴龙格河二号水电站位于卢旺达北部省与南部省交界的那巴龙格河干流上，坝址距首都基加利直线距离约20.5km。开发任务为防洪、发电、下游生态流量泄放，兼顾下游灌溉用水泄放。水库总库容8.03亿m^3，枢纽拦河坝为黏土心墙堆石坝，最大坝高59m，总装机容量4.35万kW。该坝基为深厚覆盖层，最大深度均超过40m，经方案论证比较，选择振冲碎石桩作为坝基处理方案，可将坝基沉降及坝体变形控制在可以接受范围，且工期满足合同工期要求，由于缺乏设计依据，需要通过试验进行确定。根据桩基深度和上部坝体填筑高度采用 0.2～0.35，初步确定振冲碎石桩置换率。通过孔压静力触探、十字板剪切、标准贯入试验获得地层情况和物理力学参数，计算振冲桩置换率，以获得设计桩径和桩间距，通过动力触探和载荷试验判断成桩效果能否满足设计要求。

（二）原位试验

（1）孔压静力触探实验（CPTU）。试验采用 WYSB-8 型双缸轻便液压静力触探机，试验区进行了 3 个试验孔，分别是 CPTU1/28.8m、CPTU2/27.9m、CPTU3/29.4m。其中，CPTU2 和 CPTU3 进行了孔压消散试验，试验深度分别为 17m 和 20m，孔压静力触探试验共计 86.1m，通过试验获得原位物理力学性能和地层分布情况。

（2）十字板剪切试验（VST）。在振冲试验桩范围内针对③-2 泥炭质土层，实施了 3 个试验，分别是 VST1、VST2、VST3，试验深度均为 16～22m，该试验完成 8 段。

（3）标准贯入试验（SPT）。在振冲试验桩范围内实施了 3 个试验，分别是 SPT1、SPT2、SPT3。成果表明：中细砂层的 N60/30cm 锤击数为 6.4～22.5 击，平均值 13.8 击，为稍密～中密。摩擦角为 30°，内摩擦角为 33.4°。③-3 粉砂夹黏土层的 N60/30cm 锤击数为 12～12.8 击，平均值 12.4 击，为稍密～中密。有效摩擦角为 30.7°。③-3 中细砂层的内摩擦角为 32.8°。综合认为：③-3 粉砂夹黏土层的摩擦角为 28°，共完成 93m。

（4）试验基本结论。通过试验区的 3 种原位试验综合分析可知试验区土层分布为：0～1.3m 为人工填土粉细砂层；1.2～2.7m 为①-1 淤泥质土；2.3～8.9m 为①-2 淤泥质土混砂；8.4～12.9m 为②中细砂；12.5～29.4m 为③-2 泥炭质土；23.3～27.6m 为③-3 粉砂夹黏土及粉质黏土；④砂卵（砾）石层的埋深为 27.9～29.4m。其中：①-1 为淤泥质土；①-2 为淤泥质土混砂；②为中细砂层；③-2 为泥炭质土层与前期坝址勘察土层：①为粉砂夹淤泥质土层；②为中细砂层；③-2 为泥炭质土层相同，试验区没有揭示出③-1 淤泥质黏土。各土层的锥尖阻力与前期坝址给出的锥尖阻力相近，标准贯入锤击数略大于前期标贯锤击数，将修正的锤击数与 CPTU 估计的锤击数进行对比验证，两种试验结果相近，证明成果可靠。①-2 淤泥质土混砂、③-2 泥炭质土层的静力触探锥尖阻力分别为 1.11MPa、1.19MPa，结合十字板测试成果，表明坝基软土层工程性质较差，灵敏度较高。

（三）振冲碎石桩试验

振冲碎石桩施工主要是利用 ZCQ-130 振冲器的振动和水冲成孔，填以碎石骨料，借振冲器的水平振动，振密填料，形成碎石桩体，与周围土构成复合地基提高承载力达到加固目的。试验桩桩基布置采用正三角形布桩，0.25 置换率，试桩区域桩间距 2.28m，桩排距 1.98m，共布置 29 根桩。制桩过程控制，在 7～15m 的位置因地层较硬，造孔电流较大，采取放慢造孔速度，加大造孔水压，造孔、清孔水压采用了 0.9MPa，累计完成 1052.8m，振冲试验桩试验参数见表 1。

表 1 振冲试验桩试验参数表

振冲功率（kW）	造孔水压（MPa）	加密水压（MPa）	加密电流（A）	留振时间（s）	加密段长（m）
130	0.3～0.8	0.1～0.5	120	8～15	0.5

（四）振冲碎石桩检测

（1）碎石桩动力触探试验（DPT）。选取 3 根桩对桩体进行动力触探试验，采用重型圆锥动力触探，落锤质量 63.5kg，读取每贯入 10cm 的锤击数 N63.5。当动力触探试验难以进行下去时，采用钻机清孔。根据 3 根桩的试验结果可知，桩体整体属于密实状态。

（2）桩间土静力触探试验（CPTU）。现场共实施了 2 个孔压静力触探试验，分别是 CPTU-P1、CPTU-P3，结果表明，在含砂层，桩间土呈现出挤密效应，尤其②中细砂层明显，然而在层厚较大的③-2 泥炭质土层中锥尖阻力无明显变化，表明挤密效果不明显，同时③-2 泥炭质土层中也并未出现锥间阻力降低的现象，表明振冲施工并未对土层出现明显的扰动。

（3）桩间土标准贯入试验（SPT）。现场共实施了 3 个标准贯入试验（SPT）分别是 SPT-P1、SPT-P2、SPT-P3，结果表明，在①-2 淤泥质土混砂层、②中细砂层和③-3 粉砂夹黏土及粉质黏土层，桩间土呈现出挤密效应，在层厚较大的③-2 泥炭质土层中挤密效应不明显。此现象与静力触探成果规律一致。

（4）载荷试验。进行了单桩承载力载荷试验和复合地基承载力载荷试验，结果表明，单桩承载力特征值 354.0kPa，复合地基承载力特征值 151.0kPa，满足设计要求。各种试验，从 2022 年 7 月 17 日开始，至11月20日结束。

（中国水电基础局有限公司　李冬华）

在“‘一带一路’典范工程下凯富峡水电站受限空间岩石利用关键技术”评比中获得二等奖。

（中国电建集团国际工程有限公司）

赞比亚下凯富峡水电站工程 2022年建设进展情况

（一）工程概况

下凯富峡水电站位于赞比亚首都卢萨卡东南约90km的Kafue河上，电站坝址距上游已建的上凯富峡电站尾水出口约6km。该工程以发电为主，正常蓄水位579.0m，库容8300万m^3，装机5台混流式机组，单机容量15万kW，总装机容量75万kW。

该项目业主为赞比亚下凯富峡电力开发有限公司，业主咨询单位为挪威Norconsult公司，由中国水利水电第十一工程有限公司和中国电建集团西北勘测设计研究院有限公司组成联营体共同实施，中国水利水电第五工程局有限公司分包了部分工程。

（二）主要工程内容

项目主要内容为设计、采购、施工。该工程枢纽建筑物包括碾压混凝土重力坝、全衬砌引水隧洞、发电厂房、机电安装和输变电线路在内的全套引水发电系统。其中，碾压混凝土重力坝坝顶长374.5m、坝高130.5m，分19个坝段：左岸7个挡水坝段+4个溢流坝段+右岸8个挡水坝段，大坝中部设3孔溢洪道，弧门宽15m，高18m；11号坝段的523m高程设直径1.8m的生态放水孔；进水塔底板高程509m，塔顶高程582.2m，塔高73.2m；引水洞呈圆形，长度4500m，衬砌后洞径11.4m，坡比0.63%；调压井桩号4+492m，顶部高程615m，底部高程484m，高度131m，衬砌后直径32m；发电洞上平段长120m，衬砌后直径4.8m，混凝土衬砌厚度50cm，竖井段高118m，衬砌后直径4.8m，混凝土衬砌厚度50cm，下平段长度415m，钢衬，衬砌后直径4.8m～4.1m；厂房129m×26.5m×56.5m（长×宽×高），基础高程358.5m，机组安装高程372.7m，尾水平台高程398m。主要设备均采用中国制造。

（三）2022年工程进展情况

（1）5月19日，溢洪道门机正式投运；

（2）3月10日，3号机组成功并网发电，4月26日完成30天可靠性运行；

（3）5月30日，4号机组成功并网发电，7月6日完成30天可靠性运行。

（四）创新及成果

该项目在2022年参与中施企协工程建造微创新技术大赛，在“‘一带一路’典范工程下凯富峡碾压混凝土优质高效筑坝关键技术”评比中获得特等奖，

秘鲁圣加旺Ⅲ水电站工程 2022年建设情况

圣加旺Ⅲ级水电站是秘鲁目前在建最大水电站，位于秘鲁东南部普诺大区卡拉瓦亚省圣加旺市圣加旺河右岸，是圣加旺河干流四级开发方案的最下游一级，坝址上距已建圣加旺Ⅱ水电站坝址约10km，下距圣加旺河口约46km。该水电站采用低坝长引水集中水头发电，引水发电系统布置于右岸山体内，额定水头630.71m，安装2台冲击式水轮发电机，总装机容量20.93万kW。该电站主要由首部枢纽、引水发电建筑物等组成。首部枢纽包括堆石坝、泄洪冲沙闸、取水口、沉沙池及调节库等建筑物。引水发电主要建筑物由进水口、引水隧洞、调压室、地下厂房、主变压器洞、母线洞、电缆洞、交通洞、尾水隧洞、户外开关站等组成。坝址处多年平均流量51.21m^3/s，机组满发流量38m^3/s，设计年发电量12.5亿kW·h，具有向秘鲁南部普诺大区、阿雷基帕大区和莫克瓜大区供电的区位优势。

工程于2017年11月1日正式开工，由于受秘鲁当地社区阻工、罢工、设计变更、接入点变更、疫情等不利因素影响，工期延长40个月，计划于2024年9月引水隧洞开始充水试验，2024年11月首台机组投产发电，预计在2025年1月工程完工。

（一）工程进展情况

2022年是圣加旺Ⅲ水电站工程建设的关键之年，工程施工部推进工程建设，实现安全质量“双零”目标，创建优质工程措施得到有效落实，属地化管理成果初见成效。全年共有秘鲁环境部、秘鲁能矿部、秘鲁交通部和三峡集团质量安全监管检查中心对项目进行检查。工程施工部全年完成建筑安全工程施工产值约2.67亿元，占年度施工计划的141.3%。实际工程形象节点目标均比年度计划时间提前，主要节点形象：①5月5日地下厂房第一仓混凝土开始浇筑；②6月18日引水隧洞1号支洞上游段提前安全贯通；③7月18日首部枢纽二期导流完成；④8月5日首部枢纽土石坝防渗墙开工；⑤8月18日厂房机组段尾水里衬安装完成；⑥9月20日厂房桥机安装完成；⑦10月30日首部枢纽取水口工作闸门安装完成具备挡水条件；⑧11月8日尾水隧洞出口穿越联洋公路段顺利贯通；⑨11月25日首部枢纽泄洪冲沙闸弧形工作闸门1号孔和3号孔提出孔口满足汛期过水；

⑩12月1日引水隧洞高压竖井先导井精准贯通。

（二）质量安全情况

施工中严把质量关、切实将安全生产放在首位，树立“红线意识”和“底线思维”。现场正在积极推进的属地化管理模式，已基本形成了一套较为完善的属地化管理模式，即由中方项目班子及驻地工程师形成项目决策层，由中方中层管理人员及当地的专业工程师形成中层管理团队，由中方现场管理人员及当地的工长、班长等形成现场执行层进行施工过程中质量安全控制。引水隧洞1号支洞上游段在开挖过程中严格按照施工流程进行控制，本着“从整体到局部，先控制后细部”的测量原则，在隧洞中建立一个高精度的施工平面控制网和高程控制网，每个控制点使用全圆观测法，贯通位置引水隧洞轴线横向误差20mm，竖向误差（高程差）0.06mm，实现了安全、精准贯通；引水隧洞高压竖井采用R61反井钻进行先导井的开挖施工，施工质量和安全都有保证，实现了顺利贯通；尾水隧洞出口穿越联洋公路段，克服了洞顶覆盖层仅3～4m，且覆盖层由第四系冲洪积漂石、块石和卵石夹砂层不利地质条件，采取了增加管棚长度、加密钢拱架、超前小导管、边挖边衬等手段降低施工安全风险，同时在联洋公路路面增加钢板、减速带、交通管制单侧通行等有效措施确保了安全贯通。全年验收单元工程1246个，合格率100%。

（三）科技攻关情况

为解决气垫式调压室施工安全、质量、工期和成本等方面问题，工程施工部与施工总承包方中水对外项目部联合进行气垫式调压室综合作业台车、隧洞底板钻孔导向装置研制，并已获得国家知识产权局实用新型专利授权，确保了气垫式调压室在施工过程中的多工序施工安全、质量、工期和成本得到有效控制。解决引水隧洞底板超挖严重问题，为后续类似隧洞底板开挖控制提供了支持。

（中国水利水电第六工程局有限公司　王晓东）

坦桑尼亚尼雷尔水电站工程2022年建设情况及科技创新

（一）工程概况

朱利叶斯·尼雷尔水电站位于坦桑尼亚联合共和国东南部的鲁菲吉河上，项目距离坦桑尼亚最大的城市达累斯萨拉姆约350km，工程枢纽建筑物主要由碾压混凝土重力坝、坝身泄水建筑物、右岸4座副坝、1号副坝溢洪道、右岸发电引水系统、地面厂房和开关站等组成，其中中水电主要实施碾压混凝土重力坝、坝身泄水建筑物、右岸引水发电系统、现场施工供电、现场临时道路等。大坝坝高137m，坝顶长1049m，坝顶宽10m，混凝土方量约160万m^3，总装机容量211.5万kW，正常蓄水位184m，库容368亿m^3，为多年调节水库，以发电为主，兼顾防洪、灌溉等功能。

（二）工程建设情况

2022年，项目部通过抓进度、注重方案创效、推进科技创新，高质量按期完成节点任务。大坝主体具备挡水的条件，发电引水洞、进水塔所有土建及金属结构施工全部完成，导流洞下闸，库区开始蓄水，同时大坝中孔具备生态放水功能。其主要情况如下：①2月14日消力池右半幅底板混凝土浇筑完成，具备汛期过流条件；②4月24日引水隧洞底板全部浇筑完成；③5月20日大坝缺口汛后开始碾压混凝土施工；④8月10日，压力钢管全部安装完成；⑤8月16日大坝缺口坝段碾压混凝土浇筑完成，具备闸墩施工条件；⑥9月29～30日大坝碾压混凝土及进水塔封顶混凝土全部浇筑完成，全年碾压混凝土浇筑50.8万方；⑦12月10日消力池高程85.0m以下及尾坎防护混凝土施工完成，消力池满足下闸蓄水释放生态流的条件；⑧12月13日进水塔检修闸门完成调试与验收，检修闸门具备挡水条件；⑨12月21日引水隧洞全部衬砌完成；⑩12月22日坦桑总统Hassan在下闸蓄水仪式并下达了下闸蓄水指令，导流洞成功下闸，大坝开始蓄水。

（三）工程施工重点及成效

（1）大坝碾压混凝土施工。该项目大坝混凝土施工采用自卸车、皮带机、满管溜槽、狭窄仓面采用胎带机等多种入仓方式联合施工，适用于不同仓面碾压混凝土浇筑。针对大坝缺口坝段混凝土入仓难的特点，采用自卸汽车＋满管溜槽＋皮带机＋满管溜槽的分梯段入仓方式，使得碾压混凝土连续浇筑达到41.2m，刷新了碾压混凝土连续浇筑高度的新记录，并提前一个月完成主坝碾压混凝土施工。

（2）进水口连接桥施工。该项目大坝与进水塔连接部位的交通桥采用2跨18.9m的T型梁设计，单榀梁最大重量为52.3t，受施工场地限制，地面与所架设的桥面高差25m，项目制定详细的施工方案，优化设备吊装方式，在5天时间内完成10榀梁的吊装并按期完成桥面混凝土施工，为三个进水塔闸门的运输与安装提供必要的交通条件。

（3）消力池下游尾坎防护施工。根据业主及承包商的要求，2022年必须下闸蓄水，任务艰巨，项目部攻坚克难，将河床底部优化为堆石混凝土，边坡仅进行覆盖层清理，降低了施工难度，减少混凝土浇筑量1.2万m^3，确保了下闸蓄水节点目标完成。在下闸蓄水仪式上，坦桑总统对项目的良好履约给予了高度评价。

（四）科技创新及四新技术应用

（1）该项目针对大坝中孔出口闸墩、表孔宽尾墩结构设计复杂，施工难度大问题，研究采用曲面空间放样数据施工技术，在施工前根据设计图纸现有参数进行三维数据建模，在生成的扭面上进行数据分割，确定施工中所需的数据点，通过剖切扭面上的数据点生成扭面上所对应的圆弧曲线，圆弧曲线确定好后进行方木和钢管圆弧背带的加工，简化了现场施工流程，提升了现场施工工作效率。

（2）创新采用碾压混凝土坝智能通水冷却关键技术，研发了模块化联调智能通水3.0系统与装备，实现了冷却水流量、水温、混凝土温度的智能控制与预警，积累了海量智能温控数据，通过监测仿真一体化为大坝过流时机决策提供科学指导。

（中国电建集团国际工程有限公司
中国水利水电第十一工程局有限公司　张睿
中国水利水电第四工程局有限公司　尉佳明）

老挝南屯1水电站工程2022年基础处理情况

（一）工程概况

老挝南屯1水电站是南屯-南卡丁流域4个梯级电站的最后一个发电站，位于老挝波利坎赛省（Bolikhamxay）的坎丁河上，距万象220km，属一等大（1）型工程。枢纽工程主要由RCC重力型拱坝，岸塔式取水口，引水隧洞，半埋式厂房等组成。大坝坝顶高程297.00m，坝顶轴线长771.5m，坝顶宽度8m，最大坝高177.0m，最大库容为20.2亿m^3，设计流量514m^3/s，设计定额水头140m，电站装机容量2×26万kW+1×13万kW，合计65万kW。该工程为老挝和泰国两国政府联合开发建设。

基础处理工程主要包括大坝固结灌浆、廊道帷幕灌浆、尾水隧洞固结灌浆、各部位接触灌浆、回填灌浆、排水孔以及厂房后边坡锚索及大坝闸墩锚索等工程。计划于2023年6月底完成所有基础处理施工内容。大坝坝基固结灌浆在大坝坝基混凝土浇筑完成后开始施工，随着大坝主体结构升高，RCC碾压混凝土每升高3m在大坝左、右岸进行固结灌浆；从大坝底部随大坝主体升高共有5层灌浆廊道（含右岸灌浆平洞），高程130.00m为大坝底部第一层G1灌浆廊道；高程175.00m为大坝第二层G2灌浆廊道；高程210.00m为大坝第三层G3灌浆廊道；高程250.00m为大坝第四层G4灌浆廊道；高程297.00m为大坝顶部G5灌浆平洞。

（二）2022年帷幕灌浆施工进展情况

1. 施工主要内容　主要施工右岸大坝顶部G5R帷幕灌浆、G4R廊道帷幕灌浆，左岸大坝顶部F5R及F5L帷幕灌浆。

2. 主要设计参数　①帷幕灌浆孔分为单排布置，孔距3m，分3序施工，最先进行先导孔及Ⅰ序孔施工，再施工Ⅱ序孔，最后施工Ⅲ序孔，若日后新增加孔可作为Ⅳ序孔。②钻孔取芯至对应孔深后，进行压水试验，压水采用五点法进行压水，每5m作为一个压水段，且水压塞设置在每个压水段长的顶部，误差不得超过压水段顶端1m。每一个压力点压水10min，压水时间总计不小于50min。③灌浆孔由孔口至40m位置段长划分每4m为1个段次，40m以下至终孔每6m为1段次进行灌浆，根据P-V曲线的发展情况和逼近GIN包络线的程度，控制灌浆进程中施工参数的调节和决定灌浆结束的时机。

3. 灌浆施工主要难点及措施　①灌浆资料实时收集。现场咨询要求，每班次的灌浆资料最迟在第二天换班时必须上报，以供咨询根据灌浆段次单耗不同及GIN曲线判断地层情况，不断优化灌浆设计。但整理资料工作量巨大，于是设计了一套VBA一键宏式资料管理体系，这套数据处理系统的建立不仅满足了咨询要求，且方便快捷，节约了时间和人力成本。②根据GIN灌浆曲线实时判断地层状态。按照咨询要求，要将施工异常数据反馈并向咨询提出建设性意见。针对此情况，根据GIN实时曲线的三种特征，制定出了三种不同情况下的操作标准（P式、V式、GIN式）；同时根据操作要求改造灌浆布置，让记录人员直接指导操作人员，让其在三种不同情况下可按照操作标准进行操作，可以熟练的根据不同地层状态实行注入率调整，既能保证灌浆的迅速进行，也能减少材料损耗，使GIN实时曲线精确逼近GIN包络线，从而符合GIN的内核理念。

4. 施工完成情况　完成帷幕钻孔及灌浆6786.3m，注入水泥854.98t，4月21日帷幕灌浆全部完成，验收合格率100%。

（三）2022年锚索施工进展情况

1. 二期厂房边坡锚索施工情况　①主要施工内容及设计技术指标。根据设计图纸，在厂房后边坡高程231.50～247.40m布置边坡预应力锚索，共计3排，锚索布置间距3m，孔深30m，锚索孔27个，合计810m，锚索设计吨位为1215kN，设计锁止荷载为1337kN，索体钢绞线为无黏结型ϕ15.2/1860MPa环氧树脂涂层钢绞线，每束锚索由9根钢绞线组成，索体分内锚段与自由段，编索时在索体上安置隔离支架及注浆管，隔离支架内锚段间距1.5m一个，自由段间距2m一个，每2个隔离支架之间绑扎1道铅丝，使整个内锚固段呈一串枣核状，锚索的底部端头安装导向帽，灌浆采用有压注浆泵灌浆，灌浆水灰比为0.45∶1，注浆完成后进行外锚墩头浇筑，锚索张拉要在锚固段注浆及浇筑的外锚墩头抗压强度达到75%后进行，张拉方式使用超张拉及稳定性张拉两种方式进行。②完成情况。2022年6月10日开始施工至2022年7月23日全部完成，完成锚索钻孔下索810m，注浆49.72t，验收合格率100%。

2. 闸墩锚索施工情况　①根据设计图纸，溢洪道设7个闸墩，每个闸墩有主锚索和次锚索，纵向为主锚索，横向和垂直（上/下）为次锚索，设置主锚索316束，单束长度为26.56～26.79m；次锚索共306束，单束长度为5.5～10.4m，主、次锚索合计11121.40m，每束锚索由22根钢绞线组成，两者的设计吨位均为4000kN，设计锁止荷载为4330kN，索体钢绞线为黏结型，钢绞线ϕ15.7/1860MPa光面钢绞线。②完成情况。2021年12月2日开始至2022年3月6日全部完成，完成锚索下索11121.40m，验收合格率100%。

（中国水电基础局有限公司　王小虎　费登辉）

印度尼西亚巴塘水电站工程2022年建设进展情况

巴塘水电站位于印度尼西亚北苏门答腊省南部的巴丹托鲁河的中下游。站址距省会棉兰（Medan）市约400km，距西苏门答腊省省会巴东市约410km。电站采用混合式开发，具有6h日调节能力，为引水式调峰电站，电站额定水头270.0m，水库正常蓄水位为432.5m，死水位427.5m，安装4台水轮发电机组，装机容量52.4万kW，上网容量51万kW，多年平均发电量22.2814亿kW·h，年利用小时数4368.9h。枢纽建筑物由首部挡/泄水建筑物、输水系统、发电厂房等组成。大坝坝顶高程436m，最大坝高74m，坝顶长度112m；引水隧洞总长12.25km，采用钢筋混凝土砌衬，内径8.8m；压力钢管总长1.5km；地面厂房尺寸为112m×47.8m×49.3m（长×宽×高）。

中国水电建设集团国际工程有限公司与北苏门答腊水电公司（NSHE）签订了印尼巴塘项目EPC总承包合同，并将项目委托给中国水利水电工程第十工程局有限公司与中国电建集团北京勘测设计研究院组成联营体组织实施。截至2022年12月31日，项目进展情况如下。

（一）设计部分

北京院按合同分包开展项目设计工作：

（1）地质勘探和测量。基本完成，剩余大坝区域补充勘探和日常施工测量工作。

（2）基本设计。①大坝、引水系统、厂房、机电、金结等均已完成基本设计阶段设计工作；②大坝设计包于2022年4月28日正式获得印度尼西亚公共工程与住房部批准；③特殊设施已基本完成基本设计阶段工作。

（3）详细设计。①附属工程中道路、渣场、料场、支洞的详图设计基本完成；②大坝、引水系统、厂房、机电、金结等也已进入详图阶段。

（4）特殊设施。输电线路（开关站至接入点）及开关站设计已获业主批准。

（二）施工进展

（1）首部枢纽区域各工作面进度。①左岸坝肩边坡基本开挖、支护至高程436.0m（坝顶高程436.0m）。②进水口边坡开挖至高程495.0m（进水口高程406m）。③导流洞开挖基本完成，紧急闸门井开挖完成45m（剩余5m），工作闸门井交通洞开挖完成，工作闸门井竖井溜渣井导井施工完成，导流洞开始清基浇筑垫层混凝土，进口钢模台车开始组装。④R8-1、R8-2及R8-3道路（导流洞出口）基本开挖完成。⑤R15号道路桥头已经降至高程390.0m（桥头高程390.0m）。⑥大坝区拌和系统结构安装完成，第一台180拌和站已经调试完成，具备使用条件。

（2）引水系统各工作面进度。目前，引水隧洞2、3、4、5、6号支洞已进入主洞施工。1号支洞剩余52m。2号支洞段引水隧洞上游开挖完成1240m，下游完成828m。3号支洞上游完成7m，下游完成10m。4号支洞上游完成95m，下游完成75m。5号支洞段引水隧洞上游开挖完成820m，下游开挖完成（共706m）。6号支洞上开挖完成55m，下游开挖完成83m。

（3）厂房施工进度。厂房后边坡目前开挖至高程163m（最终高程148m），基坑开挖至高程125m（最终高程111.0m）。

（中国电建集团北京勘测设计研究院有限公司　张慷婷）

几内亚阿玛利亚水电站工程2022年建设进展情况

（一）工程概况

阿玛利亚（Amaria）水电站位于非洲几内亚共和国孔库雷河（Konkoure）干流上，是孔库雷河（Konkoure）干流分四级水电开发方案的最后一级，位于孔库雷河（Konkoure）最下游，电站距几内亚首都科纳克里（Conakry）公路里程 129km，距弗利亚市（Fria）公路里程约 12km。阿玛利亚（Amaria）水电站坝址控制流域面积 16200km^2，多年平均流量 520m^3/s，多年平均年径流量 164 亿 m^3。水库正常蓄水位为 56m，水库总库容 16.47 亿 m^3，正常蓄水位以下库容 15.66 亿 m^3，电站额定水头 42m，电站装机容量为 30 万 kW，电站为一等大（1）型工程。

阿玛利亚水电站采用坝式开发，枢纽布置格局为左岸混凝土重力坝+右岸土工膜心墙堆石坝挡水、重力坝坝身（表孔+底孔）泄洪、左岸河床式厂房。主要建筑物有混凝土重力坝、泄洪表孔和底孔、土工膜心墙堆石坝、河床式厂房及敞开式开关站等。坝轴线总长 812.0m，最大坝高 78.0m（厂房坝段）。

2019 年 4 月 30 日，特变电工沈阳变压器集团有限公司与几内亚政府签署《阿玛利亚水电站特许经营权协议》，与几内亚国家电力公司签署《阿玛利亚水电站购电协议》。

（二）勘测设计过程

①2017 年 10 月 26 日，《阿玛利亚水电站可行性研究报告》（几内亚能源部审查版）通过了几内亚能源部审查。②2019 年 8 月 22 日，水电水利规划设计总院在北京组织召开了几内亚阿玛利亚（Amaria）水电站可行性研究报告评审会议，评审认为"可研报告内容系统、全面，方案论证较为充分，技术结论基本合适"。③2021 年 5 月 7 日，《阿玛利亚水电站设计调整报告》通过几内亚能源部审查。

（三）工程主要特点和技术难点

（1）右岸坝型采用土工膜心墙坝。几内亚阿玛利亚项目是目前唯一采用土工膜心墙坝坝型的大（1）型水电站，由于无同规模类似项目参考，设计难度大，土工膜施工工艺复杂。采用土工膜心墙堆石坝可缩短建设工期、综合利用当地建筑材料，节省工程投资，产生良好的效益。

（2）采用河床料场作为堆石料和混凝土骨料的料源。河床部位基岩裸露，岩石质量和储量均满足要求，减少了运距及剥离量。通过技术经济比较，坝址河床料场较瓦瓦石料厂可节省工程投资 2700 万美元，有显著的经济效益。通过河床料场开挖并利用坝址下游 900m 处跌坎，开挖下游河道至下游跌坎处，使下游水位在相同引用流量时降低 2m，提高了发电效益。

（3）高水头河床式厂房技术难度较大。阿玛利亚水电站额定水头 42m，相比国内项目本工程为额定水头最高的河床式电站厂房。厂房整体稳定、蜗壳混凝土结构受力条件和防渗型式是其关键技术问题。

（四）工程建设进展

（1）对外交通公路工程标。2018 年 1 月，阿玛利亚水电站进场公路主体施工完成。

（2）尾水料场开挖工程标。2020 年 6 月 6 日，阿玛利亚水电站尾水料场开挖完成并顺利通过验收。

（3）主体土建、金属结构及机电设备安装标招标。①2022 年 6 月 13 日，阿玛利亚右岸导流明渠单位工程验收通过；②2022 年 12 月 4 日，一期纵向围堰顺利合拢。

（中国电建集团北京勘测设计研究院有限公司
王志珑）

安哥拉凯凯水电站工程 2022 年建设情况

（一）工程概况

安哥拉凯凯水电站项目距首都罗安达 230km，位于安哥拉"母亲河"宽扎河中段，是宽扎河流域规划 8 个梯级电站的第 3 级，上一级为拉乌卡水电站，下一级为 Zenzo 水电站。工程枢纽由河床主坝，两岸坝肩副坝，河床泄水表孔，坝下泄流底孔、左岸地下厂房，河床生态电站等建筑物组成。坝址处控制流域面积 112663km^2，多年平均流量 591m^3/s，水库正常蓄水位 630m，库容 4.36 亿 m^3。挡水建筑物采用一座主坝和两座副坝，主坝采用碾压混凝土重力坝，坝高 103m 坝轴线长度 553m，两座碾压混凝土副坝，坝高分别为 36m 和 4m，坝轴线长度分别为 525m 和 192m。泄洪建筑物布置在主河床，共设 5 个表孔和 2 个底孔，最大下泄流量 10020m^3/s。电站总装机容量 217.2 万 kW，包括 1 座主电站和 1 座生态电站，主电站布置在左岸，安装 4 台 53 万 kW 的水轮发电机组，厂房采用地下厂房，4 条引水隧洞均长约 306m，圆形断面，洞径 9m、7.5m（钢衬段）；主厂房尺寸为 221.0m×26.5m×67.6m（长×宽×高）；两条尾水隧洞长分别为 5133、5161m。为了充分利用 60m^3/s 的生态水流，生态电站布置在坝后，安装 1 台 5.2 万 kW 的水轮发电机组，厂房为坝后式。工程采用河床一次性断流、隧洞泄流、围堰全年挡水的导流方案。该工程勘测设计单位为长江设计集团有限公司，承建单位为中国能建葛洲坝集团有限公司。

该电站是非洲最大的在建水电站项目，电站建成后，年平均发电量达 85.66 亿 kW·h，将减少温室气体排放量 720 万 t，为安哥拉经济社会发展提供强大稳定的电力保障。库区形成后，将改善当地水资源利用条件，为周边民众提供更为优质的水源，兼具调峰防洪功能。工程计划 2026 年 10 月底首台机组发电。

（二）工程建设进展

(1) 前期建设情况。该工程2017年8月，启动现场临建工程；2019年12月17日，导流洞全线贯通；2020年10月15日，进厂交通洞全线贯通。

(2) 2022年建设情况。①5月，围堰工程开始预进占和备料；②10月13日，进水口明渠启动施工；③11月，地下电站进水口开挖清表、电源工程开始启动施工；④11月5日，现场召开主体工程施工动员大会，标志该项目主体工程进入全面建设阶段，安哥拉能源水利部部长出席了动员大会；⑤12月，调压室交通洞洞挖开始施工，导流洞进水塔主体浇筑完成。

（长江设计集团有限公司国际公司　赵有亮）

波黑优乐高水电站工程 2022年建设进展情况

（一）工程概况

波黑优乐高（Ulog）水电站位于波黑塞族共和国卡里诺维克区（Kalinovik）地区的内雷特瓦河（Neretva）上游，该工程开发任务主要为发电，兼顾下游生态环境用水，工程建设采用欧洲和波黑标准。工程主要包括大坝、引水隧洞和厂房等。电站为混合式开发，由引水式地面厂房和坝后式小厂房组成。其中引水式地面厂房总装机容量3.444万kW（2×1.722万kW立轴混流式水轮发电机组）；坝后式小厂房安装1台水轮机额定功率为180kW卧轴混流式水轮发电机组，多年平均年发电量为82.34GW·h。水库为混凝土双曲拱坝，最大坝高53m；引水隧洞长度2290m、洞径4m；水库正常蓄水位为641m，相应库容为644万m^3，最低运行水位为626m，相应库容约为54万m^3，调节库容为590万m^3，具有日调节能力。该项目业主为塞尔维亚EFT集团，工程总承包方为中国水电建设集团国际工程有限公司，内部委托中国水利水电第七工程局有限公司实施，项目于2019年12月正式开工，工期42个月，预计2023年底完工。

（二）工程进展情况

2022年是该水电站厂房、大坝、地下洞室施工建设高峰期，涉及项目多个重要节点及转序施工，以下为完成主要工作情况。

(1) 大坝工程。①11月30日完成大坝坝基开挖；②12月31日完成自高程590.00～591.00m混凝土浇筑，浇筑高度1m，坝顶高程为643.00m。

(2) 隧洞工程。①2月28日，完成调压井开挖支护，3月16日，完成剩余655m引水隧洞开挖支护，4月16日，完成压力竖井80m开挖支护，5月12日，完成拱坝右岸高程593m灌浆廊道开挖支护，②7月28日调压井混凝土衬砌完成，混凝土方量为1540m^3；，12月31日引水隧洞完成混凝土衬砌528m，占比22.92%（总长度2303m），混凝土方量为3800m^3。

(3) 厂房工程。①4月29日，厂房完成基坑开挖，随即启动混凝土施工。②12月30日，完成厂房安装间及主机间浇筑自高程509.00～537.00m，具备桥机梁安装条件。③9月12日，完成肘管安装，10月19日，完成椎管安装。

（三）社会效益

波黑优乐高水电站项目是中资企业在欧洲市场的第一个以EPC总承包模式承建的水电站项目，对中国电建在欧洲电力和基础设施项目市场开发、树立良好品牌形象具有重要意义。中国电建坚持水电开发与带动地方经济社会发展双赢的原则，水电站的建设运行不仅提高当地能源供应能力，同时将改善周边环境，加强当地生态建设，推动当地能源转型，提升中波经贸合作水平。

（中国电建集团国际工程有限公司）

下凯富峡大型调压井围岩支护参数优化研究

（一）工程概况

下凯富峡水电站引水系统包括进水口、引水隧洞、调压井和压力管道。引水系统总长5.2km，在距隧洞进口约4.5km处设开敞式调压井。井内连接7条岔洞。调压井下游设事故闸室，开挖断面为半圆形＋扇形，最大开挖直径50.8m，最大开挖跨度62.4m，开挖深度133.5m。闸室顶拱处径向扩挖7.3m，形成内、外弧长分别为64.4m、81.5m的倒悬。

调压井位于山梁部位，岩性主要为片麻岩。高程570m以上井壁稳定性差，Ⅳ类围岩；506～570m井壁稳定性一般，Ⅲ类围岩；断层破碎带及裂隙密集带段为Ⅳ类围岩。调压井整体位于地下水位以上。岩体有3组裂隙，其中2组裂隙对调压井井壁稳定不利。

（二）围岩系统锚杆支护参数优化

1. 优化方法和初定支护措施　调压井系统锚杆支护参数优化分析采用三维弹塑性有限元和关键块体理论相结合的方法。支护措施参考规范和类似工程经验，初步确定锚杆ϕ32，$L=4.5$m/6.0m（局部

9.0m)，间距2m×2m，挂ϕ6@200×200网，喷混凝土C25，厚10cm。

2. 三维有限元模型　开挖过程模拟分6阶段，即先后开挖调压井竖井高程615～600m、600～564m、564～537m、537～513m、513～597m、497.00～481.50m。三维有限元模型采用直角坐标系，锚杆用杆单元模拟，围岩用Solid单元模拟。底部为固端约束，四周侧面为法向约束，顶面为自由面。计算采用MIDAS NX。Ⅲ类围岩摩擦系数1，黏聚力1MPa，变形模量8GPa。Ⅳ类围岩摩擦系数0.7，黏聚力0.3MPa，变形模量3GPa。岩体采用屈服准则为摩尔-库伦准则。按锚杆支护参数优化流程，2次调整锚杆长度。3种喷锚支护方案中锚杆直径均为32mm，间排距2m×2m。锚杆长度方案1为9m；方案2高程513m以上锚杆长6m/9m，481.50～513m长为9m；方案3高程513m以上长4.5m/6.0m，481.5～513.0m长9m。

3. 三维有限元计算结果及分析　①围岩塑性区。3种方案对围岩塑性区深度和范围影响很小，最大深度影响率8%。调压井开挖结束后，塑性区主要在高程513m以下，513.0～495.4m塑性区最大深6m；底部481.5～495.4m且靠近流道上游围岩，因受两边开挖影响，塑性区深度较大；靠近流道上游塑性区最大深13.5m；竖井与发电洞交叉口围岩处于塑性状态，塑性区最大深5m。513m以上，塑性区分布范围小，最大深5.6m。高程513m以下塑性区深度大于锚杆入岩长度，但90%锚杆长度穿过围岩塑性区，锚杆长度均大于塑性区深度的70%；高程513m以上锚杆入岩长度基本穿过塑性区深度。②围岩变形。3种支护方案围岩水平变形和差异性均较小，差值约0.5mm。如方案3，调压井开挖结束引起最大水平变形8.1mm，是开挖洞径36m的0.023%。每个阶段开挖最大水平变形增幅仅0.1～2.9mm，上下游方向增幅大于垂直水流方向。上下游方向水平变形大于垂直水流方向的水平变形，变形最大值在下部，因下部地应力较高，也是第6阶段开挖变形增幅最大原因之一。另一个原因是513m下游存在长度7.3m的倒悬。③锚杆应力。98%锚杆拉应力在250MPa以下，锚杆最大拉应力在流道开挖交叉口处，3种方案高程513m以上部位锚杆轴向应力最大值分别为49.5、56、60MPa；高程513m以下部位锚杆轴向应力最大值分别为332.3、384.9、384.9MPa，小于锚杆屈服强度450MPa。

4. 块体稳定分析　基于块体理论对3组裂隙可能组成的块体进行稳定分析。使用软件UNWEDGE4.0，结构面黏聚力0.15MPa，摩擦系数0.55，锚杆屈服强度500MPa，喷混凝土厚10cm。稳定分析如下：围岩中延伸深度较大的块体，自然状态下即不考虑支护，安全系数大于1.5；喷锚系统支护下，井壁所有块体安全系数大于1.5，即一期支护措施满足要求；开挖中如一期支护措施不及时或不支护，由于开挖卸荷，岩体松弛，结构面凝聚可能降到0，当$c'=0$时，部分块体安全系数小于1，围岩渐进性塌落，甚至导致大塌方。

5. 支护措施优化结果　高程513m以上系统锚杆直径32mm，长6.0m/4.5m，间排距2m×2m；481.5～513.0m系统锚杆，直径32mm，长9m，间排距2m×2m；挂ϕ6@200×200网，喷厚10cm C25混凝土。优化后锚杆长度与调压井开挖深度之比为0.033～0.037。高程513m处局部悬空，故在高程513m倒悬体以上设5排直径32mm长12m间距1m×1m的长锚杆。

（三）支护效果

根据调压井开挖体形及开挖高度，分别在井口以下20m及闸室倒悬体上部2.3m处布置多点位移计、锚杆应力计等。锚杆应力与围岩变形监测值较大区域与三维有限元计算结果基本一致。锚杆应力监测最大值70.6MPa，对应部位三维有限元计算锚杆应力为120.0MPa。事故闸室倒悬处监测变形最大值1.53mm，比计算值小6.57mm。其原因：一是计算的变形是竖井开挖全过程变形完整的积累，多点位移计监测的变形有很大滞后效应，因此高程516m多点位移计测不到516m以上开挖卸荷引起的围岩变形；二是岩体是不均匀介质，难以给出准确的物理力学特性指标；三是岩体初始地应力分布和量值也存在不准确性。

（中国电建集团西北勘测设计研究院有限公司　刘有全　张利平
中国水利水电工程第十一局有限公司　靳俊杰
陕西省岩土与地下空间工程重点实验室　石广斌）

ITASCAD软件在老挝南俄3水电站工程中的应用

南俄3水电站大坝为混凝土面板堆石坝，最大坝高210m。引水隧洞长约11km。地面厂房装机容量480MW。2013年前，国外公司完成了部分勘测。同年4月中国公司接手勘测设计工作。

（一）数据库资料收集及整理

中国公司接手工作后，在早期数据库支持下，整个工程建立了一个数据库。经版本升级，数据库功能不断完善，软件按工程部位设置区域。

(1) 国外公司勘测资料整理。钻孔柱状图资料读取和输入数据库；反拍岩心照片，编录孔深数据并输入数据库；平洞按展示图相关风化、卸荷、结构面、岩性等读取后输入数据库；整理试验数据，按数据库中已有格式选择输入数据库。

(2) 中国公司补充勘测资料。钻孔编录数据输入数据库，并绘制钻孔柱状图；平洞编录资料直接进入数据库；试验数据按数据库已有格式选择输入数据库。

（二）三维地质模型建立及工程应用

南俄 3 水电站引水线路 11km，三维地质模型分 3 部分建立，即坝址区、引水隧洞区、厂房区。料场单独建立模型。坝址区模型包括引水隧洞进口及全部建筑物，引水隧洞区模型包括了引水隧洞进口，厂房区模型包括调压井、压力管道及地面厂房。分别建模后，又合成单一全工程模型。本文仅介绍坝址区建模。

地形图采用 2013 年后测量的 1∶1000 地形图，平面地质界线采用 2013 年前绘制的地质图，风化界线、透水率线、地下水位、覆盖层、结构面等均按勘探和地面测绘等资料，岩性在建模时进行同类合并为同一层处理，加载了设计提供的各类开挖面，模型包括风化界面、透水率界面、地下水位面、覆盖层界面、断层面、岩性面、岩层产状面、地形面、勘探钻孔及平洞等。

三维地质模型可随时在空间上从不同角度查看各类界面的展布，可切制地质剖面图、平切图，生成平面地质图，能将三维模型中各类界面转换成设计专业软件 Catia 格式提供设计直接使用，还可随时切制各种分析图。

（三）施工期数据与模型更新

施工阶段增加到前期数据库中的内容：勘探钻孔资料，帷幕和固结灌浆钻孔资料（按勘探钻孔进入数据库），地应力测试钻孔资料，压水和补充试验资料，物探检测成果，平硐及建基面编录断层及结构面资料等。物探检测包括孔内和洞壁、地应力钻孔、开挖建基面等的波速检测。开挖建基面波速采用假定沿物探检测线为平洞进入数据库。洞室编录资料包括地质编录断层和结构面，洞壁线路精测资料，开挖建基面设定线路精测资料。

（四）三维地质模型修改完善

按新增数据库内容对三维模型进行了修改完善。包括：引水隧洞揭露岩层修改了岩性界面；隧洞及开挖建基面揭露断层和较大裂隙性结构面建立断层和裂隙面；调整了各部位风化界面；随开挖进程随时增加开挖后地形界面；料场区域不定期复核计算不同时段内实际料层开挖使用量；随时建立分析单一数据面模型，如趾板波速分布模型，趾板渗透率分布模型，地面厂房区波速分布模型等。

（五）利用三维地质模型进行岩体分类及力学参数取值

在施工不同时期利用数据库及三维模型进行厂房区、引水隧洞区、溢洪道区岩体分类及力学参数取值。水电分类方案（HC 方案）以控制岩体稳定的岩石强度、岩体完整程度、结构面状态、地下水和主要结构面方向修正五项因素评分之和为基本判据，围岩强度应力比为限定判据，并应符合表 1 岩体分类的规定。

表 1 HC 岩体分类标准

HC 总评分 T	$T>85$	$65<T\leqslant 85$	$55<T\leqslant 65$	$45<T\leqslant 55$	$25<T\leqslant 45$	$T\leqslant 25$
围岩强度应力比 S	>4	>4	>2		>2	—
围岩分类	Ⅰ	Ⅱ	Ⅲ1	Ⅲ2	Ⅳ	Ⅴ

Bieniawski 的 RMR 岩体分类（见表 2）5 个指标为岩石抗压强度、RQD、节理间距、节理状态、地下水状态。先初步分类，再按节理方向对工程的影响加以修正。

表 2 RMR 工程地质分类标准

RMR 评分	$T>80$	$60<T\leqslant 80$	$50<T\leqslant 60$	$40<T\leqslant 50$	$20<T\leqslant 40$	$T\leqslant 20$
岩体类别	Ⅰ	Ⅱ	Ⅲ1	Ⅲ2	Ⅳ	Ⅴ

（六）工程应用

ITASCAD 地质工程三维建模与分析软件的主要功能为建立数据库、创建含属性三维地质模型、模型应用。该软件在老挝南俄 3 工程的溢洪道等建筑物中进行了综合应用，取得了较好效果。

（中国电建集团西北勘测设计研究院有限公司
杨天俊 杨芸 李治民）

南瑞集团新一代监控系统在尼日利亚宗格鲁水电站投运

宗格鲁水电站项目位于尼日利亚尼日尔州宗格鲁镇东北 17km 的卡杜纳（Kaduna）河上，其上游 77km 为已建成运行的希罗罗（Shiroro）水电站。该电站以发电为主，兼有防洪、灌溉、供水、养殖、航运等综合利用效益，是目前尼日利亚在建最大水电站，也是“一带一路”非洲区域重要项目。该电站由尼日利亚联邦电力部筹资建设，安装 4 台套立轴混流式水轮发电机组，总装机容量 70 万 kW。该水电站接入系统采用 330kV 及 132kV 两级升高电压送出，330kV 出线两回，接入新建的三点开关站，132kV 出线两回，接入原有泰吉纳变电站。三点开关站 330kV 此期出线 6 回，2 回至宗格鲁电站、2 回至 SHIRORO 水电站、2 回至 JEBBA 水电站；SHIRORO-JEBBA 原为两回 330kV 线路连接，现断开连接，三点开关站 π 接接入两站点。泰吉纳变电站为扩建两回线路间隔和一个母联间隔。

南瑞集团有限公司（简称南瑞集团）在该水电站项目提供了以 SSJ-3000 型计算机监控系统为基础的计算机监控系统解决方案和全套设备。其中计算机监控系统上位机为 IMC 智能一体化平台（V3.0）监控软件，该软件是南瑞集团积累了多年 NC2000 监控软件的开发经验以及在国内外多个电厂的使用经验后、开发完成的面向大型水电厂、新能源电站和流域集控中心的新一代水电厂计算机监控系统软件。该计算机监控系统软件主要具备数据采集和处理、安全运行监视及事件报警、控制与调节、自动发电控制（AGC）、自动电压控制（AVC）、运行参数统计记录、数据通信、设备运行管理及指导等功能；下位机为 SJ-500 现地控制单元，按无人值班（少人值守）设计，采用了冗余化的设计和开放式系统结构，提高了系统的安全可靠性，为电站安全稳定高效运行提供了保障。

2022 年 3 月 28 日、7 月 10 日、10 月 29 日，该水电站 1 号机组（首台）、2 号机组、3 号机组分别成功并网发电，10 月 9 日，4 号机组完成转子吊装。该水电站首批机组顺利并网发电，是南瑞集团计算机监控产品和技术在继刚果金宗戈 2、加纳布维、埃塞俄比亚 GD3、乌干达伊辛巴、津巴布韦卡里巴南岸、赞比亚卡里巴北岸、赞比亚伊泰兹、赞比亚下凯富峡等电站投产后，在非洲的又一次成功应用。在该水电站首台机组并网发电仪式上，尼日利亚电力部副部长 Goddy Jedy、咨询公司总裁 Adamu 和中国电力工程有限公司总经理吴贵生共同按下机组启动键，见证这一重要时刻。该电站全面建成后，可解决当地超过 4000 人的就业问题，可满足两座城市用电，改善尼日利亚电力紧缺局面、增强电网稳定性和持续供电能力、改善人民生活水平。

（南瑞集团有限公司　谢敏杰　袁帅）

10

技术标准与图书

标准化工作管理

2022年电力标准化管理工作情况

2022年，全年经有关政府部门和中国电力企业联合会（简称中电联）下达标准计划727项，其中，国家标准计划78项，行业标准计划362项，中电联标准计划290项。全年经有关政府部门和中电联发布标准439项，其中：国家标准20项、行业标准239项，中电联标准180项。

（一）电力标准法规政策

①9月9日，国家市场监督管理总局令第59号公布了《国家标准管理办法》，该办法自2023年3月1日起施行。此次是国家市场监督管理总局组织对1990年开始施行的《国家标准管理办法》进行修订：一是以加强国家标准的统一管理；二是进一步细化了国家标准的制定范围；三是明确制定国家标准的要求；四是增加标准供给手段；五是促进标准实施。②7月6日，市场监管总局等16部门联合印发《贯彻实施〈国家标准化发展纲要〉行动计划的通知》。通知中提出出台建立健全碳达峰碳中和标准计量体系实施方案。强化各领域标准化工作统筹协调，组建国家碳达峰碳中和标准化总体组。加强新型电力系统标准建设，完善风电、光伏、输配电、储能、氢能、先进核电和化石能源清洁高效利用标准。要求各地区各有关部门要高度重视，将推动《国家标准化发展纲要》及本行动计划各项任务纳入重要议事日程。国务院标准化协调推进部际联席会议办公室要加强统筹协调，强化有关工作指导、督促、检查。进一步凝聚全社会共识，形成标准化工作合力，推动各项工作有效落实。③10月9日，国家能源局印发《能源碳达峰碳中和标准化提升行动计划》。该“行动计划”中提出：“要大力推进非化石能源标准化，加强新型电力系统标准体系建设，加快完善新型储能技术标准，加快完善氢能技术标准，进一步提升能效相关标准，健全完善能源产业链碳减排标准。”“到2025年，初步建立起较为完善、可有力支撑和引领能源绿色低碳转型的能源标准体系，能源标准从数量规模型向质量效益型转变，标准组织体系进一步完善，能源标准与技术创新和产业发展良好互动，有效推动能源绿色低碳转型、节能降碳、技术创新、产业链碳减排。到2030年，建立起结构优化、先进合理的能源标准体系，能源标准与技术创新和产业转型紧密协同发展，能源标准化有力支撑和保障能源领域碳达峰、碳中和。”

（二）电力标准组织机构建设

1. 电力标准化组织机构建设　2022年，组建中国电力企业联合会工业控制系统标准化工作组，筹建能源行业电力市场标准化技术委员会并报送国家能源局。对能源行业风电并网管理分技术委员会委员、电力行业电站锅炉标准化技术委员会委员、电力行业电力变压器标准化技术委员会、能源行业电力机器人标委会、能源行业电动汽车充电设施标准化技术委员会等标委会进行换届或委员调整。为规范专业标准化技术委员会运行及管理，召开2022年电力专业标准化技术委员会考核评估专家评审会，对10个中电联标委会进行考核评估，其中被评为一级的两个，二级的5个，三级的3个，印发开展标委会协调合作工作的通知，建立标委会联络员制度。2022年批复筹建/批复的国家、行业、中电联标准化技术委员会见表1。

表1　2022年批复筹建/批复的国家、行业、中电联标准化技术委员会

编号	标委会名称	工作范围	秘书处挂靠单位
CEC/WG 01	中国电力企业联合会工业控制系统标准化工作组	负责工业控制系统产业标准体系研究，工业控制系统产业相关通用基础、产品、测试和试验方法以及应用领域等方面的标准制修订工作	中国电力企业联合会标准化管理中心

续表

编号	标委会名称	工作范围	秘书处挂靠单位
筹建中	能源行业电力市场标准化技术委员会	电力市场标准体系研究，电力市场基础与通用、电力市场建设、电力市场运营、电力市场监测与风险防范、电力市场技术支持系统、其他等方面的标准化工作	中国电力企业联合会、南瑞集团有限公司、南方电网科学研究院有限责任公司

截至2022年底，中电联负责管理54个电力（能源）行业标准化技术委员会、22个全国标准化技术委员会和20个国际电工技术委员会的中国业务，43个中电联标准化技术委员会。承担能源行业电动汽车充电设施标准化技术委员会、能源行业风电标准化技术委员会秘书处工作，继续承担能源行业风电标准化技术委员会风电场运行维护及并网管理两个分技术委员会工作。

2. 持续推动标准化组织改革及管理提升　8月10日，中电联召开电力标准化技术委员会秘书长工作会议，总结电力标准化工作，深刻学习领会《国家标准化发展纲要》，打造高质量标准体系、探索新举措服务创新发展、强化标准化服务、提升标准化能力，深入推进电力标准化工作。初步完成标准化信息管理系统平台系统建设，将标准计划管理、标准制修订管理、标准文本管理、标委会管理、基础服务管理、标准知识管理的线上、线下工作融合。

（三）电力标准颁布情况

1. 发电标准　发电领域，推动煤电能效提升和灵活性改造，将提高新能源发电系统可靠性、储能系统安全性作为未来发展方向，发挥标准的技术支撑和引领作用。推动煤电技术进步，在锅炉、汽轮机等领域发布《燃煤机组锅炉深度调峰能力评估试验导则》《电站锅炉烟气余热利用系统运行导则》《火力发电厂供热经济性评价指标计算方法》等标准，支撑煤电机组“三改联动”；重视节能环保，发布《燃煤电厂环保设施节能运行优化技术导则》《火电厂环境监测管理规定》《半干法烟气脱硫系统检修规程》等标准；为满足水电发展对标准的需求，先后发布了水电施工、水电站自动化、水轮发电机及电气设备、大坝安全监测、抽水蓄能等领域的重要标准。加大风电领域的标准化工作，发布了《智能风电场技术导则》等重要标准；完善光伏、光热、储能领域标准体系，制定了《光伏发电站组件监造导则》《太阳能热发电站运行指标评价导则》《电化学储能电站安全规程》等重要标准。

2. 电网标准　电网领域，适应我国特高压交直流电网建设、新能源大规模接入等新形势。①修订了《电网运行准则》，发布了《可调节负荷并网运行与控制技术规范》系列标准、风电场等可再生能源发电并网安全性评价等标准；②发布《电力安全工作规程　高压试验室部分》《输电线路高空救援技术导则》《高压试验区域保护技术规范》等技术标准；③制定发布了GB 17625.1—2022《电磁兼容　限值　第1部分：谐波电流发射限值（设备每相输入电流≤16A）》、DL/T 2556.1—2022《电力行业电磁兼容检测辅助设备　第1部分：通用要求》等标准；④发布《消弧线圈并联低电阻接地装置》《气体绝缘金属封闭开关设备现场交接试验规程》《架空配电线路超声波现场检测应用导则》《变电站设备声成像测试技术导则》等标准；⑤发布《继电保护装置状态检修导则》《继电保护远程智能运行管控技术导则》等标准；⑥发布《特高压直流线路带电作业技术导则》《高压柔性直流专用设备预防性试验》《柔性直流换流站交流耗能装置试验规程》等标准；⑦发布了《架空输电线路水土保持设施质量验收规程》《电气装置安装工程接地装置施工及验收规范》等标准；⑧制（修）订发布《电力自动化通信网络和系统　第5部分：功能和装置模型的通信要求》《变电站SCD模型映射到电网CIM模型技术导则》等标准；⑨制（修）订发布《能源互联网与储能系统互动规范》《能源互联网与分布式电源互动规范》等标准。

3. 电力储能标准　新型储能中，锂离子电池占据绝对主导地位，比重达90%左右，此外，压缩空气储能、液流电池、钠离子电池、飞轮等其他技术路线的项目，在规模上有所突破，应用模式逐渐增多。储能技术和应用规模的快速发展，对储能标准的制定提出了新的要求。2022年，“储能质量与安全”系列27项国家标准开始制定，安全规程的国家标准以及关于基本术语、技术监督、参与调频储能并网试验和调试、设计深度规定的相关行业标准均完成制定并发布，完善了标准体系。

4. 电动汽车充电设施　①深化充电设施标准体系。为适应产业发展需求，针对商用车换电、特种车辆充电的特殊性，开展了标准体系预研工作。截至2022年底，标准体系中已发布标准有92项，正在制修订的标准有55项，拟制定标准有33项。我国主导发布充换电国际标准7项，贡献中国技术方案的国际标准9项，在编国际标准10项。②重点标准制修订有序推进。2022年充电设施标准化工作进展顺利、整体推进有序。3月开始实施的能源行业标准共5项；已报批待发布国家标准共7项；发布中电联团体标准两项。目前，标委会在编计划项目共55项，其中，国家标准17项，行业标准26项，中电联标准12项。处于启动编制阶段的共32项，达到征求意见稿阶段的共10项，达到送审稿阶段的8项，达到报批稿阶段的共7项。

（四）国际标准化

1. 2022年IEC 2022年ISO国际标准发布情况 2022年，除标准勘误表（Corrigendum）和解释文件（Interpretation Sheet）外，IEC共计发布新出版物475项，包括国际标准（IS）380项，技术规范（TS）40项，技术报告（TR）42项，公开技术文件（PAS）8项，市场参考文件（SRD）5项，白皮书1项，科技报告1项及趋势报告2项。ISO 2022年共计发布了1412项国际标准，其中能源领域56项，占全部新发布标准的4%，另有85项新增工作项目，占年度新增工作项目的5.6%。

2. 电力国际标准化发展 ①区域合作。2022年，中电联在亚太电协和澜湄区域持续推进国际区域标准化实践，6月和10月组织亚太电协2022年WG4技术委员会年度工作会（线上）。17家电力企业的代表注册参会。②国际交流。中电联和日本汽车技术研究所（Jari）召开两次中日无线充电标准与技术研讨会；中电联和日本快速充电器协会（CHAdeMO）组织召开第七次中日电动汽车ChaoJi充电联合工作组会议；参加国际电工委员会太阳能热发电厂技术委员会（IEC/TC 117）2022年年会；中电联作为中德电动汽车标准化工作组秘书处单位召开中德超大功率充电（MCS）专家组技术研讨会。③国际标准制定。新发布《电动汽车信息交换　第2部分：用例》（IEC 63119-2）《柔性直流输电系统特性　第1部分：稳态条件》（IEC TR 63363-1）等11项IEC国际标准，立项电动汽车ChaoJi直流充电接口、电力机器人术语等17项IEC国际标准。向国家市场监督管理总局申报《电能质量管理-电能质量数据应用》《高压直流架空输电线路电磁环境特性》《架空电力线路巡检用无人机通用技术要求》等12项IEC国际标准提案。

（五）企业标准化

2022年，共有63家企业自愿申请加入电力企业标准化良好行为企业创建试点单位，45家企业先后通过了标准化良好行为企业创建现场评价，企业标准化发展提高了企业管理水平，促进了安全生产，推动了科技创新，提升了企业综合实力。①国家电网有限公司。2022年制定发布了《国家电网有限公司技术标准发展纲要》等7方面关于技术标准的管理办法；完善了技术标准创新基地承建单位内部考核评价制度，继续组织所属企业参加标准化良好行为企业创建，27家基层单位纳入2022年电力企业“标准化良好行为企业”试点单位，7家通过电力企业“标准化良好行为企业”现场确认。②中国南方电网有限责任公司。编制《中国南方电网有限责任公司“十四五”技术标准化工作规划发展方案》，制定《中国南方电网有限责任公司专业标准化技术组织工作细则（试行）》并深入基层开展督导，已建成技术标准“三级组织架构”，内部专家队伍2000余人。推进标准化良好行为企业创建活动，2022年新增9家AAAAA级电力标准化良好行为企业，获评AAAAA企业数量是2021年的3倍。③中国华能集团有限公司。2022年，中国华能集团有限公司所属4家企业通过AAAAA级“标准化良好行为企业”现场评价。④中国大唐集团有限公司。建立健全标准化考核激励机制，制定《中国大唐集团有限公司标准化管理办法》等5项标准化管理制度，设立了中国大唐集团有限公司技术标准委员会和标准化工作办公室。组织下属企业开展“标准化良好行为企业”创建和确认、复审工作，2022年有8家企业成为“标准化良好行为企业”试点单位，3家企业通过AAAAA现场确认。⑤中国华电集团有限公司。设立了中国华电集团有限公司技术标准化工作的领导机构，明确各级人员在技术标准工作中的职责。制定了《中国华电集团有限公司技术标准化管理办法》，2022年初步完成了技术标准体系建设工作。开展年度标准制（修）订。2家单位列入的电力标准化良好行为企业试点单位，2家通过标准化良好行为现场评价。⑥国家能源集团有限责任公司。组建国家能源集团有限责任公司标准化委员会和7个专业标准化技术委员会，实施标准化工作奖励制度。2022年立项标准项目44项，经费3500余万元。2022年，国家能源集团有限责任公司3家单位列入的电力标准化良好行为企业试点单位。⑦国家电力投资集团有限公司。印发了《国家电力投资集团有限公司技术标准体系规划纲要（2022—2025）》；修订了《国家电力投资集团有限公司技术标准化管理办法》，制定了《国家电力投资集团有限公司专业技术标准化委员会管理办法》。2022年，国家电力投资集团有限公司批准了12家企业列入“标准化良好行为企业”试点单位，9家单位通过了现场评价。⑧广东省能源集团有限公司。规定了企业标准和制度之间的关系和实施原则，推动标准化良好行为企业的创建工作。共9家发电企业通过或保持电力行业标准化良好行为企业AAAAA级现场确认，2家发电企业通过或保持标准化良好行为AAAA级。

（中国电力企业联合会　汪萍　屈江江　李治甫）

2022年农村水电技术标准制修订情况

2022年，水利部农村水利水电司主持编写小水电技术标准共8项，其中当年新发布标准1项、新修订标准1项，分别为《小型水电站技术改造规范》（GB/T 50700—2022）和《小型水电站技术管理规程》（SL 529—2011）。至2022年底，小水电现行有效标准共43项，其中国标16项、行标27项。在编技术标准详情见表1。

根据《水利标准化工作管理办法》和2022年水利技术标准制修订计划安排，2022年，《小型水电站技术管理规程》完成大纲审查、征求意见和送审稿审查，《小型水电站生态流量确定技术导则》完成征求意见和送审稿审查，《小型水电站技术改造规范》完成全部修订工作，发布实施。

表1 农村水电在编技术标准情况表

序号	标准名称	编制	性质	已完成
1	小型水电站安全检测与评价规范	修订	国家标准	送审稿审查会
2	小水电环境影响评价规程	修订	行业标准	送审稿审查会
3	小型水电站施工技术规范	修订	国家标准	报批稿审定会
4	小型水电站建设工程验收规程	修订	行业标准	送审稿审查会
5	农村水电工程项目规范	制定	行业标准	送审稿审查会
6	小型水电站生态流量核定技术导则	制定	国家标准	送审稿审查会
7	小型水电站技术管理规程	修订	行业标准	送审稿审查会

（水利部农村水利水电司　赵虹
水利部农村电气化研究所　金华频）

中国长江三峡集团有限公司2022年参与技术标准编制情况

2022年，中国长江三峡集团有限公司主编及参编的49项国际、国家及行业技术标准均已发布，详细情况见表1。

表1 中国长江三峡集团有限公司主编及参编国际、国家及行业技术标准情况

序号	标准编号	标准名称	主/参编	实施日期
1	IEC 62862-3-1：2022	Solar thermal electric plants　Part 3-1：General requirements for the design of parabolic trough solar thermal electric plants（光热发电站　第3-1部分：槽式太阳能光热发电站设计规范）	参编	2022年1月27日
2	IEC 60034-33：2022	Specific technical requirements for hydro generators（水轮发电机特定技术要求）	参编	2022年1月28日
3	GB/T 13761.1—2022	土工合成材料　规定压力下厚度的测定　第1部分：单层产品	参编	2022年11月1日
4	GB/T 19072—2022	风力发电机组　塔架	参编	2022年10月12日
5	GB/T 31517.1—2022	固定式海上风力发电机组　设计要求	参编	2022年10月12日
6	GB/T 41512—2022	分散式风力发电机组	参编	2023年2月1日
7	GB/T 42247—2022	水回用导则　再生水利用效益评价指南	参编	2023年4月1日
8	GB 50265—2022	泵站设计标准	主编	2022年12月1日

续表

序号	标准编号	标准名称	主编/参编	实施时间
9	NB/T 10918—2022	智能风电场技术导则	参编	2022年11月13日
10	NB/T 10920—2022	风电场工程风电机组基础安全监测设计规范	参编	2022年11月13日
11	NB/T 10921—2022	风电场监控系统信息安全防护技术规范	参编	2022年11月13日
12	NB/T 10967—2022	水电工程环境保护技术通则	参编	2022年11月13日
13	NB/T 10971—2022	水电工程信息采集规范	参编	2022年11月13日
14	NB/T 10984—2022	风电机组检修安全工作规程	参编	2022年11月13日
15	NB/T 10985—2022	风力发电场维护规程	参编	2023年5月4日
16	NB/T 10986—2022	风电机组控制与保护参数运行管理规范	参编	2023年5月4日
17	NB/T 10988—2022	海上风力发电机组基础附属构件设计要求	参编	2023年5月4日
18	NB/T 10989—2022	海上风力发电机组偏航系统防腐设计要求	参编	2023年5月4日
19	NB/T 10990—2022	海上风力发电机组变桨距系统防腐设计要求	参编	2023年5月4日
20	NB/T 10994—2022	海上风力发电机组　外平台起重设备规范	参编	2023年5月4日
21	NB/T 10999—2022	海上风电场工程工程量清单计价规范	参编	2023年3月4日
22	NB/T 11001—2022	海上风电场工程基础防撞设施技术规程	参编	2023年5月4日
23	NB/T 11002—2022	海上风电场工程嵌岩桩基设计规程	参编	2023年5月4日
24	NB/T 11016—2022	水电工程生产运行文件收集与归档规范	主编	2023年5月4日
25	NB/T 11019—2022	水电工程闸门和启闭机运行维护规程	主编	2023年5月4日
26	NB/T 31003.1—2022	风电场接入电力系统设计技术规范　第1部分：陆上风电	参编	2023年5月4日
27	NB/T 31003.2—2022	风电场接入电力系统设计技术规范　第2部分：海上风电	参编	2023年5月4日
28	NB/T 31003.3—2022	风电场接入电力系统设计技术规范　第3部分：分散式风电	参编	2023年5月4日
29	NB/T 31047.1—2022	风电调度运行管理规范　第1部分：陆上风电	参编	2023年5月4日
30	NB/T 31047.2—2022	风电调度运行管理规范　第2部分：海上风电	参编	2023年5月4日
31	NB/T 31055—2022	风电场理论发电量与弃风电量评估导则	参编	2023年5月4日
32	DL/T 2561—2022	立式水轮发电机状态检修评估技术导则	参编	2023年5月4日
33	DL/T 2562—2022	抽水蓄能电站库盆检测技术规程	主编	2023年5月4日
34	DL/T 2566—2022	水电厂直流系统技术监督规程	主编	2023年5月4日
35	DL/T 2569—2022	水电厂励磁系统技术监督规程	参编	2023年5月4日
36	DL/T 2570—2022	水力发电厂水轮机技术监督导则	参编	2023年5月4日
37	DL/T 2571.3—2022	水电站公用辅助设备检修规程　第3部分：水系统	参编	2023年5月4日
38	DL/T 2572—2022	水轮发电机及其辅助设备技术改造导则	主编	2023年5月4日
39	DL/T 2573—2022	水轮机现场焊接修复导则	参编	2023年5月4日
40	DL/T 2574—2022	混流式水轮机维护检修规程	参编	2023年5月4日
41	DL/T 2575—2022	灯泡贯流式水轮发电机定子绕组改造技术规范	参编	2023年5月4日
42	DL/T 2576—2022	水轮机主阀运行检修规程	主编	2023年5月4日

续表

序号	标准编号	标准名称	主编/参编	实施时间
43	DL/T 2577—2022	轴流转桨式水轮发电机组检修规程	参编	2023年5月4日
44	DL/T 2582.1—2022	水电站公用辅助设备运行规程　第1部分：油系统	主编	2023年5月4日
45	DL/T 2582.2—2022	水电站公用辅助设备运行规程　第2部分：气系统	主编	2023年5月4日
46	DL/T 2582.3—2022	水电站公用辅助设备运行规程　第3部分：水系统	主编	2023年5月4日
47	DL/T 2583—2022	电网项目全过程工程咨询服务导则	参编	2023年5月4日
48	DL/T 5851—2022	大坝安全视频监控系统技术规范	参编	2022年11月13日
49	JT/T 1432.2—2022	公路工程土工合成材料　第2部分：土工织物	参编	2022年9月9日

（中国长江三峡集团有限公司　张学礼）

南方电网储能股份有限公司 2022年标准化工作情况

2022年，南方电网储能股份有限公司完成47项企业及以上标准立项，发布45项企业及以上标准。①发布国际技术标准1项，联合主导了《智能水电厂技术导则》。②申请立项国家技术标准7项，主编的有《电化学储能电站生产安全应急预案编制导则》《电化学储能电站监控系统技术规范》《电化学储能电站监控系统技术规范》（外文版）和《电化学储能电站生产安全应急预案编制导则》（外文版）。③申请立项行业技术标准9项、发布6项。主编的《参与辅助调频的电源侧电化学储能系统调试导则》《水电厂直流系统技术监督规程》《基于IEC60870-5-104的水电网络通信协议扩充导则》于2022年11月发布。④申请立项的团体技术标准13项，其中主编7项，参编6项。⑤申请立项企业技术标准17项、发布38项。主编《电化学储能电站监控系统技术规范（试行）》《预制舱式电化学储能电站设计导则（试行）》于2022年3月发布；主编《抽水蓄能电站发电电动机变压器组保护技术规范（试行）》于2022年5月发布。主、参编国家、行业技术标准情况见表1。

表1　南方电网储能股份有限公司2022年主、参编国家、行业技术标准情况表

序号	标准项目名称	参与类型	标准类别	备注
1	电化学储能电站危险源辨识技术导则	参编	国标	
2	电化学储能系统接入电网测试规程	参编	国标	
3	电化学储能电站生产安全应急预案编制导则	主编	国标	
4	电化学储能电站监控系统技术规范	主编	国标	
5	电化学储能黑启动技术导则	参编	国标	
6	电化学储能电站监控系统技术规范（外文版）	主编	国标	
7	电化学储能电站生产安全应急预案编制导则（外文版）	主编	国标	
8	抽水蓄能电站生产准备导则	主编	行标	
9	抽水蓄能电站无人值班技术规范	主编	行标	
10	水电站机组进水阀水操作系统设计导则	主持	行标	
11	大中型混流式水泵水轮机选用技术导则	参与	行标	
12	水电站输水发电系统运行安全评价导则	参编	行标	
13	抽水蓄能电站服务电力系统运行评价导则	参编	行标	
14	抽水蓄能电站技术监督导则	参编	行标	
15	水电站用机器人技术规范　第1部分：水下检测机器人	参编	行标	
16	水电站设备对象信息模型构建导则	参编	行标	

（南方电网储能股份有限公司　曹娅）

哈尔滨电机厂有限责任公司 2022 年技术标准制修订情况

2022 年，在国家标准化管理委员会、中国机械工业联合会、中国电器工业协会等上级部门的指导下，在挂靠单位哈尔滨大电机研究所有限公司的支持下，在全体委员及委员单位的努力下，全国大型发电机标准化技术委员会、全国水轮机标准化技术委员会和全国海洋能转换设备标准化技术委员会秘书处组织行业单位编制了 32 项国家及行业技术标准，在编技术标准情况见表 1。

表 1　大电机、水轮机、海洋能转换设备 2022 年在编技术标准情况表

序号	标准编号及名称	工作要求	当前状态
1	水轮机、蓄能泵和水泵水轮机模型验收试验	修订 GB/T 15613	报批阶段
2	水轮机、蓄能泵和水泵水轮机更新改造和性能改善规范	修订 GB/T 28545	报批阶段
3	混流式水泵水轮机基本技术条件	修订 GB/T 22581	起草阶段
4	水轮机、蓄能泵和水泵水轮机流量的测量 超声传播时间法	修订 GB/Z 35717	起草阶段
5	水轮机、水泵水轮机和蓄能泵启动试验及试运行导则	等同采用 IEC 60545：2021	报批阶段
6	水轮发电机组安装程序与公差导则　第 1 部分：总则	等同采用 IEC 63132-1：2020	报批阶段
7	水轮发电机组安装程序及公差导则　第 2 部分：立式发电机	等同采用 IEC 63132-2：2020	报批阶段
8	大中型水轮机导叶接力器技术规范	制定	报批阶段
9	海洋温差能转换电站设计和分析的一般指南	制定	报批阶段
10	河流能资源评估及特征描述	制定	报批阶段
11	海洋能转换装置电能质量要求	制定	报批阶段
12	海洋能转换装置机械载荷测量	制定	征求意见阶段
13	海洋能转换装置锚泊系统评价	制定	起草阶段
14	潮流能转换装置 海上试验技术要求	制定	起草阶段
15	波浪能、潮流能及其他水流能转换装置　第 102 部分：用已有运行测量数据评估波浪能转换设备在其他投放点的发电性能	制定	起草阶段
16	波浪能、潮流能及其他水流能转换装置　第 4 部分：新技术鉴定	制定	起草阶段
17	水轮发电机基本技术条件	修订 GB/T 7894	报批阶段
18	动态响应同步调相机技术要求	制定	起草阶段
19	发电电动机基本技术条件	修订 GB/T 20834	起草阶段
20	变频器供电同步电动机设计与应用指南	修订 GB/T 24625	起草阶段
21	同步电机励磁系统　第 1 部分：定义	修订 GB/T 7409.1	起草阶段
22	发电机定子铁心磁化试验导则	修订 GB/T 20835	起草阶段
23	隐极同步发电机用交流励磁机　技术条件	修订 JB/T 7784	报批阶段
24	在役发电机护环超声波检验技术标准	修订 JB/T 10326	报批阶段
25	YPT 系列高压变频调速三相异步电动机技术条件（机座号 710-1120）	制定	报批阶段
26	测量高压交流电机线圈介质损耗角正切试验方法及限值	修订 JB/T 7608	起草阶段
27	YFKS 系列高压三相异步电动/发电机技术条件（机座号 710-1120）	制定	报批阶段
28	大型交流电机集电环与刷架	修订 JB/T 2650	起草阶段

续表

序号	标准编号及名称	工作要求	当前状态
29	电机用电加热器　第1部分：通用技术条件	修订JB/T 7836.1	报批阶段
30	电机用电加热器　第2部分：普通型翅片管电加热器	修订JB/T 7836.2	报批阶段
31	电机用电加热器　第3部分：防爆型翅片管电加热器	修订JB/T 7836.3	报批阶段
32	大型高压交流电机定子绝缘耐电压试验规范	修订JB/T 6204	起草阶段

（哈尔滨电机厂有限责任公司　周谧　刘婷婷　柴博容　刘保生）

中国电建集团北京勘测设计研究院有限公司2022年标准化工作情况

2022年，中国电建集团北京勘测设计研究院有限公司（简称北京院）共承担国家、行业、团体技术标准制定、修订项目91项，其中主编技术标准35项，技术标准英文版翻译项目11项。发布主编行业标准6项、参编行业标准5项，主编团体标准3项，参编团体标准2项。新立项国家、行业技术标准33项，其中主编行业标准11项，英文版翻译项目1项。北京院2022年主、参编国家、行业技术标准发布情况见表1。

表1　北京院2022年主、参编行业技术标准发布情况表

序号	标准编号	标准名称	实施日期	制/修订	主/参编
1	NB/T 10883.5—2022	水电工程制图标准　第5部分：电气	2022年11月13日	修订	主编
2	NB/T 10966—2022	水库放空技术导则	2022年11月13日	制定	参编
3	NB/T 10967—2022	水电工程环境保护设计通则	2022年11月13日	制定	参编
4	NB/T 10999—2022	海上风电场工程工程量清单计价规范	2022年5月4日	制定	主编
5	NB/T 11000—2022	陆上风电场工程工程量清单计价规范	2022年5月4日	制定	主编
6	NB/T 11006—2022	水电工程金属结构设备报废标准	2022年5月4日	制定	主编
7	NB/T 11015—2022	土石坝沥青混凝土面板和心墙设计规范	2022年5月4日	修订	参编
8	NB/T 11017—2022	光伏发电工程工程量清单计价规范	2022年5月4日	制定	主编
9	NB/T 11018—2022	水电工程退役设计导则	2022年5月4日	制定	主编
10	NB/T 35026—2022	混凝土重力坝设计规范	2022年5月4日	修订	参编
11	DL/T 2562—2022	抽水蓄能电站库盆检测技术规程	2022年5月4日	制定	参编

（中国电建集团北京勘测设计研究院有限公司　海显丽）

中国电建集团西北勘测设计研究院有限公司2022年参与技术标准编制及英文版翻译情况

2022年，中国电建集团西北勘测设计研究院有限公司（简称西北院）扎实推进水电、风电、太阳能、生物质能及多能互补等领域技术标准编制工作。全年共参与技术标准制修订项目194项。主、参编的技术标准23项正式发布；其中国家标准3项，行业标准16项，地方标准1项，团体标准3项；5项能源行业技术标准英文版正式发布。2022年西北院主、参编技术标准发布情况及2022年西北院翻译并发布的行业技术标准英文版情况见表1和表2。

表1　西北院2022年主、参编技术标准发布情况

序号	标准属性	标准编号	标准名称	制定/修订	主编/参编
1	国家标准	GB/T 42272—2022	水泥胶砂氯离子扩散系数检测方法	制定	参编
2	国家标准	GB/T 26751—2022	用于水泥和混凝土中的粒化电炉磷渣粉	修订	参编

续表

序号	标准属性	标准编号	标准名称	制定/修订	主编/参编
3	国家标准	GB/T 31517.1—2022	固定式海上风力发电机组 设计要求	修订	参编
4	行业标准	NB/T 31026—2022	风电场工程电气设计规范	修订	主编
5	行业标准	NB/T 11000—2022	陆上风电场工程工程量清单计价规范	制定	主编
6	行业标准	NB/T 11011—2022	水工混凝土结构设计规范	修订	主编
7	行业标准	NB/T 11014—2022	水电工程混凝土预冷和预热系统设计规范	制定	主编
8	行业标准	NB/T 31030—2022	陆上风电场工程地质勘察规范	修订	主编
9	地方标准	DBJ 61/T 5019—2021	城镇暗涵三维激光扫描测绘规程	制定	主编
10	团体标准	T/CSPSTC 85—2022	陆上风电工程绿色地质勘测作业规程	制定	主编
11	团体标准	T/CSPSTC 86—2022	砂砾石地层原位测试技术规程	制定	主编
12	团体标准	T/CSPSTC 87—2022	崩塌滑坡无人机激光雷达数据采集与处理技术规程	制定	主编
13	行业标准	NB/T 10920—2022	风电场工程风电机组基础安全监测设计规范	制定	参编
14	行业标准	NB/T 10967—2022	水电工程环境保护技术通则	制定	参编
15	行业标准	NB/T 10968—2022	水电工程勘察设计费计算标准	制定	参编
16	行业标准	NB/T 10969—2022	水电工程泥沙监测系统技术规范	制定	参编
17	行业标准	NB/T 10971—2022	水电工程信息采集规范	制定	参编
18	行业标准	NB/T 10966—2022	水库放空技术导则	制定	参编
19	行业标准	NB/T 10999—2022	海上风电场工程工程量清单计价规范	制定	参编
20	行业标准	NB/T 11001—2022	海上风电场工程基础防撞设施技术规程	制定	参编
21	行业标准	NB/T 11002—2022	海上风电场工程嵌岩桩基设计规程	制定	参编
22	行业标准	NB/T 11017—2022	光伏发电工程工程量清单计价规范	制定	参编
23	行业标准	NB/T 35026—2022	混凝土重力坝设计规范	修订	参编

表 2　2022 年西北院翻译并发布的能源行业技术标准英文版情况

序号	标准属性	标准编号	标准名称	制定/修订	主编/参编
1	行业标准	NB/T 32043—2018	Specification for Preparation of Feasibility Study Report for Photovoltaic Power Projects《光伏发电工程可行性研究报告编制规程》(NB/T 32043—2018)英文版	制定	主编
2	行业标准	NB/T 32044—2018	Specification for Preparation of Pre-feasibility Study Report for Photovoltaic Power Projects《光伏发电工程预可行性研究报告编制规程》(NB/T 32044—2018)英文版	制定	主编
3	行业标准	NB/T 10871—2021	Code for Design of Roller-Compacted Embankment Dams《碾压式土石坝设计规范》(NB/T 10871—2021)英文版	制定	主编
4	行业标准	NB/T 10083—2018	Code for Water Conservancy Computation of Hydropower Projects《水电工程水利计算规范》(NB/T 10083—2018)英文版	制定	主编
5	行业标准	NB/T 10100—2018	Code for Engineering Geological Investigation of Photovoltaic Power Projects《光伏发电工程地质勘察规范》(NB/T 10100—2018)英文版	制定	主编

(中国电建集团西北勘测设计研究院有限公司　王丹迪)

技术标准制定、修订情况

2022 年国家标准化管理委员会下达的电力国家标准制修订计划项目

2022 年，国家标准化管理委员会下达的电力国家标准制定或修订计划项目 45 项，见表 1。

表 1　2022 年国家标准化管理委员会下达的电力国家标准制定或修订计划项目表

序号	计划编号	项目名称	制定/修订	代替标准
1	20220339-T-524	火力发电机组快速减负荷控制技术导则	修订	GB/T 31461—2015
2	20220811-T-524	火力发电厂烟气二氧化碳捕集系统能耗测定技术规范	制定	
3	20220812-T-524	基于项目的温室气体减排量评估技术规范 电能替代项目	制定	
4	20220902-T-524	配电网通用技术导则	制定	
5	20220938-T-524	新能源多场站短路比计算导则	制定	
6	20220940-T-524	配电网线损理论计算导则	制定	
7	20220946-T-524	高压直流换流站直流功率远方自动控制（ADC）技术规范	制定	
8	20220949-T-524	六氟化硫（SF_6）气体的现场循环再利用导则	制定	
9	20220956-T-524	智能火电厂技术要求	制定	
10	20220963-T-524	涡轮机油再生与使用导则	制定	
11	20220965-T-524	磷酸酯液压液再生与使用导则	制定	
12	20221252-T-524	继电保护信息规范	制定	
13	20221255-T-524	电力需求响应系统安全防护规范	制定	
14	20221267-T-524	电力自动化通信网络和系统　第 6 部分：与智能电子装置相关的电力自动化系统通信配置描述语言	制定	
15	20221269-T-524	能量管理系统应用程序接口（EMS-API）　第 301 部分：公共信息模型（CIM）基础	制定	
16	20221271-T-524	水电厂发电设备智能巡检技术导则	制定	
17	20221273-T-524	新能源场站及接入系统短路电流计算　第 1 部分：风力发电	制定	
18	20221274-T-524	新能源场站及接入系统短路电流计算　第 3 部分：储能电站	制定	
19	20221275-T-524	塔式太阳能光热发电站主控制系统技术条件	制定	
20	20221277-T-524	新能源场站及接入系统短路电流计算　第 2 部分：光伏发电	制定	

续表

序号	计划编号	项目名称	制定/修订	代替标准
21	20221286-T-524	电动汽车快换电池箱通信协议	修订	GB/T 32895—2016
22	20221288-T-524	电动汽车电池更换站通用技术要求	修订	GB/T 29772—2013
23	20221289-T-524	电动汽车快换电池箱架通用技术要求	修订	GB/T 33341—2016
24	20221290-T-524	电动汽车更换用电池箱连接器通用技术要求	修订	GB/T 32879—2016
25	20221292-T-524	分布式光伏发电系统远程监控技术规范	修订	GB/T 34932—2017
26	20221295-T-524	电力系统安全稳定控制系统检验规范	修订	GB/T 22384—2008
27	20221305-T-524	运行中汽轮机油破乳化度测定法	修订	GB/T 7605—2008
28	20221351-T-524	额定电压 1kV（U_m = 1.2kV）到 35kV（U_m = 40.5kV）铝合金芯挤包绝缘电力电缆　第 1 部分：额定电压 1kV(U_m=1.2kV) 和 3kV(U_m=3.6kV) 电缆	修订	GB/T 31840.1—2015
29	20221353-Z-524	微电网动态控制要求	制定	
30	20221354-T-524	额定电压 1kV(U_m=1.2kV) 到 35kV(U_m=40.5 kV) 铝合金芯挤包绝缘电力电缆　第 2 部分：额定电压 6kV(U_m=7.2kV) 到 30kV(U_m=36kV) 电缆	修订	GB/T 31840.2—2015
31	20221356-T-524	虚拟电厂管理规范	制定	
32	20221360-T-524	额定电压 1kV(U_m=1.2kV) 到 35kV(U_m=40.5 kV) 铝合金芯挤包绝缘电力电缆　第 3 部分：额定电压 35kV(U_m=40kV) 电缆	修订	GB/T 31840.3—2015
33	20221365-T-524	电力需求响应监测与评价导则	修订	GB/T 32127—2015
34	20221366-T-524	虚拟电厂资源配置与评估技术规范	制定	
35	20221406-T-524	电力自动化通信网络和系统　第 7-2 部分：基本信息和通信结构-抽象通信服务接口（ACSI）	制定	
36	20221408-T-524	电力自动化通信网络和系统　第 7-1 部分：基本通信结构—原理和模型	制定	
37	20221622-T-524	光伏电站无人机智能巡检规程	制定	
38	20221623-T-524	风光储联合发电站运行控制技术规范	制定	
39	20221624-T-524	电化学储能电站安全监测信息系统技术规范　第 1 部分：总体要求	制定	
40	20221625-T-524	电力储能用飞轮储能系统技术规范	制定	
41	20221626-T-524	交流 1kV、直流 1.5kV 及以下电压等级带电作业用绝缘手工工具	修订	GB/T 18269—2008
42	20221627-T-524	配电网旁路作业技术导则	修订	GB/T 34577—2017
43	20221628-T-524	电力光传输系统安全防护技术规范	制定	
44	20221629-T-524	火力发电厂分散控制系统验收导则	修订	GB/T 30372—2013
45	20221630-T-524	波浪能发电装置并网技术导则	制定	

（中国电力企业联合会　汪萍　屈江江　李治甫）

2022 年住房和城乡建设部下达的电力工程建设国家标准制修订计划项目

2022 年，住房和城乡建设部下达的电力工程建设国家标准制定或修订计划项目 5 项，见表 1。

表 1　2022 年住房和城乡建设部下达的电力工程建设国家标准制定或修订计划项目表

序号	计划编号	项目名称	制定/修订	代替标准
1	2022-1	城市配电网规划设计规范	修订	GB 50613—2010
2	2022-2	光伏发电工程验收规范	修订	GB/T 50796—2012
3	2022-3	光伏发电工程施工组织设计规范	修订	GB/ T 50795—2012
4	2022-4	水力发电工程地质勘察规范	修订	GB 50287—2016
5	2022-5	核电厂工程气象技术规范	修订	GB/T 50674—2013

（中国电力企业联合会　汪萍　屈江江　李治甫）

2022 年国家标准化管理委员会下达的电力国家标准外文版翻译计划项目

2022 年，国家标准化管理委员会下达的电力国家标准外文版翻译计划项目 33 项，见表 1。

表 1　2022 年国家标准化管理委员会下达的电力国家标准外文版翻译计划项目表

序号	外文名称	标准计划名称	标准计划号
1	Testing code for power converter of electrochemical energy storage system	储能变流器检测技术规程	20214766-T-524
2	Communication technical requirements for electrochemical energy storage battery management	电化学储能电池管理通信技术要求	20214767-T-524
3	Code for Commissioning of Electrochemical Energy Storage Station	电化学储能电站调试规程	20214763-T-524
4	Guide for environmental impact assessment of electrochemical energy storage station	电化学储能电站环境影响评价导则	20214753-T-524
5	Specification of supervision and control system for electrochemical energy storage station	电化学储能电站监控系统技术规范	20214755-T-524
6	Code for maintenance related test of electrochemical energy storage station	电化学储能电站检修试验规程	20214754-T-524
7	Model and parameter test regulation for electrochemical energy storage station	电化学储能电站模型参数测试规程	20214752-T-524
8	Code for start-up and acceptance of electrochemical energy storage power station	电化学储能电站启动验收规程	20214757-T-524
9	Guide for production safety emergency response plan of electrochemical energy storage station	电化学储能电站生产安全应急预案编制导则	20214746-T-524

续表

序号	外文名称	标准计划名称	标准计划号
10	Technical guide for hazard sources identification in electrochemical energy storage station	电化学储能电站危险源辨识技术导则	20214483-T-524
11	Code for emergency exercises of electrochemical energy storage station	电化学储能电站应急演练规程	20214751-T-524
12	Technical guide for black start of electrochemical energy storage	电化学储能黑启动技术导则	20214756-T-524
13	Technical requirement for power conversion system of electrochemical energy storage system	电化学储能系统储能变流器技术要求	20214762-T-524
14	Test code for electrochemical energy storage system connected to power grid	电化学储能系统接入电网测试规程	20214745-T-524
15	Operation and control specification for electrochemical energy storage system interconnecting with power grid	电化学储能系统接入电网运行控制规范	20214761-T-524
16	Specification for operation and control of electrochemical energy storage system interconnecting to distribution network	电化学储能系统接入配电网运行控制规范	20214758-T-524
17	Lithium ion battery for electrical energy storage	电力储能用锂离子电池	20214482-T-524
18	Manufacture supervision guide of Lithium-ion battery for electrical energy storage	电力储能用锂离子电池监造导则	20214480-T-524
19	Decommissionin technical requirements of lithium ion batteries for electrical energy storage	电力储能用锂离子电池退役技术要求	20214481-T-524
20	Lead-carbon battery for electrical energy storage	电力储能用铅炭电池	20214747-T-524
21	General technical requirements for electrochemical energy storage system in power system	电力系统电化学储能系统通用技术条件	20214760-T-524
22	Guide for planning of electrochemical energy storage station configuration in power system	电力系统配置电化学储能电站规划导则	20214764-T-524
23	Technical specification of mobile electrochemical energy storage system	移动式电化学储能系统技术规范	20214743-T-524
24	Specification for integration management of user-side electrochemical energy storage systems	用户侧电化学储能系统并网管理规范	20214748-T-524
25	Technical rules for grid connection of uocr oidc electrochemical energy storage systems	用户侧电化学储能系统接入配电网技术规定	20214750-T-524
26	Technical specification for prefabricated cabin type lithium ion battery energy storage system	预制舱式锂离子电池储能系统技术规范	20214759-T-524
27	Guide for smart electrochemical energy storage station	智能电化学储能电站技术导则	20214749-T-524
28	Specification for acceptance of dam safety monitoring system	大坝安全监测系统验收规范	20214977-T-524
29	Technical requirements for residential hybrid photovoltaic and storage converter	户用光储一体机技术要求	20214974-T-524
30	Technical specification for safety monitoring of earth-rockfill dam	土石坝安全监测技术规范	20214971-T-524

续表

序号	外文名称	标准计划名称	标准计划号
31	Technical guidelines for smart photovoltaic power generation	智能光伏发电技术导则	20214485-T-524
32	Technical Specifications of Energy Consumption Measurement for Flue gas CO_2 Capture System in thermal power plants	火力发电厂烟气二氧化碳捕集系统能耗测定技术规范	20220811-T-524
33	Technical specification at the project level for assessment of greenhouse gas emission reductions—power energy alternative projects	基于项目的温室气体减排量评估技术规范 电能替代项目	20220812-T-524

（中国电力企业联合会　汪萍　屈江江　李治甫）

2022 年国家能源局下达的电力行业标准制修订计划项目

2022 年，国家能源局下达电力行业标准制定或修订计划项目 337 项，其中，水电、新能源及电气等部分（即未含火电、核电、电动汽车）计划项目 260 项，见表 1。

表 1　2022 年国家能源局下达的电力行业标准制定或修订计划项目

序号	计划编号	标准项目名称	代替标准
1	能源 20220655	风力发电场运行规程	DL/T 666—2012
2	能源 20220656	风力发电场安全规程	DL/T 796—2012
3	能源 20220657	风力发电场检修规程	DL/T 797—2012
4	能源 20220658	风电机组故障电压穿越能力测试规程	NB/T 31051—2014、NB/T 31111—2017
5	能源 20220659	风电机组电网适应性测试规程	NB/T 31054—2014
6	能源 20220660	风力发电场调度运行规程	NB/T 31065—2015
7	能源 20220661	风力发电场并网验收规范	NB/T 31076—2016
8	能源 20220662	风力发电场无功配置及电压控制技术规定	NB/T 31099—2016
9	能源 20220668	大坝安全监测自动化系统通信规约	DL/T 324—2010
10	能源 20220669	水工建筑物强震动安全监测技术规范	DL/T 5416—2009
11	能源 20220670	三相智能电能表技术规范	DL/T 1485—2015
12	能源 20220671	单相智能电能表技术规范	DL/T 1487—2015
13	能源 20220672	单相智能电能表型式规范	DL/T 1488—2015
14	能源 20220673	三相智能电能表型式规范	DL/T 1489—2015
15	能源 20220674	智能电能表功能规范	DL/T 1490—2015
16	能源 20220675	智能电能表信息交换安全认证技术规范	DL/T 1491—2015
17	能源 20220676	能源量测监控系统　第 1 部分：总则	DL/T 698.1—2021
18	能源 20220677	能源量测监控系统　第 4—5 部分：通信协议—数据交换协议	DL/T 698.45—2017
19	能源 20220678	交流电能表现场测试仪	DL/T 826—2002
20	能源 20220679	发电厂纯水脱气氢电导率在线测量方法	DL/T 1602—2016

续表

序号	计划编号	标准项目名称	代替标准
21	能源 20220687	发电机励磁系统技术监督规程	DL/T 1049—2007
22	能源 20220688	大型发电机内冷却水质及系统技术要求	DL/T 801—2010
23	能源 20220689	500kV 变压器中性点接地电抗器选用导则	DL/T 1389—2014
24	能源 20220690	油浸式电力变压器局部放电的特高频检测方法	DL/T 1534—2016
25	能源 20220691	解体运输电力变压器现场组装与试验导则	DL/T 1560—2016
26	能源 20220692	海底电力电缆运行规程	DL/T 1278—2013
27	能源 20220693	500kV 及以下海底电力电缆线路验收规范	DL/T 1279—2013
28	能源 20220694	高压并联电容器使用技术条件	DL/T 840—2016
29	能源 20220695	高压并联电容器用阻尼式限流器使用技术条件	DL/T 841—2003
30	能源 20220696	高压静止无功补偿装置　第 1 部分：系统设计	DL/T 1010.1—2006
31	能源 20220697	高压静止无功补偿装置　第 3 部分：控制系统	DL/T 1010.3—2006
32	能源 20220703	钢熔化焊 T 形接头和角接接头焊缝射线照相和质量分级	DL/T 541—2014
33	能源 20220704	34 钢熔化焊 T 形接头超声波检测方法和质量评定	DL/T 542—2014
34	能源 20220706	水电站金属技术监督规程	DL/T 1318—2014
35	能源 20220710	湿式冷却塔试验规程	DL/T 1027—2006
36	能源 20220711	电力系统电磁暂态现场试验导则	DL/T 1041—2007
37	能源 20220712	绝缘液体击穿电压测定法	DL/T 418—1991
38	能源 20220713	冲击电压测量实施细则	DL/T 992—2006
39	能源 20220714	高压直流接地极用煅烧石油焦炭技术条件	DL/T 1679—2016
40	能源 20220715	交流电力系统金属氧化物避雷器用脱离器使用导则	DL/T 1294—2013
41	能源 20220716	串补装置用火花间隙	DL/T 1295—2013
42	能源 20220717	高压绝缘光纤柱	DL/T 1530—2016
43	能源 20220718	20kV 配电网过电压与绝缘配合	DL/T 1531—2016
44	能源 20220719	接地网腐蚀诊断技术导则	DL/T 1532—2016
45	能源 20220720	电力系统雷区分布图绘制方法	DL/T 1533—2016
46	能源 20220721	交流电力系统金属氧化物避雷器使用导则	DL/T 804—2014
47	能源 20220723	高压直流输电系统控制保护整定技术规程	DL/T 277—2012
48	能源 20220726	标称电压高于 1000V 架空线路绝缘子使用导则　第 1 部分：交流系统用瓷或玻璃绝缘子	DL/T 1000.1—2018
49	能源 20220727	标称电压高于 1000V 架空线路绝缘子使用导则　第 2 部分：直流系统用瓷或玻璃绝缘子	DL/T 1000.2—2015
50	能源 20220728	输变电设备外绝缘用硅橡胶辅助伞裙使用导则	DL/T 1469—2015
51	能源 20220729	架空线路复合绝缘子用端部装配件技术规范	DL/T 1579—2016
52	能源 20220730	电网在役支柱瓷绝缘子及瓷套超声波检测	DL/T 303—2014
53	能源 20220731	供电系统供电可靠性评价规程　第 3 部分：低压用户	DL/T 836.3—2016
54	能源 20220732	胶凝颗粒坝堰施工规范	DL/T 5264—2011
55	能源 20220733	水电水利工程覆盖层灌浆技术规范	DL/T 5267—2012
56	能源 20220734	水电水利工程聚脲涂层施工技术规程	DL/T 5317—2014

续表

序号	计划编号	标准项目名称	代替标准
57	能源 20220735	混凝土面板堆石坝挤压边墙混凝土试验规程	DL/T 5422—2009
58	能源 20220736	智能变电站预制光缆技术规范	DL/T 1623—2016
59	能源 20220738	架空输电线路施工机具基本技术要求	DL/T 875—2016
60	能源 20220739	变电站机器人巡检系统通用技术条件	DL/T 1610—2016
61	能源 20220740	电力工程用缓释型离子接地装置技术条件	DL/T 1314—2013
62	能源 20220741	电力工程接地装置用放热焊剂技术条件	DL/T 1315—2013
63	能源 20220742	接地降阻材料技术条件	DL/T 380—2010
64	能源 20220743	智能低压配电箱技术条件	DL/T 1441—2015
65	能源 20220744	配电自动化终端设备检测规程	DL/T 1529—2016
66	能源 20220745	10kV 有载调容调压变压器技术导则	DL/T 1853—2018
67	能源 20220746	配电自动化终端技术规范	DL/T 721—2013
68	能源 20220747	10kV 带电作业用绝缘平台	DL/T 1465—2015
69	能源 20220748	高海拔地区输电线路带电作业技术导则	DL/T 1634—2016
70	能源 20220749	带电作业用工具、装置和设备预防性试验规程	DL/T 976—2017
71	能源 20220750	架空输电线路跳线技术条件	DL/T 1372—2014
72	能源 20220751	均压环、屏蔽环和均压屏蔽环	DL/T 760.3—2012
73	能源 20220752	架空线路杆塔结构荷载试验	DL/T 899—2012
74	能源 20220753	变电设备在线监测系统技术导则	DL/T 1430—2015
75	能源 20220754	变电设备在线监测装置检验规范　第 3 部分：电容型设备及金属氧化物避雷器绝缘在线监测装置	DL/T 1432.3—2016
76	能源 20220755	变电设备在线监测装置技术规范　第 3 部分：电容型设备及金属氧化物避雷器绝缘在线监测装置	DL/T 1498.3—2016
77	能源 20220756	高压交流电缆在线监测系统通用技术规范	DL/T 1506—2016
78	能源 20220757	1000kV 油浸式变压器（电抗器）状态检修技术导则	DL/T 1723—2017
79	能源 20220758	配网设备状态检修试验规程	DL/T 1753—2017
80	能源 20220759	变电站监控系统防止电气误操作技术规范	DL/T 1404—2015
81	能源 20220760	电力系统光传送网（OTN）技术要求	DL/T 1509—2016
82	能源 20220761	电力系统光传送网（OTN）测试规范	DL/T 1510—2016
83	能源 20220762	电力 LTE 无线通信网络安全防护要求	DL/T 1931—2018
84	能源 20220763	电力光纤传感器通用规范	DL/T 1894—2018
85	能源 20220764	六氟化硫处理系统技术规范	DL/T 1353—2014
86	能源 20220765	变压器油中溶解气体组分含量分析用工作标准油的配制	DL/T 1463—2015
87	能源 20220766	电厂用磷酸酯抗燃油运行维护导则	DL/T 571—2014
88	能源 20220767	继电保护设备标准化设计规范	DL/T 317—2010
89	能源 20220768	光纤电流互感器技术规范	DL/T 1789—2017
90	能源 20220769	安全工器具柜技术条件	DL/T 1692—2017
91	能源 20220770	变压器出线端子用绝缘防护罩通用技术条件	DL/T 378—2010
92	能源 20220771	1000kV 油浸式变压器、并联电抗器运行及维护规程	DL/T 1176—2012

续表

序号	计划编号	标准项目名称	代替标准
93	能源 20220772	1000kV 交流电力金具电晕及无线电干扰试验方法	DL/T 1178—2012
94	能源 20220773	1000kV 交流棒形悬式复合绝缘子技术规范	DL/T 1181—2012
95	能源 20220774	1000kV 罐式电压互感器技术规范	DL/T 1186—2012
96	能源 20220775	1000kV 变压器局部放电现场测量技术导则	DL/T 1275—2013
97	能源 20220776	发电厂用 1000kV 升压变压器技术规范	DL/T 1409—2015
98	能源 20220777	分布式电源接入电网监控系统功能规范	NB/T 33012—2014
99	能源 20220778	分布式电源孤岛运行控制规范	NB/T 33013—2014
100	能源 20220779	电力负荷聚合服务商需求响应系统技术规范	DL/T 1759—2017
101	能源 20220780	电力需求响应信息交换规范	DL/T 1867—2018
102	能源 20220781	光伏发电站逆变器故障穿越检测技术规程	NB/T 32005—2013
103	能源 20220782	光伏发电站功率控制能力检测技术规程	NB/T 32007—2013
104	能源 20220783	光伏发电站并网性能评价方法	NB/T 32026—2015
105	能源 20220784	抽水蓄能电站无人值班技术规范	DL/T 1174—2012
106	能源 20220785	抽水蓄能电站生产准备导则	DL/T 1225—2013
107	能源 20220786	电网技术改造工程工程量清单计价规范	DL/T 5767—2018
108	能源 20220787	电网技术改造工程工程量清单计算规范	DL/T 5768—2018
109	能源 20220788	电网检修工程工程量清单计价规范	DL/T 5769—2018
110	能源 20220789	电网检修工程工程量清单计算规范	DL/T 5770—2018
111	能源 20220257	生物质燃料堆放、存储技术导则	
112	能源 20220265	电网设备本体知识图谱技术规程	
113	能源 20220284	漂浮式海上风电基础模型试验及验收规程	
114	能源 20220285	风电机组支撑结构焊接修复技术规范	
115	能源 20220286	风电场设备状态及使用寿命评估技术规范	
116	能源 20220287	风力发电机组机舱机器人巡检技术导则	
117	能源 20220288	海上风电基础结构运行检测与评估技术规程	
118	能源 20220289	台风条件下海上风电场调度运行技术规范	
119	能源 20220298	水电工程卫星导航系统变形监测技术规范	
120	能源 20220299	水电站输水发电系统运行安全评价导则	
121	能源 20220300	电能计量设备用元器件技术规范　第 3 部分：非易失性存储器	
122	能源 20220301	电能计量装置测量不确定度评定方法	
123	能源 20220302	电能计量器具检测用射频模块技术规范	
124	能源 20220303	远程时间频率同步及测量装置技术规范	
125	能源 20220305	水处理用离子交换树脂压碎强度测定方法	
126	能源 20220306	发电厂用尿素和水解系统水质质量检测方法	
127	能源 20220307	氢冷发电机氢气系统运维规程	
128	能源 20220308	发电厂用电机高压变频系统现场试验导则	
129	能源 20220309	消弧线圈成套装置使用技术规范	

续表

序号	计划编号	标准项目名称	代替标准
130	能源 20220311	110kV 及以上油浸式变压器（电抗器）非电量保护运行维护规范	
131	能源 20220312	电缆通道智能井盖技术规范	
132	能源 20220314	配电终端后备电源用超级电容器技术规范	
133	能源 20220319	电能质量评估技术导则 电压暂降与短时中断	
134	能源 20220320	互感器谐波传递特性测试技术规范	
135	能源 20220324	架空输电线路直升机吊运物资施工工艺导则	
136	能源 20220326	电站阀门检修导则　第 9 部分：驱动装置	
137	能源 20220334	金属材料微型试样高温蠕变持久性能试验规程	
138	能源 20220335	金属材料微型试样高温拉伸性能试验规程	
139	能源 20220336	电站金属部件阵列涡流成像检测技术导则	
140	能源 20220342	电力直流电源系统用测试设备通用技术条件　第 9 部分：蓄电池组在线监测系统校验仪	
141	能源 20220343	电力变压器绕组变形扫频阻抗试验装置技术规范	
142	能源 20220344	6kV～66kV 电抗器投切过电压现场测量导则	
143	能源 20220345	变压器铁心接地电流现场测试导则	
144	能源 20220346	油浸式电力变压器（电抗器）现场低频加热试验导则	
145	能源 20220349	输变电工程对埋地油气管道电磁影响防护技术导则	
146	能源 20220351	高压电力用户非介入式负荷感知装置 通用技术条件	
147	能源 20220352	电力用户非介入式负荷感知装置检测系统通用技术条件	
148	能源 20220353	电能表安装接插件技术条件	
149	能源 20220354	2MHz～12MHz 低压电力线高速载波通信系统　第 1 部分：总则	
150	能源 20220355	雷电地闪数据防雷应用技术导则	
151	能源 20220356	±800kV 及以上直流系统过电压与绝缘配合导则	
152	能源 20220360	电力建设工程绿色建造评价规范	
153	能源 20220362	电力建设安全标准化评价导则	
154	能源 20220363	风光储联合发电站继电保护技术规范	
155	能源 20220364	光储系统接入配电网继电保护技术要求	
156	能源 20220365	继电保护装置状态评价导则	
157	能源 20220366	变电站继电保护及安全自动装置洪涝灾害应对技术规范	
158	能源 20220367	电网安全稳定控制系统现场调试规范	
159	能源 20220373	特高压线路绝缘子运行维护技术导则	
160	能源 20220374	配电线路复合绝缘横担使用导则	
161	能源 20220375	复合绝缘子红外测温技术导则	
162	能源 20220377	海上高压直流气体绝缘金属封闭输电设备技术规范	
163	能源 20220378	燃气—蒸汽联合循环机组自动启停控制系统技术导则	
164	能源 20220382	水电水利工程水泥基渗透结晶型防水涂料施工技术规范	
165	能源 20220383	水电站设备对象信息模型构建导则	

续表

序号	计划编号	标准项目名称	代替标准
166	能源 20220384	水情遥测数据通信规约	
167	能源 20220385	水轮发电机组励磁系统试验装置技术条件	
168	能源 20220386	水轮发电机组励磁调节器仿真装置技术条件	
169	能源 20220387	水电站水轮发电机组主要结构部件及重要螺栓检修技术导则	
170	能源 20220388	反击式水轮机状态评价技术导则	
171	能源 20220389	电力建设工程安全生产标准化实施规范	
172	能源 20220390	电力建设施工企业安全生产标准化实施规范	
173	能源 20220391	电力勘测设计企业安全生产标准化实施规范	
174	能源 20220393	港口岸电站级系统与集中式岸电设施通信协议	
175	能源 20220394	港口岸电网联模块与分散式岸电设施通信协议	
176	能源 20220398	光伏组件用机器人技术规范　第 1 部分：干式清扫机器人	
177	能源 20220399	水电站用机器人技术规范　第 1 部分：水下检测机器人	
178	能源 20220400	输变电设施防汛风险评估导则	
179	能源 20220401	输电线路及变电站防汛应急处置技术导则	
180	能源 20220402	电网设备智能巡检术语	
181	能源 20220403	电网设备卫星巡检数据处理技术规范	
182	能源 20220404	变电站智能巡检导则　第 2 部分：变电站智能巡检任务及航线规划	
183	能源 20220405	变电站智能巡检导则　第 4 部分：变电站智能巡检终端应用导则	
184	能源 20220406	变电站无人机巡检系统	
185	能源 20220407	远程智能巡视集中监控系统技术规范	
186	能源 20220408	变电站智能巡检系统技术规范　第 2 部分 巡检支持系统应用导则	
187	能源 20220409	配电自动化终端检测平台技术规范	
188	能源 20220410	中压柔性互联系统接入配电网技术规范	
189	能源 20220411	燃气分布式能源站燃气增压机系统技术规范	
190	能源 20220412	综合能源服务能效诊断服务规范	
191	能源 20220413	配电带电作业用移动式绝缘脚手架	
192	能源 20220414	带电作业用绝缘蜈蚣梯	
193	能源 20220415	绝缘子用常温固化硅橡胶防污闪涂料带电喷涂作业导则	
194	能源 20220416	输电线路自动进出等电位作业技术导则	
195	能源 20220418	压缩空气储能电站工程地质勘察规范	
196	能源 20220419	压缩空气储能电站地下高压储气库设计规范	
197	能源 20220420	储能电站环境保护技术监督规程	
198	能源 20220421	储能电站化学技术监督规程	
199	能源 20220422	氢储能电站储氢系统运行规程	
200	能源 20220423	架空配电线路用快装线夹技术规范	
201	能源 20220424	架空输电线路防舞用双摆防舞器和线夹回转式间隔棒技术条件	

续表

序号	计划编号	标准项目名称	代替标准
202	能源 20220425	变电设备在线监测装置现场测试导则　第 4 部分：气体绝缘金属封闭开关设备特高频局部放电在线监测装置	
203	能源 20220426	共箱封闭母线状态检修技术导则	
204	能源 20220427	变电设备在线监测装置技术规范　第 6 部分：红外测温在线监测装置	
205	能源 20220428	变电站集中监控系统技术规范	
206	能源 20220429	电力调度控制云系统技术要求　第 7 部分：测试规程	
207	能源 20220430	电力调度控制云系统技术要求　第 6 部分：安全防护技术要求	
208	能源 20220432	虚拟电厂负荷聚合平台网络安全防护技术规范	
209	能源 20220433	变电站自动化系统及设备检测规范　第 9 部分：宽频测量装置	
210	能源 20220434	数字孪生电网规范　第 2 部分：孪生模型	
211	能源 20220435	数字孪生电网规范　第 1 部分：总体架构	
212	能源 20220436	电力需求侧管理通用规范　第 4 部分：信息化指南	
213	能源 20220437	电力需求侧管理通用规范　第 5 部分：评估	
214	能源 20220438	虚拟电厂可调节性能指标设计与计算方法	
215	能源 20220439	水电厂油务技术监督导则	
216	能源 20220440	汽轮机调速系统涉网性能技术要求	
217	能源 20220441	并网发电机组孤网运行技术要求及试验导则	
218	能源 20220442	分布式调相机涉网保护技术要求	
219	能源 20220445	密集输电通道风险校核技术导则	
220	能源 20220446	电力与通信共享杆塔运维技术导则	
221	能源 20220447	密集输电通道安全管理运维保障规程	
222	能源 20220448	太阳能光热发电集热管膨胀系数测试技术规程	
223	能源 20220449	塔式太阳能光热电站集热系统性能试验规程	
224	能源 20220450	电力需求响应系统验收与实施效果评估导则	
225	能源 20220451	农林生物质发电锅炉飞灰可燃物检测技术导则	
226	能源 20220452	生物质发电锅炉技术监督导则	
227	能源 20220462	电力创新成果转化为标准评价指南	
228	能源 20220463	电力标准文献数字化规范	
229	能源 20220464	电力建设工程新技术应用评价规范	
230	能源 20220465	光伏发电站基础检测与维修技术规规程	
231	能源 20220466	分布式光伏并网网络安全防护技术要求	
232	能源 20220467	智能光伏发电站运行维护技术规程	
233	能源 20220468	光伏发电统计技术导则	
234	能源 20220469	水力发电企业安全生产风险分级管控及隐患排查治理体系建设实施导则	
235	能源 20220470	宽范围调节质子交换膜水电解制氢系统性能试验方法	
236	能源 20220471	宽范围调节质子交换膜水电解制氢系统技术规范	

续表

序号	计划编号	标准项目名称	代替标准
237	能源 20220472	抽水蓄能电站服务电力系统运行评价导则	
238	能源 20220473	抽水蓄能电站技术监督导则	
239	能源 20220474	电力系统碳排放时序模拟与预评估技术导则	
240	能源 20220475	电力企业绿色采购管理导则	
241	能源 20220476	垃圾发电厂烟气净化系统性能试验导则	
242	能源 20220477	垃圾发电厂渗滤液处理系统维护与检修技术规范	
243	能源 20220478	电力区块链　绿电交易　第 4 部分：接口规范	
244	能源 20220479	电力区块链　绿电交易　第 3 部分：功能规范	
245	能源 20220480	电力区块链　绿电交易　第 2 部分：流程规范	
246	能源 20220481	电力区块链　绿电交易　第 1 部分：通用要求	
247	能源 20220482	电力设备大气辐射试验方法　第 1 部分：集成电路中子单粒子效应	
248	能源 20220483	电力集成电路电磁兼容试验方法	
249	能源 20220484	碳化硅外延层载流子复合寿命的测试方法	
250	能源 20220485	柔性直流输电用大功率 IGBT 器件试验规范	
251	能源 20220486	电力领域知识图谱应用指南	
252	能源 20220487	柔性低压直流互联装置技术规范	
253	能源 20220488	电力工程基础地理信息数据库建设规范	
254	能源 20220489	绿电统计技术导则	
255	能源 20220490	电力科学技术研究项目知识产权管理指南	
256	能源 20220491	电力物联网网络层安全防护技术规范	
257	能源 20220492	电力物联网感知层技术导则	
258	能源 20220493	电力物联网边端通信技术要求	
259	能源 20220494	电力 5G 安全技术要求	
260	能源 20220495	电力北斗授时定位模组技术规范	

（中国电力企业联合会　汪萍　屈江江　李治甫）

2022 年国家能源局下达的电力行业标准外文版翻译计划项目

2022 年，国家能源局下达的电力行业标准外文版翻译计划项目 25 项，见表 1。

表 1　2022 年国家能源局下达的电力行业标准外文版翻译计划项目

序号	标准项目名称（外文）	标准项目名称（中文）	标准编号
1	Test methods of fuel in thermal power plants Part 2: Sampling methods and preparation for pulverized coal as fired	火力发电厂燃料试验方法　第 2 部分：入炉煤粉样品的采取和制备方法	DL/T 567.2—2018

续表

序号	标准项目名称（外文）	标准项目名称（中文）	标准编号
2	Test methods of fuel in thermal power plants Part 3：Sampling and preparation for fly ash and bottom ash	火力发电厂燃料试验方法　第3部分：飞灰和炉渣样品的采取和制备	DL/T 567.3—2016
3	Installation code of heat shrinkable accessories for power cables for rated voltages up to 35kV（U_m=40.5kV）	额定电压35kV（U_m=40.5kV）及以下热缩式电缆附件安装规程	DL/T 5757—2017
4	Guide for bursting energy test of power capacitor shell	电力电容器外壳耐受爆破能量试验导则	DL/T 1774—2017
5	Bypass valve selection guideline for power station turbine	电站汽轮机旁路阀选型导则	DL/T 2124—2020
6	Testing method of cold aero-dynamic field test for coal-fired boilers	燃煤锅炉冷态空气动力场试验方法	DL/T 2167—2020
7	Guide for turn-to-turn overvoltage test of air-core reactors on site	干式空心电抗器匝间过电压现场试验导则	DL/T 1808—2018
8	Guideline of self arc-extinguishing parallel gap used for lighting protection of AC overhead lines	交流架空线路防雷用自灭弧并联间隙选用导则	DL/T 2110—2020
9	Guide for operating flue gas limestone/lime-gypsum desulphurization in thermal power plants	火电厂石灰石/石灰—石膏湿法烟气脱硫系统运行导则	DL/T 1149—2019
10	Guide to maintenance of limestone/lime-gypsum wet flue gas desulphurization system in thermal power plants	火电厂石灰石/石灰—石膏湿法烟气脱硫系统检修导则	DL/T 341—2019
11	Code for centralized control of cascade hydro power plants	流域梯级水电站集中控制规程	DL/T 1313—2013
12	Technical guide for modeling and testing of hydraulic turbine governing system	水轮机调节系统建模及参数实测技术导则	DL/T 1800—2018
13	Specification of reversible pump-turbine governing system test	可逆式水泵水轮机调节系统试验规程	DL/T 1818—2018
14	Specification for equipment of de-excitation and overvoltage protection for generators Part 4：De-excitation capacity calculation	发电机灭磁及转子过电压保护装置技术条件　第4部分：灭磁容量的计算	DL/T 294.4—2019
15	Specification of computer supervision and control system for hydro power plant	水电厂计算机监控系统基本技术条件	DL/T 578—2008
16	Application guide of capacitive type of voltage detectors at low temperature	低温下电容型验电器的使用导则	DL/T 2132—2020
17	Preventive test code for capacitive type of voltage detectors at low temperature	低温下电容型验电器预防性试验规程	DL/T 2133—2020
18	Conductor cars for live working	带电作业用导线飞车	DL/T 636—2017
19	Technical requirements for overhead line helical fittings	架空线路用预绞式金具技术条件	DL/T 763—2013
20	Guide of energized test technology for insulated tubular bus-bar in substation	变电站绝缘管型母线带电检测技术导则	DL/T 2159—2020

续表

序号	标准项目名称（外文）	标准项目名称（中文）	标准编号
21	Technical specification of grounding current on-line monitoringsystem for high voltage power cables	高压电缆接地电流在线监测系统技术规范	DL/T 2270—2021
22	Technical specification of partial discharge on-line monitoringsystem for high voltage power cables	高压电缆局部放电在线监测系统技术规范	DL/T 2271—2021
23	Guide for acceptance，usage and maintenance of vacuum purifier	真空净油机验收及使用维护导则	DL/T 521—2018
24	General technical specification for opertional monitoring system oninsulated tubular bus-bar	绝缘管型母线运行监测系统通用技术条件	DL/T 1956—2018
25	General technical specification for on-line monitoring system on high voltage AC power cables	高压交流电缆在线监测系统通用技术规范	立项中

（中国电力企业联合会　汪萍　屈江江　李治甫）

2022 年由水电水利规划设计总院归口管理的技术标准制修订计划项目

2022 年，由水电水利规划设计总院归口管理的技术标准制修订计划项目共 71 项，详细情况见表 1。

表 1　　2022 年由水电水利规划设计总院归口管理的技术标准制修订计划项目表

序号	项目编号	标准项目名称	制定或修订	代替标准	主要起草单位
1	能源 20220222	水电工程运行期地质灾害勘察与风险评价规程	制定		水电水利规划设计总院、中国长江三峡集团有限公司、中国电建集团昆明勘测设计研究院有限公司、中国电建集团中南勘测设计研究院有限公司
2	能源 20220223	水电工程机载激光雷达地质灾害遥感解译技术规程	制定		中国电建集团西北勘测设计研究院有限公司、成都理工大学等
3	能源 20220224	水电工程储能泵站工程地质勘察规范	制定		中国电建集团西北勘测设计研究院有限公司、水电水利规划设计总院等
4	能源 20220225	水电工程断层活动性勘察规程	制定		水电水利规划设计总院、中国地震局等
5	能源 20220226	水电站大坝隐患治理工程地质勘察规程	制定		中国电建集团华东勘测设计研究院有限公司、浙江华东建设工程有限公司、中国电建集团贵阳勘测设计研究院有限公司等
6	能源 20220227	水电站防水淹厂房设计规范	制定		水电水利规划设计总院、中国电建集团华东勘测设计研究院有限公司等
7	能源 20220228	水电工程深埋隧洞技术规范	制定		中国电建华东勘测设计研究院有限公司、水电水利规划设计总院、中国科学院武汉岩土所等

续表

序号	项目编号	标准项目名称	制定或修订	代替标准	主要起草单位
8	能源 20220229	胶结砂砾石坝设计规范	制定		中国电建集团华东勘测设计研究院有限公司、中国水利水电科学研究院等
9	能源 20220230	水电工程沥青测试仪器设备校验规程	制定		中国水利水电科学研究院、西安理工大学、中国电建集团北京勘测设计研究院有限公司、北京中水科海利工程技术有限公司等
10	能源 20220231	水电工程储能泵站设计规范	制定		中国电建集团西北勘测设计研究院有限公司等
11	能源 20220232	水电工程退役评估导则	制定		中国电建集团贵阳勘测设计研究院有限公司、水电水利规划设计总院、中国长江三峡集团有限公司、三峡大学等
12	能源 20220233	水电工程绿色建造导则	制定		中国电建集团华东勘测设计研究院有限公司、水电水利规划设计总院、中国电建中南勘测设计研究院有限公司、中国华能集团有限公司等
13	能源 20220234	抽水蓄能电站施工组织设计规范	制定		水电水利规划设计总院，中国电建集团北京、华东、中南、西北、贵阳、成都、昆明勘测设计研究院有限公司等
14	能源 20220235	水电工程项目建设工期定额	制定		水电水利规划设计总院、中国电建集团北京勘测设计研究院有限公司、中国电建集团中南勘测设计研究院有限公司、中国水利水电第八工程局有限公司等
15	能源 20220236	水电工程建设征地移民安置实施补偿费用技术导则	制定		水电水利规划设计总院、中国电建集团华东勘测设计研究院有限公司等
16	能源 20220237	抽水蓄能电站建设征地移民安置规划设计规范	制定		水电水利规划设计总院、中国电建集团华东勘测设计研究院有限公司、中国电建集团中南勘测设计研究院有限公司等
17	能源 20220238	水电工程退役环境影响评估技术导则	制定		水电水利规划设计总院、生态环境部环境工程评估中心等
18	能源 20220239	抽水蓄能电站环境影响评价技术规范	制定		水电水利规划设计总院、中国电建集团中南勘测设计研究院有限公司、中国电建集团华东勘测设计研究院有限公司等
19	能源 20220240	抽水蓄能电站水土保持技术规范	制定		水电水利规划设计总院、中国电建集团中南勘测设计研究院有限公司、中国电建集团华东勘测设计研究院有限公司等
20	能源 20220241	水电工程砂石系统废水处理设备基本技术条件	制定		中国电建集团北京勘测设计研究院有限公司、水电水利规划设计总院等

续表

序号	项目编号	标准项目名称	制定或修订	代替标准	主要起草单位
21	能源 20220242	水电工程表土资源保护与利用技术规范	制定		中国电建集团成都勘测设计研究院有限公司、中国电建集团西北勘测设计研究院有限公司等
22	能源 20220243	水电工程分层取水措施效果评估技术规程	制定		水电水利规划设计总院、中国电建集团贵阳勘测设计研究院有限公司、中国电建集团华东勘测设计研究院有限公司等
23	能源 20220244	抽水蓄能电站交流励磁变速机组工程设计技术导则	制定		中国电建集团北京勘测设计研究院有限公司，水电水利规划设计总院，中国电建集团华东、中南、西北院等
24	能源 20220245	水力发电厂电气设备机械钥匙闭锁系统设计导则	制定		中国电建集团中南勘测设计研究院有限公司、水电水利规划设计总院、中国电建集团北京勘测设计研究院有限公司
25	能源 20220246	水力发电厂逆变应急电源系统设计导则	制定		中国电建集团中南勘测设计研究院有限公司、水电水利规划设计总院、中国电建集团北京勘测设计研究院有限公司
26	能源 20220247	水电站水力过渡过程现场试验预测及反演计算分析导则	制定		中国电建集团华东勘测设计研究院有限公司
27	能源 20220248	水电工程电站厂房桥式起重机在线监测技术规范	制定		国能大渡河流域水电开发有限公司、成都众柴科技有限公司、中国电建集团成都勘测设计研究院有限公司、中国水利水电第七工程局有限公司
28	能源 20220249	大中型混流式水泵水轮机选用技术导则	制定		中国电建集团北京勘测设计研究院有限公司、中国电建集团华东勘测设计研究院有限公司、水电水利规划设计总院、国网新源控股有限公司等
29	能源 20220250	水电站机组进水阀水操作系统设计导则	制定		南方电网调峰调频发电有限公司工程建设管理分公司、东方电气自动控制工程有限公司、国网新源控股有限公司、广东省水利电力勘测设计研究院有限公司等
30	能源 20220251	水电工程金属结构有限元数值分析导则	制定		中电建集团西北勘测设计研究院有限公司、西北农林科技大学、中国电建华东勘测设计研究院有限公司、河海大学、水利部南京水利科学研究院
31	能源 20220252	海上光伏发电系统设计规范	制定		福建永福电力设计股份有限公司、中国三峡新能源有限公司、上海勘测设计研究院有限公司等
32	能源 20220253	漂浮式光伏支撑系统技术规程	制定		中国电建西北勘测设计研究院有限公司等

续表

序号	项目编号	标准项目名称	制定或修订	代替标准	主要起草单位
33	能源 20220254	索结构光伏支架技术规程	制定		中国电建西北勘测设计研究院有限公司等
34	能源 20220255	光伏与熔盐储能一体化发电工程设计导则	制定		中国电建集团中南勘测设计研究院有限公司等
35	能源 20220256	光伏发电工程质量管理规程	制定		水电水利规划设计总院、可再生能源发电工程质量监督站等
36	能源 20220258	农林生物质发电工程劳动安全与职业卫生设计规范	制定		中国电建集团河北省电力勘测设计研究院有限公司等
37	能源 20220259	生物质发电工程质量管理规程	制定		水电水利规划设计总院可再生能源发电工程质量监督站、光大环保（中国）有限公司、深圳市能源环保有限公司、广州环投永兴集团有限公司、山东省工业设备安装集团有限公司等
38	能源 20220260	可再生能源电力制氢规划报告编制规程	制定		水电水利规划设计总院，中国电建集团西北勘测设计研究院有限公司、中国电建集团吉林省电力勘测设计研究院有限公司等
39	能源 20220261	水电工程安全设施及应急专项投资编制细则	制定		水电水利规划设计总院、中国电建集团中南勘测设计研究院有限公司、中国电建集团西北勘测设计研究院有限公司、中国水利水电建设工程咨询有限公司等
40	能源 20220262	水电工程设计工程量计算规定	制定		水电水利规划设计总院、中国电建集团西北勘测设计研究院有限公司、中国电建集团华东勘测设计研究院有限公司、上海勘测设计研究院有限公司等
41	能源 20220275	风电场工程竣工决算编制导则	制定		水电水利规划设计总院、中国电建集团华东勘测设计研究院有限公司、中国电建集团昆明院勘测设计研究院有限公司等
42	能源 20220276	海上风电场工程海洋水文评估技术规范	制定		中国电建集团华东勘测设计研究院有限公司、国家电投集团风电产业创新中心、浙江华东测绘与工程安全技术有限公司、大连理工大学、上海勘测设计研究院有限公司等
43	能源 20220277	风电场工程水土保持设计规范	制定		中国电建集团北京勘测设计研究院有限公司、中国电建集团昆明院勘测设计研究院有限公司、中国电建集团贵阳院勘测设计研究院有限公司、中国电建集团西北院勘测设计研究院有限公司等

续表

序号	项目编号	标准项目名称	制定或修订	代替标准	主要起草单位
44	能源 20220278	海上风电场工程吸力桩基础勘探技术规程	制定		福建永福电力设计股份有限公司、上海勘测设计研究院有限公司等
45	能源 20220279	陆上风电场改造拆除与循环利用设计导则	制定		水电水利规划设计总院、中国电建集团中南勘测设计研究院有限公司、中国电建集团西北院勘测设计研究院有限公司、中国电建集团北京勘测设计研究院有限公司等
46	能源 20220280	风电场工程海上升压变电站施工规范	制定		华电重工股份有限公司、烟台中集来福士海洋工程有限公司、中国能源建设集团江苏省电力建设第一工程有限公司、中国电建集团华东勘测设计研究院有限公司等
47	能源 20220281	海上风电场工程施工平台船作业规程	制定		中交第三航务工程局有限公司等
48	能源 20220282	风电场工程施工质量检验与评定规程	制定		水电水利规划设计总院、中国电建集团华东勘测设计研究院有限公司、中国电建集团贵阳勘测设计研究院有限公司等
49	能源 20220283	海上风电场工程基础钢结构制造安装规范	制定		福建永福电力设计股份有限公司、中国长江三峡集团有限公司、上海勘测设计研究院有限公司、福建省马尾造船股份有限公司等
50	能源 20220653	海上风电场工程风电机组基础设计规范	修订	NB/T 10105—2018	水电水利规划设计总院、中国电建集团华东勘测设计研究院有限公司、中国电建集团西北院勘测设计研究院有限公司、上海勘测设计研究院有限公司等
51	能源 20220654	风电场工程海上升压变电站设计规范	修订	NB/T 31115—2017	中国电建集团华东勘测设计研究院有限公司、中国能源建设集团广东省电力设计院有限公司、中国广核新能源控股有限公司
52	能源 20220791	水电工程地质勘察水质分析规程	修订	NB/T 35052—2015	中国电建集团华东勘测设计研究院有限公司等
53	能源 20220792	水电工程勘探验收规程	修订	NB/T 35028—2014	中国电建集团昆明勘测设计研究院有限公司等
54	能源 20220793	水闸设计规范	修订	NB/T 35023—2014	中国电建集团成都勘测设计研究院有限公司等
55	能源 20220794	水电站压力钢管设计规范	修订	NB/T 35056—2015	中国电建集团西北勘测设计研究院有限公司等
56	能源 20220795	水工建筑物抗冰冻设计规范	修订	NB/T 35024—2014	中电建集团西北勘测设计研究院有限公司等

续表

序号	项目编号	标准项目名称	制定或修订	代替标准	主要起草单位
57	能源 20220796	堆石混凝土坝设计规范	修订	NB/T 10077—2018	中国电建集团华东勘测设计研究院有限公司、清华大学等
58	能源 20220797	水电工程劳动安全与工业卫生设计规范	修订	NB 35074—2015	水电水利规划设计总院、中国电建集团西北勘测设计研究院有限公司等
59	能源 20220798	水电工程防震抗震设计规范	修订	NB 35057—2015	水电水利规划设计总院等
60	能源 20220799	土石筑坝材料碾压试验规程	修订	NB/T 35016—2013	中国电建集团中南勘测设计研究院有限公司等
61	能源 20220800	抽水蓄能电站选点规划编制规范	修订	NB/T 35009—2013	中国电建集团华东勘测设计研究院有限公司、水电水利规划设计总院
62	能源 20220801	水电工程建设征地移民安置综合监理规范	修订	NB/T 35038—2014	水电水利规划设计总院，中国电建集团北京勘测设计研究院有限公司
63	能源 20220802	水电工程鱼道设计规范	修订	NB/T 35054—2015	水电水利规划设计总院、中国电建集团华东勘测设计研究院有限公司
64	能源 20220803	水力发电厂自动化设计技术规范	修订	NB/T 35004—2013	中国电建集团北京勘测设计研究院有限公司、水电水利规划设计总院
65	能源 20220804	水力发电厂供暖通风与空气调节设计规范	修订	NB/T 35040—2014	中国电建集团西北勘测设计研究院有限公司
66	能源 20220805	光伏发电工程概算定额	修订	NB/T 32035—2016	水电水利规划设计总院、中国电建集团西北勘测设计研究院有限公司等
67	能源 20220806	光伏发电工程设计概算编制规定及费用标准	修订	NB/T 32027—2016	水电水利规划设计总院、中国电建集团西北勘测设计研究院有限公司
68	能源 20220807	水电工程投资估算编制规定	修订	NB/T 35034—2014	水电水利规划设计总院（可再生能源定额站）、中国电建集团中南勘测设计研究院有限公司
69	能源 20220808	水电工程投资匡算编制规定	修订	NB/T 35030—2014	水电水利规划设计总院（可再生能源定额站）、中国电建集团中南勘测设计研究院有限公司
70	能源 20220809	水电工程安全监测系统专项投资编制细则	修订	NB/T 35031—2014	水电水利规划设计总院（可再生能源定额站）、中国电建集团贵阳勘测设计研究院有限公司
71	能源 20220810	水电工程环境保护专项投资编制细则	修订	NB/T 35033—2014	水电水利规划设计总院（可再生能源定额站）、中国电建集团北京勘测设计研究院有限公司

（水电水利规划设计总院　岳蕾）

2022 年由水电水利规划设计总院归口管理的技术标准送审稿审查项目情况

2022 年，水电水利规划设计总院组织标委会委员和有关专家对《混凝土重力坝设计规范》等 110 项在编的能源领域行业标准及标准英文版开展了审查工作，同时，根据审查会意见和建议，组织编制单位对标准做进一步修改完善，形成报批稿，并及时上报国家能源局批准发布实施。水电水利规划设计总院 2022 年标准送审稿审查项目情况，见表 1。

表 1 水电水利规划设计总院 2022 年标准送审稿审查项目表

序号	项目编号	项目名称	备注
1	能源 20180379	水电工程后评价技术导则	
2	能源 20180370	水电工程水文测验及资料整编规范	
3	能源 20180918	水电工程水情自动测报系统更新改造技术导则	
4	能源 20180372	水电工程水情自动测报系统技术规范	
5	能源 20170903	水电工程鱼类增殖放流效果评估技术规程	
6	能源 20190371	水电工程水土保持监测实施方案编制规程	
7	能源 20200245	水电工程执行概算编制导则	
8	能源 20200244	水电工程完工总结算报告编制导则	
9	能源 20210416	水电工程金属结构制图标准	
10	能源 20170895	水电工程通航建筑物设计规范	
11	能源 20200247	胶凝砂砾石围堰设计规范	
12	能源 20170863	水力发电工程 CAD 制图技术规定	
13	能源 20170906	国有资产投资境外水电工程建设用地移民安置设计技术导则	
14	能源 20180377	水电站桥式起重机基本技术条件	
15	能源 20190382	水轮机模型验收试验规程	
16	能源 20190363	水下自护混凝土技术导则	
17	能源 20170887	水电工程钢闸门技术条件	
18	能源 20180366	水电工程安全标识	
19	能源 20180392	混凝土重力坝设计规范	
20	能源 20180369	水电工程招标设计报告编制规程	
21	能源 20170873	水电工程水土保持监理规范	
22	能源 20170880	水电工程制图标准　第 7 部分：水土保持	
23	能源 20190387	卧式液压启闭机（液压缸）系列参数	
24	能源 20190386	QPG 型高扬程启闭机系列参数	
25	能源 20180742	风光水火储多能互补项目规划报告编制规程	
26	能源 20190891	海上风电场工程建构筑物荷载规范	
27	能源 20190889	海上风电场工程结构安全监测建设规范	
28	能源 20180400	水电工程隐患判定标准	
29	能源 20170894	水工挡土墙设计规范	
30	能源 20180391	水电工程岩土试验仪器设备校验规程	
31	能源 20190894	海上风电场工程基础防撞设施技术规程	

续表

序号	项目编号	项目名称	备注
32	能源 20190895	海上风电场工程嵌岩桩基设计规程	
33	能源 20190887	风电信息管理数据质量评估及治理技术规范	
34	能源 20180405	生物天然气工程等级划分及设计安全标准	
35	能源 20190396	生物天然气项目规划报告编制规程	
36	能源 20190346	砌石坝设计规范	
37	能源 20180388	水电工程档案信息化导则	
38	能源 20150560	水电工程设计信息模型分类与编码规程	
39	能源 20170874	水电工程制图标准　第 1 部分：基础制图	
40	能源 20170875	水电工程制图标准　第 2 部分：水工建筑	
41	能源 20180398	水电工程水力机械抗泥沙磨蚀技术导则	
42	能源 20180399	水电站工程安全防护保护管理规定	
43	能源 20190365	水电工程退役水库处理导则	
44	能源 20210409	抽水蓄能电站投资编制细则	
45	能源 20190893	海上风电场工程风电机组复合筒型基础技术规范	
46	能源 20200313	海上风电场工程光电复合海底电缆在线监测系统设计规范	
47	能源 20170919	生物天然气工程设计导则	
48	能源 20170866	水电工程信息分类与编码　第 3 部分：勘察	
49	能源 20170913	水电工程信息分类与编码　第 8 部分：建设征地移民安置	
50	能源 20170877	水电站引水渠道及前池设计规范	
51	能源 20180382	水电工程铁磁性钢丝绳在线监测技术规程	
52	能源 20180395	水电工程设计概算编制规定	
53	能源 20180396	水电工程费用构成及概（估）算费用标准	
54	能源 20170886	水电工程应急设施设计规范	
55	能源 20170874	水电工程制图标准　第 1 部分：基础制图	
56	能源 20150566	水电工程泄洪雾化分级标准与分区防护设计规程	
57	能源 20220228	水电工程深埋隧洞技术规范	
58	能源 20200567	河流水电规划编制规范	
59	能源 20190376	梯级水库泥沙调度设计规程	
60	能源 20180917	水电工程气象观测规范	
61	能源 20210407	水电工程专用水文测站技术规范	
62	能源 20170876	抽水蓄能电站经济评价规范	
63	能源 20170902	水电工程生态调度效果评估技术规程	
64	能源 20190369	水电工程环境监测技术规范	
65	能源 20190370	水电工程竣工环境保护验收技术规程	
66	能源 20180919	水轮发电机组筒形阀安装、调试规程	
67	能源 20190367	水电工程建设征地移民安置后评价导则	
68	能源 20190888	陆上风电场工程噪声辐射评价导则	

续表

序号	项目编号	项目名称	备注
69	能源 20180397	水电工程对外投资项目造价编制导则	
70	能源 20170879	水电工程金属结构设备报废标准	
71	能源 20180378	水电工程清污机技术条件	
72	能源 20180394	水电工程清污机制造安装及验收规范	
73	投运〔2022〕33 号	绿色砂石项目执行概算导则	
74	投运〔2022〕33 号	绿色砂石建材项目投资可行性研究报告编写规程	
75	投运〔2022〕33 号	绿色砂石建材项目工程可行性研究报告编写规程	
76	投运〔2022〕33 号	绿色砂石建材项目投资估算编制导则	
77	国能综科技〔2016〕876 号	水电工程防震抗震设计规范	英文版
78	国能综通科技〔2018〕100 号	水电工程三维地质建模技术规程	英文版
79	国能综通科技〔2021〕92 号	水电工程环境影响后评价技术规范	英文版
80	国能综通科技〔2020〕106 号	水电工程建设征地实物指标调查规范	英文版
81	国能综通科技〔2020〕106 号	水电工程竣工决算报告编制规定	英文版
82	国能综通科技〔2020〕106 号	水电工程天然建筑材料勘察规程	英文版
83	国能综通科技〔2020〕106 号	大中型水轮机基本技术规范	英文版
84	国能综通科技〔2018〕100 号	水电工程单元工程质量等级评定标准　第 2 部分：金属结构及启闭机安装工程	英文版
85	国能综通科技〔2019〕58 号	水电工程区域构造稳定性勘察规程	英文版
86	国能综通科技〔2020〕106 号	水电工程坑探规程	英文版
87	国能综通科技〔2018〕100 号	陆上风电场工程施工组织设计规范	英文版
88	国能综通科技〔2020〕106 号	水电工程场内交通道路设计规范	英文版
89	国能综通科技〔2020〕106 号	水电工程建设征地处理范围界定规范	英文版
90	国能综通科技〔2020〕106 号	水力发电厂高压电气设备选择及布置设计规范	英文版
91	国能综通科技〔2018〕100 号	光伏发电工程安全验收评价规程	英文版
92	国能综通科技〔2018〕100 号	光伏发电工程安全预评价规程	英文版
93	国能综通科技〔2020〕106 号	光伏发电工程地质勘察规范	英文版
94	国能综通科技〔2020〕106 号	碾压混凝土重力坝设计规范	英文版
95	国能综通科技〔2019〕58 号	水电站地下埋藏式月牙肋钢岔管设计规范	英文版
96	国能综通科技〔2018〕100 号	水电工程弹性波测试技术规程	英文版
97	国能综通科技〔2020〕106 号	水电工程预可行性研究报告编制规程	英文版
98	国能综通科技〔2020〕106 号	水电工程生态制图标准	英文版
99	国能综通科技〔2020〕106 号	陆上风电场工程概算定额	英文版
100	国能综通科技〔2020〕106 号	陆上风电场工程设计概算编制规定及费用标准	英文版
101	国能综通科技〔2019〕58 号	陆上风电场工程施工安装技术规程	英文版
102	国能综通科〔2020〕106 号	碾压混凝土拱坝设计规范	英文版
103	国能综通科技〔2019〕58 号	水电工程三维激光扫描测量规程	英文版
104	国能综通科技〔2021〕92 号	水电工程蓄水环境保护验收技术规程	英文版

续表

序号	项目编号	项目名称	备注
105	国能综通科技〔2020〕106号	水电工程放射性探测技术规程	英文版
106	国能综通科技〔2021〕92号	水电建设项目水土保持技术规范	英文版
107	国能综通科技〔2019〕58号	气体绝缘金属封闭开关设备配电装置设计规范	英文版
108	国能综通科技〔2019〕58号	海上风电场工程岩土试验规程	英文版
109	国能综通科技〔2019〕58号	水电工程陡边坡植被混凝土生态修复技术规范	阿拉伯文版

（水电水利规划设计总院　岳蕾）

《水工混凝土结构设计规范》修编情况

（一）修订的必要性

《水工混凝土结构设计规范》是我国水电行业水工混凝土结构设计的基础性规范，规定了水工混凝土结构设计的基本要求，对提高我国水工混凝土结构设计技术水平、保证水工混凝土结构设计质量起到了重要作用。《水工混凝土结构设计规范》（DL/T 5057—2009）已实施多年，期间，国内外科研设计单位和高校对水工混凝土结构的研究又取得了不少新的研究成果。为了借鉴、吸收国内外近年来成熟的新理论、新技术，结合我国水电工程设计实际情况，对原规范进行修订是十分必要的。

（二）修订的主要过程

1. 修编机构组建　①2016年9月2日，国家能源局印发《关于下达2016年行业标准制（修）订计划的通知》（国能科技〔2016〕238号），对《水工混凝土结构设计规范》（DL/T 5057—2009）启动修订。②2016年10～12月，主编单位在国内主要水电水利设计单位和有关高校对原规范广泛征求各方意见建议，共征集意见建议60条。③2017年1月起，筹建规范修订组、编制规修订工作大纲。修订组主编单位由中国电建集团西北勘测设计研究院有限公司担任，参编单位有河海大学、郑州大学、武汉大学、大连理工大学、西安建筑科技大学。

2. 主要修编过程　①2017年8月30日，水电水利规划设计总院（简称水电总院）在西安主持召开规范修订工作大纲评审会议；并与9月5日，下发大纲评审纪要。②按照大纲工作内容和分工，2018年6月，各专题承担单位相继完成了规范专题研究和规范修订稿初稿。2019年12月，主编单位对修订稿初稿进行了内部讨论，会后就有关问题与参编单位沟通、协商，修改完善修订稿初稿。③2020年9月，编制组全体成员在西安召开会议，对规范征求意见稿进行讨论、修改。2020年11月，水电总院下发征求意见的函（可再生标准〔2021〕319号），在国内主要水电水利设计单位和有关高校对规范修订稿广泛征求意见和建议。中国电建集团北京院、成都院、中南院、昆明院及长江委长江设计院提出了宝贵的意见和建议。经归纳整理，共征集意见建议120条。编制组逐一进行了认真研究和答复。④2021年6月，水电总院主持召开规范审查讨论会，提出了审查讨论会会议纪要。2021年11月，水电总院主持召开规范审查会。审查会议认为规范送审稿在广泛调研，认真总结近年来水电工程混凝土结构设计、施工、运行管理经验的基础上，广泛征求各方意见，经中外规范对比、专题研究、试验验证、试设计、深入讨论、修改完善而形成，充分反映了水电工程混凝土结构设计的先进理念和技术方向，达到了国际先进水平。⑤2021年12月，编制组根据审查会提出的意见和建议，对规范进行集中修改，完成规范报批稿。

（三）主要修订成果及创新点

1. 增加内容部分　①增加了普通钢筋的极限强度标准值、预应力筋的屈服强度或条件屈服强度标准值、预应力混凝土用中强度钢丝、普通钢筋及预应力筋最大力总延伸率要求。②增加了“附录H任意截面、圆形及环形截面构件正截面承载力计算”一章。③增加了素混凝土矩形截面构件受剪承载力计算规定。④增加了截面尺寸较大的大偏心受拉构件按承载力计算得出的配筋率小于最小配筋率时的配筋量处理方法。⑤增加了“装配式混凝土结构”和“箱涵”等结构构件的技术规定。⑥增加了立柱独立牛腿箍筋的水平间距规定；增加了截面尺寸较大的独立牛腿、连续牛腿按承载力计算得出的配筋率小于最小配筋率时受拉钢筋及水平箍筋的配筋量计算方法。⑦增加了平面闸门门槽受剪承载力计算方法。⑧增加了框架结构构件抗震设计中对框架柱截面尺寸的限制条件；增加了考虑地震作用组合的矩形截面框架柱受剪截面规定、斜截面受剪承载力计算公式。

2. 修订内容部分　①修订了作用的分项系数：永久作用的分项系数 γ_G 由 1.05 提高为 1.10，一般可变作用的分项系数 γ_{Q1} 由 1.20 提高为 1.30，可控制的可变作用的分项系数 γ_{Q2} 由 1.10 提高为 1.20。②修订了钢筋混凝土构件斜截面受剪承载力计算公式。③修订了矩形、T形、I形截面钢筋混凝土受拉、受弯和偏心受压构件，按标准组合并考虑长期作用影响的最大裂缝宽度计算公式。④修订了弧形闸门预应力混凝土闸墩预应力锚束锚固位置点至弧门推力作用点距离的计算公式。⑤修订了框架结构构件抗震设计中框架梁端剪力增大系数、框架柱剪力增大系数。⑥修订了混凝土环境类别条件及最低强度等级、钢筋保护层厚度等耐久性措施的技术要求。⑦修订了受压构件采用 HRB 400、RRB 400 和 HRB 500 级钢筋时全部纵向钢筋的最小配筋率要求；修改了截面尺寸较大的受弯、受压构件按承载力计算得出的配筋率小于最小配筋率时的配筋量处理方法。

3. 删除内容部分　①删除了强度等级为 C10 和 C15 的混凝土；②删除了 HPB235、HRB335 级钢筋和不常使用的预应力钢筋。

（中国电建集团西北勘测设计研究院有限公司
王卫国）

《水力发电厂火灾自动报警系统设计规范》修编情况

（一）任务来源或研究背景

《水力发电厂火灾自动报警系统设计规范》（DL/T 5412—2009）（简称原规范）于 2009 年 7 月 22 日发布，2009 年 12 月 1 日实施。根据《国家能源局关于下达 2016 年行业标准制（修）订计划的通知（国能科技〔2016〕238 号）》要求，中国电建集团西北勘测设计研究院有限公司、水电水利规划设计总院作为主编单位，承担原规范的修订工作。

原规范自执行以来，在水电厂火灾自动报警系统等方面发挥了重要作用，规范指导了苏洼龙水电站、易县抽水蓄能电站、芝瑞抽水蓄能电站、岗托水电站、波罗水电站、羊曲水电站、玛尔挡水电站等多座电站火灾自动报警系统的设计工作。辅助指导了国内外多座大中型水电站的竣工专项验收工作。同时在规范实施过程中也积累了大量工程实际经验。近年来随着我国各行业对消防安全工作重视程度不断提高，在对以往火灾事故教训及工程实践经验进行认真总结的基础上，相继对部分国标及行业标准进行了修订，并明确规定了强制性条文。为保证与国标统一，适应当今水电工程技术水平快速发展的现状，原规范需进行修订。

原规范对火灾自动报警系统主要术语、系统保护对象分级、报警和探测区域的划分、系统设计的要求、消防控制设备组成及功能、火灾探测器的选择和设置、手动火灾报警按钮设置的要求等提出了明确规定。随着水力发电厂工程建设及自动化水平的不断提高，在实现“无人值班”（少人值守）运行方式的实施过程中，水电厂火灾自动报警系统对水电厂安全运行提供了必要的保证，重要地位日益凸显。适时对原规范内容进行补充和完善是必要的，同时部分国家标准也进行了修编，为原规范的修编工作提供了保证。

为了指导设计人员的设计选型、规范用户的使用管理，结合设计、监理、施工、产品制造、消防监督等各有关单位的意见和已运行工程实践经验，对原规范涉及内容进行了完善和补充，以确保水电厂火灾自动报警系统设计的合规性、准确性、合理性。

（二）成果的主要技术创新点

修编工作依据国家标准规范及近 10 年水电行业火灾自动报警系统的发展经验，对原规范进行了较大篇幅的修编。首先对章节顺序及包含内容进行了调整，更符合火灾自动报警系统设计顺序流程，更便于设计人员查阅执行。①新增了“消防联动控制”章节，明确细化了水喷雾灭火系统、消防水泵系统、气体灭火、泡沫灭火系统等的联动控制要求，更便于设计人员在设计过程中参照执行。②新增了电气火灾监控系统的设置原则，弥补了原规范对于电气火灾探测器设置规定方面的空白。③新增了 12m 以上高大空间火警探测器的设置规定，弥补了原规范对于高大空间火警探测器设置规定方面的空白。④针对泗南江水电站“5·29”较大爆燃事故的发生原因，经专家充分讨论在规范中增加可燃气体探测器的设置原则，弥补了原规范对于可燃气体探测器设置规定方面的空白，避免该类型事故的再次发生。

（三）新标准发布实施

新修订的《水力发电厂火灾自动报警系统设计规范》（NB/T 10881—2021）于 2021 年 12 月 22 日获得国家能源局批准，替代 DL/T 5412—2009，并于 2022 年 6 月 22 日正式实施。新规范明确了根据水电厂规模、厂房结构、各型设备配置等特点，来确定水电厂火灾自动报警系统形式、探测器类型、联动控制要求等。严格执行新规范可以确保设计方案完整、合理、合规；火灾自动报警系统实施后在电站运行过程中能切实起到预警、报警等功能，有效防范火灾隐患，避免、减小电站损失，为确保电站长期安全稳定运行打下坚实的基础。

NB/T 10881—2021 的及时发布实施有助于水电厂长期、安全、稳定的运行，对实现经济建设与环境保护的协调统一具有现实意义，为“深入推进能源革命，加快规划建设新型能源体系”的国家能源规划目标助力。

（中国电建集团西北勘测设计研究院有限公司
田方）

《土石坝沥青混凝土面板和心墙设计规范》修订情况

（一）编制背景

行业标准DL/T 5411—2009《土石坝沥青混凝土面板和心墙设计规范》（简称规范）发布于2009年7月22日，为我国沥青混凝土面板和心墙设计提供了规范依据，为我国沥青混凝土面板和心墙土石坝推广运用和安全建设做出了重要贡献。近年来，沥青混凝土防渗在我国水电工程中应用发展较快，同时，其应用范围向规模更大、运行条件更为复杂的区域扩展。为进一步提高水电工程土石坝沥青混凝土面板和心墙设计水平，使其更符合工程安全、经济合理、技术先进、质量达标的要求，并与国际标准对标接轨，有必要对近年来水电工程土石坝沥青混凝土面板和心墙在试验研究、设计、施工和运行等方面经验、教训进行总结，研究目前规范执行中所发现的问题，并及时吸收先进成熟的工程实践经验及科研成果，不断补充完善。

（二）修订情况

1. 修订依据　根据国家能源局综合司《关于印发2017年能源领域行业标准制（修）订计划及英文版翻译出版计划的通知》（国能综通科技〔2017〕52号）和水电水利规划设计总院（简称水电总院）《关于印发2017年能源领域行业标准制（修）订计划及英文版翻译出版计划会议纪要的函》（水电规科〔2017〕191号），对规范进行修订。

2. 工作过程　①2017年12月，中国电建集团华东勘测设计研究院有限公司组织成立了规范修订编制组，编制完成规范的修订工作大纲。主编单位为中国电建华东院、成都院，参编单位为西安理工大学、中国水利水电科学研究院，及中国电建北京院、贵阳院、昆明院，技术归口单位为能源行业水电勘测设计标准化技术委员会。②2018年5月29日，水电总院组织召开《规范》修订工作大纲评审会，并印发《土石坝沥青混凝土面板和心墙设计规范》修订工作大纲评审会会议纪要的函。③2018年7月10日，编制组发出关于征求《土石坝沥青混凝土面板和心墙设计规范》修订意见的函，向行业各单位征求规范修订意见。④2021年3月，编制组完成规范修订意见收集与处理，编制相关专题研究报告，提出规范修订稿初稿。⑤2021年4月13日，编制组召开规范修订稿初稿讨论会，提出修改意见，并印发《土石坝沥青混凝土面板和心墙设计规范》修订稿初稿讨论会纪要的函。⑥2021年4月26日，编制组完成规范修订征求意见稿，并向水电总院报送《土石坝沥青混凝土面板和心墙设计规范》征求意见稿报告，2021年5月7日，水电总院、可再生能源标准化管理中心下发关于对《土石坝沥青混凝土面板和心墙设计规范》征求意见的函，向行业各单位征求意见。⑦2021年6月，编制组完成意见收集与处理，完成规范修订送审稿讨论稿。⑧2021年6月10～11日，编制组召开送审稿讨论会，提出修改意见，并印发《土石坝沥青混凝土面板和心墙设计规范》修订送审稿讨论会纪要的函。⑨2021年6月25日，编制组完成规范修订送审稿，向水电总院报送《土石坝沥青混凝土面板和心墙设计规范》修订送审稿的报告。⑩2021年9月14～15日，能源行业水电勘测设计标准化技术委员会水工设计分技术委员会组织召开能源行业标准《土石坝沥青混凝土面板和心墙设计规范》送审稿审查会。审查认为：“编制组提交审查的技术文件齐全，编制依据充分，格式规范，逻辑严谨，结构清晰，用词准确，规定明确，与国内相关标准相协调，具有可操作性，符合《工程建设标准编写规定》。规范充分反映了国内外土石坝沥青混凝土面板和心墙设计的先进理念和技术水平，达到国际先进水平，同意通过审查。”2021年10月11日，水电总院、可再生能源标准化管理中心下发关于印发《土石坝沥青混凝土面板和心墙设计规范》送审稿审查意见的函。⑪根据审查意见，编制组对规范进行了修改完善。2022年1月17日，能源行业水电勘测设计标准化技术委员会水工设计分技术委员会主持召开《土石坝沥青混凝土面板和心墙设计规范》定稿会。⑫2022年3月29日，编制组完成规范报批稿，向水电总院报送《土石坝沥青混凝土面板和心墙设计规范》报批稿报告。⑬2022年4月19日，水电总院、可再生能源标准化管理中心组织召开《土石坝沥青混凝土面板和心墙设计规范》报批稿审定会，对规范报批稿进行了审定。

（三）主要内容

除前言外，规范共有正文11章，附录A、B、C，本规范用词说明，引用标准名录及条文说明。正文11章为总则、术语、沥青混凝土原材料、沥青混凝土的技术要求及配合比、碾压式沥青混凝土面板设计、碾压式沥青混凝土心墙设计、浇筑式沥青混凝土心墙设计、分析与计算、安全监测设计、施工要求、初期蓄水与运行维护。

（中国电建集团华东勘测设计研究院有限公司
郑惠峰　姜忠见　徐建军　张春生）

《水电站防水淹厂房安全检查技术规程》编制情况

由国家能源局大坝安全监察中心、中国电建集团华东勘测设计研究院有限公司等承担编制的《水电站防水淹厂房安全检查技术规程》已由国家能源局批准发布，于2022年6月22日实施。

该规程是根据《国家能源局综合司关于印发2018年能源领域行业标准制（修）订计划及英文版翻译出版计划的通知》（国能综通科技〔2018〕100号）的安排进行的，为首次编制。于2020年2月完成征求意见稿并向行业征求意见，2021年8月完成报批稿，2021年12月22日国家能源局公告（2021年第6号）发布。主要技术内容包括水电站防水淹厂房检查内容和检查要求。

我国因暴雨、泥石流等自然灾害或机电设备故障导致的水电站水淹厂房事件时有发生，给水电企业造成了较大经济损失，严重威胁水电站的运行和人身安全。多年来，电力行业一直高度重视水淹厂房事故的防范，将其作为日常运维管理和汛期安全管理的重要内容。技术规程在系统总结行业内水淹厂房事故案例所揭示的经验和教训基础上，对照水电站工程建设和运行管理法规、技术标准和重点企业管理实践经验，全面梳理了可能导致水淹厂房的各类风险因素，提出了防水淹厂房安全检查的关键部位、重点对象及其检查内容、检查方法和检查要求。针对目前尚没有具体法规制度规定防水淹厂房安全检查工作机制的实际，明确了防水淹厂房安全检查的类型、频次和工作要求。

该规程为电力企业及相关技术单位开展水电站防水淹厂房安全检查工作提供统一、标准的规范性依据，保障防水淹厂房安全检查的系统性、全面性和准确性，可以不断提升电力行业防范、化解水电站水淹厂房事故风险的能力和水平，对确保电力生产安全和水电站安全稳定运行具有重要意义。

（中国电建集团华东勘测设计研究院有限公司
黄靖乾　陈顺义　杜德进　周森汎　薛洋）

《水电工程清污机制造安装及验收规范》编制情况

由中国电建集团华东勘测设计研究院有限公司承担编制的《水电工程清污机制造安装及验收规范》已由国家能源局批准发布，将于2023年5月4日实施。

该规范根据《关于下达2018年能源领域行业标准制（修）订计划的通知》（国能综通科技〔2018〕100号）的安排进行的，为首次编制。于2021年9月完成征求意见稿并向行业征求意见，2022年4月完成报批稿，2022年11月4日国家能源局公告（2022年第5号）发布。主要技术内容包括水电工程清污机的制造、安装及验收。

由于水电工程有其特殊的技术和工况要求，清污机必须能适应复杂工况，主要解决垃圾种类多，清污效率高等问题。在水电工程中虽然清污机的应用非常广泛，但迄今为止还缺乏专业技术规范，在实践中由于没专门的制造安装及验收规范，会出现无标准执行的困境和争议，对整个行业的技术水平提高带来制约。为规范水电工程清污机的制造安装及验收的相关技术要求，开展了针对水电工程清污机制造安装及验收的规范编制工作。在该规范的编制过程中，通过调研、归纳和总结，并吸收国内外最新的技术成果，结合清污机设备制造行业的最新发展现状，认真总结我国水电站清污机设计、制造、安装、试验等方面实践经验，并广泛征求设计、制造、安装和运行单位的意见，通过分析、归类和总结，最终形成《水电工程清污机制造安装及验收规范》。

该规范包括移动式清污机、回转齿耙式清污机、电气设备和验收等10个章节，对水电工程清污机的制造安装及验收等提出了指导意见。对提高水电工程清污机的制造及安装质量，确保水电工程清污机的安全可靠、经济合理具有重要的指导意义。

（中国电建集团华东勘测设计研究院有限公司
韩一峰　程堂华　厉宽中）

《风光水火储多能互补发电工程规划报告编制规程》编制情况

（一）编制背景及必要性

太阳能和风能是具有良好开发前景的清洁能源，发展风电、光电对于调整能源结构、减轻环境污染、提高我国能源供应安全性等方面有着重要意义，但部分地区的弃风、弃光现象日益凸显，新能源的发展和消纳需要寻求新的途径。水光风多能互补项目通过风电、光电、水电互补运行联合调度方式接入电网，有利于各类资源的协调开发和科学配置，提升系统运行效率和电源开发综合效益，增强新能源并网安全性，促进新能源高质量发展。国家能源局、国家发展改革委多次发布相关文件提出加大多能互补项目建设的政策扶持力度，发展多能新能型式相互转化的多元化能源技术体系。2016年底，国家能源局审核并批准了首批多个多能互补集成优化示范工程项目。2020年8月，国家发展改革委、国家能源局《关于开展“风光水火储一体化”“源网荷储一体化”的指导意见（征求意见稿）》组织向社会公开征求意见；2021年2月，国家发展改革委、国家能源局以发改能源规〔2021〕280号文，发布了《关于推进电力源网荷储一体化和多能互补发展指导意见》。随着新能源大规模快速发展，以及国家相关的指导文件陆续发布，国内开展了较多的多能互补发电工程规划工作及实践工作，尤其是电源配置规划研究工作，但尚未形成标准化的体系，多能互补发电工程规划报告编制的深度不一，对项目实施的指导不足，亟须制订风光水火储多能互补发电工程规划编制规程，以统一风光水火储多能互补发电工程规划报告编制的原则、工作内容以及技术要求，使多能互补发电工程规划报告编制有章可循。

（二）编制主要过程

2018年7月，国家能源局综合司印发《关于下达2018年能源领域行业标准制（修）订计划及英文版翻译出版计划的通知》（国能综通科技〔2018〕100号），中国电建集团西北勘测设计研究院有限公司和成都勘测设计研究院有限公司为主编单位，负责编制《风光水火储多能互补发电工程规划报告编制规程》（简称规程），计划编号为“能源20180742”。该规程由国家能源局负责管理，由水电水利规划设计总院提出并负责日常管理，由能源行业风电标准化技术委员会风电场规划设计分技术委员会负责具体技术内容的解释。

2019年4月，中国电建集团西北勘测设计研究院有限公司成立了规程编制组，并召开了编制组会议，就规程编制工作广泛听取意见，理清工作思路，明确任务分工；7月，完成规程编制大纲初稿；8月，水电水利规划设计总院在北京组织召开了讨论会，建议名称修改为《风光水火储多能互补发电工程规划报告编制规程》，并增加了中国电建吉林省院和贵阳院为该规程的参编单位。修改完善后；2020年1月，规程编制大纲完成审查。

2020年7月，完成规程征求意见稿；7～10月，编制组内讨论，10月下旬完成规程征求意见稿。

2020年10～12月，规程第一次意见征集，共收到31条意见，编制组经讨论研究，全部采纳；2021年1～4月，对征求意见稿进行讨论、修改和完善；2021年5～12月，规程第二次意见征集，共收到71条意见，编制组经讨论研究，采纳42条，部分采纳10条，未采纳19条。

2022年1月～5月，对规程进行修改完善，形成规程送审稿；6月，召开规程送审稿审查会；9月，根据规程送审稿审查意见修改完善，形成规程报批稿。预计该规程将于2023年2月正式获得批准。

（三）规程主要作用

该规程的制定，主要作用为规范风光水火储多能互补发电工程规划报告编制的原则、工作内容以及技术要求。规程实施后可以指导、规范具备统一调度、运行、管理的电网区域内，利用已建、在建或已有规划水、火、储电站配合风光电站开发利用，涉及补偿和被补偿具有互补作用的多能互补发电工程规划报告编制工作，对促进国内风光水火储多能互补高质量发展具有重要促进作用。

（中国电建集团西北勘测设计研究院有限公司
李运龙）

新颁标准

2022年国家标准化管理委员会发布的电力国家标准

2022年，国家标准化管理委员会发布的电力国家标准20项，见表1。

表1　　2020年国家标准化管理委员会发布的电力国家标准表

序号	标准编号	标准名称	代替标准号	实施日期
1	GB/T 26863—2022	火电站监控系统术语	GB/T 26863—2011	2023年7月1日

续表

序号	标准编号	标准名称	代替标准号	实施日期
2	GB/T 26866—2022	电力时间同步系统检测规范	GB/T 26866—2011	2023年5月1日
3	GB/T 30370—2022	火力发电机组一次调频试验及性能验收导则	GB/T 30370—2013	2023年5月1日
4	GB/T 31464—2022	电网运行准则	GB/T 31464—2015	2023年7月1日
5	GB/T 41235—2022	能源互联网与储能系统互动规范		2022年10月1日
6	GB/T 41236—2022	能源互联网与分布式电源互动规范		2022年10月1日
7	GB/T 41240—2022	户用光储一体机测试		2022年10月1日
8	GB/T 41303—2022	塔式太阳能热发电站吸热器技术要求		2022年10月1日
9	GB/T 41307—2022	塔式太阳能热发电站吸热器检测方法		2022年10月1日
10	GB/T 41308—2022	太阳能热发电站储热系统性能评价导则		2022年10月1日
11	GB/T 41992—2022	太阳能热发电站运行指标评价导则		2023年5月1日
12	GB/T 41995—2022	并网型微电网运行特性评价技术规范		2023年5月1日
13	GB/T 41999—2022	港口岸电设施术语		2023年5月1日
14	GB/T 42001—2022	高压输变电工程外绝缘放电电压海拔校正方法		2023年5月1日
15	GB/T 42150.1—2022	就地化继电保护装置检测规范　第1部分：通用部分		2023年7月1日
16	GB/T 42151.5—2022	电力自动化通信网络和系统　第5部分：功能和装置模型的通信要求		2023年7月1日
17	GB/T 42236.1—2022	电动自行车集中充电设施　第1部分：技术规范		2023年7月1日
18	GB/T 42288—2022	电化学储能电站安全规程		2023年7月1日
19	GB/Z 41237—2022	能源互联网系统 术语		2022年10月1日
20	GB/Z 41238—2022	能源互联网系统 用例		2022年10月1日

（中国电力企业联合会　汪萍　屈江江　李治甫）

2022年国家能源局发布的电力行业标准

2022年，国家能源局发布电力行业标准225项，其中，水电、新能源及电气等部分171项，见表1。

表1　2022年国家能源局发布的电力行业标准

序号	标准编号	标准名称	代替标准	实施日期
1	NB/T 10918—2022	智能风电场技术导则		2022年11月13日
2	NB/T 10919—2022	风电场无人值守技术规范		2022年11月13日
3	NB/T 10920—2022	风电场工程风电机组基础安全监测设计规范		2022年11月13日
4	NB/T 10921—2022	风电场监控系统信息安全防护技术规范		2022年11月13日
5	NB/T 10922—2022	风力发电机组风速风向仪检验与维护规程		2022年11月13日

续表

序号	标准编号	标准名称	代替标准	实施日期
6	NB/T 10923—2022	风力发电机组　变流器　安全要求		2022年11月13日
7	NB/T 10924—2022	风力发电机组　变桨电机　技术规范		2022年11月13日
8	NB/T 10925—2022	风力发电机组　电动变桨控制系统可靠性　技术规范		2022年11月13日
9	NB/T 10926—2022	风力发电机组　液压变桨控制系统可靠性　技术规范		2022年11月13日
10	NB/T 10927—2022	海上风力发电机组　电器设备　服役环境评价导则		2022年11月13日
11	NB/T 10928—2022	风力发电机组　协作联动控制系统　设计技术规范		2022年11月13日
12	NB/T 10929—2022	风力发电机组　变流器　可靠性技术规范		2022年11月13日
13	NB/T 10930—2022	光伏发电站组件监造导则		2022年11月13日
14	NB/T 10931—2022	光伏发电站跟踪系统及支架监造导则		2022年11月13日
15	NB/T 10984—2022	风电机组检修安全工作规程		2022年11月13日
16	NB/T 31026—2022	风电场工程电气设计规范	NB/T 31026—2012	2022年11月13日
17	NB/T 31063—2022	海上永磁同步风力发电机技术规范	NB/T 31063—2014	2022年11月13日
18	NB/T 31064—2022	海上双馈风力发电机技术规范	NB/T 31064—2014	2022年11月13日
19	NB/T 31072—2022	风电机组风轮系统技术监督规程	NB/T 31072—2015	2022年11月13日
20	DL/T 264—2022	油浸式电力变压器（电抗器）现场密封试验导则	DL/T 264—2012	2022年11月13日
21	DL/T 271—2022	330kV～750kV油浸式并联电抗器使用技术条件	DL/T 271—2012	2022年11月13日
22	DL/T 272—2022	220kV～750kV油浸式电力变压器使用技术条件	DL/T 272—2012	2022年11月13日
23	DL/T 560—2022	电力安全工作规程　高压试验室部分	DL 560—1995	2022年11月13日
24	DL/T 618—2022	气体绝缘金属封闭开关设备现场交接试验规程	DL/T 618—2011	2022年11月13日
25	DL/T 634.5101—2022	远动设备及系统　第5-101部分：传输规约基本远动任务配套标准	DL/T 634.5101—2002	2022年11月13日
26	DL/T 733—2022	输变电工程用机动绞磨	DL/T 733—2014	2022年11月13日
27	DL/T 985—2022	配电变压器能效技术经济评价导则	DL/T 985—2012	2022年11月13日
28	DL/T 1002—2022	低浓度溶解氧仪标定方法	DL/T 1002—2006	2022年11月13日
29	DL/T 1029—2022	发电厂水质分析仪器实验室质量管理导则	DL/T 1029—2006	2022年11月13日
30	DL/T 1086—2022	光电式（CCD）静力水准仪	DL/T 1086—2008	2022年11月13日
31	DL/T 1138—2022	发电厂水处理用粉末离子交换树脂	DL/T 1138—2009	2022年11月13日
32	DL/T 1310—2022	架空输电线路旋转连接器	DL/T 1310—2013	2022年11月13日
33	DL/T 5190.1—2022	电力建设施工技术规范　第1部分：土建结构工程	DL 5190.1—2012	2022年11月13日
34	DL/T 5190.9—2022	电力建设施工技术规范　第9部分：水工结构工程	DL 5190.9—2012	2022年11月13日

续表

序号	标准编号	标准名称	代替标准	实施日期
35	DL/T 793.7—2022	发电设备可靠性评价规程　第7部分：光伏发电设备		2022年11月13日
36	DL/T 2025.4—2022	电站阀门检修导则　第4部分：球阀		2022年11月13日
37	DL/T 2025.7—2022	电站阀门检修导则　第7部分：调节阀		2022年11月13日
38	DL/T 2473.1—2022	可调节负荷并网运行与控制技术规范　第1部分：资源接入		2022年11月13日
39	DL/T 2473.2—2022	可调节负荷并网运行与控制技术规范　第2部分：网络安全防护		2022年11月13日
40	DL/T 2473.3—2022	可调节负荷并网运行与控制技术规范　第3部分：负荷调控系统		2022年11月13日
41	DL/T 2473.4—2022	可调节负荷并网运行与控制技术规范　第4部分：数据模型与存储		2022年11月13日
42	DL/T 2473.5—2022	可调节负荷并网运行与控制技术规范　第5部分：负荷能力评估		2022年11月13日
43	DL/T 2473.6—2022	可调节负荷并网运行与控制技术规范　第6部分：并网运行调试		2022年11月13日
44	DL/T 2473.7—2022	可调节负荷并网运行与控制技术规范　第7部分：继电保护		2022年11月13日
45	DL/T 2473.8—2022	可调节负荷并网运行与控制技术规范　第8部分：安全稳定控制		2022年11月13日
46	DL/T 2473.9—2022	可调节负荷并网运行与控制技术规范　第9部分：调度信息通信		2022年11月13日
47	DL/T 2473.10—2022	可调节负荷并网运行与控制技术规范　第10部分：仿真计算模型与参数实测		2022年11月13日
48	DL/T 2473.11—2022	可调节负荷并网运行与控制技术规范　第11部分：调控运行规程		2022年11月13日
49	DL/T 2473.12—2022	可调节负荷并网运行与控制技术规范　第12部分：调度命名		2022年11月13日
50	DL/T 2473.13—2022	可调节负荷并网运行与控制技术规范　第13部分：电力系统二次接口		2022年11月13日
51	DL/T 2474.1—2022	电力物联网传感器网络　第1部分：总体技术规范		2022年11月13日
52	DL/T 2475.1—2022	电气设备电压暂降及短时中断耐受能力测试技术规范　第1部分：低压变频器		2022年11月13日
53	DL/T 2476.3—2022	港口岸电系统运营与运维技术规范　第3部分：运营服务平台		2022年11月13日
54	DL/T 2477—2022	电力调度自动化在线监视与管控技术要求		2022年11月13日
55	DL/T 2478—2022	智能远动网关检测规范		2022年11月13日
56	DL/T 2479—2022	变电站SCD模型映射到电网CIM模型技术导则		2022年11月13日
57	DL/T 2480—2022	调度自动化主站远方操作一体化防误技术要求		2022年11月13日

续表

序号	标准编号	标准名称	代替标准	实施日期
58	DL/T 2482—2022	消弧线圈并联低电阻接地装置技术条件		2022年11月13日
59	DL/T 2483—2022	发电机出口侧电压互感器技术导则		2022年11月13日
60	DL/T 2484—2022	天然酯绝缘油电力变压器选用导则		2022年11月13日
61	DL/T 2485—2022	电力变压器用无励磁分接开关选用导则		2022年11月13日
62	DL/T 2486—2022	变压器振荡型操作冲击感应耐压试验导则		2022年11月13日
63	DL/T 2489—2022	电站安全阀选型导则		2022年11月13日
64	DL/T 2490—2022	电站截止阀闸阀订货与验收导则		2022年11月13日
65	DL/T 2491—2022	自动疏水器选型导则		2022年11月13日
66	DL/T 2508—2022	直接空冷煤电机组高背压供热经济运行导则		2022年11月13日
67	DL/T 2509—2022	SF_6/CF_4 混合气体绝缘设备气体监督导则		2022年11月13日
68	DL/T 2510—2022	六氟化硫混合气体净化处理技术规范		2022年11月13日
69	DL/T 2511—2022	SF_6/N_2 混合绝缘气体回收工作规程		2022年11月13日
70	DL/T 2512—2022	输电线路高空救援技术导则		2022年11月13日
71	DL/T 2513—2022	地下电力电缆光缆安全预警系统技术导则		2022年11月13日
72	DL/T 2514—2022	高压试验区域保护技术规范		2022年11月13日
73	DL/T 2515—2022	电气试验接地实时监控与预警技术规范		2022年11月13日
74	DL/T 2516—2022	电力应急充电方舱技术规范		2022年11月13日
75	DL/T 2517—2022	电力应急移动照明灯技术要求		2022年11月13日
76	DL/T 2518—2022	电网企业应急预案编制导则		2022年11月13日
77	DL/T 2519—2022	电力建设企业应急预案编制导则		2022年11月13日
78	DL/T 2520—2022	电力管道有限空间作业安全技术规范		2022年11月13日
79	DL/T 2521—2022	电力应急数据采集技术规范		2022年11月13日
80	DL/T 2522—2022	电网企业应急演练导则		2022年11月13日
81	DL/T 2523—2022	电力应急电源装备通用技术要求		2022年11月13日
82	DL/T 2524—2022	电力应急电源装备测试导则		2022年11月13日
83	DL/T 5851—2022	大坝安全视频监控系统技术规范		2022年11月13日
84	DL/T 5852—2022	电气装置安装工程接地装置施工及验收规范		2022年11月13日
85	NB/T 10985—2022	风力发电场维护规程		2023年5月4日
86	NB/T 10986—2022	风电机组控制与保护参数运行管理规范		2023年5月4日
87	NB/T 10996—2022	风力发电场并网安全条件及评价规范		2023年3月4日
88	NB/T 10997—2022	光伏发电站并网安全条件及评价规范		2023年3月4日
89	NB/T 10998—2022	小水电发电机组并网安全条件及评价规范		2023年3月4日
90	NB/T 31003.1—2022	风电场接入电力系统设计技术规范　第1部分：陆上风电	NB/T 31003—2011	2023年5月4日

续表

序号	标准编号	标准名称	代替标准	实施日期
91	NB/T 31003.2—2022	风电场接入电力系统设计技术规范　第2部分：海上风电	NB/T 31003—2011	2023年5月4日
92	NB/T 31003.3—2022	风电场接入电力系统设计技术规范　第3部分：分散式风电	NB/T 31003—2011	2023年5月4日
93	NB/T 31005—2022	风电场电能质量测试方法	NB/T 31005—2011	2023年5月4日
94	NB/T 31046—2022	风电功率预测系统功能规范	NB/T 31046—2013	2023年5月4日
95	NB/T 31047.1—2022	风电调度运行管理规范　第1部分：陆上风电	NB/T 31047—2013	2023年5月4日
96	NB/T 31047.2—2022	风电调度运行管理规范　第2部分：海上风电	NB/T 31047—2013	2023年5月4日
97	NB/T 31055—2022	风电场理论发电量与弃风电量评估导则	NB/T 31055—2014	2023年5月4日
98	NB/T 31078—2022	风电场并网性能评价方法	NB/T 31078—2016、NB/T 31077—2016	2023年5月4日
99	DL/T 269—2022	钢弦式锚索测力计	DL/T 269—2012	2023年5月4日
100	DL/T 270—2022	钢弦式位移计	DL/T 270—2012	2023年5月4日
101	DL/T 575.1—2022	电力调度控制大厅设计导则　第1部分：术语	DL/T 575.1—1999	2023年5月4日
102	DL/T 845.6—2022	电阻测量装置通用技术条件　第6部分：接地引下线导通电阻测试仪		2023年5月4日
103	DL/T 991—2022	电力设备金属发射光谱分析技术导则	DL/T 991—2006	2023年5月4日
104	DL/T 1043—2022	钢弦式测缝计	DL/T 1043—2007	2023年5月4日
105	DL/T 1044—2022	钢弦式应变计	DL/T 1044—2007	2023年5月4日
106	DL/T 1045—2022	钢弦式孔隙水压力计	DL/T 1045—2007	2023年5月4日
107	DL/T 1134—2022	大坝安全监测自动采集装置	DL/T 1134—2009	2023年5月4日
108	DL/T 1136—2022	钢弦式钢筋应力计	DL/T 1136—2009	2023年5月4日
109	DL/T 1137—2022	钢弦式土压力计	DL/T 1137—2009	2023年5月4日
110	DL/T 1399.5—2022	电力试验/检测车　第5部分：电力变压器局部放电试验车		2023年5月4日
111	DL/T 2144.3—2022	变电站自动化系统及设备检测规范　第3部分：测控装置		2023年5月4日
112	DL/T 2527—2022	电力物联网信息模型管理与认证规范		2023年5月4日
113	DL/T 2528—2022	电力储能基本术语		2023年5月4日
114	DL/T 2529—2022	电力物联网信息模型规范		2023年5月4日
115	DL/T 2530.1—2022	电力电缆测试设备通用技术条件　第1部分：电缆故障定位电桥		2023年5月4日
116	DL/T 2531—2022	继电保护远程智能运行管控技术导则		2023年5月4日
117	DL/T 2533—2022	发电厂继电保护和安全自动装置现场工作安全措施规范		2023年5月4日
118	DL/T 2534—2022	电力系统安全稳定控制系统测试技术规范		2023年5月4日
119	DL/T 2535—2022	电力用卫星遥感影像产品分类分级标准		2023年5月4日

续表

序号	标准编号	标准名称	代替标准	实施日期
120	DL/T 2536—2022	架空输电线路临时锚体		2023年5月4日
121	DL/T 2537—2022	架空输电线路施工用纤维绳索		2023年5月4日
122	DL/T 2538—2022	架空输电线路网套连接器		2023年5月4日
123	DL/T 2539—2022	架空输电线路施工提线器		2023年5月4日
124	DL/T 2540—2022	大面积导线压接工艺导则		2023年5月4日
125	DL/T 2541—2022	架空输电线路货运索道		2023年5月4日
126	DL/T 2542—2022	同步调相机变压器组继电保护整定计算导则		2023年5月4日
127	DL/T 2544—2022	继电保护装置状态检修导则		2023年5月4日
128	DL/T 2546—2022	旋转型转子接地保护装置通用技术条件		2023年5月4日
129	DL/T 2547—2022	交流断面失电监测装置技术规范		2023年5月4日
130	DL/T 2548—2022	电力行业云应用设计与技术要求		2023年5月4日
131	DL/T 2549—2022	电力数据脱敏实施规范		2023年5月4日
132	DL/T 2550—2022	大型油浸式电力变压器（电抗器）充气存放技术要求及评价方法		2023年5月4日
133	DL/T 2551—2022	油浸式电力变压器用光纤测温装置试验方法		2023年5月4日
134	DL/T 2552—2022	油浸式电力变压器用光纤测温装置技术规范		2023年5月4日
135	DL/T 2553—2022	电力接地系统土壤电阻率、接地阻抗和地表电位测量技术导则		2023年5月4日
136	DL/T 2554—2022	接地装置短路暂态特性参数测试导则		2023年5月4日
137	DL/T 2555.1—2022	配电线路旁路作业工具装备　第1部分：旁路电缆及连接器		2023年5月4日
138	DL/T 2556.1—2022	电力行业电磁兼容检测辅助设备　第1部分：通用要求		2023年5月4日
139	DL/T 2556.2—2022	电力行业电磁兼容检测辅助设备　第2部分：电磁兼容检测用电能表检验装置		2023年5月4日
140	DL/T 2557—2022	换流变压器阀侧交流外施耐压及局部放电现场试验导则		2023年5月4日
141	DL/T 2559—2022	灯泡贯流式水轮机状态检修评估技术导则		2023年5月4日
142	DL/T 2560—2022	灯泡贯流式水轮发电机状态检修评估技术导则		2023年5月4日
143	DL/T 2561—2022	立式水轮发电机状态检修评估技术导则		2023年5月4日
144	DL/T 2562—2022	抽水蓄能电站库盆检测技术规程		2023年5月4日
145	DL/T 2563—2022	分布式能源自动发电控制与自动电压控制系统测试技术规范		2023年5月4日
146	DL/T 2564—2022	水力发电厂轴流转桨机组振动评定导则		2023年5月4日
147	DL/T 2565—2022	基于IEC 60870-5-104的水电网络通信协议扩充导则		2023年5月4日

续表

序号	标准编号	标准名称	代替标准	实施日期
148	DL/T 2566—2022	水电厂直流系统技术监督规程		2023年5月4日
149	DL/T 2568—2022	电力行业数字化审计平台功能构件与技术要求		2023年5月4日
150	DL/T 2569—2022	水电厂励磁系统技术监督规程		2023年5月4日
151	DL/T 2570—2022	水力发电厂水轮机技术监督导则		2023年5月4日
152	DL/T 2571.3—2022	水电站公用辅助设备检修规程　第3部分：水系统		2023年5月4日
153	DL/T 2572—2022	水轮发电机及其辅助设备技术改造导则		2023年5月4日
154	DL/T 2573—2022	水轮机现场焊接修复导则		2023年5月4日
155	DL/T 2574—2022	混流式水轮机维护检修规程		2023年5月4日
156	DL/T 2575—2022	灯泡贯流式水轮发电机定子绕组改造技术规范		2023年5月4日
157	DL/T 2576—2022	水轮机主阀运行检修规程		2023年5月4日
158	DL/T 2577—2022	轴流转桨式水轮发电机组检修规程		2023年5月4日
159	DL/T 2578—2022	冲击式水轮发电机组启动试验规程		2023年5月4日
160	DL/T 2580—2022	储能电站技术监督导则		2023年5月4日
161	DL/T 2582.1—2022	水电站公用辅助设备运行规程　第1部分：油系统		2023年5月4日
162	DL/T 2582.2—2022	水电站公用辅助设备运行规程　第2部分：气系统		2023年5月4日
163	DL/T 2582.3—2022	水电站公用辅助设备运行规程　第3部分：水系统		2023年5月4日
164	DL/T 2584—2022	增量配电网接入电力系统技术规定		2023年5月4日
165	DL/T 2585—2022	工业园区综合能源系统规划技术导则		2023年5月4日
166	DL/T 5037—2022	轴流式水轮机埋件安装工艺导则	DL/T 5037—1994	2023年5月4日
167	DL/T 5854—2022	水电水利工程深埋地下洞室开挖施工规范		2023年5月4日
168	DL/T 5855—2022	水电水利工程环氧树脂类表面修补材料试验规程		2023年5月4日
169	DL/T 5856—2022	水电工程泄水建筑物水力学数值模拟技术规程		2023年5月4日
170	DL/T 5857—2022	架空输电线路水土保持设施质量验收规程		2023年5月4日
171	DL/T 5858—2022	冲击式水轮发电机组安装工艺导则		2023年5月4日

（中国电力企业联合会　汪萍　屈江江　李治甫）

2022 年国家能源局发布的电力行业标准英文版目录

2022 年，国家能源局发布的电力行业标准英文版共 14 项，见表 1。

表 1　2022 年国家能源局发布的电力行业标准英文版目录

序号	标准编号	行业标准名称	行业标准英文名称
1	DL/T 1929—2018	燃煤机组能效评价方法	Method for energy efficiency assessment of coal-fired unit
2	DL/T 849.1—2019	电力设备专用测试仪器通用技术条件　第 1 部分：电缆故障闪测仪	General technical specification of test instruments used for power equipments-Part 1: Fault flashover test instrument for power cable
3	DL/T 849.3—2019	电力设备专用测试仪器通用技术条件　第 3 部分：电缆路径仪	General technical specification of test instruments used for power equipments-Part 3: Route test instrument for power cable
4	DL/T 953—2018	水处理用强碱性阴离子交换树脂耐热性能及抗氧化性能测定方法	Determination methods for the rmostability and anti-oxidation stability of strongly basic anion exchange resins used for water treatment
5	DL/T 1039—2016	发电机内冷水处理导则	Guideline for generator internal cooling water treatment
6	DL/T 352—2019	直流断路器检修导则	Guide for maintenance of DC breaker
7	DL/T 651—2017	氢冷发电机氢气湿度技术要求	Requirements for hydrogen humidity of hydrogen-cooled generators
8	DL/T 353—2019	高压直流测量装置检修导则	Guide for HVDC measuring equipment maintenance
9	DL/T 348—2019	换流站设备巡检导则	The patrol inspection guide for the converter station
10	DL/T 2025.1—2019	电站阀门检修导则　第 1 部分：总则	Guide of the maintenance for power plant valve Part 1: General provisions
11	DL/T 1820—2018	电站锅炉动力驱动泄放阀技术导则	The technical guide for power-actuated pressure relief valves of power station boilers
12	DL/T 845.3—2019	电阻测量装置通用技术条件　第 3 部分：直流电阻测试仪	General specifications for measuring resistance equipment Part 3: DC resistance meters
13	DL/T 714—2019	汽轮机叶片超声检验技术导则	Technical guide for the ultrasonic testing of turbine-blades
14	DL/T 438—2016	火力发电厂金属技术监督规程	The technical supervision codes for metal in fossil-fuel power plant

（中国电力企业联合会　汪萍　屈江江　李治甫）

2022年发布的水利技术标准

2022年，水利技术标准共发布6项，其中国家标准5项，行业标准1项，见表1。

表1　2022年发布的水利技术标准清单

序号	标准名称	标准编号	实施日期
（一）国家标准			
1	小型水电站机组运行综合性能质量评定	GB/T 41369—2022	2022年10月1日
2	水文自动测报系统技术规范	GB/T 41368—2022	2022年7月1日
3	水位测量仪器　第2部分：压力式水位计	GB/T 11828.2—2022	2022年11月1日
4	泵站设计标准	GB 50265—2022	2022年12月1日
5	小型水电站技术改造标准	GB/T 50700—2022	2022年12月1日
（二）行业标准			
6	水文基础设施建设及技术装备标准	SL/T 276—2022	2022年7月29日

（水利部国际合作与科技司　米双姣　蒋雨彤　中国水利学会　周静雯）

2022年发布的由水电水利规划设计总院归口管理的技术标准

2022年，由水电水利规划设计总院归口管理的水电技术标准和风电规划、设计、施工、安装技术标准以及光伏技术标准，共发布34项，见表1。

表1　2022年发布的由水电水利规划设计总院归口管理的技术标准表

序号	标准名称	标准编号	代替标准	实施日期
1	风电场工程风电机组基础安全监测设计规范	NB/T 10920—2022		2022年11月13日
2	水库放空技术导则	NB/T 10966—2022		2022年11月13日
3	水电工程环境保护技术通则	NB/T 10967—2022		2022年11月13日
4	水电工程勘察设计费计算标准	NB/T 10968—2022		2022年11月13日
5	水电工程泥沙监测系统技术规范	NB/T 10969—2022		2022年11月13日
6	水轮机进水液动蝶阀选用试验及验收规范	NB/T 10970—2022	DL/T 1068—2007	2022年11月13日
7	水电工程信息采集规范	NB/T 10971—2022		2022年11月13日
8	水电工程制图标准　第5部分：电气	NB/T 10883.5—2022	DL/T 5350—2006	2022年11月13日
9	风电场工程电气设计规范	NB/T 31026—2022	NB/T 31026—2012	2022年11月13日
10	海上风电场工程工程量清单计价规范	NB/T 10999—2022		2023年3月4日
11	陆上风电场工程工程量清单计价规范	NB/T 11000—2022		2023年3月4日
12	海上风电场工程基础防撞设施技术规程	NB/T 11001—2022		2023年5月4日
13	海上风电场工程嵌岩桩基设计规程	NB/T 11002—2022		2023年5月4日
14	水电站桥式起重机基本技术条件	NB/T 11003—2022		2023年5月4日

续表

序号	标准名称	标准编号	代替标准	实施日期
15	水轮机和水泵水轮机模型验收试验规程	NB/T 11004—2022		2023年5月4日
16	国有资产投资境外水电工程建设用地移民安置设计技术导则	NB/T 11005—2022		2023年5月4日
17	水电工程金属结构设备报废标准	NB/T 11006—2022		2023年5月4日
18	水电工程钢闸门技术条件	NB/T 11007—2022		2023年5月4日
19	水电工程清污机技术条件	NB/T 11008—2022		2023年5月4日
20	水电工程清污机制造安装及验收规范	NB/T 11009—2022		2023年5月4日
21	水电工程信息模型分类与编码规程	NB/T 11010—2022		2023年5月4日
22	水工混凝土结构设计规范	NB/T 11011—2022	DL/T 5057—2009	2023年5月4日
23	水电工程等级划分及洪水标准	NB/T 11012—2022	DL 5180—2003	2023年5月4日
24	水电工程可行性研究报告编制规程	NB/T 11013—2022	DL/T 5020—2007	2023年5月4日
25	水电工程混凝土预冷和预热系统设计规范	NB/T 11014—2022	DL/T 5179—2003、DL/T 5386—2007	2023年5月4日
26	土石坝沥青混凝土面板和心墙设计规范	NB/T 11015—2022	DL/T 5411—2009	2023年5月4日
27	水电工程生产运行文件收集与归档规范	NB/T 11016—2022		2023年5月4日
28	光伏发电工程工程量清单计价规范	NB/T 11017—2022		2023年3月4日
29	水电工程退役设计导则	NB/T 11018—2022		2023年5月4日
30	水电工程闸门和启闭机运行维护规程	NB/T 11019—2022		2023年5月4日
31	陆上风电场工程地质勘察规范	NB/T 31030—2022	NB/T 31030—2012	2023年5月4日
32	QPG型高扬程卷扬式启闭机系列参数	NB/T 35018—2022	NB/T 35018—2013	2023年5月4日
33	卧式液压启闭机系列参数	NB/T 35019—2022	NB/T 35019—2013	2023年5月4日
34	混凝土重力坝设计规范	NB/T 35026—2022	NB/T 35026—2014、NB/T 10332—2019	2023年5月4日

（水电水利规划设计总院　岳蕾）

2022年大电机、水轮机新颁标准

2022年，由哈尔滨大电机研究所归口管理的大电机、水轮机技术标准，新发布技术标准2项，见表1。

表1　2022年大电机新颁技术标准情况表

序号	标准编号	标准名称	实施日期
1	IEC 60034—33：2022	同步水轮发电机（含发电电动机）基本技术要求	2022年1月28日
2	GB/T 13957—2022	大型三相异步电动机基本系列技术条件	2023年7月1日

（哈尔滨电机厂有限责任公司　刘婷婷　周谧　刘保生）

水电及新能源新书

中国电力出版社 2022 年部分水电及新能源新书

2022 年中国电力出版社出版的部分水电及新能源图书目录见表 1。

表 1　　中国电力出版社 2022 年出版的部分水电及新能源新书

序号	书号	书名	作者	定价（元）
1	978-7-5198-6249-7	中国电力工业史　水力发电卷	中国电力企业联合会，中国水力发电工程学会	390.00
2	978-7-5198-6089-9	全球能源分析与展望 2020（英文版）	国网能源研究院有限公司	248.00
3	978-7-5198-6179-7	能源互联网基础	张晶，李彬，陈宋宋	98.00
4	978-7-5198-5905-3	水电站机电设备故障分析与处理技术　机械分册	马振波，冉毅川	180.00
5	978-7-5198-5907-7	水电站机电设备故障分析与处理技术　电气分册	关杰林，韩波	200.00
6	978-7-5198-6409-5	智能电厂规划与设计	叶勇健，侯新建，顾徐鹏	120.00
7	978-7-5198-6354-8	碳达峰碳中和目标下中长期电力发展战略研究——聚焦浙江	浙江省中长期电力发展战略研究课题组	198.00
8	978-7-5198-6458-3	寒区水工大体积混凝土防裂及裂缝处理	王成山，苑立东	120.00
9	978-7-5198-6277-0	水力发电厂继电保护系统设计	梁建行 等	150.00
10	978-7-5198-6267-1	境外新能源项目技术尽职调查指引	国家电力投资集团有限公司	60.00
11	978-7-5198-6273-2	抽水蓄能电站生态防护技术	宋绪国，胡承江	60.00
12	978-7-5198-6193-3	2021 年全国水电工程深厚覆盖层上建坝技术与工程实践学术研讨会论文集	中国水力发电工程学会水工及水电站建筑物专业委员会	180.00
13	978-7-5198-6269-5	中国水力发电年鉴　第二十五卷	中国水力发电工程学会	450.00
14	978-7-5198-6311-1	电池储能电站监控与能量管理技术	刘明义	72.00
15	978-7-5198-6381-4	氢能百问	国家电投集团氢能产业创新中心	78.00
16	978-7-5198-6703-4	全断面硬岩竖井掘进机在抽水蓄能电站施工中的应用	马明刚	160.00
17	978-7-5198-6751-5	水电站大坝安全运行习题精选	华电电力科学研究院有限公司	28.00
18	978-7-5198-6752-2	水电机组检修习题精选	华电电力科学研究院有限公司	28.00
19	978-7-5198-6983-0	光伏发电项目全生命周期风险管理与保险	柴艳丽	128.00
20	978-7-5198-7142-0	抽水蓄能电站仓储标准化管理实务	国网新源控股有限公司	98.00

续表

序号	书号	书名	作者	定价（元）
21	978-7-5198-6830-7	抽水蓄能电站标准分标采购文件范本（2021年版） 服务类	国网新源控股有限公司	130.00
22	978-7-5198-6832-1	抽水蓄能电站标准分标采购文件范本（2021年版） 工程类	国网新源控股有限公司	60.00
23	978-7-5198-6831-4	抽水蓄能电站标准分标采购文件范本（2021年版） 物资类	国网新源控股有限公司	85.00
24	978-7-5198-6838-3	海上风电工程集成技术	中国能源建设集团有限公司工程研究院	128.00
25	978-7-5198-7159-8	“双碳”目标下火电企业全过程节能管理	北京京能电力股份有限公司	98.00
26	978-7-89470-822-9	《潘家铮全集》套装电子书（U盘）	潘家铮	3000.00
27	978-7-5198-6959-5	2022中国水电青年科技论坛论文集	中国水力发电工程学会	380.00
28	978-7-5198-6990-8	国网新源集团有限公司社会责任报告2021	国网新源集团有限公司	100.00
29	978-7-5198-7250-2	浙江仙居抽水蓄能电站投产五年设备设施典型故障案例汇编	浙江仙居抽水蓄能有限公司	98.00
30	978-7-5198-7080-5	防止电力建设工程施工安全事故三十项重点要求及编制说明	国家能源局	68.00
31	978-7-5198-7133-8	新能源电力企业安全设施配置规范	中国华电集团有限公司	76.00
32	978-7-5198-7191-8	新能源场站管理指南	国投电力控股股份有限公司	39.00
33	978-7-5198-6345-6	发电生产“1000个为什么”系列书 光伏电站运行与维护1000问	陈建国	75.00
34	978-7-5198-6510-8	海上风电工程安全文明施工标准化图册	中国三峡新能源（集团）股份有限公司	68.00
35	978-7-5198-6599-3	分布式光伏并网管理百问百答	国网冀北电力有限公司市场营销部	40.00
36	978-7-5198-6239-8	分布式光伏发电技术及应用	《分布式光伏发电技术及应用》编委会	38.00
37	978-7-5198-6653-2	水电厂继电保护技能人员培训教材	国网新源集团有限公司新安江水力发电厂	180.00
38	978-7-5198-6924-3	整县分布式光伏接入配电网典型设计（2022年版）	国网甘肃省电力公司	60.00
39	978-7-5198-7016-4	海上风电柔性直流输电调试技术	江苏省电力试验研究院有限公司	49.00

（中国电力出版社）

《抽水蓄能电站生态防护技术》出版、发行

《抽水蓄能电站生态防护技术》由国网新源控股有限公司山东文登抽水蓄能有限公司策划编写，以抽水蓄能多年的实践经验为基础，对抽水蓄能电站各典型部位的工程创面特点进行剖析，进一步认识其绿色生态建设的工作目标，继而从稳定性、工程防护、生态防护、坡面绿化美化等多个层次出发，对不同技术模式的组合选取、适用范围、防护植物等方面进行了综合的阐述，形成了适用于不同立地条件及部位的生态建设防护技术。该书于2022年4月由中国电力出版社出版发行。

“碳达峰”“碳中和”目标下抽水蓄能行业迎来了

重大发展机遇，但抽水蓄能电站基础建设造成的工程创面所引发的环境问题也日益突出。如何在保证工程安全的前提下，恢复或重建工程扰动区的植被，促使其与周边自然环境的融合是当下急需解决的课题。抽水蓄能电站建设扰动区域对生态环境的影响是多方面和极其复杂的，工程建设对于生态环境的扰动影响呈现普遍性、严重性、持久性和区域性等特点，而通过自然界的自我修复过程非常缓慢。因此，为了加速抽水蓄能电站建设扰动区域的生态恢复，减少或消除水利项目基础建设过程中形成的不同类型的创面对生产生活的安全威胁，保护和改善当地生态生活环境，根据水电站建设扰动区域的具体条件，利用一定的工程和技术措施开展当地生态系统的恢复与重建工作变得十分必要。

所有被破坏生态系统的恢复和重建，总是以植被重建为前提。植被恢复与重建除了本身起着构建被破坏生态系统的初始植物群落的作用外，还能促进土壤的结构与肥力以及土壤微生物与动物的恢复，从而促进整个生态系统的结构与功能的恢复与重建。所以抽水蓄能电站的绿色生态建设核心主要是在保证坡体稳定的前提下，结合植物措施和必要的工程性措施重新构建生态系统，尤其是重聚坡面生态聚落，最大限度地保护、恢复、改善生态环境，实现工程建设与生态环境的良性循环。这也意味着抽水蓄能电站生态防护技术是涉及多领域的科学技术，包括恢复生态学、景观生态学、水土保持学、土壤学、植物学、岩土工程力学、水力学、建筑材料学等学科领域。

作为一项水电站建设扰动区域植被恢复与重建技术集成的研究、设计与示范，《抽水蓄能电站生态防护技术》对抽水蓄能电站常用生态防护技术的一般规定和防护技术、植物种类选择与配置以及养护、维护与管理进行了探讨，明确水利水电站创面的主要类型及其分析评价方法，从工程防护技术、植物防护技术两个方面系统论述水利水电工程中典型的绿色生态防护技术，明晰其技术要点和适用范围，进一步认识典型部位的生态绿化建设的工作目标，从绿化效果、经济性、美观性、生态性等方面规定植物种类的选择与配置，兼顾后期的养护管理。并按照大坝、道路、渣场、料场、隧道洞口、地面开关站等典型部位，提出针对性的生态防护策略。对于当下现实废弃地水土流失治理与的高效利用，协调经济发展与生态环境的关系，促进经济、社会、生态环境的可持续发展，早日实现“碳达峰”、碳中和的目标具有极其重要的现实意义和实践价值。

《抽水蓄能电站生态防护技术》可供水电、水利、环境工程等领域的科研、勘察、设计、施工人员及高等院校有关专业的师生参考。

（中国电力出版社）

《水力发电厂继电保护系统设计》出版、发行

《水力发电厂继电保护系统设计》由长江水利委员会长江勘测规划设计研究院梁建行、周强、陈吉祥、李程煌编著。全书阐述了大中型水力发电厂主要电气设备继电保护及电力系统安全自动装置的工程设计技术。该书于2022年3月由中国电力出版社出版、发行。

继电保护系统是电厂工程设计中十分重要的一个专业项目，关系着工程投入运行后电厂发电设备及电力系统的安全、稳定运行。继电保护系统专业在理论上及应用技术上涉及面较广，且保护技术随着实际应用经验的积累及新技术的应用在不断地改进与更新。较早期应用的电磁型继电保护，当今已为微机型保护系统所取代，以更好的性能满足电厂及电力系统的要求。该书在总结经验和吸收新技术的基础上，从工程设计和运行应用方面，阐述目前国内外水力发电厂常用的继电保护系统设计技术，包括继电保护系统的总体要求，电厂发电机、变压器、母线、输电线等主要电气设备继电保护及电力系统安全自动装置的工作原理、技术要求、配置要求和参数整定计算方法，电流、电压互感器的配置、选择及接线，与继电保护相关的电力系统短路计算，继电保护系统二次接线和电缆设计，电磁兼容要求和相关设计等技术，并分别给出工程设计选择计算实例。

除针对水力发电厂水轮发电机设置的继电保护外，书中的论述与计算，也可适用于其他类型的发电机与发电厂。

该书可供从事继电保护设计、研究、制造、试验、运行及维护人员参考，并可作为大专院校电力专业师生的教学参考。

（中国电力出版社）

《寒区水工大体积混凝土防裂及裂缝处理》出版、发行

开展大体积混凝土防裂研究已有数十年历史，时至今日，混凝土构筑物上依然还有大量的裂缝出现，这些裂缝对混凝土构筑物的完整性、耐久性、抗渗性及外观造成了不利影响。《寒区水工大体积混凝土防裂及裂缝处理》一书于2022年9月由中国电力出版社出版、发行，全书通过对观音阁、白石、玉石、阎王鼻子、猴山、大雅河、三湾等新建混凝土重力坝，

以及葠窝混凝土重力坝加固、青山水库溢洪道、盘山闸等大体积混凝土工程温控设计及工程建设经验加以总结，以期为类似工程防裂提供借鉴。

大体积混凝土完全做到防裂是较为困难的，需要较多的资金投入，并受到施工过程中多种因素影响。有必要对防裂目标的制定进行讨论，既要重视防裂，也要顾及成本，将严格防止如重力坝上游面裂缝及坝体中央部位纵向贯穿性裂缝等对防渗和稳定性影响较大的重要裂缝，以及将对防渗和安全没有实质性影响的裂缝数量控制在某一个范围内，作为大体积混凝土防裂控制目标是可行的。

该书基于寒区水工大体积混凝土防裂及裂缝处理成功经验，重点阐述典型混凝土重力坝温度和温度应力时空分布规律、为体积混凝土温度控制标准的制定、大体积混凝土原材料选择与配合比优化防裂措施、大体积混凝土降温防裂措施、大体积混凝土保温与养护防裂措施、大体积混凝土结构防裂措施、观音阁碾压混凝土重力坝施工期裂缝原因分析与处理，并结合具体工程实例总结工程经验，主要包括玉石水库6号坝段上游面竖向裂缝分析与处理、青山水库溢洪道裂缝调查与处理、辽河闸闸墩混凝土裂缝成因分析与处理、水工隧洞混凝土衬砌裂缝原因分析与预防、葠窝水库大坝重要裂缝调查与处理、三湾水库闸坝工程防裂及裂缝处理。大体积混凝土裂缝原因复杂，伴随着科学技术的发展进步，将会更多地揭示出混凝土裂缝机理，发现更多、更有效的防裂措施，能够更好地解决大体积混凝土裂缝问题。

该书适用于从事大体积混凝土施工及水工结构领域的科研人员、施工技术人员阅读使用，并可供相关科研院所高等院校师生参考使用。

（中国电力出版社）

11

水电建设管理

工　程　管　理

杨房沟水电站 EPC 模式达标投产与工程创优管理实践

我国质量强国战略逐步推进，新时代高质量发展深入人心，电力建设行业提出新建项目高质量达标投产和创建优质工程要求。杨房沟水电站达标投产与工程创优管理经验值得借鉴。

（一）质量目标

1. EPC 管理模式　EPC 是指设计、采购、施工管理一体化的项目管理模式，总包企业按合同约定进行管理。杨房沟水电站是国内首个采用 EPC 总承包模式进行建设的百万千瓦级大型水电站，设计施工总承包联营体在统一制度下按同一要求开展工作，总承包项目部是现场履行合同的实施机构。总承包管理模式充分发挥设计单位优势，能迅速解决工程技术难题。质量管理部为达标创优工作牵头责任部门，人员主要为设计方员工。

2. 质量目标　工程参建各方共同提出了“高水平通过达标投产验收，顺利通过中国电力优质工程奖，创建国家优质工程金奖”的质量目标。

（二）达标创优统筹管理

1. 组织管理　参建各单位建立以本单位一把手为组长的达标创优领导小组，下设达标创优办公室，对应达标投产验收规程成立 7 个专业工作小组，负责本专业达标创优具体事项。

2. 规划及实施细则　杨房沟建设管理局编制了《达标创优规划》，明确目标，分解创优分项指标。参建方编制《达标创优实施细则》，细化各分项指标管理和职责。

3. 专家咨询　总承包部与中国电力建设企业协会签订全过程质量提升技术咨询协议。每年邀请一次协会专家在现场咨询，提出建议，解决达标创优存在的问题。

4. 高度重视质量管理　杨房沟水电站重视质量管理体系和质量管理制度建设。重视原材料和半成品质量，加强源头控制和全过程质量管理。严格做好工程验收。电站实体质量优良，多次受到可再生能源发电质量监督站好评，单元工程综合优良率达到 97.5%。

5. 严格达标创优考评　每月质量考评考核，每季质量评比，每年度开展质量管理先进单位评选。评选月度优秀质检员、年度质量管理先进个人，主要考核实体质量管理和达标创优事项落实情况。月度优秀质检员奖 1000 元，年度质量管理先进个人奖 5000 元。

（三）达标投产管理

1. 档案管理　杨房沟水电站推行工程档案过程验收移交，当年往来文函第二年一季度完成验收移交，分部工程档案资料基本做到分部工程验收后 3 个月内验收移交。总承包部档案室负责往来文函管理，单元工程和工序资料随工程进展及时验收评定。档案室每月组织专业人员进行档案专项检查，发现问题及时整改闭合，同时严格执行档案奖罚制度，落实到人。

2. 达标投产检查　每半年开展一次达标投产检查，列出问题清单，及时整改闭合。

3. 达标投产初验　工程截流前、蓄水前、每台机组启动前进行达标投产初验。初验工作由雅砻江流域水电开发有限公司组织，参建各方参与。通过检查，列出问题清单及整改计划。首次组织达标投产初验邀请中国电力建设企业协会专家指导，规范编写达标投产初验报告。

4. 达标投产复验　全部机组投产后即制定达标投产复验计划，编制现场质量消缺和尾工施工计划，并按计划完成。大面开展分部和单位工程验收，验收 3 个月内及时完成资料归档。

达标投产复验由中国电力建设企业协会组织，参建各方参与。复验前基本完成资料归档，按投产验收规程填写各项条款支撑文件及档号，并分类整理电子版、纸质版，供专家核查。

（四）工程创优管理

1. 创优目标及创优路径　工程建设之初，参建各方商定工程创优目标。杨房沟水电站确立了通过中国电力优质工程奖，由中国电力建设企业协会推荐国家优质工程奖的创优路径。创优路径明确后，项目部需梳理所申报奖项具体条件，过程中逐步积累，确保满足申报要求。

2. 坚持科技创新　参建方应高度重视科技成果申报，争取高等级科技奖项。工程竣工（或完工）后，加强设计成果申报，争取获得省部级优秀设计一等奖。工程建设过程中，参建各方需加强其他省部级科技成果申报，如工法、QC成果、软件著作权、规范参编、论文编写。

3. 开展好4项评价　按要求开展地基结构、绿色施工、新技术应用及质量等项评价。地基开挖完成后进行地基评价，主体工程工完成后开展结构评价。其余3项评价在复验后进行。

4. 质量细节提升　达标投产复验属于工程符合性检查，创建优质工程的项目需加强工程质量细节的管控，重视表观质量，做到工程与生态环境的高度协调。

达标投产验收前后，项目参建方应策划质量提升施工项目，调研咨询近年获得相应奖项的同类工程，确立本项目质量提升施工项目及质量标准。质量提升项目施工时应高度重视生产协调和质量控制，确保一次施工到位，争取一次创优成功。

5. 加强与协会沟通　工程创优应明确牵头责任方，牵头责任方应做好与相关协会沟通，邀请协会来项目工地进行咨询指导。各类优质工程评选标准每年都有部分调整，牵头责任方应密切关注协会相关制度变化，及时查漏补缺，确保满足要求。优质工程现场检查前，参建各方应做好工程现场及档案资料的迎检工作，确保现场整洁规范、资料准确方便查询。

（中国电建集团华东勘测设计研究院有限公司
邬俊　徐建军　周建平　李川）

仙居抽水蓄能电站工程全寿命周期数字化健康管理技术

（一）研究背景

以清洁、可再生、灵活调节为特点的水力发电和抽水蓄能电站，是支撑新能源大规模接入，助力我国“双碳”目标，实现能源转型的基石。国家发展有关规划提出了能源生产过程建设智能化的要求。新型电力系统背景下，水电安全、经济、高效运行对水电运行、维护、管理和决策提出了更高要求，同时也带来一系列亟待解决的前沿理论和工程技术问题。

国内外对水电设备状态监测、故障诊断、健康评价等与水电安全运行相关的科学与技术问题，开展了一系列研究，取得了丰硕成果。但研究深度与系统性方面仍显不足，对多源数据驱动设备故障诊断与状态预测，多重不确定性影响下电站健康与质效协同等缺乏系统研究，这制约了智能水力发电和数字化智能抽水蓄能工程应用。主要问题：数据孤岛、单体智能广泛存在，异构大数据接入带来多源异构数据共享，多场景多业务协同等难题；新型电力系统下，水电机组控制受多重不确定性因素影响，如何预测和量化设备状态，解析运行状态与健康状况间的深层映射关系；如何基于多源感知数据驱动设备设施开展自诊断。

针对上述问题，本技术以西南某水电站和仙居抽水蓄能电站为依托，集中国内顶尖力量联合攻关，对大型水电站S-limC全寿命期数字化健康管理进行系统研究和示范应用。

（二）主要创新成果

西南某水电站是我国西藏地区最大的内需水电站，担负着高寒高海拔地区环境恶劣、人员劳动技能下降、电网结构薄弱等不利因素下，保障电站安全稳定运行的重任。仙居抽水蓄能电站是我国自主设计、生产和建设的大型电站，也面临国产设备迭代完善需求及新型电力系统下频繁的调峰调频调度需求等多重需求压力。本技术聚焦基于大数据驱动的设备健康管理技术体系创新，在跨安全分区多源异构离散数据聚合、数据驱动的设备状态量化预测和设备结构化健康等方面进行了系统研究。主要技术创新成果如下。

（1）创造了依托“一个模型”的电站全寿命期管理体系。首先，通过三维数字化设计形成“一个模型”，并基于“一个模型”从数据层进行整合，实现全景数据一个源。其次，结合电站专用数据编码体系，实现数据与模型集成映射，勾画“全厂一孪生”。最后，形成模型和数据驱动的电站全寿命期管理的“业务一条线”，实现电站设备数据融合应用和数据价值的深度挖掘。

（2）设备状态感知数据离散分布在多个电力安全分区，传统跨安全分区数据集成链路长、稳定性差，客观上降低了电站数据资源的可用性。为此，基于安全隔离装置的工作特性，提出基于心跳机制和轻量化故障编码的跨安全分区接入全链路异常检测方法。在不占用隔离装置有限带宽的同时，实现全链路异常检测，实现多源数据接入全链路异常环节实时定位。针对跨安全分区高效稳定传输难题，可以以较低成本实现快速定位，指导快速处理。在此基础上，完成跨安全分区多源异构的稳定聚合，从而实现电站全量监测、监控等数据的统一服务。

（3）针对当前设备状态管理以单状态幅值阈值及单状态历史趋势阈值为主的问题，提出一种融合专家知识和健康模型的抽水蓄能健康状态预警方法，形成特定机理模型和海量健康数据驱动的状态预警综合解决方案。基于互信息理论解析了不同工况下指标量与机组设备状态之间相关关系，建立全工况下机组特征运行状态的健康状态模型，实现对特征运行状态未来时序预测，进而基于主成分分析与深度自编码器构建多状态融合设备劣化度，引入长短期记忆神经网络，实现融合专家知识和健康模型的设备整体劣化趋势预测。

(4) 基于设备构成关系和设备特征状态重要度，研究了水泵水轮机、发电电动机、主进水阀、主变压器等主要设备的健康评估规则体系，提出了融合自适应权重和动态阈值的健康评价模型和健康评价方法，构建了可完全编辑的结构化健康管理体系，在国内首次实现了评价层级、评价规则和评价参数等评价体系全要素的自定义在线配置，有效降低了机组检修的规模和频次，提升了水电机组和抽水蓄能机组服务电网的能力。

(三) 成果应用及社会效益

本技术通过构建资源可动态分配，业务可灵活部署，能为各类应用提供支撑的抽水蓄能电站全景大数据平台，开发了设备健康评价与故障诊断系统。基于趋势分析、状态评估与故障诊断模型，实时在线分析并反馈各设备运行状态，避免了重大故障发生，为设备运维和检修提供指导性意见，提升了设备利用率。该技术应用于状态检修中，将机组由B级检修调整C级检修，减少检修停机30天。按每天每台机组收入约100万元计算，实现效益约3000万元。

大型水电站S-limC全寿命期数字化健康管理技术已应用于浙江仙居等水电站，并逐步推广应用至安徽金寨、浙江长龙山、甘肃崇信等电站，在电站全寿命期管理中发挥着巨大的作用。同时，本项目成果对推动全景数据平台、趋势分析、健康评价、故障诊断等在水电站的应用，促进我国智能水电厂和数字化智能抽水蓄能电站的建设，以及整个行业的进步具有重要意义，也是在“双碳”背景下给新型电力系统助力。

(中国电建集团华东勘测设计研究院有限公司
吴月超 罗远林 郑波 胡睿 邹雯 侯进皎
胡鑫 吕洋 费文曲)

梅州抽水蓄能电站蓄势绿水青山，绘就“双碳”蓝图

党的二十大报告提出，积极稳妥推进“碳达峰、碳中和”。立足我国能源资源禀赋，有计划、分步骤实施“碳达峰”行动。

(一) 锚定“双碳”目标，奉献清洁能源

梅州抽水蓄能电站(简称梅蓄电站)是南方电网公司在广东投资建设的第五座抽水蓄能电站。梅蓄电站上、下水库有效库容分别为4102万 m^3 和4382万 m^3，是目前国内抽蓄电站中第二大水库容量。电站装机容量2400MW，分两期建设。一期装机容量1200MW，设计年发电量15.70亿kW·h，设计年抽水电量为20.93亿kW·h。2018年9月，梅蓄电站主体工程正式开工，2022年5月一期工程建成投产，二期工程将在2025年底投产。

(二) 攻坚克难筑就工程典范

电站建设面临诸多困难：一是征地难，梅蓄电站是我国目前移民人数最多的抽水蓄能电站，移民人数2320人，征地移民难度大；二是工程施工难，上、下水库库容巨大，且4座大坝4种不同坝型，给料源管控和土石方平衡带来很大难度和挑战，同时，地下厂房及输水系统洞群规模大，地下洞室多，竖井井深大，施工难度高；三是设备开发难，抽水蓄能机组400m段水头变幅为国内最大，转轮开发难度大，其中4号机组全面实现国产化。

梅蓄电站建设者迎难而上、克服新冠疫情等不利影响，在短时间内完美解决各项难题，48个月后电站全面投产，刷新了国内抽蓄电站主体工程最短建设工期纪录。这里有“一站四坝”，上水库主坝为钢筋混凝土面板堆石坝，下水库为碾压混凝土重力坝，上下水库副坝分别为均质土坝和黏土心墙堆渣坝，并达成了土石方平衡，减少弃渣。

全国首台国产化抽水蓄能机组成套开关设备在4号机组成功实现示范应用，并在2022年4月通过了中国机械工业联合会的成果鉴定。梅蓄电站4号机组为国内国产化率最高的抽水蓄能机组。此外，球阀奥氏体不锈钢接力器、球阀纯水操作控制系统、发电机推力瓦、机组状态监测传感器、进口自动化原件均在梅蓄4号机组完成国产化替代。

梅蓄电站开创了国内首台机组第一次三导轴承摆度5道时代。梅蓄首台机组上导、下导、水导等三导轴承摆度均小于50μm，开创了国内机组三导轴承摆度全面进入50μm的先河，远优于相关国家标准和精品机组标准。

梅蓄电站建设过程中参建单位众多，人员复杂，建设者始终营造和谐共赢的氛围，一起召开电站周、月例会及专题会议，共同开展安全监督检查，沟通工程建设重点工作，在团结协作原则下有效分工，形成工作合力。发挥组织优势，常态化与参建各方开展支部共建，常态化开展工会劳动竞赛、技能比拼、文体活动等。

(三) 践行应用创新，秉持生态优先

面对复杂的工程条件，完成自主创新及研发项目14项。科研人员创新了短竖井一钻多爆快速正挖施工、岩壁吊车梁混凝土施工、斜井开挖支护施工、抽水蓄能机组有水调试、抽水蓄能机组带转轮预装导水机构施工、抽水蓄能电站高压电缆竖井高压细水雾消防系统施工等工法，研制出国产化抽水蓄能机组成套开关设备，获得专利42项、工法8项、QC成果15

项，参编标准5项。

梅蓄电站响应国家“双碳”目标实现，注重在工程中引入节能新工艺、新技术，采用国家重点节能低碳技术推广目录11项。例如变频器调速节能、新型节能导线应用等技术。此外，还采用了10项建筑业新技术和21项电力行业“五新”技术。

梅蓄电站建设中坚持环境优先，下大力气对水环境、大气环境、声环境和生态环境加以保护。通过全方位采取环保措施，各项环保指标均优于国家标准和设计要求。砂石加工中，采用“链条式刮泥系统＋集泥槽＋分级沉淀＋加药系统＋DH高效净水器”的GCJ砂石废水处理系统，使悬浮物SS＜70mg/L，做到废水零排放，回收水重复利用。此外，工程完工后，对上下水库库底彻底清理，并在下库主坝坝体内设生态补水设施，以全面提升库区水质。

为减少施工带来的大气污染，梅蓄电站对相关环节均采取相应治理措施。混凝土和砂石料加工系统采用袋式除尘装置收集粉尘，散装水泥、粉煤灰采用封闭设备输送并设除尘设施，施工车辆使用优质燃油，做到不遗漏每个环节，以严格管理保障蓝天常在。

噪声控制方面，将下库砂石加工系统等多噪声源设在远离生活办公区的山坳内，避开深夜及凌晨进行爆破、钻孔、开挖作业，为施工作业人员配发耳塞等个人防护用品。

梅蓄电站严格在征地红线内施工，尽量减少施工对区域植被的破坏，对因工程造成的裸露区进行复绿，绿化覆盖率达100％。对珍稀植物移植保护，确保不因工程受损。

（四）聚焦绿色发展

梅蓄电站的投运对助力实现双碳目标，保障粤港澳大湾区电力供应，提高绿色能源消纳能力具有重大意义。一期工程使电力系统每年节约标准煤约17.09万t，减少二氧化碳排放量约42.82万t，减少二氧化硫及粉尘排放约0.15万t，直接减排效果明显。此外，通过优化南方电网系统电源结构，降低了燃煤火电调峰率，间接促进了火电节能减排。

全面投产的一期项目，全年绿色发电量达9.44亿kW·h，相当于梅州电网负荷的50％，成为南方电网建在粤北地区的粤港澳大湾区“电力粮仓”。

（梅州蓄能发电有限公司　黎新宇）

垣曲抽水蓄能电站工程建设管理

山西垣曲抽水蓄能电站位于运城市垣曲县境内，上水库位于东坪村，下水库位于院后村下游清水河主河道上，上、下水库水平距离约3.3km。站址距太原公路里程430km。电站安装4台单机容量为300MW的立轴单级混流可逆式水泵水轮机。

（一）工程进展情况

2022年度主要工程节点：①110kV中心变电站3月5日移交地方变电站；②开关站一期场地开挖和支护于3月30日完成；③2号渣场排水洞于5月19日贯通；④永久2号公路隧道于12月7日贯通；⑤永久1号、2号-1、3号、4号、5号-1、6号公路于12月31日具备简易通车条件；⑥项目部营区于12月31日全部完成，具备入住条件；⑦业主营地1号、2号，监理设代楼于12月31日主体完成。

（二）质量安全管理措施

建立健全质量管理体系。根据业主质量检查验收标准，分类整理各分部和单元工程验收表格。严格落实“三检”制、质量缺陷处理等10余项规章制度。做到验收一仓、浇筑一仓，每次爆破必拍照留底验收。开展质量教育培训共36次。自开工至2022年底，水电项目累计验收评定409个单元，合格率100％，优良率96.8％；公路项目累计验收评定111个分项，合格率100％；房建项目累计验收评定298个检验批，合格率100％。先后创建永久1号公路挡墙，业主营地2号住宅楼独立基础，进厂交通洞、通风兼出线洞洞室石方开挖，1号施工支洞支护，监理设代楼框架结构混凝土，业主营地办公楼地沟模板7个部位样板工程。项目部将以样板工程创建为契机，积极开展QC小组活动，力争2023年再创建10个样板工程，单元优良率提高到97.5％以上，争创“国家级优质工程奖”。

以“安全管理强化年”为主线，以安全标准化为抓手，做好以下工作。一是健全安全管理体系，严格落实《安全生产法》，按形成“体系健全、责任明晰、管理科学、资源充足、效益明显”的安全生产管理体系要求，建立全员安全生产责任制，制定“一岗一清单”手册等，不断提升安全管理效能。二是落实双重预防机制，坚持危险源辨识和风险评估工作，编制2022年度施工风险辨识及预控措施清册。通过专项检查、综合检查、季节检查、例行检查等，排查现场各类问题隐患283条，内业资料缺陷27处，整改完成率100％。三是加强应急管控，建立健全应急体系，编制各项预案和现场处置方案46项，通过预案演练，增强了全员处置突发事件的能力。四是严格落实安全制度，坚持安全教育培训制度、三工制度、会议制度，严格执行安全措施费用计提制度，确保足额投入使用。五是深入开展反违章管理，项目部严格落实104条反违章工作要求，树立“违章就是隐患，违章就是事故”理念。为有效管控现场违章现象，实行“片区制”“洞长制”，对主要风险点进行提示和告知。

（三）科技攻关管理措施

共立项4个科研项目，完成科研经费归集948.2万元，发表论文4篇，创建样板工程7个。聘请外部专家充实项目部技术力量，担任项目部重要职位，为工程现场解决棘手的技术难题。比如解决1号公路隧洞改线和进口支护，2号公路隧洞进口边坡支护，3号－1施工支洞塌方、渗水和洞室围岩变形，各洞室围岩变化及时调整支护，永久1号、2号公路挡墙施工难度大，导流洞进口安全防护、四级泵站施工难度调节变换位置等技术难题。

（四）进度保障管理措施

每年12月前编制下一年年度计划，参建四方结合现场实际情况进行多次研究梳理，做出最符合实际的年度计划，然后将计划分解到月。每月初召开月例会将月计划传达下发。每周参加四方组织的周例会，总结本周工作，安排下周工作，并协调解决现场存在的问题，并将周计划下发至各作业队，对进度滞后的分包队伍进行进度预警和约谈。对滞后比较多的部位，成立进度管控小组。比如成立的永久1号路进度、业主硬度管控、供水系统管控、上库管控等小组。通过重点关注、资源倾斜和现场协调，使滞后的进度偏差越来越小。永久1号路挡墙浇筑滞后，每周浇筑未超过200m^3。成立管控小组后，高峰期浇筑强度达1600m^3。

（中国安能集团第一工程局有限公司　张广辉）

智能建造管理平台在JX水电站工程中的应用

（一）概述

JX水电站枢纽主要建筑物包括碾压混凝土重力坝、溢流表孔及泄洪冲沙底孔、左岸坝后式地面发电厂房。安装3台发电机组，总装机容量60万kW，最大坝高116m。电站于2019年7月开始筹建，计划2027年12月首台机组投产发电，2028年6月全部机组投产发电。

智能建造分两阶段进行。JX水电站设计阶段，采用三维数字化协同设计技术，以三维设计软件、协同设计管理软件和数据库服务软件为基础，构建覆盖水利水电工程勘测设计全专业、全过程三维数字化勘测设计平台，并建立过程数据中心，使勘测设计工作在设计平台开展，成果能基于统一信息架构及信息模型储存和展示。通过三维数字化协同设计获取三维GIS和BIM模型成果，通过三维模型成果处理，使之能在智能与运维中应用。

JX水电站施工阶段，采用数字化施工管理技术，基于BIM、物联网、云计算等，建立施工期工程数据中心及施工期业务管理子系统，由智能建造管理平台，温控智能管理、灌浆智能管理、工程安全监测、水情测报、智慧工地、大屏展示等组成，共同构成智能建造技术和应用体系，实现工程建设全过程数字化、精细化管理，有效提高关键要素管控水平。

（二）主要功能介绍及应用

1. 系统主页　采用模块化设计，汇聚项目的进度、质量、安全、投资等要素的核心数据，利用数据可视化手段展现项目进展情况，统计分析数据的全局性信息。

2. 个人办公　包括个人信息设置、个人任务管理。个人任务管理功能汇集了各功能模块中与用户相关联的流程数据，包括待办任务、流程跟踪等子功能。该模块利用信息化手段提升了信息共享体验与资源管理效率，帮助用户实现以事找人，促进事务快速处理。

3. 系统设置

（1）施工包维护。根据合同层面标段和项目划分，形成细化单元数据库，实现单元工程进度计划管理、质量验评管理、计量结算和资料归档，实现BIM四同时管理，开展三维协同设计、可视化模型制作和上线工作、三维模型轻量化展示，将分批提供三维设计成果和图纸。设施工包维护子模块，用于单元工程设计及维护，完成单元工程基础信息填报。

（2）报表及综合查询。包含进度、质量、安全、环水保等模块，除少量表单外，所有涉及表单都已上系统成电子表单，表格为pdf、Excel、Office、xml标准格式。

（3）流程管理。通过一个数据架构支撑，系统中原缺省业务都可按项目管理要求由发起者选择审批人/处理人设置，能对计划、合同、质量、安全等业务流程的建立、修改。

（4）编码管理。编码管理已通过按统一标准进行编码，对数据进行统一化处理，保持系统前后数据的一致性，系统中所有业务单据执行唯一性原则，并支持编码前台定义。

（5）组织机构、人员岗位、角色权限维护管理。参与JX项目的参建单位的各级管理人员都已建立账号及组织机构，且设置完成各类角色权限。

（6）系统管理。对系统进行相关定制、维护和管理。实时收集和处理系统日志数据。

4. 综合展示　该模块有三维展示、360全景、工程影像子模块。360全景、工程影像模块有全部功能，三维展示已有初步模型但仍处于测试阶段，进行最新模型更新与调试。

5. 技术管理　含业主文件、监理文件、设计文件、施工文件、技术服务文件、制度管理、考核管理、模板配置等模块，实现了建设过程各类文件报审、流转及管理功能。

6. 进度管理　进度统计、四同时管理、进度计划、进度展示等模块已开发完成，正进一步测试。可用图表形式展示工程统计进度情况，用户可以以单元工程填报数据。

7. 质量管理　质量统计可通过标段、时间等进行，验评结果以图表形式直观展示；实现线上质量验评表单填写、签证、归档；智能检测通过试件标记二维码、试验成果线上填写汇总，并关联至相应单元工程，作为验收资料；移动端收集和填写工程质量缺陷和问题，自动下达质量缺陷整改通知单并推送到相应责任人，质量缺陷整改完成后上传数据。

8. 安全管理　其模块包括安全统计、安全隐患、安全风险管控、安全制度表单和安全生产费管理，可实现安全隐患线上闭环管理，实现工程现场各类安全制度的管理。

9. 培训管理　安全教育、质量、技术、环水保、智能建造等培训模块已上线，可实现不同类型培训记录添加，施工、监理、业主等用户可新增培训记录或进行修改、删除。

10. 计量管理　对完成施工和完成验评的单元自动发起计量签证流程，并对签证单中的工程量清单数据进行分类、汇总，用于办理施工类合同的进度款结算。

11. 投资管理　实现合同管理—计量签证—变更审批—结算（预付款）审批—资金支出—概算对比—分析预测和调整的全过程造价控制和投资管控。

12. 物资管理　完成到货验收、材料领用、库存管理、材料盘点、材料核销、运输管理模块的需求计划沟通对接，正在开发管理模块。

13. 档案管理　进行业务模块数据自动归集，推进现场应用，及时开展线上电子归档。

14. 相关集成子系统开发　子系统包含智能浇筑、灌浆、温控、环水保管理系统、工地管控平台开发、安全监测系统建设与运维接口开发、水情测报系统建设与运维。上述子系统开发结合工程建设进度、施工特点和管理需要提前进行，适时开发上线运行。

（华能雅鲁藏布江水电开发投资有限公司
JX 分公司）

勘测设计企业 EPC 总承包模式管理提升对策分析

（一）SWOT 态势分析

以国内电力行业某勘测设计企业转型承揽 EPC 总承包业务实践为基础，对勘测设计企业 EPC 总承包管理模式进行 SWOT 态势分析。SWOT 中 S（Strengths）是优势、W（Weaknesses）是劣势、O（Opportunities）是机会、T（Threats）是威胁，经常被用于企业战略分析。我国勘测设计企业 EPC 总承包管理模式 SWOT 分析见表 1。

表 1　勘测设计企业 EPC 总承包管理模式 SWOT 分析

内部优势（S）	劣势（W）	外部机会（O）	外部威胁（T）
设计水平往往处于行业领先地位。设计技术力量和人员知识水平较高。易通过内部协调设计实现项目优化增值。一批勘测设计企业已通过履约实践积累了丰富的总承包经验，并已在实践中建立了有特色、懂设计、强管理的总承包管理团队	体制机制与业务扩张需求待深度磨合。总包管理人才紧缺、多元化人才有限。设计与采购、施工的融合度待加强。总包团队与设计团队不存在隶属关系，不易总体协调。设计团队的成本意识和对设计优化的积极性与总承包业务需求间有差距	国家政策支持勘测设计企业转型总承包业务。行业对勘测设计企业品牌认可度高。设计在工程上游地位有信息优势。“十四五”规划与“双碳”目标利好新能源和抽水蓄能行业、工程项目增多导致业主管理力量不足，更愿意采用管理投入少的总承包模式	行业竞争使总承包市场竞争激烈。总承包市场价格偏低不易实现利润。业主对总承包项目管理苛刻或介入多。部分总承包项目建设条件差，合同履约风险大。以设计为龙头的勘测设计企业 EPC 总承包管理模式社会认可度有待提高

（二）勘测设计企业向 EPC 总承包商转型的关键

勘测设计企业向 EPC 总承包业务转型时，尚有许多重要工作应予以加强。①不断摸索改革和调整传统的公司体制、机制和流程，以 EPC 总承包商的标准改善经营机制，逐步建立起与国际型工程公司和总承包业务模式相匹配的业务管理体系。②必须将设计、采购和施工统筹考虑，实现内部协调、深度纵横和融合，通过全过程集成管理整合、资源优化配置，实现 EPC 总承包项目工程建设的整体效益。③加强设计、采购和现场管理团队的优化组合，重视人力资源管理和管理经验沉淀，打造有经验、易沟通和重协作 EPC 总承包团队，实现设计团队与总承包团队统一管理。④建立长期合作的设备物资供应商、施工分包商和服务提供商库，建立分包履约评价和考核机制，优先选择能力强、信誉好的企业，减少分包不当引起成本增加。⑤重视合同履约和公司宣传，打造勘测设计企业 EPC 总承包商形象。与长期合作及有潜力业主保持密切沟通，深度挖掘和经营，将总承包业务做大做强。

（三）发挥勘测设计企业 EPC 总承包管理的龙头作用

设计贯穿工程建设全过程，决定了项目 75%～85%总造价，可从源头对项目各方面进行有效控制。但实践经验看，设计管理尚应加强一些关键因素上的控制（见表 2）。

表 2 发挥设计龙头作用的关键要素

序号	类别	内容
1	设计进度管理	按总承包控制节点编制设计计划，开展设计工作。及时处理设计问题。设计文件提供须满足项目进度
2	设计质量管理	设计成果校审流程检查。设计方案审查会议。设计联络会接口配合。设计成果深度、准确性、合理性、可采购性和可施工性评审
3	设计成本管理	“限额设计”控制工程成本。设计变更控制不必要成本增加。设计方案优化
4	设计人员管理	团队组建和激励。设计人员能力和态度。合理优化配置人力资源。设计团队纳入总包管理
5	设计范围管理	总包合同设计范围的界定。各专业分界和设计接口管理。各标段招标界限的管理
6	设计创新管理	寻求行业领先技术和方案创新。革新传统设计管理模式、激励和分配机制。加强科技创新和新技术、材料的应用

要实现更加充分发挥设计龙头作用，应深度优化设计管理。①充分调动设计团队融入总承包成本管理的积极性。②牢固树立“限额设计”意识。加强总承包设计监督和管理力度，推行内部汇报和评审制度，多方案比较和优化设计，增强参与设计人员的成本控制意识。③加强设计前期策划，以业主需求为导向提升设计产品水平，以验收标准为条件挖掘利润空间，以专业协同为原则实现系统整合。④做好设计全过程服务，现场设设计代表机构，鼓励设计人员长驻现场，深度熟悉和了解现场情况，做到精细化设计，充分发挥设计在总承包项目实施中的延伸服务作用。⑤创新设计与采购的交互，以适应总承包管理需求。⑥创新设计与施工的交互，助力总承包现场管理。⑦引入全员设计管理理念，调动所有总包人参与设计管理的积极性，从设计、采购和施工的各个细节寻求设计优化或改进措施，尽可能降低成本，减少浪费，增加利润。

（四）EPC 总承包设计管理创新技术应用

①采用无人机航拍及测量技术辅助选址踏勘、地形图测绘和项目全过程数据采集。②利用三维设计软件精细化场区布置。③应用 BIM 技术。④构建智慧化 EPC 总承包项目工地。⑤推广更具有市场竞争力和应用前景的新型材料。⑥加强勘测设计企业设计创新、科技研发和专利挖掘，在 EPC 总承包项目中体现勘测设计企业技术实力和特殊领域不可替代性。

（中国电建集团西北勘测设计研究院有限公司 祁林攀）

国际 EPC 总承包项目法律风险识别与对策

（一）国际 EPC 项目风险的识别方法

对国际 EPC（Engineering Procurement Construction）项目所涉风险的识别有头脑风暴法、德尔菲法、项目工作分解结构法、幕景分析法等。德尔菲法是指研究主体设计调查问卷，通过协调邀请相关项目风险领域专家或资深从业者，选取匿名问卷方式，针对项目风险完成多次征询意见，再汇总成统一结果。幕景分析法的重点是结合引发项目风险条件或因素变化情况，判断分析源于法律风险引发的后果，统计测算各种风险因素所占权重的比例，综合分析评价此项目可能引发的各种影响。结合国际 EPC 项目的特点和所涉法律风险的基本特征，采用德尔菲法、幕景分析法等识别国际 EPC 项目法律风险较合适。

（二）国际 EPC 项目法律风险的识别

对国际 EPC 总承包项目法律风险的识别，可从以下两方面识别风险。

1. 从 EPC 项目面临的法律环境视角识别风险

①项目所在国法律体系不健全的风险。对电力工程、市政、铁路、桥梁等基础设施国际 EPC 工程，随地域、国别及法律环境不同，承包商在承建中所涉及的复杂法律环境差别很大。调查研究国际 EPC 项目所在国法律要求及法律环境尤为重要，否则会面临风险。应关注我国企业对外承揽 EPC 项目涉及的法律法规，重视与 EPC 总承包的审批、外汇、出口涉及的政策、法规、规章等要求，防范因与本国法律相抵

触而耽误项目执行进程。②母国与东道国法律差异的风险。如承包商没有关注东道国相关法律，依照传统母国法律去操盘项目的建设和运行，势必存在法律风险。合理应对法律差异问题应从提前了解东道国法律体系开始，从项目涉及的法律角度对比母国与东道国法条的区别。③项目所在地法律变动的风险。如国际EPC项目所在地的隶属国家，出现政治因素变化、法律变更、国家政策调整将产生政治、法律、政策变动的风险，给国际EPC承包商带来经济损失。

2. 从项目运作的主要阶段识别　即按设计、采购、施工等阶段予以识别。①设计阶段面临的法律风险。设计阶段的法律风险可能包括：合同谈判阶段存在的风险、设计标准阶段存在的风险、投标设计阶段存在的风险、投标阶段中的廉洁风险等。②采购阶段面临的法律风险。采购阶段的法律风险可能包括：合同法律效力风险、设备材料标准风险、货源风险、设备材料进口风险等。③施工及试运行阶段法律风险。此阶段是风险高发期，涉及的风险可能包括：施工许可风险、施工质量风险、劳动合同风险、签证风险、环境和生态保护风险、廉洁风险。

（三）国际EPC项目法律风险评价指标体系构建

依据EPC项目面临的法律环境识别风险的3个因素以及项目运作阶段识别风险，分别构建法律风险评价指标体系。

（四）国际EPC项目法律风险应对措施

仅针对国际EPC项目面临的宏观法律环境风险，提出应对措施建议。

1. 东道国法律体系不健全的风险　应全面展开对东道国法律环境与法律制度的研究，合理选用基本法，审慎规避项目法律风险。对预见合同条款中有争议的问题，应提前在合同中列明解决方法。如若项目所在国适用某国际法律范本的条款时，可以按照相关条款签署合同；当项目所在国没有相关国际条约可以援引时，可以依据国际法律条约中相关变更与索赔的内容订立合同条款，尽量减轻由于东道国法规不健全引发的风险。

2. 母国与东道国法律差异的风险　承包商在投标决策前，应对所在国法律进行认真调研，必要时聘请当地法律机构咨询；组织相关人员逐条对法律进行甄别，分析总结母国与东道国法律规定的差异，规避项目实施中产生的法律风险。

3. 项目所在地法律变动的风险　项目所在国政府的财政、货币、外汇、税收、环保、劳工等法规政策的变动，将耗费承包商的资源与精力，增加项目负担。在国际EPC项目风险管控中，承包商应妥善做好合同事前管理。承包商事先做好项目所在国法律环境调研工作，选取法律专家对项目所在国政治环境、法律、经济制度进行预判。谈判时，需要一支专业的团队，包含法务、财务、金融专业的专家，尽量在合同洽谈中规避风险。同时，在合同中明确约定发生争议的解决方式，为日后争端解决争取主动。对当地法规更改或由于政权更迭引发的法规变动风险，在商务合同中提前约定清楚，尤其关注相关政策调整带来工期拖期和费用增加的风险。对当地政府的代扣税或先扣税后返还政策，应保持高度警惕，及时收集完税证明，防止对方借故扣减待返还的税费。应关注两国政府对工程设备税费的变化，防止增加税负或重复缴税。国际EPC项目建设过程中，应有效开展合同管理，提升企业规避风险能力，巧妙利用项目所在国法律环境，趋利避害。

（西安交通大学　赵莹）

SL大型砂石骨料生产线在三边模式下的技术管理

SL新材料砂石骨料生产线场址在陕西洛南县，地处秦岭东段南麓。生产线西沟加工区设在牧羊沟西沟沟道，占地94亩，含30多个单体工程和20余条胶带机；成品发运区在洛河左岸杨村附近，占地202亩，含50多个单体工程和40余条胶带机。两地相距4.3km。

（一）三边工程存在的问题

三边即边勘察、边设计、边施工。三边工程违反工程建设基本程序，存在如下问题。

1. 设计与施工同步问题　三边工程虽在一定条件下能缩短工程建设周期，但一边设计出图一边马上组织施工，如设计出现失误或偏差，将造成工程建设混乱。设计时间短，会造成不符合环境条件的设计，一旦出现状况，将影响全局，带来不可估量损失量。

2. 采购与施工同步问题　设计与施工同步进行，物资器材采购也须同步，但物资供应往往赶不上需求。施工中物资短缺导致施工骤停的现象时有发生。

3. 勘察、设计与施工衔接　SL生产线建设内容多，任务大，且场区雨季和冬期时间长（共9个月），工期短。若按传统项目建设模式，待勘设完成后再施工，将无法满足工期要求。如何实现勘察、设计及施工的衔接是工程实施面临的问题。

4. 设计图纸　图纸有5万余页，但深度不足，审图、变更量大，要常与设计对接。

5. 施工组织方案编审　该项目建设内容广专业多，施工图完成后需尽快完成施工方案编制及报审，危大方案还需专家论证，完善相关手续后方可施工。这对技术人员是挑战。

6. 技术交底和技术支持 矿山面积 40 万 m^2，技术交底难度大。地勘不详和设计方案欠缺条件下，隧洞开挖后难免会停顿，围岩长期暴露有安全隐患，快速处理问题面临挑战。

7. 技术与经营配合 三边模式下，如何发挥以技术为核心的引领作用，确保成本、质量安全、进度协调统一，实现技术与经营有机结合，是该工程需要重点解决的问题。

8. 人机料需求调配 建设任务集中，数量庞大，要重点关注人、机、料的调配。尤其是需要大量具有相应综合专业能力的技术人员。

9. 信息化技术应用 项目点多面广集成管理难，如何优化流程使施工受控面临挑战。

（二）技术管理的对策

1. 设计阶段主动介入 设计阶段主动安排专业技术人员与设计对接，配合设计绘制基础性图纸，最终经补充细化出正式图纸。项目部专人参与审核，把控关键内容。其他非关键性图纸核对由普通技术员参与。加强与设计对接，及时处理问题，减少后续设计变更。

2. 及时供给图纸 按生产线投产顺序，结合施工直线和现场实际情况，作出施工组织区块划分。制定区块、分阶段施工计划，给出精准出图计划，做到出图与施工相匹配。

3. 技术管理优化 对项目施工期间可预见的各项技术问题，采取如下措施。①结合现场施工条件及设计出图计划，做好方案编制，明确编制时间节点。聘请专家进行技术指导、评审方案。加强培训提升技术人员识图及方案编制业务水平效率。②利用信息化管理系统构建项目劳务用工实名制管理系统，进场人员先完成交底培训，合格后分工种、分专业进行交底。加强班组技术交底，实现交底全覆盖。③提前建立技术管理问题清单，跟踪问题销号。加强现场技术巡视，提高现场问题处置效率，重点做好高危大工程的监督和检查。聘请专家咨询和论证指导。④工程量清算中，聘请专业员或造价团队，缓解人员不足及经验缺乏等问题。

4. 做好人机料供需策划 根据现场情况，按不同规格型号，提前编制人机料需求计划。编制好技术方案，合理安排施工组织，尽量避免人、机、料过渡集中或闲置。

5. 设计、施工方案优化 设计阶段，配合设计合理选择、制定施工工艺，在保障设计目标和概预算前提下，找到有利于项目建设与实施的设计方案。图纸完成后积极做好图纸审核、工程量清算和现场实施情况监控管理，发现与图纸有偏差或需完善处，及时在现场签证并与设计沟通，为设计变更或图纸更换提供支撑。根据图纸编制可行的施工组织设计。实施过程中，加强技术与现场配合，结合现场实际情况合理优化方案。

6. 强化信息技术应用 引进视频监控系统，在各工点布置摄像头，实现项目管控。依托微信、企业微信、信息化管理系统等平台，构建项目管理及调度信息中心及交流平台，汇总建设过程中收集的信息，为项目决策提供支撑，发现现场建设中问题，还可提高人、机、料的利用率。利用信息技术，实现施工安全、质量远程实时管控。

7. 优化技术人员结构配置 项目组建时，根据建设所需配备专业技术人员。同时，加强技术人员的交流，实现团队协同作战。项目实施中，边参加建设、边学习、边培养。组建项目建设专家咨询团队，给项目建设提供指导，也可依托专家咨询团队对技术人员进行专业培训，提高技术人员的综合素养。

（中国水利水电第三工程局有限公司 罗奋强）

企 业 管 理

中国长江电力股份有限公司 2022 年生产经营情况

2022 年是极不平凡的一年。这一年，党的二十大胜利召开，吹响了奋进新征程的时代号角。在集团公司党组和公司董事会的正确领导下，克服了长江来水极度偏枯、新冠疫情跌宕反复、国内经济下行等多重困难挑战，延续了“十四五”良好发展态势。

（一）高水平巩固大水电基本盘

挖潜增效彰显基础保障作用，梯级电站全年发电 2622.49 亿 kW·h，节水增发电量 85.98 亿 kW·h，综合耗水率创 2015 年以来历史同期最好水平。科学调度发挥梯级综合效益，按期完成白鹤滩 825m 试验性蓄水任务，三峡水库累计为长江中下游补水超 100 亿 m^3，向家坝升船机通货量超 169 万 t，再创新高。白鹤滩水电站全部机组投产发电，标志着世界最大清洁能源走廊全面建成，长江流域“六库联调”新格局全面构建。圆满完成冬奥保电、党的二十大保电等多轮次保供任务，保供高峰期梯级电站单日最大发电量超13亿kW·h，累计48天日发电量超10亿kW·h。三峡、葛洲坝、溪洛渡、向家坝、乌东德5座电站实现年度“零非停”，白鹤滩电站全面投产后稳定运行，公司安全生产形势创历史最好水平。

（二）高质量拓展新赛道新空间

新能源差异化优势凸显，以金下基地为发展新能源的主战场，及时决策金下基地云南侧22个项目，选派投资、技术专业骨干近50人常驻现场；组建水风光多能互补联合实验室，高质量完成金下水风光一体化可再生能源综合开发基地研究。抽水蓄能业务发展蹄疾步稳，公司首座抽水蓄能电站——甘肃张掖抽水蓄能电站顺利获得核准并成功举办开工活动，获取纳入国家抽水蓄能中长期规划抽水蓄能项目240万kW，在多地成功储备一批“抽蓄＋新能源”优质资源，极短时间内出台《抽水蓄能电站运行管理方案》。智慧综合能源示范引领，全球载电量最大的纯电动船“长江三峡1号”投入运营，国内内河首艘氢燃料动力船“三峡氢舟1号”船体建造合龙。国际业务实现提质增效，持续强化秘鲁路德斯公司管控，全年实现净利润1.7亿美元，同比增幅超20%，全面接管卡洛特电站运维工作。

（三）高标准塑造新优势新动能

科技创新组织体系建设日臻健全，公司成立科技创新部。承接水资源高效利用与工程安全国家工程研究中心、湖北省智慧水电技术创新中心，承建水风光多能互补联合实验室，获批建设公司首个博士后科研工作站，科研平台建设取得重大进展。科技创新涌现新成果，新增科研项目370余项，年度研发投入达到5.83亿元，创历史新高。全年共获授权专利373项，其中，发明专利授权量跃升3倍达到81项，创历史新高。

内部改革取得新成效，公司入选国务院国资委“国有企业公司治理示范企业”名单，在国务院国资委“双百企业”年度专项考核中排名第二，成为“标杆”企业。合规经营构建新格局，合规管理强化年6大类共19项重点任务圆满完成，清能集团股权处置取得重大进展，12家法人户数成功压减，境内外法人层级压缩1级。机构改革释放新动能，顺利完成公司本部工作地优化调整，蹄疾步稳实施本部管控模式及组织机构改革。强化新能源和抽水蓄能业务板块平台支撑，分设三峡电能、长电新能。人才强企打开新局面，成功引进领军人才1人，寻募海外高层次核心人才3人。统筹用好各年龄段干部，持续选优配强干部人才队伍。

（四）高基数下实现稳增长稳预期

金沙重组顺利推进，乌东德、白鹤滩水电站重大资产重组获得证监会无条件审核通过，公司总装机容量增至7179.50万kW，再次实现跨越式发展。公司市值再创新高，市值最高达5747亿元，稳居中国A股电力板块首位、全球电力上市公司前三位。获得中国证监会“2022年度A股最佳治理实践上市公司”、第四届新财富“最佳上市公司”等一大批荣誉。资本运作贡献增量，全年实现投资收益约46.98亿元。成本控制稳中有进，预算总额控制连续5年“零突破”。资本金融管控有力，公司资产负债率40.15%，较年初下降1.94%。

（中国长江电力股份有限公司）

黄河上游水电开发有限责任公司2022年度经营管理情况

2022年，黄河上游水电开发有限责任公司新增电力装机容量103.05万kW，期末装机容量2843.86万kW。

（一）战略发展

获青海海南州戈壁基地1560万kW牵头开发权，获国家第二、三批风电光伏大基地153万kW开发指标。羊曲水电站、李家峡扩机、共和光伏、青豫直流二期等项目完成年度目标和计划，新能源投产57万kW。3项目获2022年度中国电力优质工程荣誉及青海省“江河源杯”。塔拉滩100万kW光伏项目获国家优质工程金奖，入选“非凡十年·中国电力工程世界第一”案例。全年锁定市场化新能源开发建设指标147万kW，新兴产业项目核准44万kW，开工18万kW。中标共和390万kW抽水蓄能开发权和配套1000万kW新能源指标。获茨哈峡水电站开发权。龙羊峡水光互补发电站获“最大装机容量水光互补发电站”吉尼斯世界纪录。圆满完成青海省投重组和管理权移交，输送27名管理人员及专业骨干，完成绿电公司70%股权等4个并购项目资产运作。全年科技投入5.24亿元。TBC电池、BIPV组件产品、组件回收中试线优化研发取得进展。区域内受托运营新能源4.95万kW，新能源集控运行接入兄弟单位58.9万kW。财务共享西宁中心接管兄弟单位账套23个。调整本部部门19个，成立8个区域分公司，将4个中心纳入公司管理体系。设立董事会办公室，推进落实董事会职权。国企改革三年行动重点任务完成率100%，对标世界一流管理提升行动项完成率100%。国际项目开创新局面。打造境外资本金贷款新典范，国内首笔境外资本金过桥贷款成功落地。沙特红海综合智慧能源项目总进度超70%，喜获习近平总书记点名。沙特70万kW光伏项目开工建设。阿联酋、沙特等项目通过资格预审。推动集团公司与ACWA Power签署绿色能源产业投资合作谅解备忘录。参与国家能源局中阿氢能发展联盟组建。

（二）安全环保管理

面对“四期叠加”和严峻安全形势，明确安全风险是公司当前及今后一个时期第一风险。配齐安全总监，对领导干部开展安全管理知识抽考，生产型单位“三钻”及以上水平占67%，安全建设达标班组占78%。安全大检查发现2605项问题和隐患全部完成闭环整改。生态环保稳步推进。黄河上游水电梯级开发生态环境全过程监测系统顺利运行，高原花园式电站+水生生态改善示范项目、荒漠风电陆生生态治理示范项目完成创建。积石峡水电站放流鱼类26万尾。光伏+生态治理+生态牧业模式助力草场牧场恢复。火电二氧化硫和氮氧化物单位排放绩效同比分别降低5.95%和4.56%。危险废物处置合规率达100%。

（三）生产经营管理

黄河上游来水同比减少23.2%不利条件下，汛末抬高龙羊峡水库水位6.87m，拦蓄水量25.75亿m^3。6台水电机组被评为“全国发电机组可靠性对标标杆机组”，3座风电场获“百日无故障风电场”称号。羊曲水电站6月上游围堰顺利填筑至设计度汛高程，9月大坝首仓混凝土浇筑。发电利用小时数同比增加201h，检修损失电量同比减少1.35亿kW·h，提质增资4.16亿元。龙羊峡增发电量15.81亿kW·h，提质增资1.81亿元。全力做好煤耗压降和政策争取，减亏3000万元。通过省间交易消纳新能源富余电量5.07亿kW·h。争取到LPR下浮46%的煤炭清洁高效利用贷款2.5亿元，获西部大开发等税收优惠4.31亿元，获23.87亿元留抵退税资金。土地、房产办证率分别为98.03%和92.5%。

（四）管理创新

氧化铝浓相外补气输送技术每年节电1000万kW·h，多晶硅还原尾气去除无定形硅技术每年增效2800余万元，班多水电站拦污栅自动清污技术每年增发电量1000万kW·h。国家光储一体化实验基地入驻海南光伏产业园。全年申请专利223件，完成年度目标119%，1项科技成果获中国专利优秀奖，6项科技成果获青海省及集团公司科技奖。公伯峡建成集团首个数字孪生水电站，拉西瓦预警智能监测系统建成，羊曲采用无人驾驶自动摊铺及碾压技术。人工智能系统融入无人机巡检，风机叶片巡检速度提升75%，故障识别时间由120min减至15min。大坝中心完成37座大坝安全定检、87座大坝巡查和11座大坝回访检查。抽水蓄能中心参与咨询75项，跟踪46项，锁定开发权26项，预可研、可研14项。光伏创新中心晶硅组件全材料综合回收率92%。

（五）企业治理

研究制定一揽子总体改革方案，理顺党委、董事会、经理层行权界面。全年制定、修订规章制度352部。进一步厘清权责划分。年内审计16项，揭露管理问题330项。择优向集团公司推荐优秀年轻干部10人，培养集团公司党组管理干部10人，选拔任用公司党委管理干部4人，主持工作等使用20人。明确3个类别、67个专业方向的人才选拔标准。

（六）党建群团工作

公司党建工作取得实效，年度党建考核位列集团公司第四名，获“2019～2021年度青海省文明单位标兵”。纪检体制由派驻监督改为平行监督，实现巡察和整改全覆盖，整改率达99%。建团百年之际荣获“全国五四红旗团委”称号。实施捐赠、帮扶36项，惠及农牧民1.3万人。定点帮扶羊旗村生态畜牧养殖合作社年分红51万元。以新能源产业发展带动地方经济建设案例荣获“第三届全球减贫案例征集活动”最佳减贫案例。

（黄河上游水电开发有限责任公司　郑慧敏）

国网新源集团（控股）有限公司2022年经营管理情况

国网新源集团（控股）有限公司（简称国网新源公司）是国家电网有限公司（简称国家电网公司）专业化开发建设和经营管理抽水蓄能电站及部分常规水电站的平台企业，截至2022年12月底，国网新源公司管理资产总额1774.1亿元，下辖82个单位，管理装机容量8535.4万kW。

（一）人力资源

截至2022年底，国网新源公司员工总数7672人，平均年龄37.6岁。其中，本科及以上学历6553人，占比85.41%；中级及以上专业技术人员3573人，占比46.57%。全面加强领导班子建设，持续优化领导人员队伍结构，创新人才培养机制，加速关键紧缺人才培养，不断提升职工队伍整体素质。优化抽水蓄能电站定岗定员标准，提升管理效能。全面推行宽带岗级岗位绩效工资制度，以一岗多级，绩效联动为目标，打破收入与岗位层级严格对应的限制，有效保障各级岗位的宽带岗级分布合理完善。加大人才培训力度。

（二）项目开发

国网新源公司紧密融入国家电网公司“一体四翼”发展布局，持续加快发展步伐，积极推动抽水蓄能中长期规划落地。落实国家电网公司“碳达峰、碳中和”及构建新型电力系统行动方案，制定28项重点举措和82项具体任务。深化抽水蓄能高质量发展研究。统筹优化发展布局，结合系统负荷特性、电网调节需求，统筹抽水蓄能站址资源分布和系统需求，取得哈密西等8个项目开发权。高效开展前期工作，推进38个项目可行性研究、预可行性研究，安化、宁国、紫云山、玉门、通山、洪屏二期和嵩县等项目取得核准，汨罗、大雅河和兴城等具备核准条件。广泛引入社会资本参与抽水蓄能项目开发，沟通接洽投资主体50家，与6家单位签订合作框架协议，年内引入23家投资方参与项目合作。

（三）经营管理

积极沟通电价问题，出台了完善抽水蓄能价格形成机制的意见，解决制约抽水蓄能发展的瓶颈问题。落实提质增效42项举措，全面提升经管效益。强化内部资金运作，全年共增效超5.8亿元。建成运营EIP平台抽水蓄能品类管理中心，推动“云监造”平台建设及应用。开展“合规管理强化年”，制定重大决策合法合规性审核细化清单，建立经营业务合规风险梳理台账，国网新源公司合规管理经验入选“法治央企建设百人谈”。

（四）安全生产

落实安全生产、电力保供部署要求，有力应对设备运行强度高、基建作业面广等严峻形势，成功实现“安全年”目标。建立两级安全会商机制。全年抽水蓄能发电、抽水电量同比增加20%，迎峰度夏期间，国网新源公司华中区域电站积极应对南方地区最高温度、最少水电、最大负荷、最长时间的挑战，持续大负荷高强度运行，综合利用小时数同比增加27%。全年保电历时204天，圆满完成党的二十大等重大保电任务。富春江电厂成功应对上游自中华人民共和国成立以来最大洪水，白山、丰满电厂汛期45天发电21.1亿kW·h，新安江电厂配合千岛湖配水工程引水超9.49亿m^3，响洪甸、莲水、洪屏等电站供水9.55亿m^3，所属电站为地方防汛、抗旱、保供水作出了积极贡献，得到了国家防总和地方各级政府充分肯定。

（五）工程建设

开展“六要素全覆盖”示范工程创建，建设管理水平持续提升。顺利开工泰顺、奉新等6个项目，840万kW。实施工期精准管控，38个在建项目安全有序扎实推进，沂蒙、敦化、荒沟、金寨电站全面投产，全年投产15台机组、455万kW，超额完成年度任务，投产机组创历史新高。清原、天池、文登等完成蓄水阶段达标投产自检，绩溪、沂蒙高水平通过达标投产验收。加大TBM技术全场景应用，小断面TBM持续推广，国内首台大断面TBM、斜井TBM成功试点，可变径TBM试点研究加快推进。推广地质灾害卫星遥感监测技术，深化现场安全视频监控等数字化管控应用，工程建设安全质量效率大幅提升。

（六）科技和信息化

深化重大创新战略布局，策划新型电力系统重大科创项目，加强核心技术攻关，获得省部（行业）级科学技术奖24项，其中，一等奖5项。推动科研基础试验创新基地建设，持续推进可逆式水泵水轮机模型实验室、水机电多场耦合仿真分析系统和变速机组动模实验平台建设，完成机组主轴振动与应力感知平台项目储备，滚动开展实验条件建设项目储备。完成抽水蓄能技术标准体系框架设计，形成抽水蓄能标准执行明细表和建设储备库。编制数字化智能电站建设方案，开展全链条业务应用分析、统一编码研究和标准体系建设。

（七）党的建设和精神文明建设

在党的二十大后及时召开党委（扩大）会议，部署学习宣传贯彻党的二十大精神，制定学习宣传贯彻重点任务51项。深入推进“旗帜领航”党建工程，规范基层单位党建工作机构设置，持续深化“党建+”工程。完成16个党委、45个党支部按期换届，发展党员153名。坚持严格执纪，检举控告、上级转办问题线索数量同比分别下降61%、44%。强化重大决策政治监督。总结首轮巡察“全覆盖”经验，高质量完成党建专项巡察和巡察整改“回头看”任务。开展丰满博物馆升级改造工作。发布国网新源集团首份社会责任报告，乡村振兴对口帮扶、消费帮扶和专项捐赠投入达835万元。

［国网新源集团（控股）有限公司　王敏涛］

华能澜沧江水电股份有限公司 2022年经营管理情况

2022年，华能澜沧江水电股份有限公司（简称澜沧江公司）坚持以习近平新时代中国特色社会主义思想为指导，不折不扣落实云南省委省政府和中国华能集团有限公司决策部署，迎难而上，各项工作持续保持良好态势，获评华能集团先进企业。截至2022年12月底，澜沧江公司投产装机容量2356.38万kW，年内完成发电量1006.19亿kW·h。澜沧江公司设18个本部职能部门、2个直属单位，下设35个二级单位，2022年末共有员工3700余人。

（一）安全管理

坚决扛起电力安全保供政治责任，年发电量突破千亿kW·h。圆满完成党的二十大时段电力保供任务，获得云南省政府和国家能源局充分肯定。抓严外包安全管理，排查隐患，整改率达98%。落实落细防洪度汛措施，实现安全度汛。建成区域网络安全监管中心。提升机组可靠性，高质量完成85台次水电机组检修，主设备完好率100%，17个厂站实现“零非停”。推进澜沧江上游西藏段水电规划调整及规划环评程序完善，扎实开展澜沧江流域水电开发生态环境智慧监测系统建设。苗尾水电站获评国家水土保持示范工程。

（二）绿色发展

深度融入国家能源绿色低碳转型发展战略，推动澜沧江风光水储多能互补一体化基地纳入国家及所在省区“十四五”规划。TB水电站完成上下游围堰填筑及主厂房开挖，启动大坝及厂房混凝土浇筑。苗尾、龙开口水电站完成移民专项验收，首次实现“一年两验”。黄登水电站获国家优质工程金质奖，乌弄龙水电站获全国质量卓越项目奖。2022年，新能源运营装机容量61.5万kW。新能源发展形成储备一批、建设一批、投产一批的良好局面。

（三）市场营销

有效应对澜沧江流域来水丰枯急转、总体偏枯的影响，统筹调度实现水风光协同增发，年发电量同比增加62亿kW·h，圆满完成全年电能消纳任务。全力争取2021年“西电东送”清算、汛期保供电量、“网对网”东送合约结构优化等利好政策。澜沧江上游电站“市场电”价格实现提升。克服境外政局动荡不利影响，境外项目电价稳定，经营效益再创新高。

（四）经营管理

实施“1+7”经营方案和“1+N”提质增效方案，营业收入和净利润同比大幅提高。利润总额同比增长11.59亿元，同比增长16.24%；净资产收益率10.59%，同比提高1.3%；资产负债率57.15%，同比降低1.63%；财务费用同比下降12.91%。压降贷款利率，年末综合融资成本3.70%，创历史新低。用好减税降费优惠政策，争取税收优惠13.48亿元。

（五）科技创新

制定“十四五”科技创新专项规划，发布专利质量提升指引等规范性文件。全国首台（套）单机容量650MW水电全国产调速器、励磁系统在糯扎渡水电站成功投运，小湾水电站3号机组四大控制系统全部实现全国产化替代，小湾、景洪水电站共6台机组完成监控系统国产化，实现水电四大核心控制系统全流程100%国产化。完成重大技术创新34项，其中，17项技术填补了国内空白。授权专利464项，发明专利授权量同比增长2倍，科技成果折算数377个，完成率达316.4%。“水电站自主可控计算机监控系统”入选能源领域首台（套）重大技术装备。建成水电工程数字化管控中心，完成基建智慧物资数字化管理信息系统研发，水电智能建造平台、大坝智能碾压和智能温控等系统在TB水电站上线运用。

（六）国际化合作

主动融入国家“一带一路”倡议和华能集团国际化发展布局，紧抓云南加快建设我国面向南亚东南亚辐射中心的有利契机，深度参与澜湄区域能源大通道和统一电力市场建设。深耕细作缅甸、柬埔寨两个市场，辐射周边国家市场，推进项目开发。加强澜沧江—湄公河流域六国水资源、环境、气象等领域合作，探索建立澜湄灾害管理合作机制。

（七）企业改革

改革三年83项任务、年度36项任务圆满收官。全面推行经理层任期制和契约化管理。完成制度“立改废”129项。三会议案通过率100%，连续4年获上交所信息披露A级。坚持依法合规治企，重大决策、经济合同法律审核率保持100%。在招标采购、工程建设等重点领域，实现风险管控全覆盖。2022年澜沧江公司获得国务院国资委“中央企业公司治理示范企业”称号。

（八）党建工作

把学习宣传贯彻党的二十大精神作为一个时期的首要政治任务，统筹制定公司贯彻党的二十大精神27条工作措施。全力做到以“三讲”带“三学”，以“三强”促“三争”，引导公司上下把党的二十大精神迅速转化为勇往直前的奋进力量。持续巩固完善全面从严治党体系，一体推进“三不腐”，严肃查处党员、干部违纪违法问题。廉洁文化建设成效显著。

（九）和谐水电

积极落实国家乡村振兴战略，年内累计投入资金2543.22万元，实施项目46个。在云南云县昔宜村投入资金199.9万元，实施教育设施提升、基础设施改善、文化服务设施建设4个。西藏芒康县竹卡村投入资金211.4万元，实施环境改善提升项目2个。年内对外捐赠资金3034.53万元，涉云南、西藏两省区及柬埔寨、缅甸项目区域，惠及10万余人。

（华能澜沧江水电股份有限公司）

华能西藏雅鲁藏布江水电开发投资有限公司2022年生产经营管理情况

华能西藏雅鲁藏布江水电开发投资有限公司（简称雅江公司）是中国华能集团有限公司全资子公司，于2007年在拉萨注册成立，注册资本71.33亿元人民币，从事电力及热力项目开发、投资、建设、生产、经营和销售。截至2022年12月，雅江公司总装机容量94万kW，拥有全资子公司2家、控股子公司1家、分公司12家，职工人数446人。雅江公司按《公司法》规定并结合实际未设董事会和监事会，设执行董事和监事各1名，履行董事会和监事会职责。经理层成员通过召开总经理办公会方式行权履责，对执行董事负责。

（一）企业改革

2022年，在雅江公司党委领导下，执行董事、监事、经理分工负责，有效行使决策权、监督权和执行权。全年共召开党委会40次，决策201事项。召开执董会35次，决策201事项。召开审议议题的总办会9次，研究部署工作9项。

2022年，雅江公司高质量完成“完善中国特色现代企业制度”“推进布局优化和结构调整”“健全完善市场化经营机制”“加强国有企业党的领导和党的建设”等4个领域56项改革，顺利通过了华能集团组织的互查互评和收官考核，较既定时间节点提前3个多月。

（二）生产经营

2022年，在面对来水同比下降近4成、受新冠疫情影响社会用电量急剧下降、电网故障限制机组出力和保供电等形势下，雅江公司积极应对。协调国网西藏公司开展雅江流域水电站联合优化调度，实现枯水期零弃水，积极争发效益电，精准实施柴拉直流换向和扩大外送交易规模，提前21天完成华能集团下达的发电任务。全年完成发电量32.15亿kW·h，区内发电量占比领先装机容量占比7.11个百分点，机组利用小时数3670h，领先统调1021h，保持区域对标领先。

在努力增收的同时，雅江公司持续推进成本费用挖潜。通过采取提升采购效率效益、实施固定资产运营期贷款置换，做好税收筹划，精细设备管理，推进机组状态检修，加强林芝会议中心运营成本控制，完成第一批雅下人工成本费用资本化处理等措施，全年营业总成本同比下降8%，财务费用同比下降17%，企业所得税负为零，利润总额达到1.92亿元，同比增加21%，全面完成华能集团下达的经营目标任务。

（三）科技创新

2022年雅江公司牵头申报的“雅江下游水电开发工程研究中心”获得西藏自治区发展改革委正式授牌；“华能西藏水电安全工程技术研究中心”顺利通过西藏自治区评估，获得研究经费支持30万元；西藏自治区水力发电工程学会新成立工程安全、生态环境、多能互补、新材料专业委员会；与中国建筑学会、中国水利学会、中国铁道学会完成联合举办的第十四届边坡工程技术大会；雅江公司获评全国水电科普教育基地。

“青藏高原复杂地质条件下围岩双护盾TBM公路隧道建造关键技术研究”获得2021年度中国公路学会科学技术奖一等奖；“喜马拉雅地区复杂地质隧洞双护盾TBM关键技术”获得中国施工企业管理协会工程建设科学技术进步特等奖；“复杂地质双护盾TBM隧洞变形－渗流协同控制关键技术与装备”获得中国发明协会发明创业奖创新奖一等奖；“高原水电站复杂结构鱼道工程施工安全技术管理的研究与应用”“西藏高原复杂地质条件大流量导流明渠安全运行设计”“智能应急疏散指示灯”3个项目获得中国安全生产协会第三届安全科技进步奖三等奖；发布团体标准1项，为《水利水电工程碳排放管理体系要求》（T/CPPC 1046—2022）；全年共取得发明专利授权9项，实用新型专利授权38项。

（华能雅鲁藏布江水电开发投资有限公司）

国能大渡河流域水电开发有限公司2022年经营管理情况

2022年，国能大渡河流域水电开发有限公司（简称大渡河公司）坚持以集团公司“一个目标、三型五化、七个一流”发展战略为指引，以迎接和学习宣贯党的二十大为主线，落实集团公司决策部署和公司董事会要求，强化“六个担当”，聚焦“四重一要”，紧盯主业，狠抓推动落实，强安全、保供应、抓发展、提效益、促改革、抗大灾，成功应对“9.5”泸定地震，高质量完成迎峰度夏保供任务，努力加快项目建设，全力拼争优质资源，保持安全生产稳定局面，有力推进各项工作，连续15年保持集团公司考核A级。

（一）安全管理

大渡河公司始终坚持“人民至上，生命至上”理念，严格落实集团公司安全环保一号文件要求，持续推进安全环保管理体系和能力建设，着力防范各类风险隐患，有力应对突发事件冲击，实现安全“零事故”、环保“零事件”。截至2022年底，大渡河公司连续安全生产达6333天，安全生产持续稳定。瀑布沟水电站通过全国首批电力系统治安反恐防范一级企业达标验评，猴子岩公司、龚电总厂获评全国安全文化建设示范企业，大岗山、龚嘴大坝完成换证注册并取得“甲级”标准。生态环保不断改善，高质量完成7厂9站生态治理与水土保持监测评价，建设投运5站库区水质在线监测系统，推动建立了鱼类增殖站、生态流量下泄、鱼类增殖放流、鱼道一体化运营体系。大岗山水电站经受住了最强地震烈度Ⅳ度的严峻考验，防灾救灾工作得到国务院抗震救灾指挥部和四川省政府好评。积极落实新冠疫情防控“四方责任”，保障了生产经营平稳运行，项目建设顺利推进，疫情防控总体平稳，维护了职工身体健康和生命安全。

（二）生产经营

2022年，大渡河公司坚决扛起能源电力保供政治责任，完成党的二十大、全国“两会”、四川高温等重要时段和重点区域保供任务。在全年天然来水同比减少14.3%条件下，面对四川历史同期最高温、最少降水量、最高电力负荷“三最”超预期影响，发挥瀑布沟、猴子岩等水库调蓄作用，有力保障迎峰度夏。枯期加强内外统筹协调和运行调度，减弃增发。主汛期积极争取回蓄瀑布沟、猴子岩水库水位。11月初圆满完成重要水库蓄水目标，保障迎峰度冬能源供应。在全年天然来水减少，发电量下降情况下，强化成本费用及执行进度管控，优化内部筹资比例，持续压降融资成本。积极落实减亏治亏工作要求，形成治亏长效机制，2022年，大渡河公司所有子企业均实现盈利，圆满完成国务院国资委下达的各项治亏目标任务。

（三）智慧企业建设

2022年，大渡河公司聚焦创新协同发展，助推智慧企业转型升级，持续引领和提升智慧企业建设在国内外的影响力，高质量推进智慧水电科技创新平台建设和申报工作。举办“国家能源杯”智能建设技能大赛—大渡河智慧企业大数据应用场景设计建模竞赛。智慧企业建设成果入选世界智能大会十佳案例，荣登第五届“鼎革奖”数字化转型先锋榜。智慧企业展厅被授予“全国水电科普教育基地”，策划和出版了《智慧企业（内刊）》，为持续推动企业数字化转型升级和智慧化高质量发展，增添源动力和创新活力。

（四）科技创新

大渡河公司全面贯彻国家和集团公司发展战略，立足发展需要，大力推进科技创新体系建设、技术攻关和项目落地，积极推进集团公司首个水电研发平台“国家能源集团智慧水电研究中心”建设和“四川省智慧水电工程技术研究中心”申报，填补了公司省级研发平台“零”的空白。获批国家重点研发计划、工信部创新发展工程项目和四川省重点科技项目立项各1项。6项创新成果经专家鉴定达到国际领先水平，获四川省科技进步奖一等奖、中国能源研究会能源创新奖一等奖等省部级及行业协会奖励20项，年度累计获得知识产权授权138项。

（国能大渡河流域水电开发有限公司 柳玉兰）

湖北清江水电开发有限责任公司2022年经营管理情况

2022年，湖北清江水电开发有限责任公司（简称清江公司）坚持以创建“全国一流流域水力发电企业”为目标，着力应对流域来水严重偏枯等因素冲击，保持企业稳健发展。在汛期来水比多年平均偏少46.6%情况下，全年发电67.32亿kW·h，实现营收22.73亿元。长阳抽水蓄能电站实现“年初可行性研究立项、年中通过核准、年底实现开工”工作目标。

（一）安全管理

增补非管理人员安全职责，签订全员安全责任书。进一步完善安全风险分级管控和隐患排查双重预防机制。分析辨识危险源1980个，梳理形成高危作业、发电机组、滑坡体等14项重点风险清单。紧盯长阳抽水蓄能平洞开挖、峡口塘库区变形体处置、外包工程及房屋安全管理等重点项目，开展安全检查13次，发现隐患101项，整改完成率96%。高坝洲电厂连续3年实现“零非停”目标。峡口塘电厂探索建立“运维合一+双循环”生产管理模式，正式投产发电首年度实现“零非停、零障碍”目标。动态调整完善疫情防控措施。全年未发生一般及以上人身伤亡事故、电力安全和质量事件，各项安全生产目标指标可控在控。

开展地质灾害、防汛、人身伤亡事故、突发公共卫生事件、突发新闻媒体事件5个专项应急预案演练并进行评估。组织防水淹厂房、消防等实战应急演练99次，参加国家网络安全攻防实战演习。清江公司被评为“全国电力安全生产与应急能力竞赛优秀单位”。

加强土建施工、机组安装、调试等外包工程质量管控，单位工程一次验收合格率达98%。开展质量教育培训和质量管理监督检查。清江公司QC小组荣获“全国优秀质量管理小组”称号。

（二）电力生产

统筹处理蓄水、发电、调峰、技改等关系，多发电保民生，圆满完成冬奥会、迎峰度冬度夏、党的二十大等时段保供任务。面对流域罕见特枯水情，调整调度策略，开展21次人工增雨作业，汛期保供超发电7.7亿kW·h，为电网安全及全省电力有序供应作出清江贡献，受到国网华中分部高度肯定。优化机组运行方式，梯级电站累计节水增发电量2.63亿kW·h。

科学安排检修工期，高效完成水布垭2号机组扩修改造、500kV系统保护装置更新改造和隔河岩1、

2号机组转轮裂纹修复等检修和技改项目。充分利用较长枯水期对设备设施大体检，全年完成机组检修26台次、线路及母线检修6条次，消缺246项。在全国常规水电站运营管理指标对标中，梯级电厂6台机组分别被评为“5A、4A、3A优胜机组”（5A机组全国评选3台，清江公司独占2台）；高坝洲电厂荣获“最优水电站”称号。

启动水布垭大坝第二次定检，加快水布垭大坝安全三维可视化技术和智慧巡检研究项目实施，抓好峡口塘大坝安全监测自动化项目建设，推动大坝安全监测数字化转型。积极参与三峡集团大坝安全监控自动预警体系建设，率先建立所属电站安全监测指标体系。

（三）投资发展

长阳抽水蓄能项目前期工作有序推进，6月29日取得核准。加快项目可行性研究进度，施工总布置规划、正常蓄水位选择和枢纽布置比选三大专题报告获批。11月10日，项目暨配套工程开工。根据实际情况，优化厂房位置和地勘工作，勘探平洞开挖1233m，完成率80%。

制定《发展战略和规划管理办法》，规范投资决策行为。做实巴东桃李溪抽水蓄能项目前期论证工作，预可行性研究报告通过水电水利规划设计总院审查。争取火烧坪光伏电站用地规模，推动项目落地。深入开展高坝洲电站扩机规划分析论证，探索促进清江水能资源高效利用途径。

强化峡口塘尾工施工，完成导流洞施工支洞封堵、堵头灌浆，尾工建设全面完工，大坝顺利登记备案。完成单位工程、水保、环保验收工作，单元工程优良率达94.4%。加快库区移民安置点建设、交通复建和土地报批，编制库区滑坡地质勘查报告和避让搬迁方案。

（四）提质增效

积极与湖北省发展改革委沟通，做好电价维护。认真研究电力调峰及备用辅助服务市场、电力调频辅助服务市场规则，电力现货市场运营规程，主动参与“两个细则”修编。峡口塘电厂取得电力业务许可证，进入商业运行。清江公司清能分公司售出绿证5万个，绿证交易零突破。

（五）企业管理

修订公司章程，首次制定党委前置研究事项、决定事项和总经理办公会决策事项“三张清单”，厘清企业治理主体权责边界，促进公司治理体系高效运行。坚持对标行业领先企业，建立6个维度指标体系，围绕116项任务加快推进“创一流”工作。在清江公司及物业公司全面推行经理层成员任期制和契约化管理。

落实“合规管理强化年”要求，设立企业首席合规官和合规专员，组织全员签订合规承诺，层层压实合规管理主体责任。以“三标一体”、合规管理、全面风险与内部控制、法治建设等融合为重点，完善管理体系。制订重大风险清单，修订完善296项风险管控措施。全面排查经营、财务及投资业务合规风险，整改完成6项重难点问题。按期完成各类审计发现问题整改任务，自主实施库坝中心专项审计工作被湖北能源集团股份有限公司作为经验推广。

（湖北清江水电开发有限责任公司　刘琼华　王姝）

华能四川能源开发有限公司 2022年生产经营管理情况

2022年，华能四川能源开发有限公司坚持以习近平新时代中国特色社会主义思想为指导，认真贯彻落实上级单位安排部署，坚持稳字当头、稳中求进，各项工作取得新成效。

（一）安全生产保持平稳

开展安全检查，顺利通过四川能监办水电站安全生产交叉检查。《小流域梯级水电站群溃坝情景构建研究与综合示范》获中国安全生产协会安全科技进步一等奖，硬梁包水电站被评为电力安全生产标准化一级达标项目，民治电站通过移民专项验收。有效应对“5·20”汉源地震、“6·1”芦山地震、“7·12”火溪河流域泥石流、“9·5”泸定地震、“10·22”泸定地震，人员零伤亡，安全零事故。

（二）能源保供坚决有力

极端高温保供期间电站机组应开尽开，在来水同比偏少4成情况下，发电量同比增长7.2%，硗碛和水牛家水库分别消落水位35、14.5m，为下游补水1.03亿m^3，流域电站增发电3.09亿kW·h，向成都每日直供电量2600万kW·h，缓解用电紧张。精心组织开展重要时段保供工作。获评四川省2022年应对极端灾害天气能源电力保供工作突出贡献集体。

（三）转型发展取得突破

新能源发展取得历史最好成绩。备案新能源147万kW，超集团公司下达目标47%。50万kW道孚亚日光伏项目取得投资决策批文，单体规模位列集团公司2022年决策新能源项目前三位。阿坝分布式光伏项目正式开工建设，川青甘物流园、江苏如皋光伏项目完成可行性研究。与新疆、甘肃、青海和山西等地签订合作协议8项。

硬梁包水电站建设有序推进。克服新冠疫情管控、多次地震、塌方突泥涌水、高温限电等不利影响，闸坝实现向混凝土施工转序，引水隧洞开挖支护累计完成 91%，地下厂房开挖支护全部完成，首台机组提前实现蜗壳安装目标，500kV 送出工程获得四川省发展改革委核准。

天然气发电实现历史性突破。推动四川省出台“两部制”电价、气电价格联动、燃机配置新能源等关键支持政策。彭州燃机项目取得四川省发展改革委核准批文，通过集团公司投委会审查，并成为四川省 2023 年一季度重大项目推进活动主会场开工项目。

氢能、铁笼堡和抽水蓄能项目齐头并进。氢能示范项目 12 月 23 日获开工许可。铁笼堡水库完成“水口”立项，方案设计报告通过四川省水利厅评审。铜头抽水蓄能项目纳入四川省水利工程建设高质量发展序列。启动“三州”八县“光伏＋抽蓄”规划研究工作。

（四）科技创新成果丰硕

重点项目推进富有成效。“智能振冲”在硬梁包电站应用，填补行业空白。“支护及衬砌研究”“砂层液化研究”，解决了硬梁包引水隧洞、首部枢纽坝基施工难题，节省了投资。

创新成果不断涌现。年度累计获科技创新类奖励 24 项，同比提高 166.67%。完成年度专利指标的 222.62%。新增华能集团级技术创新工作室 3 个、基层级技术创新工作室 6 个。

数字化转型加快推进。开展生产数据监视系统建设，上线试运行营销管理系统，建成投运数字仓库，广泛应用智慧工地系统，数字化全面融入公司生产经营和工程建设。

（五）企业改革扎实推进

高质量收官国企改革三年行动，92 项改革任务全部完成。修订重大事项决策权责清单、各治理主体议事规则、董事会授权管理办法，构建合规管理组织体系和制度体系。三项制度改革不断深化。修订经理层成员绩效考核管理办法，强化特别贡献激励、军令状、基层领导班子绩效奖惩等。连续 3 年获评华能集团保密标杆企业，获评 2022 年档案工作 A 级。

（六）党的建设得到加强

深入开展“喜迎二十大”习近平总书记重要指示批示精神再学习、再落实、再提升主题活动。迅速启动学习宣传贯彻党的二十大精神各项工作，制定工作方案，班子成员带头开展宣讲。构建“党建引领＋643”体系，在抗灾救灾、高温保供、疫情防控中担当作为。

（七）社会责任切实履行

全面落实道孚县定点帮扶责任。为道孚县 410 名学生提供助学金，开展“走出大山看世界”夏令营和华能志愿者助学活动。设立防范返贫专项资金，采取帮扶留守老人儿童和困境群众措施。维修色卡乡通组路损毁路段，修建新江沟村活动室安全饮水工程。修建道孚县农特产品加工产业园区二期厂房，壮大扎瓦村农业合作社养殖规模。设立扎瓦村美德超市。

全力参与抗震救灾。“6·1”芦山地震中，华能宝兴运管中心设地震受灾群众临时安置点，搭建 51 顶救援帐篷，安置地震受灾群众 300 余人，腾出房间作为受灾群众安置点，并发放免费爱心餐。在宝兴电站大坝开通临时应急通道，作为连接宝兴到蜂桶寨乡的“生命线”和“抢险通道”，保障了群众和救援队伍安全通行。“9·5”泸定地震中，组织硬梁包水电站参建方投入抢险人员 200 余人，大型设备 30 余台，协助地方政府对塌方道路抢修及清障，搭设帐篷，提供临时居住地。组成党员突击队，赶赴泸定县得妥镇安置点，全力抢通供电，为 2 个安置点 300 余名群众提供临时用电，并排查架空线路 8 条、入户线路 9km，消除隐患 23 处，恢复 160 余户供电。受到甘孜州委州政府感谢信表扬。全年共捐赠 2147.72 万元，助力乡村振兴、震后重建等。

（华能四川能源开发有限公司）

万家寨水利枢纽有限公司 2022 年经营管理情况

2022 年，万家寨水利枢纽有限公司积极践行习近平总书记治水论述，克服经济下行压力、上游来水减少和新冠疫情的不利影响，全年实现供水 5.8 亿 m^3，发电 34.38 亿 kW·h。

（一）安全生产

贯彻落实水利部“六项机制”要求，构建安全风险分级管控和隐患排查治理双重预防机制。一是领导带头履行安全职责，全年召开 20 余次会议研究解决安全生产问题，督导检查 20 余次。二是夯实安全基础，印发安全专项规划，全部落实要求的 40 项制度。推动安全生产“十五条”硬措施和风险管控“六项机制”落实，辨识危险源 931 项，制定 1652 条重大风险防控措施，治理问题隐患千余项。三是深入开展作业安全年活动，推动落实“四个管住”。四是组织开展应急能力建设评估，《万家寨、龙口水利枢纽安全标准化应急演练短视频》荣获全国水利安全生产标准化应急演练成果三等奖。

（二）防凌防汛

坚持防大汛、抢大险、救大灾，落实“四预”措施，分阶段控制万家寨水库水位，关注 370km 库岸线，发挥好黄河防凌关键控制节点作用。主汛期，坚持黄河流域一盘棋，锚定“四不”和供水安全目标，明确分工、协调配合，开展了 15 个场景防汛应急演练。评估枢纽防洪能力，完成枢纽区域和支流现状调查及原型泄流试验方案编制。落实 24h 值班值守和领导带班制度。圆满完成防凌防汛工作，为黄河北干流防凌防汛安全作出突出贡献。

（三）排沙供水发电

2022 年是批准联合调度规程后的第一年。汛前调水调沙期间，做好水库预调度、联合优化调度、提高机组负荷率、调整检修计划，在完成 2.31 亿 m^3 补水的同时，实现了万家寨水库零弃水，增加发电用水 8200 万 m^3 和发电量 1350 万 kW·h。抢抓上游来水较多的窗口期，果断实施为期 10 天万龙两库联合冲沙，实现了水库泥沙冲淤平衡的年度目标，也增排了部分滞留泥沙。2022 年万家寨水库入库量 167.9 亿 m^3，比上年减少 26.3%。为此千方百计挖潜，万家寨发电耗水率降至 6.64m^3/(kW·h)，创十年来新低，龙口发电耗水率降至 12.92m^3/(kW·h)，为投产发电以来新低。尤其是在三季度来水量同比增加 5.3%的情况下，发电量同比增加 29%。

（四）设备设施

面对两个枢纽交通阻断，部分员工不能返岗，在岗员工长时间工作等困难，统筹做好检修、消缺、抢修。完成 1 台次机组 A 级检修和 10 台次机组 C 级检修，3 回 220kV 线路及 1 条 220kV 母线检修，23 项厂内公用辅助系统检修，检修计划完成率 100%，设备检修完好率 100%，消缺 429 项，两电站发电设备全年零“非停”。抢抓凌汛后主汛前窗口期，确保万家寨下游河道左岸防护等 10 个涉汛项目安全完成。万家寨枢纽下游河道清渣工作初见成效，机组满发时，尾水水位降低 0.78m，2022 年因此增发电量 865 万 kW·h。高质量完成万家寨 4 号机组转轮止漏环磨蚀修复，有效处理了机组存在的诸多缺陷，彻底解决了困扰多年的机组振动摆度超标的重大问题，提升了机组稳定性，恢复了机组运行效能。

（五）数字孪生万家寨

数字孪生万家寨建设获得水利部数字孪生工程建设工程中期评估“优秀”的好成绩。一是实施方案顺利通过。成立数字孪生万家寨建设领导小组，工作专班明确职责任务，按期编制完成数字孪生万家寨工程建设方案和先行先试实施方案。二是全面完成运管中心、会商中心、机房等基础环境建设。开通太原—万家寨电力专线、运营商专线，实现太原—水利部水利专线扩容。三是孪生平台如期搭建。初步构建水沙模型、冰凌模型和大坝安全分析评价模型等 9 个专业模型。完成火灾等四类智能识别模型的算法测试和 308 个视频监控点位接入。初步建立各项数据库。四是“四预”功能初步实现。

（六）库区管理

及时抓住库区来水较小及库水位较低时机，完成岔河口铁路桥河道清障。联合水政监察支队，彻底拆除采石场。将数字信息技术与库区管理工作有机融合，库区上下游左右岸安装 48 个视频站点和采集终端，使定期巡库变成实时巡库。对万家寨库区右岸小宽滩及阳壕沟区域进行岩溶渗漏勘查。枢纽区全年中水回收利用约 7.7 万 t。动态掌握库区水质状况，保障库区供水安全。库区管理中心荣获全国水利系统“七五”普法先进集体。

（七）生产经营管理

一是成立劳务用工专项工作组，专题研究，在摸清人员底数，做好政策咨询和思想引导基础上制定解决方案，首批集中引进合同制员工，解决了劳务派遣员工历史遗留问题。二是推进计划管理，通过招标、询价项目节约投资 2767 万元，节约率 14.36%。首次实现公司范围内合同审批、结算全流程网上办理。严把固定资产购置审批环节。三是推进预算财务管理，及时下达预算指标。合理编制资金计划，有序筹措资金。开展固定贷款置换，节约财务成本 2300 万元。四是推进公司规范管理，建立季度例会机制。完成制度“立改废”42 项，形成现行有效制度 154 项。开展节水型单位建设。圆满完成重要时段反恐、维稳、保密、网络安全工作。五是推进市场开发，规划布局风光水储一体化新能源项目。清水河万家寨 200MW 风水互补项目有序开展。万家寨抽水蓄能项目完成生态红线调整。

（黄河万家寨水利枢纽有限公司 张芳）

国家电投集团云南国际电力投资有限公司 2022 年经营管理情况

2022 年，面对复杂严峻的外部环境和新冠疫情影响，国家电投集团云南国际电力投资有限公司（简称云南国际）深入学习贯彻习近平新时代中国特色社会主义思想和党的二十大精神，全面落实国家电投集团党组决策部署，持续深化改革，激发创新活力。在公司党委坚强领导下，全年安全生产持续稳定，项目发展迈上新台阶，生产经营再创佳绩，省外发展打开新局面，国际化发展取得新突破，圆满完成了年度各项目标任务。

（一）经营管理

云南国际充分发挥 JYKJ、SDSJ 统领作用，聚焦战略落地，统筹年度目标分解落实。夯实管理责任，全力挖掘发电潜力，狠抓生产运行精细化管理和提质增效措施落实。积极拓宽融资渠道，开展存量融资空间挖潜，优化债务结构，压降高息负债和财务费用，经营管理成效显著。2022年实现全年发电量同比增长9.91%，安全生产持续稳定，未发生责任性人身伤亡事故和一类障碍及以上事件，二类障碍同比下降76%，非计划停运同比下降29%，综合资金成本创历史新低，公司资产结构和盈利质量持续优化，经营管理稳步迈上新台阶。

（二）公司发展

全年实现开工130万kW项目，投产72.96万kW，创历史新高。富源西80万kW风电项目全面开工并陆续投产，在落实“双碳”目标和云南省委省政府“保投产”部署中走在前干在前，创造云南风电领域单机容量最大、单体规模最大、建设进度最快等多个第一。

（三）创新管理

云南国际创新管理思路、优化产业布局，新兴产业多点开花，积极布局分布式智能电网、储能、氢能、绿电转化等新业务和抽蓄项目，锚定“十四五”大发展目标，全力推进重点项目建设。分布式智能电网取得重大突破，阳宗海绿色铝产业园智慧能源示范项目被列入国家智能光伏试点示范名单，完成云铝阳宗海二期直流接入研究并顺利投产。

（四）科技创新

云南国际加快推动“创新驱动、落地见效”，认真落实国家电投集团党组工作部署，优化完善JYKJ体系，制定创新成果落地单项考核激励方案。2022年，云南国际全年研发投入9780万元，同比增长28%。科研项目立项及实施数量创历史新高，完成4项发明专利申报；东川“光伏+生态修复”项目入选国家电投集团新兴产业标杆项目，良好实践受到联合国粮农组织肯定和推介。聚焦服务国计民生大局，创造性提出了组建新能源石漠化治理创新中心、新能源数字孪生和超算技术中心，推进能源生态融合发展、数字化赋能等新思路、新举措。重大科研项目有序推进，ERP系统建设具备上线条件，22个水电场站接入集团产业数据平台，顺利完成“517”项目建设、办公系统及工程管理系统的电投壹集成、4K视频会议系统升级改造项目建设等工作。

（国家电投集团云南国际电力投资有限公司　王安洪）

12

水电站生产运行

电力生产管理

三峡水力发电厂 2022 年电力生产管理情况

2022 年，三峡水力发电厂全体干部职工攻坚克难、真抓实干，统筹推进疫情防控和安全生产工作，圆满完成年度发电、岁修、能源保供、科技创新等各项工作。全年发电量 787.90 亿 kW·h，实现年度“双零”安全目标，机组等效可用系数 93.14%，第二次实现全电站零一类非停，电站运行管理水平进一步提升。以实际行动庆祝电厂成立 20 周年。

（一）水库水位消落

2022 年，长江流域 60 年来最严重气象干旱，三峡水库来水总量为 3404.44 亿 m^3，平均入库流量 10800m^3/s，来水量与多年均值（4510 亿 m^3）相比偏少 24.5%。5 月 4 日，电站上游水位达 169.5m，与上年同期相比偏高 11m。为满足水库水位消落要求，积极与电网沟通，加班加点组织发电设备检修，机组检修累计提前 18 天并网运行。5 月 13 日，电站发电出力本年度首次达到 2000 万 kW，5 月 24 日，电站上游水位顺利消落至 155m 以下。6 月 10 日，电站上游水位顺利消落至 145m。9 月 10 日三水库开始蓄水，11 月 4 日 12 时库水位最高蓄至 160.04m，为 2010 年以来首次未完成 175m 蓄水任务。

（二）设备检修情况

①数字化岁修评估。随着三峡电厂智慧诊断平台的深化应用，2022 年，首次在智慧诊断平台上进行年度设备评估，通过对设备健康状况进行定量打分或定性评级，平台自动推荐检修等级，实现各个专业的信息互通，提高了年度评估的效率。②合理编制及动态调整年度检修计划。根据年度诊断评估，启动年度岁修计划编制，组织各专业会商，根据人员、物资、合同执行情况等，讨论确定非标项目、检修工期、检修开工时间等，印发《2022～2023 年度三峡电站设备检修计划》。根据来水偏少情况，9 月 1 日三峡电站年度设备检修工作开工，为历年来开工最早的一次年度设备检修。

（三）保电工作

①全年常态化开展保电工作，制定了《三峡电厂 2022 年全国“两会”保电工作方案》《三峡电厂 2022 年度迎峰度夏保电工作方案》《三峡电厂重要时段保电工作方案》等。②始终坚持电网安全、电力供应、电能质量第一，增强保供意识，及时安排重要设备缺陷消除工作提高设备可靠性，细化运行方式安排守住电站安全与运行底线，精准控制检修工期保证设备按计划具备顶峰发电能力。全年做好全国“两会”、北京冬奥会和冬残奥会、汛期高温期间、国庆及党的二十大期间保电工作。

（四）安全环保管理

2022 年，有效管控重大安全风险，未发生生产安全责任事故、人身伤亡事故、设备事故、火灾事故、环保事故，未发生安全事故瞒报、谎报、迟报、漏报事件。①落实主体职责，强化监督机制。全面落实党政主要负责人及班子其他成员对安全生产工作的职责，签订部门责任书 6 份。全面、逐级落实企业安全生产主体责任，建立健全安全生产责任体系，将责任切实落实到生产一线。②深入开展安全风险分级管控与隐患排查治理。制定《三峡水力发电厂 2022 年安全生产隐患排查治理工作方案》，将安全生产隐患排查治理贯穿到岁修、电力生产、防洪度汛等年度生产工作，以及季节性和专项安全检查中。③响应国资委节约能源与生态环境保护监督要求，持续加强节能环保管理工作。开展环境因素识别评价，形成重要环境因素管控方案。按照两级公司要求，规范开展节能环保与温室气体排放统计工作。规范固废、危废、餐厨垃圾、气体排放处置，推进环境检测。

（五）防洪度汛工作

2022 年汛期，受来水极端偏枯影响，三峡仅在 6 月 27 日遭遇一次洪峰流量（37000m^3/s）超 35000m^3/s 的过程。三峡水工建筑物、泄洪设施、发电设备等均处于正常运行状态，大坝各项运行指标良好，为保障长江流域安澜作出了贡献。水库于 9 月 10 日开始蓄水，因年度汛期及蓄水期长江流域遭遇极枯来水，且流域梯级水库待蓄水量大，三峡水库于 11 月开展补水调度，为保障长江中下游供水、航运和生态安全，水位逐步下降。

（六）管理及科技创新

①持续推动自主科研。三峡电厂围绕设备自主可控、智能电站建设、提高设备运行可靠性等研究方向，重点进行科技攻关，取得一批科技创新成果。2022 年电厂完成外联科研项目 3 项，I 类自主科研项

目30项，在研外联项目26项，获得授权发明专利4项、实用新型专利13项，科技创新成果数量和质量均有大幅提升。②设备自主可控实现新突破。研究自主可控机组LCU并在12号机组改造中应用，首次实现了集团公司范围内70万kW及以上机组LCU自主可控，形成了可复制的机组LCU自主可控方案；闸门电控系统自主可控研究及示范应用项目取得阶段成果；电源电站监控系统自主可控研究及示范应用将使用自主可控、安全可信PLC及智能一体化平台等最新技术。③智能电站建设实现新发展。持续推进电厂智慧平台建设，不断推动电厂智慧运行平台、智慧诊断平台、工况分析平台运用及功能完善。智慧仓储项目开工实施，顺利实现成本控制业务数字化转型全覆盖。压力钢管检测维护机器人二期项目，进一步提升其可靠性、便捷性及稳定性；全面推进智能油库建设、70万kW机组光纤侦听项目、机组辅助系统泵及电机在线监测项目的实施。

（三峡水力发电厂）

向家坝电厂2022年电力生产管理情况

（一）电力生产情况

截至2022年12月31日，向家坝水力发电厂（简称向家坝电厂）圆满完成2022年度各项重点任务和目标。全年发电量315.53亿kW·h，机组年平均利用小时数5501.27h，机组等效可用系数95.36%，历年累计发电量3071亿kW·h。电厂连续安全生产3960天，连续11年实现“零人身伤亡事故、零设备质量事故、零环保事件”的“三零”目标。

（二）设备管理情况

电厂强化设备诊断分析和缺陷管理，成功消除多个顽固、重要缺陷，扎实推进设备升级改造，处理各类缺陷1094条，全年缺陷总数量为电站全面投产以来最低水平，全年开停机成功率达100%，有力确保了电力安全稳定供应。①岁修期间，电厂成立岁修组织与协调小组，统筹安排、周密部署、有序推进、全程督导，从组织层面保证了岁修工作有序开展。高度重视检修前、检修中等环节的创新举措，有效确保了岁修工作安全有序开展。全年完成8台机组年度检修工作，各台机组修后运行正常，各项运行参数指标合格。②保电期间，电厂成立保电工作领导小组，下达保电工作方案，在组织领导、风险管控、电力生产、发电调度、疫情防控、信息安全和舆论宣传等方面开展了大量卓有成效的工作，有力确保了保电期间电力生产安全稳定，圆满完成了北京冬奥、全国“两会”、迎峰度夏、高温抗旱、党的二十大等重要时段保电任务。③汛期，金沙江流域来水总体偏枯，电站区域极端天气频发，电厂迎难而上，规范开展备汛度汛工作，分解明确防汛责任，加强防汛检查监督，有效落实各项备汛防汛措施，顺利完成了年度防洪度汛工作，实现了枢纽安全度汛目标。防汛期间，泄洪表孔累计动作204次，表孔累计运行2441h；泄洪中孔累计动作168次，中孔累计运行1396h。泄洪闸门及启闭机运行状态良好。

（三）安全环保管理

强化电站区域安全管理，①首次建立以电厂为安委会主任的安全管理组织机构，实现电站安全管理责任“全覆盖、无盲区”。落实安委会“双主任”机制。深化三级管控策略和五步定期辨识机制，全年开展安全专项检查254次，辨识消除危险源863项。深入推进安全生产专项整治三年行动，110项具体举措全部完成或长期巩固。②积极落实自然灾害预防措施，成功应对多次极端恶劣天气。规范完成42次高温、暴雨、大风等自然灾害预警响应，以及4次地震灾害预警响应，扎实开展高温、暴雨、大风等专项检查60余次。8月6～27日，电站区域持续高温红色预警长达22天，组织开展高温专项检查，确保不发生因高温导致的设备运行故障。③全面推广应用“工程项目安全智能监管系统”，全厂88个工程项目纳入系统监管。推行重点工程项目风险清单化管理，深入开展安全生产大检查等专项活动。成功通过10余次网络安全专项行动考验。④持续巩固加强环境保护，深入开展环境因素识别与评价，组织开展危险废物专项排查整治。坝区污水排放、环境空气及厂界噪声全部达标，危废危化全部规范处置。完成厂房大厅、发电机风洞及大坝廊道等区域照明系统整治。

（四）升船机运维及调度管理

开创性实施升船机分阶段停航检修，高质量完成33项检修任务；机组有功突变预警信号顺利接入升船机监控系统。升船机安全制动系统控制替代程序实现自主可控，获得授权专利22项。全年自动流程成功率、设备故障率、通航率均创历史最好水平，为升船机正式验收奠定坚实基础。升船机累计通航323天，累计过船3899艘次，全年通过货物169.06万t，提前132天完成112万t年度设计货运量指标，提前61天完成140万t年度货运量目标，助力当地社会经济健康发展。

（五）管理及科技创新情况

优化完善科技创新管理组织机构和工作机制；明

确电站运维关键技术与重大问题研究、电站智能化建设与数字化转型、设备自主可控研究和新技术新材料新工艺应用研究等4方面重点研究方向；建立科研项目课题库和滚动投入计划并不断充实；研究制定6条研发投入保障措施，全部按计划完成。建立管理创新联系机制，两个课题入选集团公司管理创新重点项目，“基于作业过程数字化智能化管控的流域梯级电站远程集控管理创新与实践”获得三峡集团公司管理创新成果一等奖。加快推进制定的自主可控五年工作规划和实施方案。主变冷却器控制系统、励磁调节器、10kV厂用电保护装置以及500kV GIS设备局放在线监测系统等自主可控应用研究取得显著进展。“向家坝电厂‘十四五’期间自主可控应用研究总体规划与实施服务”项目顺利实施，2号机组自主可控首台套应用准备工作扎实推进。累计开展科研项目62项。升船机上下闸首通航门调速功能改造、GCB本体温度智能监视研究等29项科技创新成果获公司及行业奖励。巨型水轮发电机组大轴补气阀开度监测装置、升船机液压系统快速标定和故障诊断平台等多项科技创新成果得到成功应用。累计获批专利109项，其中，发明专利30项。科研立项数量、获批专利数量均创新高。

（向家坝水力发电厂　钟然）

溪洛渡水力发电厂2022年电力生产管理情况

（一）电力生产概况

2022年，溪洛渡水力发电厂（简称溪洛渡电厂）全年发电578.04亿kW·h，较上年增加4.42%。全年配合电网调峰开停机5051台·次，刷新投产至今年开停机次数历史纪录，日均开停机达13.84台·次，单日最高调峰达810万kW。全年机组全开运行1305.6h，满发累计时长135.75h（全厂机端出力≥1250万kW），等效可用系数93.49%，未产生责任性弃水。电站连续第二年实现开停机成功率100%，连续第三年实现机组“零非停”，历史性实现“5百5零”目标（电能质量合格率100%、自动开停机成功率100%、泄洪设施启闭成功率100%、输变电设备操作成功率100%、继电保护及安全自动装置正确动作率100%，零非停、零人身伤害事故、零质量事故、零设备障碍、零安全环保事件）。

（二）安全环保管理

2022年，溪洛渡电厂调整电站安全生产委员会等机构成员，理顺坝区各单位安全管理范围及职责。安全生产专项整治三年行动成果取得实际成效。作业现场噪声、工频电场等职业危害因素指标达标。持续完善应急处置卡，建立动态更新目录，编制应急处置卡103个。全年成功应对各类自然灾害预警57次，较上年增长111%。全面辨识水淹厂房风险，编制落实电站《水淹厂房风险隐患清单及管控措施》。完成水电站和小散远发电企业安全风险、在建工程领域地质灾害风险、高层建筑重大火灾风险等隐患排查整治专项行动。完成溪洛渡营区4个污水处理厂改造升级，设备运行正常；完成三坪供水管网改造；合规收集和处置废蓄电池、废矿物油、废化工品等危废；定期开展坝区水、气、声环境检测，各项指标均达标。截至2022年12月31日，电厂实现连续安全生产3705天。

（三）设备检修情况

溪洛渡电厂2021～2022年度岁修共完成4台机组B级检修、7台机组C级检修、7台机组D级检修，完成7条出线检修、4条500kV母线定检、水垫塘与二道坝检修、5号尾水洞水下检查疏浚等项目，开展6台ABB GCB灭弧室轴套升级改造、2台机组筒形阀提升杆更换、2台机组主轴密封水控制系统改造、1号主变压器冷却器控制柜换型改造、2台机组励磁调节器硬件升级等工作，设备可靠性进一步提升。2022～2023年度岁修共安排2台机组A级检修、8台机组C级检修、8台机组D级检修以及18回GIS机组进串、7回线路、4条母线停电检修等项目。重点技改有10台机组ABB GCB轴套升级、1台机组筒形阀接力器活塞杆更换、12台机组主轴密封供水管路及控制系统改造、7台机组主变冷却器控制柜换型改造、3台机组励磁调节器升级改造、9台机组励磁系统功率柜进出线结构优化、13台机组调速器控制管路优化改造等。

（四）防洪度汛工作

2022年“乌白溪向”四库首次联合运用，溪洛渡电厂立足防早汛、防大汛、早谋划，确保大坝和电力设备设施安全度汛，全力保障机组满发多发、应发尽发。受来水及上游水库调蓄影响，7～9月主汛期电站上游总来水量357.58亿m^3，较上年同期偏枯10.68%，7～9月平均入库流量分别为6500、5270、4150m^3/s，较多年平均入库流量分别偏枯32%、48%、59%，汛期最大入库流量仅9800m^3/s。由于汛限水位要求、留存电量置换及水库调度等原因，6月开启深孔泄洪，开启总时长468.65h，总下泄水量21.7亿m^3。5月1日～10月31日期间，应对溪洛渡坝区自然灾害预警40次，其中，16次大风、13次雷电、7次高温、2次暴雨应急响应和2次地震响应行动，7～8月出现两次打破历史纪录的高温红色预警。电站充分发挥调峰作用，8月开停机690台·次，创历史单月开停机台次新高。

（五）管理及科技创新

（1）创新成果丰硕。2022年外联科研项目28项；自主科研项目41项，验收20项；全年撰写科技创新论文66篇，其中，发表核心期刊论文3篇；申请专利110件（含软件著作权），授权发明专利17件、实用新型专利45件，其中“巨型水电机组功率模式下的一次调频电量补偿精细化控制方法及装置”获能源行业高价值专利。2项管理创新成果分获全国电力行业设备管理创新成果一等奖、三峡集团管理创新成果三等奖。全年获得48项技术成果奖励，其中，等效省部级奖2项，“液压启闭机振动机理仿真和监测技术研究”获得电力科技成果“金苹果奖”三等奖，“水轮发电机励磁、调速系统等11项国/行标标准研制与应用”获得电力创新奖“电力科技创新奖”二等奖。

（2）智能电站建设更进一步。精益生产智控平台七大管理模块投入试运行；完成“水垫塘及二道坝廊道智能巡检系统”硬件布置、软件开发；完成“GCB合闸状态感知研究”项目安装调试和外部评审；完成“左岸出线场区域智能巡检系统”“发电机定子铁芯在线监测技术研究”“水轮机组非稳定工况运行分析与故障预测技术研究”“GIS/GIL关键设备机理模型和状态评估与故障诊断应用开发”“关键区域轨道式及轮式智能巡检机器人研究应用”采购，各项目相关现场施工和科技联合研究有序开展。

（3）管理提档升级，企地共建持续。有序组织坝区提档升级建设，审定坝区修建性详细规划成果；完成右岸地下厂房电气夹层环境整治项目施工；完成右岸道路整治项目方案设计；持续改善电厂职工工作生活条件，完成6栋值班公寓楼整修。积极履行社会责任，委派1名党员干部到重庆奉节挂职；完成永善县人民医院购买医疗救护车、雷波县汶水镇汶水村高山有机芦笋田园综合体（二期）建设、雷波县黄桷堡至大戏场交通道路维修，向雷波县渡口镇供应生活用水，有序推进雷波三峡中学、永善县溪洛渡镇第二幼儿园建设，持续为乡村振兴和教育事业贡献力量。

（溪洛渡水力发电厂　赵本成）

乌东德水力发电厂2022年电力生产管理情况

（一）电力生产概况

2022年，乌东德水力发电厂（简称乌东德电厂）按照“强化核心能力、深化精益管理、坚持创新驱动、创建国际一流”的生产管理思路，全面完成年度岁修、防洪度汛、能源保供、科技创新等各项年度工作任务，实现核心能力和管理水平的全方位提升。践行“三精”生产理念，强化设备设施管理，确保设备安全稳定运行。全年发电366.13亿kW·h，超额完成年度发电任务。全年配合电网调峰开停机6780台·次，日均开停机达18.58台·次。机组年利用小时数3580.13h，机组等效可用系数达94.32%。实现“零人身伤亡、零设备事故、零非停”安全生产目标。圆满迎峰度冬、冬奥、迎峰度夏、重要时段等多轮次电力保供任务。

（二）年度检修情况

乌东德电厂根据上级工作部署，因时因势调整岁修方案，扎实推进各项工作。坚持“应修必修，修必修好”原则，高效有序推进年度检修工作，通过精益管理平台“检修技改”模块功能系统升级，进一步整合检修策划、质量控制、安全管理信息，打造全新的数字化检修模式。①2021～2022年度检修自2021年10月29日开始，至2022年5月15日结束，历经199天，共完成12台机组C级检修、26项输变电设备及其二次设备检修，3条泄洪洞、6个中孔、5个表孔共14项泄洪设施检修及消缺。实施检修项目1783项，较首轮岁修增长82%，所有机组检修后启动试验一次成功，成功经受汛期长周期大负荷运行考验。②2022～2023年度检修自2022年10月26日开始，共安排12台机组C修检修，26项输变电设备检修，以及配电设备、泄洪设施检修。检修期间，圆满完成4号机组、10号机组型式试验，进一步掌握大型发电机组的性能指标及运行规律。

（三）防洪度汛情况

根据中国长江电力股份有限公司及上级规定，2022年3月18日，乌东德电厂印发《关于2022年防洪度汛工作计划的通知》，汛前完成泄洪设施、排水系统、厂用电、应急电源、弧门在役检测项目、集水井清淤等防洪度汛检修项目，为电站平稳度汛提供良好的设备基础。5月1日～10月31日期间，乌东德电厂严格执行《乌东德水力发电厂大负荷长周期运行控制措施实施细则》相关要求，加强重点部位巡视检查和维护保养，确保设备始终可控可调。6月完成发电47.83亿kW·h，为年内单月发电量最高。开展大坝安全及泄洪设施专项检查，夯实汛期安全管理基础。实现了2022年电站枢纽安全平稳度汛。

（四）安全环保管理

2022年，乌东德电厂安全生产保持良好态势，未发生生产安全责任事故、人身伤亡事故、设备事故、火灾事故、环保事故，未发生安全事故瞒报、谎报、迟报、漏报事件，机组未发生一类非计划停运事件。①持续推进安全生产标准化建设。圆满完成安全生产专项整治三年行动任务，按月推进安全整治“百日攻坚”行动，组织开展电力安全生产标准化预查评。运行三组荣获全国“2022年度安全管理标准化班组”称号。建立“分工明确、工作到位、责任到人”全员安全生产责任制。开展厂级安全培训16次，组织148人次参加特种作业培训取证，切实提升全员安全意识和安全知识技能。②持续巩固双重预防机制。全方位、全过程开展危险源辨识与风险评价工作，累计辨识163条危险源，逐项落实管控措施。全年共开展内外部安全检查77次，检查发现问题262项，除持续改进项外，已完成全部整改，各项风险可控在控。③深化应急能力建设。开展专项应急演练16次，完成应急预案三年滚动演练规划，首次采用盲演方式开展水淹厂房、电缆廊道火灾事故应急演练和全厂停电实战演练。开发精益管理平台预警响应行动模块，实时接收预警信息，及时向相关责任人推送响应措施，全年发布自然灾害预警信息290余次，未造成人身伤亡和财产损失。④做好环境保护和职业健康管理。完成全国固体废物管理信息系统注册，合规处理危废11t。定期开展污水、废气检测，做好污水转运处理，全年未发生环保事件。配合开展分层取水、基荷发电、人造洪峰等生态调度试验。办公生产区域安装AED除颤仪6台，完善现场职业病危害警示牌，开展职业病危害因素检测及现状评价并制定相应防治措施。

（五）科技创新

2022年，乌东德电厂围绕“电站运维、自主可控、数字化转型、科技兴安”等大水电业务板块，加强科技创新工作规划部署，稳步推进科技创新工作，圆满完成年度科技创新工作任务。全年开展科研项目58项，申请专利32项，获得专利授权19项，提交专业技术论文150余篇，提交成果申报30余项，获得成果奖励20余项。牵头编制《水轮机进水阀门运行与检修规程》行业标准，参与《水电站钢闸门检修维护规程》等13部公司级规程修编。国内水电行业首次实现监控系统一键开导叶排水。参加质量信得过班组建设、QC活动成果交流、行业科技创新论坛等质量活动，2个班组获评2022年电力行业质量信得过班组建设典型经验交流活动4A班组，“金沙踏浪”“精修优维”QC小组分别获得电力行业2022年质量管理小组活动奖励。

（乌东德水力发电厂　成江）

白鹤滩水力发电厂2022年电力生产管理情况

（一）工程建设情况

白鹤滩水电站位于四川省宁南县和云南省巧家县交界的金沙江下游河道上，是实施“西电东送”的国家重大工程，是仅次于三峡水电站的世界第二大水电站，大坝最大坝高289m，正常蓄水位825m，水库总库容206.27亿m^3，调节库容104.36亿m^3，防洪库容75亿m^3。电站左、右岸地下厂房内各安装8台单机容量百万千瓦的水轮发电机组，总装机容量1600万kW，电站多年平均年发电量约624.43亿kW·h。具有高拱坝、大库容、大容量、巨流量等特点。该电站于2010年10月开始筹建，2021年6月28日电站首批机组投产发电。2022年9月22日电站8号机组投产发电，标志着左岸电站全部机组投产；10月24日，电站首次蓄水至正常蓄水位825m；12月20日，电站9号机组投产发电，标志着电站全部机组投产发电。

（二）接机发电情况

白鹤滩水力发电厂（简称白鹤滩电厂）牢记“国之大者”，精心组织接机发电工作，克服重重困难，2022年共完成10台百万千瓦机组接机发电工作，圆满实现电站全部机组投产目标。接机发电过程中，电厂成立由78人组成的调试攻关小组，采用“两班倒”模式，24h不间断参与调试，为机组顺利投产提供保障。党的二十大重要时段保电期间，电站11号和10号机组并网调试相继启动，面对密集接机发电、并网调试和设备检修等工作并行局面，电厂组织各部门团结奋斗、攻坚克难，各级负责人深入一线、靠前指挥，参与调试人员连续作战、争分夺秒，快速准确完成各项操作，72h完成11号机组并网试验，90h完成10号机组并网试验，创造了机组涉网调试新纪录，最终创下了“三天两投”的行业纪录。

（三）电力生产情况

电厂坚持精益运行、精心维护，扎实做好运行控制、方式安排和诊断分析等基础工作，加强对设备缺陷和异常的分析监视，确保设备安全稳定运行。全面管控设备运行风险，聚焦设备初期投产特点，掌握设备运行状态；创新建立诊断分析日报告、设备管理负责人“晨会”机制；建立设备安全风险动态管控机制，定期梳理辨识流域电站非停事件、重要缺陷等，对电站同类隐患进行举一反三排查评估。全面收集、科学分析机组运行基础数据，做好已投产机组重要运行指标对比分析工作，持续探索总结百万机组运行规律。

电厂加密重点设备巡检频次，并有针对性地开展专项巡查，强化设备监测和诊断分析，做好工程现场风险辨识及管控，为机组长周期安全稳定运行提供有力保障。统筹接机发电、运行管理、年度检修等重点工作，加强方式管理，研究布置保电期间运行方式，积极与调度单位协调，确保机组始终在最优工况下运行，实现能发尽发、满发多发。电站全年累计发电400.55亿kW·h，历年累计发电556.44亿kW·h，相当于节约标准煤约1677.67万t，减少排放二氧化碳约4607.32万t。

（四）年度检修情况

高度重视设备年度检修工作，合理制定年度检修计划，并结合实际动态优化调整。加强检修作业安全和质量管控，规范检修现场安全文明施工，严格落实三级验收制度。通过诊断分析和有针对性的设备检修，持续提升设备健康状态与可靠性水平。认真开展机电技术总结、年度设备评估、检修总结和“回头看”工作，总结凝练百万千瓦机组设备规律。

2021～2022年度检修为白鹤滩水电站首轮年度检修，历时220天，其中2022年上半年，共计完成3台机组C级检修、4台机组D级检修、16项输变电设备整体检修。结合首轮检修情况，科学评估设备状态，2022～2023年度共安排全部16台机组检修和36项输变电设备检修工作。为确保2022年迎峰度冬电力保供期间能发尽发、满发多发，在多个检修工作面同时开工，以及在建机组调试、配合电网输电线路安装配套继电保护和安控装置调整联调等工作并行的情况下，克服人力资源紧张、方式安排复杂且变化大等困难，及时研究优化调整2022～2023年检修安排，高质量完成1、7、15、16号机组C级检修，500kV线路电抗器检修，以及8号尾水洞专项检修等任务。

（五）安全环保管理

全年安全生产保持良好态势，未发生人身伤亡和设备伤害事故事件。持续践行三峡集团“建管结合、无缝交接”理念，管控设备安装和调试质量，累计188人直接参与工程建设。坚持安全风险“吹哨”机制，成立“五防”专项工作组，创新开展“用数据实时发声，让违章无处藏身”安全管理专项行动，建立常态化日常安全检查及专项督查机制。周密部署，推动左、右岸电站安全平稳转入永久外送接线方式运行。安全顺利实现电站年度825m蓄水目标，为长江电力“六库联调”和全球最大清洁能源走廊作用充分发挥创造条件。组织完成三峡集团内首次分层取水门动水落门操作试验，进一步摸排总结分层取水门动水落门风险，为后续分层取水门生态调度提供了技术支撑。

（六）防洪度汛情况

认真贯彻落实水利部、国家能源局、三峡集团和长江电力具体工作要求，细化防汛任务，压实防汛责任，立足于防大汛、抗大洪、抢大险、救大灾，按照物资充分、预案齐全、信息畅通、值守到位、反应迅速的要求，以高标准、严要求、实举措扎实做好接管区域防汛管理，主动将防汛管控措施延伸到责任区外，规范开展汛前、汛中各项工作，及时排查消除安全隐患，顺利完成年度防洪度汛任务，配合建设单位实现电站整体安全度汛。

（七）管理及科技创新

加快实施创新驱动发展战略，围绕百万千瓦机组运行规律探索和运行维护核心能力培育，大力推进科技创新工作，部分成果已成功应用于电站。共开展外委科研项目12项，Ⅰ类自主科研项目23项，获得专利授权81项（其中，发明专利7项），撰写并发表论文54篇。积极推进创新工作室建设，白鹤滩电厂“鹤展云天”创新工作室被评为三峡集团“示范创新工作室”，2022年获湖北省“青年创新工作室”风采展示大赛（技能创新类）二等奖。研究制定《白鹤滩智能电站建设规划》和相关行动方案，不断提升电站运维核心能力。坚持新发展理念，抓好管理成果总结提炼，白鹤滩电厂总结提炼的“白鹤滩水电站‘三零’引领＋‘三跨’驱动的电力生产准备模式”先后获评2021年全国电力行业设备管理创新成果特等奖、第五届全国设备管理与技术创新成果一等奖、中电联2022年电力创新大奖。

（白鹤滩水力发电厂　史军）

糯扎渡水力发电厂2022年生产经营情况

2022年，糯扎渡水力发电厂全力做好“两强化三提升”，顺利完成年度各项工作任务，年度绩效得分连续2年排名华能澜沧江水电股份有限公司（简称澜沧江公司）第一，获评中国华能集团先进企业、集团技术管理先进单位、集团项目与预算管理先进单位、云南省五一劳动奖状等荣誉。

（一）聚焦本质安全，安全管理水平实现新提升。

连续3年荣获华能集团安全生产先进单位，连续4年荣获澜沧江公司安全生产先进单位。①扎实开展安全标准化、规范化管理年活动，强化反违章及隐患排查治理，开展安全专项大检查32次，排查治理风险隐患1142项。②安全生产专项整治三年行动圆满收官，完成各项重要时段安全保供，成功打赢“HY2022”攻防演习攻坚战。顺利实施智慧安防项目现场建设，安全管理现代化水平全面提升。③深化安全文化品牌创建，独具糯电特色“三位一体”安全文化品牌不断丰富，获得国家应急管理部2021年企业安全文化最佳实践案例。

（二）聚焦精益运营，生产设备管理实现新提升。

强化生产全过程和全要素标准化、规范化、精准化、精细化管理，全力打造“生产精益型”电厂，连续3年机组“零非停”，完成发电量221.87亿kW·h，9台机组全部获评澜沧江公司精品机组，连续4年在华能集团设备评级中排名第一，获评华能集团技术管理先进单位。①修编2022版安全生产管理体系文件64个。运维检工作流程各工序环节精准紧密衔接，完成7台机组检修，成功开停机2856次，成功率100%。②实现在机坑内完成转轮修型，极大节约检修工期，成功解决了投产以来在高负荷区域运行顶盖振动大问题。自主开创的“基于振动波形分析的关键技术”研究，在9号机组定子机座振动处理中得到进一步验证，首次成功实现通过磁极调整将定子机座水平振动值降至30μm以内。③坚持库坝管理精细化，有序推进水工建筑物维护，开展泄洪设施及机组流道检修。有效处置暴雨预警9次。

（三）聚焦技术创效，科技创新管理实现新提升。

始终把科技当作第一生产力，获华能集团科学技术进步奖2项、华能集团发明专利奖1项、云南省科学技术进步奖1项，获评智慧电厂建设劳动竞赛工作优胜单位。①分步有序推进各业务领域智慧化建设，智慧电厂建设首批示范项目高质量落地实施，智慧水库、智慧检修、智慧管理平台建设项目有序推进，工业互联网考评连续3年排名澜沧江公司第一。②集中力量攻克了调速器、励磁系统依赖进口的“卡脖子”技术难题，成功完成了全国首台（套）水电机组调速器、励磁系统全国产化研发及1号机组现场示范实施工程。③完成知识产权指标23个，同比增长199%，连续3年超额完成澜沧江公司下达的科技指标任务。受理发明专利29项，实用新型专利36项，同比增长164%和260%，发表技术论文28篇。

（四）聚焦科学管理，管理运营水平实现新提升。

始终把对标提升和改革创新作为提升软实力重要抓手，企业管理、保密对标、法务审计等业务均排名澜沧江公司第一。①严格落实“创一流工作机制”和“一线工作法”，在“八个一流”上实现了整体性提升，完成对标自查和公司检查出的问题整改1000余项。②聚焦重点领域和关键环节，深入推进改革三年行动33项内容圆满收官，获得2022年国有企业深化改革实践成果二等奖、“改革三年看变化”征文活动优秀奖，在基层单位改革三年行动“回头看”检查中得到澜沧江公司表彰。③加强软科学和管理创新成果转化，获批华能集团管理创新项目1项、澜沧江公司软科学项目3项，获华能集团管理创新成果奖项1项、澜沧江公司管理创新成果奖项2项，“电力市场化改革下巨型水电站检修精益化管理探索与实践”获全国电力行业设备管理创新成果一等奖。

（五）聚焦企地和谐，央企示范引领实现新提升。

实现水电发展与生态环境保护、水土保持、社会经济全面、协调和可持续发展。①环保基础管理水平持续提升，鱼类人工增殖技术攻关取得多项突破，在流域内首家获得“珍稀濒危水生动物增殖放流苗种供应单位”资质，首次开展中国结鱼大规模增殖放流。荣获“云南省2022年度美丽河湖”称号，在普洱市全面推行河（湖）长制考核中获得优秀。②开展第二期“华能希望班”办学，投入346万元完成“百千万工程”4个项目实施，持续提升当地民生基础设施建设。助推马鞍山二期规划项目建设验收及资金审计工作完成，为华能帮扶澜沧县13.5亿元画上了圆满句号。③配合外交部完成“感知澜沧江、共话澜湄情”活动，“同饮一江水”澜沧江流域中外媒体采风，重要接待48次，来访人员700余人。

（六）聚焦人才培养，人才队伍建设实现新提升。

加强人才队伍培育，专业技能竞赛获省部级奖项1项，公司级奖项4项，获云南省五一劳动奖状、创优立功劳动竞赛建功澜沧江标兵单位。①聘任3名技术带头人，6名技能带头人，8名专业技能人员，人才示范引领作用持续彰显。②用好华能集团水电专业创新工作室联盟平台，依托现有职工创新工作室、劳模创新工作室等优势资源，全面提升职工的创新思维、战略思维和新理论、新技术、新应用素养。③推动薪酬向绩效贡献突出部门、一线干部职工、技术技能人才倾斜，树牢尊重劳动、务实肯干、担当奉献的用人导向。

（华能澜沧江水电股份有限公司糯扎渡水电厂）

小湾水力发电厂2022年生产运营情况

2022年，小湾水力发电厂（简称小湾电厂）安全形势平稳，设备运行可靠，连续3年实现“零非停”，未发生电厂原因导致的电量损失。

（一）压实责任，安全形势保持稳定

①实现机组应发尽发、稳发满发，年度累计发电量185.6亿kW·h，同比增长12.7%，为近3年最高。连续两年自动开停机成功率100%，实现5222次自动开停机成功纪录并在不断刷新，获评华能澜沧江水电股份有限公司（简称澜沧江公司）安全生产先进集体。②层层压实安全生产责任，深入开展各类专项活动，建立“问题清单”，排查治理安全隐患310项。圆满完成“HY2022”护网行动，以零扣分的成绩完成任务。高质量完成反恐一期项目建设，治安保卫、交通消防全年保持可控在控，累计实现安全生产4912天。③推进电力“智能化＋本质安全”“互联网＋安全监管”新技术研究应用，通过智能化监控设

备加强关键环节安全管控。“三厚九重”安全文化、“123+8”班组安全管理标准化建设成果落地生根。水工班获得中国安全生产协会“2021 年度安全管理标准化班组”称号。

（二）聚力攻坚，生产管理更加精益

①优化运维检管理，年内发现处理缺陷 50 项，设备消缺率 100%，缺陷数量同比下降 49.5%。优化调整检修方式，取消 5 号机组 C 级检修，机组可用小时数增加约 360h，可用系数提升 4.5%。小湾电厂获得澜沧江公司 2021 年度发电设备状态检修劳动竞赛优胜单位、2022 年度技术管理先进单位。4 号机组获行业生产运维管理“标杆水电机组”称号。获得中国电力企业联合会“单机容量 70 万 kW 及以上混流式电站发电耗水率指标最优水电站”称号。②高质量完成年度机组检修，修后评价全优率为 100%。整治处理重大问题 25 项，设备重大问题同比下降 38%。3 号机组修后定子机架水平振动降低 82μm，高负荷下顶盖取水方式平均瓦温降低 11.7℃、水泵供水方式降低 20℃以上。4 台机组精品指标平均提升 5 项，2 台机组达精品指标 C 级。技术监督现场评价得分率为 96%，为历年最高。截至目前，已完成 6 台机组定子电晕、转轮修型处理、GCB 传动部件重大隐患处理以及 5 台机组定子低频振动处理，4 台机组实现顶盖取水投运，主设备重大缺陷、隐患治理成效显著。

（三）扛牢责任，高坝大库管理有序。

①水工建筑物整体运行工况良好。完成 2 号山梁 5 个测斜孔自动化观测改造和强震监测系统升级，处理大坝监测系统缺陷 120 条，具备恢复条件仪器完好率达 100%。流域大坝智能在线监控平台年度考核为 99.85 分。高质量完成第三次大坝注册登记换证，实绩考核首次突破 90 分。完成岔小线厂外段 K15 边坡治理、电站重要设备边坡开口线外危岩体隐患治理，严格开展防汛值班。电站入选水利部“人民治水·百年功绩”治水工程项目。②积极开展库区泥沙采样监测、水温、水质观测和气象站运行维护管理，完成两江 5400m^3 清漂工作。与三州市河长办建立联系机制，开展库区联合巡查及美丽河湖建设复查巡库，做好小湾库区水资源保护。电厂永久大桥桥梁技术状况评定等级为 2 类，状态为较好。中水回用率 100%，各项污水处理检测项目均达到标准。

（四）创新赋能，智慧电厂持续深化。

①9 月成功投运华能睿渥全国产化 10kV 厂用电继电保护装置及 400V 第一组照明备用电源自投装置。11 月成功投运首台（套）70 万 kW 国产化水电机组核心控制系统，3 号机组获评华能集团“首台 70 万 kW 水电继电保护系统全国产示范机组”。华能睿渥 HNICS-H316 计算机监控系统获评国家能源局“2021 年度能源领域首台（套）重大技术装备”。电厂已圆满完成 6 台机监控系统全国产化改造。②积极探索实践“智慧运行”体系，生产人员可通过手机 App 实时掌握机组运行工况及故障报警信息。自主开发黑启动自动倒闸操作功能，将全厂失电后黑启动时间由 40min 缩短至 10min 以内。在流域首创 10kV 厂用电一键智能倒闸功能研发改造。开发应用生产数据智能报表功能。③编制 6 个专项建设项目方案。高质量建设完成华能集团智慧物资供应链和数字仓库的应用试点项目。全力推进智慧巡检、智慧安防、5G 网络建设 3 个公司示范项目实施。④积极开展转子磁极键松动、筒阀系统漏油等 28 个工业互联网平台模型建模，及时发现 23 项设备隐患并提前处置。全面梳理调整测点 KKS 编码，重新优化配置平均值、冷却器换热系数等 113 类、共 2712 条 KKM 算法，完成 1～6 号机组及出线单元报警优化消除。⑤年内共获得授权专利 40 项，其中，发明专利 4 项，实用新型专利 36 项，完成年度绩效目标的 520%，全年电厂获得专利数量占投产以来电厂专利数量的 52.6%。1 项创新成果获云南省科技进步二等奖，1 项创新成果获中国电力发展促进会科学技术三等奖，1 项创新成果获华能集团科技进步三等奖，3 项创新成果获云南省科技创新成果奖。8 项成果获评 2022 年电力行业技术监督创新成果，3 项成果获评云南省电力行业电力科技创新成果。8 项 QC 成果获得省部级以上奖项。

（五）强化治理，管理水平不断提升。

①不断提升经营效能，确保每月预算完成率最优。通过设备状态评估，节省机组检修成本 131.15 万元。深度参与云南调频辅助服务市场交易，为澜沧江公司获取净收益 1400 余万元。通过顶盖取水方式，节约厂用电 600 余万 kW·h。全员劳动生产率比上年增加 261.80 万元/人。②全面对标企法部 5 个维度 20 项指标和生技部 8 个类别 56 项指标，成立专班按月督促落实。编制电厂创一流“十四五”规划，设定 2023 年及 2025 年两个阶段目标和四大建设模块，制定重点任务专项规划，整改后自评价得分为 1018 分，得分率 84.83%。③定期组织召开改革专题会议，三年改革重点任务完成率 100%。确立“多劳多得”主基调，开展全员岗位组聘，6 人实现跨部门岗位调整，31 人岗位晋升，8 人岗位下降。在改革三年行动“回头看”检查中被澜沧江公司通报表扬，电厂改革征文获华能集团二等奖。④采购流标率为 18.64%、同比降低 24.50%。采购节资率为 26.40%，评标专家出勤率为 66.14%，采购效率、质量进一步提升。消耗闲置物资 329 项，流域调剂 11 项，处置闲置物

资639项、废旧物资290项。⑤完成制度立改废48项，全年未出现重大风险或风险损失事件。滚动修编三版《内部控制手册》，年内无重大内控缺陷发生，无违法违规问题出现。⑥竣工决算审计投资调整额由19.06亿元逐步确定为687.69万元，补充合同及结算凭证资料39项，提供合同资料35个、财务凭证320份。目前累计已追缴完成审减经费88%。征地移民现除水库新增影响区4户15人尚未搬迁安置，基本上全面完成了移民搬迁安置和土地配置工作。⑦助力澜沧江公司在周边地区备案17个项目，在临沧核准项目30个，装机容量为283.6万kW。促进凤庆县干口、昌宁县大沙坝等光伏项目开工，大力支持小湾农牧（团山）光伏项目建设，形成《小湾水电站光伏项目建议书》。⑧通过竞争上岗提任中层干部2名。年内1人被聘为华能集团技能专家；2人为澜沧江公司技能专家；聘用电厂技术、技能带头人及专业技术职务12人。现电厂中、高级专业技术资格占比76.57%，技术监督、专业技术工种、特种作业资格持证上岗率100%。组织开展劳动和技能竞赛10余项，建成工作室8个。小湾电厂获评全国大型水电厂（站）劳动竞赛先进单位、全国大型水电厂青年工作先进单位、建功澜沧江标兵单位。⑨巩固拓展“六个小湾”特色文化，多项工作被中央电视台、新华网、人民网等主流媒体报道，宣传片《小湾水电工程》入选国家优质工程奖40周年成就展，投入资金855.8万元实施12个“百千万工程”项目，助力当地乡村振兴。投入资金71.35万元开展消费帮扶工作，全力助推帮扶地巩固拓展脱贫攻坚成果。

（华能澜沧江水电股份有限公司小湾水电厂）

葛洲坝水力发电厂2022年电力生产管理情况

截至2022年底，葛洲坝水力发电厂（简称葛洲坝电厂）连续安全生产7219天，连续19年实现“零人身事故”“零设备事故”安全目标，创造安全生产新纪录；连续3年实现“零非停”目标。全年发电174.34亿kW·h，实现“零责任性弃水”；全厂首次按最大出力3210MW运行，增发电量近620万kW·h，为华中电网能源保供作出积极贡献。机组等效可用系数93.88%，台平均运行小时数6413h，单机最高运行小时数8483h。2号机组获评中国电力企业联合会“全国发电机组可靠性标杆机组”。

（一）安全环保

1. 夯实安全生产基石　开展“优秀班组长大擂台”活动，签订部门责任书7份。全面推进安全生产15条措施落实落地。扎实开展安全生产专项整治三年行动，8大类115项任务顺利完成。认真开展2022年度危险源辨识与风险评价工作，确定各类安全风险1398项，安全风险分级管控体系日臻完善。对问题隐患全过程跟踪、全流程管控，确保及时整改关闭。加强应急能力建设，修订应急预案体系文件48份，开展应急演练53次，在公司梯级电站中首次实现应急演练现场直播。编制完善《工程项目安全文明施工要求》《工程项目安全违章处罚标准》等规章制度，实现承包商安全施工能力评估全覆盖。积极参与集团公司大坝安全监控自动预警体系建设；按照集团公司“三统一”要求，规范开展大坝安全管理，相关制度标准体系建设、管理人员配置、大坝维护检修等均符合要求。

2. 锻强枢纽保卫盾牌　不断提升枢纽安防智能化水平。4月组织召开《葛洲坝水利枢纽安全保卫规定》施行三周年联席会，健全完善协同联动机制，凝聚枢纽保卫强大合力。开展“喜迎二十大 忠诚保平安”主题反恐演练，圆满完成党的二十大等重要时期枢纽安全保卫工作。加强人员、车辆、物资出入管理，确保枢纽绝对安全。积极推进葛洲坝区域专职消防队伍体系组建，区域消防救援正向“全灾种、大应急”目标奋进。

3. 厚植绿色发展底色　严格按照《国家危险废物名录》，进一步规范危险废物管理，确保危险废物处理合规。严格落实公司《环保技术监督规程》相关规定，达标率100%。采取大、二江检修集水井加装浮油收集装置；尾水盘形阀设立拦油索；蜗壳导叶处铺设吸油棉等对环保设备设施进行了完善升级，并探索使用新型油污分解材料等一系列措施。积极推进西坝办公区光储充停车场改造、二江厂房整修；完成西坝区等重点项目；完成二江厂房照明系统改造，电量损耗降低约43%；“万里长江第一坝”绿色底色更加鲜明。

（二）设备检修与技改

①2020～2021年度岁修共完成机组A级检修2台·次、B级检修1台·次、C/D级检修20台·次；输变电设备计划检修17项；完成首台17万kW机组（1号机组）更新改造，提高机组运行稳定性。②历时17年，完成19台12.5万kW机组更新改造增容，单机额定出力增加20%，全厂总装机容量达到321万kW。完成葛洲坝二号船闸事故检修门及叠梁改造等项目。完成新一轮首批4台机组保护改造任务。完成葛双Ⅰ回保护光纤化改造，实现全厂输电线路通道光纤化率100%。完成3台机组压力容器改造。稳步推进19台机组调速系统改造，其中首台套已投运。完成全厂主电缆廊道高压细水雾灭火系统安

装调试。

（三）管理及科技创新

1. 科技创新提质增量　全年开展科研项目45项，实际研发投入1700余万元。科技创新成果获奖36项，其中集团公司及以上奖励7项；《大型水电站进水口漂浮物智能化打捞装置研发及应用》荣获2022年度长江科学技术奖（技术发明类）二等奖；全年授权专利18项，新申请专利20项，其中发明专利11项，清污机器人漂浮物清污方法获评中国能源研究会首届能源行业核心型高价值专利（技术）成果。集团公司首台全自主可控机组LCU、保护装置成功投运；机组LCU、机组保护装置、6kV厂用电保护装置及检修排水电控系统列入公司第一批自主可控应用研究成果推广目录。“蓝色动力”创新工作室被集团公司命名为“示范创新工作室”。

2. 数字化转型集厚成势　完成长江电力大数据中心（厂站侧）建设，为工业互联网平台提供算力支持。完成1号机组全息监测现地采集单元建设，实现1号机组全方位监测。“水电站机组经济运行最优模式研究”高级应用上线运行，为电厂节水增发、安全预警提供了新的决策手段。班组业务支撑系统投入试运行，促进班组管理模式向数字化、柔性化、扁平化、泛中心化转型。

（四）主要管理举措

1. 筑牢疫情防控屏障　电厂严格落实属地政府和两级公司有关要求。组织开展区域疫情防控专项应急演练。优化最小化功能运行应急保障和轮岗备班机制，在宜昌市疫情防控最吃紧的阶段，安排关键岗位人员驻厂坚守近3个月。统筹抓好安全生产、能源保供及疫情防控等各项工作，坚决守住了电力安全生产不停工、不停产、不停运的底线。

2. 合规管理能力不断提高　认真落实公司“合规管理强化年”相关要求。结合内外部合规要求，全面评估管理制度，及时开展制度立改废释，强化制度合规性审查。组织员工签订合规承诺，承诺率100%。组织法律法规和相关制度宣贯培训4期，组织学习《典型合规风险案例选编》。对照公司合规风险排查清单中的18个方面开展专项排查。

3. 成本控制能力不断提高　修订成本控制管理、项目管理等制度6项，制定《成本管理权限指引表》。加强备品备件、工器具的标准化管理。开展项目管理知识周测试、集中宣讲等培训活动，项目管理人员专业能力得到提升。2022年葛洲坝电厂招标采购计划97项，项目总数302项，预算金额约5.34亿元，全年未发生投诉、纠纷或违规事项。

4. 人才队伍建设能力不断提高　全年开展15批49人次岗位选拔补充，分部负责人层级平均年龄同比降低2.2岁，管理队伍结构持续优化；编制完成青年人才专项培养子方案，建立起新员工岗位技能培训标准体系；依托“葛电讲坛”特色培训，系统性开展安全生产大讲堂、管理思维拓展等专题培训；继续开展岗位技能达标考试，构建员工终身学习的良好局面。6人次获两级公司“技术能手”称号，涌现了以湖北五一劳动奖章获得者、集团公司劳模、湖北省技术能手为代表的一大批先进典型。

（葛洲坝水力发电厂）

刘家峡水电厂2022年生产管理情况

2022年，刘家峡水力发电厂完成发电量55.71亿kW·h，上网电量55.11亿kW·h，节水增发电量3.35亿kW·h；平均发电耗水率4.05m^3/(kW·h)；综合厂用电量6000.5万kW·h；机组等效可用系数97.35%；实现安全生产7830天。

（一）安全生产局面持续稳定

高质量完成安全生产专项整治三年行动。持续推进安全生产大检查，累计整改发现问题隐患39项。深刻吸取系统内外安全事故教训，持续加强作业现场安全管控力度，落实“四个管住”要求，守牢安全生产生命线。加大远程监督和“四不两直”督察力度，持续开展“零容忍”反违章专项行动，严格查处违章行为，严肃通报问责，全年共计查纠各类违章600余次。滚动修订安全责任清单，明确落实全员安全责任。常态化进行各类应急演练，扎实开展反事故演习、应急培训，持续完善应急预案，组织开展“军警地企”反恐处突应急、消防应急联合演练，持续强化联合协作能力。

（二）顶峰保供作用进一步发挥

合理安排机组检修改造任务，完成20项大修技改任务。持续提升设备精益运维水平，全年主设备“零缺陷”运行，年内精准开停机操作4643次。圆满完成2号机组整机改造，实现一次性启动成功且零缺陷高质量投产发电，创造了该机型整机改造最短工期纪录。

（三）防汛大发电任务高质量完成

面对黄河上游来水偏枯不利因素，严格落实迎峰度夏、防汛发电各项措施，机组成功经受低水位运行75天的严峻考验，创历史新高，期间最低运行水位降至1715.75m，为建厂投产发电以来最低，为满足黄河中下游生产生活用水，水量综合最优调度作出了积极贡献。做好极端突发天气应急准备，有效应对4轮次属地强降雨，全力确保了机组安全稳定运行和流域安全度汛。

（四）改革创新持续深化

职工创新创效活动，获得甘肃省电力科技进步奖1项，实用新型专利授权1项。充分运用现代科技成果，降低员工劳动强度，提高劳动效率，先后完成专利申请29项，完成专利授权12项，其中，发明专利4项、实用新型专利7项，各类创新成果丰硕。

（刘家峡水力发电厂）

白莲河抽水蓄能电站2022年电力生产管理情况

（一）电站基本情况

湖北白莲河抽水蓄能电站位于湖北省黄冈市罗田县境内，电站枢纽主要由上水库、输水发电系统、地下厂房及下水库等建筑物组成。下水库利用已建成的白莲河水库，总库容12.32亿m^3，上水库为电站自建水库，总库容2496万m^3，额定水头195m，最大毛水头217m。安装4台30万kW可逆式抽水蓄能机组，总装机容量120万kW，设计年发电量9.67亿kW·h、抽水电量12.89亿kW·h。设计静态总投资31.89亿元，动态总投资约35.33亿元。主体工程于2005年8月1日开工建设，2010年12月27日4台机组全部投产，在电力系统中担负着调峰、调频、调相、储能、系统备用和黑启动等任务。

（二）电力生产情况

狠抓安全生产、运检管理和疫情防控工作，连续3年进入国网新源控股有限公司（简称新源公司）A级行列，为电站"十四五"高质量发展奠定坚实基础。迎峰度夏期间，全网及四省用电负荷大幅度超预期增长。6月下旬开始，全网及四省用电负荷41次创历史最高，同比增长均超10%；同时全网大部分地区降水显著偏少，水电较常年大幅度减发。面对电网最高温度、最少水电、最大负荷、最长时间"四最"叠加挑战，该电站以高度的政治站位坚决扛起电力保供责任，扎实落实发电能力，坚决服从电网一体化平衡大局和统一调度，电站机组长时间坚持一日两发两抽，持续保持双工况、多频次、高强度、大负荷运行。期间累计发电量突破2.5亿kW·h，综合利用小时数达481.2h，为华中全网及四省电力有序供应提供坚强保障。2022年，电站累计发电运行1122台·次，完成发电电量11.24亿kW·h；抽水运行1027台·次，完成抽水电量14.02亿kW·h，超过设计年发电电量9.67亿kW·h和设计年抽水电量12.89亿kW·h，启停次数、发抽电量均创历史新高。

（三）检修与技改

共完成4台次机组C级检修、3台次机组D级检修、28台次机组月度定检，1次流道排空检修。通过科学制定检修计划，等效可用系数达到91.12%；其中，主动发现并处理了4号球阀接力器液压锁定投退时间变长和工作密封损坏等问题，经分析锁定投退时间变长原因为接力器液压锁定内部密封老化破损及芯杆缸套存在划痕导致接力器内漏串压；投入腔压力偏低原因为工作密封活动环D型密封老化破损导致内漏等问题，实施技术改造，重点消除了高压电缆保护工作不稳定、定子穿芯螺杆绝缘偏低等隐患，提升了设备健康水平。

（四）安全环保管理

组织修编9个组织机构、85个岗位的安全责任清单，构建了覆盖全员全岗位全流程的安全责任清单体系；深入开展安全生产专项整治三年行动，严抓安全风险管控和隐患排查治理，大力开展反违章专项活动，开展消防、应急培训演练34次，白莲河抽水蓄能电站作为抽水蓄能代表参加华中电网迎峰度夏联合反事故应急演练，圆满完成电站安全风险评估、应急资源调查和应急能力建设评估，全年未发生8级及以上人身、电网、设备、信息系统事件，未发生机组非计划停运事件，实现连续安全生产4757天。2022年，白莲河抽水蓄能电站获评全国"安康杯"竞赛活动安全文化宣传活动"优秀单位"，继续保持"全国'安康杯'竞赛活动优胜单位"称号。

（五）管理及科技创新

电站深化科技成果转化应用，取得良好效果；加强技术攻关，获得8项实用新型专利授权；电站参与研究的《特大型水电机组控制优化、故障诊断与状态评估关键技术及应用》获中国大坝工程学会科技进步二等奖；《检修新引擎——抽水蓄能机组数字化检修关键技术研究与应用》获2022年全国能源化学地质系统优秀职工创新成果三等奖；《抽水蓄能电站输水系统检查技研究》获新源公司科技进步二等奖。

（湖北白莲河抽水蓄能有限公司　胡志平）

藏木水力发电厂2022年电力生产管理情况

2022年，藏木水力发电厂结合"三横三纵一引领"创新管理理念，推动"疫情防控、安全生产、保电供电、科技创新"各项工作取得良好进展。截至12月31日24时，电厂年累计发电量18.745亿kW·h，累计安全生产天数2967天。

（一）抓牢设备巡检维护，保障电力生产供应

①持续深入开展“降缺陷、控非停”活动，及时发现5号机组推力及下导油盆冷却器端盖破裂重大缺陷，全年共计发现并处理缺陷135条，缺陷处理率与合格率均为100%，以零缺陷保零事故。②严格执行“两票三制”，确保机组检修的有序组织和运行机组的安全稳定，全年共计办理工作票461张、操作票279张，两票合格率100%。③坚持强化技术监督管理工作，全年完成隐患整治40余项，确保设备运行工况受控；全年未发生人身伤亡、设备损坏等不安全事件，设备完好率100%；整体评级结果为主、辅设备完好率100%、一类率97.79%，水工水文设备及水工建筑物设备完好率100%、一类率100%。④认真组织开展24次事故预想分析，不断提升应急处置能力。定期开展主辅设备运行分析，评价设备健康状况、运行风险和安全水平，确保设备运行工况可控、受控。⑤电厂网络安全整体运行正常，纵向密通率100%，安全设备在线率100%，纵向加密故障停运时间0h，网络安全监测装置故障停运0h，发生紧急网络安全告警0次。

（二）保障机组优质检修，消除事故源头隐患

①从年初1号机组检修开始，到年末12月15日6号机组检修结束，累计开展机组检修5台，总计用时139天，圆满完成机组B级检修1台、C级检修2台、D级检修2台，完成机组标准项目808项、特殊项目31项、重大缺陷3项、技术监督工作项目606项。②3号机组B级检修时发现并消除了推力头裂纹、原推力瓦复合面与钢坯局部钎焊脱落或开裂、转轮上冠裂纹等重大缺陷，实现机组提前62天并网运行，为全年的安全生产打下了良好基础。③电厂检修机组修后累计运行180天及以上零非停，修后评价得分率超过90%，均达到检修“全优”机组标准。

（三）开展技术升级改造，促进电厂高质量发展

①强化对施工组织管理、安全措施落实、全过程质量监督、项目工期管控等关键工作进行优化和部署，克服时间紧、任务重、疫情影响等不利因素，先后安全、优质、高效地完成了3号主变压器拆除、返厂运输、绝缘加强驻厂监督、返回运输、主变压器回装、现场试验、冲击合闸操作。5月21日，3号主变压器绝缘加强工作的圆满完成，消除了雷击损坏主变压器绝缘的隐患。②6号机组励磁系统已连续运行8年，为保证安全稳定运行，电厂结合机组检修对励磁系统进行了升级改造。③对鱼道补水系统进行了升级改造，利用该预埋备用蜗壳取水口及取水管路作为鱼道补水水源，2022年底，完成了管路、阀门等设备安装以及阀室主体和砌体施工。④提出2项合理化建议，分别是藏木水电站重要排水泵运行电流信号引入计算机监控系统并增设电流异常（过流）保护逻辑和藏木水电站1～6号机组增设技术供水自动倒换控制逻辑。⑤实施山南集控蓄电池组及藏木水电站大坝UPS系统蓄电池改造、渗漏排水系统、大坝廊道排水系统、消力池排水系统等水泵运行电流接入监控系统增加异常报警、机组技术供水中断时供水模式自动倒换等小技改，提高电厂安全运行的可靠性。

（四）筑牢疫情防控红线，聚力攻坚能源保供

8月初，西藏地区突发新冠疫情，正值“迎峰度夏、电力保供”关键期，电厂全力以赴做好疫情防控和能源保供要求，多措并举保障电力供应。严格执行24小时值班封闭管理模式，绷紧“红线”意识，筑牢安全生产防线。全面加大设备隐患排查频次，牢筑汛期安全生产，及时消除了机组技术供水泵、厂内排水泵故障缺陷，确保了电站长周期安全稳定运行，为疫情防控期间提供了坚实电力保障。

（华能雅鲁藏布江水电开发投资有限公司藏木水电厂）

加查水力发电厂2022年水电站电力生产管理情况

截至2022年12月31日，加查水力发电厂（简称加查电厂）连续安全生产872天，年累计发电12.34亿kW·h，全年直接厂用电量325.76万kW·h，年度直接厂用电率0.24%，保护自动装置投入率及正确率100%，两票合格率100%；全年弃水电量39590万kW·h。电厂安全、环保形势总体平稳，实现了安全“零事故”、疫情“零感染”、环保“零污染”目标。新能源开发实现零的突破，日喀则仲巴县2万kW帕羊光伏项目12月31日正式投产。荣获西藏自治区五一劳动奖状，电站工会荣获华能集团优秀工会工作项目，运维支部荣获华能集团“红旗党支部”荣誉称号，电厂运维部荣获华能集团“青年文明号”荣誉称号。

（一）不断夯实安全环保基础，安全环保形势保持平稳

①全年开展研讨学习400余人·次，切实落实全员安全生产责任制。②强化风险管控，落实隐患排查治理。开展各类安全检查26次，发现隐患154项，完成整改146项，整改完成率94.8%。③切实提升全员安全技能。开展安全教育培训600余人·次，应急演练6次。④发布安全专项工作方案7项，开展安全竞赛活动7次。加查电厂“智能应急疏散指示灯”荣获中国安全生产协会三等奖；加查电厂获评集团公司2021年度安全生产先进单位，荣获山南市“安康

杯”安全知识竞赛企业组第一名，获雅江公司安全演讲比赛一、二、三等奖。⑤全年完成13.7万尾增殖放流任务，完成“反调节”方案专家评审和实施工作，鱼道年度过鱼9.18万尾。⑥组织专兼职驾驶员交通安全培训200余人·次，全年实现安全行驶21万km。⑦对内压实防控责任，对外严格防控管理，确保责任到位、措施到位、防控到位。疫苗接种第三针100%，全年核酸检测3300余人·次，实现疫情防控“零感染”。

（二）狠抓设备设施管理，电力生产可靠性稳步提高

①提前制定年度防汛计划，扎实开展设备汛前检修、汛中消缺工作；落实24小时防汛值班，全年累计操作闸门573次无异常。②严格执行集团公司检修标准化管理导则，圆满完成3台机组373个检修项目，确保了机组长周期、高负荷稳定运行。③精心编制、严格按照年度主辅设备检修计划开展检修工作，顺利完成机组循环供水系统等45项公用设备的检修维护工作。④认真开展重要时段电力保供工作，针对性编制“零非停”方案，增加检查频次，对重点设备、重要回路、关键控制测量节点开展专项检查，先后顺利完成各重要时段保电工作。⑤加强生产人员培训，全年开展技术培训211人·次，1750学时，通过内、外部培训，大大提高了员工技能水平。⑥持续优化技术监督工作、开展5次专项巡检、实施369项技术监督、编制2项专项应急处置措施、建立技术监督档案室、完成现场评价项目整改，有效促进了技术监督精细化、标准化管理。⑦积极推进尾工项目治理、完善发电设备功能、完成孤网调频试验、精细策划设备状态检修、加强发电设备评级问题整治，进一步提高了发电设备安全、稳定运行水平。

（三）规范物资管理，数字仓储建设有序推进

①全面规范采购流程，确保满足“风险防控、提质增效、阳光操作、高效规范”要求。2022年累计完成采购项目16项，节资率13.5%。②以物资压降目标为中心，实现全部物资入库管控、建账立卡。基建物资移交1200余项、入库上线950余项、转运物资980余项，新增物资编码324个，数字仓库建设有序推进，全面实现物资全流程线上管理。

（四）激发科技创新动能，实现专利“质”“量”双提升

参与公司专利质量、双提升劳动竞赛，取得实用新型专利32项，发明专利2项，PCT专利2项已进入实质审核阶段；1项成果荣获全国电力职工技术创新二等奖，1项成果荣获全国安全科技进步三等奖；3项“众创”项目推进实施；全国劳模创新工作室顺利通过验收，有效开展创新创效工作。

（华能雅鲁藏布江水电开发投资有限公司加查水电厂）

华能宝兴河流域梯级电站 2022年生产运行情况

四川华能宝兴河水电有限责任公司（简称宝兴河公司）成立于1991年，在宝兴河流域建设运行了跷蹊、民治、宝兴、小关子、铜头、飞仙关、雨城等7个水电站，总装机容量94万kW，龙头水库——跷蹊水库总库容2.12亿m^3，调节库容1.87亿m^3，具有年调节能力。7个梯级年发电量34.02亿kW·h。

（一）强化设备健康管理，圆满完成保供任务

统筹开展宝兴河流域7座梯级水电站设备检修管理工作。积极参与四川公司《水轮发电机组检修标准》修编工作，高质量完成5台机组A级检修、13台机组C级检修、2台机组自主C级检修，检修后机组各项运行技术指标均满足规程规范要求。高效解决飞仙关电站机组推力轴承瓦温偏高、雨城2F机组桨叶拒动、雨城2B主变压器中性点漏油等疑难缺陷。有序完成小关子电站全停水期间的GIS改造等12项工作。飞仙关电站2号机组荣获中国电力企业联合会2021年度电力行业常规水电机组4A级评价。通过一系列检修技改，宝兴河流域7座梯级水电站设备健康水平大幅提升。

（二）强化本质安全建设，不断夯实发展基础

扎实推进安全生产专项整治三年行动，进一步健全宝兴河公司安全生产责任制度。顺利通过70余站次安全检查，全面强化本质安全。落实应急值班与两地办公等防疫措施，有效保证生产经营秩序。组织开展应急逃生等演练27次，共计550人·次参加。强化关键节点现场安全监督，加强安全奖惩力度，落实安全管理责任。协调推动全国安全文化建设示范企业复审工作，集控中心四值获评中国安全生产协会安全管理标准化班组。通过落实安全生产责任制、开展应急演练、加大奖惩力度等举措，公司安全管理水平得到显著提升。

（三）强化防洪度汛工作，全力应对突发险情

严格遵循“电调服从水调，水调服从洪调”的原则，扎实推进防洪度汛工作。按期完成流域7座梯级电站《防洪应急抢险预案》《汛期水库调度运用计划》修编等工作。协调开展宝兴河公司2022年度防洪动员大会暨雨城防洪应急演练。保质保量完成多流域水情信息系统遥测雨量站、遥测水位站巡检，确保遥测

设备收集数据可靠准确。在汛期每日开展水情会商，收集各站雨情水情和设备检修信息，为防洪决策提供依据。科学实施流域防汛调度，充分发挥流域电站水库削峰、错峰功能，合理安排电力生产工作。2022年汛期，宝兴河流域未发生超过两年一遇洪水，各电站安全度汛。全力应对"6·1"芦山地震，保障民治、宝兴两站26名现场人员生命安全。成立专业队伍，组织各方力量开展现场救援和灾后恢复工作，化解交通管制难题，仅用时18天便完成硗碛、宝兴两站恢复发电，新华村壅塞体开挖，民治尾水清淤等急难险重任务。奋力克服多轮疫情及雅安"10·12"突发疫情以及60年一遇极端高温天气、泸定6.8级地震等诸多不利因素，安全有序推进民治电站灾后恢复工作，提前1个月实现3台机组并网发电，减少电量损失约1000万kW·h。

（四）强化梯级调度管理，着力提升经营效益

统筹实施电力调度、营销工作，开展梯级电站联合优化调度，最大限度发挥龙头水库丰蓄枯供优势。枯水期提高运行水位，增加发电量。丰水期充分运用水情测报系统，发挥梯级电站联调优势，提前控制闸门，利用末段洪峰蓄水发电。优化流域电站指标配置，稳步提升机组运行工况，全力提升水能利用率，飞仙关电站实现同比减亏。

（华能四川能源开发有限公司）

尼尔基水利枢纽2022年生产运行情况

2022年，尼尔基水利水电有限责任公司（简称尼尔基公司）履职担当、积极作为，扎实推进年度重点任务，公司经营管理各项工作取得新成效，为流域经济社会高质量发展作出了新贡献。截至2022年底，全年累计发电量4.94亿kW·h，实现连续安全生产5599天，实现了枢纽防洪安全、供水安全和发电安全。

（一）枢纽概况

尼尔基水利枢纽以防洪、城镇生活和工农业供水为主，结合发电，兼顾改善下游航运和水环境，并为松辽流域水资源优化配置创造条件的大型控制性工程。该水利枢纽位于嫩江干流中游段，水库正常蓄水位216.00m，总库容86.1亿m^3，其中，防洪库容23.68亿m^3，兴利库容59.68亿m^3。总装机容量25万kW，多年平均发电量6.22亿kW·h。工程建成后，可使齐齐哈尔市防洪标准由50年一遇提高到100年一遇，枢纽至齐齐哈尔河段的防洪标准由20年一遇提高到50年一遇，齐齐哈尔以下到大赉段的防洪标准由35年一遇提高到50年一遇。设计水平年，水库为下游城市工业生活供水10.29亿m^3，农业灌溉供水16.46亿m^3，航运供水8.2亿m^3，环境供水4.75亿m^3，湿地供水3.28亿m^3。该水利枢纽由主坝、副坝、溢洪道、电站厂房、灌溉输水洞等建筑物组成。大坝总长7265.55m，最大坝高41.50m。工程总投资76.59亿元。于2001年6月1日开始施工，同年11月8日实现大江一期截流。2004年9月15日大江二期截流，2005年9月11日下闸蓄水。2006年7月16日首台机组并网发电，9月16日4台机组全部并网发电，2006年底主体工程全部完工。2021年9月，尼尔基水利枢纽工程通过竣工验收。

（二）效益发挥

坚持"预"字当先、"实"字托底，立足防大汛、抗大旱，进一步强化"四预"措施，贯通"四情"防御，认真落实防汛"三个责任人"，全面压实防汛工作责任，统筹安排水雨情预报预测、水库调度、枢纽泄洪、发电运行、大坝监测、巡查巡视、汛情报送、值班值守等重点工作，有效保障了枢纽防汛抗洪工作开展。汛期，尼尔基水库控制流域降雨空间分布相对均匀，时间分布上呈前后少中间多，降雨主要集中在7月和8月。汛期，尼尔基水库控制流域累计降水415.4mm，共发生了13场明显降雨过程，累计入库水量70.50亿m^3，较历史同期均值偏少1成，属于平水年份。春耕用水高峰期（4、5月），尼尔基水库及时加大水库出流，累计向下游供水24.21亿m^3，为下游春耕用水提供保障，全年累计向讷河、莫旗直供灌区供水0.22亿m^3，有效满足了直供灌区用水需求。

（三）安全生产态势良好

坚持人民至上、生命至上，统筹发展和安全，注重总结经验、查找不足，改进完善，顺利完成水利、电力安全生产标准化自评工作；坚持关口前移、源头治理，紧盯重点领域、关键场所、重大项目、薄弱环节、敏感时段等，建立隐患排查清单，不断规范危险源识别、风险评估、风险管控和隐患排查治理工作，梳理危险源台账，安全生产双重预防机制进一步完善；着眼"两个根本"，重点开展工程运行安全、危险化学品安全和消防安全整治；坚持问题导向，不断完善安全生产制度体系建设，修订完善《生产安全事故应急预案》《危险物品管理制度》等多项制度预案，建立健全涵盖目标责任、风险管控、现场管理、教育培训等多方面管理的安全生产制度体系，安全管理制度化、规范化水平持续提升。

尼尔基公司努力克服新冠疫情影响，按计划开展春秋季设备检修及预防性试验，按期完成发电厂主设备、厂内附属设备、溢洪道机电及金属结构设备的检

修维护任务，以及重点项目的升级改造工作；严格落实“两票三制”，全年累计完成操作票 235 份，工作票 318 份；切实加强安全监察和技术管理，认真落实二十五项反措要求，累计开展技术监督 80 项，按要求完成特种设备和安全工器具定检工作，有效保障机组安全稳定运行，坚决杜绝各类安全生产事故发生。

（尼尔基水利水电有限责任公司 王化非）

三门峡黄河明珠（集团）有限公司所属两个水电站 2022 年生产管理情况

（一）三门峡发电公司（三门峡水力发电厂）

三门峡水力发电厂共安装 7 台水轮发电机组，5 台单机容量为 6 万 kW 的轴流转桨式机组，2 台单机容量为 7.5 万 kW 的混流式机组，总装机容量 45 万 kW，全年累计发电量 19.05 亿 kW·h。

2022 年，三门峡水库入库水量 264.35 亿 m^3，较上年少 129.64 亿 m^3。2022 年初，黄河上游来水较往年偏大，发电上网形势十分严峻。改发电厂积极研判水情与电网情况，加强与调度沟通，正确预估持续大流量进库，整个汛期，在确保防汛安全的同时，审时度势促进发电生产，提前研判水情，创造了防汛、发电双赢的良好局面。全年发变电设备运行情况良好，利用小时数 4233.08h，较上年减少 1253.03h；厂用电率为 0.3%，损耗率为 0.91%；全年累计发电量比上年减少 22.82%。非汛期发电耗水率为 10.64m^3/(kW·h)。

2022 年汛期发电期间，入库水量 110.11 亿 m^3，较上年同期减少 24.4%；发电用水量 86.78 亿 m^3，较上年同期增加 49.36%；汛期发电量 5.11 亿 kW·h，较上年增加 16850.6 万 kW·h，同比增加 49.17%。机组平均负荷率 83.15%，较上年增加 16.01%。汛期发电耗水率 16.98m^3/(kW·h)，较上年同期增加 0.12%。整个汛期机组全停 4 次。

加强发供电设备缺陷管理，强化消缺力度，主动进行技改提高设备可靠性，重点排查设备隐患，加强治理，逐步改变设备面貌，自动开停机成功率连续多月保持 100%；高度关注设备状态变化，及时调整设备运行方式，保证设备在最优工况下运行。推进水库标准化管理，完成“三册一表”的编制工作。

积极推进科技创新工作。完成 1 号机组 307 平台增设拦污装置的设计、制造、安装。为保证不破坏 307 平台结构，不使用在平台上打孔埋设插筋的常规固定方式，经过多次查阅图纸、资料，根据现场混凝土结构实际，最终采用在栅墩上预埋插筋，焊接支腿，解决了拦污装置支腿固定难题，达到预期效果；针对枢纽各泄水设施出现不同程度抗磨层剥落、冲磨气蚀等问题，采用 NE-Ⅱ环氧砂浆、聚氨酯复合树脂砂浆等新型材料在枢纽底孔、挑流鼻坎等部位开展科技攻关，既修复了枢纽磨蚀较严重的部位，同时又通过实验，研究出适用于三门峡水利枢纽各冲蚀部位的抗冲磨材料。

（二）洛河发电公司（故县水电厂）

故县水力发电厂共有 3 台单机容量为 2 万 kW 的水轮发电机组。全年累计发电量 1.47 亿 kW·h，位居近 10 年来年度发电量第二位。

2022 年，电厂所在的故县水库发生两次较明显洪水过程，第一次洪水的洪峰是 580m^3/s(7 月 28 日 2 时)，第二次洪水的洪峰是 744m^3/s（10 月 6 日 1 时），这也是本年度最大的洪水。全年来水量总计 7.996 亿 m^3，年平均降雨量 705.2mm。一年来，电厂合理制定发电计划，充分利用年初高水位开展节水发电，努力提升水资源利用效率。5 月上旬，与洛阳市供电公司及时续签并网调度协议，确保了电力安全生产与高效调度。

2022 年，电厂先后完成 10kV 开关柜更新改造、尾水台车更新改造、事故 1 号主变压器更新、空气压缩机更新改造、110kV 互感器更新、浊度在线监测仪安装，年度厂房及变电站预防性试验工作、亮寻 2 甲隔离开关更换，对亮寻 2 线路 TA、寻 110kV 南 TV 进行精度校验，对渠首供水工程动力电缆进行更换等工作，共办理一种票 21 份，二种票 53 份，机械票 51 份，发现处理各类缺陷 79 项，执行各类操作票 84 份，确保设备全年安全稳定运行。

[三门峡黄河明珠（集团）有限公司 刘佳琪]

黄河上游水电开发有限责任公司所属大中型水电站 2022 年生产管理情况

（一）班多水电站

2022 年，发电量 14.205 亿 kW·h，完成年计划发电量的 100.32%；综合厂用电量为 1119.13 万kW·h，为计划的 81.33%；耗水率为 10.16m^3/(kW·h)，较计划指标降低 0.50m^3/(kW·h)，连续安全运行 4096 天。

制定发布班组安全建设制度 4 部，从 7 个方面开展实施“百日安全生产雷霆行动”108 项。组织开展“安全生产大讲堂”16 次，完善 7 类高风险作业分级管控模型，按照“六落实”原则开展隐患排查治理。按照“一岗双责”要求，认真履行主体责任，将风险数据库导入 ERP 系统，开展 JSA 作业安全分析工作；

检修、维护、技改方案编制结合风险数据库开展JHA工作危害分析，从基础风险数据系统导入、两票及方案编制应用、持续风险评估、风险提示等方面健全风险数据库应用场景。“三标一体”管理体系通过审核认证，通过青海省市场质量信用A级企业复评。

完成2号机组A级检修及泄洪闸消力池修复及左孔泄洪闸系统检修工作。完成第二次大坝安全注册换证，注册等级为甲级。修建黄河上游第一座鱼类生态洄游通道。复垦土地面积约196hm^2，其中，永久性占地约107hm^2。修订完善《承包商安全管理实施细则》《承包商安全管理手册》，完善招标文件安全专篇内容，编制发布《班多发电分公司2022年防汛与大坝安全管理工作计划》，修订完善防汛相关管理标准，修订3项防汛专项预案，组织预案演练3次。汛期严格落实24小时值班制度，2022年汛期打捞漂浮物约8000m^3。

修订完善10部经营管理制度，制定存量资产提质增效专项方案，锚定深挖内潜、降本增效，提质增效完成率达142.58%。持续开展“两金”压降、民企清欠工作，“两金”压控19.29万元，完成压降目标的265.34%。结合“综合治理专项行动”，全年采购完成率100%，共签订合同91份，合同金额5691.20万元。开展科技项目1项，向黄河公司申报2023年科技项目2项。2项研究成果通过评审验收。获得实用新型专利3项，发明专利1项，1项技术发明获黄河公司3等奖。发布QC小组成果5个，1项QC活动成果获黄河公司QC小组活动成果3等奖。

（二）龙羊峡水电站

2022年，发电量62.05亿kW·h，完成年计划的100.64%；综合厂用电量4497.75万kW·h，为计划值的68.77%；耗水率3.25m^3/(kW·h)，同比增加0.22m^3/(kW·h)。

建立健全公司风险管理体系，从4个方面明确工作程序和工作流程。对照体系要素以“PDCA”“5W2H”工作方式系统化开展各项体系建设和推进工作，通过对照自查自纠、内部评审，共发现问题345项，完成整改307项。对91个系统，514个单元，1621个设备进行风险评估，按照危害种类分析共辨识作业风险3148条，风险数据库与ERP系统有机融合，建立并发布公司25项危险作业清单，对危险作业、高风险作业控制措施实行分层分级管控。对作业现场过程管控实行“四监护”机制，加大安全生产奖惩和违章行为惩处力度。扎实推进标准化体系建设，修订技术标准145部，管理标准179部，工作标准80部。新增标准48部，废止57部。精心组织实施电站GIS改造设备割接工作，组织制定专项施工方案200部、事故预案62部，完成电站4台机组、6条线路的设备割接工作。

修订完善《承包商安全管理规定》《承包商安全管理手册》，按照承包商8个等同化管理要求，强化承包商安全管理。严格承包商人员进行入厂（场）三级安全教育培训。配合公司进行安全生产费用及承包商专项审计工作，审计发现8项问题均已整改闭环。2022年，承包商入场安全教育培训共414人次。

制定2022年度防汛和大坝安全管理重点工作计划，进一步明确各级人员防汛责任和24小时防汛值班要求，组织完成2次防局地暴雨专项应急演练和“6·21”局地暴雨抢险工作。按计划开展防汛各项重点工作，组织开展汛前、汛中防局地暴雨专项应急演练；与地方政府、专业公司及驻站武警部队建立应急抢险联动机制，通过微信群等方式，及时发布电站水雨情信息。编制制定班组安全建设工作方案，积极发挥“安全建设示范班组”引领作用，以“强三基、反三违”作业班组安全建设的抓手和常态工作，组织开展班组安全建设评价工作。制定公司年度重点任务及对标指标激励工作方案。

以JYKJ为引领，加强成本费用控制，全年完成“两金”压控9.82万元，为原计划的123%。清查固定资产2194项，清查低值易耗品613项，结合GIS技改报废固定资产512项，账面原值4.7亿元。进一步优化资产库存结构。制定年度生态环保工作要点，并逐级分解落实，加强对固体废弃物、废油统一回收、存放检查。持续对右岸弃渣区环境进行整治，种植枸杞苗700株、丁香苗500株、松柏苗300株，向右坝区域接引灌溉水源。

（三）拉西瓦水电站

2022年，发电量100.17亿kW·h，完成计划值的100.59%。综合厂用电量6701.37万kW·h，为计划值的74.2%。耗水率2.04m^3/(kW·h)，与指标值相同。投产至今累计完成发电量1458.18亿kW·h，连续长周期安全运行纪录4982天。

建立健全风险分级管控清单，发布2022版风险数据库，结合目视化项目完善“一图三卡”。完成安全生产三年行动项194项。发布承包商安全管理标准及手册，严格落实“黑名单”和“四个一罚则”机制。全年安全技术劳动保护措施投入11项、反事故措施投入13项，17家承包商参与安全投入。及时调整公司应急管理机构，发布应急管理预案29部并完成备案，开展专项应急演练15次，根据实战演练情况，修订2部应急预案，完善作业风险数据库，累计开展各类安全检查、隐患排查共计30余次，发现问题313项，整改完成288项，整改率92.01%。全年共查处违章24次。落实年度技术监督工作共160项。

强化消防安全管理，全年出警2次。

全年共完成机组C级检修3台·次和B级检修1台·次。针对重大缺陷、隐患安排专人跟踪，全年共发现设备缺陷198条，处理189条，消缺率95.5%。全年共发现设备缺陷198条，处理189条，消缺率95.5%。通过推力油槽甩油处理、改造主轴密封主用水源和压油装置压力传感器换型等技术革新，提升设备检修质量，年内未发生质量事件。机组低谷消缺开展了设备油位、滑环碳刷等部位处理，积极开展设备红外测温检查和红外成像监测工作。对上下游水位，设备各部位油位、流量、温度，集水井水位等关键信息加强监视记录，合理安排设备运行方式，确保各项运行参数可控。不断强化教育培训质量，全年共开展分公司培训23次，部门培训36次，培训共计2300余人次。

完成《拉西瓦水电站大坝安全人工监测技术规程》和《拉西瓦水电站大坝安全监测自动化系统运行维护规程》两部技术标准及《应急管理标准》修订。组织多处坍塌及堰塞湖突发事件应急处理。重视生态环保标杆创建工作，完成生产现场生态环保工作12项，全年污水排放水质均达标。加强站区及黄河沿岸环境治理，共绿化3736m^2，种植树木1636棵。站区堆渣场治理通过贵德县生态环境综合行政执法大队验收及备案。开展“6·5环境日”和“低碳日、节能周”宣传活动。

深入推进JYKJ体系建设，提质增效实现增收900余万元。年度技改项目完工4项，修理项目完工30项，零购项目完工18项，工程项目计划完成率100%。规范开展各类物资采购工作。全年签订各类合同123份，合同金额共计1.09亿元。发布《合规管理强化年实施方案》，签订合规承诺书56份。全年完成管理提升工作共18项，3个班组达到“安全建设示范班组”优秀标准。《合规风险管理实践》成果荣获首届电力企业合规管理成果一等奖。组织开展民法典、国家安全法和宪法等10余次法治宣传活动。

年内共获发明专利3项、实用新型专利6项、软件著作权2项，发表各类论文6篇，获得各类创新成果4项。2022年入选中国新时代100大建筑名单，获评全国“安康杯”竞赛活动优胜单位，获评中国电力企业联合会全国电力安全文化精品工程示范单位，获评第六届全国“119”消防先进集体。

（四）李家峡水电站

2022年，发电量56.884亿kW·h，完成年计划的100.14%；综合厂用电率0.462%，较计划值降低0.078个百分点，发电耗水率3.46m^3/(kW·h)，较计划值低0.04个百分点；长周期安全运行8244天，全年未发生人身轻伤、设备障碍及以上安全事件和质量事件。

重点推进安全生产三年行动、安健环体系提升、承包商安全管理、安全示范班组建设等基础工作，全年实现“10个不发生”，HSE参与率大于80%的预期目标；建立健全安全管理“零容忍”清单，坚持安全教育培训不动摇，提高全员安全意识、安全能力、安全绩效。

进一步强化机组检修管理，加强质量事件的追溯、追责，彻底扭转“不修不出事、一修就出事”的怪局。开展各专业缺陷消除、隐患排查与治理，杜绝“非停”事件的发生。全年完成机组检修8台·次，完成标准项目1082项，消缺项目51项，特殊项目22项，完成工程项目39项。全年发现并消除设备缺陷99条，消除1号主变压器冷却器频繁泄漏、坝顶门机电缆卷筒电机烧损等设备缺陷。开展技术监督2390台·次，发现并处理转轮裂纹59条；“两个细则”共补偿26666.4166分，考核2220.0384分，年度综合补偿24446.3782分。开展5号机组扩机，开创国产自主可控PLC在水电行业推广应用先河。

修订《防汛岗位责任制管理标准》《大坝安全岗位责任制管理标准》《李家峡水电站泄水管理规定》，汛前对各类设备、设施、防汛物资及后勤保障等进行全面自查，对汛前查出的4个问题全部进行整改；编制《防汛工作手册》，及时掌握边坡运行情况。进一步完善风险数据库；更换前方一级污水泵站排水泵一次，保证了生产区域污水排放系统的安全稳定运行。生活区院内新种植90余棵樱桃树、40余棵红叶碧桃、20余棵花椒，增加了植物多样性，美化了环境。全年实现利润7.93亿元，完成利润指标的68.84%。年末两金余额106.05万元，顺利完成两金压降目标。

组织各班组积极参加青海省优秀质量管理小组及工作质量信得过班组申报工作；规范开展QC小组活动，《降低坝顶门机运行故障频次》课题荣获黄河公司QC小组成果评审三等奖。征集合理化建议26条，9项创新项目全部应用于实际工作，1项职工创新项目获得黄河公司批准立项。首次专利授权申请获得2件，另有1件正在评审中。年内成立QC活动小组8个，开展课题研究8项。

（五）公伯峡水电站及苏只水电站

2022年，公伯峡水电站发电量50.81924亿kW·h，完成年计划的84.35%；综合厂用电率0.5%，较计划值降低0.06个百分点；耗水率3.99m^3/(kW·h)，较计划值高0.09个百分点，长周期安全运行3572天。苏只水电站发电量8.9066亿kW·h，完成年计划发电量的88.45%；综合厂用电率0.62%，与计划值持平；耗水率21.81m^3/(kW·h)，较计划值低1.79个百分点，长周期安全运行3572天。

成立安健环提升小组，修订完善公司86部有关安全生产管理标准。建立公司1918项管理标准任务清单，制定年度安健环体系提升计划，更新发布“四大类”“四小类”基准风险数据库；通过ERP和安全管控平台使用，编制13个单元58个要素400余页培训课件，开展27次培训和15次检查，模拟访谈人员48人次。完成公司安健环体系内部评审和管理评审，经评审得分达到“4钻1星”水平；提交11个核心要素及通用部分验证过程资料。完善公司保证、支持和监督体系。调整并发布安全生产“三体系”文件；分解2022年行动项共计100项，累计完成98项，正在执行2项。编制事故经验反馈单，发布事故经验反馈单12份，制定行动项90项，已完成86项，完成率96%。分级建立公司、部门、班组事故事件案例库，进一步规范人员作业行为。

编制印发《贯彻落实安全生产15条重要举措，深入开展安全大检查工作实施方案》，上传各类隐患152条，已整改完成140项，整改率为92%。“两个细则”考核得分2444分，较去年降低47.55%，“两个细则”补偿分28682分，较去年增加283分；苏电“两个细则”补偿分共计2292分。

编制下发设备维护计划，公伯峡水电站共发现缺陷110条，消除103条，消缺率94%；苏只水电站共发现缺陷86条，消除83条，消缺率96.5%。对公司29部应急预案和84部现场处置方案进行修订、发布、印制。编制印发应急演练计划，增加实战和“双盲”演练频次。加强消防人员专业技能培训，年内未发生火灾和治安事件。制定并发布环境保护工作计划，开展生态环保自查、环保设施台账完善、环保设施定期检查等专项活动。

修订完善9部经营管理制度，制定投标人串通投标行为核查内容及样表；对2018～2021年共计608部合同进行排查整改。结合实际制（修）订各类标准218部；组织开展标准化创建自我评价及第三方评审申报工作。通过制（修）订《部门主任（班长）助理聘用实施细则》印发导师带徒工作方案、签订导师带徒合同、修订《员工岗位管理办法》等方式，开展“建功‘十四五’·奋进新征程”职工技能竞赛，组织两次普考岗位晋升。与化隆县自然资源局协调公、苏两站土地证及房产证办理工作。班组建设实行中层干部和主管“包干”机制。年内组织开展2次班组安全建设评价工作。编制印发公司《班组安全建设手册（2022版）》，并组织（含长期承包商）学习和不断完善手册内容。截至2022年底，生产部6个班组安全达标率100%，其中3个班组获得黄河公司示范班组命名。

（六）积石峡水电站

2022年，发电量34.62亿kW·h，完成年计划的88.43%。综合厂用电率为0.73%，同比减少456.66万kW·h。耗水率5.97m^3/(kW·h)，高于指标值5.95m^3(kW·h)。长周期安全生产记录4435天。

按照新版安健环质体系标准，组织开展“每人每月一评估”活动，对发现重大缺陷进行重奖，奖励5人次共计32000元。完成公司应急预案修订、审核、外部专家评审工作；全年开展实战演练8次，桌面演练4次。安全生产三年行动93项行动项已全部落实。按计划完成环境保护工作27项，职业健康工作19项。实现“九个不发生”，安全监督问题整改率（可整改项）100%。修订完善《风险评估与分级管控管理标准》，年内开展季节性、节前定期安全检查4次，开展各类专项检查13次，对发现的各类问题隐患312项落实整改。印发班组安全员激励方案，发现问题28项，奖励18人次，共计2800元。组织经验反馈34次，制定行动项241项。全年共查处违章10起，承包商违章9起，考核违章14人次共计11580元。为专职安全监督人员配置违章记录仪，HSE部每日排班，圆满完成1号机组A级检修旁站监督。

修订《承包商安全管理标准》，制定《承包商安全管理手册》，完善承包商安全协议并组织签订。制定《分公司外包队伍安全管理专项治理方案》《分公司承包商“等同化”管理推进方案》，HSE部组织开展承包商安全管理专项培训5次，年内检查安全问题16项，已全部落实整改。防汛实行24小时值班制度，及时组织开展坝前、拦污栅清污工作，打捞库区漂浮物1082m^3。年底顺利通过“三标一体”体系认证。年内发现并消除缺陷196条，执行操作票636张，工作票1532张，两票合格率100%。全年共开展发变组检修工作4台·次，制定检修管理方案8部，专项实施方案82部。细化完善A级检修质检标准198项，其中H点79个、W点119个，支援检修公司9人共16人·次参与检修工作，圆满完成1号机组A级检修任务。编制发布检修典型工作票50张，操作票83张，制定重大作业清单15项，旁站式监督任务清单129项。全年开停机1097台·次，主动申请停机806次，同意413次，增发电量9494万kW·h。两个细则奖励24049.8347分，考核1606.5342分，千方百计免考核4843.96分。

履行环境保护责任，企业成功入选国家第7批珍贵濒危水生动物增殖放流苗种供应单位。与高校合作，筹备成立联合实验室。开展科技项目3项、申报科技项目2项目、完成员工自主创新项目2项、完成QC课题10个，发表期刊论文11篇。其中，《提高

AVC合格率》《无人机自动巡回技术开发应用》分别获青海省第44次质量管理小组第一期成果交流发布会二等奖及优秀成果奖。完成1项员工自主创新项目，进一步提升处置全厂停电应急效率。获得1项国家实用新型专利授权。新增工作标准1部，修订管理标准44部，新增管理标准7部，修订技术标准4部，新增技术标准10部。切实执行“计划—预算—考核—激励”（JYKJ）体系。完成利润总额1.5077亿元，完成调整后利润指标1.3307亿元的113.3%。

（七）盐锅峡水电站及八盘峡水电站

2022年，盐锅峡水电站发电量22.5282亿kW·h，完成调整计划的100.11%；综合厂用电量2269.70万kW·h，较计划值减小1363.3万kW·h；耗水率10.57m³/(kW·h)，较计划值降低0.41m³/(kW·h)，连续安全运行7928天。八盘峡水电站发电量9.9563亿kW·h，完成调整计划的101.25%；综合厂用电量1100.39万kW·h，较计划值减小404.61万kW·h；耗水率27.96m³/(kW·h)，较计划值降低2.22m³/(kW·h)，连续安全运行4240天。

截至2022年底，管理者代表现场办公30次，对制定的50项行动项纳入月度重点工作，全年共完成各类安全整改592项，处理缺陷633项；对查出的472项各类问题，按期整改403项，未完成项由HSE部督办整改。制定公司防汛工作计划，有针对性地组织实施防汛应急演练，建立联合市州县开展实战演练机制；两站清污205台次同比增加4倍，清污量近11000m³为上年的11.5倍。完成1部综合应急预案、33部专项应急预案修订发布工作；与外包公司签订盐锅峡、八盘峡水电站拦污栅、库区、蜗壳杂物清理及外运合同，开展盐锅峡、八盘峡环境因子监测工作，开展以《危废库房内废矿物油泄漏》为题目的环保应急演练。

根据设备运行情况，制定两站机组检修“四措两案”、专项方案共438部，检修文件包330份，优化工作票474份、操作票457份；编制两站机组A、B、C级检修管理手册，保证机组检修工作安全顺利进行。两站2台机组A级检修、1台机组B级检修、13台机组C级检修，3条线路、7台主变压器小修预防性试验，5台发电机调速器更换、2台发电机励磁系统更换等工作高质量如期完成；调整生态环境保护保证体系组织机构，组织环境保护知识培训。制定质量提升行动计划，增强质量意识；通过质检点三级验收把控检修的质量管理，有效地提升了检修质量，确保了设备的安全稳定运行。

对各项费用对比分析、做好“两金压降”和各项费用的控制，提高资金效率。重新修订公司《电力市场营销管理标准》，利用盐、八两站水库联合调度优势，年度现货均价超出公司批复电价146.87%。合理安排消缺及清污工作，实现不停机完成拦污栅及库区清污工作，在清污量同比提高105.91%的情况下，未发生因消缺、清污工作，导致机组停机、降负荷。完成年度“运行值组生产运营指标评比”“兼职内训师培训精品课件讲座”2项劳动竞赛及6项技能项目竞赛；组织开展“八站站区生活供排水管网漏水排查治理”等9项揭榜挂帅项目，完成八站14项职工创新项目，内容涉及各个领域。深化班组建设和职工队伍建设，加大班组长主导作用，切实为班组日常工作减负。

（八）青铜峡水电站

2022年，发电量12.11亿kW·h，完成年计划的100.52%；综合厂用电率1.32%，低于计划值0.07个百分点；耗水率20.49m³/(kW·h)，低于计划值1.08m³/(kW·h)。

制定并完成《安全生产三年行动2022年行动项清单》，行动项38项。编制并完成安全风险分级管控与隐患排查治理双重预防机制建设工作方案和表。制定并完成青铜峡发电公司、中宁太阳能发电公司安全生产标准化对标对表工作实施方案和职责分工表。制定承包商安全管理整治提升工作方案和对照检查表、承包商安全管理示范建设工作方案、分包商安全管理专项整治工作方案，针对承包商、分包商4个方面存在的问题和薄弱环节开展排查及组织整改。对所有承包商现场安全管理、作业管理进行监督检查，确保承包商作业安全进行。印发并完成《安全生产提升年行动实施方案》，从9个方面安排49项重点提升内容。制定《贯彻落实安全生产15条重要举措深入开展安全大检查工作实施方案》，对发现的各类问题41项，全部整改完成。对检查组发现的问题，亦全部完成整改。组织对孔洞盖板栏杆进行排查及隐患整改。成立电气“五防”专项检查及“回头看”工作小组，编制检查工作表。成立技改工作推进组，全面推进二期机组增容技术改造工作。加强与自治区政府相关部门沟通联系。

完成机组检修7台·次，累计实施修理项目31项、技改项目8项、零购项目4项，项目完成率100%。全年累计发现C、D类缺陷80项，消除77项，消缺率96.25%，整治了1号机组定子线棒绝缘层磨损、9号机组主轴密封上水快等较大缺陷隐患，主、辅设备完好率为100%。光伏，累计实施修理项目8项、技改项目2项，项目完成率90.91%。发现C、D类缺陷52项，消缺率100%。排查整治零支路109个、问题组件1245块，更换MC4插头34个，设备可靠性持续提升。组织完成大坝定检存在问题的整改，完成大坝视频监控信息集成设施改造，修订防汛应急预案和《防汛工作手册》，实施防局地暴雨应急演练。汛期，1～8号机组清污150孔次，9台机组累计清污3914方，电站安全度汛。电站顺利通过第6次大坝安全注册登记现场检查，注册等级评定为甲级。2个科技项目获批实施，1项列入黄河公司“揭榜挂帅”重点项目稳步推进，1项实用新型专利、1项发明专利被受理；3个研究项目被有关刊物录用发表。2项QC成果同时斩获黄河公司一等奖；1项软科学课题研究成果获得黄河公司年度成果优秀奖。

强化JYKJ体系运用，持续推进“两金压降”，超前策划，全面完成工程项目招标工作，招标完成率100%。完成企业所得税退税工作，增加归母净利润2696万元。利用灌溉机组退水增发电量0.29亿kW·h。及时调整拦污栅压差清理标准，实现排漂清污增发电量712万kW·h。“两个细则”考核分值同比降低54%。实现水电上网电量回收率100%，标杆电费回收率100%。制定《干部人才队伍建设实施方案》《高技能人才培养实施方案》，统筹推进干部队伍建设、技能人才队伍建设工作；新员工培养及留人机制初见成效。全年制定、修订制度标准123部；组织开展制度合规自查评估2次、完成制度培训7次。主营业务收入24168万元，完成利润2931万元。

组织开展生态环境保护集中自查，持续强化环保设施运行管理及危险废物监管管理，通过全国固体废物管理信息系查找班组安全建设存在问题，制定整改措施。班组安全建设坚持开展“三基”建设，建设过程中及时收集并整理材料，按类别存放。HSE部每月对各班组安全建设达标工作进行督导检查，8个生产班组安全建设在10月组织的达标验收中全部通过黄河公司的达标验收。

（黄河上游水电开发有限责任公司　郑慧敏）

黄河水利水电开发集团有限公司2022年电力生产运行情况

黄河水利水电开发集团有限公司是水利部小浪底水利枢纽管理中心所属企业，负责小浪底和西霞院水利枢纽的运行，2022年生产运行主要情况如下：

（一）水库及来水运用

2022年，小浪底水利枢纽运行取得新成效。汛期拦蓄洪水36亿m^3，实现枢纽及黄河中下游连续23年安全度汛；汛前调水调沙净排沙9080万t，排沙比7.49，效果历年最好；全年时空调节供水96亿m^3，年末蓄水45亿m^3，生态效益、社会效益显著。小浪底水利枢纽工程入选水利部“人民治水·百年功绩”治水工程项目名单。始终坚持人民至上、生命至上，紧盯汛情变化，抓早抓细抓实防汛备汛工作。认真修订完善年度防汛应急预案和应急处置方案，继续开展针对性、实战化防汛综合演练和专项演练，以练备战，确保关键时刻拉得出、冲得上、打得赢。

（二）电力生产

科学研判水情沙情，积极协调水调电调，统筹水工金结、发供电设施设备运行维护，优化机组停机避沙措施，在上游来水明显偏枯的情况下，截至2022年底，小浪底和西霞院水利枢纽上网电量71.7亿kW·h，枢纽实现安全高效运行。

（三）检修情况

2022年，小浪底工程进一步加大水工设施设备维修养护和更新改造力度。完成3号明流洞体型优化，推进发电洞事故门检修、坝用电及闸门监控系统升级改造，全面完成小浪底地下厂房环境整治，形象面貌、安全运行品质进一步提升。按期完成6、10号机组A级检修，6号主变压器排油内检，6号发电机出口断路器检修，协同推进机组主轴密封、调速、励磁等设备升级改造。落实“监测体系完备性、监测数据可靠性、监测技术先进性、监测管理科学性”工作要求，加快安全监测数据采集自动化改造，大坝安全监测管理平台投入试运行，完成大坝安全监测仪器第一阶段补埋及监测仪器鉴定，安全监测能力持续增强。

（四）安全管理

2022年，小浪底工程落实“三管三必须”要求，层层签订安全生产目标管理责任书，修订安全管理责任清单、任务清单，压紧压实安全生产主体责任和全员安全生产责任。分层级分专业全覆盖开展安全教育培训，全员安全责任意识和安全管理能力显著增强。全年迎接国务院、水利部、河南省、小浪底管理中心等上级安全检查19次，开展公司内部安全检查22次，积极推进问题整改，坚决将事故隐患消除在萌芽状态，实现了安全年。通过安全生产标准化一级达标复评。全方位组织开展“安全生产月”“消防宣传月”等活动，营造浓厚安全氛围。以统筹发展和安全为主题，以安全管理专兼职人员、生产技术骨干为重点，通过举办党委理论学习中心组（扩大）学习班暨小浪底讲坛、在专业大学开办安全管理能力提升班、开展消防专题安全培训等，有效提升干部职工安全意识和安全技能。

（五）科技创新

2022年，正式出台“十四五”发展总体规划和安全、人才、科技发展专项规划，“1+3+2”规划体系基本形成，452项工作任务部署到位。牵头申报小浪底和西霞院水库延缓泥沙淤积关键措施研究、小浪底工程数字孪生关键技术研究 2 项水利部重大科技项目。稳步推进“黄河泥沙资源利用全链条技术”，探索黄河泥沙资源利用新模式。首次主持编制 1 项水利行业团体标准；1 项工法入选水利行业工法；2 项技术入选水利先进实用技术重点推广指导目录；3 项成果荣获 2022 年度河南省水利创新成果奖；37 项成果分别获得各类奖项或被主管部门发布实施。小浪底管理中心评选表彰奖励 69 项创新成果。

（六）智慧枢纽

2022 年，小浪底按照水利部数字孪生先行先试建设相关要求，组建项目组，高起点建设数字孪生小浪底。按期编制完成《数字孪生小浪底建设方案》，作为数字孪生水利工程示范方案顺利通过水利部审查。到水利部信息中心、黄委会、广西大藤峡等单位调研数字孪生建设及经验做法。以“起步就是冲刺、开工就是决战”的姿态，攻克多项关键技术难题，圆满完成年度目标任务，小浪底数据中心、集控中心如期投运，防汛调度和工程安全“四预”功能在防汛应急抢险综合演练中成功应用。数字孪生小浪底建设成果受到上级单位充分肯定，在水利部数字孪生流域建设先行先试中期评估中被评为优秀，同时被评为优秀应用案例。全面总结智慧小浪底 1.0 和数字孪生小浪底建设经验，编制《智慧小浪底 2.0 建设规划》，为开启数字赋能的智慧小浪底 2.0 新时代奠定良好基础。

（黄河水利水电开发集团有限公司　董华）

雅砻江流域水电开发有限公司 2022 年电力生产情况

（一）机组投产情况

2022 年，雅砻江流域水电开发有限公司（简称雅砻江公司）新投产两河口 6 号机组（容量 50 万 kW）。截至 12 月 31 日，水电装机容量 1920 万 kW，分别为桐子林水电站 60 万 kW，二滩 330 万 kW，官地 240 万 kW，锦屏二级 480 万 kW，锦屏一级 3 60 万 kW，杨房沟 150 万 kW，两河口 300 万 kW；新能源装机容量 43.95 万 kW，分别为冕宁光伏电站1 万 kW，会理光伏电站 2 万 kW，德昌风电 40.95 万 kW。

（二）安全生产情况

通过深入开展流域电站设备管理、建立隐患排查常态化机制、开展行业对标、与设备厂家开展深度技术合作等一系列举措，巩固“技术提升”成果，有效保障流域梯级电站发电能力。同时，通过合理控制水库水位消落、深挖梯级电站群经济运行潜力，截至 12 月 31 日，雅砻江公司全年电力安全生产未发生直接责任性一般及以上人身伤亡事故、直接责任性较大及以上事故，各单位长周期安全运行天数：二滩水电站 5574 天、官地 2973 天、锦屏 3656 天、杨房沟 549 天、两河口 489 天、集控中心 4026 天。

（三）发电情况

2022 年，雅砻江公司完成发电量 892.70 亿kW・h，水电完成发电量 885.23 亿 kW・h（不含两河口调试电量），新能源完成发电量 7.47 亿 kW・h。其中，桐子林水电站发电量 22.18 亿 kW・h，比上年减少 0.79 亿 kW・h；二滩发电量182.30 亿 kW・h，比上年增加 15.66 亿 kW・h；官地发电量 124.50 亿 kW・h，比上年增加 4.05 亿 kW・h；锦屏二级发电量 247.29 亿 kW・h，比上年增加 3.65 亿 kW・h；锦屏一级发电量 188.68 亿 kW・h，比上年增加 8.88 亿 kW・h；杨房沟发电量 57.59 亿 kW・h，比上年增加 28.41kW・h；两河口发电量 62.69 亿 kW・h(不含调试电量)，比上年增加 45.79kW・h；冕宁光伏发电量 1379.61 万 kW・h；会理光伏发电量 2977.80 万kW・h；德昌风电发电量 7.039 亿kW・h。

（四）技术指标

1. 主设备完好率　桐子林、二滩、官地、锦屏一级、锦屏二级、杨房沟、两河口水电站主设备完好率、水工建筑物完好率均为 100%。

2. 机组等效可用系数　桐子林水电站机组等效可用系数为 78.94%，比上年降低 11.80%；二滩等效可用系数为 93.30%，比上年降低 2.39%；官地等效可用系数为 92.58%，比上年提高 3.93%；锦屏二级等效可用系数为 91.98%，比上年提高 3.99%；锦屏一级等效可用系数为 96.45%，比上年提高 0.77%；杨房沟等效可用系数为 92.74%，比上年降低 2.20%；两河口等效可用系数为 96.70%，比上年降低 2.84%。

3. 发电设备平均利用小时数　桐子林水电站发电设备平均利用小时数为 3696.26h，比上年减少 133.50h；二滩为 5524.10h，比上年增加 474.53h；官地为 5187.65h，比上年增加 169.00h；锦屏二级为 5151.98h，比上年增加 76.23h；锦屏一级为 5241.13h，比上年增加 246.73h；杨房沟为 3839.15h，比上年减少 1426.51h；两河口为 2160.30h，比上年减少 1133.30h。

4. 发电耗水率　桐子林水电站发电耗水率为 18.21m^3/(kW・h)，比上年减少 0.75%；二滩为 2.31 m^3/(kW・h)，比上年减少 2.94%；官地为 3.31 m^3/(kW・h)，比上年减少 0.80%；锦屏二级为 1.33m^3/(kW・h)，与上年持平；锦屏一级为

1.86m³/(kW·h)，比上年减少3.66%；杨房沟为3.91m³/(kW·h)，比上年增加1.83%；两河口为2.10m³/(kW·h)，比上年减少6.18%。

5. 生产用厂用电　桐子林水电站生产用厂用电量为873.15万kW·h，生产厂用电率为0.394%，比上年增加0.062%；二滩为2577.18万kW·h，生产厂用电率为0.141%，比上年降低0.017%；官地为1410.52万kW·h，生产厂用电率为0.113%，比上年降低0.006%；锦屏二级为2987.10万kW·h，生产厂用电率为0.121%，比上年增加0.001%；锦屏一级为3347.70万kW·h，生产厂用电率为0.177%，比上年增加0.027%；杨房沟为1618.46万kW·h，生产厂用电率为0.281%，比上年增加0.134%；两河口为1573.88万kW·h，生产厂用电率为0.251%，比上年增加0.059%。

（五）检修情况

①完成桐子林、二滩、官地、锦屏二级、锦屏一级、杨房沟、两河口7座电站共计31台次机组C级检修工作，3台次机组D级检修工作，1台次机组A级检修工作。②完成桐子林水电站大坝强震观测系统改造；二滩水电站500kV开关控制系统改造、辅助设备控制系统改造、400V配电盘改造、厂房高速电梯改造、二滩泄洪振动监测系统更新改造；官地水电站1～3号机组励磁系统改造、4号机组调速系统改造；锦屏二级2、4号引水隧洞排水阀改造；锦屏一级6号机组主轴密封滤水器改造、泄洪振动监测系统更新改造、锦屏行政通信网络系统升级改造、封闭区治安反恐防范设施升级改造等技改项目。

（雅砻江流域水电开发有限公司　陈鹏）

湖北清江水电开发有限责任公司 2022年生产运行情况

2022年，湖北清江水电开发有限责任公司（简称清江公司），克服来水严重偏枯，主动作为、科学调度，以保障安全为原则，圆满完成各项生产经营任务。

（一）2022年清江梯级总体运行情况

1. 水情情况　2022年，水布垭水库降水量1103.1mm，较上年同期偏少27.4%，较多年平均偏少20.1%；入库水量63.05亿m³，较上年同期偏少37.3%，较多年平均偏少29.9%。2022年隔河岩水库入库水量94.12亿m³，较上年同期偏少26.0%，较多年平均偏少20.9%。

2. 发电情况　2022年，清江梯级三电厂发电65.61亿kW·h，较上年同期降低28.2%。其中：水布垭电厂发电31.81亿kW·h，较上年同期降低29.5%；隔河岩电厂发电25.07亿kW·h，较上年同期降低27.9%；高坝洲电厂发电8.73亿kW·h，较上年同期降低24.0%。

3. 综合厂用电率　2022年，清江梯级三电厂累计厂用电量5853.66万kW·h，综合厂用电率0.9%。其中：水布垭电厂3193.38万kW·h，综合厂用电率1.0%；隔河岩电厂1555.53万kW·h，综合厂用电率0.6%；高坝洲电厂1104.75万kW·h，综合厂用电率1.3%。

4. 节水增发　2022年，清江梯级三电厂累计节水增发电量2.63亿kW·h，累计增发率3.7%。其中：水布垭电厂－0.24亿kW·h，累计增发率－0.7%；隔河岩电厂1.58亿kW·h，累计增发率5.8%；高坝洲电厂1.29亿kW·h，累计增发率14.9%。

5. 机组检修　2022年，清江公司计划检修26台·次，完成26台·次（含1台·次跨年项目），其中：水布垭电厂扩大检修2台·次，C级检修2台·次，D级检修4台·次；隔河岩电厂B级检修1台·次，C级检修4台·次，D级检修3台·次；高坝洲电厂B级检修1台·次，C级检修1台·次，D级检修4台·次；峡口塘电厂C级检修2台·次，D级检修2台·次。

（二）生产管理

2022年，质量安全与生产调度例会下达安全生产工作计划共194项，完成安全生产工作192项，完成率99%；例会部署安全生产工作共120项，完成安全生产工作117项，完成率97.5%。①所属电厂2022年随机组检修实施的技改和整改项目较为集中，如水布垭电厂500kV系统保护装置更新改造、监控系统主站改造；隔河岩电厂4号机组进水口油缸大修、1～2号机组转轮裂纹修复等，同时受重大保供时段影响，检修窗口期一再压缩。在科学编报检修计划基础上，提前向电网汇报沟通，通盘做好检修安排。同时，不断密切跟踪设备状况，举一反三，按需要调整检修项目、进度，及时跟网调沟通协调实施检修变更，全年共调整检修计划14次。2022年全年共发现缺陷274项，消除缺陷271项，结转缺陷2项，正在消除缺陷1项，消缺率98.91%。②2022年度，清江梯级电厂平均等效可用系数完成指标为93%，实际平均等效可用系数为93.94%。深入研究统计策略和算法，合理合规采取相关措施，在检修时间大幅超过年初计划的不利条件下，保证了公司和梯级电厂各项考核指标满足要求。③制定周密计划，对检修、技改、建设项目实施过程中的金属结构、电气一二次设备、涉网设备等进行严格试验，对计量、油务、保护设备进行定期校验，对特种设备加强监督检验，对更改后新投运设备加强过程验收和资料整理，公司2022年度技术监督工作计划完成率达95%以上，12项监督的完成率、合格率等指标均超过标准要求。

（三）科技环保

1. 科技创新　进一步规范科技管理制度，完成科技类标准修订3项、新增1项，新增的《科学技术委员会管理办法》为设立的科学技术委员会的有效运行提供制度保障。由35名技术专家组成的公司科学技术委员会，下设7个专委会。科研项目数量增加至24项，同比增长2.4倍；科研项目计划资金总额增加至3934.19万元，同比增长12倍。进一步规范科研项目的计划、立项、验收等环节。2022年获湖北能源科技进步一等奖1项、二等奖3项、三等奖3项，获三峡集团科技进步奖三等奖1项，三峡集团职工技术创新一等奖1项、优秀奖2项。组织线上申报各类外部奖励13项，现有5项获奖，特别是《梯级水电站洪水预报关键技术研究与应用》获中国大坝工程学会科技进步奖二等奖。先后组织或参加知识产权类培训10次，培训人数近300人·次，向三峡集团推荐知识产权专家48人。全年申报专利43项，已授权专利34项。积极组织参加外部技术标准制修编工作达42人·次，参编制修订行业标准5项、主编制定三峡标准2项。积极总结机组扩修相关技术成果，完成4本科技图书出版、2本科技图书的审查，发表科技论文14篇，其中，核心期刊4篇。

2. 环境保护　2022年，清江公司按照国家危废处理法律法规要求，处置废矿物油29t、废蓄电池8.8t、废危险化学品6t，组织开展危险废物专项自查。峡口塘水电站5月完成水保验收，11月20日完成环保验收。长阳清江抽水蓄能项目《环境影响报告书》已于11月11日完成第二次公示。高坝洲断面全年生态流量达标率为100.0%，水布垭断面全年生态流量达标率为98.4%，均符合省水利厅对生态流量的要求。污水处理设备全年完成污水处理3.48万m^3，排放达标率100%。定期开展流域水电站运行期水生生态监测和库区水质监测工作，监测结果显示水质良好，水生生态趋于稳定。

（四）防汛度汛

①公司于年初下发了防汛工作计划和防汛设备设施维修计划，修编了公司各单位防汛设备设施检修标准项目清单，制定了防洪度汛工作方案。4月编制《清江梯级水库汛期调度运用计划》并及时报批。完成清江流域电站2021年度大坝安全监测资料年度整编与分析工作。4～5月，完成水布垭、隔河岩、高坝洲三座大坝共49个部位154个项目的巡视检查。加强对水库及库区滑坡体的巡查工作。②完成工程防汛设备设施检修项目693项（其中，标准项目667项，非标项目26项）。完成清江流域56个水情遥测站点的设备检修及系统消缺工作。梯级电站25扇泄洪闸门均进行了起落门试验。汛前，根据地方政府防汛组织机构调整变化情况，加强与地方防汛主管部门的沟通衔接，确保防汛指令渠道畅通、信息传递及时有效。③委托湖北省、宜昌市、恩施州的水文气象部门提供水文气象预测预报服务，实行每日例会制度，每天滚动分析汛情、发电情况，科学制定后期梯级水库调度预案。为梯级电站防汛度汛和电力生产提供信息保障。从5月1日起，严格落实领导带班制度和汛期24小时值班值守、领导干部请假、信息报送等工作制度。汛期，加强对大坝及泄洪设备设施的巡视检查。汛期泄洪期间，对流域电站大坝、工程边坡、排洪系统等重要部位每天进行加密巡视检查。修编完成水布垭、隔河岩、高坝洲水库防洪抢险应急预案。

（湖北清江水电开发有限责任公司　汪旻　毕复明）

中电建新能源集团股份有限公司所属5个水电站2022年生产管理情况

（一）双洲水电站

湖南桃源双洲水电站装机容量18万kW。2022年入库水量580亿m^3，较上年减少21.15%，较设计减少10.63%。累计发电量8.38亿kW·h，实现连续8年超设计发电量。耗水率为57.94 $m^3/(kW \cdot h)$，累计安全运行3349天。

（1）结合电站实际压实责任、细化措施、备足物资，建立适用的疫情常态化防控机制，保证公司员工生命健康安全和工作正常开展。

（2）2022年，桃源水电站按层级签订了75份安全生产责任书。召开了4次安委会会议、12次安全生产例会、12次安全监督网会议，确保安全生产正常进行；强化外委项目管理，做好项目进场、开工、过程、竣工全过程安全管理；做好特种设备和特种作业人员管理，及时组织3台套设备定期检验和特种作业人员28人·次操作证办证或复审；组织水电站综合或专项安全检查活动61次，发现问题或隐患142项，按时完成整改率100%；组织实施了桃源水电站应急预案的修订、评审及备案工作，组织了2次实战演练和42次桌面演练；持续做好安全生产标准化建设工作，结合实际制定了翔实有效的活动方案，取得了较好的实效。持续推动制度标准深度落地年活动，及时修编管理制度。扎实推进安全生产专项整治三年行动，按月计划落实，定期检查上报。组织完成桃源水电站职业病危害现状评价评、备案，强化职业健康宣传教育。按计划开展能源节约与环境保护工作，危废品规范管理并合法处置，分层级组织形式多样的安全教育培训。

(3) 坚持汛前，召开防汛工作会议，对防汛工作提出具体要求，4月组织防汛实战演练，严格执行防汛值班值守制度，汛后，及时召开防汛工作总结会，提升防汛能力。2022年，泄洪持续时间884h，泄洪闸门调度操作376次，发生入库流量超8800m^3/s的洪水3次，全停机敞泄避峰146h，汛期总泄洪水量93.02亿m^3，6月3日坝址出现2022年最大入库洪峰流量15700m^3/s。电厂有效控制库水位，确保防汛、发电、通航三不误。

(4) 稳步推动生产运行各项工作向高质量发展，发现缺陷236项；强化两票管理，办理操作票320张，工作票565张，确保安全生产。同时，每月编制“两票”简报，对不合格或存在问题情况进行考核通报，确保“两票三制”的贯彻与执行。

(5) 船闸安全通航260天，较上年减少19.8%；过闸1628闸次，较上年减少43.9%；过闸船舶2361艘，较上年减少50.5%；过闸船舶总吨位318.71万t，较上年减少44.2%，实现了持续安全通航。结合实际及时化解通航矛盾，维护了社会稳定。

(6) 完成了2021～2022年度及2022～2023年度设备检修计划，截至2022年12月31日，实施定期维护工作79个项目，299项次，定期工作按时完成率100%，合格率100%。检修工作坚持以提高设备可靠性为核心，确保了年度检修项目安全实施。2022年机组开停机796次，机组平均运行小时数5022.78h，年内实现“零非停”。

(7) 组织定期开展水工建筑物月度巡视检查和大坝月度安全监测分析，按时向国家能源局大坝安全监察中心报送了《桃源水电站大坝安全注册登记自查报告》和《桃源水电站大坝安全年度详查报告》。完成了船闸下游引航道疏浚，组织完成厂房内局部多项防渗、缺陷处理。完成了大坝换证注册复查问题整改6项水工管理专项工作。组织珍惜鱼类增殖放流、坝前水面浮渣垃圾打捞清理、水库环境监测，保证了水电站所在区域无污染。

(二) 沙阡水电站

贵州正安沙阡水电站装机容量5万kW，累计发电量7665.84万kW·h，耗水率为14.98$m^3/(kW·h)$。截至2022年12月31日，累计安全运行3094天。

(1) 2022年，沙阡水电站认真落实电厂安委会及三级安全监督网络、4个责任体系、电厂防汛领导小组、应急领导小组等组织机构职责。全年累计排查发现问题39项，整改完成率100%。全年未发生一般及以上电力安全事故、设备事故、火灾事故、人身伤亡事故和责任障碍；机组未发生非计划停运事件，继续保持“零事故”“零非停”的双零目标。

(2) 电站成立了防汛领导小组，开展汛前、中、后和防汛专项安全检查等，共发现问题、缺陷8项，全部完成整改。按照《2022年度防洪度汛抢险应急预案》进行实战演练。2022年，该电站遭遇1961年以来最严重干旱，年入库流量仅为13.704亿m^3，占比仅为多年平均入库水量的62.96%；汛期（4～10月）入库水量11.053亿m^3，占比仅为多年汛期平均入库水量的61.05%。按照当地政府要求控制出入库水量，全力以赴抗旱保供水、稳生产。

(3) 自主完成2台机组的C级检修、全厂辅助设备、大坝弧门防腐、金结设备的维护保养等计划性检修和厂房蓄电池设备技改，共计完成255项检修项目，节约成本100余万元；按时完成率和合格率均达到100%，全年未发生机组非计划性检修。

(4) 严格落实《水电站大坝安全监测工作管理办法》及《沙阡水电站大坝安全管理制度》等办法，实现全年水工建筑物安全运行，完成大坝控制网复测工作。8月完成沙阡大坝在国家能源局大坝监察中心注册登记工作，注册登记为甲级，10月国家能源局大坝监察中心，对沙阡大坝进行安全定检，结果为正常坝（A级）。

(三) 大湾水电站

云南双柏大湾水电站装机容量4.98万kW，累计发电量8993.02万kW·h，耗水率为6.02$m^3/(kW·h)$。截至2022年12月31日，累计安全运行2897天。

(1) 2022年，大湾水电站全年未发生一般及以上电力安全事故、设备事故、火灾事故、人身伤亡事故和责任障碍；机组运行安全稳定，未发生非计划停运事件，继续保持自投产以来“零事故”“零非停”的双零目标。

(2) 大湾水电站严格执行各项规章制度，认真开展设备巡视，做好设备定期工作，及时消除设备缺陷，结合自身情况，完成设备巡视检查730人·次、定期工作505人·次，完成班组安全培训、事故预想、安全活动各24次，完成事故应急演练8次，发现缺陷34项，已处理缺陷33项，遗留缺陷1个，消缺率97%。

(3) 编制《2022年水库汛期调度计划》《2022年水库防汛抢险应急预案》《2022年水库防洪度汛方案》，成立以厂长为组长的防洪度汛领导小组，主要采取了4个举措来确保安全度汛：①汛前针对防汛设施、设备、建筑物等进行专项检查；②召开防汛工作专题会议，压实各项工作责任；③加强汛期领导值班制度，将汛期工作责任落实到人；④组织防洪度汛应急演练，提高应急处置能力。

(4) 完成1号机组C级检修、2号机组B级检修、大坝检修门及部分弧门防腐、电气设备预防性试验及表计效验服务、110kV送出线路运维管理、10kV大湾线在鱼庄河电站站内设备运维、大湾电厂柴油发电机维护、水情测报系统维护、防雷接地检测、生态流量监测系统运维等10项检修任务。开展了3项技改项目，完成了厂区备用电源线路改造，未完成技改项目2个，未完成的2个技改项目计划2023年一季度完成。

(四) 圆满贯水电站

贵州圆满贯水电站装机容量4万kW，完成上网电量8760.14万kW·h。

(1) 坚持"安全第一，电量至上，指标领先"原则，以"以人为本"为理念，以"和正"文化为引领，以安全生产和疫情防控、防洪度汛、设备检修和维护、标准化建设等为主线，积极应对复杂多变的新冠疫情和百年一遇的干旱，团结带领全厂员工实现自电建新能源集团成立以来连续安全运行371天，签订安全责任状14份。实现了"安全零事故、质量零缺陷、环保零投诉"总体目标。

(2) 层层压实安全责任，积极开展了月度安全例行检查、专项安全检查、重大节假日安全检查，排查隐患21项，完成隐患整改20项，隐患整改率95.23%。在做好防洪度汛安全方面，汛情组织召开防汛动员会，开展了汛情安全生产大检查和隐患排查治理，编制了2022年度防洪度汛工作实施方案、汛期调度运用计划，全年来开展了防汛应急演练、溺水应急演练、特种设备应急演练等活动，通过开展安全达人、安全知识网络竞赛、外出安全教育培训、内部组织等活动，提升员工安全素养。全年共执行倒闸操作票73张，办理电气一种工作票12张、电气二种工作票24张、水力机械工作票7张，两票合格率100%。

(3) 全年计划完成上网电量14266万kW·h，实际完成61.4%，增幅－33.9%，未能完成原因是自7月以来，遭遇自1961年以来的持续干旱，导致来水量严重不足所致。综合厂用电率0.39%，同比增加0.15个百分点，引起同比变化的主要原因是发电量较同期大幅下滑，下网电量增加所致。全年未发生非计划性停运，发电机组可利用率保持100%。开展圆满贯水电站2号机组A级检修和设备维护，保障机组和设备安全、稳定和经济运行。

(五) 杨家园水电站

贵州杨家园水电站装机容量4万kW，完成上网电量8140.92万kW·h。

(1) 践行"以人为本、生命至上、安全发展"理念，以安全生产和疫情防控、防洪度汛、设备检修和维护、标准化建设等为主线，积极应对复杂多变的新冠疫情和百年一遇的干旱，群策群力，团结带领全厂员工实现了自电建新能源集团成立以来连续安全运行371天，"实现了安全零事故、质量零缺陷、环保零投诉"的总体目标。

(2) 根据安全管理要求，层层分解年度安全管理目标，签订安全责任状12份。开展安全生产大检查和隐患排查治理、安全检查回头看活动，全年排查隐患16项，完成隐患整改15项，隐患整改率94%。编制2022年度防洪度汛工作实施方案，严格汛期值班值守，重点完成了防汛物资储备、泄洪启闭系统、应急电源的维护，科学合理利用两座水库的调节能力，精准调度，全力保障年度防汛安全。全年来开展防汛应急演练、溺水应急演练、特种设备应急演练等活动。通过安全达人、链工宝安全知识网络竞赛、外出安全教育培训、内部组织、邀请遵义政安培训中心现场开展了消防培训等方式和手段，提升员工安全素养。全年共执行倒闸操作票77张，办理电气一种工作票9张、电气二种工作票17张、水力机械工作票11张，两票合格率100%。

(3) 全年计划完成上网电量13697万kW·h，实际完成59.4%，增幅－35.2%，原因是自7月以来，遭遇持续干旱，导致来水量严重不足。全年综合厂用电率1.16%，同比增加0.39个百分点，引起同比变化的主要原因是发电量较同期大幅下滑，下网电量增加所致。开展杨家园水电站2台机组C级检修和设备维护，保障机组和设备的安全、稳定和经济运行，全年未发生非计划性停运，发电机组可利用率保持100%。

(中电建新能源集团股份有限公司　卢军)

五凌电力有限公司2022年生产管理情况

截至2022年12月底，五凌电力有限公司（简称五凌电力）已建、在建项目装机容量1416万kW（在运装机容量1140万kW，在建装机容量276万kW），其中，水电535万kW、火电120万kW、风电316万kW、光伏445万kW。资产分布在湘、黔、宁、晋等20个省（自治区）及孟加拉国。2022年，五凌电力水电板块积极应对湖南近60年来最长高温干旱天气，通过优化水库调度、人工增雨等措施，完成发电量155.83亿kW·h。全年未发生人身轻伤及以上事件，实现年度安全质量环保目标，持续保持安全稳定局面。电力安全生产管理情况如下：

（一）严格落实上级保供工作要求，保障机组安全稳定运行

挂治电厂1号机组、洪江电厂3号机组A级检修等55台·次机组检修顺利竣工并按时归调，设备安全可靠。强化应急保障管控，快速准确组织区域新能源场站应对处置“10·17”永州新田特大森林火灾，避免重大人员伤亡和较大财产损失。各项重要时段电力保供，公司坚决服从调度指令，全力确保电力供应。湖南省夏季用电最高峰（8月16日），公司出力（542万kW）占全社会居民用电负荷的1/4，充分展现能源央企保供顶梁柱作用。能源保供和防汛抗旱工作得到水利部、长江委、湖南省政府的高度肯定。

（二）落实“一稳二保”工作要求，全面压实安全生产责任。

防疫工作坚持联防、联控、联动，各条战线实现“国十条”前“零感染”，“国十条”后“零重症”，将新冠疫情的影响降到了最低。开展安全大检查和专项整治，推动双重预防机制有效运转，安全生产目标可控、在控。五强溪电厂连续安全稳定运行9985天，继续保持国内大中型水电安全运行纪录。托口电厂等7家单位安健环体系建设“升钻”。三板溪电厂库区等4处Ⅲ级地质灾害点成功“降级”。持续抓好交通安全管理，全年安全行车650万km。五凌电力继续保持“零轻伤、零事故”安全稳定局面。（稳经济、保供应、保安全）

（三）聚焦设备问题隐患治理，提升机组可靠性。

积极发挥五凌电力专业技术委员会作用，指导解决基层单位重大设备问题。全年组织重大设备问题专题研究16次，完成现场技术协调40余次，下发“督办单”30余份，“凌津滩6号机组主轴裂纹”“挂治1号机组转子中心体裂纹”“白市溢洪道门机结构缺陷”等6项挂牌隐患摘牌，“三板溪2号机组水导轴承运行摆度随时间增大问题”等500余项重要设备缺陷隐患得到有效治理，设备可靠性得到不断提升，为机组安全稳定运行打下坚实的基础。凌津滩8号机组、5号机组分别荣获电力行业常规水电“10MW及以上常规贯流式水电机组5A级和4A级”称号。

（四）规范大坝安全管理，实现安全度汛目标。

针对三板溪电厂低温水治理施工、五强溪扩机工程进水口围堰施工、小水电洪水预警预报及应急能力偏弱等公司年度防汛七大重点难点问题以及下半年特大旱情，提前准备，大力协调，实现了公司年度安全度汛，取得了显著的防洪抗旱减灾效益。全面理顺应急体系机制，圆满完成五强溪和凌津滩防汛联合应急演练，并获得集团公司的高度评价。提前介入并参与洪江、托口船闸改扩建，碗米坡下游竹子坪生态工程等项目前期，完成五强溪、三板溪等2座大坝安全定期检查工作，顺利通过集团公司对凌津滩、马迹塘2座大坝的安全巡查，公司大坝安全管理可控、在控。

（五凌电力有限公司　李晓龙）

国家电投集团云南国际电力投资有限公司2022年电力生产管理情况

截至2022年12月底，国家电投集团云南国际电力投资有限公司（简称云南国际）装机容量316.56万kW，其中，水电151.8万kW，风电108.9万kW，光伏55.86万kW。发电量85.37亿kW·h，其中，水电52.59亿kW·h，风电26.17亿kWh，光电6.61亿kW·h。

全面落实国家、行业、政府各项安全生产工作要求和国务院安委办“十五条”硬措施要求，紧紧围绕“零重伤”及“十不发生”工作目标，持续优化安全生产管理体系，狠抓履职尽责考核，层层压实安全生产责任，不断夯实安全生产基础，持续提升安全生产保障能力，全力防范化解安全风险，努力确保安全生产稳定，有效开展双重预防机制建设，做实事故经验反馈，全年完成隐患整改11982项，年度隐患整改完成率97.81%。消除设备缺陷4314条，消缺率97.7%。开展水电机组检修53台·次，计划检修完成率100%。实施技术改造91项，技改计划完成率102.85%。深入开展无故障风电场、无故障光伏电站建设，騌岭北风电场、芝麻村光伏电站、班果山光伏电站、麻舍所光伏电站先后获得中国电力市场协会运维检修分会“无故障风电场”“无故障光伏电站”称号。2022年安全生产形势总体平稳，未发生责任性人身伤亡事故，首次未发生一类障碍及以上事故事件，二类障碍同比下降76%，障碍及非停事件实现“双下降”，圆满实现了年度安全生产目标。

高标准开展年度防汛工作，组织开展汛前、汛中、汛后安全检查，累计发现问题2832项，整改完成率95.94%。组织各所属单位开展各类应急演练216次，累计参加3852人·次，组织开展专项实战应急演练2次。圆满完成全国两会、党的二十大以及国庆等重大节日期间保安全、保供电工作，切实履行中央企业责任。

认真贯彻落实疫情防控工作部署要求，准确把握、科学认知，推动全员进一步树立“疫情防控，人人都是第一责任人”的意识。持续完善生态环保两清单台账更新及整改、从严抓好工程建设安全管理，特别是承包商安全管理。

围绕“建设一流零碳能源企业”目标，持续优化生产管理模式，不断创新工作体系，推动科技赋能，数字化转型。开展大坝自动在线监测系统、变形体监测GNSS系统、地质灾害预警系统等多项数字化项目落地见效，安全生产能力得到有效提升。

（国家电投集团云南国际电力投资有限公司　王安洪）

技　术　改　造

长江电力检修厂2022年流域梯级电站检修及核心能力建设情况

2022年，长江电力检修厂安全、优质、高效地完成了流域梯级电站检修任务，主设备检修一次合格率100%，考核期内未发生一类非停、未产生检修原因导致的弃水损失电量。全年预算执行情况良好，生产与管理成本均控制在公司下达的指标范围内。

（一）流域梯级电站检修工作

（1）精益高效完成2021～2022年度流域电站岁修工作。该岁修检修项目点多面广，克服新冠疫情持续反复、供电形势紧张、检修工期高度重叠等困难，安全、优质、准点完成流域4座电站13台机组A/B级检修、4台主变压器大修、19项水工金结设备整体检修等52项计划内检修任务，以及13项计划外检修任务。以铸造精品机组为己任，圆满完成重要时期保电等任务。

（2）稳步推进2022～2023年度流域电站岁修工作。利用流域检修支持系统等数字化信息化平台，周密做好岁修策划、实施等工作，2549个岁修技术文件、2215项检修作业SOP、20745个质量验收点全部登入系统，为岁修安全质量工期提供全面技术保障。精心策划溪洛渡14号机组A级检修，首次实现长江电力人型混流式机组A级检修百日内完成；突破常规作业，在确保安全前提下将溪洛渡2号尾水洞隐患整治工期从20天压缩至7天；系统升级水刀破拆工法及装备，50天内完成葛洲坝2号机组转轮室拆除，效率提升66%；在新冠疫情防控紧松急转情况下，始终把保障中心工作置于首位，以严格遵守防疫要求为前提，与各属地单位精诚合作，各项岁修工作均按计划顺利推进。

（二）检修核心能力建设

1. 流域检修任务高质量完成　深化施行“厂部管总、项目部主修、专业部门主建”的流域检修生产管理模式，保障安全生产与监督体系、技术质量管理体系、成本管理体系高效运行，强化核心技术锻炼与储备，加强检修装备维护与保养，安全、准点、高质量地完成各项检修任务。

2. 加强应急保障能力建设　①2022年初，编制发布11部生产安全事故应急预案，及时更新应急通讯录；修订发布《检修厂生产安全事故（事件）信息报送管理细则》，明确各部门信息报送职责与全厂信息报送范围及程序；汛前编制《防汛应急工作手册》，强化在建工程安全度汛；编制典型设备设施事故抢修预案41部。②组织火灾、高处坠落、船舶失事、地下厂房紧急疏散等演练科目14项，共计22次演练。组织员工参与完成三峡、葛洲坝、溪洛渡电站防汛应急演练，与兄弟单位紧密配合，确保全公司防汛应急可靠度和资源利用最大化。③快速、高效地完成葛洲坝500kV开关站DK51电抗器检查、溪洛渡电站9号机组转轮缺陷修补专项检修、白鹤滩电站8号尾水隧洞检修门槽水下检查与清理专项检修等10次抢修任务，践行“三葛区域2h，金沙江区域48h”的应急救援承诺。

3. 连续5年实现“双零”目标。①全年安全生产形势总体平稳，安全生产无事故，未发生一般及以上环境事件。主设备检修一次检修合格率100%、“两措”计划完成率100%，危险固体废弃物规范回收率100%。截至2022年12月31日，实现年内安全生产记录365天，连续安全生产记录5063天。②安全生产专项整治三年行动圆满收官，高质量完成任务清单78条。强化双控机制高效运行，全年开展安全检查198次，排查治理安全隐患370条，及时整改率99.7%。首创实施安全生产“揭榜挂帅”，安全生产治理体系和治理能力不断提升。机械五分部、电气三分部获评全国安全管理标准化班组，3名职工获评全国安全管理标准化班组长，检修厂获评湖北省“安康杯”竞赛活动优胜单位。

4. 检修核心能力进一步提升　加大研发投入，完成年度4800万元考核指标。深化与高校、科研院所合作，探索联合建设创新实验室、创新中心、省级重点实验室之道，积极打造科技创新联合体。牵头

《大型水电站坝体水下缺陷智能检测机器人系统》等2项国家“十四五”重点研发专项，实现长江电力检修厂国家级科研项目从无到有的历史性突破。深化激光熔覆技术、中环加工机床等科研成果拓展应用。葛洲坝高压断路器操作机构实现批量自主检修、完成世界最大纯电动船建造、氢燃料动力船建设取得阶段性成果。获得包括湖北省科技进步一等奖在内的科技创新成果奖励31项。

5. 推进职业化队伍建设 建立岗位技能考评体系，编制专业全覆盖评价标准、学习地图及考评题库，取得了阶段性成果；创新企校联合人才培养方式，为20位后备人才配齐“双导师”，让后备人才在火热的检修实践中以干代训、发光发热；持续优化分配方式，预设特别奖向部门延伸，发放额度创历史新高，突出价值创造导向，激励员工敬业奋斗、开拓创新。全年科学调整251名员工岗位，确保适才适岗。“全国五一劳动奖章”“全国技术能手”叶祥友、“湖北省五一劳动奖章”“大国工匠”何强锋、国家技能人才培育突出贡献个人吴涛、“荆楚工匠”成传诗等优秀人才层出不穷，检修职业化队伍建设不断深化。

6. 生产协同管理水平不断提升 流域检修支持系统二期上线投运，新增SOP管理模块、协作单位管理模块和成本管理模块，建立全过程、精细化、标准化生产管控数字化平台。协同办公平台一期37个模块全部上线，整合行政、文秘、人资等综合事务于一体，让事务办理、综合服务不再受制于空间，切实为员工“减负”“松绑”，助力岁修中心提质增效。

（长江电力检修厂）

刘家峡水电站2号机组整机改造

刘家峡水电站2号机组投运于1970年，水轮发电机组由哈尔滨电机厂有限责任公司设计制造，转轮型号为HLA430-LJ-550，发电机型号为SF255-48/12640，1989～1994年进行过两次改造，改造后发电机容量增至25.5万kW。

（一）整机改造背景

1. 发电机存在的问题 定子机座采用铁芯背部压紧式结构，导致长期运行后铁芯窜动等问题，定子机座已出现合缝处变形、错位；定子铁芯明显老化，整体性和刚强度差，定子铁芯及紧固件由于设计和制造安装工艺造成部分压指受力不均，出现定子铁芯齿压板松动及硅钢片相互磨损断裂现象；定子线棒存在绝缘电晕腐蚀、定子引线汇流排导体过热使绝缘烧焦、定子接头过热、接头绝缘烧焦等问题，另外原线棒与新改造铁芯达不到最优设计；现母线没有短路试验装置；中性点装置软连接为铜皮，出现局部折断，且空间位置狭小；电流互感器结构为环氧树脂浇筑式，表面出现龟裂；在线监测系统只有机组振动、摆度等机械监测，没有气隙、局放等电气监测；转子支架在目前情况下，甩负荷工况存在严重的强度不足；磁极和磁轭在额定工况下运行时应力满足强度要求，在甩负荷工况时局部最大应力点已超过屈服极限；磁极大电流母线大轴接口和滑环接线端设计不合理，拆除时经常破坏母线绝缘；磁极与铁芯结合处未封堵，多次造成转子接地故障；发电机主轴轴身的最大剪应力和综合应力满足强度要求，但法兰位置的最大综合应力超出现有的评价标准；目前采用的直流励磁机励磁方式，是由一台直流发电机作为励磁机的励磁方式，是过去水轮发电机上应用较多的一种简单励磁方式，同轴励磁机的体积大、用料多、结构复杂、响应时间慢、调压精度和稳定性一般、维护工作量大；采用一根轴结构，发电机转子中心体与发电机轴采用热套配合方式，借助于配合紧量传递力矩，此种配合方式配合紧量无法准确进行计算，扭矩传递效果不佳，多用于中小型机组。

2. 水轮机存在的问题 1996年3月，2号机组大修时10号叶片负压侧与上冠连接处焊缝R处，距上冠0mm，距出水边500mm，有一条长50mm的裂纹；转轮每个叶片正压侧从进水边沿水流方向磨蚀逐渐加重，磨损沟槽深度5～10mm，尤其是叶片正压侧与下环连接焊缝处磨损更加严重，2007年检修时叶片负压侧接近出水边处出现点状缺陷，14个叶片负压侧与下环连接处焊缝均有空蚀，空蚀部位距下环上平面200mm，距下环内表面120mm，部位相同，空蚀面积逐年增大，2007年检修时最大为160mm×200mm，2015年检修时最大300mm×400mm，而且下环下部与负压侧连接焊缝处磨损严重，磨损沟槽深度5～10mm，局部磨损深坑深度达10mm左右，下环内外表面及上平面均有不同程度磨损沟槽及局部深坑；水轮机止漏环在一个周期运行中单边间隙2～2.5mm增加至4.2mm左右，致使容积损失变大，水轮机效率下降。每次扩修必须更换止漏环才能恢复到原设计间隙值；2015年3月扩修后实测2号水轮机效率从最初投运的92.86%下降到88.5%左右，下降幅度达到4.3%左右；水轮机运行稳定性差；每次机组大小修都要对上述磨蚀部位进行补焊打磨，检修工作量大，检修人员多，检修周期长。

（二）整机改造预期目标

根据2号水轮发电机出现的上述问题，决定对2号机组进行整机改造。

1. 发电机部分 通过更换发电机定子，彻底消除定子机座合缝处错位、定子铁芯合缝处错位、老化、倒齿、断片等问题，保证线棒可靠运行；更换发电机转子等相关部件，保证2号发电机转动部件满足机组事故甩负荷及飞逸工况下结构强度要求；利用专业通风计算软件重新设计计算通风冷却系统，满足发电机温升要求；通过改造，改善发电机参数品质，提高机组运行稳定性；延长发电机检修周期；更新和完善机组在线监测系统。

2. 水轮机部分　通过更新改造水轮机转轮、顶盖、底环、导水机构等部件，消除转轮裂纹等安全隐患和性能降低等问题，保证水轮机高效稳定运行；提高水轮机抗空蚀、抗磨损能力，延长机组检修周期；提高水轮机效率；改善水轮机的振动、摆度等，减少水轮机压力脉动与振动值，提高运行稳定性；通过更换水轮机轴，使其结构强度满足现行标准规范要求；对座环固定导叶进行修型，满足新更换转轮性能要求。

（三）改造成效

2号机组整机改造历时254天，完成标准检修724项，技术改造50项，机组各项试验数据均优于国家标准要求，改造比计划时间提前6天完工，创造了该机型整机改造施工最短工期纪录。改造后机组共振区大幅度减小，由原来的2万～18万kW缩减至2万～10万kW，效率试验结果显示，机组效率提升5个百分点，按照年平均运行小时数计算年度增发电量可达6000万kW·h。

（国网甘肃刘家峡水电厂　岳文亭　刘萍）

滩坑水电站计算机监控系统改造

滩坑水电站位于浙江省丽水市，安装3台20万kW机组及1台0.4万kW生态机组，总装机容量为60.4万kW。改造前计算机监控系统为XDPS400系统，于2008年正式投运。设备经十多年运行，已无法满足《电力监控系统安全防护规定》要求。改造历时一年多时间，截至2021年11月，系统AVC、全厂AGC及网络安全相关设备、策略均完成部署。系统投入运行后，设备运行稳定可靠，有效提升了运维人员工作效率。

（一）计算机监控系统改造方案

（1）改造后监控系统总体结构　改造后监控系统采用北京中水科水电科技开发有限公司H9000全分布式一体化控制系统。电站上位机与现地控制单元之间采用星型冗余光纤工业以太网方式进行通信。上位机及LCU硬件设备均采用国内主流配置，系统严格按照电力监控系统安全防护要求配置网络安全设备及防护策略。电站上位机通过2台远动装置与浙江省调进行信息交互，接收调度AVC、AGC指令；通过2台集控通信服务器与杭州集控中心进行通信，上送监视数据并接收集控控制指令。

（2）计算机监控系统改造方案　①上位机改造方案。上位机改造包含2台远动装置、2台历史数据服务器、2台集控通信服务器、2台AVC/AGC服务器、2台操作员工作站、1台工程师工作站、1台厂内通信服务器、1台生产实时通信服务器等设备，所选设备均采用行业主流设备，性能优越。上位机控制软件采用基于Unix/Linux安全操作系统的H9000监控软件，远动装置采用模块化、无硬盘及无风扇结构工业级专用PSX-610G控制机，满足调度及网络安全的要求。②网络结构改造方案。改造后系统采用冗余星型网络结构，配置两台1000Mb/s工业级核心交换机，LCU各配置2套同品牌工业级交换机与上位机进行数据交互。③电源改造方案。新系统改造后采用两套冗余20kVA容量UPS供电，网络设备、服务器等双电源装置分别通过UPS冗余供电，光纤收发器等单电源设备通过切换开关进行供电，确保设备电源的可靠。④现地控制单元改造方案。按照机组检修期间逐步改造方式，在完成后接入新系统。新LCU采用施耐德Unity Quantum＋系列PLC，CPU采用双冗余的BMEH584040控制器，并配置独立电源水机保护PLC，实现两套主PLC故障时的后备保护。

（二）计算机监控系统改造过渡方案

计算机监控系统改造方案要求逐步改造、平稳过渡，采用新老系统并行运行，成为改造关键。通过充分论证，监控系统改期间的过渡方案如下：

1. 搭建新的上位机系统　在改造初期，先搭建新的H9000监控系统上位机和远动通信装置，实现与老系统及调度的数据通信，并逐步实现与水调系统、微机“五防”系统、10kV厂用电系统、PI系统等数据通信。

2. 新老系统通信　上位机改造完成后，老系统通过老远动通信站与新系统集控服务器进行通信，新老系统中需要采集的数据和指令通过104规约进行数据交互。新系统操作改造后的新设备，旧系统操作未改造的旧设备。旧系统上位机中的服务器、操作员站、通信工作站等仍保留原有用途。

3. 远动装置通信调试　远动装置改造完成后，新系统远动通信装置作为电站与调度之间的通信设备，接收省调AVC/AGC指令并上送遥信、遥测数据。老系统调度数据送新系统后通过远动装置上送省调。改造过程中应分次进行，确保远动通信正常。

4. AVC/AGC过渡方案　①AGC过渡方案　新系统AGC功能在监控系统改造结束后投运，采用新老两套AGC系统同时运行方案。改造过程中暂不投运全厂AGC功能，新老系统AGC功能对各自控制机组进行控制，新AGC系统控制改造后机组单机AGC，未改造机组调度AGC指令通过新系统转发至老系统。②AVC过渡方案。全厂AVC投运在新系统上，新系统接收母线电压指令，根据AVC的计算结果，将未改造机组的单机无功分配令下达到老系统，老系统AVC退出运行不再执行二次分配，仅执行各机组的无功控制指令。③AVC过渡期间，老系统需向新系统传输220kV开关站及公用系统信息，未改造机组AVC相关遥测、遥信等信号用于AVC控制及闭锁功能。每一台机组LCU改造完成后都需对AVC控制逻辑及数据通信点表进行更新，并测试AVC控制功能。④现地控制单元LCU改造。滩坑水电站共8个现地LCU，需根据检修计划分批进行改造。首台机组改造时将该LCU与旧系统网络脱离，拆除旧盘柜，安装新盘柜，现地调试后接入新系统中并进行联合调试。其他机组LCU改造根据检修计划逐步实施并接入新系统。每台LCU改造完成后需对新系统数据库及新老系统通信点表进行更新，并完成AVC/AGC相关控制功能测试。

（三）计算机监控系统改造难点及对策

①水电站计算机监控系统改造是一系统工程，改造周期长，需按照机组检修周期逐步实施。改造前需完成详细的方案设计，模拟各类可能出现的问题，并进行相应的测试。改造过程中需及时更新图纸和操作规程，确保设备运行稳定。②对于老系统不是采用标准通信规约，不能实现上位机一步到位改造。可用原远动装置作为新老系统通信装置，采用电网标准104规约传输调度所需重要信息，并实现系统逐步改造。③计算机监控系统改造中还涉及AVC、AGC功能，因该功能不能停运，需要改造过程中及时与调度机构联系，在投运新AVC时做好程序衔接，并在机组或开关站LCU改造后及时进行数据库和逻辑程序更新。

（浙江浙能北海水力发电有限公司
项俊猛　缪奇）

水情预报与调度

雅砻江流域水电开发有限公司2022年梯级水库调度情况

（一）水库来水情况

2022年，雅砻江流域来水正常，其中三大控制性水库：二滩水库为季调节水库，天然来水频率为66.2%，全年平均天然入库流量为1494m^3/s，比多年同期平均来水偏少8.8%，比上年同期来水偏少8.1%，全年最大入库洪峰流量为3080m^3/s，入库总水量为445.48亿m^3；锦屏一级水库为年调节水库，天然来水频率为52.1%，全年平均天然入库流量为1214m^3/s，比多年同期平均来水偏少1.8%，比上年同期来水偏少8.2%，全年最大入库洪峰流量为4540m^3/s，入库总水量为357.37亿m^3；两河口水库为多年调节水库（目前处于初期运行期），天然来水频率为53.5%，全年平均天然入库流量为674m^3/s，比多年同期平均来水偏少1.5%，比上年同期来水偏少12.5%，全年最大入库洪峰流量为2400m^3/s，入库总水量为212.60亿m^3。

（二）水库调蓄情况

2022年，二滩水库年初水位为1196.40m，1～5月水位逐步消落，5月12日消落至最低水位1155.42m；此后水位逐步回蓄，10月末蓄至1199.94m，年末降至1193.84m。锦屏一级水库年初水位为1876.04m，1～5月水位逐步消落，5月19日消落至最低水位1803.67m；此后水位回蓄，10月末蓄至1879.45m，年末降至1876.19m。两河口水库仍处于工程第三阶段蓄水期，年初水位为2786.85m；6月17日两河口启动第三阶段蓄水，但控制水位不超2795m；7月1日开始，两河口水位突破2795m继续上蓄；10月13日水位蓄至2832m，完成第三阶段蓄水目标；12月末水位降至2824.91m。流域防洪调度方面：2022年长江中下游发生严重高温干旱事件，未发生长江编号洪水；雅砻江流域汛期涨水早、洪水小、洪水少，流域来水总体呈现出“主汛反枯、副汛反丰”特点，流域暴雨主要集中在6月，仅在6月形成了一次小洪水过程，两河口水库最大入库流量2400m^3/s，发生在6月12日；锦屏一级水库最大入库流量4540m^3/s，发生在6月13日，最大出库1760m^3/s，削峰比达61.2%，经过两河口、锦屏一级两大水库的蓄水调蓄，流域防汛形势安全可控。

（三）抗旱保供情况

2022年7～8月，四川面临“最极端高温”“最少降水量”和“最高电力负荷”三“最”叠加局面，长江中下游遭遇历史高温干旱；发挥两河口、锦屏一级、二滩三大水库联合调节能力，不仅将7月1日以来两河口断面约30亿m^3来水全部用于电力保供发电，而且大幅消落两河口水库水位10m、锦屏一级水库水位19m，补偿梯级电站发电用水，迎峰度夏电力保供期间，两河口、锦屏一级共为下游补水22.9亿m^3，增加雅砻江梯级电站电量供应约44亿kW·h，为川网能源保供和长江中下游抗旱补水作出重要贡献。

（雅砻江流域水电开发有限公司　陈鹏）

尼尔基水库洪水预报方案分析及应用研究

（一）尼尔基水库概况

1. 水库流域概况　嫩江自源头流出后自北向南流，沿途流经多个地区，最终在黑龙江省肇源县三岔河与南源第二松花江汇合后形成松花江干流，支流众多，水量丰富，河网发达。尼尔基水利枢纽工程坝址位于嫩江干流中游，在阿彦浅水文站下游32km处的尼尔基镇。坝址以上集水面积$6.64\times10^4km^2$，占嫩江流域总面积的22.4%，多年平均径流量为$104.7\times10^8m^3$，占嫩江流域的45.7%。

2. 水库防洪任务和调度方式　该水库以防洪、工农业供水为主，结合发电、兼顾航运及改善水环境，并为北水南调工程提供水源的大型水库枢纽工程。水库防洪任务是：将齐齐哈尔市的防洪标准由50年一遇提高到100年一遇，将尼尔基至齐齐哈尔区间嫩江两岸地区防洪标准由20年一遇提高到50年一遇，并尽量减少上游库区淹没。该水库在防洪调度时，根据下游防洪目标和区间洪水预报，采取补偿凑泄方式，以齐齐哈尔城市防洪为控制断面错峰放流，当坝址发生百年一遇以上洪水时，以确保大坝安全为原则控制泄洪。

3. 水库流域暴雨洪水特性及洪水组成　经历史暴雨资料统计，尼尔基以上流域暴雨中心经常出现在大兴安岭东南坡的甘河上游，嫩江干流上游的嘎啦山、石灰窑、小兴安岭西南坡的科洛河上游等地。尼尔基以上流域面积较大、支流众多、河网发达、暴雨中心较多等特点，使得水库入库洪水组成较为复杂，主要来自嫩江上游及右侧支流多布库尔河、甘河及左侧支流科洛河、门鲁河。经分析，尼尔基以上嫩江干流及各支流控制站库漠屯、科后、柳家屯至阿彦浅水文站区间面积占阿彦浅以上面积的9.5%。该水库在防洪调度时，需要根据水库以上流域预报来水和水库下游至防洪控制站齐齐哈尔站区间预报来水，确定将要发生洪水的量级，确定水库泄流量。为此，配置了尼尔基及尼—齐区间洪水预报方案，其中尼尔基以上流域根据其暴雨洪水特点，结合水文站点建设情况等划分为7个子流域进行洪水预报：①石灰窑以上；②古里以上；③石灰窑、古里—库漠屯区间；④加格达奇以上；⑤加格达奇—柳家屯区间；⑥科后以上；⑦库漠屯、柳家屯、科后—尼尔基区间等。

（二）水库现有洪水预报方案及其应用研究

尼尔基水库承担着下游防洪任务，水库通过补偿调节满足下游防洪要求，同时尽量减少上游淹没。及时、准确地掌握水库以上及尼—齐区间来水情况进行水库优化调度，确保水库正常运行和上、下游防洪安全，是水库防洪调度运行期间的重要任务。

1. 水库现有洪水预报方案　分析了该水库以上流域配置的各分区洪水预报方案，对比分析不同预报方案的预报水平，可见相应水位（流量）预报方案精度最高，预见期最短；降雨径流和新安江模型预报方案精度较低，预见期较长。采用相应流量关系以预报洪峰为主，降雨径流相关以预报洪量为主，新安江模型为辅的原则进行洪水预报。基于水库以上流域配置洪水预报方案及预报水平分析，考虑到各分区方案预报水平普遍不高，实时洪水调度中，偏防洪安全应利用尽可能少的预报信息、利用相对最可靠的预报信息。

2. 水库洪水预报方案应用于防洪调度的可靠性分析　因该水库坝址处距离库区淹没区内阿彦浅水文站较近，研究的库漠屯、柳家屯、科后—阿彦浅涨差因子逐步回归预报方案，可作为该水库入库洪水预报方案，并且已有相关研究分析论证了方案洪峰和峰现时间预报精度很高，预报水库入库洪水具备1天预见期。但对于防洪库容较大的水库，影响水库防洪调度的因素主要是入库场次洪水特征洪量，因此需要分析场次洪水峰量关系，以此评定预报方案应用于实时洪水调度的可靠性。相较于仅利用洪峰预报信息，利用峰量预报信息可以更明确地指导水库预泄时段和预泄量，更有效地避免或减轻上游淹没损失。

根据现有该水库34场入库洪水过程，采用LM（Levenberg-Marquard）算法分析场次洪水峰量数据的相关性。LM算法可分别得到各场次洪水3、7、15天及30天洪量与洪峰流量关系。从计算结果看，多种拟合关系结果相差极小，可采用其中任意一种拟合结果。从拟合关系及对应系数可见，场次大洪水的3、7、15天及30天特征洪量与洪峰流量之间的拟合关系较好，其相关系数分别高达0.996、0.988、0.976、0.941，拟合平均相对误差均在15%以下。

另外，34场实测洪水中洪峰流量超过$3500m^3/s$的4场较大洪水拟合误差可见，除$6900m^3/s$洪水对应的30日洪量拟合误差（为21.56%）以外，其余场次误差均在20%以下，在规范许可误差内，且3日和7日洪量的拟合效果较好，与该水库汛期主要采用的中短期防洪预报调度方式较为匹配。考虑到实际洪水情况以及防洪安全不利工况，进一步计算得出峰量拟合关系，对该水库设计时采用的典型洪水中最不利典型50年一遇和100年一遇设计洪水峰量关系进行拟合检验，结果表明，50年一遇和100年一遇设计洪水采用实测洪水率定计算得出峰量拟合关系峰量关系拟合值与设计值相对误差在10%以内。综上，场次洪水和典型设计洪水特征洪量（3、7、15、30天）与洪峰流量之间存在着较强正相关关系。该水库防洪调度主要受洪量影响，若仅利用上游洪峰预报信息，对防洪调度指导局限于确定预泄时段；应用上述得出的峰量拟合关系，预报方案可以预报入库洪水量级和洪量信息，有效指导防洪调度。根据拟合结果，3天特征洪量拟合误差最小，且通过防洪模拟调度，3日洪量预报信息足以指导水库采用预泄等措施，有效地避免或减轻上游淹没损失。综上，推荐应用库漠屯、柳家屯、科后—阿彦浅的涨差因子逐步回归预报方案，结合洪峰与3天洪量拟合关系，指导水库采用预泄等防洪调度措施。

（三）结论

针对该水库防洪调度时水库上游洪水预报信息需求，对水库以上流域各分区洪水预报方案进行分析研究；根据各分区洪水预报方案分析结果，给出可用于水库防洪调度的洪水预报推荐方案；由于洪峰预报信息局限性，结合水库实时防洪调度需要，以此评定推荐方案用于水库实时防洪调度可靠性；根据可靠性分析给出预报方案在防洪调度中的应用方式等，预报方案可指导水库防洪调度采用预泄等措施，避免或减轻上游淹没损失。

（中国电建集团中南勘测设计研究院有限公司 谭瑞）

乌江流域洪水联合调度主要问题与对策

（一）流域概况

乌江是长江上游右岸最大支流，发源于贵州省西北部的乌蒙山东麓，有南、北两源，南源称三岔河，北源称六冲河，流经贵州、重庆两省（直辖市），流域面积87920km²。乌江干流从上游洪家渡至下游彭水水库，已建成的大型水库有洪家渡、普定、引子渡、东风、索风营、乌江渡、构皮滩、思林、沙沱、彭水、银盘等。其中，贵州省境内洪家渡、东风、索风营、乌江渡、构皮滩、思林、沙沱等7座电站由贵州乌江水电开发有限责任公司（简称乌江公司）经营管理，重庆境内彭水、银盘2座电站由大唐重庆分公司（简称大唐重庆公司）经营管理，贵州省境内和重庆市境内存在直接水力联系的2座电站分别为沙沱和彭水水电站。乌江干支流梯级水库中，承担防洪任务的主要防洪水库有构皮滩、思林、沙沱和彭水水库。

（二）洪水联合调度存在的主要问题

1. 流域调度协调机制不健全　乌江梯级电站在电力调度、洪水调度及水力联系关系上既相对独立又紧密联系。梯级电站管理涉及贵州、重庆境内的4家发电公司，库区管理跨地区，洪水及电力调度跨部门，缺乏流域性调度协调机制，该问题在2014年乌江发生“7·17”流域性大洪水时尤为凸显。

2. 防洪调度目标难统筹　乌江下游构皮滩、思林、沙沱及彭水4座电站汛期首先要承担三峡10亿m³防洪库容的防汛错峰任务，同时各水库还需分别承担下游城镇防洪任务。由于不同的防汛任务属于不同的防汛指挥机构管理，导致上下游洪水调度之间、贵州省水利厅、重庆市水利局与长江委之间、乌江公司与大唐重庆公司之间，存在着不同时段、不同洪水量级之下的不同需求，洪水调度目标复杂，洪水资源利用统筹协调难度非常大。

3. 梯级水库雨水情信息共享机制不健全　水库群实时信息是流域防汛抗旱、联合调度等综合利用的基础数据，也是洪水联合调度技术支撑的前提条件。由于隶属不同的管理单位，雨水情信息及调度信息均未实时共享，上级调度也不能全面掌握梯级跨省区水库综合信息，导致上级防汛机构在防洪调度时难以决策。

4. 洪水预报精度受诸多条件限制　洪水预报是水库洪水调度的核心和基础，水库洪水调度需要依赖针对性较强的流域气象预报和预报准确率高、预见期长的径流预报结果，预报精度水平直接关系到洪水调度安全。乌江梯级水库形成后，致使河流形成多个阻断，破坏了原有水文站点之间的水力关系，洪水预报预见期短，无法满足流域防汛需求。同时，近年来，乌江流域汛期极端天气频发，受制于气象预报渠道单一、区间小水电蓄放不规律、洪水预报手段传统等因素影响，乌江梯级洪水预报精度普遍偏低，造成洪水调度极为被动。

（三）洪水联合调度对策

1. 建立流域洪水防御协调联络机制　加强管理单位与调度单位调度员之间实时沟通，第一时间掌握彼此信息，做好应急处置。建立流域集控中心间的风险预警渠道。当上游有泄洪风险时，上游将后期洪水调度策略通告下游；当下游来水无法及时消纳时，及时向上游集控中心沟通调整需求，上游集控中心联系上级调度机构通过改变发电运行方式提前安排为下游错峰。建立雨水情趋势分析向长江统一汇报机制。当遇到有长时间集中降雨，防汛形势严峻时，由管理单位分别联系上级调度，同时也通过两省水利厅、水利局向长江委联系协调，确保调度方案在各方协商基础上得以落实。

2. 制定干流洪水防御方案和调度工作方案　根据区域及水库划分，编制《乌江干流梯级水库防御洪水方案》和《乌江洪水调度方案》，方案包括防洪体系建设、设计洪水、洪水调度原则与目标、洪水调度、洪水资源利用、信息共享和调度权限等内容，明确乌江渡、构皮滩、思林、沙沱、彭水等水库的防洪任务、洪水调度方案，提出对乌江中下游防洪和配合三峡水库对长江中下游防洪的梯级水库联合调度方式，为更好地开展乌江梯级洪水联合调度提供坚实的理论支撑和技术支持。

3. 建立雨水情共享机制　将乌江梯级上下游电站水情调度信息全部上送至长江委，确保在汛期洪水调度决策和洪水资源最大化利用过程中，防汛机构之间的信息对称，快速达成共识；发电公司间信息互联，将上下游雨情、水情和水电运行等信息送至双方水调系统平台，及时掌握流域雨水情信息和梯级上下游水库实时状态。

4. 开展汛限水位动态控制　汛限水位是水库在汛期允许兴利蓄水的上限水位，是防洪调度的起调水位，是协调水库运行管理中防洪与兴利矛盾的关键，但其动态控制需要依靠精度较高的洪水预报作为前提。通过加强与专业气象台和其他预报服务机构合作，实时掌握流域卫星云图变化、各区间短期、中期和中长期降雨及来水预报，可适时开展预报预泄及构皮滩、思林、沙沱汛限水位动态控制，在不降低梯级水库防洪标准的前提下，最大限度地发挥梯级水库的防洪和兴利效益。

（贵州乌江水电开发有限责任公司水电站远程集控中心　冯欢　王俊莉）

金沙江下游—三峡梯级电站 2022 年调度运行及水资源调度情况

（一）来水情况

2022 年，长江上游流域降水总体偏少，时间上呈现“前多后少”分布，流域全年降水总量 766.3mm，较历年均值偏少约 1 成。金沙江下游—三峡梯级水库（简称梯级水库）来水整体呈现枯期极丰、汛期极枯特征。乌东德水库年度来水总量为 1088.57 亿 m^3，与多年均值（1207 亿 m^3）相比偏少 9.8%；三峡水库年度来水总量为 3404.44 亿 m^3，与多年均值（4510 亿 m^3）相比偏少 24.5%。

（二）发电情况

2022 年，金沙江下游—三峡梯级电站累计发电量为 2622.49 亿 kW·h，较年度发电目标多发 97.49 亿 kW·h。其中，乌东德水电站发电量 366.13 亿 kW·h，白鹤滩发电量 400.55 亿 kW·h，溪洛渡发电量 578.04 亿 kW·h，向家坝发电量 315.53 亿 kW·h，三峡发电量 787.90 亿 kW·h，葛洲坝发电量 174.34 亿 kW·h。2022 年 12 月 20 日，白鹤滩水电站全面投产发电，世界最大清洁能源走廊全面建成。

（三）节水增发情况

2022 年，溪洛渡—向家坝—三峡—葛洲坝梯级电站全年累计节水增发电量约 85.98 亿 kW·h，水能利用提高率为 4.77%。其中，溪洛渡—向家坝梯级节水增发电量约 36.57 亿 kW·h，水能利用提高率为 4.20%；三峡—葛洲坝梯级累计节水增发电量约 49.42 亿 kW·h，水能利用提高率为 5.29%。乌东德—溪洛渡—向家坝—三峡—葛洲坝梯级弃水率 0.0048%，创历史新低。

（四）联合调度情况

2022 年，梯级水库来水整体呈现丰枯急转、汛期极枯等特征，时空分布不利于综合效益发挥。上半年来水异常偏丰，叠加外送系统限制极大等因素，梯级水库消落难度空前。入汛后，来水形势急转直下，发生历史罕见极枯来水，抗旱保供、迎峰度夏以及汛末蓄水等任务交织，压力前所未有。依托精细化气象水文预报，深入开展联合优化调度，在保障梯级电站工程设备安全稳定运行前提下，完成了汛前消落、抗旱补水、金沙江下游梯级蓄水等任务，充分利用水资源，梯级水库综合效益显著发挥。①消落期。梯级水库累计向下游补水 324.61 亿 m^3，分别增加向家坝、三峡下游航道水深 0.66m、0.74m，提高了航道通航能力，保障了长江中下游生活生产生态用水需求。②汛期。梯级水库充分发挥抗旱保供水、战高温保供电等社会效益，8～9 月两次配合水利部开展“长江流域水库群抗旱保供水联合调度”专项补水行动，累计向中下游补水 15.1 亿 m^3；10 月上旬三峡水库加大出库补水 40.6 亿 m^3，为压制长江口咸潮、上海市长江口水源地饮水补库创造有利条件；7～8 月受电区域持续高温，多地用电负荷屡创新高，梯级水库充分发挥能源保供“压舱石”和“稳定器”作用，三峡机组全开时长 69.5h，最大出力超 2100 万 kW，库水位两次探底 145m；向家坝电站自 6 月 10 日起持续满发52天，发电量超74亿kW·h，满发天数及发电量均创历史同期新高。③蓄水期。面对长江流域持续干旱，优化梯级水库蓄水次序，圆满完成包括白鹤滩水库首次825m蓄水任务在内的金沙江下游梯级水库年度蓄水任务，三峡水库最高蓄至160.04m。11～12月，梯级水库在常规出库基础上增加补水47.4亿m^3。

（五）防洪调度情况

2022年汛期，受来水极端偏枯影响，乌东德未遭遇洪峰流量超12000m^3/s的过程，三峡仅在6月27日遭遇一次洪峰流量（37000m^3/s）超35000m^3/s的过程，梯级水库未开展防洪调度。

（六）生态调度情况

2022年，梯级水库共开展17次生态调度试验，创历史新高。其中，金沙江下游梯级水库首年开展联合水温调度试验；三峡水库两次促进产漂流性卵鱼类繁殖生态调度期间，宜都断面总产卵规模达157亿粒，其中，四大家鱼产卵近89亿粒，创历史之最，效益显著。

（七）能源保供情况

梯级电站充分发挥能源保供“稳定器”重要作用，科学编制、动态调整发电计划，提前安排梯级电站年度检修，排除并消除设备缺陷和隐患，确保机组关键时刻发得出、顶得上、稳得住，年度共完成各项重要时段及节假日保电任务11次。

（八）水资源研究情况

智慧长江与水电科学湖北省重点实验室作为国内首个依托企业开展水电科学研究的省级重点实验室，在智慧长江、水电科学、流域水资源高效利用等方面精准发力：①依托实验室申报的博士后科研工作站成功获批，为高标准打造水电调度原创技术策源地，巩固梯级水库调度、水资源高效利用研究引领优势，集聚高精尖人才，提供不竭科研动力。②通过国家纵向课题、公司重点科研项目、开放研究基金项目、自主科研项目等在预报、调度、生态、大数据集成等方面开展科技攻关。推动国家重点研发计划实施1项；2项自主科研项目完成验收，通过多层次科研项目开展，逐步形成自身核心研发能力，有效提升公司水资源利用水平。③立足于推动科研成果转化为实用技术，不断总结调度运行决策支持关键技术，科研成果“长江上游巨型电站群水电调度运行决策支持关键技术”成功入选2022年度水利先进实用技术重点推广指导目录；以第一完成人开展的“长江上游水资源管理决策支持系统智慧应用关键技术”获中国电力企业联合会电力创新奖二等奖。④由中国测绘学会（国家一级协会）主办的遥感测绘行业知名大赛，第五届“航天宏图杯&华为云”PIE软件开发者大赛圆满落幕。刘新波博士带领团队自主研发的“长江湖库水体要素监测与预警遥感云平台”，在436多个参赛作品中脱颖而出，荣获大赛云开发组一等奖。⑤持续推进国际交流和课题研究，共组织和参加12次国际会议，其中，牵头组织3次，英文口头汇报15人·次；完成IEA Hydro和ICOLD课题研究报告2份，向科技部能源署、集团公司等上级部门提交年度总结报告4份。国际交流规模和范围实现稳步增加，逐步从独立牵头主持国际课题研究向多方合作、参与外方课题研究发展，为推动公司水电科技走向世界舞台持续贡献三峡力量。

（三峡梯调通信中心）

澜沧江云南段水电站2022年生产运行调度情况

（一）澜沧江流域来水情况

2022年，澜沧江流域来水较多年平均偏枯1～2成，总体呈现“枯期不枯，汛期不汛，极端反复变化”态势。其中，汛前和枯汛转换期得益于南支槽活跃及冷空气频繁，各断面来水较多年平均偏丰1～3成，小湾、糯扎渡断面同比偏多3～4成；进入主汛期后，流域来水由丰转枯急剧变化，各主要断面来水持续偏枯达3～6成，7～9月小湾、糯扎渡断面来水为1953年有实测水文资料以来同期最枯；9月后，流域来水自上游开始逐步转丰，10月乌弄龙断面来水甚至偏丰达6成，为同期最丰；汛后，上游因前期降水保持了较高的底流，乌弄龙断面来水偏丰2～3成，但小湾、糯扎渡断面仍分别偏枯1成、3成。

（二）水电站生产运行情况

2022年，澜沧江云南段水电站以优化梯级发电运行为主，同时满足在建工程施工及相关防汛、检修、综合用水等要求。在云南电力供需偏紧、系统全年电力电量“双缺”背景下，受极端来水过程的影响，2022年澜沧江梯级水库运行出现两点变化：①为保障电力供应平衡，水电蓄能严格受控，小湾、糯扎渡主力水库全年水位过程趋于平坦。电网调度为保障枯汛转换期电力供应，5月末小湾水位1185.47m，同比高14.28m，糯扎渡水位787.75m，同比高8.03m；进入汛期后，澜沧江流域来水大幅转枯，且受省内其他主要流域来水同样偏枯影响，“两库”仍需保持较大运行方式，10月末小湾水位1223.53m，同比低15.65m；糯扎渡水位794.58m，同比低4.04m。②上游六厂常态开展基于气象和来水预测的精细化调度，在来水偏枯的不利形势下，最大化提高梯级发电量。积极开展上游梯级水库精细化调度工作，在枯期维持高水位、低水耗运行，在汛期实施“预泄腾库”“借水满发”“拦蓄洪尾”等洪水资源化利用手段，努力增加梯级发电能力。尤其在汛期来水频繁波动变化，利用好黄登水库灵活调蓄不均匀来水，确保黄登及以下梯级维持长时间满发运行，汛期合计增发梯级电量4.9亿kW·h。

面对2022年流域来水急转骤变、电力供需严重偏紧严峻挑战，持续做好澜沧江流域梯级水电运行管理工作，充分发挥央企“顶梁柱”作用。①超前预判汛前偏好来水，多措并举增发枯期电量。开年以来，密切跟踪上游青藏高原积雪变化情况，加强融雪产流对干流来水的影响分析，及时汇报政府主管部门和电网调度，为省内工业产能恢复和“西电东送”增送提供重要的决策依据。②科学开展梯级优化调度，有效应对汛期来水极端反复变化。面对流域来水汛初大幅偏丰、主汛期急转为严重偏枯、后汛期“触底反弹”的极端变化，滚动开展流域来水跟踪、分析和预测，统筹蓄水和发电，切实发挥“两库”调节作用，确保南方区域迎峰度夏安全。③滚动分析电力电量平衡，全力应对岁末年初及2023年汛前电力保供战。积极向政府主管部门、电网公司建言献策，成功促成9月10日省内启动能效管理300万kW，同时多方协调调减西电东送电量，竭尽全力回蓄梯级蓄能，2022年末梯级蓄能141.4亿kW·h，同比减幅由之前的72亿kW·h收窄至61亿kW·h。

（华能澜沧江水电股份有限公司）

雅鲁藏布江中游2022年水情预报与调度情况

（一）水情系统基本建设情况

华能雅鲁藏布江中游流域水情自动测报系统建成于2009年，2020年对系统进行升级改造，系统覆盖范围为奴各沙水文站—加查水电站坝址区间，控制集水面积约157668km²，区间洪水传播时间为48h。建设有4个遥测水文站、1个遥测水位站、21个遥测雨量站、2个中心站，2个坝前水位站、2个尾水水位站，2个尾水生态流量监测站。

（二）汛情概况

藏木、加查水电站2022年遭遇一次较大洪水，未达到2年一遇洪水标准，水调人员均按防汛方案及水库调度规程规定进行水库调度，在保证洪水顺利过坝的同时，没有危及上下游电站安全，保证各场洪水顺利过坝。①总体汛情为：汛期总体降雨偏少，汛期涨水及退水时间较上年基本保持一致，但是来水流量较同期均偏少。年内最大洪水流量为1880m³/s，发生在9月11日19时，洪水未达到两年一遇洪水标准4710m³/s。②电站年平均入库流量为625m³/s，较多年（近5年）平均入库流量1120m³/s减少44.20%，较上年1000m³/s减少37.50%；各月来水量总体较上年及多年月均入库偏枯。

（三）水情系统运行维护情况

3月24日～4月5日，组织专业人员对上游水情自动测报系统设备开展维护工作，分别完成遥测水文站、水位站，遥测雨量站雨量站，坝前水位站、尾水站、生态流量监测站及中心站的检修维护工作。汛前维护完成对各雨量站雨量计校核工作，各遥测站站看管费支付及太阳能板、雨量筒清理工作，对羊村水文站、奴各沙水文站、贡嘎学水位站测井及沉砂池进行清理，为水情系统汛期洪水预报工作奠定了基础，为藏木水电站、加查水电站安全度汛提供有力保障。

华能雅江中游流域水情测报系统总体运行正常。2022年，完善洪水预报和经济调度模块，使雅江中游流域水情测报系统更加完善，能为雅江中上游水情预报提供更精确的水文数据。2022年，华能雅江中游流域水情自动测报系统平均畅通率达到96.2%，满足《水情自动测报系统运行维护规程》92%以上的要求，水情自动测报系统可用度为98%。水情自动测报系统整体运行正常，满足藏木电站和加查电站预报需求。

（四）水库调度情况

2022年，汛期水库调度工作完成情况良好，调度过程中水库调度人员均严格按照藏木水电厂《水库调度技术规程》和加查水电厂《水库调度技术规程》进行调度，平稳下泄流量，严格控制水位，使藏木水电站和加查水电站安全顺利度过洪峰，未对下游造成人为不利影响。并及时将洪水信息报送藏木水电厂、加查水电厂、JX分公司和林芝市防汛办等有关单位，为其抗洪提供有效安全保障。①藏木电站和加查电站流域共发生一次洪水，未超过2年一遇洪水（4710m³/s），洪峰流量为1880m³/s，出现在9月11日19时。共操作闸门1096次，其中藏木电站517次，加查电站579次。藏木电站弧门最大开度发生在9月12日11～24时，11时上游坝前水位为3307.71m，总开度为7.7m（4号弧门：4.0m；5号弧门：3.7m），下泄流量为1520m³/s；加查电站弧门最大开度发生在9月12日10～19时，10时上游坝前水位为3243.82m，总开度为8.0m（2号弧门：4.0m；4号弧门：4.0m），下泄流量为1680m³/s。②藏木电站库区水位维持3307m附近运行，其他时间水库水位按日调节方式运行，水位在正常蓄水位（3310.00m）和死水位（3305.00m）之间变动。加查电站库区水位维持3243.5m附近运行，其他时间水库水位按日调节方式运行，水位在正常蓄水位（3246.00m）和死水位（3242.00m）之间变动。

③防洪度汛工作顺利完成，但仍存在一些问题。一是水情预报难度增大、防汛压力增加。上游DG电站投产发电，且与藏木电站间隔较近，藏木入库流量受大古电站调节影响，对水情预报工作提出更高要求。DG电站对汛期大流量调节将可能造成突变洪峰出现，距离短流量大，这对于藏木水电站、加查水电站防洪应急都是严峻的考验。二是联合调度经验不足。缺乏联合调度经验，藏木水电站、加查水电站水库都属于日调节水库，水库调节库容小，尤其是峰枯转换季节两站水位控制具体要求无设计资料参考，电站水库安全运行和多发电之间的平衡点，尚需进行摸索总结，进一步发挥联合调度的优势。

（华能雅鲁藏布江水电开发投资有限公司
藏木水电厂）

扎拉水电站水情自动测报系统建成运行

扎拉水电站是玉曲河干流规划七级开发方案中的第六级，采用混合式开发方式，坝址位于昌都市左贡县碧土乡扎郎村附近，发电厂房位于林芝市察隅县察瓦龙乡珠拉村，属于怒江中游左岸一级支流。电站总库容为914万m^3，总装机容量达101.5万kW，多年平均发电量为39.46亿kW·h，具有日调节能力。该电站水情自动测报系统建设及运行维护项目由20个遥测站（4个临时站）、1个新建自动气象站和1个中心站组成，由中国电建集团西北勘测设计研究院有限公司承担。

2021年11月18日进场，前期在业主、监理单位及其他相关单位的协助及配合下展开现场踏勘、选址、定位。经业主和监理部批准后，水情自动测报项目部立即开展工程建设，截至2022年4月末，完成了相关建设任务。

2022年5月1日，经业主单位西藏大唐扎拉水电开发有限公司、监理单位四川二滩国际工程咨询有限责任公司、设计单位进行资料审查、现场施工情况检查后，认定工程建设质量满足要求，并签订“初步验收证书”，同日，水情自动测报项目进入试运行阶段。2022年5月8日，扎拉水电站水情自动测报系统建设及运行维护项目合同建安工程通过完工验收，并签订了“完工验收单”，同意项目正式进入运维期。

截至目前，扎拉水电站水情自动测报项目处于运行维护阶段，为扎拉水电站的施工和运行提供及时准确的水情信息，有利于今后梯级水电工程施工、运行调度、防洪发电以及其他综合利用等提供决策依据，积累水文气象基础资料，掌握流域水文气象特性时空变化规律，为梯级水电工程提供设计依据。

（中国电建集团西北勘测设计研究院有限公司
许鑫）

大花水、格里桥水库调度分析

（一）梯级水库概况

①清水河流域位于贵州省中部，是乌江中游右岸较大的一级支流。流域属于亚热带季风气候区，流域内暴雨多出现在4～10月，以5～7月为最多。多年平均降水量1212.4mm，其中，4～10月降水量约占全年的86.4%，支流独木河上游为多雨期，多年平均降雨量1200mm以上。②大花水、格里桥水库位于清水河流域干流中游，分别是清水河干流水电规划的第三、第四个梯级，大花水电站坝址控制流域面积4328km^2，暴雨中心位于支流独木河上游昌明一带，暴雨历时短，雨量集中。坝址多年平均流量75m^3/s，年径流量23.7亿m^3。电站水库正常蓄水位868.00m，死水位845.00m，调节库容1.355亿m^3，电站装机容量20万kW(2×10万kW)，为不完全年调节能力，无下游防洪任务。③格里桥电站位于大花水电站下游，与大花水电站首尾相连，距离大花水电站20km，格里桥区间流域面积407km^2，降雨与大花水具有同期性，多年平均流量6.6m^3/s，电站正常高水位719m，死水位709m，调节库容0.1881亿m^3，电站装机容量15万kW(2×7.5万kW)，属日调节水库，下游无防洪任务。

（二）大花水、格里桥水库调度分析

1.利用补偿调节作用优化水库运行方式　清水河梯级形成后，下游水库入库流量主要由上游水库出库流量和区间来水组成，格里桥水库入库径流绝大部分由上游大花水水库发电水量供给，区间径流较少。大花水水库根据来水情况和库存水量，适时调整向下游补偿水量。来水较多、库水位较高时，要保证两站一条线满发；来水较少时，大花水水库利用库存水量加大出力发电，为下游格里桥水库补偿水量，提高运行水位，降低发电耗水率。通过补偿调节，一是提高库存水量的重复利用效率，二是动态调整格里桥水库运行水位，保持其在较高水位运行，实现梯级水库运行经济效益最大化。

2.水库分期水位控制策略　大花水、格里桥水库调度主要按枯水期（11月～次年4月）、汛期（5～10月）两个时期区别开展。枯水期流域来水较少，大花水、格里桥水位可分别控制在865m、718m运行；枯汛交替期，流域降雨后开始有中小洪水发生，但开闸泄洪可能性小（近10年概率为20%），大花水水库按遭遇10年一遇以下洪水时不泄洪考虑，水位可控制在 845～850m 之间。4 月集中腾库后，5 月初大花水水位较低，格里桥发电方式与大花水同步。格里桥水库水位控制目标主要基于天气预报动态调整，做到长安排短调整。月初，在预报无降雨天气情况下，按 718m 控制，与大花水匹配运行；进入中旬后，视大花水空库容情况，在暴雨或强降雨天气来临前通过满负荷一条线运行降至 717m。若根据气象预报确定后期有持续干旱天气，在干旱天气解除前，可利用大花水水库补偿作用抬高库水位发电，降低发电耗水率。

3. 水库泄流曲线误差分析　水库泄流曲线是修建水库时按设计要求根据模型试验得出的理论值，水库建成投运后，泄洪道施工误差、闸门建造误差、水的实际流态与设计流态不同等因素导致实际泄流曲线与设计值往往存在差异。在历年大花水、格里桥洪水调度中，一直存在上下游水库出库入库流量过程不平衡情况，影响洪水调度安全。当大花水水库开闸后，大花水—格里桥区间流量会突然加大，两库同时泄洪时，区间流量加大更为明显。以历史洪水调度资料为基础，分两种情况开展泄流曲线经验复核：①在只有大花水水库开闸时，通过格里桥入库流量经验校正大花水泄流曲线；②在两库均开闸泄洪时，通过已校正的大花水曲线复核格里桥泄流曲线。以 2021 年 7 月洪水调度为例，大花水电站中孔闸门 1m 开度时，在考虑实际区间流量 $10m^3/s$ 基础上，大花水下泄流量较实际偏小 $30m^3/s$ 左右，格里桥电站中孔闸门 1/8 开度时，格里桥下泄流量较实际偏大 $60m^3/s$。洪水调度过程中，泄流曲线偏差引起水位控制偏差需要高度重视，特别是针对格里桥小库容电站尾洪调度或关闸调度，洪水调度方案中必须考虑泄流曲线误差，才能拦蓄尾洪至目标控制水位。

4. 洪水联合调度闸门匹配关系分析　在经验复核大花水、格里桥泄流曲线的基础上，以修正曲线为基础开展洪水联合调度，总结出大花水中孔闸门 2m 开度时出库流量与格里桥表孔 1/8 开度时出库流量匹配。洪水调度过程中，大花水、格里桥可同步开闸或调整闸门，尾洪拦蓄时，可根据实际水位情况精确计算上下游闸门启闭时间，确保格里桥水库水位拦蓄至目标水位，同时该匹配关系可有效控制两库闸门操作次数，降低闸门运行故障风险。

5. 水库洪水传播时间分析　大花水水库入库由南明河和独木河汇流组成，南明河段小水电下坝水电站泄洪后传播至大花水水库近坝库区需 3h，独木河河段下湾水文站传播至大花水水库需 4h。大花水与格里桥水库相距较近，洪水传播时间约 45min。准确把握洪水传播时间可有效提高洪水预报精度，为泄洪预警及尾洪拦蓄提供保障。

（贵州乌江水电开发有限责任公司水电站远程集控中心
冯欢　王俊莉）

大坝安全管理

2022 年度水电站大坝注册与备案工作情况

2022 年，国家能源局大坝安全监察中心严格按照要求办理大坝安全注册登记和登记备案的相关工作。年初梳理、核实已注册和备案水电站大坝运行单位和管理单位的安全责任人名单，并由国家能源局向社会正式公布。

本年度共受理 128 座大坝注册登记申请（首次注册登记的 15 座，注册登记换证的 113 座），受理并办结 15 座大坝首次登记备案，详见表 1。

截至 2022 年 12 月 31 日，在国家能源局注册和备案水电站大坝共计 660 座，其中注册登记水电站大坝 607 座（甲级 568 座，乙级 37 座，丙级 2 座），登记备案水电站大坝 53 座。

表 1　2022 年注册登记与登记备案大坝统计表

工作类型	大坝名称
受理注册登记申请（共 128 座）	初始 15 座：固滴、绩溪上库坝、绩溪下库坝、金桥、万家口子、官庄、达阿果、泸定、黄角树、万年桥、胜利、冲乎尔、小河、腾龙桥一级、JC 换证 113 座：可河、东江、小东江、青铜峡、华光潭一级、华光潭二级、纳子峡、向家坝、拉拉山、高滩、达开、三峡、杨村、玉林桥、泥猪河、凤凰谷、沙阡、斜卡、红叶二级、安谷、沙湾、倮马、二滩、桐

续表

工作类型	大坝名称
受理注册登记申请（共128座）	子林、大岗山、船场溪、高砂、思林、阿海、斯木塔斯、周宁、芹山、过渡湾、李家峡、班多、黄龙滩、大勐统、阿鸠田、ZM、湖南镇、黄坛口、朝阳寺、多布、弄另、罗闸河二级、白山、红石、喜儿沟、光照、黑麋峰上库坝、黑麋峰下库坝、惠蓄上库坝、惠蓄下库坝、洪口、牛头山、布仑口、鱼潭、新安江、珠窝、落坡岭、董箐、明台、古田溪一级、古田溪二级、照口、龙洞、沙溪口、池潭、鱼剑口、威远江、毛尖山、甲岩、铅厂、赛珠、鲁基厂、吉鱼、小沟头、柳坪、色尔古、毛滩、小湾、新丰江、南桠河三级、柘溪、凤滩、刘家峡、长湖、长潭、青溪、福堂、俄公堡、紫兰坝、龚嘴、呼蓄上库坝、呼蓄下库坝、枫树坝、宝泉上库坝、宝泉下库坝、凌津滩、滩坑、六郎洞、上犹江、金河、柘林、乐滩、大化、百龙滩、桥巩、竹洲、沙县城关、碧口、麒麟寺、苗家坝
受理并办结登记备案（共15座）	荒沟上库坝、丰宁上库坝、丰宁下库坝、鳌高、敦化上库坝、敦化下库坝、峡口塘、金寨上库坝、金寨下库坝、周宁上库坝、周宁下库坝、旬阳、江口、苏洼龙、固增

（国家能源局大坝安全监察中心　郭玉嵘）

2022年水电站大坝安全定期检查工作情况

2022年，国家能源局大坝安全监察中心克服新冠疫情不利影响，启动了73座大坝的定期检查工作，召开了83座大坝定期检查专家组首次会议、4座大坝定期检查专家组第二次会议、58座大坝定期检查专家组末次会议。本年度完成了84座大坝定期检查工作，其中61座大坝被审定为正常坝（A级），23座大坝被审定为正常坝（A⁻级），详见表1。

四川华山沟大坝于2020年因坝体防渗体系存在严重缺陷被大坝中心评为病坝，经过在坝体砾石土心墙与坝基新建最大深度约161.75m的混凝土防渗墙，重新蓄水后坝后渗漏量接近于零，达到预期治理效果，2022年大坝中心重新评定为正常坝。

四川仁宗海大坝于2021年因防渗体系存在严重缺陷被大坝中心评为病坝，经过更换坝面复合土工膜、防渗墙和防渗帷幕补强灌浆等处理措施，重新蓄水后正常蓄水位时大坝总渗漏量较处理前减少约45%，渗漏量减小明显，2022年大坝中心重新评定为正常坝，后续继续对大坝右岸渗漏进行治理。

第五轮定期检查自2017年开始以来，截至2022年12月31日，已启动455座大坝安全定期检查工作，其中308座大坝已完成定期检查工作，35座大坝已完成定期检查专家组工作，详见表2。

表1　2022年定期检查工作开展情况统计表

工作类型	大坝名称
召开首次会大坝（共83座）	规划内（45座）：回龙上库坝、回龙下库坝、大孤山、小孤山、南河、花木桥、金造桥、红枫、百花、红林、宝珠寺、丰源、牛头山、柘林、长潭、昭平、琅琊山上库坝、达开、竹洲、糯租、杨村、长湖、鲁布革、光照、长洲、福堂、槽渔滩、吉沙、铜街子、莲花、镜泊湖、五强溪、水布垭、南水、吉林台一级、弄另、松山、惠州蓄能上库坝、惠州蓄能下库坝、高凤山、三道湾、三板溪、居甫渡、戈兰滩、东风 规划外38座：布仑口、那邦、撒多、宁朗、晴朗、南极洛河、小漩、枕头坝一级、甲岩、善泥坡、苗家坝、马马崖一级、舟坝、野三河、昭化、巴郎口、官帽舟、清蓄上库坝、清蓄下库坝、烟岗、沙沱、乡城、娘拥、洞松、飞仙关、尼勒克一级、萨里克特、塔勒德萨依、梨园、鲁地拉、旺村、罗闸河二级、周公河沙坪、金平、铜钟、毛滩、普西桥、角木塘
召开二次会的大坝（共4座）	规划内（1座）：云峰 规划外（3座）：呼蓄上库坝、呼蓄下库坝、大岗山
召开末次会（共58座）	规划内（37座）：回龙上库坝、回龙下库坝、大孤山、小孤山、南河、花木桥、金造桥、以礼河一级、洪口、金河、水口、新安江、泗南江、东西关、石堤、龙头石、宜兴上库坝、宜兴下库坝、天生桥二级、罗湾、龙首一级、鱼剑口、老渡口、鄂坪、碗米坡、洪江、天生桥一级、龙马、碧口、崖羊山、岩滩、冶勒、铜头、查龙、康扬、乌金峡、九甸峡 规划外21座：那邦、古学、蟒塘溪、仙居上库坝、俄公堡、龟都府、多布、沙阡、上培、黛溪、斜卡、中梁一级、银盘、向家坝、大河口、凉风壳、代古寺、云南天生桥、纳子峡、喜儿沟、锦屏一级

续表

工作类型	大坝名称
完成审查意见评审（共84座）	规划内（64座）：大孤山、小孤山、南河、花木桥、金造桥、直岗拉卡、居龙滩、株溪口、东坪、大寨、冲江河（二期）、回龙寨、上硐、船场溪、过渡湾、大广坝、碗米坡、洪江、酉酬、麻石、拉浪、大花水、紫兰坝、龙马、碧口、云鹏、崖羊山、绿水河、岩滩、涪江古城、黄坛口、湖南镇、水牛家、白水峪、落坡岭、珠窝、合面狮、街面、冶勒、大朝山、八盘峡、盐锅峡、南椏河三级、铜头、康扬、南沙、彭水、东江、小东江、古田溪一级、安砂、小天都、乌金峡、近尾洲、石塘、紧水滩、白沙、乌江渡、官地、洞巴、九甸峡、回龙山、桓仁、白沙河 规划外20座：那邦、青羊沟、上培、黛溪、拉拉山、中梁一级、桐子林、毛家河、凉风壳、代古寺、云南天生桥、纳子峡、喜儿沟、安谷、锦屏一级、锦屏二级、潘口、松山河口、毛尔盖、阿海
完成审查意见下发（共84座）	正常坝（A级）：61座 规划内47座：大孤山、小孤山、南河、金造桥、直岗拉卡、居龙滩、株溪口、东坪、大寨、回龙寨、上硐、船场溪、过渡湾、碗米坡、洪江、酉酬、大花水、紫兰坝、碧口、崖羊山、绿水河、岩滩、涪江古城、黄坛口、湖南镇、白水峪、珠窝、街面、大朝山、八盘峡、盐锅峡、南椏河三级、康扬、南沙、彭水、东江、古田溪一级、安砂、小天都、乌金峡、近尾洲、石塘、紧水滩、白沙、乌江渡、官地、回龙山 规划外14座：那邦、青羊沟、上培、黛溪、拉拉山、桐子林、凉风壳、纳子峡、喜儿沟、安谷、锦屏一级、锦屏二级、潘口、阿海
	正常坝（A⁻级）：23座 规划内17座：花木桥、冲江河（二期）、大广坝、麻石、拉浪、龙马、云鹏、水牛家、落坡岭、合面狮、冶勒、铜头、小东江、洞巴、九甸峡、桓仁、白沙河 规划外6座：中梁一级、毛家河、代古寺、云南天生桥、松山河口、毛尔盖

表2　第五轮定期检查工作开展情况统计表（截至2022年12月31日）

工作类型	大坝名称
已完成定期检查工作（共308座）	规划外（32座）：那邦、青羊沟、上培、黛溪、拉拉山、中梁一级、灰洞、桐子林、红叶二级、毛家河、凉风壳、代古寺、云南天生桥、纳子峡、橙子沟、喜儿沟、安谷、湘祁、锦屏一级、锦屏二级、潘口、松山河口、毛尔盖、阿海、思林、桃源、响水、班多、红岩子、大勐统、偏桥、久隆洪坝 规划内（276座）：大孤山、小孤山、南河、花木桥、金造桥、直岗拉卡、居龙滩、株溪口、东坪、大寨、冲江河（二期）、回龙寨、上硐、船场溪、双河口、过渡湾、六郎洞、大广坝、碗米坡、洪江、酉酬、广州蓄能上库坝、广州蓄能下库坝、麻石、拉浪、柴家峡、大花水、紫兰坝、龙马、碧口、云鹏、崖羊山、绿水河、岩滩、涪江古城、黄坛口、湖南镇、水牛家、白水峪、新政、落坡岭、珠窝、合面狮、街面、冶勒、大朝山、八盘峡、盐锅峡、南椏河三级、铜头、以礼河三级、以礼河四级、康扬、南沙、彭水、泉水、东江、小东江、古田溪一级、安砂、小天都、乌金峡、天生桥、近尾洲、蜀河、吉牛、石塘、紧水滩、桐柏上库坝、桐柏下库坝、沙县城关、桑坪、姜射坝、大田河落生、李家峡、白沙、玉田、脚基坪、鱼潭、阿墨江三江口、乌江渡、丹珠河、官地、天荒坪上库坝、天荒坪下库坝、泰安上库坝、桐子壕、雪山湖、左江、二滩、柳树沟、天桥、铅厂、鲁基厂、那兰、洞巴、双口渡、海甸峡、九甸峡、回龙山、桓仁、北津、尼那、陈村、界竹口、西津、青铜峡、洞坪、岗曲河一级、大化、百龙滩、托海、抱子石、白市、千佛岩、盖下坝、渡口坝、太平哨、龙桥、龚嘴、坪头、巴江口、大峡、小峡、流溪河、高坝洲、雍口、浮石、徐村、金汉拉扎、周宁、芹山、马堵山、富春江、新丰江、枫树坝、白沙河、糯扎渡、寺坪、拉气、木里河沙湾、百丈漈一级、安康、水津关、瓦屋山、挂治、龙开口、老江底、金安桥、青龙、金沙峡、索风营、小岩头、金鸡滩、杨柳滩、锁儿头、响水洞上库坝、响水洞下库坝、大山口、金家坝、龙羊峡、金牛坪、赛珠、苏只、松树岭、藤子沟、莲麓、公伯峡、大兴、石垭子、小石峡、老虎嘴、鱼塘、凤仪、杂谷脑古城、百花滩、别迭里、沙河上库坝、仙游下库坝、仙游上库坝、宝瓶河、龙首二级、洪家渡、大盈江四级、普定、叶茂、石门坎、龙凤、土卡河、沙溪口、照口、刘家峡、张河湾上库坝、张河湾下库坝、撒鱼沱、张窝、高砂、功果桥、苍溪、沙溪、腾龙桥二级、高滩、马迹塘、蓬辣滩、凌津滩、石泉、陡岭子、蔺河口、黄花寨、马鹿塘二期、小湾、孔头、耿达、仁宗海、深溪沟、瀑布沟、上犹江、古顶、大埔、葛洲坝、铁门关、察汗乌苏、团坡、温泉、库什塔依、平班、乐滩、双沟、小山、水泊峡、青居、毛尖山、铜湾、清水塘、汉坪嘴、天花板、石龙、陇或、坡甲、下六甲、山秀、溪口上库坝、溪口下库坝、西龙池上库坝、西龙池下库坝、联补、洛古、地洛、五一桥、江边、蒲石河上库坝、蒲石河下库坝、克田、白莲河上库坝、景洪、格里桥、石板水、潘家口下池、黑麋峰上库坝、黑麋峰下库坝、巴山、雷打滩、下桥、倮马、宝兴、大盈江二级、董箐、大盈江三级、构皮滩、河口、庙林、华光潭一级、华光潭二级、滩坑、苏家河口、腊寨

续表

工作类型	大坝名称
已完成专家组工作（共35座）	规划外（11座）：古学、俄公堡、沙阡、银盘、大河口、蟒塘溪、仙居上库坝、多布、斜卡、向家坝、龟都府 规划内（24座）：龙头石、回龙上库坝、回龙下库坝、金河、石堤、宜兴上库坝、宜兴下库坝、天生桥二级、罗湾、龙首一级、鱼剑口、鄂坪、查龙、长潭、以礼河一级、木座、自一里、洪口、水口、新安江、泗南江、东西关、老渡口、天生桥一级
专家组工作正在进行中（共98座）	规划外（47座）：呼蓄上库坝、呼蓄下库坝、大岗山、布仑口、撒多、宁朗、等壳、桥巩、南山一级、ZM、塔日勒嘎、晴朗、南极洛河、小漩、枕头坝一级、甲岩、善泥坡、苗家坝、马马崖一级、舟坝、野三河、昭化、巴郎口、官帽舟、清蓄上库坝、清蓄下库坝、烟岗、沙沱、乡城、娘拥、洞松、飞仙关、尼勒克一级、萨里克特、塔勒德萨依、梨园、鲁地拉、旺村、罗闸河二级、周公河沙坪、铜钟、毛滩、角木塘、金平、普西桥、洪屏上库坝、洪屏下库坝 规划内（51座）：云峰、红枫、百花、红林、宝珠寺、丰源、牛头山、柘林、金银台、京南、棉花滩、黄龙滩、红花、硗碛、达拉河口、牛路岭、狮泉河、直孔、太平湾、万安、三峡、昭平、琅琊山上库坝、达开、竹洲、糯租、杨村、长湖、鲁布革、光照、长洲、福堂、槽渔滩、吉沙、铜街子、莲花、镜泊湖、五强溪、水布垭、南水、吉林台一级、弄另、松山、惠州蓄能上库坝、惠州蓄能下库坝、高凤山、三道湾、三板溪、居甫渡、戈兰滩、东风
启动通知已发（共14座）	规划外（9座）：竹格多、大河家、九龙峡、白龙江沙湾、哈德布特、东水峡、三岔河、木加甲一级、渔子溪 规划内（5座）：明台、水东、大洪河、狮子滩、龙滩

（国家能源局大坝安全监察中心　杜雪珍）

2022年水电站大坝安全应急管理工作情况

2022年，国家能源局大坝安全监察中心（简称大坝中心）深入贯彻习近平总书记有关安全生产重要论述和防汛救灾重要指示批示精神，立足“防大汛、抗大险、救大灾”，运用水电站大坝运行安全监察平台，强化监控精准研判，风险动态分级管控，为监管机构和电力企业提供应急技术支持，协同应对灾害险情，牢牢守住水电站大坝不发生垮坝、漫坝安全底线。

一是积极应对地震、台风和大坝运行事故等各类突发事件，第一时间收集事件信息，分析研判灾害事件对大坝安全的影响，为电力企业应急处置提供技术指导。2022年发生超5级且影响范围内有距离较近大坝的地震共16次，大坝中心及时跟踪、了解地震影响范围内大坝震损影响，监控大坝运行状态，及时评估地震对大坝运行安全的影响，并向国家能源局及时报告相关情况，其中“6·1”芦山县6.1级地震和“9·5”泸定县6.8级地震对部分水电站大坝运行安全造成一定影响。

2022年西北太平洋和南海共有25个台风生成，大坝中心对其中3号台风“暹芭”（台风级）、7号台风“木兰”（热带风暴级）、9号台风“马鞍”（台风级）、11号台风“轩岚诺”（超强台风级）、12号台风“梅花”（强台风级）、16号台风“奥鹿”（超强台风级）启动了Ⅳ级应急响应，跟踪收集事件信息，研判事态发展，提醒有关单位做好防范措施。

2022年发生影响水电站大坝运行的地质灾害事件3起，分别是四川木座水电站厂房下游火溪河山洪泥石流事件，四川薛城水电站右岸317国道边坡局部垮塌事件，金沙江白格滑坡后缘局部塌滑事件，上述地质灾害未对相关水电站大坝安全造成重大影响。

2022年1月四川甘孜州丹巴县关州水电站3号机组检修过程中，压力钢管闷头爆裂，导致厂房透水事故，造成9名工作人员死亡和发电机组设备损坏。

针对“6·1”四川芦山县6.1级地震形成堰塞湖、“9·5”四川泸定县6.8级地震、四川关州水电站厂房透水事件，大坝中心第一时间派出应急工作组赴现场，督促指导电力企业做好险情处置及后续相关工作。

二是通过汛情信息管理平台，多渠道获取大坝运行汛情信息、运行性态和库区降水情况，落实国家能源局局领导关于防洪度汛、应急处置和隐患排查治理的指示批示要求，实行大坝度汛安全“零报告”制度。分析研判大坝度汛安全情况，编制大坝汛期运行安全日报、周报，发现问题及时向监管机构和电力企业提示反馈，督促企业做好风险管控。汛期共有39座水电站大坝遭遇中洪水及以上洪水，其中超过5座大坝遭遇洪水的省份主要是广西（8座）、福建（7座）、四川（7座）。浙江紧水滩大坝受6月17日以来瓯江流域强降雨影响，库水位持续上涨，最大入库流量达7540m^3/s（6月20日16时），接近重现期50年洪水标准（洪峰流量7550m^3/s），20日22时19分，库水位188.04m，超过汛限水位（184.00m）4.04m，超过历史最高运行水位187.59m（2014年8月20日）。

2022年，受连续强降雨影响，珠江流域洪水历时长，分布广，形成全流域洪水。6月19日珠江流域北江干流形成第2号洪水、西江干流形成第4号洪水，河道水位较长时间维持高水位运行，珠江防总于6月21日22时将防汛Ⅱ级应急响应提升至Ⅰ级。

三是根据国家能源局的部署和要求，大坝中心组织开展四川省、重庆市区域大坝运行水位等信息报送工作。进入2022年8月，受极端高温干旱气候的影响，全国部分水电站处于低水位、甚至死水位以下运行，部分水电站发电能力受到影响，水电站大坝遭遇不利运行工况。大坝中心根据水库水位每日研判大坝运行状态，在坚持防汛的同时，关注部分地区的旱情发展，及时提出来水偏枯、水库水位偏低状况下的大坝安全运行材料。针对四川省、重庆市电力保供形势严峻的情况，8月18日～10月31日，大坝中心每日向安全司报送四川省、重庆市区域大坝运行水位等信息，为落实电力保供要求提供数据支撑。

（国家能源局大坝安全监察中心　孟相君　杨彦龙）

国家水电站大坝安全和应急工程技术中心2022年科技工作进展情况

2018年11月，国家能源局以国能函科技〔2018〕137号，同意依托中国电建集团华东勘测设计研究院有限公司成立国家水电站大坝安全和应急工程技术中心（简称大坝技术中心）。中心主要任务是为国家能源局水电站和大坝安全监管提供技术支撑，研发水电站大坝安全和应急工作亟需的关键共性技术，引领电力行业工程安全与应急技术发展，促进具有重要社会经济价值的重大科技成果的转化和工程应用，为监管部门和电力企业提供工程安全与应急相关的技术咨询服务。

（一）科技攻关

2022年大坝技术中心参与承担国家重点研发计划项目“自然灾害损伤水工建筑物水下应急检测与处置关键技术装备——水工建筑物灾后损伤快速巡检技术与应急处置决策方法研究”“自然灾害损伤水工建筑物水下应急检测与处置关键技术装备——水库大坝灾后水下应急检测与处置技术装备研发”“高坝深埋病害精准诊断与可视化除险技术装备”3项，参与外部重大科技项目“三峡—中车水下作业机器人开发项目”，在研中国博士后基金3项。支撑国家能源局及各省能源局开展华东江苏、安徽、浙江、福建及江西省抽水蓄能中长期发展规划实施方案相关工作，及抽水蓄能滚动规划编制等工作。

（二）标准、专利、论文

为推动大坝安全相关技术水平的提升和发展，实现我国水电站大坝安全和应急技术“走出去”，大坝技术中心积极参与国家、行业标准的制定与修订。2022年参编国家大坝安全领域行业技术规范：《土石坝安全监测技术规范》《大坝安全监测系统验收规范》《混凝土坝安全监测技术规范》《水电工程地下建筑物安全监测技术规范》《大坝安全视频监控系统技术规范》《大坝安全监测系统运行维护规程》《水电站大坝安全监测智能移动终端应用技术规程》《水电站水工建筑物水下检查技术规程》。

积极促进具有重要经济价值和社会价值的重大科技成果的转化和工程应用。2022年，“一种与导流洞结合的溢洪道排水系统”“一种抽水蓄能电站厂房大体积混凝土抗振缝结构的施工方法”“一种土工膜和沥青混凝土面板水平滑移防渗连接结构”“一种空间分区分层引流的超大流量岸坡式进水口布置结构”“高流速泄洪洞消除反弧末端空蚀破坏的连接结构”“一种水工盾构隧洞复合衬砌结构及其施工方法”“一种土石坝坝基地质缺陷挤淤换填处理方法”“土石混合料的质量控制措施及检测方法”“一种弃渣场挡渣坝快速施工的方法及弃渣场挡渣坝”“一种判断拱坝结构不对称性的判别方法”“一种土工膜与沥青混凝土面板双道锚固的防渗结构”“基于BIM模型的土石坝渗流动态可视化监控分析方法”“一种提高水电站运行灵活性的调压装置及其运行方法”“一种跨安全分区的数据接入传输系统”“一种采用单层波纹管和树脂材料实现双层防腐的锚索结构”“一种带预警及防护措施的回水排气系统”“一种可实现尾水冷却器自清污的水电站技术供水系统”“一种面向智慧水电厂的机电设备故障诊断方法”“一种大型水轮机主要参数及性能指标分析和评价方法”等29件发明专利获得授权。发表《考虑堆石料空间变异性的心墙坝地震安全性随机有限元分析》《基于风险指数法的群坝智能评价研究及应用》《基于图像识别技术和轨道机器人的大坝安全智能移动巡检系统研发》《一种可靠的GNSS大坝监测结果质量评价指标》等论文数十篇。主编专著《层状结构岩质边坡倾倒变形机制与稳定性》《硬岩脆性破裂及工程效应》，参编专著《堆石混凝土坝典型设计图集》。

（三）主要技术服务和研发

大坝中心依靠自身技术优势，积极为水利、电力企业提供信息化、工程安全与应急相关的技术咨询服务。2022年，大坝中心承担的国家电投大坝安全管理监控信息系统建设项目顺利通过了技术评审及竣工验收。国家电投大坝安全管理监控信息系统旨在利用物联网、互联网、移动互联网、数据挖掘、GIS等技术赋能大坝安全管理，实现集团所有大坝的工程安全在线监控以及运维工作在线监督，系统横向覆盖集团所有大坝安全管理业务，纵向为所有涉坝单位用户提供应用服务。目前，系统已注册各层级涉坝单位用户1225余人，接入全集团所有140座大坝，接入监测点5.47万个、监测数据2.67亿条，实现了86座大坝在监控、101次定检巡查工作在线流转，追踪了1307条缺陷隐患的治理过程。中心承建的智慧水库管理系统作为深圳市智慧水利（务）先行先试任务通过水利部验收。深圳市智慧水库管理系统在多维调度模型决策分析、水务工程BIM模型构建和应用等方面具有良好推广前景。智慧水库管理系统主要围绕智慧应用、智慧水库运维决策模型及BIM+GIS孪生水库等三方面建设展开。智慧应用方面，针对深圳都市型水库的特点，立足水库防洪、供水、工程安全等核心业务，融合水情、工情及运行调度等要素搭建平台，利用无人船智能巡检、AI摄像头智能预警、防洪调度模型智能分析、水污染模型智能预测等先进手段实现标准化、元素化、智慧化水库管理，提升水库管理工作效率、辅助决策能力和公共服务水平。智慧水库运维决策模型方面，主要开发了大坝安全诊断模型、洪水预测预报模型、水污染动力模型、无人船水质评价模型，为决策分析提供支撑作用。BIM+GIS孪生水库方面，利用BIM+GIS技术，为应急辅助决策、大坝安全监测信息查询、设备设施运行信息查询等提供可视化载体，实现了基于BIM模型及大场景GIS技术的智慧化管理。

（四）技术交流

为加强技术提升发展，实现技术资源共享与交流，共同促进我国水电站大坝安全和工程应急技术进步，大坝中心积极与国内相关领域科研机构、高校、企业在大坝安全领域开展合作交流。2022年，大坝中心主办了“涉水工程安全与病害处置技术”技术交流会，促进了与中国水利水电科学研究院岩土工程研究所在大坝安全评估、堰塞湖应急处置、土石料填筑、土工防渗等技术领域的相互了解，为今后在科研及工程项目合作方面进一步提供了基础。与国家电投集团黄河上游水电开发有限责任公司、国家电投集团青海黄河电力技术有限责任公司等单位开展访问交流，就无人机巡检和裂缝识别、水下机器人检查、水工建筑物结构缺陷修复、北斗在水电行业大坝安全领域推广应用等方面进行了多方位、深层次的合作。

（国家水电站大坝安全和应急工程技术中心
郑硕　张洋　薛阳）

2022年电力行业大坝安全领域标准化工作开展情况

（一）大坝安全领域新发布标准情况

2022年，国家能源局批准发布大坝安全领域技术标准11项，由电力行业大坝安全监测标准化技术委员会（DL/TC 32）归口管理，具体如下：

DL/T 5851—2022《大坝安全视频监控系统技术规范》的主要内容包括大坝安全视频监控系统的设计、设备安装与调试、系统的验收及运行维护等要求，对于提高水电站大坝安全管理和监控水平具有重要意义。

DL/T 1086—2022《光电式CCD静力水准仪》、DL/T 328—2022《真空激光准直位移测量装置》、DL/T 269—2022《钢弦式锚索测力计》、DL/T 270—2022《钢弦式位移计》、DL/T 1136—2022《钢弦式钢筋应力计》、DL/T 1137—2022《钢弦式土压力计》、DL/T 1043—2022《钢弦式测缝计》、DL/T 1044—2022《钢弦式应变计》、DL/T 1045—2022《钢弦式孔隙水压力计》、DL/T 1134—2022《大坝安全监测数据自动采集装置》规定了该类产品规格、技术要求、试验方法、检验规则和标志、包装、运输、储存等要求，将为规范该类仪器的研制开发、生产制造、检验测试、选用等提供技术依据。

（二）大坝安全领域下达标准制修订计划项目情况

2022年，国家能源局批准下达了大坝安全领域技术标准《水电工程卫星导航系统变形监测技术规范》（能源20220298）、《水电站输水发电系统运行安全评价导则》（能源20220299）、《大坝安全监测自动化系统通信规约》（能源20220668）、《水工建筑物强震动安全监测技术规范》（能源20220669）等4项行业标准制修订计划。

（三）大坝安全领域标准制修订工作情况

2022年，电力行业大坝安全监测标准化技术委员会通过能源标准化业务管理平台、国家能源局大坝安全监察中心门户网站、中国水力发电工程学会大坝安全专业委员会微信群、大坝安全QQ等向社会公开征求了《水电站水工建筑物缺陷管理规范》《水电水利基本建设工程　单元工程质量等级评定标准　第15部分：安全监测工程》《土石坝监测仪器系列型谱》《水管式沉降仪》《引张线式水平位移计》《测斜管装置》《测压管装置》《柔性测斜仪》《步进式垂线坐标仪》《步进式引张线仪》《钢弦式仪器测量仪表》《水电工程地下建筑物安全监测技术规范》等12项行业标准征求意见稿的意见。

组织审查了《水电水利基本建设工程　单元工程质量等级评定标准　第15部分：安全监测工程》《水电站水工建筑物缺陷管理规范》《步进式垂线坐标仪》《步进式引张线仪》《水电站地下水工建筑物监测技术规范》《混凝土坝安全监测技术规范（英文翻译）》《大坝安全监测系统运行维护规程（英文翻译）》等7项行业标准。

审核并报批了《大坝安全视频监控系统技术规范》《真空激光准直位移测量装置》《大坝安全监测数据自动采集装置》《光电式CCD静力水准仪》《钢弦式孔隙水压力计》《钢弦式锚索测力计》《钢弦式钢筋应力计》《钢弦式测缝计》《钢弦式位移计》《钢弦式土压力计》《钢弦式应变计》《水电站地下水工建筑物监测技术规范》《混凝土坝安全监测技术规范（英文翻译稿）》《大坝安全监测系统运行维护规程》（英文翻译稿）等14项行业标准。

（四）大坝安全领域标准宣贯工作情况

2022年，国家能源局大坝安全监察中心联合电力行业大坝安全监测标准化技术委员会录制发布了《大坝安全监测资料分析规程》（DL/T 2340—2021）、《大坝安全监测系统评价规程》（DL/T 2155—2020）、《大坝安全视频监视系统技术规范》（DL/T 5851—2022）等标准的宣贯视频，面向行业及时开展新发布标准的宣贯。

（国家能源局大坝安全监察中心　韩荣荣　武维毓）

雅砻江流域水库大坝2022年度安全管理情况

（一）五座水电站大坝获评正常坝A级

2022年，雅砻江流域水电开发有限公司（简称雅砻江公司）5座大型水电站大坝安全等级全部审定为最高级的正常坝A级。国家能源局大坝安全监察中心（简称大坝中心）自2019年10月相继启动雅砻江公司二滩、官地、锦屏一级、锦屏二级和桐子林等5座大坝安全定期检查工作，经雅砻江公司严密统筹、精心组织，累计开展专项检查与专题研究26项，组织召开定检专家组检查评审会议13次，至2022年6月如期全部完成。大坝定检按照“系统排查、突出重点、全面评价”的原则，对每座大坝的设计标准、防洪能力、拱坝结构安全性态、枢纽工程边坡及库岸稳定性、泄洪消能设施安全性、闸门及启闭机安全和运行可靠性、大坝安全监测系统完备性、可靠性及监测成果等方面进行深入分析和评价。大坝中心充分肯定公司大坝安全流域统筹管理与现场管理相结合管理模式与成效。经各大坝定检专家组综合评价，大坝中心最终审定五座大坝安全等级均为正常坝A级。

雅砻江公司按期完成了二滩大坝安全第五次和桐子林大坝安全第二次注册登记，注册等级均为甲级。二滩和桐子林水电站大坝注册登记证书有效期均至2022年9月，雅砻江公司按规定于2022年4月完成2座大坝换证注册申请。及时沟通协调中心开展现场检查，检查组对大坝等水工设备设施维护状况进行了现场检查，详细查阅了大坝安全相关内业资料，并从贯彻执行大坝安全法规和标准规范、制度规程制定和执行、大坝安全工作人员素质和能力、防汛应急管理和信息报送、大坝安全检查和监测、大坝安全资料及档案管理、大坝隐患缺陷处理及安全经费保障情况等7个方面进行管理实绩考核，考核评分为90分。检查组对雅砻江公司规范精细的大坝运行安全管理工作给予高度评价。

（二）大坝安全监测设施运行情况

2022年，雅砻江桐子林、二滩、官地、锦屏二级、锦屏一级水电站监测仪器设备运行良好，现场自动化系统运行总体稳定，各工程监测仪器完好率均在95%以上，数据缺失率均≤3%。①各电站均按规定频次开展监测设施、监测系统定期检查，并对检查中发现的异常，及时进行了维护处理。各电站大坝运行安全信息均按照要求正常报送。年内，流域各电站大坝安全监测设施运行维护管理工作满足相关规程规范要求。②二滩、官地、锦屏一级水电站完成水工建筑物泄洪振动监测系统更新改造，并设定了监测阈值，监测成果能够准确反馈泄洪工况下水工结构的动力学响应，可为大坝及泄水建筑物泄洪安全提供数据支撑。③扎实推进杨房沟、两河口水电站安全监测实现自动化，完成监测系统鉴定、数据比测、数据衔接等工作。

（三）流域大坝安全监测成果分析

2022年，桐子林、二滩、官地、锦屏二级、锦屏一级、杨房沟、两河口水电站等7座大坝及基础部位各监测成果受库水位等环境量影响均呈规律性变化。

（1）桐子林大坝。大坝顺河向最大实测位移为13.17mm，变化量较小。坝基渗压监测正常。导流明渠左导墙各监测成果变化量较小，处于稳定状态。

（2）二滩拱坝。大坝最大水平径向累计绝对位移为137.20mm，较2021年最大值减小1.10mm，变化量较小。大坝总渗流量在1.66～3.50L/s之间，坝基渗压监测正常。

（3）官地大坝。大坝顺河向最大位移为35.90mm，较2021年最大值增加0.20mm，变化量较小。坝体渗流总量在1.29～1.48L/s之间，坝基渗流总量在7.77～9.41L/s之间，渗流量总体变化较小。坝基渗压变化正常。

（4）锦屏二级闸坝。闸坝顶顺河向最大位移为4.68mm，较2021年最大值增大0.14mm；闸坝基础最大累计沉降量14.51mm，较2021年最大值增加0.24mm。基础渗压计变化正常。

（5）锦屏一级拱坝。大坝最大水平径向累计绝对位移44.80mm，较2021年最大值减小0.75mm，变化量较小。大坝及基础渗流总量在15.88～26.48L/s之间，渗流总量最大值较2021年减小4.82L/s，其中，左岸1595m高程排水廊道最大量14.23L/s，较2021年最大值减小2.95L/s，渗流量总体变化呈减小趋势，符合多年监测规律。坝基渗压监测正常。

（6）杨房沟拱坝。大坝最大水平径向累计绝对位移为39.25mm，较2021年最大值减小4.46mm，变化量较小。大坝及基础渗流总量在0.28～2.49L/s之间，坝体渗流量总体较小，坝基渗压变化正常。

（7）两河口水电站。大坝心墙最大沉降量为3227mm，当前，大坝坝体已完成填筑，坝体沉降仍在持续缓增，符合一般规律。大坝渗流总量在0.99～63.13L/s之间，渗流量较大时段与坝址区降雨有关，其余时段总渗流量均小于6L/s，总体无异常。坝基渗压最大值为1638kPa，年变化408kPa。坝基渗压变化与库水位呈良好的正相关性，符合一般规律，属正常监测状态。

（雅砻江流域水电开发有限公司大坝中心
李小伟　刘健）

大坝安全监测与分析

2022年水电站大坝安全监测管理工作情况

（一）电力行业监测工作现状分析

为了解我国水电站大坝安全监测工作情况，发现当前监测工作存在的突出问题，提出相应意见，为后续对策制定提供依据，促进行业内大坝安全监测管理水平提升，国家能源局大坝安全监察中心（简称大坝中心）对注册和备案水电站大坝2022年的监测系统基本情况、监测工作开展情况、监测问题整改情况等进行年度统计分析，并按照《水电站大坝安全监测工作管理办法》（国能发安全〔2017〕61号）第二十八条的相关要求，发布《水电站大坝安全监测工作年度报告（2022年度）》。

截至2022年底，在国家能源局注册和备案大坝的660座大坝安全监测系统运行情况总体良好，监测工作开展总体正常。监测工作主要亮点如下：

（1）大坝安全监测自动化水平稳步提升。自动化监测系统建设中或已投运的大坝共455座，占69%，连续3年稳步提升。

（2）大坝安全监测人员培训力度不断加强。95%的大坝通过参加全国水电站大坝安全监测技术培训班或其他内外部培训等方式提升监测技术和管理水平。

（3）大坝安全监测新技术应用持续发展。卫星导航或测量机器人变形监测、无人机（船）航测、数字化巡检、视频监控、缺陷智能识别等新技术从少数试用向规模应用发展，至少采用其中1项新技术的大坝已达219座。

（4）监测系统维护改造投入及保障增强。143座大坝进行了监测系统维护改造，投入资金达2.14亿元，平均为149.8万元。更新改造资金投入50万元以上的大坝共计90座，占63%。

（二）日常监测监管工作

通过在线监测管理，及时了解和掌握各水电站大坝安全监测的详细情况，持续强化对水电站安全监测系统完备性、可靠性、实用性的监督考核，以满足异常诊断、在线监控、应急响应等对安全监测的需求。对监测管理中所发现的问题实行闭环管理。重点包括：

（1）监测系统瘫痪或故障。因地震、地质灾害、大洪水等突发情况造成监测系统瘫痪或监测工作中断，如2022年“9·5”泸定地震发生后，根据地震信息及影响范围大坝分布情况，大坝中心督促、指导36座大坝运行及主管单位开展大坝安全检查及加密监测工作，动态分析大坝运行状态，并做好监测系统修复和监测恢复工作。

(2) 监测系统完备性或可靠性不满足要求。督促监测系统完备性不满足要求，对报送测点完好率较低，变形、渗流等重要监测设施运行不可靠等大坝开展检查核查工作，监测系统功能、性能指标、监测项目、设备精度及运行稳定性等方面存在问题，导致不能满足大坝运行安全要求时，及时开展监测系统更新改造。

(3) 监测数据有效性不高。通过日常排查，利用大坝监测数据智能清洗新技术，加强对大坝信息报送数据有效性的检查和反馈，根据问题类别、严重程度分级督办，如多期监测数据雷同、观测精度低、观测成果不可信等情况，要求电力企业及时制定整改计划（包括整改措施、整改完成时间、责任人等）闭环落实。

此外，根据《水电站大坝安全监测工作管理办法》（国能发安全〔2017〕61号）规定，对大坝监测系统封存停测、报废，监测自动化系统实用化验收等工作开展程序规范性、手续完备性进行监督、检查和指导。

（三）大坝安全监测技术培训

为进一步提高电力行业大坝安全监测技术水平，规范大坝安全监测工作，宣贯监测相关法律法规、标准规范的要求，2022年11月28日～12月8日大坝中心以网络教学形式举办了2022年度大坝安全监测技术培训班，来自全国29个省（自治区、直辖市）320家单位的1123名学员参加了学习。

培训采用"培训＋互联网"的理念，首次应用大坝安全监测在线培训平台，使行业内更多监测从业人员能够有机会参与其中。平台深度整合大坝安全监测管理相关知识体系，涵盖大坝安全监测工作规定、监测资料整编、监测系统运行与维护和大坝在线监测管理等工作内容。培训依托大坝安全监测在线培训平台，结合专题授课、课程小测、结业考试等多种形式，实现了培训过程数据化、培训效果易认定、培训结果可追溯。通过系统的培训，学员对监测工作的内容和要求有了更加清晰的认识，进一步促进了大坝安全监测管理和技术水平的提高。

（四）监测工作提升要点

通过水电站大坝安全监测管理和统计分析及日常监测监管情况，针对行业存在的主要问题，提出工作提升要点如下。

(1) 持续加强监测系统运行维护。按要求对监测系统进行检查、校验，发现问题及时维护；规范开展监测系统更新改造工作，更新改造应进行专项设计、审查和验收，保障监测系统正常运行。

(2) 着力提升大坝安全监测自动化和实用化水平。积极推进监测自动化系统建设，按《大坝安全监测自动化系统实用化要求及验收规程》（DL/T 5272）要求开展实用化验收，保证自动化系统运行稳定可靠，达到实用化水平。

(3) 严肃开展测点封存停测及报废工作，按相关法规要求及技术标准规定开展技术分析和安全论证，履行相应审批程序。

(4) 重视大坝安全监测人员队伍建设。进一步加强监测人员岗位培训，强化大坝监测基础理论课程培训、知识共享、经验分享、技术规程和法规学习等。

(5) 强化北斗、遥感、人工智能等新技术应用，综合提升大坝安全隐患早期识别、地震等灾情工况下的应急响应、大坝安全信息感知、信息分析诊断等能力。

（国家能源局大坝安全监察中心　武维毓）

2022年水电站大坝安全监控管理情况

（一）日常大坝运行信息监控

截至2022年底，在国家能源局注册和备案的大坝共660座，安全监测信息接入全国水电站大坝运行安全监察平台的大坝有654座，其余尚在有序接入中，共已接入报送测点86846个，累计报送监测数据12.5亿多条、巡视检查信息11547条。注册和备案大坝报送情况总体良好，2022年监测信息报送完整率约为96%，相比2021年提高2%；监测信息报送及时率约为89%，相比2021年提高6%。基于卷积神经网络（CNN）的监测数据智能清洗技术，国家能源局大坝安全监察中心（简称大坝中心）实现海量监测数据中无效和异常数据的准确、快速识别和查询。按照上述方法，对监测信息报送有效率进行计算，2022年监测信息报送有效值比例超过98%，占总数的98.5%。

大坝中心按照"全面覆盖、风险预控、重点突出"的原则，分专项监控、重点监控和非重点监控3种监控模式对接入大坝实施安全监控。对存在较大及以上工程隐患的大坝实行专项监控，对坝高大于200m、库容大于100亿m^3、补强加固或改、扩建施工期存在安全风险的大坝实行重点监控，2022年专项及重点监控大坝共68座。

根据运行单位报送的大坝监测数据和巡视检查成果等大坝运行安全信息，基于水电站大坝运行安全监察平台实时在线监控，研判大坝运行安全状况，大坝中心监控人员及时对报警信息、异常等级升级等情况进行检查、处理、反馈，必要时进行技术会商及督促整改处理。2022年，大坝中心进一步提高了报警信息智能处理的能力，报警信息处理的及时性得到更大提高，2022年累计处理报警信息（包括人工及智能处理）总条数为338674条，处理量约为2021年的10倍。

日常监控将大坝的安全性态分为4类，分别为正常、轻微异常、一般异常和严重异常。根据2022年监控情况，严重异常大坝5座、一般异常15座、轻微异常12座，异常情况主要表现为：①大坝渗漏量偏大，或坝基渗压、坝后地下水位偏高，存在渗透破坏风险；②近坝区边坡变形较大，尚未收敛；③面板堆石坝周边缝变形较大，或坝体存在较大趋势性沉降变形，尚未收敛；④心墙等防渗体存在明显裂缝且渗水，防渗体内渗压偏高；⑤坝肩边坡存在渗水及渗透变形问题，渗漏量较大；⑥个别坝段变形明显大于其他坝段，且存在趋势性。

（二）度汛安全监控

为了加强风险预控，有效实施分类监控、重点监察，大坝中心根据2022年度气象、水情预测及大坝安全性态，明确当年汛期重点监控大坝共74座。

为强化突发事件的应急准备、检验与相关单位的应急联动机制，大坝中心组织开展了水电站大坝安全突发事件应急协同演练。

大坝中心通过全国水电站大坝运行安全监察平台，及时获取各电力企业报送的大坝运行汛情信息和运行性态；根据中国气象局推送的全国降水量预报和实况图、台风路径实时发布系统，分析降水区域内大坝运行安全状况、超汛限水位运行情况、洪水情况、未来24小时暴雨区域大坝、重要事项提醒、汛期重点监控大坝情况等；严格落实国家能源局汛情“零报告”制度，及时发现水电站大坝防洪度汛存在的问题，并督促电力企业改正。2022年编制全国水电站大坝汛期运行安全周报5期、日报142期，四川及重庆水电站水位统计报表75期，为电力保供提供支撑。

2022年汛期共39座大坝遭遇中洪水及以上洪水，其中，7月1座大坝遭遇特大洪水（重现期超过50年），464座大坝开闸泄洪。浙江紧水滩水电站遭遇了投运以来最大洪水，珠江流域发生流域性大洪水。

（三）大坝安全在线监控系统建设

按照《水电站大坝运行安全监督管理规定》（国家发展改革委令第23号）第八条，“对坝高100m以上的大坝、库容1亿m^3以上的大坝和病险坝，电力企业应当建立大坝安全在线监控系统……”。2022年11月，国家能源局正式颁布实施《水电站大坝运行安全应急管理办法》（国能发安全规〔2022〕102号），要求“电力企业应当加强大坝安全在线监控系统建设，已在国家能源局安全注册登记或者登记备案的大坝应当在本办法实施后的二年内具备安全在线监控功能”。

2022年12月，大坝中心印发了《关于加快推进水电站大坝安全在线监控系统建设的通知》（坝监信息〔2022〕97号），要求“各水电站大坝应按照《水电站大坝安全在线监控功能基本技术要求》开展系统建设；对于坝高100m以上的大坝、库容1亿m^3以上的大坝和病险坝，还应满足《水电站大坝运行安全在线监控系统技术规范》（DL/T 2096—2020）的要求”。2022年在国家能源局注册和备案的符合“坝高100m以上、库容1亿m^3以上的大坝和病险坝”条件的大坝总数为289座。截至2022年底，大坝安全在线监控系统已建成的72座，占25%；正在建设中47座，占16%；尚未建设的170座，占59%。其他大坝364座，已建成的36座，占10%；正在建设中3座，占1%；尚未建设的325座，占89%。另有7座大坝仅有环境量监测设施，无结构监测设施。目前在线监控系统（功能）建设比例仍较低。

（国家能源局大坝安全监察中心　沈静　吴伟）

水电站大坝运行安全视频监控关键技术研究与应用

（一）研究背景

随着信息技术快速发展，将视频监控技术应用到大坝安全监控中，作为大坝安全监控的一种辅助手段，可实现快速、高效、在线、实时、远程的有效检查，避免传统人工巡检的一些弊端，显著提高大坝安全信息采集的直观性和可靠性。特别地，视频监控针对结构裂缝的出现及变形、局部掉块、局部隆起以及渗漏点的出现等相关结构缺陷或险情的识别、处理以及预警均具有较强的适用性。若进一步将图像识别后的信息与原大坝安全监测信息系统中相关信息相结合，做到监测数据与结构现状的联合分析，并及时预警，则能进一步提高大坝安全监测及集控管理的水平。综上，为了推动大坝安全监测监控智能感知技术发展，将基于人工智能的视频监控技术高效地应用于大坝安全领域，开展水电站大坝运行安全视频监控技术研究与应用是非常必要的。

（二）研究内容

（1）研究了基于大坝运行安全关键要素的大坝安全视频监控内容及项目。从目前的大坝安全研究成果可知，坝体、坝基、坝身泄水建筑物及其相关金属结构等部位的状况是影响大坝运行安全的关键因素。为了达到视频监控信息可以全面反映大坝运行性态的目标，必须结合视频监控技术现状，通过现场调研和试验，分别对混凝土坝和土石坝进行视频监控的部位以及监控的内容进行研究，搭建水电站大坝安全视频监控体系。

(2) 研究了大坝安全视频监控系统设计关键要素。结合水电站大坝现场管理特点、地理环境、监控要求等因素，梳理视频图像采集、传输、存储、显示及视频管理系统等方面的具体业务需求，总结系统设计关键要素，提炼总结出有效可行的水电站大坝运行安全视频监控系统的设计和选型方案。

(3) 研究了基于深度学习和图像识别技术的大坝安全智能识别关键技术。鉴于深度学习技术的发展和卷积神经网络在图像识别领域的巨大优势，基于深度学习技术、利用卷积神经网络研究了大坝混凝土表面裂缝、廊道内渗水析钙现象、测压管压力表盘读数和量水堰堰上水头读数的智能识别技术。

(4) 研发了大坝安全视频监控信息管理平台。针对水电站大坝安全管理需要，结合现有大坝安全管理规范和要求，对大坝安全视频监控管理平台进行研发。实现水电站大坝的“无人值守”“少人值守”以及“远程可视化管理”等。

(三) 工程应用与效果

以上所研究的相关视频监控技术已成功应用于大岗山水电站大坝基础灌浆排水廊道移动巡检和溧阳抽水蓄能电站上水库远程巡检。工程应用情况与效果概述如下：

(1) 大岗山水电站双曲拱坝高 240m，基础灌浆排水廊道是关键检查部位，廊道内的渗流、变形情况可以直观地反映拱坝整体运行性态，是大坝巡视检查中十分重要的一个部位。鉴于此，在大坝高程 940m 廊道研究利用智能轨道行走式机器人搭载红外网络高清云台视频监控设备在大坝廊道内实现智能化巡视检查。通过该巡检系统，可实时查看大坝基础廊道内现场情况，实现了远程巡视检查。各级管理人员均可实时掌握大坝现状，同时降低现场值守人员工作强度和难度，在特殊工况下可及时了解现场情况。此外，可以实现监测设备运行状态远程监控以及远程人工观测，廊道中的压力表盘、量水堰堰上水头等均可实现基于图像识别技术的远程数据自动读取，极大地提高现场观测人员工作效率。

(2) 针对溧阳抽水蓄能电站上下水库大坝、坝基、岸坡等关键部位及相关监测设施建立图像观测点进行实时监控，并将视频监控系统作为大坝安全在线监控系统及智能管理平台中的一个功能模块。系统主要设计功能点包括全景展示、云台控制、视频回放与图像查看等：①利用大坝制高点超高清全景摄像机以及 AR 技术，将视频画面与 AR 实景相融合，将水库大坝全景影像清晰地呈现在客户终端；高清球机全景摄像机可以实现变焦查看细节部位的功能，基本可以覆盖全部坝址区域，对坝顶及大坝整体运行情况进行远程实时查看；②可以远程控制云台的旋转角度，摄像机的光圈大小、聚焦程度、雨刷开关、变倍等；高清激光云台摄像机变焦范围在 1～2km，可对大坝上游面板、坝顶、关键边坡等部位的运行性态进行远程查看和巡视检查；③可通过设置定时抓拍可人工手动抓拍，保存监控视频或图像信息，并存储在云端，在需要调用时可通过视频回放和图片回看功能进行视频和图片的查询、回看及保存至本地。通过在线监控系统内视频监控模块，在极端天气条件下，可实时查看建筑物运行状态，避免或减少人工巡查，降低人员安全风险，并能“眼见为实”的掌握大坝现场情况。同时，视频监控模块提供了新的预警模式，在监控指标出现异常并预警时，可联动查看相关部位实时状态，有效帮助管理者实时、高效地进行决策。视频监控系统采集到的图像、视频信息可方便专家对现场关键部位状态进行远程、全面查看，辅助专家决策。

(四) 展望

视频监控技术在水电站大坝运行安全方面的应用与技术研究方兴未艾。国家能源局大坝安全监察中心主编的《大坝安全视频监控系统技术规范》(DL/T 5851—2022) 已于 2022 年发布实施，为视频监控技术在大坝安全领域的应用给出了相关规范要求。未来，随着大数据、云计算、物联网、人工智能等新一代信息技术的快速发展和拓展，水电站大坝运行管理智能化将得到进一步发展，大坝安全运行安全视频监控系统也将在诸多方面得到进一步完善。

(国家能源局大坝安全监察中心　季昀　李倩)

真空激光准直监测系统在丰满水电站（重建）工程中的应用

(一) 坝顶真空激光准直监测系统简况

丰满水电站（重建）工程为碾压混凝土重力坝，坝顶高程 269.50m，最大坝高 94.50m，坝顶总长 1068.00m，大坝共 56 个坝段。该真空激光准直监测系统主要由激光发射端、激光接收端、测点、抽真空设备、数据采集及控制单元组成。真空激光发射端布置于右坝头观测室，内设激光发射管及微调机构。接收端布置于左坝头观测室，内设抽真空设备、数据采集及控制系统。2～54 号坝段各设置 1 个测点，共 53 个测点。

1. 测量原理　真空激光准直监测系统采用激光器发出一束激光，穿过与大坝待测部位固结在一起的波带片（菲涅耳透镜），在接收端的成像屏上形成一个衍射光斑。利用网络相机测出光斑在成像屏上的位移变化，即可得到大坝待测部位相对于激光轴线的位移变化。

2. 系统布置　该坝顶真空激光准直监测系统总长 1078m。布置于坝顶上游侧激光沟内，共设置 53 个测点。整条真空管道直径分为 3 种，分别是左岸观测室至 25 号坝段采用 ϕ273×7mm 无缝钢管；26～42 号坝段采用 ϕ219×7mm 无缝钢管；43 号坝段至右岸观测室采用 ϕ168×7mm 无缝钢管。

3. 主要性能及技术指标　真空激光准直系统测量范围为 ϕ250mm，自动观测精度 0.1mm，自动观测分辨率 0.01mm，2 台真空泵同时工作情况，管道内压强从大气抽至小于 20Pa 用时约 2h，自动观测一次用时约 30min。

（二）真空激光准直监测系统安装调试

不同于其他工程，该坝顶真空激光准直监测系统不仅长度达到了 1078m，其中，10～19 号坝段 180m 需提前安装于溢流坝段预制梁下，真空激光管道分为 3 种管径。

1. 超长距离异径激光管道安装调节　①该坝顶激光准直监测系统总长 1078m。其中，左坝头观测室至 25 号坝段 515m 管道直径 273mm；26～42 号坝段 306m 管道直径 219mm；43 号坝段至右坝头观测室 257m 管道直径 168mm。②要保证真空激光准直测量系统长久稳定运行，管道的保压能力是重中之重，安装时尽量减少焊缝产生，每两个测点间尽量选用少于 3 根整段无缝钢管焊接；每段钢管焊接完成后，单独充气至 0.12MPa，并检测不得漏气。对组成的真空管道进行密封试验，管道充气至 0.12MPa，并检漏。③该管道有 3 种管径，钢管异径连接处既要保证管道不漏气，又要保证异径管道同心，然后方可进行焊接和检漏。

2. 预制梁下激光管道安装调节　该坝顶激光管道分为挡水坝段激光沟内安装和溢流坝段预制梁下安装，预制梁下的安装，设计制造一种管道固定调节装置，以保证激光管道上下和左右调节。

3. 系统调光　真空激光准直监测系统调试就是将管道包括各测点的测点箱及里面的设备密封抽至真空后打开激光光源，激光束穿过波带片形成衍射光斑，在接收端成像屏上形成光斑，光斑在屏幕上的位移通过接收端网络相机测出像素位移从而计算出测点位移量。这一过程中最核心也是最困难的就是调光，调光包括管道内调光和测点位置波带片调光。①管道内调光。激光管道内调光即将激光管安装至激光发射端微调装置的 V 形块上固定好。打开距发射端最近的一个测点箱，在测点箱内放置一张白纸，使白纸平面与管道轴线垂直。点亮激光管，调节激光管位置，光斑在白纸上的位置应大体在管道中间。一般情况下，对于长度为 300m 左右真空激光系统，在 50m 左右对准即可以使激光光束穿过整条管道，对于准直距离较长的真空管道，这个距离大约要延长至 100m 左右。调整完成后用螺钉紧固，此时光斑不能跑偏。由于坝顶真空激光管道有 3 种管径，变径位置分别在 25～42 号坝段，选择距离发射端 257m 的 42 号坝段测点为激光束对准点，将 42 号坝段光调好后再依次调节其他坝段。②测点位置波带片调光。测点位置波带片调光即通过调节测点箱内波带片位置使之在接收端成像屏上的光斑位于成像屏中心，以达到最大测量范围。以距离发射端最近的测点 54DLA 为例，波带片移动 1mm，接收端成像屏上的光斑就会移动 21.56mm，计算公式为激光系统总长/发射端到测点距离，1078/50＝21.56mm。如果该测点在成像屏上看不到光斑，成像屏边长 250mm，则测点波带片每次需要调整 12mm，250/21＝12mm。需要进行多次调试直至在成像屏上看到光斑。调光过程中发现，对于靠近发射端无法在成像屏看到光斑的测点采用以下方法，可以有效解决超长距离靠近发射端测点光斑难以调节的问题。超长距离真空激光，可从接收端往发射端进行测点波带片调节，直至调节至靠近发射端难以调节的测点，然后将管道内真空释放，打开激光发射管，举起难以调整测点前面已调节好最近的一个测点，同时举起难以调节测点，使激光束通过难以调节测点的能量中心与调节好测点的波带片中心基本重合，同理将其他难以调节测点调节好，密封抽真空后基本在成像屏上可以看到之前难以调节测点的光斑。且一般 500m 左右的真空激光系统是可以直接在大气环境下调节光斑至成像屏中心，抽真空后再进行一次微调即可。长度 500m 以上真空激光系统随着长度的增加管道内悬浮物和光的折射增加，导致光的强度降低。大气环境下在成像屏已无法观察到光斑，需要抽真空后进行观察和调节。

（中国水利水电第三工程局有限公司　孙林）

乌江渡水电站坝体接缝变形监测分析

（一）坝体接缝变形监测仪器布置

乌江渡水电站混凝土拱形重力坝坝内设有横缝和 4 道纵缝，横缝将大坝分为 20 个坝段，4 道纵缝将断面分为 5 个浇筑仓面。纵缝及 708m 高程以下横缝进行了灌浆，并埋设 79 支测缝计，监测缝隙情况。埋设位置：8 号坝段纵缝及与 7、9 号坝段连接横缝，4 号坝段纵缝及与 5 号坝段连接横缝，13 号坝段纵缝，10 号坝段纵缝及与 11 号坝段连接横缝，混凝土与基岩接合面，厂房坝段分缝面，右岸防渗墙和右泄洪洞悬挂体的结构缝。

（二）监测资料可靠性分析

1. 监测基准值的选取　根据电厂的原始监测资料及大坝历次定检监测系统综合评价成果，选取了21个测点的监测基准值，选取的时间为1983年1月2～10日。

2. 监测资料可靠性分析　监测原始数据存在不可控误差，对于日变形量较小的变形基体，这些误差会使相邻监测期内出现一种周跳、往复的虚假变化轨迹。故在对监测资料定性分析前，先对坝体各监测部位测缝计测值进行可靠性分析。通过对时程变化过程线分析可知：①测缝计观测资料中，测值现“尖点型”突变，且变幅大。以J4-1测点为例，4号坝段的J4-1最大突变值约2mm。将上述时段的上游水位、气温等坝体接缝变形敏感性环境量与其他时段相比，均无明显差异；此时段前期较长时间内，库水位未骤升，且坝体未结构加固。故初判尖点型并非是接缝变形的真实反映，在资料分析中应予以剔除。②测缝计观测资料中，测值现“阶跃型”突变，且变幅大。以厂房2号机组中心线的J2-3为例，1997年12月前，接缝开合度变化0.46mm左右，1998年1月测值呈台阶型突变，突变值约5mm，后在5.45mm稳定。将上述时段上游水位、气温等坝体接缝变形敏感性环境量与其他时段相比，均无明显差异；此时段前期较长时间内，库水位未骤升，且坝体未结构改造。初判阶跃型突变为录入出错，并非是接缝变形真实反映，应予以处理。

（三）坝体接缝变形特征分析

1. 4号坝段纵、横缝开合度分析　4号坝段纵、横缝开合度测值均为正值。其中，纵缝开合度相对横缝测值较大。坝段中心线处J4-1、J4-2测点，自大坝第三次定检以来，二者测值分别稳定在6.3～8.5mm，而4、5号坝段横缝处J4-7、J4-10分别为1.90、0.50mm。

各纵、横缝测点处温度均呈较明显的年周期性变化，但与坝址气温相比，存在明显滞后，滞后时间约5个月。其中，4号坝段Ⅰ纵缝缝面的J4-1、J4-2测点温度变幅较小，Ⅱ纵缝上部J4-6测点处于下游附近变温区，温度年变幅6℃左右。4、5号坝段横缝处的J4-10测点温度年变幅较大，其接缝变形随温度呈现明显的年周期性变化。

各测点测值变化过程线均表现为：2003年前测值变化较平顺且有规律，2003年后测值须状测值较多。初判此现象与测缝计运行时间较长、易出现测值漂移、灵敏度下降有关。

各纵、横缝测点测值逐年与多年变幅稳定在0.18～0.89mm之间，变幅相对较小，各测点目前均无趋势性变化。

2. 13、14号坝段纵、横缝开合度分析　13号坝段右0.3m的J13-4测缝计在1996年1月前测值变化平顺，基本稳定在1.7mm轻微波动，接缝呈张开状态。1996年1月测值现阶跃型突变，开合度由1.7mm突变至0.5mm。将该时段上游水位、气温等坝体接缝变形敏感性环境量与其他时段相比，均无明显差异，初判阶跃型并非是坝体接缝变形的真实反映。至2003年1月，测缝计安装埋设已20余年，之后其测值波动频率及变幅日趋增大，测值基本失真。初判上述现象与测缝计运行时间较长，灵敏度变差、测值易出现飘零有关。

14号坝段基础的J14-1测缝计过程线变化平顺，测值保持在0.3～0.5mm之间变化，变幅较小，且未表现出趋势性变化。

布置于14、15号坝段横缝的J14-2测缝计温度变化呈较明显的年周期性，自安装埋设以来，开合度呈闭合趋势变化，该变化对坝体变形有利，且变幅较小（最大变幅0.1mm）。

3. 右岸防渗墙与岩体面缝隙开合度分析　分别布置于右岸防渗墙与岩体面接缝上、下游处的JF-1、JF-2测缝计，其测值在2005年1月之前变化稳定，过程线基本为变化平顺直线。

4. 厂房坝段缝隙开合度分析　位于1号机组中心线的J1-1测缝计自1983年安装埋设以来，其接缝开合度呈逐渐张大的趋势性变化，截至2013年6月，其测值由起测时的2.2mm增至2.7mm左右。该趋势性变化对大坝安全不利，在后续运行期日常观测中，应引起重视，并查明造成该现象的根本原因。

（四）建议

坝体测缝计均埋设于1982年或1983年，其中50%以上测点在埋设初期或第三次定检之前已无测值。建议对失效测缝计进行甄别复测，对于位于重点接缝变形部位且可修复或更换的仪器应及时做修复更换处理，并纳入电站日常观测工作。

（中国电建集团中南勘测设计研究院有限公司
马传彬　文富勇
水资源利用关键技术湖南省重点实验室
文富勇）

乌江渡水电站地下厂房智能化通风系统监测

（一）电站现状概况

乌江渡水电站坝高165m，坝顶全长395.6m，水库总容量21.4亿m^3，为地下式厂房，安装3台25万kW的水轮发电机组。水电厂的通风系统为4台送风机，2台引风机，运行方式为远程手动，组合运行，送风方式为隔墙送风，顺次通过发电机层、母线层、水轮机层、蜗壳层、母线层以及各洞室和廊道。厂房空气环境通过就地仪表显示和记录，通过人工感知空气环境，对4台送风机和2台引风机进行投运或者切除的控制，厂房内温湿度控制不理想，给运行人员身体健康以及设备安全稳定运行带来了一定隐患，是多年的老问题。

（二）研究及测试内容

（1）测试内容。研究对主厂房内各层空气环境分别进行测试，验证厂房内温度、相对湿度、CO_2浓度等参数，分析空气组织的合理性。测试过程中要结合每层的结构特点，分别制定测试方案。①发电机层测试。发电机层的测点布置，对应数量的温湿度和CO_2浓度等参数固定测点。②母线层测试。母线层电气设备较多，发热量大，上游侧墙有轴流风机横向送风，布置测点。在母线洞入口处，使用风速仪测量风速，布置对应数量温湿度和CO_2浓度等参数固定测点。③水轮机层测试。水轮机层散热散湿较大，内部有单独抽送风的空调管道及除湿机，布置测点。④蜗壳层测试。蜗壳层散湿较大，采用发电机层回风，布置测点。⑤典型洞室的测量。在变压器室、开关室、运行人员会议室等典型的洞室，同样采用在线和离线方式对温、湿度、CO_2浓度参数测量布置测点。

（2）测试工况。工况包括：①夏季工况测试；②冬季工况测试；③春秋季工况测试。

（3）通过现场典型工况和季节的测量和数值研究，分析地下厂房在不同季节和工况条件下的温湿度、速度和烟灰等分布特点，存在问题，提出通风系统改造措施。

（三）控制系统要求

为构建水电厂地下厂房通风监测与智能控制系统，并实现落地实施，其具体要求如下：

（1）功能要求：研发并实施厂房温湿度、速度、粉尘和送排风系统的状态检测系统，实现地下厂房送排风机专家库和智能运行方式运行，同时实现通风设备故障诊断、大数据分析等功能。

（2）控制系统包括：高性能上位机、4台送风机地和远程检测与控制单元、2台引风机就地和远程检测与控制单元、发电机层上下游侧不少于6点的环境参数测量与远程单元、母线层上下游侧不少于6点的环境参数测量与远程单元、水轮机层上下游侧不少于4点的环境参数测量与远程单元、蜗壳层上下游侧不少于4点的环境参数测量与远程单元、运行班组会议室环境参数测量与远程单元、其他典型洞室共4点的环境参数测量与远程单元，另外的就地与检测单元经研究和协商后配置。现场布置的测点要求在后期的检测控制中可以应用。

（3）软件系统要求：具体包括4台送风机、2台引风机、发电机层、母线层、水轮机层、蜗壳层、运行班组会议室、其他典型洞室等的环境测量与控制参数保存、显示、查询、趋势、报表等，要求控制功能拥有自动和远程功能，实现研发智能控制功能，界面友好美观。

（四）关键技术及创新点

（1）地下厂房空气环境参数建模技术。影响水电厂地下厂房空气环境影响因素众多且具有时空分布不均匀性，如气候环境、运行工况、洞室热负荷湿负荷分布特征等，该项目采用在线测量和离线人工测量相结合方法进行参数测量，同时采用CFD方法，对温湿度在厂房内的分布进行建模分析，采用测量数据验证模型可靠性，建立运行工况参数、气候参数与厂房内空气环境参数之间模型，为厂房空气环境的控制提供基础。

（2）地下厂房空气环境参数控制技术。厂房内环境参数具有多参数耦合、时变和非线性特点，现水电厂难以实现控制，一般只能实现参数检测，辅助人工进行厂房环境控制，该项目结合专家经验、模糊控制决策方法或者人工智能的决策方法相结合的方法，在检测参数以及所建模型基础上实现环境参数控制，该技术目前在国内外地下厂房的环境控制中数据领先的水平。

（五）结语

该系统监测的实施，能够加强对地下式厂房通风数据的在线跟踪监视，为电站设备安全运行提供良好运行环境保障，降低设备安全隐患，延长设备使用寿命，有效减少设备事故损失；实现厂房通风系统数据监测及风流调整自动化、高效化，减轻工作人员劳动强度、提高工作质量及效率，节能效果显著，预计每年可以为电厂减少开支100万元以上。智能化通风系统在地下式厂房进行应用，是对水电站环境监测技术的重大改进和提升，为水电站开展智能化建设、远程集控以及运行维护规范化管理提供强有力技术支撑。其应用将逐步提升电站运行的自动化、信息化水平，减少运行人员工作负担，提高工作质量，提升工作成就感和幸福感。同时，该研究成果在行业内水电站有着很高的推广和应用价值。

（贵州乌江水电开发有限责任公司乌江渡发电厂
令狐娇龙）

其　他

李家峡水电站谷幅（弦线）变形监测自动化系统研究

（一）谷幅（弦线）监测布置

李家峡水电站大坝为三心圆双曲拱坝，坝长414.39m，坝高155m，坝顶宽8m，坝底宽45m。坝下游河谷谷幅测线分别设在2185、2160、2155、2130m高程上，点位名称TP17～LJ03、LJ05～LJ07、TP15～LJ07、TP13～TP02、TP16～TP06，谷幅测线利用坝区左右岸岩表位移测点量测其相对距离变化量。拱坝弦线分别设在2150、2185m高程，点位名称TP1-1～TP20-1、TP4-2～TP19-2，弦线测线用于监测拱坝两端弦受力时弦线变化。7条谷幅（弦线）均自1996年开始使用瑞士Leica全站仪监测，每月2次。截至2021年4月，累计位移量（按前文谷幅和弦线顺序）分别为：－38.4、－21.1、－27.90、－24.8、－30.80、－6.19、－17.2mm。

（二）谷幅（弦线）自动化监测

谷幅（弦线）自动监测系统采用激光测距传感器、气象传感器，通过采集模块采集物理量并经光纤将数据传输到后台，系统软件处理数据并发布监测成果，实现自动化监测。

1. 自动化采集改造　2021年4～5月进行谷幅（弦线）自动化采集改造。距离测量采用迪马斯激光传感器，同步自动采集干、湿温度及气压元素，距离改算为气象改正。

谷幅（弦线）自动化监测系统包括测距传感器（迪马斯激光传感器）、反射设备、气象传感器及供电、通信、数据终端、数据处理系统等软硬件。传感器采集物理量信号，数据终端转换为测量成果。激光测距数值受气压温度影响较大，可按有关规范校正。在峡谷微气象条件下，测值适时需要测量时刻的气象参数进行改正，削弱环境对测值影响。自动化监测系统加装气象传感器，同步采集，适时改正，测距仪器与气象仪器出线端均穿管保护与预设管线相连，迪马斯FLS-C10系列产品在0.05～500m量程范围内性能稳定。

2. 自动化实施前后数据分析　谷幅（弦线）变形监测数据统计基于谷幅（弦线）自动化2021年5～8月采集数据。采集的数据有距离、干湿温度和气压，采集过程中因外界干扰有断测现象。采集完成后选择TP13～TP02谷幅和TP20-1～TP1-1弦线在自动化实施前后的数据（各9组）予以对比。由测量结果可知，其差值范围变化较小为0.0154%～0.2057%。但自动化实施后谷幅（弦线）测值整体产生了台阶，主要原因：测距设备的变化导致测端和棱镜端产生外部距离变化，从而使数据产生“台阶”；早期监测数据为平距，自动化改造后数据为斜距，故新旧数据间存在固定差值。

综上可知，自动化实施前后的数据变化幅度较为稳定，选取的两条测线的变化幅度分别稳定在0.015%和0.2057%附近，新旧测量数据的台阶为自动化系统实施后的固定误差，对监测数据的对比分析无影响。后期可用此差值作为新旧系统间数据衔接的转换常数，实现监测数据的连续性。

3. 自动化采集数据精度分析　选取两条测线TP20-1～TP1-1弦线及LJ05～LJ07谷幅自动化实施后，5～8月之间的数据进行变形监测数据（相对于前一天）分析，将一天内的观测值利用最小二乘方法计算日均谷幅（弦线）变形值，形成变化量过程线。由TP20-1～TP1-1日均变化量过程线和LJ05～LJ07日均变化量过程线可见，虽在时间序列上呈现震荡现象，但频次较低。此外，在2021年5～8月期间，测线整体变形较小，数据变化量在±1mm之间。对测量数据的均方差进行计算，统计结果见表1。

表1　李家峡水电站谷幅（弦线）日均变形值均方差

项目	数据
数据均方差均值	0.5mm
数据均方差小于1.0mm占比	93%
数据均方差小于1.5mm占比	98%

由表1可见，数据均方差均值为0.5mm。自动化采集数据频率为每小时一次，数据量较大，然而数据均方差小于1.0mm的占比在93%以上，证明了数据的可靠性。

（中国电建集团西北勘测设计研究院有限公司
高帅　缪志选　刘伟栋）

亭子口水电站库区张家湾滑坡变形监测与分析

2018年5月发现亭子口水电站库区张家湾地表出现开裂，现场查勘有3条明显裂缝，滑坡东西向800m，南北向350m。根据现场情况及山体易发生线性滑坡特性，在滑坡区域外基岩上布设基准点4点，滑坡区域内布设常规监测点20点，并将滑坡分3个区域。当年7月开始对滑坡常规监测。2020年12月，在常规监测多期后发现滑坡中部前缘位移量较大，变化速率较快。2021年3月，根据常规监测分析结果及现场情况，在滑坡区域外基岩上布设自动化监测基准点1个，滑坡重点区域布设监测点4个。2021年5月建立了自动化监测系统。

（一）监测数据采集与处理

1. 监测数据采集　常规监测水平位移测量采用Trimble R8s型GNSS接收机，接收机静态平面测量精度3mm＋0.5ppm，高程测量精度5mm＋0.5ppm，将接收机分别架设在基准点及监测点上同时接卫星信号。垂直位移测量采用Trimble DiNi03水准仪，其标称精度为±0.3 mm/km，采用精密水准测量法采集高差数据。

自动化监测基准点采用徕卡AR10天线及徕卡GM30 GNSS接收机，天线相位中心稳定性≤1mm，接收机平面精度3mm＋0.1ppm，高程精度3.5mm＋0.4ppm；监测点采用徕卡GMX910 GNSS一体接收机，接收机平面精度3mm＋0.5ppm，高程精度5mm＋0.5ppm。将接收机分别架设在基准点及监测点上同时接收卫星信号，通过4G通信模块将采集数据传输至办公区服务器。

2. 监测数据处理　常规监测中，GNSS数据处理一般过程为：GNSS基线解算；在WGS-84坐标系上进行三维无约束平差；在根据工程独立坐标系定义的测区局部椭球上，进行二维约束平差。水准测量数据处理包括：高差改正，限差校核，高程平差计算。常规监测GNSS数据解算等级为D级，水准数据平差等级为二等，平面和高程成果精度均满足优于10mm精度设计要求。自动化监测中，在软件中进行数据后处理设置。自动化监测平面和高程成果精度均满足优于5mm精度设计要求。监测点变形量包括水平向位移量及垂向位移量，均按相关公式进行计算。

（二）数据分析

1. 常规监测数据分析　张家湾滑坡常规监测于2018年7月首次开展，其后共监测17次，2019年9月至次年7月中断，2020年7月恢复，2020年12月最后一次监测，2020年共监测4次。

区域1位于滑坡下游，共设6个监测点。常规监测点位累计位移量成果显示：区域1监测点累计位移量均较小，截至2020年12月26日，累计位移量最大点位为TP06，点位向南移动13.8mm，向西移动12.0mm，上抬2.3mm；区域1监测点周边变形缓慢，监测点年变幅均小于20mm，区域1监测点位周边处于稳定状态。

区域2位于滑坡中游道路下方，共设7个监测点。监测点位累计位移量成果显示：2018年7月23日至次年8月2日间，区域2上游监测点TP15、TP16、TP17累计位移量较小，处于蠕滑阶段，区域2中下游监测点TP07、TP08、TP11、TP12累计位移量较大，均超过100mm，处于滑动阶段。2020年7月至次年12月间，所有监测点累计位移量均较大，处于剧滑阶段。2018年10月至次年6月间，区域2监测点位移量较小，2018年7～9月和2019年7～8月位移量较大，2020年7～9月变形加速，位移量极大；区域2所有监测点持续向嘉陵江方向滑动，区域2监测点周边极不稳定。

区域3位于滑坡上游道路上方，共设7个监测点。监测点位累计位移量成果显示：2018年7月23日至2020年7月15日间，区域3监测点累计位移量均较小，处于蠕滑阶段；2020年7月15日至次年12月26日间，区域3远离公路监测点TP10、TP14、TP18、TP19、TP20累计位移量仍较小，仍处于蠕滑阶段，区域3靠近公路监测点TP09、TP13累计位移量较大，处于滑动阶段，区域3远离公路监测点TP10、TP14、TP18、TP19、TP20变形缓慢，该区域周边处于稳定状态，区域3靠近公路监测点TP09、TP13前期变形缓慢；2020年7月起变形加速，该区域周边处于非稳定状态。

2. 自动化监测数据分析　张家湾滑坡自动化监测于2021年5月14日开始实时监测，截至2022年5月14日，已监测12个月，提取每月1、11、21日数据进行分析。自动化监测共设4个监测点。监测点位累计位移量成果显示：监测点ZJW01累计位移量极小，该点位周边处于稳定状态；2021年10月1～11日间，监测点ZJW02、ZJW04有少量位移，ZJW03有明显位移，其余时段位移量较小；2021年10月4日至10月6日期间连降暴雨，自动化监测点ZJW02、ZJW03、ZJW04周边在暴雨期间变形加速。

（中国电建集团西北勘测设计研究院有限公司　王佳　李悦）

GNSS系统在索风营水电站高危边坡安全监测中的应用

索风营水电站为乌江干流的第五级水电站，位于贵州省修文县与黔西县交界的乌江中游六广河段，2006年6月3台机组全部投产发电。

（一）监测系统概况

1. 监测仪器现状　水电站枢纽工程建筑物安全监测设施齐全，测点分布较广，监测仪器种类多，监测仪器于2003年3月开始埋设，经过3年次对整个监测系统鉴定和筛选：大坝、引水隧洞、尾水隧洞、地下厂房洞室、边坡、危岩体和堆积体等部位共埋设各类观测仪器1626支仪器，其中已完成监测使命的施工期观测仪器有308支、永久观测仪器有1318支。当前合格永久观测仪器有956支，失效永久观测仪器有362支（58支需要修复），永久观测仪器完好率72.53%，修复后永久观测仪器完好率为76.93%。

2. 监测自动化系统现状　该安全监测自动化系统工程于2015年10月正式通过验收。自动化系统由701支监测仪器、27个自动化采集模块、1个中心测站和10个现场测站组成。受各种因素影响，自动化系统服务器和工作计算机运行缓慢。通信系统光端机稳定性差，双模光纤传输距离短，造成自动化系统网络运行不稳定。

（二）GNSS监测系统在索风营的应用

GNSS系统是利用卫星在全球范围内实时进行定位、导航的系统，称为全球导航卫星系统（Global Navigation Satellite System，GNSS）。索风营发电厂在高危边坡Dr2危岩体和下家寨堆积体实施了智能监测系统，系统采用手机网络方式传输。在每个GNSS站点接上一个4G路由器，内置一张流量卡，在服务器上装上一个网口通软件，这样服务器和接收机就组成了一个虚拟局域网，进行通信传输。所有数据进入大坝安全监测平台FWC3000系统，在厂内办公区网上展示。①GNSS工作方式。GNSS监测系统主要由现场基准点及测点的户外工作和右岸中心站室内的工作等两部分组成。②GNSS技术适应性。优点：GNSS监测系统几乎不受环境因素影响，具有全天候、不间断进行监测、数据传输等特点，对测点改造工序简单、工作量小、工期短，后期观测、维护方便，水平位移测量精度≤3.0mm、竖直位移≤3.5mm，精度可满足Dr2危岩体及下家寨堆积体外观变形监测的要求。③GNSS系统构成。GNSS监测系统主要由空间部分（人造地球卫星）、地面监控部分（分布在地球赤道上的若干个卫星监控站、注入站和主控站）和用户部分（用于接收卫星信号的设备）三部分组成。④GNSS系统组网、通信及供电方式。GNSS监测系统网络采用以太网的星型结构，所有基准点、监测点均采用无线通信方式，供电方式为太阳能供电。⑤GNSS系统防雷与接地要求。由于GNSS系统均处于室外，因此其防雷与接地尤显重要，主要从防直接雷和感应雷两个方面进行设计。

（三）项目创新点及效果

1. 创新点　①利用GNSS接收机，卫星定位、基线结算、差分定位等技术，依托移动互联网等现代通信手段，实现全天候监测，在暴雨、大雪、沙尘暴等极端恶劣环境下，也能实现全自动监测，真正做到采集和计算全自动；一旦监测到位移量超过限差值，可通过声光、短信、邮件等方式将相关信息发送至相关责任人员。实现对监测信息更加高效的监测。其次，系统具备消息提醒功能，一旦发现设备有故障，能实时地把故障信息发送出去，这样设备运维检修更加有针对性，能更有效地辨别信息的误报，排查故障也能更加及时。②数据100%确保真实，黑盒子程序无任何人工修改可能，计算全过程数据不落地，确保最终结果真实、可靠、可信。③单参考站解算核心技术，无需组网，仅用基线就能获取高精度的监测结果。④智能监测系统是开放的。索风营发电厂的智能监测系统数据库接口开放可便于整合到智能电站里面，用于综合分析，整套系统在同类系统中属于先进水平。

2. 实施效果　GNSS监测系统在索风营水电站Dr2危岩体顶面和下家寨堆积体运行以来，工况良好，取得了以下效果：①实现全天候监测，在暴雨、大雪、沙尘暴等极端恶劣的环境下，也能实现全自动监测，无需人工干预，真正做到采集和计算全自动。②数据100%确保真实，黑盒子程序无任何人工修改的可能，计算全过程数据不落地，确保最终结果真实可靠可信。③数据精度高于传统的监测方法如对标监测，可达到±3mm，且数据缺失率仅有0.1%，高于规范规定的3%。④实现了将分散的监测数据集成化，由管理人员进行统一管理，减降低了监测人员的人身安全风险。⑤GNSS自动化监测系统在乌江流域水电站属于首次应用，其应用价值可推广至全流域各水电站的重要边坡监测。⑥太阳能供电。此次监测自动化系统改造，在Dr2危岩体顶部新增一个测站，将危岩体顶部散布的监测仪器纳入自动化系统。考虑到Dr2危岩体顶部与坝顶高差较大，从中控室架设交流电线路至危岩体顶部难度大，而且容易造成感应雷破坏，危岩体顶部测站采用太阳能电池板供电。全天候无人值守连续自动监测；可远程配置接收机，监控状态，自动获取数据；提供位移数据的限差检核和报警；提供实时数据分析和图形化报表；可随时增配功能模块并持续升级；受天气变化影响较全站仪小。GNSS系统主要缺点：受地形条件影响较大。

（乌江水电开发有限责任公司索风营发电厂
麻国　杨先艾　李太清）

新时期混凝土坝安全监控工作的新举措

（一）水上水下巡视检查技术

近年来新的智能巡检技术、无人潜航器ROV+多波束声呐或激光扫描成像技术+水下摄像等水上水下一体化、可视化、信息化检查技术为解决日常存在的问题提供了有力的工具。

1. 智能巡检系统　基于智能手持终端、GPS和GIS智能巡检技术、多旋翼轻型无人机巡检技术应用在大坝巡检，将从根本上改变传统手段落后、效率低的现状和管理模式。

手持智能巡检系统，是利用手持终端，也可是携带三维激光扫描仪、高分辨全景相等设备的水库巡视船，对目标物扫描、拍照和摄像，并将采集的点云数据、图片、视频等自动存储、远程传传输至后方管理平台，同时具备文字输入、定点定位及巡航轨迹记录等功能，以便后方对终端定位和管控，从而解决工程安全隐患的上报、解决和结果追踪等问题。

无人机巡检系统，主要是利用固定翼无人机、无人直升机和多旋翼轻型无人机等进行航空摄影测量，获取高清正射图和三维表面模型等，完成相关规定要求的巡检工作，特别对高边坡、滑坡体、水库库区，可规避人员安全风险。巡检前，在地面控制器标注巡检点，依据续航能力和实时路径规划对所选点做最优巡检路径分析，获取和整理不同角度的视频影像数据，对巡检过程中发生的问题进行具体分析。

对混凝土坝坝体表面裂缝分布与发展，主要采用空中安全绳、搭排架等人工巡查为主，工作量大、安全风险高、效率低下、检查成果难以量化展示及分析。目前采用无人机摄像技术，获取大坝混凝土表观高清影像数据，建立大坝高精度三维模型，在模型上进行混凝土表观裂缝识别、量测、编辑、查阅，建立大坝混凝土裂缝实测数据档案等。

2. 水下可视化探测技术　目前水下检查仍以潜水员肉眼观察和探摸为主，但潜水员缺乏专业，在复杂水下环境效率低，成果可靠性差，覆盖不全面。随着水下探测设备技术进步，以多波速、侧扫声呐等普查，遥控无人潜水器搭载图像声呐、三维声呐、地质浅剖仪和光学成像设备详查的综合水下可视化检查脱颖而出。克服传统作业弊端，结合面上普查与局部详查，在大坝迎水面、消力池、局部空洞等水下表观检查应用中取得良好效果。

以某水电站为例，消能塘多波束测深发现规模较大的异常区，再由水下无人潜器探测可知，异常区域内堆积大量钢管、钢筋、废木料及土石层，为消缺除患提供基础支撑。

（二）实时在线安全监控系统

实时在线监控系统，指利用互联网、信息化等技术，建立大坝、区域或流域大坝安全在线监控系统，实现实时安全监控，发现异常现象及时分析反馈预警。在线监控观测频次不少于2次/天，地震、洪水、极端气温条件或大坝出现异常时，观测频次不少于1次/h。

系统应具有在线监测管理和在线安全监控功能，实时反映监测系统的工作状况和混凝土坝的工作性态，实现在线技术会商和快速分析。关键部位主要监测项目应纳入在线监控系统，各监测项目应提供分级监控指标。建立大坝安全在线监控系统，并非完全替代大坝安全专责人员，只是将其从日常大坝安全监测的采集、管理数据等繁复工作中解脱出来。作为大坝安全评价的在线监控系统，随着智慧运行的需要，应考虑与水情测报系统、闸门调度系统及视频监控系统进行集成和联动。

（三）基于实测资料的安全监测预警

建筑物预警涉及结构计算、岩土条件、施工质量、材料特性、防洪度汛等方面，安全监测仅是其中一环。基于监控指标的监测资料大坝安全监测工作的预警，是指对日常监测工中测值作出异常后现进行提醒、复测、预警、原因分析等监测管理工作，不完全是工程建筑物安全性预警的概念意义。

基于监测资料对工程建筑物预警应是一个由多个指标所构成的多项目、多层次的复杂递归体系。大坝安全预警的工作内容为寻找警源、识别警兆、分析警情和预报警度。其中，警源是警情产生的根源，即大坝及其基础的结构病变等隐患；警兆是大坝结构工作性态发生异常变化导致警情发生前出现的先兆，主要为大坝监测效应量的动态特征；警情是大坝已经存在或将来可能出现的异常现象或险情。

结合水工建筑物结构特性及运行管理需求，按建筑物系统的内在作用机理、结构特点及监测布置情况，对建筑物进行多层次多指标分解，可从上至下分别为水工建筑物→基本部位→监测项目→仪器类型→监测点，构建大坝建筑物综合评判体系。通过对海量监测数据进行数据挖掘、分析，可实现快速甄别异常监测点和综合评判大坝安全工况，便于日常监测工作开展及指导工程安全运行。

可采用层次分析法对单测点测值的各评价方法权重进行层次分析，建立层次结构模型，与专家经验、规范标准等进行信息融合。在单测点综合评判和各级分层评判基础上，综合对大坝总体工作性态进行综合预警。还可借助BIM可视化技术结合环境量等在时间维度、空间维度等进行多维度分析，快速进行水工建筑物的多维度安全分析评判及可视化展示，有效降低安全监测专业门槛、提高工程决策水平。

（中国电建集团昆明勘测设计研究院有限公司 张帅 冯燕明 唐力）

全生命周期视角下的混凝土坝安全监测

（一）监测工作现状

我国从20世纪中叶开始混凝土坝安全监测工作的研究和应用，早期以引进国外监测技术为主。随着国家投入的增加，监测技术得到快速发展和应用，监测设计、监测设备建设、自动化系统建设、运行维护和监测数据分析等全方位提升。但结合国家相关行政部门的要求，从国内混凝土坝安全监测系统的设计、施工及运行维护情况看，还存在一些问题。

1. 重建设轻管理现象突出　进入21世纪以来，随着水利水电行业大坝安全监测标准逐步建立与完善，各设计阶段监测专项设计和专项审查正常开展，建设阶段质量监督及典型工程阶段安全鉴定工作的介入，建设阶段以前的设计布置、监测实施与数据整编得到了重视。大坝投运后，由于行业对监测工作管理的差异、经费保障不高、工作生活条件艰苦、运维单位内部管理模式等原因，造成监测专业人员技能培训及职业通道上升困难。尽管国家行政管理部门定期开展大坝安全专业人员培训，仍出现有能力业务骨干外流或转岗，导致有些大坝管理单位监测人员存在人员匮乏、技术素质不高、管理和责任意识不强等现象。

2. 巡视检查形式化、表面化现象普遍　大坝巡视检查具有全面性、及时性和直观性等特点，是监测仪器及其自动化所不能代替的。据国内外资料统计，通过大坝巡检发现大坝重大安全隐患，约占出险水库总数的70%。从施工期和运行期实际情况看，重视仪器监测，弱化巡视检查，缺乏制度、信息化管理落后等问题使巡检流于形式化、表面化。巡检记录不规范，描述简单，只有“正常”“无”等聊以应付。信息化管理匮乏，使历次检查结果对比、分析等缺乏有效手段。检查手段落后，巡检结果未闭环管理。

3. 监测成果分析反馈与预警水平不够　部分混凝土坝按相关要求进行资料分析，或委托进行监测资料综合分析与安全评价，但更多的是业主把监测工作简单认为是施工承包合同而不是第三方专业技术服务，只重视安装埋设和观测读数及资料整编。监测队伍总体上仅能进行日常观测记录和资料整编，整编分析易出现图标不直观、分析方法简单、内容不全、深度不足。综合分析时，由于人员良莠不齐，缺乏足够的工程结构、地质条件和监测仪器的认知，以至不能达到预期效果。综合分析深度不够，对建筑物安全评价的监测成果分析反馈基本未做，更遑论基于监测成果的工程风险预警。

4. 监测系统维护不到位　主要表现如下：部分工程未定期对监测仪器或设施按规定进行鉴定，使仪器读数不稳或跳动；自动化监测系统未定期维护，未作稳定性、可靠性、准确性评价，导致故障率高；忽视定期人工比测。

（二）监测工作全生命周期理念

监测工作是一个随大坝生命周期在各阶段都需发挥重大作用的系统性全阶段的工作。这要求既重视设计与建设，也要重视资料分析反馈与管理维护。从监测设计到运行维护或更新改造的整个监测工作生命周期进行连续、统一、协同共享式的管理。设计阶段应进行总体规划，总体规划应重视工程待解决的重难点问题、监测项目设置的针对性、测点布置的合理性、不同目的的监测项目的阶段有效性等技术问题。

（三）全生命周期监测工作的特征

坚持“四个并重”是全生命周期监测工作的特征，也是破解大坝安全工作问题的重要途径。

1. 运行维护与设计、实施并重　我国水电开发逐渐由技术制约、资金制约向生态制约、资源制约阶段过渡，已建成投产的大坝安全运行成为社会新关注点。运行单位应按规范要求，制定监测工作管理制度和监测规程，注重人力经费投入，开展大坝安全监测工作，进行监测系统的日常管理和维护，为大坝的运行及安全状态评价提供可靠的数据资料。

2. 巡视检查与仪器观测并重　巡检应贯穿混凝土坝全生命周期，做到监测设计、施工、运行各阶段与仪器观测并重。应明确巡检范围、频次、方法、线路，整编巡检记录和报告等。近年来轻型多旋翼无人机、智能手持终端、GPS和GIS技术等逐渐应用到大坝巡检中，利用巡检系统移动终端实时记录巡检人员工作状态、巡检定点定位、巡航轨迹、数据自动存储和实时传输、语音提示等，解决工程安全隐患上报和结果追踪等问题。

3. 分析评价与获取成果并重　大坝安全监测工作建设运行阶段，大多数施工、运行单位设专班，或委托专业队伍从事监测工作，监测数据采集、测读等总体规范。但由于认识不到位，存在数据测读后束之高阁、整理分析不及时、未及时发现问题等。应按有关规定，创新监测数据分析评价工作方式，并对监测资料及时整理分析和评价。

4. 风险预警与分析反馈并重　风险评价技术和风险管理方法逐渐在大坝安全与管理中得到发展和应用，大坝安全管理从单纯的大坝结构安全管理变化到大坝安全风险管理。随着监测自动化、工程数字化和信息化等技术的进步，社会信息化进步及以人为本的环境，宜建立大坝安全在线监控系统。对于重要的监测项目，应根据理论计算、模型试验或监测资料综合分析成果，参考类似工程经验，提出监控指标，并根据实际情况动态调整，从而改变以往重建轻管或管理手段落后的状况。发现异常现象时，应及时分析反馈预警，从而深层次挖掘安全监测资料，有效地指导日常安全监测工作。

（中国电建集团昆明勘测设计研究院有限公司
张帅　张礼兵　冯燕明）

NJX32 一体化自动测斜仪的研制与应用

测斜仪作为一种精密监测设备应用十分广泛，能够观测土石坝、边坡、地下建筑工程基体内部各层面的倾斜角度和水平位移变化。活动式测斜仪能够精确测量被测处的水平位移变化，且具有耐久性、便捷性等优势，在岩土工程变形监测中占有重要的地位。随着我国基础建设的大力发展，活动式测斜仪也逐渐显现出局限性。为继承人工测斜的高可靠性优势并解决现阶段存在的不足，南瑞集团有限公司在人工测斜工作流程的基础上研制了一种可自动升降、自动绕线、自动翻转、自动记录、自动通信的一体化自动测斜仪（NJX32 型）。该装置能够在确保监测数据准确、可靠的前提下，实现远程自动化测量，大幅减轻现场人员工作强度，提高工作效率，是一种具有工程实际意义的大坝边坡安全监测创新性技术。

NJX32 型一体化自动测斜仪的主要优势及解决的问题如下：①该装置能够对坝体、边坡等结构体的斜度进行自动巡测或人工测量，且可独立使用或与其他监测设备组成监测网使用。在无人值守的情况下，可实现自动测量、数据存储以及远程实时传输。②具备多种异常处理机制，可对下放卡顿、蓄电池电量过低、位置计数错误等异常进行容错处理，并将异常问题分类上报给控制中心。③具备多种异常保护功能，当控制单元异常，失去对执行单元的控制时，硬件将自动对限定工况进行保护，如上下限位保护、翻转超时保护等，并将异常分类上报给控制中心。④具备防盗报警功能，当设备柜门被打开时，控制中心会收到预警信号。⑤现地端具备数据存储功能，可确保测量数据在通信异常时不丢失，当通信恢复后再自动重新收发。⑥系统可采用风光互补装置为蓄电池供电，并且具备电能管理功能，可及时上报电能储备情况。⑦具有 RS485 数字通信接口、蓝牙通信接口以及 GPRS、LORA 等无线通信接口。⑧该装置配套的 App 软件可在手机、平板等移动终端设备上实现现地蓝牙测量，并支持图表绘制及数据表格导出。

目前该装置已在小湾、漫湾、瀑布沟、深溪沟等多个电站累计投运 20 余台（套），为大坝及边坡安全监测提供了强有力的技术保障，具有良好的工程推广使用价值。

（南瑞集团有限公司　陈钦　郑水华　苑宝玉）

13

环境保护与水库移民

环　境　保　护

多布水电站鱼道运行效果评价

（一）水电站鱼道

尼洋河流域位于西藏自治区林芝市境内，是雅鲁藏布江的一级支流，其流域面积为 17815km^2，年降水量为 230.72 亿 m^3，年径流量为 172.29 亿 m^3。为保护该地区鱼类资源，满足该流域鱼类上溯需求，通过方案比选，最终选择由厂房尾水向上游延伸于左副坝过坝，过坝后沿库区左岸边坡向上游延伸至鱼道出鱼口的布置方案。该水库正常蓄水位 3076.00m，正常蓄水位以下库容约 0.65 亿 m^3，校核洪水位 3077.35m，总库容 0.85 亿 m^3，电站装机容量 12 万 kW。鱼道型式为池式模式，槽身断面形式为矩形，鱼道隔板采用同侧垂直竖缝式。设计过鱼时段主要过鱼对象及目标为异齿裂腹鱼过鱼数量 5000 尾，巨须裂腹鱼过鱼数量 800 尾，拉萨裂腹鱼过鱼数量 500 尾，鱼道过鱼季节与鱼类产卵季节一致，为每年的 3～6 月。为了解本鱼道的运行效果，采用了堵截法、视频观测法、水声学法和 PIT 实验监测法多种方式相结合的方法，于 2020 年及 2021 年的 3～6 月对多布水电站鱼道进行监测评估。

（二）监测结果

1. 种类组成　①多布水电站鱼道 2020～2021 年共计通过鱼类种类 7 种，隶属 2 目、3 科、6 属。2021 年的 3 种调查类型中共计监测到鱼类 69117 尾，平均每小时过鱼 34 尾。捕获鱼类的体长为 2.4～62.4cm，体重为 0.2～1753.4g。鱼类个体数量以拉萨裸裂尻鱼最多。②鱼类洄游的主要需求：捕食、产卵、越冬 3 种类型。该电站鱼道洄游鱼类大部分是以捕食、产卵为主。通过鱼道渔获物采集到的几种鱼类习性的介绍，来阐述不同鱼类对通过鱼道洄游的需求。③拉萨裸裂尻鱼隶属于鲤形目鲤科，属洄游性鱼类。产卵旺季为每年 3～4 月，卵呈橘黄色，带黏性。产卵场多位于透明度高，可见水底的浅水地带，产卵群体多在 5 龄以上，最低龄为 3 龄。④异齿裂腹鱼隶属于鲤形目鲤科，属洄游性鱼类。繁殖季节为每年 4～5 月，产卵场大多位于在浅滩流水地带。繁殖季节大多在河流水质清澈、砾石底质处活动，卵为沉性卵。⑤拉萨裂腹鱼隶属于鲤形目鲤科裂腹鱼亚科裂腹鱼属，产卵旺季为 4～5 月，此间在尼洋河入雅鲁藏布江汇口处有繁殖亲鱼集群活动。⑥巨须裂腹鱼隶属于鲤形目鲤科裂腹鱼亚科裂腹鱼属，属洄游性鱼类，产卵旺季为 5～6 月，大多在干流敞水处活动。⑦根据观察和资料分析，高原鱼类繁殖是在河流化冰之后即开始。对于大部分鱼类来说，产卵往往需要 9～14℃的水温以及适宜的流水条件，因此大部分鱼的繁殖季节是 3～6 月。所以，该区域鱼类在 3～6 月内上溯的主要原因是产卵。

2. 昼夜差异　研究表明，该电站鱼道的鱼类上溯存在显著的昼夜差异。通过观察 2020～2021 年收集的过鱼录像，发现尼洋河鱼类在下午至傍晚时段（14：30～21：30）洄游活动最强。经查阅资料认为，这与鱼道中的水温变化有关，下午水温较上午和傍晚有些微上升，使鱼类对生殖洄游愿望增强，因此，上溯数量较其他时段有明显上升。

3. 季节差异　根据 2021 年度鱼道监测成果，发现不同月份鱼类进入鱼道的数量和种类存在一定差异，数量和种类未呈现明显的相关关系。3 月日均通过鱼类数量为 391.17 条；4 月日均通过鱼类数量为 1127.76 条；5 月日均通过鱼类数量为 695.00 条。其中，因流域优势种拉萨裸裂尻鱼在 3～4 月为产卵期，且其他鱼类产卵期多与 4 月重叠，鱼类上溯愿望最强烈，故 4 月过鱼种类与数量均显著高于其他月份。

4. 鱼道通过性　2020～2021 年的 4 次 PIT 实验中：2020-1 实验有 43%的标记鱼通过上游监测断面，而 49%的标记鱼沿鱼道向下进入河道；2020-2 实验有 46%的标记鱼通过上游监测断面，而 50%的标记鱼沿鱼道向下进入河道；2021-1 实验有 31%的标记鱼通过上游监测断面，而 56%的标记鱼沿鱼道向下进入河道；2021-2 实验有 31%的标记鱼通过上游监测断面，而 59%的标记鱼沿鱼道向下进入河道。

（三）过鱼效果影响因素

根据监测成果分析，影响过鱼效果因素主要有以下几个方面：①鱼道上游水位的变化对过鱼效果会产生影响。监测成果体现出上游水位较高时当日过鱼效果会相对较好。②月平均水温与过鱼数量未有明显变化，在温度相对较高的下午时段，过鱼效果会相对较好。③鱼道运行水位与过鱼数量在一定范围内呈反向相关性，运行水位处于 1.0～1.5m 时，过鱼效果较好。④鱼道运行流速与过鱼数量成一定的反相关性，鱼道内过鱼数量基本随运行流速的增大而减小。

（四）鱼道过鱼效果评估

该鱼道监测发现的鱼类共计7种，分属2目3科6属。包含鱼道规划的主要过鱼对象有巨须裂腹鱼、异齿裂腹鱼、拉萨裂腹鱼和尖裸鲤。但尖裸鲤分布局限，数量少，生长速度较慢，性成熟年龄晚且鱼道建成投入使用时间短，故暂未检测出这种稀有鱼类。目前除濒危水生野生保护动物尖裸鲤，其余物种均已在鱼道中检出或成功上溯，已证明鱼道具有较好的过鱼功能。另外，PIT标志监测的鱼道过鱼效果评估结果表明：该鱼道具有较好的过鱼效果。

（五）提高过鱼效果的主要措施

根据监测结果及影响因素分析，为提高鱼道的过鱼效果，大致可采取以下两种措施：①设计过鱼时段内通过调整鱼道出口闸门启闭大小，保证鱼道内水位及流速在设计范围之内，为鱼类通过鱼道创造最有利条件。②通过各类导鱼及诱鱼措施，以增加鱼道进鱼口位置鱼类集群数量，使鱼类更加便于找到进鱼口并进入鱼道。

（中国电建集团西北勘测设计研究院有限公司
夏朝辉　张彤　牛乐　高繁）

DG水电站生态鱼道设计

为减缓电站建设和运行可能造成的鱼类种群及遗传交流受阻、鱼类生境的片段化和破碎化、种群间基因交流不畅等不利影响，DG水电站建设了鱼道过鱼措施。

（一）过鱼对象及季节

根据工程所在河段处分布的鱼类资源以及其生物学、生态学特点，确定主要过鱼对象为异齿裂腹鱼、巨须裂腹鱼和拉萨裂腹鱼，兼顾过鱼对象为尖裸鲤、双须叶须鱼、拉萨裸裂尻、黑斑原鮡和黄斑褶鮡。根据主要过鱼对象及其繁殖习性，综合确定了主要过鱼季节为3～7月，兼顾过鱼季节为2月、8月。

（二）关键设计参数

1. 鱼道选型　鱼道按其结构型式可分为仿生态式、隔板式、槽式及特殊结构型式等。隔板式鱼道按隔板型式可分为溢流堰式、淹没孔口式、竖缝式、组合式。该电站枢纽区两岸山势陡峭，无布置仿生态鱼道的地形条件。通过各种鱼道型式综合比较分析各鱼道池室型式优缺点，该工程推荐采用竖缝式鱼道。

2. 鱼道流速　根据相关试验研究成果，以及竖缝允许流速相应的过鱼对象，结合相关文献资料，最终推荐竖缝设计流速取1.1～1.17m/s。除靠近竖缝处的位置，池室中主流的最大流速，应不超过各种过鱼对象临界泳速均值的最低值，还需大于各过鱼对象感应流速均值最大值。因此，鱼道池室主流流速推荐范围为0.09～0.85m/s。

3. 鱼道池室结构参数　根据规范要求，池室宽度不应小于最大过鱼对象体长的2倍，长度不应小于2.5倍最大过鱼对象体长。经多种结构体型优化比选，拟定池室净宽 $B=2.0$m、水池长度 $L=2.25$m（池室净长2.05m），导板长度 $P=0.67$m，竖缝宽度 $b=0.3$m、竖缝长度 $l=0.1$m，底坡 $J=2.76\%$。

4. 集诱鱼辅助措施　通过对光诱集方式、管道补水以及不同底质进行结果分析，为了减少鱼道进口淤积清理难度，尽管试验中底质诱鱼有一定的效果，但是为了避免影响进口过流，规划设计最终采用灯光诱鱼方式。

（三）鱼道布置

1. 鱼道整体布置　该工程采用右岸全鱼道方案，鱼道总长约3471m，综合底坡约为2.52%，主要由总长度超过3km的鱼道池室（包含标准池室、休息池和调节池）、1座综合管理房、1座水库区观测室、1道坝体内防洪闸门及其启闭设施、2个调节池及相关排水管、1座补水池及相关补水管路系统、4个鱼道进口和2个鱼道出口及相应的进、出口闸门及启闭设施等组成。

2. 鱼道进口布置　考虑到该工程下游规划的JX水电站尚未建设，鱼道进口运行水位需考虑JX水电站未建和建成后不同的水位条件。根据计算，JX水电站未建工况下，主要过鱼季节内，鱼道进口的设计运行水位范围为3365.23～3368.85m；JX水电站建成后，鱼道进口的设计运行水位范围为3371.12～3374.97m；鱼道进口运行水位整体变幅达9.74m；右岸全鱼道进口段布置在右岸尾水渠内，利用尾水渠边墙、厂坝间导墙和尾水出口墩柱布置进口段鱼道，为适应该工程下游大水位落差的特点，结合坝址下游水力学数值模拟结果，在进口段鱼道上共布置有4个鱼道进口，适应水深为0.5～2.5m。1号进口设置在厂坝中导墙末端，该鱼道进口按照底板高程不同，分别在导墙末端和导墙末端左侧设置底板高程3364.5m和底板高程3366.0m两个口子。2号和3号鱼道进口布置在尾水渠内上游右侧拐角，两个鱼道进口底板高程分别为3370.60m和3372.40m；4号鱼道进口布置在拦沙坎下游右侧靠近尾水渠挡墙，该鱼道进口底板高程为3372m。

3. 鱼道出口布置　考虑到该电站为日调节水库，水库水位可在正常蓄水位3447m与死水位3440m之间消落运行，鱼道出口运行水位整体变幅达7.0m。鱼道出口布置于大坝上游水库中靠近右岸，为适应上游水库运行水位变幅，减少调度频次，设置了1号和2号鱼道出口共计2个鱼道出口，1号和2号鱼道出口的底板高程分别为3442.75m和3439.50m，适应水深均为0.5～4.25m。

4. 鱼道梯身结构　鱼道池室标准断面为矩形，池室净宽2.0m，标准池室长度2.25m（净长度为2.05m），标准池室底坡统一采用2.76%，鱼道底板高程每升高约4.5m设一个净长为5m的休息池，休息池底坡统一为1.25%。

（四）主要辅助设施

1. 工作闸门　鱼道各进、出口均设置工作闸门，并配置了电动螺杆机，可远程和现地操作。

2. 补水系统　为了确保鱼道进口诱鱼效果，布置了鱼道自动补水系统，当鱼道进口位置池室水深较大时，而上游鱼道池室来水量（水深）较小时，通过下游尾水平台上的补水池，根据实时监测的水位数据，通过自动控制补水系统球阀开度，实现对鱼道进行自动补水。

3. 监测系统　为了监测鱼道沿程水文参数的变化情况，在鱼道进口、鱼道出口（库区内）、转弯段、观测室和底坡变化处布置水位测点、水温测点和流速测点。为了观测鱼道过鱼效果，安装鱼类计数图像声呐系统、高分辨率的水下摄像系统、视频观测系统等设施，进行鱼类数量、体型尺寸等监测；安装捕鱼设备，进行集鱼效果、过鱼种类、过坝时滞等监测。此外，为了解鱼道内水质以及水质变化对鱼类上溯的影响情况，设置1套水质自动监测系统。

（中国电建集团华东勘测设计研究院有限公司　汤优敏　吴世勇　施家月　朱瑞晨）

高海拔深V峡谷大落差装配式长鱼道施工技术研究

深V峡谷地形限制，鱼道建筑物布置密集，为项目施工带来严峻挑战，为全面做好施工质量、安全、进度管控，高质量推进项目建设，工程建设团队以“结构优化、工艺创新”理念为出发点，对装配式鱼道施工进行深入研究。

（一）主要成果及创新点

（1）通过对预制梁预制模板的工艺设计创新，研发出“装配式预制梁可调节整体模板”，采用标准节＋伸缩节组合的整体装配式组合模板，实现不同梁长的快速调节、快速拆模、合模。

（2）优化吊装设备布置位置，施工期间采取距离吊装设备由远到近、由低到高的顺序进行钢管柱群施工。

（3）通过自主创新，研发出基于激光定位原理的钢管高空安装精确对中、调平技术，简化钢管柱对中调平工序。

（4）研发可自由移动的预制导/隔板安装台车，提高预制导/隔板安装施工效率。

（5）针对大吨位预制梁吊装，研发预制梁临时固定装置，在池室的两榀梁吊装就位后利用吊装孔安装对撑杆，确保预制梁就位后临时固定安全。

（6）采用被动防护网＋柔性材料防护的双重安全隔离措施，确保高边坡高空交叉作业安全。

（7）预制件吊设备安装吊装防碰撞系统、夜间警示系统（灯带）、监控值守系统，过程专人监督、指挥吊装作业，全面实现安全吊装管理。

（二）研究成果应用

该项目研究成果成功应用于高寒高海拔的西藏DG水电站，效果良好，应用工程鱼道施工质量优、安全稳、进度快，顺利实现既定建设目标任务，为同类型项目施工提供成功经验和借鉴。

（三）获奖情况

该项目研究在依托工程成功应用，获得授权实用新型专利7项，省部级工法2项，省部级科研成果1项，省部级QC成果3项，国家级QC成果1项，省部级科技创新管理成果2项，国家级创新成果1项，发表国家级论文2篇。

（中国水利水电第九工程局有限公司　向前）

石头河坝后电站生态泄流系统方案设计

石头河坝后电站为坝后引水式电站，位于石头河大坝右坝脚是石头河水库枢纽重要组成部分，总装机容量1.85万kW，设计年发电量5600万kW·h。2017年获安全生产标准化二级认证，2019年通过水利部绿色小水电站示范站验收。为落实秦岭区域小水电整治措施，满足生态泄流新要求，2021年7月，结合现场实际，设计建设生态泄流监测系统。

（一）总体要求

按照《小水电站生态流量监管软件技术指导意见》技术规范要求，采取工程措施，使用可精确测量的超声波流量计，完成坝后生态流量下泄数据测量、采集和监测。在此基础上，建设坝后电站生态泄流监测软件，集成流量采集数据，进行后台存储，实现与远端上级监管软件的传输对接。

（二）现场条件

该坝后水电站发电消能后尾水直接进入总干渠，通过总干渠首调配灌溉和城市供水，可通过将军沟、眉惠渠首、常家庄3处退水闸将水退入石头河，进行生态流量泄放，3处退水闸室具备控制条件，退水均进入石头河河道。

（三）泄流方案及计算

（1）生态泄流泄水口的选定遵循保证足量生态流量下泄，尽量靠近石头河大坝，入河段流态好，现有工程设施满足使用，尽量减少投资，易于电站监测管理的原则，在总干渠第一个退水口将军沟与石头河流交汇处水流相对比较平缓，具备测流条件处，结合现场实际情况，对原有退水闸进行改造，使退水闸兼作生态放水口。

（2）退水闸闸门净尺寸2.5m×6.75m（宽×高），配备闸门启闭机，闸室供电正常，设施工作正常。闸门底板高程706.87m，取水口底板高程707.352m，闸顶高程713.62m，正常水位712.737m，所需生态流量为1.0m³/s。退水闸改造方案为：在退水闸螺杆底部安装限位装置，使闸门预留一定的开度，从而生态流量下泄。

（3）泄流量计算。单孔闸门流量计算公式为：

$$Q_i = \mu be\sqrt{2gh} \tag{1}$$

式中，Q_i 为第 i 孔闸门的泄流量，m³/s；μ 为流量系数；b 为闸门宽度，m；e 为闸门开度，m；g 为重力加速度，取9.8m/s²；$\mu=0.615-0.20e/H$；h 为闸前水深（闸前水面到闸门底坎的水深，m）；H 为上游海拔水位-闸门底坎海拔高程。

（4）泄流量计算成果。泄水闸闸门净尺寸2.5m×6.75m（宽×高），正常水深5.5m（渠道堰顶至闸底高度），根据单孔闸门流量计算公式计算得闸门开度—泄流量关系，选用生态流量放水口尺寸为2.5m×0.06m（宽×高），当开度大于等于0.06m时，下泄生态基流量能大于1.0m³/s，拟在闸门螺杆底部安装限位卡环，尺寸为63mm×40mm×4.8mm（长×宽×高），满足相关规范要求。

（四）监测方案

（1）监测思路。该电站将军沟退水通过自流方式流入石头河，河道不规则，最宽度达到9m左右，且水流湍急，两边河道陡峭，采用渠道下泄方式监测修筑难度大，选定在将军沟汇入点采用管道式流量计对其进行流量校核监测，使用摄像机进行实时监控，采用遥测终端进行数据采集集成，同步建设坝后电站生态泄流远端监控系统，实现水电站下泄流量监测，预留与政府监控平台对接，确保生态流数据真实、完整和连续。

（2）断面要求。在将军沟与石头河流交汇处水流相对比较平缓处，借助将军石，建设一个标准的矩形拦水断面，长度8m，宽度3.5m，高度1.6m，堰体采用“梯形”结构，高度1.4m，长度3.8m，上宽3.5m，底宽6.0m，整体采用C25混凝土进行浇筑，墙体厚度0.4m，埋深度0.3m至清理出的山体基岩，保证堰体稳定。

（3）流量监测。下泄流量采用管道式流量计监测计量方式，在满足流量1～1.5m³/s的生态流量情况下，使用20号碳钢卷制直径为0.6m、长度为12.0m管道，预埋于堰下，管道末端焊接弯头保证管道总处于满管状态，在离末端2.0m左右安装防护等级为IP68的双声道超声波流量计进行计量；在入河河堤正对堰体处栽塔杆装设监视摄像头，进行生态泄流实像监视；在塔杆上挂置遥测终端机作为现地管理智能工作站进行数据和视频的采集和集成；在坝后变电站控制室安装监控电脑，布设流量监测系统，进行远端监视和管理。可从遥测终端机和监控电脑同时向上级监管部门传送泄流数据和集成图像和视频。

（4）硬件连接及系统拓扑。实施硬件连接及系统拓扑。

（5）监测软件。该电站生态泄流监测系统采用易于业务整合的SOA面向服务的架构，使用J2EE技术进行软件设计，通过将前台展示、中间业务层逻辑和后端数据存储相分离的思想，支持软件的多层框架。监测软件作为生态流量监测一个可视化的工具，可以实时查看生态流量数据、视频图片数据，监测数据的历史存储以及远端上级监管软件的传输对接，为业务管理工作提供及时准确的支持和服务。

2021年8月底，该电站生态泄流监测系统建成投用，运行状态良好，真实记录了电站生态泄流状况，为监管提供了可看、可查、可调的影像和数据资料，通过各级验收，积累了管理经验。

（陕西省石头河水库灌溉中心 屈万林）

东风岩航电枢纽运行对河流水环境影响分析

东风岩航电枢纽位于岷江下游乐山市五通桥境内道士观附近的岷江干流河段上，与上游老木孔、下游犍为坝址间距离分别为14.8km和20.2km。开发任务以航运为主，结合发电，兼顾供水。该枢纽具有日调节性能，正常蓄水位344.0m时，坝前最大壅水深11.0m，枢纽运行后，将一定程度上改变库区、坝下河段水域形态、水文情势，从而导致水环境容量发生一定变化；在五通桥区城镇排污及农业面源污染排放情况下，局部水质可能发生一定变化；而库区流速变化，局部水体交换频率降低，可能带来湖库富营养化问题。

（一）水质模拟分析

1. 模型原理　主要采用涡黏理论，在二维水动力学模型基础上，利用 MiKE21 软件进行对流—扩散水质模型计算。模型求解采用非结构网格中心网格有限体积法，该方法计算速度较快，且非结构网格可以拟合较复杂地形。

2. 模型构建　①模拟时段。水质预测时段拟定为 2 月（枯水期代表月）、5 月（平水期代表月）和 7 月（丰水期代表月）。②预测因子。结合沿岸污染源特征现状分析，现状及建库后水质预测各水期代表月选择 COD_{Cr} 和 NH_3-N 作为预测水质因子。③模拟工况。考虑建库前后水文情势的变化情况，分别预测 2 月（枯水期代表月）、5 月（平水期代表月）和 7 月（丰水期代表月）3 种工况下东风岩工程河段建库前后水质变化情况，根据水平年的不同，现状水平年下，污染源考虑现状污染源和远期新型工业基地、在建 2 座生活污水处理厂，模拟东风岩建库前后对河道水质影响。④边界条件。考虑到上游为老木孔航电枢纽，而汉河涌斯江既是老木孔工程的减水河段，又是东风岩工程库区，其水质变化同时受两个工程影响，因此，模拟范围包括老木孔坝址到东风岩坝址及其下游河段，另外还包括沫溪河和涌斯江。各边界按照丰、平、枯时期代表月均流量设置，径流选用五通桥与高场水文站长系列实测资料，各边界输入的水质数据根据不同时期实测的该断面水质资料进行设置。入库污染源包括工业污染源、生活污染源及农业面源。经统计，点源排放 COD_{Cr} 539t/年、氨氮 52t/年，面源排放 COD_{Cr}1740t、氨氮 590t、总磷 110t。

3. 模拟结果及分析

（1）水质总体达标情况分析。经模型计算，获得各工况下各预测断面的浓度及各工况下 COD_{Cr}、NH_3-N 的水质浓度分布情况。从水质指标看，各工况下预测断面 COD_{Cr} 和 NH_3-N 指标浓度均能达到地表水Ⅲ类水质标准。从污染源分析，入口污染源为现状预测情景时，现状污水排放量为 3524 万 t/年，即 1.11m^3/s，该值占多年平均流量 2510m^3/s 的比值为 0.044%，占比小，因此，研究范围水质基本由边界入流水质主导，东风岩枢纽工程对研究河段影响有限。

（2）水质分布特征分析。①丰水期水质分布特征分析。建库前后对比来看，建库后，各断面 COD 的变化范围为 0～0.5mg/L，氨氮浓度变化范围为 0～0.1mg/L，污染源汇入只改变排污口局部水质，各预测断面 COD 和氨氮指标较建库前变化小。入库河道水质为平均值时各预测断面水质明显好于入库河道水质为最差值时各预测断面水质，两者具有明显的相关性，因此对库区水质的改善应更重视主要入库河道水质改善。②平水期水质分布特征分析。平水期水质变化特征与丰水期趋势一致，入库河道水质为平均值时各预测断面水质明显好于入库河道水质为最差值时各预测断面水质，两者具有明显相关性。建库前后对比来看，建库后，各断面 COD 变化范围为 0～1.6mg/L，氨氮浓度变化范围为 0～0.2mg/L，污染源汇入只改变排污口局部水质，各预测断面 COD 和氨氮指标较建库前变化小。③枯水期水质分布特征对比。枯水期水质变化特征与丰水期趋势一致，入库河道水质为平均值时各预测断面水质明显好于入库河道水质为最差值时各预测断面水质，两者具有明显相关性。建库前后对比来看，建库后，各断面 COD 变化范围为 0.2～3.6mg/L，氨氮浓度变化范围为 0～0.1mg/L。污染源汇入只改变排污口局部水质，除沫溪河汇口上游 200m 断面外，各预测断面 COD 和氨氮指标较建库前变化小，沫溪河汇口上游 200m 断面建库后 COD 变大，变化范围为 2.1～3.6mg/L，其原因为沫溪河位于东风岩枢纽上游 3.5km，相距较近，沫溪河汇口上游 200m 断面受枢纽建成后影响相对较大，枢纽建成后枯水期河道流量相对较小，沫溪河汇口上游 200m 断面受库区顶托影响流速降低，COD 自然净化速度降低。

（二）结语

此研究以东风岩航电枢纽为例，分析了大型航电枢纽建坝对河流水质的影响。从水质指标看，研究范围水质基本由边界入流水质主导。入库污染源为预测情景时，水质相比现状条件有所提升，但在不改变主要河道入库水质情况下，提升程度非常有限；入库河道水质为实测平均值方案相比为实测最差值方案，河道水质整体提升 20%～30%，由此可知，对库区水质改善应更重视主要入库河道水质改善。

（湖南省水利水电勘测设计规划研究总院有限公司
刘启　邹高龙　卜跃先）

中国长江三峡集团有限公司 2022 年生态环境保护工作情况

2022 年，中国长江三峡集团有限公司（简称三峡集团）全力推动乌东德、白鹤滩重大项目环境保护措施落实，持续开展长江干流梯级电站生态调度、珍稀特有鱼类增殖放流和植物保护，精心推动环境管理体系平稳有效运行，为实现三峡集团高质量发展提供生态环保支撑。

（一）持续做好乌东德、白鹤滩水电站环保工作

三峡集团资助开展长江上游珍稀特有鱼类国家级自然保护区建设，着力打造黑水河鱼类保护替代生境，开展乌东德水电站库尾鱼类栖息地保护与修复，深度实施水生生物保护与水生态修复等综合性策略，

不断改善水生生物生存环境、保护水生生物多样性。三峡集团通过开展集运鱼系统建设运行，有效解决了高坝大库过鱼问题，切实推进乌东德和白鹤滩水电站水生生态保护；建设松新鱼道，帮助长江上游特有鱼类和重要经济鱼类完成生活史与遗传交流，促进长江生态持续向好。连续12年开展长江三峡至金沙江下游梯级水库多目标生态调度。2022年6月23～28日，三峡水库第二次促进葛洲坝下游产漂流性卵鱼类自然繁殖的生态调度试验期间，宜都断面鱼类总产卵规模约为153亿粒，其中，四大家鱼产卵量约为89亿粒，创2011年三峡水库生态调度试验以来最高纪录。积极参加“全国放鱼日”、迎接2022年世界环境日水电行业鱼类增殖放流联合行动等活动，在长江干流及金沙江下游开展了大规模增殖放流活动，全年共放流珍稀特有鱼类220万余尾，包括中华鲟30万余尾、长江鲟41.83万尾、圆口铜鱼18.74万尾、其他珍稀特有鱼类130.86万尾，增殖放流数量创历史新高。截至2022年底，累计迁地保护长江流域特有珍稀资源性植物达1380种2.98万余株。建成占地100万 m^2 国内最大的三峡特有珍稀植物保育科普基地，建设运行向家坝、白鹤滩珍稀植物园。

（二）国家工程研究中心建设取得进展

高质量筹建长江经济带生态环境国家工程研究中心，聚焦“4+1”环境污染治理工程，优化环保技术及装备研发团队架构，已形成环境政策研究所、管网研究所、城市环境研究所、绿色流域研究所、系统仿真研究所、生物多样性研究中心，即“5所1中心”科研部门，挂牌成立宜兴、九江、重庆和六安4个技术验证基地。成功申报并承担28项长江大保护领域国家级科研项目，其中牵头承担“长江黄河等重点流域水资源与水环境综合治理”等重点专项项目4项，参与承担课题2项、子课题16项、国家自然基金课题6项。

（三）生态环境保护管理体系高效运转

全集团构建并运行了覆盖环境保护标准、制度、规划与计划、投资决策环境保护审查、信息统计与报送、监督检查、协调指导、内部控制、风险防控、绩效考核以及与环境保护相关各级行政主管部门的沟通协调等内容的环境保护管理体系。三峡集团环境体系连续多年通过新版ISO 14001环境管理体系认证。经过20多年不断探索和实践，三峡集团逐步形成全流域、全生命周期、交流开放、科技创新的环境保护理念，形成较为完善的大水电环境保护管理组织体系。三峡集团已连续第17年发布环境保护年报、连续第12年发布可持续发展报告，2022年首次发布生物多样性保护报告，系统披露生态环境保护成效。11月，三峡集团生物多样性保护和长江大保护自主承诺在联合国生物多样性保护公约（CBD）网站正式上线，成为中国进行自主承诺的首家央企。12月，三峡集团提供的“中国三峡：覆盖业务区的生物多样性保护及其扩展”案例纳入联合国《生物多样性公约》缔约方大会第十五次会议第二阶段会议最佳实践案例，在中国角边会上正式发布。

（中国长江三峡集团有限公司　贾焯越）

雅砻江流域水电开发有限公司2022年生态环境保护工作情况

2022年，雅砻江流域水电开发有限公司不断完善生态环境保护管理体系，开展生态环境保护“基础管理巩固年”等专项活动，流域各项环保水保管理工作高质量开展，不仅守住了“环境事件零发生、行政零处罚”的工作底线，全流域在建和完建项目的环保水保工作持续受控，公司在国家开发投资集团有限公司资源节约与生态环境保护先进单位首次评选中，获评“2019～2021年度资源节约与生态环境保护先进单位”。2022年8月生态环境部在锦屏调研时，对公司始终践行“绿水青山就是金山银山”的发展理念，不折不扣地落实各项环保措施、统筹规划和实施全流域环境保护工作，予以高度评价和认可。公司总经理郭绪元荣获2022年四川省“绿色先锋”称号。

（一）持续完善生态环境保护管理体系

积极响应新发展阶段生态文明建设要求，制定生态环境保护考核和责任追究实施办法等4项制度，逐步强化“系统完备、科学规范、运行有效”的生态环境保护管理体系。

（二）深入开展生态环境保护“基础管理巩固年”活动

以开展生态环境保护“基础管理巩固年”活动为主线，统筹组织各二级单位开展生态环境保护排查整治、环保设备设施领域安全风险排查及生态环境监测工作专项排查和整治等活动，巩固基础管理提升成果，持续提升公司环境保护管理水平。

（三）稳步推进流域环境保护清单化管理

在试行危险废物清单化管理的基础上，不断探索，组织流域各水力发电厂全面梳理运行期环保水保工作，制定印发了《流域各水力发电厂环保水保主要工作清单》，并结合现场落实情况进行了修订，提升了环保水保管理的精细化水平，为全面推进流域环境保护清单化管理做了进一步探索实践。

（四）切实提高全员环境保护意识

积极参加“迎接2022年世界环境日水电行业鱼类增殖放流联合行动”，与国内多家水电企业约81座水电站共同开展了鱼苗放流及相关科普宣传活动。锦屏·官地鱼类增殖放流站作为“代表性工程放流现场”进行了专题展示，流域年内放流鱼苗达296.2万尾，累计放流鱼苗超1930万尾。通过宣传海报、微信推文及科普视频等方式，介绍公司绿色清洁能源开发与生态环境保护有机结合的措施和亮点。

举办2022年生态环保知识讲座，通过形式多样的宣传活动，扩大了生态环境保护的覆盖面和影响力，切实提高了公司员工的生态环境保护意识，增强了业务知识和专业技能。

（五）两工程取得环评水保批复

（1）牙根一级水电站，多渠道、多方式，积极与生态环境部、环境工程评估中心、省生态环境厅等主管部门沟通协调，在最短时间内完成了审前公示、技术评估等工作，成为长江保护法生效后按照新规定批复的第一个水电项目环评报告；电站水土保持方案报告书也顺利取得四川省水利厅批复。

（2）两河口混合抽水蓄能电站，第一时间组织设计院梳理关键制约因素、倒排工期，将时间精准卡到每半天，提前协调四川省生态环境厅、水利厅，梳理并明确各项审批环节与节点，紧锣密鼓，全力推进，确保环评公示、受理、技术评估及批复等各环节工作的无缝衔接，顺利获批。

（六）有序推进后续前期项目环保水保工作

面对制约牙根二级、楞古水电站环评的重难点问题，主动与有关主管部门和专家学者沟通汇报，查找问题瓶颈，研判形势并商议对策，推进流域水电开发环境影响跟踪研究工作，从程序上解决中游河段电站开发调整所带来的项目环评与规划符合性问题；扎实开展五小叶槭影响及保护措施研究，耐心沟通，将相关学者及行政主管部门的态度由质疑和否定转变为信任与支持，对解除牙根二级、楞古水电站环评的制约因素将起到重要作用。

（七）发挥流域环境保护管理积极性

加强环境保护监督检查、考核及表彰奖励等已有制度的执行落实，按照专业化、常态化和规范化要求定期开展流域环境保护监督检查，并在流域开展不同项目交叉监督检查，充分发挥现场环境保护管理能动性；组织开展公司生态环境保护工作考核，组织评选公司生态环境保护先进集体和先进个人，充分调动现场管理积极性。

（八）全面推进尾工项目竣工阶段环保水保专项验收准备工作

以两河口、杨房沟水电站创建国家水土保持示范工程为契机，通过开展环境保护日常监督检查、验收调查单位及创优技术服务单位现场查勘座谈，系统排查梳理现场存在的环保水保问题，制定竣工环保水保验收、示范工程创建工作方案及整改清单，督促管理局及时整治落实，为竣工阶段环保水保专项验收及后续国家水土保持示范工程创建打好坚实基础。

（九）打造在建项目基建管理3.0升级版

全面总结已建、在建电站的建设管理经验，在行业内率先实践招标前即开展环保水保专项深化设计、编制招标文件环保水保专篇基础上，卡拉水电站编制了《三同时实施方案》，孟底沟水电站完成《环境保护总体设计报告》等的编制及内部审查；充分依托并发挥环保水保监理、环境监测、水土保持监测等第三方监理和监测调查单位的技术优势，通过交叉检查等方式，督促承包人严格落实“三同时”制度，助力公司打造基建管理3.0升级版。

（十）完善流域生态环境全周期全过程管理

充分发挥流域统筹优势，统筹水文、水质及水温监测设备安装及数据分析工作，开展了大量现场水生生态调查及陆生生态调查，为高质量完成相关研究提供了充实的数据支撑。为满足生态环境部在线监管要求，开展了雅砻江流域生态环境全过程监测系统建设工作，组织完成了现场调研形成实施方案并已完成评审，流域生态环境全周期全过程管理持续完善。

（十一）全力保障公司新能源战略顺利实施

面对新能源开发周期短、时间紧的特点以及随之而来的挑战，全力协调腊巴山风电项目、柯拉光伏项目取得环评及水保批复，完成了《高海拔项目水土保持工作调研成果及后续工作建议报告》，编制了招标文件环保水保专篇和水保科研试验大纲，为开展工程建设和环保水保管理打下基础，全力保障公司新能源战略顺利实施。

（雅砻江流域水电开发有限公司　宋以兴）

华能澜沧江水电股份有限公司 2022年生态环境保护工作情况

2022年，华能澜沧江水电股份有限公司聚焦国家“双碳”目标，推动人与自然和谐发展现代化建设新格局，在不断实践中谱写“两山”理论新篇章。严格执行国家及地方环保主管部门生态环境保护重大决策部署，认真落实环境保护政策，精心统筹水电开发与自然环境保护的关系，将“生态优先、绿色发展”作为新时期水电开发的环保理念和价值追求，努力实现水电开发与生态环境保护的全面、协调、可持续发展。

（一）践行“两山”理论开启发展新篇章

以“绿色发展”为宗旨，牢固树立人与自然和谐发展的生态观，在工程建设中秉承“同时设计、超前实施、提前投运、运行有效”的理念，各电站严格落实生态保护、环保监测、生态修复等环保措施，建立完善的生态环保综合防护体系，保护了电站周边的良好生态环境。坚定践行“两山”理论，不断提高水电作为清洁可再生能源重要性的认识，千方百计加大水电开发力度，澜沧江流域西藏段清洁能源基地开发建设全面提速，奋力开创绿色转型高质量发展新篇章。

（二）落实“三同时”要求推行环保新举措

结合生态环保工作新要求和上游藏区生态特点，依托如美工地推行水电工程环水保标准化工地建设试点，制定《如美工程环保水保标准化工地建设方案》，全面实现施工生产污水全部采用一体化设备处理后综合利用；裸露面绿网覆盖、工区绿色围挡及开挖工作面实时洒水降尘常态化管理，为澜沧江上游水电建设环水保工作开展有益探索。在建的托巴电站在环保管理中积极推行“动态一张图、管控一清单、数据一报告、管理一本书”，内容包含了环保“三同时”管理、环境监测、环保隐患排查、环保政策法规、环保培训等内容，全面体现了动态管控的关键点，显著提升了环保管理水平。

（三）坚持创新引领生态环保取得新提升

升鱼机、集运鱼系统等国内水电行业多个具有开创性的水生保护措施在澜沧江流域得到全面应用，生态保护设施运行状况全面提升。国内首例世界提升高度最高、最大提升高度超过150m的黄登水电站升鱼机正式运行，填补了我国高坝过鱼和升鱼机过鱼工程设计、建设空白。糯扎渡鱼类增殖站、苗尾·功果桥鱼类增殖站、黄登鱼类增殖站、龙开口鱼类增殖站，在国内首次实现巨魾、后背鲈鲤、长薄鳅等澜沧江土著鱼类增殖技术突破；参与水电行业鱼类增殖放流联合行动，完成土著鱼增殖放流40余万尾，为保护生物多样性作出了积极贡献。苗尾水电站获得水利部授予的“2022年度国家水土保持示范工程”称号，小湾、功果桥、龙开口、糯扎渡电站获得云南省河长制办公室授予的“省级美丽河湖”称号，桑河二级水电有限公司获得柬埔寨渔业总局颁发的鱼类保护贡献奖，澜沧江流域良好的生态环境已成为国内水电开发和生态保护的典范。

（四）攻坚克难环保报批和验收实现新突破

积极开展西藏清洁能源基地建设前期工作，严格按照各项目核准工作计划，落实人员责任，按期获得如美水电站环保水保批复文件，为电站核准奠定坚实基础。2022年新开工建设的新能源项目全部取得环保水保批复文件，环保水保报批手续齐全、依法合规。已投运水电项目和新能源项目均按照相关规定完成环保水保验收工作，黄登水电项目通过云南省水利厅水土保持设施自主验收核查。

（华能澜沧江水电股份有限公司）

华能四川能源开发有限公司 2022年生态环境保护工作情况

2022年，华能四川能源开发有限公司认真履行生态环境保护政治责任、主体责任，各项生态环境保护工作有序开展。

（一）落实环保责任，建立长效管理机制

积极响应生态环境保护工作要求，落实管理责任，成立华能四川公司环保组织机构，明确各级人员环保管理责任。修订印发《生态环境保护管理办法》，厘清华能四川公司以及各流域单位环境保护管理职责，做到人岗清晰，流程通畅，考核有据，确保各项生态环境保护管理工作真正落实到位。

（二）扎实开展运营电站环水保管理工作

组织开展环保技术监督，强化对环保设施规范运行的指导监督和问题诊断。履行环保职责，按照水电站“一站一策”方案和批复文件，做好生态流量下泄工作。有序开展水电站库区漂浮物整治工作，加大漂浮物打捞力度和运送频次，保证库区及大坝管理区域整洁常态化。加强“危废”管理，建立统一台账，与有资质单位签订处置合同及时处理库存，避免造成环境污染。

（三）严格落实建设项目环保“三同时”要求

严格落实建设项目环保“三同时”工作要求，确保环保管理工作可控、在控。一是精细化“三废一噪”管理，购置监测设备，强化台账管控，切实推进现场污染防治攻坚工作。二是砂石骨料加工系统采用改进型一体化高速凝集斜板沉淀系统（PICAF），实现污水处理后零排放，回用至场区洒水降尘。洞室出水和混凝土拌和系统共布设14座三级沉淀池，通过添加草酸及絮凝剂，使废水达标排放。三是施工区道路硬化，作业现场配备雾炮、喷淋系统，进出场设置车辆冲洗平台有效降低粉尘和空气污染。四是合理控制爆破时间、于敏感路段安装隔音墙、敏感工段采用隔音棉，在砂石系统进行全封闭，并定期监测工区噪声值。

（四）加强教育培训，不断提高全员环保意识

组织开展环保、水保知识培训，聘请行业专家系统全面讲解生态环保监督管理重点、水土保持监管监测管理内容，并对水电工程建设中出现的质量安全环保水保突出问题、重点和难点问题进行剖析。通过培训，进一步增强和提高华能四川公司各流域单位环保意识、能力。

（五）开展鱼类增殖放流活动

持续加强生态文明建设和生物多样性保护，响应

水电水利规划设计总院组织的“6·5世界环境日水电行业鱼类增殖放流联合行动”，在铜头水电站下游思延镇河段开展了增殖放流活动，共向天然水域投放国家二级重点保护鱼类重口裂腹鱼苗2万尾。

（华能四川能源开发有限公司）

苏洼龙水电站工程水生生态保护措施

（一）项目简介

苏洼龙水电站为金沙江上游“一库十三级”中的第十级电站，电站正常蓄水位2475m，总库容6.74亿m^3，装机容量120万kW，多年平均发电量为54.26亿kW·h（联合），为日调节电站。电站采用堤坝式开发，枢纽建筑物主要由沥青混凝土心墙坝、溢洪道、泄洪洞、引水发电系统等组成，最大坝高112m，发电厂房为地面厂房。根据该电站环境影响报告书及其批复要求，主要环保措施包括栖息地保护、升鱼机（鱼类上行）与集运鱼系统（鱼类下行）过鱼措施、鱼类增殖放流站等。

（二）栖息地保护

该电站所在的金沙江上游河段，河谷狭窄，水流湍急，鱼类组成为典型的高原鱼类，具有较强的适应流水生境特点。金沙江上游规划环评提出以“洛须保留河段＋支流赠曲下游河段＋支流藏曲下游河段＋巴塘保留河段＋支流定曲下游河段”为鱼类保护河段，其中巴塘保留河段位于该电站库尾以上，长度为12km，包括了玛曲汇口鱼类重要产卵场和索饵场，约占金沙江上游保留河段总长的16.44％。

根据金沙江上游规划环评对于栖息地保护要求、苏洼龙江段各支流条件及鱼类繁殖需求，将支流玛曲汇口至上游11km作为支流栖息地保护河段，与干流12km保护河段形成干支流保护格局；将西曲二级电站厂址至河口23km河段作为支流栖息地进行保护，不再开发。主要保护措施如下：产卵场生境营造、岸坡生态防护、生境恢复和垃圾清理。①产卵场生境营造。在西曲河口水域，电站蓄水后形成深水栖息生境，可作为鱼类提供索饵、育幼、庇护、越冬场所；考虑到鱼类产卵场宜与鱼类索饵、育幼场所相邻，因此在西曲河口水库回水范围以上邻近区域营造了鱼类集中产卵场。从而在生境上形成产卵—索饵—育幼区域。②岸坡生态防护。对于河口自然岸坡，在蓄水后可能会造成侵蚀更加严重的情况，采用格宾生态护岸。③生境恢复和垃圾清理。对于由于取料造成的河道破坏参照自然条件下河床底质情况进行了恢复，主要措施为对破坏的河床进行平整并覆以细沙和砾石。对于河道内的垃圾进行了清理。

（三）升鱼机与集运鱼系统

该电站分别采用升鱼机和集运鱼系统辅助鱼类上行过坝和下行过坝，过鱼设施于2022年开始运行。

（1）升鱼机系统。升鱼机主要由集鱼系统、运鱼过坝系统、放流系统、补水设施、辅助诱鱼设施、观察室等组成。其中，集鱼系统布置于左岸尾水渠出口下游80m处，通过取水管道向鱼道内补水，在诱鱼口处形成诱鱼水流。鱼通过短鱼道进入集鱼池后，集鱼池内的集鱼斗提升，将鱼转入观察室内的鱼池内，待鱼进行统计后，转入放置于AGV运鱼车的运鱼箱内，运鱼车经厂房平台、过鱼隧洞行驶至坝顶上游码头（2480m高程），再通过码头起吊设备将运鱼箱吊运至停泊在码头的集运渔船上，集运渔船搭载运鱼箱至西曲等支流汇口进行放流。运鱼过坝系统主要由AGV运鱼车、运鱼箱、过鱼隧洞等组成，过鱼隧洞长度约900m。放流系统由库区码头、集运鱼系统的集运渔船等组成。

（2）集运鱼系统。为辅助鱼类下行，降低鱼类卵苗通过水轮机时的死亡率，苏洼龙水电站设置了鱼类下行集运鱼系统，与升鱼机协同运行，促进大坝上下游鱼类种群基因交流。苏洼龙水电站下行集运鱼系统为国内首批建设运行的集运鱼系统设施。该集运鱼系统由集运渔船、集鱼装置、吸鱼泵、运鱼箱、码头固定回转吊、放鱼溜槽、监测设备等组成。鱼类下行过坝利用升鱼机AGV运鱼车进行运输。集运鱼系统运行时间为6～9月，过鱼规格以鱼类卵苗为主。主要运行方式为：①通过光、饵料等将鱼诱集入集鱼装置内；②使用吸鱼泵将诱集到的鱼类吸入运鱼箱内；③采集到一定数量的鱼后，集运鱼船返回码头；④用码头回转吊将运鱼箱吊至AGV运鱼车上；⑤AGV运鱼车搭载运鱼箱经过鱼隧洞行驶至坝下放流点进行放流。

（四）鱼类增殖放流站

苏洼龙水电站鱼类增殖放流站为西藏最大的类增殖放流站，是金沙江上游建设的第一座鱼类增殖放流站。苏洼龙鱼类增殖放流站设计时综合考虑当地气候、水源、鱼类养殖需求等条件。当地年平均气温12.6℃，极端最高气温37.9℃，极端最低气温－12.8℃，日照强烈且昼夜温差较大。河流多年月平均水温在1.5～14.5℃，月平均水温为8.9℃。根据相关文献，裂腹鱼养殖水温不宜高于22℃。根据上述条件，增殖站采用以养殖车间为主的室内养殖方式。车间环境条件较稳定，且有一定的保温功能，既可以防止夏季室内升温过快，也可在冬季有一定的保温功能，更加有利于鱼类的培育。亲鱼养殖池方面，配备了25m×4m的大型亲鱼池，有利于鱼类的活动和生长。对于受精卵的孵化，配备了尤先科孵化器和孵化槽。苗种培育池方面，根据鱼类不同阶段生长发育情况，配备了直径 1m、3m 的玻璃钢培育缸，便于鱼类的分级培育。另外配备了室外饵料池、野化训练池、隔离池等。在水循环高效利用方面，采用了水循环养殖设备，实现高效水利用，最大降低了养殖尾水的产生。苏洼龙鱼类增殖放流站于 2017 年 11 月投运，2018～2021 年共放流鱼类 182.1 万尾。

（中国电建集团北京勘测设计研究院有限公司 常毅 张沙龙）

加查水力发电厂 2022 年生态环境保护工作情况

（一）加查水电站“三同时”落实情况

加查水电站始终坚持生态保护第一，牢固树立“绿水青山就是金山银山，冰天雪地也是金山银山”和绿色发展的理念，全面落实“三同时”制度，工区植被措施、鱼类增殖站、鱼道等环境保护措施与主体工程同步建设，累计完成环保投资约 4.7 亿元。

（二）加查水电站环保措施落实情况

加查水电站全面落实水环境保护、环境空气保护、声环境保护、生态环境保护、水土流失防治等各项环保措施，同步开展环境专项监理、监测工作，优化调整施工总布置方案，砂石骨料加工系统用地避开园艺一场核心区域，沿核心保护区修建了约 2000m 围墙，保护面积达 300 亩；对砂石系统内分布的 23 棵大龄核桃树采取“一树一保”措施，修建砖砌树池及明确责任人进行保护，布置表土场，对施工区的表层耕植土予以剥离、收集和保护，多次对渣场表面采取覆盖、喷淋等扬尘措施，得到地方政府主管部门的肯定。

加查水电站为满足下泄生态流量要求，在电站大坝右岸设置 1 孔生态流量表孔，在下游流量不满足环保规定的下泄流量 $153m^3/s$ 时，开启生态流量表孔，满足下游生态流量要求，在电站下游左岸 500m 处设置生态流量监测站，对电站下游生态流量进行 24h 监测。

（三）鱼类保护设施建设运行情况

加查水电站分两期建成鱼类增殖放流站，占地 33 亩，总投资约 5000 万元，截至 2022 年底，共增殖放流雅鲁藏布江珍稀土著龄鱼苗约 105 万尾。

加查电站过鱼设施采用鱼道方式，鱼道布置在河床左岸，主要由进口、尾水渠段、岸坡段、过坝段、出口明渠段、出口和鱼道观测研究室等组成，全长 2500.10m，鱼道设计投资 7236 万元，实际完成投资 6883 万元。①该鱼道每年 3～6 月开启过鱼运行，2021 年 3 月 1 日首次开启鱼道运行，并持续监测其过鱼情况，截至 2022 年 6 月 30 日，连续观察 2 个过鱼周期，过鱼总数 264352 尾。②2021 年在该鱼道进口观测室共观察到鱼类 9 种 140605 尾，属 2 目 3 科 7 属，包括鱼道设计主要过鱼对象异齿裂腹鱼、巨须裂腹鱼、拉萨裂腹鱼，兼顾过鱼对象黑斑原鮡、拉萨裸裂尻鱼等，其中上行鱼类 117386 尾，下行 23219 尾，净上行 94166 尾。③2022 年在该鱼道进口观测室共观察到鱼类 10 种 123747 尾，属 2 目 3 科 8 属，包括主要过鱼对象异齿裂腹鱼、巨须裂腹鱼、拉萨裂腹鱼，兼顾过鱼对象黑斑原鮡、拉萨裸裂尻鱼等，其中上行鱼类 97581 尾，下行 26166 尾，净上行 71415 尾。综上可知，该鱼道有效发挥了鱼类迁移、洄游通道的功能。过鱼效果良好，深受生态环境部高度赞扬。

（华能雅鲁藏布江水电开发投资有限公司加查水电厂）

藏木水力发电厂 2022 年生态环境保护工作情况

藏木水力发电厂高度重视生态环境保护工作，强化政治担当，逐级压实工作责任，按照国家、行业法律法规和上级公司关于生态环境保护工作安排部署，切实做好各项工作。

（一）认真落实环保措施，高质量完成中央环保督察迎检工作

严格落实环境影响评价报告及批复文件要求，制定年度环保工作计划，落实各项环保措施。抓好环保设备设施运行维护管理工作，开展鱼道运行、增殖放流站、生态流量监测等环保日常管理工作，保证环保设备设施可靠运行；规范环保管理，健全完善 3 个环保制度；开展环保达标检测工作，4 次对全厂区的地表水、生活污水及厂房排水的水质开展监测，全部达标；开展废油收、储和处理工作，完善废油收储台账，健全标志标识，委托有资质的专业单位进行统一处理；扎实做好六氟化硫、垃圾、生产生活废水等环境敏感性污染源风险管控；开展节能减排工作，采用水泵启动技术优化、LED 照明改造等手段，将厂用电率由 0.45%降至 0.36%；制作了雅江公司第一个环保方面的视频资料，展现华能在藏环保工作新形象。

把第二轮中央环保督察迎检工作纳入年度重点工作，认真组织学习中央环保历次督察典型案件以及自治区环保通报等案例，吸取环保事件教训，对照建设

期和运行期环保法律法规各项要求，举一反三开展环保风险辨识和隐患排查，形成问题整改台账，落实到具体部门、人员，限时全面完成整改，结合电厂实际编制了环保知识应知应会等资料，切实做好补短板强弱项工作，高质量完成了 2022 年 4 月 9 日中央第二轮生态环境保护督察的迎检工作，受到督查组的肯定和好评。

（二）落实生态环境保护评价工作，切实反映各项环境保护措施的实施效果

高度关注环境措施实施的效果，开展藏木水电站环境影响后评价工作，对工程各项环境保护措施进行了系统调查和分析，对项目采取的对环境监测数据进行了分析，对环评报告书中提出的预测结论进行了验证，2022 年 11 月经专家组审核后已报送至生态环境部开展备案工作。高度重视职工健康，开展劳动安全与工业卫生后评价，对完工工程环境进行了系统的调查和检测，对环境监测的数据进行分析，对环评报告书中提出的预测结论进行验证，2022 年 12 月 15 日经专家组审核后已报备至审批单位开展备案工作。

（三）积极参加“水电行业鱼类增殖放流联合行动”，树立华能绿色环保形象

华能雅江公司高度重视增殖放流工作，建设华能雅江中游鱼类增殖站，并被确定为全国水电科普教育基地。①电厂每年邀请政府、当地人士，特别是周边学校学生走进鱼类增殖站、鱼道等场所，开展水生生态科学知识的普及工作，近距离感受华能在水生生态的保护方面取得的丰硕成果。2022 年共接待社会参观人员 500 余人次。②2022 年 6 月 1 日，电厂增殖放流点作为“迎接 2022 年世界环境日水电行业鱼类增殖放流联合行动”8 个分会场之一，参加了由水电水利规划设计总院、中国水力发电工程学会及水电行业 81 座水电站的现场放流直播活动，放流珍稀鱼类 23.1 万尾，累计放流总量突破 105 万余尾，受到社会各界高度赞扬，《人民日报》进行了专题报道，肯定了增殖放流活动对恢复雅江珍稀土著鱼类资源，保护水生生物多样性具有重要意义，提升了华能集团绿色环保形象。

（四）科技赋能环保，开发鱼道智慧监测系统提升过鱼监测能力

开展并完成藏木鱼道补水系统功能提升优化改造工作。开发了鱼道智慧过鱼效果监测系统，利用高科技手段开展鱼道过鱼监测研究，该系统利用视频图像和声光开展鱼类智能识别，包括声呐和视频图像采集系统、鱼类智能识别软件、鱼道运行信息管理平台、人工智能工作站等功能模块，提高了过鱼监测效率、识别准确率和统计准确性，降低鱼道运行成本，为鱼道的运行效果评估和智能化管理提供监测数据支撑，系统全年监测到过鱼 96430 尾。鱼道智慧监测系统的成功建设，获得地方政府和生态环境部的高度认可。多次接待珠江委、国家电投集团黄河公司、国家能源集团大渡河公司、华电西藏公司、福建水投集团等单位学习调研，进一步扩大了藏木鱼道在业内的影响力。

（五）开展生态环保科学技术研究，为公司环保工作向优向好发展提供强力支撑

开展高原水电站对周边小气候及生态环境的影响机理研究，并于 2022 年 12 月 1 日完成科研结题，研究结果显示，藏木水库蓄水后坝址附近整体气候条件得到改善，库区周围的植被呈增加趋势，研究成果为全厂环境保护及优化工作提供了技术支撑，为制定雅江水电开发中的生态环境保护措施提供科学依据；开展 2022 年过鱼期鱼道监测运行管理研究，研究显示鱼道为鱼类提供上溯通道，恢复了河流的连通性，取得了良好的过鱼效果；开展雅江中游鱼类栖息地保护研究工作，完成了报告的编制，经业内专家及地方各部门评审后，获得西藏自治区批复。

（华能雅鲁藏布江水电开发投资有限公司
藏木水电厂）

移 民 工 程

2022 年水利部水库移民工作主要进展情况

2022 年，水利部水库移民安置工作进一步突出保障水利工程建设顺利进行、维护移民权益和社会稳定 3 个重点，在移民安置规划、移民搬迁实施和各阶段移民验收等环节持续发力，有效维护了移民群众合法权益，有力保障了水利工程顺利建设和区域社会和谐稳定。

（一）加强水利工程移民安置前期工作指导

各地围绕推进工程项目尽早开工目标，深入库区和移民安置区进行实地调研，充分征求移民群众意愿，

听取地方政府意见建议，加强移民安置前期工作的指导协调，确保工程立项审批要求，认真推进移民安置前期工作，促进工程顺利开工。及时完成重大水利工程移民安置规划审核，保障了具有战略意义的引江补汉、淮河入海水道二期、环北部湾广东水资源配置等47项（次）重大水利工程移民安置规划及大纲审核审批。

（二）持续实施重大水利工程移民搬迁进度协调机制

根据移民搬迁年度计划，按季度跟踪移民搬迁进展、研判移民搬迁进度与工程建设进展匹配性。落实重大水利工程移民搬迁进度协调机制，督促移民搬迁进度。改移民搬迁进度季报为月报制度，加强调度频次，31座重大水利工程规划搬迁移民16.2万人、投资1013亿元，累计完成6.6万人、投资660亿元，保障移民搬迁进度满足工程进度要求。

（三）认真落实水利工程移民安置验收制度

协调审计署及有关地方，经第29次部务会顺利审议通过，修订印发移民安置验收办法，适应新形势新要求，规范移民安置验收行为，达到水利工程建设和移民安置的双赢。各地认真落实大中型水库移民安置验收管理办法，工程建设到哪个节点，移民搬迁安置和验收就跟进到哪个节点。广西大藤峡、湖北碾盘山、贵州夹岩、黑龙江阁山等重大水利工程及时通过移民安置阶段性验收，河南前坪、重庆观景口、辽宁猴山等20座重大水利工程及时通过移民安置竣工验收，明确海南红岭、四川紫坪铺等6座水利枢纽工程竣工移民安置验收，由省级移民管理机构主持。广东省在移民安置阶段性初验前，进行“全面体检”，提升了移民安置验收工作质量。尼尔基水库、四川武都水库等移民遗留问题较多的“老大难”水利工程，在有关地方共同努力下，完成了移民安置竣工验收，为工程投入正常生产经营发挥效益，提供了保障条件。

（四）切实加强移民安置行业能力建设

出版发行《水库移民工作管理》，作为水利部此次组织的全国水利干部系列培训教材的第一本书，受到各方的肯定；印发水利工程移民安置高质量发展实践典型案例名录，出版发行《水利工程移民安置高质量发展实践典型案例》，加大移民安置行业指导和经验交流推广工作；编制大中型水利水电工程移民安置规划审核行政许可事项；申报水库移民安置工作方面2022年度全国“三农”人物，申报全国治理重复信访、化解信访积案专项工作优秀集体，积极宣传推广移民安置工作，为全社会了解和支持移民安置工作营造良好氛围；组织开展全国水库移民干部培训，加强移民干部队伍建设。

（五）进一步提升移民安置质量

各地汇集多方力量，不断完善移民安置区生产生活设施，提升公共服务供给水平，为移民群众尽快融入当地、开展正常生产生活打下坚实基础。15万多大中型水库移民得到妥善安置，保障了工程顺利建设，为稳定宏观经济大盘、促进经济回稳向上作出了移民贡献。广西大藤峡水利枢纽通过地方政府协调，统筹财政支持、发行债券、银行融资等途径，整合各类资金，加强基础设施建设，打造移民安置高质量发展样板。

（水利部水库移民司　唐东炜）

南方电网储能股份有限公司 2022年征地移民工作情况

（一）梅州抽水蓄能电站项目

开展移民安置竣工验收准备工作。梅蓄项目已就征地移民结算费用与政府达成一致，并逐项开展结算工作；移民资金专项审计已由审计部门上报审计计划；遗留问题库周道路复建工程已启动。

（二）阳江抽水蓄能电站项目

开展移民安置竣工验收准备工作。与政府商谈征地移民费用收口结算事宜；阳春市审计局已启动对移民资金的初步专项审计；遗留问题新河桥复建工程已经开工。

（三）南宁项目

南宁项目5月10日取得国家林业和草原局使用林地的批复；正在开展移民安置区建设前期准备工作。

（四）肇庆浪江抽水蓄能电站项目

肇庆项目6月20日取得用地预审意见；5月11日取得移民安置规划大纲批复，8月1日取得移民安置规划批复；8月8日项目获得核准；8月22日取得使用林地批复。

（五）中洞抽水蓄能电站项目

中洞项目6月1日取得移民安置规划大纲批复，7月27日取得移民安置规划批复；8月17日取得用地预审意见；8月26日项目获得核准；9月30日取得使用林地批复。

（南方电网储能股份有限公司　曹娅）

南水北调中线引江补汉工程 2022年移民工作进展

2021年11月6日，湖北省人民政府发布《省人民政府关于禁止在引江补汉工程和输水沿线补水工程建设控制范围内新增建设项目及迁入人口的通告》（鄂政函〔2021〕142号）后，长江设计集团有限公司作为技术归口单位，随即开展引江补汉工程建设征地范围内实物调查成果的核对、汇总、公示及复核工作，并按程序对实物调查成果进行了行政确认。

2022年1～3月，长江设计集团有限公司在征求移民意愿、听取地方政府意见基础上，提出移民安置方案，编制完成《引江补汉工程建设征地移民安置规划大纲》，水利部水利水电规划设计总院会同湖北省水利厅对规划大纲进行审查后，2022年5月，水利部、湖北省人民政府以水规计〔2022〕202号文件批复规划大纲。依据批复的规划大纲，长江设计集团有限公司编制完成《引江补汉工程建设征地移民安置规划报告》，水利部水利水电规划设计总院会同湖北省水利厅对规划报告进行审核后，湖北省水利厅以鄂水许可〔2022〕96号文件出具审核意见。2022年6月27日，国家发展改革委以《关于印发〈国家发展改革委关于审批南水北调中线引江补汉工程可行性研究报告的请示〉的通知》（发改农经〔2022〕978号）批复引江补汉工程可行性研究报告。

考虑到引江补汉工程出口段出水口选址唯一，不存在重大技术问题制约，施工条件较好，具备先期开工条件，根据工作安排，长江设计集团有限公司编制完成《引江补汉工程输水总干线出口段（K189＋226～K194＋786）初步设计报告》及《引江补汉工程输水总干线出口段（K189＋226～K194＋786）初步设计阶段建设征地移民安置规划设计报告》，2022年5月中旬，水利部水利水电规划设计总院对出口段初设报告进行了审查，2022年6月29日，水利部以水许可决〔2022〕30号文件批复了出口段初设报告。2022年7月7日，引江补汉工程出口段正式开工建设。

2022年9月，引江补汉工程初步设计阶段实物补充调查工作正式启动，项目法人、长江设计集团有限公司会同地方政府有关部门组成联合工作组，历时3个月对初设阶段调整后征地范围内实物进行了补充调查、公示，随即开展初步设计阶段移民安置规划设计工作。在充分征求各区县人民政府、相关单位、乡镇等相关意见的基础上，根据调整后的建设征地范围、实物调查成果和规划设计方案，长江设计集团有限公司于2022年12月底编制完成了《南水北调中线引江补汉工程初步设计报告（送审稿） 第九篇 建设征地与移民安置》和《南水北调中线引江补汉工程初步设计报告 附件四 建设征地移民安置规划设计报告（送审稿）》[简称《移民安置初设规划（送审稿）》]，报送水利部审查。

根据《移民安置初设规划（送审稿）》，引江补汉工程建设征地涉及宜昌市夷陵区、远安县，襄阳市保康县、谷城县，十堰市丹江口市等3个市、5个区县，建设征地总面积1.90万亩，涉及农村居民239户803人，各类房屋7.25万m^2。规划搬迁安置人口843人，根据各区县相关政策，地方政府、村组意见和移民意愿，规划新建居民点1个，集中安置191人；分散安置624人；货币补偿安置28人。

（长江设计集团有限公司　逄智堂）

旭龙水电站工程2022年移民工作进展情况

旭龙水电站工程位于云南省德钦县与四川省得荣县交界的金沙江干流上游河段，是金沙江上游河段“一库十三级”梯级开发方案中的第12级。工程以发电为主，总装机容量240万kW（4×60万kW），年平均发电量约105亿kW·h。工程于2022年9月26日正式开工建设。

长江勘测规划设计研究有限责任公司于2017年9月承担旭龙水电站可行性研究阶段勘察设计工作，先后完成了《实物指标调查细则》编制及审批，实物指标调查、公示及复核，《移民安置规划大纲》《移民安置规划》编制及审批。西藏、云南、四川三省（自治区）人民政府分别于2020年3月、7月、9月批复了《移民安置规划大纲》，三省（自治区）建设征地移民主管部门分别于2020年9月、11月、12月印发了《移民安置规划》审核意见。

该水电站建设征地涉及四川省得荣县及巴塘县、云南省德钦县、西藏自治区芒康县共3省（自治区）4县、6个乡、23个行政村和3个国有林场，建设征地涉及搬迁人口1549人，房屋25.65万m^2；征地总面积32684.17亩，涉及耕地522.92亩、园地694.51亩、林地13836.97亩、草地2253.42亩，住宅用地326.11亩，公共管理与公共服务用地0.21亩，特殊用地0.73亩，交通运输用地452.16亩，采矿用地1.54亩，水域及水利设施用地10863.16亩，其他土地3732.44亩；专业项目涉及企事业单位5家，四级公路22.53km、汽车便道33.39km，公路桥梁174m/3座、过江大桥828.6m/5座、过江人行桥375m/3座，110kV输电线10.84km、10kV输电线56.7km，变压器10台，通信线路241.71km、移动基站2座，水电站11万kW/2座，4个水位站、1个气象站，不涉及文物古迹及重要压覆矿产资源。规划搬迁安置人口1669人，其中新建2个农村居民点集中安置1146人，分散安置523人；规划生产安置人口1391人，其中农业安置864人，复合安置282人（配置0.5亩耕园地＋1.0亩耕园地逐年补偿），逐年补偿安置100

人，自主安置 95 人。

考虑到该电站建设进度计划调整和云南省土地补偿政策变化等因素，按照国家有关部委对水电工程项目核准的要求，2022 年 4 月中旬，编制了《金沙江上游旭龙水电站可行性研究阶段建设征地移民安置规划（云南部分）》，4 月底，水电水利规划设计总院会同云南省搬迁安置办公室采取视频形式召开复核审查会议，审查通过了《金沙江上游旭龙水电站可行性研究阶段建设征地移民安置规划（云南部分）》。2022 年 6 月，国家发展改革委印发《国家发展改革委关于金沙江旭龙水电站项目核准的批复》（发改能源〔2022〕869 号），标志该电站建设征地移民工作由前期规划设计全面转入搬迁安置实施阶段。2022 年 11 月，国家能源集团金沙江旭龙水电有限公司分别与云南省搬迁安置办公室签订、四川省水利厅签订了《金沙江旭龙水电站云南部分移民搬迁安置工作协议》《金沙江上游旭龙水电站（四川部分）移民安置初步协议》，对旭龙水电站建设征地移民安置工作做了总体具体安排和部署。2022 年 12 月，四川省水利厅委托长江勘测规划设计研究有限责任公司承担四川部分移民综合设计、移民单项工程施工图勘察设计，全面启动移民综合设计及移民单项工程施工图勘察设计工作。2022 年，基本完成云南部分移民单项工程施工图勘察设计及审批，有序推进复建德巴公路（达拥曲至旭龙坝址段）开工建设，根据工程建设需要开展前期项目用地手续办理及征地拆迁工作。

（长江设计集团有限公司　吕志均）

黄金坪水电站工程移民安置方式适宜性分析

黄金坪水电站系大渡河干流水电规划“三库 22 级”的第 12 级电站，上接长河坝梯级电站，下游为泸定电站。水库正常蓄水位 1476.00m 时相应库容为 1.28 亿 m^3，死水位 1472.00m，水库具有日调节能力。电站总装机容量 85 万 kW，多年平均年发电量 38.61 亿 kW·h。该电站建设征地区共涉及康定市的姑咱、时济、舍联、前溪等 4 个乡镇、8 个村，涉及人口 11588 人，土地面积 8769.9 亩。

（一）移民安置方式综述

在设计移民安置方式时，该电站项目采取了多元化的移民安置方式，目的是保证移民都得到妥善安置，使其生产生活水平与移民前持平甚至超过原有水平。经分析主要安置方式阐述如下：①集中安置方式。这种安置方式对安置地提出的基本要求是要保证安置地能够满足移民的基本生活生产需求。该电站集中安置点有 3 个，均属于统一规划建设，呈小区模式，分别为章古河坝集中安置点、姑咱集中安置点、长坝集中安置点。②以土为本安置方式。这是基于大多数农村移民意愿、适应移民素质、风险较小的主要安置方式。该电站采取以土为本安置方式主要依托集中开发土地，实现有土安置。③非土安置方式。对于那些素质高，生产经营和谋生技能强，离开土地照样能维持生活的移民，可以采取自谋职业、项目复合安置（商铺安置）等非土安置方式。对于年老孤寡、完全丧失劳动力的移民，可以采取社会养老保障的非土安置方式。这仅针对少数移民而言。④逐年补偿安置方式。作为一种新的安置方式，目前仅有个别水电站进行了有益尝试，并且取得了较好实施效果，既有的工作经验表明，淹没耕地较多的移民比较赞同逐年货币补偿这种安置方式。

（二）移民安置方式适宜性分析

1. 自然环境下移民安置方式　从自然环境分析可以看出，该电站建设征地涉及区域内，耕地资源匮乏，且耕地资源主要分布在河谷河滩地、阶地及邻近坡地上，质量较好的耕地会被大量淹没，同时，剩余耕地质量差、产量低，工程建设征地后，受征地影响的居民拥有的剩余耕地资源不能满足其提高生产生活水平的需求。另外，因自然、气候条件及社会环境等诸多差别，很多移民不愿搬迁到异地，而从安置地的角度来说，随着土地承包经营权的相对稳定和国家粮补政策的出台，农民开始惜地，安置地要采取调整土地来安置移民的方式实施起来难度越来越大。由此说明该水电工程移民的安置方式不能再依靠现有的土地进行农业安置，必须进行创新，于是，对集中开发土地的需求便应运而生。

2. 社会经济环境下移民安置方式　姑咱镇位于康定市东部，大渡河西岸，自古以来就是川藏贸易的主要市场所在地和康定折东地区的经济、交通、物流、文化的中心，S211 线康丹公路贯通全境，还与国道 318 线相连，是康东片区的重要交通枢纽。区域内的民族文化程度普遍以小学及以下为主，由于移民受现代化教育程度低，劳动技能单一，其观念比较保守，求稳定心理强，对于水电资源开发引起的各种社会变化适应起来比较困难。区域内居民主要以种植业为主，在农村经济中以农业收入占比最大，其次为贸易餐饮、服务业。另外从社会经济环境的年度对比分析得出，5 年内姑咱镇的外来户数和外来人口增长迅速，反映了姑咱镇的人口流动频繁，农村社会总产值也增长迅速，其中贸易餐饮业总产值连年增长，表明姑咱镇的人口流动从一个侧面反映了人口的购买力需求较大，刺激了商贸业的发展。由此说明，该水电工程的移民可结合城镇化方向来集中安置，并对那些生产经营和谋生技能强，离开土地依然能维持生活的移民进行商铺安置，以解决其生活问题，这是比较合理、适宜的。

3. 宗教文化环境下移民安置方式 藏族是该水电站区域内人数最多的民族，占总人数的90%以上，基本信奉藏传佛教，目前藏传佛教的红、黄、花、黑、白5个教派分布康定全县，而且寺庙建筑堂皇，在藏区有一定声誉。区域内几乎全民信教，个人和集体基本都有宗教设施，居民按教派聚居，教派之间互不交叉融合，寺庙是藏民的精神寄托。移民的社会关系网基本集中在本乡镇内，受区域环境、宗教文化、父辈传统思想等的影响，要改变现有社会网络关系难度大。由此分析可以得出，基于宗教文化和社会网络完整性将该水电站的移民考虑集中安置完全符合地域性知识的基本要求。

4. 移民安置方式适宜性分析结论 移民搬迁安置方面，姑咱集中安置点建设在姑咱集镇内，章古河坝集中安置点和长坝安置点距离集镇中心也比较近，3个安置点的建设，更加体现城镇化集中安置。由于土地资源匮乏，该电站有土安置采取的是在章古山上和章古河坝集中开发整理土地，通过统一规划建设、培肥，按人均标准安置给章古河坝、长坝集中安置点个人，这种集中开发土地进行有土安置的方式主要是针对对土地资源依赖较为严重，思想较为保守的移民。而该电站非土安置，对于姑咱集中安置点移民，采取的是按人均标准划分商铺进行安置，以解决移民生产生活方面压力。对于少部分年老孤寡、完全丧失劳动力移民以及淹没耕地较多移民，采取的是社会养老保障安置方式、逐年补偿安置方式。综上分析，该水电站多元化移民安置方式是适宜当地自然、社会经济环境、宗教文化等大前提的，既考虑了农村现状条件，也充分结合城镇发展建设情况，采用多种相结合的安置方式，可以说是解放农村劳动生产力另辟蹊径，移民安置实践效果也相对较好。

（贵州中水建设管理股份有限公司 许在德）

抚宁抽水蓄能电站工程移民安置入选全国水利工程移民安置高质量发展实践典型案例

（一）项目概况

河北抚宁抽水蓄能电站位于燕山南麓，距离秦皇岛市60km。电站装机容量120万kW，项目建设征地涉及抚宁区1镇7村，总征地面积4670.24亩，其中水库淹没区814.7亩，枢纽工程建设区3855.54亩。至规划水平年，搬迁安置涉及126户354人，生产安置涉及309人。涉及等外公路3.8km，10kV输电线路2.64km；联通公司通信杆路5.42km，移动公司通信杆路5.1km，电信公司通信光缆10.91km，广电通信线路4.7km，铁塔公司基站2座等专业项目。建设征地移民安置补偿总费用6.51亿元。

（二）主要工作过程

2018年8月，建设征地移民规划报告通过审核；2018年12月，项目获得河北省发展改革委核准建设；2019年，移民安置正式进入实施阶段。项目建设单位为国网新源控股有限公司，移民安置实施主体为抚宁区人民政府，移民安置综合设计单位为中国电建集团北京勘测设计研究院有限公司，移民综合监理及独立评估单位为河南大河工程建设管理有限公司。

2022年10月27日，水利部办公厅发布《水利部办公厅关于公布水利工程移民安置高质量发展实践典型案例名录的通知》（水移民函〔2022〕974号），公布了全国24个移民安置高质量发展典型案例，其中抚宁抽水蓄能电站移民安置项目入选水利部水利工程移民安置高质量发展实践典型案例。该移民安置项目是河北省唯一入选案例，也是本次评选中唯一水电工程移民安置入选案例，成为河北省移民安置工作典范，并由水利部水库移民司集结至《水利工程移民安置高质量发展实践典型案例》一书出版。

（三）主要做法和经验

（1）精准开展实物调查，为科学规划、高标准实施打好基础。成立高规格指挥机构——区委书记任政委、区长任指挥长、常务副区长任常务副指挥长的支援抽水蓄能电站项目建设指挥部，统筹区直有关部门、乡镇、村委和电站筹建处、设计单位等各方力量。对调查结果实行“7方签字，3榜公示”。7方签字是指实物调查成果，经户、村、镇、设计单位、行业主管部门、项目法人、移民安置办公室等7方签字认可；按照每榜7天，3榜21天开展3榜公示。由此形成实物调查的监督制约机制、群众深度参与机制，确保实物指标调查成果客观准确，得到群众等各方认可，切实增强了政府公信力。

（2）重视搬迁安置点选择，为村民长远发展提前谋划。安置点新址选址过程中，为了优中选优，设计等有关各方多次实地考察备选移民搬迁安置点情况，综合各方意见，最终选择确定了沙岗子集中安置点。①沙岗子距离原梁家湾村旧址仅1km，当地生产生活方式、传统文化习惯等基本一致；②安置点位于大新寨省级乡村振兴示范区内，道路交通、产业发展等省市区三级的政策支持力度大；③毗邻4A级冰塘峪景区以及抚宁区重点打造的背牛顶景区，周边环境优美，适合发展旅游相关的第三产业；④邻近抽水蓄能电站，方便村民在电站施工运行期务工就业。

(3) 科学规划，妥善解决移民实施中的难题。①本着“宁可备而不用，不能用而无备”原则，在移民规划中按规定计列了部分实物指标增长量；②移民专项规划结合地方发展，适度超前规划，如现状梁家湾村与冰塘峪景区连接路为等外公路，规划按照四级公路复建处理，实施中为了提高通行安全，桥梁及隧道均进行了适当加宽；③妥善处理痛点难点问题，如下库周边村庄供水问题，由建设单位与地方协商达成一致，按照一次性包干处理方式，大幅减少了实施中用水纠纷冲突；④合理使用“只补不征”模式，如对于恢复交通困难难以利用的下水库淹没线以上成片种植果树和经济林木，规划对其采取计列林木补偿费和土地补偿补助费的方式进行一次性补偿处理。

(4) 让利于民，夯实企业的社会责任。电站建设单位立足“先移民后建设”的方针，结合国家扶贫攻坚战略和地方新农村建设，立足助推地方发展建设理念，实施中通过各类变更，增加了部分项目移民补偿资金。项目建设单位优先吸纳移民群众参与抚宁抽水蓄能电站建设，目前有 47 人在建设工地打工，收入较搬迁前实现了大幅增长。

(5) 依法合规，整合统筹各类资金。实施中政府多渠道统筹各类建设资金。如在取暖方式上，新村摒弃了传统的烧煤和烧柴取暖，采用太阳能“光热+”取暖，共使用资金 497 万元，其中，村集体利用集体林地山场补偿 347 万元给每个农户发放补贴，争取国家清洁取暖补助 150 万元，实现了绿色取暖。此外，政府还统筹使用了绿化资金，在原规划行道树的基础上，增加了部分景观树种，扮靓了整个安置点。

(6) 强化管理，形成多方合力。主要做法有：①重大问题集体科学决策；②“一把手”靠前指挥；③重点工作协同发力；④实行专人全程跟办督办；⑤参建方共同制定变更程序，并严格遵守等。

(7) 坚持“授人以鱼不如授人以渔”的指导思想，强化造血功能。积极引导鼓励村民依靠景区和项目资源，开办民宿、农家乐、超市等服务场所。目前，全村共有农家乐 3 家，其中规模最大的农家院整合家中 3 套房屋联办农家乐，拥有餐桌 25 桌、标准间 12 间、农家大炕 6 间，最多可同时接待游客 300 人；全村共有民宿 15 家，全部整体出租经营或者出租给项目单位办公、住宿使用，户均年租金 3 万元左右。

实施中，多次开展各类培训，累计培训移民 763 人次。坚持以岗定搬、以产定搬，对搬迁户全部建立台账，通过到当地企业和抚宁经济技术开发区等产业园区就业、到政府安排的公益性岗位就业、由政府组织规范化培训后外出务工等渠道解决就业，真正把务工移民送到工作岗位上。

(中国电建集团北京勘测设计研究院有限公司
王震)

清原抽水蓄能电站工程蓄水建设征地移民安置通过验收

2022 年 7 月 27～28 日，辽宁省水利厅组织召开辽宁清原抽水蓄能电站工程蓄水阶段建设征地移民安置验收（终验）会议，8 月 30 日以辽水移函〔2022〕138 号印发《关于印发辽宁清原抽水蓄能电站工程蓄水移民安置终验报告的函》，同意该工程建设征地移民安置通过验收。

（一）电站概况

辽宁清原抽水蓄能电站位于辽宁省抚顺市清原满族自治县（简称清原县）境内，工程规划装机容量 180 万 kW，上水库正常蓄水位为 725m，下水库正常蓄水位为 319m。工程于 2016 年 10 月取得了辽宁省发展改革委核准，2017 年 7 月正式开工建设。电站供电范围为辽宁电网，建成后初拟以二回 500kV 出线送至 500kV 抚顺变电站，在系统中承担调峰、填谷、调频、调相等任务。

（二）征地移民概况

(1) 实物指标。电站建设征地涉及清原县 2 个乡镇 3 个行政村，涉及土地总面积 7071.11 亩，其中耕地 1503.43 亩（其中征收 1310.66 亩）、林地 4932.39 亩、核定可调整育苗地 647.50 亩，涉及搬迁人口 393 人，各类房屋面积 17991m^2。

(2) 农村移民安置。规划水平年生产安置人口为 561 人，规划实行养老保障和自行安置的方式进行安置；搬迁安置人口为 393 人，其中后靠安置 71 户 242 人（集中建房后靠人口为 34 户 73 人，分散后靠 29 户 110 人，投亲靠友后靠 8 户 59 人），外迁安置 47 户 151 人（镇内安置 5 户 15 人，县城安置 30 户 108 人，远迁安置 12 户 28 人）。

(3) 专业项目。规划对抚顺矿业集团有限公司林业处采用一次性补偿处理；对馨隆木业有限公司按照迁建补偿、自行复建的方案进行处理；对北夏线公路、中国联通、中国移动、中国电信、广播电视线路以及输变电设施进行复改建处理。

（三）移民综合监理

(1) 2016 年 12 月，中国水利水电建设工程咨询北京有限公司与辽宁抽水蓄能有限公司签订了《辽宁清原抽水蓄能电站工程征地移民安置监理合同》，成立了中国水利水电建设工程咨询北京有限公司清原抽水蓄能电站移民综合监理部。

(2) 2017 年 2 月，移民综合监理编制完成了《辽宁清原抽水蓄能电站建设征地移民安置监理细则和工作大纲》。

(3) 2020 年 5 月，辽宁省水利厅召开了辽宁清原抽水蓄能电站工程截流建设征地移民安置验收（终验）会议，会议宣布辽宁清原抽水蓄能电站工程截流建设征地移民安置通过了验收。

(4) 2022 年 7 月 28 日，辽宁省水利厅召开了辽宁清原抽水蓄能电站蓄水阶段建设征地移民安置验收（终验）会议，会议宣布辽宁清原抽水蓄能电站蓄水阶段建设征地移民安置通过了验收。

（中国水利水电建设工程咨询北京有限公司
付明月）

中國水力發電年鉴

14 农村水电及电气化

农村水电建设

2022 年长江经济带小水电清理整改工作情况

2022 年，水利部指导长江经济带有关省份完成小水电清理整改扫尾工作，组织开展限期退出类电站核查，建立任务台账，动态跟踪进度，每月通报各地进展，推动限期退出类电站完成退出。指导沿江各省市做好清理整改成果巩固提升，进一步完善小水电生态流量监管体系，组织开展生态流量泄放评估，同时，将小水电站生态流量监管工作纳入国家最严格水资源管理制度考核内容，强化考核评价。2022 年上半年，水利部组织开展了长江经济带小水电清理整改监督检查，对 4 个省 260 座电站进行了暗访抽查，对发现的问题形成“一省一单”，督促全部整改销号。截至 2022 年底，长江经济带小水电清理整改完成，退出小水电站 4000 多座，2.1 万多座整改、保留类电站落实了生态流量并接入当地监管平台，自然生态系统原真性、完整性得到有效保护，河流连通性得到恢复。长江经济带和黄河流域以外地区小水电分类整改有序推进，广东省财政出台了整改奖补政策，福建将整改情况列入了地方党政生态目标和河长办考核指标。

（水利部农村水利水电司　侯开云　楚士冀）

2022 年黄河流域小水电清理整改工作情况

为落实《黄河流域生态保护和高质量发展规划纲要》“以国家公园、重要水源涵养区、珍稀物种栖息地等为重点区域，清理整治过度的小水电开发”要求，纠正黄河流域过度的小水电开发问题，2021 年底，水利部联合发展改革委等七部门联合部署启动了黄河流域小水电清理整改工作。

2022 年，按照七部门文件要求和视频启动会议部署安排，强化责任落实，督促指导沿黄 8 省区如期完成问题核查和综合评估阶段工作。

1. 加强政策指导　组织黄河水利委员会（简称黄委会）等单位专家制定印发综合评估报告编制大纲，明确全面开展问题核查、科学开展评估分类、因地制宜提出有针对性和可操作性的“一站一策”整改措施、防范和化解风险、建立长效机制等具体工作要求。梳理汇编政策文件和典型经验做法，发送沿黄省区工作参考。

2. 强化技术支撑　协调水利部农村电气化研究所完善清理整改信息管理平台河流综合评估等功能。联合黄委会组织培训 8 省区清理整改技术管理人员 170 余人。联合发展改革委等 7 部门组建 70 余人专家库提供技术咨询，制定印发《综合评估报告编制和审查要点》，组织专家逐省指导完善省级综合评估报告。

3. 组织开展视频督导　联合黄委会组织开展累计 200 余人次参加的沿黄 7 省区清理整改工作视频督导调研，了解情况，答疑解惑，指导推进工作。针对工作进度较滞后的省份开展专题督导调研，针对问题，督促落实工作措施。

4. 强化工作进展调度　制定印发年度工作任务清单，督促沿黄省区结合本省实际细化分解任务，明确时间节点，压实工作责任。建立工作台账按月实施调度，以水利部办公厅文件通报黄河流域小水电清理整改工作并抄送省级人民政府办公厅，督促压实责任，强化工作措施落实。

沿黄河省区均成立小水电清理整改工作专班，建立厅际工作协调机制，协调印发省级实施方案，结合本省区实际建立评估指标体系，提出整改目标要求，组织开展全覆盖现场问题核查，全面完成 2700 多座电站全覆盖问题核查，摸清家底，建立问题清单台账；科学开展电站评估分类和“一站一策”整改措施制定，组织编制完成重要河流和省级综合评估报告，逐站明确了“退出、整改、保留”分类意见和“一站一策”整改措施，为后续问题整改夯实了基础。

（水利部农村水利水电司　邹体峰　赵虹）

2022 年绿色小水电示范电站创建工作情况

（一）强化示范引领，2022 年度全国新增 134 座绿色小水电示范电站

2022 年，水利部深入贯彻落实中央发展绿色小水电的决策部署，重点围绕严格新申报创建审核和期满延续复核、加强示范电站监管等开展工作。加强示范创建组织，年初组织举办全国绿色小水电示范创建线上培训班，重点就示范创建和期满延续申报条件及要求、审核内容及程序等培训部级审核专家及各省联络员150余人。严把审核关口，进一步严格申报要求，从安全生产标准化、水库电站注册登记、大坝安全鉴定评估等方面提出更高要求。要求省级初验实现全覆盖现场复核并做好初验结果公示，同时加大部级现场抽查力度，重点抽查电站安全生产标准化建设、生态流量泄放设施及效果、景观协调性等情况。加强示范电站监管，指导做好2022年示范期满的44座电站期满延续工作，组织国际小水电中心等单位专家对已创建的870座示范电站全面摸底核查，重点对9省71座电站开展“回头看”，对限期整改不到位的提出退出示范电站名录的核查结论。全年共有134座电站评定为2022年度绿色小水电示范电站，40座电站退出示范电站名录，完善了“有进有出”的动态管理机制。指导推动出台激励政策，组织汇编各地经验做法，加强政策指导。继2021年吉林省出台电价激励政策后，今年海南省出台对创建为示范电站的上网电价每度电提升4分钱的政策；湖南省、安徽省出台资金奖补政策，对成功创建为示范电站的每座分别奖励20万元和10万元。目前全国已有10个省份出台了绿色小水电激励政策，地方和电站开展创建的积极性大幅提高。

（二）典型案例

安徽省池州市石台县六百丈二级水电站位于清溪河支流龙井河上，水库坝高62.2m，总库容683.86万m^3。电站于2003年6月投产并网发电，总装机容量800kW，年发电量248万kW·h，是安徽省较早实现“无人值班、少人值守”的电站之一，2022年成功创建为绿色小水电示范电站。

六百丈二级水电站生态流量核定值为0.03m^3/s，在大坝引水钢管处布置生态流量泄放钢管，并安装监测设施，实时数据上传到池州市生态流量监管平台，保障生态流量足额泄放。水库大坝下游至电站周边水清岸绿，植被茂密，风光旖旎。

作为安徽省水电公司控股的国有小水电企业，六百丈二级水电站积极履行社会责任，助力七都镇供水设施建设，提供优质水源；帮助当地道路和公共照明等基础设施建设，改善群众生产生活条件；开展扶贫助学活动，受到当地政府和老百姓的充分肯定。电站坚持“生态优先、绿色发展”，助力石台县建设全国乡村旅游示范县，为当地社会经济绿色高质量发展作出了积极的贡献。

（水利部农村水利水电司　邹体峰　楚士冀）

水利部公布2022年度绿色小水电示范创建电站名单

2022年12月19日，水利部以水电〔2022〕440号公布《2022年度绿色小水电示范创建电站名单》。为贯彻落实中央发展绿色小水电的决策部署，按照水利部开展绿色小水电示范电站创建工作的要求，各地积极组织开展示范创建，做好期满延续工作。经电站申报、省级初验、部级审核和公示，确定山西杜河等134座电站为2022年度绿色小水电示范电站；同意河北东武仕等36座示范电站的期满延续申请；决定山西文峪河等40座电站退出示范电站名录，现予以公布。

希望获得称号和通过期满延续复核的单位再接再厉，继续加大工作力度，总结经验、凝练亮点，切实发挥示范引领作用。各地各单位要以示范电站为标杆，广泛开展对标达标活动，为推动行业绿色发展、复苏河湖生态环境、增进民生福祉、助力“碳达峰、碳中和”、促进区域经济社会高质量发展提供有力支撑。

（一）绿色小水电示范电站名单（134座）

山西省（1座）：杜河水电站

吉林省（2座）：东村水电站、双河二级水电站

黑龙江省（2座）：龙头桥水库电站、山口水电厂

浙江省（11座）：周公宅水库电站、双溪口水电站、磨石潭电站、岩门水电站、茅岗二级水电站、永安电站、金坑电站、龙宫洞水力发电厂、枫坪电站、高岩下水电站、英川三级水电站

安徽省（8座）：王河水电站、严家水电站、溪口水电站、流波水电站、梅山金能电站、郑家湾水电站、六百丈二级水电站、泰隆大源河梯级水电站

福建省（6座）：安仁溪水电站、许村一级水电站、角溪一级水电站、洋口水电站、金山水电站、黛溪电站

江西省（20座）：寒山水电站、郭家滩水电站、浪港二级水电站、大桥电站、营脑岗电站、良洞水电站、息罗二级电站、观山水电站、黄沙红胜电站、君山电站、君源电站、凤磨岭电站、青龙电站、奋发水电站、金洲水电站、石罗坑水电站、水口水电站、赵家湾水电站、太源水电站、周源电站

湖北省（35座）：白果坪水电站、古城一级水电站、古城二级水电站、黄金河三级水电站、谭家河水电站、小溪口水电站、新坪水电站、杨树口水电站、白鸡河水电站、董家沟水电站、胡家湾水电站、门家河电站、孔子峡水电站、马儿坝水电站、马家河一级水电站、梅坪水电站、人坪河一级水电站、人坪河二

级水电站、双河水电站、雾龙洞水电站、八鸽庙水电站、板桥河水库（坝后）水电站、板桥水电站、花桥河水电站、黄岩水电站、卡马石水电站、桐树湾水电站、龙潭河水电站、龙潭河一级水电站、金洞水电站、尧治河三级水电站、尧治河四级水电站、车坝三级电站、虎牙河水电站、潭口水电站

湖南省（7座）：大栗坪电站、酒埠江水电站、遥田水电站、孔雀滩水电站、黄棠电站、徐家洞电站、浪石滩水电站

广东省（8座）：柴桑水电站、银溪水电厂、长安电站、富湾电站、纹水二站水电站、东江水利枢纽水电站、淘金坪水电站、狮子口水电站

广西壮族自治区（2座）：交口水电站、佑岸拉稿水电站

重庆市（4座）：小坑电站、龙洞一级电站、龙洞四级电站、鱼跳电站

四川省（6座）：谭家堰电厂、武安电站、西河电站、高庙河花溪水电站、长滩河电站、峡口电站

贵州省（5座）：乌图河一级水电站、断桥水电站、天生桥水电站、加平水电站、大七孔水力发电厂

云南省（4座）：马脖子电站、万马河二级水电站、勐戛河四级水电站、勐戛河五级水电站

陕西省（12座）：观音峡水电站、罗夫河二级水电站、白果树电站、马家沟电站、狮坝水电站、沙梁子水电站、巨亭水电站、迎丰水电站、大花坪水电站、龙王坪水电站、鱼洞子水电站、罗家营水电站

青海省（1座）：宝库河一级水电站

（二）绿色小水电示范电站期满延续名单（36座）

河北省（1座）：东武仕水电站

山西省（1座）：东焦河水电站

辽宁省（3座）：凤鸣电站、双岭电站、蒲石河电站

浙江省（6座）：九峰水电站、沙畈水库电站、里石门水电站、老石坎水库水电站、合溪水电站、裕溪水电站

福建省（4座）：塘坂水电站、山仔水电站、龙门滩三级电站、湖洋水电站

广东省（3座）：白垢水电站、都平水电站、江口水电站

广西壮族自治区（1座）：格强水电站

海南省（4座）：毛阳河梯级水电站、乘坡水电站（二、三级）、尖峰岭南中河水电站（二、三级）、响水电站

重庆市（1座）：大溪河二级电站

贵州省（3座）：红旗水电站、牛都电站、龙宫电站

陕西省（8座）：林家村水电站、鹅项颈水电站、胡家湾水电站、筷子铺水电站、马营电站、灯芯桥水电站、红椿水电站、尚坝水电站

甘肃省（1座）：慧达水电站

（三）退出绿色小水电示范电站名录名单（40座）

山西省（3座）：文峪河水电站、戎家庄水电站、汾河二库水电站

辽宁省（1座）：土门子水库电站

河南省（17座）：引沁水电站、曲里水电站、石墙根水电站、马路湾水电站、龙王庄水电站、大清沟水电站、长水水电站、张村水电站、崛山水电站、龙泉水电站、龙腾水电站、程翔水电站、辉煌水电站、兴宜水电站、龙祥水电站、金海湾水电站、锦山水电站

广东省（4座）：合河水电站、北峰山水库水电站、麻村水库水电站、大封门水库管理处三级水电站

广西壮族自治区（1座）：龙州二级水电站

海南省（1座）：毛道水电站（一、二级）

重庆市（1座）：大溪河三级电站

陕西省（11座）：石门水库管理局水电站、钟家坪水电站、大岭水电站、板凳堰一级水电站、板凳堰二级水电站、荞麦山水电站、铁炉坝水电站、梨子园水电站、白云峡水电站、峡口水电站、周家坎水电站

甘肃省（1座）：金川峡水库电站

农村水电管理

2022年农村水电安全监管工作情况

2022年，水利部联合国家能源局组织开展小水电安全风险隐患排查整治专项行动，对全国4.3万座小水电站安全风险隐患进行全覆盖、全链条排查整治。全面建立小水电安全生产责任制，全面落实责任，电站安全生产主体、监管、行政3个责任人全部落实并向社会公示，四川和云南解决了多年来小水电站安全监管责任不清问题。突出安全监管重点和差异

化监管措施，全国 1.4 万座坝高超过 30m、设计水头超过 100m、“头顶一盆水”等溃坝可能造成人员伤亡和重大财产损失的小水电站，纳入省、市、县重点监管名录，实现了动态监管。印发了库容 10 万 m^3 以下小水电站大坝安全评估技术指南，填补了规模以下小水电站大坝安全评估技术标准空白，与小型水库大坝安全鉴定办法进行了较好衔接，为加强小水电站大坝安全管理提供了技术依据。建立安全风险隐患整治信息系统和水电“一张图”，全年创建安全标准化电站 737 座，累计创建 4700 座，山西、吉林、浙江、江西、湖南、广东、海南等省还出台了安全生产标准化奖励政策。

（水利部农村水利水电司　侯开云　楚士冀）

2022 年农村小水电生态流量监管工作情况

习近平总书记指出：“绿水青山就是金山银山，保护生态环境就是保护生产力，改善生态环境就是发展生产力。”党的二十大报告也提出推动绿色发展，促进人与自然和谐共生。推进小水电逐站落实生态流量，是贯彻习近平生态文明思想、落实党的二十大精神的具体举措。近年来，按照推动新阶段水利高质量发展，复苏河湖生态环境，促进人水和谐共生的目标路径要求，水利部结合小水电分类整改工作，强化生态流量监管，推动逐站落实生态流量。

1. 加强顶层设计　与生态环境部联合印发监管文件，对科学确定生态流量、完善泄放设施、做好监测监控、推动开展生态调度运行、建立生态用水保障长效机制以及监督管理均提出明确要求。按照两部门文件要求，全国小水电站有生态流量泄放要求的 26 个省份已有 25 个出台省级监管文件，明确各部门职责，建立分级监管体系。

2. 建设监管平台　专门印发监管平台技术指导意见，统一小水电站生态流量监测设备、数据传输及监管平台等技术要求。截至 2022 年底，全国已有 16 个省份建成投运省级监管平台，其余 10 个省份也将陆续建成。

3. 制定技术标准　国家标准《小型水电站生态流量确定技术导则》目前已完成送审稿审查，形成报批稿，等待报批。标准内容已先期应用于指导部分地区小水电站生态流量确定实践。

4. 强化监督检查　与生态环境部联合印发监督检查文件，明确细化小水电站生态流量监督检查主要内容、组织实施及结果应用。将小水电站生态流量监管工作纳入国家最严格水资源管理制度考核。指导地方制定监督检查事项清单，建立重点监管名录。截至 2022 年底，全国 26 个省份全部分级建立重点监管名录，5700 多座小水电站纳入省级重点监管名录。

5. 适时通报工作进展　以部办公厅文件印发小水电站生态流量监管工作通报并抄送省人民政府办公厅，强化重点工作落实督导。安徽省委书记以及湖南、四川、辽宁等省政府领导在通报件上作出批示，提出明确要求。各地对照通报事项，查缺补漏，不断完善监管制度体系。

6. 加强培训指导　在年度绿色小水电示范电站创建、小水电分类整改行业培训中，均把生态流量监管工作作为重点培训内容。组织汇编小水电站生态流量监管政策文件、各地经验做法和典型案例送各地参考，加强典型经验交流。

各地结合本地区实际积极采取有效措施，小水电站生态流量泄放监管逐步常态化、规范化，小水电站生态流量保障工作取得积极成效。截至 2022 年底，全国 4.3 万座小水电站基本达到“应泄尽泄”“应测尽测”，累计采取修建生态堰坝等辅助工程措施，治理厂坝间脱水段总长度 3.64 万 km，对恢复河流连通性、复苏河湖生态环境，推进幸福河湖建设发挥了重要作用。

（水利部农村水利水电司　邹体峰　王帅）

水利部办公厅印发《关于做好小水电站生态流量泄放评估工作的通知》

2022 年 4 月 18 日，水利部办公厅以办水电〔2022〕115 号印发《关于做好小水电站生态流量泄放评估工作的通知》，该“通知”全文如下。

各有关省、自治区、直辖市水利（水务）厅（局），新疆生产建设兵团水利局，各流域管理机构：

为推动小水电站全面落实生态流量，促进转型升级绿色发展，根据《水利部办公厅、生态环境部办公厅关于调整水电〔2019〕241 号文件适用范围的通知》（办水电〔2020〕204 号）和《水利部办公厅、生态环境部办公厅关于进一步加强小水电站生态流量监督检查工作的通知》（办水电〔2021〕382 号）有关要求，现就做好小水电站生态流量泄放评估工作通知如下。

一、评估主要内容

（一）生态流量确定情况。重点评估按规定需泄放生态流量的电站生态流量确定的依据、方式是否符合有关要求；涉及自然保护区等环境敏感区的小水电站生态流量是否满足环境敏感区生态功能需求；电站上游来水或下游生活、生产、生态（以下简称“三生”）用水需求发生重大变化时，是否重新按程序确定生态流量。

（二）生态流量泄放情况。重点评估生态流量泄放设施是否满足生态流量泄放要求；是否建立泄放设施运行管理维护制度，落实责任人，并纳入电站日常运行管理和统一维护；是否按要求进行生态流量泄放情况公示以及泄放是否达标；按要求足额下泄后厂坝间河段脱水仍存在的，是否因地制宜实施生态修复辅助工程措施等。

（三）生态流量监测情况。重点评估生态流量监测（监视）选型安装是否能够真实反映泄放情况；生态流量泄放图片、视频或监测数据是否按要求存储和报送；监测（监视）设备运行维护是否到位等。

二、评估工作组织

各省（自治区、直辖市）水行政主管部门要按照属地监管和分级监管的原则，指导市县水行政主管部门会同同级生态环境部门，按照管辖权限组织管辖范围内小水电站参照《小水电站生态流量泄放情况评估表》（见附件1）全面开展生态流量泄放情况自评估工作。各级水行政主管部门要在认真审核管辖范围内小水电站自评估结果的基础上，根据电站自评估结论组织开展好抽查评估。

三、评估结果应用

各级水行政主管部门要会同同级生态环境部门根据电站生态流量泄放自评估结果及抽查评估情况，提出具体电站取水许可审批监管和生态调度运行要求，督促指导电站优化调度运行方式，规范生态流量泄放和监测监控；分级建立和完善本地区小水电站生态流量泄放重点监管名录，健全分级监管体系，逐站落实地方政府、行业监管部门和电站业主主体责任，明确监管职责，并根据日常监督检查发现问题整改情况，实行动态调整。

四、评估工作要求

各省（自治区、直辖市）水行政主管部门要加强本地区小水电站生态流量泄放情况评估工作的组织指导，结合本地区实际制定生态流量监督检查事项清单，充分发挥监管平台作用，定期随机开展线上抽查，不定期开展实地督查，切实加强本地区小水电站生态流量监管。各级水行政主管部门要将小水电站生态流量泄放情况纳入河湖长制工作范围和考核内容，推进监督检查工作规范化、常态化。

请各省（自治区、直辖市）水行政主管部门于2022年12月底前将小水电站生态流量泄放评估及年度监督检查工作开展情况报水利部农村水利水电司。

（水利部农村水利水电司）

水利部办公厅印发《库容10万m^3以下小水电站大坝安全评估技术指南（试行）》

2022年9月30日，水利部办公厅以办水电〔2022〕272号印发《库容10万m^3以下小水电站大坝安全评估技术指南（试行）》，该“指南”全文如下。

一、适用范围

工程达到一定使用年限，或遭遇大洪水、强烈地震、重大事故、漫坝等影响安全异常情况的小水电站。

二、评估对象

小水电站大坝安全评估对象包括挡水建筑物（含前池建筑物），以及影响工程安全的泄水建筑物、输水建筑物、岸坡及相应的金属结构等。

三、主要评估依据

《中华人民共和国安全生产法》（2021修订版）

《坝高小于15m的小（2）型水库大坝安全鉴定办法（试行）》（水运管〔2021〕6号）

《中国地震动参数区划图》（GB 18306）

《防洪标准》（GB 50201）

《灌溉与排水工程设计规范》（GB 50288）

《水利水电工程地质勘察规范》（GB 50487）

《水利水电工程压力钢管制作安装及验收规范》（GB 50766）

《焊缝无损检测　超声检测技术、检测等级和评定》（GB/T 11345）

《水利水电工程钢闸门制造、安装及验收规范》（GB/T 14173）

《混凝土强度检验评定标准》（GB/T 50107）

《土工试验方法》（GB/T 50123）

《混凝土结构试验方法标准》（GB/T 50152）

《砌体工程现场检测技术标准》（GB/T 50315）

《小型水电站安全检测与评价规范》（GB/T 50876）

《砌石坝设计规范》(SL 25)

《水利水电启闭机设计规范》(SL 41)

《水利水电工程设计洪水计算规范》(SL 44)

《水利水电工程钢闸门设计规范》(SL 74)

《水工金属结构防腐蚀规范》(SL 105)

《小型水利水电工程碾压式土石坝设计规范》(SL 189)

《水工建筑物抗震设计规范》(SL 203)

《水电站引水渠道及前池设计规范》(SL 205)

《土石坝养护修理规程》(SL 210)

《水利水电工程等级划分及洪水标准》(SL 252)

《水库大坝安全评价导则》(SL 258)

《水闸设计规范》(SL 265)

《水工隧洞设计规范》(SL 279)

《混凝土拱坝设计规范》(SL 282)

《水利水电工程进水口设计规范》(SL 285)

《混凝土重力坝设计规范》(SL 319)

《水工挡土墙设计规范》(SL 379)

《水利水电工程启闭机制造安装及验收规范》(SL 381)

《水利工程压力钢管制造安装及验收规范》(SL 432)

《水库降等与报废标准》(SL 605)

《水利水电工程合理使用年限及耐久性设计规范》(SL 654)

《压力钢管安全检测技术规程》(NB/T 10349)

《水电站压力钢管设计规范》(NB/T 35056)

四、评估程序

小水电站大坝安全评估主要包括资料整理复核、现场检查、必要的现场检测、必要的专项安全评价，编制大坝安全评估报告书等程序。经资料整理复核、现场检查，能够直接判别大坝安全类别的，可不进行现场检测或专项安全评价，直接编写大坝安全评估报告书。坝高15m以上且确无支撑安全评估结论基础资料的，以及不能够直接判别大坝安全类别的，应进行必要的现场检测或专项安全评价后，编写大坝安全评估报告书。

五、大坝安全类别分类标准

一类坝：大坝工作状态正常，不存在影响工程安全的质量缺陷，维修养护投入正常、运行管理规范的正常运行大坝。

二类坝：大坝工作状态基本正常，但存在部分工程质量缺陷或一般安全隐患，不会对工程安全造成重大影响，在一定控制运用条件下能安全运行的大坝。

三类坝：存在影响工程安全的严重工程质量缺陷或安全隐患，不能正常运行的大坝。

六、评估内容和要求

（一）资料整理复核

收集并整理复核大坝工程特性、工程地质、水文气象、大坝设计和施工、工程运行和管理、历次安全评估等资料。

（二）现场检查

在查勘工程现场、查阅工程设计施工与运行资料、与管理人员或熟悉工程情况的人员座谈基础上，参照《小水电站大坝安全评估现场检查表》中的有关检查内容及大坝安全类别判别标准，对大坝外观与运行状况、设备、管理设施等进行现场检查，初步分析判别大坝安全类别，作出一类、二类、三类坝评估结论，填写《小水电站大坝安全评估现场检查表》。通过现场检查无法判别大坝安全类别的，应当提出有针对性的现场检测或专项安全评价意见和建议。

（三）现场检测

开展相应的专项安全评价所需基础资料欠缺时，需开展必要的现场检测。现场检测应按照有关技术标准，采用专业设备补充工程测量、质量检测、勘探试验等相关工作。

（四）专项安全评价

水文条件明显改变的，需进行防洪能力复核；大坝发生漫坝险情或出现超校核洪水位的，需进行防洪能力复核、大坝渗流评价、结构稳定评价；大坝渗漏、坝内涵管渗漏，但不能直接判断大坝渗流安全状态或稳定性的，需进行大坝渗流评价；不能通过坝体变形等病险问题直接判断大坝结构安全的，需进行结构稳定评价；现场检查不能直接判定金属结构是否存在安全问题的，需进行金属结构安全评价。

1. 防洪能力复核

(1) 基本资料。

1) 复核流域特征参数，应与原设计成果比较，并论证其合理性。

2) 复核水位—库容曲线，没有实测资料的，应重新测量或量算。

3) 复核水位—泄流能力曲线。

(2) 工程等别、建筑物级别和防洪标准复核。

根据水库总库容以及现状防洪保护对象的重要性与功能效益指标，复核工程等别、建筑物级别和防洪标准是否符合现行规范规定。

(3) 设计洪水计算。

按SL 44要求复核设计洪水，根据工程实际情况，结合历史洪水调查成果，选择由流量资料或降雨资料推求设计洪水；成果应与原设计成果比较，分析其合理性。

（4）调洪演算。

根据设计洪水成果、水位—库容曲线、水位—泄流能力曲线、工程调洪运行方式，开展调洪演算；成果应与原设计成果比较，分析其合理性。

（5）抗洪能力复核。

开展坝顶超高（土石坝含防渗体）复核计算，结合调洪计算成果，评估现状坝顶高程是否满足现行规范要求，若坝顶高程不满足现行规范要求时，应进一步提出大坝可安全运行的洪水频率。

（6）结论。

应对工程等别、建筑物级别、防洪标准、设计洪水、现有抗洪能力作出评价。

2. 大坝渗流评价

（1）大坝渗漏情况。

说明运行中及现场检查或现场检测、观测资料分析成果发现的渗漏问题。

（2）渗流计算。

渗流计算包括土石坝坝体浸润线复核计算，渗流量计算，渗透稳定计算，渗流计算可依据相关公式采用渗流分析软件对坝体进行二维有限元分析。

（3）渗流综合评价。

分别对坝基、坝体、坝下涵管及两坝肩、输泄水建筑物的渗流性态作全面评价；对局部渗流稳定作评价，对排水体性能作出评价。

附典型断面图、计算成果图等。

3. 结构稳定评价

（1）大坝。

1）大坝变形情况。说明运行中及现场检查或现场检测、观测资料分析成果发现的大坝变形、裂缝等影响坝体安全问题。

2）大坝稳定计算。应说明采用的物理力学参数取值、计算工况、计算方法和成果。其中，土石坝应根据SL 189各种工况的抗滑稳定最小允许安全系数的要求，可采用简化毕肖普法计算，确定坝体计算工况组合，分别对大坝最大横剖面上、下游坝坡进行抗滑稳定复核计算。混凝土（浆砌石）重力坝可依据SL 319中的相关公式，按照抗剪强度公式或抗剪断强度公式进行抗滑稳定分析，采用材料力学法计算选定截面上坝体应力。混凝土（浆砌石）拱坝可依据SL 282中的相关公式，坝体应力采用拱坝分载法计算；拱座抗滑稳定分析采用刚体极限平衡法，按照抗剪强度公式或抗剪断强度公式进行计算。

3）大坝稳定评价。根据计算成果及大坝实际运行情况对大坝结构稳定作出评价。

附稳定计算典型断面图、计算成果表等。

（2）输水建筑物。

1）说明输水建筑物现场检查或现场检测发现的变形、裂缝、结构质量缺陷等影响整体或结构安全的问题。

2）渠墙、压力洞、调压井、进水口等建筑结构可按照相关规范进行稳定及结构强度复核计算。

3）根据复核计算成果，评价输水建筑物结构强度与稳定是否满足规范要求。

附输水建筑物结构图及计算简图。

（3）泄水建筑物（含冲砂放空建筑物）。

1）说明泄水建筑物现场检查或现场检测发现的变形、裂缝、结构质量缺陷等影响整体或结构安全的问题。

2）泄流能力复核。

3）闸室、边墙、底板、洞身等基础稳定、结构强度及抗冲能力计算。

4）消能设施安全复核。

5）综合评价。评价泄水建筑物的泄流安全、结构强度与稳定是否满足规范要求。

附结构纵、横断面图及各部位计算简图。

4. 金属结构安全评价

（1）基本情况。

说明金属结构使用年限，运行中及现场检查或现场检测发现的结构安全问题。

（2）复核计算。

重点复核闸门强度、刚度及稳定性；启闭机的启闭能力；压力钢管强度、稳定性。

（3）金属结构安全评价，应对下列问题作出结论。

1）是否超过报废折旧年限。

2）是否能保证紧急情况下闸门正常开启。

3）闸门的强度、刚度及稳定性是否满足规范要求。

4）启闭设备供电电源是否正常、是否可靠，启闭机启闭能力是否满足要求。

5）压力钢管应力测试、腐蚀测试和蚀余厚度测量结果是否满足规范运行要求；压力钢管及基础强度和稳定是否满足规范要求。

附各部位计算简图。

5. 附图

水电站大坝工程位置图，水电站大坝平面图，大坝纵剖面图（或上、下游立视图）与断面图，输（泄）水系统重要结构平面与剖面图等。

（五）编制小水电站大坝安全评估报告书

报告书应根据大坝安全类别，对大坝下一步安全管理工作提出正常运行、限制运行、除险加固或报废拆除等结论建议。

（水利部农村水利水电司）

水利部办公厅印发《小水电站运行安全风险隐患排查整治实施方案》

2022年2月11日，水利部办公厅根据《水利部、国家能源局关于全面开展水电站等水利设施风险隐患排查整治工作的通知》（水监督〔2022〕50号）有关安排，以办监督〔2022〕33号印发《小水电站运行安全风险隐患排查整治实施方案》，该“方案”全文如下。

根据《水利部、国家能源局关于全面开展水电站等水利设施风险隐患排查整治工作的通知》（水监督〔2022〕50号）有关安排，由水利部农水水电司牵头组织，在全国范围内开展小水电站运行安全风险隐患排查整治，具体实施方案如下。

一、排查整治范围

全国小水电站运行安全。

二、重点内容

（一）挡水堰坝、压力管道（压力钢管）、调压设施压力前池、厂房、闸门等构（建）筑物和金属结构是否存在安全隐患。

（二）防汛备用电源是否按规定配备，特种设备是否定期检验。

（三）应急预案是否编制、报批、演练，检修安全防范措施是否到位，“两票三制”是否执行，消防器材、应急（防汛）物资、绝缘装备等安全工器具是否配备齐全。

（四）特种作业人员，特别是运行和检修人员是否持证上岗。

（五）电站安全生产主体责任、监管责任、行政责任等安全主体责任是否落实，责任人是否公示。

三、工作组织

（一）全面自查。县级水行政主管部门要立即动员部署，组织辖区内小水电站进行全面自查，建立风险隐患台账和整改清单并留存备查。对于大坝较高、“头顶一盆水”、设计水头较高、溃坝容易造成人员伤亡或重大财产损失的电站，要建立省、市、县重点监管名录。

（二）重点抽查。对纳入重点名录的电站，省级、市级水行政主管部门分别按照不少于10%、20%的比例进行重点抽查，建立抽查台账。

（三）督促检查。水利部组织各流域管理机构等单位，采用明察暗访的形式，对不少于500座纳入重点监管名录的电站进行抽查，检查排查整治情况和责任制落实情况，印发“一省一单”，视情况实施责任追究。

（四）分析总结。地方各级水行政主管部门要对此次排查整治发现的问题进行全面总结，针对问题清单，制定详细的整改方案，逐一整改落实。水利部将根据自查、抽查和督促检查结果，系统分析梳理发现的问题，督促闭环整改。县级自查和省、市级抽查情况，应当按要求录入“小水电风险隐患排查整治系统”（ncslsdhyst. mwr. cn），整改情况应当及时在系统更新，省、市级水行政主管部门负责辖区内系统填报信息审核。“小水电风险隐患排查整治系统”使用要求和咨询请添加QQ运维群。

四、有关要求

（一）高度重视。地方各级水行政主管部门要充分认识排查整治工作的重要性和必要性，全面贯彻落实习近平总书记关于安全生产重要论述并向生产经营单位宣贯，督促水电站主要负责人认真开展自查和整改，防范化解风险隐患。

（二）加强部门协作。地方各级水行政主管部门要主动加强与发改、经信等部门的沟通联系，对于其他部门管理的水电站，牵头组织做好排查整治方案，联合开展排查整治，并做好电站信息、排查整治结果、问题整改落实等信息共享。

（三）严格落实检查责任。各省级、市级水行政主管部门和流域管理机构等单位要依法依规严格开展抽查，细化检查内容和方式，充分发挥专家的技术支撑作用，落实“谁检查、谁负责”“谁签字、谁负责”要求，并形成检查台账。要实行组长负责制，检查人员经业务培训并严格执行工作要求，确保工作质量和效率。

（四）限期整改销号。地方各级水行政主管部门对此次排查整治专项行动发现的问题，要分级建立问题台账清单，能够立行立改的，督促尽快整改销号；不能立行立改的，持续跟踪督促落实整改措施、责任人及完成时限，限期整改销号；限期整改不到位的，按程序解列。

（五）建立长效机制。地方各级水行政主管部门要巩固排查整治专项行动成果，压实压紧水电站安全生产主体责任监管责任、行政责任；将水电站安全生产监管关口前移，定期进行安全生产风险评估（含危险源辨识与风险评价），并公布结果进行预警，不断强化风险隐患排查治理；强化安全生产监管制度建设，实现安全生产监管工作常态化、规范化信息化；推进水电站安全生产标准化建设，做好示范引领。

请各省级水行政主管部门于2022年4月15日前组织完成全面自查和重点抽查，在“小水电风险隐患排查整治系统”中填报小水电站风险隐患排查表，并将排查整治报告及小水电站风险隐患情况汇总表、小水电站重点监管名录汇总表报送水利部农水水电司，抄送水利部监督司，报告应包括工作组织情况、自查和抽查情况、发现问题情况（类型和数量）、整改完成情况等，未整改完成的问题应当明确完成时限、责任人和下一步措施。请各流域管理机构等单位于2022年5月31日前完成督促检查，并将督促检查报告及发现问题清单报送水利部农水水电司，抄送水利部监督司。

（水利部农村水利水电司）

水利部办公厅印发《水库水闸和堤防工程运行安全风险隐患排查整治实施方案》

2022年2月11日，水利部办公厅根据《水利部、国家能源局关于全面开展水电站等水利设施风险隐患排查整治工作的通知》（水监督〔2022〕50号）有关安排，以办监督〔2022〕33号印发《水库水闸和堤防工程运行安全风险隐患排查整治实施方案》，该“方案”全文如下。

根据《水利部、国家能源局关于全面开展水电站等水利设施风险隐患排查整治工作的通知》（水监督〔2022〕50号）有关安排，由水利部运管司牵头组织，在全国范围内开展水库、水闸和堤防工程运行安全风险隐患排查整治，具体实施方案如下。

一、排查整治范围

本次排查范围为全国现有水库、水闸和堤防工程运行安全。各地区要针对防汛薄弱环节，组织对辖区内所有水库水闸和堤防工程逐一进行自查自纠，全面覆盖、不留死角紧盯关键区域、重要工程和重点部位，深入排查工程实体和运行管理中存在的安全隐患。

二、重点内容

（一）安全管理责任。水库工程重点排查是否严格落实以地方人民政府行政首长负责制为核心的水库大坝安全责任制，明确政府责任人、主管部门责任人和管理单位责任人；小型水库是否落实防汛行政、技术、巡查“三个责任人”水闸、堤防工程重点排查是否落实地方政府的防汛行政责任主管部门的安全监督责任和管理单位的安全主体责任，防汛安全责任是否落实到岗到人。

（二）工程实体。全面排查水库、水闸和堤防工程存在的安全隐患。重点排查水库大坝、泄洪设施、放空设施，水闸闸室、闸门、启闭设备，堤防险工险段、穿堤建筑物等关键部位，水库溢洪道堵塞、侵占、设障等问题。

（三）度汛安全管理。全面排查水库、水闸和堤防工程度汛准备工作情况，重点检查防汛道路、通信、预警等设施情况，汛期调度方案（运用计划）、防汛抢险应急预案编制及批复（备案）情况，应急抢险队伍落实情况，防汛物资设备储备和管理情况，应急培训和演练开展情况，以及病险水库、水闸限制运用措施落实情况。

三、工作组织

（一）地方全面排查和整改。各省级水行政主管部门组织开展本地区水库、水闸和堤防工程安全隐患排查工作，对照安全隐患排查问题清单（见附表1，略），全面排查安全隐患建立问题台账，制定整改措施，明确整改责任单位和整改时限，确保整改到位。能立即整改的要立行立改；对于汛前不能完成整改，要制定限制运用措施和应急处置预案，保证工程度汛安全。

部直属有关单位组织开展直管工程的安全隐患排查和整改。

（二）水利部抽查。在地方各级水行政主管部门对辖区内水库、水闸和堤防进行全面排查整治的基础上，水利部组织各流域管理机构等单位对地方上报隐患排查整治发现问题的水库、水闸和堤防工程，对照问题台账和整改情况，按照不少于10%的比例，采取“四不两直”方式进行抽查。各流域管理机构以“一省一单”形式向省级水行政主管部门通报抽查情况，对隐患排查、整改不力的，责成省级水行政主管部门进行追责问责。

水利部督查办对直管水库、水闸工程实行全覆盖检查对隐患排查整治发现问题的堤防工程进行抽查，按照有关监督检查办法实施责任追究。

四、有关要求

（一）强化责任落实。排查整治工作涉及范围广、工程数量多，时间紧、任务重，各地区各单位要进一步提高政治站位，充分认识此项工作的重要性和紧迫性，切实把汛前安全隐患排查整治作为当前一项重大政治任务抓紧抓实。加强组织领导，层层落实责任，按要求全面开展排查，加强问题整改，消除水库、水闸和堤防工程安全隐患，保障人民群众的生命和财产安全。

（二）确保进度质量。各地区各单位要抓紧制定排查整治工作方案，细化工作措施和完成时限，按照时间节点，完成排查任务。对照问题台账，抓紧实施整改，实行销号管理，做到整改不及时绝不放过、整改不到位绝不放过。按照规定时间节点，及时上报排查整治情况。

（三）加强督促指导。各省级水行政主管部门要督促本辖区市县组织开展排查整治工作，加大对重点单位、重点工程和薄弱环节的监督指导，对排查出的重大安全隐患实行挂牌督办，跟踪督促有关单位按时限整改到位，对工作不力的要予以严肃追责问责。各流域管理机构要加强本流域各地区排查整治工作的督促指导。

请各省级水行政主管部门和部直属有关单位于2022年4月15日前将排查整治报告（报告编写建议提纲见附表2，略）和安全隐患及整改情况汇总表（见附表3，略）报送水利部运管司抄送水利部监督司、建安中心。各流域管理机构、水利部督查办于2022年5月31日前完成抽查工作，并将抽查情况报告及发现问题清单报送水利部运管司，抄送水利部监督司、建安中心。

（水利部农村水利水电司）

2022年小水电绿色改造与现代化提升工作情况

2022年，水利部指导地方推动小水电绿色改造与现代化提升。浙江、安徽、福建、江西、湖北、湖南、广东、广西、重庆、四川等省（区）采取政府和市场两手发力的办法，探索出了政府收购资产整合、行业协会搭建平台、第三方机构托管、政府统一规划企业分散实施、水电集团公司按流域整体推进等小水电绿色改造的新模式。目前30多处小水电集中控制中心投运，3000多座电站实现了智能化改造、集约化运营、物业化托管，大幅度降低了运行成本，消除了安全隐患，增加了清洁电能，很多电站利用发电收入反哺河流生态保护和修复，取得了经济、社会、生态多重效益。

（水利部农村水利水电司 孙亚芹）

农村水电改造

龙潭水电站大坝优化设计

龙潭水电站位于贵州省水城区蟠龙乡法拉寨西北约0.6km的古牛河峡谷处，距县城60km。古牛河为珠江流域北盘江一级支流，发源于贵州省威宁县石丫口，主峰高程2484m，古牛河全流域面积为591.2km²。该电站坝址以上集水面积510.12km²，主河道河长61.6km，主河道平均比降14‰。电站水库总库容805万m³，正常蓄水位910.00m，相应库容740万m³，装机容量为1万kW，工程为四等工程，工程规模属小（1）型。

（一）地形地质条件

坝址区地处黔西高原，地面切割较强，形成山峦起伏的中山地形，综观全区地势北高南低、西高东低，北部海拔一般为2000～2400m，相对高差100～300m，向南山顶高程逐渐降至1000～1700m，相对高差200～500m，测区最高点位于西北部川岩山头，海拔2635m，最低点为南部北盘江河面，海拔为675m左右。测区以溶蚀、侵蚀构造地貌为主，属脊状中山地区，地形受岩性构造控制，山岭谷地延伸方向与构造线基本一致，西北部主要呈NW-SE向展布，东南部主要近S-N向，受多种次级构造体系破坏，地形总体复杂，沟谷纵横交错。区内主要出露地层为石炭系、二叠系、三叠系及第四系，坝址区均位于石炭系上统与二叠系下统过渡层第五段（C3～P1）5：灰、深灰色薄层至厚层灰岩、生物碎屑灰岩夹含钙质、碳质泥岩，总厚135～145m，位于坝址区两岸及河床。

（二）总体布置

该工程枢纽由拦河大坝、溢洪道、放空底孔、发电引水隧洞、厂房、升压站等组成。大坝为混凝土双曲拱坝，坝顶高程912.50m，坝顶宽4m，坝底厚10.5m，最大坝高67.5m，坝顶中心弧长178.757m。溢洪道为坝顶表孔，堰顶高程903.50m，设3孔，每孔尺寸10.0m×9.0m（宽×高）。露顶式弧形工作门，分别由坝顶工作桥上的3台卷扬机启闭，溢洪道出口采用挑流消能。大坝右坝段坝0+039.405处设置放空底孔，采用直径为1.0m的钢管。底孔管中心高程870.5m，进口采用1.2m×1.2m的拦污栅，出口设置闸阀室。引水系统布置于库首右岸，由取水口、压力隧洞和压力钢管组成。取水口由喇叭口和闸室段组成，总长11.20m。厂房为地面式，布置于大坝下游右岸约200m处。主副厂房采用前后布置。主厂房平面尺寸31.3m×11.2m（长×宽），副厂房平面尺寸31.3m×9.37m（长×宽）。

（三）大坝结构设计

1. 结构布置　坝型为C20混凝土拱坝，平面拱圈中心线方程为抛物线。河床坝基高程845.00m，最大坝高67.50m，坝顶轴线总长180.514m。非溢流坝段在左、右两岸，河床段为溢流坝，长约40.369m。左岸非溢流坝段长66.481m，右岸长73.664m。初步设计阶段坝底厚度14m，拱冠处后高比为0.207，属中厚拱坝。根据施工阶段揭露的坝区地质条件和仿真计算成果，按照应力稳定条件控制确定拱坝变厚拱坝体型，坝顶宽4.00m，坝底宽10.5m，最大拱坝高67.5m，厚高比为0.156，属薄拱坝。左岸拱圈中心线拱冠最大曲率半径99.511m、最小曲率半径27.226m，右岸拱圈中心线拱冠最大曲率半径91.765m、最小曲率半径207.879m，顶拱中心角80°、底拱中心角47°。坝顶上游设1.2m防浪墙，下游设栏杆，坝后坡高程879.96m设有人行桥。

2. 拱坝体型设计　拱坝体型设计采用三维坐标系统，取坐标原点于拱冠梁顶部中点，X轴指向左岸、Y轴指向上游、Z轴铅直向下，在此坐标系下，各层拱圈中心线方程式为：$x^2+ay^2+by=0$，结合坝址地形、地质情况，经ADASO反复试算，最终确定大坝体形参数。优化后坝体总混凝土量55000m^3，与初步设计相比，节省近6000m^{3}混凝土。

3. 大坝材料及分区设计　根据拟定体型，该大坝不设纵缝，同时为减小施工难度，坝体材料不分区，均采用90天龄期C20混凝土，设计重度为24kN/m^3，抗渗标号不低于W6，抗冻标号为F50。大坝混凝土为三级配混凝土，骨料最大粒径80mm，采用位于坝址附件料场灰岩轧制而成。为降低坝体混凝土水化热及提高其和易性，混凝土掺30%粉煤灰。根据贵州省拱坝建设中，采用外掺MgO微膨胀混凝土可快速修筑拱坝先进技术，根据《全坝外掺氧化镁混凝土拱坝技术规范》（DB 52/T 720—2010），通过对贵州已建拱坝设计施工经验总结分析和龙潭外掺MgO水泥压蒸试验，并结合龙潭拱坝仿真计算结果，综合分析后确定龙潭拱坝MgO掺量按5.0%控制。结合坝体混凝土其他特性要求，通过配合比实验，最终选定配合比。

4. 大坝分缝止水设计　通过有限元仿真分析，该拱坝采用外掺MgO混凝土浇筑，坝体不采取分缝措施不能满足大坝温控防裂要求。该拱坝设置两条诱导缝，缝底部高程878.50m，分缝位置按两坝肩以878.5m高程拱圈径向布置设计。1号诱导缝桩号为坝0+038.079，2号诱导缝桩号为坝0+148.729。因诱导缝上游水头较低，在诱导缝上游面以及下游面各设一道橡胶止水片，止水片兼作止浆片；上游止水片距上游坝面400mm，深入基岩800mm，下游止浆片距下游坝面300mm，深入基岩500mm。诱导缝采用预制块安装，预制块宽度为800mm，高度为500mm，厚度为80mm，中间预留$R=30$mm的灌浆孔，进浆管和出浆管穿过灌浆孔，该大坝封拱控制温度为11.3℃，诱导缝封拱接缝灌浆压力底层为0.4MPa，顶部为0.2MPa。

（四）基础处理

坝基开挖揭露，坝基（肩）岩体均为薄层至厚层灰岩、生物碎屑灰岩夹含钙质、碳质泥岩，为弱风化状态，节理裂隙中等发育，未见大型溶洞、贯通性溶蚀裂隙发育，坝基未发现溶洞，设计处理方案为清除溶洞及夹层内充填物，清除深度为夹层、溶洞宽度的1.5倍，用与坝基垫层同标号的混凝土（C9020外掺MgO三级配混凝土）进行回填处理，对坝基出现溶洞及夹层位置进行加强固结灌浆处理，灌浆孔深入基岩10.0m，间排距2.0m，呈梅花型布置。

（贵州中水建设管理股份有限公司　张关会）

薄岭水电站增容改造方案优化

薄岭水电站位于陕西省山阳县，是金钱河干流山阳段水电资源开发规划中规划的第6级电站，为了提高水能资源利用，增大发电量，对电站增容改造方案进行优化。该电站建成于20世纪80年代末，装机容量3×630kW，设计引水流量为17m^3/s，设计水头为10.5m。拦河坝为浆砌石重力坝，坝长82m。多年平均径流量10.62×10^{8}m^3，$P=80\%$日均流量8.4m^3/s，多年平均发电量856.0×10^{4}kW·h，装机年利用小时数6794h。厂房紧靠坝左岸山坡，引水隧洞长69.1m。该电站的增容改造工程为坝后电站，枢纽由压力洞、厂房、尾水渠、变电站、防洪堤等部分组成。新增装机容量3200kW(2×1600kW)。平均年发电量2050×10^{4}kW·h（其中：增容改造电站1742×

10^4kW·h，原薄岭水电站 308×10^4kW·h)，新增容改造电站年利用小时数 5442h，原薄岭水电站年利用小时数 2447h。

（一）枢纽工程方案比较

根据薄岭水电站增容改造工程实际情况，经综合比较，最终确定该电站站址在原薄岭水电站左侧 50m处。电站厂址位于金钱河左岸，与原老电站之间的坡脚地段，厂区斜坡角度 50°～75°，该处也是泥盆系与第三系地层接触部位。厂区地表未发现其他不良工程地质现象。为最大限度地利用原电站已有建筑物，增容改造项目采用两种方案进行比较。

(1) 原坝高不变方案。原拦河坝顶 302.00m 高程不变，仅在原坝段的左坝基增设冲砂闸一孔。拦河坝堰上设计洪水位 309.76m，校核洪水位 311.68m。下游河道设计洪水位 296.56m，校核洪水位 297.68m。

(2) 原坝加高方案。原拦河坝加高 2m，坝顶高程为 304.00m，在坝段的左坝基增设冲砂闸一孔。加高坝体与原坝体之间采用直径为 16mm 的锚杆（二级钢筋）拉接，间距 1m，梅花型布设。中间采用 M7.5 浆砌石填筑。溢流面采用 C15 钢筋混凝土护面。拦河坝堰上设计、校核洪水位分别为 311.71m、313.62m。坝下游河道设计、校核洪水位与不加高相同。增设的冲砂闸与原冲砂闸轴线平行。冲砂闸门采用平面钢筋混凝土闸门，门叶为梁板结构。冲砂闸前设检修门槽，关闭时采用备用的木质叠梁。闸室设在拦河坝砌体上，采用钢筋混凝土衬砌。冲砂闸及检修平台操作采用钢筋混凝土梁、板结构，下部支撑采用排架及浆砌石、混凝土墩台，上部设置砖混结构启闭机房，建筑面积为 25m^2。经技术经济比较，原坝高不变方案投资 19.34 万元，加高方案 181.59 万元。

（二）进水口

进水口为新修工程，方案比较在枢纽工程方案比较的基础上进行。

(1) 原坝高不变方案。该电站增容改造工程属低坝大流量引水式电站，设计引水流量 32m^3/s。根据实际地质地貌分析：输水隧洞进口处有宽敞的地形适合布置流量调节池和进水口建筑物，水流经导流渠到进水口，经压力洞到厂区。在筑坝取水情况下，进水口与原电站进口相距 50m，河水水流经 50m 明渠导流至进水口，导流堤左岸长 152m，右岸长 43m，迎水面坡比 1∶0.75，堤高 5.5m，渠底平均宽 10.5m，堤墙为 M7.5 浆砌石。渠道底板高程 298.00m，高于冲砂道底板 2m，渠道设计水位取拦水坝顶高程 302.00m，堤顶超高取 1.5m，即高程 303.50m。满足电站设计流量 32m^3/s 时调节需要。在设计引水流量 32m^3/s 时，经水力计算进口为双孔进水，闸室进口前设 0.50m 高的拦砂坎，工作闸前设拦污栅、检修叠梁槽，闸室后经 10m 收缩段与压力隧洞衔接。进水闸门采用单吊点卷扬式启闭机控制。进水闸及拦污栅操作平台采用钢筋混凝土梁、板结构，下部支撑采用排架、混凝土墩台，上部设置砖混结构启闭机房。经计算选用单吊点卷扬式 25t 启闭机 2 台。

(2) 原坝加高方案。从电站实际地质地貌看，采用在输水洞进口处布置调节池和进水建筑物方案。在筑坝取水的情况下，水流经 56m 明渠导流至进水口，导流堤左岸长 152m，右岸长 46m，迎水面坡比 1∶0.75，堤高 6.8m，渠底宽平均 8m。渠道底板高程 298.00m，高于冲砂道底板 2m，渠道设计水位为拦河坝坝顶高程 304.00m，堤顶超高取 0.8m，堤顶高程为 304.80m。按上述尺寸估算，满足电站设计流量 32m^3/s 时调节需要。采用单孔进水，闸室进口前设 1.0m 高的拦砂坎，并于工作闸前设拦污栅、检修叠梁槽，闸室后经 10m 收缩段与输水隧洞衔接。进水闸门与不加高方案相同，进水闸上部的启闭机房，建筑面积为 48m^2。经计算，选用 40t 双吊点卷扬式启闭机 1 台。经技术经济比较，原坝加高方案进水口投资 262.96 万元，原坝高不变进水口投资 240.50 万元。

（三）输水隧洞

根据实际地形条件，该电站增容改造输水隧洞洞线方案选择两种方案进行比较。①采用联合供水方式，过水流量 32.0m^3/s，洞线长度 132m。开挖方量 3326m^3，混凝土衬砌 759m^3。比降 1/1000，过水断面 4.25m×3.8m（高×宽）。主要工程费用 134.4 万元。②采用独立供水方式，单洞过水流量 16.0m^3/s，开挖方量 4200m^3，混凝土衬砌 956m^3。比降 1/1000，过水断面 3.20m×3.0m（高×宽）。洞线长度分别为 123.2m 和 135m。主要工程费用 190.1 万元。经综合分析考虑，采用方案一。

（四）水能计算比较

薄岭水电站设计保证率取 85%，月均保证流量 $Q_{85\%}=7.6m^3/s$。经布置，原坝高不变方案初估电站设计发电水头 $H=10.0$m，原坝加高方案初估电站设计发电水头 $H=12.0$m，分别按 12m、10m 两种水头进行水能计算及装机容量确定。

(1) 保证出力。计算公式：$N_保=A\eta QH$，式中：$N_保$为电站设计保证出力（kW)；A 为水轮发电机组的出力系数，根据初选机组确定为 $A=8.3$；η 为渠道输水系数；Q 为保证率 $P=85\%$月均流量，为

$7.6m^3/s$；H 为规划发电净水头，两种水头原坝高不变时 $N_{保}=631kW$，原坝加高时 $N_{保}=757kW$。

(2) 电站装机容量方案比较。利用南宽坪水文站1965～2000年月均流量资料，并根据上游猛柱山水电站下泄流量，出力系数按初选机组确定为 $A=8.3$，对4000、3200、3200、2500kW 4种装机方案的多年平均年发电量及年利用小时数进行比较分析。当发电水头一定情况下，方案一较方案二平均年发电量增加25万kW·h，方案三与方案四平均年发电量基本相同。因此，增加装机容量，相同水头条件下，对单位电能造价反而具有不利影响。为了较多利用河道丰水期水量、提高发电效益，综合分析，该工程推荐采用方案二（2×1600kW）、方案四（2×1250kW）。

(3) 方案确定。对方案二、方案四进行细化设计，经过比较，方案二在平均年发电量、单位容量投资、单位电能投资、国民经济指标、财务评价指标方面明显优于方案四，因此，推荐采用方案二，即装机容量1600×2kW，规划发电水头12m。

（商洛市水电勘测设计院　杨若轩　孔繁湇）

BYT水电站水轮机改造工程优化设计

BYT水电站位于湖南省衡阳市东北部耒水下游，距耒水入湘江口15km，系耒水梯级开发的最后一级，工程以发电为主，兼管航运。坝址以上流域面积 $11170km^2$，多年平均径流量97.76亿 m^3。水库正常蓄水位为58.00m（高程为吴淞高程），设计洪水位64.36m，校核洪水位65.95m，正常蓄水位以下库容为0.36亿 m^3，总库容2.65亿 m^3，为日调节水库。原总装机容量1.44万kW，多年平均发电量0.6200亿kW·h。水库投入运行以来，由于泥沙淤积，目前正常蓄水位时库容仅0.3129亿 m^3，总库容减为2.60亿 m^3。

（一）电站存在问题及改造内容

1. 电站存在的隐患和问题　①该电站8台轴流转桨水轮发电机组于1960～1995年先后投产，其中有多台机组运行时间已经接近或超过40年期限，存在较大安全隐患。②2000年后，下游湘江大源渡水电站建成投运，该电站下游水位提高，发电水头降低，严重影响水轮机发电效率。③电站局部老旧结构及易损结构部件可靠性降低，部分功能失效。

2. 增容改造的内容和目标　该电站此次改造包括1～7号机组主机及辅助设备，增容改造的目的是提高电站水力资源利用率、提高电站设备可靠性、增加发电量和降低运行成本，即以机电设备更新改造为主；其次是对水工建筑物进行维修改造等。

（二）电站改造前后技术参数

1. 改造前技术参数　改造前机组分别由不同时期的不同厂家完成。1～2号水轮机型号为ZZ560B-LH-330，配发电机SF3200-48/4250；3～4号水轮机型号为ZZ600-LH-330，配发电机TS425/44-48；5～7号水轮机型号为ZZ55-B6-330，配发电机TS425/44-48。设计水头皆为6.2m，出力分别为3440、2690、2690kW。

2. 改造后技术参数　由于新建电站影响导致该电站水头和出力下降，改造后水轮机型号为ZZYJ03T-LH-330，发电机型号为SF2200-48/4250，额定出力 $N_r=2316kW$，额定水头 $H_r=4.7m$，最大水头 $H_{max}=7.7m$，最小水头 $H_{min}=3.0m$，设计流量 $Q_p=57.1m^3/s$，额定转速 $n_r=125r/min$，允许吸出高 $H_s=+3.5m$，轴向水推力 $P_s=58t$。

（三）水轮机结构改造优化设计

1. 转轮优化设计　由于电站埋入部件不做改造，此次转轮优化设计必须与原流道匹配，且满足高效率和空化性能等要求。转轮优化设计主要包括CFD技术分析叶片模型和新转轮结构优化设计，分析内容和结构优化过程如下：

(1) 转轮叶片模型CFD分析。①计算在模型转轮上采用定常计算进行，计算中考虑了重力场影响。②水轮机运行工况空化流动分析模型，采用单流体模型计算汽—液两相流。③离散方法取水轮机整体流道作为计算域，将计算域分为蜗壳、导叶段、转轮段以及尾水管段。④CFD模型转轮优化之后转轮表面压力分布趋向于均匀，优化前后转轮表面流速分布基本一致，优化后转轮的0°为原转轮的2.5°。

(2) 新转轮优化设计。此次改造后转轮型号为ZZYJ03T（清华大学针对电站旧流道及旧转轮模型综合开发的新转轮），该型号转轮是经过能量和空蚀性能试验比较，并经过CFD全流道分析校验证明，具有较高效率和良好空蚀性能，转轮直径 $D_1=3300mm$。结构优化设计，利用新的油密封技术和局部优化结构对转轮内部结构进行优化，部位优化设计特点：①转轮材料ZG0Cr13Ni5Mo具有良好抗空蚀、抗磨蚀和焊接性能，在常温下可焊接，不需要焊接后热处理。②转轮叶片采用数控加工，加工完成后进行静平衡试验和无损检测。③叶片内端侧加工成与轮毂良好配合的球形，并把轮毂与叶片间隙减至最小，不用拆卸叶片即可更换叶片密封。④桨叶接力器及驱动叶片同步转动操作架及拐臂位于轮毂内，并保证在轮毂内充满油的状态下运行。接力器活塞采用 20SiMn 铸造，并设有双向密封圈，由填充聚四氟乙烯 PTFE 圈和 O 形橡胶密封圈组成。⑤接力器上下腔设置排油口，轮毂底部设有可与软管连接的排油旋塞和阀门以便检修时排油。轮毂上部有排气旋塞。

2. 导叶接力器改造优化设计　改造后的活动导叶开度增大，但此次导叶接力器并不在更换部件的清单中，但最终只对原始接力器进行局部改造。

(1) 原始接力器。分析发现接力器前、后端盖设有排油孔，无法通过加工增加行程，故仅剩下加工活塞增大行程的方式。

(2) 改造后接力器。通过加工活塞两侧端面，增大接力器活塞行程。技术要求：①此次接力改造是将原行程 502mm 增至 552mm。②动作试验，接力器试验两端填料处，当油压为 25kg/cm^2、油温不低于 12℃时，允许软垫处形成点滴漏油。③压力试验，油压为 40kg/cm^2，采用 L-TSA46 油，试验 24h，接力器缸与活塞间漏油不大于 0.035kg/s。④接力器套管与缸盖、活塞、接力器缸、接触表面不允许磨损，装配时用红丹粉检查。⑤重新装配的接力器采用孔用方形圈结构。⑥活塞缺口应对齐接力器缸油槽方向，方便排油。

3. 受油器改造优化设计　该电站的 7 台受油器已运行 40 多年，漏油严重影响电站稳定运行，结合电站原有结构情况，优化设计出新型高速旋转接头受油器结构方式，主要思路：①受油器与发电机及其他连接件设计了双层绝缘以防止轴电流。②受油器上、下压力腔始终保持油压状态，与操作油管相对活动始终浸没在油中，机组高度变化后，受油器结构布置。③受油器外壳采用钢板焊接结构。其上、下压力腔之间与上、下排油腔之间密封导向轴承可自调整，安装调整方便，运行可靠。④受油器外壳上设置了观察孔，便于内部观察。⑤受油器转动与固定部分设计足够抬机余量，不允许漏油向发电机。

(四) 结语

通过此次改造得出以下结论：

(1) 改造过程中关键是使转轮模型与电站原有流道匹配。

(2) 此次旧电站改造，机组过流量增大，必须关注机组导叶开度的变化而引起导叶接力器行程不足的问题。

(3) 改造优化设计时，既要保证与原有发电机配合接口，又要保证受油器的结构稳定性。

(4) 经过 1 年运行证明，此次改造达到了预期效果，机组还具备了一定的超发能力，且电站运行振动及噪声均符合国家标准规定。

(湖南云箭集团有限公司　黎宗亮)

活动坝水电站增效扩容改造工程情况

(一) 工程概述

活动坝水电站位于江苏省淮安市淮阴区杨庄闸北首 350m 处废黄河旧河床上，该电站始建于 1976 年 10 月，1980 年 1 月并网发电，安装 12 台水轮发电机组，总装机容量 1920kW；2 台电力变压器，电站设计水头 3.5m，上游正常水位 11.50m，下游正常水位 7.86m，正常流量 5.0m^3/s，实测 6.0m^3/s，属于低水头、大流量、径流式电站。该电站主要为了解决淮阴区居民生活及城镇用电，以 1 回 10kV 输电线路直接送至 10kV，并入地区 10kV 电网。非发电期可调相运行，以提高附近地区用电质量。该电站建于 20 世纪 70 年代，由于历史原因，受到多方面制约，特别是资金严重不足，设备、厂房、水工建筑物等已不能满足水电站运行要求，效率下降、效益滑坡，严重阻碍了电站可持续发展。

(二) 工程改造情况

1. 改造内容　2013 年 4～12 月，耗资约 590 万元对该电站进行增效扩容改造，主要内容有：

(1) 土建工程：站房及其他土建设施维修。

(2) 机电设备更新：更新 12 台套水轮发电机组及配套设备、2 台主变压器及配套电气设备、1 台站用变压器及配套设备、控制设备等。

(3) 金属结构更换工程：清污设备、拦污设备更换、维修等。

工程改造后总装机容量为 2400kW，比改造前扩容 480kW，扩容率 25%。

2. 水能复核计算　根据该电站近年上下游水位、水头统计表，在流量、水位及机组运行条件下，当水头超过 3.93m，机组发电功率已达 160W，处满负荷运行。电站每年超过 3.93m 水头达 40 多天，最高水头达 4.38m，增效扩容改造项目实施后，水轮机效率提高近 5%～8%；考虑到叶轮多年使用造成叶轮间隙增加、泄漏损失加大以及其他因素影响，新叶轮水力模型效率可提高 6%～9%，小功率节能型发电机效率比老高耗能发电机高出 5%～7%，仅考虑水力发电机组性能，即可使效率提高 11%～17%。通过更新节能型变压器，效率提高 6%～9%，以及更新载流体铝排母线等配电设备，电站综合效率可提高 18%～27%。

(三) 主要效益情况

增效扩容改造主要效益有经济效益和社会效益两个方面。

1. 经济效益评价　该电站增效扩容改造工程完成后，对节能减排、保护生态环境，更好地实现“蓝天工程”起到积极作用。根据该项目的具体实际，不进行财务和国民经济评价，只对电站增效扩容后的电价成本进行测算。成本测算主要依据《小水电建设项目经济评价规程》（SL 16—2019）。①厂用电率取0.8%；线损率取4%；有效电量取85%。②电站定员14人，年平均职工工资按现行职工年平均工资计算，职工福利费按工资总额的14%计取。③年运行费中的其他费用按《小水电建设项目经济评价规程》(SL16—2019) 计算，每千瓦21.60元。④电站年固定资产折旧费采用加权平均折旧费率35%计算。⑤大修理费按固定资产价值的1%计算。⑥水费：根据水利部《水资源费征收使用管理办法》有关要求与精神，结合《江苏省水资源费征收使用管理实施办法》等有关规定，水力发电取水水资源税按0.001元/(kW·h)提取。

2. 社会效益评价

(1) 为保护水资源，充分发挥蓄水能力效益。在节约水资源经济效益和确保工程安全运行方面，为南水北调东线工程实施创造条件。改造前电站闸门漏水量为7.71m^3/s，一天漏水680000m^3，一年发电时间约为6个月，不发电时间为6个月，扣除可利用部分水量，损失率按20%计，一年损失水量为24480000m^3，1m^3水按0.3元计算，一年则损失73.4万元。节约下来的资源，保证了工业、农业、生产和居民生活安全，保护了人民的生存环境，保障了经济发展。

(2) 改善地区防洪效益和环境效益。该工程实施后，圩堤和配套建筑物标准得到提高，抗御洪水能力大大加强，在外河高水位时，工农业生产可免受洪涝灾害之威胁，减少了洪涝灾害带来的重大损失，发挥了社会安全保障功能，其抗洪排涝效益十分显著。该电站增效扩容工程实施后同时有利于改善水质，提高水环境质量。

(3) 供水、发电效益。经济发展离不开淡水资源，由于该电站位于废黄河下游3.7km处，若遇干旱年份，保证盐河水资源供应，使该地区农作物正常生长。工程的实施，提供可靠水能，确保水力发电组满荷工作，将为工业快速发展提供绿色清洁能源，并为全区工农业和城乡商业流通提供优质水源和良好的水环境。

(四) 结论

该水电增效扩容改造方案、设备选型合理，经近年数据统计显示，水轮发电机组效率提高约15%，能够充分利用过水流量，提高水能资源利用效率，生产更多清洁电力能源。在改造方案实施后，经多年运行发现水轮机叶片空蚀情况比较严重，后期水轮机组维修保养技术力量不足。农村小水电数量众多，质量良莠不齐，通过此文论述，可以为其他小水电站改造提供数据支持。保持该电站长期稳定、安全可靠、高效运行，需要进一步探索。

（淮阴区活动坝水利工程管理所　张健
江苏省淮沭新河管理处　李毅
淮阴区淮高水利服务站　张岩）

三星水电站2号发电机组调速器抽动故障分析与处理

三星水电站位于四川省遂宁市船山区老池乡三星场与重庆潼南米新镇之间，是四川明星电力股份有限公司承担调峰任务的主力电站，于1999年正式投产使用，安装3台单机容量为1.6万kW的轴流转桨式水轮发电机组，日峰值发电量约120万kW·h。调速器系统早期采用南瑞公司S700控制柜，2007～2008年间逐步将1～3号机组升级更新为南瑞公司SAFR-2000水轮机调速系统控制柜。该电站自更换控制柜之后调速系统运行稳定，负荷控制调节精确度良好。

(一) 故障现象

从2016年4月初开始，发现2号发电机组平稳运行时油压装置压力油泵启动较以往频繁很多，油压屏指示油罐压力值下降很快，4.0MPa的油压在短短10min之内就降到了油泵启动值3.6MPa，而相邻的1号和3号机组，该数据基本都在40～60min。在有机组负荷调整时，2号机组油泵打油间隔仅在5～6min，这样的间隔，较正常时减少了数倍，不但容易引发油泵故障，使得厂用电量和厂用电率超标，同时也对机组安全稳定运行带来了极大风险。经过一系列分析认为，2号发电机组油泵运行时间较其他机组明显偏短，且油泵间隔时间也较其他机组短很多。

(二) 排查分析

排查进行了两个方面的分析：一是从机械部分排查分析；二是从电气部分排查分析。综合以上排除分析，基本将次要故障原因归咎于油泵控制系统启停不正常，而主要原因锁定到调速器电控部分，而电控部分发生故障的可能原因较多，通过分析有以下几点：①旋转位移变送器反馈错误或出现非线性，导致反馈开度与实际开度产生误差，使得调速器误认为没有调节到位，导叶副环产生控制输出，不断调节导叶开度数值，从运行试验看，此项应作排除。②测频回路出现干扰，频率出现测量偏差，导致主环调节信号动作，控制导叶副环输出调节开度。③调速器PID参数设置不合理，导致调速器控制输出长期围绕目标值调整，从而超出死区范围动作到导叶伺服线圈上。④导叶功放板故障，产生错误的伺服线圈动作电流，使比例伺服阀阀芯不能回到中位。⑤控制回路受到干扰或其他原因，使得伺服阀线圈误动作。⑥比例伺服阀伺服反馈出现误差或伺服反馈受到干扰，导致电磁阀阀芯中位反馈信号与实际不一致。⑦比例伺服阀线圈部分故障。

（三）处理过程

关于次要故障原因，通过更换压力传感器和油泵控制程序优化得以排除，这里不作讨论，主要说明主要故障原因处理过程。在调速器静态实验中，通过导叶副环调节实验，设定不同导叶开度目标值进行试验调节，观察实际动作过程并记录下 PID 调节曲线，结果发现在各种大小扰动调节中，曲线平滑良好，导叶开度接近目标值时间非常好，到达目标死区范围后即不再调节，实际反馈误差和给定值非常接近，在 0.01～0.05 之间。通过副环调节发现导叶位移反馈值也并未出现跳动、偏差和非线性，现场观察无论是在开机运行还是静态试验下，调速器系统在目标值死区范围内均无控制信号改变输出，频率信号也很稳定，所以综合分析中的①、②、③点均被排除。为排除功放板故障，将 2 号机组导叶功放板与 3 号机组功放板进行对调，更换后在开机状态下调速器抽动现象依旧，将第④点原因也排除。为检测控制回路是否受到干扰，直接从导叶控制输出处单独布屏蔽良好专用线缆直接接到导叶柜端子排，接线后仍发现有轻微抽动，因时间较紧，未做长时间运行对比观察，所以将端子松动和未屏蔽处理列为怀疑对象之一。对于综合分析中⑥、⑦点，直接采取更换比例伺服阀的办法，并对原接线端子逐一检查紧固，对屏蔽线做了良好接地，以消除外部相邻电路可能带来的干扰。完成上述措施后，在保证导叶不会误动的情况下，再次对调速器进行静态和开机运行调节实验，发现抽动故障解决，电柜显示面板上导叶平衡表基本不再左右漂动，保持在一个微小的偏置状态（关方向 0.5V 左右），导叶控制系统在无调节信号时中接和主接稳定在固定位置无任何抽动，经过处理后几个月运行情况观察，油泵运行间隔保持在 60～70min 之间，至此，调速器抽动致使压力油泵频繁启动故障得以解决。分析表明，伺服阀阀芯行程偏差基本被如实反馈出来，且控制部分也施加了相匹配的控制电压开出，经过功放板放大使阀芯动作后回到中间位置，这比之前数据好了很多，主要表现为控制电压能实时按照反馈数据来调整比例伺服阀阀芯位移，保持其中位状态。

（四）经济效益

此次 2 号发电机组调速器抽动故障彻底解决：①按故障停机更换比例伺服阀及调速器做静态、动态试验，抢修需停机时间约 5h，而此次故障排查处理及时，减少损失电量约 8 万 kW·h。②单台油泵运行间隔时间由原来的 10min 增加到 60min 以上，以油泵功率 37kW 计算，一年能节约厂用电量约 3 万 kW·h。③油泵运行间隔时间增长，有效减少了油泵长期运行导致磨损、发热等，延长了油泵使用寿命。④调速系统稳定性增强，杜绝油泵故障潜在风险，为机组长期满发稳供和降低故障停机台数打下了良好基础。

（四川明星电力股份有限公司　邓海建）

缙云盘溪梯级电站改造绿色发展实践

盘溪一级电站、二级电站、三级电站、四级电站等 4 座梯级水电站坐落于浙江省缙云县盘溪，属瓯江流域。一级电站距县城最远，约 35km，四级电站距县城最近，约 20km。一级电站至四级电站现装机容量分别为 600、2400、3000、1600kW，一级电站为大洋水库坝后式电站，二、三、四级电站分别引用前级电站的尾水和区间来水发电，均为引水式。4 座电站初始投产发电均为 20 世纪 70 年代，一级电站于 2016 年完成改造，二、三、四级电站于 2019 年完成改造。4 级电站均按“无人值班，少人值守”，采用计算机控制智慧型电站目标进行改造，4 座电站均已创建为水利部绿色小水电示范电站。

（一）增效扩容改造

1. 改造情况　①盘溪一级电站装机容量为 600kW（3×200kW），1974 年 8 月投产，报废重建后装机容量为 3×200kW，三机一变，经 10kV 舒洋线接入大洋变电站。电站于 2016 年 10 月中旬投产，设计年发电量 124 万 kW·h（改造前多年平均发电量 116kW·h），设计年发电量增加 8 万 kW·h，设计年利用小时数 2078h，改造投资 400 万元。②盘溪二级电站装机容量 2400kW（3×800kW），1974 年 8 月投产，增效扩容改造后装机容量为 3×800kW，三机一变，经 35kV 舒洋线接入舒洪变电站。电站于 2019 年 5 月初投产，设计年发电量 880 万 kW·h（改造前多年平均发电量 730kW·h），设计年发电量增加 147 万 kW·h，设计年利用小时数 3655h，改造投资 991 万元。③盘溪三级电站原装机容量 2400kW（3×800kW），1977 年投产，增效扩容改造后装机容量为 3×1000kW，三机一变，经 35kV 舒洋线接入舒洪变电站，电站于 2019 年 5 月底投产，设计年发电量 928 万 kW·h（改造前多年平均发电量

770kW·h)，设计年发电量增加 158 万 kW·h，设计年利用小时数 3094h，改造投资 974 万元。④盘溪四级电站装机容量为 1600kW（2×800kW)，1979 年 8 月投产，增效扩容改造后装机容量为 2×800kW，二机一变，经 35kV 舒洋线接入舒洪变电站，电站于 2019 年 6 月初投产，设计年发电量 506 万 kW·h（改造前多年平均发电量 420kW·h)，设计年发电量增加 86 万 kW·h，设计年利用小时数 3168h，改造投资 594 万元。

2. 改造效果　①设备性能提升。盘溪梯级电站的改造，对 4 座电站的机电设备全部进行了更新，主机选用高效机组，每座电站的设计年发电量均有增加；自动化改造按“无人值班、少人值守”的原则，采用计算机监控，电站运行人员减少，降低电站人员支出成本；设备改造更新后，设备健康状况良好，减少了停机时间和维护工作；提高了电站安全运行水平。②发电量增加。一级电站改造后于 2016 年 10 月中投产，二、三、四级电站改造后分别于 2019 年 5 月底和 6 月初投产，2019 年未全面发电。可以看出，2020 年、2021 年的发电量大大超出设计年发电量（实际上这两年的来水量还少于往年)，说明这 4 座电站的改造在技术上是成功的。③运行费用降低。盘溪梯级 4 座电站改造前，自动化程度低，运行人员较多，每座电站的运行人员均为 13 人，电站改造按“无人值班、少人值守”的原则，采用计算机监控，提高了电站的自动化水平，每个电站的人员减少到 9 人，净减少 4 人。④维护费用降低。盘溪梯级电站改造前，因设备陈旧年份长，故障多，日常维护工作量大，年维护费用高，4 座电站有 8 名维护人员，电站改造后，4 座电站的维护人员减少到 3 人，年设备维护费用也大为减少。⑤经济效益显著。从 4 座电站改造后的实际运行可以看出，梯级电站改造后的年均利润为 1747.39 万元（未考虑税收)。4 座电站改造总投资合计为 2959 万元，2 年不到即可收回改造投资，改造经济效益非常显著。

（二）绿色发展

1. 绿色生态　①小水电作为清洁可再生能源，在践行“绿水青山就是金山银山”理念，实现“碳达峰、碳中和”目标上发挥积极作用，盘溪梯级水电站也不例外。②在该梯级电站增效扩容改造中，借助全球环境基金（GEF）中国小水电增效扩容改造增值项目开展契机，流域整体治理，建立新的用水平衡，释放更多环境效益。③该梯级电站坚持“生态优先，绿色发展”原则，根据核定的生态泄放流量 $0.074m^3/s$，完善和建立 4 级生态流量监测点，监测监控接入小水电生态流量监管平台，实现实时监管。截至 2021 年底，梯级 4 座电站均被评为水利部绿色水电示范电站。④在该梯级电站河道上，建设有形态各异、山水相融的美丽生态堰坝 3 座，与大自然完美融合，堰体形状独特，气势磅礴。⑤建设亲水便民栈道与滩地，与当地整体自然环境协调；滩地公园设施不影响河道行洪安全，满足居民休闲、健身、文化交流、观赏等综合功能。⑥水体养鱼是水生态治理的重要途径和有效手段，近年来，盘溪梯级电站着力打造河流生态环境、休闲观赏渔业，在盘溪流域多次开展鱼类增殖放流活动，已累计投放各种鱼苗种 30 万多尾。还极大改善了盘溪流域水生态环境。

2. 乡村旅游　①该梯级电站库区、河道生态环境的改善，绿色生态造就了优美的乡村旅游环境，促进群众体验生态旅游，为当地旅游业整体发展提供水电元素。②从水库至盘溪 4 级电站沿线，衍生出了许多亲水民宿与旅游景点。③该梯级电站流域生态环境的改善带动了旅游业发展，蛟坑村玻璃栈道景点年旅游人数达 30 多万人，年收入达到 300 多万元，景区运营给当地村民提供了多个工作岗位。旅游业带动住宿和餐饮业发展，增加了当地村民经济收入，打造乡村旅游典范。

（缙云县水务投资有限公司　刘建文）

桑郎水电站导流洞封堵施工关键技术

桑郎水库位于贵州省黔西南布依族苗族自治州望谟县桑郎镇上游 4km 的“V”形峡谷河段。桑郎水电站工程集发电、灌溉和供水于一体，装机容量 1.26 万 kW，灌溉面积 1.9 万亩，水库正常蓄水位 505m，总库容 1480 万 m^3。导流洞位于坝体右岸，导流洞断面为城门洞型，闸室衬砌采用 C20 钢筋混凝土，洞长 243.70m，进口底板高程 441.00m，出口底板高程 435.30m。导流洞进口段设置叠梁闸室。导流洞封堵主要由进口闸室段的叠梁封堵止水、洞中坝体帷幕线位置永久混凝土堵头封堵组成。

（一）导流洞施工方案准备

1. 施工道路布置　料场交通洞作为进出导流洞主干路，为封堵施工所有机械设备、人员进入、撤离道路。导流洞出口沿用原施工道路。可满足施工机械及材料运输。

2. 施工用电准备　在导流洞进出口各布置 2 台 3.5kW 的镝灯夜晚进行大面积照明，洞内道路采用 300W 节能灯照明，每 10m 设置 1 盏。电源从坝顶右岸配电房旁变压器接出。

3. 施工供水、通风准备　在导流洞下游出口位置安装 1 台潜水泵，以满足用水要求；利用 1 台 $9m^3$

电动空气压缩机供风，以满足通风要求。

（二）导流洞封堵施工关键技术

1. 施工程序　据施工进度安排，电站于2019年2月15日～2019年3月10日导流洞下闸蓄水，同时进行导流洞封堵。导流洞封堵步骤：①导流洞进口段叠梁闸室安装叠梁和封堵；②导流洞洞内排水；③导流洞喷混凝土清理。

2. 叠梁闸室安装叠梁和封堵技术　①导流洞进口段设置叠梁闸室（桩号D0-006.80～D0＋000.00），闸槽为2道，上游闸槽槽身5.0m×0.6m×5.5m（长×宽×高），下游闸槽槽身5.0m×1.2m×5.5m（长×宽×高），上游闸槽采用木叠梁安放，下游闸槽采用C30混凝土预制叠梁，上下游闸槽中间采用棉絮夹黏土填充体。②叠梁吊装采用CAT-320D挖掘机吊装，人工配合安装；闸槽中间采用黏土夹棉絮填充，用夯实机人工分层夯实，夯实层厚与叠梁高度保持一致，先安放叠梁后填黏土夹棉絮，黏土与叠梁同步上升。

3. 堵头混凝土施工流程　①洞内排水。在导流洞封堵段上游设置高1.0m的挡水围堰，同时在洞身两侧设置临时排水沟。②基础面清理。将堵头段洞周松动岩石、表面浮渣、岩屑全部清除，使用高压水清除干净。③模板安装。安装模板前，将模板表面杂物等清理干净，为确保模板加固稳定，必要时进行拉条进行加密处理。④锚杆制安。锚杆主要为堵头段砂浆锚杆$\phi 25$，$L=5.0$m，梅花型布置，@1.5m×1.5m，外漏0.1m，在钢筋加工厂进行加工，5t汽车运输至现场安装。⑤预埋钢管导向管及冷却水管埋设。预埋固结灌浆导向管：设计图中显示在D0＋082.00～DD0＋085.20位置两环倾角的固结灌浆孔，由于两环位置较近，为保证灌浆质量，灌浆孔导向管采用$\phi 80$钢管，确保后续基岩的灌浆质量。⑥混凝土浇筑。堵头混凝土浇筑分三层浇筑。浇筑前，仓内冲洗干净且排干积水，并保持干净和湿润。

4. 灌浆施工关键技术　导流洞堵头混凝土施工时，在桩号DD0＋082.00～D0＋102.00段拱顶120°埋设$\phi 60$mm回填灌浆管，孔排距2m，两侧孔为进浆孔，回填灌浆压力初拟为0.3MPa；堵头段两侧及基础段$\phi 75$mm固结灌浆管，初拟灌浆压力2.0MPa。其余固结灌浆沿堵头段拱顶布置，灌浆孔深入围岩4m，环向间距为2m，梅花型布孔，固结灌浆采用全孔一次灌浆，初拟灌浆压力2.0MPa。

（1）回填灌浆关键施工技术。主要流程：回填灌浆钻孔→回填灌浆埋管→回填灌浆→封孔。其中，回填灌浆预埋管采用$\phi 60$mm镀锌钢管，灌浆孔每隔3m设置，并在顶部设置回填灌浆排气管。

（2）固结灌浆关键施工技术。下库导流洞洞身段为Ⅱ、Ⅲ级围岩，根据有关规范规定，Ⅱ、Ⅲ级围岩环间可不分序。因此，在堵头混凝土浇筑前埋设$\phi 75$mm固结灌浆导向管。待堵头混凝土浇筑完成且回填灌浆施工完毕后，再进行固结灌浆施工。①固结灌浆钻孔采用XY-2，孔径59mm，开孔孔位与设计孔位的偏差不得大于10cm。②冲洗压水要点：考虑到固结灌浆压力为2MPa，冲洗水压力按灌浆压力80%控制。③导向管：灌浆引管采用$\phi 80$的钢管。④灌浆要点：固结灌浆采用循环式灌浆法。固结灌浆原则上一泵灌一孔，当相互串浆时，采用3个孔并联灌注，并控制灌浆压力。灌浆机具采用3SNS型和WB160/10灌浆泵，JZ-400搅拌机，CFP 1012型灌浆自动记录仪配套使用。灌浆浆液的变换，应遵守由稀到浓原则，逐级改变。开灌水灰比采用2∶1。灌浆压力为2MPa。固结灌浆在规定压力下注入率不大于1.0L/min后，继续灌注30min，可结束灌浆。灌浆要求及过程处理：固结灌浆应在该部位的回填灌浆结束7天后方可进行；发现冒浆漏浆，应根据实际情况采用嵌缝、限流等方法进行处理；当长期强度不满足结束标准时，应报请监理人员共同分析研究处理措施。⑤封孔处理：固结灌浆采用全孔灌浆法封孔。

（云南省水利水电工程有限公司
李新华　张仕海）

15

机构与学术团体

机　　构

水电建设单位情况一览表

单位名称	地址	邮政编码
国家电网有限公司	北京市西城区西长安街 86 号	100031
国网新源集团（控股）有限公司	北京市西城区骡马市大街 18 号中再保险中心	100052
中国南方电网有限责任公司	广东省广州市黄埔区科学城科翔路 11 号	510663
南方电网储能股份有限公司	广东省广州市龙口东路 32 号	510630
中国华能集团有限公司	北京市西城区复兴门内大街 6 号	100031
中国大唐集团有限公司	北京市西城区广宁伯街 1 号	100033
中国华电集团有限公司	北京市西城区宣武门内大街 2 号	100031
国家能源投资集团有限责任公司	北京市东城区安定门外西滨河路 26 号	100011
国家电力投资集团有限公司	北京市西城区金融大街 28 号院 3 号楼	100033
中国长江三峡集团有限公司	湖北省武汉市江岸区六合路 1 号	430010
中国长江电力股份有限公司	湖北宜昌市西坝建设路 1 号	443002
国投电力控股股份有限公司	北京市西城区西直门南小街 147 号	100034
中国南水北调集团有限公司	北京市丰台区东管头 1 号院 3 号楼 2048-79	100038
新华水力发电有限公司	北京市丰台区海鹰路 1 号院 7 号楼万润大厦	100070
中国三峡建工（集团）有限公司	四川省成都市高新区府城大道东段 288 号	610041
雅砻江流域水电开发有限公司	四川省成都市双林路 288 号	610051
华能四川能源开发有限公司	四川省成都市人民南路四段 47 号华能大厦	610041
华能雅鲁藏布江水电开发投资有限公司	四川省成都市武侯区科园一路 125 号航利中心	610041
大唐四川发电有限公司	四川省成都市蜀金路 1 号	610091
国能大渡河流域水电开发有限公司	四川省成都市高新区天韵路 7 号	610041
华电四川发电有限公司	四川省成都市高新区蜀绣西路 100 号	610041
华电金沙江上游水电开发有限公司	四川省成都市高新区蜀绣西路 100 号	610041
国能四川发电有限公司	四川省成都市天晖北路 9 号	610041
四川华电杂谷脑水电开发有限公司	四川省成都青羊工业园区（东区）同城路 8 号 B16	610009
国能四川发电有限公司南桠河水电分公司	四川省成都市高新区天晖北街 9 号	610041
中电建水电开发集团有限公司	四川省成都市高新区天府二街 139 号	610041
四川美姑河水电开发有限公司	四川省成都市温江区人和路 368 号	611130
国投云南大朝山水电开发公司	云南昆明市官渡区新昆洛路新亚洲城星都国际 63 栋	650213
华能澜沧江水电股份有限公司	云南省昆明市官渡区世纪城中路 1 号	650214
华能澜沧江上游水电有限公司	云南省昆明市官渡区世纪城中路 1 号	650214

续表

单位名称	地址	邮政编码
华电云南发电有限公司	云南省昆明市西山区红塔东路6号	650228
国家电投云南国际电力投资有限公司	云南省昆明市西山区滇池路1302号	650228
国能金沙江旭龙（奔子栏）水电开发有限公司	云南省迪庆藏族自治州德钦县升平镇南坪街70号	674500
贵州乌江水电开发有限责任公司	贵州省贵阳市南明区新华路9号	550002
贵州黔源电力股份有限公司	贵州省贵阳市南明区都司高架路46号	550002
龙滩水电开发有限公司	广西南宁市民族大道126号	530022
广西桂冠电力股份有限公司	广西南宁市民族大道126号	530022
五凌电力有限公司	湖南省长沙市天心区五凌路188号	410004
湖南澧水流域水利水电开发有限责任公司	湖南省长沙市香樟路393号	410014
湖北清江水电开发有限责任公司	湖北省宜昌市东山大道95号清江大厦	443000
福建水口发电集团有限公司	福建省福州市台江区白马南路333号	350004
汉江水利水电集团有限责任公司	湖北省丹江口市环形路3号	442700
陕西汉江投资开发有限公司	陕西省西安市高新区沣惠南路32号	710065
国投甘肃小三峡发电有限责任公司	甘肃省兰州市七里河区敦煌路353号	730050
黄河上游水电开发有限责任公司	青海省西宁市五四西路43号	810008
青海省水利水电集团有限责任公司	青海省西宁市西关大街57号	810001
国能新疆吉林台水电开发有限公司	新疆伊犁州尼勒克县	835716
国能新疆开都河流域水电开发有限公司	新疆库尔勒市人民东路华誉商务大厦14楼	841000
国能阿克苏河流域水电开发有限公司	新疆阿克苏市塔中路7号金地美居大厦4楼408室	843000
中电建新能源集团股份有限公司	北京市朝阳区北辰西路8号北辰世纪中心A座7层	100101
华能西藏雅鲁藏布江水电开发投资有限公司	四川省成都市武侯区科园二路10号航利研发中心1栋二单元	610093
广东省能源集团有限公司	广东省广州市天河东路8号、10号	510630
广东省粤电集团有限公司	广东省广州市天河东路2号粤电广场	510630
江西赣能股份有限公司	江西省赣州市章贡区瑞金路10号呈祥中央首府	341000

（本年鉴编辑部）

水电设计单位情况一览表

序号	单位名称	主要领导及总工程师	职工人数	地址	邮编	电话	传真	网址
1	水电水利规划设计总院有限公司	董事长、党委书记：李　昇 总工程师：赵全胜	346	北京市西城区六铺炕北小街2号	100120	010-51973283	010-62356230	http://www.creei.cn/
2	中国电建集团北京勘测设计研究院有限公司	党委书记、董事长：朱国金 总工程师：王　可	1220	北京市定福庄西街一号	100024	010-51972599	010-65728792	http://www.bhidi.com/

续表

序号	单位名称	主要领导及总工程师	职工人数	地址	邮编	电话	传真	网址
3	中国电建集团华东勘测设计研究院有限公司	党委书记、董事长：时雷鸣 总工程师：徐建军	4857	浙江省杭州市高教路201号	311122	0571- 56628888	0571-88076606	http：//www.ecidi.com/
4	中国电建集团西北勘测设计研究院有限公司	党委书记、董事长：尉军耀 总工程师：周　恒	2510	陕西省西安市雁塔区丈八东路18号	710065	029-88290001	029-88290000	http：//www.nwh.cn/
5	中国电建集团中南勘测设计研究院有限公司	董事长、党委书记：周　峰 总工程师：潘江洋	2574	湖南省长沙市雨花区圭塘香樟东路16号	410014	0731-85072055	0731-85047741	http：//www.msdi.cn/
6	中国电建集团成都勘测设计研究院有限公司	党委书记、董事长：何彦锋 总工程师：余　挺、夏　勇	2504	四川省成都市温江区政和街8号	611130	028-60158195	028-87329997	http：//www.chidi.com.cn/
7	中国电建集团贵阳勘测设计研究院有限公司	党委书记、董事长：许朝政 总工程师：湛正刚	1622	贵州省贵阳市观山湖区兴黔路16号	550081	0851-85388101	0851-85388999	http：//www.ghidri.com.cn/
8	中国电建集团昆明勘测设计研究院有限公司	党委副书记、总经理：黄海涛 总工程师：张宗亮	2199	云南省昆明市人民东路115号	650051	0871-63062266	0871-63138701	http：//www.khidi.com/

（中国水力发电工程学会　殷利利）

水利设计单位情况一览表

序号	单位名称	主要领导及总工程师	在职职工人数	地址	邮编	电话	传真	网址
1	水利部水利水电规划设计总院	院长：沈凤生 总工程师：侯传河	197	北京市西城区六铺炕北小街2-1号	100120	010-63206688	010-62070508	www.giwp.org.cn
2	长江设计集团有限公司	董事长：杨启贵 总工程师：王小毛	3203	湖北省武汉市解放大道1863号	430010	027-82927792	027-82829202	www.cjwsjy.com.cn
3	黄河勘测规划设计研究院有限公司	董事长：安新代 总工程师：景来红（兼）	1952	河南省郑州市金水路109号	450003	0371-66026449 0371-66023501	0371-65959236	www.yrec.cn

续表

序号	单位名称	主要领导及总工程师	在职职工人数	地址	邮编	电话	传真	网址
4	中水淮河规划设计研究有限公司	董事长：伍宛生 总工程师：赵永刚	350	安徽省合肥市滨湖新区云谷路 2588 号	230601	0551-65707505 0551-65707515	0551-65707500	www. cwhh. com. cn
5	中水珠江规划勘测设计有限公司	董事长：凌耀忠 总工程师：刘元勋	1100	广东省广州市天河区天寿路沾益直街 19 号	510610	020-38810724	020-38810724	www. prpsdc. com
6	中水东北勘测设计研究有限公司	董事长：马　军 总工程师：李润伟	1057	吉林省长春市朝阳区工农大路 888 号	130021	0431-85092222	0431-85092000	www. neidri. com
7	中水北方勘测设计研究有限公司	董事长：胡玉强 总工程师：吴正桥	1696	天津市河西区洞庭路 60 号	300222	022-28702841	022-28343991	www. tidi. ac. cn

（中国水利水电勘测设计协会）

2022 年水利水电施工单位情况一览表

序号	单位名称	主要领导及总工程师	地址	邮编	电话	传真	网址
一	中国电力建设股份有限公司	董事长：丁焰章 总工程师：张建文 宗敦峰 周建平	北京市海淀区车公庄西路 22 号	100048	010-58368693	010-58382888	http://www. powerchina. cn
1	中国水利水电第一工程局有限公司	党委书记、董事长： 闫英才	吉林省长春市经济技术开发区东南湖大路 3799 号	130033	0431-87987316	0431-87991536	http://www. zsyj. com/
2	中电建建筑集团有限公司	党委书记、董事长、法定代表人： 常满祥 总工程师：应小军	北京市西城区六铺炕南小街 1 号	100120	010-86411266	010-86411071	http://jz. powerchina. cn/index. html
3	中国水利水电第三工程局有限公司	党委书记、董事长： 张育林 党委副书记、董事、总经理：王　琪 总工程师：李东锋	陕西省西安市浐灞区世博大道 4069 号	710024	029-86178686	029-86252476	http://www. cteb. com
4	中国水利水电第四工程局有限公司	党委书记、董事长： 徐银林 副总经理、总工程师： 张文山	青海省西宁市城东区昆仑东路 77 号	810007	0971-8088261	0971-8088260	http://www. csdsj. com

续表

序号	单位名称	主要领导及总工程师	地址	邮编	电话	传真	网址
5	中国水利水电第五工程局有限公司	党委书记、董事长：贺鹏程 副总经理兼总工程师：赵云飞	四川省成都市一环路东四段8号	610066	028-84448159	028-84422633	http://www.zswj.com/
6	中国水利水电第六工程局有限公司	党委书记、董事长：翟万全 总工程师：叶 明	辽宁省沈阳市浑南区莫子山路与智慧二街交汇处大连三川工地	110000	024-83899766	024-83899888	http://6j.powerchina.cn
7	中国水利水电第七工程局有限公司	党委书记、董事长：张 桥 总工程师：高 峰	四川省成都市天府新区兴隆湖湖畔路南段356号	610213	028-81737069	028-81737888	http://7j.powerchina.cn/
8	中国水利水电第八工程局有限公司	党委书记、董事长：姜清华 总工程师：于永军	湖南省长沙市天心区常青路8号	410004	0731-82822169	0731-82822169	https://www.baju.com.cn/
9	中国水利水电第九工程局有限公司	党委书记、董事长：周正荣 总工程师：王 军	贵州省贵阳市观山湖区诚信南路501号（国际企业大厦）	550081	0851-87980581	0851-87980582	http://9j.powerchina.cn
10	中国水利水电第十工程局有限公司	党委书记、董事长：何其刚 总工程师：陈 茂	成都市金牛区金科东路50号国宾总部基地1号楼	610037	028-87772278	028-87766736	http://10j.powerchina.cn/
11	中国水利水电第十一工程局有限公司	党委书记、董事长：张玉峰 总工程师：张卫东	河南省郑州市高新技术开发区莲花街59号	450001	0371-86019001	0371-86019003	http://www.cwb11.com
12	中国水利水电第十二工程局有限公司	党委书记、董事长、总经理：刘光华 副总经理、总工程师：沈仲涛	浙江省杭州市西湖区灯彩街321号	310030	0571-86829018	0571-86829008	http://www.water12.com
13	中国电建市政建设集团有限公司	董党委书记、董事长：高宗文 党委副书记、董事、总经理：张玉富 总工程师：王 操	天津市华苑产业区榕苑路2号	300384	022-58569000	022-58569002	http://www.stecol.cn
14	中国水利水电第十四工程局有限公司	党委书记、董事长：王曙平 党委副书记、董事、总经理：范开平 总工程师：无	中国（云南）自由贸易试验区昆明片区官渡区环城东路192号	650041	0871-63335216	0871-63333460	http://14j.powerchina.cn/
15	中国水电建设集团十五工程局有限公司	董事长：梁向峰 总工程师：何小雄	陕西省西安市浐东新城浐东二路6号	710100	029-89502580	029-89502570	http://15j.powerchina.cn/

续表

序号	单位名称	主要领导及总工程师	地址	邮编	电话	传真	网址
16	中国水利水电第十六工程局有限公司	党委书记、董事长：杨　刚 总工程师：陈祖荣	福建省福州市湖东路82号	350003	0591-87821294	0591-87853663	http://16j.sinohydro.com
17	中国水电基础局有限公司	党委书记、董事长：刘建发 总工程师：肖恩尚	天津市武清区雍阳西道86号	301700	022-29349688	022-29345523	http://www.chinafec.com
二	中国葛洲坝集团有限公司	总经理：宋　领 总工程师：郭光文	湖北省武汉市硚口区解放大道558号	430033	027-59270253	027-59270256	http://www.cggc.ceec.net.cn
1	中国葛洲坝集团第一工程有限公司	董事长：胡智军 总工程师：孙向楠	湖北省宜昌市东山大道54号	443002	0717-6719353	0717-685159	http://www.cggc1.ceec.net.cn/
2	中国葛洲坝集团第二工程有限公司	总经理：周献忠 副总经理：林本华	成都市青羊区广富路239号15栋5-12层每层1号、2号	610091	028-68253777	028-68338401	http://www.cggc2.ceec.net.cn/
3	中国葛洲坝集团第三工程有限公司	总经理：胡义重 总工程师：汪文桥	陕西省西安市雁塔区锦业路36号	710061	029-89678678		http://www.cggc3.ceec.net.cn/
4	中国葛洲坝集团三峡建设工程有限公司	董事长：赵献勇 副总经理：李友华	湖北省宜昌市东山大道11号三峡大厦	443002	0717-6791338		http://www.gzbsx.ceec.net.cn/
三	中国安能建设集团有限公司	董事长：周国平 总工程师：张利荣	北京市丰台区西三环中路88号南门	100055	18911868975 010-83999795	01083999108	http://llqxwz2004@163.com
1	中国安能集团第一工程局	董事长：卢明安 总工程师：李春贵	广西南宁市良庆区春华路8号	530000	13768885278 0771-2390266	0771-2390886	http://www.andygcj.com/
2	中国安能集团第二工程局	董事长：卢路生 副总经理兼总工程师：吴志刚	江西省南昌市高新区艾溪湖三路1号	330096	13803520882 0791-87662888	0791-87662098	http://www.andegcj.cn/
3	中国安能集团第三工程局	董事长：李鸿均 总工程师：覃壮恩	四川省成都市温江区永宁镇永文路616号	611136	18980489998 028-65130299	028-65130951	http://www.china-an3.cn/
4	中国安能集团科工有限公司	董事长：息殿东 总工程师：刘立栋	北京市大兴区金星路22号	102627	18610304447 010-52203979	无	yanmengjia@china-an.cn

（中国电力建设股份有限公司　中国葛洲坝集团有限公司　中国安能建设集团有限公司）

学 术 团 体

中国水力发电工程学会 2022 年工作情况

2022 年，中国水力发电工程学会认真落实中国科协工作部署和民政部社团管理要求，积极围绕开放型、枢纽型、平台型“三型”组织建设，聚力打造智库、学术、科普“三轮”驱动工作载体，切实履行“四服务”职责，孜孜以求、久久为功，务实开展一系列工作活动并取得明显成效。

（一）党的建设持续加强，政治保障坚决有力

（1）广泛深入学习宣传贯彻党的二十大精神。组织征集报送中国科协学习感悟 12 篇、建言献策 2 篇，其中 1 篇受新华网录制访谈视频进行宣介。230 多名学会工作者和会员代表收看聆听中央宣讲团成员和学会理事长党的二十大精神宣讲；两个专委会还邀请专家在年会上进行宣讲。制定印发学会系统学习宣贯党的二十大精神工作方案，承办中国科协“领航计划”科技人才团结引领项目——学习贯彻党的二十大精神线上培训班，邀请张宗亮院士等 6 名专家录制党课视频并上传科协党校平台，组织 400 多名科技工作者参加培训。组织开展“喜迎二十大，赞歌颂祖国”主题党日活动，高唱《歌唱祖国》赞颂党恩祝福祖国，瞻仰西山无名英雄纪念群像弘扬英烈精神。在官网开辟“学习宣传贯彻党的二十大精神”专栏，已转载各大央媒重要报道文章 500 多篇，组织参观“奋进新时代”主题成就展。

（2）大力弘扬科学家精神。在三峡工程博物馆和水电科技博物馆布设院士专家典型人物事迹等系列主题展陈精品。联合多家央企单位举办以“传承科学精神，谱写新时代水电华章”为主题的潘家铮院士逝世 10 周年纪念活动暨潘家铮水电学术论坛，制作展播潘家铮纪录片、进行潘家铮生平展和《潘家铮全集》电子书发布，超 1.2 万人线下线上参会。联合清华大学举办我国著名水力发电学家施嘉炀先生诞辰 120 周年纪念会。会刊《水力发电学报》图文宣传水利水电泰斗张光斗院士科学家精神。邀请陈厚群院士相继在 2022 中国水电青年科技论坛上作弘扬科学家精神报告，邀请中国科学院大学肖尤丹教授作“《科学技术进步法》第二次修订解读和加强科研诚信作风学风建设”专家讲座，利用学会官网、公众号、期刊等媒体广泛宣传优秀水电科技工作者先进典型事迹。

（3）立足党建强会推动党务业务融合发展。制定意识形态管理制度，并落实相关工作责任。学会党委书记、支部书记和党员领导干部带头讲党课 7 次。全年召开党委会议 11 次，每次中心组学习，前置审议把关“三重一大”事项 90 多项；秘书处党支部完成换届，落实“三会一课”制度，启动首届“青年人才托举工程”等多项“我为群众办实事”落地见效；组织党员干部赴十三陵水库爱国主义教育基地开展主题教育活动。38 家分支机构党的工作小组积极推动分支机构改革创新发展。

（二）大局意识不断增强，服务中心见行见效

（1）竭力服务国家抽水蓄能产业高质量发展。2022 年 4 月成立抽水蓄能行业分会，分会联合水电总院编写发布行业首份《抽水蓄能产业发展报告 2021》。受国家能源局委托，建立抽水蓄能行业重大项目建设用地需求和环评需求统计监测体系和工作机制，组织开展抽水蓄能项目业务开展情况和设计施工能力研究，组织编制抽水蓄能高质量发展指导意见，研究中小型分布式抽水蓄能功能定位、技术特性、应用领域等并提出推进策略和方案，开展中小型抽水蓄能项目资源调查和项目初步论证并提出建议名单。分别组织有关企业召开抽水蓄能装备制造能力研讨会、抽水蓄能设计能力研讨会。根据不同需求分类制定培训计划方案，建立培训专家信息库。新开通的分会微信公众号粉丝量已近 3 万，总阅读量逾 200 万人·次，“抽水蓄能行业宣言”等 10 余篇原创文章阅读量均过万。

（2）积极发挥战略支撑作用服务党和政府科学决策。经充分调研形成《关于加快风光水互补研究与实践助力实现“双碳”目标的科技工作者建议》并获高层批示。配合中央广播电视总台北京总站组织专家对《水力发电领域面临的困难问题与对策建议》内参报告开展调研咨询工作。组建基于智慧能源开发利用的 3 个中国科协决策咨询专家团队，钟登华院士、张宗亮院士等 6 位行业专家入选中国科协决策咨询首席专家。向中国科协提交《关于我国利用水风光互补实现“碳中和”体制机制的建议》等 5 篇研究建言报告。工程造价专委会组织专家为抽水蓄能电站容量电价核定等提供决策咨询建议；小水电专委会参与水利部对

小水电安全生产督查和风险隐患排查；大坝安全专委会参与国家能源局有关电站大坝安全监管和地震灾害风险隐患排查治理；水能经济专委会参与几大流域水风光一体化规划研究和编制示范基地规划；水库专委会参与国家大中型水利水电工程建设征地补偿和移民安置条例修订；国际河流委员会开展澜沧江—湄公河流域开发社会环境影响及应对机制研究、与湄公河委员会（MRC）就联合开展湄公河流域综合监测和干旱影响分析研究达成共识等。

（3）技术咨询和科研协作服务能力持续提升。组织开展南水北调西线调水对“四大水电基地”影响研究、基于零碳技术建设的大型“碳中和”智慧服务区研究、规模化清洁能源综合利用基地建设等10多个咨询课题项目。投资专委会开展水电站受新冠疫情影响增加投资专题评估技术咨询、运行管理专委会参与梯级水光蓄互补电站联合运行控制与智能调度系统研制、混凝土面板堆石坝专委会参与高面板堆石坝变形控制与面板结构适应技术研究、水工及水电站建筑物专委会参与超长多级输水发电系统运行可靠性及关键技术研究、工程检测专委会参与贵州重大科研“钻孔置入式地下空洞三维扫描技术和成套设备研制”等。

（4）标准化工作深入推进成果丰硕。联合水电总院启动《压缩空气储能电站设计规范》等5项相关团体标准立项编制。全年新发布《水利水电工程师能力评价规范》等团体标准5项，立项和在编《小型水电站无人值守技术规范》《电工术语一电机蒸发冷却系统》等17项。发挥9个专委会力量，参与《水力式升船机设计规范》《水电工程勘察设计费计算标准》等几十项行业标准的编制、修订或翻译工作。2个专委会参与编制的国内首个牵头主导的IEC、IEEE双标国际标准《智能水电厂技术导则》草案（FDIS）获全票通过。

（三）学术交流繁荣活跃，创新活力竞相迸发

（1）学术活动百花齐放精彩纷呈。联合中国电建主办以“新时代新水电新使命”为主题的2022中国水电发展论坛暨水电科技奖颁奖典礼，设置两个热门分论坛，当日在线观看直播150余万人·次、后续点击回看总量超420万人·次。疫情防控常态化下“线上+线下”齐发力，成功举办3论坛和2个学术交流会，获评中国科协优秀组织单位。水库、国际河流等20余家专委会的年会和学术交流会顺利召开；部分分支机构年会因疫情延期举办，但论文征集等筹备工作有序推进。积极参与中国科协有关工作，实现学术共融和创新协同。陕西、青海等4家省级水电学会统筹疫情防控和工作发展，取得了显著的成绩。

（2）国内外专业培训教育工作成效显著。连续4年举办清洁能源协同开发与生态环保技术转移转化能力提升高级研修班。学会及3个专委会协助有关部委组织举办7个培训、研修等多个援外和国际培训交流活动。继电保护与励磁专委会“云课堂”品牌讲座培训至2022年累计举办100余期、受众超10万人·次。信息化、自动化等4个分支机构继续推出多样化线下线上专业培训和继续教育活动。

（3）期刊能力提升工作常抓不懈。加强学会独办和联合主办的6个期刊办刊日常协同指导，《水力发电学报》连续7年推荐论文入选中国科协优秀科技论文，《岩土工程学报》连续6年获评中国最具国际影响力学术期刊，《水电能源科学》位列“我国高质量科技期刊分级目录”水利学科T1级，《大坝与安全》获2022年浙江省优秀科技期刊奖，《水电站机电技术》和《小水电》作为部管期刊在业内具有较高影响力。牵头筹建期刊工作委员会。施工专委会《水利水电施工》、工程造价专委会《可再生能源发电工程造价信息》《水利水电工程造价》、水力机械专委会《水力机械技术》等内刊积极为专业技术和管理人员搭建交流互鉴平台。湖北、福建等10多家省级学会期刊开办有声有色、出精出彩。

（四）科普宣传扎实开展，发展环境持续向好

（1）主题科普活动紧跟热点效果明显。联合举办以“保护生物多样性，共建清洁美丽世界”为主题的“水电行业鱼类增殖放流”联合行动，8家央企集团、81座水电站、2000多名科技工作者和中小学生参与、公众在线收看20余万人·次、放流鱼类83种共2000余万尾。联合水电总院举办以“科学开发水电，守护江河安澜”为主题的“水电开发与防灾减灾”科普论坛，会上成立由陈祖煜、张宗亮院士领衔的第一批安全应急科普专家团队。联合河海大学举办“水电与碳中和”科普论坛；联合水利学会开展以“水利水电与碳中和”为主题的“科技志愿 服务基层”线上讲座，超1.34万人·次观看；组织会员单位和分支机构开展“探访抽水蓄能的奥秘”等全国科普日系列活动，2家央企被中国科协评为优秀组织单位，南网储能公司、电建海投公司获评优秀活动单位。联合水利学会举办“黄河流域小水电高质量发展”论坛，逾1.1万人·次线下线上参会。为3所高校组织开展“行业专家大讲堂·水电科普进校园”系列科普讲座，开展2022大学生暑期水电社会实践教育活动，成立科技志愿服务团队。向会员单位发出关于加强乡村振兴工作的倡议。学会科普活动获评2022年度全国学会科普工作优秀单位。

（2）科普场馆基地建设认定取得新突破作用有效发挥。与三峡工程博物馆同址建设的水电科技博物馆基本建成，先期开放的“好奇水电研学中心”全年接待中小学生16批次共800余人；“两馆”组建了18

人专业讲解宣教队伍，年接待 318 批次共 6700 多人，涵盖参观、调研、研学、党日、团日等活动。新认定水电科普教育基地 22 个，年接待公众逾 30 万人·次，布置和制作大量实物及数字展品、展板、音视频、动画、虚拟仿真、挂图、折页、画册等科普宣教资源。

(3) 科普宣传平台建设运维成效凸显。持续做好“中国科协网上会史馆”平台更新，在 535 家中排名，2022 年跃升第一位。在中国科协“科普中国”平台新开通学会科普号，累计阅读量超 50 万、单篇阅读量超 9 万，在中国科协发布的全国学会科学传播榜单中最高位列月榜第七位、季榜第十位。与新华网联合策划制作“《大国水工》科普中国——重大科技成果解读”系列视频，推荐 4 名专家参与制作水电与“双碳”方面的访谈宣传视频。重要活动及时报中国科协官网发布。做好“一端一微”更新维护，全年报道文章 4300 多篇、总阅读量超 400 万，微信公众号发布近 130 期、380 多篇文章。协助完成水利部“人民治水·百年功绩”治水工程中 21 座水电站简介，收集图片做好后续宣介。工程造价专委会编写《抽水蓄能价格机制小科普》。

（五）科创服务不断深化，成果人才竞相涌现

(1) 科技奖励工作成果突出。2022 年度水力发电科学技术奖参评成果数量创历史新高，达 179 项；授予一等奖 14 项，二等奖 19 项，三等奖 32 项；修订水电科技奖励办法、专家库管理办法，设立科学技术专家委员会。

(2) 人才培养和举荐工作扎实推进。3 名技术人员获得第七届潘家铮奖，10 人获得第四届水电英才奖，3 人获得第七届张光斗优秀青年科技奖。推荐北京院朱家林获中国科协第一届中国科技青年论坛三等奖。组织向中国科协推荐最美科技工作者、第 17 届中国青年科技奖、第 18 届中国青年女科学家奖等候选人。召开第四届中国水电青年科技论坛。制定青年人才托举工程管理办法和实施细则，全力推进青托工程自主开展、科协青托工程申报工作。有序评定 2022 年度潘家铮水电奖学金，联合浙江大学召开第 13 届奖学金颁奖仪式。

(3) 创新驱动引领能力稳步提高。组建大型清洁能源基地智能管控专业、水风光多能互补专业等 5 个中国科协“科创中国”科技服务团，“科创中国”平台成果发布和活跃度在 513 个服务团中排名最高升至第 20 位。申报的 2 个“创新基地”入选首批“科创中国”创新基地。组织遴选 2022 年“科创中国”系列榜单，遴选推荐 1 个重大工程技术难题和 2 个产业技术问题进入中国科协问题库，并获评优秀组织单位。组织编撰的《中国电力工业史　水力发电卷》正式出版。牵头组织编撰的《水风光电力互补导论》即将出版发行。

(4) 科技评价和专有技术认定工作两手抓齐发力。修订完善《科技成果评价管理办法》。全年组织技术成果鉴定和咨询 83 项。积极筹备开展行业专有技术评价认定和单位能力评价工作，制定《水力发电及新能源专有技术评价认定管理办法》。

(5) 规范管理运作好潘家铮水电科技基金。目前基金本金规模为 5004 万元，维持年收益率在 5%左右，保障基金所支撑的各项活动正常开展。顺利召开了基金四届三次理事会、年度秘书长工作会议。

（六）对外交流面广层多，国际影响稳步提升

(1) 境外分支（代表）机构建设迈出坚实步伐。中国电建、中国华电分别支撑设立了巴基斯坦代表处、柬埔寨代表处，巴基斯坦代表处协办在伊斯兰堡举办的中巴经济走廊电力成就和未来展望研讨会，会上发布了《中巴经济走廊电力成就及市场展望》报告。

(2) 大力开展和参与国际交流活动。作为合作伙伴，助力在南京成功举办国际航运协会第十届内河航运国际学术会议，高坝通航专委会协办有关分论坛。协办中欧水资源可持续水电政策线上研讨会；与南京水科院共同举办国家外专引智项目系列学术交流活动之“大坝安全与洪水风险管理”线上交流会；小水电专委会协办全球水安全“小水电绿色发展”国际研讨会；水库专委会与印度尼西亚国家电力公司开展征地移民经验交流，组织参加水电总院与世界银行、印尼 STPN 机构官员交流会。高坝通航专委会组织参加国际航运协会 2022 年年会、青年委员会第 38 次会议并作主旨报告，参与编写该协会升船机工作组报告。海外分会代表学会参加联合国气候变化大会第 27 次缔约方会议（COP27）、2022 年世界水电展望——北美的趋势机遇和创新研讨会、IHA 董事会会议、IHA 圆桌会议等并作主题发言；与 IHA 多次举行线上高层会谈，就多项协作达成共识。国际河流委员会走访老挝能矿部、湄委会等国家及机构，就“水电可持续”合作开展调研与交流；吸纳老挝能矿部能源工业安全司司长、亚洲理工大学副校长加入委员会；与柬埔寨矿产能源部共同组织水电可持续发展与区域低碳转型研讨会。机械疏浚专委会 4 名委员参与编写《水库清淤工作指南》。堆石混凝土坝专委会代表学会参加国际大坝委员会第 27 届大会暨第 90 届年会并作主旨报告，并为国际水电站提供技术咨询服务，参加教育部系列讲座、香港力学学会“杰出学者”讲座、美国土木工程师协会大中华分会杰出讲座并进行报告分享。风险管理专委会吸纳香港科技大学教授担任副主任委员。推荐 1 名海外科技工作者参加 2022 年中

国（长沙）海外人才创新创业项目大赛，获中国科协优秀项目推荐资金奖励。

（3）积极推动对外民间科技人文交流。推荐入选海智特聘专家 14 人和海智合作机构 2 个，组织遴选国际互认水利水电工程师 49 人，申报的中阿清洁能源培训中心项目列入中国科协“双边科技人文交流合作三年行动计划（2023～2025 年）”。推荐 13 名中国专家在多个国际组织任职。协助国家电网收集整理中俄能源投资合作指南资料，组织翻译 IHA《2022 世界水电现状报告》，每月编辑一期《国际能源电力简讯》。依托海外分会启动建设英文网站、筹办英文期刊、筹设国际奖项等工作。

（七）深化改革持续发力，治理效能不断提高

（1）学会治理体系进一步完善。编修“三重一大”决策等各种规章制度近 30 项，修订学会事业发展“十四五”规划，编制学术、科普、国际发展等专项规划，制定年度重点工作计划，系统指导学会创新发展。监事会将监督职责覆盖学会管理会议、重大活动、内部治理和财务管理等各方面，组织开展日常监督检查工作。

（2）分支机构建设管理进一步强化。改组成立抽水蓄能行业分会；新成立堆石混凝土坝专委会；有序推进抗震防灾、水电控制设备等 6 个专委会换届或更名工作。筹建青年工作委员会、期刊工作委员会。修订《分支机构管理办法》，建立分支机构动态调整和退出机制，开展分支机构和省级学会评先推优工作。

（3）会员发展管理和服务进一步优化。修订《会员管理办法》，完成个人会员更新入库，获评中国科协 2022 年度全国学会会员入库优秀单位。着力在提供会员分级管理方面精准化个性化服务上下功夫。

（4）信息化建设进一步加强。启动面向秘书处和分支机构 OA 办公、财务费控报销、学术会议活动等管理系统和应用平台建设，优化评奖管理系统。改版升级学会官方网站。

（中国水力发电工程学会秘书处）

中国水力发电工程学会分支机构情况表

专委会名称	主任委员	秘书长	专业内容	挂靠单位
水能规划及动能经济专业委员会	彭才德	王海政	水能规划及动能经济	水电水利规划设计总院
水库专业委员会	彭　程	郭万侦	组织移民政策、管理、技术交流活动，开展水库经济政策研究，水库移民的调研、咨询、评估，为国家制定水库移民政策献计献策	水电水利规划设计总院
环境保护专业委员会	顾洪宾	崔　磊	环境影响评价、咨询，环境保护设计，水土保持方案设计	水电水利规划设计总院
水文泥沙专业委员会	万文功	杨百银	水电领域水文泥沙相关专业的学术交流和技术总结	水电水利规划设计总院
地质及勘探专业委员会	张东升	郭德存	水电水利工程地质、测绘、物探、钻探、岩土试验专业的学术交流、技术咨询	水电水利规划设计总院
水工及水电站建筑物专业委员会	赵全胜	郝军刚	以水力发电为主要任务的水电站工程和以调峰、调频、调相、储能、紧急事故备用等为主要任务的抽水蓄能电站工程及其各建筑物的设计、计算分析、试验、监测、建设和运行管理、退役和拆除等方面的学术和技术交流	水电水利规划设计总院
水工水力学专业委员会	刘之平	—	组织开展水工建筑物水力学与工程安全、输水工程水力学、航道/船闸水力学、防洪工程水力学、冰工程水力学、火核电工程水力学、河口海岸水力学等专业领域的学术交流和技术咨询	中国水利水电科学研究院
高坝通航工程专业委员会	李　云	—	通航技术交流、通航科技发展战略及政策咨询、委托项目论证	水利部交通运输部国家能源局南京水利科学研究院

续表

专委会名称	主任委员	秘书长	专业内容	挂靠单位
碾压混凝土筑坝专业委员会	宗敦峰	和孙文	碾压混凝土筑坝技术（坝工、材料、运行、建设管理等）	中国电力建设股份有限公司
混凝土面板堆石坝专业委员会	杨泽艳	王富强	混凝土面板堆石坝设计、施工、材料、变形观测、运行管理等技术交流、咨询	水电水利规划设计总院
水工金属结构专业委员会	朱增兵	陈敬支	水利水电工程闸门及其启闭设备、通航设备的设计、制造、安装及验收	水电水利规划设计总院
水力机械专业委员会	曾镇铃	韩伶俐	水力机械设计、试验、安装、运行、改造	水电水利规划设计总院
电气专业委员会	于庆贵	郑　琳	电气一次专业	水电水利规划设计总院
自动化专业委员会	刘爱华	徐　青	水电及新能源在自动化、智能化、信息化及数字化等领域相关内容的研究、设计、制造、应用实施等内容	南瑞集团有限公司（国网电力科学研究院有限公司）
继电保护与励磁专业委员会	尹项根	陈小明	重点关注发电机、变压器和高压线路的继电保护及自动化装置等专业方向，同时扩展了励磁、直流等二次专业，并积极关注大数据、互联网＋、5G应用和新能源领域	中国长江电力股份有限公司溪洛渡水力发电厂
施工专业委员会	宗敦峰	席　浩	水利水电工程施工、技术咨询、复杂地质条件下工程施工技术研究、工程施工新技术的推广应用等	中国电力建设股份有限公司
水电与新能源工程造价专业委员会	郭建欣	殷许生	工程造价、工程经济技术管理	水电水利规划设计总院
信息化专业委员会	丁留谦	韩长霖	计算机及自动化技术在水电工程规划、设计、施工及电站运行中的应用	中国水利水电科学研究院
水电与新能源运行管理专业委员会	裴哲义	赵　斌	水电与新能源运行管理、水库经济调度、水风光互补运行	国家电网有限公司国家电力调度控制中心
抽水蓄能行业分会	侯清国（理事长）	路振刚	服务行业发展，与相关主管部门加强沟通汇报，定期开展行业宣传等活动；开展产业链协调，建立抽水蓄能行业重大项目建设用地需求和环评需求统计监测体系和工作机制，按年度开展需求统计工作；开展培训工作，面向行业内不同层面人员，提高项目建管、设计、施工、运行水平；进行行业发展监测，建立行业全产业链发展监测体系，开展行业发展情况监测和研究，按年度发布行业发展报告	水电水利规划设计总院
大坝安全专业委员会	黄　维	赵花城	涉及运行维护、安全监测、安全评价、补强加固、缺陷处理、应急管理等相关业务领域	国家能源局大坝安全监察中心
水电与新能源控制技术专业委员会	王德宽	刘同安	水轮机调节系统、发电机励磁系统、水轮发电机组自动化元件（装置）及其系统、智能仪表等	中国水利水电科学研究院
抗震防灾专业委员会	李德玉	欧阳金惠	大型水利水电工程、电网工程、电气工程、风电工程的工程安全与抗震防灾科学技术、预案及对策研究，大型水利水电工程振动安全与减振技术研究	中国水利水电科学研究院
电力系统自动化专业委员会	程永权	谢秋华	水电厂自动化系统，自动调压、调频装置，水电长距离输电稳定装置	中国长江三峡集团有限公司

续表

专委会名称	主任委员	秘书长	专业内容	挂靠单位
梯级调度控制专业委员会	赵云发	王玉华	流域梯级调度控制、流域水资源运用	中国长江电力股份有限公司
机械疏浚专业委员会	詹敏利	范志强	机械疏浚与吹填工程、水环境综合治理工程技术交流，在业内推广新技术、新工艺及新材料，向学会推荐行业内先进科学技术成果和人才等	长江水利委员会湖北长江清淤疏浚工程有限公司
小水电专业委员会	董大富	舒　静	小水电方面学术交流、技术咨询、继续教育	水利部农村电气化研究所
水电监理专业委员会	王　岩	孙玉生	水电监理经验与技术交流，监理技术与理论研究	中国电建集团北京勘测设计研究院有限公司
风险管理专业委员会	杜效鹄	周兴波	风险管理研究与实践，工程风险评估与技术咨询，灾害防治评估与咨询，应急能力提升、评估与咨询，学术交流、产品发布与科普活动，企业专项服务与培训，行业规范、标准的制定与推动，政府技术支持与服务	水电水利规划设计总院
国际河流水电开发生态环境研究工作委员会	顾洪宾	张木梓	组织开展澜沧江—湄公河等国际河流水电开发生态环境影响的研究工作，特别是对国际河流下游国家重点关注的问题进行长期跟踪和研究，同时组织开展或参与相关国际交流活动；为政府部门提供国际河流水电开发与环境保护的技术支持和技术服务，为水电开发业主提供技术咨询和建议	水电水利规划设计总院
贯流式水电站专业委员会	林汉伟	王义国	贯流式水电站运行管理、设计、制造、安装及科研	广东省水力发电工程学会
清洁能源装备冷却技术专业委员会	罗　安	阮　琳	组织开展清洁能源装备冷却技术领域的学科发展研究；围绕清洁能源装备冷却技术及配套设备，组织学术交流、产品发布、科普活动、技术咨询和技术培训等活动；架设技术与产品、技术与产业应用的桥梁；传播科学方法、推广先进技术、促进技术交流与企业合作	中国科学院电工研究所
工业控制系统安全专业委员会	黄澄清	王劲夫	水电、新能源行业控制系统安全；网络安全领域技术交流、技术研究、技术培训；政策贯彻落地及应用实践	中国电建集团成都勘测设计研究院有限公司
工程检测与物理探测专业委员会	王　波	魏岩峻	水利水电、风电等清洁可再生能源工程的勘察设计、施工、运行阶段的基础岩体、混凝土、金属结构等的无损检测、监测和物理探测	中国电建集团贵阳勘测设计研究院有限公司
水电与新能源投资专业委员会	张维荣	胡　勇	加强国内水电与新能源投资商之间的经验交流和沟通，以及相关业务的学术研究与探讨，为参会企业提供行业的对标和技术服务，研究交流水电与新能源投资商议模式、工程造价、电价机制等	中国电力建设集团有限公司
智能与智慧化专业委员会	刘国刚	王　勇	组织行业智能与智慧化技术的国内外学术交流活动，跟踪智能与智慧化领域特别是水电智能与智慧化前沿技术，推动能源智能与智慧化事业的健康、快速发展；团结水电各企事业单位之间从事智能与智慧化的管理、技术人员，促进产、学、研、用间的交流与合作；组织业务培训、专家咨询、科普宣传	南方电网调峰调频发电有限公司

续表

专委会名称	主任委员	秘书长	专业内容	挂靠单位
海外分会	季晓勇	吴文豪	组织建立并归口管理海外分支机构；建设学会对外宣传和国际交流的高质量窗口；国际及各国水力发电及新能源政策及行业相关的金融、技术、运行、环境等的研究；打造学会国际学术论坛品牌影响力；推进水利水电行业工程师国际资格互认工作；设立具有广泛公信力和国际影响力的科学技术奖项；加强学会与国际组织的交流与合作；组织海外水电与新能源业务的相关培训等，全方位打造学会国际影响力	中国电建集团国际工程有限公司
堆石混凝土坝专业委员会	金　峰	安雪晖	堆石混凝土技术	清华大学

（中国水力发电工程学会秘书处　殷利利）

各省、直辖市、自治区水力发电工程学会组织情况表

名称	会员总数	理事长	秘书长	办事机构地点	邮编	学术专业设置	会刊学报
北京水力发电工程学会	1638	严旭东	郭　清	北京市朝阳区定福庄西街1号	100024	无	内部期刊《水利水电勘测设计》，学会为协办单位
天津市水力发电工程学会	1353	杜雷功	邵月顺	天津市河西区洞庭路60号	300222	施工及基础处理专委会 水电成套设备专委会 水工专委会 机电专委会 大坝安全监测与管理专委会 动能经济及抽水蓄能专委会 勘测专委会	《水利水电工程设计》
河北省水力发电工程学会	156	赵永峰	韩晓锋	河北省秦皇岛市开发区泰山路251号	066001	无	无
山西省水力发电工程学会	743	孙万功	程天立	山西省太原市新建北路45号	030002	水电电气自动化专委会 水工建筑及水力机械专委会 水电站运行管理专委会 村水电电气化专委会 抽水蓄能电站专委会	《电力学报》（双月刊）
江苏省水力发电工程学会	1065	徐　辉	李同春	江苏省南京市西康路1号河海大学水电馆管理楼410室	210098	水工结构专委会 水工水力学专委会 仪器仪表专委会 水电站运行调度专委会 自动化专委会 水力机械与系统专委会 青年工作委员会 科普工作委员会	无

续表

名称	会员总数	理事长	秘书长	办事机构地点	邮编	学术专业设置	会刊学报
上海市水力发电工程学会	302	蔡玮良	程海锋	上海市临新路65弄	200335	无	无
浙江省水力发电工程学会	1800	施俊跃	郑雄伟	浙江省杭州市上城区抚宁巷66号	310002	绿色水电专委会 大坝安全监测专委会 水电站运行管理专委会 机电设备专委会	《浙江水利水电》（内刊，学会通讯）
安徽省水力发电工程学会	764	杜贵和	谢　辉	安徽省合肥市黄山路9号	230022	水工专委会 小水电专委会 水电站运行专委会	无
福建省水力和清洁能源发电工程学会	1045	林文彪	阮洪松	福建省福州市湖东路231号前田大厦8楼	350013	水能及新能源规划专委会 工程勘察专委会 水工及水电站建筑物专委会 水力机械及金属结构专委会 水电站电气及自动化专委会 水电建设管理专委会 水电站运行管理专委会 施工机械及施工管理专委会 水库经济专委会 水电厂防汛及水库调度专委会 光伏专委会 海上风电专委会 陆上风电专委会 《福建水力发电》编委会 学术工委会 科普工委会 组织工委会	《福建水力发电》
河南省水力发电工程学会	1360	张金良	景来红	河南省郑州市金水路109号	450003	水能规划及动能经济专委会 水工及水电站建筑物专委会 水电站电气及自动化专委会 施工机械及施工管理专委会 水电站运行管理专委会 水工金属结构专委会 中小型水电专委会 地质专委会 青年工作委员会 泥沙专业委员会	无
湖北省水力发电工程学会	1287	李文伟	何金平	湖北省武汉市东湖南路8号武汉大学工学部第八教学楼	430072	水能规划及动能经济专委会 水工及水电站建筑物专委会 水工水力学专委会 水利水电工程施工专委会 水电站电气及自动化专委会 水电站运行管理专委会 水力机械专委会 中小水电专委会	《水电与新能源》

续表

名称	会员总数	理事长	秘书长	办事机构地点	邮编	学术专业设置	会刊学报
湖南省水力发电工程学会	2471	傅　胜	罗守政	湖南省长沙市雨花区香樟东路16号	410014	水电站运行管理专委会 施工专委会 小水电及农村电气化专委会 水能规划与动能经济专委会 库区经济专委会 水工及水电站建筑专委会 勘测专业委员会 水电水利信息技术专委会 环境保护专委会 新能源专业委员会	《中南水力发电》
广东省水力和新能源发电工程学会	1777	熊　凯	王义国	广东省广州市天河区天河东路2号1101房	510630	水能利用专委会 水工及水电站建筑专委会 水电建设管理及施工专委会 水电站运行与自动化专委会 风电及新能源专委会 光伏及再生能源专委会	无
广西水力与新能源发电工程学会	2766	彭宇翔	曾导华	广西南宁市民主路6号	530023	环境保护专委会 水能规划及动能经济专委会 水工及水电站建筑专委会 地质与勘测专委会 水力机械专委会 金属结构专委会 数字化专委会 电气及自动化专委会 施工专委会 工程造价专委会 水电站及新能源运行管理专委会 新能源发电专委会	《红水河》
四川省水力发电工程学会	3016	余　挺	冯学敏	四川省成都市青羊区浣花北路1号	610072	地质勘测与灾害治理专委会 环境保护与移民专委会 电力市场专委会 施工与建设专委会 水电站运行与检修专委会 水工及水电站建筑物专委会	《四川水力发电》
贵州省水力发电工程学会	2533	吴　玮	李家常	贵州省贵阳市新华路9号	550002	水库专委会 水电站管理专委会 学术工作委员会 可再生能源规划及动能经济专委会 水工与水电站建筑专委会 环境与资源专委会 地质及勘察专委会 小水电技术专委会 科普工作委员会 梯级调度控制专委会 水电站自动化专委会 施工管理专委会	《贵州水力发电》

续表

名称	会员总数	理事长	秘书长	办事机构地点	邮编	学术专业设置	会刊学报
云南省水力发电工程学会	2188	张　虹	李静涛	云南省昆明市拓东路73号	650011	水工及水电站建筑物专委会 水能规划及动能经济专委会 水电站电气及自动化专委会 水力机械及金属结构专委会 施工机械及施工管理专委会 水电站运行管理专委会 工程经济定额预算专委会 地质及勘测专委会	《云南水力发电》《云南省水力发电工程学会简报》
陕西省水力发电与新能源工程学会	2188	廖元庆	熊登峪	陕西省西安市丈八东路18号	710065	水工专委会 规划动能经济专委会 工程地质勘测专委会 机电运行专委会 水电站施工专委会 工程造价专委会 水电站自动化专委会 水库及环保专委会 新能源专委会 青年科技工作委员会 咨询工作委员会 科普工作委员会	内部期刊《学会简讯》、学会为《西北水电》支持办刊单位
甘肃省水力发电工程学会	1729	李永清	秦　睿	甘肃省兰州市安宁区万新北路249号	730000	水电站建筑与施工管理专委会 地质及勘探专委会 动能经济及水库调度专委会 水力机械及金属结构专委会 水电站运行管理专委会 风力发电专委会 电动汽车及充电设施专委会	内部期刊《西部可再生能源与微电网》
宁夏水力发电工程学会	360	田军仓	王红雨	宁夏银川市贺兰山西路539号宁夏大学土木与水利工程学院	750021	水电站运行专委会 水力机械气蚀磨损专委会 电气自动化专委会 工程地质与水工专委会 风力发电及新能源专委会	无
青海省水力发电工程学会	1121	王思德	张　毅	青海省西宁市五四西路43号4002室	810008	小水电专委会 水工专委会 工程造价专委会 水能专委会	《青海水力发电》
西藏自治区水力发电工程学会	408	杜灿勋	崔同欢、张建东（常务副秘书长）	西藏自治区拉萨市北京西路12号	850033	新材料新技术专委会 高边坡专委会 环保专委会 工程安全专委会 多能互补专委会 金结机电专委会 绿色施工专委会	无

（中国水力发电工程学会秘书处　殷利利）

中国水力发电工程学会 2022 年分支机构学术活动

2022 年，中国水力发电工程学会所属 37 个专业委员会（分会）和 1 个工作委员会充分发挥专业特色和学科带头作用，积极探索学术活动新模式，灵活组织召开大型学术年会或小型高端学术研讨，广泛交流探讨本专业的技术难题和发展方向，对创新技术理念、交流科技成果、促进学术繁荣等起到了积极推动作用。

1 月 11 日，水电与新能源运行管理专业委员会 2022 年年会暨学术交流会在南京举行。会议围绕“清洁能源运行与新型电力系统”主题。

2 月 25 日，机械疏浚专业委员会、中国疏浚协会水利疏浚专业委员会 2021 年年会暨学术讨论会以视频方式顺利召开。会议围绕“智慧疏浚与环境偕行”为主题。

2 月 25 日，国际河流水电开发生态环境研究工作委员会组织召开主题为“新形势下跨境河流水电开发面临的挑战及对策”的闭门研讨会。

4 月 13 日，大坝安全专业委员会 2021 年会暨“大坝安全风险与应急管理”学术交流会以线上线下相结合形式顺利召开。会议还设置多个分会场。

4 月 29 日，电力系统自动化专业委员会与长江电力联合成功举办“2022 年长江电力专家论坛”。该论坛为水电站顺应智能化运行管理发展趋势，提高行业影响力，提升科技创新能力开拓了思路、提供了参考。

6 月 24 日，由水电水利规划设计总院、中国水力发电工程学会抽水蓄能行业分会牵头，集合行业内众多企业共同参与编制完成的《抽水蓄能产业发展报告 2021》《中国可再生能源发展报告 2021》在北京发布。

8 月 18 日，由中国水利学会、中国水力发电工程学会联合主办，水利部农村电气化研究所、陕西省水利学会、陕西渭河生态集团有限公司、黄河水利委员会黄河水利科学研究院共同承办，水利部农村水电工程技术研究中心、国际小水电中心、中国水力发电工程学会小水电专业委员会、中国水利学会水力发电专业委员会、水利部绿色水电国际人才培养基地、陕西省小水电行业协会、《水电站机电技术》编辑部、黄河水利出版社共同协办的“水电绿色低碳发展科普论坛暨黄河流域小水电高质量发展论坛”在西安召开。

8 月 19 日，施工专业委员会、碾压混凝土筑坝专业委员会 2022 年年会暨国家水网建设、水生态治理及水利水电施工新技术学术交流会在深圳召开。

8 月 23 日，中国水力发电工程学会巴基斯坦代表处成立揭牌仪式在中国驻巴基斯坦大使馆举行。

8 月 26 日，新能源电力发展高峰论坛以线上线下相结合的形式在福州举行。此次论坛由福建省科协、福州市人民政府、中国水力发电工程学会主办，福建水力和清洁能源发电工程学会、福州市环保局、福州市科协承办。

9 月 1 日，中国水力发电工程学会柬埔寨代表处揭牌仪式在中国北京和柬埔寨金边以视频连线方式同步举行。揭牌仪式设北京和金边两个主会场。

9 月 15～17 日，水库专业委员会联合水电水利规划设计总院、水利部水利水电规划设计总院、中国水利水电勘测设计协会、中国电力规划设计协会征地移民专业委员会，在合肥举办“2022 年水库移民政策技术管理论坛暨水利水电工程征地移民规划设计技术交流会”，会议期间召开了水库专业委员会换届会议。

9 月 18 日，中国水力发电工程学会、河海大学、江苏省水力发电工程学会联合在南京召开“水电与碳中和”科普论坛。论坛主要围绕 2022 年全国科普日“喜迎二十大，科普向未来”的主题。

9 月 23 日，堆石混凝土坝专业委员会成立大会暨第一次工作会议在福建泉州以线上线下相结合的方式顺利举行。

11 月 6～8 日，工程检测与物理探测专业委员会主办的“工程物探与水利工程质量检测技术融合研讨会”在上海市崇明区召开。

11 月 14～16 日，由中国水利学会水力学专业委员会、中国水力发电工程学会水工水力学专业委员会和国际水利与环境工程学会中国分会主办，第十届全国水力学与水利信息学大会在江西省南昌市召开。

11 月 18 日，水工及水电站建筑物专业委员会主办，天津市水力发电工程学会协办的“2022 年全国水利水电工程埋地钢管学术交流会议”采取线下和云端相结合的方式召开。

11 月 24～25 日，由中国水力发电工程学会主办，中国水利水电科学研究院、北京水力发电工程学会、三峡集团科学技术研究院和中国水力发电工程学会抗震防灾专业委员会等单位共同承办的“第八届全国水工抗震防灾学术交流会暨水利水电基础设施抗震安全研讨会”成功召开。

11 月 28 日，由水电水利规划设计总院和东盟能源中心主办，中国水力发电工程学会和中国水力发电工程学会国际河流工作委员会联合主办。“中国—东盟清洁能源能力建设计划 2022 交流项目”在中国北京和柬埔寨金边举办。

12 月 14 日，“2022 年继电保护与励磁专业委员会学术年会”召开。会议设置 10 余个分会场，会议主题为“学习贯彻党的二十大精神，助力电力科技创新和国产化升级”。

12 月 15 日，智能与智慧化专业委员会 2022 年年会在广州召开。会议以“数智水电，众智成城”为主题。

12 月 30 日，清洁能源装备冷却技术专业委员会 2022 年年会暨学术研讨会以视频形式召开。

（中国水力发电工程学会秘书处）

2022 年省级水力发电工程学会主要工作情况

各省（自治区、直辖市）水力发电工程学会作为我国水电行业科技社团的重要组成部分，坚持发挥学术交流基础作用，持续拓展和创新服务领域及方式，在学术交流科技咨询、政策研究标准编制、技术讲座专业培训、科技服务乡村振兴等方面积极探索发展，不断取得新成绩开创新局面，成为推动行业学术进步和科技创新的坚实力量。

北京水力发电工程学会于 6 月 9 日召开第五届会员代表大会进行换届，中国电建集团北京勘测设计研究院有限公司严旭东当选新一届理事长，期间还举办“大力弘扬科学家精神，进一步强化价值引领”主题宣讲活动。7 月 12 日举办 2022 青年科技工作者创新成果交流暨青年托举人遴选活动。8 月 22 日举办 2022 青年学术演讲比赛。11 月 24～25 日，参与承办第八届全国水工抗震防灾学术交流会暨水利水电基础设施抗震安全研讨会。2022～2024 年度青年人才托举工程 3 名入选者获北京市科协表彰。推荐 2 人入选北京市科协“千人进千企”服务专家。推荐的《一起解锁水力发电的秘密》选题入选 2022 年北京市科普资源。

天津市水力发电工程学会协办澜湄水利灌溉领域水利技术标准线上交流会，交流澜湄六国在灌溉技术标准应用方面的情况。11 月 18 日协办 2022 年全国水利水电工程埋地钢管学术交流会议，500 余名专家学者通过线下或线上参会。

河北省水力发电工程学会于 1 月 20 日召开第五次会员代表大会进行换届。3 月开展以“推荐地下水超采综合治理复苏河湖生态环境”为主题的“世界水日”“中国水周”宣传活动。5 月举办青年学术活动演讲比赛。7 月开展“倡导全民读书，共建书香单位”主题读书活动。10 月参与省水利厅“农村小水电一站一策”分类整改实施方案审查工作并协助相关单位提出修改意见。12 月开展绿色小水电示范电站建设水电系统先进个人评定。

河南省水力发电工程学会组织筹备换届工作。组织开展 2022 年度河南省青年人才托举工程“黄河骨干水库群水沙调控技术研究”、2022 年河南科技智库调研课题之重点课题“沿黄九省（区）协调推进黄河流域生态保护和高质量发展的‘河南实践’研究”等。组织推荐河南省青年科技奖候选人 1 人、第四批河南省首席科普专家 1 人、2022 年度中原英才计划（育才系列）——中原青年拔尖人才（自然科学和工程技术类）候选人 2 人、2023 年度“科创中原”青年人才托举工程 2 项。组织申报 2023 年河南科技智库调研课题 2 项。

福建省水力和清洁能源发电工程学会于 6 月 30 日在福州承办 2022 年中俄核电协同创新交流活动；7 月 15 日在厦门协办 2022 年海峡科技专家论坛分会场——海峡两岸能源电力融合发展论坛；8 月 26 日在福州承办第 22 届福建省科协年会重点活动之一“新能源电力发展”高峰论坛。针对福建省水电站生态流量考核中要求全年不间断下泄流量情况组织专家进行调查研究，形成《优化水电站汛期生态流量考核的建议书》报福建省政府。会刊《福建水力发电》获评福建省科协学会综合能力评价“四星级学会”。

江苏省水力发电工程学会于 5 月 28 日召开第七次会员代表大会进行换届，选举河海大学徐辉教授为第七届理事长。8 月 25～26 日，联合江苏省高等学会知识产权研究会、江苏省知识产权研究会举办江苏省第六届大学生水创意设计大赛。11 月 9 日，联合主办“纪念华东水利学院建院 70 周年系列学术活动暨河海大学挂靠学会联合学术活动青托人才专场”。

浙江省水力发电工程学会组织专家对浙江省 28 座首次申报和 6 座期满延续的绿色小水电示范电站申报材料进行内业审核，对宁波、温州等地 23 座通过内业审核的电站进行现场复核，全面完成本省 2022 年度绿色小水电示范电站省级初验工作。10 月 17 日组织开展抽水蓄能电站设计教育培训和技术交流会。11 月召开小水电绿色发展技术交流会，就小水电安全生产、生态流量调度、绿色小水电示范电站创建、本省农村水电站管理数字化应用操作等进行技术讲座和交流。组织开展中型抽水蓄能电站选址研究，形成《萧山区道林山抽水蓄能电站工程项目选址报告》等多本技术报告供有关部门决策参考。联合浙江省水利学会完成《地方水利技术的应用与实践（第 32 辑）》论文集出版发行工作。会刊《浙江水利水电》全年出版 4 期。

上海市水力发电工程学会于 3 月联合上海勘测设

计研究院有限公司举办主题为“两翼融合开新篇、人才保障促发展”人才论坛。聘请行业内青年专家为学会特聘咨询专家。

湖北省水力发电工程学会副理事长、武汉大学教授周伟当选湖北省科协第十届委员会委员。9月，学会与湖北能源集团确立战略合作伙伴关系，双方在学术交流、科技合作、期刊建设等方面签订了5年合作合同。《水电与新能源》学术期刊全年出版12期。

湖南省水力发电工程学会3月25日举办“世界水电”宣传活动，邀请我国水利水电行业地下水专业技术权威周志芳教授作题为《人类活动与地下水》的学术讲座。受会员单位委托，组织完成《复杂地层无返浆高压复合灌浆施工工法》等12个施工工法、《抽水蓄能数字化规划选点应用软件系统》等9项科研成果的评价工作。坚持开展一年一度的老理事慰问交流活动。

广东省水力发电工程学会组织举办新型储能的多时间尺度调控技术解决方案及其经济测算模型专题研讨、风电场侧储能的最优配置设计专题研讨、风电场侧储能的多时间尺度调控策略专题研讨、水电厂群防汛调度决策支持系统改造专题研讨、水电厂自动化与二十五项反措落实技术培训、“新能源创造新希望”青年论坛——光伏分论坛、抽水蓄能电站机械化智能化技术研究交流会等一系列学术交流活动。

四川省水力发电工程学会于8月19日召开第九次会员代表大会进行换届，新一届理事长单位为中国电建集团成都勘测设计研究院有限公司。开展完成2022年四川水力发电科学技术奖评定工作。会刊《四川水力发电》出版6期、刊发稿件200篇。组织编著出版《四川水电十三五》一书。

山西省水力发电工程学会于9月15日组织开展全国科普日活动之进机关、进社区活动，水利水电科技志愿者们大力宣传习近平生态文明思想、习近平总书记关于治水的重要论述及黄河流域生态保护与高质量发展战略，宣传“护好大水、喝好小水”科普知识。协助举办全省大中型灌区标准化规范化建设管理培训班、全省农村供水工程运行管理培训班。

陕西省水力发电工程学会于5月20日在西安召开“科技之春：智慧水利与智能建造”学术报告会。9月14日联合青海省水力发电工程学会等承办2022年黄河流域生态保护和高质量发展学术论坛，邀请中国科学院院士，中国工程院院士等27位专家分享专题报告。

青海省水力发电工程学会推选1人获评2022年青海省“最美科技工作者”。8月18日联合青年省气象学会等举办青海清洁能源及盐湖产业专题线上讲座。9月14日承办2022年黄河流域生态保护与高质量发展学术论坛青海分论坛。推荐的“龙羊峡水光互补光伏电站”入选中国科协第一批全国科普教育基地（2021～2025年度）。

贵州省水力发电工程学会2月25日组织开展电力市场与辅助服务专题培训。开展2021年度贵州省水电优秀青年工程师和优秀科技工作者奖评选工作。会刊《贵州水力发电》出版4期、刊发论文85篇。

甘肃省水力发电工程学会在人力资源和社会保障部授权下成立了“国网人才评价中心甘肃工作站”。学会“电力行业信用体系建设办公室甘肃评价咨询中心”完成了国家发展改革委的计划安排，完成9家企业的信用评价工作并在国家能源局“信用能源”和中电联“信用电力”网站上发布。主持或参与完成包括《水轮机、蓄能泵和水泵水轮机流量的测量超声传播时间法》《电化学储能电站调试规程》等7项国家标准、1项行业标准、2项团体标准的编制工作。会刊《西部可再生能源与微电网》出版4期。举办2期《发电厂运行值班人员培训班》《电力市场交易培训班》。

宁夏水力发电工程学会于8月29日邀请“长江学者”做《保持童心，持续创新》的线上学术报告，11月16日邀请中国工程院院士作《农业工程学科往哪里去?》线上学术报告，11月13～18日组织举办土木与水利工程学院第十四届研究生学术论坛，11月15日邀请“长江学者”做“灌区农业水文过程定量表征理论与实践”线上学术报告。11月25日，由教育部、陕西省人民政府指导，教育部学校规划建设发展中心主办，陕西省教育厅、西安理工大学、宁夏大学、宁夏水力发电工程学会在线承办2022丝绸之路智慧水利与低碳能源国际产学研用合作研讨会——智能建造与坝工安全分论坛，来自中国、美国、加拿大、澳大利亚、丹麦、马来西亚、中国澳门等国家和地区智慧建造和坝工安全领域的200多名专家学者参加。

云南省水力发电工程学会于9月21日召开第八次会员代表大会进行换届。7月31日协办水电流域开发成就与“双碳”目标下的科学发展论坛，9月3日协办2022年中国水电青年科技论坛。会刊《云南水力发电》已发展成为云南省水利水电行业唯一具有国际、国内公开发行刊号的省级学术刊物。联合云南省电机工程学会开展2022年科普进校园暨爱心捐赠活动，积极组织捐款并向昭通盐津县落雁乡共和村水沟小学捐赠阅读书籍一批。

广西水力与新能源发电工程学会4月15日组织在南宁召开水电站提质增效联络交流会。7月7日组织专家到河池地区开展新能源建设和当地企业对国家双碳政策执行情况的调研工作。组织会员单位参与“走进科技，你我同行”—“电力之光”全国科技周、“走进土木：敦实有道 ”等科普活动。联合会员单位举办科技人才创新能力线上培训班。联合广西电力行业协会等开展 2022 年“落实国家‘双碳’目标促进广西能源绿色代碳发展”专题论坛论文征集与评审工作。会刊《红水河》出版 6 期、发表论文 172 篇。

西藏自治区水力发电工程学会 9 月 19 日组织在昆明召开第十四届边坡工程技术大会，分享澜沧江流域电站建设经验，围绕边滑坡机理到治理关键技术等进行深入交流。积极筹备 2022 年西部水电论坛（因疫情延期到 2023 年召开）。新成立工程安全、生态环境、多能互补、新材料等 4 个专业委员会。

（中国水力发电工程学会秘书处）

中国大坝工程学会 2022 年工作情况

2022 年，中国大坝工程学会踔厉奋发，笃行不怠。围绕新时代科技社团的使命和职责，增强围绕中心、服务大局的意识和能力，顺利通过了中国科协中国特色一流学会建设项目验收，被评为“2022 年度全国学会科普工作优秀单位”等。

（一）坚持党建引领发展，巩固一流学会建设之根基

（1）认真组织学习宣传贯彻党的二十大精神。制定学习宣传贯彻党的二十大精神工作方案，全力抓好党的二十大精神落实落地。不断推动党的二十大精神深入坝工科技工作者和坝工事业当中。

（2）大力弘扬科学家精神。①举办“科学家讲党课”活动。邀请国际知名水工抗震专家陈厚群以“我的初心使命”为题讲述专题党课。除 490 余人现场听课外，还有 2.32 万多名全国坝工科技工作者通过中国科协“科技工作者之家”“科创中国”直播平台收听观看直播活动。并将专题党课录制成课件，对会员和公众开放，并报送中国科协。②推荐科学家精神教育基地。择优推荐中国水利水电科学研究院和南京水利科学研究院 2 个科学家精神教育基地作为候选单位向中国科协报送。

（3）推动党建与业务深度融合。先后开展 10 次深入学习习近平经济思想、《改革开放简史》、组织观看电视专题片《零容忍》系列专题，结合业务进行深入研讨。开展“走好第一方阵，科技支撑水库大坝高质量发展”“走好第一方阵，我为二十大作贡献”“联学联建，携手一起向未来”等主题党日活动，达到以党建促业务的效果。

（二）服务党和政府决策，提升建言献策战略支撑力

（1）组织有关制度规范决策咨询。围绕水利部《长江流域控制性水工程联合调度管理办法（征求意见稿）》《第六届中国—阿拉伯国家博览会水资源论坛初步建议方案》和《中国科学技术协会团体会员管理办法（征求意见稿）》等制度规范和方案文件，分别组织专家征集意见并报送相关部门。

（2）为水库大坝发展提供技术支撑。①推进参与的水库工程防洪能力提升专项研究。5 月，水利部部长专题办公会听取《水库工程防洪能力提升专项》成果汇报；8 月，李国英部长对专项研究作出重要批示，随后向 20 位行业院士、设计大师和知名专家征求意见，并组织水利部水利水电规划设计总院，与学会、水利部大坝安全管理中心、中水北方勘测设计研究有限责任公司成立的水库工程防洪能力提升专项研究课题组对 70 条意见及建议进行逐条讨论，对报告进一步完善。9 月，形成《水库工程防洪能力提升专项研究报告（送审稿）》。②参与编写《水库堤防水闸失事典型案例》并正式出版。承担《水库堤防水闸失事典型案例（国外篇）》编写。③推进首个部级北斗水利水电综合应用示范项目。完成示范初步设计报告并获得水利部批复，开发示范项目平台以及北斗水利水电小型巡检终端设备。

（3）为水利市场监管做好支撑。承担水利建设市场信用等级评价第三方评估。完成对 3 家机构信用评价的全过程观察，及 8 类市场主体的 90 家单位信用评价抽样复核工作。

（三）服务行业整体需求，助力水库大坝高质量发展

（1）有效促进学术交流。①主办中国大坝工程学会学术年会周。此次学术年会周共设 8 个专题研讨会，邀请到学术报告 86 个，共征集论文 174 篇，正式出版论文集收录 108 篇。1480 名参会代表与报告人在线进行交流研讨。大会颁发了 2021 年度中国大坝工程学会科学技术奖。围绕会议主题，大会特邀 9 位知名专家作报告。会议期间，27 家单位参加会间线上技术展览。②协办中国水科院第 15 届青年学术交流会。以“青春水科人，奋进新征程”为主题，交流会设立 9 个分会场，共接收论文 416 篇（其中英文稿件 104 篇），特约报告 15 份，交流报告 150 份。经过专家评审，评选出专业分会场一等奖 5 名、二等奖 7 名、三等奖 18 名、优秀报告奖 30 名，特色分会场一等奖 3 名、二等奖 6 名、三等奖 9 名、优秀报告奖 17 名。学会副秘书长郑璀莹荣获专业分会场一等奖。

（2）持续推进水库大坝标准化工作。①参与编写水利行业标准《水库防洪抢险技术导则》。对“土石

坝防洪抢险工程措施”“混凝土坝、浆砌石坝防洪抢险工程措施”两部分进行编制。②推进学会团体标准相关工作。组织专家参与《胶结土坝设计与实践》《尾矿坝安全》《堤坝的特点、风险与治理》等国际大坝委员会专委会技术公报的编写与发布工作。组织会员单位新立项《土石坝白蚁绿色综合防控技术规程》《水利水电工程“台风—暴雨—洪涝”灾害应急遥感监测技术规范》标准。发布《水利水电工程师能力评价规范》等3项标准，完成《水利水电科技成果编目导则》《水工建筑物止水带施工规范》2项标准意见征集，重点宣传已发布《胶结砂砾石力学性能试验规程》等8项标准。

(3) 推进水利工程学科发展。①与清华大学联合推进《Journal of Intelligent Construction》英文科技期刊主办工作，12月29日，组织召开第一次编委会（筹）暨创刊研讨会。②参与主办的《水利学报》荣获“百种中国杰出学术期刊”“中国国际影响力优秀学术期刊”称号，并被“科技期刊世界影响力指数（WJCI）报告”收录。③征集报送水库大坝领域重大科学问题与工程技术难题。面向广大科技工作者征集“2022水库大坝重大科学问题和工程技术难题”，并择优向中国科协报送，助力西南水能开发3个水库大坝领域2022重大科学问题与工程技术难题。④学会以线上线下相结合的方式召开“双碳”目标下水风光储一体化能源发展专题研讨会，全国10多位院士和专家分别从水风光储一体化的必要性和当前发展总体情况、成功案例与经验、水风光互补制约因素等方面进行研讨。形成科技工作者建议，于12月作为中国科协A类调研项目报送。

（四）服务坝工科技工作者，促进水库大坝人才成长

(1) 开展科技奖项评选及人才举荐。①成功推荐张超然院士获国际大坝委员会终身成就奖，学会副秘书长、中国电建集团总工程师周建平获国际大坝委员会荣誉副主席称号。截至2022年，学会成功推荐8位专家获得国际大坝委员会终身成就奖，成为获得该奖项最多国家。推荐中国电建集团水电八局的“水介质换能爆破技术及其在工程应用中的战略优势”成果在国际大坝委员会科技创新奖中获得银奖。②举荐学会秘书长贾金生和学会理事、中国电建集团中南院董事长冯树荣获2022年中华国际科学交流基金会“杰出工程师奖”。学会推荐3个单位、5位个人和8项科技成果参加中国产学研合作创新与促进系列奖项评选；推荐工程参评第20届中国土木工程詹天佑奖并有2座工程入围终评。③推荐中国水利水电科学研究院水电可持续发展研究中心主任刘毅和中国三峡建工（集团）乌东德工程建设部主任杨宗立2名作为最美科技工作者候选对象向中国科协报送；参与中国科协第8届青年人才托举工程项目申报工作。④组织开展奖项评选、科技成果评价。学会组织颁发2021年度科学技术系列奖项，共33个获奖项目，其中科技进步奖获奖项目27项，技术发明奖获奖项目6项；完成第4届大坝杰出工程师奖评选，共有5位专家获奖；扎实推进学会2022年科学技术奖评选，来自138家单位的127个项目参与评选。开展25个水库大坝相关项目成果评价，邀请业内权威专家共180余人次。

(2) 切实服务水库大坝科技工作者。①联合开展国际工程师认证试点。推荐5名专家作为工程能力评价候任考官，联合发布《水利水电工程能力评价规范》团体标准。②联合举办基层水利人员专业技术培训班。在重庆丰都联合举办基层水利人员专业技术培训班，近170名基层水利干部职工参加培训。③组织编写《中国大坝70年》英文版。聚焦技术进展进行重点提炼，挑选编译适宜国际传播的内容。共49家单位参与编写，已完成初稿。

（五）服务公众科学普及，营造坝工事业发展好氛围

(1) 开辟水库大坝科普传播渠道。①成功推荐、增设科普基地。推荐雅砻江流域水电开发有限公司、南水北调中线穿黄管理处和广西大藤峡水利枢纽开发有限责任公司补充入选2021～2025年度全国科普教育基地。同时，将“大藤峡水利枢纽工程右岸玖瓴台展馆”“穿黄工程展示场馆”新增为学会科普基地。②增设科普中国号和科普宣传版块。开设“水库大坝之声”科普号入驻中国科协“科普中国”平台，截至12月底，累计阅读量超41万，单篇阅读量超11万。此外，在学会云平台新增有关水库大坝科普文章、绘画、短视频等作品展示版块，并向会员单位征集相关作品。③完成《大坝工程》知识读本编写及视频录制工作。挑选10座我国现代著名大坝工程，分别作为中国超大规模、母亲河治理、绿色生态、超高坝、智能化信息化大坝工程典型代表案例。④用好行业媒体开展示范项目和专题科普宣传。集中宣传北斗技术在水利水电行业4大领域应用进展和成效。此外，在《中国水利报》以图文并茂形式刊发《安全经济环保，中国首创，国际公认——胶结坝》。

(2) 承办品牌科普比赛和活动。①承办第20届全国中学生水科技发明比赛活动。围绕“美丽中国，我是行动者”活动主题，培养中小学生的水资源节约、水生态保护等意识。②承办“水滴与少年”亲子科普行活动。围绕“小水滴与大工程”专题，增强对水资源和水工程的认识。③组织航天文化创意宣传专题调研。围绕科技创新领域的人物（群体）挖掘推广，利用融媒体平台做好品牌形象建设等问题进行交流。

（3）传播水库大坝科学知识。①学会承担的水利部互联网＋“工程医院”技术服务云平台创建工作，已完成一期开发，截至12月底，平台已上传论文集、出版物、统计数据、技术标准等专业技术资料1.5万份，构建来自111个国家的近2.7万名国内国际专家库，访问数超12万次。②参加全国科普讲解大赛。以“无缝大坝中国造”为题，选取白鹤滩大坝，讲述中国坝工行业如何通过科技赋能成功破解大坝裂缝这一世界难题。③荣获北京科学传播科普讲解大赛一等奖。综合部主任周虹创作的“退热温控保平安 无缝大坝中国造”获得北京市一等奖以及“北京市金牌科普讲解员”称号。④联合主办“中国大坝行”采访报道活动。活动以“中国大坝近十年”为主线，选取我国6座大坝工程，以图文并茂形式在《中国三峡》杂志“大坝认知”专栏中刊发。⑤配合中央主流媒体做好大坝工程采访宣传。推荐专家接受人民日报“科技创新看大坝”综合报道采访。专家重点讲述白鹤滩水电站和溪洛渡拱坝建设技术创新故事。⑥推荐丰满大坝芯样入选全国“见证新时代”重要见证物。征集4个水库大坝领域改革发展历程相关的重要见证物经中国科协择优报送国家文物局。“丰满新大坝坝体取芯”被列入《见证新时代》一书。

（六）深化国际交流合作，推动建立坝工科技共同体

（1）组织和参与国际坝工高层次会议。①启动国际大坝委员会第28届大会筹备工作。7月16日，成立筹备工作委员会，并以线上线下相结合方式召开第一次工作会议。提出大会初步方案等。②5月27日～6月3日，国际大坝委员会第27届大会暨第90届年会在法国马赛召开，来自70多个国家1300多名代表参加会议。学会组织中国代表团参加此次会议。会议期间，中国代表团围绕2025年大会设立宣传展台，充分展示我国高坝工程、抽水蓄能工程和水光互补工程及相关技术进展，并就大会筹办听取各国代表建议。③水利部李国英部长以视频方式出席国际大坝委员会第27届大会暨第90届年会并在大会闭幕式致辞。倡议“国际社会携手努力，加强水库大坝领域的多双边合作与交流，共同推动建设绿色、智能、安全的水库大坝，为实现联合国2030年可持续发展议程涉水目标作出新的贡献”。

（2）主办国际坝工品牌学术研讨会。①联合主办第11届中日韩坝工学术交流会。会议以“大坝领域面临的新挑战和创新解决方案”为主题，水利能源领域知名专家、学者在内的100多名代表围绕三国在水库大坝领域面临的共同挑战和技术创新开展交流探讨。②主办第15届水库大坝与水电可持续发展及能力建设圆桌论坛暨中国科协大坝安全国际青年科学家沙龙。会议主题为“碳中和时代的水利水电发展”。来自30多个国家的113名代表参加了在线研讨，363名行业从业人员通过在线直播参与了会议。

（3）推荐专家国际任职，深化多边合作关系。①举荐中国专家在国际大坝委员会专委会任职。成功推荐中国水利水电科学研究院徐泽平担任国际大坝委员会大坝安全专委会主席，推荐长江勘测规划设计研究院副总工黄艳担任洪水评估与大坝安全专委会主席，推荐学会副秘书长、中国电建集团国际工程有限公司总经理陈观福担任21世纪水库与大坝挑战和展望专委会副主席。②与相关国家大坝委员会和相关机构建立合作关系。在合作框架下，联合举办国际会议、联合评选国际里程碑工程奖以及组织技术人员围绕胶结坝等具体技术召开专题研讨会。

（4）分享国际科技合作经验。①中国科协党组成员兼国际合作部（港澳台办公室）部长（主任）、中国国际科技交流中心主任罗晖一行莅临学会指导国际交流工作。学会秘书处从4个方面汇报学会国际交流合作相关工作。②学会秘书长贾金生应邀参加中国科协第五届世界科技社团发展与治理论坛，从3个方面分享了相关经验。③学会副秘书长郑璀莹受中国科协邀请录制了《发挥优势，广搭平台，积极推进水库大坝领域国际科技交流合作》的案例精品视频课程。④学会综合部主任周虹在2022年水利部外事管理培训班上，作“发挥国际平台优势 提升坝工国际影响力”专题分享。

（5）组织评选颁发国际里程碑工程奖。学会联合美国大坝学会组织评选，并颁发了第三届高混凝土坝国际里程碑工程奖。中国锦屏一级拱坝、美国格伦峡拱坝、中国向家坝重力坝、日本奥只见重力坝4座工程获此殊荣。

（七）强化社团能力建设，提升学会服务能力及质效

（1）加强制度建设。根据新形势要求，修订《中国大坝工程学会青年人才托举管理办法》《中国大坝工程学会科技进步奖奖励办法》和《中国大坝工程学会技术发明奖奖励办法》；建立科普工作激励机制，起草《中国大坝工程学会科学普及奖奖励办法》。

（2）深化能力建设。通过2021年中国科协“中国特色一流学会建设”项目验收；建立会员体系与会员档案、创新会议和学术活动，发展新会员。截至12月底，拥有会员单位376家，个人会员26603人，其中含外籍会员1979人；个人会员比2021增长近7%，会员单位比2021增加近11%。

（3）持续信息化建设。不断建立和完善国内外大坝数据库，世界大坝数据库已达13万座。其中，国内已建、在建30m以上大坝5733座、全国病险水库

6.02万座、国内溃坝3496座、国外溃坝1609座。30m以上大坝库、大型水库大坝库、病险水库大坝库、国际大坝库为国内权威资料库，为政府部门的调研和决策、行业发展提供支撑。

（中国大坝工程学会秘书处）

中国水利学会2022年工作情况

2022年，中国水利学会以学习贯彻党的二十大精神为主线，以落实相关精神、规划、方案为抓手，勇毅前行，真抓实干，顺时应变，守正创新，在提升学术引领力、战略支撑力、科技传播力、人才组织力、国际影响力、学会凝聚力诸方面均取得新成效、迈上新台阶，形成了具有自身特色的新亮点。

（一）在大是大非上坚持守正

始终坚持把党的政治建设摆在首位，确保学会在大是大非问题上坚守正道，各项事业不偏向、不变色、不走调。①始终保持清醒政治头脑。认真落实《中国水利学会党支部关于落实〈党委（党组）意识形态工作责任制实施办法〉的责任分工》，同党中央保持高度一致。②推动党建强会落地见效。扎实开展“学查改”专项工作；扎实开展“三会一课”和主题党日活动。深入重庆城口等地，把“中国水之行”打造成党建强会品牌活动。③持之以恒开展理论武装。及时组织秘书处干部职工及学会系统，深入学习贯彻上级各项指示精神和中国科协党组决策部署等。④推进党建业务融合发展。注重以“十六字”治水思路为指引，谋划中国水博会、学术年会等重大活动议程。⑤规范党建工作体系运作。分层、分工，引领和对重大事项进行前置审批把关职责。⑥持续严抓党风廉政建设。制定落实领导班子主体责任清单，修订落实廉政风险防控手册。持续开展警示教育，增强法治意识。深入贯彻中央八项规定、实施细则精神和部党组实施办法，未发现一例廉政和“四风”方面的问题。

（二）在顺时应变上突出创新

顺时应变、锐意创新，推进一系列新举措初见成效。①把学术年会升级为“中国水利学术大会”。邀请跨学科院士专家宣讲气候变化、数字孪生、地球健康、抽水蓄能等学术动态，践行“跳出水利看水利”。以“科技助力新阶段水利高质量发展”的主题、“线下＋线上”方式，全方位开展20个分会场活动。②创办“中国水利学会云论坛”。不定期把举行的学术研讨活动搬到网上、存储云端，有的采取线上为主、线下为辅的方式进行。建设美迪康会议系统，用于推流直播的知网、蔻享学术等，同频创建学会微信视频号；利用此8月举行小水电论坛和11月举行学术年会。③创办“中国水利学会产学研系列学术沙龙”。以智慧水利为主题，不定期为分支机构和单位会员提供产学对接渠道、深入交流。④把创新大赛引向实践。与河海大学等联合主办、绵延半年的第三届水科学数值模拟创新大赛共吸引全国85家单位的274支队伍参赛，产生了两组四等共100项奖，以及42份优秀指导教师奖、10家优秀组织奖。邀请决赛优胜队赴三峡集团开展径流预报和汛期复盘活动。

（三）在传承弘扬上做强品牌

学会征集编制《2022年度重要学术、科普活动指南》，向中国科协推荐重要品牌活动（9项入选）等。①引导分支机构强化专业品牌。通过多种方式，支持泥沙、水工结构等6个专委会的学术交流会，淮河分会、期刊工委会、青年工委会、海峡两岸工委会的技术交流，以及《水利学报》《岩土工程学报》《中国防汛抗旱》的学科发展前沿学术研讨会和论坛等，使其成为高端学术交流品牌。②支持省级学会擦亮地方品牌。通过多种途径和方式，支持黑龙江、江苏、上海、广东、江西等省级学会开展特色论坛，及北京、辽宁、云南大讲堂，山西、江西、安徽系列科普活动，河南演讲大赛，辽宁、浙江、广西、江西等省级水利科学技术奖，山东、浙江、河南、广东博览会，广东、河南等省学会技术培训等。③联合单位会员共创活动品牌。与分支机构挂靠单位水电出版集团等连续主办“节水在身边”全国短视频大赛；第3届共征集作品50余万余件，累计播放量超过16亿次。与常务理事单位建华建材集团主办第3届大学生水利水运装配式技术设计大赛。与众多省级学会、单位会员，在世界水日、中国水周等重要时节持续联办“护好大水，喝好小水”系列科普活动，在全国31个省市全覆盖，受众累计达500万人次；以水为牵引，助力岚县乡村振兴两个项目，所办科普活动达20余次（场）；深入多个贫困乡镇，开展“三送”活动。④推动名优科技期刊再上台阶。《水科学进展》《水利学报》各有2篇、1篇论文入选中国科协第7届优秀科技论文。《水利学报》《岩土工程学报》成功申报科协期刊能力提升项目。《水利学报》主动组织出版专刊，总结去年河南郑州特大水灾防治经验教训。⑤严格实施大禹奖项评审奖励。修订大禹奖评审细则，组织多渠道报奖。2022年度大禹奖共收到130项提名成果，一批成果获得各级奖项。在4月的水利科技工作会议上颁授2021年度大禹奖。⑥优质高效开展科技成果评价。全年完成60余项涉水科技成果评价。开通学会网站科技成果评价专栏，制作中国水利成果画册，协助国科司编写《2021年水利科技成果公报》。

（四）在集思汇智上聚焦决策

智库咨询是2022年度学会工作的一大亮点，所获成果数量多、质量高。①为党和政府建言献策。组织上报《目前我国水资源浪费突出问题及对策建议》，中国科协将其以内刊《中国科协信息》形式上报中办；组织起草《南水北调工程沿线存在的风险隐患分析及对策建议》，中国科协通过内刊《科技工作者建议》上报中办；协助中央广播电视总台向中央提交《鄱阳湖水利枢纽的主要环境影响与相关建议》咨询报告，助推国家重大水利工程进展建言献策。②为水利发展提供支撑。牵头组织开展三峡工程在长江大保护中的战略作用专题研究。成功申报并实施中国科协《南水北调西线工程建设必要性研究》项目，就西线的方案提出建议。组织开展浙江省椒江河口水利枢纽工程总体布局与河口系统治理方案评选。③为行标管理提供服务。配合国科司修订印发《水利标准化工作管理办法》，编制《水利标准编制流程图》，强化标准编制过程管理。配合完成水利标准化工作专家委员会优化调整。配合编发《2022 年水利科技和标准化工作要点》《2021 年度水利标准化年报》。组织完成 73 项标准立项论证、标准制修订项目年度计划编制。安排大坝除险加固、生态流量等重点领域标准立项。完成 149 项在编标准日常管理，召开 5 次标准报批稿审定会，审定 19 项标准报批材料，报批国家标准 3 项。协办 1 期水利标准化管理培训班。配合完成 3 项第 10 批国家农业标准化示范区年度组织管理和第 11 批组织申报。《水利血防技术规范》和《水工混凝土结构缺陷检测技术规程》获 2022 年度中国标准科技创新奖项目奖，1 人获领军人才奖。④为团标花园再添新绿。围绕涉水重点领域公开征集 50 余项我会团体标准，批准立项 42 项。完成 100 余项在编标准组织管理，发布 11 项。组织已发布团体标准主编单位完成标准实施情况报告，进一步摸清团体标准实施总体情况及存在问题。《寒冷地区渠道安全监测技术规程》等两规程荣获 2022 年度中国标准科技创新奖项目奖，1 人获领军人才奖。《节水型高校评价标准》再次被水利部、教育部和国管局发文采信。⑤为科技进步厚植土壤。组织遴选近两年大禹水利科学技术奖部分优秀获奖成果和水利团体标准研发成果等，编制多期《参阅信息》上报。帮助大藤峡工程、滇中引水工程等单位在科技成果凝练上转变思路、提高水平。帮助南水北调中线局、珠江水利科学研究院等单位在标准化管理、标准研发等方面提供咨询。9 月，学会智库咨询情况报告，受到水利部、中国科协领导的表扬。

（五）在内联外延上着眼协同

2022 年，以协同共进为目标，在用活用足后两个抓手上大有收获。①与兄弟学会建立合作关系。与公路学会开展同类合作。联合水电、大坝学会共同发布《水利水电工程师能力评价规范》《关于开展水利水电工程师能力评价的通知》，实现 80 余名工程师注册。②与地方科协开展互惠合作。与河南省科协、省水利厅和省学会联合主办“全国城市防洪体系建设高层学术论坛”。③与行业社团共促水利事业。连续邀请中国水利工程协会共同主办中国水博会。首次邀请中国水利教育协会联合举办装配式技术设计大赛。④与单位会员共抓人才托举。稳步推进水利类“工程教育专业认证”，编制《水利类专业 2023～2025 年工程教育专业认证工作规划》；开展水利高等教育教学改革相关研究课题申报；召开专业认证学术研讨会；完成 10 个水利类专业点认证。组织开展第 7 届“青年人才托举工程”候选人征集评审，从 31 名申请人中遴选 2 名；申报第 8 届青年人才托举工程项目，获得 3 个全额资助名额。推荐 2 人为 17 届中国青年科技奖候选人提名人选，3 人为 18 届中国青年女科学家奖提名人选；联合相关单位开展刘光文水文科技教育基金奖、张光斗优秀青年科技奖评审奖励。⑤与国际机构深化交流合作。与国内外一些机构签署《“一带一路”国际水联盟确认发起协议》《关于发起成立“一带一路”国际水联盟的倡议》，推动组建进入实质化阶段。与国际水利与环境工程学会（IAHR）等共同主办第二届全球水安全论坛。实施联合国工业发展组织（UNIDO）全球环境基金会（GEF）“中国小水电增效扩容改造增值”项目，举办 4 次“国际＋国内”“线上＋线下”高端学术会议，协助国际航运协会、南科院等举办内河航运国际学术会议。积极参与世界水理事会（WWC）董事会董事席位竞选，同步推荐 10 余家单位加入 WWC。与英国工程技术学会（IET）和英国土木工程师学会（ICE）签署合作备忘录（MOU）。

（六）在能力建设上苦练内功

苦练作业内功，工作能力显著提升。①依法依规开展工作。按照章程规定组织召开常务理事会，进一步加强对分支机构规范化管理，7 月撤销 4 家分支机构；9 月发布《中国水利学会分支机构评估细则》，启动 52 家分支机构评估。②填补会员服务管理短板。制订《中国水利学会会士条例》。建立《会员诚信档案工作办法》《会员行为准则》。与知网持续合作开展“科技创新知识进基层，水利知识服务季”活动，积极传授工程建设、数字孪生、投资融资等热门知识信息。线上开展水利科技论文写作培训。新增单位会员 31 家。动员一流单位会员和个人会员组建两个决策咨询专家团队。注册中国水利学会科技志愿服务总队和分队 19 支。与中国电力建设集团有限公司等单位会员建立战略合作关系。③着力推进智慧学会建设。制订《智慧学会建设“十四五”专项规划》等 4 项方案和办法。建设水利智库专家库；完成攻防演练和党的二十大期间网络安全任务。④深化办事机构能力建设。将巡视反馈的4个方面问题分解为29个具体问题，明确76项整改任务；对巡视办反馈的集中整改意见，逐条完善落实整改措施；截至目前，47项到期应完成的整改任务，均按期完成整改。制定修订《中国水利学会项目管理办法》等12项内部管理制度，开展干部试用期满考核等工作。继续开展乡村振兴对口帮扶工作，选派优秀干部挂职锻炼，开展办文办会全员培训。

（中国水利学会秘书处）

中国电机工程学会2022年工作情况

2022年，中国电机工程学会坚持以习近平新时代中国特色社会主义思想为指导，以迎接学习贯彻党的二十大精神为主线，认真落实中国科协部署要求和学会理事会工作安排，在强化思想政治引领中勇担使命，在发挥桥梁纽带作用中奋发有为，在推进一流学会建设中开拓创新，引领广大能源电力科技工作者团结奋斗、砥砺奋进，在全面建设社会主义现代化国家中作出积极贡献。

（一）强化政治引领，服务科技工作者和学会内部治理效能持续增强

一是加强党的领导，学习宣传贯彻党的二十大精神走深走实。收听收看开幕式，举办宣讲报告会，落实党委“第一议题”和中心组学习制度，示范带动党支部学深悟透做实习近平新时代中国特色社会主义思想。推进党史学习教育常态化长效化，开展庆祝建党101周年、“旗帜领航当先锋·党建强会促发展”主题党日活动。深化党组织建设，及时调整理事会党委委员，新增专委会成立党建工作小组。推进全面从严治党，细化责任清单，加强廉洁教育，强化风险管控。实施党建强会计划，开展“党建+科普”“党建+科技服务”及支部联建活动，助力乡村振兴和地方经济发展。

二是服务科技人才，桥梁和纽带作用有效发挥。大力弘扬科学家精神，举办全国科技工作者日活动，邀请院士作专题讲座。规范会员信息管理，完善会员服务机制，打造数字化图书馆，信息化服务能力显著增强。加强科技奖励和人才举荐，2022年度电力科学技术奖评出获奖项目139项，清华大学吴维韩教授荣获2022年度“顾毓琇电机工程奖”。实施青年人才托举工程，9人入选中国科协项目，21人入选学会项目。

三是深化内部治理，学会组织体系和运营管理更加优化。严格依章办会，坚持民主办会，定期召开理事会、常务理事会、监事会、理事会党委会议，审议“三重一大”事项。编制发布《中国特色一流学会建设方案》，为推进一流学会建设提供方向和路径。强化与省级学会的联系，深化党建共建，联合开展活动。加强专委会管理，新成立氢能技术、供用电安全技术等8个专委会，完成电机、热电等17个专委会换届及委员调整。加强员工队伍建设，完成国际标准促进中心社会公开招聘，完善员工职级序列，健全薪酬与绩效考核评价机制。深化业财融合，提升财务规范化管理水平。按照“智慧科协2.0”规划要求，大力推进学会信息化建设，持续优化升级学会信息系统。

（二）强化创新引领，服务创新驱动发展和一流期刊建设效能持续增强

一是强化学术引领，学术交流质量持续提升。打造学术交流品牌，召开清洁高效发电技术协作网年会、CCUS（碳捕集利用与封存）助力碳减排机遇和挑战论坛等系列学术研讨会20余场，学术年会、电气工程学院院（校）长论坛等重大会议成为能源电力领域标志性学术交流平台。2022年学术年会得到国家电网、国家电投、三峡集团等单位的大力支持，在海内外产生很好反响。直流输电与电力电子、电力数学、清洁低碳等31家专委会举办年会、研讨会等学术活动近50场。福建学会联合承办的海峡两岸能源电力融合发展论坛，为促进海峡两岸学术交流赋能添彩。

二是紧跟科技前沿，创新引领能力持续提升。问题难题征集成效突出，1项产业技术问题入选中国科协2022年度十大产业问题，编制发布清洁低碳发电和新型电力系统领域科技创新成果和问题难题汇编，学会荣获“重大问题难题征集发布2022年度优秀推荐单位”称号。学术报告价值持续提升，变电、电力土建、火力发电、核电、继电保护等专委会参与制定发布的《CSEE专业发展报告2021～2022》《CSEE专题技术报告2022》，受到科技工作者广泛关注，有效引领能源电力科技创新风向。

三是坚持稳步推进，期刊建设水平持续提升。期刊保持领先水平，《中国电机工程学报》连续20年获评“百种中国杰出学术期刊”，连续11年荣获“中国最具国际影响力学术期刊”称号。《中国电机工程学会电力与能源系统学报》（英文刊）影响因子较上年度增长52.7%，被美国《工程索引》（EI）数据库收录。主办期刊质量稳步提升，《农村电气化》《农电管理》两刊完成全国学会出版能力提升计划服务产业发展和国际学术交流项目。承担中国科协期刊集群化建设项目，推动能源电力领域期刊质

量持续提升。

（三）坚持科技为民，服务全民科学素质提高和科技经济融合效能持续增强

一是践行为民宗旨，科普品牌效应更加凸显。加强“电力之光”科普品牌建设，聘任科学传播专家134名，授牌电力科普教育基地40家，入选全国科普教育基地20家。开展“电力之光”科普下乡暨乡村振兴、第五届中国电力科普日等活动，举办“电力之光”大讲堂10期，与中国科协科普部、北京广播电视台联合录制国内首档科学家演讲节目《科普中国·改变世界的30分钟》，积极承接中国科协科普项目，学会荣获“2022年度全国学会科普工作优秀学会”称号。

二是聚焦行业热点，科技服务水平持续攀升。组建“科创中国”能源互联网产业科技服务团，以浙江温州、湖州为重点，开展技术对接、科技成果转化服务，编写51项技术问题研发指南，形成53项科技成果产业化方案和评价意见，签署技术开发合同3份，成果转化合同5份。加强与地方科协和省级学会的沟通协调，组建专家团队开展企业技术需求调研和产业科技咨询服务，助力企业科技创新和地方经济发展。

三是坚持多措并举，公共服务质量不断增强。成功申报2022年科协公共服务能力提升项目。承担能源动力类专业工程教育认证工作，新增认证专家11人，11个专业通过评审。规范团体标准工作，召开标准工作交流会，全年发布CSEE标准83项、立项125项。深化科技成果管理，完成科技成果评价315项、成果登记470项。开展2022年度电力科技查新资质年检工作，43家信息机构获得电力科技查新资质。编制完成《电力科技查新技术规范》CSEE标准。

（四）胸怀“国之大者”，服务党和政府科学决策和国际交流合作效能持续增强

一是发挥智库作用，决策咨询支撑成效显著。组建新型电力系统决策咨询专家团队，入选中国科协首批决策咨询专家团队试点项目。完成中国工程院委托项目验收工作。做好国家能源局、中国科协、国家电网委托项目。深入推进学会自立项目课题研究，积极承接重大科技成果评估，为党和政府科学决策提供技术支撑。

二是坚持高标站位，国际标准工作深入推进。支撑IEC主席秘书处工作，组织参加第86届IEC大会，推动IEC在南京成立国际标准促进中心。深入开展标准政策和战略研究，深化企业、科研机构、高校的国际标准化交流合作。举办2022国际标准化（麒麟）大会、首届中国标准化大会。加大国际标准化人才培养力度，推动国际标准制定和合格评定工作，以标准化促进绿色低碳发展。

三是强化联系合作，国际化发展持续深化。举办中国国际供电会议、CSEE&IET联合线上学术活动月、海峡两岸能源电力融合发展论坛等国际及港澳台学术会议。组织中国专家以线上形式参加国际大电网会议、国际供电会议组织技术研讨会等国际学术会议。组建中国工程师联合体国际合作委员会，开展国际互认工程会员资格登记注册工作，学会13名工程会员同新加坡和缅甸实现互认。积极开展CIGRE、CIRED中国国家委员会工作，推荐70余名中国专家加入国际组织专委会和工作组任职。加强海外分会及会员中心管理，评选外籍会士9人，架好与世界交流桥梁。

（中国电机工程学会秘书处）

哈尔滨电机厂有限责任公司 2022年学术交流与公众开放情况

2022年，哈尔滨电机厂有限责任公司参与或组织召开行业标准会议和学术交流会议17次，具体情况如下。

（一）行业标准会议

（1）3月11日，全国水轮机标准化技术委员会IEC/TC4/WG25“水力机械—小型水轮机”国内对口工作组第一次会议在长沙市线下、线上同步召开，水力发电设备全国重点实验室主任覃大清介绍了WG25工作组背景情况，提出了归口标准的制修订意见。目前IEC的小水电标准均为综合性标准，涉及多个技术领域，新成立的国内对口工作组融合了来自高校、设备厂家、设计院、科研试验等相关领域的专家，对归口IEC标准制修订工作开展奠定了基础。小型水轮机、小水电机电设备标准涵盖范围广泛，工作组建议在标准修订中重点突出，同时按照国际标准和国内标准一体化的目标，工作组同步开展国际、国内标准制修订工作。

（2）4月27～28日，全国水轮机标准化技术委员会“水轮机、蓄能泵和水泵水轮机更新改造和性能改善规范”工作组第四次工作组会议以视频方式召开，初步确定了标准修订的进度为2022年5月31日前工作组完成标准的第一次征求意见稿，2022年9月工作组第五次会议对意见进行讨论答复，2022年10月30前完成标准送审稿，2023年4月完成标准的报批稿。

（3）6月23日，全国水轮机标准化技术委员会IEC/TC4/WG38国内对口组和SAC/TC175/MT17国标修订组“水力机械振动测量与评定”“水力机械

振动测量与评定”工作组（TC175/MT17）第六次工作组以远程视频方式召开。会议就 WG38 国际工作组和国内对口工作组的工作情况进行了讨论。

（4）8 月 17～19 日，全国水轮机标准化技术委员会在昆明市召开 7 项水轮机国家标准工作组会议，与会的各工作组成员对标准草案逐条、逐句进行仔细推敲，对所有意见认真研究讨论，会议气氛紧张而热烈。

（5）8 月 22～24 日，全国大型发电机标准化技术委员会和中电协大型发电机标准化专业委员会标准起草工作会议在昆明市召开，来自全国 38 个单位的 53 位专家代表参加了此次会议。会议进行了 GB/T 7894《水轮发电机基本技术条件》、GB/T ××××《动态响应同步调相机技术要求》、JB/T 2650《大型交流电机集电环与刷架》、JB/T 7836.1《电机用电加热器　第 1 部分：通用技术条件》、JB/T 7836.2《电机用电加热器　第 2 部分：普通型翅片管电加热器》、JB/T 7836.3《电机用电加热器　第 3 部分：防爆型翅片管电加热器》、T/CEEIA ×××× T/CSEE ××××《隐极发电机内冷水系统技术要求》、T/CEEIA ×××《发电机定子绕组绝缘老化状态检测新方法导则》等 8 项标准的制、修订起草工作。各工作组成员对标准初稿进行了认真讨论，提出了修改意见，工作组组长于会后将标准文件进行修改完善。

（6）8 月 22～23 日，中国电机工程学会电机专业委员会 2022 年标准起草工作会议在昆明市召开，来自 14 个单位的 18 位专家参加了此次会议。该次会议进行了《发电机定子绕组内冷水系统热水流试验方法及评定导则》和《高压电机定子冲片绝缘涂层检测方法》2 项标准的起草讨论工作。

（7）9 月 8 日，全国水轮机标准化技术委员会 IEC/TC4/WG35“冲击式水轮机”国内对口工作组通过视频会议召开，会议介绍了 WG35 工作组的由来、工作任务以及目前所进行的工作，讨论 IEC/TC4/WG35 提交的 IEC 63461 ED1《水斗式水轮机—模型验收试验（第一版）》文件以及国内的征求意见表，并讨论了后续国内工作组的任务。

（8）10 月 9～11 日，全国水轮机标准化技术委员会《大中型水轮机导叶接力器技术规范》行业标准工作组会议在溧阳市召开，会议采用线上、线下结合方式，与会专家共 18 人，对本标准草案逐条、逐句进行仔细推敲，对所有意见认真研究讨论。

（9）11 月 9 日，全国水轮机标准化技术委员会《水轮发电机组安装程序与公差导则》第四次工作组会议采用远程视频会议的形式召开，会议对标准意见汇总处理表进行讨论，并形成标准送审稿。

（10）12 月 3 日，中国电机工程学会电机专业委员 2022 年标准审查会议，通过视频会议方式召开，来自电机行业的 23 位专家参加了会议。会议共两个议程，审查 2 项团体标准送审稿（初稿）和讨论 6 项申请立项标准提案。经过专家的认真讨论与评议，2 项标准送审稿（初稿）通过审查，最终确定 3 个项目为 2023 年电机专委会标准制定计划项目。

（11）12 月 10 日，全国大型发电机标准化技术委员会 2022 年年会通过视频会议方式召开。来自全国 62 个单位的 78 名委员、观察员、顾问、标准起草人及专家代表等出席了会议。中国机械工业联合会标准工作部处长胡珈铭和中国电器工业协会标准部副主任徐元凤到会并讲话。会议进行了标委会 2022 年度工作总结，讨论了 2023 年标准制修订工作计划，并审查通过了 GB/T 7894《水轮发电机基本技术要求》等 4 项标准。

（12）12 月 12 日，全国水轮机标准化技术委员会 IEC/TC4/WG25“水力机械-小型水轮机”国内对口工作组第三次会议采用视频会议的形式召开，会议就 IEC 61116 Ed.2 国际标准工作草案（WD）编制情况、IEC 62006 国际标准修订项目启动立项申请情况及后续工作安排进行了讨论。

（13）12 月 13～14 日，全国海洋能转换设备标准化技术委员会 2022 年标准线上审查会通过视频会议方式召开，来自全国 33 个单位 45 位专家代表参加了此次会议。会议进行了 GB/Z 40295—2021《波浪能转换装置发电性能评估〈第一号修改单〉》、GB/Z ××××《海洋能转换装置电能质量要求》、GB/Z ××××《海洋能—波浪能、潮流能及其他水流能转换设备　第 20 部分：海洋能温差转换电站设计和分析的一般指南》、GB/Z ××××《海洋能—波浪能、潮流能及其他水流能转换设备　第 301 部分：河流能资源评估及特征描述》4 项国家标准的标准送审稿进行了审查。经与会专家认真细致地讨论、审查和质疑，一致同意送审的 4 项标准通过审查，并形成审查意见。

（14）12 月 15～16 日，全国水轮机标准化技术委员会 2022 年年会暨标准审查会议以视频会议方式召开，来自全国水轮机行业科研、高校、设计、制造、安装、测试和运行等 56 个单位的委员、观察员、工作组成员及特邀代表共 106 人参加了会议，水力发电设备全国重点实验室主任覃大清作为秘书长主持会议，18 个工作组分别对各组工作情况作了介绍，审查通过了 GB/T 28545《水轮机、蓄能泵和水泵水轮机更新改造和性能改善规范》、GB/T ××××《水轮发电机组安装程序与公差导则　第 1 部分：总则》、GB/T ××××《水轮发电机组安装程序与公差导则　第 2 部分：立式发电机》、GB/T ××××《水轮机、水泵水轮机和蓄能泵启动试验及试运行导则》、JB/T ××××《大中型水轮机导叶接力器技术规范》等4项标准。

（二）学术交流会议

（1）8月23～25日，中国电机工程学会电机专业委员会换届会议暨2022年学术年会在昆明市召开，哈电电机专家孙玉田主持会议，来自全国电机行业专家110余人现场参会。会议安排了3个主题报告，报告内容专业、精彩，现场交流气氛活跃。本次学术年会共录用论文48篇，其中16篇论文在会议上进行了宣读，论文内容具有理论深度及工程价值，获得了良好的交流效果。

（2）8月24日，中国电机工程学会电机专业委员会氢油水系统专业学组2022年年会暨第18次技术交流会在昆明市召开。18名学组成员及行业专家参加了会议。会议听取了氢油水系统专业学组2021～2022年度工作报告，宣讲技术论文7篇，交流了各单位在开发新产品、创新技术方面的经验和成就，为今后交流沟通起到了搭桥铺路与促进作用。

（3）12月15日，中国电机工程学会电机专业委员会2022年同步调相机学组工作会议通过视频会议形式召开，同步调相机学组成员参加了会议。会议总结了本年度学组工作，并安排了2个主旨报告，就调相机未来配置和规划依据等问题进行了讨论，对未来工作计划提出了指导意见，就如何发挥学组优势，支持调相机的技术发展和工程应用达成了共识。

（哈尔滨电机厂有限责任公司
丁军峰　刘保生　张锐　周谧　高鹏）

河海大学2022年学术活动情况

1.“世界水日”“中国水周”高端系列专家学术报告会召开　3月22～23日，在中国水利学会的指导下，河海大学携手江苏省水利学会、中国水利学会地下水科学与工程专业委员会在水利云讲堂联合举办2022年“世界水日”“中国水周”高端系列专家报告会。中国科学院院士、中国地质大学（武汉）王焰新教授和河海大学周志芳教授分别作题为《地下水的故事》《人类活动与地下水》的科普报告。两位专家解读地下水奥秘，从地下水与文化、地下水资源保护、地下水质与安全供水、研究地下水、工程活动与地下水的关系等方面进行了深入浅出的讲解。报告集科普性、学术性和思政性于一体，为观众分享了一场地下水知识盛宴。报告会通过云讲堂直播形式，吸引了广大专业人员和师生参与，并在线上开展了热烈的互动。直播总观看次数达7300次，总观看人数超5000人。

2. 首届“水资源环境遥感交叉学科”论坛召开　4月28日，由河海大学主办的首届“水资源环境遥感交叉学科”论坛隆重举办。中国科学院童庆禧院士为大会致辞，河海大学副校长郑金海教授出席会议并致欢迎辞。此次论坛主要采用线下与线上结合的方式进行，主会场设在河海大学，并在多个平台进行全程同步直播。该次论坛由地球科学与工程学院承办，结合河海大学的水利特色，围绕现代水科学对空间信息的多尺度监测与评估的需求，特色鲜明、优势突出。本次论坛邀请了来自全国14个科研院所和业务单位的21位国内相关领域的高层次专家分别作特邀报告和专题报告，与会专家围绕水利行业遥感需求以及水资源环境遥感交叉学科前沿技术的主题，畅所欲言、深入交流、成果颇丰。论坛面向全国进行线上直播，实时在线人数达3500人，累计观看量超过8500人次。

3. 江苏省水力发电工程学会召开第七次会员代表大会　5月28日，江苏省水力发电工程学会第七次会员代表大会以线下与线上结合的形式召开。河海大学校长徐辉，中国工程院院士、南京水科院总工胡亚安等参加会议。江苏省科协党组成员、副主席冯少东，学会支撑单位、河海大学副校长郑金海等出席开幕式并致辞。第六届理事会理事长、河海大学原副校长朱跃龙，江苏省科协学会学术部负责同志，兄弟学会代表，学会各会员单位的近230名会员代表等参加了会议。会议审议通过相关工作报告和章程，选举产生由81名理事组成的第七届理事会和5名监事组成的第七届监事会，徐辉当选为第七届理事会理事长。

4. 江苏省海洋湖沼学会第十一次会员代表大会在南京召开　6月24日，由江苏省海洋湖沼学会主办、河海大学承办的江苏省海洋湖沼学会第十一次会员代表大会在南京召开。河海大学校长徐辉，江苏省科协党组成员、副主席冯少东出席会议并致辞，中科院南京地理与湖泊研究所党委书记谷孝鸿，南京水利科学研究院副院长吴时强，江苏省农业农村厅副厅长张建军，中科院南京地理与湖泊研究所副所长张运林等参加会议。本次会议线上线下同步进行，省科协学会学术部领导，省海洋湖沼领域相关部门的会员代表近200人参加了此次会议，大会由副校长郑金海主持。会议审议通过了相关工作报告和章程，选举产生了第十一届理事会和监事会，郑金海当选为第十一届理事会理事长，并作题为《海岸带保护与修复的实践与思考》的学术报告。

5. 中国水利教育协会高等教育分会第六届理事会2022年年会在南京召开　7月26～27日，中国水利教育协会高等教育分会第六届理事会2022年年会在河海大学召开。会议由中国水利教育协会高等教育分会主办，河海大学承办。水利部人才资源开发中心主任王新跃，中国水利教育协会会长、副会长，江苏省水利厅副厅长，水利教育协会副会长、水利高教分会会长、河海大学校长，常务副校长、副校长以及来自全国63所院校、单位的260余名代表出席会议，会议以“线上+线下”形式召开。大会开幕式由董增川主持，主题报告阶段由中国水利教育协会副会长、三峡大学李建林主持。

6. 2022年全国水利工程学科联盟大会暨全国水利工程领域研究生教育工作研讨会召开　7月26～28日，由河海大学承办的2022年全国水利工程学科联盟大会暨全国水利工程领域研究生教育工作研讨会在南京召开。来自中国学位与研究生教育学会、全国工程教指委秘书处、江苏省教育厅、清华大学、中国科学技术大学、天津大学、武汉大学、河海大学等全国40余所高校和科研院所的120余位领导、专家和学者出席大会。全国水利工程学科联盟理事长、河海大学校长徐辉出席开幕式并讲话，常务副校长李俊杰代表承办单位致欢迎词，江苏省教育厅二级巡视员张兆臣出席大会并致辞。开幕式由副校长董增川主持。2022年全国水利工程学科联盟大会暨全国水利工程领域研究生教育工作研讨会的胜利召开，为新形势下我国水利工程学科建设和人才培养提供新思路，与会单位通过本次会议增进友谊、推动合作、凝聚共识、促进发展，为新时代水利高质量、可持续发展提供更加坚强的人才保障和科技支撑。

7. “水电与碳中和”主题科普论坛召开　9月18日，在国家《科学技术普及法》颁布实施20周年、第19个“全国科普日”活动周到来之际，河海大学联合中国水力发电工程学会、江苏省水力发电工程学会举办“水电与碳中和”科普论坛。中国工程院院士王浩、中国工程院院士张宗亮、中国水力发电工程学会理事长张野、中国水电学会常务副理事长兼秘书长郑声安、河海大学校长徐辉、副校长郑金海、江苏省科协副主席冯少东，河海大学原副校长朱跃龙以及水电和新能源行业有关专家学者、河海大学师生通过线上参会的专家和代表共630多人参加会议。论坛上，中国水科院王浩院士、中国电建周建平总工程师，中华全国工商业联合会新能源商会曾少军秘书长、清华大学金峰教授分别应邀作了《风光水储互补开发，加快实现“双碳”目标》《新时期水电开发新任务》《“双碳”目标与我国高比例可再生能源发展》《堆石混凝土坝碳减排效益评价》等科普报告。“水电与碳中和”主题科普论坛是河海大学联合国家级学会、省级学会举办的2022年全国科普日系列活动之一，全国科普日期间，河海大学还举办全国科普日水利科普作品展、“水与气候变化”科普视听作品创作大赛、透过镜头看江苏长江岸线保护等系列活动，大力弘扬科学精神、广泛普及科学知识、助推提升全民科学素质、充分激发创新创造活力。

8. 第四届博士后国际交流计划派出项目青年学者论坛召开　9月22～24日，由全国博士后管委会办公室、中国博士后科学基金会和江苏省人力资源与社会保障厅主办，河海大学承办，博士后国际交流计划派出项目联谊会协办的第四届博士后国际交流计划派出项目青年学者论坛在南京召开。来自北京大学、浙江大学、上海交通大学、南京大学、中山大学、东南大学、吉林大学等近100所高校、科研院所的150余名历届博士后国际交流计划派出项目入选者、青年学者、博士后工作管理人员以线上线下相结合的方式参加了此次论坛。论坛特邀中国工程院院士、东南大学首席教授，我国高性能混凝土流动性调控、裂缝控制领域专家刘加平作《潜心研究，勇担使命》报告。郑金海作《开展有组织科研，助力水利科技高水平自立自强》专题报告。此次论坛还邀请工程类、高新技术类、生物医药类等诸多著名专家学者，设立土木水利环境、高新技术、地球海洋、物化文医等专业领域及交叉学科分论坛，搭建学科交叉融合的高端平台。会后，与会博士后、青年学者赴紫金山天文台进行科技成果展示交流活动。

9. 2022年中国水文地理学术年会在南京召开　9月23～24日，2022年中国水文地理学术年会在南京召开。本次会议的主题是“变化环境下水文地理研究新范式重构”。中国工程院院士、长江保护与绿色发展研究院院长张建云，中国科学院院士、中国科学院地理科学与资源研究所周成虎研究员，中国科学院南京地理与湖泊研究所所长张甘霖研究员，河海大学校长徐辉，中国科学院西北生态环境资源研究院副院长康世昌研究员，中国地理学会水文地理专委会主任、中国科学院地理科学与资源研究所干静洁研究员等参加了开幕式，中国科学院院士刘昌明、中国科学院院士夏军、中国地理学会副会长兼秘书长张国友研究员、国家自然科学基金委地球科学一处熊巨华处长在线参加了开幕式，本次开幕式由河海大学副校长董增川主持。

10. 第四届河海大学丰收节开幕　9月24日，由河海大学农业科学与工程学院承办、江苏省水利学会农村水利专委会协办的第四届河海大学丰收节开幕式暨“农村水利与乡村振兴”主旨报告会在江宁校区举行。河海大学副校长许峰、江苏省水利学会农村水利专业委员会副主任唐荣桂、水利部农村水利水电司农村供水处处长胡孟、南京农业大学副校长丁艳锋、江苏省水利学会农村水利专业委员会负责人及会员、学校相关职能部门负责人和师生代表参加了本次活动。开幕式当天，还举办了“智慧农业”分论坛学术报告会，江苏省水利学会农村水利专业委员会交流座谈会等活动。

11. 长江大保护与水法治高端论坛暨中国水利学会水法研究专业委员会2022年学术年会召开　11月5日，长江大保护与水法治高端论坛暨中国水利学会水法研究专业委员会2022年学术年会在河海大学举办，河海大学党委常委、副校长张兵教授，水利部发展研究中心副主任王冠军副主任，江苏省水利厅二级巡视员黄良勇二级巡视员参加开幕式，论坛由河海大学、长江保护与绿色发展研究院、水利政策法制研究与培训中心、中国水利学会水法研究专业委员会主办，社科处、法学院、江苏长江保护与高质量发展研究基地承办。论坛通过线上线下方式进行。主旨报告阶段，江苏省人大法制委员会主任王腊生、上海政法学院特聘教授王树义、水利部政法司原副司长、河海大学兼职教授王治、江苏省人民检察院副检察长陶国中、长江水利委员会政策法规局局长、一级巡视员滕建仁等嘉宾做分别作大会报告。论坛还进行了专题报告。

12. 中国岩石力学与工程学会岩土体多场耦合专业委员会成立大会召开　11月12日，中国岩石力学与工程学会岩土体多场耦合专业委员会成立大会暨第一次会员代表大会在河海大学召开，线下会场设在河海大学西康路校区。该学会理事长、东北大学校长冯夏庭院士，副理事长、南昌大学校长周创兵，该学会秘书长杨晓杰教授，河海大学校长徐辉，副校长徐卫亚，专委会名誉主任邵建富教授，陈卫忠研究员等300余人参加会议。该学会是具有推荐申报国家科学技术奖资格的18个全国一级学会之一，现有51个分支机构、20个地方学会、76家团体会员单位及27000余名会员。该学会是服务于全国岩石力学与岩土工程领域科技工作者的学术性群众团体，也是“中国科协党建示范工作联合体”牵头单位、“中国科技期刊卓越行动计划领军期刊”主办单位。岩土体多场耦合专业委员会于2020年4月获批筹建，专委会将集聚学科领域的专家学者，汇聚行业企业工程需求，针对我国重大岩土工程中多物理场耦合问题，开展理论突破、方法创新和技术集成，搭建国内外学术交流和产学研合作新平台。

13. 江苏省高等学校教学管理研究会课程思政建设工作委员会2022年学术年会召开　11月17～18日，江苏省高等学校教学管理研究会课程思政建设工作委员会2022年学术年会召开。河海大学副校长董增川、江苏省教育厅高教处二级调研员郭新宇出席会议并讲话。盐城工学院王伟副校长、南京特殊教育师范学院张茂林副校长、江苏省高校在线开放课程中心王建平主任出席开幕式。此次年会通过线上线下方式进行，来自70所省内高校、25所省外高校的1000余名代表参会。

14. 江苏省外国语言学会第十届年会暨第十四届江苏省外国语言学学术论坛召开　11月4～6日，江苏省外国语言学会第十届年会暨第十四届江苏省外国语言学学术论坛在河海大学举行。此次论坛由江苏省外国语言学会主办，河海大学外国语学院承办，外语教学与研究出版社、上海外语教育出版社、江苏长江保护与高质量发展研究基地协办。河海大学党委常委、副校长徐卫亚，江苏省社科联学会部主任陈朝斌，江苏省外国语言学会会长辛斌等领导出席了开幕式。本次会议主题为“跨学科视角下的外国语言研究”，会议以线上方式进行。开幕式后进行了学会理事会换届选举。论坛期间，上海外国语大学束定芳教授、西南大学文旭教授、南京师范大学辛斌教授等陆续作了主旨报告。

15. 新时期水利高等教育高质量发展论坛召开　11月27日，河海大学举办新时期水利高等教育高质量发展论坛。论坛以线上＋线下结合形式开展，中国工程院院士、中国人民解放军陆军工程大学王景全，中国工程院院士、南京水利科学研究院张建云，中国工程院院士、河海大学党委书记唐洪武，中国工程院院士、四川大学常务副校长许唯临，西北农林科技大学校长吴普特教授、武汉大学原常务副校长谈广鸣教授、华北水利水电大学校长刘文锴教授、海军东海舰队原副参谋长张春发将军、海军某部队卢学东将军、国家质检总局原总检验师项玉章、国家发展改革委农村经济司原司长高俊才、南京市公共工程建设中心质量安全处处长沈斌等专家学者出席论坛。论坛由河海大学校长徐辉主持。与会专家、学者还就新时期水利高等教育改革的新形势、新要求、新任务等展开了深入的交流和探讨。

16. 2022年江苏海洋科技创新与蓝碳经济发展论坛召开　2022年11月27～28日，江苏海洋科技创新与蓝碳经济发展论坛在南京河海大学以线上线下形式召开。河海大学校长徐辉到会致辞讲话，中国科学院水生生物研究所桂建芳院士、中国海洋学会副理事长兼秘书长林明森、江苏省科学技术协会学会学术部主任陈君、江苏省生态环境厅海洋生态环境处处长常新风、江苏省农业农村厅渔业处副处长蔡永祥、河海大学科技处副处长孙林、江苏省海洋学会理事长齐义泉、河海大学海洋学院书记胡忠华、院长宋翔洲出席本次活动，河海大学海洋学院副院长赵哲主持了论坛开幕式。省内外涉海企事业单位400余名专家、学者和研究生与会研讨。期间同时举办2022年江苏省大学生海洋低碳技能大赛和海洋科技与装备成果展。

（河海大学）

武汉大学水利水电学院 2022年学术活动情况

（一）水利工程学科发展论坛暨水利水电学院建院70周年大会隆重举行

10月6日上午，水利工程学科发展论坛暨武汉大学水利水电学院建院70周年庆祝大会在武汉东湖宾馆洪湖厅隆重举行。会议在水利水电学院设立2个分会场，通过5个网络平台直播。大会由武汉大学校党委副书记屈文谦主持。发展论坛暨庆祝大会的第二个环节是前沿发展论坛，由中国科学院夏军院士主持。中国科学院院士王光谦院士在线上深入细致地阐述了空中流域的概念，用地表河流河网形象类比空中水循环，他表示“优化陆地的水资源分配，形成‘地表—空中—大气’之间地空一体的水资源调度新模式，是我们学科未来的一大挑战。”中国工程院院士钮新强分别以“空中水资源研究与利用”“国家水网建设面临的挑战与发展展望”为题作学术报告。

学院围绕70周年院庆开展了系列活动。举办4期“校友讲坛”，分别邀请了水利部长江水利委员会副总工程师余启辉、长江科学院副院长姚仕明、湖南澧水流域水利水电开发有限责任公司副总经理张洪刚、中国长江三峡集团有限公司科技创新部主任李文伟，针对学科前沿、大学生核心素养培育、学生就业等专题，与师生开展互动交流，引导学生成长成才。

为支持水利水电学科高标准建设，促进水利教育事业高质量发展，设立“武大水利水电建设基金”。目前已经收到包括武大巨成结构股份有限公司、校友夫妇（匿名捐赠）、宁夏青龙管业集团股份有限公司、“张蔚榛水利”奖学金、武汉大水云科技有限公司、92级河流系等校友、师生的捐赠600余万元。此外，还组织编写了《武汉大学水利水电学院校友名录》以及制作学院宣传视频等，广泛总结和宣传学院70年办学历史，营造全体师生、校友共同参与的良好氛围。

（二）武汉大学水碳循环与碳中和研究所成立暨学术研讨会召开

4月17日，武汉大学水碳循环与碳中和研究所成立暨学术研讨会成功召开，会议在武汉大学水利水电学院设线下主会场，采取线上线下相结合的形式举办。中国科学院院士、有关大学教授、研究所研究员等出席了此次会议。研究所所长王纲胜教授汇报了研究所的定位与目标、主要研究方向以及相应的研究基础。中国科学院傅伯杰院士、于贵瑞院士、夏军院士、朴世龙院士先后作了题为“黄河流域生态保护与水沙变化”“中国生态系统碳汇功能及其科学问题”“‘双碳’目标下中国水电发展的机遇与挑战”“全球陆地生态系统碳循环对气候变化的响应”的主题报告，为研究所的发展和建设提供了科学指导和启发。会议针对“双碳”目标的内涵和研究所的主要研究方向展开热烈讨论。专家们对研究所依托武汉大学的综合性大学学科优势、以“水碳循环”作为切入点来开展“碳中和”相关研究表示充分肯定，并对研究所的发展提出了具有建设性的建议和意见。

（三）长江技术经济学会青年工作委员会挂靠武汉大学

由长江技术经济学会主办的长江技术经济学会青年工作委员会（简称青工会）成立及发展研讨大会分别于4月18、20日成功举办。长江技术经济学会青工会挂靠武汉大学水利水电学院，旨在团结青年共同投身于长江保护和绿色发展的伟大事业，加快长江大保护、长江经济带高质量发展进程，促进长江流域经济社会跨地区、跨部门、跨学科融合发展，开启新篇章。4月18日，全体委员候选人线上投票选举产生了第一届主任委员、副主任委员和秘书长。4月20日以线上线下相结合的形式举行了揭牌受聘仪式及青工会发展与研讨大会。来自长江水利委员会、中国长江三峡集团、中国水科院、南京水利科学院、武汉大学、河海大学、华中师范大学、湖北工业大学等近20家单位的100余名专家学者参加了此次会议。中国工程院刘经南院士和长江水利委员会黄艳副总工程师先后作了题为“时空位置服务：北斗3优势与潜力及其与深度技术融合”和“数字孪生长江建设”的主题报告。各位专家学者积极为青工会发展建言献策，对青工会的未来工作思路和发展战略表示充分肯定与支持。

（武汉大学水利水电学院　黄晓羽）

16

统 计 资 料

2022 年全国水电增长情况表

全国及各省、自治区、直辖市	年底装机容量（万 kW）			发电量（亿 kW·h）		
	2022 年	2021 年	同比增长（%）	2022 年	2021 年	同比增长（%）
全　国	41406	39094	5.9	13521.98	13390	0.99
北　京	102	99	2.6	9.43	14	−32.64
天　津	1	1	16.0	0.14	0.21	−33.33
河　北	393	182	116.5	37.21	24	55.04
山　西	224	224	0.2	36.39	39	−6.69
内蒙古	241	241	0	42.71	49	−12.84
辽　宁	305	305	−0.1	79.70	78	2.18
吉　林	646	619	4.2	118.00	105	12.38
黑龙江	230	169	36.0	39.69	39	1.77
上　海						
江　苏	265	265	0.04	31.28	31	0.90
浙　江	1384	1278	8.2	246.44	238	3.55
安　徽	622	507	22.7	72.12	81	−10.96
福　建	1538	1386	11.0	386.95	274	41.22
江　西	686	677	1.3	162.04	136	19.15
山　东	228	168	35.8	28.08	12	134.00
河　南	439	407	7.7	122.49	116	5.59
湖　北	3780	3771	0.2	1219.96	1599	−23.71
湖　南	1587	1578	0.6	505.98	538	−5.95
广　东	1912	1736	10.1	344.41	224	53.75
广　西	1832	1768	3.6	605.78	517	17.17
海　南	153	153	0.2	28.22	18	56.78
重　庆	790	789	0.1	203.11	283	−28.23
四　川	9746	8887	9.7	3886.56	3724	4.37
贵　州	2282	2283	−0.04	678.43	734	−7.57
云　南	8146	7823	4.1	3282.91	3028	8.42
西　藏	292	291	0.1	105.57	93	13.52
陕　西	350	349	0.3	87.30	141	−38.09
甘　肃	972	967	0.5	374.65	452	−17.11
青　海	1261	1193	5.7	426.78	505	−15.49
宁　夏	43	43		18.45	21	−12.14
新　疆	957	934	2.4	341.20	276	23.62

注　装机容量数据至 2022 年底；分地区发电量数据来源于《中国统计年鉴 2023》。

（国家统计局　中国电力企业联合会）

2022 年农村水电装机容量及发电量基本情况表

地 区	农村水电年末装机容量（kW）	农村水电全年发电量（万 kW·h）	农村水电新增装机容量（kW）
合 计	80632767	23600340	156900
北 京	2990	509	
天 津	5800	1384	
河 北	384616	87092	
山 西	204475	58421	1200
内蒙古	107595	24109	
辽 宁	479726	127121	
吉 林	650985	216707	
黑龙江	389115	142986	
江 苏	51400	5743	
浙 江	4219211	942742	
安 徽	1146828	200340	
福 建	7171596	2031166	
江 西	3500895	881372	
山 东	89226	6470	
河 南	357324	65287	
湖 北	3916820	854259	
湖 南	6244541	1764629	
广 东	7842794	1677650	20000
广 西	4605880	1361704	8600
海 南	421085	125919	
重 庆	3015443	608827	
四 川	11238825	4060929	
贵 州	3637503	1010070	92000
云 南	12480768	4223543	12700
西 藏	386801	122748	
陕 西	1428425	400408	
甘 肃	2991466	1149731	14400
青 海	1029280	541810	
宁 夏	4000	460	
新 疆	2071515	725425	
新疆生产建设兵团	433739	143079	8000
部直属	122100	37700	

（水利部农村电气化研究所 金华频）

2022 年全国电源建设投资完成情况表

单位：万元

地 区	本年 完成投资（合计）	其中	
		水电	火电
全 国	74639692	8715713	8947698
北 京	26034		9829
天 津	514851		30686
河 北	3194085	338202	192963
山 西	2628345	77832	424210
内蒙古	7183220	130890	1409592
辽 宁	2008292	164224	74701
吉 林	920660	95183	9737
黑龙江	1053618	85803	12210
上 海	601654		258176
江 苏	2274454	113000	231562
浙 江	3408635	531262	392659
安 徽	1511573	160813	305041
福 建	2654017	260847	263194
江 西	1509468	51355	401389
山 东	4824124	380924	226982
河 南	1646364	348426	124739
湖 北	3152164	3210	617844
湖 南	1731006	236003	589287
广 东	6943202	288963	1872446
广 西	3096598	106566	320226
海 南	1174971		121247
重 庆	543624	95280	172684
四 川	4342623	3333768	
贵 州	986530	17630	27701
云 南	3805017	730390	54143
西 藏	454440	226141	
陕 西	2003004	175203	209666
甘 肃	3224669	19410	335321
青 海	1893974	494005	
宁 夏	1573239		41671
新 疆	3755237	250380	217793

（中国电力企业联合会）

2022年大中型水电厂生产运行情况表

一、抽水蓄能电厂

序号	电厂名称	总装机容量（万kW）	机组台数（台）	年发电量（亿kW·h）	年抽水电量（亿kW·h）	等效可用系数（%）	各类工况运行总时间（h）	各工况启动次数（次）	启动成功率（%）
1	十三陵蓄能电厂	80.00	4	8.52	11.40	92.07	10293	2909	100.00
2	潘家口蓄能电厂	27.00	3	2.69	3.52	92.51	7106	1993	100.00
3	张河湾蓄能电厂	100.00	4	11.64	14.56	90.94	11163	2846	99.96
4	西龙池蓄能电厂	120.00	4	9.14	12.50	86.91	7847	2189	99.95
5	蒲石河抽水蓄能电厂	120.00	4	16.44	20.22	92.85	13447	3606	99.97
6	白山抽水蓄能电站	30.00	2	0.20	1.40	77.00	967	244	100.00
7	宜兴抽水蓄能电厂	100.00	4	10.26	12.62	88.52	9319	2606	100.00
8	天荒坪抽水蓄能电厂	180.00	6	26.16	32.52	89.78	20023	4273	100.00
9	桐柏抽水蓄能电厂	120.00	4	18.12	22.07	90.02	14087	3356	100.00
10	仙居抽水蓄能电厂	150.00	4	23.26	28.60	85.90	14454	3366	99.94
11	仙游抽水蓄能电厂	120.00	4	17.80	22.22	93.18	15561	3482	99.97
12	周宁抽水蓄能电站	120.00	4	12.8567	16.089	95.00	10228.96	3962	99.40
13	洪屏抽水蓄能电厂	120.00	4	20.68	24.99	92.71	15609	3209	99.97
14	琅琊山抽水蓄能电厂	60.00	4	8.34	10.35	89.72	12135	2679	100.00
15	响水涧抽水蓄能电厂	100.00	4	14.01	17.33	84.66	12439	2902	100.00
16	响洪甸蓄能电厂	8.00	2	0.84	1.19	86.19	4505	1009	100.00
17	绩溪抽水蓄能电厂	150.00	5	23.24	29.17	88.43	18158	3829	100.00
18	泰山抽水蓄能电厂	100.00	4	11.47	14.29	90.59	11605	4354	100.00
19	宝泉蓄能电厂	120.00	4	16.47	20.47	86.36	12350	2787	100.00
20	回龙抽水蓄能电厂	12.00	2	1.71	2.33	93.02	6971	1830	100.00
21	白莲河蓄能电厂	120.00	4	11.2396	14.0181	91.12	8533.4	2143	99.95
22	黑麇峰抽水蓄能电厂	120.00	4	15.51	18.85	86.37	11658	2792	100.00
23	敦化抽水蓄能电厂	140.00	4	12.18	15.87	83.38	9613	—	—
24	沂蒙抽水蓄能电厂	120.00	4	15.49	19.16	96.26	13379	—	—
25	牡丹江抽水蓄能电厂	120.00	4	10.23	12.93	88.49	8952	—	—
26	金寨抽水蓄能电厂	120.00	4	2.39	3.04	84.65	1865	—	—

续表

序号	电厂名称	总装机容量（万 kW）	机组台数（台）	年发电量（亿 kW·h）	年抽水电量（亿 kW·h）	等效可用系数（%）	各类工况运行总时间（h）	各工况启动次数（次）	启动成功率（%）
27	丰宁抽水蓄能电厂	210/360	7	10.62	13.45	98.47	8625	—	—
28	广州蓄能水电厂	240.00	8	17.67	22.83	89.00	17461.67	5917	99.76
29	惠州蓄能水电厂	240.00	8	21.53	27.79	86.33	24958.46	8801	99.86
30	清远抽水蓄能电站	128.00	4	15.38	19.69	91.98	13604.95	3801	99.92
31	深圳蓄能水电厂	120.00	4	10.31	12.93	88.72	8430.75	2465	99.84
32	海南蓄能水电厂	60.00	3	4.88	6.00	95.44	6541.49	2419	99.96
33	梅州抽水蓄能电站	120.00	4	8.93	11.15	94.23	8781.64	3058	99.90
34	阳江抽水蓄能电站	120.00	3	14.59	18.37	94.66	8294.74	2813	99.93

二、常规水电厂

序号	水电厂名称		发电运行情况				水库运行情况			
			总装机容量（万 kW）	年发电量（亿 kW·h）	平均耗水率［m³/(kW·h)］	等效可用系数（%）	年入库总水量（亿 m³）	发电用水量（亿 m³）	年末水位（m）	年末库容（亿 m³）
35	北京华电水电		8.20	0.46	7.29	97.04	3.04	3.37	151.73	29.95
36	河北华电混合蓄能		5.24	1.17	14.60	94.96	10.24	8.81	199.85	8.50
37	万家寨电站		108.00	22.76	6.64	89.97	167.95	150.99	972.86	4.30
38	龙口电站		42.00	11.63	12.92	95.90	161.10	150.20	895.82	1.29
39	海勃湾水利枢纽电厂		9.00	5.28	40.38	86.54	235.19	213.19	1074.51	1.56
40	白山发电厂	白山站	150.00	27.19	3.66	92.83	103.24	82.46	413.88	50.77
		红石站	20.00		17.40		82.65	82.64	289.84	1.60
41	丰满发电厂		148.90	23.18	6.68	95.79	179.30	153.40	259.77	66.86
42	松江河水力发电公司	小山站	16.00	10.92	4.14	95.79	16.39	16.28	680.79	0.89
		双沟站	28.00		3.98		21.56	20.99	582.47	3,30
		石龙站	7.00		12.52		21.23	21.23	478.81	0.30
43	桓仁水电厂		24.65	6.72	7.92	95.17	56.09	53.22	298.66	20.70
44	回龙山水电站		7.20	3.16	16.77	95.10	64.54	52.94	220.09	0.82
45	太平哨发电厂		16.40	5.16	11.66	98.48	66.15	60.13	190.83	1.56
46	尼尔基发电厂		25.00	5.06	17.70	—	96.56	89.81	212.73	49.42
47	新安江水力发电厂		85.00	14.54	5.45	91.82	87.01	79.21	98.73	128.61
48	富春江水力发电厂		36.00	8.42	27.60	90.49	277.75	232.24	23.34	4.61
49	湖南镇水力发电厂		32.00	6.36	4.11	96.93	26.14	26.13	214.08	10.11
50	黄坛口水力发电厂		5.20	1.10	14.05	97.39	28.37	15.47	114.83	0.78
51	陈村水电厂		18.40	3.44	7.50	96.86	22.70	35.10	109.65	11.20

续表

序号	水电厂名称		发电运行情况				水库运行情况			
			总装机容量（万 kW）	年发电量（亿 kW·h）	平均耗水率［m^3/(kW·h)］	等效可用系数（%）	年入库总水量（亿 m^3）	发电用水量（亿 m^3）	年末水位（m）	年末库容（亿 m^3）
52	沙溪口水力发电厂		30.00	9.5914	21.34	89.48	261.45	204.707	87.64	1.484
53	牛头山一级水电站		10.00	2.7058	2.06	94.74	7.03	5.561	333.44	0.704
54	古田溪一级发电厂		11.00	3.77	3.40	97.00	14.70	12.84	374.59	3.28
55	古田溪二级发电厂		13.00	4.23	3.59	96.75	17.89	15.17	253.15	0.11
56	芹山水力发电厂		7.00	1.42	3.77	95.59	5.46	5.37	734.55	1.13
57	周宁水力发电厂		25.00	6.67	0.92	94.44	6.33	6.11	629.83	0.39
58	华安水力发电厂		14.00	5.00	8.02	96.62	64.19	40.12	92.58	0.03
59	安砂水力发电厂		12.83	4.65	6.60	97.35	55.19	30.68	263.36	5.87
60	池潭水力发电厂		20.30	5.84	7.86	97.28	52.91	45.92	270.29	5.35
61	棉花滩水电厂		60.00	12.50	4.39	91.20	67.38	54.84	160.28	10.40
62	界竹口水电站		6.00	1.20	12.66	95.48	15.49	15.24	77.37	0.58
63	水口水电厂		152.00	52.8822	8.11	89.39	553.8521	428.9787	64.15	22.5300
64	街面水电厂		30.00	2.3748	3.95	94.13	13.5260	9.3745	279.41	13.4693
65	水东水电站		8.00	2.1982	10.81	83.30	26.7264	23.7614	141.60	0.9116
66	雍口水电站		5.00	1.5620	20.33	96.25	36.6085	31.7514	86.18	0.2328
67	白沙水电厂		7.00	1.76	6.89	94.59	12.35	12.15	255.80	1.12
68	高砂水电公司		5.00	1.72	37.64	91.66	92.31	64.76	102.84	0.24
69	照口水电厂		6.00	2.40	47.35	87.24	158.99	113.43	97.55	0.26
70	万安水力发电厂		51.30	10.76	19.57	97.99	222.79	187.94	95.58	9.11
71	上犹江水电厂		7.20	2.5864	8.53	93.57	33.7408	22.0618	194.30	5.5675
72	峡江水利枢纽		36.00	8.8095	40.08	96.07	441.1680	353.0447	45.81	6.7960
73	居龙潭水电厂		6.00	1.6002	25.07	90.68	59.374	40.1239	117.54	0.3524
74	东津水电厂		6.00	1.3016	7.10	95.98	7.3553	9.2413	172.1	2.60
75	小浪底水电厂	小浪底站	180.00	66.53	3.62	92.43	266.65	240.52	254.47	45.07
		西霞院站	14.00	5.98	35.67	92.21	297.76	213.29	133.43	0.60
76	三门峡水电厂		45.00	19.0489	12.34	—	264.35	235.19	316.88	5.29
77	故县水电厂		6.00	1.47	5.36	—	7.996	7.065	529.64	5.48
78	三峡水力发电厂		2250.00	787.90	4.41	93.14	3404.44	3476.83	158.17	249.24
79	葛洲坝水力发电厂		273.50	174.34	19.85	93.88	3645.20	3459.76	65.00	6.81
80	水布垭电厂		184.00	31.81	2.30	82.20	63.05	73.23	365.58	25.19
81	隔河岩电厂		121.20	25.07	3.81	91.12	94.12	95.50	182.47	19.91
82	高坝洲电厂		27.00	8.73	11.84	94.62	105.45	103.36	78.27	3.57
83	峡口塘电厂		5.80	0.97	9.01	95.75	9.25	8.76	453.58	0.22

续表

序号	水电厂名称	发电运行情况				水库运行情况			
		总装机容量（万 kW）	年发电量（亿 kW·h）	平均耗水率［m^3/(kW·h)］	等效可用系数（%）	年入库总水量（亿 m^3）	发电用水量（亿 m^3）	年末水位（m）	年末库容（亿 m^3）
84	松树岭水电站（堵河）	5.00	1.09	9.91	96.64	10.74	10.75	387.25	0.32
85	老渡口水电站	9.00	1.36	5.44	93.42	8.40	7.39	470.30	1.41
86	吉牛水电站	24.00	12.158	0.935	98.99	15.85	11.31	2375.79	0.01
87	猴子岩水电站	170.00	64.44	3.09	92.31	228.89	198.92	1836.22	5.91
88	鄂坪水电站	11.40	1.43	4.42	94.28	7.20	6.31	542.08	2.23
89	白沙河水电站	5.00	0.49	5.25	94.15	3.06	2.55	431.86	1.51
90	陡岭子水电站	7.05	1.24	6.12	98.18	7.51	7.58	261.51	3.17
91	野三河水电站	5.00	0.96	1.72	100.00	1.62	1.65	641.20	0.07
92	龙桥电站	6.00	1.56	3.77	95.51	5.94	5.87	582.36	0.21
93	五强溪水电厂	120.00	54.508	8.46	97.23	534.097	461.307	93.70	13.049
94	凌津滩水电厂	27.00	10.945	41.85	90.78	565.931	458.097	50.78	1.422
95	三江口水电站（阿墨江）	9.90	2.37	7.50	94.62	20.46	17.77	610.98	0.67
96	桃源双洲水电站	18.00	8.39	57.94	95.61	580.80	485.93	38.74	1.06
97	碗米坡水电厂	24.00	5.338	11.44	98.20	66.129	61.066	239.42	1.444
98	近尾洲水电站	6.32	2.457	66.67	99.09	322.653	163.786	65.97	1.538
99	湘祁水电厂	8.00	2.73	47.65	95.30	265.72	130.73	75.50	1.61
100	洪江水力发电厂	27.00	10.495	18.20	91.93	203.810	190.980	189.40	1.862
101	三板溪水电厂	100.00	22.466	3.01	95.19	64.120	67.607	451.58	22.259
102	托口水电站	83.00	19.901	8.04	96.63	156.737	159.923	237.65	7.264
103	挂治水电厂	15.00	3.676	18.90	85.57	69.488	69.487	320.89	0.375
104	白市水电站	42.00	10.905	8.93	96.05	97.202	97.350	296.19	5.112
105	马迹塘水电厂	5.55	2.040	78.85	95.10	241.790	160.842	55.57	0.122
106	东坪水电站	7.20	2.892	60.49	96.27	183.336	171.932	95.69	0.130
107	株溪口水力发电厂	7.40	2.930	60.94	96.67	191.972	178.548	87.15	0.314
108	江垭水电站	30.00	5.2302	4.73	92.00	23.6747	24.7309	204.62	6.9703
109	皂市水电站	12.00	1.8950	9.21	92.00	15.6168	9.21	115.36	3.3842
110	鱼潭水电站	7.00	1.60	10.34	93.59	16.44	16.55	239.25	0.61
111	新丰江电厂	35.50	5.20	5.64	89.92	73.41	29.36	109.79	80.31
112	枫树坝电厂	20.00	4.09	6.37	92.52	39.00	26.06	153.42	9.75
113	南水电厂	10.00	2.23	3.40	91.57	13.25	7.59	205.86	5.75
114	长湖电厂	8.20	3.31	12.34	92.27	75.63	40.82	60.13	1.14
115	长潭电厂	6.00	1.25	10.52	93.33	15.80	13.11	146.07	1.04
116	青溪电厂	14.40	3.12	19.48	91.80	75.15	60.85	72.28	0.56

续表

序号	水电厂名称	发电运行情况				水库运行情况			
		总装机容量（万 kW）	年发电量（亿 kW·h）	平均耗水率［m³/(kW·h)］	等效可用系数（%）	年入库总水量（亿 m³）	发电用水量（亿 m³）	年末水位（m）	年末库容（亿 m³）
117	长源电厂	5.00	0.7482	2.97	85.51	0.90	1.3993	60.17	1.132
118	大丫口电厂	10.20	2.7874	3.35	28.57	10.986	10.311	649.61	1.61
119	白石窑水电厂	9.20	3.1710	36.62	85.76	202.54	116.12	36.38	1.063
120	飞来峡水利枢纽	14.00	5.85	35.72	99.92	496.75	209.00	23.65	3.98
121	濛里水电厂	5.00	1.97	54.09	97.00	184.25	115.39	45.00	0.675
122	平班水电厂	40.50	13.74	11.96	87.00	164.94	164.27	439.67	2.08
123	龙滩水电厂	490.00	145.38	3.12	93.48	459.39	453.91	358.75	110.77
124	岩滩水电厂	181.00	69.66	6.85	91.53	495.94	477.44	222.59	21.45
125	大化水电厂	56.60	24.84	18.61	85.29	512.14	462.35	154.35	3.81
126	百龙滩水电厂	19.20	7.90	46.31	83.82	543.21	365.64	124.74	0.64
127	乐滩水电厂	60.00	27.65	18.29	92.59	568.04	504.79	111.50	3.91
128	西津水电站	24.47	11.77	25.69	88.55	369.39	302.50	60.96	8.26
129	山秀水电站	7.80	3.17	39.67	96.37	177.10	125.68	85.49	2.59
130	金鸡滩水电站	7.20	2.85	35.38	94.16	124.30	100.96	88.45	0.97
131	金牛坪水电站	6.00	2.23	42.95	91.84	249.96	95.98	41.68	0.97
132	广西长洲水电厂	63.00	28.4152	33.20	91.06	1833.762	935.896	19.73	17.145
133	大广坝水电厂	24.00	4.03	6.33	96.63	23.46	25.52	134.51	10.29
134	戈枕水电厂	8.20	1.29	18.92	77.54	26.68	24.44	53.48	0.95
135	彭水水电厂	175.00	48.35	5.74	0.95	287.61	277.39	291.12	11.28
136	银盘水电厂	64.50	23.32	12.97	0.97	318.69	302.38	211.46	1.46
137	马岩洞水电厂	6.60	1.67	6.46	1.00	12.97	10.75	349.52	0.22
138	藤子沟水电厂	7.00	1.43	2.56	0.98	3.25	3.66	736.31	0.62
139	道真水电站（角木塘）	7.00	1.75	14.08	0.95	29.13	24.57	382.08	0.22
140	鱼剑口水电厂	6.00	1.67	5.14	0.94	9.90	8.57	251.66	0.06
141	重庆江口水电厂	40.00	8.56	3.79	94.07	33.63	32.49	274.85	2.98
142	狮子滩电站	5.42	1.59	7.31	97.29	8.52	11.62	337.48	3.88
143	重庆渡口坝水电站	12.90	1.5365	1.25	97.59	1.934	1.92	553.56	0.4664
144	旺村水电站（梧州）	6.00	2.30	37.50	95.45	263.80	86.38	17.28	0.64
145	龟都府水电站	6.30	2.83	34.00	88.33	118.88	96.17	533.50	0.19
146	晴朗水电站	18.00	7.9997	1.15	90.36	11.2388	9.1996	2655.50	0.0008
147	可河水电站	7.20	1.8099	1.07	99.76	3.0740	1.9550	1409.86	0.0013
148	二滩水电站	330.00	182.30	2.31	93.30	445.4757	421.2895	1193.84	51.856
149	官地水电站	240.00	124.50	3.31	92.58	415.5859	411.9095	1328.59	7.09

续表

序号	水电厂名称	发电运行情况				水库运行情况			
		总装机容量（万kW）	年发电量（亿kW·h）	平均耗水率［m³/(kW·h)］	等效可用系数（%）	年入库总水量（亿m³）	发电用水量（亿m³）	年末水位（m）	年末库容（亿m³）
150	两河口水电站	300.00	62.69	2.10	96.70	212.5957	131.936	2824.91	62.91
151	杨房沟水电站	150.00	57.59	3.91	92.74	266.9819	224.9095	2091.86	4.259
152	锦屏一级水电站	360.00	188.68	1.86	96.45	357.3718	351.7136	1876.19	74.544
153	锦屏二级水电站	480.00	247.29	1.33	91.98	372.6493	328.3519	1644.08	0.1236
154	桐子林水电站	60.00	22.18	18.21	78.94	510.7382	403.9629	1012.20	0.583
155	乌东德水力发电厂	1020.00	366.13	2.98	94.32	1088.57	1090.33	962.01	43.72
156	白鹤滩水力发电厂	1600.00	400.55	2.00	93.28	1136.94	799.11	820.51	180.34
157	溪洛渡水力发电厂	1386.00	578.04	2.05	93.49	1175.33	1182.28	574.46	84.43
158	向家坝水力发电厂	640.00	315.53	3.61	95.36	1186.28	1140.05	379.27	49.07
159	大岗山水电站	260.00	110.55	2.35	92.85	311.48	259.79	1127.42	7.11
160	瀑布沟水电站	360.00	128.21	2.67	87.77	360.55	345.52	837.85	38.13
161	深溪沟水电站	66.00	27.61	12.21	89.37	353.11	337.07	658.97	0.29
162	枕头坝一级电站	72.00	28.33	12.43	93.84	366.11	352.05	622.3	0.469
163	沙坪二级电站（沙南）	34.80	14.25	25.05	96.74	386.4504	357.00	553.43	0.1989
164	龚嘴水电站	77.00	39.8378	8.83	89.69	412.74	351.66	522.98	0.52
165	铜街子水电站	70.00	32.5316	11.55	91.55	414.76	375.80	471.33	0.73
166	冶勒水电站	24.00	5.36	0.65	93.85	3.75	3.50	2641.66	2.18
167	姚河坝电站	13.20	5.21	1.42	93.43	8.64	7.42	1676.59	0.01
168	南桠河发电厂	12.90	5.06	1.62	92.65	9.86	8.19	1366.50	0.00
169	栗子坪水电站	13.20	2.78	1.33	100.00	4.67	3.69	1999.50	0.00
170	太平驿电站	28.00	17.30	3.52	98.34	96.62	60.896	1080.7	0.00455
171	龙安电站（古城）	10.00	2.96	9.45	98.43	84.15	27.88	843.93	0.0098
172	东西关电站	21.00	9.34	18.26	90.87	192.40	170.52	248.26	1.3178
173	青居电站	13.60	5.044	32.90	90.02	178.81	165.94	262.20	0.2687
174	雨城电站	6.00	2.922	27.52	96.81	96.74	80.42	597.98	0.1001
175	铜头电站	8.00	4.67	5.49	94.43	31.77	25.64	757.88	0.1570
176	小关子电站	16.00	7.45	2.92	94.90	27.74	21.78	988.91	0.0076
177	硗碛电站	24.00	6.77	0.81	94.35	6.86	5.50	2129.23	1.53
178	宝兴电站	19.50	6.13	1.35	93.94	11.35	8.29	1345.07	0.0006
179	飞仙关电站	10.00	3.82	19.10	91.40	85.81	72.92	623.03	0.1808
180	民治电站	10.50	2.26	1.93	98.53	9.27	4.36	1585.36	0.0062
181	冷竹关电站	18.00	9.23	1.08	97.56	14.40	9.97	1761.14	0.0028
182	小天都电站	24.00	10.24	1.10	93.58	13.72	11.26	2152.95	0.0034

续表

序号	水电厂名称	发电运行情况				水库运行情况			
		总装机容量（万 kW）	年发电量（亿 kW·h）	平均耗水率[m^3/(kW·h)]	等效可用系数（%）	年入库总水量（亿 m^3）	发电用水量（亿 m^3）	年末水位（m）	年末库容（亿 m^3）
183	拉拉山电站	9.60	3.93	1.85	92.14	11.38	7.29	3002.18	0.0082
184	自一里电站	13.00	5.55	0.78	96.65	5.75	4.34	2029.70	0.0021
185	水牛家电站	7.00	2.13	1.67	98.87	4.54	3.56	2260.28	1.05
186	木座电站	10.00	3.47	1.37	97.72	6.78	4.75	1542.85	0.0024
187	阴坪电站	10.00	3.017	1.76	97.01	8.41	5.30	1245.56	0.0091
188	亭子口水电站	110.00	25.21	6.20	96.78	155.86	158.26	454.49	31.01
189	宝珠寺水力发电厂	70.00	15.57	4.74	96.21	73.91	73.77	586.10	19.55
190	紫兰坝水电公司	10.20	3.51	21.50	97.00	77.06	75.44	487.33	0.29
191	红叶二级水电站	9.00	4.28	2.83	95.39	15.03	12.10	2085.65	0.00
192	薛城水电站	13.80	5.55	2.82	99.41	19.77	15.67	1704.82	0.01
193	狮子坪水电站	19.50	6.60	1.04	97.50	9.38	6.87	2464.92	0.14
194	古城水电站	16.80	7.10	2.98	95.80	28.34	21.18	1552.00	0.01
195	瓦屋山水电站	26.00	7.40	1.53	96.16	11.91	11.50	1070.10	4.24
196	水津关水电站	6.30	2.67	32.80	94.24	123.63	84.40	548.30	0.05
197	洛古水电站	11.00	4.11	1.186	96.73	8.10	4.87	2039.26	0.1422
198	联补水电站	13.00	4.82	0.969	97.60	8.28	4.67	1666.77	0.0069
199	地洛水电站	10.00	4.16	1.362	97.92	9.45	5.67	1214.93	0.0155
200	泸定水电站	92.00	37.80	5.90	94.86	267.41	223.23	1378.00	2.18
201	楼方水电站（沙坪）	5.60	1.59	7.70	96.16	14.24	12.40	702.50	0.08
202	宁郎水电站	11.40	4.60	4.56	97.48	31.89	20.98	1851.90	0.01
203	撒多水电站	21.00	8.78	2.53	100.00	33.17	22.20	1754.00	0.03
204	固滴水电站	13.80	4.53	3.36	90.88	25.62	15.19	2309.80	0.01
205	俄公堡电站	13.20	6.40	4.53	98.12	32.64	29.01	2314.00	0.01
206	卡基娃电站	45.24	16.52	1.71	96.51	29.24	28.22	2837.93	2.65
207	立洲电站	35.50	14.61	2.31	96.97	35.43	33.77	2081.36	1.49
208	俄日水电站	6.90	2.91	1.95	100.00	7.79	5.66	3089.26	0.00
209	红卫桥水电站	11.10	5.03	1.42	100.00	10.08	7.13	2866.23	0.01
210	上通坝电厂	24.00	11.87	1.55	97.74	21.07	18.35	3140.00	0.01
211	新藏水电厂	18.60	6.83	3.03	100.00	28.37	20.69	2168.25	0.00
212	博瓦水电厂	16.80	5.45	3.40	100.00	30.03	18.54	2000.04	0.01
213	圣达水电站（沙湾）	48.00	19.57	16.83	92.64	369.35	333.49	429.54	0.1905
214	安谷水电站	77.20	27.44	11.42	93.90	370.31	315.97	397.54	0.6032
215	大金坪水电站	12.90	4.78	2.21	91.88	14.18	10.56	1212.00	0.0107

续表

序号	水电厂名称	发电运行情况				水库运行情况			
		总装机容量（万 kW）	年发电量（亿 kW·h）	平均耗水率［m^3/(kW·h)］	等效可用系数（%）	年入库总水量（亿 m^3）	发电用水量（亿 m^3）	年末水位（m）	年末库容（亿 m^3）
216	洪一水电站	8.00	2.89	1.35	96.88	5.38	3.90	1529.16	0.001
217	五一桥水电站	13.70	5.96	2.05	93.98	17.40	12.21	2421.45	0.0031
218	柳坪水电站	12.00	4.97	5.74	92.28	35.16	28.50	1778.29	0.007
219	雅都水电站	15.00	5.67	4.74	95.30	32.25	26.90	1872.11	0.04
220	柳洪水电站	18.00	5.12	1.01	87.26	9.79	5.17	1298.85	0.0025
221	坪头水电站	18.00	4.14	1.38	94.35	10.18	5.72	911.23	0.0053
222	春厂坝水电站	5.40	2.57	2.66	91.85	10.08	6.84	2449.40	0.0078
223	赞拉水电站	6.00	2.55	2.71	95.30	10.53	6.90	2573.46	0.0090
224	黄金坪水电站	85.00	35.89	2.08	97.22	266.99	218.28	1474.60	1.12
225	长河坝水电站	260.00	104.44	1.98	95.26	241.05	206.77	1683.20	9.30
226	城东水电厂	8.40	3.66	26.73	95.79	129.72	98.53	450.10	0.14
227	大兴水电站	7.50	3.75	24.16	97.76	133.73	90.54	569.72	0.21
228	汇溪水电站	7.50	2.80	5.69	96.90	20.38	16.06	887.30	0.01
229	虎头寺水电站	6.00	2.15	42.60	94.11	102.10	91.50	466.00	0.14
230	古学水电站	9.00	3.07	2.70	97.26	13.27	8.28	2270.00	0.00
231	去学水电站	24.60	8.96	2.14	95.99	21.82	19.17	2317.39	1.04
232	娘拥水电站	9.30	3.64	2.78	98.21	15.76	10.20	3084.33	0.00
233	硕中水电站	12.00	4.74	2.35	97.48	18.09	11.15	2923.64	0.04
234	硕渠水电站	18.00	7.60	1.79	94.15	21.97	13.68	2752.04	0.01
235	金康水电站	15.00	6.58	0.87	97.42	6.98	5.72	1971.88	0.00
236	金元水电站（唐元）	10.80	4.33	0.99	95.41	4.92	4.29	2605.35	0.00
237	金平水电站（铜陵）	8.10	2.79	0.96	91.72	3.32	2.69	3079.69	0.16
238	锅浪跷水电站	22.00	0.48	1.75	100.00	2.58	0.84	1220.00	0.45
239	天龙湖电厂	18.00	8.92	1.85	95.55	19.76	16.46	2146.88	0.29
240	金龙潭电厂	18.00	8.48	1.85	91.29	15.70	15.70	—	—
241	古瓦水电站	20.54	7.02	1.39	97.32	15.73	9.64	3381.08	1.56
242	沙阡水电站	5.00	0.77	14.98	95.00	13.70	10.73	493.71	0.20
243	仙女堡水电站	7.60	3.78	3.94	95.09	18.20	14.87	1116.11	0.01
244	毛滩水电站	10.50	4.44	24.27	97.82	117.96	107.78	405.70	0.17
245	东谷水电站	7.50	3.90	2.48	100.00	14.05	9.69	2223.16	0.01
246	贵州乌江渡发电厂	128.00	27.71	3.55	93.71	94.59	98.29	738.14	12.80
247	东风发电厂	69.50	18.61	3.54	94.85	66.65	65.92	952.79	5.83
248	万家口子水电站	18.00	5.20	3.12	97.69	16.15	16.23	1431.42	1.63

续表

序号	水电厂名称	发电运行情况				水库运行情况			
		总装机容量（万kW）	年发电量（亿kW·h）	平均耗水率[m³/(kW·h)]	等效可用系数（%）	年入库总水量（亿m³）	发电用水量（亿m³）	年末水位（m）	年末库容（亿m³）
249	天生桥一级水电厂	120.00	47.5268	3.30	69.72	155.484	157.436	767.13	63.7285
250	洪家渡电站	60.00	6.89	3.78	96.37	22.99	26.07	1085.51	14.52
251	索风营电站	60.00	15.00	5.17	93.78	78.33	77.58	835.87	1.62
252	构皮滩水电站	300.00	75.30	2.28	93.16	150.41	171.54	594.56	28.93
253	思林水电站	105.00	35.21	5.70	94.32	200.87	200.62	436.19	10.63
254	沙沱水电站	112.00	38.34	5.79	93.31	222.71	221.96	363.67	7.33
255	红林水电站	13.50	2.75	3.01	92.13	10.29	8.28	1029.18	0.01
256	大花水电站	20.00	7.90	2.92	89.72	23.79	23.10	850.85	1.43
257	格里桥水电站	15.00	6.08	4.18	95.08	27.57	25.44	718.10	0.68
258	光照发电厂	104.00	23.68	2.79	92.33	60.42	66.04	731.82	25.08
259	普定发电公司	8.70	2.83	8.25	95.32	25.90	23.36	1137.20	2.20
260	引子渡水电站	36.00	6.48	4.44	96.31	29.04	28.73	1058.42	1.74
261	贵州鱼塘电站	7.50	2.10	7.87	88.85	19.61	16.50	455.27	0.60
262	董箐发电厂	88.00	30.31	3.35	96.77	101.74	101.48	488.36	8.48
263	天生桥水力发电总厂	132.00	71.26	2.19	90.82	158.581	155.784	640.87	0.0952
264	石垭子水电站	14.00	2.5146	3.7922	94.65	10.2872	9.5357	526.2	1.986
265	双河口水电站	12.00	4.660	5.2406	95.50	34.410	24.422	577.04	1.68
266	冗各水电站	9.00	2.713	9.1757	95.47	34.1381	24.890	494.65	0.3202
267	高生水电站	10.60	3.5192	5.05	98.04	18.227	17.7696	419.45	0.9812
268	团坡水电站	8.00	2.7136	3.3106	82.67	12.3776	8.9836	804.15	0.0049
269	黄花寨水电站	6.00	2.11	4.51	97.50	12.78	9.55	789.54	1.41
270	大田河水电站	8.00	3.25	1.60	86.62	—	5.20	778.85	0.26
271	马马崖水电站	55.80	14.57	5.76	95.44	83.91	83.94	583.28	1.24
272	苏洼龙水电站	120.00	17.96	4.57	100.00	188.84	82.02	2474.81	6.18
273	善泥坡发电厂	18.55	7.63	4.14	92.53	32.69	31.59	878.84	0.61
274	毛家河水电站	18.00	5.5055	2.8847	98.58	16.7923	15.8817	1298.15	0.11
275	灰洞水电站	6.00	1.6249	6.4828	81.30	15.6572	10.5339	646.76	0.0081
276	象鼻岭水电厂	24.00	3.9464	4.3648	81.29	17.4548	17.2253	1379.54	1.1166
277	上尖坡水电站	6.00	2.0628	4.6980	95.04	17.7575	9.6909	669.40	0.1391
278	高桥水电站	9.00	4.69	0.76	100.00	4.53	3.56	1812.80	0.014
279	柏香林水电站	5.00	2.36	2.08	100.00	5.25	4.91	1217.00	0.0002
280	油房沟水电站	6.80	2.68	2.38	100.00	7.18	6.39	924.00	0.0059
281	天生桥水电站（西双）	5.00	2.0422	1.708	81.00	4.01171	3.4878	1005.00	0.004

续表

序号	水电厂名称	发电运行情况				水库运行情况			
		总装机容量（万 kW）	年发电量（亿 kW·h）	平均耗水率[m³/(kW·h)]	等效可用系数（%）	年入库总水量（亿 m³）	发电用水量（亿 m³）	年末水位（m）	年末库容（亿 m³）
282	达开水电站	6.00	1.4896	4.80	100.00	7.526	7.15	1591.00	0.04769
283	西洱河一级水电站	10.50	0.1097	1.903	100.00	1.1017	0.2087	1972.70	0.0022
284	西洱河二级水电站	5.00	0.7206	3.946	100.00	3.585	2.8435	1728.36	0.0018
285	西洱河三级水电站	5.00	0.5994	4.104	100.00	3.626	2.4599	1607.80	0.0015
286	西洱河四级水电站	5.00	0.3016	4.694	100.00	3.804	1.4156	1482.15	0.00
287	金安桥水力发电厂	240.00	132.18	3.55	90.51	517.19	469.13	1405.73	6.17
288	大湾水电站	4.98	0.90	6.02	90.93	5.74	5.48	744.61	0.20
289	观音岩水电站	300.00	140.49	3.75	95.34	537.89	526.47	1128.27	18.17
290	阿海水电站	200.00	100.08	4.90	91.65	517.83	490.37	1500.09	6.98
291	鲁地拉水电站	216.00	105.34	4.93	91.88	534.33	519.40	1220.07	13.46
292	梨园水电站	240.00	117.32	3.65	93.17	450.60	428.71	1613.25	6.80
293	漫湾水电厂	167.00	75.73	4.65	94.69	353.05	352.34	992.40	3.37
294	景洪水电厂	175.00	72.07	6.70	95.21	483.39	482.92	600.72	8.30
295	小湾水电厂	420.00	185.60	1.86	95.76	307.56	345.18	1216.59	105.86
296	糯扎渡水电厂	585.00	221.87	2.11	96.26	452.58	468.20	792.78	163.52
297	功果桥水电厂	90.00	38.51	7.23	95.58	280.98	278.55	1304.87	2.89
298	苗尾水电厂	140.00	64.35	4.12	95.74	269.12	265.25	1404.72	6.29
299	龙开口水电厂	180.00	88.61	5.83	95.57	539.46	516.65	1296.54	4.85
300	乌弄龙水电站	99.00	44.13	4.76	94.23	222.66	210.19	1904.61	2.55
301	里底水电站	42.00	18.61	11.46	95.15	224.76	213.38	1816.22	0.64
302	黄登水电站	190.0	83.10	3.06	96.57	259.63	254.17	1617.42	14.99
303	大华桥水电站	92.00	42.42	6.02	96.26	260.17	255.47	1475.98	2.53
304	徐村水电厂	8.58	2.69	8.27	97.45	22.43	22.26	1303.54	0.63
305	普西桥水电站（忠普）	19.00	4.52	3.79	79.87	16.69	17.15	728.25	3.98
306	大盈江一级电站	10.80	4.72	8.12	90.95	47.73	38.31	787.50	0.01
307	大寨水力发电厂	6.00	1.99	2.22	94.77	6.05	4.43	1480.70	0.00
308	螺丝湾水电站	6.00	3.17	2.38	96.34	8.66	7.56	2256.69	0.00
309	鲁布革水力发电厂	60.00	24.22	1.29	94.06	37.4351	31.2225	1129.51	0.7301
310	以礼河发电厂	17.75	2.34	0.63	95.37	3.34	1.48	2216.73	2.67
311	崖羊山水电站	12.00	3.29	6.40	96.27	21.57	21.06	818.06	1.03
312	渝浩水电站（浩口）	13.50	3.21	8.31	0.98	32.09	26.70	348.61	0.67
313	石门坎水电站	13.00	4.21	5.43	92.84	22.96	22.87	747.89	1.52
314	龙马水电站	28.50	10.62	3.84	96.83	38.30	40.78	614.21	2.87

续表

序号	水电厂名称	发电运行情况				水库运行情况			
		总装机容量（万 kW）	年发电量（亿 kW·h）	平均耗水率［m^3/(kW·h)］	等效可用系数（%）	年入库总水量（亿 m^3）	发电用水量（亿 m^3）	年末水位（m）	年末库容（亿 m^3）
315	居甫渡水电站	28.50	11.02	6.99	93.94	76.97	77.05	519.96	1.55
316	戈兰滩水电站	45.00	18.50	4.92	93.42	91.60	91.07	447.66	3.07
317	土卡河水电站	16.50	6.12	16.41	91.48	101.71	100.33	365.46	0.57
318	吉沙水电站	12.00	5.97	0.79	89.48	5.21	4.69	3129.99	0.01
319	冲江河水电站	7.03	3.58	2.03	93.70	8.24	7.26	2466.64	0.00
320	那兰水电站	15.00	6.04	4.34	93.20	29.78	26.22	421.43	1.64
321	马鹿塘水电站	30.00	13.42	1.19	94.03	21.92	16.02	618.30	3.99
322	勐野江水电站	6.80	2.78	3.33	97.42	11.23	9.28	760.27	0.28
323	岗曲河一级水电站	6.00	2.26	3.30	97.14	9.73	7.44	2577.83	0.05
324	泗南江水电站	20.10	9.4299	1.25	94.24	11.1270	11.8196	870.93	0.7947
325	庙林水电站	7.15	2.8696	4.40	96.30	15.7094	12.6261	812.80	0.0853
326	天花板水电站	18.00	4.7322	4.25	91.84	25.0809	20.1118	1065.63	0.5457
327	小岩头水电站	12.99	3.0263	5.80	88.89	21.6511	17.5526	1278.90	0.002
328	柴石滩水电站	6.00	1.3734	6.25	92.80	9.0364	8.5837	1636.93	3.054
329	赛珠水电站	10.20	3.3824	0.59	97.99	2.6695	2.0102	1810.40	0.009
330	普渡河六级水电站	9.60	4.0051	4.96	95.65	24.5918	19.8817	1088.02	0.0795
331	铅厂水电站	11.40	4.9272	3.10	96.97	18.9337	15.27	1224.31	0.1699
332	甲岩水电站	24.00	8.0643	2.80	98.87	25.3445	22.5778	969.79	0.8274
333	凤凰谷水电站	10.00	4.2704	12.80	69.00	61.18	54.74	820.60	0.4362
334	糯租水电站	7.50	2.7903	4.55	42.50	12.78	12.69	1265.00	0.0162
335	石泉水力发电厂	24.00	7.27	9.82	94.40	81.10	71.38	409.72	2.68
336	喜河水力发电厂	18.00	5.25	13.88	96.72	81.24	72.90	361.73	1.64
337	蜀河水力发电厂	27.00	7.44	18.07	93.21	153.40	134.40	215.83	1.59
338	白河水电站	8.20	0.46	7.29	97.04	3.04	3.37	151.73	29.95
339	喜儿沟水电站	7.20	2.53	7.05	95.00	20.89	17.84	1537.40	0.005
340	碧口水力发电厂	33.00	11.97	4.77	98.71	66.93	64.81	693.08	0.40
341	苗家坝水电站	24.00	7.90	4.27	93.94	33.44	33.43	792.50	2.15
342	麒麟寺水电站	11.10	3.80	17.55	100.00	70.10	66.62	612.12	0.23
343	青铜峡水电厂	32.70	12.11	20.49	93.42	248.12	248.11	1156.05	0.40
344	班多水电厂	36.00	14.20	10.16	85.88	144.50	144.30	2759.70	0.08
345	龙羊峡水电厂	128.00	62.04	3.24	97.51	171.39	201.60	2587.40	192.91
346	拉西瓦水电厂	420.00	100.17	2.04	91.97	205.26	204.68	2451.33	9.96
347	李家峡水电厂	160.00	56.88	3.46	90.45	197.27	196.86	2180.14	16.53

续表

序号	水电厂名称	发电运行情况				水库运行情况			
		总装机容量（万 kW）	年发电量（亿 kW·h）	平均耗水率［m³/(kW·h)］	等效可用系数（%）	年入库总水量（亿 m³）	发电用水量（亿 m³）	年末水位（m）	年末库容（亿 m³）
348	公伯峡水电厂	150.00	50.81	3.99	91.92	202.75	202.66	2003.99	5.30
349	苏只水电厂	22.50	8.90	21.81	94.01	196.43	194.25	1898.55	0.37
350	四局尼那水电厂	16.00	6.722	28.93	72.12	193.31	191.66	2233.83	0.16
351	积石峡水电站	102.00	34.62	5.97	85.65	206.40	206.53	1854.20	2.16
352	刘家峡水电厂	165.00	55.71	4.05	97.35	240.90	238.30	1723.62	25.97
353	盐锅峡水电厂	50.96	22.53	10.57	94.56	238.09	238.13	1618.75	0.47
354	八盘峡水电厂	22.00	9.96	27.96	98.34	286.08	278.34	1578.13	0.32
355	直岗拉卡水电公司	19.00	6.87	28.09	94.23	192.98	192.98	2049.94	0.14
356	纳子峡水电站	8.70	3.46	3.70	100.00	17.42	12.82	3196.03	6.16
357	金沙峡水电站	7.00	3.12	6.05	93.97	27.32	18.89	2165.09	0.02
358	达拉河水电站	5.25	2.05	2.06	98.29	5.14	4.23	2263.64	0.14
359	代古寺水电站	8.70	2.81	5.08	96.21	17.09	14.25	1707.10	0.07
360	凉风壳水电站	5.25	1.99	8.32	95.11	19.85	16.58	1468.80	0.01
361	沙尔布拉克水电站	5.00	0.86	10.66	100.00	12.57	9.17	799.79	0.76
362	和田水电厂（达克曲）	7.50	2.56	5.50	100.00	38.21	14.07	1775.20	0.10
363	库什塔依水电站	10.00	3.6977	5.75	93.42	24.1178	22.2023	1302.20	1.3409
364	塔日勒嘎水电站	5.00	1.93	8.50	98.92	19.31	16.44	2249.87	0.1249
365	夏特水电站	24.80	9.58	1.51	97.87	16.44	14.47	2199.50	0.0007
366	萨里克特水电站	8.00	2.82	5.40	98.94	15.20	15.20	1908.62	0.00
367	温泉水电站	18.00	6.08	5.03	97.51	30.82	30.57	954.36	1.71
368	塔勒德萨依水电站	8.00	2.31	6.97	94.50	16.09	16.09	1774.54	0.00
369	察汗乌苏水电站	33.00	10.42	2.89	98.44	31.73	30.15	1640.46	1.08
370	吉林台一级水电站	50.00	8.21	3.57	98.14	32.47	29.32	1397.21	14.29
371	尼勒克水电站	24.00	11.33	2.28	95.70	25.87	25.87	1223.26	0.00
372	呼图壁水电厂	9.50	2.03	2.00	100.00	4.11	4.06	1224.45	0.45
373	柳树沟水电站	18.00	6.85	4.82	98.37	33.08	33.06	1494.18	0.70
374	小石峡水电站	13.75	4.50	9.13	92.75	63.10	42.90	1479.97	0.63
375	别迭里水电站	24.80	9.09	2.00	90.34	41.61	17.95	1933.50	0.0005
376	亚曼苏水电厂	24.40	7.17	2.00	81.38	41.61	14.85	1933.50	0.0005
377	尼洋河多布水电站	12.00	4.00	19.31	92.79	111.20	77.27	3075.39	0.61
378	藏木水电厂	51.00	18.75	7.215	93.02	197.415	135.251	3308.07	0.8124
379	加查水电厂	36.00	13.34	10.55	97.59	197.415	140.725	3244.31	0.2423
380	大古水电厂	66.00	24.68	5.36	95.06	192.52	132.16	3445.09	0.52

（各发电公司、各水电厂提供资料）

2022年全国电力统计基本数据一览表

项目	单位	2022年	2021年	同比增长（±、%）
一、发电量	亿kW·h	88487	85343	3.70
水电	亿kW·h	13522	13390	1.00
火电	亿kW·h	58888	58059	1.40
核电	亿kW·h	4178	4075	2.50
风电	亿kW·h	7627	6561	16.20
太阳能发电	亿kW·h	4273	3258	31.20
二、全社会用电量	亿kW·h	86369	83358	3.61
A. 全行业用电合计	亿kW·h	73000	71595	1.96
第一产业	亿kW·h	1147	1039	10.43
第二产业	亿kW·h	56991	56330	1.17
其中：工业	亿kW·h	55991	55296	1.26
第三产业	亿kW·h	14862	14226	4.47
B. 城乡居民生活用电合计	亿kW·h	13369	11763	13.65
城镇居民	亿kW·h	7360	6623	11.12
乡村居民	亿kW·h	6009	5140	16.91
三、发电装机容量	万kW	256798	237777	8.00
水电	万kW	41406	39094	5.91
其中：抽水蓄能	万kW	4579	3639	25.83
火电	万kW	133329	129739	2.77
其中：燃煤	万kW	112434	110962	1.33
燃气	万kW	11565	10894	6.16
燃油	万kW	164	165	−0.61
其中：生物质发电	万kW	4135	3807	8.64
核电	万kW	5557	5326	4.34
风电	万kW	36564	32871	11.24
太阳能发电	万kW	39268	30654	28.10
其他	万kW	675	94	621.06
非化石能源发电装机容量	万kW	127605	111845	14.09

续表

项目	单位	2022 年	2021 年	同比增长（±、%）
四、35kV 及以上输电线路回路长度	km	2286830	2228138	2.63
1. 交流	km	2231612	2179595	2.39
其中：1000kV	km	16089	14626	10.00
750kV	km	28161	26754	5.26
500kV	km	219274	211042	3.90
330kV	km	37023	35569	4.09
220kV	km	520929	508091	2.53
110kV	km	803413	778479	3.20
35kV	km	606723	605033	0.28
2. 直流	km	55219	48544	13.75
其中：±1100kV	km	3903	3903	
±800kV	km	32517	27304	19.09
±660kV	km	1441	1441	
±500kV	km	16033	14590	9.89
±400kV	km	1031	1031	
五、35kV 及以上变电设备容量	万 kVA	907903	862767	5.23
1. 交流	万 kVA	857165	813542	5.36
其中：1000kV	万 kVA	20700	19800	4.54
750kV	万 kVA	22945	21175	8.36
500kV	万 kVA	174714	165100	5.82
330kV	万 kVA	17814	16209	9.90
220kV	万 kVA	271116	258784	4.77
110kV	万 kVA	279973	265295	5.53
35kV	万 kVA	69903	67179	4.06
2. 直流	万 kVA	50738	49225	3.07
其中：±1100kV	万 kVA	2867	2867	
±800kV	万 kVA	31766	30558	3.95
±660kV	万 kVA	884	884	
±500kV	万 kVA	13025	12720	2.40
±400kV	万 kVA	1245	1245	
六、新增发电装机容量	万 kW	20298	17908	13.35
水电	万 kW	2371	2349	0.96

续表

项目	单位	2022 年	2021 年	同比增长（±、%）
其中：抽水蓄能	万 kW	880	520	69.23
火电	万 kW	4568	4939	−7.50
其中：燃煤	万 kW	2920	2937	−0.60
燃气	万 kW	649	771	−15.84
其中：常规燃气	万 kW	610	758	−19.57
煤层气发电	万 kW	25		
燃油	万 kW			
其他	万 kW	999	1230	−18.78
其中：余温、余气、余压	万 kW	614	388	58.15
垃圾焚烧发电	万 kW	286	630	−54.62
秸秆、蔗渣、林木质发电	万 kW	99	212	−53.28
核电	万 kW	228	340	−32.90
风电	万 kW	3861	4765	−18.98
太阳能发电	万 kW	8821	5454	61.75
其他	万 kW	449	62	628.50
七、火电机组退役和关停容量	万 kW	704	499	41.25
八、年底主要发电企业电源项目在建规模	万 kW	26983	18307	47.39
水电	万 kW	7708	7454	3.41
火电	万 kW	6236	4896	27.37
核电	万 kW	2232	1970	13.30
风电	万 kW	3886	2354	65.10
九、新增直流输电线路长度及换流容量				
1. 线路长度	km	2223	2840	−21.73
其中：±1100kV	km			
±800kV	km	2080	2840	−26.77
±660kV	km			
±500kV	km	143		
±400kV	km			
2. 换流容量	万 kW	1800	3200	−43.75
其中：±1100kV	万 kW			
±800kV	万 kW	1600	3200	−50.00
±660kV	万 kW			
±500kV	万 kW	200		

续表

项目	单位	2022年	2021年	同比增长（±、%）
±400kV	万kW			
十、新增交流110kV及以上输电线路长度及变电设备容量				
1. 线路长度	km	60170	51984	15.75
其中：1000kV	km	1451	690	110.17
750kV	km	1242	2235	−44.44
500kV	km	8676	8144	6.53
330kV	km	1284	823	56.03
220kV	km	23812	17420	36.69
110kV（含66kV）	km	23706	22671	4.56
2. 变电设备容量	万kVA	35320	33686	4.85
其中：1000kV	万kVA	600	1800	−66.67
750kV	万kVA	2370	1800	31.67
500kV	万kVA	11395	10348	10.12
330kV	万kVA	861	576	49.48
220kV	万kVA	10784	9774	10.34
110kV（含66kV）	万kVA	9310	9388	−0.82
十一、本年完成电力投资	亿元	12470	10786	15.61
1. 电源投资	亿元	7464	5870	27.20
水电	亿元	872	1173	−25.72
火电	亿元	895	708	26.38
核电	亿元	785	539	45.70
风电	亿元	2011	2589	−22.32
太阳能发电	亿元	2865	861	232.73
其他	亿元	37	0.8	4678.37
2. 电网投资	亿元	5006	4916	1.83
送变电	亿元	4851	4764	1.83
其中：直流	亿元	316	380	−16.98
交流	亿元	4505	4383	2.78
其他	亿元	155	153	1.74
十二、单机6000kW及以上机组平均单机容量				
水电：单机容量	万kW/台	7.08	6.53	0.55
机组台数	台	5388	5269	2.26
机组容量	万kW	38151	34431	10.81

续表

项目	单位	2022年	2021年	同比增长（±、%）
火电：单机容量	万 kW/台	13.78	13.72	0.05
机组台数	台	9330	9079	2.76
机组容量	万 kW	128539	124597	3.16
十三、6000kW 及以上电厂供热量	万 GJ	575054	567114	1.40
十四、6000kW 及以上电厂发电标准煤耗	g/(kW·h)	283.7	284.8	−1.09
十五、6000kW 及以上电厂供电标准煤耗	g/(kW·h)	300.7	301.7	−0.96
十六、6000kW 及以上电厂厂用电率	%	4.49	4.36	0.13
水电	%	0.25	0.26	−0.01
火电	%	5.78	5.59	0.19
十七、6000kW 及以上电厂发电设备利用小时	h	3692	3813	−121
水电	h	3417	3606	−189
其中：抽水蓄能	h	1181	1162	19
火电	h	4388	4444	−56
核电	h	7616	7802	−186
风电	h	2218	2231	−13
太阳能发电	h	1340	1282	58
十八、6000kW 及以上电厂燃料消耗				
发电消耗标煤量	万 t	148984	148207	0.52
发电消耗原煤量	万 t	231543	225019	2.90
供热消耗标煤量	万 t	22290	22132	0.71
供热消耗原煤量	万 t	33862	33336	1.58
十九、供、售电量及线损				
供电量	亿 kW·h	74676	72344	3.22
售电量	亿 kW·h	71074	68541	3.70
线损电量	亿 kW·h	3602	3803	−5.29
线路损失率	%	4.82	5.26	−0.43
二十、发用电设备比				
发电装机容量：用电设备容量		1∶4.21	1∶4.30	
二十一、电力弹性系数				
电力生产弹性系数		1.18	1.25	
电力消费弹性系数		1.20	1.28	

注 1. 发电量数据来源于国家统计局。

2. 电源投资完成额口径为全国主要发电企业。

（中国电力企业联合会）

2022 年全国水电 40MW 及以上容量机组运行可靠性综合指标

机组分类	机组容量（MW）	台数	台年数	平均容量（MW/台）	利用小时 UTH	可用小时		不可用小时及次数						降低出力等效停运小时（h）	等效可用系数 EAF（%）	等效强迫停运率 EFOR（%）
						运行 SH	备用 RH	不可用小时及次数		非计划停运		强迫停运				
								次数	小时	次数	小时	次数	小时			
抽水蓄能机组	全部	139	138.68	254.23	2636.26	3318.62	4596.91	5.62	831.56	0.66	12.90	0.57	8.10	0	90.36	0.18
	40～99MW	18	18.00	61.56	2645.05	5120.97	3172.32	3.72	464.97	0.06	1.73	0.06	1.73	0	94.67	0.02
	100～199MW	6	5.68	150	2382.31	2307.09	5332.65	6.34	1120.26	0	0	0	0	0	87.21	0
	200～299MW	29	29.00	237.93	2567.42	2855.83	5179.35	4.83	723.88	0.28	0.94	0.24	0.88	0	91.73	0.03
	300MW 及以上	86	86.00	307.33	2662.05	3396.47	4480.88	6.23	865.74	0.97	16.91	0.83	10.51	0	89.92	0.29
水电轴流机组	全部	152	150.61	103.17	4265.7	5337.59	2666.94	1.32	752.85	0.08	2.63	0.03	1.65	0	91.38	0.02
	40～99MW	72	71.93	59.82	3704.78	4701.38	3327.63	1.38	727.83	0.13	3.16	0.03	0.09	0	91.66	0
	100～199MW	73	71.89	136.53	4562.75	5772.77	2259.9	1.21	724.58	0.04	2.75	0.03	2.57	0	91.70	0.04
	200～299MW	7	6.78	200	3898.96	4211.57	3511.89	1.92	1036.54	0	0	0	0	0	88.17	0
水电混流机组	全部	816	810.96	251.31	3791.16	5022.5	3171.09	1.20	565.06	0.03	1.34	0.02	1.02	2.08	93.51	0.02
	40～99MW	333	331.54	60.68	3441.53	4685.56	3593.06	1.16	480.99	0.01	0.39	0.01	0.38	18.84	94.29	0.01
	100～199MW	125	124.26	135.21	2978.23	4065.02	4142.4	1.26	552.25	0.05	0.33	0.04	0.23	2.59	93.66	0
	200～299MW	104	103.15	231.44	3364.29	4377.08	3880.52	1.17	500.12	0.04	2.29	0.04	2.29	0	94.26	0.05
	300MW 及以上	254	252.01	566.5	4007.85	5291.04	2878.21	1.23	589.31	0.05	1.44	0.03	1	0	93.26	0.02
全部机组		1107	1100.24	231.34	3659.72	4805.16	3338.34	1.77	613.47	0.12	3.03	0.09	2.04	1.66	92.94	0.03

（中国电力企业联合会）

大　事　记

2022年大事记

一月

1月5日　中国电力建设集团有限公司2022年工作会议在北京召开。会议总结2021年工作，部署2022年重点工作任务，公司总经理王斌作题为《抢抓新机遇 构建新格局 全力推动公司高质量发展迈上新台阶》的工作报告。2021年，中国电力建设集团有限公司资产总额11455.11亿元，完成营业收入6219.52亿元，利润总额179.46亿元，净利润139.93亿元。

1月7日　中国长江三峡集团有限公司2022年首个长江大保护项目——由长江生态环保集团有限公司牵头的江西省上饶市鄱阳县河湖岸线生态保护修复（一期）PPP项目正式开工。鄱阳县位于江西省东北部、鄱阳湖东岸，囊括鄱阳湖约313m^2水域，素有“鱼米之乡”“富饶之州”的美誉，是环鄱阳湖经济圈的重要组成部分，也是鄱阳湖流域重要的水源涵养区和天然生态屏障，在长江生态保护中具有重要的区位意义。

1月7日　大华桥水电站荣获2021～2022年度中国安装工程优质奖。中国安装工程优质奖是我国安装行业工程质量最高奖，是专为机电安装工程设立的国家级工程质量奖项。自开工建设以来，该水电站认真落实“百年大计，质量第一”理念，高质量完成机电安装工程，机组各项性能、运行指标展示同类型同规模机组领先水平。

1月12日　截至今日，中国长江三峡集团有限公司可再生能源装机容量突破1亿kW，达1.04亿kW；2021年可再生能源年发电量超3400亿kW·h，同比增长9.5%。2021年，三峡电站发电量再破千亿千瓦时，为我国经济社会平稳运行提供了可靠的清洁能源保障。在中国长江三峡集团有限公司“亿”千瓦可再生能源装机容量中，水电装机容量占比近7成。溯长江而上，由中国长江三峡集团有限公司建设并运营的葛洲坝、三峡、向家坝、溪洛渡、白鹤滩、乌东德6座电站构成名副其实的世界最大清洁能源走廊。

1月13日　在民政部组织开展的第四次“全国先进社会组织”评选表彰活动中，国际小水电联合会被授予“全国先进社会组织”称号，是获此殊荣的3个国际性社会团体之一。

1月13日　国家电网有限公司第四届职工代表大会第二次会议暨2022年工作会议在北京召开。会议总结工作、分析形势、部署任务，公司董事长、党组书记辛保安作题为《全力保障供电，推动能源转型，以优异成绩迎接党的二十大胜利召开》的工作报告。2021年，国家电网有限公司资产总额4.67万亿元，售电量5.17万亿kW·h，营业收入2.97万亿元，同比增长11.4%，实现利润691.1亿元，全年发展总投入5757亿元，同比增长4.8%。

1月14日　中国长江三峡集团有限公司2022年工作会议暨三届四次职代会在武汉召开。会议回顾总结中国长江三峡集团有限公司改革发展取得的成绩和经验，分析研判面临的机遇和挑战，部署2022年重点工作。总经理韩君作题为《稳中求进，勇毅前行，奋力开创建设世界一流企业新局面》的工作报告。2021年，中国长江三峡集团有限公司资产规模1.15万亿元，年度总发电量3633亿kW·h，营业收入1365.45亿元，同比增长22.24%。

1月15日　中国大唐集团有限公司2022年工作会议在北京召开，会议总结2021年工作，分析研判当前形势任务，部署2022年工作任务，总经理记寇伟作工作报告。2021年，中国大唐集团有限公司资产总额8301.64亿元，实现营业收入2238.25亿元，装机容量16398.18万kW，发电量5920.91亿kW·h。

1月15日　山东沂蒙抽水蓄能电站3号机组通过15天试运行，正式投产发电。该电站位于山东沂蒙革命老区，设计总装机容量120万kW，安装4台单机容量30万kW的立轴单级混流可逆式水轮发电机组，预计2022年4台机组全面投产发电。

1月16日　国家能源集团大渡河公司主编能源行业技术标准《水电工程金属结构设备状态在线监测系统技术条件》被国家能源局正式批准发布。该项标准是国内首部水电工程金属结构设备状态在线监测技术标准，填补了行业空白。该项标准对推动水电工程金属结构设备状态监测的标准化、专业化具有重要指导意义，对优化金属结构设计、提高设备安全性具有积极作用。

1月17日　国家电力投资集团有限公司一届四次职代会暨2022年工作会议在北京召开。会议总结2021年工作，分析当前面临的机遇和挑战形势，部署2022年重点工作任务，总经理江毅全面总结2021年取得的成绩，明确了2022年工作的总体要求和目标。2021年，国家电力投资集团有限公司资产总额1.5万亿元，营业收入3320.69亿元，同比增长20%，利润总额108.07亿元。电力总装机容量突破1.95亿kW，其中，清洁能源装机容量突破1.2亿kW，占比61.53%。

1月17日　中国华能集团有限公司二届三次职工代表大会暨2022年工作会议在北京召开。会议总结2021年工作，分析形势，部署2022年重点工作。

中国华能集团有限公司党组书记、董事长舒印彪作题为《奋进新征程，实现新领先，加快建设世界一流现代化清洁能源企业》的工作报告。2021年，中国华能集团有限公司资产总额1.3399万亿元，实现营业收入3855亿元，同比增长23%，利润总额133亿元，完成国内累计发电量7744亿kW·h，同比增长9.33%。

1月18日 中国能源建设集团（股份）有限公司2022年工作会议暨一届二次职代会在北京召开。会议总结2021年工作，提出2022年目标任务，公司总经理孙洪水作工作报告。2021年，中国能源建设集团（股份）有限公司资产总额5426.16亿元，同比增长13.89%，营业收入3247.4亿元，同比增长19.33%，利润总额137.84，同比增长8.92%。

1月19日 中国南方电网有限责任公司第三届职工代表大会第五次会议暨2022年工作会议在广州召开。会议总结2021年工作，分析研判形势，部署2022年重点任务，公司董事长、党组书记孟振平作题为《牢记领袖嘱托，勇担时代重任，踔厉奋发，开创世界一流企业建设新篇章》的工作报告。2021年，中国南方电网有限责任公司资产总额10822亿元，营业收入6716亿元，售电量12368亿kW·h，同比增长11.75%，利润总额326亿元；非化石能源电量占比48.9%。

1月21日 中国水力发电工程学会印发《关于2021年度水力发电科学技术奖奖励的决定》，金沙江向家坝水电站工程等53项成果获奖；同时发布第三届水电英才奖奖励的决定，授予石立等10名同志水电英才奖（第三届）。

1月21日 国家能源投资集团有限责任公司一届五次职工代表大会暨2022年工作会议在北京召开。会议总结2021年工作，分析当前形势，部署2022年工作任务，总经理刘国跃作题为《稳健协同保增长，赋能提质促转型，奋力开创世界一流能源集团建设新局面》的工作报告。2021年，国家能源投资集团有限责任公司资产总额18976亿元，发电量11032亿kW·h，实现营业收入6908亿元、利润总额888亿元。

1月21日 中国华电集团有限公司2022年工作会议在北京召开。会议总结2021年工作、分析形势、部署2022年任务。公司总经理叶向东作工作报告。2021年，中国华电集团有限公司资产总额10000亿元，装机容量1.90亿kW，发电量6495亿kW·h，实现营业收入3000亿元。

1月24日 黄河上游玛尔挡水电站工程大坝已填筑至3114m高程，并已完成进水口开挖。玛尔挡水电站位于果洛藏族自治州玛沁县拉加镇上游约5km的黄河干流上，是龙羊峡以上黄河干流湖口至尔多河段规划的第九座梯级电站。该电站计划于2024年3月实现首批机组投产发电，计划总装机容量220万kW，建成后多年平均发电量可达73.04亿kW·h，每年可节约标准煤耗约256万t，可减少二氧化碳排放量约816万t。

1月28日 国家能源局发布消息，2021年全国可再生能源发电量达24800亿kW·h，占全社会用电量的29.8%，其中，水电为13401亿kW·h。截至2021年底，我国可再生能源发电装机容量达到10.63亿kW，占总发电装机容量的44.8%。其中，水电装机容量3.91亿kW（含抽水蓄能0.36亿kW）。

1月31日～2月6日 中国长江电力股份有限公司运行管理的长江干流梯级6座电站累计发电量达28.9亿kW·h，圆满完成春节保电任务。为做好本次保电工作，中国长江电力股份有限公司提前制定春节期间电力保供专项行动方案，与电网保持高频次协调，滚动测算梯级电站春节发电计划30余份，确保梯级电站有充足备用容量。

二月

2月8日 中国电力建设集团有限公司承建的浙江长龙山抽水蓄能电站6号机转子成功吊装就位，为后续机组总装工作奠定了坚实的基础。该蓄能电站共安装6台单机容量35万kW可逆式机组，其中，4台机组转速为500r/min，2台机组转速为600r/min，是全国唯一在同一个抽水蓄能电站厂房内连续布置两种不同高额定转速抽水蓄能机组的厂房，布置复杂程度高，机组及结构振动控制要求高，被业内专家誉为当今世界抽水蓄能机组的“珠穆朗玛峰”。

2月8日 由三峡集团西藏能投公司投资建设的措美哲古风电场自2021年12月20日并网发电以来，累计发电量突破1000万kW·h，为超高海拔风电项目运营积累了经验。该风电场位于喜马拉雅山北麓的西藏山南市措美县哲古镇，平均海拔介于5000～5065m，项目总装机容量2.2万kW，年等效满负荷利用小时数可达2684h，年上网电量约为5900万kW·h。

2月14日 由哈尔滨电机厂有限责任公司副总设计师、全国大型发电机标准化技术委员会秘书长孙玉田牵头制定的国际标准IEC 60034-33“Synonous hydro generators including motor-generators-specific requirements”[《同步水轮发电机（发电电动机）基本技术要求》] 正式发布实施。这是我国旋转电机领域首次主导制定的国际标准，也是我国国际标准化工作的又一项重大突破。

2 月 15 日 中国大坝工程学会发布 2021 年科学技术奖奖励结果公告。中国大坝工程学会设立并评选科学技术奖（科技进步奖和技术发明奖），其中，科技进步奖主要授予在水库大坝（水利水电）工程勘察、设计、施工、科研、制造、监测、运行管理的科学技术进步中作出突出贡献的公民和组织。此次获奖项目共计 27 项，其中，特等奖 4 项、一等奖 11 项、二等奖 12 项。

2 月 15 日 《人民日报》海外版消息，白龙江大唐碧口水力发电厂进一步完善智能电站建设，加快数字化转型，利用数字化、信息化、智能化的集控调度中心实现梯级调度、联合运行、精细化管控，开展机组检修、提质升级等工作，为经济建设和民生保障提供清洁能源。

2 月 17 日 白鹤滩水电站累计安全生产绿色电能 200 亿 kW·h，相当于减少标准煤消耗 624 万 t，减少二氧化碳排放 1602 万 t。该电站共安装 16 台全球单机容量最大功率百万千瓦水轮发电机组，计划全部机组将于 2022 年 7 月投产发电。

2 月 19 日 新疆阜康抽水蓄能电站首台机组座环/蜗壳水压试验顺利完成。该电站机组座环/蜗壳设计压力 8.33MPa，试验最大压为 12.5MPa，此次水压试验历时 13h，经过逐步加压、保压和减压等多个步骤圆满完成，整个试验过程平稳有序，质量安全受控。

2 月 22 日 中国电建集团华东勘测设计研究院有限公司海上风电"新型桩—桶复合基础研发及其工程应用"入选 2021 年度中国十大海洋科技进展。该项目技术，不仅大幅提高了海上施工作业效率，也为破解海上风电走向深远海、大机组过程中常规单桩基础承载力不足等难题，为国家海洋技术领域发展、助力"双碳"目标实现发挥积极作用。

2 月 22 日 福建三峡海上风电产业园传来喜讯，我国自主研制、拥有完全自主知识产权的 1.3 万 kW 抗台风型海上风电机组顺利下线，这是目前我国已下线的亚洲地区单机容量最大、叶轮直径最大的风电机组。

2 月 25 日 水利部农村水利水电工作会议在北京召开。水利部副部长田学斌出席会议并讲话。会议要求，要立足复苏河湖生态，深入推动小水电绿色发展，稳妥推进小水电分类整改，推动小水电逐站落实生态流量，做好绿色小水电示范创建。

2 月 25 日 中国水力发电工程学会机械疏浚专业委员会、中国疏浚协会水利疏浚专业委员会 2021 年年会暨学术讨论会以视频会议方式顺利召开。会议主题为"智慧疏浚与环境偕行"，中国水力发电工程学会常务副秘书长席浩、中国疏浚协会秘书长高伟出席会议并致辞，来自全国 40 多家单位 80 余位领导、专家学者参加会议。

2 月 28 日 丰宁抽水蓄能电站二期 8 号机组转子顺利吊装成功，为 2022 年后续机组安装开了好头。该电站发电电动机采用立轴半伞式结构，转子在安装间组装完成后总重为 415t。为保证 8 号机组转子安全吊装，项目部成立转子安全吊装人员组织机构，经过监理、业主批复后，进行转子吊装前技术交底及现场吊装安全技术交底。

2 月 28 日 国家统计局发布《中华人民共和国 2021 年国民经济和社会发展统计公报》显示，2021 年末全国发电装机容量 237692 万 kW，比上年末增长 7.9%。其中，火电装机容量 129678 万 kW，增长 4.1%；水电装机容量 39092 万 kW，增长 5.6%；核电装机容量 5326 万 kW，增长 6.8%；并网风电装机容量 32848 万 kW，增长 16.6%；并网太阳能发电装机容量 30656 万 kW，增长 20.9%。

三月

3 月 1 日 李家峡水电站 5 号机组扩机工程项目正式开工。中国水利水电第四工程局有限公司负责安装单机容量 40 万 kW 水轮发电机组 1 台，该机组采用新型国产化蒸发冷却工质，将进一步提高机组运行维护的自动化水平，该项目计划于 2023 年 8 月并网发电。届时，李家峡水电站将实现 200 万 kW 全容量投产。

3 月 4 日 2022 年全国两会即将召开，全国政协委员、长江水利委员会总工程师仲志余建议，统筹长江流域风光水多能互补发展规划，建立长江流域风光水联合调度管理机制。长江流域已、在建大中型水电站近 400 座，总装机容量约 2.3 亿 kW，已建大型水库 300 余座，总调节库容 1800 余亿 m^3，水电调节性能优良。应充分利用常规水电和抽水蓄能的灵活调节作用，平抑风光出力波动，实现风光水多能互补。

3 月 4 日 白鹤滩水电站左岸大坝 1～3 号导流底孔封堵体接缝灌浆顺利完成，标志着白鹤滩水电站大坝左岸灌浆工程全部完成。该电站共布置 6 条导流底孔，从左岸至右岸依次为 1～6 号导流底孔，其中 1～3 号导流底孔位于左岸 16～18 号坝段。导流底孔作为在大坝坝体内设置的临时泄水孔口，是河床内导流的重要工程。

3 月 5 日 梅州抽水蓄能电站 4 号机组转子顺利吊装成功，至此，该工程一期 4 台机组转子全部吊装完成。4 号机组转子外径 5918mm，最大高度为 3544mm，装配后起吊总重量约 460t，通过桥式起重机采用平衡梁套轴的方式吊入机坑。

3月7日 水电水利规划设计总院制定并发布《水电总院推动碳达峰碳中和三年行动方案》，该方案以习近平新时代中国特色社会主义思想为指导，以实现国家“碳达峰、碳中和”目标为引领，以推动能源绿色低碳、健康持续发展为主线，确立了坚持前瞻布局、坚持系统思维、坚持创新驱动、坚持内外互动的4个工作原则；确定了以积极服务国家部委、积极服务地方各级政府、积极服务各开发企业和集团公司作为3项主要目标。

3月14日 俄日水电站1号机组顺利完成72小时电网测试，转入商业运行。该电站位于四川省阿坝州金川县境内的俄日河上，系俄日河干流水电规划“一库四级”的第三级水电站，上接七家寨梯级，下衔红卫桥梯级电站，电站采用引水式开发，引水线路长12.917m，装机容量6.9万kW，主要水工建筑物由首部枢纽、引水建筑物及厂区枢纽组成。

3月16日 由中国能建葛洲坝集团承建的锦屏一级拱坝、向家坝重力坝两项工程均获第三届高混凝土坝国际里程碑工程奖。根据中国大坝工程学会此前发布的公告，2022年全球范围内仅有4项工程获奖，中国占据2项。国际里程碑工程奖是在国际大坝委员会和国际有关专家的支持下，由中国大坝工程学会联合美国、西班牙、巴西等国家大坝委员会共同倡议设立的，目前已成功评选了碾压混凝土坝里程碑工程奖、堆石坝里程碑工程奖和混凝土坝里程碑工程奖。所评选的里程碑工程在不同角度体现了现代坝工技术的经验和成就。

3月16日 马里古伊那水电站首台机组正式并网发电。该工程项目位于马里境内的塞内加尔河上，是“一带一路”沿线西非区域的大型基础设施建设项目，由中国电力建设集团有限公司EPC总承包，其中中国电建集团西北勘测设计研究院有限公司承担勘测设计任务，中国水电建设集团十五工程局有限公司承担土建施工，中国水利水电第十六工程局有限公司承担机电安装。安装3台轴流式水轮发电机组，总装机容量14万kW。

3月18日 雅砻江两河口水电站最后一台机组完成72小时试运行，正式投入商业运行，至此，该电站6台机组全部投产发电。该电站位于四川甘孜藏族自治州雅江县，电站库容108亿m^3，具备多年调节性能。总装机容量300万kW（6×50万kW），设计年发电量超过110亿kW·h。项目核准投资总额664.57亿元。

3月19日 尼泊尔上塔马克西水电站全面投产，尼泊尔总理谢尔·巴哈杜尔·德乌帕出席投产仪式。该电站位于尼泊尔中部开发区贾纳克普尔专区多拉卡县塔马克西河之上，总装机容量45.6万kW。工程大坝为混凝土重力坝，坝高27m，坝堤总长100m，最大有效库容220万m^3，引水隧洞长度8km，2条压力竖井分别为372m和310m，被誉为尼泊尔“三峡工程”，由中国电力建设集团有限公司承建。

3月22日 国家发展改革委、国家能源局印发《“十四五”现代能源体系规划》，金沙江旭龙水电站列入“力争开工”项目，奔子栏水电站列入“深入开展前期论证”项目，以流域大型水电站为依托的金沙江上游清洁能源基地列入“重点建设清洁能源基地”。旭龙电站、奔子栏电站是金沙江上游水电规划“一库13级”的第12级和13级水电站。依托两水电站打造的金沙江上游川滇段“水光风”一体化可再生能源基地，规划基地总装机容量1180万kW。基地建成后，预计年均发电量305亿kW·h，每年可节约标准煤约916万t，减少排放二氧化碳约2197万t。

3月23日 红卫桥水电站最后一台机组顺利通过72小时试运行，正式并网发电，至此，该电站全面投产。该电站位于四川省阿坝藏族羌族自治州金川县境内，是俄日河干流“一库四级”梯级开发方案的第四个梯级，俄日河系大渡河西源绰斯甲河右岸的一级支流。其总装机规模11.1万kW，共设3台机组，单机容量3.7万kW，多年平均年发电量4.514/4.964亿kW·h（单独/联合），具有日调节能力。

3月27日 葛洲坝水力发电厂累计发电超6080亿kW·h。该电站是我国在长江干流上兴建的第一座大型径流式电站，电厂不断优化本质安全型电厂管理，在安全生产道路上走出稳健步伐，已实现连续安全生产19年。

3月28日 白鹤滩水电站左岸最后一台机组（8号）上机架吊装完成，至此，该电站左岸8台百万千瓦水电机组大型部件全部吊装完成。8号机组上机架的成功吊装是实现白鹤滩水电站2022年7月全部机组投产发电迈出的重要一步。

3月29日 沂蒙抽水蓄能电站4号机组投产发电，至此，该电站4台机组比原计划提前一年投入商业运行。该电站是目前山东省全面建成投运装机最大的抽水蓄能电站，总装机容量120万kW，设计年发电量20.08亿kW·h、年抽水电量26.77亿kW·h，每年可节约标准煤8.83万t、减少二氧化碳排放29.67万t。

3月29日 尼那水电站2022年第一季度水电发电量15038.25kW·h，同比增长6.06%，实现首季度“开门红”。自2007年10月中国水利水电第四工程局有限公司收购尼那水电站以来，累计水电发电量108亿kW·h，连续4年突破7.63亿kW·h，连续2年发电量超8亿kW·h，实现了发电效益最大化。

四月

4月1日 刘家峡水电站迎来发电53周年，截至2022年3月31日，该电站累计发电量2587亿kW·h。该电站位于甘肃省临夏州永靖县境内的黄河干流上，曾创造国内最高混凝土重力坝、最大双水内冷单机容量、最高电压等级输电线路、中国第一个百万千瓦级水电站等7项第一。该电站不仅担负着西北电网调峰调频的责任，更关系到西北电网的“双升双降”和清洁能源消纳。该水电站的建成，不仅开创了中国根治黄河水患和开发黄河水利的先河，还把陕西、青海、甘肃三省电网联结在一起，为西北地区工农业发展作出贡献。

4月13日 由中电建水电开发集团有限公司所属克州新隆公司投资开发的夏特水电站4号机组提前17天实现并网发电，标志着该电站全部建成投产发电。该电站主体工程于2017年7月15日正式开工，2019年10月引水隧洞全线贯通，2020年11月1日主厂房实现封顶，2021年11月16日首台机组并网发电。

4月14日 公伯峡水电站与优特科技共同研制的“水电站作业过程智能安全管控系统”成功投入使用，并得到高度的认可。该电站作为国家“西电东送”的北部重要通道，在智能化建设上不断探索升级，为青海省智慧水电站建设奠定坚实基础。

4月15日 由中国电力建设集团有限公司勘测设计并承担全部施工任务的宁海抽水蓄能电站上下水库双坝登顶。该电站2017年12月正式开工建设，计划2024年首台机组投入商业运行，2025年全部投产发电。电站设计年平均发电量14亿kW·h，电站投运后，每年可以节约燃煤约18万t，减排二氧化碳约36万t，能够加快推动能源绿色低碳转型，加速构建以新能源为主体的新型电力系统，助力“碳达峰、碳中和”目标实现。

4月18日 国际可再生能源署（IRENA）发布《2022年可再生能源装机数据》报告。截至2021年末，全球可再生能源的装机总量为3064GW，同比增加9.1%。其中，水电装机容量为1230GW，占比40%；太阳能和风能装机容量分别为849GW和825GW，占比分别为28%和27%。2021年，可再生能源装机容量共增加了257GW，新增的风光装机容量占全球新增可再生能源装机总量的88%。

4月19日 白鹤滩水电站10000kN双向斜拉门机圆满完成负荷试验。该设备由中国电建集团华东勘测设计研究院有限公司和中国水利水电夹江水工机械有限公司联合设计，为该电站“量身定制”的具有斜拉功能的双向门式启闭机，额定起重载荷10000kN，斜拉角度7°，水平力达到1227kN，是目前水电站起重容量最大、水平力最大的双向斜拉坝顶门机。中国水利水电夹江水工机械有限公司克服超大容量、超大斜拉水平力、走弧形轨道等一系列技术难点，落地“一种超大斜拉门机小车架”“一种适应斜拉的平衡滑轮装置”等8项专利技术。

4月22日 水利部召开2022年水利科技工作会议。加快我国水利重大问题科技攻关，2022年将推进42项水利重大关键技术研究。会议认为，“加快重大问题科技攻关，要立足我国国情水情，坚持需求导向、问题导向、效用导向。”会议强调，新阶段水利科技创新工作，要强化水利科技创新力量，强化智慧水利科技支撑，加强水利标准化工作，做好水利科技创新成果推广转化。

4月22日 由中国电力建设集团有限公司设计承建的国内首座装配式生态鱼道——西藏DG水电站生态鱼道全部通过验收，正式交付运行。DG水电站鱼道是目前建成的世界海拔最高、落差最大的生态鱼道，也是全国范围内首次大量采用预制装配技术的竖缝式鱼道。鱼道所处位置海拔达3447m，落差达81.77m，鱼道全长3471.22m。为保证鱼道更加有效运行，池室内设置有水文监测、鱼类监测等设备，经过近一年时间运行监测，鱼道运行水流流速、流态等指标完全满足设计要求。鱼道的正式运行，有力保护了西藏水流域生态环境。

4月25日 中国水力发电工程学会抽水蓄能行业分会成立大会在北京召开。为顺应抽水蓄能行业发展新形势，更好地服务抽水蓄能行业健康发展，中国水力发电工程学会电网调峰与抽水蓄能专业委员会改组升级为中国水力发电工程学会抽水蓄能行业分会。

4月26日 吉林敦化抽水蓄能电站4号机组投入商业运行，至此，国内首座700m级水头蓄能电站全部建成投产。该电站位于吉林省敦化市北部，总装机容量140万kW，安装4台单机容量为35万kW的可逆式水泵水轮发电机组，年设计发电量为23.42亿kW·h，年抽水电量31.23亿kW·h。电站全面建成投产后，将充分发挥电力供应和调峰填谷作用，有效缓解东北地区电网调节能力不足问题。

4月28日 全国总工会公布2022年全国五一劳动奖和全国工人先锋号的表彰名单，国能大渡河流域水电开发有限公司检修公司龚电检修项目部被授予“全国工人先锋号”。

五月

5月4日 截至此日，中国长江三峡集团有限公司长江干流乌东德、白鹤滩、溪洛渡、向家坝、三峡、葛洲坝6座梯级水电站多年累计发电量突破

30000 亿 kW·h。这 6 座电站构成世界最大清洁能源走廊，持续为长江经济带和国家经济发展提供绿色动力。

5 月 7 日 哈尔滨电气集团有限公司为四川春厂坝抽水蓄能电站研制的、国内首台自主研发的全功率变速恒频抽水蓄能机组变速抽水成功。至此，该机组全面实现了定速发电、变速发电、变速抽水，并且运行稳定，各项指标优良，标志着项目取得圆满成功。该工程位于已投产的四川春厂坝水电站，建成后年发电量 1265 万 kW·h，年利用小时数 2530h，为我国实现“双碳”目标、减少可再生能源弃电，推动多能互补、协同优化新能源电力综合开发提供了工程参考实例。

5 月 12 日 当地时间下午 5 时，巴基斯坦卡洛特水电站 2 号机组顺利完成 168 小时试运行，这是继 5 月 7 日 1 号机组顺利完成 168 小时试运行后又一重要节点，标志着 2 台机组正式并网发电。1 号和 2 号机组完成 168 小时试运行后继续运行，累计发电量分别为 5424.65 万 kW·h 和 3181.14 万 kW·h。

5 月 18 日 白鹤滩水电站 8 号机组封闭母线和发电机出口附属设备整体耐压试验顺利通过。至此，电站左岸 8 台机组封闭母线安装工作全部圆满结束，均符合“精品标准”。白鹤滩左岸电站封闭母线安装工序主要包括安装前检查、支吊架安装，封闭母线安装，附属设备安装、整体检查、试验 6 个环节。其中，8 号机组封闭母线于 1 月 16 日开始安装，共用时 120 天，较计划工期提前 8 天。

5 月 20 日 白鹤滩水电站迎来又一重要节点，9 号机组安装完成进入调试阶段，这是中国长江三峡集团有限公司在长江干流上建成的第 110 台水轮发电机组，标志着该电站机组总装工作全部完成，进入全面投产冲刺阶段。该电站全面建成投产后，预计多年平均发电量可达 624.43 亿 kW·h，能够满足约 7500 万人一年的生活用电需求，可替代标准煤约 1968 万 t，减排二氧化碳约 5200 万 t，促进“双碳”目标实现和经济社会发展绿色转型。

5 月 24 日 大峡水电站 4 号机组正式进入 72 小时试运行，标志着大峡水电站 4 台套机组全部改造完成并通过启动验收。该电站始建于 1991 年，1996 年第一台机组发电，1998 年电站 4 台机组全部投运正式并网发电，电站总装机容量 30 万 kW（4×7.5 万 kW）。该电站机组技术改造及安装项目的完成，可为后续机组增容改造工程项目施工可提供借鉴。

5 月 24 日 浙江天台抽水蓄能电站建设征地和移民安置工作协议暨主体工程施工合同签约仪式在浙江省天台县举行，标志着该电站进入主体工程全面建设新阶段。该电站位于天台县境内，计划安装 4 台单机容量 42.5 万 kW 的可逆式水泵水轮发电机组，总装机容量 170 万 kW。电站建成后主要承担浙江电网的调峰、填谷、调频、调相、储能及紧急事故备用等任务，并为华东电网提供灵活调度能力。

5 月 25 日 从国家电投集团黄河上游水电开发有限责任公司获悉，历时 188 天，黄河上游最大水电站龙羊峡水电站电气主接线及 363kV GIS 设备改造工程顺利完成并投入运营。经过改造，原有的双母单分段电气主接线形式改为 3/2 接线，最小运行方式由原来 2 台机组运行，减少到 1 台机组运行，在增加运行方式灵活性、安全性和可靠性的同时，能够有效降低设备的耗水率，提高电站经济运行水平。

5 月 26 日 葛洲坝水力发电厂实现连续安全生产 7000 天，在我国大型水电站中处于领先水平，再次刷新葛洲坝电站安全生产纪录。电站处于长江干流梯级电站最末端，存在设备设施多、检修窗口期短、主辅设备复杂、自主可控改造任务重等多重挑战。葛洲坝电厂始终树牢总体国家安全观，以最坚决的态度担当作为，全力打造本质安全型电站。

5 月 28 日 作为中国大陆第一座水电站，昆明滇池下游螳螂川上的石龙坝水电站迎来 110 岁生日。20 世纪初，云南爱国人士怀抱“实业救国”梦想，倡议中国人自己建电站。1910 年 8 月 21 日，该电站开工，1912 年 5 月 28 日，该电站投产发电。电站在保障工业生产、居民用电等的同时，还肩负着调节滇池水位、防洪抗旱和农业灌溉等使命，电站先后经过 7 次扩建，目前共有 4 台机组，总装机容量 7360kW。110 年来，这座电站累计发电量超过 10 亿 kW·h。如今，发电数据还在不断刷新。近年来，该电站入选“国家工业遗产”，获评“全国重点文物保护单位”，成为传承红色基因的打卡地，2019 年以来共接待游客 3.6 万多人次。

5 月 29 日 由中国南方电网有限责任公司投资建设的广东梅州、阳江 2 座百万千瓦级抽水蓄能电站同时投产发电。至此，梅州抽水蓄能电站一期 4 台机组全部投产，为苏区加快振兴发展注入了强劲的发展动力。梅州抽水蓄能电站总库容位居全国抽水蓄能电站第二，是国内为数不多能够实现周调节的抽水蓄能电站。电站全面投产后，将大幅提升粤港澳大湾区电网调节能力，推动广东建设成为全国绿色低碳发展的先行地、示范区。

5 月 30 日 国家能源集团龙源浙江温岭潮光互补型智能光伏电站实现全容量并网发电。该电站开创了光伏与潮汐协调发电的新能源综合运用新模式，形成“日月同辉齐发力、水上水下齐发电”的场景，标志着我国在海洋能源综合利用、新能源立体式开发建设等方面取得了新成效。

5月31日　四川省经济和信息化厅批复太平驿水电站技改增容出力鉴定结果，同意认定太平驿水电站单机容量由6.5万kW增至7万kW，电站总装机容量由26万kW增至28万kW。该电站位于四川省汶川县境内，1994年建成投产，年平均发电量15.3亿kW·h。增容认定后，年均增加有效上网电量7250万kW·h，年替代标准煤2.35万t，减少二氧化碳排放5.8万t，为国内同类型老旧水轮发电机组的技术改造树立了典范。

5月31日　国务院印发《关于印发扎实稳住经济一揽子政策措施的通知》，提出“抓紧推动实施一批能源项目”，推动能源领域基本具备条件2022年可开工的重大项目尽快实施，积极稳妥推进金沙江龙盘等水电项目前期研究论证和设计优化工作。

六月

6月1日　由中国电力建设集团有限公司负责勘测设计，承担主要施工任务的浙江天台抽水蓄能项目举行开工仪式。天台抽水蓄能电站项目是国家《抽水蓄能中长期发展规划（2021～2035年）》“十四五”重点实施项目、浙江省“十四五”期间规划的重大建设项目。电站安装4台单机容量42.5万kW的可逆式水泵水轮发电机组，额定水头724m，总装机容量170万kW，计划2025年12月实现首台机组投产发电。

6月1日　白鹤滩水电站8号机组主变压器特殊试验顺利通过，标志着该电站左岸电站8台机组主变压器安装调试工作全部结束，将为左岸电站8台机组早日投产发电提供有力保障。8号机组主变压器安装工作于2022年1月26日开始，历时126天，较计划工期提前18天。

6月2日　溪洛渡水电站累计生产清洁电能突破5000亿kW·h，相当于替代标准煤约1.52亿t，减排二氧化碳约4.16亿t，为我国实现“碳达峰、碳中和”目标，促进经济社会发展全面绿色转型作出重要贡献。该电站位于四川省雷波县和云南省永善县交界的金沙江峡谷河段，是我国“西电东送”的骨干电源点之一，以发电为主，兼有防洪、拦沙和改善下游航运条件等综合效益。

6月3～13日　白鹤滩水电站2022年首次“人造洪峰”生态调度试验顺利实施，完成了本年度生态调度任务。“人造洪峰”生态调度主要针对坝下产漂流性卵鱼类，为白鹤滩下游中华金沙鳅、圆口铜鱼等产漂流性卵鱼类产卵繁殖创造适宜的水文、水力条件。2022年是该电站纳入生态调度范围的第一年，中国长江三峡集团有限公司各单位通力合作，统筹协调水位运行、工程建设、现场监测等各项工作，保障了此次生态调度试验顺利实施。

6月5日　由中国电力建设集团有限公司设计施工的布隆迪胡济巴济水电站最后一台机组完成72小时试运行，至此，该电站3台机组全部实现并网发电目标。该电站是中国援外在建的最大水电站项目，电站位于布隆迪首都布琼布拉市南部的胡济巴济河下游段，距布首都布琼布拉市约43km，采用径流引水式开发，安装3台单机容量0.5万kW的卧轴水斗式水轮发电机组，总装机容量1.5万kW。2022年5月1日，该电站首台机组投产发电仪式在项目现场举行。

6月7日　龚嘴、铜街子水电站过鱼专项设施项目通过备案，成为国内首个电站建成后新增过鱼设施的项目。该项目总投资约2.8亿元，分别位于大渡河下游龚嘴水电站、铜街子水电站处，具有保护大渡河流域生态环境、加强大坝上下游鱼类种群基因交流、促进大渡河流域内鱼类增殖繁衍、缓解涉水工程对鱼类阻隔影响的作用，是实现经济发展和生态环保双赢的重要举措，对大渡河流域生态环保协调、可持续发展具有重要意义。

6月7日　国家首批大型风电光伏基地项目，位于四川省凉山彝族自治州德昌县的腊巴山风电项目正式开工建设。该项目为雅砻江流域水风光互补绿色清洁可再生能源示范基地标志性项目，项目装机容量19.2万kW，拟建设60台风电机组，分布于腊巴山主山脊北段、中段及西侧沿雅砻江河谷延伸支脉。该项目计划于2022年10月首台机组吊装，2023年9月全部机组投产发电。全部建成后，每年可贡献清洁电能超2200亿kW·h。

6月7日　羊曲水电站上游围堰提前23天顺利填筑至设计海拔2650m度汛高程，满足防洪度汛要求。该节点目标的实现，为电站按期投产发电奠定了基础。该电站位于青海省海南藏族自治州兴海县与贵南县交界处的黄河干流上，属一等大（1）型工程。电站总装机容量120万kW，多年平均发电量47.32亿kW·h，于2021年12月26日正式开工建设，12月28日实现截流戗堤合龙，计划2024年7月首台机组投运发电。

6月7日　旭龙水电站项目喜获国家发展改革委核准批复建设。该电站为金沙江上游装机最大水电站，位于云南德钦县与四川得荣县交界的金沙江干流上，总装机容量240万kW，最大坝高213m，多年平均发电量105.14亿kW·h，总投资约293亿元。该电站的建设将为我国实现节能减排和“2030碳中和”目标作出重要贡献，有利于优化四川电网能源结构、支持“西电东送”战略实施，对金沙江水电基地整体开发和拉动民族地区经济发展具有重要意义。

6月15日　国家能源局发布1～5月全国电力工业统计数据。从电力消费情况看，1～5月，全国全社会用电量 33526 亿 kW·h，同比增长 2.5%。从电力生产情况看，受本土疫情、电力消费、发电燃料供应等因素的影响，2022 年 4 月、5 月，我国发电量连续两个月同比下降。数据显示，5 月下旬以来，全国多地疫情形势明显好转，在国家出台的一揽子稳经济政策措施的作用下，电力消费数据呈现出回升势头。在电力生产方面，全国基建新增发电生产能力 5298 万 kW，可再生能源发电基建新增 4349 万 kW。

6 月 16 日 国家能源局发布消息，截至 5 月底，我国可再生能源发电总装机容量达到 11 亿 kW，同比增长 15.1%。其中，常规水电 3.6 亿 kW、抽水蓄能 0.4 亿 kW，风电、光伏发电、生物质发电等新能源发电装机容量突破 7 亿 kW。1～5 月，全国可再生能源发电新增装机容量 4349 万 kW，占全国发电新增装机容量的 82.1%，已成为我国发电新增装机容量的主体。1～5 月，全国可再生能源发电量达到 1.06 万亿 kW·h，同比增长 16.8%，约占全社会用电量的 31.5%。

6 月 16 日 截至当日，由乌东德、白鹤滩、溪洛渡、向家坝、三峡、葛洲坝等 6 座梯级电站，2022 年累计发电量超 1080 亿 kW·h，同比增长 330 余亿 kW·h，梯级电站及各单座电站年度累计发电量均创历史同期新高。6 月 6 日，该 6 座梯级电站单日发电量 2022 年首次突破 10 亿 kW·h。与往年相比，高产时间提前一个月左右。同时，6 月 14～16 日，该 6 座梯级电站单日发电量连续 3 天均超 10 亿 kW·h，为迎峰度夏电力保供提供了坚强保障。

6 月 20 日 2022 年上半年，水电水利规划设计总院会同抽水蓄能行业分会开展了一系列工作。一是首编完成《2021 年抽蓄产业发展报告》，计划 6 月下旬发布；二是配合国家能源局，组织专家团队研究起草《促进抽水蓄能高质量发展指导意见（初稿）》；组织开展中小型抽水蓄能研究；三是组织专家开展推进“沙戈荒”大型风电光伏基地配套抽水蓄能规划研究；四是建立抽水蓄能前期工作半月报制度；五是积极推动抽水蓄能标准体系建设；六是组织专家团队提供高质量技术服务。据初步统计，2022 年上半年水电水利规划设计总院已累计完成抽水蓄能行业技术审查、质量监督等各项工作共 215 项。

6 月 23～25 日 水电水利规划设计总院主持召开《山东枣庄庄里抽水蓄能电站预可行性研究报告》会议，研究讨论了该电站可行性研究报告，同意通过审查。庄里抽水蓄能电站是山东省抽水蓄能发展规划“十四五”重点实施项目。电站建成后将助力国家“碳达峰、碳中和”目标实现，缓解山东电网电力系统容量需求和调峰需求，提高电网运行的安全性和稳定性。

6 月 24～25 日 第六届世界智能大会在天津国家会展中心隆重召开，本届会议首次评选科技创新应用案例，国能大渡河流域水电开发有限公司《基于自主创新的大型流域水电公司智慧企业建设》作为唯一入榜“十佳”的央企案例在大会上接受颁奖。

6 月 27～28 日 水电水利规划设计总院会同四川省水利厅，在成都主持召开了《四川大渡河双江口水电站建设征地移民安置规划（修编）》核定会议。双江口水电站为大渡河干流规划的 22 个梯级电站中第五级电站。水库正常蓄水位 2500m，相应库容 27.32 亿 m^3，回水长度 57km，电站总装机容量 200 万 kW，多年平均发电量 71.23 亿 kW·h。此次会议审定了《四川大渡河双江口水电站建设征地移民安置规划（修编）》，为该电站移民安置实施阶段的工作提供了依据，有效解决了该电站移民安置工作中存在的分歧，为该电站工程尽快完成建设产生效益和库区移民尽快完成安置适应新的生产生活环境奠定了坚实的基础。

6 月 28 日 《水电建设》特种邮票首发。为贯彻落实习近平总书记对乌东德水电站首批机组投产发电重要指示和致白鹤滩水电站首批机组投产发电贺信精神，今日，金沙江巨型水电站全国爱国主义教育示范基地开放日活动暨《水电建设》特种邮票首发仪式在白鹤滩水电站举行。

6 月 28 日 三峡水力发电站 34 台机组 2022 年首次实现全开运行。当日高峰出力超 2100 万 kW，日发电量近 5 亿 kW·h。5 亿度电。入夏以来，全国多地发布高温橙色预警。中国长江三峡集团有限公司紧盯受电区域天气变化形势，严格落实调度要求，在确保防洪安全的前提下，科学开展六库联合调度，滚动优化梯级电站运行方式，制定并落实电站大负荷长周期运行保障措施，确保全部机组能发尽发、应发尽发。

6 月 29 日 湖北省发展改革委正式批复湖北长阳清江抽水蓄能电站项目核准申请。该项目是国家能源局《抽水蓄能中长期发展规划（2021～2035 年）》“十四五”重点实施项目，也是《湖北省能源发展“十四五”规划》重点建设项目。长阳清江抽水蓄能电站项目装机容量 120 万 kW，项目建成后，将承担湖北电力系统调峰、填谷、调频、调相、储能和紧急事故备用等任务，每年可节省电网燃煤消耗量 36.8 万 t，减少二氧化碳排放 91.78 万 t。

6 月 29 日 黑龙江荒沟抽水蓄能电站 4 号机组正式投入商业运行，标志着黑龙江省首座抽水蓄能电站全面投产发电。该电站投产是国家电网有限公司积极服务“碳达峰、碳中和”目标，推动构建新型电力系统，加快抽水蓄能建设取得的又一标志性成果，将有力保障东北电网安全稳定运行，助推当地经济社会发展。

6月29日 中国华电集团西藏能源有限公司组织设计、监理、测量中心、物探中心、试验中心、施工单位等相关人员对西藏DG水电站碾压混凝土重力坝单位工程进行验收，一致认为工程符合设计标准、规程和规范要求，同意大坝单位工程通过验收。该大坝为DG水电站的最大单位工程，坝顶高程3451m，最大坝高117m，坝顶长385m，是世界在建海拔最高的碾压混凝土重力坝。

6月29日 由中国长江三峡集团有限公司为主投资开发的巴基斯坦卡洛特水电站全面投入商业运营。该电站位于巴基斯坦旁遮普省卡洛特地区，是杰赫勒姆河梯级水电规划的第四级。项目于2015年4月破土动工，总投资约17.4亿美元，总装机容量72万kW，投产后预计每年可节约标准煤约140万t，减少二氧化碳排放350万t。

6月30日 由中国电力建设集团有限公司承建的浙江长龙山抽水蓄能电站6号机组顺利结束15天考核试运行，正式投产发电，至此，该电站6台机组实现全部投产发电。该电站共安装6台35万kW可逆式水泵水轮发电机组，其中5、6号机组额定转速为600r/min。3月1日、5月4日，该电站4、5号机组已完成15天考核试运行，正式投入商业运行。该电站自2021年6月底实现首台机组投产发电以来，电站建设和运行有序衔接，一年内陆续实现6台机组投产，截至目前已经累计发送清洁电能超15亿kW·h，抽水耗电超20亿kW·h，为华东地区能源保供和电网平稳运行贡献积极力量。该电站承载了多项“世界之最”和“国内首次”，多项设计达到世界领先水平。

七月

7月7日 中国能建葛洲坝国际公司与印尼国家电力公司签署印尼上西索堪抽水蓄能电站建设项目合同，该项目为印度尼西亚的第一座抽水蓄能电站。上西索堪抽水蓄能电站位于印尼爪哇岛西索堪河上游流域，距首都雅加达190km，距离万隆约65km。电站设4台26万kW发电机组，总装机容量104万kW。

7月8日 雅砻江流域水风光互补绿色清洁可再生能源示范基地标志性项目——柯拉光伏电站开工建设。该项目位于四川省甘孜州雅江县柯拉乡，装机规模100万kW。中国电建集团成都院勘测设计研究院有限公司2021年开始可研设计工作，项目计划于2023年全容量并网发电。该项目年利用小时数1735h，年平均发电量20亿kW·h，通过一条500kV输电线路接入两河口水电站，实现水光互补。

7月20日 中国电力企业联合会发布2022年1～6月电力工业运行简况。截至6月底，全国发电装机容量24.4亿kW，同比增长8.1%。其中，非化石能源发电装机容量11.8亿kW，同比增长14.8%，占总装机容量的48.2%，占比同比提高2.8个百分点；水电装机容量4.0亿kW，同比增长5.9%。

7月21日 由中国水力发电工程学会、国家电网有限公司、中国长江三峡集团有限公司、中国电力建设集团有限公司、浙江大学主办，中国电建集团华东勘测设计研究院有限公司（简称华东院）、国网新源控股有限公司等共同承办的潘家铮院士逝世10周年纪念活动暨潘家铮水电学术论坛在华东院顺利举办。潘家铮院士是我国水利水电科学技术发展的重要奠基人、土木工程学家、中国科学院和中国工程院“两院”院士、中国工程院原副院长、第九届光华工程科技奖“成就奖”获得者，倾其一生为我国水利水电工程设计、建设、科研和管理作出光辉贡献。

7月22日 高陂水利枢纽工程龙湖水电站最后一台发电机组顺利完成72小时试运行，至此，龙湖水电站4台总装机量10万kW的机组全面投产发电。高陂水利枢纽工程是国家172项节水供水重大水利工程之一，是一宗以防洪、供水为主，兼顾发电、航运及生态效益等综合利用的大型水利枢纽工程。龙湖水电站4台机组全部投入运行后，每年可提供约4亿kW·h的电量，可节约火电标准煤约16.04万t，成为目前韩江干流上发电量最大的水电站。

7月26日 《中国电力工业史　水力发电卷》发布，该书由中国电力企业联合会组织、中国水力发电工程学会编纂完成。当天，为庆贺中国有电140周年，中国电力企业联合会、上海市人民政府以“守护万家灯火、赋能美好生活”为主题，联合举办了2022年“中国电力主题日”活动。会上《中国电力工业史》丛书正式首发，与读者见面。

7月26～29日 由水电水利规划设计总院主持，重庆市能源局，云阳县政府、中电建水电开发集团有限公司、中国电建集团中南勘测设计研究院有限公司等24家单位的领导、专家和代表共计110余人参加的《重庆云阳建全抽蓄电站可行性研究报告》审查会议在云阳县召开，会议审核通过了该项目可行性研究报告，标志着项目建设又迈出了关键性的一步。

7月28日 由中国水力发电工程学会和中国电力建设集团有限公司联合主办的2022年中国水电发展论坛暨水力发电科学技术奖颁奖典礼在北京召开。大会围绕“新时代、新水电、新使命”主题，共襄年度水电盛典，共话水电新成就，共谋水电新发展。中国水力发电学会理事长张野，中国电力建设集团有限公司党委书记、董事长丁焰章分别代表主办方致辞；

中国科学院院士张楚汉、中国工程院院士陈厚群等多位院士出席论坛，水利部、国家能源局、国家应急管理部等有关领导出席论坛并作讲话；来自全国水利水电行业100余家单位400多名新老水利水电工作者代表通过线下或云端出席会议。

7月28日 在“2022中国水电发展论坛”上获悉，我国水电装机规模连续17年稳居全球首位。2021年以来，我国水电和新能源事业继续保持高质量、创新可持续发展。截至2022年6月底，我国可再生能源发电总装机容量已突破11亿kW，其中，常规水电约3.6亿kW、抽水蓄能约0.4亿kW，风电、光伏发电分别约为3.4亿kW，生物质发电约为0.4亿kW，水电、风电、光伏发电、生物质发电装机规模分别连续17年、12年、7年和4年稳居全球首位。白鹤滩、杨房沟、两河口等大巨型常规水电，丰宁、长龙山、敦化、梅州、阳江、荒沟、周宁、沂蒙等一批抽水蓄能电站投产，新时代水电迈入科学快速发展新阶段。

7月31日 “2022水电流域开发成就与‘双碳’目标下的科学发展论坛”在昆明举行。此次论坛由中国水力发电工程学会主办，华能澜沧江水电股份有限公司承办，旨在扎实推进生态文明建设，助力实现“碳达峰、碳中和”目标，同时，打造水电和新能源人才开展交流的学术平台，促进科技领军人才成长。

八月

8月1日 截至当日，龙滩水电站生产清洁电能突破2000亿kW·h，相当于节约标准煤约7238万t，减少二氧化碳排放约1.9亿t，为助力“双碳”目标和推动地方经济发展作出了积极贡献。龙滩水电站位于广西河池市天峨县境内，电站凸显其近111.5亿m^3的库容调节优势，持续满足华南地区电力增长需求，发挥优化电网电源结构、改善红水河通航条件、减轻红水河下游西江两岸地区的防洪补淡压力等关键作用，为地方经济社会高质量发展注入澎湃的绿色动力。

8月5日 世界规模最大的水电工程专题博物馆——三峡工程博物馆在湖北省宜昌市三峡坝区开馆。三峡工程博物馆于2015年开始建设，设有三馆三中心和一个临时展厅。三峡馆、工程馆和水电馆为3个基本陈列馆。三峡馆以时间为轴，展示三峡工程百年圆梦历程和巨大综合效益。工程馆以专业为轴，从社会、文化、科技、环境、发展等维度解析三峡工程，铸就大国重器。水电馆则带领观众走进中国水电百年发展历史长卷，主要展示我国水电发展历程和水电科技。

8月10日 水电水利规划设计总院在北京组织召开《河南嵩县抽水蓄能电站工程安全预评价报告》审查会议。该电站位于河南省嵩县境内，装机容量180万kW，枢纽建筑物主要由上水库、下水库、输水系统、地下厂房和开关站等组成。审查认为：预评价报告的内容和深度满足《水电工程安全预评价报告编制规程》（NB/T 35015—2021）要求，评价单元划分合理，评价方法选用较为适当，危险、有害因素分析基本符合工程实际，评价结论客观、可信，同意该预评价报告通过审查。

8月19日 重庆云阳建全抽水蓄能电站项目正式开工。该项目位于重庆市云阳县境内，总装机容量120万kW，总投资约90亿元。项目由中电建水电开发集团有限公司控股、中国电建集团中南勘测设计研究院有限公司参股开发，采用EPC总承包管理，实行“小业主+大监理”的管理模式。项目建成后，预计年发电量约9.25亿kW·h，每年可节约发电标准煤量25.6万t，减少二氧化碳排放量63万t，可承担重庆电网调峰、填谷、储能、调频、调相和紧急事故备用等任务，有效缓解系统调峰矛盾，助推地方经济社会高质量发展。

8月23日 中国水力发电工程学会首个境外代表机构——巴基斯坦代表处成立揭牌仪式在中国驻巴基斯坦大使馆举行。中国驻巴基斯坦大使馆公使衔商务参赞谢国祥、巴基斯坦总理特别助理扎法尔·马赫默德、巴基斯坦水利电力发展署董事贾韦德·拉蒂夫、中国水力发电工程学会常务副理事长兼秘书长郑声安、中国电建集团国际工程有限公司董事长季晓勇等共同为中国水力发电工程学会巴基斯坦代表处揭牌。

8月24日 水电水利规划设计总院在北京组织召开《青海格尔木南山口抽水蓄能电站工程安全预评价报告》审查会议。该电站工程位于青海省海西蒙古族藏族自治州格尔木市境内，装机容量为240万kW，建成后重点服务海西可再生能源基地开发，兼顾青海省电力系统的调峰、调频、调相和紧急事故备用等。审查认为：预评价报告的内容、格式和深度满足《水电工程安全预评价报告编制规程》（NB/T 35015—2021）的要求，评价目的明确，评价范围清晰完整，评价依据正确，主要危险有害因素辨识与分析符合工程实际，评价单元划分合理，评价方法选用适当，风险等级合理，提出的安全风险管控措施可行，评价结论客观、可信，同意该预评价报告通过审查。

8月24日 水电水利规划设计总院在北京组织召开《青海省龙羊峡大型储能工厂项目安全预评价报告》审查会议。该项目位于青海省海南藏族自治州共和县、贵南县交界处。项目利用已建龙羊峡水库作为上水库、已建拉西瓦水库作为下水库，利用新能源弃电通过泵站抽水储能，利用龙羊峡水电站现有机组增发电量。项目装机容量为100万kW，枢纽工程主要由上水库、下水库及输水系统等部分组成。审查认为：预评价报告内容、格式和深度均满足《水电工程安全预评价报告编制规程》（NB/T 35015—2021）要求，评价目的明确，评价范围清晰完整，评价依据正确，主要危险有害因素辨识与分析符合工程实际，评价单元划分合理，评价方法选用适当，风险等级合理，提出的安全风险管控措施可行，评价结论客观、可信，同意该预评价报告通过审查。

8月28日　华电福新周宁抽水蓄能有限公司举办周宁抽水蓄能电站全面投产发电仪式，标志着周宁抽水蓄能电站进入全面投产发电期。该电站为日调节纯抽水蓄能电站，装机容量120万kW，安装4台30万kW可逆式水泵水轮发电机组。电站主体工程于2016年12月正式开工建设。该电站投产发电将承担福建电网的调峰、填谷、调频、调相及备用等任务，必要时为华东电网提供支持。

8月30日　截至15时35分，白鹤滩水电站累计发电量突破400亿kW·h，为经济社会发展电力需求提供有力支撑，为助力国家实现“双碳”目标贡献源源不断的清洁能源。

九月

9月1日　中国水力发电工程学会柬埔寨代表处揭牌仪式在中国北京和柬埔寨金边以视频连线方式同步举行。该代表处以华电海外投资有限公司为支撑单位，以中国华电额勒赛下游水电项目（柬埔寨）有限公司主要负责人为授权代表开展工作。

9月3日　2022（第四届）中国水电青年科技论坛在昆明召开。该论坛由中国水力发电工程学会主办、中国电建集团昆明勘测设计研究院有限公司承办。论坛主要由45岁以下的水电和新能源青年科技工作者参加、主持及进行学术报告和交流，同时邀请行业知名院士专家学者与青年才俊进行沙龙对话，发挥前辈“传帮带”作用，共同打造青年科技工作者成长成才的高端学术平台，大力培育水电和新能源未来科技领军人才。此次论坛以线上线下相结合的形式召开，来自全国水电和新能源行业40余家单位的150多名专家学者和青年科技工作者参会，线上观看人数超过6000人次。

9月4日　西藏DG水电站生态鱼道通过环保专项验收。由环水保监理单位中国电建集团华东勘测设计研究院有限公司组织，DG水电站业主、设计、监理、运维、施工等相关单位组成验收小组，验收组经过审阅大量基础资料和分析讨论，一致认为西藏DG水电站鱼道工程施工、运行、过鱼等各项指标完全满足设计要求，同意生态鱼道通过环保专项验收。DG水电站鱼道是目前建成的世界海拔最高、落差最大的生态鱼道，也是全国范围内首次大量采用预制装配技术的竖缝式鱼道，为世界屋脊上的鱼类洄游提供了重要生命通道，有力保护了西藏水流域生态环境，实现水域生态安全。

9月5日　四川省甘孜州泸定县在12时52分发生6.8级地震。地震发生后，国家防汛抗旱总指挥部、水利部立即对水利抗震救灾作出部署，要求迅即组织排查各类水利工程震损情况以及堰塞湖形成情况，迅即进行除险工作部署，严防次生灾害，确保民众生命安全，保障工程安全、供水安全。截至9月6日0时，四川省水利部门共排查水库163座、水电站1104座、重点供水工程1457处、山洪灾害危险区656个，共发现震损中型水电站1座、小型水电站6座。

9月6日　布琼布拉消息，中国援建的布隆迪鲁齐巴齐水电站项目竣工仪式在鲁蒙盖省鲁齐巴齐村举行，布隆迪总统恩达伊施米耶出席竣工仪式并致辞。该电站位于鲁齐巴齐河下游，于2018年10月开工建设，由中国电建集团成都勘测设计研究院有限公司勘测设计，中国水利水电第十四工程局有限公司施工总承包，中国电建集团中南勘测设计研究院有限公司实施管理。该电站最后一台机组于2022年7月完成试运行，电站3台机组当月实现并网发电目标。

9月8日　辽宁清原抽水蓄能电站下水库下闸蓄水，标志着清原抽水蓄能电站全面进入投产发电攻坚阶段。该电站是国家“十三五”重点能源工程、新一轮振兴东北老工业基地的139个重大项目之一。电站总装机容量180万kW，设计年发电量30亿kW·h。电站计划于2023年首台机组发电，于2025年实现6台机组全部投产运行。

9月12日　乌东德水电站荣获菲迪克大奖。国际咨询工程师联合会（FIDIC）在瑞士日内瓦举办的FIDIC全球基础设施大会正式揭晓了2022年度“菲迪克工程项目奖”。由中国能建葛洲坝三峡建设公司承担75%施工份额的金沙江乌东德水电站获“FIDIC高度赞扬奖”。这也是继三峡工程、三峡升船机和溪洛渡水电站后，公司承建项目第四次获得“菲迪克”荣誉。

9月15日　水电水利规划设计总院在北京组织召开《甘肃张掖抽水蓄能电站工程安全预评价报告》审查会议。该电站位于甘肃省张掖市境内，装机容量140万kW，建成后承担电力系统的调峰、填谷、储能、调频、调相和紧急事故备用等任务。审查认为：

预评价报告的内容、格式和深度满足《水电工程安全预评价报告编制规程》（NB/T 35015—2021）的要求，评价目的明确，评价范围清晰完整，评价依据正确，主要危险有害因素辨识与分析符合工程实际，评价单元划分合理，评价方法选用适当，风险等级合理，提出的安全风险管控措施可行，评价结论客观、可信，同意该预评价报告通过审查。

9月16日 中国水利水电第六工程局有限公司辽宁清原抽水蓄能电站压力钢管加工厂1000MPa级压力钢管焊接工艺试验取得成功。经过相关检测，焊接工艺试板全部合格，焊接质量完全符合有关标准和质量要求。1000MPa级高强压力钢管焊接工艺试验的成功，填补了水电站行业压力钢管焊接技术的空白，进一步提升了项目自主创新、技术攻关能力。

9月18日 中国水力发电工程学会、河海大学、江苏省水力发电工程学会联合在南京召开“水电与碳中和”科普论坛。此次论坛主要围绕2022年全国科普日“喜迎二十大，科普向未来”的主题，大力科普水电在我国能源向清洁低碳转型中的基础性、保障性作用，探讨新时代下水电对实现“双碳”目标无可替代的重要新使命。中国工程院院士王浩、张宗亮，以及水电和新能源行业有关专家学者、河海大学师生、通过线上参会的专家和代表，共630多人参加会议。

9月19日 梅州抽水蓄能电站二期工程开工。该项目位于广东省梅州市五华县，电站规划装机容量240万kW，分两期建设，两期装机容量均为120万kW。二期工程总投资约47亿元，投产发电后将推动粤港澳大湾区建成世界首个千万千瓦抽水蓄能湾区。二期工程计划2025年前全面投产，年设计发电量35.04亿kW·h，年抽水耗电量46.72亿kW·h，每年可节约系统标准煤约105.12万t，可减少二氧化碳排放量261.9万t、二氧化硫排放量7.9万t、氮氧化物排放量3.9万t，减排效果相当于近10.7万亩森林的净化效果。

9月20日 水电水利规划设计总院在北京组织召开《浙江建德抽水蓄能电站工程安全预评价报告》审查会议。该电站位于浙江省建德市梅城镇林场，装机容量240万kW，建成后主要承担华东电网调峰、填谷、储能、调频、调相、紧急事故备用等任务。审查认为：预评价报告的内容、格式和深度满足《水电工程安全预评价报告编制规程》（NB/T 35015—2021）要求，评价目的明确，评价范围清晰完整，评价依据正确，主要危险有害因素辨识与分析符合工程实际，评价单元划分合理，评价方法选用适当，风险等级合理，提出的安全风险管控措施可行，评价结论客观、可信，同意该预评价报告通过审查。

9月22日 由中国能源建设集团有限公司投资建设的印度尼西亚上西索凯抽水蓄能电站举行开工仪式。该电站是印度尼西亚首座抽水蓄能电站，位于印度尼西亚爪哇岛西索凯河上游流域，距首都雅加达190km。电站设4台26万kW发电机组，总装机容量104万kW。

9月22日 浙江宁海抽水蓄能电站上、下库大坝面板正式开始浇筑，为上、下水库具备蓄水条件、电站投产发电打下了坚实基础。该电站位于浙江省宁海县境内，为国家能源局“十三五”规划重点建设项目、浙江省重点工程，总投资79.5亿元。电站总装机容量140万kW，安装4台35万kW可逆式水泵水轮发电机组，设计年平均发电量14亿kW·h，年抽水电量18.67亿kW·h，建成后将主要承担浙江电网的调峰、填谷、调频、调相及事故备用等任务。

9月23日 中国水力发电工程学会堆石混凝土坝专业委员会成立大会暨第一次工作会议在福建泉州以线上线下相结合的方式顺利举行。会议由堆石混凝土坝专委会主办，中国水力发电工程学会常务副理事长兼秘书长郑声安、副秘书长李世东，以及来自专委会28家委员单位的60多名委员和代表现场参会，140余名委员和代表通过线上参会。

9月27日 中国长江三峡集团有限公司消息，截至当日，金沙江向家坝水电站累计发电量突破3000亿kW·h，相当于减少标准煤消耗9045万t，减排二氧化碳24840万t。该电站是中国长江三峡集团有限公司在金沙江下游开发建设的首个水电项目，2012年11月首批机组投产发电，电站总装机容量640万kW，设计多年平均发电量307.47亿kW·h。

9月27日 山西省推进水电数据共享共用。国网山西省电力公司与山西省水利厅签订框架合作协议，双方将充分发挥各自业务、技术与资源优势，在推进水电数据共享共用、农灌用电用水分析、“以电折水”和“以电管水”体系建设等方面开展深入合作。双方表示将以此为契机，加快示范水电数据分析，在全省范围内细化水电信息档案到井匹配，继续拓宽“以电管水”合作，共同提升山西水资源节水管理智能化水平。

9月28日 南方电网储能股份有限公司举行重大资产重组暨更名上市仪式，正式登陆上海证券交易所。南方电网储能股份有限公司由原云南文山电力股份有限公司实施重大资产重组成立，主要从事抽水蓄能和新型储能业务，是全市场首个主营抽水蓄能业务的上市公司。目前运营管理7座抽水蓄能电站、4座电化学独立储能站、2座常规水电站，正建设4座抽水蓄能电站和3座电化学储能站，同步推进10余座抽水蓄能、电化学储能站点的前期开发工作。其中，抽水蓄能在运装机容量约占全国抽水蓄能总装机容量的1/4。

十月

10月11日　是首届全球水电日（Global Hydropower Day）。为了让更多人了解水电，认识到水电的价值，国际水电协会（International Hydropower Association）联合全球会员单位，决定将每年的10月11日设立为全球水电日。这也是世界范围内首个专为水电设立的纪念日活动。国际能源署预计，若国际社会希望在2050年前达到净零排放的目标，并将全球气候变暖控制在1.5℃内，那么年均水电新增装机容量须达到4500万kW；若希望将全球气候变暖控制在2℃内，则年均水电新增装机容量须达到3000万kW。根据国际水电协会统计，2021年全球水电新增装机容量仅为2600万kW，远未达到预期值；并且其中80%的增长来自中国。实现净零目标、应对全球气候变化，需要水电助力。水电在全球，尤其是在发展中国家的发展依然任重而道远。

10月11日　福建永泰抽水蓄能电站2号机组正式投产，比原计划投产目标提前2个月。2号机组于10月6日完成15天试运行。该电站位于福州市永泰县白云乡，总装机容量120万kW，安装4台单机容量30万kW的水泵水轮发电机组，设计年发电量12亿kW·h，年抽水耗电量16亿kW·h，工程等别为一等大（1）型。8月11日，该电站首台机组完成15天试运行，提前20天投产发电并投入商业运行。

10月17日　在党的二十大新闻中心举办的首场记者招待会上，国家发展改革委、国家能源局等发言人表示，能源发展既要安全也要转型，作为能源生产和消费大国，确保能源安全始终是做好能源工作的首要任务。能源政策要扎实抓好有序替代，紧密着眼长远发展需要，全面构建风、光、水、核等清洁能源供应体系，扎实推动水电、核电重大工程建设，统筹推进以沙漠、戈壁、荒漠地区为重点的大型风电光伏基地建设，因地制宜发展生物质能、地热能等其他可再生能源，确保到2025年非化石能源消费比重达到20%左右、到2030年达到25%左右。

10月18日　雅砻江两河口水电站水光牧互补光伏电站建设动员暨合同签字仪式在成都锦江宾馆隆重举行，中国电力建设集团有限公司签约该全球最大水光牧互补光伏电站。该项目是雅砻江清洁能源示范基地“十四五”以来首个开工建设的水光互补电站，位于四川省甘孜州雅江县，海拔4000～4600m，装机规模100万kW，通过一条500kV输电线路接入两河口水电站，实现水光互补，首次将全球“水光牧互补”规模提升到百万千瓦级。

10月18日　河北滦平抽水蓄能电站项目完成核准。该项目位于承德市滦平县，装机容量120万kW，总投资82.37亿元，项目建成后，将有力提升京津冀电网安全稳定运行水平，促进可再生能源大规模高比例消纳。

10月21日　山西垣曲抽水蓄能电站输水发电系统临建工程开工。该电站位于山西省运城市垣曲县境内，电站设计年发电量12亿kW·h，年抽水电量16亿kW·h。工程将直接带动上下游产业复工复产，增加发电装备制造业产值约20亿元，带动力强、中长期经济效益显著。

10月21日　凉山州木里河固增水电站（调度命名：康坞水电站）2、4号机组经过72小时试运行，正式投入商业运行，至此，该电站全部机组正式投产发电。该电站位于四川省凉山州木里河干流上，采用引水式发电，引水隧洞全线长约11.06km，总库容48.4万m^3，安装4台单机容量4.3万kW的混流式水轮发电机组，总装机容量17.2万kW，年发电量7.04亿kW·h。投产发电后，对缓解电力供需紧张、促进凉山州经济发展、加快民族地区乡村振兴具有重要意义。8月28日，该电站1、3号（首批）机组完成72小时试运行，正式投产发电。

10月22日　中国共产党的优秀党员，久经考验的忠诚的共产主义战士，无产阶级革命家，我国水利和电力战线的杰出领导人，中国工程院资深院士，中国人民政治协商会议第七届、八届、九届全国委员会副主席钱正英同志，因病于21时50分在北京逝世，享年99岁。

10月25日　截至当日20时，华能澜沧江风光水储多能互补基地累计发电量突破10000亿kW·h，创历史新高，相当于减少标准煤消耗约3.1亿t，减少二氧化碳排放量约7.8亿t。作为国家“西电东送”主力电源点，基地涵盖水电、风电、光伏、储能，总装机容量超2400万kW。其中，水电装机容量2296万kW，为长度最长、梯级最完整的全流域开发范例。

10月27日　甘肃省张掖盘道山和肃南皇城两座抽水蓄能电站集中开工建设。这两座抽水蓄能电站是《抽水蓄能中长期发展规划（2021～2035年）》中的“十四五”重点实施项目，也是甘肃首批开工建设的抽水蓄能电站。两座电站装机容量均为140万kW，设计年发电量均为16.37亿kW·h，年抽水电量均为21.83亿kW·h，共计投资约210亿元，计划“十五五”中期建成投运。

10月30日　《中华人民共和国黄河保护法》已由中华人民共和国第十三届全国人民代表大会常务委员会第三十七次会议于2022年10月30日通过，自

2023年4月1日起施行。

十一月

11月1日 大藤峡水利枢纽工程右岸首台机组（1号）经过72小时试运行，正式投产发电，较原计划提前2个月完成目标。该工程是国务院确定的172项节水供水重大水利工程的标志性项目，也是珠江流域关键控制性工程。工程共配备8台国内最大的轴流转桨式水轮发电机组，单机容量20万kW，总装机160万kW。

11月1日 水电水利规划设计总院智库建设新成果《为美丽中国赋“能”》正式出版发行。全书由12篇报告组成，全方位展现总结在党的领导下我国水利水电方面的工作成果，规划蓝图，为推动我国可再生能源发展提供指引，为党的二十大召开献礼。

11月9日 福建云霄抽水蓄能电站主体工程开工动员大会在项目现场举行，该电站位于福建省漳州市云霄县火田镇境内，是国内首创的“核蓄一体化”示范运营项目和目前福建在建装机规模最大的抽水蓄能电站项目，电站总装机容量180万kW，设计安装6台30万kW混流可逆式蓄能机组，云霄抽水蓄能电站总投资约100亿元，电站的建设将有效带动项目所在地区产业发展，对推动区域经济社会发展和乡村振兴具有重大意义。

11月10日 西藏水风光储能源技术创新中心揭牌成立。西藏自治区水风光储能源技术创新中心第一届理事会一次会议顺利召开。西藏自治区科学技术厅及中国电力建设集团有限公司领导，中国工程院院士、中国电力建设集团有限公司首席专家张宗亮出席会议。中国电力建设集团有限公司深度参与西藏清洁能源的建设布局，先后完成了西藏境内95%以上河流的水力资源普查，开展了全域太阳能、风能、地热资源普查论证，承担了西藏各阶段新能源发展规划，完成了金沙江上游、澜沧江上游以及雅鲁藏布江中、下游等水风光储一体化规划，交付了一系列代表行业领先水平的精品工程。会议在北京、成都、西藏等地以现场+视频形式召开。

11月10日 龙开口水电站正式进入“无人值班”模式。“无人值班”模式意味着水电站现场不需要人员值班，机组开停机、负荷调整等由远程发令或按预先设定的程序自动运行，运行人员定期到厂房巡检；当设备发生异常或故障时，相关装置能自动处理。为实现高度自动化运行的目标，“无人值班”模式对水电站的设备状态、自动化水平、人员素质和管理水平都提出了更高要求，是水电站实现“一流设备、一流技术、一流人才、一流管理”的重要标志。

11月11日 湖北五峰太平抽水蓄能电站项目获湖北省发展改革委核准。电站拟安装6台单机容量40万kW机组，总装机规模240万kW。电站额定水头696m，最大扬程747m，是国内继长龙山、天台等抽水蓄能电站后又一座700m级水头的抽水蓄能电站。

11月16日 由中国电力建设集团有限公司承建的杨房沟水电站在2022年PMI（中国）项目管理大奖评选中荣获“杰出项目奖”。该奖是中国项目管理领域最负盛名的奖项之一，在项目管理学术研究和实践领域具有国际权威性。作为国内首个百万千瓦级EPC水电项目，被评奖委员会认定为在项目管理实践和业务结果方面取得卓越表现和突破性成就。该电站位于四川省凉山州木里县境内的雅砻江中游河段，总装机容量150万kW。通过对EPC模式的探索实践，首台机组投产提前5个月，末台机组投产提前12.5个月，实现工程投资的可控在控，获得省部级科技创新奖19项（其中，一等奖11项），省部级QC成果奖26项、工法3项，专利52项，有力推动水电行业技术进步。

11月23日 为规范水电站大坝运行安全应急管理工作，提高电力企业防范、应对大坝运行安全突发事件能力，保障大坝运行安全和社会公共安全，根据《中华人民共和国突发事件应对法》《水库大坝安全管理条例》《生产安全事故应急条例》《电力安全事故应急处置和调查处理条例》和《水电站大坝运行安全监督管理规定》等法律、法规和规章，国家能源局制定并印发《水电站大坝运行安全应急管理办法》（国能发安全规〔2022〕102号）。

11月24日 我国企业自主研发的新一代继电保护系统（华能睿渥继电保护系统）在小湾水电站正式投运，这是我国水电控制系统一项重大技术突破。此次投运的华能睿渥水电继电保护系统，标志着我国高水头、大容量水力发电领域核心控制系统实现全面自主可控。经第三方权威机构鉴证，性能指标达到行业标准要求，对保障电力基础设施网络安全、保障国家能源安全具有重要意义。

11月25日 广东肇庆浪江抽水蓄能电站顺利开工。肇庆浪江抽水蓄能电站工程是我国抽水蓄能中长期发展规划“十四五”重点项目。电站总装机容量120万kW，将安装4台30万千瓦机组，工程总投资约86亿元，年设计发电量为13.5亿kW·h，计划2025年底前投产发电。

11月27日 九峰山抽水蓄能电站开工建设。该电站位于河南省新乡辉县市黄水乡境内，是目前河南省在建装机规模最大的抽水蓄能电站，总装机容量210万kW，总投资131.6亿元。项目建成后，将承担新乡地区电网的调峰、填谷、调频、调相、储能及紧急事故备用等任务，有效保障能源电力安全，缓解电网调峰矛盾，促进全市加快构建清洁低碳、安全高效的现代能源体系。

11月30日　苏洼龙水电站1号机组圆满完成72小时试运行，正式投入商业运行，至此，该电站全面投产发电，实现“一年四投”发电目标。该电站位于金沙江上游河段四川巴塘县和西藏芒康县界河上，总装机容量120万kW，梯级联合运行年发电量约55亿kW·h。该电站全面投产后，可节约标准煤181.3万t，减少二氧化碳排放430万t。7月19日、8月25日、9月25日，该电站依次4号（首台）机组、3号机组、2号机组通过72小时试运行，正式投产发电。

十二月

12月8日　锅浪跷水电站最后一台机组完成72小时试运行，正式投产发电，至此，该电站4台机组共22万kW全部投产运行。该电站位于四川省雅安市天全县喇叭河境内，为单一发电工程，是天全河梯级水电开发中的龙头水库，电站装机容量22万kW，年发电量8.46亿kW·h。电站建成后，每年可实现减少碳排放量84.38万t，为促进“双碳”目标实现贡献大唐雅安力量。

12月8～9日　由中国科学技术协会主办、中国水力发电工程学会承办的中国科协水电与新能源青年科学家沙龙在线上召开。此次沙龙为水电和新能源领域的青年科技人才创新思想交流和展示才华提供了很好的舞台，为水电和新能源高质量发展进行了有益探索，是促进青年科技人才成长的有效途径，也是学会为青年科技工作者服务的实际行动。

12月9日　乌弄龙水电站荣获第20届全国质量奖（卓越项目奖）。乌弄龙水电站是国家“西部大开发”和“西电东送”战略的重点项目和骨干电源点，建设运营过程中，全面推行卓越绩效管理模式，注重塑造质量文化和品牌意识，构建了“四位双控一体化”特色质量体系，大坝质量被可再生能源质量监督站誉为“三无”精品大坝，为电站机组设备长周期安全稳定运行奠定了坚实基础。

12月10日　丰宁抽水蓄能电站8号机组完成15天试运行，正式投产发电。实现5台机组投产发电目标。该电站计划安装12台机组，装机总容量360万kW，计划于2024年全部建成投产。11月23日，该电站4号机组经过15天试运行，正式投入商运。

12月17日　国家能源局发布1～11月全国电力工业统计数据。截至11月底，全国累计发电装机容量约23.21亿kW，同比增长9%。其中，风电装机容量约3.05亿kW，同比增长29%；太阳能发电装机容量约2.88亿kW，同比增长24.1%；水电装机容量约38798万kW，同比增长5.5%。水电新增装机容量约1938万kW，同比增长859%（绝对量）。

12月19日　水利部公布“2022年度绿色小水电示范创建电站名单”。经电站申报、省级初验、部级审核和公示，确定山西杜河等134座电站为2022年度绿色小水电示范电站；同意河北东武仕等36座示范电站的期满延续申请；决定山西文峪河等40座电站退出示范电站名录。

12月20日　白鹤滩水电站最后一台（9号）机组顺利完成72小时试运行，正式投入商业运行，至此，该电站16台机组全面投产发电。该电站位于四川省宁南县和云南省巧家县交界的金沙江下游干流河道，是实施“西电东送”的国家重大工程，是当今世界在建规模最大、技术难度最高的水电工程，总装机容量1600万kW。1月3日、5月30日、6月2日、8月2日、9月22日、10月14日、11月5日，该电站依次16号机组、5号机组、6号机组、7号机组、8号机组、12号机组、10号机组顺利结束72h试运行，正式投产发电。

12月20日　中国水力发电工程学会印发《水力发电科学技术奖励委员会奖励通报》，决定授予2022年度水力发电科学技术奖成果65项，其中，一等奖14项、二等奖19项。同日，决定授予金峰、王小毛、周厚贵3人潘家铮奖（第七届），授予胡清义等10人水电英才奖（第四届）。

12月23日　广东惠州中洞抽水蓄能电站全面开工，这是我国首个40万kW级超大容量变速抽水蓄能工程。该电站将安装40万kW级超大容量变速机组，总装机容量达到120万kW，总投资83亿元，计划2025年底前投产发电，服务粤港澳大湾区电网。电站安装的变速抽水蓄能机组，可以通过改变转速灵活调节功率，让风电、光伏等新能源发出的电能更加稳定地接入，也将实现我国变速抽水蓄能机组技术由30万kW到40万kW的跃升，大大提高效率。

12月26日　水利部公布“2022年度国家水土保持示范”名单，华能澜沧江水电股份有限公司苗尾水电工程获评“国家水土保持示范工程”（生产建设项目）。苗尾水电站在工程建设中严格落实水土保持“三同时”制度，针对性地采取管理、工程、植物以及临时措施，形成较为完善的水土保持措施体系。经过多年不懈努力，水土流失总治理度达99.47%，土壤流失控制达1.10，拦渣率达98.11%，林草植被恢复率达99.02%，林草覆盖率达30.05%，各项指标均优于防治目标值。

12月26日　安徽金寨抽水蓄能电站4号机组顺利结束15天考核试运行，至此，该电站4台抽水蓄能机组全部投产发电，交出了“半年四投”的优异答卷。该电站位于安徽省六安市金寨县，总装机容量120万kW，安装4台单机容量为30万kW的混流可逆式抽水蓄能机组，设计年发电量20.1亿kW·h，年抽水电量26.8亿kW·h，以500kV出线接入安徽电网。

12月26日 甘肃黄羊抽水蓄能电站项目获甘肃省发展改革委核准批复。该电站位于武威市凉州区境内，上水库位于黄羊河峡谷左岸大榆树沟，下水库位于黄羊河峡谷内，电站投资约110亿元，装机容量140万kW，安装4台单机容量35万kW可逆式水泵水轮机组，设计年发电量16亿kW·h。

12月29日 两河口混合式抽水蓄能电站开工仪式在两河口水电站大坝举行。两河口混合式抽水蓄能电站由中国电力建设集团有限公司规划论证和勘测设计，是我国第一个核准的大型混蓄项目、全国大型清洁能源基地中首个开工的混蓄项目。项目位于四川省甘孜藏族自治州雅江县，安装4台30万kW可逆式机组，加上已建成的两河口水电站300万kW常规机组，总装机容量达到420万kW，将成为全球最大的混蓄“充电宝”。该混蓄电站建成后，将可在两河口水电站调节的基础上配套消纳新能源325万kW，风光蓄一体化开发年发电量49.58亿kW·h，为加快建设以两河口水电站为中心的千万千瓦级水风光蓄互补绿色清洁能源示范基地奠定基础，对我国水、风、光、蓄能源一体化综合开发具有探索示范效应。

12月29日 陕西旬阳水电站4号机组完成72小时试运行，至此，电站4台机组全部建成投产发电。旬阳水电站为安康市重大民生工程，位于陕西省旬阳市城南2km，是汉江干流陕西境段第五级水电站，是以发电为主、兼顾航运的水电枢纽工程。水库总库容3.25亿m^3，调节库容0.46亿m^3，工程设计安装4台8万kW发电机组，总装机容量32万kW，年发电量8.4亿kW·h。

12月29日 河南省嵩县抽水蓄能电站开工仪式在洛阳市嵩县车村镇黄柏村举行。该电站位于洛阳市嵩县车村镇境内，总装机容量180万kW，总投资115亿元，规划安装6台30万kW抽水蓄能机组，电站设计年发电量20.46亿kW·h，年抽水电量27.28亿kW·h，以两回500kV等级电压出线接入河南电网，工程总工期7年，预计2029年底投产发电。

12月30日 贵州贵阳抽水蓄能电站获贵州省发展改革委核准批复。该电站位于贵阳市修文县谷堡镇，总装机容量150万kW，为一等大（1）型工程。项目建成后，将提高清洁能源消纳能力，实现多能互补能源结构，保障贵州电网安全运行，为贵州高质量发展提供动力保障。

12月30日 青海海西州蓄集峡水利枢纽工程水电站首台机组正式投产发电。蓄集峡水利枢纽工程是全国172项节水供水工程之一，工程建设引水式水电站一座，引水洞长6.4km，电站总装机容量为3.3万kW，设计年均发电量9977万kW·h。电站投产发电将海西州水能资源转化为经济优势、产业优势，将为全面建设新海西提供坚强的水利保障。

12月30日 青海省发展改革委同意建设贵南哇让、同德、格尔木南山口3个抽水蓄能电站。此3个项目总装机容量达760万kW，总投资达500亿元。其中，哇让抽水蓄能电站位于海南州贵南县，总装机容量280万kW；同德抽水蓄能电站位于海南州同德县，总装机容量240万kW；南山口抽水蓄能电站位于海西州格尔木市，总装机容量240万kW。

12月31日 2022年，三峡枢纽全年运行情况总体良好，水资源、发电、航运、生态等综合效益充分发挥，在长江干流世界最大清洁能源走廊构建中发挥着骨干作用。水资源利用方面，三峡水库累计来水3404亿m^3，较设计多年均值（4510亿m^3）偏少25%；航道运输方面，三峡枢纽航运通过量1.6亿t，再创历史新高，其中，船闸运行1.04万闸次，过船4.06万艘次，过闸货运量1.56亿t（同比上年增加6.78%）；生态保护方面，三峡水库各监测断面的水质以Ⅱ类为主，保持相对稳定的态势；生态调度期间，宜都断面鱼类总产卵量达157亿粒，其中，四大家鱼产卵规模达89亿粒，创历年之最。